PETIT LAROUSSE
DE LA
MÉDECINE

PETIT LAROUSSE
DE LA
MÉDECINE

préface du
docteur Yves Morin

Chef du service de médecine interne
au Centre hospitalier national
d'ophtalmologie des Quinze-Vingts, Paris

planches illustrées
entre les pages 512 et 513

LAROUSSE

21 RUE DU MONTPARNASSE 75283 PARIS CEDEX 06

Direction de l'ouvrage :
Édith Ybert

Avec le concours du docteur Yves Juvain

Responsable de la mise à jour :
Docteur Véra Lemaire, rédactrice en chef du *Concours Médical,*
avec la collaboration de la documentation du *Concours Médical*

Service lecture-correction
Larousse-Bordas

Maquette : Nicole Valentin

Informatique éditoriale : Marion Pépin, Jocelyne Rebéna

Fabrication : Annie Botrel

Couverture : Véronique Laporte

Dessins des planches en couleurs : Michel Saemann, François Poulain

Malgré tout le soin apporté à la rédaction du
Petit Larousse de la médecine, et en raison de l'étendue des domaines embrassés,
une erreur aura pu s'y glisser. Nous ne saurions
être tenus pour responsables de ses conséquences ou
d'une interprétation erronée, car, rappelons-le, aucun livre ne peut
remplacer l'avis du médecin.

Les textes de cet ouvrage sont extraits du *Larousse médical.*

Distributeur exclusif au Canada :
Messageries ADP, 1751 Richardson,
Montréal (Québec)

ISBN 2 - 03 - 501 028 - 4

PRÉFACE

Le temps n'est pas si lointain où l'on ne parlait pas de sa santé. Celle-ci était la condition nécessaire de l'existence. On ne s'en préoccupait que lorsque le corps refusait par trop – et trop péniblement – les services qui lui étaient demandés. Il fallait être « dur au mal ».

Aujourd'hui, la santé est devenue pour chacun une préoccupation majeure. Notre société, consciente des risques que comporte le mode de vie actuel, est passée du quasi-refus de la maladie au souci permanent de sa prévention. Et il s'agit d'une évolution des mentalités, sans laquelle aucun bénéfice réel n'aurait pu être espéré des immenses progrès accomplis en médecine au long du vingtième siècle.

Chacun se reconnaît désormais le droit, et exprime le désir, de satisfaire sa curiosité dans le domaine de la santé. Les différents médias ont plus répondu à cette curiosité qu'ils ne l'ont devancée.

Il est donc nécessaire de proposer au lecteur contemporain un outil de connaissance où il puisse trouver à la fois des notions élémentaires sur le fonctionnement normal des différents organes de son corps (anatomie, physiologie), sur les causes et le déclenchement des maladies (étiologie, pathogénie), sur leurs caractéristiques (symptômes, signes, évolution), sur leur devenir (pronostic), sur les moyens mis en œuvre par le médecin pour les reconnaître (diagnostic), de l'examen clinique, toujours fondamental, aux techniques actuelles les plus sophistiquées d'immunologie ou d'imagerie. Le lecteur doit enfin être informé des traitements et des moyens de prévention.

Certes, la médecine restera toujours, et fort heureusement, à la fois un art et une forme particulière de relation directe entre deux êtres, le malade et son médecin, ce qu'aucun ouvrage ne saurait remplacer. Mais dans le même temps elle bénéficie de plus en plus, et de manière accélérée, des acquis des sciences exactes, de la recherche. Le lecteur contemporain doit donc pouvoir disposer d'un ouvrage qui lui procure les définitions et les explications nécessaires à la compréhension de la médecine d'aujourd'hui.

La clarté a été le principe fondamental de l'élaboration de ce dictionnaire. Chaque terme a une définition, précise et accessible à tous, et l'ordre alphabétique permet une consultation aisée.

L'objectif de cet ouvrage – et ce n'est pas le moindre – est de remédier au défaut de communication si souvent reproché au médecin. Il doit permettre au malade de tenir son rôle (n'est-il pas le principal intéressé ?) dans le nécessaire dialogue avec le médecin. Si le lecteur peut ainsi mieux aborder la consultation médicale et mieux assurer sa part de responsabilité vis-à-vis de sa santé, le *Petit Larousse de la médecine* aura rempli sa mission.

DR YVES MORIN

Chef de service
Service de médecine interne
Centre national ophtalmologique des Quinze-Vingts

A

Abandon

En psychiatrie, état d'un sujet touché par la disparition d'un lien affectif ou matériel auquel se rattachait son existence.

L'abandon peut concerner un lien naturel (parents, enfants) ou librement consenti (époux, amis). Il se manifeste par un désarroi profond, dont la persistance est parfois l'indice de troubles graves chez l'enfant (syndrome d'arriération affective, hospitalisme) et le sujet âgé, qui sont souvent très vulnérables.

Abasie

Incapacité partielle ou totale de marcher, indépendante de tout déficit musculaire et de tout trouble des mécanismes élémentaires de la marche.

Abcès

Collection de pus constituée à partir d'un foyer d'infection local aux dépens des tissus normaux.

Par extension, on nomme également abcès, ou empyème, une collection de pus constituée dans une cavité séreuse (péritoine, plèvre, méninges).

Les abcès peuvent se développer en n'importe quel point de l'organisme.

■ L'abcès superficiel, accessible à la vue et au toucher, siège le plus souvent aux doigts (panaris) ou à la marge de l'anus, mais aussi dans le cou, le dos, la région de l'aisselle ou de l'aine.

■ L'abcès profond peut siéger au niveau du foie, du rein, du cerveau, du poumon. Sa gravité dépend de sa localisation : un abcès du cerveau, tout comme une tumeur, peut provoquer une hypertension intracrânienne.

Suivant leur mode de constitution et leur vitesse d'évolution, on distingue les abcès chauds des abcès froids.

Abcès chaud

Il traduit le plus souvent une réaction inflammatoire de l'organisme au développement de certaines bactéries (staphylocoques, streptocoques) ou d'une amibe *(Entamœba histolytica)*, qui peut provoquer un abcès dans le foie. La bactérie ou le micro-organisme sont véhiculés par la circulation sanguine ou lymphatique et atteignent ainsi un tissu où, se trouvant piégés, ils provoquent l'infection. Un autre mode de pénétration se fait par la peau, en cas de lésion (piqûre, blessure).

SYMPTÔMES ET SIGNES

L'abcès chaud se forme rapidement et s'entoure fréquemment d'une membrane, la coque, qui le délimite ; il présente tous les signes locaux d'une inflammation (rougeur, chaleur, gonflement, douleur) auxquels viennent s'ajouter des signes généraux (fièvre, frissons, insomnie) et, parfois, une adénopathie (gonflement des ganglions lymphatiques). La suppuration entraîne une augmentation de volume des tissus, une douleur pulsatile et, si l'abcès est superficiel, une fluctuation (déplacement du pus à la palpation). L'abcès chaud peut se résorber spontanément, s'enkyster ou se rompre dans les tissus voisins (fistulisation).

TRAITEMENT

Un abcès chaud doit être drainé.

– Lorsqu'il est superficiel, son traitement est chirurgical : incision, évacuation du pus et drainage de la cavité. Avant la formation de l'abcès, la prise d'antibiotiques et l'application de pansements chauds et imprégnés d'alcool suffisent parfois à résorber l'inflammation. Ce traitement peut toutefois se révéler insuffisant, risquant de transformer l'inflammation en abcès chronique.

– Lorsqu'il est profond, l'abcès doit être drainé soit chirurgicalement, soit par ponction sous contrôle radiologique (échographie ou scanner).

Traité correctement, l'abcès chaud guérit rapidement, mais, dans certains cas (germe très virulent, état général précaire, diabète), l'infection s'étend localement (phlegmon diffus), parfois même essaime à distance par décharge des microbes dans le sang (septicémie ou septico-pyohémie).

Abcès froid

L'abcès froid est dû au bacille de Koch, responsable de la tuberculose, ou à certains champignons.

SYMPTÔMES ET SIGNES

L'abcès froid, de constitution lente et qui n'entraîne pas de réaction inflammatoire, évolue vers la fistulisation. Superficiel, il laisse s'échapper un pus granuleux. Profond, il se propage vers l'os et les gaines musculaires. Il se manifeste par une fièvre prolongée et irrégulière, une altération de l'état général et un amaigrissement. L'examen échographique (foie, rein, prostate), radiographique (poumon) ou le scanner (abcès cérébral) permettent de confirmer le diagnostic.

TRAITEMENT

Un abcès froid se traite par antibiotiques, administrés par voie générale. Du fait de sa tendance à la fistulisation, il ne doit pas être incisé dans sa partie déclive, mais ponctionné à distance ou ôté chirurgicalement.
→ VOIR Cerveau (abcès du), Dent (abcès de la), Foie (abcès du).

Abdomen

Cavité située à la partie inférieure du tronc et contenant la majorité des viscères de l'appareil digestif et de l'appareil urinaire.

Le contenu abdominal est enveloppé par un sac conjonctif : le péritoine. La cavité abdominale se divise en deux niveaux.

L'étage supérieur comprend le foie, les voies biliaires, le pédicule hépatique, le premier duodénum, le pancréas, l'estomac et la rate. L'étage inférieur comprend le gros intestin, l'intestin grêle (jéjunum et iléon) et l'appendice. Une partie du côlon et le rectum se trouvent dans le petit bassin, subdivision de l'étage inférieur limitée par l'arc osseux de la ceinture pelvienne (sacrum et os iliaque). Celui-ci contient aussi chez l'homme la vessie, l'anse sigmoïde et des anses grêles ; chez la femme, la vessie, l'utérus, les trompes et les ovaires.

EXAMENS

La palpation abdominale permet d'examiner le foie, la rate, la vessie, l'utérus, de détecter certaines tumeurs, de percevoir une distension gazeuse (météorisme) ou un épanchement péritonéal (ascite). L'exploration clinique du contenu abdominal peut encore faire appel au toucher rectal, associé au toucher vaginal chez la femme.

Les moyens permettant d'explorer l'abdomen sont, par ordre croissant de complexité : la radiographie simple (abdomen sans préparation), l'échographie, le scanner et l'imagerie par résonance magnétique (I.R.M.).

PATHOLOGIE

La paroi de l'abdomen peut comporter des zones de moindre résistance, à l'origine de hernies : canal inguinal, ombilic, etc. Et l'abdomen lui-même, organes à part, peut être le siège de contusions ou de plaies.

■ **Une contusion** peut provoquer une lésion plus ou moins importante d'un viscère plein : foie, rate, pancréas, avec un risque d'hémorragie interne pour les deux premiers, de pancréatite pour le dernier. Elle entraîne aussi parfois un arrachement vasculaire, source d'hémorragie, et l'éclatement d'un viscère creux, qui provoque une péritonite. Ces deux lésions peuvent être associées. Des signes d'hémorragie interne ou de péritonite conduisent à intervenir d'urgence.

■ **Une plaie** peut ne léser que la paroi abdominale, ou bien être pénétrante, voire transfixiante (comporter une entrée et une sortie). Toute plaie pénétrante nécessite des conditions opératoires parfaites. Le traitement repose sur deux principes : correction du choc et du saignement par une réanimation rapide, exploration chirurgicale complète de la cavité abdominale.

Abdomen sans préparation

Examen radiologique simple de l'abdomen de face.

L'abdomen sans préparation se déroule sans administration préalable de médicament opacifiant et ne nécessite pas d'être à jeun, ce qui est toutefois préférable.

Aberration chromosomique

Anomalie du nombre ou de la structure des chromosomes.

Dans de nombreux cas, les aberrations chromosomiques sont congénitales, provenant d'une mauvaise répartition chromosomique (lors de la formation de l'ovule ou du spermatozoïde, ou au cours des premières divisions de l'ovule fécondé) ou d'un arrangement chromosomique anormal de l'un des deux parents, mais elles peuvent aussi être acquises (chromosome Philadelphie dans la leucémie myéloïde chronique par exemple).

DIAGNOSTIC

Les aberrations chromosomiques sont mises en évidence par l'étude du caryotype (représentation photographique des chromosomes d'une cellule). En cas de grossesse à risques (antécédents familiaux, femme âgée de plus de 38 ans), le médecin propose vers la 15e semaine une analyse chromosomique des cellules du fœtus, prélevées au cours d'une amniocentèse ou d'une biopsie de villosités choriales. En cas de détection d'une anomalie grave, il peut être envisagé de mettre fin à la grossesse. Un généticien évalue alors les risques d'anomalie pour les grossesses ultérieures.

TRAITEMENT

Étant donné la nature des anomalies décelées, qui portent sur toutes les cellules d'un individu, aucune guérison n'est possible. La plupart des anomalies autosomiques ne permettent pas une longue survie. Les traitements hormonaux et chirurgicaux contribuent à corriger certaines anomalies du développement caractéristiques des syndromes de Turner et de Klinefelter.

→ VOIR Conseil génétique, Cri du chat (maladie du), Klinefelter (syndrome de), Trisomie 21, Turner (syndrome de).

Ablation

Opération consistant à enlever un organe, un ensemble de tissus ou un corps étranger par voie chirurgicale. SYN. *exérèse*.

Abouchement

Dérivation chirurgicale du moignon d'un viscère creux sectionné dans un autre viscère ou sur la peau.

Aboulie

Trouble mental caractérisé par l'affaiblissement de la volonté, entraînant une inhibition de l'activité physique et intellectuelle.

Abrikossoff (tumeur d')

Tumeur bénigne rare siégeant sous la peau ou les muqueuses, notamment sur la langue. SYN. *myoblastome, myome myoblastique, tumeur à cellules granuleuses*.

Absence

Interruption passagère de la conscience.

Les absences survenant surtout au cours de la deuxième enfance se caractérisent par une rupture du contact au cours de laquelle l'enfant arrête ses activités, a le regard vide, ne répond plus.

Absorptiométrie biphotonique

Technique permettant de calculer la densité des tissus traversés par deux rayons X d'énergie différente.

INDICATIONS

Cette technique permet de suivre l'évolution du contenu minéral osseux (densité osseuse) dans certaines affections du squelette et les effets des traitements. C'est le dépistage de l'ostéoporose qui a le plus popularisé cette technique.

Le patient est étendu sur une table. La source de rayons et leur détecteur balayent le rachis, la hanche ou le poignet ou même le corps entier. Toute densité en regard des tissus traversés peut fausser la mesure de la densité osseuse (calcification des vaisseaux, constructions ostéophytiques, produit de contraste, pièce métallique).

AVANTAGES ET INCONVÉNIENTS
L'absorptiométrie est une méthode non agressive et le risque d'irradiation est négligeable.

Acalculie

Incapacité de reconnaître ou de former chiffres et symboles arithmétiques et d'effectuer des calculs mathématiques élémentaires (addition, soustraction, multiplication, etc.).

Acanthosis nigricans

Maladie cutanée rare caractérisée par la formation de plaques de peau épaisses et noirâtres, principalement localisées au cou, aux aisselles et aux aines.

Acarien

Animal de petite taille (quelques millimètres au plus), parasite de l'être humain.

Les acariens, comme les insectes, sont des arthropodes. Ce sont des ectoparasites (vivant sur la peau), en général hématophages (ils se nourrissent du sang de leur hôte). Certains ne provoquent que des désagréments cutanés, comme des démangeaisons : rouget, ou aoûtat, sarcopte de la gale. D'autres, telles les tiques, transmettent des maladies infectieuses : arboviroses (diverses fièvres virales), rickettsioses (fièvres pourprées), fièvre Q, borrélioses (fièvres récurrentes, maladie de Lyme). Par ailleurs, l'inhalation d'acariens morts, contenus dans la poussière domestique, favorise les crises d'asthme chez les sujets prédisposés.
→ VOIR Piqûre.

Accident ischémique transitoire

Accident neurologique localisé de durée inférieure à 24 heures, d'origine ischémique, c'est-à-dire provoqué par une interruption ou une diminution de la circulation sanguine dans un vaisseau cérébral.

SYMPTÔMES ET DIAGNOSTIC
Les symptômes de l'accident ischémique transitoire sont soudains et très variables : perte de la vue d'un œil, paralysie ou engourdissement d'une moitié du corps, aphasie (trouble du langage), etc. Le diagnostic est essentiellement établi par l'examen clinique du patient.

TRAITEMENT ET PRÉVENTION
Le traitement a pour but de prévenir un accident vasculaire cérébral, qui peut survenir dans les 5 ans suivant un accident ischémique transitoire chez un quart à un tiers des sujets : traitement d'une hypertension artérielle, d'un diabète, d'une hypercholestérolémie, suppression du tabac, et, s'il existe une sténose importante de l'artère carotide, endartériectomie.

Accident vasculaire cérébral

Accident neurologique localisé de durée supérieure à 24 heures, causé par une lésion vasculaire cérébrale.

DIFFÉRENTS TYPES D'ACCIDENT VASCULAIRE CÉRÉBRAL
■ Les accidents vasculaires cérébraux ischémiques, également appelés infarctus cérébraux ou encore ramollissements cérébraux, sont le plus souvent consécutifs à un thrombus (caillot qui se forme dans une artère), un embole (corps étranger, le plus souvent un caillot, qui, entraîné par la circulation, va obstruer l'artère), ou un rétrécissement de l'artère favorisé par l'athérosclérose (épaississement du revêtement interne de la paroi artérielle). Cette dernière est la cause principale des accidents vasculaires cérébraux ischémiques.
■ Les accidents vasculaires cérébraux hémorragiques sont dus à un épanchement de sang dans le tissu cérébral. Leur cause est généralement l'hypertension artérielle ou, beaucoup plus rarement, des malformations vasculaires (angiome, anévrysme), des troubles de la coagulation ou des complications d'un traitement anticoagulant.

SYMPTÔMES ET DIAGNOSTIC
Les symptômes (hémiplégie, troubles de la sensibilité, du champ visuel, paralysie d'un ou de plusieurs nerfs crâniens, aphasie [trouble du langage], etc.) peuvent être isolés ou diversement associés selon le siège et l'étendue de l'accident vasculaire cérébral.

Un scanner cérébral est indispensable pour confirmer le diagnostic et préciser la nature ischémique ou hémorragique de l'accident. D'autres examens – analyse de sang, échographie cardiaque, exploration des artères irriguant le cerveau par Doppler ou artériographie – permettent d'en déterminer la cause. Une ponction lombaire peut être nécessaire pour déceler une hémorragie méningée associée.

TRAITEMENT ET PRÉVENTION

Le traitement de l'accident vasculaire cérébral, d'efficacité limitée, a surtout pour but d'assurer les fonctions vitales du malade et d'éviter l'extension des lésions cérébrales. Dans certains cas, une intervention de chirurgie vasculaire est nécessaire afin de pratiquer l'ablation d'une malformation vasculaire et de réduire ainsi les risques d'un nouvel accident vasculaire cérébral. Les malades hospitalisés ayant perdu totalement ou partiellement conscience doivent avoir les voies respiratoires dégagées et doivent être nourris, soit par perfusion intraveineuse, soit par sonde nasogastrique.

Après la phase aiguë intervient la phase de récupération. Celle-ci, progressive et plus ou moins complète, est facilitée par la mise en œuvre d'une rééducation destinée à traiter les déficits moteurs ou sensitifs et à faire régresser les troubles de la parole. De nombreux malades paralysés arrivent à remarcher à l'aide d'une rééducation appropriée. Les déficits intellectuels sont, en revanche, souvent irréversibles.

La prévention des récidives est fondée sur la correction des facteurs de risque : traitement d'une hypertension artérielle, d'une hypercholestérolémie, d'un diabète, mais aussi suppression du tabac. Lorsque l'accident vasculaire cérébral a été provoqué par une embolie, le malade peut recevoir un traitement antiagrégant plaquettaire (aspirine) ou anticoagulant. Celui-ci est alors souvent prescrit à vie.

Accommodation

Modification de la courbure du cristallin sous l'influence du muscle ciliaire, qui permet la formation d'images nettes sur la rétine, en vision proche comme en vision éloignée.

L'accommodation diminue à partir d'environ 40 ans en raison de la rigidité progressive du cristallin : c'est la presbytie, qui se traduit par une perte de la netteté en vision rapprochée et peut être corrigée par le port de verres convexes.

Accouchement

Ensemble des phénomènes mécaniques et physiologiques aboutissant à l'expulsion du fœtus et de ses annexes hors des voies maternelles.

L'accouchement normal (à terme) a lieu entre la trente-huitième et la quarante-deuxième semaine d'aménorrhée (arrêt des règles). Il est considéré comme prématuré lorsqu'il se produit entre la vingt-huitième et la trente-septième semaine. L'accouchement est spontané lorsqu'il se déclenche tout seul ; provoqué lorsqu'il est consécutif à une intervention extérieure ; naturel quand seule la physiologie entre en jeu ; artificiel quand il nécessite une intervention médicale.

Parcours du fœtus

Le fœtus accomplit un parcours naturel durant l'accouchement et passe, le plus souvent la tête en premier, à travers le bassin osseux, le vagin et le périnée. Sous l'effet des contractions, le col de l'utérus s'efface, c'est-à-dire se raccourcit, puis se dilate progressivement jusqu'à atteindre un diamètre de 10 centimètres. Le fœtus s'engage dans le bassin osseux, constitué d'os attachés les uns aux autres, qui ne peut se distendre que dans de faibles proportions. Le fœtus doit fléchir la tête, amenant son menton contre sa poitrine afin de pouvoir s'engager.

Les contractions permettent le franchissement du plancher périnéal qui bride le vagin, et l'apparition de la tête à la vulve.

Présentation du fœtus

Dans la quasi-totalité des cas, le fœtus se trouve en position longitudinale ; il se présente alors le plus souvent par la tête et parfois par le siège. Il existe aussi une présentation transversale (par l'épaule), beaucoup plus rare.

■ **Les présentations par la tête, ou présentations céphaliques**, regroupent celles du sommet (flexion de la tête du fœtus), du front (déflexion légère) et de la face (déflexion totale), les deux dernières nécessitant souvent une césarienne. Le visage de l'enfant peut également être tourné vers le pubis de la mère (présentation postérieure) ou vers son sacrum (présentation antérieure).

■ Les présentations par le siège comprennent ce que l'on nomme le siège complet (membres inférieurs repliés) et le siège décomplété (membres inférieurs tendus et relevés devant l'abdomen). Les présentations par le siège nécessitent la réalisation d'un examen radiologique du bassin et d'une confrontation des mesures de ce dernier avec les mensurations de l'enfant pour pouvoir autoriser un accouchement par les voies naturelles.

■ Les présentations transversales nécessitent une césarienne.

Différentes phases de l'accouchement

L'accouchement normal passe par plusieurs phases cliniques.

PREMIERS SIGNES

Les premiers symptômes sont la perte du bouchon muqueux qui obstrue le col, la perte des eaux et les contractions utérines.

■ **La perte du bouchon muqueux** se manifeste par l'élimination de glaires sanguinolentes ; elle est due aux premières modifications du col utérin et prouve que le corps se prépare à l'accouchement. Mais ces pertes ont lieu le plus souvent avant le début du travail, voire plusieurs jours avant les premières contractions.

■ **La perte des eaux** (rupture des membranes entraînant l'écoulement du liquide amniotique) est spontanée, imprévisible et indolore. La perte peut être abondante ou suintante, mais elle détermine de toute façon le départ pour la maternité. En effet, l'enfant n'est plus aussi bien protégé qu'avant, en particulier contre les infections, ce qui impose une surveillance particulière. Le travail peut s'enclencher juste après la rupture de la poche ou se faire attendre un certain nombre d'heures ou de jours.

■ **Les contractions utérines**, de plus en plus rapprochées, régulières et intenses, donnent l'impression que le ventre se met en « boule ». Elles sont plus ou moins violentes et douloureuses, mais ne s'interrompent plus

jusqu'à la naissance du bébé. En règle générale, le rythme des contractions s'accentue progressivement (toutes les 20, 15, 10, 5 minutes), mais il arrive qu'elles se produisent d'emblée toutes les 5 minutes. Lorsque les contractions sont espacées de 10 à 5 minutes, il est temps de partir pour la maternité.

TRAVAIL

En structure hospitalière, le travail, c'est-à-dire le déroulement de l'accouchement proprement dit, est souvent dirigé par l'équipe médicale.

L'accouchement normal se déroule en trois phases : dilatation, expulsion, délivrance. Tout le long de ce travail, le monitorage du cœur fœtal permet de surveiller le rythme cardiaque fœtal (R.C.F.), et les contractions utérines sont enregistrées par tocographie (enregistrement graphique continu des variations des contractions utérines). Une amnioscopie et un prélèvement de sang sur la tête du fœtus permettant l'étude du pH fœtal et des lactates peuvent également renseigner sur le bien-être du fœtus en cours de travail.

■ **La dilatation** est la phase durant laquelle le col utérin se ramollit, s'amincit puis s'efface sous l'effet des contractions. Il se dilate ensuite à chaque contraction jusqu'à une ouverture de 10 centimètres de diamètre environ. Ce stade dure souvent plusieurs heures, surtout pour un premier accouchement.

■ **L'expulsion** est la phase durant laquelle l'enfant apparaît, provoquant chez sa mère le besoin de pousser en contractant les muscles du diaphragme et de l'abdomen ; pour un bon déroulement de l'accouchement, celle-ci doit tenter de ne pousser que lors des contractions. Si la poche des eaux est encore intacte, elle peut être rompue artificiellement ou se rompt spontanément. Le périnée se distend progressivement et la tête de l'enfant apparaît.

Au moment de l'expulsion, une petite intervention (épisiotomie) est de plus en plus couramment pratiquée : il s'agit d'inciser le périnée lorsqu'il est distendu par la tête fœtale, pour prévenir les déchirures

Les préparations à l'accouchement

Plusieurs méthodes sont proposées aux femmes afin qu'elles vivent la grossesse et l'accouchement de façon active et détendue.

La préparation à l'« accouchement sans douleur » (psychoprophylaxie obstétricale), préparation classique, consiste en un enseignement théorique sur l'anatomie et la physiologie de la grossesse et de l'accouchement et en une série d'exercices physiques (respiration, assouplissement musculaire et relaxation correspondant aux différentes phases de l'accouchement). Des séances de préparation sont souvent proposées dans les dernières semaines de la grossesse en milieu hospitalier ou en clinique.

La sophrologie est une technique de relaxation qui se pratique dans un état de conscience proche de l'hypnose. Elle requiert un entraînement mental quotidien.

La préparation par le yoga utilise certaines postures du yoga ainsi que ses méthodes de respiration et de relaxation.

L'haptonomie emploie le sens du toucher afin d'établir une communication précoce entre les parents et le futur bébé dès le quatrième mois de grossesse. Cette approche développe la notion d'attachement entre les parents et l'enfant.

Les sages-femmes peuvent conseiller et orienter les femmes désireuses de profiter de ces méthodes.

La délivrance peut être facilitée par la perfusion d'un médicament ou par un geste médical. Après la délivrance, les éventuelles déchirures du vagin et les incisions (épisiotomie) sont nettoyées et suturées. Les membranes, le placenta et le cordon sont soigneusement examinés par la sage-femme qui vérifie s'ils sont entiers. S'il y a un doute, une révision utérine est nécessaire : le médecin introduit sa main gantée dans l'utérus et en examine les parois.

Complications de l'accouchement

Certains accouchements s'annoncent difficiles et nécessitent de recourir au forceps, à la ventouse ou à la césarienne.

■ **Le forceps**, sorte de pince à deux branches en forme de cuillères, est employé par l'obstétricien pour guider le passage de la tête fœtale afin de faciliter sa sortie. Il est placé de part et d'autre de la tête du bébé au niveau des tempes. Il écarte les parois vaginales devant la tête et lui facilite ainsi le passage. Plusieurs circonstances déterminent l'emploi du forceps : la mère est trop fatiguée ou incapable de pousser pour expulser le fœtus – il peut également y avoir une contre-indication aux efforts d'expulsion, telle qu'une maladie du cœur ; la tête du bébé ne progresse pas malgré les efforts de poussée ; une souffrance fœtale est décelée au cours de l'accouchement pour diverses raisons (compression du cordon qui entraîne le ralentissement du rythme cardiaque, par exemple). Le forceps peut aussi être utilisé pour faciliter la sortie de la tête en cas de présentation par le siège.

■ **La ventouse** remplace parfois le forceps. Elle est placée sur le sommet du crâne du bébé, à dilatation complète du col. Un vide d'air est créé pour parfaire l'adhérence de la ventouse, et la tête est alors guidée vers l'extérieur.

■ **La césarienne** est une intervention chirurgicale qui consiste à inciser l'abdomen et l'utérus pour extraire le bébé. De nombreux facteurs maternels et fœtaux déterminent le choix de la césarienne : tantôt elle est programmée dès le début de la grossesse lors de certaines anomalies osseuses ou de

complètes du périnée et les surdistensions dangereuses (risques de prolapsus génitaux), pour hâter la sortie de la tête ou la protéger. C'est une intervention bénigne et peu douloureuse qui cicatrise très bien.

■ **La délivrance** est la phase durant laquelle le placenta et les membranes sont décollés et expulsés par de nouvelles contractions, de 15 à 30 minutes après la sortie du bébé.

Le baby blues

Après un premier accouchement, la mère peut ressentir une certaine mélancolie, où se succèdent des moments de découragement, de rejet, de lassitude, des envies de pleurer incontrôlables et des moments de grande joie. Cet état d'extrême émotivité est une réalité à laquelle peu de jeunes mères échappent, mais dont l'intensité et la durée sont très variables d'une femme à l'autre.

Le baby blues, également appelé dépression du post-partum, peut s'expliquer par la chute hormonale qui se produit en fin de grossesse, comparable à celle qui affecte l'humeur de certaines femmes avant leurs règles. Mais cette fragilité est également liée au bouleversement que produit l'arrivée d'un petit enfant, à l'inquiétude due à l'impression diffuse de ne pouvoir faire face à son nouveau rôle. L'entourage médical et familial doit soutenir la jeune mère.

certaines fragilités utérines (dues à des césariennes antérieures) ; tantôt elle s'impose lors de présentation par le siège lorsque toutes les conditions favorables ne sont pas réunies ; tantôt elle est décidée au cours de l'accouchement en cas de souffrance fœtale, d'arrêt de la dilatation du col, de mauvaise orientation du bébé (position transversale).

Traumatismes de l'accouchement

Ce sont les lésions provoquées sur l'enfant par l'accouchement lui-même.

En cas d'accouchement naturel, les traumatismes sont mineurs. L'utilisation des forceps ou de la ventouse provoque des bosses parfois très marquées (céphalhématomes), mais qui disparaissent en quelques jours. Les précautions prises lors d'accouchements d'enfants prématurés, d'accouchements par le siège ou de bébés trop gros permettent d'éviter des traumatismes qui pourraient être plus sérieux. Les lésions cérébrales du fœtus (infirmité motrice cérébrale, arriération mentale, épilepsie) peuvent aussi résulter de l'état de santé de la mère (tabagisme, alcoolisme, etc.).

Suites de couches

La période des suites de couches (postpartum) dure environ 6 semaines après l'accouchement, jusqu'au retour de couches (reprise des règles). En cas d'allaitement, le retour de couches est différé et intervient après l'arrêt de l'allaitement. L'organisme retrouve peu à peu son équilibre antérieur, l'utérus se rétracte (involution utérine) et reprend son volume initial au bout de 2 mois. L'involution utérine s'accompagne dans les premiers jours de douleurs appelées tranchées. L'écoulement vulvaire (lochies), sanglant puis séreux, dure une quinzaine de jours avant de se tarir ; un « petit » retour de couches a parfois lieu vers le douzième jour (écoulement sanglant plus abondant).

Les soins à apporter à la mère sont particulièrement importants après une épisiotomie ou une césarienne. Les risques de complications spécifiques à cette période justifient une surveillance sérieuse : phlébite (formation d'un caillot veineux), endométrite (lésion inflammatoire du corps de l'utérus) ou complications liées à l'allaitement (abcès du sein, par exemple). Une gymnastique rééducative complète les soins et favorise le retour à l'équilibre corporel antérieur. La reprise d'une activité sexuelle est possible dès la cicatrisation de l'épisiotomie, lorsqu'elle a eu lieu, ou, sinon, dès que la femme le souhaite. Cependant, une contraception est nécessaire après l'accouchement, dans la mesure où une ovulation est possible pendant les suites de couches. → VOIR Césarienne.

Accouchement prématuré

Accouchement ayant lieu entre la vingt-neuvième et la trente-huitième semaine d'aménorrhée.

Un accouchement prématuré peut survenir spontanément ou être provoqué par décision médicale. Les causes sont multiples et peuvent se conjuguer : rupture de la poche contenant le liquide amniotique, anomalie de l'utérus maternel, hémorragie, infection bactérienne ou virale, multiparité (quand la mère a déjà eu un ou plusieurs enfants), grossesse multiple (jumeaux ou triplés), hydramnios (excès de liquide amniotique). Par ailleurs, un contexte socio-économique défavorable ou des conditions de travail stressantes (fatigue, longs trajets) augmentent le risque d'un accouchement prématuré spontané. La décision médicale d'accouchement prématuré est prise, entre autres, en cas de pathologie grave concernant la mère ou le fœtus. L'incompatibilité Rhésus entre la mère et le fœtus peut aussi influer sur la décision médicale d'abréger une grossesse. Dans ce cas, l'accouchement prématuré se fait par déclenchement artificiel du travail ou en pratiquant une césarienne.

Acétone

→ VOIR Corps cétonique.

Achille (tendon d')

Tendon qui assure l'insertion du muscle triceps sural (puissant muscle du mollet) sur le calcanéum (os du talon).

Le tendon d'Achille, le plus volumineux tendon de l'organisme, permet la flexion plantaire de la cheville (mise sur la pointe des pieds). Très résistant, il peut supporter une charge de 400 kilos.

PATHOLOGIE

■ La rupture sous-cutanée du tendon d'Achille fait suite à un effort violent et provoque un déchirement des tissus. Elle survient chez l'adulte sportif dont le tendon est fragilisé par une dégénérescence des fibres tendineuses. Le sujet ressent une douleur brutale et s'effondre, absolument incapable de marcher ou de courir. Il ne peut plus se mettre sur la pointe des pieds, et une dépression marquée se forme au-dessus du talon.

L'immobilisation de la cheville dans une botte plâtrée est nécessaire pendant environ 2 mois. Le patient peut refaire du sport au bout de 4 à 6 mois. Une réparation chirurgicale peut être envisagée chez le sportif de haut niveau ou en cas de récidive.
→ VOIR Bursite, Tendinite, Ténosynovite.

Achondroplasie

Affection du développement osseux entraînant un nanisme.

L'achondroplasie est une affection héréditaire rare qui touche environ un individu sur 20 000.

Acide acétylsalicylique

Médicament analgésique et antipyrétique (actif contre la douleur et la fièvre) de référence. SYN. *aspirine*.

L'acide acétylsalicylique entre, seul ou associé à d'autres principes actifs, dans la composition de nombreuses spécialités pharmaceutiques. Son utilisation thérapeutique dépend de la posologie. À dose faible, c'est un antiagrégant plaquettaire : il empêche les plaquettes sanguines de s'agréger entre elles, ce qui évite la formation de caillots dans les vaisseaux. Aux doses moyennes habituelles, l'acide acétylsalicylique est analgésique et antipyrétique. À forte dose, c'est un anti-inflammatoire, indiqué dans certaines affections rhumatismales.

CONTRE-INDICATIONS

L'acide acétylsalicylique est délicat à prescrire lorsqu'il y a dans les antécédents un ulcère de l'estomac ou de l'asthme. Il est contre-indiqué en fin de grossesse, chez les sujets allergiques aux salicylés (groupe de médicaments auquel il appartient) et chez l'enfant de moins de 12 ans présentant une affection virale. En outre, il existe de nombreuses interactions indésirables avec d'autres substances : les anti-inflammatoires non stéroïdiens et les anticoagulants.

EFFETS SECONDAIRES

Les principaux sont des lésions digestives (gastrite), des troubles hémorragiques (saignements digestifs, hémorragies en fin de grossesse), des thrombopénies (chute du nombre de plaquettes sanguines), des syndromes de Reye (atteinte du foie et de l'encéphale, chez les enfants de moins de 12 ans infectés par un virus). Des intoxications graves peuvent survenir, surtout chez l'enfant : elles se manifestent par des troubles de l'audition, des sueurs, des vomissements, une hypotension artérielle, une somnolence et une acidose (excès d'acides dans l'organisme).

Acide ascorbique
→ VOIR Vitamine C.

Acide désoxyribonucléique (A.D.N.)

Acide nucléique, support du contrôle des activités cellulaires et de la transmission des caractères héréditaires.

La molécule d'A.D.N., très allongée, comporte deux brins enroulés l'un autour de l'autre en double hélice.

L'A.D.N. est le principal constituant chimique des chromosomes. Sur un des deux brins se trouvent les informations qui permettent à des enzymes de synthétiser les protéines, lesquelles contrôlent les activités cellulaires. Lors de la division cellulaire, des enzymes séparent les deux brins et en synthétisent deux nouveaux en regard des anciens. Deux nouvelles molécules d'A.D.N. se forment ainsi, identiques à l'ancienne, destinées chacune à une cellule fille. Ce phénomène, appelé réplication de l'A.D.N., assure l'identicité génétique lors de la multiplication cellulaire.

Acide folique

Vitamine hydrosoluble du groupe B jouant un rôle fondamental dans la formation des cellules de l'organisme. SYN. *vitamine B9.*

L'acide folique, en intervenant dans la synthèse de l'A.D.N., joue un rôle capital dans la production de nouvelles cellules dans l'organisme. En particulier, il est indispensable à la formation des globules rouges du sang par la moelle osseuse.

SOURCES

L'acide folique est présent dans de nombreux aliments : foie, lait, fromages fermentés, légumes verts (asperges, épinards, choux verts, carottes). Les besoins quotidiens sont élevés : de 100 à 500 microgrammes selon l'âge et l'état physiologique du sujet. Cependant, une alimentation diversifiée en apporte des quantités suffisantes.

CARENCE

Elle peut s'observer en cas d'insuffisance alimentaire, de troubles de l'absorption (dus à des anomalies digestives), de grossesse, de prise de médicaments à activité antifolique. Sa manifestation principale est une variété d'anémie macrocytaire dite mégaloblastique. L'acide folique par voie orale (ou parfois son dérivé, l'acide folinique par voie injectable) est alors proposé comme médicament.

Acide gras

Acide organique, principal constituant des lipides.

Il existe dans la nature plus de 40 acides gras naturels différents.

Dans l'organisme, les acides gras constituent avec les glucides une source d'énergie primordiale. Ils proviennent de la dégradation des glucides ou des lipides alimentaires. Une alimentation équilibrée doit apporter les deux types d'acides gras. Les produits laitiers et la viande sont souvent riches en acides gras saturés, solides à la température ambiante. Les huiles végétales et le poisson sont plutôt riches en acides gras insaturés, liquides à la température ambiante et facilement oxydables : ils rancissent au contact de l'air.

Acide nicotinique
→ VOIR Vitamine PP.

Acide pantothénique
→ VOIR Vitamine B5.

Acide ribonucléique (A.R.N.)

Acide nucléique utilisant l'information héréditaire portée par l'acide désoxyribonucléique (A.D.N.) pour synthétiser les protéines.

La molécule d'A.R.N. a une structure analogue à celle d'un brin d'A.D.N.

Dans le noyau cellulaire, l'information génétique portée par l'A.D.N. est transcrite en A.R.N., puis traduite en une protéine dans le cytoplasme.

Acide urique

Acide issu de la dégradation des acides nucléiques (A.D.N. et A.R.N.) de l'organisme.

L'acide urique contenu dans le sang est filtré par les reins, qui l'éliminent par les urines. Chez le sujet sain, les reins font en sorte que l'uricémie (taux sanguin d'acide urique) se maintienne dans les limites acceptables. Parfois cependant, l'élimination rénale d'acide urique est insuffisante ou sa production est excessive (maladies du sang, maladies enzymatiques héréditaires), provoquant une hyperuricémie (taux anormalement élevé d'acide urique dans le sang). Dans ce cas, l'acide urique tend à précipiter en cristaux, ce qui peut déclencher des crises de goutte, une lithiase urinaire, ou les deux à la fois.

Acidité gastrique

Caractéristique de l'estomac due à la sécrétion, par la muqueuse gastrique, de suc gastrique acide contenant de la pepsine (enzyme dégradant les protéines), de l'acide chlorhydrique (qui tue les bactéries des aliments et favorise l'action de la pepsine) et le facteur intrinsèque (essentiel pour l'absorption de la vitamine B12 dans l'intestin grêle).

Les aigreurs ou brûlures d'estomac ne sont souvent qu'une hypersécrétion acide passagère provoquée par certains aliments (graisses cuites, alcool).

Acidocétose

Forme particulière d'acidose (acidité sanguine excessive) métabolique due à une accumulation de corps cétoniques (acétone et substances chimiques apparentées).

Acidose

Trouble de l'équilibre acidobasique de l'organisme correspondant à une augmentation de la concentration d'acide dans le plasma et les liquides interstitiels (liquides dans lesquels baignent les cellules, à l'exclusion du sang).

Acidose métabolique

Ce trouble de l'équilibre acido-basique de l'organisme peut être provoqué par une production accrue d'acides dans l'organisme ou par une perte de bases (bicarbonate de sodium par exemple). Une acidocétose, forme d'acidose métabolique, survient dans un diabète sucré non maîtrisé et, à un moindre degré, en cas de jeûne. Une acidose métabolique peut également être provoquée par une perte de bicarbonates en cas de diarrhée sévère ou une intoxication par

l'aspirine. Mais la cause principale de l'acidose métabolique est l'élimination insuffisante d'acide par les urines : on parle alors d'acidose rénale.

Acidose respiratoire

L'acidose respiratoire, ou acidose gazeuse, est un trouble de l'équilibre acido-basique de l'organisme qui se produit lorsque la respiration ne parvient pas à éliminer le gaz carbonique en quantités suffisantes ; l'excès de gaz restant dans le sang s'y dissout en formant de l'acide carbonique, entraînant ainsi une élévation de l'acidité sanguine.

L'acidose respiratoire peut être aiguë, causée par une dépression des centres nerveux respiratoires comme dans les asphyxies (noyade, strangulation), les paralysies respiratoires (poliomyélite, action des curares) ou après la prise de médicaments hypnotiques. Elle peut également être chronique (bronchite chronique, emphysème, cyphoscoliose).

Acidose lactique

Forme particulière d'acidose (acidité sanguine excessive) métabolique due à une accumulation d'acide lactique dans le sang.

L'acidose lactique peut être la conséquence d'une diminution des quantités d'oxygène disponible, comme au cours d'un collapsus (chute de tension) ou d'une insuffisance respiratoire. Elle se rencontre aussi dans d'autres maladies : diabète sucré ; insuffisance rénale ; leucémie ; intoxication médicamenteuse ou alcoolique ; certains déficits enzymatiques congénitaux. L'acidose lactique se manifeste par un état de choc avec hypovolémie (baisse du volume sanguin total circulant). Son diagnostic est confirmé par les examens sanguins (taux de lactate, pH). Son traitement doit être particulièrement intensif (doses importantes de bicarbonate en perfusion intraveineuse) et surtout s'attaquer à la cause de l'acidose.

Acné

Dermatose due à l'inflammation des follicules pilosébacés.

Sa forme la plus fréquente, l'acné juvénile, atteint environ 80 % des adolescents et guérit spontanément vers l'âge de 19 ans dans 90 % des cas, sans laisser de cicatrices. L'acné rosacée, ou rosacée, s'observe surtout chez la femme entre 40 et 50 ans. L'acné néonatale touche le visage du nouveau-né ; elle ne dure que quelques mois. En outre, il existe des formes d'acné très particulières : acné nécrotique (du front), acné chéloïdienne (de la nuque), acné conglobata (vastes abcès suppuratifs avec fistules). Les acnés médicamenteuses sont provoquées par l'ingestion de médicaments (corticostéroïdes, vitamine B12, corticotrophine, barbituriques, bromures, sels de lithium, certains médicaments antituberculeux et immunodépresseurs et, chez la femme, les androgènes et les contraceptifs oraux contenant des dérivés androgéniques) ou par le contact de produits cosmétiques, industriels (huiles minérales, hydrocarbures aromatiques halogénés, chlore industriel) ou en raison d'une exposition accidentelle à des dioxines ; elles se caractérisent par des lésions inflammatoires congestives et suppurées, survenant essentiellement au visage.

Acné juvénile

L'acné juvénile est due à des désordres hormonaux : à la puberté, la sécrétion sébacée, qui dépend des androgènes (hormones sexuelles mâles) et des œstrogènes (hormones sexuelles femelles) produits par la glande surrénale et le testicule ou l'ovaire, augmente de façon importante.

SYMPTÔMES ET SIGNES

Cette accumulation de sébum (substance grasse sécrétée par les glandes sébacées de la peau), à laquelle s'associent une hyperkératose (hypersécrétion de kératine, élaborée en excès par la paroi du follicule) et une prolifération bactérienne, entraîne une inflammation des follicules pilosébacés, occasionnant la formation de comédons tantôt ouverts (points noirs), tantôt fermés (microkystes), de papules, de pustules (papules surmontées d'un point blanchâtre suppurant), voire de nodules (grosseurs). Dans les formes les plus graves d'acné, on observe des kystes profonds et purulents, qui parfois se vident à la surface. L'acné survient essentiellement dans les zones de forte concentration en glandes sébacées, essentiellement le visage, le cou, la poitrine et le dos.

Acné rosacée

Les causes de l'acné rosacée sont controversées : certains l'attribuent à une hypochlorhydrie (diminution du taux d'acide chlorhydrique dans le suc gastrique) ; il semble que le café, le thé, les noix, le chocolat, le poivre, l'alcool et les épices jouent un rôle favorisant.

SYMPTÔMES ET SIGNES

L'acné rosacée est caractérisée par des pustules apparaissant sur un fond de rougeur diffuse et de couperose affectant les joues et le nez essentiellement. L'association à un eczéma de la face est fréquente.

Traitement de l'acné

Il dépend moins du type d'acné en cause que de la sévérité des lésions.

■ **Dans les acnés superficielles,** un traitement local par voie externe suffit. Les soins d'hygiène sont très importants, notamment une toilette au savon doux deux fois par jour. L'application de médicaments actifs sur l'hyperkératose (acide rétinoïque, encore appelé vitamine A acide), sur la séborrhée (isotrétinoïne locale), sur l'inflammation (peroxyde de benzoyle dosé à 5 ou 10 %) est nécessaire. Elle doit être réalisée selon des règles très précises pour éviter une trop forte irritation. L'exposition au soleil est déconseillée pendant le traitement. L'amélioration apparaît 3 à 4 semaines après le début du traitement. L'antibiothérapie locale (érythromycine, cyclines) donne aussi de bons résultats sur les acnés superficielles. Tous ces produits peuvent déclencher une irritation ou une sécheresse cutanées, parfois la recrudescence des lésions dans les premières semaines. Une crème hydratante appliquée chaque jour y remédie. Les résultats obtenus sont très satisfaisants dans plus de 80 % des cas, à la condition cependant d'une grande assiduité dans les soins pendant au moins 3 ou 4 mois.

■ **Dans les acnés graves** par leur persistance ou par l'importance des lésions, le traitement est général. Il a pour but d'éviter les cicatrices. Les antibiotiques par voie orale (cyclines notamment), utilisés pendant au moins 4 mois pour éviter les rechutes, sont très efficaces. Chez la femme enceinte, on évitera l'antibiothérapie générale.

Les rétinoïdes oraux constituent un progrès thérapeutique considérable en cas d'échec des antibiotiques ou dans les formes très sévères d'acné. Ils diminuent la sécrétion sébacée et éliminent définitivement l'acné en 4 à 6 mois de traitement. Ils imposent une contraception très fiable, car ils sont susceptibles de produire des malformations congénitales. La contraception doit commencer un mois avant le début du traitement, se poursuivre pendant et se prolonger plusieurs mois après l'arrêt de celui-ci.

Chez les femmes, des œstroprogestatifs suffisamment dosés en œstrogènes (les minipilules et les micropilules sont inefficaces sur l'acné), voire des antiandrogènes sont parfois prescrits.

Prévention de l'acné

L'emploi de certains produits cosmétiques comédogènes, l'abus de détergents et les manipulations de comédons ou de boutons doivent être évités, de même que toute exposition exagérée au soleil.
→ VOIR Rosacée.

Acoumétrie

Mesure clinique de l'audition.

L'acoumétrie permet de diagnostiquer facilement le type de surdité du patient même si, contrairement à l'audiométrie (mesure de l'audition avec l'aide de matériel électronique), ce n'est qu'une appréciation approximative du médecin.

Acouphène

Perception généralement erronée d'une sensation sonore (bourdonnement, sifflement, grésillement).

Les acouphènes sont un phénomène fréquent. Ils peuvent toucher une oreille ou les deux. Parfois, le patient ne peut préciser le côté atteint et semble percevoir l'acouphène au milieu du crâne.

CAUSES
Toute lésion obstructive de l'oreille externe, toute lésion de l'oreille moyenne ou interne est susceptible d'entraîner des acouphènes : bouchon de cérumen, otite moyenne aiguë, otospongiose, presbyacousie (diminution naturelle de l'audition due à l'âge) ou tumeur du nerf auditif. Si le bruit est audible par un sujet extérieur, synchrone au pouls, il peut avoir une origine vasculaire.

TRAITEMENT
Le traitement des acouphènes est difficile car aucune méthode n'a jusqu'ici fait preuve d'une constante efficacité.

Acquis

Qui n'existe pas à la naissance et survient au cours de l'existence.

■ **Les caractères acquis** sont des caractères qui ne figurent pas dans le patrimoine chromosomique de l'individu et qui apparaissent au cours de sa vie ; ils peuvent être d'ordre morphologique, physiologique ou psychophysiologique. Ils témoignent d'un phénomène d'adaptation à des influences extérieures diverses et se manifestent à tout âge, sous l'action du milieu.

■ **Les maladies acquises** sont des maladies dont les causes ne sont pas génétiques.

Acrocyanose

Trouble circulatoire passager responsable d'une cyanose des extrémités du corps (oreilles, mains, pieds).

Assez rare, l'acrocyanose atteint surtout les jeunes filles pendant et après la puberté.

CAUSE
Cette affection est causée par un spasme des petits vaisseaux cutanés (capillaires et veinules) entraînant un ralentissement local de la circulation du sang. En effet, l'acrocyanose s'accompagne parfois de perturbations des règles. L'acrocyanose s'observe quelquefois dans le cadre de la maladie de Raynaud.

SYMPTÔMES ET ÉVOLUTION
La cyanose s'accentue avec le froid et l'humidité, qui peuvent même entraîner quelques légères douleurs. Elle s'aggrave également en cas d'émotion. Elle peut déborder les extrémités du corps et atteindre

les cuisses ou les avant-bras. Une transpiration et un refroidissement de la peau s'y associent souvent.

L'évolution est habituellement bénigne, l'amélioration survenant spontanément avec le temps.

TRAITEMENT

Le traitement le plus efficace consiste à éviter l'exposition au froid. D'autres mesures ont été proposées pour lutter contre l'atonie de ces petits vaisseaux (vitaminothérapie, phytothérapie), mais leur efficacité est très incertaine. Il n'existe pas de mesure préventive.

Acrodynie

Maladie vasomotrice des extrémités s'observant chez l'enfant entre 6 mois et 5 ans.

L'acrodynie est due à une intoxication, le plus souvent médicamenteuse, par le mercure. Les mains et les pieds sont tuméfiés, rouges, douloureux. L'enfant est fatigué, il maigrit, se gratte, transpire beaucoup, souffre de paresthésies (sensations de fourmillement) et de tachycardie. Il n'a pas de fièvre. La suppression des traitements en cours à base de mercure (vermifuges, gammaglobulines, pommades mercurielles) assure la guérison de l'acrodynie.

Acrokératose

Dermatose caractérisée par un épaississement de l'épiderme touchant essentiellement la paume des mains et la plante des pieds. SYN. *hyperkératose orthokératosique.*

Acromégalie

Affection caractérisée par des modifications morphologiques hypertrophiques des mains, des pieds et de la tête, associées à des troubles cardiaques.

L'acromégalie est une maladie rare, affectant environ 40 individus sur 1 million, essentiellement des femmes âgées de 30 à 40 ans. Elle est due à une hypersécrétion de l'hormone de croissance (somathormone) par un adénome (tumeur bénigne) de l'antéhypophyse, lobe antérieur de l'hypophyse. Chez le sujet jeune pouvant encore grandir, ce dérèglement hormonal provoque un gigantisme. Chez l'adulte, la croissance osseuse étant terminée, il entraîne une acromégalie.

Acroparesthésie

Sensation d'engourdissement, de picotement ou de fourmillement de l'extrémité des membres.

Acropathie ulcéromutilante

Syndrome touchant les extrémités des membres (mains et, surtout, pieds), caractérisé par des ulcérations indolores de la peau associées à des mutilations osseuses.

Acropustulose infantile

Maladie bénigne, non infectieuse, du nouveau-né et du nourrisson, caractérisée par un semis de petites pustules survenant sur les paumes et les doigts, la plante des pieds et les orteils, plus rarement dans une autre partie du corps.

L'acropustulose infantile touche essentiellement, et sans raison évidente, les nourrissons masculins noirs. Cette maladie est gênante en raison du prurit qu'elle occasionne et de ses récidives incessantes. La maladie résiste aux traitements locaux (on traite en revanche ses symptômes à l'aide d'antiseptiques et de dermocorticostéroïdes) mais guérit spontanément vers 2 ou 3 ans.

ACTH

→ VOIR Corticotrophine.

Actinomycose

Maladie infectieuse provoquée par les actinomycètes, bactéries anaérobies.

Les actinomycètes vivent normalement dans la cavité buccale de l'être humain. L'apparition de l'infection est favorisée par une mauvaise hygiène dentaire et un état immunodépressif. L'infection se développe souvent à partir d'un foyer initial (carie dentaire) et se propage dans l'organisme. Les localisations habituelles de l'actinomycose sont la peau, les os, le cerveau, le poumon et la plèvre.

L'évolution est généralement favorable grâce à une antibiothérapie prolongée de plusieurs mois (pénicilline). Une intervention chirurgicale est parfois nécessaire pour exciser ou drainer la fistule.

Actinoréticulose

Dermatose chronique de l'adulte, causée par une hypersensibilité de la peau à la lumière.

L'actinoréticulose touche surtout l'homme après 50 ans. Elle semble due à l'association d'un terrain familial et personnel allergique à une photosensibilisation. Les lésions, très prurigineuses, prédominent sur les zones exposées à la lumière. De simples plaques eczématiformes rouges et desquamantes, elles se transforment au bout de quelques mois ou années en grosses papules pouvant déborder sur les zones protégées de la lumière et, à terme, s'étendre sur tout le corps.

Le seul traitement est la corticopuvathérapie (traitement associant les corticostéroïdes aux rayons ultraviolets A). Des mesures de protection contre la lumière sont indispensables.

Acupuncture

Branche de la médecine chinoise traditionnelle consistant à piquer avec des aiguilles en des points précis de la surface du corps d'un patient pour soigner différentes maladies ou provoquer un effet analgésique.

HISTORIQUE

Ce sont les Chinois qui découvrirent l'acupuncture entre 4000 et 3000 avant J.-C., élaborant cette technique peut-être à partir de l'observation de rémissions inexplicables chez des blessés par flèches ou des suppliciés par pointes acérées. Sa pratique se répandit en France à partir des années 1930.

INDICATIONS

Si, en Chine, la médecine occidentale est, elle aussi, actuellement très pratiquée, l'acupuncture est également bien développée dans les pays occidentaux, le plus souvent en complément d'autres traitements.

Ses indications appartiennent aux mêmes spécialités que celles de la médecine générale : de la rhumatologie à la pneumologie, en passant par la gynécologie (vomissements de la grossesse, dysménorrhées), la gastro-

entérologie, l'oto-rhino-laryngologie (sinusites, rhinolaryngites, trachéites chroniques) ou certains troubles du comportement (nervosité, trac, angoisses, énurésie, affections consécutives au stress). Elle est particulièrement indiquée en cas d'inflammation, de spasmes et de douleurs (névralgies, migraines, douleurs fantômes des amputés, myalgies, contractures), sauf en cas de lésion organique importante. Les manifestations allergiques (asthme, rhume des foins) sont également un de ses domaines de prédilection. Enfin, en cas d'entorse ou d'accident musculaire banal (élongation), elle permet d'apporter un soulagement au patient.

Largement utilisée en Chine, l'analgésie acupuncturale, faussement appelée anesthésie par acupuncture, n'est utilisée en Occident qu'en obstétrique (accouchement sans douleur) et en stomatologie (soins dentaires), les essais de remplacement de l'anesthésie par l'acupuncture, au cours de véritables interventions chirurgicales, ne donnant pas de résultats suffisants selon les critères occidentaux.

PRINCIPE

Il est démontré que l'acupuncture libère dans le système nerveux central des endorphines (hormones ayant des effets analgésiques). De plus, l'introduction des aiguilles, en stimulant les nerfs périphériques, distrairait l'attention de la douleur originelle.

Selon la médecine traditionnelle chinoise, le ki (influx vital) circule dans le corps le long de 24 méridiens, ou lignes de cheminement, en liaison les uns avec les autres. Le long de chaque méridien se trouvent les points clefs. Ils se divisent en 5 catégories :
– les points de tonification, dont le rôle est de stimuler une fonction organique déficiente ;
– les points de dispersion, dont le rôle est de calmer une fonction organique malade par excès (hyperfonctionnement, hypersécrétion, etc.) ;
– les points sources qui régulent ;
– les points d'alarme, ou points hérault, spontanément douloureux lorsque le méridien sur lequel ils se trouvent est perturbé ;

- les points de passage, par où s'écoule l'énergie vitale lorsqu'elle est en excès dans un organe.

C'est en insérant des aiguilles en ces points précis (787 au total) que l'acupuncteur traite le patient. En fonction de la maladie, il détermine la température de l'aiguille, l'angle d'introduction, le mouvement de bascule ou de vibration au moment de l'insertion de l'aiguille, la rapidité de l'introduction et du retrait ainsi que la durée de la pose. Certains acupuncteurs font même passer un léger courant électrique pour stimuler le déblocage du méridien.

TECHNIQUES
Le malade doit être allongé sur le dos ou sur le ventre. La pénétration des aiguilles est peu douloureuse sur l'ensemble du corps, plus désagréable aux extrémités. Il n'y a, en général, pas lieu d'excéder de 15 à 20 aiguilles à chaque séance. La profondeur d'implantation ne dépasse pas 3 ou 4 millimètres.

Les séances durent de 15 à 30 minutes. Elles sont généralement prescrites par séries de 5 à 10, à raison d'une séance par jour ou tous les deux jours.

Les aiguilles, en tungstène ou en acier inoxydable, sont toutes stérilisées ou à usage unique, jetables.

EFFETS INDÉSIRABLES
Le risque le plus grave de l'acupuncture serait la transmission d'infections, particulièrement du sida et de l'hépatite virale, s'il n'était prévenu par la stérilisation des instruments selon des normes rigoureuses, ou, mieux, par l'emploi d'aiguilles à usage unique. Des blessures ont été décrites ; c'est une des raisons de l'interdiction d'exercice aux non-médecins dans certains pays comme la France. Par ailleurs, l'acupuncture pratiquée sans discernement pourrait faire perdre le bénéfice d'un traitement moderne plus efficace.

Adam (pomme d')

Saillie formée par le cartilage thyroïde du larynx située dans la partie médiane du cou.

Adamantinome

Tumeur récidivante des maxillaires, généralement bénigne. SYN. *améloblastome, amélome.*

Localisé surtout dans la région des molaires et dans la branche montante du maxillaire inférieur, l'adamantinome détruit le tissu osseux et la gencive, mais n'entraîne pas de métastase. C'est l'ablation chirurgicale qui protège le mieux le malade des récidives.

Adams-Stokes (syndrome d')

Accident neurologique dû à une brusque diminution de l'irrigation cérébrale.

Le syndrome d'Adams-Stokes atteint plutôt les hommes âgés de plus de 50 ans. Il a pour origine un ralentissement extrême du rythme cardiaque, par bradycardie ou bloc auriculoventriculaire, responsable d'un arrêt cardiocirculatoire.

SYMPTÔMES ET SIGNES
La syncope spontanée, non liée à l'effort, est caractéristique du syndrome. Le sujet perd brutalement connaissance : il est pâle, inerte, mais respire toujours malgré le ralentissement ou la disparition de son pouls. Il reprend souvent conscience de lui-même après quelques dizaines de secondes.

DIAGNOSTIC ET TRAITEMENT
La confirmation de ce trouble de la conduction est obtenue par enregistrement Holter (enregistrement électrocardiographique pendant 24 heures) et par enregistrement du faisceau de His (qui assure la conduction de l'influx nerveux jusqu'aux ventricules), par sonde intracardiaque. Afin d'éviter les syncopes, dont les conséquences peuvent être graves, les malades bénéficient de l'implantation d'un stimulateur cardiaque (pacemaker), qui déclenche les contractions cardiaques en cas d'arrêt de celles-ci.

Addison (maladie d')

Maladie rare due à une atteinte des glandes corticosurrénales conduisant à un déficit total en aldostérone et en cortisol. SYN. *Insuffisance surrénalienne lente.*

CAUSES
Autrefois, la maladie était due surtout à la tuberculose. Aujourd'hui, la cause la plus

fréquente est la rétraction corticale (involution des corticosurrénales). Celle-ci, qui atteint les deux surrénales, peut survenir isolément, dans le cadre d'un syndrome polyendocrinien auto-immun (les anticorps produits par le système immunitaire attaquant les glandes surrénales) associant thyroïdite lymphocytaire chronique, insuffisance ovarienne, diabète insulinodépendant, ou être liée à un déficit enzymatique du métabolisme des acides gras à longue chaîne.

SYMPTÔMES ET SIGNES
Ils s'installent très progressivement : fatigue physique et psychique, ressentie surtout le soir, pigmentation brunâtre de la peau des plis de flexion, des zones de frottement et des muqueuses, hypotension artérielle, anorexie, tendance à l'hypoglycémie et goût prononcé pour le sel.

DIAGNOSTIC
Il repose sur l'absence d'augmentation du taux de cortisol et d'aldostérone une heure après injection de corticotrophine (ACTH), et sur l'élévation spontanée du taux d'ACTH. Il comporte une recherche d'anticorps antisurrénaliens, un bilan endocrinien et général et un scanner de la région surrénalienne.

ÉVOLUTION
Une insuffisance surrénale aiguë peut être déclenchée par une agression infectieuse, psychique ou traumatique, ou par une intervention chirurgicale, et marquée par une déshydratation, des troubles digestifs (douleurs abdominales, vomissements et diarrhée). Elle nécessite un traitement en urgence.

TRAITEMENT
Un traitement d'entretien par voie orale est prescrit à vie ainsi qu'un régime normalement salé. Il doit être augmenté transitoirement en cas d'agression ou d'intervention chirurgicale, afin de prévenir une insuffisance surrénale aiguë.

Additif alimentaire

Substance naturelle ou chimique ajoutée dans les aliments dans un dessein scientifique ou technique précis.

La réglementation sur les additifs alimentaires est très stricte dans de nombreux pays, en France notamment où a été adoptée une politique de liste positive : ne sont autorisés que les produits y figurant explicitement et pour un usage précis. Cette conception a été reprise par les instances de la Communauté économique européenne, dont les directives jouent un rôle décisif dans ce domaine, où s'affrontent conceptions scientifiques, arguments passionnels et intérêts financiers.

Adénite

Inflammation d'un ganglion lymphatique.
SYN. *lymphadénite*.

Une adénite est le plus souvent d'origine infectieuse : elle peut être virale (mononucléose infectieuse), parasitaire (toxoplasmose), due à un germe banal ou pyogène (générateur de pus : adénite suppurée avec l'apparition d'adénophlegmons) ou au bacille de Koch (adénite tuberculeuse). Les localisations habituelles de l'adénite sont le cou, l'aisselle, l'aine, mais certaines sont plus profondes, médiastinales ou abdominales, et peuvent comprimer les organes du voisinage.

SYMPTÔMES ET ÉVOLUTION
Une adénite n'entraîne souvent aucun symptôme. Elle se manifeste parfois par des douleurs abdominales et de la fièvre. La maladie la plus caractéristique, l'adénite mésentérique aiguë, fréquemment d'origine virale, se rencontre chez l'enfant, chez qui elle simule une crise d'appendicite.

TRAITEMENT
Le traitement repose sur l'administration d'analgésiques, pour calmer les douleurs, d'antipyrétiques pour combattre la fièvre et d'antibiotiques lorsque l'infection est microbienne.

Adénofibrome

Tumeur bénigne qui se développe sur une glande et est constituée d'une prolifération d'éléments glandulaires (adénome) et de tissu conjonctif fibreux (fibrome).

L'adénofibrome siège surtout dans le sein et parfois dans l'ovaire.

Adénogramme

Examen cytologique (étude des cellules) et bactériologique (recherche de germes) des ganglions superficiels.

Un adénogramme est prescrit pour préciser l'origine infectieuse, hématologique ou tumorale d'une adénopathie.

L'adénogramme s'effectue à partir du prélèvement par ponction du tissu ganglionnaire, pratiqué à l'aide d'une aiguille fine.

Adénoïdectomie

Ablation chirurgicale des végétations adénoïdes (hypertrophie des amygdales pharyngées de Luschka).

L'adénoïdectomie, couramment appelée opération des végétations, est pratiquée chez un enfant sujet à des otites aiguës à répétition ou présentant une importante surdité de transmission (due à une atteinte de l'oreille moyenne ou externe). Pratiquée sous anesthésie générale de courte durée, elle ne nécessite pas d'hospitalisation et l'enfant peut recommencer à s'alimenter normalement dès le lendemain.

Adénomatose pluri-endocrinienne

Formation d'adénomes (tumeurs bénignes) sur deux ou plusieurs glandes endocrines.

Les adénomatoses sont des affections très rares dont la transmission peut être héréditaire.

Adénome

Tumeur bénigne qui se développe sur une glande et qui reproduit sa structure.

Un adénome peut atteindre la plupart des organes (rein, sein, prostate, foie, pancréas), ainsi que les glandes endocrines et certaines muqueuses (côlon, muqueuse utérine).

Diagnostic

Il repose sur la palpation pour les adénomes les plus superficiels ou sur le toucher rectal pour les adénomes digestifs ; l'échographie confirme leur présence ou révèle celle des plus profonds. Le caractère bénin de la tumeur est affirmé par biopsie.

Évolution et traitement

Parfois l'adénome évolue vers une tumeur maligne, l'adénocarcinome. Le risque est d'autant plus grand que la tumeur est volumineuse. Certains adénomes multiples sont fréquemment le point de départ d'un cancer, sur le côlon notamment.

Le traitement consiste en l'ablation, chirurgicale (sur les organes) ou endoscopique (sur les muqueuses).

Adénopathie

Affection des ganglions lymphatiques, d'origine inflammatoire, infectieuse ou tumorale.

Une adénopathie se caractérise par une adénomégalie (augmentation de volume des ganglions).

Adénophlegmon

Suppuration d'un ganglion inflammatoire.

L'adénophlegmon forme un abcès, superficiel ou profond, circonscrit ou diffus, qui s'étend au voisinage ganglionnaire. Le traitement repose sur la prise d'antibiotiques.

ADH

→ VOIR Antidiurétique (hormone).

Adhérence

Accolement anormal de deux tissus ou deux organes contigus par un tissu conjonctif.

Les adhérences peuvent être dues à une anomalie congénitale (adhérence du prépuce au gland, dans le phimosis) ou résulter d'une blessure ou d'une brûlure. Les adhérences internes affectent le plus souvent les membranes séreuses qui tapissent les viscères et les cavités thoracique et abdominale. Elles peuvent être, en outre, à l'origine de douleurs (adhérence entre l'ovaire ou la trompe utérine et l'appendice), de perforation (adhérence vésiculaire au côlon, responsable d'un iléus biliaire), d'occlusion intestinale (adhérence péritonéale due à une péritonite ou à une intervention chirurgicale). On opère principalement les adhérences entraînant une stérilité (adhérence des trompes utérines due à des séquelles de salpingite) ou une occlusion intestinale.

Adie (syndrome d')

Affection neurologique caractérisée par une diminution ou une disparition des réflexes ostéotendineux (contraction involontaire d'un muscle provoquée par la percussion de son tendon) et par des troubles pupillaires (pupille tonique).

Adipocyte

Cellule de l'organisme contenant des lipides.

Les adipocytes, ou cellules adipeuses, se regroupent en lobules et forment ce que l'on appelle communément la graisse.

A.D.N.

→ VOIR Acide désoxyribonucléique.

Adolescence

Période de l'évolution de l'individu, conduisant de l'enfance à l'âge adulte.

Elle débute à la puberté (vers 11-13 ans chez la fille, 13-15 ans chez le garçon) et s'accompagne d'importantes transformations aux plans biologique, psychologique et social.

Transformations physiques

L'adolescence signe l'accès à la maturité génitale, avec le développement des gonades (glandes reproductrices, ovaires, testicules) et des caractères sexuels secondaires (signes extérieurs de la différence des sexes). La croissance s'accélère, d'abord chez la fille, plus tardivement chez le garçon. La voix mue, la morphologie se transforme selon les sexes.

■ **Chez le garçon,** on note un accroissement du volume testiculaire et de la longueur du pénis, avec la survenue des premières éjaculations. La masse musculaire devient plus importante, les épaules s'élargissent. Plus tardivement, la pilosité de type masculin commence à s'installer.

■ **Chez la fille,** l'utérus et les ovaires augmentent de volume. Les règles succèdent à la première poussée mammaire, après un intervalle de 2 ans environ. Les formes s'épanouissent (seins, hanches, bassin), avec apparition de la pilosité de type féminin.

Transformations psychologiques

L'adolescence est une période normale de conflits, nécessaire à l'équilibre ultérieur, et dont la complexité ne se prête guère aux discours trop généralisateurs. On peut cependant la considérer comme une évolution dynamique, ayant pour finalité l'autonomie, l'identité et l'adaptation sexuelle. L'adolescent ressent le besoin de sortir de lui-même, d'élargir ses intérêts au-delà du cercle familial. À l'identification aux parents se superpose l'identification au même groupe d'âge, au héros collectif, à la « bande ».

Ici intervient le classique « conflit des générations ». Si le jeune s'exprime par affirmations ou négations tranchées, sans souci des contradictions, il n'en recherche pas moins le débat. Ce désir de débattre, l'adulte ne doit pas le confondre avec de la provocation. En dépit des apparences, l'adolescent est celui qui a le moins d'indulgence pour lui-même. Face à son corps, à ses capacités de séduction, il peut vivre un sentiment d'insécurité, voire de honte.

Il se trouve en même temps tenaillé par la reviviscence de complexes infantiles (œdipiens, notamment). Le jeune, si enclin à la révolte, a l'inquiétude de la normalité. Il importe de lui assurer que la qualité de l'expérience amoureuse passe avant les moyennes statistiques, d'interprétation si relative.

Il appartient également à l'adulte de ne pas le déstabiliser par de l'ironie ou de la gêne, quant aux problèmes de sa puberté (premières règles, acné, particularités de l'esthétique corporelle). Une masturbation, exutoire souvent culpabilisant, un attachement homosexuel transitoire, qui traduit la recherche idéalisée d'un double, d'un confident, ne doivent jamais être blâmés. En raison du frein apporté à la libération sexuelle par la crainte du sida, de l'effacement des structures familiales, de l'incertitude de l'avenir professionnel, l'adolescent d'aujourd'hui, qui ne bénéficie plus des anciens systèmes de référence, dépend d'autant plus d'une coopération et d'un dialogue sincère avec l'adulte pour aborder des problèmes tels que la contraception (50 % des adolescents ont leur premier rapport sexuel avant l'âge de 17 ans ; de 7 à 10 % des interruptions volontaires de grossesse sont pratiquées sur des mineures), la prévention de la délinquance, de la toxicomanie, du sida, etc. Il a aussi besoin de l'adulte pour parler du bonheur, du sens de la vie. Ainsi les élans du cœur et de l'esprit, si riches durant cet « âge ingrat », auront-ils une chance de ne pas disparaître avec lui.

Troubles de l'adolescence

■ **Les troubles physiques** à dépister en priorité concernent la locomotion (scoliose), les dents (caries, dents de sagesse) et la peau (acné). Les fonctions visuelles et auditives sont à surveiller également. L'examen gynécologique, lorsqu'il se révèle nécessaire, doit être clairement expliqué à la jeune fille. Des troubles du poids et de l'alimentation peuvent être liés à un surmenage, à un manque de sommeil, mais aussi à une infection méconnue (primo-infection tuberculeuse, parasitose).

■ **Les troubles du comportement** sont aussi variés que – généralement – bénins, même s'ils offusquent l'entourage. La « crise d'originalité juvénile » est moins à redouter par ses excès que par son absence. Le repli sur soi, la persistance d'un comportement enfantin, surtout s'ils s'accompagnent d'un fléchissement scolaire et d'une disparition de tout plaisir, devraient autant alerter les parents qu'une trop bruyante « fureur de vivre ». De tels signes précèdent ou accompagnent souvent une dépression, voire une psychose. La toxicomanie, la délinquance, l'anorexie, la boulimie, le suicide, constituent d'autres risques préoccupants. Une sécheresse buccale, le besoin continuel de boire, une rougeur conjonctivale peuvent trahir une consommation de drogue. Une fugue ne doit jamais être ni dramatisée ni banalisée. La consultation médicale ou spécialisée, quoique toujours souhaitable, n'apporte pas de solutions miracles. Dans tous les cas, le pronostic dépend de la qualité et de la solidité des images parentales, qui aident l'adolescent à reprendre conscience de sa propre valeur, à s'aimer lui-même afin de mieux aimer autrui.

Adrénaline

Hormone produite par la glande surrénale jouant un rôle primordial dans le fonctionnement du système nerveux sympathique.
SYN. *épinéphrine*.

L'adrénaline est fabriquée par la région médullaire (centrale) de la glande surrénale, ou médullosurrénale. Sa sécrétion est déclenchée par la partie dite sympathique du système nerveux autonome (végétatif), à la suite d'un stress, d'une émotion, d'un danger. L'adrénaline est un des éléments de la réponse de défense de l'organisme : stimulation de l'appareil cardiovasculaire (accélération du cœur, hypertension, vasoconstriction) ; dilatation des bronches, avec facilitation de la respiration ; augmentation du glucose sanguin, source d'énergie pour les cellules. L'adrénaline agit sur des cellules cibles en se fixant sur deux types de récepteurs, alpha et bêta, qui déclenchent la réaction de la cellule.

UTILISATION THÉRAPEUTIQUE

L'adrénaline, fabriquée synthétiquement depuis 1900, est utilisée en thérapeutique, surtout en injection.

Aérateur transtympanique

Système de drainage placé dans la membrane tympanique mettant en communication l'oreille moyenne et l'oreille externe.
SYN. *diabolo, drain transtympanique, yoyo*.

La mise en place d'un aérateur transtympanique, rare chez l'adulte, est fréquente chez l'enfant. Elle est indiquée en cas de surdité de transmission (due à une atteinte de l'oreille moyenne ou externe) importante liée à une otite séreuse ou à des otites moyennes aiguës à répétition. L'aérateur permet la ventilation de l'oreille moyenne et l'élimination de ses sécrétions, donc la récupération auditive. La pose, qui implique une perforation du tympan, se fait à l'aide d'un microscope sous anesthésie générale. L'aérateur est habituellement laissé en place pendant une période allant de 6 mois à 1 an. Sa présence interdit habituellement les baignades. Le risque essentiel des aérateurs transtympaniques est la non-fermeture de la perforation tympanique après la levée du drain, qui peut nécessiter une intervention chirurgicale.

Aérobilie

Présence d'air dans les voies biliaires (canal cholédoque ou vésicule biliaire).

Aérocolie

Distension du côlon par un contenu gazeux surabondant.

L'aérocolie entraîne un gonflement de l'abdomen ressenti par le patient. Elle peut être isolée, en cas de troubles fonctionnels intestinaux, ou associée à d'autres phénomènes pathologiques abdominaux : colique hépatique, colique néphrétique, péritonite, etc. Un examen radiologique (abdomen sans préparation) permet de confirmer le diagnostic. Ce trouble, sans gravité en lui-même, ne requiert pas de traitement spécifique.

Aérogastrie

Présence excessive d'air dans l'estomac pouvant entraîner une distension de cet organe.

L'aérogastrie est généralement la conséquence d'une déglutition excessive d'air, mais elle peut également témoigner de l'atteinte d'un organe proche. Sauf exception, l'aérogastrie ne requiert aucun traitement spécifique.

Aérophagie

Déglutition d'air pouvant entraîner une aérogastrie.

L'ingestion d'une certaine quantité d'air est normale. Excessive, elle est souvent due à une grande nervosité qui se manifeste par des mouvements fréquents de déglutition. La dilatation anormale de l'estomac qu'elle peut entraîner (aérogastrie) provoque une sensation de tiraillements abdominaux. À la fin d'un repas, l'excédent d'air est parfois rejeté (éructation).

L'aérophagie n'a pas de traitement spécifique efficace en dehors des traitements appliqués aux troubles névrotiques.

Aérosol

Dispersion en particules très fines d'un liquide, d'une solution ou d'un solide dans un gaz.

Les aérosols sont généralement utilisés dans le traitement des maladies respiratoires.

Affection

Modification pathologique de l'organisme.

Ce terme est couramment employé comme synonyme de maladie.

Agammaglobulinémie

Absence de gammaglobulines (immunoglobulines G, ou IgG, plasmatiques qui jouent un rôle d'anticorps) dans le sang.

L'absence de gammaglobulines favorise la survenue d'infections bactériennes graves et récidivantes. Dans tous les cas, le traitement associe une antibiothérapie à des injections de gammaglobulines purifiées.

Agénésie

Absence totale ou partielle d'un tissu, d'un organe ou d'une structure dès la vie embryonnaire, due à une cause héréditaire.

Contrairement à l'aplasie (où l'absence d'organe est due à un arrêt de développement pendant la vie intra-utérine), l'agénésie peut s'accompagner d'anomalies d'autres organes issus du même lot de cellules embryonnaires.

DIAGNOSTIC

Une agénésie est visible à l'échographie anténatale. Après la naissance, d'autres examens confirment le diagnostic : la radiographie (radiographie thoracique pour l'agénésie pulmonaire, radiographie du membre supérieur pour l'agénésie du cubitus ou du radius), le scanner ou l'imagerie par résonance magnétique (agénésie du corps calleux).

Les agénésies, quelles qu'elles soient, nécessitent une prise en charge en milieu spécialisé.

Agglutination

Réaction spécifique de défense de l'organisme, caractérisée par le rassemblement en petits amas de globules rouges, de bactéries ou d'autres éléments, en présence de l'anticorps correspondant.

Ce phénomène sert en laboratoire à mettre en évidence divers types d'antigènes ou d'anticorps. L'hémagglutination, test le plus courant pour déterminer le groupe sanguin d'un individu, repose sur ce principe.

Agglutinine

Anticorps capable de produire l'agglutination d'éléments (cellules, germes, globules rouges, etc.) porteurs de l'antigène contre lequel il est dirigé.

Les agglutinines antibactériennes apparaissent dans le sérum des sujets ayant été en contact avec certaines bactéries. Ce contact peut avoir été spontané, lors d'une infection due au germe causal (fièvre typhoïde), ou provoqué par une vaccination (vaccin TAB, contre la typhoïde).

La mise en évidence d'agglutinines à un taux élevé permet de faire la preuve indirecte de la responsabilité d'un germe dans une infection. La variation de ce taux est un témoin de l'évolution de la maladie.

Agnosie

Incapacité de reconnaître les objets, indépendamment de tout déficit sensoriel.

DIFFÉRENTS TYPES D'AGNOSIE

L'agnosie ne concerne en général qu'une fonction : audition, toucher ou vision. Ainsi, un objet pourra être reconnu par la vue et l'audition mais pas par le toucher.

■ L'agnosie **auditive** est l'incapacité d'identifier les bruits connus, les sons musicaux et le langage parlé, en dépit d'une audition normale.

■ L'agnosie **tactile** est l'incapacité de reconnaître des objets par le seul contact digital.

■ L'agnosie **visuelle** est l'incapacité de reconnaître par la vue, alors que le patient n'est pas aveugle, des formes ou des signes familiers : objets, images, couleurs, lettres, chiffres, etc. Quand le patient est incapable d'identifier un visage connu ou sa propre image dans un miroir, on parle de prosopagnosie.

Agrafe

Petite lame de métal utilisée pour suturer les plaies.

Les agrafes sont retirées au bout de 6 à 8 jours mais, afin d'obtenir une cicatrice plus fine, il est possible de les desserrer ou d'en enlever une sur deux vers le quatrième jour. Elles sont parfois remplacées par des bandelettes hyperadhésives ou des fils.

Agranulocytose

Absence dans le sang de granulocytes neutrophiles (globules blancs intervenant dans la lutte contre les agents infectieux).

Agraphie

Incapacité d'écrire, indépendante de tout trouble moteur.

Agrégation plaquettaire

Phénomène consécutif à l'adhésion des plaquettes entre elles et au collagène (protéine du tissu conjonctif), sous l'effet de l'adénosine diphosphate (A.D.P.) que celles-ci libèrent.

L'agrégation plaquettaire constitue l'étape préalable à la coagulation sanguine lorsqu'un vaisseau est lésé. Elle peut aussi avoir des effets indésirables lorsqu'elle se produit sur une plaque d'athérome : elle favorise alors la constitution d'un thrombus (caillot), qui peut obstruer un vaisseau.

Agressivité

Tendance à s'opposer à autrui ou à l'attaquer, de façon réelle ou fantasmée.

L'agressivité est en rapport étroit avec la satisfaction des besoins vitaux, la maîtrise du milieu et l'affirmation de soi. Les actes agressifs sont ceux qui retiennent le plus l'attention en raison de leur caractère spectaculaire et potentiellement dangereux (crises de fureur), mais l'agressivité peut prendre bien d'autres formes : attitudes (mimiques, regards), paroles (ironie, médisance, menaces, insultes) ou fantasmes.

À l'origine de nombreux troubles mentaux existe une agressivité latente, mal assumée, engendrant angoisse et sentiment de culpabilité. Symptôme de la psychopathie, l'agressivité se rencontre dans diverses maladies psychiatriques : névroses, psychoses, et dans les toxicomanies, l'épilepsie, etc.

La thérapeutique de l'agressivité repose tout d'abord sur le traitement de sa cause, lorsque celle-ci est connue (alcoolisme, maladie psychiatrique, etc.). Elle doit aussi tenter d'aménager les conditions de vie et d'hygiène mentale du patient (actions pédagogiques visant à renforcer, en les valorisant, les attitudes de tolérance, de compréhension). Dans tous les cas, la chimiothérapie se révèle efficace : traitement sédatif par des tranquillisants et des neuroleptiques. Une psychothérapie peut parfois être proposée.

Agueusie

Perte totale ou partielle (on parle alors d'hypogueusie) du goût.

Les sensations gustatives élémentaires sont le salé, le sucré, l'amer et l'acide. Les sensations gustatives plus élaborées font intervenir aussi l'odorat et la sensibilité générale de la bouche. En général, l'agueusie s'associe à une perte de l'odorat (anosmie).

Aigu

Qui survient brusquement et évolue vite, en parlant d'une maladie.

Une évolution subaiguë est moins brutale ; une évolution suraiguë est extrêmement rapide et violente.

Aine

Région située de chaque côté du corps, à la jonction de la cuisse et du tronc.

L'aine peut être le siège de tuméfactions dues à des hernies, à une dilatation des vaisseaux ou à un gonflement des ganglions (adénopathie inguinale). L'aine peut, comme l'aisselle, abriter une hydroadénite (infection chronique des glandes sébacées).

AINS

→ VOIR Anti-inflammatoire.

Aisselle

Région de passage entre le tronc et le membre supérieur. SYN. *creux axillaire*.

Des adénopathies axillaires (gonflement des ganglions) peuvent témoigner d'un cancer du sein, d'une inflammation du membre supérieur (lymphangite), ou encore d'une affection ganglionnaire généralisée. En cas de cancer du sein, l'atteinte ganglionnaire peut faire l'objet d'un curage axillaire. L'aisselle est parfois également le siège d'une hydroadénite (inflammation d'une glande sébacée) et d'une luxation de l'épaule.

Akinésie, ou Acinésie

Trouble caractérisé par une raréfaction des mouvements spontanés du corps et une lenteur des mouvements volontaires, dans leur préparation ou durant leur exécution, indépendants de toute lésion de la voie motrice principale.

CAUSES

L'akinésie est l'un des principaux symptômes de la maladie de Parkinson. Elle est la conséquence de lésions du système extrapyramidal, plus spécialement des noyaux gris centraux (masses de substance grise situées dans les hémisphères cérébraux).

Albinisme

Affection héréditaire rare caractérisée par une dépigmentation totale ou partielle de la peau, des cheveux et des poils.

L'albinisme est plus fréquent chez les sujets à peau foncée. Cette affection est due à un défaut du métabolisme de la mélanine et caractérisée par une absence de ce pigment qui protège la peau des radiations solaires. Les cheveux et les poils des albinos sont blancs, leur peau décolorée, leurs yeux roses, avec des iris translucides de couleur gris bleuté. Leur acuité visuelle est moins bonne que la moyenne. Ils sont très sujets aux coups de soleil et plus fréquemment atteints de cancers cutanés que la normale. Ils doivent donc éviter le rayonnement solaire, porter des lunettes teintées et appliquer sur leur peau une crème solaire à fort indice de protection.

Albumine

Protéine hydrosoluble synthétisée dans le foie et constituant, avec les globulines, les principales protéines sanguines.

L'albumine représente 55 % de toutes les protéines du plasma sanguin, où son taux (albuminémie) est d'environ 40 grammes par litre.

Une hypoalbuminémie (baisse du taux d'albumine dans le sang) peut être due à plusieurs facteurs : défaut d'apport alimentaire en protéines, trouble de l'absorption intestinale au cours de certaines maladies digestives, anomalie de la synthèse hépatique comme dans les cirrhoses, perte excessive dans les selles ou surtout dans les urines (albuminurie). Ce dernier cas est dû au passage, normalement minime, de l'albumine mais aussi d'autres protéines plasmatiques à travers le filtre rénal quand le rein est atteint, par exemple, au cours d'une hypertension artérielle ou d'un diabète sucré. On parle alors de protéinurie.

Les hyperalbuminémies (augmentation de l'albumine dans le sang), très rares, sont presque toujours dues à une déshydratation.

Albuminurie

Présence d'une protéine, l'albumine, dans les urines.

Ce terme tend à être remplacé par celui de protéinurie (présence de protéines dans les urines), car ce sont bien toutes les protéines (et non l'albumine seulement) qu'on détecte dans les urines au cours des maladies du rein.

Alcalinisant urinaire

→ VOIR pH urinaire (modificateur du).

Alcalins (syndrome des)

→ VOIR Burnett (syndrome de).

Alcaloïde

Substance azotée d'origine végétale, aux propriétés thérapeutiques ou toxiques.

Les alcaloïdes sont souvent des bases puissantes combinées à des acides, tirées de diverses plantes (belladone, pavot, pervenche, etc.) ou obtenues par synthèse.

Certains alcaloïdes sont utilisés comme cholinergiques, antispasmodiques digestifs, anticancéreux, analgésiques, antipaludéens ou antigoutteux.

Alcalose

Trouble de l'équilibre acido-basique de l'organisme correspondant à une diminution de la concentration d'acide dans le plasma et les liquides interstitiels (liquides du secteur extracellulaire, à l'exclusion du secteur vasculaire, où baignent les cellules).

Alcoolémie

Teneur du sang en alcool éthylique.

L'alcoolémie est l'indice le plus précis permettant d'apprécier l'importance d'une ingestion d'alcool. On considère qu'au-delà de 0,50 gramme par litre peuvent apparaître des anomalies du comportement. L'ivresse correspond à des valeurs de 1 à 2 grammes ; au-delà de 3 grammes, un coma peut survenir. Cependant, le taux d'alcoolémie varie en fonction de plusieurs facteurs : le degré alcoolique, la quantité ingérée par rapport à l'âge et au poids du sujet, le moment de l'ingestion (à jeun ou au cours d'un repas) et la nature des aliments ingérés en même temps que l'alcool, le sexe et l'état de santé du sujet.

La législation définit une valeur d'alcoolémie à partir de laquelle la conduite des véhicules est interdite. Ce taux varie selon les pays de 0,20 à 0,80 gramme par litre. En moyenne, 3 verres de vin rouge ou 2 verres de boisson plus alcoolisée suffisent à élever le taux d'alcoolémie au-delà de 0,50 gramme par litre.

Alcool éthylique

Substance liquide comportant une structure chimique appelée hydroxyle (formée d'un atome d'oxygène et d'un atome d'hydrogène), entrant dans la composition des boissons alcoolisées et utilisée comme antiseptique. SYN. *éthanol.* L'alcool apporte beaucoup d'énergie, 30 kilojoules (7 kilocalories) par gramme d'alcool. Il est rapidement transformable en graisse.

On a constaté que la consommation modérée de boissons alcoolisées est associée à une diminution de fréquence des maladies cardio-vasculaires et de la maladie d'Alzheimer.

EFFETS INDÉSIRABLES

L'action de l'alcool sur le système nerveux en modifie le fonctionnement, sans que le sujet en soit nécessairement conscient : levée des inhibitions psychologiques, conduisant parfois à des comportements dangereux ; relaxation, se poursuivant par une somnolence ; euphorie, confiance en soi pouvant être suivie d'une fatigue et d'une humeur dépressive ; diminution des capacités de concentration et de jugement. Les performances physiques et les réflexes sont altérés à partir d'une alcoolémie (concentration sanguine) de 0,5 gramme par litre. Une consommation excessive d'alcool entraîne une ivresse se traduisant par des vomissements et des troubles respiratoires, parfois compliqués d'un coma dit « éthylique » (alcoolisme aigu), et de nombreuses lésions organiques à long terme (alcoolisme chronique). Dans le cadre d'un coma éthylique (on dit que le sujet est ivre mort), la mort peut survenir par collapsus ou asphyxie.

L'alcool interagit avec de nombreux médicaments : il peut diminuer leurs effets (certains antibiotiques), ou les augmenter (un risque accru de somnolence avec les tranquillisants, les analgésiques, les antitussifs).

UTILISATION THÉRAPEUTIQUE

Sous une forme impropre à la consommation (alcool dénaturé ou modifié, c'est-à-dire avec adjonction d'une substance colorante), l'alcool éthylique s'utilise comme antiseptique contre les bactéries, uniquement sur la peau et en l'absence de plaie. Il est commercialisé avec des degrés de dilution variable : 90, 70 ou 60 % Vol. La solution à 70 % Vol (70 millilitres d'alcool dilués dans 30 millilitres d'eau) assure la meilleure antisepsie.

Alcoolisation

1. Imprégnation alcoolique chronique.
2. Technique consistant à infiltrer un nerf ou un ganglion nerveux avec de l'alcool éthylique absolu ou du phénol pour supprimer la douleur dans la zone correspondante ou détruire des tissus pathologiques.

L'alcoolisation est également un traitement palliatif d'utilisation récente des tumeurs malignes du foie de petite taille (5 centimètres de diamètre au plus) : l'alcool entraîne alors une fonte du tissu tumoral. L'injection (de 8 à 10 millilitres d'alcool) se pratique par voie percutanée ou à ventre ouvert, sous contrôle radiologique. Plusieurs séances d'infiltration sont nécessaires si les tumeurs sont nombreuses.

Alcoolisme

Dépendance à l'égard de l'alcool et ensemble des manifestations pathologiques qui en résultent. SYN. *éthylisme*.

Le terme d'alcoolisme désigne donc aussi bien les conséquences pathologiques d'une consommation excessive et prolongée d'alcool (alcoolopathie) que la dépendance à l'alcool (alcoolodépendance).

L'incidence de l'alcoolisme augmente dans le monde depuis des années. Dans les sociétés industrielles, c'est la troisième cause de décès après les affections cardiovasculaires et les cancers.

La personnalité de l'alcoolique a donné lieu à de nombreuses investigations (psychanalytiques, génétiques, sociologiques) : on en retient parfois une mauvaise identification au père, une mère à la fois tyrannique et surprotectrice, ce qui entraînerait chez le sujet un sentiment d'insécurité, une difficulté à s'affirmer ainsi qu'une agressivité mal maîtrisée.

Chez la femme, l'alcoolisme apparaît souvent dans un contexte de frustration narcissique, d'insatisfaction familiale, de divorce, de situation de repli. Socialement mal toléré, il garde un caractère plus secret et solitaire. Certaines névroses, en particulier phobiques, sont une cause méconnue de l'alcoolisme féminin.

SYMPTÔMES ET SIGNES

Classiquement, l'intoxication alcoolique évolue en trois phases :

– asymptomatique, avec camouflage (dissimulation des bouteilles) et culpabilité ;

– cruciale, avec polarisation sur l'alcool, fléchissement de la volonté, début d'atteinte organique ;

– chronique (au bout de 4 à 6 ans) avec altération grave de l'état général et troubles psychiques associés (dont l'anosognosie, ou méconnaissance de sa maladie par le sujet). À ce stade, l'alcoolique ne peut plus arrêter de boire, même s'il le désire.

Les symptômes de l'alcoolisme sont très variés : modifications de la personnalité (jalousie, colères incontrôlées, irritabilité), promesses répétées d'arrêter de boire, changements dans la façon de boire (passage de la bière aux alcools forts, par exemple), désintérêt face à la nourriture, négligence physique, troubles de la mémoire, etc. Le sujet peut avoir des nausées, vomir, trembler le matin, souffrir de douleurs abdominales, de crampes, d'engourdissements ou de fourmillements. Son pouls peut être irrégulier, son visage rouge avec une dilatation des capillaires, sa démarche instable.

Une brusque privation d'alcool chez un sujet dépendant peut déclencher un delirium tremens (tremblements, hallucinations, convulsions).

PATHOLOGIE

Les personnes consommant habituellement de grandes quantités d'alcool sont exposées à diverses pathologies : sensibilité accrue aux infections bactériennes, cancers de l'oropharynx, de l'œsophage, des bronches, maladies hépatiques (cirrhose, hépatite alcoolique), lésions nerveuses graves (encéphalopathies).

L'alcoolisme entraîne aussi des troubles psychiques. L'alcoolisme chronique conduit au delirium tremens ou à sa forme atténuée, le délire subaigu. Certains délires se rapprochent de la paranoïa à thèmes (jalousie, persécution). La démence, conséquence finale de certains alcoolismes, nécessite le placement en institution.

Chez la femme, l'alcoolisme évolue plus rapidement que chez l'homme, en raison d'une fragilité physiologique accrue.

TRAITEMENT

Il ne peut être entrepris qu'à la demande du sujet alcoolique après l'aveu d'intempérance. Le sevrage est souvent facile. Il implique un soutien énergique (hospitalisation éventuelle), une alimentation équilibrée et une chimiothérapie (tranquillisants, antidépresseurs, neuroleptiques, vitamines).

Plus délicate est la prise en charge au long cours, indispensable en cas de récidives sévères ou trop fréquentes. Elle nécessite un suivi psychologique du sujet, qui doit être centré sur ses conflits et son avenir : il faut l'aider à restaurer ses capacités relationnelles, à retrouver son autonomie, etc. Les associations d'anciens buveurs apportent souvent une aide précieuse. Des médicaments peuvent être utilisés pour diminuer l'appétence pour l'alcool.

Alcotest

Appareil destiné à mesurer la teneur en alcool de l'air expiré par un sujet. (Nom déposé.)

Les éthylotests, diffusés dans le grand public, permettent à chacun de mesurer son imprégnation.

Aldostérone

Hormone stéroïde sécrétée par la glande surrénale, jouant un rôle capital dans le maintien de l'équilibre sodium-potassium de l'organisme et dans la régulation de la tension artérielle.

L'aldostérone est le plus puissant et le plus important des minéralocorticostéroïdes, hormones synthétisées dans le cortex (partie périphérique) de la glande surrénale et actives sur les substances minérales (sodium, potassium par exemple). Elle permet au rein de réabsorber le sodium et, en revanche, favorise l'élimination du potassium.

PATHOLOGIE

■ **L'hyperaldostéronisme** (hypersécrétion d'aldostérone) se caractérise par une hypokaliémie (chute du taux sanguin de potassium). Il est dit secondaire quand la sécrétion d'aldostérone est stimulée de façon excessive en réponse à une baisse du volume sanguin. Il est dit primaire dans les autres cas : il est alors souvent dû à un adénome de Conn (tumeur bénigne de la glande surrénale). ■ **L'hypoaldostéronisme** (hyposécrétion d'aldostérone) est caractérisé par une perte de sodium et d'eau dans les urines, entraînant une déshydratation chronique et nécessitant un traitement hormonal substitutif permanent. Il s'observe surtout en cas de destruction des glandes surrénales, caractéristique de la maladie d'Addison.

→ VOIR **Addison (maladie d'), Conn (syndrome de).**

Alexie

Incapacité de comprendre les signes écrits ou imprimés. SYN. *cécité verbale.*

Algie

Douleur localisée, régionale ou viscérale, quelle qu'en soit la cause.

Algie faciale

Douleur de la face.

On distingue deux types principaux d'algie faciale.

■ L'algie vasculaire de la face, due à une anomalie du fonctionnement des vaisseaux, se manifeste par une douleur intense atteignant la moitié du visage, le plus souvent en arrière de l'œil, accompagnée d'une rougeur cutanée, d'un larmoiement et d'un écoulement nasal, du même côté. Son évolution se fait par crises de 30 minutes à quelques heures, pendant une période pouvant aller de 15 jours à plusieurs mois.

■ La névralgie du trijumeau, parfois due à une maladie neurologique (sclérose en plaques) mais le plus souvent sans cause connue, se manifeste par une douleur particulièrement intense, durant 1 ou 2 minutes, localisée d'un seul côté du visage. Elle est déclenchée par l'excitation d'une zone cutanée dite « zone gâchette ». Les crises durent quelques jours, voire quelques semaines.

TRAITEMENT

Le traitement des algies faciales comprend notamment l'utilisation des analgésiques usuels (paracétamol) ou des antidépresseurs (amitriptyline). Dans le cas de la névralgie du trijumeau, si ces analgésiques se révèlent insuffisants, on prescrit des bêtabloquants (propranolol) ou des antiépileptiques (carbamazépine). En cas d'échec, une intervention chirurgicale sur le nerf trijumeau peut être effectuée.

Algodystrophie

Syndrome douloureux d'une main, d'un pied ou de tout un membre, avec troubles vasomoteurs et trophiques, et déminéralisation osseuse prononcée.

L'algodystrophie résulte vraisemblablement d'une perturbation du fonctionnement des nerfs sympathiques d'un membre. S'installant à la suite d'un traumatisme (fracture, entorse), d'une intervention chirurgicale ou sans cause apparente, elle atteint le plus souvent les membres inférieurs, mais peut toucher le membre supérieur (syndrome épaule-main après un infarctus du myocarde, par exemple).

SYMPTÔMES ET DIAGNOSTIC

Progressivement, une impotence douloureuse de la main, du pied, voire de tout le membre, apparaît. On observe alors une déminéralisation osseuse prononcée et étendue, associée, dans un premier temps, à un gonflement des tissus mous accompagné de chaleur locale, puis, dans un deuxième temps, à un refroidissement et à une rétraction de ces derniers, à l'origine d'une raideur de l'articulation.

Le diagnostic clinique repose sur le caractère très particulier des douleurs et sur les troubles trophiques. Les atteintes osseuses peuvent être très tôt mises en évidence grâce à une scintigraphie ou à un autre procédé d'imagerie (imagerie par résonance magnétique).

TRAITEMENT ET PRONOSTIC

Le traitement comporte avant tout la mise au repos du segment de membre atteint : l'utilisation d'une canne ou d'une béquille est le plus sûr moyen de supprimer les douleurs dues à une algodystrophie du genou ou du pied. Les symptômes cessent très souvent de façon spontanée au bout de 6 à 18 mois. Mais la calcitonine, les vasodilatateurs et les anesthésies locorégionales par blocage nerveux sympathique sont fréquemment utilisés pour hâter la guérison. Une rééducation peut aider à lutter contre l'ankylose.

Un certain degré de raideur peut persister à titre de séquelle définitive, voire, lorsque l'algodystrophie touche la main, des rétractions fixant les doigts en une griffe irréductible.

Aliment

Substance consommée à l'état naturel ou après cuisson, susceptible de fournir les matériaux de croissance, de réparer l'usure des tissus, de subvenir aux besoins énergétiques et de former les substances de réserve de l'organisme. Tous les aliments sont formés d'un petit nombre d'éléments simples, parmi lesquels on distingue les protéines, les glucides, les lipides, l'eau, les sels minéraux et les fibres.

CONSTITUANTS DES ALIMENTS

■ Les protéines sont les éléments de la cellule vivante. C'est l'alimentation qui les fournit à l'organisme. Les protéines d'origine animale sont issues de la viande, du poisson, des œufs, du lait et de ses dérivés (yaourt, fromage). Leur valeur nutritive est grande parce que leur coefficient d'absorption digestive est élevé et qu'elles sont riches en acides aminés essentiels. Les protéines d'origine végétale (céréales, légumes secs) ont un coefficient d'absorption plus faible et sont dépourvues de certains acides aminés essentiels.

■ Les glucides, ou hydrates de carbone, sont des substances énergétiques rapidement utilisables par l'organisme. Après la traversée digestive, ils peuvent être directement utilisés, mis en réserve dans le foie sous forme de glycogène ou transformés en lipides dans le tissu adipeux.

■ Les lipides, ou graisses, immédiatement utilisables ou stockés dans le tissu adipeux, sont la meilleure source d'énergie. Ils représentent environ 13 % du poids corporel chez l'homme, 20 % chez la femme.

■ L'eau permet le transport des éléments nutritifs vers la cellule. Elle représente de 60 à 70 % du poids du corps humain.

■ Les sels minéraux (potassium, calcium, magnésium, etc.) sont en suspension dans l'eau. Le calcium est nécessaire au bon état des os et des dents. Seules des doses infimes de zinc et de magnésium sont nécessaires au métabolisme cellulaire. Le chlorure de sodium (sel de table) maintient l'équilibre des fluides corporels. Son excès peut favoriser une hypertension artérielle.

■ Les fibres sont formées en grande partie de glucides non digestibles.

L'alimentation doit couvrir les besoins nutritionnels. Pour être équilibrée, elle doit faire appel à plusieurs types d'aliments qui se complètent.

CLASSIFICATION DES ALIMENTS

On classe habituellement les aliments en six groupes, en tenant compte de leurs caractéristiques nutritionnelles : groupe I (lait et produits laitiers) ; groupe II (viande, poisson, œufs) ; groupe III (corps gras : beurre, margarine, crème, huiles) ; groupe IV (céréales et dérivés, pommes de terre, légumes secs) ; groupe V (fruits et légumes) ; groupe VI (sucre et produits sucrés).

■ Les aliments du groupe I apportent des protéines animales. Leur apport en lipides et en glucides est variable. Ils sont très riches en calcium, en vitamines (A, B2, B12), mais contiennent peu de fer et pratiquement pas de vitamine C.

■ Les aliments du groupe II ont une teneur élevée en protéines. Ils apportent du fer et des vitamines B, voire A pour certains.

■ Les aliments du groupe III ne représentent que la fraction visible de l'apport en lipides. Il existe en effet des graisses « invisibles » contenues dans les aliments animaux. Ils sont riches en lipides, vitamine A (beurre, crème) et E (margarine, certaines huiles).

■ Les aliments du groupe IV sont des aliments énergétiques riches en glucides, contenant de 10 % (céréales) à plus de 20 % (légumes secs) de protéines. Seule la pomme de terre n'en contient que 2 %. Ils contiennent des fibres et des vitamines des groupes B et D.

■ Les aliments du groupe V sont riches en eau, en sels minéraux, en vitamines, avec une teneur en glucides variant de 5 à 20 %. Par la cellulose qu'ils contiennent, ils forment un élément de lest facilitant le fonctionnement intestinal. Ils sont presque toujours dépourvus de lipides. La cuisson permet d'augmenter la digestibilité des fruits et des légumes, mais, prolongée, elle peut avoir des effets néfastes en provoquant la destruction des vitamines C et B9 et la disparition d'une partie des sels minéraux.

■ Les aliments du groupe VI (sucre, miel, confiture, chocolat, confiseries, sirops, jus de fruits sucrés, etc.) fournissent des glucides rapidement utilisables par l'organisme.

→ VOIR Nutriment, Nutrition.

Aliment allégé

Aliment de valeur calorique réduite.

Les aliments allégés sont des produits dont la teneur en glucides et/ou en lipides a été réduite, de façon à proposer au consommateur des aliments de moindre valeur énergétique et à éviter ainsi une éventuelle prise de poids. Si, à court terme, la consommation de certains aliments allégés semble limiter ou éviter la prise de poids, leur effet à long terme est mal connu et fait actuellement l'objet de nombreuses études.

Alimentation

Action de s'alimenter.

Par extension, ce terme recouvre tous les processus aboutissant à l'ingestion d'aliments ainsi que l'ensemble des relations entre le sujet et les aliments. En cela, l'alimentation diffère de la nutrition, qui concerne l'ensemble des phénomènes biologiques d'assimilation et de dégradation des aliments qui s'accomplissent dans un organisme, permettant ainsi sa croissance, son maintien et son fonctionnement.

TROUBLES DE L'ALIMENTATION

Le comportement alimentaire mobilise des charges affectives complexes et dépend en partie des premiers rapports avec la mère. Il constitue un vrai « langage » et participe aux échanges et aux liens à l'intérieur d'un même système culturel.

Les troubles de l'alimentation peuvent avoir une cause organique (troubles du métabolisme, anomalie digestive congénitale, etc.) ou résulter d'un stress ou d'un conflit, mais aussi recouvrir un tableau plus grave. L'anorexie peut ainsi être l'indice d'une dépression, d'un état névrotique, voire d'une psychose. Il en va de même pour la boulimie et certaines lubies : goûts et dégoûts excessivement sélectifs, pica (besoin impérieux de manger des substances non comestibles telles que déchets, charbon, terre) ou encore coprophagie (consommation de ses propres matières fécales).

En règle générale, les médicaments ne doivent jamais concurrencer une alimentation équilibrée. Les régimes excessifs, les anorexigènes (substances provoquant une diminution de l'appétit), mais aussi les laxatifs et l'automédication constituent des risques pour la santé.

→ VOIR **Nutriment, Nutrition.**

Alimentation entérale

Alimentation par voie digestive. SYN. *gavage.*

L'alimentation, ou nutrition, entérale est utile pour des malades chez qui les apports alimentaires sont impossibles, insuffisants ou inefficaces par voie orale, mais dont l'intestin reste fonctionnel.

TECHNIQUE

L'alimentation entérale est réalisée à l'aide d'une sonde, généralement nasogastrique (introduite par le nez jusqu'à l'estomac), mais qui peut également être introduite par pharyngostomie, gastrostomie ou jéjunostomie (à travers une ouverture pratiquée dans le pharynx, l'estomac ou le jéjunum). L'administration des nutriments, continue ou discontinue, est contrôlée par une pompe à débit réglable, fixe ou portative, éventuellement munie d'un dispositif d'agitation et de réfrigération (nutripompe).

→ VOIR **Nutriment.**

Alimentation parentérale

Alimentation par voie intraveineuse.

L'alimentation, ou nutrition, parentérale est utile pour des malades chez qui les apports alimentaires sont impossibles, insuffisants ou inefficaces par voie orale ou entérale (par voie digestive). Son efficacité est prouvée ou suggérée en gastroentérologie, en réanimation et en chirurgie lourde.

TECHNIQUE

Un cathéter est introduit soit dans une veine périphérique (avant-bras) pour des apports modérés et/ou de courte durée, soit dans une veine profonde (sous-clavière ou jugulaire interne) pour des apports prolongés et/ou importants. Les solutés nutritifs, conditionnés en flacons ou en poches (ces dernières limitant le risque infectieux et permettant l'alimentation parentérale à domicile), sont administrés à l'aide de pompes de perfusion continue, à débit précis et réglable, munies de dispositifs de sécurité.

→ VOIR **Nutriment.**

Allaitement

Mode d'alimentation du nouveau-né et du nourrisson dans lequel le lait joue un rôle exclusif ou principal.

La période d'allaitement exclusif s'étend habituellement entre la naissance et l'âge de 2 à 4 mois. Pendant cette période, les besoins de l'enfant sont particulièrement élevés en eau, en énergie (protéines, glucides et lipides), en calcium et en phosphore, tous ces éléments étant présents dans le lait.

Allaitement maternel

C'est l'allaitement au sein.

Le lait maternel est l'aliment le mieux équilibré pour le nourrisson (teneur en graisses, éléments minéraux, oligo-éléments et vitamines). Il lui apporte les anticorps indispensables pour lutter contre les infections, notamment les gastroentérites. En outre, alimenter un nourrisson au sein crée un rapport physique et affectif privilégié entre la mère et l'enfant.

Dès les premières heures après l'accouchement, la glande mammaire sécrète un liquide jaunâtre et visqueux, le colostrum, très riche en éléments anti-infectieux. La véritable montée laiteuse est souvent plus tardive. Les seins deviennent souvent durs et douloureux. La première tétée est d'une grande importance, car de son déroulement va dépendre la bonne poursuite de l'allaitement. L'idéal est de mettre le nouveau-né au sein 2 heures après la naissance. Le bébé doit prendre entre les lèvres toute l'aréole du sein. Après 5 minutes de succion, la mère le mettra à l'autre sein. Les tétées suivantes sont généralement fréquentes (environ 7 ou 8 par 24 heures) et durent de 3 à 5 minutes pour chaque sein. Il est recommandé de les espacer peu à peu, surtout la nuit, de façon à ne plus donner que 6 tétées quotidiennes.

HYGIÈNE DE LA MÈRE

Il est bon que la mère se nourrisse d'aliments riches en protéines et en calcium (au moins un litre de lait par jour ou l'équivalent sous forme de produits laitiers divers) et se repose régulièrement. Il lui est conseillé de boire beaucoup, au moins 2 litres par jour, mais d'éviter la consommation de boissons alcoolisées, de café ou de thé. Le tabac peut provoquer des apnées (arrêts respiratoires transitoires) chez le nouveau-né.

Avant chaque tétée, la mère doit se laver les mains au savon et sécher le bout de ses seins pour éviter tout risque de crevasses ou d'infection. Une toilette quotidienne à l'eau et au savon est suffisante. Un soutien-gorge à ouverture frontale facilite la tétée et permet d'éviter la distension du tissu conjonctif de soutien du sein.

SURVEILLANCE

Chez le nourrisson, le rot, à la fin de la tétée, est physiologique et peut s'accompagner du rejet par la bouche d'une petite quantité de lait. On change l'enfant, qui s'endort ensuite naturellement et se manifeste souvent 3 ou 4 heures plus tard pour la tétée suivante.

Ordinairement, il a des selles 4 ou 5 fois par jour, d'aspect jaune d'or et grumeleux. La prise pondérale doit être contrôlée régulièrement. La première semaine, la pesée est quotidienne. Ensuite, une ou deux pesées par semaine suffisent. Le poids du bébé augmente de 25 à 30 grammes par jour jusqu'à 2 mois, puis de 20 grammes par jour jusqu'à 6 mois.

INCIDENTS ET CONTRE-INDICATIONS

Au début de la lactation, l'engorgement des seins, douloureux pour la mère, peut l'empêcher de faire téter convenablement le nourrisson. Il est alors conseillé d'utiliser un tire-lait ou de presser le sein manuellement pour prélever le lait en excédent.

Les crevasses mamelonnaires, très douloureuses, sont assez fréquentes. Leur traitement ne peut être proposé que par le médecin. Elles peuvent être soulagées par l'utilisation d'un mamelon artificiel. Il est également possible de tirer le lait au tire-lait et de le donner dans un biberon. La prévention des crevasses consiste en une hygiène locale rigoureuse et en l'application de crèmes protectrices non parfumées.

Des incidents infectieux comme une lymphangite (inflammation des vaisseaux lymphatiques) ou un abcès du sein, qui provoquent une fièvre et une douleur mammaire, nécessitent un traitement par antibiotiques de la mère et un arrêt momentané de l'allaitement. Par ailleurs, certaines maladies (sida, lymphangite) peuvent être transmises par le lait maternel. Allaiter son enfant et donner son lait à un lactarium est alors déconseillé.

En cours d'allaitement, il arrive qu'il faille envisager un passage rapide à l'allaitement artificiel (à cause d'une insuffisance de lait, par exemple). On administre alors à la mère de la bromocriptine (inhibiteur de la prolactine). Pour éviter de réactiver la sécrétion lactée, il ne faut pas tirer le lait.

Allaitement mixte

Ce mode d'alimentation alterne l'allaitement au sein et au biberon.

Le plus souvent, la sécrétion lactée diminue progressivement. Pour éviter un sevrage trop brutal, la mère peut alors remplacer une tétée par un biberon de lait au milieu de la journée, puis, après 3 ou 4 jours d'adaptation, supprimer une nouvelle tétée. On évitera d'en supprimer deux qui se succèdent et l'on maintiendra de préférence la tétée du matin et, si possible, celle du soir.

Allaitement artificiel

C'est l'allaitement au biberon.

À la naissance, l'arrêt de la lactation peut être obtenu par l'administration de bromocriptine. La mère doit éviter de boire en trop grandes quantités. Elle peut être amenée exceptionnellement à bander sa poitrine avec une large bande Velpeau. Lorsque la mère n'allaite pas, elle utilise du lait diététique spécial, adapté à l'âge du nouveau-né ou du nourrisson, en se conformant aux prescriptions du pédiatre. Le nombre de biberons est fixé en fonction du poids initial de l'enfant. La composition des laits artificiels se rapproche de celle du lait maternel. Le lait premier âge est relayé au bout de 6 mois par le lait deuxième âge, plus riche en calcium et en fer. Les laits pasteurisés ou stérilisés U.H.T. ne doivent pas être proposés avant l'âge de 1 an.

HYGIÈNE DU MATÉRIEL

Un jeu de biberons et de tétines permet d'avoir toujours à sa disposition un biberon prêt à être réchauffé. La préparation doit obéir à de strictes règles d'hygiène. Il existe deux méthodes : la stérilisation à chaud et

la stérilisation à froid. Pour la stérilisation à chaud, on laisse biberons et tétines dans de l'eau en ébullition pendant 15 à 20 minutes ou dans un autocuiseur (ou un stérilisateur) pendant 5 à 10 minutes. Les biberons de la journée peuvent être préparés simultanément puis placés dans le réfrigérateur. Pour la stérilisation à froid, biberons et tétines sont mis à tremper dans une solution antiseptique pendant environ 30 minutes. Très simple, cette méthode demande un rinçage prolongé des biberons et des tétines avant utilisation. Quelle que soit la méthode choisie, chaque biberon est réchauffé avant l'usage soit au bain-marie, soit dans un chauffe-biberon.

SURVEILLANCE

Elle est facile puisque la quantité de lait absorbée par l'enfant est connue des parents. Il faut cependant surveiller son poids et ses selles, car les risques de diarrhée sont plus importants, surtout en été.

INCIDENTS

Les incidents sont principalement dus à une préparation défectueuse des biberons ou à un lait mal adapté : diarrhée, érythème, stagnation du poids, raréfaction des urines, mauvaise digestion, etc. À long terme, certaines protéines contenues dans le lait de vache (en particulier la β-lactoglobuline et la caséine, qui n'existent pas dans le lait maternel) peuvent entraîner chez l'enfant des réactions allergiques.

Allergène

Substance qui entraîne une réaction allergique chez certains sujets.

■ **Les pneumallergènes**, qui pénètrent l'organisme par voie respiratoire, sont contenus dans les acariens de la poussière domestique, les pollens, les poils, squames et plumes d'animaux, dans les moisissures et les polluants industriels.

■ **Les trophallergènes**, qui pénètrent par voie digestive, sont présents dans le lait, les œufs, les viandes, les poissons, certains fruits et légumes. Certains aliments sont en fait des pseudoallergènes, c'est-à-dire qu'ils produisent des symptômes simulant l'allergie parce qu'ils sont riches en histamine, substance déclenchant les effets de l'allergie (fromages, boissons fermentées, choucroute, saucisson, conserves), ou parce qu'ils provoquent la libération de celle-ci par les cellules de l'organisme (œufs, crustacés, fraises, tomates, chocolat, poissons, noix, cacahuètes, alcool).

■ D'autres allergènes atteignent l'homme par des voies très variées, la voie sanguine par exemple ; on les trouve dans des médicaments, des venins, des microbes.

Allergie

Réaction anormale et spécifique de l'organisme au contact d'une substance étrangère (allergène) qui n'entraîne pas de trouble chez la plupart des sujets.

Pour que l'allergie survienne, il est nécessaire qu'un premier contact ait eu lieu entre l'allergène et l'organisme du sujet (sensibilisation).

MÉCANISME

Le rôle du système immunitaire est de reconnaître les antigènes qui se trouvent à la surface des micro-organismes et de produire des anticorps (immunoglobulines) et des globules blancs (lymphocytes) sensibilisés. Ceux-ci entreront en contact avec ces antigènes afin de détruire les micro-organismes. Un processus semblable se produit dans le mécanisme de l'allergie, mais le système immunitaire produit alors des anticorps et des lymphocytes sensibilisés à des substances inoffensives, les allergènes, qui sont identifiées à tort comme des antigènes dangereux.

CAUSES

Les allergies surviennent chez des sujets génétiquement exposés : il est fréquent que des manifestations allergiques aussi diverses que l'asthme, l'eczéma atopique, la rhinite allergique ou l'urticaire touchent plusieurs membres d'une même famille. D'autres facteurs favorisent le développement des réactions allergiques : l'environnement (présence d'un animal), les infections virales et les facteurs émotionnels.

DIAGNOSTIC

Évoqué à partir des antécédents personnels et familiaux du sujet, de ses habitudes de vie, des signes cliniques (eczéma, urticaire, rhinite, asthme, diarrhée, etc.), le diagnostic est étayé par des tests cutanés.

TRAITEMENT

Le meilleur traitement consiste à éviter, dans la mesure du possible, tout contact avec l'allergène en cause. La désensibilisation est utile pour les allergies aux venins d'insectes, aux acariens et à certains pollens : en administrant, sous une surveillance médicale stricte, des doses minimes et très progressivement croissantes d'allergène, on favorise la formation d'anticorps, qui bloqueront par la suite les réactions allergiques. Ce traitement réussit dans environ 2 cas sur 3 mais doit être poursuivi pendant 3 ans au moins. Il peut provoquer des effets indésirables (démangeaisons, œdèmes, éruptions), rarement sérieux (asthme, choc anaphylactique). Les antihistaminiques soulagent les symptômes (démangeaisons dues à une piqûre d'insecte, par exemple).

→ voir Toxidermie.

Allergologie

Science qui étudie les manifestations pathologiques (allergies) survenant lors de l'exposition d'un organisme à certaines substances sensibilisantes (allergènes).

Alopécie

Chute totale ou partielle des cheveux ou des poils due à l'âge, à des facteurs génétiques ou faisant suite à une affection locale ou générale. SYN. psilose.

L'alopécie peut se rencontrer chez l'homme comme chez la femme.

Alopécies non cicatricielles

Dans les alopécies non cicatricielles, la pousse des cheveux est inhibée sans qu'il y ait lésion du cuir chevelu. Elles peuvent donc, selon leur cause, être réversibles. En fonction de l'étendue de la chute des cheveux, on distingue les alopécies localisées des alopécies diffuses.

■ Les alopécies non cicatricielles localisées sont essentiellement représentées par la pelade et les teignes.

■ Les alopécies non cicatricielles diffuses ont des causes très diverses.

L'alopécie séborrhéique, également appelée alopécie androgénogénétique, ou calvitie commune, est due à un excès d'androgènes (hormones mâles). C'est la plus fréquente des alopécies. Elle commence au niveau des tempes et à la couronne, où les cheveux sont miniaturisés et progressivement remplacés par du duvet. Ce type d'alopécie concerne habituellement les hommes, mais peut également toucher les femmes, au moment de la ménopause ou à la suite du traitement d'un fibrome par des androgènes.

Les alopécies non cicatricielles diffuses peuvent également faire suite à un choc nerveux ou à un stress (avortement, choc psychologique – affectif ou professionnel –, surmenage, intervention chirurgicale, accouchement). De nombreux médicaments (anticoagulants, anticonvulsivants, antithyroïdiens, bêtabloquants, hypocholestérolémiants, rétinoïdes, anticancéreux) sont souvent responsables d'une chute diffuse de cheveux. Des maladies infectieuses avec forte fièvre (grippe hyperthermique, infection bronchique, scarlatine), des troubles endocriniens (diabète, hypothyroïdie, hyperthyroïdie) et des maladies métaboliques (anémie, carence ferrique, régime amaigrissant) peuvent entraîner une alopécie transitoire.

Enfin, des agressions mécaniques sont parfois responsables d'alopécie : brossages violents, teintures, permanentes, lavages trop fréquents ou trichotillomanie (tic qui consiste à s'arracher les cheveux et qui s'observe surtout chez les enfants). Il arrive cependant qu'aucune cause ne soit trouvée.

TRAITEMENT
Le traitement de l'alopécie non cicatricielle est celui de l'affection d'origine (diabète, anémie, stress, etc.). La prévention des chutes de cheveux dues à une chimiothérapie anticancéreuse a été proposée, par casque ou réfrigération locale ; malheureusement, ses résultats restent souvent décevants. Les femmes atteintes d'alopécie séborrhéique peuvent suivre une cure hormonale à base d'œstroprogestatifs ou d'antiandrogènes. Dans tous les cas, l'hygiène du cuir chevelu doit être respectée : shampooing doux 1 ou 2 fois par semaine, suppression ou espacement des manipulations chimiques ou mécaniques agressives (permanentes, teintures). Les traitements généraux à base de vitamines du groupe B peuvent aider. L'efficacité du minoxidil, employé localement sous forme de solution (2 applications par jour pendant 6 mois), est transitoirement efficace. À l'arrêt du traitement, les cheveux retombent, mais le traitement peut être renouvelé. Les greffes de cheveux sont le seul traitement efficace de l'alopécie séborrhéique.

Alopécies cicatricielles
Les alopécies cicatricielles sont caractérisées par une destruction définitive des follicules pileux, souvent d'origine inflammatoire. Le cuir chevelu est alors lisse, brillant. Ces alopécies peuvent être soit congénitales (aplasie du cuir chevelu, kératose pilaire décalvante et atrophiante, etc.), soit acquises, et alors dues à certaines maladies infectieuses (favus, syphilis), auto-immunes (lupus érythémateux, sclérodermie, sarcoïdose) ou métaboliques (amylose), à des dermatoses bulleuses ou à des cancers (épithélioma basocellulaire). Certaines blessures (brûlure, radiodermite) peuvent également provoquer une alopécie cicatricielle.

→ VOIR Calvitie, Pelade, Teigne.

Alpers (maladie d')

Maladie se manifestant chez l'enfant, après une période de développement normal, par une dégénérescence de la substance grise du cerveau et du cervelet (cortex et noyaux gris).

Alphabloquant

Substance capable de s'opposer à certains effets de l'adrénaline. SYN. *alpha-adrénolytique*.

Les médicaments alphabloquants sont utilisés contre l'hypertension artérielle et administrés par voie orale (ou sont injectables, en cas d'urgence). Ils sont contre-indiqués chez l'enfant de moins de 12 ans et peuvent être responsables d'une baisse exagérée de la tension artérielle, de troubles neurosensoriels (vertiges, bourdonnements d'oreille), de troubles digestifs, d'une réaction allergique ou d'une défaillance cardiaque.

Alphastimulant

Substance capable de reproduire certains effets de l'adrénaline. SYN. *alpha-adrénergique, alphasympathomimétique.*

Alport (syndrome d')

Syndrome associant une maladie rénale (néphropathie) héréditaire, une atteinte auditive et, parfois, des lésions oculaires.

Il n'existe aucun traitement spécifique du syndrome d'Alport, qu'il s'agisse de la surdité ou de la néphropathie elle-même. Cette dernière évolue généralement vers une insuffisance rénale chronique, traitée par hémodialyse (épuration du sang par filtration à travers une membrane semi-perméable).

Aluminium

Substance entrant dans la composition de pansements et d'antiacides digestifs.

L'aluminium médicamenteux se présente sous forme de phosphate ou d'hydroxyde, éventuellement associé à d'autres produits tels que le magnésium. Ses propriétés antiacides le font prescrire pour le traitement d'appoint des douleurs de l'estomac et de l'œsophage. Ses effets indésirables sont une constipation et une diminution de l'absorption digestive du phosphore alimentaire ou de certains médicaments.

Aluminose

Maladie respiratoire due à l'inhalation et à la fixation dans le poumon de poussières d'aluminium métallique (bauxite).

Alvéole dentaire

Cavité des os maxillaires dans laquelle est enchâssée une dent.

Alvéole pulmonaire

Cavité naturelle présente dans le tissu du lobule pulmonaire.

Éléments terminaux des ramifications bronchiques, elles sont le lieu des échanges gazeux du poumon. Ainsi, c'est dans l'alvéole que l'air donne une partie de son oxygène pour transformer le sang veineux rouge sombre en sang artériel rouge vif. L'air contenu dans l'alvéole s'enrichit alors en gaz carbonique, évacué à l'expiration.

Alvéolite dentaire

Infection de l'alvéole dentaire. SYN. *périostite alvéolodentaire.*

Alvéolite pulmonaire

Inflammation des alvéoles pulmonaires.

CAUSES

Suivant leur cause, on distingue plusieurs types d'alvéolite pulmonaire. Une alvéolite d'origine infectieuse – cas le plus fréquent – est appelée pneumopathie bactérienne. Certains allergènes respiratoires (déjections d'oiseaux, moisissures du foin, etc.) sont responsables d'une alvéolite nommée pneumopathie d'hypersensibilité, également appelée maladie des éleveurs d'oiseaux. L'alvéolite fibrosante est une maladie de cause inconnue, probablement auto-immune, avec intervention possible de facteurs génétiques. L'alvéolite radique, inflammation causée par l'exposition à des radiations, est une complication rare de la radiothérapie des cancers du poumon ou du sein.

SYMPTÔMES ET DIAGNOSTIC

L'alvéolite entraîne le plus souvent des troubles respiratoires (essoufflement à l'effort et toux sèche). Cliniquement, l'alvéolite se traduit par des râles localisés à l'auscultation et une réduction de la capacité respiratoire sans obstruction des bronches.

TRAITEMENT

L'état de certains patients peut s'améliorer par la prise de corticostéroïdes, prescrits jusqu'à normalisation clinique, radiologique et fonctionnelle respiratoire. En cas d'alvéolite allergique, la suppression de l'allergène responsable est indispensable et peut entraîner à elle seule la guérison.

Alzheimer (maladie d')

Affection neurologique chronique, d'évolution progressive, caractérisée par une altération intellectuelle irréversible aboutissant à un état démentiel.

La maladie d'Alzheimer se traduit par une dégénérescence nerveuse d'évolution inéluctable, causée par une diminution du nombre de neurones avec atrophie cérébrale et présence de « plaques séniles ».

HISTORIQUE

En 1906, le neuropathologiste allemand Alois Alzheimer décrivit des altérations anatomiques observées sur le cerveau d'une patiente de 51 ans atteinte de démence, d'hallucinations et de troubles de l'orientation. Depuis, on définit la maladie d'Alzheimer comme une démence présénile (pouvant apparaître avant 65 ans). La communauté scientifique réunit aujourd'hui sous l'appellation « démence de type Alzheimer » la maladie d'Alzheimer stricto sensu et les démences séniles.

FRÉQUENCE

La maladie d'Alzheimer est la plus courante des démences. Sa fréquence globale, après 65 ans, varie entre 1 et 5,8 %. Elle augmente avec l'âge, atteignant 10 % après 85 ans. Les études épidémiologiques ont montré que les traitements anti-inflammatoires non stéroïdiens, la consommation modérée de boissons alcoolisées, le traitement hormonal substitutif de la ménopause diminuaient la fréquence de la maladie d'Alzheimer. Cette maladie risque de devenir, avec l'augmentation continue de l'espérance de vie, un véritable problème social. Malgré les efforts accomplis pour multiplier les centres d'accueil, ceux-ci sont en nombre insuffisant pour héberger les personnes privées de leur autonomie et qui ne peuvent être soignées par leurs proches.

CAUSES

Elles demeurent inconnues. De nombreuses théories ont été formulées, mais aucune d'entre elles n'est pleinement satisfaisante ou complètement vérifiée.

■ L'hypothèse neurochimique repose sur une diminution des taux d'une enzyme, la choline-acétyl-transférase, dans différentes zones du cerveau (cortex et hippocampe). Ce déficit entraînerait une diminution de l'acétylcholine, un neurotransmetteur (substance chimique assurant la transmission de l'influx nerveux), mais il n'explique pas la dégénérescence nerveuse.

■ L'hypothèse génétique repose sur des études épidémiologiques révélant l'existence d'antécédents familiaux de la maladie chez 15 % des sujets atteints. Dans ces familles, on constate également une augmentation de la probabilité de naissance d'un enfant trisomique 21 (mongolien), sans que l'on ait déterminé les raisons de cette association.

■ L'hypothèse virale est soulevée par analogie avec la maladie de Creutzfeldt-Jakob, une maladie cérébrale rare atteignant les personnes âgées.

■ L'hypothèse immunologique repose sur la diminution globale du nombre de lymphocytes circulants et la présence accrue d'auto-anticorps. Toutefois, ces perturbations sont fréquentes avec l'âge en dehors de toute démence.

■ L'hypothèse vasculaire et métabolique est étayée par une réduction du débit sanguin cérébral, de l'oxygénation du sang et de sa capacité à capter le glucose. Cependant, ces déficits peuvent être la conséquence et non la cause de la détérioration cérébrale.

■ L'hypothèse toxique repose sur l'augmentation des taux d'aluminium dans le cerveau. Mais des concentrations 5 fois supérieures chez les dialysés ne produisent pas de dégénérescence nerveuse.

■ L'hypothèse des radicaux libres repose sur le fait que le vieillissement est dû, en partie, aux effets destructeurs de ceux-ci.

SYMPTÔMES ET SIGNES

Le début de la maladie est généralement discret, marqué par des symptômes banals. Leur expression varie beaucoup d'une personne à l'autre. Leur importance s'aggrave généralement avec le temps.

■ Les troubles de la mémoire constituent le premier symptôme de la maladie. Ils peuvent être isolés et durer plusieurs mois ou plusieurs années. Les malades n'arrivent plus à retrouver le nom d'une personne ou d'un lieu pourtant bien connus. On peut aussi constater des troubles de l'orientation dans le temps et dans l'espace. C'est plus tardivement que les troubles de mémoire touchent les faits anciens (incapacité du malade à évoquer les faits marquants de sa vie), les connaissances acquises lors de la scolarité ou de la vie professionnelle et le bagage culturel.

■ **Les troubles du comportement** sont, eux aussi, relativement précoces, mais peuvent n'être remarqués que tardivement. Une indifférence, une réduction de l'activité sont souvent constatées ; elles représentent une réaction du malade à ses troubles de mémoire, mais témoignent parfois aussi d'un syndrome dépressif. Des troubles du caractère (irritabilité, idées de persécution) peuvent également apparaître.

■ **Les troubles du langage** (aphasie) passent parfois inaperçus au début : le malade cherche ses mots, utilisant fréquemment périphrases et mots passe-partout. Plus tardivement, l'aphasie ne fait plus de doute : elle se manifeste par un discours peu informatif ou incohérent, l'inversion ou la substitution de syllabes ou de mots. Des troubles sévères de la compréhension du langage s'installent.

■ **Les troubles du comportement moteur** se manifestent par une difficulté à effectuer des gestes pourtant très quotidiens (s'habiller, tenir une fourchette), alors qu'il n'y a pas de paralysie.

■ **Des troubles de la reconnaissance des visages** ne permettent plus au patient de reconnaître ses proches, voire de se reconnaître lui-même dans une glace.

Parfois, la maladie débute par un état confusionnel. Celui-ci peut survenir spontanément ou se déclencher à l'occasion d'une prise de médicaments (anticholinergiques en particulier), d'une maladie ou d'un choc affectif (disparition d'un proche, déménagement, etc.).

ÉVOLUTION

L'évolution de la maladie d'Alzheimer est très progressive. Dans la phase la plus avancée, le malade a perdu toute autonomie et doit être assisté dans tous les actes de la vie quotidienne tels que marcher, se lever, manger ou faire sa toilette. Une incontinence totale est souvent inévitable.

TRAITEMENT

Il faut toujours envisager des soins palliatifs diminuant l'intensité des symptômes. Cer-

tains antidépresseurs peuvent être prescrits pour améliorer l'humeur du malade et diminuer son anxiété, mais il faut surtout éviter d'utiliser les antidépresseurs tricycliques en raison de leurs propriétés anticholinergiques. D'une manière générale, il faut proscrire tout médicament anticholinergique. En fait, l'essentiel du traitement repose sur la prise en charge du malade par ses proches dans un premier temps, si c'est possible, ou par une aide à domicile. Dans tous les cas, l'autonomie du patient et son maintien à domicile doivent être préservés le plus longtemps possible. L'hospitalisation ne doit être envisagée qu'à la phase ultime de la maladie.

Différents médicaments qui pallient la carence en acétylcholine peuvent permettre une amélioration des symptômes et ralentir l'évolution de la maladie. Le tacrine a d'abord été utilisé mais ses effets secondaires sur le foie lui font préférer le donepezil ou la rivastigmine, mieux tolérés.

Amalgame dentaire

Matériau utilisé pour obturer les cavités effectuées sur les prémolaires et les molaires cariées.

Son étroite adaptation aux parois dentaires et ses bonnes propriétés mécaniques le rendent tout indiqué pour la restauration des dents postérieures, soumises à de fortes pressions. L'apparition d'amalgames à haute teneur en cuivre a permis de retarder la corrosion du matériau et d'améliorer sa tenue dans le temps.

Amblyopie

Perte partielle ou relative de l'acuité visuelle (permettant la formation sur la rétine d'une image claire et nette, bien focalisée).

On distingue les amblyopies organiques, dues à une lésion du globe oculaire (traumatisme, intoxication ou infection) ou des voies optiques cérébrales, et les amblyopies fonctionnelles, dues à un trouble de la vision binoculaire, sans lésion organique. Dans l'usage courant, le terme d'amblyopie recouvre les amblyopies fonctionnelles.

L'amblyopie fonctionnelle peut être réversible si elle est diagnostiquée et traitée avant l'âge de 6 ou 7 ans, avant que le réflexe binoculaire (d'équilibre visuel entre les deux yeux) soit établi. Des dépistages précoces permettent de détecter les amblyopies fonctionnelles dès la petite enfance.

Outre le traitement approprié d'une cataracte ou d'un ptosis, le traitement de l'amblyopie consiste, dans un premier temps, à corriger les amétropies existantes, puis à rééduquer l'œil amblyope. La technique la plus utilisée consiste à cacher l'œil non atteint quelques heures par jour afin de stimuler l'acuité visuelle de l'œil amblyope. Cette occlusion doit être néanmoins surveillée, car l'œil normal peut devenir lui aussi amblyope à mesure que l'acuité visuelle de l'autre œil se rétablit. En cas de strabisme, on pratique parfois une intervention chirurgicale portant sur les muscles pour remettre l'œil dévié dans le bon axe.

Ambulatoire

Se dit d'un acte chirurgical, d'un traitement, etc., qui autorise la marche et l'ensemble des activités qui lui sont liées.

Aménorrhée

Absence de règles.

L'aménorrhée primaire est l'absence d'apparition des règles à l'âge habituel de la puberté (en général vers 13 ans). L'aménorrhée secondaire est la disparition des règles depuis au moins trois mois chez une femme antérieurement réglée (à distinguer de la spanioménorrhée, c'est-à-dire la rareté et l'espacement excessif des menstruations).

Aménorrhée primaire

Très souvent, il s'agit d'un retard pubertaire simple. Plus rarement, les causes peuvent en être une malformation congénitale, une insuffisance ovarienne primitive (syndrome de Turner) ou une maladie hypothalamo-hypophysaire (adénome hypophysaire). Le diagnostic du gynécologue repose sur l'existence ou l'absence des caractères sexuels secondaires, l'examen des organes génitaux et la mesure des gonadotrophines hypophysaires (FSH, LH).

Aménorrhée secondaire

Devant une aménorrhée secondaire, on évoque d'abord une grossesse (aménorrhée gravidique), mais également l'absence de règles après cessation d'une contraception hormonale, qui peut se prolonger quelques mois. Si ce n'est pas le cas, le diagnostic est orienté par des éléments cliniques : variations pondérales, bouffées de chaleur, galactorrhée, signes d'hyperandrogénie (pilosité, acné), céphalées, troubles visuels et autres signes évoquant une maladie endocrinienne. Un test aux progestatifs (hormones qui provoquent la survenue de règles après 10 jours de traitement) permet d'apprécier la sécrétion d'œstrogènes. Le dosage de la prolactine sert à diagnostiquer des causes d'hyperprolactinémie. Lorsque ce premier bilan est négatif, la mesure du taux des gonadotrophines permet de distinguer deux causes : les insuffisances ovariennes et les dysfonctionnements hypothalamo-hypophysaires. Enfin, l'aménorrhée est permanente après ménopause ou hystérectomie.

Traitement de l'aménorrhée

Dans la plupart des cas d'aménorrhée, la découverte des causes permet la mise en place d'un traitement, de type chirurgical ou hormonal.

→ VOIR Gonadotrophine, Œstrogène, Turner (syndrome de).

Amétropie

Anomalie de la réfraction oculaire perturbant la netteté de l'image rétinienne (myopie, hypermétropie, astigmatisme).

Amiante

Minéral composé de silicate de calcium et de silicate de magnésium.

Les propriétés isolantes de l'amiante, thermiques et phoniques, expliquent son utilisation fréquente dans l'industrie. L'inhalation intense et prolongée de poussières d'amiante ou d'asbeste (nom que l'on donne aux fibres légèrement teintées, verdâtres ou grisâtres par suite de la présence d'impuretés, par opposition au terme « amiante », qui désigne les fibres blanches et brillantes) est responsable de l'asbestose, l'une des plus importantes maladies professionnelles pulmonaires. Elle peut également entraîner l'apparition de plaques d'épaississement de la plèvre (membrane qui tapisse le thorax et enveloppe les poumons), de calcifications du diaphragme, d'épanchement pleural, d'un mésothéliome (tumeur de la plèvre), voire d'un cancer bronchique.

Amibiase

Maladie parasitaire due à l'infestation par l'amibe *Entamœba histolytica*.

Les amibes sont des protozoaires de la classe des rhizopodes, constitués d'une seule cellule mobile qui peut s'entourer d'une coque fine et former ainsi une sphère de quelques microns ou dizaines de microns de diamètre : le kyste amibien.

Cette maladie concerne surtout les régions tropicales les plus pauvres, dénuées de tout-à-l'égout, de latrines, d'eau potable, et où l'emploi des selles humaines comme engrais est une pratique courante. Elle survient aussi chez les voyageurs, sur place ou au retour de pays tropicaux, n'ayant pas suffisamment pu observer les règles d'hygiène alimentaire.

CONTAMINATION

La maladie se contracte par ingestion de kystes amibiens souillant l'eau, les fruits ou les légumes. L'amibe atteint le gros intestin et s'y installe (le plus souvent dans le côlon), d'abord à la surface de la muqueuse : « porteur sain », le sujet ne présente alors aucun symptôme ; cependant, ses matières fécales contiennent des kystes infectieux susceptibles de contaminer d'autres personnes. Dans un deuxième temps, l'amibe s'implante dans l'épaisseur de la paroi du gros intestin : c'est alors que se déclare l'amibiase proprement dite.

SYMPTÔMES ET ÉVOLUTION

L'amibiase se manifeste par une dysenterie (diarrhée douloureuse avec pertes de sang) : on parle alors de dysenterie amibienne.

Complications graves et assez fréquentes, l'amibiase hépatique et l'abcès amibien du foie se manifestent par une fièvre, une douleur du foie (qui augmente souvent de volume) et une gêne à la respiration. L'abcès du foie peut se rompre ou comprimer les vaisseaux sanguins et le canal cholédoque. L'amibiase peut également générer un abcès amibien du poumon : le malade souffre alors de douleurs dans le thorax et de fièvre, tousse et respire avec peine ; dans certains cas, il crache un pus brunâtre, plus ou moins sanglant. L'amibiase peut encore, bien plus rarement, entraîner la formation d'abcès du cerveau, du rein ou d'autres organes.

DIAGNOSTIC ET TRAITEMENT

Le parasite est recherché dans les selles par examen au microscope, aisé en cas de dysenterie ; les amibiases hépatiques et pulmonaires sont diagnostiquées par la recherche d'anticorps spécifiques dans le sang. Les abcès sont localisés par échographie ou scanner, l'abcès amibien du foie nécessitant parfois une ponction sous contrôle échographique.

Le traitement de l'amibiase consiste en l'administration d'amœbicides diffusibles (déhydroémétine, métronidazole, etc.), et d'amœbicides de contact (hydroxyquinoléines) pour les porteurs sains. Ce traitement, très efficace, assure la guérison.

PRÉVENTION

Elle consiste en l'observation de règles d'hygiène alimentaire : consommation d'eau minérale en bouteilles capsulées, ou d'eau potable, rinçage des fruits et légumes avec de l'eau bouillie ou chlorée.

Amnésie

Perte totale ou partielle de la capacité de mémoriser l'information et/ou de se rappeler l'information mise en mémoire.

CAUSES

Une amnésie peut être causée par une lésion des aires cérébrales liées aux fonctions de la mémoire, d'origine vasculaire, tumorale, traumatique (commotion cérébrale), infectieuse (encéphalite), dégénérative (maladie d'Alzheimer), hémorragique (hémorragie sous-arachnoïdienne) ou due à une carence en vitamine B1, observée surtout chez les alcooliques (syndrome de Korsakoff).

Elle peut aussi survenir au cours de maladies psychiatriques, à la suite d'une crise d'épilepsie ou d'un choc. Enfin, nombre de troubles de la mémoire sont liés à la prise de médicaments, en particulier de tranquillisants (benzodiazépines). Utilisés de façon prolongée, ils induisent parfois une amnésie antérograde, qui se manifeste par l'impossibilité de fixer de nouveaux souvenirs, ou des troubles aigus de la mémoire proches de l'ictus amnésique.

TRAITEMENT
Sa nature dépend de la cause sous-jacente à la perte de mémoire. Le traitement des amnésies d'origine émotionnelle (psychoses, états névropathiques, etc.) est essentiellement psychologique. Il vise à lever les inhibitions et à ramener à la conscience du sujet les souvenirs oubliés, par le jeu de la libre association d'idées. Certains médicaments peuvent stimuler la mémoire dans des cas de dysmnésie (trouble de la mémoire sans amnésie importante), de surmenage scolaire ou professionnel.

Amniocentèse

Prélèvement de liquide amniotique dans l'abdomen maternel à des fins d'analyse.

INDICATIONS
L'amniocentèse est le plus souvent pratiquée entre la seizième et la dix-huitième semaine d'aménorrhée (arrêt des règles), mais elle est également réalisée plus tardivement pour évaluer la gravité d'une incompatibilité sanguine fœtomaternelle. L'amniocentèse peut d'ailleurs avoir lieu à tout moment de la grossesse, notamment en cas d'anomalie décelée à l'échographie.

L'amniocentèse permet d'analyser les cellules fœtales desquamées dans le liquide amniotique et le liquide lui-même, qui peuvent révéler d'éventuelles anomalies fœtales.

■ L'étude des cellules fœtales permet, d'une part, la recherche d'anomalies chromosomiques (syndrome de Turner, trisomie 21) grâce à l'établissement de la carte chromoso-mique du fœtus (caryotype) et, d'autre part, la recherche de certaines affections héréditaires grâce à l'étude de l'A.D.N. L'amniocentèse est conseillée aux femmes de plus de 38 ans pour dépister une trisomie 21, dans la mesure où le risque pour le nouveau-né augmente avec l'âge de la mère.

■ L'étude du liquide amniotique permet de doser plusieurs éléments dont l'existence en quantité anormale peut traduire certaines pathologies fœtales (spina-bifida [malformation ouverte du tube neural], mucoviscidose, etc.). Son étude permet également de diagnostiquer certaines maladies infectieuses transmissibles de la mère à l'enfant. On peut enfin prévoir le risque de maladie des membranes hyalines (syndrome de détresse respiratoire observé chez les grands prématurés) en étudiant certains des composants de ce liquide.

TECHNIQUE ET DÉROULEMENT
Le prélèvement est effectué, sous anesthésie locale et avec contrôle échographique, à l'aide d'une aiguille enfoncée à travers la paroi abdominale jusque dans l'utérus. La quantité de liquide prélevé varie entre 10 et 40 millilitres. Cette opération permet également l'injection de médicaments dans la cavité amniotique, autorisant ainsi le traitement précoce de l'enfant in utero. L'amniocentèse se pratique en milieu hospitalier ou chez le gynécologue ; elle ne dure que quelques minutes. Un léger repos est conseillé après le prélèvement, ainsi que l'absence d'activité physique intense pendant 1 ou 2 jours.

EFFETS SECONDAIRES
L'amniocentèse ne présente aucun danger pour la mère ; elle entraîne, de façon extrêmement rare (dans moins de 0,5 % des cas), une fausse couche due à une fissuration des membranes ou à une infection provoquées par le prélèvement. Les moindres symptômes de fièvre, de saignement, de pertes vaginales ou de douleurs dans les jours qui suivent l'examen nécessitent une consultation médicale. Le risque traumatique fœtal est nul ; il n'y a pas davantage de risque infectieux si les précautions d'asepsie sont respectées.

Amnios

Fine membrane tapissant l'intérieur de la cavité où se trouve le fœtus.

L'amnios, qui recouvre également le cordon ombilical et le placenta, est doublé par une autre membrane, le chorion, collée à la muqueuse utérine. L'amnios se remplit de liquide amniotique au cours de la grossesse. L'amnios et le chorion, qui protègent le fœtus, sont évacués avec le placenta après l'accouchement.

Amnioscopie

Examen direct du liquide amniotique et des membranes réalisé en fin de grossesse.

INDICATIONS

L'amnioscopie est pratiquée après 36 semaines d'aménorrhée (arrêt des règles) chez une femme qui présente des contractions utérines et dont l'accouchement semble se déclencher. Elle permet d'examiner la clarté et la couleur du liquide amniotique et, en particulier, de rechercher la présence de méconium (première selle verdâtre du fœtus), témoignant d'une souffrance fœtale. Cet examen peut servir à vérifier l'existence d'une fissuration de la poche des eaux et permet de déclencher prématurément l'accouchement si cela est nécessaire.

TECHNIQUE ET DÉROULEMENT

Le médecin introduit l'amnioscope, tube muni d'un système optique, dans le vagin, puis il le fait progresser à travers le col de l'utérus pour atteindre les membranes de la cavité amniotique.

L'examen se pratique à l'hôpital et dure quelques minutes. Il apporte des informations utiles avant que ne commence l'accouchement.

EFFETS SECONDAIRES

L'amnioscopie, indolore, déclenche parfois des contractions utérines, normales à ce stade de la grossesse. Elle peut occasionner quelques pertes de sang, qui ne présentent aucune gravité.

Amniotique

Relatif à l'amnios.

Liquide amniotique

Le liquide amniotique est un liquide clair dans lequel baigne le fœtus à l'intérieur de l'utérus maternel. Il protège l'enfant contre les chocs extérieurs et lui permet d'être maintenu à une température stable dans un milieu aseptique. Le volume de liquide augmente au cours de la grossesse. Transparent, il est formé d'eau dans laquelle on trouve des cellules fœtales (amniocytes). Il provient essentiellement des sécrétions des membranes qui entourent le fœtus, de l'urine fœtale et du liquide d'origine pulmonaire. Le liquide amniotique se renouvelle en permanence : il est avalé par le fœtus puis éliminé au cours de la miction. Enfin, lors de l'accouchement, il s'écoule après la rupture, spontanée ou provoquée, des membranes et lubrifie les voies génitales de la mère afin de faciliter le passage de l'enfant.

Deux examens permettent l'étude du liquide amniotique : l'amniocentèse et l'amnioscopie.

Au terme de la grossesse, le volume de liquide atteint environ 1,5 litre. Son insuffisance (oligoamnios) ou son excès (hydramnios) sont pathologiques, résultant de malformations fœtales ou provoquant certaines d'entre elles. L'examen clinique, qui permet de déceler un excès ou une insuffisance de liquide, doit être complété par une échographie pour rechercher d'éventuelles malformations. En cas de souffrance fœtale, le liquide amniotique verdit, en raison de l'émission prématurée du méconium (première selle verdâtre) par le fœtus. Il faut alors souvent provoquer l'accouchement.

Amphétaminique

→ VOIR Anorexigène.

Amputation

Ablation d'un membre ou d'un segment de membre.

INDICATIONS

L'amputation chirurgicale s'effectue le plus souvent sur les membres inférieurs. Toutefois, elle se pratique rarement aujourd'hui pour compléter une amputation accidentelle partielle, la réimplantation du membre étant alors généralement tentée. L'amputation chirurgicale est le plus souvent indiquée pour traiter les tumeurs malignes des os ou des parties molles des membres, ou, chez les sujets âgés, pour prévenir la gangrène d'un membre totalement privé de circulation sanguine (artériopathie, thrombose) lorsqu'une opération de revascularisation est impossible ou a échoué. Enfin, on peut amputer certains membres ayant perdu leur motricité et souvent toute sensibilité, lorsque leur présence gêne ou empêche la pose d'une prothèse.

RÉÉDUCATION ET APPAREILLAGE

Après une amputation, le sujet peut ressentir des sensations anormales qui prennent parfois la forme de douleurs intenses : c'est l'algohallucinose, ou douleur du membre fantôme, qui correspond à l'interprétation erronée par le cerveau de sensations nerveuses venant du moignon comme si elles provenaient du membre en fait amputé. Les amputations qui conservent le talon, le genou sont mieux tolérées que les amputations de la cuisse. L'amputation des membres inférieurs chez le sujet âgé peut le confiner à un état grabataire ; dans les autres cas, et selon l'état général de l'amputé, une prothèse bien adaptée lui permettra de retrouver une vie sociale normale. Aussi la rééducation du moignon est-elle entreprise immédiatement après l'amputation afin d'obtenir une cicatrisation satisfaisante des tissus et de préparer le membre à l'appareillage.

Amygdale

Ensemble de formations lymphoïdes situées sur le pourtour du pharynx. SYN. *tonsille*.

Les amygdales présentent une surface irrégulière parsemée de dépressions profondes appelées cryptes amygdaliennes. Les amygdales les plus importantes et les plus volumineuses sont les palatines, situées de part et d'autre de la luette. D'autres amygdales ont une fonction plus accessoire : les amygdales linguales, situées à la base de la langue ; les amygdales pharyngiennes (végétations adénoïdes), à l'arrière-fond des fosses nasales ; les amygdales vélopalatines, sur la face postérieure du voile du palais ; les amygdales tubaires, autour des orifices de la trompe d'Eustache.

Les amygdales contribuent à la défense de l'organisme contre les microbes en formant des globules blancs, en produisant des anticorps et en jouant le rôle d'une barrière à l'entrée des voies aériennes supérieures.

PATHOLOGIE

Des infections aiguës répétées (angines ou amygdalites, otites) finissent par affaiblir les amygdales, qui deviennent elles-mêmes foyer d'infection. Une ablation chirurgicale, amygdalectomie pour les amygdales palatines ou adénoïdectomie pour les végétations adénoïdes, est alors envisagée.

Amygdalectomie

Ablation chirurgicale des amygdales.

INDICATIONS

L'amygdalectomie est indiquée en cas d'infection amygdalienne chronique ou à répétition, ou lorsque des amygdales hypertrophiques gênent la respiration.

DÉROULEMENT ET CONVALESCENCE

L'opération se pratique sous anesthésie générale de courte durée. Parfois, dans les 24 heures suivant l'intervention, des saignements de gorge surviennent ; le patient doit alors rester en position allongée, couché sur le côté, pour pouvoir déglutir plus facilement. Les douleurs dans la gorge et dans les oreilles, habituelles, exigent souvent la prise d'un analgésique. Une alimentation liquide et douce (crème glacée, par exemple) est donnée au patient. Des douleurs à la déglutition lors des repas peuvent persister pendant 2 ou 3 semaines environ. La guérison complète est normalement acquise après 2 semaines. Si un saignement se produit plus tard, il est nécessaire de consulter un médecin sans délai.

Amygdalite

Inflammation aiguë ou chronique, d'origine infectieuse, des amygdales palatines ou linguales.

Les amygdalites sont fréquentes chez l'enfant de moins de 9 ans, plus rares chez l'adolescent et l'adulte. Une amygdalite provoque des douleurs du pharynx et des difficultés à déglutir. Les autres signes sont une fièvre, des ganglions palpables au niveau du cou et une mauvaise haleine. À l'examen clinique, la gorge est rouge. Chez l'adulte, l'infection peut se compliquer d'un phlegmon périamygdalien (abcès entre la paroi pharyngée et l'amygdale). Si les symptômes persistent plus de 24 heures ou si un dépôt blanchâtre apparaît sur les amygdales, un médecin doit être consulté sans délai. Toute boisson ou mets glacés apporte un soulagement. L'alimentation sera riche en liquide. Une amygdalite aiguë requiert un traitement antibiotique. Lorsque cela se révèle nécessaire, on procède à une amygdalectomie.

Amylase

Enzyme d'origine salivaire ou pancréatique intervenant dans la dégradation de l'amidon en maltose. SYN. *alpha-amylase*.

L'augmentation du taux d'amylase dans le sang peut témoigner d'une pancréatite aiguë et se rencontre également dans certains cancers digestifs et dans les oreillons.

Amylose

Affection caractérisée par l'infiltration dans les tissus d'une matière appelée substance amyloïde. SYN. *amyloïdose, maladie amyloïde*.

Une amylose peut survenir sans raison connue (amylose primitive) ou être une complication d'une autre maladie chronique (amylose secondaire) : tuberculose, dilatation des bronches, ostéomyélite, lèpre, polyarthrite rhumatoïde, cancer, etc. La cause de la production de substance amyloïde et de son dépôt dans les tissus n'est pas connue.

Amyotrophie

Diminution du volume d'un muscle strié par réduction du nombre des fibres contractiles qui le constituent.

Une amyotrophie est généralement due à une lésion des fibres musculaires (amyotrophie myogène), à une lésion du système nerveux (amyotrophie neurogène) ou à une immobilisation prolongée.

Anabolisant

Médicament favorisant l'anabolisme (construction des tissus à partir des substances nutritives).

Les anabolisants stéroïdiens, ou androgènes anabolisants, sont les plus prescrits. Ils favorisent la synthèse des protéines, surtout dans les muscles et les os. Ils sont conseillés pour lutter contre les carences en protéines, les ostéoporoses (maladies fragilisant les os). Les sportifs s'en servent illégalement comme dopants, méconnaissant leur toxicité. Les anabolisants sont en général administrés en injections intramusculaires, espacées de une à plusieurs semaines. Ils sont contre-indiqués au cours de maladies de la prostate et du foie. Leurs effets indésirables les plus connus sont de type virilisant chez la femme (augmentation de la pilosité, raucité de la voix, troubles des règles) et l'enfant (acné, séborrhée).

Analgésie

Abolition de la sensibilité à la douleur, spontanée ou thérapeutique.

■ **Une analgésie spontanée** peut survenir à la suite d'une lésion du système nerveux périphérique (ensemble des nerfs qui relient le système nerveux central au reste du corps).

■ **L'analgésie thérapeutique** consiste à supprimer la sensibilité à la douleur aiguë, qu'elle soit transitoire (suite à un acte chirurgical, par exemple) ou chronique (d'origine cancéreuse, par exemple). Selon le type de douleur et son intensité, les analgésiques employés sont périphériques (aspirine et paracétamol essentiellement) ou centraux (morphine).

L'administration d'analgésiques périphériques tels que les dérivés du paracétamol est le mode d'analgésie le plus courant. L'analgésie s'effectue d'abord par voie intraveineuse afin d'obtenir un effet immédiat. Elle est ensuite relayée par la voie orale sur une durée de 24 à 48 heures.

Le recours à la morphine ou aux produits morphinomimétiques (produits de synthèse reproduisant l'action analgésique de la morphine) est nécessaire en cas de douleur intense. La morphine est habituellement prescrite par voie sous-cutanée, intramusculaire ou intraveineuse. Elle peut aussi être administrée par voie rachidienne ou péridurale afin d'agir directement sur les récepteurs de la corne postérieure de la moelle épinière. La méthode dite « d'analgésie autocontrôlée », qui consiste à donner au patient la possibilité de s'administrer lui-même de la morphine grâce à un cathéter intraveineux à demeure, est de plus en plus utilisée. Le médecin détermine la dose et l'intervalle de temps minimal entre deux prises. Toutes les méthodes utilisant la morphine ou les produits morphinomimétiques nécessitent une surveillance étroite du patient, car elles l'exposent à des complications telles qu'une dépression respiratoire (inhibition d'origine centrale de la commande de la respiration), une rétention aiguë d'urine, un prurit, des vomissements.

À côté de ces moyens pharmacologiques classiques existent d'autres méthodes d'analgésie : la cryothérapie (traitement par le froid), la thermothérapie (traitement par la chaleur), l'électrothérapie et l'acupuncture.

Analgésique

Médicament destiné à supprimer ou à atténuer la douleur. SYN. *antalgique.*

Les analgésiques sont soit périphériques, agissant à l'endroit de la douleur, soit centraux, agissant sur le système nerveux central (moelle épinière, cerveau). Les analgésiques périphériques, dont certains sont également efficaces contre la fièvre, sont représentés essentiellement par le paracétamol et l'aspirine. Les analgésiques centraux sont en général dérivés de la morphine.

Les analgésiques sont souvent prescrits en complément du traitement de la cause de la douleur. Ils sont parfois associés à des médicaments plus spécifiques des symptômes (antispasmodiques, anti-inflammatoires, antimigraineux, etc.), qui peuvent même les remplacer avantageusement. En cas de douleur intense et rebelle, les prescriptions se font par ordre croissant de toxicité : paracétamol, puis d'autres analgésiques périphériques, puis morphiniques mineurs et enfin morphiniques majeurs.

L'administration peut être orale, rectale, intramusculaire, intraveineuse ou locale (par cathéter).

EFFETS INDÉSIRABLES
Très nombreux et parfois graves, ils sont particuliers à chaque type de produit et sont favorisés par l'automédication. Les analgésiques centraux doivent faire l'objet d'une prescription médicale.

Anaphylaxie

État d'un être vivant qui, sensibilisé par l'introduction d'un allergène dans son organisme, est susceptible de réagir violemment à l'introduction ultérieure d'une nouvelle dose, même minime, de cet allergène.

Tous les symptômes de l'allergie peuvent être observés lors de la réaction anaphylactique (eczéma, asthme, œdème de Quincke) ; le choc anaphylactique, réaction allergique aiguë et parfois mortelle, en constitue la manifestation la plus grave.

Le sujet qui manifeste une telle sensibilité à un allergène doit éviter tout contact avec l'allergène en question ou envisager un traitement de désensibilisation, au cours duquel il sera progressivement habitué à supporter le contact avec l'allergène.

Anarthrie

Incapacité ou difficulté à articuler des sons, indépendante de toute lésion des organes de la phonation et alors que la compréhension du langage oral et écrit est normale.

Anasarque

Œdème généralisé du tissu cellulaire souscutané avec épanchement dans les cavités séreuses (plèvre, péricarde, péritoine).

Anastomose

Abouchement, chirurgical ou spontané, de deux vaisseaux sanguins, de deux viscères creux ou de deux filets nerveux.

Anatomie

Science qui a pour objet l'étude de la forme, de la structure, des rapports et de la fonction des différents éléments constitutifs du corps humain.

Anatomopathologie

Étude des altérations organiques des tissus et des cellules provoquées par la maladie. SYN. *anatomie pathologique.*

Anatoxine

Substance d'origine microbienne utilisée comme vaccin.

Androgène

Chacune des hormones stéroïdes mâles sécrétées par les testicules, les ovaires et les glandes surrénales.

La testostérone est l'androgène le plus actif, présent à un taux 20 fois plus élevé chez l'homme que chez la femme. Leur sécrétion en excès par les glandes surrénales ou l'ovaire conduit chez la femme à un hirsutisme (développement excessif du système pileux) ou à d'autres manifestations de virilisme. Chez le jeune garçon, la production excessive de ces hormones peut entraîner une puberté précoce.

UTILISATION THÉRAPEUTIQUE

Des androgènes de synthèse sont utilisés dans le traitement des insuffisances de fonctionnement testiculaire, des états de dénutrition sévères, des aplasies médullaires (disparition des cellules de formation du sang dans la moelle épinière), de certains cancers du sein inopérables, etc. On distingue les androgènes de synthèse virilisants des non virilisants. Les premiers sont contreindiqués chez les hommes atteints d'un cancer de la prostate et chez les femmes en âge de procréer. En effet, ils peuvent entraîner des effets indésirables tels que virilisme et troubles des règles chez la femme, puberté précoce chez l'enfant, œdème, acné chez le fœtus, masculinisation d'un fœtus femelle. Les androgènes de synthèse peuvent être administrés par voie orale, percutanée ou parentérale.

Andrologie

Étude des éléments anatomiques, biologiques et psychiques qui concourent au bon fonctionnement de l'appareil urogénital masculin.

Andropause

Diminution de l'activité génitale chez l'homme.

Le terme, créé par analogie avec celui de la ménopause, est critiquable, car il ne correspond pas à une réalité clinique et hormonale équivalente.

Anémie

Diminution du taux d'hémoglobine (pigment des globules rouges assurant le transport de l'oxygène des poumons aux tissus) dans le sang.

Les valeurs normales du taux d'hémoglobine varient avec l'âge et le sexe (on parle d'anémie s'il est inférieur à 13 grammes/décilitre chez l'homme et à 12 grammes/décilitre chez la femme). L'anémie est la cause la plus fréquente de consultation en hématologie.

L'anémie est un symptôme qui peut être expliqué par plus de 200 causes différentes. Cependant, on peut classer les anémies en deux grands types, selon le mécanisme physiologique en cause : l'excès de pertes de sang ou le défaut de production de sang.

Symptômes et signes de l'anémie

Le symptôme le plus visible de l'anémie est la pâleur de la peau (paume des mains) et des muqueuses (muqueuse de la bouche). L'autre symptôme majeur est la fatigue, qui survient à l'effort lorsque l'anémie est modérée, mais également au repos lorsqu'elle est plus sévère. Il peut apparaître chez les sujets âgés des signes d'insuffisance cardiaque, accompagnés d'œdèmes des chevilles et du visage.

À ces signes non spécifiques, communs aux différentes anémies, peuvent s'associer des symptômes propres à certaines anémies. Les anémies hémorragiques se manifestent par une émission de sang rouge (noir lorsqu'il a été digéré) et par une soif importante. Lorsque l'anémie est très sévère, des signes de choc (chute de la tension artérielle) s'y associent. Les anémies hémolytiques s'accompagnent souvent d'une augmentation de volume de la rate (en raison de la destruction importante des globules rouges dans cet organe) et d'un ictère (en raison de l'augmentation du taux de bilirubine, pigment de la bile). Les anémies ferriprives, par carence en vitamine B12 et en acide folique, se caractérisent par une atrophie de la muqueuse linguale.

Diagnostic et traitement de l'anémie

Il est fréquent qu'une anémie soit diagnostiquée sur une simple analyse de la numération formule sanguine, en l'absence de tout signe clinique évident. Cependant, le diagnostic repose sur l'hémogramme (examen cytologique du sang). Il est orienté par le volume globulaire moyen et par le taux de réticulocytes (globules rouges en début de formation), qui permet de distinguer les défauts de production médullaire des excès de pertes.

Le traitement de l'anémie dépend de sa cause. Ainsi, l'anémie par carence en acide folique se traite par l'apport de cette vitamine par voie orale ; l'anémie par carence en vitamine B12 se traite par injection intramusculaire de vitamine B12, et l'anémie ferriprive est traitée par un apport en fer. Les transfusions sont réservées aux anémies dont la cause n'a pas de traitement.

Anémie ferriprive

Diminution du taux d'hémoglobine dans le sang due au manque de fer dans l'organisme. SYN. *anémie par carence martiale, anémie sidéropénique.*

L'anémie ferriprive est la plus fréquente des anémies. Le manque de fer retentit surtout sur la synthèse des globules rouges.

CAUSES

Elles sont très nombreuses et varient selon l'âge et le sexe. Chez le nourrisson, la cause la plus fréquente est l'insuffisance d'apport alimentaire riche en fer. Chez la femme enceinte, la carence en fer est fréquente, surtout lorsque les grossesses sont rapprochées, car le fœtus utilise le fer de sa mère pour fabriquer ses propres globules rouges. Toutefois, c'est chez la femme réglée que la carence en fer est la plus fréquente. En effet, les besoins en fer de la femme (de 2 à 3 milligrammes par jour) sont tout juste couverts par une alimentation normale ; tout accroissement des pertes, si minime soit-il, aboutit à une insuffisance en fer. L'abondance du flux menstruel (avec ou sans cause organique) peut donc être responsable d'une carence en fer. Dans toutes les autres circonstances, la cause la plus fréquente est un saignement digestif, très souvent latent, qui justifie l'exploration complète du tube digestif. La malabsorption du fer, très rare, entre généralement dans le cadre d'une malabsorption globale (maladie cœliaque).

Anesthésie

Suspension plus ou moins complète de la sensibilité générale, ou de la sensibilité d'un organe ou d'une partie du corps.

L'anesthésie peut être spontanée, survenant au cours d'une maladie (notamment lors d'affections neurologiques), ou provoquée par un agent anesthésique.

Anesthésie générale

Suspension de l'ensemble des sensibilités de l'organisme.

L'anesthésie générale est très largement utilisée lors des interventions chirurgicales. On y recourt également pour certains examens longs ou douloureux, afin d'améliorer le confort du patient ou d'assurer une qualité technique suffisante. Elle s'obtient grâce à l'utilisation de divers agents anesthésiants administrés par voie respiratoire, digestive ou parentérale (veineuse) qui entraînent une perte complète de la conscience.

PRINCIPE

L'anesthésie générale associe trois types d'action : la narcose (ou perte de conscience, ou sommeil profond), qui est due à l'administration d'un agent anesthésique, soit par inhalation (autrefois d'éther, aujourd'hui de protoxyde d'azote ou d'agents halogénés), soit par voie intraveineuse (barbituriques, kétamine, éthomidate et, plus récemment, diprivan) ; l'analgésie (disparition de la douleur), qui est obtenue grâce aux substances morphinomimétiques telles que la phénopéridine ou le fentanyl ; la curarisation (emploi d'une substance paralysante), qui permet le relâchement musculaire nécessaire au bon déroulement de l'intervention.

DÉROULEMENT

■ Avant l'opération, une consultation du médecin anesthésiste avec le patient est essentielle. Elle permet au médecin d'établir un contact psychologique avec le patient (de lever éventuellement les angoisses de celui-ci en lui expliquant le déroulement de l'intervention), de connaître ses antécédents médico-chirurgicaux et familiaux (réactions aux anesthésies déjà subies par le patient ou par des membres de sa famille, traitements en cours, allergies, intoxication alcoolique, etc.), ainsi que d'effectuer un examen clinique complet. S'y ajoutent parfois des examens complémentaires tels que prise de sang avec mesure de l'urée et de la glycémie, recherche de sucre et d'albumine dans les urines, électrocardiogramme et radiographie pulmonaire. La veille au soir, le patient est laissé à jeun pour éviter les vomissements pendant l'intervention. Une ou deux heures avant l'anesthésie, on lui administre souvent un sédatif et un dérivé de la belladone qui permet d'éviter des réactions gênantes (hypersalivation, ralentissement cardiaque ou vomissements).

■ **Pendant l'opération**, l'endormissement (ou induction de l'anesthésie) est réalisé par l'administration d'un agent anesthésique, plus souvent aujourd'hui par injection intraveineuse que par inhalation d'un anesthésique gazeux. L'anesthésie par inhalation consiste à appliquer sur le visage du patient un masque relié à un ballon contenant un mélange gazeux d'oxygène (30 % minimum) et de protoxyde d'azote (70 % maximum) associés à un anesthésique volatil (halothane). L'anesthésie par injection intraveineuse consiste à introduire dans la circulation sanguine un agent hypnotique anesthésique auquel on associe essentiellement un produit curarisant (supprimant l'action des nerfs moteurs sur les muscles) et un produit analgésique de type morphinique lorsqu'il est nécessaire de diminuer la douleur. Le maintien de l'anesthésie intraveineuse s'effectue soit par réinjection périodique d'agents anesthésiques intraveineux, soit par inhalation d'un anesthésique volatil. L'anesthésie générale nécessite une surveillance permanente des fonctions vitales, respiratoires et circulatoires du patient durant toute la durée de l'intervention. L'anesthésiste contrôle la pression artérielle et pratique si

nécessaire une perfusion adaptée. Il surveille la profondeur du sommeil, qui doit rester au stade chirurgical, c'est-à-dire avec respiration régulière et relâchement musculaire.

■ **Après l'opération**, le patient est conduit dans une salle spécialisée dite « salle de réveil ». La surveillance du réveil est très importante car c'est souvent à ce moment que se produisent les accidents anesthésiques (avalement de la langue) ou liés à l'acte opératoire. Le malade n'est ramené dans sa chambre que lorsqu'il a retrouvé un état de conscience normal et des réflexes suffisants. Néanmoins, l'utilisation de certains calmants comme les benzodiazépines provoque souvent une amnésie postopératoire, et le patient, ne se souvenant plus de ce premier réveil, a l'impression de ne s'être réveillé que dans sa chambre. Un délai de quelques heures est nécessaire avant que le patient puisse recommencer à boire puis à manger.

Anesthésie locorégionale

Abolition transitoire de la sensibilité d'une partie du corps pour une intervention chirurgicale, un examen ou un traitement.

L'anesthésie locorégionale consiste à injecter des anesthésiques locaux au voisinage d'un nerf ou de la moelle épinière, afin d'insensibiliser une région donnée de l'organisme. L'état de conscience du patient est conservé.

PRÉPARATION ET DÉROULEMENT

■ **Avant l'intervention**, le médecin anesthésiste évalue l'état cardiaque, vasculaire et respiratoire du patient, qu'il interroge sur ses éventuelles allergies et les traitements qu'il suit, et qu'il informe de la possibilité de corriger une anesthésie locorégionale insuffisante en une anesthésie générale légère. Chez les patients les plus anxieux, l'anesthésie locorégionale doit être précédée de l'administration d'un tranquillisant par voie orale ou par injection.

■ **Pendant l'intervention**, une perfusion intraveineuse est mise en place pour administrer des médicaments anxiolytiques ou destinés à prévenir ou à traiter d'éventuels effets secondaires. La surveillance de la tension artérielle et du rythme cardiaque est indispensable.

INDICATIONS ET CONTRE-INDICATIONS

L'anesthésie locorégionale permet de pratiquer des interventions chirurgicales urgentes sur des malades dont l'état cardiaque ou respiratoire contre-indique l'anesthésie générale, ou sur des accidentés qui ne sont pas à jeun et sont donc inopérables sous anesthésie générale (risque d'inhalation bronchique du contenu gastrique). Elle permet également d'éviter aux sujets âgés les inconvénients d'une anesthésie générale : somnolence, nausées et vomissements, complications cardiaques et respiratoires. Les contre-indications sont essentiellement les troubles de la coagulation, la prise de traitements anticoagulants, les allergies aux produits anesthésiques locaux et une infection au point de ponction ou lorsque son accès est impossible : la présence d'une plaque métallique sur la colonne lombaire peut ainsi empêcher la réalisation d'une anesthésie péridurale.

EFFETS SECONDAIRES

Un anesthésique administré à trop forte dose ou absorbé trop rapidement peut provoquer des réactions plus ou moins graves telles que vertiges, perte de conscience, convulsions, voire arrêt cardiaque transitoire. Les réactions allergiques au produit lui-même sont rares. Dans le cas de l'anesthésie péridurale et de la rachianesthésie, la réduction de l'activité du système nerveux sympathique entraîne parfois une baisse de tension artérielle à laquelle peuvent s'ajouter, en cas d'anesthésie péridurale, une rétention d'urine transitoire, des céphalées et, exceptionnellement, un hématome péridural. Les accidents sont rarissimes : lésions nerveuses le plus souvent mineures et sans séquelles.
→ VOIR **Péridurale, Rachianesthésie.**

Anesthésique

Médicament entraînant la diminution ou même la suppression de la sensibilité générale ou locale, en interrompant la conduction nerveuse.

Anesthésiques généraux

D'action rapide, ils provoquent une narcose (sommeil profond). Ils sont utilisés dans les anesthésies générales au cours des interventions chirurgicales. Ils s'administrent soit par voie intraveineuse, soit par voie respiratoire.

ANESTHÉSIQUES PAR VOIE INTRAVEINEUSE

Les barbituriques sont les plus employés. Leur administration est indiquée pendant l'induction (début de l'anesthésie), puis répétée toutes les 30 minutes. Mais ces anesthésiques peuvent entraîner des troubles respiratoires (arrêt de la respiration, spasme des bronches ou du larynx) ou cardiaques.

ANESTHÉSIQUES PAR VOIE RESPIRATOIRE

Les produits volatils anesthésiques sont mélangés à de l'air ou à de l'oxygène. Ils sont administrés à l'aide d'un masque ou par intubation. Les risques principaux sont une hypoxie (insuffisance d'oxygène dans l'organisme) avec le protoxyde d'azote, et une hépatite avec les autres produits.

Anesthésiques locaux

On distingue les anesthésiques de surface et les anesthésiques injectables.

ANESTHÉSIQUES DE SURFACE

La lidocaïne est appliquée localement (sous forme de pulvérisations, de gel, etc.) sur la peau et les muqueuses, lorsqu'on procède à des examens ou à des soins douloureux, dentaires par exemple.

ANESTHÉSIQUES INJECTABLES

La lidocaïne, mais aussi la procaïne ou la bupivacaïne sont injectées localement, souvent par voie sous-cutanée. Ces médicaments servent à l'anesthésie régionale (par exemple pour insensibiliser les membres inférieurs). L'infiltration du produit peut se faire autour d'un tronc nerveux ou d'un plexus (filets nerveux) ; lors d'une péridurale, l'infiltration se fait autour des méninges de la moelle épinière, et lors d'une rachianesthésie, à l'intérieur de ces méninges.

Anévrysme, ou Anévrisme

Dilatation d'une artère ou de la paroi du cœur.

Anévrysme artériel

Dilatation d'un segment de vaisseau artériel.
Un anévrysme artériel est généralement dû à une atteinte de la paroi vasculaire par l'athérome (dépôt lipidique responsable de

l'athérosclérose). Il survient plus rarement dans le cadre d'une maladie inflammatoire (maladie de Horton), d'une maladie d'origine infectieuse ou en raison d'une anomalie congénitale de la paroi artérielle (maladie de Marfan). On distingue les anévrysmes sacciformes (constituant une poche) des anévrysmes fusiformes (simple dilatation).

Un anévrysme artériel n'entraîne pas de symptômes particuliers, sauf en cas de complications. Celles-ci peuvent être multiples : fissuration responsable d'une douleur locale, compression des organes situés à proximité, embolies causées par un caillot tapissant la paroi de l'anévrysme ou rupture de l'anévrysme entraînant une hémorragie souvent mortelle. Le risque de rupture est fonction de sa taille, qui augmente à une vitesse variable.

DIAGNOSTIC

Un anévrysme artériel, lorsqu'il est superficiel, se caractérise par une tuméfaction battante, expansive et indolore. Sinon, le diagnostic repose sur l'échographie, l'artériographie cérébrale (anévrysme sacciforme intracrânien), le scanner ou l'imagerie par résonance magnétique (I.R.M.).

TRAITEMENT ET PRÉVENTION

Lors de formes compliquées d'anévrysme artériel et à partir d'un certain diamètre, compte tenu du risque inéluctable de rupture ou de thrombose (formation d'un caillot), l'intervention chirurgicale est souhaitable chaque fois qu'elle se révèle possible. La prévention suppose une surveillance accrue des facteurs de risque de l'athérosclérose (hypertension artérielle, diabète, hypercholestérolémie) et celle, par échographie à intervalles réguliers, de l'évolution du diamètre d'un anévrysme aortique.

Anévrysme artérioveineux

Fistule faisant communiquer une veine et une artère soit directement, soit par l'intermédiaire d'une poche kystique intercalaire.

Un anévrysme artérioveineux est le plus souvent d'origine traumatique, produit par rupture ou par perforation, mais il arrive qu'il soit congénital. Il convient de distinguer le cas très particulier d'une fistule artérioveineuse volontairement créée au niveau du membre supérieur pour permettre des séances d'hémodialyse, dans l'insuffisance rénale chronique.

Angéiologie

Étude des vaisseaux de l'appareil circulatoire (artères, veines et vaisseaux lymphatiques). SYN. *angiologie.*

Angéite

Inflammation de la paroi des vaisseaux sanguins. SYN. *vascularite.*

Les angéites font intervenir divers types de processus inflammatoires (immunologiques, auto-immuns, allergiques) pouvant entraîner une sténose (rétrécissement) ou une occlusion du vaisseau atteint. Les tissus irrigués par celui-ci sont alors lésés ou même détruits par l'ischémie (interruption ou diminution de la circulation sanguine).

On distingue les angéites artérielles et les angéites cutanées.

Angéites artérielles

Les angéites artérielles, inflammation des parois des artères, peuvent revêtir des aspects très divers.

■ **La thromboangéite oblitérante,** d'origine discutée, est une angéite des membres responsable de douleurs, d'engourdissements et, dans les cas graves, de gangrène.
■ **L'artérite temporale, ou maladie de Horton,** d'origine inconnue, survient principalement vers la soixantaine.
■ **La maladie de Takayashu, ou maladie des femmes sans pouls,** est une affection rare d'origine inconnue, peut-être auto-immune. Elle atteint surtout les jeunes femmes et affecte les gros vaisseaux issus de la crosse de l'aorte (carotides et sous-clavières). Elle peut entraîner une claudication intermittente (par atteinte de l'artère fémorale ou iliaque), des syncopes, ou encore une cécité.
■ **La périartérite noueuse** est une maladie auto-immune pouvant affecter les artères de diverses régions du corps, causant des douleurs abdominales, testiculaires ou thora-

ciques, une gêne respiratoire et parfois l'apparition de tuméfactions molles sous la peau.

Angéites cutanées

Les angéites cutanées, inflammation des parois des vaisseaux cutanés, se traduisent habituellement par un semis de purpura (taches rouges ne s'effaçant pas à la pression) fréquemment localisé sur les membres inférieurs et s'associant parfois à des zones d'ulcérations cutanées. Certaines sont purement cutanées ; d'autres s'associent à des atteintes d'organes internes (muscles, nerfs, viscères).

Traitement des angéites

Le traitement des angéites dépend de leur cause. Il peut faire appel aux anti-inflammatoires (corticostéroïdes), aux immunodépresseurs mais aussi aux méthodes de chirurgie vasculaire.
→ VOIR Horton (maladie de), Périartérite noueuse, Wegener (granulomatose de).

Angine

Maladie inflammatoire aiguë du pharynx.

L'atteinte est rarement généralisée à tout le pharynx (pharyngite) et se limite le plus souvent aux amygdales (amygdalite).

Les angines sont d'origine virale ou parfois bactérienne (infection due à des germes tels que streptocoques, staphylocoques ou *Hæmophilus*). Courante au cours d'un rhume ou d'une grippe, l'angine peut, exceptionnellement, être le signe précurseur d'une autre maladie plus grave (mononucléose infectieuse ou diphtérie).

Angine rouge

L'angine rouge est une inflammation aiguë du pharynx, qui révèle, à l'examen clinique, une muqueuse plus rouge que la normale.

DIFFÉRENTS TYPES D'ANGINE ROUGE

■ L'angine érythémateuse, ou angine rouge catarrhale, la plus répandue, survient surtout chez l'enfant de moins de 10 ans. Fièvre, douleurs vives à la déglutition, migraines en sont les symptômes. L'examen du pharynx révèle une rougeur diffuse et une augmenta-

tion de volume plus ou moins importante des amygdales. L'angine érythémateuse peut se compliquer d'un phlegmon périamygdalien (abcès entre la paroi pharyngée et l'amygdale), qui provoque un trismus (contracture des muscles masticateurs) et une dysphagie (difficulté de déglutition).
■ L'angine des maladies éruptives est un symptôme majeur de la scarlatine, de la rougeole et, à un moindre degré, de la rubéole.
■ L'angine streptococcique du rhumatisme articulaire aigu précède de quelques jours ou semaines les manifestations de ce rhumatisme. Elle se signale par une amygdalite (inflammation des amygdales) avec vomissements et maux de tête. L'étude bactériologique montre la présence de streptocoques hémolytiques du groupe A pouvant entraîner, outre des atteintes articulaires et cardiaques, des complications rénales. Ce risque, autrefois grave, est aujourd'hui prévenu, dans les pays développés, par l'antibiothérapie systématique de ces angines.

TRAITEMENT

Le malade doit se reposer et éviter les refroidissements. L'alimentation doit être légère et les boissons abondantes. Le traitement est, d'une part, local, visant à soulager la douleur et à désinfecter la bouche et le pharynx par des gargarismes, des pulvérisations, et, d'autre part, général, par l'administration d'antibiotiques. Le traitement de référence est la pénicillinothérapie pendant 10 jours, souvent associée à des analgésiques, des anti-inflammatoires, des antipyrétiques et des collutoires. En cas de récidive fréquente, l'amygdalectomie est conseillée.

Angine blanche

L'angine blanche est une inflammation aiguë du pharynx qui révèle, à l'examen clinique, une muqueuse recouverte d'un enduit blanchâtre.

DIFFÉRENTS TYPES D'ANGINE BLANCHE

■ L'angine érythématopultacée provoque les mêmes symptômes que l'angine rouge, mais les amygdales sont couvertes d'un enduit blanchâtre ou parfois gris jaunâtre, généralement facile à enlever avec un coton.

■ L'angine pseudomembraneuse provoque un enduit plus adhérent (fausse membrane grisâtre), qui peut faire redouter la diphtérie. Aujourd'hui, cette maladie a, grâce à la vaccination antidiphtérique, pratiquement disparu des pays occidentaux. Cependant, toute angine pseudomembraneuse doit faire l'objet d'un prélèvement bactériologique et, au moindre doute, le malade doit recevoir du sérum antidiphtérique pour enrayer l'évolution d'une éventuelle diphtérie. Cette angine blanche est souvent le signe précurseur d'une mononucléose infectieuse.

■ L'angine vésiculeuse et l'angine herpétique ont pour origine respectivement les virus du zona et de l'herpès. L'oropharynx prend un aspect rouge parsemé de vésicules blanchâtres, éclatées ou non, semblables à de petites ulcérations.

TRAITEMENT

Le malade doit se reposer et éviter les refroidissements. Outre une action locale (gargarismes, pulvérisations), le traitement peut comporter des antibiotiques par voie générale. Dans les angines vésiculeuses, néanmoins, les antibiotiques sont sans effet, sauf en cas de surinfection bactérienne. Le plus souvent, l'administration d'analgésiques suffit.

Angine ulcéreuse

L'angine ulcéreuse est une inflammation aiguë du pharynx, qui révèle, à l'examen clinique, une muqueuse pharyngée présentant une ou plusieurs ulcérations.

DIFFÉRENTS TYPES D'ANGINE ULCÉREUSE

■ L'angine de Vincent survient surtout chez l'adolescent ou le jeune adulte. La multiplication sur la muqueuse pharyngée de deux bactéries commensales (vivant aux dépens de l'hôte sans lui nuire), le bacille fusiforme et le spirille, détermine l'angine de Vincent, aisément diagnostiquée par examen microscopique d'un frottis de gorge après coloration des bactéries (coloration de Gram). La douleur, peu intense, s'accentue à la déglutition. Elle touche un seul côté du pharynx : le plus souvent, l'angine de Vincent n'affecte qu'une amygdale, qui est alors recouverte d'ulcérations souples au

palper et d'une fausse membrane. Elle peut être due à un mauvais état de la dentition.

■ L'angine de Duguet s'observe au cours de la fièvre typhoïde. Elle se caractérise par une ulcération indolore d'un ou des deux piliers du voile du palais.

■ L'angine des maladies hématologiques s'observe fréquemment en cas de mononucléose infectieuse ou de leucémie. Son diagnostic repose sur les examens sanguins.

■ L'angine de Ludwig se caractérise par une importante déformation du cou, une fièvre élevée et des douleurs vives.

TRAITEMENT

Il repose sur la pénicilline.

Angine de poitrine

→ VOIR Angor.

Angioblastome

Tumeur cérébrale vasculaire, le plus souvent bénigne. SYN. *hémangioblastome*.

L'angioblastome est généralement localisé au cervelet, parfois dans la moelle épinière, le tronc cérébral et, plus rarement, dans les hémisphères cérébraux. Maux de tête, vomissements, ataxie (incoordination des mouvements) et nystagmus (mouvements rapides et involontaires des yeux) en constituent les principaux symptômes.

Angiocardiographie

Examen radiologique qui permet de visualiser les cavités cardiaques.

INDICATIONS

De pratique courante, cet examen permet la mise en évidence d'anomalies des valvules cardiaques (fuite, rétrécissement), des vaisseaux (positionnement anormal, rétrécissement), du muscle cardiaque (dilatation ventriculaire, diminution localisée ou diffuse de la contractilité du ventricule gauche, notamment dans le cas d'un infarctus du myocarde) et de communications anormales entre les différentes cavités (communication interauriculaire, communication interventriculaire).

TECHNIQUE

Un produit de contraste iodé, opaque aux rayons X, est injecté à l'aide d'un fin cathéter introduit dans une veine ou une artère périphérique, jusqu'au cœur. Ce produit va mouler l'intérieur des cavités cardiaques, puis cheminer selon le courant sanguin.

L'angiocardiographie isotopique réalise l'examen des ventricules : une faible dose de produit radioactif (technétium 99) est injectée dans une veine du bras alors qu'une caméra enregistre la contractilité des cavités cardiaques. Cet examen apporte des renseignements complémentaires, dans la mesure où il peut être pratiqué pendant l'effort.

DÉROULEMENT

L'angiocardiographie nécessite une hospitalisation de 24 à 36 heures. Elle se pratique sous anesthésie locale et dure de 30 minutes à 1 h 30. L'état du patient est surveillé par électrocardiogramme tout au long de l'examen.

EFFETS SECONDAIRES

Ils sont rares et généralement bénins : nausées, malaises, hémorragies de faible intensité. L'injection du produit de contraste iodé pouvant provoquer une réaction allergique, le médecin doit s'informer des antécédents allergiques du malade et, au besoin, lui prescrire un traitement antiallergique.

Angiocholite

Infection bactérienne de la voie biliaire principale et des voies biliaires intrahépatiques (situées à l'intérieur du foie).

CAUSES

L'angiocholite est généralement due à la présence d'un corps étranger dans les voies biliaires. Le plus souvent, il s'agit de la migration d'un calcul vésiculaire dans le canal cholédoque (voie biliaire principale), rarement d'une tumeur et, parfois, d'une infestation par un ver ou une douve.

SYMPTÔMES ET DIAGNOSTIC

L'angiocholite se manifeste par une fièvre à 40 °C avec frissons, parfois associée à des douleurs abdominales et à un ictère.

TRAITEMENT

L'angiocholite doit être traitée rapidement par antibiotiques, en raison des risques de septicémie, d'insuffisance rénale et de collapsus cardiovasculaire. Une intervention, chirurgicale ou endoscopique, ayant pour but d'éliminer l'obstacle responsable doit être rapidement réalisée après la régression des signes infectieux.

Angiodermite purpurique et pigmentée

Affection cutanée fréquente, caractérisée par une inflammation bilatérale et symétrique de la partie inférieure des jambes. SYN. *dermite ocre des jambes.*

L'angiodermite purpurique et pigmentée est une complication de l'insuffisance veineuse chronique, due à des varices ou à une phlébite. Elle se caractérise par l'apparition progressive de plaques pigmentées, ocre ou brunâtres, plus ou moins étendues. Elle peut se compliquer d'atrophie, de surinfection bactérienne et d'ulcères de la jambe.

Le traitement repose sur l'antisepsie cutanée, jointe à une cure médicale ou chirurgicale de l'insuffisance veineuse.

Angiographie

Examen radiologique qui permet de visualiser la lumière (volume intérieur) d'un vaisseau sanguin (artère ou veine) et de ses branches de division.

INDICATIONS

Une angiographie est utilisée essentiellement pour étudier les vaisseaux du cœur et des poumons, ceux du cerveau et de la moelle épinière (angiographies cérébrale et médullaire) et ceux des membres et des viscères (rein, mésentère). Cet examen sert à dépister des lésions artérielles, notamment des sténoses (rétrécissements) dues à l'athérome (dépôt lipidique sur les parois artérielles), des anévrysmes (dilatations localisées des artères), des occlusions d'un vaisseau par l'athérome ou par un caillot. Il permet également de distinguer une dissection artérielle (clivage des parois) ou la présence d'une malformation artérioveineuse.

Avant une intervention chirurgicale, une angiographie permet d'étudier les rapports anatomiques entre les vaisseaux et la lésion à opérer. Enfin, l'angiographie permet de pratiquer des angioplasties (techniques de dilatation d'un vaisseau), des embolisations (occlusions thérapeutiques d'un vaisseau) et une chimiothérapie in situ (injection par voie intravasculaire de médicaments anticancéreux). Cette technique est dite « radiologie interventionnelle ».

CONTRE-INDICATIONS

La quantité de rayons X reçue au cours de cet examen est faible. Il n'est cependant pas pratiqué chez la femme enceinte. L'injection d'un produit de contraste iodé peut provoquer une réaction allergique caractérisée par des nausées, des vomissements, des éruptions cutanées ou encore une baisse de la tension artérielle. Le médecin s'assure donc que le patient n'a jamais présenté d'allergie (asthme, eczéma, allergie à l'iode). Sinon, il peut prescrire un traitement antiallergique qui doit être suivi durant les jours précédant l'examen.

Pour prévenir tout risque d'hémorragie, la prise d'anticoagulants doit être diminuée ou suspendue provisoirement.

Les personnes qui souffrent d'insuffisance rénale doivent prendre certaines précautions, notamment boire abondamment dans les jours qui précèdent et suivent l'examen. Le médecin prescrit des analyses de taux d'urée et de créatinine.

TECHNIQUE

Le praticien introduit un cathéter (petit tuyau souple) dans un vaisseau à travers la peau (artère carotide du cou, artère humérale au pli du coude, artère fémorale au pli de l'aine, veine des membres). Lorsque la ponction n'est pas directe, il guide ce cathéter jusqu'au vaisseau à examiner en surveillant sa progression sur un écran de contrôle. Il injecte ensuite un produit de contraste iodé opaque aux rayons X et prend des images de son cheminement. Puis le cathéter est retiré et le point de ponction comprimé.

■ **L'angiographie classique, ou conventionnelle,** est un examen radiologique des vaisseaux sanguins qui consiste à enregistrer le cheminement du produit sur un film radiologique, par clichés espacés ou en série.

■ **L'angiographie digitalisée, ou numérisée,** est un examen radiologique des vaisseaux sanguins qui repose sur le traitement informatique des images. Elle permet de saisir des images vidéo sur un amplificateur de brillance avec une caméra appropriée, puis d'améliorer ces images en soustrayant certaines informations radiologiques ne concernant pas le vaisseau à étudier (provenant par exemple des structures osseuses).

■ **L'angiographie par imagerie par résonance magnétique, ou angio-I.R.M.,** est une application récente de l'imagerie par résonance magnétique à l'examen des vaisseaux.

PRÉPARATION ET DÉROULEMENT

L'examen nécessite le plus souvent une hospitalisation de 24 à 48 heures. Il se pratique sous anesthésie locale (parfois générale) et dure de quelques minutes à 2 heures. Le point de ponction artérielle doit être surveillé pendant 24 heures.

EFFETS SECONDAIRES

L'injection du produit de contraste provoque une sensation passagère de chaleur. Un petit hématome peut survenir à l'endroit de la ponction, et des réactions allergiques passagères peuvent se produire. Mais les complications cardiaques, hémorragiques ou neurologiques sont très rares.

→ VOIR Angiocardiographie, Aortographie, Artériographie, Coronarographie, Phlébographie, Splénoportographie.

Angiographie oculaire

Examen radiologique permettant d'examiner les vaisseaux du fond d'œil (irriguant la choroïde et la rétine).

INDICATIONS

L'angiographie oculaire est essentielle dans la surveillance du diabète ainsi que pour l'étude de l'iris. Elle peut compléter un examen du fond d'œil en apportant des informations plus précises sur la localisation et l'étendue des lésions observées.

TECHNIQUE

Elle repose sur l'injection d'une petite quantité d'un produit de contraste, le fluorescéinate de sodium, dans une veine périphérique, généralement au pli du coude. Le colorant circule dans le sang jusqu'aux vaisseaux oculaires. Des clichés du fond d'œil sont alors pris par l'intermédiaire de filtres appropriés. L'examen dure environ

15 minutes. Aujourd'hui, de nouvelles techniques permettent l'obtention d'images numérisées sur écran.

EFFETS SECONDAIRES
Les incidents sont le plus souvent bénins (vomissements, malaise). Les accidents allergiques dus à la fluorescéine, très rares, peuvent être prévenus par un traitement antiallergique. Le flou visuel et l'éblouissement par la lumière des clichés, dus à la dilatation de la pupille par un collyre cycloplégique, peuvent être gênants dans les quelques heures qui suivent l'examen.

Angiokératome

Lésion cutanée se présentant sous la forme d'une petite papule de couleur lie-de-vin recouverte d'un enduit kératosique dur.

Angioléiomyome

Petite tumeur bénigne se développant dans la peau, au sein de l'hypoderme, et prenant naissance dans la paroi musculaire d'une veine sous-cutanée.

Angiomatose

Maladie caractérisée par l'apparition d'angiomes (malformations congénitales des vaisseaux sanguins ou lymphatiques) multiples à la surface de la peau ou dans la profondeur des organes, parfois associée à d'autres malformations.
→ VOIR Rendu-Osler, Sturge-Weber.

Angiome

Malformation touchant le système vasculaire : artères, capillaires, veines et vaisseaux lymphatiques.

L'angiome est une lésion congénitale, bénigne, des vaisseaux sanguins (hémangiome) ou lymphatiques (lymphangiome), qui se traduit par une déformation des structures vasculaires. Il peut exister dès la naissance ou apparaître au cours de l'enfance ou de la vie adulte. Dans certains cas, il peut également régresser et disparaître.

La localisation est soit superficielle (peau, muqueuses), soit profonde (viscères, par exemple cerveau, foie, poumon) ; les angiomes profonds risquent de provoquer des hémorragies.

Angiomes cutanés

On distingue, parmi les angiomes cutanés, les angiomes immatures, les angiomes matures, ou plans, les angiomes stellaires et les angiomes capillaroveineux.

■ **Les angiomes immatures** sont des malformations du système vasculaire très fréquentes chez les nourrissons, qui se développent à partir du derme superficiel.

Ils se présentent sous deux aspects différents : les angiomes tubéreux, ou angiomes fraise, forment des saillies plus ou moins volumineuses, bien délimitées et de couleur rouge ; les angiomes sous-cutanés paraissent moins superficiels et leur saillie peut être recouverte d'une peau normale ou bleutée.

Dans la majorité des cas, les angiomes immatures régressent spontanément, et l'abstention de tout traitement est la conduite la plus raisonnable. Une simple surveillance dermatologique régulière est suffisante, sauf si l'angiome est localisé dans une zone fonctionnellement importante (paupières pour la vision, larynx pour la respiration, lèvres pour la dentition). Dans une telle situation, une corticothérapie ou une ablation chirurgicale peuvent être envisagées.

■ **Les angiomes matures, ou angiomes plans,** sont des malformations très fréquentes du système vasculaire, qui se développent à partir des capillaires du derme superficiel. Ce sont les classiques « envies », ou « taches de vin », qui, malgré leur aspect parfois impressionnant, n'entraînent aucun trouble fonctionnel. L'angiome plan va s'étendre au cours de la vie du patient, prendre une couleur plus foncée et se recouvrir de nodules saillants. Il est traité par le laser argon. Toutefois, les résultats ne sont pas toujours parfaits, et il faut souvent répéter l'opération.

■ **Les angiomes stellaires, ou télangiectasiques,** sont des malformations du système vasculaire qui se présentent comme de petites taches rouges en forme d'étoile, légèrement surélevées. Ils siègent surtout sur le visage et les extrémités et sont favorisés par la grossesse. On les rencontre également dans le cadre des cirrhoses alcooliques.

Lorsqu'ils ne disparaissent pas spontanément, ces angiomes se traitent par électrocoagulation sous anesthésie locale.

■ Les angiomes capillaroveineux sont des malformations rares du système vasculaire qui se présentent comme des saillies bleutées situées sur les trajets veineux, qui augmentent de volume pendant un effort. Ils peuvent être traités par injection de produits sclérosants ou par ablation chirurgicale mais imposent la pratique d'examens complémentaires avant intervention.

Angio-œdème

→ VOIR Quincke (œdème de).

Angiopathie

Toute maladie des vaisseaux sanguins ou lymphatiques.

Angioplastie

Intervention chirurgicale consistant à réparer, à dilater ou à remodeler un vaisseau déformé, rétréci ou dilaté.

DÉROULEMENT

L'angioplastie peut être pratiquée par incision chirurgicale ou par voie transcutanée.

■ L'angioplastie par incision utilise un fragment de veine sain (en général prélevé sur la jambe du malade) ou de tissu synthétique (patch) qui vient restaurer la partie malade après incision longitudinale de la paroi du vaisseau.

■ L'angioplastie par voie transcutanée utilise une sonde à ballonnet gonflable. Elle ne s'applique qu'aux rétrécissements localisés. En outre, elle est inopérante sur un segment artériel totalement obstrué. L'injection d'un produit de contraste iodé, repérable par radiographie, permet de localiser la zone rétrécie et de contrôler le positionnement de la sonde. Celle-ci est introduite dans le vaisseau malade par le biais d'un vaisseau périphérique (par exemple l'artère fémorale) ; le ballonnet, placé au niveau du rétrécissement artériel, est ensuite gonflé pour dilater le segment atteint. Après obtention d'un résultat satisfaisant (disparition complète de la sténose ou persistance

d'une sténose minime ne gênant plus le cheminement du sang), sonde et ballonnet sont retirés.

COMPLICATIONS ET PRONOSTIC

Les complications graves de l'angioplastie par voie transcutanée (occlusion de l'artère par clivage de sa paroi, hématome, hémorragie) sont rares. À terme, un nouveau rétrécissement (resténose) peut parfois survenir : il est alors traité, habituellement avec succès, par une nouvelle angioplastie. Dans les cas de resténoses coronaires, relativement fréquentes, les techniques de réparation se sont aujourd'hui diversifiées : utilisation du laser, d'un rotoblator (toupie pivotant à grande vitesse) ou mise en place d'un stent (armature intra-artérielle).

Angoisse

→ VOIR Anxiété.

Angor

Douleur thoracique pouvant irradier vers le cou, la mâchoire inférieure ou les bras, due à la mauvaise irrigation du cœur. SYN. *angine de poitrine.*

L'angor est une affection fréquente dans les pays développés, où il représente l'un des principaux problèmes de santé publique.

CAUSES

L'angor s'explique par le rétrécissement anormal d'une ou de plusieurs des artères du cœur, les coronaires. Dans la plupart des cas d'angor stable chronique et d'angor instable, ces diminutions de calibre se manifestent au cours de l'effort, lorsque les besoins cardiaques en oxygène sont augmentés. L'atteinte des artères coronaires est en règle générale consécutive à l'athérome (dépôt lipidique sur les parois artérielles), dont les principaux facteurs de survenue sont l'âge, le sexe (l'angor est plus tardif chez la femme), l'hypertension artérielle, le diabète, l'obésité, l'hypercholestérolémie, le tabagisme et l'hérédité.

L'angor spastique, quant à lui, est lié à la contraction spasmodique d'une artère coronaire sans qu'il existe nécessairement de rétrécissement sur l'artère à l'état normal.

L'angor se manifeste pendant un effort par une sensation de serrement derrière le sternum, pouvant irradier vers la gorge, la mâchoire inférieure, le dos, les bras (surtout le gauche). La complication de l'angor réside en l'infarctus du myocarde : l'artère rétrécie se bouche. L'infarctus se traduit par une crise douloureuse, intense et prolongée, avec sueurs, nausées ou vomissements et malaise (hypotension artérielle) ; il impose le transport sans délai par ambulance spécialisée vers un service d'urgence cardiologique.

DIAGNOSTIC

Essentiellement clinique, il repose sur les caractéristiques et la durée de la douleur survenant chez un patient qui présente un ou plusieurs facteurs de risque d'athérome. Des modifications de l'électrocardiogramme apparaissent durant la douleur. D'autres examens sont utilisés pour rechercher les lésions des artères coronaires et pour guider le traitement : l'épreuve d'effort sur vélo ou sur tapis roulant (qui peut déclencher le symptôme douloureux), la scintigraphie myocardique et la coronarographie.

TRAITEMENT ET PRÉVENTION

L'angor stable se traite par des médicaments (bêtabloquants, trinitrine, inhibiteurs calciques, aspirine), tandis que la forme instable impose une hospitalisation pour diminuer le risque de survenue d'un infarctus. Deux autres solutions thérapeutiques sont envisageables : l'angioplastie coronaire ou la chirurgie (pontage aortocoronaire), leurs indications étant fonction des résultats de la coronarographie et de l'efficacité des médicaments. Le traitement de l'angor spastique fait appel aux vasodilatateurs de la famille des inhibiteurs calciques. La meilleure prévention repose sur la lutte contre les facteurs de risque de l'athérome : régime alimentaire pauvre en graisses, pratique d'un sport adapté, arrêt du tabac, vie régulière.

Anguillulose

Maladie parasitaire due à l'infestation par des anguillules. SYN. *strongyloïdose.*

L'anguillule, ou *Strongyloïdes stercoralis,* est un petit ver de la classe des nématodes, de 2 ou 3 millimètres de long. Il s'implante dans l'intestin grêle, en particulier dans le duodénum. Il se rencontre principalement sur des sols chauds et humides souillés de matières fécales humaines, dans les pays tropicaux et sur le pourtour de la Méditerranée.

CONTAMINATION

Les larves d'anguillule sont déposées sur le sol avec les selles et s'y développent. Lorsqu'on marche pieds nus sur le sol contaminé, elles pénètrent dans l'organisme à travers la peau et, par la circulation sanguine et lymphatique, gagnent les poumons puis l'intestin grêle.

SYMPTÔMES ET SIGNES

L'infection se traduit d'abord par une toux, une difficulté à respirer, puis par des douleurs et des brûlures épigastriques, une diarrhée à répétition, des poussées d'urticaire, des démangeaisons et une inflammation du derme.

TRAITEMENT ET PRÉVENTION

L'anguillulose est combattue par administration d'antihelminthiques comme le tiabendazole ou, de plus en plus fréquemment, l'ivermectine, médicament très efficace et bien toléré. On prévient l'infestation en zone tropicale en évitant de marcher pieds nus et en prohibant l'usage d'engrais humains.

Anhidrose, ou Anidrose

Absence de sécrétion sudorale.

En cas de diminution de la sécrétion sudorale, on parle d'hypohidrose.

■ L'anhidrose congénitale, ou maladie de Christ-Siemens, est rare.

■ Les anhidroses acquises peuvent être dues à l'utilisation de médicaments qui diminuent la sécrétion sudorale (anticholinergiques, sympatholytiques) ou à des troubles endocriniens (hypothyroïdie) ou nerveux (lésions de l'hypothalamus). Certaines dermatoses (lichen scléreux, sclérodermie, radiodermites) peuvent aussi, en détruisant l'appareil sudoral, causer une anhidrose.

L'anhidrose entraîne une sécheresse de la peau, que l'on traite par l'application de laits émollients, et parfois des troubles de la régulation thermique (risque de coups de chaleur en été).

→ VOIR **Transpiration.**

Aniridie

Absence d'iris, d'origine congénitale ou traumatique.

L'absence d'iris a pour conséquence une grande diminution de l'acuité visuelle et une gêne à la lumière, l'iris n'étant pas là pour filtrer les rayons lumineux.

Anisakiase

Maladie parasitaire rare due à l'infestation par des larves de l'anisakis.

Les anisakis (surtout *Anisakis simplex*) sont des vers de la classe des nématodes qui vivent à l'état larvaire dans la cavité abdominale et dans les muscles de nombreux poissons d'eau de mer tels que harengs, morues et maquereaux.

CONTAMINATION ET SYMPTÔMES

Ingérée par l'intermédiaire de poissons infestés, la larve gagne l'estomac ou l'intestin, puis se niche dans leur paroi. Sa présence se manifeste par une douleur abdominale parfois violente et par des signes allergiques (urticaire, prurit, œdème, etc.).

Lorsque la maladie n'est pas traitée, une occlusion intestinale se déclenche plusieurs semaines après l'infestation, provoquée par la formation d'une tumeur englobant la larve (granulome éosinophile de l'intestin).

TRAITEMENT

Le traitement de l'anisakiase repose sur l'extraction chirurgicale de la larve. On prévient l'anisakiase en assurant la conservation des poissons de mer au moment de la pêche (ils doivent être éviscérés puis congelés à - 20 °C) et en les faisant cuire avant de les consommer.

Anite

Inflammation de la région anale.

Une anite est due à la présence d'hémorroïdes ou à une infection cutanée. Elle se traduit par des sensations de brûlure, des démangeaisons. Le diagnostic est établi par anuscopie. Le traitement fait appel à des pommades anti-inflammatoires.

Ankylose

Limitation partielle ou totale de la mobilité d'une articulation.

Due à des lésions de l'articulation, l'ankylose est presque toujours irréversible et ne doit donc pas être confondue avec la raideur articulaire, qui, elle, est transitoire. Elle peut être la conséquence d'un traumatisme (fracture articulaire), d'une inflammation (arthrite aiguë ou chronique, rhumatisme polyarticulaire) ou d'une arthrodèse (fusion chirurgicale des os de l'articulation). Une ankylose partielle peut être améliorée par une kinésithérapie, efficace si elle est entreprise tôt. Pour les ankyloses complètes, le seul traitement est chirurgical.

Ankylostomiase, ou Ankylostomose

Maladie parasitaire due à l'infestation par des ankylostomes.

L'ankylostome *(Ancylostoma duodenale* et *Necator americanus)* est un ver parasite de la classe des nématodes, de quelques millimètres de long. Il s'implante dans l'intestin grêle et se nourrit du sang qu'il obtient en mordant la muqueuse.

CONTAMINATION ET SYMPTÔMES

Les larves éclosent sur le sol, à partir d'œufs se trouvant dans les matières fécales humaines. Lorsqu'on marche pieds nus sur le sol contaminé, elles pénètrent dans l'organisme à travers la peau, provoquant une importante démangeaison appelée gourme des mineurs (en effet, l'ankylostome sévit dans les mines et les tunnels). Ces larves migrent ensuite dans les poumons par voie sanguine et lymphatique : leur présence se manifeste par une toux, une gêne à la déglutition et à la parole. Les larves s'implantent enfin dans l'intestin. L'infection se traduit alors par des douleurs et des brûlures épigastriques, une diarrhée, des nausées et un amaigrissement. Quand les vers sont très nombreux, ils provoquent une anémie, caractérisée par la pâleur du malade, son essoufflement, le gonflement de son visage et de ses membres.

TRAITEMENT ET PRÉVENTION

Le traitement repose sur l'administration de médicaments antihelminthiques tels que le pyrantel, le flubendazole ou l'albendazole. En zone tropicale, on prévient l'infestation en évitant de s'asseoir directement sur le sol et de marcher pieds nus, et en prohibant l'utilisation d'engrais humains.

Annexe

Ensemble formé par la trompe utérine et l'ovaire et se rattachant, à droite et à gauche, à l'utérus.

L'infection des annexes est appelée annexite ou salpingite.

Annexectomie

Ablation unilatérale ou bilatérale des annexes de l'utérus (trompes et ovaires).

L'annexectomie est une opération chirurgicale effectuée en cas de cancer de l'ovaire ou de l'utérus.

L'annexectomie unilatérale ne provoque pas de stérilité. En revanche, après une annexectomie bilatérale, il faut envisager une hormonothérapie substitutive.

Anodontie

Absence totale ou partielle de développement des dents.

L'anodontie est due soit à un facteur héréditaire, soit à une maladie de la mère (pendant la grossesse) ou de l'enfant (durant le premier âge) empêchant la formation des germes dentaires. Elle peut également être liée à un processus naturel d'évolution de la denture (perte de l'incisive latérale maxillaire et des dents de sagesse). La découverte précoce de l'anodontie chez l'enfant, souvent par des clichés radiographiques, permet d'instaurer un traitement orthodontique visant à combler la zone édentée ou à préparer la pose ultérieure d'un bridge.

Anophtalmie

Malformation congénitale caractérisée par l'absence de l'un des globes oculaires ou des deux.

Anorectite

Inflammation de l'anus et du rectum.

Une anorectite se manifeste par une irritation anale, une sensation de tension rectale, de fausses envies de déféquer, une émission fréquente de glaires et de sang.

L'identification de la cause s'établit à partir d'un examen bactériologique ou parasitologique de prélèvements, de biopsies. Le diagnostic se fait par anuscopie et le traitement fait appel à des médicaments donnés par voie générale ou locale (lavements à garder, suppositoires).

Anorexie

Diminution ou arrêt de l'alimentation, par perte d'appétit ou refus de se nourrir.

L'anorexie peut avoir une origine organique, psychique ou être liée à un abus de médicaments, notamment d'amphétamines.

Anorexie mentale

Refus plus ou moins systématique de s'alimenter.

L'anorexie mentale, qui apparaît le plus souvent lors de l'adolescence, touche majoritairement le sexe féminin (80 % des cas). L'anorexique, également appelée anorectique, est souvent brillante et très active et peut être parfaitement bien insérée dans la vie professionnelle. Si parfois elle a faim, elle nie en souffrir. Obsédée par son poids, elle peut abuser des laxatifs ou des diurétiques dans l'intention de maigrir et avoir des périodes de boulimie plus ou moins associées à des vomissements provoqués.

CAUSES

Elles sont discutées. L'anorexie mentale traduit presque toujours des conflits affectifs, familiaux (le plus souvent avec la mère) ou professionnels. Il semble aussi qu'en jeûnant obstinément la patiente s'efforce de contrôler les modifications physiques et psychologiques liées à la féminité et à la vie sexuelle (puberté, règles, lien amoureux, grossesse). D'autres chercheurs expliquent l'anorexie mentale par une phobie de l'embonpoint ou par un trouble de l'hypothalamus.

SYMPTÔMES ET SIGNES

Outre la perte de poids pouvant aller jusqu'à un amaigrissement extrême, souvent nié par la malade, l'aménorrhée (arrêt des règles) est un symptôme caractéristique de l'anorexie. Elle s'associe très souvent à une constipation rebelle et à des troubles biochimiques, consécutifs aux privations.

TRAITEMENT

Il doit être souple mais bien cadré. Il impose une séparation familiale, afin de dédramatiser la situation, avec hospitalisation dans un service spécialisé associant psychiatres, psychologues et nutritionnistes. La reprise de poids, qui n'est pas une fin en soi, dépend de la réussite du traitement psychothérapique et des mesures diététiques entreprises. En cas d'angoisse et de dépression, des anxiolytiques et des antidépresseurs peuvent être prescrits. Une fois son poids stabilisé, le sujet anorexique, pour éviter une rechute, doit poursuivre une psychothérapie pendant plusieurs mois, voire plusieurs années.

Anorexie du nourrisson

Fréquente, l'anorexie du nourrisson est le trouble alimentaire le plus souvent constaté chez l'enfant de 3 à 24 mois. D'une intensité et d'une durée limitées, elle passe le plus souvent inaperçue.

ANOREXIE COMMUNE

C'est une forme accentuée du refus alimentaire. Elle fait le plus souvent suite à une réponse mal adaptée de l'entourage face à ce refus soudain. Elle est souvent liée à un événement de la vie de l'enfant : poussée dentaire, sevrage, maladie infectieuse (rhinopharyngite, par exemple), naissance d'un frère ou d'une sœur, reprise du travail de l'un des parents, conflits familiaux. Le nourrisson anorexique, s'il refuse de manger aux repas, grignote néanmoins dans la journée et accepte toujours de boire. Les parents tentent souvent de le forcer à manger par toutes sortes de moyens : jeux, histoires, promesses, intimidation. Le conflit s'envenime d'autant plus qu'il n'est pas rare que le nourrisson s'alimente normalement chez d'autres personnes (nourrice, grands-parents ou à la crèche).

Après un examen clinique éliminant l'éventualité d'une maladie organique curable, le médecin aide les parents à dédramatiser la situation et fournit des conseils adaptés au fonctionnement familial et au stade de développement de l'enfant : présenter les aliments et les retirer sans commentaires en cas de refus, laisser le nourrisson manger avec ses doigts, assouplir les horaires de ses repas, jouer davantage avec lui, etc. La plupart des anorexies communes ne durent pas si elles sont traitées rapidement. La prise de poids reste faible mais va en augmentant. Toutefois, le diagnostic doit être remis en question en cas d'amaigrissement persistant.

ANOREXIE SÉVÈRE

Plus rare, elle peut apparaître quelques jours après la naissance. Le nourrisson présente un retard pondéral important et sa courbe de poids est « cassée ». Son développement psychomoteur et cognitif (acquisition des connaissances) est ralenti. Trois diagnostics peuvent être évoqués :
- une anorexie commune mal traitée peut se muer en une anorexie sévère si la relation parent-enfant devient fortement perturbée ;
- l'anorexie sévère peut être la conséquence d'une maladie organique. Le refus alimentaire n'entre pas alors dans le cadre de troubles comportementaux mais plutôt dans celui d'une disparition de la sensation de faim, liée à la pathologie ;
- l'anorexie sévère peut enfin révéler des troubles psychopathologiques. Elle est alors associée à d'autres symptômes tels que troubles du sommeil, irrégularité des acquisitions psychomotrices et cognitives de l'enfant, comportements anormaux (apathie et agressivité), communication et socialisation perturbées.

L'anorexie sévère du nourrisson peut nécessiter une prise en charge somatique ou psychopathologique.

Anorexigène

Médicament destiné à diminuer l'appétit.

Anosmie

Perte totale ou partielle (on parle alors d'hyposmie) de l'odorat.

L'anosmie, qui n'affecte parfois que certaines odeurs, passe volontiers inaperçue du patient ou est prise pour un trouble du goût. Quand elle n'atteint qu'un seul côté du nez, on parle d'hémianosmie.

Antalgique
→ VOIR Analgésique.

Anthelminthique
→ VOIR Antiparasitaire.

Anthracose

Maladie pulmonaire due à l'inhalation de particules de charbon ou de graphite.

L'anthracose, maladie professionnelle de la famille des pneumoconioses, touche particulièrement les travailleurs des mines de charbon. Elle n'entraîne en général pas de fibrose (durcissement et épaississement du tissu pulmonaire), mais peut provoquer à la longue une insuffisance respiratoire.

Le diagnostic est généralement établi avant même l'apparition des signes cliniques, lors d'un examen radiologique des poumons. À ce stade, il est encore temps de mettre fin à l'exposition du patient aux poussières incriminées. Il n'existe pas de traitement de l'anthracose, si ce n'est celui des symptômes (insuffisance respiratoire).
→ VOIR Pneumoconiose.

Anthrax

Agglomérat de plusieurs furoncles formant de gros nodules inflammatoires pleins de pus.

Anthropozoonose

Maladie de l'animal transmissible à l'être humain. SYN. *zoonose*.

Antiacnéique

Médicament utilisé dans le traitement de l'acné.

Les antiacnéiques se présentent sous deux formes : des produits à usage externe et des médicaments à prendre par voie orale. Les rétinoïdes, le peroxyde de benzoyle, l'acide salicylique, le résorcinol et certains antibiotiques sont commercialisés sous forme de crèmes, de gels, de lotions (applications locales). Les rétinoïdes et les antibiotiques sont aussi présentés sous forme orale, ainsi que les antiandrogènes pour la femme (acétate de cyprotérone s'opposant à l'action sur la peau des hormones androgènes).

Dans tous les cas d'acné, les soins d'hygiène locaux sont recommandés : nettoyage au savon doux et au lait de toilette, rinçage soigneux. Si ces mesures sont insuffisantes, les applications locales d'antiacnéiques, à poursuivre souvent pendant 2 ou 3 mois, constituent le meilleur choix initial. Les formes d'acné résistantes ou sévères d'emblée justifient un traitement supplémentaire par voie orale.

EFFETS INDÉSIRABLES

Les effets indésirables des traitements locaux, rares, sont une irritation, une rougeur, une desquamation excessive, une photosensibilisation (réaction cutanée au soleil). Le risque est beaucoup plus important avec les rétinoïdes administrés par voie orale, qui peuvent entraîner des malformations fœtales et doivent par conséquent être associés à une contraception efficace chez les femmes en âge de procréer.

Antiagrégant plaquettaire

Médicament réduisant l'agrégation des plaquettes sanguines.

Les antiagrégants plaquettaires (aspirine à faible dose, ticlopidine, sulfinpyrazone, dipyridamole) inhibent les fonctions plaquettaires qui participent à l'hémostase (arrêt des hémorragies). Ils sont administrés par voie orale.

Les antiagrégants plaquettaires sont indiqués pour prévenir la formation de caillots et les embolies (migration d'un caillot) après un infarctus du myocarde, un accident vasculaire cérébral (hémiplégie, par exemple), ou bien au cours des hémodialyses (épurations artificielles du sang). Ils sont contre-indiqués – moins cependant que les anticoagulants – en cas de risque hémorragique. Les interactions avec d'autres substances (anti-inflammatoires, anticoagulants) augmentent le risque de saignements.

Les effets indésirables sont des troubles digestifs, des réactions allergiques, des hémorragies, des destructions de cellules sanguines (chute du taux de plaquettes ou de globules blancs).

Antiangoreux

Médicament utilisé dans le traitement de l'insuffisance coronarienne (défaut d'irrigation du muscle cardiaque par les artères coronaires). SYN. *antiangineux*.

Antiarythmique

Médicament destiné à corriger certains troubles du rythme cardiaque, surtout les contractions trop rapides ou inefficaces.

Antibiogramme

Examen bactériologique qui permet d'apprécier la sensibilité ou la résistance d'une bactérie à plusieurs antibiotiques.

Un antibiogramme permet de déterminer les concentrations minimales inhibitrices (C.M.I.), c'est-à-dire les quantités d'antibiotiques nécessaires pour empêcher la croissance bactérienne. Le procédé consiste à cultiver les bactéries présentes dans un prélèvement (sang, urine, etc.) afin de les identifier et de tester sur les colonies obtenues l'efficacité de divers antibiotiques.

Antibiothérapie

Thérapeutique utilisant un ou plusieurs médicaments anti-infectieux de la classe des antibiotiques, dont l'activité s'exerce contre les bactéries.

L'antibiothérapie peut être préventive, ou prophylactique (on parle d'antibioprophylaxie) ; elle peut être aussi curative, destinée à combattre une infection déjà en place, apparente ou non (dans ce dernier cas, c'est une antibiothérapie curative précoce).

Une hospitalisation peut s'imposer du fait de l'antibiotique choisi, de son mode d'administration et en fonction de la gravité du cas.

Le problème majeur des antibiothérapies est l'apparition, sans cesse croissante, de souches bactériennes résistantes aux antibiotiques utilisés. Une antibiothérapie doit donc être justifiée pour être prescrite et doit être poursuivie jusqu'à son terme.

Antibiotique

Substance, d'origine naturelle ou synthétique, utilisée contre les infections causées par les bactéries.

On dispose de plusieurs dizaines d'antibiotiques, regroupés en plus de dix familles.

CARACTÉRISTIQUES ET ADMINISTRATION

Chaque antibiotique possède plusieurs caractéristiques.

■ **Le spectre d'action** est la liste des bactéries sur lesquelles l'antibiotique est actif. Le spectre peut être large ou étroit selon le nombre de germes sensibles à cet antibiotique. Les autres bactéries sont dites « résistantes » (résistance naturelle). Si besoin, un prélèvement local contenant les bactéries est envoyé dans un laboratoire, qui réalise un antibiogramme (étude de l'efficacité d'un choix d'antibiotiques sur la bactérie en cause) afin d'adapter le traitement.

■ **Le caractère bactériostatique, ou bactéricide,** de l'antibiotique correspond à l'arrêt de la prolifération ou à la destruction des bactéries.

■ **Le devenir dans l'organisme** détermine les voies d'administration possibles (locale, orale, injectable) en fonction de la répartition du produit dans les tissus, de son pouvoir de pénétration dans les cellules, de son organe d'élimination (rein ou foie).

■ **La tolérance** dépend de la toxicité du produit et de la probabilité d'allergie du malade au médicament.

Le choix d'un antibiotique dépend également de la nature de l'infection (siège, gravité) et de l'état du malade (antécédents d'allergie, maladie rénale ou hépatique). Il est parfois nécessaire d'associer plusieurs produits pendant le traitement, par exemple en cas d'infection grave.

EFFETS INDÉSIRABLES

La plupart des antibiotiques peuvent provoquer des nausées, une diarrhée (par modification de la flore intestinale) ou bien des réactions allergiques (cutanées ou plus sévères), qui interdisent l'emploi ultérieur de tout antibiotique de la même famille. Ils peuvent également favoriser l'éclosion d'une mycose (principalement candidose).

Par ailleurs, il existe un risque plus général : l'apparition chez une bactérie d'une résistance à un antibiotique auquel elle était antérieurement sensible (résistance acquise), par sécrétion d'une enzyme qui s'oppose à l'action du médicament (par exemple la bêtalactamase s'opposant à l'action des bêtalactamines). Une résistance apparue sur des souches et chez un malade donné peut, dans certains cas, s'étendre d'une façon épidémique au sein des flores bactériennes du malade ou de son entourage. Cet effet est favorisé par une utilisation trop fréquente et inadéquate des antibiotiques.

Anticancéreux

Médicament utilisé dans le traitement chimiothérapique de certains cancers. SYN. *antimitotique, antinéoplasique, cytostatique.*

Les anticancéreux visent à détruire le plus grand nombre possible de cellules cancéreuses ou à les empêcher de se multiplier, tout en épargnant la plupart des cellules saines de l'organisme. Chaque variété de cancer est sensible à certains produits et résistante à d'autres. Les médicaments sont souvent associés, ce qui permet de diminuer leurs doses.

→ VOIR Chimiothérapie anticancéreuse.

Anticholinergique

Substance inhibant l'action de l'acétylcholine (neurotransmetteur du système parasympathique) dans le système nerveux végétatif. SYN. *parasympatholytique.*

Anticoagulant

Substance médicamenteuse ou naturelle s'opposant à la coagulation du sang.

Médicaments anticoagulants

Ils rendent le sang plus fluide, mais peuvent provoquer des saignements.

FORMES PRINCIPALES

■ Les héparines agissent directement sur la coagulation, de façon rapide, et sont injectées par voie sous-cutanée ou intraveineuse.
■ Les antivitamines K, dérivés de la coumarine ou de l'indanedione, empêchent la synthèse par le foie de facteurs actifs de la coagulation ; elles sont prises par voie orale et ont un délai d'action plus long.

INDICATIONS

Les anticoagulants sont indiqués pour prévenir ou traiter les thromboses (formation de caillots) des vaisseaux sanguins et leur complication principale, l'embolie (migration d'un fragment de caillot qui obstrue un vaisseau). Ils sont prescrits dans les maladies et les situations suivantes : phlébite (thrombose veineuse) et embolie pulmonaire ; thrombose et embolie artérielles ; intervention chirurgicale ; immobilisation du membre inférieur (dans un plâtre ou lors d'un alitement prolongé) ; certaines maladies cardiaques (infarctus, valves artificielles). L'héparine, prescrite en premier dans les cas aigus, est relayée par des antivitamines K si le traitement doit se prolonger.

SURVEILLANCE

Les examens sanguins sont indispensables, sauf pour les traitements préventifs par l'héparine, dont les doses sont souvent très faibles. La coagulation doit être suffisamment modifiée, mais pas trop (risque d'hémorragie).

EFFETS INDÉSIRABLES

Le surdosage provoque des hémorragies (des gencives, des voies digestives ou urinaires, etc.) et la formation d'hématomes. Ce risque est augmenté s'il existe déjà une lésion (ulcère de l'estomac), si le patient prend de l'aspirine ou des anti-inflammatoires. On doit éviter les injections intramusculaires. Les saignements peu abondants ne justifient en général qu'une diminution de la dose. Par ailleurs, les antivitamines K peuvent provoquer des malformations fœtales et sont de ce fait contre-indiquées chez la femme enceinte.

Anticorps

Protéine du sérum sanguin sécrétée par les lymphocytes B (globules blancs intervenant dans l'immunité) en réaction à l'introduction d'une substance étrangère (antigène) dans l'organisme. SYN. *immunoglobuline.*

L'antigène peut être essentiellement un virus, une bactérie, un parasite, un venin, un vaccin, une cellule cancéreuse.

À la suite d'un dérèglement du système immunitaire, des anticorps peuvent se retourner contre les cellules de l'organisme qui les produit. De tels anticorps sont appelés autoanticorps ; ils sont responsables de maladies auto-immunes telles que le lupus érythémateux disséminé ou la maladie de Biermer.

→ VOIR Immunoglobuline.

Anticorps antinucléaire

Autoanticorps dirigé contre un ou plusieurs éléments du noyau des cellules de l'organisme qui le produit.

Anticorps monoclonal

Anticorps produit par un clone de cellules (groupe de cellules identiques à la cellule mère dont elles sont issues) et utilisé à des fins diagnostiques et thérapeutiques.

Antidépresseur

Médicament utilisé dans le traitement de la dépression.

Les antidépresseurs classiques sont soit des tricycliques (amitriptyline, amoxapine, etc.), soit des inhibiteurs de la monoamine oxydase, ou I.M.A.O. (nialamide, iproniazide, etc.). Parmi les nombreux autres produits n'appartenant pas à ces groupes (trazodone, maprotiline, etc.), les inhibiteurs de la recapture de la sérotonine (fluoxetine, paroxetine, citalopram, sertraline) sont en général bien tolérés.

L'administration se fait par voie orale, sauf dans les cas sévères (voie intramusculaire ou perfusion intraveineuse). Le traitement ne fait sentir son effet qu'au bout de quelques jours ou quelques semaines et doit parfois être poursuivi pendant plusieurs mois. Il y a néanmoins toujours un risque de réveil d'une anxiété, risque qui justifie une surveillance étroite et un traitement particulier.

EFFETS INDÉSIRABLES

Les inhibiteurs de la monoamine oxydase doivent être accompagnés d'un régime alimentaire strict : il faut éviter les aliments et les boissons qui contiennent de la tyramine (fromage, vin rouge), car ils risquent de provoquer une élévation importante de la tension artérielle.

Par ailleurs, la plupart des antidépresseurs entraînent parfois une sécheresse buccale, une vision brouillée, des vertiges, une somnolence, une constipation et une douleur à la miction.

Antidiabétique

→ VOIR Hypoglycémiant.

Antidiurétique (hormone)

Hormone favorisant la réabsorption de l'eau. SYN. *vasopressine*.

Le déficit en hormone antidiurétique est responsable d'un diabète insipide, affection caractérisée par une polyurie (émission d'importantes quantités d'urine) et une polydipsie (soif intense et impérieuse). L'hypersécrétion inappropriée d'hormone antidiurétique, ou syndrome de Schwartz-Bartter, se caractérise par une baisse du taux de sodium dans le sang et la réduction des urines.

Antidote

Contrepoison spécifique d'un produit toxique, utilisé en cas d'intoxication en complément d'un traitement symptomatique.

→ VOIR Intoxication.

Antiémétique

Médicament utilisé dans le traitement des nausées et des vomissements. SYN. *antivomitif*.

Antiépileptique

Médicament utilisé dans le traitement de l'épilepsie.

Les antiépileptiques sont prescrits par voie orale ou injectable ; ils préviennent en grande partie la survenue de nouvelles crises chez les épileptiques. Les prises doivent être quotidiennes, toujours aux mêmes heures, sans interruption. L'arrêt du traitement, lorsqu'il est décidé, doit toujours se faire sous surveillance médicale stricte, car il peut provoquer un état de mal (crises successives).

Les antiépileptiques ont de nombreuses interactions indésirables, entre eux et avec les autres médicaments. L'association de plusieurs antiépileptiques est généralement évitée afin d'empêcher l'accumulation d'effets indésirables et de limiter les interactions médicamenteuses, mais il est des cas où elle est indispensable.

Antifongique, ou Antifungique

Médicament utilisé dans le traitement des mycoses (infections par des champignons microscopiques). SYN. *fongicide*.

Antigène

Substance étrangère à l'organisme, susceptible de déclencher une réaction immunitaire en provoquant la formation d'anticorps.

ORIGINE ET STRUCTURE

Les virus, les bactéries, les parasites et les cellules altérées de l'organisme (infectées par un germe ou tumorales) sont des antigènes. Il peut s'agir soit de molécules isolées d'une taille suffisante pour comporter un ou plusieurs sites antigéniques, soit de structures complexes ou d'éléments fixés à la surface de micro-organismes pathogènes. Certains antigènes provoquent une réaction allergique en stimulant la production d'immunoglobulines, ou anticorps de type E (IgE) : ce sont les allergènes, qui ont des origines très diverses (venin d'abeille, pollen, produits chimiques, etc.).

Bien qu'un antigène soit en général une substance étrangère à l'organisme, dans le cas des maladies auto-immunes, c'est un élément même de l'organisme que celui-ci ne reconnaît plus comme sien.

Les antigènes sont, dans la plupart des cas, des glycoprotéines (protéines combinées à des glucides). Les lipides sont beaucoup plus rarement antigéniques, sauf s'ils sont associés à d'autres structures moléculaires plus importantes.

Antigrippal

Médicament utilisé dans le traitement des syndromes grippaux.

Les antigrippaux (dont le terme relève du langage courant) font partie du traitement des symptômes, et non de la cause, de nombreuses infections virales courantes ressemblant à la grippe. On prescrit donc des médicaments tels que le paracétamol ou l'aspirine pour lutter à la fois contre la fièvre et contre les douleurs diverses (courbatures, maux de tête). Leur sont parfois associés des antihistaminiques. L'emploi de la vitamine C, bien que courant, n'est pas d'une efficacité scientifiquement prouvée.

Antihelminthique

→ VOIR **Antiparasitaire.**

Antihistaminique

Médicament s'opposant à l'action d'une substance naturelle de l'organisme, l'histamine (qui déclenche les effets de l'allergie et augmente la sécrétion gastrique).

Les antihistaminiques agissent par blocage des récepteurs de l'histamine, situés sur différents types de cellules.

Antihypertenseur

Médicament utilisé dans le traitement de l'hypertension artérielle.

Le choix entre les différents antihypertenseurs, comportant éventuellement une association de plusieurs d'entre eux, est décidé en fonction de l'âge, des pathologies associées, de la tolérance au produit.

Les antihypertenseurs diminuent les chiffres des pressions artérielles systolique (maxima) et diastolique (minima) afin de prévenir les complications de l'hypertension. Du fait que certaines d'entre elles n'apparaissent qu'après des dizaines d'années, le traitement est en général de longue durée. Une surveillance à intervalles réguliers s'impose pour vérifier l'efficacité du traitement, l'absence d'une chute de pression excessive, l'absence d'apparition d'effets indésirables.

Anti-infectieux

Médicament actif contre les infections microbiennes.

→ VOIR **Antibiotique, Antifongique, Antiparasitaire, Antituberculeux, Antiviral.**

Anti-inflammatoire

Médicament utilisé dans le traitement local de l'inflammation ou le traitement général des maladies inflammatoires.

Les anti-inflammatoires se répartissent en deux classes : stéroïdiens et non stéroïdiens. Ce sont des médicaments symptomatiques, qui n'agissent pas sur la cause de l'inflammation. Ils sont indiqués quand l'inflammation, processus normal de défense contre les agressions, devient gênante, notamment à cause de la douleur qu'elle provoque. On les associe, si besoin est, à d'autres soins anti-inflammatoires, par exemple la simple immobilisation de la région enflammée. Les anti-inflammatoires s'administrent par voie orale, injectable ou locale. Stéroïdiens et non stéroïdiens ont certains effets indésirables communs : agressivité pour la muqueuse de l'estomac (surtout pour les non stéroïdiens et encore davantage s'ils sont prescrits avec des anti-inflammatoires stéroïdiens), risque de gastrite, voire d'ulcère ; diminution de la résistance aux infections (pour les stéroïdiens).

Anti-inflammatoires stéroïdiens

Également appelés corticostéroïdes, ces produits (prednisone, prednisolone, bêtaméthasone) sont dérivés des corticostéroïdes naturels, hormones sécrétées par les glandes surrénales. Ils sont très puissants et permettent de contrôler l'inflammation quand elle devient sévère ou qu'elle se déclenche sans raison apparente, comme dans les maladies dites inflammatoires (polyarthrite rhumatoïde, allergies sévères, etc.). L'altération de la peau, la fragilité osseuse, l'apparition d'un état diabétique font partie de leurs nombreux effets indésirables. Les corticostéroïdes ont amélioré le pronostic vital et fonctionnel de nombreuses maladies même s'ils n'agissent pas sur leur cause.

Anti-inflammatoires non stéroïdiens

Ces produits, également appelés AINS (phénylbutazone, indométacine, diclofénac, dérivés de l'acide propionique), appartiennent à diverses catégories mais sont tous capables de bloquer la formation de certaines substances comme les prostaglandines, médiateurs chimiques nécessaires au développement de l'inflammation. Ils sont surtout efficaces dans les phases aiguës de l'inflammation et sont utilisés en rhumatologie (arthrite, poussée inflammatoire d'une arthrose, tendinite), en traumatologie, en urologie (coliques néphrétiques), en gynécologie (règles douloureuses). Les anti-inflammatoires non stéroïdiens ne doivent pas être associés entre eux, ni aux anticoagulants (risque de saignements). En général, ils

sont contre-indiqués en cas d'antécédents d'allergie à l'un d'entre eux, ou d'allergie à l'aspirine.

Antimétabolite
→ VOIR Chimiothérapie anticancéreuse.

Antimigraineux

Médicament utilisé dans le traitement de la migraine soit au cours des crises, soit pour éviter leurs récidives.

Les antimigraineux les plus importants sont les dérivés extraits de l'ergot de seigle (champignon parasite des céréales) et les bêtabloquants. Les premiers (dihydroergotamine, ergotamine) sont administrés par voie orale ou injectable (certaines préparations contiennent également de la caféine). Ils sont efficaces au cours de la crise migraineuse, surtout s'ils sont administrés à son début, mais leur usage à long terme est limité par un effet indésirable grave, l'ergotisme : la diminution de calibre des artères des bras et des jambes finit par provoquer des fourmillements et des douleurs qui évoluent parfois, en l'absence de traitement, vers la gangrène (mort des cellules des tissus). Certains bêtabloquants sont également indiqués contre la migraine, mais uniquement en traitement de fond, à long terme, pour éviter des récidives trop fréquentes. Ils sont administrés par voie orale et leurs effets indésirables éventuels sont essentiellement cardiaques (ils peuvent entraîner une bradycardie).

Parmi les autres antimigraineux utilisés, le sumatriptan est un produit qui stimule des récepteurs situés sur les cellules de vaisseaux sanguins cérébraux. Sa prescription est limitée aux migraines ayant résisté aux traitements classiques. Il est administré par voie orale ou injectable.

Enfin, de nombreuses migraines bénignes sont sensibles aux analgésiques ordinaires (paracétamol, etc.).
→ VOIR Migraine.

Antiœstrogène

Médicament s'opposant à l'action des œstrogènes (hormones féminines sécrétées par les ovaires).

Le citrate de clomifène favorise le déclenchement de l'ovulation et est utilisé dans le traitement de certaines stérilités féminines. Un inconvénient important, bien que peu probable, est la survenue d'une grossesse multiple. Le tamoxifène est utilisé dans le traitement de certains cancers du sein, dits hormonodépendants (favorisés par les œstrogènes).

Ces deux médicaments sont contre-indiqués en cas de grossesse, et le citrate de clomifène également en cas de cancer génital. Ils peuvent provoquer des troubles gynécologiques (bouffées de chaleur, hémorragies utérines, gonflement des seins).

Antioncogène

Gène dont l'absence d'expression ou la délétion peut entraîner l'apparition d'une tumeur cancéreuse. SYN. *gène suppresseur de tumeur.*

Les antioncogènes sont normalement présents dans chaque cellule de l'individu et sont nécessaires pour que ces cellules restent saines. En revanche, leur destruction ou leur absence, associées à d'autres facteurs, peuvent provoquer une prolifération cancéreuse.

Antipaludéen

Médicament utilisé dans la prévention à court terme et dans le traitement du paludisme. SYN. *antipaludique.*

Le choix d'un médicament, ou d'une association de médicaments, dépend du but visé : traitement d'un accès ou prévention chez le voyageur. Ce choix dépend aussi du pays où la personne a été infectée, ou du pays où elle se rend. En effet, le parasite devient souvent résistant, progressivement, aux médicaments employés, mais de manière variable selon les pays. Les résistances font l'objet d'une surveillance permanente à l'échelle internationale et d'une mise à jour annuelle. L'administration des antipaludéens se fait par voie orale, parfois intraveineuse pour la quinine. Les effets indésirables et les contre-indications varient selon le produit. On observe souvent des troubles digestifs

(nausées), des vertiges, des céphalées, des éruptions cutanées ou des allergies plus graves. La méfloquine et l'halofantrine sont contre-indiquées pendant la grossesse.

Antiparasitaire

Médicament utilisé dans le traitement des maladies dues aux parasites.

En fonction du type de parasite à détruire, les antiparasitaires sont soit antihelminthiques, soit antiprotozoaires. Ils sont administrés par voie orale.

■ **Les antihelminthiques, ou anthelminthiques,** couramment appelés vermifuges, sont actifs sur les cestodes (vers plats segmentés : ténia, échinocoque), les trématodes (vers plats non segmentés : douve, bilharzie ou schistosome), les nématodes (vers ronds non segmentés : ascaris, ankylostome, anguillule, filaire, oxyure, trichine, tricocéphale).

■ **Les antiprotozoaires** sont utilisés dans le traitement de l'amibiase (due à l'amibe), du paludisme (dû au plasmodium), de la giardiase (due à la giardia), de la leishmaniose (due à la leishmanie), de la trichomonase (due au trichomonas), de la toxoplasmose (due au toxoplasme), de la maladie du sommeil (due au trypanosome).

EFFETS INDÉSIRABLES
Ils sont le plus souvent mineurs : nausées, vomissements, douleurs abdominales, éruptions cutanées et vertiges, et sont régressifs à l'arrêt du traitement.

Antiperspirant

Substance utilisée pour diminuer une transpiration excessive. SYN. *antisudoral.*

Les antiperspirants sont souvent à base de sels d'aluminium (par exemple des chlorures). Ils se présentent, éventuellement inclus dans un déodorant, sous forme de lotion, de crème ou de spray. Les antiperspirants peuvent irriter la peau, provoquer une sensation de brûlure et de picotement ou une allergie.

Des hypersudations réellement importantes sont parfois traitées par des médicaments du système nerveux végétatif, réservés à la prescription médicale.

Antiprurigineux

Médicament utilisé dans le traitement du prurit (démangeaison).

Antipyrétique

Médicament utilisé dans le traitement symptomatique de la fièvre. SYN. *fébrifuge*.

Antirhumatismal

Médicament utilisé dans le traitement de certaines affections rhumatologiques.

Les antirhumatismaux sont destinés à soulager les rhumatismes et les douleurs articulaires. Outre les anti-inflammatoires proprement dits (stéroïdiens et non stéroïdiens), qui agissent sur l'inflammation mais non sur sa cause, on prescrit des substances plus spécifiques, souvent longues à agir : sels d'or, pénicillamine, antipaludéens, immunodépresseurs.

Ces médicaments sont surtout réservés aux traitements de fond des rhumatismes chroniques polyarticulaires et inflammatoires (par exemple la polyarthrite rhumatoïde). Ils sont éventuellement associés entre eux et/ou aux analgésiques usuels. Les antirhumatismaux sont administrés par voie orale ou injectable. Chacun d'entre eux est susceptible d'entraîner des effets indésirables, parfois graves.

Antisepsie

Ensemble des procédés employés pour lutter contre l'infection microbienne de surface.

L'antisepsie est l'un des fondements de l'hygiène médicale. Différents moyens sont employés selon le but recherché : utilisation de produits chimiques ou de la chaleur. Les produits chimiques, utilisables uniquement en applications externes (solution de Dakin, dérivés de l'ammonium quaternaire, teinture d'iode, alcool, mercurescéine, etc.) permettent une antisepsie de la peau et des plaies superficielles. D'autres produits chimiques, utilisés pour la désinfection du matériel médical ou chirurgical non jetable, sont particulièrement adaptés à la destruction des bactéries, des champignons et de la plupart des virus (notamment celui du sida).

Antiseptique

Produit utilisé pour lutter contre les germes de la peau et des muqueuses.

Antiseptiques à usage externe

En fonction de leur structure chimique et de leurs propriétés, on distingue de nombreuses substances : alcool, eau oxygénée, ammoniums quaternaires (benzalkonium), chlorhexidine, dérivés du phénol, oxydants, acides, dérivés métalliques (mercure, argent, cuivre, zinc), colorants (éosine, bleu de méthylène), hexétidine, hexomédine, iode. Les critères de choix sont nombreux et complexes : toxicité, probabilité de déclencher une allergie, pouvoir irritant interdisant l'application sur les muqueuses ou sur les plaies, rapidité d'action, nécessité d'éliminer radicalement les germes ou seulement d'empêcher leur prolifération.

Antiseptiques à usage interne

Certains médicaments non antibiotiques sont prescrits par voie orale dans le traitement d'infections intestinales ou urinaires (sulfamides).

Antisérotonine

Médicament destiné à inhiber l'action d'une substance naturelle de l'organisme, la sérotonine, neurotransmetteur du système nerveux central.

Les antisérotonines empêchent la sérotonine de se fixer à ses récepteurs cellulaires, ou bien elles ont des mécanismes d'action plus complexes. Il s'agit d'un ensemble de produits hétérogènes, qui peuvent être prescrits dans les cas suivants : vomissements (odansétron, granisétron), dépression (clomipramine), migraine (méthysergide, sumatriptan), allergies, etc.

Antispasmodique

Médicament utilisé dans le traitement des spasmes musculaires.

Antisudoral

→ VOIR Antiperspirant.

Antithyroïdien

Médicament utilisé dans le traitement des hyperthyroïdies (excès de sécrétion d'hormones par la glande thyroïde).

Les antithyroïdiens, obtenus par synthèse, inhibent la production des hormones thyroïdiennes. Ils sont souvent efficaces en prescription de longue durée (un an ou plus). Dans le cas contraire, on les associe à l'administration d'iode radioactif ou à un traitement chirurgical. Les effets indésirables, rares, sont parfois graves et nécessitent une surveillance régulière : agranulocytose (baisse du nombre de globules blancs, avec risque d'infection majeure), hépatite, fièvre avec éruption cutanée.

Antitoxine

Anticorps sécrété par l'organisme au contact d'une toxine bactérienne et doué du pouvoir de la neutraliser.

Antituberculeux

Médicament antibiotique utilisé dans le traitement de la tuberculose.

Les antituberculeux sont toujours associés entre eux (de 2 à 4 produits) et donnés pour au moins 6 mois, par voie orale. Un bilan préalable et un contrôle régulier sont indispensables pour limiter les effets indésirables : l'isoniazide, la rifampicine et le pyrazinamide ont une certaine toxicité pour le foie ; l'emploi de l'éthambutol nécessite un examen ophtalmologique régulier pour dépister l'éventuelle apparition de troubles de la vision des couleurs.

→ VOIR **Antibiotique**.

Antitussif

Médicament utilisé dans le traitement symptomatique de la toux.

■ **Les antitussifs opiacés** (codéine, codéthyline, pholcodine, etc.) agissent par inhibition de centres nerveux cérébraux et traitent les toux sèches, sans expectoration. Ils sont présentés sous forme de sirops et de comprimés. Ils ont un effet sédatif et peuvent entraîner une somnolence.

■ **D'autres antitussifs,** non opiacés (acétylcystéine, carbocystéine), sont expectorants, fluidifiants ou mucolytiques. Ils sont destinés au traitement des toux grasses. Parfois associés à des antispasmodiques, ils sont présentés sous forme de sirops ou de sachets.

Parmi les différents antitussifs disponibles, il faut sélectionner le produit et la dose qui n'empêcheront pas l'élimination d'éventuels crachats, ce qui risquerait alors de retarder la guérison, par surinfection. Par ailleurs, l'usage des antitussifs ne dispense pas de la recherche de la cause de la toux.

Antiulcéreux

Médicament utilisé dans le traitement des ulcères gastriques et duodénaux ou dans la prévention de leur récidive.

Les antiulcéreux agissent soit en diminuant la sécrétion d'acide chlorhydrique par la muqueuse de l'estomac (antiacides), soit en protégeant cette muqueuse contre l'acidité (effet « pansement » des protecteurs gastriques).

Antiviral

Médicament utilisé dans le traitement des maladies virales.

Les antiviraux sont destinés à détruire les virus ou au moins à empêcher leur multiplication. Ils agissent pour la plupart en inhibant la synthèse du matériel génétique du virus, A.D.N. ou A.R.N. Ils sont administrés par voie orale ou injectable, certains étant de plus disponibles en usage local (maladies cutanées ou oculaires). Il arrive très souvent qu'un antiviral ne présente pas d'intérêt dans le traitement des infections courantes, alors que sa prescription devient justifiée et efficace pour des maladies graves. L'arrivée de nouveaux médicaments, les antiprotéases, et l'utilisation simultanée de trois antiviraux dans le traitement du sida permettent des résultats porteurs d'espoir.

EFFETS INDÉSIRABLES

Les effets indésirables des antiviraux sont dus en partie au fait qu'ils altèrent les cellules hôtes du virus en même temps que le virus. C'est le cas en particulier de la zidovudine, dont les effets indésirables sont hématologiques (atteinte des globules rouges et des globules blancs). Beaucoup de substances sont ainsi actives en laboratoire mais inutilisables à cause de leur toxicité.

Anurie

Arrêt de la production d'urine par les reins.

On distingue deux types d'anurie :

■ L'anurie excrétoire est due à un obstacle à l'écoulement de l'urine au niveau du bassinet ou de l'uretère. De nombreuses maladies urologiques peuvent être en cause. Les plus fréquentes sont les calculs urinaires ainsi que les tumeurs de la prostate ou de la vessie obstruant les deux voies excrétrices.

■ L'anurie sécrétoire est due à un arrêt de la production de l'urine au niveau des néphrons (unités fonctionnelles élémentaires du rein), dans les couches superficielles (cortex) et profondes (médullaire) du rein. Les causes en sont très nombreuses : maladie des glomérules (unités de filtration du rein), de la vascularisation du rein, absorption de toxiques, etc.

TRAITEMENT

Le traitement d'une anurie est une urgence en raison de l'insuffisance rénale aiguë, qui apparaît très rapidement.

■ Le traitement de l'anurie excrétoire consiste à supprimer l'obstacle à l'écoulement de l'urine ou, si cela n'est pas possible, à dériver les urines en amont de l'obstruction. La dérivation urinaire peut être réalisée soit par la mise en place dans l'uretère obstrué d'une sonde fine introduite par les voies naturelles sous contrôle endoscopique, soit par l'introduction d'une sonde directement dans les voies urinaires dilatées par ponction à travers la peau.

■ Le traitement de l'anurie sécrétoire est l'hémodialyse (technique d'épuration du sang par filtration à travers une membrane semi-perméable), qui permet d'éviter les conséquences de l'insuffisance rénale aiguë et d'attendre, après élucidation de la cause de l'anurie, la récupération de la fonction rénale en quelques jours.

Anus

Orifice terminal du tube digestif permettant la défécation.

PATHOLOGIE

Les principales affections de l'anus sont : les malformations congénitales, peu fréquentes, qui doivent être traitées dès la naissance ; la déficience des sphincters ou du système nerveux qui les commande, responsable d'incontinence anale ; les hémorroïdes ; les lésions inflammatoires et suppurées, comme l'abcès ou la fistule anale (nécessitant incision et drainage) ; le cancer de l'anus.

Anus (cancer de l')

Cancer qui atteint le canal anal ou la marge anale, essentiellement sous la forme d'un carcinome épidermoïde (tumeur maligne du tissu épithélial), plus rarement d'un adénocarcinome (tumeur maligne du tissu glandulaire).

Il est assez rare, mais sa fréquence croît lentement et il touche également l'homme et la femme. Son apparition serait liée à un agent viral. Le cancer de l'anus se présente comme une lésion indurée qui saigne plus ou moins et qui ne guérit pas. Quand il se développe, il donne lieu à des adénopathies inguinales. Le traitement fait essentiellement appel à la radiothérapie, parfois associée à l'ablation de la tumeur si celle-ci est volumineuse. Les résultats thérapeutiques sont relativement bons dans les formes peu étendues.

Anus artificiel

Abouchement chirurgical du tube digestif à la paroi antérieure de l'abdomen, pratiqué après chirurgie colique ou rectale avec ablation d'un segment d'intestin.

Le segment abouché peut être le côlon (colostomie) ou l'iléon (iléostomie). La paroi du côlon ou de l'iléon est ainsi ouverte sur l'extérieur à travers une incision de la paroi abdominale, permettant l'évacuation des selles dans une poche étanche aux odeurs. Après évacuation intestinale, la poche est changée (une ou deux fois par jour). L'anus artificiel est soit temporaire, précédant le rétablissement de la continuité intestinale, soit définitif. L'appareillage moderne des anus artificiels permet une très bonne tolérance et une vie normale.

Anuscopie

Examen qui permet d'explorer l'anus et le bas rectum.

L'anuscopie sert à établir le diagnostic des hémorroïdes, des fissures et des fistules anales, des chancres et des cancers de l'anus.

Cet examen, qui ne nécessite aucune préparation particulière, se pratique à l'aide d'un anuscope, tube métallique cylindrique de 10 cm de long environ, muni d'un système optique.

Cet instrument est introduit dans l'anus alors que le patient se tient en position génupectorale (à genoux, coudes sur la table d'examen, joue posée à plat, dos bien creusé). L'examen, précédé par un toucher anorectal, dure quelques minutes.

Anxiété

Trouble émotionnel se traduisant par un sentiment indéfinissable d'insécurité.

S'il existe une anxiété « normale » qui améliore l'apprentissage et les performances, l'anxiété peut aussi devenir pathologique : le sujet se trouve alors si profondément conditionné qu'il ne peut plus la contrôler.

SYMPTÔMES ET SIGNES

L'anxiété comporte trois caractères principaux : pressentiment d'un danger vague et imminent, réactions physiques variées (sensation d'étouffement, palpitations, sueurs, sécheresse de la bouche, vertiges, tremblements, troubles du transit), impression pénible d'impuissance ou de faiblesse devant la menace, chaque symptôme venant renforcer le qui-vive. Classiquement, le terme d'anxiété est donné au versant psychique du trouble alors que l'on réserve celui d'angoisse au versant somatique.

Le malade peut s'agiter, marcher sans but ou rester cloué sur place par la panique qui grandit en lui. La durée d'une crise d'anxiété est en général de 1 ou 2 heures. Quand les crises se répètent chez un sujet présentant un fond anxieux permanent, on parle de névrose d'angoisse.

TRAITEMENT

Il repose d'abord sur l'attitude de l'entourage du patient, qui doit rester calme et apaisant, sans attendrissement excessif mais sans agressivité ni mépris. S'il existe toute une gamme de médicaments contre l'anxiété (tranquillisants [benzodiazépines], bêtablo-

quants, neuroleptiques légers et certains antidépresseurs), celle-ci ne peut en aucun cas se traiter sans avis médical, sous peine d'une aggravation parfois liée à la prise abusive de médicaments (pharmacomanie). Le traitement de fond s'oriente souvent vers une psychothérapie. Les techniques de relaxation, l'exercice physique, une meilleure hygiène de vie constituent dans tous les cas un appoint remarquable.

Anxiolytique

Médicament utilisé dans le traitement de l'anxiété et de ses différentes manifestations.

EFFETS INDÉSIRABLES

Un risque partagé par nombre de ces produits est l'augmentation de leurs effets s'ils sont associés à de l'alcool. Les interactions avec les autres médicaments sont nombreuses. Par ailleurs, la somnolence qu'ils entraînent rend dangereuse la conduite d'un véhicule. Les benzodiazépines, bien que peu toxiques si les règles de prescription sont respectées, peuvent provoquer une dépendance, voire une véritable toxicomanie. Leur utilisation doit être particulièrement surveillée chez les anciens toxicomanes.

Aorte

Principale artère de l'organisme, naissant à la base du ventricule gauche et distribuant le sang oxygéné par les poumons dans tout le corps.

PATHOLOGIE

On peut observer diverses anomalies : un rétrécissement congénital au niveau de l'isthme (coarctation) ; une atteinte de la paroi, en général par une plaque d'athérome, aboutissant à la dilatation (anévrysme) ou à un rétrécissement du vaisseau. Dans les deux cas, la formation de caillots est fréquente, responsable d'embolies du cerveau et des membres. Une autre lésion athéromateuse est la dissection, clivage se produisant dans l'épaisseur de la paroi. Toutes ces atteintes justifient un traitement chirurgical.

Aortite

Inflammation de la paroi de l'aorte.

Aortographie

Examen radiologique qui permet de visualiser l'aorte et ses branches.

INDICATIONS

L'aortographie permet une exploration des diverses pathologies de l'aorte : anévrysme de l'aorte, dissection aortique, syndrome de Leriche (thrombose de l'aorte terminale et de sa bifurcation en artères iliaques primitives), voire coarctation aortique avant intervention chirurgicale.

DÉROULEMENT

Quand elle est réalisée par ponction artérielle, l'aortographie nécessite une hospitalisation de 24 à 48 heures. Elle se pratique sous anesthésie locale (pour un enfant, sous anesthésie générale légère) et sous contrôle électrocardiographique. L'examen dure de une demi-heure à trois quarts d'heure.

EFFETS INDÉSIRABLES

Ils sont de deux types : allergique et traumatique.

■ **Les complications allergiques** sont dues à l'iode contenu dans le produit de contraste. L'allergie à l'iode se traduit par des nausées, des vomissements, des éruptions cutanées ou une baisse de la tension artérielle. Lors d'une consultation précédant l'examen, le médecin doit s'assurer que le patient n'a jamais présenté d'allergie et, si ce n'est pas le cas, lui prescrire un traitement antiallergique.

■ **Les complications traumatiques** sont liées au risque de plaie vasculaire, surtout en cas de ponction artérielle, et peuvent entraîner une hémorragie locale. Il est indispensable, avant toute aortographie, de vérifier l'absence chez le patient de tout trouble de la coagulation.

Apgar (cotation d')

Système mis au point pour évaluer les grandes fonctions vitales du nouveau-né dès sa première minute de vie et en apprécier l'évolution 3, 5 ou 10 minutes plus tard.

Cinq éléments sont notés à la naissance : la fréquence cardiaque ; les mouvements respiratoires ; la coloration de la peau (bleue en cas d'appauvrissement en oxygène du sang, ou trop pâle) ; le tonus musculaire ; les réactions à la stimulation.

Aphakie, ou Aphaquie

Absence de cristallin.

L'aphakie survient soit après une opération de la cataracte (extraction chirurgicale du cristallin), soit, beaucoup plus rarement, après un traumatisme oculaire.

L'œil aphake perd ses facultés d'accommodation (qui permettent une vision nette, de loin comme de près) et devient hypermétrope.

L'aphakie est corrigée par des lunettes ou des lentilles, ou encore par un cristallin artificiel implanté chirurgicalement.

Aphasie

Trouble ou perte de l'expression et de la compréhension du langage acquis, parlé ou écrit, indépendants de tout état démentiel, atteinte sensorielle ou dysfonctionnement de la musculature pharyngolaryngée.

L'aphasie est le plus souvent due à un accident vasculaire cérébral touchant l'hémisphère dominant (le gauche pour les droitiers), mais elle peut également être la conséquence d'une tumeur, d'un traumatisme ou d'une infection cérébrale.

Aphonie

Extinction de voix.

L'aphonie peut être due à une inflammation du larynx (laryngite aiguë ou chronique), à une tumeur ou à une paralysie des nerfs moteurs du larynx. Il existe également des aphonies psychiques, d'origine hystérique, survenant souvent après un traumatisme violent.

→ VOIR **Dysphonie**.

Aphte

Petite ulcération superficielle, douloureuse, observée le plus souvent sur la muqueuse buccale et parfois sur la muqueuse génitale.

Les aphtes peuvent être isolés ou s'intégrer dans une maladie plus générale, l'aphtose. Si leur origine est inconnue, il n'est pas douteux que leurs récidives, très fréquentes, sont liées à des facteurs infectieux, hormonaux, alimentaires et au surmenage. Ils guérissent habituellement sans nécessiter de traitement en une dizaine de jours.

SYMPTÔMES ET SIGNES

Évoluant par poussées, les aphtes peuvent être de très petite taille (aphtes miliaires) ou géants (aphtes nécrotiques de Sutton). Les aphtes buccaux sont des ulcérations arrondies ou de forme ovale, au fond jaunâtre, entourées d'un halo rouge inflammatoire. Ils touchent les gencives, le bord interne des lèvres et des joues, les bords de la langue. Les aphtes génitaux, rarement isolés, s'observent principalement dans la maladie de Behçet, où ils sont associés à de nombreux aphtes buccaux.

TRAITEMENT ET PRÉVENTION

Le traitement repose sur des applications d'antiseptiques, d'anesthésiques locaux et d'antibiotiques (tétracyclines), des bains de bouche antiseptiques, l'apport de vitamines du groupe B. Les mesures de prévention classiques sont importantes pour les aphtes buccaux : bonne hygiène buccodentaire et suppression des aliments qui déclenchent des poussées : gruyère, fruits secs ou acides (noix, noisettes, etc.) et épices.
→ VOIR Fièvre aphteuse.

Aphtose

Affection chronique caractérisée par des poussées d'aphtes buccaux et/ou génitaux.

Dans les aphtoses, les poussées d'aphtes sont associées à des signes extramuqueux (lésions oculaires, nerveuses ou vasculaires, fièvre, atteinte de l'état général) et récidivent à intervalles plus ou moins rapprochés.

Aplasie

Insuffisance ou arrêt congénital de développement d'un tissu ou d'un organe.

Ainsi, l'aplasie d'oreille se caractérise par une croissance incomplète de l'oreille externe ou moyenne. Elle peut être majeure (il n'existe aucune structure d'oreille externe ou moyenne) ou mineure (touchant une partie de l'oreille externe ou moyenne). Elle se corrige généralement par la mise en place d'une prothèse à la fois esthétique et fonctionnelle.

Aplasie médullaire

Maladie caractérisée par une raréfaction de la moelle osseuse, se traduisant par une diminution des globules rouges, des globules blancs et des plaquettes.

L'aplasie médullaire est une maladie rare qui s'observe à tous les âges.

CAUSES

L'aplasie est due à l'incapacité de la moelle osseuse à produire des cellules souches, forme originelle des cellules sanguines. Les causes toxiques ou infectieuses sont le mieux identifiées : radiations ionisantes (rayons X), absorption de certains médicaments ou produits chimiques (dérivés du benzène, anticancéreux, certains antibiotiques – surtout le chloramphénicol –, arsenicaux, antithyroïdiens, sels d'or, antiépileptiques, certains neuroleptiques) ou certaines infections (hépatite récente, tuberculose). Lorsque la numération-formule sanguine, le myélogramme et/ou la biopsie de la moelle ne permettent de retrouver aucune cause, l'aplasie est dite idiopathique. Un mécanisme immunologique semble alors impliqué dans la moitié des cas.

SYMPTÔMES ET SIGNES

Le manque de globules rouges entraîne une anémie (pâleur et fatigue), le manque de globules blancs expose le sujet aux infections et le manque de plaquettes provoque des hémorragies (purpura, par exemple).

ÉVOLUTION ET TRAITEMENT

Lorsque la cause est médicamenteuse et que les cellules souches sont épargnées, l'aplasie médullaire régresse spontanément. Dans les formes idiopathiques, cette éventualité est plus rare. Une aplasie médullaire peut exceptionnellement précéder l'apparition d'une leucémie.

Le traitement symptomatique repose sur une antibiothérapie massive en cas d'infection, sur la transfusion de plaquettes en cas d'hémorragie, de globules rouges s'il y a anémie grave. Le traitement de fond repose sur l'administration d'immunosuppresseurs (ciclosporine et sérum antilymphocytaire), sur la greffe de moelle osseuse, effectuée à partir d'un donneur compatible, chez les sujets jeunes, et sur l'administration d'androgènes (qui stimulent les cellules souches de la moelle) si le traitement immunosuppresseur n'est pas efficace.

Apnée

Arrêt de la respiration de durée variable, sans arrêt cardiaque.

Une apnée peut être temporaire (de quelques secondes à 1 ou 2 minutes) ou durer plus longtemps, mettant la vie du sujet en danger en provoquant des lésions irréversibles du cerveau. On parle alors d'arrêt respiratoire. L'apnée peut être volontaire (plongée sous-marine, exploration de la fonction respiratoire) ou non.

Apnée du sommeil

Elle peut survenir chez les deux sexes et à tout âge. Elle a été évoquée dans certains cas de mort subite du nouveau-né ; sa fréquence croît avec l'âge. Lorsqu'elles sont très nombreuses (plus de 30 en 6 heures), les apnées du sommeil sont responsables d'une désorganisation du sommeil et d'une oxygénation insuffisante du sang.

On estime que la forme la plus courante et la plus grave d'apnée du sommeil, l'apnée du sommeil obstructive, touche 1 homme sur 100, âgé de 30 à 50 ans, le plus souvent obèse et gros ronfleur.

TRAITEMENT

La majorité des malades étant des obèses, il consiste d'abord en une réduction du poids. Il faut en outre éviter de consommer de l'alcool dans les 2 heures précédant le coucher et ne pas absorber de somnifères.

Un traitement efficace de l'apnée du sommeil existe depuis plusieurs années : par l'application d'un masque sur le nez et la bouche pendant le sommeil, on obtient le maintien d'une pression positive constante dans les voies respiratoires ; de l'air, provenant d'un compresseur, est envoyé par le masque dans les voies nasales et à l'intérieur des voies respiratoires pour les maintenir ouvertes. Parfois, une intervention chirurgicale est utile : elle consiste à enlever tout ou partie du voile du palais (palatoplastie), voire, dans les quelques cas rebelles, à pratiquer une trachéotomie (ouverture de la trachée) pour court-circuiter les voies aériennes supérieures.

Aponévrose

Membrane blanchâtre, résistante, constituée de fibres conjonctives.

Apophyse

Saillie osseuse.

Il existe des apophyses articulaires, dont la forme varie avec le type d'articulation auquel elles appartiennent, et des apophyses non articulaires, qui sont le siège d'insertion d'un muscle ou d'un tendon. Ces dernières sont appelées, selon leur localisation, tubérosité, tubercule, épine, crête ou ligne.

Apophysite

Inflammation d'une apophyse.

L'origine des apophysites, variétés d'ostéochondroses de croissance, est encore mal connue. Ces affections pourraient survenir à la suite d'un traumatisme, d'une infection microbienne, de troubles vasculaires ou endocriniens. Généralement bénignes, elles se rencontrent le plus souvent chez les sujets jeunes. Leur évolution peut durer plusieurs mois et, dans certains cas, imposer une immobilisation plâtrée.

TRAITEMENT

Le traitement consiste en général au repos de l'articulation, parfois associé à des infiltrations locales de corticostéroïdes.

Appareil

Ensemble d'organes qui concourent à une même fonction physiologique.

On distingue l'appareil du système (ensemble complexe d'éléments – non limités à des organes – dont la somme des effets produit une fonction dans sa totalité) et des voies (ensemble des chemins organiques – pleins ou creux – véhiculant une fonction de son point d'origine à son point d'utilisation).

Appareil cardiovasculaire

→ VOIR Circulatoire (appareil).

Appareil circulatoire

→ VOIR Circulatoire (appareil).

Appareil dentaire

Dispositif fixe ou amovible utilisé en prothèse dentaire pour remplacer les dents

manquantes, corriger la position de certaines dents sur l'arcade ou compenser les pertes de substances engendrées par des malformations congénitales (fente labiopalatine par exemple) ou des maladies (cancer buccal).
→ VOIR Prothèse.

Appareil digestif
→ VOIR Digestif (appareil).

Appareil génital féminin
→ VOIR Génital féminin (appareil).

Appareil génital masculin
→ VOIR Génital masculin (appareil).

Appareil lacrymal
→ VOIR Lacrymal (appareil).

Appareil locomoteur
→ VOIR Locomoteur (appareil).

Appareil respiratoire
→ VOIR Respiratoire (appareil).

Appareil urinaire
→ VOIR Urinaire (appareil).

Appendice
Prolongement d'un organe.

L'appendice vermiculaire, ou appendice iléocæcal, appelé appendice dans le langage courant, prend naissance au-dessous de l'orifice iléocæcal, au point de jonction entre l'intestin grêle et le gros intestin. De forme assez cylindrique, il mesure de 7 à 8 centimètres de long et de 4 à 8 millimètres de diamètre.

PATHOLOGIE
En raison de la proximité des matières en fin de digestion, l'appendice vermiculaire est fréquemment le siège d'une infection ou d'un abcès, l'appendicite. L'appendice peut également être le siège de tumeurs, bénignes ou malignes. Enfin, l'appendice peut exceptionnellement donner lieu à une torsion (ou volvulus) simulant une appendicite aiguë.

Appendicectomie
Ablation chirurgicale de l'appendice.

INDICATIONS
L'appendicectomie est pratiquée en cas d'appendicite pour prévenir la rupture de l'appendice enflammé, qui provoquerait une péritonite ou un abcès abdominal.

DÉROULEMENT
L'appendicectomie s'effectue par incision chirurgicale de l'abdomen ou, plus récemment, par cœlioscopie. L'incision, oblique ou transversale, est pratiquée à droite de l'abdomen, dans la fosse iliaque. Le patient est en général autorisé à boire et à manger légèrement dans les 24 heures après l'intervention.

Les abcès appendiculaires sont drainés et l'appendice enlevé, immédiatement ou plus tard. En cas de péritonite, l'appendicectomie est associée à un nettoyage et à un drainage de la cavité péritonéale.

COMPLICATIONS
L'appendicectomie expose à plusieurs complications, exceptionnelles, comme le lâchage du moignon ou la péritonite postopératoire de l'enfant (ou péritonite du 5e jour), ou plus fréquentes, comme l'abcès de paroi. Mais, dans la majorité des cas, c'est une opération bénigne qui nécessite de 2 à 6 jours d'hospitalisation et une brève convalescence.

Appendicite
Inflammation de l'appendice.

L'appendicite peut survenir à tout âge, mais elle est particulièrement fréquente chez l'adolescent et l'adulte jeune. L'origine de l'inflammation n'est pas toujours déterminée ; elle peut être causée par l'obstruction de l'appendice par une accumulation de matières fécales. L'appendicite la plus courante, caractérisée par une simple inflammation de la muqueuse, est dite « catarrhale « ou « suppurée «. Lorsque la muqueuse est obstruée par du pus, celui-ci reste parfois localisé, provoquant une agglutination d'anses intestinales soudées par des adhérences autour d'un abcès : c'est la péritonite plastique, ou plastron appendiculaire.

En cas de nécrose de la paroi de l'appendice, le pus peut également gagner l'ensemble du péritoine ; il déclenche alors une péritonite.

SYMPTÔMES ET DIAGNOSTIC
Lorsque l'appendice est normalement situé, l'appendicite se traduit par une douleur

survenant brutalement dans la fosse iliaque (partie latérale et inférieure de l'abdomen) droite, accompagnée de nausées, voire de vomissements, et d'une fièvre modérée (de 38 °C à 38,5 °C) ; la palpation de la zone est douloureuse et provoque une réaction de défense (durcissement de la paroi abdominale) ; le transit intestinal est ralenti.

Le diagnostic est plus difficile à établir lorsque l'appendice est anormalement situé : derrière le cæcum, l'inflammation se traduit par des douleurs lombaires ; chez la femme, très bas dans le petit bassin, il provoque des symptômes analogues à ceux de l'inflammation des trompes utérines ; sous le foie, il simule une infection vésiculaire aiguë. Le diagnostic est également délicat dans les formes atténuées d'appendicite. L'échographie et le scanner de l'abdomen peuvent aider au diagnostic.

TRAITEMENT

C'est l'appendicectomie. Celle-ci ne doit être décidée que sur des signes probants : fièvre aux alentours de 38 °C, réaction de défense abdominale, élévation des globules blancs à la numération globulaire.

Après établissement du diagnostic, l'intervention est pratiquée sans tarder pour éviter le développement d'une péritonite plastique, voire généralisée.

Une crise aiguë d'appendicite peut se calmer spontanément mais présente toujours un risque de récidive ; seuls certains cas, chez les personnes très âgées, prennent parfois une allure chronique.

En l'absence de moyens chirurgicaux, on tente d'endiguer l'inflammation par administration d'antibiotiques. En cas de péritonite plastique, l'abcès peut être évacué immédiatement ou à froid ; l'ablation de l'appendice ne sera effectuée qu'après guérison de l'abcès. La péritonite généralisée exige en revanche une intervention d'urgence comprenant l'ablation de l'appendice et le nettoyage complet de la cavité péritonéale.

COMPLICATIONS

Les appendicites ne nécessitent normalement que quelques jours d'hospitalisation et permettent la reprise d'activités normales après 2 ou 3 semaines. Une péritonite appendiculaire peut toutefois se compliquer chez les vieillards, les sujets dénutris, diabétiques ou obèses, et obliger à recourir à un séjour en réanimation chirurgicale, surtout lorsque des abcès intrapéritonéaux se sont développés.

Apragmatisme

Trouble de l'activité apprise, caractérisé par l'incapacité du sujet de réaliser les actes les plus courants.

Apraxie

Trouble de la réalisation de gestes concrets (manipulation d'objets) ou symboliques (signe de croix) indépendant de toute atteinte des fonctions motrices et sensitives et de tout trouble de la compréhension.

Apyrexie

Absence d'élévation de la température normale du corps (autour de 37 °C).

Arachnodactylie

Allongement pathologique des doigts et des orteils.

Ceux-ci, étirés et amincis, évoquent par leur forme des pattes d'araignée. L'arachnodactylie est une des anomalies morphologiques qui entrent dans la maladie de Marfan, mais elle se rencontre parfois isolément.

Arachnoïdite

Inflammation subaiguë ou chronique de l'arachnoïde (l'une des trois membranes qui constituent les méninges).

CAUSES

Une arachnoïdite peut apparaître plusieurs années après une méningite purulente ou une hémorragie méningée. Elle peut également se développer au contact d'un foyer infectieux rachidien comme une spondylite. Assez souvent, on ne retrouve aucune de ces affections et l'on parle dans ce cas d'arachnoïdite primitive.

SYMPTÔMES ET SIGNES

Ils varient suivant la localisation et l'étendue de la maladie. Il peut s'agir de maux de tête, de crises d'épilepsie, d'atteintes des racines de la moelle épinière avec apparition de troubles sensitifs, d'irritation de la moelle épinière avec apparition de troubles moteurs (paraplégie ou tétraplégie) et génito-sphinctériens (incontinence urinaire, par exemple).

TRAITEMENT
Le traitement est essentiellement celui de la cause infectieuse (antibiothérapie).

Arc cornéen

Anneau blanchâtre constitué de cholestérol et situé autour de la cornée.

L'arc cornéen s'observe habituellement chez les personnes âgées, témoignant d'une infiltration lipidique du stroma (il est aussi appelé dans ce cas arc sénile, ou gérontoxon). S'il apparaît chez un sujet jeune, il y a lieu de rechercher une hyperlipémie (élévation anormale du taux de lipides dans le sang). Cette anomalie n'altère jamais la vision.

Arc réflexe

Trajet parcouru par l'influx nerveux provoquant un réflexe.

Ardoisiers (maladie des)

→ VOIR Schistose.

Argyrie, ou Argyrose

Affection caractérisée par une pigmentation diffuse grisâtre de la peau due au dépôt intradermique de particules d'argent.

L'argyrie est consécutive à l'absorption prolongée, par la peau ou les muqueuses, de sels d'argent (gouttes nasales, collyres, pansements gastriques, nitrate d'argent, etc.).

Les particules d'argent se déposent dans les glandes sudoripares du derme de façon indélébile. La prévention est donc indispensable.

Armstrong (maladie d')

Maladie infectieuse due à un arénavirus (virus dont le patrimoine génétique est constitué d'une molécule d'A.R.N.), le virus d'Armstrong. SYN. *chorioméningite lymphocytaire*.

La maladie d'Armstrong est une méningite aiguë, qui se manifeste par une fièvre, des maux de tête, des nausées et des vomissements. La ponction lombaire révèle un liquide céphalorachidien clair, contenant des lymphocytes. L'évolution de cette maladie est bénigne et ne nécessite aucun traitement curatif particulier.

A.R.N.

→ VOIR Acide ribonucléique.

Arnold (nerf d')

Nerf formé par la branche postérieure de la deuxième racine cervicale.

Arnold (névralgie d')

Lésion douloureuse du grand nerf d'Arnold.

CAUSES
Une névralgie d'Arnold survient en général spontanément, mais elle est parfois provoquée par une pression locale ou certains mouvements de la tête. Lorsque la douleur est continue, une cause locale (lésion cervicale haute ou lésion cervico-occipitale, par exemple) doit être systématiquement recherchée.

SYMPTÔMES ET SIGNES
La névralgie d'Arnold se manifeste par une douleur qui, à partir du haut de la nuque, irradie jusqu'au sommet du crâne. D'intensité vive, semblable à des élancements ou à des brûlures, cette douleur peut être intermittente ou continue.

TRAITEMENT
Les analgésiques et les anti-inflammatoires peuvent être efficaces. Une infiltration locale de corticostéroïdes soulage généralement le patient, mais parfois de façon temporaire.

Aromathérapie

Thérapeutique par ingestion, massage du corps ou inhalation d'huiles essentielles végétales ou d'essences aromatiques.

L'aromathérapie est une branche de la phytothérapie, traitement des maladies par des produits dérivés des plantes.

Les huiles essentielles s'utilisent soit à l'état naturel, avec ou sans excipient, soit conditionnées sous forme de capsules afin d'être protégées de l'oxydation.

Des gélules d'essence de sauge peuvent être prescrites dans certains états spasmophiliques ; le cyprès, le thym, le genièvre, l'eucalyptus sont actifs en cas de bronchite. Globalement, l'aromathérapie est réputée active, surtout dans les phénomènes infectieux. Grâce à elle, on peut éviter à certaines personnes les effets indésirables des médicaments après avoir vérifié l'absence d'une cause sérieuse à leurs troubles et l'inutilité d'un traitement plus efficace.

Arrêt cardiocirculatoire

Cessation spontanément irréversible d'une activité cardiaque efficace, entraînant un arrêt de la perfusion d'organes vitaux.

L'arrêt cardiocirculatoire est appelé couramment arrêt cardiaque. On parle souvent aussi d'inefficacité cardiovasculaire.

CAUSES

Un arrêt cardiocirculatoire est généralement la complication d'une cardiopathie ischémique (infarctus du myocarde). Les causes directes les plus fréquentes en sont la fibrillation ventriculaire (activité cardiaque anarchique), l'asystolie (absence d'activité électrique) et la dissociation électromécanique (activité électrique persistante, mais sans efficacité du cœur sur la circulation). Une inefficacité cardiocirculatoire peut également résulter d'un trouble majeur du rythme (bradycardie ou tachycardie) ou d'une grande perturbation circulatoire (hémorragie massive, embolie pulmonaire).

SYMPTÔMES ET SIGNES

Un arrêt cardiocirculatoire provoque en 15 à 20 secondes une perte de conscience et un arrêt de la commande respiratoire. Des convulsions peuvent survenir à la phase initiale de l'arrêt, avec perte d'urine. La disparition des pouls, perçue sur les carotides de chaque côté du cou ou sur l'artère fémorale à l'aine, atteste l'inefficacité cardiocirculatoire. Les mouvements respiratoires sont absents ou remplacés par des secousses respiratoires intermittentes. La cyanose des lèvres et des oreilles traduit l'anoxie tissulaire, et la mydriase (dilatation fixe des pupilles) révèle un retentissement cérébral grave de cette anoxie.

TRAITEMENT ET PRONOSTIC

La constatation d'un arrêt cardiocirculatoire impose des manœuvres immédiates de réanimation : assurer la liberté des voies aériennes, effectuer une respiration artificielle par bouche-à-bouche, restaurer une activité circulatoire par massage cardiaque externe. La réanimation doit être poursuivie jusqu'à la récupération du malade (son efficacité étant jugée sur la présence d'un pouls fémoral et le soulèvement de la cage thoracique lors du bouche-à-bouche), l'arrivée d'un personnel qualifié ou une déclaration de mort par un médecin. Les mesures de sauvetage sont relayées par la ventilation artificielle après intubation trachéale et par des traitements qui dépendent de la cause de l'arrêt cardiocirculatoire (par exemple, choc électrique externe en cas de fibrillation ventriculaire). Le massage cardiaque est poursuivi jusqu'à la reprise d'une activité cardiaque spontanée suffisante.

Arrhénoblastome

Tumeur masculinisante de l'ovaire, le plus souvent bénigne.

L'arrhénoblastome survient essentiellement chez la jeune femme. Il entraîne des manifestations de virilisme (hirsutisme, séborrhée, raucité vocale) par sécrétion d'androgènes, hormones sexuelles principalement sécrétées, à l'ordinaire, dans les testicules. Le traitement consiste en l'ablation de l'ovaire atteint.

Arriération mentale

→ VOIR Déficience mentale.

Artère

Vaisseau qui véhicule le sang du cœur vers les tissus.

Les artères sont des tubes flexibles aux parois épaisses. Leur diamètre diminue au fur et à mesure qu'elles s'éloignent du cœur et qu'elles se subdivisent ; l'ensemble constitue l'arbre artériel. Leurs ultimes ramifications sont les artérioles, qui alimentent les vaisseaux capillaires. Parmi les principales, l'aorte (issue du ventricule gauche) et ses branches de division distribuent le sang oxygéné, rouge, à l'ensemble des tissus, sauf aux poumons ; les artères pulmonaires véhiculent le sang bleu, désaturé, riche en gaz carbonique, du ventricule droit vers les poumons, où il est oxygéné.

Une artère peut être l'objet de lésions traumatiques (toute plaie artérielle nécessite une compression d'amont immédiate, puis une réparation en milieu hospitalier pour éviter une hémorragie abondante), dégénératives et/ou inflammatoires (athérome, artériosclérose, artérite, etc.).

Artériographie

Examen radiologique qui permet la visualisation directe d'une artère et de ses branches, ainsi que l'étude des anomalies éventuelles du territoire qu'elle irrigue.

Une artériographie est réalisée par injection dans l'artère d'un produit de contraste iodé. Elle est dite globale si le produit est injecté dans un tronc artériel (aortographie) et sélective lorsque le produit est injecté dans une branche (artère rénale, par exemple).

INDICATIONS

L'artériographie est essentiellement utilisée pour établir des diagnostics préopératoires ; elle permet notamment de prévoir le caractère plus ou moins hémorragique de certaines interventions, de préciser l'emplacement des vaisseaux et de leurs lésions et d'obtenir d'importants renseignements sur la circulation des veines et des artères.

L'artériographie permet de localiser un rétrécissement artériel, un anévrysme ou l'origine d'un saignement digestif. Elle détecte également certaines malformations des vaisseaux (angiomes, fistules), les lésions traumatiques et les pathologies ischémiques, c'est-à-dire dues à une interruption ou à une diminution de la circulation sanguine (thrombose artérielle ou veineuse). Ainsi, dans les cas d'infarctus intestinal, elle permet de constater une oblitération aiguë par thrombose ou embolie et la diminution de la circulation sanguine. L'artériographie sélective de l'artère hépatique permet de préciser l'extension d'un cancer du foie.

DÉROULEMENT

L'artériographie nécessite une hospitalisation de 24 à 48 heures. Elle se pratique sous anesthésie locale et peut durer de 30 minutes à 2 heures.

EFFETS SECONDAIRES

Ils sont de deux types : allergique et traumatique. L'effet allergique est dû à l'iode contenu dans le produit de contraste. L'allergie à l'iode se traduit par des nausées, des vomissements, des éruptions cutanées ou une baisse de la tension artérielle. Le médecin doit s'assurer que le patient n'a jamais présenté d'allergie et, si ce n'est pas le cas, lui prescrire préalablement un traitement antiallergique. L'effet traumatique consiste en un risque faible d'hémorragie locale. Il est utile, avant toute artériographie, de vérifier l'absence chez le patient de tout trouble de la coagulation. De même, une fois le cathéter retiré après l'examen, le point de ponction sera fermement comprimé et surveillé pendant 24 heures.

Artériole

Vaisseau sanguin de faible diamètre qui assure la liaison entre une artère et un capillaire.

Artériopathie

Toute maladie des artères, quelle que soit sa cause.

Artériorraphie

Suture chirurgicale d'une artère.

Artériosclérose

Maladie dégénérative de l'artère due à la destruction des fibres musculaires lisses et des fibres élastiques qui la constituent.

DIFFÉRENTS TYPES D'ARTÉRIOSCLÉROSE

On réunit généralement sous le terme d'artériosclérose deux maladies distinctes.

■ L'artériosclérose proprement dite est caractérisée par un épaississement diffus de la paroi des artères de petit calibre dû à des dépôts d'apparence vitreuse, constitués essentiellement de protéines plasmatiques, sans dépôt lipidique. L'artériolosclérose touche les artérioles.

■ L'athérosclérose, qui est souvent associée à l'artériosclérose, est caractérisée par des dépôts lipidiques sur la paroi artérielle et s'accompagne parfois d'une médiacalcose (calcification de la paroi).

CAUSES

L'artériosclérose, qui s'accompagne d'un vieillissement précoce des éléments vasculaires, est favorisée par un certain nombre de facteurs de risque cardiovasculaire dont les principaux sont le tabagisme, l'hypertension artérielle, le diabète, l'obésité, l'existence d'un taux élevé de cholestérol dans le sang, des antécédents familiaux d'artériosclérose et la sédentarité. L'incidence de la maladie croît avec l'âge, le processus pathologique étant habituellement lent mais progressif. L'homme est proportionnellement plus touché que la femme.

SYMPTÔMES ET ÉVOLUTION

L'artériosclérose ne se manifeste que lorsque le rétrécissement de l'artère gêne la circulation sanguine. Les symptômes sont alors sensiblement les mêmes que ceux de l'athérosclérose : crises d'angor, vertiges, douleurs. Les lésions peuvent évoluer en infarctus du myocarde, en artérite des membres inférieurs, en accident vasculaire cérébral ou en insuffisance rénale.

EXAMENS

Certains examens permettent d'estimer la localisation et l'extension de la maladie : radiographie simple, échographie vasculaire, ou artériographie lorsque l'on envisage un traitement chirurgical ou une angioplastie (dilatation d'un rétrécissement artériel à l'aide d'une sonde à ballonnet montée sur un cathéter guide).

TRAITEMENT

Il est avant tout préventif et porte sur une amélioration de l'hygiène de vie (détente psychique, activité physique modérée, suppression du tabac, régime alimentaire pauvre en graisses). Le traitement médicamenteux a une place restreinte : vasodilatateurs et antiagrégants plaquettaires.

Artériotomie

Incision de la paroi d'une artère.

Artérite

Lésion inflammatoire d'une artère.

Par extension, ce terme regroupe toutes les lésions artérielles, quel qu'en soit le mécanisme.

Une artérite peut s'étendre de manière diffuse ou se limiter à un territoire vasculaire localisé (artères des membres inférieurs, artères coronaires ou artères carotides). Elle est parfois limitée à un seul vaisseau (artère temporale dans la maladie de Horton, artère rétinienne dans l'artérite du même nom) ou à des portions d'un vaisseau (périartérite noueuse).

→ VOIR Angéite, Artériopathie.

Artérite temporale

→ VOIR Horton (maladie de).

Arthralgie

Douleur siégeant au niveau des articulations ou dans les articulations elles-mêmes, pouvant ne pas s'accompagner d'une modification de l'apparence extérieure de la jointure.

Arthrite

Toute affection inflammatoire, aiguë ou chronique, qui frappe les articulations.

SYN. *ostéoarthrite*.

Si une seule articulation est atteinte, on parle de monoarthrite ; lorsque 2, 3 ou 4 articulations sont touchées, d'oligoarthrite ; au-delà, de polyarthrite. On appelle acropolyarthrites les arthrites qui touchent les articulations distales (mains, pieds) ; polyarthrites rhizoméliques, les arthrites qui touchent essentiellement les articulations des racines des membres (épaules, hanches) ; spondylarthropathies, les arthrites des membres qui s'associent à des atteintes inflammatoires de la colonne vertébrale ou des articulations sacro-iliaques. Une arthrite qui dure plus de 3 mois est dite chronique.

L'arthrite se caractérise par des douleurs souvent nocturnes pouvant réveiller le malade. Le matin, les articulations ne retrouvent leur mobilité qu'après une période d'échauffement, dont la durée constitue un bon témoin du degré d'inflammation. L'épiderme est localement rosé ou rouge, voire violacé. L'articulation est souvent gonflée, en partie du fait d'un épanchement de liquide synovial ; l'analyse de celui-ci, après prélèvement par arthrocentèse (ponction de l'articulation), permet de confirmer le caractère inflammatoire de la maladie et de rechercher un germe pathogène ou des microcristaux. Au besoin, une biopsie de la membrane synoviale peut être réalisée sous anesthésie locorégionale, parfois combinée à une arthroscopie permettant le contrôle visuel.

Arthrites inflammatoires aseptiques

Les arthrites inflammatoires aseptiques forment un groupe d'affections de causes très diverses.

■ Le rhumatisme articulaire aigu, ou maladie de Bouillaud, est l'une des principales arthrites inflammatoires aseptiques. Il touche peu d'articulations, essentiellement les genoux, les coudes et les chevilles, et l'inflammation est très douloureuse mais de courte durée, l'atteinte passant en quelques jours d'une articulation à une autre. Des complications cardiaques sont très fréquentes (cardite rhumatismale).

■ La polyarthrite rhumatoïde, le plus fréquent des grands rhumatismes inflammatoires, appartient au groupe des maladies de système, ou connectivites. Elle s'installe sans cause décelable, tout en étant favorisée par certaines circonstances (surmenage, infection, affaiblissement général). Elle touche plusieurs articulations simultanément, surtout les doigts et les poignets, et évolue sur de nombreuses années.

■ Les arthrites réactionnelles apparaissent en réaction à une infection siégeant en dehors de l'articulation et qui est provoquée par certaines entérobactéries, transmises en général par l'alimentation ou au cours d'infections génitales. Ces arthrites entrent dans le cadre du syndrome oculo-urétro-synovial (syndrome de Fiessinger-Leroy-Reiter). On a découvert en 1973 qu'elles se déclenchent surtout chez les sujets porteurs d'un groupe leucocytaire héréditaire (le groupe HLA B27) également présent chez 90 % des sujets atteints de spondylarthrite ankylosante. C'est une des raisons qui ont fait grouper ces affections sous le vocable de spondylarthropathies.

■ La spondylarthrite ankylosante est une affection chronique fréquente chez les hommes, qui siège au niveau des articulations sacro-iliaques et intervertébrales. Son évolution s'étale sur de nombreuses années.

■ Le rhumatisme psoriasique est caractérisé par l'atteinte fréquente des articulations distales des doigts, associée à un psoriasis.

■ La polyarthrite chronique juvénile, ou maladie de Still, affecte surtout les enfants âgés de moins de 4 ans. C'est une polyarthrite symétrique associée à des adénopathies (gonflement d'un ou de plusieurs ganglions lymphatiques), à une splénomégalie (augmentation de volume de la rate) et à une éruption cutanée.

Arthrites septiques

Les arthrites septiques, ou arthrites infectieuses, sont provoquées par un germe ayant pénétré dans l'articulation soit par voie sanguine, depuis un foyer infectieux situé à distance, soit accidentellement, à la faveur d'une blessure ouverte, voire d'une infiltration. Ce sont presque toujours des mono-arthrites. Gonflée, chaude, parfois rouge, l'articulation touchée devient vite douloureuse au point de rendre tout mouvement impossible. Le malade a de la fièvre, accompagnée de frissons.

Lorsque l'on suspecte une arthrite septique chez un sujet, celui-ci doit être isolé, et le germe en cause identifié le plus rapidement possible. Cette identification sera faite par hémoculture si le germe a pu être transmis par voie sanguine, par prélèvement gynécologique, urinaire, de gorge ou de tout foyer infectieux éventuel (dentaire, sinusien, cutané, etc.) et/ou par ponction de l'articulation pour étudier le liquide synovial et le mettre en culture.

Arthrites microcristallines

Dans les arthrites microcristallines, l'inflammation est déclenchée par l'accumulation dans les articulations de microcristaux d'acide urique (goutte), de pyrophosphate de calcium (chondrocalcinose) ou d'apatite (maladie des calcifications multiples). Ces arthrites provoquent des crises très douloureuses, avec gonflement rapide, mais transitoire, de l'articulation. Elles guérissent sans laisser de séquelles.

Arthrites nerveuses

Les arthrites nerveuses, ou arthropathies nerveuses, s'observent au cours de certaines maladies du système nerveux (tabès, syringomyélie, diabète, lèpre, paraplégie et tétraplégie d'origine traumatique) provoquant une perte de sensibilité de l'articulation. Les traumatismes et les contraintes s'exerçant sur cette dernière ne déclenchent plus alors la contracture réflexe protectrice des muscles de voisinage, mais ils entraînent une mobilité exagérée, susceptible d'endommager l'articulation et de créer une déformation importante appelée articulation de Charcot (gonflement, voire destruction articulaire plus ou moins marquée).

Traitement des arthrites

Certaines arthrites demandent un traitement spécifique : antibiotiques pour les arthrites septiques, uricosuriques dans la goutte, anti-inflammatoires et corticostéroïdes dans la polyarthrite rhumatoïde. Dans la plupart des cas, les analgésiques et les anti-inflammatoires soulagent la douleur. Certaines arthrites inflammatoires aseptiques peuvent entraîner des déformations ou des destructions articulaires nécessitant parfois une arthroplastie (remplacement de l'articulation par une prothèse), voire une arthrodèse (fusion chirurgicale des os de l'articulation). Le traitement des arthrites septiques doit être précoce, car les lésions de l'os et des cartilages résultant de l'action du germe peuvent devenir irréversibles en quelques jours. On peut, en attendant que le germe soit identifié, commencer un traitement antibiotique, qui sera ajusté quand le germe sera connu et sa sensibilité aux divers antibiotiques, précisée. Un repos de quelques jours avec immobilisation de la ou des articulations atteintes est conseillé. Le traitement des arthrites microcristallines est celui

de l'affection en cause (goutte par exemple). Bien qu'elles soient importantes, les déformations occasionnées par les arthrites nerveuses laissent généralement de larges possibilités fonctionnelles. Une contention par appareil orthopédique peut être nécessaire pour limiter les mouvements anormaux.
→ VOIR Polyarthrite rhumatoïde, Rhumatisme articulaire, Spondylarthropathie.

Arthrite chronique juvénile
→ VOIR Still (maladie de).

Arthrite dentaire

Inflammation du ligament alvéolodentaire.

L'arthrite dentaire est provoquée par une compression des terminaisons nerveuses du ligament entre deux structures dures et inextensibles : l'os alvéolaire et la racine dentaire. Celle-ci peut être causée par des complications de maladies pulpaires ou par une réaction congestive et douloureuse du ligament due à un choc ou à une série de traumatismes (serrage de crochet, surélévation prothétique, etc.). L'arthrite dentaire se traduit par une mobilité de la dent, d'importantes douleurs et une sensation de contact prématuré avec les dents antagonistes (impression de « dent longue »).

TRAITEMENT

La suppression de ces causes, qui suffit souvent à guérir l'arthrite dentaire, peut être complétée par la prise d'analgésiques et d'anti-inflammatoires.

Arthrocentèse

Ponction d'une articulation à des fins diagnostiques ou thérapeutiques.

L'arthrocentèse se pratique sous anesthésie locale. Elle permet de prélever le liquide synovial ; on introduit pour cela une aiguille assez longue dans la cavité articulaire. Le liquide synovial retiré peut ensuite être soumis à des examens biologiques afin de rechercher des germes pathogènes ou des cellules anormales. Selon le diamètre de l'aiguille utilisée, il est également possible d'introduire un arthroscope (ou tout autre appareil) pour visualiser l'articulation. Enfin, l'arthrocentèse permet d'injecter directement dans l'articulation les médicaments nécessaires au traitement d'une affection articulaire (corticostéroïdes, antibiotiques).

Arthrodèse

Intervention chirurgicale consistant à bloquer définitivement une articulation afin de la rendre indolore et stable.

INDICATIONS

L'inconvénient majeur d'une arthrodèse est de limiter la mobilité du membre ou de la région du corps concernés. La plupart du temps, les chirurgiens ne pratiquent donc cette intervention que lorsqu'il est impossible de réaliser une arthroplastie (réfection chirurgicale de l'articulation) ou en cas d'échecs successifs de celle-ci. Une arthrodèse peut être également pratiquée sur des articulations très endommagées ou pour lesquelles la perte de mobilité est peu gênante, ou quand les prothèses disponibles ne sont pas suffisamment fiables.

Arthrographie

Examen radiologique qui permet de visualiser l'intérieur d'une articulation.

L'arthrographie requiert une ponction articulaire et l'injection d'un produit de contraste, qui peut être de l'air (arthrographie gazeuse), un produit de contraste iodé (arthrographie opaque, ou iodée) ou un mélange des deux méthodes (arthrographie en double contraste).

INDICATIONS

L'arthrographie est essentiellement utilisée pour établir un diagnostic ou pour prendre des clichés préopératoires. Au genou, elle permet de détecter une lésion d'un ménisque ou d'un ligament croisé provoquant douleurs, blocages, instabilité ou gonflement. À l'épaule, l'examen peut confirmer une déchirure de la « coiffe » musculaire et la complication de certaines tendinites engendrant douleurs et impotence fonctionnelle. Pour toutes les articulations, l'arthrographie réalise une exploration affinée des surfaces articulaires, de leur revêtement cartilagineux, ou la recherche d'un corps étranger intra-articulaire, souvent de nature cartilagineuse et qui serait invisible à la radiographie simple.

DÉROULEMENT

Une arthrographie ne nécessite pas d'hospitalisation et dure environ 30 minutes. Après l'examen, le patient peut reprendre ses activités, sans toutefois solliciter trop rapidement l'articulation examinée.

EFFETS SECONDAIRES

Ils sont rares et généralement bénins : nausées, malaise, hémorragie locale de faible intensité. L'injection du produit de contraste iodé peut provoquer une réaction allergique. Le médecin doit donc s'assurer que le malade n'a jamais présenté d'allergie ou, si ce n'est pas le cas, lui prescrire préalablement un traitement antiallergique.

Arthrolyse

Intervention chirurgicale visant à rendre sa mobilité à une articulation limitée dans ses mouvements en coupant les ligaments et la capsule entourant l'articulation.

L'arthrolyse, pratiquée sous anesthésie locale ou générale, peut être chirurgicale, arthroscopique ou simplement manuelle.

Arthropathie

Toute maladie rhumatismale, quelle que soit sa cause. SYN. *ostéo-arthropathie*.

Arthroplastie

Intervention chirurgicale consistant à rétablir la mobilité d'une articulation en créant un nouvel espace articulaire.

■ **L'arthroplastie simple** consiste à supprimer l'articulation malade sans poser de prothèse à la place. Elle est relativement rare en dehors de quelques cas particuliers (orteil en marteau).

■ **L'arthroplastie complexe** consiste à remplacer, en partie ou totalement, l'articulation malade par une prothèse. Elle permet son utilisation ultérieure avec une bonne mobilité. Elle peut être réalisée sur de nombreuses articulations (hanche, genou, coude, épaule, doigt).

PRONOSTIC

La compréhension de la biomécanique des articulations et l'évolution des différents matériaux utilisés ont permis d'améliorer la durée de vie des prothèses. Malheureusement, celle-ci n'est tout de même pas illimitée. Un élément se descelle parfois de son support osseux tandis qu'à long terme une usure entraînant un dysfonctionnement des pièces mécaniques peut se produire.

La réalisation d'une arthroplastie totale de l'épaule est beaucoup moins fréquente que celle d'une arthroplastie de la hanche, car elle donne des résultats moins satisfaisants.

Arthroscopie

Examen endoscopique de l'intérieur d'une articulation permettant d'établir un diagnostic, généralement par une biopsie dirigée, et de traiter les lésions.

L'arthroscopie permet l'examen de structures invisibles aux rayons X : cartilage, membrane synoviale, ligaments croisés et ménisques. Les arthroscopies le plus fréquemment réalisées sont celles du genou et de l'épaule, mais toutes les autres articulations peuvent également être examinées ou opérées ainsi.

TECHNIQUE

Après une ouverture minime de l'articulation pratiquée sous anesthésie locale, le médecin introduit l'arthroscope, tube rigide muni d'appareils optiques et d'instruments permettant la chirurgie intra-articulaire. La plupart des composants de l'articulation sont accessibles sous arthroscopie : un corps étranger articulaire peut être ôté, un cartilage endommagé, remodelé, et un ménisque, recousu ou enlevé. Enfin, les ligaments peuvent faire l'objet de gestes chirurgicaux directs. L'avantage majeur de la chirurgie sous arthroscopie est de réduire le temps d'hospitalisation et le délai nécessaire à la reprise fonctionnelle. La cicatrice est en outre très petite par rapport à celle de la chirurgie classique.

La miniaturisation du matériel, la transmission des images sur écran ont permis l'accès à d'autres articulations que le genou ou l'épaule.

Arthrose

Affection articulaire, d'origine mécanique et non inflammatoire, caractérisée par des lésions dégénératives des articulations, associées à une prolifération du tissu osseux sous-jacent.

Les localisations les plus fréquentes de l'arthrose sont le genou, la main, le pied, la hanche, le cou et la colonne vertébrale. L'arthrose rachidienne intervertébrale, ou discarthrose, peut léser le disque intervertébral et être responsable de sa dégénérescence, de hernies discales et donc de sciatiques. L'arthrose, qui se manifeste surtout après 60 ans, est trois fois plus fréquente chez la femme que chez l'homme. Bien qu'elle ne soit pas au sens strict la conséquence du vieillissement, sa fréquence augmente lorsque le cartilage n'a plus ses qualités originelles de souplesse, d'élasticité, de glissement. La lésion du cartilage articulaire est parfois d'origine traumatique. Des défauts génétiques de fabrication sont également susceptibles de la favoriser. Un cartilage normal, soumis à des contraintes anormales du fait d'une articulation mal constituée ou d'une activité professionnelle ou sportive trop intense, peut se fissurer et favoriser le développement d'une arthrose. Cela explique pourquoi certaines articulations, plus exposées aux traumatismes ou aux malformations, sont plus souvent touchées que les autres, ou encore pourquoi, dans certaines familles, les arthroses sont particulièrement nombreuses et précoces. L'arthrose doit donc être considérée comme l'étape finale commune de causes diverses (génétiques, traumatiques, etc.) dont les combinaisons sont des plus variées.

SYMPTÔMES ET SIGNES

La douleur qu'elle occasionne est « mécanique » : elle apparaît après tout effort soutenu et disparaît au repos, ne gênant pas le sommeil. Au réveil, elle est souvent pénible pendant quelques minutes (dérouillage). On apprécie d'ailleurs la sévérité ou l'évolution d'une arthrose par la latence d'apparition de la douleur.

L'arthrose peut évoluer par poussées dites congestives, au cours desquelles la douleur devient plus persistante. L'articulation est raidie, gonflée par un épanchement de liquide synovial, dont l'arthrocentèse précise la nature « mécanique « et non inflammatoire. Les poussées congestives correspondent à des phases de destruction du cartilage (chondrolyse), au cours desquelles celui-ci, amolli, est très fragile. Un amincissement de un demi-millimètre à plusieurs millimètres peut survenir.

DIAGNOSTIC

La radiographie peut être normale.

Les signes radiologiques de l'arthrose évoluée sont un pincement localisé de l'interligne articulaire, une condensation de l'os situé sous le cartilage et la présence d'ostéophytes, ou « becs-de-perroquet « (prolifération anormale de tissu osseux autour du cartilage malade), témoignant des efforts de reconstruction de l'organisme. Situés en dehors de l'articulation, ces ostéophytes n'entraînent par eux-mêmes aucune douleur, tout au plus une légère diminution de l'amplitude articulaire.

TRAITEMENT

Lors des poussées congestives, la mise au repos de l'articulation est indispensable : utilisation d'une canne pour les arthroses des membres inférieurs, port d'un collier ou d'un lombostat pour les arthroses cervicales ou lombaires. Les analgésiques, l'aspirine, les anti-inflammatoires et les infiltrations de corticostéroïdes peuvent soulager la douleur, mais ne protègent pas de la chondrolyse. La crise passée, si l'épaisseur du cartilage est suffisante, l'articulation retrouve souvent une fonction normale. Il faut cependant éviter traumatismes et surmenage, susceptibles de déclencher une nouvelle poussée ; cela passe parfois par un régime amaigrissant, pour diminuer le poids superflu supporté par les articulations. Les malformations articulaires peuvent être opérées chirurgicalement (ostéotomie) à ce stade.

L'entretien d'une bonne musculature compense, en partie, le mauvais état articulaire. Le thermalisme, la physiothérapie peuvent également être utiles. Quand le cartilage est complètement détruit et que l'arthrose entraîne une impotence fonctionnelle importante, on recourt parfois à une arthroplastie (chirurgie de remplacement articulaire) ou à une arthrodèse (soudure chirurgicale d'une articulation).

Articulation

Ensemble des éléments par lesquels les os s'unissent les uns aux autres.

Les articulations peuvent être atteintes selon deux processus, l'un dégénératif, l'arthrose, l'autre inflammatoire, l'arthrite, par des traumatismes et enfin par des tumeurs.

■ **L'arthrose** est due à l'usure du cartilage, qui s'amincit, et s'accompagne d'une ostéophytose (« becs-de-perroquet ») de voisinage. Il s'ensuit une diminution de la mobilité, une déformation des extrémités osseuses en contact et des douleurs au moindre mouvement articulaire. Les articulations le plus souvent atteintes par l'arthrose sont la hanche et le genou.

■ **L'arthrite,** inflammation de l'articulation ou de la synoviale, peut être d'origine inflammatoire ou infectieuse, microcristalline ou nerveuse. Des poussées d'arthrite peuvent précéder ou accompagner l'arthrose.

■ **Un traumatisme** de l'articulation peut provoquer une contusion ou une plaie. La première se traduit par une douleur, parfois une ecchymose ou une hydarthrose (épanchement de liquide séreux intra-articulaire). Si un ou plusieurs ligaments sont rompus, il y a entorse. Si l'articulation est déboîtée, il y a luxation. Par ailleurs, une plaie sur une articulation expose le cartilage, fragile, et peut entraîner une infection.

■ **Des tumeurs** peuvent aussi se développer sur les articulations, aux dépens soit du cartilage, soit de l'os ; certaines sont bénignes (chondrome, ostéome, fibrome), d'autres malignes (sarcome).

Arythmie cardiaque

Trouble du rythme cardiaque, de nature physiologique ou pathologique.

DIFFÉRENTS TYPES D'ARYTHMIE

On peut distinguer les extrasystoles (contractions prématurées), les tachycardies (accélérations brusques et passagères du rythme cardiaque), les bradycardies (diminutions brusques et passagères du rythme cardiaque), les fibrillations ventriculaires (contractions anarchiques et inefficaces).

Toutes les cardiopathies, notamment les cardiopathies ischémiques (artériosclérose, athérosclérose) et même le simple vieillissement du cœur, sont des causes d'arythmie. Parmi les autres origines, il faut citer : l'embolie pulmonaire, les bronchopneumopathies, les troubles hydroélectrolytiques, certains médicaments (diurétiques, certains antiarythmiques, etc.), l'abus de tabac, les excitants comme le café, l'alcool.

SYMPTÔMES ET SIGNES

Ils sont variés. Il s'agit le plus souvent de syncopes, d'un essoufflement, de palpitations, de malaises, d'une chute de la tension artérielle, d'angor (angine de poitrine) ou de signes d'insuffisance cardiaque.

En cas de palpitations, il est important de repérer si les battements sont réguliers ou irréguliers, si l'apparition du trouble est progressive ou brutale et quelle a été sa durée, et de noter la fréquence cardiaque, quand cela est possible.

DIAGNOSTIC

Il est assuré par l'électrocardiogramme en période de crise, d'où l'intérêt du monitorage par enregistrement de longue durée (holter). Dans ce cas, un récepteur et un enregistreur sont portés pendant un ou plusieurs jours par le patient. Parfois, un électrocardiogramme endocavitaire (enregistrement par une électrode montée par voie veineuse jusque dans les cavités cardiaques droites) est indiqué. Il s'agit d'un examen spécialisé pratiqué en milieu hospitalier.

TRAITEMENT

Il fait appel à des médicaments antiarythmiques diminuant l'excitabilité du cœur, accélérant ou diminuant la fréquence du rythme ou influençant le système nerveux sympathique. La stimulation cardiaque, temporaire ou permanente (pacemaker), est également possible. Dans quelques cas, une électrothérapie (choc électrique) est pratiquée. On peut également envisager une destruction très localisée, par énergie électrique, ou radiofréquence, de la zone d'origine du trouble. Certains troubles rythmiques, en particulier en l'absence de cardiopathie, ne relèvent d'aucun traitement.

Asbestose

Maladie pulmonaire chronique due à l'inhalation intense et prolongée de fibres d'amiante.

Les fibres d'amiante, en pénétrant dans le poumon, provoquent une inflammation qui se transforme peu à peu en fibrose pulmonaire (épaississement du tissu pulmonaire).

L'asbestose est une maladie professionnelle de la famille des pneumoconioses. Il se passe plusieurs années (généralement 10 ans) entre le début de l'exposition à la poussière d'amiante et l'apparition de la maladie. L'essoufflement, principal symptôme de l'asbestose, s'aggrave au fur et à mesure du développement de celle-ci. Il s'accompagne d'une toux sèche et d'une sensation de serrement de la poitrine. Par la suite, une insuffisance respiratoire se développe.

L'asbestose et déjà l'inhalation d'amiante accroissent le risque de contracter la tuberculose ou un cancer des poumons, particulièrement chez les fumeurs.

DIAGNOSTIC ET TRAITEMENT

Le diagnostic repose sur la radiographie, le scanner, les explorations fonctionnelles respiratoires (révélant une diminution de la fonction respiratoire) et la mise en évidence de corps asbestosiques dans les crachats, le liquide bronchoalvéolaire et la biopsie pulmonaire. Une fois l'asbestose déclarée, il n'y a pas de traitement efficace. La maladie entraîne une invalidité croissante.

PRÉVENTION

La prévention est essentielle : contrôle des normes d'exposition professionnelle et environnementale, surveillance radiologique étroite des individus exposés. En outre, depuis une quinzaine d'années, l'amiante est remplacé dans l'industrie aussi souvent que possible par d'autres minéraux, et notamment par les fibres de verre.

Ascaridiase, ou Ascaridiose

Maladie parasitaire due à l'infestation par les ascaris.

Ascaris lumbricoides est un ver parasite de la classe des nématodes, de couleur rosée et de 20 à 30 centimètres de long. Il s'implante dans la cavité de l'intestin grêle et s'y nourrit de chyme intestinal, liquide résultant de la digestion gastrique des aliments.

CONTAMINATION

L'ascaridiase se contracte par ingestion d'œufs d'ascaris souillant l'eau, les fruits et les légumes. Après avoir éclos dans le tube digestif, les vers gagnent le foie, les poumons puis l'intestin grêle, où ils deviennent adultes ; les femelles pondent des œufs, rejetés dans les selles.

SYMPTÔMES ET DIAGNOSTIC

La présence du ver se manifeste d'abord sous forme de toux et de douleurs thoraciques. Les symptômes de cette « bronchite » disparaissent rapidement : le malade présente alors des signes de fatigue, devient irritable et nerveux ; il souffre de prurit (démangeaisons), de diarrhée, de douleurs abdominales, de nausées et d'amaigrissement. Le diagnostic est établi par la recherche des œufs d'ascaris dans les selles.

TRAITEMENT ET PRÉVENTION

Le traitement consiste en l'administration de médicaments antihelminthiques. On prévient l'infestation en respectant des règles élémentaires d'hygiène : se laver les mains, nettoyer légumes et fruits à l'eau potable.

Ascite

Excès de liquide entre les deux membranes du péritoine, dont l'une tapisse l'intérieur de la paroi abdominale, l'autre recouvrant les viscères abdominaux.

CAUSES

Les causes possibles d'une ascite sont nombreuses. Il peut s'agir :
- d'une maladie qui atteint le péritoine (tuberculose, cancer primitif ou secondaire) ;
- d'une maladie du foie comportant une hypertension portale (cirrhose) ;
- d'une insuffisance cardiaque droite ou d'un syndrome néphrotique ;
- d'une dénutrition, la baisse du taux sanguin de protides entraînant une rétention d'eau.

SYMPTÔMES ET SIGNES

Une ascite de faible abondance ne provoque aucun symptôme particulier et n'est décelable que par échographie ou ponction. En revanche, une ascite volumineuse provoque une distension croissante de l'abdomen, qui peut entraîner une gêne respiratoire. L'échographie oriente alors le diagnostic, qui est confirmé par la ponction.

TRAITEMENT

Le traitement d'une ascite est celui de sa cause. En cas d'épanchement volumineux, une ponction évacuatrice est indispensable. Elle entraîne pour l'organisme un manque d'eau, d'électrolytes et de protéines, qu'il faut compenser par des perfusions intraveineuses.

Asepsie

Absence de germes microbiens susceptibles de causer une infection.

L'asepsie est rigoureusement respectée lors des interventions médicales et chirurgicales, y compris en petite chirurgie (injections, perfusions, ponctions). On utilise également des chambres stériles (entièrement aseptiques) lors du traitement de certains malades très fragiles : leucémiques traités par irradiation totale, sujets venant de recevoir une greffe ou dont les défenses immunitaires sont totalement ou partiellement détruites.

En chirurgie, l'asepsie désigne l'ensemble des méthodes préservant de la souillure microbienne tout ce qui est en contact avec la plaie opératoire. Elle est obtenue par désinfection de la peau autour du champ opératoire, par stérilisation des instruments, des pansements, des gants et des vêtements du chirurgien et de ses assistants et par disposition autour de la zone opératoire de champs stériles, tissus imperméables à usage unique. La salle d'opération, murs et sol, est lavée quotidiennement, aérée par une ventilation appropriée, l'air étant décontaminé par des machines diffusant des vapeurs d'antiseptique.

Asialie

Absence de sécrétion de salive par les glandes salivaires. SYN. *aptyalisme*.

En cas de simple diminution de la sécrétion de salive, on parle d'hyposialie. L'asialie est souvent définitive si elle est congénitale ou consécutive à une radiothérapie de la face et du cou. En revanche, lorsqu'elle est liée à la prise de certains médicaments freinant la sécrétion salivaire (belladone, atropine, benzodiazépines et bêtabloquants), l'arrêt de la prise médicamenteuse permet, en règle générale, le retour à une salivation normale. L'asialie peut provoquer des caries dentaires multiples et des infections gingivales. Des bains de bouche et des applications quotidiennes sur les muqueuses de gel de fluor permettent de prévenir les complications. Des visites régulières chez le dentiste sont également conseillées. → VOIR Xérostomie.

Aspartame

Édulcorant qui a un pouvoir sucrant élevé et un apport calorique négligeable.

Il peut être utilisé dans les régimes hypocaloriques et de nombreux produits (glaces, boissons, confitures...) en contiennent.

Aspergillose

Maladie infectieuse due au développement d'un champignon, *Aspergillus fumigatus*.

DIFFÉRENTS TYPES D'ASPERGILLOSE

■ Les aspergilloses immunoallergiques traduisent une allergie à l'aspergillus. Elles regroupent l'asthme bronchique aspergillaire, l'aspergillose bronchopulmonaire et l'alvéolite allergique intrinsèque (pneumopathie apparaissant 2 heures seulement après le contact avec le champignon allergène).

■ Les aspergilloses pulmonaires localisées sont l'aspergillome, l'aspergillose pleurale, la bronchite aspergillaire (le champignon fait nappe à la surface des bronches).

■ Les aspergilloses diffuses sont les aspergilloses invasive (importante chez le sujet immunodéprimé), semi-invasive (importante chez les sujets diabétiques ou sous corticothérapie au long cours) et disséminée, touchant au moins deux organes.

CONTAMINATION

La contamination se fait par voie respiratoire ou, beaucoup plus rarement, par inoculation (piqûre d'insecte). Les spores de l'aspergillus sont présentes en suspension dans l'air : leur inhalation est donc inévitable.

Agent pathogène accidentel, l'aspergillus ne se développe que s'il rencontre des conditions favorables à son implantation (allergie, immunodépression, etc.).

SYMPTÔMES ET SIGNES

On observe une toux, accompagnée parfois de manifestations asthmatiques (sifflements et difficultés respiratoires).

TRAITEMENT

Il repose sur l'administration d'antifongiques, principalement l'amphotéricine B, par voie intraveineuse.

Aspermie

Défaut d'émission du sperme.

L'aspermie consiste soit en une absence d'éjaculation, soit en une éjaculation rétrograde.

■ L'absence d'éjaculation est due à un trouble endocrinien, à des problèmes psychologiques (créant nervosité et anxiété) ou à la prise de certains médicaments (antihypertenseurs).

■ L'éjaculation rétrograde est une éjaculation du sperme dans la vessie. Ce trouble est souvent constaté lors d'une maladie neurologique ou après une intervention chirurgicale (notamment une ablation de la prostate). Des rapports sexuels effectués avec la vessie pleine permettent parfois une éjaculation normale.

Asphyxie

Difficulté ou impossibilité de respirer.

L'asphyxie peut entraîner une anoxie (interruption de l'apport d'oxygène aux organes et tissus vivants), avec risque de coma, voire d'arrêt cardiaque.

L'asphyxie peut résulter d'une strangulation, d'une immersion (noyade) ou d'une obstruction des voies aériennes supérieures (corps étranger, œdème, infection suffocante) ; l'asphyxie par obstruction peut résulter de l'inhalation d'un corps étranger, chez l'adulte au cours d'un repas (« fausse-route ») ou, chez l'enfant, à tout moment

(« peanuts syndrome » par inhalation de cacahuète). Des infections peuvent également obstruer les voies respiratoires : accidents allergiques aigus (œdème de Quincke), certaines affections virales ou bactériennes, tumeur des bronches, etc.

L'asphyxie peut aussi être la conséquence ultime de l'insuffisance respiratoire, aiguë ou chronique, quelle que soit sa cause : paralysie des muscles respiratoires par atteinte du centre respiratoire (hémorragie cérébrale) ou par atteinte des nerfs commandant les muscles, par exemple.

L'asphyxie peut enfin être due à un séjour dans un milieu insuffisamment oxygéné ou à une intoxication par inhalation de gaz toxiques, de vapeurs ou de fumées (oxyde de carbone, fumées d'incendie, gaz de combat, etc.).

SYMPTÔMES ET SIGNES

Les symptômes apparaissent rapidement dans le cas d'une asphyxie par obstruction des voies respiratoires : rougeur et congestion du visage, mouvements excessifs tentant de lutter contre l'obstacle, sueurs, convulsions. L'obstruction laryngée provoque une respiration difficile, avec un temps inspiratoire prolongé et bruyant au cours duquel se creusent les régions de la partie inférieure du cou (tirage).

En cas d'inhalation de gaz toxiques, les manifestations varient selon la nature du gaz : assoupissement progressif avec l'oxyde de carbone, toux d'irritation avec le chlore.

TRAITEMENT

Il dépend de la cause. Le plus souvent, il vise avant tout à restaurer la liberté des voies aériennes et à assurer l'oxygénation d'urgence. La désobstruction buccale est en général le premier geste à réaliser en cas de fausse-route. Le bouche-à-bouche permet de rétablir les mouvements respiratoires en attendant les premiers secours, qui pratiqueront, si nécessaire, une respiration assistée et une oxygénation au masque ou par intubation. Un enfant chez qui l'on suspecte une laryngite ou une épiglottite ne doit cependant jamais être allongé.

Aspirateur

Appareil servant à aspirer et à éliminer des substances solides et liquides hors de l'organisme humain.

Lorsque l'aspiration doit être prolongée, le malade peut la pratiquer seul à domicile, après éducation en milieu hospitalier (aspiration trachéale des trachéotomies permanentes chez les sujets atteints d'insuffisance respiratoire chronique, par exemple).

Aspiration

Technique consistant à évacuer les gaz, liquides ou sécrétions indésirables de diverses cavités de l'organisme à l'aide d'un drain, d'un fibroscope ou d'une sonde branchés sur un aspirateur.

Aspirine

Médicament actif contre la douleur, la fièvre, l'inflammation et réduisant l'agrégation des plaquettes sanguines en fonction de la dose utilisée.

Nom de marque protégé dans certains pays, le mot « aspirine » appartient au domaine public en France, où il est couramment utilisé pour désigner l'acide acétylsalicylique.
→ VOIR **Acide acétylsalicylique.**

Asplénie

Absence de rate, d'origine congénitale ou due à une ablation chirurgicale.

Par extension, le non-fonctionnement de la rate est appelé asplénie fonctionnelle. Il s'observe notamment dans la drépanocytose homozygote (maladie sanguine héréditaire responsable d'une anémie très grave).

La rate détruit les plaquettes et les globules rouges trop vieux ou anormaux et produit des anticorps. L'asplénie entraîne un risque de thrombose vasculaire quand les plaquettes sont en trop grand nombre et une fragilité aux infections, surtout chez l'enfant avant 5-6 ans. Chez l'adulte, le risque d'infection à pneumocoque peut être réduit par la vaccination, et le risque de thrombose par les antiagrégants plaquettaires. Chez l'enfant, les vaccinations complètes sont nécessaires et une antibiothérapie préventive est justifiée.

Assistance cardiorespiratoire

Ensemble des techniques palliant les conséquences d'une insuffisance cardiaque aiguë.

L'assistance cardiorespiratoire associe les méthodes d'assistance respiratoire (ventilation assistée, intubation trachéale) et celles d'assistance cardiaque (qui vont du massage cardiaque externe à la contrepulsion aortique, consistant à mettre en place dans l'aorte thoracique des ballons gonflés pendant la diastole et dégonflés pendant la systole).

Association médicamenteuse

Regroupement de plusieurs principes actifs dans un même médicament ou association de plusieurs médicaments permettant d'augmenter l'efficacité et de diminuer les doses, donc les risques d'effets indésirables de chacun d'entre eux.

Astasie

Incapacité partielle ou totale de conserver la station debout, indépendante de tout déficit musculaire et de tout trouble des mécanismes élémentaires de la marche.

Astérixis

Trouble neurologique caractérisé par des secousses musculaires brusques et brèves, dues à une interruption intermittente du tonus musculaire.

Asthénie

État de faiblesse générale caractérisé par une diminution du pouvoir fonctionnel de l'organisme, non consécutive au travail ou à l'effort et ne disparaissant pas avec le repos.

L'asthénie diffère de la fatigue, phénomène naturel, et de l'adynamie, phénomène neuromusculaire. Plutôt que d'asthénie en général, il convient de parler d'états asthéniques, chacun ayant sa cause (somatique, psychique ou réactionnelle).

Asthme

Affection caractérisée par des crises de dyspnée (gêne respiratoire) paroxystique sifflante témoignant d'une contraction brutale des muscles commandant l'ouverture et la fermeture des bronches, auxquelles s'asso-

cient un œdème et une hypersécrétion des muqueuses des voies aériennes (pharynx, larynx, trachée, fosses nasales).

FRÉQUENCE
L'asthme touche de 2 à 5 % de la population générale et débute habituellement à un âge situé entre 5 et 15 ans.

CAUSES
L'hérédité est l'un des éléments essentiels du développement de l'asthme. Celui-ci est la conséquence d'une réactivité anormale des voies aériennes à certains allergènes (pollens, acariens contenus dans les squames d'animaux et la poussière domestique, les moisissures). Ceux-ci, lorsqu'ils pénètrent dans les voies aériennes, agressent les cellules du revêtement intérieur des bronches, qui libèrent des substances chimiques agissant directement sur la contraction des muscles bronchiques ; d'autres substances, d'action plus tardive, sont responsables de l'œdème et de l'hypersécrétion. Certains facteurs peuvent déclencher des crises : les infections respiratoires, l'exercice physique (particulièrement à l'air froid), l'inhalation de polluants (fumée de tabac), les contrariétés, la prise de certains médicaments (comme l'aspirine).

Asthme de l'adulte

Les crises d'asthme, de gravité variable, vont d'un simple essoufflement à une insuffisance respiratoire importante (état de mal asthmatique). Elles surviennent le plus souvent le soir ou la nuit. Certains signes avant-coureurs peuvent se manifester tels que : maux de tête, éternuements, démangeaisons. Après quelques quintes de toux sèche, l'expiration devient sifflante et difficile, provoquant des sueurs et une tachycardie. Une cyanose peut apparaître (coloration bleu-violet des doigts et des lèvres). Le malade tousse un peu, ramenant une expectoration visqueuse. Cette crise s'apaise progressivement au bout de plusieurs dizaines de minutes. Le retour au calme peut être total mais, après une forte crise, il persiste fréquemment une respiration sifflante, accentuée par l'expiration forcée.

TRAITEMENT
Le traitement de l'asthme dépend de sa sévérité. Dans tous les cas, il faut supprimer

les facteurs déclenchants (allergènes, produits chimiques). Le traitement de la crise fait appel aux bêtamimétiques en aérosol doseur. Si le traitement n'est pas suffisamment efficace ou si la crise est sévère, on a recours aux corticoïdes par voie générale et à l'hospitalisation pour oxygéner le malade, lui administrer des médicaments par voie injectable et le surveiller. En traitement de fond, le malade utilise les bêtamimétiques en aérosol doseur lorsqu'il en ressent le besoin. En cas d'asthme modéré, on conseille des corticoïdes inhalés. En cas d'asthme sévère, les corticoïdes inhalés sont prescrits à forte dose, associés aux bêtamimétiques, éventuellement à longue durée d'action. La corticothérapie générale n'est prescrite que si elle est indispensable et à la dose le plus faible possible.

Asthme de l'enfant

L'asthme de l'enfant peut différer de celui de l'adulte par ses manifestations cliniques et son traitement. Il survient rarement avant 2-3 ans, souvent dans des familles prédisposées et chez des enfants qui présentent d'autres manifestations de type allergique (eczéma du nourrisson, rhinite allergique, etc.). Son évolution est variable : tantôt il reste limité à deux ou trois crises isolées, tantôt il persiste pendant toute la deuxième enfance, disparaissant à 7 ans ou à la puberté, mais pouvant resurgir à l'âge adulte. Ce risque est d'autant plus élevé que la première crise est survenue plus tardivement.

La gravité de l'asthme infantile tient au fait qu'il gêne souvent le développement thoracique de l'enfant ainsi que sa vie familiale et scolaire.

TRAITEMENT

Le traitement de l'asthme infantile diffère un peu de celui de l'adulte : les bronchodilatateurs ne doivent être administrés que par nébulisation avant l'âge de 5 ans, les corticostéroïdes doivent être évités en prescription continue du fait du risque de retentissement sur la croissance. L'hygiène de vie (élimination des allergènes, exercice physique adapté avec éventuelle prévention

---

Asthme et sport

L'exercice physique, surtout à l'air froid, peut entraîner une crise d'asthme. Lors d'un exercice d'intensité modérée et de courte durée, celle-ci se déclenche généralement après l'arrêt de l'effort pour s'apaiser spontanément en 30 minutes. Parfois, elle peut survenir pendant un effort prolongé, obligeant le sportif à relâcher son rythme, voire à interrompre momentanément son activité. Dans ce dernier cas, la crise s'apaise alors en quelques minutes.

La pratique régulière d'un sport, sous surveillance médicale, peut permettre de repousser le moment de la crise, voire de l'éviter. La natation en atmosphère chaude et humide est le sport privilégié des asthmatiques. Certains sports d'endurance (course à pied, ski de fond) sont mal tolérés si une période d'échauffement n'est pas respectée. En revanche, les sports de combat, le cyclotourisme, les sports de ballon sont le plus souvent bien tolérés. Un traitement médicamenteux avant l'effort peut être préventif ; le cromoglycate de sodium est particulièrement efficace.

---

d'un asthme d'effort, absence de tabagisme actif ou passif) est aussi importante que le traitement médicamenteux.

Complications de l'asthme

Si la crise d'asthme est la plus impressionnante mais la plus bénigne des dyspnées aiguës, les asthmes évolués et rebelles sont souvent graves. C'est le cas de l'asthme à dyspnée continue et de l'état de mal asthmatique, déficience respiratoire aiguë pouvant survenir chez tout asthmatique, mais dont l'apparition est favorisée par l'abus de médicaments sympathomimétiques. Le malade est en proie à une succession de crises asthmatiques intenses pouvant conduire à l'asphyxie. L'état de mal asthmatique s'installe généralement en quelques heures ou quelques jours, mais peut parfois survenir sans signes avant-coureurs. La mesure des gaz du sang, en révélant une hypoxie (diminution du taux d'oxygène sanguin), jointe à une hypercapnie (augmentation du taux de gaz carbonique sanguin), vient confirmer le diagnostic.

L'état de mal asthmatique nécessite une hospitalisation en urgence. Le traitement est fondé sur l'inhalation d'oxygène, la prise à forte dose de bronchodilatateurs et l'injection de corticostéroïdes. Dans les cas les plus graves, une respiration assistée (insufflation d'oxygène dans les poumons par l'intermédiaire d'une sonde d'intubation) peut être pratiquée, mais elle est de réalisation délicate, en raison du spasme bronchique qui s'oppose à l'insufflation d'air, ce qui nécessite des pressions élevées.

Prévention et surveillance de l'asthme

Chaque fois que cela est possible, il faut tenter d'éviter tout contact avec l'allergène : utilisation d'une literie synthétique, de produits acaricides en cas d'allergie aux acariens, dépoussiérage soigneux du lieu d'habitation. Quand l'éviction de l'allergène est impossible et si cet allergène est unique, une désensibilisation spécifique peut être proposée (par injections de doses croissantes d'allergène).

La surveillance des patients asthmatiques est réalisée par la mesure du volume expiratoire maximal par seconde (V.E.M.S.), qui permet d'apprécier le degré d'obstruction bronchique, d'évaluer la sévérité d'une crise, d'adapter le traitement de fond au patient, de prévenir les rechutes. Les patients se surveillent à l'aide d'un débitmètre de pointe *(peak flow).*

Pronostic de l'asthme

La fréquence et la gravité des crises d'asthme sont variables selon l'âge du patient. Les traitements actuels permettent la plupart du temps aux asthmatiques de mener une vie normale à condition de maintenir leur traitement de fond, même en l'absence de crise.

→ VOIR **Allergie, Insuffisance cardiaque.**

Astigmatisme

Défaut optique résultant d'une courbure inégale de la cornée le plus souvent, et plus rarement du cristallin ou de l'ensemble du globe oculaire.

L'astigmatisme peut être congénital ou acquis (dû à la cicatrice d'une lésion). Il se traduit par une déformation des images : par exemple, l'image d'un point apparaît sous la forme de deux droites perpendiculaires. Une personne atteinte d'un léger astigmatisme peut avoir une bonne vue mais ressentir une certaine fatigue visuelle.

TRAITEMENT

L'astigmatisme se corrige par le port de verres cylindriques d'axe variable. Les lentilles ne sont efficaces qu'en cas d'astigmatisme modéré (lentilles toriques).

Astragale

Os court du pied en forme de poulie, situé entre l'extrémité inférieure de la jambe et le calcanéum.

Les fractures de l'astragale, assez rares, surviennent toujours après un traumatisme violent, le plus souvent un accident sur la voie publique. Leur traitement est soit orthopédique (avec réduction externe et immobilisation plâtrée), soit chirurgical. Les principales complications sont la non-consolidation de la fracture, l'arthrose de la cheville et la nécrose osseuse.

Astrocytome

Tumeur maligne du système nerveux central se développant aux dépens des astrocytes (cellules constitutives du tissu de soutien du système nerveux central).

Ataxie

Trouble de la coordination des mouvements, lié non à une atteinte de la force musculaire mais à un défaut de coordination du jeu musculaire.

Pour que la réalisation d'un mouvement tel que la marche soit normale, il faut non seulement que la force des muscles impliqués soit normale, mais encore que leur contraction intervienne au bon moment et qu'elle soit parfaitement ajustée et coordonnée ; cela suppose une information permanente sur leur position. C'est le rôle de la sensibilité profonde (propriété que possède le système nerveux de recevoir, d'analyser et d'intégrer des stimuli), avec l'aide de la vision et de l'appareil vestibulaire (comprenant le labyrinthe, organe de l'oreille interne responsable de l'équilibre, et les voies nerveuses vestibulaires du tronc cérébral), sous le contrôle du cervelet.

L'atteinte de chacune de ces structures peut être à l'origine d'une ataxie.

■ L'ataxie par atteinte de la sensibilité profonde se caractérise par une démarche désarticulée : la jambe est jetée en avant de façon brusque et mal dirigée ; le pied prend contact avec le sol par le talon. Lorsque les yeux sont fermés, le trouble s'accroît.

■ L'ataxie cérébelleuse se caractérise par une démarche jambes écartées, comme si le malade était ivre. Les mouvements sont exécutés avec une amplitude exagérée. Les mouvements alternatifs rapides sont impossibles. Le trouble s'accompagne généralement d'une dysarthrie (difficulté à articuler les mots). Parfois, lorsque la lésion n'affecte qu'un côté du cervelet, l'incoordination est limitée aux membres du même côté et s'accompagne d'un tremblement de ces membres au cours des mouvements volontaires.

■ L'ataxie labyrinthique se caractérise par une tendance à tomber d'un côté et par une déviation latérale pendant la marche.

Ataxie-télangiectasie

Maladie héréditaire caractérisée par l'association d'un syndrome cutané constitué de télangiectasies (dilatation des petits vaisseaux périphériques), d'un syndrome neurologique (ataxie cérébelleuse) et d'un déficit immunitaire.

Atélectasie

Affaissement des alvéoles d'une partie du poumon ou d'un poumon entier, dû à une absence de ventilation consécutive à l'obstruction totale ou partielle d'une bronche.

CAUSES

L'obstruction d'une bronche peut résulter de plusieurs phénomènes : inhalation acci-

dentelle d'un corps étranger (cacahuète), asthme, formation d'un bouchon de mucus ou, plus rarement, complication de l'anesthésie générale. Des causes chroniques d'atélectasie ont également été reconnues : obstruction d'une bronche par une maladie de la paroi bronchique (tumeur maligne ou bénigne le plus souvent) ou compression des voies aériennes normales par une anomalie avoisinante, par exemple par des ganglions lymphatiques, dont l'origine est le plus souvent cancéreuse ou tuberculeuse.

SYMPTÔMES ET DIAGNOSTIC

Le symptôme principal d'une atélectasie est la gêne respiratoire. On peut également constater une toux et une douleur thoracique, liées en général à la cause sous-jacente. Le diagnostic est établi par un examen clinique et par la radiographie thoracique, qui montre une opacité bien limitée à un lobe ou à un segment pulmonaire.

TRAITEMENT

C'est celui de la cause de l'affection : retrait d'un corps étranger par fibroscopie bronchique, kinésithérapie respiratoire ou fibro-aspiration en cas de bouchon de sécrétions. Une fois l'obstruction disparue, la partie affaissée du poumon se regonfle en général peu à peu, mais certaines régions peuvent rester lésées de façon irréversible.

Athérome

Dépôt lipidique sur la surface interne de la paroi des artères.

La plaque d'athérome est visible sur la paroi de l'artère sous forme d'une simple tache jaunâtre ou blanchâtre, qui prend du relief, contrastant avec le reste de la surface resté sain. Ces plaques sont de taille variable : de quelques millimètres à plusieurs centimètres de diamètre.

→ VOIR Athérosclérose.

Athérosclérose

Maladie dégénérative de l'artère ayant pour origine la formation d'une plaque d'athérome (dépôt lipidique) sur sa paroi.

En Europe, l'athérosclérose est au premier rang des causes de mortalité, responsable de plus d'un tiers des décès.

CAUSES

L'athérosclérose est liée à de multiples facteurs génétiques et environnementaux. Ceux-ci interviennent plus comme facteurs de risque, en augmentant la possibilité de déclenchement de la maladie, que comme causes directes. L'âge, le sexe (prédominance masculine avant 60 ans), certains facteurs génétiques (hypercholestérolémie familiale), l'élévation anormale du taux de cholestérol, l'hypertension artérielle, le tabagisme, le diabète et l'obésité sont les principaux facteurs de risque. L'association de deux ou de plusieurs facteurs accroît d'autant la probabilité d'apparition de la maladie.

SYMPTÔMES ET SIGNES

L'athérosclérose ne se manifeste que lorsque la plaque d'athérome est devenue de taille suffisamment importante pour perturber la circulation du sang dans l'artère.

L'athérosclérose peut alors provoquer des crises d'angor, des accidents neurologiques transitoires (vertiges) ou des douleurs dans les membres. Les symptômes dépendent de la localisation de la plaque d'athérome. L'athérosclérose concerne surtout les zones proches du cœur, les carrefours, les bifurcations des artères. Elle atteint par ordre de fréquence : l'aorte abdominale, les coronaires (artères nourricières du cœur), les carotides internes, qui vascularisent le cerveau, les artères iliaques et fémorales des membres inférieurs.

ÉVOLUTION

L'athérosclérose est à l'origine de nombreuses maladies vasculaires : l'insuffisance coronaire (crise d'angor), l'infarctus du myocarde, l'insuffisance cardiaque, les troubles du rythme cardiaque, l'insuffisance circulatoire cérébrale et les accidents neurologiques (hémiplégie, aphasie, cécité), l'insuffisance circulatoire des membres inférieurs (artérite), l'hypertension artérielle, l'insuffisance rénale.

TRAITEMENT

Les lésions étant constituées au moment du diagnostic, le traitement aura pour but d'en limiter les conséquences néfastes. Des antiagrégants plaquettaires, voire des anticoagulants peuvent être prescrits pour empêcher la formation de caillots sanguins. Des vasodilatateurs sont souvent utiles pour limiter les symptômes et restaurer la circulation. Mais ces médicaments ne traitent pas les causes de l'affection.

Dans certaines situations plus graves, une ablation du segment artériel touché et son remplacement par un greffon sain ou une prothèse peuvent être pratiqués.

PRÉVENTION

La prévention, primaire (en l'absence de tout signe pathologique) ou secondaire (à la suite d'une complication), est essentielle. Elle se fait par le dépistage des facteurs de risque, suivi de leur suppression ou de leur contrôle (arrêt de la consommation de tabac, régime pauvre en graisses, par exemple).

Dans quelques études concernant la prévention secondaire, le ralentissement de la progression de l'athérosclérose, voire sa régression ont pu être démontrés.

Athétose

Trouble caractérisé par l'existence de mouvements involontaires, lents, irréguliers, de faible amplitude, ininterrompus, affectant surtout la tête, le cou et les membres.

CAUSES

L'athétose apparaît lors d'une lésion des noyaux gris centraux (masses de substance grise situées dans les hémisphères cérébraux et aidant au contrôle des mouvements), qui peut être due à une atteinte cérébrale de l'enfant dans la période prénatale ou postnatale, à une encéphalite (infection de l'encéphale), à des maladies dégénératives telles que la chorée de Huntington ou aux effets indésirables de certains médicaments comme les phénothiazines ou les dérivés de la lévodopa. Dans ce dernier cas, l'athétose peut disparaître dès l'interruption du traitement par ces médicaments.

Chez l'enfant, l'athétose est essentiellement liée à une anoxie (interruption de l'apport d'oxygène aux tissus) néonatale et à un ictère nucléaire (syndrome observé chez le nouveau-né, caractérisé par des altérations des noyaux gris du cerveau). Elle peut être également symptomatique d'affections dysmétaboliques (caractérisées par une perturbation du métabolisme) ou dégénératives. L'athétose atteignant une moitié du corps (hémiathétose) est le plus souvent d'origine vasculaire (hémorragique ou ischémique).

SYMPTÔMES ET SIGNES

L'athétose peut se manifester par des mouvements de torsion axiale et d'inclinaison ou de flexion-extension du cou et du tronc. Très souvent, elle se combine à une chorée (mouvements désordonnés involontaires) dans une choréoathétose. Souvent, le patient a aussi des difficultés à garder l'équilibre et à marcher. L'athétose s'atténue pendant le sommeil, mais les mouvements athétosiques sont renforcés par la fatigue, le travail intellectuel, les émotions et les stimuli cutanés. Ils surviennent spontanément ou viennent parasiter un acte volontaire (syncinésie), provoquant des contractions qui rendent difficiles les gestes quotidiens. À cette agitation permanente s'ajoutent des spasmes figeant le mouvement pendant quelques instants. Ils ne sont pas douloureux, mais ils provoquent des attitudes anormales très caractéristiques de la maladie.

Chez l'enfant, l'athétose, liée à l'ictère nucléaire ou à l'anoxie néonatale, s'accompagne de troubles de la motricité oculaire ainsi que d'une surdité qui, en cas d'ischémie néonatale, n'apparaissent que quelques mois après la naissance.

TRAITEMENT

Le traitement médical de l'athétose repose essentiellement sur le diazépam et le dantrolène (relaxant musculaire). Une des méthodes de rééducation (par kinésithérapie, notamment) consiste à apprendre au patient à contrôler ses gestes lorsqu'il est soumis à des stimuli sensitifs.

Athyréose

Absence congénitale du corps thyroïde.

Cette affection, extrêmement rare, entraîne une hypothyroïdie (insuffisance de la sécrétion hormonale thyroïdienne) précoce, dès les premiers jours de la vie. La cause de cette anomalie est inconnue, mais une transmission héréditaire familiale est évoquée.

Atopie

Prédisposition héréditaire à développer des manifestations d'hypersensibilité immédiate telles que l'asthme, le rhume des foins, l'urticaire, l'eczéma dit atopique, la pollinose (sensibilité aux grains de pollen), certaines rhinites et conjonctivites ainsi que diverses manifestations allergiques digestives.

Atrophie

Diminution de poids et de volume d'un organe, d'un tissu ou d'un membre à la suite d'une nutrition insuffisante des cellules ou d'une immobilisation.

Une atrophie provient d'une déficience ou d'une destruction de vaisseaux sanguins, de nerfs ou de substances nutritives. Elle peut être pathologique (atrophie du foie consécutive à une cirrhose), mais aussi physiologique (atrophie du thymus à l'adolescence et de l'utérus après la ménopause). Le traitement n'est possible que dans la mesure où il persiste un peu d'organe ou de tissu normal susceptible de se multiplier.

Atropine

Substance extraite de la belladone et possédant une action anticholinergique (inhibant l'action du système nerveux végétatif parasympathique).

Attaque de panique

Trouble qui apparaît dans un contexte d'anxiété et associe, en l'absence de maladie organique ou mentale, quatre des symptômes suivants : dyspnée (difficulté à respirer), palpitations, douleur thoracique, sensation d'étouffement, vertiges, sueurs, tremblement, peur de mourir ou de perdre tout contrôle de soi.

Le traitement par des antidépresseurs est efficace.

Attelle

Appareil destiné à immobiliser une articulation ou un membre fracturé soit temporairement, en guise de premier secours, soit de façon prolongée pour un traitement complet.

Audiogramme

Graphique représentant les capacités auditives de chaque oreille.

Un audiogramme s'établit grâce à un audiomètre, appareil électronique émettant des sons de diverses fréquences (graves, moyennes ou aiguës). En abscisse sont exprimées les fréquences en hertz (audiogramme tonal) ou les pourcentages d'intelligibilité (audiogramme vocal), en ordonnée apparaissent les pertes auditives en décibels.

■ L'audiogramme tonal consiste à rechercher les seuils auditifs d'un sujet pour diverses fréquences.

■ L'audiogramme vocal permet de préciser la compréhension des syllabes, donc d'évaluer la gêne sociale entraînée par la perte auditive et, éventuellement, de prescrire une prothèse.

Audiométrie

Mesure instrumentale de l'audition, complément de l'acoumétrie, qui en est la mesure clinique.

On distingue l'audiométrie subjective, qui nécessite une collaboration entre le sujet testé et son médecin, de l'audiométrie objective, qui ne nécessite pas de réponse du sujet soumis au test.

Audiométrie subjective

Elle se pratique avec un appareil électronique appelé audiomètre.

■ L'audiométrie automatique consiste à faire entendre au patient des sons variés, d'abord graves, puis de plus en plus aigus, pour qu'il précise lui-même, par sa perception, ses seuils d'audition.

■ L'audiométrie des hautes fréquences consiste à tester l'audition des fréquences plus aiguës que celles du spectre sonore de la voix.

■ L'audiométrie tonale détermine le seuil d'audition de chaque fréquence pour chaque oreille, soit en conduction aérienne, soit en conduction osseuse.

■ L'audiométrie vocale détermine les seuils d'audition non plus de sons purs, mais de mots de 2 ou 3 syllabes, ce qui permet au médecin d'évaluer les difficultés de communication du patient.

Audiométrie objective

Elle est fondée sur l'enregistrement et l'analyse des réponses physiologiques du système auditif.

■ La tympanométrie analyse, grâce à une sonde obturant le conduit auditif externe, l'écho d'une vibration sonore réfléchie sur la membrane tympanique en fonction de pressions variables. Ce test renseigne sur le fonctionnement de l'oreille moyenne et sur la perméabilité de la trompe d'Eustache.

■ L'étude du réflexe stapédien consiste à tester les capacités du muscle de l'étrier (osselet de l'oreille moyenne).

■ L'enregistrement des potentiels évoqués des voies auditives permet, à l'aide d'électrodes placées en différents endroits du crâne, d'analyser les réponses électriques du cerveau à des stimulations sonores émises par un audiomètre.

→ VOIR Audiogramme.

Audioprothésiste

Technicien spécialisé chargé du choix, de la délivrance, de l'adaptation et du suivi des prothèses auditives.

Audition

Fonction sensorielle qui permet de capter les sons par l'oreille et de les transmettre, par le nerf cochléaire, au cerveau, où ils sont reçus et analysés.

L'audition est rendue possible grâce aux systèmes auditifs périphérique et central.

■ Le système auditif périphérique est formé des oreilles externe, moyenne et interne.

- L'oreille externe (pavillon et conduit auditif externe) protège l'oreille moyenne et agit comme un récepteur en amplifiant certaines fréquences.

- L'oreille moyenne, située dans la caisse du tympan (cavité de l'os temporal), amplifie les sons et assure leur transmission à l'oreille interne. Une membrane élastique très mince, le tympan, isole l'oreille moyenne de l'extérieur. Les osselets (le marteau, l'enclume et l'étrier) transmettent les vibrations vers l'oreille interne. La trompe d'Eustache communique avec le pharynx et maintient constante la pression intérieure.

- L'oreille interne comprend la cochlée, en avant, et le système vestibulo-semi-circulaire, en arrière. Les cellules ciliées externes de la cochlée amplifient le message sonore et le transmettent aux cellules ciliées internes, qui traduisent alors l'information en message nerveux.

■ Le système auditif central est constitué par des fibres nerveuses qui, partant des cellules ciliées internes, se rejoignent dans le fond du conduit auditif pour former le nerf auditif (les nerfs auditifs constituent la huitième paire de nerfs crâniens), et par le cortex temporal, où l'influx nerveux se transforme en sensation consciente du message auditif et en permet l'interprétation par le sujet.

Aura

Manifestation clinique passagère annonçant une crise d'épilepsie.

L'aura est très variable selon les sujets. Elle peut revêtir la forme de sensations subjectives telles que des hallucinations visuelles (sensation lumineuse perçue par l'œil sans qu'elle ait été provoquée par la lumière), auditives (bruits plus ou moins élaborés), olfactives (odeurs le plus souvent désagréables), etc., ou une sensation de mouvement dans une partie du corps. Elle peut également s'accompagner de mouvements du corps (manifestation adversive : déviation conjuguée de la tête et des yeux, par exemple).

Auriculothérapie

Thérapeutique dérivée de l'acupuncture traditionnelle et qui consiste à traiter différentes affections du corps par la piqûre de points déterminés du pavillon de l'oreille.

Auscultation

Action d'écouter les bruits internes de l'organisme pour contrôler le fonctionnement d'un organe ou déceler une anomalie.

Autisme

Rupture de l'activité mentale avec la réalité extérieure et repli plus ou moins total dans le monde de l'imaginaire et des fantasmes.

Ce terme, créé en 1911 par le psychiatre suisse Eugen Bleuler, s'applique aussi bien à l'adulte qu'à l'enfant.

Autisme de l'enfant

Chez l'enfant, l'autisme est commun à divers syndromes psychotiques. Ses causes demeurent discutées. Certains, comme le psychanalyste américain Bruno Bettelheim, considèrent l'autisme comme une réaction de défense de l'enfant, qui vit toute relation avec le vivant comme destructrice. D'autres l'expliquent par un dysfonctionnement du système nerveux central.

L'autisme infantile se manifeste toujours avant l'âge de 30 mois, le plus souvent dans la première année de vie. L'autisme de Kanner en est la forme type. Il se manifeste par un désintérêt de l'enfant pour le monde animé aussi bien que pour sa propre image dans le miroir, par des gestes et des jeux stéréotypés avec des objets comme un caillou, une ficelle, etc. Le retard du langage est fréquent. Le sens du terme d'autisme s'est élargi et recouvre une partie du champ des psychoses infantiles précoces (avant 5 ans). Lors du diagnostic, la distinction entre l'autisme et l'arriération mentale est souvent délicate.

Il n'existe pas de traitement des causes de l'autisme infantile. Des écoles spéciales, le soutien et le conseil aux parents et aux familles, parfois une thérapie comportementale (notamment pour réduire les automutilations) peuvent contribuer à une amélioration.

Autisme de l'adulte

Chez l'adulte, l'autisme est le plus souvent un symptôme clinique de la schizophrénie. Il apparaît comme une défense du sujet contre l'angoisse provoquée par le monde extérieur, perçu comme hostile et menaçant.

L'autisme est un état indicible d'étrangeté où se mêlent angoisse et extase, avec un sentiment de dissolution dans l'infini pouvant laisser place à une impression de vide et d'ennui insupportable, parfois cause de suicide. Le malade se coupe peu à peu du monde réel, qui n'a bientôt plus de signification, se limitant à ce que son propre imaginaire veut qu'il soit.

Le traitement ne peut se faire qu'en milieu spécialisé. Il repose sur une chimiothérapie neuroleptique souvent prolongée.

Autoanticorps

Anticorps dirigé contre un constituant de l'organisme qui le produit.

Les autoanticorps sont produits au cours des maladies auto-immunes et leur dépistage permet souvent de confirmer le diagnostic de la maladie.

Toutefois, des autoanticorps peuvent apparaître naturellement chez les sujets âgés sans entraîner de manifestations cliniques. Ils ne semblent donc pas systématiquement pathogènes.

Autodialyse

→ VOIR Hémodialyse.

Autogreffe

Greffe dans laquelle le greffon est prélevé sur le sujet lui-même.

L'autogreffe s'oppose à l'allogreffe, pratiquée entre deux individus d'une même espèce mais génétiquement différents, et à l'hétérogreffe, effectuée entre deux individus d'espèces différentes (par exemple, greffe d'un cœur de babouin sur un homme). Contrairement aux deux précédentes, elle présente l'avantage de ne pas entraîner de phénomène de rejet.

Auto-immunité

État pathologique d'un organisme victime de ses propres défenses immunitaires.

Le rôle du système immunitaire est de défendre l'organisme contre l'agression de germes extérieurs. Le dérèglement de ce système provoque l'apparition d'anticorps nuisibles à l'organisme (autoanticorps). Les maladies auto-immunes se caractérisent par la destruction d'un organe (glande thyroïde dans la thyroïdite de Hashimoto) ou la neutralisation d'une fonction (transmission de l'influx nerveux aux muscles au cours de la myasthénie).

Automédication

Prise de médicament sans avis médical.

Certains médicaments, vendus sans ordonnance, sont disponibles pour l'automédication. Il est impératif de respecter les instructions d'emploi lors du traitement ou de demander conseil à son pharmacien. En effet, ces médicaments en vente libre, comme tout médicament, peuvent être nocifs s'ils sont mal employés. Par ailleurs, il est toujours important de respecter une prescription médicale et d'utiliser les médicaments seulement au moment où ils ont été prescrits et non ultérieurement pour un trouble similaire.

Automutilation

Comportement au cours duquel un sujet s'inflige des blessures ou des lésions.

L'automutilation se rencontre chez les enfants arriérés ou psychotiques placés en institution : coups de tête répétés contre les murs, morsures des poings, etc. Chez l'adulte, c'est une complication grave des psychoses (mélancolie, schizophrénie, hypocondrie délirante), qui exige une hospitalisation en urgence. Enfin, elle peut être utilisée comme moyen de chantage par les psychopathes ou les hystériques, ce qui n'exclut pas le risque de passage à l'acte.

Autopsie

Acte médical réalisé après la mort et destiné à en déterminer les causes. SYN. *nécropsie*.

L'autopsie doit être faite le plus tôt possible pour éviter les altérations cadavériques. Elle comprend l'examen de l'encéphale, des viscères de l'abdomen, du thorax et du cou. On cherche à mettre en évidence des lésions, notamment celles ayant pu entraîner la mort, et des prélèvements systématiques sont réalisés sur tous les organes en vue d'examens biologiques et microscopiques. Certains tissus peuvent même faire l'objet, comme lors d'enquêtes criminelles, d'une étude toxicologique.

Autosome

Chromosome dont les informations génétiques n'interviennent pas dans la détermination du sexe.

→ VOIR Chromosome.

Autotransfusion

Injection intraveineuse à un sujet de son propre sang, prélevé avant une intervention chirurgicale ou au cours de celle-ci. SYN. *transfusion autologue.*

Les premières autotransfusions datent des années 1960, mais le risque de contracter le sida par transfusion en a considérablement augmenté la demande et l'utilisation depuis 1987. L'autotransfusion diminue la probabilité de transmettre au receveur un sang contaminé (virus du sida, mais aussi virus de l'hépatite, agents du paludisme et de la syphilis) et le risque d'accidents transfusionnels par incompatibilité de groupe sanguin. Cependant, elle ne peut pas être utilisée en cas d'anémie sévère ou de mauvais état général du patient. Selon les modes d'obtention du sang, on distingue différentes techniques d'autotransfusion.

■ L'autotransfusion différée se pratique dans le mois précédant l'intervention. De 2 à 4 prélèvements d'environ 400 millilitres sont effectués à une semaine d'intervalle. Le sang, préparé et conservé, est retransfusé au moment de l'intervention ou dans les heures ou les jours qui suivent.

■ La récupération peropératoire se pratique au cours de certaines interventions. Le sang perdu est récupéré à l'aide de machines spécifiques, puis filtré et retransfusé au malade. Cette technique peut être isolée ou associée à la précédente.

■ L'hémodilution préopératoire, associée aux techniques précédentes ou isolée, consiste à prélever 2 ou 3 unités de sang (de 400 millilitres) de 24 à 48 heures avant l'intervention et à les remplacer par un liquide moins dense afin de conserver au malade son volume de sang total.

Avant-bras

Partie du membre supérieur située entre le coude et le poignet.

Le radius en dehors, le cubitus en dedans, réunis par le ligament interosseux, délimitent deux régions de l'avant-bras : la région antibrachiale antérieure et la région antibrachiale postérieure.

Aveugle

Personne privée de la vue et, plus précisément, personne empêchée par une baisse de l'acuité visuelle (en général inférieure à 1/10) de poursuivre son travail habituel (définition de l'Association internationale de prophylaxie de la cécité, New Delhi, 1969). SYN. *non-voyant.*
→ VOIR Cécité.

Avitaminose

Ensemble des phénomènes pathologiques dus à une carence en une ou plusieurs vitamines.

Devenues rares dans les pays occidentaux, les avitaminoses se rencontrent essentiellement dans les pays en voie de développement. Elles peuvent être dues à une carence des apports alimentaires, à une absorption digestive insuffisante ou à une utilisation déficiente par l'organisme de ces vitamines.

■ L'avitaminose A se révèle principalement par des manifestations oculaires : héméralopie (affaiblissement ou perte de la vision en lumière peu intense) et xérophtalmie (diminution de la transparence de la conjonctive et de la cornée).

■ L'avitaminose B1 a pour expression majeure le béribéri.

■ L'avitaminose B2, ou ariboflavinose, entraîne des troubles oculaires (baisse d'acuité visuelle, photophobie par sensibilité anormale à la lumière) et des lésions cutanomuqueuses (gerçures des lèvres).

■ L'avitaminose B6 a des manifestations multiples et bien connues chez l'animal, mais il n'existe pas, en pathologie humaine, d'avitaminose B6 caractérisée.

■ L'avitaminose B12 n'existe pas à proprement parler, mais une affection, la maladie de Biermer, est caractérisée par l'absence d'absorption de la vitamine B12 par suite d'une altération de la muqueuse gastrique.

■ L'avitaminose C confirmée entraîne le scorbut et, chez le nourrisson, la maladie de Barlow.

■ L'avitaminose D a pour conséquence un rachitisme chez l'enfant, une ostéomalacie (affection caractérisée par un ramollissement des os) chez l'adulte et, à tout âge et en certaines circonstances, une tétanie.

■ L'avitaminose K, enfin, entraîne des phénomènes hémorragiques.
■ L'avitaminose PP entraîne la pellagre.

Avortement

Interruption prématurée de la grossesse.

Dans l'usage courant, le mot avortement est employé comme synonyme d'interruption volontaire de grossesse (I.V.G.), tandis que l'expression fausse couche désigne un avortement spontané. Par ailleurs, on appelle avortement thérapeutique une interruption de grossesse provoquée pour raisons médicales.

Avortement spontané

C'est la perte non provoquée du fœtus avant le 180e jour de gestation. On l'appelle, couramment, fausse couche.

CAUSES

Les causes d'avortement spontané, multiples, doivent être déterminées afin de mettre en œuvre le traitement approprié.

■ Les causes maternelles regroupent les causes génitales (hypoplasie ou malformations utérines, synéchies, salpingite, fibrome et tumeur de l'utérus, béance du col utérin) ; les causes hormonales (insuffisance en œstrogènes ou progestérone, insuffisance hormonale globale, hypothyroïdie, excès d'androgènes) ; les causes générales (carence alimentaire, intoxication, maladie infectieuse, diabète, syphilis, traumatismes divers). Seuls les avortements répétés justifient de longues investigations, mais la recherche de la cause de l'avortement doit néanmoins être menée conjointement au traitement.
■ Les causes ovulaires correspondent à des anomalies fœtales et représentent environ 70 % des fausses couches. Ces facteurs agissent surtout pendant le premier trimestre de la grossesse et provoquent la mort du fœtus avant son expulsion. Grossesses multiples et hydramnios (excès de liquide amniotique) font partie des causes ovulaires.

SYMPTÔMES ET SIGNES

En début de grossesse, les signes d'une menace d'avortement consistent en des métrorragies (petites pertes de sang rouge) indolores ; des coliques s'y associent parfois.

Le repos absolu au lit, accompagné d'un traitement médical (hormones, antispasmodiques), se révèle le meilleur moyen de lutter contre ces menaces d'avortement. L'échographie permet de vérifier le lieu d'implantation de l'embryon (hypothèse de grossesse extra-utérine) ; en cas de béance du col utérin, la prévention appelle un cerclage de l'utérus et le repos total.

En revanche, l'augmentation croissante des pertes sanguines et des douleurs, accompagnées de l'ouverture du col, annonce l'avortement proprement dit. L'avortement est dit complet lorsque le fœtus et le placenta sont expulsés ; il ne nécessite aucun traitement particulier. En revanche, s'il y a rétention placentaire dans la cavité utérine, hémorragie et infection locale sont à craindre. Un examen, la révision utérine, en milieu hospitalier est indispensable.

TRAITEMENT

Un curetage est pratiqué sous anesthésie générale afin d'assurer la vacuité utérine ; des antibiotiques sont prescrits immédiatement pour prévenir une éventuelle infection. La cause de l'avortement est immédiatement recherchée afin de pouvoir, le cas échéant, mettre en place un traitement permettant d'éviter un nouvel avortement.

Avortement provoqué

On distingue l'avortement provoqué pour motif thérapeutique et l'avortement provoqué pour situation de détresse.

AVORTEMENT PROVOQUÉ POUR MOTIF THÉRAPEUTIQUE

Il se pratique à tout moment de la grossesse, sur demande des deux parents ou d'un seul, si la vie de la mère est en danger (insuffisances cardiaque, respiratoire ou rénale, sida, cancer, etc.) ou si l'enfant à naître risque fortement d'être atteint d'une affection particulièrement grave et incurable. Des examens appropriés permettent de vérifier les présomptions d'atteinte fœtale (échographie, biopsie des villosités choriales, amniocentèse, sérodiagnostics sanguins).

L'avortement thérapeutique, dont les complications sont exceptionnelles, est effectué en milieu hospitalier par administration de prostaglandines.

AVORTEMENT POUR SITUATION DE DÉTRESSE

Il est réalisé en début de grossesse, sur justification de la situation et après information des risques médicaux que la femme encourt.

Il est pratiqué sous anesthésie locale ou générale, par aspiration endo-utérine, avec une canule ou une seringue (méthode de Karman), ou, beaucoup plus rarement en raison des risques de lésions de la muqueuse utérine, par curetage. L'aspiration peut être remplacée jusqu'au 49e jour d'aménorrhée par un traitement associant le mifepristone (RU 486) et un dérivé des prostaglandines, administré 36 à 48 heures après la prise de mifepristone. Ces produits sont contre-indiqués en cas de tabagisme régulier ou d'autres facteurs de risque cardiovasculaire (hyperlipidémie, diabète). Une contraception est ensuite conseillée.
→ VOIR Interruption volontaire de grossesse, Stérilité.

Avulsion dentaire

Extraction ou délogement d'une dent.

L'avulsion dentaire peut être provoquée (avulsion thérapeutique) ou spontanée, à la suite d'un choc (avulsion traumatique).

Avulsion dentaire thérapeutique

C'est l'intervention chirurgicale couramment appelée extraction dentaire, au cours de laquelle la dent est éliminée dans son intégralité (couronne et racines).

INDICATIONS

Cette intervention radicale, devenue rare de nos jours, peut être réalisée :
- lorsque les thérapeutiques habituelles sont inopérantes (atteinte carieuse très étendue, fracture coronoradiculaire, parodontopathie avancée, etc.) ;
- lorsque les dents sont responsables d'encombrement ou de malocclusion (mauvaise imbrication entre les dents des maxillaires supérieur et inférieur gênant la mastication ou engendrant des complications infectieuses ou des problèmes esthétiques). Ainsi, chez l'enfant, la dent définitive peut faire son éruption lorsque la dent de lait est encore sur l'arcade. L'extraction de cette

dernière permettra souvent le repositionnement correct de la dent en évolution ;
- en cas de traitement orthodontique ;
- pour prévenir un risque infectieux, avant une opération chirurgicale du cœur ou une radiothérapie des cancers de la face, sur les dents constituant des foyers infectieux.

DÉROULEMENT

Une anesthésie locale est généralement pratiquée. L'anesthésie peut être générale lorsqu'il s'agit de retirer des dents de sagesse incluses difficiles, plusieurs dents en même temps, ou encore en face de patients trop anxieux ou de jeunes enfants. La gencive autour de la dent à extraire est décollée, puis la dent est retirée. Le comblement de l'alvéole s'effectue à partir du caillot. Suivant la complexité de l'intervention, l'état de la dent et du malade, des antibiotiques et des anti-inflammatoires peuvent être associés aux analgésiques et aux bains de bouche habituellement prescrits.

COMPLICATIONS

Peu fréquentes en général, elles peuvent prendre la forme d'une alvéolite (inflammation de l'alvéole) ou d'une hémorragie. Les dents qui ont été extraites peuvent être remplacées par des prothèses fixes (bridges) ou amovibles, ou bien par des implants.

Avulsion dentaire traumatique

C'est le délogement d'une dent à la suite d'un choc.

Dans ce cas, l'avulsion s'accompagne parfois d'autres lésions : fracture du rebord alvéolaire, blessure des lèvres. Les incisives supérieures des enfants de 7 à 10 ans sont particulièrement exposées, surtout si elles occupent une position trop antérieure. Lors d'un accident, il faut toujours, autant que possible, récupérer la ou les dents avulsées ; en effet, on tente souvent de les réimplanter, bien que le pronostic soit très incertain. Il dépend de la survie du ligament parodontal, conditionnée par 3 éléments : la racine de la dent avulsée ne doit être ni grattée ni nettoyée ; la dent doit être réimplantée très rapidement (moins de 1 heure) et conservée, en attendant, dans du sérum physiologique ou du lait ; le traitement effectué par le dentiste doit comprendre une contention et un soin préventif de la racine. Le respect de ces conditions ainsi qu'une sérieuse surveillance radiologique pendant un an favorisent le maintien durable de la dent réimplantée.

Azoospermie

Absence totale de spermatozoïdes dans le sperme émis.

L'azoospermie est une cause importante de stérilité masculine. Elle diffère de l'oligospermie (faible quantité de spermatozoïdes) et de l'asthénospermie (insuffisance de mobilité des spermatozoïdes). Elle touche environ 1 % des hommes.

Les recherches par des examens cliniques et des dosages hormonaux permettent de déterminer deux formes d'azoospermie : l'azoospermie excrétoire et l'azoospermie sécrétoire.

Azoospermie excrétoire

Les spermatozoïdes se forment normalement dans le testicule, mais l'obstruction des canaux déférents ou des épididymes empêche leur transport vers les vésicules séminales et la prostate. Cette obstruction peut résulter d'une maladie sexuellement transmissible, d'une tuberculose, d'une intervention chirurgicale pratiquée dans la région de l'aine ou d'une infection chronique de l'appareil génital.

Une opération chirurgicale permet de désobstruer les canaux.

Azoospermie sécrétoire

Les spermatozoïdes ne se forment pas ou plus dans le testicule. La biopsie testiculaire confirme cette anomalie. Lorsque cette azoospermie est congénitale, elle peut provenir d'une cryptorchidie (testicules restés dans l'abdomen), d'un syndrome de Klinefelter (présence d'un chromosome X supplémentaire) ou d'une mucoviscidose. L'azoospermie sécrétoire est parfois consécutive à une orchite (inflammation testiculaire) ou à des traitements anticancéreux.

La plupart de ces formes d'azoospermie n'ont pas, actuellement, de traitement.

AZT

→ VOIR Zidovudine.

B

Babésiose, ou Babésiellose

Maladie parasitaire due à l'infestation des globules rouges par les babésioïdés.

Les babésioïdés sont des protozoaires qui parasitent l'homme et de nombreux animaux (piroplasmose canine).

L'infection se transmet par la piqûre de tiques d'espèces variées. Sous sa forme bénigne, qui se rencontre fréquemment aux États-Unis, la babésiose se traduit par une fièvre, une asthénie, des sueurs et des douleurs musculaires. En Europe, elle survient volontiers chez des sujets ayant subi une ablation de la rate. Il s'agit, dans ce cas, d'une forme grave qui se manifeste par une anémie aiguë apparaissant brutalement et par une insuffisance rénale sévère.

Le traitement associe, outre l'éviction de la tique, qui reste attachée plusieurs jours à la peau, des transfusions sanguines, des méthodes d'épuration par rein artificiel et des antibiotiques.

Bacille

Bactérie en forme de bâtonnet, par opposition aux coques (bactéries rondes) et aux spirochètes (bactéries spiralées).

Les bacilles sont responsables de nombreuses maladies : diphtérie, dysenterie, tétanos, tuberculose, etc.

Bactéricide

Qui tue les bactéries, qui les détruit.

Bacille acido-alcoolo résistant

→ VOIR Mycobactérium.

Bactérie

Être vivant appartenant à un groupe caractérisé par une structure unicellulaire très simple, à noyau diffus et se reproduisant par scissiparité (division en deux).

Certaines bactéries ont un effet bénéfique sur l'organisme, comme celles qui vivent dans l'intestin et contribuent à la digestion, et celles qui, présentes en permanence sur la peau, empêchent les bactéries pathogènes de la coloniser (flore saprophyte). D'autres sont pathogènes, à l'origine de nombreuses affections. Elles pénètrent dans l'organisme selon différents modes : inhalation (tuberculose, diphtérie, coqueluche), ingestion (fièvre typhoïde), appareil urogénital (maladies sexuellement transmissibles, comme la syphilis et la blennorragie), plaies (tétanos) ou follicules pileux (furoncles). Les infections bactériennes cutanées sont favorisées par la chaleur, la transpiration et l'occlusion de la peau par des langes ou des pansements.

Bactériologie

Discipline consacrée à l'étude des bactéries.

Bactériostatique

Se dit de tout phénomène ou de toute substance, notamment antibiotique (tétracyclines, chloramphénicol, macrolides), capable d'inhiber la multiplication des bactéries sans les tuer.

Bactériurie

Présence de bactéries dans l'urine.

Bien que l'urine soit normalement stérile, une bactériurie n'est pas toujours synonyme d'infection des voies urinaires. En effet, l'urine peut avoir été souillée au moment de son émission ou de son prélèvement : on parle alors de bactériurie non pathologique. Pour qu'une bactériurie soit « significative » (c'est-à-dire qu'elle témoigne d'une infection de la vessie, de l'urètre ou des reins), des critères très stricts sont requis, notamment un nombre de bactéries supérieur à 10 000 par millilitre d'urine.

On recherche les germes présents dans l'urine à l'aide d'un examen cytobactériologique des urines (E.C.B.U.), associé à une numération des germes.

Bagassose

Maladie respiratoire due à l'inhalation de poussières de bagasse (canne à sucre).

Balanite

Inflammation le plus souvent aiguë du gland et du sillon situé entre le gland et le prépuce.

Une balanite peut être la localisation particulière d'une dermatose (psoriasis, eczéma, lichen, aphtose) ou avoir une origine tumorale, voire cancéreuse. Les balanites infectieuses, causées par des bactéries, des champignons microscopiques (candida), des parasites (trichomonas) ou des virus (herpès), sont des maladies sexuellement transmissibles.

Le traitement de la balanite est celui de sa cause, une fois celle-ci déterminée.

Balantidiose, ou Balantidiase

Maladie parasitaire du côlon due à l'infestation par *Balantidium coli*.

Balantidium coli est le seul protozoaire cilié parasite de l'homme.

La balantidiose, présente sur toute la surface du globe, mais surtout en zone tropicale, affecte le porc et, plus rarement, l'homme. La contamination s'effectue par ingestion d'eau souillée par des parasites enkystés (le kyste étant la forme de résistance des protozoaires en milieu extérieur) ou de viande de porc mal cuite.

Cette zoonose (maladie de l'animal transmissible à l'homme) se traduit par une dysenterie avec selles glaireuses et sanglantes, par des douleurs abdominales et,

parfois, par des hémorragies intestinales, une péritonite et une colite chronique.

La maladie est traitée par administration d'antibiotiques (tétracyclines, ampicilline).

Ballonnement
→ VOIR Distension abdominale.

Balnéothérapie

Soins par des bains du corps entier ou de l'une de ses parties.

La balnéothérapie est utilisée dans la cure des affections rhumatismales, dermatologiques et oto-rhino-laryngologiques. On utilise différents types d'eau en y adjoignant ou non des solutions médicamenteuses.

■ **Les bains médicamenteux** sont donnés en baignoire ; de nombreuses substances peuvent y être introduites. Les bains antiseptiques (triclocarban, chlorhexidine, permanganate de potassium) conviennent aux dermatoses infectées. Les bains émollients (amidon, avoine, huile de soja, huile d'arachide, etc.) permettent un ramollissement des excès de kératine épidermique (psoriasis, kératodermies, sécheresse cutanée [xéroses]). Les bains antiprurigineux (produits végétaux, huile minérale, lipoprotéines) sont surtout prescrits pour les prurits allergiques.

■ **Les bains thermaux** utilisent les eaux de source thermale à la température d'émergence, refroidies ou réchauffées. Les sources sont indiquées pour différentes affections selon la composition de l'eau (riche en calcium, en soufre, en fer, en cuivre, en sulfates, en bicarbonates, en gaz carbonique, etc.).

■ **Les bains de boue** sont obtenus par délayage d'une eau thermale avec un limon. Ils sont notamment indiqués pour le traitement des rhumatismes.
→ VOIR Thermalisme.

Bandage

Technique utilisée pour maintenir un pansement en place, pour exercer une compression ou pour immobiliser une partie du corps ou d'un membre.

DIFFÉRENTS TYPES DE BANDAGE

■ **Les bandages simples** sont constitués par des tours de bande (en tissu, en latex, en tricot élastique) qui se recouvrent entièrement et entourent une partie du corps. Appliqués de façon circulaire, spiralée, oblique, renversée ou croisée selon la partie du corps concernée, ils sont fréquemment utilisés pour maintenir un pansement, bander une entorse, en particulier de la cheville, et pour la contention abdominale.

■ **Les bandages dits pleins** sont de larges pièces de tissu pliées de façon à immobiliser un membre blessé (en cas de luxation de l'épaule, de traumatisme de l'avant-bras, etc.) contre le thorax.

■ **Les bandages tubulaires** sont des cylindres de jersey ou de mailles larges fréquemment utilisés pour les pansements des doigts ou, en forme de culotte, pour les pansements du périnée.

■ **Les bandages mécaniques** sont des bandages herniaires composés d'une ou de deux pelotes (boules allongées, généralement en caoutchouc, destinées à comprimer l'orifice herniaire) et d'une ceinture de maintien.

Barbiturique

Médicament utilisé dans le traitement de l'épilepsie ou au cours de l'anesthésie.

Les barbituriques diminuent l'activité du système nerveux central mais ne sont plus utilisés comme hypnotiques (inducteurs du sommeil) en raison de leurs effets indésirables.

Ils sont contre-indiqués en cas d'allergie au produit, de porphyrie (trouble du métabolisme), d'insuffisance rénale ou respiratoire sévère, de grossesse (sauf nécessité) et d'allaitement. Leur administration est orale ou injectable.

EFFETS INDÉSIRABLES

Un de leurs principaux effets indésirables est de déclencher une tolérance (nécessitant une augmentation progressive des doses pouvant aller jusqu'à la toxicomanie). L'action sédative, la somnolence qu'ils entraînent peuvent être gênantes ; l'association de l'alcool augmente cet effet. Les barbituriques provoquent également des réactions cutanées, des douleurs articulaires, des baisses de tension artérielle, des anémies et des crises de porphyrie. Les barbituriques sont par ailleurs

des inducteurs enzymatiques : ils stimulent des enzymes hépatiques responsables de la dégradation de nombreux médicaments, lesquels risquent alors de devenir moins efficaces (anticoagulants oraux, bêtabloquants, dépresseurs du système nerveux central, contraceptifs oraux).

Barlow (syndrome de)

Trouble cardiaque associant un bruit anormal et un souffle lors de la systole. SYN. *ballonisation valvulaire.*

Le syndrome de Barlow est lié à une fuite de sang à travers une des deux valves mitrales. Cette fuite est due à une lésion particulière, appelée prolapsus, caractérisée par un mouvement anormal de la valve, qui fait saillie dans la cavité de l'oreillette gauche. Ce prolapsus, causé par une anomalie de la texture de la valve, est détecté chez environ 5 % de la population, mais une très faible proportion donne lieu à des complications, le plus souvent bénignes (augmentation de la fuite mitrale, troubles du rythme cardiaque) ou, exceptionnellement, plus graves (embolie, infection de la valve).

Barotraumatisme

Toute manifestation pathologique liée à des variations de pression à l'intérieur de l'organisme.

Un barotraumatisme survient en plongée sous-marine ou en avion soit à la descente, soit à la remontée (accident de décompression). Peuvent également survenir des accidents dits barotraumatiques chez les sujets sous ventilation assistée (sujets intubés ou trachéotomisés, exposés à la surpression d'un respirateur artificiel).

Bartholin (glande de)

Chacune des glandes situées de part et d'autre de la moitié postérieure de l'orifice vaginal. SYN. *glande vulvovaginale.*

Leur rôle consiste à sécréter en permanence, mais plus encore au moment des rapports sexuels, un liquide filant et incolore qui contribue à la lubrification du vagin.

Bartholinite

Inflammation d'une ou des deux glandes de Bartholin.

Une bartholinite survient le plus souvent à partir d'une infection vaginale. Elle peut aussi succéder à l'infection d'un pseudokyste (kyste sans épithélium), formé après obturation du canal excréteur de la glande. Les symptômes en sont un gonflement rouge et douloureux de la partie postérieure de la vulve, accompagné de fièvre. Par la suite, un abcès peut se former, signalé par une tuméfaction avec présence de pus sous-jacent. En début d'inflammation, le traitement fait appel aux antibiotiques. S'il existe un abcès, le traitement est alors chirurgical.

Bartonellose

Maladie infectieuse due à une bactérie à Gram négatif, *Bartonella bacilliformis,* transmise à l'homme par la piqûre d'un insecte, le phlébotome, du genre *Lutzomyia*. SYN. *anémie du Pérou, maladie de Carrion.*

La bartonellose sévit à l'état endémique dans les hautes vallées des Andes ; l'homme est le seul hôte connu de ce germe.

Le traitement, efficace s'il est administré dès la phase initiale, consiste en l'administration d'antibiotiques.

Basedow (maladie de)

Maladie auto-immune de la glande thyroïde. SYN. *maladie de Graves.*

Cette maladie concerne surtout les jeunes femmes. Elle est parfois familiale ou associée à un diabète sucré. Un événement marquant dans la vie du patient (surmenage, changement familial ou professionnel) peut être un facteur déclenchant.

La maladie de Basedow est la plus fréquente des causes d'hyperthyroïdie (augmentation de la production d'hormones thyroïdiennes).

SYMPTÔMES ET SIGNES
Trois sortes de signes sont observés.

■ **Les signes d'hyperthyroïdie**, très fréquents, motivent souvent la consultation : amaigrissement, bien que l'appétit soit conservé, tremblement, fatigue et agitation.

■ **Le goitre**, augmentation diffuse et bénigne de la thyroïde qui provoque un gonflement du cou, est constant. La palpation permet d'en estimer la taille et l'étendue.

■ **Les signes oculaires** se manifestent avec une importance très variable : rétraction de la paupière supérieure, qui rend le regard plus éclatant ; signes inflammatoires (rougeur, œdème) ; exophtalmie (yeux exorbités), éventuellement bilatérale ; paralysie des muscles oculomoteurs. L'atteinte oculaire peut précéder ou suivre de plusieurs années l'apparition d'une hyperthyroïdie.

DIAGNOSTIC ET TRAITEMENT
Le diagnostic de la maladie de Basedow est clinique, fondé sur l'association des symptômes. Il est confirmé par des examens sanguins révélant un faible taux de thyréostimuline et une augmentation du taux des hormones thyroïdiennes, et par la scintigraphie au technétium, qui révèle une hyperfixation diffuse de cette substance dans l'ensemble de la glande thyroïde.

Le traitement peut être médicamenteux (antithyroïdiens de synthèse), chirurgical (thyroïdectomie partielle) ou faire appel à la médecine nucléaire (injection d'une dose individualisée d'iode 131 radioactif qui va se fixer sur la glande thyroïde et la détruire à proportion de son hyperfonctionnement).

La guérison sans séquelles est habituelle, mais les rechutes sont possibles.

Bassin

Ceinture osseuse située en bas de l'abdomen et soutenant la colonne vertébrale, à laquelle sont attachés les membres inférieurs.

Le bassin est formé par les deux os iliaques, qui s'articulent en arrière, de manière rigide, au sacrum, prolongé lui-même vers le bas par le coccyx.

EXAMENS
Le bassin s'explore essentiellement par les examens radiologiques conventionnels. Un scanner est souvent réalisé pour faire un bilan plus précis des fractures du cotyle.

PATHOLOGIE
Les fractures en composent l'essentiel.

■ **Les fractures de la ceinture osseuse pelvienne** sont fréquentes. Elles résultent le plus souvent d'un traumatisme violent et peuvent être associées à des lésions des organes internes du bassin. En cas de double fracture de l'anneau pelvien ou de disjonction de la symphyse pubienne, il faut empêcher, par alitement ou par traction, le bassin de supporter le poids du corps jusqu'à consolidation, souvent après réduction de la fracture par traction ou chirurgie. En revanche, les fractures n'entraînant pas d'instabilité du bassin (fracture de l'aile iliaque, fracture par arrachement musculaire ou ligamentaire) sont en général traitées par des méthodes orthopédiques non chirurgicales (traction, corset, plâtre), le bassin supportant alors le poids du corps.

■ Les fractures de la cavité cotyloïde, fréquentes, entraînent une atteinte de l'articulation coxofémorale. Aussi leur traitement est-il difficile et la survenue d'une arthrose post-traumatique n'est-elle pas rare.

■ L'ostéite pubienne (inflammation de la symphyse pubienne) est habituellement causée par des microtraumatismes répétés s'exerçant sur le bassin. Elle peut survenir chez les footballeurs, se manifeste par une douleur à la partie interne de l'aine, avec gonflement. Dans la plupart des cas, la guérison est obtenue par le repos.

B.C.G. (vaccin)
Vaccin antituberculeux.

Le B.C.G. (sigle de bacille de Calmette et Guérin, ses inventeurs) fut fabriqué à partir d'une culture de bacilles *Mycobacterium tuberculosis bovis*.

Le B.C.G., vaccin vivant atténué, permet d'obtenir une immunité durable contre la tuberculose. Il est également utilisé comme immunostimulant dans certaines maladies malignes (cancer de la vessie ou leucémie). Obligatoire dans 64 pays, il est recommandé dans la plupart des autres. La vaccination se pratique parfois dès la naissance dans les milieux à risque (membre de la famille d'un tuberculeux, enfants du personnel hospitalier, etc.), mais le plus souvent avant l'entrée en collectivité (crèche, école maternelle), par injection intradermique ou par multipiqûre (bague) au bras ou à la cuisse. Un test de contrôle de l'acquisition de l'immunité est réalisé 3 mois plus tard par intradermoréac-

tion à la tuberculine, bague ou timbre. La vaccination doit être recommencée si le résultat du test est négatif ; la tentative peut être renouvelée trois fois au maximum.

Le vaccin n'entraîne que de légères réactions locales (petite pustule cicatricielle). Celles-ci évoluent exceptionnellement en ulcération ou avec dissémination de la lésion. Les maladies de peau et les états d'immunodépression sont des contre-indications à cette vaccination.

Béance du col utérin
Malformation caractérisée par une ouverture anormale de l'orifice du col de l'utérus.

CAUSES
La béance du col utérin est le plus souvent d'origine traumatique : elle apparaît après un accouchement difficile ou un avortement provoqué traumatique. Lorsqu'elle est congénitale, elle est souvent associée à d'autres malformations utérines.

SYMPTÔMES ET DIAGNOSTIC
La béance du col utérin se manifeste uniquement lors de la grossesse et peut entraîner soit un avortement tardif (au cours du 2e trimestre de la grossesse), soit un accouchement prématuré. Le diagnostic est établi par le calibrage du col avec une bougie (instrument cylindrique de mesure d'un canal ou d'un orifice). Il est confirmé par l'hystérographie et/ou l'hystéroscopie.

TRAITEMENT
Il repose sur le cerclage du col utérin dans les trois premiers mois de la grossesse.

Bec-de-lièvre
→ voir Fente labiopalatine.

Bec-de-perroquet
→ voir Ostéophyte.

Bégaiement
Perturbation de l'élocution, caractérisée par l'hésitation, la répétition saccadée, la suspension pénible et même l'empêchement complet de la faculté d'articuler.

Le bégaiement est un trouble fréquent chez l'enfant, avec prédominance masculine.

CAUSE

Elle n'est pas établie de façon certaine. Le bégaiement peut dépendre de causes affectives (choc émotif intense, perturbation de la vie familiale, timidité, hyperémotivité névrotique) ou être dû à un développement sensorimoteur défectueux. Son incidence familiale (de 30 à 35 % des cas) a fait incriminer un facteur héréditaire.

SYMPTÔMES ET ÉVOLUTION

Le bégaiement survient chez l'enfant pendant la période d'acquisition de la parole et du langage, généralement entre 18 mois et 9 ans. Son apparition est insidieuse, s'étendant sur plusieurs semaines ou plusieurs mois ; elle est marquée par des troubles épisodiques : l'enfant bégaie lorsqu'il est dans des phases d'excitation ou de stress, ou lorsqu'il est pressé de communiquer. Ultérieurement, le désordre peut devenir chronique. On observe des signes associés : troubles moteurs, affectant le visage, les muscles respiratoires, et phénomènes vasomoteurs (rougeur de la face, hypersalivation). En outre, un quart des enfants bègues présentent parallèlement un retard dans le développement de la parole et du langage.

Le bégaiement est très influencé par le contexte émotionnel. Certaines situations (comme le téléphone) tendent à l'augmenter. Il s'atténue ou disparaît lors du cri et du chuchotement et n'affecte pas le chant. La lecture, la récitation l'atténuent le plus souvent. Le bégaiement lui-même, lorsqu'il est durable, engendre un grand nombre de réactions émotionnelles consécutives au sentiment d'être incapable de parler de façon correcte. Il peut être autoentretenu par la peur de bégayer.

TRAITEMENT ET PRÉVENTION

Le traitement repose essentiellement sur la rééducation orthophonique. Celle-ci paraît particulièrement indiquée et efficace dans le bégaiement du jeune enfant. Elle s'impose d'autant plus impérieusement lorsqu'un retard de parole et de langage se trouve associé au bégaiement. Il existe différentes techniques de rééducation orthophonique, adaptées à l'âge et au comportement de chaque enfant. En cas de bégaiement physio-logique, il est recommandé aux parents de ne pas faire répéter les mots à l'enfant qui commence à parler, afin de ne pas favoriser les répétitions et de ne pas fixer le phénomène. Depuis quelques années se sont développées des techniques thérapeutiques, comme la psychothérapie comportementale, qui s'adressent plutôt au grand enfant ou à l'enfant ayant éprouvé découragement, honte, difficultés d'affirmation de soi à cause de son bégaiement. Les psychothérapies de type psychanalytique donnent des résultats dans les cas où prédomine une souffrance psychologique. Certains médicaments peuvent être parfois proposés dans les formes sévères. Environ 80 % des enfants atteints de bégaiement guérissent, et ce avant l'âge de 16 ans.

Il est utile de repérer les difficultés d'installation de la parole et du langage chez le très jeune enfant afin de les traiter le plus tôt possible, ce qui permet souvent d'éviter l'apparition du bégaiement.

Behçet (maladie de)

Affection chronique évoluant par poussées inflammatoires récidivantes.

Cette maladie rare est une affection de l'âge adulte. Elle survient principalement au Moyen-Orient, au Japon et dans le bassin méditerranéen. La maladie de Behçet semble être une maladie auto-immune, dans le déclenchement de laquelle une infection due à un virus non encore identifié jouerait un rôle.

SYMPTÔMES ET SIGNES

L'affection est souvent chronique et récidivante ; elle se traduit par des aphtes des muqueuses buccale et génitale, parfois de la peau, des arthrites et une uvéite (inflammation de l'œil). Elle peut également être à l'origine d'une méningite et comporte souvent une atteinte vasculaire (artérite, anévrysme artériel, phlébite).

L'apparition d'ulcères intestinaux, d'épididymite et de symptômes neuropsychiatriques est également possible.

TRAITEMENT

L'administration de corticostéroïdes à doses élevées et d'immunosuppresseurs permet le plus souvent d'endiguer rapidement les phénomènes inflammatoires, notamment les inflammations oculaires. Cependant, une diminution importante de l'acuité visuelle survient dans certains cas, généralement de 6 à 10 ans après le début de l'atteinte oculaire.

Bejel

Maladie infectieuse contagieuse due à une infestation non vénérienne par *Treponema pallidum*. SYN. *syphilis endémique*.

Le bejel sévit à l'état endémique dans les régions semi-désertiques du Moyen-Orient et du Sahel. Sa transmission, dont la modalité est mal connue, s'effectue durant l'enfance par voie buccale.

Il provoque des ulcérations cantonnées aux muqueuses et aux zones humides de la peau (bouche, zone anogénitale), ne donnant lieu à aucune complication et laissant le sujet en bon état général. Tardivement peuvent apparaître des lésions cutanées de faible gravité (kératodermie palmoplantaire [épaississement de la couche cornée de la voûte plantaire]).

Treponema pallidum est également à l'origine de la syphilis ; aussi l'interprétation de la sérologie peut-elle être malaisée chez l'adulte. Le traitement du bejel consiste en l'administration de pénicilline.

Belladone (Atropa belladona)

Plante de la famille des solanacées. SYN. *belle-dame, herbe au diable*.

La belladone, haute plante herbacée, est très vénéneuse. Ses baies violacées sont responsables d'intoxications graves (agitation avec délire). De ses feuilles et de ses racines, on extrait des alcaloïdes (atropine, hyoscyamine) aux utilisations thérapeutiques variées.

Bénin

1. Qualifie une maladie qui évolue de façon simple et sans conséquence grave vers la guérison.
2. Caractérise une lésion non cancéreuse, localisée et n'entraînant aucune dissémination de métastases dans les tissus voisins (par opposition à malin).

Benzodiazépine

Médicament utilisé principalement dans le traitement de l'anxiété et de l'insomnie.

INDICATIONS ET CONTRE-INDICATIONS

Les benzodiazépines, qui ont un pouvoir anxiolytique, sont utilisées comme sédatifs psychiques : elles diminuent l'anxiété sous ses différents aspects (tension psychique, émotivité, inhibitions psychologiques), les troubles psychosomatiques, les agitations psychiatriques. Certaines sont prescrites spécialement contre l'insomnie. Par ailleurs, les benzodiazépines sont également utiles en anesthésie, pour soulager les contractures musculaires, et au cours du tétanos.

L'insuffisance respiratoire et la myasthénie sont des contre-indications, tout comme l'association à d'autres substances déprimant le système nerveux central (alcool, psychotropes, par exemple).

L'administration est orale, ou injectable pour les urgences telles que l'angoisse aiguë.

EFFETS INDÉSIRABLES

La toxicité des benzodiazépines est globalement faible. Mais un des effets indésirables les plus graves, bien que rare, est la survenue d'une toxicomanie : le sujet est contraint de poursuivre la consommation du médicament en raison de l'apparition de troubles, parfois graves, à son arrêt. Un autre effet est dangereux chez les conducteurs de véhicules : la somnolence. On peut observer aussi une fatigue et des éruptions cutanées.

Berger (maladie de)

Maladie chronique des glomérules du rein, caractérisée par la présence d'immunoglobuline A dans ces unités de filtration. SYN. *néphropathie à IgA*.

La maladie de Berger touche surtout les sujets jeunes, avec une très nette prédominance masculine.

SYMPTÔMES ET SIGNES

La maladie de Berger peut se manifester par une hématurie (présence de globules rouges dans les urines) visible à l'œil nu, survenant souvent parallèlement à des infections des voies aériennes supérieures (larynx, pharynx, fosses nasales). Dans d'autres cas, l'affection évolue sans symptômes apparents ; sa découverte, souvent fortuite, fait suite à un examen révélant une hématurie microscopique, parfois associée à une faible protéinurie (présence de protéines dans les urines).

TRAITEMENT ET ÉVOLUTION

Il n'existe aucun traitement spécifique de cette affection, dont les causes et l'évolution sont encore mal élucidées. L'insuffisance rénale, qui en est le risque majeur, rend indispensable un contrôle médical régulier. La maladie de Berger évolue généralement très lentement, sur plusieurs années. Un cinquième environ des malades atteignent un stade nécessitant un traitement par hémodialyse (technique d'épuration du sang par filtration à travers une membrane semi-perméable) ou une greffe rénale.

Béribéri

Maladie due à une carence en vitamine B1 (thiamine).

Le béribéri sévit dans certaines populations sous-alimentées des pays en développement. Rare dans les pays industrialisés, il ne s'y rencontre que chez les personnes qui ont une alimentation très déséquilibrée, comme les alcooliques ou certaines personnes âgées.

CAUSE

La vitamine B1, qui se trouve surtout dans les céréales complètes, le foie, la viande de porc et la levure, joue un rôle important dans le métabolisme des glucides. Sans elle, le cerveau, les nerfs et les muscles ne peuvent fonctionner correctement.

SYMPTÔMES ET SIGNES

Le béribéri se manifeste tout d'abord par une fatigue et un amaigrissement. Il peut ensuite évoluer sous deux formes :

■ Le béribéri sec, qui affecte principalement les nerfs et les muscles, a pour principaux symptômes un engourdissement, une sensation de brûlure aux jambes et une atrophie musculaire. Dans les cas graves, le malade ne peut plus marcher ni même se lever.

■ Le béribéri humide se traduit principalement par une insuffisance cardiaque : le cœur n'arrivant plus à jouer correctement son rôle de pompe, les veines se congestionnent et des œdèmes apparaissent sur les jambes et parfois sur le tronc et le visage. En l'absence de traitement, des troubles du rythme cardiaque et une évolution rapide de l'insuffisance cardiaque peuvent avoir une issue fatale.

TRAITEMENT

Il consiste à administrer de la vitamine B1 au malade. La guérison, rapide, est, dans la plupart des cas, totale.

Bérylliose

Maladie pulmonaire rare, due à l'inhalation de poussières ou de fumées contenant du béryllium, métal dur entrant dans la composition de nombreux alliages.

Besnier-Boeck-Schaumann (maladie de)

→ VOIR Sarcoïdose.

Bêtabloquant

Médicament capable de s'opposer à certains effets des catécholamines (adrénaline, noradrénaline, dopamine) de l'organisme.

INDICATIONS ET CONTRE-INDICATIONS

Les indications, au long cours ou en urgence, sont l'hypertension artérielle, l'angor, les troubles du rythme cardiaque, l'infarctus du myocarde et la prévention de la mort subite après un infarctus, ainsi que la migraine et les algies de la face (syndrome douloureux particulier du visage). Le glaucome (hypertension intraoculaire) peut également être traité par des bêtabloquants.

Les contre-indications, variables d'un produit à l'autre, doivent être absolument respectées chez le sujet âgé : bloc auriculoventriculaire (ralentissement de la conduction des influx électriques entre les oreillettes et les ventricules), insuffisance cardiaque non contrôlée par un traitement, bradycardie (ralentissement du rythme cardiaque) importante, artérite, syndrome de Raynaud (trouble circulatoire des mains évoluant par crises).

Ces médicaments sont surtout administrés par voie orale, parfois par voie injectable, en cas d'urgence. Certains produits, contre le glaucome, sont disponibles en collyre.

EFFETS INDÉSIRABLES
Certains sont bénins : troubles digestifs (douleurs d'estomac, nausées, vomissements, diarrhées), asthénie, insomnie et cauchemars, syndrome de Raynaud et paresthésies (fourmillements) des mains et des pieds, éruption cutanée. D'autres effets sont plus graves : bloc auriculoventriculaire, bradycardie, chute de tension, insuffisance cardiaque, crise d'asthme, hypoglycémie (surtout chez les diabétiques traités par des hypoglycémiants), impuissance.

Par ailleurs, il faut surveiller l'association avec d'autres médicaments antiarythmiques et ne jamais interrompre brutalement un traitement par bêtabloquant, car cela peut provoquer un infarctus chez les personnes atteintes d'angor.

Bêtalactamine

Médicament antibiotique actif contre certaines bactéries.

La famille des bêtalactamines se divise en deux grands groupes de produits : les pénicillines et les céphalosporines.

Bêtastimulant

Médicament capable de reproduire certains des effets des catécholamines (adrénaline, noradrénaline, dopamine) de l'organisme.
SYN. *bêta-adrénergique, bêtasympathomimétique.*

INDICATIONS ET CONTRE-INDICATIONS
■ **En pneumologie,** les bêtastimulants sont indiqués pour dilater les bronches, au cours des crises d'asthme ou en traitement de fond (parfois avant une activité sportive), et dans les autres bronchopneumopathies obstructives (atteinte diffuse des bronches avec gêne respiratoire) telles que la bronchite chronique.

■ **En obstétrique,** les bêtastimulants contribuent à diminuer les contractions de l'utérus dans le cadre des menaces d'accouchement prématuré et lors de certains accouchements difficiles.

Les contre-indications sont l'angor non contrôlé par un traitement et l'infarctus du myocarde. Lorsque ces médicaments sont utilisés par voie injectable, l'association avec certains anesthésiques, les antidépresseurs du type I.M.A.O., les digitaliques (médicaments cardiologiques) et les antidiabétiques est déconseillée ou doit être prudente.

L'administration des bêtastimulants se fait par voie orale, par voie injectable, sous forme d'aérosol, de nébulisation (pneumologie) ou de suppositoire (obstétrique).

EFFETS INDÉSIRABLES
Il peut se produire des troubles neurosensoriels (agitation, tremblements, vertiges, maux de tête), digestifs (nausées, vomissements) et cardiaques (palpitations, accélération du rythme du cœur), des réactions allergiques, une hyperglycémie (augmentation du glucose sanguin) ou une hypokaliémie (baisse du potassium sanguin).

Beurre

Matière grasse alimentaire obtenue à partir de la crème de lait de vache.

Le beurre est, quand on le consomme cru, l'une des matières grasses les plus digestes. Il est riche en vitamine A (une ration de 25 grammes permet de couvrir environ 30 % des besoins journaliers de l'enfant et de l'adulte) et apporte aussi de la vitamine D. Il contient des acides gras essentiels indispensables à la constitution correcte du cerveau chez l'enfant. Sa valeur nutritive est élevée (780 kilocalories pour 100 grammes) : c'est, sous un faible volume, une importante source d'énergie rapidement utilisable par l'organisme.

Bézoard

Agrégat de substances non digestibles stagnant dans le tube digestif.

Les bézoards se constituent le plus souvent dans l'estomac, plus rarement dans l'intestin grêle.

Certains bézoards ne donnent lieu à aucun symptôme ; d'autres entraînent des troubles digestifs et alimentaires chroniques (douleurs abdominales, anorexie, nausées, constipation). Le diagnostic est établi grâce à la radiographie du tube digestif ou à la fibrogastroscopie (examen de l'intérieur de l'estomac, effectué à l'aide d'un gastroscope, appareil d'observation muni d'un système optique grossissant, que l'on introduit par l'œsophage jusqu'à l'estomac).

Le traitement consiste, d'une part, à éliminer le bézoard (soit par l'action d'enzymes capables de le digérer, soit en l'extrayant par endoscopie ou par intervention chirurgicale) et, d'autre part, à agir sur sa cause.

Bicarbonate de sodium

Antiacide utilisé pour soulager une indigestion ou un pyrosis (aigreur d'estomac). SYN. *bicarbonate de soude.*

Le bicarbonate de sodium s'administre par voie orale, sous forme de poudre. Il provoque souvent des éructations et une gêne abdominale. En raison de l'apport excessif de sodium, une utilisation prolongée peut entraîner un œdème des chevilles et des nausées. Pour la même raison, il est contre-indiqué en cas d'insuffisance cardiaque ou rénale (risque d'œdème).

Biceps

Muscle des membres supérieurs et inférieurs dont l'une des extrémités est rattachée à l'os par deux tendons séparés.

Bicuspidie

Malformation congénitale du cœur caractérisée par la présence de deux valves sigmoïdes au lieu de trois, généralement au niveau de la valvule aortique.

Biermer (maladie de)

Anémie résultant d'une mauvaise absorption de la vitamine B12 dans l'estomac. SYN. *anémie de Biermer, anémie pernicieuse, maladie d'Addison-Biermer.*

La maladie de Biermer se rencontre surtout dans la seconde moitié de l'existence.

CAUSES

C'est une maladie auto-immune due à la destruction des cellules gastriques qui sécrètent l'acide chlorhydrique et le facteur intrinsèque, l'absence de ce dernier provoquant une mauvaise absorption de la vitamine B12. Outre son rôle dans le système nerveux, la vitamine B12 est indispensable à la synthèse de l'A.D.N. : son absence a des conséquences importantes, particulière-

ment sur la vie des tissus à division cellulaire rapide, comme la moelle osseuse, et entraîne une diminution des polynucléaires neutrophiles (globules blancs intervenant dans la lutte contre les infections) et des plaquettes, ainsi que l'apparition de mégaloblastes (globules rouges de taille supérieure à la normale).

SYMPTÔMES ET DIAGNOSTIC

Les symptômes sont ceux de toute anémie : pâleur, asthénie, dyspnée. Le diagnostic s'établit par le myélogramme (examen des cellules de la moelle osseuse), qui révèle une anémie mégaloblastique avec un taux sanguin abaissé de vitamine B12, tandis que celui de l'acide folique (autre vitamine susceptible d'expliquer une anémie mégaloblastique) est normal. L'absence d'acide chlorhydrique et de facteur intrinsèque dans l'estomac est mise en évidence soit par dosage direct dans le liquide gastrique prélevé par tubage, soit grâce au test de Schilling.

TRAITEMENT

Il repose sur l'injection de vitamine B12 par voie intramusculaire jusqu'à correction de l'anémie, puis une fois par mois à vie. Il est prudent de surveiller la muqueuse gastrique par fibroscopie tous les deux ans, la maladie pouvant favoriser l'apparition de polypes susceptibles de dégénérer.

Biguanide

Médicament utilisé dans le traitement du diabète non insulinodépendant.

Bile

Liquide sécrété par les cellules du foie, qui contribue à la digestion des graisses.

La bile, de couleur jaune verdâtre et de goût amer, contient de l'eau, des électrolytes (substances en solution dans l'eau sous forme d'ions), un pigment, la bilirubine, qui résulte de la décomposition de l'hémoglobine, et des sels biliaires qui, en émulsifiant les graisses (en les fragmentant en microscopiques gouttelettes), jouent un rôle indispensable dans leur digestion par l'intestin.

La sécrétion biliaire varie chez l'adulte de 0,5 à 1 litre par jour. Elle est permanente, mais se renforce au moment des repas.

Bilharziose

Maladie parasitaire due à l'infestation par des bilharzies (ou schistosomes). SYN. *schistosomiase.*

Les bilharzies sont des vers de la classe des trématodes, qui vivent dans l'appareil circulatoire de l'homme.

DIFFÉRENTS TYPES DE BILHARZIOSE

Quatre principaux types de bilharzies affectent l'homme : *Schistosoma mansoni* et *Schistosoma japonicum* (qui provoquent des bilharzioses intestinales, présentes, pour celle causée par *S. mansoni*, aux Antilles, au Brésil, en Afrique noire, en Égypte et dans la péninsule arabique, et, pour celle causée par *S. japonicum*, en Chine, aux Philippines, en Indonésie et dans la péninsule indochinoise) ; *Schistosoma intercalatum* (à l'origine d'une bilharziose rectale, présente en Afrique centrale) ; *Schistosoma hæmatobium* (causant une bilharziose urinaire, présente en Afrique et au Proche-Orient).

Ces différents vers ont le même cycle de développement et de reproduction : chaque espèce de ver parasite une espèce de mollusque d'eau douce bien précise. La transmission de la maladie s'effectue au contact de l'eau contenant les larves. Celles-ci gagnent alors les vaisseaux sanguins, où elles se développent. Les vers adultes, qui mesurent quelques millimètres de long, vivent en couples dans les veines de l'abdomen, de la vessie, de l'intestin, du rectum, du foie ou de la rate ; leur durée de vie peut dépasser quinze ans. La femelle pond chaque jour des centaines d'œufs, qui se propagent dans l'urine et les selles.

SYMPTÔMES ET SIGNES

Le passage des embryons à travers la peau provoque un prurit (démangeaisons) à l'endroit de la pénétration. Quelques semaines plus tard apparaissent une fièvre, une diarrhée et des plaques d'urticaire. Une analyse de sang effectuée à ce stade met en évidence un taux élevé de globules blancs éosinophiles et d'anticorps antibilharziens. Cette phase, dite d'invasion, s'observe rarement dans les cas de bilharziose urinaire ; elle est plus fréquente dans les bilharzioses intestinales.

Les bilharzioses intestinale et rectale se traduisent par des diarrhées et des douleurs abdominales. L'exploration du côlon révèle la présence de polypes et d'ulcérations du gros intestin. L'infestation peut également provoquer une augmentation du volume du foie et de la rate, souvent accompagnée d'une ascite (épanchement de liquide dans la cavité péritonéale) et du développement de varices dans l'œsophage et l'abdomen.

La bilharziose urinaire se traduit par une hématurie, c'est-à-dire par la présence de sang dans les urines, qui sont trop fréquentes et d'émission douloureuse. À l'examen radiologique, la vessie peut apparaître calcifiée. L'échographie et l'urographie intraveineuse révèlent parfois des polypes de la vessie et une dilatation des cavités rénales. L'infestation peut également se traduire par une splénomégalie (augmentation du volume de la rate), des atteintes de l'appareil génital, des poumons et du cœur.

DIAGNOSTIC ET TRAITEMENT

L'examen microscopique des selles, des urines ou d'un fragment de muqueuse rectale révèle la présence d'œufs caractéristiques du parasite.

Le traitement consiste à administrer, par voie orale et pendant un ou deux jours, des médicaments antihelminthiques, oxamniquine (active contre *Schistosoma mansoni*) ou praziquantel (actif contre les quatre bilharzies). Efficaces et bien tolérés, ces médicaments permettent de traiter un grand nombre de malades sans hospitalisation.

PRÉVENTION

Elle repose sur l'élimination des matières fécales (construction de latrines), l'absence de contact avec les eaux de surface infestées (installation de puits) ou la destruction des mollusques par produits chimiques. Le recours à la vaccination serait une solution, mais il n'est pas encore envisageable à grande échelle.

Bilirubine

Pigment jaune-brun provenant de la dégradation de l'hémoglobine (et de quelques autres pigments respiratoires) et constituant le principal colorant de la bile.

Biliverdine

Pigment biliaire de couleur verte résultant de la dégradation de l'hémoglobine.

La biliverdine est formée dans la moelle osseuse et dans la rate par dégradation de l'hémoglobine des globules rouges vieillis. Elle est ensuite transformée en bilirubine, éliminée avec la bile dans l'intestin.

Biochimie

Science consacrée à l'étude de la composition et des réactions chimiques de la matière vivante et des substances qui en sont issues. SYN. *chimie biologique*.

Bioéthique

→ VOIR Éthique médicale.

Biologie moléculaire

Science consacrée à l'étude des molécules supportant le message héréditaire (acides nucléiques A.D.N. et A.R.N.).

Biopsie

Prélèvement d'un fragment de tissu ou d'organe à des fins d'examen microscopique.

INDICATIONS

Une biopsie est indiquée quand on souhaite une étude anatomopathologique (structure globale du fragment vu au microscope) et parfois biochimique (recherche de diverses substances), immunologique (mise en évidence d'antigènes), génétique ou bactériologique. Elle permet ainsi le diagnostic d'une anomalie locale, par exemple une tumeur, ou de symptômes généralisés, comme lors d'une maladie systémique. Parfois, on cherche à s'assurer qu'une lésion connue (ulcère de l'estomac ou autre) ne contient pas de cellules cancéreuses. Plusieurs biopsies successives peuvent être pratiquées pour vérifier que l'évolution de la maladie est favorable sous traitement. La biopsie intervient souvent après des examens plus faciles à réaliser (dosages sanguins, radiographies). Elle apporte une certitude diagnostique au lieu d'une probabilité et indique, entre plusieurs variétés connues d'une même maladie, celle qui est en cause ; elle précise l'extension des lésions, leur degré de pénétration dans les tissus. Ces différents points ont d'importantes répercussions pronostiques et thérapeutiques : par exemple, un cancer sera traité plus radicalement si l'on sait qu'il appartient à une certaine variété, ou qu'il a franchi certaines limites tissulaires.

DÉROULEMENT ET EFFETS SECONDAIRES

Le déroulement de l'examen est très variable selon la localisation de la biopsie et la technique utilisée. L'anesthésie peut être locale (biopsie transcutanée du sein, de la peau) ou générale (biopsie chirurgicale d'un organe profond).

Comme pour tout examen médical, l'indication d'une biopsie doit être soigneusement pesée, de sorte que les avantages l'emportent sur les inconvénients, qui sont exceptionnels : une biopsie, surtout transcutanée, peut léser un organe, provoquer une hémorragie par traumatisme d'un vaisseau sanguin, introduire des microbes dans l'organisme. Cependant, les risques sont considérablement diminués par l'expérience de l'opérateur, le guidage radiographique des instruments, le respect d'une asepsie rigoureuse.

Biorythme

Variation périodique d'un phénomène physiologique. SYN. *rythme biologique*.

Tous les êtres vivants sont réglés selon des biorythmes qui obéissent à des mécanismes endogènes (internes à l'organisme), comme la sécrétion de certaines hormones, ou exogènes (extérieurs à l'organisme), comme le cycle jour/nuit, dont dépend le rythme du sommeil.

La chronobiologie est l'étude des biorythmes.

→ VOIR Chronobiologie.

Biotine

→ VOIR Vitamine B8.

Bistouri

Instrument chirurgical à lame courte, pointue et très tranchante servant à inciser la peau et les tissus. SYN. *scalpel chirurgical*.

Bistouri électrique

Appareil branché sur le secteur, se terminant par une pointe où circulent des courants de haute fréquence.

Utilisé en chirurgie, le bistouri électrique peut servir, selon l'intensité du courant utilisé, soit à faire coaguler le sang d'un vaisseau qui saigne, soit à sectionner des tissus.

B.K.

→ VOIR Koch (bacille de).

B.K. virus

Adénovirus de la famille des papovavirus.

Le B.K. virus est caractérisé par une longue période de latence ; il est responsable d'une encéphalite démyélinisante à évolution lente. Cette encéphalite, rare mais s'observant en cas d'immunodépression (sida, greffe rénale), est la première maladie de ce type à avoir été rapportée formellement à un virus.

Le B.K. virus ne doit pas être confondu avec le bacille de Koch, responsable de la tuberculose.

Blastomère

Cellule résultant de la division de l'œuf fécondé.

Les recherches génétiques ont révélé que le prélèvement d'un blastomère, porteur du patrimoine génétique de l'individu, ne compromettait pas le développement de l'œuf. Ainsi, dans les années à venir, le diagnostic de certaines maladies géniques pourra être fait avant l'implantation de l'œuf dans l'utérus.

Blastomycose

Maladie infectieuse provoquée par le champignon *Blastomyces*.

Blastomyces est un champignon microscopique de la famille des blastomycètes, qui sévit dans les deux parties du continent américain et plus rarement en Afrique.

Le diagnostic repose sur la mise en évidence du champignon, qui a l'apparence d'une levure, dans les tissus atteints.

Le traitement consiste en l'administration d'antifongiques (azolés) par voie générale.

Blennorragie

Maladie sexuellement transmissible, provoquée par *Neisseria gonorrheæ*. SYN. *gonococcie, gonorrhée.*

Neisseria gonorrheæ est un gonocoque à Gram négatif. La blennorragie, couramment appelée « chaude-pisse », est la plus ancienne des maladies vénériennes connues et se transmet lors de rapports sexuels génitaux et buccaux, et de la mère à l'enfant lors de l'accouchement. Elle est très répandue, mais sa fréquence demeure difficile à estimer.

SYMPTÔMES ET ÉVOLUTION

■ Chez l'homme, une urétrite (inflammation de l'urètre) est la plus fréquente des manifestations. Elle apparaît de 4 à 20 jours après le contact infestant, sous forme d'un écoulement urétral jaunâtre, abondant, tachant le linge et s'accompagnant de brûlures à la miction. En l'absence de traitement, des inflammations locales (prostatite, cystite ou orchi-épididymite) peuvent apparaître, et l'urétrite peut évoluer vers une forme subaiguë ou chronique dont le risque majeur est un rétrécissement urétral, source de difficultés croissantes à la miction.

■ Chez la femme, les symptômes sont souvent masqués, la blennorragie se déclarant sous forme de leucorrhées (pertes blanches) et d'inflammations locales (cervicite, bartholinite, cystite). L'infection peut gagner les ovaires et les trompes, voire provoquer une pelvipéritonite (péritonite limitée au bassin), et être cause de stérilité ultérieure.

■ Chez la fillette, qui peut contracter la maladie lors de la toilette avec du linge contaminé par un autre usager, la blennorragie se traduit souvent par une inflammation de la vulve et du vagin.

■ Chez le nouveau-né, la transmission s'effectue au moment de la naissance et se traduit par une ophtalmie gonococcique.

DIAGNOSTIC

Le diagnostic est parfois malaisé du fait de localisations atypiques : stomatite et pharyngite (après rapport orogénital), anorectite, endocardite ou méningite consécutive à l'atteinte du pharynx. Il doit être confirmé par un examen en laboratoire, direct ou après culture, du pus prélevé localement.

TRAITEMENT

La blennorragie est efficacement traitée par un antibiotique (pénicilline ou autre, si le gonocoque responsable de l'infection résiste à celle-ci). Le traitement doit être précoce et le sujet s'abstenir de tout rapport sexuel pendant les soins, les partenaires sexuels étant traités préventivement, même s'ils ne présentent aucun signe de la maladie.

Blépharite

Inflammation des paupières, habituellement limitée à leur bord libre, évoluant de façon chronique et récidivante.

Une blépharite est responsable de démangeaisons parfois gênantes et se traduit par une rougeur sur le bord libre des paupières, souvent accompagnée de squames blanches plus ou moins épaisses.

Le traitement, local (pommades antiseptiques et antibiotiques), est souvent très décevant, ne permettant que des rémissions temporaires. Les récidives sont donc la règle, sauf si la cause a été clairement identifiée et éliminée.

Blépharophimosis

Malformation congénitale, qui se caractérise par un rétrécissement de la fente des paupières, dû à un épicanthus (pli cutané vertical à l'angle interne des paupières) et à un ptôsis (chute de la paupière supérieure).

Blépharoplastie

Opération chirurgicale esthétique ou réparatrice des paupières.

■ La **blépharoplastie esthétique** corrige les déformations des paupières ou, plus rarement, un ptôsis (relâchement ou chute de la paupière supérieure).

■ La **blépharoplastie réparatrice** corrige les dégâts (pertes de tissu) occasionnés par des traumatismes ou par l'ablation de certaines tumeurs des paupières.

RÉSULTATS

Quelques ecchymoses apparaissent parfois après l'opération ; elles disparaissent en 2 ou 3 semaines. Une correction excessive peut conduire à un ectropion (renversement de la paupière inférieure, qui perd ainsi son contact avec le globe oculaire et laisse voir une partie de sa face interne). Mais, dans la majorité des cas, le résultat est très satisfaisant et persiste de nombreuses années : les cicatrices sont presque invisibles ou à peine décelables après quelques mois de cicatrisation.

Blépharospasme

Affection acquise consistant en des contractions involontaires des muscles des paupières.

Un blépharospasme n'a pas de cause connue. Il peut apparaître au cours de certaines affections de l'œil ou de la paupière ou après paralysie faciale périphérique (par atteinte du nerf facial). Il s'accompagne alors souvent d'un larmoiement au cours de la mastication (syndrome des larmes de crocodile). Cette forme de tic peut également être associée à des contractions toniques des muscles superficiels de la face du même côté (hémispasme facial).

Le traitement d'un blépharospasme, grandement amélioré par les injections locales de toxine botulique, qui bloque la stimulation nerveuse, demeure néanmoins difficile.

Bloc auriculoventriculaire

Altération de la conduction électrique dans le tissu nodal (tissu propre au muscle cardiaque) entre oreillettes et ventricules.

DIFFÉRENTS TYPES DE BLOC AURICULOVENTRICULAIRE

Les blocs auriculoventriculaires (B.A.V.) sont classés selon trois degrés de gravité, chaque type pouvant être aigu ou chronique :
- simple allongement du délai de contraction entre oreillettes et ventricules, la contraction des ventricules continuant de suivre normalement celle des oreillettes ;
- dissociation incomplète de la contraction du ventricule et de celle de l'oreillette, avec absence de contraction du ventricule après certaines contractions de l'oreillette ;
- dissociation complète entre les contractions auriculaires et les contractions ventriculaires, qui sont ralenties.

CAUSES

■ Les blocs auriculoventriculaires aigus s'observent essentiellement dans la période initiale de l'infarctus du myocarde. Ils peuvent aussi survenir après une intervention de chirurgie cardiaque, au cours d'une maladie infectieuse (endocardite bactérienne) ou virale, ou être favorisés par certains médicaments (anesthésiques locaux, bêtabloquants, amiodarone).

■ Les blocs auriculoventriculaires chroniques sont le plus souvent liés à une maladie dégénérative des voies de conduction électrique chez les sujets de plus de 60 ans. Les autres causes sont les myocardiopathies, les cardiopathies valvulaires, les malformations congénitales ou le simple bloc vagal des sportifs (hyperactivité du système nerveux autonome parasympathique).

SYMPTÔMES ET SIGNES

Un bloc auriculoventriculaire peut être asymptomatique ou se manifester par une syncope ou un syndrome d'Adam-Stokes (accident neurologique dû à une brusque diminution de l'irrigation cérébrale), avec risque de récidive et de mort brutale. L'insuffisance cardiaque est possible en cas de dissociation complète, de cardiopathie sous-jacente et de ralentissement important du rythme cardiaque.

DIAGNOSTIC ET TRAITEMENT

Le diagnostic repose sur un électrocardiogramme, la localisation précise du bloc pouvant appeler un enregistrement du faisceau de His (enregistrement endocavitaire de l'activité électrique cardiaque à l'aide d'une sonde introduite dans le cœur).

Certains blocs, qui ne présentent pas de symptômes et/ou qui n'entraînent pas de ralentissement cardiaque important, ne nécessitent pas de traitement. Le traitement de fond des blocs aigus est l'entraînement électrosystolique temporaire (sonde intracardiaque stimulant le cœur), celui des blocs chroniques, l'implantation d'un stimulateur extracorporel (pacemaker).

Bloc de branche

Trouble cardiaque de la conduction des influx électriques dans les branches du faisceau de His, qui cheminent de part et d'autre du septum interventriculaire (cloison musculaire séparant les ventricules).

Un bloc de branche se traduit par le ralentissement ou même l'interruption de la conduction de l'influx nerveux vers l'un des deux ventricules. Comme cet influx électrique a pour rôle de déclencher la contraction musculaire cardiaque, on observe un retard de contraction d'un ventricule par rapport à l'autre.

Un bloc de branche est souvent associé à une cardiopathie (hypertrophie ventriculaire, cardiopathie ischémique, etc.). Il peut également s'observer chez des patients normaux. Il n'a généralement aucune traduction clinique autre qu'un aspect anormal de l'électrocardiogramme, qui révèle le retard d'activation électrique du ventricule dont la branche est bloquée. Le traitement est celui de la cause.

Bloc enzymatique surrénalien

Anomalie ou absence de fonctionnement, d'origine héréditaire, d'une enzyme de la glande corticosurrénale.

Dans les formes qui se révèlent juste après la naissance, la maladie se traduit par une déshydratation aiguë s'il y a perte de sel. La croissance est ralentie. Dans d'autres cas, on observe une hypertension artérielle. Enfin, chez la petite fille, l'excès d'androgènes peut entraîner un pseudo-hermaphrodisme (virilisation avec masculinisation des organes génitaux externes).

Dans les formes de révélation tardive (à la puberté, par exemple), une avance staturale, une puberté précoce ou une stérilité chez l'adulte peuvent être constatées.

DIAGNOSTIC ET TRAITEMENT

Le diagnostic repose sur l'élévation du taux sanguin de précurseurs hormonaux du cortisol.

Le traitement consiste à remplacer les sécrétions absentes par des médicaments dont la prescription dure toute la vie. Un traitement adapté et précoce permet de prévenir un défaut de croissance (petite taille) chez l'enfant ou les signes de virilisme chez la petite fille.

Bloc enzymatique thyroïdien

Trouble de la synthèse des hormones thyroïdiennes, d'origine héréditaire.

SYMPTÔMES ET SIGNES

C'est l'association d'un goitre et d'une hypothyroïdie, parfois dès les premiers mois, avec un retentissement variable sur la taille, le développement du squelette et surtout celui des facultés intellectuelles.

DIAGNOSTIC ET TRAITEMENT

Le dépistage systématique de l'hypothyroïdie à la naissance permet d'établir un premier diagnostic. Le dosage des hormones thyroïdiennes permet d'apprécier la gravité de l'atteinte. Le diagnostic est facilité lorsqu'il existe un trouble familial connu de la synthèse des hormones thyroïdiennes.

Le traitement consiste dans tous les cas en l'administration d'hormones thyroïdiennes de substitution durant toute la vie. Il fait régresser le goitre et la compression qui peut en résulter, et assure à l'enfant un développement psychomoteur et staturopondéral normal. Aujourd'hui, l'apparition d'un goitre, son évolution et son éventuel traitement peuvent être surveillés in utero par échographie obstétricale.

Bloc opératoire

Ensemble des locaux et des équipements nécessaires aux opérations chirurgicales.

Un bloc opératoire comprend au moins une salle d'opération, une surface de circulation pour le transfert des malades et des locaux destinés au stockage et à l'entretien du matériel.

Boisson

Liquide absorbé par la bouche, destiné à compenser les pertes en eau de l'organisme.

Sur les 2,5 litres que l'organisme perd en moyenne chaque jour, la boisson doit apporter au moins 1 litre (le reste étant fourni par les aliments ou produit lors des réactions chimiques de transformation des aliments dans l'organisme). Seule l'eau est réellement indispensable.

DIFFÉRENTS TYPES DE BOISSON

■ **L'eau potable** (du robinet ou vendue en bouteille), à la différence de l'eau pure (eau distillée), contient en solution du gaz carbonique et des éléments minéraux (sels calcaires, magnésium, phosphates, carbonates, etc.). Les eaux minérales ont une teneur en minéraux variable selon la source.

■ **Les jus de fruits et de légumes frais** sont riches en vitamine C notamment et en sels minéraux. Les jus de fruits apportent des calories (de 100 à 120 kilocalories par millilitre) par le biais des sucres simples (glucose, fructose, saccharose) qu'ils contien-

QUANTITÉ D'ALCOOL CONTENUE DANS UN LITRE DE BOISSON ALCOOLISÉE

Boisson	Degré d'alcool	Grammes d'alcool pur dans un litre de cette boisson
Vin blanc ou rouge, à 10° Vol.	10	80 grammes d'alcool pur
Vin à 12° Vol.	12	96 grammes
Bière de table	3 ou 4	24 à 32 grammes
Bière export	5 à 8	40 à 64 grammes
Bière de luxe	5 à 8	40 à 64 grammes
Cidre	2 à 6	16 à 48 grammes
Vin doux pour apéritif	16 environ	128 grammes environ
Rhum	33 environ	264 grammes environ
Liqueur (type Bénédictine)	43 environ	340 grammes environ
Pastis 45	45	360 grammes
Eau de vie, cognac	45 à 60	360 à 480 grammes
Gin, vodka, whisky	45 à 60	360 à 480 grammes

Alimentation et nutrition humaines (*par Henri Dupin, Jean-Louis Cuq, Marie-Irène Malewak, Catherine Luynaud-Rouaud, Anne-Marie Berthier ; ESF éditeur*).

nent et les préparations industrielles comportent souvent une adjonction de sucre, en principe mentionnée sur l'étiquette. Des nectars sont ainsi préparés en additionnant de l'eau et du sucre au jus de certains fruits, trop acides ou trop pulpeux (abricot, goyave, pêche, banane).

■ **Les infusions aromatiques** (thé, café, tisanes) ont une valeur nutritive nulle à condition de ne pas y ajouter de sucre. La caféine que contiennent le thé et le café leur confère des propriétés stimulantes, diurétiques et cardiotoniques. Leur abus risque, chez les personnes prédisposées, d'entraîner nervosité, palpitations et insomnie. Le café est en outre une excellente source de vitamine PP et le thé fournit aussi des vitamines du groupe B et du fluor. Les tisanes ont des principes actifs qui varient selon les plantes avec lesquelles elles sont composées.

■ **Les boissons aromatisées non alcoolisées** sont généralement plus pauvres en vitamines (à moins que le contraire ne soit spécifié sur l'étiquette) et plus riches en sucre que les jus de fruits frais (il y a de 55 à 100 grammes de sucre dans un litre de limonade, 98 grammes dans un litre de Coca-Cola, 103 grammes dans un litre de Pepsi-Cola, plus de 100 grammes dans un litre de Tonic). Ces boissons sont souvent rendues gazeuses par adjonction de gaz carbonique (gazéification) et colorées à l'aide d'un additif autorisé. Les boissons au cola (Coca-Cola, Pepsi-Cola) contiennent de la caféine (une boîte de Coca-Cola en contient presque autant qu'une tasse de thé).

■ **Les boissons alcoolisées** (cidre, bière, vin, etc.) doivent être consommées avec modération et interdites aux enfants.

Boiterie

→ VOIR Claudication.

Bol alimentaire

Masse d'aliments mâchés – amollis et agglutinés par l'action de la salive, des dents et de la langue – prête à être déglutie.

Borborygme

Bruit produit par les aliments liquides et par les gaz qu'ils dégagent dans l'estomac ou l'intestin au cours de la digestion. SYN. *gargouillement, gargouillis*.

Les borborygmes font partie du processus normal de la digestion et constituent un phénomène parfaitement bénin, ne nécessitant donc ni investigations ni traitements particuliers.

Bordetella

Bactérie d'un genre comprenant différents coccobacilles aérobies à Gram négatif.

Les bactéries du genre *Bordetella* sont de petits bacilles. Elles colonisent volontiers les cellules ciliées de l'arbre respiratoire. *Bordetella pertussis* (ou bacille de Bordet-Gengou) et *Bordetella parapertussis* sont responsables de la coqueluche chez l'homme. *Bordetella bronchiseptica* atteint surtout les animaux (porc, chien, etc.) et exceptionnellement l'homme, dans les cas d'immunodépression, provoquant une infection bronchique.

Bornholm (maladie de)

Maladie infectieuse contagieuse due au virus Coxsackie B. SYN. *myalgie épidémique*.

Cette maladie se propage par petites épidémies. Ses symptômes sont ceux d'un état grippal (fièvre, frissons, céphalée) avec de violentes douleurs musculaires thoraciques. Elle guérit spontanément en quelques jours, sans séquelles. Le traitement se limite à calmer les douleurs.

Borréliose

→ VOIR Lyme (maladie de).

Bosse sérosanguine

Tuméfaction formée par un épanchement de sérum et de sang sous-cutané dans le cuir chevelu du nouveau-né.

La bosse sérosanguine est la conséquence d'une pression exercée sur la voûte crânienne de l'enfant pendant l'accouchement, souvent par un forceps ou une ventouse. Cette lésion très bénigne disparaît spontanément en quelques jours sans aucune séquelle. Elle peut contribuer à aggraver l'ictère du nouveau-né ou à le prolonger, en raison de la dégradation progressive de l'hémoglobine contenue dans la bosse sérosanguine.

Bothriocéphalose

Maladie parasitaire de l'intestin grêle due à l'infestation par le bothriocéphale *Diphyllobothrium latum*.

Le bothriocéphale est un ténia (ver plat) de la classe des cestodes, qui peut atteindre plusieurs mètres de long et se développe dans l'intestin grêle de l'homme et d'autres mammifères (chiens, chats, etc.).

La bothriocéphalose, maladie assez rare, sévit dans les pays froids et tempérés. L'infestation s'effectue par l'ingestion de poissons de lac et de rivière (brochet, perche, truite), moins fréquemment par l'ingestion de poissons de mer.

Cette zoonose (maladie de l'animal transmissible à l'homme) se manifeste par des douleurs abdominales et des diarrhées, plus rarement par une forme particulière d'anémie, proche de la maladie de Biermer.

L'examen microscopique des selles révèle la présence d'œufs de bothriocéphale.

Le traitement consiste en l'administration d'un médicament antihelminthique (niclosamide). On prévient l'infestation en consommant des poissons bien cuits.

Botryomycome

Tumeur bénigne cutanée. SYN. *granulome pyogénique, granulome télangiectasique*.

Le botryomycome a l'aspect d'une lésion surélevée, rouge framboise, saignant au moindre contact, en général pédiculée et nettement séparée de la peau normale par un sillon. Il siège de préférence sur la main, le pied, le cuir chevelu. La tumeur est analysée par examen histologique, afin d'éliminer la possibilité de confusion avec une forme de mélanome. Le traitement fait appel à l'ablation chirurgicale du botryomycome.

Botulisme

Intoxication alimentaire provoquée par le bacille anaérobie à Gram positif *Clostridium botulinum*.

Clostridium botulinum est présent dans le sol, les eaux et l'organisme de nombreux animaux et produit des spores qui résistent à l'ébullition et aux modes de conservation (sel, vinaigre, fumaison) utilisés dans la fabrication des conserves familiales. Ces spores sécrètent une toxine qui inhibe la sécrétion d'acétylcholine intervenant dans la transmission des influx nerveux, provoquant ainsi des paralysies en cas d'ingestion d'aliments contenant la toxine. Des cas de botulisme sont également parfois signalés chez des consommateurs de conserves industrielles (légumes, poissons).

SYMPTÔMES ET SIGNES

La maladie débute de quelques heures à 5 jours après l'absorption de nourriture infectée. Les premiers signes en sont souvent des troubles de la vue (paralysie, diplopie, pseudo-presbytie) et une mydriase (dilatation anormale et persistante de la pupille). Ils s'accompagnent d'une sécheresse intense de la bouche, avec une difficulté à avaler pouvant évoquer une angine. Des formes graves peuvent apparaître : encéphalite, paralysie musculaire, troubles cardiaques, voire mort subite.

TRAITEMENT

Le traitement est purement symptomatique et impose souvent l'hospitalisation avec surveillance de la déglutition, de la respiration et de l'état cardiaque. L'injection de sérum antibotulique est généralement recommandée. La maladie régresse généralement lentement, en quelques semaines.

PRÉVENTION

Elle repose sur le respect scrupuleux des règles de préparation alimentaire et d'abattage des animaux. Les conserves douteuses (couvercle bombé, odeur suspecte) doivent être écartées de la consommation. La stérilisation de conserves pendant 1 heure et demie à 120 °C est une mesure d'hygiène efficace, car elle détruit la toxine.

Bouche

Cavité du visage formant le segment initial du tube digestif et assurant des fonctions digestive, respiratoire et phonatoire.

La bouche est limitée en haut par le palais, structure osseuse prolongée par le voile du palais ; en bas, par le plancher buccal, formé essentiellement par la langue.

La bouche participe aux fonctions de phonation, en servant de caisse de résonance et de modulation aux sons produits dans le larynx ; de digestion, en assurant la dégradation des aliments avant déglutition, grâce aux enzymes salivaires ; de respiration, en remplaçant la respiration nasale lorsque celle-ci est empêchée (mais cela supprime les effets bénéfiques des fosses nasales : réchauffement de l'air et élimination de particules) ; de gustation, en permettant les sensations gustatives grâce aux papilles linguales.

La bouche peut être le siège de malformations, d'infections ou de tumeurs.

Bouche (cancer de la)

Cancer pouvant toucher les lèvres, la langue, le plancher de la bouche, la paroi interne des gencives et, plus rarement, le palais, sous la forme d'un carcinome.

Le cancer de la bouche est assez fréquent : il représente environ 8 % des cancers. Les hommes sont plus souvent atteints que les femmes, surtout à partir de 50 ans.

Les facteurs favorisants sont le tabac (65 % des malades sont des fumeurs), l'alcool, une mauvaise hygiène buccale et des appareils dentaires inadaptés provoquant des frottements avec la muqueuse. Toute anomalie, lésion ou bourgeonnement ne disparaissant pas au bout d'une dizaine de jours, appelle une consultation médicale.

SYMPTÔMES ET SIGNES

À son début, la maladie est très peu marquée : sensations de brûlure fugace, petits saignements. La tumeur se développe sous la forme d'une ulcération de la muqueuse ou d'un bourgeonnement accompagné de saignements. Lorsqu'elle est située sur la langue, elle peut rendre la déglutition ou la phonation difficiles. Enfin, à un stade avancé du cancer, la douleur devient importante.

DIAGNOSTIC ET TRAITEMENT

Le diagnostic de cancer de la bouche repose sur la biopsie. Plus le diagnostic est précoce, meilleures sont les chances de guérison.

Trois thérapies sont possibles, selon l'évolution et la taille de la tumeur cancéreuse :

Les bains de bouche

Les bains de bouche sont recommandés pendant et après le traitement des maladies de la gencive (gingivite et parodontite). Un bain de bouche à l'eau salée tiède peut aider à calmer les inflammations très douloureuses causées par une inclusion de dent de sagesse ou une alvéolite dentaire, ou à drainer le liquide purulent d'un abcès dentaire.

Les bains de bouche fluorés sont utiles à titre préventif chez l'enfant, pour éviter les caries, en renforçant l'émail des dents et en agissant directement contre la plaque. Ils sont aussi conseillés en traitement curatif, par exemple après une radiothérapie d'un cancer de la bouche ou lorsque le collet des dents est sensible. Les solutions antiseptiques et aromatisantes vendues dans le commerce servent à rincer la bouche et à éliminer les débris alimentaires. Elles doivent être utilisées pendant une courte période (de 4 à 7 jours) dans le cadre d'une infection gingivale ou dentaire. En effet, leur utilisation prolongée peut avoir pour conséquences une irritation des tissus et des affections secondaires. Par ailleurs, leur pouvoir aromatisant procure un bien-être passager, mais ne résout pas la cause d'une mauvaise haleine, qui provient en général d'une inflammation du parodonte (ensemble des tissus de soutien de la dent), d'un foyer infectieux nasal ou de troubles digestifs.

---

la chirurgie, la cobaltothérapie (radiothérapie à haute énergie) ou la chimiothérapie, employées seules ou associées. La chirurgie est souvent mutilante, entraînant une gêne fonctionnelle et un préjudice esthétique. Une intervention chirurgicale ultérieure peut pallier les inconvénients esthétiques.

Bouche-à-bouche

Assistance respiratoire d'urgence, applicable dans l'attente de secours médicalisés en cas d'arrêt respiratoire ou cardiocirculatoire, qui consiste, pour un sauveteur, à insuffler l'air qu'il expire, encore riche en oxygène, au sujet inanimé.

Le sauveteur couche le sujet sur le dos, désencombre sa bouche de tout corps étranger, enlève ses prothèses dentaires et tire sa mâchoire inférieure vers l'avant pour dégager l'entrée des voies respiratoires, obstruée chez le malade inconscient par la chute de la langue en arrière. Il incline la tête du sujet en arrière en maintenant la nuque et fait basculer le menton vers le haut. Après avoir pincé le nez de la personne inanimée entre le pouce et l'index et pris une inspiration profonde, il pose sa bouche ouverte sur celle du sujet et expire profondément. Le soulèvement immédiat du thorax du sujet atteste l'efficacité de la ventilation.

Bouffée de chaleur

Sensation de chaleur subite et passagère (ne durant que de 1 à 2 minutes) du visage, du cou et du thorax, accompagnée de sueurs et de frissons.

Les bouffées de chaleur sont toujours le signe d'une modification de l'activité hormonale. Le plus souvent, elles sont dues à la diminution de la production d'œstrogènes pendant la ménopause. Parfois, elles surviennent après une hystérectomie totale avec castration (ablation des 2 ovaires). Elles sont favorisées par les émotions et par les changements de la température extérieure. Leur apparition est imprévisible et incontrôlable, leur intensité variable.

Le traitement des bouffées de chaleur dues à la ménopause ou à la castration chirurgicale repose sur l'hormonothérapie substitutive. Certains médicaments neuroleptiques peuvent être utilisés si les hormones sont contre-indiquées.

Bouillaud (maladie de)

→ VOIR Rhumatisme articulaire aigu.

Boulimie

Trouble du comportement alimentaire caractérisé par un besoin incontrôlable d'absorber de la nourriture en grande quantité chez un sujet qui, habituellement, n'est pas un « gros mangeur ». SYN. *hyperorexie, hyperphagie, polyorexie.*

Le comportement boulimique a des significations très diverses. Il peut s'intriquer à de nombreux problèmes psychologiques ou médicaux, constituer, par exemple, une variante d'un autre trouble des conduites alimentaires, l'anorexie mentale.

FRÉQUENCE

Le comportement boulimique s'installe souvent lors de l'adolescence, peut-être plus fréquemment chez les femmes. Sa fréquence reste encore imprécise.

CAUSES

En dehors des cas de dérèglements métaboliques (diabète, désordre hormonal) et de certaines lésions nerveuses, les principales causes de la boulimie sont d'ordre psychologique. Très souvent, le comportement boulimique apparaît comme une défense contre la dépression et le stress : le fait de manger ne vise pas tant à se nourrir qu'à apaiser l'angoisse, compenser la frustration ou revaloriser une image de soi. Il peut aussi constituer un rite névrotique ou une compensation à l'insatisfaction sexuelle (chez l'hystérique, notamment). Dans l'anorexie mentale, des crises boulimiques avec prise de poids viennent parfois interrompre le jeûne, sans que les autres symptômes disparaissent. Psychiquement, la patiente demeure une anorexique. Certaines deviennent directement boulimiques, sans jeûne ni amaigrissement préalable.

SYMPTÔMES ET DIAGNOSTIC

Le comportement boulimique n'est pas préoccupant tant qu'il reste occasionnel, comme c'est le cas chez des sujets qui ont envie d'aliments à forte charge affective et symbolique ; les « envies » des femmes enceintes constituent ainsi une forme de boulimie physiologique. La boulimie dépressive et névrotique se manifeste de façon périodique sous forme d'impulsions tyranniques. Elle procure un apaisement momentané, à la différence de la boulimie des anorexiques. La boulimie de l'anorexique se caractérise par l'ingestion à très peu de temps d'intervalle (généralement moins de

2 heures) de grandes quantités de nourriture, avec le sentiment de ne plus pouvoir contrôler son alimentation. Le patient a en outre tendance à se faire vomir, à prendre des laxatifs et à pratiquer, le reste du temps, un régime sévère afin d'éviter de grossir.

Dans les cas les plus graves, les accès boulimiques accompagnés de vomissements provoqués peuvent entraîner une déshydratation et une fuite de potassium (qui se manifeste par une faiblesse et des crampes), des lésions œsophagiennes et dentaires dues à l'acidité du liquide gastrique régurgité.

TRAITEMENT

Il est orienté par le diagnostic et un bilan organique préalable. Pour être efficace et durable, le traitement doit s'établir dans la confiance, afin d'agir sur les causes psychologiques de la boulimie. La psychothérapie, éventuellement associée à une prescription d'antidépresseurs, vise à la maturation émotionnelle et à une résolution des conflits affectifs. Le patient et le médecin coopèrent aussi afin d'établir de nouvelles habitudes alimentaires. Un régime ne saurait être entrepris sans avis médical, et les anorexigènes sont à proscrire absolument.

Bourbouille

→ VOIR Miliaire.

Bourdonnements d'oreille

→ VOIR Acouphène.

Bourneville (sclérose tubéreuse de)

Maladie d'origine héréditaire affectant la peau et le système nerveux. SYN. *épiloïa*.

La maladie se caractérise par des malformations et des tumeurs, surtout cérébrales et cutanées, mais aussi oculaires, rénales, cardiaques, pulmonaires et digestives. Les principales conséquences sont les suivantes : épilepsie et retard mental ; petites excroissances ou taches décolorées sur la peau ; insuffisance de la fonction rénale. Dans l'établissement du diagnostic, la recherche de ces signes est complétée par la radiologie du cerveau (scanner, imagerie par résonance magnétique) afin de détecter d'autres tumeurs éventuelles.

Le traitement ne s'adresse qu'aux symptômes (épilepsie, insuffisance rénale, etc.). La durée de vie est souvent réduite à cause de l'atteinte cérébrale et rénale, mais d'une façon très variable en fonction de la sévérité de la maladie.

Bourse séreuse

Poche limitée par une membrane de même nature qu'une membrane synoviale articulaire et destinée à faciliter le glissement de la peau, d'un muscle ou d'un tendon sur un os.

Bouton

Lésion bénigne de la peau prenant généralement la forme d'une petite tuméfaction parfois enflammée.

Le terme s'applique dans l'usage courant à toutes sortes de menues lésions cutanées, parmi lesquelles la terminologie médicale distingue plus précisément : la macule (tache plane), la papule (petite tache légèrement surélevée), la vésicule (petite élevure emplie de liquide clair), la bulle (élevure liquidienne plus grande), la pustule (élevure contenant du pus), le nodule (sphère petite ou moyenne plus ou moins profonde).

Bouton de fièvre

→ VOIR Herpès.

Bouton d'Orient

→ VOIR Leishmaniose cutanée.

Bouveret (maladie de)

Tachycardie paroxystique à début et fin brusques. SYN. *tachycardie paroxystique supraventriculaire*.

Une maladie de Bouveret peut se déclencher sur un sujet à cœur normal ou être associée à une cardiopathie. Elle fait partie des troubles du rythme rencontrés dans l'hyperthyroïdie. Certains cas sont liés à l'existence anormale d'une voie supplémentaire du tissu nodal (tissu qui assure la conduction nerveuse du cœur), provoquant le détournement de l'influx nerveux.

SYMPTÔMES ET SIGNES

La maladie de Bouveret se traduit par une accélération cardiaque d'emblée très rapide (de 180 à 200 pulsations/minute) ; l'électrocardiogramme montre un rythme très régulier. Le temps de l'accélération peut durer de quelques minutes à plusieurs heures, et la crise peut récidiver selon des intervalles très variables. Elle s'achève brusquement avec un retour immédiat à la fréquence cardiaque normale et est souvent suivie d'une crise polyurique (fréquent besoin d'uriner).

La tolérance de la crise est généralement bonne, mais il peut s'y associer une sensation de malaise, un essoufflement, une douleur thoracique, voire une baisse de tension artérielle.

La crise s'interrompt fréquemment à l'aide du déclenchement d'un réflexe qui stimule le nerf vague, ralentisseur du rythme cardiaque : inspiration profonde, ingestion d'un aliment ou d'une boisson, changement de position, compression des globes oculaires.

TRAITEMENT
Le traitement aigu de la crise fait appel à des manœuvres déclenchant le réflexe vagal et à l'injection intraveineuse d'acide adénosine triphosphorique. Un traitement préventif antiarythmique peut être ensuite prescrit.

Bowen (maladie de)

Tumeur de nature précancéreuse de la peau ou des muqueuses.

La maladie de Bowen est une variété de carcinome épidermique se développant, au début, uniquement dans l'épiderme (forme intraépithéliale ou in situ).

La tumeur forme sur la peau une ou plusieurs plaques rose grisâtre, arrondies, à surface irrégulière ; sur les muqueuses génitales ou anales, elle forme des taches rouges, arrondies et légèrement surélevées (chez l'homme), grisâtres ou blanchâtres (chez la femme). Ces lésions s'étendent lentement, pouvant se transformer en véritable épithélioma spinocellulaire (forme de cancer cutané). La maladie a pu être associée à des cancers viscéraux profonds.

Le diagnostic de maladie de Bowen repose sur l'examen d'un prélèvement au microscope, et son traitement, sur la destruction définitive des lésions par cryochirurgie, par laser ou par ablation chirurgicale.

Bradycardie

Ralentissement des battements du cœur en dessous de 60 pulsations/minute.

Le rythme cardiaque normal varie, chez la plupart des sujets, de 60 à 100 pulsations/minute ; la moyenne est de 70-80 pulsations/minute, moins chez certains sportifs.

CAUSES
Une bradycardie peut être sinusale, c'est-à-dire due à un ralentissement de l'activité électrique du nœud sinusal (stimulateur physiologique du cœur). Elle n'est pas systématiquement pathologique et s'observe chez les athlètes et les sportifs bien entraînés, les personnes âgées et les sujets vagotoniques, chez qui on constate une hyperactivité du système nerveux parasympathique.

Elle peut aussi être due à l'action de médicaments chronotropes négatifs (ralentissant la fréquence cardiaque) : bêtabloquants, digitaliques, nombreux antiarythmiques, certains inhibiteurs calciques.

Une bradycardie pathologique s'associe parfois à des troubles de la conduction de l'influx électrique à travers le cœur (dysfonction sinusale, bloc auriculoventriculaire) ou à certaines maladies comme l'hypothyroïdie ou l'infarctus du myocarde.

ÉVOLUTION
La bradycardie demeure sans conséquence lorsqu'elle est modérée ou s'installe progressivement. Si elle est excessive et survient brutalement, elle peut être responsable d'asthénie, de malaises ou de syncopes.

TRAITEMENT
Il dépend du mécanisme responsable ainsi que de son caractère pathologique ou non et de sa tolérance clinique. Une bradycardie sinusale, par exemple, peut être soignée par administration de dérivés atropiniques. Une bradycardie due à un bloc auriculoventriculaire requiert habituellement la pose d'un stimulateur cardiaque (pacemaker).

Braille (alphabet)

Écriture en relief à l'usage des aveugles.

Ce système d'écriture et de lecture a été mis au point par Louis Braille (1809-1852). La lecture se fait en touchant les signes formés par des points en relief.

Bras

Partie du membre supérieur comprise entre l'épaule et le coude.

Le squelette du bras est constitué par l'humérus, d'où se détachent deux cloisons intermusculaires, externe et interne, issues de l'aponévrose brachiale. Elles divisent ainsi deux régions appelées loges, l'une antérieure et l'autre postérieure.

PATHOLOGIE

Elle est essentiellement traumatique : fracture de l'humérus, rupture du tendon du biceps, lésion du nerf radial. Les atteintes vasculaires (artérite, phlébite) s'observent beaucoup plus rarement dans le membre supérieur que dans le membre inférieur.

Bride

Bande de tissu conjonctif fibreux réunissant anormalement deux organes ou développée au niveau d'une cavité séreuse.

Les brides péritonéales sont des formations consécutives à une inflammation ou à la présence, dans la cavité péritonéale, de sérosités ou de sang. Elles ne sont pas nécessairement facteur de troubles, mais une torsion d'une anse intestinale autour des brides (volvulus) peut entraîner une occlusion intestinale aiguë. Une intervention chirurgicale rétablit un circuit intestinal normal.

Bridge

Prothèse destinée à remplacer une ou plusieurs dents absentes et fixée sur les dents naturelles voisines du secteur édenté.

Le brigde (« pont », en anglais) est fabriqué à partir d'une empreinte des dents, puis scellé aux dents saines adjacentes et des couronnes. Il peut être en métal (alliage d'or, par exemple) ou, plus esthétique, en céramique, monté sur une armature métallique (pour les dents visibles). Un bridge dit « complet » peut comporter plus de 12 dents sur une même arcade.

Le rôle d'un bridge est de rétablir la mastication, la phonation et l'esthétique. Lorsqu'il est bien exécuté, son intégration dans la bouche est parfaite.

Brochage

Procédé d'ostéosynthèse utilisant des broches (tiges métalliques) pour maintenir les fragments osseux d'une fracture, de façon temporaire ou définitive.

INDICATIONS

Le brochage est souvent utilisé dans la réparation des os de petite taille (main, pied et doigt) et pour le maintien de la réduction des fractures de l'extrémité inférieure du radius (poignet). Dans certains cas, il peut être utilisé comme contention temporaire d'une fracture avant installation d'une plaque ; les broches ont alors pour fonction de maintenir les fragments osseux en place et de faciliter ainsi l'ostéosynthèse.

Bromidrose, ou Bromhidrose

Émission d'une sueur d'odeur fétide.

La bromidrose est due à un dysfonctionnement des glandes sudoripares. La sueur est d'abondance normale, mais son odeur, évoquant le rance ou le moisi, est parfois source de handicap social. L'anomalie peut être localisée (pieds) ou généralisée (plis du corps).

Le traitement consiste en une hygiène rigoureuse et en l'application de déodorant à base d'aluminium, de zinc ou de zirconium.

Bronche

Conduit cylindrique assurant le transport de l'air entre la trachée et les alvéoles pulmonaires.

Issues de la trachée, les deux bronches principales (droite et gauche) se subdivisent dans chaque poumon en bronches lobaires, puis en rameaux de plus en plus petits avant de se terminer en bronchioles. L'ensemble forme l'arbre bronchique. Les bronches ont une armature fibrocartilagineuse et musculeuse qui les rend semi-rigides. Elles sont tapissées d'une muqueuse couverte de cils (servant à évacuer les poussières à l'extérieur) et de glandes.

PATHOLOGIE

Les maladies des bronches constituent des affections de gravité variable suivant le siège et l'étendue des lésions et leur retentissement sur la ventilation pulmonaire. On distingue l'inflammation aiguë ou chronique de la muqueuse bronchique (bronchite), l'oblitération localisée (tumeur, présence d'un corps étranger, sténose) ou diffuse (bronchospasme) du conduit bronchique, la dilatation des bronches (branchectasie) et les maladies du cartilage bronchique (dyskinésie trachéobronchique). Les bronches peuvent également être le siège d'un cancer, le plus souvent localisé sur les bronches principales ou sur les bronches lobaires.

Bronches (kyste des)

Kyste caractérisé par une cavité ronde ou ovale bien limitée, siégeant le plus souvent dans les bronches du lobe supérieur du poumon. SYN. *kyste bronchogénique, kyste bronchopulmonaire.*

Les kystes des bronches sont congénitaux. Ils ont une paroi mince et irrégulière. Souvent, le médecin ne découvre leur existence qu'à l'occasion de radiographies systématiques, de maladies infectieuses de l'enfant ou de l'adulte jeune, avec expectoration purulente, ou encore d'hémoptysie (expectoration de sang provenant des voies aériennes).

Dans ces deux derniers cas, l'ablation chirurgicale peut se révéler nécessaire.

Bronches (tumeur des)

Tumeur bénigne ou maligne située dans les voies aériennes au-dessous de la glotte (c'est-à-dire dans les bronches, mais aussi, par extension, dans la trachée et les poumons).

La plupart des tumeurs des bronches sont des cancers bronchiques. Leurs principaux symptômes cliniques sont très variables, parfois inexistants. Les tumeurs des bronches peuvent entraîner une toux, une dyspnée (difficulté respiratoire), voire une hémoptysie (expectoration de sang provenant des voies aériennes).

Si la radiologie sert à visualiser la tumeur et ses possibles conséquences pulmonaires, le diagnostic repose essentiellement sur la bronchoscopie, qui permet d'effectuer un prélèvement dont l'étude au microscope renseignera sur la nature des tissus concernés et le caractère bénin ou malin (susceptible d'envahir les tissus environnants et de se répandre ailleurs dans le corps par métastases) de la tumeur.

Le traitement, souvent chirurgical, et le pronostic dépendent directement de la nature de la tumeur.

→ VOIR Bronchiolo-alvéolaire (cancer), Bronchopulmonaire (cancer).

Bronchectasie

Augmentation permanente et irréversible du calibre des bronches. SYN. *dilatation des bronches.*

La bronchectasie existe sous deux formes différentes : la maladie bronchectasique, diffuse, et le syndrome bronchectasique, localisé.

Maladie bronchectasique

Elle s'installe au cours d'une agression infectieuse aiguë (coqueluche, rougeole, etc.) ou chronique, parfois favorisée par une maladie générale (mucoviscidose, déficit immunitaire, etc.).

Le symptôme principal de la maladie bronchectasique est la toux, grasse, prédominant le matin et en position couchée, ramenant une expectoration chronique purulente. Les poussées d'infection sont fréquentes et se manifestent par de la fièvre, une recrudescence de l'expectoration et, souvent, des hémoptysies (crachats de sang).

Le diagnostic est confirmé par l'aspect des bronches sur les radiographies et surtout sur le scanner. Les explorations fonctionnelles respiratoires (mesure des volumes et des débits inspirés et expirés) aident au diagnostic et permettent d'apprécier la gravité de la maladie. L'évolution de la maladie bronchectasique est chronique, commençant le plus souvent dans l'enfance.

Certaines formes peuvent conduire à une insuffisance respiratoire chronique.

Le traitement se limite à la kinésithérapie respiratoire : drainage de posture (le sujet est placé dans une position qui facilite l'expectoration), expectoration dirigée (aide à l'expectoration efficace avec le minimum d'efforts), éducation de la toux.

Les antibiotiques ne servent qu'à juguler des poussées infectieuses.

Syndrome bronchectasique localisé

Il s'agit d'une séquelle d'une agression bronchopulmonaire sévère mais localisée : tuberculose, abcès pulmonaire, corps étranger dans l'arbre bronchique, etc.

Le syndrome bronchectasique localisé se manifeste par une dyspnée (gêne respiratoire) plus ou moins importante, une toux sèche en cas de présence d'un corps étranger, une expectoration purulente en cas d'abcès et des hémoptysies parfois abondantes.

À la différence de la maladie bronchectasique, il peut être traité chirurgicalement si la bronchectasie est handicapante et si la kinésithérapie se révèle inefficace.

Bronchiole

Rameau de division d'une bronche à l'intérieur du poumon.

Les bronchioles (bronchioles terminales puis bronchioles respiratoires) se terminent en petits sacs en forme de grappe de raisin, appelés alvéoles, à travers les parois desquels s'effectuent les échanges gazeux avec le sang.

Bronchiolite

Inflammation aiguë des bronchioles évoluant vers une détresse respiratoire.

Une bronchiolite survient surtout chez l'enfant de moins de 2 ans.

D'origine virale (essentiellement due au virus respiratoire syncytial), elle se propage par voie aérienne : la contamination se fait par l'écoulement nasal et les gouttelettes émises au moment de la toux, parfois aussi par les mains du personnel dans les collectivités (infections nosocomiales).

Ainsi, les bronchiolites sont fréquentes en milieu hospitalier et dans les crèches, par épidémies surtout hivernales.

SYMPTÔMES ET DIAGNOSTIC

La bronchiolite, qui survient souvent après une rhinopharyngite, se traduit par une difficulté respiratoire : augmentation de la fréquence respiratoire (polypnée), creusement du thorax à l'inspiration, expiration prolongée et sifflante. Une toux irritative, des râles crépitants (témoignant d'une broncho-alvéolite associée) et parfois une accélération du rythme cardiaque s'y ajoutent. L'hyper-sécrétion de mucus bronchique favorise l'encombrement des voies respiratoires. La fièvre est en général modérée.

La maladie est plus grave chez les enfants de moins de 3 mois et en cas d'antécédents de prématurité ou d'hypotrophie. Elle peut alors se manifester par une cyanose indiquant une diminution de la concentration du sang en oxygène, un battement des ailes du nez révélant une insuffisance respiratoire, un refus de s'alimenter, une agitation, des troubles de la conscience.

Le diagnostic, évoqué par les symptômes et par l'auscultation, doit être confirmé par une radiographie pulmonaire.

TRAITEMENT ET PRONOSTIC

Le traitement peut être effectué à domicile, sauf dans les formes graves, où l'enfant doit être hospitalisé. Il repose sur la kinésithérapie respiratoire, destinée à désobstruer les voies aériennes supérieures. Des bronchodilatateurs sont parfois prescrits. Un traitement antibiotique peut être utile pour éviter une surinfection bactérienne. Le traitement antiviral est réservé aux formes sévères quand il existe un terrain à risque (maladie cardiopulmonaire). L'enfant peut être hospitalisé pour bénéficier d'un apport d'oxygène ou d'une assistance respiratoire, ainsi que d'une alimentation par sonde gastrique ou par voie intraveineuse.

La bronchiolite évolue habituellement en quelques jours et guérit sans séquelle. Parfois, les épisodes peuvent se répéter en raison d'une immunité de courte durée contre le virus. Un nourrisson peut donc faire 2 ou 3 bronchiolites par an. À long terme, la survenue d'un asthme chez les enfants ayant eu une bronchiolite serait possible, surtout dans les familles présentant un terrain allergique.

Bronchiolo-alvéolaire (cancer)

Cancer pulmonaire particulier, tapissant la face interne des alvéoles sans en détruire l'architecture. SYN. *cancer alvéolaire*.

Seul véritable « cancer du poumon », puisqu'il se développe à partir des cellules des terminaisons de l'arbre respiratoire (bronchioles et alvéoles), le cancer bronchiolo-alvéolaire ne représente que 3 % des cancers bronchopulmonaires primitifs. Sa cause reste inconnue.

Le plus souvent, il se présente sous l'aspect d'une tumeur ronde unique, localisée en périphérie des poumons. Le traitement idéal est alors chirurgical. Après ablation, le pronostic est assez bon.

Plus caractéristique, mais plus rare, est la forme pneumonique (atteinte aiguë d'un lobe pulmonaire entier), s'accompagnant parfois d'une expectoration abondante, qui est reconnaissable à la radiologie par une opacité systématisée (bien limitée à un lobe ou à un segment pulmonaire). Dans ce cas, les traitements classiques (chirurgie, radiothérapie, chimiothérapie) sont inutiles, mais l'évolution est alors assez lente et les métastases extrathoraciques sont rares.

Bronchite

Inflammation des bronches, aiguë ou chronique, se traduisant par une toux grasse et des expectorations.

Bronchite aiguë

La bronchite aiguë, l'une des affections respiratoires les plus fréquentes, est due à une infection virale des bronches (bronchite) ou des bronchioles (bronchiolite). D'apparition brutale et de durée brève, elle est favorisée par le tabagisme et la pollution atmosphérique et survient surtout en hiver.

Les signes cliniques sont une toux quinteuse, rauque, des expectorations (crachats) et une fièvre dont la manifestation varie selon le virus mais ne dépasse pas 39 °C. Le diagnostic ne nécessite pas d'examens complémentaires.

EVOLUTION ET TRAITEMENT

Les symptômes peuvent disparaître spontanément en moins de 2 semaines. Toutefois, l'évolution peut aussi se faire vers la surinfection bactérienne, l'expectoration devenant alors purulente (épaisse, jaunâtre ou verdâtre). Des complications, comme une pneumonie ou une pleurésie, sont exceptionnelles. Par ailleurs, il y a un risque d'insuffisance respiratoire chez les sujets fragiles (nourrisson, vieillard).

Le traitement d'une bronchite aiguë porte uniquement sur les symptômes : médicaments contre l'infection et l'excès de sécrétions bronchiques, administrés par voie orale ou rectale ou encore en inhalation. Les antibiotiques sont indiqués en cas de surinfection et chez les sujets fragiles.

Bronchite chronique

La bronchite chronique se caractérise par une hypersécrétion bronchique permanente ou récidivante. On parle de bronchite chronique lorsque les périodes de toux et d'expectoration durent 3 mois consécutifs et s'étendent sur au moins 2 ans.

La consommation de tabac joue un rôle important dans cette maladie : la fréquence de la bronchite chronique chez les non-fumeurs est de l'ordre de 8 %, alors qu'elle atteint 50 % chez les sujets fumant plus de 20 cigarettes par jour. D'autres facteurs interviennent également : la pollution atmosphérique (parfois liée au lieu de travail) et les infections à répétition.

Le diagnostic se fait uniquement à l'auscultation. Cependant, certains examens peuvent être prescrits : radiographie thoracique, analyses de sang et exploration fonctionnelle respiratoire.

EVOLUTION ET TRAITEMENT

La bronchite chronique évolue vers l'insuffisance respiratoire chronique et l'emphysème (distension et destruction des alvéoles pulmonaires), qui entraînent une hypertension artérielle pulmonaire marquée par un essoufflement, une cyanose, un œdème des membres inférieurs.

Après plusieurs années, la gêne respiratoire à l'effort persiste au repos et devient invalidante. Par ailleurs, il existe un risque d'apparition de cancer bronchopulmonaire.

Le traitement, qui varie selon la gravité de la maladie, repose sur l'arrêt de la consommation de tabac, la surveillance et le traitement antibiotique précoce et systématique de chaque nouvelle infection bronchique, la kinésithérapie respiratoire, l'administration de médicaments (bronchodilatateurs, fluidifiants des sécrétions, analeptiques). Dans les formes les plus sérieuses, de l'oxygène peut être administré à domicile. La prévention porte essentiellement sur la lutte individuelle et collective contre le tabagisme et la pollution.

Bronchocèle

1. Dilatation bronchique localisée située en dessous d'un rétrécissement dû à une tumeur ou à une inflammation (infection banale, tuberculose, cancer) et remplie de pus, de caséum ou de mucus.
2. Tumeur du cou, le plus souvent congénitale, en communication avec une bronche.

Bronchoconstricteur

Substance provoquant une bronchoconstriction (diminution du diamètre des bronches) gênant la respiration et pouvant aboutir à une crise d'asthme.

Bronchodilatateur

Substance provoquant une bronchodilatation (augmentation du diamètre des bronches) et diminuant la gêne respiratoire au cours de l'asthme et de la bronchite chronique.

Certaines substances naturelles de l'organisme sont bronchodilatatrices, comme l'adrénaline.

Bronchographie

Examen radiographique des bronches. SYN. *bronchographie lipiodolée.*

Bronchopathie

Toute affection des bronches, quelle que soit sa cause.

Bronchopneumonie

Pneumonie caractérisée par une infection plus ou moins étendue des bronchioles, des alvéoles pulmonaires et/ou de l'interstitium pulmonaire.

La bronchopneumonie, plus couramment appelée congestion pulmonaire, est une affection extrêmement fréquente. Elle survient le plus souvent chez les jeunes enfants et chez les sujets âgés ou physiologiquement affaiblis.

CAUSES
L'origine d'une bronchopneumonie est infectieuse, bactérienne (pneumocoque, streptocoque), virale (rougeole) et parfois mycologique (aspergillus).

SYMPTÔMES ET DIAGNOSTIC
Le diagnostic repose sur l'association d'une fièvre souvent élevée (39 ou 40 °C) et de symptômes tels que la toux ou l'expectoration. Pour le confirmer, le médecin peut demander une radiographie pulmonaire. Dans certains cas, pour déterminer quel germe est en cause, il peut aussi faire pratiquer un examen des crachats, voire une fibroscopie bronchique.

TRAITEMENT ET PRONOSTIC
Un traitement antibiotique est en général efficace en 48 heures et la majorité des malades guérissent totalement en une quinzaine de jours. Mais leur radiographie ne redevient normale qu'au bout d'environ quatre semaines.

Bronchopulmonaire (cancer)

Cancer développé aux dépens des tissus des bronches et des poumons.

Les cancers bronchopulmonaires sont des cancers bronchiques, les seuls cancers véritablement développés à partir du tissu pulmonaire étant le cancer bronchiolo-alvéolaire et les cancers secondaires.

Cancer bronchopulmonaire primitif

C'est le cancer le plus fréquent dans le monde. Le tabagisme est la cause principale des cancers bronchopulmonaires primitifs. Même une exposition passive à la fumée de tabac a des effets cancérigènes : chez un non-fumeur vivant parmi de gros fumeurs, le risque de survenue d'un cancer bronchopulmonaire primitif est supérieur de 35 % à celui encouru par un non-fumeur non exposé. L'environnement (non pas la pollution atmosphérique mais une exposition, professionnelle ou non, à des radiations ionisantes ou à certaines matières comme l'amiante, le chrome, le nickel, les hydrocarbures) constitue un autre facteur de risque.

On distingue deux grandes catégories de cancers bronchopulmonaires primitifs, en fonction de la taille de leurs cellules.

■ Les cancers dits « non à petites cellules » regroupent les tumeurs épidermoïdes (45 %), les adénocarcinomes (20 %) et les cancers indifférenciés à grandes cellules (15 %). Ils se manifestent par des signes respiratoires (toux persistante, essoufflement, douleurs thoraciques, expectoration sanguinolente, sifflements respiratoires, pneumopathie traînante ou récidivante, abcès du poumon, pleurésie purulente), qui s'associent tardivement à une altération de l'état général du sujet.

■ Les cancers à petites cellules à haut potentiel métastasique et à envahissement médiastinal précoce sont particulièrement graves. Leurs manifestations sont semblables à celles des cancers « non à petites cellules ». Du fait du volume des tumeurs et de leur prolifération, ils entraînent parfois des dilatations des veines superficielles du thorax et un œdème de la base du cou en cas de compression de la veine cave supérieure, ainsi qu'un syndrome paranéoplasique (notamment le syndrome de Schwartz-Bartter, dû à la sécrétion anormale d'hormone antidiurétique par la tumeur maligne).

DIAGNOSTIC

La découverte d'un cancer bronchopulmonaire primitif a généralement lieu lors d'un examen radiologique prescrit à cause de l'un des symptômes précédemment décrits. L'obtention de tissus (par biopsie, généralement réalisée par fibroscopie bronchique) ou de cellules cancéreuses (par analyse de crachats) permet de confirmer le diagnostic.

ÉVOLUTION

Après une évolution locorégionale, les cancers bronchopulmonaires primitifs peuvent entraîner des métastases extrathoraciques, dont les plus fréquentes sont osseuses, hépatiques et cérébrales.

TRAITEMENT

■ Le traitement des cancers « non à petites cellules » dépend de leur extension dans le thorax, voire en dehors (métastases), et de l'état de la fonction respiratoire du sujet. Au terme de ce bilan, seuls 30 % des malades sont opérables. Parmi eux, 25 % peuvent bénéficier d'une éradication complète du cancer, l'ablation pouvant porter sur un segment du lobe, un lobe entier (lobectomie)

ou un poumon entier (pneumonectomie). La radiothérapie ne contient l'extension de la tumeur que dans un très petit nombre de cas. Les chimiothérapies, quant à elles, donnent des résultats médiocres.

■ Le traitement des cancers à petites cellules repose sur la chimiothérapie d'association (faisant appel à plusieurs médicaments). Il est souhaitable d'y associer une radiothérapie du thorax dans les formes localisées.

PRÉVENTION

Elle comprend principalement la lutte contre le tabagisme et des mesures de protection professionnelle.

Cancers bronchopulmonaires secondaires

Du fait de la riche vascularisation du poumon, ils sont très fréquents. Ils sont dus à des métastases, beaucoup plus souvent pulmonaires que bronchiques, provenant, par voie sanguine ou lymphatique, d'un cancer primitif dont le siège est variable, situé le plus souvent dans le sein, le tube digestif, le rein ou les bronches. Leurs symptômes sont les mêmes que ceux des cancers bronchopulmonaires primitifs. À la radiographie, ils peuvent revêtir des aspects très divers. Leur traitement dépend surtout de la nature du cancer primitif ; exceptionnellement, il peut être chirurgical. Leur pronostic est en général sévère.

Bronchorrhée

Augmentation pathologique de la sécrétion de mucus par les bronches, qui se traduit par une expectoration anormalement abondante.

Bronchoscopie

Exploration de la trachée et des bronches grâce à un bronchoscope. SYN. *endoscopie bronchique.*

Le bronchoscope, soit rigide (tube optique muni d'un système d'éclairage), soit, le plus souvent, souple (fibroscope formé de fibres optiques qui transportent la lumière), permet d'observer directement l'état de la muqueuse bronchique. Des instruments adaptables à cet appareil permettent de pratiquer différents types d'intervention, essentiellement des prélèvements locaux (biopsie, brossage, aspiration, etc.).

La bronchoscopie est un examen indolore, un peu gênant mais sans danger. Elle se pratique de préférence à jeun, habituellement sous anesthésie locale, plus rarement sous anesthésie générale. Le bronchoscope est généralement introduit par la narine, quelquefois par la bouche. L'examen dure entre 10 et 20 minutes en moyenne.

La bronchoscopie peut aussi avoir un rôle thérapeutique : extraction des corps étrangers inhalés (souvent chez l'enfant), désobstruction, à l'aide du laser ou par cryothérapie, d'une bronche fermée par une tumeur, aspiration de sécrétions gênant la respiration, pose d'une sonde d'intubation, etc.

Bronchospasme

Contraction spasmodique des muscles lisses de la paroi des bronches.

Le bronchospasme entraîne un rétrécissement temporaire des bronches et, donc, une réduction du débit d'air qui les traverse, provoquant un sifflement à l'expiration ou une toux. Sa cause la plus fréquente est l'asthme.

Brucellose

Maladie infectieuse due à une bactérie aérobie à Gram négatif du genre *Brucella,* transmise à l'homme par les animaux. SYN. *fièvre de Malte, fièvre ondulante, mélitococcie.*

La brucellose est une anthropozoonose largement répandue, surtout dans les régions méditerranéennes. Elle est transmise par les bovins *(Brucella abortus bovis),* les caprins *(Brucella melitensis)* ou les porcins *(Brucella abortus suis),* par voie cutanée chez les professionnels (éleveurs) ou digestive (absorption de lait cru ou de fromages frais contaminés).

SYMPTÔMES ET SIGNES

L'incubation peut durer plusieurs semaines. La maladie se déclare par une fièvre prolongée, ondulante (d'intensité variable), accompagnée de sueurs et de douleurs diffuses. Cette fièvre s'associe à diverses manifestations neuroméningées, ostéoarticulaires, hépatiques ou génitales, parfois septicémiques, notamment avec endocardite.

DIAGNOSTIC ET TRAITEMENT

Le diagnostic repose, en début de maladie, sur la mise en évidence du germe par hémoculture (culture biologique du sang du malade), puis sur le sérodiagnostic de Wright ou l'intradermoréaction de Burnet.

La brucellose est traitée par administration d'antibiotiques, efficace lorsque 2 ou 3 produits (cyclines, quinolones, aminosides) sont utilisés en association. Le traitement doit se poursuivre 2 mois à partir de la phase aiguë. Les formes chroniques de la maladie, en particulier celles qui comportent des foyers ostéoarticulaires, sont malaisées à soigner. Les injections d'antigène, qui étaient efficaces dans la brucellose chronique, sont abandonnées. Lorsque les symptômes invoqués sont amplifiés par une note subjective (« patraquerie brucellienne »), la psychothérapie peut être bénéfique.

Bruit

Son ou combinaison de sons produit par des vibrations irrégulières d'amplitudes différentes.

Ordinairement, les muscles de l'oreille moyenne réagissent à un bruit intense par une contraction de la chaîne des osselets qui transmet les vibrations à l'oreille interne, réduisant ainsi l'impact de celui-ci. Mais, en cas de bruit trop soudain, ces réflexes de protection n'ont pas le temps de se mettre en action : la force totale des vibrations est transmise à l'oreille interne, entraînant d'importantes lésions dans les cellules ciliées de la cochlée. Un bruit très intense peut provoquer une rupture du tympan.

ÉCHELLE DE NIVEAUX SONORES

	Décibels
Seuil normal d'audition	0
Voix chuchotée à 1 mètre	20
Rue calme	50
Conversation à 1 mètre	70
Acier martelé à 1 mètre	100
Discothèque	110
Seuil de la douleur	120
Marteau piqueur	130
Avion à réaction	140

D'après : Psychoacoustique, *de Marie-Claire Boete, Édition Inserm.*

Un son devient pénible et nocif à partir de 90 à 100 décibels. L'exposition à un bruit très intense et soudain, généralement de plus de 130 décibels, peut produire une lésion brutale et définitive. Une exposition continuelle à des bruits importants conduit d'abord à une perte de la capacité d'entendre certains sons aigus, puis la surdité s'étend à toutes les hautes fréquences et la perception de la parole s'affaiblit. À un stade plus avancé, la perception des sons les plus graves peut aussi être affectée. Les bruits ont, en outre, un important retentissement sur le psychisme. Ils peuvent gêner le travail intellectuel, diminuer les facultés de concentration et de raisonnement et nuire à la qualité du sommeil.

Brûlure

Lésion de la peau ou des muqueuses provoquée par leur exposition à une chaleur intense ou par leur contact avec un agent physique ou chimique.

Les brûlures peuvent être causées par des liquides bouillants, des solides chauds ou en combustion, des agents chimiques (acides, bases, phosphore), de l'électricité ou des agents radioactifs (rayons X).

Selon leur étendue, on distingue les brûlures dites bénignes (touchant moins de 15 % de la surface du corps) des brûlures graves (touchant de 15 à 60 % de cette même surface). On les classe également en fonction de leur profondeur.

Brûlures du premier degré

Les brûlures du premier degré atteignent l'épiderme et se manifestent par une rougeur, parfois suivie d'une desquamation. Elles peuvent entraîner une légère fièvre. Le coup de soleil est une brûlure de ce type.

TRAITEMENT

La douleur peut être calmée par l'application de compresses froides ou d'eau courante fraîche. Les brûlures du premier degré sont éventuellement traitées par application de crèmes grasses et adoucissantes et pansées pour éviter l'infection. Les phlyctènes (cloques contenant du plasma) peuvent être excisées chirurgicalement. Ces brûlures guérissent vite, généralement en moins de trois semaines.

Premiers soins à donner à un brûlé

Les brûlures superficielles de faible étendue (moins de 15 % de la surface corporelle) et ne concernant pas les régions à risques (face, plis de flexion, orifices naturels) ne nécessitent pas d'hospitalisation. Il faut passer la partie du corps brûlée sous l'eau courante froide, mais non glacée, pendant au moins 5 minutes, la désinfecter à l'aide d'un antiseptique dilué, enlever l'épiderme décollé et non adhérent. Les plus grosses phlyctènes (cloques contenant du plasma) doivent être excisées par un médecin, et les lésions recouvertes d'un pansement gras (tulle gras, par exemple). Une injection de sérum antitétanique est pratiquée au besoin, parfois associée à l'administration d'un analgésique ou d'un anxiolytique.

Si la brûlure est étendue ou profonde, on évite de déshabiller la personne, sauf si ses vêtements sont imbibés de liquide bouillant ou si, fabriqués en tissu synthétique, ils risquent de fondre au contact de la peau. Il faut surtout éviter de faire boire le brûlé et, s'il a ingéré des produits caustiques, de le faire vomir. Enveloppé dans des draps propres, il doit être dirigé immédiatement vers un centre spécialisé.

Brûlures du deuxième degré

Les brûlures du deuxième degré peuvent être superficielles (atteinte de l'épiderme et d'une partie du derme, épargnant des îlots de membrane basale) ou profondes (destruction de l'épiderme et de la totalité du derme). Elles se traduisent par l'apparition de phlyctènes et peuvent provoquer un choc cardiovasculaire avec chute de tension et tachycardie. La brûlure, en altérant la barrière cutanée, favorise la surinfection.

TRAITEMENT

Les brûlures du deuxième degré nécessitent une désinfection et la pose d'un pansement stérile. Si le derme est à vif, une pommade grasse peut être appliquée sur la brûlure pour aider à la cicatrisation. Dans certains cas, la brûlure conduit à la perte progressive de la peau, qui s'élimine en une quinzaine de jours. Celle-ci est suivie d'une régénération cutanée provenant de la zone périphérique de la brûlure, qui permet la couverture de la zone brûlée.

En cas de brûlure profonde et étendue, la cicatrisation ne peut avoir lieu rapidement : le recours à des techniques de chirurgie réparatrice (greffe, lambeau) est alors conseillé, une excision chirurgicale précoce des tissus morts et des greffes de peau offrant un meilleur résultat fonctionnel et esthétique que la cicatrisation spontanée.

Brûlures du troisième degré

Les brûlures du troisième degré, ou carbonisation, détruisent l'épiderme, le derme et l'hypoderme. Très profondes, elles peuvent occasionner la destruction des muscles, des tendons ou de l'os sous-jacent et occasionner la mort des patients, notamment des sujets âgés. Cependant, les techniques chirurgicales actuelles permettent la survie de sujets atteints à 80 % de la surface corporelle, voire 95 % chez des sujets jeunes.

TRAITEMENT

Ces brûlures imposent une hospitalisation dans un centre spécialisé et une réparation en plusieurs temps : excision chirurgicale des tissus morts, réparation chirurgicale (autogreffe d'épiderme notamment) puis cicatrisation, parfois associée à des interventions de chirurgie plastique. En cas de brûlures étendues, l'immersion du brûlé dans des bains de liquide physiologique est pratiquée pour réduire les pertes en plasma par les surfaces brûlées, maintenir la température corporelle et atténuer la douleur.

La rééducation kinésithérapique est essentielle dans le traitement des grands brûlés pour éviter la formation de brides cicatricielles et redonner une amplitude normale de mouvement dans les régions lésées, surtout au niveau des doigts. Les massages sont entrepris dès la période de cicatrisation. La rééducation par le jeu et l'ergothérapie peut réapprendre, surtout s'il s'agit d'enfants, à manipuler divers objets. Ultérieurement, les

cicatrices disgracieuses et gênantes sont corrigées par chirurgie plastique. Des cures thermales avec douches puissantes réussissent à aplanir certaines grandes cicatrices.

Brûlure d'estomac
→ VOIR Gastrite.

Bruxisme

Mouvements répétés et inconscients de friction des dents. SYN. *bruxomanie*.

Le bruxisme est habituellement un tic nerveux dû à un état de tension émotionnelle ou de stress. Il arrive aussi qu'il soit causé localement par l'existence de petits contacts non harmonieux des dents entre elles.

Le bruxisme peut entraîner une usure importante des dents, provoquant une sensibilité aux changements de température et aux aliments acides ; il peut même occasionner une fatigue musculaire au niveau de la mâchoire et de la nuque.

Le traitement consiste à administrer des sédatifs quand la tension nerveuse est trop forte, à restaurer et à équilibrer les surfaces dentaires et, parfois, à faire porter au sujet une prothèse de protection durant la nuit.

Bubon

Inflammation des ganglions lymphatiques évoluant vers la suppuration.

Un bubon se développe plus particulièrement à l'aine.

Bulbe rachidien

Partie inférieure de l'encéphale, qui constitue un centre nerveux important.

Le bulbe rachidien est situé entre la protubérance annulaire - au-dessus - et la moelle épinière - en dessous. Il est le siège de centres neurovégétatifs extrêmement importants. Il contient les faisceaux pyramidaux, formés de nerfs moteurs qui descendent les ordres du cerveau vers la moelle, ainsi que d'autres faisceaux qui remontent les informations sensitives vers différentes zones de l'encéphale. Par ailleurs, le bulbe a aussi un rôle actif grâce à la présence de noyaux (petits centres de commande) de plusieurs nerfs crâniens. Il intervient ainsi en partie dans la sensibilité du visage, dans la sensibilité et la motricité de la langue, du pharynx, du larynx et, par l'intermédiaire du nerf pneumogastrique, dans celle des viscères thoracoabdominaux.

L'atteinte de la région bulbaire à l'occasion de traumatismes (fractures de la première vertèbre cervicale) est l'un des plus graves traumatismes médullaires, entraînant une tétraplégie (paralysie des quatre membres).

→ voir Syndrome bulbaire.

Bulle dermatologique

Soulèvement cutané arrondi de grande taille, rempli d'une sérosité contenant ou non du sang. SYN. *phlyctène*.

CAUSES

Certaines bulles sont provoquées par des agents physiques tels que le frottement (ampoule), la chaleur (brûlure), le froid (gelure) ou par un contact avec des substances chimiques caustiques. Les autres bulles sont l'expression d'anomalies appelées dermatoses bulleuses. Elles ont des origines variables : photodermatose (sensibilité exagérée à la lumière) ; toxidermie (réaction allergique qui peut être due à de très nombreux médicaments, tels les sulfamides, les barbituriques, l'aspirine, etc., et dont l'une des formes est le syndrome de Lyell). L'impétigo, d'origine bactérienne, peut prendre à son début l'aspect d'une bulle, ainsi que certaines maladies dermatologiques : pemphigus vulgaire, pemphigoïde bulleuse, certains érythèmes polymorphes, dermatite herpétiforme. Les maladies bulleuses héréditaires, rares, peuvent se manifester dès l'enfance : incontinentia pigmenti, épidermolyse bulleuse, porphyries congénitales.

SYMPTÔMES ET DIAGNOSTIC

La bulle se distingue de la vésicule, très petite, et de la pustule, qui contient du pus. Elle est fragile et sa rupture ne laisse qu'une érosion de la peau, se recouvrant éventuellement d'une croûte, ce qui rend le diagnostic plus difficile.

ÉVOLUTION ET TRAITEMENT

Une bulle peut être le symptôme d'une maladie grave. Les maladies bulleuses étendues ont parfois un pronostic sévère, comme le syndrome de Lyell, qui impose un traitement en réanimation. Le traitement des bulles, très variable, dépend de leur cause.

Burkitt (lymphome de)

Tumeur ganglionnaire maligne de l'enfant.

Le lymphome de Burkitt, de type non hodgkinien, se rencontre presque exclusivement en Afrique tropicale, où il représente la plus fréquente des tumeurs de l'enfant. En Europe et en Amérique du Nord, il est très rare, mais constitue pourtant la moitié des lymphomes de l'enfant.

CAUSES

En Afrique, l'apparition de la tumeur est la conséquence de plusieurs infections successives du sujet, entraînant une stimulation de son système immunitaire et, plus particulièrement, des lymphocytes B.

On constate, par exemple, une infection par le virus d'Epstein-Barr, généralement contractée à partir de la mère, puis un paludisme à *Plasmodium falciparum* ; la tumeur surviendrait ensuite, lors d'accidents génétiques entraînant la translocation (échange) des chromosomes 8 et 14.

SYMPTÔMES ET SIGNES

La forme africaine est caractérisée par une tuméfaction généralement située à la mâchoire ; la forme d'Europe et d'Amérique du Nord est plutôt localisée dans l'abdomen ou les amygdales. L'évolution est rapide : augmentation de volume de la tumeur, puis dissémination aux ganglions et, surtout, au système nerveux central, à la moelle osseuse et au sang (leucémie aiguë).

DIAGNOSTIC ET TRAITEMENT

Seule la biopsie de la tumeur permet d'identifier un lymphome de Burkitt. Depuis une quinzaine d'années, les traitements chimiothérapiques, utilisant un nombre croissant de médicaments anticancéreux, permettent de guérir la majorité des formes localisées et plus de la moitié des formes étendues. Pendant 5 ou 6 mois, la chimiothérapie est administrée par voie veineuse, mais aussi par ponction lombaire, pour prévenir ou guérir les atteintes du système nerveux ;

elle est complétée par une radiothérapie. Ce traitement nécessite des hospitalisations répétées et assez prolongées. Le patient est considéré comme guéri s'il n'y a pas eu de rechute dans l'année qui suit celle du début du traitement ; sinon, une nouvelle chimiothérapie est pratiquée, suivie d'une autogreffe de moelle.

Burnett (syndrome de)

Syndrome associant une hypercalcémie, une alcalose (alcalinité excessive du sang) et une insuffisance rénale. SYN. *syndrome des buveurs de lait, syndrome du lait et des alcalins.*

Le syndrome de Burnett est dû à une consommation excessive et prolongée de lait et/ou de médicaments antiacides (contre l'acidité gastrique). Il s'observe le plus souvent chez les patients souffrant d'un ulcère gastroduodénal et de troubles rénaux associés. Il se manifeste par une faiblesse, des douleurs musculaires, une apathie. Le traitement consiste à réduire la consommation de lait et/ou des médicaments antiacides.

Bursite

Inflammation aiguë ou chronique d'une bourse séreuse. SYN. *hygroma.*

Étant donné l'analogie de structure entre bourse séreuse et bourse synoviale, les bursites ont la même origine que les arthrites infectieuses, microcristallines ou inflammatoires. En outre, elles peuvent être provoquées par une irritation locale (frottement). Elles touchent le plus souvent le coude, la rotule (dans les professions imposant un travail à genoux) et le tendon d'Achille (port de chaussures mal adaptées).

Une bursite se manifeste par une douleur locale avec gonflement et présence de liquide dans la bourse. Elle s'accompagne parfois d'une inflammation de la capsule articulaire contiguë. Le traitement repose sur la ponction du liquide, l'administration d'anti-inflammatoires, au besoin sur l'injection locale de corticostéroïdes, voire sur une intervention chirurgicale en cas de récidive.

Butée

Greffon osseux apposé chirurgicalement près d'une articulation afin d'en augmenter la surface.

La butée, le plus souvent prélevée sur le patient lui-même, peut être réalisée à la hanche pour traiter une dysplasie (malformation ou anomalie du développement) afin d'augmenter la surface portante de l'articulation et de ralentir l'apparition d'une arthrose. Elle est alors souvent associée à une ostéotomie (correction chirurgicale) du fémur, destinée à en recentrer la tête sous une articulation agrandie par la butée. En cas d'arthroplastie totale de la hanche (remplacement de l'articulation par une prothèse), une butée peut être réalisée dans la cavité articulaire pour assurer un meilleur maintien à long terme de la prothèse. Une butée peut aussi être réalisée à l'épaule quand la cavité articulaire de l'omoplate a été détériorée par des luxations répétées : associée à une remise sous tension de la capsule articulaire, elle permet de prévenir d'autres luxations.

Buveurs de lait (syndrome des)

→ VOIR Burnett (syndrome de).

Bywaters (syndrome de)

Insuffisance rénale aiguë survenant en cas d'atteinte grave de la musculature. SYN. *syndrome d'écrasement.*

Le syndrome de Bywaters survient à la suite de lésions étendues des muscles squelettiques provoquées par des phénomènes de compression ou d'écrasement. Il est dû à la libération dans la circulation sanguine d'un pigment normalement contenu dans les cellules musculaires, la myoglobine. Présente en grande quantité dans le sang, celle-ci devient rapidement toxique et bloque les tubules rénaux, ce qui provoque une insuffisance rénale aiguë.

Le traitement fait le plus souvent appel à l'hémodialyse, la guérison s'effectuant en général sans séquelles. Parallèlement, un traitement chirurgical des lésions musculaires est parfois nécessaire.

C

Cachexie

État d'affaiblissement profond de l'organisme, lié à une dénutrition très importante.

La cachexie en elle-même n'est pas une affection, mais un symptôme dont les causes sont diverses. Elle peut être la conséquence d'une anorexie (diminution ou perte totale de l'appétit).

Cacosmie

Perception d'une odeur fétide, réelle ou imaginaire.

Cæcostomie

Opération chirurgicale qui consiste à ouvrir le cæcum, partie initiale du gros intestin, pour le vider de son contenu.
→ VOIR **Stomie.**

Cæcum

Portion initiale du côlon située au-dessous de l'iléon et prolongée par l'appendice.

Cage thoracique

Ensemble des os du squelette du thorax.

La cage thoracique est formée en arrière par les douze vertèbres dorsales, latéralement par les côtes et en avant par le sternum, os plat et allongé situé au centre de la partie antérieure du thorax et prolongé par l'appendice xyphoïde. La cage thoracique est limitée en bas par le diaphragme, qui joue un rôle essentiel dans la respiration.

Caillot

Masse semi-solide qui se forme lorsque le sang coagule.

Un caillot est constitué de cellules sanguines (globules rouges et plaquettes) et de fibrine. Lorsque du sang frais est laissé en contact avec l'air, il se transforme rapidement en une masse amorphe. Après quelques heures, celle-ci se rétracte et exsude un liquide, le sérum. La masse compacte surnageante constitue le caillot.

Les caillots ont pour fonction d'arrêter l'hémorragie lorsque les vaisseaux sanguins sont rompus. Ils peuvent toutefois se constituer spontanément (thrombose) et avoir de graves conséquences en provoquant une occlusion ou une embolie.

Les caillots pathologiques, encore nommés thrombus, surviennent aussi bien dans les artères que dans les veines. Lorsqu'ils se forment dans le réseau veineux, ils déclenchent des thrombophlébites, compliquées parfois d'une embolie pulmonaire si le caillot migre vers le poumon. Lorsqu'ils se forment dans le réseau artériel, ils peuvent provoquer des thromboses des artères cérébrales, coronariennes ou périphériques, selon leur localisation.

Une mauvaise circulation (varices, immobilité des membres), un mauvais état des vaisseaux (infection, athérosclérose) et une viscosité trop importante du sang sont autant de facteurs de risque pour la formation des caillots pathologiques.
→ VOIR **Hémostase primaire.**

Caissons (maladie des)

Ensemble des manifestations pathologiques affectant les sujets soumis à des compressions ou à des décompressions trop rapides.

Les personnes exposées à la maladie des caissons sont les ouvriers qui travaillent dans des enceintes métalliques pressurisées (les constructeurs de piles de ponts, par exemple), les scaphandriers et les plongeurs.

SYMPTÔMES ET SIGNES
Les manifestations aiguës de la maladie des caissons peuvent être transitoires (douleurs articulaires, démangeaisons cutanées, vertiges, troubles visuels ou auditifs) ou, plus graves, neurologiques (paraplégie) ou respiratoires (œdème du poumon). À long terme s'installent des troubles chroniques (vertiges, otites, baisse de l'audition et nécroses articulaires, notamment à la hanche).

TRAITEMENT ET PRÉVENTION
Le malade doit être transporté en urgence dans une chambre de décompression (caisson hyperbare). Si le traitement est institué à temps, la maladie des caissons est totalement réversible. Sinon, des risques de complications à long terme (paralysie partielle) subsistent.

La prévention de la maladie des caissons repose sur une remontée lente, par paliers de décompression, permettant aux gaz libérés de passer progressivement des tissus dans les poumons.

Cal osseux

Substance osseuse, formée à partir de tissu conjonctif, permettant la consolidation d'un os fracturé.

Calabar (œdème de)
→ VOIR Loase.

Calcanéum

Os le plus volumineux du tarse, situé à la partie inférieure et postérieure du pied.

PATHOLOGIE
Les fractures du calcanéum, fréquentes, sont généralement dues à une chute violente. Leur traitement peut être fonctionnel (rééducation immédiate avec béquilles), orthopédique, voire chirurgical en cas de déplacement osseux important.

Une inflammation (calcanéite) affecte parfois la zone où se fixent, sous le calcanéum, les tendons situés à la plante du pied. Elle

entraîne une douleur, voire un gonflement, apparaissant à la marche. De plus, la radiographie peut révéler la présence d'une épine calcanéenne (petite saillie osseuse située à la partie inférieure de l'os). Le traitement repose sur le port de semelles orthopédiques, associé à des infiltrations cortisoniques locales.

Calcémie

Taux de calcium contenu dans le sang.

La calcémie est très stable, autour de 2,5 millimoles par litre. Elle résulte d'un équilibre permanent entre l'absorption intestinale de calcium, sa fixation dans l'os – ou au contraire sa libération – et son élimination dans les urines.

→ VOIR Hypercalcémie, Hypocalcémie.

Calcification

Dépôt de calcium dans les tissus.

La calcification est le plus souvent un processus normal de fixation de calcium dans le tissu osseux, contribuant de façon majeure à la solidité de ce dernier.

Parfois, la calcification, anormale, se produit dans des tissus mous. Elle est due le plus souvent à des altérations locales des tissus : lésion athéromateuse dans une artère, hématome dans un tendon ou une articulation, altération cartilagineuse liée à une chondrocalcinose articulaire, nécrose tuberculeuse dans le poumon, nécrose tumorale liée à un cancer du sein.

Calcifications tendineuses (maladie des)

Maladie caractérisée par la formation de dépôts de cristaux d'un sel de calcium, l'apatite, dans les tendons.

La maladie touche toutes les articulations, mais son siège de prédilection est le tendon du muscle sus-épineux, qui coiffe l'épaule. Les calcifications peuvent devenir gênantes si, par leur taille, elles limitent la mobilité des tendons ou si elles se brisent. Les cristaux de calcium formés provoquent une périarthrite aiguë qui guérit sans séquelles.

Le traitement consiste en infiltrations locales de corticostéroïdes et, en cas de gêne majeure, peut nécessiter une ablation chirurgicale.

Calcinose

Syndrome caractérisé par la formation de dépôts anormaux de calcium dans les tissus.

La calcinose peut atteindre divers tissus du corps, notamment la peau et les cartilages.

Elle peut être généralisée ou localisée (notamment au niveau de l'oreille ou des bourses).

Le traitement de la calcinose est celui de sa cause directe. La chirurgie ne s'impose que pour les cas douloureux.

→ VOIR Chondrocalcinose articulaire.

Calcitonine

Hormone facilitant la fixation du calcium sur les os et diminuant le taux de calcium sanguin. SYN. *thyrocalcitonine*.

La calcitonine entraîne ainsi une diminution du taux sanguin de calcium lorsque celui-ci est anormalement élevé ; elle limite l'absorption du calcium par l'intestin et favorise son excrétion rénale.

UTILISATION THÉRAPEUTIQUE

La calcitonine employée est alors d'origine animale (porc, saumon) ou synthétique (reproduisant exactement la calcitonine humaine). Elle est indiquée dans des maladies osseuses telles que l'ostéoporose, la maladie de Paget, l'algodystrophie et dans l'hypercalcémie. L'administration de calcitonine se fait par injection, le plus souvent intramusculaire. Les effets indésirables sont des allergies, des bouffées vasomotrices (rougeurs brusques) et des troubles digestifs (nausées, vomissements, diarrhées, douleurs abdominales).

Calcium

Élément chimique présent dans la nature et dans le corps humain, où il est indispensable à la solidité osseuse et au fonctionnement des cellules musculaires et nerveuses.

BESOINS DE L'ORGANISME

Le calcium est stocké dans les os (ceux-ci en contiennent environ 1 kilogramme, soit 99 % du calcium de l'organisme), dont il assure la solidité, sous forme de phosphate et de citrate de calcium. Il intervient dans le fonctionnement des muscles, en particulier du myocarde, et dans la commande des muscles par les nerfs. Le calcium joue aussi un rôle dans la perméabilité des membranes cellulaires aux ions, dans la réception des messages hormonaux par les cellules et dans l'activation des enzymes. Enfin, il intervient dans plusieurs étapes de la coagulation du sang.

SOURCES

Le calcium est essentiellement contenu dans les produits laitiers. Ils apportent de 60 à 80 % du calcium total consommé. Le lait en fournit 120 milligrammes pour 100 grammes, le fromage frais de 70 à 170, le fromage de 150 à 1 200. Les apports quotidiens recommandés sont de 600 à 1 200 milligrammes jusqu'à l'adolescence, puis de 900 milligrammes chez l'adulte (au moins 1 200 chez la femme ménopausée, de 1 200 à 1 500 pendant la grossesse et pendant l'allaitement). On recommande de consommer au moins un produit laitier par repas.

UTILISATION THÉRAPEUTIQUE

Le calcium employé à des fins thérapeutiques se prend par voie orale et par voie injectable.

■ **Par voie orale,** il est indiqué si l'alimentation est carencée en calcium, dans les déminéralisations osseuses (rachitisme, ostéoporose), en appoint d'autres traitements et parfois dans la spasmophilie (toutefois sans preuve scientifique d'efficacité).

■ **Par voie injectable,** ses indications sont l'hypocalcémie et la tétanie hypocalcémique.

Le calcium est contre-indiqué s'il existe déjà une surcharge en calcium (hypercalcémie, calcul urinaire) et chez les patients sous digitaliques (médicaments utilisés en cardiologie). Les effets indésirables du calcium sont d'exceptionnels troubles digestifs. Le surdosage provoque une hypercalcémie qui nécessite parfois un traitement en urgence.

Calciurie

Quantité de calcium éliminée dans les urines.

Chez le sujet normal, la calciurie des 24 heures ne doit pas être supérieure à 300 milligrammes chez l'homme, à 250 chez la femme.

→ VOIR Hypercalciurie, Hypocalciurie.

Calcul

Concrétion pierreuse qui se forme par précipitation de certains composants (calcium, cholestérol) de la bile ou de l'urine.

Les calculs se développent le plus souvent dans les voies biliaires, les reins et les voies urinaires. Les plus bénins se désagrègent spontanément ou sont évacués par les voies naturelles. Les autres, à l'origine de coliques hépatiques ou néphrétiques, doivent être éliminés par extraction chirurgicale ou lithotripsie (broiement par ultrasons).

→ VOIR Lithiase.

Callosité

Épaississement cutané localisé, lié à des frottements répétés.

Les callosités orthopédiques, cors ou durillons, sont les plus fréquentes. Le cor forme un cône jaunâtre douloureux et peut prendre un aspect macéré (œil-de-perdrix) ; il siège au dos des articulations des orteils, entre les orteils ou à la plante des pieds. Le durillon, arrondi, conserve à sa surface le dessin normal des lignes cutanées, contrairement à la verrue ; il touche la face plantaire et les bords latéraux des pieds. Cor et durillon sont parfois provoqués par une malformation des pieds, même mineure.

Le traitement associe un décapage mécanique (au bistouri) ou chimique (pommade à l'acide salicylique) et, au besoin, le port de chaussures adaptées, voire la correction chirurgicale d'une malformation.

Calorie

Unité de mesure de l'énergie libérée par la chaleur, utilisée pour exprimer les dépenses et les besoins énergétiques de l'organisme ainsi que la valeur énergétique des aliments.

L'unité de mesure officielle internationale de l'énergie est le joule, mais la calorie est très largement utilisée, en particulier en diététique. La forme la plus usitée est la « grande calorie », ou kilocalorie (symbole kcal), qui vaut 1 000 calories. 1 calorie équivaut à 4,185 joules.

Calvitie

Absence ou perte des cheveux.

La calvitie touche entre 15 et 30 % de la population masculine. Son origine est le plus souvent héréditaire, mais elle peut également être acquise, consécutivement à l'absorption de certains médicaments (chimiothérapie anticancéreuse, par exemple), à une irradiation aux rayons X, etc.

Chez l'homme autour de la trentaine, elle commence par une perte de cheveux dans la région des tempes, puis gagne progressivement la portion frontale médiane. Apparaît ensuite une calvitie dans la région de la tonsure, c'est-à-dire au sommet du crâne. La calvitie hippocratique, qui apparaît vers la cinquantaine, atteint, elle, l'ensemble du crâne et ne laisse qu'une couronne de cheveux au-dessus des oreilles et sur le pourtour de la région occipitale basse du crâne. Son évolution est généralement rapide lorsqu'elle apparaît dès l'âge de 25 à 30 ans, beaucoup plus lente lorsqu'elle survient vers 50 ans.

TRAITEMENT

Il fait appel à plusieurs procédés.

■ Le traitement médical comporte la prescription, sur plusieurs mois, de stimulants de la pousse des germes pileux.

■ La greffe du cuir chevelu, technique utilisée depuis les années 50, consiste à prélever dans une zone peu visible (au-dessus ou en arrière des oreilles, dans la région occipitale) des bandelettes de cuir chevelu comprenant de 10 à 50 cheveux, que l'on greffe dans la zone dégarnie.

■ La microgreffe de cuir chevelu, technique utilisant le même principe que la greffe, mais qui est beaucoup plus récente que celle-ci (elle n'est pratiquée que depuis le milieu des années 80), consiste à greffer des îlots de 1 à 3 cheveux. Le traitement est donc assez long (de 6 à 12 séances), puisqu'il faut plusieurs centaines de petites greffes pour obtenir un bon résultat.

■ **La technique des lambeaux de cuir chevelu** consiste à placer dans les zones dégarnies une vaste languette de cuir chevelu vascularisée par une artère et une veine.
■ **Les expandeurs** sont des ballonnets siliconés que l'on gonfle progressivement sous le cuir chevelu afin de le dilater pour augmenter la surface portant des cheveux et de masquer ainsi une calvitie peu importante (tonsure). L'inconvénient principal de cette technique est que le patient doit subir une déformation du crâne pendant six semaines à deux mois, durée nécessaire à la dilatation.
■ **Les implants de cuir chevelu** permettent de mettre en place des cheveux artificiels, un par un. Malheureusement, cette technique provoque fréquemment de petites infections à la racine des cheveux. En outre, on observe une perte de 15 à 20 % des implants chaque année. Si la technique est bien tolérée, on peut la renouveler régulièrement.
■ **Les perruques** permettent de camoufler la calvitie. Elles sont aujourd'hui particulièrement bien adaptées, maintenues par collage, tressage, implants sous-cutanés avec rétention par plots magnétiques ou en titane.
→ VOIR Alopécie.

Canal artériel (persistance du)

Anomalie caractérisée par l'absence de fermeture, après la naissance, du canal qui relie chez le fœtus l'aorte à la branche gauche de l'artère pulmonaire.

Le canal artériel est systématiquement oblitéré par voie chirurgicale. Tout récemment, une méthode de fermeture du canal artériel a été proposée : elle consiste à mettre en place, au cours d'un cathétérisme (introduction d'une sonde par voie vasculaire), une sorte de double parapluie. Le résultat du traitement et le pronostic sont excellents.

Canal carpien (syndrome du)

Syndrome caractérisé par une sensation d'engourdissement, de fourmillement ou même de douleur dans les doigts.

Le syndrome du canal carpien survient surtout la nuit ou le matin au réveil. Il est provoqué par la compression du nerf médian dans le canal carpien, à la face antérieure du poignet et se complique parfois de paralysie des doigts. Il atteint le plus souvent la femme, au cours de la grossesse et à l'âge de la ménopause.

Si les symptômes résistent aux injections de corticostéroïdes dans le canal, une intervention chirurgicale sous anesthésie locorégionale peut être envisagée pour libérer le nerf.

Canal rachidien (syndrome de rétrécissement du)

Syndrome provoqué par une compression des racines de la moelle épinière (qui innervent les membres inférieurs) au niveau du canal rachidien lombaire.

Le syndrome de rétrécissement du canal rachidien peut avoir une origine congénitale (achondroplasie), être dû au glissement d'une vertèbre (spondylolisthésis) ou à la déformation d'un disque intervertébral (protrusion discale). Enfin, il est parfois provoqué par une hypertrophie des ligaments ou du tissu graisseux qui entourent la dure-mère ou par une tumeur intrarachidienne.

Le sujet souffre peu au repos, mais la douleur se réveille à la marche : au bout de 100 à 1 000 mètres, il doit s'arrêter, se tenant penché en avant ou le dos appuyé contre un mur ou encore assis ; après quelques minutes, il peut reprendre sa marche pour une distance équivalente (claudication intermittente).

Le traitement sera soit médical (rééducation, port d'un lombostat, injection de corticostéroïdes), soit chirurgical, soit mixte.

Cancer

Maladie qui a pour mécanisme une prolifération cellulaire anarchique, incontrôlée et incessante.

On note, en Europe et en Amérique du Nord, la prédominance des cancers du poumon, attribuables pour 90 % au tabagisme, des cancers colorectaux, probablement liés, en partie, à l'alimentation, et des cancers du sein, aux causes peu claires encore. En Afrique, on relève la fréquence des cancers du foie dans les zones d'endémie de l'hépatite B et celle des cancers du col de l'utérus dans les pays où la natalité est élevée et où l'hygiène est encore défaillante, ce qui a pour conséquence un taux élevé de maladies sexuellement transmissibles (papilloma ou herpès) qui peuvent être à l'origine de ces cancers.

Causes

Les cancers sont causés par l'exposition à des virus, à des substances naturelles ou chimiques, à des rayonnements. Cela a pour effet d'induire des mutations ou des expressions inappropriées de divers gènes appelés oncogènes, impliqués dans la prolifération des cellules, dans leur différenciation et dans la régulation de ces phénomènes. Les oncogènes sont normalement sous le contrôle de gènes inhibiteurs, les antioncogènes, qui peuvent être perdus ou subir eux-mêmes une mutation sous l'action des agents énumérés plus haut, leur fonction s'en trouvant réduite. Mais ces antioncogènes peuvent manquer de façon héréditaire, ce qui explique en partie l'existence de prédispositions familiales aux cancers.

ALCOOL

Chez l'homme, l'alcool est un facteur de risque pour les cancers de la cavité buccale, du pharynx, de l'œsophage et du foie (augmentation du risque variant de 2 à 15 selon les quantités bues et les organes atteints). Enfin, l'effet conjugué de l'alcool et du tabac correspond à des risques plus élevés que la somme des risques pris isolément (effet multiplicatif). Un certain nombre d'études montrent une augmentation de risque du cancer du sein chez les femmes consommant des boissons alcoolisées.

ALIMENTATION

Des études ont attiré l'attention sur le rôle de l'alimentation dans la genèse de certains cancers, les aliments étant incriminés en tant que tels (graisses), par déficience (fibres, vitamines) ou par contamination intermédiaire (aflatoxine, nitrites). Le rôle des graisses dans la carcinogenèse est suspecté principalement dans le cas de cancers colorectaux, mais également dans les cancers

du sein, de l'endomètre et de la prostate. Des études ont mis en évidence une augmentation de risque parallèlement à la consommation de graisse mais ont révélé un effet protecteur des fruits et des légumes ; quant au rôle du café dans les cancers du pancréas, il n'a pas été prouvé. Les nitrites, provenant du sel utilisé comme conservateur alimentaire, sont accusés d'avoir augmenté les risques de cancer de l'estomac. L'aflatoxine, contaminant de la nourriture stockée en milieu chaud et humide, est incriminée dans les cancers primitifs du foie, en association avec le virus de l'hépatite B.

IRRADIATION

En 1944, une publication révéla que les radiologistes mouraient dix fois plus de leucémies que les autres médecins. Chez les survivants des bombardements atomiques d'Hiroshima et de Nagasaki, en 1945, les premiers cas de leucémie furent observés en 1948, avec un pic en 1951-1952. D'autres types de cancer furent observés en nombre anormalement élevé 15 ans après l'exposition et le sont, aujourd'hui encore, chez les survivants ayant reçu plus de 1 gray (unité de dose d'irradiation). Dans ce dernier cas, il existe une augmentation significative du nombre de cancers, qui varie selon les tissus irradiés : sont essentiellement touchés la moelle osseuse, la glande thyroïde, le sein, l'os. Les leucémies apparaissent en moyenne 8 ans après l'irradiation causale, les sarcomes 20 ans après, les autres tumeurs 30 ou 40 ans après.

La réglementation de la radioprotection a permis de faire disparaître les risques professionnels, en particulier chez les radiologues, les manipulateurs et les ouvriers des installations atomiques. De même, les progrès de la radiologie et les nouvelles méthodes d'imagerie médicale ont diminué pour les patients les risques liés aux radiographies.

MALADIES

Quelques rares maladies s'accompagnent d'un risque élevé de cancers atteignant spécifiquement certains organes (par exemple, le rétinoblastome dans la trisomie 21). Elles peuvent donner lieu d'emblée à des tumeurs malignes qui en sont soit la seule manifestation (rétinoblastome, néphroblastome), soit l'élément d'un syndrome, ou donner lieu à une pathologie non tumorale mais à forte probabilité de transformation maligne (par exemple, la polypose colique).

MÉDICAMENTS CANCÉRIGÈNES

L'attention sur le rôle cancérigène des hormones fut attirée par l'apparition de cancer du vagin chez les filles nées de mères ayant reçu du diéthylstilbestrol (œstrogène) pendant les 3 premiers mois de la grossesse. Lorsque les œstrogènes sont utilisés en tant que contraceptifs, c'est-à-dire associés à des progestatifs, le risque de voir apparaître un cancer du sein est sensiblement le même chez les utilisatrices et les non-utilisatrices. L'utilisation des contraceptifs oraux soulève quelques réserves, portant sur la durée de l'utilisation, l'utilisation avant une première grossesse et l'utilisation chez les femmes atteintes d'une affection bénigne du sein. Toutefois, des enquêtes américaines, réalisées auprès d'une population de femmes ménopausées ayant reçu un traitement œstrogénique, ont montré une augmentation, de l'ordre de 4 à 8 fois, du risque de cancer du corps de l'utérus – cette augmentation étant directement liée à la dose et à la durée de la prise d'œstrogènes. Cependant, l'utilisation actuelle d'œstroprogestatifs semble faire disparaître ce risque, voire se révéler protectrice.

En dehors des hormones, les médicaments pour lesquels on a également mis en évidence une augmentation de risque de cancer sont essentiellement les immunosuppresseurs, les anticancéreux et les dérivés arsenicaux.

PRÉDISPOSITIONS FAMILIALES

On observe des prédispositions familiales à certains cancers. Ainsi, les membres d'une famille qui comporte une personne atteinte d'un cancer du côlon, de l'ovaire ou du sein présentent un risque de 2 à 4 fois plus élevé que les autres de développer le même cancer. Cette augmentation du risque est cependant faible et peut probablement s'expliquer par un mécanisme dépendant de plusieurs gènes

entraînant une prédisposition à laquelle s'ajoutent les risques liés aux facteurs d'environnement.

RAYONNEMENTS SOLAIRES

La mode du bronzage de ces dernières décennies est accompagnée, dans tous les pays, d'une forte augmentation de l'incidence des tumeurs cutanées, carcinomes et mélanomes. Le rôle des U.V. (rayons ultraviolets), en particulier des U.V.B., les plus courts et les plus nocifs, dans l'apparition de tumeurs cutanées a été mis en évidence à la fois par des observations épidémiologiques et par des modèles expérimentaux. Les cancers cutanés sont beaucoup plus fréquents chez les sujets à peau claire.

SUBSTANCES CANCÉRIGÈNES

C'est en 1775 que fut établie la relation entre l'exposition à la suie chez les ramoneurs et l'apparition d'un cancer du scrotum. En 1885, un grand nombre de cancers de la vessie fut signalé chez les ouvriers de l'industrie des colorants. Les plus récentes évaluations du Centre international de recherche sur le cancer montrent que, sur 707 substances ou procédés industriels testés, 7 procédés et 23 substances se sont révélés cancérigènes pour l'homme.

TABAC

L'explosion spectaculaire des cancers bronchopulmonaires attira l'attention, il y a une quarantaine d'années, sur le rôle du tabac. Selon de nombreuses enquêtes épidémiologiques, le tabac est responsable d'environ 90 % des cancers pulmonaires. Le risque est d'autant plus important qu'on fume beaucoup, depuis longtemps, qu'on inhale la fumée et qu'on a commencé jeune. Le filtre diminue le risque, le tabac brun l'augmente. Enfin, il faut mentionner une augmentation du risque de cancers bronchopulmonaires chez les personnes vivant dans un environnement enfumé (fumeurs passifs).

VIRUS

Le rôle des rétrovirus est maintenant bien établi chez l'animal ; chez l'homme, selon les connaissances actuelles, seuls les rétrovirus V.I.H. (sida) et HTLV1 (leucémie) semblent avoir une potentialité oncogénique. En revanche, le rôle de certains virus

Vivre avec un cancer

De plus en plus nombreux sont les patients qui vivent des années avec un cancer qui ne peut être éradiqué mais dont l'évolution est enrayée ou, du moins, suffisamment freinée pour que tout danger à moyen terme soit écarté. Cette stabilisation de maladies encore incurables est souvent le premier pas vers de futures guérisons. Elle crée de nouveaux rapports que patients et médecins doivent apprendre à gérer, d'autant qu'elle modifie leurs comportements en conduisant les premiers à davantage de confiance et les seconds à plus de transparence. Cette situation nouvelle engendre de nouveaux problèmes médicaux, intégrés à la vie quotidienne des malades.

Ainsi, les infections, qui sont souvent plus fréquentes chez les patients à l'immunité altérée par les traitements ou par la maladie, doivent être prévenues par les vaccins appropriés et être traitées quand elles s'établissent. L'alimentation des patients ne doit pas être négligée : il faut prendre sous forme de crudités les vitamines nécessaires, manger davantage de poissons de mer, dont les lipides ont un effet préventif sur les cancers et peut-être sur leur extension. L'appétit, souvent défaillant, peut être rétabli, éventuellement par l'administration de corticostéroïdes ou d'anabolisants. Les efforts physiques ne sont généralement pas contre-indiqués ; au contraire, le patient doit mener une vie aussi normale que possible.

Quant à l'état psychologique, il mérite la plus grande attention de la part des médecins, qui peuvent prescrire des médicaments contre l'anxiété, à condition d'en respecter les contre-indications. Les douleurs, s'il en existe, peuvent toujours être calmées. Les médecins, parfois, les sous-estiment ; au patient de les faire prendre en compte et traiter. Enfin, le sujet porteur d'un cancer doit pouvoir recourir, chaque fois qu'il le désire, à un deuxième avis sur les traitements proposés ou en cours. Les médecins se doivent d'accéder à cette demande dans un esprit de coopération légitime.

à A.D.N. (acide désoxyribonucléique) dans l'apparition de cancers humains se précise.

La première liaison mise en évidence entre virus et cancer fut celle d'un virus de la famille des *Herpesviridæ* (le virus d'Epstein-Barr) avec le lymphome de Burkitt (1964). Ce même virus fut, 2 ans plus tard, incriminé dans le cancer du nasopharynx. C'est en 1978 que le lien entre le virus de l'hépatite B (HBV) et le cancer primitif du foie fut évoqué en observant la concordance de distribution géographique entre les zones à haut risque d'hépatocarcinome et d'hépatite B. Le rapport entre les papillomavirus (HPV) et les cancers du col de l'utérus représente le troisième système virus-cancer. Depuis de nombreuses années, on avait montré le rôle des maladies virales sexuellement transmissibles dans le développement des cancers du col de l'utérus. Les éléments montrant le rôle prédominant de certains HPV (en particulier les souches 16, 18, 33) s'accumulent.

Symptômes et diagnostic

La multiplicité des cancers et leur spécificité propre rendent difficile le dénombrement de tous les symptômes de la maladie. Néanmoins, une perte de poids importante et plus ou moins rapide, un manque d'appétit, une fatigue intense, une perte de sang dans les selles ou par la bouche, enfin des douleurs diverses sont des signes fonctionnels qui peuvent être associés à la présence d'un cancer. Le développement souvent silencieux des cancers tend à en retarder le diagnostic et pose des problèmes aux médecins, qui ne voient le patient qu'à un stade déjà avancé de la maladie. Parfois, la maladie est décelée par hasard, au cours d'une visite médicale ou d'un examen de sang. Le diagnostic repose sur l'examen clinique, des examens de laboratoire, des examens radiologiques et endoscopiques, des biopsies.

Évolution du cancer

Une fois déclenchés par l'activation d'oncogènes, mutés ou non, et en raison de la perte ou de l'altération par mutation d'un ou de plusieurs antioncogènes, les cancers subissent une progression dans la malignité qui les rend de plus en plus capables de contourner les obstacles que l'organisme ou les traitements dressent sur leur route. Ils progressent également dans l'organisme, c'est-à-dire s'étendent sur place de façon caractéristique dans le tissu d'origine et dans les tissus voisins, pouvant être responsables de compression d'organes. En même temps, ils disséminent à distance, par petits foyers distincts, des métastases.

La progression anatomique du cancer doit être évaluée par divers examens complémentaires (scanner, imagerie par résonance magnétique, scintigraphie). Cette évaluation permet une classification de chaque cancer qui, associée à ses caractéristiques histologiques, permet de choisir le traitement le mieux adapté.

Traitement et prévention

Le traitement repose sur la chirurgie, la radiothérapie (rayons X ou à haute énergie, cobaltothérapie), la chimiothérapie (administration de médicaments ayant un effet destructeur et immunologique) et/ou l'hormonothérapie (administration d'hormones). Les recherches actuelles s'orientent vers des méthodes thérapeutiques capables de redonner aux cellules cancéreuses des caractères normaux (traitement redifférenciant). Dans ce domaine, des succès réels ont été obtenus récemment dans certains types de leucémie. En raison des difficultés de dépistage et de traitement de la maladie, la prévention du cancer prend toute son importance. La sensibilisation de la population semble un facteur décisif. Certains gestes, comme l'autopalpation des seins, devraient devenir courants. Il faut également insister sur le respect d'une certaine hygiène de vie et proscrire, autant qu'il est possible, les comportements à risque.

→ voir Antioncogène, Chimiothérapie anticancéreuse, Cobaltothérapie, Curiethérapie, Hormonothérapie anticancéreuse, Immunothérapie anticancéreuse, Oncogène, Radiothérapie.

Cancer (prévention du)

Ensemble des mesures qui visent à lutter contre l'exposition aux facteurs de risque de carcinogenèse (prévention primaire) et à traiter les états précancéreux (prévention secondaire).

Les facteurs de risque sont définis à partir d'enquêtes épidémiologiques rétrospectives et prospectives. Les maladies héréditaires prédisposant à un cancer et les tumeurs dont le risque est transmis héréditairement ne sont à l'origine que de peu de cancers. En revanche, 90 % des cancers sont liés à des facteurs extérieurs ou environnementaux. Les cancers consécutifs à la pollution ou à une exposition professionnelle sont estimés à 10 %. Le mode de vie, le comportement individuel sont en cause dans plus de 80 % des cancers.

PRÉVENTION PRIMAIRE

Elle repose sur la modification des modes de vie et du comportement, facteurs de risque les plus fréquents.

■ **Le tabac** est responsable de 30 % de la totalité des décès par cancer. Plus de 90 % des cancers bronchopulmonaires, première cause de mortalité par cancer dans le monde, et des voies aérodigestives (cancers oropharyngo-laryngés et œsophagiens) lui sont directement imputables.

■ **L'alcoolisme**, non directement carcinogène, mais très souvent associé au tabagisme, a un rôle de cofacteur multiplicatif de risque pour les cancers des voies aérodigestives supérieures : 9/10 de ceux-ci s'observent chez des individus consommateurs d'alcool et de tabac.

■ **L'alimentation**, lorsqu'elle est riche en graisses saturées et en protéines, et pauvre en fibres, multiplie le risque des cancers digestifs (estomac, côlon et rectum), mais aussi celui des cancers hormonodépendants (sein, endomètre, prostate). Une consommation excessive d'aliments fumés majore le risque de cancer de l'estomac.

■ **Les autres facteurs de risque**, comme les expositions prolongées au soleil ou les infections à papillomavirus (maladies virales sexuellement transmissibles), favorisent respectivement l'apparition de cancers cutanés, notamment des mélanomes malins, et de cancers anogénitaux.

Cancérologie

Spécialité médicale qui se consacre à l'étude et au traitement des cancers. SYN. *carcinologie, oncologie.*

Candidose

Toute maladie causée par la prolifération de champignons levuriformes du genre *Candida.* SYN. *moniliase.*

Candidoses cutanées et muqueuses

Elles peuvent se présenter sous trois aspects caractéristiques.

■ **Les candidoses buccales** se traduisent le plus souvent par un muguet : après une phase aiguë où la langue et la face interne des joues sont rouge vif, sèches et vernissées apparaissent des dépôts blanchâtres crémeux, qui partent lorsqu'on les gratte à l'abaisse-langue et qui peuvent noircir à la longue.

■ **Les candidoses cutanées** se localisent surtout au niveau des plis du corps et sont favorisées par la macération. Elles se traduisent par un intertrigo, lésion débutant au fond du pli, qui devient rouge, suintant et prurigineux, s'étend symétriquement de part et d'autre et se borde d'une collerette blanchâtre. Les candidoses cutanées peuvent également se développer à la base des ongles, où elles provoquent une tourniole (panaris superficiel), ou compliquer un érythème fessier du nourrisson.

■ **Les candidoses génitales** se traduisent, chez la femme, par une vulvovaginite avec pertes blanchâtres, chez l'homme par une balanite avec apparition d'un enduit blanc

crémeux dans le sillon situé entre gland et prépuce, démangeaisons et écoulement urétral fréquent.

DIAGNOSTIC ET TRAITEMENT
Le diagnostic des candidoses de la peau et des muqueuses repose sur l'analyse de prélèvements, en examen direct et après culture. L'infection est traitée par application d'antifongiques locaux prescrits sous forme de crèmes, de pommades, de solutions ou d'ovules selon la localisation. Un traitement systématique du partenaire s'impose en cas de candidose génitale. Le traitement par antifongiques généraux est nécessaire dans les formes sévères ou récidivantes.

Candidoses profondes

Elles sont dues à la propagation d'une candidose de la peau ou des muqueuses qui essaime par voie sanguine ou à partir d'une perfusion et se manifestent chez les sujets immunodéprimés, les patients munis de corps étrangers à demeure (prothèse valvulaire cardiaque, cathéter intraveineux) et les héroïnomanes. Elles peuvent toucher le cerveau (méningite, abcès du cerveau), l'œil (rétinite septique, endophtalmie), le cœur (endocardite), les poumons, le foie, la rate, les reins et les voies urinaires hautes. La candidose oropharyngée se complique fréquemment d'une atteinte de l'œsophage avec dysphagie (gêne à la déglutition).

DIAGNOSTIC ET TRAITEMENT
Le diagnostic repose sur la mise en évidence des levures par examen direct et par culture sur milieu spécifique des prélèvements, ce qui permet l'identification d'espèces. L'examen sérologique (recherche d'anticorps anti-*Candida*) se révèle souvent peu opérant comme moyen diagnostique. Le traitement fait appel aux antifongiques par voie locale ou générale.

Canitie

Blanchiment physiologique ou pathologique des cheveux.

La canitie est en général liée à l'âge, débutant entre 30 et 50 ans dans les ethnies européennes. Dans les cas d'apparition plus précoce, elle est d'origine héréditaire.

Une canitie prématurée peut également être due à un vieillissement précoce, conséquence d'une anomalie génétique, ou à des maladies auto-immunes. C'est le cas du vitiligo (troubles de la pigmentation), de la pelade (alopécie localisée et brutale) à la phase de repousse des cheveux, d'une thyroïdite (inflammation de la glande thyroïde), etc.

Il n'existe pas de traitement médical.

Cannabis

1. Nom scientifique du chanvre.
2. Substance extraite du chanvre indien, utilisée comme stupéfiant sous diverses formes, tels le haschisch et la marijuana.

Outre la dépendance psychique, le cannabis provoque de nombreux effets secondaires : nausées, vomissements, accélération cardiaque, anomalies de la coordination des mouvements, irritabilité, troubles de la mémoire et du jugement, perte de la notion du temps et de l'espace et, pris à très fortes doses, crises schizophréniques et paranoïaques.

Canule

Petit tube en métal, en matière plastique ou en caoutchouc permettant le passage d'air ou de liquide à travers un orifice, naturel ou chirurgical.

Capacité pulmonaire

Quantité d'air présente dans les poumons, mesurée à des fins diagnostiques lors d'une exploration fonctionnelle respiratoire.

Capillaire

Vaisseau de très petit diamètre qui conduit le sang des artérioles aux veinules. SYN. *capillaire sanguin*.

Capillarite

Inflammation aiguë ou chronique des capillaires sanguins, parfois des artérioles et veinules attenantes, entraînant des manifestations cutanées prédominant aux jambes.

CAUSES

Les capillarites ont des causes et des mécanismes en général mal connus. On retrouve parfois un mécanisme immunologique, une diminution de la circulation veineuse (varices et phlébites des membres inférieurs) ou un facteur allergique.

SYMPTÔMES ET SIGNES

Les capillarites sont responsables de plusieurs symptômes cutanés, plus ou moins diffus, diversement associés : le purpura, signe le plus caractéristique ; une coloration brunâtre ou jaunâtre de la peau, due aux dépôts de fer provenant des globules rouges détruits sur place ; une forme fréquente en est la dermite ocre des jambes, due à une insuffisance chronique de la circulation veineuse.

TRAITEMENT

Il n'existe pas de traitement curatif réellement efficace, mis à part celui d'une cause éventuelle. Les corticostéroïdes en pommade soulagent les démangeaisons et les lésions eczématiformes que cette inflammation occasionne.

Capillaroscopie

Technique d'examen des vaisseaux capillaires cutanés permettant le diagnostic de certains troubles circulatoires : vascularites et connectivites.

Simple, rapide et anodin, l'examen consiste à observer les capillaires à travers la peau. Le patient pose sa main sur une plaque lumineuse. Le médecin observe, à l'aide d'un microscope, la peau du rebord de l'ongle afin de noter le nombre et l'aspect des capillaires.

Des photographies permettront des comparaisons ultérieures.

Caractère

En génétique, désigne toute caractéristique individuelle transmissible de manière héréditaire aux générations suivantes.

Caractériel

Se dit d'un sujet, le plus souvent un enfant, dont le caractère est perturbé sans qu'il présente cependant une véritable maladie psychiatrique.

Chez l'enfant, les troubles caractériels se manifestent par un comportement d'opposition : agressivité, turbulence, intolérance à la discipline, paresse, dispersion continuelle de l'attention. Ils peuvent être dus à des problèmes affectifs ou relationnels mais aussi à une affection organique : asthme, infection méconnue, parasitose, séquelle d'un traumatisme crânien, etc. Le traitement de ces troubles doit donc être défini selon chaque cas. Le terme caractériel, à la fois réducteur et par trop extensible, ne caractérise aucune maladie précise et tend aujourd'hui à tomber en désuétude.

Caraté

Maladie infectieuse contagieuse non vénérienne due à la bactérie *Treponema carateum*. SYN. *pinta*.

Le caraté est une tréponématose endémique dans certains pays d'Amérique latine. La transmission se fait par des contacts cutanés directs et par les ustensiles de cuisine. Elle atteint l'enfant et l'adulte.

Cette maladie se manifeste par des papules squameuses, puis par des taches roses, rouges ou violacées qui prennent en vieillissant une teinte brun-noir ou blanchissent. Il n'y a pas de complications.

Le caraté est efficacement traité par administration de pénicilline.

Carbamate

Médicament utilisé dans le traitement des manifestations de l'anxiété.

Carcinogenèse

Naissance d'un cancer à partir d'une cellule transformée par plusieurs mutations. SYN. *cancérogenèse, oncogenèse*.

Carcinoïde

Tumeur bénigne ou maligne peu volumineuse qui se développe surtout dans les muqueuses digestives, parfois dans la muqueuse bronchique, aux dépens des cellules endocrines dites argentaffines (colorables par certains sels d'argent). SYN. *tumeur argentaffine*.

Les carcinoïdes bénins ne se manifestent par aucun symptôme et sont découverts lors d'une intervention ou d'un examen effectué à l'occasion d'une autre maladie (appendicectomie ou endoscopie). Les carcinoïdes

malins peuvent obstruer l'intestin et donner des métastases dans le foie et les ganglions abdominaux.

Le traitement des carcinoïdes bénins consiste en l'ablation chirurgicale complète de la tumeur, ou des tumeurs (carcinoïdes de l'appendice, par exemple). En cas de carcinoïde malin, l'évolution très lente de la tumeur justifie des thérapeutiques multiples : radiothérapie, ablation chirurgicale étendue aux métastases, exceptionnellement transplantation hépatique.

Carcinome

Tumeur maligne développée aux dépens des tissus épithéliaux. SYN. *épithélioma*.

Les carcinomes représentent environ 80 % des cancers. Ils peuvent se développer sur la peau, les muqueuses digestives, respiratoires, génitales et urinaires, sur toutes les glandes annexées à ces tissus (sein, foie, pancréas, rein, prostate) et sur les glandes endocrines (thyroïde, surrénale). Leur gravité dépend du siège de la tumeur (le carcinome de la peau est généralement d'évolution favorable) et de son aspect microscopique, c'est-à-dire de la capacité de celle-ci à reproduire plus ou moins fidèlement le tissu où elle se développe.

Cardiologie

Étude du fonctionnement du cœur et, particulièrement, des maladies atteignant le cœur ou les vaisseaux sanguins.

Cardiomégalie

Augmentation de volume du cœur.

CAUSES

Elles sont de trois types.

■ **La dilatation d'une ou de plusieurs cavités cardiaques** peut résulter d'un mauvais fonctionnement valvulaire, d'un défaut d'irrigation du muscle cardiaque (cardiopathie ischémique) ou d'une maladie du muscle cardiaque lui-même.

■ **L'hypertrophie myocardique** (épaississement du muscle cardiaque au niveau d'un ou des deux ventricules) peut être consécutive à la présence d'un obstacle à l'éjection sanguine du cœur (hypertension artérielle, rétrécissement serré de la valvule aortique) ou à l'existence d'une maladie du muscle cardiaque lui-même ; on parle alors de cardiopathie hypertrophique.

■ Les **épanchements péricardiques** sont responsables d'un élargissement de la silhouette cardiaque, visible à la radiographie et à l'échographie, dû à l'accumulation de liquide à l'intérieur du péricarde (enveloppe du cœur). Ce liquide est de type sérofibrineux, séro-hématique ou purement sanglant, en fonction de sa cause.

Le traitement d'une cardiomégalie est celui de sa cause, lorsque celle-ci est curable.

Cardiomyopathie

→ VOIR Myocardiopathie.

Cardiopathie

Toute maladie du cœur, quelle qu'en soit l'origine.

Cardiotonique

Médicament augmentant la force de contraction du cœur. SYN. *tonicardiaque*.

Les médicaments cardiotoniques sont indiqués en cas d'insuffisance cardiaque et pour traiter certains troubles du rythme (accélération, ralentissement). Ils sont prescrits soit par voie injectable en cas d'urgence, dont le choc cardiogénique et l'arrêt cardiocirculatoire, soit par voie orale à long terme (mode habituel d'administration pour les médicaments digitaliques).

Chaque produit a ses propres effets indésirables, mais il existe un risque commun : l'apparition de troubles du rythme cardiaque, parfois graves (accélération ou ralentissement trop intenses).

Cardioversion

Méthode de traitement de certains troubles du rythme cardiaque par choc électrique externe. SYN. *défibrillation*.

Carence affective

Absence ou insuffisance des échanges affectifs essentiels au développement et à l'équilibre affectif d'un sujet.

La privation prolongée du contact avec la mère ou avec un substitut maternel entraîne chez le nourrisson une inhibition anxieuse, un désintérêt pour le monde extérieur (dépression anaclitique) qui s'accompagne d'anorexie, d'insomnie, d'agitation, de retard psychomoteur et de troubles psychosomatiques. C'est ce qu'on appelle le syndrome d'hospitalisme. Si la carence se poursuit au-delà de 3 ou 4 mois, l'enfant risque de souffrir de dommages physiques et psychiques irréversibles.

Chez l'adulte, des situations vitales contraignantes (deuil, infirmité, émigration) peuvent amplifier certaines tendances à la paranoïa, à l'introversion ou aux troubles du caractère qui enferment l'individu dans la solitude et risquent, en réaction, de déclencher des troubles psychiatriques aigus. Chez le sujet âgé, le manque d'échanges affectifs précipite parfois le processus de sénilité et peut même déclencher des réactions de détresse allant jusqu'au suicide.

Carence alimentaire

Absence ou insuffisance de certains éléments indispensables à l'équilibre et au développement physique d'un sujet.

Une carence alimentaire peut être globale ou sélective et porter sur des nutriments agissant à très petites doses tels que les sels minéraux, les oligoéléments, les acides aminés ou les vitamines. Elle peut être liée à un défaut d'apports, un régime déséquilibré, ou à une incapacité de l'organisme de bien utiliser ceux-ci. Les affections organiques qui s'accompagnent d'anorexie (cancer, hépatite, tuberculose) ont aussi pour conséquence des carences à des degrés divers.

Les effets d'une carence alimentaire sont d'autant plus désastreux qu'elle survient plus précocement. Chez l'embryon, le fœtus ou le nourrisson, elle entrave la division cellulaire. Un enfant qui a souffert de carence alimentaire avant sa naissance et au cours de sa première année risque de présenter des défaillances du système nerveux central, et le dommage est alors irréversible. En revanche, une carence alimentaire affectant un enfant de plus de un an n'a que des effets temporaires, pourvu que soit rétablie par la suite une alimentation correcte.

Carie

Maladie détruisant les structures de la dent, évoluant de la périphérie (émail) vers le centre de la dent (pulpe dentaire).

FRÉQUENCE

Aujourd'hui, en région parisienne, un adolescent de 12 ans présente en moyenne quatre caries. Cette importance est vraisemblablement due à la richesse croissante de l'alimentation en glucides.

CAUSES

Une carie est due à l'action combinée de trois facteurs : la plaque dentaire (substance qui se forme sur la dent, composée de débris alimentaires, de mucus salivaire et de bactéries), le terrain (constitution de la dent, hérédité) et l'alimentation. Les bactéries de la plaque dentaire assimilent les sucres rapides, prolifèrent et sécrètent un acide qui attaque la dent et entraîne la formation d'une cavité.

SYMPTÔMES ET SIGNES

La carie se loge de préférence dans les zones anfractueuses, difficiles à nettoyer. Elle commence par attaquer l'émail, créant une cavité. D'abord indolore, elle progresse dans le tissu calcifié recouvrant la pulpe (dentine), agrandissant la cavité et permettant aux bactéries d'envahir la pulpe mise à nu au centre de la dent. La dent devient alors sensible au contact du froid et du chaud, puis des sucres. Non traitée, la carie entraîne la destruction de la dent et l'infection de l'os sous-jacent par pénétration microbienne.

PRÉVENTION

La prévention doit jouer sur les trois causes de la carie : la plaque bactérienne doit être éliminée quotidiennement par un brossage minutieux complété par le passage du fil dentaire. Une alimentation équilibrée, pauvre en sucres rapides (que l'on peut remplacer par des sucres de substitution) est également efficace. Il ne faut pas, en particulier, encourager les enfants à consommer des sucreries, ni leur en donner avant le coucher. Enfin, il est possible d'intervenir de façon précoce sur la constitution de la dent en renforçant l'émail par l'administration de fluor (dans l'eau, le sel ou en comprimés) au cours des douze premières années de la vie. Par ailleurs, une surveillance régulière (tous les ans environ) s'impose par consultation d'un dentiste.

Carl Smith (maladie de)

Maladie aiguë de l'enfant, probablement d'origine virale, se traduisant par une hyperlymphocytose (augmentation très importante du nombre de lymphocytes, type de globules blancs, dans le sang).

Elle se caractérise par une rhinopharyngite fébrile avec diarrhée, parfois associée à une éruption cutanée ou à une méningite lymphocytaire, très rarement à des adénopathies (augmentation de volume des ganglions) et à une splénomégalie (augmentation de la taille de la rate). L'évolution est courte, bénigne et ne nécessite aucun traitement.

Carnitine

Acide aminé dont le déficit peut provoquer une myopathie (maladie grave des muscles).

Carotène

Pigment orangé, liposoluble, précurseur de la vitamine A, présent dans un grand nombre de végétaux et au sein de l'organisme.

Le bêta carotène est présent dans les carottes, les tomates, certains légumes verts, dans les fruits, dans le lait entier et le beurre.

Une consommation excessive d'aliments riches en bêta carotène provoque un jaunissement de la peau. Cette coloration disparaît rapidement dès que l'on supprime l'excès d'apport alimentaire. Le bêta carotène protège la peau du soleil par stimulation de la synthèse de la mélanine.

Carotide (artère)

Artère du cou et de la tête.

Il existe deux carotides primitives, l'une droite, l'autre gauche. Les deux vaisseaux cheminent de part et d'autre de la trachée depuis la base du cou jusqu'à la hauteur du larynx, où ils se divisent chacun en deux branches principales, la carotide interne et la carotide externe.

PHYSIOLOGIE
Les carotides possèdent deux zones sensibles de chaque côté du cou : le sinus carotidien, qui intervient dans la régulation de la pression artérielle, et le corpuscule carotidien, ou glomus carotidien, qui joue un rôle important dans la régulation de la saturation en oxygène du sang et dans le fonctionnement de la respiration.

PATHOLOGIE
L'interruption transitoire de la circulation dans une artère carotide peut provoquer un accident ischémique transitoire (A.I.T.). L'occlusion d'une de ces artères peut entraîner un accident vasculaire cérébral (A.V.C.).

Carpe

Ensemble des os et des articulations situés entre la main et l'avant-bras, formant l'ossature du poignet.

Cartilage

Tissu conjonctif qui constitue le squelette chez l'embryon, et qu'on trouve en petite quantité chez l'adulte, notamment au niveau des surfaces osseuses de certaines articulations.

Le cartilage, lamelle blanche, lisse, souple, résistante et élastique, est formé de cellules, les chondrocytes, qui assurent son renouvellement, de fibres de collagène et de substance fondamentale, faite surtout de protéoglycanes (grosses molécules spongieuses).

PATHOLOGIE
Certaines maladies infectieuses, tumorales, inflammatoires (arthrite) ou dégénératives (arthrose), ou des maladies osseuses comme l'ostéochondrite ou la chondrocalcinose, provoquent une altération du cartilage.

Caryotype

Ensemble des chromosomes d'une cellule ou d'un individu, spécifique d'une espèce donnée. SYN. *complément chromosomique.*

Par extension, le terme caryotype désigne la représentation photographique des chromosomes d'une cellule.

En médecine, l'examen du caryotype permet de mettre en évidence les aberrations chromosomiques (anomalies du nombre ou de la structure des chromosomes). Ainsi,

dans la trisomie 21 (mongolisme), le caryotype montre 3 chromosomes 21 (d'où le nom de la maladie) au lieu de 2.

Castration

Ablation chirurgicale des testicules (orchidectomie bilatérale) ou des ovaires (ovariectomie bilatérale).

La castration fait partie du traitement de certains cancers génitaux (ovaires). Elle est également pratiquée pour réduire le taux sanguin d'hormones, œstrogènes ou testostérone, qui stimulent la croissance des cancers hormonodépendants du sein et de la prostate. Cette intervention doit être distinguée de l'ablation unilatérale du testicule ou de l'ovaire, pratiquée pour traiter les tumeurs de ces organes et n'entraînant aucune des conséquences de la castration.

Chez les deux sexes, la castration peut entraîner, à long terme, des troubles de la libido (énergie de la pulsion sexuelle).

Catalepsie

État physique transitoire caractérisé par une rigidité des muscles du visage, du tronc et des membres, qui restent figés dans leur attitude d'origine.

Cataplexie

Disparition soudaine du tonus musculaire, entraînant le plus souvent la chute du sujet.

La cataplexie survient à l'occasion d'émotions intenses, agréables ou pénibles, et dure en général de quelques secondes à quelques minutes. Elle résulterait du déclenchement intempestif des mécanismes du sommeil.

Un traitement psychostimulant permet de prévenir ce risque chez ceux qui y sont sujets.

Cataracte

Opacification partielle ou totale du cristallin, due à l'altération du métabolisme des fibres cristalliniennes et responsable d'une baisse progressive de la vision.

DIFFÉRENTS TYPES DE CATARACTE
■ La cataracte du sujet âgé est la plus fréquente. À partir de 65 ans, tout individu peut présenter un début de cataracte, qui s'accentue avec l'âge. Les causes n'en sont pas encore exactement connues.

■ **La cataracte de l'adulte** peut être d'origine traumatique. Elle peut aussi résulter d'une maladie générale (diabète, le plus souvent), de troubles du métabolisme phosphocalcique (hypoparathyroïdie, tétanie), de certaines affections neurologiques ou dermatologiques ainsi que de certains traitements prolongés par les corticostéroïdes.

■ **La cataracte de l'enfant** a une origine parfois difficile à déterminer. Elle peut être congénitale, due à une maladie infectieuse contractée par la mère pendant sa grossesse et transmise à l'embryon (rubéole) ou, plus rarement, être la conséquence d'une maladie métabolique, comme la galactosémie congénitale, ou accompagner une trisomie 21 (mongolisme).

SYMPTÔMES ET SIGNES

Une cataracte se traduit par une baisse progressive de l'acuité visuelle, s'étalant parfois sur plusieurs années. Une sensation de brouillard est fréquente, ainsi que des éblouissements dus à la diffraction des rayons lumineux dans un milieu qui s'opacifie.

TRAITEMENT

Des collyres destinés à ralentir l'évolution de la cataracte peuvent être instillés. Cependant, le traitement proprement dit de la cataracte est chirurgical : extraction du cristallin avec, ou non, implantation d'un cristallin artificiel.

■ **Chez l'adulte**, le remplacement du cristallin malade par un cristallin artificiel (implant) est devenu pratiquement systématique (sauf chez les sujets très myopes), la tolérance à long terme étant très bonne.

■ **Chez l'enfant**, l'utilisation de cristallins artificiels reste controversée, car on en connaît mal la tolérance à long terme. C'est pourquoi la pose d'implant est souvent évitée : la correction est alors effectuée par une lentille de contact, ou par des verres correcteurs si l'affection est bilatérale.

Catarrhe

Inflammation aiguë ou chronique d'une muqueuse, surtout dans les voies aériennes supérieures (nez, pharynx), avec hypersécrétion non purulente de ses glandes.

Catgut

Fil résorbable, obtenu à partir du tissu conjonctif de l'intestin grêle du mouton.

Cathéter

Tuyau en matière plastique, de calibre millimétrique et de longueur variable.

Cathétérisme

Introduction d'un cathéter (tuyau en matière plastique, de calibre millimétrique) dans un vaisseau sanguin ou dans un canal naturel à des fins diagnostiques ou thérapeutiques.

Le cathétérisme est notamment utilisé dans une intention radiographique, après injection d'un produit de contraste, pour visualiser les cavités de l'organisme ; pour explorer et dilater, à l'aide d'un cathéter à ballonnet, les rétrécissements vasculaires et cardiaques ; pour mesurer les débits et les pressions du sang dans les différents vaisseaux ; pour introduire localement des substances médicamenteuses ou évacuer un liquide.

Cathétérisme cardiaque

C'est l'introduction dans la cavité d'un vaisseau sanguin d'un cathéter que l'on fait glisser jusque dans les cavités du cœur pour explorer son fonctionnement.

Le cathétérisme cardiaque permet le diagnostic d'une maladie cardiaque, l'évaluation de sa gravité et l'appréciation de son retentissement, qu'il s'agisse d'une maladie congénitale ou acquise.

TECHNIQUE

Le cathétérisme cardiaque est réalisé sous contrôle radioscopique et nécessite une hospitalisation de 48 à 72 heures. On pratique une anesthésie locale et une petite incision au point d'introduction du cathéter, généralement au pli de l'aine. Le cathéter est introduit dans une veine pour l'exploration des cavités droites du cœur, dans une artère pour celle des cavités gauches ; il est ensuite poussé jusqu'au cœur dans le vaisseau.

L'examen dure de 30 minutes à 1 heure 30.

COMPLICATIONS

Rares, les complications peuvent être mécaniques : hémorragie au point de ponction ou, exceptionnellement, thrombose vasculaire ; elles peuvent aussi être infectieuses ou bien entraîner des troubles du rythme : déclenchement d'extrasystoles isolées ou en salves, souvent transitoires et sans conséquences graves, lors du passage de la sonde dans les cavités cardiaques. Le risque d'accident fatal, extrêmement faible, n'est généralement pas lié à l'examen lui-même, mais à la gravité de la maladie ayant motivé le cathétérisme cardiaque.

Causalgie

Douleur intense et prolongée due à la lésion d'un nerf.

Cautérisation

Destruction d'un tissu afin de supprimer une lésion, d'arrêter un saignement ou de faire régresser le bourgeonnement exubérant d'une cicatrice.

La cautérisation est le plus souvent localisée et superficielle, pratiquée sur la peau ou sur une muqueuse. Les principales méthodes de cautérisation sont l'électrocoagulation par passage de courant dans un bistouri électrique, la destruction au laser, la cryothérapie (traitement par le froid). On recourt parfois à l'application d'une substance caustique.

Cave (veine)

Vaisseau ramenant le sang bleu (désaturé en oxygène et chargé de gaz carbonique) vers le cœur droit.

Les veines caves sont au nombre de deux.
■ La veine cave supérieure draine le sang de la moitié supérieure du corps (tête, cou, membres supérieurs et thorax).
■ La veine cave inférieure, la plus volumineuse, draine le sang de la moitié inférieure du corps (abdomen, bassin et membres inférieurs).

Caverne

Cavité apparaissant dans le poumon, plus rarement dans le rein ou le foie, après l'élimination de caséum (foyer de nécrose tuberculeuse, pâteuse et blanche).

Cécité

Fait d'être aveugle ou malvoyant.
La cécité peut être totale ou partielle, congénitale ou acquise.

La cécité peut être partielle (l'acuité du meilleur œil est comprise entre 1/20 et 1/50), presque totale (l'acuité du meilleur œil est comprise entre 1/50 et le seuil de perception de la lumière) ou totale (pas de perception de la lumière).

Ceinture orthopédique

Ceinture destinée à soutenir l'abdomen et à contenir une hernie ou à corriger les déviations de la colonne vertébrale.

Cellule

Élément constitutif fondamental de tout être vivant.

STRUCTURE
La plupart des cellules humaines ont une structure semblable, composée de trois éléments principaux.
■ Le noyau de la cellule contient l'A.D.N., support de l'information génétique.
■ Le cytoplasme est une matière fluide contenant de nombreux organites (mitochondries, ribosomes, etc.) impliqués dans toutes les activités fonctionnelles (métabolisme) de la cellule.
■ La membrane cellulaire est une enveloppe externe qui sépare la cellule du milieu extérieur et joue un rôle majeur dans les échanges (régulation du passage des nutriments, de l'oxygène, du gaz carbonique, des hormones, etc.).

DIVISION CELLULAIRE
Les cellules se reproduisent de deux manières différentes, par mitose ou par méiose. La mitose est la plus courante : les chromosomes se trouvant dans le noyau de la cellule initiale sont exactement dupliqués et transmis en nombre égal aux deux cellules filles. La méiose est un type particulier de division cellulaire, spécifique aux ovules et aux spermatozoïdes : les cellules filles n'acquièrent que la moitié du matériel chromosomique de la cellule mère.

Par ailleurs, les cancers sont caractérisés par une prolifération cellulaire anarchique.

Cellulite

Modification ou altération visible du tissu cutané ou sous-cutané, parfois de nature inflammatoire.

Le terme de cellulite désigne deux affections sans rapport entre elles : la cellulite au sens courant, dite cellulite esthétique, et les cellulites médicales, recouvrant elles-mêmes plusieurs maladies.

Cellulite esthétique

Il s'agit d'une modification de la peau due à un dépôt de graisse sous-cutané.

Plus fréquente chez la femme, la cellulite est due à plusieurs causes, qui peuvent s'associer : hérédité, apport calorique trop important, rétention d'eau. Ce dernier facteur provient lui-même d'un trouble hormonal, l'excès d'œstrogènes, se manifestant en particulier avant les règles et pendant la grossesse, d'une insuffisance de la circulation veineuse ou lymphatique ou d'un facteur mécanique constitué par le port de vêtements trop serrés. Cependant, l'apparition d'une cellulite dans sa forme modérée est un processus physiologique normal qui concerne 95 % des femmes.

DESCRIPTION

La cellulite apparaît à la puberté ; elle est alors ferme et sensible, la peau devenant rouge et granuleuse sur les cuisses et les fesses. Entre 25 et 50 ans, elle devient molle, puis flasque, des boules sous-cutanées apparaissent puis s'accentuent ; la peau prend de plus en plus un aspect capitonné dit « en peau d'orange ».

TRAITEMENT

Il tente de corriger tous les facteurs en cause. Un régime modéré peut donner des résultats, mais il ne faut pas en surestimer l'efficacité, car c'est en premier lieu sur les adipocytes (cellules graisseuses) situés en dehors des territoires de la cellulite qu'il agit. On peut aussi corriger un déséquilibre hormonal ou vasculaire et conseiller le port de vêtements amples. Les échecs sont fréquents et des méthodes manuelles (massages), une destruction des adipocytes par injections ou ultrasons, une intervention chirurgicale sont parfois préconisées. Ces techniques, qui n'ont pas fait l'objet de vérifications scientifiques, provoquent leurs propres effets indésirables, comme le risque de séquelles disgracieuses. Une certaine prudence s'impose,

d'autant que la cellulite est un problème uniquement esthétique et sans aucune incidence pathologique.

Cellulite infectieuse

Il s'agit d'une infection aiguë ou chronique du tissu sous-cutané.

C'est une infection d'origine bactérienne, le plus souvent à streptocoque, parfois à staphylocoque doré ou à différents germes Gram négatif, consécutive à une plaie cutanée. Elle se manifeste habituellement sous la forme d'une grande zone rouge, chaude et douloureuse, touchant surtout les membres inférieurs, associée à une fièvre, à des frissons et à un malaise général.

Une cellulite infectieuse nécessite une hospitalisation en urgence ; elle est traitée par administration d'antibiotiques.

Cément

Tissu calcifié très fin qui recouvre la racine de la dent et assure la cohésion de celle-ci avec l'os de la mâchoire.

Céphalée

Toute douleur de la tête, quelle que soit sa cause. SYN. *céphalalgie.*

Les céphalées, couramment appelées maux de tête, siègent sur la voûte crânienne. Leur évolution est très variable, de quelques heures à quelques jours, les accès pouvant se répéter pendant plusieurs années.

DIFFÉRENTS TYPES DE CÉPHALÉE

Classiquement, on distingue trois grands groupes de céphalées.

■ **Les céphalées psychogènes**, très fréquentes, sont dues à une fatigue, à des troubles psychologiques bénins (anxiété, stress), voire à une véritable dépression. La tension psychique peut provoquer une contraction exagérée des muscles de la nuque, avec irradiation de la douleur vers la tête. Les céphalées psychogènes sont permanentes et peuvent obliger à un ralentissement modéré des activités. Leur évolution est chronique.

■ **Les migraines** touchent de 5 à 10 % de la population générale. Leur cause primitive est inconnue, mais on sait qu'il se produit une constriction suivie d'une dilatation de certaines artères de la tête et qu'il existe souvent un terrain familial. En général, la douleur est intense, pulsatile, localisée à la moitié du crâne, associée à des troubles digestifs (nausées, vomissements), exacerbée par la lumière, le bruit, l'activité physique. L'évolution est chronique et paroxystique : on observe des crises de fréquence très variable (de une par an à plusieurs par mois), durant de 2 heures à quelques jours.

■ Les **céphalées symptomatiques** ne constituent pas en elles-mêmes une maladie, mais sont un symptôme d'une affection organique, notamment de la maladie de Horton, de certaines affections oculaires (glaucome, troubles de la vision), oto-rhino-laryngologiques (sinusite, otite), dentaires ou rhumatologiques (arthrose cervicale). Elles sont parfois occasionnées par une hypertension artérielle, une intoxication à l'oxyde de carbone, certains médicaments (les vasodilatateurs, par exemple), une fièvre. Une céphalée symptomatique peut aussi être due à une hémorragie méningée, à une méningite, à une tumeur cérébrale, qui, en gênant la circulation du liquide céphalorachidien, déclenche en amont une hypertension intracrânienne, à un traumatisme crânien, à un hématome cérébral post-traumatique ou à un anévrysme cérébral. En cas d'hypertension intracrânienne, la céphalée prédomine à la fin de la nuit ou au réveil.

TRAITEMENT
Outre la guérison d'une cause éventuelle et l'emploi de moyens spécifiques (médicaments antimigraineux s'il s'agit d'une migraine), le traitement est celui de la douleur en général ; il fait appel aux analgésiques usuels tels que le paracétamol. Certaines mesures soulagent parfois la douleur : le patient peut s'allonger, éviter les facteurs aggravants (pièce bruyante, mal aérée), étirer ou masser les muscles de ses épaules, de son cou, du visage et du cuir chevelu et, si possible, dormir quelques heures.
→ VOIR **Migraine**.

Céphalhématome

Épanchement sanguin bénin de la voûte crânienne chez le nouveau-né.

Un céphalhématome est parfois observé après un accouchement difficile, quand il y a eu application d'un forceps sur la tête. Dans les jours suivant la naissance apparaît sur le crâne une tuméfaction arrondie et asymétrique, aux bords nets, ce qui la différencie de la bosse sérosanguine, à l'aspect plus diffus.

Le céphalhématome se résorbe spontanément et complètement en quelques semaines ; aucun traitement n'est nécessaire.

Céphalorachidien (liquide)

Liquide entourant tout le système nerveux central et remplissant également les cavités ventriculaires encéphaliques.

On peut prélever le liquide céphalorachidien à des fins diagnostiques par ponction lombaire.

PATHOLOGIE
Une gêne à l'écoulement ou à la résorption du liquide céphalorachidien, due à l'existence d'une tumeur, d'une infection ou d'une malformation, peut provoquer en amont de l'obstacle une hydrocéphalie (dilatation des cavités), associée ou non à une hypertension intracrânienne (augmentation de la pression du liquide). Par ailleurs, une fracture de la base du crâne peut engendrer une brèche méningée, laissant s'échapper du liquide céphalorachidien, qui coule alors par l'oreille ou par le nez.

Céphalosporine

Médicament antibiotique apparenté à la pénicilline et actif contre de nombreuses bactéries.

Les céphalosporines sont bactéricides, c'est-à-dire qu'elles détruisent les bactéries sans se contenter de stopper leur développement.

Les très larges indications des céphalosporines incluent notamment les septicémies, les infections respiratoires, génitales, urinaires et celles des oreilles. Bien tolérés dans l'ensemble, ces médicaments ont cependant pour effet indésirable commun des réactions allergiques. En particulier, 10 % des sujets allergiques aux pénicillines le sont aussi aux céphalosporines (allergie croisée).

Cerclage

Technique chirurgicale consistant à maintenir en place un organe (os, œil, vaisseau) ou à resserrer un orifice (anus, col de l'utérus) à l'aide de fils de métal, de Nylon ou d'autres matériaux.

Cerclage du col de l'utérus

Cette intervention consiste à mettre en place un fil pour resserrer le col utérin.

Elle est indiquée dans les cas de béance du col et de l'isthme, le plus souvent diagnostiquée après des avortements spontanés tardifs. Elle se pratique dans les premiers mois de la grossesse sous anesthésie générale ou locale, ou même sans anesthésie, au moyen d'une technique simple utilisant un spéculum. Le fil doit être enlevé trois semaines avant la date prévue de l'accouchement, ou plus tôt si celui-ci se déclenche spontanément.

Céréale

Plante de la famille des graminées, dont les graines, entières ou réduites en farine, sont utilisées dans l'alimentation humaine.

Les céréales le plus couramment consommées sont le blé, le seigle, le riz, le maïs, l'orge, l'avoine, le millet. Les céréales renferment à la fois des protéines, des graisses, des sucres, des sels minéraux et des vitamines. Elles sont particulièrement riches en vitamines B (B1, B2, B3, B6) et E, en magnésium et en fibres, mais contiennent peu de calcium. Leurs grains contiennent de 10 à 15 % d'eau, de 70 à 76 % de glucides (notamment sous une forme particulière appelée amidon), de 8 à 12 % de protéines et de 2 à 4 % de lipides. Elles perdent une partie de leur valeur nutritive si les graines sont décortiquées ou si la farine est tamisée.

Cérumen

Substance de consistance molle, d'aspect cireux, située au fond du conduit auditif externe.

BOUCHON DE CÉRUMEN

Normalement, le cérumen s'évacue spontanément. Cependant, il peut s'accumuler au fond du conduit auditif externe, notamment du fait de l'utilisation de Coton-Tige, et provoquer un bouchon à l'origine d'une irritation, voire d'une baisse de l'acuité auditive. L'évacuation du bouchon de cérumen, parfois difficile, doit être réalisée par un médecin soit par aspiration, soit par irrigation, ou encore par extraction.

Cerveau

Partie la plus élevée, la plus volumineuse et la plus complexe de l'encéphale, siège des facultés intellectuelles.

STRUCTURE

Le cerveau comprend deux hémisphères réunis par le cerveau moyen, ou diencéphale, et par le corps calleux. Il se situe au-dessus du tronc cérébral et du cervelet. Le cerveau est entouré par les méninges.

Le cerveau est constitué, comme le reste du système nerveux central, de substance grise (corps des neurones et des synapses) et de substance blanche (fibres myélinisées). Dans les hémisphères, la substance grise se répartit en une couche superficielle épaisse, le cortex, et en noyaux profonds, les noyaux gris centraux (pallidum, putamen et noyau caudé). Le diencéphale est composé essentiellement de deux gros noyaux gris symétriques, les thalamus. Ceux-ci surmontent l'hypothalamus, structure qui comprend de petits noyaux et se prolonge par deux glandes, l'hypophyse en bas, l'épiphyse en arrière.

Chaque hémisphère contrôle la moitié du corps qui se trouve du côté opposé.

FONCTIONNEMENT

La substance grise, composée d'amas de cellules nerveuses, est responsable des fonctions nerveuses ; la substance blanche, formée de fibres nerveuses, assure les connexions à l'intérieur de chaque hémisphère, entre les hémisphères et avec le système nerveux central sous-jacent. Dans le cortex, la substance grise est le point de départ de la motricité volontaire, le point d'arrivée de la sensibilité et le siège principal des fonctions supérieures (conscience, mémoire, émotion, langage, réflexion).

EXAMENS

Le cerveau est exploré, comme le reste de l'encéphale, par l'imagerie radiologique, le scanner et surtout par l'imagerie par résonance magnétique (I.R.M.).

PATHOLOGIE

Le cerveau peut être atteint par les mêmes affections que le reste de l'encéphale : traumatismes crâniens, accidents vasculaires cérébraux (obstruction ou rupture d'une artère cérébrale), tumeurs bénignes ou malignes, encéphalites, infectieuses (souvent virales) ou non, abcès, intoxications diverses, maladies dégénératives (maladie de Parkinson, maladie d'Alzheimer, sclérose en plaques), maladies congénitales chromosomiques (trisomie 21). Les maladies psychiatriques proprement dites ne correspondent à aucune lésion connue ; toutefois, la dépression ou la schizophrénie peuvent avoir une origine métabolique.

Cerveau (abcès du)

Collection de pus localisée dans le cerveau.

Un abcès du cerveau résulte presque toujours de la propagation d'une infection située à un autre endroit du corps ; celle-ci vient de l'oreille moyenne ou des sinus dans 40 % des cas.

SYMPTÔMES ET SIGNES

Les symptômes les plus courants de l'abcès du cerveau sont des maux de tête, une somnolence, des vomissements. Parfois, on observe une fièvre, des troubles visuels, des crises d'épilepsie, voire des signes spécifiques de la région lésée par l'abcès tels qu'une paralysie d'un membre.

TRAITEMENT

Il fait appel aux antibiotiques à hautes doses, associés le plus souvent au drainage ou à l'ablation de l'abcès par le chirurgien.

Cerveau (tumeur du)

Tumeur, bénigne ou maligne, située dans le cerveau.

On distingue les tumeurs primitives, qui se développent à partir de cellules du cerveau, et les tumeurs secondaires, qui sont des métastases.

Tumeur primitive du cerveau

Environ 60 % des tumeurs primitives sont des gliomes, formés à partir des cellules gliales qui entourent et soutiennent les cellules nerveuses ; ils peuvent être bénins ou malins. Les méningiomes, qui siègent sur les méninges, sont également fréquents ; ils sont toujours bénins. Les causes des tumeurs primitives ne sont pas connues.

Les symptômes sont de trois ordres : déficit neurologique (aphasie, paralysie localisée), épilepsie dans un cas sur cinq et signes d'hypertension intracrânienne (maux de tête, altération des fonctions mentales, vomissements). L'apparition des symptômes est plus précoce et leur évolution plus rapide et plus extensive dans le cas d'une tumeur maligne. Les techniques d'imagerie médicale (scanner cérébral et imagerie par résonance magnétique [I.R.M.]) permettent de déterminer le siège exact de la tumeur et de donner des indications sur sa nature. Mais le diagnostic précis ne peut être établi qu'après une biopsie cérébrale. Le traitement, lorsqu'il est possible, repose sur l'ablation chirurgicale de la tumeur, éventuellement complétée par la radiothérapie.

Tumeur secondaire du cerveau

Les tumeurs secondaires sont des métastases, souvent multiples, qui proviennent essentiellement d'un cancer bronchopulmonaire ou d'un cancer du sein. Les symptômes sont les mêmes que ceux des tumeurs primitives du cerveau, mais ils évoluent de façon plus rapide.

Le diagnostic repose sur les techniques d'imagerie médicale, qui mettent en évidence les lésions cérébrales et, dans un cas sur deux, le cancer primitif. Le traitement est celui du cancer primitif s'il a été découvert. La radiothérapie cérébrale est également indiquée.

Cervelet

Partie de l'encéphale située à la base du crâne, en arrière du tronc cérébral, et responsable de la coordination de l'activité musculaire nécessaire à l'équilibre et aux mouvements.

PATHOLOGIE

Lorsque le cervelet ou les fibres nerveuses en relation avec l'encéphale sont lésés, un syndrome cérébelleux survient, comportant une ataxie (trouble de la coordination motrice). Parfois, l'atteinte du vermis prédomine et le sujet présente une hypotonie musculaire (relâchement musculaire excessif) ; il écarte trop les pieds en position debout et sa démarche donne une impression d'ébriété. Si l'atteinte d'un lobe prédomine, le malade a du mal à commencer et à arrêter ses mouvements, qui vont trop loin (hypermétrie) ; il ne peut plus réaliser de mouvements alternatifs rapides (faire les « marionnettes », par exemple) ; ses gestes sont souvent gênés par un tremblement. → VOIR Encéphale.

Cervical
Relatif au cou.
→ VOIR Vertèbre.

Cervicalgie
Douleur du cou, quelle qu'en soit la cause.

Cervicarthrose
Arthrose affectant le rachis cervical.

Une cervicarthrose se retrouve chez la majorité des sujets après 50 ans, mais les lésions (pincement discal et ostéophytes), révélées par l'examen radiologique, ne s'accompagnent parfois d'aucun symptôme ; d'une façon générale, il n'existe pas de corrélation entre l'importance des lésions et les douleurs ressenties.

Le plus souvent, la cervicarthrose n'entraîne qu'une légère infirmité. La douleur, signe des poussées congestives, gêne les mouvements du cou, souvent plus d'un côté que de l'autre, et elle est aggravée par des oscillations passives de la tête comme il s'en produit en voiture. Chez la majorité des individus, après quelques poussées douloureuses qui durent chacune plusieurs semaines, voire plusieurs mois, la gêne diminue au prix d'une perte de mobilité du cou. Une cervicarthrose peut contribuer à rétrécir le canal cervical et entraîner à la longue des lésions de la moelle épinière avec troubles de la marche.

TRAITEMENT
Il repose sur la prescription d'analgésiques et la mise au repos du cou par un collier cervical lors des poussées douloureuses.

Massages, rééducation ou cures thermales peuvent être utiles en dehors des épisodes de crise.

Cervicite
Inflammation du col de l'utérus. SYN. *métrite du col.*

Une cervicite peut être d'origine bactérienne, virale ou parasitaire et survient toujours sur une muqueuse lésée ou anormale. Elle existe sous deux formes, externe ou interne.

■ L'exocervicite, ou inflammation de la paroi externe du col, se traduit par des pertes anormales, voire purulentes. Elle est visible au spéculum.

■ L'endocervicite, ou inflammation de la paroi interne du col, se traduit par un écoulement purulent.

Les deux formes vont souvent de pair. Le traitement peut être local (ovules gynécologiques) ou général (par voie orale).

Césarienne
Incision chirurgicale permettant d'extraire un nouveau-né de l'utérus maternel.

La césarienne se pratique, de nos jours, dans 8 à 15 % des accouchements.

INDICATIONS
La césarienne est obligatoire dans certains cas : disproportion fœtopelvienne (bébé trop gros pour le bassin de la mère) ; souffrance fœtale aiguë (ralentissement du rythme cardiaque du fœtus, imposant une extraction rapide) ; placenta prævia (insertion basse du placenta) ; mauvaise présentation du fœtus (par l'épaule, en position transversale) ; pathologie grave de la mère en fin de grossesse (hypertension artérielle, toxémie, coagulopathies). Une césarienne est programmée lorsqu'il n'est pas souhaitable que la femme accouche par les voies naturelles ; elle peut aussi être décidée et pratiquée en cours de travail s'il survient des signes de souffrance fœtale.

TECHNIQUE
L'intervention peut avoir lieu sous anesthésie générale ou bien péridurale. L'incision se fait sur l'abdomen, à la hauteur du sommet du pubis et le plus souvent dans le sens

horizontal, ce qui permet une cicatrisation solide et esthétique. Parfois, l'incision peut être verticale. L'incision de l'utérus, ou hystérotomie, permet d'extraire le fœtus et le placenta. Les différents plans incisés sont ensuite suturés avec des fils résorbables. La cicatrice est refermée par des fils ou des agrafes que l'on retire entre le 6e et le 9e jour.

SURVEILLANCE ET EFFETS SECONDAIRES

La surveillance et la convalescence d'une femme accouchée par césarienne sont plus longues qu'après un accouchement par les voies naturelles, puisqu'il s'agit d'une intervention chirurgicale. Les complications sont toutefois rares, et diminuées par l'usage préventif des antibiotiques et des anticoagulants. Après un premier accouchement par césarienne, un accouchement par les voies naturelles est envisageable si les dimensions du bassin le permettent. Mais une femme peut faire l'objet de trois ou quatre césariennes consécutives si la cicatrisation est bonne.

Cétose

État pathologique dû à l'accumulation dans l'organisme de corps cétoniques, substances produites au cours du processus de dégradation des graisses.

Une cétose s'observe en cas de diabète, de vomissements acétonémiques, dans certains troubles digestifs ou hépatiques et au cours du jeûne.

La cétose se traduit par une présence anormalement élevée de corps cétoniques dans le sang et les urines. Elle peut demeurer asymptomatique ou provoquer une acidocétose, complication aiguë survenant lorsque la quantité de corps cétoniques dépasse les capacités d'élimination de l'organisme.

Une cétose simple se traite essentiellement en redonnant à l'organisme, par l'alimentation, par le traitement des vomissements ou par le rééquilibrage du diabète, la possibilité d'utiliser les sources d'énergie qui le dispensent de recourir dans une trop grande proportion à la dégradation des graisses.

Chagas (maladie de)

Maladie parasitaire aiguë ou chronique due au protozoaire *Trypanosoma cruzi*. SYN. *trypanosomiase américaine*.

La maladie de Chagas est transmise par les déjections de triatomes (genre de punaise) hématophages et se contracte par voie cutanée ou muqueuse. Cette grave parasitose sévit à l'état endémique en Amérique centrale et dans le nord-est du Brésil ; plusieurs millions de personnes en sont atteintes.

SYMPTÔMES

La forme aiguë, qui dure plusieurs jours et peut être mortelle, correspond à la présence des parasites dans le sang. Elle est caractérisée par une fièvre irrégulière.

Dans la forme chronique, une réaction auto-immune de l'organisme détruit d'une part les cellules ganglionnaires des plexus myentériques (système nerveux) de l'œsophage et du côlon, d'autre part le tissu myocardique. Ces lésions se traduisent par un dysfonctionnement des sphincters de l'œsophage et par l'hypertrophie de certains organes (thyroïde, foie, rate, intestin). L'atteinte myocardique peut aboutir à une insuffisance cardiaque grave.

TRAITEMENT

Il est limité au traitement symptomatique des diverses manifestations.

Chaînes lourdes (maladie des)

Maladie rare du sang touchant les lymphocytes et caractérisée par une sécrétion pathologique de chaînes lourdes d'immunoglobulines (l'un des deux types de chaîne protéique entrant dans la composition des anticorps de type alpha).

Chalazion

Tuméfaction inflammatoire provoquée par l'obstruction d'une glande de Meibomius située dans la paupière.

Le chalazion est un nodule rouge, souple, siégeant dans l'épaisseur de la paupière. Il est indolore en l'absence de surinfection. Il apparaît sans cause particulière.

Grâce au traitement médical à base de collyres et de pommades antibiotiques et anti-inflammatoires, le chalazion peut se résorber totalement ou laisser place à un nodule enkysté, blanc et ferme, également indolore, qui peut être retiré chirurgicalement lorsqu'il est gênant.

Chaleur (coup de)

Ensemble de symptômes dus à une exposition excessive à la chaleur, le coup de chaleur est particulièrement grave chez l'enfant de moins de deux ans, dont la régulation thermique est mal assurée, ses réserves organiques en eau étant faibles. Il concerne également l'adulte et survient le plus souvent après une exposition prolongée au soleil.

SYMPTÔMES

Le coup de chaleur se manifeste par une température rectale supérieure à 40 °C, un faciès grisâtre, une peau sèche et brûlante, des yeux cernés, une adynamie (faiblesse musculaire), une prostration. Il peut se compliquer de crises convulsives.

TRAITEMENT ET PRÉVENTION

Le coup de chaleur est traité par une réhydratation par voie veineuse et nécessite, le plus souvent, une hospitalisation.

■ **Chez les nourrissons,** la prévention repose sur le port de vêtements légers par temps chaud, sur l'emploi d'un simple drap en guise de couverture, sur l'aération et l'humidification de l'endroit dans lequel ils se trouvent, sur la prise de nombreux biberons d'eau entre les repas.

■ **Chez l'adulte,** il est recommandé en cas de chaleur excessive d'éviter les efforts physiques importants sans préparation adaptée, de porter des vêtements légers et amples permettant la circulation d'air, de boire abondamment et d'augmenter sa ration de sel, important facteur de rétention d'eau.

Champ

1. Région du corps délimitée sur laquelle porte une intervention chirurgicale.
2. Pièce stérile de tissu ou de papier placée sur la peau qui délimite la zone faisant l'objet d'une intervention chirurgicale.

Champ visuel

Ensemble des points de l'espace que l'œil peut percevoir quand il est immobile.

EXPLORATION DU CHAMP VISUEL

■ **L'exploration clinique** a l'avantage de pouvoir être réalisée n'importe où, sans instrument. Son principal inconvénient est de ne pas être reproductible : elle ne peut donc servir que d'examen de dépistage. Dans le test de confrontation, le sujet, qui regarde droit devant lui, doit signaler le moment où il perçoit un objet (le « test ») que l'examinateur déplace devant lui de la périphérie vers le centre. Dans l'épreuve d'Amsler, le sujet doit fixer le point central d'un schéma tout en dessinant les anomalies qu'il perçoit.

■ **L'exploration instrumentale** présente l'avantage d'être reproductible : elle permet donc, le cas échéant, de suivre l'évolution de différents paramètres. Elle utilise un test lumineux mobile et enregistre les différents endroits où il devient visible pour le patient. Elle se fait généralement à l'aide d'un appareil dit périmètre de Goldmann. L'analyseur de Friedmann utilise les mêmes principes.

ANOMALIES DU CHAMP VISUEL

■ **L'amputation** est un rétrécissement de la limite périphérique du champ visuel. Dans certains cas, elle est due à un glaucome très évolué ou à une rétinopathie pigmentaire (dégénérescence héréditaire). Dans d'autres cas, l'amputation est due à une atteinte des voies visuelles. Elle siège alors en un endroit précis, entraînant une quadranopsie (amputation d'un quart du champ visuel de chaque œil) ou une hémianopsie (amputation d'une moitié du champ visuel d'un œil), plus souvent verticales qu'horizontales.

■ **Le scotome** est une zone aveugle ou à vision faible à l'intérieur du champ visuel due à une atteinte de la rétine ou des voies visuelles. Le sujet peut ne pas le percevoir spontanément ou bien le percevoir comme une tache.

Champignons

Organismes vivants possédant un noyau cellulaire typique. Dépourvus de chlorophylle, ils vivent aux dépens de matières organiques (soit saprophytes sur matériaux inertes, soit parasites de l'homme, des animaux ou des plantes). Ils se nourrissent par absorption à travers leur paroi cellulaire.

Il existe près de 100 000 espèces de champignons. Certains sont microscopiques (levures, moisissures, etc.), d'autres possèdent des carpophores, qui sont les « champignons » au sens courant du terme.

Certains champignons sont utiles et jouent un rôle dans les industries de fermentation (bière, vin, pain), dans la préparation des fromages, la production d'enzymes, etc. Dans le domaine médical, leur intérêt réside dans la préparation d'antibiotiques, d'œstrogènes, d'anabolisants. D'autres champignons sont nuisibles, parasitent les plantes, altèrent les denrées après récolte, détériorent les matériaux.

Nombre de champignons récoltés dans la nature ou cultivés constituent d'excellents comestibles ; comportant jusqu'à 90 % d'eau, ils sont cependant riches en glucides, en protéines, en sels minéraux et en vitamines. D'autres sont vénéneux et provoquent des empoisonnements graves, parfois mortels. Certaines espèces, contenant de la psilocybine, ont des propriétés hallucinogènes.

Les champignons sont impliqués dans trois types de maladie : les mycoses (infection d'un tissu vivant), les allergies (réaction d'un individu liée à l'inhalation des spores ou au contact d'un champignon), les mycotoxicoses (intoxication résultant de l'ingestion de métabolites fongiques toxiques).

Intoxications alimentaires dues aux champignons

En cas d'ingestion de champignons vénéneux, l'intoxication peut se manifester immédiatement, ou après une période d'incubation variable, selon le type de champignon ingéré. On distingue différents types d'intoxication selon la toxine responsable et l'effet qu'elle produit.

Pour éviter tout empoisonnement, il est indispensable d'apprendre à identifier par leurs caractères les espèces dangereuses et de prohiber systématiquement la consommation de tout exemplaire dont l'identification est douteuse.

TRAITEMENT

En présence d'une intoxication, il convient d'alerter le centre antipoison le plus proche, afin que le traitement approprié soit apporté : lavage d'estomac, traitement de l'hépatite ou de la néphrite, rééquilibrage ionique du sang, etc.

Chancre

Ulcération isolée de la peau ou des muqueuses constituant le stade initial de plusieurs maladies contagieuses, le plus souvent vénériennes.

Chancre mou

Maladie sexuellement transmissible due au bacille *Hemophilus ducreyi*, endémique dans les pays en développement. SYN. *chancrelle*.

Quelques jours après la contamination, un chancre apparaît sur la verge ou la vulve sous forme d'une élevure rougeâtre et douloureuse qui s'ulcère rapidement et se borde d'un liseré jaune et rouge. Souvent multiple par auto-inoculation, la lésion est de taille variable (de quelques millimètres à plusieurs centimètres) ; elle se complique d'une infection douloureuse des ganglions, qui se fistulisent et provoquent des abcès (bubons chancrelleux) en l'absence de traitement. Cette infection touche essentiellement l'aine gauche.

DIAGNOSTIC ET TRAITEMENT

Le diagnostic s'effectue par grattage de la lésion et examen bactériologique du prélèvement ; le traitement repose sur l'administration d'antibiotiques. L'association avec une syphilis doit être recherchée.

Charbon

Maladie infectieuse contagieuse due à la bactéridie charbonneuse Gram négatif *Bacillus anthracis*.

La maladie du charbon est transmise à l'homme par les animaux, principalement ovins, équins et caprins, vivants ou morts. La contamination s'effectue le plus souvent lors de la manipulation des produits d'équarrissage, par voie cutanée ou muqueuse, et parfois par inhalation ou ingestion des spores de la bactérie.

L'incubation dure 2 ou 3 jours. L'aspect le plus caractéristique de la maladie du charbon est une pustule qui siège souvent à la face et devient vite une tuméfaction noirâtre.

Le traitement antibiotique (pénicilline à forte dose), instauré d'urgence, a rejeté cette affection au rang des raretés, sauf dans les pays en développement.

Charbon activé

Médicament utilisé pour ses propriétés d'adsorption (fixation par simple contact) des gaz, des liquides et des toxiques.

Le charbon est obtenu par calcination de matières d'origine animale ou végétale. Il est dit activé ou actif lorsqu'il a subi une préparation spéciale destinée à augmenter son pouvoir adsorbant. Il est administré par voie orale.

Charcot (maladie de)

Affection du système nerveux central au cours de laquelle des lésions des cellules nerveuses provoquent progressivement des paralysies. SYN. *sclérose latérale amyotrophique*.

La maladie de Charcot prédomine chez l'homme. Sa cause est inconnue, mais environ 5 % des cas sont héréditaires.

SYMPTÔMES ET DIAGNOSTIC

En général, on observe simultanément deux niveaux de lésions des neurones. Le niveau « central » se rapporte à certains neurones à fonction motrice du cortex cérébral. Le niveau « périphérique » concerne des neurones servant de relais aux précédents.

■ Le syndrome central, ou syndrome pyramidal, associe exagération des réflexes et hypertonie (raideur) des membres.

■ Le syndrome périphérique, lié aux lésions de la moelle, consiste en une amyotrophie (atrophie musculaire) et en une paralysie touchant souvent d'abord les membres supérieurs. L'atteinte des neurones de l'encéphale provoque une dysarthrie (anomalie de la voix, qui devient mal articulée, puis nasonnée), des troubles de la déglutition, une atrophie de la langue.

TRAITEMENT

Le riluzole, qui est un antiglutamate, est proposé dans le traitement de la maladie de Charcot. Il a allongé la survie en retardant, notamment, l'apparition de complications respiratoires.

Charcot-Marie (maladie de)

Affection rare des nerfs entraînant des paralysies. SYN. *maladie de Charcot-Marie-Tooth*.

La maladie de Charcot-Marie est une affection héréditaire à transmission autosomique dominante ou récessive, d'évolution très lente. Les muscles du pied et de la jambe sont touchés les premiers. On observe une amyotrophie (atrophie musculaire) progressant du bas vers le haut. Le pied a tendance à tomber la pointe en bas, le malade devant lever haut la jambe à chaque pas pour ne pas heurter le sol de la pointe de son pied. La voûte plantaire se creuse, les orteils se déforment en griffes. Beaucoup plus tard, l'amyotrophie gagne les mains puis les avant-bras. À ces signes principaux peuvent s'ajouter des troubles sensitifs (perte de la sensibilité cutanée) et visuels.

TRAITEMENT

L'évolution est très lente, n'entraînant que très rarement un handicap véritable. Il est possible de limiter les conséquences de l'impotence (rééducation, utilisation de béquilles), mais il n'existe pas encore de traitement curatif spécifique de cette maladie.

Chasse (syndrome de)

Ensemble des manifestations cliniques observées après l'absorption d'un repas chez certains sujets ayant subi une ablation de l'estomac. SYN. *dumping syndrome*.

Le signe le plus caractéristique est une asthénie (affaiblissement généralisé) intense survenant de 5 à 20 minutes après la fin du repas et obligeant le patient à se coucher.

Le traitement est essentiellement diététique : fractionnement des repas (4 ou 5 repas par jour), prise des boissons en dehors des repas, exclusion des sucres rapides, qui favorisent le syndrome. Des produits ralentissant la vitesse d'absorption des sucres, peuvent également être utilisés.

Chéilite

Inflammation aiguë ou chronique de la muqueuse des lèvres.

Les chéilites ont des causes très nombreuses. Les causes externes comprennent les facteurs physiques (tic de mordillement des lèvres, appareil dentaire mal adapté, exposition au froid ou au soleil), l'utilisation de cosmétiques (rouge à lèvres, dentifrice) et de pommades antiseptiques ou antibiotiques, le contact avec certains aliments (agrumes, épices, café soluble). Les causes internes peuvent être infectieuses (mycose, infection bactérienne, syphilis), médicamenteuses (rétinoïdes prescrits contre l'acné, antibiotiques), carentielles (carence en zinc, en vitamine B2).

Par ailleurs, certaines chéilites sont des formes atténuées de maladies dermatologiques telles que l'eczéma ou le psoriasis.

SYMPTÔMES ET SIGNES

Une chéilite aiguë se traduit par une rougeur, un gonflement, une sensation de brûlure. Dans la chéilite chronique, les fissures et les croûtes prédominent. Les lésions s'étendent parfois à la peau avoisinante.

DIAGNOSTIC ET TRAITEMENT

Le diagnostic est difficile ; on recherche d'abord les causes externes, puis les causes internes, enfin les causes dermatologiques. Si aucune cause n'est trouvée, le traitement est celui des symptômes et fait principalement appel aux corps gras et à la vitamine A en application locale.

Chéloïde

Bourrelet fibreux développé sur une cicatrice.

Une chéloïde apparaît en général sur une cicatrice d'intervention chirurgicale, de vaccin ou de blessure. Elle est due à la prolifération de cellules et de fibres du tissu conjonctif. Elle apparaît plus fréquemment chez les sujets noirs et asiatiques.

TRAITEMENT ET PRÉVENTION

Le traitement comprend des massages réguliers, des infiltrations de corticostéroïdes, la cryothérapie ou des cures thermales (douches filiformes à haute pression). Le résultat est un aplanissement de la lésion ou un ralentissement de son évolution. Le traitement chirurgical consiste à implanter un fil de substance radioactive ou à retirer la chéloïde au laser à gaz carbonique. Cependant, les traitements chirurgicaux doivent être conduits avec prudence, du fait de leur efficacité partielle et de la fréquence des récidives. Le traitement préventif doit être entrepris le plus systématiquement possible. Il repose essentiellement sur la compression post-chirurgicale des incisions.

Chémosis

Gonflement œdémateux de la conjonctive.

Un chémosis se présente sous la forme d'un bourrelet infiltré de liquide. Il apparaît au cours d'inflammations aiguës de la conjonctive (conjonctivites allergiques aiguës) ou de brûlures de cette membrane. Parfois, c'est une hémorragie sous-conjonctivale qui provoque une distension de la conjonctive : il s'agit alors d'un chémosis hémorragique.

Le traitement fait appel aux anti-inflammatoires locaux.

Cheveu

Poil de grande longueur implanté sur la peau du crâne, dite cuir chevelu.

→ VOIR **Alopécie, Calvitie.**

Cheville

Segment du membre inférieur qui unit la jambe au pied, formé par l'articulation tibiotarsienne et les tissus qui l'entourent. SYN. *cou-de-pied.*

PATHOLOGIE

La cheville subit souvent des traumatismes : entorse et fracture de Dupuytren.

■ **L'entorse** est due à un mouvement forcé du pied en dedans, qui engendre une élongation ou une rupture des faisceaux du ligament latéral externe.

■ **La fracture de Dupuytren,** due à un mouvement forcé du pied en dehors, est une fracture bimalléolaire qui requiert une réduction d'urgence pour éviter une déformation persistante.

Cheyne-Stokes (dyspnée de)

Trouble de la fréquence et de l'amplitude respiratoires.

La dyspnée de Cheyne-Stokes est caractérisée par une suite de cycles respiratoires d'amplitude croissante puis décroissante, séparés les uns des autres par une période d'apnée (arrêt respiratoire). Elle peut être la conséquence d'une insuffisance rénale sévère, d'un fonctionnement anormal du centre respiratoire bulbaire (accident vasculaire cérébral, traumatisme crânien) ou d'une intoxication médicamenteuse.

Chiasma optique

Croisement en X des voies optiques (ensemble des neurones qui conduisent l'influx nerveux de la rétine au lobe occipital) dans l'encéphale.

Le chiasma optique est situé à la base du cerveau, juste au-dessus de l'hypophyse. Sa compression, due, par exemple, à une tumeur de l'hypophyse, peut provoquer une perte partielle de la vision, appelée hémianopsie bitemporale : le sujet, alors, ne voit plus sur les côtés de son champ visuel, comme s'il avait des œillères.

Chimionucléolyse

→ VOIR Nucléolyse.

Chimiothérapie anticancéreuse

Traitement médicamenteux qui a pour but d'éliminer les cellules cancéreuses dans l'ensemble des tissus.

Les médicaments anticancéreux atteignent les cellules ayant commencé un cycle cellulaire, période où une cellule se prépare à subir une mitose (division cellulaire). Certains d'entre eux, agissant sur une phase précise du cycle, sont dits phase-dépendants.

Différents types de traitement

Parmi les critères de choix d'un médicament, on doit tenir compte de la sensibilité ou de la résistance spontanée du cancer à traiter. Le degré de sensibilité dépend surtout du type de tissu (pulmonaire, mammaire). D'autres facteurs peuvent intervenir, tels qu'une faible irrigation vasculaire de la tumeur, diminuant l'arrivée des médicaments contenus dans le sang, ou une réparation par les cellules cancéreuses des lésions de leur A.D.N. dues au médicament.

Il faut tenir compte également de la faible efficacité de la monochimiothérapie (traitement par un seul médicament). Le plus souvent, on pratique une polychimiothérapie en associant plusieurs médicaments.

Il existe encore d'autres critères de choix des médicaments, comme l'âge du patient et ses maladies, antérieures ou actuellement associées au cancer, qui peuvent constituer une contre-indication à certains produits.

TRAITEMENT PAR VOIE GÉNÉRALE

Il peut être soit oral soit injectable. L'administration se fait soit par cures de un ou de plusieurs jours, à intervalles réguliers (tous les mois, par exemple), soit en continu, pendant de longues périodes. Le traitement a lieu essentiellement en milieu hospitalier.

La chimiothérapie anticancéreuse peut être associée à l'hormonothérapie, dans les cancers hormonodépendants (sein, corps de l'utérus, prostate), pour agir conjointement sur les cellules non hormonosensibles et les cellules hormonosensibles.

Le traitement par voie générale peut également être associé à un traitement locorégional non médicamenteux, par radiothérapie ou chirurgie. Par ailleurs, le traitement par voie générale est le seul à pouvoir détruire d'éventuelles métastases, cellules cancéreuses disséminées parfois très à distance dans l'organisme.

TRAITEMENT PAR VOIE LOCORÉGIONALE

Certains médicaments anticancéreux peuvent être administrés dans les séreuses (plèvre, péricarde, péritoine) ou dans la vessie. Par ailleurs, dans certains cancers oto-rhino-laryngologiques et certains cancers des membres, du bassin ou du foie, le médicament peut être injecté dans l'artère qui irrigue la région où se trouve la tumeur. Cela permet d'atteindre de fortes concentrations locales sans que le produit dissémine dans l'organisme. Dans la plupart des cas, le traitement, par cures répétées, est commencé à l'hôpital et peut être poursuivi, sous surveillance médicale, à domicile.

Effets indésirables

Les médicaments anticancéreux n'agissent malheureusement pas uniquement sur les cellules tumorales. Ils sont également toxiques pour les cellules normales à renouvellement rapide (cellules sanguines ou digestives) et pour certains organes. Cette toxicité peut être immédiate, apparaissant au moment même de l'administration ; elle peut être décalée de plusieurs jours par rapport au traitement, par atteinte des tissus à renouvellement rapide, ou encore retardée en fonction des doses, pour certains médicaments ayant une toxicité d'organe particulière.

TOXICITÉ SANGUINE

Tous les médicaments anticancéreux, excepté la bléomycine, sont toxiques pour les cellules sanguines. L'atteinte des cellules sanguines en cours de formation dans la moelle osseuse se traduit dans la circulation du sang par une diminution des globules blancs et une diminution des plaquettes, la première étant responsable d'infections, la seconde, d'hémorragies, qui surviennent de 10 à 14 jours après le début du traitement.

Ces inconvénients peuvent aujourd'hui être diminués par la prise d'autres médicaments, les facteurs de croissance cellulaire, destinés à accélérer la formation des cellules sanguines dans la moelle osseuse. La pratique de greffes de moelle, associées ou non à ces médicaments, permet aujourd'hui la réalisation de chimiothérapies à doses plus importantes.

TOXICITÉ DIGESTIVE

Les sels de platine sont les médicaments les plus toxiques pour l'appareil digestif. Toutefois, les nausées et les vomissements qu'ils provoquent ne sont plus un obstacle à la chimiothérapie : associés systématiquement aux médicaments les plus vomitifs, des antiémétiques de la famille des antisérotonines suppriment en partie ces réactions chez la plupart des patients.

AUTRES TOXICITÉS

Il s'agit d'effets indésirables immédiats ou retardés. Ils nécessitent une surveillance régulière et sont pris en compte dans le choix des médicaments.

■ **Des atteintes neurologiques** peuvent se produire. Des cas de neuropathies, touchant plus les membres inférieurs que les membres supérieurs, ainsi que des pertes du goût et de la sensibilité ont été observés lors de traitements prolongés par les sels de platine. De telles atteintes sont réversibles.

■ **La chute des cheveux** est fréquente au cours des chimiothérapies anticancéreuses. Les anthracyclines, les alcaloïdes de la pervenche, les dérivés de la podophyllotoxine en sont responsables. Cette chute des cheveux est réversible après l'arrêt du traitement. Toutefois, elle peut être enrayée par la pose d'un casque réfrigérant pendant tout le temps de la perfusion. Le froid provoque une vasoconstriction du cuir chevelu qui limite l'arrivée du produit.

■ **Les effets sur le cœur** consistent en troubles du rythme cardiaque dans les heures qui suivent le traitement par les anthracyclines.

■ **Les effets sur les gonades** (cellules sexuelles) sont une stérilité qui justifie qu'un patient en âge de procréer envisage la conservation de son sperme avant le démarrage du traitement.

■ **La peau et les muqueuses** peuvent être atteintes : le fluoro-uracile provoque des réactions érythémateuses (rougeurs) sur la peau saine ; le méthotrexate entraîne un érythème et des ulcérations de la bouche ou de la peau et la bléomycine, des lésions des muqueuses ou de la peau. Toutes ces réactions régressent spontanément dès l'arrêt du traitement.

■ **Les effets sur les poumons** sont des fibroses pulmonaires irréversibles, provoquées par la bléomycine, en particulier chez les personnes âgées ou lorsque le médicament est associé à une radiothérapie. Les malades soignés avec le méthotrexate risquent un pneumothorax (pénétration d'air dans la cavité pleurale), qui est curable en dehors du traitement.

■ **Les effets sur les reins** succèdent à la prise de mitomycine : on constate parfois une augmentation du taux de créatinine dans le sang, indiquant le degré d'insuffisance rénale. L'atteinte rénale (œdèmes, crises d'urémie) due aux sels de platine est liée au dosage de ces médicaments. De tels troubles sont réversibles.

RÉSISTANCE AU TRAITEMENT

Il arrive également qu'apparaisse en cours de traitement, lors d'une chimiothérapie, une résistance du patient à plusieurs médicaments. Plusieurs produits peuvent renverser cette tendance : vérapamil, tamoxifène, ciclosporine.

Toutefois, lorsqu'une telle résistance se produit, il est souvent nécessaire de changer de traitement et d'avoir recours à des médicaments ayant un mode d'action différent.

Chiropractie, ou Chiropraxie

Méthode de traitement paramédicale reposant sur la manipulation des vertèbres. SYN. *vertébrothérapie.*

La chiropractie est fondée sur une théorie empirique selon laquelle la plupart des maladies seraient dues à des déplacements vertébraux entraînant une détérioration de la fonction nerveuse normale. Elle prétend agir sur les troubles fonctionnels des différents appareils (respiratoire, cardiovasculaire) et sur certaines douleurs (vertébrales, thoraciques, abdominales ou pelviennes) par des manipulations brèves et brusques soit sur la vertèbre en cause, soit sur le cou, le tronc ou les membres. Ces manipulations, qui exagèrent le jeu physiologique de la vertèbre, sont critiquées pour les effets qu'elles peuvent entraîner. En France, la chiropractie est pratiquée par des non-médecins et le diplôme de chiropracteur n'est pas reconnu. Dans certains pays, il existe un diplôme d'État.

Chirurgie

Discipline médicale spécialisée dans le traitement des maladies et des traumatismes, qui consiste à pratiquer, manuellement et à l'aide d'instruments, des actes opératoires sur un corps vivant.

Chirurgie esthétique

Spécialité chirurgicale regroupant l'ensemble des interventions consistant à améliorer l'apparence physique d'un individu.

Un entretien permet au chirurgien de déterminer les motivations de son patient et de lui expliquer clairement le déroulement de l'intervention, les risques de complications ainsi que les limites de l'opération. Il est suivi d'un examen médical, afin de déterminer le mode d'anesthésie à employer (anesthésie locale, locorégionale ou générale). D'autres examens peuvent être utiles : radiographie ou scanner, notamment pour étudier la cloison nasale ; imagerie par résonance magnétique (I.R.M.) pour dépister les excédents graisseux des chevilles, des genoux, etc. Une consultation psychiatrique se révèle parfois indispensable.

Pour les interventions mineures, l'hospitalisation de jour est suffisante. En revanche, les risques de complications postopératoires sérieuses imposent une hospitalisation plus longue en cas d'anesthésie générale ou d'anesthésie locale potentialisée (renforcée par des neuroleptiques) se prolongeant plus d'une demi-heure.

COMPLICATIONS

Une paralysie provoquée par la section d'un petit nerf, exceptionnellement d'une branche importante, peut se manifester immédiatement après l'opération. Un hématome survient parfois soit immédiatement après l'opération, soit dans les trois ou quatre jours qui suivent. On distingue les petits hématomes (ecchymoses), qui se résorbent spontanément, des hématomes importants qui entraînent la formation d'une poche de sang et doivent être drainés par ponction ou par incision chirurgicale. L'infection est une complication rare et le plus souvent locale. Enfin, il existe des complications spécifiques : enkystement ou allergie au silicone après la pose d'une prothèse mammaire, troubles de la cicatrisation cutanée après un lifting, ou encore ectropion (renversement de la paupière inférieure, qui perd ainsi son contact avec le globe oculaire et laisse voir une partie de sa face interne) pour la blépharoplastie.

ÉCHECS

Ils sont rares. On admet qu'il existe 1 % de vices de cicatrisation ou d'autres problèmes mineurs, les complications plus graves ne représentant pas plus de 1 cas pour 1 000 opérations. Cependant, les cas d'insatisfaction du patient, qui juge le résultat insuffisant, inacceptable ou qui conteste la nécessité de l'intervention, sont beaucoup plus fréquents. Le plus souvent, ils sont dus à un manque d'information préalable ou à un suivi postopératoire insuffisant.

Chirurgie réparatrice

Spécialité chirurgicale regroupant l'ensemble des interventions consistant à réparer diverses lésions du corps humain.

BRÛLURES

La chirurgie des brûlures, par greffe de peau prélevée sur le sujet, a récemment fait de très grands progrès. En effet, il est désormais possible de fabriquer de l'épiderme par culture tissulaire : en prélevant 1 centimètre carré de peau saine, on peut ainsi développer en 3 semaines jusqu'à 1 mètre carré de surface neuve.

TRAUMATISMES DE LA FACE

Ces traumatismes sont le plus souvent liés à des accidents domestiques, à des accidents de la route, à des agressions. La chirurgie réparatrice permet de limiter le préjudice esthétique. Elle fait appel à diverses techniques : greffe, plastie osseuse, suture d'un lambeau de peau arraché, etc.

TRAUMATISMES DES MEMBRES

Ces traumatismes se traitent par des greffes de lambeaux musculocutanés ou cutanés et, au besoin, par des techniques de microchirurgie, qui permettent notamment de réimplanter un membre sectionné. Une bonne vascularisation et une continuité osseuse solide sont nécessaires à la réparation correcte d'un membre. Si ces principes sont respectés, la reconstruction dure le plus souvent entre 2 et 6 mois. Sinon, des handicaps importants peuvent subsister et certaines réparations s'étaler sur plusieurs années, aboutissant à un résultat insatisfaisant, voire à une amputation.

MALFORMATIONS CONGÉNITALES

Les malformations congénitales (principalement les fentes des lèvres, du palais et de la face, ainsi que les malformations de l'abdomen, des organes génitaux, de la vessie et des membres) relèvent de la chirurgie réparatrice.

CHIVA

→ VOIR Cure hémodynamique de l'incontinence valvulaire en ambulatoire.

Chlamydia

Bactérie responsable de nombreuses affections génitales, oculaires et respiratoires aiguës et chroniques.

On doit reconnaître aux bactéries du genre *Chlamydia* une importance pathologique de plus en plus grande. Elles sont notamment la cause la plus fréquente de cécité dans le monde et la première cause de stérilité

féminine. Il en existe trois espèces pathogènes pour l'homme, *Chlamydia trachomatis,* responsable d'infections génitales et oculaires (trachome), *Chlamydia psittaci,* responsable d'infections pulmonaires, et *Chlamydia pneumoniæ,* responsable de pneumopathies et de bronchites.

Maladies sexuellement transmissibles à chlamydia

Ce sont les plus fréquentes des maladies sexuellement transmissibles. L'infection se manifeste chez l'homme par une urétrite (inflammation de l'urètre) avec écoulement, se compliquant parfois d'une épididymite (infection de l'épididyme). Chez la femme, elle provoque une cervicite (inflammation du col de l'utérus) ou une salpingite (inflammation des trompes) pouvant se traduire par des douleurs de l'abdomen et du pelvis, une fièvre, des pertes blanches et des saignements en dehors des règles ou demeurer asymptomatique : cette latence et la fréquence des atteintes des trompes expliquent les nombreux cas de stérilité dus aux chlamydias et soulignent l'importance d'un dépistage et d'un traitement systématiques.

Le traitement des infections génitales à chlamydia repose essentiellement sur l'administration d'antibiotiques (tétracyclines et macrolides) pendant dix à vingt jours selon la gravité de l'infection, par voie intraveineuse dans les cas d'atteinte salpingienne sévère. Le dépistage d'autres maladies sexuellement transmissibles est systématiquement entrepris ainsi que le traitement du ou des partenaires sexuels.

→ VOIR Lymphogranulomatose vénérienne.

Chloasma

Affection cutanée caractérisée par des taches brunes sur le visage. SYN. *mélasma.*

CAUSES

Cette affection est avant tout d'origine hormonale, ce qui explique qu'elle puisse se développer chez la femme enceinte, se traduisant par un « masque de grossesse » qui s'efface le plus souvent spontanément, peu à peu, après l'accouchement ; mais celui-ci peut récidiver en cas de nouvelle grossesse. Il peut également apparaître lors de la prise de pilules contraceptives fortement dosées en œstrogènes.

TRAITEMENT ET PRÉVENTION

Pour les chloasmas persistants, le traitement fait appel aux agents dépigmentants (associations d'acide rétinoïque, de corticostéroïdes et d'hydroquinone, d'acide azélaïque), toujours prescrits avec beaucoup de précaution du fait du risque de dépigmentation exagérée. Le résultat du traitement est relativement long à obtenir et les récidives sont fréquentes après exposition solaire.

Chloroforme

Liquide incolore et volatil, autrefois utilisé comme anesthésique.

Choane

Orifice postérieur des fosses nasales.

L'atrésie choanale (absence congénitale de développement des choanes) entraîne des difficultés respiratoires chez le nouveau-né. Le traitement repose sur leur ouverture chirurgicale.

Choc anaphylactique

Insuffisance circulatoire aiguë consécutive à une allergie sévère à une substance.

Les substances en cause sont parfois des aliments (lait, œufs, poisson, fruits de mer) ou des médicaments (sérums, antibiotiques, analgésiques, anesthésiques locaux). Il existe parfois des réactions initiales comparables lors du premier contact avec certaines substances (piqûres d'insectes).

SYMPTÔMES ET SIGNES

Le choc anaphylactique se déclenche dans les minutes ou dans l'heure qui suivent le contact et est annoncé par une intense sensation de malaise. Il s'accompagne de démangeaisons débutant à la paume des mains, de frissons, de sueurs, d'une pâleur suivie d'une rougeur diffuse, d'une éruption d'urticaire. Peu après apparaissent une gêne respiratoire sévère, une chute de la tension artérielle, tandis que le pouls devient imperceptible. Parfois surviennent des vomissements ou une diarrhée sanglante, une crise d'asthme, un œdème de Quincke (gonflement du visage). Dans les formes les plus graves et en l'absence de traitement, l'importance du choc et de la gêne respiratoire peut entraîner la mort.

TRAITEMENT ET PRÉVENTION

Le traitement nécessite une hospitalisation d'urgence en service de réanimation et repose principalement sur l'administration immédiate par voie intraveineuse d'adrénaline, un remplissage vasculaire, éventuellement l'injection de corticostéroïdes et d'antihistaminiques, d'efficacité moins immédiate. Une intubation trachéale peut être nécessaire.

La prévention est la même que pour les autres troubles allergiques : empêcher le contact avec les substances en cause, si cela est possible, ou pratiquer une désensibilisation (injections répétées de doses infimes de ces substances). De plus, on prescrit au sujet chez qui le risque persiste d'avoir en permanence de l'adrénaline à portée de main, qu'il peut s'administrer facilement en l'absence d'un médecin.

Choc cardiogénique

Insuffisance circulatoire aiguë consécutive à une défaillance fonctionnelle de la pompe cardiaque.

CAUSES

Un choc cardiogénique est le plus souvent dû à un infarctus du myocarde étendu, la partie valide du muscle cardiaque étant insuffisante pour assurer la circulation sanguine, même lorsque l'organisme est au repos.

SYMPTÔMES ET SIGNES

Le choc cardiogénique est caractérisé par une chute de la pression artérielle systolique, associée à une diminution du débit cardiaque. Celle-ci se traduit par une pâleur des extrémités, des sueurs, un refroidissement de la peau, des troubles de la conscience, des urines peu abondantes et foncées. L'altération de la fonction de pompe du cœur peut entraîner un engorgement circulatoire dans les poumons, aboutissant parfois à un œdème pulmonaire.

TRAITEMENT

Il repose sur des mesures de réanimation en unité de soins intensifs, avec utilisation de substances stimulant la contractilité cardiaque (dobutamine, par exemple). Des dispositifs d'assistance circulatoire, comme la contrepulsion par ballonnet intra-aortique, peuvent partiellement pallier la diminution de débit sanguin ou diminuer le travail du cœur. Si la cause du choc est un infarctus du myocarde aigu, on cherche à dissoudre dès les premières heures la thrombose coronaire par une thrombolyse. Si ces traitements médicamenteux ne suffisent pas, la coronarographie permet d'envisager la désobstruction par angioplastie de l'artère coronaire responsable.

Enfin, une transplantation cardiaque en urgence peut, en dernier recours, permettre la survie d'un malade jeune.

Choc hypovolémique

Insuffisance circulatoire aiguë consécutive à une diminution rapide du volume sanguin circulant.

Un choc hypovolémique est le plus souvent provoqué par une hémorragie importante (hémorragie digestive due à un ulcère de l'estomac, par exemple) ou par une déshydratation (diarrhée aiguë du nourrisson, brûlure grave). Il se manifeste par une soif, une agitation, une pâleur extrêmes, un collapsus (baisse importante de la tension artérielle) et, à l'auscultation, une tachycardie.

Le choc hypovolémique impose une hospitalisation en urgence avec pose d'une perfusion veineuse pour compenser les pertes liquidiennes et rétablir une pression artérielle efficace.

Choc infectieux

Insuffisance circulatoire aiguë consécutive à une septicémie. SYN. *choc septique.*

Les infections en cause sont très diverses, avant tout digestives ou urinaires, et principalement dues à des bacilles à Gram négatif, mais aussi à des staphylocoques ou à des streptocoques.

Un choc infectieux provoque des anomalies circulatoires se traduisant par un collapsus (chute brutale de la tension artérielle) et un refroidissement de plus en plus marqué des extrémités, accompagné d'une cyanose diffuse, de frissons. Ces premiers signes sont rapidement suivis de troubles viscéraux multiples : syndrome de détresse respiratoire aiguë, insuffisance rénale aiguë avec oligurie, troubles de la coagulation, gastrite aiguë hémorragique, etc.

Le choc infectieux nécessite une hospitalisation en urgence. Le traitement vise à enrayer le plus rapidement possible le processus infectieux par l'administration intraveineuse d'antibiotiques, accompagnée d'une perfusion intraveineuse de soluté macromoléculaire destinée à rétablir un volume normal de liquide dans les vaisseaux ; au besoin, on procède à une intervention directe sur le foyer infectieux.

Choc septique

→ VOIR Choc infectieux.

Cholagogue

Médicament destiné à provoquer la vidange de la vésicule biliaire dans l'intestin.

Cholangiographie

Examen radiologique qui permet de visualiser la vésicule et les voies biliaires.

On distingue plusieurs types de cholangiographie selon le mode d'opacification.

Cholangiographie intraveineuse

Une cholangiographie intraveineuse se fait en salle de radiologie. Le patient est allongé, on lui injecte le produit de contraste par perfusion à l'avant-bras et, en fin de perfusion, une série de clichés est réalisée. L'examen dure environ une heure.

Cholangiographie rétrograde

Une cholangiographie rétrograde nécessite une hospitalisation et une anesthésie générale légère, n'endormant pas totalement le patient. Lors de l'examen, le médecin introduit un fibroscope dans la bouche, le fait progresser jusqu'au duodénum. Il pousse alors, par le tuyau du fibroscope, un fin cathéter dans l'orifice d'abouchement duodénal du cholédoque et du canal pancréatique de Wirsung (au niveau de l'ampoule de

Vater), ce qui lui permet d'injecter un produit de contraste dans les voies biliaires et le canal pancréatique et de visualiser ceux-ci sur écran. Il prend alors plusieurs clichés, développés sur-le-champ pour repérer une éventuelle anomalie, comme la présence de calculs, et la traiter immédiatement. Après l'examen, le patient demeure sous contrôle médical rigoureux à l'hôpital pendant un à trois jours et reçoit un traitement antibiotique pour prévenir le risque d'infection.

Cholangiographie transhépatique

Une cholangiographie transhépatique nécessite une hospitalisation et se pratique en salle de radiologie. Avant l'examen, un médicament calmant est administré au patient une fois allongé on lui injecte un produit anesthésiant à la hauteur du foie avant de réaliser une ponction des voies biliaires à l'aide d'une seringue. Lorsque la bile vient facilement, ce qui indique que l'aiguille est bien en place dans l'un des canaux biliaires, le produit de contraste est injecté et plusieurs clichés sont réalisés et développés immédiatement. Ils précisent la nature et la localisation de l'obstacle, et le médecin peut installer un cathéter pour permettre le drainage de la bile. L'examen dure environ une heure.

Cholangiome

Tumeur du foie, constituée de canaux dont l'aspect rappelle les canaux biliaires.

Un cholangiome peut être bénin, mais il est le plus souvent malin. Les cholangiomes malins, ou cholangiocarcinomes, atteignent dans la moitié des cas un foie sain, contrairement aux hépatocarcinomes, qui compliquent le plus souvent une cirrhose. Dans les formes localisées, l'ablation chirurgicale est possible.

Cholangite sclérosante

Affection chronique inflammatoire et fibrosante des voies biliaires intrahépatiques et extrahépatiques.

Il n'existe pas de traitement spécifique de la maladie. Si celle-ci a atteint un stade avancé, une transplantation hépatique peut être proposée.

Cholécystectomie

Ablation de la vésicule biliaire.

INDICATIONS

Une cholécystectomie est indiquée essentiellement en cas de lithiase vésiculaire (présence d'un ou de plusieurs calculs dans la vésicule biliaire) si elle entraîne des symptômes douloureux. En effet, les calculs peuvent avoir pour complications, ou provoquer d'emblée, une cholécystite (inflammation de la vésicule), un pyocholécyste (infection suppurée), voire une colique hépatique (douleur aiguë provoquée par la migration d'un calcul dans le canal cholédoque, qui conduit la bile vers l'intestin), parfois suivie d'un ictère ou d'une pancréatite (inflammation du pancréas).

TECHNIQUES

Deux techniques chirurgicales peuvent être employées pour enlever la vésicule biliaire et prévenir ou traiter ces complications.

La technique classique s'effectue par laparotomie, c'est-à-dire par incision de l'abdomen, le plus souvent juste au-dessous des dernières côtes droites. L'opération dure de 60 à 90 minutes et demande une hospitalisation de 4 à 5 jours. Les complications sont très rares.

La seconde technique chirurgicale, par cœlioscopie, consiste à visualiser la cavité abdominale à l'aide d'un tube muni d'un système optique, introduit dans l'abdomen par une petite incision de l'ombilic, et relié à une caméra permettant de suivre les images sur un écran vidéo. D'autres incisions abdominales permettent l'introduction d'instruments spécifiquement adaptés à ce type de chirurgie. Après section de son artère, la vésicule est détachée du foie puis extraite par l'incision ombilicale. Cette technique ne demande qu'une hospitalisation de 1 à 3 jours et entraîne moins de douleurs postopératoires que la technique classique. Toutefois, le risque d'échec est plus élevé.

Cholécystite

Inflammation de la vésicule biliaire.

Une cholécystite est due à une inflammation et/ou à une infection bactérienne de la vésicule biliaire. La plus fréquente, la cholécystite lithiasique, est liée à la présence de calculs dans la vésicule biliaire, mais il existe aussi des formes sans lithiase.

SYMPTÔMES

Une cholécystite se manifeste par des douleurs siégeant dans la région sous-hépatique, qui bloquent l'inspiration profonde et sont exacerbées par la palpation, et, fréquemment, par des nausées et des vomissements. Un syndrome infectieux (fièvre, augmentation du nombre de globules blancs) est toujours présent.

TRAITEMENT

La cholécystectomie (ablation de la vésicule) est indispensable, par méthode chirurgicale traditionnelle ou par cœlioscopie. L'opération est souvent réalisée après quelques jours d'antibiothérapie. La pose de glace sur le ventre peut calmer les douleurs.

Cholédocotomie

Ouverture ou section du canal cholédoque, pratiquée le plus souvent pour en évacuer des calculs.

Une cholédocotomie se pratique souvent en même temps qu'une cholécystectomie (ablation de la vésicule).

Cholédoque (canal)

Portion terminale de la voie biliaire principale.

Le canal cholédoque prend naissance à la confluence du canal cystique, venant de la vésicule biliaire, et du canal hépatique, issu du foie. Il se termine dans le duodénum après s'être réuni avec le canal pancréatique de Wirsung dans l'ampoule de Vater.

Le canal cholédoque peut être le siège de calculs ou de tumeurs. Il peut être comprimé par des tumeurs, notamment les cancers de la tête du pancréas.

Choléra

Maladie infectieuse intestinale contagieuse due à une bactérie, le vibrion cholérique (*Vibrio choleræ*, variété *el Tor*).

Sa dissémination est favorisée par l'absence d'hygiène. Des pandémies, comme les atteintes par foyers isolés, peuvent être observées. Les zones géographiques principalement touchées sont l'Asie, le Moyen-Orient, l'Europe et, depuis quelques années, l'Afrique et l'Amérique du Sud.

CAUSE

Le choléra se transmet principalement soit par l'ingestion d'eau polluée par des déjections humaines infectées, soit par l'ingestion d'aliments ou de boissons souillés, ou encore de crustacés infestés. Le vibrion cholérique, introduit dans l'organisme humain, produit une entérotoxine qui altère la paroi de l'intestin grêle sans la détruire.

SYMPTÔMES ET ÉVOLUTION

De un à cinq jours après la contamination, une diarrhée se déclare brutalement, avec vomissements abondants et crampes musculaires. Il n'y a pas de fièvre. La diarrhée devient vite liquidienne, la gravité de la maladie résidant dans l'importance de la déshydratation. Chez l'enfant et le vieillard, le risque est plus grand encore, car ce déficit en eau est particulièrement rapide, marqué par une perte de poids et un enfoncement des yeux dans leurs orbites, accompagné d'un choc hypovolémique (insuffisance circulatoire) avec hypotension (chute de la tension artérielle) et oligurie (chute de la quantité d'urine excrétée).

TRAITEMENT

Le traitement repose sur le remplacement des pertes liquidiennes par l'administration, pendant quelques jours, soit par perfusion intraveineuse, soit par voie orale s'il n'y a pas de vomissements, d'une préparation standard de l'Organisation mondiale de la santé. Un traitement antibiotique peut être prescrit pour éviter la propagation à l'ensemble de l'organisme.

PRÉVENTION

Elle repose sur des mesures sanitaires concernant les circuits des eaux usées et des latrines et sur des règles d'hygiène simples : propreté parfaite des aliments et des mains, eau de boisson encapsulée ou bouillie. Peu efficace, le vaccin classique n'est plus conseillé ; de nouveaux vaccins sont en cours d'évaluation.

Cholérétique

Médicament destiné à augmenter la sécrétion de la bile.

Cholériforme

Se dit de selles liquidiennes et très abondantes.

Cholestase

Diminution ou arrêt de la sécrétion biliaire.

DIFFÉRENTS TYPES DE CHOLESTASE

■ La cholestase **extrahépatique** est une stagnation de la bile dans les canaux situés au-dessous du hile du foie. Les causes les plus fréquentes en sont les calculs du cholédoque, les cancers du pancréas, du cholédoque et du foie.

■ La cholestase **intrahépatique** est une stagnation de la bile dans les voies biliaires situées à l'intérieur du foie. Les causes les plus fréquentes sont les cancers, les hépatites aiguës ou chroniques et les cirrhoses.

SYMPTÔMES ET SIGNES

Les principaux signes sont un ictère et un prurit (démangeaisons), bien qu'il existe des cholestases sans ictère. L'absence d'acides biliaires à l'intérieur de l'appareil digestif se traduit par une diarrhée graisseuse et un déficit des vitamines non assimilées. Le manque de bilirubine dans le tube digestif provoque une décoloration des selles.

DIAGNOSTIC

Les tests biologiques hépatiques (dosage des éléments d'origine hépatique du plasma sanguin) révèlent une élévation de certaines enzymes ainsi que de la bilirubine. L'échographie permet de vérifier la perméabilité des voies biliaires et de déceler un éventuel obstacle.

TRAITEMENT

Il est le plus souvent chirurgical en cas de cause extrahépatique et vise alors à rétablir l'écoulement de la bile du foie vers le duodénum. Il est en principe médicamenteux quand la cause est intrahépatique.

Cholestéatome de l'oreille moyenne

Tumeur bénigne de l'oreille moyenne, le plus souvent localisée à la caisse du tympan.

Le cholestéatome est formé de cellules épidermiques. Il tend à se développer très lentement, envahissant et détruisant l'oreille moyenne, puis l'oreille interne ; il peut

entraîner une surdité complète. L'ablation chirurgicale est le seul traitement du cholestéatome. Des récidives sont possibles.

Cholestérol

Substance lipidique, essentiellement synthétisée par le foie à partir d'une autre substance, l'acétylcoenzyme A.

Les principales sources alimentaires de cholestérol sont le jaune d'œuf, les abats, les produits laitiers, les viandes et les poissons.

Dans l'organisme, le cholestérol entre dans la constitution des cellules, faisant partie par exemple de la structure de leur membrane. Il intervient aussi dans plusieurs métabolismes : d'une part, il est le point de départ de la synthèse d'hormones (corticostéroïdes en particulier) dans la glande surrénale et l'ovaire ; d'autre part, il est transformé par le foie en acides biliaires, rejetés dans l'intestin avec la bile et indispensables à la digestion des lipides.

PATHOLOGIE

Les lipides tels que le cholestérol et les triglycérides sont transportés dans le sang, associés à des protéines, c'est-à-dire sous forme de lipoprotéines. Parmi celles-ci, les LDL (lipoprotéines de basse densité) sont particulièrement riches en cholestérol, qu'elles sont susceptibles de déposer sur la paroi des artères ; l'athérosclérose est l'atteinte des artères par exagération de ces phénomènes. À l'inverse, les HDL (lipoprotéines de haute densité) enlèvent le cholestérol de la paroi des vaisseaux et l'amènent au foie, qui peut le réutiliser.

→ VOIR Cholestérolémie, Dyslipidémie, Hypercholestérolémie.

Cholestérolémie

Taux de cholestérol dans le sang.

La cholestérolémie est un des indicateurs du risque d'athérosclérose. Les valeurs normales (de 5,2 à 6,5 millimoles environ, soit de 2 à 2,5 grammes par litre) augmentent avec l'âge.

→ VOIR Hypercholestérolémie.

Cholinergique

Substance augmentant ou imitant l'action de l'acétylcholine. SYN. *parasympathomimétique*.

Les cholinergiques favorisent l'action du système nerveux parasympathique, en particulier la bronchoconstriction, ainsi que la commande nerveuse des muscles du squelette.

Les médicaments cholinergiques ont des indications diverses (myasthénie, glaucome) et sont prescrits par voie orale, injectable ou locale (collyres). Ils sont contre-indiqués en cas d'asthme et de maladie de Parkinson. Ils provoquent parfois des douleurs abdominales, des nausées, des diarrhées, un ralentissement cardiaque.

Cholinestérase

Enzyme capable d'inhiber l'action d'un neurotransmetteur, l'acétylcholine. SYN. *acétylcholinestérase.*

Chondrocalcinose articulaire

Maladie rhumatismale caractérisée par l'incrustation de cristaux de pyrophosphate de calcium dans le cartilage articulaire et dans les ménisques.

La chondrocalcinose articulaire peut être primitive, sa fréquence augmentant alors avec l'âge. Sa cause réelle est inconnue ; on note cependant des formes familiales où la maladie est plus précoce et plus grave. Par ailleurs, elle peut survenir à la suite de certaines maladies comme l'hyperparathyroïdie ou l'hémochromatose.

SYMPTÔMES ET SIGNES

Les cristaux peuvent déclencher une crise aiguë d'arthrite microcristalline, ou pseudogoutte, ou bien, en fragilisant le cartilage, ils peuvent favoriser le développement d'une arthrose. Enfin, la multiplicité des atteintes articulaires peut simuler un rhumatisme inflammatoire. Mais la chondrocalcinose articulaire reste parfois latente.

TRAITEMENT

Les accès de pseudogoutte sont soulagés par des anti-inflammatoires ou par une ponction des épanchements articulaires, suivie d'une infiltration de corticostéroïdes. Dans les formes chroniques, l'arthroclyse (lavage chirurgical de l'articulation) a parfois une action calmante non négligeable. Le traitement est chirurgical lorsque les lésions sont très destructrices et associées à de l'arthrose.

Chondromalacie

Ramollissement localisé du cartilage articulaire.

La chondromalacie, qui affecte surtout les cartilages de l'articulation du genou (rotule, fémur), peut être la conséquence d'un traumatisme dû à une pratique sportive ou constituer le signe précurseur d'une arthrose. Une vive douleur est ressentie lorsque le genou s'étend (course, montée ou descente des escaliers, etc.).

Le diagnostic repose sur l'arthroscopie, qui permet de voir et de palper le ramollissement. Le traitement essentiel est une mise au repos de l'articulation touchée (gouttière plâtrée, voire immobilisation) pendant quelques mois, associée à une rééducation. La chirurgie n'est indiquée qu'en cas d'anomalie importante de la rotule.

Chondromatose

Affection caractérisée par la présence de chondromes, petites tumeurs cartilagineuses.

Chondrome

Tumeur cartilagineuse bénigne.

Un chondrome survient le plus souvent sur les os des mains et des pieds (phalanges, métacarpiens et métatarsiens), plus rarement à la racine des membres et dans le tronc. Cette tumeur peut se révéler par une tuméfaction palpable, une fracture (le chondrome compromettant la solidité de l'os, qui peut se rompre à l'occasion d'un effort) ou être découverte lors d'un examen radiologique. Le traitement repose sur l'ablation chirurgicale complète du chondrome, qui permet de prévenir le risque de fracture et d'éviter une récidive.

Chondrosarcome

Tumeur maligne primitive de l'os, d'origine cartilagineuse.

Un chondrosarcome atteint surtout les os volumineux comme le fémur, le tibia ou l'humérus, mais il peut aussi siéger sur le bassin ou de nombreux autres os. C'est une des formes les plus fréquentes de cancer osseux. Il touche surtout l'adulte après la troisième décennie.

Le chondrosarcome se développe à l'intérieur ou à l'extérieur de l'os soit spontanément, soit en venant compliquer l'évolution d'une tumeur bénigne préexistante (chondrome, ostéochondrome). Il se manifeste par des douleurs très vives et, lorsqu'il atteint un os superficiel, par une tuméfaction.

Le traitement repose sur une ablation chirurgicale large de la tumeur. L'évolution du chondrosarcome est dominée par deux risques : récidive locale si l'ablation n'a pas été complète et apparition de métastases, pulmonaires en particulier.

Chorée

Syndrome aigu ou chronique caractérisé par la survenue de mouvements involontaires d'un type particulier, brefs, rapides, irréguliers et prédominant à la racine des membres (épaule, hanche).

Les causes de ce syndrome sont nombreuses : inflammatoires, vasculaires, tumorales, endocriniennes, toxiques (oxyde de carbone, alcool) ou médicamenteuses (pilules contraceptives, antiépileptiques). La chorée est également caractéristique de deux maladies, la chorée de Huntington et la chorée de Sydenham ; cette dernière, plus couramment connue sous le nom de danse de Saint-Guy, a aujourd'hui disparu du fait de l'usage des antibiotiques.
→ VOIR Huntington (chorée de), Sydenham (chorée de).

Choréoathétose

État caractérisé par des mouvements intermédiaires entre les mouvements choréiques habituels et les mouvements athétosiques, plus lents, moins amples, gagnant l'extrémité des membres, donnant souvent une impression générale de reptation.

Choriocarcinome

Tumeur maligne rare qui se développe dans l'utérus à partir du placenta, après une grossesse, ou, chez l'homme, dans le testicule. SYN. *chorioépithéliome.*

Chorioépithéliome

→ VOIR Choriocarcinome.

Chorionique gonadotrophique (hormone)

Hormone sécrétée principalement par le placenta durant les premiers mois de la grossesse. SYN. *choriogonadotrophine, gonadotrophine chorionique.*

Choroïdite

Inflammation de la choroïde (membrane de l'œil située entre la rétine et la sclérotique). SYN. *uvéite postérieure.*

CAUSES
La toxoplasmose est la cause de choroïdite la plus fréquente ; la maladie est transmise par la mère pendant la vie intra-utérine.

SYMPTÔMES ET SIGNES
Une choroïdite se manifeste essentiellement par une baisse de l'acuité visuelle, sans rougeur ni douleur oculaire. Parfois, l'acuité visuelle est conservée et le patient signale la perception d'une tache plus sombre, ne bougeant pas avec les mouvements du globe oculaire. Enfin, quand elle résulte d'une toxoplasmose congénitale, la choroïdite est souvent inapparente à la naissance : un foyer (zone inflammatoire limitée) choriorétinien n'apparaît alors qu'à la puberté.

DIAGNOSTIC ET ÉVOLUTION
Le diagnostic repose sur l'examen du fond d'œil. Le dosage des anticorps antitoxoplasmiques dans l'humeur aqueuse, bien plus abondants que dans le sérum, permet également d'identifier la choroïdite due à la toxoplasmose.

La gravité de la maladie dépend de l'atteinte de la macula : si celle-ci est touchée, la baisse de la vision est immédiate et irréversible.

TRAITEMENT
Il repose d'abord sur celui de la maladie qui provoque la choroïdite. Ainsi, dans le cadre d'une toxoplasmose, le traitement de la choroïdite doit être précédé d'un traitement antiparasitaire. Des anti-inflammatoires corticostéroïdiens peuvent ensuite être utilisés à fortes doses.

Chromatide

Chacune des deux copies identiques d'un chromosome, réunies par le centromère au moment de la mitose.

Chromatine

Constituant principal du noyau des cellules entre deux divisions cellulaires.

Chromatopsie

Perception visuelle des couleurs, due aux cônes de la rétine.

Chrome

Oligoélément métallique nécessaire à l'organisme dans diverses réactions biochimiques : métabolisme des glucides et des lipides principalement.

Le chrome (Cr) est indispensable au corps humain, mais en quantités infimes. En concentration trop élevée dans l'organisme, il a de graves effets toxiques. Il provoque des lésions inflammatoires de la peau et des muqueuses, en particulier de la muqueuse nasale s'il est inhalé. Chez les sujets exposés de façon chronique aux vapeurs de chrome, la fréquence des cancers du poumon est significativement plus élevée.

Chromomycose

Mycose cutanée due à des champignons des genres *Cladosporium* et *Phialophora*.
SYN. *chromoblastomycose*.

L'homme est contaminé, le plus souvent aux jambes et aux bras, en s'égratignant à des épines souillées.

SYMPTÔMES ET SIGNES

Dans un premier temps apparaît sur la peau une plaque rouge indolore qui se transforme lentement en dermatite verruqueuse chronique – dite en chou-fleur –, parfois en lésions semblables à des tumeurs, qui peuvent s'ulcérer.

DIAGNOSTIC ET TRAITEMENT

Le diagnostic repose sur un examen microscopique de prélèvements cutanés et de leur culture. Un traitement de longue durée, à base d'antifongiques, permet d'éliminer cette mycose.

Chromosome

Élément situé dans le noyau de la cellule, porteur de l'information génétique.

Les chromosomes contiennent les gènes et permettent leur distribution égale dans les deux cellules filles lors de la division cellulaire. Ils sont formés d'une longue molécule d'A.D.N., associée à des protéines (histones, notamment). Entre deux divisions cellulaires, ils ne sont pas individualisés et la molécule d'A.D.N., pelotonnée, forme la chromatine. Ils se condensent progressivement au cours de la division cellulaire pour prendre une apparence caractéristique en forme de X à deux bras courts et deux bras longs, reliés par un centromère.

Le nombre et la forme des chromosomes (caryotype) sont les mêmes pour tous les individus d'une espèce donnée. Les gamètes (cellules sexuelles) ne possèdent qu'un seul exemplaire de chaque chromosome, tandis que les autres cellules de l'organisme, dites cellules somatiques, possèdent deux exemplaires de chaque.

Chaque cellule humaine, excepté les gamètes, possède 22 paires de chromosomes appelés autosomes, numérotées de 1 à 22 par ordre de taille décroissante, et une paire de chromosomes sexuels appelés gonosomes : XX chez la femme et XY chez l'homme.

Les anomalies soit du nombre, soit de la structure des chromosomes sont appelées aberrations chromosomiques. Elles peuvent être détectées avant la naissance par l'analyse du caryotype de cellules fœtales obtenues par ponction de trophoblaste ou par amniocentèse.
→ VOIR Hérédité.

Chronique

Se dit d'une maladie d'évolution lente et sans tendance à la guérison.

À la différence d'une maladie aiguë, une maladie chronique n'est pas marquée par un début précis et se développe insensiblement sur des mois ou des années ; elle peut toutefois être émaillée de poussées aiguës plus ou moins brutales. Elle aboutit à des lésions souvent irréversibles.

Chronobiologie

Étude scientifique des biorythmes (rythmes biologiques des êtres vivants).

La chronobiologie étudie les phénomènes temporels internes déterminés génétiquement aussi bien que les phénomènes externes (cycles quotidiens, saisonniers, etc.) et leur influence sur les différents organismes vivants.

En médecine, les applications sont multiples : traitement des troubles du sommeil et de l'humeur par « resynchronisation » du patient ; en pharmacologie, étude de la chronotoxicité (variation des effets toxiques en fonction du temps) et de la chronesthésie (variation de la sensibilité d'un organe) en vue d'une administration plus efficace et moins nocive des médicaments, etc.

Chronopharmacologie

Étude de l'influence du moment d'administration d'un médicament sur son action.

Chvostek (signe de)

Contraction des muscles du visage, et plus précisément de la partie médiane et latérale de la lèvre supérieure, après percussion du nerf facial au niveau de la pommette.

Le signe de Chvostek s'observe en cas de baisse des taux sanguins de calcium et/ou de magnésium. Il est également caractéristique de la spasmophilie, de l'hypoparathyroïdie et de la tétanie.

Chyle

Liquide laiteux constitué de lymphe et de graisses provenant de l'alimentation.

Cicatrice

Tissu fibreux remplaçant à titre définitif ou très prolongé un tissu normal après une lésion.

Le tissu cicatriciel se forme aussi bien dans les organes internes (à la suite d'une rupture musculaire, d'une intervention chirurgicale) que sur la peau.

Une cicatrice normale est à peine visible, souple à la palpation et sans modification de la couleur de la peau. Parfois, cependant, elle prend un aspect anormal.

Le traitement des cicatrices pathologiques est toujours difficile. Les cicatrices hypertrophiques peuvent être améliorées par des massages avec ou sans produit actif (corticostéroïdes), des infiltrations de corticostéroïdes, des applications d'azote liquide ou bien une simple compression. Le traitement est en partie semblable pour les cicatrices chéloïdiennes, mais il est moins efficace. Les cicatrices déprimées peuvent faire l'objet d'un relèvement chirurgical. Si le préjudice esthétique est important, les cicatrices dépigmentées peuvent être tatouées et les cicatrices pigmentées, massées avec des produits dépigmentants. Seule la chirurgie est efficace dans le cas des cicatrices rétractiles. L'évolution des cicatrices situées sur des zones « mobiles » (pli des coudes ou des genoux) doit être surveillée pendant plusieurs années car, dans de rares cas, ces cicatrices peuvent dégénérer.

La prévention des cicatrices pathologiques tient d'une part au traitement médical correct des plaies, d'autre part aux techniques de suture des incisions chirurgicales. → VOIR Chéloïde.

Cicatrisation

Réparation spontanée d'un tissu après une lésion, aboutissant en règle générale à la formation d'une cicatrice.

La cicatrisation dépend de plusieurs facteurs, notamment génétiques et ethniques : ainsi, la survenue d'une cicatrice chéloïdienne (cicatrice pathologique caractérisée par un bourrelet fibreux) est plus fréquente chez les sujets noirs et asiatiques. En outre, la prise de certains médicaments (corticostéroïdes) peut retarder la cicatrisation.

Ciclosporine

Médicament immunosuppresseur (diminuant l'activité du système immunitaire), utilisé notamment au cours des transplantations d'organes. SYN. *ciclosporine A*.

La ciclosporine inhibe le système immunitaire du sujet, particulièrement les lymphocytes T4. Elle l'empêche ainsi de rejeter un organe transplanté (rein, cœur, poumon, foie, pancréas) ou un tissu greffé (moelle osseuse). Par ailleurs, elle est indiquée ou expérimentée dans les formes graves et résistantes de certaines maladies : psoriasis, maladies rhumatismales (polyarthrite rhumatoïde), affections du rein (syndrome néphrotique), diabète insulinodépendant.

La ciclosporine est administrée par voie le plus souvent orale, parfois intraveineuse. L'allergie à ce médicament et la grossesse sont des contre-indications. Les interactions médicamenteuses sont nombreuses : antibiotiques, anti-inflammatoires, contraceptifs, vaccins. La prescription, délicate, ne peut se faire qu'en milieu hospitalier et nécessite un suivi régulier du taux sanguin de ciclosporine.

EFFETS INDÉSIRABLES
Le principal d'entre eux est la toxicité rénale, mais on peut observer aussi un développement excessif de la pilosité, une hypertension artérielle, des infections, une hépatite, des tremblements.

Cinquième maladie
→ VOIR Mégalérythème épidémique.

Circoncision
Ablation du prépuce. SYN. *posthectomie.*

La circoncision est pratiquée rituellement dans certaines religions. Elle peut également être réalisée pour des raisons d'hygiène, l'ablation du prépuce évitant l'accumulation de sécrétions sous le prépuce, parfois source d'infections.

En pathologie, elle est pratiquée par un médecin lorsque le prépuce est trop long, le gland difficile à décalotter, ou en cas de gêne à la miction due à un rétrécissement préputial, de balanite (infection du sillon préputial) et, chez l'adulte, de paraphimosis (étranglement douloureux de la base du gland par un anneau préputial trop étroit, rendant le recalottage impossible).

Circulation extracorporelle
Technique utilisée en chirurgie cardiaque à cœur ouvert, permettant d'assurer, de manière temporaire et artificielle, la circulation et l'oxygénation du sang à la place du cœur et des poumons.

La circulation extracorporelle est utilisée lorsque des interventions doivent être effectuées sur un cœur immobile, exempt de flux sanguin, par exemple en cas de pontage aortocoronaire, de remplacement d'une valvule cardiaque ou de fermeture de communications anormales entre différentes cavités cardiaques.

Circulation sanguine
Mouvement du sang dans les différents vaisseaux sous l'impulsion de la pompe cardiaque.

La circulation sanguine fournit aux cellules de l'organisme, par l'intermédiaire du sang, l'oxygène et les substances dont elles ont besoin pour survivre et jouer leur rôle dans le fonctionnement des organes. Pour ce faire, le sang emprunte deux circuits : le premier, appelé circulation pulmonaire, ou petite circulation, lui permet de se réoxygéner au contact des alvéoles pulmonaires ; le second, appelé circulation systémique, ou grande circulation, irrigue les organes en sang réoxygéné. Tous les échanges gazeux entre sang et organes s'effectuent par l'intermédiaire des capillaires, ramifications terminales de très petite taille des vaisseaux sanguins.

Circulatoire (appareil)
Ensemble constitué par le cœur et les vaisseaux du corps humain. SYN. *appareil cardiovasculaire.*

L'ensemble de l'appareil circulatoire est l'objet d'une régulation très précise et complexe qui fait intervenir des mécanismes nerveux (nerfs sympathiques et parasympathiques), hormonaux (reins et glandes médullosurrénales) et humoraux (système rénine-angiotensine-aldostérone, facteur antinatriurétique, prostaglandines, kinines). Cet appareil permet ainsi de transformer un débit pulsatile, dû aux contractions régulières du cœur, en un débit continu dans les petits vaisseaux périphériques, propice aux échanges entre le sang et les tissus. Ces échanges assurent l'apport de l'oxygène et des nutriments nécessaires au fonctionnement des différents tissus et organes, et le transport des déchets du métabolisme cellulaire vers leurs organes d'élimination naturels : poumons, reins.

L'appareil circulatoire participe également à l'équilibre du milieu intérieur par sa fonction de régulation de la pression artérielle et de la température intracorporelle.

PATHOLOGIE

Les atteintes de l'appareil circulatoire sont nombreuses : anomalie de l'influx électrique cardiaque ou trouble du rythme cardiaque ; valvulopathie (atteinte des valvules cardiaques) ; atteinte vasculaire caractérisée par une sténose (rétrécissement) ou un anévrysme (dilatation) d'une artère ; dissection aortique (clivage des parois de l'aorte), souvent associée à un anévrysme ; phlébite (obstruction d'une veine par un caillot) ; insuffisance coronaire, connue sous le nom d'angor ou d'angine de poitrine, pouvant déboucher sur un infarctus du myocarde en cas d'occlusion d'une artère coronaire ou d'une de ses branches de division ; hypertension artérielle ; insuffisance cardiaque ; malformation congénitale du cœur, de gravité variable ; myocardite (atteinte du muscle cardiaque, d'origine toxique, infectieuse ou inflammatoire), cardiopathie hypertensive, valvulaire ou ischémique ou myocardiopathie (atteinte du muscle cardiaque, d'origine inconnue) ; endocardite (atteinte inflammatoire ou infectieuse de la tunique interne du cœur), d'origine infectieuse ou rhumatismale ; péricardite (atteinte inflammatoire de l'enveloppe externe du cœur).
→ VOIR Cœur.

Cirrhose

Maladie du foie provoquée par une altération de ses cellules.

La cirrhose est une des premières causes de mortalité dans les pays industrialisés. Elle se traduit par une sclérose du tissu hépatique, par le développement dans le foie d'un réseau de cicatrices fibreuses et par des nodules de régénération, îlots de cellules viables séparées par du tissu cicatriciel.

CAUSES

Les causes des cirrhoses sont multiples ; l'alcoolisme est la plus fréquente dans les pays industrialisés, mais la cirrhose peut également être provoquée par une maladie virale (hépatites B, C, D), auto-immune (cirrhose biliaire primitive, hépatite chroni-

que auto-immune), métabolique (hémochromatose, maladie de Wilson, fructosémie, galactosémie, tyrosinémie, mucoviscidose, etc.) ; certaines cirrhoses sont encore de cause inconnue.

SYMPTÔMES ET SIGNES

L'évolution clinique d'une cirrhose passe par plusieurs phases. La maladie est d'abord totalement asymptomatique. Après un temps variable apparaissent les premiers troubles : asthénie (affaiblissement généralisé), amaigrissement, ascite (épanchement liquidien à l'intérieur du péritoine), hémorragies digestives dues à une hypertension portale (élévation de la pression sanguine dans la veine conduisant la circulation intestinale et splénique vers le foie) avec risque de rupture des varices œsophagiennes. À un stade avancé, l'insuffisance hépatocellulaire se traduit par un ictère, des hémorragies diffuses, une encéphalopathie (somnolence, coma). Les cirrhotiques sont particulièrement sensibles aux infections : tuberculose, infections respiratoires et urinaires, infection du liquide d'ascite. Au stade terminal apparaît une insuffisance rénale grave. Lorsque la cirrhose évolue sur plusieurs années, le foie peut devenir le siège d'un hépatocarcinome (tumeur maligne développée à partir des cellules hépatiques).

DIAGNOSTIC ET TRAITEMENT

Le diagnostic d'une cirrhose ne peut être formellement établi qu'à partir d'une biopsie hépatique, transcutanée ou chirurgicale.

Le traitement, complexe, vise essentiellement à prévenir ou à retarder la constitution de la fibrose, la cirrhose étant irréversible une fois installée. Cependant, le processus cirrhotique peut être ralenti par la suppression immédiate et complète de toute boisson alcoolisée. La prévention et le traitement des principales complications (traitement des infections ; de l'hypertension portale, par dérivation chirurgicale des vaisseaux malades ; de l'ascite, par administration de diurétiques et réduction des apports en sel) ont permis de prolonger considérablement la vie des cirrhotiques, mais les patients risquent alors de contracter un hépatocarcinome. Dans ce cas, il est quelquefois possible de réaliser l'ablation chirurgicale de la tumeur. La transplantation hépatique constitue le seul traitement radical de la cirrhose. Elle n'est applicable que dans un nombre limité de cas, chez des patients assez jeunes et en l'absence de complications vasculaires graves.

Clampage

Obturation temporaire d'un vaisseau ou du tube digestif à l'aide d'un clamp.

Claquage

Rupture d'un petit nombre de fibres musculaires.

Un claquage est dû à un effort d'intensité supérieure aux capacités du muscle. La douleur qu'il occasionne est vive et localisée et l'apparition d'un hématome, fréquente. Une échographie peut compléter l'examen clinique en confirmant l'hématome.

Le traitement fait appel au repos, à un bandage compressif associé à des applications de glace et à la prise d'anti-inflammatoires. Il peut être complété, en cas de lésions importantes, par de la kinésithérapie (massages de drainage, électrothérapie).

Claude Bernard-Horner (syndrome de)

Syndrome affectant l'un des deux yeux et associant un myosis (diminution du diamètre de la pupille), un rétrécissement de la fente palpébrale par ptôsis (chute de la paupière supérieure) et une enophtalmie (enfoncement du globe oculaire dans son orbite).

Le syndrome de Claude Bernard-Horner est dû à une atteinte du système nerveux végétatif sympathique.

Le traitement du syndrome de Claude Bernard-Horner est celui de sa cause.

Claudication

Irrégularité de la marche. SYN. *boiterie*.

Claudication intermittente

Syndrome caractérisé par une douleur ou une faiblesse musculaire survenant lors de la marche et obligeant à l'arrêt.

Les causes de claudication intermittente peuvent être vasculaires ou neurologiques.

Claustrophobie

Peur maladive des espaces clos.

La claustrophobie est souvent le résultat d'une expérience traumatisante associée à un lieu fermé. Il peut s'agir d'un phénomène passager, qui disparaît spontanément. Parfois, la claustrophobie nécessite une psychothérapie ou une thérapie comportementale.

Clavicule

Os long, en forme de S très allongé, situé au niveau de l'épaule.

PATHOLOGIE

■ Les fractures de la clavicule sont les plus fréquentes des fractures. Elles résultent le plus souvent d'une chute sur l'épaule. Leur traitement est orthopédique, par simple immobilisation avec un bandage ou un anneau élastique en forme de 8 solidarisant les deux épaules.

■ Les luxations de la clavicule surviennent surtout chez le sportif. Elles peuvent être plus ou moins graves, de la simple entorse à la déchirure ligamentaire complète. Le traitement est soit fonctionnel (rééducation), soit chirurgical.

Climatologie

En médecine, étude de l'incidence des climats sur l'organisme.

Certains climats marins sont bienfaisants pour les rhumatismes. L'ensoleillement, de par l'action des ultraviolets sur la synthèse de la vitamine D, est favorable à la cure du rachitisme.

Clinique

Qui concerne l'observation du patient.

L'information clinique est recueillie par l'interrogatoire et l'examen direct d'un patient, conduits par le médecin dans une intention diagnostique.

Clitoris

Petit organe érectile de l'appareil génital externe de la femme situé à la partie antérieure de la vulve.

Richement innervé et irrigué, le clitoris devient turgescent et plus sensible lors d'une stimulation sexuelle.

Cloison nasale

Structure séparant les deux fosses nasales.

Une déviation de la cloison peut être congénitale ou consécutive à un traumatisme. Si elle est importante, la déviation donne au sujet une sensation d'obstruction et de gêne respiratoire. Dans ce cas, la chirurgie peut rétablir le passage de l'air par septoplastie (repositionnement ou ablation d'une partie de la cloison nasale).

Clone

Ensemble de cellules dérivant d'une cellule unique et ayant, par conséquent, un patrimoine génétique rigoureusement identique à celui de la cellule initiale.

Le clonage d'une brebis à partir d'une cellule mammaire d'une brebis adulte a été réussi en 1996.

Clonie

→ VOIR Myoclonie.

Clonorchiase

Maladie parasitaire due à l'infestation des canaux biliaires du foie par des douves (distomatose). SYN. *opisthorchiase*.

La clonorchiase est due à l'ingestion de douves (vers plats de quelques millimètres de long). C'est en mangeant des poissons infestés crus que le sujet peut être contaminé par les douves. La clonorchiase sévit dans les pays d'Extrême-Orient et en Europe centrale.

La clonorchiase se manifeste par des crises de colique hépatique, des poussées d'ictère (jaunisse), une cirrhose semblable à la cirrhose alcoolique, plus rarement par un cancer des voies biliaires.

Le traitement, très efficace, consiste en l'administration par voie orale de praziquantel.

La prévention repose sur la cuisson du poisson avant consommation.

→ VOIR Distomatose.

Clostridium

Bactérie anaérobie stricte à Gram positif.

Clou

Tige métallique qui, introduite dans le canal médullaire d'un os long (tibia, fémur) à la suite d'une fracture, permet d'assurer l'immobilisation rigoureuse des fragments osseux de façon temporaire ou définitive.

Coagulation

Transformation du sang liquide en gel semi-solide.

En entraînant la formation d'un caillot, la coagulation permet que le saignement consécutif à une blessure soit endigué. Ce processus est la conséquence d'un enchaînement de réactions chimiques impliquant divers substrats et enzymes plasmatiques. Il met en jeu 13 facteurs, qui interviennent dans cette chaîne de réactions. Ces interactions complexes ont pour résultat de transformer une protéine plasmatique, le fibrinogène, en une protéine insoluble, la fibrine, qui forme l'armature du caillot.

TROUBLES DE LA COAGULATION

■ Une coagulation déficiente est généralement la conséquence d'une thrombopénie (insuffisance de plaquettes), d'une carence en différents facteurs de coagulation ou d'une anomalie des vaisseaux sanguins.

Celles-ci se traduisent par une propension aux hémorragies internes et externes.

■ Une coagulation trop importante, ou hypercoagulation, peut être liée à une augmentation du taux de facteurs de coagulation, à la fin d'une grossesse par exemple, à une diminution de la quantité d'enzymes anticoagulantes (maladie du foie), à un ralentissement du flux sanguin. Cette surcoagulation peut entraîner une thrombose (formation d'un caillot dans une artère ou dans une veine).

EXAMENS DE LA COAGULATION

Les différents troubles de la coagulation sont diagnostiqués par l'examen du processus de coagulation du sang, global (temps de coagulation) ou analytique (durée de chacune des trois phases), et par la numération globulaire (mesure du taux d'hémoglobine et du nombre de globules blancs, de plaquettes et de globules rouges par millimètre cube de sang).

Ces mêmes examens permettent aussi d'étudier les résultats d'un traitement anticoagulant administré pour réduire un risque de thrombose.

Coagulation intravasculaire disséminée

Syndrome hémorragique caractérisé par la formation de caillots dans les petits vaisseaux sanguins entraînant la chute des facteurs de coagulation.

Coarctation aortique

Rétrécissement congénital de l'aorte, essentiellement localisé dans le thorax, à l'origine de la partie descendante de l'aorte thoracique, après la naissance de l'artère sous-clavière.

La coarctation aortique gêne l'écoulement du sang dans l'aorte. Elle provoque une augmentation de la pression artérielle en amont et sa diminution en aval ; cela crée un affaiblissement ou, le plus souvent, une suppression des battements des artères fémorales au creux de l'aine.

La chirurgie, consiste en une ablation de la zone rétrécie et en une suture des 2 segments aortiques sus- et sous-jacents.

Cobaltothérapie, ou Cobalthérapie

Utilisation thérapeutique des rayons gamma de haute énergie (1,25 MeV) provenant d'une source de cobalt 60 radioactif, dans l'intention de détruire des cellules cancéreuses.

La cobaltothérapie est la technique la plus utilisée en radiothérapie. Elle a supplanté, à partir des années 1940, les rayons X, car elle permet d'épargner davantage la peau et d'obtenir un meilleur rendement en profondeur et une plus grande homogénéité du rayonnement.

→ VOIR Radiothérapie.

Cocaïne

Alcaloïde naturel ou synthétique, utilisé en médecine comme anesthésique local et considéré comme un stupéfiant.

INDICATIONS

À l'état naturel, la cocaïne n'est plus guère employée que sous forme de solution huileuse (collyre à 2 %) et de pommade à l'atropine et à la cocaïne. Le chlorhydrate de cocaïne, substance synthétique, est un puissant anesthésique local et un puissant vasoconstricteur. Il est inscrit sur la liste des substances stupéfiantes.

INTOXICATION

Un usage prolongé de cocaïne (par inhalation ou injection) débouche sur une toxicomanie : celle-ci provoque une excitation des centres cérébraux psychiques et sensoriels et une diminution de la sensation de fatigue. Par ailleurs, des inhalations régulières peuvent entraîner des lésions de la cloison nasale, et de fortes doses engendrent parfois un comportement psychotique. L'overdose peut entraîner des convulsions, un coma ou un collapsus aboutissant parfois à la mort par arrêt cardiaque. Le « crack » est une forme purifiée de cocaïne dont les effets sont plus rapides, plus intenses et moins prolongés. Ses conséquences sur l'activité cardiaque peuvent être mortelles.

Coccidioïdomycose

Maladie infectieuse provoquée par le champignon *Coccidioides immitis*. SYN. *coccidioïdose*.

La coccidioïdomycose sévit dans les régions désertiques de Californie, d'Amérique centrale et d'Amérique du Sud. Cette maladie se contracte par inhalation de poussières contenant des spores.

La coccidioïdomycose provoque des symptômes pulmonaires, fébriles, semblables à ceux de la grippe ou de la tuberculose, qui peuvent s'associer à des manifestations générales : érythème noueux (éruption de plaques sur les membres inférieurs), suppurations ostéoarticulaires, méningite.

La coccidioïdomycose est traitée par administration d'antifongiques.

Coccidiose intestinale

Maladie parasitaire due à la présence dans l'intestin de coccidies.

Les coccidies sont des protozoaires infestant habituellement les animaux, plus rarement l'homme.

Le traitement est celui des symptômes.

Coccobacille

Bactérie dont la forme est intermédiaire entre celle d'un coccus (sphérique) et celle d'un bacille (allongé).

Coccus

Bactérie de forme arrondie ou ovalaire. SYN. *coque*.

Coccygodynie

Douleur de la région coccygienne.

Une coccygodynie a pour origine un traumatisme direct ou une entorse des ligaments sacrococcygiens. Chez les personnes âgées, elle peut révéler une fracture de fatigue du sacrum (fracture spontanée liée au vieillissement ou à l'usure de l'os). Enfin, elle est parfois associée à un état dépressif. Réveillée par la pression de la pointe du coccyx, la coccygodynie rend la station assise pénible.

Le traitement dépend de la cause mais, dans tous les cas, il faut éviter, pendant quelques semaines, la position assise sur le coccyx en reportant à l'aide de coussins l'appui sur le haut des cuisses.

La kinésithérapie (manipulation du coccyx) est parfois utile.

Coccyx

Segment inférieur de la colonne vertébrale.

La fracture du coccyx est le plus souvent due à une chute sur les fesses. Elle provoque une vive douleur gênant la position assise. L'examen et les radiographies confirment le diagnostic. Cette fracture se complique parfois à long terme d'une coccygodynie, douleur du coccyx persistant plusieurs semaines. Son traitement, de même que celui de la coccygodynie, est symptomatique et se limite à la prescription d'analgésiques ou d'anti-inflammatoires.

Cochlée

Partie de l'oreille interne dévolue à l'audition. SYN. *limaçon*.

La cochlée est la portion antérieure du labyrinthe, cavité incluse dans le rocher (partie interne horizontale de l'os temporal). Elle est ainsi en rapport avec le vestibule, portion postérieure du labyrinthe responsable de l'équilibre.

Les sons provoquent des vibrations du tympan, transmises de proche en proche à la chaîne des osselets de l'oreille moyenne, puis à un liquide contenu dans la cochlée.

Code génétique

Système grâce auquel l'information génétique contenue sous forme chimique dans l'A.D.N. des noyaux des cellules peut commander la synthèse des protéines, constitutives de la matière vivante.

Cœliaque

Qualifie ce qui se rapporte à la cavité abdominale.

Cœliochirurgie

Technique chirurgicale permettant d'intervenir sous le contrôle d'un endoscope (tube muni d'un système optique) que l'on introduit dans la cavité abdominale. SYN. *chirurgie par laparoscopie, chirurgie sous vidéoscopie, vidéochirurgie*.

Cette méthode opératoire est l'extension à la chirurgie d'une technique diagnostique, la cœlioscopie. D'abord appliquée à des interventions effectuées sur l'appareil génital de la femme, la cœliochirurgie s'est étendue à de nombreux territoires et organes.

La cœliochirurgie se pratique en milieu hospitalier, sous anesthésie générale. Pour les interventions pratiquées dans l'abdomen, les plus fréquentes, on introduit dans un premier temps, par une aiguille enfoncée dans l'ombilic ou dans la région sous-costale gauche, du gaz carbonique afin de créer un pneumopéritoine (large espace gazeux éloignant la paroi des viscères et permettant la manipulation des instruments). Un trocart (instrument en forme de poinçon, monté sur un manche et contenu dans une canule) est ensuite introduit à travers la région ombilicale afin de permettre le passage de l'endoscope. Celui-ci est relié à une caméra ; l'image peut être suivie sur un écran, et, éventuellement, enregistrée sur cassette vidéo. D'autres trocarts, d'un calibre de 5 à 12 millimètres, sont introduits en différents points de la paroi pour permettre le passage des instruments nécessaires à l'intervention.

Cœlioscopie

Technique d'exploration consistant à introduire à travers la paroi de l'abdomen un endoscope (tube muni d'un système optique) dans l'intention d'observer les organes abdominaux et de pratiquer des prélèvements. SYN. *laparoscopie.*

Le terme laparoscopie est surtout employé pour qualifier l'exploration de la partie supérieure de l'abdomen (foie, en particulier), tandis que le terme cœlioscopie s'applique plutôt à l'exploration du petit bassin.

INDICATIONS

La cœlioscopie est utilisée pour découvrir certaines causes de stérilité, pour prélever des ovules – ou les réimplanter une fois fécondés – lors de fécondations artificielles, pour diagnostiquer une grossesse extra-utérine, une salpingite (infection des trompes), la nature d'un kyste ovarien.

TECHNIQUE ET DÉROULEMENT

La cœlioscopie se pratique sous anesthésie générale après injection de gaz carbonique dans la cavité péritonéale. L'endoscope est ensuite introduit par une petite incision ombilicale d'environ 1 centimètre. L'appareil est relié à une caméra qui transmet ces images sur écran et peut les enregistrer sur cassette vidéo. Une cœlioscopie, qui dure de 15 à 30 minutes, nécessite une hospitalisation d'une journée.

EFFETS SECONDAIRES

Cet examen est remarquablement bien supporté grâce à sa ou à ses très petites incisions. Il n'y a pas de douleurs au réveil mais seulement un léger ballonnement dû à l'injection de gaz carbonique dans l'abdomen.

Cœur

Organe musculeux creux situé dans la partie médiane et gauche du thorax, entre les deux poumons, et assurant la circulation sanguine dans le corps grâce à ses contractions régulières.

STRUCTURE

Le cœur se compose de 4 cavités contenues dans une enveloppe, le péricarde : 2 oreillettes et 2 ventricules, chaque oreillette étant séparée du ventricule sous-jacent par une valvule : à droite, la valvule tricuspide, constituée de 3 valves ; à gauche, la valvule mitrale, constituée de 2 valves. Les valves s'insèrent sur la paroi du ventricule correspondant par des cordages rattachés à des protubérances musculaires appelées piliers.

■ **Le cœur droit,** qui associe l'oreillette et le ventricule droits, est chargé de propulser le sang désoxygéné, par l'artère pulmonaire et ses branches, jusqu'aux poumons (petite circulation).

■ **Le cœur gauche,** qui associe l'oreillette et le ventricule gauches, recueille le sang oxygéné venant des poumons et le propulse, par l'aorte et ses branches, dans tout l'organisme (grande circulation).

■ **Les oreillettes** reçoivent le sang désoxygéné par l'intermédiaire des veines caves inférieure et supérieure, pour l'oreillette droite, et le sang oxygéné par les 4 veines pulmonaires pour l'oreillette gauche. Les oreillettes sont séparées par une cloison, le septum interauriculaire.

■ **Les ventricules** envoient le sang dans les artères. Le droit, triangulaire et peu épais, communique avec l'artère pulmonaire, dont il est séparé par la valvule pulmonaire, formée de 3 valves sigmoïdes. Le gauche, de forme ovoïde et plus épais que le droit, communique avec l'aorte, dont il est séparé par la valvule aortique, composée de 3 valves sigmoïdes. Les ventricules sont séparés par une cloison musculaire, le septum interventriculaire.

■ **La paroi cardiaque** comprend 3 épaisseurs : l'endocarde, qui tapisse l'intérieur des cavités ; le myocarde, qui constitue en lui-même le muscle cardiaque ; le péricarde, sorte de sac situé autour du cœur.

PHYSIOLOGIE

L'apport sanguin au muscle cardiaque est assuré par les artères coronaires, qui prennent naissance à la partie initiale de l'aorte thoracique. Le retour du sang veineux coronaire est assuré par des veines qui se regroupent pour former le sinus coronaire, s'abouchant dans l'oreillette droite. Le sang veineux arrive dans l'oreillette droite par les veines caves, puis pénètre dans le ventricule droit. Il est alors éjecté avec une fréquence de l'ordre de 70 pulsations par minute vers l'artère pulmonaire. Après enrichissement en oxygène dans les poumons, le sang retourne au cœur par les veines pulmonaires. Il passe alors de l'oreillette gauche dans le ventricule gauche, puis est éjecté dans la circulation artérielle par l'intermédiaire de l'aorte et de ses branches.

Le cœur est un organe contractile : ses mouvements sont engendrés et se propagent grâce au tissu dit nodal, que l'on pourrait comparer à un circuit électrique. Celui-ci comprend le nœud sinusal, situé dans l'oreillette droite, qui commande la fréquence cardiaque, et le nœud auriculo-ventriculaire, placé à la jonction des oreillettes et des ventricules et prolongé vers les deux ventricules par le faisceau de His et ses ramifications, qui permettent le passage de l'influx vers les ventricules. Le fonctionnement du tissu nodal est influencé par le système nerveux végétatif et par les catécholamines (adrénaline, noradrénaline, dopamine).

Cœur artificiel

Dispositif implanté dans le thorax à la place des ventricules.

Par extension, ce terme peut désigner les procédés d'assistance ventriculaire gauche.

Actuellement, le cœur artificiel s'utilise en attendant une greffe cardiaque. Il est constitué de poches en plastique mues par énergie pneumatique.
→ VOIR Greffe du cœur.

Cœur pulmonaire

Tout trouble de la partie droite du cœur, essentiellement le ventricule, dû à une affection pulmonaire.

SYMPTÔMES ET SIGNES
Il s'agit de signes cliniques d'insuffisance cardiaque droite, à savoir une augmentation de volume du foie, une hypertension veineuse, des œdèmes des membres inférieurs.

ÉVOLUTION
Après traitement, les troubles liés au cœur pulmonaire aigu peuvent disparaître sans séquelles. En revanche, dans le cœur pulmo-naire chronique, l'évolution se fait vers une aggravation progressive par poussées parallèles à la maladie pulmonaire.

TRAITEMENT
Le traitement est celui de la cause et repose sur l'utilisation d'anticoagulants, voire de fibrinolytiques, dans l'embolie pulmonaire et d'antibiotiques lors des infections bronchiques. Un traitement diurétique est parfois indiqué ; il faut également traiter un éventuel trouble du rythme cardiaque. L'oxygénothérapie prescrite dans l'embolie pulmonaire doit être particulièrement surveillée chez les personnes souffrant d'insuffisance respiratoire, car l'hypoxie (diminution de l'oxygène dans les tissus) est devenue, chez ces malades, le principal stimulant du centre de commande respiratoire.

Coiffe des rotateurs (syndrome de la)

Syndrome caractérisé par une douleur de l'épaule ressentie lors d'un mouvement d'abduction du bras, c'est-à-dire lorsque celui-ci s'écarte du corps, au passage vers 70°. SYN. *syndrome des sus-épineux.*

La coiffe des rotateurs est un ensemble de muscles et de tendons qui forment une structure anatomique renforçant l'articulation de l'épaule. Les lésions de la coiffe des rotateurs peuvent avoir des origines multiples (tendinite, calcification intratendineuse, rupture de tendon, conflit mécanique avec l'acromion). Parfois, une rupture totale de la coiffe entraîne même une impotence partielle de l'épaule.

TRAITEMENT
Le traitement du syndrome peut être médical (anti-inflammatoires, analgésiques) ou, en cas de rupture des tendons, chirurgical. L'arthroscopie permet l'ablation des calcifications et, si nécessaire, une acromioplastie.

Col utérin
→ VOIR Utérus.

Col utérin (cancer du)
→ VOIR Utérus (cancer de l').

Colectasie

Dilatation aiguë, partielle ou totale, du côlon, due à la présence de gaz.

Colectomie

Ablation chirurgicale du côlon ou de l'un de ses segments.

INDICATIONS

Une colectomie est pratiquée pour des atteintes tumorales bénignes (polypes) ou malignes ou pour des atteintes infectieuses (diverticulite).

TECHNIQUE

La colectomie peut être totale ou partielle : côlon droit (vertical, faisant suite à l'intestin grêle), transverse (horizontal, entre le côlon droit et le gauche), gauche (vertical, se poursuivant par le rectum). Après que la colectomie proprement dite a été effectuée, le chirurgien dispose de deux techniques pour terminer l'opération, l'anastomose ou la colostomie.

■ Dans l'anastomose, il rétablit immédiatement la continuité digestive en abouchant les deux fragments de l'intestin restant.

■ Dans la colostomie, il fixe l'orifice du tube digestif à la paroi antérieure de l'abdomen, constituant un anus artificiel. La colostomie est utilisée chaque fois que l'anastomose immédiate est impossible soit parce que le segment d'aval du côlon est oblitéré (par exemple, du fait d'un envahissement cancéreux), soit parce que la paroi de l'intestin n'est pas suffisamment cicatrisée pour permettre une suture sans risque. Elle peut être définitive ou suivie ultérieurement d'une anastomose.

Colibacille

→ VOIR Escherichia coli.

Colibacillose

Affection urinaire ou digestive due au colibacille *(Escherichia coli),* quelles que soient ses manifestations.

Le colibacille est une entérobactérie (bactérie présente dans la flore naturelle du tube digestif).

Colique

1. Qui se rapporte au côlon.
2. Douleur spasmodique liée à la distension du tube digestif, des canaux glandulaires ou des voies urinaires.

Les coliques biliaires ou hépatiques sont liées au blocage des canaux par des calculs ; les coliques intestinales sont dues soit à l'irritation provoquée par une gastroentérite ou une colite, soit à une occlusion intestinale. Il existe également des coliques pancréatiques, causées par l'obstruction du canal de Wirsung, et salivaires, dues à une lithiase.

La colique se traduit par la répétition de paroxysmes douloureux très violents, entrecoupés d'accalmies. Elle peut s'accompagner de nausées et de gêne respiratoire (coliques biliaires ou hépatiques), d'agitation et de vomissements (coliques néphrétiques).

Les coliques sont traitées par administration d'analgésiques et d'antispasmodiques. Elles imposent la recherche d'une cause obstructive (calcul, caillot) qui peut être traitée par une extraction.

Colique néphrétique

Douleur aiguë et violente de la région lombaire due à une obstruction aiguë de l'uretère entraînant une dilatation brusque des voies urinaires en amont de l'obstacle.

CAUSES

Le plus souvent, une colique néphrétique est la conséquence d'un calcul qui obstrue, complètement ou non, soit le bassinet, soit l'uretère.

SYMPTÔMES ET SIGNES

La colique néphrétique se traduit par une violente douleur, qui débute le plus souvent progressivement, s'intensifie rapidement et évolue par paroxysmes très violents, vite insupportables, et sans qu'aucune position la soulage. La douleur emprunte un trajet particulier, caractéristique de ce type d'affection : elle contourne le flanc et se propage vers le bas, descendant vers les organes génitaux externes. Quand l'obstacle est situé bas dans l'uretère, le patient se plaint souvent de troubles mictionnels se traduisant par de fréquents besoins d'uriner sans émission d'urine.

TRAITEMENT

Il comporte le traitement de la douleur et, dans certains cas, l'extraction du calcul.

■ **Le traitement de la douleur** est une urgence, car il s'agit d'une affection difficilement supportable et qui peut durer des heures. Il consiste à supprimer toute boisson ou à arrêter une éventuelle perfusion, l'augmentation de la quantité d'urine aggravant ou perpétuant la douleur en accroissant la dilatation en amont de l'obstacle. On associe à cette mesure la prescription d'analgésiques et d'antispasmodiques ou d'anti-inflammatoires.

■ L'extraction du calcul n'est pas toujours nécessaire. En effet, celui-ci est souvent expulsé spontanément et recueilli dans les urines. L'extraction est nécessaire en cas de douleur persistante – on parle alors de colique néphrétique hyperalgique – malgré l'administration d'analgésiques, ou si la colique néphrétique est associée à une infection urinaire fébrile, en raison des risques de septicémie encourus en l'absence de traitement ; dans ce cas, l'extraction est associée à l'administration d'antibiotiques.
→ VOIR Lithiase, Lithotripsie.

Colite

Inflammation aiguë ou chronique du côlon.

Le terme de colite recouvre des affections très variées, à l'exception des tumeurs et des malformations du côlon.

CAUSES

■ Une colite aiguë peut avoir une origine infectieuse (bactérienne, virale ou parasitaire), médicamenteuse (laxatifs irritants, traitement prolongé par les antibiotiques), être la conséquence d'une radiothérapie ou d'une ischémie (insuffisance circulatoire de la paroi intestinale).

■ Une colite chronique est souvent de cause inconnue et se déclare au cours de certaines affections telles que la maladie de Crohn ou la rectocolite hémorragique.

SYMPTÔMES ET SIGNES

Une colite se traduit essentiellement par une diarrhée, associée ou non à des douleurs abdominales.

DIAGNOSTIC ET TRAITEMENT

Le diagnostic repose sur la coloscopie, qui permet, en outre, d'effectuer une biopsie pour rechercher une cause bactériologique ou virale de la colite et en préciser les caractéristiques histologiques. La coloscopie est toutefois contre-indiquée dans les cas de colite grave, de sigmoïdite diverticulaire et de colite ischémique évoluée.

Le traitement est le plus souvent médicamenteux (antibiotiques pour les colites infectieuses, corticostéroïdes pour la maladie de Crohn et la rectocolite hémorragique), parfois chirurgical lors des sigmoïdites diverticulaires ou postradiothérapiques.

Collagène

Protéine la plus abondante du corps humain, responsable de la cohésion des tissus.

PATHOLOGIE

Certaines maladies sont caractérisées par une formation anormale des fibres de collagène, qui envahissent alors l'organisme d'une façon diffuse et provoquent les connectivites, autrefois appelées collagénoses. Tel est, par exemple, le cas de la sclérodermie, qui se manifeste par un épaississement fibreux de la peau.

UTILISATION THÉRAPEUTIQUE

En dermatologie, le collagène des pommades et des crèmes cosmétiques ne pouvant pénétrer dans l'épaisseur de la peau, son efficacité thérapeutique n'a pas encore été prouvée. Des injections intradermiques de collagène bovin sont parfois utilisées pour faire disparaître les rides. Il faut alors tenir compte des contre-indications (allergies éventuelles, maladies auto-immunes, etc.) et réaliser des tests préalables (dosages d'anticorps sanguins, tests cutanés). Le résultat est souvent satisfaisant mais très transitoire, durant rarement plus de 12 mois.

Collagénose

→ VOIR Connectivite.

Collapsus cardiovasculaire

Chute sévère de la pression artérielle systolique (chiffre supérieur) au-dessous de 80 millimètres de mercure.

Habituellement associé à l'existence d'un pouls faible et rapide, un collapsus cardiovasculaire est dû à un mauvais fonctionnement du muscle cardiaque, à une diminution du volume sanguin, à une infection grave ou à une hypotonie vasculaire responsable d'une vasodilatation importante. Si le collapsus cardiovasculaire se prolonge, il apparaît un état de choc, véritable insuffisance circulatoire aiguë. Ce type de malaise nécessite donc une hospitalisation en urgence et des mesures de réanimation, ainsi qu'un traitement de la cause.

→ VOIR Choc cardiogénique, Choc hypovolémique, Choc infectieux.

Collection

Accumulation de liquide physiologique ou pathologique (sang, pus, etc.) dans une cavité de l'organisme.

Collutoire

Préparation médicamenteuse destinée à être appliquée sur les muqueuses de la cavité buccale.

Un collutoire, selon sa composition, peut être antiseptique, antibiotique, anesthésique ou d'une autre nature.

Collyre

Solution stérile instillée en gouttes dans le cul-de-sac conjonctival inférieur pour produire un effet sur l'œil.

Les collyres sont composés d'un principe actif en solution dans de l'eau distillée additionnée de sérum physiologique et d'un antiseptique puis conditionnés dans de petits flacons stériles. Après ouverture, ils doivent être conservés dans un endroit frais, à l'abri de la lumière et être utilisés dans les 15 jours qui suivent. Le produit est instillé dans le creux de la paupière inférieure et se diffuse à l'intérieur de l'œil à travers la cornée.

Colobome

Malformation congénitale de l'œil consistant en une fente qui peut siéger au niveau de l'iris, de la choroïde, du nerf optique et/ou de la paupière supérieure.

Côlon

Partie de l'intestin commençant à la valvule de Bauhin (fin de l'intestin grêle) et se terminant au rectum, qui élabore et véhicule les matières fécales. SYN. *gros intestin.*

Le côlon reçoit les aliments ; il exerce une fonction motrice (stockage et brassage) et est le siège de phénomènes d'absorption (il reçoit environ 1,5 litre d'eau par jour et en absorbe plus de 90 %) et de digestion (assurée par la flore bactérienne). Ces différents processus métaboliques s'accompagnent d'une production de gaz et aboutissent à la constitution de la selle.

PATHOLOGIE

Le côlon est le siège d'affections inflammatoires (colites), tumorales (polypes, adénocarcinomes) et mécaniques (volvulus, ou torsion d'une anse intestinale). Il peut être trop long (dolichocôlon) ou trop large (mégacôlon).

Côlon (cancer du)

Cancer qui atteint le côlon, le plus souvent sous forme d'adénocarcinome.

CAUSES

Le risque de cancer du côlon est plus élevé chez les personnes génétiquement prédisposées aux polypes intestinaux, chez celles qui ont des antécédents personnels et/ou familiaux de polype ou de cancer coliques, et chez celles qui souffrent d'une colite inflammatoire ancienne. D'autres facteurs de risque interviennent, en particulier les régimes alimentaires pauvres en fibres.

SYMPTÔMES ET SIGNES

Le cancer du côlon se présente sous la forme d'une tumeur ulcérée et/ou bourgeonnante, pouvant entraîner un rétrécissement de la cavité du côlon. Il se traduit par des signes digestifs : modifications récentes du transit, douleurs abdominales persistantes, saignement digestif, et par des signes extradigestifs : anémie, fièvre, altération de l'état général. Il peut également se révéler par une occlusion intestinale ou à l'occasion de la mise en évidence de métastases, en particulier au niveau du foie.

TRAITEMENT

Il consiste en une colectomie partielle (ablation de la portion atteinte du côlon puis rétablissement de la continuité), associée à l'ablation des vaisseaux et des ganglions de voisinage et complétée dans certains cas par un traitement médicamenteux chimiothérapique. Ce complément permet de diminuer de façon significative le nombre des récidives de la maladie cancéreuse. Dans les cancers du bas rectum, l'ablation de la partie malade est suivie d'une colostomie, création d'un anus artificiel.

PRÉVENTION

Elle est surtout fondée sur un diagnostic précoce de la maladie et sur le dépistage et la résection des polypes, souvent à l'origine du cancer. L'identification du gène responsable de la plus fréquente des polyposes intestinales familiales représente aujourd'hui un espoir important pour cette prévention. La détection par recherche de sang dans les selles se fait à l'aide d'un test, l'Hémocult (marque déposée). Si celui-ci est positif, on effectue une coloscopie. L'aspirine et les anti-inflammatoires non stéroïdiens pourraient diminuer la fréquence de ce cancer.

Côlon (tumeur du)

Tumeur siégeant sur le côlon.

Les tumeurs bénignes du côlon, très fréquentes, prennent le plus souvent la forme d'adénomes (polypes), plus rarement celle de léiomyomes, de lipomes et d'angiomes.

Les polypes font l'objet d'un dépistage chez les sujets à risque (antécédents personnels et familiaux) et d'une ablation systématique, car certains constituent des lésions bénignes précancéreuses.

→ VOIR Côlon (cancer du).

Colonie

Amas de bactéries identiques descendant d'une même cellule bactérienne.

Colonne vertébrale

→ VOIR Rachis.

Colopathie

Toute maladie du côlon.

Colopathie fonctionnelle

Trouble du fonctionnement du côlon, d'origine inconnue, sans lésion organique décelable. SYN. *syndrome de l'intestin irritable*.

La colopathie fonctionnelle est très répandue. Il existe probablement, à l'origine de l'affection, une anomalie du fonctionnement neuromusculaire du côlon et de l'intestin grêle ; l'état psychologique du patient intervient également.

SYMPTÔMES ET SIGNES

La colopathie fonctionnelle se traduit par des douleurs de type spasmodique siégeant sur le trajet du côlon, par des troubles du transit intestinal (constipation, diarrhée, alternance des deux), enfin par des difficultés à la défécation. Elle est fréquemment associée à un ballonnement abdominal. Il n'y a ni fièvre ni atteinte de l'état général.

DIAGNOSTIC

Le diagnostic est le plus souvent limité à un examen clinique. Des examens complémentaires, comme l'exploration du côlon ou de l'intestin grêle, ne sont prescrits que si l'examen clinique est équivoque ou s'il existe un risque de tumeur du côlon : apparition récente des troubles, antécédents personnels ou familiaux, âge avancé.

TRAITEMENT

Il repose en partie sur le respect d'une bonne hygiène alimentaire : le régime doit être largement diversifié et comporter beaucoup de fibres alimentaires. Les médicaments, antispasmodiques contre la douleur, antidiarrhéiques, anticonstipants, sont prescrits avec parcimonie, de façon discontinue. Il importe surtout d'expliquer au patient que les troubles sont bénins et ne comportent aucun risque de complication.

Colopexie

Fixation chirurgicale du côlon sur le péritoine pariétal.

Coloplastie

Opération chirurgicale dont l'un des résultats est la modification de la forme et de la fonction du côlon.

Colorant

Substance colorée naturelle ou synthétique, ajoutée à un aliment pour en améliorer la présentation.

L'utilisation des colorants comme additifs alimentaires est sévèrement réglementée : les colorants nocifs (certains d'entre eux sont soupçonnés d'action cancérigène) sont proscrits ; les colorants dont l'innocuité est prouvée sont limités à de très faibles quantités. Certaines personnes cependant, en particulier des enfants, absorbent des quantités massives de confiseries ou de boissons colorées industriellement, alors qu'on ne connaît pas exactement les conséquences d'une telle consommation.

→ VOIR Additif alimentaire.

Coloscopie

Examen qui permet d'explorer tout ou partie de la muqueuse du côlon et, dans certains cas, la dernière anse de l'intestin grêle.

La coloscopie permet de rechercher la cause d'une diarrhée, d'un saignement digestif, de douleurs abdominales et de diagnostiquer un polype ou un cancer du côlon ; elle permet aussi la surveillance des patients ayant été opérés d'un cancer du côlon ou du rectum. On peut, pendant l'examen, pratiquer une polypectomie (ablation de polype) et un prélèvement biopsique à des fins diagnostiques.

La coloscopie nécessite généralement une courte hospitalisation et peut se pratiquer sans anesthésie ou sous anesthésie générale légère. Avant l'examen, le côlon du patient est totalement nettoyé par ingestion, la veille de l'examen, d'un repas dénué de fibres et par absorption en deux temps (la veille et le jour de l'examen) de 4 litres d'une solution spéciale ; celle-ci entraîne une diarrhée.

Lors de l'examen, le patient est allongé et, si la coloscopie se fait sous anesthésie, on lui injecte un anesthésique dans une veine de l'avant-bras. Le médecin effectue un toucher rectal, puis introduit dans l'anus un coloscope, long tuyau flexible muni de fibres optiques, certaines conduisant la lumière, d'autres renvoyant l'image sur un écran vidéo ou à travers un oculaire. Le coloscope progresse dans le côlon grâce à une insufflation d'air. L'examen dure environ 30 minutes. Le patient demeure sous surveillance médicale pendant 3 heures après l'examen.

EFFETS SECONDAIRES

Lors de l'examen pratiqué sans anesthésie, l'insufflation d'air nécessaire à la progression du coloscope est parfois douloureuse. La perforation, très rare, est le seul accident grave. Ce risque impose des examens très

prudents en cas de côlon pathologique (colite ulcéreuse, diverticules). L'ablation d'un polype peut entraîner, exceptionnellement, une hémorragie.

Colostomie

Abouchement chirurgical du côlon à la peau, constituant un anus artificiel, temporaire ou définitif.

La colostomie consiste à créer un orifice sur l'abdomen, par lequel les matières se vident en partie ou en totalité au lieu de s'évacuer par l'anus.

Il y a deux types de colostomie, latérale et terminale.

■ **La colostomie latérale** consiste à créer un orifice dans la paroi du côlon et à le fixer à une incision cutanée. Cette dérivation, en général temporaire, est pratiquée comme traitement en urgence d'une occlusion intestinale (interruption du transit), en amont de l'interruption.

■ **La colostomie terminale** est pratiquée à la suite d'une ablation chirurgicale complète du côlon. L'orifice du segment en amont est abouché à la peau. Dans l'opération de Hartmann, la colostomie est provisoire : le segment d'aval du côlon, constitué du rectum et de l'anus, ayant été conservé, le rétablissement de la continuité colique sera possible dans un deuxième temps. Dans les autres cas, la colostomie est définitive, car le segment d'aval a été retiré, à cause d'un cancer par exemple.

Après une colostomie, le recueil des matières et des gaz se fait dans une poche. Celle-ci, fixée à la peau au niveau du flanc gauche par un système adhésif, est changée à chaque vidange intestinale. Spontanément, les vidanges se font une ou deux fois par jour. Mais le patient peut garder un certain contrôle, d'une part grâce à un régime alimentaire, d'autre part avec un lavement matinal qui évite l'évacuation pendant la journée. Il existe une grande variété de matériels, discrets, étanches aux matières et aux odeurs, non irritants. Après avoir appris, généralement en milieu hospitalier ou avec une association de malades, à s'en servir, le patient peut manipuler la poche seul.

Beaucoup de colostomisés, malgré les contraintes et les difficultés psychologiques du début, mènent une vie sociale, familiale et sportive normale.

→ VOIR Anus artificiel, Stomie.

Colostrum

Liquide jaunâtre sécrété par la glande mammaire les premiers jours suivant l'accouchement, avant la montée de lait.

Colotomie

Ouverture chirurgicale de la paroi du côlon, à des fins diagnostiques ou thérapeutiques.

Colpectomie

Intervention chirurgicale consistant à enlever une partie du vagin quand celui-ci est distendu.

La colpectomie est une intervention surtout pratiquée en cas de prolapsus génital (chute du vagin et de l'utérus).

Colpocèle

Distension avec affaissement des parois du vagin.

Une colpocèle est essentiellement d'origine traumatique, liée à un accouchement difficile. Elle s'associe presque toujours à un prolapsus (descente d'organes). Une colpocèle de la paroi antérieure du vagin s'accompagne généralement d'une cystocèle (descente de la vessie). Une colpocèle de la paroi postérieure entraîne le plus souvent une rectocèle (descente du rectum). La colpocèle se manifeste par une sensation de pesanteur pelvienne, avec parfois une incontinence urinaire.

Le traitement, chirurgical, se fait si possible par les voies naturelles.

Colpocystographie

Examen radiologique permettant d'explorer un prolapsus (descente d'organe) chez la femme.

DÉROULEMENT
L'examen se déroule en salle de radiologie. La patiente est allongée sur la table d'examen, en position gynécologique, genoux pliés. Le vagin, la vessie, l'urètre et le rectum sont opacifiés par injection de produits de contraste dans les voies naturelles. La table est alors basculée de manière à permettre la prise des clichés en position debout. Deux clichés sont pris, le premier en effort de retenue (contraction musculaire maximale), le second en effort de poussée (extension musculaire maximale).

EFFETS SECONDAIRES
Les jours suivant l'examen, la patiente peut ressentir de légères brûlures à la miction, dues à l'introduction de la sonde dans le canal urétral ; elles disparaissent spontanément.

Colpohystérectomie

Ablation chirurgicale de l'utérus et de la partie supérieure du vagin.

Une colpohystérectomie est surtout pratiquée dans le traitement des cancers génitaux (adénocarcinome endométrial ; adénocarcinome ou carcinome épidermoïde du col de l'utérus), mais elle peut également être indiquée dans certains cas de prolapsus génital (descente du vagin et de l'utérus).

Colpopérinéorraphie

Opération chirurgicale visant à redonner au vagin et au périnée leur forme, leur position et leurs dimensions normales après une déchirure ou un prolapsus (descente d'organes).

Colposcopie

Examen du vagin et du col de l'utérus à l'aide d'un colposcope (loupe binoculaire fixée sur un spéculum).

INDICATIONS
La colposcopie est un moyen de diagnostic et de surveillance indispensable pour toutes les pathologies du col de l'utérus : il permet de détecter d'éventuelles lésions, bénignes ou suspectes de malignité, d'effectuer des prélèvements biopsiques, de pratiquer des traitements (utilisation du laser ou conisation cervicale).

TECHNIQUE ET DÉROULEMENT
Après avoir écarté les parois du vagin à l'aide d'un spéculum, le médecin effectue un premier examen des tissus. Puis il applique

une solution d'acide acétique, qui fait apparaître les lésions précancéreuses. Si nécessaire, il pratique une biopsie des tissus non colorés.

La meilleure période pour effectuer une colposcopie se situe entre le 8e et le 14e jour du cycle menstruel, période à laquelle le col est le plus ouvert. Cet examen n'a aucun effet secondaire, même en cas de grossesse.

Coma

Altération totale ou partielle de l'état de conscience.

CAUSES

Un coma peut être dû à des lésions cérébrales d'origine vasculaire, infectieuse, tumorale ou traumatique (œdème, hémorragie ou contusion cérébrale). Il peut aussi résulter d'une oxygénation cérébrale insuffisante (insuffisance circulatoire, asphyxie, intoxication à l'oxyde de carbone), d'une crise d'épilepsie, d'une intoxication des tissus cérébraux (intoxication médicamenteuse, alcoolique, surdose de drogue), d'une maladie métabolique (encéphalopathie respiratoire ou hépatique, acidocétose diabétique, hypoglycémie) ou endocrinienne (coma myxœdémateux).

DIFFÉRENTS TYPES DE COMA

On distingue plusieurs types de coma selon l'étendue de l'altération des fonctions de relation. Un sujet peut entrer dans le coma à n'importe quel stade. Les premiers (I et II) sont plus facilement réversibles si la cause du coma est supprimée. Sinon, celui-ci s'aggrave jusqu'au stade IV, irréversible.

■ Le stade I, ou coma vigil, est caractérisé par des réactions d'éveil du sujet lorsqu'il est soumis à une stimulation douloureuse (ouverture des yeux, grognements).

■ Le stade II se manifeste par la disparition de la capacité d'éveil du sujet. Des réactions motrices persistent cependant, comme le retrait d'un membre lorsqu'on le pince ; elles sont d'autant moins adaptées aux stimuli que le trouble est plus grave.

■ Le stade III, ou coma carus, voit la disparition de toutes les réactions motrices et l'apparition de troubles oculaires (mouvements asymétriques des yeux) et végétatifs,

notamment respiratoires, qui peuvent causer le décès par anoxie (suppression de l'apport d'oxygène aux tissus).

■ Le stade IV, ou coma dépassé, définit la mort cérébrale et, donc, la mort du malade.

DIAGNOSTIC

L'examen neurologique permet d'apprécier la profondeur du coma. Le tracé de l'électroencéphalogramme indique la réactivité du sujet aux stimuli.

TRAITEMENT

Un malade dans le coma doit être hospitalisé en urgence. Indépendamment du traitement de la cause, lorsque celui-ci est possible, une surveillance très stricte du sujet est nécessaire afin de veiller au maintien de ses fonctions vitales : respiration (oxygénation et, souvent, ventilation assistée) et circulation sanguine (réhydratation, lutte contre un collapsus). Le malade est nourri artificiellement par perfusion, voire par sonde digestive. Les soins infirmiers visent à la prévention des complications de l'alitement (escarres), à la protection des yeux, etc. Des traitements médicaux spécifiques permettent de lutter contre l'œdème cérébral, de prévenir ou de traiter des crises convulsives et de prévenir des complications thromboemboliques à l'aide d'un traitement anticoagulant.

PRONOSTIC

Un sujet peut rester dans un coma profond pendant plusieurs mois, voire plusieurs années, avec une activité cérébrale faible ou imperceptible (état végétatif chronique). En revanche, toute lésion du tronc cérébral provoque une altération des fonctions vitales (respiration, notamment) conduisant le plus souvent au coma dépassé.

Coma dépassé

État de mort cérébrale caractérisé par l'arrêt définitif de toutes les fonctions du cerveau et du tronc cérébral, avec persistance de l'activité cardiaque. SYN. *mort cérébrale.*

L'arrêt définitif de l'activité cérébrale est attesté par deux électroencéphalogrammes plats pratiqués à plusieurs heures d'intervalle. À la différence de l'état végétatif chronique, le coma dépassé est irréversible. L'arrêt cardiaque définitif survient en quelques heures ou en quelques jours. Si un prélèvement d'organe est envisagé, la réanimation est poursuivie pour maintenir la vitalité de l'organe (ou des organes) à transplanter.

Comédon

Lésion élémentaire du follicule pilosébacé caractéristique de l'acné.

Un comédon résulte de l'obstruction du canal d'un follicule pilosébacé, portant un poil et drainant du sébum, sécrétion de la glande sébacée. Il se forme alors un bouchon de kératine (protéine de l'épiderme) et de sébum, qui dilate la glande sous-jacente. Les comédons siègent surtout sur le front, le nez, les joues, le dos et la poitrine. Leur apparition est favorisée par la chaleur humide, une configuration étroite des canaux drainant les sécrétions sébacées, les règles chez la femme, certains corps gras. On distingue les comédons fermés, ou points blancs, microkystes blanchâtres, et les comédons ouverts, ou points noirs, qui forment de petits nodules surmontés d'un orifice noir et dilaté ; le contenu est une matière blanche et épaisse.

TRAITEMENT
L'expulsion manuelle sans asepsie préalable est à proscrire, car elle peut provoquer l'infection du follicule. Il convient de faire un nettoyage de peau soigneux au savon doux et un traitement local ou général actif sur l'hyperkératose, en particulier avec des rétinoïdes.

Commissurotomie

Opération chirurgicale destinée à élargir un orifice cardiaque en en séparant les valves anormalement soudées entre elles.

Commotion cérébrale

Ébranlement de l'ensemble du cerveau lors d'un traumatisme du crâne, aboutissant à un coma provisoire.

Une commotion cérébrale ne se traduit, hormis le coma, par aucun signe clinique ; ni l'électroencéphalogramme ni le scanner ne révèlent de lésion. Le coma se dissipe dans un délai allant de quelques minutes à quelques jours. Cependant, même dans les formes de très courte durée, un examen

médical immédiat est recommandé afin de dépister une éventuelle anomalie cérébrale plus grave (hématome).

Communication interauriculaire

Absence de fermeture de la cloison cardiaque qui sépare normalement l'oreillette droite de l'oreillette gauche.

La communication interauriculaire est l'anomalie cardiaque la plus fréquente après la communication interventriculaire. De taille souvent importante, l'orifice laisse passer du sang oxygéné de l'oreillette gauche vers l'oreillette droite, en raison de la pression plus élevée dans le cœur gauche que dans le cœur droit, réalisant un court-circuit gauche-droite.

DIAGNOSTIC ET ÉVOLUTION
Cette malformation ne se manifeste par aucun symptôme chez l'enfant, mais par un essoufflement chez l'adulte. Elle peut être toutefois soupçonnée par un souffle à l'auscultation.

Parfois remarquablement tolérée en l'absence de traitement, la communication interauriculaire permet une survie qui peut atteindre 60 ou 70 ans. Mais souvent elle se complique, vers 40 ans, de troubles du rythme et de défaillance cardiaque.

TRAITEMENT
Une fermeture de l'orifice pendant l'enfance évite la survenue de complications à l'âge adulte.

Communication interventriculaire

Absence de fermeture de la cloison cardiaque qui sépare normalement le ventricule droit du ventricule gauche.

La communication interventriculaire est la cardiopathie congénitale la plus fréquente (8 cas pour 1 000 naissances). En raison des différences de pression entre les deux ventricules, le sang rouge (oxygéné) passe, par cet orifice qui va de quelques millimètres à 1 ou 2 centimètres de diamètre, du ventricule gauche au ventricule droit, puis dans l'artère pulmonaire.

SYMPTÔMES
La communication interventriculaire est généralement sans symptôme. L'adulte peut parfois ressentir un essoufflement. À l'aus-

cultation, un souffle systolique (pendant la contraction du cœur) permet de la déceler.

TRAITEMENT
Lorsque l'orifice est petit, il a tendance à se fermer spontanément. Le seul risque est la maladie d'Osler, dans laquelle un microbe se greffe sur l'orifice. Lorsque l'orifice est large, la communication interventriculaire entraîne souvent une forte hypertension dans l'artère pulmonaire, ce qui impose une fermeture chirurgicale avant l'âge de deux ans. Bien maîtrisée, cette technique a des résultats excellents.

Compatibilité sanguine

Possibilité de mélanger le sang d'un individu à un autre sans provoquer de réaction immunitaire d'hémolyse.

La règle de la compatibilité sanguine est de ne pas apporter d'antigènes contre lesquels le receveur a des anticorps, par exemple du sang A ayant l'antigène A à un malade O possédant des anticorps anti-A.

La compatibilité sanguine la plus simple est l'identité de groupe entre le produit sanguin et le receveur de sang : ainsi, un malade de groupe A sera transfusé avec du sang A. La vérification de la compatibilité doit être effectuée immédiatement avant toute transfusion au lit du malade. En effet, certains anticorps existent de façon naturelle (anticorps du système ABO) ; d'autres, appelés agglutinines irrégulières, n'apparaissent que dans certaines circonstances et doivent donc être recherchés avant toute transfusion.

→ VOIR Groupe sanguin.

Compère-Loriot

→ VOIR Orgelet.

Complément

Système enzymatique participant aux réactions antigènes/anticorps et, en particulier, à la destruction des antigènes.

Le complément joue un rôle fondamental dans la lutte contre les maladies infectieuses et leurs vecteurs. Un déficit, inné ou acquis, d'un des composants du complément entraîne un plus grand risque de développer certaines maladies.

Complexe

Ensemble de tendances inconscientes, à forte charge émotionnelle, qui conditionnent l'organisation de la personnalité d'un sujet.

Les complexes ne sont pas pathologiques mais peuvent le devenir, causant des troubles caractériels chez l'enfant, des troubles psychiques chez l'adulte.

■ **Le complexe d'infériorité** naît lorsque l'enfant prend conscience de sa faiblesse naturelle (vis-à-vis des adultes, notamment). Chaque individu cherche à corriger son infériorité en fonction de la valeur affective ou symbolique qu'elle revêt pour lui : ce mécanisme est appelé compensation.

Complexe immun circulant

Association d'un antigène et de l'un des anticorps correspondant à cet antigène, qui circule dans le sang et peut provoquer des maladies auto-immunes.

Compliance pulmonaire

Élasticité des poumons, dont la mesure est utilisée dans le bilan des maladies respiratoires.

Complication

État pathologique survenant lors de l'évolution d'une maladie, dont il aggrave le pronostic.

Une complication peut être secondaire à l'évolution spontanée de la maladie elle-même : au cours de l'appendicite, par exemple, l'appendice enflammé peut se perforer et entraîner une péritonite (infection de toute la cavité abdominale). Une complication peut aussi être la conséquence d'un traitement médical inadapté : une antibiothérapie non efficace sur un germe, ou insuffisamment dosée, peut être responsable d'une septicémie.

Comportement (trouble du)

Défaut manifeste d'adaptation à la vie sociale.

Les troubles du comportement prennent de multiples formes : ils peuvent affecter la présentation (habillement, physionomie), le comportement quotidien (hygiène, sommeil, alimentation), le contact à autrui (méfiance, opposition, indifférence) ou se manifester par des passages à l'acte (réalisation de désirs impulsifs), tels que fugue, suicide.

Les troubles du comportement sont particulièrement fréquents dans les états démentiels, les psychopathies, les phases aiguës de psychose, l'hystérie et l'alcoolisme. Mais ils peuvent également être provoqués par certaines affections organiques : tumeurs et accidents vasculaires cérébraux, épilepsie, décompensations métaboliques (par exemple d'un diabète), intoxications, etc.

Compresse

Pièce de gaze hydrophile repliée plusieurs fois sur elle-même et stérilisée.

Les compresses s'utilisent pour les soins infirmiers (nettoyage, pansement des plaies) et en chirurgie, pour absorber le sang et dégager les organes à opérer.

Compression de la moelle, ou compression médullaire

Syndrome dû à une compression de la moelle épinière, parfois responsable de paralysies.

Les causes rencontrées sont multiples : tumeur bénigne ou maligne, infection, malformation vasculaire de la moelle épinière ou arthrose de la colonne vertébrale. La compression s'exerce soit directement sur la moelle épinière, soit sur ses vaisseaux en diminuant la circulation sanguine locale.

Le traitement d'une compression de la moelle est une urgence. Variable selon la cause, il est cependant le plus souvent chirurgical (ablation d'une tumeur, par exemple). En l'absence de traitement, l'évolution se fait vers l'aggravation progressive des symptômes, en particulier la paraplégie (paralysie totale des membres inférieurs), et vers l'irréversibilité des lésions. En outre, une aggravation brutale peut survenir à tout moment, liée à la compression d'une artère.

Compulsion

Trouble du comportement caractérisé par une envie irrésistible d'accomplir certains actes, à laquelle le sujet ne peut résister sans angoisse.

Conception

Fécondation de l'ovule, gamète femelle, par un spermatozoïde, gamète mâle.

La conception a lieu normalement dans le tiers externe de la trompe de Fallope, de 12 à 48 heures en moyenne après un rapport sexuel fécondant.

Conduction

Transmission de l'influx nerveux cardiaque responsable des contractions automatiques et rythmées du cœur.

L'influx nerveux cardiaque se produit grâce à un tissu myocardique spécialisé, appelé tissu nodal.

PATHOLOGIE

Les troubles de la conduction peuvent se produire dans n'importe quelle partie du tissu nodal. Ces troubles peuvent se présenter comme un retard de conduction (bloc incomplet) ou comme une absence de conduction (bloc complet). Le bloc peut être intermittent ou permanent.

Un trouble de la conduction est souvent sans symptôme au début et peut le rester. En cas de blocage complet de l'activation cardiaque, si les zones d'automaticité du tissu nodal sous-jacent (pacemakers naturels) ne prennent pas la relève, il se produit une syncope, ou syndrome d'Adams-Stokes. Le diagnostic peut être fait par l'électrocardiographie, le monitorage, le Holter électrocardiographique, parfois l'électrocardiographie endocavitaire, pour mettre en évidence le niveau du blocage et en déduire l'éventuelle indication de la pose d'un stimulateur.

De nombreux troubles de la conduction ne requièrent aucun traitement et doivent être simplement surveillés. En cas de syncope ou de malaises équivalents, un entraînement électrosystolique temporaire (montée d'une sonde de stimulation électrique par voie veineuse jusque dans les cavités cardiaques) ou permanent (pose d'un stimulateur cardiaque) est souvent indiqué.

Condylome génital

Lésion génitale sexuellement transmissible d'origine virale. SYN. *végétation vénérienne.*

Un condylome génital est une tumeur cutanée ou muqueuse d'origine virale (papillomavirus), bénigne, indolore, semblable à une verrue, qui se développe sur le col de l'utérus, dans le vagin, sur la vulve ou l'anus chez la femme ; sur la verge, le testicule ou l'anus chez l'homme. Ces lésions touchent surtout les sujets jeunes, 90 % des malades ayant moins de 40 ans. Elles sont actuellement en recrudescence.

Le condylome génital peut prendre différentes formes : excroissance importante, communément appelée crête-de-coq, ou condylome plan uniquement visible après coloration.

Les inconvénients qu'engendrent les condylomes génitaux sont locaux : gêne, suintements, mauvaises odeurs. L'infection par le papillomavirus favorise en outre le développement d'un cancer de l'utérus. Le traitement est local : application de podophylline, électrocoagulation, laser. C'est une affection difficile à soigner en raison de sa localisation et qui tend à récidiver. Le traitement du patient impose celui du partenaire.

Confusion mentale

État pathologique qui se caractérise par une désorganisation de la conscience.

CAUSES

Une confusion mentale est le plus souvent due à une affection organique cérébrale (épilepsie, accident vasculaire cérébral, encéphalite) ou à une maladie générale (infection fébrile, accident métabolique).

SYMPTÔMES ET SIGNES

La confusion mentale se traduit par un affaiblissement ou un désordre de tous les processus psychiques : baisse de la vigilance (hébétude, obnubilation ou torpeur) ; incapacité à coordonner les idées ; troubles de la perception et de la mémoire ; désorientation dans l'espace et dans le temps ; anxiété ; délire onirique avec des hallucinations sensorielles parfois terrifiantes. Le malade est comme égaré, perplexe, incapable de se retrouver et de comprendre la situation. En règle générale, la confusion mentale s'associe le plus souvent à des signes organiques (fièvre, déshydratation, maux de tête) qui peuvent mettre en danger la vie du sujet.

TRAITEMENT

La confusion mentale est une urgence qui exige une surveillance hospitalière et le repos, mais l'essentiel du traitement consiste à soigner la maladie d'origine. Après guérison, le malade récupère la totalité de ses facultés mentales.

Congénital

Qui est présent dès la naissance.

Congestion

Accumulation anormale de sang dans un organe ou un tissu. SYN. *hyperhémie.*

Congestion cérébrale

→ VOIR Accident vasculaire cérébral.

Congestion pulmonaire

→ VOIR Pneumopathie.

Conisation cervicale

Ablation d'un fragment de tissu en forme de cône à la base du col de l'utérus.

TECHNIQUE ET DÉROULEMENT

Après une incision conique dans le col et l'endocol (intérieur du col), les tissus restants sont rapprochés afin de recréer un nouveau col. L'intervention se pratique sous anesthésie locale, locorégionale ou générale et nécessite une hospitalisation.

Il n'y a guère d'inconvénients secondaires graves. Il faut toutefois surveiller davantage une grossesse ultérieure en raison d'un risque accru d'accouchement prématuré. Une conisation large peut aussi modifier la glaire cervicale et la rendre peu propice à la pénétration des spermatozoïdes : chez une femme qui désire avoir des enfants, il convient alors d'améliorer la qualité de la glaire par l'administration d'œstrogènes.

Conjonctive

Membrane muqueuse transparente qui recouvre la face interne des paupières (conjonctive tarsale) et tapisse une partie du globe oculaire (conjonctive bulbaire). (P.N.A. *tunica conjunctiva*)

La conjonctive protège le globe oculaire des agressions extérieures.

PATHOLOGIE

La conjonctive peut être le siège de diverses affections : inflammation (conjonctivite) ; lésion dégénérative (pinguecula, petite saillie jaunâtre ; ptérygion, épaississement membraneux dû à l'âge ou à l'exposition prolongée des yeux au soleil et aux intempéries) ; tumeur, bénigne ou maligne ; enfin, elle peut avoir à souffrir d'un traumatisme (hémorragie sous-conjonctivale, brûlure avec ou sans symblépharon, adhérence entre les deux feuillets conjonctivaux) ou de sécheresse oculaire.

Conjonctivite

Inflammation de la conjonctive, d'origine infectieuse, virale, parasitaire ou allergique.

Les conjonctivites sont fréquentes et souvent bénignes.

CAUSES

Les conjonctivites infectieuses sont dues à des agents bactériens (staphylocoques, streptocoques, pneumocoques). Les conjonctivites virales sont souvent causées par des adénovirus ; elles peuvent aussi être imputables à des virus herpétiques ou résulter d'affections virales comme la rougeole ou la varicelle. Les conjonctivites d'origine parasitaire, très rares sous nos climats, peuvent être provoquées par une filariose due à la loa-loa africaine. Les conjonctivites allergiques, parfois associées à une blépharite ou à un eczéma des paupières, sont dues soit à des particules aériennes (pollens, poussières), soit à des cosmétiques, à des collyres ou à des lentilles de contact.

SYMPTÔMES ET SIGNES

Les conjonctivites se manifestent habituellement par une rougeur de l'œil, prédominant dans les culs-de-sac conjonctivaux sous les paupières, sans douleur. La gêne provient de démangeaisons ou de l'impression d'avoir des grains de sable sous la paupière. Une conjonctivite d'origine allergique se traduit par un larmoiement intense, et une conjonctivite infectieuse par des sécrétions purulentes qui, parfois, collent les cils le matin au réveil. On les décolle à l'aide d'un morceau de coton imbibé de sérum physiologique ou d'eau bouillie.

TRAITEMENT

Dans le cas des conjonctivites infectieuses, le traitement est à base de collyres antibiotiques adaptés aux germes. Si la conjonctivite est virale, des collyres antiseptiques et antibiotiques servent à prévenir les surinfections, fréquentes. Les antiviraux sont efficaces contre les virus de type herpès. Le traitement des conjonctivites allergiques, pour être efficace, doit concerner à la fois les symptômes et les causes : collyres anti-inflammatoires stéroïdiens et désensibilisation à l'allergène en cause.

Conn (syndrome de)

Syndrome lié à une hypersécrétion d'aldostérone par un adénome (tumeur bénigne) de l'une des glandes corticosurrénales.

Le syndrome de Conn, rare, est deux fois plus fréquent chez les femmes.

L'hypersécrétion d'aldostérone entraîne une hypertension artérielle et une hypokaliémie (baisse du potassium sanguin) d'importance variable. L'hypertension artérielle peut être modérée ou très sévère, accompagnée de maux de tête ou d'une atteinte de la vascularisation rétinienne, appréciée par l'examen du fond d'œil. Des crampes, une asthénie, des troubles du rythme cardiaque ou une polydipsie (soif excessive) avec polyurie se manifestent aussi.

TRAITEMENT

Le traitement médical par antialdostérones permet de normaliser la pression artérielle et le taux de potassium sanguin avant l'ablation de l'adénome, intervention qui met un terme aux troubles.

Connectivite

Toute maladie caractérisée par une atteinte inflammatoire et immunologique du tissu conjonctif et par la diffusion des lésions. L'appellation maladie systémique est aujourd'hui préférée. SYN. *collagénose, maladie de système*.

CAUSES

Elles sont encore méconnues. Il existe vraisemblablement un trouble du système immunitaire parfois héréditaire.

Le tissu conjonctif étant présent dans tout l'organisme, tous les organes sont susceptibles d'être atteints de façon plus ou moins associée, d'où la grande variété des symptômes (atteintes articulaire, cutanée, cardiaque, pulmonaire, hépatique, rénale, nerveuse centrale ou périphérique, vasculaire, digestive). Les principales connectivites sont la polyarthrite rhumatoïde, le lupus érythémateux disséminé, la sclérodermie, la connectivite mixte, ou syndrome de Sharp, la dermatopolymyosite, la périartérite noueuse. L'évolution, en général chronique, est émaillée de poussées fréquemment associées à un syndrome inflammatoire. L'issue de ces maladies dépend principalement de l'atteinte des organes vitaux.

TRAITEMENT
Il relève souvent de la corticothérapie ou des immunosuppresseurs par voie orale ou injectable, malgré leurs nombreux effets indésirables, en particulier infectieux. Il peut également faire appel à des injections intraveineuses d'immunoglobulines ou à des techniques d'épuration plasmatique (plasmaphérèse) en milieu hospitalier.

Consanguinité

Existence d'un lien de parenté entre deux individus.

Un fort degré de consanguinité dans un couple augmente de façon importante la probabilité d'apparition d'une affection héréditaire récessive chez ses enfants. En effet, ces maladies ne peuvent se manifester chez un sujet que lorsque les deux gènes porteurs de la maladie, l'un transmis par le père, l'autre par la mère, se trouvent présents sur une paire de chromosomes homologues.

Conseil génétique

Ensemble des méthodes permettant d'évaluer le risque de survenue d'une maladie héréditaire chez un individu.

Le conseil génétique est un acte médical fondé sur les lois fondamentales de la génétique. Dans la pratique, il s'applique aux familles touchées par une ou plusieurs maladies génétiques. Le travail du généticien

consiste à déterminer le risque, pour le couple ou le futur couple, d'avoir un enfant atteint d'une maladie héréditaire.

L'arbre généalogique de chaque membre du couple est établi, puis on calcule la probabilité, pour chacun, d'avoir reçu le gène responsable de la maladie, compte tenu des cas de consanguinité. L'estimation peut être affinée par des analyses biologiques : recherche de modifications de certains paramètres (déficit ou absence d'un acide aminé ou d'une enzyme) ou de mutations (étude du caryotype des parents ou d'un premier enfant). Effectué pendant la grossesse, le conseil génétique apprécie l'utilité d'un dépistage prénatal (amniocentèse, fœtoscopie, prélèvement de villosités choriales). Dans un deuxième temps, il permet de recommander des méthodes contraceptives, ou d'autres possibilités telles que l'insémination artificielle, aux couples qui ne souhaitent pas prendre de risque. Chaque cas est particulier, la décision de procréation appartenant en dernier ressort aux parents.

Constipation

Émission anormalement rare des selles.

Il n'existe pas de rythme « normal » de la défécation, la fréquence moyenne des selles étant, selon les individus, de deux par jour à trois par semaine. Aussi ne parle-t-on de constipation qu'à moins de trois selles par semaine.

DIFFÉRENTS TYPES DE CONSTIPATION
Les mécanismes en jeu sont divers. Certaines constipations sont dues à la lenteur de la progression des fèces le long du cadre colique. Dans d'autres cas, la progression est normale, mais il existe des troubles de l'évacuation dus à un mauvais fonctionnement du rectum et de l'anus. La constipation peut être occasionnelle, provoquée par un alitement, une fièvre, un régime restrictif, des médicaments ralentisseurs, une grossesse, un voyage, etc., ou chronique et permanente.

CAUSES
Si l'on excepte les rares cas liés à une maladie organique (cancer, maladie inflammatoire), la plupart des constipations sont purement fonctionnelles, aucune maladie organique

n'étant retrouvée. Dans la majorité des cas, elles sont favorisées par l'alimentation occidentale, pauvre en fibres, par la sédentarité et par le stress.

DIAGNOSTIC ET TRAITEMENT

On ne multiplie les investigations que pour les constipations d'apparition récente ; une analyse clinique de la situation digestive aboutit le plus souvent au diagnostic de constipation fonctionnelle bénigne. Il importe alors de convaincre le patient qu'il ne s'agit pas d'une véritable maladie et que la raréfaction des selles n'implique aucune nuisance : ni intoxication par les fèces ni risque d'occlusion ou de majoration de poids (une selle pèse 100 grammes environ). Le traitement consiste à adopter certaines règles d'hygiène de vie : une alimentation variée comportant en proportion suffisante des fibres alimentaires (son, haricots verts, farine complète, céleri...), des crudités et des fruits ; la pratique d'un exercice physique, etc. L'usage des laxatifs en automédication est déconseillé ; s'ils sont prescrits, ils le sont de façon limitée de manière à éviter leurs effets nocifs : diarrhée, dépendance, crampes intestinales, flatulences.

Contagion

Transmission d'une maladie d'un sujet atteint à un sujet sain.

Ce terme ne s'applique pas aux cas où le germe est transmis soit par un animal (on parle alors d'anthropozoonose ou de zoonose), soit par transfusion sanguine.

La période de contagion est celle de l'excrétion et de la dissémination des germes par le malade ; elle est variable selon chaque maladie et considérablement diminuée dans les infections bactériennes si le sujet malade prend un antibiotique.

On distingue, indépendamment du degré de contagion, deux types de transmission.

■ **La contagion directe** se fait essentiellement par voie aérienne (lors de la parole, de la toux, de l'éternuement : rougeole, varicelle, grippe), par le sang ou le sperme infecté (sida) ou par contact cutané (scarlatine, herpès génital, gale, pédiculose).

■ **La contagion indirecte** se fait essentiellement par l'intermédiaire des vêtements ou de la literie (poux), des eaux ou des matières d'élimination (fèces, urines) infectées. Ainsi, un cycle orofécal est en cause lors des hépatites A et E, du choléra, de l'amibiase et des entéroviroses comme la poliomyélite.

L'usage des vaccins et des antibiotiques a considérablement réduit les problèmes de contagion, si bien qu'aujourd'hui l'isolement du malade, considéré traditionnellement comme le seul moyen efficace de lutter contre l'extension des infections, est remis en question. Seules persistent des mesures d'éviction scolaire pour certaines maladies contagieuses. (Voir page 202.)

Contention

Procédé thérapeutique permettant d'immobiliser un membre, de comprimer des tissus ou de protéger un malade agité.

■ **En psychiatrie,** la contention sert à empêcher certains malades trop agités ou violents de s'automutiler ou de blesser leur entourage.

■ **En traumatologie,** la contention sert à immobiliser les fractures, les entorses ou les luxations. Elle est également pratiquée lors des accidents tendineux et musculaires les plus bénins ou, à titre préventif, pendant la pratique sportive.

TECHNIQUE

■ **En psychiatrie,** la contention par camisole de force ne se pratique plus. En cas d'agitation extrême, en attendant que les neuroleptiques fassent leur effet, le malade est protégé des accidents par des attaches souples aux poignets et aux chevilles.

■ **En traumatologie,** la contention fait appel à la chirurgie ou à différents matériels : plâtre, gouttière, bandage. Dans ce dernier cas, on distingue deux procédés :

– la contention adhésive, ou strapping, est réalisée avec des bandelettes adhésives, élastiques ou non, selon la pathologie en cause ; elle permet une immobilisation relative d'une articulation, une réduction des douleurs et de l'œdème ;

– la contention non adhésive est moins utilisée. Les bandes élastiques sont employées pour comprimer un épanchement sanguin (hématome), pour immobiliser provisoirement une articulation ou en cas d'allergie

CONTAGION DES MALADIES

Maladie	Durée moyenne d'incubation	Période de contagion	Durée habituelle de la maladie	Éviction du malade
Coqueluche	Environ 8 jours	De 6 jours avant les quintes de toux à 5 semaines après l'apparition des symptômes	1 mois et plus	30 jours à compter du début de la maladie
Diphtérie	2 à 7 jours	De la contamination par le bacille à la disparition de celui-ci, accélérée par les antibiotiques	1 mois	30 jours après la guérison ou après 2 prélèvements négatifs effectués à 8 jours d'intervalle
Fièvre typhoïde	9 à 21 jours	De 2 jours avant l'apparition des symptômes jusqu'à ce que les prélèvements bactériologiques soient négatifs	1 mois	Jusqu'à la guérison
Impétigo	Quelques jours	Tant que les lésions cutanées ne sont pas guéries	4 ou 5 jours si la maladie est traitée	Jusqu'à la guérison
Méningite à méningocoques	4 à 5 jours	Quelques jours (durée raccourcie par la prise d'antibiotiques)	12 jours	Jusqu'à la guérison
Oreillons	8 à 21 jours	De 3 jours avant le gonflement des parotides jusqu'à la disparition des symptômes	7 à 10 jours	Jusqu'à la guérison
Poliomyélite	7 à 14 jours	Jusqu'à la disparition du virus dans les selles, avec un risque maximal la 1re semaine	1 semaine pour la phase aiguë	Jusqu'à la disparition du virus dans les selles
Rougeole	10 à 14 jours	De 6 jours avant l'éruption à 5 jours après la disparition de la fièvre	10 à 15 jours	Jusqu'à la guérison
Rubéole	8 à 15 jours	De 5 jours avant à 5 jours après l'éruption	1 à 3 jours	Jusqu'à la guérison
Scarlatine	3 à 8 jours	Pendant toute la durée de la fièvre et de l'éruption	3 à 5 jours si la maladie est traitée	Jusqu'à présentation d'un certificat médical attestant d'un traitement approprié
Varicelle	14 jours	De 1 jour avant à 7 jours après l'éruption	8 à 10 jours	Jusqu'à la guérison

aux contentions adhésives. Les bandes non élastiques sont utilisées pour maintenir un membre dans une bonne position (« écharpe » en attendant l'arrivée à l'hôpital en cas de luxation de l'épaule, par exemple).

Les ceintures de contention abdominale sont destinées à empêcher l'extériorisation des éventrations et des hernies, mais leur intérêt réel est très discuté.

Contraception

Méthode visant à éviter, de façon réversible et temporaire, la fécondation d'un ovule par un spermatozoïde ou, s'il y a fécondation, la nidation de l'œuf fécondé.

DIFFÉRENTS TYPES DE CONTRACEPTION

La contraception utilise actuellement quatre types d'action : les moyens mécaniques (préservatifs, diaphragmes) ; les méthodes chimiques (crèmes, éponges, ovules spermicides) ; les dispositifs intra-utérins (stérilets) ; les méthodes hormonales (contraception œstroprogestative et pilule du lendemain). S'y ajoutent les méthodes dites « naturelles », reposant sur l'abstinence périodique pendant la seconde partie du cycle. L'efficacité de ces différentes méthodes est mesurée par l'indice de Pearl : un indice de 3 signifie que 3 grossesses sont constatées chez 100 femmes qui ont utilisé la méthode pendant un an.

Il n'est pas nécessaire d'interrompre plusieurs mois à l'avance une contraception afin d'avoir un enfant : la conception peut avoir lieu le mois suivant l'arrêt de la contraception, sachant que la fécondité est d'environ 25 % par cycle et par couple. Après l'accouchement, une méthode contraceptive doit être reprise avant le 25e jour, car une ovulation peut se produire, que la femme allaite ou non.

Moyens mécaniques

Il s'agit de méthodes visant à interposer un obstacle entre l'ovule et les spermatozoïdes.

■ Les préservatifs (masculins et, dans certains pays, féminins) sont en vente libre et assurent une bonne sécurité à condition d'être employés correctement, ce qui suppose, notamment, de changer de préservatif masculin à chaque nouveau rapport. Certains préservatifs masculins sont enduits d'un produit spermicide. L'indice de Pearl des préservatifs masculins est estimé entre 1 et 5. Ils constituent en outre la meilleure protection contre les maladies sexuellement transmissibles, en particulier le sida.

■ Les diaphragmes, qui s'emploient de préférence associés à un produit spermicide, peuvent apporter une bonne protection contre la grossesse. Leur indice de Pearl varie entre 1,4 et 5. Principalement formés d'une membrane souple qui s'applique sur le col de l'utérus, ils doivent être adaptés à l'anatomie de l'utilisatrice. Le choix de leur dimension et leur utilisation supposent une consultation préalable chez un gynécologue et une surveillance médicale.

Méthodes chimiques

Ces méthodes consistent en l'application locale de produits spermicides.

■ Ovules, crèmes et éponges spermicides agissent en détruisant les spermatozoïdes. Afin d'accroître leur efficacité, on ne doit pas les employer seuls mais en association avec les barrières mécaniques.

Dispositifs intra-utérins (D.I.U.)

Ils consistent en l'introduction dans l'utérus d'un corps étranger qui possède un certain pouvoir spermicide et empêche en outre une éventuelle nidation de l'œuf du fait de l'altération microscopique de la muqueuse utérine qu'il provoque.

■ Les stérilets en cuivre ont une durée d'action de 4 à 5 ans et leur indice de Pearl est de 0,3 à 2. La pose d'un stérilet ne peut se faire qu'en milieu médical et doit donner lieu à une surveillance rigoureuse. En cas de désir de grossesse, le dispositif intra-utérin est retiré sans difficulté par le gynécologue. Les dispositifs intra-utérins sont contre-indiqués pour les femmes qui n'ont jamais eu d'enfant, qui ont déjà eu des salpingites (infections des trompes) ou des grossesses extra-utérines en raison du risque d'infection génitale haute qu'ils entraînent et de la plus grande fréquence des grossesses extra-utérines avec stérilet. En outre, ils peuvent provoquer des douleurs pelviennes, des hémorragies ou une perforation utérine ; il peut arriver qu'ils soient expulsés spontanément.

■ Le stérilet du lendemain, posé dans les 7 jours qui suivent le rapport sexuel, a une très bonne efficacité.

Méthodes hormonales

Ces méthodes agissent à la fois en inhibant l'ovulation, par action sur l'hypophyse, qui ne libère plus de gonadotrophines, et en modifiant la muqueuse utérine et la glaire cervicale, ce qui entrave le passage des spermatozoïdes.

■ La pilule contraceptive existe sous 3 formes : la plus courante consiste en l'administration quotidienne d'œstrogène et de progestatif, simultanément et à doses fixes (pilule combinée, normodosée ou minidosée) ; beaucoup moins fréquente est l'administration d'œstrogène seul, puis des deux hormones à des dosages variables selon la phase du cycle (pilule séquentielle) ; enfin, en cas de contre-indication à l'un de ces types de pilules œstroprogestatives, il est possible de prendre un progestatif seul, éventuellement à faibles doses (micropilule). Pratiquées de façon rigoureuse, ces méthodes contraceptives sont extrêmement efficaces : l'indice de Pearl est proche de 0. Les pilules les plus récentes sont les plus sûres à l'emploi grâce à l'utilisation de progestatifs de la troisième génération, associés à des doses d'œstrogènes de plus en plus faibles.

Les pilules peuvent être contre-indiquées dans les cas suivants : âge supérieur à 40 ans, tabagisme, pathologie cardiovasculaire, cancéreuse, gynécologique, hépatique. Quoique généralement bien tolérées, elles peuvent entraîner différents effets indésirables : maladies cardiovasculaires (phlébite, hypertension...), diabète, excès de cholestérol. Ces effets sont en grande partie contrôlés par une surveillance régulière.

■ La pilule du lendemain consiste à empêcher la nidation de l'œuf en cas de rapport sexuel sans contraception et présumé fécondant. Cette méthode consiste à prendre, environ 24 heures après le rapport, deux fois deux pilules spécifiques qui entraînent une hémorragie. Cette prise médicamenteuse ne peut se faire que sous contrôle médical strict.

Méthodes naturelles

■ La méthode des températures consiste à s'abstenir de tout rapport sexuel jusqu'à ce que l'élévation de la température, pendant 3 jours de suite, signifie qu'il n'y a plus de risque de fécondation. La courbe de la température, prise chaque jour à la même heure juste avant le lever, reflète, en l'absence de toute affection fébrile, les différents stades du cycle : à une première phase, où la température se situe au-dessous de 37 ºC, succède une phase en plateau au-dessus de 37 ºC (effet de la progestérone sécrétée par le corps jaune) qui commence aux environs du 14e jour du cycle (ovulation) et finit avec les règles. Juste avant le décalage thermique, la courbe atteint son point le plus bas, appelé nadir. Cette méthode a pour inconvénient d'être très contraignante et de présenter un grand nombre d'échecs. Elle convient surtout aux couples qui désirent espacer les naissances sans véritablement craindre une grossesse.

→ VOIR Ogino-Knaus (méthode d'), Préservatif, Stérilet.

Contraction utérine

Raidissement intermittent du muscle utérin pendant l'accouchement.

Les contractions rythmiques et plus ou moins douloureuses de l'utérus annoncent normalement le début du travail de l'accouchement. Leur mécanisme de déclenchement, probablement hormonal (ocytocine), est encore inconnu. Les contractions s'accroissent en intensité et en fréquence tout au long du travail, entraînant d'abord l'effacement puis la dilatation du col et, enfin, l'expulsion du fœtus et du placenta. Il faut distinguer ces véritables contractions, annonciatrices de l'accouchement, des contractions de Braxton-Hicks, qui sont souvent perceptibles à partir du 6e mois de grossesse mais sont indolores et n'entraînent pas de modification du col.

Contracture

Contraction d'un muscle du squelette, spontanée, durable et douloureuse, survenant en l'absence de toute lésion anatomique.

CAUSES

Une contracture peut être provoquée par un certain nombre de maladies infectieuses :

ainsi, le tétanos provoque des contractures généralisées ; une réaction à une irritation inflammatoire locale explique la contracture des muscles de la colonne vertébrale au cours des méningites. Les contractures surviennent aussi au cours de certaines intoxications, à la strychnine par exemple, de certaines maladies du système nerveux central (paralysies) ou de l'hystérie. Le muscle est lui-même directement atteint en cas de myosite (inflammation des muscles) ou de surmenage musculaire.

SYMPTÔMES ET SIGNES
Une contracture peut être permanente ou transitoire (crampe). À la palpation, le muscle est dur, douloureux.

TRAITEMENT ET PRÉVENTION
Le repos et l'application de froid sont au besoin associés aux massages et à la kinésithérapie, ainsi qu'aux médicaments en cas de douleur intense (analgésiques, décontracturants musculaires ou myorelaxants, anti-inflammatoires).

Les contractures dues à un effort sportif trop important par rapport au niveau d'entraînement peuvent être prévenues : respect des règles d'échauffement progressif, adaptation de l'effort au degré de l'entraînement, arrêt du sport pendant 4 à 7 jours après une première contracture.
→ VOIR **Crampe.**

Contre-indication
Condition qui rend inapplicable un acte médical.

Une contre-indication découle de l'état du malade et interdit un traitement médicamenteux, une intervention chirurgicale ou un examen complémentaire.

Contrôle des naissances
Système médical sous contrôle législatif mis en place dans un pays pour favoriser le développement de la contraception.

Dans les pays occidentaux, la contraception et l'avortement sont considérés comme des sujets tabous avant 1965. Les gouvernements redoutent les conflits moraux et politiques que la légalisation de tels actes pourrait engendrer, malgré l'attitude plutôt favorable de l'opinion publique. Au-

jourd'hui, les préservatifs sont en vente libre, tandis que les ventes de pilules et de stérilets sont soumises à une prescription médicale. La stérilisation est autorisée aux États-Unis, au Danemark, en Grande-Bretagne mais n'est réglementée ni en Belgique, ni en France, ni en Italie (dans ces deux derniers pays, toutefois, elle peut être contestée, la loi interdisant la « mutilation des corps »). Les lois sur l'avortement varient selon les pays : interdite (sauf cas particuliers) en Pologne, en Espagne et en Irlande, la pratique de l'interruption de grossesse est autorisée en France, en Angleterre, en Suisse et en Suède, par exemple, mais elle continue de soulever à l'heure actuelle beaucoup de contestations aux États-Unis, au Canada et en Allemagne.

Contusion
Meurtrissure provoquée par un coup, sans déchirure de la peau ni fracture des os.

Une contusion peut être de gravité variable et s'accompagner d'hématomes et de lésions internes.

Convalescence
Période de transition entre la fin d'une maladie et de son traitement et le retour du malade à une bonne santé physique et psychique.

Convulsions
Contractions brusques et involontaires des muscles, survenant par crises.

CAUSES
La nature de la cause retrouvée, quand elle peut l'être, varie : fièvre ou déshydratation chez le nourrisson, traumatisme crânien, infection (méningite, encéphalite), accident vasculaire cérébral, tumeur intracrânienne, trouble métabolique (chute du glucose ou du calcium sanguin), intoxication (alcool, oxyde de carbone, médicament).

SYMPTÔMES ET SIGNES
Le terme de convulsions se rapporte en général à des phénomènes musculaires généralisés à tout le corps, dits « cloniques » : secousses, mouvements saccadés des membres, du visage et des yeux. Les phénomènes

dits « toniques » se traduisent, quant à eux, par une raideur intense du corps et peuvent s'associer aux précédents au cours de la même crise. Il y a une perte de conscience, au moins au cours des crises généralisées. On parle d'épilepsie quand les crises ont tendance à récidiver sur plusieurs mois ou plusieurs années, que leur cause soit connue ou non. Chez un nourrisson, des convulsions imposent une hospitalisation afin de savoir s'il s'agit d'une cause occasionnelle ou du début d'une épilepsie.

TRAITEMENT

Outre la suppression d'une cause éventuelle, le traitement fait parfois intervenir le diazépam (par injection intramusculaire ou par voie intrarectale) pendant la crise. Au besoin, le diazépam et d'autres antiépileptiques (phénobarbital, etc.) administrés par voie orale préviennent les récidives à long terme.

Convulsions fébriles de l'enfant

Les convulsions dues à la fièvre ne se produisent que chez les enfants de moins de 5 ans, le plus souvent avant 2 ans. La fièvre est toujours assez élevée, supérieure à 38 °C.

Les convulsions fébriles sont de courte durée, inférieure à 2 ou 3 minutes. L'examen de l'enfant révèle que le développement psychomoteur est normal et que le système nerveux n'est pas atteint. Cependant, l'hospitalisation est le plus souvent indiquée afin d'écarter une cause grave sous-jacente, particulièrement une méningite.

Certains critères indiquent qu'il y a pour l'enfant un risque élevé de récidive au cours d'une autre poussée fébrile ; ce sont : un retard psychomoteur, une anomalie de l'examen neurologique, un âge inférieur à 9 mois, des convulsions prolongées, des antécédents familiaux de convulsions fébriles. Quant au risque ultérieur d'épilepsie (persistance des convulsions à long terme, même sans fièvre), il est très faible, inférieur à 2 %.

Le traitement des convulsions fébriles ne diffère pas de celui des autres types de convulsions : diazépam, au mieux par voie intrarectale. On donne parfois un traitement préventif à chaque épisode fébrile, voire un traitement préventif continu jusqu'à 5 ans s'il existe un facteur de risque.

Cooley (anémie de)

Forme grave et homozygote de thalassémie, maladie génétique du sang, caractérisée par la présence d'une hémoglobine de type fœtal dans le sang. SYN. *bêtathalassémie homozygote.*

Coordination

Ensemble des mécanismes nerveux assurant à chaque instant la coordination des contractions et des décontractions des différents muscles du squelette.

La coordination fait intervenir plusieurs mécanismes. Des voies nerveuses amènent les informations à l'encéphale : voies de la sensibilité profonde (position des articulations, degré de tension des muscles), de la sensibilité tactile, de la vision, de l'équilibre. Des systèmes moteurs communiquent en sens inverse les instructions de l'encéphale en commandant les contractions musculaires : les voies pyramidales, venant du cortex cérébral, transmettent les mouvements volontaires, et les voies extrapyramidales, les postures et l'aide au mouvement volontaire. Le contrôle de l'ensemble est réalisé par le cervelet.

Coproculture

Examen bactériologique des selles.

On pratique une coproculture lors d'une dysenterie, d'une diarrhée fébrile ou d'une diarrhée survenant dans un contexte épidémique pour rechercher les germes responsables de l'affection. L'examen doit être effectué sur des selles fraîchement émises et avant tout traitement antibiotique.

Coprolalie

Impulsion à proférer des termes orduriers, de nature scatologique ou sexuelle.

Coprolithe

Fragment de matière fécale durcie et calcifiée prenant l'aspect d'un petit caillou.

Les coprolithes peuvent se loger dans l'appendice ou dans un diverticule colique, provoquant parfois une appendicite ou une diverticulite.

Coprophagie

Consommation de matières fécales.

Cette tendance témoigne d'une régression à un stade infantile primitif (sadique anal et sadique oral), qui s'observe chez les déments (gâtisme), les schizophrènes, les handicapés mentaux, parfois chez les maniaques et certains pervers. Chez l'enfant en bas âge, ce genre de manifestation, le plus souvent minime et transitoire, ne présente pas de caractère pathologique.

Coqueluche

Maladie infectieuse due au bacille de Bordet-Gengou, *Bordetella pertussis*.

La coqueluche est devenue très rare dans les pays où la vaccination est courante. Elle y atteint essentiellement les enfants de moins de 5 ans non vaccinés et est dangereuse surtout chez le nourrisson. La maladie demeure plus fréquente dans les pays en développement, où elle est encore parfois mortelle.

La coqueluche se transmet d'un individu à l'autre (toux, éternuements), souvent par petites épidémies.

SYMPTÔMES ET SIGNES

Après le contage (contact avec une personne atteinte de coqueluche), l'incubation silencieuse dure environ une semaine. Puis apparaissent un écoulement nasal, une fièvre modérée et une toux pouvant provoquer des vomissements. Quelques jours plus tard, la toux peut prendre un aspect caractéristique, couramment appelé chant du coq : violente quinte, souvent suivie d'une pause respiratoire avec cyanose et d'une reprise inspiratoire bruyante.

ÉVOLUTION

La coqueluche dure de 8 à 10 semaines. Elle est souvent suivie d'une phase prolongée de toux isolée, le tic coquelucheux. Par ailleurs, elle est immunisante : on ne la contracte qu'une fois. Parfois, chez le nourrisson, la coqueluche se complique d'un épuisement, d'une déshydratation, d'une surinfection des poumons par une autre bactérie, d'une asphyxie ou encore d'une encéphalite (inflammation de l'encéphale).

TRAITEMENT ET PRÉVENTION

Le traitement repose sur la prise d'antibiotiques, et de sédatifs de la toux chez les enfants de plus de 7 ans. L'hospitalisation doit être systématique pour les nourrissons de moins de 6 mois et les enfants chez qui on a observé une cyanose ; la surveillance étroite des autres enfants s'impose, surtout pendant les quintes. L'isolement de l'enfant est nécessaire et la déclaration de la maladie aux autorités sanitaires, obligatoire.

La vaccination, possible à partir de 3 mois, avec une piqûre de rappel tous les 5 ans pendant l'enfance, est très efficace et presque toujours sans risques.

Cor

Callosité douloureuse sur un orteil.
→ VOIR Callosité.

Corde vocale

Petite structure fibreuse du larynx, en forme de cordon, permettant la phonation.

STRUCTURE ET FONCTIONNEMENT

Au nombre de deux, les cordes vocales dessinent une petite saillie horizontale sur la paroi latérale du larynx. Entre elles se trouve la région de la glotte, qui sépare la région sus-glottique et la région sous-glottique, le tout constituant le larynx.

Les cordes vocales sont examinées par le médecin spécialiste au cours d'une laryngoscopie.

PATHOLOGIE

La laryngite (inflammation) chronique est l'une des pathologies les plus fréquentes des cordes vocales, et son traitement est celui de sa cause (tabagisme, etc.). En outre, il existe plusieurs sortes de tumeurs bénignes, dont le nodule des cordes vocales, fréquent en cas de surmenage vocal (enseignants, orateurs, chanteurs) ; un simple repos vocal avec séances d'orthophonie (rééducation de la voix) en vient généralement à bout, faute de quoi il faut pratiquer son ablation. Le cancer du larynx, souvent consécutif à une laryngite chronique, peut être limité aux seules cordes vocales ; son pronostic est alors assez bon, surtout si le traitement est précoce. Par ailleurs, le fonctionnement des cordes vocales peut être perturbé par une compression des nerfs du larynx due à une tumeur du cou, de la tête, du thorax.

Cordon ombilical

Tige conjonctive contenant les vaisseaux qui relient le fœtus au placenta et lui assurent un apport d'oxygène et d'éléments nutritifs provenant du sang de la mère.

Le cordon ombilical se présente comme un cordon torsadé, long, à terme, de 40 à 60 centimètres et large de 1 à 2 centimètres.

PATHOLOGIE

Les accidents ou anomalies du cordon sont particulièrement graves parce qu'ils risquent d'interrompre l'apport sanguin au fœtus. Les nœuds du cordon, par exemple, peuvent entraîner la mort du fœtus in utero. Pendant le travail, la compression du cordon se traduit par des ralentissements cardiaques du fœtus, qui peuvent imposer une extraction rapide au forceps, si le col est suffisamment dilaté, ou par césarienne.

Cordon spermatique

Cordon fibreux reliant la cavité abdominale à l'épididyme et au testicule.

Le cordon spermatique comprend tous les éléments vasculaires, nerveux et fonctionnels destinés à l'épididyme et au testicule : le canal déférent, les vaisseaux spermatiques et déférentiels, les filets nerveux et le ligament de Cloquet.

Cordotomie

Section chirurgicale de faisceaux de fibres nerveuses sensitives de la moelle épinière, effectuée dans une intention analgésique.

La cordotomie a des indications très précises : douleurs intenses (souvent d'origine cancéreuse) siégeant dans la partie inférieure du tronc ou dans les membres inférieurs et résistant aux plus puissants des analgésiques.

Corne cutanée

Excroissance dure, de teinte grisâtre ou brunâtre, siégeant sur le visage ou les mains, le plus souvent chez les sujets âgés.

Une corne cutanée se traduit par une saillie en pyramide, qui croît lentement et peut mesurer jusqu'à 2 centimètres. Elle est traitée par l'ablation chirurgicale, suivie d'un examen histologique pour vérifier l'absence de cancer sous-jacent.

Cornée

Membrane fibreuse et transparente enchâssée dans la sclérotique (blanc de l'œil) et constituant la partie antérieure du globe oculaire.

PHYSIOLOGIE

La cornée intervient dans le processus de réfraction en formant le premier dioptre (lentille) sur le trajet des rayons lumineux. Elle a également un rôle de protection de l'œil.

PATHOLOGIE

Elle varie avec la couche cellulaire concernée. Il existe également des malformations congénitales de la cornée.

■ **Les atteintes de l'épithélium** sont des kératites (inflammations de la cornée). Leur origine est traumatique (ulcérations, plaies, corps étrangers, brûlures, notamment par agent chimique ou arc électrique) ou infectieuse (abcès, herpès). La sécheresse oculaire peut aussi causer une kératite. Le traitement fait appel à des médicaments anti-infectieux locaux, à des cicatrisants cornéens et, en cas de douleurs importantes, à des collyres cycloplégiques permettant de mettre au repos le corps ciliaire.

■ **Les atteintes du stroma** sont essentiellement d'origine traumatique (effraction profonde de la cornée telle qu'œdème, plaie, brûlure) et dystrophique (kératocône : anomalie du collagène cornéen). Leur traitement fait appel aux anti-inflammatoires locaux, ou généraux en cas d'œdème. On peut aussi recourir à la kératoplastie (greffe).

■ **Les atteintes de l'endothélium** sont principalement dystrophiques. Il s'agit essentiellement de la dystrophie endoépithéliale de Fuchs, ou cornea guttata (diminution de la densité cellulaire de l'endothélium), habituellement découverte au cours d'un examen systématique. Seule une kératoplastie peut y remédier.

■ **Les malformations congénitales** sont la mégalocornée (élargissement du diamètre cornéen), le plus souvent en rapport avec un glaucome congénital, et la microcornée (rétrécissement du diamètre cornéen), habituellement associée à la microphtalmie.

Coronaire (artère, veine)

Vaisseau assurant l'irrigation du muscle cardiaque.

Artères coronaires

Ces artères sont les vaisseaux responsables de l'oxygénation cardiaque. Elles sont au nombre de deux : l'artère coronaire droite et l'artère coronaire gauche. Les artères coronaires prennent naissance à la partie initiale de l'aorte. Elles sont explorées par coronarographie.

PATHOLOGIE

Les artères coronaires peuvent présenter des rétrécissements dus à l'athérome, des spasmes responsables d'un angor (angine de poitrine) ou une occlusion à l'origine d'un infarctus du myocarde.

Coronarographie

Examen radiologique permettant la visualisation des artères coronaires qui irriguent le cœur.

INDICATIONS

La coronarographie fournit un bilan précis de l'état des artères coronaires en cas d'angor (angine de poitrine) ou d'infarctus du myocarde. Elle peut être complétée par une angiocardiographie, qui permet d'apprécier la contractilité du ventricule gauche. Parfois, en cas d'artère bouchée ou très rétrécie, une angioplastie (dilatation du rétrécissement) est effectuée au cours de l'examen.

TECHNIQUE

Après anesthésie locale, l'artère fémorale droite est ponctionnée à l'aine afin de permettre l'introduction d'une petite sonde. Celle-ci est alors poussée le long de l'artère vers l'aorte, puis amenée jusqu'à l'origine des artères coronaires. Par la sonde, un produit de contraste iodé opaque aux rayons X est injecté, dessinant l'intérieur des artères coronaires pour en donner un véritable schéma anatomique. Une caméra filme le cheminement du produit dans les artères coronaires afin de pouvoir analyser plus finement les anomalies de calibre. À la fin de l'examen, la sonde est retirée et un pansement compressif est placé au point de ponction fémoral.

DÉROULEMENT

La coronarographie nécessite généralement une hospitalisation de 1 ou 2 jours et dure de 20 minutes à 1 heure 30. Il est souhaitable que le patient reste allongé 24 heures environ après l'examen pour éviter les risques d'hémorragie locale.

EFFETS SECONDAIRES

Certains patients peuvent ressentir au moment de l'injection un malaise lié à une allergie au produit iodé. Celle-ci doit être systématiquement signalée au médecin avant l'examen si elle est connue, ou recherchée par des tests. En outre, en l'absence de compression du point de ponction après l'examen, un hématome peut apparaître.

Corps cétonique

Une des trois substances (acétone, acide diacétique, acide bêtaoxydobutyrique) produites au cours du processus de dégradation des graisses dans l'organisme.

Dans des circonstances normales, les corps cétoniques, en majorité acides, sont éliminés par les reins dans les urines. Si leur accumulation devient trop importante et dépasse les possibilités d'élimination de l'organisme, comme dans le diabète, il se produit une acidocétose : le pH du plasma sanguin s'acidifie, provoquant des troubles qui évoluent rapidement jusqu'au coma.
→ VOIR **Acidocétose**.

Corps étranger

Substance ou objet se trouvant indûment dans un organe, un orifice ou un conduit du corps humain.

Un corps étranger est soit apporté accidentellement de l'extérieur (objet inhalé, dégluti, introduit), situation fréquente chez le jeune enfant, soit formé spontanément à partir du corps lui-même (calculs, calcifications intra-articulaires).

Œil

Un corps étranger superficiel et visible (gravier, insecte, poussière) peut être ôté avec un coin de mouchoir propre ; s'il est planté dans la cornée, il est indispensable d'en confier d'urgence l'extraction à un ophtalmologiste, car il peut provoquer une perte de l'humeur aqueuse et, si ce corps étranger est métallique, il risque de s'oxyder et de libérer des pigments toxiques pouvant entraîner une cécité à long terme. Il sera enlevé chirurgicalement à l'aide d'un électroaimant. La prévention de tels accidents repose sur le port de lunettes de protection en cas de risques (travaux).

Oreille

La présence d'un corps étranger dans l'oreille peut être signalée par l'enfant, ou se manifester par une otalgie (douleur de l'oreille) ou encore par une otorragie (hémorragie par le conduit auditif externe). L'objet introduit doit impérativement être ôté, exclusivement par un médecin (tenter de retirer l'objet par des manœuvres intempestives risque de léser le tympan), par lavage d'oreille ou à l'aide de micro-instruments adaptés.

Voies digestives

Les corps étrangers ayant été avalés, le plus souvent par un jeune enfant ou par un malade psychiatrique, nécessitent une surveillance clinique (apparition de signes tels que douleurs, arrêt du transit intestinal) et radiographique (progression le long du tube digestif). Après ingestion, la plupart des corps étrangers de petite taille, s'ils ne sont ni toxiques ni coupants (bouton, bille, etc.), sont éliminés dans les selles sans danger pour l'organisme. Dans le cas contraire (petites piles, épingles, arêtes de poisson, esquilles d'os de poulet ou de lapin, échardes, éclats de verre, etc.), une extraction par fibroscopie est nécessaire.

Voies respiratoires

La présence d'un corps étranger inhalé y est fréquente, surtout chez le jeune enfant (jouet, fragment de jouet ou corps végétal, comme une cacahuète).

SYMPTÔMES ET SIGNES

La pénétration dans les voies respiratoires passe par trois stades. Le syndrome de pénétration, lors du passage à travers le larynx (fausse-route), se manifeste par un accès brutal de suffocation et par une toux sèche ; cet épisode se passe le plus souvent en quelques minutes et ne provoque qu'exceptionnellement une mort subite par asphyxie. La seconde phase, moins spectaculaire, correspond à l'implantation, généralement bien tolérée, du corps étranger dans les bronches ; celui-ci provoque quelquefois des épisodes de toux et une gêne respiratoire permanente ou intermittente. La troisième phase, tardive, est celle de complications avec bronchites ou pneumopathies à répétition, abcès du poumon, voire dilatation des bronches.

TRAITEMENT

En cas d'asphyxie aiguë, le corps étranger peut être expulsé par la manœuvre de Heimlich, en exerçant une pression forte et brutale à la base de la cage thoracique ou, s'il s'agit d'un jeune nourrisson, en lui donnant quelques tapes entre les omoplates. Le plus souvent, après la phase de pénétration, l'enfant ne présente pas de symptômes particuliers. Il est néanmoins nécessaire de réaliser une fibroscopie bronchique pour rechercher l'objet inhalé. Celui-ci est enlevé par bronchoscopie, sous anesthésie générale.
→ VOIR Extraction, Fausse-route alimentaire, Heimlich (manœuvre de).

Corps flottant

Tache sombre, de taille et de forme variables, perçue sous la forme de points, de filaments ou de filets et bougeant avec les mouvements de l'œil.

La perception de corps flottants révèle un décollement postérieur du corps vitré (masse gélatineuse transparente remplissant le bulbe de l'œil), qui se sépare de la rétine. Elle est, la plupart du temps, bénigne et sans conséquences.

Corps jaune

Glande endocrine qui se développe dans l'ovaire, de façon temporaire et cyclique après l'ovulation, et qui sécrète de la progestérone.

Corps vitré
→ VOIR Vitré.

Corset
Appareillage porté sur le tronc en vue de traiter diverses affections.

Un corset a pour objet de s'opposer aux déviations de la colonne vertébrale (scoliose, cyphose bénigne), d'éviter leur aggravation ou de soulager les articulations intervertébrales (lombalgies chroniques et récidivantes). Il est également utilisé en cas de fracture du rachis.

Cortex cérébral
Partie périphérique des hémisphères cérébraux, siège des fonctions nerveuses les plus élaborées telles que le mouvement volontaire et la conscience. SYN. *écorce cérébrale*.

STRUCTURE

Le cortex cérébral est formé de substance grise, variété de tissu nerveux contenant les corps cellulaires (partie principale) des neurones. Il est en relation avec le reste du système nerveux grâce aux fins prolongements multiples des neurones. Dans le sens de l'épaisseur, de la surface des hémisphères vers la profondeur, l'organisation du cortex le fait parfois comparer aux circuits électroniques, bien qu'il soit plus complexe. En effet, on y distingue au microscope plusieurs couches superposées, chacune renfermant un réseau de corps cellulaires et de prolongements. Par ailleurs, chaque hémisphère cérébral est divisé en 4 grands lobes : les frontières entre les lobes correspondent à de profonds sillons, les scissures, à la surface du cortex.

Le cortex tient un rôle indispensable d'une part dans les fonctions nerveuses de base (motricité, sensibilité, sensorialité), d'autre part dans les fonctions supérieures (langage, mémoire, etc.). On y observe souvent, comme dans le reste du système nerveux central, le phénomène du croisement : le cortex droit assure les mouvements et la sensibilité de la moitié gauche du corps et la vision de la moitié gauche de l'espace, tandis que le cortex gauche contrôle la moitié droite du corps et la moitié droite de la vision de chaque œil.

La latéralisation est un phénomène spécifique au cortex : pour certaines fonctions, les deux hémisphères ne sont pas symétriques, l'un étant dit dominant. C'est ainsi que le langage est contrôlé par l'hémisphère dominant (le gauche chez un droitier, le gauche ou le droit chez un gaucher).
→ VOIR Cerveau, Encéphale.

Corti (organe de)
Organe de l'oreille interne, responsable de l'audition.

L'organe de Corti, situé dans le canal de la cochlée (partie de l'oreille interne), contient des cellules sensorielles qui sont munies à leur surface de cils baignant dans un liquide, l'endolymphe. Ces cils subissent des mouvements dus aux ondes liquidiennes déclenchées par les sons et transforment ceux-ci en phénomènes électriques qui se propagent aux cellules nerveuses.

Corticodépendant
Se dit d'une maladie dont le traitement par des corticostéroïdes, pour garder son efficacité, doit être allégé très progressivement et, le plus souvent, incomplètement.

Corticoïde
→ VOIR Corticostéroïde.

Corticostéroïde
Hormone sécrétée par les glandes corticosurrénales à partir du cholestérol et utilisée en thérapeutique essentiellement comme anti-inflammatoire et comme immunosuppresseur. SYN. *corticoïde*.

PHYSIOLOGIE

Les glandes corticosurrénales, situées à la partie périphérique des deux glandes surrénales, sécrètent 3 groupes d'hormones : les androgènes surrénaliens (surtout le sulfate de déhydroépiandrostérone), qui participent au développement des caractères sexuels mâles et favorisent le développement musculaire ; les glucocorticostéroïdes (surtout le cortisol), qui interviennent dans les réactions chimiques de l'organisme, notamment celles qui concernent le glucose ; les minéralocorticostéroïdes (surtout l'aldostérone), qui retiennent le sodium et l'eau dans l'organisme.

UTILISATION THÉRAPEUTIQUE

Les corticostéroïdes de synthèse, de structure chimique identique à celle des hormones naturelles ou voisine, sont utilisés en thérapeutique.

■ **Les glucocorticostéroïdes**, associés aux minéralocorticostéroïdes, se substituent aux hormones naturelles en cas d'insuffisance surrénale lente (maladie d'Addison). Certains dérivés chimiques (prednisone, bêtaméthasone) ont un effet anti-inflammatoire, antiallergique et immunosuppresseur. Grâce à cette dernière propriété, ils permettent la prévention du rejet des organes transplantés et le traitement des leucémies, en association avec des anticancéreux. Les produits peuvent être administrés sous forme orale ou injectable, ou être appliqués localement. Dans ce dernier cas, il s'agit essentiellement des dermocorticostéroïdes, utilisés pour traiter les affections cutanées.

■ **Les minéralocorticostéroïdes** (9-alpha-fludrocortisone), associés aux glucocorticostéroïdes, permettent le traitement des insuffisances surrénales. L'administration a lieu par voie orale ou injectable. Les prescriptions à long terme nécessitent une surveillance de l'équilibre hydroélectrolytique (concernant l'eau et les sels minéraux tels que le sodium et le potassium) pour limiter l'apparition d'œdèmes et d'hypertension artérielle.

EFFETS INDÉSIRABLES

En cure courte, la corticothérapie présente peu de dangers, à condition de respecter un régime pauvre en sel. En revanche, une corticothérapie à long terme provoque de nombreux effets indésirables : ostéoporose et tassement vertébral, œdème, fonte musculaire, syndrome de Cushing (obésité de la face et du tronc), hirsutisme (pilosité excessive), fragilité cutanée, pétéchies (petites taches hémorragiques sous-cutanées), flush (accès de rougeur cutanée), infections, diabète, hypertension artérielle, troubles psychiques (psychose), glaucome, cataracte, arrêt de la croissance chez l'enfant, troubles hormonaux chez le fœtus. Mises au repos, les glandes surrénales peuvent s'atrophier sans signe visible, exposant à de graves accidents (insuffisance surrénale aiguë) en cas d'arrêt brutal de la corticothérapie, d'infections ou d'interven-

tion chirurgicale. Un arrêt brutal du traitement peut également provoquer un rebondissement de l'affection ayant motivé la prescription des corticostéroïdes.

Les dermocorticostéroïdes provoquent parfois les mêmes effets en passant dans le sang à travers la peau, si on les applique sur de trop grandes surfaces, surtout chez l'enfant. De plus, une utilisation de plusieurs mois induit des anomalies souvent irréversibles : amincissement cutané, acné, couperose, vergetures, surtout sur le visage. Aussi l'administration de corticostéroïdes à long terme nécessite-t-elle un soigneux bilan préalable pour rechercher un éventuel diabète ou une hypertension artérielle susceptibles de s'aggraver sous corticothérapie, ce qui peut nécessiter une modification de leur traitement. De même, un foyer infectieux, comme une tuberculose ancienne, ou une parasitose, comme l'anguillulose, risquent de s'aggraver sous corticothérapie et doivent impérativement être soignés avant le début du traitement.

Corticosurrénale (glande)

Zone périphérique de chacune des deux glandes surrénales, qui élabore et sécrète les corticostéroïdes (hormones synthétisées à partir du cholestérol).

PATHOLOGIE

Habituellement, les produits intermédiaires entre le cholestérol et les corticostéroïdes, dits précurseurs, sont retrouvés dans le sang à des taux faibles. Lorsque l'équipement enzymatique de la glande est incomplet, la synthèse des hormones actives ne peut avoir lieu et les précurseurs sont sécrétés en grande quantité. Ce trouble porte le nom de bloc enzymatique surrénalien.

Les autres maladies qui affectent la corticosurrénale peuvent entraîner un arrêt de la production hormonale, comme dans le cas de la maladie d'Addison (insuffisance corticosurrénalienne lente, pouvant se compliquer d'insuffisance corticosurrénalienne aiguë) ; elles peuvent également provoquer un hypercorticisme (excès de production) pouvant engendrer un syndrome de Cushing, un syndrome de Conn ou un virilisme (apparition chez la femme de caractères masculins), selon qu'il s'agit respectivement d'une hypersécrétion de cortisol, d'aldostérone ou d'androgènes.

Un déficit de sécrétion des corticosurrénales peut être compensé par des hormones de substitution administrées quotidiennement par voie orale. Par ailleurs, lorsqu'une maladie ou une intervention chirurgicale détruit une corticosurrénale, la deuxième est capable d'assurer la fonction surrénalienne à elle seule.

Corticothérapie

Thérapeutique utilisant les corticostéroïdes.

Les corticostéroïdes sont des hormones sécrétées naturellement par le cortex des glandes surrénales. En thérapeutique, on utilise des corticostéroïdes de synthèse, sous des formes variables en fonction de l'affection à traiter : voie orale, injections, crèmes, lotions, pommades.

Corticotrophine

Hormone sécrétée par l'antéhypophyse. SYN. *adrénocorticotrophine, corticostimuline, hormone corticotrope hypophysaire.*

La corticotrophine agit principalement sur les zones fasciculée et réticulée des glandes corticosurrénales, en excitant leurs sécrétions (cortisol et androgènes).

PATHOLOGIE

Une tumeur de l'hypophyse, responsable d'un excès de production de corticotrophine, va entraîner une hypersécrétion de corticostéroïdes surrénaliens (syndrome de Cushing). En revanche, une insuffisance de sécrétion de corticotrophine est très rare ; elle peut se rencontrer dans le cadre d'une insuffisance hypophysaire (hypopituitarisme).

Cortisol

Hormone élaborée à partir du cholestérol, sécrétée par la glande corticosurrénale. SYN. *hydrocortisone.*

Cortisone

Hormone de la famille des glucocorticostéroïdes, sécrétée par la glande corticosurrénale à partir d'une autre hormone, le cortisol, ou fabriquée synthétiquement.

Coryza

Rhinite aiguë, d'origine infectieuse ou non. SYN. *rhume.*

Le coryza est une des affections les plus répandues. Toute la population en est affectée chaque année selon des fréquences variables (en moyenne de 6 à 10 épisodes chez l'enfant, de 2 à 4 chez l'adulte). Il est, le plus souvent, d'origine virale et très contagieux à proximité.

SYMPTÔMES ET SIGNES

■ Le coryza infectieux, d'origine virale, débute par des courbatures, une fatigue, des picotements ou des brûlures dans le nez, suivis d'une obstruction nasale bilatérale, d'une rhinorrhée aqueuse et d'éternuements en salves, souvent accompagnés d'une toux. L'examen des fosses nasales révèle une muqueuse enflammée et sensible. Les complications sont surtout fréquentes chez les enfants, sous forme d'otite moyenne aiguë ou de bronchite.

■ Le coryza spasmodique, caractérisé par des crises d'éternuements particulièrement nombreuses, est de nature allergique (rhume des foins). Il se déclenche le plus souvent au printemps, traduisant une réaction allergique aux pollens. Les crises d'éternuements sont parfois accompagnées de maux de tête, de picotements des yeux et du larynx, d'obstruction nasale.

TRAITEMENT

■ Le coryza infectieux évolue favorablement, en général spontanément, dans la majorité des cas. Il n'existe pas de traitement ayant fait preuve d'une efficacité réelle. L'essentiel du traitement est purement symptomatique et vise à améliorer l'obstruction nasale et à diminuer l'écoulement. L'inhalation de vapeurs chaudes est susceptible de suspendre la multiplication virale. Chez l'enfant, la désobstruction des fosses nasales peut être réalisée par lavage au sérum physiologique et mouchage.

■ Le coryza spasmodique, ou rhume des foins, disparaît spontanément lorsque le patient est soustrait à l'agent allergène. Les symptômes peuvent être traités par administration d'antihistaminiques ou de corticostéroïdes, le phénomène allergique lui-même pouvant céder à une désensibilisation.

Cosmétique

Substance non médicamenteuse appliquée sur la peau, les muqueuses ou les dents en vue de les nettoyer, de les protéger, d'en modifier l'aspect ou l'odeur.

Les intolérances aux cosmétiques sont devenues moins fréquentes dans certains pays comme la France du fait de la sévérité des réglementations en vigueur. Certains effets nocifs sont liés directement au contact avec la peau (irritation cutanée), simple dermite allergique, acné. D'autres effets sont provoqués par les agents photosensibilisants, l'exposition au soleil déclenchant une inflammation cutanée. Il n'y a pas d'action cancérogène démontrée pour les cosmétiques dont la vente est autorisée, mais ce sujet est perpétuellement controversé, en particulier pour ceux qui contiennent des dérivés benzéniques.

Costen (syndrome de)

Affection de l'articulation temporomandibulaire se traduisant par une douleur, une sensation d'oreille bouchée ou d'écoulement de liquide dans celle-ci et parfois des difficultés à ouvrir la bouche.

Le syndrome de Costen est une arthralgie qui résulte habituellement d'un mauvais articulé dentaire et qui peut être associée à un bruxisme (mouvements inconscients de friction des dents antagonistes) et à des craquements articulaires lors de la mastication. Le traitement consiste à ajuster et à harmoniser les rapports des dents entre elles.

Côte

Chacun des os plats, en forme d'arc, qui constituent la charpente du thorax.

On compte, de haut en bas, 12 paires de côtes, chacune étant attachée à une vertèbre dorsale. L'ensemble constitue le gril costal, qui forme avec les vertèbres et le sternum la cage thoracique. On distingue les vraies côtes (1 à 7), unies au sternum par les cartilages costaux ; les fausses côtes (8 à 10), dont l'extrémité antérieure s'unit au cartilage costal sus-jacent ; et les côtes flottantes (11 et 12), dont le cartilage reste libre.

PATHOLOGIE

Les fractures des côtes sont fréquentes chez l'adulte, beaucoup plus rares chez l'enfant en raison de la souplesse de son thorax. Habituellement provoquées par une chute ou un coup, elles provoquent une douleur aiguë et un gonflement des tissus adjacents. Le diagnostic est confirmé par la radiographie. Les fractures ne concernant qu'un nombre limité de côtes sont bénignes et leur traitement est simplement analgésique. Les douleurs, accentuées par les mouvements respiratoires ou la toux, disparaissent spontanément en quelques semaines. En revanche, les fractures pluricostales, surtout celles qui provoquent un volet thoracique (portion de la paroi thoracique désolidarisée de l'ensemble du squelette), peuvent mettre en péril la vie du blessé par détresse respiratoire aiguë. Le traitement, conduit en urgence et en milieu chirurgical, nécessite la fixation du volet thoracique et une ventilation assistée.

Côte cervicale (syndrome de la)

Compression des vaisseaux (artère sous-clavière) et des plexus nerveux de la base du cou (origine des nerfs du membre supérieur) par une côte surnuméraire.

Certains individus naissent porteurs d'une côte supplémentaire, appelée côte cervicale, issue de la septième vertèbre cervicale et située au-dessus des côtes normales. La compression de l'artère sous-clavière peut provoquer une ischémie ou une thrombose, celle du plexus brachial des paresthésies (fourmillements) ou des douleurs du membre supérieur. La radiographie permet le diagnostic. Le traitement consiste en l'ablation chirurgicale de cette côte surnuméraire.

Cotyle

Cavité articulaire creuse de l'os iliaque, où s'articule le fémur. SYN. *acétabulum, cavité cotyloïde*.

Cou

Partie du corps située entre la tête et le tronc.

Le cou est formé par les sept vertèbres cervicales et par de nombreux muscles attachés au crâne, aux vertèbres cervicales et aux clavicules. Il est traversé par les parties hautes de l'appareil digestif (pharynx et œsophage) et de l'appareil respiratoire (larynx et trachée). Il est délimité par le bord supérieur des clavicules et du sternum. La moelle épinière y passe, dans le canal rachidien cervical.

Cou (kyste congénital du)
→ VOIR Kyste branchial.

Couches (retour de)
Survenue des premières règles après l'accouchement.

Le retour de couches a généralement lieu dans un délai de un à deux mois chez les femmes qui n'allaitent pas et dans un délai de un à trois mois chez celles qui allaitent. Toutefois, on observe des délais plus longs chez certaines femmes (jusqu'à 4 ou 5 mois sans retour des règles).

Un cycle ovulatoire peut précéder le retour de couches, même en cas d'allaitement. Ainsi, l'ovulation se produit parfois dès le 25e jour après l'accouchement. C'est pourquoi il est nécessaire de prendre des précautions contraceptives à partir de ce moment-là : prise d'œstroprogestatifs dès le 15e jour, utilisation de préservatifs masculins, la pose de stérilet n'étant conseillée qu'après le retour de couches.

Coude
Articulation située à la jonction du bras et de l'avant-bras.

Le coude est constitué par la juxtaposition de trois articulations : huméroradiale, humérocubitale et radiocubitale, mais par une seule cavité articulaire, une seule synoviale, une capsule et un appareil ligamentaire uniques. En avant, le coude comprend la région du pli du coude, en arrière, il comprend la région olécranienne.

PATHOLOGIE

■ La luxation du coude est le déplacement en bloc du squelette de l'avant-bras par rapport à l'humérus. La luxation postérieure, la plus fréquente, s'observe chez l'adulte après une chute sur la paume de la main. Immédiatement après la chute, la face postérieure du coude est le siège d'une dépression caractéristique, rapidement comblée par un gonflement diffus. Cette luxation, mise en évidence par la radiographie, peut être associée à diverses fractures (apophyse coronoïde, tête radiale). Après réduction, l'immobilisation s'impose ; une réparation chirurgicale des éléments capsuloligamentaires est parfois nécessaire.

■ Le syndrome de la pronation douloureuse survient chez le jeune enfant vers l'âge de 3 ans, quand l'adulte le hisse par la main. L'enfant se plaint de souffrir du coude ; son avant-bras inerte demeure en pronation. La réduction est obtenue en réalisant un mouvement de flexion du coude et de supination de l'avant-bras.

■ La fracture de l'olécrane nécessite la pose d'un plâtre, qui doit être porté pendant environ un mois. S'il y a eu déplacement de l'os, une réparation osseuse par cerclage ou au moyen d'une vis est nécessaire.

Coup de chaleur
→ VOIR Chaleur (coup de).

Coup de soleil
→ VOIR Érythème solaire.

Couperose
Dilatation permanente et visible des petits vaisseaux de la peau du visage.

La couperose est une affection très fréquente, qui touche surtout les femmes à peau claire et fragile, entre 30 et 50 ans. Elle est favorisée par les émotions, les excitants (alcool, café, tabac), les grossesses, les troubles digestifs, l'utilisation abusive de médicaments dermatologiques à base de corticostéroïdes et, chez l'homme surtout, par l'alcoolisme chronique.

DESCRIPTION

La couperose se traduit par une rougeur du visage, survenant d'abord par poussées après les repas, puis permanente, et par une télangiectasie, ou dilatation des petits vaisseaux superficiels, dessinant de fins traits rouges ou violines, arborisés, accompagnés parfois de veinules bleutées plus grosses. Les lésions sont symétriques, localisées sur les pommettes et les ailes du nez au début, puis plus diffuses. D'autres signes peuvent apparaître : acné rosacée (saillies remplies de pus), rhinophyma (hypertrophie bosselée du nez).

TRAITEMENT

Il est surtout local et vise à détruire les vaisseaux dilatés par électrocoagulation, à l'aide d'un bistouri électrique ou au moyen du laser argon. Dans les cas rebelles, on peut pratiquer des scarifications ou des douches filiformes, en particulier lors de cures thermales.

Courbature

Sensation d'endolorissement, de fatigue des muscles après un effort inhabituel ou à la phase initiale de certaines infections virales (grippe, hépatite, etc.).

Courbe de température

1. Tracé de la température rectale prise à heures fixes pendant plusieurs jours successifs et permettant de suivre l'évolution de l'état fébrile d'un sujet lors d'une maladie, en particulier infectieuse, ou d'une hospitalisation.
2. Tracé de la température rectale prise au réveil par la femme et permettant de déterminer le moment de son ovulation, soit pour éviter une grossesse, soit au contraire pour en améliorer les chances.

Couronne dentaire

Partie de la dent recouverte d'émail dentaire, qui émerge totalement du maxillaire.

Par extension, on parle de couronne prothétique pour désigner une couronne artificiellement élaborée par le chirurgien-dentiste afin de recouvrir la couronne naturelle en cas de lésion importante (carie, fracture de la dent) ou de teinte anormale de celle-ci. Selon l'emplacement de la dent ou les exigences esthétiques du patient, la couronne choisie peut être en céramique ou en métal.

Couveuse

Enceinte fermée destinée à isoler un nouveau-né fragile et à le maintenir dans les conditions proches de celles de l'utérus maternel tout en permettant les soins. SYN. *incubateur*.

Cowden (maladie de)

Affection cutanée héréditaire associant diverses malformations à de multiples lésions de la peau et des viscères et pouvant avoir une évolution maligne.

Coxa plana

Aplatissement de la tête fémorale.

La coxa plana est une séquelle d'une affection osseuse, la maladie de Legg-Perthes-Calvé. Lors de cette maladie, survenant le plus souvent chez les enfants âgés de 5 à 10 ans, la tête fémorale en voie de croissance est le siège d'une nécrose d'origine vasculaire, qui la fragilise.

La coxa plana est indolore. Cependant, elle entraîne généralement, plusieurs années, voire quelques dizaines d'années après sa survenue, une arthrose précoce qu'il est nécessaire de traiter.

Coxa valga

Déformation de l'extrémité supérieure du fémur, caractérisée par une ouverture excessive de l'angle cervicodiaphysaire (angle formé par le col du fémur et la diaphyse).

La coxa valga peut être congénitale (associée, par exemple, à une luxation congénitale de la hanche) ou acquise (due à une fracture du col du fémur). Indolore, elle peut cependant provoquer une claudication mais, surtout, elle occasionne généralement, plusieurs années, voire quelques dizaines d'années après sa survenue, une arthrose précoce qui doit être traitée.

Le seul traitement de la coxa valga est chirurgical : il consiste à rétablir un angle normal entre le col du fémur et la diaphyse.

Coxa vara

Déformation de l'extrémité supérieure du fémur, caractérisée par une fermeture de l'angle cervicodiaphysaire (angle formé par le col du fémur et la diaphyse).

La coxa vara peut être congénitale ou acquise, à la suite d'une fracture du col du fémur ou d'une affection de l'enfance, l'épiphysiolyse de la tête du fémur. Indolore, elle peut cependant entraîner une claudication. À long terme (au bout de quelques années, voire de quelques dizaines d'années), elle occasionne généralement l'apparition d'une arthrose précoce, qui doit être traitée.

Le seul traitement de la coxa vara est chirurgical : il consiste à rétablir un angle normal entre le col du fémur et la diaphyse.

Coxalgie

Infection tuberculeuse de l'articulation de la hanche.

Coxarthrose

Arthrose de la hanche.

La coxarthrose touche les sujets de plus de 50 ans. Elle évolue lentement, par poussées marquées par des douleurs de l'aine, de la face antérieure de la cuisse et du genou qui peuvent entraîner une claudication.

Tant qu'il reste du cartilage, le traitement médical est utile (utilisation de cannes, prescription d'anti-inflammatoires, injections intra-articulaires d'acide hyaluronique, cures thermales). Quand le cartilage a disparu, la gêne fonctionnelle devient telle que le recours à une arthroplastie (remplacement de l'articulation par une prothèse totale) de la hanche est indispensable. Lorsqu'une coxarthrose débute chez un sujet jeune, on recherche une anomalie de la forme de la hanche susceptible d'être corrigée chirurgicalement dans le but d'enrayer l'évolution de la maladie.

Coxiella

Genre bactérien constitué d'une seule espèce, *Coxiella burnetii.*

La transmission à l'homme peut se faire par piqûre de tique ou par voie aérienne (inhalation).

Coxiella burnetii est l'agent pathogène responsable de la fièvre Q.
→ voir Fièvre Q.

Coxométrie

Étude de la hanche consistant en mesures effectuées sur un cliché radiologique.

Coxsackie (virus)

Entérovirus à A.R.N. de la famille des picornavirus.

On distingue deux virus coxsackies, A et B, à transmission orofécale (des selles à la bouche par l'intermédiaire de la main), responsables d'infections le plus souvent inapparentes mais parfois d'épidémies de méningite, d'encéphalite virale à liquide clair, d'exanthème, de conjonctivite ou de péricardite. Le virus coxsackie A est en outre responsable de la maladie de Bornholm (myalgie épidémique), le virus coxsackie B, de l'herpangine (pharyngite vésiculeuse).

Crachat

Substance normale (salive) ou pathologique (sécrétions muqueuses purulentes ou hémorragiques) rejetée par la bouche, en provenance des voies respiratoires ou aérodigestives (bouche, pharynx).

Le langage technique médical utilise le terme « expectoration » pour un crachat issu des voies respiratoires inférieures (trachée, bronches, alvéoles pulmonaires), expulsé par des efforts de toux.

Crampe

Contraction involontaire, brutale, intense et douloureuse d'un muscle du squelette.

Les crampes sont parfois dues à une maladie neurologique atteignant les cellules nerveuses dans la moelle épinière (maladie de Charcot) ou dans les nerfs (diabète, alcoolisme). Elles peuvent aussi être en rapport avec une artérite des membres inférieurs (rétrécissement des artères par dépôt d'athérome), des troubles métaboliques liés aux ions (sodium perdu dans la sueur, potassium, calcium), un effort prolongé ou une déshydratation. Les crampes survenant pendant la pratique d'un sport ont une origine complexe, vasculaire (insuffisance de la circulation sanguine par rapport aux besoins) et métabolique (production excessive d'acide lactique). La cause de certaines autres crampes (crampes nocturnes, crampes de la grossesse) est encore mal connue.

TRAITEMENT

Une crampe disparaît ou s'atténue souvent grâce au massage du muscle ou à son étirement passif, le pied étant fléchi sur la jambe pour une crampe du mollet, par exemple. Si une cause est retrouvée, elle doit être traitée. Quand les crampes récidivent, on prescrit parfois des myorelaxants (relaxants musculaires), des sels minéraux (calcium) ou de l'hydroxyquinidine. Chez le sportif, la prévention porte sur les points suivants : entraînement de fond suffisant et progressif, échauffement avant l'effort, bonne hydratation, bonne connaissance du geste technique (position correcte du corps), matériel adapté au sportif et à sa spécialité (forme des chaussures, taille de la raquette de tennis, etc.).

→ VOIR Contracture.

Crâne

Boîte osseuse contenant et protégeant l'encéphale.

STRUCTURE

Le crâne est de forme grossièrement ovale, avec un pôle postérieur plus volumineux et une capacité de 1 500 centimètres environ.

La partie supérieure du crâne forme la voûte crânienne, fermée en bas par une portion osseuse horizontale, la base.

PATHOLOGIE

Les traumatismes du crâne, avec ou sans fracture, sont les pathologies les plus fréquentes. Ils représentent environ 80 % des accidents domestiques de l'enfant (chute d'une table à langer, d'une chaise, d'un escalier, de bicyclette, etc.). Les signes d'une fracture du crâne dépendent des régions du cerveau atteintes et de la nature des lésions : vertiges, troubles de la vue, perte de connaissance, paralysie, perte de sensibilité, etc. Le traitement chirurgical de la fracture, s'il est nécessaire, consiste à replacer un os ou à évacuer un hématome. Par ailleurs, le crâne peut être affecté par les mêmes maladies que les autres os : hyperparathyroïdie, maladie de Paget, myélome, tumeurs bénignes ou malignes, etc.

→ VOIR Traumatisme crânien.

Craniopharyngiome

Tumeur de la région de l'hypophyse.

Le craniopharyngiome est, dans la moitié des cas, une tumeur de l'enfant, chez qui il représente 15 % des tumeurs cérébrales. Ses symptômes sont des maux de tête importants et des vomissements dus à une hypertension intracrânienne (augmentation de pression du liquide céphalorachidien) ainsi que des troubles visuels (amputation du champ visuel, baisse de l'acuité visuelle) provoqués par la compression des nerfs optiques. On observe par ailleurs une insuffisance de sécrétion des hormones hypophysaires, responsable notamment d'un retard de la croissance et de la puberté.

Le traitement d'un craniopharyngiome est l'ablation chirurgicale de la tumeur, éventuellement complétée par une radiothérapie. De plus, un traitement hormonal définitif de remplacement doit être institué.

Craniosténose

Soudure prématurée des sutures crâniennes chez l'enfant, gênant le développement du cerveau. SYN. *craniosynostose*.

La craniosténose s'accompagne souvent de signes neurologiques (cécité, par exemple) dus soit à une lésion associée du cerveau, soit à la compression du cerveau dans un volume trop rapidement inexpansible (hypertension intracrânienne).

À long terme, l'évolution sans traitement laisse des séquelles neurologiques, par exemple un retard mental. Le traitement, chirurgical, consiste à écarter les os du crâne en découpant les bords soudés. Cette intervention donne d'excellents résultats.

Créatine

Substance azotée de l'organisme, jouant un rôle dans la contraction musculaire.

Créatine kinase

Enzyme essentiellement musculaire intervenant dans la mise en réserve d'énergie par phosphorylation de la créatine. SYN. *créatine phosphokinase (C.P.K.)*.

Normalement, la concentration sanguine de cette enzyme est inférieure à 200 unités internationales par litre. Elle augmente en cas d'infarctus du myocarde et pour certaines maladies des muscles.

Créatinine

Substance azotée provenant de la dégradation de la créatine, constituant du tissu musculaire.

Après passage dans le sang, où sa concentration normale est d'environ 62 à 115 micromoles/litre (de 7 à 13 milligrammes/litre), la créatinine est éliminée par le rein dans les urines.

UTILISATION DIAGNOSTIQUE

L'augmentation du taux de créatinine dans le sang permet de diagnostiquer une éventuelle insuffisance rénale. Parallèlement, il est possible, en calculant la clairance de la créatinine (nombre de millilitres de plasma que le rein épure de cette substance en une minute), de mesurer le degré de l'insuffisance rénale et de décider, le cas échéant, d'effectuer une épuration extrarénale du sang, avec un rein artificiel par exemple.

Crénothérapie

Traitement par les eaux de source à leur point d'émergence.
→ VOIR Thermalisme.

Crête-de-coq

→ VOIR Condylome génital.

Creutzfeldt-Jakob (maladie de)

Maladie cérébrale très rare, évoluant vers une démence.

La maladie de Creutzfeldt-Jakob est due à un agent infectieux d'un type particulier (prion). Malgré cette origine infectieuse, elle a plusieurs points de ressemblance avec les maladies dégénératives. On l'inclut, notamment avec le kuru, parmi les encéphalopathies (maladies du cerveau) spongiformes, ainsi appelées d'après l'aspect des cellules nerveuses au microscope.

La maladie se manifeste par une démence associée à divers troubles neurologiques : mouvements anormaux, cécité, paralysies, déficits sensitifs, hypertonie (raideur musculaire excessive).

L'électroencéphalographie apporte des éléments diagnostiques essentiels.

La maladie de Creutzfeldt-Jakob commence le plus souvent après 50 ans puis évolue rapidement, bien qu'on ait observé des formes prolongées. Des observations chez des sujets jeunes, effectuées en Grande-Bretagne, appuient l'hypothèse d'une transmission alimentaire, à partir de viandes d'animaux malades : vaches atteintes d'encéphalopathie spongiforme (maladie de la vache folle). Il n'y a pas actuellement de traitement curatif.

Crevasse

Fissure cutanée peu profonde.

Les crevasses sont dues au froid (gerçures) ou à une affection dermatologique (dermite chronique, eczéma, psoriasis). Elles siègent en général aux mains et aux pieds et sont souvent douloureuses.

Le traitement repose sur les antiseptiques pour empêcher l'infection, puis sur différentes pommades cicatrisantes, le plus souvent à base de vitamine A.

Cri du chat (maladie du)

Maladie congénitale caractérisée par un ensemble de malformations de la tête et du larynx et un retard mental.

Cri du nourrisson

Un des moyens d'expression du petit enfant avant l'acquisition de la parole.

Les cris trop fréquents ou trop prolongés ont des causes multiples, une infime minorité d'entre celles-ci étant pathologiques.

■ **Les troubles alimentaires**, liés à l'insuffisance des quantités données ou à une trop grande dilution des biberons, provoquent des cris vigoureux ; l'enfant présente des mouvements de succion, il met ses doigts dans sa bouche. Dans d'autres cas, le biberon est donné trop rapidement, la tétine est trop ouverte ou le lait trop liquide : le nourrisson crie de façon vigoureuse avec des grimaces au cours de la prise du biberon, qui est entrecoupée d'éructations sonores dues à l'ingestion d'air ; ou bien la tétée est suivie de cris et d'émission de gaz évoquant des coliques.

■ **Une perturbation du rythme de vie de l'enfant**, par des réveils provoqués pour lui imposer certaines heures de repas, ou par des déplacements en des lieux qui lui sont inconnus, entraîne des cris. Le nourrisson crie au cours de l'endormissement, qui est difficile ; il n'est pas calmé quand on le lève ou il crie dès qu'on le recouche.

■ **Une modification des relations entre mère et enfant**, par exemple lors d'une dépression de la mère, engendre une réaction de l'enfant. Volontiers hyperactif, il s'apaise dans les bras d'une tierce personne.

■ Certaines maladies, enfin, provoquent des cris de douleur. Ceux-ci s'accompagnent généralement d'autres signes de maladie (fièvre, pâleur, diarrhée, arrêt des selles, vomissements, douleur à la pression des oreilles). Ils ne ressemblent pas aux autres cris : ils sont plaintifs, plus violents ou aigus. Ce type de cris doit conduire rapidement à une consultation médicale.

Crise de foie
Trouble digestif sans lien avec une maladie du foie, le plus souvent lié à une indigestion.

Cristallin
Lentille biconvexe, située en arrière de l'iris et en avant du corps vitré, qui intervient dans l'accommodation.

La mise au point des objets selon la distance est effectuée grâce à la modification de la courbure du cristallin sous l'impulsion du muscle ciliaire. La rigidité progressive du cristallin, liée au vieillissement naturel de l'œil, entraîne une perte du pouvoir d'accommodation de l'œil : c'est la presbytie, qui provoque une diminution de la vision de près. La perte de la transparence cristallinienne, qui atteint principalement les personnes âgées, est à l'origine de la cataracte.

Crohn (maladie de)
Maladie inflammatoire chronique de l'intestin d'origine inconnue.

La maladie de Crohn se rencontre à tout âge, mais surtout chez l'adolescent, l'adulte jeune et les sujets de plus de 60 ans. Elle évolue par poussées successives et lèse des segments de l'intestin avec une prédilection pour l'iléon (intestin grêle terminal), le côlon et l'anus. Les lésions comportent un épaississement de la paroi et des ulcérations.

SYMPTÔMES ET DIAGNOSTIC
La maladie se révèle le plus souvent par une diarrhée aiguë ou chronique avec perte de l'appétit, amaigrissement et anémie. Elle se complique de fistules et, parfois, d'abcès siégeant en général à l'anus, d'occlusions intestinales et de fistules internes. Elle peut également être à l'origine d'une uvéite (inflammation oculaire) et d'une spondylarthropathie (affection inflammatoire chronique caractérisée par une atteinte articulaire vertébrale). Le diagnostic repose sur l'examen clinique, qui révèle une distension abdominale douloureuse, et sur des examens biologiques et morphologiques (radiographies intestinales, rectosigmoïdoscopie) permettant de constater l'épaississement de la paroi intestinale, avec des ulcérations.

TRAITEMENT
C'est essentiellement celui de l'inflammation, qui consiste en l'administration de corticostéroïdes et de dérivés de la salazosulfapyridine. Dans certains cas rebelles, on recourt à un traitement immunodépresseur. Le traitement chirurgical concerne les complications de la maladie (occlusion, hémorragie, fistule grave) et les formes résistant au traitement médical.

→ VOIR Spondylarthropathie.

Croissance de l'enfant
Augmentation de la taille des différents éléments de l'organisme entre la naissance et la fin de l'adolescence.

Il existe divers facteurs intervenant dans la croissance en poids et en taille.

■ Les facteurs héréditaires justifient que la taille d'un enfant soit toujours évaluée, pour juger de sa normalité, en fonction de la taille des parents.

■ Les facteurs alimentaires expliquent les besoins en substances incorporées aux nouveaux tissus, par exemple en protéines pour la synthèse de l'os ou du muscle.

■ Les facteurs hormonaux sont représentés surtout par l'hormone de croissance sécrétée par l'hypophyse, glande endocrine située à la base du cerveau. Les hormones de la glande thyroïde et les hormones sexuelles masculines ou féminines interviennent aussi dans la croissance, ainsi que dans la maturation.

ÉTAPES ET VITESSE DE LA CROISSANCE
La croissance normale s'effectue en plusieurs étapes, dont chacune a des caractères particuliers : croissance de la première enfance (de 1 mois à 2 ans), de la seconde enfance (de 2 ans à 12 ans), de la puberté. La vitesse de croissance staturale (gain de

taille en centimètres, par année), par exemple, est très élevée chez le nourrisson : plus de 20 centimètres la première année, près de 10 la deuxième. Ainsi, la taille, qui est d'environ 50 centimètres à la naissance, a doublé à l'âge de 4 ans, les facteurs nutritionnels étant particulièrement importants pendant toute cette période. La vitesse de croissance est ensuite réduite à 5 ou 6 centimètres par an et proportionnelle à l'âge. Elle diminue encore à la phase prépubertaire, puis elle subit une forte augmentation (pic de croissance) à la puberté grâce à l'effet des hormones sexuelles sur le squelette. Une nouvelle réduction survient en phase postpubertaire, ramenant la croissance à environ 1 centimètre par an pendant 3 ans.

De plus, chaque région du corps, chaque organe a sa propre vitesse de croissance. Les membres atteignent leur croissance maximale à l'arrivée de la puberté, la colonne vertébrale croît surtout pendant et après la puberté. La croissance de l'encéphale, estimée par la mesure du périmètre crânien, s'effectue à la vitesse la plus rapide au cours des 2 premières années ; l'encéphale atteint son volume presque définitif à l'âge de 5 ans.

SURVEILLANCE DE LA CROISSANCE

La croissance est surveillée pendant toute l'enfance afin de pallier si possible une insuffisance, mais surtout afin de dépister une maladie responsable de retard de croissance, qui serait à la fois grave et curable. En pratique, il est recommandé de mesurer la taille et le poids d'un enfant environ tous les mois jusqu'à l'âge de 6 mois, tous les 2 mois jusqu'à 1 an, 1 ou 2 fois par an jusqu'à la fin de l'adolescence ; le périmètre crânien est également mesuré chez les plus petits.

TROUBLES DE LA CROISSANCE

Une cassure de la courbe pondérale peut être due à une carence d'apports alimentaires, à une mauvaise absorption intestinale, par exemple au cours de la maladie cœliaque, à une atteinte du cœur, des reins ou des poumons (mucoviscidose).

Une petite taille est souvent héréditaire, sans caractère pathologique lorsque la vitesse de croissance n'est pas réduite et que la courbe est régulière. Parfois, surtout chez le garçon, il s'agit d'un simple retard de la puberté, qui se

Croissance et sport

Le sport favorise la croissance de l'enfant du point de vue cardiaque, respiratoire et psychomoteur. Le travail musculaire doit rester équilibré et modéré afin d'éviter les déviations du squelette, les douleurs musculaires, articulaires ou osseuses. Un entraînement intensif (plus de 12 heures par semaine) peut ralentir la croissance et retarder la puberté, mais sans conséquence sur la taille définitive de l'enfant. Pendant la puberté, en revanche, le sport de haut niveau, associé à un déséquilibre alimentaire ou hormonal, peut entraîner des troubles, notamment dans la maturation des os, et avoir un retentissement sur sa taille adulte.

produira normalement, mais un peu plus tard que pour la moyenne ; le pronostic de la taille finale est en général favorable. Beaucoup plus rarement, une petite taille est liée à une situation pathologique. Une grande taille, souvent constitutionnelle, ne rentre pas dans le cadre des troubles de la croissance, sauf lorsqu'elle fait partie d'un syndrome malformatif (syndrome de Marfan).
→ VOIR Gigantisme, Nanisme.

Croissance intra-utérine

Développement du fœtus à l'intérieur de l'utérus maternel. SYN. *croissance fœtale.*

Normalement, le fœtus pèse environ 200 grammes à quatre mois, 1 300 grammes à sept mois et 3 400 grammes à terme. Aujourd'hui, l'échographie permet de mesurer à chaque stade le diamètre bipariétal (diamètre transversal de la tête d'une bosse pariétale à l'autre), le diamètre abdominal transverse et la longueur du fémur.

PATHOLOGIE

■ Un excès de croissance intra-utérin se rencontre dans certaines familles (gigantisme familial) ou chez les femmes atteintes de diabète lors de la grossesse.

■ Un retard de croissance intra-utérin peut être dû à une anomalie chromosomique telle que la trisomie 21 (mongolisme) ou à d'autres facteurs génétiques. Il peut résulter de dysfonctionnements ou d'anomalies placentaires ou bien d'une altération des flux sanguins utéroplacentaires observée chez les femmes hypertendues ou souffrant de prééclampsie (lésion rénale se traduisant par la présence de protéines dans les urines, des œdèmes et une hypertension artérielle). Un retard de croissance intra-utérin peut également provenir d'une malnutrition du fœtus provoquée par la consommation excessive de tabac, la malnutrition ou l'alcoolisme chronique maternels.

Croup

Diphtérie à localisation laryngée.

Le croup s'observe surtout chez l'enfant, dans les pays où la vaccination antidiphtérique n'est pas appliquée. Les premiers symptômes en sont une toux rauque et une voix éteinte. De fausses membranes se forment, qui obstruent la filière laryngée et la glotte, entraînant une perturbation de la respiration, voire une asphyxie.

Le traitement d'urgence repose sur le sérum antidiphtérique et les antibiotiques.

CRP

→ VOIR Protéine C-réactive.

Cruralgie

Au sens strict, douleur de la cuisse.

En pratique, le terme de cruralgie est réservé aux névralgies (douleurs vives ressenties sur le trajet d'un nerf crural.)

Selon la racine nerveuse atteinte, la douleur se propage de la cuisse au genou, voire jusqu'au tibia. Elle s'atténue en 3 à 6 semaines dans les cruralgies dites « banales », dues le plus souvent à un conflit discoradiculaire (hernie discale) ou à une arthrose postérieure où s'est développé un kyste. Une cruralgie peut aussi révéler une compression nerveuse provoquée par une lésion quelconque, bénigne, maligne ou infectieuse, se développant sur le trajet du nerf.

Cryochirurgie

Utilisation du froid au cours d'une intervention chirurgicale.

Les indications de la cryochirurgie recouvrent de multiples spécialités médicales. En dermatologie, son terrain d'élection, elle permet de traiter des tumeurs bénignes ou malignes, uniques ou multiples, même en cas de récidive. La cryochirurgie est utilisée en ophtalmologie (cataracte, décollement de rétine). Certaines lésions de l'anus et du rectum (hémorroïdes, par exemple) peuvent être opérées par cette méthode. Enfin, depuis peu, on y recourt lors de certains cancers du foie (quand ils ne sont pas trop évolués) ou pour détruire une tumeur obstruant les grosses bronches.

La cryochirurgie en profondeur de l'organisme nécessite une anesthésie générale. En dermatologie, au contraire, le traitement, plus superficiel, est très simple et relativement indolore dans l'immédiat, car le froid insensibilise les terminaisons nerveuses.

Cryoglobuline

Immunoglobuline anormale précipitant à des températures inférieures à 37 °C.

Les signes pathologiques associés à la présence de cryoglobulines sont variés. On peut observer des signes cutanés, vasomoteurs (troubles circulatoires, comme dans le syndrome de Raynaud) ou des complications rénales et neurologiques.

Le traitement est celui de la cause. Il est éventuellement associé à une plasmaphérèse (épuration du sang des immunoglobulines anormales).

Cryothérapie

Traitement utilisant le froid sous forme de glace, de sachets chimiques congelés ou de gaz (cryoflurane).

La cryothérapie est utilisée pour atténuer la douleur, lutter contre l'inflammation et l'œdème ou détruire des lésions cutanées. Le froid réalise une vasoconstriction (réduction du calibre des vaisseaux), qui diminue le débit sanguin.

La cryothérapie fait partie du traitement initial des entorses, des déchirures musculaires et des lésions des tendons. Elle consiste en l'application de glace ou de gaz sur la peau, qu'on protège par un linge pour éviter de la léser. L'application dure au minimum 20 minutes et est renouvelée

plusieurs fois par jour pendant 2 à 6 jours en fonction de la lésion. La cryothérapie est également utilisée pour traiter principalement les tumeurs bronchiques et les hémorroïdes, ainsi que certaines tumeurs cutanées.
→ VOIR **Cryochirurgie.**

Cryptococcose

Mycose provoquée par l'inhalation d'une levure, *Cryptococcus neoformans.* SYN. *torulose.*

Cryptococcus neoformans, présent sur toute la surface du globe, se développe dans le sol, les fruits, le lait, les fientes de pigeon. L'homme est contaminé par voie respiratoire, digestive ou, plus rarement, cutanée.

La manifestation la plus habituelle est une méningite ou une méningoencéphalite à liquide clair, d'évolution subaiguë, avec parfois des atteintes pulmonaires, cutanéomuqueuses, sous forme d'ulcérations ou sous forme disséminée.

Les antifongiques administrés par voie générale permettent d'atténuer les symptômes et de stériliser les lésions.

Cryptorchidie

Anomalie congénitale de position du testicule. SYN. *ectopie du testicule.*

La cryptorchidie atteint de 3 à 4 % des nouveau-nés, le plus souvent du côté droit.

DIAGNOSTIC ET ÉVOLUTION
Le diagnostic se fait le plus souvent chez le nouveau-né, à la palpation, lors des premiers examens pédiatriques. Cependant, dans certains cas, l'absence de testicule dans la bourse n'est pas perçue, s'il n'y a pas eu d'examen des organes génitaux ou en cas de testicule oscillant (mobile), et le diagnostic se fait plus tardivement. Si le testicule est à la racine de la bourse, il suffit de constater sa position et l'impossibilité de le faire descendre. Si le testicule n'est pas perçu, des dosages de la testostérone sanguine permettent de vérifier qu'il est présent dans l'abdomen et fonctionnel. L'examen recherche aussi une autre malformation éventuellement associée, telle qu'une hernie inguinale ou une anomalie du pénis.

Le testicule descend spontanément dans environ la moitié des cas avant l'âge de 3 mois et, dans plus de 2 cas sur 3, avant l'âge de 1 an. S'il ne descend pas, il est nécessaire de pratiquer un traitement. En effet, en dehors des troubles psychologiques ultérieurs provoqués par l'absence apparente d'un ou des deux testicules, une cryptorchidie persistante favorise la stérilité et, surtout la cancérisation du testicule atteint.

TRAITEMENT
La cryptorchidie doit être traitée du fait du risque de complications, surtout si elle persiste après l'âge de 2 ans. Un traitement médical par l'hormone chorionique gonadotrophique (h.C.G.) est essayé dans un premier temps pour provoquer la descente du ou des testicules. Son taux de succès est de 10 à 50 %, d'autant plus élevé que le testicule est situé bas. Son échec impose un traitement chirurgical par orchidopexie (abaissement du testicule à l'intérieur des bourses).

Cubitus

Os long de l'avant-bras, parallèle et interne au radius, s'articulant en haut avec l'humérus, en bas avec les os du carpe.

PATHOLOGIE
■ **Les fractures de l'extrémité supérieure du cubitus** touchent surtout l'olécrane : elles se produisent en cas de chute sur la main ou l'avant-bras. Leur traitement est généralement chirurgical. Beaucoup plus rarement, l'apophyse coronoïde est touchée (luxation postérieure du coude). Le traitement est alors le plus souvent orthopédique (immobilisation plâtrée).
■ **Les fractures de l'extrémité inférieure du cubitus** peuvent toucher le col, plus rarement la tête du cubitus et exceptionnellement l'apophyse, à moins qu'elles ne soient associées à une fracture de l'extrémité inférieure du radius (fracture de Pouteau-Colles). Leur traitement est généralement orthopédique (immobilisation plâtrée).

Cuir chevelu

Ensemble de tissus mous qui recouvrent le crâne, normalement garni de cheveux. SYN. *scalp.*

PATHOLOGIE
La pathologie la plus fréquente du cuir chevelu est représentée par les traumatismes (contusions, plaies), les tumeurs et la calvitie.

■ Les traumatismes peuvent provoquer des plaies, qui entraînent parfois une hémorragie importante. En effet, très richement vascularisé, le cuir chevelu saigne facilement. Toute plaie doit faire rechercher un traumatisme crânien avec ou sans fracture.

■ Les tumeurs du cuir chevelu sont relativement fréquentes : tumeurs bénignes, telles que les loupes (accumulation sous-cutanée de sébum), ou malignes, telles que les sarcomes ou les mélanomes.

■ La calvitie est une pathologie du cuir chevelu assez fréquente.

→ VOIR Alopécie.

Cuir chevelu (greffe du)

Intervention chirurgicale qui consiste à transplanter des fragments de cuir chevelu pileux dans les zones dégarnies du crâne.

INDICATIONS

La greffe du cuir chevelu traite la calvitie classique, mais également les zones d'alopécie traumatique dues à une brûlure du cuir chevelu, par exemple.

TECHNIQUES

■ La greffe consiste à prélever sous anesthésie locale des fragments de cuir chevelu pileux (de 10 à 50 cheveux) dans une zone dissimulée (autour des oreilles, dans la région de l'occiput) afin de les réimplanter dans des zones dégarnies.

■ La microgreffe est actuellement la technique la plus employée. On prélève sous anesthésie locale des fragments de peau chevelue d'environ 4 millimètres, comportant de 1 à 3 cheveux : le repiquage, par plusieurs centaines de petites greffes, nécessite alors plusieurs séances (de 6 à 12).

■ La technique des lambeaux consiste à transporter sur la zone dénudée une langue de cuir chevelu pileux qui garde une attache cutanée assurant le maintien de sa vascularisation. Les lambeaux sont taillés de différentes manières en fonction de la morphologie du crâne du patient. Cette technique se pratique sous anesthésie locale en milieu hospitalier.

Il est également possible de combiner ces trois méthodes.

RÉSULTATS ET COMPLICATIONS

La cicatrisation s'achève en 10 jours environ. Les cheveux greffés tombent au bout de quelques semaines avant de repousser vers le 3e ou le 4e mois. Cependant, dans les sites « donneurs », la repousse n'est pas toujours parfaite. Les complications de la greffe du cuir chevelu (petites hémorragies postopératoires, par exemple) sont rares ; les infections, exceptionnelles. Cependant, les greffes, même réussies, ne durent pas indéfiniment et peuvent de nouveau laisser place à des zones clairsemées.

Cuisse

Segment du membre inférieur compris entre la hanche et le genou. (P.N.A. *femur*)

Le squelette de la cuisse est constitué du fémur, s'articulant en haut avec le cotyle pour former la hanche, en bas avec le tibia et la rotule pour former le genou.

PATHOLOGIE

La cuisse peut être le siège de lésions osseuses (fractures du fémur), de lésions vasculaires (artérite, plaie artérielle, phlébite, varices), de douleurs d'origine nerveuse (cruralgie, sciatique) ou de lésions musculaires (élongation, hématome ou déchirure du quadriceps).

Cuivre

Métal de couleur brun-rouge.

Le cuivre (Cu) est un oligoélément indispensable à l'organisme. Il est en effet nécessaire au bon fonctionnement de certaines enzymes, jouant notamment un rôle dans la protection contre certaines substances toxiques (radicaux libres). Les besoins quotidiens de cuivre chez l'adulte seraient de l'ordre de 1,5 à 3 milligrammes.

Culot urinaire

Dépôt formé par la sédimentation de l'urine.

SYN. *sédiment urinaire*.

L'étude du culot urinaire sert à rechercher des cellules, des cristaux ou des germes pathologiques. Elle est pratiquée sur des urines récemment recueillies, conservées à froid et centrifugées.

Culotte de cheval

→ VOIR Stéatomérie.

Culture

Technique de laboratoire permettant la multiplication des bactéries contenues dans un prélèvement réalisé chez un malade afin de les isoler et de les identifier.

Curage ganglionnaire

Ablation chirurgicale d'un groupe de ganglions lymphatiques.

Un curage ganglionnaire est indiqué dans la chirurgie des cancers. En effet, lorsque le cancer a commencé à s'étendre, les cellules cancéreuses de l'organe atteint sont drainées par la lymphe jusqu'aux ganglions les plus proches.

Curarisant

Médicament utilisé au cours de l'anesthésie en complément d'un anesthésique principal.
→ voir **Curarisation.**

Curarisation

Technique complémentaire de l'anesthésie générale consistant à bloquer la transmission neuromusculaire.

INDICATIONS

En provoquant un relâchement musculaire complet du sujet, la curarisation permet de l'opérer dans des conditions excellentes et a beaucoup contribué à étendre le champ des indications de la chirurgie moderne.

Cure chirurgicale

Toute intervention visant à l'ablation ou à la correction d'une lésion ou d'une malformation.

Cure hémodynamique de l'incontinence valvulaire en ambulatoire

Technique de traitement chirurgical des varices ne nécessitant pas d'hospitalisation.

INDICATIONS

La cure hémodynamique de l'incontinence valvulaire en ambulatoire (Chiva) s'adresse aux personnes souffrant d'une insuffisance des veines superficielles des membres inférieurs sans varices importantes. Le trouble atteint principalement la veine saphène interne, le long de la face interne du membre, provoquant lourdeurs et varices.

RÉSULTAT

La Chiva suppose un repérage préalable, par écho-Doppler, des veines qui fonctionnent normalement. Cette intervention, réalisée sous anesthésie locale, ne nécessite pas d'hospitalisation. Les résultats immédiats sont satisfaisants. Quelques années après le traitement, les complications (séquelles, récidives) sont peu nombreuses.

Cure de sommeil

Méthode thérapeutique consistant à soigner par le sommeil certaines affections psychologiques ou psychosomatiques.

Une cure de sommeil se pratique dans des établissements spécialisés : le patient est plongé dans un sommeil artificiel, le plus proche possible du sommeil naturel, grâce à des médicaments choisis en fonction de chaque cas.

Cure thermale

Séjour effectué dans un centre thermal, au cours duquel le curiste, assisté médicalement, soigne les troubles dont il est atteint grâce aux propriétés thérapeutiques des eaux locales.

Une cure thermale se pratique dans des établissements spécialisés avec des eaux prises à la source même, avant qu'elles ne perdent les propriétés biologiques et pharmacodynamiques qu'elles tiennent de leur richesse en ions et en oligoéléments. Ces propriétés varient en fonction de la composition spécifique de chaque eau thermale, chaque station s'adressant à un type d'affection différent.

DIFFÉRENTES UTILISATIONS DES EAUX

La cure repose sur l'hydrothérapie par voie interne (absorption) ou externe (bains, douches, pulvérisations, boues). Les gaz contenus dans l'eau sont utilisés soit dans les eaux elles-mêmes, soit dans des étuves ou en inhalation.

RÉSULTATS

Les résultats thérapeutiques se manifestent dans un délai de 1 à 3 mois après la cure, durent jusqu'à un an et peuvent se prolonger grâce au renouvellement des cures. La durée généralement prescrite est de 21 jours.

Les vertus de la cure peuvent être renforcées par les effets bénéfiques du climat

(climat de semi-altitude sec et ensoleillé pour les asthmatiques, par exemple). La cure peut être pratiquée en association avec une rééducation fonctionnelle. Le patient peut également y recevoir des conseils d'hygiène alimentaire et corporelle ainsi que des informations lui permettant de mieux combattre l'affection dont il souffre. Enfin, une station thermale est aussi un centre de détente et de réadaptation pour les patients atteints de maladies invalidantes.

INDICATIONS
Elles concernent principalement les affections chroniques (rhumatisme, asthme, infections dermatologiques, troubles circulatoires) et les troubles fonctionnels (colopathie fonctionnelle). Une cure ne peut être pratiquée que sur prescription médicale.

Curetage, ou Curettage

Opération consistant à vider de son contenu une cavité naturelle ou pathologique (utérus, os, articulation, plaie) en la raclant à l'aide d'une curette.

Curetage biopsique de l'utérus
Il s'agit d'un prélèvement, réalisé à l'aide d'une curette, de fragments utérins destinés à être analysés au microscope. Le curetage biopsique est très utilisé pour le diagnostic des affections intra-utérines : polypes de l'utérus, hyperplasie de la muqueuse, cancer de l'utérus. Cette intervention est presque systématiquement précédée d'une hystéroscopie (examen de l'utérus à l'aide d'un endoscope, tube muni d'un système optique, inséré par le vagin) permettant de déterminer la localisation exacte de la pathologie utérine. Le curetage biopsique se pratique sous anesthésie locale ou générale, dure environ 5 minutes et ne nécessite qu'une hospitalisation de jour.

Curiethérapie

Technique de radiothérapie utilisant des rayons gamma émis par des sources radioactives scellées, introduites dans l'organisme afin d'y détruire des cellules cancéreuses.

DIFFÉRENTS TYPES DE CURIETHÉRAPIE
On distingue deux modalités d'utilisation : la curiethérapie interstitielle et la curiethérapie endocavitaire.

■ La curiethérapie interstitielle, ou curie-puncture, consiste à implanter dans la tumeur des fils d'iridium radioactif en forme de droites ou de boucles. Ce traitement, de courte durée, est indiqué dans de nombreux cancers de la peau ou des orifices (verge, anus, oreille, lèvre), ou en complément d'une ablation partielle du sein. Les fils d'iridium sont introduits à l'intérieur de fines tubulures de plastique ou d'aiguilles métalliques creuses, préalablement placées, sous anesthésie, sous la peau.

■ La curiethérapie endocavitaire consiste à introduire dans les cavités naturelles de l'organisme atteintes par une tumeur des sources de césium 137 radioactif. L'indication la plus fréquente est le cancer du col de l'utérus. Les sources de césium sont introduites dans le col utérin et dans les culs-de-sac latéraux du vagin par la vulve, au moyen de tubulures en plastique mises en place sous anesthésie. Ces tubulures sont reliées à un appareil de stockage qui délivre les sources de rayons. Ce dispositif est appelé curietron.

PRÉPARATION ET DÉROULEMENT
Les curiethérapies nécessitent un repérage radiologique permettant une reconstitution anatomique tridimensionnelle par ordinateur et un calcul précis du temps d'irradiation. Le traitement, pratiqué sous la responsabilité d'un radiothérapeute, doit avoir lieu dans une chambre spéciale équipée de parois absorbant le rayonnement pour la protection du personnel et de la famille du patient. Les visites, brèves, sont faites derrière des paravents plombés. À la fin de la curiethérapie, les sources radioactives sont retirées et le malade ne présente plus de danger radioactif pour son entourage. Le traitement dure entre 2 et 6 jours.

EFFETS SECONDAIRES
La curiethérapie provoque une irritation intense de la zone traitée (peau, muqueuses), qui s'atténue après 3 ou 4 semaines. Une convalescence d'un mois entre 2 séances est nécessaire pour une meilleure tolérance du traitement.

Cushing (syndrome de)

Ensemble de troubles liés à une hypersécrétion de corticostéroïdes (hormones produites par les glandes corticosurrénales).

CAUSES

Les causes du syndrome de Cushing sont hypophysaires, surrénaliennes ou extraendocriniennes. Les trois quarts des syndromes de Cushing sont dus à une maladie appelée maladie de Cushing. Celle-ci est provoquée par une hypersécrétion de corticotrophine par l'hypophyse, généralement due à un adénome hypophysaire. Elle s'observe surtout chez la femme entre 20 et 40 ans.

Les autres causes du syndrome de Cushing sont moins fréquentes. Il peut s'agir d'un adénome surrénalien, tumeur le plus souvent bénigne d'une glande surrénale.

La prise excessive de corticostéroïdes entraîne des manifestations d'hypercorticisme (hypersécrétion de corticostéroïdes) semblables à celles du syndrome de Cushing.

SYMPTÔMES ET SIGNES

Le syndrome de Cushing est caractérisé par une obésité localisée à la face, au cou et au tronc, une hypertension artérielle, une atrophie musculaire avec asthénie et une ostéoporose. On observe également des vergetures pourpres sur l'abdomen, les cuisses et la poitrine ainsi qu'un développement excessif du système pileux sur le visage. Environ 20 % des malades souffrent de diabète sucré.

DIAGNOSTIC ET ÉVOLUTION

Le diagnostic doit être confirmé par des dosages hormonaux (corticotrophine et cortisol), sanguins et urinaires, à la fois statiques (spontanés) et dynamiques (par administration de substances médicamenteuses ou hormonales freinant ou stimulant la sécrétion corticosurrénalienne). Les examens radiologiques hypophysaires et surrénaliens recherchent la présence d'adénomes.

L'évolution spontanée se fait vers l'aggravation progressive.

TRAITEMENT

Il dépend de la cause du syndrome et peut être soit médical, soit chirurgical. La surrénalectomie totale (ablation des deux glandes surrénales) peut également être envisagée ; elle doit être suivie d'un traitement hormonal substitutif qu'il conviendra de poursuivre à vie. Le pronostic de cette maladie, diagnostiquée et traitée à temps, est favorable.

Cuti-réaction

Test de réaction inflammatoire cutanée caractérisé par l'introduction dans l'organisme, par scarification, d'une toxine ou d'un produit auxquels le sujet peut être sensibilisé.

La cuti-réaction se prête mal à une quantification de la réaction cutanée et à des études épidémiologiques. C'est pourquoi on lui préfère l'intradermo-réaction de Mantoux, seule méthode de référence pour une étude précise de l'hypersensibilité à la tuberculine.

Cutis laxa

Altération des propriétés viscoélastiques des tissus de soutien se manifestant particulièrement au niveau de la peau.

La cutis laxa est une maladie rare du tissu conjonctif, héréditaire ou secondaire à une affection cutanée inflammatoire.

Cutis marmorata

Quadrillage de couleur violacée de la peau, dessinant un réseau de mailles.

La cutis marmorata est une réaction normale de la peau, observée chez le nourrisson et déclenchée par le froid.

Cyanocobalamine

→ VOIR Vitamine B12.

Cyanose

Coloration mauve ou bleutée de la peau due à la présence d'un taux anormalement élevé (supérieur à 50 grammes par litre de sang) d'hémoglobine non oxygénée dans les vaisseaux capillaires de la peau et qui prédomine sur les ongles et les lèvres.

CAUSES

Une cyanose peut être due à une insuffisance respiratoire aiguë ou à un trouble circulatoire (état de choc), à une maladie vasculaire périphérique (thrombose, embolie ou spasme) ainsi qu'à une anomalie de la fixation de l'oxygène sur l'hémoglobine sous l'effet de toxiques chimiques ou médicamenteux (methémoglobine et sulfhémoglobine).

Diagnostic et traitement se confondent avec ceux de la maladie causale.

Cycle menstruel

Période comprise entre chaque début de règles, au cours de laquelle se succèdent un ensemble de phénomènes physiologiques et hormonaux rendant possibles l'ovulation, la rencontre des gamètes, la fécondation et la nidation de l'embryon au sein de la muqueuse utérine.

Le cycle menstruel se répète chez la femme, de la puberté jusqu'à la ménopause, et n'est normalement interrompu que par les périodes de grossesse (il peut l'être artificiellement par contraception hormonale). Il dure en moyenne 28 jours et intéresse l'hypophyse, les ovaires, l'utérus et le vagin.

Le cycle menstruel se subdivise en une phase folliculaire et une phase lutéale.

■ La phase folliculaire dure environ 14 jours, pendant lesquels la sécrétion hypophysaire d'hormone folliculostimulante (FSH) provoque la maturation de plusieurs follicules ovariens, dont un seul parviendra à maturité. Ceux-ci sécrètent des œstrogènes responsables à leur tour d'un épaississement de l'endomètre (muqueuse interne de l'utérus) et d'une sécrétion abondante de glaire cervicale, destinée à faciliter l'ascension des spermatozoïdes.

■ La phase lutéale débute vers le 14e jour, lorsqu'une légère hausse du taux d'œstrogènes déclenche dans l'hypophyse une importante sécrétion d'hormone lutéinisante (LH), qui provoque l'ovulation et la transformation du follicule rompu en corps jaune. Le corps jaune, à son tour, sécrète de la progestérone, hormone qui augmente la température corporelle, rend la glaire cervicale impropre à l'ascension des spermatozoïdes et contribue à préparer l'endomètre pour une nidation éventuelle de l'œuf. Si l'ovule n'est pas fécondé, le corps jaune se flétrit brutalement et dégénère. La chute du taux de progestérone qui s'ensuit entraîne la desquamation de l'endomètre, qui s'évacue en formant les règles. Un autre cycle peut recommencer, qui va préparer à nouveau le corps féminin à l'accueil d'un œuf.

→ VOIR Contraception, Couches (retour de), Menstruation.

Cycloplégie

Paralysie du muscle ciliaire de l'œil se traduisant par une impossibilité d'accommoder de près.

Les causes de cycloplégie sont rares : paralysies toxi-infectieuses (diphtérie, botulisme), toxiques (amanite phalloïde), traumatiques (contusion du globe oculaire) ou infectieuses (syphilis).

Une cycloplégie se traduit par une gêne à la vision de près, importante surtout pour les sujets jeunes ayant une vision normale et pour les hypermétropes.

Cyclospasme

Spasme de l'accommodation dû à la contraction permanente du muscle ciliaire.

Un cyclospasme se traduit par une pseudo-myopisation : le myope voit sa myopie augmenter, le sujet ayant une vision normale devient myope et l'hypermétrope voit son hypermétropie diminuer. La vision de près est toujours excellente, parfois accompagnée d'une sensation de voir plus gros (macropsie) et de maux de tête surtout frontaux, en barre.

Le traitement d'un cyclospasme dû à un trouble de la réfraction ou à un mauvais équilibre oculomoteur, purement palliatif, consiste à porter des verres correcteurs.

Cyclothymie

Humeur caractérisée par l'alternance de phases d'excitation et d'abattement.

Quand la cyclothymie prend un caractère exagéré, elle entre dans le domaine pathologique et peut aboutir à la psychose maniaco-dépressive.

Cylindrome

Tumeur épithéliale, bénigne ou maligne, constituée par un amas de cellules tumorales groupées autour d'une cavité, formant comme un cylindre.

Les principales localisations du cylindrome sont cutanées et bronchiques, mais celui-ci peut également atteindre les glandes salivaires et le sein.

TRAITEMENT

L'ablation chirurgicale constitue le seul traitement. Les récidives sont possibles et nécessitent alors d'associer radiothérapie et chirurgie. Le laser donne de bons résultats sur les cylindromes trachéobronchiques.

Cylindrurie

Présence d'un nombre excessif de cylindres dans les urines.

Chaque type de cylindre oriente vers une variété de néphropathie : des cylindres hématiques (contenant des globules rouges) indiquent une atteinte des glomérules (unités de filtration du rein), des cylindres leucocytaires (composés de globules blancs), une maladie inflammatoire.

Cyphoscoliose

Double déformation de la colonne vertébrale, associant une déviation latérale (scoliose) et une déviation à convexité postérieure (cyphose).
→ voir Cyphose, Scoliose.

Cyphose

Déformation de la colonne vertébrale, anormalement convexe en arrière.

La courbure du rachis dorsal, normalement convexe en arrière, est excessive dans la cyphose, qui affecte habituellement la colonne dorsale entre les 2 omoplates, arrondissant le dos et projetant le cou en avant.

Le traitement des cyphoses est celui de leur affection d'origine. Il repose également sur la kinésithérapie et la rééducation corrective. Dans les cas graves, le port d'un corset est indispensable.

Cystalgie

Douleur de la vessie.

Cystectomie

Ablation chirurgicale de tout ou partie de la vessie.

La cystectomie est l'un des modes de traitement des tumeurs vésicales. Il existe deux types de cystectomie, selon le nombre et la situation des tumeurs à enlever.
■ La cystectomie partielle permet de conserver une miction normale par les voies naturelles. Elle est indiquée pour les tumeurs vésicales uniques situées sur une partie mobile de la paroi de la vessie. La contenance vésicale est souvent réduite après

l'intervention, mais une capacité normale est récupérée en quelques mois.
■ La cystectomie totale est souvent associée, chez l'homme, à l'ablation de la prostate (prostatocystectomie) et, chez la femme, à celle de l'utérus et de l'urètre (pelvectomie antérieure). Cette intervention est pratiquée en cas de cancers étendus de la vessie. L'opéré ne pouvant plus uriner par les voies naturelles, une dérivation doit être réalisée.

Cysticercose

Maladie parasitaire provoquée par l'infestation par des cysticerques, larves du ténia du porc. syn. ladrerie.

La cysticercose sévit surtout à Madagascar, en Amérique latine, à la Réunion et dans certains pays d'Asie et d'Europe (Portugal).

Elle se contracte par ingestion d'aliments crus et mal lavés sur lesquels se trouvent les œufs du ténia. L'œuf éclôt dans l'estomac, puis l'embryon du ténia gagne les muscles, le derme et surtout l'œil ou le cerveau et s'enkyste, provoquant l'apparition d'une petite tumeur de la taille d'un grain de riz, la larve cysticerque.

SYMPTÔMES ET SIGNES
La localisation dans le cerveau provoque des crises d'épilepsie, des maux de tête, des convulsions et des vomissements répétés. La localisation dans le globe oculaire peut entraîner une cécité.

DIAGNOSTIC ET TRAITEMENT
Le diagnostic repose sur la localisation des larves enkystées soit par radiographie ou scanner cérébral, soit par biopsie. Le traitement consiste en l'administration de praziquantel par voie orale. Le kyste doit parfois être retiré chirurgicalement.

Cystinose

Maladie due à un trouble du métabolisme de la cystine, acide aminé qui se dépose dans certains tissus (œil, rein essentiellement).

Cystinurie

Maladie congénitale caractérisée par une excrétion urinaire anormalement élevée de cystine et d'autres acides aminés dibasiques (lysine, arginine, ornithine).

Cystite

Inflammation aiguë ou chronique de la muqueuse vésicale.

Une cystite témoigne le plus souvent d'une infestation par des germes pathogènes, des bacilles *(Escherichia coli* [colibacillose], *Proteus mirabilis)* ou, plus rarement, par un champignon *(Candida albicans)*. Elle est beaucoup plus fréquente chez les diabétiques, les femmes jeunes en période d'activité sexuelle et les femmes enceintes (elle peut causer des contractions utérines avec menace d'accouchement prématuré). Elle est souvent liée à une maladie gênant l'évacuation vésicale des urines (rétrécissement ou diverticule de l'urètre, calculs vésicaux, tumeur vésicale) ou à des brides hyménéales entraînant, lors du coït, une inoculation dans l'urètre et la vessie de germes présents dans le vagin. Chez l'homme, elle peut être due à un obstacle prostatique (adénome).

SYMPTÔMES ET SIGNES

La cystite se manifeste souvent brutalement par une douleur suspubienne, des brûlures à la miction, des mictions fréquentes et impérieuses avec émission de seulement quelques gouttes d'urine. Celle-ci est trouble, signe de la présence de pus (pyurie), malodorante et contient parfois du sang (cystite hématurique). La température demeure normale, l'apparition d'une fièvre signalant le passage à une infection des voies urinaires.

DIAGNOSTIC ET TRAITEMENT

Les germes en cause sont identifiés par un examen cytobactériologique des urines (E.C.B.U.), et un antibiogramme teste leur sensibilité aux antibiotiques usuels.

La cystite est traitée par administration d'antibiotiques à bonne élimination urinaire. Un contrôle de la stérilité des urines est réalisé 48 heures après la fin du traitement. Un traitement « monodose » (une seule prise d'antibiotique) peut être proposé aux femmes jeunes, en l'absence de fièvre et s'il ne s'agit pas de récidive.

PRÉVENTION

Le traitement de la cause favorisante suffit généralement à prévenir de nouveaux accès de cystite. Dans de nombreux cas cependant, aucune cause ne peut être mise en évidence. La récidive est alors fréquente et la prévention repose sur le respect de règles hygiéniques et diététiques : boisson abondante (plus de 2 litres d'eau par jour), mictions fréquentes, hygiène génitale et périnéale parfaite, traitement d'une constipation.

Cystocèle

Descente de la vessie sur le vagin.

Une cystocèle survient surtout chez la femme ayant eu plusieurs enfants, le plus souvent après la ménopause. Elle est traitée par rééducation du périnée, afin de remuscler celui-ci, ou par une intervention chirurgicale appelée cystopexie, visant à replacer la vessie dans la cavité pelvienne.

Cystographie

Examen radiologique étudiant l'état et le fonctionnement de la vessie.

INDICATIONS

La cystographie permet d'observer les contours de la vessie, sa capacité d'évacuation et l'état de l'urètre. Elle concerne particulièrement les hommes, chez qui les affections prostatiques liées à l'âge (adénome prostatique) peuvent provoquer un retard et une difficulté à uriner ainsi qu'une évacuation incomplète de la vessie. Elle permet également de localiser les tumeurs, les polypes vésicaux et les calculs et de déceler la présence d'un reflux vésico-urétéral (reflux d'urine vers les reins lors de la miction).

TECHNIQUE ET DÉROULEMENT

La cystographie nécessite l'opacification de la vessie, réalisable de deux manières.

≡ Lors de la cystographie par urographie intraveineuse, l'opacification s'obtient indirectement, le produit de contraste, injecté par voie veineuse, étant éliminé par les reins dans les urines et opacifiant ainsi les voies urinaires. Des clichés de la vessie sont réalisés respectivement avant, pendant et après la miction, permettant d'évaluer l'état de l'urètre et de mettre en évidence un éventuel résidu vésical postmictionnel. Cette technique ne permet pas l'observation du reflux vésico-urétéral.

■ **Lors de la cystographie par voie rétrograde ou suspubienne**, le produit de contraste, dilué dans du sérum physiologique, est injecté directement dans la vessie par une sonde introduite à travers la paroi suspubienne (cathétérisme suspubien sous anesthésie locale) ou dans l'urètre ; cette technique nécessite une asepsie rigoureuse, et un court traitement antibiotique peut être prescrit pour prévenir tout risque infectieux. Plusieurs clichés sont réalisés pendant que la vessie se remplit, puis pendant et après la miction.

EFFETS SECONDAIRES
Contrairement à la cystographie rétrograde, où le produit de contraste iodé ne passe pas dans le sang, la cystographie par urographie intraveineuse peut entraîner une réaction d'intolérance à l'iode ; celle-ci est évitée par un traitement antiallergique prescrit préventivement aux patients sensibles.

Cystomanométrie

Examen permettant de mesurer les pressions dans la vessie au fur et à mesure de son remplissage.

La cystomanométrie est pratiquée à l'aide d'une petite sonde munie de capteurs, introduite dans la vessie après légère anesthésie locale chez l'homme (l'introduction étant plus sensible pour lui). La vessie est remplie d'eau et les pressions enregistrées se traduisent par un graphique.

On peut ainsi étudier les troubles vésicaux fonctionnels d'origine neurologique et les incontinences urinaires d'effort.

Cystoplastie

Intervention chirurgicale visant à remplacer tout ou partie de la vessie après une cystectomie.

Cystoscopie

Examen endoscopique de la vessie.

INDICATIONS
La cystoscopie a des fins diagnostiques et thérapeutiques : observer la muqueuse vésicale, les orifices urétéraux, le col vésical et l'urètre, effectuer le prélèvement d'une lésion suspecte, introduire une sonde urétérale, guidée jusqu'au rein pour rechercher, par exemple, l'origine d'un saignement ou des cellules tumorales ; et aussi réaliser des radiographies des voies rénales en injectant, par une sonde urétérale, des produits radioopaques, traiter certaines tumeurs vésicales par résection électrique ou au laser, détruire ou extraire des calculs vésicaux.

DÉROULEMENT
La cystoscopie diagnostique ne nécessite pas d'hospitalisation et se pratique le plus souvent sans anesthésie chez la femme, et sous anesthésie locale chez l'homme, par application d'un gel. La cystoscopie thérapeutique se déroule au bloc opératoire sous anesthésie générale ou péridurale.

L'examen est pratiqué à l'aide d'un cystoscope, tube rigide ou souple muni d'un système optique, que l'on introduit dans l'urètre. Le cystoscope du type souple permet une exploration vésicale atraumatique et indolore chez l'homme.

Cystostomie

Technique chirurgicale consistant à aboucher directement la vessie à la peau.

La cystostomie peut être temporaire ou définitive. Destinée à permettre l'évacuation des urines quand celle-ci est impossible par les voies basses naturelles, elle est pratiquée au-dessus du pubis.

Cytaphérèse

Prélèvement sanguin sélectif d'un seul type d'éléments cellulaires, les autres éléments étant restitués au donneur.

Les éléments prélevés peuvent être des plaquettes (thrombaphérèse), des globules blancs (leucaphérèse), des lymphocytes (lymphaphérèse), des globules rouges (érythrophérèse).

La cytaphérèse, utilisée en thérapeutique pour enlever des cellules en excès chez un malade lors de leucémies ou de thrombocytémies (excès du taux de plaquettes), est surtout pratiquée chez un donneur sain pour constituer des réserves de produits spécifiques pouvant être transfusés ensuite à des malades.

Cytochrome

Protéine indispensable à la production d'énergie par les cellules.

Cytodiagnostic

Méthode de diagnostic fondée sur l'étude microscopique de cellules prélevées dans l'organisme soit par ponction (sang, moelle osseuse), soit par raclage (exsudats, produits de desquamation).

Cytokine

Molécule sécrétée par les lymphocytes (globules blancs intervenant dans l'immunité cellulaire) et les macrophages (cellules de défense de l'organisme chargées d'absorber des particules étrangères) et impliquée dans le développement et la régulation des réponses immunitaires.

Les cytokines sont des peptides, petites protéines constituées d'acides aminés, qui agissent sur des cellules de types variés possédant des récepteurs propres à chacun d'entre eux. Certaines cytokines ont reçu le nom de leur fonction principale (interférons, facteurs nécrosant les tumeurs) ; d'autres portent le nom générique d'interleukine, suivi d'un numéro (de 1 à 13).

UTILISATION THÉRAPEUTIQUE

La production industrielle des cytokines, après clonage de leurs gènes, a déjà permis leur utilisation dans le traitement de cancers et de maladies du système immunitaire.

Cytologie

Étude des caractères morphologiques et fonctionnels des cellules.

La cytologie recourt essentiellement à l'examen microscopique des cellules.

Cytomégalovirus

Virus à A.D.N. de la famille des *Herpesviridæ* (herpès virus).

Le cytomégalovirus est transmis par contact avec la salive et les urines contaminées et par les globules blancs (transfusion). Une fois dans l'organisme, il réside dans les lymphocytes et persiste toute la vie.

Le cytomégalovirus est responsable d'infections congénitales (maladie des inclusions cytomégaliques) et, à tout âge, d'infections latentes qui, fréquemment, ne donnent lieu à aucun symptôme, ou se traduisent par une fièvre prolongée avec mononucléose sanguine, éventuellement associée à une hépatite, à une pneumopathie ou à une encéphalite. L'infection peut également déclencher une forme particulièrement grave de rétinite, presque exclusivement observée chez les sujets atteints du sida et immunodéprimés.

DIAGNOSTIC ET TRAITEMENT

Le diagnostic se fait par immunofluorescence (recherche dans le sang d'anticorps rendus fluorescents pour être visualisés), par culture de sang, d'urines ou de sécrétions ou par examen sérologique. Le traitement antiviral, au besoin par voie locale dans les atteintes oculaires, est préconisé en cas de lésions constituées chez le sujet immunodéprimé.

Cytopathologie

Étude des modifications morphologiques des cellules, provoquées par les maladies.

Cytoplasme

Ensemble des éléments qui se trouvent à l'intérieur de la cellule, à l'exclusion du noyau.

Cytoponction

Technique consistant à prélever, à l'aide d'une fine aiguille, des cellules d'une lésion située en profondeur en vue d'un diagnostic cytologique. SYN. *cytologie par ponction*.

INDICATIONS

Bien que tous les organes soient accessibles à la cytoponction, ses terrains d'application privilégiés sont les kystes ovariens liquidiens (qu'elle permet en outre de traiter par vidange du kyste) et les tumeurs (notamment celles du sein).

DÉROULEMENT

La ponction est guidée par la palpation ou, pour les organes profonds (poumon, foie, pancréas), par les techniques d'imagerie médicale (radiologie, échographie, scanner). Si l'innocuité et la simplicité de réalisation de la cytoponction en font une technique d'exploration d'un très grand intérêt, celle-ci ne permet pas cependant, à la différence de la biopsie, d'établir un diagnostic formel.

Dacryoadénite

Inflammation, aiguë ou chronique, de la glande lacrymale.

L'inflammation se caractérise par une tuméfaction à l'angle externe de l'œil, qui peut être douloureuse et s'accompagner d'œdème. Le traitement fait appel aux anti-infectieux locaux ou généraux.

Dacryocystite

Inflammation, aiguë ou chronique, du sac lacrymal, situé entre l'angle interne de l'œil et le nez.

CAUSES

Une dacryocystite est le plus souvent due à l'obstruction du canal lacrymonasal. Cette obstruction, liée à une infection ou à une irritation chronique, provoque un arrêt de la circulation lacrymale et favorise l'infection du sac lacrymal.

SYMPTÔMES ET SIGNES

■ La dacryocystite aiguë se manifeste par une tuméfaction arrondie, rouge, chaude et douloureuse, située entre l'angle interne de l'œil et l'aile du nez, et par un larmoiement.

■ La dacryocystite chronique entraîne un larmoiement et un mucocèle (kyste contenant du mucus) du sac lacrymal, masse ferme et indolore dont la pression entraîne la sortie de mucus par l'orifice lacrymal.

TRAITEMENT

Il repose sur une désobstruction chirurgicale du canal lacrymonasal.

Daltonisme

Trouble héréditaire de la vision des couleurs, notamment du rouge et du vert.

La transmission du daltonisme est héréditaire, de type récessif, et liée au sexe : le gène porteur se trouve sur le chromosome X ; un garçon qui l'a reçu de sa mère développe toujours la maladie, une fille ne la développe que si elle l'a reçu de son père et de sa mère. L'anomalie de la vision est due à un trouble fonctionnel des cônes de la rétine, qui permettent la perception des couleurs.

Le daltonisme se manifeste par une confusion du bleu-vert et du rouge. Selon le degré de gravité de son trouble, le sujet peut voir ces couleurs affaiblies ou en gris, avec des variations d'intensité.

Il n'y a pas de traitement spécifique de cette anomalie, qui par ailleurs n'est pas gênante dans la vie courante et peut même être ignorée du sujet. Cependant, le daltonisme interdit l'exercice de certaines professions où il est fait usage de signalisations rouges et vertes (chemins de fer, aviation).

Darier (maladie de)

Maladie cutanée caractérisée par des lésions croûteuses et cornées malodorantes.

Déambulateur

Cadre rigide ou articulé destiné à fournir un appui dans ses déplacements à une personne dont la marche ou l'équilibre ne sont pas assurés. SYN. *cadre de marche.*

Débit minute des hématies et des leucocytes (mesure du)

Examen destiné à déterminer le nombre de globules rouges et de globules blancs éliminés dans l'urine par minute. SYN. *compte d'Addis-Hamburger.*

Dans l'urine d'un sujet normal, le débit des hématies doit être inférieur à 5 000 et celui des leucocytes inférieur à 10 000.

Un débit minute élevé d'hématies ne permet pas de localiser l'origine du saignement. Un débit minute élevé de leucocytes est le plus souvent dû à une infection urinaire.

Débit ventilatoire

Volume d'air inspiré ou expiré par les poumons par unité de temps et dont la mesure est utilisée à des fins diagnostiques.

SYN. *débit respiratoire.*

La mesure des débits ventilatoires fait partie de l'examen appelé exploration fonctionnelle respiratoire (E.F.R.), qui recherche la cause d'une dyspnée (gêne respiratoire).

Les débits expiratoires diminuent en cas de rétrécissement des petites bronches, phénomène qui peut être causé par l'asthme, par exemple.

Débitmètre de pointe

Petit instrument en forme de tube utilisé par un malade asthmatique pour contrôler son état respiratoire.

Débit-volume (boucle)

Graphique dessiné par un appareil de mesure de la respiration, utilisé pour le diagnostic et la surveillance des affections respiratoires.

Décalage horaire (symptômes du)

Modification du cycle biologique de 24 heures consécutives provoquée par le changement de fuseau horaire lors de voyages en avion.

Les principaux symptômes du décalage horaire sont les troubles du sommeil, plus importants après un vol vers l'est (qui raccourcit la journée) que pour un vol vers l'ouest ; les troubles digestifs : troubles du transit, de la digestion, etc. ; les désordres psychiques et physiques provoqués par la perturbation de la sécrétion de cortisol (hormone sécrétée par les glandes surrénales), habituellement deux à trois fois plus importante le matin qu'en fin d'après-midi. L'adaptation de l'organisme à un nouveau fuseau horaire demande souvent plusieurs jours. Les très jeunes enfants sont plus sensibles au décalage horaire et ont besoin d'un temps d'adaptation plus long.

Décalcification

Diminution importante de la teneur en calcium de l'organisme, particulièrement dans les os et les dents.

Elle peut être due à une hyperchlorhydrie (excès d'acide chlorhydrique gastrique), à des troubles des glandes parathyroïdes, à une carence en vitamine D. Diabète, immobilisation prolongée et grossesse sont également des facteurs de décalcification.

La décalcification entraîne différents troubles tels que, chez l'enfant, un rachitisme (calcification insuffisante des os et des cartilages de croissance). Chez l'adulte, elle a pour conséquence une ostéoporose (porosité du tissu osseux) ou une ostéomalacie (ramollissement et déminéralisation des os).

TRAITEMENT

Il est avant tout diététique : consommation de végétaux et de farines riches en calcium (choux, légumes secs, pain complet), de laitages, de préparations à base de calcium et de phosphore, de vitamine D.

Décalottage

Action de découvrir le gland pénien en faisant glisser la peau du prépuce vers la base de la verge.

Le décalottage, naguère fréquemment pratiqué à la naissance ou au cours de la petite enfance, est de moins en moins effectué aujourd'hui en raison des petites lésions qu'il peut occasionner. Cependant, il est possible de relever légèrement le prépuce sur le gland afin de mieux le nettoyer.

Décérébration

Trouble dû à une lésion grave du tronc cérébral (partie de l'encéphale située juste au-dessous du cerveau).

Une décérébration peut avoir pour cause une tumeur cérébrale, un traumatisme crânien ou une intoxication par une substance chimique. Elle se manifeste par une rigidité des quatre membres en extension, accompagnée d'accès de raidissement de toute la colonne vertébrale, avec la tête rejetée en arrière. Ces signes apparaissent chez un sujet dans le coma et témoignent d'une aggravation de l'état comateux. Le traitement, s'il est possible, consiste à intensifier, d'une part, les manœuvres de réanimation et, d'autre part, à s'attaquer à la cause (antidote d'un toxique, par exemple). Le pronostic est, malgré tout, sombre dans l'ensemble.

Déchirure musculaire

Rupture d'un muscle due à un effort trop intense.

Une déchirure musculaire survient le plus souvent chez un sportif insuffisamment entraîné. Elle se manifeste par une douleur aiguë, pouvant occasionner une syncope. Quelques jours après le traumatisme, un hématome apparaît à la surface du muscle.

Le traitement comprend le repos complet du sujet pendant deux jours, la surélévation du membre associée à l'application, deux heures par jour, d'une vessie de glace et la prise d'anti-inflammatoires non stéroïdiens et de myorelaxants. Au bout de deux jours, l'hématome, s'il est volumineux, peut être ponctionné sous échographie puis bandé. La reprise des activités sportives n'est envisageable qu'au moins un mois après l'accident.

Déchirure rétinienne

Formation d'une brèche dans la rétine (membrane nerveuse sensible à la lumière qui tapisse le fond de l'œil), souvent à sa périphérie.

Une déchirure rétinienne apparaît dans les zones de fragilité de la rétine et s'observe plus fréquemment chez les sujets atteints d'une forte myopie, dont la rétine est parfois plus mince.

Le sujet atteint perçoit parfois des sortes d'éclairs bleutés, fixes, surtout la nuit. La complication principale d'une déchirure rétinienne est le décollement de la rétine.

TRAITEMENT

Le traitement habituel est la photocoagulation au laser argon, pratiquée lors d'une consultation ; elle consiste à effectuer de petites brûlures autour de la déchirure afin de la fixer, sans toutefois la faire disparaître. La réaction inflammatoire qui s'ensuit fait

adhérer la rétine à l'épithélium pigmentaire sous-jacent, empêchant son décollement. La cicatrice n'est solide qu'après un délai de trois semaines à un mois.

Lorsque la déchirure est déjà soulevée par du liquide vitréen, on recourt parfois à une cryoapplication (application de froid à travers la sclérotique) sous anesthésie locale ou générale. Ce traitement nécessite une hospitalisation de 24 ou 48 heures. Le patient doit s'en tenir à une activité calme tant que la cicatrisation n'est pas définitive.

Dans les années qui suivent, les récidives sont possibles.

Déclaration obligatoire des maladies infectieuses

Information que doit réglementairement et obligatoirement donner aux autorités sanitaires, nationales ou internationales (Organisation mondiale de la santé), le médecin qui examine un malade atteint de certaines maladies infectieuses contagieuses, dont la liste a été établie par décret.

Décollement épiphysaire

Traumatisme osseux, spécifique à l'enfant et à l'adolescent, atteignant le cartilage de conjugaison (zone de croissance de l'os).

Les épiphyses (extrémités des os longs) sont séparées de la diaphyse (corps de l'os) par une mince lame cartilagineuse, le cartilage de conjugaison, également appelé cartilage de croissance, qui constitue la zone d'accroissement actif de l'os. Un accident peut provoquer une séparation, appelée décollement, entre ce cartilage et le reste de l'os, laquelle peut s'associer ou non à une fracture. À l'examen, la région est douloureuse et parfois déformée ; le diagnostic nécessite une radiographie.

TRAITEMENT

Le plus souvent, le traitement est orthopédique : il consiste en une manipulation externe faite sous anesthésie et destinée à remettre en position normale la région traumatisée, puis en un plâtrage laissé en place jusqu'à la consolidation. Les résultats sont en général bons ; cependant, des anomalies peuvent apparaître par la suite sans qu'on puisse les prévoir, et une surveillance sérieuse de cette zone est nécessaire jusqu'à la fin de la croissance de l'enfant.

Décollement de la rétine

Affection grave de l'œil due à la séparation de la rétine (membrane nerveuse sensible à la lumière qui tapisse le fond de l'œil) et du feuillet sous-jacent sous l'effet du passage de liquide vitréen sous la rétine.

Le décollement de la rétine, assez fréquent, touche en général un seul œil. Il survient plus fréquemment chez les personnes atteintes de forte myopie ou aphakes (dépourvues de cristallin), chez les sujets âgés et chez ceux pour qui il existe un décollement de rétine dans les antécédents familiaux ou personnels. Un décollement peut résulter d'un traumatisme (contusion ou plaie du globe oculaire). Il peut aussi être d'origine tumorale ou inflammatoire.

SYMPTÔMES ET SIGNES

Des signes dits prémonitoires indiquent les phénomènes qui précèdent le décollement : perception de petites mouches volantes ou de points bleutés lumineux signalant une perte de l'adhérence normale du corps vitré à la rétine ; survenue d'éclairs lumineux bleutés et fixes révélant la traction exercée par le corps vitré sur la rétine, ou vision d'une « pluie de suie » indiquant un saignement de la rétine, alors déchirée, dans le corps vitré. Lorsque la rétine est décollée, le sujet a l'impression de voir un voile noir dans une partie de son champ visuel. La baisse de la vision indique que la macula (zone centrale de la rétine) est atteinte.

DIAGNOSTIC ET ÉVOLUTION

Le diagnostic repose sur l'examen du fond d'œil après dilatation pupillaire.

L'évolution, invariablement défavorable en l'absence de traitement, est aujourd'hui enrayée grâce aux progrès de la chirurgie.

TRAITEMENT ET PRÉVENTION

Le traitement, toujours chirurgical, repose sur trois principes : repérer précisément les déhiscences périphériques, les obturer par forte pression sur l'œil et recréer l'adhérence entre les feuillets désolidarisés par cryoapplication (application de froid à travers la sclérotique), ce qui provoque une réaction inflammatoire à l'origine de la cicatrisation. Il est aussi nécessaire parfois de pratiquer l'ablation du corps vitré ou encore une ponction du liquide sous-rétinien. L'hospitalisation dure environ une semaine.

Le traitement préventif reste essentiel. Il repose sur la surveillance des sujets à risque et le traitement des lésions dégénératives de la périphérie rétinienne par photocoagulation au laser argon avant qu'elles ne provoquent un décollement de la rétine.

Décompression

Diminution de la pression qui s'exerce sur l'organisme d'un sujet après que celui-ci a été soumis à une pression supérieure à la pression atmosphérique.

ACCIDENTS DE DÉCOMPRESSION

Les accidents de décompression affectent principalement les plongeurs en scaphandre autonome et les ouvriers travaillant dans des caissons pressurisés (on parle alors de maladie des caissons), mais aussi les aviateurs et les astronautes.

La décompression, lorsqu'elle est trop rapide, entraîne la formation de bulles dans les vaisseaux et les tissus de l'organisme. Des symptômes, comme un emphysème sous-cutané (infiltration gazeuse sous-cutanée) et des démangeaisons, peuvent précéder des douleurs articulaires violentes, en particulier aux épaules et aux genoux. Les atteintes du système nerveux se traduisent, notamment, par une faiblesse des jambes et des troubles de la vision et de l'équilibre, mais elles peuvent aussi se signaler par une paraplégie, liée à la présence de bulles d'azote dans les tissus nerveux, ainsi que par des hémiplégies et des crises d'épilepsie par embolie gazeuse.

Dès l'apparition des premiers troubles, le sujet doit être conduit de toute urgence vers un centre spécialisé, où une recompression dans un caisson hyperbare s'impose. La prévention repose sur le respect des paliers de décompression, par exemple lors de la remontée, pour les plongeurs.

Décrochement de la mâchoire

→ VOIR Luxation temporomandibulaire.

Décubitus

Attitude du corps allongé sur un plan horizontal.

Le décubitus peut être dorsal, ventral ou latéral droit ou gauche.

Dédoublement de la personnalité

Trouble de l'unité de la conscience de soi, caractérisé par l'apparition en alternance d'une personnalité première et d'une ou de plusieurs personnalités secondaires chez un même sujet.

Défécation

Action par laquelle les fèces sont expulsées.
SYN. *exonération.*

La défécation est un phénomène complexe, pour partie réflexe, pour partie volontaire, cette dernière étant acquise par l'éducation. Le passage des matières fécales du côlon sigmoïde dans le rectum éveille l'envie de la défécation. En contrôlant le sphincter strié de l'anus et le tonus de la paroi abdominale, le sujet peut soit expulser les selles, soit les retenir. Les selles sont éliminées par contractions successives.

La perte de cet enchaînement peut constituer une cause de constipation. À l'inverse, une pression trop forte des matières fécales en cas de diarrhée est à l'origine d'une incontinence irrépressible.

Défécographie

Examen radiologique qui permet de visualiser le mécanisme de la défécation.

INDICATIONS

La défécographie permet de déterminer les causes d'une constipation dite terminale, due à une impossibilité pour le rectum d'évacuer les matières fécales, ou au contraire d'une incontinence anale empêchant le patient de se retenir. La défécographie est pratiquée après des investigations cliniques et des examens complémentaires comme l'endoscopie ou le lavement baryté.

PRÉPARATION ET DÉROULEMENT

Le patient se déshabille et s'allonge sur le côté. Dans un premier temps, le médecin introduit une canule dans le rectum et remplit celui-ci, sous faible pression, d'une pâte barytée épaisse, dont la consistance est proche de celle des matières naturelles. Puis le patient s'assoit sur un siège spécial, radiotransparent, comme pour aller à la selle. Le radiologue prend alors des clichés du rectum au repos, en retenue et en poussée, toutes les demi-secondes. L'examen dure environ 15 minutes.

Déficience mentale

Insuffisance du développement intellectuel.
SYN. *arriération mentale, débilité mentale, oligophrénie.*

La déficience mentale se distingue des psychoses infantiles primitives, des syndromes de carence (hospitalisme) et des déficits sensoriels, perceptifs ou moteurs (surdité, instabilité psychomotrice, dyslexie). Elle regroupe l'ensemble des affections qui empêchent l'accès de l'enfant à l'autonomie et à l'adaptation sociale.

CAUSES

La déficience mentale peut être congénitale : aberrations chromosomiques (trisomie 21), trouble héréditaire du métabolisme, maladie endocrinienne de la thyroïde ou de la parathyroïde, malformation craniocérébrale, phacomatose, épilepsie. Elle peut aussi être acquise, due à une maladie infectieuse (rubéole, toxoplasmose) contractée par la mère pendant la grossesse, à une encéphalite, à une méningite ou à une souffrance cérébrale (provoquée par une anoxie, une hémorragie, un ictère nucléaire [syndrome caractérisé par des lésions des noyaux gris du cerveau]). Dans 50 % des cas, sa cause reste inconnue.

TRAITEMENT

L'orientation et le traitement de l'enfant dépendent de plusieurs facteurs : structure affective (parfois très riche) ; état des fonctions sensorielles, motrices et instrumentales ; stabilité du comportement ; harmonie familiale ; tolérance du milieu, etc. L'enfant a surtout besoin de se sentir en confiance, vis-à-vis des autres comme vis-à-vis de lui-même. Associée à un soutien psychothérapique, la rééducation permet souvent d'obtenir d'appréciables progrès ; en cas d'agitation ou d'agressivité de l'enfant, on l'associe parfois à des neuroleptiques légers.

Défilé cervicobrachial (syndrome du)

Syndrome provoqué par la compression des vaisseaux et des nerfs dans le défilé cervicobrachial (qui relie le cou à chacun des bras).

SYN. *syndrome du défilé thoracobrachial.*

La compression des racines nerveuses provoque des douleurs, une fatigabilité lors de travaux qui nécessitent de lever le bras, des fourmillements ou des décharges électriques dans le membre supérieur du côté correspondant à l'atteinte. La compression de la veine axillaire entraîne l'apparition d'un œdème intermittent et parfois d'une véritable phlébite du membre supérieur. Enfin, la compression de l'artère, beaucoup plus rare, se traduit par une fatigabilité du bras correspondant et peut aller jusqu'à l'occlusion du vaisseau, se manifestant par un refroidissement brutal de tout le membre.

TRAITEMENT

Un traitement chirurgical est parfois nécessaire : il consiste à supprimer tous les éléments osseux ou musculaires qui compriment les vaisseaux ou les nerfs. En cas d'insuffisance musculaire, le traitement consiste en une rééducation.

Dégénérescence oculaire

Altération du fonctionnement de certains tissus de l'œil.

Dégénérescence maculaire

Elle consiste en une destruction progressive de la macula (zone rétinienne de quelques millimètres de diamètre qui permet la vision précise, dite vision centrale). Les principaux facteurs favorisants sont la myopie et, surtout, l'âge, puisque cette dégénérescence est plus fréquente après 70 ans. La dégénérescence maculaire se manifeste par une baisse de la vision centrale empêchant surtout la lecture, alors que le reste de la vision, celle dite périphérique, est normal. Le diagnostic repose sur l'examen du fond d'œil. L'évolution, très progressive, aboutit à la perte de la vision centrale (scotome central). Le traitement, par photocoagulation au laser, n'est indiqué que dans certaines formes de la maladie.

Déglutition

Acte par lequel le bol alimentaire passe de la bouche dans l'œsophage, puis dans l'estomac.

La déglutition comporte deux temps : un temps pharyngé, à la fois volontaire et réflexe, et un temps œsophagien, entièrement réflexe.

→ VOIR Dysphagie.

Déjerine-Klumpke (syndrome de)

Syndrome atteignant le membre supérieur et l'œil.

Le syndrome de Déjerine-Klumpke est dû à une lésion des fibres inférieures du plexus brachial (entrecroisement de filets nerveux du creux de l'aisselle donnant principalement naissance aux nerfs du bras). La cause initiale peut être un traumatisme, une compression ou une infiltration par un cancer voisin (cancer bronchopulmonaire du sommet des poumons). Les signes sont une paralysie de la main, une perte de la sensibilité de l'avant-bras et de la main, un syndrome de Claude Bernard-Horner.

→ VOIR Claude Bernard-Horner (syndrome de).

Déjerine-Sottas (maladie de)

Maladie héréditaire, caractérisée par une hypertrophie des nerfs responsable d'atrophie musculaire et de paralysies.

La maladie de Déjerine-Sottas est héréditaire et se transmet de façon autosomique dominante : le gène porteur se trouve sur un chromosome non sexuel ; il suffit qu'il soit transmis par l'un des parents pour que l'enfant développe la maladie. Les signes en sont une paralysie des membres inférieurs, puis des membres supérieurs, ainsi qu'une diminution de la sensibilité cutanée. S'y ajoutent souvent des douleurs, une déformation de la colonne vertébrale, des troubles de la motricité oculaire. L'évolution commence très tôt, parfois à la naissance, et aboutit souvent à une dépendance totale sans qu'un traitement puisse l'arrêter.

Délire

Perte du sens de la réalité se traduisant par un ensemble de convictions fausses, irrationnelles, auxquelles le sujet adhère de façon inébranlable.

Le délire se distingue de l'onirisme (confusion mentale), de la désorientation caractéristique de certains troubles neurologiques (amnésie, démence) ainsi que des productions imaginaires du mythomane ou de l'hystérique.

SYMPTÔMES ET SIGNES

Le délire se décrit selon différents traits : ses mécanismes (délire d'interprétation, hallucinations ou illusions, construction d'un scénario imaginaire, etc.) ; ses thèmes (délire de persécution, mégalomanie, délire mystique ou prophétique, jalousie, autoaccusation, sentiment d'être commandé par une force extérieure, etc.) ; sa structure (délire bien construit et cohérent ; délire fantastique, dont la construction part dans tous les sens mais qui reste néanmoins organisé ; délire flou, incohérent) ; son déclenchement, tantôt soudain et inattendu (bouffée délirante), tantôt insidieux et progressif ; son évolution (réversible ou non, intermittente, extensive, s'accompagnant ou non d'un déficit intellectuel).

Épisode délirant aigu

L'épisode délirant aigu, ou bouffée délirante aiguë, est une psychose aiguë qui survient brutalement, le plus souvent chez un sujet jeune et sans antécédent. Il peut être réactionnel, consécutif à une intoxication, ou démasquer une structure psychotique.

Délire des psychoses chroniques

Le délire des psychoses chroniques revêt des formes très variées. La paranoïa et la paraphrénie se traduisent par un délire très cohérent, qui se développe de façon progressive, sans affaiblissement intellectuel. La schizophrénie est marquée par un délire flou, incohérent, peu organisé, appelé délire paranoïde. Le délire caractéristique de la psychose maniacodépressive amplifie le dérèglement de l'humeur : mégalomanie euphorique chez le maniaque, autoaccusations,

idées de non-existence de soi ou d'une partie du corps chez le mélancolique.

Traitement et pronostic du délire

En règle générale, la première apparition d'un délire doit être traitée en milieu spécialisé. Le pronostic dépend de la rapidité et de la qualité des soins. L'analyse de l'expérience délirante, des phases de recrudescence et de rémission est essentielle pour orienter le traitement. Selon la gravité des troubles de la personnalité, les neuroleptiques, le lithium, parfois les antidépresseurs, associés à un éventail de psychothérapies, individuelles ou de groupe, telles que la psychanalyse, la sociothérapie, l'art-thérapie (par le modelage, le dessin, la peinture, le mime), permettent d'enrayer le délire. Par la suite, et lorsque les troubles délirants restent mineurs et ne comportent pas un risque de passage à l'acte (agression, automutilation, suicide), l'hospitalisation ne s'impose plus. La psychothérapie et un simple traitement d'entretien sont souvent suffisants pour permettre au patient de conserver son adaptation socioprofessionnelle.

Delirium tremens

Syndrome aigu et grave dû au sevrage brutal d'une personne souffrant d'alcoolisme chronique.

SYMPTÔMES ET SIGNES

Ils comprennent des tremblements généralisés, des membres ou de la langue, des sueurs abondantes, de la fièvre, une accélération du rythme cardiaque, une agitation, une confusion mentale, une déshydratation, un délire avec hallucinations (zoopsies, ou visions d'animaux fantastiques). Le malade « vit son délire » et se trouve entraîné dans des activités imaginaires, par exemple pour échapper aux animaux qu'il voit. Des convulsions peuvent également survenir.

Les symptômes s'installent habituellement de 24 à 36 heures après la dernière prise d'alcool, sous la forme d'un prédelirium (tremblements, agitation sans délire). Pendant le delirium proprement dit, le patient encourt des risques graves : conséquences d'actes dangereux (défenestration, par exemple), déshydratation pouvant aboutir au collapsus cardiovasculaire (effondre-ment de la tension artérielle) et survenue d'une encéphalopathie (affection du cerveau) grave, dite de Gayet-Wernicke.

TRAITEMENT ET PRÉVENTION

Le traitement du delirium tremens repose sur la réhydratation intensive du patient par perfusion intraveineuse, sur l'administration de médicaments sédatifs (anxiolytiques) par voie injectable et sur la surveillance en milieu hospitalier. La prise de vitamine B1 permet d'éviter l'apparition d'une encéphalopathie. Un traitement préventif s'impose : il faut veiller à une bonne réhydratation et à l'administration de sédatifs par voie orale dans les situations de sevrage alcoolique, volontaire ou involontaire.

Deltoïde

Muscle de la face externe de l'épaule.

En forme de cône à sommet dirigé vers le bas, le deltoïde est volumineux et épais. Il recouvre entièrement l'articulation de l'épaule et unit la ceinture scapulaire à la face externe de l'humérus.

Le deltoïde participe à tous les mouve-ments de l'articulation de l'épaule. Sa partie centrale, très puissante, permet l'abduction (élévation latérale) du bras. Ses parties antérieure et postérieure servent à élever le bras en avant et en arrière et participent aux mouvements de torsion.

PATHOLOGIE

L'atteinte des 5e et 6e racines nerveuses cervicales, due essentiellement à une hernie discale au niveau du rachis cervical, entraîne la perte de l'abduction du bras.

Démangeaison

→ VOIR Prurit.

Démence

Affaiblissement progressif de l'ensemble des fonctions intellectuelles, dû à une lésion des cellules nerveuses cérébrales.

Les démences se divisent en deux catégo-ries : les démences symptomatiques, qui sont la conséquence d'une autre maladie bien déterminée, et les démences dégénéra-tives, de cause inconnue ou peu précise.

SYMPTÔMES ET SIGNES

On observe des troubles intellectuels tels qu'une diminution de la mémoire, de l'attention, du jugement, du raisonnement. Assez rapidement, des troubles de l'affecti-vité, du langage et du comportement appa-raissent : indifférence, altération du langage, conduite violente ou impudique. Le malade est parfois longtemps conscient de ses troubles. Dans les démences séniles, on note la prédominance des idées délirantes de préjudice et de persécution.

DIAGNOSTIC

Le diagnostic nécessite un avis spécialisé, neurologique ou psychiatrique, fondé sur l'in-terrogatoire du malade et de son entourage. La deuxième phase du diagnostic repose sur la recherche d'une cause éventuellement cura-ble, par des analyses sanguines et un scanner cérébral. Parfois, cette enquête est négative et le diagnostic de la variété de démence, impos-sible ; seule l'apparition totale des signes per-mettra alors d'établir le diagnostic.

ÉVOLUTION

L'évolution la plus caractéristique d'une démence est la suivante : début discret à partir de l'âge mûr, lenteur de l'aggravation (dix ans ou plus), aspect inexorable. Cepen-dant, certaines démences d'origine vasculaire surviennent brutalement.

TRAITEMENT

Certaines démences symptomatiques sont guéries ou améliorées par le traitement de leur cause. Dans les démences dégénératives (maladies d'Alzheimer ou de Pick), il n'y a pas de traitement spécifique mais les médica-ments peuvent atténuer certains symptômes (sédatifs contre l'agitation, par exemple).

Déminéralisation

→ VOIR Ostéoporose.

Demons-Meigs (syndrome de)

Syndrome caractérisé par l'association d'une tumeur ovarienne bénigne (souvent un fibrome) et d'un épanchement de liquide dans le péritoine (ascite) et dans la plèvre (hydrothorax). SYN. *syndrome de Meigs*.

L'ascite se traduit par un gonflement de l'abdomen, et l'épanchement pleural par une gêne respiratoire.

Le traitement consiste en l'ablation chirurgicale de la tumeur, qui entraîne la guérison immédiate.

Démyélinisation

Perte de la gaine de myéline qui entoure certaines fibres nerveuses.

La démyélinisation est observée dans différentes maladies (syndrome de Guillain-Barré, sclérose en plaques).

Dengue

Maladie infectieuse due à différents virus du groupe des arbovirus. SYN. *fièvre rouge*.

La dengue est transmise à l'homme par la piqûre d'un moustique, *Aedes ægypti*. C'est une maladie endémique survenant par épidémies dans de nombreuses régions chaudes du globe (Asie du Sud-Est, Pacifique, Afrique, Amérique centrale et du Sud, Caraïbes).

SYMPTÔMES ET SIGNES

La dengue se déclare habituellement, entre le cinquième et le huitième jour après la piqûre, par un état grippal avec une fièvre élevée et des douleurs diffuses. Une éruption érythémateuse cutanée apparaît au deuxième jour. Après une rémission d'une journée, les symptômes reprennent puis la guérison survient en une dizaine de jours, laissant le malade dans un état de grande fatigue.

Une autre forme de la maladie, la dengue hémorragique, provoque des hémorragies cutanées, viscérales et digestives ; elle est parfois mortelle.

TRAITEMENT ET PRÉVENTION

Le traitement vise à réduire la fièvre et les douleurs. La prévention consiste essentiellement à se protéger des moustiques.

Déni

Refus inconscient de reconnaître une réalité extérieure traumatisante.

Densitométrie osseuse

Mesure de la densité osseuse par évaluation du contenu minéral des os, essentiellement du calcium.

La densitométrie osseuse s'utilise pour mettre en évidence ou suivre les affections qui appauvrissent le squelette en calcium,

comme l'ostéoporose et l'ostéomalacie, soit au contraire l'exagèrent, comme la fluorose osseuse.

→ VOIR **Absorptiométrie biphotonique.**

Dent

Organe minéralisé implanté dans le maxillaire, dont la partie visible émerge de l'os.

Les dents permettent la mastication, qui constitue le premier temps de la digestion. En soutenant les tissus mous (lèvres, joues), elles jouent un rôle dans la prononciation des sons.

On distingue chez l'être humain les dents de lait, temporaires, et les dents permanentes. Les dents de lait apparaissent entre l'âge de 6 mois et l'âge de 30 mois et sont au nombre de 20. L'éruption des dents permanentes, au nombre de 32, commence à partir de 6 ans et se termine à 12 ans. L'éruption des 4 dents de sagesse peut se produire à partir de 18 ans environ.

STRUCTURE

La dent est un tissu vivant, innervé et irrigué par des nerfs et des vaisseaux sanguins.

Le brossage des dents

Il débarrasse les dents des débris alimentaires et de la plaque bactérienne et doit se faire chaque jour, après les principaux repas, durant environ trois minutes à chaque fois. Il faut changer souvent la brosse, qui doit être à manche souple, à petite tête (pour atteindre les zones d'accès difficile), munie de poils synthétiques souples et arrondis. Le brossage doit être plus minutieux qu'énergique ; il s'effectue sur toutes les faces des dents, dans un mouvement dirigé de la gencive - à brosser aussi - vers la dent. L'angle des poils avec la surface de la dent doit être de 45°. Le dentifrice permet de polir les dents et de rafraîchir l'haleine. Une fois par jour, le passage d'un fil dentaire entre les dents complète le brossage. Les bridges et les appareils orthodontiques fixés se nettoient à l'aide de brossettes interdentaires.

Ceux-ci parviennent au centre de la dent par l'intermédiaire du canal dentaire et forment la pulpe, logée au centre de la dent et contenue dans un tissu calcifié, la dentine. La zone visible de la dent, appelée couronne, est recouverte d'émail, lequel constitue le tissu le plus dur de l'organisme ; la racine de la dent, partie implantée dans le maxillaire, est entourée de cément, qui assure l'articulation avec l'os au moyen de fins filaments formant le ligament alvéolodentaire.

DIFFÉRENTS TYPES DE DENTS

On distingue les dents de devant, incisives et canines, et les dents postérieures, prémolaires et molaires.

■ **Les incisives**, au nombre de 8, ont une forme de pelle et permettent de trancher les aliments.

■ **Les canines**, au nombre de 4, pointues et robustes, sont les dents les plus longues chez l'homme. Situées à la limite des dents postérieures, elles déchiquettent les aliments.

■ **Les prémolaires**, au nombre de 8, les premières des dents postérieures, peuvent avoir 1 ou 2 racines et présentent deux cuspides (protubérances situées sur la surface de mastication) ; elles participent au broiement des aliments.

■ **Les molaires**, au nombre de 12, dont 4 dents de sagesse, possèdent 2 ou 3 racines et de 4 à 5 cuspides ; elles jouent un rôle essentiel dans le broiement des aliments.

PATHOLOGIE

Les dents et la mâchoire peuvent être le siège de douleurs, le plus souvent dues à une carie et à ses conséquences.

Une infection microbienne peut aussi se produire lors d'une maladie de la gencive et provoquer un abcès. Dans certains cas, des bains de bouche à l'eau salée ou des antibiotiques sont prescrits.

Dent (abcès de la)

Collection de pus localisée dans les tissus qui enveloppent la racine dentaire.

CAUSES

Un abcès de la dent résulte d'une infection de la pulpe. Une fois celle-ci détruite, l'infection atteint l'os de la mâchoire. Cette infection peut résulter d'une fracture de la dent, d'une parodontopathie (maladie des gencives) ou, le plus souvent, d'une carie dentaire.

SYMPTÔMES ET SIGNES

Un abcès dentaire se signale par une rougeur et un gonflement de la gencive. Une douleur lancinante gêne fortement la mastication. Céphalées, fièvre et fatigue générale accompagnent souvent l'évolution de l'abcès. Si le drainage se fait spontanément (rupture de la paroi de l'abcès), un pus verdâtre et fétide s'écoule et la douleur s'estompe généralement. Dans ce cas, l'abcès aboutit à la formation d'un granulome (amas cellulaire inflammatoire) ou d'un kyste.

TRAITEMENT

Les progrès de l'endodontie (étude des tissus pulporadiculaires de la dent, de leur pathologie et des traitements qui s'y rattachent) favorisent aujourd'hui la conservation de la dent. Une simple incision au bistouri permet le drainage du pus si celui-ci ne s'est pas fait naturellement. Elle est suivie par un traitement endodontique (assainissement des canaux infectés puis comblement de la cavité par une pâte d'obturation), complété par la pose d'une couronne. Dans les cas où l'incision est impossible (tuméfaction sans pus encore formé), des antibiotiques sont prescrits par voie orale.

Dent incluse

Arrêt partiel ou total de l'éruption d'une dent qui demeure sous la gencive ou est complètement enchâssée dans l'os de la mâchoire.

L'inclusion la plus fréquente concerne les dents de sagesse. Les canines supérieures peuvent aussi rester incluses. Si l'évolution est partielle, les bactéries de la plaque dentaire se glissent entre la dent et la gencive et entraînent douleur, enflure et empâtement ganglionnaire, ce qui peut nécessiter l'extraction chirurgicale de la dent.

Dentine

Tissu calcifié blanchâtre qui recouvre la pulpe de la dent. SYN. *ivoire*.

Dentisterie

→ VOIR Odontologie.

Dentition

Évolution physiologique de tout le système dentaire, qui réalise progressivement la mise en place de l'ensemble des dents.

DENTITION DE LAIT

Les dents de lait, ou dents temporaires, sont au nombre de 20. Elles commencent à émerger des gencives vers l'âge de 6 à 7 mois. Ce sont d'abord les deux incisives centrales inférieures qui apparaissent, suivies des supérieures, en général vers 8 mois. Vers 10 mois viennent les incisives latérales supérieures puis les incisives latérales inférieures. Entre le 12ᵉ et le 18ᵉ mois, c'est l'éruption des premières molaires temporaires puis des canines (entre 18 et 24 mois) et des deuxièmes molaires temporaires (entre 24 et 30 mois). Les dents de lait sont donc constituées dans leur ensemble vers l'âge de 3 ans et tout retard d'éruption dépassant de plus de un an cette chronologie doit être considéré comme pathologique.

L'éruption peut s'accompagner de salivation, de rougeur des gencives, éventuellement tuméfiées, luisantes et douloureuses. On observe parfois de petits kystes bleutés, un coryza séreux, une rougeur des joues.

DENTITION DÉFINITIVE

À partir de 6 ans, les dents de lait sont progressivement remplacées par les dents permanentes, et l'enfant est en période de denture mixte : la première molaire définitive apparaît tout d'abord derrière les molaires temporaires et sert de guide pour l'éruption de la dentition permanente, qui comprend l'apparition des incisives puis des premières prémolaires vers l'âge de 9 ans, des canines vers 11 ou 12 ans et des deuxièmes molaires permanentes à 12 ans. Les troisièmes molaires, ou dents de sagesse, évoluent à partir de 18 ans environ, mais leur éruption peut ne jamais survenir.

PATHOLOGIE

L'éruption d'une dent peut être contrariée par le manque de place, celle-là restant alors totalement ou partiellement incluse dans la mâchoire. Une discordance de volume entre les dents et leur base osseuse se traduit, si les dents sont trop petites, par des espaces entre elles, si elles sont trop volumineuses, par un encombrement dentaire (rotation, chevauchement) ou par des inclusions ; l'encombrement dentaire peut être traité par le port d'un appareil dentaire. Une dent peut également présenter des anomalies de structure ou de couleur, visibles dès son apparition (dysplasie dentaire), ou venir en surnombre (dent surnuméraire).

Denture

Ensemble des dents présentes sur les deux arcades dentaires.

Dénutrition

État pathologique dans lequel les besoins en énergie ou en protéines de l'organisme ne sont pas couverts.

Lorsque la dénutrition affecte les jeunes enfants, si elle est énergétique, on parle de marasme, la dénutrition protéique étant appelée kwashiorkor. Des carences en vitamines, en fer et autres minéraux sont très souvent associées à ces états.

CAUSES

Une dénutrition survient en raison d'une carence d'apport soit absolue (apport alimentaire insuffisant), soit relative (augmentation des besoins énergétiques ou protéiques du sujet), ces deux causes pouvant se conjuguer chez un même malade.

■ **Les carences d'apport** sont généralement dues à une déficience alimentaire : famine, misère, trouble du comportement alimentaire (régime amaigrissant excessif, aberration diététique, anorexie psychogène, dépression, grève de la faim). Une carence d'apport peut également être due à une anomalie du processus de digestion ou d'absorption des aliments consommés.

■ **Les carences d'apport relatives** interviennent lors de diverses maladies, quand les dépenses énergétiques sont accrues à la suite d'une augmentation des dépenses cellulaires : cancer, maladie infectieuse (sida, tuberculose), inflammatoire (polyarthrite rhumatoïde) ou métabolique (hyperthyroïdie), insuffisance respiratoire chronique, insuffisance cardiaque. À cette augmentation des besoins énergétiques ou protéiques peut s'ajouter, dans plusieurs de ces maladies, une carence d'apport due à une mauvaise digestion, à une mauvaise absorption des aliments consommés ou à un manque d'appétit.

SYMPTÔMES ET SIGNES

La dénutrition se manifeste par un amaigrissement important, une augmentation de la taille du foie, une sécheresse de la peau et des cheveux, des ongles cassants, striés ou déformés et, parfois, lorsque la dénutrition est principalement protéique, par des œdèmes ainsi que par des perturbations fonctionnelles (déficience immunitaire). Une dénutrition protéique se traduit par une fonte de la masse musculaire et par la diminution du taux de protéines plasmatiques. Une dénutrition énergétique se manifeste par une fonte des réserves adipeuses.

TRAITEMENT

Si l'alimentation orale est possible (appétit conservé, appareil digestif intact), la réalimentation se pratique en suivant des règles très strictes (réalimentation progressive et prudente sur plusieurs semaines). Si l'alimentation orale n'est pas possible, les nutriments seront apportés au malade au moyen d'une sonde placée dans l'estomac ou le duodénum (alimentation entérale) ou d'un cathéter veineux central, poussé jusque dans la veine cave supérieure (alimentation parentérale).

Dépendance

État résultant de l'absorption périodique ou continuelle d'une drogue.

Selon la nature de la drogue consommée (médicaments, tabac, alcool, haschisch, héroïne), l'état du sujet et sa tolérance au produit, la dépendance peut être psychique ou physique.

■ **La dépendance psychique** se traduit par le besoin de consommer des drogues modifiant l'activité mentale. L'abstinence provoque un désir compulsif, tyrannique, de recourir de nouveau au produit.

■ **La dépendance physique** se traduit par des troubles organiques dès que la drogue cesse d'être consommée : c'est l'état de manque, caractérisé par des vomissements, des crampes, une angoisse intense, etc.

Dépense énergétique

Quantité d'énergie dépensée par un individu pour assurer son métabolisme de base, le maintien de sa température interne corporelle, sa croissance et son activité musculaire.

Dépigmentation

→ VOIR Leucodermie.

Dépistage

Ensemble d'examens et de tests effectués au sein d'une population apparemment saine afin de dépister une affection latente à un stade précoce.

Les tests de dépistage doivent, théoriquement, avoir une sensibilité (proportion de tests positifs parmi les sujets malades) et une spécificité (proportion de tests négatifs parmi les sujets non malades) élevées.

Le dépistage s'applique surtout aux cancers (sein, prostate, tube digestif, col de l'utérus), permet leur découverte précoce et augmente nettement les chances de guérison. Depuis l'apparition de l'épidémie de sida, le dépistage concerne également la séropositivité au V.I.H., en particulier chez les groupes exposés.

Dépistage anténatal

Dépistage d'une maladie du fœtus avant la naissance. SYN. *diagnostic prénatal.*

HISTORIQUE

Le dépistage anténatal, véritable révolution dans la conception de l'obstétrique, est jalonné par quelques dates : 1958, première échographie obstétricale ; 1972, première amniocentèse ; 1976, première fœtoscopie (examen direct du fœtus dans l'utérus) ; 1982, premier prélèvement de sang fœtal guidé par échographie ; 1983, première biopsie de villosités choriales (prélèvement de tissu placentaire, ou trophoblaste).

TECHNIQUES

■ **L'amniocentèse** consiste à prélever du liquide amniotique par ponction abdominale. Elle permet le dépistage anténatal des anomalies chromosomiques par l'étude du caryotype des cellules fœtales, l'étude de l'A.D.N. et la mesure de certaines enzymes. Elle est effectuée vers la 17e semaine d'aménorrhée (absence des règles). Les dépistages le plus souvent effectués sont ceux de la trisomie 21 (mongolisme) et de l'hémophilie.

■ La biopsie de villosités choriales consiste à prélever un échantillon de tissu placentaire (trophoblaste) par voie vaginale ou abdominale sous contrôle échographique ou endoscopique. Elle a le même intérêt que l'amniocentèse mais peut se faire plus tôt (vers la 10e semaine d'aménorrhée) et fournit des résultats plus rapidement.

■ L'échographie repose sur l'émission d'ultrasons réfléchis par les tissus et analysés en fonction de leur fréquence. Elle permet de visualiser le fœtus, de mesurer et de suivre sa croissance, d'analyser l'aspect anatomique d'éventuelles anomalies fœtales ainsi que leur retentissement fonctionnel et leur évolution au cours de la grossesse. L'étude du comportement du fœtus (mobilité, par exemple) renseigne sur le bien-être de l'enfant.

■ La fœtoscopie est pratiquée à partir du 3e mois en introduisant un tube muni d'un système optique par voie abdominale à travers l'utérus jusque dans la poche amniotique. Elle sert à rechercher certaines malformations, essentiellement des anomalies des extrémités, et à réaliser des biopsies cutanées.

■ Le prélèvement de sang fœtal, pratiqué sous contrôle échographique à partir du 4e mois de la grossesse, permet de dépister des infections fœtales, de réaliser le caryotype, d'analyser le sang fœtal et de déceler des anomalies sanguines (anémie, thrombopénie) et des anomalies biologiques (enzymes hépatiques, gaz du sang). Certaines analyses sont aujourd'hui réalisées à partir d'un prélèvement de sang maternel, qui autorise, à partir du 3e mois, certains diagnostics biologiques en offrant des résultats comparables et sans risque pour le fœtus. À l'avenir, le prélèvement de sang maternel permettra l'étude de cellules fœtales qui ont traversé la barrière fœtoplacentaire et circulent dans le sang maternel.

Dépression

État pathologique caractérisé par une humeur triste et douloureuse associée à une réduction de l'activité psychomotrice.

CAUSES

De nombreuses dépressions apparaissent à la suite d'un événement pénible ou de toute autre expérience qui demande au sujet de s'adapter à une nouvelle situation. De telles dépressions sont parfois désignées comme réactionnelles. Une dépression peut aussi être déclenchée par une maladie physique, un bouleversement hormonal (suite d'accouchement) ou un dérèglement endocrinien (hypothyroïdie). Dans certains cas, le syndrome dépressif apparaît en liaison avec une évolution névrotique ou psychotique.

SYMPTÔMES ET SIGNES

Les traits spécifiques des troubles dépressifs sont à la fois psychiques et physiques. Ils atteignent leur maximum d'intensité en fin de nuit ou en début de journée. Au plan psychique, le sujet est d'humeur triste avec perte des motivations, autodépréciation, difficulté à se concentrer, peur de l'avenir, anxiété. La souffrance morale peut l'amener à envisager le suicide, d'autant plus que la sensation d'écoulement du temps semble anormalement ralentie. Les dépressifs ont en commun un fort sentiment de culpabilité et d'impuissance. Au plan physique, le dépressif souffre de troubles de l'appétit, de désordres digestifs, de céphalées, de palpitations, de fatigabilité, d'insomnie et d'altération de la libido.

TRAITEMENT

Le risque majeur de la dépression est le suicide, surtout à redouter dans la mélancolie, les phases aiguës des psychoses (schizophrénie) et chez les personnes âgées. Outre un traitement par les antidépresseurs ou les stabilisateurs de l'humeur (lithium), qui ont considérablement réduit l'usage de l'électrochoc, on préconise toujours une psychothérapie.

Dépression de l'adolescent

La dépression de l'adolescent, tout en se rapprochant de celle de l'adulte (anxiété, sentiment d'infériorité, humeur triste), en diffère par une moindre inhibition, une attitude plus distante qu'accablée, un sentiment de vide ou d'abandon plutôt que de déchéance. Par ailleurs, un état dépressif peut se cacher sous des symptômes trompeurs (dépression masquée) : troubles du comportement (fugue, colère, goût morbide pour le risque), anorexie, boulimie ; l'adolescent se plaint de douleurs (courbatures, maux de tête, d'estomac), a des problèmes scolaires. Les principales complications des dépressions d'adolescent sont la psychose (schizophrénie, psychose maniacodépressive) et, surtout, le passage à l'acte (délinquance, toxicomanie, suicide).

TRAITEMENT
Il ne saurait se limiter à l'administration de psychotropes (antidépresseurs, anxiolytiques), qui risquent de provoquer une dépendance. Dans la plupart des cas, la psychothérapie apportera à l'adolescent l'approfondissement qu'il recherche, l'aidant efficacement à mûrir et à mieux s'accepter.

Dépression de la personne âgée
La dépression de la personne âgée revêt des formes très diverses. La forme la plus grave en est la mélancolie d'involution, qui se traduit par une douleur morale intense avec idées de préjudice et de persécution, une hypocondrie (peur non justifiée d'être malade), une détérioration de l'état général. D'autres formes se manifestent par de l'insomnie, des troubles du caractère, un repli sur soi, des affections psychosomatiques diverses, parfois une pseudodétérioration intellectuelle pouvant simuler une démence.

TRAITEMENT
Il fait appel aux électrochocs en cas de mélancolie d'involution et, d'une manière générale, aux antidépresseurs et à certains sédatifs (neuroleptiques, hypnotiques non barbituriques). Autant que les psychotropes, l'écoute médicale demeure indispensable. Elle aide la personne âgée à retrouver son statut social, à maintenir ses aptitudes physiques et psychiques, voire à poursuivre une évolution créatrice.

Dérivation
Intervention chirurgicale qui consiste à créer une voie artificielle pour l'écoulement de matières ou de liquides, en remplacement de la voie naturelle (tube digestif, voie urinaire, etc.) où siège un obstacle.

On distingue les dérivations définitives, destinées à court-circuiter un obstacle inopérable, des dérivations provisoires, pratiquées en attendant qu'une nouvelle intervention puisse être effectuée. On classe aussi les dérivations selon qu'elles sont externes ou internes. Une dérivation externe se termine soit à l'extérieur du corps (abouchement du côlon à la peau pour créer un anus artificiel), soit dans une cavité détournée de son rôle normal (cavité cardiaque, cavité péritonéale). Une dérivation interne permet de court-circuiter un obstacle. Après que celui-ci a été franchi, les matières et les liquides sont ramenés dans leur voie naturelle.

Dérivé nitré
Médicament utilisé dans le traitement de l'angor (angine de poitrine).

INDICATIONS ET CONTRE-INDICATIONS
Les dérivés nitrés sont essentiellement indiqués soit au cours des crises d'angor sous leur forme à action rapide, soit en traitement de fond, au long cours, pour prévenir les récidives, sous leur forme à action prolongée. Ils sont également utilisés en traitement d'appoint lors de l'insuffisance cardiaque, chronique ou aiguë (provoquant un œdème aigu du poumon).

Aider un dépressif

C'est à l'entourage d'engager le malade à prendre conscience de son état et à se soigner. En effet, l'une des caractéristiques de la dépression est d'être difficile à identifier, surtout quand le malade se plaint essentiellement de troubles physiques, d'où le qualificatif de dépression « masquée » : il a le plus grand mal à prendre lui-même conscience de son état, est réticent à l'idée d'aller voir un psychiatre et se culpabilise pour expliquer ses troubles. L'engager à rencontrer le médecin de famille est alors la meilleure solution. En revanche, demander au malade de faire preuve de bonne volonté, de se changer les idées en prenant des vacances, etc., va à contresens de la guérison.

Les dérivés nitrés sont contre-indiqués en cas de myocardiopathie obstructive (affection du muscle cardiaque formant un bourrelet à l'intérieur de la cavité ventriculaire) et de glaucome (augmentation de la pression intraoculaire).

MODE D'ADMINISTRATION

En cas de crise, l'administration se fait par voie sublinguale (sous la langue), sous forme de comprimés ou de pulvérisations. Le traitement préventif de fond fait appel à la voie orale, ou encore à la voie transdermique, sous forme de « timbre » à laisser collé sur la peau pendant 24 heures ou de pommade.

EFFETS INDÉSIRABLES

Les dérivés nitrés peuvent provoquer assez fréquemment des maux de tête, des bouffées de chaleur et des rougeurs cutanées, des palpitations ou encore une baisse de tension artérielle immédiate déclenchant un malaise et nécessitant un ajustement des doses. Leur administration continue et prolongée risque d'aboutir à un effet de tolérance et à une perte de l'efficacité, qu'une suspension transitoire du traitement permet de rétablir.

Dermabrasion

Technique d'abrasion des lésions cutanées.

La dermabrasion se pratique sur les cicatrices, les tatouages, les rides. La technique repose sur un meulage des lésions à l'aide d'une fraise ou d'une brosse métallique à rotation rapide, qui permet d'enlever les couches superficielles de la peau (épiderme et derme superficiel).

L'intervention, effectuée sous anesthésie locale, ne nécessite aucune hospitalisation. La cicatrisation demande de 15 à 20 jours. Un meulage trop profond risque de laisser une cicatrice disgracieuse. Une augmentation ou une diminution de la pigmentation cutanée dans la zone traitée constituent également un risque non négligeable de cette technique.

Dermatite

Toute inflammation de la peau, quelle que soit son origine. SYN. *dermite*.

Dermatite herpétiforme

Maladie cutanée caractérisée par des bulles remplies de liquide, souvent associées à une atteinte digestive.

Le traitement repose sur les sulfones, médicaments utilisés dans ce cas pour leurs propriétés anti-inflammatoires.

Dermatologie

Partie de la médecine qui étudie et soigne les maladies de la peau, des phanères (cheveux, ongles) et des muqueuses.

Dermatomyosite

Maladie inflammatoire des muscles striés et de la peau.

Rare, la dermatomyosite, d'origine immunologique probable, se rencontre deux fois plus souvent chez la femme que chez l'homme, survient surtout entre 20 et 50 ans et peut également être observée chez l'enfant. Dans un certain nombre de cas, elle s'associe à un cancer viscéral.

SYMPTÔMES ET SIGNES

■ **Des signes cutanés** : rougeur débutant sur les paupières et s'étendant symétriquement sur le visage, puis sur les bras, les mains et les membres inférieurs sous forme de placards rose-violine uniformes pouvant donner des sensations de chaleur ou de brûlure. Ces rougeurs s'associent souvent à un œdème du visage et de la racine des membres.

■ **L'atteinte musculaire**, qui constitue le deuxième signe de la maladie, se traduit par une diminution de la force musculaire qui touche surtout la racine des membres et rend difficiles, voire impossibles, des gestes courants. Chez l'enfant, la maladie peut entraîner une calcinose (présence de dépôts de calcium dans les tissus mous) et un retard de croissance du fait de l'atteinte musculaire.

TRAITEMENT

Il consiste essentiellement en l'administration de corticostéroïdes à forte dose, poursuivie jusqu'à la stabilisation des signes musculaires puis progressivement réduite sur une durée de 2 ou 3 ans. Chez l'enfant, la corticothérapie générale doit s'accompagner d'une prise en charge soigneuse de la motricité. En cas de cancer associé, le syndrome de dermatomyosite régresse en fonction du traitement de la tumeur.

Dermatophytie

Infection de la peau, du cuir chevelu ou des ongles due à un champignon microscopique, le dermatophyte.

La contamination s'effectue le plus souvent par contact humain ; parfois, elle se fait par l'intermédiaire des animaux domestiques ; dans d'autres cas, elle est due au contact du sujet avec un sol, une eau ou des objets contaminés.

SYMPTÔMES ET SIGNES

Les signes cliniques sont très variables.

■ **Les lésions superficielles** se classent en deux groupes. Le premier comprend les atteintes de la peau glabre, par exemple l'herpès circiné (plaque de plusieurs centimètres à bordure rouge) ou l'intertrigo (inflammation de la peau au niveau des plis. Le second comprend les atteintes des cheveux, ou teignes, et celles des ongles, ou onychomycoses, signalées par un changement de couleur et un épaississement des ongles.

■ **Les lésions profondes** peuvent être aiguës ou chroniques. Les lésions aiguës comprennent, notamment, des kérions (teignes suppuratives caractérisées par la présence de placards tuméfiés pustuleux sur le cuir chevelu) et des sycosis (suppuration des poils de la barbe). Les lésions chroniques se présentent sous la forme de plaques rouges ou de nodules sous-cutanés.

DIAGNOSTIC

Le diagnostic doit être confirmé par l'examen au microscope de prélèvements de peau ou de sécrétions des lésions.

TRAITEMENT ET PRÉVENTION

Le traitement d'une dermatophytie repose sur les antifongiques, associés à des applications de crème ou de lotion. La prévention consiste à éviter la contagion, par exemple en proposant l'éviction scolaire pour les enfants.

Dermatose

Toute maladie de la peau, quelle que soit sa cause.

Le terme s'applique aussi, par extension, aux affections des muqueuses et des annexes cutanées (cheveux, ongles).

Dermatose à IgA linéaire

Maladie cutanée rare, caractérisée par l'apparition de bulles liquidiennes dans la partie inférieure du corps.

Dermatose pustuleuse sous-cornée

Maladie cutanée de l'âge mûr, d'évolution chronique, mais bénigne.

La dermatose pustuleuse sous-cornée est une maladie rare, de cause inconnue. Elle se manifeste par l'apparition, le plus souvent chez la femme, de pustules de moins de 1 centimètre de diamètre, dessinant, principalement sur le tronc, des sortes d'anneaux. La maladie commence vers 50 ans puis évolue par poussées successives.

Le traitement repose sur l'administration, par voie orale, de médicaments du groupe des sulfones ; il entraîne, en général, une atténuation des symptômes. Les récidives sont cependant possibles lorsqu'on diminue les doses.

Derme

Couche moyenne de la peau, séparant l'épiderme de l'hypoderme.

PHYSIOLOGIE

Le derme assure la solidité de la peau grâce aux fibres de collagène et son élasticité grâce aux fibres d'élastine. Il protège les régions sous-cutanées des agressions mécaniques et participe aux échanges thermiques entre le corps et le milieu extérieur en régulant les pertes de chaleur de l'organisme. En outre, grâce à ses nombreux vaisseaux superficiels, il assure la nutrition de l'épiderme.

Dermite ocre des jambes

→ VOIR Angiodermite purpurique et pigmentée.

Dermite orthoergique

Irritation cutanée due, en général, au contact d'un produit chimique avec la peau. SYN. *dermite artificielle*.

Les causes en sont très nombreuses : substances irritantes contenues dans les cosmétiques (savons), les teintures, les détergents ménagers, les produits à usage professionnel (ceux utilisés par les maçons, par exemple).

DIFFÉRENTS TYPES DE DERMITE ORTHOERGIQUE

Selon leur évolution, aiguë ou chronique, on classe les dermites orthoergiques en deux catégories.

■ Dans la forme aiguë, les signes sont des douleurs ou des sensations de brûlure parfois intenses, une rougeur, des bulles (petites saillies cutanées remplies de liquide), voire des zones de nécrose (tache noirâtre due à la mort des cellules) avec escarres.

■ Dans la forme chronique, souvent liée à la manipulation professionnelle d'une substance mal tolérée, la peau est sèche, fissurée ou épaisse par endroits, parfois douloureuse.

TRAITEMENT ET PRÉVENTION

Le traitement repose sur le nettoyage de la peau au sérum physiologique à la phase aiguë et sur l'utilisation exclusive de savons dermatologiques spéciaux à la phase chronique ainsi que sur l'application de produits gras. La prévention consiste à supprimer le contact avec les substances responsables, par exemple en appliquant des crèmes isolantes ou en mettant des gants avant de les manipuler.

Dermite des prés

Éruption cutanée due à une exposition au soleil après contact avec un végétal.

La dermite des prés est due à la conjonction de trois facteurs : humidité (par exemple le sujet a pris un bain dans une rivière), contact avec un végétal (il s'est allongé sur l'herbe) puis exposition à une lumière suffisamment intense (soleil d'été). Les végétaux responsables de cette éruption sont nombreux : certaines plantes ou fleurs, le bouton d'or par exemple. Elle se manifeste par des stries linéaires rouges, parfois parsemées de bulles (décollements cutanés remplis de liquide) de quelques millimètres, dessinant grossièrement la forme du végétal. La dermite des prés commence brutalement, puis régresse spontanément en quelques jours. Le traitement se limite à l'application d'antiseptiques cutanés pour éviter une infection.

Dermite séborrhéique

Affection cutanée caractérisée par des rougeurs et des squames prédominant sur le visage. SYN. *dermatite séborrhéique*.

CAUSES

La dermite séborrhéique est de cause inconnue. Cependant, on pense que certains cas seraient dus à une infection par un champignon microscopique.

SYMPTÔMES ET SIGNES

Elle se manifeste par de petites taches ou de grandes plaques rouges recouvertes de squames grasses et jaunâtres. Les lésions prédominent dans les zones où la sécrétion séborrhéique est la plus importante : cuir chevelu surtout, ailes du nez, sillon entre le nez et les lèvres, sourcils.

■ Dans les formes bénignes, on observe seulement quelques rougeurs et squames du cuir chevelu, formant chez le nourrisson ce que l'on appelle les croûtes de lait.

■ Dans les formes graves, le cuir chevelu est atteint jusqu'au front, constituant un « casque séborrhéique ». Le tronc aussi peut être atteint.

ÉVOLUTION ET TRAITEMENT

Chez le nourrisson, la maladie commence dès les premières semaines et s'arrête spontanément avant 4 mois. Les croûtes de lait ne nécessitent qu'un savonnage doux et une application d'huile d'amande douce. Chez l'adulte, l'évolution de la dermite séborrhéique est chronique. Le traitement consiste d'abord à éviter les cosmétiques et le grattage.

Dans les formes plus graves de la maladie, on fait souvent appel aux antiseptiques cutanés, parfois aux dermocorticostéroïdes, mais, dans ce cas, la prescription est limitée à des produits peu puissants, en cures courtes et de façon très prudente chez l'enfant.

Dermite du siège

→ VOIR Érythème fessier.

Dermocorticostéroïde

Corticostéroïde (hormone corticosurrénalienne) naturel ou de synthèse appliqué sur la peau pour traiter les inflammations cutanées.

Dermographisme

Réaction cutanée locale due à une stimulation mécanique (frottement, griffure) et assimilée à une urticaire.

Désensibilisation

Méthode thérapeutique destinée à diminuer la sensibilité allergique d'un sujet.

La désensibilisation consiste, après identification de l'allergène (facteur déclenchant l'allergie), à injecter des doses initialement très faibles, puis progressivement croissantes, de l'antigène responsable du phénomène allergique ; ce procédé aide le sujet à développer une tolérance vis-à-vis de l'allergène en cause. C'est une méthode relativement astreignante, qui débute toujours sous surveillance médicale stricte et nécessite plusieurs mois, voire plusieurs années, de traitement régulier.

La désensibilisation des allergiques donne de très bons résultats chez l'enfant lorsque peu d'allergènes sont en cause, ainsi que dans les allergies aux piqûres d'insectes, en particulier celles des hyménoptères (abeilles, frelons, guêpes).

Déshydratation

Ensemble des troubles résultant d'une perte d'eau excessive dans l'organisme.

CAUSES

Sous un climat tempéré, les pertes liquidiennes normales de l'organisme, causées par la sudation, la respiration et les urines, sont d'environ 1,5 à 2 litres par jour. Elles sont combinées à une perte de substances dissoutes dans les liquides corporels, notamment à la perte de chlorure de sodium (sel). La déshydratation survient lorsque ces déperditions ne sont pas compensées par un apport équivalent, ou lors de pertes hydriques excessives, d'origine cutanée, digestive, rénale ou respiratoire.

SYMPTÔMES ET SIGNES

Un état de déshydratation se manifeste par une soif intense, un dessèchement de la bouche, de la langue et de la peau, une diminution de la résistance des globes oculaires à la pression, une diminution du volume des urines, une hypotension artérielle, avec un pouls rapide. Les pertes en sel provoquent des maux de tête, des crampes, voire des troubles de la conscience qui aggravent la déshydratation, le sujet

devenant alors incapable de ressentir ou d'exprimer sa soif.

TRAITEMENT

Toujours urgent, particulièrement aux âges extrêmes de la vie (nourrisson, sujet âgé), le traitement repose sur l'administration de solutés (eau associée à du sodium) soit par voie digestive, en cas de déshydratation faible, soit par voie veineuse lorsque la déshydratation est plus grave.

PRÉVENTION

En cas de fièvre, de vomissements ou de diarrhée, et si l'on se trouve sous un climat chaud, il est recommandé de boire abondamment : au moins 0,5 litre d'eau toutes les deux heures. Les pertes de sel provoquées par une transpiration intense seront compensées par l'adjonction d'un quart de cuiller à café de sel par demi-litre d'eau ou par l'absorption d'eau minérale.

Déshydratation aiguë du nourrisson

État résultant d'une diminution importante et rapide des quantités d'eau dans l'organisme d'un enfant de moins de 2 ans.

La cause majeure des déshydratations aiguës du nourrisson est la diarrhée, d'origine surtout infectieuse, éventuellement associée à des vomissements. Il faut y ajouter la fièvre, quelle que soit son origine. Dans une petite minorité de cas, les pertes sont urinaires (anomalie rénale congénitale, diabète, insuffisance surrénalienne) ou font suite à un coup de chaleur.

La perte de poids est un signe primordial, qui aide au diagnostic de déshydratation et permet d'en évaluer la gravité.

Le diagnostic est porté après examen de l'enfant et interrogatoire des parents. Des examens complémentaires peuvent le confirmer après hospitalisation en urgence du nourrisson. Quand la cause persiste, l'évolution de la forme la plus bénigne vers la forme la plus grave peut se faire en quelques heures. Des complications apparaissent parfois, notamment rénales (insuffisance aiguë) et neurologiques (hématome sous-dural).

TRAITEMENT

Le traitement des déshydratations vise à supprimer la cause quand cela est possible, à réhydrater en apportant de l'eau, à corriger les désordres électrolytiques et les complications éventuelles. Les enfants souffrant d'une forme bénigne sont réhydratés par voie orale. Dans les formes les plus graves, la réhydratation a lieu par perfusion intraveineuse à l'hôpital.

PRÉVENTION
La prévention, simple, consiste à bien hydrater et à surveiller l'enfant en cas de diarrhée et/ou de fièvre. En période de chaleur, il est nécessaire de faire boire les bébés régulièrement.

Désinfection
Destruction momentanée des microbes présents sur un matériel.

À la différence de l'antisepsie, la désinfection ne s'applique pas au malade mais à son environnement : linge, literie, instruments médicaux, locaux et mobilier. Pour certaines maladies infectieuses (choléra, fièvre typhoïde), elle s'effectue en fin de maladie.

Désobstruction
Traitement, chirurgical ou non, consistant à supprimer un obstacle dans un canal ou une cavité naturels.

Désorientation
Perte du sens de l'orientation dans le temps et/ou dans l'espace.

Une désorientation résulte d'un bouleversement des perceptions mentales qui permettent ordinairement au sujet de se repérer dans une situation donnée.

■ La désorientation dans l'espace et dans le temps (spatio-temporelle) est un des symptômes majeurs de la confusion mentale. On la rencontre également dans tout état d'affaiblissement de la conscience (troubles de la vieillesse, démence, accidents vasculaires cérébraux, etc.).

■ La désorientation dans le temps est propre aux formes d'amnésie dans lesquelles le sujet n'arrive plus à fixer les informations récentes mais revit comme présente une scène passée (ecmnésie) et voit affluer un défilé de souvenirs (mentisme).

■ La désorientation dans l'espace se rencontre dans certaines psychoses chroniques et dans les atteintes du système nerveux central (encéphale et moelle épinière).

Desquamation
Élimination normale ou pathologique de la couche cornée de la peau.

La desquamation peut se faire de différentes manières, par petites squames très fines, par larges lambeaux ou en un seul bloc ; on parle dans ce dernier cas de squame-croûte.

Outre celui de la maladie en cause, le traitement repose sur les bains d'amidon et l'application d'excipients neutres.

Détartrage
Élimination du tartre des surfaces dentaires.

Le détartrage permet d'éviter les différentes nuisances causées par le tartre (dépôt de calcaire d'origine essentiellement salivaire) : développement de souches de bactéries, maladies et irritations de la gencive, coloration inesthétique liée à la consommation de colorants alimentaires et de tabac.

Il est réalisé par des appareils ultrasoniques qui décollent le tartre sous l'effet de vibrations. Une fois le tartre éliminé, les surfaces détartrées sont repolies par application d'une pâte faiblement abrasive.

Détresse respiratoire aiguë (syndrome de)
Forme particulière d'insuffisance respiratoire aiguë caractérisée par sa gravité et sa survenue rapide sur des poumons préalablement sains.

CAUSES
La cause peut être, chez l'adulte, une agression pulmonaire directe (infection pulmonaire, inhalation de gaz toxiques ou de liquides [vomissements, noyade], contusion pulmonaire) ou indirecte (traumatismes graves, états infectieux graves, choc infectieux, transfusions massives, etc.). Chez le nouveau-né, ce syndrome est le plus souvent dû à un manque de surfactant (liquide tapissant la surface interne des alvéoles pulmonaires).

Le syndrome de détresse respiratoire aiguë se traduit par un œdème pulmonaire lésionnel.

Les signes d'insuffisance respiratoire aiguë (respiration accélérée et difficile) sont souvent intriqués avec ceux de la maladie en cause.

TRAITEMENT ET PRONOSTIC
Le traitement du syndrome de détresse respiratoire aiguë est celui de la maladie en cause. Il repose par ailleurs sur la ventilation artificielle, dans l'attente de la récupération pulmonaire. Le risque est de voir se développer chez le malade, tandis que les lésions initiales et l'œdème régressent, une fibrose pulmonaire cicatricielle parfois irréductible, se traduisant par la persistance d'un certain degré d'insuffisance respiratoire.

Développement de l'enfant

Ensemble des phénomènes qui participent à la transformation progressive de l'être humain de la conception à l'âge adulte.

Développement psychomoteur de l'enfant
Il recouvre le développement moteur (acquisition des mouvements, de la coordination) et le développement sensoriel, intellectuel, affectif et social (construction du psychisme) et témoigne de la maturation progressive du système nerveux.

CHEZ LE NOURRISSON
Les postures du corps sont liées au tonus musculaire : l'hypertonie (exagération du tonus) en flexion des membres du nouveau-né diminue progressivement, tandis que le tonus axial (tête-cou-dos) se renforce. Le nourrisson tient la tête droite en position assise vers 3 mois, il commence à s'asseoir seul vers 7 mois et commence à marcher vers 1 an. La possibilité de préhension des objets commence vers 4 mois, mais la pince formée par le pouce et l'index n'est utilisée qu'à partir de 9 mois. L'enfant mange seul après 18 mois et il trace un trait à 2 ans.

En ce qui concerne le langage, la vocalisation de plusieurs syllabes (papa, maman) apparaît vers 7 mois, les suites de 3 mots plus ou moins significatifs à 1 an, les phrases de 2 à 3 mots à 2 ans, âge où l'enfant comprend parfaitement ce qu'on lui dit. En ce qui concerne les relations, l'enfant suit du regard un objet ou un visage à l'âge de 3 mois, distingue les visages familiers des étrangers vers 6 mois et joue avec d'autres enfants à 2 ans.

Le développement affectif et social s'exprime dans les premiers mois par la satisfaction des besoins alimentaires, l'importance des contacts physiques, le rôle apaisant de la voix des parents. L'enfant passe d'une dépendance totale à une autonomie relative. Celle-ci se manifeste par ce qu'on appelle l'angoisse de la séparation maternelle, qui apparaît vers l'âge de 7 ou 8 mois.

D'autres paramètres sont intégrés au développement : rythme des repas (6 ou 7 par jour à 1 mois, 4 après 4 mois), durée du sommeil (18 heures à 2 mois, 15 ou 16 heures à 4 mois, 14 ou 15 heures à 9 mois), maîtrise des sphincters (l'enfant est propre le jour entre 1 et 3 ans, la nuit entre 2 et 5 ans).

La surveillance médicale consiste à vérifier l'apparition de ces différentes acquisitions à une date convenable afin de déceler un retard psychomoteur, partiel ou généralisé. Toutefois, comme chaque enfant évolue à sa propre vitesse, on ne fixe pas de dates précises et rigoureuses pour l'acquisition de telle ou telle fonction, mais de larges limites. Ainsi, bien que la marche soit acquise parfois à 1 an, son absence n'est pas considérée comme pathologique avant l'âge de 18 mois au moins.

PENDANT LA PETITE ENFANCE
Le développement psychomoteur entre 2 et 6 ans consiste simplement à perfectionner les acquisitions précédentes. En ce qui concerne la motricité générale, on voit l'enfant monter seul un escalier à partir de 2 ans, faire de la bicyclette à 2 ans et demi. Il dessine des gribouillis à partir de 2 ans, imite des ronds à 3 ans et réalise des dessins variés à 5 ans. À partir de 2 ans, l'enfant s'exprime en courtes phrases et maîtrise plus de 100 mots, dont le « je ». Cependant, un enfant qui ne parle pas ne doit pas inquiéter

PRINCIPALES ÉTAPES DU DÉVELOPPEMENT PSYCHOMOTEUR DE L'ENFANT

Âge	Développement moteur	Activités : préhension, graphisme	Langage	Motricité oculaire, comportement relationnel
1 mois	Sur le ventre, soulève la tête.	Serre le doigt introduit dans sa main.	Fait des bruits de gorge, se calme au bruit de la voix.	Fixe son regard sur une personne et la suit des yeux.
3-5 mois	En position assise, tient sa tête droite. Sur le ventre, s'appuie sur les avant-bras, les jambes en extension (4 mois).	Les mains sont ouvertes et tiennent un hochet d'un mouvement volontaire. Commence à attraper les objets. Va les chercher à portée de sa main (5 mois).	Rit aux éclats, vocalise de façon prolongée.	Sourit à son entourage. Tend la main et les bras vers une personne ou un objet. Tourne la tête quand on l'appelle.
6-8 mois	Tient assis sans soutien un court instant. Se retourne du dos sur le ventre.	Passe l'objet d'une main dans l'autre, porte ses pieds à la bouche.	Vocalise plusieurs syllabes, fait des roulades, répète « ma-ma ».	Distingue les visages familiers et paraît inquiet devant une personne étrangère. Participe au jeu « coucou le voilà » (8 mois).
Vers 1 an	Marche seul (12-15 mois) ou tenu par la main.	Lance les objets, donne un objet sur ordre, a une préhension fine pince pouce-index (9 mois).	Dit 3 mots dont au moins un a une signification autre que papa maman. Imite « au revoir » (10 mois), « non » (9-10 mois). Comprend les ordres simples.	Participe à son habillement. Répète ce qui fait rire.
Vers 2 ans	Court sans tomber, monte et descend seul l'escalier. Donne sur ordre un coup de pied dans un ballon.	Tourne les pages d'un livre. Trace un trait.	Comprend parfaitement. Fait des phrases de 2 à 3 mots. Montre les parties du corps sur une poupée ; se nomme par son prénom.	Aide à ranger ses affaires. Joue en compagnie d'autres enfants.
Vers 3 ans	Fait du tricycle.	Trace un rond.	Peut raconter une petite histoire.	Prête ses jouets et joue avec d'autres enfants.

D'après C. Billard : la Pratique médicale, *Masson, 1986.*

son entourage avant l'âge de 3 ans. Entre 1 et 3 ans apparaissent, selon les moments, une conduite d'opposition aux parents ou une imitation de ceux-ci ; entre 4 et 6 ans se situe l'identification au sexe masculin ou féminin et la constitution de la personnalité.

Ainsi, à 3 ans, l'activité motrice, l'acquisition de la propreté, l'habileté manuelle, l'ébauche du graphisme et l'ouverture aux autres autorisent l'entrée en classe maternelle. À 6 ans, la maîtrise du langage et les progrès du graphisme permettent le début de la scolarisation.

Développement physique de l'enfant

Il porte sur la croissance en taille et en poids et sur la maturation osseuse, dentaire et pubertaire de l'enfant de la naissance à l'âge adulte. La croissance en taille et en poids de l'ensemble du corps et de chaque organe est liée à des facteurs héréditaires et hormonaux mais nécessite aussi des apports alimentaires équilibrés. La surveillance est réalisée par des mesures régulières de la taille et du poids de l'enfant et par leur comparaison à des moyennes statistiques, en reportant les données sur des courbes pour une lecture plus efficace.

La maturation osseuse est évaluée seulement en cas d'anomalie de la croissance. L'âge osseux est le critère le plus utilisé : sur une radiographie de la main, on note le nombre d'épiphyses (extrémités des os longs) et d'os courts où du tissu osseux a commencé à remplacer le cartilage. La comparaison avec un repère photographique donne l'âge osseux, c'est-à-dire l'âge que l'enfant devrait avoir d'après sa maturation osseuse. Cet âge est normalement égal à l'âge réel de l'enfant, mais peut révéler une avance ou un retard de croissance osseuse.

La maturation pubertaire est la dernière étape du développement, qui transforme l'enfant en un adolescent doué de la capacité de reproduction.

Troubles du développement

Le retard psychomoteur est un motif fréquent de consultation médicale. En effet, l'absence d'acquisitions psychomotrices normales chez le nourrisson et les difficultés scolaires chez l'enfant plus grand alertent les parents. Toutefois, certains d'entre eux sont inquiets sans raison et comparent trop systématiquement leur enfant à ceux de sa classe d'âge. Il faut toujours apprécier séparément chez un enfant les acquisitions manuelles (préhension et graphisme), les acquisitions du langage (compréhension et expression) et les acquisitions relationnelles. En outre, la rapidité du développement intellectuel ne permet aucunement de préjuger de sa qualité finale.

Il arrive cependant que l'enfant connaisse des problèmes d'autonomie et d'adaptation liés à la genèse de sa personnalité. Toute suspicion de retard psychomoteur doit mener à une consultation pédiatrique, qui vérifiera en particulier la qualité de la vision et de l'audition de l'enfant ainsi que son état neurologique.

■ **De la naissance à 1 an,** à l'exclusion des causes organiques, l'origine de troubles du développement est à rechercher dans la concomitance de deux facteurs : les rythmes de l'enfant (soins, contact, nourriture, sommeil) et le profil psychologique de la mère. D'autres facteurs interviennent fréquemment, extérieurs à l'unité mère/enfant : environnement difficile, conflit conjugal, événements traumatisants. Le déroulement de la grossesse et de l'accouchement, le rapport entre l'image réelle et l'image idéale de l'enfant sont également à considérer. Une série de troubles, essentiellement d'ordre psychosomatique, peuvent provenir d'une inadaptation réciproque mère/enfant, surtout au second semestre : anorexie, vomissements, mérycisme (rumination d'aliments), difficultés de sevrage, coliques, eczéma, insomnie. Généralement, de tels troubles peuvent être traités par une action psychothérapique. Dans les cas les plus graves, un syndrome de carence affective risque de s'installer. Une intervention rapide, en milieu spécialisé, se révèle alors nécessaire.

■ **Avant 2 ans,** d'autres troubles peuvent traduire une stagnation ou une insuffisance dans les échanges affectifs et la socialisation, une difficulté d'établir une relation avec le monde extérieur : évitement ou défaut de réponse par le regard ou le sourire, pauvreté du jeu ; troubles du tonus musculaire, de la station assise et debout. Une propreté trop précoce revêt parfois la même signification. Une consultation spécialisée doit alors être proposée afin de dépister un éventuel blocage global du développement (autisme, psychose infantile, arriération ou oligophrénie, mongolisme).

■ De 2 ans à l'âge scolaire, les troubles du développement le plus souvent rencontrés concernent le langage (retard de parole, dyslexie), la psychomotricité (tics, bégaiement, syndrome hyperkinétique), le contrôle sphinctérien (encoprésie, énurésie), l'alimentation (anorexie, obésité, enfant « petit mangeur » ou « vomisseur »), le sommeil (insomnie, cauchemars), l'éveil intellectuel et affectif (troubles du comportement, anxiété, dépression, inadaptation scolaire). Ils peuvent recouvrir un très large éventail de situations selon le contexte dans lequel ils apparaissent et les étapes antérieures du développement de l'enfant. Leur traitement dépend du diagnostic, après bilan.
→ VOIR Adolescence, Puberté.

Dévitalisation

Extirpation chirurgicale de la pulpe (nerf et vaisseaux) d'une dent. SYN. *pulpectomie*.

Une dévitalisation nécessite une anesthésie locale. La dent est isolée par une digue, et l'émail et la dentine surplombant la cavité contenant la pulpe sont enlevés par fraisage. La pulpe contenue dans les canaux des racines est alors éliminée à l'aide de fines aiguilles torsadées. La dent est enfin hermétiquement obturée à l'aide de gutta-percha et de ciment.

Du fait des délabrements importants qui ont conduit à sa dévitalisation, une dent dévitalisée est mécaniquement plus fragile qu'une dent vivante, ce qui nécessite souvent la pose d'une couronne.

Dextrocardie

Anomalie congénitale de la place du cœur, logé à droite du thorax, ses cavités cardiaques étant inversées.

Une dextrocardie isolée n'a aucun retentissement sur la vie du sujet. Elle n'appelle de traitement que s'il existe une malformation cardiaque ou pulmonaire associée.

Diabète

Toute maladie caractérisée par l'élimination excessive d'une substance dans les urines.

On distingue le diabète insipide, trouble de la fonction rénale caractérisé par une émission massive d'urines ; le diabète sucré, présence excessive de sucres dans les urines due à une hyperglycémie ; le diabète rénal, présence de sucre dans les urines sans hyperglycémie ; le diabète gestationnel, forme de diabète sucré survenant pendant la grossesse.

Employé sans épithète, le mot diabète désigne le diabète sucré.

Diabète gestationnel

Diabète sucré transitoire survenant pendant la grossesse.

Le diabète gestationnel, ou diabète de la grossesse, se traduit par une hyperglycémie (excès de sucre dans le sang) due à une insuffisance de la sécrétion d'insuline par le pancréas. Cette forme de diabète est le plus souvent détectée pendant la seconde moitié de la grossesse, l'enfant étant trouvé plus gros que la normale, ou lors d'un examen urinaire révélant une glycosurie (présence de sucre dans les urines) ; cependant, une glycosurie postprandiale (après les repas) est banale durant la grossesse et ne signifie pas diabète pour autant. Pour éviter les risques encourus par le fœtus (malformations, développement trop rapide), la grossesse doit alors être strictement surveillée.

Diabète insipide

Trouble fonctionnel caractérisé par une incapacité des reins à concentrer les urines, se traduisant par une polyurie (émission d'une quantité d'urines très importante et diluée) et par une polydipsie (soif intense).

Dans le diabète insipide, l'hormone antidiurétique peut faire défaut ou ne pas être déversée dans la circulation (diabète insipide central), ou bien, étant normalement sécrétée, elle peut ne pas agir sur les cellules du tube collecteur (diabète insipide néphrogénique).

CAUSES

■ Le diabète insipide central, le plus fréquent, peut avoir des causes multiples : traumatisme crânien, ablation de l'hypophyse, kyste ou tumeur hypothalamohypophysaire (craniopharyngiome, métastase), tuberculose, sarcoïdose, méningite, encéphalite, etc. Dans certains cas, aucune cause n'est retrouvée. Il existe des formes familiales et congénitales.

■ Le diabète insipide néphrogénique peut être d'origine congénitale ou secondaire à certaines maladies rénales chroniques (pyélonéphrite), à des maladies générales atteignant le rein (myélome, amylose) ou à la prise de médicaments comme le lithium, utilisé dans le traitement de la psychose maniacodépressive.

DIAGNOSTIC ET TRAITEMENT

On soumet le patient à une épreuve de restriction hydrique (suppression des apports liquidiens), effectuée sous stricte surveillance médicale : en cas de diabète insipide, l'émission d'urine reste importante et le patient se déshydrate. La recherche de la cause du diabète insipide central repose essentiellement sur l'imagerie par résonance magnétique (I.R.M.) de la zone hypothalamohypophysaire.

Le traitement consiste d'abord en un apport d'eau abondant, sous forme de boissons ou, si nécessaire, de perfusions. Certains de ces diabètes guérissent avec la suppression de la cause (arrêt d'un traitement par le lithium, par exemple). Dans les diabètes insipides d'origine centrale, on administre un équivalent de l'hormone antidiurétique, le plus souvent en pulvérisations nasales, parfois par injections.

Diabète rénal

Présence excessive de sucre dans les urines alors que le taux de glucose dans le sang est normal.

Le diabète rénal se différencie du diabète sucré, où le sucre présent dans les urines est dû à une hyperglycémie (excès de sucre dans le sang). C'est un trouble fonctionnel découlant d'une maladie congénitale des tubules rénaux, caractérisée par un défaut de réabsorption du glucose.

Sans conséquence pathologique, le diabète rénal ne demande aucun traitement.

Diabète sucré

Affection chronique caractérisée par une glycosurie (présence de sucre dans les urines) provenant d'une hyperglycémie (excès de sucre dans le sang).

Le diabète sucré est dû à une insuffisance ou à un ralentissement de la sécrétion par le pancréas d'insuline, hormone nécessaire à l'utilisation du glucose pour répondre aux besoins énergétiques cellulaires. Il atteint 4 % de la population des pays industrialisés et a souvent un terrain familial : entre 5 et 7 % des enfants ayant eu un parent diabétique risquent de développer la maladie. Les deux types principaux de diabète sont le diabète insulinodépendant et le diabète non insulinodépendant. On distingue en outre le diabète dit gestationnel, apparaissant au cours de la grossesse, et des diabètes dits secondaires, moins fréquents, se manifestant au cours de différentes affections (pancréatite chronique, hémochromatose, acromégalie, syndrome de Cushing, phéochromocytome) ou de traitements médicamenteux (corticostéroïdes) ou liés à un certain type de malnutrition (diabète tropical).

Diabète insulinodépendant

Il s'agit d'une forme de diabète sucré caractérisée par un déficit majeur de la sécrétion d'insuline. Le diabète insulinodépendant survient souvent avant l'âge de 20 ans, parfois peu après la naissance. Il peut avoir une cause génétique, virale et surtout auto-immune ; un antigène inconnu serait à l'origine d'une réaction immunitaire aboutissant à la destruction des cellules bêta du pancréas sécrétant l'insuline.

SYMPTÔMES ET SIGNES

Le diabète insulinodépendant se traduit à la fois par une soif très intense, une émission abondante d'urines, un amaigrissement brutal et une fatigue importante. Il peut aussi se déclarer par l'apparition d'une complica-

Alimentation et sport

Quel que soit le type de diabète, un régime alimentaire équilibré doit être respecté afin d'apporter la ration calorique nécessaire, de réduire l'hyperglycémie et de maintenir un poids satisfaisant et stable. La ration alimentaire doit être répartie en trois repas et une ou deux collations et fournir 55 % des calories sous forme de glucides (dont deux tiers de glucides complexes dits d'absorption lente et un tiers de glucides simples dits d'absorption rapide), répartis aux différents repas et adaptés à un éventuel effort physique ; les boissons alcoolisées, qui peuvent provoquer une hypoglycémie chez les diabétiques traités par l'insuline, doivent être évitées.

L'apport en protéines (qui doit représenter de 12 à 15 % des apports énergétiques) est assuré par la viande, le poisson, les œufs, le lait, les produits laitiers, le pain, les céréales, les pommes de terre, les légumes secs, le soja. L'apport en glucides est assuré par les pommes de terre, les fruits frais, les légumes verts, le pain et les céréales, le lait, les yaourts. Les glucides des produits sucrés (pâtisseries, boissons sucrées) sont à limiter, voire à éviter, et à consommer lors des repas. Les lipides (qui doivent représenter 30 % des apports énergétiques) sont apportés par le beurre, l'huile, les graisses fournies par la viande et le fromage. Les graisses végétales doivent être préférées aux graisses animales afin de limiter les risques de maladie des artères par athérosclérose.

Le régime du diabétique non insulinodépendant présentant une surcharge pondérale doit également être équilibré tout en étant hypocalorique. Les boissons alcoolisées sont également déconseillées dans ce cas, compte tenu de l'apport calorique supplémentaire qu'elles pourraient constituer. La ration calorique globale est adaptée à l'évolution du poids et au traitement.

Un exercice physique régulier (entre 30 et 45 minutes trois fois par semaine), de préférence un sport d'endurance (bicyclette, natation, course à pied), améliore le passage du sucre dans les cellules, diminuant les besoins de l'organisme en insuline. Cependant, l'exercice est susceptible de provoquer une hypoglycémie chez le patient insulinodépendant. Celle-ci est prévenue par l'injection d'insuline dans une zone non sollicitée par l'exercice, par l'adaptation de la dose injectée à l'effort fourni et par l'autocontrôle de la glycémie avant et après l'activité physique. Avant d'autoriser tout exercice physique, il faut s'assurer de l'absence d'insuffisance coronarienne (volontiers silencieuse chez le diabétique) par un examen cardiologique avec électrocardiogramme, complété si nécessaire par une épreuve d'effort.

tion aiguë telle que l'acidocétose (accumulation excessive de corps cétoniques dans l'organisme), signe que la carence en insuline oblige l'organisme à puiser dans ses réserves de graisses pour produire l'énergie nécessaire. S'il n'est pas traité, il évolue inexorablement vers le coma diabétique.

DIAGNOSTIC

Il repose essentiellement sur l'analyse de la glycémie (taux de sucre dans le sang). L'existence d'un diabète est établie lorsque deux mesures de la glycémie réalisées à jeun révèlent un taux de sucre supérieur ou égal à 1,26 gramme par litre (7 millimoles par litre). Si la glycémie à jeun est inférieure à ce chiffre, on recourt à l'hyperglycémie provoquée par voie orale (mesure de la glycémie avant et après l'absorption d'une quantité donnée de sucre par voie orale) ; on pose le diagnostic de diabète si la glycémie reste supérieure à 2 grammes par litre (11 millimoles par litre) 2 heures après l'absorption du glucose, lors de deux examens réalisés à six mois d'intervalle. On peut également faire le dosage de l'insulinémie (taux d'insuline dans le sang).

TRAITEMENT

Il fait impérativement appel à l'injection quotidienne d'insuline, soit par injection sous-cutanée (de 1 à 3 injections par jour) à l'aide d'une seringue ou d'un stylo injecteur, soit en continu grâce à une petite pompe reliée par un cathéter à une aiguille implantée sous la peau de l'abdomen. Une pompe implantée sous la peau et reliée à un cathéter placé dans la cavité de l'abdomen est actuellement expérimentée. Le patient doit en outre se soumettre à un régime alimentaire équilibré, pauvre en sucres « rapides » et adapté aux doses d'insuline administrées, et, si possible, à une activité physique régulière.

Le diabète insulinodépendant nécessite une surveillance par le diabétique lui-même (autosurveillance), qui peut mesurer sa glycémie plusieurs fois par jour à partir de gouttes de sang prélevées au doigt et mises en contact avec des bandelettes réactives. Il existe des appareils permettant une lecture numérisée automatique de la glycémie. Glycémie et doses d'insuline sont notées sur un carnet de surveillance. Cette technique permet une adaptation, au jour le jour, des doses d'insuline afin de se rapprocher au plus près de la glycémie normale.

Les traitements modernes et une surveillance scrupuleuse (tests de glycémie et suivi médical réguliers, respect du régime alimentaire) permettent à la plupart des diabétiques de mener une existence normale. La greffe du pancréas, qui constituerait le traitement idéal, pose encore de nombreux problèmes, mais les recherches se poursuivent.

Diabète non insulinodépendant

Il s'agit d'une forme de diabète sucré due à une sécrétion insuffisante d'insuline, survenant le plus souvent chez un sujet obèse, ou ayant été obèse, et généralement découverte après l'âge de 40 ans. Des mutations génétiques ont été identifiées chez des familles souffrant d'une forme sévère de diabète non insulinodépendant.

La sécrétion d'insuline est importante au début, mais elle ne peut assurer une régulation du sucre dans le sang car le sujet est en partie insensible à l'action de cette insuline. La sécrétion d'insuline peut diminuer ultérieurement et cette forme de diabète évoluer vers le diabète insulinodépendant (déficit majeur de la sécrétion d'insuline). Outre l'obésité, les facteurs de risque du diabète non insulinodépendant sont liés à la répartition abdominale du tissu adipeux et à une activité physique insuffisante.

SYMPTÔMES ET SIGNES

Le diabète non insulinodépendant ne se traduit souvent par aucun symptôme et est découvert de façon fortuite lors d'un examen ou d'une complication découlant d'un diabète déjà installé, le plus souvent neuropathie (lésion des nerfs périphériques) et infection cutanéomuqueuse ; la maladie est alors suspectée lorsque des antécédents familiaux de diabète non insulinodépendant existent. Il peut également être suspecté à l'occasion de la naissance d'un enfant de plus de 4 kilogrammes (une quantité excessive de glucose transmise au fœtus entraîne un développement plus rapide que la normale) ou se traduire par des symptômes d'hyperglycémie importante : polydipsie (soif intense), polyurie (augmentation du volume des urines), amaigrissement.

DIAGNOSTIC ET TRAITEMENT

Comme pour le diabète insulinodépendant, le diagnostic repose sur la mesure de la glycémie. Le traitement fait appel à un régime alimentaire équilibré – voire hypocalorique en cas d'obésité, et pauvre en sucres simples (pâtisseries, boissons sucrées, etc.), avec retour au poids normal – et au développement de l'activité physique. En cas d'échec, on associe des médicaments hypoglycémiants (sulfamides et biguanides).

Grossesse et diabète

La plupart des femmes diabétiques peuvent avoir une grossesse normale. Cependant, un taux de glucose trop élevé au moment de la conception peut constituer un risque de malformation pour le fœtus ; aussi, la grossesse doit-elle être planifiée et surveillée. En outre, une glycémie trop importante peut provoquer un développement du fœtus plus rapide que la normale, accroissant les risques à l'accouchement (hydramnios, dystocie) et provoquant l'accouchement d'un nouveau-né d'un poids supérieur à 4 kilogrammes. Un traitement par les sulfamides et les biguanides, qui font courir des risques de malformation au fœtus, doit impérativement être arrêté pendant la grossesse et éventuellement remplacé par une insulinothérapie transitoire.

Complications du diabète

Elles concernent les patients insulinodépendants et non insulinodépendants mais sont plus fréquentes, plus précoces et plus graves chez les insulinodépendants.

COMPLICATIONS CHRONIQUES

Elles sont essentiellement dues à l'altération des vaisseaux sanguins, soit des petits vaisseaux (microangiopathie), soit des gros vaisseaux (macroangiopathie).

■ **La macroangiopathie** est responsable d'artérite des membres inférieurs et d'insuffisance coronarienne, aggravées en présence d'autres facteurs de risque d'athérome (hypertension artérielle, tabagisme, hyperlipidémie).

■ **La néphropathie diabétique** touche 40 % des diabétiques et se traduit par l'apparition d'une protéinurie (passage trop important de protéines dans les urines) évoluant à long terme vers l'insuffisance rénale. Cette évolution est accélérée par la survenue d'une hypertension artérielle.

■ **La neuropathie diabétique** se traduit essentiellement par des troubles de la sensibilité (superficielle et profonde) des membres inférieurs, à l'origine de troubles trophiques (nutrition des tissus) et de complications infectieuses, notamment d'ulcérations du pied (mal perforant plantaire) pouvant évoluer vers la gangrène. D'autres complications, plus rares, peuvent également survenir, comme une mononévrite (atteinte inflammatoire isolée d'un nerf périphérique), une neuropathie digestive, vésicale ou cardiaque par atteinte du système nerveux végétatif (dysautonomie).

■ **La rétinopathie diabétique** (lésion de la rétine) est pratiquement constante après quinze années d'évolution du diabète. Cette affection doit être systématiquement recherchée chaque année chez tout diabétique par examen du fond d'œil, complété au besoin par une angiographie rétinienne (radiographie des vaisseaux de la rétine après injection d'un produit opacifiant). Malgré le traitement au laser, la rétinopathie diabétique reste la première cause de cécité des pays occidentaux.

■ **Les infections chroniques** ont une origine microbienne ou mycosique. Elles consistent

---

Ce qu'il faut savoir

Un diabétique insulinodépendant étant exposé aux malaises hypoglycémiques, lui sont interdits certains métiers « de sécurité » dans lesquels une perte de connaissance pourrait avoir des conséquences graves pour lui ou pour les autres. De même, un diabétique renoncera à exercer des métiers très fatigants ou impliquant des horaires irréguliers.

En ce qui concerne la conduite automobile, les diabétiques insulinodépendants peuvent obtenir le permis du groupe I, qui leur est délivré à titre temporaire. En revanche, ils ne peuvent obtenir le permis du groupe II (poids lourds). Les diabétiques non insulinodépendants peuvent obtenir les deux types de permis après avis d'une commission médicale.

Tous les pays ne disposant pas des mêmes produits, le diabétique doit emporter avec lui en voyage sa provision d'insuline.

Enfin, il existe des camps de vacances et des maisons à caractère sanitaire pour les jeunes diabétiques. Il existe aussi de nombreuses associations s'adressant aux diabétiques et à l'ensemble des personnes concernées par ce problème.

principalement en infections urinaires, gynécologiques et en diabétides (infections cutanées localisées).

COMPLICATIONS AIGUËS

■ **L'acidocétose,** accumulation excessive de corps cétoniques dans l'organisme, constitue l'aboutissement du diabète insulinodépendant non traité, avec accumulation de corps cétoniques dans le sang entraînant une acidose : le malade maigrit rapidement, souffre de vertiges, de troubles digestifs, d'une grande lassitude. Un seul de ces signes doit alerter : en l'absence de traitement, l'évolution se fait vers le coma.

■ **Le coma hyperosmolaire,** hyperglycémie très importante avec déshydratation, est une complication rare du diabète non insulinodépendant chez le sujet âgé. Acidocétose et coma hyperosmolaire imposent une hospitalisation d'urgence en centre spécialisé et sont traités par injection massive d'insuline.

■ **L'hypoglycémie** (glycémie très basse par manque de sucre) est une conséquence du traitement lui-même ou de son excès par rapport au régime alimentaire ou à l'exercice physique. Elle se traduit par une fatigue soudaine, une sensation de faim, des vertiges et des sueurs et est traitée par administration de sucres « rapides » par voie orale si le malade est conscient ou par injection sous-cutanée de glucagon.

Diagnostic

Temps de l'acte médical permettant d'identifier la nature et la cause de l'affection dont un patient est atteint.

Un diagnostic s'établit en plusieurs étapes.

Le diagnostic proprement dit comprend un examen clinique : entretien avec le patient, qui permet de retracer l'histoire de la maladie, de préciser les antécédents familiaux, chirurgicaux, gynécologiques, l'hygiène et le mode de vie, et un examen physique, général ou orienté, à la suite de l'entretien. Au terme de la consultation, l'examen clinique peut être complété par des examens paracliniques ou complémentaires nécessitant éventuellement une hospitalisation.

Diagnostic préimplantatoire

Identification d'une anomalie génétique chez l'embryon grâce aux techniques de fécondation in vitro et de biologie moléculaire.

Le diagnostic préimplantatoire s'adresse aux couples qui désirent un enfant et qui ont déjà donné naissance à un ou plusieurs enfants atteints de maladie génétique grave et incurable.

Après avoir réalisé une fécondation in vitro et avant le transfert des embryons dans l'utérus de la mère, une cellule de chaque embryon est prélevée et analysée afin de rechercher l'anomalie génétique en cause. Seuls seront introduits dans l'utérus de la femme les embryons exempts d'anomalie génétique.

Le diagnostic préimplantatoire est pratiqué dans des centres très spécialisés. En raison du risque de dérive eugénique (présélection des « meilleurs » individus), son autorisation fait l'objet de consultations sur le plan législatif dans la plupart des pays d'Europe.

Diagnostic prénatal

→ VOIR Dépistage anténatal.

Dialyse

Technique visant à suppléer une fonction rénale défaillante en éliminant à la fois l'excès d'eau du corps et les produits de déchet du sang.

INDICATIONS

Le rôle principal du rein est de maintenir dans l'organisme un équilibre en électrolytes (sodium, potassium, calcium) et en eau ainsi que d'éliminer les produits de déchet (urée, acide urique). Quand la fonction rénale est perturbée, brutalement (insuffisance rénale aiguë) ou progressivement (insuffisance rénale chronique), ces processus sont mis en défaut : une dialyse s'impose.

PRINCIPE

Il existe deux méthodes de dialyse : l'hémodialyse et la dialyse péritonéale. Toutes deux font appel à une membrane semi-perméable, artificielle pour l'hémodialyse et naturelle (le péritoine) pour la dialyse péritonéale. Cette membrane agit comme un filtre entre le sang du patient et le dialysat, une solution dont la concentration est adaptée à chaque malade selon le degré d'épuration à obtenir et dont le rôle est notamment d'entraîner les substances toxiques accumulées dans le sang. Les échanges entre le dialysat, préparé à l'avance, et le sang se produisent à travers la membrane selon deux mécanismes : la diffusion et l'ultrafiltration.

Dialyse péritonéale

Technique de dialyse utilisant comme membrane d'échange et de filtration une enveloppe interne du corps, le péritoine.

Le péritoine (membrane à double feuillet qui tapisse la cavité abdominale et les organes qu'elle contient et dont l'une des faces est parcourue par de nombreux capillaires sanguins) est utilisé comme système de filtrage naturel lors de cette technique d'épuration extrarénale. Les échanges d'eau et de substances dissoutes (sodium, potassium, calcium) s'effectuent alors entre le sang contenu dans les capillaires péritonéaux et le dialysat, préparé à l'avance dans une poche en plastique ; celui-ci est introduit dans la cavité péritonéale par un cathéter en silicone implanté chirurgicalement dans la paroi abdominale, qui sert également à son évacuation. L'introduction du dialysat dans la cavité péritonéale et sa vidange sont facilitées par l'utilisation de machines automatiques. Une fois infusé, le dialysat est jeté et remplacé par un dialysat frais.

Diaphragme

Cloison musculotendineuse qui sépare la cavité thoracique de la cavité abdominale.

STRUCTURE ET PHYSIOLOGIE

Le diaphragme a la forme d'une voûte irrégulière qui s'implante par sa base sur le pourtour de l'orifice inférieur du thorax.

Le diaphragme, en se contractant pendant l'inspiration, augmente le diamètre du thorax et facilite la respiration.

PATHOLOGIE

Les orifices du diaphragme, en particulier l'orifice œsophagien, peuvent être anormalement ouverts et laisser passer une partie de l'estomac à travers le muscle : cela s'appelle une hernie hiatale. Des contractions spasmodiques répétées et involontaires du diaphragme, suivies d'une fermeture brutale de la glotte qui coupe l'arrivée d'air, provoquent le hoquet, qui produit des sons caractéristiques. Enfin, une lésion des nerfs phréniques entraîne une paralysie diaphragmatique, qui empêche les poumons de se distendre complètement lors de l'inspiration ; une radiographie thoracique montre alors l'ascension d'une coupole diaphragmatique.

Diaphragme contraceptif

Membrane de caoutchouc, montée sur un anneau souple, qui se place au fond du vagin de façon à coiffer le col de l'utérus.

Un diaphragme doit être prescrit par un médecin ; son insertion exige un bref apprentissage. Le diaphragme doit être enduit d'une crème spermicide avant chaque rapport sexuel et être ensuite laissé en place de 6 à 8 heures, mais jamais plus de 24 heures. Après utilisation, il doit être lavé, rincé, séché, talqué et rangé à l'abri de la poussière.

Associé à un spermicide, le diaphragme est un bon contraceptif : si les règles d'utilisation sont respectées, l'indice d'échec est de 3 %. Pour être efficace, il doit être parfaitement adapté à l'anatomie de l'utilisatrice ; toute modification corporelle importante (amaigrissement, prise de poids, accouchement) nécessite un contrôle médical de son ajustement et, parfois, son remplacement.

Diaphyse

Partie moyenne du corps d'un os long.

Diarrhée

Émission, aiguë ou chronique, de selles trop fréquentes.

Diarrhée aiguë

Cette émission de selles liquides et fréquentes est caractérisée par un début brutal et une durée limitée.

Les diarrhées aiguës sont dues à des germes, à des parasites ou à des virus. Elles se contractent par ingestion d'eau ou d'aliments infectés ou par transmission des fèces contaminées à la bouche par l'intermédiaire des mains. Certaines diarrhées infectieuses, pour la plupart d'origine microbienne, sont contagieuses par transmission orofécale directe ou indirecte ; la plus connue en est la toxi-infection alimentaire qui frappe plusieurs personnes à partir d'un aliment contaminé. Le syndrome dysentérique (selles glaireuses et sanglantes) est une variante sévère de la diarrhée aiguë.

Le danger des diarrhées aiguës tient essentiellement au risque de déshydratation, surtout chez les personnes fragiles (nourrisson et vieillard notamment). Le traitement consiste en une réhydratation importante et en un traitement de la cause. Il est souvent utile de ne pas enrayer la diarrhée trop tôt, de façon à faciliter l'élimination des germes.

Diarrhée chronique

Cette émission de selles liquides et fréquentes s'étend sur une période excédant trois semaines.

Les diarrhées chroniques peuvent être liées à une lésion de la paroi intestinale (tumeur, maladie inflammatoire), à un phénomène de malabsorption (intolérance au gluten), à une hyperactivité du transit intestinal (résultant d'une hyperthyroïdie) ou à une sécrétion pathologique de l'épithélium de l'intestin (diarrhée sécrétoire). Au cours de diarrhées chroniques, le risque de dénutrition est souvent important. Le traitement est d'abord celui de la cause.Simultanément, une renutrition correcte doit être assurée.

Diarrhée du nourrisson

Émission aiguë ou chronique de selles plus liquides ou plus fréquentes qu'à l'état normal chez le nourrisson.

Diarrhée aiguë du nourrisson

Cette émission de selles plus liquides ou plus nombreuses qu'à l'état normal est caractérisée par un début brutal.

La diarrhée aiguë risque de provoquer une perte brutale d'eau et de sodium entraînant une déshydratation aiguë du nourrisson et, chez l'enfant de moins de trois mois, une

dénutrition pérennisant elle-même la diarrhée sur un mode chronique. Ce type de diarrhée a le plus souvent une cause infectieuse intestinale d'origine virale ou parfois microbienne (salmonelle, shigelle, colibacille etc.). La diarrhée aiguë est, plus rarement, due à une autre sorte d'infection (otite, infection urinaire ou autre).

La diarrhée peut être verte, ce qui traduit l'accélération du transit intestinal, sans signification infectieuse particulière. Liquide et associée à des vomissements, elle traduit un syndrome gastrotoxique. Certaines diarrhées sont glairosanglantes et accompagnées de fièvre.

TRAITEMENT

La déshydratation du nourrisson est une urgence ; elle se traduit notamment chez le bébé par une perte de poids et une légère dépression de la fontanelle. Le traitement est établi en fonction du degré de déshydratation, essentiellement évalué par rapport à la perte de poids. Si ce degré est faible, on propose d'arrêter tout apport de lait et de remplacer celui-ci par des solutions d'eau, de sodium et de sucre. Chez les enfants de plus de 6 mois, les modifications diététiques possibles sont plus variées : consommation de riz, de carottes, de bananes, de pommes, de coings. Ce n'est que si l'on constate une déshydratation sévère que l'enfant devra être hospitalisé et nourri par des solutés hydro-électrolytiques, complétés ou non par une perfusion de glucose et de sodium. Les antibiotiques ne sont utiles qu'en cas de diarrhée glairosanglante ou consécutive à une infection où il existe un risque infectieux général. Une diarrhée de plus de 48 heures, même en l'absence de déshydratation, doit conduire à demander un avis médical.

Diarrhée chronique du nourrisson

Cette diarrhée se manifeste par des anomalies permanentes ou récidivantes de l'aspect des selles, qui sont trop nombreuses et trop molles pendant une durée prolongée, habituellement supérieure à quatre semaines.

La plupart des diarrhées chroniques n'entraînent aucun retentissement sur la courbe de croissance de l'enfant, qui conserve, par ailleurs, un bon état général. Les selles ont un aspect variable : liquide, fétide, glaireux, contenant des aliments non digérés, et elles témoignent simplement de manifestations dites « du côlon irritable », sans cause déterminée. Ces diarrhées nécessitent des mesures diététiques simples comme un régime pauvre en lactose et en fibres avec, parfois, la prise de médicaments.

En revanche, les diarrhées chroniques s'accompagnant d'une cassure de la courbe de poids nécessitent une recherche de l'affection en cause : diarrhée chronique postinfectieuse, intolérance aux protéines du lait, intolérance au gluten, mucoviscidose. Elles cèdent généralement à un traitement spécifique.

Diarrhée des voyageurs

Diarrhée de courte durée survenant au cours d'un déplacement lointain et due à une modification brutale des habitudes alimentaires et pratiquement toujours à une infection microbienne. SYN. *turista*.

La diarrhée des voyageurs est devenue très fréquente du fait de l'augmentation du tourisme. Sa fréquence en zone tropicale serait favorisée par l'abus de boissons glacées en climat chaud et par le contexte alimentaire. Cependant, les causes infectieuses sont pratiquement constantes en raison de l'insuffisance des conditions d'hygiène alimentaire, qui favorise le développement des germes (shigelles et salmonelles) ; les épisodes de diarrhée des voyageurs sont le plus souvent bénins, mais la possibilité d'un choléra ne doit jamais être écartée, même en l'absence d'épidémie officiellement déclarée par les autorités sanitaires.

En général, quelques conseils d'hygiène sont suffisants pour prévenir la plupart des cas, en particulier des consignes strictes d'alimentation : aliments cuits, fruits pelés, boissons capsulées ou eau bouillie. L'antibiothérapie prophylactique systématique n'est guère à recommander mais doit être utilisée dès les premiers signes digestifs.

Diastole

Période de relaxation musculaire et de remplissage des ventricules cardiaques, succédant à la systole.

Diencéphale

Région centrale du cerveau, recouverte et masquée par les deux hémisphères cérébraux, qui s'y rattachent de chaque côté.

Diète

Abstention temporaire, totale ou partielle, d'aliments pour des raisons personnelles ou thérapeutiques. On range les diètes en trois catégories.

■ La diète absolue consiste à n'absorber ni aliments ni boissons par les voies naturelles. Dans ce cas, les apports essentiels à l'organisme sont fournis sous forme de solutions diverses administrées par perfusions intraveineuses.

■ La diète hydrique consiste à n'absorber que de l'eau de façon à ne pas apporter de calories à l'organisme et donc à provoquer une perte de poids. L'adaptation de l'organisme à de telles pratiques provoque généralement l'effet inverse de celui souhaité : la mise au ralenti du métabolisme provoquée par la diète persiste après son interruption, et le patient reprend tout le poids perdu, voire davantage, dès la reprise de l'alimentation.

■ La diète protéique limite l'alimentation aux protéines. Ce type de régime exige une fonction rénale parfaite, faute de quoi il peut se révéler dangereux. Seul le médecin peut le prescrire.

Les diètes sont peu prescrites par les médecins : en effet, l'exclusion d'un ou de plusieurs types d'aliments engendre frustration et carences, et produit rarement à long terme les effets attendus.

Diététique

Étude de l'alimentation.

La diététique inclut la connaissance de la valeur nutritive des aliments et de leur transformation lors de la cuisson et de la conservation. Elle permet d'établir des régimes alimentaires adaptés aux besoins des sujets sains ou malades. Ainsi, un enfant atteint de maladie cœliaque (intolérance au gluten) devra recevoir les apports énergétiques nécessaires à sa croissance, compte tenu des aliments qui lui sont interdits (avoine, blé, orge, seigle). Dans le cadre de la prise en charge des sujets obèses ou présentant une surcharge pondérale, la diététique permettra d'établir un régime hypocalorique, mais équilibré, n'induisant pas de carences.

Diéthylstilbestrol

Médicament œstrogène puissant, prescrit de 1946 à 1977 à des femmes enceintes pour prévenir les avortements spontanés et traiter les hémorragies pendant la grossesse.

Depuis 1977, le diéthylstilbestrol, commercialisé sous le nom de Distilbène®, n'est plus utilisé en raison des risques qu'il engendre pour l'enfant, risques dont les conséquences se manifesteront pour la plus grande part entre 1990 et 2010. Pour les garçons, les conséquences, minimes, concernent l'appareil génito-urinaire (malformations de l'urètre), mais les filles peuvent présenter des anomalies du col et du corps de l'utérus capables d'entraîner la stérilité. Lorsque ces femmes, à leur tour, sont enceintes, elles courent un risque plus élevé d'avortement spontané, de grossesse extra-utérine et d'accouchement prématuré. En outre, le risque de cancer du vagin est plus élevé chez elles. La surveillance des enfants nés de mères ayant pris du diéthylstilbestrol pendant leur grossesse permet de prévenir, dans une certaine mesure, l'apparition des risques liés à ce médicament.

Digestif (appareil)

Ensemble des organes ayant pour fonction essentielle l'assimilation des aliments destinés à apporter l'énergie nécessaire au fonctionnement des cellules.

STRUCTURE ET PHYSIOLOGIE

Il est habituel de distinguer le tube digestif et les glandes digestives (foie, pancréas).
■ Le tube digestif a un rôle essentiellement mécanique de transport des aliments. Il est constitué successivement de la bouche, avec la langue et les dents, du pharynx, de l'œsophage, de l'estomac, de l'intestin grêle, du côlon et du rectum.
■ Les glandes digestives, qu'il s'agisse des glandes salivaires (parotides, sous-maxillaires et sublinguales), du foie, du pancréas ou des glandes de l'intestin grêle, participent à la digestion des aliments en sécrétant des sucs contenant diverses enzymes de la digestion.

Parmi les organes de l'appareil digestif, seuls le foie et l'intestin grêle sont indispensables à la vie.

PATHOLOGIE

La pathologie de l'appareil digestif est très diverse.
■ Les cancers peuvent naître à tous les niveaux de l'appareil digestif (bouche, œsophage, estomac, côlon, rectum, foie, pancréas). Les traitements dépendent essentiellement du type de cancer, de l'organe atteint, de son stade d'évolution.
■ La constipation est une des causes les plus fréquentes de consultation chez le médecin. Les constipés chroniques sont, dans notre société, des personnes ayant un régime alimentaire pauvre en fibres et une vie sédentaire. Une musculature abdominale défaillante est également un des éléments du problème. Le traitement passe donc avant tout dans ces cas par une modification de l'hygiène de vie.
■ Les diarrhées peuvent être présentes dans diverses maladies. C'est le cas des diarrhées du sida, des alternances de diarrhée et de constipation de certains cancers digestifs, etc. Toutefois, la diarrhée est le plus souvent un des symptômes des gastroentérites virales, assez courantes chaque année dans les collectivités d'enfants, ou des gastroentérites bactériennes dues à des intoxications alimentaires (salmonelloses).
■ Les gastrites, inflammations de l'estomac, sont favorisées par l'alcool et le tabac, et peuvent provoquer des douleurs et des brûlures d'estomac.
■ Les hépatites sont des maladies virales affectant le foie, qui peuvent être transmises notamment par voie sanguine et par voie sexuelle.

■ Les **hernies hiatales** sont caractérisées par le passage d'une portion d'estomac dans le thorax, à travers le canal du diaphragme où passe l'œsophage.

■ Les **ulcères**, maladies du stress, sont localisés soit sur l'estomac (ulcère gastrique), soit sur le duodénum (ulcère duodénal), ce dernier étant le plus courant.

Digestion

Ensemble des processus mécaniques et biochimiques assurant la transformation et l'absorption des aliments.

Après avoir été avalé, le bol alimentaire passe dans le pharynx, puis dans l'œsophage et parvient à l'estomac grâce à un mécanisme involontaire mettant en action les muscles de la paroi œsophagienne (péristaltisme).

■ **Dans l'estomac,** les aliments subissent des modifications permettant leur absorption ultérieure par l'intestin grêle : la digestion gastrique assure leur stockage et leur broyage mécanique, leur stérilisation partielle et la dégradation de certaines protéines. L'estomac peut stocker jusqu'à environ un litre d'aliments qui y sont transformés par les sécrétions gastriques. Ces sécrétions, produites par les glandes gastriques, contiennent de l'acide chlorhydrique et des enzymes digestives (notamment la pepsine, nécessaire à la digestion des protéines). De petites ondes, propagées approximativement toutes les 20 secondes par les couches musculaires, permettent le mixage des aliments avec les sécrétions et poussent le mélange obtenu, le chyme, vers la partie inférieure de l'estomac. Le chyme passe dans la première partie de l'intestin grêle, le duodénum, par un sphincter, le pylore.

■ **Dans l'intestin grêle** (duodénum, jéjunum, iléon), la digestion se poursuit par la réduction des glucides en sucres élémentaires, des lipides en monoglycérides et en acides gras, des protéines en acides aminés ou en peptides. Pour ce faire, l'intestin grêle a besoin des sécrétions du pancréas et de la bile. La sécrétion pancréatique est riche en enzymes nécessaires à la digestion des protéines, des glucides et des lipides, tandis que la sécrétion biliaire joue un rôle important dans la digestion des lipides. L'absorption des substances transformées se fait immédiatement par les entérocytes (cellules intestinales qui permettent le passage des aliments dans le sang) de chacun des segments de l'intestin grêle. Dans le duodénum sont absorbés préférentiellement le fer, le calcium et les vitamines. Les glucides et les lipides sont absorbés dans le duodénum et le jéjunum, et les sels biliaires, dans l'iléon. Les matières qui n'ont pas été absorbées progressent jusqu'au gros intestin par des mouvements péristaltiques. La digestion colique (au niveau du côlon) consiste essentiellement en une dégradation microbienne sans grande utilité pour la nutrition.

Digitalique

Médicament utilisé dans le traitement de l'insuffisance cardiaque. SYN. *glucoside cardiotonique.*

L'action essentielle des digitaliques est de ralentir la fréquence cardiaque lorsque le cœur est en fibrillation auriculaire rapide et, en outre, d'augmenter l'intensité des contractions du cœur.

Les digitaliques sont contre-indiqués dans plusieurs maladies cardiaques (myocardiopathie obstructive, bloc auriculoventriculaire, tachycardie ventriculaire) et sont incompatibles notamment avec le calcium utilisé par voie veineuse. Lorsqu'ils sont pris avec des diurétiques hypokaliémiants (diminuant la concentration de potassium sanguin), il convient de compenser la perte de potassium, pour éviter des troubles du rythme cardiaque.

La surveillance du traitement, essentiellement clinique et électrocardiographique, doit être stricte. Elle fait parfois appel aux dosages sanguins pour vérifier la concentration du médicament.

EFFETS INDÉSIRABLES

Les digitaliques sont le plus souvent bien supportés. Mais, en raison d'une marge relativement étroite entre dose thérapeutique et dose toxique, il existe un risque de surdosage. Celui-ci, qui peut être grave, se manifeste par des troubles digestifs (nausées, vomissements, diarrhée), neurologiques (maux de tête, vertiges, vision colorée) et cardiaques (troubles du rythme). Il impose l'hospitalisation et l'arrêt, au moins transitoire, du traitement digitalique, voire d'autres mesures thérapeutiques.

Digitoplastie

Opération chirurgicale consistant à réparer par greffe un doigt partiellement ou totalement amputé à la suite d'un accident.

Diphosphonate

Médicament utilisé dans le traitement de maladies osseuses et d'anomalies du calcium sanguin. SYN. *bisphosphonate*.

Les diphosphonates agissent en inhibant l'activité des ostéoclastes, cellules osseuses dont la fonction consiste à résorber l'os. Les indications des diphosphonates sont très précises : maladie de Paget (maladie des os avec déformations), ostéoporose (fragilité osseuse) due à la ménopause et compliquée de fracture vertébrale, hypercalcémie (augmentation du taux de calcium sanguin) grave et consécutive à un cancer. L'administration se fait par injection, uniquement en milieu hospitalier, ou par voie orale. Les effets indésirables éventuels sont des troubles digestifs (nausées, diarrhée) ou une fièvre.

Diphtérie

Maladie infectieuse (toxi-infection) contagieuse, due au bacille de Klebs-Löffler, *Corynebacterium diphteriæ*.

La diphtérie touche surtout les enfants et se transmet par voie aérienne rapprochée (salive) ; elle peut être transmise par un malade ou par un porteur sain (sujet immunisé hébergeant le germe). Elle a pratiquement disparu des pays occidentaux grâce à la vaccination systématique, mais persiste dans les pays en développement et représente toujours un risque sérieux pour le voyageur non vacciné. Des épidémies sont survenues en Europe de l'Est.

Le bacille de Klebs-Löffler agit doublement, d'une part en se multipliant localement au niveau du pharynx, d'autre part en élaborant une toxine qui atteint le myocarde et le système nerveux.

SYMPTÔMES ET SIGNES

Après une incubation de 1 à 7 jours, la diphtérie se manifeste par une angine subfébrile, associée à une inflammation des ganglions sous-maxillaires et à une fatigue importante. L'examen de la gorge montre de fausses membranes luisantes ou grisâtres, plus ou moins étendues sur les amygdales et le voile du palais.

DIAGNOSTIC ET TRAITEMENT

Le diagnostic repose sur l'examen clinique et sur un prélèvement de gorge pour rechercher le germe. Dans nos pays, une angine à fausses membranes correspond le plus souvent à une maladie bénigne, la mononucléose infectieuse. Le traitement doit malgré tout être prescrit en urgence, sans attendre le résultat de l'analyse, qui peut être confirmé par la réaction de Schick (intradermoréaction permettant de déceler les sujets non immunisés). Il consiste en une injection de sérum antidiphtérique, y compris, en cas de doute, chez un sujet déjà vacciné, et sur l'administration d'antibiotiques (pénicilline, macrolide). Bien soignée, la maladie évolue favorablement, et le malade cesse d'être contagieux après quelques jours de traitement antibiotique.

COMPLICATIONS

En l'absence de traitement, l'infection du pharynx prend l'aspect d'une angine maligne, avec fausses membranes étendues et hémorragiques, paralysie du voile du palais, pâleur intense du visage, pseudopresbytie (trouble de l'accommodation visuelle). Une autre forme grave en est le croup, atteinte du larynx obstrué par les membranes, entraînant une dysphonie (trouble de l'émission des sons), une gêne respiratoire à l'inspiration, voire une asphyxie pouvant nécessiter une trachéotomie.

Autre complication de la diphtérie, la myocardite (inflammation du muscle cardiaque, avec troubles du rythme, extrasystoles, bloc auriculoventriculaire) doit être recherchée dans tous les cas.

Vers le trentième jour après le début de la maladie peuvent apparaître des signes nerveux, avec paralysie périphérique des membres et atteinte des muscles respiratoires provoquant progressivement une insuffisance respiratoire aiguë. L'ensemble de ces troubles entraînait jadis la mort ; la réanimation respiratoire a considérablement amélioré le pronostic.

Diplégie

Paralysie bilatérale, touchant de façon symétrique des zones plus ou moins étendues de l'organisme.
→ voir Guillain-Barré (syndrome de), Little (maladie de).

Diplopie

Perception de deux images pour un seul objet regardé.

DIFFÉRENTS TYPES DE DIPLOPIE

On distingue deux types de diplopie, qui n'ont pas la même origine.

■ Les diplopies monoculaires persistent lorsqu'on ferme l'œil qui n'est pas atteint : elles proviennent d'une atteinte du globe oculaire. Elles apparaissent au début de certaines cataractes, lors d'affections de la macula (zone centrale de la rétine) ou bien en cas d'iridectomie (ablation d'un fragment d'iris) chirurgicale ou traumatique.

■ Les diplopies binoculaires, en revanche, disparaissent lorsqu'on ferme l'un ou l'autre des yeux : il s'agit d'une atteinte des muscles oculomoteurs. Elles peuvent provenir d'une paralysie oculomotrice d'origine traumatique, tumorale, vasculaire ou due à certaines affections, comme le diabète ou la sclérose en plaques. Une diplopie binoculaire peut également survenir en cas d'affection musculaire (myasthénie, myopathie endocrinienne) ou en cas d'hétérophorie (trouble de la vision binoculaire lié aux variations de l'équilibre des muscles oculomoteurs). Dans ce dernier cas, la tendance à la déviation de l'œil, habituellement corrigée de façon spontanée pour éviter la diplopie, réapparaît sous l'effet de la fatigue ou d'une intoxication alcoolique.

TRAITEMENT

Le traitement des diplopies monoculaires est essentiellement celui de la cause, quand il est possible : traitement d'une cataracte, réparation chirurgicale d'une iridectomie trop large. Le traitement des diplopies binoculaires consiste dans un premier temps à cacher l'œil atteint, afin de procurer un soulagement rapide au patient. Si la diplopie persiste, on peut être amené à placer sur le verre des lunettes des prismes, qui seront incorporés au verre si la diplopie est permanente. Quant au traitement chirurgical, il ne peut être proposé que dans certaines paralysies définitives. Dans tous les cas où il est possible, le traitement de la cause est indispensable.

Discarthrose

Atteinte dégénérative du disque intervertébral liée à une arthrose vertébrale.

Discographie

Examen radiologique qui permet d'observer les disques intervertébraux.

Une discographie est essentiellement pratiquée en cas de lombalgie rebelle au traitement.

TECHNIQUE ET DÉROULEMENT

L'examen nécessite une hospitalisation et se déroule en salle de radiologie. Après anesthésie locale, le médecin injecte le produit de contraste iodé au centre du disque.

L'injection peut provoquer une douleur chez le patient, ce qui permet de localiser le disque lésé.

Le médecin prend ensuite des clichés radiographiques du rachis lombaire, sous différents angles. L'examen dure environ 30 minutes. Il est conseillé au malade de rester allongé pendant les 24 heures qui suivent, pour éviter au maximum le retour de la lombalgie.

EFFETS SECONDAIRES

La discographie ne provoque aucun effet secondaire, si ce n'est le réveil d'une douleur lombaire ou une allergie à l'iode.

Discoradiculographie

→ voir Saccoradiculographie.

Dispositif intra-utérin

→ voir Stérilet.

Disque intervertébral

Structure anatomique arrondie et plate, constituée de tissu cartilagineux, réunissant les vertèbres et jouant entre elles le rôle d'amortisseur.

Chaque disque intervertébral est formé d'une partie périphérique, l'annulus, puissant anneau de fibres qui adhère fortement aux vertèbres et assure la stabilité de la colonne vertébrale, et d'une partie centrale, gélatineuse et élastique, le nucleus pulposus, composée d'un liquide très visqueux sous pression, qui absorbe et répartit les chocs.

PATHOLOGIE

À la suite d'un accident ou d'efforts répétés, l'annulus peut se fissurer. Le lumbago aigu est dû à l'infiltration du nucleus dans cette fissure. Si le nucleus traverse toute l'épaisseur de l'annulus, il entraîne la formation d'une hernie discale pouvant déclencher, si une racine du nerf sciatique est comprimée, une sciatique. Chez l'enfant et l'adolescent, le nucleus peut perforer la plaque cartilagineuse d'une vertèbre et provoquer une hernie intraspongieuse.

Dissection

Opération qui consiste à séparer méthodiquement et à individualiser les différentes parties d'un organisme.

Dissection aortique

Rupture longitudinale de la média (tunique moyenne de la paroi artérielle) de l'aorte. SYN. *anévrysme disséquant.*

Une dissection aortique survient souvent au tout début de l'aorte, après rupture de sa paroi interne au-dessus des valves sigmoïdes aortiques. La dissection aortique aboutit à l'existence de 2 canaux : le vrai chenal, où le sang circule dans les conditions normales, et le faux, créé par la dissection de la paroi artérielle.

CAUSES

Il existe en général un terrain artériel particulier : sujets souffrant d'athérosclérose ou présentant des anomalies de constitution des fibres élastiques (maladie de Marfan), quand une hypertension artérielle sévère est installée depuis longtemps ou après un traumatisme thoracique important.

SYMPTÔMES ET SIGNES

Le malade se plaint de douleurs thoraciques d'apparition brutale, intenses, voire insup-

portables, dont le siège se déplace avec l'extension de la dissection.

DIAGNOSTIC ET ÉVOLUTION

Le diagnostic doit être fait rapidement, grâce à certains examens complémentaires comme la radiographie du thorax, l'échographie cardiaque, surtout par voie transœsophagienne, le scanner, l'artériographie ou l'imagerie par résonance magnétique (I.R.M.).

Le risque principal est la rupture de l'artère disséquée dans le péricarde ou dans d'autres parties du thorax, avec hémorragie interne parfois foudroyante. L'hospitalisation en urgence est nécessaire.

TRAITEMENT

Il consiste à remplacer chirurgicalement la partie de l'aorte atteinte de dissection par une prothèse, en réimplantant au besoin les branches nées de la partie à remplacer sur la prothèse. Une autre technique repose sur l'emploi de colles spéciales, dites biologiques, pour ressouder les constituants de la paroi artérielle. Enfin, dans certaines localisations, la chirurgie n'est pas indispensable, le traitement de l'hypertension artérielle pouvant suffire à éviter l'extension de la dissection.

Dissimulation

Action par laquelle un sujet cherche délibérément à cacher à autrui un état ou un fait.

La dissimulation pathologique fait « bouclier » lors des relations du sujet avec autrui. En cela, elle s'apparente à la méfiance, à la dénégation, voire à la simulation. Pour éviter que soit découvert un symptôme jugé honteux (délire, idée fixe, rite névrotique, toxicomanie) ou se soustraire aux conséquences d'une transgression qu'il a commise (acte pervers, délinquance, etc.), le dissimulateur pratique l'évitement (il cherche à changer de sujet, répond à côté), l'échappatoire (il use de faux-fuyants, de justifications), la banalisation (il minimise l'impact de son acte), voire la pseudocritique de lui-même (il promet de s'amender). La dissimulation d'un projet suicidaire est fréquente chez les déprimés mélancoliques.

Distension abdominale

Augmentation du volume de l'abdomen.

Une distension abdominale peut n'être qu'un ballonnement, dû à un trouble fonctionnel, mais elle peut aussi témoigner d'une ascite (épanchement séreux dans le péritoine), d'une occlusion intestinale ou d'une tumeur abdominale. La grossesse entraîne une distension abdominale naturelle. La cause est recherchée par un examen clinique, une échographie, parfois une radiographie ou un scanner.

Distomatose

Maladie parasitaire de l'homme et des mammifères, due à l'infestation par une douve.

La douve est un ver plat de la classe des trématodes, ayant la forme d'une feuille, possédant deux ventouses et pouvant mesurer jusqu'à 3 centimètres de long.

On distingue, selon l'organe où se fixe le parasite, les distomatoses hépatiques, intestinales ou pulmonaires.

Distomatose hépatique

La distomatose hépatique, ou fasciolose, est une maladie parasitaire du foie, due à l'infestation par *Fasciola hepatica* (encore appelée grande douve du foie). Elle est fréquente en France chez les herbivores domestiques (vaches, moutons, etc.), plus rare chez l'homme, le cycle de reproduction du parasite nécessitant la présence d'un petit mollusque semi-aquatique, la limnée. L'homme se contamine en consommant de la salade crue comme le pissenlit, le cresson ou la mâche, cueillie dans les prairies.

SYMPTÔMES ET SIGNES

Après ingestion, la douve chemine de l'estomac vers le foie jusqu'aux voies biliaires. Dans les semaines qui suivent l'ingestion du parasite, le sujet a de la fièvre, des frissons et ressent des douleurs du foie. Surviennent également des poussées d'urticaire et parfois des gonflements des articulations. Le passage de la douve dans les voies biliaires provoque un ictère, des douleurs du foie plus aiguës, des coliques hépatiques et une inflammation des voies biliaires et de la vésicule.

DIAGNOSTIC

Lors des premiers symptômes, l'infestation est diagnostiquée par des examens sérologiques et sanguins, qui révèlent une hyperéosinophilie (augmentation d'une variété de leucocytes témoignant d'une infestation parasitaire). La présence des œufs de douve dans les selles ou dans le liquide biliaire, obtenu par tubage duodénal, confirme le diagnostic.

TRAITEMENT ET PRÉVENTION

Le traitement nécessite une hospitalisation et consiste en l'administration d'émétine. La prévention repose sur la consommation de cresson et de mâche de production exclusivement industrielle ; le pissenlit doit être soigneusement lavé, et il ne faut pas le cueillir dans les prairies où paissent des vaches ou des moutons.

Distomatoses intestinales

Ce sont des maladies parasitaires de l'intestin grêle, fréquentes en Extrême-Orient et en Égypte, dues à l'infestation par *Fasciolopsis buski* en Asie du Sud-Est, en Chine et aux Indes, par *Heterophyes heterophyes* dans ces mêmes régions ainsi qu'au Proche-Orient et en Égypte, et par *Metagonimus* en Extrême-Orient. Les douves responsables de distomatoses intestinales infestent l'homme, le porc, le chat, le chien et certains oiseaux aquatiques. Cette parasitose se contracte par ingestion de végétaux ou de poissons crus infestés.

SYMPTÔMES ET SIGNES

La distomatose intestinale se manifeste par des douleurs abdominales et une diarrhée chronique avec élimination de glaires et de sang. Le sujet maigrit progressivement et ressent une grande fatigue.

DIAGNOSTIC ET TRAITEMENT

Le diagnostic repose sur l'examen microscopique des selles, qui révèle la présence d'œufs de douves. Ces distomatoses sont traitées par administration de praziquantel ou de niclosamide. La prévention repose sur la cuisson des poissons d'eau douce et des végétaux avant consommation.

Distomatose pulmonaire

La distomatose pulmonaire est due à l'infestation par une douve du genre *Paragonimus*, qui sévit en Afrique, en Amérique intertropicale et, surtout, en Asie du Sud-Est. Elle s'implante dans les bronches de l'homme et de nombreux animaux sauvages et domestiques : félins, rongeurs, porc, chien, etc. Son cycle de reproduction nécessite la présence d'eau douce et de certains mollusques aquatiques.

La contamination s'effectue par ingestion d'écrevisses ou de crabes crus. Les vers se logent dans les bronches, qui se dilatent jusqu'à former une cavité. Des parasites peuvent s'égarer sous la peau, parfois dans le cerveau, provoquant alors un abcès.

L'infestation se traduit par des douleurs thoraciques et une toux rebelle. Le sujet peut parfois cracher du sang.

DIAGNOSTIC

La radiographie des poumons permet de constater la présence de cavités juxtaposées en anneaux olympiques. L'examen microscopique des crachats ou des selles montre les œufs de douves caractéristiques.

TRAITEMENT ET PRÉVENTION

Le praziquantel est efficace. Par prudence, il vaut mieux éviter de consommer des crustacés crus ou de boire une eau de provenance douteuse, non traitée, dans les régions du monde mentionnées ci-dessus.

Disulfirame

Médicament utilisé dans la prévention des rechutes de l'alcoolisme chronique.

Diurèse

Volume d'urine sécrété par les reins pendant une période de temps donnée.

Diurétique

Médicament augmentant l'excrétion urinaire de l'organisme, utilisé dans le traitement de l'hypertension artérielle et des œdèmes.

FORMES PRINCIPALES

Il existe trois types de diurétiques, qui agissent chacun sur un segment du néphron (unité fonctionnelle du rein). Le mécanisme d'action général des diurétiques consiste à favoriser l'élimination des ions du plasma sanguin (surtout le sodium et le chlore), provoquant un phénomène d'osmose qui entraîne dans l'urine l'eau du plasma sanguin.

INDICATIONS ET CONTRE-INDICATIONS

Les principales indications des diurétiques sont l'hypertension artérielle et les œdèmes dus à une insuffisance cardiaque, à une maladie rénale ou à une cirrhose hépatique. L'emploi des médicaments diurétiques dans les régimes amaigrissants n'a pas d'efficacité réelle : il provoque une perte d'eau, parfois néfaste, mais aucune perte de graisse.

Les contre-indications et interactions médicamenteuses sont très nombreuses et varient selon les produits. Ainsi, les diurétiques, sauf ceux de l'anse, sont contre-indiqués en cas d'insuffisance rénale et incompatibles avec les anti-inflammatoires.

EFFETS INDÉSIRABLES

Outre l'aggravation d'une insuffisance rénale, les diurétiques peuvent avoir pour effet indésirable des anomalies des taux des ions sanguins (baisse du sodium, augmentation ou diminution du potassium), un diabète, des réactions allergiques. Les diurétiques de l'anse entraînent parfois une surdité, réversible en cas d'arrêt rapide du traitement.

Diverticule

Cavité naturelle ou pathologique communiquant avec un organe creux.

Diverticulite

Inflammation d'un ou de plusieurs diverticules.

La diverticulite est une complication de la diverticulose, qui atteint principalement le côlon sigmoïde. On parle également dans ce cas de sigmoïdite diverticulaire.

Diverticulose colique

Anomalie du côlon qui consiste en la présence de diverticules dans la paroi de celui-ci, la muqueuse colique réalisant une petite hernie en passant à travers la couche musculaire.

CAUSE

Elle tient certainement à l'alimentation. En effet, pratiquement inconnue au sein des populations dont l'alimentation est riche en fibres alimentaires, l'anomalie est très fréquente dans les pays industrialisés habitués à un régime pauvre en résidus.

SYMPTÔMES ET ÉVOLUTION

Les diverticules, en nombre variable, ont la taille d'un noyau de cerise. La plupart des diverticuloses sont sans symptômes et sans complications. Leur diagnostic repose sur l'examen clinique, la radiologie et la coloscopie. La sigmoïdite diverticulaire, ou diverticulite, est la plus fréquente ; elle se traduit par une douleur vive à gauche de l'abdomen, avec troubles du transit et fièvre, et régresse le plus souvent sous traitement antibiotique, mais peut aussi entraîner une péritonite par perforation, une occlusion, un abcès ou une pseudotumeur inflammatoire. La fistulisation (formation d'un canal infectieux) dans la vessie est possible. Plus rarement, les diverticules peuvent donner lieu à des hémorragies. En revanche, la diverticulose ne prédispose pas au cancer du côlon.

TRAITEMENT

Il fait appel à un régime riche en fibres. Les médicaments sont peu utilisés, sauf en cas de diverticulite, où l'antibiothérapie s'impose. La répétition des crises de diverticulite, les abcès, les pseudotumeurs et les fistules imposent un traitement chirurgical : c'est la résection (ablation d'un segment et abouchement des parties restantes) du sigmoïde. Effectuée en période d'infection, elle comporte en général deux temps : colostomie avec établissement d'un anus artificiel transitoire, puis abouchement des segments coliques, après traitement antibiotique. En l'absence d'infection, elle se fait en un seul temps, avec rétablissement immédiat de la continuité colique.

Dizygote

Se dit de jumeaux provenant de deux œufs (zygotes) différents. SYN. *bivitellin*.

Les jumeaux dizygotes, couramment appelés faux jumeaux, sont issus de la fécondation de deux ovules distincts par deux spermatozoïdes distincts. Ils ont donc un patrimoine génétique différent et peuvent, au contraire des vrais jumeaux (homozygotes), ne pas se ressembler et ne pas être du même sexe.

Doigt

Chacun des cinq appendices indépendants et articulés qui forment l'extrémité de la main.

Chaque doigt long (index, médius ou majeur, annulaire, auriculaire) comporte trois segments : la phalange, la phalangine et la phalangette ; le pouce n'en comporte que deux.

PATHOLOGIE

■ **Les plaies** des doigts sont très fréquentes. Il vaut toujours mieux consulter un médecin pour s'assurer de l'absence de lésions profondes des éléments importants des doigts, tels que tendons, nerfs ou muscles. Alors que les plaies graves des tendons se reconnaissent au manque de mobilité du doigt, une plaie partielle peut n'entraîner aucune gêne mais favoriser, si elle n'est pas soignée, une rupture plus tardive du tendon lésé.

■ **Les fractures** du doigt demandent le plus souvent un traitement orthopédique. Les articulations des doigts peuvent aussi être le siège de luxations ou d'entorses.

■ **Les infections** de la pulpe du doigt telles que le panaris ou la tourniole (panaris superficiel ayant tendance à faire le tour de l'ongle) sont généralement dues à une bactérie qui pénètre dans la peau après une coupure ou une piqûre.

■ **Les maladies** touchant les doigts sont nombreuses : maladie de Dupuytren, maladies rhumatismales, tumeurs des tissus mous ou des os.

■ **La section** d'un doigt nécessite une réimplantation en urgence. Dans l'immédiat, il est essentiel d'envelopper le doigt coupé dans une compresse propre et de le poser sur de la glace (et non pas dans la glace, où il pourrait geler).

Doigt à ressort

Blocage d'un doigt en position repliée.

Un doigt à ressort est provoqué le plus souvent par un nodule du tendon fléchisseur, qui gêne le glissement du tendon à l'intérieur de sa gaine synoviale, ou parfois par une inflammation de la gaine du tendon. On peut redresser un doigt à ressort par une traction douce, qui le libère alors brusquement.

Une injection locale de corticostéroïdes assure le plus souvent la guérison. Plus rarement, une intervention chirurgicale est nécessaire pour libérer le tendon.

Dolichocôlon

Côlon particulièrement long.

En réalité, on ne connaît pas de critères objectifs permettant de déterminer la longueur normale du côlon. Il n'est responsable d'aucune manifestation pathologique et ne requiert aucun traitement particulier.

Dominant

Se dit d'un caractère génétique (ou, par extension, du gène qui le porte) qui se manifeste lorsqu'il est présent dans le caryotype d'un sujet sur un seul des deux chromosomes homologues.

Dans les cellules, chaque chromosome existe en deux exemplaires, et il arrive très fréquemment qu'un gène se présente sous deux versions différentes (allèles) sur chacun des deux chromosomes. Quand c'est le cas, les deux versions entrent en compétition pour s'exprimer. Si elles sont de force inégale, seule l'une d'elles s'exprime dans l'apparence de l'individu : elle est alors dite dominante (allèle dominant), l'autre étant qualifiée de récessive.

Quand une maladie génétique est à transmission dominante, il suffit qu'un sujet ait reçu de l'un de ses parents un chromosome porteur de l'allèle dominant pour que la maladie se manifeste chez lui.

Donneur universel

Sujet pouvant donner son sang à un individu de n'importe quel groupe sanguin du système ABO.

Seuls les sujets du groupe O sont dits donneurs universels ; en effet, leur sang ne contient ni l'antigène A ni l'antigène B ; leurs globules sont donc compatibles avec tous les groupes sanguins ABO.

Dopage

Utilisation de dopants, substances permettant d'augmenter de manière artificielle les performances sportives d'un individu.

Le plus souvent, les dopants sont des médicaments détournés de leur usage normal : stimulants (amphétamines, caféine), analgésiques, hormones (anabolisants, hormones de croissance, corticostéroïdes, érythropoïétine), bêtabloquants. Ils permettent de diminuer la fatigue, d'augmenter le volume et la force musculaires, ou encore d'atténuer les sensations douloureuses du sujet.

Leurs effets indésirables, nombreux et graves, varient selon la nature des substances. Ils peuvent être d'ordre cardiovasculaire (mort subite pendant la compétition, hémorragie cérébrale, hypertension artérielle), tumoral (tumeurs du foie, de la prostate), hormonal et génital (stérilité, impuissance chez l'homme, virilisation chez la femme), osseux ou traumatique (arrêt de la croissance chez un adolescent, fractures, ruptures tendineuses).

La liste des substances dopantes dont l'usage est interdit dans les compétitions est fixée par chacune des fédérations sportives, qui, en fait, adoptent souvent la liste établie par le Comité international olympique. Des contrôles antidopage sont régulièrement effectués lors de compétitions ou d'entraînements, par des médecins assermentés.

Dopamine

Neurotransmetteur du groupe des catécholamines, précurseur de la noradrénaline, jouant dans le cerveau un rôle fondamental pour le contrôle de la motricité et utilisé en thérapeutique pour son action stimulante sur le système cardiovasculaire.

La dopamine est utilisée à des fins thérapeutiques pour des propriétés qu'elle a peu à l'état naturel. En effet, utilisée comme médicament, elle se diffuse dans l'ensemble de l'organisme, et non dans le seul système nerveux. Elle possède une action dite inotrope positive (augmentation de la force de contraction du cœur), et c'est alors un médicament d'urgence en cas d'état de choc cardiogénique, infectieux, hypovolémique ou traumatique. Son administration, par voie intraveineuse, est réservée à des médecins spécialistes, réanimateurs et cardiologues. La dopamine peut provoquer des nausées, des vomissements, des crises d'angor par ralentissement de la circulation dans les artères coronaires, des troubles du rythme cardiaque.

Doppler (examen)

Examen utilisant les ultrasons pour mesurer la vitesse de la circulation sanguine. SYN. *vélocimétrie Doppler.*

INDICATIONS

L'examen Doppler est principalement prescrit en cardiologie (affections du cœur, des artères et des veines) et en neurologie (affections du cerveau).

■ **L'examen Doppler cardiaque** permet l'étude des mouvements du sang entre les diverses cavités cardiaques. Il est demandé lorsqu'on soupçonne une communication anormale entre les oreillettes ou les ventricules, ou une anomalie de fonctionnement des valves cardiaques (rétrécissement ou insuffisance valvulaire).

■ **L'examen Doppler transcrânien** permet l'étude des mouvements du sang dans les artères intracérébrales, à travers les os du crâne.

■ **L'examen Doppler vasculaire** permet l'étude des mouvements du sang dans les artères ou les veines de l'organisme. Il permet également l'analyse d'une artériopathie des membres inférieurs et la recherche d'une phlébite.

Une sonde émet des ultrasons qui se réfléchissent sur les globules rouges puis sont recueillis par un récepteur situé sur la même sonde. Il se produit un effet Doppler : la fréquence des ondes réfléchies dépend de la vitesse des globules rouges (elle augmente avec la vitesse) et permet donc de mesurer cette dernière. L'appareil émet un son d'autant plus aigu que la vitesse est rapide, et surtout il fournit un graphique sur écran de télévision ou sur papier. Le couplage avec l'échographie permet de visualiser la forme de la structure anatomique examinée (artère,

cœur), vue en coupe, en même temps que le flux sanguin qui la traverse. L'utilisation de divers types de sondes et de fréquences variées permet d'étudier des structures vasculaires plus ou moins profondes.

DÉROULEMENT

L'examen Doppler ne nécessite ni préparation particulière, ni anesthésie, ni hospitalisation ; il est indolore. La région examinée est dévêtue, et le médecin pose sur la peau une sonde en forme de crayon, puis la déplace, parallèlement au trajet de l'artère étudiée, par exemple. Aucune surveillance n'est nécessaire après l'examen, qui n'entraîne aucun effet secondaire.

Dorsalgie

Douleur du rachis dorsal.

Dans le langage médical, le terme « dos » désigne seulement la région de la colonne vertébrale appelée rachis dorsal, qui s'étend des épaules jusqu'à la taille, c'est-à-dire la région caractérisée par les douze vertèbres dorsales sur lesquelles s'articulent les côtes.

Les causes des dorsalgies sont multiples : dégénératives (arthrose), inflammatoires (arthrite), mécaniques, liées à une mauvaise posture (cyphoscoliose) ou à une ostéoporose (raréfaction du tissu osseux) postménopausique ou sénile, ou traumatiques (fracture). Cependant, même si l'on invoque parfois des lésions osseuses, érosives ou ligamentaires, de nombreuses douleurs dorsales n'ont pas de causes évidentes : tel est le cas des dorsalgies dites essentielles, qui touchent les jeunes femmes et qui sont l'expression d'un état dépressif masqué.

Le traitement des dorsalgies dépend de leur cause. Il repose essentiellement sur les analgésiques, les anti-inflammatoires et la kinésithérapie.

Dos

→ VOIR Dorsalgie, Rachis.

Dosage biologique

Mesure de la concentration d'une substance dans un liquide de l'organisme.

Un dosage biologique est indiqué soit pour confirmer ou compléter un diagnostic, soit pour surveiller une maladie connue. Le liquide prélevé peut être naturel (sang, urine, liquide céphalorachidien) ou pathologique (épanchement dans la plèvre, le péritoine, une articulation).

Double aveugle (essai en)

Méthode comparative de l'efficacité de deux thérapeutiques, ou d'un nouveau médicament et d'un placebo.

Un essai en double aveugle requiert la participation de deux groupes de patients. Le produit testé est conditionné de la même façon que le médicament utilisé comme référence ou le placebo. Le médecin prescrit aux patients un des deux produits sans avoir lui-même connaissance de sa nature. Lorsque l'expérimentation est terminée, on analyse les résultats et on vérifie, en cas d'amélioration, à quel produit elle est due.

Douleur

Sensation pénible se manifestant sous différentes formes (brûlure, piqûre, crampe, pesanteur, étirement, etc.) d'intensité et d'extension variables.

La douleur est associée à des lésions tissulaires, réelles ou potentielles, ou décrite comme si ces lésions existaient. La diversité de la douleur et le fait qu'elle soit toujours subjective expliquent qu'il soit difficile d'en proposer une définition satisfaisante. Cette notion recouvre en effet une multitude d'expériences distinctes, qui varient selon divers critères sensoriels et affectifs. Certains sujets décrivent une douleur en l'absence de toute cause physiologique probable ; cependant, il est impossible de distinguer leur expérience de celle qui est causée par une lésion réelle.

La compréhension des mécanismes de la douleur et leur classification demeurent également difficiles à appréhender. Une sensation douloureuse a pour premier objet de protéger l'organisme ; elle ne s'insère donc pas dans le domaine des sensations dites physiologiques, car souffrir ne peut être considéré comme un état normal. De plus, cette sensation d'alarme contre une agression extérieure ou intérieure peut, dans un second temps, si elle n'est pas soulagée, se retourner contre l'organisme lui-même, l'affaiblissant au lieu de le servir. Une douleur intense peut accaparer l'univers émotionnel et asservir le système nerveux, le rendant incapable d'accomplir une autre activité. Enfin, l'appréciation de l'intensité d'une douleur est éminemment variable ; elle dépend de la structure émotionnelle du sujet qui souffre, ce qui rend illusoire toute tentative d'étalonnage entre intensité du stimulus douloureux et souffrance.

MÉCANISME

La douleur est due le plus souvent à l'excitation de récepteurs communément appelés nocicepteurs (terminaisons nerveuses sensibles aux stimulations douloureuses), siégeant essentiellement dans la peau et, dans une moindre mesure, dans les vaisseaux, les muqueuses, les os et les tendons. Les organes internes en contiennent peu.

DIFFÉRENTES FORMES DE DOULEUR

Une douleur se définit selon son site, son type, diffus ou localisé, son intensité, sa périodicité et son caractère : elle peut être pulsatile, battante, lancinante (les élancements sont caractéristiques d'une inflammation), en éclair (atteinte nerveuse), avoir une nature de crampe (atteinte musculaire) ou de colique (atteinte viscérale), etc. Dans certains cas, la douleur est ressentie dans un endroit du corps différent de la zone lésée ou traumatisée ; on parle alors de douleur irradiée. Un autre type de douleur, l'algohallucinose, est rapporté à un membre fantôme ; il est ressenti par environ 65 % des amputés.

■ **Une douleur aiguë** se manifeste à l'occasion d'une lésion tissulaire et a pour rôle essentiel de prévenir l'individu d'un dysfonctionnement de son organisme. Elle est associée à des palpitations, à une augmentation de la pression artérielle, du taux de certaines hormones (cortisol, catécholamines) et de la fréquence de la ventilation (mouvement de l'air dans les poumons).

■ **Une douleur chronique** est une douleur persistant un mois au-delà du temps habituel lors d'une maladie aiguë, ou après le temps escompté une fois la guérison survenue, ou bien encore une douleur associée à une maladie chronique.

TRAITEMENT

La lutte contre la douleur représente l'une des priorités de la médecine. Outre celui de la cause, le traitement consiste généralement en l'administration d'analgésiques non narcotiques (aspirine, paracétamol) pour les douleurs faibles, d'anti-inflammatoires non stéroïdiens pour les douleurs moyennes, d'analgésiques narcotiques (proches de la morphine) pour les douleurs importantes. Le traitement des douleurs chroniques rebelles peut également faire appel à l'injection locale d'opiacés, par cathéter épidural ou intradural pour la moelle et intravasculaire pour le cerveau, par l'intermédiaire d'un réservoir sous-cutané, où le produit est injecté, ou d'une pompe à infusion réglable sur demande. Des traitements non médicamenteux, comme la cryothérapie (application de froid), les massages, l'acupuncture, l'électrothérapie, voire des interventions de neurochirurgie visant à interrompre les voies de la sensibilité (par exemple, thermocoagulation du ganglion de Gasser dans les névralgies rebelles du trijumeau), peuvent également être utilisés. Des centres spécifiques de traitement de la douleur se sont créés ces dernières années. Ils connaissent un important développement et s'intègrent dans la prise en charge hospitalière du malade.

Douve du foie

→ VOIR Distomatose.

Down (syndrome de)

→ VOIR Trisomie 21.

Dracunculose

Maladie parasitaire sous-cutanée due à l'infestation par *Dracunculus medinensis,* encore appelé filaire de Médine, ver de Guinée ou dragonneau.

Dracunculus medinensis est un ver de la classe des nématodes, d'aspect filiforme, qui mesure de 90 centimètres à 1 mètre de long à l'âge adulte. La dracunculose sévit en Afrique sahélienne et au Proche-Orient.

La contamination s'effectue par l'absorption de l'eau d'étang, de mare, de ruisseau contenant des cyclops (crustacés microscopiques) infestés par la larve du parasite ; les larves traversent la paroi abdominale, puis s'implantent et effectuent leur maturation dans le tissu sous-cutané, le plus souvent aux chevilles.

SYMPTÔMES ET SIGNES

La filaire de Médine adulte, un an environ après la contamination, perfore la peau pour pondre ses œufs, formant une cloque ou une petite plaie sur la cheville ou le pied. L'extrémité du ver est alors visible dans le pus qui s'écoule. Cette plaie peut, dans certains cas, se surinfecter et favoriser un tétanos. Le ver meurt parfois de lui-même en se calcifiant ; une radiographie permet alors de le localiser. Dans d'autres cas, il provoque une infection articulaire ou un abcès sous-cutané.

TRAITEMENT ET PRÉVENTION

L'extirpation du ver, par enroulement progressif sur une allumette ou une branche d'épineux, sans le casser, demeure le moyen le plus efficace de supprimer le parasite, mais cette manœuvre est lente et délicate. Un traitement antibiotique doit être administré en complément.

La prévention consiste à faire bouillir l'eau et à la filtrer avant consommation.

Drain

Tube en caoutchouc, en fibres de crin, en matière synthétique ou en silicone, destiné soit à collecter et à évacuer hors de l'organisme des liquides physiologiques (sang) ou pathologiques (pus), ou des liquides de lavage, soit à en expulser des gaz.

Le retrait d'un drain est un geste médical délicat, car il faut choisir le moment adéquat, respecter l'asepsie et ne pas abîmer les tissus. Il n'est pas douloureux lorsque le drain est placé dans les orifices naturels. Il l'est davantage sur les plaies. La cicatrisation se fait spontanément ou à l'aide de quelques pansements si la cicatrice est un peu large.

Drainage

Évacuation à l'extérieur de l'organisme de liquides, de gaz physiologiques ou pathologiques en rétention dans l'organisme.

Bien que la préparation et le déroulement d'un drainage soient extrêmement variables, ils ont toujours lieu en milieu hospitalier, la mise en place du drain s'effectuant au moins sous anesthésie locale. Un des drainages les plus courants est celui d'un épanchement liquidien de la plèvre. Le patient étant assis au bord du lit, le médecin pratique une anesthésie locale, puis pique avec une aiguille montée sur une seringue dans un espace intercostal, dans la région postérieure et inférieure du thorax. Quand le liquide pleural passe dans l'aiguille, celle-ci est branchée sur un drain relié à un bocal et laissée en place quelques dizaines de minutes. Après l'intervention, un pansement ordinaire et un repos de quelques heures sont suffisants.

Drainage postural

Méthode de kinésithérapie utilisant la position du corps pour faciliter le drainage des bronches.

Le drainage postural est indiqué dans certaines maladies où il se produit une augmentation de la sécrétion des grosses bronches. Ces affections sont parfois aiguës, d'origine infectieuse, mais plus souvent chroniques (bronchite chronique, dilatation des bronches, mucoviscidose). La technique nécessite que le malade soit allongé sur un lit, les pieds surélevés. Les sécrétions sont drainées naturellement par la pesanteur vers la trachée, où elles sont ensuite éliminées par la toux. Chaque région des poumons est drainée préférentiellement selon la position exacte du corps (couché sur le côté droit ou gauche, avec des oreillers placés en différents endroits, etc.).

Drépanocytose

Maladie héréditaire du sang, caractérisée par une mutation de l'hémoglobine (hémoglobinopathie) se traduisant par une grave anémie chronique.

La drépanocytose est la plus fréquente des maladies de l'hémoglobine. Elle est apparue dans différentes zones du globe, toutes fortement soumises au paludisme. Le grand nombre de sujets atteints dans ces régions s'explique par le fait que les sujets hétérozygotes (n'ayant hérité la maladie que d'un seul parent et ne possédant donc qu'un gène muté sur deux) sont protégés du paludisme. Cette mutation de l'hémoglobine est particulièrement fréquente en Afrique équatoriale et au sein de la population noire des États-Unis.

La drépanocytose transmise par un seul des parents, dite hétérozygote, ou AS, est la forme la moins grave : le sujet est porteur du gène mais ne développe pas la maladie. La drépanocytose transmise par les deux parents (forme homozygote, ou SS) constitue la forme la plus grave.

CAUSE

La drépanocytose résulte de la mutation d'un acide aminé de la chaîne protéique bêta de l'hémoglobine, pigment transportant l'oxygène. Dans un environnement pauvre en oxygène, cette hémoglobine mutée, dite hémoglobine S, est moins soluble que la normale et forme des chaînes rigides aboutissant à la déformation du globule rouge en faucille (drépanocyte). Les globules rouges déformés se bloquent dans les petits vaisseaux ; ils sont en outre fragilisés et se détruisent facilement, entraînant une anémie hémolytique.

SYMPTÔMES ET SIGNES

La drépanocytose se manifeste par une anémie hémolytique chronique entrecoupée, chez l'enfant, de crises d'anémie aiguë (favorisées par l'hypoxie [baisse du taux d'oxygène inspiré], comme cela peut se produire au cours d'un voyage dans un avion insuffisamment pressurisé) avec une brusque augmentation du volume de la rate, et chez l'adolescent et l'adulte, de crises douloureuses résultant de l'occlusion des vaisseaux par les globules rouges déformés, en particulier dans les articulations. La mortalité est élevée, dans l'enfance, par atteinte des fonctions de la rate (hémorragies, thromboses qui favorisent les infections), et à l'âge adulte, essentiellement à cause de complications vasculaires.

TRAITEMENT

C'est uniquement celui des manifestations de la maladie ; il repose principalement sur l'antibiothérapie préventive et la perfusion intraveineuse pour réhydrater les malades. Lorsque les deux parents sont porteurs du gène, il est possible de diagnostiquer la présence de la maladie chez l'enfant à naître (amniocentèse, biopsie des villosités choriales).

Dressler (syndrome de)

Péricardite (inflammation du péricarde, membrane qui enveloppe le cœur) survenant de une à plusieurs semaines après un infarctus du myocarde.

L'évolution, spontanément favorable, peut être hâtée par les anti-inflammatoires, en particulier l'aspirine. Néanmoins, une récidive est possible dans les semaines qui suivent l'arrêt du traitement.

Drogue

Substance pouvant produire un état de dépendance physique et/ou psychique et engendrer une toxicomanie, quel qu'en soit le type (stimulant, analgésique, etc.).
→ VOIR Toxicomanie.

Duchenne (myopathie de)

Maladie héréditaire caractérisée par une dégénérescence musculaire.

La myopathie de Duchenne est la plus fréquente et la plus sévère des dystrophies musculaires, qui atteint 1 garçon sur 2 500. Son mode de transmission est récessif et lié au sexe, c'est-à-dire que la maladie est transmise par les femmes et ne touche que les garçons. Le gène anormal est localisé sur l'un des chromosomes X de la mère. Le produit du gène en cause, la dystrophine, existe à un taux très réduit dans les muscles des sujets atteints. Il est aujourd'hui possible de détecter cette maladie avant la naissance par biopsie des villosités choriales ou par amniocentèse.

SYMPTÔMES ET DIAGNOSTIC

La myopathie de Duchenne débute dans la petite enfance, après l'acquisition de la marche. Les muscles des membres inférieurs sont les premiers touchés, suivis par ceux des membres supérieurs. L'enfant a de plus en plus de mal à se mouvoir, et la paralysie le gagne peu à peu.

L'électromyogramme permet d'affirmer la nature musculaire des troubles ; la biopsie musculaire confirme le diagnostic.

ÉVOLUTION ET TRAITEMENT

L'évolution est rapide et sévère : la marche devient impossible vers l'âge de 12 ans et nécessite le recours à un fauteuil roulant ; l'insuffisance respiratoire devient chronique ; une atteinte du cœur est fréquente.

Le traitement vise à combattre les symptômes et fait appel à la kinésithérapie et à l'orthopédie.

PERSPECTIVES

Deux grandes voies de recherche concernant le traitement de cette affection sont actuellement à l'étude. L'injection de myoblastes (cellules musculaires jeunes) dans les muscles atteints a donné des résultats encourageants chez l'animal, mais n'est encore utilisée que de façon limitée chez l'homme. La seconde méthode, qui est encore du domaine de la recherche, fait appel à la thérapie génique : elle consiste à introduire dans la cellule atteinte le gène normal de la dystrophine.

Duodénite

Inflammation des parois du duodénum.

Duodénum

Partie initiale de l'intestin grêle, succédant au pylore (sphincter musculaire à l'extrémité de l'estomac) et se poursuivant par le jéjunum (deuxième portion de l'intestin grêle).

Le duodénum est un segment fixe du tube digestif, en forme de cadre, qui entoure la tête du pancréas. Sa longueur est de 25 centimètres et son diamètre, variable suivant les régions, de 3 à 4 centimètres.

Le duodénum joue un rôle important dans la digestion en raison de l'arrivée à son niveau des sels biliaires et des enzymes pancréatiques. Le calcium, le fer, les vitamines, les lipides et une partie des glucides sont absorbés dans cette partie du tube digestif. Le duodénum peut être le siège d'une inflammation ou d'un ulcère.

Duplicité rénale

Anomalie congénitale caractérisée par la présence de deux reins du même côté, le côté opposé pouvant être normal ou présenter la même malformation.

Une duplicité rénale isolée n'entraînant pas de complications, elle ne nécessite aucun traitement spécifique.

Dupuytren (maladie de)

Affection de la main caractérisée par une flexion progressive et irréductible de certains doigts, principalement l'annulaire et l'auriculaire, vers la paume.

La maladie de Dupuytren est provoquée par l'épaississement et la rétraction de l'aponévrose palmaire, membrane conjonctive et fibreuse contenue dans la main. La cause de cette maladie est encore inconnue ; dans certains cas, elle semble favorisée par le diabète, la prise de médicaments antiépileptiques ou l'alcoolisme. Plus fréquente chez les hommes que chez les femmes, elle affecte en général les deux mains.

SYMPTÔMES ET SIGNES

En se rétractant, l'aponévrose entraîne, dans la paume, la formation de nodules fibreux, durs et palpables et de bandes de tissu épaissi, appelées brides de rétraction, sous la peau ; les articulations situées entre les phalanges et les métacarpiens, ainsi que celles qui se trouvent entre les phalanges et les phalangines, sont touchées, provoquant une flexion des doigts.

TRAITEMENT

L'aponévrotomie à l'aiguille, qui consiste à sectionner à l'aiguille les brides sous anesthésie locale, est un traitement efficace. On peut aussi recourir à une intervention chirurgicale, qui consiste en l'ablation complète des brides de rétraction et des nodules. Des récidives peuvent cependant survenir.

Durillon

Épaississement localisé de la couche cutanée de l'épiderme sur une zone de frottement du pied.

Dysarthrie

Difficulté de l'élocution non liée à une atteinte des organes de la phonation (langue, lèvres, voile du palais, etc.) ou de la commande nerveuse de ces organes.

Il existe deux grands types de dysarthrie, qui diffèrent physiologiquement : le type paralytique et le type non paralytique.

CAUSES

■ **Les dysarthries paralytiques** sont dues à une atteinte directe des muscles (myasthénie), à une atteinte du bulbe rachidien (sclérose latérale amyotrophique) ou à des lésions bilatérales des voies allant du cortex au bulbe. On parle dans ce dernier cas de syndrome pseudobulbaire ; il se rencontre, par exemple, dans les accidents vasculaires cérébraux multiples et la sclérose en plaques.
■ **Les dysarthries non paralytiques** sont dues à des atteintes de l'encéphale au cours de maladies neurologiques (lésions du cervelet, maladie de Parkinson, chorée, athétose).

SYMPTÔMES ET SIGNES

Les signes exacts dépendent de la maladie en cause. Dans les atteintes du cervelet, par exemple, le débit est lent et saccadé ; au cours de la maladie de Parkinson, la voix est de faible intensité et monotone ; dans la chorée et l'athétose, elle est rauque et forcée, avec des variations de puissance excessives.

TRAITEMENT

Certaines dysarthries sont améliorées par l'orthophonie (rééducation de la voix). Plus généralement, leur traitement est celui de la maladie concernée.

Dyschésie rectale

Trouble de l'évacuation rectale.

Une dyschésie rectale, qui peut témoigner d'une anomalie fonctionnelle ou de lésions anorectales, impose un examen endoscopique. Le traitement est directement lié à la cause.

Dyschondroplasie
→ VOIR Enchondromatose.

Dyschromatopsie
Altération de la vision des couleurs.

Les dyschromatopsies peuvent être congénitales ou acquises.

■ Les dyschromatopsies congénitales sont d'origine héréditaire et atteignent principalement les hommes (8 % contre 0,45 % pour les femmes). Leur transmission est, en effet, liée au sexe et au chromosome X. La couleur est perçue par l'œil grâce aux cônes de la rétine, dont l'altération entraîne une dyschromatopsie. Parmi les sujets atteints, on distingue ceux qui ne perçoivent aucune couleur, mais seulement des variations de luminosité, et ceux qui confondent certaines couleurs (personnes atteintes de daltonisme, par exemple).

■ Les dyschromatopsies acquises sont souvent le signe très précoce d'une atteinte du système de réception oculaire (choroïde, rétine et nerf optique). Les dyschromatopsies qui portent sur le rouge et le vert accompagnent souvent les atteintes du nerf optique, tandis que celles qui portent sur le jaune et le bleu sont souvent associées à des inflammations de la choroïde et de la rétine.

DIAGNOSTIC
Les dyschromatopsies sont dépistées par deux types de test.

■ Les tests de classement ou d'appariement comprennent essentiellement le test de Farnsworth, qui consiste à ranger, dans l'ordre demandé, des échantillons colorés de tonalités très proches.

■ Les tests de confusion sont représentés par l'atlas d'Ishihara, constitué d'un fond de pastilles colorées sur lequel se détache un chiffre composé de pastilles d'une couleur différente. Le patient dont la vision est normale voit distinctement les chiffres, tandis que le patient atteint de dyschromatopsie en est incapable.

TRAITEMENT
Il n'est envisageable que dans les dyschromatopsies acquises et repose sur le traitement de la cause.

Dyschromie
Toute modification de la couleur normale de la peau, due à une maladie dermatologique ou caractéristique d'une autre maladie de l'organisme.

Dysembryome
Tumeur bénigne ou maligne qui se développe aux dépens de cellules embryonnaires restées présentes dans l'organisme, et capable de donner naissance à différents types de tissus. SYN. *tératome*.

Dysenterie
Syndrome infectieux caractérisé par l'émission de selles glaireuses et sanglantes mêlées ou non à des matières fécales.

SYMPTÔMES ET SIGNES
La dysenterie se traduit par des coliques (douleurs abdominales violentes) et de faux besoins. Une déshydratation et une atteinte importante de l'état général peuvent survenir rapidement, souvent accompagnées de signes d'infection.

DIFFÉRENTS TYPES DE DYSENTERIE
Un syndrome dysentérique peut être dû à de nombreux agents infectieux, parasitaires ou microbiens.

■ La dysenterie amibienne est due à l'amibe *Entamoeba histolytica*. Elle se développe essentiellement dans les pays chauds où le niveau économique est bas et l'hygiène sommaire, et se contracte par ingestion d'eau ou d'aliments infestés. Le diagnostic repose sur l'étude des selles fraîches ou de prélèvements coliques directs. Le traitement fait appel à l'association d'amœbicides tissulaires (métronidazole) et d'amœbicides de contact.

■ La dysenterie bacillaire est due à des germes invasifs qui détruisent la muqueuse colique (shigelles, salmonelles, colibacilles entéropathogènes) ; elle se contracte par ingestion d'aliments infestés ou par trans-

mission orofécale. Elle peut survenir de façon sporadique ; le plus souvent, elle accompagne les concentrations humaines massives. La mortalité par déshydratation et dénutrition du malade est très forte en l'absence de traitement, quasiment nulle en cas de soins médicaux efficaces et rapides. Le traitement fait essentiellement appel à la réhydratation et à la renutrition ; l'administration d'antibiotiques hâte la guérison.
→ VOIR Shigellose.

Dysfibrinogénémie

Anomalie congénitale ou acquise de la coagulation, causée par la production d'un fibrinogène (facteur de coagulation) anormal.

Dysgénésie

Malformation d'un organe ou d'un tissu survenant pendant le développement embryonnaire.

■ La dysgénésie épiphysaire, liée à une hypothyroïdie congénitale, se manifeste chez l'enfant par des anomalies de développement du noyau d'ossification des épiphyses, extrémités des os longs.

■ La dysgénésie gonadique, malformation des glandes génitales, est une cause de stérilité. Elle est due soit à une anomalie chromosomique (syndrome de Turner chez la femme, de Klinefelter chez l'homme), soit à une mutation génétique.

Dysglobulinémie

Anomalie quantitative ou qualitative des globulines, l'un des groupes de protéines du sang.

La plupart des dysglobulinémies sont bénignes et augmentent de fréquence avec l'âge. D'autres nécessitent un traitement spécifique. Elles se traduisent en général par un syndrome inflammatoire important (forte élévation de la vitesse de sédimentation).

Les dysglobulinémies monoclonales isolées, dites bénignes, du sujet âgé, sans syndrome inflammatoire, ne nécessitent qu'une surveillance régulière. Lorsqu'une dysglobulinémie témoigne d'une maladie du sang, le traitement se confond avec celui de la maladie en cause.

Dysidrose

Forme d'eczéma caractérisée par des vésicules survenant sur les mains et les pieds.

La dysidrose, très fréquente, n'a pas toujours de cause connue. Parfois, elle est due à une infection par une bactérie ou par un champignon microscopique. Dans d'autres cas, il s'agit d'une allergie par contact prolongé ou répété avec une substance précise (nickel, par exemple). Elle peut aussi être liée à une perturbation psychologique.

Elle se manifeste d'abord par des rougeurs de la paume des mains, de la plante des pieds et des faces latérales des doigts et des orteils. Puis apparaissent des vésicules. Ces lésions s'associent à des démangeaisons. Les dysidroses sans cause connue ont souvent une évolution saisonnière, récidivant à chaque printemps ou à chaque automne.

TRAITEMENT

C'est d'abord celui de la maladie en cause, si elle est connue, associé à l'application d'antiseptiques et d'anti-inflammatoires (corticostéroïdes cutanés, pâtes à base de sulfate de cuivre ou de sulfate de zinc). Un traitement général à base d'antihistaminiques et d'anxiolytiques peut être utile.

Dyskinésie

Anomalie de l'activité musculaire se traduisant par la survenue de mouvements anormaux ou par une gêne dans les mouvements volontaires, leur conférant un aspect anormal.

En pratique, le terme s'emploie dans un sens beaucoup plus restreint : mouvements anormaux qui prédominent à la face, au cou et au tronc.

La cause la plus fréquente est la prise de médicaments neuroleptiques.

Le traitement consiste essentiellement à arrêter le médicament en cause.

Dyslexie

Difficulté d'apprentissage de la lecture et de l'orthographe, en dehors de toute déficience intellectuelle et sensorielle, et de tout trouble psychiatrique.

La dyslexie touche environ 8 à 10 % des enfants, les garçons étant 3 fois plus souvent atteints que les filles.

CAUSES
Les causes actuellement reconnues de la dyslexie sont soit génétiques (fréquence significativement élevée de troubles du langage oral et écrit dans certaines familles), soit acquises (maladies atteignant le développement cérébral durant la grossesse).

SYMPTÔMES ET SIGNES
Après une période allant de plusieurs mois à un an d'apprentissage de la lecture, l'enfant dyslexique a une lecture encore trop lente, difficile, laborieuse, non automatisée : fautes phonétiques, lettres ou syllabes inversées, omises, remplacées, confondues, mots changés, etc. Les mêmes difficultés existent dans l'orthographe. Le texte lu est souvent mal compris. L'enfant aime aller à l'école ; le plus souvent, il est bon en calcul, mais il évite l'écriture et les lectures prolongées dans toutes les matières, même les énoncés de mathématiques.

Une évaluation médicopsychologique montre que les compétences intellectuelles et la motivation de l'enfant sont normales. Dans 30 à 50 % des cas, celui-ci a présenté des troubles du langage avant 4 ans.

DIAGNOSTIC
Souvent, la dyslexie est encore non dépistée et mal reconnue. Parents, professeurs et médecins doivent donc être vigilants. Des tests de langage, de lecture et d'orthographe, effectués en présence d'un orthophoniste, permettent de confirmer le diagnostic.

TRAITEMENT ET PRONOSTIC
Les séances de rééducation orthophonique, prescrites par le médecin traitant, suivies une ou - plus souvent - deux fois par semaine pendant plusieurs mois, permettent de compenser le trouble plutôt que de le guérir. Les capacités de l'enfant dyslexique (intelligence, don pour les mathématiques, le sport, etc.) doivent être reconnues durant sa scolarité. Lorsqu'elle est diagnostiquée et traitée suffisamment tôt, une dyslexie légère ou moyenne permet une scolarité normale, bien que souvent difficile. À l'inverse, une dyslexie sévère ou tardivement reconnue peut être à l'origine de difficultés scolaires importantes.

Dyslipidémie
Anomalie du taux de lipides dans le sang.

DIFFÉRENTS TYPES DE DYSLIPIDÉMIE
■ **Les hyperlipidémies** (augmentation du taux de lipides sanguins) sont principalement représentées par l'hypercholestérolémie, l'hyperchylomicronémie et l'hypertriglycéridémie. Le traitement repose sur un régime alimentaire et, au besoin, sur la prise de médicaments dits hypolipidémiants.
■ **Les hypolipidémies** (diminution du taux de lipides sanguins) sont dues à des insuffisances alimentaires importantes ou à des maladies du tube digestif qui diminuent l'absorption des lipides alimentaires. Ces anomalies purement biologiques n'ont aucune conséquence.

Dysménorrhée
Menstruation douloureuse.

Une dysménorrhée atteint de 30 à 50 % des femmes en période d'activité génitale et gêne de façon notable environ 10 % d'entre elles. Elle peut apparaître dès le début de la vie génitale (dysménorrhée primaire) ou plus tard (dysménorrhée secondaire).

CAUSES
La dysménorrhée semble due à une anomalie de la contractilité utérine qui aurait plusieurs explications : trouble de la vascularisation utérine, excès de prostaglandines (substances sécrétées par de nombreux tissus et intervenant dans l'inflammation et dans les contractions utérines de l'accouchement), troubles hormonaux ou psychologiques, hérédité.

Une dysménorrhée primaire peut être causée par une anomalie de forme ou de position de l'utérus ou par un obstacle cervical à l'écoulement du sang. Une dysménorrhée secondaire est parfois la conséquence d'une infection génitale chronique, d'une endométriose, d'une maladie ovarienne, d'un rétrécissement du canal cervical.

SYMPTÔMES ET SIGNES
La douleur varie selon plusieurs critères :
- son siège : il est pelvien, mais la douleur

irradie souvent dans le dos, vers le vagin et le rectum ; parfois, elle intéresse tout l'abdomen ;

– sa date d'apparition par rapport au flux menstruel : lorsqu'elle précède l'apparition des règles, elle se confond avec le syndrome prémenstruel ; au début des règles, elle traduit plutôt un obstacle à l'écoulement du sang ; elle peut également durer pendant toute la menstruation ou n'en marquer que la seconde moitié ;

– son type : elle peut être spasmodique (colique rappelant les douleurs de l'accouchement) ou lancinante et continue ;

– ses signes d'accompagnement, qui sont nombreux : troubles digestifs (nausées, vomissements, diarrhée), maux de tête, vertiges, pertes de connaissance.

TRAITEMENT
La douleur peut céder à l'administration d'antispasmodiques ou d'analgésiques, mais les médicaments œstroprogestatifs et les antiprostaglandines sont également efficaces. Cependant, seuls la recherche et le traitement de la cause permettent de faire disparaître une dysménorrhée.

Dysostose
Malformation congénitale grave et très rare d'un ou de plusieurs os.

CAUSES
La transmission est souvent héréditaire.

SYMPTÔMES ET SIGNES
Outre les malformations visibles, parfois majeures, de la région concernée (crâne allongé en hauteur, doigts et orteils fusionnés, pommettes peu développées, mâchoire prognathe), les signes observés sont des troubles sensoriels (cécité, surdité), une épilepsie ou un retard mental.

L'évolution va d'un extrême à l'autre, selon le type de dysostose : de la simple malformation, unique et stable, au décès survenant quelque temps après la naissance.

PRÉVENTION ET PRONOSTIC
Il n'existe pas de traitement curatif. En revanche, une prévention est possible sous la forme d'un conseil génétique aux parents porteurs de l'anomalie chromosomique.

Dyspareunie
Douleur survenant chez la femme pendant les rapports sexuels.

On distingue généralement les dyspareunies de pénétration, ou superficielles, qui surviennent dès le début de la pénétration du pénis dans le vagin, et les dyspareunies profondes, ressenties dans le bas-ventre lorsque la pénétration est complète. Par ailleurs, une dyspareunie peut être primaire (survenant dès les premières relations sexuelles) ou secondaire (apparaissant à la suite d'un événement marquant, un accouchement, par exemple).

Les causes d'une dyspareunie sont soit organiques, soit psychologiques. La dyspareunie est souvent d'origine affective, pouvant alors traduire un refus du plaisir sexuel, sorte de conduite d'autopunition, ou un dégoût du partenaire.

TRAITEMENT
Si la cause est organique, son traitement fait céder la douleur. En cas de dyspareunie d'origine affective, une prise en charge psychothérapique est nécessaire, associée ou non à certaines techniques de rééducation sexuelle.

Dyspepsie
Sensation d'inconfort digestif apparaissant après les repas.

Une dyspepsie peut être le symptôme d'une maladie organique : gastrite, tumeur, maladie de l'intestin grêle ou du côlon. En l'absence de toute cause organique, c'est un symptôme de nature fonctionnelle, dont le mécanisme est inconnu. La dyspepsie se traduit par des douleurs abdominales, une sensation de lourdeur, une lenteur de la digestion. Le traitement est celui de la cause, lorsqu'elle est connue. Dans le cas fréquent de dyspepsie fonctionnelle, un traitement symptomatique (pansements gastriques, antispasmodiques) est souvent décevant.

Dysphagie
Trouble de la déglutition lié à la difficulté du passage des aliments de la bouche vers l'estomac.

CAUSES

Les dysphagies peuvent être d'origine oto-rhino-laryngologique, digestive ou neurologique. Les premières sont essentiellement dues aux infections pharyngées (angine, pharyngite), aux tumeurs bénignes et malignes du pharynx, au cancer de l'œsophage, au reflux gastro-œsophagien et à l'achalasie (perte de la coordination des mouvements du tube digestif). Une dysphagie d'origine neurologique peut être observée au cours du syndrome pseudobulbaire. Ce syndrome, qui associe des troubles de la déglutition, de la parole et de la mobilité de la face, est en général d'origine vasculaire. Des dysphagies d'origine neurologique peuvent aussi être provoquées par une myasthénie, une diphtérie, un botulisme, une poliomyélite antérieure aiguë et une polyradiculonévrite.

SYMPTÔMES ET SIGNES

La dysphagie survient le plus souvent lors de la prise d'aliments solides, puis s'aggrave progressivement, se produisant ensuite aussi lors de l'ingestion de liquides. Elle peut aller jusqu'à l'aphagie (impossibilité de déglutir). Une dysphagie peut s'accompagner de fausses-routes alimentaires, de douleurs cervicales ou rétrosternales, d'hypersialorrhée (sécrétion excessive de salive).

DIAGNOSTIC ET TRAITEMENT

Toute dysphagie prolongée impose un examen complet du pharynx et de l'œsophage (fibroscopie, radiographie, voire manométrie, ou mesure des pressions œsophagiennes), et, si besoin est, des explorations oto-rhino-laryngologiques et neurologiques.

Le traitement d'une dysphagie est celui de sa cause.

Dysphonie

Anomalie de la qualité de la voix qui devient rauque, éteinte, trop aiguë, trop grave ou bitonale (émission de deux sons simultanés).

Il existe deux types de dysphonie, selon le mécanisme en jeu : troubles de la mobilité du larynx par compression ou irritation des nerfs qui le commandent, entraînant une paralysie ; anomalie de la muqueuse du larynx lui-même, surtout des cordes vocales.

Les principales causes des paralysies sont des tumeurs (de la glande thyroïde, de l'œsophage, des bronches, du pharynx), des infections (grippe, typhoïde), des traumatismes (du crâne, du cou), des atteintes neurologiques du tronc cérébral ou des 9e, 10e et 11e nerfs crâniens. Les causes des anomalies atteignant directement le larynx sont le surmenage de la voix, les laryngites aiguës, les laryngites chroniques, en particulier liées au tabac, et surtout les cancers du larynx. Lorsqu'une dysphonie est due à un surmenage vocal (orateurs, chanteurs), on tente de rééduquer la voix par les techniques de l'orthophonie. Cependant, l'important est de traiter la cause de la dysphonie.

Il ne faut pas banaliser ou négliger une dysphonie, car le patient n'a pas souvent conscience de la valeur de ce signe ; un examen médical approfondi s'impose dès qu'une altération de la voix se prolonge au-delà de quelques jours.

Dysplasie

Anomalie du développement d'un organe ou d'un tissu entraînant des lésions et un trouble du fonctionnement.

Certaines dysplasies observées sur les muqueuses génitales, digestives, respiratoires ou sur le sein, sont considérées comme des états précancéreux et nécessitent, selon les cas, une étroite surveillance ou un traitement.

Dyspnée

Gêne respiratoire ressentie par un malade, qu'elle soit constatée ou non par le médecin.

CAUSES

Les dyspnées peuvent être d'origine bronchopulmonaire, oto-rhino-laryngologique, neurologique, métabolique ou cardiaque. Parmi les causes bronchopulmonaires, on retrouve les affections bronchiques (asthme, bronchite chronique, présence d'un corps étranger ou d'une tumeur dans les bronches), les troubles pulmonaires (œdème aigu, infection ou tumeur du poumon, embolie pulmonaire), les anomalies de la plèvre (pleurésie, pneumothorax) ou de la cage thoracique (scoliose grave) gênant les mouvements du poumon. Les causes oto-rhino-laryngologiques sont surtout les laryngites chez l'enfant, les tumeurs du larynx chez l'adulte. Les causes neurologiques sont essentiellement le coma et certaines maladies du système nerveux. Parmi les causes métaboliques, il peut y avoir une diminution de l'oxygénation tissulaire, comme au cours des hémorragies. Enfin, la dyspnée traduit parfois un trouble cardiaque, notamment une insuffisance cardiaque.

ÉVOLUTION ET TRAITEMENT

L'évolution d'une dyspnée dépend de sa cause, tant pour sa gravité (allant d'une simple gêne à la pratique de certains sports, pour les sujets asthmatiques, à une menace vitale immédiate, dans certains cas d'embolie pulmonaire) que pour sa durée (quelques heures pour des laryngites infantiles, parfois des dizaines d'années pour une bronchite chronique). Le traitement est également très variable : antibiotiques pour une infection pulmonaire bactérienne, bronchodilatateurs pour l'asthme, arrêt du tabac pour la bronchite chronique, etc.

Dysprotéinémie

Toute affection caractérisée par une hyperproduction d'immunoglobulines.

→ VOIR Dysglobulinémie.

Dystocie

Difficulté gênant ou empêchant le déroulement normal d'un accouchement.

L'origine d'une dystocie peut être maternelle ou fœtale.

Dystonie

Contraction involontaire et douloureuse figeant tout ou partie du corps dans une position anormale.

Quand une partie du corps se fixe dans une position dystonique, la zone musculaire concernée se contracte sous l'effet d'un spasme, dit spasme dystonique. Certaines dystonies n'apparaissent qu'à l'occasion d'un mouvement précis ; on parle alors de dystonie de fonction.

Dans la crampe de l'écrivain, la plus fréquente des dystonies de fonction, il se produit une crispation douloureuse des doigts, du poignet et, parfois, de tout le bras dès que le sujet essaye d'écrire. Une douleur accompagne généralement la crispation, qui survient dès le début de l'écriture et empêche sa poursuite.

TRAITEMENT

Il est fondé sur celui d'une cause éventuelle et sur la prise d'anticholinergiques, parfois associés à des myorelaxants pour lutter contre les douleurs. La dopamine, dans certains cas de dystonie généralisée familiale, permet d'obtenir des résultats spectaculaires.

Pour les dystonies localisées et de fonction, la kinésithérapie joue un rôle fondamental, car elle s'attache à décontracter les muscles hyperactifs et à favoriser le renforcement des muscles antagonistes. Des injections locales de toxine botulinique sont utilisées ; elles provoquent une paralysie transitoire des muscles atteints, facilitant la kinésithérapie.

→ VOIR Torticolis.

Dystrophie musculaire

Maladie musculaire familiale et héréditaire provoquant une dégénérescence progressive des fibres musculaires.

Les dystrophies musculaires se classent en différents types, selon leur mode de transmission (lié ou non au sexe, dominant ou récessif), la rapidité de développement de la maladie et le début de survenue des symptômes.

SYMPTÔMES ET SIGNES

Les signes commencent insidieusement et se développent ensuite très lentement. La force des muscles diminue de plus en plus, de façon symétrique de chaque côté du corps, provoquant un handicap souvent sévère. L'évolution peut être rapide et grave, comme dans la myopathie de Duchenne, entraînant une insuffisance respiratoire et une atteinte du cœur souvent fatale. D'autres dystrophies sont d'évolution plus lente (maladie de Steinert, myopathie de Landouzy-Déjerine).

DIAGNOSTIC

Une dystrophie musculaire est diagnostiquée par électromyographie (analyse de l'activité électrique du muscle) et confirmée par biopsie musculaire : la diminution du nombre de fibres musculaires est toujours considérable, et les fibres persistantes sont très inégales par leur diamètre, certaines étant fortement hypertrophiées.

TRAITEMENT

Des recherches sont actuellement en cours, mais aucun traitement n'a encore véritablement prouvé son efficacité.

→ VOIR **Myopathie.**

Dystrophie ovarienne

→ VOIR Ovaires polykystiques (syndrome des).

Dysurie

Difficulté à uriner.

Une dysurie est provoquée par l'existence d'un obstacle à l'évacuation des urines, qui peut entraîner une vidange incomplète avec résidu vésical après miction. L'adénome prostatique, la sclérose du col vésical, le rétrécissement de l'urètre, l'hypertonie du sphincter strié sont les causes obstructives les plus fréquentes de dysurie.

Une dysurie se manifeste par des mictions lentes, pénibles, en plusieurs temps, avec nécessité de forcer pour évacuer la vessie.

Le traitement d'une dysurie est celui de la maladie causale. Une dilatation de la vessie puis du haut appareil urinaire peuvent apparaître progressivement en l'absence de traitement, avec risque de retentissement sur la fonction rénale.

E

Eau

Liquide incolore, inodore et sans saveur entrant dans la composition de la majorité des organismes vivants.

La molécule d'eau (H_2O) se compose de 2 atomes d'hydrogène liés à 1 atome d'oxygène. L'eau bout à la température de 100 °C, se solidifie à 0 °C. Elle est dite potable quand elle répond à certaines normes fixées par des textes législatifs : elle doit être agréable à consommer tant pour son goût que pour sa couleur et son odeur et, en règle absolue, non susceptible de porter atteinte à la santé. L'eau potable ne doit contenir ni micro-organismes pathogènes ni substances toxiques (cuivre, plomb, fluorures, cyanure, arsenic, composés phénoliques, etc.). Sa concentration en certaines substances chimiques (sels minéraux, ammoniaque, nitrites, nitrates, chlorures, matières organiques) doit être limitée.

L'eau est le principal solvant organique. Le corps humain est constitué en moyenne de 60 % d'eau.

Elle permet le transport des diverses substances qu'elle renferme en solution et les réactions chimiques entre elles. L'organisme humain perd en moyenne 2,5 litres d'eau par jour, principalement par les urines, ces pertes étant régulées par les reins (sous l'effet de l'hormone antidiurétique), le tube digestif, les poumons (respiration) et la peau (transpiration). Les pertes organiques en eau doivent être compensées par un apport correspondant : eau de boisson, eau contenue dans les aliments et eau métabolique, provenant de la combustion des nutriments.

Le métabolisme de l'eau est régulé par l'organisme. La soif est le premier signal indiquant au sujet un déficit en eau. Dans certaines situations pathologiques, la teneur en eau de l'organisme peut varier. Lors d'une déshydratation, elle est insuffisante. À l'inverse, lors d'une sécrétion trop importante d'hormone antidiurétique, l'organisme a tendance à retenir trop d'eau, ce qui peut provoquer la formation d'œdèmes, en particulier d'œdème cérébral, susceptible d'entraîner des troubles de la conscience, voire un coma.

Eau minérale

Eau de source dont la composition en éléments minéraux permet une utilisation thérapeutique.

Les eaux minérales sont classées selon leur teneur en minéraux : eaux très faiblement minéralisées (moins de 50 milligrammes par litre), eaux faiblement minéralisées (de 50 à moins de 500 milligrammes par litre) et eaux très riches en sels minéraux (plus de 1 500 milligrammes par litre). Elles peuvent être plates ou gazeuses (chargées de plusieurs fois leur volume en gaz carbonique [CO_2]). Les eaux gazeuses sont souvent plus riches en sodium et déconseillées dans les régimes hyposodés prescrits en cas d'insuffisance cardiaque ou d'hypertension. Seules les eaux minérales pouvant être consommées sans contre-indication par des personnes en bonne santé reçoivent l'autorisation d'être mises en bouteilles et librement commercialisées. Les eaux peu minéralisées peuvent servir à la composition des biberons si elles ne sont pas gazeuses. Des eaux riches en calcium peuvent contribuer à compenser une alimentation pauvre en minéraux. Certaines eaux enrichies en fluorures peuvent avoir un effet bénéfique dans la prévention de la carie dentaire. De même, la très faible teneur en sodium de certaines eaux minérales permet leur consommation quotidienne par des personnes astreintes à un régime hyposodé. Les propriétés des eaux minérales s'utilisent en thérapeutique, dans le cadre des cures thermales, soit par voie interne (boisson), soit par voie externe (bains).

→ VOIR Cure thermale.

Eau oxygénée

Solution antiseptique, désinfectante et hémostatique. SYN. *peroxyde d'hydrogène.*

L'eau oxygénée utilisée comme antiseptique est une solution diluée, dite à 10 volumes (capable de libérer 10 fois son volume d'oxygène gazeux). Elle est indiquée pour ses capacités à nettoyer les plaies cutanées bénignes et à en assurer l'antisepsie ainsi que pour ses propriétés hémostatiques (arrêtant les saignements) au cours des saignements de nez.

Eberth (bacille d')

Bactérie pathogène de l'homme, responsable de la fièvre typhoïde. SYN. *Salmonella typhi.*

Ebola (virus)

Virus à A.R.N. appartenant à la famille des filovirus.

Le virus Ebola est responsable d'une grave fièvre hémorragique, observée pour la première fois en 1976 au Soudan et au Zaïre sous la forme d'une épidémie meurtrière. Les symptômes sont une fièvre ainsi qu'une diarrhée, qui provoque souvent une déshydratation, et des hémorragies (saignement du nez, purpura, vomissements de sang). Le traitement consiste à injecter aux sujets atteints du sérum de personnes convalescentes (contenant des anticorps). Il n'existe pas de vaccin.

E.C.B.U.

→ VOIR Examen cytobactériologique des urines.

Ecchymose

Épanchement superficiel de sang, se déposant sous la peau et formant une tache visible.

Une ecchymose, plus couramment appelée bleu, a presque toujours pour cause un traumatisme. Cependant, des ecchymoses surviennent parfois spontanément ou très facilement, soit pour une raison inconnue, soit du fait d'une maladie de la coagulation (hémophilie). Une ecchymose se traduit par l'apparition d'une tache rouge, bleue ou noire, relativement étendue, qui ne s'efface pas à la pression ; la couleur passe ensuite par le vert puis le jaune avant de disparaître en quelques jours.

Le traitement d'une ecchymose est facultatif. Au besoin, un linge humide contenant des glaçons peut être appliqué pendant 10 minutes pour diminuer la douleur.

ECG

→ VOIR Électrocardiographie.

Écharde

Petit fragment de bois ou d'un autre corps ayant pénétré accidentellement sous la peau.

Plantée à l'extrémité d'un doigt, une écharde peut provoquer un panaris. Son extraction, quelquefois difficile, doit respecter les règles d'asepsie (utiliser du matériel stérile, désinfecter la plaie). En outre, la présence d'une écharde, même de petite taille, doit inciter le sujet à vérifier que sa vaccination antitétanique est bien à jour.

Écharpe

Pièce de tissu permettant de maintenir le membre supérieur (avant-bras, poignet, coude ou main) immobile sur la poitrine.

L'écharpe permet, en urgence, de soutenir un membre supérieur traumatisé pour atténuer la douleur et éviter d'aggraver le déplacement puis, après traitement, de soutenir ce membre et de le protéger.

Échinococcose multiloculaire

Maladie parasitaire due à la présence dans le foie de la larve d'un ténia du renard,

Echinococcus multilocularis. SYN. *échinococcose alvéolaire.*

L'échinococcose multiloculaire est une cestodose qui sévit dans l'hémisphère Nord et, en particulier, dans l'est de la France. Le renard s'infeste lui-même en mangeant des rongeurs sauvages parasités, puis il dépose des selles contenant des œufs de ténia sur le sol. L'homme se contamine en mangeant des baies sauvages souillées ou en manipulant des cadavres de renard. La larve se développe anarchiquement dans le foie. L'infestation se traduit par une douleur sourde dans la région du foie, par un amaigrissement et par un ictère (jaunisse).

TRAITEMENT ET PRÉVENTION

Le traitement nécessite l'ablation partielle du foie ou la greffe d'un foie sain ; le pronostic est réservé.

La prévention repose sur le lavage des baies sauvages avant consommation et sur le lavage des mains après manipulation d'un cadavre de renard.

Échinococcose uniloculaire

Maladie parasitaire provoquée par l'infestation par la larve d'un ténia du chien, *Echinococcus granulosus.* SYN. *hydatidose, kyste hydatique.*

Fréquente au Maghreb, au Kenya et dans le bassin méditerranéen, l'échinococcose est une cestodose. La larve se développe dans le foie, les poumons et, plus rarement, dans d'autres organes.

L'*Echinococcus granulosus* provoque la formation d'un kyste hydatique, sorte de tumeur arrondie de taille variable (jusqu'à 15 ou même 20 centimètres de diamètre) bordée par une paroi épaisse et remplie d'un liquide plus ou moins clair et de scolex (têtes de ténia), qui peuvent redonner naissance, chez l'homme, à un autre kyste et, chez le chien, à un ténia adulte.

Le ténia adulte est d'abord hébergé par le chien, qui rejette les œufs sur le sol en déféquant. L'homme se contamine alors s'il ingère des œufs de ténia disséminés sur le sol et souillant l'eau ou les légumes consommés crus, ou s'il porte ses mains à la bouche,

sans les avoir lavées, après avoir manipulé de la terre ou caressé un chien dont la fourrure contient le parasite.

SYMPTÔMES ET DIAGNOSTIC

Les kystes peuvent se développer dans différents organes. Ils peuvent se rompre, libérant dans l'organisme des scolex susceptibles d'y causer de multiples kystes dits secondaires (échinococcose disséminée).

■ **Un kyste hydatique du foie** provoque une augmentation de volume du foie, des douleurs localisées, un ictère (la peau prend une coloration jaune) et des poussées passagères d'urticaire.

■ **Un kyste hydatique des poumons** provoque une toux, des douleurs thoraciques et, parfois, le rejet d'un peu du liquide contenu dans le kyste.

TRAITEMENT

L'ablation de la tumeur par une intervention chirurgicale est toujours conseillée. Les échinococcoses disséminées peuvent être soignées avec de l'albendazole.

Échocardiographie

Technique d'imagerie utilisant les ultrasons et destinée à explorer le cœur.

Échocardiographie transthoracique

Cet examen utilise une sonde échographique placée sur le thorax en regard du cœur.

INDICATIONS

Les maladies cardiaques congénitales peuvent être décelées par l'échocardiographie transthoracique. Différents plans de coupe sont utilisés, sous diverses incidences.

Échocardiographie transœsophagienne

Cet examen utilise une sonde échographique introduite par la bouche dans l'œsophage.

INDICATIONS

L'échocardiographie transœsophagienne complète l'échographie transthoracique pour rechercher un thrombus (caillot) dans une oreillette, une communication interauriculaire, une anomalie valvulaire mitrale (prolapsus, végétations d'endocardite) ou une anomalie de l'aorte thoracique (anévrysme, thrombus, dissection). Elle fournit des images plus précises des oreillettes, de la cloison interauriculaire et de la valvule mitrale.

TECHNIQUE

Après anesthésie locale, une sonde est introduite par la bouche et descendue dans l'œsophage jusqu'au niveau des oreillettes. Ce type d'échographie s'effectue en mode bidimensionnel.

EFFETS SECONDAIRES

Cet examen nécessite de pouvoir disposer d'un matériel de réanimation car il peut se produire un trouble du rythme ou une fausse-route après vomissements.

Écho-Doppler vasculaire

Examen échographique (fondé sur l'utilisation des ultrasons) destiné à explorer les artères et les veines.

DIFFÉRENTS TYPES D'ÉCHO-DOPPLER

L'écho-Doppler vasculaire comporte 3 modalités différentes : l'échographie bidimensionnelle, le Doppler artériel et l'écho-Doppler avec codage couleurs.

■ L'échographie bidimensionnelle fait appel à une sonde échographique qui permet, lorsqu'elle est appliquée sur la peau en regard d'une artère, de voir la paroi antérieure de cette artère, puis sa lumière (volume intérieur) et enfin sa paroi postérieure. L'échographie bidimensionnelle permet de mettre également en évidence les plaques d'athérome et les rétrécissements qui peuvent s'être formés dans l'épaisseur de la paroi artérielle. De la même façon, il est possible de voir les veines et de vérifier l'existence d'un caillot.

■ Le Doppler artériel utilise une sonde Doppler. L'existence d'un rétrécissement localisé dans une artère provoque une accélération du flux sanguin à cet endroit et une diminution du flux artériel en aval du rétrécissement. L'analyse des courbes enregistrées à différents niveaux artériels (carotidien, fémoral, etc.) permet de connaître avec précision l'état du réseau artériel. De la même façon, l'enregistrement Doppler du flux veineux permet de mettre en évidence l'arrêt ou le ralentissement du flux sanguin, dû à la présence d'un caillot à

l'intérieur de la veine examinée, dans le cas d'une phlébite.

■ L'écho-Doppler avec codage couleurs est une technique plus récente, courante, qui permet de visualiser sur écran le flux artériel ou veineux en colorant de manière arbitraire le flux sanguin en rouge s'il se dirige vers le capteur, en bleu s'il s'en éloigne.

EFFETS SECONDAIRES

L'écho-Doppler vasculaire est un examen indolore, dont la durée n'excède pas 40 minutes, qui ne nécessite pas d'hospitalisation et n'entraîne aucun effet secondaire.

Échoendoscopie

Technique d'examen associant l'exploration échographique, par réflexion des ultrasons dans les organes, et l'endoscopie.

INDICATIONS

L'échoendoscopie sert surtout à explorer le tube digestif. Par voie haute (endoscope introduit par la bouche), elle est utilisée principalement pour déterminer l'existence et l'extension de tumeurs œsophagiennes ou gastriques, bénignes ou malignes. L'étude des affections aiguës ou chroniques du pancréas (tumorales, infectieuses) fait également appel à cette technique, comme celle des maladies biliaires de diagnostic difficile.

L'échoendoscopie basse, avec introduction de l'endoscope par l'anus, étudie surtout les tumeurs rectales et permet d'apprécier l'extension d'une tumeur et de rechercher des ganglions adjacents.

DÉROULEMENT

L'échoendoscopie haute nécessite le plus souvent une anesthésie générale légère, qui n'endort pas complètement le patient. Celui-ci doit être à jeun. Un fibroscope-endoscope – muni de fibres de verre renvoyant une image à un oculaire (système optique placé du côté de l'œil de l'observateur) ou sur un écran – est d'abord introduit par la bouche. Puis un échoendoscope, muni à son extrémité d'un ballonnet plein d'eau pour favoriser le passage des ultrasons, est introduit par la même voie jusqu'à l'œsophage, l'estomac ou le duodénum. L'examen dure de 15 à 30 minutes. L'échoendoscopie par voie basse se déroule de la même façon, mais ne nécessite pas d'anesthésie.

Échographie

Technique permettant de visualiser certains organes internes ou un fœtus grâce à l'emploi des ultrasons. SYN. *ultrasonographie*.

L'échographie est également utilisée en imagerie interventionnelle pour diriger les gestes de ponction ou de biopsie. Au bloc opératoire, elle peut guider l'exploration chirurgicale, y compris celle de lésions du cerveau ou de la moelle épinière. En raison de sa simplicité et de son innocuité, l'échographie est souvent le premier examen pratiqué pour établir un diagnostic.

TECHNIQUE

L'échographie est pratiquée selon deux modes : unidimensionnel et bidimensionnel. Le premier, très peu utilisé, indique par un tracé les structures rencontrées par le faisceau d'ultrasons le long d'une ligne droite. Le second, le plus courant, donne des images anatomiques en deux dimensions. On parle, dans ce cas, d'échotomographie.

Une sonde est posée sur la peau ou introduite dans une cavité naturelle (vagin ou rectum). Elle est munie d'un émetteur d'ultrasons (ondes acoustiques non perçues par l'oreille humaine) qui traversent les organes mais sont en partie réfléchis quand ils rencontrent une modification de la densité des tissus.

Il existe plusieurs types de sondes :

■ Les sondes utilisées par voie externe sont placées sur le corps du patient au-dessus de la région à explorer.

■ Les sondes endocavitaires (utilisées par voie interne) sont introduites soit dans le vagin (échographie endovaginale pour explorer le petit bassin), soit dans le rectum (échographie endorectale pour explorer la prostate), soit dans l'œsophage (échographie endo-œsophagienne ou transœsophagienne pour explorer le cœur).

■ Les sondes miniaturisées, introduites par cathétérisme dans les vaisseaux, permettent l'échographie intravasculaire.

Les ultrasons, qui se propagent facilement dans les milieux liquides et n'y sont pas réfléchis, sont arrêtés par l'air et par les os. C'est pourquoi l'échographie est peu ou pas indiquée dans l'examen du cerveau, des poumons, des intestins ou des os. À partir des ultrasons réfléchis, l'ordinateur produit des images qui peuvent être photographiées. C'est en comparant différents plans que le médecin interprète les clichés.

DÉROULEMENT

Selon la zone à explorer, le patient s'allonge sur le dos ou sur le côté, le thorax ou le ventre dégagé. L'échographie endovaginale se déroule en position gynécologique (genoux pliés et écartés, pieds dans les étriers). Pour les échographies externes, la zone est préalablement enduite de gel pour favoriser la transmission des ultrasons. Le médecin applique alors la sonde et la déplace tout en observant les organes étudiés sur son écran de contrôle. Il peut donner immédiatement des indications sur le résultat.

Certaines échographies nécessitent d'ingérer une quantité d'eau suffisante pour remplir la vessie, de façon qu'elle n'apparaisse pas, d'autres d'être à jeun et d'ingérer une préparation destinée à réduire les gaz intestinaux. L'examen est indolore et dure de 10 à 20 minutes.

EFFETS SECONDAIRES

L'échographie est une méthode d'imagerie médicale peu coûteuse, ne nécessitant ni préparation particulière du patient ni hospitalisation. Elle ne comporte pas le risque des rayons X. Il n'y a pas d'effet secondaire connu.

→ VOIR Échocardiographie.

Échographie obstétricale

Examen permettant de visualiser un fœtus grâce à la technique des ultrasons.

INDICATIONS

■ Au premier trimestre de la grossesse, l'échographie obstétricale permet de porter le diagnostic de vitalité de l'embryon, de déterminer l'âge de la grossesse et de détecter une grossesse multiple ou extra-utérine.

■ Au deuxième trimestre (vers la 22e semaine d'aménorrhée environ), elle sert à contrôler la taille du fœtus, ses mouvements et les battements de son cœur. Elle permet également de vérifier que sa croissance se poursuit normalement.

■ **Au troisième trimestre** (vers la 32ᵉ semaine d'aménorrhée), elle permet de vérifier la morphologie du fœtus et de détecter d'éventuelles malformations tardives, d'évaluer la quantité de liquide amniotique et la position du placenta.

L'échographie permet encore de connaître le sexe du bébé, même s'il s'agit de jumeaux ou de triplés, avec une faible marge d'erreur, sauf dans de rares cas où la position du fœtus empêche de voir ses organes génitaux. Lorsque des analyses sont nécessaires, elle permet de guider une ponction de liquide amniotique ou de sang fœtal ou encore le prélèvement de villosités choriales (tissu placentaire).

Dans certains cas enfin, l'échographie permet de réaliser in utero de petites interventions concernant des anomalies qui seront prises en charge dès que la naissance de l'enfant sera possible, en fonction de la maturité pulmonaire.

TECHNIQUE

Une sonde est posée sur la peau et placée sur le corps de la patiente au-dessus de la région à explorer. Elle est munie d'un émetteur d'ultrasons (ondes acoustiques non perçues par l'oreille humaine) qui traversent les organes mais sont en partie réfléchis selon les différences de densité des tissus rencontrés.

DÉROULEMENT

Avant le 4ᵉ mois de grossesse, l'échographie obstétricale nécessite d'ingérer une quantité d'eau suffisante pour remplir la vessie, de façon qu'elle n'apparaisse pas. L'examen est indolore et dure de 10 à 20 minutes.

La patiente s'allonge sur le dos, le ventre dégagé. L'abdomen est préalablement enduit de gel pour favoriser la transmission des ultrasons. Le médecin applique alors la sonde et la déplace tout en observant le fœtus sur son écran de contrôle. Il peut donner immédiatement des indications sur le résultat.

L'échographie ne comporte pas le risque que présentent les rayons X. Il n'y a pas d'effet secondaire connu.

Écholalie

Trouble du langage qui consiste à répéter de manière systématique les derniers mots entendus.

Échotomographie

Échographie en mode bidimensionnel fournissant des images de différents plans de coupe de l'organisme.
→ VOIR Échographie.

Éclampsie

Affection grave survenant généralement en fin de grossesse, caractérisée par des convulsions associées à une hypertension artérielle.

SYMPTÔMES ET ÉVOLUTION

La maladie commence le plus souvent au troisième trimestre de la grossesse chez une femme n'ayant jamais accouché ; elle se manifeste tout d'abord par une hypertension artérielle, une présence excessive de protéines dans l'urine et des œdèmes. Ces signes s'accentuent tandis qu'apparaissent des maux de tête, des vertiges, des bourdonnements d'oreille, des éclairs visuels et une douleur en barre à la hauteur de l'estomac. Enfin survient l'éclampsie proprement dite, semblable à une crise d'épilepsie : perte de conscience, raideur des membres suivie de convulsions. Elle se déclenche parfois pendant l'accouchement ou immédiatement après celui-ci.

En l'absence de traitement, l'éclampsie peut mettre en jeu la vie de la mère et, dans 50 % des cas environ, la vie de l'enfant.

TRAITEMENT ET PRÉVENTION

Le traitement en urgence, en milieu spécialisé, comprend des anticonvulsivants et le déclenchement de l'accouchement ou la césarienne. Dans la grande majorité des cas, la patiente guérit sans séquelle et il n'y a aucune récidive pendant les autres grossesses. Cependant, de 5 à 10 % des mères présentent des complications à long terme (cérébrales, rénales ou cardiaques).

La prévention de l'éclampsie repose sur le dépistage systématique, au cours de toute grossesse, des signes d'atteinte rénale (tension artérielle, protéinurie) et de ceux immédiatement précurseurs de l'éclampsie.

Ecstasy

Substance de structure proche de l'amphétamine et de la mescaline, utilisée comme stupéfiant en raison de ses effets euphorisants et psychostimulants.

L'ecstasy entraîne un état de dépendance et souvent une psychose, une dépression, une hépatite et une insuffisance rénale.

Ecthyma

Infection cutanée caractérisée par une ulcération survenant le plus souvent sur les membres.

L'ecthyma, provoqué par une bactérie, le streptocoque, affecte généralement des sujets affaiblis. Il se traduit par une ulcération croûteuse de la peau. Les antibiotiques (pénicillines), pris en urgence et à fortes doses, permettent d'arrêter l'infection. Les soins locaux sont ceux de l'ulcère (nettoyage local, pansements antiseptiques).

Ectopie

Localisation anormale, congénitale ou acquise, d'un organe.

Ectropion cervical

Éversion de la muqueuse du col utérin.

L'ectropion cervical peut survenir de façon physiologique au cours d'une grossesse ou en liaison avec la prise d'œstroprogestatifs (contraception orale ou traitement hormonal). Il est parfois la conséquence d'une déchirure du col pendant l'accouchement. Il peut se manifester par des pertes vaginales d'abondance variable ou par de petits saignements lors des rapports sexuels ou de la toilette intime.

Le traitement fait appel à la chaleur (cautérisation chimique ou électrique), au froid (cryochirurgie) ou au laser (vaporisation).

Ectropion palpébral

Éversion du bord de la paupière, le plus souvent la paupière inférieure, qui expose la conjonctive (membrane transparente qui tapisse l'intérieur des paupières), normalement en contact avec le globe oculaire.

CAUSES

Bien qu'un ectropion palpébral puisse exister dès la naissance (ectropion congénital), il s'observe surtout chez le sujet âgé (ectropion sénile) et est alors dû à un relâchement des tissus ou à une inflammation de la paupière (conjonctivite chronique). Il peut aussi résulter de la mauvaise cicatrisation d'une plaie ou d'une brûlure (ectropion cicatriciel), ou encore compliquer une paralysie faciale (ectropion paralytique).

SYMPTÔMES ET TRAITEMENT

L'ectropion palpébral entraîne un larmoiement permanent et une irritation de l'œil. Mal protégée, la cornée est exposée à des lésions trophiques : kératite ponctuée superficielle, voire ulcération cornéenne.

Le traitement d'un ectropion palpébral est chirurgical et plus ou moins complexe selon l'origine de celui-ci.

Eczéma

Affection cutanée allergique, aiguë ou chronique, caractérisée par des zones rouges surmontées de petites vésicules liquidiennes très prurigineuses.

DIFFÉRENTS TYPES D'ECZÉMA

Selon leur cause, on distingue trois principaux types d'eczéma, qui peuvent chacun revêtir une forme aiguë ou chronique.

■ L'eczéma allergique de contact, ou dermite de contact, survient à l'occasion de contacts répétés avec une substance allergisante (nickel, caoutchouc, détergents, certaines substances médicamenteuses, etc.). Certains sujets, le plus souvent des adultes, se mettent ainsi à développer une poussée d'eczéma à chaque nouveau contact.

■ L'eczéma atopique, également appelé eczéma constitutionnel ou dermatite atopique, affecte des sujets atteints d'atopie, c'est-à-dire héréditairement prédisposés aux allergies. Il est très fréquent chez le nourrisson. Les symptômes et les poussées sont principalement déclenchés par les pneumallergènes (poussière domestique, animaux microscopiques tels que les acariens, pollens) ou par d'autres allergènes présents dans certains aliments : lait, œuf, soja, etc.

■ L'eczéma par sensibilisation interne est dû à la présence d'un foyer infectieux déclenchant une sorte d'allergie se manifestant sur la peau.

Il peut arriver qu'une affection cutanée (psoriasis) se recouvre de lésions semblables à celles provoquées par l'eczéma ; cette complication est le plus souvent due à l'application de médicaments allergisants.

SYMPTÔMES ET SIGNES

Selon qu'il est aigu ou chronique, l'eczéma revêt des formes très différentes.

■ **L'eczéma aigu** se manifeste par l'apparition de plaques rouge vif mal délimitées, gonflées, prurigineuses ; puis apparaissent des vésicules (cloques minuscules) qui par la suite se rompent, provoquant un suintement ; enfin se forment des croûtes plus ou moins épaisses, qui tombent au bout de 1 ou 2 semaines et laissent des cicatrices rosées.

■ **Les eczémas chroniques**, plus variés, se rangent en trois catégories principales :
– les formes sèches, qui se traduisent par des placards rouges et croûteux mal délimités, avec une desquamation tantôt fine, tantôt en larges lambeaux ;
– les formes lichénifiées, qui se caractérisent par des plages de peau épaisse et violine, parcourues de sillons à dessin losangique ;
– les formes dysidrosiques, qui se traduisent par l'apparition de vésicules sur les faces latérales des doigts ; celles-ci peuvent se rompre et former des croûtes ou des fissures, en particulier sur les paumes des mains et les plantes des pieds.

TRAITEMENT ET PRÉVENTION

Le traitement est d'abord celui de la cause, quand il est possible. Seule la suppression du contact avec l'allergène guérit les eczémas de contact, mais elle est souvent difficile à obtenir en pratique. En cas d'eczéma atopique, la suppression des pneumallergènes (acariens) est parfois possible, de même que celle des allergènes alimentaires. Enfin, une désensibilisation (injections répétées de l'allergène à très faibles doses) peut être entreprise dans certains cas d'eczémas atopiques. En cas d'eczéma par sensibilisation interne, les antibiotiques guérissent définitivement à la fois l'infection et l'eczéma. Les autres traitements visent à supprimer ou à atténuer les symptômes locaux ou généraux. Les traitements locaux comprennent les antiseptiques (surtout dans l'eczéma aigu) et les dermocorticostéroïdes (surtout dans l'eczéma chronique). Le traitement général consiste en l'administration orale d'antihistaminiques afin de calmer les démangeaisons. La prise en charge psychologique, le changement de climat ainsi que les cures thermales constituent autant d'aides non négligeables au traitement de l'eczéma, surtout lorsqu'il est chronique.

La prévention de l'eczéma atopique consiste à éviter chez tous les enfants, mais surtout en cas de précédents familiaux, les contacts précoces et répétés avec les allergènes potentiels. C'est une des raisons pour lesquelles on recommande de nos jours de diversifier progressivement l'alimentation du nourrisson.

Édulcorant

Substance d'origine naturelle ou de synthèse donnant une saveur sucrée.

Les édulcorants sont utilisés comme additifs alimentaires, comme excipients pour faciliter l'administration de médicaments, comme substituts du sucre dans le traitement de divers troubles nutritionnels (diabète, obésité, etc.).

EEG

→ VOIR Électroencéphalographie.

Effet indésirable

Symptôme, affection ou anomalie biologique survenant fortuitement après la consommation d'un médicament utilisé à des fins prophylactiques, diagnostiques ou thérapeutiques, à des doses réputées normales.

Ehlers-Danlos (syndrome d')

Affection héréditaire caractérisée par des modifications du tissu collagène de la peau et des vaisseaux sanguins.

Eisenmenger (syndrome d')

Cardiopathie avec cyanose (dite « maladie bleue »), associant une malformation congénitale (communication entre les cavités cardiaques droites et gauches ou entre l'aorte et l'artère pulmonaire) et une maladie des artérioles pulmonaires liée le plus souvent à cette malformation.

Cette maladie, rarement détectée chez l'enfant en raison de son évolution progressive, n'est pas exceptionnelle chez l'adulte.

SYMPTÔMES ET SIGNES

Le syndrome d'Eisenmenger provoque une très forte augmentation des pressions artérielles pulmonaires. Celle-ci entraîne le passage du sang désoxygéné (bleu), contenu dans les cavités cardiaques droites et dans l'artère pulmonaire, dans les cavités cardiaques gauches ou dans l'aorte par la voie de communication anormale, qu'il s'agisse d'une communication entre les 2 oreillettes ou entre les 2 ventricules, de la persistance du canal artériel ou de l'existence d'une fenêtre entre l'aorte et l'artère pulmonaire. Cette circulation anormale du sang crée une cyanose des ongles et des lèvres. En cas de mauvaise tolérance apparaissent des signes d'insuffisance cardiaque. Toutefois, cette maladie est compatible avec une vie prolongée.

DIAGNOSTIC ET TRAITEMENT

L'échocardiographie met en évidence la présence d'une communication anormale entre les différentes structures anatomiques.

Quand cette affection est mal tolérée, son traitement est chirurgical et repose sur la greffe cœur-poumon ou sur la greffe pulmonaire isolée, associée, dans ce dernier cas, à une correction de la communication existante.

Éjaculation

Chez l'homme, émission de sperme par l'urètre au moment de l'orgasme.

L'éjaculation est un réflexe provoqué par des stimulations rythmées du pénis lors des rapports sexuels ou de la masturbation. Au moment de l'éjaculation, le sperme est évacué dans l'urètre prostatique, puis projeté à l'extérieur grâce à la contraction des muscles du périnée. Lors de cette projection, le col vésical situé à la sortie de la vessie

est fermé, empêchant à la fois l'éjaculat de refluer vers la vessie et l'urine de se mêler au sperme.

PATHOLOGIE

■ L'anéjaculation se caractérise par l'absence de sperme lors de l'éjaculation. Elle survient le plus souvent à la suite du traitement de certains cancers.

■ L'éjaculation douloureuse s'accompagne de douleurs urétrales, périnéales ou anales. Elle est essentiellement due à une infection de la prostate.

■ L'éjaculation précoce, ou éjaculation prématurée, se produit au tout début de la pénétration, voire avant celle-ci. Elle est le plus souvent provoquée par un état d'anxiété ou par la peur de ne pouvoir obtenir un rapport sexuel satisfaisant. La prescription d'anxiolytiques associée à une psychothérapie peut y remédier.

■ L'éjaculation rétrograde, ou éjaculation « sèche », se produit lorsque le sperme, au lieu d'être projeté à l'extérieur, reflue vers la vessie. L'éjaculation rétrograde survient lorsque le col de la vessie reste ouvert en permanence, par exemple après l'ablation chirurgicale ou endoscopique d'un adénome de la prostate. Elle entraîne une stérilité.

■ L'éjaculation sanglante, ou hémospermie, caractérisée par la présence de sang frais (rouge) ou ancien (brun) dans le sperme, est la plupart du temps parfaitement bénigne. Elle peut cependant être due à une infection ou à une tumeur de la prostate, qu'il convient alors de traiter.

Élancement

Douleur aiguë, lancinante, intermittente.

Électrocardiogramme

Tracé de l'électrocardiographie.

Électrocardiographie

Examen destiné à enregistrer l'activité électrique du muscle cardiaque.

INDICATIONS

L'électrocardiographie (ECG) complète utilement l'examen clinique du cœur. Elle permet de détecter un trouble du rythme ou de la conduction cardiaque, une hypertrophie auriculaire ou ventriculaire, une péricardite, une ischémie myocardique, en particulier un infarctus du myocarde.

TECHNIQUE

L'électrocardiographe est un appareil enregistreur relié à des électrodes de détection, dont 4 sont appliquées sur les poignets et les chevilles et 6 autres en des points déterminés de la surface du thorax. Divers groupements de ces électrodes, correspondant à différents circuits d'enregistrement, sont reliés à un stylet qui donne un tracé correspondant à une dérivation (reflet localisé de l'activité électrique du cœur). Douze dérivations sont ainsi enregistrées.

L'électrocardiographie est un examen non invasif dénué de tout inconvénient.

Électrochirurgie

Méthode de traitement chirurgical par utilisation locale d'un courant électrique.

L'électrochirurgie utilise la chaleur produite par le passage d'un courant électrique dans un instrument opératoire afin de carboniser des tissus pathologiques. Selon le type d'instrument employé, on distingue deux types de méthode.

■ L'électrocoagulation, ou thermocoagulation, effectuée avec une aiguille parcourue par un courant électrique ou avec une électrode terminée par une petite boule, permet une destruction plus étendue des tissus, qui sont coagulés. Cette technique est surtout utilisée pour détruire de petites tumeurs. L'inconvénient est que l'examen de la lésion au microscope n'est alors plus possible.

■ L'électrodissection, faite avec un bistouri électrique, sert à sectionner des tissus d'une manière comparable à celle obtenue avec un bistouri classique. C'est une technique de dissection rapide et peu hémorragique.

L'électrochirurgie est surtout employée en dermatologie et en gastroentérologie.

Électrochoc

Méthode thérapeutique visant à réduire certains troubles psychiatriques par l'effet de décharges électriques. SYN. *sismothérapie*.

L'électrochoc consiste à faire passer une décharge électrique à travers le cerveau, de façon à provoquer une crise convulsive. Souvent contesté parce que considéré comme brutal, il reste d'une efficacité remarquable dans le traitement des dépressions graves, en particulier de la mélancolie, des états schizophréniques et des confusions mentales persistantes.

L'électrochoc se pratique presque toujours sous anesthésie générale avec une surveillance médicale rigoureuse. La cure, effectuée en milieu hospitalier, comporte en moyenne 12 séances, à raison de 2 ou 3 par semaine. Ses effets indésirables (luxation, déchirure musculaire) sont bénins et peu nombreux.

Électrocoagulation

Technique d'électrochirurgie utilisant la chaleur dégagée par un courant électrique pour obtenir une coagulation locale.

Électrocochléographie

Enregistrement de l'activité électrique de l'oreille interne.

L'électrocochléographie est essentiellement employée pour évaluer l'état auditif des jeunes enfants. En effet, à la différence des autres examens de base de l'audition, dans lesquels le sujet doit dire s'il entend un son ou non, l'électrocochléographie ne nécessite pas la coopération du patient. La technique consiste à introduire une électrode en forme de très fine aiguille à travers le tympan, puis à la pousser de quelques millimètres, non loin de la cochlée (organe de l'audition faisant partie de l'oreille interne).

Électrocution

Ensemble des lésions consécutives au passage d'un courant électrique à travers le corps ainsi qu'au dégagement de chaleur concomitant.

Tous les courants ne présentent pas le même risque. Le plus nocif est le courant domestique alternatif à 50 périodes. Les tissus internes du corps, humides et salés, se révèlent de bons conducteurs d'électricité,

---

Premiers secours en cas d'électrocution

Le corps humain est très conducteur : après avoir coupé le courant, il faut écarter la victime de la source électrique ; lorsque cela est impossible, la pousser plus loin à l'aide d'un manche en bois en prenant garde d'avoir mis un objet sec sous ses propres pieds.

Lorsque la victime est en état de syncope respiratoire, on doit pratiquer la respiration artificielle (bouche-à-bouche) ; si la victime respire, la placer en position latérale de sécurité.

Il faut ensuite donner les premiers soins en cas de brûlure et protéger la plaie (application d'un pansement propre) en attendant les secours.

---

la barrière principale au passage du courant venant de la résistance électrique de la peau. La peau sèche est un bon isolant et présente une résistance importante (plusieurs dizaines de milliers d'ohms), contrairement à la peau humide (quelques centaines d'ohms seulement).

SYMPTÔMES ET SIGNES

Toute décharge électrique peut entraîner une sidération (arrêt subit du fonctionnement) des centres nerveux, une fibrillation ventriculaire (contractions cardiaques rapides, anarchiques et inefficaces), une contraction musculaire pouvant empêcher la victime de relâcher sa prise de la source du courant, une contracture des muscles respiratoires et une perte de conscience. Il ne faut pas plus d'une charge d'une dizaine d'ampères pour que celle-ci, traversant le cœur, produise une arythmie (perturbation du rythme cardiaque). Un courant de forte intensité produit par de hauts voltages peut carboniser les tissus, aux endroits où la résistance est la plus forte, généralement aux points d'entrée et de sortie du courant.

TRAITEMENT

La réanimation doit être entreprise le plus rapidement possible (dans les cinq premières

minutes), sur place, après avoir coupé le courant. Elle consiste en une ventilation artificielle (bouche-à-bouche), associée au massage cardiaque en cas d'arrêt cardiorespiratoire. La réanimation doit être poursuivie pendant 2 ou 3 heures. Au cours du transport de la victime vers un centre hospitalier, ni le bouche-à-bouche ni le massage cardiaque ne doivent être interrompus. Une fibrillation ventriculaire nécessite une cardioversion (rétablissement d'un rythme cardiaque normal par choc électrique) en urgence.

PRÉVENTION

Pour éviter tout risque d'électrocution à la maison, il faut prohiber l'installation de prises à proximité d'une tuyauterie et, avant d'entreprendre la réparation d'une installation électrique, vérifier que le courant est interrompu, porter des chaussures à semelles en caoutchouc (qui est mauvais conducteur) et opérer dans un environnement sec.

Électroencéphalographie

Examen qui permet l'enregistrement de l'activité électrique spontanée des neurones du cortex cérébral.

Le tracé obtenu est appelé électroencéphalogramme.

INDICATIONS

L'électroencéphalographie (E.E.G.) a pour indication principale l'épilepsie : elle permet son diagnostic ainsi que la surveillance du traitement et de son évolution. Elle sert également à établir le diagnostic d'encéphalite, de méningoencéphalite et à déterminer l'origine métabolique ou toxique d'un syndrome confusionnel (désorientation dans le temps et l'espace, troubles de la compréhension et de la mémoire, agitation).

TECHNIQUE

On dispose sur l'ensemble du cuir chevelu de 10 à 20 électrodes, petites plaques métalliques reliées par des fils à l'appareil d'enregistrement. Celui-ci mesure le potentiel électrique détecté par chaque électrode et compare les électrodes deux à deux, chaque comparaison se traduisant par un tracé appelé dérivation. La réactivité électroencéphalographique est évaluée au moyen d'épreuves simples : ouverture des yeux, hyperpnée (respiration ample et lente), stimulation lumineuse intermittente obtenue grâce à des éclairs lumineux brefs et intenses dont la fréquence est progressivement croissante.

DÉROULEMENT ET EFFETS SECONDAIRES

L'examen ne nécessite pas d'hospitalisation. Il dure environ 20 minutes, n'entraîne ni douleur ni effet secondaire.

Électromyographie

Examen consistant à enregistrer l'activité électrique d'un muscle ou d'un nerf.

Le tracé obtenu est appelé électromyogramme.

INDICATIONS

L'électromyographie (E.M.G.) est un examen très utile en pathologie neuromusculaire, surtout en cas de paralysie. Ainsi, elle contribue à différencier un trouble anorganique (psychologique), une atteinte du système nerveux central (encéphale et moelle épinière), un syndrome neurogène périphérique (atteinte des nerfs ou de leur origine dans la moelle), une atteinte musculaire et un trouble de la conduction neuromusculaire (transmission des influx nerveux aux muscles).

TECHNIQUE ET DÉROULEMENT

On distingue deux types d'examen.

■ L'examen de détection de l'activité musculaire consiste à enregistrer l'activité électrique spontanée d'un muscle, d'abord au repos puis au cours d'un mouvement volontaire, grâce à une électrode, le plus souvent en forme d'aiguille, enfoncée dans le muscle à travers la peau et reliée à un appareil qui produit sur écran et sur papier un graphique, succession de petites ondes en forme de pointe, chacune représentant la contraction d'une unité motrice (groupe de cellules musculaires commandées par une même cellule nerveuse).

■ L'examen de stimulation et de détection de l'activité musculaire repose sur les mêmes principes mais procède différemment, en stimulant un nerf par un bref courant électrique indolore. Le nerf déclenche alors ses propres réactions électriques, qui se propagent sur toute sa longueur avant d'être transmises au muscle correspondant, où elles sont recueillies. On peut ainsi, d'une part, calculer la vitesse de conduction sur le nerf et, d'autre part, étudier la conduction neuromusculaire.

L'examen se déroule dans un cabinet médical ou en consultation hospitalière, sans préparation particulière, et dure de 20 à 30 minutes.

Électronystagmographie

Examen destiné à enregistrer le nystagmus oculaire (secousses rythmiques pathologiques du ou des globes oculaires), qui se rencontre dans les lésions neurologiques du tronc cérébral ou dans les atteintes de l'oreille interne.

L'électronystagmographie sert au diagnostic de certains troubles de l'équilibre ou des vertiges.

Après que 3 électrodes ont été placées autour de chaque œil, les modifications électriques entraînées par les mouvements du globe oculaire sont enregistrées et représentées sur un graphique. L'examen dure environ 1 heure et comprend plusieurs phases, pendant lesquelles les yeux sont fixes ou mobiles, le patient étant successivement en pleine lumière et dans l'obscurité, immobile et assis sur un fauteuil qui se balance. Une électronystagmographie peut causer de légères sensations de vertige.

Électro-oculographie

Examen de l'œil destiné à enregistrer le potentiel de repos (activité électrique de base, en l'absence de stimulation) de cet organe lors des mouvements oculaires.

L'électro-oculographie permet de confirmer le diagnostic de nombreuses affections rétiniennes (plus précisément de l'épithélium pigmentaire), constitutionnelles (kyste, dégénérescence tapétorétinienne) ou acquises (épithélite rétinienne ou atteinte toxique due à certains antipaludéens de synthèse).

TECHNIQUE ET EFFETS SECONDAIRES

On dispose d'abord 4 électrodes sur la peau de chaque côté des yeux. Dans une pièce où l'intensité lumineuse varie, le patient doit ensuite effectuer des mouvements de va-et-vient des yeux entre deux points de lumière rouge. Les activités électriques recueillies sont amplifiées par un ordinateur, qui les enregistre et les traduit sur un graphique appelé électro-oculogramme.

L'électro-oculographie est un examen tout à fait indolore, qui ne s'accompagne d'aucun effet secondaire.

Électrophorèse

Technique de laboratoire permettant de séparer les différents constituants d'un mélange chimique en vue d'identifier et d'étudier chacun d'entre eux.

Électrorétinographie

Examen de l'œil destiné à enregistrer l'activité électrique de la rétine après une stimulation lumineuse.

Les principales indications d'une électrorétinographie sont les maladies héréditaires de la rétine (dégénérescence tapétorétinienne), les atteintes rétiniennes toxiques ou traumatiques, dues à la prise d'antipaludéens de synthèse ou à la présence d'un corps étranger métallique dans l'œil, et, plus généralement, la vérification du bon fonctionnement de la rétine.

TECHNIQUE

L'électrorétinographie permet de distinguer, au moyen de lumières d'intensités et de couleurs différentes, l'activité des cônes, sensibles aux fortes intensités et à la couleur rouge (système photopique), de celle des bâtonnets, sensibles aux faibles intensités et au bleu (système scotopique). Un tracé est obtenu, l'électrorétinogramme (E.R.G.). Les informations électriques sont recueillies par l'intermédiaire d'électrodes placées sur la cornée et, au rebord de l'orbite, sur la peau. Des verres de contact en matière plastique empêchent les paupières de se fermer pendant l'examen. Chez l'enfant, une anesthésie générale peut être nécessaire.

EFFETS SECONDAIRES

Les patients qui portent des lentilles ne doivent pas les mettre pendant 24 heures avant et après l'examen. Après celui-ci, le patient reste souvent ébloui pendant quelques heures. Les électrodes placées sur la cornée peuvent entraîner une légère irritation de l'œil, traitée par un collyre.

Électrothérapie

Traitement utilisant l'énergie électrique.

DIFFÉRENTS TYPES DE TECHNIQUE

■ **L'ionisation** a une action locale destinée à traiter les maux de tête, les névralgies, les douleurs tendineuses ou articulaires, les contractures ; elle permet aussi de rééduquer certaines paralysies.

■ **Les excitoneuromoteurs**, dont l'action porte sur les fibres nerveuses ou musculaires, ont les mêmes indications que l'ionisation.

■ **Les vibrations mécaniques** sont indiquées pour traiter les douleurs articulaires vertébrales et ligamentaires et pour réduire les cicatrices. Elles sont appliquées au moyen d'une sonde en contact avec la peau par l'intermédiaire d'eau ou de pommade analgésique. Elles exercent un effet de micromassage rapide et un effet thermique.

■ **Les ondes courtes électromagnétiques** sont utilisées pour leur action anti-inflammatoire et circulatoire ainsi que pour activer le processus de cicatrisation et de régénération nerveuse.

DÉROULEMENT ET EFFETS SECONDAIRES

L'électrothérapie se pratique en cabinet, chez un médecin neurologue ou rééducateur fonctionnel, ou encore à l'hôpital, dans un service de rééducation ou dans un centre anti-douleurs. Elle se déroule en une série de 5 à 15 séances de 10 à 30 minutes chacune. Chaque série est renouvelable 3 fois. L'électrothérapie peut entraîner quelques rares brûlures, surtout avec les méthodes utilisant directement les courants électriques (ionisation, courants excitoneuromoteurs) et les radiations lumineuses.

Éléphantiasis

Forme extrême de lymphœdème (accumulation de lymphe dans les tissus d'une région du corps).
→ VOIR **Lymphœdème**.

Éleveurs d'oiseaux (maladie des)
→ VOIR Poumon des éleveurs d'oiseaux (maladie du).

ELISA
Technique de dosage enzymatique du sang permettant de détecter des immunoglobulines dirigées contre un agent bactérien ou viral.

Le test ELISA permet de déterminer si une personne est ou non infectée par un micro-organisme donné. Il est dit séropositif en cas d'infection et séronégatif dans le cas contraire. Il sert notamment à diagnostiquer une séropositivité due au virus du sida. Toute positivité de ce test implique sa vérification par un procédé plus spécifique, comme la réaction de Western-Blot.

Elliptocytose
Maladie héréditaire du sang dans laquelle on observe des globules rouges de forme ovale.

On distingue trois formes pathologiques selon la gravité :
■ une forme fruste, ne donnant lieu à aucun symptôme, la plus fréquente ;
■ une forme peu grave, entraînant une anémie hémolytique modérée, compensée spontanément par le malade ;
■ une forme grave, avec hémolyse sévère (destruction des globules rouges) nécessitant des transfusions et, éventuellement, l'ablation de la rate (organe qui détruit les globules rouges mal formés).

Élongation
→ VOIR Étirement.

Embarras gastrique
Ensemble de symptômes gastro-intestinaux, mal définis, peu graves, de durée variable, accompagnés ou non de fièvre.

Un embarras gastrique est soit provoqué par une atteinte de l'intestin (infection avec retentissement gastroduodénal), soit consécutif à une intoxication alimentaire. Il se traduit par des sensations de malaise, des vertiges, des brûlures d'estomac, des éructations, des nausées et des vomissements. Ces troubles sont le plus souvent sans gravité, ne nécessitant qu'une réhydratation avec un apport suffisant de sels minéraux (sodium, potassium), associée à des antiémétiques pour combattre les vomissements.

Embarrure
Fracture de la boîte crânienne avec enfoncement de la partie fracturée.

Embole
Élément de petite taille migrant dans la circulation sanguine et responsable d'une embolie.

Embolie
Obstruction brutale d'un vaisseau, le plus souvent d'une artère, par la migration d'un corps étranger (appelé embole) véhiculé par la circulation sanguine.

Embolie artérielle des membres
Obstruction brutale d'une artère du membre supérieur ou inférieur.

Une embolie artérielle d'un membre est due à la formation d'un caillot sur la paroi de l'oreillette ou du ventricule gauches, elle-même consécutive à une pathologie d'une valvule (rétrécissement mitral), à un infarctus du myocarde ou à un trouble du rythme cardiaque (fibrillation auriculaire). Plus rarement, elle peut être due à la formation d'un caillot sur la paroi d'un anévrysme de l'aorte.

Une embolie artérielle de ce type se manifeste par une brusque et intense douleur d'un membre, le plus souvent un des deux membres inférieurs. Le pouls, pris au poignet ou à la cheville, est impalpable. La peau est froide, pâle, puis elle peut devenir insensible. Les muscles sont parfois paralysés. Selon l'artère obstruée, la limite supérieure de ces signes est plus ou moins haute sur le membre, qui, parfois, peut être entièrement atteint.

TRAITEMENT ET PRÉVENTION
Il faut pratiquer en urgence une ablation chirurgicale de l'embole sous anesthésie générale ou locale, après ouverture de la

paroi de l'artère. Une autre méthode, réalisable sous anesthésie locale, consiste, à l'aide d'une sonde introduite dans l'artère en passant à travers la peau, à ramener l'embole jusqu'à l'orifice de ponction. En l'absence de traitement, l'embolie peut provoquer une gangrène du membre atteint. La prévention des récidives fait appel aux anticoagulants ou aux antiagrégants.

Embolie cérébrale

Obstruction brutale de l'une des artères destinées à l'irrigation sanguine de l'encéphale.

Une embolie cérébrale est due à une affection du cœur ou d'une artère : formation dans le cœur d'un caillot à la suite d'une valvulopathie, d'un infarctus du myocarde, d'un trouble du rythme cardiaque (fibrillation auriculaire) ou de la pose d'une prothèse valvulaire, puis migration vers le cerveau des fragments de ce caillot ; formation d'un caillot à partir d'un rétrécissement d'une artère carotide ou d'une plaque d'athérome (dépôt de cholestérol) ; fragmentation et migration de matériel athéromateux formé dans la carotide ; etc.

L'embolie cérébrale provoque un accident vasculaire cérébral du type ischémique, c'est-à-dire dû à une diminution de l'irrigation sanguine d'un territoire cérébral. Cet accident se traduit de différentes façons : paralysie, abolition de la sensibilité, troubles du langage, voire de la conscience.

TRAITEMENT ET PRONOSTIC

Si l'on est pratiquement sûr qu'il s'agit bien d'une embolie cérébrale, un traitement anticoagulant peut être proposé, mais il existe un risque d'hémorragie. Le pronostic, relativement sévère, dépend de la localisation et de l'étendue du territoire atteint.

Embolie gazeuse

Migration de bulles de gaz dans les vaisseaux sanguins, qui les transportent le plus souvent jusqu'au cerveau.

CAUSES

L'embolie gazeuse est une forme assez rare d'embolie ; elle peut être provoquée par l'irruption accidentelle d'air dans un vaisseau au cours d'une intervention chirurgicale (chirurgie cardiaque, pulmonaire, neurochirurgie), lors d'interventions portant sur le circuit sanguin (transfusion massive sous pompe, circulation extracorporelle) ou encore lors de certains actes diagnostiques ou thérapeutiques (angiographie, cœlioscopie, laparoscopie). Un cas particulier d'embolie gazeuse est dû à la formation de bulles de gaz dans les vaisseaux sanguins à la suite d'une décompression brutale (accidents de plongée, maladie des caissons).

SYMPTÔMES ET SIGNES

L'embolie gazeuse donne lieu à des troubles neurologiques soudains – convulsions, coma, déficit moteur, troubles visuels –, sources de possibles séquelles, et à des troubles cardiovasculaires : collapsus, arrêt cardiocirculatoire, troubles du rythme cardiaque ou signes d'insuffisance coronarienne.

TRAITEMENT

Le traitement, à mettre en œuvre d'urgence, est fondé sur la réanimation cardiorespiratoire, avec restauration d'une pression artérielle normale et ventilation en oxygène pur, ainsi que sur le contrôle des convulsions. L'oxygénothérapie hyperbare (méthode permettant d'augmenter la quantité d'oxygène délivrée aux tissus en l'administrant sous une pression supérieure à la pression atmosphérique), effectuée le plus souvent en centre spécialisé, constitue le traitement le mieux approprié à l'embolie gazeuse.

Embolie graisseuse

Migration, dans un vaisseau sanguin, de particules graisseuses provenant de la moelle osseuse.

Une embolie graisseuse est due à la libération de fragments de moelle osseuse, riches en graisse, dans la circulation sanguine à la suite d'une fracture ou, parfois, d'une intervention chirurgicale osseuse ou articulaire, particulièrement si celle-ci a lieu sur les membres inférieurs et le bassin. Les signes apparaissent au bout de quelques heures : fièvre, insuffisance respiratoire aiguë, purpura (taches cutanées hémorragiques) du thorax et de la conjonctive ; d'autres complications hémorragiques (rénales, cardiovasculaires) peuvent survenir. Les troubles neuropsychiques sont d'expression variable (agitation, confusion, coma). L'embolie graisseuse semble mortelle dans 15 à 30 % des cas, sans que l'on puisse cependant parfaitement déterminer si c'est l'embolie elle-même ou le contexte dans lequel elle se produit (traumatismes graves) qui est en cause. Les autres cas guérissent souvent sans séquelles en une quinzaine de jours.

Embolie pulmonaire

Obstruction brutale de l'une des branches de l'artère pulmonaire.

L'embolie pulmonaire est une affection fréquente et une cause importante de mortalité. Elle est due à la formation d'un caillot sur la paroi d'une veine, presque toujours dans une veine profonde d'un membre inférieur, parfois dans une veine du petit bassin ou encore de l'abdomen (veine cave inférieure), caillot qui, libéré dans la circulation sanguine, migre et s'arrête dans une artère pulmonaire. Ce fait peut être consécutif à un accouchement ou à un avortement, à une opération (en particulier osseuse ou articulaire), à une immobilisation prolongée (alitement, fracture), à une insuffisance cardiaque, à un cancer, à une polyglobulie (augmentation du volume total des globules rouges de l'organisme).

SYMPTÔMES ET SIGNES
Les conséquences de l'embolie pulmonaire peuvent être de deux ordres : insuffisance respiratoire aiguë et défaillance circulatoire. D'apparition brutale, l'embolie se traduit par une gêne respiratoire, une douleur à la base du thorax, une accélération du cœur, une angoisse et parfois une hémoptysie (crachat de sang).

TRAITEMENT ET PRÉVENTION
Le traitement de l'embolie pulmonaire nécessite une hospitalisation en urgence ; il consiste à la fois à traiter les symptômes et les conséquences de l'embolie, notamment par administration d'oxygène, et à empêcher l'extension des caillots existants et la formation de nouveaux caillots à l'aide d'un anticoagulant, l'héparine, administré par voie veineuse puis relayé par la prise d'antivitamine K par voie orale pendant 3 à 6 mois. Dans les formes les plus graves, les thrombolytiques tels que la streptokinase ou l'urokinase permettent de dissoudre les caillots existants.

Le traitement préventif de l'embolie pulmonaire due à une phlébothrombose d'un membre inférieur ou de la région abdominopelvienne repose sur la mobilisation précoce, après accouchement ou intervention chirurgicale, ou sur la contention du membre en cas d'intervention orthopédique sur un membre inférieur, avec prescription d'héparine par voie sous-cutanée.

Embolisation

Technique consistant à injecter dans une artère un matériel permettant de l'obstruer complètement.

L'embolisation est utilisée pour boucher une artère dont le fonctionnement est pathologique : si l'artère alimente un cancer localisé, l'embolisation provoque la destruction par nécrose des cellules dépendant de cette artère ; si l'artère est le siège d'un anévrysme artérioveineux (communication anormale entre une artère et une veine, pouvant être responsable d'insuffisance cardiaque), l'occlusion de l'artère peut suffire à traiter cette malformation.

L'embolisation est une intervention délicate. Elle nécessite une anesthésie locale ou générale et une hospitalisation de quelques jours.

Embryogenèse

Ensemble des transformations subies par l'œuf fécondé jusqu'au développement complet de l'embryon.

Embryologie

Science qui étudie le développement de l'être vivant depuis la fécondation de l'œuf jusqu'à la fin du stade embryonnaire (fin du 2e mois chez l'être humain), qui marque l'acquisition de la forme définitive.

Embryon

Être humain pendant les 8 premières semaines de son développement à l'intérieur de l'utérus, ou en éprouvette puis dans l'utérus lors de la fécondation in vitro.

Toutefois, dans la pratique gynéco-obstétricale, on a coutume de distinguer la période embryonnaire, qui s'étend jusqu'à la fin du 3e mois de grossesse, et la période fœtale, qui la suit.

Embryopathie

Atteinte de l'embryon pendant les 8 premières semaines de la grossesse.

À la différence des fœtopathies, qui frappent, à partir de la 9e semaine, un fœtus déjà bien formé, les embryopathies surviennent durant la période de développement de l'embryon (embryogenèse) et, si elles ne provoquent pas un avortement spontané, sont la cause de malformations graves.

Embryoscopie

Examen direct de l'embryon pendant les deux premiers mois de la grossesse.

L'embryoscopie se pratique chez les femmes enceintes qui ont déjà eu un enfant atteint de malformations des membres ou d'une fente labiopalatine (bec-de-lièvre) pour dépister ce type de malformations.

Un tube à fibres optiques est introduit dans l'utérus, soit par voie vaginale, soit par voie abdominale. Amené au contact des membranes enveloppant l'embryon, l'instrument permet de voir celui-ci par transparence sans pénétrer dans la cavité ovulaire. L'examen, pratiqué sous anesthésie locale, est indolore et ne dure que quelques minutes. Effectué en milieu hospitalier spécialisé, il exige ensuite, par prudence, un repos de 24 heures. Le risque de fausse couche est de l'ordre de 5 à 10 %.

Émétique

Médicament destiné à provoquer des vomissements.

Emphysème pulmonaire

Affection diffuse des poumons caractérisée par une distension des alvéoles avec destruction de leur paroi.

CAUSES

Elles restent souvent inconnues, mais le grand âge est un facteur favorisant ; dans les formes de la quarantaine, dites « juvéniles », l'emphysème est dû à une anomalie des proportions d'enzymes présentes dans les poumons. L'emphysème centrolobulaire est une complication de la bronchite chronique, elle-même consécutive à une consommation excessive de tabac. L'emphysème paralésionnel est provoqué par certaines maladies pulmonaires : tuberculose, pneumoconioses (silicose par exemple).

SYMPTÔMES ET ÉVOLUTION

Les emphysèmes pulmonaires se traduisent par une gêne respiratoire. Ils risquent d'évoluer vers une insuffisance respiratoire chronique retentissant sur le fonctionnement du cœur (insuffisance cardiaque).

TRAITEMENT

Si l'emphysème pulmonaire est lié à une bronchite chronique ou à une dilatation des bronches, son traitement consiste d'abord à prévenir l'aggravation de l'affection : arrêt du tabac, traitement précoce de toute infection bronchopulmonaire. Le reste du traitement vise à soigner les symptômes : kinésithérapie respiratoire, administration de bronchodilatateurs tels que les théophyllines et les bêta-2-sympathomimétiques, inhalations quotidiennes d'oxygène.

Empoisonnement

→ VOIR Intoxication.

Empreinte génétique

Configuration particulière des séquences d'A.D.N. d'un individu donné, qui lui est spécifique. SYN. *carte d'identité génétique.*

À l'image des empreintes digitales, l'empreinte génétique est particulière à chaque individu : à l'exception des vrais jumeaux, la probabilité pour que les empreintes génétiques de deux individus soient identiques est inférieure à 1 sur 10 milliards.

Nécessitant très peu de matériel biologique (sang, sperme, fragments de peau, de cheveux, etc.), l'étude de l'empreinte génétique est employée notamment dans les recherches de paternité ou, en criminologie, pour innocenter ou confondre un suspect.

Émulsion

Préparation pharmaceutique formée de deux phases liquides dont l'une (huile, résine), insoluble dans l'autre, y est dispersée sous forme de globules.

Encéphale

Partie supérieure du système nerveux central, constituée du tronc cérébral, du cervelet et du cerveau et assurant le contrôle de l'ensemble de l'organisme.

STRUCTURE

L'encéphale occupe la boîte crânienne et contient trois éléments.

■ Le tronc cérébral, qui prolonge la moelle épinière, logée dans la colonne vertébrale, comprend de bas en haut le bulbe rachidien, la protubérance annulaire et les pédoncules cérébraux.

■ Le cervelet est une masse arrondie située en arrière du tronc cérébral.

■ Le cerveau, situé au-dessus du tronc cérébral, comprend le diencéphale (thalamus, hypothalamus, hypophyse) et les deux hémisphères cérébraux, très volumineux, attachés sur les côtés du diencéphale.

FONCTIONNEMENT

L'encéphale forme, avec la moelle épinière, le système nerveux central, relié aux organes par les nerfs du système nerveux périphérique. La substance blanche assure les connexions d'un point à l'autre de l'encéphale ainsi qu'entre l'encéphale et la moelle. La substance grise assure la réception des informations, leur analyse et l'élaboration des réponses (contractions musculaires par exemple). Chaque partie de l'encéphale a des fonctions spécifiques, dont la complexité augmente avec la hauteur de sa localisation. Le tronc cérébral contient des centres de contrôle du cœur et de la respiration ; le cervelet harmonise les mouvements du

corps ; le diencéphale permet le tri général des informations sensitives (thalamus) et la commande supérieure des hormones et des viscères (hypothalamus) ; les hémisphères sont responsables des sensations conscientes, de la motricité volontaire et des fonctions supérieures (facultés intellectuelles, émotions, comportements complexes).

→ VOIR Cerveau.

Encéphalite

Affection inflammatoire de l'encéphale.

CAUSES

Les causes des encéphalites sont surtout infectieuses, et plus particulièrement virales. Les virus de la rage et de l'herpès peuvent provoquer une polioencéphalite, tandis qu'une leucoencéphalite peut être la complication d'une rougeole, des oreillons, d'une grippe, d'une mononucléose infectieuse. Certaines encéphalites à arbovirus sont transmises soit par les moustiques (encéphalite japonaise), soit par les tiques (encéphalite de la taïga).

SYMPTÔMES ET SIGNES

Une encéphalite se manifeste par une fièvre associée à des signes neurologiques variés (somnolence, confusion, délire, troubles du comportement, céphalées, convulsions). Certains signes sont caractéristiques, comme un syndrome infectieux net et des signes de localisation temporale en cas d'encéphalite herpétique. Une raideur de la nuque s'observe en cas de méningite, des paralysies et des troubles sensitifs en cas de myélite. L'apparition de ces symptômes nécessite une hospitalisation en urgence.

DIAGNOSTIC ET ÉVOLUTION

Le diagnostic repose sur l'électroencéphalographie (enregistrement de l'activité électrique du cerveau), le scanner cérébral et l'examen du liquide céphalorachidien prélevé par ponction lombaire.

L'évolution permet de distinguer les encéphalites aiguës et subaiguës. Les encéphalites aiguës, d'évolution rapide, comprennent deux groupes principaux de maladies : les encéphalites virales primitives (par exemple les encéphalites herpétiques), les plus graves, et les leucoencéphalites périveineuses, ou postinfectieuses (par exemple, après une rougeole chez l'enfant), qui guérissent habituellement sans séquelles. Les encéphalites subaiguës, qui durent plus longtemps, sont représentées surtout par la maladie de Creutzfeldt-Jacob.

TRAITEMENT

Il repose, selon les cas, sur la réanimation pour les formes graves, le traitement antiviral, à débuter rapidement en cas d'encéphalite herpétique, les corticostéroïdes en cas de leucoencéphalite périveineuse.

Encéphalomyélite

Affection inflammatoire de l'encéphale et de la moelle épinière.

Les encéphalomyélites ont une origine souvent inflammatoire, infectieuse (surtout virale) ou tumorale. On observe à la fois des signes d'encéphalite (somnolence, convulsions, etc.), de myélite (paralysies, abolition de la sensibilité dans une région du corps) et de méningite (raideur de la nuque, maux de tête et fièvre). Le diagnostic est confirmé par ponction lombaire ou par scanner cérébral. Le traitement, selon les cas, peut faire appel à la réanimation ou à des médicaments antiviraux.

→ VOIR Encéphalite.

Encéphalopathie

Atteinte diffuse de l'encéphale liée à une affection générale.

Les causes des encéphalopathies sont des intoxications, des troubles métaboliques (carence en vitamine B1, insuffisance en oxygène) ou d'autres maladies générales (hypertension artérielle, insuffisance hépatique, alcoolisme chronique). Les signes neurologiques sont un ralentissement des idées, une agitation, une confusion mentale et, plus rarement, des convulsions. Les examens complémentaires et le traitement varient selon la maladie concernée.

→ VOIR Gayet-Wernicke (encéphalite de).

Encéphalopathie hépatique

Atteinte diffuse de l'encéphale due à une maladie grave du foie, aiguë ou chronique.

L'encéphalopathie hépatique peut survenir soit lors d'une hépatite aiguë, virale ou toxique, dont elle constitue une grave complication, soit dans le cadre d'une cirrhose. Dans ce dernier cas, l'encéphalopathie est favorisée par une hémorragie digestive, une infection bactérienne ou la prise de médicaments (diurétiques ou sédatifs).

Une encéphalopathie hépatique nécessite une hospitalisation en urgence. Le traitement vise à soigner la maladie responsable et à administrer du lactulose et/ou des antibiotiques à large spectre.

Encéphalopathie spongiforme

Atteinte diffuse de l'encéphale, due à un agent infectieux particulier, le prion (protéine capable de se répliquer en l'absence de toute information génétique).

Les encéphalopathies spongiformes atteignent les bovins (maladie de la vache folle), les moutons (scrapie), les visons. Chez l'homme, elles comprennent deux types de maladie : la maladie de Creutzfeldt-Jakob et le kuru. On ne sait pas encore avec certitude si l'homme peut être contaminé par la consommation de viande infectée. En revanche, la transmission a pu se faire par l'intermédiaire de tissus greffés et de médicaments provenant d'animaux, vivants ou morts (greffe de cornée, injection d'hormones de croissance). Les encéphalopathies spongiformes se caractérisent par une démence grave, d'évolution subaiguë (s'étendant sur quelques mois). La confirmation du diagnostic n'est possible qu'après la mort et repose sur l'examen au microscope du cerveau, dont les lésions ont l'aspect d'une éponge – d'où le nom de l'affection. Il n'existe pas encore de traitement pour ces maladies.

Enchondromatose

Maladie génétique se traduisant par l'apparition de nombreux chondromes (tumeurs cartilagineuses bénignes) sur les os des mains et des pieds, mais aussi sur les os longs des membres. SYN. *dyschondroplasie, maladie de Hollier*.

Les chondromes doivent être radiologiquement surveillés, étant donné le risque, toutefois relativement faible, de dégénérescence maligne de ces tumeurs.

Enclume
Un des osselets de l'oreille moyenne.

Elle forme, avec le marteau et l'étrier, la chaîne des trois osselets de l'oreille moyenne, qui transmet les vibrations sonores du tympan vers l'oreille interne. L'enclume entre en vibration sous l'action du marteau et fait vibrer l'étrier.

Encombrement bronchique
Accumulation de sécrétions dans les bronches.

Un encombrement bronchique, couramment appelé encombrement, peut notamment être dû à une augmentation importante des sécrétions bronchiques (bronchite aiguë) ou à la présence anormale de solides ou de liquides dans les bronches (fausse-route alimentaire, régurgitation). Dans certains cas d'encombrement, le mécanisme de la toux est en cause : elle ne suffit plus à éliminer les sécrétions en raison d'une altération des cils microscopiques tapissant les bronches, qui peut être liée au tabagisme, à une fatigue des muscles respiratoires ou à un trouble de la conscience (perte de connaissance).

L'encombrement bronchique se traduit par une gêne respiratoire ; l'auscultation des poumons permet de percevoir des râles bronchiques. Le traitement fait appel en priorité à la kinésithérapie respiratoire, parfois aux fluidifiants, en évitant les antitussifs ; il vise en outre à soigner la cause de l'encombrement bronchique.

Encoprésie
Émission involontaire et répétée de matières fécales en dehors des lieux réservés à cet usage, chez un enfant de plus de 4 ans indemne de toute maladie organique.

Qualifiée de primaire si l'enfant n'a jamais atteint la propreté fécale, et de secondaire si elle survient après une période de propreté, elle touche essentiellement les garçons. L'encoprésie secondaire est la plus courante. Elle témoigne en général de la persistance d'un comportement très infantile et de profondes difficultés affectives. Lorsqu'elle débute aux alentours de 6 ans, elle est souvent due à des perturbations provoquées par l'abord de la scolarité.

DIAGNOSTIC ET TRAITEMENT
Dans tous les cas, une consultation médicale s'impose. Elle permettra d'éliminer d'éventuelles maladies digestives pouvant entraîner des anomalies de l'émission des selles. Elle permettra aussi d'aborder les problèmes psychologiques susceptibles d'influer sur le comportement de l'enfant : difficultés dans ses relations avec ses parents, dépression, troubles anxieux.

Des lavements, souvent pratiqués lors d'un court séjour en milieu hospitalier, sont recommandés durant les épisodes de constipation. Par ailleurs, le transit intestinal peut se trouver facilité par des modifications du régime alimentaire (fibres essentiellement). Il convient aussi, parfois, d'assurer une rééducation de la défécation pour régulariser le rythme des selles. Cette rééducation passe notamment par une meilleure prise de conscience de la sensation de besoin et par des encouragements mettant en valeur, de façon systématique, les progrès de l'enfant.

Enfin, le recours à une psychothérapie individuelle ou à une thérapie familiale se révèle en général indispensable pour venir à bout des encoprésies les plus tenaces.

Endartériectomie
Ablation de l'endartère, tunique interne de l'artère formée de l'intima et de la partie adjacente de la média, lorsque l'artère est altérée par l'athérosclérose.

INDICATIONS
Une endartériectomie se réalise sur une artère dont le calibre est réduit de manière importante ou dont la paroi est irrégulière. Elle a pour but de restituer un bon débit à l'artère malade, et une vascularisation correcte aux territoires irrigués par celle-ci.

L'endartériectomie concerne essentiellement les artères carotides et les artères des membres inférieurs.

Une endartériectomie est réalisée sous anesthésie générale. L'intervention est longue et délicate, mais les risques opératoires sont faibles. Elle consiste à isoler, par des clamps (pinces), la zone artérielle lésée du reste de la circulation, puis à inciser le vaisseau, dont on enlève, après séparation, l'intima malade ainsi que les éventuels caillots. L'incision est ensuite suturée.

Endémie

Persistance d'une maladie infectieuse au sein d'une population ou d'une région.

Endocarde

Tunique interne du cœur, tapissant l'intérieur du myocarde et limitant les cavités cardiaques.

Endocardite

Inflammation de l'endocarde.

Une endocardite peut être d'origine infectieuse ou rhumatismale.

Endocardite infectieuse

Cette inflammation de l'endocarde et des valvules cardiaques est due à une infection par des bactéries (streptocoques, staphylocoques, germes à Gram négatif) ou des champignons (Candida albicans), appartenant parfois à la flore habituelle des muqueuses de l'organisme. Dans les deux tiers des cas, l'endocardite survient chez des sujets souffrant d'une atteinte des valvules cardiaques (rétrécissement ou insuffisance aortique, insuffisance mitrale), d'une cardiopathie congénitale ou porteurs d'une prothèse valvulaire ; dans nombre de cas, elle est consécutive à un geste à risque infectieux (soins dentaires, intervention chirurgicale).

L'endocardite est très fréquente chez les toxicomanes utilisant des drogues injectables par voie intraveineuse.

SYMPTÔMES ET SIGNES
L'endocardite peut prendre deux formes cliniques, selon qu'elle atteint un patient souffrant ou non d'une atteinte préalable des valvules cardiaques.

■ **La forme aiguë**, la moins fréquente, survenant sur des valvules saines, se manifeste par une fièvre brutale, élevée, accompagnée de frissons, d'un état septicémique et souvent de signes d'insuffisance cardiaque gauche (œdème pulmonaire aigu).

■ **La forme subaiguë, ou maladie d'Osler**, plus fréquente, est une infection qui survient chez des patients souffrant d'une atteinte des valvules cardiaques d'origine rhumatismale, congénitale, athéroscléreuse ou dégénérative. Les signes, progressifs, associent une fièvre tenace et modérée autour de 38 °C, une fatigue intense, des sueurs, un amaigrissement, des douleurs articulaires et musculaires diffuses, la modification d'un souffle à l'auscultation cardiaque. La palpation révèle une splénomégalie (augmentation de volume de la rate). Il existe aussi des signes cutanés : faux panaris d'Osler (sur la pulpe des doigts ou des orteils), purpura.

ÉVOLUTION
Une endocardite est une maladie grave en raison du risque de complications cardiaques et extracardiaques.

TRAITEMENT
Le traitement médical requiert une association d'antibiotiques à forte dose, actifs sur le germe isolé par hémoculture et prescrits pendant 4 à 6 semaines pour éviter les récidives. L'administration se fait par voie intraveineuse. Le traitement chirurgical (remplacement de la valvule atteinte par une prothèse ou sa réparation) est indiqué s'il y a constitution rapide ou aggravation d'une insuffisance cardiaque ou s'il existe une fuite valvulaire importante, le traitement médicamenteux étant insuffisant dans ce cas.

PRÉVENTION
La prévention de l'endocardite infectieuse repose sur une antibiothérapie pratiquée lorsqu'un sujet atteint de cardiopathie (rhumatismale, congénitale, etc.) est soumis à un geste dit « à risque » : extraction et dévitalisation dentaires, détartrage, amygdalectomie, adénoïdectomie (ablation chirurgicale des végétations), chirurgie et endoscopie bronchiques, urologiques, gynécologiques, digestives.

Endocardite rhumatismale

Cette inflammation de l'endocarde et des valvules cardiaques est la complication d'une maladie spécifique : le rhumatisme articulaire aigu, encore fréquent dans certains pays peu médicalisés.

Une angine streptococcique est à l'origine de la maladie ; en revanche, l'atteinte valvulaire n'est pas infectieuse, mais due à un conflit immunitaire tissulaire à partir de l'infection streptococcique pharyngée. Toutes les valvules du cœur peuvent être atteintes, provoquant un rétrécissement ou une insuffisance valvulaire.

Le traitement est celui de la valvulopathie, médicamenteux d'abord puis, si celle-ci s'aggrave, chirurgical par mise en place d'une prothèse valvulaire.

Endocrine

Se dit des sécrétions (hormones) qui passent directement dans la circulation sanguine ainsi que des organes et des tissus qui produisent ces sécrétions.

Endocrinologie

Science qui étudie la physiologie et la pathologie des hormones et celles de leurs organes producteurs, les glandes endocrines, ainsi que le traitement de cette pathologie.

Endodontie

Discipline spécialisée dans l'étude et le traitement des maladies de la pulpe dentaire.

Endomètre

Muqueuse tapissant la face interne de l'utérus.

L'endomètre subit des modifications tout au long de la vie de la femme. Au cours du cycle menstruel, sous l'influence de la sécrétion hormonale, il s'épaissit pour préparer une éventuelle nidation de l'œuf et assurer sa nutrition. En l'absence de fécondation, la couche superficielle de l'endomètre se décolle et est éliminée, formant les règles. Après la ménopause, l'endomètre s'atrophie et le cycle menstruel est interrompu.

PATHOLOGIE

L'endomètre peut être le siège d'une inflammation (endométrite), de polypes, d'un cancer.

→ VOIR Utérus (cancer de l').

Endométriose

Affection gynécologique caractérisée par la présence de fragments de muqueuse utérine (endomètre) en dehors de leur localisation normale.

L'endométriose est surtout fréquente chez les femmes âgées de 25 à 40 ans. C'est une cause importante de stérilité : de 30 à 40 % des patientes souffrant d'endométriose ont des problèmes d'infertilité. Cette dernière est fonction du siège de l'affection, la localisation tubaire (dans les trompes) étant la plus préoccupante.

CAUSE

La cause de la maladie est mal connue : il est possible que des fragments de muqueuse utérine non éliminés pendant les règles remontent le long des trompes de Fallope pour aller se fixer sur un organe de la cavité pelvienne, où ils forment des kystes. Comme l'endomètre normal, les fragments de muqueuse obéissent aux fluctuations hormonales durant le cycle menstruel : ils se développent sous l'influence des œstrogènes et de la progestérone, puis saignent quand les taux hormonaux, en s'effondrant, déclenchent les règles.

SYMPTÔMES ET SIGNES

Le gonflement des kystes provoque des douleurs pendant les règles, surtout vers leur fin. Ces douleurs, qui disparaissent pendant le cycle, sont le principal symptôme, mais l'endométriose peut aussi être responsable d'hémorragies menstruelles abondantes et de douleurs au cours des rapports sexuels.

DIAGNOSTIC

Il est établi lorsqu'une femme en période d'activité génitale présente des signes fonctionnels évocateurs, associés ou non à une stérilité. Le diagnostic est confirmé par l'échographie, qui met en évidence le ou les kystes ovariens, et surtout par la cœlioscopie, qui révèle des adhérences et des lésions kystiques sombres implantées sur le péritoine.

TRAITEMENT

Il fait appel à l'ablation du ou des kystes ou à leur destruction par électrocoagulation ou laser, sous contrôle endoscopique. En outre, des médicaments supprimant la menstruation (progestatifs, danazol, substances analogues de la gonadolibérine, une hormone de l'hypothalamus) peuvent être administrés pendant quelques mois. À la fin du traitement, une grossesse peut être envisagée. Après la ménopause, les lésions s'atrophient spontanément puisque la sécrétion hormonale cesse. Toutefois, si les douleurs persistent, une hystérectomie (ablation de l'utérus) peut être pratiquée.

Endométrite

Inflammation de l'endomètre (muqueuse utérine) provoquée par une infection.

Une endométrite, qui peut être aiguë ou chronique, est causée par des germes divers, souvent ceux qui sont à l'origine des maladies sexuellement transmissibles, des chlamydias, des mycoplasmes. Elle peut suivre un accouchement ou un avortement (rétention de débris placentaires) ou encore résulter de la présence d'un stérilet.

Une endométrite aiguë se traduit par des douleurs pelviennes, des pertes vaginales, des métrorragies (saignements survenant en dehors des règles) et, parfois, par de la fièvre. Une endométrite chronique est découverte à l'occasion d'un bilan de stérilité, de troubles menstruels ou d'infections pelviennes.

DIAGNOSTIC ET TRAITEMENT

Le diagnostic repose sur l'examen clinique et sur l'identification du germe par prélèvement local et mise en culture. Selon les cas, un curetage destiné à éliminer les débris dont la présence entretient l'infection, l'enlèvement du stérilet responsable et, éventuellement, l'administration d'antibiotiques assurent la guérison.

Endorphine

Substance produite par certaines cellules du système nerveux central et ayant des propriétés analgésiques semblables à celles de la morphine.

Endoscope

Tube optique muni d'un système d'éclairage et utilisé pour pratiquer une endoscopie.

On distingue deux types d'endoscope.

■ L'endoscope rigide, notamment utilisé pour l'exploration de la vessie et de la cavité abdominale, est constitué d'un tube métallique de 5 à 8 millimètres de diamètre muni d'un oculaire.

■ L'endoscope souple, ou fibroscope, de diamètre plus petit, est constitué de fibres de carbone ou de verre capables de transmettre la lumière provenant d'une source de lumière « froide ». Il permet une exploration non traumatisante de cavités d'accès difficile comme le côlon, l'estomac ou les bronches.

Les endoscopes peuvent être équipés de caméras vidéo ou d'accessoires chirurgicaux : pince (pour saisir et ôter un corps étranger), pince à biopsie (pour prélever un échantillon de tissu), ciseaux, lacet (pour retirer les polypes), panier (pour retirer les calculs), anse diathermique (fil métallique tressé, en forme de boucle, utilisé pour la résection de polypes pédiculés).

Endoscopie

Exploration visuelle d'une cavité, naturelle ou non, par l'intermédiaire d'un tube optique muni d'un système d'éclairage appelé endoscope.

De nombreux organes peuvent bénéficier d'une étude endoscopique : l'œsophage, l'estomac, le duodénum, les voies biliaires, le côlon, le rectum, la trachée, les bronches, les voies aériennes supérieures, l'urètre, la vessie, les uretères, la cavité péritonéale, l'utérus, les grosses articulations, etc. L'endoscopie, terme générique, recouvre ces différentes explorations, qui possèdent chacune une désignation plus précise : bronchoscopie (exploration des bronches), coloscopie (exploration du côlon), laparoscopie (exploration de la cavité abdominale), arthroscopie (exploration d'une articulation), etc. Une endoscopie est habituellement pratiquée sous anesthésie locale, parfois sous anesthésie générale. Elle peut être réalisée à des fins diagnostiques ou opératoires.

- L'endoscopie diagnostique permet d'approcher l'organe malade, de l'examiner, d'y pratiquer des biopsies.
- L'endoscopie opératoire permet d'effectuer des interventions complexes, sans ouverture des parois, pour traiter certaines affections qui, auparavant, nécessitaient une voie chirurgicale classique : ablation de tumeurs de la vessie, d'une hypertrophie prostatique, de polypes de l'estomac, traitement de la stérilité féminine, etc.

Enfance

Période de la vie qui se situe entre la naissance et la puberté et qui caractérise un être humain en voie de développement.

Stades de l'enfance

L'enfance comprend plusieurs stades successifs : la période néonatale, la première enfance et la seconde enfance.

- La période néonatale, c'est-à-dire le stade du nouveau-né, va de la naissance au 28e jour de la vie et commence par une période d'adaptation à la vie extra-utérine (du 1er au 7e jour), durant laquelle l'enfant pourrait être particulièrement exposé à des pathologies comme l'anoxie (manque d'oxygénation, du cerveau notamment). Cette période est également celle où l'on peut découvrir d'éventuelles anomalies, dont certaines sont systématiquement dépistées (phénylcétonurie, hypothyroïdie).

- La première enfance caractérise le nourrisson et va de 29 jours à 2 ans. C'est une période d'intense développement de tous les organes et en particulier du cerveau. Les acquisitions psychomotrices sont rapides. La personnalité affective se dessine. Durant cette phase d'adaptation immunitaire, l'enfant doit faire face aux multiples agressions infectieuses dont il est l'objet (virales surtout, bactériennes parfois). La pathologie infectieuse constitue ainsi le premier motif de consultation pour les nourrissons. Il est également recommandé de procéder durant cette période au dépistage d'éventuels troubles auditifs ou visuels.

- La seconde enfance se situe entre 2 et 12 ans. La vitesse de croissance est plus faible

(5 centimètres par an environ) et les acquisitions de l'enfant se situent essentiellement dans le domaine socioculturel. On distingue l'âge préscolaire (2-6 ans), âge de maturation et de socialisation, et l'âge scolaire (6-12 ans), phase durant laquelle s'élargissent et se perfectionnent les connaissances.

L'enfance se termine à la puberté, qui inaugure l'adolescence.

→ VOIR Alimentation du nourrisson, Croissance de l'enfant, Développement de l'enfant.

Enfant bleu

→ VOIR Cardiopathie.

Engagement cérébral

Déplacement d'une partie de l'encéphale à travers un orifice membraneux ou osseux naturel, aboutissant à une compression grave du système nerveux.

CAUSES

Les causes d'engagement sont des lésions d'un certain volume (tumeur, hématome, d'origine traumatique ou non, abcès) gênant l'écoulement du liquide céphalorachidien, qui s'accumule en créant une hypertension intracrânienne et repousse la région de l'encéphale correspondante.

SYMPTÔMES ET SIGNES

Les symptômes dépendent du type d'engagement. L'engagement temporal, par exemple, se caractérise par une mydriase (dilatation de la pupille), consécutive à la lésion de structures commandant l'œil. L'engagement des amygdales cérébelleuses provoque des accès d'hypertonie (raideur) des membres, éventuellement associés à un ralentissement du rythme cardiaque ou à un arrêt respiratoire. Les formes mineures ne se signalent que par une attitude guindée ou une inclinaison de la tête sur le côté.

TRAITEMENT

Il fait appel à une intervention neurochirurgicale qui doit être pratiquée sans délai pour décomprimer le cerveau.

Engelure

Rougeur des extrémités (mains, pieds, nez, oreilles) due au froid.

L'engelure ne doit pas être confondue avec la gelure, accident aigu grave résultant d'une exposition à un froid intense (chez les alpinistes, par exemple). Généralement déclenchées par un temps froid et humide, les engelures affectent plutôt les femmes et les enfants. Souvent associées à une acrocyanose (trouble de la circulation sanguine responsable d'une cyanose des extrémités), elles sont dues à la fois à une diminution du débit sanguin dans les artérioles par vasoconstriction et à une accumulation du sang dans le système veineux de retour.

Elles se caractérisent par des plaques rouge violacé, épaisses, froides, très douloureuses. À court terme, elles peuvent se compliquer de fissures, d'ulcérations ou de cloques entraînant une gêne au travail manuel ou à la marche. Les troubles commencent avec l'automne et s'arrêtent progressivement au printemps.

TRAITEMENT ET PRÉVENTION

Il n'y a pas de traitement radical des engelures ; on conseille les bains chauds et froids (sans températures extrêmes) en alternance, des massages doux à l'alcool camphré, des applications de pommades grasses, la prise de vitamines et de vasodilatateurs. En revanche, pendant la période froide, la prévention est essentielle : protection contre le froid et suppression des vêtements trop serrés, qui ralentissent la circulation sanguine.

Engourdissement

Lourdeur, insensibilité, fourmillement, impotence touchant le plus souvent un membre.

Un engourdissement peut être causé par une circulation insuffisante ou par une lésion du système nerveux, comme dans la sclérose en plaques. En cas d'atteinte nerveuse, l'étendue de la zone touchée renseigne sur le site et le mécanisme de la lésion.

Engrènement

Interpénétration des fragments d'un os lors d'une fracture.

Enképhaline ou Encéphaline

Substance présente dans les cellules du système nerveux, aux propriétés analgésiques semblables à celles de la morphine.

L'étude de substances activant les enképhalines de l'organisme est l'une des voies de la recherche thérapeutique actuelle. En effet, ces substances pourraient permettre l'élaboration de médicaments analgésiques aussi puissants que la morphine, mais d'action plus précise et n'ayant pas ses effets indésirables, en particulier sur la conscience et la respiration.

Enkystement

Formation d'une coque fibreuse autour d'une lésion isolant celle-ci du reste de l'organisme.

Enrouement

Altération de la voix, qui se traduit par un timbre sourd, rauque ou éraillé.

Un enrouement est dû à une maladie du larynx ou à une anomalie de son fonctionnement (laryngite, surmenage vocal). Le traitement de l'enrouement dépend de sa cause : arrêt d'un tabagisme en cas de laryngite, repos vocal en cas de surmenage, etc. Tout enrouement persistant plus de 15 jours impose un examen médical approfondi.

Entérite

Inflammation de la muqueuse intestinale de l'intestin grêle, du pylore à la valvule iléocæcale.

CAUSES

Elles sont multiples : inflammatoires (maladie de Crohn), infectieuses – en particulier bactériennes, tuberculeuses, virales, parasitaires –, tumorales (lymphome), vasculaires (athérome) et radiques (postradiothérapie).

SYMPTÔMES ET TRAITEMENT

Les symptômes comprennent des diarrhées et, moins fréquemment, des hémorragies digestives. Ils s'associent souvent à de la fièvre ainsi qu'à une dénutrition due à la malabsorption des nutriments. L'examen clinique permet de déceler des signes (météorisme abdominal localisé, anse intestinale dilatée, masse tumorale) orientant vers une maladie de l'intestin grêle. La maladie peut également être révélée de façon brutale par une occlusion intestinale due à un obstacle mécanique ou à une obstruction fonctionnelle de l'intestin.

Le traitement dépend de la cause et peut être médical (administration d'anti-inflammatoires et d'antibiotiques) ou chirurgical.

Entérobactérie

Famille de bacilles (bactéries en forme de bâtonnet) à Gram négatif.

La famille des entérobactéries regroupe une vingtaine de genres différents ayant en commun quelques caractéristiques biochimiques ainsi que leur habitat : le tube digestif de l'homme ou celui des animaux.

Entérocolite

Inflammation simultanée des muqueuses de l'intestin grêle et du côlon.

Entérocolite infectieuse

C'est une inflammation des muqueuses de l'intestin grêle et du côlon qui peut être due à une bactérie, à un virus ou à un parasite. La contamination s'effectue par ingestion d'aliments infectés ou par transmission entre individus. Les symptômes en sont une diarrhée aqueuse ou sanglante, des crampes abdominales, des vomissements, associés ou non à une fièvre.

■ L'entérocolite bactérienne peut être due à une bactérie vivante qui détruit la muqueuse (shigelloses, salmonelloses, yersinioses, *Campylobacter jejuni*) ou à une bactérie produisant une toxine responsable d'une hypersécrétion hydroélectrolytique (choléra, intoxications alimentaires). Le traitement consiste essentiellement en une réhydratation et en l'administration d'antibiotiques en cas d'atteinte sévère ou prolongée.

■ L'entérocolite due à une tuberculose intestinale, ou tuberculose digestive, est encore aujourd'hui une cause relativement fréquente d'entérocolite infectieuse ; elle concerne plus fréquemment les patients immunodéprimés (sida). Le traitement est celui de la diarrhée (réhydratation, antibiotiques) et de la tuberculose.

■ L'entérocolite virale, due en particulier aux rétrovirus, touche essentiellement les enfants et évolue spontanément vers la guérison. Le cytomégalovirus, qui atteint les sujets immunodéprimés et les malades du sida, peut provoquer une atteinte parfois grave du côlon et du rectum, avec des lésions de type ischémique (interruption de la circulation sanguine).

■ L'entérocolite parasitaire peut être d'origine variée. Les parasitoses les plus fréquentes sont l'amibiase (atteinte colique) et la lambliase (atteinte duodénojéjunale) ; l'évolution est favorable sous traitement antiparasitaire. Les malades du sida ou les immunodéprimés peuvent être sujets à des infestations intestinales graves (cryptosporidiose ou anguillulose).

Entérocolite inflammatoire

C'est une inflammation d'origine non infectieuse des muqueuses de l'intestin grêle et du côlon. La maladie de Crohn en représente la forme principale. Dans cette maladie chronique dont l'origine est encore inconnue, tout segment du tube digestif peut être touché et, en particulier, l'iléon et le côlon.

Entérocoque

Genre bactérien appartenant à la famille des streptocoques, cocci à Gram positif groupés en chaînettes.

Entéropathie

Affection de l'intestin grêle.

Le terme d'entéropathie regroupe de multiples maladies d'origine inflammatoire, infectieuse, tumorale, vasculaire, etc. Couramment, il désigne essentiellement trois affections : l'entéropathie au gluten, l'entéropathie exsudative et l'entéropathie associée aux déficits en immunoglobulines.

■ L'entéropathie au gluten, ou maladie cœliaque, est provoquée par l'intolérance au gluten.

■ L'entéropathie exsudative est due à la déperdition exagérée, dans le tube digestif, de substances (en particulier des protéines) normalement présentes dans le sang, la lymphe et le liquide intestinal.

■ L'entéropathie associée aux déficits en immunoglobulines (en particulier le déficit en IgA et en gammaglobulines) se traduit le plus souvent par une diarrhée due à une malabsorption, avec ou sans atrophie de la muqueuse intestinale.

→ VOIR Maladie cœliaque.

Entérostomie

Abouchement d'un segment d'intestin grêle ou de côlon à la peau.

Entérotoxine

Toxine dont la cible est le tube digestif, principalement le jéjunum ou le côlon, entraînant des diarrhées.

Les entérotoxines sont libérées par certaines bactéries à transmission orale (ingestion d'eau ou d'aliments contaminés) ou orofécale (des fèces à la bouche par l'intermédiaire des mains).

Entérovirus

Ensemble de virus à A.R.N. appartenant à la famille des *Picornaviridæ*.

La catégorie des entérovirus comprend notamment les poliovirus, les virus Echo, les coxsackies A et B, les entérovirus 68-72 et le virus de l'hépatite A.

Entorse

Lésion des ligaments d'une articulation sans déplacement des surfaces articulaires.

Les entorses sont dues à un mouvement brutal de l'articulation lui faisant dépasser ses amplitudes normales. On distingue les entorses bénignes des entorses graves.

■ Les entorses bénignes, communément appelées foulures, correspondent à une distension violente des ligaments articulaires, mais sans rupture vraie ni arrachement de ceux-ci. À l'examen clinique, l'articulation est parfois très douloureuse et gonflée, mais elle permet des mouvements normaux. La radiographie est normale. Le traitement consiste à poser un bandage de contention (strapping) ou une attelle pour une durée de 2 à 3 semaines, parfois un plâtre si l'articulation est très douloureuse (cheville, par exemple).

■ Les entorses graves sont caractérisées par une déchirure ou un arrachement ligamentaire entraînant des mouvements anormalement amples au niveau de l'articulation. À l'examen clinique, celle-ci est douloureuse et gonflée, mais parfois pas plus que lors d'une entorse bénigne. La radiographie s'impose donc pour détecter ces entorses qui peuvent entraîner des séquelles : douleurs persistantes, enraidissement, instabilité et fragilité chroniques de la région concernée. Une immobilisation pendant plusieurs semaines peut suffire, mais une intervention chirurgicale est souvent nécessaire : elle consiste soit à réparer le ligament arraché, soit à réaliser une transplantation ligamentaire. Dans tous les cas, une rééducation appropriée est nécessaire jusqu'à la récupération complète.

La pratique de certains sports (tennis, football, basket) expose particulièrement les articulations, surtout le genou et la cheville, aux entorses. De même, la fatigue et le surentraînement sont des facteurs favorisants. La prévention passe par le respect des règles d'échauffement avant toute activité sportive et par le port de bandages souples sur les articulations menacées.

Entropion

Bascule du bord de la paupière vers l'intérieur du globe oculaire, atteignant le plus souvent la paupière inférieure.

Un entropion est parfois congénital et, dans ce cas, il est dû à une hypertrophie de la peau et du muscle orbiculaire sous-jacent. Il est plus souvent dû à l'âge (entropion sénile) et à la contracture spasmodique du muscle orbiculaire d'une paupière dont le plan fibreux est relâché. Parfois intermittent, il n'apparaît qu'après plusieurs clignements.

SYMPTÔMES ET SIGNES

L'entropion a pour conséquence un frottement des cils sur la cornée qui provoque des lésions superficielles responsables de douleurs, d'une sensibilité de l'œil à la lumière, d'un larmoiement, d'un spasme de la paupière et d'une rougeur oculaire. Ces troubles aggravent à leur tour l'entropion.

TRAITEMENT

Le traitement de l'entropion est uniquement chirurgical et consiste à retendre la paupière. L'intervention nécessite une hospitalisation brève et se pratique, chez l'adulte, sous anesthésie locale.

Énucléation

Ablation du globe oculaire par section du nerf optique.

Une énucléation peut avoir lieu chez les sujets atteints d'une cécité incurable et douloureuse ou chez les personnes ayant une tumeur oculaire maligne. L'intervention a lieu le plus souvent sous anesthésie générale.

Cette opération s'accompagne de la pose d'une prothèse intraorbitaire en matériau synthétique sur laquelle on suture les muscles oculomoteurs pour en permettre la mobilité. Quelques semaines après l'intervention, une prothèse oculaire peut être posée pour recréer l'apparence de l'œil.

Énurésie

Émission d'urine involontaire et inconsciente, généralement nocturne, chez un enfant ayant dépassé l'âge de la propreté et ne souffrant pas de lésion organique des voies urinaires.

L'énurésie se distingue de l'incontinence, où l'enfant n'est propre ni le jour ni la nuit. L'énurésie est dite primaire lorsque l'enfant n'est pas en mesure de contrôler sa vessie à l'âge normal de la propreté, c'est-à-dire entre 2 et 4 ans ; elle est dite secondaire lorsqu'elle survient après une période où la propreté était acquise.

Le trouble fonctionnel du contrôle de l'émission d'urines est fréquent : de 5 à 10 % des enfants âgés de 7 ans et de 0,5 à 1 % des enfants de 8 ans en seraient atteints.

DIFFÉRENTS TYPES D'ÉNURÉSIE

■ **L'énurésie nocturne isolée**, ou énurésie vraie, s'observe surtout chez les garçons et présente souvent un caractère familial (parents, frères et sœurs). Elle ne survient que la nuit.

■ **L'énurésie par immaturité vésicale**, due à la persistance d'une vessie de type infantile, très contractile, est plus répandue chez les filles. Elle se caractérise surtout par de fréquents et impérieux besoins d'uriner (plus de 6 mictions par jour) ou par des fuites d'urine lors du rire, de la toux, du jeu.

CAUSES

Le mécanisme de l'énurésie est encore mal connu. Certains lui attribuent une cause psychosomatique (difficultés relationnelles et affectives, climat de tension familiale, rigueur excessive de la mère concernant l'acquisition de la propreté), d'autres font intervenir un mécanisme hormonal (absence de réduction de la sécrétion d'hormone antidiurétique au cours de la nuit, conduisant à un remplissage excessif de la vessie à l'origine de la perte des urines). Ces explications demeurent des hypothèses.

TRAITEMENT

Il nécessite la participation active de l'enfant qui devra recevoir autant d'informations anatomiques et physiologiques que possible. Il faut aussi supprimer toute garniture ou couche, ce qui maintient l'enfant dans une situation régressive. La restriction des apports d'eau, le soir, n'a pas d'effet thérapeutique réel. Dans tous les cas, il est indispensable de déculpabiliser l'enfant, de ne pas le gronder ni le punir et de ne pas se moquer de lui.

Le traitement proprement dit varie en fonction du type de l'énurésie.

■ **L'énurésie nocturne isolée** peut être progressivement supprimée, après l'âge de 8 ans, à l'aide d'un appareil dit « pipi-stop » qui, placé sous le drap, sonne au contact des premières gouttes d'urine. Il permet l'établissement d'un réveil conditionné, mais il faut toutefois que l'enfant prenne en main la direction des opérations. En effet, les réveils nocturnes imposés par les parents sont le plus souvent épuisants pour eux et inefficaces. Si les troubles persistent, le recours à un traitement hormonal antidiurétique léger aura un effet immédiat. Dans les cas les plus sévères, une psychothérapie peut être mise en œuvre.

■ L'énurésie par immaturité vésicale se traite essentiellement par la rééducation des mictions de l'enfant, dans un service d'urodynamique. Il est également possible de recourir à un traitement médicamenteux visant à réduire l'excessive contractilité du muscle de la vessie.

Enveloppement

Méthode thérapeutique consistant à envelopper tout ou partie du corps d'un malade avec un linge mouillé et essoré.

L'enveloppement froid est souvent réalisé en cas de fièvre élevée. Le malade est enroulé dans un drap mouillé dans une eau dont la température est inférieure de 2 °C à la fièvre. Au préalable, son visage et son thorax ont été rafraîchis. Ce traitement complète l'action des antipyrétiques et procure au malade, grâce à son effet rafraîchissant, une sensation de bien-être. L'enveloppement dure environ 20 minutes. Si la fièvre reste élevée, il peut être renouvelé 4 ou 5 fois par 24 heures.

Envie

Tache violacée appelée couramment tache de vin. SYN. *angiome plan*.

Environnement

Ensemble des éléments qui entourent un individu ou une espèce et dont certains contribuent directement à subvenir à ses besoins.

Les facteurs déterminants de l'environnement sont d'ordre physique, biologique et sociopsychologique. Parmi les facteurs physiques, on distingue notamment la nature du terrain géographique (présence et qualité de l'eau, degré d'humidité de l'atmosphère, productivité agricole), l'intensité de la lumière solaire (rayons infrarouges, caloriques ; rayons ultraviolets, bactéricides et facteurs de croissance) et la température. Les facteurs biologiques sont, par exemple, les ressources en nourriture et la proportion de germes microbiens dans un espace

géographique donné. Les facteurs sociopsychologiques environnementaux sont représentés par les rapports affectifs, qui peuvent être source de conflits, et, au plan collectif, par les conditions socioprofessionnelles.

L'écologie est la science qui étudie les relations des êtres vivants avec leur environnement.

RISQUES LIÉS À L'ENVIRONNEMENT

Certains agents de l'environnement (égouts, gaz d'échappement, fumées d'usine, produits chimiques, radioactivité, déchets industriels, germes infectieux, etc.) sont susceptibles de provoquer des maladies : ils sont dits « facteurs de risque environnementaux ».

Dans les pays en voie de développement, les facteurs de risque environnementaux sont essentiellement liés au manque d'eau saine, du fait de la carence d'égouts et du non-retraitement des déchets domestiques, et au manque de nourriture. D'autres facteurs de risque sont communs aux pays en voie de développement et aux pays industrialisés : maladies infectieuses transmises par les animaux, conditions de travail (maladies et accidents professionnels), vie sociale (accidents domestiques et de la circulation, alcoolisme, tabagisme).

Enzyme

Protéine accélérant les réactions chimiques de l'organisme.

La fonction générale d'une enzyme est de catalyser une réaction chimique, autrement dit de l'accélérer sans modifier ses autres caractéristiques et sans qu'elle soit elle-même modifiée. L'enzyme se fixe sur une substance, appelée le substrat, et la transforme. À l'intérieur des cellules, les enzymes sont ainsi responsables aussi bien de la synthèse de nouvelles substances servant à construire la cellule (anabolisme) que de la dégradation de substances servant à produire de l'énergie (catabolisme). Leur rôle est vital, car les conditions physicochimiques (température, pH) qui règnent dans le corps empêchent la plupart des réactions de se produire à une vitesse suffisante.

Enzyme de conversion

Enzyme participant à la régulation de la pression artérielle. SYN. *enzyme de conversion de l'angiotensine, kininase II.*

En thérapeutique, on se sert de médicaments inhibiteurs de l'enzyme de conversion pour traiter l'hypertension artérielle.

Enzymopathie

Toute affection due à un trouble du métabolisme d'une enzyme.

Les enzymopathies ont souvent pour cause une mutation héréditaire du gène commandant la synthèse de l'enzyme. Une enzyme donnée ayant pour fonction d'accélérer une des réactions chimiques de l'organisme par transformation d'une substance (le substrat) en une autre (le produit de la réaction), les signes d'une enzymopathie sont soit l'insuffisance du produit, soit l'accumulation anormale du substrat. Selon l'enzyme en cause, ils sont très variés, parfois très graves : ainsi, la phénylcétonurie se manifeste par une atteinte sévère du système nerveux, avec retard mental.

TRAITEMENT
Ce peut être un régime alimentaire d'exclusion (on supprime de l'alimentation le substrat, qui tend déjà à s'accumuler spontanément dans l'organisme du malade). Il peut aussi être symptomatique (s'attaquer non pas à la maladie mais à ses symptômes).

Éosinophilie

Augmentation du nombre des polynucléaires éosinophiles (un type de globules blancs) dans le sang. SYN. *hyperéosinophilie.*

On parle généralement d'éosinophilie à partir de 500 polynucléaires éosinophiles par millimètre cube de sang (c'est leur nombre et non leur pourcentage qui compte). L'éosinophilie, diagnostiquée lors d'une numération globulaire du sang, s'observe dans des circonstances pathologiques variées.

Épanchement

Présence de liquide ou de gaz dans une cavité naturelle (péritoine, plèvre, péricarde, articulation, bourse) qui, normalement, n'en contient pas.

Épaule

Articulation qui unit le bras au thorax.

Par extension, le terme épaule recouvre la région du corps correspondant à cette articulation.

PATHOLOGIE
■ **Les luxations** de l'épaule sont les luxations les plus fréquentes. Elles surviennent surtout chez l'adulte jeune. La plus courante est la luxation antéro-interne, qui résulte d'un mouvement violent ou d'un traumatisme. La partie antérieure de la capsule est lésée et la tête de l'humérus quitte la cavité glénoïde pour aller se loger dans l'aisselle. À l'examen clinique, l'épaule est douloureuse et impotente et présente une déformation caractéristique. La radiographie confirme le diagnostic. La réduction de la luxation doit être réalisée en urgence avec ou sans anesthésie générale. L'épaule est immobilisée par le port d'une écharpe pendant trois semaines. Une rééducation est souvent nécessaire.

D'autres formes plus rares de luxations de l'épaule peuvent survenir, parfois compliquées par une fracture de la tête de l'humérus ou de la glène de l'omoplate.

Toutes les luxations peuvent laisser des séquelles, notamment l'épaule gelée, caractérisée par une raideur extrême de l'articulation et une douleur parfois intense, ou la périarthrite de l'épaule. En outre, une récidive de la luxation se produit parfois. Elle s'observe surtout chez les sujets jeunes ; survenant lors de mouvements de plus en plus minimes, elle peut devenir à la longue très invalidante. Une intervention chirurgicale est alors indispensable pour stabiliser l'épaule.

■ **Les fractures** de l'extrémité supérieure de l'humérus sont fréquentes chez les personnes âgées.

■ **La périarthrite de l'épaule** est une affection douloureuse de l'épaule due à une lésion des tissus fibreux et des tendons entourant l'articulation.

Épaule-main (syndrome)

Douleur et raideur unilatérales de l'épaule et de la main.

Le syndrome épaule-main fait partie des algodystrophies. D'origine inconnue, il peut survenir après un infarctus du myocarde (il se déclenche alors du côté gauche), lors d'une hémiplégie, d'un zona du membre supérieur ou d'un traumatisme important de l'épaule ; il est plus fréquent chez les diabétiques.

La main affectée devient chaude, humide, rouge et gonflée ; à un stade plus tardif, elle peut se raidir en demi-flexion et prendre un aspect violacé et froid. L'épaule est souvent très raide. Le syndrome disparaît la plupart du temps de lui-même au bout d'un an ou deux ; ce délai peut être raccourci par la physiothérapie, associée parfois à des infiltrations de corticostéroïdes dans l'épaule.

→ VOIR Algodystrophie.

Épendyme

Membrane tapissant la surface du canal central de la moelle épinière, appelé canal de l'épendyme, et les ventricules cérébraux.

Le canal de l'épendyme permet l'écoulement du liquide céphalorachidien. L'épendyme lui-même peut être le siège d'une tumeur, le plus généralement bénigne : un épendymome.

Épendymome

Tumeur généralement bénigne du système nerveux central développée à partir de l'épendyme.

Les épendymomes s'observent à tout âge, mais sont plus fréquents chez l'enfant et l'adolescent. Ces tumeurs, le plus souvent bénignes, sont susceptibles de s'étendre dans le système nerveux. Le traitement, neurochirurgical, consiste en l'ablation de l'épendymome.

Éphélide

Petite tache cutanée pigmentée.

Les éphélides, couramment appelées « taches de rousseur », sont fréquentes chez les sujets à peau pâle, blonds ou roux ; elles s'accentuent après une exposition au soleil. Ce sont de toutes petites taches beiges, jaunes ou brunâtres, symétriques, touchant surtout le visage et le thorax. À titre purement esthétique, on peut proposer pour les atténuer des applications très superficielles d'azote liquide ou l'emploi du laser à gaz carbonique. La prévention à l'aide d'une crème ou d'un lait écran total avant les expositions solaires reste la plus efficace.

Épicanthus

Repli cutané vertical situé à l'angle interne de l'œil. SYN. *pli épicanthique.*

L'épicanthus est congénital, plus fréquent et plus marqué chez les enfants jaunes que chez les enfants blancs. Il se rencontre fréquemment dans la trisomie 21. S'il masque une partie du globe oculaire, il peut simuler un strabisme (défaut de parallélisme des axes oculaires). Quand il est gênant, il peut être opéré.

Épicondyle

Petite saillie osseuse située au voisinage d'un condyle articulaire (surface arrondie et saillante s'adaptant en général à une cavité pour former une articulation).

Le terme d'épicondyle désigne le plus souvent l'apophyse de l'extrémité inférieure de l'humérus, située sur la partie externe du coude, qui permet l'insertion de nombreux muscles de l'avant-bras.

Épicondylite

Inflammation des tendons s'insérant sur l'épicondyle (apophyse de l'extrémité inférieure de l'humérus), à la partie externe du coude.

De nombreux muscles de l'avant-bras, notamment ceux commandant l'extension et la rotation de la main, s'attachent sur l'épicondyle. Ces muscles sont très sollicités dans la pratique de certains sports, comme le tennis et le golf, mais aussi par de nombreux gestes de la vie quotidienne ou professionnelle. Une épicondylite, appelée aussi « tennis elbow » en médecine sportive, peut survenir après un traumatisme violent, mais elle se produit plus souvent à la suite de microtraumatismes fréquents, d'un surmenage de la région du coude ou de la répétition intense de certains mouvements.

Une épicondylite se caractérise par une douleur de la partie externe du coude ; dans les cas les plus sévères, quelques gestes précis, comme tenir une bouteille ou ouvrir une porte, deviennent impossibles.

TRAITEMENT

Le traitement consiste d'abord en la mise au repos du coude, par l'interruption éventuelle de la pratique sportive pendant au moins 15 jours ; il comprend aussi l'application fréquente de glace sur la région douloureuse (cryothérapie) et la prescription d'anti-inflammatoires par voie orale ou sous forme de pommade ; des massages peuvent également contribuer à faire diminuer l'inflammation. Si la douleur persiste, des infiltrations locales de corticostéroïdes sont nécessaires. La reprise du sport devra être progressive. En cas de récidive, il faut envisager un traitement chirurgical.

PRÉVENTION

Pour prévenir les risques d'épicondylite lorsqu'on pratique un sport où le bras est très sollicité, il convient de respecter la pratique de l'échauffement, d'utiliser un matériel étudié (au tennis, par exemple, veiller à employer une raquette au manche adapté à sa force et à sa main) et de s'initier sous la direction d'un bon entraîneur pour éviter les erreurs techniques et les gestes inappropriés.

Épidémie

Développement et propagation rapide d'une maladie contagieuse, le plus souvent d'origine infectieuse, dans une population.

Une épidémie peut rester localisée ou s'étendre à une région plus importante, voire gagner l'ensemble du globe (pandémie). Elle peut se greffer sur une endémie (maladie constante dans une population) ou survenir pour la première fois.

Épidémiologie

Discipline étudiant les différents facteurs qui interviennent dans l'apparition des maladies, leur fréquence, leur mode de distribution, leur évolution et la mise en œuvre des moyens nécessaires à leur prévention.

Épiderme

Couche superficielle de la peau.

La fonction essentielle de l'épiderme est d'assurer une barrière entre l'organisme et le milieu extérieur. La couche basale, la plus profonde, repose sur le derme sous-jacent à l'épiderme. Les couches suivantes (corps muqueux de Malpighi, puis couche granuleuse) sont de plus en plus riches en kératine, protéine caractéristique de l'épiderme, jusqu'à la couche cornée, superficielle, extrêmement riche en kératine. Les cellules mortes de l'épiderme s'éliminent par desquamation.

La kératine de surface se desquame en très fins lambeaux pour laisser la place à celle qui se forme par-dessous. L'épiderme, à la fois imperméable, résistant et souple, sert globalement à renforcer le rôle de protection de la peau, surtout contre l'eau et les agressions physiques et chimiques, grâce à la kératine, et contre les agressions menaçant l'immunité cellulaire.

Épidermolyse bulleuse

Toute affection cutanée caractérisée par une tendance chronique à la formation de bulles (cloques).

Les épidermolyses bulleuses peuvent être acquises, se révélant alors chez l'adulte, ou héréditaires, se révélant surtout dans ce cas chez le nouveau-né et l'enfant. Elles se manifestent par l'apparition de bulles contenant un liquide clair ou parfois sanguin ; localisées en certains endroits ou généralisées à tout le corps, celles-ci peuvent atteindre la bouche. Leur évolution dépend de chaque cas, cette maladie pouvant tantôt ne se caractériser que par quelques bulles sur les mains et les pieds, tantôt provoquer des bulles disséminées susceptibles d'apparaître dès la naissance et de menacer la vie de l'enfant.

Dans les formes acquises, la recherche d'une maladie générale s'impose : colite, lymphome, dysglobulinémie, amyloïdose ou connectivite.

TRAITEMENT

Il n'existe pas de traitement curatif vraiment efficace des épidermolyses bulleuses. Cependant, un traitement préventif (suppression des sports violents) et symptomatique (désinfection des bulles) est nécessaire. Il est recommandé aux parents d'un enfant atteint d'épidermolyse bulleuse héréditaire de demander un conseil génétique à un spécialiste s'ils désirent avoir d'autres enfants.

Épidermotest

Test de dépistage des allergies cutanées ou respiratoires. SYN. *test épicutané, test épidermique.*

Les épidermotests, couramment appelés tests cutanés, sont pratiqués dans le cas de l'eczéma de contact, dû à la mise en contact d'un allergène (substance responsable d'une allergie) avec la peau. Ils consistent à appliquer des substances sur la peau et à noter quelles sont celles qui provoquent un petit eczéma local ; on aboutit ainsi au diagnostic des allergènes responsables chez le malade concerné.

Épididyme

Organe cylindrique s'étendant derrière le testicule, faisant suite aux cônes efférents, sortes de petits tubes sortant du testicule, et se prolongeant par le canal déférent, ou canal spermatique, qui débouche dans l'urètre.

PATHOLOGIE

L'épididyme peut être le siège de nombreuses affections.

■ L'agénésie épididymaire (développement incomplet de l'épididyme), congénitale, peut entraîner une stérilité lorsqu'elle concerne les deux épididymes.

■ L'inflammation de l'épididyme, ou épididymite, est presque toujours associée à une inflammation du testicule dans une orchiépididymite. Lorsque les deux épididymes sont atteints, il peut se produire une obstruction des canaux épididymaires entraînant une stérilité.

■ Le kyste de l'épididyme se présente sous la forme d'un nodule rempli de liquide. Il ne nécessite une ablation chirurgicale que s'il est volumineux ou gênant et n'a aucune conséquence sur la fertilité.

Épididymectomie

Ablation de tout ou partie de l'épididyme.

Lorsqu'un seul épididyme a été enlevé, l'épididyme restant assure une fonction de reproduction normale. En revanche, lorsque l'épididymectomie est bilatérale, elle entraîne une stérilité.

Épididymite

Inflammation aiguë ou chronique de l'épididyme, le plus souvent d'origine infectieuse. → VOIR Orchiépididymite.

Épidurite

Inflammation du tissu épidural, situé autour de la moelle épinière, entre la dure-mère et le canal rachidien.

Une épidurite est souvent due au staphylocoque doré, qui se localise dans le tissu nerveux, le plus souvent à partir d'une lésion cutanée. L'épaississement du tissu entraîne une compression de la moelle épinière plus ou moins étendue le long de l'axe rachidien, provoquant une paraplégie ou une quadriplégie (paralysie des membres inférieurs ou des quatre membres). Le traitement fait appel aux antibiotiques et, éventuellement, à une intervention chirurgicale permettant la décompression nerveuse.

Épigastralgie

Douleur localisée à l'épigastre, zone supérieure et médiane de l'abdomen.

Une épigastralgie est le plus souvent due à une affection gastroduodénale (gastrite, ulcère). La douleur est alors ressentie entre les repas, régulière, calmée par la prise de médicaments alcalins (pansements gastriques) ou d'aliments.

Épigastre

Région supérieure et médiane de l'abdomen, déprimée (sauf chez l'obèse) en un creux appelé le creux épigastrique.

Épiglotte

Petit cartilage de la région supérieure du larynx.

L'épiglotte est une lame de cartilage recouvert de muqueuse dont la base est attachée et articulée au reste du larynx. Située à l'extrémité supérieure du larynx, elle fait partie de la paroi antérieure de cet organe ; la base de la langue se trouve juste au-dessus et en avant d'elle.

Épiglottite

Inflammation aiguë de l'épiglotte.

L'épiglottite est due à une bactérie, *Hæmophilus influenzæ*. C'est la plus grave des laryngites (inflammations du larynx) de l'enfant. Ses symptômes apparaissent brusquement : fièvre élevée, gêne respiratoire importante, gêne à la déglutition se traduisant par une accumulation de salive. L'enfant se tient spontanément assis, penché en avant, la bouche ouverte, manifestant un grand besoin d'air. L'évolution se fait en quelques heures : aggravation de l'état respiratoire, cyanose, somnolence. Après transport en urgence à l'hôpital, le traitement consiste en une intubation (introduction d'un tube souple dans la trachée en passant par le nez) et en une perfusion d'antibiotiques. Le pronostic, réservé en l'absence de traitement, est excellent si celui-ci a été entrepris assez tôt.

→ VOIR **Laryngite**.

Épilepsie

Affection caractérisée par la répétition chronique de décharges (activations brutales) des cellules nerveuses du cortex cérébral.

Toute personne peut faire une fois dans sa vie une crise d'épilepsie, également appelée crise comitiale. Il s'agit alors d'une activation exagérée et passagère d'une zone corticale. On ne parle d'épilepsie, ou de maladie épileptique, que dans les cas où les crises se répètent pendant des mois ou des années. Les épilepsies sans cause sont appelées épilepsies primaires idiopathiques ; les autres, provoquées notamment par une tumeur cérébrale ou par une agression cérébrale d'origine toxique (prise de certains antidépresseurs, de neuroleptiques), métabolique (hypoglycémie) ou infectieuse (encéphalite), sont dites secondaires.

Épilepsies généralisées

Ces activations brutales des cellules du cortex cérébral sont essentiellement représentées par le grand mal et le petit mal.

■ **Le grand mal** se caractérise par une perte de connaissance totale et des convulsions durant de cinq à dix minutes. Après un début très brutal, signalé par un cri, puis une chute souvent traumatisante, la crise se déroule en trois phases : phase tonique, marquée par une contraction intense de tout le corps et souvent une morsure de la langue ; phase clonique, correspondant aux convulsions, secousses brusques et généralisées ; phase résolutive, caractérisée par une respiration bruyante, avec parfois une perte d'urines. Le malade ne garde aucun souvenir de la crise lorsqu'elle est terminée.

■ **Le petit mal**, le plus fréquent, appelé absence, débute généralement entre 4 et 6 ans et disparaît à la puberté. Le jeune malade perd brusquement conscience quelques secondes, ne bouge plus, ne répond pas aux questions et son regard devient fixe. Il n'y a pas de chute et la crise peut passer totalement inaperçue.

■ **D'autres épilepsies généralisées** se rencontrent dans les encéphalopathies épileptiques du jeune enfant, maladies où une épilepsie est associée à un retard mental.

Épilepsies partielles

Ces activations brutales des cellules d'une région du cortex cérébral sont dites simples s'il n'y a pas de troubles de la conscience : elles comprennent alors des manifestations motrices (convulsions limitées à une région, par exemple le bras), sensitives (fourmillements), sensorielles (hallucinations). Les épilepsies complexes, se traduisant par une altération de la conscience, se manifestent par une activité psychomotrice qui peut être simple (mouvements de mastication, battements des pieds) ou plus complexe (fugue), et dont le sujet ne se rend pas compte ; on peut aussi observer des symptômes psychiques (sensation désagréable et intense d'étrangeté, de déjà-vu, de déjà vécu).

DIAGNOSTIC

Le diagnostic de l'épilepsie fait appel à l'électroencéphalographie. Le scanner cérébral et l'imagerie par résonance magnétique (I.R.M.) permettent parfois d'en trouver la cause.

TRAITEMENT

Le traitement d'une crise de grand mal consiste d'abord en mesures de protection (allongement en position latérale de sécurité, pose d'une canule) et si besoin en une injection intramusculaire de benzodiazépine. Le traitement de fond repose sur la prise de médicaments antiépileptiques pour éviter les récidives des crises. Les épilepsies secondaires ne disparaissent pas toujours avec le traitement de leur cause.

PRONOSTIC

Il est difficile d'établir un pronostic général pour l'épilepsie, celui-ci dépendant de l'existence ou non d'une cause (en particulier, tumeur cérébrale chez l'adulte), de la fréquence des crises et de leur type. Néanmoins, la plupart des épileptiques ont une maladie bien contrôlée par les antiépileptiques et peuvent mener une vie pratiquement normale. Cette qualité de vie est obtenue au prix d'une observation régulière du traitement, qui doit parfois être poursuivi à vie. L'espérance de vie n'est aucunement diminuée dans cette maladie.

L'épilepsie a cependant un retentissement sur la vie privée et professionnelle des patients. Ils doivent en effet respecter une certaine hygiène de vie : heures de sommeil suffisantes et régulières, pas de consommation régulière de boissons alcoolisées. Seuls les patients ayant une épilepsie photosensible (survenant lors d'une stimulation lumineuse intermittente) doivent prendre des précautions lorsqu'ils regardent la télévision, travaillent sur ordinateur ou s'adonnent aux jeux vidéo : pièce suffisamment éclairée, respect d'une distance suffisante entre l'écran et le patient. Dans tous les cas doivent être exclues les activités sportives où une crise peut mettre en jeu la vie du sujet : plongée sous-marine, alpinisme, sports aériens... La baignade en eau peu profonde peut être autorisée si les crises sont bien contrôlées, à condition que le patient soit accompagné. De même, certaines profes-

sions sont déconseillées ou proscrites : chauffeur de poids lourd ou de véhicules de transport en commun, personnel navigant des compagnies aériennes, professions où le travail en hauteur est fréquent, etc. Enfin, chez l'enfant épileptique, il existe souvent des difficultés scolaires, dont les causes sont multiples : troubles de l'attention liés au traitement, absentéisme dû aux crises, troubles du caractère.

Épiphora

Larmoiement anormal consistant en un écoulement des larmes sur les joues.

Un épiphora résulte d'une obstruction du canal lacrymonasal ou d'un ectropion de la paupière inférieure. Les larmes ne sont alors pas évacuées normalement par les voies lacrymales vers les fosses nasales et débordent sur les joues. L'épiphora disparaît avec le traitement de sa cause.

Épiphyse

1. Chacune des deux extrémités d'un os long, souvent renflée et porteuse d'une surface articulaire.

2. Petite glande endocrine située en haut et en arrière du troisième ventricule du cerveau. SYN. *glande pinéale.*

L'épiphyse se calcifie au cours de l'enfance et devient visible sur les radiographies à partir de 20 ans. Ce processus de calcification ne modifie pas son fonctionnement. Elle exerce un rôle sur le cycle de reproduction et contient un grand nombre de substances biologiquement actives, dont la première à être isolée fut la mélatonine. Celle-ci inhibe la fonction gonadotrope (action sur les glandes sexuelles) de l'hypothalamus (centre de la vie végétative).

L'épiphyse peut être le siège d'une tumeur très rare, le pinéalome.
→ VOIR **Mélatonine.**

Épiphysiolyse

Déplacement de l'épiphyse supérieure du fémur, ou tête du fémur, dû à une anomalie de croissance du cartilage de conjugaison. SYN. *coxa vara de l'adolescent.*

Tant que dure la croissance du fémur, son épiphyse est séparée de la partie médiane de l'os par une zone cartilagineuse particulièrement fragile, si bien qu'un trouble perturbant la croissance de cette région peut entraîner un déplacement de la tête du fémur hors de son logement. L'épiphysiolyse est une maladie rare qui apparaît chez l'enfant entre 11 et 14 ans.

Ses causes, mal connues, sont notamment d'ordre hormonal. Le malade boite et peut parfois ressentir des douleurs aiguës à l'aine. La radiographie montre nettement le glissement de la tête par rapport au col du fémur. Le traitement de l'épiphysiolyse est le plus souvent chirurgical : il consiste à fixer la tête fémorale au col, en général par vissage. Il doit être effectué le plus rapidement possible, car les complications de la maladie peuvent être graves : nécrose du cartilage avec contractures musculaires douloureuses, arthrose précoce de la hanche, etc.

Épiphysite

Maladie des extrémités des os, touchant l'enfant et l'adolescent, localisée sur le noyau de l'épiphyse de certains os.

Le surmenage des zones articulaires pendant la croissance, dû notamment à la pratique intensive d'un sport, est une cause importante d'épiphysite.

La maladie se manifeste par des douleurs persistantes. Elle aboutit à la nécrose du noyau osseux atteint, entraînant des séquelles parfois importantes et des déformations de la région articulaire lésée.

TRAITEMENT
Il demande souvent une immobilisation dans une attelle ou un plâtre pour réduire le risque de déformation ; une intervention orthopédique peut également se révéler nécessaire.

Épisclère

Membrane fibreuse de l'œil située entre la sclérotique et la conjonctive.

Épisclérite

Inflammation de l'épisclère (membrane fibreuse de l'œil située entre la sclérotique et la conjonctive).

Une épisclérite survient le plus souvent chez l'adulte jeune. Elle n'a généralement pas de cause spécifique. Parfois, elle est due à une connectivite ou est favorisée par un terrain allergique.

L'épisclérite se traduit par une rougeur du blanc de l'œil, accompagnée d'une gêne modérée, d'un larmoiement intermittent et d'une légère sensibilité de l'œil à la lumière. Elle est assez peu douloureuse.

Le traitement repose sur l'emploi d'anti-inflammatoires locaux, associés, le cas échéant, au traitement de la cause.

Épisiotomie

Intervention chirurgicale qui consiste à sectionner la muqueuse vaginale et les muscles superficiels du périnée afin d'agrandir l'orifice de la vulve et de faciliter l'expulsion du fœtus lors de l'accouchement.

INDICATIONS
Les indications les plus fréquentes d'une épisiotomie sont la naissance d'un gros bébé, la présentation par le siège ou l'extraction par forceps. Cette intervention permet de prévenir d'éventuelles déchirures du périnée et d'éviter la survenue à long terme de troubles urinaires tels qu'une incontinence.

DÉROULEMENT ET SURVEILLANCE
Une épisiotomie est faite et recousue sous anesthésie locale, ou sous anesthésie péridurale lorsqu'il en a été instauré une pour l'accouchement. L'incision est latérale ou médiane (dirigée vers l'anus). Les soins postopératoires ont lieu plusieurs fois par jour et sont répétés après chaque selle ou miction : toilette et séchage à l'air chaud jusqu'à ce que les fils soient retirés, en général le cinquième jour. Les rapports sexuels peuvent être repris après la cicatrisation complète, qui a lieu environ 3 semaines après l'accouchement. L'épisiotomie n'a généralement aucune conséquence.

Épispadias

Malformation congénitale dans laquelle le méat urétral (orifice externe de l'urètre) est situé sur la face dorsale du pénis.

Rare, l'épispadias est une malformation très grave qui s'associe presque toujours à une exstrophie vésicale (développement incomplet de la vessie et de la paroi abdominale). Le traitement de l'épispadias fait appel à une reconstruction chirurgicale. Des séquelles (incontinence urinaire, fonction sexuelle perturbée) sont fréquentes.

Épistaxis

Saignement de nez. SYN. *rhinorragie*.

Les épistaxis sont fréquentes chez les enfants au moment de la puberté, chez la femme pendant les six premiers mois de la grossesse et chez les personnes âgées atteintes d'athérome (dépôt de cholestérol sur la paroi des artères). Cette hémorragie des fosses nasales, le plus souvent d'origine inconnue, peut être due à une hypertension artérielle, à un trouble de la coagulation (hémophilie, consommation excessive d'aspirine), à un traumatisme des fosses nasales ou à une affection des sinus, qui communiquent normalement avec les fosses nasales.

TRAITEMENT ET PRÉVENTION

Le traitement des formes bénignes habituelles commence par un mouchage, pour évacuer les caillots, et se poursuit par une compression prolongée (jusqu'à 15 minutes) des ailes du nez. La tête du sujet doit être penchée en avant afin que le sang ne passe pas par la bouche et que l'on ne croie pas à tort que l'épistaxis s'est arrêtée. Si ce traitement se révèle inefficace, le médecin met en place une mèche de gaze (parfois imprégnée d'un hémostatique), longue bandelette tassée dans les fosses nasales. Dans les cas les plus graves, on pratique une électrocoagulation des petites artères qui saignent, voire une ligature artérielle chirurgicale. Lorsque la cause exacte de l'épistaxis n'a pas été retrouvée, on peut, pour prévenir les récidives, pratiquer une cautérisation chimique (au nitrate d'argent) d'un petit vaisseau de la cloison nasale.

Épithélioma

Tumeur maligne qui se développe aux dépens des tissus épithéliaux. SYN. *carcinome*.

Épithélioma basocellulaire

Variété de tumeur cutanée, à malignité réduite.

L'épithélioma basocellulaire est très fréquent chez les sujets à peau blanche, surtout après 40 ans. Ses facteurs favorisants sont connus : exposition exagérée au soleil, exposition aux rayonnements ionisants, cicatrice de brûlure. L'attention doit être attirée par toute lésion cutanée (croûte, ulcération, lésion saillante) devenant chronique et récidivante. Cette tumeur se traduit le plus souvent par une perle, saillie arrondie de la taille d'une tête d'épingle, rosée, translucide, souvent parcourue par de petits vaisseaux, survenant le plus souvent sur le visage. Cette tumeur peut s'étendre en surface ou en profondeur, mais très lentement et sans dissémination à distance.

TRAITEMENT ET PRÉVENTION

Il faut procéder, le plus souvent, à l'ablation chirurgicale de la tumeur, sous anesthésie locale. La destruction par électrocoagulation, azote liquide ou laser au gaz carbonique ne se conçoit en effet que pour de petites lésions débutantes, superficielles et non indurées. La prévention consiste surtout à éviter l'exposition solaire excessive.

Épithélioma spinocellulaire

Variété de tumeur cutanée ou muqueuse de nature maligne, développée aux dépens des kératinocytes de l'épiderme.

L'épithélioma spinocellulaire s'observe surtout après 40 ans. Plus fréquent chez l'homme que chez la femme, il est favorisé par une exposition solaire exagérée, le tabagisme (épithélioma de la lèvre) et des lésions cutanées préexistantes dites précancéreuses : cicatrice de brûlure, lésions dues à une maladie chronique (syphilis, ulcère de la jambe) ou à une maladie héréditaire (xeroderma pigmentosum), parakératose, irritation chronique (leucoplasie).

Les signes de la forme la plus typique, dite ulcérovégétante, sont une lésion surélevée à surface mamelonnée et à base dure, entourée d'un halo rouge et présentant en son centre une ulcération qui saigne facilement. Mais il peut s'agir aussi d'un nodule, d'une masse charnue ou d'une plaque superficielle. Les formes muqueuses peuvent atteindre la lèvre inférieure chez les fumeurs ou encore la langue et les muqueuses génitales. L'épithélioma spinocellulaire s'étend assez vite localement, se disséminant parfois dans les ganglions lymphatiques proches, ou même à distance (métastases).

TRAITEMENT ET PRÉVENTION
Il faut procéder à l'ablation chirurgicale de l'épithélioma spinocellulaire et associer à celle-ci une chimiothérapie anticancéreuse en cas de dissémination. Le pronostic dépend du degré d'extension de la tumeur. La prévention consiste à éviter dès l'enfance les expositions solaires exagérées.

Épithélium

Tissu qui recouvre les surfaces de l'organisme, vers l'extérieur (peau, muqueuses des orifices naturels) ou vers l'intérieur (cavités du cœur, du tube digestif, etc.), ou qui constitue des glandes.

Épitrochlée

Saillie osseuse située sur la partie interne du coude.

L'épitrochlée est une apophyse (saillie osseuse) importante de l'extrémité inférieure de l'humérus.

Épitrochléite

Inflammation de l'épitrochlée. SYN. *épitrochléalgie.*

L'épitrochléite est provoquée par un traumatisme ou un surmenage de l'avantbras, notamment d'origine sportive. Elle se caractérise par une douleur ressentie dans la partie interne du coude. Le traitement repose essentiellement sur la mise au repos du coude (arrêt de l'activité sportive) parfois associée à la prise d'anti-inflammatoires.

Épreintes

Contractions douloureuses, répétées, paroxystiques du côlon terminal, accompagnées d'une fausse envie impérieuse d'aller à la selle.

Épreuve d'effort

Technique d'exploration cardiaque qui consiste à pratiquer l'électrocardiographie d'un malade au cours d'un effort physique. SYN. *électrocardiographie d'effort.*

INDICATIONS
L'épreuve d'effort vise à préciser, au cours d'un effort physique, le comportement des principales variables hémodynamiques que sont la fréquence cardiaque et la tension artérielle et à détecter l'existence de symptômes anormaux (douleurs thoraciques, malaises, palpitations) ou d'anomalies électrocardiographiques (troubles du rythme ou troubles de la repolarisation ventriculaire [phase de récupération électrique] révélant une insuffisance coronarienne).

TECHNIQUE
Une électrocardiographie est d'abord pratiquée au repos alors que le malade est en position allongée, puis assis ou debout. Alors que les électrodes sont toujours en place, le patient produit un effort physique sur une bicyclette ergométrique ou un tapis roulant. Le déroulement du test d'effort est programmé, en fonction du malade et des renseignements souhaités et obtenus, par l'augmentation de la résistance du pédalier de la bicyclette ou par l'accélération de la vitesse de déroulement du tapis et/ou la majoration de sa pente. Au cours de l'épreuve, la fréquence cardiaque, la tension artérielle et l'électrocardiogramme sont enregistrés systématiquement toutes les minutes, ou lors de la survenue d'un symptôme, puis encore chaque minute pendant la phase de récupération de l'effort (6 minutes environ) ou jusqu'à disparition du symptôme.

SURVEILLANCE
Bien que d'une totale innocuité dans la plupart des cas, l'épreuve d'effort est pratiquée par un médecin spécialisé disposant d'un appareil de défibrillation et d'un matériel de réanimation cardiorespiratoire adapté. Elle ne nécessite pas d'hospitalisation.

RÉSULTATS
L'épreuve d'effort permet de quantifier le niveau d'effort qui fait apparaître des signes d'ischémie myocardique, d'angor ou d'autres modifications électrocardiographiques. L'existence, à l'effort, de divers troubles du

rythme ou encore l'évolution des chiffres de tension artérielle d'un patient hypertendu peuvent être précisées.

Épreuve fonctionnelle

Ensemble de tests destinés à étudier la fonction d'un organe ou d'un système.

Épreuves fonctionnelles respiratoires

Ce sont les tests étudiant la fonction du poumon, sa capacité, la dynamique des échanges gazeux, la répartition de l'air dans les compartiments et l'oxygénation des tissus afin de comprendre le mécanisme d'une atteinte de la fonction respiratoire et d'évaluer son importance.

Les épreuves fonctionnelles respiratoires comprennent la mesure des volumes et des débits pulmonaires, parfois la mesure d'autres paramètres. La mesure des volumes pulmonaires se fait à l'aide d'un spiromètre ou d'un pléthysmographe. Les débits sont mesurés lors d'une expiration forcée par un spiromètre ou un pneumotachygraphe. L'étude des fonctions mécaniques du poumon (relations pression/volume) est parfois d'une réalisation délicate, certains patients supportant mal l'introduction du ballon intra-œsophagien nécessaire à cet examen.

Épreuves fonctionnelles en endocrinologie

Ce sont des tests dynamiques qui étudient le fonctionnement des régulations hormonales : on administre un produit qui stimule ou qui freine une hormone et l'on observe les variations des taux de cette hormone.

Épreuves fonctionnelles en hépato-gastro-entérologie

■ Dans l'œsophage, la contractilité est explorée par la manométrie (enregistrement étagé des pressions) ; l'acidité de la sécrétion œsophagienne (prélevée par sonde) est mesurée par la pH-métrie.

■ Dans l'estomac, la vitesse de vidange gastrique est mesurée à l'aide de marqueurs isotopiques (substances radioactives), la capacité sécrétoire des cellules gastriques, grâce au recueil de la sécrétion après sa stimulation par administration d'insuline ou de pentagastrine.

■ Dans l'intestin grêle, l'analyse détaillée des fèces sous un régime alimentaire déterminé permet d'étudier la digestion et l'absorption. On peut également mesurer le passage vers le sang d'un certain nombre de substances introduites dans l'intestin : D-xylose, folates, vitamine B12.

■ Dans le côlon, le dosage de l'eau et des électrolytes (chlore, potassium, sodium) dans les fèces (fécalogramme) permet d'étudier la fonction d'absorption ; le transit fécal est mesuré par le suivi (radiographie) de traceurs radio-opaques ingérés. L'exploration de la défécation par la prise des pressions anorectales (manométrie) et par les radiographies dynamiques (défécographie) permet l'étude de certaines constipations et des incontinences anales. Le test au carmin permet de mesurer la vitesse globale du transit digestif.

■ Dans le pancréas, la fonction exocrine est mesurée en dosant le débit des enzymes pancréatiques déversées dans le duodénum après injection d'une hormone stimulante.

Epstein-Barr (virus d')

Virus à A.D.N. du groupe des *Herpes viridæ,* responsable de la mononucléose infectieuse et impliqué dans l'apparition de certaines tumeurs. syn. *EBV, virus EB.*

Épulis

Pseudotumeur inflammatoire des gencives.

L'épulis forme une petite saillie rouge violacé, souvent située dans l'espace entre deux dents. Certaines formes régressent spontanément. Dans les autres cas, un traitement anti-inflammatoire (bains de bouche décongestionnants) peut suffire ; parfois, il faut avoir recours à une ablation chirurgicale.

Équilibre

Fonction permettant à l'être humain d'avoir conscience de la position de son corps dans l'espace et de la contrôler.

Le contrôle de la position du corps est assuré par trois systèmes sensoriels : les systèmes visuel, proprioceptif et vestibulaire.

Ces trois systèmes envoient leurs informations à des centres nerveux situés dans l'encéphale, le tronc cérébral et surtout le cervelet, qui les analysent et, en réponse, élaborent des ordres. Le système qui effectue la réponse est constitué par les muscles, qui imposent à chaque région du corps la position exacte qui convient.

Les examens et les pathologies ayant un rapport avec l'équilibre sont extrêmement nombreux. Cependant, le simple examen clinique permet d'orienter le diagnostic. Ainsi, un vertige, sensation erronée de déplacement de l'espace ou du corps, est le symptôme d'une affection du vestibule, telle qu'une infection ou une tumeur ; une diminution de la force musculaire ou une disparition de la sensibilité cutanée, lorsqu'elles sont associées à un trouble de l'équilibre, signalent une affection du système nerveux : tumeur, dégénérescence, etc.

Érection

Gonflement et durcissement de certains organes ou tissus (pénis, clitoris, mamelon du sein).

L'érection est souvent déclenchée par une stimulation sexuelle, ou par le froid pour les mamelons. Le mécanisme de l'érection pénienne est d'origine vasculaire : l'excitation des nerfs érecteurs de la moelle épinière provoque une dilatation des artères du pénis, qui entraîne un afflux de sang dans les corps caverneux péniens. Tant que dure l'érection, le sang est retenu dans ces corps caverneux, devenus turgescents par un mécanisme de vasoconstriction veineuse encore mal élucidé. La flaccidité, ou arrêt de l'érection, réapparaît lorsque le sang retenu dans les corps caverneux retourne dans la circulation veineuse générale.

L'impuissance se caractérise par l'incapacité d'obtenir ou de garder une érection suffisante ; lorsqu'elle est totale, les rapports sexuels sont impossibles.

Éréthisme cardiaque

État d'hyperexcitabilité du cœur dû à l'action du système nerveux sympathique sur cet organe.

L'éréthisme cardiaque se rencontre chez de nombreux adolescents et n'est alors, en général, significatif d'aucune affection particulière. Cependant, lorsqu'il est gênant, il peut être diminué par l'administration d'un médicament sédatif ou, mieux encore, par un médicament bêtabloquant.

E.R.G.

→ VOIR Électrorétinographie.

Ergocalciférol

→ VOIR Vitamine D.

Ergot de seigle (dérivés de l')

Dérivés synthétiques d'un champignon parasite des céréales, l'ergot de seigle, ou *Claviceps purpurea,* utilisés comme médicament.

INDICATIONS

Elles sont variées : migraine (ergotamine et dihydroergotamine) ; traitement de la maladie de Parkinson (bromocriptine, lisuride) en remplacement de la lévodopa au stade tardif de la maladie ; conséquences de l'hyperprolactinémie (augmentation de la sécrétion de prolactine par l'hypophyse) : troubles du cycle menstruel, stérilité ou galactorrhée (écoulement pathologique de lait) chez la femme, gynécomastie (hypertrophie des mamelles) ou impuissance chez l'homme (bromocriptine, lisuride) ; hémorragies après un accouchement ou un avortement (méthylergométrine).

EFFETS INDÉSIRABLES

L'administration des dérivés de l'ergot de seigle comporte un risque d'ergotisme allant jusqu'à provoquer une gangrène des extrémités des membres inférieurs. Ce risque est accru en cas d'association avec un antibiotique du groupe des macrolides ; cette association est donc contre-indiquée.

Ergothérapie

Thérapie qui utilise l'activité pour la réadaptation des handicapés physiques et mentaux.

Le but de l'ergothérapie est de rendre aux malades leur indépendance soit en leur permettant de s'adapter à leur déficit, soit en participant à l'amélioration de leur état. Ses indications sont très larges : maladies mentales, infirmités motrices (paralysies, séquelles post-traumatiques, affections rhumatologiques, myopathies, brûlures, maladies cardiaques, etc.). Il existe également une ergothérapie préventive visant à éviter l'hospitalisation, notamment pour les personnes âgées.

■ L'ergothérapie rééducative-réadaptative utilise l'action comme médiateur pour parvenir à un objectif donné (recherche d'une meilleure coordination des mouvements, entraînement au port d'une prothèse, réapprentissage des actes quotidiens, etc.). Sur cette base, toute activité (activités artisanales, comme la vannerie ou le tissage ; activités d'éveil, d'expression, écriture, jeux ; réapprentissage des gestes de la vie quotidienne ; activités de type professionnel de tous ordres, etc.) est bonne à utiliser, dans la mesure où elle peut aider le patient et s'adapte à ses possibilités. Cette médiation permet d'observer et d'analyser les problèmes que pose la maladie concernée, puis de proposer une solution en concertation avec le malade et le médecin traitant (comment éviter la douleur dans les gestes de la vie quotidienne pour un patient souffrant de douleurs lombaires, par exemple).

■ L'ergothérapie préventive vise à conseiller le patient sur les gestes quotidiens et l'aménagement de son logement et à lui permettre d'assumer son handicap ou sa maladie en restant intégré dans son milieu de vie.

Ergotisme

Intoxication par l'ergot de seigle, *Claviceps purpurea,* champignon parasite des céréales, ou par ses dérivés médicamenteux (ergotamine et surtout, dihydroergotamine, utilisée dans le traitement des migraines).

Les premiers signes de l'ergotisme sont des fourmillements, des douleurs et une peau pâle et froide aux pieds et aux mains. L'intoxication, non traitée, peut, dans un second temps, évoluer vers une gangrène des extrémités.

La survenue d'un ergotisme impose l'arrêt immédiat du médicament responsable dès l'apparition des premiers signes, l'hospitalisation si l'ergotisme est accompagné de délire. Le traitement du spasme artériel consiste en l'administration de nitrite d'amyle en inhalation, de trinitrine par voie sublinguale, de papavérine en injection.

Erlichia

Petit bacille à Gram négatif appartenant à un genre proche des rickettsies.

Ces bacilles provoquent une forte fièvre, une leucopénie (baisse des globules blancs), une thrombocytopénie (baisse des plaquettes) et des anomalies hépatiques. Le traitement consiste en l'administration d'antibiotiques.

Érotomanie

Conviction délirante d'être aimé.

L'érotomanie est une exagération pathologique de la passion amoureuse. Elle affecte le plus souvent une femme. Selon les psychanalystes, son mécanisme repose sur un retournement du désir amoureux par déni et projection, la formule « Je l'aime » devenant alors « Je ne l'aime pas, c'est lui qui m'aime ». L'érotomane se croit désiré par une personne jugée de rang important (vedette, homme politique, prêtre, médecin). Chacun des gestes de cette personne est interprété comme un signe d'encouragement ou de mise à l'épreuve, y compris les manifestations d'indifférence ou de rejet. Classiquement, le délire évolue en trois phases : espoir, dépit, rancune. À ce dernier stade, la quête érotomaniaque peut tourner à la persécution de la personne visée, avec scandales et voies de fait. L'hospitalisation, voire l'internement s'imposent alors.

Éructation

Rejet bruyant, par la bouche, des gaz contenus dans l'estomac. SYN. *rot.*

La tétée des nourrissons s'achève normalement sur une éructation, avec rejet d'un peu de lait (régurgitation). Cette éructation est provoquée par la déglutition de bulles d'air pendant la tétée. Il faut, à la fin de chaque repas, tenir verticalement l'enfant et attendre cette éructation avant de le recoucher afin d'éviter une éventuelle fausse-route.

Éruption

Survenue, le plus souvent brutale, de lésions cutanées ou muqueuses.

Une éruption peut être d'origine infectieuse, comme les éruptions fébriles contagieuses de l'enfance (rougeole, scarlatine, etc.), l'érysipèle, la variole et le zona. Elle peut être associée à des infections virales (à entérovirus ou à arbovirus), à des infections à rickettsies (fièvres exanthématiques) et à des maladies parasitaires (toxoplasmose).

Éruption fébrile de l'enfant

Cette survenue chez l'enfant de lésions cutanées ou muqueuses a le plus souvent une origine infectieuse.

La survenue d'une éruption fébrile chez l'enfant est un motif fréquent de consultation. Dans la plupart des cas, il s'agit des principales maladies infectieuses susceptibles de survenir à cet âge : rougeole, rubéole, mégalérythème épidémique, exanthème subit, scarlatine, mononucléose infectieuse. D'autres éruptions sont liées à des maladies inflammatoires, comme la maladie de Kawasaki, le rhumatisme articulaire aigu ou la maladie de Still.

Érysipèle

Maladie infectieuse aiguë, caractérisée par une inflammation de la peau.

L'érysipèle est dû à une bactérie, le streptocoque, provenant d'une infection cutanée ou rhinopharyngée, appelée « porte d'entrée ». L'érysipèle du visage, très aigu et douloureux, forme un placard rouge, chaud, gonflé, entouré d'un bourrelet et s'étendant très rapidement. L'érysipèle de la jambe, plus fréquent, se traduit par une augmentation de volume de la jambe, qui devient rouge, associée à une douleur, à une fièvre et à une augmentation du volume des ganglions de l'aine. Le traitement, conduit alors en urgence, est celui du foyer infectieux initial, associé à l'administration de pénicilline par voie intraveineuse. La guérison est habituelle si le traitement est précoce, mais les récidives sont fréquentes.

Érysipéloïde

Dermite d'origine microbienne. SYN. *érysipéloïde de Baker-Rosenbach, rouget du porc.*

L'érysipéloïde de Baker-Rosenbach est dû à la bactérie *Erysipelothrix rhusiopathiae* (bacille du rouget), qui provoque chez les animaux la maladie dénommée rouget du porc. La bactérie est transmise par l'intermédiaire d'une plaie lors de la manipulation d'un animal contaminé. C'est une maladie qui touche le plus souvent les bouchers, les charcutiers et les poissonniers.

Cette dermite se manifeste sous la forme d'un placard inflammatoire douloureux, de couleur rouge violacé, sur la main ou un doigt et remontant progressivement le long du bras. Le traitement est assuré par les antibiotiques (pénicillines, macrolides).

Érythème

Rougeur de la peau s'effaçant à la pression.

Les érythèmes sont dus à une dilatation des vaisseaux sanguins cutanés.

■ **Les érythèmes généralisés** ont pour cause soit une allergie à un médicament, soit une maladie infectieuse (scarlatine, rougeole, rubéole, mégalérythème épidémique, syphilis, exanthème subit).

■ **Les érythèmes localisés** peuvent être dus à une cause physique (coup de soleil), chimique (dermite artificielle), médicamenteuse (érythème pigmenté fixe), infectieuse (intertrigo, érysipèle, érysipéloïde, pasteurellose, trichinose) ou dermatologique (dermatomyosite, lupus érythémateux disséminé).

Érythème annulaire centrifuge

Affection cutanée, caractérisée par des lésions annulaires.

Les érythèmes annulaires centrifuges n'ont souvent pas de cause connue, mais on découvre, dans certains cas, une cause médicamenteuse (aspirine, vaccin), infectieuse, dermatologique (pemphigus, lupus érythémateux subaigu). Ils se traduisent par des plaques plus ou moins prurigineuses comprenant un centre d'allure normale et un petit bourrelet rouge périphérique, se déplaçant d'une manière centrifuge. L'évolution se fait par poussées successives, sur plusieurs mois. Le traitement de l'érythème annulaire centrifuge est celui de la maladie en cause.

Érythème fessier

Irritation cutanée du nourrisson, atteignant la région recouverte par les couches. SYN. *dermite du siège*.

CAUSES

L'érythème fessier est extrêmement fréquent chez le nourrisson. Sa cause peut être externe : frottement des couches et contact prolongé avec les urines et les selles acides. Il peut aussi être dû à certaines maladies dermatologiques : dermite séborrhéique du nourrisson, psoriasis, etc. La troisième cause possible de l'érythème fessier, isolée ou venant compliquer l'une des précédentes, est une infection bactérienne, virale ou mycosique (due à un champignon microscopique).

SYMPTÔMES ET SIGNES

L'érythème fessier se manifeste principalement par une rougeur de la peau sur les fesses, les bourrelets abdominaux, le haut des cuisses et les organes génitaux externes. Les plis sont généralement épargnés. L'aspect exact des lésions et leur localisation dépendent de la cause de l'irritation. Dans les formes sévères, l'érythème se complique d'ulcérations, témoignant souvent d'une surinfection.

TRAITEMENT ET PRÉVENTION

Le traitement repose sur des règles d'hygiène locale : nettoyer fréquemment la peau avec des antiseptiques doux dilués et la rincer soigneusement ; appliquer après chaque lavage des lotions ou des gels à base d'imidazolés, laisser les fesses à l'air le plus longtemps possible chaque jour, renouveler les couches fréquemment et ne pas trop les serrer ; éviter les applications de corps gras et de pommades, qui favorisent la macération. Les infections bactériennes nécessitent en outre un traitement antibiotique oral.

Certaines règles d'hygiène doivent permettre d'éviter la survenue d'un érythème fessier : lavage du siège avec un savon surgras ou un pain de toilette, rinçage abondant et séchage par tamponnement, non par frottement. Le recours à des pâtes à l'eau à base de zinc, isolant l'épiderme des matières et de l'humidité, semble plus utile que l'utilisation de corps gras.

Érythème noueux

Inflammation aiguë de l'hypoderme (couche profonde de la peau).

L'érythème noueux atteint surtout les adultes jeunes, le plus souvent sur les membres inférieurs. Il peut être dû à une infection, à une maladie générale (sarcoïdose, aphtose), à une colite inflammatoire ou à une prise médicamenteuse (aspirine, pilule contraceptive, sulfamides). Il se traduit par des nodules sous-cutanés profonds, douloureux, chauds, recouverts d'une peau rosée ou rougeâtre, siégeant le plus souvent sur la face antéro-interne des jambes. Son traitement est celui de la cause si elle est identifiée. Sinon, il vise uniquement à traiter les symptômes : repos au lit, parfois prise de médicaments anti-inflammatoires.

Érythème pigmenté fixe

Affection cutanée d'origine médicamenteuse, se manifestant par des plaques.

L'érythème pigmenté fixe peut être dû à la prise d'analgésiques (aspirine, paracétamol), d'anti-inflammatoires non stéroïdiens, d'antibiotiques (sulfamides, tétracyclines), d'antiparasitaires, de barbituriques, d'antihistaminiques, de laxatifs ou de pilules contraceptives. Il se traduit par l'apparition de plaques rouges devenant brunâtres puis noirâtres, persistant plusieurs semaines, voire plusieurs mois. Le seul traitement consiste à arrêter la prise du médicament responsable, la guérison étant alors définitive.

Érythème polymorphe

Affection cutanée caractérisée par des lésions en forme de cocarde et témoignant d'un état d'hypersensibilité. SYN. *ectodermose pluri-orificielle, érythème exsudatif multiforme*.

Parmi les causes de l'érythème polymorphe, on retrouve essentiellement des infections virales, bactériennes ou des prises médicamenteuses (pénicilline, tétracyclines, sulfamides, œstrogènes, anti-inflammatoires). Il affecte plutôt les hommes jeunes et se manifeste par l'apparition, le plus souvent sur les membres, de plaques rouges qui s'étendent et prennent en général un aspect typique : une bulle centrale entourée d'une première couronne de peau déprimée et blanche, puis d'une deuxième couronne avec plusieurs bulles. Une fièvre et des douleurs articulaires s'y associent. Le traitement est surtout celui de l'affection responsable, si elle est identifiée, auquel s'ajoute l'antisepsie des bulles. Une variété particulièrement sévère d'érythème polymorphe, le syndrome de Stevens-Johnson, où les lésions atteignent les muqueuses de la bouche, gênant l'alimentation, peut nécessiter une réanimation et une alimentation par perfusions.

Érythème solaire

Réaction de l'épiderme dû à une exposition solaire excessive. SYN. *coup de soleil.*

Après une exposition trop intense ou trop prolongée au soleil, la peau devient érythémateuse (rougeâtre), voire bulleuse (formation de cloques), et le patient ressent une douleur cuisante. Dans un second temps, la peau desquame en lambeaux et se pigmente irrégulièrement. L'érythème solaire correspond à une brûlure du premier ou du second degré. Il survient soit chez des personnes au teint clair, à la peau pauvre en mélanine (celle-ci favorisant la protection contre les rayons du soleil), soit après une exposition insuffisamment protégée.

Le traitement consiste à appliquer localement des crèmes contre les brûlures et à prendre des antalgiques (calmants) par voie générale. En cas de coup de chaleur associé, une réhydratation en milieu hospitalier est parfois nécessaire.

Pour prévenir les coups de soleil, l'exposition solaire doit être progressive et la peau, protégée par des crèmes photoprotectrices « écran total », filtrant les rayons brûlants (ultraviolets B). L'application doit être renouvelée toutes les deux heures, surtout après transpiration ou baignade.

Érythermalgie

Trouble vasomoteur des extrémités (mains, pieds), qui se manifeste par accès. SYN. *érythromélalgie.*

Très rare, l'érythermalgie peut être consécutive à la prise de médicaments (inhibiteurs calciques), à une maladie hématologique (polyglobulie) ou systémique (lupus érythémateux disséminé). Les extrémités, surtout les pieds, deviennent brusquement rouges, chaudes et douloureuses. Le traitement repose sur la prise d'aspirine, voire, en cas d'échec, sur les bêtabloquants ; il vise en outre à traiter la cause de l'érythermalgie si elle est retrouvée.

Érythrasma

Infection cutanée bactérienne prédominant aux aisselles et aux aines.

L'erythrasma est dû à une bactérie, *Corynebacterium minutissimum.* Il se manifeste par des plaques rosées symétriques. Le traitement fait appel aux antiseptiques locaux : désinfection avec un savon liquide, application de dérivés imidazolés ou d'érythromycine en solution. Par voie générale, l'érythromycine donne de bons résultats.

Érythroblaste

Cellule de la moelle osseuse, spécialisée dans la synthèse de l'hémoglobine.

Érythroblastopénie

Anomalie sanguine caractérisée par la diminution ou la disparition des érythroblastes (cellules de la moelle osseuse spécialisées dans la synthèse de l'hémoglobine) et entraînant une anémie (diminution du taux d'hémoglobine dans le sang).

L'érythroblastopénie, anomalie rare, n'entraîne pas de modification des autres cellules sanguines, plaquettes et globules blancs. Elle se traduit par une anémie causant pâleur, essoufflement, fatigue et vertiges.

Érythroblastose

Passage dans le sang d'érythroblastes, cellules de la moelle osseuse à l'origine des globules rouges.

L'érythroblastose s'observe après une ablation de la rate, une hémorragie aiguë, dans la thalassémie (maladie héréditaire de la synthèse de l'hémoglobine) et au cours de toute hémolyse importante, notamment dans la maladie hémolytique du nouveau-né. Elle peut aussi traduire une atteinte primitive de la moelle osseuse (leucémie, métastase médullaire de cancer).

Érythrocyanose sus-malléolaire des jeunes filles

Affection cutanée chronique bénigne.

D'origine inconnue, l'érythrocyanose sus-malléolaire des jeunes filles affecte exclusivement les femmes, avec une nette prédominance durant l'adolescence. Elle a l'aspect d'une coloration rouge bleuâtre ou violacée, symétrique, apparaissant dans la partie inférieure des jambes et disparaissant spontanément après quelques mois ou quelques années. La seule gêne occasionnée par l'érythrocyanose est d'ordre esthétique. Il n'y a pas de traitement efficace.

Érythrocyte

→ VOIR Hématie.

Érythrodermie

Affection caractérisée par une éruption cutanée rouge généralisée, associée à une altération de l'état général de l'organisme.

Les érythrodermies ont une cause précise dans plus de 80 % des cas : maladie cutanée préexistante (psoriasis, eczéma), prise médicamenteuse (antibiotiques, barbituriques, lithium, anti-inflammatoires, anticoagulants), infection. La peau, atteinte d'un érythème rouge vif, est sèche, squameuse ou, au contraire, suintante, épaisse puis pigmentée ; les démangeaisons sont plus ou moins intenses. Des signes généraux s'ajoutent aux précédents, tels qu'une fièvre élevée, des frissons, un amaigrissement ainsi que l'apparition de nombreux ganglions, d'un gros foie et d'une grosse rate.

Le traitement, souvent effectué en milieu hospitalier, est d'abord celui des symptômes ; il comprend le repos au lit, des applications et des bains de substances antiseptiques et actives contre les démangeaisons. Le traitement de la maladie responsable de l'érythrodermie ne doit être entrepris qu'une fois l'érythrodermie jugulée.

Érythromélalgie

Affection caractérisée par de violentes crises douloureuses ressenties aux mains et aux pieds, qui deviennent rouges, gonflés et cuisants. SYN. *syndrome de Weir-Mitchell*.

Érythropoïèse

Processus de formation des globules rouges dans la moelle.

Érythropoïétine

Hormone responsable de la différenciation et de la prolifération des globules rouges.

L'érythropoïétine est essentiellement produite par le rein (90 %), mais également par le foie (10 %).Elle agit sur les cellules érythroblastiques de la moelle osseuse, à l'origine des globules rouges.

En cas d'insuffisance rénale, l'absence ou la réduction de la synthèse de cette hormone par le rein provoque une diminution du nombre de globules rouges.

L'érythropoïétine obtenue par génie génétique est utilisée pour traiter l'anémie des patients atteints d'insuffisance rénale chronique. Le médicament, injecté par voie intraveineuse ou sous-cutanée un jour sur deux, évite les transfusions sanguines aux malades. D'autres formes d'anémie sont actuellement traitées : myélome, polyarthrite rhumatoïde...

Cette hormone a en outre été utilisée pour le dopage de sportifs.

Érythrose

Rougeur du visage due à une dilatation des vaisseaux, permanente ou survenant par accès.

L'érythrose, dont la « bouffée de chaleur » constitue une forme paroxystique, affecte habituellement les jeunes femmes sous forme de poussées congestives prédominant sur les joues, le nez et les pommettes, survenant le plus souvent après un repas, un changement de température ou à la suite d'une émotion ou d'un stress.

L'érythrose constitue le premier stade de l'acné rosacée. Son traitement consiste en la prise à petites doses de neurosédatifs et en la correction d'éventuels déséquilibres hormonaux. Certaines précautions sont à respecter : petits repas évitant les excitants (épices, alcool), pris à heures fixes et en mangeant lentement ; le soir, nettoyage du visage avec un lait de toilette pour peaux sèches suivi de pulvérisations décongestionnantes d'eau minérale ou de sérum zinc (sérum physiologique additionné de sulfate de zinc) ; le matin, application de crème ou de lotion décongestionnante à base d'extraits végétaux (mélilot, hamamélis, anthocyanes) ; au soleil, protection rigoureuse par une crème écran total ; au froid, protection par des crèmes grasses épaisses. Enfin, divers traitements mécaniques peuvent également apporter une amélioration : massages faciaux, applications de neige carbonique, etc.

Escarre

Destruction localisée de la peau survenant chez les malades alités.

Les escarres apparaissent chez les personnes alitées, parfois après quelques heures d'immobilisation, surtout si elles ont perdu leur mobilité naturelle (coma, paralysie) ou si elles sont en mauvais état général (dénutrition, déshydratation) ; dans quelques cas très rares, elles peuvent aussi apparaître sous un plâtre. Dues à une compression prolongée s'exerçant sur une région en saillie, elles touchent surtout les zones d'appui : talons, fesses, région du sacrum, parfois coudes, omoplates ou partie postérieure du crâne.

SYMPTÔMES ET SIGNES

On observe d'abord une zone rouge et douloureuse. Puis la peau devient noire, cartonneuse, insensible au toucher. Plus tard, la disparition de la peau nécrosée fait place à un ulcère laissant les tissus sous-jacents (muscles, tendons, os) à découvert.

TRAITEMENT ET PRÉVENTION

Le traitement repose sur les soins locaux : désinfection, détersion à l'aide de pommades

à la trypsine, granulation ou « comblement » de l'ulcère à l'aide de pansements hydrocolloïdes.

La prévention est indispensable : normalement appliquée à tous les malades alités, elle consiste à changer fréquemment le malade de position, à effectuer des massages locaux, des séances d'application alternée de froid et de chaud (glaçons, puis séchage), à changer immédiatement le linge souillé afin d'éviter la macération, à utiliser un matelas dit alternatif, composé de plusieurs boudins qui se gonflent et se dégonflent alternativement. Il faut toujours vérifier qu'un plâtre n'est pas trop compressif. Enfin, la correction de troubles nutritionnels fait également partie intégrante de la prévention des escarres.

Escherichia coli

Bactérie du tube digestif de l'homme. SYN. *colibacille*.

De la famille des entérobactéries, *Escherichia coli* constitue 80 % de la flore aérobie du tube digestif de l'homme sain. C'est également le germe le plus fréquemment responsable d'infections chez l'homme, et notamment l'agent principal des infections urinaires. Cette bactérie est aussi à l'origine de la diarrhée des voyageurs, ou turista.

Espérance de vie

Durée statistique moyenne de vie d'une personne donnée dans une population donnée.

Dans les pays industrialisés, l'espérance de vie à la naissance se situe, en 1994-1995, entre 72 et 76 ans pour les hommes et entre 79 et 81 ans pour les femmes.

Esquille

Petit fragment osseux provenant d'une fracture, le plus souvent complexe.

Essai thérapeutique

Expérimentation d'un nouveau médicament préalablement à sa mise sur le marché.

Un essai thérapeutique a pour but de préciser si un médicament donné est plus efficace que le ou les médicaments de référence pour la maladie concernée et s'il est suffisamment dénué d'effets indésirables sur l'homme.

Estomac

Partie du tube digestif située au-dessous du diaphragme, entre l'œsophage et le duodénum, où sont stockés, brassés, prédigérés et stérilisés les aliments avant qu'ils ne soient envoyés dans l'intestin pour y être absorbés.

L'estomac est une poche en forme de J, divisée en une portion verticale, le fundus, et une portion horizontale, l'antre. La partie supérieure du fundus communique avec l'œsophage par le cardia et forme la grosse tubérosité. L'antre est séparé du duodénum par le pylore, doté d'un sphincter puissant ouvrant et fermant l'issue vers l'intestin. L'estomac est situé entre le foie, à droite, la rate, à gauche, le diaphragme, en haut, le côlon transverse, en bas, et le pancréas, en arrière.

FONCTION

L'estomac exerce deux activités essentielles, motrice et sécrétoire.

■ **La motricité de l'estomac** est caractérisée par deux fonctions : une fonction de réservoir, assurée par le fundus, et une fonction d'évacuation, assurée par l'antre.

■ **La sécrétion gastrique** est constituée d'un mélange d'acide chlorhydrique, de pepsine, de facteur intrinsèque et de mucus. Le facteur intrinsèque, glycoprotéine sécrétée dans le fundus, est un élément essentiel pour l'absorption de la vitamine B12 dans l'intestin grêle.

PATHOLOGIE

L'estomac peut être le siège d'un cancer, d'un ulcère, de troubles auto-immuns (maladie de Biermer, due à l'incapacité de la paroi gastrique à produire le facteur intrinsèque), d'un volvulus (torsion).

Estomac (cancer de l')

Tumeur maligne qui atteint les différents tissus de l'estomac, le plus souvent sous forme d'un adénocarcinome.

L'adénocarcinome gastrique se range à la quatrième place dans l'ordre de fréquence des cancers ; il est deux fois plus fréquent chez l'homme que chez la femme. Des facteurs liés à l'environnement et notamment au mode de préparation alimentaire (poissons fumés par exemple) favoriseraient l'apparition de ce type de cancer et expliqueraient sa plus grande fréquence au Japon, par exemple, où ce genre d'alimentation est habituel. La gastrite atrophique (inflammation de la muqueuse de l'estomac) est aussi un facteur prédisposant.

SYMPTÔMES ET SIGNES

Ils sont variés et non spécifiques : signes évoquant un trouble de la digestion, douleurs rappelant celles d'un ulcère, complications (hémorragie, rétrécissement et, exceptionnellement, perforation gastrique), phlébites à répétition, fièvre prolongée, amaigrissement important et sans cause, anémie ferriprive.

DIAGNOSTIC

Il repose essentiellement sur l'endoscopie gastrique avec prélèvement de tissu par biopsie. On peut associer à celle-ci une radiographie de l'estomac, qui permet de reconnaître quel type de lésion (forme bourgeonnante, ulcérée ou infiltrante) est en cause, ainsi que plusieurs examens complémentaires destinés à établir le bilan de l'extension tumorale : scanner abdominal, échoendoscopie, échographie hépatique, radiographie du thorax.

TRAITEMENT ET PRONOSTIC

Le traitement est avant tout chirurgical et consiste en une gastrectomie (ablation partielle ou totale de l'estomac). En effet, l'estomac n'est pas un organe indispensable à la survie, même si son ablation gêne la digestion normale et entraîne une carence en vitamine B12, qui doit être compensée par un complément vitaminique. L'extirpation totale de la tumeur n'est possible que chez la moitié des malades opérés. Une chimiothérapie ou une radiothérapie peuvent être associées à la chirurgie ou pratiquées en cas de cancer inopérable.

Estomac (syndrome du petit)

Ensemble de symptômes apparaissant juste après les repas chez les patients ayant subi une gastrectomie partielle (ablation de l'estomac).

Le syndrome du petit estomac associe une impression de plénitude gastrique à des douleurs gastriques et entraîne une diminution de l'alimentation ; on prescrit alors au patient une alimentation par petits repas fractionnés.

Estradiol
→ VOIR Œstradiol.

Estriol
→ VOIR Œstriol.

Estrogène
→ VOIR Œstrogène.

Estrone
→ VOIR Œstrone.

État limite
État intermédiaire entre la névrose et la psychose. En anglais, *borderline*. SYN. *personnalité limite*.

L'expression d'état limite regroupe un certain nombre de troubles de la personnalité qui se manifestent par des relations de dépendance intense, une grande vulnérabilité dépressive et une vie affective plutôt pauvre, sans empêcher toutefois l'adaptation sociale.

Le traitement peut associer les médicaments et la psychothérapie.

État végétatif chronique
État défini par l'absence de toute activité consciente décelable alors même que le sujet est en état de veille.

L'état végétatif correspond à des lésions étendues des hémisphères cérébraux avec maintien relatif du fonctionnement du tronc cérébral.

Les yeux ouverts ou fermés, le malade respire spontanément et a quelques gestes automatiques (bâillements, mâchonnements, parfois mouvements des membres).

Éther
Oxyde d'éthyle, liquide incolore, volatil, hypnotique et anesthésique.

L'éther était autrefois utilisé comme anesthésique général (par inhalation au masque,

éventuellement dans un mélange). Moins actif que le chloroforme, il est aujourd'hui réservé aux petites interventions.

Éthique médicale
Ensemble des règles de conduite des professionnels de santé vis-à-vis de leurs patients.

L'éthique médicale, nécessairement complexe, participe à la fois de la déontologie (ensemble des règles internes à une profession), de la morale et de la science.

L'éthique médicale concerne l'aspect limité à la santé d'une notion similaire mais plus vaste, la bioéthique, laquelle représente l'ensemble des mêmes règles appliquées à tous les domaines des sciences de la vie.

Ethmoïde
Petit os médian faisant partie à la fois du crâne et de la face.

L'ethmoïde est situé immédiatement en arrière du nez, entre les deux orbites.

Ethmoïde (cancer de l')
Cancer atteignant l'ethmoïde sous la forme d'un adénocarcinome (tumeur maligne provenant d'un tissu glandulaire).

Le cancer de l'ethmoïde touche essentiellement les travailleurs du bois (ébénistes, menuisiers), surtout des bois exotiques. Il est dû à la suspension dans l'air de tanins contenus dans le bois, qui s'accumulent sur la muqueuse tapissant les os des fosses nasales. Les signes du cancer de l'ethmoïde sont une obstruction nasale et des écoulements par le nez, clairs ou hémorragiques, peu abondants mais répétés. Le traitement associe une ablation chirurgicale de l'ethmoïde, une chimiothérapie et une radiothérapie.

Ethmoïdite
Inflammation aiguë des sinus de l'ethmoïde. SYN. *sinusite ethmoïdale*.

L'ethmoïdite atteint surtout les enfants de 2 à 4 ans. Elle est due à une infection rhinopharyngée remontant dans les canaux par lesquels les sinus communiquent avec les fosses nasales. Elle se traduit par une atteinte grave de l'état général (fièvre, abattement), un écoulement de pus par le nez, un œdème progressif des paupières commençant à l'angle interne de l'œil. L'infection risque d'évoluer rapidement en s'étendant autour des globes oculaires (risque de cécité ultérieure) ou vers les méninges et le cerveau.

L'enfant doit être hospitalisé d'urgence. Le traitement s'appuie sur l'administration d'antibiotiques par voie intraveineuse.

Éthylisme

→ VOIR Alcoolisme.

Étiologie

Étude des causes des maladies.

Étirement

Exercice d'assouplissement des muscles et des tendons.

Mise en tension du tissu, l'étirement en améliore la souplesse par augmentation des amplitudes naturelles. L'étirement du quadriceps, par exemple, qui s'effectue en position debout, consiste à prendre sa cheville dans la main et à plier le genou pour amener le talon à la fesse, sans cambrer le dos.

L'étirement doit être progressif, la tension étant maintenue quelques secondes puis relâchée lentement. Il participe à la prévention des accidents musculaires et tendineux : au cours de l'échauffement, il prépare les muscles qui vont être sollicités par le sport pratiqué et permet d'éviter l'élongation (déchirure musculaire bénigne) ; après l'effort, il évite leur enraidissement. Un muscle froid ne doit pas être étiré.

Étourdissement

Trouble caractérisé par une altération passagère des sens pouvant évoluer vers une perte de connaissance.

Un étourdissement est le plus souvent bénin. Il peut être dû à une hypotension orthostatique (chute momentanée de la pression artérielle quand on passe rapidement de la position couchée ou assise à la position debout), à un malaise vagal (ralentissement de la fréquence cardiaque et chute de la pression artérielle), à une hypoglycémie (chute de la concentration de sucre dans le sang), à un vertige paroxystique bénin, faisant rechercher une origine oto-rhino-laryngologique, à une forte émotion, à une insuffisance vertébrobasilaire (arthrose de la colonne cervicale entraînant un étourdissement lorsque l'on met la tête en arrière par compression d'une artère, elle-même souvent athéromateuse).

L'étourdissement peut avoir d'autres causes, plus rares mais sérieuses : trouble du rythme ou de la conduction cardiaques ; accident ischémique transitoire (obstruction partielle et intermittente de la circulation cérébrale) ; hématome intracérébral, surtout après un traumatisme, ou tumeur cérébrale.

Les étourdissements les plus bénins disparaissent au repos. Leur persistance, l'évolution des troubles en vertiges témoignent d'une aggravation et invitent à une consultation médicale.

Étrier

Un des trois osselets de l'oreille moyenne.

L'étrier a la structure d'un triangle. En vibrant sous l'action de l'enclume, l'étrier permet la transmission du son du tympan vers l'oreille interne.

L'étrier peut être le siège d'une affection de cause inconnue, l'otospongiose, qui se traduit par une surdité. Le traitement de l'otospongiose nécessite de retirer l'étrier et de le remplacer par une prothèse au cours d'une intervention chirurgicale pratiquée sous anesthésie générale.

Étuve

Appareil clos dans lequel une température élevée prédéterminée est entretenue afin d'opérer la désinfection ou la stérilisation d'objets divers.

Les étuves servent à la désinfection ou à la stérilisation. Elles fonctionnent à la chaleur sèche ou humide.

Eucalyptus

Arbre de grande taille de la famille des myrtacées, très répandu dans les régions méditerranéennes et dont les feuilles sont utilisées pour la fabrication de médicaments.

Le principe actif essentiel des feuilles d'eucalyptus est l'eucalyptol, obtenu par distillation. Ses indications sont le traitement d'appoint des affections bronchopulmonaires ou grippales.

Eugénisme

Théorie cherchant à opérer une sélection sur les collectivités humaines à partir des lois de la génétique.

Son utilisation tendancieuse par les nazis à des fins politiques, de même que la stérilisation forcée de certaines catégories d'individus, a conduit à de dangereuses dérives, que la communauté scientifique s'applique aujourd'hui à éviter.

Eustache (trompe d')

Conduit reliant le pharynx à l'oreille moyenne.

La trompe d'Eustache a la forme d'un fin canal qui s'ouvre par un orifice dans la paroi du rhinopharynx, au fond des fosses nasales, et par un autre orifice dans la caisse du tympan, siège de l'oreille moyenne contenant les osselets.

La trompe d'Eustache a pour rôle d'égaliser les pressions qui s'exercent sur chacune des faces du tympan, plus précisément la pression entre la caisse du tympan (face interne) et la pression atmosphérique (face externe). À chaque déglutition, les mouvements du pharynx provoquent l'ouverture automatique de l'orifice de la trompe d'Eustache, laquelle conduit alors l'air du pharynx vers l'oreille, en remplacement de celui résorbé en permanence par la muqueuse de l'oreille.

Euthanasie

Acte consistant à ménager une mort sans souffrance à un malade atteint d'une affection incurable entraînant des douleurs intolérables.

Certains pays (Pays-Bas) autorisent l'euthanasie, mais la plupart la considèrent comme un crime.

Euthyroïdie

État physiologique correspondant à un taux normal d'hormones thyroïdiennes.

L'euthyroïdie s'oppose à la dysthyroïdie, dysfonctionnement de la sécrétion thyroïdienne dans lequel on distingue l'hyperthyroïdie (maladie de Basedow) et l'hypothyroïdie (myxœdème).

Eutocie

Situation obstétricale favorable permettant d'espérer un accouchement normal.

Évagination

Retournement, spontané ou chirurgical, d'un organe creux sur lui-même, comme un doigt de gant.

Au cours d'un prolapsus (descente d'organe), le vagin ou le rectum peuvent ainsi s'évaginer. Quand un traitement est nécessaire, par exemple à cause d'une incontinence rectale, il est le plus souvent chirurgical.

Évaluation fonctionnelle à visée sportive

Ensemble de tests destinés à déterminer l'aptitude physique d'un sujet à une pratique sportive et à évaluer les capacités fonctionnelles des organes mis en jeu au cours de l'exercice.

■ Dans l'évaluation de l'appareil cardiovasculaire, celui-ci est soumis à des tests d'effort simples, comme le test de Ruffier, qui consiste à effectuer 30 flexions-extensions des membres inférieurs en 45 secondes. Ces tests permettent d'observer les variations de la fréquence cardiaque et de la tension artérielle. L'épreuve sur bicyclette ou sur tapis roulant, exigeant un effort plus intense, permet de plus une évaluation de la consommation d'oxygène au cours de l'exercice ainsi que le dosage sanguin de l'acide lactique (estimation de la participation du métabolisme anaérobie) et de certaines hormones comme les catécholamines (estimation de l'état de stimulation de l'organisme). Les tests de terrain, comme le test de Cooper, qui consiste à parcourir en course à pied la plus grande distance possible en 12 minutes, sont utilisés pour estimer l'aptitude physique en fonction de la performance accomplie.

■ Dans l'évaluation de l'appareil pulmonaire, ce dernier est soumis à un examen spirométrique, qui renseigne sur les capacités ventilatoires des poumons.

■ Dans l'évaluation de l'appareil musculaire, les muscles sont testés dans différentes conditions : évaluation de la capacité de travail du muscle au cours de tests de détente comme celui de détente verticale (le sujet saute le plus haut possible et touche avec la main une règle graduée), mesure de la force maximale volontaire de certains groupes musculaires, tel le quadriceps, à l'aide d'un dynamomètre isocinétique.

En fonction de l'activité sportive pratiquée, d'autres tests peuvent être nécessaires, comme une évaluation neurologique ou ophtalmologique.

Évanouissement
→ VOIR Perte de connaissance.

Éventration
Saillie des viscères abdominaux à travers la couche musculaire de la paroi de l'abdomen et sous la peau.

Une éventration est généralement liée à un défaut de cicatrisation après une intervention chirurgicale.

Une éventration se traduit par une saillie arrondie, parfois visible uniquement en position debout ou quand le patient fait un effort. Elle peut augmenter de volume, parfois de façon très importante, surtout lorsqu'elle siège sur la ligne médiane, au-dessus ou au-dessous de l'ombilic, ou provoquer une occlusion intestinale (arrêt du transit des matières).

TRAITEMENT
Une éventration sus-ombilicale ou sous-costale, si elle est petite, ne nécessite qu'une simple surveillance. Plus grande, elle peut parfois être contenue par une ceinture abdominale. Cependant, dès qu'une éventration devient trop volumineuse ou doulou-

reuse, elle doit être opérée. L'intervention consiste soit à rapprocher et à suturer les muscles et les aponévroses, soit à les remplacer par une prothèse en matière synthétique, appelée plaque.

Éviction scolaire
Mesure consistant à interdire à un élève ou à un membre du personnel atteint par une maladie contagieuse la fréquentation d'un établissement d'enseignement.

L'éviction scolaire a pour but d'éviter la propagation de la maladie.

Ewing (sarcome d')
Tumeur maligne des os.

Le sarcome d'Ewing est une tumeur rare qui atteint surtout l'enfant entre 10 et 15 ans, plus rarement l'adulte jeune. Il touche le plus souvent la diaphyse (partie moyenne) des os longs comme le fémur et le tibia. L'os malade est douloureux, tuméfié ; fragilisé, il risque de se briser.

Le diagnostic repose sur la radiographie ; il est confirmé par une biopsie qui permet d'analyser la tumeur. Le pronostic du sarcome d'Ewing, grave, est amélioré aujourd'hui par la radiothérapie et la chimiothérapie. Une intervention chirurgicale est parfois nécessaire.

Examen
Observation minutieuse d'un patient permettant de déterminer un diagnostic.

■ L'examen clinique fait suite à l'interrogatoire (recueil d'informations sur les antécédents personnels et familiaux, l'hygiène et le mode de vie, l'histoire de la maladie) ; il comprend l'inspection (par exemple recherche d'une éruption cutanée), la palpation (recherche d'une hépatomégalie, d'une adénopathie, etc.), la percussion (du thorax par exemple, à la recherche d'un son mat, révélant un épanchement pleural) et l'auscultation des différentes parties du corps et de certains organes (cœur, poumons) ; il peut être général ou orienté en fonction des symptômes présentés par le malade.

■ Des examens complémentaires (analyses biologiques, radiographies, endoscopie, électrocardiogramme, etc.) peuvent être prescrits afin de compléter l'examen clinique.

Examen cytobactériologique

Ensemble des techniques étudiant les cellules et les germes contenus dans les prélèvements de liquides.

L'examen cytobactériologique étudie un échantillon des pus superficiels ou profonds, des liquides physiologiques (sang, urine), des liquides réactionnels (ascite, épanchement pleural) ou des sécrétions pharyngées ou vaginales afin de déterminer s'ils révèlent ou non une infection et quel est le germe en cause.

Examen cytobactériologique des urines

Examen des urines au microscope permettant de détecter une infection urinaire et de déterminer le nombre de germes et de globules rouges et blancs par millilitre d'urine.

Un examen cytobactériologique des urines (E.C.B.U.) est prescrit dès que l'on soupçonne une infection de l'appareil urinaire (infection de la prostate, cystite bactérienne, etc.). Pour obtenir un résultat sûr et interprétable, il est important de respecter certaines conditions de prélèvement : les urines doivent être émises le matin à jeun après désinfection du méat urétral (orifice extérieur de l'urètre) et recueillies dans un flacon stérile.

■ Le nombre de germes présents dans l'urine permet d'affirmer ou non l'existence de l'infection : s'il est inférieur à 1 000/millilitre, il n'y a pas d'infection (une souillure a pu survenir lors du prélèvement) ; s'il est compris entre 1 000 et 100 000, il y a peut-être une infection, sans certitude absolue ; s'il est supérieur à 100 000, on sait de façon certaine qu'il y a une infection. Les germes repérés sont mis en culture afin d'être identifiés.

■ Le nombre des cellules sanguines présentes dans l'urine apporte d'autres renseignements. Normalement, le nombre de globules rouges est inférieur ou égal à 2 000/millilitre, de même que le nombre de globules blancs. En cas d'infection, le nombre de globules blancs augmente et leur aspect est altéré. Une augmentation du nombre de globules rouges définit une hématurie microscopique, révélant une infection urinaire, une tumeur de la vessie, un calcul du rein, etc.

Examen isotopique
→ VOIR Scintigraphie.

Exanthème subit

Fièvre éruptive de la première enfance liée à un virus HHV6 (virus herpès humain de type 6). SYN. *sixième maladie, roséole infantile.*

SYMPTÔMES ET SIGNES

L'exanthème subit se manifeste par une fièvre brutale qui atteint rapidement 39-40 °C et se maintient en plateau pendant trois jours environ ; elle est parfois compliquée d'une crise convulsive fébrile, en général bénigne.

L'éruption survient le troisième ou le quatrième jour ; elle précède ou accompagne la chute de la fièvre. Elle se manifeste par de petites taches superficielles, rose pâle, prédominant sur le tronc, atteignant aussi les membres mais épargnant la face. Elle dure seulement de 12 à 24 heures. Toutefois, la maladie peut également prendre la forme d'une fièvre isolée sans éruption, d'une rougeur cutanée discrète sur le tronc, très fugace et non fébrile.

TRAITEMENT

L'exanthème subit ne nécessite aucun traitement autre que celui destiné à combattre la fièvre.

Excipient

Substance associée au principe actif d'un médicament et dont la fonction est de faciliter l'administration, la conservation et le transport de ce principe actif jusqu'à son site d'absorption.

Excoriation cutanée

Perte de substance de la peau n'atteignant que les couches très superficielles.

Les excoriations cutanées s'observent lorsqu'un sujet atteint d'une maladie provoquant des lésions prurigineuses (psoriasis, lichen) se gratte. Elles peuvent être le point de départ de petites surinfections, provoquées en particulier par des staphylocoques.

Excrétion

Évacuation hors de l'organisme, ou de la structure qui les a élaborés, des sécrétions ou des déchets inutilisables ou nocifs.

Les organes excréteurs sont les reins (déchets azotés, sels minéraux, médicaments), le foie (bile), le côlon (selles), les poumons (gaz carbonique et vapeur d'eau), les glandes sudoripares (sels et eau).

Exérèse

→ VOIR Ablation.

Exocrine

Se dit d'une glande ou d'une cellule dont les produits de sécrétion sont directement excrétés dans une cavité naturelle (tube digestif, par exemple) ou à l'extérieur (peau) et de la sécrétion d'une telle glande ou d'une telle cellule.

La sécrétion exocrine se distingue de la sécrétion endocrine, qui libère le produit élaboré dans la circulation sanguine.

Exonération

→ VOIR Défécation.

Exophorie

Déviation divergente et latente (qui n'existe pas à l'état de repos de l'œil et n'apparaît que dans certaines conditions) des axes des globes oculaires.

L'exophorie se distingue à la fois de l'exotropie (strabisme), au cours de laquelle la déviation est permanente et s'accompagne d'un trouble de la vision binoculaire, et de l'ésophorie, où la déviation est convergente.

L'exophorie est un trouble fréquent qui n'a pas de cause spécifique.

Le traitement fait appel au port de verres correcteurs, surtout pour les myopes, et à la rééducation orthoptique, qui a pour but d'améliorer la vision binoculaire.

Exophtalmie

Saillie du globe oculaire hors de son orbite.

Cette saillie peut être associée à une rougeur de la conjonctive, à un œdème des paupières, parfois à une vision double avec un strabisme passager.

DIAGNOSTIC

Il repose sur l'examen clinique, qui détermine si l'exophtalmie est unilatérale ou bilatérale, si elle peut être réduite (le globe oculaire peut être repoussé partiellement en arrière) ou non, si la saillie est dans l'axe de l'orbite ou oblique, s'il y a des signes vasculaires (souffle à l'auscultation, battements pulsatiles ressentis en appuyant sur l'œil).

TRAITEMENT

C'est d'abord celui de la cause : il est hormonal – associé éventuellement à une corticothérapie – pour une exophtalmie basedowienne, antibiotique et anti-inflammatoire pour les exophtalmies infectieuses, chirurgical, radiothérapique ou chimiothérapique pour les exophtalmies tumorales, neurochirurgical ou neuroradiologique en cas d'anomalies vasculaires.

Exostose

Tumeur bénigne se développant à la surface d'un os.

Les exostoses, autrefois appelées ostéochondromes, sont d'origine inconnue.

Lorsque les exostoses sont multiples et qu'elles siègent sur différents os, elles sont caractéristiques d'une affection héréditaire, la maladie des exostoses multiples. Celle-ci débute dès l'enfance : les exostoses compriment les nerfs ou les artères ; elles ne dégénèrent que très rarement en cancer.

TRAITEMENT

Lorsque les exostoses sont gênantes, elles peuvent être retirées chirurgicalement. Dans les autres cas, une simple surveillance clinique et radiologique est suffisante, mais nécessaire.

Exotropie

→ VOIR Strabisme.

Expectorant

Fluidifiant bronchique facilitant l'expectoration des sécrétions produites par les voies respiratoires inférieures (trachée, bronches, alvéoles pulmonaires). SYN. *fluidifiant, mucolytique.*

Les expectorants sont indiqués en traitement d'appoint des affections provoquant une augmentation des sécrétions (bronchite aiguë et chronique, mucoviscidose). Leur emploi est contre-indiqué en association avec des médicaments antitussifs ou quand les sécrétions sont déjà suffisamment fluides, et aussi chez les malades qui ne peuvent pas cracher à cause d'un état général ou respiratoire trop faible.

Expectoration

1. Expulsion par la toux de sécrétions provenant des voies aériennes inférieures (trachée, bronches, alvéoles pulmonaires). 2. Produit expulsé par la toux.

Les expectorations, plus couramment appelées crachats, sont provoquées par une accumulation de sécrétions, survenant notamment au cours d'affections bronchopulmonaires : bronchite aiguë, bronchite chronique, bronchectasie, asthme, infection pulmonaire (pneumonie, abcès du poumon, tuberculose), altérations bronchiques consécutives au tabagisme.

Les expectorations de sang, ou hémoptysies, sont un cas particulier ; elles peuvent être dues à une affection bronchopulmonaire (cancer bronchique, embolie pulmonaire, tuberculose) ou cardiaque aiguë.

TRAITEMENT

Il n'y a pas lieu d'empêcher directement l'expectoration, qui n'est que le signe d'une maladie et qui, en empêchant l'accumulation des sécrétions, a un rôle bénéfique. Lorsqu'elle est chronique, très gênante, ou si les sécrétions sont trop épaisses et difficiles à expectorer, on cherche cependant à la faciliter à l'aide de médicaments fluidifiants, voire d'une kinésithérapie respiratoire.

Expertise médicale

Étude pratiquée par un médecin-expert, aboutissant à l'établissement d'un rapport d'expertise.

■ **Dans le domaine de l'assurance,** les compagnies emploient des médecins experts tant pour fixer le risque à assurer que pour apprécier les dommages et les incapacités entraînés par un sinistre corporel.
■ **Dans le domaine judiciaire,** l'expertise s'effectue à la demande du magistrat. L'expert détermine la cause et les circonstances d'une mort, évalue l'état psychique et le degré de responsabilité d'un inculpé. Dans les procédures civiles, il détermine les causes et les responsabilités d'un sinistre corporel et fixe l'importance des dommages.
■ **Dans le domaine pharmacologique,** les organismes publics qui autorisent la mise sur le marché des nouveaux médicaments exigent des rapports d'expertise sur les différentes phases de l'étude d'un nouveau produit : action sur l'animal, pharmacocinétique (devenir du médicament dans l'organisme), effets thérapeutiques, toxicité, effets indésirables. Toute nouvelle méthode de diagnostic ou de traitement instrumental fait également l'objet d'une expertise avant d'être autorisée.

Enfin, l'expertise médicale peut être requise par diverses instances, comme les sociétés savantes, les associations de consommateurs ou les centres hospitaliers, pour connaître la valeur de certaines procédures diagnostiques ou thérapeutiques.

Exsanguinotransfusion

Remplacement de la plus grande partie du sang ou des globules rouges d'un malade par le sang ou les globules rouges de donneurs.

INDICATIONS

Les principales indications d'une exsanguinotransfusion sont la maladie hémolytique du nouveau-né, les anémies ou les intoxications graves, la babésiose, la drépanocytose.

TECHNIQUE

L'exsanguinotransfusion est pratiquée de façon manuelle chez le nouveau-né : un cathéter est introduit dans la veine ombilicale pour permettre alternativement les ponctions de sang du bébé et les injections du sang ou de globules rouges du donneur.

Dans d'autres cas (drépanocytose), on peut utiliser un appareil de cytaphérèse qui permet d'éliminer les globules rouges du malade et de lui restituer les autres éléments de son sang ainsi que des globules rouges sains.

Exstrophie vésicale

Développement incomplet de la vessie et de la paroi abdominale située sous le nombril.

Dans l'exstrophie vésicale, la vessie, inachevée, s'ouvre directement sur la paroi abdominale, entre le nombril et le pubis, l'urine s'écoulant alors directement à l'extérieur.

Une exstrophie nécessite plusieurs opérations : reconstruction de la vessie, de la paroi abdominale, du sphincter urétral et de l'urètre.

Exsudat

Suintement liquide d'une partie des éléments du sang à travers la paroi d'un vaisseau.

Extension

Action d'allonger un segment du corps dans le prolongement du segment qui lui est adjacent.

Tendre le membre supérieur, par exemple, revient à placer l'avant-bras en extension sur le bras. Le terme est également utilisé pour qualifier une articulation dans une situation donnée : le genou est en extension lorsque la jambe est tendue.

Extension continue

Il s'agit d'une méthode orthopédique de traitement des fractures par traction à l'aide de poids et d'un système de poulies et de câbles. La traction sur l'os est assurée soit par l'intermédiaire d'une broche qui le traverse, soit par des bandes adhésives collées sur le membre. Elle peut être maintenue plusieurs semaines. Cette méthode est souvent utilisée chez l'enfant et pour les fractures du bassin chez l'adulte.

Extéroceptif

Qui reçoit ses informations de récepteurs sensoriels situés dans la peau et stimulés par des agents extérieurs à l'organisme.

Extinction de voix

→ VOIR Aphonie.

Extraction dentaire

→ VOIR Avulsion dentaire.

Extrasystole

Contraction cardiaque anormale survenant de manière prématurée au cours du cycle cardiaque.

CAUSES ET SYMPTÔMES

Les extrasystoles sont le plus souvent dues à l'hyperexcitabilité électrique d'une zone limitée du myocarde. Elles peuvent passer totalement inaperçues ou, à l'inverse, s'accompagner d'une sensation de coups dans la poitrine, de palpitations, de malaise ou de pause cardiaque.

DIAGNOSTIC

Les extrasystoles sont facilement détectées par la prise du pouls et surtout par l'auscultation cardiaque prolongée, qui décèle l'irrégularité des battements cardiaques. Elles sont confirmées par l'électrocardiographie. Lorsque le médecin le juge nécessaire, il prescrit un enregistrement électrocardiographique sur 24 heures (enregistrement Holter), qui permet de préciser les caractéristiques des extrasystoles : siège, nombre, répétition au hasard ou identique, existence et longueur d'une pause extrasystolique, variabilité sur 24 heures.

TRAITEMENT

Il n'est pas systématique et dépend du caractère symptomatique ou non des extrasystoles, ainsi que de leur siège, de leur fréquence et de leur association ou non avec une cardiopathie. Chaque fois que cela est possible, le traitement des extrasystoles est celui de leur cause. Il fait parfois appel à l'administration d'antiarythmiques.

Ex vivo

Se dit des expérimentations effectuées sur des cellules en culture.

Les expériences ex vivo constituent une étape intermédiaire entre celles conduites in vitro (en éprouvette) et celles réalisées in vivo (sur un organisme vivant).

F

Fabry (maladie de)

Maladie héréditaire caractérisée par une accumulation de lipides dans les organes et les tissus.

Très rare, la maladie de Fabry est due à un déficit d'une enzyme, l'alphagalactosidase A, aboutissant à une accumulation de sphingolipides (lipides contenant un alcool azoté, la sphingosine, ou son dérivé, la dihydrosphingosine) dans les cellules de la paroi des vaisseaux, des muscles, des reins. La transmission est récessive, liée au chromosome X (les femmes transmettent la maladie, mais celle-ci n'atteint que les hommes). La maladie de Fabry se traduit, d'une part, par l'apparition d'angiomes (taches rouges dues à une dilatation des vaisseaux) sur la peau et les muqueuses, d'autre part par des crises douloureuses touchant les mains, les pieds et l'abdomen et, enfin, par des atteintes viscérales, surtout rénales mais aussi cardiovasculaires, neurologiques et oculaires. Des traitements curatifs sont à l'essai, mais ils sont encore peu efficaces. Le traitement symptomatique est celui des douleurs, par analgésiques, et de l'insuffisance rénale quand elle s'aggrave (dialyse).

Face

Région limitée en haut par le cuir chevelu, sur les côtés par les oreilles et en bas par le cou.

La face se compose du front, des yeux, du nez, de la bouche, du menton et des joues.

PATHOLOGIE

■ L'atteinte unilatérale du nerf facial peut entraîner une paralysie faciale touchant la moitié de la face dans le sens vertical.

■ Les dysmorphies de la face sont des malformations faciales, soit congénitales, soit acquises. Les premières sont très rares (1 cas sur 50 000 environ) ; parmi elles, la maladie de Crouzon est marquée par un visage très large, des yeux écartés et un nez court. Les dysmorphies acquises sont consécutives à des traumatismes ou à des accidents de la voie publique.

■ Les fractures de la face les plus fréquentes sont les fractures des os du nez et de la mâchoire.

Facteur de la coagulation

Substance intervenant dans le processus de solidification du sang (formation d'un caillot).

Il existe treize facteurs de la coagulation, numérotés de I à XIII : fibrinogène, prothrombine, thromboplastine, calcium, proaccélérine, accélérine, proconvertine, facteurs antihémophiliques A et B, facteurs Stuart, PTA, Haegeman et facteur de stabilisation de la fibrine.

Facteur de croissance

Molécule favorisant ou inhibant la multiplication des cellules.

Facteur intrinsèque

Glycoprotéine produite par l'estomac, assurant la protection et l'assimilation de la vitamine B12.

Facteur natriurétique auriculaire

Hormone peptidique (formée de plusieurs acides aminés) sécrétée par le cœur au niveau des oreillettes, qui provoque une vasodilatation et facilite l'élimination du sodium.

Facteur nécrosant les tumeurs

Substance du système immunitaire ayant surtout un rôle dans la lutte contre les cellules cancéreuses. En anglais : *Tumor Necrosis Factor* (TNF).

Les facteurs nécrosant les tumeurs font partie des cytokines (protéines sécrétées par une cellule et allant se fixer sur une autre cellule pour y déclencher divers phénomènes tels que sa multiplication ou sa différenciation).

Facteur prédisposant

Facteur qui augmente les risques d'apparition d'une maladie. SYN. *facteur de risque.*

Il existe des facteurs prédisposants environnementaux (égouts, gaz d'échappement, fumées d'usines, produits chimiques, radioactivité, maladies infectieuses, etc.) susceptibles d'être responsables de certaines maladies. L'hérédité, le tabagisme, surtout lorsque la fumée est inhalée et que la consommation est supérieure à six cigarettes par jour, l'obésité, l'hypertension artérielle, l'hyperlipidémie (taux élevé de lipides sanguins), surtout l'hypercholestérolémie avec des taux faibles de lipoprotéines de haute densité (HDL), l'hyperglycémie (taux élevé de glucides sanguins), le diabète, la sédentarité, le stress, etc., sont des facteurs prédisposants d'une maladie coronarienne. L'hypertension artérielle est le plus important facteur de risque d'un accident vasculaire cérébral.

Facteur VIII

Protéine plasmatique intervenant dans le mécanisme de la coagulation sanguine.

Faim

Besoin physiologique de manger.

La faim, comme son opposé, la satiété, est régulée dans le système nerveux central par l'hypothalamus, qui reçoit des informations de l'ensemble de l'organisme sur l'état des réserves énergétiques et communique avec d'autres structures cérébrales provoquant la sensation de faim. Certaines pathologies d'origine organique ou psychologique peuvent induire soit une sensation de faim excessive (boulimie, diabète insulinodépendant, hyperthyroïdie), soit au contraire un manque d'appétit (anorexie).

Fallope (trompe de)

Chacun des deux conduits allant d'un côté de l'utérus à l'ovaire correspondant. SYN. *trompe utérine.*

Les trompes de Fallope, qui constituent, avec les ovaires, les annexes de l'utérus, sont des tubes de 7 ou 8 centimètres de long prolongés par les pavillons tubaires.

Durant le cycle menstruel, l'ovule libéré par l'ovaire au moment de l'ovulation est capté par le pavillon, puis les cils tapissant la paroi interne de la trompe l'acheminent vers l'utérus. Le plus souvent, c'est au niveau du tiers externe de la trompe qu'a lieu la rencontre entre l'ovule et le spermatozoïde.

La ligature chirurgicale des trompes pratiquée chez les femmes ne désirant plus avoir d'enfants provoque une stérilité en principe irréversible.

PATHOLOGIE

Il arrive parfois qu'un ovule fécondé s'implante dans la trompe et y commence son développement, provoquant une grossesse tubaire, l'une des formes possibles de grossesse extra-utérine.

Une infection de l'utérus peut provoquer une inflammation d'une ou des trompes de Fallope (salpingite) et leur obturation, entraînant une stérilité. Le phimosis tubaire est une obturation d'une ou de deux trompes due à un accolement des franges pavillonaires d'origine infectieuse. Une collection liquidienne ou purulente dans la trompe est appelée hydrosalpinx ou pyosalpinx (abcès de la trompe). Les obturations tubaires sont traitées chirurgicalement.

Fallot (tétralogie de)

Cardiopathie congénitale associant une communication interventriculaire, une hypertrophie ventriculaire droite, un rétrécissement à la sortie du ventricule droit vers l'artère pulmonaire et une malposition de l'aorte.

Dans cette cardiopathie, rare, le sang désoxygéné (bleu) peut passer dans l'aorte, entraînant une cyanose des ongles et des lèvres. La cyanose, progressive, apparaît vers 6 mois ; elle est augmentée par l'effort et les pleurs, s'accompagnant ou non d'une perte de connaissance.

Le traitement, chirurgical, est pratiqué, autant que possible, lorsque le poids de l'enfant a atteint 15 kilogrammes. Il consiste presque toujours en une réparation de toutes les malformations. Les résultats de l'intervention chirurgicale sont, dans l'ensemble, satisfaisants et les malades peuvent mener une vie quasi normale.

Fallot (trilogie de)

Cardiopathie congénitale consistant en l'association d'un rétrécissement valvulaire à l'origine de l'artère pulmonaire et d'une communication interauriculaire.

Dans cette cardiopathie, le sang désoxygéné (bleu) peut passer dans les cavités cardiaques gauches puis dans l'aorte par la communication interauriculaire, provoquant une cyanose. Cette malformation est rare.

Le traitement, chirurgical, est pratiqué, autant que possible, lorsque le poids de l'enfant a atteint 15 kilogrammes. Il consiste en l'ouverture du rétrécissement de la voie pulmonaire et en la fermeture de la communication interauriculaire. Il donne, à long terme, de très bons résultats.

Fanconi (maladie de)

Affection congénitale caractérisée par des malformations multiples et des troubles sanguins.

La maladie de Fanconi est une maladie génétique rare qui associe diverses malformations telles qu'une pigmentation cutanée, une absence de pouce, une petite taille, un rein en fer à cheval, des anomalies oculaires et une microcéphalie. Le risque de cancers (peau, foie) est plus élevé que dans la population générale.

En dehors de la greffe de moelle osseuse, les traitements sont purement symptomatiques (transfusions, androgènes à forte dose) et permettent d'améliorer la survie.

Fanconi (syndrome de)

Affection rénale caractérisée par des troubles des fonctions tubulaires entraînant une fuite trop importante de substances de l'organisme (acides aminés, glucose, phosphates, bicarbonates, calcium, potassium, etc.) dans les urines. SYN. *syndrome de De Toni-Debré-Fanconi.*

Fangothérapie

Traitement par l'application de boues d'origine volcanique.

La fangothérapie est essentiellement un traitement d'appoint de l'arthrose, quelle que soit la localisation de celle-ci.

La boue est soit appliquée localement, sous forme de cataplasmes, soit globalement, dans un bain.

Fasciculation

Contraction localisée de faisceaux musculaires.

Les fasciculations consistent en contractions très brèves des faisceaux constituant les muscles, se manifestant par des frémissements de la surface de la peau dans les régions concernées.

Fatigabilité

Diminution anormalement rapide de la force musculaire, provoquée par l'effort.

La fatigabilité est un signe qui peut être dû à un défaut de transmission de l'influx nerveux à la cellule musculaire, phénomène observé tout particulièrement au cours d'une maladie, la myasthénie. Une fatigabilité peut également se rencontrer au cours d'affections qui touchent le système nerveux central (sclérose en plaques) ou en cas d'insuffisance surrénalienne chronique (maladie d'Addison).

Fatigue chronique (syndrome de)

Syndrome consistant en une fatigue permanente avec épuisement au moindre effort.

SYN. *syndrome des yuppies* (c'est-à-dire des jeunes cadres dynamiques [de *young urban professional*]), emprunt à l'anglais.

CAUSES

La cause d'un syndrome de fatigue chronique reste mystérieuse. Les causes organiques habituelles de fatigue ne sont pas retrouvées. De nombreuses hypothèses ont été soulevées pour expliquer une fatigue chronique.

L'hypothèse neuropsychique, actuellement retenue, fait intervenir la démotivation et la dépression, le surmenage et le stress, sous l'influence de neurotransmetteurs tels que la dopamine et la noradrénaline.

SYMPTÔMES ET SIGNES

Une fatigue chronique se caractérise par une fatigue intense, déclenchée par le moindre effort, avec réduction d'au moins la moitié de l'activité habituelle, accompagnée de fièvre, de douleurs musculaires et dorsales, de maux de tête, de troubles du sommeil, d'un défaut de concentration. Ces symptômes persistent dans le temps.

TRAITEMENT

Le traitement peut comprendre la prise de « fortifiants » : acides aminés, oligoéléments tels que le manganèse, le cuivre, le calcium, le magnésium, qu'une alimentation régulière et équilibrée fournit, il faut le souligner, en quantités suffisantes ; la prise de vitamines : vitamines A, D, E et vitamines du groupe B, en particulier la vitamine B1, ou thiamine, pour son action sur le système nerveux ; la lutte contre la fatigue nerveuse par l'exercice physique, les méthodes de relaxation, la thalassothérapie, l'acupuncture. En revanche, il faut éviter l'usage des amphétamines, des anabolisants et des médicaments dopants.

Fausse couche

→ VOIR Avortement.

Fausse-route alimentaire

Accident dû à l'inhalation dans les voies aériennes de liquide ou de particules alimentaires normalement destinés à l'œsophage.

CAUSES

Cet accident se produit le plus souvent au cours de l'alimentation. Les fausses-routes sont plus fréquentes chez le nouveau-né et le nourrisson. La fausse-route peut être favorisée par des erreurs de technique alimentaire (tétine trop percée, tétée en position inclinée).

Chez l'adulte, elle peut être consécutive à un mouvement inspiratoire intempestif ou témoigner d'une paralysie des nerfs commandant le pharynx et le larynx.

SYMPTÔMES ET SIGNES

La fausse-route se manifeste par une gêne respiratoire et des accès de toux, voire par une syncope. L'évolution est en général bénigne, mais peut se compliquer de pneumopathie ou d'un abcès du poumon. Exceptionnellement, elle se complique de mort subite par syncope réflexe.

TRAITEMENT

Il faut arrêter immédiatement l'alimentation et, s'il s'agit d'un nourrisson, favoriser la toux en lui tapotant le thorax, le mettre en position déclive (tête plus basse que les pieds) et, si besoin, lui faire reprendre la respiration par le bouche-à-bouche. Chez l'adulte, si le malade peut respirer et parler, il ne faut pas contrarier ses tentatives d'expulsion du corps étranger par la toux. Si l'obstruction des voies aériennes est complète (impossibilité de parler, de tousser ou de respirer) et que le malade est conscient, il faut lui appliquer la manœuvre de Heimlich, c'est-à-dire se placer derrière lui, passer les bras autour de sa taille, fermer un poing que l'on couvre de l'autre main et que l'on pose sur l'ombilic sous le rebord costal, avant de l'enfoncer rapidement dans l'abdomen par traction ferme vers le haut ; cette manœuvre peut être répétée plusieurs fois. Si l'asphyxie est totale, le malade étant inconscient, il faut pratiquer en urgence les manœuvres de réanimation cardiorespiratoire ; l'obstruction des voies aériennes supérieures peut nécessiter une trachéotomie en urgence. Une endoscopie bronchique permet d'extraire le corps étranger.

PRÉVENTION

Elle consiste :

■ **chez tous les nourrissons**, à donner le sein ou le biberon en position assise ou

verticale, en veillant à ce que l'enfant ne boive pas trop rapidement et en attendant, pour le recoucher, qu'il ait effectué son rot ;
■ **chez les nourrissons habituellement vomisseurs,** à faire vomir le nourrisson en position oblique, couché sur le côté et non sur le dos ;
■ **chez les opérés,** à astreindre le patient à la diète plusieurs heures avant l'anesthésie et l'intervention.

Favisme

Forme particulière d'hémolyse aiguë (destruction des globules rouges) chez des sujets souffrant d'un déficit héréditaire en glucose-6-phosphate déshydrogénase (ou G-6-PD, enzyme de la dégradation du glucose) dans les globules rouges.

Favus

Infection du cuir chevelu par un champignon microscopique du groupe des dermatophytes.

Le favus, surtout fréquent en Afrique du Nord et au Moyen-Orient, est dû à une variété de teigne, *Trichophyton schönleinii.* Il se traduit par une godet favique, petite cupule jaune (croûte recouvrant du pus) d'où émerge le cheveu parasité. En l'absence de traitement, le favus provoque une chute des cheveux définitive. Le traitement est fondé sur la prise d'antifongiques (griséofulvine, kétoconazole) par voie locale et orale. Si le malade est un enfant, une éviction scolaire s'impose.

Fécalome

Volumineuse masse dure constituée de matières fécales déshydratées stagnant dans l'ampoule rectale.

Un fécalome s'observe le plus souvent chez les sujets alités. Il peut remonter jusque dans le côlon gauche, évoquant une tumeur abdominale. Il provoque une constipation intense et douloureuse, parfois une fausse diarrhée en cas de délitement de la partie superficielle du fécalome, associée à une incontinence des sphincters.

Le diagnostic repose sur un toucher rectal ; l'évacuation du fécalome nécessite des lavements, associés ou non à une fragmentation digitale ou instrumentale.

Fèces

Matières non absorbables par l'organisme, formées par les résidus de la digestion et excrétées au terme du transit digestif.
SYN. *excréments, matières fécales, selles.*

Les fèces sont composées pour 80 % d'eau et pour 20 % de matières sèches : résidus alimentaires (surtout cellulosiques), cellules intestinales desquamées et bactéries. Elles sont émises entre deux fois par jour et trois fois par semaine, en moyenne cinq fois par semaine. Une selle normale pèse de 100 à 150 grammes. La forme, la couleur et l'odeur des fèces n'ont en général pas une grande signification pathologique.

L'analyse des matières fécales (coprologie) comporte la recherche de germes. L'analyse chimique (fécalogramme) permet de déceler des troubles de l'absorption et de la digestion intestinale.

Fécondation

Formation d'un œuf (ou zygote) par l'union d'un ovule et d'un spermatozoïde.

La fécondation naturelle, assurée par les rapports sexuels, a lieu le plus souvent dans le tiers externe de la trompe de Fallope, où se trouve l'ovule libéré par l'ovaire au moment de l'ovulation. De leur côté, plusieurs millions de spermatozoïdes, contenus dans le sperme, gagnent le col utérin et le franchissent. Propulsés par les mouvements de leur flagelle, ils remontent dans la cavité utérine, s'engagent dans la trompe et entourent l'ovule. La tête des spermatozoïdes sécrète une substance qui ouvre une brèche dans la paroi de l'ovule. Dès que la tête de l'un d'entre eux a traversé cette paroi, laissant son flagelle à l'extérieur, l'ovule devient imperméable aux autres spermatozoïdes.

La tête du spermatozoïde se transforme aussitôt en un corpuscule allongé, le pronucléus mâle, qui s'accole au noyau de l'ovule, ou pronucléus femelle. Dans chaque pronucléus, la chromatine, substance granuleuse, se condense en 23 chromosomes contenant les gènes, supports de l'hérédité. Ces chromosomes mâles et femelles s'apparient deux à deux, si bien que l'œuf, première cellule de l'individu, contient déjà celui-ci tout entier en puissance.

Fécondation in vitro

Méthode de procréation médicalement assistée consistant à prélever chez une femme un ovule, à le féconder artificiellement en laboratoire puis à le replacer dans la cavité utérine de la même femme ou d'une autre femme. SYN. *F.I.V.E.T.E. (fécondation in vitro et transfert d'embryon).*

Aujourd'hui, le taux de réussite de la fécondation in vitro (F.I.V.) est d'environ 25 %.

INDICATIONS

Le recours à la fécondation in vitro est indiqué quand la stérilité d'un couple désireux d'avoir un enfant est due, chez la femme, à un obstacle situé dans les trompes de Fallope (absence de trompes, trompes bouchées), qui empêche la rencontre des spermatozoïdes et de l'ovule.

TECHNIQUE

La technique, complexe, est pratiquée dans des centres spécialisés. Elle se déroule en plusieurs phases et nécessite souvent plusieurs tentatives.

■ **La 1re phase** consiste en la stimulation de l'ovulation. La femme reçoit, durant la première semaine du cycle, des injections d'hormones qui activent la maturation de plusieurs ovules. Cette phase est surveillée par des dosages hormonaux sanguins et par des échographies qui montrent le développement dans les ovaires des follicules ovariens contenant les ovules.

■ **La 2e phase** est celle du recueil des gamètes (cellules sexuelles). Immédiatement avant l'ovulation, déclenchée par injection d'hormone chorionique gonadotrophique (h.C.G.), un prélèvement des ovules est effectué par ponction des follicules ovariens soit par voie abdominale, soit par voie vaginale sous contrôle échographique. Cette ponction nécessite une hospitalisation d'une journée et un repos dans les jours qui suivent. Le sperme de l'homme est recueilli après masturbation.

■ **La 3e phase** est la réunion des gamètes. Au laboratoire, les ovules sont isolés du liquide folliculaire et, de 1 à 6 heures après la ponction ovarienne, sont inséminés par les spermatozoïdes et placés dans un incubateur.

■ **La 4e phase** est la phase de replacement d'un ou de plusieurs embryons dans l'utérus maternel ; 48 heures après la ponction, plusieurs embryons, déjà parvenus au stade de division en 2 ou 4 cellules, sont déposés dans la cavité utérine par voie vaginale. L'opération dure moins d'une heure.

Les chances de grossesse augmentent avec le nombre d'embryons replacés, mais le risque de grossesse multiple incite la plupart des équipes médicales à limiter ce nombre à 3.

Fécondité

Capacité de se reproduire.

La période de fécondité de la femme pendant le cycle menstruel dure 4 ou 5 jours : elle commence 2 jours avant l'ovulation – les spermatozoïdes pouvant survivre 48 heures dans les voies génitales – et cesse 2 ou 3 jours après, l'ovule restant vivant pendant ce laps de temps.

Féculent

Aliment glucidique riche en amidon.

Les féculents sont principalement représentés par les céréales (blé, riz, seigle, etc.), les graines de légumineuses (haricots, lentilles) et les tubercules (pommes de terre, patate douce, topinambour, etc.) ainsi que par les nombreux produits fabriqués à partir de ces aliments (pain, pâtes alimentaires). Leur richesse en amidon les inscrit dans la catégorie des sources de glucides d'absorption lente – qui fournissent de l'énergie de façon lente et progressive, surtout s'ils contiennent aussi des fibres. Ainsi, il est recommandé de consommer des féculents avant une activité physique prolongée.

Féminisation

Atténuation, chez l'homme, des caractères sexuels secondaires masculins, suivie de l'apparition de caractères sexuels secondaires féminins.

La féminisation peut être provoquée par la castration partielle ou totale (ablation d'un testicule ou des deux), mais également par une insuffisance testiculaire, une tumeur féminisante du testicule ou un traitement par les œstrogènes. Les modifications portent surtout sur la pilosité faciale et corporelle. Le traitement est spécifique de la cause.

Fémorale (artère, veine)

Vaisseaux situés dans la région de la cuisse.

Artère fémorale

L'artère fémorale commune est l'artère de la cuisse qui fait suite à l'artère iliaque externe au niveau de l'arcade crurale, au pli de l'aine.

Fémur

Os long qui forme le squelette de la cuisse.

Le fémur s'articule en haut avec l'os iliaque et en bas avec le tibia. C'est le lieu d'insertion des principaux muscles de la cuisse. Son extrémité supérieure comprend une saillie articulaire arrondie, appelée tête du fémur, qui s'articule à une cavité osseuse appartenant à l'os iliaque, le cotyle, pour former l'articulation de la hanche, et deux saillies rugueuses, le grand et le petit trochanter. La tête du fémur se raccorde aux deux trochanters par une courte pièce osseuse, le col du fémur. À son extrémité inférieure, le fémur s'arrondit en deux masses, les condyles, séparées par une échancrure profonde, l'échancrure inter-condylienne.

PATHOLOGIE

Le fémur peut être le siège de nombreux types de fractures.

■ Les fractures du col du fémur, au niveau de la hanche, surviennent essentiellement chez la femme âgée à la suite d'un traumatisme mineur. Elles sont favorisées par l'ostéoporose (raréfaction du tissu osseux). La douleur est très vive, la marche impossible.

Les fractures du col du fémur doivent toutes être opérées. L'intervention est effec-tuée sous anesthésie péridurale ou, plus rarement, sous anesthésie générale. Lorsque la tête du fémur a été remplacée par une prothèse ou que la fracture, traitée par ostéosynthèse, est peu déplacée, le malade peut s'appuyer sur le membre 2 ou 3 jours après l'intervention ; en revanche, lorsque la fracture est très déplacée et traitée par ostéosynthèse, l'immobilisation peut durer jusqu'à 45 jours, voire 2 mois. La rééduca-tion repose sur la reprise de la marche et sur la kinésithérapie.

■ Les fractures de la tête fémorale, très rares, sont généralement associées à une luxation traumatique de la hanche. Leur traitement est le plus souvent orthopédique, parfois chirurgical lorsque la fracture est très déplacée.

■ Les fractures isolées du trochanter sont traitées par une mise au repos du membre pendant 6 semaines ou par voie chirurgicale si la fracture est très déplacée. Leur pronostic est excellent.

■ Les fractures de la diaphyse fémorale, le corps du fémur, surviennent généralement chez l'adulte après un traumatisme violent. Leur gravité est liée à la fois aux pertes de sang très importantes qu'elles entraînent et aux lésions osseuses, viscérales ou crâ-niennes qui leur sont souvent associées. Elles sont réduites puis consolidées par ostéosyn-thèse.

■ Les fractures de l'extrémité inférieure du fémur sont graves, surtout lorsqu'elles lèsent les surfaces articulaires. Il peut en résulter une raideur définitive du genou, si la rééducation n'est pas entreprise rapidement, ou une arthrose du genou.

Fente labiopalatine

Malformation caractérisée par une fente de la lèvre supérieure et/ou du palais. SYN. *bec-de-lièvre*.

La fente labiale est plus fréquente chez les garçons, tandis que la division du palais se retrouve plus souvent chez les filles.

CAUSE ET SYMPTÔMES

La fente labiopalatine se présente comme une interruption de la lèvre rouge et de la lèvre blanche avec, parfois, un élargissement important de la narine. Lorsque l'enfant ouvre la bouche, on voit dans le palais une fente qui va jusqu'à la luette.

La fente labiopalatine entraîne non seulement une disgrâce esthétique mais aussi, parfois, des troubles fonctionnels : gêne pour se nourrir, pour parler et même pour entendre, en raison d'une éventuelle obstruction de l'orifice de la trompe d'Eustache dans l'oreille.

DIAGNOSTIC

L'échographie prénatale met en évidence de telles anomalies, ce qui permet d'y préparer la famille. Chez le nouveau-né, la malformation est immédiatement visible.

TRAITEMENT

Il est chirurgical et intervient très tôt après la naissance. La lèvre, le nez et le voile du palais (palais mou) sont réparés avant 6 mois. La voûte palatine (palais dur) est en général opérée un peu plus tard. Lorsque des troubles de la parole risquent de se manifester, on intervient aussi sur le pharynx. Enfin, un oto-rhino-laryngologiste vérifiera la liberté du passage de l'air dans la trompe d'Eustache. Au moment de l'adolescence, de petites retouches sont parfois nécessaires.

Fer

Oligoélément indispensable à l'organisme, qui intervient dans de nombreuses réactions chimiques et permet notamment le transport de l'oxygène par l'hémoglobine des globules rouges.

PHYSIOLOGIE

Près de 70 % du fer de l'organisme se trouvent associés à l'hémoglobine des globules rouges et représentent à peu près 3 grammes. La destruction permanente des globules rouges libère le fer de l'hémoglobine, qui est réutilisé par l'organisme lors de la synthèse de nouveaux globules rouges. L'autre partie du fer, fer de réserve (de 0,6 à 1,2 gramme), est située dans des tissus tels que la rate, la moelle osseuse et le foie, soit sous forme de ferritine, rapidement disponible en cas de besoin, soit sous forme d'hémosidérine pour une libération plus progressive.

Les pertes en fer sont généralement très faibles, de l'ordre du milligramme chaque jour. Chez les femmes, la période des règles accroît les pertes quotidiennes, qui peuvent alors s'élever à 3 milligrammes par jour.

Pour compenser ces pertes, l'organisme puise le fer dans l'alimentation. Les apports journaliers recommandés sont de 10 à 18 milligrammes selon l'âge et le sexe. Les viandes rouges (riches en myoglobine), le boudin (riche en hémoglobine), le poisson sont des aliments riches en fer et, dans une moindre mesure, les lentilles, les épinards (qui ne sont pas, contrairement à une opinion répandue, extrêmement riches en fer), les fruits secs. Dans certaines circonstances, on observe un accroissement physiologique des besoins en fer : pendant la grossesse et l'allaitement, chez les nourrissons et les adolescents.

CARENCE

La carence en fer, ou carence martiale, provoquée par une augmentation des pertes ou des besoins ou, beaucoup plus rarement, par une malabsorption ou un défaut d'apport, peut entraîner une anémie. Par ailleurs, au cours des réactions inflammatoires, les macrophages (cellules de défense de l'organisme) stockent anormalement le fer circulant, diminuant ainsi la fraction disponible pour les globules rouges. Ce phénomène explique le caractère microcytaire (globules rouges de petite taille) des anémies qui accompagnent les inflammations chroniques (cancer, rhumatisme inflammatoire, etc.).

APPORT EXCESSIF

À l'inverse, on peut observer des surcharges en fer de l'organisme dues à une absorption excessive d'origine génétique (hémochromatose primitive) ou à des apports répétés sous forme de transfusions sanguines (hémochromatose secondaire). La ponction biopsie du foie confirme la surcharge.

UTILISATION THÉRAPEUTIQUE

Le fer est utilisé dans le traitement des anémies ferriprives et dans leur prévention chez les sujets exposés (en cas de saignement, de malabsorption, de grossesses répétées, chez le nourrisson). Chez ce dernier, le fer contenu dans le lait maternel est suffisant pour couvrir ses besoins jusqu'à 3 mois ; au-delà, un apport est nécessaire jusqu'à l'âge de un an au moins, soit par la diversification de l'alimentation, soit par l'apport de lait enrichi en fer.

L'absorption de fer peut entraîner des troubles digestifs (constipation, nausées, vomissements, coloration foncée des selles), qui cessent dans les 24 heures qui suivent l'arrêt du traitement.

Ferritine

Glycoprotéine riche en fer, synthétisée par le foie et assurant le stockage du fer dans cet organe, mais aussi dans la rate et dans la moelle osseuse.

La ferritinémie (taux de ferritine dans le sang) est basse en cas de carence en fer et élevée en cas de surcharge, en particulier dans l'hémochromatose.

Fers

→ voir Forceps.

Fertilité

Aptitude à la procréation, tant chez l'homme que chez la femme.

L'homme et la femme sont fertiles dès la puberté, mais l'homme le demeure jusqu'à un âge avancé, tandis que la femme cesse de concevoir après la ménopause.

→ voir Fécondité.

Fesse

Région située à la partie postérieure de la hanche, au-dessous et en arrière de la crête iliaque.

La fesse a une forme convexe, qui est due aux muscles fessiers. Son volume varie selon l'embonpoint et la musculature du sujet.

Fessier (muscle)

Important muscle de la région fessière, qui, par son volume, conditionne l'aspect de la fesse.

Le muscle fessier se divise en trois couches musculaires successives : le grand, le moyen et le petit fessier.

Le muscle fessier joue un rôle important dans les mouvements d'abduction, de rotation interne et externe de la cuisse. D'autre part, lorsqu'il prend appui sur les insertions fémorales, ce muscle exerce une action sur le bassin.

Fétichisme

Déviation des pulsions sexuelles d'un sujet sur un objet érotique de substitution qui peut être aussi bien une partie déterminée du corps (cheveux, seins, fesses) qu'un objet (vêtement, chaussure).

Selon les psychanalystes, le fétichisme serait une défense contre l'angoisse infantile de castration. Un comportement fétichiste apparaît aussi dans les névroses et les psychasthénies. Son traitement reste essentiellement psychothérapique (psychanalyse, thérapie comportementale).

BESOINS EN FER

Individus	Besoins quotidiens (en milligrammes)
Femme - pendant la grossesse et en période d'allaitement	de 1,6 à 1,8 de 2 à 2,2
Homme	1
Nourrisson et enfant (jusqu'à 11 ans)	0,1 par kilogramme de poids
Adolescent - fille - garçon	de 1,6 à 1,8 1,5

Fibre alimentaire

Substance résiduelle d'origine végétale non digérée par les enzymes du tube digestif.

Les fibres alimentaires comprennent la cellulose, l'hémicellulose, les gommes, les mucilages, la pectine et la lignine. Les principaux aliments riches en fibres sont les céréales et les produits céréaliers (son de blé, farine de blé complet, etc.), certains fruits (noix, abricots, figues, pruneaux) et légumes (haricots secs, lentilles, pois).

Les fibres alimentaires ont un effet régulateur sur le transit intestinal : elles augmentent le volume et l'hydratation des selles et diminuent la pression à l'intérieur du côlon. Elles modifient en outre l'absorption des glucides, des lipides, des protéines et des sels minéraux.

Fibre conjonctive

Fibre du tissu conjonctif (tissu de soutien des autres tissus) constituée d'une protéine : soit collagène, soit élastine.

Fibre musculaire

Cellule allongée formant l'élément essentiel du muscle. SYN. *cellule musculaire.*

Il existe trois types de fibre musculaire : les fibres striées qui constituent les muscles du squelette ; les fibres striées qui constituent le myocarde (muscle du cœur) ; les fibres lisses, musculature des viscères creux. Toutes sont formées d'éléments contractiles, les myofibrilles, qui, en se contractant, diminuent la longueur de la fibre musculaire. Seules les fibres striées squelettiques sont directement accessibles à la volonté, les autres étant sous la dépendance du système neurovégétatif.

Fibre nerveuse

Fibre formée par un prolongement d'un neurone, entouré ou non d'une gaine de myéline (substance lipidique et protéique dont la fonction est d'accélérer la transmission de l'influx nerveux) et d'une gaine de Schwann (constituée de cellules gliales qui protègent et soutiennent les neurones).

Fibrillation auriculaire

Trouble du rythme cardiaque caractérisé par la disparition du rythme sinusal normal, remplacé par des contractions rapides (de 400 à 600 par minute) et inefficaces des oreillettes, et provoquant la contraction irrégulière et souvent rapide des ventricules.

CAUSES

Multiples, elles comprennent la plupart des maladies cardiovasculaires, certaines maladies bronchopulmonaires retentissant sur le cœur et quelques maladies métaboliques, telle l'hyperthyroïdie. Certains médicaments peuvent aussi la provoquer.

SYMPTÔMES ET SIGNES

La fibrillation auriculaire n'est pas toujours ressentie par le malade ; mais, souvent, celui-ci éprouve des palpitations. Elle peut être révélée par une complication embolique, l'absence de contraction efficace des oreillettes provoquant l'arrêt ou le ralentissement du sang à cet endroit et le risque de formation de caillots susceptibles de migrer dans la circulation.

DIAGNOSTIC

Il repose sur la palpation du pouls et surtout sur l'auscultation cardiaque prolongée, qui permet de constater l'existence de battements irréguliers. L'électrocardiographie confirme le diagnostic.

TRAITEMENT ET PRONOSTIC

Le traitement peut être médicamenteux, visant soit à ralentir la cadence des ventricules, soit à réinstaurer un rythme régulier. Une cardioversion (choc électrique externe) peut servir à régulariser les contractions cardiaques. Un traitement anticoagulant est généralement associé pour prévenir le risque de formation de caillots.

Le pronostic dépend de la cardiopathie sous-jacente.

Fibrillation ventriculaire

Trouble du rythme cardiaque grave, caractérisé par la disparition de toute contraction organisée des ventricules, remplacée par une trémulation ventriculaire (contractions localisées anarchiques et inefficaces).

CAUSES

Une fibrillation ventriculaire peut s'observer dans les suites d'un infarctus du myocarde ou d'une autre cardiopathie ou encore venir compliquer une électrocution.

SYMPTÔMES ET SIGNES

La trémulation ventriculaire provoque un arrêt cardiocirculatoire responsable d'une perte de connaissance et d'un état de mort apparente.

DIAGNOSTIC ET ÉVOLUTION

Le diagnostic, évoqué devant l'état du sujet, doit être confirmé par l'électrocardiographie, pratiquée dès l'arrivée des secours d'urgence.

TRAITEMENT

Le traitement d'urgence repose sur la cardioversion (choc électrique externe), destinée à régulariser les contractions cardiaques.

Fibrinogène

Protéine plasmatique synthétisée dans le foie et intervenant dans la coagulation.

Le fibrinogène activé par la thrombine, un autre des facteurs de la coagulation, se transforme en un monomère (unité) de fibrine. Cette protéine va ensuite se polymériser spontanément par accolement des monomères et devenir insoluble. Il se constitue alors un amas protéique qui va s'opposer au saignement par obturation de la plaie.

Fibrinolyse

Processus de destruction physiologique des dépôts de fibrine (protéine filamenteuse contenue dans le sang et intervenant dans la coagulation) sous l'action de la plasmine (forme active du plasminogène, élaboré dans le foie).

La fibrinolyse, en limitant la quantité de fibrine dans le sang, protège l'individu des risques de thrombose. Après la cicatrisation d'une plaie hémorragique, elle dissout le caillot devenu inutile. Elle a donc un rôle inverse, mais complémentaire, de celui des facteurs de la coagulation.

Toutefois, lors d'une cirrhose ou d'un épisode de coagulation intravasculaire, la fibrinolyse peut devenir excessive et provoquer des hémorragies difficiles à maîtriser. On peut également la provoquer dans un dessein thérapeutique, à l'aide de médicaments fibrinolytiques, pour dissoudre un caillot, par exemple lors de la phase aiguë

d'un infarctus du myocarde ou lors d'une embolie pulmonaire.

→ VOIR Thrombolyse.

Fibrinolytique

Médicament utilisé pour détruire les caillots formés dans la circulation sanguine. SYN. *thrombolytique.*

Un fibrinolytique est prescrit en cas de thrombose (formation d'un caillot, ou thrombus) de moins de 6 heures dans une artère ou une veine, particulièrement dans une artère coronaire (infarctus du myocarde) ou pulmonaire (embolie pulmonaire). Dans le cas des infarctus du myocarde, la première injection peut être effectuée très précocement par le réanimateur dès son arrivée au domicile du malade.

EFFETS INDÉSIRABLES ET CONTRE-INDICATIONS

Un fibrinolytique peut causer une hémorragie (au point d'injection ou généralisée), une fièvre, des réactions allergiques. Il est contre-indiqué en cas d'accident vasculaire cérébral récent, de stade hémorragique, d'hypertension artérielle, d'insuffisance rénale ou hépatique grave.

→ VOIR Thrombolyse.

Fibrinopénie

Diminution du taux de fibrinogène plasmatique au-dessous de 1,5 gramme par litre. SYN. *fibrinogénopénie.*

Fibromatose

Maladie caractérisée par l'apparition de fibromes (tumeurs fibreuses) ou d'une fibrose (augmentation des fibres dans un tissu), plus ou moins disséminés.

Fibrome

Tumeur bénigne du tissu conjonctif fibreux.

Un fibrome est rare, localisé surtout dans la peau. Le plus souvent, la prolifération fibreuse s'associe à celle d'autres tissus : vasculaire (angio-histiocyto-fibrome), musculaire (fibromyome), cartilagineux (fibrochondrome) ou graisseux (fibrolipome).

Le nom de fibrome donné à certaines tumeurs utérines est impropre puisque le fibrome utérin se développe à partir de cellules musculaires lisses.

Fibrome utérin

Tumeur bénigne développée à partir du muscle utérin. SYN. *fibromyome utérin, léiomyome utérin, myome utérin.*

À ce terme, consacré par l'usage, devrait être préféré celui de myome utérin.

Le fibrome de l'utérus est plus fréquent chez les femmes de 40 à 50 ans.

SYMPTÔMES ET SIGNES

La tumeur se manifeste le plus souvent par des troubles menstruels : ménorragies (règles de plus en plus abondantes), associées à des métrorragies (saignements entre les règles). Elle entraîne parfois des douleurs utérines, une pesanteur pelvienne, une augmentation de volume de l'abdomen. Dans 10 % des cas, elle ne provoque aucun symptôme.

DIAGNOSTIC

L'examen gynécologique révèle une augmentation de volume de l'utérus, qui est dur, fibreux, plus ou moins irrégulier. La taille et la localisation du fibrome sont précisées par hystérographie (radiographie de l'utérus après injection d'un produit opaque) et par échographie. L'hystéroscopie permet de voir les fibromes sous-muqueux.

ÉVOLUTION

Certains fibromes restent petits et, en raison de leur siège, ne provoquent pas de troubles. En revanche, d'autres peuvent entraîner des complications, avant tout des hémorragies abondantes qui ne cèdent pas au traitement médical et peuvent être à l'origine d'une anémie. Les compressions ne sont pas rares : certains fibromes du fond utérin peuvent devenir très gros sans entraîner de compression grave, car ils refoulent des viscères abdominaux mous, mais ceux du col compriment les organes voisins (réseau veineux, uretère, vessie, rectum) contre les parois osseuses, causant des troubles de la circulation sanguine, des troubles urinaires, une constipation. D'autres complications sont beaucoup plus rares, comme la torsion d'un fibrome sous-séreux sur son pédicule, qui se traduit par une douleur brutale, la dégénérescence et la nécrose du fibrome (nécrobiose aseptique) ou sa cancérisation, exceptionnelle.

La présence d'un fibrome n'est pas un obstacle à une grossesse, mais le risque de croissance ou de ramollissement de la tumeur ainsi que les complications possibles rendent sa surveillance indispensable.

TRAITEMENT

Un fibrome qui n'entraîne aucun symptôme est simplement surveillé. Le traitement est indiqué si le fibrome entraîne des troubles. Un traitement hormonal (médicaments progestatifs) peut ralentir son évolution. La chirurgie est envisagée quand le fibrome est volumineux ou s'il se complique : il est alors enlevé. Son ablation (myomectomie) peut être réalisée par voie abdominale (laparoscopie) ou par hystéroscopie. L'hystérectomie totale (ablation de l'utérus, des trompes et des ovaires) n'est proposée que lorsque la patiente ne désire plus d'enfant.

Fibromyalgie

Syndrome douloureux diffus touchant surtout la femme, d'origine inconnue et d'évolution prolongée, mais jamais invalidante. SYN. *fibrosite, polyenthésopathie, syndrome polyalgique, idiopathique diffus.*

La maladie est définie par des douleurs diffuses ressenties dans différentes parties du corps : l'occiput, le cou, la paroi du thorax, la fesse, le coude, le genou. Il n'y a aucune modification objective des articulations ni d'anomalies radiologiques ou biologiques. Les douleurs s'accompagnent de fatigue, surtout matinale, et souvent de troubles du sommeil. Il peut y avoir un syndrome dépressif. Le traitement fait appel aux antidouleurs, aux antidépresseurs tricycliques et à la physiothérapie.

Fibromyome

→ VOIR Fibrome utérin.

Fibroplasie rétrolentale

→ VOIR Rétinopathie des prématurés.

Fibrosarcome

Tumeur maligne développée aux dépens du tissu conjonctif (tissu de soutien et de nutrition).

Fibroscopie

Technique d'endoscopie permettant notamment d'examiner l'estomac, le côlon, l'intestin grêle, les bronches, la vessie, l'oropharynx, les voies biliaires et les vaisseaux.

TECHNIQUE

Une fibroscopie s'effectue à l'aide d'un fibroscope, endoscope souple formé d'une gaine étanche de 40 à 160 centimètres de longueur et de 5 à 12 millimètres de diamètre renfermant un faisceau de fibres de verre qui conduit la lumière d'éclairage, fournie par une forte lampe située à l'extérieur de l'appareil, donnant une lumière froide, et permet ainsi l'observation. Différents canaux sont destinés à l'insufflation d'air, au lavage, à l'aspiration de sécrétions ainsi qu'au passage d'instruments souples : pinces à biopsie, appareils de section, émetteurs laser. L'ensemble de l'appareil est mû par un système de câbles qui permet à l'extrémité du fibroscope de décrire 360 degrés. Il est possible d'installer une sonde d'échographie à l'extrémité d'un fibroscope (échoendoscopie), qu'on utilise, ainsi équipé, pour l'étude fine des tumeurs digestives ou l'analyse des structures voisines de l'estomac (pancréas, voies biliaires).

On peut, grâce à la fibroscopie, observer, photographier, filmer, effectuer des prélèvements (endoscopie diagnostique), retirer des corps étrangers, casser ou extraire des calculs, retirer ou détruire des tumeurs, coaguler des vaisseaux qui saignent, ponctionner des poches de liquide (endoscopie interventionnelle).

Une fibroscopie se déroule en général sous anesthésie locale ; l'anesthésie générale n'est indiquée que pour la fibroscopie du côlon, et pour les fibroscopies faites chez l'enfant. L'hospitalisation n'est nécessaire qu'en cas d'anesthésie générale (observation pendant environ 24 heures après l'examen). Les risques sont très faibles : perforations et hémorragies ne surviennent qu'exceptionnellement.

Fibrose

Augmentation pathologique du tissu conjonctif contenu dans un organe. SYN. *sclérose*.

Le plus souvent, une fibrose est la dernière phase d'une inflammation chronique (abcès chronique, tuberculose pulmonaire) ou de la cicatrisation d'une blessure.

Fibrose hépatique congénitale

Malformation rare du foie, caractérisée par une fibrose importante de cet organe et par des dilatations microscopiques des canaux biliaires.

Fibrose pulmonaire

Affection respiratoire caractérisée par un épaississement pathologique du tissu pulmonaire.

Les fibroses pulmonaires ont parfois une cause connue : action d'un toxique (médicament), d'un microbe, de particules organiques ou minérales contenues dans l'atmosphère (chez les agriculteurs, les mineurs). Mais, bien souvent, aucune cause n'est décelable ; l'affection est alors appelée fibrose primitive.

Ces maladies se traduisent par une gêne respiratoire, très discrète au début, et par des râles (bruits anormaux) à l'auscultation. Leur évolution est très lente. Le traitement repose sur les corticostéroïdes, les immunosuppresseurs et, dans les cas les plus graves, sur l'administration d'oxygène.

Fièvre

Température corporelle supérieure à 37 °C, mesurée dans la bouche, ou à 37,7 °C, mesurée dans le rectum. SYN. *pyrexie*.

CAUSES

La fièvre est provoquée par des protéines, dites pyrogènes, libérées dans l'organisme quand les globules blancs luttent contre les microbes responsables d'une infection. Cette élévation de température agit contre la multiplication de certains microbes. Une fièvre peut également être présente en l'absence d'infection (infarctus du myocarde, tumeur du système lymphatique).

SYMPTÔMES ET SIGNES

Un état fébrile s'accompagne souvent d'une sensation de froid, de soif intense ou de frissons, pouvant aller, chez l'enfant, jusqu'aux convulsions ou au délire. Chez l'adulte, une fièvre modérée peut n'être pas perçue ou entraîner seulement une sensation de malaise avec impression de froid. Chez le vieillard, une fièvre élevée peut entraîner des troubles du comportement, simulant une méningite, par exemple.

TRAITEMENT

Une consultation est nécessaire si la fièvre, isolée (sans autres symptômes), dure plus de 3 jours ou si le malade est un nourrisson ou un enfant ayant des antécédents de convulsions fébriles. Des médicaments antipyrétiques (contre la fièvre) peuvent être administrés, mais il faut traiter avant tout la cause de l'accès fébrile (par un traitement anti-infectieux, par exemple).

Fièvre aphteuse

Maladie des bovins et des porcins, atteignant exceptionnellement l'homme, provoquée par un virus de la famille des picornavirus.

L'homme se contamine par voie cutanée (plaie), exceptionnellement par voie digestive (ingestion de lait cru infecté) ; la transmission interhumaine n'a jamais été établie.

La fièvre aphteuse se traduit par une stomatite (inflammation et aphtes des muqueuses de la cavité buccale) accompagnée d'une fièvre élevée et de lésions cutanées vésiculopustuleuses. La maladie dure entre 2 et 3 jours. Des formes graves atteignent la glotte et le poumon et entraînent des troubles respiratoires. Il n'existe aucun traitement hormis la désinfection des lésions et la prescription d'analgésiques pour combattre la douleur.

Fièvre hémorragique avec syndrome rénal

Affection rénale aiguë, d'origine infectieuse.

C'est une maladie rare due au virus de Hantaan (ou hantavirus), qui survient essentiellement en milieu rural, affectant de préférence les agriculteurs et les bûcherons. Il existe une forme de la maladie appelée fièvre hémorragique de Corée et une forme européenne, décrite sous le nom de *nephropathia epidemica*. La contamination de l'homme se fait par voie aérienne, par l'inhalation de particules provenant de déjections de rongeurs sauvages.

SYMPTÔMES ET SIGNES

La maladie débute brutalement. Les symptômes sont tout d'abord semblables à ceux d'une grippe, puis des douleurs caractéristiques apparaissent : maux de tête, douleurs musculaires, lombalgies, douleurs abdominales qui peuvent durer de 6 à 15 jours. Des hémorragies surviennent parfois : saignements du nez ou de la conjonctive, présence de sang dans les urines. La troisième phase est celle de l'insuffisance rénale aiguë : les urines deviennent rares, hémorragiques et contiennent des protéines. Les taux d'urée et de créatinine dans le sang peuvent s'élever fortement.

TRAITEMENT

Il n'existe pas de traitement spécifique de cette maladie, qui guérit sans laisser de séquelles en une à deux semaines.

Fièvre jaune

Maladie infectieuse grave due à un flavivirus, le virus amaril. SYN. *fièvre amarile*.

La fièvre jaune sévit en Afrique centrale ainsi qu'en Amérique tropicale (Amazonie) et en Amérique du Sud. Il existe deux modes de transmission : entre animaux (notamment des primates) ou, accidentellement, de l'animal à l'homme (fièvre de brousse) par l'intermédiaire de moustiques des genres *Hæmagogus* ou *Ædes* (*Æ. africanus, Æ. simpsoni*) ; d'homme à homme (fièvre citadine), par l'intermédiaire de *Ædes ægypti*.

SYMPTÔMES ET SIGNES

Après une incubation de 3 à 6 jours, l'infection se traduit par une fièvre importante et soudaine, par une congestion du visage, qui devient bouffi, et par des douleurs abdominales et musculaires. La maladie peut régresser spontanément après 3 ou 4 jours ou s'aggraver, entraînant un état de choc avec hypothermie (abaissement de la température du corps), ictère et vomissements sanglants, anurie (arrêt de la production d'urines), protéinurie massive (taux anormalement élevé de protéines dans les urines).

Ces signes traduisent une grave atteinte hépatique et rénale pouvant entraîner le coma et la mort.

DIAGNOSTIC ET PRÉVENTION

Le diagnostic est fondé sur des examens sérologiques (recherche d'anticorps dans le sang) ; il n'existe aucun traitement sinon symptomatique : réhydratation, dialyse rénale, transfusion, etc. Le vaccin est la seule protection efficace ; il est obligatoire en zone endémique et protège pour une durée d'au moins dix ans.

Fièvre méditerranéenne familiale

Maladie caractérisée par de brusques accès de fièvre, qui reviennent périodiquement, à intervalles plus ou moins réguliers, sans que l'on retrouve de facteurs déclenchants particuliers. SYN. *maladie périodique.*

CAUSES ET FRÉQUENCE

La fièvre méditerranéenne familiale est une maladie héréditaire. Elle touche essentiellement les populations d'Afrique du Nord et du Moyen-Orient. Le gène de la fièvre méditerranéenne a été identifié en 1997.

SYMPTÔMES ET SIGNES

La maladie se déclare généralement avant que l'enfant ait atteint sa dixième année. Les accès de fièvre durent de quelques heures à quelques jours et disparaissent spontanément. La maladie se traduit également par des douleurs abdominales violentes et brutales d'une durée de 24 à 48 heures, s'accompagnant souvent de vomissements et de constipation, ainsi que par des crises articulaires très douloureuses, qui durent plusieurs jours. Celles-ci, qui affectent les grosses articulations, peuvent provoquer un gonflement et une rougeur de la peau.

ÉVOLUTION

Au bout de quelques années, une amylose (maladie caractérisée par l'infiltration anormale dans les tissus de la peau et des viscères d'une substance ayant l'aspect de l'amidon) peut survenir. Le plus souvent, elle affecte le rein, évoluant inéluctablement vers une insuffisance rénale chronique.

TRAITEMENT

L'utilisation d'un médicament antigoutteux, la colchicine, prévient les accès douloureux

ou les espace considérablement et permet, en outre, d'éviter l'apparition de l'amylose rénale.

Fièvre paratyphoïde

Septicémie provoquée par un bacille à Gram négatif de la famille des entérobactéries, *Salmonella paratyphi* A, B ou C. SYN. *paratyphoïde.*

La fièvre paratyphoïde est proche de la fièvre typhoïde par son mode de propagation, sa répartition géographique et ses symptômes cliniques.

Le traitement consiste en l'administration précoce d'antibiotiques.

Fièvre pourprée des montagnes Rocheuses

Maladie infectieuse due à la bactérie *Rickettsia rickettsii.* SYN. *Tick fever.*

La fièvre pourprée sévit particulièrement aux États-Unis ; elle est transmise de certains mammifères (lapin) à l'homme par l'intermédiaire de tiques de la famille des ixodidés *(Dermacentor andersoni)* et se traduit par un état fébrile et un exanthème (rougeur cutanée) parfois hémorragique se déclenchant vers le 6e jour. Cette maladie infectieuse est traitée par l'administration d'antibiotiques. Un vaccin, récemment mis au point, est disponible aux États-Unis.

Fièvre puerpérale

État fébrile survenant dans la période qui suit un accouchement ou un avortement, avant la réapparition des règles. SYN. *infection puerpérale.*

La fièvre puerpérale, autrefois cause de mortalité importante chez les femmes, est devenue rare dans les pays développés grâce à la meilleure surveillance des patientes en suite de couches. Elle a quatre grandes causes : une endométrite (infection de l'utérus), une phlébite utéropelvienne ou des membres inférieurs, une infection urinaire, une infection mammaire (engorgement, abcès du sein, lymphangite). Les germes responsables sont en général le streptocoque ou le staphylocoque. Les complications majeures sont une septicémie (infection généralisée) ou une embolie. Le traitement fait appel aux antibiotiques.

Fièvre Q

Maladie infectieuse peu fréquente, due à une bactérie de la famille des rickettsies, *Coxiella burnetii*. SYN. *maladie de Derrick-Burnet*.

La fièvre Q sévit sur toute la surface du globe. Son germe a pour réservoir des bovins, des caprins et quelques arthropodes. Elle se transmet à l'homme par l'ingestion de lait contaminé ou par voie respiratoire, plus rarement par des piqûres de tiques.

Après une incubation de 10 à 30 jours, la maladie se déclare sous la forme d'une atteinte pulmonaire se manifestant d'abord par une toux sèche, accompagnée de maux de tête, de douleurs thoraciques et d'une fièvre élevée. Le traitement consiste en l'administration prolongée d'antibiotiques.

Fièvre récurrente

→ VOIR Lyme (maladie de).

Fièvre des trois jours

Maladie infectieuse bénigne due à un arbovirus, virus transmis par un arthropode (insecte). SYN. *fièvre à phlébotome, fièvre à pappataci, dengue d'Orient.*

La fièvre des trois jours est endémique au Moyen-Orient mais se rencontre aussi en Italie et en France. L'infection provoque une fièvre accompagnée de douleurs articulaires et d'un érythème cutané. La fièvre des trois jours est courte et bénigne mais laisse une fatigue prolongée. Il n'y a pas de traitement spécifique.

Fièvre typhoïde

Septicémie provoquée par une bactérie à Gram négatif, *Salmonella typhi,* ou bacille d'Eberth.

La fièvre typhoïde est endémique en Afrique, en Asie et en Amérique du Sud, mais quelques cas sporadiques apparaissent également dans les pays industrialisés. Dans ce cas, ils ont souvent pour origine la consommation de fruits de mer ou une contamination du malade au cours d'un voyage.

Le germe de la typhoïde est transmis par l'intermédiaire de l'eau de boisson ou d'aliments souillés par des excréments humains infectés. La phase d'incubation, silencieuse et correspondant à la multiplication des germes, dure entre 7 et 15 jours.

SYMPTÔMES ET SIGNES

On observe une fièvre progressivement croissante, des troubles digestifs et nerveux (maux de tête, insomnies, vertiges) durant la première semaine d'évolution de la maladie. La diarrhée est le symptôme dominant au cours de la deuxième semaine. Elle est accompagnée d'une fièvre importante, entre 39 et 40 °C, et d'un tuphos (état de prostration et de délire). La gravité de la maladie dépend du risque de libération dans le sang circulant d'endotoxines bactériennes responsables de graves troubles cardiaques (myocardite, collapsus cardiovasculaire), digestifs (perforation et hémorragie intestinales) et neurologiques (encéphalite).

DIAGNOSTIC ET TRAITEMENT

Le diagnostic repose sur la recherche du bacille par hémoculture ou coproculture (ensemencement d'un milieu de culture avec un prélèvement de sang ou de matières fécales). Le sérodiagnostic de Widal et Félix met la maladie en évidence à partir de la deuxième semaine d'infection. Le dépistage des porteurs sains (porteurs du bacille ne développant pas la maladie) doit également être pratiqué dans l'entourage du malade pour éviter la dissémination de la typhoïde.

Le traitement repose sur une antibiothérapie adaptée dont la durée est comprise entre 10 et 15 jours. Il est associé à une réhydratation et au repos. La fréquence des rechutes est d'environ 5 %.

PRÉVENTION

La vaccination est efficace et recommandée aux voyageurs, aux personnels de restauration alimentaire et de laboratoire.

Filariose lymphatique

Maladie parasitaire des ganglions et des vaisseaux lymphatiques due à l'infestation par les filaires.

La filaire est un ver filiforme qui peut mesurer de 4 à 10 centimètres de long. La filaire femelle pond des microfilaires (embryons en forme de vers) qui circulent dans la lymphe et dans le sang. Les vers adultes vivent dans les ganglions et les vaisseaux lymphatiques.

Les filaires sont transmises par de très nombreuses piqûres de moustiques infestés appartenant aux genres *Culex, Ædes, Anopheles* et *Mansonioides,* abondants sous les climats chauds et humides de la zone intertropicale. La filaire de Bancroft *(Wuchereria bancrofti)* est l'une des principales filaires responsables de filariose lymphatique.

SYMPTÔMES ET SIGNES
La filariose lymphatique se manifeste par des poussées de fièvre passagères, accompagnées de douleurs dans les ganglions inguinaux (à l'aine). Ceux-ci augmentent de volume (adénite) et les vaisseaux lymphatiques prennent la forme de cordons rouges et gonflés sous la peau (lymphangite). Dans d'autres cas, le malade émet des urines blanchâtres, dues à une fistule entre les voies urinaires et les vaisseaux lymphatiques, qui entraîne une émission de chyle dans les urines (chylurie). Les poussées d'adénite et de lymphangite se poursuivent pendant de nombreuses années.

DIAGNOSTIC ET TRAITEMENT
Une analyse de sang, prélevé de préférence la nuit (période où les microfilaires sont le plus abondantes), permet de déceler les parasites et d'établir le diagnostic. Lors des poussées de fièvre, le malade doit se reposer et prendre des médicaments anti-inflammatoires. Une fois la fièvre disparue, le médecin prescrit un antiparasitaire (ivermectine). En cas de chylurie, un régime alimentaire riche en lipides permet d'atténuer les symptômes.

PRÉVENTION
La seule prévention consiste à se protéger des moustiques à l'aide d'insecticides, dans les pays de la zone intertropicale.

Filtre solaire

Produit cosmétique protégeant la peau contre le rayonnement solaire.

Les filtres solaires sont classés selon les types de rayonnement pour lesquels ils sont actifs.

■ **Les filtres à courte bande** protègent surtout des ultraviolets B (U.V.B.).
■ **Les filtres à large bande** sont actifs pour les ultraviolets A (U.V.A.) et les U.V.B.

Les produits vendus dans le commerce peuvent associer plusieurs substances. Leur effet global est indiqué par le coefficient de protection, lequel n'est défini en pratique que pour les U.V.B. Ce coefficient est le rapport entre la durée d'exposition sans coup de soleil avec le produit et la durée d'exposition sans coup de soleil sans le produit. Ainsi, l'application d'une crème ayant un coefficient de protection contre les U.V.B. égal à 3 chez un sujet qui, sans produit, attrape un coup de soleil après 20 minutes d'exposition permet, théoriquement, à celui-ci de rester exposé $20 \times 3 = 60$ minutes sans coup de soleil. Ces chiffres restent toutefois indicatifs.

En pratique, le choix d'un produit dépend de deux facteurs : le degré d'ensoleillement (qui va de faible à extrême) et le phototype du sujet (étalonné de I, pour les peaux laiteuses très sensibles au soleil et qui ne bronzent pas, à VI pour les peaux noires) ; en outre, le bronzage lui-même est protecteur. Même avec un produit très efficace, l'exposition doit être évitée entre 12 et 16 heures en été.

Fissure anale

Type d'ulcération allongée, en forme de crevasse, siégeant au niveau du canal anal.

La fissure anale est d'origine mal connue, sans doute liée à la présence d'une plaie minime survenue lors de la défécation et induisant une contracture musculaire qui gêne la cicatrisation. Elle se manifeste le plus souvent par l'apparition d'une douleur violente après la défécation (syndrome fissuraire).

Le traitement fait appel à l'application locale de médicaments (pommades anti-inflammatoires et cicatrisantes) ou à des injections sous-fissuraires. En cas d'échec, le tissu sclérosé est enlevé chirurgicalement sous anesthésie générale, et quelques fibres musculaires sont sectionnées, ce qui permet la cicatrisation.

Fistule

Canal pathologique mettant en communication anormale deux viscères (fistule interne) ou un viscère et la peau (fistule externe).

Les fistules sont soit congénitales, soit acquises. Dans ce dernier cas, elles peuvent être dues à un traumatisme ou à une intervention chirurgicale, à une inflammation, à une infection (abcès), à une tumeur ou encore à un calcul.

SYMPTÔMES ET SIGNES

Une fistule peut ne présenter aucun symptôme ou provoquer un écoulement du premier viscère vers le second ou vers l'extérieur, à travers la peau : écoulement du contenu digestif par la peau ou dans les urines, par exemple. Parfois, les signes sont moins évidents : diarrhée due à une fistule entre deux segments du tube digestif, par exemple.

DIAGNOSTIC

Il est souvent nécessaire de connaître le trajet exact de la fistule à travers les tissus, en vue de la traiter. Ce diagnostic de localisation est fait par l'exploration chirurgicale ou encore par fistulographie, grâce à un produit de contraste iodé et hydrosoluble qui, injecté dans la fistule, la rend visible sur les radiographies.

TRAITEMENT

Une fistule est parfois guérie par le traitement de l'affection en cause (traitement antibiotique d'un abcès). Dans d'autres cas, le chirurgien doit la drainer ou procéder à son ablation.

Fistulisation

Apparition pathologique ou création chirurgicale d'une fistule (canal qui met en communication directe deux viscères ou un viscère et la peau).

Fistulographie

Examen radiographique permettant de visualiser une fistule (canal pathologique mettant en communication directe deux viscères ou un viscère et la peau).

F.I.V.

→ VOIR Fécondation in vitro.

F.I.V.E.T.E.

→ VOIR Fécondation in vitro.

Flatulence

Émission par l'anus de gaz intestinal.

Un adulte expulse de 2 à 20 litres de gaz par jour, provenant essentiellement des fermentations intestinales qui ont lieu dans le côlon. Ces gaz sont inflammables et explosifs (risque en cas d'utilisation d'un bistouri électrique). La flatulence est un phénomène normal. Certains aliments, très fermentescibles, sont susceptibles d'augmenter la production des gaz : légumes (haricots blancs, choux, céleri, etc.), céréales (pâtes, pain), fibres (son), fruits (raisins secs, abricots, agrumes, bananes). L'abondance plus ou moins grande des gaz et leur odeur plus ou moins forte n'ont pas de signification pathologique et ne nécessitent pas de traitement.

Flore bactérienne

Ensemble des espèces bactériennes vivant à la surface de la peau ou des muqueuses d'un hôte sans nuire à celui-ci. SYN. *écosystème bactérien*.

Flore intestinale

Ensemble de germes qui existent normalement dans l'intestin.

PATHOLOGIE

La prise d'antibiotiques à large spectre peut perturber gravement l'équilibre de la flore intestinale. Ce déséquilibre passager se traduit le plus souvent par la perte de l'odeur fécale des selles et le développement de champignons, plus rarement par une diarrhée bénigne, qui se manifeste pendant toute la durée du traitement. Dans tous les cas, l'arrêt de l'antibiothérapie est suivi de la restauration progressive de la flore intestinale.

Une infection intestinale ou une toxi-infection (sécrétion de toxines par des bactéries) peuvent également entraîner une perturbation de la flore, incapable de compenser l'action des germes pathogènes.

Fluor

Corps simple très répandu dans la nature sous forme de fluorure de calcium, l'un des composants des tissus durs de l'organisme (cartilages, os, dents, etc.), et de fluorure de sodium.

INDICATIONS ET CONTRE-INDICATIONS

Le fluor est un moyen de prévention actif contre la carie dentaire, son incorporation à l'émail des dents permettant à celui-ci de résister à l'attaque acide. Il est aussi utilisé dans le traitement de l'ostéoporose (raréfaction du tissu osseux) vertébrale. Il est contre-indiqué chez les sujets présentant une insuffisance rénale (risque d'intoxication).

MODE D'ADMINISTRATION

■ Pour prévenir les caries, le fluor est parfois administré sous forme de comprimés à l'enfant, dès sa naissance et pendant toute la durée de la formation dentaire. L'adolescent et l'adulte peuvent faire usage de bains de bouche, de dentifrices ou de chewing-gums fluorés, mais l'action de ces produits n'est réelle que si l'on respecte un temps de contact d'au moins 15 minutes. Enfin, le fluor peut être appliqué trimestriellement par le dentiste.

■ Pour traiter les ostéoporoses vertébrales, un dérivé du fluor, le fluorure de sodium, est prescrit sous forme de comprimés.

APPORT EXCESSIF

Il convient de ne pas multiplier inconsidérément les apports en fluor, son action étant bénéfique à très faibles doses. En outre, un apport excessif peut provoquer une fluorose (apparition de taches sur l'émail des dents), des douleurs osseuses et, sur les clichés radiographiques, une hyperopacité du squelette avec ossification des tendons et des ligaments.

Fluorose

Maladie due à une intoxication chronique par le fluor.

Une fluorose peut être d'origine hydrotellurique lorsque l'eau potable contient plus de 2,4 milligrammes de fluor par litre, comme c'est le cas en Afrique du Nord, en Inde, en Argentine, en Islande et dans les régions volcaniques des États-Unis. Elle peut aussi être liée à une intoxication professionnelle, affectant, par exemple, les ouvriers manipulant la cryolite (minerai d'aluminium).

La fluorose donne un aspect tacheté à l'émail des dents. Ces colorations vont de simples taches blanches transparentes à des marbrures d'un marron sombre.

Le traitement consiste à maquiller les taches disgracieuses par collage de matériaux (composites, porcelaine).

Flush

Accès de rougeur du visage. SYN. *bouffée vasomotrice.*

Un flush peut être dû à une émotion, à un effort physique, à un facteur alimentaire (repas copieux, condiments, crustacés, ingestion d'alcool), à un médicament (isoniazide, sulfamides antidiabétiques, disulfirame, acide nicotinique), à une tumeur (phéochromocytome, tumeur pancréatique), à une maladie endocrinienne (maladie de Basedow), à une migraine ou à la ménopause. Dans ce dernier cas, le flush est communément appelé bouffée de chaleur.

Flutter auriculaire

Trouble du rythme cardiaque relativement bénin touchant les oreillettes, qui se contractent de manière régulière et coordonnée à une fréquence élevée (environ 300 fois par minute).

CAUSES

Un flutter auriculaire peut apparaître isolément, sans cause particulière (il est alors dit idiopathique), mais le plus souvent il accompagne diverses cardiopathies.

SYMPTÔMES ET SIGNES

Parfois sans symptômes, le flutter auriculaire se traduit néanmoins le plus souvent par des sensations de palpitations. La rapidité du rythme ventriculaire (150 contractions par minute pour un flutter auriculaire 2/1) peut entraîner l'aggravation d'une insuffisance cardiaque sévère ou d'un angor (angine de poitrine).

DIAGNOSTIC ET TRAITEMENT

Le diagnostic repose sur l'électrocardiographie. La réduction du flutter auriculaire est parfois spontanée mais, le plus souvent, il est nécessaire de recourir à une cardioversion (choc électrique externe) ou à une stimulation électrique des oreillettes pour rétablir un rythme sinusal normal.

Fœtopathie

Maladie affectant le fœtus (enfant pendant les 7 derniers mois de la vie utérine).

■ **Les fœtopathies dues à des atteintes virales, bactériennes ou parasitaires** produisent des infections massives sur des organes déjà formés. Ces infections persistent au-delà de la naissance, causant des lésions souvent sévères. Les principaux agents infectieux responsables de fœtopathies graves, avec séquelles, sont le virus de la rubéole, le cytomégalovirus, le tréponème (syphilis) et le toxoplasme. La rubéole provoque un retard de croissance intra-utérin avec une augmentation de volume du foie, une anémie et une thrombopénie (diminution du nombre de plaquettes dans le sang) et parfois des anomalies osseuses. Le cytomégalovirus engendre un retard de croissance intra-utérin et une microcéphalie (petite taille du crâne) parfois responsable d'un retard de développement intellectuel. La syphilis congénitale peut donner lieu à des septicémies qui ont parfois des conséquences sur le rein, les yeux, les os, le cerveau. Enfin, la toxoplasmose peut entraîner des lésions cérébrales et oculaires.

■ **Les fœtopathies dues à des maladies maternelles** sont essentiellement liées au diabète. Le diabète, lorsqu'il est mal équilibré durant la grossesse, peut provoquer une macrosomie fœtale (grande taille excessive de l'organisme).

■ **D'autres fœtopathies** sont dues à l'administration mal contrôlée de certains médicaments tels que les antithyroïdiens ou les antivitamines K (anticoagulants).

Fœtoscopie

Examen destiné à examiner le fœtus dans l'utérus maternel à l'aide d'un fibroscope (tube muni d'un système optique).

La fœtoscopie peut se pratiquer de la 19e semaine jusqu'au terme de la grossesse. Les progrès de l'échographie en ont réduit les indications.

INDICATIONS

L'indication principale d'une fœtoscopie est la recherche d'anomalies héréditaires des extrémités ou de la peau, lorsqu'il y en a eu déjà certains cas dans la famille. La fœtoscopie permet également certaines interventions de chirurgie fœtale avant l'accouchement.

TECHNIQUE

Le fibroscope est introduit dans la cavité amniotique par une petite incision abdominale. L'examen, qui nécessite une anesthésie locale, dure entre 10 et 20 minutes et entraîne un faible risque de fausse couche.

Fœtus

Être humain de la fin du 2e mois au terme de la grossesse.

Le stade de fœtus suit celui d'embryon : les systèmes et les organes sont déjà formés ; la période fœtale est surtout marquée par la maturation et la croissance.

Croissance fœtale.
Évolution du fœtus du 3e mois à la naissance.

TROISIÈME MOIS (9e-13e semaine)

Relié au placenta par le cordon ombilical, le fœtus flotte dans un sac membraneux rempli de liquide amniotique. Son foie se développe beaucoup, son intestin s'allonge, ses reins fonctionnent et ses urines commencent à se déverser dans le liquide amniotique. Sa tête se redresse et son visage se modèle : les lèvres se dessinent, les yeux, recouverts par les paupières, se rapprochent peu à peu vers le centre de la face. Les premiers os se forment ; le fœtus remue bras et jambes, mais les mouvements ne sont pas encore perçus par la mère. En revanche, le stéthoscope à ultrasons permet d'entendre le rythme cardiaque fœtal. Les organes génitaux externes se différencient : le sexe du fœtus est reconnaissable, mais pas encore visible à l'échographie. La 13e semaine, des mouvements respiratoires se produisent. Le fœtus ouvre et ferme la bouche, ébauche des mouvements de succion, tourne la tête. Il mesure 12 centimètres et pèse 65 grammes.

QUATRIÈME MOIS (14e-18e semaine)

Le fœtus suce son pouce, avale le liquide amniotique. Ses mains sont complètement formées. Les cheveux commencent à pousser. Le système digestif fonctionne : une substance noirâtre, le méconium, commence à s'accumuler dans l'intestin. Les battements du cœur (140-160 par minute) deviennent perceptibles au stéthoscope ordinaire. À la fin du 4e mois, le fœtus mesure 20 centimètres et pèse 250 grammes.

CINQUIÈME MOIS (19e-23e semaine)

La multiplication des cellules nerveuses s'achève. Un duvet, appelé lanugo, commence à recouvrir la peau. Les bourgeons des dents se développent. À la fin du mois, le fœtus mesure 30 centimètres et pèse 650 grammes.

SIXIÈME MOIS (24e-27e semaine)

Le fœtus bouge beaucoup (de 20 à 60 mouvements par demi-heure en période active) ; ses périodes d'activité alternent avec des périodes de sommeil. Le visage s'affine, les cheveux poussent. L'oreille définitive est en place et l'enfant commence à réagir aux bruits extérieurs. Le fœtus mesure 37 centimètres et pèse 1 000 grammes.

SEPTIÈME MOIS (28e-31e semaine)

L'estomac et l'intestin sont en état de fonctionner. Les yeux sont complètement ouverts. À la fin du mois, le fœtus mesure 42 centimètres et pèse 1 500 grammes.

HUITIÈME MOIS (32e-35e semaine)

Le fœtus prend la position qu'il gardera jusqu'au moment de l'accouchement : le plus souvent, il se place la tête en bas, calée dans la partie la plus étroite de l'utérus, fesses en haut. Le lanugo tombe peu à peu, remplacé par un enduit protecteur graisseux et blanchâtre, le vernix caseosa. À la fin du mois, le fœtus mesure 47 centimètres et pèse 2 500 grammes.

NEUVIÈME MOIS (36e-39e semaine)

Les poumons et le cœur sont prêts à fonctionner. Le vernix caseosa se détache, sauf dans les plis, et flotte dans le liquide amniotique. La peau est maintenant bien lisse.

À terme, le fœtus pèse en moyenne 3 200 grammes et mesure 50 centimètres. Les organes n'ont pas tous leur structure définitive : en particulier, le cerveau va encore poursuivre son développement pendant plusieurs années.

Foie

Volumineuse glande annexe du tube digestif, aux fonctions multiples et complexes de synthèse et de transformation de diverses substances.

DESCRIPTION

Le foie est situé en haut et à droite de l'abdomen, sous la coupole droite du diaphragme, qui le sépare du poumon correspondant, et entouré de tous côtés par les côtes. Sous sa face inférieure, la vésicule biliaire lui est accolée avec, à sa gauche, le pédicule hépatique ; celui-ci est formé de l'artère hépatique (allant de l'aorte vers le foie), de la veine porte (drainant le tube digestif et allant vers le foie) et de la voie biliaire (allant du foie vers la vésicule biliaire et l'intestin).

FONCTIONNEMENT

Le foie reçoit, par l'artère hépatique et la veine porte, des substances chimiques, qu'il transforme et rejette soit dans la bile, par laquelle elles passent dans la vésicule biliaire puis dans l'intestin, soit dans les veines sus-hépatiques, d'où elles passent dans la veine cave puis dans l'ensemble de la circulation sanguine. De plus, il peut synthétiser des substances et en stocker. La survie sans foie ne peut durer que quelques heures. En cas d'insuffisance hépatique grave, le seul traitement possible est la greffe.

EXAMENS

L'exploration fonctionnelle du foie repose sur les dosages sanguins. Ainsi, une insuffisance hépatique se traduit par une diminution du taux de certaines protéines (albumine), révélée par une altération des tests de coagulation (surtout le temps de Quick). Une cholestase (insuffisance de l'excrétion biliaire) provoque une augmentation du taux sanguin de bilirubine et des phosphatases alcalines. Une cytolyse (destruction des cellules hépatiques) s'accompagne d'une augmentation du taux sanguin des transaminases. Le taux de gammaglutamyl-transférase sanguine s'élève au cours de toutes les affections du foie. La ponction-biopsie hépatique, pratiquée par voie transcutanée, permet l'examen histologique du fragment de parenchyme hépatique prélevé. Les examens complémentaires radiologiques du foie, qui ont aujourd'hui supplanté la laparoscopie, sont l'échographie, la scintigraphie, le scanner, voire l'imagerie par résonance magnétique (I.R.M.).

PATHOLOGIE

Le foie peut être atteint par une inflammation (hépatite, d'origine virale, alcoolique, toxique), par une infection bactérienne globale ou localisée (abcès), par un parasite (amibiase, kyste hydatique), par une cirrhose, par une tumeur bénigne ou maligne (hépatocarcinome, métastases). Par ailleurs, des maladies de système telles que la sarcoïdose peuvent comporter une localisation au foie.

Foie (abcès du)

Collection de pus dans le foie.

Un abcès du foie est dû à une invasion par des bactéries ou des parasites du genre amibe venant soit de l'intestin, soit des voies biliaires, soit du sang. Il se manifeste par une fièvre, un amaigrissement, une fatigue et parfois des douleurs intermittentes de la région sous-costale droite. Le traitement repose sur la prise d'antibiotiques ou d'anti-amibiens. S'il est insuffisant, l'abcès est drainé par ponction (une aiguille, guidée par échographie, traverse la paroi de l'abdomen) ou par une intervention chirurgicale.

Foie (cancer du)

Tumeur maligne du foie.

Un cancer du foie peut être primitif ou secondaire (métastases provenant d'un autre cancer).

Cancer primitif du foie

Le cancer primitif du foie reste rare en Europe et en Amérique ; il est plus fréquent en Afrique et en Asie.

■ **L'hépatocarcinome, ou cancer hépatocellulaire**, est la plus répandue des tumeurs hépatiques ; il survient dans 20 % des cas sur un foie sain, plus fréquemment sur un foie atteint d'une maladie hépatique préexistante (cirrhose, hépatite chronique). À la différence de l'Europe, où la cirrhose alcoolique reste la principale cause de ce type de tumeur, dans les pays tropicaux, l'hépatocarcinome est souvent lié aux virus des hépatites B et C, parfois à la pollution des aliments, notamment par l'aflatoxine (toxine fongique).

■ **Le cholangiocarcinome**, beaucoup plus rare, est surtout commun en Asie du Sud-Est, où l'on incrimine le rôle de certaines parasitoses.

■ **L'angiosarcome**, la plus rare des tumeurs primitives du foie, est quelquefois lié à des intoxications chroniques (chlorure de vinyle, arsenic).

SYMPTÔMES ET SIGNES

L'hépatocarcinome se traduit par un gros foie repérable à la palpation et par un état fébrile pseudo-infectieux. Il provoque une douleur modérée, localisée dans la partie supérieure de l'abdomen. Il peut également se traduire par l'aggravation d'une cirrhose déjà connue.

DIAGNOSTIC ET ÉVOLUTION

Le diagnostic repose sur l'échographie, le scanner et la biopsie hépatique guidée par échographie. Le risque de métastases, essentiellement pulmonaires et osseuses, est important.

TRAITEMENT

Il comporte l'ablation chirurgicale de la tumeur quand cela est possible, par hépatectomie partielle. Exceptionnellement, une transplantation hépatique peut être envisagée. Dans les formes ne relevant pas de la chirurgie, le traitement fait appel à la chimiothérapie générale ou locale (injection du produit directement dans la tumeur par un cathéter introduit dans l'artère hépatique) ou à la destruction de la tumeur par alcoolisation (injection locale d'alcool).

PRÉVENTION

La prévention des tumeurs primitives du foie repose sur la lutte contre l'alcoolisme, sur la vaccination précoce contre le virus de l'hépatite B et sur le traitement des hépatites chroniques B et C.

Cancer secondaire du foie

C'est le plus fréquent des cancers du foie dans les pays tempérés ; il peut se déclarer lors de tout autre cancer ; cependant, il est plus fréquent dans les cancers de l'appareil digestif (côlon, estomac, pancréas, voies biliaires) et dans les cancers gynécologiques (utérus, ovaires, seins).

SYMPTÔMES ET SIGNES

Le cancer secondaire du foie peut se traduire par une altération de l'état général ou par un ictère. L'examen clinique peut révéler à la palpation un gros foie nodulaire (« foie marronné »), douloureux ou non.

DIAGNOSTIC ET TRAITEMENT

Le diagnostic repose sur l'échographie, le scanner et la biopsie, indispensable pour confirmer l'atteinte hépatique. Le traitement est si possible chirurgical (ablation de la tumeur). Dans les formes diffuses, on utilise la chimiothérapie générale ou locale (injection du produit dans un cathéter introduit dans l'artère hépatique).

Foie (kyste du)

Cavité pathologique remplie d'une substance liquide ou fluide et située à l'intérieur du foie.

Unique ou multiple, un kyste du foie peut être d'origine parasitaire (kyste hydatique) ou non.

■ Le **kyste hydatique du foie** est une manifestation de l'hydatidose, infection de l'organisme par un parasite venant du chien, *Echinococcus granulosus*. Le kyste n'entraîne généralement aucun symptôme pendant des années. Cependant, il peut se rompre, provoquant une douleur intense, une fièvre, une crise d'urticaire et, à plus long terme, une dissémination du parasite dans l'organisme. Le traitement est l'ablation chirurgicale du kyste.

■ Le **kyste non parasitaire du foie**, formé par la dilatation des petits canaux biliaires intrahépatiques, est fréquent et ne donne généralement pas de symptômes. On procède parfois à l'ablation chirurgicale du kyste.

Foie (tumeur bénigne du)

Prolifération de cellules normales formant un nouveau tissu à l'intérieur du foie.

On distingue deux types de tumeurs bénignes du foie.

■ L'**adénome** se développe à partir des hépatocytes, les cellules du foie. Volumineux, douloureux, il doit être retiré chirurgicalement.

■ L'**hémangiome**, très fréquent, est un agglomérat de petits vaisseaux sanguins anormaux. L'hémangiome ne demande en général qu'une simple surveillance.

Folie

Dérèglement de l'esprit.

Avec l'apparition des classifications médicales, le terme a été progressivement remplacé par les expressions d'aliénation mentale puis de psychose. Son emploi est désormais sans valeur scientifique.

Follicule

Formation anatomique en forme de sac et qui entoure un organe et/ou sécrète ou excrète une substance.

Follicule ovarien

Cavité de l'ovaire dans laquelle se développe un ovule. SYN. *follicule de De Graaf*.

Plusieurs millions de follicules ovariens sont présents dès la naissance, mais seuls 300 ou 400 d'entre eux parviendront à maturité. Dès la puberté, au début de chaque cycle menstruel chez la femme - normalement, tous les 28 jours -, un follicule grossit, saille à la surface de l'ovaire et éclate pour libérer un ovule au 14ᵉ jour : c'est l'ovulation. Ensuite, le follicule dégénère, prenant le nom de corps jaune.

Folliculine

L'une des deux hormones sécrétées par l'ovaire et le placenta. SYN. *œstrone*.
→ VOIR Œstrogène.

Folliculite

Inflammation des follicules pilosébacés.

Les folliculites sont d'origine infectieuse ; on les classe en fonction de l'agent responsable.

■ **Les folliculites bactériennes**, les plus fréquentes, sont dues au staphylocoque doré. Superficielles, elles se traduisent par la formation de petites pustules centrées autour d'un poil sur la barbe, les bras, les cuisses ; elles guérissent spontanément ou deviennent chroniques. Les furoncles et les anthrax sont des folliculites profondes. Leur traitement consiste en applications d'antiseptiques, parfois en prise d'antibiotiques par voie orale.

■ **Les folliculites mycosiques** sont dues à des champignons microscopiques. Le *pityrosporum* cause de petites lésions rouges du tronc. Les dermatophytes du genre *Trichophyton* provoquent des placards violacés sur les membres inférieurs. La guérison est assurée par la prise d'antifongiques (griséofulvine, kétoconazole) par voie orale.

Folliculostimulante (hormone)

Hormone hypophysaire intervenant dans la maturation des follicules ovariens chez la femme et dans la formation des spermatozoïdes dans les tubes séminifères chez l'homme. SYN. *folliculotropine*.

Fond d'œil

Partie postérieure de l'intérieur de l'œil (papille optique, rétine et ses vaisseaux), que l'on peut observer directement à travers la cornée et le cristallin grâce à un appareil optique.

Fond d'œil (examen du)

Examen qui permet de visualiser la papille optique, la rétine et ses vaisseaux. SYN. *ophtalmoscopie*.

INDICATIONS

L'examen du fond d'œil, pratiqué systématiquement lors de tout examen ophtalmologique complet, est indiqué pour établir le diagnostic des affections de la rétine et de celles de la choroïde (membrane accolée à la rétine). Il permet également d'observer la vascularisation rétinienne, qui peut être modifiée par de nombreuses maladies.

TECHNIQUE

L'examen est effectué par deux types d'appareil : un ophtalmoscope, avec ou sans interposition d'une lentille fortement convergente, ou un biomicroscope (lampe à fente), ce dernier nécessitant d'interposer devant l'œil une lentille de contact ou un verre d'examen (verre à trois miroirs). L'ophtalmoscope sert à examiner le pôle postérieur de l'œil (centre de la rétine, papille et macula), tandis que le verre à trois miroirs est utilisé pour examiner la périphérie rétinienne en cas de risque de décollement de la rétine. Une dilatation pupillaire préalable peut être provoquée au moyen de collyres mydriatiques afin de permettre une vision plus large. Une fois la dilatation effective, l'examen ne dure pas plus de 3 minutes par œil.

EFFETS SECONDAIRES

La dilatation de la pupille, qui n'est pas pratiquée en cas de glaucome à angle étroit, entraîne un flou visuel qui demeure gênant pendant les quelques heures qui suivent l'examen.

Fontanelle

Espace membraneux compris entre les os du crâne chez le nourrisson.

Les os du crâne du nouveau-né ne sont pas soudés comme chez l'adulte : situées sur la ligne médiane du crâne, à la jonction de différents os, les fontanelles permettent la croissance du cerveau, très importante durant les deux premières années de la vie, et s'ossifient à la fin de la croissance cérébrale.

Forceps

Instrument utilisé pour saisir et protéger la tête du fœtus afin de faciliter l'expulsion de celui-ci lors de l'accouchement.

Les indications du forceps peuvent être commandées par l'état de la mère ou par celui du fœtus. Dans le premier cas, le forceps sert à diminuer les efforts d'expulsion, contre-indiqués dans certaines maladies cardiaques, respiratoires, oculaires, et permet de pallier l'inefficacité des poussées expulsives. Du côté fœtal, trois indications dominent : la souffrance fœtale, qui se traduit par une modification des bruits du cœur au monitorage, la durée excessive des efforts d'expulsion (plus de 30 minutes) et la protection du crâne du fœtus, surtout lorsque l'accouchement est prématuré. Bien appliqué, un forceps est sans danger, pour la mère comme pour le fœtus.

Foudroiement

Atteinte d'un sujet par la foudre.

La foudre peut entraîner 3 types d'effets : l'électrisation, l'effet de souffle et les traumatismes secondaires. Le trajet du courant intéresse souvent le cerveau et le cœur. La mort survient, dans environ 20 % des cas, par arrêt respiratoire ou troubles du rythme cardiaque. Les brûlures sont en général superficielles et peuvent indiquer le trajet du courant. Des complications peuvent s'observer chez les survivants : amnésie, troubles de l'audition, cataracte, séquelles douloureuses. Un syndrome de stress post-traumatique est fréquent. Lorsque l'orage gronde, il faut abandonner tout objet métallique, se coucher à terre (surtout ne pas s'abriter sous un arbre isolé). Une voiture fermée et entièrement métallique peut être un abri. Pendant un orage, il ne faut pas téléphoner ni utiliser les appareils électriques si le bâtiment n'est pas protégé contre la foudre.

Foulure

→ VOIR Entorse.

Fourmillement

Sensation superficielle de picotement, survenant spontanément ou après compression d'un nerf ou d'un vaisseau sanguin.

Un fourmillement est souvent bénin lorsqu'il est lié à une compression mécani-que et transitoire d'un membre. Il peut également témoigner d'une neuropathie périphérique, la localisation du fourmillement renseignant sur le nerf atteint.

→ VOIR Paresthésie.

Fovea

→ VOIR Macula.

Fracture

Rupture d'un os ou d'un cartilage dur.

On établit une distinction entre les fractures ouvertes, où les fragments osseux ont traversé la peau et où le foyer de fracture est à l'air libre (d'où un risque d'infection), et les fractures fermées, où le foyer de fracture ne communique pas avec l'extérieur.

Les fractures pathologiques surviennent sur des os fragilisés par une lésion préexistante, qu'elle soit d'origine infectieuse ou tumorale.

SYMPTÔMES ET SIGNES

Sur le plan clinique, une fracture se traduit par une douleur aiguë, une impossibilité de réaliser certains gestes, un hématome, parfois une déformation. Les fragments osseux peuvent être éloignés l'un de l'autre (fracture déplacée), se chevaucher ou être engrenés. Il existe en outre chez l'enfant deux types de fracture spécifiques : la fracture en bois vert (l'os n'est pas rompu sur toute sa circonférence) et la fracture en motte de beurre (tassement localisé de l'os).

TRAITEMENT

Son premier but est de remettre l'os en bonne position par une manœuvre appelée réduction, manuelle ou chirurgicale. Il s'agit de replacer les extrémités osseuses au contact l'une de l'autre, en un alignement parfait, afin que la fracture se consolide en bonne position, restituant à l'os sa forme initiale. Après la réduction, contrôlée radiologiquement, l'os est immobilisé : cette contention peut être orthopédique, par plâtre ou traction, ou chirurgicale, au moyen d'un matériel externe (fixateur externe) ou interne (vis, plaque vissée, clou, cerclage métallique).

Au terme du délai normal de consolidation, on évalue la solidité de l'os fracturé selon l'aspect radiologique. Sauf chez l'enfant, chez qui elle est le plus souvent inutile, débute alors la rééducation : reprise des mouvements, musculation, aide à la reprise de l'appui complet.

Fracture de fatigue

Fracture survenant sur un os sain, n'ayant subi aucun traumatisme. SYN. *fissure de fatigue.*

Une fracture de fatigue survient sur un os soumis à des contraintes excessives et d'autant plus fragile que le sujet est âgé. En médecine du sport, elle concerne le plus fréquemment les membres inférieurs et survient après une activité physique intensive ou inhabituelle (marche prolongée) ou à cause de chaussures mal adaptées. Aujourd'hui, le vieillissement de la population, qui reste néanmoins très active, a multiplié les cas de fractures de fatigue, qui siègent sur les os les plus divers : bassin, sacrum, fémur, tibia, etc.

Les fractures de fatigue se révèlent par des douleurs, parfois responsables d'une boiterie, gênant ou empêchant la marche. Leur traitement se limite le plus souvent au simple repos, parfois au port d'une botte plâtrée.

Fragilité capillaire

Diminution de la résistance des vaisseaux capillaires due à l'altération de leur paroi.

Une fragilité capillaire s'observe dans le purpura simplex ou sénile, la maladie de Rendu-Osler, le purpura allergique, les purpuras métaboliques causés par le scorbut, le diabète, la maladie de Cushing, la cirrhose, l'urémie ainsi que les infections et les dysprotéinémies. Elle peut résulter d'un traitement au long cours par les corticostéroïdes. Elle entraîne des saignements variables, qui vont du purpura bénin à l'hémorragie oculaire ou cérébrale. Le traitement est celui de la cause.

Fréquence cardiaque

Nombre de cycles cardiaques par unité de temps (par minute, conventionnellement).

La fréquence cardiaque au repos à l'âge adulte varie, selon les sujets, de 60 à 100 par minute. Elle est plus rapide chez l'enfant et diminue légèrement chez les sujets âgés. Elle s'accélère à l'effort ou lors d'un stress, sous l'effet d'une stimulation du nerf sympathique et de l'action de certaines hormones (adrénaline, noradrénaline) sur le nœud sinusal. Elle est ralentie par la stimulation du nerf pneumogastrique (ou vague), dont le tonus prédomine au repos. Elle est modulée, surtout chez le sujet jeune, par la respiration : s'accélérant à l'inspiration et diminuant à l'expiration. Si ce phénomène est marqué, on parle d'arythmie respiratoire.

La mesure de la fréquence cardiaque peut s'effectuer par la prise du pouls (palpation au niveau d'une artère périphérique de l'onde systolique, engendrée par la contraction des ventricules) ou, de manière plus précise, par l'auscultation prolongée des bruits du cœur au moyen d'un stéthoscope appliqué sur le thorax.

Il est aussi possible de déterminer la fréquence cardiaque à partir d'un enregistrement électrocardiographique.

PATHOLOGIE

La fréquence cardiaque au repos peut être anormalement lente (moins de 60 cycles par minute) ou rapide (plus de 100 cycles par minute) ; on parle alors, respectivement, de bradycardie et de tachycardie. Une fréquence cardiaque irrégulière ou anarchique constitue la manifestation d'un trouble du rythme cardiaque.

Friedreich (maladie de)

Maladie dégénérative de la moelle épinière.

La maladie de Friedreich, bien que très rare, est la plus fréquente des dégénérescences spinocérébelleuses (touchant la moelle épinière et le cervelet). Elle débute en général à la puberté.

La maladie de Friedreich est héréditaire.

SYMPTÔMES ET ÉVOLUTION

La maladie se traduit d'abord par des difficultés à la course et à la marche. Son évolution est très progressive. Les symptômes les plus caractéristiques s'observent quelques années plus tard : ataxie (incoordination des mouvements), parésie (diminution de la force musculaire) prédominant aux membres inférieurs, abolition des réflexes, atteinte de la sensibilité profonde (le sujet, les yeux fermés, ne peut plus dire dans quelle position il se trouve). À ces signes neurologiques s'associe un syndrome dysmorphique, constitué le plus souvent par le creusement de la voûte plantaire, moins souvent par une cyphoscoliose (déformation de la colonne vertébrale).

Par ailleurs, il existe aussi des troubles du rythme cardiaque.

TRAITEMENT ET PRONOSTIC

Il n'existe pas actuellement de traitement curatif. La prévention repose sur le conseil génétique aux futurs parents dans les familles atteintes. Des études en cours portent sur le dépistage anténatal de cette maladie. Certaines formes frustes permettent une vie normale jusqu'à un âge avancé.

Frigidité

Trouble de la sexualité féminine consistant en l'absence de satisfaction sexuelle durant les rapports.

La frigidité peut être complète (absence totale d'appétit et de plaisir sexuels, également dénommée anorgasmie) ou partielle, la femme ne parvenant à l'orgasme que rarement, mais les relations sexuelles demeurant satisfaisantes dans la période qui précède la jouissance.

CAUSES ET TRAITEMENT

Les causes d'une frigidité sont multiples. Elles peuvent être organiques (infection, déséquilibre hormonal, alcoolisme, accouchement difficile, ménopause) ou psychologiques (peur d'une grossesse ou d'une maladie sexuelle, surmenage, stress, dépression, détachement à l'égard du partenaire). Un traitement est presque toujours possible : il peut reposer sur l'hormonothérapie ou la psychothérapie, par exemple.

Frisson

Tremblement involontaire, plus ou moins généralisé, des muscles.

Le frisson est souvent accompagné de claquements des dents et d'horripilation (« chair de poule »). C'est une réaction normale du corps contre le froid. En réponse à l'abaissement de la température du corps, le réflexe du frisson, en provoquant des contractures musculaires, engendre de la chaleur.

Le frisson s'observe aussi, en association avec une poussée de fièvre, à la phase initiale des maladies infectieuses, ou au cours des septicémies, lors des décharges microbiennes dans la circulation sanguine.

Froid (dermatoses dues au)

Affections cutanées déclenchées ou aggravées par une exposition au froid.

Le froid, d'une part, représente une agression directe pour l'épiderme ; d'autre part, il provoque un ralentissement de la circulation dans les capillaires sanguins du derme. Certaines réactions cutanées sont normales, présentes chez tous les sujets : sécheresse de la peau, démangeaisons, lèvres fendillées, aggravation d'une maladie de peau (psoriasis, eczéma) ; les gelures ne surviennent que par des froids intenses, comme en montagne. D'autres réactions, en revanche, sont dites anormales : troubles vasomoteurs de différents types (engelures, acrocyanose, érythrocyanose, livedo, syndrome de Raynaud) ; urticaire survenant soit sans cause connue, soit en liaison avec certaines anomalies sanguines (cryoglobulines).

Fromage

Produit laitier obtenu par la coagulation du lait sous l'action de la présure et/ou des ferments lactiques et ayant subi un égouttage.

Les fromages sont des aliments d'une grande diversité, mais ils ont tous en commun leur richesse en protéines et en calcium. Ils ont une teneur variable en lipides et en sodium.

Leur teneur en eau varie entre 35 et 80 %. Le pourcentage de matières grasses indiqué sur l'emballage est calculé sur extrait sec du produit. Les fromages à pâte cuite sont les plus gras, mais aussi les plus riches en calcium. Une partie des vitamines hydrosolubles disparaît lors de l'égouttage, mais il se produit un enrichissement en vitamines B2, B3, B6 et B9 sous l'action des moisissures. La vitamine A est abondante dans les fromages gras.

Dans les régimes amaigrissants, il est recommandé de limiter la consommation de fromages (du fait de leur richesse en lipides, et donc en calories). Les fromages à pâte molle sont contre-indiqués chez les sujets prenant des inhibiteurs de la monoamine-oxydase (I.M.A.O.).

Frottis

Prélèvement et étalement sur lame, en couche mince, d'une goutte d'un liquide biologique (sang, liquide céphalorachidien, sécrétion, urine), d'un produit pathologique (pus, épanchement) ou de cellules d'un tissu ou d'un organe (ganglion, vagin, etc.) en vue d'une observation microscopique.

Frottis cervicovaginal

Prélèvement et étalement sur une lame de cellules du vagin et du col de l'utérus en vue de leur observation microscopique.

INDICATIONS

Le frottis cervicovaginal, couramment appelé frottis, est un examen de dépistage précoce du cancer du vagin ou du col de l'utérus ; il permet également de déceler la modification des cellules avant que celles-ci ne deviennent cancéreuses, permettant d'y opposer un traitement préventif.

Deux frottis pratiqués à un an d'intervalle sont recommandés au début de la vie sexuelle, puis un frottis tous les 2 à 3 ans jusqu'à l'âge de 65 ans. En cas de frottis anormal et/ou de suspicion de maladie sexuellement transmissible, le frottis doit être renouvelé plus souvent.

DÉROULEMENT

Le frottis cervicovaginal se pratique chez un gynécologue ou en laboratoire. Il ne doit pas être précédé d'une toilette du vagin. Le médecin demande à la patiente de s'allonger sur la table d'examen en position gynécologi-

que, c'est-à-dire genoux pliés et écartés, pieds calés dans les étriers. Il met d'abord en place un spéculum, petit appareil en forme de bec de canard qui permet d'écarter légèrement les parois du vagin pour mieux l'observer et aussi mieux voir le col de l'utérus. Le prélèvement est étalé sur une lame de verre, puis coloré avec des réactifs.

Le frottis de dépistage est indolore ; il arrive que se produise un léger saignement, dû au frottement de la spatule sur le col ; ce saignement est sans gravité et s'arrête de lui-même en un ou deux jours. Il faut enfin savoir que la période des règles est le seul moment du cycle où le frottis est contre-indiqué, car la présence de sang dans le prélèvement risque de fausser l'interprétation des résultats.

Frottis sanguin

Prélèvement et étalement sur une lame de cellules du sang en vue d'une observation microscopique de celles-ci après coloration spécifique.

Un frottis sanguin permet de diagnostiquer des infections telles que le paludisme en repérant le parasite dans les globules rouges.

Fructose

Sucre présent dans l'organisme et dans l'alimentation. SYN. *lévulose*.

Le fructose fait partie des glucides simples, du type hexose (leur molécule comprend six atomes de carbone). Il peut exister tel quel ou bien sous forme de saccharose, formé par l'association d'une molécule de fructose et d'une molécule de glucose. Le fructose apporté par l'alimentation est contenu dans le sucre de table, les fruits (pomme, poire, raisin), le miel. Dans l'organisme, il est transformé en glucose.

INTOLÉRANCE AU FRUCTOSE

C'est une affection héréditaire due à un déficit des enzymes qui transforment le fructose. Elle se manifeste chez le nourrisson et l'enfant par une perte d'appétit, des vomissements, des accès d'hypoglycémie (chute brutale du glucose sanguin), un retard de croissance. Le traitement consiste à supprimer le fructose de l'alimentation, ce qui fait disparaître les troubles.

Fruit

Produit comestible de certains végétaux, de saveur généralement sucrée.

Les fruits sont riches en eau, en glucides (fructose, surtout), en fibres végétales (cellulose et pectine, présentes surtout dans leur peau), en vitamines (vitamine C dans les agrumes notamment, vitamines B1, B2 et B6 dans les fruits secs, précurseurs de la vitamine A dans les fruits à noyaux et les baies) et en sels minéraux. Leur teneur en glucides varie de 5 à 19 % pour les fruits frais, à 40 %, voire 65 %, pour les fruits secs (dattes, figues, raisins). Les fruits secs ont une valeur calorique beaucoup plus élevée que les fruits frais et sont très riches en glucides simples, en sodium, potassium et calcium. Les fruits oléagineux (amandes, noix, noisettes) sont riches en fibres, en protéines et surtout en lipides ; ils sont beaucoup plus caloriques que les fruits frais : 400 kilocalories pour 100 grammes.

Consommés en quantités raisonnables, les fruits frais constituent un bon apport de fibres et de vitamines. La cuisson les rend plus digestes du fait des modifications de leur composition en fibres et en glucides, mais elle présente, en revanche, l'inconvénient d'entraîner une perte importante de vitamines.

F.S.H.

→ VOIR Folliculostimulante (hormone).

Fumigation

→ VOIR Inhalation.

Funiculite

Inflammation du cordon spermatique testiculaire (formé par le canal déférent, les artères spermatiques et déférentielles et les veines spermatiques).

Furoncle

Infection aiguë d'un follicule pilosébacé.

Un furoncle est un type de folliculite dû à une infection par un staphylocoque doré. L'ensemble du follicule pileux est alors nécrosé et rempli de pus. Le furoncle se caractérise tout d'abord par une petite élevure centrée autour d'un poil, douloureuse, chaude, recouverte d'une peau rouge et luisante. Après quelques jours se forme le bourbillon caractéristique du furoncle : le follicule est remplacé par un cône dur et jaune, laissant un cratère rouge quand il s'élimine, dont la cicatrice est parfois définitive.

Les furoncles peuvent récidiver ou se multiplier, ce qui peut témoigner d'un diabète jusque-là méconnu. Une manipulation intempestive (pressions pour essayer d'extraire le bourbillon) peut entraîner une septicémie en provoquant le passage du microbe dans le sang, à partir duquel il peut se disséminer. Les furoncles du visage, surtout à proximité du nez, des lèvres, des yeux, peuvent se compliquer de staphylococcie maligne de la face : infection locale grave (grand placard inflammatoire).

TRAITEMENT

Le traitement des formes courantes de furoncle relève de la seule application locale d'antiseptiques et d'antibiotiques. Les antibiotiques par voie orale ou injectable sont prescrits en cas de terrain fragile (diabète), de furoncles multiples, de forme grave.

→ VOIR Anthrax.

Furonculose

Récidive et extension numérique de furoncles chez un même individu.

G

G-6-PD

→ VOIR Glucose-6-phosphate déshydrogénase.

Galactographie

Examen radiologique permettant de visualiser les canaux galactophores (par lesquels s'écoule le lait) de la glande mammaire.

Une galactographie est indiquée lors d'un écoulement de sang par un pore du mamelon. Elle permet de visualiser une anomalie à l'intérieur des canaux, notamment une tumeur, le plus souvent bénigne (papillome). Elle consiste à injecter à l'aide d'un mandrin (aiguille creuse), dans le pore responsable, un produit de contraste opaque aux rayons X avant de prendre un cliché radiographique. Cet examen n'est pas douloureux et ne nécessite ni hospitalisation ni anesthésie.

Galactorrhée

Écoulement laiteux par le mamelon en dehors des moments où l'enfant est nourri au sein.

Une galactorrhée peut être unilatérale ou bilatérale et se produire à travers un ou plusieurs pores du mamelon. Elle peut être spontanée ou provoquée par une pression exercée sur le mamelon.

CAUSES

La galactorrhée est due à une augmentation de la sécrétion d'une hormone, la prolactine, par l'hypophyse (glande endocrine située à la base du cerveau).

La galactorrhée est souvent associée à d'autres troubles, comme une aménorrhée (absence de règles). Une galactorrhée est parfois causée par une tumeur bénigne (adénome) de l'hypophyse ou par un traitement par des médicaments hormonaux (œstroprogestatifs), par les phénothiazines ou par certains médicaments antihypertenseurs.

TRAITEMENT

Un grand nombre de galactorrhées ne réclament aucun traitement particulier. Une tumeur est traitée par la chirurgie ou par l'administration d'une substance qui inhibe la sécrétion de prolactine, arrête la production de lait et peut dans certains cas faire régresser une tumeur.

Galactose

Glucide caractéristique du lait.

Galactosémie congénitale

Déficit héréditaire en transférase, enzyme participant aux transformations du galactose dans l'organisme.

La galactosémie congénitale débute chez le nouveau-né. Elle se manifeste par un ictère, des diarrhées et des vomissements. Non traitée, elle se traduit par une déficience mentale, un retard de croissance, une cirrhose et une cataracte. Un régime alimentaire sans lactose empêche l'apparition des différentes manifestations.

Gale

Affection cutanée due à des parasites de l'ordre des acariens, les sarcoptes (*Sarcoptes scabiei*). SYN. *gale sarcoptique, scabiose*.

La gale survient par épidémies cycliques, séparées par des périodes de 30 à 40 ans.

Selon le type de transmission, on distingue la gale dite humaine, caractérisée par une contamination à partir d'une autre personne, de la gale non humaine, caractérisée par une contamination à partir d'un animal ou d'un végétal.

Gale humaine

Dans cette affection cutanée, la femelle du sarcopte creuse un tunnel dans l'épaisseur de l'épiderme et y pond des œufs. Ceux-ci donnent naissance à des larves, qui deviennent adultes et se reproduisent sur la peau. La contamination s'effectue par contact physique direct (rapport sexuel) ou par l'intermédiaire d'objets contaminés (drap, couverture).

SYMPTÔMES ET SIGNES

La gale humaine se manifeste tout d'abord par des démangeaisons, très caractéristiques si elles atteignent tous les membres d'une famille. Puis apparaissent de courts sillons (correspondant aux tunnels) surmontés à une extrémité d'une minuscule perle translucide (vésicule perlée), prédominant entre les doigts, sur les poignets, les aisselles, la région de la ceinture, mais ne siégeant jamais sur le visage.

TRAITEMENT

Il doit être administré en même temps à tous les membres de la famille et à tous les sujets très proches. Les produits antiscabieux (destinés à traiter la gale) se présentent sous forme de lotions ou d'aérosols à appliquer sur la peau, mais aussi sur le linge et la literie. Le mode d'emploi de chaque produit doit être rigoureusement respecté, surtout chez l'enfant, notamment en ce qui concerne la durée d'application. En effet, outre la possibilité d'irritation en cas de contact avec les voies respiratoires (aérosols), les yeux ou les muqueuses, il existe un risque d'atteinte neurologique (convulsions).

Gales d'origine animale ou végétale

C'est un ensemble d'affections cutanées dues à des variétés d'acariens présents sur les animaux (chats, chiens, oiseaux) ou les végétaux (arbustes, blé). Elles se manifestent par des démangeaisons passagères, sans sillon caractéristique. La disparition de la source de contamination entraîne la guérison.

Galénique

Relatif à la préparation des médicaments.

Une forme galénique (ou pharmaceutique, ou encore médicamenteuse) est une préparation que le pharmacien met au point soit dans un laboratoire pharmaceutique industriel, soit dans son officine.

Gamète

Cellule reproductrice. SYN. *cellule sexuelle.*

Les gamètes (spermatozoïdes chez l'homme, ovules chez la femme) sont produits dans les glandes sexuelles, ou gonades (testicules chez l'homme, ovaires chez la femme), au cours de la méiose (division cellulaire particulière).

Gammaglobuline

Protéine du plasma sanguin appartenant à la famille des immunoglobulines (anticorps), et également utilisée en thérapeutique pour renforcer une immunité déficiente.

Les gammaglobulines sont diminuées en cas de déficit immunitaire, et augmentées en cas d'état inflammatoire ou infectieux, et de cirrhose.

UTILISATION THÉRAPEUTIQUE

Les gammaglobulines sont obtenues à partir du sang d'un donneur. On dispose ainsi de préparations qui peuvent être utilisées contre la diphtérie, les infections à cytomégalovirus, l'hépatite B, la varicelle et le zona, les oreillons, la rubéole, le tétanos, la variole et la coqueluche.

EFFETS INDÉSIRABLES

Les réactions allergiques sont mineures. Un dépistage systématique dans le sang des donneurs empêche toute transmission involontaire des virus du sida ou de l'hépatite B. Le risque de transmission du virus de l'hépatite C est discuté.

Gammaglutamyl-transpeptidase

Enzyme présente dans plusieurs organes et, plus particulièrement, dans le foie, facilitant

le transfert transcellulaire des acides aminés.
SYN. *gammaglutamyl-transférase,* ou *Gamma-GT.*

La concentration dans le plasma de la gammaglutamyl-transpeptidase, également appelée GGT ou gamma-GT, s'élève au cours des nombreuses maladies hépatiques et, particulièrement, au cours de la cholestase ou des complications hépatiques de l'alcoolisme.

Gamma-GT

→ VOIR Gammaglutamyl-transpeptidase.

Ganglion lymphatique

Petit organe appartenant au système lymphatique, qui joue un rôle fondamental dans la fonction immunitaire.

Les ganglions lymphatiques sont placés sur le trajet de la lymphe circulant des tissus vers le sang : aine, aisselle, cou, etc. Certains ganglions sont superficiels et palpables chez les sujets minces, d'autres profonds et visibles à l'examen radiologique (scanner, imagerie par résonance magnétique).

STRUCTURE
Un ganglion est constitué de tissu lymphoïde, tissu où les globules blancs de type lymphocyte séjournent et se multiplient.

PATHOLOGIE
L'activation et la multiplication des lymphocytes se traduisent par une augmentation de la taille du ganglion de quelques millimètres à quelques centimètres.

Ganglion nerveux

Amas de cellules formant un petit renflement sur le trajet des nerfs.

Un ganglion nerveux contient le corps cellulaire de neurones (cellules nerveuses), petit centre de commande du neurone dont les prolongements forment les nerfs.

Gangrène

Affection caractérisée par la mort des tissus, touchant essentiellement les membres mais parfois aussi des viscères tels que le foie, le poumon ou l'intestin.

La cause principale d'une gangrène est une interruption locale de la circulation san-

guine. Deux types de gangrène existent : la gangrène sèche et la gangrène humide, laquelle se déclare lorsqu'une gangrène sèche ou une plaie se compliquent d'une surinfection (donnant lieu à des gangrènes infectieuses, dont la plus fréquente est la gangrène gazeuse).

Gangrène sèche

Dans cette nécrose des tissus, il n'y a pas d'infection bactérienne ; les zones atteintes meurent parce que le sang n'y parvient plus et, donc, parce que les tissus ne sont plus oxygénés.

La gangrène sèche peut être provoquée par une embolie artérielle (migration d'un caillot qui reste bloqué dans une artère et l'obstrue), une thrombose, une amputation traumatique, une compression (au cours d'un accident) ayant duré plus de six heures, une artérite (inflammation d'une artère), une artériosclérose ou une gelure.

TRAITEMENT
Le traitement de la gangrène sèche consiste à améliorer la circulation des régions affectées avant qu'il ne soit trop tard. Si les tissus s'infectent, des antibiotiques sont administrés au patient pour empêcher l'installation d'une gangrène humide.

Gangrène humide

La gangrène humide se caractérise par une nécrose des tissus due à l'infection, par des bactéries, d'une zone de gangrène sèche ou d'une plaie. Au lieu d'être secs, les tissus sont gonflés et suintants.

TRAITEMENT
Devant une gangrène humide, l'amputation chirurgicale de la région malade est inévitable, de même que l'ablation des tissus vivants à proximité de la plaie.

Gardner (syndrome de)

Maladie héréditaire caractérisée par des tumeurs multiples.

Le syndrome de Gardner survient chez l'enfant ou l'adolescent et se traduit par de multiples tumeurs bénignes cutanées (fibromes, lipomes, kystes), par des malformations des os et des dents et, surtout, par une polypose rectocolique (polypes du gros intestin et du rectum).

Le traitement repose sur l'ablation chirurgicale des lésions.

Gardnerella vaginalis

Bacille à Gram négatif responsable d'une vaginite non gonococcique.

Gargarisme

Solution médicamenteuse utilisée pour rincer la bouche et la gorge.

Les gargarismes servent à traiter les angines et toutes les inflammations de la bouche. Diverses solutions sont utilisées : antibiotiques, antiseptiques, astringentes ou émollientes. La solution doit être recrachée. Avaler une gorgée par inadvertance est sans gravité.

Garrot

Lien serré autour d'un membre et dont le but est d'y interrompre la circulation sanguine.

En milieu chirurgical, la pose d'un garrot est indiquée dans les interventions vasculaires et osseuses. Grâce à cette technique, il est possible d'éviter les saignements pendant l'opération.

En cas d'hémorragie, même grave, il ne faut jamais poser un garrot. En effet, une simple compression à l'endroit du saignement ou, au besoin, sur l'artère en cause est généralement suffisante. Même les spécialistes ne mettent en place un garrot que dans des circonstances exceptionnelles (afflux de blessés, amputation) et selon des règles très précises. Sinon, on risque de provoquer une gangrène. De même, il faut laisser aux spécialistes le soin de retirer un garrot : les substances toxiques accumulées dans le membre, en diffusant brutalement dans l'organisme, risquent en effet de provoquer le décès immédiat du malade.

Gastralgie

Douleur de l'estomac.

Gastrectomie

Ablation chirurgicale partielle ou totale de l'estomac.

Une gastrectomie est une intervention chirurgicale majeure, pratiquée sous anesthésie générale. La gastrectomie totale est indiquée en général pour un cancer de l'estomac avancé, et la gastrectomie partielle pour un cancer à un stade peu avancé ou pour un ulcère résistant aux médicaments antiulcéreux.

Après gastrectomie totale, le chirurgien rétablit le circuit digestif par abouchement de l'œsophage au jéjunum (deuxième partie de l'intestin grêle). Les aliments passent alors directement dans l'intestin. La gastrectomie partielle retire uniquement l'antre (partie inférieure) de l'estomac, ou les deux tiers inférieurs, ou encore les quatre cinquièmes inférieurs de celui-ci ; le chirurgien réalise ensuite une anastomose entre la partie restante de l'organe et le duodénum (première partie de l'intestin grêle) ou une anse du jéjunum, la tranche gastrique destinée à être reliée à l'intestin étant préalablement rétrécie afin d'éviter une vidange trop rapide de l'estomac (syndrome de chasse). Dans le traitement des ulcères, la gastrectomie est associée à une section des nerfs pneumogastriques (vagotomie tronculaire).

→ VOIR Estomac (syndrome du petit), Syndrome postprandial tardif.

Gastrine

Hormone peptidique sécrétée par les cellules endocrines de l'antre gastrique (partie inférieure de l'estomac) et des parois du duodénum et du jéjunum et participant à la digestion des aliments.

Gastrite

Inflammation de la muqueuse de l'estomac.

Les gastrites peuvent être aiguës ou chroniques.

Gastrites aiguës

Ces inflammations aiguës de la muqueuse de l'estomac ont des causes très diverses : médicaments (notamment anti-inflammatoires), allergie, stress, agents infectieux. Les symptômes de la maladie, inconstants, sont essentiellement des douleurs gastriques (brûlures d'estomac) déclenchées ou exacerbées par la prise d'aliments. Le principal risque de cette maladie est l'hémorragie digestive, dont l'importance est imprévisible.

TRAITEMENT

Il fait appel à un régime alimentaire peu irritant (sans épices, sans alcool ni friture), à des pansements gastriques et à des médicaments antisécrétoires (réduisant l'acidité gastrique). Les gastrites aiguës guérissent en quelques jours.

Gastrites chroniques

Ces inflammations chroniques de la muqueuse de l'estomac sont dues à des agents irritants, en particulier le tabac et l'alcool, à la prise de médicaments anti-inflammatoires ou encore à des phénomènes d'auto-immunité (fabrication par l'organisme d'anticorps dirigés contre ses propres organes), comme dans la maladie de Biermer. Une gastrite chronique peut se manifester par des douleurs gastriques. Le plus souvent cependant, il n'y a pas de douleurs gastriques, mais parfois une perte d'appétit ou une anémie due à une petite hémorragie persistante.

TRAITEMENT

Il consiste essentiellement à soulager les symptômes, quand ils existent (pansements gastriques, régime sans alcool). Dans les cas où l'on peut craindre une évolution tumorale, une surveillance gastroscopique est nécessaire.

Gastroduodénal

Relatif à l'estomac et au duodénum.

Gastroduodénostomie

Abouchement chirurgical de l'estomac au duodénum.

Gastroentérite

Inflammation de l'estomac et de l'intestin provoquant des troubles digestifs aigus, généralement passagers.

Une gastroentérite est le plus souvent d'origine infectieuse, virale (adénovirus, coronavirus, rotavirus, virus de Norwalk) ou bactérienne (salmonelles, shigelles, staphylocoques) et elle se contracte par ingestion d'eau ou d'aliments contaminés ou bien par transmission orofécale (des fèces à la bouche

par l'intermédiaire des mains) ; de telles formes apparaissent de façon épidémique dans les collectivités. Une gastroentérite peut également survenir en cas d'intolérance alimentaire ou médicamenteuse.

SYMPTÔMES ET SIGNES

Une gastroentérite se traduit par une diarrhée d'intensité variable qui survient le plus souvent brutalement et qui est accompagnée de douleurs gastriques et abdominales et de vomissements. Les formes les plus graves peuvent entraîner une déshydratation.

TRAITEMENT

Il repose principalement sur le repos et l'absorption de quantités importantes de liquides additionnés de sucre et de sel pour compenser l'eau et les électrolytes perdus par les vomissements et la diarrhée. On peut également administrer au patient du charbon et un antiseptique intestinal. Les formes les plus graves peuvent nécessiter une réhydratation en milieu hospitalier.

Gastroentérologie

Spécialité médicale consacrée à l'étude de l'appareil digestif et des maladies qui s'y rapportent. SYN. *hépatogastroentérologie*.

Gastroentérostomie

Opération chirurgicale consistant à relier directement l'intestin grêle à l'estomac.

Gastrojéjunostomie

Abouchement chirurgical de l'estomac au jéjunum.

Gastroscopie

Examen permettant l'exploration directe de la muqueuse de la partie haute du tube digestif et la pratique de certaines interventions. SYN. *fibroscopie gastrique*.

La gastroscopie permet l'examen du tube digestif de l'œsophage au duodénum, l'extraction de corps étrangers et l'ablation de petites tumeurs ainsi que l'arrêt d'hémorragies par injection ou coagulation. Les grosses tumeurs peuvent être découpées à l'aide de sondes laser introduites dans le gastrofibroscope.

Gastrostomie

Opération chirurgicale consistant à relier directement l'estomac à la peau par une sonde permettant l'alimentation.

→ VOIR Stomie.

Gaucher

Personne qui a tendance à utiliser la moitié gauche du corps pour accomplir les mouvements et les gestes habituels.

Être gaucher est un phénomène purement physiologique résultant d'une latéralisation dominante droite (dominance de l'hémisphère cérébral droit). La gaucherie peut être congénitale ou acquise (consécutive à une lésion cérébrale gauche).

On a longtemps voulu rééduquer, à tort, les enfants gauchers : contrarier un gaucher (interdire systématiquement à un enfant de se servir de sa main gauche) risque de créer des troubles psychomoteurs (tics, maladresse), des troubles de l'élocution, de la graphie ou de la lecture ou des troubles affectifs (émotivité, conduite d'opposition, sentiment de culpabilité ou d'infériorité). Mais il est vrai que, plongé dans un univers conçu pour les droitiers, l'enfant gaucher peut présenter un retard d'adaptation. La tâche de l'éducateur est d'aider l'enfant à maîtriser la spatialité afin de le conforter au mieux dans ses performances.

Gaucher (maladie de)

Maladie héréditaire du métabolisme des lipides due au déficit d'une enzyme, la bêtaglucosidase.

La maladie de Gaucher atteint le plus souvent l'adulte entre 20 et 30 ans.

La maladie se traduit par l'accumulation de glucocérébrosides (lipides liés à des glucides, présents notamment dans le cerveau) dans la rate, le foie, les ganglions, la moelle osseuse et, à un moindre degré, le cerveau. Elle se manifeste par une augmentation du volume de la rate et du foie. L'hyperactivité de la rate entraîne une anémie, une diminution du nombre de granulocytes et de plaquettes avec risque d'hémorragies et d'infections. Une atteinte nerveuse peut se manifester, surtout chez le nourrisson et chez l'enfant.

Il n'existe pas de traitement de cette maladie.

Gayet-Wernicke (encéphalopathie de)

Atteinte diffuse de l'encéphale par carence en vitamine B1.

L'encéphalopathie de Gayet-Wernicke est due à une carence découlant elle-même le plus souvent d'un alcoolisme chronique, parfois d'une dénutrition sévère. Les signes en sont une désorientation temporo-spatiale, des troubles de la vigilance (somnolence), de la station debout et de la marche, une hypertonie (raideur), une paralysie des mouvements oculaires.

Le traitement consiste en l'injection de vitamine B1.

Gaz du sang (examen des)

Mesure des taux d'oxygène et de gaz carbonique dans le sang artériel. SYN. gazométrie artérielle.

Ces taux reflètent l'hématose (enrichissement du sang en oxygène et épuration de son gaz carbonique dans les poumons).

Le prélèvement du sang se fait à partir d'une artère superficielle, en général l'artère radiale au poignet, ou, chez l'enfant, dans les capillaires de l'oreille. Le résultat, obtenu en quelques minutes, est exprimé en « pression partielle » artérielle : PaO_2 pour l'oxygène (normalement de 11,3 à 13,3 kilopascals, soit de 85 à 100 millimètres de mercure en anciennes unités, ces valeurs diminuant avec l'âge) ; $PaCO_2$ pour le gaz carbonique (normalement de 4,9 à 5,7 kilopascals, soit de 37 à 43 millimètres de mercure, valeur non modifiée par l'âge).

Ces mesures sont en fait toujours couplées à celles d'autres paramètres d'importance physiologique considérable : pH (reflet de la concentration du sang en ions bicarbonate et en gaz carbonique) ; pourcentage d'hémoglobine oxygénée (de 97 à 100 % dans le sang artériel) ; quantité d'hémoglobine sanguine ; taux de bicarbonates sanguins.

À partir de l'ensemble de ces éléments, il est possible d'évaluer la situation respiratoire d'un malade, d'apprécier des perturbations de l'équilibre acido-basique, de déterminer, lorsque l'on connaît le débit cardiaque, la quantité d'oxygène que le cœur et les poumons délivrent aux tissus périphériques. Lorsque sont couplées des mesures des gaz du sang artériel et des gaz du sang veineux mêlé prélevé dans l'artère pulmonaire au cours du cathétérisme cardiaque, il est également possible d'évaluer la consommation périphérique d'oxygène. L'examen des gaz du sang fait partie de l'exploration fonctionnelle respiratoire. Il permet d'évaluer la gravité d'une insuffisance respiratoire et de déterminer sa cause, de même qu'il est utile à l'interprétation des perturbations de l'équilibre acido-basique sanguin (acidose, alcalose) et à l'évaluation de l'apport et de l'utilisation de l'oxygène.

Gélineau (syndrome de)

Trouble caractérisé par des accès répétés de besoin subit de sommeil (narcolepsie), au cours desquels le tonus musculaire diminue (catalepsie).

C'est une affection rare, de cause inconnue, qui touche le plus souvent l'homme jeune. Souvent, la catalepsie provoque la chute du malade. Le traitement repose sur les amphétamines, l'imipramine ou le modafinil (nouvelle substance plus efficace et mieux tolérée).

Gelure

Lésion grave des tissus causée par le froid.

Certaines circonstances favorisent l'apparition des gelures : immobilité prolongée, vêtements trop serrés ou humides, vent. Toutes les régions du corps peuvent être touchées, mais les gelures atteignent surtout les extrémités (doigts, orteils, nez, oreilles). Elles se manifestent par une sensation de picotement puis par un engourdissement progressif, signe d'alarme important, car ensuite la victime ne sent plus rien. La peau est froide et blanche, puis violacée et gonflée.

Dans les formes les plus graves et non traitées apparaissent des phlyctènes (cloques contenant du plasma) puis une gangrène.

TRAITEMENT ET PRONOSTIC

Le traitement consiste à soustraire le malade au froid, à desserrer ses vêtements sans les lui retirer et à l'enrouler dans une couverture. L'hospitalisation s'impose dès qu'elle est possible. Un réchauffement trop brutal est dangereux ; il ne faut surtout pas frictionner le malade, ni lui faire prendre un bain chaud, ni même le réchauffer sur un radiateur.

Le pronostic est variable, de la guérison rapide sans séquelle à l'amputation chirurgicale.

→ VOIR Froid (dermatoses dues au).

Gencive

Tissu de la muqueuse buccale qui recouvre les faces interne et externe des os maxillaires.

Les gencives constituent une bande de 2 à 4 millimètres qui entoure les dents.

PATHOLOGIE

Outre la gingivite (inflammation des gencives) et la parodontite (inflammation des tissus de soutien de la dent se traduisant par une destruction plus ou moins importante de l'os alvéolaire), les gencives peuvent être le siège de tumeurs bénignes ou malignes (épulis).

Gène

Segment d'A.D.N. conditionnant la synthèse d'une ou de plusieurs protéines et, donc, la manifestation et la transmission d'un caractère héréditaire déterminé.

Les gènes sont situés à des endroits bien spécifiques des chromosomes, que l'on appelle locus. Cette localisation est toujours identique d'une génération à la suivante. L'être humain possède environ 100 000 gènes différents, l'ensemble des gènes d'un individu constituant son génotype. L'ensemble du matériel génétique, c'est-à-dire toutes les molécules d'A.D.N. d'une cellule, est appelé génome. Les chromosomes allant par paires, chaque cellule possède chaque gène en double. Seuls les gènes portés par les chromosomes X et Y chez l'individu de sexe masculin sont uniques. Les différentes versions d'un gène (le gène « couleur des yeux », par exemple) sont appelées allèles (yeux bleus, yeux bruns, yeux verts, etc.). Lorsque l'allèle est le même sur les deux chromosomes, le sujet est dit homozygote. Si les deux allèles sont différents, il est dit hétérozygote.

Une maladie héréditaire qui se manifeste seulement si les deux allèles du gène en cause sont mutés est dite à transmission récessive. Si, au contraire, un seul allèle muté suffit pour que la maladie se manifeste, elle est dite à transmission dominante.

Généraliste

Médecin exerçant la médecine générale, par opposition à spécialiste. SYN. *omnipraticien*.

Génétique

Science dont l'objet est l'hérédité, normale et pathologique.

La génétique analyse et permet de prévoir la transmission des caractères héréditaires ; celle-ci obéit aux lois de l'hérédité.

Génie génétique

Ensemble des techniques permettant de manipuler les acides nucléiques (A.D.N., A.R.N.) en laboratoire. SYN. *manipulations génétiques, techniques de biologie moléculaire*.

Le génie génétique permet d'isoler un gène et de le produire en grandes quantités. Celui-ci peut être utilisé pour diagnostiquer une maladie héréditaire (par exemple chez le fœtus). Le génie génétique étudie également les mécanismes qui permettent l'expression de ce gène dans les cellules. En isolant le gène, on peut aussi produire, en grande quantité, la protéine dont il conditionne la synthèse afin de l'utiliser en thérapeutique. Ainsi, il est possible de créer par génie génétique de l'insuline humaine, pour traiter les sujets diabétiques, ou du facteur VIII pour traiter les hémophiles A. Les protéines ainsi produites sont plus sûres que celles extraites d'échantillons humains, qui risquent d'être contaminées par des virus. Enfin, les gènes isolés pourront,

lorsque la technique nécessaire aura été mise au point, être utilisés pour traiter, de manière définitive, les maladies génétiques.

Génioplastie

Opération chirurgicale de modification ou de reconstruction du menton.

Génital féminin (appareil)

Ensemble des organes de la femme assurant la fonction de reproduction.

Structure

L'appareil génital féminin se compose d'organes externes et internes.

ORGANES GÉNITAUX EXTERNES

Ils portent également le nom de vulve. Celle-ci est formée par deux replis cutanés, dits grandes lèvres, qui recouvrent deux replis de muqueuse, dits petites lèvres, et protègent un vestibule dans lequel s'ouvrent l'urètre en avant et le vagin en arrière. De part et d'autre du vestibule débouchent les glandes de Bartholin, qui sécrètent un liquide lubrifiant. À la commissure des petites lèvres se trouve un tubercule érectile, le clitoris, riche en terminaisons nerveuses qui lui confèrent sa sensibilité.

ORGANES GÉNITAUX INTERNES

Ils comprennent deux glandes sexuelles, les ovaires, et les voies génitales, formées des trompes utérines, de l'utérus et du vagin.

■ Les ovaires sont des glandes en forme d'amande de 3 ou 4 centimètres de long. Ils sont situés de part et d'autre de l'utérus, auquel ils sont reliés par des ligaments. Leur surface est nacrée et fripée. Ils contiennent les follicules ovariens, aussi appelés follicules de De Graaf, qui produisent les ovules.

■ Les trompes utérines, ou trompes de Fallope, sont des conduits de 8 ou 9 centimètres de longueur. Leur extrémité libre, en forme de pavillon et bordée de franges, s'ouvre en face d'un ovaire. Leur paroi contient une importante musculature lisse, et des cils tapissent leur face interne. L'autre extrémité des trompes débouche dans les coins supérieurs de l'utérus, les cornes utérines.

■ L'utérus est un muscle creux en forme de poire renversée, de 7 centimètres de haut et 5 centimètres de large, situé entre la vessie et le rectum. Son corps se rétrécit en bas, vers l'isthme, et se termine par le col utérin, en saillie dans le vagin. Sa paroi contient une couche de musculature lisse et est tapissée à l'intérieur par une muqueuse, l'endomètre, riche en glandes et en vaisseaux sanguins. À l'extérieur, l'utérus est recouvert par le péritoine et soutenu par des ligaments résistants. Normalement, il est incliné vers l'avant (antéflexion) et forme avec le vagin un angle d'environ 90°.

■ Le vagin est un conduit musculo-membraneux d'environ 8 centimètres de long, dont la paroi est constituée de replis longitudinaux et transversaux. Elle est tapissée par une muqueuse riche en glandes qui sécrètent du mucus. Enrichi de cellules provenant de la desquamation naturelle de la paroi, ce mucus forme les pertes vaginales naturelles. Le fond du vagin, occupé par la saillie cylindrique du col utérin, forme autour de celui-ci un bourrelet, le cul-de-sac vaginal. L'orifice inférieur du vagin est en partie fermé par un repli, l'hymen, déchiré par le premier rapport sexuel.

Fonctionnement

La fonction génitale féminine commence à la puberté et prend fin à la ménopause. Elle est rythmée par les cycles ovariens et les règles, qui, lorsque la femme n'est pas enceinte, se produisent tous les 28 jours en moyenne sous la forme d'un écoulement de sang provenant de la paroi vascularisée de l'utérus, mêlé à de fins débris de muqueuse utérine. À chaque cycle, en effet, l'un des follicules ovariens parvient à maturité dans l'un des deux ovaires et éclate, libérant un ovule : c'est l'ovulation. Capté par les franges et le pavillon de la trompe utérine, l'ovule s'achemine alors vers l'utérus. Si, pendant ce trajet, qui dure 4 jours, il est fécondé par un spermatozoïde, l'ovule va s'implanter dans la muqueuse utérine pour y devenir embryon. S'il n'est pas fécondé, les règles se déclenchent. Ces phénomènes obéissent à une sécrétion hormonale hypophysaire (hormones folliculostimulante et lutéinisante) qui contrôle le cycle ovarien.

De leur côté, les ovaires sécrètent leurs propres hormones (œstrogènes et progestérone essentiellement), qui stimulent les organes sexuels et préparent l'utérus à une éventuelle grossesse.

Examens

L'appareil génital féminin peut être exploré essentiellement par 5 techniques différentes : l'examen gynécologique du médecin ; la radiographie, avec introduction d'un produit de contraste dans le cas de l'hystérosalpingographie (radiographie de l'utérus et des trompes) ; l'échographie ; la colposcopie (examen direct du vagin et du col utérin à l'aide d'un tube optique introduit par voie vaginale), qui permet d'effectuer un frottis cervicovaginal ; enfin, la cœlioscopie (examen direct des organes à l'aide d'un tube optique introduit par une minuscule incision abdominale). Les frottis, qui doivent être pratiqués régulièrement, servent au dépistage des cancers de l'utérus.

Pathologie

Outre les malformations congénitales, rares (vagin ou utérus doubles ou absents, imperforation de l'hymen, pseudohermaphrodisme), les déplacements d'organes (prolapsus), les mauvaises positions de l'utérus (rétroversion) et les grossesses extra-utérines (implantation de l'œuf fécondé ailleurs que dans l'utérus), la pathologie de l'appareil génital féminin comprend de nombreuses affections. Si les déséquilibres ou les insuffisances de la sécrétion hormonale sont souvent à l'origine de retards de la puberté, de troubles de la menstruation ou de la ménopause, ou encore d'une stérilité, les affections les plus fréquentes sont les infections et les tumeurs.

Génital masculin (appareil)

Ensemble des organes masculins permettant la reproduction.

Chez l'homme, l'appareil génital est étroitement lié à l'appareil urinaire. Il comprend les testicules, les épididymes, les canaux déférents, les vésicules séminales, la prostate ainsi que le pénis.

■ **Les testicules,** situés dans les bourses, sont de forme ovoïde et d'une longueur de 4 centimètres environ. Ils élaborent la testostérone (hormone mâle, agissant sur le développement des organes génitaux et des caractères sexuels secondaires) et les spermatozoïdes.

■ **L'épididyme,** conduit situé en arrière du testicule, reçoit les spermatozoïdes, qu'il amène vers le canal déférent.

■ **Le canal déférent** est situé dans le cordon spermatique (pédicule contenant le testicule et l'épididyme). Il s'agit d'un conduit très fin qui relie l'épididyme aux ampoules déférentielles et aux canaux éjaculateurs. Il transporte les spermatozoïdes.

■ **Les vésicules séminales** sont deux poches situées en arrière de la prostate ; elles fabriquent le plasma séminal, qui, mêlé aux sécrétions prostatiques, va former le sperme avec les spermatozoïdes.

■ **Les canaux éjaculateurs,** qui font suite aux vésicules séminales, expulsent le sperme dans l'urètre au moment de l'excitation sexuelle.

■ **La prostate** est une glande pesant de 15 à 20 grammes, située sous le col vésical et entourant l'urètre. Elle sécrète le plasma séminal, qui, associé aux sécrétions des vésicules séminales et aux spermatozoïdes, va former le sperme.

■ **Le pénis, ou verge,** est constitué de l'urètre, conduit véhiculant l'urine lors de la miction et le sperme lors de l'éjaculation, et de deux organes érectiles, appelés corps caverneux, qui sont flaccides à l'état de repos ; lors de l'érection, ils deviennent rigides grâce à l'afflux de sang.

EXAMENS

De nombreux examens explorent l'appareil génital masculin :

– le spermogramme (numération des spermatozoïdes, étude de leur forme, de leur motilité, de leur vitalité, etc.) peut permettre de diagnostiquer l'origine d'une stérilité masculine ;

– les dosages sanguins de testostérone explorent la fonction hormonale du testicule ;

– l'échographie s'attache à décrire les vésicules séminales, la prostate et les testicules ;

– l'écho-Doppler étudie la vascularisation des corps caverneux, qui assurent la qualité de l'érection.

PATHOLOGIE

Outre la stérilité, les principales pathologies qui peuvent affecter l'appareil génital masculin sont :

– les atrophies et ectopies (position anormale, en général d'origine congénitale) testiculaires ;

– les tumeurs et infections du testicule et de l'épididyme ;

– les troubles de l'éjaculation ;

– les tumeurs, bénignes (adénome) ou malignes (cancer), de la prostate ;

– les troubles de l'érection (impuissance sexuelle par exemple).

Génome

Ensemble du matériel génétique, c'est-à-dire des molécules d'A.D.N., d'une cellule.

Le génome est constitué de l'ensemble des gènes (séquences codantes) et des autres séquences, dites non codantes, qui constituent la plus grande partie de l'A.D.N. chromosomique.

En 1990, une équipe de chercheurs français a lancé un projet ambitieux : l'élaboration de la carte du génome humain. Depuis sa réalisation, effective à la fin de l'année 1993, il devient possible de connaître l'ensemble des gènes qui constituent le génome, ce qui permettra de caractériser tous ceux qui sont à l'origine des 5 000 maladies génétiques répertoriées à ce jour et, donc, d'en améliorer le diagnostic et, à plus long terme, d'en permettre la guérison par thérapie génique (traitement des maladies par modification des gènes).

Génothérapie

→ voir **Thérapie génique.**

Génotype

Ensemble des caractères génétiques d'un être vivant, qu'ils se traduisent ou non dans son phénotype (ensemble des caractères physiques et biologiques d'un individu).

Genou

Région articulaire située à la jonction de la cuisse et de la jambe.

L'articulation du genou unit le fémur au tibia et à la rotule. L'adaptation parfaite de la surface articulaire du fémur avec celle du tibia est garantie par l'existence de deux formations fibrocartilagineuses, appelées ménisques. Des ligaments très puissants garantissent une stabilité parfaite à cette articulation.

PATHOLOGIE

■ **L'entorse du genou** est une lésion des ligaments du genou allant de la simple élongation (entorse bénigne) à la rupture complète (entorse grave). Elle est souvent due à un mouvement de torsion forcée du pied, survenant notamment lors de la pratique de certains sports comme le football ou le ski. Les entorses bénignes se traduisent par une douleur et un gonflement de l'articulation. Le port d'un simple bandage ou d'un plâtre pendant 3 semaines permet de calmer la douleur. Les entorses graves se caractérisent par une douleur vive et par une hémarthrose (saignement dans la cavité articulaire). Le sujet, lorsqu'il se tient debout, a l'impression que son genou va se dérober. La rupture complète d'un ligament latéral exige une immobilisation plâtrée de 6 semaines. La rupture d'un ligament croisé antérieur ne nécessite pas d'immobilisation plâtrée, à moins qu'il ne soit réparé chirurgicalement, par suture ou transposition ligamentaire (à l'aide d'un fragment de tendon prélevé sur des muscles voisins ou sur le tendon rotulien) ; cette réparation, contraignante pour le patient, ne doit être proposée qu'aux sportifs de haut niveau. En effet, une simple rééducation, qui doit d'ailleurs toujours être suivie, quel que soit le type de traitement entrepris, aboutit presque toujours à un excellent résultat et à une reprise de la plupart des activités sportives.

■ **Les lésions des ménisques du genou**, fréquentes chez les sportifs de haut niveau, sont essentiellement des déchirures, allant parfois jusqu'à la rupture complète. Leur traitement est chirurgical. Après l'intervention, il est recommandé au sujet de reprendre la marche le plus tôt possible.

■ **La luxation du genou** se caractérise par la perte de contact entre les surfaces articulaires du fémur et du tibia ; des lésions de l'artère poplitée et du nerf sciatique, qui passent en arrière dans la région poplitée, sont possibles. La luxation du genou nécessite une réparation chirurgicale.

■ **D'autres pathologies** s'observent pour le genou, qui peut être contaminé par un germe entraînant la survenue d'une arthrite septique, être le siège d'une maladie inflammatoire atteignant la synoviale (membrane qui recouvre la face intérieure de la capsule articulaire), telle la polyarthrite rhumatoïde, ou d'une maladie dégénérative qui atteint les cartilages par usure progressive, comme l'arthrose. Des tumeurs peuvent se développer à partir de la synoviale, des os ou des parties molles environnantes. Enfin, l'hydarthrose du genou, couramment appelée épanchement de synovie, est le plus souvent due à un traumatisme, à une arthrose ou à une polyarthrite rhumatoïde.

Genou (arthrose du)

→ VOIR Gonarthrose.

Genouillère

Bandage ou plâtre servant à maintenir ou à protéger l'articulation du genou.

■ **Les genouillères élastiques** sont utilisées soit pour obtenir une compression soutenue et prolongée en cas d'hydarthrose (accumulation de liquide séreux dans la cavité articulaire) chronique, soit pour renforcer l'articulation dont l'appareil musculoligamentaire est déficient.

■ **Les genouillères plâtrées**, posées sous contrôle orthopédique, sont indiquées dans le cas de certaines entorses graves ou de fractures du genou (en particulier lorsque la rotule a été atteinte). De telles genouillères permettent la marche quand celle-ci est autorisée.

Genu recurvatum

Déformation du genou caractérisée par la possibilité d'étendre exagérément vers l'avant la jambe sur la cuisse de façon à former un angle ouvert en avant.

On distingue trois principaux types de genu recurvatum.

■ **Le genu recurvatum familial**, très fréquent, s'observe dès les premiers pas chez le jeune enfant. Bénin, il est dû à une hyperlaxité de l'articulation et disparaît généralement à l'âge adulte sans traitement particulier. Quelques exercices musculaires simples, comme la marche sur la pointe des pieds, sont conseillés. Il arrive cependant que la déformation persiste à l'âge adulte et soit à l'origine d'une arthrose du genou.

■ **Le genu recurvatum congénital**, plus rare et plus grave, est toujours associé à une arthrogrypose (luxation congénitale du genou par malformation complexe de l'articulation). Il nécessite le plus souvent un traitement chirurgical.

■ **Le genu recurvatum acquis** est la conséquence d'une fracture de la partie inférieure du fémur ou de la partie supérieure du tibia, consolidée en mauvaise position, ou la conséquence de déficits musculaires dus à une paralysie permettant au genou d'avoir une mobilité anormale. Pour prévenir les risques d'arthrose du genou, il faut alors le plus souvent pratiquer une ostéotomie (intervention chirurgicale qui consiste à sectionner l'os incriminé pour le replacer dans un axe plus favorable).

Genu valgum

Déviation de la jambe vers l'extérieur de l'axe du membre inférieur avec saillie du genou en dedans.

S'il est marqué, le genu valgum, couramment appelé genou cagneux, peut entraver la marche. En outre, les pressions ne s'exerçant pas aux endroits habituels, le genu valgum est souvent facteur de gonarthrose (arthrose du genou).

■ **Chez l'enfant**, entre 3 et 5 ans, le genu valgum est courant, accentué par un excès de poids. Il est dû à une hyperlaxité des ligaments internes du genou ou encore à une séquelle de fracture (fracture de la partie inférieure du fémur ou de la partie supé-

rieure du tibia, qui n'a pas consolidé en bonne position), à une maladie osseuse par carence (rachitisme) ou à une malformation osseuse. Le genu valgum est indolore. Dans les formes légères, il régresse souvent avec la gymnastique et la croissance. Dans les formes importantes, le traitement nécessite la prise de vitamine D (contre le rachitisme), le port de chaussures correctrices et la pose d'attelles pendant la nuit. La chirurgie est réservée aux formes graves ; le chirurgien fait une ostéotomie (section osseuse) qui réaligne l'os concerné, puis le fixe.

■ **Chez l'adulte**, le genu valgum peut être dû à un genu valgum infantile non traité, à une séquelle de fracture du genou consolidée en mauvaise position ou à une maladie osseuse (ostéomalacie). Il est parfois à l'origine d'une arthrose du genou invalidante. Outre la vitamine D (contre une ostéomalacie), le traitement des formes graves de genu valgum est l'ostéotomie ou, si la situation a évolué depuis trop longtemps, le remplacement de l'articulation du genou par une prothèse.

Genu varum

Déviation de la jambe vers l'intérieur de l'axe du membre inférieur avec saillie du genou en dehors.

Le genu varum, couramment appelé jambe arquée, peut évoluer vers une arthrose du genou (gonarthrose) par excès de pression sur des points normalement soumis à des pressions faibles.

■ **Chez l'enfant**, le genu varum est habituel jusqu'à l'âge de 18 mois. Chez les enfants plus âgés, il peut être dû à une maladie osseuse (rachitisme). Le genu varum est indolore. Le traitement, s'il est nécessaire, est chirurgical et consiste à placer une agrafe sur le tibia du côté externe du cartilage de conjugaison (plaque cartilagineuse située aux extrémités d'un os, assurant sa croissance) ; les os grandissent alors à vitesse normale du côté interne du genou, moins vite du côté externe, ce qui permet d'obtenir une correction progressive.

■ **Chez l'adulte**, le genu varum peut être dû à un genu varum infantile non traité ou à une séquelle de fracture. Le traitement des formes graves est chirurgical, par ostéotomie (section osseuse) suivie d'une correction de l'axe et d'une fixation de l'os concerné. Cet acte chirurgical n'est pas forcément suivi d'une immobilisation avec plâtre.

Gériatrie

Discipline médicale consacrée aux maladies dues au vieillissement.

Germe infectieux

Tout micro-organisme (bactérie, virus, parasite) vivant, source de maladie infectieuse.

Gérontologie

Science consacrée à l'étude du vieillissement humain.

Gigantisme

Taille anormalement grande par rapport à la taille moyenne des individus de même âge et de même sexe.

Le véritable gigantisme pathologique, responsable d'une grande taille définitive, est dû à une hypersécrétion par l'hypophyse de l'hormone somatotrope, ou hormone de croissance, débutant avant la fin de la puberté. Il s'agit d'une acromégalie (développement excessif des os de la face et des extrémités des membres) prépubertaire.

Gilbert (syndrome de)

Trouble dû à une anomalie héréditaire du transport et de la transformation hépatique de la bilirubine (pigment biliaire issu de la dégradation de l'hémoglobine), anomalie liée à un déficit enzymatique.

Le syndrome de Gilbert est une anomalie bénigne et relativement fréquente qui se manifeste par un discret ictère des conjonctives. Le diagnostic repose sur la constatation d'une augmentation modérée de la bilirubine libre dans le sang. L'affection ne nécessite aucun traitement.

Gilles de La Tourette (syndrome de)

Affection neurologique chronique rare caractérisée par l'existence de tics, accompagnés ou non de coprolalie (émission de mots orduriers) et d'écholalie (répétition de fragments de mots ou de phrases). SYN. *maladie des tics.*

L'origine de cette affection est encore mal connue ; elle serait due à une hyperactivité des systèmes dopaminergiques. Le caractère familial de la maladie n'est pas exceptionnel.

SYMPTÔMES ET SIGNES

Les tics apparaissent habituellement entre 2 et 10 ans, avec une nette prédominance masculine. Ils se répètent souvent par salves, ce qui leur confère une apparence de rythmicité, et peuvent toucher la plupart des muscles du squelette. Le fait qu'ils puissent être contrôlés par la volonté les distingue des autres mouvements anormaux.

TRAITEMENT ET ÉVOLUTION

Le traitement est fondé sur les neuroleptiques qui guérissent jusqu'à 80 % des cas.

Gingivectomie

Acte chirurgical consistant à inciser et à enlever une partie de la gencive entourant une dent.

Après l'opération, la région qui entoure la dent est sensible au froid pendant quelque temps. Les complications dépendent de l'état de délabrement de l'os et de l'hygiène buccale.

Gingivite

Inflammation des gencives.

Une gingivite peut être due à un mauvais brossage des dents, qui entraîne une accumulation de la plaque dentaire et du tartre. Des modifications hormonales temporaires peuvent aussi provoquer une gingivite, par exemple pendant la grossesse, l'inflammation disparaissant après l'accouchement. Enfin, la prise de certains médicaments antidépresseurs ou antiépileptiques est aussi susceptible de causer une gingivite. La gencive, rouge et gonflée, devient très sensible et saigne facilement, notamment lors du brossage.

Un détartrage complet, puis la reprise d'un brossage quotidien et méticuleux font disparaître les symptômes en quelques jours.

En l'absence de traitement, la gingivite peut évoluer vers une parodontite, inflammation des tissus de soutien de la dent provoquant une fonte de l'os (amenuisement) dans lequel la dent est implantée. La fonte de l'os peut entraîner un déchaussement.

Ginkgolide

Principe actif extrait des feuilles du *Ginkgo biloba,* arbre chinois de la famille des ginkgoacées, et servant à la fabrication de médicaments.

Les ginkgolides sont principalement indiqués pour leur action vasculoprotectrice, contre les douleurs de l'artériopathie oblitérante des membres inférieurs (rétrécissement des artères par dépôt de cholestérol) ; on les emploie aussi pour corriger la diminution des facultés intellectuelles des sujets âgés (troubles de la mémoire, confusion, etc.) et les troubles circulatoires veineux, notamment en cas de varices des membres inférieurs (jambes lourdes, fourmillements, crampes, œdèmes) et d'hémorroïdes. L'administration se fait par voie orale. Les effets indésirables sont rares : troubles digestifs ou cutanés, maux de tête, allergie.

Les ginkgolides sont actuellement en cours d'expérimentation dans le traitement de pathologies diverses telles que la sclérose en plaques et certaines infections graves.

Glaire cervicale

Liquide visqueux et transparent sécrété par les cellules du col utérin sous l'action des œstrogènes.

PATHOLOGIE

La glaire cervicale peut contenir des substances qui, en modifiant sa composition, s'opposent au passage des spermatozoïdes. Ce sont, par exemple, des agents infectieux, provoquant une inflammation du col utérin, ou des hormones, notamment progestatives. Un traitement œstrogénique entraîne l'amélioration de la qualité de la glaire et, parfois, la guérison d'une stérilité.

Glande

Organe dont le fonctionnement est caractérisé par la synthèse puis la sécrétion d'une substance.

Une glande est constituée d'un type de tissu appelé épithélium, de même nature que la couche superficielle de la peau (épiderme) et des muqueuses. La sécrétion d'une glande peut être soit exocrine, soit endocrine.

■ **Les glandes endocrines,** c'est-à-dire à sécrétion interne, rejettent la substance produite, appelée hormone, dans le sang. L'hypophyse, la thyroïde, les parathyroïdes, les surrénales et les ovaires sont des glandes endocrines.

■ **Les glandes exocrines,** c'est-à-dire à sécrétion externe, rejettent la substance produite à l'extérieur soit directement (à la surface de la peau), soit indirectement (dans le tube digestif, les bronches, les voies génitales ou urinaires). Elles sont souvent munies d'un canal excréteur. Les glandes salivaires, sudoripares et lacrymales sont des glandes exocrines.

Certaines glandes sont à la fois endocrines et exocrines. Ainsi, le pancréas sécrète à la fois des enzymes digestives, et des hormones (dont l'insuline), rejetées dans le sang.

→ VOIR **Hormone, Système endocrinien.**

Glaucome

Maladie de l'œil caractérisée par une élévation de la pression intraoculaire avec atteinte de la tête du nerf optique et altération du champ visuel, pouvant aboutir à la cécité.

Glaucome primitif à angle large

Cette élévation de la pression intraoculaire porte également le nom de glaucome à angle ouvert ou de glaucome chronique. Elle atteint de 1 à 4 % de la population, a souvent un caractère familial, et apparaît généralement après 45 ans. Un gène du glaucome a été identifié.

SYMPTÔMES ET DIAGNOSTIC

Touchant les deux yeux, ce glaucome se traduit au début par une simple élévation de la tension oculaire, qui ne provoque aucun symptôme. Puis il entraîne une altération du champ visuel plus ou moins importante, mais irréversible, et des modifications de la tête du nerf optique (excavation papillaire) pouvant aboutir à la cécité. Dans certaines formes, les altérations du champ visuel apparaissent alors que la tension oculaire n'a jamais été élevée. Le diagnostic est alors particulièrement difficile.

TRAITEMENT
La surveillance de la tension oculaire chez les sujets âgés de plus de 45 ans permet de les traiter au stade précoce, avant toute altération de la vision. Le traitement vise avant tout à faire baisser la tension oculaire à l'aide de collyres antiglaucomateux bêtabloquants, myotiques et adrénaliniques et, parfois, à améliorer la circulation sanguine rétinienne et papillaire à l'aide de médicaments vasodilatateurs. S'il se révèle insuffisant, on peut rétablir l'écoulement de l'humeur aqueuse par la chirurgie (trabéculectomie) ou à l'aide du laser argon (trabéculoplastie), le premier type d'intervention étant plus efficace et plus durable que le second. Dans les formes résistant à tout traitement, on peut utiliser les ultrasons.

Glaucome primitif à angle étroit

Cette élévation de la pression intraoculaire porte également le nom de glaucome à angle fermé ou de glaucome par fermeture de l'angle. Elle touche les personnes qui ont un angle iridocornéen (entre l'iris et la cornée) particulièrement étroit.

SYMPTÔMES ET DIAGNOSTIC
Touchant le plus souvent un seul œil, ce glaucome se manifeste par des crises aiguës de douleurs oculaires et périorbitaires, accompagnées d'une baisse de la vision et parfois de nausées et de vomissements. À l'examen ophtalmologique, l'œil est rouge et dur, la cornée trouble et la pupille dilatée. L'évolution peut être rapide et aboutir à la perte de l'œil.

TRAITEMENT
Le traitement de la crise consiste à faire baisser au plus vite la tension oculaire (injection intraveineuse d'acétazolamide, médicament diurétique, instillation de collyres antiglaucomateux bêtabloquants et surtout myotiques). Il faut ensuite pratiquer un petit trou dans l'iris pour permettre la circulation de l'humeur aqueuse dans l'œil.

L'intervention peut se faire au laser (iridotomie) ou chirurgicalement (iridectomie). Si le traitement est entrepris rapidement, il n'y a pas de séquelles.

Glaucome secondaire

Cette élévation de la pression intraoculaire est due à des maladies oculaires (inflammations, traumatismes, lésions du cristallin) ou générales (augmentation de la pression dans les veines orbitaires) ou à la prise de certains médicaments (corticostéroïdes, surtout en instillation oculaire).

Les symptômes, le diagnostic et le traitement d'un glaucome secondaire s'apparentent à ceux du glaucome primitif à angle large. Le traitement s'adresse surtout à la maladie causale.

Glioblastome

Variété de tumeur maligne du système nerveux central.

Le traitement repose sur l'ablation chirurgicale de la tumeur et sur la radiothérapie. Mais le glioblastome, tumeur infiltrante et mal délimitée, récidive généralement ; le pronostic demeure sombre.

Gliome

Variété de tumeur du système nerveux central (encéphale et moelle épinière) développée aux dépens des cellules gliales (cellules assurant la protection et la nutrition des cellules nerveuses).

Les gliomes sont les plus fréquentes des tumeurs primitives du système nerveux central chez l'adulte. Ils regroupent différents types de tumeurs cérébrales, bénignes (astrocytome, oligodendrogliome) ou malignes (glioblastome).

Globe vésical

Vessie distendue par une rétention d'urine.

Le globe vésical est plus fréquent chez l'homme que chez la femme. Il est très souvent dû à un obstacle sur la voie urinaire (adénome de la prostate, notamment), à un rétrécissement de l'urètre ou, plus rarement, à un dysfonctionnement neurologique de la vessie (atonie du muscle vésical, par exemple). Chez la femme, le globe vésical est le plus souvent provoqué par une compression pelvienne de l'appareil urinaire, due à un volumineux fécalome (masse dure de matières fécales accumulées dans le gros intestin), ou par un alitement prolongé.

Le globe vésical se traduit par une envie d'uriner non satisfaite et très douloureuse. La rétention peut être complète ou incomplète. Pour éviter l'arrêt du fonctionnement des reins, il faut évacuer rapidement l'urine par un drainage réalisé soit par un sondage urétral, soit en ponctionnant directement la vessie à travers la paroi abdominale et en mettant en place un cathéter sus-pubien. Il est ensuite nécessaire de traiter la cause du globe vésical.

Globule blanc
→ VOIR Leucocyte.

Globule rouge
→ VOIR Hématie.

Globuline
Toute protéine de poids moléculaire très élevé.

Les globulines, comme les autres protéines, sont constituées d'une très longue chaîne d'acides aminés. Les globulines du sang comprennent les lipoprotéines (protéines transportant les lipides tels que le cholestérol), les sérumglobulines (sous-groupe de protéines appelées parfois, abusivement, globulines), le fibrinogène (destiné à former les fibres des caillots sanguins) ; l'albumine, en revanche, en est exclue.

Le dosage par électrophorèse (méthode de laboratoire servant à séparer, au moyen d'un champ électrique, les différents composants d'une solution) permet une étude des globulines du sang. Cette technique conduit à les regrouper en quatre grandes familles : alpha-1-globulines, alpha-2-globulines, bêta-globulines et gammaglobulines, représentant respectivement de 1 à 4 %, de 6 à 10 %, de 8 à 12 % et de 12 à 19 % de toutes les protéines. Les gammaglobulines comprennent surtout la majorité des anticorps. Il arrive souvent qu'une maladie modifie les proportions de chaque famille de globulines. Ainsi, les réactions inflammatoires se caractérisent par une augmentation des alpha-1-globulines et des alpha-2-globulines. La cirrhose du foie augmente les gammaglobulines. Les gammapathies monoclonales sont des maladies où l'on observe une augmentation isolée d'une protéine spécifique appartenant à la famille des alpha-2-globulines, des bêtaglobulines ou des gammaglobulines (et non une augmentation globale de l'une de ces familles) ainsi qu'une diminution des autres protéines.

Glomérulonéphrite
Toute maladie rénale caractérisée par une atteinte des glomérules (unités de filtration du rein). SYN. *glomérulite, glomérulopathie, néphropathie glomérulaire.*

Glomérulonéphrites aiguës
Elles sont généralement d'origine infectieuse (dues à un streptocoque), le plus souvent consécutives à une angine non traitée, plus rarement à une infection cutanée comme l'impétigo.

SYMPTÔMES ET SIGNES
Les glomérulonéphrites aiguës se manifestent par un syndrome néphritique caractérisé par une atteinte rénale qui survient de 10 à 15 jours après l'angine : des œdèmes se développent très rapidement aux paupières, dans la région lombaire et aux chevilles ; les urines sont foncées et peu abondantes, contenant du sang et des protéines, tandis qu'apparaît une hypertension artérielle ; il existe parfois une insuffisance rénale modérée.

TRAITEMENT
Le traitement est celui des symptômes : restriction des apports d'eau et de sodium, prise de diurétiques pour faire disparaître les œdèmes. Si ces mesures demeurent insuffisantes, on recourt à un traitement par des médicaments hypotenseurs. La guérison intervient presque toujours en 10 à 15 jours sans laisser de séquelles.

Glomérulonéphrites chroniques

Elles peuvent être primitives, sans cause connue, ou secondaires, consécutives à des maladies comme le lupus érythémateux disséminé, le purpura rhumatoïde, l'amylose, le diabète, le paludisme, ou encore à l'héroïnomanie ou à l'action de certains médicaments comme les sels d'or ou la D-pénicillamine.

SYMPTÔMES ET SIGNES

Les glomérulonéphrites chroniques se traduisent par une protéinurie (présence de protéines dans l'urine) parfois très abondante, qui provoque un syndrome néphrotique (apparition d'œdèmes). Celui-ci peut, dans sa forme majeure, aboutir à une anasarque, œdème généralisé qui se double d'épanchements pleuraux et d'ascite (accumulation de liquide entre les deux feuillets du péritoine). À des degrés variables, toutes les glomérulonéphrites chroniques sont susceptibles d'évoluer vers une insuffisance rénale chronique.

TRAITEMENT

Lorsqu'elles se manifestent par une simple anomalie urinaire, les glomérulonéphrites chroniques ne justifient aucun traitement, mais elles doivent être surveillées régulièrement. Dans certaines variétés plus graves de l'affection, les principaux médicaments utilisés sont les corticostéroïdes, employés seuls ou associés à des immunosuppresseurs. Le traitement des symptômes se révèle souvent nécessaire : régime sans sel strict, traitement de l'hypertension artérielle, prise en charge en milieu spécialisé en cas d'insuffisance rénale chronique. À un stade très évolué, les glomérulonéphrites chroniques requièrent une dialyse et, éventuellement, une transplantation rénale.

Glomérulopathie

→ VOIR Glomérulonéphrite.

Glossite

Inflammation de la langue.

Une glossite se traduit par une modification de l'aspect et de la couleur de la langue, qui devient rouge et douloureuse, et par une atrophie des papilles. L'affection peut être aiguë ou chronique.

■ Les glossites aiguës peuvent être généralisées à toute la langue (scarlatine, intoxication médicamenteuse) ou localisées (blessure due à une dent ou à une prothèse, brûlure).

■ Les glossites chroniques peuvent être un signe d'anémie par carence en une vitamine du groupe B (maladie de Biermer), en fer (anémie ferriprive) ou en zinc, l'un des signes d'une sécheresse buccale dans le cadre d'un syndrome de Gougerot-Sjögren ou de la syphilis tertiaire (3e stade de l'évolution de celle-ci) ; elles sont alors généralisées. Les formes localisées comprennent les petites érosions surinfectées de la syphilis secondaire et deux affections particulières, d'origine inconnue :

- la glossite exfoliatrice marginée, qui se caractérise par l'apparition de plaques rouges dont la forme varie d'un jour à l'autre ;
- la glossite losangique médiane, qui se traduit par une plaque rouge de distribution plus ou moins symétrique.

TRAITEMENT

C'est celui de la maladie en cause si elle est connue. Une bonne hygiène dentaire et des bains de bouche sont recommandés. La glossite exfoliatrice marginée n'a pas de traitement spécifique ; la glossite losangique médiane est traitée par bains de bouche antiseptiques et par la vitamine PP.

Glossodynie

Sensation anormale perçue sur les bords ou à la pointe de la langue.

Une glossodynie peut être due à une glossite ou à une irritation de la langue par des dents en mauvais état ; très souvent, elle est liée à un facteur psychologique (anxiété, peur exagérée du cancer). Elle se traduit parfois par une véritable douleur ; dans d'autres cas, par des sensations de piqûre, de brûlure ou de gêne. Le traitement dépend de l'affection en cause.

Glotte

Région du larynx comprise entre les cordes vocales.

La glotte constitue l'étage moyen du larynx, situé entre le vestibule laryngé (au-dessus) et la région sous-glottique (au-dessous). Elle est bordée de chaque côté par une corde vocale, cordelette blanchâtre horizontale, constituée de muscles et recouverte d'une fine muqueuse. Pendant une respiration normale, l'air expiratoire ne produit aucun son en franchissant la glotte. Au cours de la phonation, l'air expiratoire produit un son grâce à la vibration des cordes vocales (son laryngé) et aux cavités orobuccales situées au-dessus.

PATHOLOGIE

Les maladies de la glotte se traduisent par une modification du timbre de la voix (dysphonie) et sont souvent dues au tabac, qui est un facteur pathogène important. La glotte peut être atteinte par une paralysie laryngée, qui l'immobilise et par des anomalies de la muqueuse : tumeurs bénignes ou malignes et laryngites chroniques.

Glucagon

Hormone sécrétée par le pancréas et qui augmente la concentration sanguine du glucose (glycémie).

UTILISATION THÉRAPEUTIQUE

Le glucagon est indiqué chez le patient diabétique en cas d'hypoglycémie (chute du glucose sanguin) due à un surdosage en insuline ayant entraîné un malaise ou un coma.

Glucide

Substance composée de carbone, d'hydrogène et d'oxygène, d'origine essentiellement végétale. SYN. *hydrate de carbone, sucre.*

Avec les protéines et les lipides, les glucides, autrefois appelés hydrates de carbone, constituent les trois principaux macronutriments de l'alimentation. Les besoins sont d'environ 5 grammes par kilogramme de poids et par jour et doivent représenter de 50 à 55 % de la ration calorique quotidienne. Les glucides représentent une source énergétique rapidement mobilisable et apportent 4 kilocalories par gramme. Selon la longueur et la complexité de leur molécule, on les range en deux catégories.

■ **Les glucides simples,** appelés aussi sucres rapides parce qu'ils sont rapidement absorbés par la muqueuse digestive, ont un goût sucré. On les trouve surtout dans les fruits, les confitures, les bonbons, les pâtisseries, etc.

■ **Les glucides complexes** sont des polysaccharides, constitués par l'assemblage de très nombreuses molécules de glucide. Ils n'ont en général pas de saveur sucrée. Les polysaccharides hydrolysables sont essentiellement représentés par l'amidon, constituant principal des féculents, des racines et des tubercules, et par le glycogène, présent surtout dans le foie des animaux. Les polysaccharides non hydrolysables constituent la majeure partie des fibres végétales alimentaires (cellulose).

Il est conseillé, pour avoir une alimentation équilibrée, d'apporter à l'organisme une ration de 50 à 60 % de glucides composée d'un tiers de glucides simples et de deux tiers de glucides complexes.

Le principal trouble du métabolisme des glucides est le diabète.

Glucocorticostéroïde

Hormone stéroïde sécrétée par la zone fasciculée des glandes surrénales et dont la synthèse a pour origine le cortisol. SYN. *glucocorticoïde.*
→ VOIR Corticostéroïdes.

Glucose

Glucide présent aussi bien dans le règne animal que végétal et qui est la principale source d'énergie de l'organisme. SYN. *dextrose.*

Le glucose est un glucide simple (on ne peut pas le décomposer en plusieurs autres glucides). Les aliments contiennent rarement du glucose libre (sauf le raisin), beaucoup plus souvent du glucose inclus dans des glucides plus complexes (maltose ou amidon, par exemple) subissant l'action d'enzymes du tube digestif, qui les transforment en glucose. Mais le glucose peut aussi être synthétisé au cours de la néoglucogenèse hépatique, suite de réactions chimiques transformant en glucose des lipides et des acides aminés provenant des protéines et de l'acide lactique.

Glucose-6-phosphate déshydrogénase

Enzyme participant à la dégradation du glucose.

PATHOLOGIE

Le déficit génétique en glucose-6-phosphate déshydrogénase est le plus fréquent des déficits enzymatiques du globule rouge. Le gène responsable de la production de cette enzyme est situé sur le chromosome X (comme le gène responsable de l'hémophilie). Le déficit touche davantage les garçons. Les deux types les plus fréquents sont le type A (Afrique) et le type B (Europe), dit aussi déficit méditerranéen. Celui-ci donne des poussées d'hémolyse sévères lors de l'absorption de médicaments oxydants (antipaludéens, sulfamides, par exemple) ou, parfois, seulement à la suite d'ingestion de fèves (favisme). Cette destruction intravasculaire entraîne une émission d'urines rouges et éventuellement une insuffisance rénale aiguë. Le déficit africain est moins sévère. Le traitement est essentiellement préventif : il consiste à proscrire tous les médicaments connus pour être mal tolérés chez ces malades. Les symptômes régressent dès l'arrêt du traitement incriminé.

Gluten

Protéine présente dans certaines céréales (avoine, blé, orge, seigle) et contenant un acide aminé, la glutamine, dans la proportion de 40 %.

→ VOIR **Maladie cœliaque.**

Glycémie

Taux de glucose dans le sang.

Grâce à plusieurs mécanismes de régulation, la glycémie est maintenue sensiblement constante (autour de 1 gramme par litre) afin d'apporter aux organes et aux tissus des quantités constantes de glucose sanguin. La régulation du taux sanguin de glucose est assurée grâce à un équilibre permanent entre les substances, de nature surtout hormonale,

qui diminuent la glycémie (insuline) et celles qui l'augmentent (glucagon, adrénaline, hormone de croissance).

MESURE DE LA GLYCÉMIE

La glycémie se mesure soit dans le sang veineux au cours de la classique « prise de sang » (glycémie veineuse), soit dans le sang capillaire après une petite piqûre au bout du doigt (glycémie capillaire), une goutte de sang étant posée sur une bandelette réactive ; la mesure est alors déterminée soit par comparaison de la couleur obtenue avec une échelle, soit par lecture directe, la bandelette étant introduite dans un petit appareil appelé auto-analyseur. La valeur normale de la glycémie est de 4,4 à 6,7 millimoles par litre (soit de 0,8 à 1,2 gramme par litre) à jeun et de moins de 6,7 millimoles par litre (1,2 gramme par litre) deux heures après un repas.

PATHOLOGIE

■ **L'hypoglycémie** (diminution de la glycémie) risque d'aboutir à une perte de connaissance si elle est importante. Elle est traitée par administration orale de sucre si le malade est conscient, par injection de glucagon dans le cas contraire.

■ **L'hyperglycémie** (augmentation de la glycémie) est l'un des signes caractéristiques du diabète. Elle est traitée par un régime alimentaire approprié, éventuellement par l'administration de médicaments hypoglycémiants et, dans certains cas (diabète insulinodépendant), par l'injection d'insuline.

Glycéride

Lipide simple résultant de l'association entre un alcool, le glycérol, et un ou plusieurs acides gras.

Les glycérides comprennent trois types de substance selon qu'ils contiennent un (monoglycérides), deux (diglycérides) ou trois (triglycérides) acides gras.

Les triglycérides sont les principaux constituants des corps gras alimentaires.

TROUBLES DU MÉTABOLISME DES GLYCÉRIDES

Les hypertriglycéridémies (augmentation de la concentration sanguine en triglycérides) font partie des hyperlipidémies (augmenta-

tion des lipides). Favorisant l'athérosclérose (rétrécissement du diamètre des artères par dépôt de lipides), elles nécessitent un régime alimentaire (perte de l'excès de poids, suppression de l'alcool et du sucre) et parfois la prise de médicaments hypolipémiants.
→ VOIR Triglycéride.

Glycogène

Glucide constitué de très longues chaînes ramifiées de molécules de glucose, formant la principale réserve de glucose de l'organisme.

Glycogénose

Toute maladie héréditaire caractérisée par une surcharge des organes en glycogène.

Les glycogénoses, affections rares, se transmettent sur le mode autosomique (par les chromosomes non sexuels) récessif (le gène en cause doit être reçu du père et de la mère pour que la maladie se développe). Elles sont dues à un déficit d'une des enzymes responsables du métabolisme du glycogène, qui s'accumule dans le foie, le cœur, les reins, les muscles et ne fournit plus le glucose dont les cellules ont besoin.

Le traitement, peu satisfaisant dans l'ensemble, est celui des symptômes (crises d'hypoglycémie) ; certaines formes de glycogénose sont, en outre, sensibles à un contrôle des apports alimentaires en glucides.

Glycosurie

Présence de glucose dans les urines.

À l'état normal, les urines ne contiennent que d'infimes quantités de glucose. La glycosurie est très caractéristique, bien que non spécifique, du diabète sucré. Elle révèle une hyperglycémie (augmentation du taux de glucose dans le sang) non traitée ou dont le traitement n'a qu'une efficacité partielle ; en effet, lorsque l'hyperglycémie atteint un certain niveau, appelé seuil rénal du glucose, le rein n'arrive plus à empêcher le glucose de fuir dans les urines.

Goitre

Augmentation de volume, souvent visible, de la glande thyroïde.

Le goitre est une affection extrêmement fréquente : 800 millions de personnes en sont atteintes dans le monde. Cette maladie est souvent familiale.

CAUSES

Plusieurs types d'anomalie peuvent favoriser l'apparition d'un goitre. Un déficit en iode, constituant obligatoire des hormones thyroïdiennes, entraîne un goitre par carence iodée. La synthèse des hormones thyroïdiennes peut aussi se faire de façon imparfaite par suite d'un déficit enzymatique congénital. Certaines maladies thyroïdiennes plus rares provoquent également des goitres : la maladie de Basedow, la thyroïdite de Hashimoto ainsi que d'autres thyroïdites.

SYMPTÔMES ET DIAGNOSTIC

Un goitre se manifeste par un gonflement de la région antérieure du cou.

Le diagnostic repose sur la palpation du cou. Surtout, on recherche des signes de compression des organes de voisinage, c'est-à-dire une dysphagie (gêne à la déglutition), une dysphonie (modification de la voix) ou une dyspnée (gêne respiratoire). On étudie parfois le goitre par une échographie cervicale qui visualise les lobes thyroïdiens et les nodules, précisant leur taille et leur aspect liquidien (kyste) ou solide. Une scintigraphie thyroïdienne peut se révéler nécessaire pour étudier le fonctionnement de la glande. Une étude cytologique des nodules par cytoponction (aspiration à l'aide d'une aiguille fine) est parfois aussi réalisée. Enfin, le dosage des hormones thyroïdiennes révèle une éventuelle augmentation ou une diminution de celles-ci.

ÉVOLUTION ET TRAITEMENT

Spontanément, le goitre peut rester de petite taille ou augmenter de façon régulière et entraîner à terme des signes compressifs. Un goitre peut en outre devenir toxique (en sécrétant des hormones thyroïdiennes de façon excessive) et entraîner une hyperthyroïdie. Le traitement est proposé en fonction de cette évolution et de la cause du goitre : apport d'iode exogène en cas de carence, administration d'hormones thyroïdiennes en cas de synthèse déficiente de celles-ci ou thyroïdectomie (ablation de la thyroïde) partielle en cas de maladie thyroïdienne.

Goldmann (périmètre de)

Appareil permettant l'exploration du champ visuel, surtout périphérique.

Le périmètre de Goldmann est utilisé pour le diagnostic des déficits oculaires de type neurologique, qui concernent surtout le champ visuel périphérique, comme les hémianopsies (perte de la vue atteignant une moitié du champ visuel). La forme hémisphérique du périmètre de Goldmann permet en effet d'étudier un champ beaucoup plus étendu en périphérie que les méthodes utilisant un écran plan, comme l'analyseur de Friedman. En revanche, le champ visuel central est analysé de façon moins précise par cette méthode.

Gomme

Production pathologique de nature infectieuse, bien délimitée, ressemblant à une tuméfaction.

Gonade

Glande sexuelle, mâle ou femelle (testicule ou ovaire), qui produit les cellules germinales (cellules dont la division et la maturation conduisent à la formation des cellules sexuelles, ou gamètes).

Gonadolibérine (analogue de la)

Substance médicamenteuse de synthèse dont la structure est proche de celle de la gonadolibérine (hormone hypothalamique agissant sur l'hypophyse pour stimuler la synthèse des gonadotrophines, qui stimulent elles-mêmes les glandes génitales).

Les analogues de la gonadolibérine, également connus sous le nom d'analogues de la GnRH ou de la LH – RH, sont utilisés pour supprimer la formation des gonadotrophines, notamment dans les cas de puberté précoce, de cancer de la prostate et d'endométriose, ainsi que dans le traitement de certaines stérilités (fécondation in vitro).

Gonadostimuline

→ VOIR Gonadotrophine.

Gonadotrophine

Hormone sécrétée par l'hypophyse (glande endocrine située à la base du cerveau), qui stimule l'activité et la sécrétion hormonale des gonades (ovaires et testicules). SYN. *gonadostimuline, hormone gonadotrope.*

Il existe deux gonadotrophines : l'hormone lutéinisante, appelée également lutéotropine ou LH, et l'hormone folliculostimulante, connue aussi sous le nom de folliculotropine, ou FSH. Elles sont identiques chez l'homme et chez la femme.

Le déclenchement de la sécrétion des gonadotrophines se fait à la puberté. Leur production par l'hypophyse dépend de la libération par une région cérébrale voisine, l'hypothalamus, d'une hormone, la gonadolibérine.

Chez la femme, les gonadotrophines sont indispensables au déroulement normal de l'ovulation pendant le cycle menstruel, à la maturation des follicules ovariens et à la production d'une quantité adéquate d'œstradiol et de progestérone, hormones qui préparent la muqueuse utérine à l'éventuelle implantation d'un œuf fécondé.

Chez l'homme, les gonadotrophines stimulent la production des androgènes et des spermatozoïdes à partir de la puberté et pendant toute la vie.

UTILISATION THÉRAPEUTIQUE

L'hormone folliculostimulante et l'hormone lutéinisante sont utilisées pour stimuler l'ovulation chez la femme dont les cycles menstruels sont absents et pour stimuler la production de spermatozoïdes chez l'homme atteint de déficit en gonadotrophines. L'hormone lutéinisante peut être remplacée par l'hormone chorionique gonadotrophique, produite en grande quantité par le placenta durant le premier trimestre de la grossesse et purifiée à partir des urines de femmes enceintes.

Gonalgie

Toute douleur du genou, quelle que soit sa cause.

Gonarthrose

Arthrose du genou.

La gonarthrose est la cause la plus fréquente de douleur du genou chez les sujets de 45 ans et plus.

CAUSES

La gonarthrose est souvent favorisée par une mauvaise conformation de l'articulation – comme dans le genu varum, où l'axe de la jambe est dévié en dedans par rapport à l'axe de la cuisse –, provoquant une surcharge sur l'une des parties du genou.

SIGNES ET SYMPTÔMES

La douleur siège dans l'articulation mais n'irradie pas au-delà. Selon la zone du cartilage atteint, elle prédomine en avant, en dedans ou en arrière du genou. Augmentée par la station debout prolongée, la marche, la montée et la descente des escaliers, elle se calme au repos. La gonarthrose se caractérise par des poussées évolutives congestives ; pendant ces périodes, le genou est gonflé et la douleur est permanente.

TRAITEMENT

Lorsque l'arthrose, due à un genu varum, concerne la partie interne du genou, une intervention chirurgicale destinée à rendre un axe convenable à la jambe est pratiquée sous anesthésie générale. En ce qui concerne l'arthrose de la partie externe du genou et de la rotule, un traitement médicamenteux, associé à une rééducation, suffit. Les arthroses consécutives à une lésion du genou requièrent la prise d'analgésiques et d'anti-arthrosiques. Des infiltrations et des lavages articulaires peuvent aider. Si le genou est très atteint, en particulier si la marche est impossible sur une distance inférieure à 100 mètres sans douleur, la mise en place d'une prothèse du genou peut rendre au sujet une bonne capacité de déplacement.

Gonioscopie

Examen direct de l'angle iridocornéen, formé par la face antérieure, plane, de la base de l'iris et la face postérieure, convexe, de la périphérie de la cornée.

La gonioscopie est capitale dans l'étude du glaucome (augmentation excessive de la pression intraoculaire), dont elle permet de distinguer les différentes formes, notamment celles à angle large et celles à angle étroit.

L'examen consiste à placer sur l'œil du patient un verre de contact conique, à l'intérieur duquel se trouve un miroir incliné permettant de voir l'intérieur de l'angle iridocornéen, inaccessible de l'extérieur du fait de l'opacification progressive de la cornée à sa jonction avec la sclérotique.

Gonococcie

→ VOIR Blennorragie.

Gonocoque

→ VOIR Neisseria gonorrhœæ.

Gonorrhée

→ VOIR Blennorragie.

Gonosome

Chromosome sexuel. SYN. *hétérochromosome*.

Les gonosomes sont les chromosomes X et Y, qui sont responsables de la détermination du sexe : les femmes ont deux chromosomes X, tandis que les hommes ont un chromosome X et un chromosome Y.

Goodpasture (syndrome de)

Maladie auto-immune caractérisée par une néphropathie (affection des reins) et une atteinte pulmonaire.

Gougerot-Sjögren (syndrome de)

Affection associant une sécheresse oculaire à une sécheresse buccale. SYN. *syndrome sec*.

Le syndrome de Gougerot-Sjögren affecte surtout la femme à partir de 40 ans. Il est soit isolé, soit le plus souvent consécutif à une connectivite (polyarthrite rhumatoïde, lupus érythémateux disséminé, sclérodermie) ou à une affection auto-immune (thyroïdite, hépatite chronique active, cirrhose biliaire primitive).

L'atteinte oculaire se traduit par une sensation de brûlure (« sable » dans les yeux) ou de corps étranger, par une absence de larmes ou un larmoiement d'irritation. L'atteinte des glandes salivaires se traduit par une sécheresse buccale qui gêne la déglutition et l'alimentation et peut provoquer des brûlures de la bouche, des fissures des commissures des lèvres et de la langue et des troubles gingivodentaires (gingivite, caries).

TRAITEMENT

Il s'adresse à la connectivite lorsqu'elle est à l'origine du syndrome (corticostéroïdes, immunosuppresseurs). Il vise en outre à traiter les symptômes : sialagogues augmentant la production de salive (anétholtrithione), bonbons acidulés, chewing-gum, bonne hygiène dentaire, larmes artificielles (collyre mis dans les yeux plusieurs fois par jour).

Goût

Un des cinq sens, renseignant sur les saveurs et la composition des aliments.

Les sensations gustatives prennent leur origine dans les bourgeons du goût, récepteurs sensoriels disséminés dans la muqueuse de la langue, le voile du palais et les parois latérales et postérieures de la gorge.

Il existe quatre sortes de bourgeons du goût, sensibles aux quatre saveurs fondamentales – le sucré, le salé, l'acide, l'amer – dont le mélange produit toutes les saveurs. Le goût résulte en fait de la conjonction des stimulations sensorielles provenant du système gustatif et du système olfactif : à l'expiration, une partie des particules ingérées sont expulsées par voie nasale et stimulent les récepteurs olfactifs par leurs composantes odorantes.

PATHOLOGIE

L'agueusie (perte du goût) peut être due à une perte de l'odorat, à une maladie buccale (infection, cancer) ou hormonale (hypothyroïdie, diabète). Elle modifie le comportement alimentaire et retentit parfois sur le psychisme jusqu'à provoquer une dépression.

→ VOIR Agueusie.

Goutte

Maladie métabolique résultant d'un excès d'acide urique dans l'organisme.

CAUSES

La goutte atteint le plus souvent l'homme d'âge mûr. Elle peut être due à certaines maladies, hématologiques en particulier, ou

à la prise de médicaments, mais elle est le plus souvent liée à une obésité ou à des excès alimentaires. Il existe également une prédisposition génétique à fabriquer trop d'acide urique.

SYMPTÔMES ET SIGNES

Présent en excès dans l'organisme, l'acide urique précipite et cristallise dans les articulations (le plus souvent à la base du gros orteil mais aussi aux chevilles, genoux, parfois poignets ou doigts) ; il provoque des crises aiguës de douleurs très vives (crises de goutte) pouvant empêcher le patient de poser le pied au sol. En l'absence de traitement de fond, les articulations se déforment puis se détruisent après quelques années d'évolution, et l'accumulation d'acide urique sous la peau fait apparaître des tuméfactions (tophus goutteux) sur l'oreille, les tendons et les tissus mous. La surproduction d'acide urique peut en outre entraîner la formation de calculs rénaux, dont l'élimination provoque une colique néphrétique.

TRAITEMENT

La crise de goutte est traitée par administration de colchicine et d'anti-inflammatoires non stéroïdiens. Le traitement de l'excès d'acide urique lui-même dépend de son origine. Un défaut d'élimination est traité par un uricosurique (benzbromarone). Un excès de production dû à des excès alimentaires ou à une consommation exagérée d'alcool impose un régime hypocalorique et la suppression de l'alcool. Les sujets génétiquement prédisposés à fabriquer trop d'acide urique sont traités par l'allopurinol, qui en inhibe partiellement la synthèse. L'usage de ce médicament a pratiquement fait disparaître les cas de goutte chronique avec déformation et destruction articulaires ainsi que les insuffisances chroniques rénales d'origine goutteuse.

Goutte-à-goutte

→ VOIR Perfusion.

Goutte épaisse

Examen microscopique d'une goutte de sang, permettant de déceler la présence de parasites dans l'organisme.

Grain de beauté
→ VOIR Lentigo.

Gram (coloration de)
Technique de coloration utilisée en bactériologie pour visualiser les bactéries à l'examen microscopique.

Granulocyte
→ VOIR Polynucléaire.

Granulomatose
Toute maladie inflammatoire chronique caractérisée par l'apparition de granulomes (petites masses inflammatoires) disséminés dans les organes et les tissus.

Les principales granulomatoses sont la tuberculose et la sarcoïdose, mais aussi la lèpre et la granulomatose de Wegener. Au cours d'une affection, la présence de granulomes dans un prélèvement d'organe oriente donc le diagnostic vers un petit nombre de maladies. Cependant, celles-ci n'ont aucun rapport entre elles quant à leur cause, leurs signes ou leur traitement.

Granulome
Masse inflammatoire de petite taille due à la prolifération dans un tissu d'un certain nombre de cellules.

Granulome annulaire
Affection cutanée bénigne, caractérisée par des petits nodules tendant à se grouper en anneaux.

Un granulome annulaire se traduit par l'apparition de petits nodules lisses, fermes, indolores et non prurigineux, évoluant de façon centrifuge (du centre vers l'extérieur), formant un anneau au centre déprimé et à la périphérie plus saillante. Le traitement est en général limité à des applications locales de dermocorticostéroïdes pour les formes peu étendues.

Granulome des cordes vocales
Petite masse inflammatoire, complication fréquente de l'intubation.

Chez l'adulte, le granulome des cordes vocales n'entraîne le plus souvent qu'une altération de la voix. Il peut disparaître spontanément ou nécessiter une rééducation de la voix (orthophonie), voire une ablation chirurgicale. Chez l'enfant, il risque d'obstruer le larynx et d'empêcher ainsi le retrait du tube. Il faut alors procéder à l'ablation du granulome par endoscopie.

Granulome dentaire
Réaction inflammatoire à l'extrémité de la racine d'une dent. SYN. *granulome apical.*

Le granulome dentaire fait suite à la perte de vitalité de la dent (carie, fracture). Le nettoyage et l'obturation du canal permettent de faire disparaître le granulome.

Granulome éosinophile facial
Affection cutanée caractérisée par l'apparition d'une plaque rouge sur le visage.

Rare, le granulome éosinophile facial survient surtout chez l'homme entre 20 et 60 ans. D'origine inconnue, il se manifeste par un placard rouge brunâtre légèrement en saillie, grossièrement symétrique et dont la surface a un aspect de peau d'orange (parsemée d'orifices pilaires dilatés). Le granulome éosinophile facial est une affection bénigne, mais qui récidive souvent et tend à laisser des cicatrices.

Granulome silicotique
Lésion cutanée due à la présence de silice sous la peau.

Le granulome silicotique est une réaction inflammatoire à des particules de silice ayant pénétré sous la peau à la faveur d'une blessure remontant parfois à plusieurs dizaines d'années. Souvent associé à une sarcoïdose (maladie de cause inconnue se traduisant par une inflammation des ganglions lymphatiques et d'autres tissus), il forme une ou plusieurs petites sphères plus ou moins saillantes, rose jaunâtre, élastiques ou molles, à l'endroit des cicatrices. Le traitement du granulome silicotique repose sur son ablation chirurgicale.

Greffe
Transfert, sur un malade receveur, d'un greffon constitué de cellules, d'un tissu, d'une partie d'organe ou d'un organe entier.

La greffe de cellules ou de tissu est techniquement simple : injection intraveineuse de cellules (greffe de moelle osseuse) ou application locale d'un tissu (greffe de peau, de tissu osseux, de cornée).

Si la greffe concerne un organe (cœur, foie, poumon, pancréas, rein), il faut rétablir la continuité de la circulation sanguine en abouchant chirurgicalement les vaisseaux (artères et veines) du receveur à ceux du greffon. On parle alors de transplantation d'organe.

Rejet de greffe

Le rejet de greffe résulte d'une incompatibilité entre le système immunitaire du receveur et celui du donneur.

Ce phénomène a été constaté dès les premières tentatives de greffes, alors même qu'on ne pouvait en expliquer le mécanisme. Les conditions d'une compatibilité immunologique entre le receveur et l'organe du donneur ont été précisées dans les années 1960 par les travaux de Jean Dausset notamment. L'influence directe, sur l'intensité du rejet, des antigènes définis dans le système d'histocompatibilité HLA (*Human Leucocyte Antigens* [antigènes leucocytaires humains]) a été mise en évidence : plus le système du receveur et celui du donneur sont proches, plus le greffon a de chances d'être toléré.

Au cours du rejet de greffe, le système immunitaire du receveur synthétise des anticorps ou produit des lymphocytes T cytotoxiques pour détruire le greffon. On distingue trois types de rejet.

Le rejet suraigu survient immédiatement après la transplantation et aboutit à la perte du greffon. Il se produit lorsque le receveur possède déjà des anticorps contre les antigènes HLA du donneur. Ce type de réaction s'observe aussi quand donneur et receveur sont de groupes sanguins ABO différents. Il n'existe pas actuellement de traitement capable de combattre de tels rejets ; leur prévention repose sur la recherche du meilleur appariement entre le groupe immunologique du donneur et celui du receveur à l'aide d'examens réalisés juste avant l'intervention.

Le rejet aigu est un phénomène quasi constant, d'intensité variable, dû à l'action des lymphocytes T cytotoxiques. Il survient en général le 7e jour après la transplantation et se traduit par une perturbation du fonctionnement de l'organe transplanté : on observera ainsi, sur un rein greffé, une insuffisance rénale aiguë, la biopsie rénale confirmant les lésions. Plusieurs épisodes de rejet aigu peuvent se succéder après une greffe. Ce type de rejet est prévenu et combattu par l'association de plusieurs médicaments immunosuppresseurs (corticostéroïdes, ciclosporine, azathioprine), administrés à fortes doses. On espère beaucoup d'autres médicaments plus spécifiques et responsables de moins d'effets indésirables, encore à l'étude.

Le rejet chronique, d'autant plus précoce que les rejets aigus ont été nombreux, consiste en une lente détérioration fonctionnelle du greffon, aboutissant en quelques années ou quelques dizaines d'années à la perte de l'organe transplanté. Les médicaments immunosuppresseurs permettent de ralentir cette évolution mais ne réussissent pas à supprimer le processus de rejet.

Greffe de cœur

Implantation du cœur d'un donneur sur un malade receveur. SYN. *transplantation cardiaque, transplantation de cœur.*

La majorité des greffes cardiaques pratiquées aujourd'hui se fait avec des greffons humains ; cependant, la faible disponibilité des transplants et le contexte urgent dans lequel l'intervention doit être effectuée ont rendu nécessaire la recherche de solutions de remplacement : transplantation de cœurs d'animaux (grands singes) d'une part, mise au point d'un cœur artificiel d'autre part.

INDICATIONS

La greffe se pratique dans les cas d'insuffisance cardiaque terminale, lorsque les autres moyens thérapeutiques sont devenus inefficaces : infarctus importants ou à répétition ayant détruit la majeure partie du muscle cardiaque, maladies du myocarde ou des valvules cardiaques à un stade avancé.

L'insuffisance cardiaque retentit également sur les poumons : aussi, en cas d'atteinte pulmonaire, peut-on pratiquer une greffe cœur-poumons.

CONTRE-INDICATIONS

Un bilan prégreffe est indispensable car certaines maladies interdisent de procéder à une greffe du cœur, telles qu'une ostéoporose (décalcification osseuse) importante, un ulcère de l'estomac, une maladie pulmonaire grave, une insuffisance rénale ou des lésions artérielles diffuses.

TECHNIQUE

Le problème le plus délicat est celui de la date à laquelle il faut intervenir : opérer trop tôt fait en effet prendre inutilement le risque opératoire lié à la transplantation ; attendre trop longtemps fait courir au malade le risque d'une mort subite ou de se retrouver dans un état trop grave pour pouvoir être opéré.

C'est pourquoi de nombreux tests ont été mis au point pour apprécier au mieux la gravité de l'état du malade et fixer le plus précisément possible le délai convenable. Le patient est alors inscrit sur une liste de candidats à la greffe de cœur et bénéficie d'une intervention plus ou moins rapide selon la gravité de son état.

La greffe cardiaque est une opération lourde, aux contraintes nombreuses : il faut que le cœur du donneur batte au moment où il est prélevé, ce qui suppose que celui-ci soit en état de mort cérébrale ; d'autre part, le temps dont on dispose entre le prélèvement et l'implantation est court (10 heures maximum). La compatibilité immunologique entre donneur et receveur, étudiée par comparaison de leurs groupes tissulaires et sanguins (notamment systèmes HLA, ABO et Rhésus), doit être la meilleure possible pour réduire au maximum le risque de rejet.

L'intervention nécessite la mise en place d'une circulation extracorporelle assurant un apport de sang oxygéné au cerveau et aux principaux organes vitaux. Le cœur du receveur est enlevé dans sa quasi-totalité, les parois postérieures des oreillettes ainsi que les orifices des vaisseaux aboutissant au cœur (aorte, veines caves, vaisseaux pulmonaires, etc.) restant toutefois en place. Le nouveau cœur peut alors être installé et reconnecté. En cas d'urgence et de non-disponibilité d'un greffon, l'implantation d'un cœur artificiel, en matière inerte non organique, peut être envisagée. Cette dernière technique a l'avantage de supprimer les complications d'ordre immunologique ; elle présente cependant encore de nombreux inconvénients, notamment vasculaires (formation fréquente de caillots) ; on y recourt donc le plus souvent de manière provisoire, en attendant qu'une greffe d'un cœur organique soit possible.

COMPLICATIONS

Les principales complications de la greffe de cœur sont d'ordre immunologique, la survenue d'un rejet pouvant nécessiter une retransplantation en urgence. On tente de la prévenir par la prescription systématique d'immunosuppresseurs (dérivés de la cortisone et ciclosporine, notamment).

PRONOSTIC

Il est généralement bon, avec environ 80 % de survie à un an et un pourcentage de décès de l'ordre de 5 % par an ensuite. À terme, la qualité de vie d'un greffé du cœur peut redevenir tout à fait normale, avec notamment reprise d'une activité physique satisfaisante et même pratique d'un sport.

Greffe de cornée

Transplantation chirurgicale d'un morceau de cornée. SYN. *kératoplastie*.

Les principales indications d'une greffe de cornée sont les œdèmes (dystrophie bulleuse) ou les abcès de la cornée, les taies (opacités de la cornée résultant d'une lésion inflammatoire ou accidentelle), le kératocône (déformation de la cornée) et diverses affections dégénératives de la cornée.

TECHNIQUE

La greffe de cornée consiste à remplacer une partie de cornée malade ou opacifiée par une même portion de cornée saine ou transparente, prélevée sur un sujet décédé ou, beaucoup plus rarement, sur le malade lui-même. Les techniques actuelles permettent de conserver le greffon de cinq jours à une semaine et donc de vérifier l'absence de risque de transmission d'une maladie virale.

PRONOSTIC

Habituellement bon, il dépend surtout de l'affection en cause. Les risques de rejet sont minimes, car la cornée est un tissu dépourvu de vaisseaux, donc relativement isolé du système immunitaire.

Greffe de foie

Transfert d'une partie ou de la totalité du foie d'un donneur sur un malade receveur. SYN. *transplantation du foie.*

La greffe de foie se pratique en cas de maladie hépatique congénitale ou de cirrhose ; ses autres indications potentielles, telles que les tumeurs hépatiques, sont encore discutées. Le foie du malade est retiré pour être remplacé par celui d'une personne décédée. Chez l'enfant, on peut être amené à pratiquer, pour des raisons de taille, une greffe réduite (on ne greffe qu'une partie d'un foie d'adulte, trop volumineux). Le faible nombre de foies disponibles conduit à envisager de nouvelles solutions : greffe partagée (deux malades reçoivent chacun une partie d'un foie), prélèvement d'un fragment de foie chez un donneur vivant. Peut-être à l'avenir, et sous réserve de nouvelles techniques permettant d'empêcher le rejet, pourra-t-on réaliser des hétérogreffes (foie provenant d'un animal). La mortalité opératoire est d'environ 5 à 10 %. Actuellement, le pourcentage de survie à 2 ans est d'environ 70 %. Les 6 premiers mois sont les plus exposés aux complications. Un traitement immunosuppresseur à vie est indispensable ainsi qu'une surveillance régulière.

Greffe de moelle osseuse

Remplacement de la moelle osseuse d'un patient atteint d'une maladie hématologique par des cellules de moelle osseuse prélevées sur un sujet sain. SYN. *greffe de cellules hématopoïétiques, greffe de moelle.*

INDICATIONS

Un des rôles principaux de la moelle osseuse est de produire, grâce à certaines cellules

---

La réaction du greffon contre l'hôte

La réaction du greffon contre l'hôte est caractéristique de la greffe de moelle. Il s'agit d'un syndrome dû à une incompatibilité entre le greffon et le receveur : les lymphocytes T et les anticorps du greffon, après avoir détecté des antigènes d'origine étrangère sur les cellules du receveur, attaquent ces dernières. La réaction peut être aiguë et apparaître de 10 à 40 jours après la greffe : éruptions cutanées, démangeaisons, troubles digestifs importants (vomissements, diarrhées), fièvre et, parfois, atteinte hépatique (ictère). Il existe également des réactions chroniques du greffon contre l'hôte, qui surviennent des mois, voire des années, après la greffe et entraînent des lésions cutanées indurées sur la paume des mains, la plante des pieds, le tronc, les fesses et les cuisses, parfois associées à une hépatite chronique et à une sclérose pulmonaire. Le traitement fait appel aux corticostéroïdes et aux immunosuppresseurs. En l'absence de traitement, ce syndrome peut être mortel.

---

appelées cellules souches, les éléments des différentes lignées sanguines (les globules rouges, la plupart des globules blancs, les plaquettes, etc.). Toute maladie des cellules souches peut nécessiter une greffe de moelle : leucémie (prolifération de globules blancs et de leurs cellules d'origine dans la moelle osseuse et dans le sang), hypoplasie ou aplasie médullaire (insuffisance ou absence de production des différentes lignées). Les malades doivent être en général âgés de moins de 50 ans et en bon état physiologique en raison de la fréquence et de la gravité des complications.

TECHNIQUE

Toute greffe de moelle doit être précédée d'une destruction la plus complète possible de la moelle osseuse du receveur afin que la maladie ne récidive pas sur la moelle greffée. Cette destruction est généralement obtenue par chimiothérapie et radiothérapie intensives. Le prélèvement de moelle osseuse sur le donneur s'effectue le plus souvent sous anesthésie générale, par ponction au niveau des os iliaques ou du sternum. On retire en général de 200 à 500 millilitres de moelle. Ce prélèvement, qui s'apparente au don de sang, est effectué sur un sujet vivant et n'entraîne aucune conséquence ultérieure sur la santé du donneur. La moelle ainsi recueillie est filtrée, congelée et préparée à la greffe, qui aura lieu plus tard par simple transfusion : les cellules souches du donneur iront coloniser spontanément le tissu osseux du receveur, vidé de ses cellules souches malades.

Il existe actuellement deux types de greffe de moelle.

■ L'allogreffe consiste à prélever les cellules de la moelle osseuse d'un sujet sain ayant le même système d'histocompatibilité que le malade. C'est chez un frère ou une sœur de celui-ci qu'on a le plus de chances (25 %) de trouver un donneur compatible. En l'absence de donneur apparenté, l'équipe médicale est obligée de faire appel à une banque de moelle. On ne trouve alors un donneur suffisamment compatible que dans moins de 20 % des cas.

■ L'autogreffe consiste à prélever, chez un malade devant suivre un traitement détruisant sa moelle osseuse (chimiothérapie, radiothérapie, radiochimiothérapie), des cellules souches, à un stade peu avancé de la maladie où celles-ci peuvent être obtenues à partir du sang ou de la moelle. Congelées, elles sont réinjectées au malade après le traitement ; la moelle osseuse se reconstitue alors en 2 ou 3 semaines. Cette technique concerne essentiellement les sujets atteints de maladies malignes des ganglions lymphatiques et de la moelle (myélome multiple, lymphome, leucémie) ou de tumeurs solides. Contrairement à l'allogreffe, l'autogreffe n'entraîne pas de risque de réaction du greffon contre l'hôte ; elle peut donc être réalisée sur des sujets plus âgés.

COMPLICATIONS

Trois complications sont possibles.

■ **Des infections bactériennes** peuvent survenir. Dues à l'absence de globules blancs consécutive à la destruction de la moelle osseuse du patient et au traitement par immunosuppresseurs, surtout en cas de réaction du greffon contre l'hôte, elles apparaissent surtout pendant la phase préparatoire et après la greffe, un délai de 2 à 3 semaines étant nécessaire avant que la nouvelle moelle ne fonctionne. Ces complications infectieuses, graves, sont combattues par la mise systématique du malade sous antibiotiques en cas de fièvre et par son isolement en chambre stérile, les visites étant contrôlées (masques, protège-chaussures, etc.). En outre, l'anémie et les hémorragies dues au manque de plaquettes sont combattues par des transfusions de plaquettes et de globules rouges.

■ **Les complications immunologiques**, spécifiques des allogreffes, sont principalement représentées par la réaction du greffon contre l'hôte, lors de laquelle certains lymphocytes (types de globules blancs) du donneur attaquent et détruisent les cellules (peau, tube digestif, foie) du receveur. Cette complication existe dans environ 50 % des allogreffes ; elle est plus rare chez les sujets de moins de 20 ans. La réaction du greffon contre l'hôte peut être aiguë, survenant dans les 3 mois qui suivent la greffe, ou chronique, se produisant des mois après la greffe. Elle est prévenue par la prise d'immunosuppresseurs (ciclosporine) et traitée par l'adjonction d'autres types d'immunosuppresseurs (corticostéroïdes).

■ **La maladie initiale peut récidiver**, notamment en cas de leucémie. Cependant, le risque de récidive est moindre qu'en cas de traitement classique (chimiothérapie et radiothérapie). En cas de rechute, une nouvelle greffe de moelle peut d'ailleurs être tentée.

PRONOSTIC

Il dépend essentiellement de la maladie traitée, de l'âge du patient et de son état général au moment de la greffe, ainsi que du type de greffe choisi.

Greffe d'os

Transplantation chirurgicale d'un fragment osseux.

AUTOGREFFE

De loin la plus pratiquée des greffes d'os, elle consiste à prélever un fragment osseux sur le sujet lui-même, au niveau du tibia ou de la crête iliaque (bord supérieur de l'os du bassin). Les autogreffes sont employées pour faciliter la consolidation d'un os fracturé. On les utilise aussi pour réaliser des butées (obstacles placés sur une articulation pour en limiter les mouvements excessifs et prévenir ainsi les luxations). Le greffon est posé ou encastré à l'endroit de la perte de substance et, au besoin, fixé par des vis. Les autogreffes ont de très bons résultats, l'incorporation du greffon dans l'os greffé s'effectuant dans un délai d'environ 6 semaines.

ALLOGREFFE

Cette technique s'emploie lorsque la perte de substance est très importante, par exemple après l'ablation de tumeurs osseuses. Le greffon provient alors d'une personne décédée ou opérée (ablation de la tête du fémur pour arthrose) ; il a été traité par irradiation et conservé par congélation ou lyophilisation dans une banque d'organes. Le greffon est fixé à l'aide d'un clou ou d'une plaque lorsqu'on reconstruit un os, à l'aide d'une prothèse lorsqu'on reconstruit une articulation et sa périphérie. Le résultat est moins bon que celui des autogreffes. En général, le greffon ne « prend » pas et meurt : il sert alors de trame sur laquelle l'os nouveau se reconstitue progressivement.

Greffe pancréatique

Transfert d'un pancréas ou de cellules pancréatiques d'un donneur sur un malade receveur.

La greffe d'un pancréas entier, ou transplantation du pancréas, est la plus rare des greffes d'organe ; elle n'est pratiquée qu'en cas de diabète grave. Une autre technique se développera peut-être, celle de la greffe d'îlots de Langerhans, qui sont des îlots de cellules sécrétant normalement l'insuline et qu'il suffirait d'injecter au malade.

Greffe de peau

Greffe d'un fragment de peau, naturel ou développé en laboratoire, sur une région où la peau a été détruite.

La greffe de peau est surtout utilisée en cas de brûlure mais aussi quand une intervention chirurgicale a retiré une surface de peau importante (souvent pour traiter un cancer) ou après une blessure.

AUTOGREFFE

La peau est prélevée sur le sujet lui-même, si possible en un endroit peu visible (cuisse, bas-ventre, cuir chevelu, région inguinale, etc.). Dans certains cas, notamment en cas de perte de substance importante, on peut être amené à pratiquer des prélèvements de portions de muscles sous-jacents : on parle alors de lambeau musculocutané. Plus rarement, on peut se contenter de petits cylindres de peau (greffes en pastille dans les ulcères de jambe). Le greffon est soit directement posé sur la surface à greffer, soit traité en laboratoire pour que ses cellules prolifèrent ; cette technique, appelée culture d'épiderme, permet de produire jusqu'à 1 mètre carré de nouvel épiderme à partir d'un greffon de 1 centimètre carré.

L'intérêt de l'autogreffe est l'absence de rejet immunitaire. Les tissus du sujet établissent progressivement des connexions avec le greffon et, en une dizaine de jours environ, la greffe « prend ».

ALLOGREFFE

Cette technique, beaucoup plus rarement appliquée, n'est indiquée qu'en cas de brûlure étendue, quand le sujet n'a plus assez de peau normale. La peau greffée provient alors de personnes décédées, éventuellement après une période de conservation dans une banque d'organes. Elle est rapidement rejetée par le système immunitaire du malade mais permet de passer le cap difficile des premiers jours en tant que pansement provisoire.

Greffe pulmonaire

Transfert d'un ou de deux poumons d'un donneur sur un malade receveur. SYN. *transplantation pulmonaire.*

La greffe pulmonaire, récente (la première tentative sur l'homme a été pratiquée en 1963), est actuellement encore l'une des greffes d'organe les moins pratiquées. Elle est indiquée en cas d'insuffisance respiratoire chronique grave et au cours d'affections atteignant les vaisseaux comme l'hypertension artérielle pulmonaire. Selon les cas, la greffe consiste à remplacer un poumon ou bien les deux, ou encore le bloc cœur-poumons. Cette greffe est difficile en raison du manque de poumons disponibles et des complications postopératoires (rejet immunitaire, infection).

Greffe de rein

Transfert d'un des reins d'un sujet donneur sur un malade receveur dont les reins ne fonctionnent plus. SYN. *transplantation du rein*.

La greffe de rein ne se pratique que chez des patients atteints d'une insuffisance rénale grave. Un seul rein est greffé, qui suffira à assurer la fonction rénale de tout l'organisme. Le donneur, le plus souvent une personne décédée, doit être génétiquement assez proche du receveur. Le rein greffé est placé dans la fosse iliaque (en bas et sur le côté de l'abdomen) et ses vaisseaux sont abouchés aux vaisseaux iliaques du malade, l'uretère sortant du rein greffé étant, quant à lui, abouché à la vessie du malade ou à l'un de ses uretères. Après transplantation, on prescrit au sujet un traitement immunosuppresseur afin d'éviter le rejet du greffon.

PRONOSTIC

La greffe rénale est couronnée de succès dans plus de 80 % des cas, les résultats étant encore supérieurs si le donneur a une bonne compatibilité tissulaire (groupe HLA) avec le receveur. En cas de rejet, le patient doit reprendre des séances de dialyse. S'il est bien portant, une nouvelle greffe peut être tentée.

Grenouillette

Tumeur bénigne du plancher de la bouche, sous la langue.

Une grenouillette est due en général à une rétention des sécrétions d'une glande salivaire dans la muqueuse buccale. Les causes de ce phénomène demeurent inconnues. Une grenouillette se présente sous la forme d'une petite boule lisse. Le traitement consiste à inciser la tumeur sous anesthésie locale pour permettre l'évacuation du liquide qu'elle contient.

Griffes du chat (maladie des)

→ VOIR Lymphoréticulose bénigne d'inoculation.

Grippe

Maladie infectieuse, très contagieuse, due aux virus à A.R.N. *Myxovirus influenza* A et B, de la famille des orthomyxovirus.

La grippe est transmise par voie respiratoire à courte distance. Elle sévit sur toute la surface du globe et est responsable d'épidémies annuelles, généralement en hiver. Tous les 10 ou 15 ans survient une épidémie beaucoup plus grave et étendue, comme celle de 1919, qui fit 20 millions de morts en Europe.

SYMPTÔMES ET SIGNES

La grippe se traduit essentiellement par un état fébrile accompagné de courbatures, qui dure pendant plusieurs jours et régresse spontanément. Ces symptômes, relativement communs, sont les mêmes pour de nombreuses maladies infectieuses virales ou bactériennes (états grippaux). L'atteinte de la muqueuse respiratoire par le virus provoque une inflammation des voies respiratoires supérieures (nez, gorge, trachée) et inférieures (bronches, poumons). Des formes sévères, surtout respiratoires (œdème aigu pulmonaire grippal, grippe maligne), peuvent se rencontrer lors des épidémies. La maladie peut aussi prendre un caractère de gravité chez les personnes âgées (troubles cardiaques, complications infectieuses) et chez les personnes souffrant de bronchite chronique ou d'insuffisance cardiaque.

TRAITEMENT ET PRÉVENTION

Le traitement est celui des symptômes (douleurs, fièvre) ; on n'administre des antibiotiques qu'en fonction de la surinfection des voies respiratoires.

La prévention par un vaccin antigrippe (virus inactivé), administré en une seule injection, est conseillée chez les sujets fragiles, âgés, cardiaques ou atteints d'une insuffisance respiratoire. La vaccination doit être renouvelée chaque année. On dispose également d'un médicament antiviral, l'amantadine, qui peut être administré préventivement pendant quelques jours, par exemple après qu'un sujet à risque s'est trouvé en contact avec une personne contagieuse.

Grossesse

Ensemble des phénomènes se déroulant entre la fécondation et l'accouchement, durant lesquels l'embryon, puis le fœtus, se développe dans l'utérus maternel. SYN. *gestation, gravidité*.

La grossesse dure en moyenne 9 mois, regroupés en 3 trimestres, soit 273 jours à partir de la date de la fécondation. Mais les obstétriciens comptent souvent en semaines d'aménorrhée (S.A.), c'est-à-dire en semaines d'absence de règles : le début de la grossesse est alors fixé au 1er jour des dernières règles normales, sa durée étant de 41 semaines d'aménorrhée. Avant 37 semaines d'aménorrhée, l'accouchement est dit prématuré ; après 41 semaines et 3 jours, on parle de terme dépassé.

Déroulement de la grossesse

On en suit les étapes par trimestre.

SIGNES PRÉCOCES

L'un des premiers signes est l'absence de règles à la date prévue.

Une femme qui surveille sa courbe de température matinale, pour une raison contraceptive ou pour favoriser la conception, peut observer un plateau thermique (élévation de la température persistant au-dessus de 37 °C) de plus de 16 jours alors que, normalement, la courbe redescend au-dessous de 37 °C la veille des règles. En même temps, d'autres signes apparaissent : émotivité, irritabilité anormales, nausées matinales, envies ou dégoûts alimentaires, gonflement et sensibilité des seins, besoins fréquents d'uriner, sensation de jambes lourdes, goût de métal dans la bouche.

PREMIER TRIMESTRE

À l'examen gynécologique, l'utérus est globuleux et ramolli, le col utérin violacé et la glaire cervicale est absente. Ces signes, qui s'accentuent avec le temps, permettent, à 8 semaines d'aménorrhée, d'assurer le diagnostic de grossesse. Mais auparavant, celle-ci peut être confirmée par le dosage de l'hormone chorionique gonadotrophique (h.C.G.), présente dans l'urine et le plasma sanguin de la femme enceinte.

■ **Des tests de grossesse** sont en vente libre en pharmacie : fondés sur une réaction immunologique, ils décèlent la présence dans l'urine d'une forme d'h.C.G., la bêta-h.C.G., dès le 1er jour de retard des règles. Toutefois, leur efficacité n'est pas totale et les dosages d'h.C.G. dans le plasma sanguin faits en laboratoire sont beaucoup plus sûrs. L'hormone est décelable dès le retard de règles : son taux double toutes les 48 heures pour atteindre un maximum à un peu plus de 2 mois de grossesse.

■ **L'échographie** permet, à 5 semaines d'aménorrhée, de voir le sac ovulaire et, à 6 semaines, l'embryon et le siège de la grossesse. À 7 semaines, l'activité cardiaque de l'embryon est décelée et, à 8 semaines, la présence éventuelle de plusieurs embryons (grossesse multiple) est confirmée. La meilleure période pour dater une grossesse au moyen de l'échographie et pour établir son terme, c'est-à-dire à la fois la date prévue pour l'accouchement et l'âge gestationnel, se situe entre la 8e et la 12e semaine d'aménorrhée. La mesure craniocaudale (du sommet de la tête au bas de la colonne vertébrale) de l'embryon permet alors de préciser le terme à 3 jours près. Plus tard, entre 12 et 20 semaines, c'est la mesure du crâne (diamètre bipariétal) qui sert de repère, mais la précision est moindre.

Au cours de ce trimestre, l'utérus augmente progressivement de volume. À partir du 2e mois, il gagne 4 centimètres en hauteur par mois. À 3 mois, le fond dépasse de peu le pubis.

Les signes se multiplient. La femme présente parfois une constipation, de la

Grossesse et vie quotidienne

L'alimentation d'une femme enceinte doit être équilibrée : la vitamine C est apportée en suffisance par les légumes et les fruits frais, le calcium, par les produits laitiers. Parfois, un supplément en fer et en acide folique est nécessaire. Pour éviter une contamination par la toxoplasmose ou la listériose, maladies dangereuses pour le fœtus, il faut consommer la viande cuite, rincer les légumes et les fruits, proscrire le lait cru et les produits à base de lait cru. La quantité de nourriture doit être surveillée afin que la prise de poids ne dépasse pas 12 à 13 kilogrammes. Idéalement, celle-ci devrait être de 9 ou 10 kilogrammes.

L'activité sportive est conseillée, à l'exclusion des sports à risques traumatiques (ski, équitation) ou exigeant des efforts intenses (compétition, marathon, aérobic, musculation). Les deux premiers mois, les modifications hormonales entraînent une amélioration des capacités physiques. Ensuite, la modération est recommandée : natation, marche, gymnastique, danse rythmique aident à maintenir le tonus musculaire et à limiter la prise de poids ; après l'accouchement, le retour à la forme physique antérieure est plus rapide chez une femme sportive. La gymnastique prénatale est conseillée à toutes les femmes enceintes, dans le cadre de la préparation à l'accouchement, ainsi que des séances de gymnastique aquatique ou de yoga. Toutes ces techniques allient des exercices respiratoires à des mouvements d'assouplissement et à la relaxation.

L'hygiène corporelle doit être parfaite, car les problèmes dermatologiques sont fréquents pendant la grossesse. Toutefois, les douches brûlantes, les longs bains très chauds et les douches vaginales sont à éviter. Le massage des seins, de l'abdomen, des cuisses et des fesses avec une crème raffermissante est recommandé, ainsi que le port d'un soutien-gorge résistant. Les gencives, fragilisées, gonflent et saignent facilement. En revanche, les caries ne sont pas particulièrement favorisées, mais il est nécessaire de faire contrôler l'état de ses dents pendant une grossesse.

Voyager en train ou en avion reste possible, sauf avis médical contraire. Mais une femme enceinte doit éviter les longs voyages en voiture, les vibrations pouvant déclencher des contractions.

nervosité, des vertiges, des troubles du sommeil (insomnies, accès de somnolence irrésistibles), des sensations abdominales inhabituelles, une salivation excessive. Elle peut prendre du poids (1 ou 2 kilogrammes) ou en perdre, si les nausées et les vomissements l'empêchent de s'alimenter.

DEUXIÈME TRIMESTRE

Après la 12e semaine, les nausées s'atténuent, puis disparaissent. L'utérus se développe, l'abdomen gonfle et la grossesse devient visible. Les mouvements du fœtus sont perçus entre 20 et 22 semaines d'aménorrhée pour un premier enfant, entre 18 et 20 semaines ensuite. Les seins grossissent et s'alourdissent. La pigmentation de la peau s'accentue : une ligne verticale sombre se dessine sur l'abdomen et parfois des taches se forment sur le visage (masque de grossesse) et sur la face interne des cuisses. La peau de l'abdomen s'amincit, se marquant parfois de vergetures par rupture des fibres élastiques cutanées. Le poids augmente (de 5 à 7 kilogrammes).

TROISIÈME TRIMESTRE

L'utérus appuie en bas sur la vessie, si bien que la toux, les éternuements, le rire peuvent entraîner une incontinence urinaire. Vers le haut, il refoule l'estomac, occasionnant des brûlures, et repousse le diaphragme, causant un essoufflement. L'abdomen se distend, les articulations du bassin deviennent douloureuses. Le poids augmente encore de 4 kilogrammes, pour atteindre une augmentation totale de 9 à 13 kilogrammes. Les glandes mammaires sécrètent du colostrum.

Au cours du 8e mois, le fœtus se place normalement la tête en bas. Lors du 9e mois, sa tête s'engage dans le petit bassin, allégeant sa poussée sur le diaphragme. Des contractions utérines intermittentes non douloureuses se produisent.

Enfin, le terme de la grossesse est annoncé par la survenue de contractions utérines de plus en plus puissantes et régulières qui marquent le début du travail, première phase de l'accouchement.

Surveillance médicale prénatale

La surveillance médicale de la grossesse est effectuée par un gynécologue ou une sage-femme, en cabinet ou dans une maternité. Elle consiste en une série d'examens médicaux dont certains sont obligatoires.

PREMIER EXAMEN PRÉNATAL

L'examen clinique complet comprend un examen cardiovasculaire et pulmonaire, un examen des seins et un examen gynécologique (utérus, ovaires) ainsi qu'un frottis de dépistage si le frottis précédent date de plus d'un an. Le médecin demande des examens complémentaires : détermination des groupes sanguins, le dépistage de la rubéole, de la syphilis, de la toxoplasmose, de la drépanocytose pour les Africaines et de la thalassémie pour les femmes asiatiques ou du Moyen-Orient. Il propose également une recherche de séropositivité au virus du sida. La recherche d'une protéinurie, pour déceler une atteinte rénale, et d'une glycosurie, pour dépister un diabète, est effectuée mensuellement. Une numération formule sanguine est obligatoire au 6e mois de grossesse. Ces examens permettent de déceler les grossesses à risque et de prévoir, le cas échéant, une consultation spécialisée. Celle-ci peut conduire à envisager un cerclage du col si celui-ci est ouvert, une recherche génétique lorsque la famille présente une maladie héréditaire, et à proposer une amniocentèse pour détecter une anomalie chromosomique si la femme est âgée de plus de 38 ans.

CONSULTATIONS SUIVANTES

Elles se succèdent de mois en mois lorsque la grossesse se déroule normalement. Les mesures de la hauteur utérine sont notées sur une courbe, le développement et la vitalité du fœtus sont suivis. Le rythme cardiaque fœtal, perçu d'abord à l'échographie, puis à l'auscultation, est normalement régulier (de 120 à 160 pulsations par minute). Le poids de la femme est noté, sa tension artérielle, mesurée (la normale ne doit pas dépasser 13/8). Un toucher vaginal explore le col utérin.

Certains examens sanguins sont répétés régulièrement si la sérologie était négative au 1er examen : tous les mois pour la toxoplasmose, tous les mois jusqu'à 3 mois de grossesse révolus pour la rubéole. De même, lorsque la femme est Rhésus négatif, l'enfant risque d'être Rhésus positif, et la gravité des conséquences de l'incompatibilité Rhésus rend nécessaire la recherche mensuelle de la présence d'agglutinines. Le dépistage des marqueurs de l'hépatite B a lieu à 7 mois de grossesse. L'échographie réalisée entre 20 et 22 semaines d'aménorrhée permet de rechercher des anomalies morphologiques du fœtus et d'étudier sa croissance. La dernière échographie, réalisée à 33 semaines, vérifie la position du fœtus, sa croissance, sa morphologie, l'abondance du liquide amniotique ainsi que la localisation du placenta.

DERNIER EXAMEN PRÉNATAL

La consultation du 9e mois, normalement la dernière avant l'accouchement, permet de vérifier la vitalité du fœtus, le type de la présentation (par la tête, par le siège, etc.). Des conseils sont donnés à la mère de façon qu'elle sache partir à temps pour la maternité. Enfin, un rendez-vous est pris à 41 semaines d'aménorrhée pour un enregistrement des bruits du cœur fœtal et pour une amnioscopie si, à cette date, l'accouchement ne s'est pas produit.

Aspects psycho-affectifs de la grossesse

Les progrès médicaux et l'évolution de la condition féminine ont transformé l'expérience de la grossesse, qui est de plus en plus

Grossesse et médicaments

Le fœtus est très sensible aux médicaments et aux drogues absorbés par sa mère ; le risque d'atteinte fœtale est élevé, si bien que toute prise de médicament non essentiel doit être exceptionnelle pendant la grossesse. C'est pourquoi une femme enceinte ne doit pas prendre de médicament sans avis médical.

Les principaux médicaments tératogènes (produisant, au stade embryonnaire, des malformations congénitales) sont les anticancéreux, les antidiabétiques oraux, certains antiépileptiques, le lithium, les hormones sexuelles de synthèse, les vaccins vivants atténués (rougeole, oreillons, rubéole, fièvre jaune et vaccin antipoliomyélitique de Sabin), certains antibiotiques et antipaludéens.

Les principaux médicaments toxiques pour le fœtus sont les sulfamides retard, les aminosides, les digitaliques, certains anticoagulants, l'aspirine au cours du 3e trimestre. Les opiacés et les neuroleptiques agissent, quant à eux, sur les centres nerveux du fœtus et sont surtout toxiques pendant l'accouchement en raison de la difficulté respiratoire et de la trop grande somnolence qu'ils provoquent.

La prise de LSD, de cocaïne ou d'amphétamines entraîne un risque d'accouchement prématuré, d'insuffisance de poids fœtal, de malformation congénitale et de retard mental et physique. Dans le cas de l'héroïnomanie, non seulement l'enfant présente à la naissance une insuffisance pondérale, mais il naît intoxiqué et son sevrage demande 6 semaines. Si la mère est alcoolique, les risques d'avortement sont accrus ; le bébé pourra présenter des malformations faciales ou cardiaques, un retard de croissance, parfois un retard mental. Enfin, une consommation élevée de tabac est responsable d'une insuffisance de poids à la naissance, d'une diminution de la résistance aux infections, d'une sensibilité aux infections et aux maladies de l'appareil respiratoire.

choisie et désirée. Pourtant, celle-ci fait encore l'objet d'appréhensions obscures. Certaines d'entre elles ont une origine personnelle, ravivant les conflits infantiles (découverte de la sexualité, conflits œdipiens) ; d'autres sont liées aux circonstances (changement du rythme de vie, attitude du futur père, inquiétude professionnelle, problèmes matériels et moraux posés par la naissance, par exemple).

Au début, la femme enceinte se sent plus vulnérable sur le plan affectif : besoin de protection, recherche de gratification, dépendance envers l'entourage, « envies » alimentaires. Cet état accompagne les troubles du premier trimestre (nausées, vomissements, vertiges, nervosité, fatigue, insomnie), modes d'expression émotionnelle qui disparaissent le plus souvent dès que l'enfant commence à bouger. Toutefois, ils peuvent persister ou s'aggraver (vomissements incoercibles), entraînant une déshydratation et un amaigrissement qui nécessitent un traitement médical et psychologique et parfois même une hospitalisation.

Une bonne évolution de la grossesse dépend aussi du lien qui unit le couple. Contrairement à ce que redoutent un bon nombre de femmes enceintes, la transformation de leur corps ne diminue en rien l'attrait sexuel. À partir du 7e mois, selon l'avis médical, les rapports amoureux exigent une certaine prudence, sinon l'abstention complète. Les obstétriciens recommandent au futur père d'assister aux séances de préparation à l'accouchement de façon à être mieux informé et à mieux participer, avec sa compagne, à la naissance de l'enfant.

Grossesse pathologique

Tout événement survenant au cours de la grossesse et qui comporte un risque pour la mère et/ou pour l'enfant est considéré comme pathologique. En outre, une grossesse est dite « à risque » lorsqu'elle survient chez une femme atteinte d'une maladie préexistante que la gestation peut aggraver, qui peut compliquer l'accouchement ou influer sur l'état de santé du fœtus.

Parmi les maladies pouvant être aggravées, on trouve le diabète, le lupus érythémateux disséminé, le sida, la drépanocytose, certains cancers, des affections cardiaques, pulmonaires (asthme), endocriniennes (hyperthyroïdie, hypothyroïdie), neurologiques (épilepsie, sclérose en plaques). D'autres facteurs de risque sont aussi reconnus : l'obésité, une forte consommation d'alcool, les toxicomanies, le tabagisme et l'âge de la femme (moins de 17 ans, plus de 38 ans).

Une grossesse multiple est également considérée à risque, car elle peut entraîner un accouchement prématuré.

PREMIER TRIMESTRE

Au premier trimestre, ce sont les risques de fausse couche, les grossesses extra-utérines et les grossesses se compliquant de vomissements incoercibles qui font l'essentiel de la pathologie. Les menaces de fausse couche se traduisent par des douleurs pelviennes et des saignements vaginaux. Si l'échographie ne révèle pas de dommages irréversibles de l'œuf (arrêt de développement, décollement, œuf clair), un traitement hormonal par la progestérone, associé au repos, permet parfois de poursuivre la grossesse. Au début de la gestation, la grossesse extra-utérine, dans laquelle l'œuf s'est implanté hors de l'utérus, présente une réelle gravité avec son risque de rupture tubaire ; son traitement est le plus souvent chirurgical et consiste en l'ablation de l'œuf et, parfois, de la trompe endommagée. Des vomissements incoercibles dus aux modifications hormonales peuvent aussi marquer ce premier trimestre. Le repos, un traitement antiémétique (contre les vomissements), le jeûne – suivi de la réintroduction prudente de l'alimentation – sont le plus souvent

efficaces. L'hospitalisation peut être nécessaire. Enfin, au cours de ce trimestre, la rubéole ou la toxoplasmose, si elles affectent peu la santé de la mère, peuvent être très graves pour le fœtus.

DEUXIÈME TRIMESTRE

La menace d'accouchement prématuré représente la principale pathologie du deuxième trimestre, mais elle se prolonge également pendant le troisième trimestre. Elle se traduit par des contractions utérines indolores qui modifient progressivement le col de l'utérus. Le meilleur traitement de la menace d'accouchement prématuré est le repos accompagné, si besoin est, de traitements diminuant ou arrêtant les contractions utérines. Un accouchement est dit prématuré s'il survient avant 37 semaines d'aménorrhée. Au cours du second trimestre, il arrive parfois que la survenue de contractions entraîne à l'examen la découverte d'une béance du col de l'utérus : un cerclage est alors effectué entre la 12e et la 21e semaine.

TROISIÈME TRIMESTRE

Au cours du troisième trimestre, diverses maladies maternelles peuvent compliquer une grossesse : l'anémie, l'hypertension artérielle, la toxémie gravidique, les infections urinaires et rénales. Des causes liées au fœtus peuvent aussi intervenir : un excès de développement (macrosomie fœtale) ou un retard de croissance intra-utérin, un excès de liquide amniotique (hydramnios) ou son insuffisance (oligoamnios). Les insertions anormales du placenta, par exemple le placenta praevia, sont aussi des facteurs de risque en raison des hémorragies qu'elles produisent. Enfin, la constatation in utero de malformations fœtales compatibles avec la vie et permettant la poursuite de la grossesse nécessite aussi une surveillance accrue.

→ VOIR Accouchement, Avortement, Embryon, Fécondation in vitro, Fœtus, Placenta praevia, Rhésus.

Grossesse extra-utérine

Grossesse se développant en dehors de la cavité utérine. SYN. *grossesse ectopique*.

Une grossesse extra-utérine (G.E.U.) survient dans environ 2 % des grossesses.

DIFFÉRENTS TYPES DE GROSSESSE EXTRA-UTÉRINE

Dans 96 % des cas, l'œuf s'implante dans la trompe de Fallope (grossesse tubaire). Les autres localisations, plus rares, sont tubo-ovariennes, ovariennes ou péritonéales (dans la cavité abdominale).

FACTEURS DE RISQUE

Les facteurs de risque qui expliquent l'accroissement de la fréquence des grossesses extra-utérines se regroupent en plusieurs catégories.

■ La fréquence croissante des maladies sexuellement transmissibles (M.S.T.) est un facteur important : un antécédent d'infection (salpingite) multiplie par 6 le risque de grossesse extra-utérine par suppression des cils qui, normalement, tapissent la trompe et facilitent le déplacement de l'ovule.

■ Le stérilet, bien que très efficace en tant que contraceptif, multiplie par 3 le risque de grossesse extra-utérine par rapport aux méthodes de contraception orale. Les stérilets contenant de la progestérone multiplient le risque par 6 ou 7. Ce risque, qui s'accroît après 2 ans d'utilisation du stérilet, est réversible lorsque le stérilet est enlevé. En revanche, les stérilets n'augmentent pas la fréquence des grossesses extra-utérines par rapport à une population de femmes qui n'utilisent pas de contraception.

■ Le tabac est un facteur de risque de grossesse extra-utérine ; plus une femme fume, plus le risque grandit.

■ L'âge maternel est en cause : le risque est multiplié par 2 pour les femmes de 35 à 39 ans et presque par 4 à partir de 40 ans.

■ La chirurgie de la stérilité, si elle rétablit la perméabilité d'une trompe, laisse obligatoirement des cicatrices et ne répare pas les lésions préexistantes de la muqueuse.

■ La procréation médicalement assistée, c'est-à-dire la fécondation in vitro et le transfert intratubaire de gamètes (consistant à introduire les spermatozoïdes et l'ovule dans une trompe), multiplie par 2 le risque de grossesse extra-utérine.

■ Les autres facteurs d'augmentation de fréquence de la grossesse extra-utérine sont les micropilules (contraceptifs oraux faiblement dosés) et le fait d'avoir déjà connu ce type de grossesse.

SYMPTÔMES ET SIGNES

Une grossesse extra-utérine se manifeste par des douleurs abdominales et des hémorragies utérines survenant après un retard de règles, de 3 à 6 semaines généralement. En effet, l'œuf se développe dans un tissu qui n'est pas fait pour l'accueillir et il distend celui-ci. Lorsque l'œuf s'est greffé dans l'ampoule tubaire, la grossesse peut se poursuivre plus longtemps, l'embryon pouvant continuer son développement dans l'abdomen.

DIAGNOSTIC ET ÉVOLUTION

Le diagnostic précoce d'une grossesse extra-utérine est assuré par deux examens, souvent associés, pratiqués en milieu hospitalier.

■ Le dosage, dans l'urine ou le plasma sanguin, d'une hormone spécifique de la grossesse, l'hormone chorionique gonadotrophique (h.C.G.), sécrétée par le chorion puis par le placenta, organes nourriciers de l'œuf, indique un taux en général inférieur au taux attendu pour l'âge gestationnel.

■ L'échographie peut mettre en évidence une activité cardiaque embryonnaire hors de l'utérus. Outre ce signe direct, l'examen peut révéler un vide utérin qui ne correspond pas à la date de la grossesse.

Le danger d'une grossesse extra-utérine réside dans la rupture de la trompe, qui peut entraîner une hémorragie interne de plus ou moins grande importance et est à l'origine de lésions irréversibles. Toutefois, cette complication, qui constitue une urgence chirurgicale, est devenue exceptionnelle.

TRAITEMENT ET PRONOSTIC

Une grossesse extra-utérine en voie de régression spontanée doit être surveillée de près en raison des risques de rupture de la trompe. Tous les autres cas nécessitent un traitement chirurgical, radical (ablation de la trompe) ou conservateur (conservation de la trompe) selon les cas. L'ouverture de l'abdomen est indiquée lorsqu'une grave hémorragie interne suit la rupture brutale de la trompe ou quand un épanchement sanguin s'est enkysté et que des adhérences se sont créées. Les grossesses ovarienne et abdominale constituent ses indications. Dans d'autres cas, la cœliochirurgie (intervention pratiquée sous contrôle endoscopique) permet d'intervenir sans avoir à pratiquer de grandes incisions. Certaines équipes chirurgicales ont traité des grossesses extra-utérines par ponction sous surveillance échographique, associée à l'injection locale d'un médicament antimitotique, le méthotrexate, destiné à détruire les cellules de la grossesse extra-utérine.

Lorsque le diagnostic est évoqué, la patiente doit être hospitalisée en urgence, afin de prévenir immédiatement une éventuelle complication (rupture de la trompe, en particulier).

Grossesse multiple

Développement simultané de plusieurs fœtus dans l'utérus.

Le terme de grossesse multiple s'applique à la grossesse gémellaire, ou double (2 fœtus), trigémellaire, ou triple (3 fœtus), ainsi qu'à la grossesse quadruple, quintuple, sextuple, etc.

Les techniques de procréation médicalement assistée (induction de l'ovulation, fécondation in vitro) entraînent souvent une grossesse gémellaire.

DIFFÉRENTS TYPES DE GROSSESSE MULTIPLE

Il existe deux sortes de grossesse multiple, la grossesse monozygote (un seul œuf) et la grossesse dizygote (deux œufs), cette dernière représentant 30 % des grossesses gémellaires et 3 naissances sur 1 000.

■ Dans la grossesse dizygote, ou pluriovulaire, les enfants résultent de la fécondation de deux ou plusieurs ovules par des spermatozoïdes différents. Ils peuvent être de même sexe ou de sexes différents. Ils se ressemblent, mais pas plus que des frères et sœurs nés à des dates différentes.

■ Dans la grossesse monozygote, ou mono-ovulaire, les enfants résultent de la fécondation par un spermatozoïde d'un seul ovule, qui se divise. Ils sont de même sexe, sont identiques du point de vue morphologique, physiologique et génétique. Leur sang possède les mêmes caractéristiques.

SURVEILLANCE

Le taux d'accouchement prématuré et de mortalité périnatale est plus élevé en cas de grossesse multiple. Ce risque est réduit par la prise en charge précoce de la grossesse dans un centre spécialisé. Une grossesse multiple exige une surveillance accrue, du repos, un arrêt de travail précoce, même lorsqu'il s'agit d'une grossesse gémellaire. À la naissance, les enfants ont généralement un poids inférieur à celui d'enfants issus d'une grossesse unique et ils font l'objet d'une surveillance attentive dans les premières semaines de leur vie.

Groupe sanguin

Ensemble de propriétés antigéniques du sang permettant de classer les individus et d'assurer la compatibilité de la transfusion sanguine entre donneurs et receveurs.

Ces propriétés antigéniques caractérisent plusieurs cellules du sang (globules rouges, plaquettes, granulocytes), ce qui permet de distinguer différents types de groupes sanguins. Le groupe sanguin (ABO, HLA, etc.) est l'un des éléments qui déterminent l'identité de chaque individu.

GROUPES SANGUINS ÉRYTHROCYTAIRES

Ils se caractérisent par des antigènes présents à la surface des globules rouges.

■ Le système ABO, le plus important, doit être respecté dans toutes les transfusions. Il est défini tout d'abord par la présence d'antigènes A, B ou AB pour les groupes A, B et AB, ou par l'absence d'antigène pour le groupe O ; ensuite par la présence d'anticorps dans le sérum : respectivement anti-A, anti-B et anti-A+B chez les sujets B, A et O. Les sujets O sont dits donneurs universels, et les sujets AB receveurs universels.

■ Le système Rhésus distingue 5 types d'antigènes : D, C, c, E et e. La présence de l'antigène D définit le groupe Rhésus positif, et son absence, le groupe Rhésus négatif, les autres antigènes étant présents dans l'un et l'autre cas. Les anticorps correspondant à l'antigène D n'existent pas de façon naturelle mais peuvent apparaître après immunisation, lors d'une transfusion ou d'une grossesse, par exemple.

■ **Les autres systèmes majeurs** en matière de transfusion sont le système Kell, le système Duffy, le système Kidd et le système MNS. Le plus important, le système Kell, fait l'objet d'une détermination chez les femmes enceintes et chez les multitransfusés et comporte 2 antigènes, dont le plus fréquent, l'antigène K, stimule une forte production d'anticorps.

AUTRES GROUPES SANGUINS

D'autres classifications ont trait à d'autres cellules sanguines : les antigènes propres aux plaquettes (essentiellement PLA 1 et PLA 2) offrent peu d'intérêt en transfusion ; certains antigènes sont propres aux granulocytes ; enfin, le système HLA *(Human Leucocyte Antigen)* repose sur la classification d'antigènes existant sur toutes les cellules du sang, sauf les globules rouges ; il présente un intérêt en transfusion et doit également être pris en considération dans la transplantation de moelle osseuse et d'organe.

→ VOIR **Antigène, Histocompatibilité, Rhésus** (système).

Guillain-Barré (syndrome de)

Inflammation aiguë et démyélinisation (destruction de la gaine de myéline entourant les fibres nerveuses) des nerfs périphériques, responsables de paralysies. SYN. *paralysie ascendante, polyradiculonévrite aiguë.*

Le syndrome de Guillain-Barré est la plus fréquente des polyradiculonévrites, affections qui ont en commun une inflammation des racines des nerfs à leur point d'émergence de la moelle épinière.

CAUSES

Le mécanisme de ce syndrome est auto-immun, l'organisme fabriquant des anticorps contre ses propres constituants.

SYMPTÔMES ET SIGNES

La maladie comprend trois phases. La première, qui dure moins de quatre semaines, est caractérisée par l'apparition d'une paralysie des membres inférieurs.

Celle-ci s'étend ensuite symétriquement aux membres supérieurs (tétraplégie) et aux nerfs crâniens, provoquant une paralysie faciale, des troubles oculomoteurs et des troubles de la déglutition. Ces signes s'associent fréquemment à des manifestations sensitives : fourmillements, douleurs des muscles, du dos, le long des nerfs. Au cours de cette phase peut apparaître une paralysie des muscles respiratoires nécessitant un traitement en réanimation. La deuxième phase est caractérisée par la persistance, en plateau, des signes précédents, parfois pendant plusieurs mois. La troisième phase, qui dure de plusieurs semaines à plusieurs mois, est celle de la récupération, les signes disparaissant progressivement.

TRAITEMENT ET PRONOSTIC

Le traitement consiste tout d'abord à assurer la respiration (ventilation assistée au besoin). Certains traitements visent à diminuer l'extension et la durée des paralysies, surtout dans les cas les plus graves, en recourant à différents moyens : échanges plasmatiques (soustraction des anticorps anormaux du plasma du malade), injection intraveineuse à fortes doses d'immunoglobulines humaines plasmatiques. Dans la majorité des cas, aucune séquelle n'est à déplorer ; les rechutes sont rares.

Güthrie (test de)

Test de dépistage néonatal de la phénylcétonurie.

Le test de Güthrie est systématiquement pratiqué chez le nouveau-né. Son but est de diagnostiquer la phénylcétonurie, maladie héréditaire due à une accumulation de phénylalanine, qui provoque, en l'absence de traitement, un retard mental. Le test, ordinairement pratiqué entre le 8e et le 14e jour de la vie, consiste à doser la phénylalanine à partir de quelques gouttes du sang de l'enfant, recueillies sur papier filtre puis mises au contact d'une culture de bactéries dont la croissance est stimulée par la phénylalanine, la pousse bactérienne étant proportionnelle à la concentration de celle-ci dans le sang. En cas de résultat positif (concentration de phénylala-nine supérieure à 20 milligrammes par millilitre), le diagnostic est confirmé par d'autres examens plus précis, ce qui permet d'instituer sans délai un régime alimentaire pauvre en phénylalanine (restriction protidique), nécessaire au traitement de la maladie.

Gymnastique respiratoire

Méthode de kinésithérapie respiratoire consistant à apprendre au sujet à contrôler et à faire travailler ses muscles respiratoires thoraciques et abdominaux.

La gymnastique respiratoire est indiquée dans toutes les maladies chroniques affectant la respiration : bronchite chronique, asthme, emphysème, mucoviscidose, etc. Elle permet d'améliorer la ventilation de l'air dans les poumons, l'oxygénation du sang et, en conséquence, le travail des muscles et les possibilités d'effort physique. Le kinésithérapeute montre au malade quels mouvements du thorax et de l'abdomen il doit effectuer et quels muscles doivent se contracter. Il lui apprend notamment le rôle de l'abdomen : exercices d'expiration profonde, obtenue en contractant les muscles abdominaux (en « rentrant le ventre »), suivie d'une inspiration passive, puis active, en relâchant ces mêmes muscles.

Gynécologie

Spécialité médicale consacrée à l'étude de l'organisme de la femme et de son appareil génital, du point de vue tant physiologique que pathologique.

Gynécomastie

Augmentation du volume de la glande mammaire chez l'homme.

La gynécomastie doit être distinguée de l'adipomastie, beaucoup plus fréquente, qui est une accumulation locale de tissu adipeux. La gynécomastie est une affection qui touche assez fréquemment l'homme âgé. Elle est généralement bénigne, hormis d'exceptionnelles tumeurs. Elle peut être unilatérale ou, plus souvent, bilatérale.

Ses causes sont diverses : médicamenteuses (prise de digitaliques, d'antialdostérones), métaboliques (insuffisance hépatique), hormonales (adénome à prolactine, atteinte testiculaire) ou encore mécaniques (irritation locale). Toutefois, la cause d'une gynécomastie demeure souvent inexpliquée. Chez le nouveau-né et le jeune adolescent, une gynécomastie transitoire (s'étalant sur quelques mois) peut survenir en raison d'un déséquilibre hormonal au profit des hormones féminines, mais elle disparaît spontanément avec le temps.

Un traitement local est associé au traitement de la cause.

H

Hæmophilus

Genre de bacilles à Gram négatif responsable d'infections respiratoires, d'otites, de méningites, d'épidémies saisonnières de conjonctivite et du chancre mou.

Hailey-Hailey (maladie de)

Affection cutanée héréditaire, caractérisée par des bulles et des vésicules. SYN. *pemphigus bénin familial.*

La maladie débute généralement à l'adolescence puis évolue de façon chronique par poussées pendant la saison chaude. Le traitement, qui consiste en applications locales d'antiseptiques et de corticostéroïdes, est décevant, mais le pronostic d'ensemble est bénin.

Haleine (mauvaise)

→ VOIR Halitose.

Halitose

Mauvaise haleine.

Une halitose peut être due à un mauvais état buccodentaire (gingivite, parodontite), à un état de stress émotionnel ou à diverses infections du nez ou de la gorge. Son traitement est celui de la maladie en cause.

Hallucination

Perception d'un objet non réel.

Les hallucinations se rencontrent dans les psychoses (psychose hallucinatoire chronique, schizophrénie, bouffée délirante, etc.), les atteintes neurologiques (encéphalite, épilepsie), les intoxications (hallucinogènes, psychostimulants, cocaïne, alcool, etc.). Elles sont le plus souvent visuelles (taches colo-

rées, etc.) et auditives (bruits, voix) mais peuvent être aussi gustatives, olfactives, tactiles.

TRAITEMENT

Les neuroleptiques sont efficaces, une hospitalisation pouvant en outre sécuriser le malade ; mais c'est ensuite la cause profonde des hallucinations qu'il faut s'attacher à traiter.

Hallux valgus

Déviation du gros orteil vers les autres orteils.

L'hallux valgus est favorisé par le port de talons hauts. Les arthrites chroniques et les déviations du talon vers l'extérieur du pied en constituent des causes moins fréquentes.

Un hallux valgus se traduit par une inflammation de l'articulation métatarsophalangienne, à l'origine de douleurs parfois intenses, parfois associée à une inflammation de la bourse séreuse correspondante (bursite). Son diagnostic est clinique et surtout radiologique, les clichés pratiqués permettant d'apprécier l'amplitude de la déformation et le degré d'usure articulaire.

TRAITEMENT

Il repose essentiellement sur le port de chaussures larges, qui permettent de limiter les frottements. La chirurgie est réservée aux sujets vraiment handicapés, car la rééducation est longue (un mois environ) et relativement douloureuse mais donne de bons résultats. L'intervention consiste à remettre le gros orteil dans son axe normal (par retension de certains ligaments, ablation du morceau d'os saillant, etc.).

Hanche

Racine du membre inférieur, correspondant à sa jonction avec le tronc.

L'articulation de la hanche, à la fois très solide et très mobile, permet des mouvements variés : flexion et extension, adduction et abduction, circumduction et rotation.

PATHOLOGIE

■ **La luxation congénitale de la hanche** est une malformation caractérisée par la sortie de la tête fémorale hors de la cavité cotyloïde de l'os iliaque. Son dépistage est obligatoire à la naissance. Une technique particulière de langeage suffit alors à remettre en place définitivement la hanche. Cette affection peut être diagnostiquée plus tard, à l'âge de la marche, quand elle se signale par l'apparition d'une claudication. La réduction, plus difficile à obtenir, nécessite alors une mise en traction progressive du membre puis une immobilisation plâtrée. Plus le traitement est tardif, plus il est difficile et plus le risque de souffrance de la tête fémorale, impliquant des déformations de celle-ci et donc une arthrose ultérieure, est important.

■ **La luxation traumatique de la hanche**, déplacement brutal de la tête fémorale hors de sa cavité, est toujours due à un choc très violent (accident de la circulation, par exemple). Cette luxation doit être réduite en urgence pour limiter le risque de nécrose de la tête fémorale. La hanche est ensuite mise en traction, le plus souvent pendant 3 semaines, voire 1 mois.

Handicap

Déficience ou incapacité mentale, physique ou sensorielle, partielle ou totale, temporaire ou définitive, causée par une altération des structures ou des fonctions psychologiques, physiologiques ou anatomiques et constituant un désavantage social. SYN. *déficience, incapacité, infirmité.*

Les handicaps mentaux et psychoaffectifs

Ils se caractérisent par des difficultés mentales ou psychiques à affronter les situations de la vie courante et touchent environ une personne sur cent ; ils se situent au premier rang des handicaps sévères qui touchent les enfants et les adolescents.

CAUSES

La plupart des handicaps mentaux comportant un retard du développement intellectuel sont liés à des pathologies de la grossesse ou de l'accouchement, d'origine infectieuse ou vasculaire, ou, plus souvent encore, à des pathologies non accidentelles (aberrations chromosomiques, malformation du système nerveux central, syndrome polymalformatif, anomalies métaboliques), responsables de 70 % environ des déficiences mentales profondes. Celles-ci, dans un tiers des cas, restent inexpliquées.

L'adolescence et la vieillesse sont propices à l'explosion de troubles psychoaffectifs qui nécessitent une prise en charge.

TRAITEMENT ET PRÉVENTION

Certains handicaps neurologiques induisant une déficience intellectuelle sont curables. La gravité de la lésion organique ne détermine pas toujours l'importance du retard mental, la précocité de la prise en charge comptant dans l'amélioration des capacités d'un sujet.

Les handicaps moteurs

Caractérisés par un dysfonctionnement ou une réduction de l'activité physique d'un individu (absence de mobilité, mouvements parasites), les handicaps moteurs touchent les membres, le tronc ou la tête. Ils viennent au second rang dans les estimations consacrées aux handicaps sévères chez les jeunes.

CAUSES

■ **Chez l'enfant**, les handicaps moteurs procèdent d'une malformation congénitale ou sont dus à une lésion cérébrale ou à une atteinte de la moelle épinière survenue avant, pendant ou après la naissance. Il s'agit soit de l'absence d'une partie ou de la totalité d'un membre (agénésie), soit de la perte totale ou partielle de la motricité par atteinte des muscles (myopathie) ou des nerfs qui commandent les muscles, soit de mouvements anormaux, soit d'atteintes articulaires.

■ **Les handicaps moteurs acquis plus tardivement** touchent les enfants et les adultes et sont dus à des accidents ou à des maladies.

Dans les pays industrialisés, les accidents de voiture et de moto (fréquents chez les jeunes) sont responsables d'amputations, de paralysies, d'incapacités de contrôle, de handicaps graves dus à des fractures multiples associées ou non à des lésions viscérales. Le cerveau ou la moelle épinière peuvent être atteints et une lésion sur le trajet nerveux du nerf sciatique entre la moelle épinière et les muscles peut provoquer une sciatique paralysante. Les atteintes articulaires aussi (polyarthrites, arthroses) sont responsables de déficiences motrices.

TRAITEMENT
Il consiste à reconstituer l'intégrité physique du sujet par une intervention chirurgicale, à effectuer une rééducation motrice pour réduire l'importance des mouvements anormaux ou à compenser l'absence d'un membre par une prothèse, qui le remplace totalement, ou une orthèse, qui s'adapte sur le membre mutilé.

Le développement des aides techniques, grâce à la domotique et à la création de robots, permet un contrôle de l'environnement au domicile.

Les handicaps sensoriels

Ils affectent la vue ou l'audition d'environ 70 millions d'individus dans le monde.

■ **Les déficiences visuelles** comprennent notamment les atteintes de l'acuité visuelle (cécité ou baisse d'acuité visuelle), les rétrécissements du champ visuel et les atteintes des paupières et des muscles oculomoteurs.

■ **Les déficiences auditives** se caractérisent par une acuité auditive insuffisante.

CAUSES
Les causes des handicaps sensoriels sont variées : accidents, infections, atteintes congénitales ou très précoces, etc. Des facteurs plus spécifiques peuvent également intervenir dans la genèse de telles déficiences. Ainsi, la faim, le manque d'hygiène et les épidémies propres aux pays en développement causent des handicaps visuels graves : les pays en développement regroupent 80 % des aveugles. De leur côté, la surdité ou l'hypoacousie peuvent être liées à la toxicité de certains médicaments, à l'exposition au bruit, à un barotraumatisme (lié par exemple à une plongée sous-marine mal contrôlée) ou au vieillissement.

TRAITEMENT
C'est dans chaque cas celui de la cause. On cherche en outre à compenser la déficience : prothèses auditives et visuelles (lunettes et loupes), implants cochléaires, aides techniques (utilisation de micro-ordinateurs capables de transposer l'écriture habituelle en braille ou en synthèse vocale, sous-titrage des émissions télévisées).

Hantaan (virus de)

Virus à A.R.N. de la famille des Bunyaviridæ, responsable de la fièvre hémorragique de Corée (fièvre hémorragique avec insuffisance rénale).

Haptoglobine

Protéine du sang.

L'haptoglobine est une glycoprotéine synthétisée par le foie. La variété précise d'haptoglobine que possède un individu est héréditaire, et son identification est utilisée en médecine légale lors des recherches de paternité. La diminution de la concentration d'haptoglobine dans le sang indique une hémolyse (destruction pathologique des globules rouges). Son augmentation est un signe de maladie inflammatoire.

Haptonomie

Méthode de préparation à l'accouchement qui utilise le toucher pour faire communiquer précocement, avant sa naissance, l'enfant et ses futurs parents.

L'haptonomie est enseignée par des médecins ou des sages-femmes dans certaines maternités ou lors de consultations privées en cabinet. La préparation débute dès le 4e ou le 5e mois de grossesse, quand la mère sent l'enfant bouger. Au cours des séances d'haptonomie, les parents apprennent à communiquer avec leur enfant à l'aide de leurs mains, qu'ils posent sur le ventre maternel, et de leurs voix. Peu à peu, le bébé se montre sensible au contact et répond aux sollicitations en venant se placer contre les mains de ses parents. Il acquiert ainsi une première connaissance de son père et de sa mère et une plus grande sécurité affective. Les parents, quant à eux, apprennent à être à l'écoute de leur enfant et de ses réactions. Pour la mère, les séances d'haptonomie sont source de détente et de confiance en soi : ses muscles abdominaux et périnéaux se relâchent spontanément, facilitant ainsi l'accouchement. L'haptonomie accorde en outre un rôle très important au futur père.

Harada (maladie de)

Maladie associant une méningite et une uvéite postérieure (inflammation de la choroïde, membrane vasculaire de la rétine).

La maladie de Harada, uvéoméningite particulièrement fréquente chez les Asiatiques, n'a pas de cause connue.

La méningite, habituellement très modérée, n'occasionne que des symptômes peu marqués (fièvre, maux de tête, nausées, gêne oculaire à la lumière et raideur de la nuque). L'inflammation de la choroïde se manifeste par des décollements de la rétine, régressant spontanément.

Les corticostéroïdes par voie générale sont dans l'ensemble très efficaces.

Hartnup (maladie de)

Maladie héréditaire liée à une anomalie du transport de certains acides aminés.

La maladie de Hartnup se manifeste dès l'enfance par une éruption cutanée (plaques rouges), par des signes neurologiques (perte de l'équilibre ; succession de mouvements oscillatoires, courts et saccadés, des yeux).

Le traitement de la maladie de Hartnup, efficace, repose sur l'administration à vie de vitamine PP.

Hashimoto (thyroïdite de)

Maladie thyroïdienne bénigne d'évolution chronique, entraînant souvent une hypothyroïdie (insuffisance de la sécrétion hormonale thyroïdienne).

La thyroïdite de Hashimoto survient généralement entre 30 et 50 ans. Il s'agit d'une maladie familiale, auto-immune, qui se manifeste par un goitre ferme, de volume modéré, et par des signes d'hypothyroïdie (épaississement de la peau, bradycardie, frilosité, constipation).

En l'absence de traitement, la thyroïdite de Hashimoto évolue par poussées vers une hypothyroïdie profonde.

HDL cholestérol

Fraction du cholestérol sanguin transportée par des lipoprotéines. SYN. *cholestérol HDL.*

La quantité de HDL cholestérol ne doit pas être inférieure à environ 1 millimole, soit 0,4 gramme par litre ; plus son taux est élevé, plus le risque de maladies coronaires (angor, infarctus) est faible.

Helicobacter pylori

Bactérie responsable de gastrites et d'ulcères.

Helicobacter pylori est retrouvé chez la majorité des patients ayant un ulcère du duodénum. Les antibiotiques pris pendant 1 à 2 semaines permettent une guérison complète, sans récidive.

Helminthiase

Maladie parasitaire humaine et animale due à l'infestation par des vers, les helminthes. SYN. *verminose.*

DIFFÉRENTS TYPES D'HELMINTHIASE

■ Les helminthiases intestinales sont dues soit à des nématodes (vers ronds) comme l'ascaris, le trichocéphale, la trichine, l'anguillule, l'ankylostome, soit à des vers plats comme le ténia du bœuf, le ténia du porc, le ténia du poisson, les douves intestinales ou les bilharzies.

■ Les helminthiases du foie sont dues soit à l'infestation par des vers adultes, les douves (grande douve du foie, douve de Chine), soit à l'infestation par des larves dans les cas de kyste hydatique (provoqué par une larve, l'hydatide) ou d'échinococcose alvéolaire, soit à la présence d'œufs, notamment dans le cas des bilharzioses.

■ Les helminthiases du poumon correspondent soit à la présence de douves dans les bronches, soit au développement d'un kyste hydatique.

■ Les helminthiases exclusivement tropicales atteignent les ganglions dans le cas des filarioses lymphatiques, la peau dans le cas de la loase, de la dracunculose ou de l'onchocercose, cette dernière affectant également les yeux.

Hémarthrose

Épanchement de sang dans une articulation, le plus souvent localisé dans la cavité articulaire du genou.

En général, une hémarthrose survient immédiatement après un traumatisme provoquant une lésion sévère de l'articulation.

L'hémarthrose se caractérise le plus souvent par un gonflement et une douleur de l'articulation concernée.

TRAITEMENT

Une poche de glace placée sur l'articulation peut aider à diminuer l'épanchement et la douleur. Afin d'arrêter l'hémorragie, le médecin pourra réaliser un bandage articulaire relativement serré et conseillera le repos du membre en position surélevée pendant 2 ou 3 semaines.

Hématémèse

Vomissement de sang d'origine digestive.

Une hématémèse traduit une hémorragie digestive haute (sang plus ou moins digéré provenant de l'œsophage, de l'estomac ou du duodénum). Les causes les plus fréquentes en sont la rupture de varices œsophagiennes dues à l'hypertension portale chez un sujet atteint d'une cirrhose, l'ulcère gastroduodénal et les gastrites hémorragiques. Une hématémèse nécessite une hospitalisation en urgence pour apprécier sa gravité et son retentissement.

Le traitement fait appel le plus souvent à la prise de médicaments antiulcéreux ainsi qu'à la sclérose, réalisée par voie endoscopique, de varices œsophagiennes ou d'un ulcère hémorragique.

Hématie

Cellule sanguine transportant l'oxygène des poumons vers les tissus. SYN. *érythrocyte, globule rouge.*

L'hématie peut être considérée comme un sac transportant de l'hémoglobine, pigment protéinique de couleur rouge chargé de transporter l'oxygène.

Hématocèle vaginale testiculaire

Accumulation de sang entre le testicule et son enveloppe séreuse, la vaginale testiculaire.

Une hématocèle vaginale testiculaire est souvent due à un traumatisme du testicule ; plus rarement, elle est liée à une tumeur testiculaire. Douloureuse, elle se traduit par une augmentation de volume du testicule et de la bourse. Son traitement repose sur une intervention chirurgicale, qui permet d'évacuer la collection sanguine et de vérifier l'état du testicule.

Hématocrite

Mesure du volume occupé par les globules rouges dans un échantillon de sang par rapport au volume de celui-ci, exprimé en pourcentage.

L'hématocrite normal se situe entre 40 et 54 % chez l'homme et entre 35 et 47 % chez la femme. Sa diminution doit faire rechercher une anémie, son augmentation, une polyglobulie (augmentation de la masse totale des globules rouges de l'organisme).

Hématologie

Science des maladies du sang, de la moelle et des ganglions.

Hématome

Collection de sang dans un organe ou dans un tissu, faisant suite à une hémorragie.

Un hématome a presque toujours pour cause un traumatisme. Dans la majorité des cas, l'hématome régresse spontanément. On évacue le sang, par ponction ou incision chirurgicale, uniquement dans le cas d'hématomes volumineux et compressifs.

Hématome extradural

Collection de sang entre la voûte du crâne et la dure-mère (dernier feuillet externe enveloppant les méninges).

CAUSES ET SIGNES

L'hématome extradural est relativement rare. Il est consécutif à un coup sur le côté de la tête et provoque des maux de tête, des troubles de la conscience (somnolence, coma), parfois une hémiplégie. L'évolution est caractéristique : les signes n'apparaissent que quelques heures après le traumatisme.

DIAGNOSTIC ET TRAITEMENT
L'hospitalisation s'impose en urgence, le diagnostic est confirmé par scanner, et le traitement consiste en une intervention chirurgicale. Le chirurgien réalise un volet osseux dans le crâne, évacue l'hématome puis referme le volet.

Hématome rétroplacentaire

Épanchement anormal de sang qui peut survenir, pendant la grossesse, entre le placenta et la paroi de l'utérus.

Un hématome rétroplacentaire est le plus souvent la conséquence d'une hypertension artérielle et de ses complications (toxémie gravidique), d'un diabète, d'une grossesse multiple ou d'un hydramnios (excès de liquide amniotique). Il se déclare, généralement au troisième trimestre de la grossesse ou pendant l'accouchement, par une douleur brutale et intense, un saignement vaginal, parfois un état de choc (malaise, chute de la tension artérielle).

Le traitement, entrepris en urgence, associe la réanimation de la mère et l'accouchement par césarienne.

Hématome sous-dural

Collection de sang dans le crâne, à l'intérieur des méninges.

Un épanchement de sang se forme dans l'espace sous-dural après un traumatisme crânien. On distingue deux sortes d'hématome sous-dural.

■ L'hématome sous-dural aigu est consécutif à un traumatisme crânien grave (accident de la route, chute de plusieurs mètres). Aussitôt, des troubles de la conscience (somnolence, coma) et des signes neurologiques (paralysie, etc.) apparaissent. Le diagnostic est confirmé par scanner. Si l'hématome est très volumineux, le chirurgien pratique une opération en urgence, sous anesthésie générale, pour l'évacuer. Mais le traitement est plutôt médical et s'adresse aux

symptômes : médicaments contre l'œdème cérébral (mannitol par voie intraveineuse). Le pronostic de l'hématome sous-dural aigu est très sombre.

■ L'hématome sous-dural chronique est dû à un traumatisme bénin. Après une période de plusieurs semaines à quelques mois apparaissent, associés ou non, des maux de tête, des troubles psychiques, un ralentissement psychomoteur, des troubles de la marche, parfois un début d'hémiplégie ou des troubles de la parole (aphasie). Le diagnostic est confirmé par scanner. La décision d'opérer dépend de certains facteurs : état général du patient, volume de l'hématome. Dans les cas où l'intervention chirurgicale n'est pas retenue, le traitement médical (surveillance, corticothérapie, etc.) permet, en règle générale, la résorption de l'hématome.

Hématopoïèse

Ensemble des mécanismes qui assurent la production continue et régulière des différentes cellules sanguines.

Chez l'homme, l'hématopoïèse est assurée par la moelle osseuse.

Hématose

Processus physiologique permettant la transformation dans les poumons du sang veineux chargé de gaz carbonique en sang artériel chargé d'oxygène.

Hématurie

Présence de sang dans l'urine.

Une hématurie peut être macroscopique, décelée par le patient lui-même, dont l'urine est de couleur rouge, rosée ou brune et contient parfois des caillots sanguins. Elle peut aussi être microscopique : l'urine est alors de couleur normale, le sang n'étant décelé qu'à l'examen microscopique.

Les maladies les plus fréquentes à l'origine d'une hématurie sont les infections urinaires (cystites), les tumeurs et papillomes de la vessie, les adénomes et les cancers de la prostate, les calculs du rein ou de l'uretère, les tumeurs du rein, les tuberculoses urinaires. Le traitement consiste à soigner la maladie qui est à l'origine de l'hématurie.

Héméralopie

Diminution de la vision en lumière basse (crépuscule, éclairage faible).

Une héméralopie se rencontre essentiellement au cours d'affections touchant la rétine, qu'elles soient congénitales (rétinopathie pigmentaire) ou acquises (rétinopathie diabétique).

Hémiagueusie

Perte du goût de la moitié droite ou gauche de la langue.

Hémianopsie

Perte de la vision de la moitié du champ visuel de chaque œil.

Les hémianopsies prennent différents aspects mais les plus courantes sont les hémianopsies latérales, dans lesquelles chaque œil perd la moitié temporale (du côté de la tempe, vers l'extérieur) ou nasale (du côté du nez, vers l'intérieur) de sa vision.

Les lésions des voies visuelles peuvent avoir pour cause un traumatisme crânien, une compression par une tumeur ou un accident vasculaire cérébral. Le traitement est uniquement celui de la cause.

Hémiplégie

Paralysie affectant la moitié (gauche ou droite) du corps.

L'hémiplégie peut être soit spasmodique (les muscles atteints sont raides), soit flasque (les muscles sont mous et affaiblis).

CAUSES

Une hémiplégie a pour cause une lésion de la voie pyramidale, faisceau de fibres nerveuses qui vont du cortex cérébral jusqu'à différents niveaux de la moelle épinière et commandent la contraction des muscles. La lésion siège du côté opposé aux membres atteints. Cette lésion est elle-même consécutive à un accident vasculaire cérébral, ischémique (diminution ou arrêt de la circulation) ou hémorragique, à une tumeur ou à un traumatisme ou encore à une

infection du système nerveux (abcès du cerveau).

TRAITEMENT

C'est essentiellement le traitement de la cause, qui peut faire régresser l'hémiplégie ou l'empêcher de s'aggraver. Il s'y ajoute celui des symptômes (ventilation assistée en cas de coma). Ultérieurement, la rééducation améliore souvent les séquelles motrices et l'orthophonie, celles du langage.

Hémochromatose

Maladie métabolique consécutive à l'accumulation de fer dans les tissus de l'organisme. SYN. *diabète bronzé*.

DIFFÉRENTS TYPES D'HÉMOCHROMATOSE

■ L'hémochromatose primitive est une maladie rare, héréditaire.
■ L'hémochromatose secondaire peut être liée à un alcoolisme chronique et surtout à des transfusions répétées.

SYMPTÔMES ET SIGNES

Le stockage excessif de fer entraîne des anomalies hépatiques et endocriniennes. L'atteinte hépatique est une cirrhose, aggravée en cas de consommation d'alcool. L'atteinte endocrinienne est mixte : pancréatique (diabète sucré) et hypophysaire (déficit en gonadotrophines). Par ailleurs, la surcharge en fer provoque une coloration grise de la peau.

DIAGNOSTIC

Le diagnostic repose sur l'examen clinique, sur le dosage de la ferritine dans le sang, qui montre une élévation très importante de celle-ci, et sur l'examen des tissus du foie prélevés par ponction-biopsie.

TRAITEMENT

Le traitement de l'hémochromatose consiste à pratiquer des saignées régulières chez les patients qui ne sont pas anémiques ; celles-ci demeurent le procédé le plus efficace pour éliminer le fer en excès. Cependant, chez les malades polytransfusés, ce traitement n'est pas possible. Administrée à forte dose et de préférence par voie sous-cutanée à l'aide d'une pompe portable, la déféroxamine (chélateur du fer) retarde le processus de surcharge en fer en augmentant son élimination urinaire et digestive.

Hémoculture

Technique de laboratoire visant à mettre en évidence la présence ou l'absence de micro-organismes pathogènes dans le sang, donc à dépister les états septicémiques et à préciser le germe responsable ainsi que les antibiotiques actifs.

Hémodialyse

Méthode d'épuration du sang au moyen d'un rein artificiel.

L'hémodialyse a parfois été utilisée dans certains cas d'intoxication grave, mais c'est surtout le traitement majeur de l'insuffisance rénale aiguë et chronique. À moins qu'une greffe de rein puisse être pratiquée, le traitement de l'insuffisance rénale chronique par hémodialyse est définitif.

L'hémodialyse permet d'épurer le sang des déchets qui sont normalement éliminés dans l'urine (urée, créatinine), de corriger un éventuel déséquilibre électrolytique (taux anormal de sodium, de potassium, de bicarbonates, etc., dans le sang) et de rééquilibrer le pH du sang en cas d'acidose (acidité sanguine excessive).

TECHNIQUE

L'hémodialyse consiste à mettre en contact à travers une membrane semi-perméable appelée dialyseur (ne laissant passer que les petites et les moyennes molécules) le sang du malade et un liquide dont la composition est proche de celle du plasma normal (dialysat).

DÉROULEMENT

En cas d'insuffisance rénale chronique, les séances de traitement durent entre 4 et 5 heures à raison de trois fois par semaine. La majorité des patients se rend dans des centres d'hémodialyse hospitaliers, publics ou privés. Mais la séance peut aussi avoir lieu au domicile du patient (dans ce cas, celui-ci suit d'abord une formation soit avec son conjoint, soit avec ses parents s'il s'agit d'un enfant) ou encore dans un centre d'autodialyse. En cas d'insuffisance rénale aiguë, les séances ont lieu à des rythmes variables, selon la gravité du trouble, dans des services de néphrologie ou de réanimation, quotidiennement dans les cas graves.

SURVEILLANCE

Une surveillance médicale, assurée par un néphrologue, est obligatoire. Celui-ci fixe la durée des séances, la quantité d'eau plasmatique à filtrer et les traitements annexes, diététiques et médicamenteux. L'hémodialyse est parfaitement compatible avec une vie normale.

Hémodilution

Technique qui consiste, avant une opération chirurgicale à risque hémorragique, à prélever deux ou trois unités de sang de 400 millilitres environ à un sujet (en les remplaçant par un liquide moins dense) afin de pouvoir, à la fin de l'intervention ou juste après, les lui réinjecter.

Hémoglobine

Protéine contenue dans les globules rouges, auxquels elle donne leur couleur, et qui véhicule l'oxygène dans le sang.

L'hémoglobine est synthétisée par les globules rouges pendant leur formation dans la moelle osseuse. Elle sert à transporter le gaz carbonique des organes (cœur, muscles) vers les poumons mais surtout à transporter l'oxygène dans tous les tissus de l'organisme. L'hémoglobine est un pigment rouge vif, quand elle est oxygénée (couleur du sang des artères de la grande circulation), bleu quand elle a perdu son oxygène (veines de la grande circulation).

Les pathologies, de gravité très variable, peuvent n'entraîner qu'une cyanose ou, aussi bien, mettre en jeu la vie du malade. → VOIR Numération formule sanguine.

Hémoglobine glycosylée

Hémoglobine sur laquelle s'est fixée une molécule de glucose. SYN. *hémoglobine glyquée.*

L'hémoglobine glycosylée (HbA$_{1C}$) est utilisée pour surveiller l'efficacité d'un traitement à long terme chez les diabétiques.

Hémoglobinopathie

Maladie relative à l'hémoglobine.

Parmi les hémoglobinopathies, on distingue les thalassémies (défaut de synthèse de l'hémoglobine) des hémoglobinoses (maladies liées à un défaut de structure de la molécule d'hémoglobine).

CAUSES

Les thalassémies sont dues à la diminution ou à l'absence de fabrication d'une des chaînes polypeptidiques de l'hémoglobine.

Les hémoglobinoses, dont il existe plus de 300 variétés résultent généralement de mutations génétiques ponctuelles.

DIAGNOSTIC ET TRAITEMENT

Le diagnostic des anomalies repose essentiellement sur l'électrophorèse (séparation des composants du sang par utilisation d'un champ électrique), qui permet de détecter les hémoglobines anormales.

L'attitude à adopter en cas de risque de transmission d'une hémoglobinose est fonction du type de mutation : certaines formes ne nécessitent pour tout traitement que des restrictions alimentaires et médicamenteuses ; d'autres entraînent une hémolyse importante qui doit être traitée par des transfusions fréquentes. Pour les formes graves, les futurs parents peuvent avoir recours au conseil génétique et au dépistage prénatal afin d'estimer les risques encourus par leur enfant.

→ VOIR Drépanocytose, Thalassémie.

Hémoglobinurie

Présence d'hémoglobine dans les urines.

L'hémoglobinurie est un signe d'hémolyse (destruction des globules rouges) importante à l'intérieur des vaisseaux sanguins. L'hémoglobinurie se traduit par l'émission d'urines rouge sombre. Un tel signe doit faire rechercher la cause de l'hémolyse et, notamment, une anémie hémolytique.

Hémogramme

Numération des éléments figurés du sang (globules blancs, globules rouges, plaquettes).

Un hémogramme est réalisé à partir d'un prélèvement de sang veineux chez l'adulte, de sang capillaire chez le jeune enfant. Il comporte deux types d'analyse. L'un est quantitatif et décrit le nombre d'éléments figurés, le taux d'hémoglobine, la concentra-

tion moyenne des globules rouges en hémoglobine, la valeur de l'hématocrite (pourcentage du volume des globules rouges par rapport au volume sanguin total) et le volume globulaire moyen. L'autre est morphologique et décrit l'aspect des différentes cellules. Cette numération permet de dépister de très nombreuses affections (anémies, inflammations, réactions immunitaires, etc.).

→ VOIR Numération formule sanguine.

Hémolyse

Destruction des globules rouges.

La durée de vie des globules rouges dans l'organisme est, à l'état normal, de 120 jours environ. L'hémolyse est alors effectuée par les cellules macrophages de la moelle osseuse et du foie. Les différents constituants du globule sont ensuite recyclés et réutilisés par l'organisme.

HÉMOLYSES PATHOLOGIQUES

Une hémolyse pathologique peut faire suite à une anomalie particulière du globule rouge, comme dans le cas de la drépanocytose ou du déficit en glucose-6-phosphate déshydrogénase, à une agression extérieure (hémolyse mécanique due à la présence d'une prothèse cardiaque, paludisme) ou à une maladie auto-immune.

Une hémolyse pathologique se traduit par une augmentation du taux de bilirubine libre, par une baisse d'une glycoprotéine du plasma, l'haptoglobine, et, lorsque l'hémolyse est surtout intravasculaire, par un taux élevé d'hémoglobine plasmatique dans le sang et par une hémoglobinurie (présence d'hémoglobine dans l'urine).

Hémopathie

Maladie du sang.

Les anémies et les leucémies, par exemple, sont des hémopathies.

Hémophilie

Maladie héréditaire liée au chromosome X, caractérisée par un trouble de la coagulation du sang.

L'hémophilie est transmise sur un mode récessif et lié au sexe : le gène en cause se

Vivre hémophile

Afin de permettre aux patients atteints d'hémophilie de mener une vie aussi normale que possible, des centres spécialisés offrent une formation concernant les risques, le traitement et la prévention de cette maladie : reconnaissance des symptômes d'hémorragie, traitement préventif à domicile, conseil génétique. Dans ces centres, l'infirmière apprend au patient à s'injecter lui-même les produits substitutifs. Les enfants sont initiés très tôt à cette pratique (en général, vers 8 ou 10 ans).

Certaines précautions doivent être prises dans la vie quotidienne des hémophiles : éviter les heurts et les chutes ; choisir de préférence des chemises à manches longues, des vestes et des pantalons rembourrés, des chaussures qui maintiennent les chevilles ; avoir sur soi une trousse de pharmacie contenant le nécessaire à perfusion. Les extractions dentaires doivent être effectuées en milieu hospitalier.

La pratique d'un sport n'est pas interdite. Cependant, en raison des risques d'accident articulaire, les sports violents ou dangereux sont à proscrire : arts martiaux, escrime, parachutisme, plongée sous-marine, football, équitation, etc. En revanche, sont évalués comme des sports à faible risque, pourvu qu'ils soient pratiqués avec un équipement approprié, la natation, le golf, le tennis, le volley-ball et le basket-ball (avec des genouillères et des chaussures montantes), le patin à roulettes (avec un casque et des genouillères), le ski de randonnée, le cyclisme (avec un casque et un siège bien ajusté), la course à pied (avec des chaussures dotées d'un support plantaire).

Sur le plan éducatif, seuls les métiers manuels sont exclus de l'orientation professionnelle. En outre, il est recommandé d'informer l'école de la maladie de l'enfant.

En voyage, il faut prévoir une lettre du médecin qui contiendra les informations indispensables et les recommandations de traitement.

---

trouve sur l'un des deux chromosomes X de la mère et seuls les garçons développent la maladie. Les filles ne la présentent pas (sauf, parfois, des troubles mineurs). Une femme porteuse du gène de la maladie aura la moitié de ses fils hémophiles et la moitié de ses filles porteuses du gène, les autres enfants, filles ou garçons, étant indemnes. En revanche, le malade hémophile de sexe masculin transmet le gène anormal à toutes ses filles, qui deviennent porteuses du gène, mais ses fils sont épargnés.

DIFFÉRENTS TYPES D'HÉMOPHILIE

Il existe deux sortes d'hémophilie, A et B, la première étant dix fois plus fréquente que la seconde. La coagulation normale du sang dépend de l'action de treize facteurs sanguins numérotés de I à XIII. L'hémophilie A est liée à un déficit du facteur VIII et l'hémophilie B, à un déficit du facteur IX.

SYMPTÔMES ET SIGNES

L'hémophilie entraîne des hémorragies dont la répétition et la gravité sont proportionnelles à l'importance du déficit en facteur sanguin VIII ou IX.

■ Dans les formes légères, où le taux sanguin de facteur VIII est supérieur à 5 %, les hémorragies ne sont à craindre qu'à l'occasion d'interventions chirurgicales ou d'extractions dentaires.

■ Dans les formes modérées, où le taux sanguin de facteur VIII varie entre 2 et 5 %, les hémorragies sont provoquées par des traumatismes, des chutes.

■ Dans les formes sévères, où le taux sanguin de facteur VIII est inférieur à 1 %, des saignements se produisent spontanément un peu partout dans l'organisme, causant des épanchements dans les muscles, sous la peau (hématomes) et dans les articulations (hémarthroses). Les hémorragies internes peuvent entraîner la présence de sang dans les urines (hématurie).

DIAGNOSTIC

Le diagnostic est confirmé par la mesure du taux des facteurs sanguins VIII et IX. Il peut également être établi avant la naissance : dès la 10e semaine de grossesse, un prélèvement de villosités choriales (futur placenta) permet l'analyse génétique du fœtus. À 18 ou 20 semaines de grossesse, l'analyse d'un prélèvement de sang fœtal dans le cordon ombilical permet la même recherche.

TRAITEMENT ET PRÉVENTION

Les hémorragies sont arrêtées par des substances coagulantes et, si nécessaire, la perte de sang est compensée par une transfusion. Une injection de concentré de facteur VIII lyophilisé et chauffé, ou de facteur IX chauffé, est pratiquée. Les hémophiles prennent, préventivement, des doses régulières de concentré de facteur VIII ou IX. Le risque de transmission par le sang de plusieurs virus a modifié les modes de traitement avec l'utilisation d'adjuvants comme la desmopressine, ou DDAVP, et les antifibrinolytiques. Aujourd'hui, le risque de transmission du virus du sida est en grande partie éliminé par le chauffage des produits injectés. Le risque de transmission de l'hépatite C persiste, mais il est très modéré, évalué de 1 à 3 pour 10 000 transfusions de sang ou de plasma ; celui de la transmission du virus de l'hépatite B est évalué à 1 pour 50 000, mais il peut être prévenu par la vaccination. Désormais, la production de facteur VIII par génie génétique protège totalement de la transmission virale par cette voie. Les altérations articulaires provoquées par les hémarthroses nécessitent parfois une rééducation orthopédique.

Les risques encourus par les hémophiles justifient que, avant de concevoir, une femme qui appartient à une famille d'hémophiles fasse vérifier si elle est ou non porteuse du gène de la maladie.

Hémoptysie

Rejet par la bouche de sang provenant de l'appareil respiratoire.

Une hémoptysie est due à la rupture d'un vaisseau sanguin à un niveau quelconque de l'arbre respiratoire. Elle ne doit pas être confondue avec une hématémèse (vomissement de sang provenant de lésions de l'appareil digestif) ni avec la présence de sang dans la bouche résultant d'un saignement de nez (épistaxis déglutie).

Une hémoptysie est le plus souvent consécutive à une bronchite chronique qui s'est infectée, à une tuberculose pulmonaire, ancienne ou récente, à une dilatation des bronches, à une embolie pulmonaire ou à un cancer des bronches.

Quelle que soit la quantité de sang craché, l'hémoptysie est un signe d'alarme important et doit toujours entraîner une consultation chez un médecin, voire une hospitalisation immédiate.

La cause de l'hémoptysie est à traiter en priorité. Le repos, les médicaments antihémorragiques et les anxiolytiques sont en général efficaces. Si l'hémoptysie est abondante ou persistante, une embolisation artérielle bronchique peut se révéler nécessaire. Elle consiste en l'oblitération de l'artère bronchique à l'aide de particules injectées sous contrôle radiologique. Une intervention chirurgicale, en cas de saignement rebelle et localisé, peut être indiquée dans de rares cas.

Hémorragie

Écoulement de sang hors des vaisseaux sanguins.

Une hémorragie est dite externe si le sang s'écoule directement à l'extérieur, interne si elle se produit dans une cavité (thorax, abdomen) ou dans un viscère (estomac, intestin) ; quand le sang sort par les voies naturelles (bouche, anus, urètre), l'hémorragie est dite secondairement extériorisée.

CAUSES

Une hémorragie a pour cause un traumatisme, la lésion d'un organe (inflammation, ulcère, tumeur) ou une anomalie des vaisseaux (anévrysme, fragilité par hypertension artérielle).

TRAITEMENT

Il repose sur l'arrêt de l'hémorragie, en général par intervention chirurgicale. Lorsque l'hémorragie est externe et consécutive à la plaie de vaisseaux du cou ou d'un membre, elle peut être interrompue par compression – à la main ou à l'aide d'un paquet de tissus – du point de saignement ou d'un point situé sur le trajet du tronc artériel qui alimente le saignement. On peut aussi poser un garrot, soit à la racine du membre, soit immédiatement en amont du saignement, mais cette technique n'est pas sans danger. Il faut aussi remplacer le volume de sang perdu en perfusant dans une veine des solutés de remplissage (gélatines, dextrans). Ces derniers sont insuffisants dans les cas les plus graves, où l'on doit avoir recours aux transfusions sanguines.

Hémorragie cérébrale

Écoulement de sang dans le cerveau.

→ VOIR Accident vasculaire cérébral.

Hémorragie digestive

Écoulement sanguin provenant du tube digestif. SYN. *gastrorragie*.

Hémorragie du tube digestif haut

C'est un saignement provenant de l'œsophage, de l'estomac ou du duodénum, extériorisé par des vomissements sanglants appelés hématémèse.

CAUSES

Une hémorragie du tube digestif haut est due à un ulcère gastroduodénal, à une tumeur (bénigne ou maligne), à une rupture de varices situées dans l'œsophage ou à une gastrite aiguë, le plus souvent provoquée par des médicaments anti-inflammatoires.

DIAGNOSTIC ET TRAITEMENT

Le diagnostic se fait par fibroscopie. Celle-ci, faite au moyen d'un tube optique souple introduit par la bouche dans le tube digestif, permet souvent de pratiquer en même temps une sclérothérapie (injection de produits sclérosants dans la varice œsophagienne qui saigne). En cas d'hémorragie massive ou non contrôlée, l'intervention chirurgicale s'impose.

Hémorragie du tube digestif bas

C'est un saignement provenant de l'intestin (intestin grêle, côlon ou rectum), et qui s'évacue par l'anus.

CAUSES

Une hémorragie du tube digestif bas est due à une rupture d'hémorroïde, à une tumeur du rectum ou du côlon, à une ulcération provoquée par l'usage du thermomètre.

DIAGNOSTIC ET TRAITEMENT

On peut déceler une hémorragie du tube digestif bas par l'examen chimique des selles, qui peuvent contenir du sang rouge ou noir, appelé melæna. Le traitement, plus ou moins urgent, dépend de la cause et de l'importance du saignement : il peut être médical (sclérothérapie, électrocoagulation) ou chirurgical en cas d'hémorragie massive.

→ VOIR Rectorragie.

Hémorragie gynécologique

Écoulement sanguin par le vagin.

La cause la plus probable d'une hémorragie gynécologique est la menstruation.

CAUSES PATHOLOGIQUES ET SYMPTÔMES

Quand le sang provient de l'utérus, l'hémorragie gynécologique peut aussi être causée par une endométrite (infection de la muqueuse utérine) ou un cancer de l'utérus, maladies qui peuvent survenir aussi bien avant qu'après la ménopause. On distingue les ménorragies, règles anormalement prolongées, qui sont souvent dues à un myome (fibrome), et les métrorragies, écoulement sanguin en dehors de la période des règles, qui doivent faire suspecter un cancer de l'utérus.

L'utérus peut aussi saigner pendant la grossesse : on parle alors d'hémorragie obstétricale. Lors des premiers mois, ce saignement peut annoncer un avortement spontané. Si le saignement intervient à un stade plus avancé de la grossesse, il peut traduire un problème fœtal ou maternel.

Quand le sang provient du col de l'utérus, le saignement peut être dû à un ectropion cervical (tissu glandulaire supplémentaire entourant le col de l'utérus) et l'écoulement survient plus fréquemment après les rapports sexuels. Une cervicite (inflammation du col de l'utérus), des polypes, un cancer du col peuvent aussi avoir pour symptôme un saignement du col de l'utérus.

Les saignements provenant de la paroi vaginale sont moins fréquents que les saignements du col et du corps de l'utérus. Ils peuvent éventuellement provenir d'une blessure provoquée par les rapports sexuels, surtout après la ménopause, les parois vaginales devenant alors plus minces et plus fragiles. Il arrive qu'une vaginite grave fasse saigner. Un saignement vaginal peut aussi être causé par un cancer du vagin.

TRAITEMENT
Le traitement est celui de la cause. Les infections sont traitées par des antibiotiques. Les parois fragilisées peuvent être fortifiées par des applications de crème contenant des hormones œstrogènes.

Hémorragie intraoculaire

Épanchement sanguin dans une des différentes parties de l'œil.

Suivant la localisation, on distingue plusieurs sortes d'hémorragie intraoculaire.

Hémorragie rétinienne

Une hémorragie rétinienne est un écoulement sanguin situé dans la rétine.

CAUSES
Une hémorragie rétinienne peut être due à l'occlusion d'une veine qui draine le sang de la rétine, à une hypertension artérielle, à un diabète ou encore à une dégénérescence de la rétine liée à l'âge ou à la myopie.

SIGNES
Elle ne se manifeste par une baisse de la vue que lorsqu'elle est suffisamment importante et concerne le pôle postérieur de la rétine et de la macula. Des hémorragies périphériques sans altération visuelle peuvent passer inaperçues ; seul l'examen du fond de l'œil à la lampe à fente permet de les détecter. Une hémorragie rétinienne peut engendrer une hémorragie intravitréenne.

TRAITEMENT
On ne connaît pas de moyen de faire disparaître ce type d'hémorragie.

Hémorragie sous-conjonctivale

C'est un écoulement sanguin sous la conjonctive, membrane transparente recouvrant le blanc de l'œil.

CAUSES
Une hémorragie sous-conjonctivale peut se produire spontanément, soit à la suite d'une quinte de toux, de vomissements répétés, soit par augmentation de la pression veineuse ou au cours d'une poussée d'hypertension artérielle. Elle peut aussi être causée par des troubles de la coagulation.

SYMPTÔMES ET TRAITEMENT
Une nappe rouge vif uniforme, plus ou moins étendue, apparaît, atteignant le limbe (limite entre la cornée et la sclérotique). Il n'y a ni douleur ni baisse de l'acuité visuelle et la découverte est souvent fortuite. Lorsque cette nappe survient à la suite d'un traumatisme, on n'en voit souvent pas la limite postérieure et il est important de vérifier l'état des autres structures oculaires. Elle se résorbe dans les deux cas sans traitement en deux semaines environ. Des épisodes répétitifs peuvent traduire une faiblesse locale des vaisseaux conjonctivaux ou une hypertension artérielle méconnue.

Hémorragie méningée

Épanchement de sang dans les méninges, enveloppes qui entourent le cerveau.

CAUSES
Une hémorragie méningée est due à la rupture spontanée d'un anévrysme artériel (petite zone dilatée d'une artère) ou à un traumatisme crânien. Le sang s'écoule entre les feuillets des méninges qui tapissent l'encéphale sous la voûte crânienne.

SIGNES ET SYMPTÔMES
Brutalement, le malade ressent des maux de tête intolérables, vomit en jets, ne supporte plus la lumière (photophobie) et, souvent, tombe brusquement inconscient. Il n'y a pas de fièvre. D'autres signes témoignent d'une lésion cérébrale : une perte de la parole, une paralysie faciale ou un déficit moteur d'un seul côté. Ceux-ci peuvent se développer en quelques minutes ou en quelques heures.

DIAGNOSTIC ET TRAITEMENT
Un scanner et une ponction lombaire, qui recueille un liquide céphalorachidien mêlé de sang, sont nécessaires pour établir le diagnostic. Le traitement est celui de la cause, par intervention chirurgicale quand

celle-ci est possible. Les hémorragies méningées sont des accidents vasculaires cérébraux dont le pronostic est très réservé.

Hémorroïde

Varice des veines situées autour de l'anus.

Les hémorroïdes, pathologie courante et banale chez l'adulte, se divisent, selon leur emplacement, en hémorroïdes internes et hémorroïdes externes. Leur apparition est favorisée par l'hérédité, la constipation ; la grossesse, par le biais de l'hypertension veineuse qu'elle entraîne, est également un facteur prédisposant.

SYMPTÔMES ET SIGNES

Parfois sans symptômes, les hémorroïdes peuvent néanmoins se manifester de deux façons : par des douleurs et/ou par des saignements.

■ **Les douleurs** peuvent aller d'une sensation de pesanteur anale, en cas d'inflammation locale (anite hémorroïdaire), à une douleur violente et intolérable en cas d'étranglement d'un prolapsus hémorroïdaire (hémorroïde extériorisée et visible), appelé procidence hémorroïdaire. Les thromboses hémorroïdaires (tuméfactions bleutées, arrondies et dures provenant de la formation de caillots sanguins), le plus souvent externes, sont également responsables de douleurs importantes.

■ **Les saignements, ou rectorragies hémorroïdaires**, proviennent de lésions du réseau capillaire adjacent à la zone hémorroïdaire interne. Le saignement, de couleur rouge vif, est le plus souvent peu abondant et déclenché par la défécation. Néanmoins, tout saignement doit mener à un examen rectocolique approfondi de manière à pouvoir exclure l'hypothèse d'un cancer.

DIAGNOSTIC

Le diagnostic, aisé, se fait au cours d'un examen, dit proctologique, qui comprend le toucher rectal, l'examen de la marge anale et l'anuscopie (examen de l'anus à l'aide d'un tube appelé anuscope, muni d'un dispositif optique).

TRAITEMENT

Il commence par l'administration de laxatifs non irritants, l'absorption de médicaments anti-inflammatoires ou destinés à améliorer la circulation et la tonicité veineuses et l'application locale d'antiseptiques et d'anesthésiques. Les hémorroïdes peuvent également être soignées par des interventions réalisables par voie endoscopique : injections sclérosantes, ligature élastique qui serre la base de l'hémorroïde et entraîne sa nécrose, cryothérapie. En cas d'échec du traitement médical ou de pathologie sévère, il faut pratiquer une hémorroïdectomie (excision des hémorroïdes).

Hémorroïdectomie

Ablation chirurgicale des hémorroïdes.

L'hémorroïdectomie est indiquée en cas de complication des hémorroïdes (hémorragie, douleurs, formation d'un caillot, inflammation de l'anus) ou lorsque les traitements médicaux (sclérose, cryothérapie, ligature élastique) ont échoué. Elle est pratiquée sous anesthésie générale.

Les suites de cette intervention étant assez douloureuses, elles nécessitent une surveillance et des soins postopératoires assidus, en particulier une dilatation anale prudente durant les 10 premiers jours. Il faut y associer des mesures diététiques (enrichissement du régime alimentaire en fibres).

Hémosidérose

Surcharge dans les tissus d'hémosidérine, pigment protéique contenant un sel ferrique.

L'hémosidérose peut être localisée, provoquée alors par une hémorragie, ou généralisée, faisant suite à une transfusion.

Hémospermie

Présence de sang dans le sperme. SYN. *hématospermie*.

Une hémospermie est le plus souvent bénigne, due à une inflammation ou à une infection des vésicules séminales. Beaucoup plus rarement, elle est liée à un adénome ou à un cancer de la prostate. Le sperme du sujet est coloré en rouge lorsque le saignement est récent, et en brun lorsqu'il est ancien. Une hémospermie peut persister pendant quelques semaines, puis disparaître ensuite spontanément.

Hémostase primaire

Ensemble des phénomènes physiologiques permettant l'arrêt d'une hémorragie par la formation du clou plaquettaire (agrégation de plaquettes au contact du vaisseau lésé).

Hémostatique

Médicament capable d'arrêter les saignements et les hémorragies.

Hémothorax

Épanchement de sang dans la cavité pleurale.

Un hémothorax a le plus souvent pour cause un traumatisme du thorax, avec ou sans fracture de côte.

Héparine

Substance anticoagulante naturelle que renferment tous les tissus de l'organisme.

L'héparine est indiquée pour son action très rapide sur la thrombose (formation de caillots dans les vaisseaux sanguins) soit à faible dose et par voie sous-cutanée, à titre préventif d'une phlébite – par exemple chez les personnes alitées –, soit à dose plus forte et par voie sous-cutanée ou intraveineuse quand il existe déjà une thrombose.

L'héparine est contre-indiquée lorsque le patient est sujet aux hémorragies (maladie de la coagulation) ou qu'il est allergique à l'héparine. L'association avec certains médicaments qui ont aussi des effets anticoagulants (aspirine, anti-inflammatoires, antivitamine K) est proscrite. Certains effets indésirables peuvent survenir : saignements, thrombopénie (chute des plaquettes sanguines) ou ostéoporose (fragilité osseuse avec risque de fracture spontanée) lors des traitements prolongés.

→ voir Anticoagulant.

Hépatectomie

Ablation chirurgicale partielle ou totale du foie.

Une hépatectomie est pratiquée le plus souvent pour réaliser l'ablation d'une tumeur maligne, mais parfois aussi celle d'une tumeur bénigne, d'un kyste ou d'une plaie. Une hépatectomie partielle peut enlever jusqu'à 70 %, voire 80 % du foie. La partie du foie restante prolifère et remplace en quelques semaines la partie enlevée. L'hépatectomie totale est obligatoirement suivie de la transplantation d'un foie.

DÉROULEMENT

Pour limiter le risque d'hémorragie, on commence par réaliser un clampage (compression avec une petite pince) de l'artère hépatique, de la veine porte et, au besoin, de la veine cave inférieure. De plus, dans les hépatectomies partielles, pour éviter les saignements à plus long terme de la partie du foie restante, on pratique une ligature ou un clampage des vaisseaux de la tranche de section hépatique, complétés par l'application d'un produit hémostatique appelé colle biologique.

PRONOSTIC

L'hépatectomie est une intervention lourde, mais aujourd'hui bien connue et de pratique courante. Son pronostic dépend de la maladie en cause (cancer, kyste).

Hépatite

Inflammation du foie, aiguë ou chronique.

Hépatites aiguës

Évoluant sur moins de 3 mois, elles ont des causes nombreuses.

■ Les hépatites virales sont les plus fréquentes.

■ Les hépatites toxiques et médicamenteuses peuvent être dues à la prise d'antibiotiques, d'antituberculeux, de paracétamol ou de certaines hormones.

■ L'hépatite aiguë alcoolique se rapproche des hépatites aiguës toxiques.

■ Les hépatites aiguës bactériennes ou parasitaires résultent d'affections telles que la tuberculose.

SYMPTÔMES ET SIGNES

Ils sont inconstants et d'intensité variable. Certains sont communs à toutes les hépatites : ictère, urines foncées, selles claires, nausées, foie sensible à la palpation. D'autres sont fonction de la cause : syndrome pseudo-grippal en cas d'hépatite virale (fatigue intense, maux de tête, courbatures et douleurs articulaires) ; foie ferme et de volume accru avec signes d'imprégnation alcoolique (peau fragilisée, douleurs des membres inférieurs, tremblements, etc.) en cas d'hépatite alcoolique.

DIAGNOSTIC

Il est confirmé par des prélèvements sanguins montrant une élévation souvent importante des transaminases (enzymes hépatiques), preuve de la destruction aiguë et transitoire des cellules du foie, ainsi qu'une élévation de la bilirubine conjuguée (produit de l'hémoglobine après sa liaison à l'albumine dans le foie) et des phosphatases alcalines, témoin biologique de l'ictère.

On recherche également dans le sang, notamment sur les facteurs de la coagulation sanguine, dont beaucoup sont élaborés par le foie, des signes d'insuffisance hépatocellulaire afin d'apprécier le retentissement de l'hépatite sur le fonctionnement du foie. L'étude des prélèvements sanguins oriente aussi vers la cause de l'hépatite (présence d'anticorps antiviraux, par exemple).

ÉVOLUTION ET TRAITEMENT

L'évolution est en grande partie liée à la cause, au terrain immunitaire et à l'état du foie avant la survenue de l'hépatite.

■ **Les hépatites virales** évoluent spontanément de façon favorable dans la majorité des cas, sans séquelles.

■ **Les hépatites alcooliques** peuvent nécessiter le transfert du patient en réanimation lorsqu'il existe des signes associés d'insuffisance hépatique (hémorragies par troubles de la coagulation sanguine, encéphalopathie) ; le pronostic est essentiellement lié à l'arrêt de l'intoxication alcoolique.

■ **Les hépatites médicamenteuses** régressent à l'arrêt du traitement mais, parfois, lentement.

■ **Les hépatites bactériennes** guérissent habituellement rapidement après prescription de l'antibiotique adapté.

Hépatites chroniques

Une hépatite est dite chronique lorsqu'elle évolue depuis plus de 6 mois.

CAUSES

Ce sont sensiblement les mêmes que celles des hépatites aiguës.

SYMPTÔMES

Les symptômes de l'hépatite aiguë se retrouvent, plus ou moins importants (douleurs abdominales, ictère, asthénie), dans l'hépatite chronique.

TRAITEMENT ET ÉVOLUTION

Variant peu en fonction de la cause, le traitement vise surtout les symptômes (prise d'analgésiques, transfusion en cas d'hémorragie digestive, anastomose portocave en cas d'hypertension portale) et la rééquilibration nutritionnelle (administration de vitamines et d'oligoéléments).

La gravité des hépatites chroniques est liée à la possibilité d'apparition avec le temps d'une insuffisance hépatique irréversible (troubles de la coagulation sanguine, encéphalopathie hépatique, acidose métabolique) et d'une hypertension portale (gêne de la circulation sanguine dans la veine porte). Cette évolution est due à la constitution d'une cirrhose. Les cirrhoses peuvent en outre évoluer vers l'hépatocarcinome (cancer du foie).

Hépatite virale

Inflammation du foie liée à une infection virale.

Les lésions du foie au cours des hépatites virales sont dues à 2 types d'atteinte qui se conjuguent : une atteinte directe par le virus et une atteinte indirecte par réaction immunitaire.

VIRUS RESPONSABLES

Deux sortes de virus sont en cause : les virus hépatotropes, qui atteignent presque exclusivement le foie, et ceux pour lesquels l'atteinte hépatique ne constitue qu'un élément de la maladie. Parmi les premiers, on distingue les virus A, B, C, D et E.

■ **Le virus A** cause l'hépatite A, la plus anodine, qui n'évolue pas vers la chronicité. La contamination se fait par voie digestive par l'eau, les matières fécales et la consommation de fruits de mer.

■ **Le virus B** cause l'hépatite B, qui évolue aussi le plus souvent de façon favorable, le passage à la chronicité ne s'observant que dans 3 à 5 % des cas. Le mode de transmission est sexuel, sanguin (lors de transfusions ou de l'utilisation de seringues usagées par des toxicomanes notamment) ou fœtomaternel (de la mère au fœtus).

■ Le virus C est responsable de l'hépatite C, qui semble plus grave que les formes A et B, avec passage à la chronicité dans un certain nombre de cas. La transmission se fait surtout par les transfusions et aussi par les piqûres (drogués, blessures accidentelles).

■ Les virus D, E et G sont d'individualisation plus récente.

■ Les autres virus atteignant le foie – l'hépatite n'étant alors qu'un des pôles de l'infection – sont le virus d'Epstein-Barr, agent de la mononucléose infectieuse, et le cytomégalovirus, qui infecte les cellules sanguines. Divers virus (grippe, rubéole ou arbovirus) peuvent aussi entraîner, entre autres atteintes, des hépatites.

SYMPTÔMES ET SIGNES

Les périodes d'incubation sont variables : de 15 à 45 jours pour l'hépatite A et de 45 à 160 jours pour l'hépatite B. La période dite d'invasion, qui dure de 2 à 6 jours, se caractérise par un syndrome pseudogrippal : fièvre, douleurs articulaires et musculaires, parfois éruption cutanée et souvent grande sensation de fatigue. La phase dite ictérique se traduit par l'apparition d'une jaunisse d'intensité variable avec urines foncées et selles décolorées, fatigue persistante, perte d'appétit, nausées. Certaines hépatites virales passent totalement inaperçues.

DIAGNOSTIC

Le diagnostic repose sur des dosages sanguins. Certains signes sont communs à toutes les hépatites : élévation massive des transaminases (enzymes hépatiques), témoignant de la destruction des cellules du foie. D'autres orientent vers une infection virale : augmentation du nombre des lymphocytes sans augmentation d'autres globules blancs, les polynucléaires. Enfin, les sérologies spécifiques permettent d'identifier le virus.

ÉVOLUTION ET TRAITEMENT

La plupart des hépatites virales sont bénignes, avec guérison complète et spontanée en un ou deux mois ; seules quelques formes sont graves, soit d'emblée (rares formes fulminantes), soit le plus souvent lorsqu'elles évoluent vers la chronicité avec risque de cirrhose et de cancérisation.

■ Dans les formes habituelles, la phase de régression est inaugurée par une augmentation importante du volume urinaire. Tous les symptômes disparaissent. Le traitement repose essentiellement sur des mesures d'hygiène et de diététique (repos au lit ; aucune consommation d'alcool) ; la fatigue générale peut cependant persister quelques mois. Un traitement précoce de l'hépatite aiguë liée au virus de l'hépatite C par l'interféron diminue le risque du passage à la chronicité.

■ Les hépatites graves, voire fulminantes, entraînent dans environ 4 cas sur 1 000, et notamment en ce qui concerne les virus B et C, une évolution sévère avec signes d'insuffisance hépatique (confusion mentale, encéphalopathie, hémorragies) nécessitant le transfert dans un service de réanimation, voire la greffe hépatique en urgence en cas de destruction totale du foie.

■ Les hépatites chroniques persistantes ont une évolution plus longue, les symptômes subsistant pendant plus de 6 mois. Elles demandent une surveillance particulière des fonctions hépatiques et des marqueurs sanguins des virus. La guérison est néanmoins possible. Tout traitement est inutile ; boissons alcoolisées et médicaments métabolisés par le foie sont interdits.

■ Les hépatites chroniques actives, définies par une évolution sur plus de 6 mois et par des caractéristiques histologiques, à virus B et C essentiellement, représentent de 3 à 10 % des hépatites virales. Le risque est la survenue d'une insuffisance hépatique et l'apparition, avec le temps, d'un cancer du foie. Les formes actives de l'hépatite chronique C sont traitées par l'interféron, en association avec la ribavirine. La réponse est évaluée après 3 mois de traitement : si elle est favorable, le traitement est poursuivi 1 an. La greffe peut être nécessaire à long terme.

PRÉVENTION

Le vaccin contre l'hépatite A est recommandé aux voyageurs. Celui contre l'hépatite B est conseillé aux personnes à risque (personnels de santé, polytransfusés, drogués, hémodialysés, homosexuels, etc.).

Le dépistage de l'hépatite B est devenu obligatoire chez la femme enceinte à 6 mois de grossesse à cause du risque de transmission à l'enfant.

Le respect strict de règles d'hygiène permet également de prévenir l'apparition des hépatites virales : lavage soigneux des mains, vérification de la fraîcheur des fruits de mer pour les hépatites A et E ; utilisation de préservatifs, de seringues à usage unique chez le drogué, pour les hépatites B et D. Enfin, le chauffage préalable des produits sanguins et la recherche des anticorps chez les donneurs de sang ont fortement réduit le risque de transmission sanguine de l'hépatite C.

Hépatologie

Spécialité médicale qui étudie le fonctionnement et les maladies du foie et des voies biliaires, principalement les hépatites, les cirrhoses et les cancers.

Hépatomégalie

Augmentation du volume du foie.

Une hépatomégalie s'observe dans de très nombreuses circonstances : tumeur bénigne ou maligne, maladie infectieuse ou parasitaire du foie avec réaction inflammatoire, cirrhose, insuffisance cardiaque droite (stagnation anormale du sang dans le foie). Une hépatomégalie peut être douloureuse, sauf dans le cas d'une cirrhose.

Hépatosplénomégalie

Augmentation simultanée du volume du foie et de la rate.

Une hépatosplénomégalie s'observe essentiellement en cas d'hypertension portale, due à un obstacle sur la veine porte et souvent rencontrée lors d'une cirrhose, d'une maladie infectieuse ou du sang.

Hérédité

Transmission des caractères génétiques des parents à leurs descendants.

Les premières lois de l'hérédité ont été établies par le moine botaniste autrichien Gregor Mendel en 1866.

CHROMOSOMES AUTOSOMES ET CHROMOSOMES SEXUELS
Chez l'être humain, le noyau de chaque cellule contient 44 chromosomes homolo-

gues (regroupés par paires), appelés chromosomes autosomes, et deux chromosomes sexuels : les chromosomes sexuels de la femme sont identiques et traditionnellement désignés par les lettres XX. Les chromosomes sexuels de l'homme sont différents et désignés par les lettres XY.

LA MOLÉCULE DE L'HÉRÉDITÉ
Un chromosome est constitué par deux molécules d'A.D.N. en forme d'hélice, associées à des protéines. L'A.D.N. est le support de l'hérédité. Sa molécule comporte des segments correspondant chacun à un caractère héréditaire déterminé (la couleur des yeux, par exemple). Cet élément du chromosome, porteur d'un caractère héréditaire, s'appelle un gène. Chaque chromosome contiendrait environ 10 000 gènes. Toutes les cellules d'un même organisme contiennent exactement les mêmes gènes car elles sont issues d'une même cellule qui provient de la réunion d'un ovule et d'un spermatozoïde lors de la fécondation.

CARACTÈRES RÉCESSIFS ET CARACTÈRES DOMINANTS
Selon les lois de l'hérédité, un caractère génétique est dominant ou récessif.

■ Un caractère dominant (tel le caractère « yeux bruns ») se manifeste chez l'enfant même s'il n'est transmis que par un seul des deux parents. Il s'exprime même s'il existe un autre caractère (« yeux bleus ») sur le chromosome homologue.

■ Un caractère récessif (le caractère « yeux bleus », par exemple) doit être transmis par les deux parents pour se manifester chez l'enfant. Il ne peut s'exprimer que s'il est porté par les deux gènes homologues.

HÉRÉDITÉ ET REPRODUCTION DES CELLULES
Les cellules de notre corps se reproduisent par division cellulaire.

Une cellule mère non sexuelle se divise selon un processus appelé mitose et donne ainsi naissance à deux cellules filles qui ont un nombre de chromosomes et de gènes identique à celui de la cellule mère.

La cellule sexuelle, ou gamète, résulte d'un processus de division particulier, la méiose. Celle-ci, qui ne se produit que dans les ovaires et les testicules, conduit à la formation de cellules qui ne contiennent chacune que la moitié du matériel génétique présent dans les autres cellules, soit 23 chromosomes, dont un chromosome sexuel : X pour l'ovule, X ou Y pour le spermatozoïde.

La rencontre d'un ovule et d'un spermatozoïde lors de la fécondation forme une cellule qui contient à nouveau 46 chromosomes, 23 provenant du père et 23 de la mère. Les deux chromosomes sexuels seront soit XX (une fille), soit XY (un garçon).

HÉRÉDITÉ AUTOSOMIQUE ET HÉRÉDITÉ LIÉE AU SEXE
Certains caractères et certaines maladies peuvent être transmis par les parents aux enfants soit par les chromosomes non sexuels, ou autosomes – on parle alors d'hérédité autosomique –, soit par les chromosomes sexuels : on parle alors d'hérédité liée au sexe.

■ **Le principe de l'hérédité liée au sexe** peut être illustré par l'hémophilie.

X et Y sont les chromosomes sexuels sains transmis à un garçon. Le chromosome x' est le chromosome sexuel porteur du gène récessif de l'hémophilie.

Lors de la fécondation, selon le spermatozoïde et l'ovule en présence, les chromosomes sexuels associés formeront l'une des quatre combinaisons possibles suivantes : chromosome X du père et chromosome x' de la mère (Xx') ; chromosome X du père et chromosome X de la mère (XX) ; chromosome x' de la mère et chromosome Y du père (x'Y) ; chromosome X de la mère et chromosome Y du père (XY).

Seuls les descendants ayant les chromosomes XX (femme saine) et XY (homme sain) ne sont pas porteurs de la maladie. Le gène de l'hémophilie est présent chez les descendants Xx' et x'Y, qui peuvent le transmettre. Cependant, sauf de très rares exceptions, la maladie ne se développera pas chez le sujet Xx' (une femme porteuse de l'hémophilie), car le chromosome x', récessif et porteur de la maladie, ne pourra s'exprimer en présence d'un chromosome homologue X, dominant et sain. En revanche, le sujet x'Y (un homme hémophile) développera la maladie : les deux chromosomes homologues étant des chromosomes sexuels

ne portant pas le même caractère, l'un ne peut empêcher l'autre de s'exprimer.

LES MALADIES HÉRÉDITAIRES
Les maladies héréditaires sont dues à la mutation d'un gène, c'est-à-dire à l'altération de l'information qu'il porte.

Hermaphrodisme

Anomalie caractérisée par la présence, chez un même individu, de tissu ovarien et de tissu testiculaire. SYN. *intersexualité*.

L'hermaphrodisme est une affection congénitale exceptionnelle due à une anomalie de l'embryogenèse. Cette définition regroupe des sujets dont l'aspect extérieur peut être très différent : purement féminin, ambigu ou purement masculin.

TRAITEMENT
L'attitude thérapeutique consiste tout d'abord à choisir, en accord avec les parents, le sexe le plus adapté pour chaque cas, suivant l'aspect physique extérieur et l'état des organes génitaux internes. Si le diagnostic n'a pu être établi à la naissance, c'est l'éducation déjà reçue qui est prise en compte. Ensuite, il s'agit de renforcer le sexe choisi par l'ablation chirurgicale des organes inappropriés et par l'apport d'hormones si cela est nécessaire.

Hernie

Saillie d'un organe ou d'une partie d'organe, hors de la cavité dans laquelle il est normalement contenu, à travers un orifice naturel ou accidentel.

Hernie diaphragmatique

Saillie d'organes ou de parties d'organes abdominaux dans le thorax à travers un orifice du diaphragme.

Il existe deux types de hernies diaphragmatiques, de gravité très différente : la hernie diaphragmatique congénitale et, chez l'adulte, la hernie hiatale.

Hernie diaphragmatique congénitale
Une hernie diaphragmatique congénitale est due à la montée, à travers une brèche du diaphragme liée à une malformation congénitale, des viscères abdominaux, qui vien-

nent comprimer plus ou moins fortement les poumons et le cœur. Elle se traduit par une hypoplasie des poumons (ceux-ci sont insuffisamment développés) et par des malformations cardiaques. L'échographie permet de diagnostiquer une hernie diaphragmatique congénitale pendant la grossesse et d'assurer au mieux sa prise en charge en période postnatale.

À la naissance, cette hernie se manifeste par une détresse respiratoire (insuffisance grave et aiguë de la respiration). Le traitement comporte en général une réanimation immédiate, surtout respiratoire, suivie d'une suture chirurgicale du diaphragme.

Hernie hiatale

Une hernie hiatale est due à la montée, à travers l'orifice du diaphragme normalement réservé à l'œsophage, du pôle supérieur de l'estomac. Sa cause est inconnue, mais l'obésité est un facteur favorisant. La hernie elle-même ne provoque pas de symptômes. Cependant, elle peut être une cause de reflux gastro-œsophagien, se traduisant parfois par des brûlures remontant plus ou moins haut vers la bouche, déclenchées par la position penchée en avant ou couchée et risquant d'évoluer vers une œsophagite (inflammation) puis un rétrécissement de l'œsophage.

TRAITEMENT
C'est celui du reflux : ne pas s'allonger trop tôt après les repas, éviter les plats trop riches, l'alcool. Le traitement chirurgical n'est envisagé qu'en cas d'échec d'un traitement médical ou en cas de graves complications.

Hernie discale

Saillie du disque intervertébral en dehors de ses limites normales.

La hernie discale survient le plus souvent entre 20 et 30 ans. Elle concerne le disque intervertébral, qui est constitué de deux parties : un noyau gélatineux central *(nucleus pulposus)* et un anneau de fibres périphériques attachant les deux vertèbres l'une à l'autre. Si l'anneau est fissuré, le noyau s'y engage et fait saillie à l'extérieur de la colonne vertébrale, comprimant le plus souvent une racine nerveuse, voire la moelle

épinière. Les hernies surviennent généralement au niveau lombaire. Elles atteignent plus rarement les vertèbres cervicales.

La cause de la destruction du disque peut être un surmenage modéré, mais répété (travailleurs manuels), ou bien le soulèvement d'une lourde charge, voire une brusque torsion du tronc.

SYMPTÔMES ET DIAGNOSTIC
Une hernie discale se manifeste par une douleur aiguë et une raideur de la colonne vertébrale. La compression d'une racine nerveuse provoque une névralgie (sciatique, névralgie cervicobrachiale) associée à des fourmillements, voire à une paralysie. La compression de la moelle épinière provoque des paralysies des membres. Les hernies lombaires entraînent parfois une paralysie des sphincters. Le diagnostic est confirmé par un scanner ou, plus rarement, par une saccoradiculographie.

TRAITEMENT
Il vise d'abord à atténuer les douleurs vertébrales et les névralgies : repos au lit, analgésiques et anti-inflammatoires non stéroïdiens (en injections au début), au besoin infiltrations péridurales de corticostéroïdes. Pour diminuer les douleurs persistantes et limiter les rechutes, on peut prescrire des massages, des séances de kinésithérapie et le port d'un lombostat (corset abdominal) ou d'un collier cervical. En cas d'échec, on a recours à la chimionucléolyse (destruction du noyau du disque par injection d'une enzyme, la papaïne), voire à la chirurgie. Les paralysies et, plus particulièrement, les compressions de la moelle imposent un traitement chirurgical en urgence.

Hernie de la paroi abdominale

Saillie d'une petite partie du contenu de l'abdomen à travers la paroi de celui-ci.

La hernie contient le plus souvent du tissu adipeux, un fragment d'intestin grêle ou parfois de côlon, exceptionnellement l'appendice ou un ovaire.

CAUSES
Une hernie de la paroi abdominale est due à une déhiscence (écartement des fibres) des muscles de l'abdomen, par laquelle s'extério-

rise un sac, dit sac herniaire, formé de péritoine et recouvert de peau, dont la base s'appelle le collet. Les causes de cette déhiscence sont soit congénitales (malformation), soit acquises, provoquées par un effort intense ou répété (soulèvement de charges), une toux chronique, une prise de poids importante ou une intervention chirurgicale.

SYMPTÔMES ET SIGNES

La hernie forme une tuméfaction plus ou moins volumineuse sur l'abdomen ; elle peut être à peine visible ou ne faire saillie qu'à certains moments. Elle sort ou augmente de volume quand la pression abdominale augmente (efforts de toux). Elle est réductible : on arrive facilement à la rentrer. Souple au toucher, elle est le plus souvent indolore.

La hernie risque cependant de se compliquer brutalement par un étranglement ; la compression des tissus et des vaisseaux au niveau du collet peut alors provoquer une occlusion intestinale (arrêt du transit, vomissements, ballonnement) si la hernie est formée par un fragment d'intestin. La hernie, dans ce cas, sort en permanence, ne peut plus être réduite et demeure dure et sensible à la palpation, signes auxquels s'ajoutent ceux d'une occlusion intestinale (vomissements d'aliments, puis de bile verdâtre, ballonnement, arrêt des selles).

TRAITEMENT

Les bandages herniaires sont presque toujours déconseillés car ils empêchent rarement la hernie de sortir et ne font jamais obstacle à son étranglement. L'intervention chirurgicale, appelée herniorraphie, est le seul traitement de la hernie.

Herniorraphie

Traitement chirurgical d'une hernie de la paroi abdominale. L'opération se déroule sous anesthésie locale, locorégionale (péridurale) ou générale.

Héroïne

→ VOIR Toxicomanie.

Herpès

Maladie infectieuse, contagieuse et récurrente, due au virus *Herpes simplex*.

CONTAMINATION

Le virus se transmet par contact direct avec les lésions. La primo-infection (premier contact avec le virus) engendre des réactions inflammatoires (rougeurs suivies de la formation de vésicules). Le virus reste ensuite présent dans les ganglions nerveux, ce qui entraîne des résurgences de la maladie, toujours au même endroit. Cet herpès récurrent peut récidiver à diverses occasions : les règles et la grossesse chez la femme, les expositions au soleil, une maladie infectieuse, un choc émotionnel.

Herpès buccal

Cette maladie infectieuse est due au virus *Herpes simplex 1*. La première contamination a lieu dans l'enfance.

SYMPTÔMES ET SIGNES

La primo-infection n'engendre généralement aucun symptôme ; elle peut cependant se traduire par une sensation de cuisson, suivie d'une rougeur qui se surmonte d'un bouquet de vésicules douloureuses remplies d'un liquide transparent. Cette éruption se localise le plus souvent autour de la bouche et du nez (bouton de fièvre). Les vésicules s'ouvrent puis laissent une croûte jaunâtre, qui tombe en moins d'une semaine sans laisser de cicatrice. Les épisodes récurrents sont toujours apparents ; ils sont cependant moins visibles que la primo-infection.

TRAITEMENT

Le traitement consiste avant tout en l'application, 2 fois par jour, d'antiseptiques locaux, qui assèchent l'éruption. L'application, dès les premiers signes, d'aciclovir peut raccourcir l'évolution.

Herpès génital

Cette maladie infectieuse, due au virus *Herpes simplex 2,* est une maladie sexuellement transmissible. Sa fréquence est croissante dans le monde entier. La primo-infection est l'épisode le plus intense : elle se manifeste par la survenue, sur les organes génitaux et, parfois, dans la région anorectale, d'une sensation de brûlure, suivie par l'éclosion de vésicules qui éclatent en laissant des ulcérations : la douleur est vive, exacerbée par le contact avec l'urine. Cette première poussée dure 2 ou 3 semaines. Les épisodes récurrents sont plus courts et moins intenses.

COMPLICATIONS

L'herpès génital et, dans une moindre mesure, l'herpès buccal sont surtout redoutables chez les sujets immunodéprimés. Le traitement antiviral par l'aciclovir est alors très utile.

En cas de grossesse, l'herpès génital de la mère est dangereux pour l'enfant au moment de l'accouchement, la contamination risquant de se produire lors de l'expulsion. Un épisode intense d'herpès récurrent peut donc justifier une césarienne.

DIAGNOSTIC ET ÉVOLUTION

Le diagnostic de l'herpès génital repose sur l'examen clinique du patient et, si besoin, sur l'isolement du virus des lésions vésiculeuses par culture spéciale ; la recherche des anticorps antiviraux spécifiques dans le sérum n'a qu'une valeur secondaire.

TRAITEMENT

Les soins antiseptiques locaux suffisent pour assécher les lésions minimes et éviter les surinfections ; mais, lors de récidives fréquentes, en particulier génitales ou anorectales, un traitement antiviral par l'aciclovir peut être prescrit.

Herpès circiné

Mycose cutanée due à un champignon du type *Trichophyton*.

Cette affection cutanée se manifeste par des taches rouges, à bord net, circulaires et squameuses. Leur extension est rapide.

Hétérogreffe

Greffe dans laquelle le donneur et le receveur appartiennent à deux espèces différentes. SYN. *xénogreffe*.

Hétérophorie

Déviation pathologique des globes oculaires n'apparaissant que lorsque la vision des deux yeux est dissociée.

Il s'agit d'un trouble relativement fréquent, dû à l'atonie d'un ou de plusieurs muscles oculomoteurs. L'hétérophorie peut entraîner une fatigue visuelle (rougeur de l'œil, maux de tête) lors de la fixation prolongée, par exemple lors d'un travail sur écran. Les hétérophories mal tolérées peuvent être traitées par une rééducation orthoptique (exercices des muscles oculaires).

Hétérozygote

Se dit d'un individu dont les allèles (gènes de même fonction, situés au même niveau et portés sur les chromosomes d'une même paire) sont différents.
→ VOIR Homozygote.

Hidradénome

Tumeur de la peau, le plus souvent bénigne, qui se développe aux dépens des glandes sudoripares.

Un hidradénome forme un nodule sous-cutané de moins de 2 centimètres pouvant laisser s'écouler du liquide. Il siège le plus souvent sur le cuir chevelu ou au visage. L'ablation chirurgicale, suivie d'un examen de la tumeur au microscope, permet de confirmer le diagnostic. Une récidive, éventuellement cancéreuse, étant possible, la surveillance de la cicatrice s'impose.

Hidrosadénite

Inflammation aiguë ou chronique des glandes sudoripares.

Une hidrosadénite existe sous deux formes. La forme aiguë, due au staphylocoque doré, ressemble à un furoncle situé à l'aisselle, à la face interne de la cuisse ou dans la région génitale. La forme chronique, appelée maladie de Verneuil ou suppuration ano-périnéo-fessière, entraîne la formation, le plus souvent sur l'aine, la fesse ou le périnée de placards fibreux irréguliers. Le traitement des hidrosadénites, difficile car les antibiotiques sont inefficaces, consiste essentiellement en applications locales d'antiseptiques ; les lésions, lorsqu'elles sont importantes, peuvent en outre nécessiter une ablation chirurgicale.

Hippocratisme digital

Déformation de l'extrémité des doigts et, parfois, des orteils.

L'hippocratisme digital peut être héréditaire. Le plus souvent, cependant, il apparaît à la suite d'une maladie chronique pulmonaire (dilatation des bronches, tuberculose, fibrose, cancer) ou cardiaque (endocardite, malformation). Les ongles prennent un aspect bombé et les tissus sous-jacents sont hypertrophiés ; le doigt, parfois douloureux, a la forme d'une baguette de tambour ou d'une spatule. Il n'existe pas de traitement de l'hippocratisme digital, si ce n'est, dans les formes non héréditaires, celui de la maladie en cause.

Hirschsprung (maladie de)

Maladie congénitale liée à l'absence, dans certaines zones, des ganglions nerveux qui contrôlent les muscles lisses de l'intestin (côlon). SYN. *mégacôlon aganglionnaire.*

SYMPTÔMES ET SIGNES

La maladie de Hirschsprung se manifeste chez les jeunes nourrissons (entre 3 et 5 mois), et même parfois chez les nouveaunés, par une distension abdominale importante. En effet, lorsqu'ils parviennent au segment d'intestin atteint, les selles et les gaz ne progressent plus normalement, ce qui entraîne une dilatation du côlon en amont. Les selles, rares, difficiles à évacuer, ont souvent la dureté de la pierre. La constipation peut être entrecoupée de quelques épisodes de diarrhée témoignant parfois d'une entérocolite (inflammation des muqueuses de l'intestin grêle et du côlon).

TRAITEMENT

Il est chirurgical et consiste à retirer le segment de l'intestin non innervé et à relier le côlon sus-jacent innervé au rectum afin de rétablir la continuité digestive anatomique et fonctionnelle.

Hirsutisme

Développement chez la femme d'une pilosité excessive et d'aspect masculin.

L'hirsutisme est souvent lié à des facteurs génétiques mais il peut aussi être provoqué par la prise de médicaments stéroïdes anabolisants ou d'hormones œstroprogestatives ayant des effets androgéniques trop marqués. Dans d'autres cas, il révèle une trop forte sécrétion d'hormones androgènes par les ovaires (dystrophie polykystique, tumeur) ou par la glande corticosurrénale (hyperplasie surrénale congénitale, tumeur).

L'hirsutisme se déclare souvent lors des premières règles et s'accentue avec le temps. Il se manifeste par des poils drus, longs, épais et pigmentés, apparaissant dans des zones inhabituelles chez la femme : menton, joue, moustache, aréole des seins, région située entre les seins, ligne médiane de l'abdomen, haut des cuisses. D'autres signes d'excès en hormones androgènes peuvent s'y associer, réalisant parfois un véritable virilisme : acné, chute des cheveux, irrégularité des règles, voix masculine, hypertrophie des muscles et du clitoris. Tous ces éléments différencient l'hirsutisme de l'hypertrichose, qui est une hyperpilosité généralisée, le plus souvent d'origine familiale.

TRAITEMENT

L'hirsutisme peut être révélateur d'une maladie, qu'il faut alors chercher et traiter. Sinon, son traitement fait appel aux hormones antiandrogènes (acétate de cyprotérone), complétées par des soins cosmétiques (épilation électrique).

His (faisceau de)

Groupe de fibres myocardiques différenciées qui se situe dans la cloison interventriculaire du cœur.

FONCTIONNEMENT

Les fibres du faisceau de His conduisent rapidement à l'intérieur des ventricules l'influx nerveux responsable de la contraction cardiaque.

Histamine

Amine provenant de la transformation d'un acide aminé, l'histidine.

L'histamine se fixe sur des récepteurs situés à la surface des cellules. Elle joue un rôle de médiateur chimique dans plusieurs phénomènes : augmentation de la sécrétion gastrique, transmission des messages nerveux dans le cerveau, vasodilatation, allergie, voire choc anaphylactique. De nombreux médicaments antihistaminiques sont utilisés dans le traitement des affections allergiques.

Histiocytofibrome

Tumeur bénigne de la peau. SYN. *dermatofibrome.*

Un histiocytofibrome, très fréquent, apparaît comme un nodule de moins de 2 centimètres de diamètre, mobile, ferme, de couleur rosée ou brunâtre, siégeant surtout à la face antérieure et interne des membres inférieurs. Le traitement de l'histiocytofibrome consiste à le détruire par cryothérapie (application de froid) ou à l'enlever chirurgicalement, mais il est d'autant plus facultatif qu'il risque de laisser une cicatrice inesthétique.

Histiocytose

Affection localisée ou diffuse, caractérisée par la prolifération bénigne ou maligne de cellules dérivées des globules blancs.

Histocompatibilité

Compatibilité de tissus d'origine différente reposant sur des caractéristiques antigéniques dont dépend le succès d'une greffe. SYN. *système HLA.*

Les gènes qui gouvernent la synthèse de ces antigènes sont situés sur le chromosome 6 et sont connus sous les noms de complexe majeur d'histocompatibilité (C.M.H.) ou de système HLA *(Human Leucocyte Antigens).* Les gènes du système HLA sont répartis en deux classes : les gènes de classe I codent les antigènes d'histocompatibilité présents sur toutes les cellules nucléées de l'organisme et sont classés en 3 groupes (A, B et C) ; les gènes de classe II commandent la synthèse des antigènes présents seulement sur certaines cellules du système immunitaire (monocytes, macrophages, lymphocytes B) et sont également répartis en 3 groupes (DR, DQ et DP). On connaît actuellement plus de 120 gènes différents du système HLA.

INTÉRÊT EN MÉDECINE

Chaque individu possède donc différents groupes HLA. Les parents transmettent la moitié de leurs gènes à chacun de leurs enfants. À l'intérieur d'une même famille, les enfants peuvent avoir hérité de groupes identiques en totalité (ils sont dits HLA identiques), de la moitié des gènes (ils sont dits semi-identiques) ou n'avoir aucun groupe commun (ils sont alors HLA différents). Chez deux sujets non apparentés, la probabilité d'avoir tous les groupes HLA en commun est faible.

Le succès d'une greffe repose en grande partie sur le système d'histocompatibilité. Plus les différences HLA sont grandes, plus les réactions de rejet sont intenses. En outre, lorsqu'un sujet a été en contact avec des antigènes d'histocompatibilité qu'il ne possède pas, par exemple lors d'une transfusion sanguine, d'une greffe antérieure ou d'une grossesse, il peut développer des anticorps, dits lymphocytotoxiques, dirigés contre les antigènes qui lui sont étrangers : on parle d'immunisation anti-HLA. La présence de tels anticorps rend plus difficile la réalisation de la greffe.

Le système HLA a été associé à des maladies. Le lien le plus fort connu est celui de HLA B27 avec la spondylarthrite ankylosante, où il est présent dans 90 % des cas (8 ou 9 % de la population européenne). Mais 98 % des porteurs de HLA B27 sont indemnes de la maladie.

Histologie

Étude microscopique des tissus vivants.

Histoplasmose

Maladie infectieuse provoquée par deux champignons.

Histoplasmose américaine

Connue aussi sous le nom de maladie de Darling, l'histoplasmose américaine, ou histoplasmose à petites formes, est due à *Histoplasma capsulatum,* champignon capable d'infecter de nombreux animaux domestiques et rongeurs. Ce champignon est présent dans les tissus sous forme de levures ; dans le sol ou en culture (laboratoire de mycologie), il existe sous forme filamenteuse.

L'histoplasmose américaine sévit aux États-Unis et en Amérique du Sud. Des cas sont signalés en Afrique, en Asie, en Europe.

CONTAMINATION

L'homme se contamine par voie pulmonaire en inhalant des spores de champignon contenues dans les poussières de ferme ou de pigeonnier, ou dans les grottes à sol humide et souillé par des déjections animales (chauves-souris, oiseaux). Dans l'organisme, le champignon se multiplie à l'intérieur des cellules du système réticulo-endothélial (cellules capables d'absorber des particules étrangères comme les levures).

SIGNES ET SYMPTÔMES

L'histoplasmose américaine peut revêtir trois formes différentes : une forme de primo-infection, de très loin la plus courante, sans symptômes particuliers dans 90 % des cas ou se présentant comme un état grippal ; une forme pulmonaire chronique (pseudotuberculose) ; une forme généralisée grave.

TRAITEMENT

Les nouveaux triazolés (médicaments antifongiques) permettent une guérison rapide.

Histoplasmose africaine

Appelée aussi histoplasmose à grandes formes, cette maladie est due au champignon *Histoplasma duboisii*.

L'histoplasmose africaine sévit de façon sporadique dans les États de l'Afrique subsaharienne intertropicale.

CONTAMINATION ET SYMPTÔMES

Le mode de contamination (muqueuse ou cutanée) est mal connu.

Cette mycose atteint surtout la peau, les os, les ganglions, où elle développe des nodules, des abcès, des ulcérations. Les formes disséminées sont rares mais d'une extrême gravité.

TRAITEMENT

Le traitement par des médicaments antifongiques est en général efficace, mais la guérison est plus lente que pour l'histoplasmose américaine.

HIV
→ VOIR Sida.

HLA (système)
→ VOIR Histocompatibilité.

Hodgkin (maladie de)

Affection cancéreuse touchant essentiellement les ganglions lymphatiques et les autres organes lymphoïdes (rate, foie) sous forme de lymphome. SYN. *lymphogranulomatose maligne*.

La maladie de Hodgkin touche habituellement les personnes de moins de 30 ans et de plus de 60 ans. Ses causes sont encore très mal connues.

SYMPTÔMES ET SIGNES

L'affection apparaît d'abord aux ganglions lymphatiques (cou, aisselle, aine, médiastin [espace entre les poumons]), augmentés de volume (adénopathies) et où l'on observe une prolifération de cellules géantes à noyaux multiples caractéristiques de cette maladie, les cellules de Sternberg. L'affection s'étend de proche en proche aux chaînes ganglionnaires et à la rate, qui augmente de taille. Plus tardivement, d'autres organes, comme le foie, le poumon ou la moelle osseuse, sont touchés. La maladie s'accompagne, plus fréquemment à un stade avancé, de signes généraux (fièvre, démangeaisons, amaigrissement), avec des signes biologiques d'inflammation (augmentation de la vitesse de sédimentation sanguine).

TRAITEMENT

Il fait appel à une polychimiothérapie et à la radiothérapie. Différents types de traitements chimiothérapiques sont possibles, dont les principaux sont le MOPP (associant moutarde azotée, vincristine, procarbazine et prednisone) et le ABVD (associant adriblastine, bléomycine, vinblastine et dacarbazine). Dans certaines formes localisées, il est parfois possible de proposer une radiothérapie sans chimiothérapie ; dans ce cas, on effectue souvent au préalable une ablation de la rate, seule méthode possible pour vérifier si elle est atteinte, estimer ainsi le degré d'extension de la maladie et le traitement à suivre.

PRONOSTIC

La maladie de Hodgkin est un des cancers qui a le plus bénéficié de l'introduction de la polychimiothérapie. On peut donc guérir, à présent, une majorité de patients.

Holter (enregistrement)

Enregistrement de l'activité cardiaque d'un sujet menant sa vie habituelle, pendant 24 ou 48 heures.

L'enregistrement Holter, qui ne nécessite ni alitement ni hospitalisation, laisse au malade la possibilité de se déplacer et de vaquer à ses occupations.

INDICATIONS

Cet examen est indiqué pour surveiller le rythme des battements du cœur chez les personnes qui portent un stimulateur cardiaque ou qui suivent un traitement, notamment contre l'arythmie cardiaque (irrégularité du rythme cardiaque) ou contre l'angor.

Il est également utilisé pour détecter une anomalie du nœud sinusal (région du myocarde où prennent naissance les influx provoquant les contractions du cœur), un bloc auriculoventriculaire (ralentissement ou interruption de la propagation de l'influx nerveux entre les oreillettes et les ventricules) ou encore une insuffisance coronaire (mauvaise irrigation du myocarde).

PRÉPARATION ET DÉROULEMENT

Cet examen s'effectue au moyen d'un enregistreur à cassette de la dimension et du poids d'un baladeur. Des électrodes sont collées sur la poitrine du patient. Elles captent les battements et l'activité électrique du cœur et transmettent les données par un câble à l'enregistreur qui est placé autour de la taille.

Une technique identique permet de surveiller l'hypertension. La pression artérielle est alors mesurée à intervalles réguliers pendant 24 heures.

Homéopathie

Méthode thérapeutique consistant à prescrire à un malade, sous une forme fortement diluée et dynamisée, une substance capable de produire des troubles semblables à ceux qu'il présente.

PRINCIPES

Le principe fondamental de l'homéopathie tient au fait que toute substance capable de provoquer chez un individu sain un certain nombre de symptômes est susceptible de guérir un sujet malade présentant un ensemble de symptômes semblables. Ainsi, le traitement des signes cliniques provoqués par une piqûre d'abeille (œdème, brûlure, etc.) fera appel à *Apis mellifica,* remède

homéopathique préparé à partir du corps entier de l'abeille.

Le second principe de l'homéopathie consiste à diminuer progressivement la dose d'une substance médicamenteuse jusqu'aux doses infinitésimales dans le dessein de renforcer la sphère d'action de celle-ci tout en diminuant ses effets toxiques. Les médicaments se présentent sous la forme soit de solutions, soit de granules, soit de globules à base de lactose ou de saccharose, imprégnés de la substance active et administrés par voie perlinguale (placés sous la langue pour être résorbés par la muqueuse linguale) en prises plus ou moins répétitives.

INDICATIONS

L'homéopathie est surtout indiquée en cas de maladie fonctionnelle (due au mauvais fonctionnement d'un organe, sans lésion de la structure de celui-ci). Elle est notamment utilisée dans les affections où les causes psychologiques ou psychosomatiques sont prédominantes ou importantes.

PRATIQUE

Elle débute par un entretien méticuleux visant à apprécier les signes cliniques et le contexte de leur apparition, la morphologie du patient, son comportement général (tempérament extraverti ou introverti, agitation, colère, prostration), ses désirs et ses aversions, etc.

Homéostasie

Processus de régulation par lequel l'organisme maintient les différentes constantes du milieu intérieur (ensemble des liquides de l'organisme) entre les limites des valeurs normales.

L'activité permanente de certains organes concourt au maintien de cet équilibre : le rein excrète certains produits du catabolisme (ensemble des réactions de dégradation des composés organiques) et régule le métabolisme de l'eau et le pH (acidité ou alcalinité) du sang ; le poumon élimine le gaz carbonique et un peu d'eau ; l'intestin évacue les résidus des aliments ingérés et des sécrétions digestives. Par ailleurs, pour de nombreuses substances (ions en particulier, tels que le calcium, le potassium, le sodium), cet équilibre est assuré par l'action d'hormones antagonistes ; il fait intervenir souvent un mécanisme de contrôle rétroactif, selon lequel, par exemple, un taux sanguin excessif d'une substance inhibe la stimulation hormonale de sa production.

Parfois, les mécanismes homéostatiques fonctionnent mal. Dans le cas du diabète par exemple, c'est le mauvais fonctionnement de la production d'insuline qui entraîne une augmentation du taux de sucre dans le sang.

Homéothermie

Constance de la température du corps indépendamment de celle qui existe à l'extérieur de l'organisme.

L'homéothermie dépend d'une régulation physiologique (thermorégulation) qui ajuste exactement la production de chaleur et la déperdition thermique, quelles que soient la saison ou l'activité physique.

La thermorégulation est assurée par l'hypothalamus. Celui-ci commande, en cas de baisse de la température corporelle, un frisson et une vasoconstriction des capillaires cutanés et, en cas de hausse de la température corporelle, une transpiration et une dilatation des capillaires cutanés.

La température normale de l'organisme varie entre 37 ºC et 37,8 ºC au repos.

Homocystinurie

Maladie héréditaire rare causée par un déficit en bêtacystathionine synthétase (enzyme intervenant dans le métabolisme des acides aminés).

La maladie associe un retard mental, des troubles des tissus conjonctifs et osseux, une luxation du cristallin et parfois des troubles vasculaires, comme des thromboses.

L'homocystinurie ne peut être guérie, mais l'administration de vitamine B6 associée à un régime alimentaire riche en cystine est susceptible d'en atténuer les effets.

Homozygote

Se dit d'un individu dont les allèles (gènes de même fonction, situés au même niveau et portés sur les chromosomes d'une même paire) sont identiques.

Hoquet

Contraction spasmodique subite et involontaire du diaphragme, accompagnée d'une constriction de la glotte avec vibration des cordes vocales et émission d'un bruit guttural.

Les crises de hoquet sont courantes et peuvent durer de quelques minutes à plusieurs heures. Dans des cas plus rares, le hoquet provient d'une irritation du diaphragme ou du nerf phrénique (nerf qui innerve le diaphragme), notamment au cours des pleurésies ou des pneumonies.

Certains remèdes populaires (inspirer à fond et garder l'air le plus longtemps possible dans les poumons) permettent habituellement d'interrompre le hoquet. Il est parfois nécessaire d'utiliser des médicaments antispasmodiques (qui calment les spasmes) lorsque les crises deviennent intolérables, durent plusieurs heures, se répètent plusieurs fois par semaine et ont donc des conséquences sur l'alimentation et le sommeil.

Hormone

Substance sécrétée par une glande endocrine, libérée dans la circulation sanguine et destinée à agir de manière spécifique sur un ou plusieurs organes cibles afin d'en modifier le fonctionnement.

On divise les hormones en trois grands groupes selon leur structure : les hormones polypeptidiques (formées de plusieurs acides aminés), par exemple l'insuline ; les hormones stéroïdes (dérivées du cholestérol), comme le cortisol et ses dérivés ; les hormones dérivées d'un acide aminé, comme les hormones thyroïdiennes.

Les hormones sont sécrétées principalement par les glandes endocrines, à savoir l'hypophyse, la thyroïde, les parathyroïdes, les surrénales et les glandes génitales, mais également par diverses formations cellulaires disséminées dans l'organisme. En outre, certaines cellules du pancréas et du rein ainsi que l'hypothalamus, ou encore le placenta

SOURCES ET EFFETS DES PRINCIPALES HORMONES

Glandes	Hormones
Hypophyse	Appendue au cerveau, elle est formée de l'antéhypophyse en avant et de la posthypophyse en arrière.
Antéhypophyse	Elle synthétise la somathormone, l'hormone de croissance, la prolactine, qui assure notamment la lactation, et les stimulines, activatrices des autres glandes.
Posthypophyse	Elle stocke l'ocytocine et l'hormone antidiurétique provenant de l'hypothalamus.
Hypothalamus	Cette région du cerveau sécrète l'ocytocine (déclenchant les contractions utérines pendant l'accouchement), l'hormone antidiurétique (provoquant une rétention d'eau dans l'organisme) et les libérines (activant les stimulines de l'antéhypophyse).
Ovaires	Situés de part et d'autre de l'utérus, ils sécrètent les œstrogènes, hormones de la féminité, et la progestérone, hormone de la grossesse.
Pancréas endocrine	Il s'agit de cellules disséminées dans le pancréas, synthétisant l'insuline (diminuant la concentration sanguine de glucose) et le glucagon (augmentant cette concentration).
Parathyroïdes	Au nombre de quatre, et attachées à la thyroïde, elles produisent la parathormone, qui augmente la concentration sanguine du calcium.
Surrénales	Chacune des deux surrénales, située sur un rein, est formée d'une corticosurrénale en périphérie et d'une médullosurrénale au centre.
Corticosurrénales	Cette portion externe des glandes surrénales sécrète les glucocorticostéroïdes, qui influent sur les réactions chimiques des glucides, les minéralocorticostéroïdes, qui retiennent le sodium dans l'organisme, et les androgènes surrénaliens, virilisants.
Médullosurrénales	Elles produisent l'adrénaline et la noradrénaline, hormones d'activation générale de l'organisme en cas de stress.
Testicules	Situés dans le scrotum, ils synthétisent la testostérone, hormone de la virilité.
Thyroïde	À la base du cou, elle sécrète la triiodothyronine et la thyroxine, indispensables au développement des os et du cerveau chez l'enfant et activatrices des réactions chimiques de l'organisme.

chez les femmes enceintes, synthétisent des hormones spécifiques. Les hormones régissent de nombreuses fonctions corporelles, notamment le métabolisme des cellules, la croissance, le développement sexuel, les réactions du corps au stress.

L'hormone est libérée dans le sang et circule le plus souvent liée à une protéine qui régule son action. Elle se fixe ensuite sur des récepteurs portés par les organes cibles, avec une spécificité comparable à celle d'une clef dans une serrure, afin d'adapter l'organisme aux besoins du moment, par exemple pour stimuler la sécrétion d'insuline quand l'ingestion d'aliments entraîne une augmentation du taux de glucose dans le sang. La production de l'hormone est elle-même stimulée ou freinée par un processus régulateur, dit de rétrocontrôle, qui peut être hypothalamique ou métabolique : ainsi, la baisse de la glycémie inhibe la sécrétion d'insuline par le pancréas.

UTILISATION THÉRAPEUTIQUE

On peut fabriquer synthétiquement des hormones dont la structure chimique est identique à celle des hormones naturelles ou en est voisine. Ces substances peuvent être utilisées en thérapeutique pour pallier une carence hormonale. C'est, par exemple, le cas de la cortisone, anti-inflammatoire puissant, qui est un dérivé du cortisol élaboré par les glandes surrénaliennes. On peut également utiliser des hormones naturelles, extraites du sang ou des urines et purifiées.

Hormonothérapie

Utilisation des hormones pour compenser un défaut de sécrétion endocrinienne ou modifier une fonction de l'organisme.

Hormonothérapie anticancéreuse

Traitement hormonal du cancer.

L'hormonothérapie anticancéreuse exploite l'effet, sur les cancers dits hormono-dépendants ou hormonosensibles, de certaines hormones stéroïdiennes. Ainsi, les œstrogènes naturels, sécrétés par l'ovaire, ont une influence sur les cancers du sein et de l'utérus, et les androgènes, sécrétés par le testicule, sur le cancer de la prostate. L'hormonothérapie a pour but de bloquer le signal de prolifération donné par les hormones aux cellules cancéreuses.

Horton (maladie de)

Inflammation d'une artère temporale, ou des deux artères temporales, à la partie supérieure des tempes. SYN. *artérite temporale.*

La maladie de Horton, relativement rare, touche les personnes âgées et plus souvent les femmes.

SYMPTÔMES ET SIGNES

La maladie de Horton se manifeste par des maux de tête intenses, localisés à une tempe ou aux deux et dus à l'inflammation de la paroi artérielle. Parfois, ces douleurs sont accompagnées d'une fièvre et d'un mauvais état général.

DIAGNOSTIC ET ÉVOLUTION

Le diagnostic repose sur un examen sanguin révélant une vitesse de sédimentation élevée, signe de l'inflammation, et sur l'examen histologique du tissu artériel après biopsie de l'artère temporale, effectuée à l'hôpital sous anesthésie locale. Le principal risque de la maladie réside dans l'extension rapide de l'inflammation à l'artère ophtalmique, entraînant une oblitération des vaisseaux de la rétine ou de la papille et la cécité.

TRAITEMENT

Un traitement d'urgence par les corticostéroïdes à fortes doses doit être entrepris. Ce traitement est poursuivi à doses lentement décroissantes pendant plusieurs années sous surveillance régulière de la vitesse de sédimentation.

Hospitalisme

Altération du développement psychomoteur chez le très jeune enfant, provoquée par un placement prolongé en institution (établissement de cure, hôpital, crèche, etc.) ou par une carence affective grave.

HTA

→ VOIR Hypertension artérielle.

HTLV

Oncovirus à A.R.N. de la famille des rétrovirus, responsable de leucémies à cellules T, de la paraplégie tropicale et de lymphomes cutanés.

Le HTLV (de l'anglais *Human T-cells Leucemia/Lymphoma Virus*) infecte les lymphocytes et en modifie le métabolisme. Sa répartition géographique, très variable, semble plus importante dans certaines populations du Japon, aux Caraïbes et en Afrique. La transmission de ce virus se fait par le sang et par voie sexuelle, seuls les hommes pouvant contaminer les femmes.

Huhner (test postcoïtal de)

Examen de la glaire cervicale prélevée sur le col de l'utérus après un rapport sexuel afin d'analyser la composition de celle-ci et d'évaluer le nombre et la mobilité des spermatozoïdes présents.

Le test de Huhner complète le spermogramme (analyse du sperme) lors de l'étude des causes d'une stérilité. Le prélèvement est fait 8 heures après un rapport sexuel, au cabinet du gynécologue ou à l'hôpital, à l'aide d'un spéculum et d'une pipette. Il dure, au plus, quelques minutes et n'entraîne aucun effet secondaire.

Huile alimentaire

Matière grasse végétale, animale ou minérale.

Les huiles alimentaires ont des propriétés diététiques différentes selon leur composition en acides gras et leur teneur en vitamines, mais leur valeur calorique est toujours identique : 900 kilocalories pour 100 grammes. Pour la prévention des maladies cardiovasculaires liées à l'athérome (dépôt de cholestérol sur la paroi des artères, responsable de l'athérosclérose), l'usage des huiles comprenant des acides gras insaturés (huiles de soja, d'olive, de pépins de raisin, de noix, de tournesol et de germe de maïs) et des huiles de poisson dites « oméga », également insaturées, est conseillé.

Humérus

Os constituant le squelette du bras.

L'humérus est un os long qui permet l'insertion de nombreux muscles. Il s'articule en haut avec l'omoplate, en bas avec le cubitus et le radius.

PATHOLOGIE

■ Les fractures de la diaphyse de l'humérus s'observent surtout chez l'adulte ; elles sont dues à un choc direct sur le bras ou indirect par chute sur le coude ; parfois elles ont même pour cause une contraction musculaire au cours d'un exercice de lancer. Leur traitement est avant tout orthopédique : bandage avec attelle ou plâtre. L'appareillage doit être gardé de 6 semaines à 2 mois, parfois davantage. La rééducation sera entreprise aussitôt cet appareillage retiré. Le traitement chirurgical n'est indiqué que dans les fractures transversales, irréductibles orthopédiquement. En cas de paralysie de la région de l'avant-bras et de la main commandée par le nerf radial, le traitement sera le même, car il s'agit d'une simple contusion nerveuse. Ce n'est qu'au bout de 4 mois, si aucun signe de récupération n'est survenu, qu'une réparation chirurgicale du nerf (suture, par exemple) sera décidée.

Humeur aqueuse

Liquide physiologique contenu dans la chambre antérieure de l'œil (entre la cornée et le cristallin).

Une augmentation de la sécrétion d'humeur aqueuse ou une entrave à son excrétion peuvent provoquer une élévation de la pression intraoculaire (en cas d'uvéite, de glaucome à angle large, d'affection veineuse orbitaire). Pour faire baisser la pression intraoculaire, on peut agir soit en diminuant la sécrétion à l'aide de collyres bêtabloquants, par exemple, soit en facilitant l'écoulement grâce à la chirurgie ou au laser.

Hunter (maladie de)

Maladie héréditaire caractérisée par l'accumulation de composés glucidiques (mucopolysaccharides) dans les viscères et par un déficit en iduronate-sulfate sulfatase, une enzyme contenue dans les lysosomes (formations intracellulaires).

La maladie de Hunter se transmet par l'un des deux chromosomes X de la mère et seuls les garçons sont atteints.

Elle se signale par une surcharge des urines en polysaccharides, par des altérations osseuses visibles sur un faciès en forme de gargouille, par un foie et une rate anormalement gros, par des troubles cardiaques et un retard mental.

La maladie de Hunter peut être diagnostiquée avant la naissance par dosage de l'activité de l'enzyme responsable.

Huntington (chorée de)

Affection neurologique héréditaire de l'adulte caractérisée par l'association de mouvements anormaux (chorée), de troubles mentaux et de détérioration intellectuelle.

Les mouvements d'un sujet atteint de chorée sont involontaires, amples, rapides, saccadés. Des troubles psychiques sévères (anxiété, irritabilité, dépression) s'accompagnent d'une détérioration intellectuelle qui progresse jusqu'à la démence.

Les premiers symptômes apparaissent entre 35 et 50 ans. Du fait de la survenue tardive des symptômes, une personne atteinte peut avoir des enfants avant de savoir qu'elle souffre de cette maladie.

TRAITEMENT
Le seul traitement actuellement connu est la prescription de médicaments neuroleptiques, qui améliorent les mouvements. De récentes découvertes sur le gène de Huntington laissent un espoir d'aboutir à un traitement de la maladie.

Hurler (maladie de)

Maladie héréditaire provoquée par l'accumulation anormale de composés glucidiques (mucopolysaccharides) dans les viscères et résultant d'un déficit en une enzyme, l'alpha-iduronidase.

Le gène porteur de la maladie doit être reçu du père et de la mère pour que l'enfant développe la maladie.

Les enfants atteints peuvent paraître normaux à la naissance, les symptômes de la maladie se manifestant entre 6 et 12 mois et s'aggravant avec le temps. On observe des opacités cornéennes, des altérations osseuses visibles sur un faciès en forme de gargouille, un foie et une rate anormalement gros, un retard mental et, parfois, des troubles cardiaques.

La maladie peut être diagnostiquée avant la naissance par dosage de l'activité de l'enzyme responsable.

Hydarthrose

Épanchement de liquide séreux à l'intérieur d'une articulation.

Le liquide séreux sert à lubrifier l'intérieur de l'articulation. Il est sécrété par la synoviale (membrane tapissant la face interne d'une capsule articulaire). L'hydarthrose, improprement appelée dans le langage courant épanchement de synovie, peut être due à une lésion traumatique vieille de quelques jours (fracture articulaire, entorse grave, lésion méniscale), à une arthrose ou à une maladie inflammatoire de l'articulation

(polyarthrite rhumatoïde, spondylarthrite ankylosante, chondrocalcinose articulaire).

Une ponction de l'articulation permet de soulager le patient et de déterminer la cause de l'hydarthrose (par analyse du liquide séreux ainsi prélevé), qui sera alors soignée.

Hydatidose

→ voir Échinococcose uniloculaire.

Hydramnios

Augmentation anormale de la quantité de liquide amniotique.

CAUSES
Un hydramnios peut être dû à une mauvaise circulation sanguine entre le fœtus et le placenta, à un diabète sucré de la mère ou à une malformation fœtale (anencéphalie, hydrocéphalie, spina-bifida, atrésie de l'œsophage).

SYMPTÔMES ET SIGNES
Le plus souvent, l'hydramnios se constitue peu à peu durant la seconde moitié de la grossesse et se manifeste par un excès de volume et une tension du ventre, une gêne abdominale, parfois par un essoufflement et un gonflement des chevilles. Le risque le plus important est un accouchement prématuré.

DIAGNOSTIC ET TRAITEMENT
L'examen clinique est complété par l'échographie et une amniocentèse, destinée à établir le caryotype (carte chromosomique) du fœtus afin de rechercher une anomalie.

Le traitement se borne parfois au repos et à la surveillance médicale. Certains anti-inflammatoires peuvent être proposés. La ponction d'une certaine quantité de liquide amniotique peut soulager la patiente mais comporte le risque de déclencher l'accouchement.

Hydrargyrisme

Intoxication par le mercure. SYN. *hydrargyrie.*

Les signes sont principalement neurologiques (troubles psychiques, atteinte du cervelet avec tremblements, détérioration intellectuelle) et rénaux (insuffisance rénale). On commence par rechercher la cause de la contamination puis, à l'hôpital le médecin administre par injection un antidote (dimercaprol, D-pénicillamine), médicament qui capte et élimine le mercure.

Hydratation

Introduction thérapeutique d'eau dans l'organisme, par voie orale ou en perfusion intraveineuse, afin de prévenir ou de corriger une déshydratation en maintenant ou en rétablissant un équilibre normal de l'eau.

Hydrocèle vaginale

Épanchement de liquide séreux situé entre les deux feuillets de la vaginale testiculaire (enveloppe séreuse du testicule).

Une hydrocèle vaginale survient le plus souvent sans cause décelable. Cependant, dans de très rares cas, elle peut révéler un cancer des testicules. Indolore, elle se traduit par une augmentation unilatérale de volume du scrotum.

DIAGNOSTIC ET TRAITEMENT

Le diagnostic repose sur l'échographie du scrotum. Une telle hydrocèle ne se traite que si elle est volumineuse ou gênante. Sa guérison s'obtient par l'excision chirurgicale de la vaginale testiculaire, qui sécrète le liquide séreux. Après l'intervention, la bourse retrouve son volume et sa souplesse en 2 ou 3 mois.

Hydrocéphalie

Augmentation de la quantité de liquide céphalorachidien, provoquant une dilatation des cavités de l'encéphale.

C'est généralement un obstacle, souvent une tumeur, qui empêche le liquide des ventricules de s'écouler normalement et de sortir vers les méninges (hydrocéphalie non communicante). Plus rarement, l'hydrocéphalie est due à une hypersécrétion des ventricules ou à un défaut de résorption par les méninges (hydrocéphalie communicante).

Le premier traitement, au besoin en urgence, concerne les symptômes et consiste en une dérivation ventriculaire chirurgicale : un cathéter (fin tube creux) fait communiquer les ventricules cérébraux avec le thorax ou l'abdomen et permet au liquide ainsi drainé de s'écouler dans des régions où il

sera résorbé. Le traitement de la cause, s'il est possible, est réalisé dans un second temps (ablation d'une tumeur).

Hydrocholécyste

Distension aiguë de la vésicule biliaire, due à une obstruction du canal cystique (canal reliant la vésicule aux voies biliaires).

Hydrocortisone

Substance médicamenteuse destinée à suppléer à un déficit en cortisol (hormone stéroïde sécrétée par la glande corticosurrénale et participant au métabolisme des glucides et des lipides).

MODE D'ADMINISTRATION

L'hydrocortisone peut être administrée par voie orale, par voie intramusculaire ou par voie veineuse. Lors d'une insuffisance surrénalienne aiguë, où le patient est sujet aux nausées et aux vomissements, l'administration parentérale (par voie intramusculaire ou intraveineuse) est nécessaire, en urgence et à doses très importantes.

EFFETS INDÉSIRABLES

Le traitement substitutif n'entraîne aucun effet indésirable puisqu'il rétablit un équilibre physiologique.

Hydrocution

Syncope réflexe provoquée par une immersion brutale dans l'eau froide.

Ce réflexe prend naissance par le contact de la peau avec l'eau froide, contact qui entraîne une vasoconstriction (diminution du calibre des vaisseaux sanguins) dans le bulbe rachidien. Si ce phénomène est trop brutal, il y a arrêt de la circulation cérébrale et syncope. Le sujet peut dès lors couler à pic et se noyer par asphyxie.

TRAITEMENT

Si le sujet peut être sorti de l'eau dans des délais très rapides, le bouche-à-bouche et, éventuellement, un massage cardiaque entrepris immédiatement ramènent le plus souvent les mouvements respiratoires et cardiaques. Si, au contraire, le sujet a respiré dans l'eau, la respiration artificielle prolongée doit être tentée, comme pour les autres noyés.

Il est préférable de s'abstenir de se baigner après un repas important et après l'absorption de boissons alcoolisées, la digestion utilisant une partie des capacités énergétiques de l'organisme. Il est vivement déconseillé de prendre plusieurs bains consécutifs. Les mécanismes thermorégulateurs de l'organisme se déclenchent en effet rapidement (5 minutes environ après la fin du bain), mais ne rétablissent un nouvel équilibre entre la température extérieure et celle de l'organisme qu'au bout d'une heure environ. Tant que cet équilibre n'est pas atteint, il existe un risque d'hydrocution.

Il faut éviter de pénétrer brutalement dans l'eau froide, notamment après une exposition au soleil ou un grand effort physique. En revanche, il est recommandé de s'asperger la nuque et la face antérieure du thorax d'un peu d'eau pour préparer son corps à la baignade.

Hydronéphrose

Dilatation aiguë ou chronique des calices (conduits rénaux qui recueillent l'urine primitive du rein) et du bassinet (segment collecteur formé par la réunion des calices et se prolongeant par l'uretère).

Une hydronéphrose est la conséquence d'une rétention d'urine due à un rétrécissement ou à une obstruction de l'uretère (conduit qui achemine l'urine jusqu'à la vessie). Le rétrécissement peut avoir pour origine une malformation congénitale de la jonction du bassinet et de l'uretère, l'obstruction peut être due à une maladie obstructive urinaire (tuberculose, calcul, tumeur de l'uretère). L'hydronéphrose est révélée par des douleurs du rein, voire par une colique néphrétique.

Le traitement de l'hydronéphrose est chirurgical : il repose sur la suppression de l'obstacle responsable de la rétention d'urine.

Hydrophobie

Crainte morbide de l'eau, l'un des premiers signes de la rage.

Hydrothérapie

Traitement par l'eau.

L'hydrothérapie revêt des formes très diverses : douches (entorses, tendinites, hydrarthroses articulaires ou tendineuses), enveloppements humides froids (maladies inflammatoires) ou chauds (abcès), bains sédatifs (névralgies, rhumatismes), antiseptiques (plaies infectées), émollients (psoriasis), antiprurigineux, etc. Des bains en piscine facilitent la rééducation chez certains malades.
→ VOIR Balnéothérapie, Cure thermale, Thalassothérapie.

Hymen

Membrane qui sépare le vagin de la vulve et qui se rompt lors des premiers rapports sexuels.

L'hymen est normalement perforé au centre pour permettre le passage du sang menstruel. Mais il est parfois de forme différente : réduit à une collerette, fendu ou criblé de petits orifices. C'est une membrane très souple qui se distend aisément ; c'est pourquoi sa valeur comme signe de virginité est relative. Déchiré lors des premiers rapports sexuels (défloration), l'hymen se rétracte en formant à l'entrée du vagin de petites excroissances, les lobules hyménéaux. Après le premier accouchement, ces lobules se modifient et prennent le nom de caroncules myrtiformes.

L'imperforation de l'hymen nécessite une perforation chirurgicale de la membrane afin que le sang puisse s'écouler.

Hyperactivité de l'enfant
→ VOIR Syndrome hyperkinétique.

Hyperaldostéronisme

Sécrétion anormalement élevée d'aldostérone, hormone – sécrétée par la glande corticosurrénale – qui règle la quantité de sodium et de potassium dans l'organisme et contrôle la volémie (volume sanguin circulant).

Hyperbilirubinémie

Augmentation du taux de bilirubine (pigment jaune-brun provenant de la dégradation de l'hémoglobine) dans le sang.

L'hyperbilirubinémie peut être détectée à l'occasion d'un examen sanguin ou se traduire par un ictère lorsque le taux de bilirubine est supérieur au double du taux normal.

Hypercalcémie

Augmentation anormale de la calcémie (taux de calcium dans le sang), au-dessus de 2,6 millimoles, soit 105 milligrammes par litre.

Une hypercalcémie est le plus souvent due à une augmentation de la sécrétion de la glande parathyroïde, elle-même liée à un adénome parathyroïdien.

Elle se manifeste par une fatigue, une soif intense, des douleurs abdominales accompagnées de nausées et de constipation, une dépression. L'évolution de l'hypercalcémie peut être soit aiguë, risquant alors de se compliquer de troubles de la conscience et de troubles du rythme cardiaque, voire d'un arrêt du cœur, soit chronique, ne donnant longtemps aucun symptôme mais provoquant ensuite une ostéoporose ou des complications rénales : néphrocalcinose (dépôt de multiples microcristaux de calcium dans le parenchyme rénal) et calculs des voies urinaires, qui aboutissent parfois à une insuffisance rénale.

TRAITEMENT
C'est celui de la cause : ablation chirurgicale d'un adénome parathyroïdien le plus souvent. Les formes graves nécessitent une hospitalisation en urgence.

Hypercalciurie

Augmentation anormale de la quantité de calcium excrétée dans les urines.

Une hypercalciurie correspond à une excrétion de plus de 7,5 millimoles, soit 0,30 gramme par 24 heures chez l'adulte. Elle peut être due à une augmentation anormale du taux de calcium sanguin ou à une affection rénale.

Hypercapnie

Augmentation de la concentration de gaz carbonique dans le sang.

L'hypercapnie est un signe d'hypoventilation alvéolaire (diminution des entrées et des sorties d'air dans les alvéoles pulmonaires). L'hypoventilation s'observe en cas d'insuffisance respiratoire et s'associe en général à une diminution de la concentration d'oxygène dans le sang et à une augmentation de l'acidité du sang.

Hyperchlorhydrie

Excès de sécrétion d'acide chlorhydrique par la muqueuse de l'estomac.

Une hyperchlorhydrie est l'un des principaux facteurs responsables d'un ulcère gastroduodénal.

Hypercholestérolémie

Augmentation anormale de la cholestérolémie (taux de cholestérol dans le sang).

L'hypercholestérolémie est, comme l'hypertriglycéridémie (augmentation du taux sanguin de triglycérides), au nombre des hyperlipidémies (affections caractérisées par une augmentation du taux sanguin de lipides). Pour établir le diagnostic, il faut effectuer au moins deux dosages de cholestérol dans le sang à un mois d'intervalle. On parle d'hypercholestérolémie à partir de 6,5 millimoles, soit 2,5 grammes par litre. L'évaluation tient compte d'une augmentation normale de la cholestérolémie avec l'âge d'environ 0,26 millimole (soit 0,1 gramme) par litre pour chaque dizaine d'années de vie à partir de 30 ans.

Même si elle ne provoque à court terme aucun symptôme, l'hypercholestérolémie se complique au fil des années d'athérosclérose (épaississement de la paroi des artères). On dose les deux variétés de cholestérol : le HDL cholestérol, qui protège contre le risque de maladies coronariennes, et le LDL cholestérol, qui, au contraire, l'accroît.

TRAITEMENT
Il consiste à réduire, voire à supprimer, la consommation d'aliments riches en cholestérol : œufs (le jaune, surtout), abats, viandes grasses, charcuterie et beurre. De plus, il faut diminuer la consommation d'acides gras saturés d'origine animale au profit des acides gras insaturés, contenus dans l'huile d'olive,

de tournesol, de maïs, d'arachide, dans la margarine au tournesol ou au maïs et dans les poissons. Si, après un régime de trois mois, la cholestérolémie reste trop élevée, un médicament, en général un fibrate ou un inhibiteur d'une enzyme, l'HMG-CoA réductase, est prescrit. Le traitement de l'hypercholestérolémie diminue la fréquence des accidents cardiovasculaires.

Hypercorticisme

Affection caractérisée par l'excès de sécrétion de cortisol (principale hormone glucocorticostéroïde) par les glandes corticosurrénales.

L'hypercorticisme est une maladie rare. Il est provoqué dans presque tous les cas par la présence d'un adénome sur l'hypophyse (maladie de Cushing). Un hypercorticisme peut aussi être lié à la prise prolongée, à fortes doses, de médicaments corticostéroïdes.

Hyperglycémiant

Substance capable d'augmenter la glycémie (taux de glucose dans le sang).

Le pancréas sécrète naturellement du glucagon, qui est une substance directement hyperglycémiante.

Certains médicaments (corticostéroïdes, diurétiques, pilule contraceptive) ont un effet hyperglycémiant qu'il faut chercher à limiter par l'adaptation des doses et la surveillance biologique de la glycémie.

Hyperglycémie

Augmentation anormale de la glycémie (taux de glucose dans le sang) au-dessus de 6,7 millimoles, soit 1,2 gramme, par litre.

L'hyperglycémie est caractéristique du diabète. À partir d'un certain niveau, elle provoque une glycosurie (passage du glucose dans les urines).

Hyperhidrose

Augmentation anormale de la sécrétion de sueur par la peau.

Les hyperhidroses peuvent être généralisées ou localisées.

■ Les hyperhidroses généralisées sont le plus souvent sans cause connue. Cependant, elles sont parfois un signe de maladie hormonale (hyperthyroïdie, diabète) ou infectieuse (tuberculose, brucellose) ou encore d'une lésion de l'hypothalamus.

■ Les hyperhidroses localisées sont favorisées par le stress et la chaleur ; les hyperhidroses des aisselles atteignent surtout la femme ; l'hyperhidrose palmoplantaire, qui atteint la paume des mains et la plante des pieds, commence à la puberté et s'atténue après 40 ans.

TRAITEMENT

Le traitement de l'hyperhidrose est tout d'abord celui d'une éventuelle cause. Les autres cas, s'ils sont bénins, ne nécessitent que l'application locale de badigeons de sels d'aluminium ou de préparations à base de formol, toutefois irritants à la longue. Le traitement des cas plus gênants est l'ionophorèse (technique consistant à tremper les mains et/ou les pieds dans de l'eau ordinaire traversée par un courant spécial qui entraîne la diffusion d'ions à travers la peau), pratiquée 3 fois par semaine pendant 2 ou 3 semaines puis, d'une manière plus espacée, pendant quelques semaines, voire quelques mois. Il est possible de poursuivre ce traitement au domicile du patient. Dans le cas de l'hyperhidrose des aisselles, on peut également réaliser un pelage chirurgical des glandes sudoripares (ablation d'une large zone cutanée). D'autres méthodes sont encore possibles, mais d'efficacité variable et à l'origine d'effets indésirables : médicaments anticholinergiques (risque de somnolence, de sécheresse de la bouche, de troubles visuels) ; ablation chirurgicale des nerfs sympathiques responsables du déclenchement de la sueur, provoquant un arrêt de la sudation.

Hyperkaliémie

Augmentation anormale de la kaliémie (taux de potassium dans le plasma) au-dessus de 5 millimoles par litre.

L'hyperkaliémie a pour cause principale l'insuffisance rénale, aiguë ou chronique.

Les hyperkaliémies importantes sont source de complications musculaires (fatigue, voire paralysie) et cardiaques (troubles du rythme, voire arrêt cardiaque). Le traitement repose sur le contrôle des apports alimentaires en potassium (légumes et fruits secs ou frais, viandes et volailles, chocolat), associé, au besoin, à des médicaments hypokaliémiants tels que le polystyrène sulfonate de sodium. Dans les formes très graves, seule une hémodialyse (filtration du sang à travers une membrane semi-perméable), pratiquée en urgence, permet de soustraire rapidement une grande quantité de potassium plasmatique.

Hyperkératose

→ VOIR Kératose.

Hyperlipidémie

Augmentation anormale du taux de lipides dans le sang. SYN. *hyperlipoprotéinémie.*

Parmi les classifications existantes des hyperlipidémies, la plus usitée est celle de De Gennes, qui ne tient compte que des augmentations du taux sanguin de cholestérol (hypercholestérolémies) et de triglycérides (hypertriglycéridémies) et comprend 3 groupes d'affection : les hypercholestérolémies, héréditaires ou acquises ; les hypertriglycéridémies, favorisées par une consommation excessive d'alcool, de glucides ou de calories (excès de poids) ; les hyperlipidémies mixtes, association des deux précédentes. Par ailleurs, une hyperlipidémie peut être due à une autre affection : diabète sucré, maladies de la glande thyroïde, maladies rénales, maladies hépatobiliaires ; la pilule contraceptive peut aussi être en cause.

Hyperlordose

Exagération de la lordose (courbure physiologique de la colonne vertébrale) vers l'avant, au niveau de la région lombaire, formant une cambrure excessive des reins.

Hypermélanose

Accentuation anormale de la pigmentation de la peau, localisée ou généralisée, par augmentation de la quantité de mélanine qu'elle contient.

Hypermétropie

Anomalie de la réfraction oculaire se traduisant par une gêne à la vision de près.

Dans l'hypermétropie, l'œil est « trop court » : l'image se forme en arrière de la rétine. Si l'hypermétropie est légère, l'accommodation du cristallin peut suffire à ramener l'image sur la rétine pour assurer une vision correcte. Mais la vision de près réclame un effort d'accommodation supplémentaire qui n'est pas toujours possible.

TRAITEMENT

Une hypermétropie se corrige par le port de verres faisant converger les rayons sur la rétine (verres convergents, ou positifs). Chez l'adulte, le port de verres de contact (lentilles) est possible, mais il est moins satisfaisant cependant que dans la correction de la myopie.

Hypernatrémie

Augmentation de la natrémie (taux de sodium dans le plasma sanguin) à une valeur supérieure à 145 millimoles par litre.

Une hypernatrémie traduit une déshydratation, elle-même due à un apport hydrique insuffisant ou à une perte rénale (diabète insipide, par exemple) ou cutanée (transpiration abondante, brûlures étendues). Elle entraîne des troubles neurologiques : confusion ou obnubilation mentales, irritabilité neuromusculaire (secousses neuromusculaires, voire convulsions), coma. L'hypernatrémie se corrige par un apport d'eau.

Hyperœstrogénie

Sécrétion trop importante d'œstrogènes, entraînant leur excès dans l'organisme.

Les œstrogènes (œstradiol, œstriol, œstrone) sont des hormones sécrétées par l'ovaire, le placenta et les glandes surrénales. Leur équilibre avec la progestérone assure le bon déroulement du cycle menstruel. La forme d'hyperœstrogénie la plus fréquente est l'hyperœstrogénie dite relative, car la sécrétion d'œstrogènes est normale ou forte et celle de la progestérone peu marquée. Elle se manifeste par des douleurs des seins et des saignements vaginaux. Ce déséquilibre hormonal est un facteur de risque de cancer du sein ou de l'utérus.

Hyperostose

Production excessive, localisée ou diffuse, de tissu osseux.

Les hyperostoses relèvent de causes multiples, depuis le cal osseux exubérant se développant après une fracture jusqu'aux hyperostoses généralisées d'origine génétique.

Hyperparathyroïdie

Affection caractérisée par un excès de sécrétion de parathormone (hormone augmentant le taux sanguin de calcium en favorisant l'absorption intestinale de celui-ci) par une ou plusieurs glandes parathyroïdes.

DIFFÉRENTS TYPES D'HYPERPARATHYROÏDIE

■ L'hyperparathyroïdie primaire est liée au dérèglement d'une ou de plusieurs glandes parathyroïdes (adénome parathyroïdien, unique ou multiple, bénin dans 95 % des cas, ou développement anormal des 4 parathyroïdes).

■ L'hyperparathyroïdie secondaire est due à une hypocalcémie (diminution du taux de calcium dans le sang) et/ou à une hyperphosphorémie (augmentation du taux de phosphore dans le sang).

SYMPTÔMES ET SIGNES

L'hyperparathyroïdie peut provoquer à la longue la formation de calculs dans le rein et des complications osseuses (déminéralisation osseuse surtout, exceptionnellement fracture ou kyste osseux). Une hyperparathyroïdie aiguë nécessite un traitement urgent.

TRAITEMENT

Le traitement de l'hyperparathyroïdie primaire, chirurgical, consiste en l'ablation de l'adénome, qui permet la guérison définitive. Le traitement de l'hyperparathyroïdie secondaire repose sur l'administration précoce de dérivés de la vitamine D et de médicaments visant à abaisser le taux de phosphates (dérivés du phosphore).

Hyperplasie

Augmentation bénigne du volume d'un tissu par multiplication des cellules qui le constituent.

Hyperplasie surrénalienne

Augmentation de volume des glandes surrénales, liée à un déficit enzymatique.
→ VOIR Bloc enzymatique surrénalien.

Hyperprolactinémie

Affection caractérisée par une augmentation du taux sanguin de prolactine (hormone sécrétée par l'antéhypophyse et ayant un rôle dans la production de lait chez la femme ainsi que dans la reproduction et la croissance).

CAUSES

La sécrétion de prolactine peut être augmentée dans de nombreuses circonstances. Le plus souvent, il s'agit de la prise d'un médicament ; elle peut également être due à une anomalie métabolique telle que l'insuffisance rénale chronique ou l'hypothyroïdie. Enfin, l'hypophyse peut être le siège d'un adénome ou d'une tumeur.

SYMPTÔMES ET SIGNES

L'augmentation du taux sanguin de prolactine diminue de façon variable la sécrétion des gonadotrophines (hormones qui stimulent les cellules sexuelles). Ce phénomène entraîne chez la femme une absence de règles, ou des troubles de la menstruation, et un écoulement de lait par les mamelons ainsi qu'une éventuelle stérilité. Chez l'homme, l'hyperprolactinémie entraîne la survenue d'une impuissance avec baisse de la libido. Dans tous les cas, la compression locale par l'adénome des structures avoisinantes peut entraîner des maux de tête, une réduction du champ visuel ou de l'acuité visuelle, un hypopituitarisme (déficit en hormones hypophysaires) complet ou dissocié se traduisant par une pâleur, une asthénie, une dépilation.

TRAITEMENT

Il est surtout médical : arrêt de la prise d'un médicament, traitement d'une hypothyroïdie, prise de médicaments qui diminuent le taux de prolactine et la taille de l'adénome. Le cas échéant, le traitement peut être chirurgical (ablation de l'adénome).

Hyperprotéinémie

Augmentation anormale de la protéinémie (taux de protéines dans le sang) au-dessus de 80 grammes par litre.

Une hyperprotéinémie peut être due à une déshydratation (apport d'eau insuffisant, diarrhées, vomissements, brûlures) ou à la production, par l'organisme, d'une quantité massive d'immunoglobuline anormale, comme cela se produit au cours de certaines maladies (myélome multiple, macroglobulinémie de Waldenström). Son traitement est celui de la maladie en cause.

Hypersensibilité

Réaction immunitaire excessive responsable de troubles et de lésions chez un individu sensibilisé à un antigène.

L'hypersensibilité est une réaction de défense exagérée de l'organisme contre un antigène donné, reconnu par les anticorps car ayant déjà été une première fois en contact avec l'organisme.

DIFFÉRENTS TYPES D'HYPERSENSIBILITÉ

On distingue quatre types de réaction d'hypersensibilité.

■ Le type I, ou anaphylaxie, ou encore hypersensibilité immédiate, survient quelques minutes après le contact avec l'antigène sous la forme d'un urticaire, d'un asthme, d'un œdème de Quincke ou d'un choc anaphylactique.

■ Le type II, ou hypersensibilité cytotoxique, correspond à la destruction de cellules de l'organisme par des mécanismes autoimmuns ou par des traitements (certains médicaments antibiotiques, antipaludéens ou antihypertenseurs).

■ Le type III, ou hypersensibilité semiretardée, est caractérisé par le dépôt d'anticorps associés à leurs antigènes sur les parois des vaisseaux, où ils créent des lésions (alvéolite allergique, par exemple).

■ Le type IV, ou hypersensibilité retardée, provoque des réactions inflammatoires importantes (eczéma de contact, allergies microbiennes, par exemple allergie tuberculinique).

→ VOIR Allergie.

Hypersialorrhée

Sécrétion excessive de salive. SYN. *ptyalisme*.

Les causes d'une hypersialorrhée sont nombreuses : lésion de la bouche et du pharynx, angine, stomatite, lésion de l'œsophage (tumeurs en particulier), maladies neurologiques (maladie de Parkinson, névralgie faciale), etc. L'hypersialorrhée qui se manifeste pendant la grossesse a un mécanisme mal connu.

Le traitement dépend de la cause.

Hypersplénisme

Stockage et destruction excessive des cellules sanguines dans la rate, entraînant une diminution de celles-ci dans le sang.

Un hypersplénisme s'observe en cas de splénomégalie (augmentation du volume de la rate) importante, d'origine infectieuse, hématologique, tumorale ou congestive, c'est-à-dire liée à une hypertension portale. Il se traduit par une diminution d'un certain type de globules blancs, les polynucléaires neutrophiles, et des plaquettes sanguines. Le traitement d'un hypersplénisme est celui de la maladie en cause.

Hypertension artérielle

Élévation anormale, permanente ou paroxystique, de la tension artérielle au repos.

La pression sanguine s'élève normalement en réponse à l'activité physique. L'hypertension artérielle (H.T.A.) apparaît lorsque, au repos, les chiffres dépassent 16 centimètres de mercure pour la pression maximale, ou systolique, et 9 centimètres pour la pression minimale, ou diastolique. Il n'existe pas d'hypertension lorsque le chiffre de la pression minimale est inférieur à 9 ; les hypertensions purement systoliques sont surtout émotives ou liées au stress. Par ailleurs, ces seuils peuvent être dépassés chez une personne âgée, car la pression sanguine augmente avec l'âge. À l'inverse, chez un enfant, ces chiffres sont inférieurs.

CAUSES

Chez la plupart des sujets hypertendus, on ne retrouve aucune cause évidente ; l'hypertension est alors qualifiée d'essentielle. Chez 10 % des patients cependant, l'hypertension a une cause ; elle est alors qualifiée de symptomatique. Elle peut être due, dans ces cas, à une maladie des reins, à une maladie des glandes surrénales ou à une coarctation aortique (rétrécissement congénital de l'isthme de l'aorte). À l'occasion de leur première grossesse, surtout s'il s'agit de jumeaux, certaines jeunes femmes présentent une hypertension, généralement transitoire, appelée hypertension artérielle gravidique. Elle disparaît après l'accouchement et les grossesses ultérieures ne sont pas troublées.

SYMPTÔMES ET SIGNES

Ce sont les symptômes cérébraux qui sont le plus fréquemment révélateurs : maux de tête, surtout pendant la deuxième moitié de la nuit ou au réveil, déséquilibre debout ou à la marche, pertes de mémoire, fatigue, troubles oculaires (éblouissements, perte transitoire de la vue, etc.). Les symptômes cardiaques (gêne respiratoire, angine de poitrine) ou rénaux, tels qu'une polyurie (sécrétion d'urine en quantité abondante) ou une pollakiurie (fréquence exagérée des mictions), sont plus rarement révélateurs. Mais, bien souvent, l'hypertension artérielle ne provoque aucun signe ; elle est en général découverte à l'occasion d'un examen de routine. Parmi les complications de l'hypertension artérielle non traitée, on trouve l'accident vasculaire cérébral, l'hémorragie méningée, l'insuffisance cardiaque, des lésions rénales et une rétinopathie.

TRAITEMENT

Le traitement doit s'attaquer à la cause toutes les fois que cela est possible. Certaines hypertensions d'origine définie sont chirurgicalement curables : rétrécissement de l'isthme de l'aorte, affection d'un rein, tumeurs bénignes de la surrénale. Parmi les hypertensions médicalement curables, il faut retenir l'hypertension des néphrites aiguës et celle des femmes enceintes. Dans tous les cas, une stricte hygiène de vie s'impose : il faut supprimer le surmenage et les efforts importants, s'efforcer de lutter contre le stress, suivre le cas échéant un régime pour perdre du poids, arrêter le tabac. Ces prescriptions doivent être d'autant plus strictes que l'hypertension est plus sévère et le patient, plus jeune. Dans les hypertensions sévères et en cas d'accidents évolutifs

(hémorragie méningée, hémiplégie), le repos est nécessaire. Un régime sans sel ou peu salé est généralement indiqué.

Les bêtabloquants ont, en plus de leur action hypotensive, la propriété de ralentir les battements du cœur. Ils sont contre-indiqués en cas de bradycardie (fréquence cardiaque inférieure à 50 battements par minute) et d'asthme. Les diurétiques éliminent le sodium et l'eau, mais leur action sur le potassium (kaliémie) doit être contrôlée. Les inhibiteurs calciques ont une action vasodilatatrice sur les artères. Les inhibiteurs de l'enzyme de conversion et les antagonistes des récepteurs de l'angiotensine empêchent la formation d'angiotensine et freinent la sécrétion d'aldostérone. Ils peuvent être associés aux diurétiques. Les antihypertenseurs centraux, telle la clonidine, agissent sur le tronc cérébral (siège du centre régulateur de la tension artérielle) et favorisent le sommeil. Les vasodilatateurs périphériques augmentent le calibre des vaisseaux et accroissent les débits cardiaque et rénal. Tous ces médicaments sont prescrits soit isolément, si l'hypertension est modérée, soit diversement associés.

Il importe que le traitement soit poursuivi régulièrement, car un arrêt intempestif expose à une brusque hausse de la tension artérielle (phénomène de rebond).

Hypertension intracrânienne

Augmentation anormale de la pression dans le crâne, à l'intérieur de l'encéphale.

Un œdème cérébral (infiltration diffuse de liquide provenant du plasma sanguin), une hypertension artérielle grave, une crise d'éclampsie (convulsions associées à une hypertension artérielle) pendant la grossesse, une ischémie (ralentissement de la circulation du sang), un hématome cérébral, une encéphalite herpétique (infection de l'encéphale due au virus de l'herpès) ou une tumeur peuvent déclencher une hypertension intracrânienne.

Deux signes sont caractéristiques de l'hypertension intracrânienne : les céphalées (maux de tête) et les vomissements.

L'examen du fond de l'œil (examen de la rétine à travers la pupille) montre un œdème (gonflement) de la papille optique (petite tache correspondant à l'origine du nerf optique).

Peu à peu, des troubles de la conscience (somnolence puis coma) apparaissent ainsi que des périodes d'éclipses visuelles pouvant aboutir à la cécité.

Le traitement est celui de la cause, s'il est possible (médicaments antihypertenseurs, ablation d'une tumeur). Il existe des possibilités de traitement de l'œdème cérébral (corticostéroïdes, mannitol).

Hypertension portale

Augmentation de la pression sanguine dans le système veineux portal.

La veine porte conduit jusqu'au foie le sang veineux provenant du tube digestif sous-diaphragmatique (estomac, intestin grêle, côlon), de la rate et du pancréas. Après épuration dans le foie, ce sang est ramené au cœur par la veine cave inférieure.

CAUSES

Une hypertension portale est le signe de nombreuses maladies, d'origine hématologique, tumorale ou infectieuse. La cirrhose en est la cause la plus fréquente, mais les compressions extérieures (cancer du pancréas), les invasions tumorales (cancer primitif du foie), les thromboses de la veine porte (syndrome myéloprolifératif, foyer infectieux local), sont également responsables d'une hypertension portale.

SYMPTÔMES ET SIGNES

Une hypertension portale se traduit par une visibilité anormale des veines sous-cutanées dans la région supérieure de l'abdomen ou dans la région thoracique inférieure. Ces veines correspondent à une circulation collatérale développée à partir de voies de dérivation naturelles, qui sont normalement peu ou pas fonctionnelles mais qui se dilatent en cas d'obstacle sur la circulation portale : cela provoque une anastomose portocave (communication entre le système porte et le système cave) spontanée. Des varices œsophagiennes ou, moins fréquemment, gastriques (tuméfactions bleutées plus ou moins volumineuses dans la partie basse de l'œsophage et sur l'estomac) se forment également. Enfin, une ascite (épanchement de liquide séreux dans la cavité péritonéale), due à la rétention d'eau et de sel entraînée par l'insuffisance hépatique, peut également se former, provoquant une importante distension abdominale.

Le risque évolutif est celui de rupture des varices, qui entraîne une hémorragie digestive abondante, nécessitant une prise en charge d'urgence.

TRAITEMENT ET PRÉVENTION

Le traitement de l'hypertension portale est celui de sa cause. La rupture de varices œsophagiennes nécessite une réanimation en urgence, avec transfusion et compression locale par sonde à ballonnet, et la sclérothérapie (injection endoscopique de liquide sclérosant) des varices. En cas d'échec, une intervention chirurgicale en urgence s'impose pour endiguer l'hémorragie.

Hyperthermie

Élévation de la température du corps au-dessus de sa valeur normale (37 °C chez l'être humain). SYN. *fièvre*.

Une hyperthermie survient lorsque la production de chaleur par le corps, résultant de l'activité métabolique de l'organisme, excède ses capacités d'élimination.

Une hyperthermie grave s'accompagne de troubles cardiovasculaires, respiratoires, neurologiques et métaboliques, parfois de troubles de la coagulation, de défaillance rénale ou hépatique ou de rhabdomyolyse (destruction des muscles striés). Chez l'enfant, elle peut être source de convulsions.

TRAITEMENT

Une hyperthermie grave constitue toujours une urgence. Le traitement repose sur l'administration de médicaments antipyrétiques (contre la fièvre), de myorelaxants en cas de rigidité musculaire anormale et sur le refroidissement externe (vessie de glace sur la peau, enveloppements humides à une température plus basse que celle du corps), voire interne (perfusion, lavement).

Hyperthyroïdie

Affection caractérisée par un excès d'hormones thyroïdiennes.

Les causes les plus fréquentes d'une hyperthyroïdie sont la maladie de Basedow, d'origine auto-immune, une surcharge iodée, habituellement d'origine médicamenteuse, et un nodule thyroïdien ou un goitre (phase initiale d'une thyroïdite subaiguë). Les symptômes comprennent un tremblement des extrémités, une tachycardie, une sensation de chaleur excessive et une perte de poids.

Le traitement dépend essentiellement de la cause : chirurgie (ablation partielle de la thyroïde), administration d'antithyroïdiens de synthèse, injection d'une dose unique d'iode 131 radioactif.

Hypertonie musculaire

Exagération permanente du tonus musculaire (degré de résistance d'un muscle strié au repos), d'origine neurologique.

L'hypertonie est due à une lésion du système nerveux central, dont la cause peut être diverse (tumorale, vasculaire, dégénérative). Elle peut prendre deux formes.

■ L'hypertonie pyramidale, également appelée hypertonie spastique ou spasticité, est due à une lésion de la voie pyramidale (faisceau de fibres nerveuses commandant les mouvements volontaires).

■ L'hypertonie extrapyramidale, ou hypertonie plastique, est due à un mauvais fonctionnement du système nerveux extrapyramidal, qui commande le tonus musculaire et les postures du corps. Elle fait partie d'un ensemble de signes appelé syndrome extrapyramidal, dont la cause typique est la maladie de Parkinson.

TRAITEMENT
Le traitement est celui de la maladie dont l'hypertonie est un signe.

Hypertrichose

Augmentation de la pilosité, localisée ou généralisée.

À la différence de l'hirsutisme, l'hypertrichose siège en des endroits normalement pourvus de poils. Les hypertrichoses sont congénitales ou acquises. Les formes congénitales, parfois héréditaires, apparaissent dès l'enfance. Les formes acquises sont dues à des médicaments (minoxidil, ciclosporine, hydantoïnes), à des carences, à des cancers ou à des maladies métaboliques (porphyries). Le traitement est celui de la maladie responsable, s'il est possible, associé éventuellement à une épilation électrique.

Hypertriglycéridémie

Augmentation du taux de triglycérides dans le sérum au-dessus de 2,3 millimoles, soit 2 grammes, par litre.

CAUSES
Une hypertriglycéridémie peut être primitive, due à un trouble de la synthèse ou de la dégradation des lipoprotéines.

Une hypertriglycéridémie peut aussi être consécutive à une autre affection (diabète sucré, insuffisance rénale, syndrome néphrotique, alcoolisme, hépatite aiguë, etc.) ou induite par le stress.

TRAITEMENT
Le traitement d'une hypertriglycéridémie doit d'abord être diététique : régime normolipidique (diminution des apports alimentaires en triglycérides, présents notamment dans l'alcool et les féculents) dans la majorité des cas, réduction de l'apport en certains sucres, en alcool et en tabac. En cas d'obésité, une perte de poids est indispensable.

Le plus souvent, une activité physique régulière et progressive est conseillée. Le traitement d'une maladie sous-jacente (diabète, etc.) doit également être entrepris. En dehors de certaines formes primitives (hyperchylomicronémie, par exemple) qui doivent être traitées d'office, un traitement médicamenteux à base d'hypolipidémiants (fibrates, huiles de poisson) ne doit être envisagé qu'après l'échec d'un régime correctement suivi.

Hypertrophie

Augmentation du volume d'un tissu ou d'un organe.

Hyperuricémie

Augmentation du taux d'acide urique dans le sang.

L'hyperuricémie est due à une perturbation souvent héréditaire du métabolisme des bases puriques (substances azotées qui entrent dans la composition des nucléotides, éléments constitutifs de l'A.D.N.) ou à un régime alimentaire trop riche en purines, d'où provient l'acide urique (ris de veau, foie, rognons, cervelle, anchois, sardines, harengs). L'hyperuricémie entraîne la formation, dans les articulations, les reins et sous la peau, de dépôts d'urates (sels d'acide urique), qui provoquent des calculs urinaires et la goutte. Son traitement repose, d'une part, sur un régime dépourvu de purines, d'autre part, sur la prise de médicaments hypo-uricémiants.

Hyperventilation

Augmentation de la quantité d'air qui ventile les poumons.

Hypervitaminose

Toute affection liée à la présence en excès de certaines vitamines dans l'organisme.

Les principales hypervitaminoses concernent les vitamines A et D. Elles sont principalement dues à des intoxications d'origine médicamenteuse.

Hyphéma

Épanchement de sang dans la chambre antérieure de l'œil, entre cornée et iris.

Les hyphémas sont essentiellement dus à des contusions oculaires, provoquant un saignement de l'iris.

Un hyphéma se manifeste sous la forme d'un niveau horizontal de sang, visible à travers la cornée.

TRAITEMENT

Le plus souvent, un hyphéma se résorbe spontanément. Il est exceptionnel qu'il faille intervenir chirurgicalement pour l'évacuer.

Hypnose

Technique propre à induire un état de sommeil partiel.

L'état obtenu par hypnose préserve certaines facultés de relation, en particulier entre l'hypnotiseur et le patient, mais entraîne une capacité d'abstraction par rapport à la réalité extérieure et une « paralysie de la volonté » (Sigmund Freud). L'hypnose fut dénommée ainsi, d'après le mot grec *hupnos,* « sommeil », par le médecin anglais James Braid, qui, en 1843, utilisa cette technique pour anesthésier ses malades. Puis, à la fin du xixe siècle, ce phénomène fut étudié, en relation avec l'hystérie, par les neurologues français Jean-Martin Charcot et Hippolyte Bernheim. C'est en observant les sujets sous hypnose que Sigmund Freud découvrit l'importance de l'inconscient. Après avoir été délaissée (sauf aux États-Unis), l'hypnose connaît actuellement un regain de faveur : pour favoriser la relaxation, lutter contre la douleur et l'anxiété.

Hypnotique

Substance médicamenteuse capable de provoquer le sommeil. SYN. *somnifère.*

EFFETS INDÉSIRABLES

Chaque substance a ses propres effets indésirables, mais il existe des risques communs. La somnolence peut provoquer des accidents en cas de conduite de véhicule. Les dangers liés à la prise de ces médicaments sont plus importants en cas d'affection respiratoire (dépression respiratoire) et chez les sujets âgés, qui sont particulièrement sensibles aux hypnotiques (excitation paradoxale, confusion mentale). Il peut se produire une accoutumance et une dépendance, voire une vraie toxicomanie, surtout avec les barbituriques et les benzodiazépines. Un surdosage peut entraîner un coma puis un décès. Les hypnotiques sont à bannir chez le jeune enfant, car on les suspecte d'être responsables de cas de mort subite du nourrisson.

Hypoacousie

Diminution de l'acuité auditive.

Lorsque l'acuité auditive diminue de façon très importante ou disparaît complètement, on parle de surdité.

L'organe de l'audition est constitué de deux parties : un appareil de perception et un appareil de transmission. Il en découle deux formes d'hypoacousie.

Hypoacousie de perception

Il s'agit d'une diminution de l'acuité auditive dans laquelle la transmission est bonne mais la perception, défectueuse.

CAUSES ET SYMPTÔMES

L'hypoacousie de perception est due soit à une lésion de la cochlée (organe de l'audition situé dans l'oreille interne), soit à une atteinte des fibres nerveuses dans le nerf auditif ou sur les voies auditives centrales (qui partent de l'oreille interne et vont jusqu'à l'encéphale).

Une atteinte de la cochlée peut avoir différentes causes : le sujet peut souffrir d'une presbyacousie (hypoacousie par vieillissement), d'une fracture du rocher (partie interne de l'os temporal) ou de la maladie de Menière, qui provoque des sifflements et des vertiges. Les bruits émis à plus de 90 décibels (traumatismes sonores) et la prise de médicaments toxiques (antibiotiques du type aminosides, aspirine, diurétiques) peuvent aussi léser la cochlée.

Quand les fibres nerveuses dans le nerf auditif ou sur les voies auditives centrales sont touchées, il faut rechercher principalement un neurinome de l'acoustique (tumeur bénigne du nerf auditif), une infection (méningite cérébrospinale) ou un accident vasculaire (thrombose artérielle ou spasme).

TRAITEMENT

Si l'hypoacousie de perception est due à un neurinome, l'ablation chirurgicale de celui-ci s'impose du fait même de sa situation contre le tronc cérébral. Pour une fracture du rocher, le traitement peut être chirurgical en cas de paralysie faciale ou de communication entre les méninges et l'oreille. L'essentiel du traitement dû à des médicaments toxiques doit être fondé sur la prévention de tels accidents par un emploi juste et contrôlé de ces médicaments. Une prothèse auditive amplificatrice est posée lorsque l'hypoacousie de perception devient socialement gênante (perte auditive supérieure à 30 décibels). La maladie de Menière, une infection ou un accident vasculaire sont traités par des médicaments. Lorsqu'elle est provoquée par un spasme vasculaire aigu de l'artère auditive interne, l'hypoacousie de perception survient brutalement et nécessite un traitement en urgence sous perfusion.

Hypoacousie de transmission

Il s'agit d'une diminution de l'acuité auditive due à une atteinte du conduit auditif externe, de l'oreille externe ou de l'oreille moyenne (qui contient les osselets).

CAUSES ET SYMPTÔMES

Les causes d'une hypoacousie de transmission sont surtout les otites chroniques, qui peuvent affecter le tympan et/ou des osselets, et l'otospongiose (un des osselets, l'étrier, vibre de moins en moins jusqu'à devenir immobile). Les otites aiguës touchent plutôt les enfants et l'otospongiose, les femmes.

TRAITEMENT

Le traitement de l'otite aiguë, fondé sur des médicaments antibiotiques, est parfois accompagné d'une paracentèse. En cas d'otite moyenne aiguë récidivante, le traitement peut comprendre une ablation des végétations (adénoïdectomie), voire la pose d'aérateur transtympanique (yoyo).

Dans les autres cas, le traitement est souvent chirurgical : tympanoplastie (réparation du tympan et/ou des osselets) pour les otites chroniques ou remplacement de l'étrier par une prothèse pour l'otospongiose, sous anesthésie générale et à l'aide d'un microscope (microchirurgie).

Hypoaldostéronisme

Affection caractérisée par une insuffisance de sécrétion d'aldostérone (hormone sécrétée par les glandes corticosurrénales à partir de la progestérone, destinée à réguler le métabolisme du sodium et assurant le maintien du volume sanguin circulant).

■ **L'hypoaldostéronisme primitif**, le plus fréquent, est lié à l'atteinte directe de la zone glomérulée des glandes corticosurrénales, comme dans le cas de la maladie d'Addison. Le traitement consiste en l'administration de 9-alpha-fluodrocortisone.

■ **L'hypoaldostéronisme secondaire** est dû à un défaut de stimulation de la sécrétion d'aldostérone par la rénine. Cette situation peut s'observer lors de traitements par l'héparine ou par les anti-inflammatoires non stéroïdiens, lors de pyélonéphrites chroniques, de néphropathies diabétiques ou goutteuses. Les symptômes sont une déshydratation, accompagnée de vomissements et d'une baisse de la tension artérielle, ainsi que ceux de l'hyperkaliémie (troubles du rythme cardiaque). Le traitement repose sur la restriction des apports alimentaires en potassium, l'utilisation de résines (médicaments qui, par l'échange d'ions, fixent et éliminent le potassium en excès) et de petites doses d'analogues de l'aldostérone (substances chimiquement voisines de l'aldostérone et qui ont les mêmes effets).

Hypocalcémie

Diminution anormale de la calcémie (taux de calcium dans le sang) au-dessous de 2,26 millimoles, soit 90 milligrammes, par litre chez l'adulte, au-dessous de 1,75 millimole, soit 70 milligrammes, par litre chez le nouveau-né.

L'hypocalcémie est due, chez l'adulte, aux maladies digestives avec défaut d'absorption des aliments (intolérance au gluten), à la carence en vitamine D, à l'insuffisance rénale chronique et, chez l'enfant, au rachitisme par carence en vitamine D. Plus rarement, elle est due à une hypoparathyroïdie (insuffisance de la sécrétion de parathormone par les glandes parathyroïdes).

Les hypocalcémies mineures ne produisent pas de signes. Lorsqu'elles sont plus importantes, elles déclenchent des crises de tétanie. À long terme, l'hypocalcémie entraîne des troubles neurologiques (tremblement), une cataracte précoce, des anomalies dentaires. Son traitement comprend la prise orale de calcium et de vitamine D. Il nécessite une surveillance régulière du taux de calcium dans le sang et les urines. Les formes sévères imposent une injection de calcium en urgence.

Hypocalciurie

Diminution anormale de la quantité de calcium excrétée dans les urines.

L'hypocalciurie s'observe en cas de stéatorrhée (présence d'une quantité excessive de matières grasses dans les selles), d'hypoparathyroïdie (défaut de sécrétion des glandes parathyroïdes), d'affection rénale chronique et, chez l'enfant, en cas de rachitisme. Son traitement est celui de la maladie responsable.

Hypocapnie

Diminution de la concentration de gaz carbonique dans le sang.

Une hypocapnie est due à une élimination excessive de gaz carbonique, signe d'une hyperventilation alvéolaire (augmentation des entrées et des sorties d'air dans les alvéoles pulmonaires). Celle-ci peut être causée par un exercice intense, par certaines maladies (embolie pulmonaire en particulier) mais aussi par des phénomènes nerveux ou liés au comportement et à l'émotivité.

Le traitement de l'hypocapnie relève de sa cause.

Hypocholestérolémiant

→ VOIR Hypolipémiant.

Hypocondrie

Préoccupation excessive de sa propre santé, avec crainte obsédante d'être malade.

L'hypocondrie est un syndrome très répandu. À des degrés divers, on la rencontre chez les anxieux, les déprimés, les psychasthéniques. Dans ses formes graves, elle revêt un caractère délirant et hallucinatoire. Le traitement de l'hypocondrie dépend de la structure psychologique du sujet. Dans la majorité des cas, il associe la prise de sédatifs à des mesures d'hygiène (relaxation, exercice physique) et à une psychothérapie.

Hypoderme

Tissu graisseux situé entre le derme et le tissu cellulaire sous-cutané.

Hypodermite

Inflammation aiguë de l'hypoderme.

Les hypodermites se manifestent par l'apparition de nodules sous-cutanés douloureux et rosés, appelés nouures, souvent symétriques sur les jambes. Le traitement des hypodermites est celui de leur cause, associé au repos au lit et à la prise d'anti-inflammatoires.

Hypoglycémiant

Substance capable de diminuer le taux de glucose dans le sang (glycémie).

L'effet hypoglycémiant est souvent un effet indésirable d'une substance (essentiellement l'alcool). En revanche, des médicaments hypoglycémiants, comme l'insuline ou les antidiabétiques oraux, sont utilisés pour traiter le diabète (maladie où la glycémie est augmentée).

■ **Les antidiabétiques oraux** sont indiqués au cours des diabètes non insulinodépendants, quand le régime alimentaire est insuffisant. Il existe de nombreuses contre-indications, variables selon les produits (insuffisance rénale, hépatique, cardiaque ou respiratoire ; alcoolisme ; grossesse), et des interactions (alcool, anti-inflammatoires, etc.). La prise d'antidiabétiques oraux impose une surveillance étroite en raison des effets indésirables, qui peuvent être graves : hypoglycémie avec les sulfamides, acidose lactique (excès d'acide lactique dans l'organisme) avec les biguanides.

■ **L'insuline** est indiquée principalement au cours du diabète insulinodépendant. Vitale dans ce cas, elle est administrée par injection sous-cutanée.

Hypoglycémie

Diminution anormale et importante de la glycémie (taux de glucose sanguin) au-dessous de 2,4 millimoles, soit 0,45 gramme, par litre.

Une absorption de sucre trop importante et trop rapide peut provoquer une sécrétion excessive d'insuline, à son tour responsable d'une hypoglycémie dite fonctionnelle ; celle-ci survient après les repas, jamais à jeun. Les hypoglycémies organiques (dues à une lésion d'un organe), plus rares, s'observent en cas d'insulinome (tumeur du pancréas sécrétant de l'insuline) ou d'insuffisance surrénale. Elles surviennent à jeun, à distance des repas ou lors d'exercices physiques importants. Enfin, une hypoglycémie peut être due à une intoxication par un médica-

ment (insuline, sulfamides, dextropropoxyphène, aspirine à fortes doses) ou par une absorption excessive d'alcool.

Une hypoglycémie se traduit par des palpitations, des sueurs, une sensation de faim impérieuse, une pâleur, des difficultés de concentration intellectuelle, des troubles de l'humeur et du caractère, des tremblements et des troubles visuels. Plus rarement, elle peut provoquer des troubles de la conscience, voire un coma.

TRAITEMENT

Il repose le plus souvent sur la prise de sucre, sous forme d'aliments sucrés pour les simples malaises ou de glucose par voie intraveineuse dès que l'on constate des troubles de la conscience ; on peut aussi employer le glucagon par voie intramusculaire ou sous-cutanée. Si l'hypoglycémie est due à une maladie, celle-ci doit être traitée. Les hypoglycémies fonctionnelles ont un traitement particulier : fractionnement de l'alimentation en petits repas et suppression des aliments sucrés.

Hypogonadisme

Affection caractérisée par une insuffisance de fonctionnement des gonades (testicules chez l'homme, ovaires chez la femme).

DIFFÉRENTS TYPES D'HYPOGONADISME

L'hypogonadisme peut être congénital ou acquis.

■ **Les hypogonadismes congénitaux** sont des maladies très rares. L'hypogonadisme hypergonadotrophique (avec augmentation des gonadotrophines) est dû à une anomalie des gonades. Les cas les plus fréquents sont les syndromes de Turner et de Klinefelter. Dans ces cas, les gonadotrophines hypophysaires (hormones folliculostimulante et lutéinisante) augmentent normalement lors de la puberté et stimulent les gonades, mais les ovaires ou les testicules, anormaux, ne produisent pas d'hormones sexuelles.

■ **Les hypogonadismes acquis** peuvent résulter d'une tumeur (adénome), d'une maladie (hyperprolactinémie) ou d'une irradiation de la zone hypothalamohypophysaire. Ils entraînent une perte des caractères sexuels secondaires et une infertilité.

TRAITEMENT

Le traitement se substitue à la sécrétion physiologique, mais sans permettre, en général, la fécondité. Chez la femme, des œstrogènes et des dérivés de la progestérone sont administrés de façon cyclique par voie orale, percutanée ou bien vaginale. Chez l'homme, le remplacement de la testostérone se fait par voie injectable ou orale.

Hypokaliémiant

Substance capable de diminuer la kaliémie (taux de potassium dans le sang).

Les hypokaliémiants servent à traiter les hyperkaliémies (augmentation du taux de potassium dans le sang). En cas d'hyperkaliémie modérée, des résines « échangeuses d'ions » (polystyrènes) sont administrées par voie orale ; elles échangent dans l'intestin leur ion calcium ou leur ion sodium contre un ion potassium, empêchant ainsi l'absorption du potassium dans l'organisme. Dans les hyperkaliémies sévères, les solutions alcalines (basiques) comme le bicarbonate de sodium sont indiquées et administrées en perfusion dans un service hospitalier de réanimation. Les résines hypokaliémiantes, très bien tolérées, peuvent parfois provoquer une constipation et, en cas de surdosage, une hypokaliémie. Certains diurétiques, surtout de la famille des thiazidiques, sont hypokaliémiants par augmentation de l'élimination urinaire du potassium.

Hypokaliémie

Diminution de la kaliémie (taux de potassium dans le plasma) au-dessous de 3,5 millimoles par litre.

Une hypokaliémie est le plus souvent due à des pertes digestives de potassium, par diarrhée prolongée, vomissements répétés ou abus de laxatifs irritants, mais elle peut aussi être provoquée par la prise de médicaments diurétiques hypokaliémiants, par une maladie hormonale (hyperaldostéronisme, hypercorticisme), une alcalose (alcalinité excessive des liquides de l'organisme). Une hypokaliémie se manifeste surtout par des troubles neuromusculaires, allant de la faiblesse à la paralysie musculaire, et, lors-

qu'elle est importante, par des troubles du rythme cardiaque, parfois avec perte de connaissance, plus rarement par des paralysies. Le traitement est un régime alimentaire riche en potassium (légumes, fruits, viandes), au besoin complété par des comprimés, voire par des perfusions, de sels de potassium.

Hypolipémiant

Médicament capable de diminuer une hyperlipidémie (augmentation du taux des lipides dans le sang). SYN. *hypocholestérolémiant, hypolipidémiant, normolipémiant.*

Hypomanie

État d'excitation passager ou durable se manifestant par une hyperactivité, une humeur exubérante et un flot de paroles.

L'hypomanie peut représenter une forme atténuée de la phase de manie dans la psychose maniacodépressive. Elle peut aussi être due à certaines intoxications (alcool, psychostimulants, corticostéroïdes).

Hypomélanose

Diminution anormale, locale ou généralisée, de la pigmentation de la peau par diminution de la quantité de mélanine qu'elle contient.

Les hypomélanoses sont parfois d'origine génétique, comme l'albinisme ou le piébaldisme (mèche de cheveux frontale blanche). Elles peuvent aussi être acquises : agression par la chaleur, le froid ou une substance chimique, maladie de peau (psoriasis, eczéma), infection (lèpre, syphilis, pityriasis versicolor), maladie hormonale (diabète), carence alimentaire. Le seul traitement est celui de la cause, lorsqu'il est possible.

Hyponatrémie

Diminution de la natrémie (taux de sodium dans le plasma) à une valeur inférieure à 135 millimoles par litre.

Une hyponatrémie traduit une hyperhydratation, elle-même due à une rétention d'eau (insuffisance rénale, insuffisance cardiaque, cirrhose hépatique, hypersécrétion d'hormone antidiurétique) ou à des pertes en sodium (pertes digestives par vomissements ou diarrhée, pertes cutanées par brûlures ou insuffisance surrénalienne).

Une hyponatrémie peut provoquer des troubles digestifs (dégoût de l'eau puis nausées et vomissements) ou surtout neurologiques (allant de la simple confusion mentale au coma). Son traitement dépend de l'affection en cause.

Hypoparathyroïdie

Affection caractérisée par un déficit en parathormone (hormone sécrétée par les glandes parathyroïdes et augmentant le taux sanguin de calcium en favorisant son absorption intestinale).

CAUSES

La cause la plus fréquente de l'hypoparathyroïdie est la chirurgie thyroïdienne. En effet, les 4 glandes parathyroïdes sont attachées à la face postérieure de la glande thyroïde et sont même parfois incluses dans la paroi thyroïdienne ; en cas d'ablation totale de la glande thyroïde, l'ablation accidentelle ou la dévascularisation des parathyroïdes peut entraîner un déficit total et permanent en parathormone.

SYMPTÔMES ET SIGNES

Le déficit en parathormone entraîne une diminution du calcium et une augmentation du phosphore dans le sang. Une hypoparathyroïdie se caractérise par des accès de tétanie, l'apparition progressive d'une cataracte et de troubles cutanés (sécheresse de la peau).

TRAITEMENT

L'hypoparathyroïdie exige un traitement à vie, reposant sur l'absorption de vitamine D et de calcium.

Hypophyse

Petite glande endocrine (sécrétant des hormones) reliée à la partie antérieure du cerveau. SYN. *glande pituitaire.*

DESCRIPTION

L'hypophyse est située sous l'hypothalamus, auquel elle est appendue par une petite tige, la tige pituitaire. Au-dessus et en avant de l'hypophyse se trouve le chiasma optique, contenant des fibres nerveuses venues des deux rétines. La structure interne de l'hypo-

physe se compose de deux portions, séparées l'une de l'autre et fonctionnant indépendamment : l'antéhypophyse en avant et la posthypophyse en arrière.

FONCTIONNEMENT

L'antéhypophyse produit 5 hormones appelées stimulines : la thyréotrophine, ou TSH, la corticotrophine, ou A.C.T.H., les gonadotrophines (FSH et LH) et la somatotrophine, ou STH (responsable de la croissance chez l'enfant). Ces sécrétions sont elles-mêmes commandées par des hormones de l'hypothalamus. L'antéhypophyse sécrète aussi la prolactine (responsable de la lactation chez la femme). La posthypophyse sert de lieu de stockage provisoire à deux hormones de l'hypothalamus, l'hormone antidiurétique, ou ADH (qui empêche l'eau d'être éliminée par le rein quand il n'y en a pas assez dans l'organisme), et l'ocytocine (qui stimule les contractions de l'utérus chez la femme pendant l'accouchement).

EXAMENS

Pour étudier l'hypophyse, on pratique des dosages sanguins des hormones et des examens radiologiques (scanner, imagerie par résonance magnétique). Une radiographie du crâne peut mettre en évidence un agrandissement de la selle turcique, signe de tumeur.

PATHOLOGIE

L'hypophyse peut être le siège de tumeurs, en général bénignes (adénome de l'hypophyse, craniopharyngiome). Une tumeur peut sécréter exagérément des hormones (hyperprolactinémie avec sécrétion de lait par le sein, acromégalie due à la somatotrophine avec hypertrophie des organes) ; à l'inverse, une tumeur ne produisant pas de sécrétions (adénome chromophobe) peut provoquer une diminution des sécrétions normales – ce que l'on appelle un hypopituitarisme – ou une insuffisance antéhypophysaire, cause de retards de croissance et de déficits en hormones sexuelles. L'hypophyse, lorsqu'elle est le siège d'une tumeur, peut aussi comprimer le chiasma optique et provoquer une hémianopsie bitemporale : le sujet ne voit plus sur les côtés, comme s'il avait des œillères. Le traitement des tumeurs

hypophysaires est l'hypophysectomie (ablation de l'hypophyse), par voie transcrâ-
nienne ou transnasale, et la radiothérapie.

Hypopion

Suppuration dans la chambre antérieure de
l'œil, entre la cornée et l'iris.

Un hypopion se manifeste par un niveau
horizontal blanc jaunâtre, visible à travers
l'œil. Une ponction de la chambre antérieure
de l'œil confirme le diagnostic et peut révéler
quel germe est en cause. Cette affection est
traitée par l'administration d'antibiotiques,
par voie générale ou locale.

Hypopituitarisme

Affection caractérisée par un déficit global
en hormones hypophysaires, essentiellement celles de l'antéhypophyse (corticotrophine, thyréostimuline, somathormone, gonadotrophines et prolactine). SYN. *insuffisance
hypophysaire.*

Ce déficit peut atteindre l'ensemble des
sécrétions de l'hypophyse (panhypopituita-
risme) ou concerner seulement certaines
sécrétions (hypopituitarisme dissocié).

L'hypopituitarisme est une maladie rare,
dont les causes sont diverses.

SYMPTÔMES ET SIGNES
Ils s'installent très progressivement, ce qui
rend le diagnostic parfois long à établir.

Le sujet est pâle et fatigable. Les zones
normalement pigmentées (mamelons, organes génitaux) se décolorent progressivement. La peau devient fine et ridée, froide
et sèche. Les cheveux prennent un aspect
fin et soyeux ; le système pileux diminue,
avec disparition de la barbe chez l'homme,
des poils du pubis et des aisselles pour les
deux sexes. Chez l'enfant, on observe une
cassure de la courbe de croissance et un arrêt
ou une absence du développement pubertaire. Chez la femme, l'hypopituitarisme
entraîne une absence de règles. Sur le plan
psychique, il apparaît souvent un ralentissement intellectuel, parfois des troubles de la
mémoire et toujours une perte de la libido.
L'hypopituitarisme s'accompagne d'une
hypotension artérielle et d'un ralentissement
du rythme cardiaque.

Non traité, l'hypopituitarisme peut s'aggraver brutalement à l'occasion d'un stress,
d'une infection ou d'un acte chirurgical, par
exemple. La phase aiguë se traduit par une
hypoglycémie, une hypotension artérielle,
une diminution de la température corporelle
et des troubles de la conscience pouvant aller
jusqu'au coma profond.

TRAITEMENT
Il consiste à remplacer les hormones manquantes par des médicaments. Une tumeur
hypophysaire doit être opérée ou irradiée.

Hypoplasie

Développement insuffisant d'un tissu ou
d'un organe. SYN. *hypoplastie.*

L'hypoplasie, souvent d'origine congénitale, se traduit notamment par la diminution
de la taille, du poids et du volume d'un
organe, comme dans le cas de l'hypoplasie
rénale, qui peut affecter les deux reins.

Hypoprotéinémie

Diminution anormale de la protéinémie
(taux de protéines dans le sang) au-dessous
de 60 grammes par litre.

Une hypoprotéinémie peut être due à une
carence alimentaire en protéines (kwashiorkor), à une maladie digestive diminuant
l'absorption des aliments (intolérance au
gluten), à une insuffisance de la synthèse
des protéines (insuffisance hépatique sévère)
ou encore à une fuite des protéines (par
hémorragie, brûlures étendues, abus de
laxatifs irritants, ou en raison d'un syndrome
néphrotique). Elle se manifeste par une fonte
des muscles et l'apparition d'œdèmes. Son
traitement est celui de la maladie en cause.

Hyposialie

Diminution de la production de salive.
→ VOIR Asialie.

Hypospadias

Malformation congénitale dans laquelle le
méat urétral (orifice externe de l'urètre) est
situé sur la face inférieure de la verge.

Le méat urétral peut s'ouvrir à différents
niveaux de l'urètre. L'hypospadias est dit
balanique quand il s'ouvre sous le gland,

pénien quand il s'ouvre au milieu du pénis et pénoscrotal quand il s'ouvre à l'angle du pénis et du scrotum.

TRAITEMENT

Le traitement de l'hypospadias consiste à reconstruire chirurgicalement l'urètre en utilisant la peau du prépuce, du pénis ou du scrotum pour replacer le méat urétral le plus près possible du gland.

Hypotension artérielle

Diminution de la tension artérielle.

L'hypotension artérielle est caractérisée par l'abaissement de la pression systolique au-dessous de 10 centimètres de mercure. Certaines personnes ayant un système cardiovasculaire normal ont cependant une tension artérielle inférieure à la moyenne (celle-ci étant relative à chaque âge de la vie). Le terme d'hypotension artérielle est en général réservé aux cas où la tension artérielle chute au point d'entraîner des symptômes tels que des étourdissements ou des évanouissements.

CAUSES

Une hypotension artérielle s'observe chez de grands malades très amaigris, atteints de dénutrition, alités ou déconditionnés à l'effort. Une hypotension aiguë (survenant brutalement) peut être due à de graves blessures ou à une hémorragie interne avec perte de sang importante entraînant une baisse du volume sanguin circulant, à une déshydratation importante, à une intoxication aiguë (alcool, par exemple) ou à un état de choc. Un infarctus du myocarde, une maladie infectieuse, une allergie majeure (piqûre d'insecte, morsure de serpent, voire médicament) peuvent en être responsables.

Hypotension orthostatique

C'est un syndrome clinique caractérisé par une impression de vertige et un obscurcissement de la vision, parfois suivis de syncope, et accompagné d'une chute de tension d'au moins 20 millimètres de mercure, survenant au passage de la position couchée à la position debout.

L'hypotension orthostatique est souvent un effet secondaire d'un traitement par des antidépresseurs ou des antihypertenseurs (utilisés dans le traitement de l'hypertension artérielle). Elle peut survenir aussi chez les diabétiques qui souffrent de lésions du système nerveux autonome perturbant les réflexes qui contrôlent la pression sanguine. Enfin, il peut s'agir d'une affection autonome d'origine inconnue, la maladie de Shy-Drager, survenant habituellement après la cinquantaine, plus souvent chez l'homme.

TRAITEMENT

Si l'hypotension est consécutive à la prise de médicaments, il suffit souvent d'en modifier le dosage pour la corriger. Si la cause est une maladie, un diabète sucré par exemple, le traitement dépend de celle-ci. Si la cause est inconnue, la phényléphrine donne habituellement de bons résultats.

→ VOIR Shy-Drager (maladie de).

Hypothalamique (hormone)

Hormone sécrétée par l'hypothalamus et destinée à réguler la production des hormones hypophysaires.

Hypothalamus

Région centrale du diencéphale située à la base du cerveau, sous les thalamus et au-dessus de l'hypophyse, qui lui est reliée par une tige, la tige pituitaire. (P.N.A. *hypothalamus*)

L'hypothalamus assure un double rôle de contrôle des sécrétions hormonales hypophysaires et de contrôle de l'activité du système nerveux végétatif.

FONCTIONNEMENT

L'hypothalamus sécrète deux hormones qui sont stockées dans l'hypophyse avant d'être libérées dans le sang : l'hormone antidiurétique, ou vasopressine, qui empêche l'eau de l'organisme d'être perdue en trop grande quantité dans les urines, et l'ocytocyne, qui stimule les contractions utérines au cours de l'accouchement.

L'hypothalamus sécrète aussi des libérines, hormones contrôlant les sécrétions de l'antéhypophyse.

L'autre rôle de l'hypothalamus consiste à agir sur le fonctionnement des viscères (vie végétative), par exemple en intervenant sur le rythme cardiaque ou respiratoire. L'hypothalamus contrôle aussi les sensations de faim et de satiété, et donc les prises alimentaires, ainsi que la thermorégulation.

PATHOLOGIE
La pathologie de l'hypothalamus est liée à celle de l'hypophyse et peut se traduire par des troubles divers du fonctionnement hormonal.

Les symptômes révélateurs d'un arrêt des sécrétions hypothalamiques sont liés à la taille de la tumeur ou au déficit hormonal (tels que pâleur, asthénie, absence de règles, dépilation).

Le traitement est rarement chirurgical lorsque l'atteinte hypothalamique est importante, mais plutôt médicamenteux ou radiothérapique. Dans tous les cas, un traitement hormonal substitutif est nécessaire pour corriger l'hypopituitarisme.

Hypothermie

Abaissement de la température du corps au-dessous de 35 °C.

On distingue les hypothermies modérées (de 35 à 32 °C), graves (de 32 à 26 °C) et majeures (au-dessous de 26 °C).

L'hypothermie résulte d'une défaillance des systèmes physiologiques de lutte contre le froid chez les sujets fragiles (enfants, vieillards vivant dans des maisons mal chauffées) ou d'une exposition au froid prolongée jusqu'à l'épuisement des mécanismes de défense (naufrage, noyade, sujets sans domicile en hiver, etc.). On la rencontre également chez des personnes intoxiquées (barbituriques ou alcool), l'intoxication inhibant les mécanismes de défense contre le froid. Pendant une infection, une hypothermie peut parfois succéder à une hyperthermie aiguë ou même la remplacer.

SYMPTÔMES ET SIGNES
Les hypothermies accidentelles modérées s'accompagnent d'intenses frissons constituant un moyen de défense de l'organisme par production de chaleur. Au cours des hypothermies majeures, la chute de la température est responsable de troubles de la conscience, voire d'un coma, d'une dépression respiratoire, d'un ralentissement de la fréquence cardiaque et d'une chute progressive de la pression artérielle avec diminution du débit cardiaque. Les cas les plus graves simulent la mort (absence totale de réactions, arrêt de la respiration, rythme cardiaque extrêmement ralenti).

TRAITEMENT
En dehors du traitement d'une cause éventuelle et de mesures liées aux symptômes (oxygénation, ventilation artificielle en cas de coma et d'hypothermie sévère, perfusions, etc.), le traitement est fondé sur le réchauffement externe (couverture, chauffante ou non) ou interne (réchauffement de l'air administré par respirateur artificiel, perfusions tièdes, etc.), qui doit être entrepris d'autant plus prudemment que l'hypothermie a été profonde et prolongée.

Hypothyroïdie

Affection caractérisée par un déficit en hormones thyroïdiennes (thyroxine et triiodothyronine).

L'hypothyroïdie est assez fréquente chez l'adulte d'un certain âge et touche davantage la femme que l'homme.

CAUSES
L'hypothyroïdie a trois causes principales. D'abord, le tissu thyroïdien peut être absent (ablation de la thyroïde ; très rarement, absence congénitale de celle-ci) ou devenu improductif après une irradiation du cou ; encore plus souvent, il s'agit d'une thyroïdite de Hashimoto. Ensuite, le tissu thyroïdien, normal, peut ne pas être stimulé suffisamment par la thyréostimuline (ou TSH, hormone hypophysaire qui stimule la production des hormones thyroïdiennes) en raison d'une atteinte de l'hypothalamus ou de l'hypophyse. Enfin, le tissu thyroïdien est parfois insuffisamment productif par déficit en aliments iodés, fréquent dans le monde, ou par bloc enzymatique thyroïdien (absence d'une enzyme, qui empêche la formation des hormones thyroïdiennes).

SYMPTÔMES ET SIGNES
L'hypothyroïdie, ou myxœdème, apparaît de façon progressive : épaississement de la peau du visage et du cou, teint pâle, cireux,

paume des mains parfois orangée. La peau est sèche et froide (hypothermie à l'origine d'une frilosité), les cheveux sont secs et cassants et les sourcils, clairsemés, perdent leur pointe. Ces signes s'accompagnent d'une prise de poids variable, d'une constipation et d'un épaississement des muqueuses qui provoque une raucité de la voix et une diminution de l'acuité auditive. L'hypothyroïdie peut entraîner la formation d'un goitre. Sur le plan psychique apparaissent un ralentissement intellectuel, des troubles de la mémoire et, dans certains cas, une dépression importante. L'hypothyroïdie se manifeste également par un ralentissement du rythme cardiaque, des signes d'angor parfois (angine de poitrine) et par des troubles des règles et une baisse de la libido chez la femme.

TRAITEMENT
Le traitement substitutif par L-thyroxine, administrée par voie orale, doit être poursuivi à vie.

Hypotonie musculaire

En neurologie, diminution du tonus musculaire, responsable d'un relâchement des muscles.

L'hypotonie s'observe au début des hémiplégies ou à la suite de l'injection de certaines substances (anesthésiques, curare, etc.).

Hypotrichose

Diminution ou arrêt du développement du système pileux.

La plupart des hypotrichoses font partie de syndromes très rares, souvent de nature héréditaire.

Hypotriglycéridémie

Taux anormalement bas de triglycérides dans le sérum.

Exceptionnelle, l'hypotriglycéridémie est liée soit à un apport alimentaire insuffisant de triglycérides, soit à une abêtalipoprotéinémie (taux anormalement bas de bêtalipoprotéines dans le sang). Son traitement repose sur la prescription de vitamine E, administrée par voie orale.

Hypo-uricémiant

Médicament capable de diminuer le taux d'acide urique dans le sang (uricémie).

On distingue trois groupes d'hypo-uricémiants.

■ **Les inhibiteurs de la synthèse de l'acide urique** (allopurinol, tisopurine), pris sous forme orale, sont indiqués dans le traitement de fond (à long terme) de la goutte et contre-indiqués en cas de grossesse et d'allaitement. Les troubles digestifs qu'ils provoquent sont atténués si ces médicaments sont avalés à la fin des repas. Leur association avec un antibiotique particulier, l'ampicilline, est déconseillée.

■ **Les uricosuriques** (probénécide, benzbromarone) augmentent l'élimination urinaire d'acide urique. Ils sont indiqués dans le traitement des hyperuricémies (trop forte concentration d'acide urique dans le sang) provoquées par des médicaments (diurétiques, aspirine). Pris sous forme orale, ils sont contre-indiqués chez les sujets souffrant d'insuffisance rénale. Ils peuvent déclencher la formation de calculs urinaires. Leur association est déconseillée avec les salicylés et les anticoagulants oraux.

■ **Les uricolytiques** (urate oxydase) détruisent l'acide urique et sont indiqués dans les hyperuricémies sévères, mais contre-indiqués chez la femme enceinte et chez les sujets ayant un déficit en glucose-6-phosphate déshydrogénase. Ils sont prescrits par voie parentérale en injection, et leurs effets indésirables sont principalement des réactions allergiques.

Hypo-uricémie

Diminution du taux d'acide urique dans le sang.

Une hypo-uricémie peut être due soit à une diminution de la synthèse de l'acide urique, elle-même liée à une insuffisance hépatique grave, soit à une augmentation de l'excrétion urinaire d'acide urique, comme cela se produit au cours de certains cancers. De plus, à côté des médicaments hypo-uricémiants utilisés dans le traitement des hyperuricémies, de nombreux autres médicaments ont une action hypo-uricémiante. L'hypo-uricé-mie est sans conséquence clinique et ne nécessite donc aucun traitement spécifique.

Hypoventilation

Diminution de la quantité d'air qui ventile les poumons.

Hypovolémie

Diminution du volume sanguin efficace, c'est-à-dire de celui qui est physiologique-ment nécessaire au maintien d'une fonction circulatoire normale.

L'hypovolémie est due à des pertes hémorragiques (hémorragie aiguë, extériori-sée ou non) ou à une déshydratation (pertes plasmatiques ou hydroélectrolytiques provo-quées par des brûlures étendues, une diar-rhée, des vomissements, etc.).

SIGNES ET DIAGNOSTIC

Les signes de l'hypovolémie sont très souvent mêlés à ceux de sa cause. Une hypovolémie se manifeste toujours par une diminution du volume des urines, qui sont concentrées, une insuffisance rénale et une tachycardie (accélération du rythme cardia-que) habituellement associée à une pression artérielle basse ; les veines superficielles sont plates, la peau est froide, marbrée ; le sujet a fréquemment soif. L'hypovolémie se tra-duit souvent par une respiration accélérée.

Lorsque les mécanismes d'adaptation de l'organisme à l'hypovolémie (notamment l'accélération du rythme cardiaque pour rétablir un débit cardiaque suffisant) sont dépassés, un choc hypovolémique (insuffi-sance circulatoire aiguë) survient.

TRAITEMENT

Indépendamment de celui de la cause, il est fondé sur le remplissage vasculaire par des perfusions qui visent à restaurer la volémie : sang, eau et électrolytes ou substituts de plasma, exceptionnellement albumine, plasma seulement en cas de trouble grave de la coagulation associé. Certains médica-ments (dopamine, notamment) favorisent le retour veineux au cœur.

Hypoxie

Diminution de la concentration d'oxygène dans le sang.

L'hypoxie est un signe permettant d'esti-mer la gravité de l'état d'un patient. Elle définit une insuffisance respiratoire ; il existe également une hypoxie dans les maladies cardiaques avancées. Sa conséquence est une diminution de l'apport d'oxygène aux cel-lules de l'organisme, parfois appelée hypoxie cellulaire, qui peut se traduire par un essoufflement et une douleur thoracique et entraîner un dysfonctionnement du cerveau, du cœur et des reins. Le traitement est celui de la maladie, auquel s'ajoute éventuelle-ment l'administration d'oxygène.

Hystérectomie

Ablation chirurgicale de l'utérus.

INDICATIONS

Une hystérectomie est envisagée soit après l'échec du traitement médical de saigne-ments rebelles, soit lorsqu'un fibrome utérin entraîne des symptômes gênants (hémorra-gies répétées, compression des organes pelviens, douleurs du petit bassin), soit en cas de cancer utérin ou encore après un accouchement lorsqu'une hémorragie se révèle impossible à contrôler.

DIFFÉRENTS TYPES D'HYSTÉRECTOMIE

Il existe deux types d'intervention, pratiqués sous anesthésie générale.

■ L'hystérectomie totale comprend l'abla-tion du corps et du col de l'utérus. Elle se pratique par voie abdominale (chirurgie classique) ou, chaque fois que c'est possible, vaginale, à cause des avantages de cet accès : risque opératoire plus faible, cicatrice ab-sente, convalescence plus rapide.

■ L'hystérectomie subtotale, qui ne se pratique que par voie abdominale, consiste à enlever le corps de l'utérus en laissant le col utérin en place. Elle permet de conserver toute sa profondeur au vagin, mais le risque de développement d'un cancer sur le col restant (ce risque n'étant pas lié à l'opéra-tion) la rend de plus en plus rare.

CONVALESCENCE ET PRONOSTIC

Après une hospitalisation d'une dizaine de jours, en cas d'hystérectomie par voie abdominale, ou de 3 à 5 jours, en cas d'intervention par voie vaginale, et 6 se-maines de convalescence, la patiente retrouve une vie normale. Elle n'a plus de règles et ne concevra plus d'enfant, mais elle peut reprendre une vie sexuelle normale un mois après l'opération.

Hystérie

Névrose caractérisée par la conversion corporelle d'un conflit psychique.

La personnalité hystérique est très influençable malgré une froideur apparente ; elle se réfugie dans l'imaginaire (tendance au théâtralisme, à la mythomanie), souffre d'insatisfaction sexuelle et joue un jeu ambigu de séduction et de mise à distance. Les crises hystériques, qui surviennent souvent en public, peuvent revêtir des formes très diverses : crise de nerfs, perte de connaissance, paralysie, convulsions, œdème, troubles circulatoires, etc. Elles sont sans cause organique : c'est un « langage corporel » par lequel l'hystérique exprime ses conflits inconscients.

TRAITEMENT
Les anxiolytiques peuvent atténuer les troubles, mais l'essentiel du traitement repose sur la cure psychanalytique.

Hystérographie

Examen radiologique de l'utérus.
→ VOIR Hystérosalpingographie.

Hystérométrie

Mesure de la profondeur de la cavité utérine.

Une hystérométrie est indiquée lors de toute maladie modifiant la taille de l'utérus (fibrome ou cancer utérins) et avant certaines interventions intra-utérines, comme la pose d'un stérilet. Elle s'effectue au moyen d'une tige graduée – l'hystéromètre –, en métal ou en plastique, introduite par le col utérin jusqu'au fond de l'utérus.

Hystéropexie

Fixation chirurgicale de l'utérus.

Une hystéropexie sert à corriger des déplacements de l'utérus (prolapsus, rétroflexion, rétroversion).

Hystéroptose

Descente anormale de l'utérus dans le petit bassin due à un relâchement des moyens de fixation de cet organe.

Une hystéroptose résulte d'une insuffisance congénitale des ligaments de soutien de l'utérus ou de traumatismes obstétricaux. Son traitement est chirurgical (hystéropexie, par exemple) et s'intègre en général dans celui du prolapsus génital.

Hystérosalpingographie

Examen radiologique de l'utérus et des trompes de Fallope.

Cet examen associe l'hystérographie (examen radiologique de l'utérus) à la salpingographie (examen radiologique des trompes).

INDICATIONS
Le médecin prescrit habituellement une hystérosalpingographie lorsque la patiente souffre de troubles des règles, de saignements anormaux ou de stérilité et en cas d'avortement spontané.

PRÉPARATION ET DÉROULEMENT
L'examen est pratiqué, dans un centre de radiologie, entre le 8e et le 12e jour suivant les règles, vessie vide. Le médecin radiologue pose un spéculum afin de voir le col de l'utérus et d'y placer la canule d'hystérographie qui sert à faire l'injection, indolore, du produit de contraste. Une fois injecté, celui-ci opacifie progressivement le col de l'utérus, la cavité utérine puis les trompes de Fallope.

Une hystérosalpingographie dure de 25 à 30 minutes. Dès que l'examen est terminé, la patiente peut reprendre ses activités.

EFFETS SECONDAIRES
L'hystérosalpingographie est un examen délicat qui peut être douloureux. Parfois, dans les heures qui suivent, la patiente peut ressentir des douleurs dans le bas-ventre, accompagnées de fièvre. Il s'agit d'une réaction locale au produit de contraste, qui disparaît rapidement.

Il existe aussi parfois quelques signes d'allergie à l'iode (démangeaisons, urticaire sur le corps).

CONTRE-INDICATIONS
L'hystérosalpingographie doit être réalisée en dehors des périodes d'hémorragies (ménorragies ou métrorragies) ou d'infections génitales.

Cet examen est contre-indiqué en cas d'allergie connue à l'iode, de grossesse ou d'infection connue du vagin et des trompes (salpingite), car on risquerait de disséminer l'infection dans le petit bassin (pelvipéritonite).

Hystéroscopie

Examen qui permet l'exploration de la cavité utérine à l'aide d'un hystéroscope (tube muni d'un système optique) et, éventuellement, le traitement des lésions constatées.

Une hystéroscopie est indiquée lors de la recherche d'anomalies de la muqueuse utérine (synéchies, polype, fibrome, cancer).

■ L'hystéroscopie diagnostique utilise un hystéroscope long et mince de 2 millimètres de diamètre, qui transmet l'image captée soit directement à l'œil de l'observateur, soit, par l'intermédiaire d'une caméra et d'un moniteur de télévision, à un écran. Après la mise en place d'un spéculum et la désinfection du col utérin, l'instrument est inséré par l'orifice du col et, sous contrôle visuel, poussé dans l'utérus. Chez la femme non ménopausée, l'examen est pratiqué entre le 10e et le 14e jour du cycle, c'est-à-dire avant l'ovulation. L'hystéroscopie diagnostique est un examen indolore, qui dure quelques minutes et peut être effectué au cours d'une consultation au cabinet du médecin.

■ L'hystéroscopie opératoire utilise un hystéroscope entouré d'une gaine qui permet d'y glisser des instruments opératoires. Une anesthésie est nécessaire, soit générale, soit régionale (rachianesthésie, par injection du produit anesthésique dans le canal rachidien). Le chirurgien enlève alors la lésion utérine, polype ou fibrome, par les voies naturelles. L'intervention ne dure jamais plus d'une heure et la patiente, hospitalisée le matin de l'intervention, peut souvent sortir le soir même.

Hystérotomie

Ouverture chirurgicale de l'utérus.

Une hystérotomie, qui nécessite l'ouverture de l'abdomen, est indiquée essentiellement en cas de césarienne.

I

Iatrogène

Se dit d'une maladie ou d'un trouble provoqués par les thérapeutiques.

Ichtyose

Maladie cutanée chronique caractérisée par un état sec, épais et rêche de la peau, dont l'aspect rappelle une peau de poisson.

Le traitement est celui des symptômes. Il consiste à appliquer des produits kératolytiques (réduisant la couche de kératine) à base d'urée ou d'acide salicylique et, surtout dans les formes sévères, à administrer des rétinoïdes par voie générale.

Ictère

Coloration jaune de la peau, de la sclérotique (blanc de l'œil) et des muqueuses, due à l'accumulation, dans le sang, de bilirubine (pigment dérivé de l'hémoglobine).

L'ictère correspond au terme « jaunisse » du langage courant.

Il existe deux types de bilirubine : la bilirubine dite libre ou « non conjuguée », produite lors de la destruction des globules rouges, insoluble dans l'eau et ne passant donc pas dans les urines, se transforme dans le foie, par liaison avec l'albumine, en bilirubine dite « conjuguée », soluble dans l'eau et excrétée dans les urines. On distingue pour cette raison deux grands types d'ictère, selon le type de bilirubine en cause : le premier est lié à une destruction excessive des globules rouges (anémie hémolytique) ou à un déficit enzymatique héréditaire des cellules hépatiques (syndrome de Gilbert) ; le second se manifeste lors de maladies du foie ou des voies biliaires (hépatite virale ou toxique, infection bactérienne, parasitose, cirrhose, fièvre jaune, tumeur maligne, lithiase infectée).

Ictère du nouveau-né

Coloration jaune de la peau et des muqueuses du nouveau-né, due à l'accumulation dans le sang de bilirubine (pigment biliaire dérivé de l'hémoglobine).

■ L'ictère simple du nouveau-né, dit physiologique, est fréquent, surtout chez les prématurés, et dû à l'immaturité du foie et au plus faible taux d'albumine de l'enfant. En général peu intense, il apparaît vers le 2e jour après la naissance et disparaît spontanément avant le 10e jour. Sa disparition s'annonce par la coloration des urines, qui, initialement claires, commencent alors à colorer le linge.

■ L'ictère au lait maternel est dû à la présence dans le lait maternel d'une substance d'identification encore incertaine qui empêche la conjugaison de la bilirubine. Il apparaît le 5e jour ou le 6e jour après la naissance et diminue lorsque la mère cesse d'allaiter pendant au moins 3 jours ou lorsque le lait maternel est chauffé à 60 °C. Cet ictère, bénin, n'empêche pas la mère d'allaiter.

Ictus amnésique

Amnésie (perte de mémoire) survenant subitement, brève et transitoire.

L'ictus amnésique est la plus fréquente des amnésies transitoires. Sa cause et son mécanisme sont inconnus. Le symptôme apparaît brutalement, chez une personne de

50 à 75 ans dans 75 % des cas. Le malade oublie au fur et à mesure, il répète une question alors que l'on vient de lui donner la réponse, il ne se rappelle plus l'heure ni le jour. Le trouble disparaît spontanément en une demi-heure à quelques heures. Seule persiste une amnésie concernant exclusivement la période de l'ictus. Les récidives sont rares et le pronostic excellent.

Idiopathique

Se dit d'une maladie ou d'un symptôme dont la cause est inconnue. SYN. *cryptogénétique, cryptogénique.*

Iléite

Inflammation de la dernière partie de l'intestin grêle, l'iléon.

Une iléite peut être aiguë ou chronique.

Le traitement, très variable, dépend de la maladie en cause ; de nombreuses iléites aiguës guérissent spontanément.

Iléocolostomie

Opération chirurgicale consistant à relier l'iléon (partie terminale de l'intestin grêle) au côlon.

Iléocystoplastie

Opération chirurgicale consistant à remplacer la vessie par une portion d'iléon (dernière partie de l'intestin grêle).

Iléon

Partie terminale de l'intestin grêle, située entre le jéjunum et le cæcum (début du gros intestin).

La pathologie de l'iléon comprend les iléites (inflammation de l'iléon), les tumeurs primitives (tumeurs se développant aux dépens des cellules de la muqueuse de l'iléon) et les lymphomes.

Iléorectocoloplastie

Opération chirurgicale consistant à remplacer le rectum par une portion d'iléon.

Iléostomie

Opération chirurgicale consistant à relier l'iléon (partie terminale de l'intestin grêle) à un orifice pratiqué dans la peau.

Iléus paralytique

Occlusion intestinale due à une paralysie passagère de l'intestin grêle.

Iliaque (artère, veine)

Vaisseau proche de la partie supérieure de l'os du bassin.

Imagerie médicale

Ensemble des techniques de mise en images d'organes ou de différentes régions du corps humain vivant.

Cette visualisation a pour objet l'établissement d'un diagnostic et/ou la mise en œuvre d'une thérapeutique (imagerie interventionnelle). L'imagerie médicale se fonde sur la radiologie, qui utilise les rayons X, l'échographie, qui utilise les ultrasons, l'imagerie par résonance magnétique, qui utilise le phénomène de résonance magnétique nucléaire (R.M.N.), et la médecine nucléaire, qui utilise des isotopes radioactifs.

Imagerie par résonance magnétique

Technique d'imagerie radiologique utilisant les propriétés de résonance magnétique nucléaire (R.M.N.) des composants du corps humain.

INDICATIONS

L'I.R.M. est principalement indiquée dans le diagnostic des maladies du système nerveux central : les images sont plus précises qu'avec le scanner, surtout dans certaines zones comme la moelle épinière ou pour certaines affections comme la sclérose en plaques. Une seconde indication est le diagnostic des maladies osseuses et articulaires, en particulier celles qui atteignent à la fois le squelette et le système nerveux, comme la hernie discale. Parmi les développements les plus récents de cette technique, il faut citer l'angio-I.R.M. et l'imagerie fonctionnelle du cerveau. L'angio-I.R.M. permet d'obtenir, à partir de certaines séquences, des images de vaisseaux. Les anomalies des flux vasculaires sont dès lors plus facilement observables. L'I.R.M. du cerveau permet d'analyser certaines fonctions sensorielles ou motrices.

L'I.R.M. n'exige ni préparation, ni hospitalisation, ni repos consécutif, ni jeûne préalable. Il est impératif d'ôter tout objet métallique, qui gênerait l'examen (montre, agrafe de soutien-gorge, etc.), et de prohiber tout maquillage, certains cosmétiques contenant des métaux. Les plombages dentaires sont susceptibles de déformer l'image.

Le patient s'allonge sur une table que l'on fait glisser dans un tunnel ouvert des deux côtés et occupant le centre d'un électro-aimant (sorte de boyau de 50 à 60 centimètres de diamètre sur 2 mètres de long environ) au sein duquel règne un champ magnétique intense. Il ne ressent rien, mais entend un bruit répétitif assez fort, correspondant à l'émission de l'onde de radiofréquence ; il peut demeurer en contact avec le médecin grâce à un microphone. L'examen nécessite une absolue immobilité ; aussi une anesthésie générale est-elle pratiquée chez les personnes claustrophobes et chez les enfants. Il peut être nécessaire d'améliorer les images par une injection intraveineuse de gadolinium. Cette substance ne contient pas d'iode et n'induit pas d'effet secondaire ; cependant, par mesure de prudence, elle n'est pas injectée aux femmes enceintes. L'examen dure de une demi-heure à trois quarts d'heure.

RÉSULTATS

L'I.R.M. est la seule technique donnant des images en coupe dans des plans horizontaux, verticaux et obliques. La réalisation des coupes dans les trois dimensions de l'espace permet de préciser au mieux les rapports et l'extension d'une lésion. Les images sont d'abord traitées sur console informatique.

CONTRE-INDICATIONS ET EFFETS SECONDAIRES

L'I.R.M. est formellement contre-indiquée en cas de présence dans le corps de certains objets en métal aimantable : fragments ayant pénétré par accident, matériel métallique vasculaire ou intracrânien, stimulateur cardiaque. Ces objets, qui ne sont pas toujours connus du patient, sont mis en évidence par une radiographie préalable. L'examen est également impossible à réaliser chez les patients particulièrement corpulents. Il est en revanche compatible avec la présence de prothèses de la hanche, des vis utilisées en orthopédie et du matériel dentaire usuel.

L'I.R.M., examen indolore, ne provoque pas d'irradiation, contrairement au scanner. Aucun risque lié au champ magnétique n'est connu à ce jour, y compris pour la femme enceinte.

I.M.A.O.

→ VOIR Inhibiteur de la monoamine oxydase.

Immobilisation

Procédé thérapeutique consistant à immobiliser une partie malade ou accidentée du corps, voire le corps tout entier.

La plupart des fractures sont soignées par immobilisation au moyen d'appareils orthopédiques, d'attelles, de plâtres ou par ostéosynthèse (réassemblage des fragments osseux à l'aide de vis, de clous, de plaques ou d'autres moyens mécaniques). On traite aussi grâce à ce procédé les entorses, l'arthrite et la tuberculose ostéoarticulaire ainsi que certaines affections de la colonne vertébrale. La durée de l'immobilisation doit être assez longue pour permettre l'arrêt des troubles ou la consolidation mais ne doit pas être prolongée au-delà afin qu'une rééducation puisse être entreprise le plus tôt possible et que soient évitées une fonte musculaire et une raideur de l'articulation.

Immunisation

Ensemble de circonstances ou de procédés qui déclenchent, chez un individu, une réaction immunitaire permettant à l'organisme de se défendre contre un élément étranger (substance, micro-organisme), nommé antigène.

Immunité

Ensemble des mécanismes de défense d'un organisme contre les éléments étrangers à l'organisme, en particulier les agents infectieux (virus, bactéries ou parasites).

L'immunité met en jeu deux mécanismes contre les agressions des agents extérieurs : l'immunité à médiation humorale (par voie

sanguine), dans laquelle certains globules blancs, les lymphocytes B, se transforment en plasmocytes qui fabriquent des anticorps, et l'immunité à médiation cellulaire, où d'autres globules blancs, les lymphocytes T, interviennent grâce à la sécrétion de différentes protéines, les cytokines, et en exerçant leurs propriétés cytotoxiques.
→ VOIR Système immunitaire.

Immunocyte

Cellule assurant le fonctionnement du système immunitaire.

Les immunocytes comprennent essentiellement deux catégories de cellules : des globules blancs appelés lymphocytes, qui possèdent des structures membranaires appelées récepteurs, capables de reconnaître les antigènes, et des cellules dont le rôle est de permettre la reconnaissance de l'antigène par les lymphocytes, encore appelées cellules présentant l'antigène, ou macrophages.

Immunodéficience

Diminution congénitale ou acquise de l'état d'immunité de l'organisme.

Lorsqu'elle est marquée et durable, l'immunodéficience rend le malade particulièrement sensible aux infections opportunistes (causées par des germes normalement inoffensifs et qui affectent seulement des organismes aux défenses affaiblies).
■ Les immunodéficiences congénitales peuvent toucher différents maillons de la réponse immunitaire. Lorsque le déficit immunitaire concerne les lymphocytes, le pronostic est souvent défavorable. D'autres immunodéficiences, sont à la fois fréquentes et très bien tolérées.
■ Les immunodéficiences acquises sont fréquentes. La première cause, dans le monde, en est la malnutrition. D'autres causes sont plus rares : le syndrome néphrotique (forme de glomérulonéphrite) entraîne une hypogammaglobulinémie (diminution du taux de gammaglobulines dans le sang) favorisant les infections. La chimiothérapie et la radiothérapie dans le traitement des cancers, la corticothérapie dans celui des maladies inflammatoires et les immunosup-

presseurs dans la prévention des rejets de greffe induisent des déficits plus ou moins profonds et plus ou moins complets de l'immunité. De nombreux virus sont susceptibles aussi de provoquer des déficits immunitaires, passagers pour la plupart. Le V.I.H. (virus du sida) entraîne une immunodéficience profonde et définitive.
→ VOIR Sida.

Immunodépresseur

→ VOIR Immunosuppresseur.

Immunoglobuline

Protéine du sérum sanguin sécrétée par les plasmocytes, issus des lymphocytes (globules blancs intervenant dans l'immunité cellulaire) de type B en réaction à l'introduction dans l'organisme d'une substance étrangère (antigène). SYN. anticorps.

DIFFÉRENTS TYPES D'IMMUNOGLOBULINE

■ Les IgA jouent un rôle important dans la lutte contre les bactéries dans les muqueuses (des voies respiratoires, par exemple).
■ Les IgD interviendraient dans la maturation des lymphocytes.
■ Les IgE ont un rôle clé dans la défense contre les parasites et dans le mécanisme de l'allergie. Elles sont sécrétées contre les allergènes (certains types d'antigènes) et entraînent dans l'organisme la libération d'histamine, substance responsable de l'apparition des symptômes de l'allergie.
■ Les IgG sont produites lors d'un contact avec un antigène qui se prolonge ou lors d'un second contact de l'organisme avec un antigène. C'est la réponse mémoire, principe selon lequel fonctionnent l'immunité acquise et les vaccins.
■ Les IgM sont des immunoglobulines sécrétées lors du premier contact de l'organisme avec un antigène.

FONCTION

Une immunoglobuline est capable de se fixer spécifiquement sur l'antigène qui a provoqué sa synthèse ; elle prend alors le nom d'anticorps. Les immunoglobulines neutralisent les antigènes et les empêchent de se reproduire. Les antigènes sont ensuite détruits par le complément (système enzymatique) ou par des cellules phagocytaires (macrophages, lymphocytes T, polynucléaires neutrophiles, monocytes) qui viennent se fixer à leur tour sur les immunoglobulines.

UTILISATION THÉRAPEUTIQUE

Les immunoglobulines, d'origine animale ou humaine, sont utilisées comme médicaments dans l'immunothérapie. Elles sont indiquées dans la prévention et le traitement de maladies infectieuses (coqueluche, hépatites A et B, oreillons, rage, rubéole, tétanos, varicelle, zona), dans les cas de déficit immunitaire global et dans la prévention de l'incompatibilité Rhésus. Administrées par voie sous-cutanée, intramusculaire ou intraveineuse lente, elles offrent une protection rapide mais de durée limitée.

→ VOIR Anticorps, Gammaglobuline.

Immunologie

Spécialité biologique et médicale qui étudie l'ensemble des mécanismes de défense de l'organisme contre les antigènes (agents pathogènes extérieurs).

Immunostimulant

Substance stimulant le système immunitaire qui assure les défenses de l'organisme.

■ Les immunostimulants spécifiques sont les vaccins. Destinés à la prévention des maladies infectieuses, chacun d'eux n'est efficace que contre un germe précis.

■ Les immunostimulants non spécifiques comprennent des substances identiques à des substances de l'organisme (interleukines, interférons), des substances d'origine bactérienne et des substances diverses (lévamisole). Employés pour traiter les cancers, les infections (respiratoires, etc.), les déficits immunitaires, les maladies auto-immunes (dans lesquelles le système immunitaire attaque l'organisme lui-même), ils stimulent globalement les défenses, mais leur efficacité est souvent partielle.

→ VOIR Immunothérapie anticancéreuse, Vaccin.

Immunosuppresseur

Médicament qui atténue ou supprime les réactions immunitaires de l'organisme. SYN. *immunodépresseur*.

Les immunosuppresseurs se prescrivent essentiellement lors d'une greffe, dans le dessein de limiter les phénomènes de rejet, et dans les maladies auto-immunes.

EFFETS INDÉSIRABLES

En diminuant les réponses immunitaires de l'organisme, les immunosuppresseurs exposent celui-ci à des complications infectieuses virales ou bactériennes et, à plus long terme, au développement d'affections malignes (lymphomes surtout).

Une surveillance très régulière des malades traités par immunosuppresseurs est donc indispensable. En cas d'effets indésirables, on peut diminuer les doses, traiter l'affection en cause ou, si ce n'est pas possible, changer d'immunosuppresseur.

Immunothérapie

Traitement des maladies par modification de l'activité du système immunitaire.

L'immunothérapie consiste soit à stimuler la réponse immune quand elle est insuffisante (immunostimulation), soit à la juguler quand elle produit des effets excessifs ou indésirables (immunosuppression).

Immunostimulation

Cette stimulation d'un système immunitaire déficient ou « débordé » est indiquée dans le traitement des déficits immunitaires, des infections et des cancers.

MOYENS NON SPÉCIFIQUES

■ La greffe de moelle osseuse est indiquée dans le traitement des déficits héréditaires de l'immunité cellulaire (lymphocytes T) et humorale (lymphocytes B). Les cellules souches issues de la moelle d'un donneur compatible sont injectées par voie veineuse et colonisent la moelle du malade.

■ L'injection de gammaglobulines polyvalentes (actives sur un grand nombre d'antigènes), par voie intramusculaire ou intraveineuse, est indiquée dans le traitement d'un déficit immunitaire humoral très rare : l'agammaglobulinémie de Bruton.

■ L'administration d'antigènes produits à partir de bactéries, qui stimulent les défenses immunitaires, a été utilisée comme traitement d'appoint du cancer. Son efficacité est discutée dans les infections bronchiques chroniques, y compris chez l'enfant.

MOYENS PEU SPÉCIFIQUES

Ces méthodes sont encore expérimentales.

■ L'administration d'hormones thymiques de synthèse est utilisée dans le traitement des déficits immunitaires cellulaires.

■ L'administration de cytokines (substances ayant un rôle dans la stimulation de l'immunité), fabriquées par génie génétique, est indiquée dans le traitement de certains cancers. L'interféron, antiviral et antitumoral, et l'interleukine 2 sont les plus employés.

MOYENS SPÉCIFIQUES

■ La vaccination est le plus classique des procédés d'immunostimulation spécifique d'une bactérie, d'un virus ou d'un parasite, à titre préventif.

■ La sérothérapie est utilisée en situation d'urgence. On dispose d'anticorps actifs contre la coqueluche, le cytomégalovirus, l'hépatite B, les oreillons, la rage, la rougeole, la rubéole, le tétanos, la varicelle et le zona.

Immunosuppression

Appelée aussi immunodépression, cette inhibition des réactions excessives ou anormales du système immunitaire est indiquée globalement dans les allergies, les cancers, les maladies auto-immunes (caractérisées par un dérèglement du système immunitaire, qui attaque l'organisme du sujet lui-même) et les rejets de greffe.

MOYENS NON SPÉCIFIQUES

■ Les méthodes chimiques comprennent l'administration de médicaments appelés immunosuppresseurs. Ils appartiennent à 3 catégories : les corticostéroïdes, les antimétabolites (azathioprine) et les alkylants (cyclophosphamide, chlorambucil, melphalan).

■ Les méthodes physiques incluent l'irradiation des organes lymphoïdes (moelle osseuse, ganglions lymphatiques) et la plasmaphérèse. Celle-ci consiste à prélever le sang du malade, à séparer les cellules (globules blancs, globules rouges et plaquettes) du plasma, qui contient les anticorps anormaux, et à réinjecter les cellules dans le plasma de substitution.

■ Les méthodes chirurgicales consistent à pratiquer l'ablation du thymus dans la myasthénie (maladie auto-immune s'accompagnant souvent d'une hypertrophie du thymus) ou de la rate dans le purpura thrombopénique, car les plaquettes sont alors détruites en excès dans cet organe.

MOYENS PEU SPÉCIFIQUES

■ L'administration de ciclosporine A a permis de diminuer notablement le nombre de rejets de greffe en neutralisant les lymphocytes T auxiliaires et en réduisant la sécrétion d'interleukine 2.

■ L'administration d'anticorps monoclonaux peu spécifiques, fabriqués par génie génétique et obtenus à partir d'une lignée cellulaire unique, appelée clone, remplace aujourd'hui l'injection des sérums antilymphocytes T, fabriqués en immunisant des chevaux et des lapins contre des lymphocytes T humains. Les anticorps monoclonaux sont dirigés contre certains lymphocytes T et B activés ou contre certaines cytokines. Les anticorps anti-CD3 sont parfois prescrits au cours des greffes et les anticorps anti-CD4, au cours de maladies auto-immunes, en particulier de la polyarthrite rhumatoïde.

MOYENS SPÉCIFIQUES

Certains sont encore expérimentaux.

■ L'administration d'anticorps monoclonaux spécifiques, qui ne reconnaissent qu'une infime proportion de lymphocytes, ceux qui sont pathogènes, est en cours d'expérimentation.

■ La vaccination du malade contre ses lymphocytes pathogènes a été pratiquée chez l'homme.

■ La désensibilisation constitue un cas particulier. Ce traitement vise à rendre une personne allergique tolérante à l'antigène qui déclenche habituellement les manifestations allergiques.

→ VOIR Chimiothérapie anticancéreuse, Greffe de moelle osseuse, Immunothérapie anticancéreuse, Plasmaphérèse, Radiothérapie, Système immunitaire.

Immunothérapie anticancéreuse

Traitement d'un cancer par stimulation du système immunitaire.

L'immunothérapie anticancéreuse, à l'étude depuis près d'un siècle, demeure aujourd'hui en phase expérimentale. Cependant, elle fait l'objet de nombreux essais thérapeutiques à travers le monde et il s'agit sans doute d'une des grandes voies d'avenir pour traiter et guérir les cancers. Actuellement, on connaît deux grands types de traitement : l'administration de cytokines et l'immunothérapie cellulaire.

Impédancemétrie

Étude et mesure de la souplesse du tympan et des osselets de l'oreille moyenne.

L'impédance du tympan caractérise son degré de rigidité : plus le tympan est souple, plus ses qualités sont bonnes. Sa rigidité dépend de trois éléments : la pression dans l'oreille moyenne, qui doit être égale à la pression atmosphérique si la trompe d'Eustache fonctionne bien ; le contenu de l'oreille moyenne : il s'y trouve du liquide au cours des otites ; le fonctionnement des osselets situés derrière le tympan. Si les trois mesures de cette souplesse sont normales, l'oreille moyenne est saine.

Impétigo

Infection cutanée suppurée et contagieuse d'origine bactérienne.

L'impétigo est une affection fréquente. Il s'observe le plus souvent chez l'enfant de moins de 10 ans, parfois sous forme de petites épidémies touchant une école ou une famille. Les germes en cause sont le staphylocoque doré, parfois le streptocoque, qui peuvent pénétrer par la peau à l'occasion d'une coupure ou de lésions d'herpès ou d'eczéma.

SYMPTÔMES ET SIGNES

Les signes commencent par une petite plaque rouge sur laquelle apparaissent des vésicules (cloques minuscules remplies d'un liquide clair) qui se remplissent de pus. Puis les lésions, très fragiles, font rapidement place à une croûte jaunâtre couleur de miel, recouvrant un enduit purulent. Elles infectent souvent le pourtour des narines, de la bouche ou des yeux, parfois les zones génitales. Une fièvre modérée peut les

accompagner. On assiste quelquefois à la multiplication des lésions, le grattage des croûtes transportant le microbe d'un point à un autre. Le grattage favorise de plus la persistance de cicatrices définitives ou prolongées.

TRAITEMENT

Il repose sur la prise d'antibiotiques actifs sur les staphylocoques et les streptocoques, par voie orale, pendant au moins 10 jours. Les soins locaux sont aussi très importants : ramollissement des croûtes par pulvérisations de sérum zinc ou d'eau de Dalibour, application d'antiseptiques deux fois par jour, toilette avec un savon antiseptique. Les taies d'oreiller, les serviettes de table et de toilette doivent être lavées à part dans la mesure du possible. Pour éviter les effets du grattage chez les enfants, on préconise de leur couper les ongles, qu'il faut nettoyer deux fois par jour, et de recouvrir les lésions d'une compresse sèche. De plus, une éviction scolaire s'impose jusqu'à la guérison complète (8 à 10 jours).

Implant

Tout matériel naturel ou artificiel inséré dans l'organisme.

Les implants sont destinés à remplacer un organe malade ou à améliorer son fonctionnement, à traiter certaines maladies, à diffuser des médicaments ou des hormones, ou encore à remodeler la silhouette.

Un implant peut être un appareil, miniaturisé ou non, un médicament, un tissu synthétique.

Implant cardiaque
→ VOIR Stimulateur cardiaque.

Implant cochléaire

Électrodes placées chirurgicalement à l'intérieur de la cochlée, dans l'oreille interne.

La pose d'un implant cochléaire n'est indiquée que dans les cas où les prothèses auditives ne sont pas efficaces, dans les surdités de perception graves soit d'origine congénitale, soit par atteinte toxique de l'oreille interne.

La mise en place se fait, sous anesthésie générale, par une incision pratiquée derrière le pavillon de l'oreille. Les électrodes stimuleront les cellules sensorielles de l'oreille interne et adresseront des impulsions nerveuses au cerveau. Elles sont reliées par un fil à un petit boîtier (microphone) placé à l'extérieur au-dessus du pavillon de l'oreille, qui recueille les sons et les transforme en courant électrique. Cette technique récente de microchirurgie est encore peu employée.

Implant cristallinien

Lentille en plastique qui remplace le cristallin à l'intérieur de l'œil.

La pose d'un implant cristallinien est indiquée après extraction d'un cristallin, en général dans le cas d'une cataracte. C'est une intervention courante et de courte durée, qui nécessite une hospitalisation d'environ trois jours. Sous anesthésie générale, après ablation du cristallin malade, l'implant cristallinien est placé en avant ou, plus souvent, en arrière de l'iris et est maintenu en place par ses petites anses.

Après l'opération, le patient doit porter quelques jours un cache sur l'œil pour éviter toute stimulation lumineuse.

Cet implant est posé à vie. Les complications locales sont très rares et les résultats visuels, en général, excellents. Des verres correcteurs de faible puissance peuvent être prescrits pour parfaire la vision de loin et permettre la vision de près.

Implant dentaire

Petit cylindre en métal (titane), fixé chirurgicalement dans l'os maxillaire et destiné à remplacer la racine d'une dent arrachée et à servir de soutien à une prothèse.

INDICATIONS

La pose d'un ou de plusieurs implants dentaires est indiquée chez les personnes qui, à la suite de caries ou de déchaussements, ont perdu une dent, plusieurs dents ou la totalité de leurs dents et pour lesquelles le port d'un dentier est source d'inconfort.

TECHNIQUE

Sous anesthésie locale, le chirurgien incise la gencive et en décolle un lambeau. Il perce un trou dans l'os et insère l'implant. Puis il rabat le lambeau de gencive et le suture. Le patient peut éprouver des douleurs dues à la cicatrisation des tissus durant une semaine.

Les implants sont laissés tels quels dans l'os pendant environ six mois pour qu'ils s'y intègrent bien. Après cette période, le chirurgien découvre la tête de chacun des implants et les prépare pour qu'ils puissent servir de support à la prothèse. Plusieurs semaines après, un appareil dentaire (prothèse) semblable à un bridge est ajusté (par des vis, des clavettes ou des pivots) sur les supports placés sur les implants dentaires.

RÉSULTATS

Cette technique a l'avantage d'éliminer définitivement tout phénomène de rejet et évite au patient de porter un dentier. Le pronostic (durée de vie de l'implant) est meilleur pour les implants situés sur le maxillaire supérieur que pour ceux situés sur le maxillaire inférieur.

Implant médicamenteux

Médicament radioactif ou non introduit chirurgicalement sous la peau dans le tissu cellulaire.

Les implants médicamenteux sont destinés à diffuser leur contenu (localement ou dans l'ensemble de l'organisme) d'une façon régulière et permanente. Leur action s'étend sur une durée propre à chacun, pouvant aller de quelques semaines à plusieurs années. Ils se résorbent lentement.

Impuissance

Incapacité pour un homme d'obtenir ou de maintenir une érection et, de ce fait, d'avoir un rapport sexuel satisfaisant.

L'impuissance désigne aussi, mais de façon abusive, des troubles tels que l'éjaculation précoce ou retardée.

CAUSES

L'impuissance, qui peut s'observer à tout âge chez l'homme adulte, est provoquée par des troubles d'origine organique ou psychogène.

■ L'impuissance organique peut être due à des affections vasculaires, neurologiques ou endocriniennes, qui retentissent sur les organes permettant l'érection, en particulier les nerfs, les vaisseaux sanguins et les corps caverneux du pénis : diabète, artériosclérose, artérite, altération des veines péniennes, insuffisance surrénale, maladie de La Peyronie, alcoolisme, tabagisme, toxicomanie (aux opiacés surtout). L'impuissance peut aussi survenir à la suite d'une intervention chirurgicale (ablation de la prostate, de la vessie ou du rectum) ou d'une lésion de la moelle épinière occasionnant l'interruption des plexus nerveux du bassin. Les médicaments utilisés contre l'hypertension artérielle et les psychotropes en sont parfois responsables.

■ L'impuissance psychogène répond le plus souvent à un ou à plusieurs échecs ressentis comme dévalorisants auprès de la partenaire ou à une trop grande angoisse au moment du rapport amoureux.

SYMPTÔMES ET SIGNES
Lors d'impuissances psychogènes, il existe des érections normales inconscientes, notamment pendant le sommeil, ou conscientes, au réveil notamment, mais en dehors de toute situation amoureuse.

TRAITEMENT
■ Le traitement de l'impuissance organique consiste d'abord à soigner l'affection en cause. Quand cela ne suffit pas, en cas d'artérite par exemple, on recourt à des injections intracaverneuses de papavérine ou de prostaglandines entraînant une érection temporaire ou à la pose d'une prothèse pénienne permettant une érection artificielle.
■ Le traitement de l'impuissance psychogène fait appel à la psychothérapie. La présence de la partenaire lors des entretiens médicaux est parfois bénéfique. On peut faire appel aux psychotropes (anxiolytiques, antidépresseurs), en courte cure. Bien traitée, l'impuissance psychogène se guérit souvent.
■ Quelle que soit la cause de l'impuissance, le sildénafil (Viagra, marque déposée) par voie orale est efficace dans 70 % des cas. Il est formellement contre-indiqué chez les insuffisants coronariens traités par les dérivés nitrés.

Impulsion
Besoin irrésistible d'accomplir un acte absurde ou antisocial.

Dans les cas aigus, les neuroleptiques et l'hospitalisation visent à inhiber les décharges pulsionnelles. Dans les cas non dangereux, la psychothérapie peut réduire des charges émotionnelles trop intenses.

Inclusions cytomégaliques (maladie des)
Maladie due au cytomégalovirus, virus de la famille des *Herpesviridæ*.

La maladie des inclusions cytomégaliques se rencontre surtout chez le nouveau-né, qui la contracte par l'intermédiaire de sa mère durant la grossesse. Elle peut se manifester par une anémie hémolytique, un purpura thrombopénique (saignement cutané par insuffisance de plaquettes), une splénomégalie (augmentation du volume de la rate), une microcéphalie (crâne trop petit) ou une choriorétinite (inflammation de la rétine et de la choroïde) et entraîner des atteintes du cerveau. Chez l'adulte sain, elle peut être contractée lors d'une transfusion et se traduit par une fièvre prolongée. L'infection se traite par administration d'un antiviral spécifique, essentiellement le ganciclovir.

Incompatibilité Rhésus
Antagonisme entre le sang d'une femme enceinte et celui du fœtus, ou entre le sang d'un transfusé et celui du donneur, lié à l'un des antigènes du système Rhésus (Rh).

Une femme Rh⁻ et un homme Rh⁺ peuvent avoir un enfant Rh⁻ : dans ce cas, il n'y a aucun problème d'incompatibilité Rhésus. Mais ils ont également des chances d'avoir un enfant Rh⁺. Dans ce cas, pendant la grossesse, tout passage de globules rouges de sang fœtal dans le sang maternel entraînera chez la mère la formation d'anticorps anti-Rhésus. Normalement, il n'y a aucun contact entre le sang de la mère et celui du fœtus. Toutefois, un contact peut avoir lieu à l'occasion d'un épisode pathologique durant la gestation (saignement, grossesse extra-utérine, placenta prævia), d'un examen de dépistage anténatal (ponction de sang fœtal, amniocentèse) ou encore pendant l'accouchement. La première grossesse d'une femme Rh⁻ est ainsi le plus souvent sans danger pour l'enfant. Toutefois, lorsqu'elle attend un second enfant Rh⁺, il est possible que son sang contienne des anticorps anti-Rhésus. Ceux-ci vont alors traverser le placenta et détruire les globules rouges du fœtus, exposant celui-ci à une anémie grave, la maladie hémolytique du nouveau-né. Les premiers signes de la maladie apparaissent en fin de grossesse et à la naissance. L'hémolyse s'accompagne d'un ictère. Des lésions irréversibles du cerveau peuvent survenir en l'absence de traitement.

PRÉVENTION

La prévention consiste à surveiller la grossesse des femmes Rh⁻ enceintes par des dosages régulièrement répétés des anticorps anti-Rhésus maternels. Après l'accouchement, on injecte à la mère des gammaglobulines anti-Rhésus (essentiellement anti-D), substances qui détruisent les globules rouges du fœtus présents dans le sang maternel avant qu'ils aient déclenché la production d'anticorps anti-Rhésus.

Incompatibilité transfusionnelle

Impossibilité de transfuser le sang d'un individu à un autre en raison d'un conflit entre les antigènes du donneur et les anticorps du receveur.

Une incompatibilité transfusionnelle apparaît le plus souvent lorsque les globules rouges du donneur portent des antigènes reconnus par des anticorps présents chez le receveur, qui détruisent les globules rouges du donneur : c'est ainsi que s'expliquent les incompatibilités entre individus de groupes sanguins différents à l'intérieur du système ABO. Les anticorps en cause peuvent être physiologiques (système ABO) ou acquis ; ils sont appelés dans ce dernier cas agglutinines irrégulières.

Ces incompatibilités sont responsables d'accidents de gravité variable : inefficacité de la transfusion, fièvre, frissons, malaise, ictère, insuffisance rénale, état de choc.

PRÉVENTION

La prévention des accidents liés à l'incompatibilité transfusionnelle repose sur le strict respect des règles transfusionnelles. Les groupes sanguins ABO et Rhésus sont systématiquement déterminés et, en règle générale, le groupe ABO du donneur doit être identique au groupe ABO du receveur. La recherche d'agglutinines irrégulières est obligatoire.

→ VOIR **Groupe sanguin.**

Incontinence fécale

Perte de contrôle du sphincter anal, incapable de retenir les selles.

L'incontinence fécale peut avoir des causes très diverses, certaines mécaniques (destruction du sphincter anal par une infection, une tumeur, une blessure), d'autres nerveuses (section des nerfs commandant le sphincter lors d'une intervention chirurgicale sur un cancer du rectum, paralysie, maladie cérébrale).

La rééducation du contrôle sphinctérien est malaisée ; néanmoins, elle peut, dans certains cas (affaiblissement de l'appareil sphinctérien), apporter une amélioration à l'incontinence.

Incontinence urinaire

Perte involontaire d'urines.

L'incontinence urinaire ne doit être confondue ni avec l'énurésie (perte involontaire d'urine pendant le sommeil) ni avec l'impériosité mictionnelle (miction involontaire lors d'une envie d'uriner trop pressante). L'incontinence urinaire elle-même présente deux formes : elle peut être permanente ou ne survenir qu'à l'effort.

Incontinence urinaire permanente

L'incontinence urinaire permanente est due à une déficience du sphincter de la vessie et de l'urètre provoquée par une maladie neurologique ou un traumatisme altérant les commandes nerveuses de la vessie et des sphincters. Elle peut aussi apparaître après une fracture du bassin accompagnée d'une rupture de l'urètre ou à la suite d'une intervention chirurgicale sur la prostate. L'incontinence urinaire permanente se manifeste par un écoulement incontrôlable d'urine.

TRAITEMENT

Il repose sur la rééducation du sphincter et des muscles du périnée par des mouvements de gymnastique ou à l'aide de stimulateurs musculaires, petites sondes électriques indolores qui, introduites dans le rectum par l'anus, permettent de stimuler ces muscles artificiellement. En cas d'échec, on peut pratiquer une intervention chirurgicale.

Incontinence urinaire d'effort

L'incontinence urinaire d'effort survient surtout chez la femme âgée ou après de nombreux accouchements. Elle peut avoir pour cause soit une atrophie des muscles du périnée qui soutiennent la vessie, soit une descente du col de la vessie, soit encore une faiblesse du sphincter. La perte d'urine survient à la suite de contractions brutales des muscles abdominaux dues, par exemple, au transport d'une charge lourde, à un éclat de rire ou encore à une crise violente de toux ou d'éternuements.

TRAITEMENT

Il fait appel à une rééducation du sphincter et des muscles du périnée. En cas d'échec de la rééducation, le traitement chirurgical donne de très bons résultats.

Incontinentia pigmenti

Affection héréditaire caractérisée par des lésions cutanées associées à des atteintes viscérales. SYN. *maladie de Bloch-Sulzberger*.

Incubation

Période s'écoulant entre la contamination de l'organisme par un agent pathogène infectieux et l'apparition des premiers signes de la maladie.

La durée de l'incubation est variable selon la nature de l'affection. La connaissance des durées d'incubation caractéristiques des maladies permet de retrouver la date à laquelle la contamination a eu lieu. Elle permet aussi, à l'inverse, de prévoir la date de l'apparition éventuelle des premiers signes de la maladie après un contact contaminant.

De nombreuses maladies, comme la varicelle et la rougeole, sont contagieuses dès la période d'incubation.
→ VOIR **Contagion**.

Indigestion

Indisposition associant douleurs abdominales, nausées et vomissements.

Terme du langage courant, l'indigestion peut désigner une intoxication alimentaire ou les conséquences de l'absorption d'un repas trop riche et trop copieux, encore appelées à tort « crise de foie ». Cependant, de tels symptômes peuvent également être la manifestation d'autres maladies abdominales, voire thoraciques (infarctus du myocarde). Ils doivent donc amener à consulter un médecin.

La guérison d'une indigestion par excès alimentaire est spontanée, favorisée par la diète et le repos.

Inducteur enzymatique

Substance, médicamenteuse ou non, stimulant l'activité des enzymes hépatiques qui interviennent dans le métabolisme (dégradation) d'autres substances médicamenteuses.

Les inducteurs enzymatiques peuvent être des médicaments (phénobarbital, phénytoïne, rifampicine, etc.) ou des produits d'origines diverses (alcool, tabac, etc.).
→ VOIR **Inhibiteur enzymatique**.

Inducteur de l'ovulation

Médicament utilisé pour provoquer une ovulation chez la femme (expulsion d'un ovule de l'ovaire vers la trompe utérine).

Les inducteurs de l'ovulation comprennent trois groupes de produits : le clomifène ; les gonadotrophines humaines provenant de l'urine de femme ménopausée (hormone ménopausique gonadotrophique, ou h.M.G.) ou de femme enceinte (hormone chorionique gonadotrophique, ou h.C.G.) ; les analogues de la gonadolibérine, ou LH-RH (hormone produite par l'hypothalamus), telles que la buséréline, la leuproréline, la triptoréline, qui agissent comme la LH-RF en libérant l'hormone lutéinisante.

Les inducteurs de l'ovulation sont indiqués dans le traitement des stérilités féminines en particulier. Par ailleurs, ils stimulent aussi la formation des spermatozoïdes dans le testicule et sont donc indiqués dans le traitement des stérilités masculines. L'administration se fait par voie orale ou par injections.

Les inducteurs de l'ovulation sont contre-indiqués en cas de grossesse et de tumeur de l'appareil génital ou du cerveau.

Infarctus

Nécrose (mort tissulaire) survenant dans une région d'un organe et liée à un arrêt brutal de la circulation artérielle.

Infarctus cérébral

Nécrose d'une partie plus ou moins importante de l'encéphale, liée à l'obstruction d'une des artères qui l'irriguent. SYN. *ramollissement cérébral*.

L'infarctus cérébral est la forme la plus grave de l'ischémie cérébrale (diminution des apports sanguins artériels au cerveau). La cause la plus fréquemment constatée en est une thrombose (obstruction par un caillot, ou thrombus), favorisée par la présence, à l'intérieur de l'artère, d'une plaque d'athérome (dépôt de cholestérol). Une deuxième cause est l'embolie, migration d'un fragment de thrombus ou d'une plaque d'athérome situés en amont, sur une artère (carotide ou aorte thoracique) ou dans le cœur.

SYMPTÔMES ET SIGNES

Ils dépendent du territoire cérébral de la nécrose, donc de l'artère concernée. L'obstruction d'une branche de la carotide interne provoque une hémiplégie, parfois une aphasie (trouble du langage). L'obstruction d'une branche du tronc basilaire (artère née de la réunion des deux artères vertébrales, à destinée cérébrale postérieure) provoque soit des troubles visuels complexes (perte d'une partie du champ visuel, trouble de la reconnaissance visuelle), soit un syndrome alterne (hémiplégie d'un côté, paralysie du visage de l'autre côté) ou un syndrome cérébelleux et vestibulaire (troubles de la coordination des mouvements, vertiges).

DIAGNOSTIC ET TRAITEMENT

Le diagnostic repose sur un examen au scanner.

Le traitement, à la phase aiguë, est surtout celui des symptômes : il vise à maintenir les fonctions vitales, à éviter l'extension des lésions et les complications liées à l'alitement. À long terme, les médicaments anticoagulants ou antiagrégants évitent les récidives. L'évolution se fait habituellement vers une récupération progressive du ou des déficits neurologiques (motricité, langage) ; elle est aidée par la mise en œuvre d'une rééducation adaptée.

Infarctus mésentérique

Nécrose de l'intestin due à une obstruction vasculaire. SYN. *infarctus entéromésentérique*.

L'infarctus mésentérique peut être artériel (embolie, thrombose d'une artère) ou veineux (thrombose d'une veine).

Les symptômes comprennent douleurs abdominales violentes, vomissements, parfois diarrhée et état de choc. Le diagnostic repose essentiellement sur les examens radiologiques (artériographie).

Le traitement est chirurgical : résection des segments d'intestin nécrosés, rétablissement de la perméabilité artérielle. L'hospitalisation dans un service de réanimation chirurgicale est indispensable.

Le pronostic, relativement sévère, dépend de l'ancienneté et de l'importance de l'infarctus.

Infarctus du myocarde

Nécrose d'une partie plus ou moins importante du myocarde (muscle cardiaque), consécutive à une obstruction brutale d'une artère coronaire.

Lors d'un infarctus du myocarde, l'irrigation du cœur ne se fait plus ; privées de sang et d'oxygène, les cellules du myocarde meurent, libérant leurs enzymes cardiaques, qui détruisent le tissu environnant.

Les hommes sont atteints au moins deux fois plus souvent que les femmes, souvent avant 60 ans.

CAUSES

L'obstruction de l'artère coronaire est presque toujours due à la formation d'un thrombus (caillot) sur une plaque d'athérome, constituée de dépôts de cholestérol, contre la paroi artérielle interne. Cette affection survient le plus souvent chez des patients présentant des facteurs de risque tels que tabagisme, hypertension artérielle, taux de cholestérol supérieur à 2,40 grammes, diabète, sédentarité, surmenage professionnel.

SYMPTÔMES ET SIGNES

Dans environ la moitié des cas, l'infarctus du myocarde se produit après une période plus ou moins longue pendant laquelle le sujet souffre d'angine de poitrine (angor), crises douloureuses survenant soit à la marche, en particulier au froid et au vent, soit au repos, de préférence la nuit. Ces douleurs (sensations de serrement, de brûlures, parfois de broiement) sont ressenties derrière le sternum et peuvent irradier dans le bras gauche, vers la mâchoire, parfois dans le dos ; elles disparaissent en 2 ou 3 minutes.

Dans la moitié des cas, l'infarctus est inaugural, c'est-à-dire qu'il n'est précédé d'aucune manifestation douloureuse permettant de prévoir sa survenue. L'infarctus se manifeste par une violente douleur de même type que celle de l'angor, mais habituellement plus intense et plus longue (de plus de 30 minutes à plusieurs heures). Elle irradie souvent plus largement dans les deux bras, dans la mâchoire et dans le dos. Dans certains cas, la douleur s'associe à une hausse de la tension artérielle, suivie de sa baisse persistante. Dans les 24 à 36 heures apparaît une fièvre de moyenne intensité qui diminue progressivement.

Certains infarctus, dits « méconnus » ou « ambulatoires », ne se manifestent par aucun signe clinique ; ils ne sont détectés qu'accidentellement, à l'occasion d'un électrocardiogramme.

DIAGNOSTIC

Il est possible dès les premières heures grâce à deux examens complémentaires : d'une part le dosage, dans le sang, des enzymes cardiaques, qui met en évidence une augmentation de la créatine-kinase, enzyme libérée par les cellules du myocarde lorsqu'elles sont détruites ; d'autre part l'électrocardiogramme, qui montre des signes de souffrance aiguë du myocarde (ondes Q de nécrose) lors de l'arrêt du flux sanguin dans l'une des artères coronaires.

TRAITEMENT

Il a considérablement progressé au cours des quinze dernières années. Dès que l'on suspecte un infarctus, le patient doit être hospitalisé en urgence, mis sous surveillance électrocardiographique permanente et soumis à un traitement thrombolytique (injection d'une substance visant à détruire le caillot, comme la streptokinase ou l'urokinase) ; on lui administre également de la trinitrine, qui exerce un effet vasodilatateur sur les artères coronaires. D'autres médicaments (bêtabloquants, aspirine, héparine) sont associés par la suite afin de diminuer les besoins en oxygène du muscle cardiaque et de prévenir une récidive par formation d'un nouveau caillot.

Aujourd'hui, on insiste sur la précocité du traitement initial thrombolytique dans les 3 premières heures, qui peut être commencé au domicile du patient ou dans l'ambulance spécialisée de soins intensifs mobiles.

Parallèlement, une radiographie des artères coronaires (coronarographie) permet de décider d'une désobstruction chirurgicale de l'artère obstruée. Celle-ci est réalisée par angioplastie transcutanée : une sonde à ballonnet est introduite à travers la peau puis poussée dans la circulation artérielle jusqu'à la coronaire, qui est dilatée par gonflement du ballonnet avec mise en place d'un stent. La coronarographie présente en outre l'avantage de permettre un bilan des lésions ; si elle a révélé des lésions multiples (plusieurs artères rétrécies), un pontage aortocoronarien (greffe d'un fragment de veine ou d'artère entre l'aorte et l'artère coronaire, en aval de l'obstruction) peut être proposé.

Une hospitalisation pour infarctus s'étend, selon la gravité de l'accident, sur une période de 1 ou 2 semaines environ. Elle peut être suivie d'un séjour en maison de repos. La reprise des activités est le plus souvent possible de 6 semaines (pour un petit infarctus) à 3 mois après l'infarctus.

ÉVOLUTION

Elle dépend très largement de l'étendue de l'infarctus ; une mort subite peut survenir surtout pendant les premières heures qui suivent la crise, ce qui justifie une hospitalisation aussi rapide que possible. Des complications apparaissent parfois pendant les premiers jours : insuffisance cardiaque, troubles du rythme cardiaque, rupture d'un des deux piliers de la valvule mitrale ou, beaucoup plus rarement, perforation de la paroi cardiaque nécrosée.

PRÉVENTION

La prévention de l'infarctus du myocarde repose essentiellement sur la suppression des facteurs de risque : arrêt du tabac, traitement de l'hypertension artérielle, du diabète ou de l'hypercholestérolémie. Elle suppose également le traitement immédiat d'un éventuel angor ; un angor dit « instable », c'est-à-dire se manifestant par des douleurs fréquentes et persistantes, constitue une sérieuse menace d'infarctus et appelle une coronarographie, qui permettra de dresser le bilan nécessaire.

Infarctus osseux

Lésion du tissu osseux due à une obturation de l'artère irriguant la zone osseuse concernée.

Toutes les causes de thrombose (formation d'un caillot dans un vaisseau) artérielle peuvent être à l'origine d'un infarctus osseux.

L'infarctus osseux peut n'entraîner aucun trouble si le secteur de l'os atteint est réduit. Quand l'infarctus osseux se produit au voisinage d'une articulation, sur la tête du fémur ou le condyle du fémur par exemple, il entraîne en revanche une ostéonécrose (nécrose osseuse) provoquant une déformation de l'articulation, qui rend nécessaire la pose d'une prothèse et qui doit donc être traitée par chirurgie orthopédique.

Infarctus pulmonaire

Nécrose d'une partie plus ou moins importante du parenchyme (tissu fonctionnel) du poumon, liée à une obstruction brutale d'une branche de l'artère pulmonaire.

Un infarctus pulmonaire survient dans environ 10 % des cas d'embolie pulmonaire, dont il constitue une complication. Il est provoqué soit par un thrombus (caillot), soit par un embole (caillot ayant migré depuis un autre vaisseau de l'organisme). Les signes qui le caractérisent sont une douleur thoracique, une gêne respiratoire, une hémoptysie (crachats sanglants), associées à une fièvre.

Le traitement repose sur l'administration de médicaments anticoagulants.

Infectiologie

Ensemble des disciplines médicales consacrées à l'étude des maladies infectieuses.

Infection

Invasion d'un organisme vivant par des micro-organismes pathogènes (bactéries, virus, champignons, parasites).

Lors d'une infection, les micro-organismes pathogènes agissent en se multipliant (virulence) et éventuellement en sécrétant des toxines. Une infection peut être locale ou généralisée, exogène (provoquée par des germes provenant de l'environnement) ou endogène (germe issu du malade lui-même).

CAUSES

Une infection se développe lorsque les défenses naturelles de l'organisme ne peuvent l'en empêcher ; c'est le rapport entre la qualité des défenses immunitaires, plus ou moins compromises pendant un temps variable, et le pouvoir pathogène, plus ou moins marqué, du germe qui détermine l'apparition ou non de la maladie infectieuse.

Une infection opportuniste est une infection due à un micro-organisme ne provoquant pas de maladie chez le sujet bien portant mais devenant pathogène à la faveur d'une immunosuppression (altération des défenses immunitaires).

SYMPTÔMES ET SIGNES

Une infection généralisée se traduit par une fièvre élevée, des frissons et une altération de l'état général. Une infection locale engendre une inflammation de la région infectée, qui se traduit par une douleur, une rougeur, un œdème, la formation d'un abcès rempli de pus (infection à germes pyogènes), parfois une élévation de la température.

TRAITEMENT ET PRÉVENTION

On allie un traitement spécifique (antibactérien, antiviral, etc.) contre le micro-organisme en cause et un traitement des symptômes (fièvre, douleurs) ; dans les formes graves, une réanimation en service hospitalier peut être nécessaire.

La prévention repose sur une bonne hygiène (concernant les bactéries, les champignons, etc.) et sur la vaccination contre certains micro-organismes (bactéries, virus).

Infection hospitalière

→ VOIR Infection nosocomiale.

Infection nosocomiale

Infection contractée au cours d'une hospitalisation. SYN. *infection hospitalière.*

CAUSES

Les facteurs d'infection nosocomiale sont multiples et en constante évolution. Aujourd'hui, l'hôpital soigne des malades de plus en plus fragiles, exécute des actes chirurgicaux de plus en plus hardis et utilise des techniques de soins de plus en plus lourdes et invasives qui sont autant de portes d'entrée à l'infection (sondes vésicales, cathéters vasculaires, ventilation artificielle, etc.). Ainsi la fréquence d'apparition de ces infections est-elle variable selon le type des soins prodigués (plus élevée dans les services de soins intensifs, de réanimation), la longueur de l'hospitalisation (plus élevée dans les services de long séjour et de rééducation fonctionnelle en raison de la présence d'escarres, de sondes vésicales à demeure, qui les favorisent) et, enfin, selon la vulnérabilité des sujets : maladies aiguës graves, organisme fragilisé par le grand âge ou l'enfance, un cancer, l'alcoolisme chronique, l'immunosuppression liée au sida, aux chimiothérapies anticancéreuses ou aux greffes d'organes.

PRÉVENTION

Dans tous les cas, il importe d'assurer le contrôle et la surveillance des infections hospitalières afin de les ramener aux plus faibles taux possibles selon les secteurs d'activité. Ce taux apparaît effectivement comme un marqueur de la qualité et de la sécurité des soins ainsi que de l'hygiène d'un établissement (hôpital « propre »). Une bonne formation du personnel de soins, une stratégie de prévention et de contrôle des infections hospitalières, le respect des règles d'hygiène hospitalière selon les actes pratiqués (asepsie ou hygiène des soins en milieu septique) sont les pôles de la lutte contre l'infection hospitalière.

Infection urinaire

Présence de germes et de pus dans les voies urinaires.

Les infections urinaires sont extrêmement fréquentes. Chez l'enfant, elles sont le plus souvent provoquées par des anomalies congénitales (rétrécissement congénital de l'uretère, méga-uretère, reflux vésicorénal).

SYMPTÔMES ET SIGNES

Tous les organes génito-urinaires peuvent être atteints : testicule et épididyme (orchiépididymite), prostate (prostatite), urètre (urétrite), vessie (cystite), bassinet du rein (pyélonéphrite), etc. Les symptômes des infections urinaires dépendent de l'organe atteint. Le plus souvent, il s'agit de troubles de la miction : brûlures, douleurs, mictions fréquentes, voire, en cas d'infection d'un tissu (prostate, testicule, rein) ou de rétention d'urine infectée (dans la vessie, dans le rein), fièvre élevée, parfois associée à des frissons.

DIAGNOSTIC

Il repose sur l'examen cytobactériologique des urines (E.C.B.U.), qui permet de mettre en évidence le germe responsable – lequel est le plus souvent à Gram négatif (*Escherichia coli,* par exemple) et associé à de nombreux leucocytes altérés (pus) – et d'en effectuer la numération ; le nombre de germes doit être supérieur ou égal à 100 000 par millilitre d'urine pour affirmer la réalité de l'infection.

COMPLICATIONS

Si l'infection n'est pas traitée assez rapidement ou efficacement, des complications apparaissent parfois : abcès du testicule ou de la prostate chez l'homme, abcès du rein, pyonéphrose (suppuration du tissu rénal et des voies urinaires adjacentes), phlegmon périnéphrétique. En outre, l'infection peut être aggravée par un état pathologique préexistant tel que le diabète ou l'immunosuppression (sida).

TRAITEMENT

Il comporte une antibiothérapie choisie en fonction des résultats de l'antibiogramme ainsi que le traitement d'une éventuelle cause favorisante, sous peine de récidive de l'infection urinaire.

Il est possible, en cas de cystites récidivantes, de suivre une antibiothérapie préventive en prenant quotidiennement, ou tous les 2 ou 3 jours, des antibiotiques à faibles doses pendant plusieurs semaines, voire plusieurs mois de suite.

Infiltration thérapeutique

Injection à l'aide d'une aiguille d'une substance médicamenteuse ou anesthésique dans une structure anatomique délimitée.

Une infiltration a pour but de rendre la substance injectée, ainsi concentrée sur la région à traiter, plus efficace que si elle était administrée par voie générale. Certaines substances – comme l'acide osmique ou les substances radioactives, utilisés pour détruire une membrane synoviale malade – ne peuvent être administrées qu'en infiltration.

Les infiltrations sont simples à réaliser lorsque l'articulation est d'accès facile (genou, coude, canal carpien, etc.). Elles ne sont en général pas douloureuses. Une infiltration dans l'articulation de la hanche ou les disques intervertébraux, plus difficiles à atteindre, peut nécessiter un contrôle radiographique, la progression de l'aiguille étant suivie sur écran.

Infirmier

Personne habilitée à donner des soins sur prescription médicale ou en fonction de son rôle propre.

En Europe, les infirmiers reçoivent un enseignement spécifique dispensé en trois ans dans des écoles publiques ou privées et sanctionné par un diplôme d'État.

L'infirmier exerce ses fonctions dans des établissements d'hospitalisation publics ou privés, dans les services médicaux du travail, dans les écoles, des prisons, des dispensaires, des laboratoires et à domicile. En milieu hospitalier, il assure certains soins d'hygiène et de la vie courante avec la participation des aides-soignants placés sous sa responsabilité. Un infirmier peut, par une formation complémentaire, se spécialiser dans différents secteurs (anesthésie, réanimation, puériculture, salle d'opération).

Infirmité motrice cérébrale

État pathologique non évolutif et avec une déficience intellectuelle le plus souvent modérée, consécutif à une lésion cérébrale périnatale des centres moteurs.

CAUSES

Une infirmité motrice cérébrale (I.M.C.) survient le plus souvent au cours des derniers mois de la grossesse ou au moment de l'accouchement, parfois en période néonatale (premier mois de la vie). Elle est due aux souffrances périnatales, quelles qu'en soient les causes : infection survenue au cours de la grossesse, hypoxie ou anoxie (diminution ou suppression de l'oxygène dans les tissus) lors de l'accouchement ; infection du fœtus ; malformation cérébrale. Il arrive qu'aucune cause ne soit mise en évidence. Lorsqu'une infirmité motrice cérébrale intervient dans la petite enfance, elle s'explique par des affections acquises : une encéphalite, une méningite (infection des membranes protectrices de l'encéphale) ou un traumatisme crânien, par exemple.

SYMPTÔMES

Une infirmité motrice cérébrale se caractérise par une paralysie (diplégie, hémiplégie ou tétraplégie), des mouvements involontaires et anormaux, une perte de l'équilibre, une absence de coordination dans les mouvements et parfois par des troubles neurologiques, sensitifs, sensoriels, mentaux ou nerveux (troubles de l'audition, crises d'épilepsie). Le degré d'incapacité est extrêmement variable et va d'une légère maladresse dans les mouvements de la main et dans la démarche à une immobilité complète.

DIAGNOSTIC

Les lésions cérébrales responsables d'une infirmité motrice cérébrale peuvent être mises en évidence par les nouvelles techniques d'imagerie médicale, telle l'imagerie à résonance magnétique (I.R.M.).

TRAITEMENT ET PRONOSTIC

Il n'existe pas actuellement de traitement de cette maladie. Le sujet atteint peut cependant progresser dans le contrôle des muscles et le maintien de l'équilibre grâce à la physiothérapie et dans la maîtrise du langage grâce à l'orthophonie.

Les sujets présentant une infirmité motrice cérébrale peuvent, le plus souvent, mener une vie proche de la normale.

→ voir Handicap.

Inflammation

Réaction localisée d'un tissu, consécutive à une agression (blessure, infection, irradiation, etc.).

Une inflammation se manifeste par quatre signes principaux : rougeur, chaleur, tuméfaction (gonflement), douleur. Lorsqu'un tissu subit une agression, des cellules spécialisées, les mastocytes, libèrent de l'histamine et de la sérotonine, qui stimulent la vasodilatation dans la partie affectée, ce qui provoque rougeur et chaleur. Les capillaires (petits vaisseaux sanguins), surchargés, laissent échapper du liquide, qui s'infiltre dans les tissus, y entraînant un gonflement et causant une sensation douloureuse, provoquée par la stimulation des terminaisons nerveuses locales.

L'inflammation s'accompagne généralement d'une accumulation de globules blancs qui contribuent à l'assainissement et à la restauration des tissus endommagés. Elle constitue donc une réaction de défense de l'organisme contre les agressions. Lorsque l'inflammation est trop importante pour régresser spontanément, on la combat avec des corticostéroïdes ou des anti-inflammatoires non stéroïdiens.

Inflammatoire

Qui est caractérisé ou causé par une inflammation.

Infrarouge

Rayonnement situé, dans le spectre électromagnétique, immédiatement après la bande rouge du spectre visible de la lumière. Les rayons infrarouges sont utilisés pour leur action thermogène dans le traitement d'appoint de certaines affections : ils calment les douleurs rhumatismales, les lumbagos et les douleurs intercostales, activent la circulation, améliorent les troubles circulatoires cutanés et favorisent le processus de cicatrisation.

Inhalation

Absorption de certains médicaments par les voies respiratoires.

DIFFÉRENTS TYPES D'INHALATION

■ L'inhalation d'un aérosol permet l'absorption des particules liquides de la substance thérapeutique, insufflée directement dans le nez et l'arrière-bouche.

■ L'inhalation par fumigation consiste à respirer la vapeur d'eau dégagée par une décoction de plantes comme l'eucalyptus ou par un mélange d'eau bouillante et d'essence balsamique. Les essences balsamiques les plus courantes et les plus efficaces sont le menthol et le benjoin.

INDICATIONS

Une inhalation permet la désinfection et la décongestion du nez et des sinus au cours des rhumes et des sinusites. Dans le cas d'une laryngite, l'inhalation d'un antiseptique complète un traitement anti-inflammatoire.

MODE D'ADMINISTRATION

Un inhalateur ou un bol recouvert d'un cône troué en métal émaillé ou en papier, dans lequel le sujet introduit le nez et la bouche, permettent de réaliser une inhalation.

Inhibiteur calcique

Médicament capable de s'opposer à l'entrée du calcium dans les cellules. SYN. *antagoniste du calcium*.

MÉCANISME D'ACTION

Les inhibiteurs calciques agissent en modifiant la contraction musculaire des artères.

Ils ralentissent aussi la transmission de l'influx nerveux vers le muscle cardiaque, ce qui corrige certaines arythmies (troubles du rythme du cœur).

INDICATIONS

Cette classe de médicaments est utilisée dans le traitement de l'insuffisance coronarienne (notamment pour l'angine de poitrine et les douleurs cardiaques) et de l'hypertension artérielle.

CONTRE-INDICATIONS

Les inhibiteurs calciques sont déconseillés quand le malade souffre d'insuffisance cardiaque et quand il a des troubles de conduction, c'est-à-dire de la transmission des influx électriques entre les oreillettes et les ventricules. Certaines associations avec des médicaments actifs sur le cœur (antiarythmiques, dérivés nitrés, bêtabloquants, digitaliques) sont toujours délicates et étroitement surveillées.

EFFETS INDÉSIRABLES

Comme les inhibiteurs calciques augmentent le débit sanguin dans les tissus, d'éventuels maux de tête, bouffées de chaleur, vertiges (en station debout) peuvent survenir mais disparaissent souvent avec la poursuite du traitement. Ils entraînent aussi parfois des œdèmes (gonflement) des jambes et une hypotension artérielle.

Inhibiteur de la coagulation

Substance naturelle ou médicamenteuse susceptible d'arrêter ou de ralentir le processus de coagulation.

Parmi les molécules anticoagulantes physiologiques (inhibitrices de la coagulation), on trouve l'antithrombine III, les protéines C et S et l'inhibiteur de la voie extrinsèque. Leur déficit provoque la formation de caillots dans le système veineux (embolie pulmonaire, phlébite) et parfois aussi dans le système artériel.

Les effets néfastes dus aux déficits des inhibiteurs de la coagulation sont prévenus par la prise orale d'anticoagulants.

Des substances médicamenteuses anticoagulantes (héparine, antivitamines K) sont destinées à empêcher la coagulation chez des patients qui ont des risques de thrombose (phlébite, immobilisation prolongée, port de prothèse valvulaire cardiaque).

Inhibiteur enzymatique

Substance, médicamenteuse ou non, réduisant l'activité des enzymes hépatiques qui interviennent dans le métabolisme (dégradation) d'autres substances médicamenteuses.

En thérapeutique, certains inhibiteurs enzymatiques sont utilisés, par exemple, dans les pancréatites aiguës pour réduire la sécrétion pancréatique.

Inhibiteur de l'enzyme de conversion

Médicament capable de bloquer l'action de l'enzyme qui transforme l'angiotensine I (protéine présente dans le sang), inactive, en une forme active, l'angiotensine II.

INDICATIONS

Les inhibiteurs de l'enzyme de conversion, ou I.E.C., sont utilisés dans le traitement de l'hypertension artérielle et de l'insuffisance cardiaque. Leur intérêt protecteur dans les suites d'un infarctus du myocarde a également été mis en évidence.

CONTRE-INDICATIONS ET MODE D'ADMINISTRATION

Ces médicaments sont contre-indiqués en cas d'allergie au produit et en cas de grossesse. L'administration est orale, parfois associée à la prescription d'un diurétique, ce qui suppose une surveillance de la fonction rénale.

EFFETS INDÉSIRABLES

Ce sont essentiellement des étourdissements, des maux de tête, une fatigue, une toux ; plus rarement des nausées, une diarrhée, des palpitations, des réactions allergiques, une chute brutale de la tension artérielle, une insuffisance rénale, qui peuvent imposer la réduction des doses ou l'arrêt de la prise du médicament.

Inhibiteur de la monoamine oxydase

Médicament utilisé soit comme antidépresseur, soit comme antiparkinsonien.

FORMES PRINCIPALES ET MÉCANISME D'ACTION

Les inhibiteurs de la monoamine oxydase (I.M.A.O.) sont principalement représentés par l'iproniazide, la nialamide et la toloxatone. La monoamine oxydase, dont ils inhibent la synthèse, est une enzyme qui empêche la dégradation des catécholamines du cerveau et du système sympathique (adrénaline, noradrénaline, sérotonine, phényl-éthylamine).

INDICATIONS ET CONTRE-INDICATIONS

Les inhibiteurs de la monoamine oxydase sont indiqués dans le traitement des dépressions qui résistent aux antidépresseurs imipraminiques, appelés tricycliques (I.M.A.O. A et non sélectifs), et dans celui de la maladie de Parkinson et des syndromes parkinsoniens (I.M.A.O. B).

Ils sont contre-indiqués en cas de délire, d'état maniaque, d'antécédents vasculaires cérébraux – surtout chez les personnes âgées –, d'atteinte hépatique grave, d'anesthésie générale.

EFFETS INDÉSIRABLES

On peut observer une hypotension orthostatique (étourdissements au lever et en position debout) mais aussi des crises hypertensives, des troubles neurologiques (hyperréflexivité, polynévrite, convulsions), des insomnies, voire une forme grave d'hépatite, dite fulminante.

INTERACTIONS ET PRÉCAUTIONS D'EMPLOI

En principe, aucun médicament ne doit être associé aux inhibiteurs de la monoamine oxydase. Les boissons alcoolisées et les aliments renfermant des amines biogènes (fromages fermentés, banane, foie de volaille, vin rouge, etc.) sont à proscrire en raison du risque d'hypertension qu'ils entraînent.

Inhibiteur de la synthèse de l'acide urique

Médicament hypo-uricémiant, qui diminue la synthèse de l'acide urique dans le foie, le rein et la muqueuse intestinale.

FORMES PRINCIPALES ET MÉCANISMES D'ACTION

Les inhibiteurs de l'acide urique sont l'allopurinol et le thiopurinol. L'allopurinol est un inhibiteur de la xanthine oxydase, enzyme permettant la transformation des bases puriques (substances azotées) et, plus particulièrement, la conversion de l'hypoxanthine en xanthine puis en acide urique. Le thiopurinol exerce un effet inhibiteur rétroactif (après métabolisation) sur les précurseurs de l'hypoxanthine. Ces médicaments sont administrés tous deux par voie orale.

INDICATIONS ET CONTRE-INDICATIONS

Les inhibiteurs de la synthèse de l'acide urique sont indiqués dans le traitement de fond de la goutte et de l'hyperuricémie asymptomatique. Ils sont contre-indiqués en cas de grossesse.

EFFETS INDÉSIRABLES ET PRÉCAUTIONS D'EMPLOI

La lithiase urinaire, rare, des réactions allergiques cutanées, des troubles digestifs, des maux de tête, des vertiges, une gynécomastie (développement des seins chez l'homme) peuvent survenir. L'administration d'un autre médicament antigoutteux, la colchicine, permet de prévenir les accès de goutte en début de traitement.

Injection

Introduction sous pression d'un liquide ou d'un gaz dans l'organisme.

Une injection se fait avec une sonde, une canule ou une seringue munie d'une aiguille. Elle exige une asepsie ou une antisepsie rigoureuses, la stérilisation du matériel d'injection devant être parfaite. Aujourd'hui, le matériel d'injection utilisé est à usage unique et présenté le plus souvent en conditionnement stérile.

Les injections permettent d'obtenir l'action rapide d'un médicament et aussi d'administrer des produits qui seraient mal tolérés sous une autre forme à des doses importantes.

Injection intradermique

Introduction par piqûre, à l'aide d'une aiguille, d'un liquide (médicament, vaccin, allergène, etc.) dans le derme.

INDICATIONS

Une injection intradermique permet de procéder à des vaccinations (B.C.G., contre la tuberculose, par exemple), de déceler une allergie en faisant des tests de sensibilité aux allergènes, de réaliser des intradermoréactions (I.D.R.) utiles au diagnostic de maladies comme la tuberculose, la brucellose, la lèpre, la tularémie, etc.

PRÉPARATION ET DÉROULEMENT

Une injection intradermique exige des précautions d'asepsie : lavage des mains et désinfection du lieu d'injection à l'éther éthylique ou à l'alcool. L'injection se pratique dans la face intérieure de l'avant-bras, en étirant la peau du patient et en y introduisant l'aiguille sans franchir la limite du derme. La technique d'injection étant assez fine, ce type de piqûre doit être fait par un personnel spécialisé (médecins ou infirmières). Le produit s'injecte lentement avec une seringue d'une contenance de 1 à 2 millilitres, à aiguille courte et à biseau long. La peau se soulève, forme une papule et prend la contexture d'une peau d'orange lorsque l'injection a été bien faite.

Injection intramusculaire

Introduction par piqûre d'un médicament liquide dans l'épaisseur d'un muscle.

INDICATIONS

Une injection intramusculaire, utilisée notamment dans les cas d'administration de produits comme les solutions huileuses (relativement douloureuses), permet une action plus rapide et plus précise du médicament que l'administration par voie orale, mais moins rapide et moins précise que par voie veineuse.

PRÉPARATION ET DÉROULEMENT

L'injection se pratique dans une région où les muscles sont épais, en dehors du trajet des gros vaisseaux et des nerfs importants, le plus souvent dans la fesse. Pour éviter le nerf sciatique, la piqûre doit être faite dans le quadrant supéroexterne de la fesse.

Les aiguilles, longues de 6 à 8 centimètres — davantage pour les solutions huileuses —, sont fines avec un biseau long. L'utilisation d'un matériel d'injection jetable est devenue habituelle.

L'aiguille est enfoncée perpendiculairement, d'un coup sec, afin d'éviter la douleur. Il importe de vérifier que le sang ne coule pas et donc que l'aiguille n'a pas pénétré dans un vaisseau sanguin. Il est bon d'alterner systématiquement les côtés piqués pour limiter le risque de formation de petits hématomes ou de petites indurations, susceptibles de survenir lors de longues séries d'injections et traitées par application de compresses chaudes plusieurs fois par jour.

Injection intraveineuse

Introduction d'un liquide dans une veine par piqûre.

INDICATIONS

Une injection intraveineuse, en introduisant directement le médicament dans la circulation sanguine, permet une action thérapeutique diffusée à tout l'organisme, plus intense et plus rapide que par les autres voies. Elle s'utilise aussi lorsque les produits prescrits sont irritants et donc peu adaptés à l'injection intramusculaire.

PRÉPARATION ET DÉROULEMENT

Une injection intraveineuse exige des connaissances anatomiques précises (distinction entre veines et artères, localisation des veines, etc.) et ne peut être pratiquée que par un personnel spécialisé, médecins ou infirmières diplômées.

L'injection se fait le plus souvent dans le pli du coude, où les veines sont plus apparentes qu'aux autres endroits du corps, mais elle peut aussi être faite dans les veines de l'avant-bras ou du dessus de la main.

L'injection nécessite la pose d'un garrot, destiné à faire saillir la veine et enlevé sitôt la veine piquée, ce dont témoigne l'arrivée de sang dans la seringue. Une injection intraveineuse se fait très lentement avec des seringues de 5 à 10 millilitres et des aiguilles de 4 à 5 centimètres de long, à biseau court. L'injection une fois terminée et l'aiguille retirée, une pression de trois à quatre minutes sur le lieu d'injection se révèle nécessaire afin d'éviter une ecchymose.

Injection sous-cutanée

Introduction par piqûre d'un liquide sous la peau. SYN. *injection hypodermique.*

INDICATIONS

Une vaccination antitétanique ou antigrippale, une injection d'insuline, d'anticoagulant ou d'anesthésique local se font par une injection sous-cutanée, qui permet une diffusion progressive du produit.

PRÉPARATION ET DÉROULEMENT

Une injection sous-cutanée peut être réalisée par un personnel non médical ou par le patient lui-même. On vérifie auparavant qu'il n'y a pas d'air dans la seringue en chassant quelques gouttes du produit. L'injection se fait dans la face externe du bras ou de la cuisse, dans l'abdomen ou en regard de l'omoplate.

La peau est maintenue entre le pouce et l'index et forme un pli cutané dans lequel l'aiguille est enfoncée rapidement, perpendiculairement à la peau. Le liquide doit être injecté lentement avec des seringues jetables de 2 à 10 millilitres de volume et des aiguilles à biseau long, longues de 2 à 5 centimètres. Après l'injection, l'aiguille est retirée rapidement. En cas de traitements prolongés (traitement à l'insuline pour les diabétiques par exemple), on diversifie les points d'injection afin d'éviter des complications locales (lipodystrophies, c'est-à-dire boules de graisse sous la peau, par exemple). Il existe des boîtes en plastique munies de trous qui permettent de détacher ensuite l'aiguille de la seringue sans risque de se piquer. Dans certains pays, comme la France, les aiguilles doivent ensuite être incinérées.

Inlay dentaire

Bloc s'incrustant exactement dans une cavité dentaire préalablement nettoyée et taillée (zone cariée, par exemple) afin de reconstituer la forme anatomique de la dent.

Un inlay dentaire permet de consolider une dent ou de la restaurer si elle est très délabrée.

Insecticide

Produit d'origine synthétique ou végétale utilisé pour détruire les insectes.

Les insecticides peuvent être responsables d'intoxications graves par absorption accidentelle, par inhalation ou par contact.

Les signes varient selon la famille d'insecticide en cause et peuvent être digestifs (vomissements, diarrhée, douleurs), cardiaques (accélération, ralentissement, irrégularité du rythme), neurologiques (troubles des mouvements, convulsions).

TRAITEMENT ET PRÉVENTION
En attendant le médecin, il ne faut pas tenter de faire boire le malade ni de le faire vomir. Après lavage de la peau ou des yeux à grande eau, ou après lavage gastrique, le traitement est celui des symptômes (assistance respiratoire, anticonvulsivants), car les antidotes sont d'efficacité relative (atropine et pralidoxime contre les organophosphorés). La prévention repose sur la conservation des produits hors de la portée des enfants et sur le strict respect des modes d'emploi.

Insémination artificielle

Technique de procréation médicalement assistée utilisée dans certains cas de stérilité de couple.

DIFFÉRENTS TYPES D'INSÉMINATION ARTIFICIELLE
L'insémination artificielle ne peut être pratiquée que si l'appareil génital de la femme (cavité utérine, trompes de Fallope, ovaires) ne présente pas d'anomalie. La principale condition est la perméabilité des trompes. L'insémination s'effectue avec le sperme du conjoint ou celui d'un donneur. Cette technique de procréation est pratiquée dans de nombreux pays industrialisés.

■ L'insémination avec le sperme du conjoint se pratique dans deux cas : lorsque la glaire cervicale de la femme est défectueuse (absence de glaire ou composition nuisible aux spermatozoïdes) ou lorsque la stérilité est due à un défaut du sperme (manque de mobilité ou nombre insuffisant de spermatozoïdes). Le sperme, recueilli par masturbation, est utilisé frais ou congelé.

■ L'insémination avec donneur (I.A.D.) est indiquée en cas d'altération irréversible de la production de spermatozoïdes du conjoint, de maladie génétique ou transmissible. Elle utilise des paillettes de sperme congelé fournies par une banque de sperme et choisies selon des critères de ressemblance avec le conjoint (type physique, couleur des yeux, des cheveux) et des critères de compatibilité sanguine avec la femme. Les donneurs, dont l'anonymat est absolu dans certains pays (France, Belgique), facultatif dans d'autres (Canada) ou non encore réglementé (Suisse), doivent répondre, dans la plupart des pays, à des critères d'âge, de condition physique et de qualité du sperme.

TECHNIQUE
Elle consiste à injecter ou à déposer le sperme frais ou les paillettes de sperme

congelé avec un pistolet d'insémination ou un cathéter, soit au niveau de l'orifice interne du col, dans la glaire cervicale (insémination intracervicale), soit dans la cavité utérine (insémination intracorporéale), durant la période du cycle menstruel la plus favorable à la fécondation. Ce cycle peut être naturel ou stimulé par des injections hormonales. Dans ce dernier cas, le taux de réussite est accru mais il y a un risque plus élevé de grossesse multiple. L'insémination artificielle se pratique dans des centres spécialisés, en consultation et sans hospitalisation.

RÉSULTATS
Les chances d'obtenir une grossesse dans les 6 mois qui suivent l'insémination, au rythme d'un essai par mois, sont d'environ 65 % avec du sperme frais. Elles sont de 55 % avec du sperme congelé.

Insolation

État pathologique consécutif à une exposition trop prolongée au soleil.

Une insolation se traduit par des brûlures de la peau (coup de soleil) ou des yeux et par des symptômes dus à l'élévation de la température dans les centres nerveux (coup de chaleur).

Dans les formes graves, la température élevée et le pouls rapide (tachycardie) s'accompagnent de maux de tête et de ventre, de vertiges, de nausées, de vomissements et d'éblouissements. Un délire, des convulsions et même un coma peuvent survenir.

L'étendue des brûlures de la peau – au premier ou au deuxième degré – détermine la gravité du coup de soleil. Les lésions oculaires peuvent aller de la conjonctivite à des altérations de la rétine, qui sont parfois irréversibles.

TRAITEMENT
Le sujet doit être étendu dans un endroit frais et boire, s'il est conscient, une solution d'eau salée (une demi-cuillerée à café de sel par litre d'eau froide). En cas de troubles de la conscience, il sera placé en position latérale de sécurité en attendant les soins médicaux et son réveil. L'évolution conduit en général à la récupération complète en quelques heures.
→ VOIR Chaleur (coup de).

Instillation

Méthode thérapeutique consistant à introduire goutte à goutte une solution médicamenteuse dans un conduit naturel (oreille, nez, trachée, urètre) ou dans une cavité de l'organisme (vessie) pour laver, désinfecter et traiter ce conduit ou cette cavité.

Insuffisance aortique

Défaut de fermeture de la valvule aortique en diastole qui se traduit par un reflux de sang de l'aorte vers le ventricule gauche.

CAUSES
Elles sont multiples. L'insuffisance aortique peut être consécutive à un rhumatisme articulaire aigu : très fréquent dans les pays en voie de développement, celui-ci tend à se raréfier dans les pays industrialisés.

Parmi les autres causes, on retient l'endocardite bactérienne (infection microbienne atteignant directement la valvule), la dissection aortique (le sang pénètre anormalement dans l'épaisseur de la paroi aortique, qu'il sépare en deux), l'anévrysme de l'aorte initiale.

SYMPTÔMES ET SIGNES
L'insuffisance aortique peut ne causer aucun symptôme : parfois, lors d'un examen médical de routine, le médecin entend un souffle diastolique (bruit anormal perçu pendant la diastole, lors de la phase de relaxation, après le 2e bruit) peu intense, au cœur, un peu à gauche du sternum.

Le cœur compense le reflux de sang dans le ventricule gauche en travaillant plus intensément. Il s'hypertrophie et se dilate progressivement mais, quand ses facultés d'adaptation sont dépassées, sa force contractile diminue et des signes d'insuffisance cardiaque gauche apparaissent.

TRAITEMENT
Lorsque l'insuffisance aortique est minime ou modérée et sans symptômes, aucun traitement n'est nécessaire. Une simple surveillance cardiologique est requise. Le malade doit suivre un régime hyposodé (peu

salé), diminuer nettement les efforts physiques, avoir un rythme de vie plus réglé. Lorsqu'elle est importante, présentant des symptômes ou évolutive, le traitement impose un remplacement de la partie déficiente de l'aorte par une valve mécanique ou une prothèse.

Insuffisance artérielle mésentérique

Déficit de l'apport sanguin dans les artères cœliaque et mésentériques irriguant l'intestin grêle et le côlon (gros intestin).

L'insuffisance artérielle mésentérique, peu fréquente, est essentiellement due à la présence de plaques d'athérome sur les parois des artères.

■ Dans l'intestin grêle, l'insuffisance artérielle se manifeste par un angor abdominal (douleurs intenses survenant lors de la digestion).

Le traitement consiste en un rétablissement chirurgical du calibre vasculaire par angioplastie ou intervention directe sur l'artère.

■ Dans le côlon, l'insuffisance vasculaire se manifeste par des douleurs abdominales accompagnées de diarrhée sanglante. Elle évolue en général favorablement sans traitement mais nécessite parfois une intervention d'urgence (résection chirurgicale du segment atteint).

→ VOIR Infarctus mésentérique.

Insuffisance cardiaque

Incapacité du cœur à assumer sa fonction de pompe et de propulsion du sang. SYN. *défaillance cardiaque*.

CAUSES

L'insuffisance cardiaque est la complication d'une maladie cardiaque. Elle peut toucher le cœur gauche, le cœur droit ou les deux.

L'insuffisance cardiaque (ou ventriculaire) gauche peut être consécutive à une hypertension artérielle, à une atteinte valvulaire (rétrécissement ou insuffisance aortique ou mitrale), à une maladie cardiaque congénitale telle que la coarctation aortique (étroitesse de l'isthme de l'aorte), à une cardiopa-

thie ischémique (diminution ou arrêt de la circulation sanguine dans une ou plusieurs artères du cœur), à une myocardiopathie (maladie du muscle cardiaque).

Un trouble du rythme, une anémie profonde, une hyperthyroïdie peuvent aussi favoriser l'apparition d'une insuffisance cardiaque.

L'insuffisance cardiaque gauche comporte une hypertension et une stase du sang dans les poumons (œdème pulmonaire), responsable d'une gêne respiratoire parfois intense à l'effort puis au repos.

L'insuffisance cardiaque (ou ventriculaire) droite est le plus souvent consécutive à une hypertension artérielle pulmonaire (augmentation de la pression dans les artères pulmonaires), elle-même causée par une affection pulmonaire (bronchite chronique avec emphysème, embolie pulmonaire). Elle peut également être due à une cardiopathie congénitale (communication interventriculaire ou interauriculaire, rétrécissement pulmonaire).

Une insuffisance ventriculaire gauche peut se compliquer d'une insuffisance ventriculaire droite et ainsi créer une insuffisance cardiaque globale.

SYMPTÔMES ET SIGNES

La fatigue est un signe fréquent de l'insuffisance cardiaque. L'insuffisance cardiaque gauche provoque une gêne respiratoire (dyspnée). Au début, cette gêne s'observe seulement pendant ou après l'exercice physique (dyspnée d'effort), puis elle s'intensifie et finit par persister même au repos. Le malade dort assis dans son lit pour mieux respirer (dyspnée de décubitus). Il peut être réveillé la nuit par une crise d'œdème aigu pulmonaire (inondation brutale des alvéoles et du tissu interstitiel des poumons par du plasma sanguin) avec gêne respiratoire aiguë, respiration bruyante, sueurs et expectoration mousseuse. Cette crise nécessite un traitement d'urgence.

L'insuffisance cardiaque droite crée une hyperpression dans le système veineux, responsable d'une dilatation des veines jugulaires au cou, d'une augmentation de volume du foie (foie cardiaque), d'œdèmes des chevilles et des jambes, parfois d'une gêne abdominale et de troubles digestifs.

TRAITEMENT

Le traitement est celui des symptômes et, si possible, celui de la cause. Il comprend le repos au lit en position assise et le strict respect d'un régime alimentaire pauvre en sel. Le malade reçoit des diurétiques, destinés à soulager l'organisme de son excès de rétention d'eau et de sel et qui diminuent le volume de sang circulant. Dans certains cas, des vasodilatateurs (facilitant le travail du cœur) ou des digitaliques (tonicardiaques) sont administrés : ils entraînent une nette amélioration en quelques heures. Les inhibiteurs de l'enzyme de conversion améliorent la survie.

Une fois l'insuffisance cardiaque contrôlée, il faut s'attaquer à sa cause. Une maladie valvulaire peut être corrigée chirurgicalement, une cardiopathie ischémique traitée par pontage aortocoronaire ou par angioplastie coronaire transcutanée.

De nombreuses autres causes sont également accessibles au traitement médical : l'hypertension artérielle et les arythmies. Les communications interauriculaires et interventriculaires sont fermées par une intervention chirurgicale à cœur ouvert. La prévention, essentielle, consiste à surveiller toute maladie du cœur avant l'apparition de l'insuffisance cardiaque et à mettre en œuvre un traitement aux premiers stades de celle-ci. Lorsque l'insuffisance cardiaque est due à une affection du myocarde (muscle du cœur) évoluant depuis longtemps (myocardiopathie, essentiellement) ou à une maladie pulmonaire chronique, le pronostic est, en général, moins favorable.

Insuffisance coronarienne

Incapacité des artères coronaires à fournir l'apport en sang oxygéné correspondant aux besoins du cœur. SYN. *cardiopathie ischémique, maladie coronarienne.*

DIFFÉRENTS TYPES D'INSUFFISANCE CORONARIENNE

Ce manque d'adaptation entre les besoins et les apports en sang oxygéné peut résulter de deux mécanismes différents. Une insuffisance coronarienne primaire (de cause inconnue) se traduit par une baisse du débit sanguin dans les artères coronaires. Une insuffisance coronarienne secondaire (dont la cause est connue) correspond à une augmentation des besoins en oxygène, au cours d'un effort physique par exemple, et à une impossibilité pour le cœur d'apporter ce supplément d'oxygène.

FRÉQUENCE

Dans les pays industrialisés, l'insuffisance coronarienne est une coronaropathie (affection des artères coronaires) extrêmement répandue. En France, elle représente la première cause de décès. Un grand nombre d'entre eux surviennent brutalement chez des hommes et des femmes d'âge moyen, par ailleurs en bonne santé, mais la plupart concernent des sujets de plus de 65 ans.

CAUSES

L'origine la plus courante d'une insuffisance coronarienne est le développement d'une athérosclérose. Dans ce cas, les artères coronaires sont progressivement obstruées par des plaques d'un dépôt graisseux riche en cholestérol, l'athérome. Un thrombus (caillot sanguin), formé au contact de la surface rugueuse de ces plaques, peut ensuite aggraver le rétrécissement coronarien jusqu'à l'occlusion coronarienne.

Les causes de l'athérome sont nombreuses et liées entre elles. Les principaux facteurs de risque de l'athérosclérose sont les prédispositions génétiques, des maladies comme le diabète sucré, l'hypertension artérielle ou un mode de vie caractérisé par le tabagisme, le manque d'exercice physique, l'excès de poids, enfin une alimentation riche en produits laitiers et en graisses animales, qui provoque une élévation excessive du taux de cholestérol dans le sang.

L'influence de la personnalité, du comportement et du stress est encore controversée. Certains médecins pensent que les infarctus du myocarde sont plus fréquents chez les sujets ayant une personnalité de « type A » (toujours pressés, ils surveillent l'heure, supportent mal les retards et interrompent les autres au milieu de leurs phrases), actifs et entreprenants. On sait, en outre, que les infarctus surviennent plus fréquemment chez les sujets déprimés après la mort d'un parent proche ou après la perte d'un travail, par exemple.

D'autres mécanismes réduisent l'apport d'oxygène au cœur : une atteinte des petits vaisseaux (microangiopathie) coronaires comme dans le diabète, un épaississement des parois cardiaques, une baisse de l'oxygène contenu dans le sang ou une incapacité du muscle cardiaque à extraire cet oxygène par exemple.

SYMPTÔMES ET SIGNES

L'athérome des coronaires reste longtemps sans aucun symptôme. Il peut se révéler soit par une angine de poitrine, soit par un infarctus du myocarde.

L'angine de poitrine apparaît quand le myocarde doit fournir un travail plus intense et qu'il ne reçoit pas assez de sang pour l'effort exigé. Si, par exemple, la vascularisation d'une région du myocarde est complètement interrompue par un caillot, un infarctus se produit (thrombose coronarienne ou encore « crise cardiaque »), entraînant la mort (nécrose) de cette partie de myocarde. Le symptôme principal de l'infarctus est une douleur intense qui ressemble à celle de la douleur de l'angine de poitrine mais n'est pas soulagée par le repos ni obligatoirement déclenchée à l'effort. Le malade peut avoir froid, transpirer, se sentir faible et nauséeux, parfois perdre connaissance.

L'angine de poitrine et l'insuffisance coronarienne peuvent entraîner des troubles de conduction cardiaque ou des troubles du rythme tels qu'une arythmie (irrégularité des battements cardiaques), dont les degrés divers vont des extrasystoles (contractions prématurées) à la tachycardie (accélération du cœur) et à la fibrillation ventriculaire (trémulation inefficace du myocarde). Cette dernière entraîne rapidement une perte de conscience et la mort si elle n'est pas corrigée dans les minutes qui suivent par une défibrillation électrique (interruption de contractions anormales, non coordonnées et continues du cœur à l'aide d'un choc électrique appliqué sur le thorax).

DIAGNOSTIC ET EXAMENS

Une insuffisance coronarienne peut se traduire par des symptômes typiques. Le diagnostic ne fait alors aucun doute. Des examens complémentaires le confirment : électrocardiographie, lorsqu'on suspecte un infarctus du myocarde, mesure dans le sang du taux des créatines-kinases et des transaminases ALAT et ASAT (enzymes libérées à partir de la zone de nécrose du myocarde), par exemple. Un malade qui présente des crises intermittentes d'angine de poitrine doit être surveillé par des examens électrocardiographiques pratiqués au repos et à l'effort (épreuve d'effort sur bicyclette ou tapis roulant sous surveillance médicale).

TRAITEMENT

L'angine de poitrine bénéficie de toute une gamme de médicaments qui améliorent la circulation coronaire et/ou qui réduisent le travail du cœur pendant l'activité physique. Parmi ces médicaments, on trouve la nitroglycérine et d'autres dérivés nitrés, les bêtabloquants, les vasodilatateurs et les inhibiteurs calciques. Les arythmies sont traitées par des antiarythmiques spécifiques.

En cas de défaillance cardiaque, des vasodilatateurs ou des digitaliques peuvent renforcer l'action du muscle cardiaque.

En cas d'échec du traitement médical ou de lésions très sévères des artères coronaires, la vascularisation myocardique peut être améliorée par un pontage aortocoronarien ou par une angioplastie transluminale percutanée (dilatation par ballonnet de la coronaire rétrécie).

Un infarctus du myocarde est une urgence qui doit être traitée en milieu hospitalier. Des thrombolytiques peuvent être administrés pour tenter de dissoudre les caillots. Ultérieurement, l'artère responsable de l'infarctus peut être dilatée par angioplastie ou court-circuitée par un pontage. Parfois, le traitement vise simplement à permettre au cœur de cicatriser spontanément.

PRÉVENTION

L'insuffisance coronarienne est une maladie de l'âge mûr et de la vieillesse, mais ses bases se préparent pendant l'adolescence et chez l'adulte jeune.

On peut réduire considérablement les risques en modifiant le style de vie. Ne jamais fumer, faire régulièrement de l'exercice physique, conserver un poids et une tension artérielle normaux, suivre un régime alimentaire sain permettent d'être moins exposé au risque de maladie coronaire jusqu'à un âge avancé.

PRONOSTIC

Une fois les symptômes présents, le traitement peut faire beaucoup pour enrayer leur aggravation. Les études statistiques portant sur les patients traités par pontage aortocoronarien révèlent que 80 à 90 % d'entre eux sont encore vivants cinq ans après l'opération. Le taux de survie est meilleur encore lorsque la maladie est peu évoluée, ne nécessitant qu'un traitement médical. Il est nettement plus élevé chez les patients qui cessent de fumer.

→ VOIR Angor, Athérosclérose, Infarctus du myocarde.

Insuffisance hépatocellulaire

Ensemble des manifestations cliniques et biologiques dues à une diminution importante de la masse des cellules hépatiques.

Dans le langage commun, on parle d'insuffisance hépatique pour désigner des troubles qui n'ont aucun rapport avec le foie : migraines, digestions difficiles, éruptions cutanées.

CAUSES

L'insuffisance hépatocellulaire a des causes variées : hépatites aiguës ou chroniques, cirrhoses, tumeurs détruisant le foie.

SYMPTÔMES ET SIGNES

■ À un niveau modéré, l'insuffisance hépatocellulaire se traduit par des signes peu spécifiques : asthénie, fatigabilité, somnolence, amaigrissement.

■ À un stade plus avancé apparaissent une multitude de troubles : ictère, troubles de l'hémostase (petites hémorragies), troubles nerveux allant de la somnolence au coma (encéphalopathie hépatique) avec un tremblement particulier, l'astérixis. Il existe également des troubles endocriniens : dépilation, diminution de la libido, infertilité. Les paumes de la main sont rouges et couvertes de petits angiomes stellaires (taches rouges en forme d'étoile). Les perturbations du fonctionnement rénal se traduisent par une

rétention de sel et des troubles de la diurèse. L'atteinte de l'appareil circulatoire se manifeste par une accélération du pouls et une augmentation du débit cardiaque.

TRAITEMENT ET PRONOSTIC

Le traitement, même symptomatique, est difficile et peu efficace. Il n'existe pas, comme pour le rein, de moyen artificiel de suppléance (dialyse) : seule la greffe de foie, quand elle est possible, peut guérir le patient.

Insuffisance mitrale

Défaut de fermeture de la valvule mitrale (entre l'oreillette et le ventricule gauches) en systole, qui entraîne un reflux du sang du ventricule dans l'oreillette gauche.

Dans l'insuffisance mitrale, le cœur gauche doit travailler plus intensément pour éjecter le sang qui a reflué vers l'oreillette. À la longue, une insuffisance cardiaque gauche finit par se constituer et l'accumulation de sang en amont du cœur gauche peut provoquer un œdème pulmonaire.

CAUSES ET FRÉQUENCE

L'insuffisance mitrale s'observe chez les individus jeunes, plus souvent chez l'homme. Elle peut être due à un rhumatisme articulaire aigu, très fréquent dans les pays en voie de développement, mais tendant à se raréfier dans les pays industrialisés. Parmi les autres causes, on trouve le prolapsus valvulaire mitral.

SYMPTÔMES ET SIGNES

L'insuffisance mitrale reste longtemps sans symptômes. Mais son évolution peut être marquée par une gêne respiratoire à l'effort, une fatigue ou des palpitations. Plus tard apparaissent des signes d'insuffisance cardiaque gauche, puis droite (œdème des membres inférieurs), en l'absence de traitement. L'insuffisance mitrale peut aussi se compliquer d'endocardite.

TRAITEMENT

Le traitement associe un régime désodé en cas d'insuffisance cardiaque, la limitation des activités physiques et des médicaments.

En cas de dyspnée (gêne respiratoire), un diurétique est prescrit pour lutter contre la surcharge vasculaire pulmonaire (engorgement de sang dans les vaisseaux pulmonaires) et les œdèmes. Des digitaliques sont administrés pour accroître la force des contractions cardiaques et régulariser le rythme ; des anticoagulants, parfois, pour prévenir la formation de caillots.

La chirurgie valvulaire mitrale (plastie mitrale ou pose d'une prothèse) n'est envisagée que lorsqu'il existe une gêne à l'effort ou quand le ventricule gauche est nettement dilaté.

PRONOSTIC

L'insuffisance mitrale pure peut être tolérée pendant vingt ans ou davantage sans symptômes gênants. Son pronostic est bon si elle est surveillée régulièrement et traitée avant que ne s'installe une altération irréversible de la fonction ventriculaire gauche car, lorsque celle-ci apparaît, l'espérance de vie risque d'être alors limitée à quelques années.

Insuffisance pancréatique

Déficit d'une ou des deux fonctions sécrétrices du pancréas.

L'insuffisance concerne soit la fonction exocrine (sécrétion dans l'intestin d'enzymes qui assurent la digestion des protéines, des lipides et des glucides), soit la fonction endocrine (sécrétion dans le sang d'hormones dont la principale est l'insuline).

L'insuffisance pancréatique exocrine est due soit à la destruction du pancréas (pancréatite, cancer, etc.), soit à l'obstruction du canal de Wirsung qui véhicule les sécrétions externes vers le duodénum (cancer). Cette insuffisance se traduit par la présence de graisses dans les selles.

Le traitement comprend, outre celui de la cause, si possible, l'administration d'extraits pancréatiques par voie orale pour suppléer aux enzymes manquantes.

Insuffisance pulmonaire

État pathologique, congénital ou acquis, caractérisé par un défaut d'étanchéité de la valvule pulmonaire du cœur (entre le ventricule droit et le tronc de l'artère pulmonaire), déterminant un reflux de sang artériel pulmonaire vers le ventricule droit et pouvant entraîner une dilatation de ce même ventricule.

Compte tenu de la très bonne tolérance, il n'est pas nécessaire, le plus souvent, d'envisager un remplacement chirurgical de la valvule pulmonaire.

Insuffisance rénale

Réduction de la capacité des reins à assurer la filtration et l'élimination des produits de déchet du sang, à contrôler l'équilibre du corps en eau et en sels et à régulariser la pression sanguine.

L'insuffisance rénale, aussi bien chronique qu'aiguë, n'est pas une maladie en soi : elle résulte d'affections qui atteignent les reins, caractérisées par une diminution du nombre des néphrons, ces unités fonctionnelles dont l'élément principal est le glomérule, petite sphère où s'effectue la filtration du sang et où s'élabore l'urine primitive.

Insuffisance rénale chronique

Dans cette insuffisance rénale, l'atteinte glomérulaire est irréversible ; son degré de gravité est cependant variable.

CAUSES

Elles sont multiples ; presque toutes les maladies atteignant les reins peuvent évoluer vers une insuffisance rénale chronique. On les range en deux catégories :
- les maladies rénales à proprement parler, qu'elles atteignent exclusivement les reins ou non (diabète) ;
- les maladies des voies excrétrices (calices, bassinet, uretère, vessie), congénitales (malformation, par exemple) ou acquises (tumeur de la vessie, par exemple).

SYMPTÔMES ET SIGNES

Les insuffisances rénales chroniques minimes ou modérées n'entraînent en général que peu de signes. Elles sont souvent diagnostiquées de manière fortuite, par exemple à l'occasion d'un bilan pour hypertension artérielle, protéinurie (présence de protéines dans les urines) ou hématurie (présence de sang dans les urines). Les insuffisances rénales chroniques plus avancées ont, au contraire, des conséquences cliniques et biologiques importantes et complexes. Une insuffisance rénale chronique se complique presque toujours d'une anémie liée à la diminution de la sécrétion d'érythropoïétine (hormone stimulant la production des globules rouges par la moelle osseuse) par le rein et entraînant une fatigue, un essoufflement, des difficultés à réaliser des efforts physiques. En outre, elle peut se traduire par une hypertension artérielle ; des complications osseuses regroupées sous le terme d'ostéodystrophie rénale et provoquant une déminéralisation osseuse et un retard de croissance appelé nanisme rénal chez l'enfant ; des complications nerveuses entraînant notamment des troubles sensitifs, voire une paralysie motrice ; une rétention de sodium à l'origine de conséquences cardiaques graves telles qu'une insuffisance cardiaque gauche se manifestant par un œdème pulmonaire aigu ; une augmentation du taux de potassium dans le sang, parfois à l'origine de troubles du rythme cardiaque.

DIAGNOSTIC

Le diagnostic de l'insuffisance rénale chronique repose sur la mise en évidence de la diminution de la filtration glomérulaire par une élévation du taux sanguin de créatinine. L'examen consiste à mesurer la clairance de la créatinine, c'est-à-dire le nombre de millilitres de plasma que les glomérules peuvent débarrasser de cette substance d'origine musculaire en une minute. La clairance normale de la créatinine est de 130 millilitres/minute. Le suivi régulier des chiffres de clairance permet en outre de surveiller l'évolution d'une insuffisance rénale sous traitement.

TRAITEMENT

Le sujet doit suivre un régime pauvre en protéines et en sodium (sel) ; les aliments riches en potassium (fruits, chocolat) doivent être évités, voire proscrits. Les traitements médicamenteux luttent contre les symptômes de l'insuffisance rénale : antihypertenseurs, dérivés de la vitamine D, calcium, médicaments destinés à abaisser le taux de phosphore et de potassium dans le sang. La dialyse devient indispensable lorsque la clairance de la créatinine est inférieure à 10 millilitres/minute ; il en existe deux types : l'hémodialyse, ou rein artificiel, où le sang est épuré en dehors de l'organisme,

au travers d'une membrane artificielle, et la dialyse péritonéale, lors de laquelle le péritoine du malade est utilisé comme membrane de filtration. La greffe de rein est le seul traitement définitif de l'insuffisance rénale. Actuellement largement répandue, elle concerne des patients relativement jeunes (jusqu'à 60 ans en moyenne) et dont la maladie n'est pas susceptible de se reproduire sur le greffon.

Insuffisance rénale aiguë

C'est une insuffisance rénale dans laquelle la perte de la fonction rénale est brutale mais généralement réversible.

Contrairement à l'insuffisance rénale chronique, l'insuffisance rénale aiguë guérit le plus souvent sans séquelles.

DIFFÉRENTS TYPES D'INSUFFISANCE RÉNALE AIGUË

Selon les mécanismes en cause, on distingue trois types d'insuffisance rénale aiguë.

■ **L'insuffisance rénale aiguë fonctionnelle** est due à un choc hypovolémique (diminution brutale et importante du volume sanguin circulant, avec chute de la pression artérielle), entraînant un abaissement du débit de sang irriguant les reins, et non à des lésions anatomiques du tissu rénal. Elle peut être provoquée par une hémorragie aiguë abondante, une défaillance cardiaque, une déshydratation intense, une diarrhée persistante ou des vomissements abondants, un choc allergique, etc.

■ **L'insuffisance rénale aiguë organique** est due à des altérations anatomiques des tubules (nécrose tubulaire aiguë) ou du tissu interstitiel (néphrite interstitielle aiguë) du rein. Ces lésions peuvent être dues à une intoxication (médicaments, produits iodés utilisés pour des examens radiographiques), à une réaction allergique, à un processus infectieux, etc.

■ **L'insuffisance rénale aiguë mécanique** est liée à la survenue brutale d'un obstacle (calcul, tumeur) sur les voies excrétrices (bassinets, uretères, vessie).

SYMPTÔMES ET SIGNES

Le signe clinique le plus révélateur de l'insuffisance rénale aiguë est l'anurie (arrêt de toute production d'urine par les reins).

Cependant, le volume des urines peut n'être que diminué, voire rester normal.

La composition de l'urine est perturbée : urine très concentrée en potassium et pauvre en sodium en cas d'insuffisance rénale aiguë fonctionnelle ou, à l'inverse, pauvre en potassium et riche en sodium en cas d'insuffisance rénale aiguë organique.

DIAGNOSTIC

Comme pour toute insuffisance rénale, il repose sur la mise en évidence de la diminution de la filtration glomérulaire par mesure de l'élévation du taux sanguin de créatinine chez des patients ayant eu auparavant des valeurs normales. En cas d'insuffisance rénale aiguë mécanique, il fait de plus appel à l'urographie, à l'échographie et au scanner afin de visualiser l'obstacle.

TRAITEMENT

■ L'insuffisance rénale aiguë fonctionnelle disparaît rapidement après traitement de sa cause : transfusion massive en cas d'hémorragie, perfusion de sérum salé en cas de déshydratation, etc. Cependant, si ce traitement n'est pas entrepris assez tôt, elle peut se transformer en une insuffisance rénale aiguë organique, plus sévère.

■ L'insuffisance rénale aiguë organique disparaît, en général spontanément, en 2 ou 3 semaines, période pendant laquelle il faut le plus souvent recourir à des méthodes d'épuration extrarénales (hémodialyse ou dialyse péritonéale).

■ L'insuffisance rénale aiguë mécanique est en général rapidement réversible après une intervention chirurgicale consistant à lever l'obstacle ou à dériver les urines de façon à assurer une reprise de la fonction rénale. Cependant, chez certains malades, les désordres sanguins engendrés par l'insuffisance rénale sont tels qu'avant tout geste chirurgical une épuration du sang par hémodialyse est indispensable.

Insuffisance respiratoire

Incapacité, aiguë ou chronique, des poumons à assurer leur fonction, qui se traduit par une diminution de la concentration d'oxygène dans le sang et parfois par une augmentation de la concentration sanguine de gaz carbonique.

Il existe deux formes principales d'insuffisance respiratoire : l'insuffisance respiratoire aiguë et l'insuffisance respiratoire chronique.

Insuffisance respiratoire aiguë

L'insuffisance respiratoire aiguë (I.R.A.) est une faillite brutale et sévère de la fonction respiratoire, compromettant les échanges gazeux entre l'air et le sang et pouvant entraîner la mort.

CAUSES

Une insuffisance respiratoire aiguë peut être due à divers mécanismes.

■ L'insuffisance respiratoire aiguë par hypoventilation peut être provoquée par une obstruction des voies aériennes (bronchopneumopathie chronique obstructive sévère, asthme, tumeur bronchique), un traumatisme thoracique, des déformations rachidiennes importantes (cyphoscoliose) ou une atteinte neurologique centrale (coma) ou périphérique (poliomyélite).

■ L'insuffisance respiratoire aiguë par perturbation de la circulation pulmonaire est due à un apport de sang soit insuffisant par rapport à la quantité d'air reçue (insuffisance cardiaque, embolie pulmonaire), soit excessif par rapport à la quantité d'oxygène disponible (pneumopathie aiguë).

■ L'insuffisance respiratoire aiguë par altération de la membrane alvéolocapillaire (lieu des échanges gazeux air-sang) peut être provoquée par une inhalation de gaz suffocants, une pneumopathie virale, une insuffisance ventriculaire gauche.

■ L'insuffisance respiratoire aiguë par décompensation d'une insuffisance respiratoire chronique est le plus souvent d'origine infectieuse.

SIGNES ET DIAGNOSTIC

Les signes communs à toutes les insuffisances respiratoires aiguës sont la conséquence des altérations des échanges gazeux : troubles du rythme respiratoire, cyanose, tachycardie avec hypertension artérielle, troubles neuropsychiques variés pouvant aller jusqu'au coma. Le diagnostic est essentiellement clinique et impose l'hospitalisation d'urgence dans un service de réanimation.

TRAITEMENT ET PRONOSTIC

Le traitement se fait toujours en urgence. Il consiste à suppléer la fonction respiratoire défaillante et simultanément à traiter la cause lorsque c'est possible (antibiotiques, par exemple). Il peut aller de la simple oxygénothérapie (enrichissement en oxygène de l'air inspiré) à l'assistance ventilatoire partielle ou complète à l'aide de respirateurs artificiels, qui sont raccordés au malade par l'intermédiaire d'une sonde d'intubation endotrachéale ou d'une trachéotomie. Le pronostic, une fois la phase aiguë traitée, dépend du terrain respiratoire et de l'origine de la défaillance.

Insuffisance respiratoire chronique

L'insuffisance respiratoire chronique (I.R.C.) est une insuffisance respiratoire permanente résultant de l'évolution de nombreuses affections respiratoires.

CAUSES

La plupart des insuffisances respiratoires chroniques sont liées à une obstruction des voies aériennes par bronchopathie chronique, asthme ou emphysème : ce sont les insuffisances respiratoires chroniques obstructives. D'autres, appelées insuffisances respiratoires chroniques restrictives, sont dues à une diminution des volumes respiratoires liée soit à une atteinte neuromusculaire (poliomyélite, sclérose latérale amyotrophique, myopathie), soit à une atteinte osseuse (cyphoscoliose grave, spondylarthrite ankylosante), soit à des lésions pulmonaires (pneumectomie ou lobectomie pour cancer, tuberculose et ses séquelles, fibrose pulmonaire).

SYMPTÔMES, DIAGNOSTIC ET ÉVOLUTION

Une insuffisance respiratoire chronique se traduit par une respiration difficile avec distension thoracique, tirage (creusement des espaces intercostaux à l'inspiration) et cyanose. Elle peut en outre entraîner une insuffisance ventriculaire droite : tachycardie, augmentation de volume du foie,

jugulaires turgescentes, œdème des membres inférieurs.

Les insuffisances respiratoires chroniques évoluent lentement, aggravées par des poussées d'insuffisance respiratoire aiguë. Dans les cas les plus graves, on est amené à pratiquer une trachéotomie définitive.

Le diagnostic repose sur l'examen des gaz du sang, montrant une hypoxie avec hypercapnie. Un cliché radiographique thoracique précise l'atteinte pulmonaire.

TRAITEMENT, PRONOSTIC ET PRÉVENTION

Le traitement associe l'oxygénothérapie, pratiquée à domicile à raison de plusieurs heures par jour à l'aide d'un extracteur d'oxygène, aux bronchodilatateurs (théophylline), aux antibiotiques (pour traiter la surinfection bronchique), parfois aux corticostéroïdes, aux aérosols et à la kinésithérapie respiratoire. L'arrêt du tabac est impératif, de même que la prophylaxie anti-infectieuse. La prévention est essentiellement celle des bronchopathies chroniques, donc l'arrêt du tabagisme et le traitement antibiotique de toute surinfection.

Insuffisance surrénalienne chronique

Insuffisance de sécrétion des glandes corticosurrénales entraînant un déficit en hormones glucocorticostéroïdes et minéralocorticostéroïdes. SYN. *insuffisance surrénalienne lente.*

CAUSES

Une insuffisance surrénalienne chronique peut être due à une atteinte des deux glandes surrénales (maladie d'Addison) ou à une insuffisance de sécrétion d'une hormone produite par l'hypophyse, la corticotrophine, qui assure normalement une stimulation permanente des corticosurrénales (insuffisance corticotrope).

SYMPTÔMES ET SIGNES

Le principal symptôme de l'insuffisance surrénalienne chronique est un affaiblissement physique et psychique (fatigue, difficultés de concentration, diminution de la capacité de travail), qui s'aggrave au cours de la journée et après l'effort. Il s'y associe souvent une anorexie, un amaigrissement, une hypotension artérielle, une tendance à l'hypoglycémie à jeun et une pigmentation cutanée dans la maladie d'Addison.

COMPLICATIONS

L'insuffisance surrénalienne aiguë est la complication essentielle de l'insuffisance surrénalienne chronique. Responsable d'une déshydratation sévère, de troubles digestifs et de troubles de la conscience (apathie, coma), elle survient à l'occasion d'un arrêt du traitement de l'insuffisance surrénalienne chronique ou d'un stress (infection, intervention chirurgicale). Le traitement, urgent, est d'une efficacité spectaculaire : corticostéroïdes injectables, réhydratation.

TRAITEMENT

Le traitement de l'insuffisance surrénalienne chronique associe l'administration par voie orale d'hydrocortisone et de 9-alpha-fluorohydrocortisone. Ce traitement, qui restitue un équilibre physiologique, doit être suivi à vie ; les doses sont augmentées par le patient lui-même en cas de stress.

Insuffisance tricuspidienne

Défaut de fermeture de la valvule tricuspide (entre oreillette et ventricule droits) entraînant un reflux de sang du ventricule droit dans l'oreillette droite en systole.

L'insuffisance tricuspidienne peut donner lieu à des signes d'insuffisance cardiaque droite, avec œdème (accumulation de liquide puis gonflement) des chevilles et de l'abdomen, gros foie sensible et dilatation des veines du cou.

Le traitement de l'insuffisance tricuspidienne par des diurétiques vient souvent à bout des symptômes. S'ils persistent, une intervention de chirurgie valvulaire peut être envisagée pour réparer ou remplacer la valvule déficiente (pose d'une prothèse), ce qui est rarement nécessaire.

Insuffisance valvulaire

Anomalie de fonctionnement des valvules cardiaques entraînant un reflux du sang dans la cavité cardiaque qu'il vient de quitter.

L'insuffisance valvulaire peut concerner, par ordre de fréquence décroissante, les valvules mitrale, aortique, tricuspide ou pulmonaire.

→ VOIR Rétrécissement valvulaire.

Insufflation

Introduction d'un gaz dans une cavité de l'organisme.

Ainsi, l'insufflation péritonéale est la première étape d'une cœlioscopie (examen de la cavité abdominale à l'aide d'un tube optique introduit par une minuscule incision).

Insuline

Hormone hypoglycémiante (diminuant le taux de glucose dans le sang) sécrétée par le pancréas et dont l'insuffisance provoque le diabète.

L'insuline est produite dans le pancréas par les cellules bêta des îlots de Langerhans sous forme de pro-insuline, une forme inactive de stockage ; selon les besoins de l'organisme, la pro-insuline se divise en deux parties : le peptide C et l'insuline. Cette dernière, libérée dans le sang, se fixe sur des récepteurs spécifiques situés sur les membranes des cellules, dans le foie, les muscles et le tissu adipeux.

L'insuline est la seule hormone de l'organisme à action hypoglycémiante : elle fait entrer le glucose du sang à l'intérieur des cellules, qui s'en servent pour produire de l'énergie. Cependant, lorsqu'elle se fixe dans le foie, l'insuline favorise la mise en réserve du glucose sous forme de glycogène. Par ailleurs, cette hormone favorise la synthèse des protéines et empêche la destruction des lipides. La régulation de la sécrétion d'insuline est directe : une hyperglycémie (augmentation du taux sanguin de glucose) stimule sa synthèse.

TROUBLES DU MÉTABOLISME DE L'INSULINE

Une insuffisance absolue ou relative de la sécrétion d'insuline provoque un diabète sucré. Celui-ci se manifeste principalement par une hyperglycémie.

UTILISATION THÉRAPEUTIQUE

L'insuline est obtenue traditionnellement par purification d'extraits de pancréas de porc ou de bœuf. Depuis quelques années, on dispose d'insuline fabriquée par génie génétique qui a exactement la même composition que l'insuline humaine. Selon leur durée d'action, on distingue trois formes d'insuline : ordinaire (de 6 à 8 heures), intermédiaire (12 heures), lente (plus de 24 heures). L'insuline est prescrite en cas de diabète, surtout insulinodépendant. Le malade apprend à se faire les injections par voie sous-cutanée, de une à trois fois par jour. Par ailleurs, le médecin peut employer l'insuline ordinaire par voie sous-cutanée ou intraveineuse (au besoin à l'aide d'une pompe électrique assurant une perfusion intraveineuse continue) pour les urgences (hyperglycémie majeure, acidocétose diabétique). Dans le futur, l'administration de l'insuline par voie nasale, déjà à l'essai, pourrait se développer et remplacer l'administration par voie sous-cutanée, plus contraignante.

Insulinome

Tumeur du pancréas, le plus souvent bénigne, sécrétant de l'insuline.

L'insulinome provoque des crises d'hypoglycémie.

Le traitement repose sur l'ablation chirurgicale de la tumeur.

Interaction médicamenteuse

Modification des effets d'un médicament par un autre médicament ou par une substance donnée.

Dans bien des cas, l'effet est favorable et les médecins se servent de ces interactions pour accroître l'efficacité d'un traitement. Par ailleurs, un médicament peut être utilisé comme antidote d'un autre en cas d'intoxication. Dans d'autres cas, l'effet est néfaste. Il peut aller du simple blocage de l'effet favorable à une réaction mettant la vie du patient en danger (choc anaphylactique, par exemple). Ainsi, une association entre deux médicaments ou entre un médicament et une substance déterminée (l'alcool, essentiellement) peut être contre-indiquée (interdite), déconseillée (le bénéfice attendu doit l'emporter sur le risque encouru) ou faire simplement l'objet de précautions d'emploi (surveillance plus attentive).

Deux médicaments pris simultanément peuvent agir en synergie (dans le même sens) et, dans ce cas, les effets (bons ou mauvais) sont soit additionnés, soit potentialisés (effet plus fort que par simple addition). Ils peuvent aussi agir d'une façon antagoniste (en sens contraire) et diminuer ou annihiler réciproquement leurs effets.

L'association de plusieurs médicaments ne doit se faire que sous prescription médicale, afin d'éviter les risques d'interaction médicamenteuse.

Intercostal

Qui est situé entre deux côtes adjacentes.

Interféron

Substance de l'organisme dotée de propriétés antivirales, anticancéreuses et modulatrices du fonctionnement immunitaire.

Les interférons font partie des cytokines, petites protéines sécrétées par différents types de cellules, qui ont une action régulatrice et stimulatrice du système immunitaire. Il en existe trois types : l'interféron alpha, produit par les monocytes ; le bêta, par les fibroblastes ; le gamma, par les lymphocytes T.

UTILISATION THÉRAPEUTIQUE

Les interférons, obtenus par génie génétique, sont utilisés dans le traitement du sarcome de Kaposi au cours du sida, dans celui de l'hépatite C aiguë et chronique et de l'hépatite B, de certains cancers (leucémie à tricholeucocytes, mélanome malin, carcinome hépatocellulaire) et de la sclérose en plaques. Ils sont administrés par voie sous-cutanée ou intramusculaire. Leurs effets indésirables dépendent de la dose absorbée, mais ils sont réversibles : syndrome pseudo-grippal, troubles digestifs, neurologiques, cardiovasculaires, cutanés, élévation des transaminases, présence de protéines et de sang dans les urines. Les interférons gamma sont jusqu'à 300 fois plus efficaces que les autres types d'interféron, mais ils réduisent la production d'anticorps dans l'organisme, favorisant ainsi les surinfections. En revanche, tous les interférons suscitent la production d'autoanticorps (anticorps dirigés contre le sujet lui-même).

Interleukine

Molécule sécrétée par les lymphocytes ou par les macrophages et servant de messager dans les communications entre les cellules du système immunitaire.

Les interleukines font partie des cytokines, petites protéines sécrétées par différents types de cellules, qui ont une action régulatrice et stimulatrice dans de nombreux systèmes, dont le système immunitaire. Dans la nomenclature internationale, les interleukines sont notées « IL » suivi d'un numéro.

UTILISATION THÉRAPEUTIQUE

La plupart des interleukines sont disponibles sous forme synthétique. Leurs propriétés immunostimulantes sont mises à profit dans le traitement de certaines formes de cancers.

Intéroceptif

Qui se rapporte à la sensibilité du système nerveux aux stimulations et aux informations venant des viscères.

Interruption volontaire de grossesse

Avortement provoqué au tout début de la grossesse pour des raisons non exclusivement médicales.

Un avortement pour raisons médicales porte le nom d'avortement thérapeutique. L'interruption volontaire de grossesse, ou I.V.G., est soumise à une législation qui diffère selon les pays. Elle est généralement autorisée, mais dans un cadre précis (date de la grossesse, motifs justifiés).

TECHNIQUE

Elle varie selon certaines données qui sont l'avancement de la grossesse, l'âge de la femme et certains facteurs (consommation de tabac par exemple).

■ **Avant 49 jours d'aménorrhée**, le traitement médical (association de RU 486, ou mifépristone, et de prostaglandines) est efficace. Il n'est exclu que pour les grandes fumeuses de plus de 37 ans, à cause des risques cardiovasculaires liés aux prostaglandines. L'aspiration endo-utérine (méthode de Karman), praticable à ce stade, est plutôt réservée aux grossesses plus avancées.

■ **Entre 49 et 84 jours d'aménorrhée**, l'aspiration endo-utérine, effectuée sous anesthésie locale ou générale, est indiquée. Une fois le col de l'utérus dilaté par une méthode mécanique (pose de bougies ou de laminaires) ou médicamenteuse (RU 486), un cathéter, dont la dimension varie selon le stade de la grossesse, est introduit par le canal cervical dans la cavité utérine. Il est relié à une pompe à vide qui permet d'aspirer le contenu utérin. Un curetage permet ensuite de s'assurer que l'utérus est vide. L'intervention, indolore, dure de 3 à 5 minutes et la patiente peut habituellement repartir chez elle dans la journée.

■ **Au-delà de 84 jours d'aménorrhée**, une interruption volontaire de grossesse n'est plus autorisée dans la plupart des pays.

SURVEILLANCE ET EFFETS SECONDAIRES

Après une interruption volontaire de grossesse, un saignement minime est normal pendant quelques jours, avec une recrudescence passagère le 3e jour, mais il ne doit y avoir ni pertes vaginales anormales, ni vomissements, ni fièvre et l'endolorissement abdominal doit s'atténuer peu à peu. Le repos, l'absence d'efforts physiques intenses assurent le rétablissement en une dizaine de jours. Il est déconseillé de prendre des bains et d'utiliser des tampons vaginaux pour absorber le saignement. De 8 à 15 jours après l'interruption volontaire de grossesse, une consultation dans le centre où celle-ci a eu lieu est recommandée. Les risques de mortalité liés à ce type d'intervention sont faibles, évalués à 1 pour 100 000.

Le retentissement d'une interruption volontaire de grossesse, minime au plan physique, est parfois important au plan psychologique malgré la précocité de l'intervention et le caractère délibéré de la décision. Il faut à certaines femmes plusieurs semaines, voire des mois, pour s'en remettre ; une aide psychologique se révèle parfois utile.

Les rapports sexuels peuvent reprendre dans la semaine qui suit une telle intervention, mais la femme doit impérativement adopter une méthode contraceptive.
→ VOIR Avortement, Karman (méthode de).

Intertrigo

Infection cutanée siégeant aux plis de la peau (aine, aisselle, espaces entre les doigts ou les orteils, nombril).

Les signes d'intertrigo sont de grands placards rougeâtres, suintants, symétriques ou non, sources de démangeaisons et bordés d'une collerette blanchâtre lorsqu'ils sont d'origine mycosique. Le traitement fait appel à des applications locales d'antifongiques (en cas de mycose) ou d'antibiotiques (contre les bactéries) et d'antiseptiques.

Intestin

Long segment du tube digestif constitué par le duodénum, le jéjunum, l'iléon, le cæcum, le côlon et le rectum.

Le rôle de l'intestin est d'achever la digestion commencée lors de la mastication et poursuivie dans l'estomac. Sa paroi externe est constituée de deux couches de muscle lisse, l'une longitudinale, l'autre transversale. Sa paroi interne, la muqueuse, est recouverte d'épithélium et possède dans sa profondeur des glandes qui sécrètent les sucs digestifs.

En raison de leurs fonctions différentes, on distingue deux segments principaux de l'intestin : l'intestin grêle et le côlon.
■ L'intestin grêle, long d'environ 7 mètres, comprend successivement le duodénum, le jéjunum et l'iléon. La muqueuse de l'intestin grêle est tapissée de villosités à travers lesquelles s'effectue presque toute l'absorption des aliments.
■ Le côlon, ou gros intestin, d'une longueur d'environ 1,40 mètre, est abouché à l'iléon par sa portion initiale, le cæcum. Il a pour fonction principale d'absorber l'eau et les électrolytes et de concentrer les matières non digestibles. L'accumulation de ces matières (fèces) dans la dernière partie du côlon, le rectum, déclenche le besoin de déféquer.

PATHOLOGIE
La pathologie intestinale comprend les maladies infectieuses, parasitaires, inflammatoires (maladie de Crohn, rectocolite hémorragique), les occlusions, les perforations, les syndromes de malabsorption, les tumeurs bénignes et malignes, les ulcères.

Intestin (cancer de l')

Tumeur maligne localisée à l'intestin, grêle ou côlon.
→ VOIR Côlon (cancer du), Intestin grêle (cancer de l').

Intestin grêle (cancer de l')

Tumeur maligne de l'intestin grêle (duodénum, jéjunum et iléon) prenant le plus souvent la forme d'un adénocarcinome.

Les cancers de l'intestin grêle sont rares.

Longtemps sans symptômes, un cancer du grêle peut se manifester par un melæna (émission de sang dans les selles), visible ou non, qui engendre à la longue une anémie.

Le traitement est essentiellement chirurgical (résection de toute la partie de l'intestin envahie par la tumeur). Le pronostic est fonction du type de tumeur et de la précocité du diagnostic.

Intolérance alimentaire

Réaction pathologique se produisant lors de la prise de certains aliments.

Sous le terme générique d'intolérance alimentaire sont regroupées un certain nombre de réactions pathologiques telles que les diverses allergies alimentaires ou encore des intolérances à certains nutriments par déficit enzymatique de l'appareil digestif ou troubles métaboliques.
■ L'intolérance au gluten, constituant du blé, du seigle, de l'avoine et de l'orge, est responsable de la maladie cœliaque.
■ L'intolérance au lactose est due à un déficit congénital ou acquis d'une enzyme spécifique de la muqueuse intestinale, la lactase, nécessaire à l'hydrolyse du lactose

(transformation en glucose et galactose), principal glucide du lait. Elle se manifeste par une diarrhée liquide et par des douleurs abdominales à la suite de la consommation de lait ou de produits contenant du lactose. Le traitement repose sur l'exclusion du lactose de l'alimentation.

Intoxication

Ensemble des troubles dus à l'introduction, volontaire ou non, dans l'organisme d'une ou de plusieurs substances toxiques (poisons). SYN. *empoisonnement*.

CAUSES

Les substances toxiques pénètrent dans l'organisme par ingestion, par inhalation, par injection ou par absorption à travers la peau ou les muqueuses.

Les intoxications aiguës constituent un pourcentage élevé des hospitalisations, qu'elles soient accidentelles (domestiques ou professionnelles) ou volontaires (toxicomanie, tentative de suicide). Les intoxications par les médicaments, les plus fréquentes, représentent 80 % des intoxications motivant une hospitalisation en urgence. Elles sont en général provoquées par l'association de plusieurs médicaments (65 % des cas chez l'adulte). Par ordre de fréquence décroissante, les médicaments responsables sont les benzodiazépines, les analgésiques, les antidépresseurs, les neuroleptiques, les carbamates, les barbituriques et autres psychotropes, enfin les médicaments actifs contre les troubles cardiaques. Les autres toxiques sont les produits industriels (solvants), les produits ménagers (détergents, eau de Javel), l'alcool, le tabac et les stupéfiants, l'oxyde de carbone, les plantes et les champignons ainsi que les produits utilisés par les agriculteurs (engrais, fongicides, herbicides, insecticides, raticides).

Les intoxications chroniques sont liées plus particulièrement aux activités professionnelles (surtout dans l'industrie) et à la pollution de l'environnement.

La gravité d'une intoxication dépend de la toxicité du produit en cause, du mode d'introduction, de la dose absorbée, de la résistance et de l'âge du sujet. Souvent imprévisible, elle justifie le recours systématique à un médecin. La mortalité due aux intoxications est actuellement inférieure à 1 % chez l'adulte et à 0,5 % chez l'enfant.

SYMPTÔMES ET TRAITEMENT

Ils dépendent du ou des toxiques en cause. Compte tenu de la variété de ceux-ci, quasiment toutes les fonctions et tous les organes peuvent être atteints. Cependant, en cas d'intoxication aiguë, un souci commun est de déceler des signes de risque vital immédiat : détresse respiratoire (gêne ressentie par la victime, mouvements thoraciques trop amples ou trop faibles, trop rapides ou trop lents), détresse circulatoire (état de choc avec malaise, pâleur, agitation, pouls faible ou trop rapide, chute de la pression artérielle), convulsions (contractions musculaires généralisées entraînant une raideur ou des secousses), coma (la victime, inconsciente, ne bouge pas, ne parle pas, ne répond pas aux questions).

Après avoir prévenu les services médicaux (centre antipoison local), les proches doivent s'abstenir de toute intervention, en particulier : ne pas bouger la victime, ne pas la faire boire (y compris du lait), ne pas la faire vomir. Une fois sur place puis si besoin à l'hôpital, le médecin effectue un certain nombre de gestes et de vérifications.

PRÉVENTION

Les médicaments doivent être rangés hors de la portée des enfants. En cas d'intoxication volontaire, la consultation d'un psychiatre est recommandée.

Intoxication alimentaire

→ VOIR Toxi-infection alimentaire.

Intoxication par l'eau (syndrome d')

Accumulation d'eau en quantité trop importante dans l'organisme.

Ce syndrome, de mécanisme encore mal connu, a parfois pour cause un cancer (il appartient au groupe des syndromes paranéoplasiques), souvent localisé aux bronches. L'intoxication par l'eau *(suite p. 502)*

INTOXICATION : PRINCIPAUX PRODUITS TOXIQUES OU À RISQUES

Produit toxique	Symptômes	Traitement	Conseils
Acétone (dissolvant pour vernis à ongles, colles, enduits)	Inhalation : irritation bronchique, troubles respiratoires, ébriété Ingestion : ébriété, obnubilation	Vomissements provoqués et traitement des symptômes : assistance respiratoire, oxygène, réanimation	Ne pas laisser à portée des enfants et adolescents (risque de toxicomanie)
Alcool méthylique (méthanol, alcool de bois) Solvants de peinture, vernis, antigel	Maux de tête, fatigue, crampes, vertiges, convulsions, altération de la vision, dépression respiratoire	Antidote : éthanol en perfusion Traitement des symptômes, réanimation, hémodialyse	Très toxique (de 60 à 250 ml sont mortels chez l'adulte, de 8 à 10 ml chez l'enfant). Hospitalisation immédiate
Ammoniac	Irritation des yeux et des voies aériennes, toux, douleurs abdominales, suffocation	Traitement des symptômes, assistance respiratoire	Rincer les yeux à grande eau pendant 15 minutes, ne pas faire vomir, pas de lavage d'estomac
Amphétamines (absorbées pour obtenir un effet stimulant)	Hyperactivité, hilarité, insomnie, irritabilité, perte d'appétit, sécheresse de la bouche, troubles cardiaques	Vomissements provoqués ou lavage gastrique, même tardif, sédation, dialyse péritonéale, traitement des symptômes	Éviter de les utiliser (fabrication et distribution réglementées)
Antidépresseurs	Troubles neurologiques et cardio-vasculaires, insuffisance respiratoire, hypotension, vomissements, fièvre, sueurs, dilatation des pupilles	Traitement des symptômes et soins intensifs en réanimation, surveillance des fonctions vitales et des complications neurologiques	Hospitalisation immédiate
Arsenic Composés arsenicaux (herbicides, pesticides)	Constriction pharyngée, vomissements, brûlures digestives, diarrhée, déshydratation, œdème pulmonaire, insuffisance rénale et hépatique	Antidotes : dimercaprol, pénicillamine Vomissements provoqués, lavage d'estomac, traitement des symptômes, réhydratation	Hospitalisation immédiate
Aspirine et salicylés (surdosage, absorption massive)	Vomissements, respiration rapide, fièvre, convulsions, dépression respiratoire	Lavage d'estomac, purgation, hydratation, réanimation si nécessaire	Administration orale de liquides en grande quantité (lait ou jus de fruits), hospitalisation immédiate
Barbituriques Amobarbital, pentobarbital, phénobarbital, sécobarbital	Confusion, excitation, délire, défaillance respiratoire, coma	Vomissements provoqués, lavage d'estomac, purgation, assistance respiratoire, réhydratation	Hospitalisation immédiate

INTOXICATION : PRINCIPAUX PRODUITS TOXIQUES OU À RISQUES (SUITE)

Produit toxique	Symptômes	Traitement	Conseils
Baryum Dépilatoires, explosifs (feux d'artifice), raticides	Vomissements, douleurs abdominales, diarrhée, tremblements, convulsions, hypertension artérielle, arrêt cardiaque	Antidote : sulfate de sodium ou magnésium. Vomissements provoqués, lavage d'estomac, traitement des symptômes, assistance respiratoire	Hospitalisation immédiate. Ne pas laisser à la portée des enfants
Benzodiazépines Traitement de l'anxiété (anxiolytiques)	Perte plus ou moins grande de conscience (pouvant aller de l'apathie au coma), surtout grave en cas d'association à l'alcool	Antidote : flumazénil Vomissements provoqués, lavage d'estomac, traitement des symptômes	Hospitalisation immédiate. Ne pas laisser à la portée des enfants
Carbone (tétrachlorure de) Détachants inflammables	Nausées, vomissements, douleurs abdominales, maux de tête, confusion, troubles visuels, toxicité pour le cœur, le rein, le foie	Lavage de la peau, lavage d'estomac, oxygénothérapie, assistance respiratoire, surveillance du rein et du foie	Hospitalisation immédiate. Ne pas laisser à la portée des enfants
Caustiques (acides et bases forts, acide sulfurique : produits de nettoyage, de débouchage de toilettes, détartrants, détergents, lessive, etc.)	Douleurs intenses, brûlures de l'œsophage, œdème pouvant obstruer les voies aériennes, pouls rapide, respiration superficielle	Dilution immédiate de la substance absorbée en faisant boire de l'eau, après avis médical, pas de lavage d'estomac ni de vomissements provoqués, traitement des symptômes	Enlever les vêtements contaminés et laver la peau. Hospitalisation immédiate. Cause très fréquente d'intoxication accidentelle chez les enfants : ne pas laisser à leur portée
Chlore Chaux chlorée, eau de Javel, gaz lacrymogène	Inhalation : irritation sévère des voies respiratoires et des yeux, toux, vomissements, œdème pulmonaire, cyanose Ingestion : irritation et corrosion de la bouche et des voies digestives, douleurs abdominales, tachycardie, prostration, collapsus circulatoire	Inhalation : oxygénothérapie, assistance respiratoire Ingestion : sirop d'ipéca, lavage d'estomac, traitement des symptômes	Hospitalisation immédiate
Cyanure Acide cyanhydrique, huile d'amandes amères, nitroprussiate, sirop de cerises sauvages, sirop de laurier-cerise	Tachycardie, maux de tête, somnolence, hypotension artérielle, coma, convulsions. Très rapidement mortel (de 1 à 15 minutes)	Antidote : vitamine B12 ou hydroxocobalamine à fortes doses Vomissements provoqués ou lavage d'estomac immédiat, assistance respiratoire	Retirer le produit des mains du malade (ingestion) ou éloigner celui-ci de la source toxique (inhalation). La rapidité d'intervention est capitale

INTOXICATION : PRINCIPAUX PRODUITS TOXIQUES OU À RISQUES (SUITE)

Produit toxique	Symptômes	Traitement	Conseils
DDT Insecticides organochlorés	Vomissements, malaises, tremblements, convulsions, œdème pulmonaire, fibrillation ventriculaire, insuffisance respiratoire	Vomissements provoqués, lavage d'estomac, prise de charbon activé à laisser dans l'estomac, surveillance des fonctions rénales et hépatiques	Ne pas laisser à la portée des enfants. Hospitalisation immédiate
Herbicides, pesticides	Fatigue, soif, rougeur, nausées, vomissements, douleurs abdominales, fièvre élevée, tachycardie, perte de conscience, dyspnée, arrêt respiratoire	Vomissements provoqués, lavage d'estomac, purgation, assistance respiratoire	Ne pas laisser à la portée des enfants. Hospitalisation immédiate
Hypochlorites Eau de Javel, décolorants	Douleur modérée, réaction inflammatoire de la bouche et de la muqueuse digestive, toux, dyspnée, vomissements, vésicules cutanées	Traitement des symptômes, exploration de l'œsophage s'il y a eu ingestion de préparations concentrées	Ne pas laisser à la portée des enfants. Hospitalisation immédiate
Insecticides organophosphorés Gaz neurotoxique, parathion, malathion	Nausées, vomissements, crampes d'estomac, maux de tête, hypersalivation et hypersécrétion bronchique, vision trouble, diminution du diamètre de la pupille, confusion mentale, difficultés respiratoires, bouche écumante, coma	Antidote : sulfate d'atropine Oxygénothérapie, assistance respiratoire, traitement des symptômes	Enlever les vêtements, rincer la peau à l'eau, hospitalisation immédiate. Ne pas laisser à la portée des enfants
Morphine et opiacés Codéine, héroïne, méthadone, morphine, opium, péthidine, etc.	Diminution importante du diamètre de la pupille, somnolence, respiration superficielle, tremblements, défaillance respiratoire	Antidote : naloxone Lavage d'estomac, assistance respiratoire, réanimation si nécessaire	Ne pas faire vomir. Hospitalisation immédiate. Risque de toxicomanie
Paracétamol (surdosage, absorption massive)	Nausées, vomissements, jaunisse, atteinte hépatique irréversible	Antidote : acétylcystéine. Vomissements provoqués, lavage gastrique	Hospitalisation immédiate. Cause très fréquente d'intoxication accidentelle chez les enfants : ne pas laisser à leur portée
Paradichlorobenzène Antimites, déodorants de w.-c., insecticides	Douleurs abdominales, nausées, vomissements, diarrhée, convulsions et tétanie	Lavage d'estomac, traitement des symptômes	Hospitalisation immédiate. Ne pas laisser à la portée des enfants

INTOXICATION : PRINCIPAUX PRODUITS TOXIQUES OU À RISQUES (SUITE)

Produit toxique	Symptômes	Traitement	Conseils
Pétrole (et dérivés) Asphalte, colles pour maquettes, essence minérale, éther de pétrole, fuel, gazole, huiles de graissage, kérosène	Inhalation de vapeur : euphorie, brûlure dans la poitrine, maux de tête, nausées, dépression du système nerveux, confusion, insuffisance respiratoire aiguë Ingestion : brûlure de la gorge et de l'estomac, vomissements, diarrhée	Comme les complications majeures sont liées à l'inhalation et non à l'ingestion, dans la plupart des cas, le lavage d'estomac n'est pas nécessaire ; traitement des symptômes, assistance respiratoire	Tous les vêtements souillés doivent être enlevés immédiatement ; rincer la peau abondamment Hospitalisation immédiate. Cause très fréquente d'intoxication accidentelle chez l'enfant : ne pas laisser à sa portée
Plomb (saturnisme) : ingestion répétée de fragments de peinture, d'objets métalliques, d'aliments stockés dans un conteneur en céramique, etc. ; intoxication chronique professionnelle	Inhalation massive : insomnie, maux de tête, troubles de la coordination des mouvements, démence, convulsions Ingestion massive : soif, brûlures abdominales, vomissements, diarrhée, toxicité neurologique Intoxication chronique : maux de tête, goût de métal dans la bouche, vomissements, constipation, crampes et douleurs abdominales, altération de la conscience évoluant vers des convulsions et le coma	Antidote : calcium édétate de sodium et dimercaprol Traitement des symptômes et diminution de l'exposition au plomb	Hospitalisation immédiate. Cause très fréquente d'intoxication accidentelle chez les enfants : ne pas laisser à leur portée
Strychnine (raticides)	Agitation, hyperacuité de la vision et de l'audition, convulsions déclenchées par une stimulation minime, relâchement musculaire complet entre les crises, transpiration, arrêt respiratoire	Isoler le malade et le soustraire à toutes les stimulations pour prévenir les crises convulsives, prise de charbon activé, assistance respiratoire	Hospitalisation immédiate. Ne pas laisser à la portée des enfants
Térébenthine Solvant pour peinture, vernis	Odeur de térébenthine, brûlures douloureuses buccales et gastriques, toux, étouffement, arrêt respiratoire, toxicité pour le rein	Vomissements provoqués, lavage gastrique, assistance respiratoire, oxygène, traitement des symptômes	Hospitalisation immédiate. Ne pas laisser à la portée des enfants

provoque des troubles digestifs (nausées, essentiellement) et des troubles de la conscience, liés à un œdème cérébral, avec obnubilation allant, dans certains cas, jusqu'à la perte de connaissance, voire au coma. Le traitement consiste à diminuer l'absorption des boissons et à traiter la cause de l'hypersécrétion d'hormone antidiurétique.

Intoxication de l'enfant

Ensemble des troubles dus à l'absorption, par un enfant, d'une substance toxique.

SYMPTÔMES ET SIGNES

La survenue brutale, chez un enfant jusque-là bien portant, de certains symptômes doit immédiatement alerter les parents : troubles neurologiques s'accompagnant d'une démarche incertaine, somnolence, convulsions sans fièvre, troubles respiratoires, chute brutale de température, coma.

TRAITEMENT

Si l'hypothèse d'une intoxication accidentelle paraît vraisemblable, il faut prendre contact d'urgence avec le centre antipoison ou avec le service des urgences de l'hôpital pédiatrique le plus proche.

En attendant les secours, il est absolument contre-indiqué de faire boire ou manger l'enfant. Contrairement à une opinion largement répandue, on ne doit en aucun cas lui faire prendre du lait. Il ne faut surtout pas non plus essayer de provoquer des vomissements. Toute intoxication potentielle nécessite une hospitalisation au cours de laquelle pourront être effectuées des tentatives d'évacuation du contenu de l'estomac grâce à l'administration de médicaments ou à un lavage d'estomac.

Les absorptions d'eau de Javel diluée, les plus fréquentes, ne sont généralement pas dangereuses. En revanche, si l'enfant a avalé de l'eau de Javel concentrée ou des caustiques (produits pour lave-vaisselle, détartrants, déboucheurs de canalisation, par exemple), il faut l'hospitaliser d'urgence dans un service d'oto-rhino-laryngologie et rechercher d'éventuelles lésions de l'estomac ou de l'œsophage. Les inhalations de dérivés du pétrole (white-spirit) sont particulière-

ment dangereuses car elles peuvent provoquer une atteinte pulmonaire. Une surveillance en milieu hospitalier disposant d'un service de réanimation s'impose alors.

PRÉVENTION

Des campagnes de prévention des accidents domestiques sont menées pour informer et éduquer le public. Il appartient aussi au médecin d'informer les familles des dangers potentiels liés à l'absorption excessive des produits qu'ils prescrivent.

Intradermoréaction

Injection intradermique d'une petite quantité d'une substance afin d'étudier le degré de sensibilité d'un sujet à l'égard de cette substance.

L'intradermoréaction à la tuberculine constitue un test de sensibilisation au bacille de Koch (agent de la tuberculose). Chez le sujet non sensibilisé, c'est-à-dire chez celui qui n'a pas été en contact avec le bacille de Koch ou chez qui la vaccination n'a pas été efficace, aucune manifestation n'est observée dans les jours qui suivent l'injection. En revanche, chez un sujet sensibilisé, une rougeur et une surélévation de l'épiderme vont apparaître au point d'injection environ 10 heures plus tard. La lecture du test se fait le 2e ou le 3e jour après l'injection. L'intensité de la réaction est appréciée par la mesure du diamètre de ces manifestations.

Introversion

Attitude d'une personne qui a tendance à s'isoler dans son monde intérieur.

L'introverti préfère les valeurs subjectives de son monde personnel à la réalité extérieure concrète. Selon Jung, ce repli de la libido sur le moi favoriserait la névrose, l'autisme, mais aussi une certaine profondeur et originalité de la pensée. L'opposé de l'introversion est l'extraversion.

Intubation trachéale

Introduction d'un tube dans la trachée, à partir de la bouche ou d'une narine.
■ **En anesthésie,** l'intubation trachéale est utilisée pour protéger les voies aériennes du sujet et assurer une ventilation artificielle.

■ **En réanimation,** l'intubation trachéale est aussi employée de façon courante pour pratiquer une ventilation artificielle afin de traiter une défaillance respiratoire, que celle-ci soit liée à une altération de la commande respiratoire (coma) ou à une altération de l'appareil respiratoire lui-même (œdème pulmonaire, bronchopneumopathie, etc.). Cependant, lorsque la ventilation artificielle doit être pratiquée sur une longue durée, l'intubation trachéale peut être remplacée par une trachéotomie (ouverture de la trachée par incision du cou pour la mettre en communication avec l'extérieur au moyen d'une canule).

Invagination intestinale

Pénétration pathologique d'un segment d'intestin dans le segment sous-jacent, à la manière d'un doigt de gant retourné, provoquant une occlusion intestinale.

Invagination intestinale chez le jeune enfant
L'invagination intestinale aiguë en est la forme la plus fréquente. Elle survient inopinément, le plus souvent entre 3 mois et 1 an, chez un nourrisson jusqu'alors en bonne santé, plus fréquemment chez le garçon.

CAUSES
Elle est souvent due à une inflammation aiguë des ganglions abdominaux lors d'une maladie virale, à la présence d'un gros polype ou à une inflammation du diverticule de Merckel.

SYMPTÔMES ET SIGNES
L'invagination intestinale aiguë se traduit par la survenue brutale de cris, de pleurs et d'agitation, qui durent quelques minutes puis disparaissent, pour réapparaître quelques minutes après ; ces signes s'accompagnent d'un refus alimentaire total. Plus tard, du sang peut apparaître dans les selles.

DIAGNOSTIC ET TRAITEMENT
Le diagnostic repose sur l'échographie ou le lavement baryté ; ce dernier examen permet également le traitement précoce de l'invagination : le segment invaginé est remis en place par augmentation douce et progressive de la pression d'injection du lavement. Une surveillance étroite doit cependant être instituée dans les heures qui suivent le traitement, même si l'enfant se montre soulagé, afin de détecter une invagination persistante.

L'invagination doit être traitée en urgence. Elle conduit, si elle persiste, à une déshydratation sévère et à une nécrose de l'intestin invaginé, dont les vaisseaux sanguins se trouvent comprimés, pouvant entraîner une péritonite ou une occlusion intestinale. En cas d'insuccès du lavement ou d'intervention tardive, une intervention chirurgicale (résection de la partie invaginée puis rétablissement de la continuité de l'intestin) peut se révéler nécessaire.

Invagination intestinale chez le grand enfant et l'adulte
Elle est rare et généralement due à une tumeur (polype bénin ou tumeur maligne). Elle se traduit par des signes d'occlusion intestinale. Une intervention chirurgicale (résection de la portion d'intestin envahie par la tumeur) est toujours nécessaire mais ne constitue pas obligatoirement une urgence.

In vitro

Se dit des réactions chimiques, physiques, immunologiques ou de toutes les expériences et recherches pratiquées au laboratoire, en dehors d'un organisme vivant.
→ VOIR Fécondation in vitro.

In vivo

Se dit des réactions chimiques, physiques ou des interventions pratiquées sur l'être vivant, soit à titre d'expérimentation ou de recherche, soit dans un dessein diagnostique ou thérapeutique.

Iode

Élément chimique nécessaire à la synthèse des hormones de la glande thyroïde et qui a par ailleurs en médecine diverses utilisations, notamment comme antiseptique.

L'organisme obtient l'iode (I) dont il a besoin à l'état de sels minéraux (iodures) grâce aux aliments (eau, produits de la mer, sel). Les carences en iode s'observent encore dans certaines régions de montagne éloignées de la mer. Elles se traduisent par un goitre (augmentation de volume de la thyroïde), voire une hypothyroïdie (activité réduite de la thyroïde) avec un risque de retard mental chez l'enfant.

UTILISATION THÉRAPEUTIQUE ET CONTRE-INDICATIONS

■ **L'iode à usage externe** est essentiellement représenté par la polyvidone iodée en solution, pommade, ovule gynécologique et par la solution alcoolique officinale (improprement appelée teinture d'iode), qui est plus irritante et se conserve moins bien. Actif sur les bactéries et des champignons, il est indiqué pour la désinfection du matériel médical, l'antisepsie des plaies cutanées ou de la peau avant une injection, le traitement des inflammations et des infections des muqueuses. Ses contre-indications sont le jeune âge (nourrisson), la grossesse et l'association avec des antiseptiques mercuriels (mercurobutol). Les effets indésirables de l'iode sont des allergies, une coloration anormale de la peau (jaune, brun, aspect sale) et un effet caustique. Des applications trop étendues et trop répétées provoqueraient une hypothyroïdie.

■ **L'iode à usage interne** est employé en radiologie sous forme de produits de contraste iodés, pour rendre certaines structures telles que les voies urinaires opaques aux rayons X.

Iodide

Réaction cutanée d'allergie à l'iode.

Les iodides ont pour cause la prise de médicaments contenant de l'iode ou lors d'examens radiologiques, l'injection ou l'ingestion de produits de contraste iodés opaques au rayons X.

Ion

Atome ou molécule (assemblage d'atomes) portant une charge électrique.

Les ions se divisent en cations, portant une ou plusieurs charges positives correspondant chacune à la perte d'un électron, et en anions, portant une ou plusieurs charges négatives correspondant chacune à la capture d'un électron.

Ionogramme

Liste des ions contenus dans un liquide organique (sang, urine) et de leur concentration respective en millimoles par litre.

Un ionogramme comprend le dosage des ions positifs (sodium, potassium, calcium, magnésium) et négatifs (chlore, bicarbonates, protéines, phosphates, sulfates, acides organiques) contenus dans le prélèvement étudié. Un ionogramme urinaire est souvent prescrit en complément d'un ionogramme sanguin pour préciser l'état de la fonction rénale ou surrénalienne.

Ionophorèse

Méthode thérapeutique consistant à faire pénétrer des substances médicamenteuses dans la peau sous l'action d'un courant électrique.

Il existe deux indications principales de l'ionophorèse : l'hyperhidrose (excès de transpiration) et les traumatismes, particulièrement en médecine du sport (entorses, tendinites, contusions, hématomes, accidents musculaires).

L'ionophorèse consiste à badigeonner la peau d'une substance ionisée en solution aqueuse (analgésique, anti-inflammatoire, etc.) avant d'appliquer une petite électrode. Dans le cas de l'hyperhidrose des mains et des pieds, on trempe les mains ou les pieds dans des bacs emplis d'eau où passe le courant. Le sujet ressent seulement des picotements plus ou moins désagréables. Il doit préalablement ôter les objets métalliques qu'il porte, le courant électrique pouvant occasionner des brûlures à leur contact ; cette thérapie est contre-indiquée pour les porteurs de stimulateurs cardiaques et de prothèses métalliques. Les séances durent de 15 à 30 minutes et se déroulent dans un centre spécialisé, au cabinet du médecin ou même à domicile. Une cure nécessite en moyenne 5 ou 6 séances suivies d'un traitement d'entretien à un rythme variable.

Iridectomie

Ablation chirurgicale d'un fragment d'iris.

Une iridectomie se pratique en cas de glaucome à angle étroit afin de permettre la circulation de l'humeur aqueuse dans l'œil et d'éviter ainsi l'augmentation de la pression intraoculaire par accumulation de l'humeur en arrière de l'iris. Une iridectomie est également indiquée en cas de hernie de l'iris ou après l'extraction du cristallin afin d'éviter le risque de blocage de la pupille par le corps vitré.

Une iridectomie entraîne une légère inflammation intraoculaire transitoire. La partie incisée de l'iris apparaît sous la forme d'une minuscule encoche noire.

Iridocyclite

Inflammation oculaire touchant l'iris et le corps ciliaire. SYN. *uvéite antérieure*.

Une iridocyclite est une affection relativement fréquente, aiguë ou chronique, qui concerne souvent les deux yeux et a tendance à récidiver.

CAUSES

Elles sont multiples et parfois difficiles à déterminer. Une iridocyclite suit souvent une infection bactérienne (sinusite, abcès dentaire, infection urinaire, tuberculose, syphilis, brucellose, etc.), virale (herpès, zona surtout) ou parasitaire (leptospirose).

SYMPTÔMES

Une iridocyclite se manifeste par des douleurs oculaires sourdes et modérées et par une baisse variable, généralement limitée, de l'acuité visuelle. L'examen révèle une rougeur de l'œil.

TRAITEMENT

C'est à la fois le traitement de la cause, quand on l'a trouvée, et celui du symptôme inflammatoire par des collyres ou des injections sous-conjonctivales anti-inflammatoires, des collyres mydriatiques qui dilatent la pupille pour éviter les synéchies et, parfois, une corticothérapie générale.

Iridologie

Méthode qui permettrait de diagnostiquer des troubles fonctionnels à partir de l'examen de l'iris.

L'iridologie part du principe que les réactions du système neurovégétatif à une lésion ou à un dysfonctionnement se reflètent dans l'iris en modifiant sa forme, son relief, sa couleur, etc. En attribuant aux différents organes du corps des localisations précises sur l'iris, cette théorie permettrait donc de juger du bon état de santé d'un individu ou de détecter l'existence de troubles fonctionnels de tel ou tel organe d'après l'aspect de l'iris. Cependant, le statut scientifique de l'iridologie reste sujet à controverse et son utilisation comme outil de diagnostic relève à l'heure actuelle des médecines empiriques.

Iris

Membrane circulaire contractile, percée en son centre de l'orifice de la pupille et tendue verticalement en avant du cristallin.

L'iris constitue une sorte de diaphragme qui, par sa possibilité de dilatation ou de contraction, règle la quantité de lumière qui pénètre à l'intérieur de l'œil. Quand la lumière est vive, la pupille se resserre (myosis), quand elle est faible, la pupille se dilate (mydriase).

PATHOLOGIE

Les pathologies de l'iris peuvent être de nature inflammatoire (iritis, iridocyclite), tumorale (kyste, mélanome) ou traumatique (plaie, corps étranger, hernie de l'iris à travers une plaie de la cornée).

Iritis

Inflammation de l'iris.

Une iritis est rarement isolée. Elle s'associe en général à une atteinte du corps ciliaire et constitue alors une iridocyclite.
→ VOIR Iridocyclite.

I.R.M.

→ VOIR Imagerie par résonance magnétique.

Irradiation

Exposition de l'organisme à des rayonnements, quelle qu'en soit la nature.

Une irradiation peut être naturelle (rayons du soleil), accidentelle (pollution, accident nucléaire), thérapeutique (radio-thérapie) ou diagnostique (radiologie). Lorsqu'une source de rayonnement acciden-tel est un corps radioactif, et si elle irradie un corps humain, on parle de contamination soit externe (sur la peau), soit interne (pénétration dans les tissus à travers la peau, dans le tube digestif, dans les voies respiratoires).

Ischémie

Diminution ou arrêt de la circulation arté-rielle dans une région plus ou moins étendue d'un organe ou d'un tissu.

Une ischémie entraîne un défaut d'apport en oxygène et une altération du métabolisme. Une ischémie modérée, lorsqu'elle concerne un muscle, peut ne se manifester que lors d'un effort, lorsque les besoins du muscle en oxygène augmentent. Les conséquences sont réversibles lorsque l'ischémie est modérée ou transitoire, mais une ischémie grave ou persistante peut aboutir à la destruction des tissus, appelée selon les cas infarctus ou gangrène : on parle plus volontiers de gan-grène quand il existe une atteinte de la peau, d'infarctus lors d'une atteinte des viscères.

I.V.G.

→ VOIR Interruption volontaire de grossesse.

Ivoire

→ VOIR Dentine.

J K

Jambe

Segment du membre inférieur compris entre le genou et la cheville.

Le squelette de la jambe est formé par le tibia et le péroné. En haut, la jambe est reliée à la cuisse par l'intermédiaire du genou ; en bas, elle est reliée au pied par l'intermédiaire de la cheville.

PATHOLOGIE

Les fractures représentent l'essentiel des traumatismes importants de la jambe. Elles peuvent siéger à n'importe quel niveau de celle-ci. Les causes en sont généralement des accidents ou des chutes, notamment d'origine sportive. Le traitement dépend du type et de la localisation de la fracture : la pose d'une plaque vissée ou l'introduction d'un clou dans le canal médullaire de l'os fracturé peuvent être nécessaires pour en favoriser la consolidation. L'immobilisation dure en général entre 45 et 90 jours. La jambe est, en outre, le siège le plus fréquent des phlébites (oblitération d'une veine profonde par un caillot). Celles-ci peuvent survenir après une immobilisation prolongée (sous plâtre en particulier) ou un traumatisme.

Jaquette

Prothèse en céramique destinée à recouvrir une dent abîmée ou inesthétique.

La constitution de la jaquette assure à la dent une grande solidité et une parfaite ressemblance avec les dents voisines.

Jaunisse

→ VOIR Ictère.

Jéjunum

Segment de l'intestin situé entre le duodénum et l'iléon.

Le jéjunum constitue avec le duodénum et l'iléon l'intestin grêle.

Jeûne

Arrêt total de l'alimentation, avec maintien ou non de la consommation d'eau.

Au cours du jeûne, l'organisme ne reçoit plus d'énergie par l'alimentation. En conséquence, ses réserves sont mobilisées dès la sixième heure : d'abord les réserves glucidiques, stockées sous forme de glycogène dans le foie et les muscles, puis les réserves protéiniques des muscles et celles, lipidiques, de la graisse. Par ailleurs, l'organisme s'adapte au jeûne en réduisant ses dépenses énergétiques. Le corps s'appauvrit progressivement en muscle et surtout en graisse, ce qui provoque une perte de poids importante et une dénutrition si le jeûne se poursuit. Le fonctionnement du système hormonal se trouve fortement altéré : arrêt des sécrétions d'hormones sexuelles, diminution des sécrétions d'insuline et d'hormones thyroïdiennes et augmentation des sécrétions de glucagon et de cortisol. Le cœur, les reins, le pancréas et le tube digestif s'atrophient, de même que le système lymphatique, ce qui entraîne une diminution des capacités de résistance aux infections. La mort survient en général au bout de 8 à 10 jours en cas de jeûne complet (sans eau) et au bout de deux mois si la boisson est maintenue.

Ni le jeûne ni même le fait de sauter des repas n'est une bonne méthode pour perdre du poids car l'organisme s'adapte en réduisant ses dépenses et compense les pertes énergétiques sur les repas suivants.

Jugulaire (veine)

Chacune des quatre grosses veines du cou.

Les veines jugulaires sont situées de chaque côté des parties latérales du cou. Elles ramènent le sang de la tête à la poitrine.

Les pathologies des veines jugulaires sont rares : les thromboses sont exceptionnelles, les compressions externes aussi.

Jumeau

Chacun des enfants nés d'une grossesse gémellaire.

DIFFÉRENTS TYPES DE JUMEAUX

■ Les vrais jumeaux, dits homozygotes, proviennent de la fécondation d'un seul ovule par un seul spermatozoïde. Les fœtus sont dans le même sac ovulaire et partagent le même placenta : ils sont dits univitellins. Toujours de même sexe, ils ont un patrimoine génétique identique et se ressemblent beaucoup. Une greffe entre jumeaux homozygotes n'entraîne aucun rejet.

■ Les faux jumeaux, dits dizygotes, proviennent de la fécondation de deux ovules par des spermatozoïdes différents. Ils ont chacun leur placenta et leur sac ovulaire : ils sont appelés bivitellins. De même sexe ou de sexe différent, ils ne se ressemblent pas plus que des frères ou des sœurs ordinaires.

GROSSESSE ET ACCOUCHEMENT

Durant la grossesse, la présence de jumeaux est décelée par l'échographie dès 6 ou 7 semaines. Une grossesse gémellaire doit bénéficier d'un suivi clinique et échographique très régulier : une fois par mois jusqu'à la 28e semaine d'aménorrhée (absence de règles), deux fois par mois jusqu'au terme de la grossesse, qui se situe normalement aux alentours de la 37e ou de la 38e semaine d'aménorrhée.

Les naissances peuvent se faire par les voies naturelles, en général sous anesthésie péridurale – celle-ci, en détendant le périnée, accélère et facilite les expulsions successives

– et sous monitorage cardiaque des 2 jumeaux. Les jumeaux se présentent soit dans le même sens (2 présentations par la tête, 2 sièges), soit tête-bêche, soit encore transversalement. Une fois le premier jumeau né, si le second se présente transversalement, l'obstétricien s'efforce de l'orienter dans une position favorable à l'engagement, par manœuvre externe ou interne, avant de l'extraire (après rupture de la 2e poche des eaux si elle existe). Le second enfant naît en général de 2 à 5 minutes après le premier.

Après un accouchement gémellaire, le risque d'hémorragie de la délivrance est plus élevé. Les nouveau-nés sont en général plus petits que les enfants uniques. Toutefois, les soins à leur donner ne diffèrent pas de ceux à donner aux autres enfants.

→ voir Grossesse multiple.

Kahler (maladie de)

→ voir Myélome multiple.

Kala-azar

→ voir Leishmaniose viscérale.

Kaliémie

Taux de potassium dans le plasma sanguin.

La kaliémie est normalement comprise entre 3,5 et 5 millimoles par litre. Ce taux est maintenu constant grâce à l'action de l'aldostérone, hormone qui régit l'équilibre entre sodium et potassium en modulant leur excrétion rénale.

→ voir Hyperkaliémie, Hypokaliémie.

Kaliurie

Taux de potassium dans les urines.

La kaliurie est normalement comprise entre 35 et 80 millimoles par 24 heures.

Kallman-De Morsier (syndrome de)

Insuffisance congénitale de stimulation des gonades (testicules et ovaires), souvent associée à un déficit de l'odorat.

Le syndrome de Kallman-De Morsier est une affection très rare qui atteint aussi bien l'homme que la femme et dont la transmission familiale est fréquente.

Les caractères sexuels secondaires apparaissent sous traitement hormonal substitutif (œstroprogestatifs chez la jeune fille et testostérone chez le garçon). Ce traitement dure toute la vie.

Kaposi (sarcome de)

Prolifération maligne du tissu conjonctif, développée aux dépens des cellules endothéliales des vaisseaux sanguins ainsi que de certaines cellules du derme, les fibroblastes. SYN. *maladie de Kaposi*. La maladie affecte les malades atteints du sida, chez lesquels elle constitue une affection très agressive, aboutissant rapidement à l'extension des tumeurs. On peut aussi la rencontrer chez des sujets immunodéprimés non atteints par le virus du sida. Le sarcome de Kaposi est associé à l'infection par le virus Herpes 8.

DIFFÉRENTS TYPES DE SARCOME DE KAPOSI

■ **Le sarcome de Kaposi classique** touche des sujets âgés, originaires d'Europe centrale ou du bassin méditerranéen, plus souvent les hommes. Il se traduit par des placards angiomateux (prolifération de petits vaisseaux sanguins) rougeâtres, prenant ensuite une teinte violacée, brunâtre. Des lésions cutanées en relief, tumorales, surviennent progressivement sur ce fond angiomateux. Ces lésions sont indolores et s'étendent peu à peu vers le tronc. Elles s'associent à un œdème dur, indolore, touchant surtout les deux membres inférieurs.

■ **Le sarcome de Kaposi africain** est endémique au Zaïre et en Ouganda et touche des sujets plus jeunes que le sarcome de Kaposi classique. La maladie se traduit par des lésions cutanées en relief qui envahissent rapidement les tissus.

■ **Le sarcome de Kaposi du sida** se traduit, au début, par de petits éléments, rosés ou brunâtres, bien limités, non prurigineux et indolores, qui apparaissent sur n'importe quelle partie du corps, en particulier sur le visage et le tronc. Les lésions infiltrent progressivement la peau et s'étendent rapidement sous des aspects variables (extension ou multiplication des lésions). Les tumeurs s'implantent aussi fréquemment dans les organes.

■ **Le sarcome de Kaposi des immunodéprimés non atteints du sida** apparaît surtout après une greffe de rein, un an après le début du traitement immunosuppresseur, après un traitement prolongé (plus d'un an) par les corticostéroïdes oraux ou les immunosuppresseurs ; également après des leucémies et des cancers viscéraux. Elle se traduit par des lésions cutanées et muqueuses typiques et par des atteintes multiviscérales, en particulier digestives, souvent très graves.

DIAGNOSTIC

Le diagnostic du sarcome de Kaposi repose sur l'examen clinique des lésions et sur la biopsie cutanée.

TRAITEMENT

Le traitement est fonction de l'évolution de la maladie. Dans les formes peu évolutives, il repose sur l'ablation chirurgicale des lésions, si elles sont très localisées, ou sur la radiothérapie. Dans les formes proliférantes, on recourt à la chimiothérapie anticancéreuse, simple ou complexe (association de plusieurs substances) ; l'administration d'interférons (cytokines) obtenus par génie génétique est également possible. Dans les cas les plus graves, il peut être nécessaire d'administrer une chimiothérapie plus lourde. Chez les patients atteints du sida, l'association de la chimiothérapie et de médicaments antiviraux est possible.

PRONOSTIC

Les lésions cutanées dues au sarcome de Kaposi portent un préjudice essentiellement esthétique. Elles disparaissent en général quelques semaines après le début du traitement.

En cas de localisation viscérale du sarcome, le pronostic demeure réservé.

Kaposi-Juliusberg (syndrome de)

Maladie due à la contamination par le virus de l'herpès d'un nourrisson atteint d'un eczéma étendu. SYN. *pustulose varioliforme*.

Le syndrome de Kaposi-Juliusberg se caractérise par des pustules souvent hémorragiques s'étendant rapidement du visage à l'ensemble du corps. L'état général de l'enfant est altéré, la fièvre, élevée.

Le traitement est urgent et nécessite l'hospitalisation de l'enfant : médicaments antiviraux (aciclovir). La guérison est rapide. La prévention consiste essentiellement à empêcher toute personne atteinte d'un herpès buccal (bouton de fièvre) d'avoir des contacts avec des nourrissons souffrant d'eczéma.

Karman (méthode de)

Méthode d'aspiration du contenu utérin.

La méthode de Karman est indiquée pour vider l'utérus soit lors d'une interruption volontaire de grossesse, soit après un avortement spontané incomplet.

Kawasaki (maladie de)

Maladie inflammatoire fébrile liée à un dysfonctionnement immunitaire. SYN. *syndrome adéno-cutanéo-muqueux.*

Dans 80 % des cas, la maladie de Kawasaki touche les enfants de moins de 5 ans.

Les causes précises de la maladie sont encore inconnues.

La maladie se manifeste par une fièvre élevée durant plus de cinq jours, une conjonctivite, une inflammation des lèvres, de la bouche et du pharynx, une rougeur ou un œdème des doigts ou des orteils. Des éruptions diverses apparaissent au cinquième jour de la maladie.

Pendant la première phase, il faut administrer durant au moins deux semaines de l'aspirine. Lors de la convalescence, qui commence en moyenne de 10 à 15 jours après le début de la maladie, le traitement par l'aspirine est poursuivi.

Kératine

Protéine caractéristique de l'épiderme.

Les dyskératoses sont des affections cutanées où la kératine se développe de façon anormale, entraînant des perturbations locales des fonctions cutanées ; leur nature (cancéreuse, virale) et leur aspect sont très divers. Les kératoses, telles que les durillons et les verrues, sont caractérisées par un épaississement cutané grisâtre, ferme, rugueux, râpeux au toucher de la couche cornée de l'épiderme. Elles sont traitées par application de kératolytiques (médicaments destinés à détruire la kératine).

Kératinisation

Apparition progressive de kératine (substance fibreuse et résistante) dans un tissu.

La kératinisation est un processus physiologique de l'épiderme, permettant à celui-ci de former sa couche la plus superficielle, particulièrement protectrice.

Kératite

Affection de la cornée, d'origine inflammatoire ou infectieuse.

Selon leur localisation, on distingue deux formes : les kératites ulcéreuses et les kératites interstitielles.

■ Les kératites ulcéreuses se caractérisent par une atteinte des couches superficielles de la cornée.

■ Les kératites interstitielles concernent les couches plus profondes de la cornée.

Les kératites se manifestent par des douleurs oculaires importantes (sensation de corps étranger dans l'œil), une gêne à la lumière et un larmoiement. Une baisse de l'acuité visuelle peut s'y ajouter si l'atteinte est centrale. Les kératites ulcéreuses dues à l'exposition à la lumière ou aux conjonctivites à adénovirus entraînent des microulcérations très douloureuses (kératite ponctuée superficielle) qui se manifestent souvent quelques heures après l'exposition. Dans le cas d'adénovirus, ces ulcérations peuvent évoluer lentement vers l'apparition de nodules sous la cornée.

Le traitement diffère selon le type de kératite. Dans les kératites ulcéreuses, il fait appel, au besoin, à l'extraction du corps étranger, sous anesthésie locale, à l'application de collyres cicatrisants et de collyres antibiotiques pour éviter le risque de surinfection. La cicatrisation est rapide. Les kératites interstitielles peuvent être traitées par les corticostéroïdes (collyres, pommades).

Kératoacanthome

Tumeur cutanée bénigne caractérisée par un cycle évolutif aboutissant à sa régression complète et spontanée.

Un kératoacanthome est une lésion qui survient le plus fréquemment entre 50 et 60 ans. Il forme une tumeur parfaitement délimitée, siégeant sur le visage ou sur le dos d'une main. La lésion s'étend puis se rétrécit pour enfin disparaître en 2 ou 3 mois. Il est souhaitable de procéder à son ablation chirurgicale, qui sert en même temps de biopsie et permet de s'assurer qu'il ne s'agit pas d'un cancer.

Kératocône

Déformation en cône de la cornée liée à un amincissement de celle-ci par suite d'une anomalie de son collagène.

Un kératocône, de cause inconnue, présente parfois un caractère héréditaire et peut accompagner d'autres anomalies telles que la trisomie 21 (mongolisme) ou l'atopie (prédisposition à l'allergie).

SYMPTÔMES ET SIGNES

Il se manifeste par un astigmatisme qui apparaît tardivement, augmente peu à peu et devient de plus en plus irrégulier. Parallèlement, la cornée continue de s'amincir et des opacités peuvent apparaître autour de la zone déformée, entraînant une baisse de l'acuité visuelle. L'évolution est la plupart du temps très lente, s'étalant sur plusieurs années.

TRAITEMENT

Il fait appel à la correction de l'astigmatisme par des lunettes puis, quand celui-ci devient trop important, par des verres de contact particuliers. Pour prévenir la perforation d'une cornée très amincie, il est nécessaire de procéder à une greffe de cornée, qui donne des résultats très satisfaisants dans la majorité des cas.

Kératoconjonctivite

Inflammation simultanée de la conjonctive et de la cornée.

Une kératoconjonctivite est une complication fréquente d'une conjonctivite.

DIFFÉRENTS TYPES DE KÉRATOCONJONCTIVITE

Selon sa cause, une kératoconjonctivite peut se manifester de façons très diverses.

■ **La kératoconjonctivite à adénovirus** se caractérise par l'apparition, sous la cornée, de petits nodules arrondis et blanchâtres qui ne gênent la vision que s'ils sont situés dans l'axe visuel. Ils régressent habituellement sans laisser de séquelles mais très lentement, en plusieurs mois, voire plusieurs années.

■ **La kératoconjonctivite sèche,** la plus fréquente, surtout chez les personnes âgées, est liée à une insuffisance de sécrétions lacrymales. Cette sécheresse oculaire peut faire partie d'un syndrome de Gougerot-Sjögren. Elle provoque parfois l'apparition de filaments formés par des cellules qui se sont détachées de la cornée. Elle peut s'accompagner d'une sensation douloureuse de corps étranger dans l'œil et entraîner une ulcération de la cornée avec un risque de surinfection et de perforation.

■ **La kératoconjonctivite phlycténulaire,** très rare, se traduit par le développement sur la conjonctive et la cornée de petits nodules grisâtres aboutissant à la constitution de petites vésicules remplies de liquide clair, appelées phlyctènes. Celles-ci se résorbent au bout de plusieurs jours. Cette affection accompagne souvent une primo-infection tuberculeuse.

DIAGNOSTIC ET TRAITEMENT

Le diagnostic d'une kératoconjonctivite repose sur l'examen ophtalmologique. Le traitement est celui de la cause (collyres antibiotiques, voire antiviraux, collyres destinés à compenser l'insuffisance lacrymale et à accélérer la cicatrisation).

Kératodermie palmoplantaire

Affection cutanée caractérisée par une hyperkératose (épaississement de la peau) de la paume des mains ou de la plante des pieds.

Certaines formes de kératodermie palmoplantaire sont héréditaires. Les autres, dites acquises, sont dues à des traumatismes répétés (activités manuelles engendrant des callosités), à une infection (syphilis, gonococcie), à une intoxication (arsenic), à une maladie dermatologique (eczéma, lichen, psoriasis).

Le traitement est, pour les kératodermies acquises, celui de la maladie en cause et, pour toutes les formes, l'application de kératolytiques (médicaments à base d'urée ou d'acide salicylique) et éventuellement l'administration de rétinoïdes par voie orale.

Kératolytique

Se dit d'un médicament qui décolle et élimine la kératine de la peau.

Les kératolytiques sont indiqués dans les affections où la couche cornée de l'épiderme produit un excès de kératine (verrues, psoriasis, certaines formes d'acné, etc.). On les emploie surtout en applications locales (crèmes, solutions). Parfois, ils peuvent provoquer des allergies ou des irritations, surtout si on les applique par erreur sur les yeux, sur les muqueuses ou sur des lésions où la peau est ouverte (plaie, eczéma aigu). Les rétinoïdes sont tératogènes (à l'origine de malformations du fœtus).

Kératomalacie

Mort progressive de la cornée provoquée par un dessèchement extrême de la conjonctive et de la cornée.

Cause fréquente de cécité dans les pays où sévit la malnutrition, la kératomalacie est liée à une carence majeure en vitamine A.

L'évolution se fait sur plusieurs années.

Le traitement est avant tout préventif : administration de vitamine A.

Kératoplastie

→ VOIR Greffe de cornée.

Kératose

Épaississement localisé de la couche cornée (couche la plus superficielle de l'épiderme). SYN. *kératodermie.*

Le terme de kératose désigne toute augmentation de la couche cornée, quelle que soit sa nature (cors et durillons des orteils, verrues, etc.) ; on parle aussi dans ce cas d'hyperkératose. Le terme de kératose se rapporte également à des maladies

précises, dont les principales sont les kératoses pilaire, sénile et solaire.

■ La kératose pilaire touche surtout l'adolescent sous forme de petites élevures rougeâtres, rugueuses comme des croûtes, sur les bras et les cuisses. Elle se traite par applications de médicaments kératolytiques à base d'urée ou d'acide salicylique.

■ La kératose sénile et la kératose solaire (ou actinique) sont des lésions précancéreuses ayant l'aspect de petites élevures un peu rugueuses, rosées, grisâtres ou brunâtres, qui s'étendent, formant alors une corne cutanée. La forme solaire se développe chez des sujets plus jeunes exposés pendant des années à un fort ensoleillement. Le traitement est la destruction par le froid (cryothérapie), par le courant électrique (électrocoagulation) ou le laser à gaz carbonique.

Kérion

Infection suppurée du cuir chevelu due à un champignon microscopique. SYN. *kérion de Celse, teigne suppurative.*

Le kérion est une forme de teigne. Il apparaît comme un placard arrondi, épais et ferme, à surface croûteuse, parsemé d'orifices folliculaires d'où sortent du pus et du sang ; les cheveux parasités s'arrachent facilement. Le traitement est fondé sur l'application locale et l'administration par voie orale d'antifongiques (médicaments contre les champignons) tels que la griséofulvine et le kétoconazole. Après traitement, les cheveux tombés repoussent au bout de six mois à un an. L'affection peut laisser des cicatrices et une chevelure plus clairsemée.

Killian (polype de)

Tumeur bénigne qui se développe dans un sinus et dans la fosse nasale correspondante.

Le polype de Killian, d'origine inflammatoire, atteint le sujet jeune. Il se traduit par une sensation d'obstruction nasale, comme dans un rhume, mais d'un seul côté. Il peut s'y ajouter une impression de clapet qui s'ouvrirait et se fermerait par moments, provoquée par les déplacements du polype.

Le traitement est l'ablation chirurgicale.

Planches illustrées

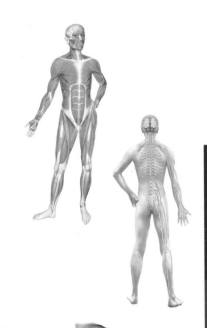

ATLAS DU CORPS HUMAIN

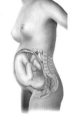

LA GROSSESSE ET L'ACCOUCHEMENT

LES URGENCES

Le squelette (de face)

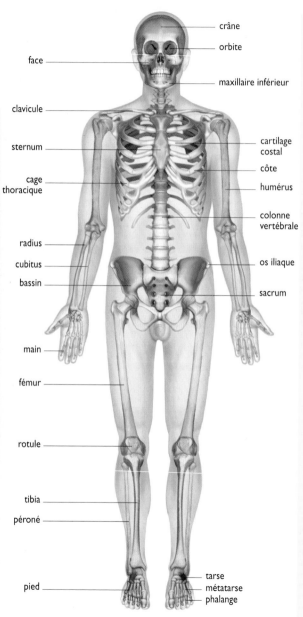

crâne

orbite

maxillaire inférieur

face

clavicule

sternum

cage thoracique

cartilage costal

côte

humérus

colonne vertébrale

radius

cubitus

bassin

os iliaque

sacrum

main

fémur

rotule

tibia

péroné

pied

tarse

métatarse

phalange

Le squelette est la charpente du corps. Il est constitué d'environ 200 os. On a l'habitude de diviser le squelette en 3 grandes régions : la tête et le cou, le tronc et les membres. Le squelette de la tête comprend le crâne et la face. Le crâne est formé de plusieurs os parfaitement immobiles qui sont reliés entre eux par des articulations fixes : les sutures. La face est constituée essentiellement par les maxillaires, supérieur et inférieur. Le squelette du tronc se compose de trois parties : la colonne vertébrale, ou rachis, les côtes et le sternum. La colonne vertébrale est formée de 33 vertèbres superposées, s'étendant de la base du crâne au bassin, et soutenant la tête et le tronc. On compte 12 paires de côtes, chaque côte étant attachée à une vertèbre dorsale. L'ensemble constitue avec les vertèbres et le sternum la cage thoracique. Le sternum est un os plat et long articulé avec les 7 premiers cartilages costaux et avec les clavicules.

Enfin, le membre supérieur est composé de l'épaule (comprenant deux os l'un en arrière, l'omoplate ; l'autre en avant, la clavicule), du bras (constitué par un seul os, l'humérus) et de l'avant-bras, qui comporte deux os longs : le cubitus et le radius.
La main est articulée avec l'avant-bras et comprend trois parties correspondant au poignet, à la paume et aux doigts : le carpe, le métacarpe et les phalanges. Les quatre segments du membre inférieur sont : la hanche, la cuisse, la jambe et le pied. La hanche est fixée au sacrum par un os plat, l'os iliaque ; la cuisse est formée par un seul os, le fémur. La rotule est un os triangulaire du genou et lui permet les mouvements de flexion et d'extension. La jambe est constituée, de deux os longs : le tibia, qui s'articule avec le fémur, et le péroné, situé à la face externe de la jambe. Le squelette du pied articulé avec la jambe par la cheville comprend le tarse, le métatarse et les phalanges des orteils.

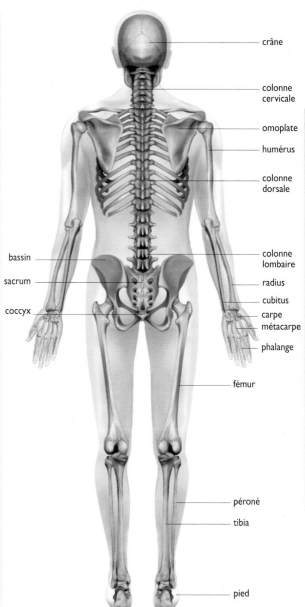

crâne

colonne cervicale

omoplate

humérus

colonne dorsale

bassin

sacrum

coccyx

colonne lombaire

radius

cubitus

carpe

métacarpe

phalange

fémur

péroné

tibia

pied

Les muscles (de face)

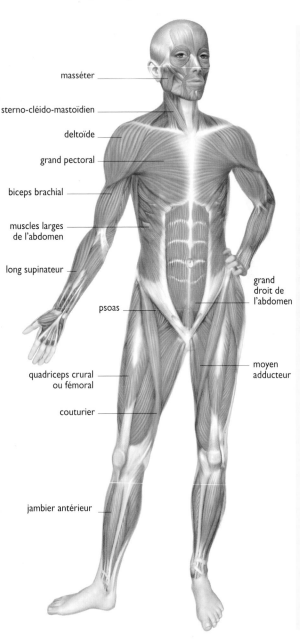

masséter

sterno-cléido-mastoïdien

deltoïde

grand pectoral

biceps brachial

muscles larges
de l'abdomen

long supinateur

psoas

quadriceps crural
ou fémoral

couturier

jambier antérieur

grand
droit de
l'abdomen

moyen
adducteur

Les principaux
muscles du corps
sont attachés aux os
par des tendons et
sont appelés muscles
« squelettiques » ou
« striés squelettiques ».
Il en existe plus
de 600, qui
représentent près
de la moitié du
poids du corps.
Tous sont capables
de s'étirer,
de se contracter,
d'être excités par
une stimulation,
puis de retrouver
leur forme et
leur taille initiales.
Les muscles striés
squelettiques
sont également
appelés « muscles
volontaires ».
Les muscles
extenseurs « ouvrent »
les articulations :
ainsi le triceps
brachial permet
d'étendre l'avant-bras
sur le bras, et le
quadriceps crural
à la face antérieure
de la cuisse permet
l'extension de
la jambe.
Les muscles fléchisseurs
« referment »
les articulations :
le biceps brachial
fléchit l'avant-bras
et, sur la face
postérieure de
la cuisse, le biceps
crural aide
à la flexion de
la jambe sur la cuisse.

Les muscles (de dos)

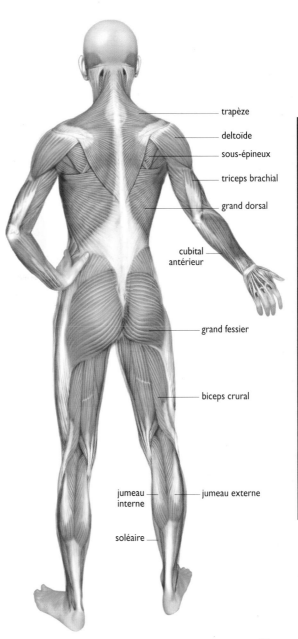

Les muscles « adducteurs » ramènent un membre vers l'axe central du corps : le grand pectoral, large, triangulaire et plat, permet de rapprocher le bras du corps. Les muscles « abducteurs » permettent d'écarter un membre du corps. Un supinateur fait tourner la main de façon à amener la paume de l'arrière vers l'avant, tandis qu'un pronateur a l'effet inverse. Le deltoïde, volumineux et épais, situé sur la face externe de l'épaule, participe à tous les mouvements de l'épaule. Le psoas, épais et allongé, s'attache en haut sur la colonne vertébrale lombaire et se termine en bas par un gros tendon commun avec le muscle iliaque : le petit trochanter du fémur. Le muscle fessier, constitué par les petit, moyen et grand fessiers conditionne l'aspect de la fesse. Il joue un rôle important dans les mouvements d'abduction et de rotation interne et externe de la cuisse.

trapèze

deltoïde

sous-épineux

triceps brachial

grand dorsal

cubital antérieur

grand fessier

biceps crural

jumeau interne

jumeau externe

soléaire

ATLAS DU CORPS HUMAIN

V

Le cœur et la circulation

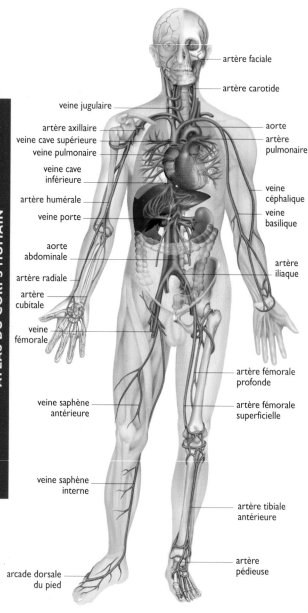

artère faciale

artère carotide

veine jugulaire

artère axillaire

veine cave supérieure

veine pulmonaire

aorte

artère pulmonaire

veine cave inférieure

artère humérale

veine porte

veine céphalique

veine basilique

aorte abdominale

artère radiale

artère cubitale

veine fémorale

artère iliaque

artère fémorale profonde

veine saphène antérieure

artère fémorale superficielle

veine saphène interne

artère tibiale antérieure

arcade dorsale du pied

artère pédieuse

Un réseau complexe et finement ramifié fait circuler le sang dans tout le corps, le moteur de la circulation étant le cœur. Une artère, l'aorte, distribue le sang depuis le cœur : ses branches (carotide, fémorale, etc.) emmènent le sang oxygéné (rouge) dans l'ensemble de l'organisme ; l'artère pulmonaire conduit le sang pauvre en oxygène (bleu) aux poumons. Les veines caves, et les veines qui s'y jettent, ramènent vers le cœur le sang appauvri en oxygène de l'organisme ; les veines pulmonaires ramènent au cœur le sang enrichi en oxygène des poumons.
À l'intérieur des organes, les artères se ramifient en capillaires sanguins, vaisseaux à la paroi si fine que l'eau et les substances la traversent. Grâce à ce système, les organes sont pourvus en oxygène et en nutriments (glucose, par ex.), et sont aussi débarrassés de leurs déchets (urée, gaz carbonique, etc.).

Le système nerveux est l'ensemble des organes qui permettent de recueillir, d'enregistrer et de contrôler les informations relatives au corps. Il comprend deux parties : le système nerveux central et le système nerveux périphérique. Le système nerveux central (cerveau, cervelet, bulbe rachidien et moelle épinière) recueille les informations provenant de l'ensemble du corps et donne les réponses adaptées. Le système nerveux périphérique comprend tous les nerfs reliant le système nerveux central au reste du corps. Il transmet les informations et les réponses vers les organes. Le cerveau, organe principal du système nerveux, en est la partie la plus complexe, siège de la commande des mouvements volontaires, mais également des sensations conscientes, de la pensée et des émotions. Les nerfs servent d'intermédiaire pour conduire les messages.

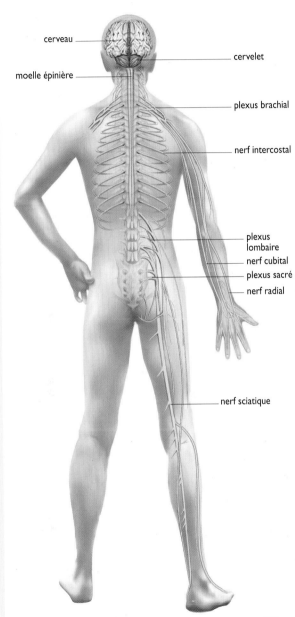

cerveau

moelle épinière

cervelet

plexus brachial

nerf intercostal

plexus lombaire

nerf cubital

plexus sacré

nerf radial

nerf sciatique

ATLAS DU CORPS HUMAIN

Les glandes endocrines

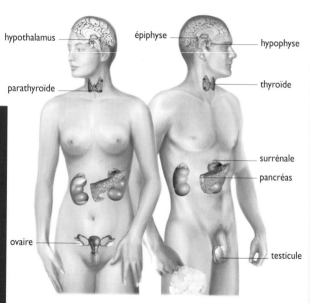

hypothalamus

épiphyse

hypophyse

parathyroïde

thyroïde

surrénale

pancréas

ovaire

testicule

LA RÉGULATION HORMONALE

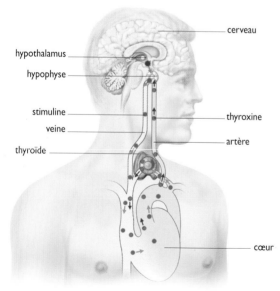

cerveau

hypothalamus

hypophyse

stimuline

thyroxine

veine

thyroïde

artère

cœur

Il existe dans le corps des substances chimiques, les hormones, que sécrètent des cellules et des glandes particulières qualifiées d'« endocrines », et qui sont distribuées aux organes par la circulation sanguine. Une hormone est un messager. En effet, chaque organe est sensible à une hormone (ou à plusieurs) et réagit à celle-ci en augmentant ou en diminuant spécifiquement l'une de ses activités. Dans l'ensemble, les hormones contrôlent l'organisme parallèlement au système nerveux ; elles interviennent dans les réactions chimiques du corps, la croissance, la reproduction, etc. L'hypothalamus et l'hypophyse, situés dans le cerveau, sécrètent des hormones qui contrôlent certaines des autres glandes (thyroïde, surrénales, testicules et ovaires). Par exemple, si la thyroxine (hormone de la glande thyroïde) n'est pas assez abondante dans le sang, l'hypophyse sécrète la « stimuline », qui active spécifiquement la thyroïde.

Les vaisseaux lymphatiques

À l'intérieur des organes se trouvent des capillaires lymphatiques, de microscopiques canaux assurant une fonction de drainage en parallèle et en complément des capillaires sanguins. Ces capillaires contiennent un liquide, la lymphe, et se poursuivent par des vaisseaux lymphatiques de plus en plus gros qui se réunissent en un dernier vaisseau, le canal thoracique, lequel finit par se jeter dans le circuit sanguin veineux. Les ganglions lymphatiques réunis en petits groupes se rencontrent à la racine des membres (cou, aisselles, aisnes et près des viscères) et sont situés sur le trajet des vaisseaux. Ils font partie du système immunitaire, responsable de la défense contre les micro-organismes (les bactéries, par ex.). Les ganglions contiennent des globules blancs, les lymphocytes, qui sont capables d'analyser les micro-organismes étrangers et de répondre en se multipliant, en se répandant dans le corps ou en sécrétant des anticorps.

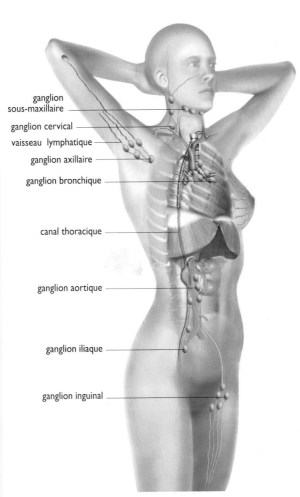

ganglion sous-maxillaire

ganglion cervical

vaisseau lymphatique

ganglion axillaire

ganglion bronchique

canal thoracique

ganglion aortique

ganglion iliaque

ganglion inguinal

Les organes de l'homme et de la femme

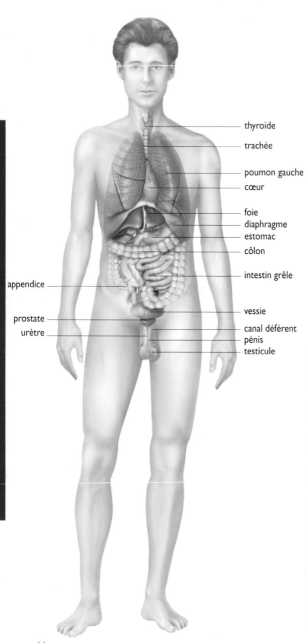

thyroïde
trachée
poumon gauche
cœur
foie
diaphragme
estomac
côlon
intestin grêle
vessie
canal déférent
pénis
testicule

appendice
prostate
urètre

On appelle organe un élément du corps bien délimité et localisé en un endroit précis, assurant une fonction relativement complexe. Un organe est constitué de différents tissus, assurant chacun une fonction de base. C'est ainsi que l'on trouve dans l'épaisseur de la paroi de l'estomac, organe dont le rôle est de commencer la digestion, aussi bien du tissu musculaire (qui brasse les aliments) que du tissu glandulaire (qui sécrète des substances chimiques nécessaires à la digestion). À l'inverse, un organe n'est lui-même qu'une des parties d'un système ou d'un appareil : respiratoire dans le cas des poumons, cardio-vasculaire pour le cœur, digestif pour l'estomac, etc. L'appareil génital est un cas particulier. En effet, spécialisé dans la fonction de reproduction, il est donc différent pour le sexe masculin et pour le sexe féminin.
● **Chez l'homme,** les glandes sexuelles (les gonades) sont les testicules et sont situées dans les bourses.
Les testicules fabriquent les cellules

X

Les organes de l'homme et de la femme

reproductrices (les gamètes), autrement dit les spermatozoïdes. Ils synthétisent les hormones sexuelles (surtout la testostérone), qui provoquent les transformations de la puberté, et stimulent la production des gamètes.
Les voies génitales, ces canaux qui conduisent les gamètes, sont le canal de l'épididyme, le canal déférent et l'urètre.

● **Chez la femme,** les gonades sont les ovaires et se trouvent à l'intérieur du petit bassin. Les ovaires forment les gamètes féminins, c'est-à-dire les ovules, et les hormones (la progestérone et différents œstrogènes). Les voies génitales sont les deux trompes de Fallope, faisant suite chacune à un ovaire, l'utérus et le vagin. L'appareil génital de la femme subit diverses modifications périodiques à peu près mensuelles, organisées par deux glandes du cerveau (l'hypothalamus et l'hypophyse) et marquées par le saignement des règles.

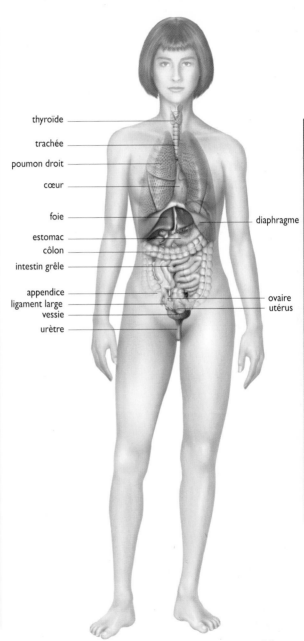

thyroïde
trachée
poumon droit
cœur
foie
estomac
côlon
intestin grêle
appendice
ligament large
vessie
urètre
diaphragme
ovaire
utérus

La grossesse

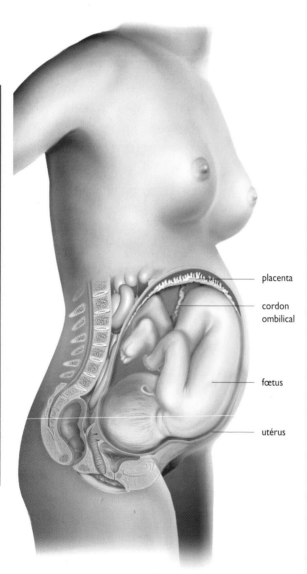

placenta

cordon ombilical

fœtus

utérus

L'ovule féminin est fécondé par le spermatozoïde dans une trompe de Fallope, petit canal qui se termine dans l'utérus. L'œuf fécondé descend dans l'utérus, s'implante dans la muqueuse qui tapisse cet organe, on l'appelle alors embryon. Par ailleurs, il se divise en deux cellules, qui se divisent à leur tour. Ce phénomène se poursuit en même temps que les cellules se spécialisent et se groupent par catégories, afin d'aboutir aux futurs organes. À huit semaines, l'embryon devient un fœtus. Celui-ci a une forme humaine reconnaissable, ses organes sont en place. Il lui reste à subir une maturation et à grandir. Dès le début, des cellules se sont séparées des autres et ont donné naissance aux annexes. Il s'agit : du placenta, grâce auquel le fœtus se nourrit par échanges entre son sang et celui de sa mère ; du cordon ombilical, qui relie le fœtus au placenta ; d'une poche remplie du liquide amniotique, qui entoure et protège le fœtus.

1 À la fin de la grossesse, le fœtus se présente, en général, la tête en bas et très fléchie sur le thorax.

2 Les contractions de l'utérus poussent l'enfant vers le bas : c'est ce qu'on appelle le travail.

3 En même temps, le col de l'utérus, qui ferme normalement l'organe, se dilate, s'ouvre, jusqu'à ce que l'utérus et le vagin forment un grand canal.

4 Puis la tête commence à se dégager, les cheveux deviennent nettement visibles.

5 Ensuite, les épaules s'engagent à leur tour dans le petit bassin et le corps apparaît.

6 Peu après, le placenta se décolle et est expulsé : c'est la délivrance.

Dans la présentation par l'épaule, c'est une des épaules qui s'engage, mais le reste du corps ne peut pas suivre. Cette présentation nécessite le recours à une césarienne.

Dans la présentation par le siège, les jambes de l'enfant sont soit pliées, soit tendues.

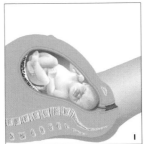

1

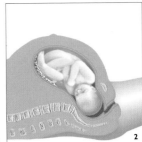

2

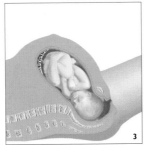

3

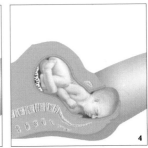

4

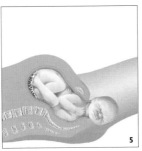

5

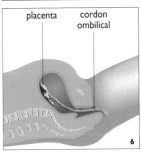

placenta   cordon ombilical

6

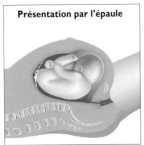

Présentation par l'épaule

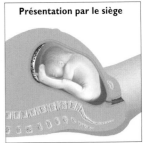

Présentation par le siège

Les bandages

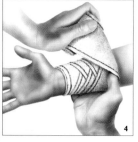

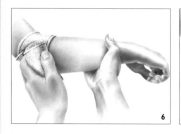

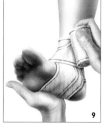

1 Pour bander un doigt, passer la bande autour du poignet, puis en aller-retour le long du doigt.

2 Ensuite, faire des tours en forme de 8 du doigt au poignet, en les croisant sur le dos de la main.

3 Terminer par un nouveau tour du poignet.

4 Pour bander le bras ou la jambe, rabattre la bande à chaque tour sur son pouce, tout en remontant.

5 Terminer par un tour complet.

6 Pour bander le coude ou le genou, faire un premier tour juste sur l'articulation.

7 Puis croiser devant (ou derrière, pour le genou) des 8 de plus en plus grands.

8 Pour bander la cheville, commencer par faire un circulaire (deux tours de la bande sur elle-même) autour du talon et du cou-de-pied.

9 Puis croiser des 8 devant, tout en remontant.

10 Terminer par deux circulaires autour de la jambe.

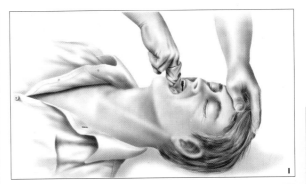

1 Il faut d'abord libérer les voies aériennes, c'est-à-dire éliminer tout obstacle : le sauveteur ouvre le col et dégrafe la ceinture, retire éventuellement le dentier, nettoie doucement avec ses doigts l'intérieur de la bouche.

2 En faisant un peu pencher la tête en arrière (si on est sûr que la colonne vertébrale est indemne), on empêche la langue d'appuyer sur l'entrée du larynx.

3 Le secouriste, après avoir pris une grande inspiration, souffle en entourant complètement la bouche de la victime et en lui pinçant le nez, afin d'éviter les fuites d'air.

4 Chez la victime, l'expiration de l'air des poumons se fait toute seule. Le sauveteur regarde sur le côté si la poitrine se rabaisse, ce qui indique que son bouche-à-bouche est vraiment efficace.

5 La manœuvre est répétée jusqu'à l'arrivée des secours spécialisés.

Le massage cardiaque

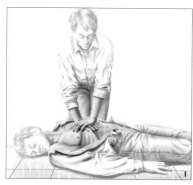

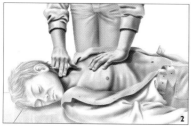

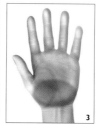

1 En cas d'arrêt cardiaque, il faut effectuer le massage cardiaque en même temps que le bouche-à-bouche. Le sauveteur appuie avec régularité sur le sternum, au milieu de la poitrine.

2 S'il est seul, le sauveteur s'arrête de temps en temps pour vérifier, à l'artère carotide, si les battements cardiaques ont repris.

3 On se sert du talon des mains (la base), en plaçant les deux mains perpendiculairement l'une sur l'autre.

La position latérale de sécurité

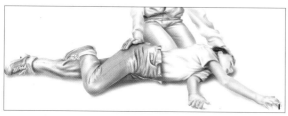

1 Si une personne est inconsciente mais respire, et si l'on est sûr qu'elle n'a pas un traumatisme de la colonne vertébrale, on la couche sur le côté. Le sauveteur plie la jambe du dessus de la victime, pour stabiliser la position, et il penche un peu sa tête en arrière.

2 Des coussins améliorent la position et le confort du malade. On surveille la respiration et le pouls à la carotide, jusqu'à l'arrivée des secours spécialisés.

Kinébalnéothérapie

Ensemble des techniques de kinésithérapie pratiquées sur un sujet dans l'eau, en bassin ou en piscine.

La kinébalnéothérapie a les mêmes indications générales que la kinésithérapie. Elle est surtout efficace en cas de handicap prononcé. En effet, grâce à la diminution du poids du corps dans l'eau, le malade peut faire des exercices qui, à l'air libre, seraient dangereux pour les articulations, douloureux ou impossibles. De plus, l'eau exerce une résistance aux mouvements des membres, qui remplace les poids et les contrepoids de la kinésithérapie traditionnelle, et permet de développer la force et l'endurance des muscles.

Kinésithérapie

Discipline paramédicale utilisant des techniques passives et actives ou des agents physiques dans un dessein préventif ou thérapeutique (rééducation).

La kinésithérapie est pratiquée par des masseurs-kinésithérapeutes (France) ou des physiothérapeutes (Belgique, Canada, Luxembourg, Suisse).

DIFFÉRENTS TYPES DE TECHNIQUES

La kinésithérapie comporte un large éventail de techniques.

■ **La kinésithérapie passive** comprend des techniques manuelles et instrumentales. Elle vise à mobiliser de façon méthodique et spécifique tissus (massages), articulations (mobilisations passives, tractions, postures articulaires) ou muscles (étirements myotendineux) pour leur restituer élasticité, mobilité et plasticité et lutter contre les raideurs, les rétractions ou les déformations, par exemple au décours d'une hémiplégie.

■ **La kinésithérapie active** fait appel à différentes techniques de tonification des muscles, qu'ils soient paralysés ou sidérés (ne répondant plus à la volonté en l'absence de lésion neuromusculaire). Elle utilise des exercices musculaires aidés (par exemple en piscine ou à l'aide de suspensions) ou, au contraire, avec résistance (charges directes, résistance manuelle) ; elle recourt également à des techniques de contrôle de la posture ou du geste (rééducation sensorimotrice ou

proprioceptive) consistant à stimuler les récepteurs situés dans les articulations, les tendons ou les muscles pour améliorer de façon automatique une position (sujet atteint de scoliose, par exemple) ou un mouvement anormal (instabilité de la cheville après une entorse, par exemple).

■ **La physiothérapie** consiste à utiliser les propriétés biologiques d'agents physiques tels que des courants électriques, des ondes, des rayons ou des vibrations. Les techniques les plus couramment utilisées, sont les courants d'impulsion de basse fréquence, les courants continus, les ultrasons, les rayons infrarouges, le froid, la chaleur sèche ou humide. Ces techniques sont notamment utilisées dans le traitement de la douleur.

INDICATIONS

Les affections justiciables d'un traitement kinésithérapique appartiennent à trois grands secteurs.

■ **Les affections de l'appareil locomoteur,** après opération ou non (fractures, luxations, pathologies dégénératives ou inflammatoires liées aux rhumatismes), sont traitées afin de restituer au patient une mobilité articulaire et une fonction musculaire optimales pour la marche et/ou la préhension. Les affections rachidiennes de l'enfant (scoliose) ou de l'adulte (douleurs lombaires) relèvent pour une large part d'une rééducation posturale.

■ **Le traitement des maladies neurologiques,** telles que l'hémiplégie ou la paraplégie, permet au patient de récupérer ses capacités motrices ou d'y suppléer.

■ **Le traitement des maladies respiratoires** comprend celui des syndromes obstructifs (bronchite chronique, asthme, emphysème, mucoviscidose), à l'aide de techniques de désencombrement bronchique et d'amélioration de la ventilation, et celui des syndromes restrictifs (interventions thoraco-abdominales, pleurésies, poliomyélite), qui nécessitent un travail de développement de la capacité pulmonaire.

Outre ces champs d'activité, les indications de la kinésithérapie ne cessent de s'étendre : amputés, personnes âgées, sujets souffrant d'affections urologiques et gynécologiques (rééducation post-partum, troubles sphinctériens), de troubles de la déglutition, de l'articulé dentaire, de l'équilibre, médecine du sport, ergonomie, etc.

Kinésithérapie respiratoire

Ensemble des techniques de kinésithérapie visant à maintenir une capacité respiratoire correcte chez des malades souffrant d'une affection bronchopulmonaire (bronchite chronique) ou pleurale (pleurésie), de fractures de côtes ou ayant subi une intervention chirurgicale.

■ **Les techniques de désencombrement** visent à empêcher l'accumulation de sécrétions dans les bronches. Le « clapping », ébranlement de la cage thoracique frappée par la main à plat, cherche à décrocher les sécrétions des parois bronchiques avant les manœuvres d'expectoration. L'expectoration dirigée consiste à provoquer un crachat par une expiration rapide et vigoureuse plutôt que par la toux. Le drainage postural consiste à allonger le malade sur un lit dans une position facilitant le drainage, par la pesanteur, des sécrétions vers la trachée, d'où elles sont ensuite éliminées par la toux.

■ **Les techniques de gymnastique respiratoire** consistent à améliorer la ventilation (succession des inspirations et des expirations) du sujet en lui apprenant à réaliser des mouvements thoraciques corrects (respiration ample et lente) et à les coordonner aux mouvements abdominaux.

Klebsiella

Genre bactérien constitué de bacilles à Gram négatif de la famille des entérobactéries.

L'espèce la plus fréquemment isolée chez l'homme, *Klebsiella pneumoniæ,* ou bacille de Friedlander, est responsable de pneumonies chez les sujets fragilisés (diabète, alcoolisme, grand âge). En outre, ces dernières années, cette bactérie s'est révélée être l'hôte privilégié de certains plasmides (éléments génétiques formés d'un fragment d'A.D.N. indépendant du chromosome), qui lui ont conféré la résistance à différents antibiotiques comme les céphalosporines de troisième génération et les aminosides les plus récents. De ce fait, *Klebsiella pneumoniæ*

constitue un germe multirésistant à partir duquel se développent des épidémies d'infections (infections urinaires, pulmonaires ou septicémies) acquises en milieu hospitalier (infections dites nosocomiales), dans les services à risque (réanimation, chirurgie, long séjour, etc.). Un traitement par antibiotiques sélectionnés en fonction de l'antibiogramme et un renforcement des mesures d'hygiène permettent d'enrayer ces épidémies.

Klebs-Löffler (bacille de)

Bacille à Gram positif, agent de la diphtérie. SYN. *Corynebacterium diphteriæ.*

Kleptomanie

Impulsion maladive poussant à commettre des vols.

La kleptomanie est souvent proche de la névrose obsessionnelle. Plus fréquente chez les femmes, elle se caractérise par un désir obsédant de voler, une lutte contre ce désir et un soulagement lors du passage à l'acte, suivi de remords. Les vols kleptomaniaques n'ont jamais un caractère utilitaire et s'apparentent à d'autres conduites compulsives (passion pathologique pour les jeux de hasard, par exemple). Le traitement est basé sur la psychothérapie.

Klinefelter (syndrome de)

Maladie héréditaire caractérisée par une anomalie du développement des tubules séminifères des testicules. SYN. *syndrome XXY.*

Le syndrome de Klinefelter est une affection assez fréquente chez l'homme, liée à une aberration chromosomique consistant en la présence d'un ou de plusieurs chromosomes X surnuméraires. Le caryotype le plus souvent rencontré comprend 44 chromosomes non sexuels et 3 chromosomes sexuels, XXY.

SYMPTÔMES ET SIGNES

Le sujet est d'apparence normale, de taille plutôt grande. Les premiers caractères apparaissent à la puberté : testicules de petite taille, développement exagéré des seins. En outre, lorsque la sécrétion de testostérone est insuffisante, la musculature et la pilosité peuvent être moins importantes. Sur le plan intellectuel, on note une difficulté des apprentissages.

TRAITEMENT

Le traitement vise à corriger le déficit éventuel en testostérone par des injections de testostérone retard. Une réduction chirurgicale des seins peut être proposée en cas de gêne importante. En revanche, la stérilité est définitive.

Köbner (phénomène de)

Localisation d'une maladie cutanée à un endroit où la peau a été traumatisée.

Le phénomène de Köbner se rencontre fréquemment au cours d'un psoriasis ou d'un lichen plan, qui se développent à l'endroit d'un traumatisme subi auparavant, par exemple sur une cicatrice chirurgicale ou vaccinale, engendrant de vives démangeaisons. Il arrive que ce phénomène représente la première manifestation de la maladie et qu'il ait donc un intérêt diagnostique. Le traitement est celui de la maladie cutanée en cause.

Koch (bacille de)

Bactérie responsable de la tuberculose.
SYN. *Mycobacterium tuberculosis*.

Koenig (syndrome de)

Syndrome caractérisé par une douleur abdominale localisée et dû à une affection de l'intestin grêle.

Le syndrome de Koenig traduit la distension de l'intestin grêle, qui résiste à un obstacle qui le rétrécit. Ce dernier peut être d'origine inflammatoire (maladie de Crohn), infectieuse (tuberculose), tumorale (lymphome), ischémique ou post-radiothérapique. Le syndrome de Koenig se manifeste par une douleur fixe, brutale, autour de l'ombilic, qui dure de quelques secondes à quelques minutes et cède en même temps que le patient perçoit un gargouillement abdominal.

Le traitement dépend de la cause : administration de médicaments antituberculeux ou anti-inflammatoires, chimiothérapie anti-

cancéreuse ou ablation chirurgicale de la partie rétrécie.

Koïlonychie

Anomalie des ongles, caractérisée par une forme concave ou par des fissures.

La koïlonychie chez un jeune enfant peut n'avoir aucune signification pathologique ou provenir d'anomalies héréditaires. Chez l'adulte, elle peut être due soit à des traumatismes physiques ou chimiques répétés (elle touche alors les ménagères et les coiffeurs), soit à une maladie dermatologique (sclérodermie, lichen, pelade), sanguine (anémie, polyglobulie) ou hormonale (maladie de l'hypophyse, de la thyroïde), ou bien encore provenir d'une carence en vitamine B ou d'une anomalie du métabolisme du fer (hémochromatose). On observe soit une déformation d'un ou de plusieurs ongles en cuvette, soit une ligne ou une fissure médiane longitudinale séparant l'ongle en deux. Le seul traitement est celui de la cause.

Korsakoff (syndrome de)

Ensemble de troubles psychiques caractérisé par la perte de la mémoire de fixation, une désorientation temporelle, de fausses reconnaissances et une fabulation. Il apparaît à la suite d'une encéphalopathie de Gayet-Wernicke.

Le syndrome de Korsakoff est dû à une atteinte bilatérale d'une région du cerveau (le circuit hippocampo-mamillo-thalamique), en général consécutive à une carence en vitamine B1 (thiamine), causée par un alcoolisme chronique.

Kraurosis de la vulve

Localisation aux organes génitaux externes de la femme d'une affection dermatologique, le lichen scléro-atrophique.
→ VOIR Lichen scléro-atrophique.

Krukenberg (tumeur de)

Tumeur maligne de l'ovaire qui correspond à une métastase d'un cancer de l'estomac.

La tumeur de Krukenberg, très rare puisqu'elle représente de 1 à 2 % des cancers de l'ovaire, touche la femme entre 35 et

50 ans. Cette tumeur, le plus souvent sans symptôme, est découverte, par examen clinique et par échographie, après la mise en évidence d'un cancer de l'estomac.

Kuru

Maladie du système nerveux à virus lent.

Cette infection du cerveau, progressive et mortelle, affectait certaines populations de Nouvelle-Guinée qui pratiquaient autrefois le cannibalisme.

CAUSES

Le kuru est dû à un agent infectieux particulier, un prion (ni bactérie ni virus), qui infecte le cerveau. Il se transmet aux individus qui mangent des cerveaux humains infectés.

SYMPTÔMES ET SIGNES

L'incubation peut durer 30 ans. La maladie se manifeste par un syndrome cérébelleux (atteinte du cervelet), des troubles de la marche, une absence de coordination des mouvements, un tremblement du corps et, finalement, par une démence. L'évolution est mortelle en quelques mois.

→ VOIR Creutzfeldt-Jakob (maladie de).

Kwashiorkor

Forme de malnutrition de l'enfant résultant d'une alimentation pauvre en protéines, les besoins caloriques globaux pouvant être par ailleurs couverts.

Le kwashiorkor sévit dans tous les pays en voie de développement, en particulier en Afrique tropicale et équatoriale, et touche les enfants entre 6 mois et 3 ans, au moment du sevrage. En effet, le lait maternel apporte une alimentation équilibrée, riche en protéines. Après le sevrage, l'enfant adopte la nourriture des adultes, essentiellement végétale (bouillie de céréales, de tubercules ou de bananes plantains) et pauvre en protéines. Or, à cette période de sa vie, l'enfant a de gros besoins en protéines, nécessaires à sa croissance et à son développement musculaire. Le kwashiorkor s'associe souvent à une déficience en certains minéraux (fer, zinc) et en vitamines.

SYMPTÔMES ET TRAITEMENT

Le kwashiorkor se manifeste par une apathie et une anorexie, une pâleur, un œdème des membres inférieurs, un retard de croissance, une fonte musculaire, un ballonnement abdominal avec augmentation de volume du foie par stéatose (surcharge graisseuse), des troubles psychomoteurs et des lésions cutanées.

Le traitement fait appel à la réintroduction progressive des protéines dans l'alimentation et à la surveillance de l'enfant. Toutefois, la mortalité des enfants atteints de formes avancées de la maladie n'est pas négligeable.

Kyste

Cavité pathologique située dans un organe ou dans un tissu, contenant une substance liquide, molle ou plus rarement solide, et limitée par une paroi qui lui est propre.

Tous les organes peuvent renfermer des kystes dus à une malformation ; ces kystes prennent le plus souvent l'aspect d'une grosseur.

Ils peuvent perturber le fonctionnement d'un organe, en comprimant celui-ci, ou entraîner un préjudice esthétique. Généralement, ils sont traités soit par une ponction à l'aiguille, soit par l'ablation chirurgicale.

Kyste branchial

Malformation congénitale siégeant sur le cou, résultant d'un défaut de comblement des arcs branchiaux (replis de tissu à l'origine des mandibules et du cou) de l'embryon. SYN. *kyste du cou*.

Le traitement d'un kyste branchial est l'ablation chirurgicale, réalisée dès que le kyste a été diagnostiqué, le plus souvent dès la naissance.

Kyste hydatique

→ VOIR Échinococcose uniloculaire.

Labyrinthe

Ensemble de cavités situées dans le rocher (partie profonde de l'os temporal) et constituant l'oreille interne.

Le labyrinthe comprend le vestibule, organe de l'équilibre, et la cochlée, organe de l'audition.

Labyrinthite

Inflammation d'une cavité de l'oreille interne, le labyrinthe.

Une labyrinthite est le plus souvent due à une infection virale (oreillons, rougeole, grippe ou mononucléose infectieuse) ou bactérienne (otite mal traitée).

Une labyrinthite provoque surtout des vertiges, car l'oreille interne contrôle l'équilibre. Elle peut se manifester aussi par des nausées, des mouvements involontaires des globes oculaires, des sifflements et des bourdonnements d'oreille, une baisse de l'audition.

Une labyrinthite virale guérit spontanément. Une labyrinthite bactérienne demande un traitement médical rapide et énergique (antibiotiques) ou chirurgical, sinon, des complications graves (surdité définitive, méningite) pourraient survenir.

Lacrymal (appareil)

Ensemble des organes qui sécrètent et excrètent les larmes et le film lacrymal.

■ L'appareil lacrymal sécréteur comporte la glande lacrymale, qui est située en arrière du bord supérieur de l'orbite, à l'angle externe, et qui assure la sécrétion lacrymale réflexe (larmes).

■ L'appareil excréteur comprend les points lacrymaux, petits orifices situés sur le bord libre des paupières, à l'extrémité interne de celles-ci ; les canalicules lacrymaux qui leur font suite et se dirigent en dedans, vers le sac lacrymal, situé entre l'angle interne de l'œil et la paroi nasale et relié à la cavité nasale par le canal lacrymonasal.

FONCTIONNEMENT

Les larmes protègent la cornée en lui apportant les éléments indispensables à sa nutrition et à l'élimination des corps étrangers. En la lubrifiant, elles l'empêchent de s'ulcérer. Le clignement des paupières, qui étale le film lacrymal sur l'œil, entretient aussi la lubrification des conjonctives.

PATHOLOGIE

L'appareil lacrymal s'altère avec l'âge, et la sécrétion de larmes diminue. Certains médicaments atropiniques (surtout les benzodiazépines), une hyperthyroïdie ou une connectivite sont également susceptibles de tarir la sécrétion lacrymale. Une diminution de l'excrétion des larmes peut aussi se rencontrer en cas de maladie auto-immune (syndrome de Goujerot-Sjögren), d'éversion du point lacrymal par anomalie de position de la paupière inférieure ou en raison d'un obstacle sur la voie lacrymale, d'origine congénitale (imperforation du canal lacrymonasal), traumatique (rétrécissement cicatriciel, brûlure), tumorale ou inflammatoire (dacryocystite).

Lactase

Enzyme sécrétée par la muqueuse intestinale, permettant l'assimilation du lactose. SYN. *galactosidase*.

Lactation

Sécrétion et excrétion du lait chez la femme.

La lactation est un phénomène physiologique à commande hormonale. La montée de lait se produit environ 3 jours après l'accouchement et fait suite à la sécrétion de colostrum, déclenchée peu avant l'accouchement par deux hormones, l'ocytocine et la prolactine. La montée de lait s'accompagne de douleurs et d'une congestion des seins. La lactation, qui obéit à la sécrétion de prolactine par l'hypophyse, est stimulée et entretenue par la succion du nouveau-né. La production de lait est assurée par la glande mammaire, puis le lait est conduit au mamelon par les canaux galactophores.

→ VOIR Allaitement.

Lactose

Glucide caractéristique du lait.

Le lactose est un disaccharide (association de deux sucres simples) formé par l'union d'une molécule de glucose et d'une molécule de galactose.

INTOLÉRANCE AU LACTOSE

Il existe plusieurs types d'intolérance au lactose. Très rare est l'intolérance à caractère héréditaire, due à un déficit congénital en lactase. Elle se manifeste dès la naissance par une diarrhée et des vomissements déclenchés par le lait. Cette intolérance est définitive et son traitement consiste à exclure le lait de l'alimentation du sujet et à le remplacer par des aliments industriels spéciaux, sans lactose. Une intolérance au lactose peut aussi survenir plus tard, vers l'âge de 5 ans. Elle est alors due à une diminution ou à l'abolition de l'activité lactasique mais n'impose généralement pas une exclusion définitive du lait, dont de petites quantités (moins d'un quart de litre) sont parfaitement tolérées, de même que les yaourts. Enfin, une intolérance au lactose peut être transitoire, liée à une affection digestive, le plus souvent une diarrhée aiguë infectieuse ; elle guérit alors en même temps que celle-ci. La réintroduction du lait se fait progressivement en quatre ou cinq jours.

Lait maternel

Liquide sécrété par les glandes mammaires de la mère, dont la production débute environ 3 jours après l'accouchement.

→ VOIR Allaitement.

Lait pour nourrisson

Aliment lacté diététique utilisé en remplacement du lait maternel dans la première année de l'enfant.

DIFFÉRENTS TYPES DE LAIT POUR NOURRISSON

On distingue les aliments lactés diététiques 1er âge, utilisables de la naissance à 4 mois, et les aliments lactés diététiques 2e âge, destinés aux nourrissons de plus de 4 mois. Les premiers comprennent les laits adaptés ou modifiés et les laits maternisés, dont les principales différences tiennent à la nature et au rapport des protéines entre elles et à la teneur en glucides : au moins 70 % de lactose pour les laits adaptés et 100 % pour les laits maternisés.

La composition des laits pour nourrisson, fabriqués à partir de lait de vache, tend à être la plus proche possible de celle du lait maternel et à s'adapter à la physiologie du nourrisson. Ces produits, très réglementés, possèdent des variantes dans leur composition, mais ils se caractérisent tous, par rapport au lait de vache, par une diminution de la teneur en protéines et une modification de leur nature, une modification de la nature des acides gras composant les lipides, une modification de la teneur en minéraux (en particulier, diminution du sodium, ajout en fer dans les laits 2e âge) et un ajout en vitamine D. Certains présentent une modification de la nature de leurs glucides. Leur teneur en oligoéléments et en vitamines (sauf cas particulier de la vitamine D) est, quant à elle, au moins égale à celle du lait de femme.

Lait de vache

Liquide sécrété par les glandes mammaires de la vache.

La composition du lait conditionné et distribué industriellement est relativement constante. Sa valeur calorique est de 62 kilocalories pour 100 grammes de lait entier, de

45 kilocalories pour 100 grammes de lait demi-écrémé, de 33 kilocalories pour 100 grammes de lait écrémé. Très riche en protéines (3,2 %) et en calcium (1 200 milligrammes par litre), le lait est un aliment recommandé à tous les âges de la vie et particulièrement en période de croissance. Le lait entier contient 3,6 % de lipides et 5 % de glucides (lactose), les laits écrémé et demi-écrémé ont une teneur réduite en lipides. Les laits entier et demi-écrémé contiennent également de la vitamine A, alors que les vitamines du groupe B (B2 et B12, surtout) sont présentes dans tous les types de lait (entier, demi-écrémé, écrémé).

Lambeau musculocutané

Fragment composé de peau, de tissu cellulaire sous-cutané, de muscle, déplacé d'une zone intacte de l'organisme sur une zone blessée, qu'il est destiné à recouvrir.

Un lambeau musculocutané permet, par exemple, de réparer les dégâts causés par un accident de la route sur une jambe touchée en profondeur.

Lambliase

Maladie parasitaire provoquée par la présence dans l'intestin grêle d'un protozoaire flagellé, *Giardia lamblia*. SYN. *giardiase*.

CONTAMINATION

Le parasite, présent sous forme de kyste (c'est-à-dire dans une coque) sur le sol, dans l'eau et les aliments ou sur les mains sales, se transmet tel quel d'un individu malade à un individu sain.

Le parasite existe dans l'intestin sous deux formes : une forme kystique et une forme végétative mobile, susceptible de sécréter une coque et de se transformer en kyste.

SYMPTÔMES ET SIGNES

Lorsqu'ils se manifestent, les symptômes apparaissent de un à trois jours après la pénétration du parasite dans l'organisme. Le malade a des diarrhées nauséabondes, fréquentes et mousseuses, accompagnées de gaz intestinaux, de brûlures d'estomac ; on observe aussi un amaigrissement, plus fréquent chez les enfants.

TRAITEMENT

La lambliase aiguë guérit habituellement sans traitement, le parasite étant éliminé dans les matières fécales. Cependant, des médicaments comme les nitro-imidazolés sont susceptibles de supprimer rapidement les symptômes et d'empêcher la propagation de l'infection. Le traitement s'applique en outre à tous les proches des personnes contaminées.

PRÉVENTION

L'infection peut être prévenue en évitant le contact avec de l'eau ou des aliments contaminés et en se lavant très consciencieusement les mains avant les repas.

Landry (syndrome de)

Inflammation aiguë de la gaine de myéline entourant les fibres nerveuses et destruction de cette gaine, responsables de paralysies particulièrement rapides. SYN. *paralysie ascendante*.

Le syndrome de Landry est la forme aggravée et rapide du syndrome de Guillain-Barré.

Langerhans (îlots de)

Portion endocrine du pancréas sécrétant l'insuline (hormone régulant le taux de glucose dans le sang).

Le diabète sucré insulinodépendant est dû à une insuffisance de sécrétion d'insuline par les îlots de Langerhans ; cette affection est vraisemblablement d'origine auto-immune.

Langue

Organe musculaire recouvert de muqueuse, situé dans la bouche et dans le pharynx.

STRUCTURE

La langue est formée de deux parties, la base de la langue, dans l'oropharynx (partie moyenne du pharynx, au fond de la bouche), et la partie mobile, dans la bouche.

FONCTIONS

La langue est l'organe de la gustation. Les saveurs sont perçues grâce aux papilles gustatives situées sur sa face dorsale.

Elle joue aussi un rôle dans la déglutition en poussant les aliments et les liquides vers l'arrière de la bouche pour qu'ils pénètrent dans le pharynx.

Par ailleurs, suivant la place qu'elle prend dans la cavité buccale, elle joue un rôle essentiel dans la production des sons.

PATHOLOGIE

Les glossites (lésions inflammatoires), qui rendent la langue rouge et douloureuse, peuvent être consécutives à une infection de l'appareil digestif. Les paralysies de la langue, ou glossoplégies, n'affectent le plus souvent qu'un seul côté et entraînent des troubles de la prononciation et une déviation du côté paralysé.

Les tumeurs bénignes (kystes, lipomes, papillomes) de la langue sont rares ; les tumeurs malignes (cancer), plus fréquentes. → VOIR Goût.

Langue (cancer de la)

Tumeur maligne de la langue.

CAUSES ET FRÉQUENCE

Le tabagisme et l'alcoolisme sont des facteurs prédisposants du cancer de la langue, qui se rencontre surtout chez l'homme de 45 à 65 ans.

SYMPTÔMES ET SIGNES

Fréquemment négligés par le malade pendant une longue période, les signes comprennent une gêne à la déglutition, des douleurs, des saignements, une haleine fétide, un gonflement des ganglions lymphatiques sous la mandibule ou en haut du cou, une ulcération (perte de substance) à bords irréguliers qui peut saigner.

Trois types de traitement sont possibles, soit seuls, soit associés : la chirurgie (ablation de la tumeur ou de la langue, ablation des ganglions lymphatiques), la radiothérapie et la chimiothérapie. Si la langue est enlevée, le malade éprouve des difficultés pour manger et pour parler.

PRÉVENTION

Une lésion même minime de la langue qui ne guérit pas d'elle-même en quinze jours nécessite toujours une consultation médicale auprès d'un oto-rhino-laryngologiste.

Langue noire

État pathologique de la langue présentant un aspect brun verdâtre.

Une langue noire peut avoir pour origine la prise de certains médicaments (surtout des antibiotiques), le tabagisme, une mycose provoquée par *Candida albicans,* l'utilisation de bains de bouche à base d'eau oxygénée ou de dentifrice oxydant ; certains cas sont d'origine inconnue.

Lanugo

Duvet recouvrant normalement la peau du fœtus.

Le lanugo est formé de poils très fins, très souples, non pigmentés et souvent très longs. Il disparaît spontanément, tantôt avant la naissance, tantôt quelques semaines après.

Laparotomie

Ouverture chirurgicale de l'abdomen par incision de sa paroi. SYN. *cœliotomie.*

La Peyronie (maladie de)

Présence de un ou de plusieurs nodules fibreux dans les corps caverneux du pénis, qu'ils déforment. SYN. *induration plastique des corps caverneux du pénis.*

D'origine inconnue, la maladie de La Peyronie survient chez l'homme généralement après 40 ans.

La maladie de La Peyronie n'est soignée que lorsque la déviation du pénis gêne le patient dans ses rapports sexuels. Le seul traitement efficace est la correction chirurgicale de la déviation.

Lapsus

Erreur commise en parlant (*lapsus linguae,* « trébuchement de la langue ») ou en écrivant (*lapsus calami,* « trébuchement de la plume ») et qui consiste à substituer au mot attendu un autre mot.

Le lapsus peut s'expliquer par un trouble de l'attention dû à la fatigue ou à l'excitation. Il dévoile souvent le contenu caché de ce qu'on a l'intention de dire : les psychanalystes le considèrent comme un acte manqué qui traduit un compromis ou un conflit entre l'intention consciente et le désir inconscient.

Larme

Sécrétion aqueuse et salée produite par les glandes lacrymales.

FONCTION

Les larmes servent à humidifier en permanence la conjonctive et la cornée, auxquelles elles permettent de garder souplesse et transparence. Les larmes jouent également un rôle protecteur : elles chassent les petits corps étrangers et les poussières qui pénètrent dans l'œil. Elles exercent aussi une action bactéricide grâce aux protéines qu'elles contiennent.

Larmoiement

Écoulement de larmes provoqué par une irritation de l'œil ou par un obstacle mécanique à leur évacuation.

La sécrétion de larmes est une réaction réflexe destinée à protéger la cornée irritée (corps étranger, ulcération). Certains troubles ne relevant pas d'une affection de l'œil, par exemple une rhinite allergique (rhume des foins), se manifestent également par un larmoiement excessif.

Un larmoiement peut aussi se produire quand le canal d'écoulement des larmes ne peut remplir ses fonctions ou qu'il est obstrué. Une paralysie peut également être à l'origine d'un larmoiement, couramment appelé larmes de crocodile, se manifestant lors de la mastication.

Le traitement dépend de la cause du larmoiement.

Larva migrans cutanée

Maladie parasitaire provoquée par l'infestation par des larves de nématodes (vers ronds) se déplaçant sous la peau, larves qui ne passent pas au stade adulte. SYN. *dermatite vermineuse rampante, dermatitis linearis migrans, larva reptans, pseudomyiase rampante*.

CONTAMINATION

Une larva migrans cutanée se contracte, dans les pays tropicaux, en marchant pieds nus sur le sol ou en s'allongeant sur des plages contaminées. Les larves pénètrent dans l'organisme par la peau, sous laquelle elles migrent lentement pendant plusieurs semaines.

SYMPTÔMES ET DIAGNOSTIC

Le déplacement des larves sous la peau fait apparaître en relief des cordons sinueux, rougeâtres et provoque une démangeaison intense. Une larva migrans cutanée dure quelques semaines au plus (environ deux mois).

Les lésions siègent sur les pieds, les fesses et le dos, plus rarement ailleurs.

TRAITEMENT

Le médecin prescrit en général une pommade pour calmer les démangeaisons. Le traitement par des comprimés d'ivermectine, ou éventuellement de tiabendazole (substance mal tolérée par l'organisme), ne peut se faire qu'à l'hôpital.

Larva migrans viscérale

Maladie parasitaire provoquée par l'infestation par des larves d'ascarides (vers parasites de l'intestin grêle) de chiens ou de chats. SYN. *toxocarose*.

La larve d'ascaride, après éclosion de l'œuf dans l'intestin, migre dans le foie, les poumons, parfois le cerveau ou les yeux des hommes et vit de 18 mois à 2 ans.

CONTAMINATION

Une larva migrans viscérale se contracte en ingérant des œufs d'ascarides qui, présents dans les excréments des animaux atteints, contaminent l'environnement : eau de boisson dans les pays en voie de développement, fruits et légumes souillés, etc.

SYMPTÔMES

Une larva migrans viscérale atteint plus souvent l'enfant que l'adulte. Elle se caractérise par une fièvre, une fatigue, une toux, un asthme, un urticaire, des diarrhées, un foie qui grossit et provoque des douleurs diffuses et, parfois, par des convulsions.

TRAITEMENT

Le traitement étant peu efficace, les malades sont le plus souvent surveillés régulièrement pendant 2 ans ou plus (des problèmes peuvent en effet apparaître après la mort des larves) et subissent des examens : numération sanguine et contrôle des yeux, notamment. Le traitement se fait à l'hôpital.

Laryngectomie

Ablation chirurgicale d'une partie ou de la totalité du larynx.

Une laryngectomie est indiquée surtout dans le cancer du larynx ou de l'hypopharynx (partie inférieure du pharynx, en arrière du larynx).

Laryngectomie totale

Cette opération chirurgicale consiste à enlever tout le larynx.

INDICATIONS

Elle est pratiquée quand le cancer en est à un stade avancé.

La phonation redevient possible grâce à une rééducation. Mais la voix ne retrouve pas entièrement ses qualités antérieures : elle est différente, d'origine œsophagienne. Des canules parlantes peuvent aussi aider le patient : ces prothèses internes sont posées lors de l'intervention ou postérieurement à celle-ci ; elles permettent de contrôler l'air provenant des poumons et, par conséquent, d'avoir une voix de sonorité plus normale que la voix œsophagienne.

Laryngectomie partielle

Cette opération chirurgicale consiste à enlever la portion malade d'un larynx partiellement atteint.

INDICATIONS

Elle est pratiquée quand le cancer est diagnostiqué précocement, ou quand il reste limité, et elle permet de garder le larynx.

TECHNIQUE

L'ouverture est aussi large que pour la laryngectomie totale. Suivant l'importance de la partie du larynx enlevée et suivant l'endroit où celle-ci se situe, il peut subsister ou non une dépression en dessous de la cicatrice.

Le patient s'alimente normalement. Après une longue rééducation, il peut respirer par les voies naturelles. Il parle avec des troubles de la phonation plus ou moins importants mais conserve partiellement la voix.

Laryngite

Inflammation du larynx.

Laryngite aiguë

C'est une inflammation et un rétrécissement des voies aériennes très fréquents chez le jeune enfant de moins de 5 ans, chez lequel elle peut entraîner une gêne respiratoire, voire une asphyxie par obstruction. La maladie est beaucoup moins grave chez l'adulte, dont les voies aériennes sont trop larges pour pouvoir être obstruées.

DIFFÉRENTS TYPES DE LARYNGITE AIGUË

On distingue la laryngite sous-glottique, la plus fréquente, et l'épiglottite.

■ **La laryngite sous-glottique** est une inflammation de la région des cordes vocales. Elle est d'origine virale, apparaissant généralement à l'occasion d'une rhinopharyngite (association d'une rhinite et d'une inflammation du pharynx). L'enfant respire bruyamment, a surtout du mal à inspirer. Il a une toux rauque, aboyante. La voix est enrouée.

La plupart des cas sont bénins et guérissent rapidement. En revanche, toute gêne respiratoire de l'enfant est une urgence médicale. Si la gêne respiratoire persiste, il faut hospitaliser l'enfant.

■ **L'épiglottite** est une inflammation qui se situe au-dessus de la glotte. D'origine bactérienne, elle est plus grave que la précédente. L'enfant n'arrive pas à avaler sa salive et bave. Sa fièvre est élevée. La gêne respiratoire est intense : elle oblige l'enfant à prendre une position particulière, penchée en avant, qu'il faut respecter, car il y a un risque d'arrêt respiratoire si on allonge le malade. Le transport à l'hôpital doit être immédiat et assuré par un spécialiste de la réanimation.

Laryngite chronique

C'est une inflammation de la muqueuse du larynx très fréquente chez l'adulte. Une laryngite chronique se déclare lors d'un surmenage de la voix (souvent professionnel : chanteurs, professeurs, etc.), d'une infection locale (angine, infection dentaire, rhinopharyngite, sinusite, etc.) mais, le plus fréquemment, elle se trouve liée à une intoxication par le tabac. Certaines de ces laryngites sont des états précancéreux. Une laryngite chronique se manifeste par une voix enrouée, sourde, trop aiguë ou trop grave, parfois traînante.

Laryngocèle

Hernie du larynx.

Un laryngocèle peut être consécutif à une déformation de la paroi laryngée, en saillie à l'intérieur du larynx ou bien à l'extérieur sous la peau. Il peut aussi provenir d'une malformation congénitale. Un laryngocèle n'engendre ni douleur ni gêne. Les formes trop volumineuses peuvent être opérées.

Laryngoscopie

Examen permettant de visualiser le larynx.

INDICATIONS

La laryngoscopie est un examen pratiqué en cas de dysphonie (modification anormale du timbre de la voix : voix rauque, cassée, etc.), de troubles de la déglutition, de douleurs du pharynx ou de difficultés respiratoires.

TECHNIQUES

Il existe deux types de laryngoscopie : la laryngoscopie indirecte et la laryngoscopie directe.

■ **La laryngoscopie indirecte** est la technique de visualisation du larynx la plus simple. Elle se fait lors d'une consultation chez le médecin. Le patient est assis, le médecin est placé en face de lui, un éclairage sur le front. Le patient ouvre la bouche et le médecin lui fait tirer la langue. Il introduit un petit miroir au fond de la bouche et regarde la base de la langue, le pharynx, l'épiglotte, les cordes vocales et les premiers anneaux de la trachée.

■ **La laryngoscopie directe** est une technique de visualisation du larynx beaucoup plus complexe, sous anesthésie générale. Un fibroscope, c'est-à-dire un tube contenant un système optique et un éclairage, est introduit par la bouche jusqu'au larynx. Des instruments miniaturisés à l'extrémité du laryngoscope ou un rayonnement laser permettent de réaliser immédiatement des actes chirurgicaux si l'examen en révèle la nécessité.
→ VOIR Fibroscopie.

Laryngospasme

Contraction brusque des muscles du larynx, provoquant son occlusion par accolement des cordes vocales. SYN. *spasme du larynx.*

Laryngotomie

Ouverture chirurgicale du larynx, sur tout ou partie de sa hauteur. SYN. *thyrotomie.*

Larynx

Organe de la phonation, situé dans le cou, entre le pharynx et la trachée.

STRUCTURE

■ **Dans sa forme extérieure**, le larynx est une sorte de cylindre creux, situé en avant de l'hypopharynx (partie inférieure du pharynx), relié aux organes voisins par des muscles. Onze cartilages, dont les principaux sont au nombre de cinq, lui confèrent sa forme et sa rigidité.

Le cartilage thyroïde est le plus volumineux d'entre eux. Il est formé de deux lames symétriques, chacune en forme de quadrilatère, qui s'unissent en avant, dessinant un angle saillant visible sous la peau et communément appelé pomme d'Adam. L'épiglotte, ou cartilage épiglottique, est une lamelle de cartilage élastique à peu près verticale, située au-dessus du cartilage thyroïde, en arrière de la langue. Le cartilage cricoïde a la forme d'une bague à chaton, étroit devant, plus large à l'arrière. Les aryténoïdes sont deux petits cartilages mobiles posés sur le cartilage cricoïde, un à droite, un à gauche, en forme de petite masse triangulaire. Sur eux s'attachent, en arrière, les deux replis des cordes vocales, qui font aussi partie intégrante du larynx.

■ **Dans sa forme intérieure**, le larynx comprend trois parties, ou étages. L'étage supérieur, ou sus-glottique, est à la hauteur de l'épiglotte et sa cavité s'appelle le vestibule du larynx. L'étage moyen se situe au niveau de la glotte (cavité entre les cordes vocales). L'étage inférieur est la partie sous-glottique.

FONCTIONNEMENT

Lorsqu'on émet un son, l'air expiré par la trachée fait vibrer les cordes vocales, produisant un son laryngien : les cavités de résonance du nez et du pharynx en assurent la modulation. Dans la déglutition, les deux cordes vocales se ferment, l'épiglotte se rabat en arrière pour boucher l'accès à la trachée afin que la nourriture passe de la cavité buccale à l'œsophage sans pénétrer dans les voies pulmonaires. Dans la respiration, les cordes vocales s'écartent et le cartilage épiglottique se relève, permettant le passage de l'air inspiré dans les bronches et de l'air expiré vers le pharynx, puis vers les fosses nasales ou la cavité buccale. Les mouvements du larynx sont assurés par des muscles, commandés par le nerf laryngé inférieur, ou nerf récurrent. Sa sensibilité est assurée par le nerf laryngé supérieur.

PATHOLOGIE

Les affections du larynx sont fréquentes. Généralement, les signes en sont un enrouement, caractéristique de troubles du fonctionnement des cordes vocales, des douleurs, une gêne respiratoire, une toux. Le larynx peut être le siège de maladies infectieuses ou virales (laryngite, essentiellement), de paralysies (soit par maladie neurologique, soit par compression des nerfs par une tumeur) ou de maladies chroniques.

Les maladies chroniques les plus fréquentes sont dues à des tumeurs. Celles-ci peuvent être bénignes (polypes, kystes, nodules développés sur les cordes vocales, etc.) ou malignes (cancer du larynx).

Larynx (cancer du)

Tumeur maligne se développant sur la paroi du larynx.

CAUSES ET FRÉQUENCE

Le cancer du larynx résulte d'une intoxication prolongée par le tabac. Si le sujet boit aussi de l'alcool, le risque est considérablement augmenté. Les hommes sont beaucoup plus touchés que les femmes. Le cancer du larynx se déclare généralement à un âge situé entre 40 et 60 ans.

SYMPTÔMES ET DIAGNOSTIC

Le signe le plus précoce est une altération de la voix : la voix est cassée ou enrouée. Puis apparaissent une gêne respiratoire et un gonflement d'un ou de plusieurs ganglions lymphatiques du cou.

TRAITEMENT

Il se module en fonction du siège de la tumeur, de sa taille et de l'atteinte éventuelle des ganglions. Trois traitements sont em-

ployés soit séparément, soit en association : la chirurgie, la radiothérapie et la chimiothérapie dans les cas les plus avancés. L'acte chirurgical est la laryngectomie (ablation du larynx), partielle ou totale, qui entraîne des perturbations dans l'alimentation (le malade avale différemment), la respiration et la phonation, nécessitant une rééducation. La surveillance doit être poursuivie pendant des dizaines d'années après le traitement afin de détecter les récidives.

Laser

Appareil produisant un faisceau étroit de rayonnement lumineux spatialement et temporellement cohérent.

INDICATIONS

Les applications du laser sont très diverses.
■ **En dermatologie**, il sert à détruire certaines tumeurs cutanées et des taches pigmentées.
■ **En gastroentérologie**, le laser est utilisé pour frayer un passage rétablissant le circuit digestif dans les tumeurs évoluées de l'œsophage et du rectum et pour coaguler des vaisseaux qui saignent à l'intérieur du tube digestif (ulcères, angiomes).
■ **En gynécologie**, il est surtout employé pour détruire les lésions précancéreuses du col de l'utérus.
■ **En neurologie**, il permet de détruire certaines lésions tumorales.
■ **En ophtalmologie**, le laser est utilisé tout d'abord, dans la prévention et le traitement du décollement de rétine, pour faire adhérer la rétine et les membranes sous-jacentes au niveau des déchirures ou des lésions dégénératives de la rétine ; ensuite, pour détruire des petites lésions rétiniennes ; enfin, pour photocoaguler les microanévrysmes rétiniens dus au diabète.
■ **En oto-rhino-laryngologie**, le laser permet de traiter certaines lésions des cordes vocales et du larynx.
■ **En pneumologie**, le laser permet de détruire des tumeurs obstruant les grosses bronches et donc gênant la respiration ; il permet également de soigner des obstacles non tumoraux comme les rétrécissements consécutifs à la formation d'une cicatrice

après intubation ou trachéotomie ; en cas de tumeur maligne, le laser peut servir à améliorer le confort respiratoire du malade.

■ De nouvelles indications sont actuellement à l'étude : destruction des plaques d'athérome sur les parois artérielles, tumeurs prostatiques, etc.

Lassa (fièvre de)

Maladie infectieuse grave et très contagieuse due au virus Lassa (*Arenavirus*, à A.R.N.).

La fièvre de Lassa appartient au groupe des fièvres hémorragiques africaines.

SYMPTÔMES ET SIGNES

L'incubation est de 10 jours, puis apparaît un état grippal avec douleurs musculaires et maux de tête, parfois angine et douleurs digestives. Des signes plus graves se manifestent vers le 6e jour de la maladie, accompagnant ou non une éruption cutanée : hémorragies superficielles et digestives, état de choc, myocardite (inflammation du myocarde), diarrhée sévère et vomissements. Une guérison spontanée est possible en une quinzaine de jours et laisse le malade dans un état de grande fatigue et d'amaigrissement. La mortalité est importante en l'absence de traitement.

TRAITEMENT

Les sujets infectés sont traités par des injections de médicaments antiviraux et, à défaut, par sérothérapie (sérum contenant des anticorps actifs contre ce virus).

Laurence-Moon-Bardet-Biedl (syndrome de)

Syndrome héréditaire caractérisé par l'association d'une rétinite pigmentaire (inflammation de la rétine), d'une obésité, d'anomalies des doigts et des orteils, d'un retard mental et d'une insuffisance des ovaires ou des testicules, auxquels s'associent parfois des anomalies rénales et une diminution de la force musculaire des membres inférieurs.

Lavage bronchioloalvéolaire

Technique permettant de recueillir et d'analyser, à l'aide de sérum, les éléments contenus dans les bronchioles et les alvéoles pulmonaires.

Lavage gastrique

Nettoyage de l'estomac.

Le lavage gastrique est indiqué pour évacuer des toxiques non caustiques (médicaments) du sang (avant de pratiquer une endoscopie haute) ou encore le contenu de l'estomac (résidus alimentaires) en cas de rétrécissement du pylore.

Le lavage gastrique se pratique en introduisant dans l'estomac une sonde de fort calibre, qui permet dans un premier temps de verser dans cet organe plusieurs litres d'eau tiède salée, puis d'en évacuer tout le contenu.

Un lavage gastrique n'est pas douloureux, tout au plus désagréable. Il ne nécessite pas d'hospitalisation.

Lavement baryté

Examen radiologique qui permet de visualiser le gros intestin (côlon).

PRÉPARATION ET DÉROULEMENT

L'examen nécessite que le gros intestin soit vide. Un régime sans résidus (suppression des légumes verts, des fruits crus, de la viande rouge, du pain frais) doit être suivi durant les 3 jours qui précèdent l'examen. Le matin de l'examen, un purgatif et un lavement à l'eau, distinct du lavement baryté, sont administrés. Après introduction du lavement baryté, la progression de la baryte dans le côlon est surveillée sur écran radioscopique, tandis que des clichés radiographiques sont effectués sous des angles divers. La pratique du lavement baryté a diminué de fréquence depuis la généralisation de la coloscopie.

Laxatif

Médicament utilisé dans le traitement de la constipation.

Un régime alimentaire riche en fibres (légumes verts, son, etc.), l'absorption d'eau en quantité suffisante, des horaires réguliers de repas, une gymnastique abdominale soulagent habituellement une constipation. Si, néanmoins, celle-ci persiste, le médecin peut prescrire des laxatifs.

Les laxatifs pris par voie orale

■ Les laxatifs de lest (mucilage, son) doivent être avalés avec beaucoup d'eau. Ainsi gonflés, ils augmentent le volume et la consistance du contenu de l'intestin.

■ Les laxatifs lubrifiants (huile de paraffine) ramollissent les selles, facilitant ainsi leur passage.

■ Les laxatifs osmotiques (sorbitol, lactulose, mannitol) retiennent l'eau du corps dans l'intestin et augmentent ainsi le volume et l'hydratation des selles.

■ Les laxatifs stimulants, notamment ceux à base de plantes, agissent en irritant l'intestin, dont les mouvements et les sécrétions se trouvent stimulés. L'effet irritant de ces laxatifs ne doit les faire utiliser que de façon épisodique et en cure très brève, car, même pris sous forme de tisane, leur usage régulier entraînerait des douleurs, une inflammation de l'intestin et une accoutumance. Ce sont des purgatifs (laxatifs puissants).

Les laxatifs utilisés par voie rectale

Quand les laxatifs pris par voie orale n'ont pas d'effet des lavements ou des suppositoires (glycérine) sont employés. Ils provoquent une évacuation rapide des selles : leur délai d'action est de quelques minutes. Leur utilisation prolongée est déconseillée.

L'utilisation d'un laxatif, par voie orale ou rectale, doit être arrêtée dès le rétablissement d'un transit intestinal normal pour éviter une diarrhée ou des troubles plus graves.

Laxatifs (maladie des)

Affection liée à la prise massive de laxatifs (phénolphtaléine ou anthraquinolones).

La maladie, rare, survient chez des personnes, généralement des femmes, obsédées par le besoin d'aller sans arrêt à la selle, par exemple du fait d'un désir d'amaigrissement ou par phobie de la constipation.

Elle se manifeste par un état de maigreur chronique, associé à une déshydratation et à une sécheresse des muqueuses, ainsi que par une pigmentation sombre de la peau.

Le traitement consiste en l'arrêt des laxatifs, en l'apport de potassium et en la mise en route d'un léger traitement de la constipation, quand elle existe. Une prise en charge psychiatrique est souvent nécessaire pour éviter les récidives.

Laxité

Possibilité pour une articulation d'effectuer des mouvements soit d'une amplitude anormale, soit n'existant pas à l'état naturel.

L.C.R.

→ VOIR Céphalorachidien (liquide).

LDL cholestérol

Fraction du cholestérol sanguin transportée par des lipoprotéines (molécules associant des lipides et des protéines) du type LDL (de l'anglais *low density lipoproteins,* protéines de basse densité). SYN. *cholestérol LDL.*

Le taux sanguin de LDL cholestérol, communément appelé « mauvais cholestérol », est un indicateur du risque de maladies coronariennes plus précis que le taux de cholestérol total. Une augmentation de ce taux au-delà de 1,6 gramme par litre représente une augmentation du risque coronarien.

L.E.D.

→ VOIR Lupus érythémateux disséminé.

Legg-Perthes-Calvé (maladie de)

Maladie nécrosante de la tête du fémur, qui atteint l'enfant entre 5 et 10 ans. SYN. *ostéochondrite primitive de la hanche.*

La maladie de Legg-Perthes-Calvé est probablement due à une interruption locale de la circulation sanguine. L'enfant atteint par cette affection souffre de la hanche et marche en boitant. Au début de la maladie, dont l'évolution est très lente, la radiographie peut être normale ; une scintigraphie osseuse est alors nécessaire pour confirmer le diagnostic.

TRAITEMENT ET PRONOSTIC

Le but du traitement étant de conserver la sphéricité de la tête du fémur, fragilisée par la maladie, la guérison implique un repos complet de la hanche, au lit le plus souvent ; des tractions et le port d'un plâtre sont souvent nécessaires. La reprise de la marche est en général possible de 12 à 18 mois après le début de la maladie.

Légionnaires (maladie des)

Pneumopathie aiguë grave, due à un bacille à Gram négatif, *Legionella pneumophila.*
SYN. *légionellose.*

Legionella pneumophila survit notamment dans l'eau de condensation des systèmes de climatisation et dans l'eau de distribution urbaine. L'infection est consécutive à l'inhalation de gouttelettes d'eau très contaminées.

SYMPTÔMES ET SIGNES
Après une incubation de 2 à 10 jours, la maladie se déclare sous la forme d'un syndrome pseudogrippal associant céphalées, douleurs musculaires et abdominales, diarrhée, toux sèche, petite fièvre et sensation de malaise général. En quelques jours, la fièvre s'élève et les douleurs musculaires s'intensifient. La pneumonie se manifeste par une douleur thoracique, une difficulté respiratoire et une toux avec peu d'expectoration. Cette période dure environ une semaine, puis l'évolution se fait soit vers la guérison, soit vers une aggravation des désordres respiratoires.

TRAITEMENT
Une antibiothérapie adaptée et précoce, généralement administrée par voie intraveineuse, permet une évolution favorable et une guérison le plus souvent très rapide.

Légume

Plante potagère dont les feuilles, les tiges et/ou les racines sont comestibles.

Les légumes ont des propriétés communes : teneur en eau importante (90 % en moyenne), faible valeur énergétique, richesse en sels minéraux, en vitamines et en fibres (cellulose). Les principaux minéraux qu'ils contiennent sont le calcium (de 40 à 50 milligrammes pour 100 grammes, en moyenne), le potassium, le cuivre ; certains sont riches en sodium (poireau, bette, céleri). Les légumes contiennent également des vitamines B1 et B2, des provitamines A (carotènes) ; la vitamine C est surtout présente dans les légumes de couleur rouge, orange ou verte. Pour conserver l'essentiel de leurs qualités nutritives, il est conseillé de cuire ces légumes dans très peu d'eau et de préférence non épluchés, entiers ou en gros morceaux. La cuisson à la vapeur limite elle aussi la destruction des vitamines. Il est également recommandé de bien laver les légumes, à l'eau potable, pour éviter la transmission de maladies parasitaires (toxoplasmose, par exemple) et pour éliminer les résidus de produits phytosanitaires (pesticides, engrais). Les légumes, en raison de leur faible valeur calorique, tiennent souvent une place prépondérante dans les régimes amaigrissants.

Légumineuse

Plante dicotylédone dont le fruit est une gousse.

De nombreuses variétés de légumineuses sont comestibles : fèves, haricots secs, lentilles, pois divers, etc. Ce sont des légumes secs, qui se distinguent des légumes frais par leur richesse en protéines (25 % en moyenne) et par leur valeur calorique plus élevée (de 120 à 340 kilocalories pour 100 grammes). Les légumineuses contiennent une forte proportion d'amidon (de 55 à 60 %) et de fibres végétales. Ces fibres peuvent être irritantes pour la muqueuse intestinale, ce qui fait déconseiller la consommation de légumes secs aux personnes ayant un côlon irritable ; les purées de légumineuses sont toutefois mieux tolérées. La teneur des légumineuses en vitamines du groupe B est importante, bien que celles-ci soient en partie détruites au cours de la cuisson. De plus, elles sont riches en phosphore, en iode, en calcium, en fer. L'absorption du fer et du calcium est toutefois médiocre. Ces différentes propriétés nutritives font d'elles un aliment indispensable à l'équilibre alimentaire, notamment pour les personnes suivant un régime végétalien (ne comportant que des produits d'origine végétale).

Leiner-Moussous (maladie de)

Affection dermatologique bénigne du nourrisson touchant essentiellement le visage et le siège. SYN. *dermatite séborrhéique du nourrisson, érythrodermie desquamative.*

La maladie de Leiner-Moussous s'observe entre le 2ᵉ et le 4ᵉ mois. La cause en est le plus souvent inconnue.

L'éruption débute le plus souvent par une rougeur des plis et des zones convexes du siège (fesses, organes génitaux) ainsi que par une atteinte du cuir chevelu, faite de squames grasses, épaisses, jaunâtres ou brunâtres sur une peau rouge (croûtes de lait). Les lésions se propagent ensuite rapidement à l'ensemble du corps en formant des squames. Cette éruption est habituellement bien supportée par l'enfant, qui ne ressent pas de démangeaisons.

ÉVOLUTION ET TRAITEMENT
Le traitement repose sur les antiseptiques locaux : bains de permanganate de potassium ou d'antiseptiques non colorés, dilués en solution aqueuse, qui doivent être suivis de l'application de solutions ou de pommades antifongiques et de vaseline sur le cuir chevelu.

Léiomyome

Variété de tumeur bénigne se développant aux dépens des fibres musculaires lisses.

Le léiomyome, de cause inconnue, siège de préférence dans la paroi de l'utérus et dans la peau.

Léiomyosarcome

Tumeur maligne rare développée à partir des muscles lisses.

Les léiomyosarcomes apparaissent essentiellement sur le tube digestif.

Leishmaniose cutanée

Maladie parasitaire provoquée par l'infestation des cellules de la peau par différentes espèces de protozoaires flagellés du genre *Leishmania.* SYN. *bouton d'Alep.*

La maladie sévit en Afrique du Nord et de l'Est, en Amérique tropicale, en Inde et sur le pourtour du bassin méditerranéen.

CONTAMINATION
Le parasite est hébergé par les chiens et les rongeurs et se transmet par de petits insectes, les phlébotomes (des genres *Phlebotomus* ou *Lutzomiya*).

SYMPTÔMES
La leishmaniose cutanée se caractérise par un ou plusieurs ulcères de quelques millimètres à un centimètre de diamètre sur la peau des parties du corps non couvertes par les vêtements et, notamment, sur le visage ou sur les membres.

TRAITEMENT
La leishmaniose cutanée guérit spontanément mais lentement. Il est donc préférable de prescrire au malade des médicaments injectables directement dans l'ulcère et qui accélèrent la guérison.

PRÉVENTION
L'utilisation de vêtements couvrants et d'insecticides, dont on peut imprégner les moustiquaires, protège des piqûres d'insectes, qui demeurent difficiles à éviter à l'extérieur en raison, notamment, de leur petite taille et de leur vol silencieux.

Leishmaniose cutanéomuqueuse

Maladie parasitaire due à l'infestation des cellules de la peau et des muqueuses (en particulier celles de la face) par des protozoaires flagellés du genre *Leishmania.* SYN. *bouton de Bahia.*

Les leishmanioses cutanéomuqueuses sévissent surtout en Amérique centrale et en Amérique du Sud.

CONTAMINATION
Le parasite, qui mesure quelques microns de diamètre, est hébergé par les animaux et se transmet par la piqûre de petits insectes des genres *Phlebotomus* ou *Lutzomiya*. La piqûre des insectes femelles est douloureuse (les insectes mâles ne piquent pas).

SYMPTÔMES
Les leishmanioses cutanéomuqueuses se manifestent par des ulcérations sur le visage qui peuvent laisser des cicatrices, voire des mutilations importantes. La durée d'évolution de la maladie est variable et peut s'étendre sur plusieurs années.

TRAITEMENT
L'injection directe dans l'ulcère du malade de médicaments comme l'antimoniate de méglumine, la lomidine, l'amphotéricine B ou le stibiogluconate de méglubine accélère la guérison.

Leishmaniose viscérale

Maladie parasitaire de l'homme et du chien, provoquée par l'infestation par un protozoaire flagellé du genre *Leishmania*. SYN. *fièvre épidémique d'Assam, kala-azar* (ou *maladie noire*).

Les leishmanies vivent et se multiplient dans certaines cellules du sang et de la moelle osseuse et détruisent ces cellules.

La leishmaniose viscérale est fréquente dans les régions tropicales et méditerranéennes (dont le sud de la France) et atteint plus souvent l'enfant que l'adulte.

CONTAMINATION

Une leishmaniose viscérale se transmet à l'homme et au chien par la piqûre de petits insectes, les phlébotomes. Ceux-ci, après avoir piqué un homme ou un animal atteints, sont porteurs du parasite, qui se développe et se multiplie dans leur organisme. C'est parfois le chien de la famille qui est à l'origine du déclenchement d'une leishmaniose viscérale.

SYMPTÔMES

La durée d'incubation est très variable, de quelques semaines à quelques mois, voire plusieurs années, selon l'état immunitaire du porteur. Les symptômes apparaissent progressivement : amaigrissement, fatigue, pâleur, essoufflement et surtout fièvre irrégulière persistante avec, dans une même journée, des pics de température à 40-41 °C et des chutes plus ou moins rapides. Le volume du foie et de la rate augmente. De gros ganglions apparaissent parfois au cou et aux aisselles. Le malade souffre également de diarrhée et, au stade avancé de la maladie, des taches sombres se forment sur la peau.

TRAITEMENT

Le médecin prescrit de la lomidine, de l'antimoniate, du stibiogluconate de méglumine et de l'amphotéricine B. L'action de ces substances consiste vraisemblablement à empêcher la multiplication des leishmanies et à permettre aux cellules sanguines de phagocyter les parasites. Ce traitement est efficace, sauf dans les cas de sida, et ne s'applique pas à un chien contagieux, qui doit souvent être sacrifié. Cette maladie est grave et doit absolument être soignée, car elle peut être mortelle.

PRÉVENTION

Par temps chaud et humide, il est recommandé d'utiliser des insecticides pour tuer les phlébotomes et de dormir sous une moustiquaire imprégnée également d'insecticide (car les insectes de petite taille passent facilement à travers les mailles).

Lente

Œuf du pou.

Les lentes se présentent sous la forme de minuscules masses arrondies, grises, adhérant le long des cheveux ou des poils. Pour les éliminer, il faut respecter le mode d'emploi du produit traitant l'infestation. En règle générale, il faut procéder à une deuxième application du produit quelques jours après la première, effectuer des lavages répétés avec un shampooing spécial et surtout passer soigneusement la chevelure au peigne très fin après application du produit. Peignes et brosses à cheveux doivent être nettoyés après utilisation.

→ VOIR **Pédiculose.**

Lentiginose

Maladie génétique caractérisée par une éruption profuse de lentigos (petites taches cutanées brunes).

Les lentiginoses peuvent être isolées ou s'associer à des atteintes viscérales ou à des malformations regroupant différentes affections dont les signes apparaissent dès l'enfance.

Lentigo

Petite tache cutanée. SYN. *grain de beauté, lentigine.*

Les lentigos correspondent à une augmentation du nombre des mélanocytes, cellules responsables de la pigmentation cutanée. Ils forment des taches de couleur brune, arrondies, de quelques millimètres de diamètre. Un lentigo peut être très difficile à distinguer d'un autre type de tache pigmentée, le nævus nævocellulaire (petite malformation cutanée qui peut nécessiter une ablation chirurgicale).

DIFFÉRENTS TYPES DE LENTIGO

Il existe deux formes particulières de lentigo.

■ Le lentigo sénile dessine des taches brunes de quelques centimètres de diamètre sur le dos des mains des personnes âgées. Ce lentigo est dépourvu de signification pathologique et se traite par cryothérapie (neige carbonique ou azote liquide).

■ Le lentigo malin, ou mélanose de Dubreuilh, apparaît chez les personnes âgées et forme une tache de couleur brunâtre, atteignant parfois plusieurs centimètres de diamètre, sur les joues, le front, les paupières ou encore sur le dos des mains et la face postérieure des jambes. C'est une lésion précancéreuse, de pronostic plutôt favorable, traitée par ablation chirurgicale.

→ VOIR Lentiginose, Mélanose.

Lentille de contact

Prothèse optique transparente, très fine et concave, que l'on pose sur la cornée de l'œil pour corriger les défauts de vision. SYN. *lentille cornéenne, verre de contact.*

Contrairement aux lunettes, les lentilles de contact ne glissent pas, ne tombent pas, ne se couvrent pas de buée ou de pluie. Mais elles nécessitent une adaptation qui doit se faire progressivement, sous contrôle médical, de façon à apprécier la tolérance de la cornée.

DIFFÉRENTS TYPES DE LENTILLE DE CONTACT

■ Les lentilles souples, ou hydrophiles, en matériau synthétique, ne peuvent être prescrites qu'à des patients qui ont une bonne sécrétion lacrymale et qui ne souffrent d'aucune affection conjonctivale chronique. Elles corrigent la myopie, l'hypermétropie et la presbytie, mais moins bien l'astigmatisme. Bien tolérées dès le début, elles peuvent être portées une grande partie de la journée et sont idéales pour le port occasionnel (au cours d'une activité sportive, par exemple). Elles exigent un entretien rigoureux. Certaines lentilles souples, très fines, peuvent être portées pendant des périodes plus longues, plusieurs semaines par exemple, jour et nuit. Une surveillance régulière est nécessaire pour éviter les risques d'infection.

Entretien des lentilles

Les lentilles doivent impérativement être nettoyées et aseptisées chaque jour avec un produit d'entretien adapté à leur nature et prescrit par l'ophtalmologiste. La déprotéinisation, qui permet d'enlever les dépôts protéiques blancs provenant du film lacrymal, doit être réalisée une fois par semaine. Le liquide dans lequel les lentilles sont mises à baigner dès qu'elles sont retirées doit être renouvelé quotidiennement et l'étui qui les contient dans leur liquide est lui-même à changer tous les mois. Il est important d'avoir les mains très propres et les ongles courts lors des manipulations afin d'éviter de déchirer les lentilles souples. Enfin, l'entretien des lentilles doit se faire au-dessus d'une surface propre, lisse et bien éclairée.

Par ailleurs, lorsqu'on porte des lentilles, il est préférable d'utiliser pour les soins du visage des produits hypoallergéniques et d'éviter de farder le rebord interne des paupières. Il est recommandé de procéder au maquillage après la pose des lentilles et au démaquillage après leur placement dans l'étui. Enfin, il faut savoir que la fumée de cigarette jaunit les lentilles.

■ Les lentilles flexibles, dites encore rigides ou semi-rigides, sont indiquées pour corriger l'astigmatisme ainsi que les autres amétropies (myopie, hypermétropie). Leur entretien est plus facile que celui des lentilles souples et leur durée de tolérance, plus longue, mais cette tolérance est médiocre au début.

EFFETS SECONDAIRES

Le port de lentilles peut provoquer chez certaines personnes des ulcérations de la cornée, des inflammations superficielles de la cornée et des conjonctivites allergiques, parfois dues aux produits utilisés pour leur entretien. L'insuffisance de sécrétion des larmes, plus fréquente chez les sujets âgés, entraîne une irritation oculaire chez les porteurs de lentilles. Enfin, il ne faut jamais continuer à porter une lentille si l'œil devient rouge, s'infecte, si la vision se brouille ou si la lentille entraîne une gêne douloureuse.

Lentivirus

Nom d'un genre de virus à A.R.N. appartenant à la famille des rétrovirus *(Retroviridæ)*.

Chez l'homme, on a identifié actuellement deux lentivirus : le V.I.H.1 et le V.I.H.2, responsables du sida.

Léo Buerger (maladie de)

Artérite particulière des membres inférieurs. SYN. *thromboangéite oblitérante.*

La maladie de Léo Buerger est une maladie rare touchant de préférence les sujets originaires d'Europe centrale (maladie génétique) et les gros fumeurs. Elle consiste en une obstruction progressive des artères de moyen calibre, qui limite l'apport sanguin aux orteils et aux doigts et provoque souvent une gangrène. Les récidives successives entraînent l'amputation des orteils ou des doigts atteints. Quand la cause est le tabagisme, l'arrêt total et définitif du tabac est la mesure la plus efficace pour enrayer l'évolution de la maladie.

Lèpre

Maladie infectieuse chronique caractérisée par une atteinte de la peau, des muqueuses et des nerfs. SYN. *maladie de Hansen.*

La lèpre est encore fréquente dans les régions intertropicales d'Afrique, d'Asie, d'Océanie et d'Amérique latine. C'est une maladie endémique, c'est-à-dire qu'elle fait en permanence un nombre élevé de victimes.

CAUSES

L'affection est due à une bactérie en forme de bâtonnet, le bacille de Hansen, ou *Mycobacterium lepræ.* La contagion n'est pas possible que dans certaines formes de lèpre (lèpre lépromateuse) ; elle s'effectue à partir des sécrétions nasales ou des plaies cutanées d'un malade, qui contaminent la peau ou les muqueuses (muqueuse respiratoire) d'un sujet sain.

SYMPTÔMES ET SIGNES

L'évolution de la lèpre est très lente et s'étale sur plusieurs années. Les premières lésions sont de petites taches dépigmentées, en général blanches, de quelques millimètres, où la peau est insensible et ne transpire pas. La maladie prend ensuite soit une forme dite tuberculoïde, soit une forme dite lépromateuse, ou encore une forme intermédiaire.

■ **La lèpre tuberculoïde,** la plus fréquente, se rencontre chez des sujets ayant des défenses immunitaires relativement efficaces. Elle lèse surtout les nerfs, qui augmentent de volume, notamment dans les régions du coude, de la jambe et du cou, et deviennent palpables sous forme de gros cordons réguliers ou parsemés de renflements et d'étranglements. L'évolution se fait vers une extension des lésions, un dessèchement progressif de la peau, des altérations des muscles et des nerfs entraînant des maux perforants plantaires (ulcérations), des rétractions des tendons et des aponévroses des pieds et des mains.

■ **La lèpre lépromateuse,** la plus grave, se rencontre chez les sujets aux défenses immunitaires très insuffisantes. Elle se traduit par l'apparition de lépromes, nodules rouge-brun douloureux, qui saillent sous la peau et sont suffisamment nombreux et volumineux pour être mutilants ; le visage, lorsqu'il est atteint de telles lésions, est dit léonin (évoquant un lion). Aux lépromes s'associent une rhinite inflammatoire très contagieuse qui peut entraîner un effondrement des cartilages, des atteintes des yeux, de la bouche et des viscères, une fièvre et une importante fatigue générale.

TRAITEMENT

La lèpre est traitée par l'administration de sulfones ; cependant, de nombreuses résistances à ce médicament étant apparues ces dernières années, on fait actuellement appel à d'autres produits (sulfamides, rifampicine, clofazimine). Le traitement doit être poursuivi très longtemps, de 6 mois à 2 ans, voire davantage dans les formes évoluées. Il guérit les formes débutantes et empêche l'évolution des formes graves.

Leptine

Protéine codée par un gène (le gène Ob) qui a une influence sur le développement de l'obésité.

Des recherches montrent que, chez la souris, une mutation du gène Ob supprime la production de leptine et entraîne une obésité majeure. Le traitement des souris obèses par la leptine qui est produite par les adipocytes (cellules graisseuses) et qui induit une satiété est très efficace. À l'opposé, chez l'homme, l'obésité est associée à des taux élevés de leptine, ce qui fait supposer une résistance éventuelle ou une diminution du passage de cette protéine du sang au cerveau ou encore une anomalie du récepteur cérébral de la leptine.

Leptospirose

Maladie infectieuse rare provoquée par une bactérie spiralée du genre *Leptospira*.

La bactérie est hébergée par des animaux sauvages, rongeurs (rats) ou carnivores, et par certains animaux domestiques (chiens) et excrétée dans leurs urines. L'homme se contamine par voie transcutanée (excoriation de la peau) lors de baignades en eau douce (rivières, lacs) ou, plus rarement, par contact direct (morsure).

SYMPTÔMES ET SIGNES

L'incubation dure une dizaine de jours, puis une fièvre élevée s'installe, accompagnée de frissons, de douleurs musculaires importantes et de maux de tête pulsatiles. Un ictère intense, un syndrome méningé (nausées, raideur de la nuque), des hémorragies rénales et polyviscérales peuvent survenir 48 heures après le début des manifestations. La fièvre régresse en 4 à 10 jours, alors que les signes cliniques s'améliorent. Une recrudescence de fièvre élevée, durant environ deux jours, survient entre le 10e et le 15e jour après le début des signes.

TRAITEMENT

La leptospirose est traitée par administration d'antibiotiques pendant deux semaines. Un vaccin efficace contre *Leptospira ictero-hemorragiæ* est proposé aux professionnels exposés.

Leucémie

Prolifération cancéreuse, c'est-à-dire incontrôlée, de cellules précurseurs (blastes) des globules blancs normaux dans la moelle osseuse et le sang. SYN. *leucose*.

Le terme de leucémie s'oppose à celui de lymphome, envahissement des ganglions lymphatiques. Cependant, cette distinction est théorique, les formes évoluées de leucémie pouvant atteindre tous les organes.

DIFFÉRENTS TYPES DE LEUCÉMIE

On distingue les leucémies chroniques, où la prolifération ne s'accompagne pas d'un arrêt de maturation des précurseurs présents dans la moelle, des leucémies aiguës, où, à la prolifération de ces précurseurs, s'ajoute un blocage de leur maturation, ce qui a pour conséquence, d'une part, un excès de cellules jeunes, d'autre part l'absence de globules blancs matures. Par ailleurs, la leucémie peut se développer soit aux dépens des précurseurs des cellules polynucléaires (myéloblastes), soit aux dépens des précurseurs des lymphocytes (lymphoblastes).

Ces critères conduisent à classer en quatre grands types les diverses formes que peut prendre la maladie : la leucémie myéloïde chronique (L.M.C.), la leucémie aiguë myéloïde (L.A.M.), la leucémie lymphoïde chronique (L.L.C.), la plus fréquente chez les personnes de plus de 40 ans, et la leucémie aiguë lymphoïde (L.A.L.), la plus courante chez l'enfant.

CAUSES

Mis à part les expositions professionnelles intensives à certaines substances chimiques ou aux radiations, la cause des leucémies reste inconnue dans la majorité des cas.

SYMPTÔMES

Ils sont assez peu caractéristiques et provoqués par l'insuffisance en éléments matures du sang (polynucléaires, globules rouges et plaquettes) ainsi que par l'envahissement des différents organes par les globules blancs. La diminution des globules rouges entraîne une anémie avec pâleur et palpitations. L'absence de plaquettes provoque des phénomènes hémorragiques (saignement des gencives, ecchymoses). Enfin, la diminution des polynucléaires expose à des infections graves comme des septicémies ou des angines sévères. L'envahissement concerne surtout la rate et les ganglions lymphatiques, qui augmentent de volume, plus rarement la peau, se traduisant alors par l'apparition de leucémides (grosses papules rouge-brun), ou le système nerveux, entraînant des maux de tête, une méningite, une paralysie faciale ou des troubles de la conscience.

DIAGNOSTIC
Il repose sur l'analyse du sang et de la moelle. Le sang est le plus souvent anormalement pauvre en globules rouges et en plaquette et contient des leucocytes d'allure normale, mais en nombre excessif (leucémie chronique), ou des leucocytes anormalement jeunes (leucémie aiguë). Le myélogramme (ponction de moelle osseuse) montre un envahissement par des blastes (leucémie aiguë) ou par un nombre excessif de globules blancs plus matures, lymphocytes ou précurseurs de polynucléaires, dans les leucémies chroniques.

TRAITEMENT
Il dépend de l'âge du patient et du type de leucémie. Il est généralement moins intensif chez les patients âgés de plus de 65 ans. Une greffe de moelle osseuse n'est envisagée que chez les sujets de moins de 50 ans.

■ Le traitement des leucémies aiguës, myéloïdes et lymphoïdes, repose sur une chimiothérapie intensive. Mais ce traitement détruit aussi bien les cellules tumorales que les cellules normales de la moelle. Il a donc pour conséquence une disparition passagère mais marquée des cellules myéloïdes, période pendant laquelle le sujet est particulièrement sujet aux infections, aux hémorragies et à l'anémie, respectivement par manque de polynucléaires, de plaquettes et de globules rouges. La cure nécessite donc une hospitalisation prolongée. Dans la majorité des cas, les blastes disparaissent au cours du traitement. Un traitement de consolidation, fondé sur une chimiothérapie légère, est alors administré soit en cures répétées et assez peu intensives, soit en une ou deux

fois mais beaucoup plus intensivement. Une greffe de moelle osseuse peut également être envisagée (allogreffe ou autogreffe de moelle).

■ Le traitement de la leucémie myéloïde chronique est la greffe de moelle osseuse lorsqu'elle est possible. La chimiothérapie ne permet que de normaliser le nombre des globules blancs sans empêcher l'évolution de la maladie.

■ Le traitement de la leucémie lymphoïde chronique est, dans de nombreux cas, inutile, cette maladie n'entraînant aucun symptôme et étant d'évolution très lente.

Dans les cas de leucémies aiguës, il existe un risque de rechute, essentiellement dans les trois années qui suivent la maladie. Ce risque est faible pour les leucémies aiguës lymphoïdes de l'enfant, plus important pour les autres variétés de leucémie aiguë.

Leucine
Acide aminé indispensable (qui ne peut être synthétisé par l'organisme et doit donc être fourni par l'alimentation).

Leucinose
Maladie héréditaire due à la déficience d'une enzyme participant au métabolisme d'acides aminés tels que la leucine et la valine. SYN. *maladie des urines à odeur de sirop d'érable.*

Très rare, la leucinose se traduit des troubles neurologiques (mouvements anormaux du corps et des globes oculaires, altération de la conscience pouvant aboutir à un coma) et un retard mental. Le traitement est un régime très spécialisé excluant ou limitant définitivement les aliments contenant les acides aminés concernés (produits animaux). Quand il est entrepris assez tôt, les résultats sont relativement satisfaisants.

Leucocyte
Cellule nucléée du sang humain, dont les diverses variétés jouent pour la plupart un rôle dans la défense contre les agents étrangers à l'organisme. SYN. *globule blanc.*
Les leucocytes se distinguent des hématies (globules rouges) par leur cytoplasme plus

pâle, dépourvu d'hémoglobine, et par la présence d'un noyau. Ils sont en outre plus gros (jusqu'à 15 micromètres de diamètre) et moins nombreux (de 4 000 à 10 000 par millimètre cube de sang).

On distingue les polynucléaires (possédant un noyau à plusieurs lobes) neutrophiles, basophiles et éosinophiles, les monocytes et les lymphocytes.

Leucocytose

Nombre de globules blancs du sang.

La leucocytose est évaluée par une numération formule sanguine. Une leucocytose normale est comprise entre 4 000 et 10 000 globules blancs par millimètre cube de sang. On parle de leucopénie si les chiffres sont inférieurs à la norme.

Une leucopénie se rencontre notamment en cas d'infection virale, d'aplasie médullaire ou après la prise de médicaments responsables d'agranulocytose ; une hyperleucocytose, en cas d'infection bactérienne.

Leucodermie

Diminution, perte ou absence de la pigmentation normale de la peau. SYN. *achromie, dépigmentation.*

Une leucodermie correspond presque toujours à une diminution de la mélanine (pigment de la peau). Elle s'observe au cours de maladies congénitales, présentes dès la naissance sous forme généralisée (albinisme) ou localisée (nævus anémique), ou, le plus souvent, de maladies acquises, essentiellement le psoriasis, la lèpre, la syphilis, le pityriasis versicolor (infection par un champignon) et surtout le vitiligo (taches blanches de cause inconnue).

Leucodystrophie

Affection caractérisée par la destruction progressive d'une substance du système nerveux, la myéline.

Les leucodystrophies sont des maladies héréditaires rares.

Elles peuvent provoquer des troubles du langage, un manque de coordination dans les mouvements, une cécité, une surdité, une paralysie, des crises d'épilepsie, une dé-

mence. Il n'existe pas encore de traitement des leucodystrophies.

Leucoencéphalite

Inflammation de la myéline (substance blanche du cerveau).

Une leucoencéphalite fait le plus souvent suite à une infection virale (rougeole, par exemple) ; elle se déclenche parfois après une vaccination (contre la rage ou la fièvre jaune notamment) par réaction excessive à l'antigène contenu dans le vaccin.

Les signes d'une leucoencéphalite sont une fièvre et des troubles de la conscience. Il n'existe pas de traitement spécifique. Il y a souvent, cependant, guérison sans séquelles.

Leucoencéphalite multifocale progressive

Encéphalite démyélinisante d'installation lente due à l'infection par le polyomavirus, virus de la famille des *Papovaviridæ*, touchant électivement les malades du sida.

L'atteinte de la substance blanche du cerveau se traduit par un déficit neurologique : troubles moteurs, visuels, sensitifs, troubles du langage et/ou de la compréhension. L'évolution de cette maladie est subaiguë et rapidement progressive ou encore, dans de rares cas, chronique.

Leucokératose

Lésion blanchâtre, parfois kératosique (avec hypertrophie de la couche cornée), se développant aux dépens d'une muqueuse.

Les leucokératoses sont des lésions bénignes s'observant sous forme de plaques, surtout dans la bouche, à la face interne des joues ou des lèvres ou sur la langue. Elles sont soit congénitales, soit acquises. Dans ce dernier cas, on doit rechercher s'il existe une cause : tic de mordillement, prothèses dentaires et plombages mal adaptés, tabagisme, maladie dermatologique (lichen), éventuellement syphilis. L'examen au microscope d'un prélèvement de la lésion est nécessaire afin de s'assurer que celle-ci n'est pas une leucoplasie (lésion de même aspect mais précancéreuse). Le traitement consiste d'abord à supprimer la cause identifiée (tabac, aliments trop chauds, etc.), lorsque c'est possible, ce qui se révèle parfois suffisant. Il comporte au besoin la destruction de la lésion par électrocoagulation ou au laser au gaz carbonique.

Leuconychie

Décoloration d'un ou de plusieurs ongles.

Les leuconychies ont des causes extrêmement nombreuses : maladies organiques (cirrhose, insuffisance rénale, infarctus du myocarde, goutte, infections, cancers), maladies cutanées (érythème polymorphe, pelade, vitiligo), carences en zinc ou en vitamine PP, intoxications (arsenic, sulfamides, thallium), mycoses (infections de l'ongle par un champignon), traumatismes physiques ou chimiques de l'ongle (soins de manucure ou contacts avec les salaisons chez les bouchers et les charcutiers, par exemple).

Selon les cas, la leuconychie atteint un ou plusieurs ongles, en totalité ou en partie, ou bien forme des bandes ou des lignes blanches longitudinales de la base de l'ongle vers son extrémité.

En dehors des infections de l'ongle par un champignon, qui justifient l'application d'un vernis antifongique, le traitement des leuconychies est le plus souvent inutile ; on traite directement la maladie en cause.

Leucoplasie

Plaque ou tache blanche apparaissant sur une muqueuse buccale.

Leucoplasie buccale

C'est une plaque blanche se développant sur les muqueuses de la bouche, surtout sur les commissures buccales et à la face interne des joues, plus rarement sur la langue, le palais ou les gencives.

Son origine doit être recherchée dans l'intoxication tabagique. Les lésions comportent parfois des levures du type *Candida albicans*. Seule l'évolution sous traitement antifongique révèle si elles sont dues au champignon (en cas de disparition complète des lésions après traitement) ou si celui-ci s'est installé sur une lésion préexistante.

TRAITEMENT

Il repose sur la suppression des facteurs déclenchants (tabac, chique). En cas de surinfection à *Candida albicans,* des bains alcalins de bicarbonate de soude et des antifongiques locaux sont prescrits. Les plages résiduelles peuvent aussi être détruites par chirurgie ou laser au gaz carbonique – une seule séance est nécessaire – afin d'éviter leur évolution en tumeur cancéreuse.

Leucorrhée

Écoulement vaginal non sanglant.

DESCRIPTION

Les leucorrhées, connues sous le nom de pertes blanches, ou pertes vaginales, se manifestent par une exagération des sécrétions génitales normales. Elles sont plus ou moins abondantes, fluides ou épaisses (granuleuses, mousseuses), blanches ou teintées (grisâtres, jaunâtres, verdâtres), parfois d'odeur désagréable. Elles s'accompagnent souvent d'une irritation locale, de brûlures, de démangeaisons et de douleurs pendant les rapports sexuels.

CAUSES

Le plus souvent, elles sont d'origine infectieuse : infection de la vulve (vulvite), du vagin (vaginite), du col utérin (cervicite), de l'utérus (endométrite), des trompes de Fallope (salpingite).

TRAITEMENT ET PRONOSTIC

Le traitement antibiotique, qui diffère selon l'agent infectieux, doit être suffisamment prolongé, parfois répété. Pour *Candida albicans,* il est le plus souvent local, tandis que, pour le trichomonas, il doit être général. L'examen et le traitement simultané du partenaire sexuel sont impératifs.

Les leucorrhées sont sensibles au traitement mais elles récidivent fréquemment. Négligées, les infections génitales, notamment les salpingites, peuvent être responsables d'une stérilité.

Lévocardie

Inversion de la position relative des cavités cardiaques gauches et droites par rapport à la normale bien que la pointe du cœur reste tournée vers la gauche.

Généralement, la lévocardie est associée à des anomalies congénitales du cœur, qui en font toute la gravité.

Lèvre

Chacune des deux parties charnues limitant, en haut et en bas, l'orifice externe de la cavité buccale.

La lèvre supérieure peut être le siège d'une malformation, la fente labiale (fente médiane, communément appelée bec-de-lièvre). Les autres affections des lèvres sont les chéilites (inflammations), les tumeurs bénignes et les tumeurs malignes, qui s'observent essentiellement chez les grands consommateurs de tabac.

Lèvres

Les deux grandes lèvres et les deux petites lèvres du sexe de la femme.

Grandes lèvres

Il s'agit des deux replis cutanés de la vulve (ensemble des organes génitaux externes de la femme).

Petites lèvres

Il s'agit des deux minces replis cutanés à l'intérieur des grandes lèvres, de part et d'autre du vestibule de la vulve. La petite lèvre droite et la petite lèvre gauche s'unissent et forment, en avant, le capuchon qui recouvre le clitoris et, en arrière, la fourchette. Les petites lèvres, ou nymphes, bordent le méat urétral et l'orifice du vagin.

Lors d'une excitation sexuelle, les petites lèvres, du fait de leur sensibilité propre, se modifient, se gonflent de sang, exercent alors une stimulation sur le clitoris et participent ainsi à l'orgasme.

Lévulose

→ VOIR Fructose.

Levure

Micro-organisme permettant la fermentation de certains aliments (bière, pain, etc.).

À l'état sec, les levures peuvent être consommées comme complément en vitamines B1, B2, B6, B9, B12 et PP, qu'elles renferment en très grande quantité. Leur intense activité de fermentation limite cependant leur utilisation à un maximum de deux cuillerées à soupe par jour.

LH

→ VOIR Lutéinisante (hormone).

Lichen plan

Maladie dermatologique caractérisée par l'apparition de petites taches saillantes.

Le lichen plan s'observe surtout entre 30 et 60 ans.

CAUSES

Elles sont le plus souvent inconnues. Il existerait un terrain psychologique favorisant (stress, traumatisme affectif). Dans certains cas, la maladie est associée à un diabète, à une hypertension artérielle ou à certaines affections du côlon (colites chroniques). D'autres cas sont associés à la prise de médicaments comme les sulfamides ou les sels d'or.

SYMPTÔMES ET SIGNES

Les lésions typiques du lichen plan sont des papules de couleur violine, parcourues de fins réseaux blanchâtres. Ces lésions démangent et apparaissent symétriquement à la face antérieure des poignets (prolongement de la paume), sur le dos des mains et les avant-bras, parfois dans le dos et sur les chevilles. Dans certains cas, les papules se groupent et forment des bandes ou des anneaux.

Le lichen plan peut atteindre le cuir chevelu, les ongles et les muqueuses à la face interne des joues. Il prend, dans ce dernier cas, l'aspect d'un réseau de lignes blanches ou, parfois, celui d'une épaisse plaque blanche.

TRAITEMENT

La maladie est le plus souvent traitée par application locale, durant plusieurs semaines, de corticostéroïdes, souvent associés à des anxiolytiques par voie orale.

Lichen scléro-atrophique

Maladie chronique de la peau et des muqueuses, d'origine inconnue, touchant principalement les zones génitales.

DIFFÉRENTS TYPES DE LICHEN SCLÉRO-ATROPHIQUE

■ Le lichen scléro-atrophique de la vulve, ou kraurosis de la vulve, touche la femme à partir de 50 ans. Il se traduit par des démangeaisons vulvaires, des brûlures à la miction et des douleurs pendant les rapports sexuels, ces symptômes s'associant à une décoloration de la vulve, qui prend une teinte blanc nacré ou ivoire.

■ Le lichen scléro-atrophique de l'homme se traduit par des lésions blanchâtres. Elles peuvent affecter le gland et le méat – et entraîner un rétrécissement urétral – ou le sillon balanopréputial (situé entre le gland et le prépuce) ; les lésions forment dans ce cas des anneaux, provoquant un resserrement pathologique, parfois un phimosis.

■ Le lichen scléro-atrophique de la peau se traduit par de petites papules blanc nacré, isolées ou confluant en placards et touchant le cou, le dos et la racine des membres. Ces lésions peuvent s'associer à un lichen scléro-atrophique génital.

DIAGNOSTIC ET TRAITEMENT

Le diagnostic repose sur l'examen au microscope d'un prélèvement des lésions ; le traitement, sur l'application locale de corticostéroïdes ou d'androgènes (hormones masculines), contre-indiqués chez l'enfant et la femme enceinte. Un traitement chirurgical (circoncision) peut être envisagé dans le cas du lichen scléro-atrophique de l'homme.

ÉVOLUTION

Les lésions dues au lichen scléro-atrophique dégénèrent dans certains cas en tumeur maligne. Cette évolution se signale par l'apparition d'indurations et de petits saignements.

Une surveillance régulière est donc indispensable. En cas de doute, une biopsie est pratiquée, suivie, au besoin, de l'ablation chirurgicale des lésions.

Lifting

Intervention chirurgicale destinée à corriger les effets du vieillissement du visage et du cou par « redrapage » des structures cutanées relâchées.

DIFFÉRENTS TYPES DE LIFTING

■ Le lifting cervicofacial est destiné à corriger l'affaissement des joues (bajoues) et à supprimer le double menton.

■ Le lifting frontal fait disparaître les rides du front et celles qui sont situées entre les sourcils.

L'excédent de peau ou de graisse sur les paupières peut, en outre, être éliminé par une blépharoplastie.

PRÉPARATION ET DÉROULEMENT

Les indications opératoires doivent être rigoureusement sélectionnées, selon des critères physiques et psychologiques, en tenant compte des facteurs de risque (tabagisme).

Les premières consultations de chirurgie esthétique permettent de préciser les motivations du patient, qui est averti des risques que présente l'opération et des difficultés psychologiques éventuelles (déception, par exemple) liées à la modification des traits du visage.

Les photographies préopératoires permettent de déterminer les défauts esthétiques susceptibles d'être corrigés : asymétrie du visage, fanons, bajoues, excédent de peau ou de graisse sur les paupières, etc.

L'opération comporte plusieurs séquences : désinfection systématique du cuir chevelu, liposuccion du cou et des bajoues dans certains cas, incision selon un tracé qui passe dans le cuir chevelu et contourne l'oreille, décollement puis « redrapage » de la peau et des tissus plus profonds, en évitant de figer les traits du visage. Le fragment de peau excédentaire est enlevé à la fin de l'opération.

ÉVOLUTION

Le visage demeure gonflé une dizaine de jours ; il conserve une apparence triste et peu expressive pendant environ trois semaines. La sensibilité de la peau décollée revient dans un délai de 4 à 6 mois. Les cicatrices d'un lifting, dissimulées dans le cuir chevelu et derrière le lobule de l'oreille, disparaissent au cours de l'année qui suit l'intervention.

Les résultats esthétiques d'un lifting réussi demeurent stables pendant une période de 7 à 10 ans.

COMPLICATIONS

- **Un visage figé** est la conséquence d'une mauvaise technique opératoire.
- **Des cicatrices hypertrophiques** (gonflées, rouges et provoquant une démangeaison) sont exceptionnelles.
- **Une nécrose** (destruction progressive d'un tissu), due à l'absence de vascularisation des tissus, peut intervenir.
- **Une infection** ne se produit que dans moins de 1 % des cas et exige un nettoyage de la plaie, la mise en place d'un drainage et un traitement antibiotique.
- **Une dégradation précoce du résultat** intervient parfois, soit en raison d'une atteinte congénitale des fibres élastiques, soit en raison du tabagisme des patients ou d'une exposition solaire excessive.
- **Des paralysies** partielles du nerf facial, du nerf spinal (qui permet l'élévation de l'épaule) ou de toute la zone opérée restent très exceptionnelles.

Ligament

Bande de tissu conjonctif blanchâtre, très résistant, légèrement élastique, entourant les articulations.

Les lésions touchant les ligaments, déchirure ou distension, constituent les entorses.

Ligature

Opération chirurgicale consistant à occlure un vaisseau sanguin ou lymphatique, ou encore un canal, à l'aide d'un fil noué.

- **La ligature des trompes utérines** est une intervention gynécologique destinée à rendre une femme stérile sans perturber son cycle hormonal, les ovaires étant conservés. C'est un procédé de stérilisation habituellement irréversible de la femme, interdit en France sauf si une grossesse met en danger la vie de la mère. Il consiste à sectionner les trompes ou à poser des pinces ou des anneaux, pour obturer les cavités tubaires. La ligature est souvent pratiquée par cœliochirurgie, les instruments étant introduits dans l'abdomen par de petites incisions, sous contrôle visuel.
- **La ligature et la section des canaux déférents, ou vasectomie,** assurent la stérilisation masculine.

→ VOIR **Vasectomie.**

Lipide

Substance contenant des acides gras.

Les lipides du sérum sanguin comprennent des acides gras libres, des esters du glycérol, ou glycérides, comportant un ou plusieurs acides gras fixés chacun sur un groupe alcool, du cholestérol, libre ou estérifié, ainsi que des phospholipides, lipides complexes qui contiennent de l'acide phosphorique.

L'organisme se procure des lipides à partir des aliments mais peut aussi les synthétiser notamment par transformation des glucides. Il constitue des réserves énergétiques sous forme de triglycérides. Un gramme de lipides fournit environ 38 kilojoules, soit 9 kilocalories d'énergie.

Certains aliments contiennent des lipides « visibles » (beurre, crème, huile), d'autres des lipides « invisibles » (viande, poisson) ; ils permettent l'absorption des vitamines liposolubles (A, D, E et K).

Dans une alimentation équilibrée, l'énergie fournie par les lipides doit représenter au maximum 35 % de l'énergie totale, avec un apport équilibré en acides gras saturés, mono-insaturés et poly-insaturés. Pour cela, la plus grande variété alimentaire est recommandée : ainsi, l'huile d'olive est particulièrement riche en acides gras mono-insaturés mais contient aussi des acides gras poly-insaturés et saturés, les produits laitiers contiennent des acides gras saturés mais aussi une proportion importante (un tiers des acides gras totaux) d'acides gras mono-insaturés, etc.

→ VOIR **Dyslipidémie.**

Lipodystrophie

Anomalie du tissu adipeux sous-cutané.

Les lipodystrophies se rencontrent le plus souvent chez le diabétique traité par insuline.

- **Les lipohypertrophies** forment de légères boursouflures sous la peau.
- **Les lipoatrophies** se manifestent par de petites dépressions cutanées.

TRAITEMENT

Chez le diabétique, le traitement consiste à ne plus faire de piqûre dans la zone atteinte à et attendre que le tissu se reforme, ce qui peut mettre plusieurs mois.

Lipomatose

Maladie caractérisée par la présence de lipomes (tumeurs bénignes graisseuses) nombreux et disséminés sous la peau.

Les lipomatoses prennent des aspects divers. Le plus fréquent et le plus caractéristique est représenté par la maladie de Launois-Bensaude : de cause exacte inconnue, celle-ci touche surtout l'homme alcoolique vers 50 ans ; les lipomes, relativement symétriques, siègent sur le cou, déformant la nuque en « bosse de bison », au-dessus et au-dessous des clavicules, puis s'étendent vers la poitrine, l'abdomen et les cuisses. Le seul traitement est chirurgical.

Lipome

Tumeur bénigne développée aux dépens des cellules graisseuses.

Les lipomes affectent l'adulte entre 30 et 60 ans. Ils sont surtout fréquents sur le cou, les épaules, le haut du dos, à la face interne des bras, sur les fesses et à la racine des cuisses. Ils forment des masses molles plus ou moins saillantes, le plus souvent indolores, mobiles, recouvertes d'une peau normale. Ils sont uniques ou multiples et de taille variable. Leur ablation n'est pas indispensable.

Lipoprotéine

Substance formée par l'association de protéines (appelées apolipoprotéines) et de lipides (cholestérol, triglycérides).

Les lipoprotéines assurent le transport des lipides dans le sang.

Liposarcome

Tumeur maligne du tissu adipeux, pouvant prendre des formes très diverses et généralement située en profondeur, dans l'abdomen, dans la cuisse ou à l'épaule.

Les liposarcomes (qui peuvent atteindre plusieurs kilos) envahissent progressivement les tissus de voisinage et peuvent entraîner des métastases. Leur traitement est l'ablation chirurgicale, éventuellement complétée par une chimiothérapie.

Liposuccion

Aspiration chirurgicale, par une petite incision, de la graisse sous-cutanée superficielle ou profonde.

La liposuccion est l'opération la plus fréquente en chirurgie esthétique. Une liposuccion minime ne nécessite pas d'hospitalisation ; une liposuccion importante (retrait de plus d'un kilogramme de graisse) exige une hospitalisation de 48 heures.

INDICATIONS

La liposuccion se pratique lorsqu'une accumulation de graisse résiste à un traitement amaigrissant ou à des techniques de destruction des graisses alimentaires dans l'organisme. Une liposuccion ne constitue pas un traitement idéal de l'obésité. Elle élimine des accumulations de graisse localisées, d'origine génétique ou dues à des tumeurs bénignes acquises, les lipomes.

Elle se pratique le plus souvent dans certaines parties du corps : hanches et haut des cuisses chez la femme, ventre ou face interne des genoux chez les sujets des deux sexes. Une liposuccion est une technique bien adaptée à des parties du corps comme le cou, la face postérieure des bras, le ventre, la face externe des cuisses, les flancs, la taille et la face interne des genoux, mais l'aspiration est plus difficile dans la face interne des cuisses, les chevilles, les mollets, les bajoues.

TECHNIQUE

L'opération se fait sous anesthésie générale ou locale selon l'importance de la liposuccion. Après infiltration de solutions qui liquéfient les graisses, des canules, branchées à un aspirateur et introduites dans une petite incision pratiquée dans la partie adipeuse, éliminent les masses graisseuses.

ÉVOLUTION

Immédiatement après l'opération apparaissent des hématomes importants, des douleurs et un gonflement des zones qui ont été aspirées. Dans les cas de liposuccions minimes, le patient peut mener une vie active dès le lendemain de l'intervention. En cas de liposuccions importantes, un délai de

8 à 10 jours est nécessaire avant une reprise normale d'activité.

Après le quinzième jour, les pertes adipeuses sont visibles. Pour éviter les récidives et les retouches, les patients doivent se soumettre à un régime postopératoire et à des massages qui corrigent les inégalités de la surface de la peau et les irrégularités dues à la rétraction des cicatrices.

COMPLICATIONS

■ **Une infection** est extrêmement rare (un cas sur mille, selon les estimations).

■ **Des bourrelets et des adhérences** en profondeur, liés à des difficultés de cicatrisation, sont difficiles à traiter.

Lipothymie

Sensation de perte de connaissance imminente.

CAUSES

Une lipothymie s'observe volontiers chez les sujets hypersensibles, à l'occasion d'une émotion, d'une contrariété, quand le nerf pneumogastrique (nerf qui ralentit le cœur) est stimulé. Elle peut survenir lors d'une douleur subite, d'une prise de sang, d'un repas copieux pris en atmosphère confinée ou lorsque le sinus carotidien, siège des barorécepteurs, est comprimé (cou trop serré par un col de chemise, par exemple).

SYMPTÔMES ET SIGNES

Une lipothymie est un malaise progressif où le sujet a une impression de tête vide, de flou visuel, a besoin (et souvent est obligé) de s'allonger. Il a des troubles passagers de la conscience, est pâle, en sueur.

ÉVOLUTION

En quelques minutes, le plus souvent, le sujet retrouve un état normal tout en éprouvant, éventuellement, une impression de fatigue. Dans certains cas, la lipothymie peut être suivie d'une syncope (perte de connaissance). Généralement, il s'agit d'un trouble bénin.

TRAITEMENT

Il faut allonger le sujet, ne pas lui donner de boisson alcoolisée, le soustraire si possible aux circonstances déclenchantes. Si les malaises se reproduisent, il est préférable de consulter un médecin.

Listériose

Maladie infectieuse dont l'agent est un bacille à Gram positif, *Listeria monocytogenes*, responsable d'avortements et d'infections neuroméningées.

La listériose est fréquente chez l'animal (bovins, porcins, volailles), beaucoup plus rare chez l'homme, qui se contamine le plus souvent par voie digestive en consommant des aliments contenant le bacille (lait cru, fromages au lait cru, viande crue ou mal cuite, végétaux crus, charcuterie). Les femmes peuvent transmettre le bacille à leur enfant durant la grossesse par l'intermédiaire du placenta ou lors de l'accouchement.

SYMPTÔMES ET SIGNES

Chez l'adulte, la listériose se manifeste par une fièvre et des douleurs généralisées. Elle peut également prendre une forme plus grave, en particulier chez les sujets dont les défenses immunitaires sont affaiblies, et provoquer une méningite (listériose neuroméningée) ou une septicémie.

Les nouveau-nés atteints de la maladie souffrent d'une septicémie grave associée à une méningite, à une atteinte du foie ou à une pneumonie. La contamination du fœtus par la mère au cours du deuxième ou du troisième trimestre de grossesse peut causer une naissance prématurée, la mort du fœtus in utero ou une souffrance fœtale.

TRAITEMENT

La listériose est traitée par administration de deux types d'antibiotique, dont la pénicilline, durant une période de trois semaines.

Certaines précautions alimentaires, impératives en cas de grossesse, permettent d'éviter l'infection : il faut proscrire les légumes crus ou peu cuits, préférer la charcuterie préemballée à celle vendue à la coupe, recuire les aliments conservés au réfrigérateur, ne pas consommer la croûte des fromages à pâte molle, faire bouillir le lait cru ou pasteurisé avant consommation. Il est en outre conseillé de se laver les mains et de nettoyer les ustensiles de cuisine après la manipulation d'aliments non cuits, de nettoyer et de désinfecter régulièrement (deux fois par mois) le réfrigérateur.

Lithectomie

Extraction d'un calcul.

La lithectomie est indiquée en cas de lithiase (formation de calculs) du canal cholédoque, canal issu du canal cystique qui provient de la vésicule, ou du canal hépatique, qui conduit la bile au duodénum.

La lithectomie est réalisée sous anesthésie générale. Elle peut se pratiquer soit par extraction chirurgicale, après ouverture de l'abdomen, soit par cathétérisme rétrograde. Dans ce dernier cas, une sonde est introduite à l'aide d'un endoscope dans le canal, par l'intermédiaire de la bouche, de l'estomac et du duodénum, et le calcul est parfois brisé pour permettre son extraction (lithotripsie).

Lithiase

Maladie caractérisée par la présence de calculs dans un organe ou dans son canal excréteur.

La lithiase atteint surtout la vésicule ou les voies biliaires, le rein, les voies urinaires.

Lithiase biliaire

Il s'agit des calculs qui se forment dans la vésicule biliaire (réservoir de bile sous le foie) et qui peuvent migrer dans les voies excrétrices biliaires (les canaux sortant de la vésicule et du foie, qui se réunissent pour former le canal cholédoque).

CAUSES

L'hérédité, l'âge avancé, les grossesses multiples chez les femmes, l'obésité, le diabète, certains médicaments (pilule contraceptive, hypolipémiants) sont des facteurs favorisant leur apparition. Les femmes souffrent plus souvent de lithiase biliaire que les hommes.

SYMPTÔMES ET DIAGNOSTIC

La plupart des lithiases biliaires ne provoquent aucun symptôme. Parfois, elles donnent des douleurs sous les côtes en haut et à droite de l'abdomen. Une lithiase biliaire est souvent découverte au cours d'un examen de routine. Le diagnostic se fonde sur l'échographie.

TRAITEMENT

Sans symptômes, la lithiase de la vésicule ne doit pas être traitée car les traitements ont des effets indésirables ou n'ont pas prouvé leur intérêt.

Mais les calculs de la vésicule peuvent être source de complications telles qu'une cholécystite aiguë (inflammation de la vésicule), une colique hépatique (douleur intense par blocage d'un calcul dans le cholédoque), une angiocholite (infection dans le cholédoque au-dessus d'un calcul bloqué). En cas de douleur et de cholécystite, le traitement est la cholécystectomie (ablation de la vésicule) ; les médicaments et la lithotripsie donnent des résultats limités. Les calculs du cholédoque doivent être retirés par chirurgie ou par endoscopie (un tube d'endoscopie est introduit par la bouche et poussé jusqu'à l'orifice du canal).

Lithiase urinaire

Il s'agit des calculs qui se forment dans les reins et qui peuvent migrer dans les uretères et la vessie.

CAUSES

Quand une cause est retrouvée, il s'agit souvent d'un obstacle à l'écoulement des urines (malformation, adénome de la prostate) ou d'une infection urinaire. Dans d'autres cas, c'est un trouble métabolique de l'organisme, consécutif à des excès alimentaires (surtout en calcium ou en acide urique) ou à des maladies hormonales (hyperparathyroïdie, par exemple).

SYMPTÔMES ET DIAGNOSTIC

Il arrive que les calculs ne produisent aucun symptôme. Mais ils sont parfois douloureux ou source de complications : colique néphrétique (douleur intense par blocage d'un calcul dans un uretère), hématurie (saignement dans les urines), infection grave du rein, insuffisance rénale. Leur diagnostic est possible grâce à la radiologie (échographie, urographie intraveineuse).

TRAITEMENT

Les calculs de moins de cinq millimètres s'éliminent spontanément par les voies naturelles. Les calculs d'acide urique trop gros sont dissous par des eaux minérales ou des médicaments qui rendent les urines alcalines (basiques). Pour les autres calculs, on dispose de plusieurs méthodes : l'ablation chirurgicale est beaucoup moins employée ;

la lithotripsie extracorporelle pulvérise les calculs par des ondes de choc produites par un appareil externe (ressemblant à un appareil de radiologie), l'endoscopie (utilisant un tube muni d'un système optique, introduit par l'urètre ou à travers la peau) permet de repérer le calcul, de l'enlever en bloc ou de pratiquer une lithotripsie.

Le traitement préventif des récidives comprend le traitement d'une cause éventuelle. Il faut boire abondamment, sauf en cas de colique néphrétique. Un régime alimentaire évitant les substances présentes dans les calculs du malade (par exemple, les aliments riches en calcium en cas de lithiase calcique) peut être suivi.

Lithium

Métal (Li) dont les sels sont utilisés dans le traitement de troubles psychiques.

Les sels de lithium sont indiqués dans une maladie psychiatrique, la psychose maniaco-dépressive, caractérisée par des alternances d'accès de dépression et d'excitation euphorique. Ils sont administrés par voie orale.

Lithotomie

Extraction chirurgicale d'un calcul des voies urinaires.

Lithotripsie

Opération consistant à broyer ou à pulvériser des calculs urinaires, les fragments étant ensuite éliminés naturellement dans les urines. SYN. *lithotritie*.

L'accès aux calculs se fait par voie et sous contrôle endoscopique (introduction par l'urètre d'un tube muni, notamment, d'un système optique). La pulvérisation des calculs peut se pratiquer au moyen d'une pince (lithotripsie mécanique), d'ultrasons (lithotripsie ultrasonique), d'ondes de choc répétées (lithotripsie électrohydraulique) ou encore à l'aide d'une fibre laser (lithotripsie au laser).

En outre, on recourt aujourd'hui de plus en plus souvent à une technique permettant la pulvérisation du calcul à distance sans aucune intervention chirurgicale (lithotripsie extracorporelle) et la plupart du temps sans hospitalisation ni anesthésie générale. Cette technique consiste à repérer le calcul à l'aide d'un examen radioscopique ou échographique puis à le pulvériser au moyen d'ondes électrohydrauliques, piézoélectriques ou électromagnétiques, le sable obtenu étant ensuite éliminé spontanément dans les urines. Parfois, cette évacuation s'accompagne de douleurs comparables à celles occasionnées par la migration d'un calcul. Aujourd'hui, l'emploi de cette méthode a été élargi aux calculs rénaux, vésiculaires et aux calculs du cholédoque, les meilleurs résultats étant obtenus pour les calculs du rein de moins de 2 centimètres de diamètre. Certains calculs volumineux ou très durs peuvent nécessiter plusieurs séances.

Little (syndrome de)

Infirmité motrice cérébrale apparaissant dès les premiers mois de la vie, le plus souvent chez des enfants prématurés ou victimes d'un accouchement difficile ayant entraîné une insuffisance de l'oxygénation du cerveau. SYN. *diplégie spastique*.

L'enfant atteint du syndrome de Little a généralement un développement intellectuel normal. Mais il présente une raideur très marquée des membres inférieurs et parfois, des membres supérieurs.

Le traitement repose sur un suivi de l'enfant par une équipe pluridisciplinaire comprenant médecin, orthopédiste, kinésithérapeute et spécialiste de la rééducation motrice.

Livedo

Anomalie localisée de la circulation sanguine cutanée.

Un livedo se traduit par une visibilité anormale des veinules superficielles, dessinant le plus souvent sur les membres inférieurs un réseau violet ou rouge, aux mailles plus ou moins régulières. Un livedo physiologique s'observe parfois chez le nouveau-né, l'adolescente ou la jeune femme et s'efface spontanément en quelques jours. Le livedo pathologique est dû à une affection des artères (périartérite noueuse, artériopathie des membres inférieurs), à une augmentation de la viscosité du sang (cryoglobuliné-mie, polyglobulie), à certains médicaments (anti-inflammatoires, antiparkinsoniens). Le traitement du livedo est celui de la maladie responsable.

Loa-loa

→ VOIR Loase.

Loase

Maladie parasitaire africaine due à l'infestation par une filaire parasite, la loa-loa.
SYN. *filariose à loa-loa, filariose loa, loasis.*

La loase ne sévit que dans certaines régions d'Afrique tropicale : sud du Nigeria et du Cameroun, République centrafricaine, Gabon, Congo, nord du Zaïre et de l'Angola.

CONTAMINATION

La maladie se transmet par la piqûre d'un taon, le chrysops, qui, en se nourrissant, prélève des larves appelées microfilaires dans la circulation sanguine des sujets atteints. Le taon vit au bord des rivières, dans les régions forestières, et sa piqûre, qui se produit en pleine journée, est difficilement évitable. Les microfilaires grossissent dans l'organisme et deviennent des vers de 2 à 7 centimètres de long, qui se déplacent en permanence sous la peau, où ils sont visibles, et sous la conjonctive de l'œil.

SIGNES ET SYMPTÔMES

Le déplacement du ver dans l'organisme provoque des placards inflammatoires sur le thorax, les mains et les avant-bras, notamment, connus sous le nom d'œdèmes de Calabar. Le malade se plaint de démangeaisons, de gonflements transitoires des bras, des avant-bras, de la face et du thorax. Le passage d'un ver sous la conjonctive de l'œil cause un œdème douloureux mais bénin.

TRAITEMENT

Le traitement est généralement réservé aux personnes très gênées par la maladie et qui ne sont plus exposées à une nouvelle infestation. Il n'est pas systématique, la maladie étant bénigne. Il se fait à l'hôpital et le médecin prescrit en général, à des doses progressivement croissantes, de la diéthylcarbamazine. Cette substance peut déclencher des réactions allergiques parfois graves.

Lobotomie

Incision chirurgicale d'un lobe (d'une portion) d'un viscère.

Le plus souvent, le terme lobotomie s'applique à l'opération chirurgicale consistant à sectionner, dans l'encéphale, une partie des fibres nerveuses reliant le lobe préfrontal (siège de l'idéation - formation et enchaînement des idées) au reste du cerveau. Cette intervention se pratique sur des sujets atteints d'anxiété paroxystique chronique, d'obsessions graves ou sur des malades en état de douleur morale permanente ayant tenté plusieurs fois de se suicider. La lobotomie, du fait de l'extension abusive de sa pratique, de l'appauvrissement affectif du sujet lobotomisé et de la fréquence des rechutes, a suscité de nombreuses réserves.

Lobstein (maladie de)

Maladie héréditaire caractérisée par une fragilité des os. SYN. *fragilité osseuse congénitale, maladie des os de verre, ostéopsathyrose.*

La maladie de Lobstein est une forme d'ostéogenèse imparfaite, c'est-à-dire que le tissu osseux y est de mauvaise qualité du fait d'une anomalie de structure du collagène. Elle se manifeste habituellement par des fractures apparaissant dès les premiers pas, mais il existe des formes à expression plus tardive. Cette affection se traduit fréquemment par une coloration bleutée du « blanc des yeux » et par une surdité. Le traitement, difficile, repose sur le redressement chirurgical des os déformés.

Lochies

Écoulement vaginal survenant normalement à la suite de l'accouchement.

Les lochies sont composées de caillots de sang, de débris de membranes (caduque utérine) et du suintement des plaies du vagin et du col de l'utérus.

Locomoteur (appareil)

Ensemble des organes permettant de se déplacer.

L'appareil locomoteur comprend les os et les articulations des membres et de la colonne vertébrale ainsi que les ligaments, les muscles et les tendons qui les relient ou les actionnent.

La locomotion, qui est une fonction complexe, fait intervenir, en plus de ces organes, les organes sensoriels (œil, oreille) et les récepteurs sensitifs (organes microscopiques), qui recueillent des informations sur l'environnement et la position de l'ensemble du corps ainsi que sur la tension des muscles. Le système nerveux intervient également : il analyse ces informations et transmet les ordres vers les muscles, lesquels mettent les os et les articulations en mouvement grâce à leurs contractions successives et coordonnées.

Loges (syndrome des)

Syndrome dû à un traumatisme, une fracture notamment, ou, plus rarement, au port d'un plâtre ou d'un bandage trop serré, entraînant une compression excessive des muscles d'un membre inférieur (cuisse, jambe) dans leur loge aponévrotique.

SYMPTÔMES ET SIGNES

Le patient se plaint de douleurs violentes du membre touché, de difficultés à remuer ses doigts ou ses orteils, de fourmillements, d'anesthésie de la main ou du pied. Les nerfs étant comprimés, il y a diminution des sensations tactiles, surtout aux extrémités. Les muscles comprimés, non irrigués, peuvent se nécroser, puis se rétracter.

TRAITEMENT

Il doit être entrepris en urgence : retrait du plâtre ou du garrot causant la compression, ou ouverture chirurgicale de la loge par incision de l'aponévrose, pour permettre l'expansion des muscles qui y sont contenus.

Logorrhée

Trouble du langage caractérisé par un abondant flot de paroles débitées rapidement sur de longues périodes.

La logorrhée est un signe particulièrement caractéristique d'un trouble psychiatrique, la manie, ou accès maniaque. Le malade saute d'une idée à une autre, multiplie les jeux de mots. Son attention s'éparpille au gré des sollicitations extérieures, rendant

impossibles réflexion et synthèse. Des éléments délirants peuvent être associés.

Une logorrhée s'observe aussi au cours de l'aphasie de Wernicke, affection neurologique du cortex d'un hémisphère cérébral, qui se traduit par la perte de la compréhension du langage et du sens des mots. Dans ce cas, le malade déforme les mots, emploie un mot pour un autre. Parfois, le langage se transforme en un véritable jargon totalement incompréhensible pour autrui, sans que le malade en ait conscience.

Lombaire

Relatif aux lombes.

La région lombaire, située dans le bas du dos, correspond à la zone des cinq vertèbres lombaires et des masses musculaires avoisinantes. Appelée parfois de façon familière « les reins », elle est localisée, au niveau de la colonne vertébrale, entre la douzième côte et la crête iliaque.

PATHOLOGIE

La région lombaire est souvent le siège de douleurs qui peuvent être d'origine vertébrale (lésions du rachis lombaire, des articulations sacro-iliaques, des disques intervertébraux), rénale (lithiases rénales ou urétérales, néphrites chroniques) ou abdominale.

Lombalgie

Douleur de la région lombaire.

Le langage médical réserve le terme de lombalgie aux douleurs de la région ayant pour axe les cinq vertèbres lombaires. Au-dessus, on parle de dorsalgies ; au-dessous, de douleurs fessières ou sacrées.

DIFFÉRENTS TYPES DE LOMBALGIE

Une lombalgie peut être due à des lésions du rachis ou à des affections touchant des viscères de la région lombaire.

■ Les lombalgies rachidiennes sont d'origine inflammatoire ou mécanique :
– les lombalgies inflammatoires peuvent être dues à une inflammation d'une vertèbre et des disques intervertébraux voisins ou à un tassement vertébral ; chez un sujet jeune, à un rhumatisme (spondylarthrite ankylosante) ; chez un sujet âgé, à un tassement ou à une tumeur bénigne ou maligne. La douleur est

surtout gênante la nuit et, le matin au réveil, demande un « dérouillage » de plus de 30 minutes ;

– les lombalgies mécaniques sont le plus souvent dues à une arthrose des apophyses articulaires postérieures des vertèbres ou à la dégénérescence d'un ou de plusieurs disques intervertébraux, elle-même provoquée par un traumatisme, une série de microtraumatismes, une épiphysite (inflammation d'une épiphyse) de croissance pour les formes précoces. Le vieillissement en est aussi souvent responsable car, avec les années, les disques intervertébraux perdent de leur souplesse et se fissurent. La douleur se manifeste au cours de la journée ; aggravée par les efforts, le port de charges, la station assise prolongée, elle est soulagée par le repos allongé. Les lombalgies mécaniques peuvent être aiguës – la plus fréquente étant le lumbago –, récidivantes, faisant alterner périodes douloureuses et rémissions, ou chroniques. Elles s'accompagnent parfois de douleurs irradiant dans les membres inférieurs.

■ Les lombalgies d'origine viscérale peuvent être dues à une affection touchant le rein, l'appareil urinaire ou génital, à une lésion de l'aorte ou des méninges de la moelle épinière (neurinome, arachnoïdite, méningoradiculite), etc.

TRAITEMENT

Il repose sur la prise d'analgésiques, d'anti-inflammatoires, sur la kinésithérapie, voire sur l'immobilisation temporaire du rachis à l'aide d'un corset en résine. Le traitement des lombalgies chroniques doit être adapté à la gêne fonctionnelle qu'elles entraînent et ne soigner que les lésions dont le diagnostic est confirmé. Ainsi, les lombalgies chroniques dues à une lésion discale unique ont de grandes chances de guérir par une arthrodèse lombaire (intervention chirurgicale consistant à faire fusionner deux vertèbres entre elles afin de supprimer le jeu articulaire). En revanche, quand la dégénérescence affecte plusieurs disques, le succès de cette intervention devient plus aléatoire.

Lombalisation

Anomalie de la première vertèbre sacrée, qui, au lieu d'être normalement soudée aux autres pour constituer le sacrum, se trouve séparée de lui soit complètement, soit partiellement.

La lombalisation, habituellement latente, peut être découverte fortuitement lors d'un examen radiographique. Le traitement fait appel à la gymnastique corrective.

Lombarthrose

Arthrose du rachis lombaire.

La lombarthrose affecte surtout les sujets âgés, mais aussi ceux dont la profession entraîne un surmenage lombaire (port de lourdes charges). Ses lésions dégénératives touchent surtout les apophyses postérieures des articulations situées entre la 4e et la 5e vertèbre lombaire ainsi que celles situées entre la 5e lombaire et la 1re sacrée.

Elle se manifeste soit de manière aiguë (lumbago déclenché par un effort de soulèvement important ou par une torsion du rachis), soit de manière plus chronique, à l'occasion d'efforts, de port de charges, de station assise prolongée ; la douleur lombaire n'irradie pas dans les membres inférieurs, sauf lorsqu'elle s'associe à des lésions des disques intervertébraux ; elle est soulagée par le repos allongé. Le diagnostic est confirmé par la radiographie simple du rachis, au besoin par le scanner RX ou l'imagerie par résonance magnétique (I.R.M.).

TRAITEMENT

Il fait appel aux analgésiques, aux anti-inflammatoires et à la kinésithérapie. Le port temporaire d'un corset en résine peut atténuer les douleurs.

Lombosacré

Qui se rapporte à la région de transition entre le rachis lombaire (4e et 5e vertèbre lombaire) et le sacrum.

La région lombosacrée est fréquemment le lieu de différentes affections vertébrales. Par ailleurs, l'articulation entre la dernière vertèbre lombaire et la première vertèbre sacrée fait partie d'une zone charnière (charnières lombosacrée, dorsolombaire, etc.) particulièrement mobile et fragile et soumise à de fortes contraintes mécaniques.

Lombostat

Corset porté sur la région lombosacrée, destiné à en limiter la mobilité.

Dans les lombalgies aiguës dues à l'inflammation d'une vertèbre et des disques intervertébraux voisins, à un tassement vertébral récent, à une lombalgie discale aiguë, la mise au repos de la zone du rachis à l'origine des douleurs contribue à la réparation des lésions ; l'immobilisation est alors provisoire. Le lombostat est un corset moulé, en plâtre ou en résine, destiné à assurer une immobilisation rigoureuse de la région lombosacrée. Dans les lombalgies chroniques dues à des lésions multiples des disques intervertébraux, les scolioses, les tassements vertébraux multiples dus à l'ostéoporose (décalcification osseuse), le port d'un lombostat en coutil baleiné, plus souple, fait sur mesure, permet de soulager les douleurs du patient.

Contrairement à une opinion répandue, le port d'un lombostat ne favorise pas l'atrophie des muscles du rachis. Au contraire, en leur permettant de travailler dans des conditions plus favorables, il facilite fréquemment chez son utilisateur la reprise d'une activité professionnelle. Il est même souvent conseillé au patient qui porte un lombostat d'entreprendre une rééducation appropriée en se soumettant à quelques exercices de kinésithérapie précis (accroupissements, pompes obliques), qui seront bénéfiques pour le rachis lombosacré.

Lombotomie

Incision chirurgicale de la paroi abdominale dans la région lombaire.

Lordose

Courbure physiologique de la colonne vertébrale se creusant vers l'avant.

Chez chaque sujet, il existe normalement deux lordoses modérées : la lordose cervicale, située au cou, et la lordose lombaire, ou « creux des reins », située dans la région lombaire ; cette dernière est plus importante chez la femme que chez l'homme. Ces deux lordoses sont compensées par une courbure normale inverse (cyphose) du rachis dorsal.
→ VOIR Hyperlordose.

Loupe

→ VOIR Peau (kyste de la).

Lucite

Affection cutanée déclenchée par l'exposition de la peau au soleil.

DIFFÉRENTS TYPES DE LUCITE

Le terme de lucite recouvre trois affections distinctes.

■ **La lucite estivale bénigne** provoque des petites taches rouges, légèrement saillantes, ressemblant parfois à de l'urticaire, ou de très petites « cloques », associées à de vives démangeaisons. Elle touche surtout la femme entre 25 et 40 ans, après la première exposition solaire brutale ou prolongée de l'année, et respecte habituellement le visage.

■ **La lucite polymorphe**, plus grave, atteint l'homme ou la femme adulte et débute entre 12 et 24 heures après la première exposition solaire du printemps. Elle prend la même forme que la lucite estivale bénigne mais peut se compliquer d'eczéma, d'urticaire, de lichen ou de prurigo. Les lésions démangent fortement.

■ **La lucite hivernale bénigne** est une éruption du visage touchant les sujets jeunes, le plus souvent fillette ou jeune fille de moins de 15 ans, survenant après une exposition brutale au soleil au-dessus de 1 500 mètres d'altitude. Elle se traduit par des plaques rouges et violacées souvent gonflées, semblables à de l'urticaire, qui apparaissent sur le front, les tempes, les pommettes, les oreilles et qui démangent.

TRAITEMENT ET PRÉVENTION

Ces affections sont traitées par les antihistaminiques, par voie orale, et par des applications locales d'anti-inflammatoires. Les lésions disparaissent en quelques jours. La prévention comprend, d'une part, la protection contre le rayonnement solaire (crèmes), d'autre part des médicaments administrés par voie orale (antipaludéens de synthèse, caroténoïdes) et des séances de puvathérapie (association d'une exposition aux rayons ultraviolets A et de psoralènes) avant d'exposer la peau au soleil.

Ludothérapie

Méthode de traitement des maladies mentales par le jeu.

Aujourd'hui, la ludothérapie est à la base de toutes les psychothérapies infantiles. Elle vise à sortir le sujet de son enfermement en lui faisant prendre conscience de ses conflits intérieurs. Les techniques peuvent être individuelles ou collectives (spectacles, sports, psychodrames).

Luette

Appendice musculo-muqueux suspendu au bord postérieur du voile du palais, au fond de la cavité buccale. SYN. *uvule*.

La luette est un organe charnu de 10 à 15 millimètres de long, qui peut bouger et se contracter. Elle joue un rôle essentiel dans la déglutition et l'émission des sons en contrôlant l'écoulement de l'air à l'entrée du pharynx. La luette peut gêner la respiration pendant le sommeil et provoquer des ronflements.

Lumbago

Douleur lombaire aiguë, d'apparition brutale, survenant après un faux mouvement et due à un microtraumatisme touchant un disque intervertébral.

Un lumbago, plus communément appelé « tour de rein », est dû à une fissure de l'annulus par laquelle s'infiltre une partie du nucleus pulposus.

En cas de lumbago, les mouvements du rachis sont très limités, souvent plus dans une direction que dans l'autre, et le blocage entraîne pendant quelques jours une attitude incorrecte appelée « attitude antalgique ». Un lumbago guérit généralement en quelques jours. Le repos au lit, la kinésithérapie, les infiltrations (de cortisone par exemple), la prise d'analgésiques et d'anti-inflammatoires permettent d'abréger sa durée.

Lumière

Espace occupant l'intérieur d'un organe tubulaire (vaisseau ou autre canal de l'organisme).

Ce terme désigne fréquemment la cavité des artères ou des intestins.

Lunettes

Verres correcteurs destinés à améliorer la vue ou à protéger les yeux et placés dans une monture adaptable reposant sur le nez et prenant appui sur les oreilles.

Les verres correcteurs peuvent être teintés ou se teinter à la lumière afin de filtrer certains rayonnements du spectre solaire, notamment les ultraviolets et le rouge. Ils peuvent être minéraux (en verre) ou organiques (en plastique). Les verres organiques sont obligatoires pour les enfants et recommandés pour les adultes. Ils se rayent plus facilement que les verres minéraux mais sont beaucoup plus légers. De plus, ils se cassent rarement, minimisant ainsi les risques d'éclats pouvant provoquer des blessures à l'œil. Les verres teintés sont indispensables dans un certain nombre d'affections (kératite, albinisme). Ils le sont également lors de l'exposition aux lumières très vives (neige, réverbération du soleil sur la mer) ; ils sont en outre recommandés dans la vie courante en cas d'ensoleillement important. En effet, l'exposition des yeux à une lumière trop vive peut favoriser l'apparition d'une cataracte précoce ou une dégénérescence maculaire.

Un examen ophtalmologique annuel permet de vérifier que les verres correcteurs sont toujours adaptés.

→ Voir page suivante.

Lupus érythémateux chronique

Dermatose chronique caractérisée par une éruption cutanée en forme de loup (masque sur le visage). SYN. *lupus discoïde*.

Le lupus érythémateux chronique est la localisation cutanée du lupus érythémateux disséminé.

SYMPTÔMES ET SIGNES

Le lupus forme des lésions cutanées rouges comportant des croûtes qui ne provoquent

Avantages comparés des lunettes et des lentilles de contact

Le principal avantage des lunettes est d'être simples à porter et de se retirer facilement en cas de port intermittent (myopie, hypermétropie ou astigmatisme faibles, ou encore presbytie). Elles sont préférées aux lentilles chez les professionnels qui travaillent dans la poussière, la chaleur ou l'humidité.

Les lentilles, ou verres de contact, quant à elles, peuvent être d'une plus grande commodité dans la pratique des sports (y compris la natation avec des lunettes de protection) ou l'exercice de certains métiers, tels les métiers sportifs ou ceux nécessitant une activité physique. Elles peuvent également être préférées pour des raisons esthétiques. En outre, elles épousent la courbure de la cornée et permettent d'avoir un champ visuel plus complet. Cependant, elles impliquent des règles d'hygiène et d'entretien (nettoyage quotidien, déprotéinisation hebdomadaire).

Le choix des lunettes ou des lentilles dépend également du défaut visuel à corriger. Les lentilles sont conseillées en cas de myopie moyenne et forte car, en supprimant la distance entre le verre et l'œil, elles suppriment aussi les déformations que celle-ci peut occasionner. Elles sont également recommandées dans les hypermétropies fortes, car elles permettent de supprimer des lunettes parfois lourdes. Enfin, l'aphakie (absence de cristallin) unilatérale sans implant cristallinien ne peut être corrigée que par le port d'un verre de contact afin de réduire la différence de taille des images perçues par chaque œil. En revanche, les lentilles sont moins systématiquement prescrites en cas d'astigmatisme ou de presbytie. Dans ce dernier cas, le port de lunettes permettant la vision de près doit être associé à celui des lentilles corrigeant le défaut initial.

---

pas de démangeaisons. Ces lésions débutent par de simples plaques, d'extension limitée, parfois parcourues par de petits vaisseaux dilatés. Par la suite, elles sont le siège d'une hyperkératose (augmentation excessive de la couche cornée de la peau) d'importance variable. Les lésions se développent de façon relativement symétrique sur le nez, les joues, les oreilles, le front et le menton.

L'évolution se fait par poussées successives, souvent déclenchées par une nouvelle exposition au soleil. Dans certaines formes, le lupus peut s'étendre largement, entraînant des lésions peu esthétiques.

TRAITEMENT ET PRÉVENTION

Le traitement fait appel aux dermocorticostéroïdes d'action locale, prescrits en simples massages ou en pansements. Les lésions fortement kératinisées peuvent être supprimées par cryochirurgie ou par le laser au gaz carbonique. Toutefois, un traitement général est souvent nécessaire : administration orale d'antipaludéens ou, lorsque ces derniers sont inefficaces, de sulfones, de rétinoïdes ou de thalidomide.

La prévention du lupus érythémateux chronique consiste à éviter le soleil et à protéger sa peau à l'aide de crèmes solaires à écran total.

Lupus érythémateux disséminé

Maladie inflammatoire d'origine auto-immune touchant un grand nombre d'organes. SYN. *lupus systémique, maladie lupique.*

Le lupus érythémateux disséminé, ou L.E.D., fait partie des maladies systémiques ou connectivites. C'est une maladie à forte prédominance féminine (8 femmes pour 2 hommes), dont la fréquence maximale se situe entre 20 et 30 ans. Cette affection est probablement causée par de multiples facteurs, mais le terrain génétique est sans doute le plus important.

SYMPTÔMES ET SIGNES

Ils varient beaucoup d'un malade à un autre. Les signes généraux, présents pendant les poussées de la maladie, associent une fièvre, une perte de l'appétit et un amaigrissement. Les manifestations articulaires (arthrite aiguë, subaiguë ou chronique, ou encore simples douleurs articulaires) se retrouvent chez 90 % des malades. En revanche, une ostéonécrose (nécrose osseuse) ne se développe que chez 5 % d'entre eux. Les manifestations cutanées sont très diverses : érythème du visage en ailes de papillon, lésions de lupus érythémateux chronique (plaques rouges comportant des croûtes), vascularite, urticaire, sensibilité à la lumière, chute des cheveux, lésions de type engelure, augmentation ou diminution de la pigmentation. L'atteinte rénale est une complication fréquente (plus de 50 % des cas) ; elle se manifeste soit par des anomalies urinaires simples (protéinurie, hématurie microscopique), soit par un syndrome néphrotique et correspond à une destruction des glomérules (glomérulonéphrite) ; elle peut évoluer vers une insuffisance rénale. Le système nerveux peut aussi être touché : crises convulsives, paralysie, migraine, troubles du comportement. Enfin, on observe également des troubles cardiovasculaires (péricardite, myocardite, endocardite, thrombose artérielle ou veineuse, hypertension), respiratoires (pleurésie) et hématologiques (leucopénie, thrombopénie, anémie hémolytique, voire hypertrophie ganglionnaire, augmentation de volume de la rate). La grossesse et la période suivant l'accouchement favorisent les poussées de la maladie. Les avortements spontanés sont fréquents.

ÉVOLUTION
L'évolution est lente, pouvant se poursuivre sur plusieurs années. Elle procède spontanément par poussées entrecoupées de rémissions complètes de durée variable (de plusieurs mois à plusieurs années).

TRAITEMENT
Le lupus érythémateux disséminé nécessite une prise en charge globale du malade. Le repos est utile pendant les poussées de la maladie, et l'exposition au soleil, contre-indiquée. Les formes bénignes (essentiellement cutanées, articulaires et pleurales) sont traitées par des anti-inflammatoires non

stéroïdiens ou par l'aspirine, associés à des antimalariques de synthèse. Parfois, une courte corticothérapie est nécessaire. Les formes les plus sévères (atteinte du système nerveux central ou atteinte rénale grave) sont traitées par de fortes doses de corticostéroïdes, parfois associées à des médicaments immunosuppresseurs. Certains cas de néphropathies lupiques graves ayant évolué vers l'insuffisance rénale obligent à un traitement par hémodialyse, voire à une transplantation rénale. Toute grossesse chez une femme souffrant de lupus doit être considérée comme à haut risque et nécessite une surveillance particulière.

Lutéinisante (hormone)

Hormone hypophysaire intervenant dans la synthèse des androgènes ovariens chez la femme et de la testostérone chez l'homme. SYN. *lutéotropine*.

L'hormone lutéinisante, ou LH, est, avec l'hormone folliculostimulante (FSH), une gonadotrophine hypophysaire : elle stimule les glandes génitales (ovaires ou testicules). Sa présence dans le sang obéit à la sécrétion d'une hormone hypothalamique spécifique, la gonadolibérine (GnRH ou LH-RH).

PATHOLOGIE
L'élévation des hormones lutéinisante et folliculostimulante, associée à un taux de stéroïdes sexuels (testostérone, œstradiol) bas, évoque une insuffisance gonadique (des testicules ou des ovaires), responsable d'une stérilité. La baisse simultanée des gonadotrophines et des stéroïdes sexuels chez un sujet pubère évoque une atteinte de l'hypothalamus ou de l'hypophyse (adénome hypophysaire, syndrome de Kallmann-De-Morsier).

Le déficit en hormone lutéinisante peut être compensé par l'administration intramusculaire d'hormone chorionique gonadotrophique (h.C.G.).

Luxation

Déplacement des 2 extrémités osseuses d'une articulation entraînant une perte du contact normal des 2 surfaces articulaires.

CAUSES

Une luxation est due à un choc ou à un mouvement forcé, beaucoup plus rarement à une malformation (luxation congénitale de la hanche). On parle de luxation partielle, ou subluxation, quand l'os déplacé a glissé sur le côté mais reste encore en contact sur une certaine surface avec le second os de l'articulation.

SYMPTÔMES ET SIGNES

Les symptômes d'une luxation sont caractéristiques : douleur, déformation et impossibilité de bouger l'articulation. La radiographie permet de confirmer le diagnostic. Une luxation peut être associée à une fracture d'un des deux os. Par ailleurs, elle peut se compliquer à court terme d'une compression des artères ou des nerfs voisins, ou de la moelle épinière dans le cas des vertèbres. Une luxation ancienne peut réapparaître à l'occasion de traumatismes, voire de mouvements de plus en plus minimes : on parle alors de luxation récidivante.

TRAITEMENT

Il repose sur une réduction (remise en place) en urgence, à l'hôpital, des deux os ; cette opération peut être orthopédique (par manœuvres externes) ou, parfois, chirurgicale. L'articulation est ensuite immobilisée, le temps que la capsule et les ligaments se cicatrisent : pendant 2 à 3 semaines pour une petite articulation, un mois pour une luxation de la hanche, celle-ci nécessitant en outre une mise en traction de la jambe. Beaucoup plus rare et plus grave, la luxation du genou, qui entraîne une rupture de tous les ligaments de l'articulation, nécessite une réparation chirurgicale et une immobilisation du membre inférieur pendant environ 6 semaines. Le malade peut ensuite marcher en s'aidant de cannes puis, dans un délai de 2 mois environ après l'accident, sans appui. Des séquelles telles qu'une raideur ou au contraire une instabilité du genou sont fréquentes.

Luxation congénitale de la hanche

Malformation de l'articulation coxofémorale caractérisée par le fait que la cavité cotyloïde de l'os iliaque, qui reçoit la tête du fémur, englobe incomplètement celle-ci.

La luxation congénitale de la hanche, plus courante chez la fille, est une maladie héréditaire que l'on observe principalement dans certaines régions (Bretagne, Massif central).

SYMPTÔMES ET SIGNES

Le dépistage d'une luxation congénitale de la hanche doit faire partie de l'examen clinique de tout nouveau-né. Le médecin recherche le signe du ressaut, qui correspond à la réduction brutale de la luxation, lorsqu'il rapproche la cuisse de l'axe du corps. L'échographie des hanches permet de visualiser la morphologie de l'articulation. Elle est pratiquée de façon systématique dès qu'il existe une anomalie de l'examen clinique ou un facteur prédisposant : origine bretonne, accouchement par le siège notamment.

TRAITEMENT

Le dépistage, de plus en plus précoce, a permis de limiter le traitement chirurgical de la malformation. Quand celle-ci est détectée à la naissance, une technique particulière de langeage suffit à remettre en place définitivement la hanche. Le traitement peut aussi faire appel à des appareillages (culotte d'abduction, harnais de Pavlik) qui permettent de réduire la luxation puis de stabiliser progressivement la hanche. La prescription, nécessite des contrôles cliniques, échographiques ou radiographiques très réguliers pour vérifier l'efficacité des appareillages en place.

Luxation dentaire

Déplacement anormal de la dent dans son alvéole.

Une luxation dentaire est due à une lésion du ligament alvéolodentaire provoquée par un choc. Elle se traduit par une mobilité anormale, parfois associée à un déplacement de la dent, qui s'enfonce dans son alvéole ou au contraire en ressort anormalement. Le traitement, entrepris en urgence, consiste à remettre la dent en place et à la fixer temporairement aux dents voisines avec un appareil.

Luxation temporomandibulaire

Déplacement vers l'avant du maxillaire inférieur (mandibule) au niveau de son articulation avec l'os temporal.

La luxation temporomandibulaire, plus couramment appelée décrochement de la mâchoire, peut atteindre une seule des articulations temporomandibulaires ou les deux : dans le premier cas, elle est le plus souvent due à un choc dont le point d'impact se trouve en bas de la joue ; dans le second, elle peut être provoquée par un bâillement, une ouverture forcée de la bouche (chez le dentiste, par exemple).

SYMPTÔMES ET SIGNES
Le sujet entend un craquement en avant de l'oreille, auquel s'associe rapidement une douleur. Il ne peut plus fermer complètement la bouche.

TRAITEMENT
Il est manuel et tente de replacer le maxillaire inférieur en position correcte. Pour cela, le médecin ou une personne habituée à ce geste se place face au patient et prend son maxillaire inférieur entre le pouce et l'index puis lui imprime une pression douce vers le bas (la bouche a tendance à s'ouvrir davantage) et ensuite vers l'arrière (la bouche se ferme), cette manœuvre ayant pour effet de réduire la luxation.

Lyell (syndrome de)
Affection dermatologique grave caractérisée par un décollement de tout l'épiderme. SYN. *nécrolyse épidermique aiguë*.

Le syndrome de Lyell survient chez l'adulte, lors de la prise de certains médicaments (anti-inflammatoires, antibiotiques, antiépileptiques), ou chez l'enfant à la suite d'une infection à staphylocoque.

SYMPTÔMES ET ÉVOLUTION
Ce syndrome se traduit par la survenue brutale d'une rougeur cutanée généralisée, sur laquelle apparaissent des « cloques » remplies de liquide, qui se rompent très rapidement, laissant les tissus sous-jacents à nu et donnant au malade un aspect ébouillanté caractéristique. On observe aussi une fièvre, des douleurs articulaires, une déshydratation, une fatigue intense.

TRAITEMENT
Il est réalisé en urgence, de manière intensive, dans un service de réanimation spécia-lisé. En dehors des antibiotiques pour prévenir tout risque de surinfection, il consiste à enrayer les symptômes : soins cutanés répétés (nettoyage, antisepsie), alimentation artificielle, réhydratation par perfusion intraveineuse.

Lyme (maladie de)
Maladie infectieuse articulaire, neurologique et cardiaque, dont l'agent est une bactérie de la famille des spirochètes, *Borrelia burgdoferi*. SYN. *borréliose*.

Borrelia burgdoferi est transmise à l'homme par une piqûre de tique. Plusieurs mammifères, dont les daims, constituent les réservoirs de la bactérie. La maladie de Lyme sévit en Europe, en Amérique et en Australie.

PHASES D'ÉVOLUTION DE LA MALADIE
La maladie de Lyme évolue en trois phases :

■ **La phase primaire** se manifeste par une lésion appelée érythème chronique migrateur, survenant entre trois jours et un mois après la piqûre de tique. C'est une rougeur cutanée initialement papuleuse et inflammatoire centrée sur le point de piqûre, qui s'étend de façon concentrique, formant un anneau. Elle s'accompagne d'une fièvre de faible intensité, de douleurs articulaires et musculaires. La lésion cutanée disparaît en trois semaines.

■ **La phase secondaire** se manifeste par des poussées d'érythème, des manifestations neurologiques (radiculite, méningite), des manifestations cardiaques (syncopes, douleurs thoraciques) et des douleurs articulaires d'origine inflammatoire. Elle dure de quelques semaines à plusieurs mois.

■ **La phase tertiaire** survient plusieurs années après la piqûre ; elle associe une acrodermatite chronique atrophiante (érythème associé à une atrophie progressive de la peau), un pseudo-lymphome (lymphome cutané bénin), des rhumatismes chroniques d'une ou de plusieurs articulations et des atteintes cérébrales.

TRAITEMENT
Le traitement repose sur l'antibiothérapie, qui traite les manifestations cliniques débutantes et prévient les manifestations neurolo-

giques tardives. La maladie de Lyme peut laisser des séquelles de nature variée, notamment neurologiques (paralysie faciale périphérique) ou cutanées (atrophie).

PRÉVENTION
Elle consiste éventuellement en un traitement antibiotique après une piqûre de tique si la région est concernée par la maladie.

Lymphadénectomie
Ablation chirurgicale d'une petite partie du système lymphatique.

Une lymphadénectomie se pratique le plus souvent en cas de cancer d'un organe (du sein, par exemple) pour enlever les métastases ganglionnaires. Elle consiste à ôter les ganglions et les vaisseaux lymphatiques qui drainent l'organe ainsi que le tissu graisseux qui les entoure.

Lymphangiectasie
Dilatation localisée, acquise ou congénitale, des vaisseaux lymphatiques.

CAUSES
Une lymphangiectasie peut être congénitale, consécutive à une anomalie des vaisseaux lymphatiques. Elle siège alors surtout sur les membres.

Le plus souvent, la lymphangiectasie est acquise, causée par un obstacle situé dans un des gros canaux lymphatiques entraînant une dilatation en amont des petits vaisseaux lymphatiques.

SYMPTÔMES ET SIGNES
Si la lymphangiectasie est congénitale, des œdèmes fermes, parfois importants, apparaissent, responsables d'une difficulté à marcher. La peau s'épaissit : c'est l'éléphantiasis congénital, qui peut lui-même se compliquer de surinfection et de lymphangite (inflammation des vaisseaux lymphatiques). Si la lymphangiectasie est acquise, et plus particulièrement si elle est située dans les vaisseaux lymphatiques intestinaux, elle engendre des douleurs, des diarrhées et une mauvaise absorption des lipides (graisses), laquelle se traduit par des selles graisseuses.

TRAITEMENT
Il est celui de la cause et des symptômes et consiste à aider le retour de la lymphe par une kinésithérapie dite de drainage lymphatique (les mains drainent la lymphe de bas en haut). Par ailleurs, le port de bandes de contention, ou « bas à varices », augmente la tonicité des vaisseaux.

Lymphangiome
Tumeur bénigne du réseau vasculaire lymphatique.

Le lymphangiome fait partie des angiomes, tumeurs bénignes constituées de vaisseaux (sanguins ou lymphatiques). Il est en général le résultat d'une malformation, existe dès la naissance et augmente de volume pendant l'enfance.

Un lymphangiome forme une petite masse molle, de 1 ou 2 centimètres de diamètre, localisée surtout sous la peau. Le traitement consiste en l'ablation chirurgicale de la tumeur.

Lymphangiomyomatose
Affection diffuse des poumons atteignant la femme jeune. SYN. *lymphangioléiomyomatose.*

Très rare, la lymphangiomyomatose n'a pas de cause certaine. Elle se traduit surtout par un essoufflement ou par un pneumothorax (épanchement brutal d'air dans la cavité pleurale).

TRAITEMENT
Le traitement repose sur des médicaments anti-œstrogènes ; une greffe de poumon ou une greffe cœur-poumon, dans les cas les plus graves, sont à l'étude.

Lymphangite
Inflammation des vaisseaux lymphatiques, consécutive à un processus mécanique, infectieux ou tumoral.

■ Une lymphangite réticulaire se caractérise par une induration érythémateuse (durcissement rouge) de la peau qui entoure une lésion. Cette affection bénigne mais douloureuse s'accompagne d'une fièvre qu'un traitement antipyrétique fait baisser.

■ Une lymphangite tronculaire, c'est-à-dire qui touche un vaisseau lymphatique de gros calibre, se caractérise par une induration érythémateuse qui forme un placard rouge plus long que large. L'induration se propage de la lésion primitive au ganglion le plus proche, qui s'infecte, gonfle et devient sensible.

Une lymphangite dure de 8 à 10 jours en moyenne. L'infection entraîne généralement une fièvre et une sensation de malaise.

Un traitement d'urgence par antibiotiques s'impose pour faire disparaître rapidement la lymphangite et éviter les complications.

Lymphe

Liquide organique translucide jouant un rôle important dans le système immunitaire.

La lymphe est issue du sang ; elle s'accumule dans le secteur interstitiel (secteur de passage entre les tissus et les capillaires sanguins) puis circule dans les vaisseaux lymphatiques vers le canal thoracique.

Lymphoblaste

Cellule de la lignée lymphoïde (à l'origine des lymphocytes, globules blancs mononucléés de petite taille) ayant les caractéristiques d'une cellule jeune.

Lymphocyte

Cellule du système immunitaire, responsable des réactions de défense de l'organisme contre les substances qu'il considère comme étrangères.

Les lymphocytes appartiennent à la famille des leucocytes (globules blancs).

Lymphocytes B

Les lymphocytes B sont responsables de la réponse immunitaire humorale : ils sont spécialisés dans la production d'anticorps, qu'ils sécrètent après s'être transformés en plasmocytes et qui diffusent dans les « humeurs » (liquides) de l'organisme.

Lymphocytes T

Il s'agit de cellules du système immunitaire dont la maturation s'effectue dans le thymus – d'où leur nom –, glande située en haut de la poitrine, derrière le sternum. Les lymphocytes T se différencient en deux populations responsables de la réponse immunitaire de type cellulaire.

■ Les lymphocytes T CD4 auxiliaires, ou T « helper », ou T4, sont spécialisés dans la sécrétion de cytokines, ou interleukines, molécules leur permettant de coopérer avec d'autres cellules.

■ Les lymphocytes T CD8 comprennent deux types de cellule, les lymphocytes cytotoxiques, capables de tuer les cellules infectées par un virus, et les lymphocytes T suppresseurs, dont le rôle est de contrôler les réponses immunitaires.

■ Les cellules NK (de l'anglais *natural killer,* tueur naturel) sont des cellules apparentées aux lymphocytes T, avec lesquels elles partagent certains marqueurs membranaires. Ces cellules sont douées d'une activité cytotoxique naturelle, qu'elles exercent de façon spontanée pour détruire des cellules infectées par des virus ou des cellules cancéreuses.

PATHOLOGIE

Les lymphocytes peuvent proliférer (leucémie), décroître en nombre ou présenter des anomalies fonctionnelles (déficit immunitaire congénital ou acquis, comme le sida). Il existe en outre de nombreuses maladies liées à divers dysfonctionnements des lymphocytes, comme les maladies autoimmunes (sclérose en plaques, diabète insulinodépendant, lupus érythémateux disséminé, etc.) ou allergiques (rhume des foins).

Lymphocytose

Augmentation des lymphocytes sanguins de morphologie normale au-dessus de 4 500 unités par millimètre cube.

Une lymphocytose s'oppose à une lymphopénie (diminution du nombre de lymphocytes). Elle peut être aiguë ou chronique. Dans le premier cas, elle se rencontre au cours des infections virales (oreillons, varicelle, hépatite, rubéole, infection par le V.I.H., maladie de Carl Smith, etc.) et d'une infection bactérienne, la coqueluche. Dans le second cas (durée supérieure à 2 mois), elle constitue généralement l'un des signes d'une maladie primitive de la moelle osseuse, la leucémie lymphoïde chronique.

Lymphœdème

Accumulation anormale de lymphe dans les tissus.

Un lymphœdème provoque le gonflement d'un membre. Il peut être modéré, caractérisé par un simple gonflement des pieds après une station debout, ou monstrueux (on parle alors d'éléphantiasis), dans le cas d'une filariose, par exemple, lorsque le membre est infecté par un ver parasite.

Les lymphœdèmes les plus fréquents siègent dans les membres inférieurs et touchent plus volontiers les femmes. Ils peuvent aussi être consécutifs à une destruction du réseau lymphatique liée à des actes chirurgicaux, en cancérologie, en orthopédie ou après une chirurgie vasculaire. Ainsi, 10 % des femmes ayant subi une mastectomie (ablation partielle ou totale d'un sein) avec curage ganglionnaire ou une radiothérapie d'un cancer du sein voient se développer un lymphœdème dans le bras situé du côté opéré.

Le traitement comporte, si l'importance du lymphœdème le commande, un drainage lymphatique, manuel ou pneumatique (c'est-à-dire opéré grâce à des attelles pneumatiques qui font compression). Quand le volume du lymphœdème en fait un véritable handicap (en cas d'éléphantiasis, par exemple), un traitement chirurgical destiné à réduire l'enflure peut être envisagé : pontage entre le système lymphatique et le système veineux, par exemple.

Lymphogranulomatose vénérienne

Maladie sexuellement transmissible due à une bactérie du genre *Chlamydia*. SYN. *maladie de Nicolas-Favre*.

Après une incubation de trois semaines en moyenne apparaît un chancre, dit « chancre mou », sur le sillon à la base du gland chez l'homme, sur la partie postérieure de la vulve chez la femme, sur l'anus (avec propagation ultérieure dans le rectum) chez les homosexuels, formé d'une tache de quelques millimètres de diamètre, qui peut s'ulcérer rapidement. Parallèlement, les ganglions de l'aine augmentent de volume ; ils donnent naissance à de multiples fistules, qui se terminent à la peau avec un aspect en pomme d'arrosoir et laissent s'écouler un pus (épais, jaune ou vert) mêlé de sang. Des complications articulaires, nerveuses et cutanées sont possibles. Le traitement par les antibiotiques, surtout les tétracyclines, amène la guérison.

Lymphome

Toute prolifération cancéreuse prenant naissance dans le tissu lymphoïde et, en particulier, dans les ganglions lymphatiques.

On distingue la maladie de Hodgkin, caractérisée par la présence de certaines cellules anormales, les cellules de Sternberg, des lymphomes malins non hodgkiniens (anciennement appelés lymphosarcomes), qui regroupent toutes les autres affections malignes du tissu lymphoïde.

→ VOIR Hodgkin (maladie de).

Lymphome malin non hodgkinien

Toute prolifération cancéreuse autre que la maladie de Hodgkin prenant naissance dans le tissu lymphoïde et, en particulier, dans les ganglions lymphatiques.

CAUSES

La cause des lymphomes est encore inconnue, mais certains facteurs ont un rôle manifeste dans le développement de la tumeur. Le virus d'Epstein-Barr joue un rôle dans l'apparition du lymphome de Burkitt, qui sévit chez les enfants, en Afrique équatoriale. Les désordres immunitaires sont tous capables d'entraîner une hyperplasie (hyperdéveloppement) de la moelle osseuse et, dans un certain nombre de cas, de donner naissance à une véritable prolifération tumorale lymphoïde. Les déficits immunitaires congénitaux, les maladies auto-immunes, les traitements immunosuppresseurs, les syndromes d'immunodéficience acquise (sida) peuvent aussi faciliter l'apparition d'un lymphome non hodgkinien.

SYMPTÔMES ET SIGNES

La maladie se révèle le plus souvent par un gonflement douloureux d'un ou de plusieurs ganglions lymphatiques superficiels. À la différence de la maladie de Hodgkin, un lymphome non hodgkinien peut également assez souvent se révéler par une localisation prédominante en dehors des ganglions, par exemple dans la thyroïde, l'estomac, le mésentère, le côlon, le rectum, le rein, l'os, l'œil ou le système nerveux central. Il se forme alors une tumeur sur ou dans la partie atteinte. La maladie peut aussi se révéler par une fièvre avec altération de l'état général, les ganglions atteints étant, dans ce cas, à l'intérieur de l'abdomen. Certains lymphomes de faible malignité se révèlent ou se compliquent par le passage dans le sang de cellules cancéreuses ; d'autres entraînent la sécrétion dans le sang d'immunoglobulines anormales et/ou en excès.

DIAGNOSTIC

Il repose sur la biopsie d'un ganglion atteint ou de l'organe touché.

TRAITEMENT

Le traitement repose sur la chimiothérapie et dépend du type de lymphome et de l'extension de la maladie. Les formes localisées, même agressives, ont de très bonnes chances de guérison. Pour les formes étendues peu agressives, l'espérance de vie est de plusieurs années et le traitement n'est indispensable que lorsque la maladie progresse ; on utilise alors des polychimiothérapies. Le pronostic des formes étendues et agressives a été transformé par les chimiothérapies modernes, qui permettent d'espérer une guérison durable dans de nombreux cas.

Lymphoréticulose bénigne d'inoculation

Maladie infectieuse se déclarant après une griffure ou une morsure de chat. SYN. *maladie des griffes du chat.*

L'agent de la lymphoréticulose bénigne d'inoculation est une bactérie, *Rochalimæa henselæ.* L'affection se traduit par une tuméfaction des ganglions dans la zone de la griffure avec tendance à la suppuration.

Le traitement consiste en l'administration d'antibiotiques (macrolides). La ponction ou le drainage de l'adénopathie est parfois nécessaire pour hâter la guérison.

Lymphorragie

Écoulement de lymphe en dehors des vaisseaux lymphatiques.

M

Mac Ardle (maladie de)

Maladie héréditaire due au déficit d'une enzyme particulière, la phosphorylase, dans les cellules musculaires. SYN. *glycogénose de type V, maladie de Mac Ardle-Schmid-Pearson, déficit en myophosphorylase.*

La maladie de Mac Ardle se manifeste le plus souvent entre 20 et 30 ans par des crampes douloureuses et une fatigue musculaire intense, pendant et après un effort physique important.

Il n'existe pas actuellement de traitement de cette maladie, dont les symptômes peuvent cependant être atténués par la prise de glucose ou de fructose avant un effort physique.

Mâchoire

→ VOIR Maxillaire inférieur, Maxillaire supérieur.

Macrobiotique

Se dit d'un régime végétarien composé essentiellement de céréales, de légumes et de fruits.

La macrobiotique est née de la pensée chinoise, pour laquelle, dans le monde, toute manifestation est régie par un rythme à deux temps, celui du temps passif et celui du temps actif (le jour/la nuit, l'été/l'hiver), selon la loi du yin et du yang, le yin représentant l'inertie et le yang, la force. Partant de là, la méthode macrobiotique se veut un moyen de trouver, par l'alimentation, un équilibre physique et psychique et d'être en harmonie avec l'environnement. La nourriture se répartit en aliments yang (céréales, saveurs salées) et en aliments yin (fruits, saveurs acides et sucrées, potassium) : l'alimentation macrobiotique comporte plusieurs paliers introduisant des restrictions successives (élimination des produits animaux, puis des légumes et des fruits) ; un rapport du yin au yang de 5/1 constitue l'équilibre parfait, le régime « idéal » (correspondant au dernier palier) étant composé exclusivement de céréales (riz brun).

Ce type d'alimentation, très carencé, est déconseillé.

Macrocéphalie

Augmentation anormale du volume de la tête par rapport au volume de la tête des individus de même âge et de même sexe.

Une macrocéphalie peut être la conséquence de plusieurs maladies ou anomalies : hydrocéphalie, hématome sous-dural, mégalencéphalie, épanchements péricérébraux ou maladies métaboliques.

→ VOIR Hématome sous-dural, Hydrocéphalie, Mégalencéphalie, Mucopoly-saccharidose.

Macrocyte

Érythrocyte (globule rouge) de taille anormalement grande.

L'existence de macrocytes s'observe notamment au cours de carences en vitamine B12 ou en folates et au cours de toutes les maladies des tissus myéloïdes. Une macrocytose peut aussi résulter de l'effet toxique sur la moelle osseuse de certains médicaments.

Macrodontie

Présence de dents anormalement volumineuses sur une mâchoire ou sur les deux.

La macrodontie est une anomalie héréditaire qui concerne tous les groupes de dents.

Son traitement repose sur le port, d'un appareil dentaire, après avoir libéré la place nécessaire en extrayant les quatre prémolaires.

Macroglobuline

Anticorps appartenant à la catégorie des immunoglobulines monoclonales (élaborées par des cellules issues d'une même cellule, donc toutes identiques) de type IgM.

La présence de macroglobulines dans le sang révèle un processus pathologique plus ou moins malin.

Macroglossie

Augmentation du volume de la langue.

■ Une macroglossie congénitale correspond à une malformation des vaisseaux sanguins ou des vaisseaux lymphatiques, à un kyste ou à une ectopie thyroïdienne (un fragment de la glande thyroïde se trouve anormalement à l'intérieur de la langue).

■ Une macroglossie acquise apparaît à l'âge adulte. Si elle se développe progressivement sur plusieurs années, elle peut résulter d'un trouble hormonal tel qu'une insuffisance de la glande thyroïde (myxœdème) ou une acromégalie (hypertrophie des extrémités : tête, mains, pieds). Si elle apparaît brusquement en quelques jours, elle traduit une inflammation des veines linguales.

Macrognathie

Développement exagéré des maxillaires.

La macrognathie peut être une malformation héréditaire ou la conséquence d'une macroglossie (développement excessif de la langue).

Macrolide

Médicament antibiotique actif contre certaines bactéries.

Macrophage

Grande cellule ayant la propriété d'ingérer et de détruire de grosses particules (cellules lésées ou vieillies, particules étrangères, bactéries) par phagocytose.

Les macrophages constituent le premier mécanisme de défense cellulaire contre les agents infectieux. On les rencontre dans tous les tissus.

Macula

Petite zone déprimée située au centre de la rétine et où l'acuité visuelle est maximale. SYN. *fovea, macula lutea, tache jaune.*

Magnésium

Oligoélément indispensable à l'organisme, qui intervient dans de nombreuses et importantes réactions physiologiques (métabolisme des glucides, des lipides et des protéines, excitabilité neuromusculaire, activités enzymatiques, perméabilité cellulaire, coagulation sanguine, etc.).

Le corps d'un adulte renferme environ 25 grammes de magnésium (Mg) : plus de la moitié de celui-ci se trouve dans les os, un quart est dans les muscles, le reste se répartissant principalement dans le cœur, le foie, les reins, le tube digestif et le plasma. Les apports recommandés sont de 5 milligrammes par kilogramme de poids corporel et par jour. Les besoins de la femme enceinte sont multipliés par 2, ceux de l'enfant par 3. Les meilleures sources alimentaires de magnésium sont les céréales complètes, les fruits oléagineux (amandes, noix), les légumes secs, le chocolat, certains fruits de mer (bigorneaux) et quelques eaux minérales. Une carence peut s'observer en cas d'alimentation trop pauvre en magnésium (régime hypocalorique, dénutrition), d'augmentation des besoins (grossesse, allaitement), de fuite rénale, de malabsorption digestive (trouble de l'absorption intestinale des nutriments) ainsi que dans l'alcoolisme chronique. Elle se traduit principalement par des troubles neuromusculaires, dont la spasmophilie et la tétanie sont les expressions les plus courantes. Une surcharge en magnésium peut être la conséquence d'une insuffisance rénale sévère.

UTILISATION THÉRAPEUTIQUE

Le magnésium peut être administré par voie orale (comprimé, gélule, sachet de poudre, ampoule buvable) ou par voie injectable (intramusculaire ou intraveineuse). Il est indiqué pour prévenir et traiter d'éventuelles carences. Certains sels de magnésium (carbonate, oxyde ou hydroxyde) sont utilisés comme pansements gastriques.

EFFETS INDÉSIRABLES

Généralement très bien toléré, le magnésium peut entraîner une diarrhée lorsqu'il est absorbé à forte dose par voie orale.

Main

Extrémité du membre supérieur, articulée avec l'avant-bras par le poignet et terminée par les doigts.

Le squelette de la main, organe de la préhension, est formé par les os du carpe, qui entrent dans la constitution du poignet, par ceux du métacarpe (les métacarpiens), au nombre de 5, et par les phalanges, qui, elles, sont au nombre de 3 par doigt, excepté le pouce, qui n'en a que 2.

PATHOLOGIE

■ **Les infections** (panaris, phlegmon) peuvent être graves lorsqu'elles atteignent les gaines des tendons fléchisseurs.

■ **Les fractures** peuvent siéger sur n'importe quel os de la main. Elles nécessitent parfois une chirurgie spécialisée.

■ **Les paralysies**, très handicapantes, ont de nombreuses causes : atteinte cérébrale, atteinte du plexus brachial ou des nerfs au niveau du membre supérieur.

■ **Les maladies tendineuses**, comme la maladie de Dupuytren, sont responsables de la flexion irréductible de certains doigts.

Main-pied-bouche (syndrome)

Infection contagieuse bénigne due à un virus coxsackie.

Le syndrome main-pied-bouche s'observe surtout chez l'enfant lors de petites épidémies estivales. Après une incubation de 3 à 5 jours apparaît une fièvre modérée, suivie d'une éruption de cloques minuscules à l'intérieur de la bouche, puis sur les mains et les pieds. Le traitement comporte des soins locaux antiseptiques. Ce syndrome guérit spontanément en une semaine.

Mains (arthrose des)

Atteinte chronique, déformante et non inflammatoire des articulations de la main.

L'arthrose de la main atteint dans 80 % des cas les femmes. Elle survient le plus souvent après 50 ans, avec la ménopause.

L'arthrose de la main se manifeste par des douleurs vives, qui apparaissent lors des mouvements et limitent leur amplitude. Elle peut atteindre plusieurs articulations.

TRAITEMENT

Il n'existe pas de traitement spécifique de l'arthrose des mains. Lorsque les douleurs sont trop importantes, on peut immobiliser temporairement les articulations touchées à l'aide d'un appareil d'immobilisation plâtré, en cuir ou en plastique. Des bains de boue chaude sont parfois efficaces.

Malabsorption (syndrome de)

Trouble de l'absorption intestinale des nutriments (glucides, lipides, protéines, etc.) lié à une atteinte de la paroi de l'intestin grêle.

SYMPTÔMES ET SIGNES

Un syndrome de malabsorption se manifeste souvent, mais pas obligatoirement, par une diarrhée graisseuse et, toujours, par plusieurs carences dues à une mauvaise assimilation des aliments. Ces carences se traduisent par un amaigrissement, des œdèmes des membres inférieurs, une anémie, des troubles du métabolisme du phosphore et du calcium avec crises de tétanie et douleurs osseuses et, enfin, des hémorragies.

TRAITEMENT

Le traitement consiste à remédier aux différentes carences nutritionnelles et à traiter la cause des troubles, par exemple par un régime sans gluten pour la maladie cœliaque, par l'administration d'un médicament antiparasitaire pour la lambliase et par chimiothérapie en cas de lymphome.

Mal de mer

→ VOIR Mal des transports.

Mal des montagnes

Ensemble de troubles liés à une mauvaise adaptation de l'organisme à la raréfaction de l'oxygène en altitude. SYN. *mal d'altitude.*

SYMPTÔMES ET SIGNES

Les troubles surviennent en général dans les quatre premiers jours qui suivent l'arrivée en montagne. Les symptômes les plus fréquents sont des maux de tête associés à des vertiges, des bourdonnements d'oreille, des insomnies, des nausées, des vomissements, des ballonnements abdominaux et une perte d'appétit. Ils sont le plus souvent bénins.

TRAITEMENT

Le repos atténue les troubles, qui disparaissent au bout de quelques jours d'adaptation. S'ils persistent, la descente à une altitude inférieure permet leur disparition. En cas d'œdème cérébral ou pulmonaire, le retour en urgence dans la vallée, avec hospitalisation, s'impose, précédé si possible de l'administration d'oxygène.

PRÉVENTION

L'adaptation à l'altitude, favorisée par une bonne condition physique préalable, doit être progressive : après une ascension de 600 à 900 mètres, un repos d'une journée est recommandé. Les enfants de moins de 4 mois ne doivent pas être conduits à des altitudes supérieures à 1 000 mètres. Entre 4 mois et 2 ans, il est préférable de ne pas dépasser 1 800 mètres d'altitude.

Mal perforant plantaire

Ulcération chronique de la peau, localisée à la plante des pieds.

Cette anomalie survient au cours d'un diabète ancien (plus de 10 ans) et mal équilibré par le traitement.

Le traitement est avant tout celui de la maladie causale, associé aux soins locaux de désinfection et de cicatrisation.

Mal des transports

Ensemble des troubles ressentis par certains sujets lors d'un voyage en bateau, en train, en voiture ou en avion. SYN. *cinépathie, cinétose.*

Le mal de mer, ou naupathie, et le mal de l'air sont des manifestations du mal des transports.

SYMPTÔMES ET SIGNES

Le mal des transports se manifeste par une anxiété, une sensation de vertige, des sueurs, des lipothymies (malaises sans perte de connaissance), des nausées ou des vomissements, voire par une attitude de prostration.

TRAITEMENT

Il fait appel aux antihistaminiques de synthèse (antinaupathiques), qui, absorbés avant le départ, ont une action préventive assez efficace.

Maladie

Altération de la santé d'un être vivant.

Toute maladie se définit par une cause, des symptômes, des signes cliniques et paracliniques, une évolution, un pronostic et un traitement.

Maladie auto-immune

Maladie caractérisée par une agression de l'organisme par son propre système immunitaire.

■ **Les maladies spécifiques d'organes** sont diverses : thyroïdite d'Hashimoto, myasthénie, diabète juvénile insulinodépendant.

■ **Les maladies non spécifiques d'organes** appartiennent au groupe des connectivites, ou maladies systémiques, et comprennent le lupus érythémateux disséminé, la polyarthrite rhumatoïde et la dermatopolymyosite.

TRAITEMENT

Le traitement de la plupart des maladies auto-immunes ne peut agir que sur les symptômes et fait actuellement appel, principalement, aux corticostéroïdes et aux immunosuppresseurs ainsi que, parfois, aux plasmaphérèses (échanges plasmatiques consistant à extraire les substances indésirables du sang).

Maladie bleue

Cardiopathie congénitale cyanogène.
→ VOIR **Cardiopathie, Eisenmenger** (syndrome d').

Maladie cœliaque

Maladie héréditaire caractérisée par une atrophie des villosités de la muqueuse de l'intestin grêle et favorisée par l'absorption de gluten (protéine présente dans le blé, le seigle et l'orge). SYN. *atrophie villositaire primitive, intolérance au gluten, sprue nostras*.

La maladie cœliaque touche surtout les enfants.

SYMPTÔMES ET SIGNES

Chez le nourrisson, les symptômes apparaissent environ 6 mois après l'introduction du gluten dans l'alimentation : perte de poids, selles graisseuses, pâles et nauséabondes, pâleur et fatigue signalant une anémie. Chez l'adulte, la maladie se révèle progressivement sous la forme d'une diarrhée chronique et de carences diverses provoquant une anémie, des douleurs osseuses (dues à la carence en vitamine D et en calcium), un amaigrissement, une fatigue, une anorexie.

TRAITEMENT

Le traitement est diététique : régime sans gluten, excluant les farines de blé, de seigle et d'orge et tous les aliments qui en contiennent (pain, biscottes, pâtes, etc.). Ce régime, contraignant, doit être poursuivi à vie, mais il apporte une amélioration rapide : réduction de la diarrhée en quelques jours, reprise de poids en quelques semaines. La repousse des villosités, plus lente, demande quelques mois.

Maladie coronarienne

→ VOIR Insuffisance coronarienne.

Maladie familiale

Toute maladie retrouvée avec une fréquence inhabituelle chez les membres des différentes générations d'une même famille.

Maladie hémolytique du nouveau-né

Destruction des globules rouges d'un nouveau-né causée par une incompatibilité sanguine entre sa mère et lui.

Maladie héréditaire

Altération de l'état de santé transmissible aux descendants par les gamètes (cellules reproductrices) et résultant de la mutation (modification pathologique) d'un ou de plusieurs gènes.

→ VOIR Hérédité.

Maladie hyperostosante

Tendance à fabriquer de l'os en excès au niveau de l'enthèse (zone d'un os où s'insèrent muscles, tendons et ligaments), qui s'observe le plus souvent sur la colonne vertébrale, mais aussi aux hanches, aux épaules, aux genoux, etc.

La maladie hyperostosante affecte le plus souvent les personnes âgées mais peut aussi atteindre des sujets encore relativement jeunes. Ses causes sont mal connues. On sait toutefois qu'une prise prolongée de vitamine A peut favoriser son apparition chez des sujets jeunes.

Maladie immunitaire

Maladie ayant pour origine un dysfonctionnement du système immunitaire.

Si la réponse du système immunitaire est excessive, elle provoque une réaction d'hypersensibilité. Lorsque la réponse du système immunitaire est insuffisante, on parle d'immunodéficience. Enfin, la réponse du système immunitaire peut se dérouler de façon anormale en se retournant contre l'individu lui-même.

Maladie lysosomiale, ou lysosomale

Maladie héréditaire résultant du dépôt de molécules spécifiques non détruites ou de germes dans les lysosomes (petits réservoirs d'enzymes contenus dans les cellules).

La maladie de Gaucher est la plus fréquente des maladies lysosomiales, parmi lesquelles on peut citer aussi la maladie de Tay-Sachs, la mannosidose et la mucolipidose.

Maladie périodique

→ VOIR Fièvre méditerranéenne familiale.

Maladie polykystique du foie

Maladie héréditaire du foie caractérisée par la présence sur cet organe de plusieurs kystes. SYN. *polykystose du foie*.

Il n'y a en général pas de symptômes. Dans certains cas rares, la maladie se révèle par une augmentation de volume du foie. Parfois, le volume important des kystes entraîne des douleurs ou un ictère.

TRAITEMENT

La plupart du temps, la maladie ne requiert pas de traitement.

Maladie polykystique des reins

Maladie héréditaire caractérisée par la présence de nombreux kystes dans le cortex (partie périphérique) des deux reins, compromettant à plus ou moins long terme leur bon fonctionnement. SYN. *polykystose rénale*.

La maladie polykystique des reins peut atteindre l'adulte ou, beaucoup plus rarement, l'enfant.

Maladie polykystique des reins de l'adulte

Pendant longtemps, la maladie ne se traduit par aucun signe. Ceux-ci débutent généralement entre 25 et 30 ans : douleurs lombaires, présence de calculs dans les voies urinaires, infections urinaires, présence de sang dans les urines et surtout hypertension artérielle. Les kystes des reins, nombreux et multiples, sont souvent associés à des kystes du foie voire du pancréas.

TRAITEMENT ET PRONOSTIC

Il n'existe pas de traitement spécifique de cette maladie. Les kystes, microscopiques à la naissance, augmentent progressivement de volume avec l'âge et finissent par détruire l'ensemble du tissu rénal fonctionnel, entraînant une insuffisance rénale nécessitant un recours à l'hémodialyse. La greffe rénale constitue le seul espoir à terme.

Maladie polykystique des reins de l'enfant

La maladie polykystique peut se déclarer dès la naissance ou, plus souvent, vers l'âge de six mois, voire plus tard. La maladie polykystique des reins est beaucoup plus grave chez l'enfant que chez l'adulte, car l'atteinte rénale y est alors associée à une fibrose hépatique (épaississement pathologique du tissu hépatique), à l'origine de nombreuses complications (hypertension portale, hémorragies digestives). La greffe rein-foie constitue le seul traitement efficace.

Maladie professionnelle

Altération de la santé d'une personne consécutive à l'exercice ou aux conditions d'exercice de certains métiers.

Les maladies professionnelles, une fois reconnues, font l'objet d'une protection légale dans les pays développés.

Maladie psychosomatique

Maladie caractérisée par la transformation (dite conversion) d'un trouble psychologique en un trouble somatique (organique).

Les maladies psychosomatiques peuvent toucher tous les appareils de l'organisme : systèmes digestif (ulcère, colite), endocrinien (hyperthyroïdie, diabète), génito-urinaire (impuissance, énurésie), cardiovasculaire (infarctus du myocarde), respiratoire (asthme, tuberculose pulmonaire), peau (eczéma), etc.

Le traitement d'une maladie psychosomatique passe d'abord par celui du trouble physique. Ensuite, une psychothérapie est parfois nécessaire.

Maladie sérique

Ensemble des manifestations allergiques dues à la pénétration dans l'organisme de sérum ou d'allergènes médicamenteux. SYN. *maladie du sérum*.

La maladie sérique est consécutive à l'injection de sérum ou, plus rarement, à la prise d'antibiotiques, d'anti-inflammatoires, de barbituriques ou d'hormones.

Après 7 à 10 jours apparaissent des manifestations cutanées (urticaire, petites taches rosées avec un bourrelet périphérique), une fièvre, des douleurs articulaires, auxquelles peuvent s'associer des douleurs abdominales avec nausées et vomissements ; une atteinte inflammatoire des glomérules rénaux est également possible.

TRAITEMENT

Les formes graves sont traitées par les antihistaminiques et les corticostéroïdes, les autres guérissent spontanément en quelques jours.

Maladie sexuellement transmissible

Maladie infectieuse qui peut être contractée ou transmise lors des rapports sexuels. SYN. *maladie vénérienne*.

Les maladies sexuellement transmissibles (M.S.T.) atteignent surtout les sujets ayant de nombreux partenaires sexuels.

Les plus fréquentes des M.S.T. sont les infections à chlamydia, la trichomonase, l'herpès génital, la phtiriase pubienne, les condylomes génitaux, le sida.

Le traitement fait surtout appel, selon la cause, aux antibiotiques, aux antiseptiques ou aux antimycosiques (fongicides). Une fois les symptômes disparus, des tests sont effectués pour vérifier si le patient est encore contagieux.

PRÉVENTION

Pour empêcher la propagation de l'infection, le traitement est proposé à tous les récents partenaires sexuels du malade.

Si l'on peut persuader les sujets ayant eu un contact avec un malade de se faire examiner et soigner, l'expansion de la maladie peut être ralentie.

La prévention individuelle repose, en outre, sur la diminution du nombre des partenaires sexuels et, surtout, sur l'utilisation du préservatif masculin.

Maladie de système

→ VOIR Connectivite.

Maladies transmises par les animaux

Maladies virales, bactériennes ou parasitaires, transmises des animaux à l'homme, que ce soit directement (morsure, griffure, piqûre) ou indirectement (piqûre avec la carcasse ou une arête d'un animal mort). SYN. *anthropozoonose, zoonose.*

Les animaux interviennent de deux manières différentes dans la transmission des maladies à l'homme.

■ **Les animaux réservoirs** (petits rongeurs, oiseaux, primates, bovins, chèvres, porcs, fruits de mer, etc.) assurent la survie d'un agent infectieux (bactérie, parasite ou virus). L'homme se contamine indirectement, par exemple en absorbant du lait cru ou par contact avec des urines, des déjections ou du sang contenant l'agent infectieux.

■ **Les animaux vecteurs** (chiens, chats, moustiques, mouches, tiques, acariens, etc.) sont responsables d'une inoculation directe de l'agent infectieux.

→ VOIR Zoonose.

Maladies transmises par les insectes

Maladies infectieuses transmises à l'homme par l'intermédiaire des insectes.

MODES DE CONTAMINATION

Certains insectes parasitent l'homme, comme la chique ou le pou ; d'autres piquent, entraînant des démangeaisons temporaires ou induisant, plus rarement, des réactions allergiques (insectes hyménoptères comme l'abeille ou la guêpe).

Dans la transmission des maladies infectieuses, les insectes jouent le plus souvent le rôle de vecteur, transportant les agents infectieux, dans ou sur leur corps, d'un individu à un autre. Certains sont des réservoirs, leur organisme, notamment pour la fièvre jaune, assurant sur une longue durée la survie d'un agent pathogène.

Maladies transmises par les mollusques

Altérations de la santé causées directement ou indirectement par les mollusques.

Les mollusques peuvent transmettre différents types de maladie.

L'ingestion de mollusques contenant un germe pathogène (bactérie, virus, parasite) est susceptible, dans certains cas, de provoquer une maladie infectieuse.

Les mollusques sont cependant indirectement responsables d'autres maladies parasitaires ; en effet, ils contribuent au développement de parasites en leur servant d'hôte intermédiaire.

Malaria

→ VOIR Paludisme.

Mal blanc

→ VOIR Panaris.

Malentendant

Personne dont l'acuité auditive est diminuée.
→ VOIR Hypoacousie.

Malformation

Anomalie morphologique congénitale d'un organe ou d'une partie du corps, décelable dès la naissance ou qui se manifeste dans la petite enfance.

PRINCIPALES MALADIES TRANSMISES PAR LES INSECTES

Insectes	Maladies transmises	Signes cliniques	Répartition géographique
Mouche tsé-tsé (glossine)	Trypanosomiase africaine (maladie du sommeil)	Adénopathie, atteintes graves du système nerveux	Afrique intertropicale
Moustique Culex (cousin), Ædes	Filariose lymphatique Dengue	Éléphantiasis Fièvre hémorragique	Zones intertropicales Extrême-Orient tropical, Afrique noire, Caraïbes, îles du Pacifique
Anophèle	Fièvre jaune Paludisme	Ictère Fièvre, anémie	Afrique et Amérique tropicales Zones intertropicales (sauf îles du Pacifique) Bassin méditerranéen
Phlébotome	Leishmaniose cutanée	Ulcérations de la peau	Bassin méditerranéen, Afrique noire, Amérique tropicale
	Leishmaniose cutanéomuqueuse	Ulcérations de la peau, des muqueuses, du nez, de la bouche	Amérique tropicale
	Leishmaniose viscérale	Anémie, grosse rate, fièvre grave	Bassin méditerranéen, Chine, Amérique tropicale
	Fièvre des trois jours	Fièvre, éruption	Bassin méditerranéen
Pou	Typhus	Fièvre, éruption, atteinte cardiaque	Cosmopolite
	Fièvre récurrente cosmopolite (borréliose)	Fièvre, grosse rate	
Puce	Typhus murin Peste	Fièvre, éruption Fièvre, bubons, pneumonie	Cosmopolite
Simulies	Onchocercose	Nodules, prurit, cécité	Afrique noire, Yémen, Amérique centrale
Triatome	Trypanosomiase américaine (maladie de Chagas)	Fièvre, atteinte cardiaque, atteintes de l'intestin et de l'œsophage	Amérique du Sud tropicale

Les malformations sont diverses et de gravité très variable, allant du simple angiome cutané, qui disparaît en cours de croissance, à la malformation sévère, qui rend l'enfant non viable. Elles résultent d'un trouble du développement embryonnaire, c'est-à-dire d'un accident remontant à une période comprise entre la fécondation et le 40e jour de la grossesse (période de formation de la majorité des organes).

De 1,5 à 3 % des nouveau-nés sont porteurs d'une malformation. Celle-ci peut se manifester d'emblée (malformation des membres, malformation cardiaque, par exemple) ou plus tardivement (malformation digestive ou urinaire) ; c'est dire l'importance d'un examen physique approfondi de tout nouveau-né par un pédiatre dans les trois jours qui suivent la naissance.

CAUSES

Les causes sont incertaines dans 50 à 70 % des cas. Les autres cas relèvent principalement de trois origines.

■ Les anomalies chromosomiques, dont le risque s'accroît en général avec l'âge de la mère, notamment en ce qui concerne la trisomie 21 (mongolisme), sont les anomalies les plus précoces dans le développement de l'œuf ; elles existent parfois déjà dans le noyau de l'ovule ou du spermatozoïde ou bien surviennent lors des toutes premières divisions cellulaires. On distingue les anomalies de nombre (chromosome surnuméraire ou manquant) et les anomalies de morphologie chromosomique (par exemple, délétion du bras court du 5e chromosome, causant la maladie dite du cri du chat). Toutes les cellules de l'enfant peuvent être atteintes, ou seulement un groupe cellulaire ; on parle alors de mosaïque.

Les malformations entraînées sont en général complexes, associant le plus souvent un certain degré de déficience mentale.

■ Les anomalies héréditaires peuvent être liées à l'anomalie d'un seul gène (hérédité monofactorielle) ou de plusieurs gènes (hérédité multifactorielle). La fréquence de ce type d'anomalie augmente en cas de consanguinité (enfants issus de deux membres d'une même famille).

■ Les anomalies liées à la grossesse sont multiples. Les substances toxiques ingérées ou inhalées par la mère pendant la grossesse, notamment l'alcool, sont responsables d'une augmentation statistique du nombre des malformations (atteinte en particulier du bassin et des membres inférieurs). Certaines infections de la mère pendant sa grossesse peuvent également être à l'origine de malformations. Elles sont généralement d'autant plus dangereuses qu'elles surviennent au début de la grossesse, notamment au cours du développement embryonnaire ; la rubéole est responsable de malformations oculaires, cardiaques et auditives, la toxoplasmose (infection parasitaire due à un protozoaire, *Toxoplasma gondii*), d'atteintes oculaires et d'hydrocéphalie, tandis que l'infection à cytomégalovirus peut provoquer une atteinte du cerveau (microcéphalie, calcifications cérébrales) et des anomalies du globe oculaire (microphtalmie) et de la rétine (choriorétinite).

TRAITEMENT

Lorsqu'il est possible, le traitement est le plus souvent chirurgical (par exemple, chirurgie esthétique en cas de fente labiopalatine, etc.). Dans un petit nombre de cas, il peut reposer sur la prévention.

DÉPISTAGE

Grâce aux moyens de dépistage apparus depuis quelques années, la fréquence des anomalies congénitales graves chez l'enfant devrait diminuer.

■ L'échographie obstétricale permet d'étudier la morphologie du fœtus dès le 2e trimestre de la grossesse.

■ L'amniocentèse, prélèvement du liquide amniotique, permet le dépistage des anomalies chromosomiques (en particulier celui de la trisomie 21), la détermination du sexe de l'enfant, pour les malformations liées au sexe, et le dosage de certaines substances telles que l'alpha-fœto-protéine, dont le taux est particulièrement élevé dans le spina-bifida. L'amniocentèse est devenue quasi systématique lorsque la mère a dépassé l'âge de 38 ans.

■ Le prélèvement du sang fœtal dans le cordon ombilical, sous échographie, permet également le dépistage de certaines malformations.

■ Le dosage sanguin des hormones de la mère est un indicateur de certaines malformations ; un taux trop important d'hormone chorionique gonadotrophique, par exemple, indique une possibilité de trisomie 21.

■ Le conseil génétique peut être sollicité par un couple ayant déjà un enfant malformé ou atteint d'une maladie génétique, ou encore avant la naissance d'un premier enfant dans le cas d'antécédents familiaux de maladies héréditaires.

Malin

Se dit d'une tumeur cancéreuse susceptible d'infiltrer les tissus voisins et de se généraliser et aussi, plus rarement, d'une affection qui présente un caractère grave et insidieux, par opposition à bénin.

Mallory-Weiss (syndrome de)

Déchirure superficielle et longitudinale de la muqueuse située à la jonction de l'œsophage et de l'estomac.

Le syndrome de Mallory-Weiss survient généralement après d'importants efforts de vomissements et se manifeste par une hémorragie digestive haute (vomissements de sang rouge). Le traitement est presque toujours médicamenteux (antiémétiques, antisécrétoires) et peut faire appel aux transfusions en cas d'hémorragie massive. Une intervention chirurgicale peut être pratiquée en cas d'hémorragie non contrôlée par le traitement médical.

Malocclusion dentaire

Mauvaise imbrication de l'ensemble des dents d'un maxillaire par rapport à l'autre lorsque la bouche est fermée.

Une malocclusion peut être à l'origine de migraines, de craquements articulaires (situés en avant de l'oreille), de spasmes musculaires gênant l'ouverture de la bouche. La plupart du temps, il est possible de la traiter par meulage léger des dents, par pose d'une prothèse ou d'un appareil dentaire, ces trois techniques pouvant être associées.
→ VOIR Occlusion dentaire.

Malte (fièvre de)
→ VOIR Brucellose.

Malvoyant

Personne dont la vue est diminuée.
→ VOIR Amblyopie, Cécité.

Mamelon

Saillie centrale du sein.

Le mamelon est cerné par l'aréole, surface annulaire plus ou moins pigmentée et d'étendue variable. À son sommet s'ouvrent des pores où débouchent les canaux galactophores (excréteurs du lait). Le mamelon est entouré de fibres musculaires, lisses, circulaires et radiées, qui assurent sa mobilité.

Richement vascularisé et innervé, il est érectile et très sensible (toucher, douleur).

PATHOLOGIE

Chez la mère qui allaite, une invagination du mamelon empêche le nourrisson de téter et nécessite l'emploi d'un tire-lait. La macération peut causer des crevasses (fissures) douloureuses. Des soins d'hygiène et l'utilisation temporaire d'une téterelle (appareil facilitant la tétée) assurent habituellement la guérison.

Mamelon surnuméraire

Petite malformation arrondie ou ovale présentant en son centre un élément saillant qui rappelle l'aspect du mamelon du sein.

Les mamelons surnuméraires, au nombre de un ou de deux, siègent sur une ligne à peu près verticale qui part du mamelon normal et va jusqu'à l'aine. Bénins, ils ne nécessitent aucun traitement.

Mammectomie
→ VOIR Mastectomie.

Mammographie

Examen radiologique des seins.

La mammographie permet le dépistage de lésions précancéreuses de petite taille, non encore décelables à la palpation, et rend donc possible un traitement précoce.

DÉROULEMENT

L'examen doit être de préférence réalisé durant la première moitié du cycle. Il est toujours bilatéral et comporte au moins deux clichés (face et profil) de chaque sein, parfois trois (un cliché de biais permettant l'exploration du creux axillaire). Le radiologue place la patiente, qui a préalablement dénudé le haut de son corps, devant l'appareil et, avant chaque cliché, il comprime le sein entre le plateau porte-film et une plaque transparente. L'examen dure environ 20 minutes et, le développement étant immédiat, des clichés complémentaires sont effectués si c'est nécessaire.

Aucune préparation n'est requise, sauf lorsqu'un écoulement par le mamelon a été constaté, auquel cas une opacification préalable des canaux galactophores par injection d'un produit de contraste est effectuée (galactographie).

INDICATIONS

Une mammographie systématique est conseillée tous les 2 ans chez les femmes à partir de 50 ans. Elle est aussi effectuée sur avis médical lorsqu'une femme présente un risque accru de cancer du sein (famille à risque, antécédents personnels, mastose fibrokystique). Elle ne dispense ni de l'autopalpation des seins ni de la consultation médicale effectuée régulièrement.

La mammographie est un examen aux rayons X, qui emploie de faibles doses de rayonnements mais qui, néanmoins, doit être évité chez la femme enceinte.

Mammoplastie

Intervention chirurgicale destinée à modifier l'apparence des seins. SYN. *mastoplastie, plastie mammaire.*

INDICATIONS

Une mammoplastie se justifie par des difficultés physiques, psychologiques (complexe, frustration) et sociales (gêne vestimentaire) causées par l'apparence de la poitrine féminine et, parfois, masculine.

PRÉPARATION ET DÉROULEMENT

L'intervention doit être précédée d'un entretien avec le chirurgien, qui s'assure du bien-fondé de la demande, en évalue le retentissement psychologique et choisit avec les patients la meilleure solution technique parmi les différents procédés possibles pour chaque type d'intervention.

L'opération se pratique à tous âges sous anesthésie générale, après un bilan préopératoire complet, et dure environ deux heures, sauf dans les cas d'une gynécomastie traitée par liposuccion (aspiration de la graisse). Le chirurgien incise le sein de façon à ne laisser qu'une cicatrice aussi petite que possible, en ayant soin de préserver le mamelon et l'aréole. La taille de la cicatrice varie selon les cas et peut parfois être limitée au pourtour de l'aréole. La durée d'hospitalisation est de 2 à 5 jours.

■ **En cas d'hypertrophie ou de ptôse mammaire**, l'incision se fait le plus souvent autour de l'aréole puis descend verticalement sur une longueur de 4 à 6 centimètres jusqu'au sillon sous-mammaire, qu'elle suit brièvement. Le chirurgien retire une partie de la glande mammaire, de la graisse et de la peau.

■ **La gynécomastie** se traite par ablation de la glande mammaire, pratiquée grâce à une incision le long de l'aréole. Des gynécomasties essentiellement graisseuses peuvent être traitées par liposuccion (aspiration de la graisse). Le patient ressent des douleurs pendant 21 jours.

■ **En cas d'hypotrophie mammaire ou d'absence de sein(s)**, le chirurgien reconstruit le sein en implantant une prothèse, qui se place devant ou derrière le muscle pectoral. La prothèse est constituée le plus souvent d'une enveloppe en silicone solide gélifiée, qui est remplie de silicone liquide ou gonflée par du sérum physiologique. La mise en place d'une prothèse se fait soit par incision dans l'aisselle, ce qui permet de placer la prothèse derrière le muscle pectoral, soit sur le pourtour de l'aréole – la prothèse étant alors placée derrière la glande mammaire. En cas d'insuffisance de peau après une ablation du sein motivée par un cancer, il peut être nécessaire de pallier le manque de tissu par l'utilisation d'une surface de peau complémentaire (lambeau musculocutané prélevé sur une autre partie du corps, flanc, dos ou abdomen, par exemple).

CONVALESCENCE

La convalescence dure entre une semaine et un mois.

En cas d'opération pour hypertrophie ou ptôse mammaire, la glande mammaire est le siège d'un œdème postopératoire qui disparaît progressivement au bout d'une période allant de six semaines à deux mois environ. Si l'on a posé une prothèse pour augmenter le volume du sein, des massages postopératoires maintiennent un « flottement » de celle-ci. Les sensations douloureuses dues à la mise en place des prothèses disparaissent au bout de quelques jours. Lorsque l'incision a été faite dans l'aisselle, les douleurs postopératoires sont plus intenses, la mise en place définitive de la prothèse étant alors plus difficile et plus longue. Selon les types de peau, les cicatrices évoluent de manière plus ou moins rapide. La sensibilité mammaire est diminuée pendant quelques mois puis se rétablit peu à peu. Il est préférable de porter un soutien-gorge pendant les premiers mois.

COMPLICATIONS

Un hématome peut se former. S'il ne se réduit pas spontanément, il devra être évacué chirurgicalement.

Une infection se produit dans moins de 1 % des cas. Selon son degré de gravité, elle consiste en un simple rejet des fils ou en un véritable abcès du sein, qui devra être drainé chirurgicalement.

Des cicatrices rouges et épaisses ou des cicatrices assez larges sont parfois visibles après l'opération. Ces cicatrices peuvent être reprises lors d'une seconde opération, entre six mois et un an après la première.

La récidive de l'hypertrophie mammaire est possible mais représente moins de 5 % des cas.

La qualité de la peau n'étant pas évaluable avant l'opération, les seins opérés peuvent retomber si la trame élastique de la peau qui soutient le sein est de mauvaise qualité. Une seconde opération est également envisageable dans ce cas.

Les prothèses mammaires gonflables peuvent éventuellement se dégonfler. Le sérum physiologique se répand alors dans l'organisme. Le phénomène est sans danger mais l'opération doit alors être recommencée.

Les prothèses mammaires en silicone peuvent provoquer des « coques », ou cicatrices fibreuses, autour de la prothèse, entraînant un durcissement du sein. Elles ne sont plus utilisées en chirurgie esthétique, car elles ont été accusées d'être à l'origine de maladies systémiques (sclérodermie).

Elles sont encore employées pour la chirurgie de reconstruction après ablation du sein.

Mandibule

→ voir Maxillaire.

Manganèse

Oligoélément indispensable à l'organisme, qui intervient dans diverses réactions enzymatiques (synthèse du collagène, construction des os et des articulations, métabolisme des glucides, des stéroïdes et de certaines hormones protéiniques).

Le corps d'un adulte contient environ 20 milligrammes de manganèse (Mn), répartis dans les os, le foie et les reins. Les apports journaliers recommandés sont de l'ordre de 4 milligrammes. Seuls les légumes verts, les céréales et les légumes secs sont relativement riches en manganèse.

Manie

État d'agitation caractérisé par une exaltation de l'humeur et une surexcitation psychomotrice permanente.

Une manie peut survenir en cas de sénilité, d'intoxication (amphétamines, corticostéroïdes, antituberculeux), de psychose maniacodépressive, d'affections neurologiques (tumeur, encéphalite, traumatisme crânien) ou endocriniennes (hyperthyroïdie). Elle se traduit par une hyperactivité, une accélération de la pensée, un flux intarissable de paroles, un sentiment d'euphorie, de puissance et d'infatigabilité, une tendance à la boulimie et à l'insomnie. La majorité des maniaques ne sont pas dangereux, mais certains peuvent se laisser entraîner à des actes antisociaux (rixe, scandale public, etc.).

TRAITEMENT

Il repose sur l'administration de neuroleptiques et nécessite souvent l'hospitalisation du sujet. Il est en général efficace à court terme. Le traitement de fond de la manie dépend de sa cause.

Manipulation

Mouvement forcé manuellement d'une partie du corps, le plus souvent une articulation ou un muscle.

Une manipulation peut être pratiquée par un membre du corps médical pour réduire manuellement une luxation – c'est-à-dire remettre en place les deux extrémités osseuses luxées –, etc.

Dans le langage courant, le terme « manipulation » est souvent employé comme synonyme de vertébrothérapie ou de chiropractie, une méthode de traitement paramédicale consistant à manipuler les vertèbres et sujette à de nombreuses controverses. En effet, ces manipulations ne sont jamais sans danger, car à proximité de la vertèbre traitée se trouvent les racines nerveuses commandant la sensibilité et la motricité de tout un étage de l'organisme, dont la lésion peut provoquer une paralysie motrice et une anesthésie sensitive. Une manipulation vertébrale est donc un acte médical devant être effectué avec la maîtrise d'une expérience technique et d'une bonne connaissance anatomique.

Manométrie

Méthode de mesure et d'enregistrement des pressions qui règnent à l'intérieur d'un segment du tube digestif, essentiellement d'un sphincter.

Marasme

État pathologique dû à un apport énergétique insuffisant. SYN. *athrepsie*.

Le marasme s'observe surtout, à l'état endémique, dans les pays en voie de développement. Dans les pays développés, il résulte le plus souvent d'un défaut d'absorption digestive, d'une anorexie ou encore d'une maladie provoquant un accroissement très important des dépenses énergétiques (cancer en particulier). Le marasme se traduit par une maigreur extrême. Son traitement repose sur une renutrition progressive et prudente.

Marburg (virus de)

Virus à A.R.N. appartenant à la famille des *Filoviridæ*, responsable d'une fièvre hémorragique africaine, et dont le réservoir est un cercopithèque, le singe vert africain.

Le tableau clinique de l'infection est proche de celui dû au virus *Ebola*.

Il n'existe pas de traitement en dehors de celui des symptômes.

Marche

Mouvement acquis, en général, au cours de la deuxième année de la vie, permettant le déplacement du corps sur les deux pieds dans une direction déterminée.

L'âge d'apparition de la marche est variable ; cependant, 90 % des enfants marchent à 15 mois.

TROUBLES DE LA MARCHE

Les troubles de la marche constituent l'un des principaux motifs de consultation médicale. Leurs origines comme leurs aspects sont multiples : oscillations anormales, temps d'appui allongé ou raccourci, modification de la longueur d'un pas ou mauvais appui sur le pied. Chez certains sujets âgés, la marche peut être perturbée (petits pas, tendance à la chute, perte d'équilibre vers l'arrière) sans raison identifiable.

Marchiafava-Micheli (maladie de)

Maladie très rare de la moelle osseuse, d'évolution chronique, caractérisée par des crises intermittentes d'hémolyse (destruction pathologique des globules rouges). SYN. *hémoglobinurie paroxystique nocturne.*

Marfan (maladie de)

Affection héréditaire du tissu conjonctif entraînant des anomalies du cœur, du squelette et des yeux. SYN. *syndrome de Marfan.*

Le développement intellectuel des enfants atteints de la maladie de Marfan est normal.

SYMPTÔMES ET SIGNES

L'affection est en général diagnostiquée après l'âge de 10 ans. Les sujets atteints sont maigres, très grands ; leur tonicité musculaire est réduite.

■ **Les anomalies du squelette** comportent un allongement des membres et une arachnodactylie (doigts en patte d'araignée). Les articulations sont lâches (hyperlaxité). L'avant du thorax est déformé en entonnoir (une dépression se creuse à la partie basse du sternum). Les sujets atteints présentent souvent aussi une scoliose et une accentuation de la cyphose dorsale (dos rond). Le visage et le palais sont étroits.

■ **Les anomalies cardiovasculaires** sont d'intensité très variable. Elles se manifestent par une dilatation avec ou sans anévrysme de l'aorte ascendante, ou par un prolapsus valvulaire mitral.

■ **L'anomalie oculaire** la plus fréquente est une ectopie (déplacement) du cristallin. Elle engendre une myopie.

TRAITEMENT

Outre la correction éventuelle des différents signes, il n'existe pas de traitement de la maladie elle-même. Le pronostic dépend essentiellement de l'atteinte cardiovasculaire.

Il est possible, pour les familles des sujets atteints, de recourir à un conseil génétique.

Marisque

Petit nodule ferme du pourtour de l'anus, de la couleur de la peau.

Séquelle d'une thrombose (formation d'un caillot) hémorroïdaire externe, une marisque est indolore, ne comporte aucun risque et ne nécessite aucun traitement.

Marqueur

Substance chimique utilisée pour étudier un phénomène, une maladie ou une autre substance. SYN. *traceur.*

Certains marqueurs sont présents dans le corps humain, à l'état normal ou pathologique. Les marqueurs tumoraux, en particulier, sont des substances biologiques synthétisées par des cellules cancéreuses ou saines de l'organisme en réponse à la présence d'une tumeur.

Marqueur génétique

Séquence d'A.D.N. variable selon les individus mais dont la localisation est parfaitement connue. SYN. *indicateur, traceur.*

Marqueur radioactif

→ VOIR Traceur radioactif.

Marqueur tumoral

Substance sécrétée par des cellules cancéreuses ou par des tissus sains en réponse à la présence d'une tumeur.

Les marqueurs tumoraux sont décelables dans le tissu cancéreux et dans le sang. Ils sont utilisés principalement pour suivre l'évolution d'un cancer et l'efficacité d'un traitement. En ce qui concerne le dépistage précoce des cancers, leur intérêt est minime

et limité à quelques types de cancer pour lesquels il existe un caractère familial (cancer médullaire de la thyroïde, par exemple). Enfin, des utilisations thérapeutiques sont également à l'étude (anticorps dirigés contre des marqueurs tumoraux et porteurs de médicaments anticancéreux).

Marteau

Osselet de l'oreille moyenne.

Le marteau fait partie, avec l'enclume et l'étrier, de la chaîne des osselets située dans la caisse du tympan. Ceux-ci sont articulés entre eux et rattachés aux parois du conduit auditif par des ligaments.

Masochisme

Perversion consistant à tirer son plaisir sexuel de souffrances subies volontairement.
→ VOIR Sadomasochisme.

Masque de grossesse

→ VOIR Chloasma.

Massage

Ensemble des techniques utilisant les mains (pétrissage, pressions, vibrations, etc.) et s'exerçant sur différentes parties du corps dans un dessein thérapeutique.

Un massage médical est prescrit par un médecin et relève de la compétence exclusive du masseur-kinésithérapeute, par opposition au massage « esthétique », qui a pour objectif de procurer au sujet une sensation de confort ou de détente.

INDICATIONS

Le massage s'associe à la rééducation pour traiter des affections d'ordre trophique (concernant la nutrition des tissus), vasculaire, réflexe ou sensitif, mais aussi différentes douleurs.

TECHNIQUE

Selon la pathologie en cause, le masseur-kinésithérapeute utilise différentes manœuvres de massage, qui se distinguent par la position de la main vis-à-vis des tissus à traiter mais aussi par l'intensité, la profondeur et le sens des manœuvres.

■ **Les frictions localisées** consistent à mobiliser les différentes couches de tissus les unes par rapport aux autres. Exercées transversalement par rapport à l'axe des muscles, des tendons ou des ligaments – on parle dans ce cas de massage transversal profond – et utilisées en cas de lésion musculaire, de tendinite ou d'entorse, ces manœuvres exercent un effet analgésique (supprimant la douleur), trophique (favorisant la nutrition des tissus), mécanique et défibrosant.

■ Les percussions manuelles consistent à frapper alternativement les tissus avec l'extrémité des doigts (tapotement), le bord de la main (hachures) ou la main en cuillère (claquades). Elles sont utilisées pour stimuler les muscles.

■ Les pétrissages superficiels consistent à former un pli de peau et à lui imprimer des contraintes en torsion, tension et cisaillement pour lutter contre les adhérences fibreuses et les infiltrats sous-cutanés.

■ Les pétrissages profonds permettent de saisir des masses musculaires et de leur imprimer des mouvements de torsion et d'allongement pour décontracturer.

■ Les pressions glissées superficielles, ou effleurages, consistent à glisser la main sur la peau sans entraîner ni déprimer les tissus sous-jacents. Cette manœuvre, qui sert souvent de prise de contact et d'évaluation, possède essentiellement un effet superficiel d'analgésie cutanée.

■ Les pressions glissées profondes déplacent et entraînent la peau et les tissus sous-cutanés. Lorsqu'elles s'exercent de la périphérie vers la racine d'un membre, elles permettent d'augmenter la circulation de retour par dépression veineuse.

■ Les pressions statiques consistent en un appui de la main ou d'un doigt sans déplacement par rapport à la peau.

■ Les vibrations manuelles, séries de pressions-dépressions mécaniques obtenues par tétanisation des muscles de l'avant-bras du thérapeute, favorisent le désencombrement pulmonaire.

CONTRE-INDICATIONS ET EFFETS INDÉSIRABLES

Les massages sont contre-indiqués en cas de maladie inflammatoire, infectieuse ou tumorale en poussée. Ils n'entraînent normalement aucun effet secondaire et, à l'exception de certaines manœuvres précises (massage transversal profond), ne sont pas douloureux s'ils sont correctement pratiqués.

Massage cardiaque externe

Étape capitale de la réanimation cardiorespiratoire, pratiquée en cas d'arrêt cardiaque (état se traduisant par une perte de conscience et une abolition du pouls dans les grosses artères – artère carotide au cou, artère fémorale à l'aine).

Le massage cardiaque externe, associé au maintien de la liberté des voies aériennes et à la ventilation artificielle, assure une activité circulatoire minimale par la technique des compressions thoraciques intermittentes au niveau du sternum. Son mécanisme repose sur la mise en jeu de la pompe cardiaque (en comprimant le cœur entre le sternum et le rachis, on le vide de son contenu sanguin avant qu'un nouveau remplissage cardiaque ait lieu du fait de la seule levée de la compression), à laquelle vient s'ajouter l'effet de la pompe thoracique (liée aux variations de pression thoracique dues à l'alternance compression/relâchement du thorax), qui assure l'expulsion du sang vers la grande circulation.

TECHNIQUE

Le sauveteur exerce sur la moitié inférieure du sternum du malade, qui est allongé sur le dos et sur un plan dur, des compressions brèves et régulières (de 80 à 100 par minute chez l'adulte et l'enfant, 120 chez le nourrisson) à l'aide de la partie postérieure de la paume de ses deux mains placées l'une sur l'autre, les bras tendus verticalement pour transmettre le poids de son corps. Chez l'enfant, ces compressions peuvent être effectuées à l'aide d'une seule main, voire de deux doigts chez le nourrisson.

Parallèlement, une ventilation artificielle est pratiquée, notamment par la technique du bouche-à-bouche. La fréquence des insufflations est de deux toutes les quinze compressions sternales, s'il n'y a qu'un seul sauveteur, de une toutes les cinq compressions s'il y en a deux.

Masse sanguine

Mesure du volume occupé par les globules rouges (volume globulaire total) et le plasma (volume plasmatique). SYN. *volémie*.

La masse sanguine s'évalue par le volume sanguin total (somme du volume plasmatique et du volume globulaire) et s'exprime en millilitres par kilogramme. Sa valeur moyenne est d'environ 76 chez l'homme, 68 chez la femme.

Mastectomie

Ablation chirurgicale de la glande mammaire. SYN. *mammectomie*.

Une mastectomie est essentiellement pratiquée dans le cas de cancer du sein.

DIFFÉRENTS TYPES DE MASTECTOMIE

Une mastectomie peut être totale ou partielle.

■ **La mastectomie totale** peut revêtir deux formes : élargie ou simple. Dans la mastectomie élargie, ou intervention de Halstedt, le sein malade, les ganglions de l'aisselle et le muscle pectoral sont enlevés par une large incision elliptique. On lui préfère actuellement une intervention moins mutilante, qui respecte le muscle pectoral : la mastectomie simple, ou intervention de Patey, à laquelle est fréquemment associé un curage des ganglions de l'aisselle.

■ **La mastectomie partielle** concerne un seul des 4 quadrants (portion de sein délimitée par deux lignes perpendiculaires partant du mamelon) ; avec la simple ablation de la tumeur, elle respecte davantage l'anatomie et la silhouette féminines.

DÉROULEMENT ET EFFETS SECONDAIRES

Les mastectomies sont effectuées sous anesthésie générale et nécessitent une hospitalisation de quelques jours. La reconstruction du sein a parfois lieu en même temps que son ablation. Elle fait appel soit à la pose d'une prothèse, soit à des techniques de reconstruction utilisant les muscles adjacents de la paroi thoracique ou abdominale (muscle grand dorsal, muscle grand droit). Lorsque l'intervention est suivie d'un traitement complémentaire du cancer (radiothérapie ou chimiothérapie), la reconstruction du sein se fait dans un second temps.

Le curage des ganglions de l'aisselle peut entraîner un œdème du bras. Aussi est-il souhaitable de ménager, dans les mois qui suivent l'intervention, le membre correspondant au sein opéré. La limitation du mouvement d'abduction du bras (éloignement du corps), liée elle aussi au curage ganglionnaire, est corrigée par une kinésithérapie adaptée.

→ VOIR **Mammoplastie.**

Mastite

Inflammation, aiguë ou chronique, de la glande mammaire.

Mastite aiguë

Une mastite aiguë, généralement sans gravité, s'observe le plus souvent au début de l'allaitement, mais peut aussi être causée par le virus des oreillons, être la première manifestation d'un cancer du sein ou avoir une origine hormonale (nouveau-né ou adolescent, garçon ou fille, à la puberté). Chez le nouveau-né et l'adolescent, les signes disparaissent spontanément en quelques semaines. Le traitement antibiotique local et général de la femme qui allaite entraîne la guérison mais, lorsqu'un abcès du sein se forme, il doit être opéré.

Mastite chronique

Due à des infections bactériennes à répétition ou à des modifications hormonales, une mastite chronique se traduit par une pesanteur du sein et par l'existence de grosseurs multiples, avec parfois un écoulement séreux par le mamelon. Ces signes sont plus nets lors de la deuxième moitié du cycle menstruel. La mammographie, l'échographie et la biopsie d'une des grosseurs permettent de faire le diagnostic et d'écarter un cancer.

Mastocyte

Cellule du tissu conjonctif qui sécrète des substances chimiques participant aux réactions de défense de l'organisme.

Mastocytose

Maladie caractérisée par une prolifération diffuse de mastocytes (cellules du tissu conjonctif qui sécrètent l'histamine, substance en partie responsable des symptômes d'allergie, mais aussi la sérotonine et diverses enzymes), atteignant souvent la peau.

Sans cause connue, la mastocytose existe sous deux formes, parfois associées.

■ La forme cutanée atteint le plus souvent l'enfant. Ces mastocytoses, en général bénignes, se traduisent par des taches planes jaune chamois. Le traitement vise uniquement à faire disparaître les symptômes à l'aide d'antihistaminiques.

■ La forme systémique touche d'une manière diffuse les viscères. L'évolution, chronique, aboutit parfois à une affection cancéreuse. Le traitement est le même que celui des formes cutanées.

Mastoïde

Base de l'os temporal, située derrière l'oreille.

Mastoïdite

Inflammation de la mastoïde (base de l'os temporal).

Il existe deux formes de mastoïdite, la mastoïdite chronique, qui est l'extension à la mastoïde de l'inflammation due à une otite chronique, prolongée dans le temps, et la mastoïdite aiguë, dont on distingue deux sortes : la mastoïdite masquée, ou mastoïdite décapitée, la plus fréquente aujourd'hui, et la mastoïdite extériorisée.

Mastoïdite masquée

Il s'agit d'une mastoïdite aiguë qui se développe au cours d'une otite dont le traitement antibiotique est mal adapté.

SYMPTÔMES ET SIGNES

Malgré la prise d'antibiotiques, le sujet, le plus souvent un enfant, a toujours de la fièvre ; l'otite persiste. Mais surtout, l'état général de l'enfant s'altère : celui-ci perd l'appétit et ne prend plus de poids.

TRAITEMENT

Le traitement antibiotique est modifié en fonction des données de l'antibiogramme. S'il échoue de nouveau, une mastoïdectomie (incision chirurgicale sous anesthésie générale de la mastoïde et nettoyage des cavités

mastoïdiennes visant à éliminer les foyers infectieux) est le plus souvent réalisée.

Mastoïdite extériorisée

Il s'agit d'une inflammation aiguë de la mastoïde, qui s'extériorise dans la peau derrière l'oreille.

CAUSES

Une mastoïdite extériorisée constitue une complication d'une otite aiguë.

SYMPTÔMES ET SIGNES

L'enfant a de la fièvre, des frissons, des maux de tête, est fatigué, a mal à l'oreille et entend moins bien. Il existe une réaction inflammatoire à la hauteur de la mastoïde, située derrière le pavillon de l'oreille : la peau est rouge et sensible, parfois elle est gonflée par un abcès sous-cutané.

TRAITEMENT

Le traitement repose sur la prise d'antibiotiques adaptés et, souvent, sur une mastoïdectomie.

Mastoplastie

→ voir Mammoplastie.

Mastose

Toute affection bénigne non inflammatoire du sein.

Une mastose se présente le plus souvent sous la forme d'une zone indurée, localisée, à l'intérieur de laquelle se trouvent associés kystes et foyers de dystrophie (anomalie liée à un trouble nutritionnel tissulaire).

→ voir Sein (tumeur bénigne du).

Matelas

Pièce de literie utilisée pour l'alitement.

DIFFÉRENTS TYPES DE MATELAS

Différents types de matelas sont utilisés dans les hôpitaux dans un dessein préventif et thérapeutique.

■ Le matelas à eau est confortable mais exige un contrôle régulier d'étanchéité.

■ Le matelas pneumatique à gonflement alternatif, rattaché à un moteur électrique, est composé de plusieurs boudins cylindriques parallèles, qui se gonflent et se dégonflent en alternance. La surface d'appui change donc suivant ce rythme, le poids du malade portant sur la partie du corps qui repose sur les boudins gonflés.

■ Le matelas à air pulsé possède une soufflerie d'air tiède, reliée à un moteur, qui permet de mettre en mouvement des microbilles. Il est plus particulièrement réservé aux grands brûlés, dont il atténue les douleurs.

Tous ces matelas sont utilisés pour les malades grabataires (hémiplégiques par exemple), les grands blessés (accidentés de la route) et les grands brûlés, car ils massent les zones d'appui du corps. Ils donnent aussi d'excellents résultats dans la prévention et le traitement des escarres provoquées par un alitement prolongé.

Maxillaire inférieur

Os en forme de fer à cheval formant le squelette mobile de la mâchoire inférieure. SYN. *mandibule*.

Maxillaire inférieur (fracture du)

Rupture traumatique du maxillaire inférieur.

Une fracture du maxillaire inférieur est due en général à un choc violent et direct. Le malade se plaint de douleurs et a du mal à parler et à déglutir. Le menton est déplacé, en principe du côté de la fracture, et la bouche reste fermée ou entrouverte.

TRAITEMENT
La réduction de la fracture est généralement orthopédique. Cependant, en cas de déplacement, les extrémités osseuses fracturées doivent être remises chirurgicalement en bonne position sous anesthésie générale. On immobilise le maxillaire inférieur pendant 6 semaines environ à l'aide d'une mentonnière ou en le fixant au maxillaire supérieur au moyen de fils métalliques ; dans ce dernier cas, le blessé doit recevoir une alimentation liquide pendant l'immobilisation.

Maxillaire supérieur

Os très richement vascularisé, formant la partie osseuse centrale de la face.

Maxillaire supérieur (fracture du)

Rupture traumatique affectant le maxillaire supérieur.

Une fracture du maxillaire supérieur est due en général à un choc violent et direct (accident de voiture ou de deux-roues). Elle peut atteindre les pommettes, les os du nez, les dents, le plancher des orbites, etc. Du fait de la vascularisation importante de cette région, elle entraîne presque toujours des hématomes importants. Le diagnostic repose sur les examens radiologiques, complétés par les tomographies et le scanner.

TRAITEMENT
En cas de déplacement des fragments osseux, ceux-ci doivent être remis en place chirurgicalement sous anesthésie générale. Les complications précoces des fractures du maxillaire supérieur peuvent être d'une particulière gravité : atteinte nerveuse ou oculaire, lésions cérébrales. Dans un deuxième temps surviennent parfois des atteintes infectieuses ainsi que des troubles de la consolidation osseuse.

Mèche

Bande de tissu ou de gaze mise en place dans une cavité.

Une mèche est le plus souvent utilisée pour drainer une poche de liquide organique (abcès, hématome).

Méconium

Matières fécales épaisses et collantes excrétées par le nouveau-né pendant les tout premiers jours de sa vie.

De couleur verdâtre, le méconium est composé de bile, de sécrétions digestives et de cellules intestinales desquamées. Dans la majorité des cas, il commence à être excrété au cours des 12 premières heures après la naissance. Des matières fécales normales lui succèdent dès que le nouveau-né commence à s'alimenter.

L'expulsion du méconium dans le liquide amniotique, avant l'accouchement, est anormale et témoigne d'une souffrance fœtale. À l'inverse, un retard d'élimination du méconium après l'accouchement doit faire rechercher une occlusion intestinale. Quelle que soit la cause, un retard d'élimination nécessite des examens réalisés en milieu néonatalogique hospitalier.

Médecin

Personne titulaire d'un diplôme de docteur en médecine reconnu par l'État.

Un docteur en médecine peut pratiquer la médecine générale (on parle alors d'omnipraticien ou de généraliste) ou exercer une spécialité (chirurgie ou dermatologie, par exemple). La loi sanctionne l'exercice illégal (sans diplôme) de la médecine.

Médecine

Ensemble des connaissances concernant les maladies, les traumatismes, les infirmités et les moyens de les traiter.

La médecine se préoccupe aussi bien des causes des maladies, de leurs modes de contamination que de leur fréquence, de leur diagnostic, de leur évolution, de leur prévention et de leur traitement.

La médecine se subdivise en de nombreuses branches qui correspondent à différentes fonctions dans la société (médecine scolaire, médecine du travail, médecine sociale, médecine militaire), à différents modes d'exercice (médecine libérale, ou privée, médecine hospitalière, médecine salariée) ou à différentes spécialités : médecine physique ou rééducation, médecine aérospatiale, médecine nucléaire, médecine tropicale, etc.

Médecine interne

Branche de la médecine hospitalière qui embrasse l'ensemble des maladies.

Le médecin spécialisé en médecine interne, ou interniste, exerce le plus souvent à l'hôpital. Il prend en charge la majorité des malades qui présentent des symptômes n'appartenant pas à une spécialité précise (maladie de Horton, par exemple) ou participant de plusieurs spécialités : connectivites (lupus érythémateux disséminé, par exemple), maladies immunitaires.

Médecine nucléaire

Spécialité médicale utilisant l'administration d'éléments radioactifs à des fins diagnostiques ou thérapeutiques.

UTILISATION DIAGNOSTIQUE

La médecine nucléaire permet d'explorer la plupart des organes, au cours d'une scintigraphie.

UTILISATION THÉRAPEUTIQUE

Des molécules marquées ou des radioéléments émetteurs de rayonnements bêta moins peuvent se fixer sur des cellules malades et entraîner leur destruction : on parle alors de radiothérapie métabolique.

Médecine prédictive

Partie de la médecine qui s'attache à rechercher les risques génétiques que présente un individu d'être victime au cours de son existence d'une maladie.

L'objectif est de mettre en œuvre des mesures préventives, dans les cas où on en connaît, afin d'empêcher ou de retarder au maximum la survenue des maladies (par exemple, de lutter contre une tendance familiale à l'hypercholestérolémie).

La médecine prédictive implique l'annonce à un individu, longtemps avant l'apparition de la maladie, sinon d'une « fatalité », d'une forte prédisposition dont la conscience risque de perturber son existence.

Médecine du sport

Branche de la médecine regroupant la prévention, le diagnostic et le traitement des maladies liées au sport ainsi que les conseils et les mesures destinés au maintien et à l'amélioration de la condition physique des sportifs de tous âges et de tous niveaux.

■ Le bilan d'aptitude sportive est un examen préalable permettant de déceler d'éventuelles contre-indications à la pratique sportive. Toute activité sportive régulière nécessite un contrôle médical annuel de l'aptitude à cette activité.

■ Le conseil médical aide au choix de sports adaptés aux capacités physiques d'un sujet, à son âge et à ses aspirations sportives ; il offre également des indications sur la durée et l'intensité souhaitables de l'entraînement afin d'éviter tout déséquilibre susceptible de mettre en jeu la santé du sportif.

■ Le suivi médical de l'élite sportive (équipes professionnelles, sections sport-études des établissements scolaires) consiste à contrôler les capacités physiques du sportif par des bilans réguliers, à contribuer à

Récupérer après un effort sportif

Les mécanismes de récupération mis en jeu après une activité sportive de longue durée permettent à l'organisme de retrouver son équilibre et d'éliminer les toxines apparues pendant l'effort. L'élimination des toxines est favorisée par différents processus.

La récupération active consiste à ne pas interrompre brutalement les mouvements après l'effort : il est conseillé par exemple de trottiner après une course à pied, de continuer à pédaler, plus lentement, après une course cycliste. La récupération active permet de maintenir un débit de sang assez important dans les muscles qui ont travaillé et donc de favoriser l'élimination des toxines.

Les massages contribuent également à éliminer les toxines.

L'absorption d'eau participe aussi au processus de récupération. L'eau gazeuse est particulièrement recommandée, car les bulles de gaz carbonique luttent contre l'acidose sanguine.

Les méthodes permettant de reconstituer les stocks énergétiques et de restaurer les fibres musculaires lésées sont connues.

Une alimentation de récupération, adoptée après un effort de longue durée, se compose de légumes, de fruits, de produits lactés, d'aliments riches en glucides rapides (confiture ou sucre, par exemple) et lents (pâtes, riz ou féculents, etc.). La consommation de viande est déconseillée immédiatement après l'effort mais peut être reprise après un délai de 24 heures.

---

l'élaboration des protocoles d'entraînement, à vérifier que ces protocoles sont bien adaptés et bien supportés et à intervenir éventuellement en cas de traumatisme.

■ Le traitement des accidents liés au sport, entrepris après avoir déterminé le siège de la lésion, a pour objet d'obtenir rapidement la guérison du sujet en préservant ses capacités physiques.

■ La surveillance des compétitions permet de vérifier la conformité de l'aire de sport aux règles de sécurité, d'organiser les soins, d'assurer de bonnes conditions d'évacuation vers un centre spécialisé et de procéder à d'éventuels contrôles antidopage.

→ VOIR Évaluation fonctionnelle à visée sportive.

Médiastin

Région médiane du thorax.

Le médiastin est compris entre les deux poumons, latéralement, le rachis dorsal, en arrière, et le sternum, en avant.

Médiastinite

Inflammation des tissus du médiastin.

La médiastinite aiguë, presque toujours d'origine infectieuse, est le plus souvent une complication des opérations de chirurgie à cœur ouvert ; dans ce cas, l'antibiothérapie, associée à l'ablation chirurgicale des tissus infectés, permet en général de la guérir.

Médiastinoscopie

Technique chirurgicale d'exploration du médiastin utilisant un endoscope (tube muni d'un système optique).

La médiastinoscopie est le plus souvent indiquée chez des malades atteints d'un cancer bronchopulmonaire. Elle est effectuée sous anesthésie générale et nécessite une courte incision au-dessus du sternum.

Médicament

Préparation utilisée pour prévenir, diagnostiquer, soigner une maladie, un traumatisme ou pour restaurer, corriger, modifier les fonctions organiques.

Longtemps, les médicaments n'ont été préparés qu'à partir des végétaux (alcaloïdes tels que la digitaline ou la morphine), des animaux (vaccins) ou des minéraux (aluminium). Aujourd'hui, l'ensemble des médicaments est fabriqué par l'industrie pharmaceutique, ce qui permet une plus grande

La dénomination des médicaments

Un médicament contient un ou plusieurs principes actifs. Généralement, le principe actif essentiel donne le nom au médicament. Et chaque principe actif essentiel est identifié de trois façons différentes suivant que l'on se place d'un point de vue scientifique, législatif ou commercial.

La dénomination scientifique est le nom chimique exact du principe actif. Elle est généralement peu employée en raison de sa complexité.

La dénomination commune internationale (D.C.I.) correspond au nom générique du principe actif en médecine. C'est cette dénomination d'usage courant qui est utilisée dans ce dictionnaire.

La dénomination commerciale est donnée par les laboratoires pharmaceutiques, qui découvrent de nouveaux médicaments en modifiant les structures moléculaires des substances originelles de façon à augmenter leur efficacité thérapeutique et à diminuer les effets secondaires. Un même principe actif pouvant être commercialisé par deux laboratoires différents, deux noms commerciaux peuvent correspondre exactement à la même substance, éventuellement avec des présentations et/ou des dosages différents.

Un générique est un médicament identique, par sa composition, sa présentation et son dosage, à un médicament vendu sous un nom de marque. En effet, une spécialité, lorsqu'elle n'est plus protégée par son brevet, tombé dans le domaine public une fois écoulée la période légale de protection, n'est plus la propriété du laboratoire qui l'a découverte. Elle peut alors être copiée et commercialisée, à moindre coût, sous un autre nom de spécialité.

précision et une plus grande sécurité d'emploi. Parallèlement, la pharmacie propose de plus en plus de produits synthétiques, qui copient plus ou moins fidèlement des substances naturelles ou sont entièrement originaux (benzodiazépines).

L'introduction sur le marché de nouveaux médicaments obéit à des directives administratives complexes, variables suivant chaque pays. Les nouveaux médicaments doivent subir des tests (sur des animaux de laboratoire, sur des volontaires humains sains en milieu hospitalier puis sur des malades) destinés à évaluer l'efficacité et les effets secondaires de leurs principes actifs avant que les pouvoirs publics (le ministère de la Santé en France, l'Office intercantonal de contrôle des médicaments en Suisse, Santé et Bien-Être social au Canada, Food and Drug Administration aux États-Unis, etc.) ne délivrent une autorisation de mise sur le marché. Cette dernière, désignée par le sigle A.M.M. en France et en Belgique, est appelée « attestation d'enregistrement » en Suisse, « avis de conformité » au Canada et peut être, par la suite, retirée à un médicament dans l'intérêt de la santé publique. Des contrôles de fabrication doivent avoir lieu régulièrement pendant la période de production.

Les médicaments peuvent être en vente libre ou n'être délivrés que sur présentation d'une ordonnance. La délivrance d'un médicament sur présentation d'une ordonnance ayant déjà servi une ou plusieurs fois, est réglementé.

Effets secondaires des médicaments

Les effets secondaires d'un médicament sont les effets, habituels ou non, qui s'ajoutent à l'effet thérapeutique recherché.

Un effet secondaire peut être indésirable dans une utilisation donnée d'un médicament et recherché dans une autre utilisation du même médicament ; il peut même devenir un effet principal. L'effet indésirable peut être lié à l'effet principal du médicament. Par exemple, des médicaments anticancéreux attaquent aussi bien les cellules saines que les cellules cancéreuses, des anticoagulants peuvent provoquer une hémorragie si le traitement est prolongé ; les médicaments ototoxiques peuvent léser le système auditif, les médicaments néphrotoxiques ou hépatotoxiques peuvent altérer le rein ou le foie, allant jusqu'à provoquer des lésions, réversibles ou permanentes. Dans tous ces cas, l'effet indésirable est prévisible et inévitable.

Dans d'autres cas, l'effet indésirable est imprévisible ; il apparaît chez un malade présentant des facteurs de risque (absence d'une enzyme spécifique de la dégradation du médicament, réaction allergique, etc.), en cas de tolérance ou d'accoutumance au médicament ou encore de dépendance envers lui (pharmacodépendance ou toxicomanie), de persistance ou d'accumulation du médicament dans l'organisme ; il varie aussi avec l'importance de la consommation et le type du médicament.

Les effets indésirables mineurs ne demandent pas d'hospitalisation ni de traitement ; les effets modérés demandent un traitement ou une hospitalisation ; les effets graves, qui mettent en danger la vie du malade, comme lors des intoxications volontaires ou accidentelles, exigent un traitement intensif et peuvent laisser des séquelles importantes.

Passage du médicament dans l'organisme

Une fois administré, un médicament suit trois phases : la résorption, la distribution et l'élimination. Leur étude est nommée pharmacocinétique.

RÉSORPTION DU MÉDICAMENT

La résorption est le passage du médicament de son site d'administration vers la circulation générale. Une fraction seulement de la dose administrée atteint la circulation générale. Elle dépend des propriétés physicochimiques du médicament (solubilité, vitesse de dissolution du principe actif, etc.).

La chronopharmacologie joue aussi un rôle : un médicament est plus ou moins efficace suivant l'heure à laquelle il est administré, en particulier en raison des variations cycliques d'activité des enzymes qui le dégradent dans le foie. Enfin, il y a

intérêt à prendre certains médicaments avant, d'autres pendant, d'autres encore après les repas.

DISTRIBUTION

Après son entrée dans la circulation générale, un médicament se distribue dans tout l'organisme. Sa répartition entre les différents tissus est inégale, du fait des différences de perméabilité, de volume ou d'irrigation sanguine de ces tissus.

ÉLIMINATION DU MÉDICAMENT

L'organisme tente d'éliminer le plus rapidement possible toute substance étrangère et/ou toxique qui y a été introduite. L'élimination se fait par excrétion directe (élimination sans transformation du médicament) ou par excrétion des métabolites (produits résultant de la transformation du médicament dans l'organisme) grâce aux divers organes servant à évacuer à l'extérieur de l'organisme les déchets du métabolisme : rein, foie, poumon, intestin, etc.

PRESCRIPTION ET SURVEILLANCE

Beaucoup de facteurs influençant le comportement des médicaments dans l'organisme doivent être pris en compte dans la prescription : l'âge et le poids du patient, l'existence éventuelle d'une maladie, les interactions médicamenteuses, la voie d'introduction du médicament dans l'organisme. Une fois la prescription établie, il faut continuer à surveiller le comportement des médicaments dans l'organisme, en particulier leur concentration dans le plasma. Doivent être particulièrement surveillés les taux sanguins des digitaliques dans le traitement de l'insuffisance cardiaque, des théophyllines dans le traitement de l'asthme, du lithium dans le traitement de la psychose maniacodépressive, des anticoagulants, surtout au long cours, et de divers médicaments antiarythmiques et hormonaux.

Les médicaments chez l'enfant

Chez l'enfant, les médicaments ont des effets différents de ceux observés chez l'adulte.

L'absorption par l'estomac et l'intestin des médicaments pris par voie orale peut être retardée ou prolongée, car les capacités digestives de l'enfant sont encore incomplètement développées. L'absorption par voie intramusculaire est imprévisible chez le nouveau-né en ce qui concerne la vitesse d'absorption ou le pourcentage de produit absorbé. Par voie cutanée, l'absorption est très augmentée chez les jeunes enfants. Ce phénomène est le plus souvent indésirable et d'autant plus fréquent que la surface d'application est grande, que l'administration est prolongée, que la peau est lésée (eczéma) et qu'il existe une occlusion (pansement ou couches).

La diffusion des médicaments, qui suit leur absorption, se fait dans l'eau de l'organisme. Or la quantité d'eau, proportionnellement au poids, diminue avec l'âge : de 80 % du poids du corps chez le nouveau-né, elle descend jusqu'à 55 % chez l'adulte. C'est pourquoi on donne parfois au jeune enfant des posologies, par kilogramme de poids corporel, plus élevées qu'à l'adulte afin que les concentrations restent à un niveau suffisant.

Le métabolisme des médicaments est différent chez l'enfant, c'est-à-dire que les réactions chimiques qu'ils subissent dans l'organisme ainsi que leur élimination sont diminuées en raison de l'immaturité d'organes tels que le foie et les reins. Le risque d'accumulation des médicaments dans les tissus est donc plus élevé.

Les précautions d'emploi générales sont plus strictes que chez les adultes. Un médicament n'est jamais anodin (même l'aspirine) et ne doit être donné que sur avis du médecin. On ne doit pas faire prendre de sa propre initiative un médicament à un enfant, y compris lorsqu'il s'agit de donner, sans avis médical, un produit antérieurement prescrit. Il est conseillé aux parents de vérifier sur la notice les contre-indications, le mode d'emploi, les posologies et les indications en fonction de l'âge avant d'utiliser le médicament.

Médine (filaire de)

→ VOIR Dracunculose.

Médulloblastome

Tumeur maligne de la région postérieure de l'encéphale.

Le médulloblastome est assez fréquent chez l'enfant. La tumeur se traduit le plus souvent par des chutes fréquentes, des maux de tête et des vomissements dus à une hypertension intracrânienne (augmentation de la pression du liquide céphalorachidien). Elle est diagnostiquée par scanner et imagerie par résonance magnétique (I.R.M.). Son pronostic est sévère, mais l'ablation chirurgicale et la radiothérapie peuvent permettre des rémissions prolongées.

Médullosurrénale (glande)

Zone centrale de la glande surrénale.

La glande médullosurrénale fait partie du système nerveux sympathique. Elle synthétise et sécrète les catécholamines : adrénaline principalement, noradrénaline et dopamine à un moindre degré.

PATHOLOGIE

La glande médullosurrénale peut être le siège de tumeurs appelées phéochromocytomes.

Mégacaryocyte

Cellule souche de grande taille dont dérivent les plaquettes sanguines.

Mégacôlon

Dilatation permanente du côlon, accompagnée généralement d'une hypertrophie des parois de l'organe et, parfois, de son allongement.

DIFFÉRENTS TYPES DE MÉGACÔLON

Un mégacôlon peut être soit congénital, soit acquis.

■ Le mégacôlon congénital est également appelé maladie de Hirschsprung.

■ Le mégacôlon acquis peut se rencontrer soit en amont de lésions organiques (rétrécissement lié à un cancer, par exemple), soit au cours de maladies neurologiques, endocriniennes ou iatrogènes (dues à la prise de médicaments, comme celle, prolongée, de neuroleptiques). Le diagnostic est établi d'après la radiographie du côlon et la coloscopie. Le traitement est celui de la cause.

→ VOIR Hirschsprung (maladie de).

Mégalencéphalie

Augmentation congénitale significative du volume du cerveau se traduisant par un crâne de périmètre supérieur à la moyenne.
SYN. *encéphalomégalie.*

Le développement intellectuel de tels sujets est strictement normal ; aucune anomalie (kyste, tumeur, hydrocéphalie) n'est décelable.

Mégalérythème épidémique

Maladie bénigne due à un entérovirus (virus se transmettant par voie digestive), le parvovirus B19, caractérisée par une éruption cutanée. SYN. *cinquième maladie éruptive, érythème infectieux aigu.*

La maladie se manifeste généralement en hiver ou au printemps, tous les 4 ou 5 ans, sous forme d'épidémies successives. Elle survient en moyenne entre 8 et 15 ans. La contagion s'effectue par voie digestive (salive, matières fécales, mains sales, etc.).

SYMPTÔMES ET SIGNES

Après une incubation de 4 à 14 jours survient une éruption cutanée caractéristique : plaques rouges parfois légèrement surélevées, débutant sur les joues mais épargnant le menton, et dites alors en forme de « ailes de papillon ». Les plaques confluent et gagnent les membres en quelques jours, respectant les paumes et les plantes des pieds et prenant un aspect également caractéristique en réseau ou en carte de géographie. L'affection est peu fébrile.

TRAITEMENT

Aucun traitement spécifique n'est nécessaire ; des médicaments anti-inflammatoires (aspirine) sont parfois prescrits.

Mégaloblaste

Érythroblaste (cellule de la moelle osseuse, précurseur des globules rouges) de grande taille, observé dans les carences en acide folique et en vitamine B12 (maladie de Biermer).

Mégalomanie

Conviction excessive de sa supériorité.
SYN. *délire de grandeur.*

La mégalomanie va de la suffisance, chez un sujet doué mais orgueilleux, à l'expansion délirante du moi avec des idées de toute-puissance, de science infuse, etc. La mégalomanie se rencontre épisodiquement dans la manie, l'hystérie, la psychopathie. Elle s'observe à l'état permanent dans les délires chroniques (paranoïa, paraphrénie) et les démences.

Mégaœsophage idiopathique

Dilatation de l'œsophage due à un trouble de la motricité de son segment inférieur.

Dans un mégaœsophage, la stagnation des aliments dans l'œsophage entraîne progressivement une dilatation de celui-ci en amont. La cause de cette anomalie est inconnue. Le mégaœsophage se traduit par une difficulté à avaler, des sensations douloureuses de plénitude gastrique, surtout dorsales, et des régurgitations spontanées qui entraînent une perte de poids. Le diagnostic repose sur la radiographie, sur l'endoscopie digestive et sur la manométrie, qui permet de mettre en évidence les anomalies de la motricité digestive.

Le traitement comprend essentiellement deux possibilités : dilatations pneumatiques sous contrôle endoscopique (introduction temporaire dans la partie inférieure de l'œsophage d'un ballonnet gonflé d'air) ou opération de Heller (intervention chirurgicale consistant à inciser la couche musculaire de l'œsophage jusqu'à la muqueuse).

Méga-uretère

Dilatation congénitale, plus ou moins étendue, d'un segment d'uretère qui jouxte la vessie.

Un méga-uretère est consécutif à une déficience de la musculature urétérale, d'origine inconnue.

SYMPTÔMES ET SIGNES

Un méga-uretère ne se traduit parfois par aucun symptôme. Cependant, il se signale le plus souvent par des douleurs rénales, éventuellement associées à une infection et à une fièvre (on parle alors de pyélonéphrite).

TRAITEMENT

Les méga-uretères peu importants et ne provoquant aucun symptôme ne nécessitent aucun traitement mais seulement une surveillance régulière. Dans le cas contraire, le traitement est chirurgical. L'hospitalisation dure une dizaine de jours. La principale complication de cette intervention est le rétrécissement du canal urétéral remodelé, le plus souvent dû à une fibrose cicatricielle (formation pathologique de tissu fibreux). Pendant plusieurs années après l'intervention, les sujets opérés doivent donc subir un contrôle échographique et bactériologique (examen cytobactériologique des urines) régulier.

Meibomite

Inflammation d'origine infectieuse des glandes de Meibomius.

Après avoir effectué un prélèvement pour identifier le germe, le médecin prescrit une pommade antibiotique.

Meibomius (glande de)

Glande sébacée située dans les paupières et sécrétant des lipides qui se mélangent aux larmes et favorisent la lubrification de la cornée.

Mélancolie

État dépressif grave, marqué par une douleur morale insupportable, un sentiment de faute et une inhibition psychomotrice.

La mélancolie se rencontre dans la psychose maniacodépressive, au début de la schizophrénie, au cours d'affections neurologiques, endocriniennes ou lors de situations difficiles. Elle se manifeste par une prostration, un sentiment de faute et de damnation, un délire de négation de soi. Le risque majeur en est le suicide.

Le traitement de la mélancolie est donc une urgence, qui nécessite une hospitalisation, l'administration d'antidépresseurs, un soutien psychothérapique. Le traitement de fond dépend de la cause de la mélancolie.

Mélanine

Substance pigmentaire foncée, présente dans la peau, les cheveux, les poils et les membranes de l'œil.

La mélanine détermine la couleur de la peau et donne à l'iris des nuances foncées ; en son absence, on voit les couches profondes de l'iris, dont la couleur est bleue. La mélanine protège aussi la peau contre les rayonnements ultraviolets du soleil, qui favorisent les processus de vieillissement et de cancer cutané.

Mélanocyte

Cellule localisée dans l'épiderme ou le derme, responsable de la pigmentation de la peau par la sécrétion de mélanine.

Mélanome malin

Tumeur maligne provenant des mélanocytes (cellules responsables de la pigmentation de la peau). SYN. *mélanosarcome, mélanome, nævocarcinome.*

Le mélanome malin a une classification et une dénomination discutées : certains emploient le terme de mélanome exclusivement pour désigner une tumeur maligne, tandis que d'autres font la distinction entre mélanome malin et mélanome bénin (ou nævus). Le mélanome malin apparaît le plus souvent sur la peau et les muqueuses, accessoirement dans l'œil.

Mélanome malin de la peau et des muqueuses
Sa fréquence est en progression constante dans le monde. Elle est plus élevée chez les sujets blancs, surtout à la peau claire et aux yeux bleus, que chez les sujets noirs et il existe un facteur héréditaire. Il semble cependant que le facteur déclenchant essentiel soit une exposition excessive au soleil, surtout pendant les 15 premières années de la vie.
■ **Le mélanome d'apparition spontanée** a en général un aspect pigmenté (brun foncé, noir). Le plus fréquent est le mélanome d'extension superficielle, qui se présente sous la forme d'une petite tache brun foncé, chamois ou polychrome (coexistence de zones rougeâtres, bleuâtres, grisâtres, blanchâtres), légèrement saillante, à surface mamelonnée et un peu rugueuse, aux contours déchiquetés. D'autres formes de mélanome malin existent : mélanome nodulaire (formant une petite boule) et mélanome unguéal (tache noire sous un ongle).
■ **Le mélanome par transformation d'un grain de beauté** est nettement moins fréquent que le mélanome d'apparition spontanée. Les grains de beauté (nævi mélanocytaires) congénitaux, surtout s'ils font plus de 2 centimètres de diamètre, risquent de se

transformer en mélanomes malins. Un grain de beauté qui grossit, change d'aspect (aspect en dôme) ou de couleur (couleur très foncée, mélange de plusieurs couleurs), saigne, s'ulcère ou entraîne des démangeaisons doit être retiré préventivement. Cette ablation n'est jamais une cause de cancérisation.

L'évolution d'un mélanome malin reste sévère, étant donné sa forte propension à la récidive et aux métastases (hépatiques, osseuses, pulmonaires, cérébrales).

TRAITEMENT
L'ablation chirurgicale d'un mélanome malin est indispensable. La chimiothérapie anticancéreuse est utilisée en cas de récidive ou de métastases. L'immunothérapie (interféron, interleukine) est en cours d'évaluation. La prévention repose sur l'information sur les dangers du rayonnement solaire, sur l'utilisation d'une crème solaire écran total et sur le dépistage précoce chez les sujets prédisposés.

Mélanome malin de l'œil
Il survient le plus souvent sur la choroïde (membrane sur laquelle repose la rétine) et se traduit par une baisse de l'acuité visuelle d'un œil.

TRAITEMENT
Il varie suivant l'étendue et la localisation des lésions : de l'ablation partielle de la structure atteinte, suivie, lorsque c'est possible, d'une greffe (de paupière, de conjonctive), à l'ablation chirurgicale du globe oculaire, complétée par la pose d'une prothèse esthétique. Un nouveau traitement repose sur une variété de radiothérapie, la protonthérapie.

Mélanose
Toute affection dermatologique caractérisée par une augmentation de la pigmentation.

Mélanose de Dubreuilh
La mélanose de Dubreuilh, ou lentigo malin, est une tache cutanée précancéreuse qui se manifeste après 60 ans sous la forme d'une plaque associant plusieurs couleurs : brun clair, brun foncé, noir, avec des zones plus claires, notamment rougeâtres ou bleutées.

Le contour est net mais irrégulier, voire déchiqueté. Cette tache siège le plus souvent sur le visage, parfois sur le dos des mains ou des jambes. La lésion s'étend très progressivement.

Le traitement repose sur l'ablation complète de la tumeur (par électrocoagulation, laser au gaz carbonique, cryochirurgie ou chirurgie).

Mélanose de Riehl
C'est une affection cutanée caractérisée par une pigmentation en réseau du visage et des parties découvertes du corps (cou, décolleté, dos des mains, avant-bras).

Les traitements par les agents dépigmentants ne sont pas vraiment efficaces. La protection contre les rayonnements solaires évite l'aggravation des lésions.

Mélatonine
Hormone dérivée de la sérotonine (hormone sécrétée dans le tissu cérébral), sécrétée par l'épiphyse du cerveau.

Sa sécrétion est périodique, subordonnée à la lumière ambiante. Il semble que cette hormone retentisse sur les mécanismes de la reproduction (spermatogenèse chez l'homme et cycle menstruel chez la femme) par son action sur l'hypothalamus et sur l'hypophyse. La mélatonine peut être utilisée pour combattre le décalage horaire. Ses effets contre le vieillissement sont à l'étude.

Méléna, ou Melæna
Émission par l'anus de sang digéré (de couleur noire) par le tube digestif.

Un méléna traduit une hémorragie digestive haute, c'est-à-dire provenant de l'œsophage, de l'estomac ou du duodénum.

CAUSES ET SYMPTÔMES
Les causes les plus fréquentes d'un méléna sont la rupture de varices œsophagiennes, dues à l'hypertension portale dans les cas de cirrhose, et les lésions favorisées par la prise de médicaments toxiques pour le tube digestif (aspirine, anti-inflammatoires), tels l'ulcère gastroduodénal et la gastrite hémorragique.

Un méléna se manifeste par des selles noires, poisseuses, d'une odeur nauséabonde caractéristique.

TRAITEMENT

Un méléna impose une hospitalisation en urgence. La fibroscopie œsogastrique permet le plus souvent de déterminer la cause du saignement et d'établir en conséquence le traitement qui convient. Celui-ci repose en général sur l'administration de médicaments antiulcéreux et sur la sclérose des varices œsophagiennes ou des ulcères hémorragiques découverts. En cas d'hémorragie non contrôlée ou récidivante, le traitement est chirurgical (traitement de l'hypertension portale, gastrectomie partielle).

Melkersson-Rosenthal (syndrome de)

Ensemble de manifestations associant une paralysie faciale récidivante, une inflammation des lèvres (chéilite) et un aspect particulier de la langue, qui est parcourue de profonds sillons longitudinaux (langue plicaturée).

Le syndrome de Melkersson-Rosenthal demeure inexpliqué.

Les traitements médicaux contre les symptômes de la maladie se révèlent peu efficaces.

Membrane

Enveloppe qui limite la cellule ou le noyau cellulaire, un organe ou une partie d'organe ou qui tapisse une cavité du corps.

Membranes hyalines (maladie des)

Affection du nouveau-né, surtout du prématuré, due à l'existence de membranes fibrineuses dans les alvéoles pulmonaires et responsable d'une insuffisance respiratoire aiguë. SYN. *détresse respiratoire idiopathique*.

La maladie des membranes hyalines, liée à un défaut de maturité des poumons, survient essentiellement chez les prématurés (enfants nés avant 35 semaines de grossesse).

SYMPTÔMES

La détresse respiratoire apparaît le plus souvent au cours des premières heures de la vie, parfois dès les premières minutes. Elle se manifeste par une augmentation de la fréquence respiratoire, des signes de lutte de l'enfant pour respirer (battement des ailes du nez, geignements, creusement du thorax lors de l'inspiration).

TRAITEMENT

Le traitement repose sur la mise sous oxygène de l'enfant : dans les cas modérés, sous *hood* (enceinte close recouvrant la tête du bébé et reliée à un tuyau d'adduction d'air) ; dans les cas plus sévères, par ventilation artificielle permettant, en fin d'expiration, de maintenir ouvertes les alvéoles pulmonaires de l'enfant. La mise au point de surfactants artificiels, administrés par voie trachéale aux grands prématurés, a contribué à l'efficacité du traitement.

PRONOSTIC

Le pronostic à court terme est bon ; le taux de mortalité est faible.

Membre

Chacun des quatre appendices du tronc, servant à la locomotion ou à la préhension.

■ **Le membre supérieur** est composé de l'épaule, par laquelle il est articulé avec le thorax, et du bras, de l'avant-bras et de la main, qui sont articulés entre eux respectivement par le coude et le poignet.

■ **Le membre inférieur**, articulé avec le bassin par la hanche, est composé de la cuisse, de la jambe et du pied, qui sont articulés entre eux respectivement par le genou et la cheville.

Membre (reconstruction d'un)

Intervention chirurgicale, effectuée en un ou plusieurs temps, visant à réparer une lésion grave d'un membre.

DÉROULEMENT

Après l'accident, le membre, s'il est sectionné, doit être ramassé, mis dans un sac en plastique étanche, lui-même mis dans de la glace (le contact direct du membre avec la glace est à prohiber) et transporté avec le blessé en urgence dans un hôpital spécialisé. L'opération est réalisée après un premier temps de réanimation, comportant une transfusion et un bilan préopératoire (consultation d'anesthésie, bilan biologique). Elle comporte différents temps de réparation, effectués autant que possible en une seule intervention : réparation osseuse à l'aide de plaques internes ou de fixateurs externes (broches dépassant de l'os et comportant une attelle externe), réparation des vaisseaux et des nerfs par microchirurgie (chirurgie réalisée à l'aide d'un microscope à fort grossissement) et recours éventuel à des autogreffes veineuses, reconstruction de la couverture cutanée.

COMPLICATIONS ET SURVEILLANCE

La période postopératoire pouvant être marquée par des complications (infection, hémorragie, absence de récupération fonctionnelle), une surveillance médicale importante et une rééducation précoce s'imposent. Des opérations secondaires sont parfois nécessaires dans la semaine ou dans les mois qui suivent pour tenter de récupérer des fonctions non encore rétablies.

La rééducation s'étale sur une période de 18 mois à 2 ans.

Mémoire

Faculté qu'a le cerveau de conserver une trace de l'expérience passée et de la faire revenir à la conscience.

La mémoire est un processus complexe qui comporte trois phases : apprentissage, stockage de l'information puis restitution (évocation et reconnaissance). Ces phénomènes ne sont pas sous la dépendance d'une région précise et spécialisée du cerveau ; ils se déroulent à la fois au niveau des centres nerveux polyvalents (l'hippocampe, le corps mamillaire et l'hypothalamus) et des fibres nerveuses qui relient ces 3 centres.

Classiquement, on distingue la mémoire à court terme, qui ne dure pas plus de quelques minutes, de la mémoire à long terme.

→ VOIR Amnésie.

Mémoire immunitaire

Capacité d'un organisme à se souvenir d'une substance étrangère appelée antigène (par exemple, un germe), avec laquelle il a déjà été en contact.

Ménétrier (maladie de)

Gastrite chronique caractérisée par un épaississement important de la muqueuse gastrique. SYN. *gastropathie hypertrophique géante.*

Le traitement, mal codifié, fait appel à l'administration de médicaments antisécrétoires ou à la chirurgie (ablation de l'estomac dans les cas de dénutrition sévère ou de dégénérescence maligne).

Menière (maladie de)

Affection de l'oreille interne qui se manifeste par un ensemble de troubles comprenant des vertiges, une baisse de l'audition et des bourdonnements d'oreille.

La maladie de Menière atteint l'oreille interne, responsable de l'audition et de l'équilibre. En général, elle ne touche qu'une seule oreille, mais peut aussi être bilatérale. Elle survient, par crises, chez des personnes âgées de 20 à 50 ans.

CAUSES

La cause précise de la maladie de Menière n'est pas connue.

SYMPTÔMES ET SIGNES

Entre 30 minutes et 1 heure avant la crise, des signes annonciateurs, tels qu'une sensation d'oreille pleine, permettent au sujet d'arrêter toute activité pouvant devenir dangereuse lors de cette crise. Celui-ci a l'impression de tourner ou que tout tourne autour de lui : il doit s'allonger. À ce vertige s'associent des sueurs, un malaise, des nausées et des vomissements, des maux de tête et une sensation de bourdonnement dans l'oreille. L'acuité auditive baisse, surtout celle des fréquences graves. La crise dure plusieurs heures et laisse le sujet épuisé. La fréquence de ces crises est imprévisible. Au bout de 10 à 15 ans, les crises de vertige s'estompent mais la fonction auditive est alors très altérée.

TRAITEMENT

Lors des crises, le sujet doit rester au repos. Le traitement de fond est permanent et fait appel à plusieurs moyens : une vie équilibrée est recommandée ainsi que le respect d'un régime alimentaire pauvre en sel et l'exclusion du tabac et de l'alcool. Des médicaments sont prescrits : anxiolytiques, diurétiques, antihistaminiques et antivertigineux. Parfois le sujet est amené à suivre une psychothérapie antidépressive. En cas d'échec du traitement médical et devant des formes très invalidantes de la maladie de Menière, des traitements chirurgicaux ont été proposés.

Méninges

Enveloppes du système nerveux central, au nombre de trois.

Méningiome

Tumeur bénigne se développant aux dépens de l'arachnoïde, feuillet moyen des méninges (enveloppes du système nerveux central).

Un méningiome survient habituellement entre 20 et 60 ans et forme une tumeur bien délimitée, attachée à la dure-mère (feuillet superficiel des méninges) ; il repousse le tissu nerveux sous-jacent sans l'envahir. L'évolution est très lente et s'étend sur de nombreux mois, voire sur des années.

S'il est dans le crâne, le méningiome provoque des signes spécifiques de l'endroit où il se trouve (par exemple, une paralysie), accompagnés de maux de tête, de vomissements et de crises d'épilepsie. S'il est dans la colonne vertébrale, il provoque une compression de la moelle épinière : douleur, paralysie, abolition de la sensibilité dans une région du corps.

Le traitement consiste à retirer chirurgicalement la tumeur si cela est possible. Dans le cas contraire, les symptômes sont corrigés par administration d'antiémétiques et d'anti-épileptiques.

Méningite

Inflammation des méninges et du liquide céphalorachidien qu'elles contiennent entre leurs feuillets.

De nombreuses affections peuvent s'accompagner d'une réaction inflammatoire des méninges, comme les maladies cancéreuses ou les connectivites (lupus érythémateux, sarcoïdose, etc.). Cependant, les méningites les plus fréquentes sont infectieuses et classées en deux groupes selon que le liquide céphalorachidien est purulent ou clair.

Méningites purulentes

Elles sont dues à l'infection par une bactérie, méningocoque, pneumocoque ou *Hæmophilus influenzæ.*

■ La méningite à méningocoque, également appelée méningite cérébrospinale, se déclare souvent par épidémies dans les collectivités d'enfants ou d'adultes jeunes. Il existe des porteurs sains du germe (hébergeant le germe dans la muqueuse du pharynx mais ne développant pas la maladie), susceptibles de le disséminer par voie aérienne.

■ La méningite à pneumocoque succède souvent à une infection des cavités internes de l'oreille ou des sinus de la face, parfois à une infection respiratoire ; son évolution est souvent très grave.

■ La méningite à Hæmophilus influenzæ est surtout sévère chez les petits enfants avant 3 ans.

SYMPTÔMES ET ÉVOLUTION

La maladie se déclare rapidement par une fièvre et un syndrome méningé : association de maux de tête, de vomissements, de douleur et de raideur de la colonne vertébrale et de photophobie (sensation pénible à la lumière). La survenue d'un purpura pétéchial (hémorragies cutanées punctiformes) est caractéristique du méningocoque. En l'absence de traitement, l'infection risque de s'étendre au cerveau (méningoencéphalite) et de provoquer un coma, des troubles du comportement, des paralysies, des convulsions. Le germe peut en outre passer dans le sang, entraînant une septicémie, et se diffuser aux viscères. La dissémination du méningocoque peut se traduire par un purpura fulminans, ou méningococcie fulminante, septicémie foudroyante évoluant en quelques heures.

DIAGNOSTIC ET TRAITEMENT

Une méningite purulente constitue toujours une urgence médicale ; le diagnostic est établi par ponction lombaire. Le traitement repose sur l'antibiothérapie par voie intraveineuse et dure habituellement dix jours pour les méningites à méningocoque, au moins deux semaines pour les méningites à pneumocoque ou à *Hæmophilus influenzæ*.

PRÉVENTION

Dans le seul cas du méningocoque, du fait du mode de contagion et de la possibilité de porteurs sains, une antibiothérapie préventive s'impose chez les sujets ayant été en contact étroit avec un malade ou se plaignant de troubles rhinopharyngés s'ils appartiennent à la même collectivité. Un vaccin contre *Hæmophilus* est maintenant disponible, ainsi qu'un vaccin contre certaines souches de méningocoques.

Méningites à liquide clair

Elles sont exceptionnellement causées par un champignon microscopique, plus souvent par une bactérie (bacille de Koch, *Listeria monocytogenes* [listériose], rickettsie) ou par un virus (méningite virale).

Une méningite à liquide clair se traduit, comme une méningite purulente, par un syndrome méningé.

Le diagnostic repose sur la ponction lombaire. Le traitement est fonction de la cause infectieuse : antiviral (aciclovir) pour les méningoencéphalites herpétiques, efficace à condition d'être administré précocement et pendant dix à quinze jours ; antibiotique pour la listériose ; antituberculeux pour la tuberculose ; antifongique pour les rares cas de méningite dus à des champignons et observés chez les malades immunodéprimés.

Les mesures de prévention ne concernent que la tuberculose et la listériose en cas d'épidémie.

Méningocèle

Saillie des méninges, recouverte par la peau, à travers le crâne ou le rachis, due à une malformation congénitale de la colonne vertébrale.

Le méningocèle est l'une des formes du spina-bifida, dont il représente 10 % des cas. Il est lié à un trouble embryologique survenant au cours des quatre premières semaines de grossesse et consistant en une fermeture anormale ou incomplète du tube neural (futur système nerveux central).

Un méningocèle, parfois découvert à la naissance, peut également être constaté lors d'une échographie au cours de la grossesse.

Le traitement est chirurgical (ablation de la hernie méningée) et doit être réalisé précocement pour éviter tout risque de myélocèle (saillie à l'extérieur de la moelle épinière, responsable de graves handicaps).

Méningococcie

Infection grave provoquée par le méningocoque, ou *Neisseria meningitidis*.

Une méningococcie se présente soit comme une méningite aiguë (méningite cérébrospinale), soit comme une septicémie.

Méningoencéphalite

Inflammation simultanée des méninges et de l'encéphale.

→ VOIR Encéphalite, Méningite.

Méniscectomie

Ablation chirurgicale d'une partie ou de la totalité d'un ménisque.

Une méniscectomie se pratique en cas de lésion d'un ménisque, du genou en général, qui peut survenir de façon isolée ou à la suite d'une entorse grave, ou encore du fait d'une laxité chronique du genou.

DÉROULEMENT

Une méniscectomie est le plus souvent effectuée sous arthroscopie : après avoir posé un garrot puis pratiqué une ouverture minime dans l'articulation, le praticien introduit l'arthroscope, tube rigide dont l'extrémité est munie d'appareils optiques et d'instruments qui permettent une microchirurgie intra-articulaire. Le patient peut rentrer chez lui le jour même et est capable de marcher normalement au bout de quelques jours. Beaucoup plus rarement, la méniscectomie est pratiquée sous arthrotomie (ouverture chirurgicale de l'articulation). Pendant environ 3 semaines, le patient doit alors s'aider de 2 cannes pour marcher. La conservation d'une partie du ménisque est préférable : en effet, l'ablation du ménisque, lorsqu'elle est totale, favorise souvent l'apparition d'une arthrose de l'articulation.

Méniscographie

Image radiographique des ménisques, obtenue par arthrographie du genou.

Ménisque

Lame fibrocartilagineuse interposée entre 2 surfaces articulaires.

PATHOLOGIE

Les ménisques du genou sont souvent lésés lors de traumatismes. Généralement, ils se déchirent longitudinalement, cette déchirure allant de la simple fissure à la rupture complète. Ces lésions peuvent entraîner des douleurs, une instabilité, voire un blocage du genou : celui-ci reste immobilisé en flexion avec impossibilité d'étendre la jambe. Ce phénomène dure peu de temps, et le genou se débloque parfois tout seul. Dans les jours qui suivent, une hydarthrose (épanchement de liquide séreux à l'intérieur de l'articulation) apparaît. Cependant, une déchirure peut aussi ne se traduire que par des douleurs du genou ou, dans d'autres cas, par des hydarthroses répétées. Le traitement des ruptures méniscales repose sur la méniscectomie (ablation d'une partie ou de la totalité du ménisque), qui est pratiquée chirurgicalement ou plus souvent par arthroscopie.

Ménopause

Interruption physiologique des cycles menstruels, due à la cessation de la sécrétion hormonale des ovaires (œstrogènes et progestérone).

La ménopause survient entre 40 et 55 ans (avec un pic à 52 ans). Elle se déroule en deux étapes : la préménopause et la ménopause confirmée.

■ **La préménopause**, qui dure plusieurs mois ou plusieurs années, est marquée par une succession de cycles avec ou sans ovulation. Les sécrétions hormonales deviennent irrégulières : tandis que la sécrétion d'œstrogènes persiste, la sécrétion de progestérone par le corps jaune (nom donné au follicule ovarien qui a libéré son ovule) diminue. Les règles deviennent irrégulières.

■ **La ménopause confirmée** succède à la préménopause. La sécrétion hormonale de l'ovaire se tarit. Les règles ont disparu. Le taux de gonadotrophines est très élevé dans le sang et dans les urines.

SYMPTÔMES ET SIGNES

Surtout liés à la baisse du taux des œstrogènes (hypo-œstrogénie), ils varient d'une femme à l'autre.

■ **Les bouffées de chaleur** affectent de 75 à 85 % des femmes. Leur intensité et leur fréquence sont variables. Au début, elles surviennent la nuit, puis elles se multiplient dans la journée, à la fin des repas ou à l'occasion d'efforts. Causées par une forte vasodilatation, elles se traduisent par une sensation de chaleur dans tout le corps et par une rougeur du visage, qui gagne le cou et le haut de la poitrine. Elles s'accompagnent parfois d'angoisse et d'une impression d'étouffement et se terminent par une transpiration abondante, surtout sur le visage, la nuque et entre les seins.

■ **Les troubles sexuels** sont à la fois psychiques et physiques. À la baisse du désir sexuel s'ajoutent une sécheresse vaginale et une atrophie vulvaire pouvant rendre les rapports sexuels douloureux. Les infections urinaires et vaginales sont plus fréquentes. Le volume des seins diminue.

■ **La fragilité osseuse**, ou ostéoporose, est directement liée à l'absence de sécrétion hormonale ovarienne. Cette diminution de la densité osseuse et de la solidité de l'os peut entraîner des fractures, essentiellement des vertèbres et du col du fémur.

■ **Les maladies cardiovasculaires** (angor, infarctus du myocarde) présentent un plus grand risque d'apparition à partir de la ménopause, les œstrogènes ne jouant plus de rôle protecteur contre l'athérosclérose.

■ **Les troubles psychiques** sont fréquents. Aux troubles émotionnels tels que sautes d'humeur, irritabilité, insomnie, anxiété peuvent s'adjoindre des vertiges et une fatigue sans cause organique, des troubles de la mémoire, un défaut de concentration mentale ; parfois, la dépression est grave.

TRAITEMENT

Le traitement des femmes ménopausées consiste à prendre successivement des œstrogènes et de la progestérone naturelle pour imiter un cycle menstruel de 28 jours (hormonothérapie de substitution). L'administration des œstrogènes peut se faire par la bouche (comprimés) ou par voie locale (crème ou timbre à appliquer sur l'abdomen ou sur le dos et à renouveler régulièrement). La progestérone se présente sous forme de comprimés.

Le traitement agit sur les bouffées de chaleur et sur la baisse du désir sexuel. Il protège contre les fractures et contre les complications cardiovasculaires. Ses avantages et ses inconvénients, ainsi que sa durée, sont évalués pour chaque patiente en fonction d'un bilan de santé préalable et de l'intensité des troubles. Une surveillance de la femme traitée est nécessaire, ce qui permet en outre un suivi gynécologique régulier. Toutefois, il existe des contre-indications relatives à ce traitement : diabète, antécédent de cancer du sein.

Ménorragie

Augmentation de l'abondance et de la durée des règles.

Elle est le plus souvent le signe d'un fibrome utérin (fibrome sous-muqueux, endométriose utérine) ou d'un déséquilibre hormonal. Un stérilet peut également être à l'origine d'une ménorragie. Le traitement est celui de la cause.

Menstruation

Écoulement périodique par le vagin de muqueuse utérine et de sang survenant chez la femme non enceinte entre la puberté et la ménopause. SYN. *règles*.

La menstruation est la manifestation du cycle ovarien, ou cycle menstruel, qui obéit à la sécrétion cyclique d'hormones (œstrogènes puis progestérone), laquelle prépare la muqueuse utérine à l'éventuelle nidation d'un embryon. Lorsque la fécondation n'a pas eu lieu, le taux de progestérone s'effondre et la muqueuse utérine, gorgée de sang, se détache, déclenchant les règles.

Les règles s'établissent à la puberté, en moyenne entre 13 et 15 ans, et cessent à la ménopause, entre 40 et 55 ans (52 ans en moyenne), avec des variations considérables (les règles peuvent apparaître entre 10 et 18 ans selon les climats). Irrégulier au début, le cycle se régularise selon une durée très variable d'une femme à l'autre (de 21 à 45 jours avec une moyenne de 28 jours). La durée du saignement varie également selon les femmes (entre 2 et 6 jours, en moyenne 3 ou 4 jours), de même que la quantité de sang perdue (de 20 à 70 millilitres). Les règles sont absentes durant la grossesse et l'allaitement.

La menstruation est souvent précédée de troubles psychiques et physiques (appelés syndrome prémenstruel).

Par rapport à la norme, les règles peuvent être trop espacées (spanioménorrhée), trop fréquentes (polyménorrhée), insuffisantes (oligoménorrhée), trop abondantes (ménorragie), douloureuses (dysménorrhée) ou absentes (aménorrhée).

Douleurs liées au cycle menstruel

Une douleur liée au cycle menstruel peut se manifester lors de l'ovulation ; elle traduit l'explosion d'un gros follicule ovarien et est due à l'irritation du péritoine par le liquide folliculaire. Lorsqu'elle récidive, une cause organique doit être recherchée.

Une douleur qui précède les règles (syndrome prémenstruel) s'associe souvent à une douleur et à une modification du volume des seins, parfois à un gonflement de l'abdomen ; elle peut être liée à un déséquilibre hormonal (excès d'œstrogènes) et se traite par administration de progestérone.

Une douleur survenant durant les règles, ou dysménorrhée, peut être associée aux modifications hormonales liées au cycle menstruel ou causée par une affection sous-jacente (endométriose, infection).

Mère porteuse

Femme qui porte un enfant qu'elle n'a pas conçu naturellement afin de le donner après la naissance.

La mère porteuse peut recevoir un embryon qui a été fécondé artificiellement (ovule et spermatozoïde du couple demandeur) ou se prêter à une insémination artificielle par les spermatozoïdes du père contractuel.

Cette maternité de substitution est interdite dans certains pays.

Mérycisme

Trouble psychologique de l'enfant consistant en une régurgitation volontaire d'aliments suivie de leur mâchonnement.

À son début, le traitement nécessite souvent une hospitalisation, notamment pour corriger d'éventuelles carences nutritionnelles. L'enfant est rapidement confié à une équipe pédopsychiatrique, les consultations ultérieures ayant lieu avec la famille. Le pronostic est généralement favorable, les symptômes cédant rapidement avec retour à une alimentation normale au plus tard entre 1 et 2 ans.

Mésencéphale

Région centrale de l'encéphale, entre la protubérance annulaire et le diencéphale, reliée au cervelet.

Mésenchyme

Forme jeune du tissu conjonctif.

Mésentère

Repli du péritoine reliant le jéjunum et l'iléon (portions de l'intestin grêle) à la paroi postérieure de l'abdomen.

Mésothéliome

Tumeur bénigne ou maligne se développant aux dépens du mésothélium (tissu tapissant la surface interne de certaines membranes séreuses).

Mésothérapie

Méthode thérapeutique consistant à injecter des médicaments par voie intradermique à des doses minimes (entre 3 et 5 % des quantités nécessaires par la voie habituelle), ce mode d'administration renforçant et prolongeant leur action.

La mésothérapie utilise souvent des médicaments allopathiques (dont l'action lutte contre la maladie, par opposition à « homéopathiques »). Son originalité et son efficacité proviennent de la voie d'introduction des produits : la voie intradermique. La consultation, comme en médecine générale, aboutit à un diagnostic précis (appuyé au besoin sur des examens complémentaires classiques) et au choix d'un traitement adapté. Les médicaments sont alors injectés par le médecin lui-même au moyen d'une seringue munie d'une aiguille fine de 4 millimètres de longueur à usage unique. Presque tous les produits injectables sont utilisables en mésothérapie, à l'exception majeure des corticostéroïdes retard, qui entraîneraient un risque de nécrose cutanée. Des effets mineurs et transitoires aux points d'injection (érythèmes, ecchymoses, douleurs) sont fréquents.

INDICATIONS

Les effets les plus spectaculaires s'observent en traumatologie sportive (tendinites, entorses) et dans les affections circulatoires (artérite, maladie de Raynaud [troubles vasomoteurs des extrémités], etc.), infectieuses (zona) ou allergiques. De bons résultats sont obtenus dans le traitement de la cellulite, de la calvitie et surtout dans celui des affections rhumatismales telles que l'arthrose, où la mésothérapie soulage rapidement la douleur. Cette thérapeutique est de préférence utilisée seule. Lorsque, pour une même affection, on l'associe à un traitement classique, on arrive souvent à diminuer les doses du traitement quotidien, par exemple pour l'arthrose, où les doses d'analgésiques et d'anti-inflammatoires sont nettement réduites ou même supprimées.

En revanche, la mésothérapie ne s'applique pas aux maladies tumorales (cancer), ni aux maladies dégénératives, ni aux affections graves nécessitant une thérapeutique appropriée (diabète, méningite infectieuse, tuberculose, infarctus du myocarde), ni à celles qui relèvent de la chirurgie.

Métabolisme

Ensemble des réactions biochimiques se produisant au sein de l'organisme.

Le métabolisme comprend deux grands processus.

■ L'**anabolisme** est l'ensemble des réactions aboutissant à une synthèse ou à une fabrication ; il nécessite généralement une consommation d'énergie.

■ Le **catabolisme** est l'ensemble des réactions aboutissant à une dégradation ; il entraîne généralement une libération d'énergie.

Le terme « métabolisme » peut aussi être employé dans un sens plus restreint : métabolisme des lipides, du sodium, etc. Le métabolisme énergétique est l'ensemble des réactions métaboliques de l'organisme : au cours d'une chaîne de réactions très longue et complexe, appelée cycle de Krebs, l'énergie provenant des nutriments (protéines, glucides, lipides) est d'abord transformée et stockée (anabolisme) sous forme d'adénosine triphosphate (A.T.P.), une molécule présente dans les cellules. Cette énergie est ensuite libérée par la dégradation (catabolisme) de l'A.T.P. pour couvrir les dépenses énergétiques : croissance, activité physique, dépenses d'entretien et de réparation, métabolisme de base (énergie nécessaire pour maintenir la température du corps, le rythme cardiaque, le fonctionnement du poumon et les autres fonctions de base), etc.

Métacarpe

Partie du squelette de la main comprise entre le carpe (correspondant au poignet) et les doigts.

Métacarpien

Os long de la main.

Les métacarpiens sont au nombre de 5 ; ils forment le métacarpe. Le premier, correspondant à la base du pouce, est très mobile.

Les fractures des métacarpiens, les plus courantes étant celles du 1er et du 5e métacarpien. Il est parfois nécessaire de les réduire chirurgicalement. Elles sont ensuite immobilisées pendant 3 à 6 semaines à l'aide d'une attelle ou d'un plâtre.

Métamorphopsie

Trouble de la vision caractérisé par une déformation des images.

Une métamorphopsie est souvent due à une lésion de la macula (petite zone centrale de la rétine responsable de l'acuité visuelle).

Un sujet atteint de métamorphopsie voit les lignes droites ondulées, incurvées ou brisées et les lettres déformées.

Le traitement d'une métamorphopsie est celui de la lésion de la macula.

Métastase

Migration par voie sanguine ou lymphatique de produits pathologiques (bactéries, virus, parasites, cellules cancéreuses) issus d'une lésion initiale.

Métastase cancéreuse

Foyer de cellules cancéreuses provenant d'un cancer initial, dit primitif, et développé sur un autre organe.

Les métastases cancéreuses représentent la dernière étape de l'évolution spontanée de la plupart des cancers. La première étape est l'extension locale du cancer initial. La deuxième étape est sa propagation aux ganglions lymphatiques voisins par l'intermédiaire des canaux lymphatiques situés dans les tissus. L'étape métastatique, par le biais de la circulation sanguine, peut aboutir à une dissémination du cancer à grande distance et dans plusieurs organes.

Les organes d'arrivée sont le plus souvent les poumons, le foie, les os et le cerveau. On parle alors de cancer secondaire de ces organes. Le siège des métastases dépend dans certains cas de la position anatomique de ces organes : les cancers de l'intestin métastasent facilement dans le foie, car le sang passe de l'intestin dans la veine porte, qui se termine dans le foie. Dans d'autres cas, le lieu d'arrivée tient au type de cancer : les sarcomes (tumeurs malignes du tissu conjonctif) métastasent surtout dans les poumons, pour des raisons encore mal connues.

ÉVOLUTION ET PRONOSTIC

Les métastases sont des phénomènes fréquents et précoces : en général, quand on diagnostique un cancer primitif, il est en fait présent dans l'organisme depuis plusieurs années ; le risque qu'il existe des métastases, déjà repérables ou encore invisibles, est donc extrêmement élevé. Cependant, certaines variétés de cancer métastasent peu (cancer de l'ovaire, par exemple) ou pas du tout (épithélioma basocellulaire de la peau). Les métastases, quand elles existent, prolifèrent plus vite que le cancer primitif. Elles sont aussi plus résistantes à la chimiothérapie et à la radiothérapie. Les stratégies thérapeutiques tiennent compte du risque de présence de métastases encore indécelées : le traitement est plus intensif si un cancer est d'une variété connue pour la fréquence de ses métastases.

Métatarse

Partie du squelette du pied comprise entre le tarse (ensemble d'os qui forme la région postérieure du squelette du pied) et les orteils.

Métatarsien

Os long du pied.

Les métatarsiens sont au nombre de 5 ; ils forment le métatarse. Le premier métatarsien forme l'arche interne de la voûte plantaire et seule son extrémité repose sur le sol. Le cinquième forme la partie externe de la voûte plantaire et repose entièrement sur le sol.

PATHOLOGIE

Fréquentes, les fractures des métatarsiens peuvent être dues à la chute d'un objet sur le pied ou à une torsion violente de celui-ci. Elles sont douloureuses mais le plus souvent bénignes. Leur réduction est en général orthopédique, parfois chirurgicale. Elles sont ensuite immobilisées à l'aide d'un plâtre pendant 3 à 6 semaines.

Météorisme

Accumulation de gaz dans l'intestin se traduisant par une augmentation du volume de l'abdomen.

Le météorisme se distingue du ballonnement abdominal, qui correspond à une sensation subjective de tension intra-abdominale ne traduisant pas toujours une réelle augmentation des gaz dans l'intestin. Un météorisme peut s'observer aussi bien dans les maladies organiques digestives (occlusion colique, syndrome de Koenig) que dans les maladies fonctionnelles, où seule la fonction digestive, et non l'organe, est détériorée (colopathie spasmodique).

Le traitement du météorisme est celui de sa cause.

Méthadone

Analgésique de synthèse, voisin de la morphine, proposé pour le sevrage des héroïnomanes.

La méthadone permet d'éviter les symptômes du sevrage (tremblements, transpiration, agitation, sensation de malaise, etc.) chez les héroïnomanes et leur assure une possibilité de réinsertion sociale en dehors de l'utilisation de drogues illégales. Sa délivrance, sa posologie et l'évaluation de l'efficacité du traitement doivent être suivies régulièrement.

Ce traitement est conduit sur plusieurs mois, voire plusieurs années, et son arrêt dépend de l'évolution psychique du malade.

Les principes et les résultats de ce mode de sevrage sont très controversés, tant du point de vue éthique que pharmacologique (il est possible que les effets secondaires du sevrage de la méthadone soient plus graves que ceux de l'héroïne). Certains y voient cependant un mode de prévention du sida chez les toxicomanes par la réduction de l'emploi clandestin de seringues infectées par le V.I.H.

Méthionine

Acide aminé essentiel (qui ne peut pas être synthétisé par l'organisme et doit donc être fourni par l'alimentation), dont la molécule contient du soufre.

Métrite

Inflammation des divers tissus de l'utérus, essentiellement de la muqueuse utérine (endométrite) mais aussi du muscle utérin (myométrite ou cervicite).

Métrorragie

Saignement vaginal survenant en dehors des règles.

Les métrorragies sont toujours anormales et justifient une consultation médicale. Leurs causes diffèrent selon l'âge de la femme.

■ **La jeune fille** a un cycle menstruel irrégulier les premières années, et, chez elle, les métrorragies ne sont pas rares. Elles doivent néanmoins amener à consulter et peuvent être traitées par une contraception orale précoce. Elles peuvent également s'observer au début d'un traitement contraceptif et cèdent alors à la prise de pilules plus fortement dosées.

■ **La femme en période d'activité génitale** doit toujours prendre une métrorragie au sérieux. Si elle n'est pas enceinte, la cause peut être un polype, un fibrome, une endométrite, une salpingite, un cancer ; cependant, la majorité des cas sont dus à une anomalie du mécanisme menstruel (kystes développés aux dépens d'un follicule, cycles sans ovulation).

■ **La femme ménopausée**, dont les règles sont absentes depuis plus de 6 mois et qui présente des signes nets de ménopause (bouffées de chaleur, sécheresse vaginale), peut avoir des métrorragies, qui doivent faire rechercher un cancer du corps utérin par l'hystéroscopie, le curetage biopsique et le frottis ; le traitement doit être immédiat.

Microangiopathie

Toute maladie atteignant les vaisseaux sanguins de petit calibre.

La principale cause des microangiopathies est le diabète sucré (excès de sucre dans le sang).

Une microangiopathie est un phénomène diffus, mais ses conséquences sont particulièrement sévères sur la rétine, le système nerveux et le rein : rétinopathie diabétique, qui suscite une altération de la rétine et peut aboutir à la cécité, multinévrite (atteinte de plusieurs nerfs périphériques distincts), néphropathie glomérulaire du diabète (atteinte du glomérule, unité de filtration du rein, cause possible d'insuffisance rénale). Une microangiopathie peut également être responsable d'une hypertension artérielle.

Il n'existe pas de traitement spécifique des microangiopathies.

Le seul moyen de prévention efficace consiste en un contrôle strict de la glycémie.

Microbe

Micro-organisme vivant pathogène.

Le terme de microbe désigne aussi bien des bactéries que des virus, des protozoaires que des champignons microscopiques.

Microbiologie

Science et étude des micro-organismes vivants pathogènes, responsables des maladies infectieuses.

La microbiologie regroupe l'étude des bactéries (bactériologie), celle des virus (virologie) et celle des champignons, agents des mycoses (mycologie).

Microcéphalie

Petitesse excessive de la tête par rapport au périmètre crânien moyen des individus de même âge et de même sexe.

En cas d'insuffisance de développement du cerveau, le pronostic est en général réservé, avec un retard de développement mental de degré variable. Il est meilleur en cas de rétrécissement de la boîte crânienne, le développement neurologique et mental étant sensiblement normal ; le crâne reste cependant déformé chez l'adulte. Au besoin, notamment lorsqu'il y a une hypertension intracrânienne, on réalise une intervention chirurgicale (découpe des os du crâne) afin de permettre au cerveau de se développer normalement.

Microchirurgie

Chirurgie réalisée à l'aide d'un microscope binoculaire permettant de grossir jusqu'à 40 fois la vision du champ opératoire.

INDICATIONS

La microchirurgie permet d'effectuer des interventions impossibles en chirurgie classique, à l'échelle du dixième de millimètre et au-dessous.

■ **En chirurgie nerveuse**, elle permet la réparation d'un nerf par suture ou greffe et des opérations délicates de neurolyse (libération de nerfs comprimés par un tissu sclérosé, comme dans le syndrome du canal carpien).

■ **En gynécologie,** elle est utilisée dans le traitement de la stérilité (chirurgie des trompes et des ovaires).

■ **En ophtalmologie,** elle a connu un développement très important avec les opérations de la cataracte (remplacement du cristallin par des implants) et de la rétine.

■ **En oto-rhino-laryngologie,** la microchirurgie est essentiellement utilisée dans l'oreille moyenne pour y reconstituer une chaîne d'osselets ou pour enlever des tumeurs en préservant les nerfs.

■ **En traumatologie,** elle permet la réimplantation de membres ou de doigts sectionnés.

TECHNIQUE
Lors de l'intervention, le chirurgien ne regarde pas directement ses mains, mais examine le champ opératoire à travers un système optique grossissant, voire par l'intermédiaire d'un écran.

Microcirculation

Circulation sanguine des vaisseaux de moins de 50 micromètres de diamètre.

La microcirculation concerne les artérioles, les veinules et les capillaires.

Microcornée

Cornée de petite taille (de diamètre inférieur à 10 millimètres).

Une microcornée existe le plus souvent sur un œil atteint de microphtalmie (réduction congénitale de la taille du globe oculaire).

Microdactylie

Malformation congénitale caractérisée par la petitesse d'un ou de plusieurs doigts ou orteils.

Microdontie

Présence de dents anormalement petites.

La microdontie est une anomalie héréditaire qui peut n'affecter qu'une seule dent.

Le traitement de la microdontie, dont la principale conséquence est d'ordre esthétique, est facultatif : il repose sur le port, pendant une période de 1 à 3 ans, d'un

appareil dentaire. Parfois, on recourt également à la pose d'une couronne en céramique de taille normale sur la ou les dents anormalement petites.

Micrognathie

Développement insuffisant des maxillaires.

Malformation héréditaire, la micrognathie est souvent à l'origine d'un encombrement dentaire.

Chez l'enfant, l'extraction d'un groupe de dents, suivie du port, pendant une période de 2 à 3 ans, d'un appareil dentaire permet généralement d'obtenir un développement correct des maxillaires. Chez l'adulte, le traitement de la micrognathie consiste à corriger chirurgicalement le maxillaire puis à réaligner les dents à l'aide d'un appareil orthodontique.

Microphtalmie

Petitesse congénitale d'un œil ou des deux yeux, due à un arrêt de développement au cours de la vie intra-utérine.

À défaut de traitement curatif réel, des prothèses, de dimensions adaptées à la croissance de la cavité orbitaire, permettent d'augmenter peu à peu la taille de cette dernière.

Microscope

Instrument d'optique ou d'électronique à fort pouvoir grossissant, permettant de voir des objets invisibles à l'œil nu.

Miction

Émission naturelle d'urine par évacuation de la vessie.

Le nombre de mictions dépend de la quantité d'urine à émettre et de la capacité physiologique de la vessie du sujet ; il varie de 0 à 1 pendant la nuit, de 4 à 5 dans la journée. Des douleurs à la miction peuvent révéler une infection urinaire et nécessitent donc un examen cytobactériologique des urines.

La miction est sous la dépendance d'un mécanisme neurologique pouvant être contrôlé volontairement.

TROUBLES DE LA MICTION

■ **La dysurie** est une difficulté à évacuer la vessie. Elle est due à un adénome de la prostate, à un rétrécissement de l'urètre ou à une contraction insuffisante du muscle vésical.

■ **L'énurésie** est une émission d'urine, involontaire et inconsciente, généralement nocturne, chez un enfant ayant dépassé l'âge de la propreté (entre 2 et 4 ans). Elle peut être due à une immaturité neurologique de la vessie. Certains l'attribuent à une cause hormonale ou psychosomatique.

■ **L'impériosité mictionnelle** se traduit par une incapacité à retenir ses urines. Elle révèle une irritation de la vessie.

■ **L'incontinence urinaire** peut être totale ou partielle (le plus souvent sous la forme d'une incontinence urinaire d'effort). Elle est due à une déficience du sphincter de l'urètre.

■ **La pollakiurie** se caractérise par des mictions fréquentes, survenant de jour ou de nuit. Elle traduit une irritation de la vessie (adénome prostatique, cystite, calcul de la vessie) ou une diminution de sa capacité.

Mifépristone

Médicament antigestationnel et antiprogestatif. SYN. *RU 486*.

La mifépristone est un stéroïde de synthèse capable d'inhiber l'action d'une hormone, la progestérone, en se fixant sur ses récepteurs cellulaires.

INDICATIONS

Associée à un analogue synthétique d'une prostaglandine (substance hormonale), la mifépristone est utilisée, par voie orale et en une prise unique, lors d'une interruption volontaire de grossesse (I.V.G.) précoce (avant le 50e jour d'arrêt des règles), pour accélérer l'expulsion ovulaire. L'interruption de grossesse a généralement lieu entre 24 et 48 heures après l'absorption du produit. Si ce n'est pas le cas, un curetage aspiratif est pratiqué.

La prescription et la prise du médicament doivent être faites dans un établissement hospitalier habilité à réaliser des interruptions volontaires de grossesse.

EFFETS INDÉSIRABLES

La mifépristone peut déclencher une hémorragie (dans 5 % des cas), associée ou non à l'interruption volontaire de grossesse (I.V.G.). Par ailleurs, des douleurs abdominales ou pelviennes, des malaises, des maux de tête peuvent être constatés sans que l'on sache si ces signes sont liés à la grossesse ou à son interruption.

PERSPECTIVES

D'autres indications pourraient apparaître dans l'avenir, en particulier le déclenchement du travail à terme, la contraception du lendemain, les interruptions thérapeutiques de grossesse.

Migraine

Maladie caractérisée par des accès répétitifs de maux de tête.

CAUSES

La migraine, très fréquente, est de cause inconnue. Les douleurs sont probablement provoquées par une dilatation des artères cérébrales ; en outre, il existe certainement un facteur héréditaire, car on observe souvent plusieurs cas de migraine dans une même famille. Les crises sont déclenchées par différents facteurs, mais souvent le même chez un malade donné : stress ou, au

---

La migraine chez l'enfant

5 % des enfants sont concernés, les garçons autant que les filles. Leurs crises sont souvent plus courtes que celles des adultes, avec des maux de tête localisés au front et des troubles digestifs prédominants. Les auras visuelles prennent parfois une forme fantastique : inversion, morcellement, grossissement ou éloignement des choses vues, visions fantasmagoriques. Le plus souvent, la crise se termine par un sommeil réparateur. Chez certains enfants, des douleurs abdominales récidivantes, des vomissements, des vertiges, survenant par crises, constitueraient des « équivalents migraineux ».

contraire, détente physique, aliment particulier ou, au contraire, jeûne, manque ou excès de sommeil, bruit ou odeur, proximité des règles chez la femme. La grossesse et la prise de la pilule contraceptive peuvent augmenter ou diminuer la fréquence des crises selon les femmes.

SYMPTÔMES ET SIGNES

Une migraine peut prendre plusieurs aspects.

■ **La migraine dite commune**, la plus fréquente, comprend des crises de maux de tête qui s'installent progressivement, durent plusieurs heures, voire plusieurs jours, s'étendent à la moitié droite ou gauche du crâne (hémicrânie), au moins au début de la crise, et sont le plus souvent ressenties comme des pulsations. D'autres signes s'y associent : troubles digestifs (nausées, parfois vomissements), intolérance à la lumière (photophobie), intolérance au bruit, exacerbation des maux de tête lors d'un effort physique.

■ **La migraine ophtalmique** est une autre forme de migraine, dans laquelle les maux de tête sont précédés de signes neurologiques visuels : scotome scintillant (points lumineux, perceptibles d'abord au centre du champ visuel puis jusqu'à sa périphérie) ; hémianopsie latérale homonyme (impossibilité pour les deux yeux de voir à droite ou à gauche).

Dans d'autres formes encore, la migraine s'accompagne de troubles neurologiques sévères : vertiges, sensation diffuse de fourmillements, exceptionnellement hémiplégie.

Le diagnostic d'une migraine est purement clinique et ne nécessite a priori aucun examen complémentaire.

TRAITEMENT

Il comprend deux volets, le traitement de la crise et le traitement du fond.

■ **Le traitement de la crise** doit être entrepris le plus tôt possible afin d'avoir une meilleure efficacité. Si les analgésiques usuels ne suffisent pas, on emploie des dérivés de l'ergot de seigle tels que le tartrate d'ergotamine (incompatibles avec les antibiotiques du groupe des macrolides et contre-indiqués lors d'une grossesse). En cas d'échec des autres traitements, les triptans, dont le sumatriptan (le premier à avoir été utilisé), sont souvent efficaces.

■ **Le traitement de fond** est pris tous les jours afin de diminuer la fréquence des crises. Il n'est indiqué qu'en cas de crises à la fois fréquentes (plusieurs par mois) et invalidantes. On utilise principalement les dérivés de l'ergot de seigle, les antisérotonines, les bêtabloquants, les antidépresseurs. En général, chez un patient donné, on trouve le médicament qui convient après en avoir essayé successivement plusieurs autres.

■ **Quelques gestes simples.** L'état du migraineux s'améliore souvent grâce à une simple pression de la tempe du côté douloureux, ou par l'application sur la tête de compresses glacées ou bouillantes. Autres remèdes simples, le port de verres teintés, le fait de boire du café fort ou d'avaler un morceau de sucre. Par ailleurs, se coucher à l'abri du bruit et de la lumière soulage souvent le migraineux. Pour certaines migraines spécifiques, il existe un traitement particulier. C'est le cas des migraines ne survenant qu'au moment des règles, que l'on peut prévenir par application d'un gel d'œstrogène.

Miliaire

Éruption cutanée faite de petites élevures, due à une obstruction des pores excréteurs des glandes sudoripares et aboutissant à une rétention d'eau.

On en distingue deux sortes.

■ **Les miliaires cristallines**, ou sudamina, sont constituées par de nombreuses petites élevures translucides, microvésiculeuses, très superficielles, sans rougeur sous-jacente. Elles surviennent brutalement au cours de grandes poussées de fièvre, ou après un violent coup de soleil, sur les zones exposées du corps et régressent en quelques heures.

■ **Les miliaires rouges**, ou bourbouille, ou encore gourme, sont de petites élevures rouge vif qui se rencontrent surtout en zone tropicale en milieu chaud et humide. Elles s'accompagnent de sensations de picotement et siègent surtout dans les zones de transpiration telles que la taille, le thorax, les aisselles et le creux des coudes. Ces éruptions sont également fréquentes chez les nourrissons pendant l'été, y compris en milieu tempéré. La suppression des facteurs déclenchants entraîne la guérison.

Milium

Minuscule kyste blanc situé essentiellement sur le visage et sur les cicatrices et provenant de la dilatation d'un canal sudoripare ou d'un follicule pileux.

Le milium disparaît souvent spontanément. Il peut être traité par l'application locale d'azote liquide.

Minamata (maladie de)

Maladie neurologique grave due à une intoxication par des déchets industriels riches en mercure déversés dans la mer.

Il n'existe pas de traitement efficace de cette maladie.

Minéral

Corps inorganique, solide à la température ordinaire.

Dans l'organisme, les minéraux jouent un rôle de constitution, d'activation et de régulation de réactions enzymatiques, physiologiques, hormonales, etc. Ils représentent entre 4 et 5 % du poids total d'un individu.

Une alimentation variée, ne descendant pas au-dessous de 1 800 kilocalories par jour, suffit normalement à couvrir les besoins de l'organisme en minéraux, sauf pour le fer dans certaines situations – et particulièrement en cours de grossesse.

Minéralocorticostéroïde

Hormone sécrétée par les glandes corticosurrénales et qui favorise la rétention de sodium et l'excrétion de potassium. SYN. *minéralocorticoïde*.

La principale hormone minéralocorticostéroïde est l'aldostérone. Celle-ci exerce son activité principalement dans le rein, où elle stimule la réabsorption du sodium et la sécrétion du potassium.

Minerve

Appareil orthopédique en plâtre, en cuir ou en matière synthétique destiné à solidariser parfaitement la tête avec le thorax.

Une minerve ne doit pas être confondue avec un collier, qui permet une légère mobilité du cou. Elle sert à immobiliser le rachis cervical (lorsqu'il faut traiter une fracture sans intervention chirurgicale) ; dans ce cas, elle doit être portée pendant environ 3 mois.

Minkowski-Chauffard (maladie de)

Maladie héréditaire caractérisée par une anémie hémolytique (diminution du taux d'hémoglobine sanguin, due à la destruction des globules rouges). SYN. *sphérocytose héréditaire*.

SIGNES ET ÉVOLUTION
La maladie de Minkowski-Chauffard se constate habituellement dans l'enfance. L'anémie peut s'aggraver à l'occasion d'épisodes infectieux. On peut également observer une lithiase biliaire (formation de calculs dans les voies biliaires), provoquée par l'excès de bilirubine. Des ulcères peuvent apparaître aux jambes. Des anomalies osseuses sont également constatées dans les formes sévères.

TRAITEMENT
Il repose sur l'ablation de la rate (splénectomie). Cette intervention est justifiée dans toutes les formes entraînant une hémolyse grave. Toutefois, la rate joue un rôle important dans l'élimination de germes tels que le pneumocoque ou le méningocoque ; la splénectomie est donc une intervention dangereuse si elle est pratiquée avant l'âge de 5 ans, en raison des risques infectieux qu'elle entraîne. Ces risques sont très réduits après cet âge, surtout grâce à la vaccination.

Minoxidil

Médicament ayant de puissantes propriétés vasodilatatrices (de dilatation des vaisseaux).

Le minoxidil agit sur la pousse des cheveux lorsqu'il est appliqué localement sur le cuir chevelu. Puissant vasodilatateur périphérique, il entraîne un arrêt de la chute des cheveux (alopécie) et un développement du système pileux. Dans cet usage, les effets indésirables sont quelques réactions allergiques, rares et sans gravité, une irritation locale, une rétention aqueuse et un léger essoufflement. Le minoxidil ne semble efficace que chez 30 % des patients environ, et surtout chez les sujets de moins de 35 ans. Ce traitement n'a qu'un effet temporaire : un retour à l'état initial est prévisible dans les 3 ou 4 mois qui suivent son arrêt. Mais rien ne s'oppose à ce qu'il soit poursuivi pendant plusieurs années, par cures de 2 ou 3 mois tous les 4 mois environ.

M.N.I.-test

Test utilisé dans le diagnostic de la mononucléose infectieuse, consistant à mélanger sur une lame un peu de sérum du patient avec une suspension de globules rouges.

Moelle épinière

Partie du système nerveux central située dans le canal rachidien que forme l'empilement des vertèbres derrière les corps vertébraux.

La moelle épinière est entourée de trois membranes, les méninges. Elle se prolonge en haut par le bulbe rachidien (le début de l'encéphale) et en bas par un cordon fibreux d'environ 25 centimètres de long, le filum terminal.

La moelle est parcourue par deux sillons verticaux médians, l'un postérieur, l'autre antérieur, plus profond, et par des sillons secondaires collatéraux. De chaque sillon collatéral part un ensemble de filets nerveux se regroupant en racines : de chaque côté de la moelle naissent 31 racines postérieures et 31 racines antérieures. Chaque racine postérieure s'unit à la racine antérieure de même niveau pour former un nerf rachidien.

L'intérieur de la moelle comprend deux types de tissu nerveux : la substance blanche, située en périphérie, et la substance grise au centre, dessinant grossièrement, en coupe, une forme de H, avec deux cornes antérieures renflées et deux cornes postérieures effilées. La barre horizontale du H est traversée verticalement, en son centre, par le fin canal de l'épendyme, rempli de liquide céphalorachidien.

Les informations sensitives parviennent à la moelle par les racines postérieures des nerfs. Les informations simples sont analysées directement par la substance grise. Les informations complexes montent de la substance blanche jusqu'à l'encéphale. Les ordres moteurs simples proviennent de la substance grise de la moelle ; les ordres complexes, de l'encéphale, par l'intermédiaire de la substance blanche de la moelle ; tous les ordres sont transmis à d'autres nerfs moteurs par les racines antérieures des nerfs.

PATHOLOGIE

La pathologie de la moelle épinière comprend les compressions (tumeurs), les infections (méningites), les accidents vasculaires (hémorragie, thrombose), les traumatismes, les tumeurs, les carences en vitamine B12 et les affections inflammatoires (sclérose en plaques). Une section de la moelle épinière est irréversible ; elle entraîne une tétraplégie (paralysie des quatre membres) en cas de section à hauteur du rachis cervical, une paraplégie (paralysie des membres inférieurs) en cas de section à hauteur du rachis dorsal.

Moelle osseuse

Tissu présent dans les os, responsable de la production de tous les éléments figurés du sang (globules rouges, globules blancs, plaquettes). SYN. *moelle hématopoïétique*.

La moelle osseuse est présente dans tous les os à la naissance. Elle contient de nombreuses cellules graisseuses et toutes les lignées qui vont donner naissance aux cellules du sang circulant. Sa fonction de production se concentre, à l'âge adulte, à l'intérieur des os du rachis, du thorax, de l'épaule et du bassin. La moelle osseuse normale permet la régénération des cellules sanguines grâce à une réserve de cellules souches.

La moelle osseuse produit chaque jour des milliards de cellules, par exemple 200 milliards de globules rouges et 10 milliards de polynucléaires neutrophiles.

En cas de besoin, la production de cellules par la moelle osseuse augmente considérablement. Ainsi, pour les globules rouges, le nombre peut être multiplié par 10 en cas de perte par hémorragie ou par hémolyse (destruction).

EXPLORATIONS ET PATHOLOGIE

La moelle osseuse est explorée et étudiée par une ponction, réalisée dans le sternum, ou par une biopsie, réalisée au niveau de la crête iliaque postérieure.

Les maladies de la moelle osseuse peuvent être classées en différentes catégories.

■ Les aplasies, pauvreté de la moelle osseuse en cellules souches des différentes lignées, sont généralement dues à une lésion des cellules souches. La toxicité de certains médicaments peut être en cause.

■ Les maladies dues à des toxiques ou à des déficits en vitamines (médicaments, toxiques industriels comme le benzène ; carence en acide folique, en vitamine B12) empêchent le développement normal des cellules de la moelle.

■ Les proliférations anormales des cellules présentes dans la moelle s'observent au cours de différents types de maladie maligne (leucémie, myélome, etc.).

■ L'envahissement par des cellules normalement absentes dans la moelle se rencontre en cas de métastases de cancer.

■ La fibrose de la moelle s'observe au cours des myélofibroses (augmentation du réseau de collagène situé autour des cellules souches de la moelle osseuse).

Moignon

Partie restante d'un membre amputé.

Un moignon peut être douloureux du fait de la présence d'un névrome, tumeur bénigne résultant de la cicatrisation des fibres nerveuses sectionnées. Les amputés peuvent en outre se plaindre de douleurs semblant siéger dans le segment amputé du membre, au-delà du moignon (« douleurs du membre fantôme »). Celles-ci doivent être traitées le plus tôt possible (analgésiques, psychotropes).

Môle hydatiforme

Tumeur, le plus souvent bénigne, formée par une dégénérescence des villosités choriales du placenta pendant la grossesse.

La môle hydatiforme est une maladie du trophoblaste, couche externe de l'œuf implanté dans la muqueuse utérine, à l'origine du chorion (membrane extérieure) puis du placenta. Elle se développe après la fécondation ; l'anomalie chromosomique qui la provoque est d'origine masculine. La grossesse, alors dite môlaire, n'est jamais menée à son terme.

La dégénérescence du trophoblaste entraîne une sécrétion élevée d'hormone chorionique gonadotrophique (h.C.G.), responsable de l'apparition de troubles de la grossesse (vomissements, hémorragies). Le taux de cette hormone est mesuré par dosage sanguin. À l'examen, l'utérus paraît trop développé pour l'âge théorique de la grossesse.

TRAITEMENT

Le traitement précoce des môles hydatiformes classiques donne d'excellents résultats. Il consiste à retirer le contenu de l'utérus par curetage aspiratif, à surveiller le retour à la normale du taux de l'hormone chorionique gonadotrophique et à instaurer un traitement par chimiothérapie (méthotrexate). Une môle invasive doit être traitée comme un cancer et nécessite souvent une chimiothérapie.

La surveillance d'une femme ayant eu une grossesse môlaire doit être poursuivie au moins un an afin de permettre de dépister rapidement une éventuelle récidive, révélée par une augmentation du taux d'hormone chorionique gonadotrophique. Toute nouvelle grossesse est vivement déconseillée pendant cette période afin de ne pas troubler la surveillance.

Molécule

Groupement d'atomes identiques ou différents, unis entre eux par des liaisons chimiques et représentant, pour un corps donné, la plus petite quantité de matière pouvant exister de façon indépendante en gardant ses caractéristiques.

Mollet

Partie postérieure de la jambe, constituée par un groupe de muscles qui s'étendent de la partie postérieure du genou au talon.

Les douleurs du mollet peuvent avoir de nombreuses causes, dont les principales sont la crampe musculaire, le claquage musculaire, la sciatique, la claudication artérielle et la phlébite.

Molluscum contagiosum

Petite tumeur cutanée bénigne due à un virus de la famille des *Poxviridæ*.

Le molluscum contagiosum affecte surtout les jeunes enfants. Il se propage d'un point à un autre du corps lorsque le sujet se gratte et est extrêmement contagieux d'une personne à une autre. C'est une petite formation saillante, hémisphérique, rosée, ferme, de taille très variable, qui siège le plus souvent sur le visage, l'aisselle, l'aine, la région anale ou génitale. Le traitement, un peu douloureux, se fait par destruction locale (grattage à la curette ou application d'azote liquide), mais les récidives sont fréquentes.

Molluscum pendulum

Petite tumeur cutanée bénigne. SYN. *fibrome molluscum, fibrome mou, nævus molluscum.*

Le molluscum pendulum, très fréquent, est vraisemblablement dû à une synthèse accrue de facteurs de croissance (molécules favorisant ou inhibant la multiplication des cellules). Non contagieux, il forme une petite masse de 2 à 10 millimètres, molle, rosée, attachée à la peau par un pédicule et siégeant surtout sur les plis (plis du cou, de l'aine, de l'aisselle). Les lésions sont uniques (alors assez volumineuses) ou, le plus souvent chez les sujets obèses, multiples. Le traitement n'est justifié que dans une minorité de cas, pour des raisons esthétiques ; il consiste à retirer les lésions au bistouri électrique.

Molybdène

Oligoélément indispensable à l'organisme, qui intervient dans certains systèmes enzymatiques, en particulier dans le métabolisme du soufre et des acides aminés soufrés.

Monge (maladie de)

Maladie caractérisée par un excès de globules rouges lors d'un séjour prolongé en haute altitude. SYN. *érythrémie des hautes altitudes, maladie des Andes, maladie chronique des montagnes, mal des montagnes chronique.*

La maladie de Monge se manifeste par une fatigue, des maux de tête et une coloration rouge violacé de la peau lors d'un effort.

Le malade guérit spontanément dès son retour en basse altitude.

Mongolisme

→ VOIR Trisomie 21.

Monilethrix

Maladie congénitale héréditaire du bulbe et de la tige des cheveux. SYN. *aplasie moniliforme.*

Le monilethrix se manifeste progressivement dans la petite enfance par une chute des cheveux, cassés à un ou deux centimètres de leur émergence. Il n'y a pas de traitement réellement efficace de cette affection, dont les symptômes régressent spontanément à la période de la puberté.

Moniliase

→ VOIR Candidose.

Monitorage

Ensemble des techniques utilisées en gynécologie et en obstétrique ainsi qu'en réanimation et consistant à surveiller, d'une manière continue ou répétée, différents paramètres physiologiques ou biologiques au moyen d'appareils automatiques appelés moniteurs (en anglais, *monitoring*).

OBSTÉTRIQUE

Le monitorage obstétrical est une méthode de surveillance du rythme cardiaque du fœtus ainsi que de l'intensité et de la fréquence des contractions utérines de la mère.

Au cours de l'accouchement, on réalise systématiquement un monitorage du cœur de l'enfant pendant le travail de la mère à l'aide d'un petit capteur posé sur l'abdomen de celle-ci et maintenu par une sangle. Ce capteur est relié à un appareil qui indique la fréquence des battements cardiaques par des sons, un indicateur lumineux et, au besoin, par un graphique. Il enregistre aussi la fréquence et l'intensité des contractions utérines. On peut donc, à chaque instant, déceler une anomalie (une souffrance fœtale, notamment), en chercher la cause et la traiter, au besoin par accélération du déroulement de l'accouchement (en pratiquant une césarienne, par exemple).

RÉANIMATION

Le monitorage des fonctions vitales permet de surveiller de nombreux paramètres de presque toutes les fonctions de l'organisme : fréquence et régularité des battements cardiaques, pression dans les artères ou dans les veines, débit cardiaque ; fréquence respiratoire, oxygénation, quantité de gaz carbonique expiré ; activité électrique du cerveau, pression intracrânienne ; température ; concentration de certaines substances dans le sang (glucose, par exemple).

La plus connue des techniques est celle du cardioscope : un appareil dessine en temps réel, sur un écran et au besoin sur papier, un graphique représentant l'activité électrique du cœur. Il affiche aussi le chiffre de la fréquence cardiaque et déclenche une alarme sonore et visuelle si le rythme cardiaque s'accélère ou se ralentit au-delà de limites prédéterminées dans chaque cas. Les avancées technologiques récentes permettent aujourd'hui de réaliser un monitorage non invasif de la pression artérielle et de la respiration, toutes ces techniques permettant d'améliorer la sécurité des malades.

Monocyte

Cellule produite par la moelle osseuse et ayant un rôle important dans les défenses immunitaires.

Monogénique

Se dit d'une maladie dans laquelle un seul gène est responsable de la pathologie.

Mononucléose infectieuse

Maladie infectieuse aiguë et bénigne due au virus d'Epstein-Barr, virus à A.D.N. de la famille des herpès virus.

Dans les pays occidentaux, la primo-infection survient dans l'enfance et ne se traduit généralement par aucun symptôme ; 80 % des adultes ont déjà contracté le virus et 20 % de ces adultes le sécrètent dans leur salive. La transmission du virus, faiblement contagieux, se fait essentiellement par la voie de la salive, d'où le nom de « maladie du baiser » parfois donné à la mononucléose infectieuse. Celle-ci affecte surtout les adolescents et les adultes jeunes.

SYMPTÔMES ET SIGNES

L'incubation dure de 2 à 6 semaines. Le plus souvent, la maladie débute par une fièvre (entre 38 et 39 °C), accompagnée de maux de tête, d'une fatigue intense (asthénie) et d'une angine rouge. Les ganglions lymphatiques des aisselles et de l'aine sont enflés, de même que ceux du cou, qui peuvent gêner la déglutition, voire la respiration ; le volume de la rate augmente. Un ictère se déclare parfois. Des formes plus graves peuvent survenir, comportant des atteintes méningées ou nerveuses.

DIAGNOSTIC ET TRAITEMENT

Le diagnostic se fonde sur l'examen clinique et sur la mise en évidence de l'augmentation du nombre et du volume des lymphocytes par frottis sanguin. On peut confirmer le diagnostic par un examen sérologique (test de Paul-Bunnell-Davidsohn, M.N.I.-test) vérifiant la présence d'anticorps spécifiques.

La guérison intervient en général spontanément, mais l'asthénie peut persister plusieurs mois. L'administration d'ampicilline (pénicilline) peut entraîner une éruption cutanée et l'aggravation des symptômes. Le repos et les antipyrétiques (faisant baisser la fièvre) sont indiqués.

Monorchidie

Absence congénitale d'un testicule.

La monorchidie n'a aucune conséquence sur la fertilité ni sur la sexualité si le testicule unique présent est normal ; il n'est donc pas nécessaire de la traiter.

Monozygote

Se dit de chacun des jumeaux issus d'un même œuf. SYN. *uniovulaire, univitellin.*
→ VOIR Dizygote, Jumeau.

Morphine

Médicament extrait de l'opium, capable de calmer des douleurs intenses en agissant sur le système nerveux central (analgésique central) et de provoquer l'endormissement.

La morphine fait partie des stupéfiants. La codéine et l'héroïne en sont des dérivés.

MÉCANISME D'ACTION

La morphine agit en se fixant sur des récepteurs opioïdes, ou récepteurs morphiniques, situés dans la membrane de certaines cellules du cerveau (thalamus, système limbique, tissu réticulé). De là, elle bloque la transmission des signaux douloureux et annule toute sensation de douleur.

INDICATIONS

La morphine est indiquée pour soulager des douleurs intenses et rebelles aux autres analgésiques – liées à un cancer, à un infarctus du myocarde (crise cardiaque) ou provoquées par des traumatismes graves.

CONTRE-INDICATIONS

La morphine est contre-indiquée en cas d'insuffisance respiratoire, d'insuffisance hépatique sévère, de traumatisme crânien, d'état convulsif, d'intoxication alcoolique aiguë, de delirium tremens.

MODE D'ADMINISTRATION

La morphine est administrée selon les cas par voie orale, sous forme de solutés ou de comprimés à libération prolongée, ou par injection (sous-cutanée, intramusculaire, intraveineuse, péridurale, intrathécale, intracérébro-ventriculaire).

EFFETS INDÉSIRABLES

Les effets indésirables les plus fréquents sont une constipation, des nausées, plus rarement des vomissements, un rétrécissement du calibre des bronches, une dépression respiratoire (diminutions de l'amplitude et de l'efficacité respiratoires) – modérée aux doses thérapeutiques, sévère en cas de surdosage –, une confusion mentale, des vertiges, une hypotension orthostatique (vertige lié à la chute de la tension artérielle lorsque le sujet passe de la position horizontale à la position verticale), une augmentation du tonus des sphincters des muscles lisses, etc.

La morphine et ses dérivés engendrent une dépendance (besoin d'une nouvelle prise) physique et psychique et une accoutumance (nécessité d'augmenter les doses pour obtenir un effet identique) lors de l'utilisation

prolongée. L'arrêt brutal d'un traitement au long cours entraîne l'apparition d'un syndrome de sevrage. Les manifestations du surdosage sont une dépression respiratoire, un myosis (rétrécissement de la pupille), une hypotension, une hypothermie avec évolution possible vers le coma profond. Le traitement de ce surdosage consiste en l'administration d'antidotes tels que la naloxone ou la nalorphine et en une réanimation cardiorespiratoire.

INTERACTIONS MÉDICAMENTEUSES

Les interactions médicamenteuses sont nombreuses. La morphine ne doit pas être utilisée en même temps que les médicaments inhibiteurs de la monoamine oxydase (IMAO), employés dans le traitement des états dépressifs. Son association à la buprénorphine, à la nalbuphine et à la pentazocine est déconseillée car les effets de ces morphinomimétiques sont antagonistes, entraînant par conséquent une efficacité analgésique moindre. En outre, l'association de la morphine avec de nombreux autres médicaments doit être surveillée, notamment son association avec les dépresseurs du système nerveux central, les opiacés (substances dérivées de l'opium), le diphénoxylate, les antidépresseurs tricycliques, etc.

Morsure

Plaie que cause avec ses dents un animal ou un être humain qui mord.

Les principaux risques liés aux morsures animales sont les destructions de tissus et les infections. Les dents des gros animaux peuvent broyer les tissus osseux et sectionner ou déchirer les vaisseaux sanguins, provoquant de grosses hémorragies et un état de choc.

Les microbes qui pullulent dans la gueule ou la bouche des animaux sont cause d'infections secondaires, surtout si les lésions tissulaires sont étendues. Les deux risques infectieux majeurs sont ceux du tétanos et de la rage.

TRAITEMENT

Toute morsure doit être traitée. Il faut soigneusement nettoyer la plaie (sous anesthésie, si nécessaire) et ne pas la fermer (la panser plutôt que la suturer), car une blessure fermée favorise le développement des microbes transmis par la morsure. On utilise des antibiotiques à titre préventif et une protection antitétanique (sérum, vaccin).

Les conséquences d'une morsure venimeuse dépendent de l'espèce animale en cause, de la taille de l'animal, de la quantité de venin injecté et de l'âge et de l'état de santé de la victime. Il existe des sérums antivenimeux spécifiques pour combattre les effets des différents venins.

Mort

Cessation complète et définitive de la vie.

La mort correspond habituellement à l'arrêt de toutes les fonctions vitales, avec cessation définitive de toute activité cérébrale.

■ La mort clinique, ou mort apparente, avec arrêt respiratoire, arrêt cardiaque et suspension de la conscience, est une phase initiale qui peut éventuellement faire l'objet d'une réanimation cardiorespiratoire et qui est donc, au moins dans certaines situations, potentiellement réversible.

■ La mort cérébrale, ou coma dépassé, correspond à l'arrêt définitif de toute activité cérébrale, tronc cérébral compris, avec suspension de toute activité respiratoire spontanée et électroencéphalogramme plat. Dans un pays comme la France, la mort cérébrale définit la mort légale.

Mort cérébrale

→ VOIR Coma dépassé.

Mort-né

Se dit d'un enfant viable expulsé mort des voies génitales maternelles.

Un fœtus est dit mort-né quand la mort est survenue soit pendant la grossesse, après 180 jours de gestation, soit pendant le travail.

CAUSES

Les causes de ces décès sont diverses : elles peuvent être maternelles (hypertension artérielle, diabète, maladie infectieuse, traumatisme, hématome rétroplacentaire, hémorragie) ou ovulaires (tumeur placentaire, terme dépassé, nœud du cordon, transfusion fœto-maternelle, malformation fœtale grave).

Mort subite

Décès inattendu, inopiné, survenant chez un sujet apparemment en bonne santé.

CAUSES

Dans la majorité des cas, un trouble du rythme cardiaque (fibrillation ventriculaire), lié à une maladie des coronaires le plus souvent, ou à une maladie d'une valvule cardiaque, est à l'origine de la mort subite.

Quand la cause n'est pas cardiaque, il faut rechercher une hémorragie cérébro-méningée, une embolie pulmonaire, une rupture d'anévrysme, une dissection aortique, une hémorragie digestive, un choc anaphylactique (réaction allergique), etc.

TRAITEMENT

Si un sujet est en état d'arrêt cardiaque et circulatoire, et de mort apparente récente, il convient d'effectuer un bouche-à-bouche et un massage cardiaque et d'appeler d'urgence une unité de soins intensifs mobile possédant un défibrillateur afin de pratiquer le plus tôt possible un choc électrique.

PRÉVENTION

Chez les sujets atteints de maladies cardiaques, certains médicaments sont prescrits pour éviter une mort subite. Chez les sujets présentant des facteurs de risque d'athérosclérose ou chez les sportifs, la prévention repose surtout sur le dépistage et le traitement des cardiopathies.

Mort subite du nourrisson

Décès brutal et inattendu d'un bébé considéré jusque-là comme bien portant ou ayant présenté des symptômes dont ni la nature ni l'importance ne pouvaient laisser présager une issue rapidement fatale.

On parle de « mort subite inexpliquée du nourrisson » lorsque l'enquête clinique, bactériologique, biologique et surtout anatomopathologique (autopsie) ne permet pas de trouver une explication médicale au décès.

FRÉQUENCE

La mort subite du nourrisson représente, dans les pays industrialisés, la principale cause de mortalité infantile au cours de la première année de la vie. Sa fréquence est estimée de 1 à 3 pour 1 000 naissances d'enfants vivants. Elle frappe essentiellement les nourrissons âgés de 2 à 4 mois ; de 80 à 90 % de ces décès se produisent avant l'âge de 6 mois.

FACTEURS DE RISQUE

Les anciens prématurés, les enfants ayant un faible poids de naissance ou ayant présenté des troubles neurologiques ou respiratoires sont plus exposés que d'autres à la mort subite du nourrisson. Celle-ci semble due à plusieurs facteurs présents dans l'environnement habituel du bébé, qui peuvent, à un moment donné, se conjuguer pour aboutir à l'accident mortel. Parmi les plus fréquents figurent les infections virales et bactériennes (la mortalité est multipliée par quatre ou cinq durant la période hivernale), l'élévation brutale de la température corporelle, qu'elle soit d'origine infectieuse ou extérieure à l'organisme (enfant trop couvert, par exemple), le reflux gastro-œsophagien, les apnées (arrêt de la respiration) provenant d'une inflammation ou d'une malformation des voies aériennes supérieures, le tabagisme passif. La position de sommeil à plat dos est actuellement préconisée chez le nourrisson quand il n'y a pas de reflux gastro-œsophagien. Elle a entraîné la diminution de moitié de la fréquence de la mort subite du nourrisson.

AIDE AUX PARENTS

La mort subite du nourrisson représente un traumatisme majeur pour l'entourage du bébé, qui éprouve toujours un sentiment de culpabilité. Et pourtant il n'a aucune part de responsabilité dans sa survenue.

Par ailleurs, l'autopsie de l'enfant est nécessaire, même si elle paraît souvent inutilement « agressive » aux yeux des parents. Elle peut, en effet, permettre de connaître les causes de la mort et donc contribuer à une meilleure prise en charge des enfants à venir dans la famille.

EN CAS DE NOUVELLE GROSSESSE

Le risque de récurrence des morts subites du nourrisson n'est pas plus élevé dans une famille ayant subi ce drame que dans la population générale. Cependant, lors des grossesses suivantes, un accompagnement psychologique s'impose. L'enfant suivant du couple peut également faire l'objet d'examens spécialisés. Ainsi, si les facteurs de risque sont connus et traités, il bénéficiera d'une sécurité accrue. Le recours à un moniteur cardiorespiratoire, appareil permettant de contrôler la fréquence cardiaque et respiratoire, ne saurait se justifier que par l'anxiété de parents traumatisés par un précédent drame. L'appareil est, en effet, souvent mal supporté, car les alarmes se déclenchent trop fréquemment.

Dans tous les cas, une collaboration confiante avec un médecin compétent et expérimenté apparaît souhaitable pour l'accompagnement des enfants à venir. Elle seule permet d'assurer à la famille une assistance médicopsychologique efficace.

Morton (métatarsalgie de)

Douleur de l'avant-pied due à la présence d'une petite tumeur bénigne sur un filet nerveux du dos du pied, le plus souvent située à la racine de l'espace entre le troisième et le quatrième orteil.

La métatarsalgie de Morton se manifeste par la survenue à la marche d'une douleur intense, souvent intolérable. Le port de chaussures trop serrées ou l'existence d'un type morphologique particulier d'avant-pied (avant-pied rond) sont des facteurs favorisants.

Le traitement médical, parfois suffisant, repose sur le port de chaussures moins serrées et sur les infiltrations locales de corticostéroïdes. Lorsque la douleur persiste, on pratique une ablation chirurgicale de la tumeur et on sectionne le ligament intermétatarsien.

Morve

Maladie infectieuse très contagieuse chez les animaux, rare chez l'homme, due à un bacille à Gram négatif, *Pseudomonas mallei.*

La morve sévit encore en Asie, en Afrique, en Europe orientale et au Moyen-Orient.

La principale source de contagion pour l'homme demeure les sécrétions s'écoulant du nez d'animaux atteints.

■ **La forme aiguë** se traduit par une fièvre, des douleurs diffuses et des sécrétions nasales sanguinolentes puis purulentes, associées à des ulcérations cutanées et à des abcès disséminés.

■ **La forme chronique** ne diffère de la forme aiguë que par la moindre intensité des signes et par la longue durée de l'évolution (plusieurs mois).

Les malades sont efficacement traités par antibiotiques.

Moschcowitz (syndrome de)

Association de symptômes comprenant des dérèglements circulatoires (microthromboses des artérioles) responsables d'insuffisance rénale et cardiaque et de troubles neurologiques, une diminution des plaquettes, « consommées » par les thromboses, et une anémie due à la fragmentation des globules rouges dans les artérioles.

La cause du syndrome de Moschcowitz demeure, dans la plupart des cas, indéterminée.

La maladie régresse spontanément en quelques jours, voire en quelques semaines. Les traitements proposés sont nombreux, mais aucun n'a encore fait la preuve formelle de son efficacité.

Motricité

Ensemble des fonctions nerveuses et musculaires permettant les mouvements volontaires ou automatiques du corps.

Mouchage

Évacuation des mucosités du nez par une expiration forcée, bouche fermée.

Au cours des rhinopharyngites des nourrissons et des jeunes enfants qui ne savent pas encore se moucher, les parents lavent les fosses nasales en faisant couler du sérum physiologique dans le nez ou en aspirant les sécrétions à l'aide d'un petit appareil spécial.

M.S.T.

→ VOIR Maladie sexuellement transmissible.

Mucilage

Substance visqueuse extraite des végétaux (algues), se gonflant au contact de l'eau et utilisée comme laxatif doux.

Mucinose

Toute affection caractérisée par l'accumulation dans la peau de mucine, substance gélatineuse provenant des sécrétions des glandes muqueuses.

Les symptômes des mucinoses sont assez variables ; il s'agit souvent de taches saillantes ou de papules (lésions saillantes) de couleur rosée ou ivoire, de un à quelques millimètres de diamètre. Il n'existe pas de traitement connu des mucinoses.

Mucocèle

Tumeur bénigne due à une accumulation de mucus dans une cavité dont l'orifice est obstrué.

Une mucocèle peut se constituer dans l'appendice cæcal (plus couramment appelé appendice), dans le sac lacrymal ou dans un sinus. Elle augmente de volume, comprimant parfois les organes voisins, et peut être douloureuse. Une mucocèle doit être incisée et vidée chirurgicalement.

Mucolipidose

Maladie héréditaire caractérisée par une accumulation, dans les lysosomes, de mucopolysaccharides acides et de glycolipides, présents surtout dans les viscères.

Les mucolipidoses constituent un ensemble de maladies qui appartient au groupe des maladies lysosomales.

Il n'existe pas actuellement de traitement de la mucolipidose.

Un conseil génétique est possible avant la conception. Un dépistage anténatal peut être fait pendant la grossesse.

Mucopolysaccharidose

Toute maladie caractérisée par l'accumulation de mucopolysaccharides (glucides) dans l'organisme.

Les mucopolysaccharidoses sont des affections héréditaires rares, dues à une déficience en une enzyme provoquant une accumulation de mucopolysaccharides dans les cellules des organes et des tissus (foie, rate, peau, etc.), lesquels augmentent alors de volume et fonctionnent anormalement.

Mucoviscidose

Maladie héréditaire caractérisée par une viscosité anormale du mucus que sécrètent les glandes intestinales, pancréatiques et bronchiques. SYN. *fibrose kystique du pancréas, maladie fibrokystique.*

FRÉQUENCE ET CAUSE

La mucoviscidose touche surtout les sujets blancs, parmi lesquels elle atteint un enfant sur 2 000 à 2 500. Il s'agit d'une maladie à transmission autosomique (le gène porteur est situé sur les chromosomes non sexuels) récessive (le gène doit être reçu du père et de la mère pour que la maladie se développe).

SYMPTÔMES ET SIGNES

Comme les sécrétions muqueuses, trop visqueuses, s'écoulent mal dans les conduits naturels, il se produit des dilatations kystiques, voire des obstructions.

Les manifestations peuvent débuter dès la naissance par une occlusion intestinale du nouveau-né, un retard de l'évacuation du méconium, un ictère (dû à une obstruction des voies biliaires) ou une obstruction des petites bronches qui peut conduire à une détresse respiratoire. Mais ce sont généralement des problèmes respiratoires chez le nourrisson qui attirent d'abord l'attention : toux persistante, bronchites à répétition, emphysème évoluant vers une insuffisance respiratoire précoce. Quelques années plus tard apparaissent un encombrement muco-purulent permanent, puis une distension du thorax, un hippocratisme digital (ongles élargis et recourbés en griffe) et une cyanose des extrémités. La gravité des manifestations respiratoires est liée à la surinfection pulmonaire par différents germes, tels le staphylocoque doré et le bacille pyocyanique.

Aux atteintes respiratoires s'ajoutent des manifestations digestives : 85 % des sujets souffrant de mucoviscidose ont une insuffisance pancréatique, qui se traduit en général par une diarrhée chronique, avec émission de selles volumineuses, graisseuses et souvent nauséabondes. Cette diarrhée persistante explique la perte de poids observée chez des enfants dont l'appétit ne faiblit pas, en dehors des épisodes d'infection respiratoire. Si la fibrose pancréatique s'étend aux îlots de Langerhans (petits amas cellulaires responsables de la sécrétion d'insuline par le pancréas), elle peut entraîner un diabète insulinodépendant. On observe plus rarement une atteinte hépatique, conduisant parfois à une cirrhose, une atteinte biliaire (lithiase) ou des myocardiopathies. La stérilité chez les garçons et une hypofertilité féminine sont fréquentes.

DIAGNOSTIC ET ÉVOLUTION

Ces différents symptômes indiquent la probabilité de la maladie. On aura recours, pour confirmer le diagnostic, au test de la sueur, qui révèle un taux anormalement élevé de chlore et de sodium dans celle-ci. Le dosage doit être effectué par un laboratoire très expérimenté, et deux tests sont nécessaires avant de poser définitivement le diagnostic. La maladie évolue vers l'insuffisance respiratoire sévère, souvent mortelle.

TRAITEMENT

En l'état actuel des connaissances, le traitement ne peut agir que sur les symptômes. Une collaboration étroite entre l'équipe hospitalière, le médecin traitant, les kinésithérapeutes et les infirmières à domicile permet à l'enfant de demeurer le plus possible dans sa famille et de supporter au mieux des soins contraignants. Ultérieurement, on s'efforcera de faciliter l'insertion scolaire et professionnelle du malade.

Le premier objectif du traitement est de conserver un état nutritionnel satisfaisant. L'administration d'extraits pancréatiques, un régime hypercalorique et hypolipidique, voire une alimentation par sonde gastrique ou par perfusions, contribuent à suppléer aux déficiences. En période de grande chaleur, l'absorption de comprimés de chlore évite la déshydratation.

Le traitement comporte aussi une prise en charge respiratoire. Celle-ci vise à drainer les sécrétions grâce à la toux, de façon à conserver aux voies aériennes une perméabilité maximale. Des séances de kinésithérapie respiratoire permettent à l'enfant d'obtenir une toux efficace et contrôlée. Le recours aux aérosols ultrasoniques a également pour but de faciliter la respiration. Dans les cas les plus graves, on peut pratiquer une oxygénothérapie de longue durée.

Le troisième grand axe du traitement est une antibiothérapie rigoureusement adaptée aux germes de surinfection bronchique détectés lors des analyses bactériologiques. La greffe pulmonaire (des deux poumons ou du bloc cœur-poumons) est une solution extrême réservée aux patients atteints d'insuffisance respiratoire très sévère.

DÉPISTAGE
Un dépistage anténatal de la maladie, par biopsie des villosités choriales du placenta, est aujourd'hui possible à la 10ᵉ semaine de grossesse, chez les couples qui ont déjà donné naissance à un enfant atteint de mucoviscidose. Les parents d'un enfant malade ont en effet une possibilité sur quatre d'avoir un autre enfant atteint de cette maladie. Les frères et sœurs des sujets malades seront, dans deux cas sur trois, porteurs du gène et donc susceptibles d'avoir plus tard des enfants atteints si leur conjoint a, lui aussi, hérité d'un gène transmetteur.

PERSPECTIVES
Les traitements hautement spécialisés dont bénéficient aujourd'hui les enfants atteints de mucoviscidose permettent une qualité de vie nettement améliorée.

Mucus
Substance visqueuse, composée de protéines et de glucides appelés mucines, sécrétée par les cellules mucipares des muqueuses (respiratoires, digestives, génitales).

Muguet
Affection de la muqueuse buccale due à une levure, *Candida albicans*.

Localisation digestive de la candidose, le muguet se manifeste tout d'abord par une inflammation diffuse, la muqueuse étant rouge, sèche et cuisante. Puis la paroi interne des joues, la langue et le pharynx se couvrent d'un enduit blanchâtre semblable à du lait caillé. Dans certains cas, le malade ressent une gêne pour avaler, ce qui laisse présager une atteinte de l'œsophage. Chez l'enfant, la maladie peut s'étendre aux plis cutanés et aux ongles.

TRAITEMENT
Le traitement comporte le recours à des applications locales de sérum bicarbonaté et isotonique (de même concentration moléculaire que le plasma du sang) ou de médicaments antifongiques. Un traitement général par voie orale s'impose en cas d'atteinte de l'œsophage.

Chez le nourrisson, tout régime à base de carottes est contre-indiqué tant que l'affection persiste, car il favorise le développement de la levure.

Multipare
Femme qui a déjà eu un ou plusieurs enfants.

Münchhausen (syndrome de)
→ VOIR Pathomimie.

Muqueuse
Membrane tapissant la totalité du tube digestif (de la bouche au rectum), l'appareil respiratoire, l'appareil urinaire, les appareils génitaux masculin et féminin ainsi que la face postérieure des paupières et la face antérieure du globe oculaire (conjonctive).

Les muqueuses sécrètent du mucus, ce qui assure l'humidité et la lubrification des organes qu'elles tapissent. La nature des glandes et leur sécrétion varient d'une muqueuse à l'autre, en correspondance avec la fonction physiologique particulière à chacun des tissus : les muqueuses du tube digestif et leurs glandes, par exemple, ont un rôle précis dans la digestion et l'absorption des aliments ; dans les voies aériennes, le mucus arrête une partie des poussières inhalées, etc.

Muqueuse utérine
→ VOIR Endomètre.

Muscle
Organe doué de la propriété de se contracter et de se décontracter.

Le tissu d'un muscle est constitué de fibres musculaires ; celles-ci sont composées de cellules appelées myocytes, qui renferment dans leur cytoplasme de nombreux filaments allongés parallèlement au grand axe de la cellule. Ces filaments sont de deux types : les uns, fins, sont faits d'actine ; les autres, épais, sont composés de myosine. C'est grâce à leur interaction que la contraction musculaire s'effectue.

Muscle cardiaque

Également appelé myocarde, il a une structure proche de celle des muscles striés, mais ses contractions sont autonomes et involontaires.

Muscles lisses

Également appelés muscles blancs, ils sont présents dans la paroi de nombreux organes (utérus, intestin, bronches, vésicule, vaisseaux sanguins, etc.). Leur contraction est involontaire, autonome ou assurée par le système nerveux végétatif.

PATHOLOGIE

Certains muscles lisses peuvent être atteints de spasmes (contractions involontaires).

Muscles striés

Également appelés muscles rouges ou muscles squelettiques, ils unissent les os et permettent la mobilité. Leur contraction est volontaire, soumise au contrôle cérébral : chaque fibre musculaire est connectée à une terminaison nerveuse qui reçoit les ordres en provenance du cerveau ; l'impulsion nerveuse stimule le muscle en libérant un neurotransmetteur chimique (substance sécrétée par certains neurones pour transmettre l'influx nerveux vers d'autres cellules), l'acétylcholine. Ces muscles sont constamment maintenus dans un état de contraction modérée : le tonus musculaire.

PATHOLOGIE

■ **Le claquage** est dû à la rupture, à la suite d'un effort violent, de quelques fibres d'un muscle : on parle de déchirure lorsque l'atteinte est importante, d'élongation lorsque les fibres musculaires sont seulement distendues.

■ **Les affections** pouvant atteindre le muscle sont la myosite (inflammation), la myasthénie (fatigabilité musculaire intense et rapide par blocage de la transmission de l'influx nerveux au muscle) et les myopathies (maladies congénitales résultant d'une altération des fibres musculaires).

Mutagène

Se dit de tout élément capable de provoquer une mutation au sein d'une espèce.

Les principaux éléments mutagènes sont les radiations et les produits chimiques.

Engendrées par les substances mutagènes, les mutations peuvent conduire à des maladies héréditaires ou à des cancers.

Mutation

Modification survenant dans l'A.D.N. d'une cellule et pouvant entraîner l'apparition d'un caractère nouveau.

Mutité

Impossibilité de parler pour une personne.

Les affections qui entraînent une mutité sont soit relatives au larynx, soit d'origine neurologique : les lésions du larynx, congénitales ou acquises (tumeur, paralysie, etc.), certaines opérations chirurgicales (laryngectomie, trachéotomie, etc.) font perdre la voix, de même que les lésions des nerfs moteurs du larynx, une absence de développement des centres nerveux (arriération mentale) ou une lésion du système nerveux (accident vasculaire cérébral).

■ **L'audimutité** est la mutité de l'enfant qui n'apprend pas le langage oral avant six ans en raison de troubles psychiatriques et sans lésion organique : l'enfant entend mais ne parle pas. Le traitement de l'audimutité, quand il est possible, est celui de sa cause, associé à la rééducation de la voix par l'orthophonie.

■ **La surdimutité** est liée à une surdité des deux oreilles, congénitale ou acquise avant l'âge de 5 ou 6 ans. Elle n'a pas toujours une cause connue malgré les examens complémentaires effectués. Elle peut être consécutive à une maladie héréditaire de l'oreille, à une infection contractée par la mère pendant la grossesse, à un accouchement difficile, etc. Comme l'enfant n'entend ni les paroles émises par ses parents ni ses propres sons, il n'apprend pas à parler ou, si la surdimutité survient dans les premières années, il oublie ce qu'il a appris et se trouve partiellement coupé du monde extérieur. Il s'ensuit des troubles de l'affectivité et du comportement (agressivité, indifférence, etc.) et une insuffisance des acquisitions intellectuelles, variable selon l'intensité du trouble et son éventuel traitement. L'enfant ne réagit ni aux bruits qui l'entourent ni à la voix. Il ne tourne pas la tête vers la source d'un bruit. Ainsi, les parents peuvent s'apercevoir de la maladie dès la première année. En revanche, ses autres comportements peuvent être trompeusement normaux : il émet des gazouillis, car cette production de sons est automatique au début de la vie. Ce n'est que vers la deuxième année que ces sons s'appauvrissent.

Les tests médicaux de dépistage de la surdité sont primordiaux. Ils peuvent être pratiqués, au besoin, dès la naissance et répétés plusieurs fois dans la petite enfance, certains par le médecin, d'autres à l'hôpital. On utilise soit des tests simples avec des jouets sonores, soit des tests complexes, appelés « potentiels évoqués », s'il existe des cas semblables dans la famille.

Difficile, le traitement de la surdimutité comprend plusieurs phases et est très spécialisé dans les formes graves. Il peut être celui de la cause éventuelle, consister en un appareillage par une prothèse auditive externe ou un implant cochléaire. En cas de succès, on peut espérer vaincre la mutité. Sinon, il faut faire appel à un apprentissage de la lecture sur les lèvres, du langage des mains, à un entraînement des organes sensoriels non auditifs tels que le toucher et à un soutien scolaire approprié, parfois dans une institution spécialisée. Une information et un soutien psychologique sont dispensés à la famille, d'une part à cause de son rôle indispensable auprès de l'enfant, d'autre part pour expliquer et prévenir les réactions négatives de sa part à la maladie.

Myalgie

Douleur musculaire.

Les myalgies peuvent être dues à une hypertonie musculaire (raideur des muscles) ou à un traumatisme (courbatures d'effort, torticolis, lumbago). On les rencontre aussi dans diverses maladies, aiguës ou chroniques, d'origine infectieuse (grippe, hépatite virale, poliomyélite aiguë, maladie de Bornholm) ou auto-immune (polymyosite, lupus érythémateux).

Le traitement est celui de la maladie responsable. En outre, pour soulager la douleur, il est fait appel aux analgésiques locaux ou généraux et aux décontracturants.

Myalgie épidémique

→ VOIR Pleurodynie contagieuse.

Myasthénie

Maladie neurologique caractérisée par un affaiblissement musculaire.

La myasthénie est une affection rare (de 2 à 5 cas par million d'individus) d'origine auto-immune (l'organisme produisant des anticorps contre ses propres constituants). Les anticorps en cause se fixent sur la plaque motrice, zone de contact de la cellule musculaire avec la fibre nerveuse qui la commande, ce qui empêche l'acétylcholine, substance sécrétée par la fibre nerveuse, de s'y fixer et bloque la transmission des messages. Sans en savoir les raisons, on observe diverses affections (anomalies, tumeur) du thymus (glande située devant la trachée) chez 75 % des personnes souffrant de myasthénie.

SYMPTÔMES ET SIGNES

Dans la majorité des cas, la maladie débute avant 40 ans ; les premiers signes sont le plus souvent oculaires, les patients se plaignant d'une diplopie (vision double) ou d'un ptôsis (chute de la paupière supérieure) d'un ou des deux yeux. Mais il peut s'agir également de troubles de la voix (voix nasonnée), de gêne à la mastication, de faiblesse des membres, d'une sensation de fatigue générale. La variabilité des troubles et leur accentuation à la fatigue sont caractéristiques de la maladie. Le plus souvent, la myasthénie s'étend à d'autres muscles.

TRAITEMENT

Il se fonde sur l'administration d'anticholinestérasiques, qui favorisent l'action de l'acétylcholine, et souvent sur l'ablation chirurgicale du thymus. Dans la majorité des cas, si le traitement est suivi à long terme, il permet au sujet de mener une vie normale ou tout au moins autonome. Lorsque ce traitement ne conduit pas à une amélioration suffisante, on propose l'administration d'immunosuppresseurs. Un certain nombre de médicaments sont contre-indiqués : des antibiotiques (aminosides notamment), quinidine, anti-épileptiques (hydantoïne, trimethadione), bêtabloquants même en collyre... car ils peuvent provoquer des poussées de myasthénie.

Mycétome

Tuméfaction inflammatoire tropicale contenant des grains fongiques (champignons) ou actinomycosiques (bactéries filamenteuses), affectant la peau, les tissus sous-cutanés, voire les os. SYN. *pied de Madura.*

Cette infection, rare, sévit dans la zone tropicale nord.

CONTAMINATION

L'homme se contamine en se piquant avec des épines ou des échardes infectées ou par souillure d'une plaie déjà existante.

TRAITEMENT

Les antibiotiques sont susceptibles de guérir les mycétomes actinomycosiques, mais les mycétomes fongiques ne peuvent être éliminés que par une opération chirurgicale.

Mycobactérium

Genre de bactéries constitué de bacilles, dont certains sont pathogènes pour l'homme, dits acido-alcoolo-résistants du fait de leur coloration particulière par la technique de Ziehl-Neelsen, qui permet de les différencier des autres germes à l'examen direct.

Il existe de nombreuses espèces de mycobactéries. *Mycobacterium tuberculosis,* ou bacille de Koch, est responsable de la tuberculose ; *Mycobacterium lepræ,* ou bacille de Hansen, de la lèpre. *Mycobacterium bovis* est

responsable de la tuberculose bovine et peut éventuellement contaminer l'homme. Le bacille de Calmette et Guérin (B.C.G.) est une souche de *Mycobacterium bovis* de virulence atténuée, utilisée pour la vaccination contre la tuberculose.

D'autres espèces de mycobactéries, appelées atypiques, sont présentes dans l'environnement et habituellement sans danger pour l'homme. Elles sont cependant responsables d'infections opportunistes (ne se déclarant que chez des personnes aux défenses immunitaires affaiblies), comme *Mycobacterium avium-intracellulare,* déclenchant fréquemment des infections généralisées (septicémies) chez les malades atteints du sida.

Mycoplasme

Très petite bactérie (de 0,3 à 0,8 micromètre) dépourvue de paroi.

Les mycoplasmes sont présents dans la nature (eau, sol, végétaux), chez les insectes, les animaux et l'homme (surface des muqueuses). Certains sont pathogènes pour l'homme, comme *Mycoplasma pneumoniæ,* cause d'infections respiratoires, ou *Mycoplasma hominis* et *Mycoplasma ureaplasma urealyticum,* responsables d'infections des voies génito-urinaires.

Certains antibiotiques (tétracyclines) permettent de traiter efficacement les infections à mycoplasmes.

Mycose

Infection provoquée par un champignon microscopique.

Les champignons microscopiques se répartissent, selon leur morphologie, en levures, en champignons dimorphes et en moisissures. Certains (candida, *Cryptococcus, Torulopsis,* etc.) sont normalement présents sur la peau ou dans l'organisme sans leur nuire.

DIFFÉRENTS TYPES DE MYCOSE

■ **Les mycoses cutanées,** ou cutanéomuqueuses, se manifestent par une atteinte de la peau, des plis (intertrigo), des espaces entre les doigts, du cuir chevelu, des ongles (onychomycose), de la bouche ou du vagin.

Ce sont, par exemple, des candidoses (muguet, vulvite, balanite) ou des dermatophytoses (teigne, pied d'athlète, herpès circiné). Les épidermomycoses sont des mycoses touchant l'épiderme, dues aux dermatophytes ou au pityriasis versicolor. ■ Les mycoses profondes constituent les formes les plus graves. L'infection à candida peut prendre la forme d'une septicémie avec extension à l'endocarde, aux poumons, aux méninges et aux reins. Une autre levure, *Cryptococcus neoformans*, est responsable de méningoencéphalite et d'atteinte pulmonaire, notamment chez les malades atteints du sida. *Aspergillus fumigatus* est la cause de l'aspergillose, se manifestant sous la forme de tumeurs pulmonaires ou bronchiques (aspergillomes) chez des malades soumis à une chimiothérapie anticancéreuse ou ayant déjà eu une tuberculose, une affection chronique des bronches ou une mucoviscidose.

DIAGNOSTIC ET TRAITEMENT
Le diagnostic des mycoses se fait par l'examen des lésions et par examen, direct et après culture, de prélèvements.

Des traitements locaux spécifiques permettent de guérir la plupart des lésions locales. Les mycoses profondes sont le plus souvent sensibles à l'action des médicaments antimycosiques, mais les traitements sont, dans ce cas, généralement de longue durée. Il existe des risques de rechute.

Mycosis fongoïde

Maladie caractérisée par une prolifération cutanée de lymphocytes.

Le mycosis fongoïde fait partie des lymphomes cutanés (tumeurs cutanées développées aux dépens du tissu lymphoïde). Il atteint surtout l'homme entre 40 et 60 ans et évolue le plus souvent en trois phases.

■ La première phase est marquée par l'apparition de plaques cutanées d'une couleur allant du rose clair au rouge violine.

■ Dans la deuxième phase, également appelée phase infiltrée, les lésions s'épaississent, formant des bourrelets de couleur variable, de jaunâtre à rouge foncé.

■ La troisième phase, ou phase tumorale, est caractérisée par l'apparition de petits nodules pouvant grossir et former de véritables tumeurs cancéreuses. Tardivement, enfin, la maladie s'étend aux ganglions lymphatiques et aux viscères.

TRAITEMENT
Il repose dans un premier temps sur la chimiothérapie locale (applications de méchloréthamine), la puvathérapie (exposition à des rayonnements ultraviolets en cabine) ou la radiothérapie. Dans les formes plus évoluées, la chimiothérapie permet d'atténuer les symptômes de la maladie.

Mydriase

Dilatation de la pupille.

La mydriase pathologique s'observe dans plusieurs cas :
- à la suite d'une consommation trop importante d'alcool ;
- à la suite d'une prise de stupéfiants ;
- à la suite d'une paralysie du nerf parasympathique oculaire, d'origine traumatique, tumorale ou vasculaire.
- à la suite d'une lésion du globe oculaire ou du nerf optique ayant détruit la majeure partie des fibres optiques.
- à la suite de l'excitation du nerf sympathique, cas plus rarement observé.

Un sujet atteint de mydriase voit flou et est très ébloui. L'application de collyres myotiques (qui provoquent la contraction de la pupille) fait disparaître ces symptômes.

Mydriatique

Se dit d'une substance capable de provoquer une mydriase (dilatation persistante de la pupille de l'œil).

INDICATIONS
Les substances mydriatiques sont indiquées dans le traitement du glaucome à angle ouvert, de l'hypertension intraoculaire et de l'hypertonie oculaire. L'atropine est plus particulièrement utilisée dans le traitement des affections inflammatoires de l'œil, comme les kératites et les uvéites (inflammation du tractus uvéal comprenant la choroïde, le corps ciliaire et l'iris).

EFFETS INDÉSIRABLES ET CONTRE-INDICATIONS

Les substances à effet mydriatique provoquent une modification de la vue : elles dilatent la pupille et empêchent le diaphragme de se refermer suffisamment pour rendre une image nette. Cet effet secondaire bénin dure quelques heures, le temps que le produit se résorbe.

Parfois, chez des sujets anatomiquement prédisposés, les substances à effet mydriatique peuvent engendrer une crise de glaucome par fermeture de l'angle formé par l'iris et la cornée (angle iridocornéen).

→ VOIR **Myotique**.

Myéline

Substance composée de lipides et de protéines, gainant certaines fibres nerveuses.

Myélodysplasie

Ensemble des maladies caractérisées par la présence de cellules souches anormales dans la moelle osseuse. SYN. *syndrome myélodysplasique (S.M.D.)*.

Myélofibrose

Augmentation pathologique du réseau de collagène situé autour des cellules souches de la moelle osseuse.

SYMPTÔMES ET SIGNES

On observe très souvent une anémie avec une déformation des globules rouges (globules en forme de poire). Le nombre de globules blancs est souvent augmenté, celui des plaquettes, variable.

La myélofibrose évolue sur des mois, voire des années. Lorsque le nombre de globules blancs ou de plaquettes augmente, on administre dans certains cas une chimiothérapie à faible dose. On ne dispose pas actuellement de traitement spécifique de la myélofibrose.

Myélogramme

Examen des cellules de la moelle osseuse.

Un myélogramme est réalisé à partir d'un très petit volume de moelle (en général moins d'un centimètre cube), prélevé dans le sternum ou à la hauteur de la crête iliaque postérieure. Après une anesthésie locale, les cellules sont aspirées à l'aide d'une seringue. Le prélèvement est douloureux mais rapide (quelques secondes). Les résultats sont obtenus en quelques heures. Le patient peut repartir immédiatement après l'examen. Il n'y a pas d'effet secondaire.

Le myélogramme est indispensable pour préciser l'origine de nombreuses formes d'anémie (diminution des globules rouges), de thrombopénie (diminution des plaquettes) et pour expliquer la diminution de certains globules blancs, les polynucléaires neutrophiles ; il est également très utile dans la surveillance des maladies de la moelle (leucémies, par exemple) sous traitement.

Myélographie

Radiographie de la moelle épinière, des racines des nerfs et des méninges.

Un type particulier de myélographie, la myélosaccoradiculographie, explore aussi le cul-de-sac liquidien situé sous la moelle et la queue-de-cheval (groupement de racines nerveuses qui se distribuent aux membres inférieurs).

Une myélographie est indiquée, en particulier avant une intervention chirurgicale intrarachidienne, pour vérifier le bien-fondé de l'opération et pour guider le chirurgien.

DÉROULEMENT

La myélographie impose une hospitalisation d'environ 48 heures. Cet examen se déroule sans anesthésie. Il nécessite l'emploi d'un produit de contraste (substance opaque aux rayons X).

Le patient étant couché sur le côté, la tête plus basse que les pieds, on injecte le produit avec une aiguille soit par voie sous-occipitale (entre le crâne et la colonne vertébrale), soit par voie lombaire (entre deux vertèbres lombaires). En fin d'examen, le malade reste allongé quelques heures, tête légèrement surélevée.

Dans certains cas, on pratique un scanner aussitôt après la myélographie (myéloscanner) afin de mieux apprécier la forme de la moelle, la taille des espaces sous-arachnoïdiens et la morphologie des racines.

Une préparation particulière est nécessaire en cas d'allergie à l'iode du produit de contraste. Les effets secondaires se limitent à quelques maux de tête et à des nausées. Actuellement, l'imagerie par résonance magnétique (I.R.M.) permet également d'explorer le rachis et la moelle épinière dans toutes les directions et sans injection de produit de contraste, avec une excellente précision des résultats.

Myélome multiple

Prolifération maligne, d'origine inconnue, des plasmocytes dans la moelle osseuse.
SYN. *maladie de Kahler.*

Le myélome multiple se développe généralement chez des personnes âgées de plus de 60 ans.

SYMPTÔMES ET SIGNES

Du fait de la prolifération des plasmocytes, cellules spécialisées dans la sécrétion d'anticorps, on observe dans le sang du malade une augmentation anormale de la production d'un seul type particulier d'immunoglobuline pour un myélome donné. Les plasmocytes sécrètent des substances qui entraînent progressivement une destruction du tissu osseux. La maladie peut être découverte à l'occasion de douleurs osseuses rebelles, d'une anémie, d'une augmentation importante de la vitesse de sédimentation, pouvant dépasser 100 mm à la 1re heure, ou d'infections à répétition, pulmonaires notamment.

DIAGNOSTIC ET ÉVOLUTION

Il repose sur l'analyse des protéines du sérum par électrophorèse. Cette technique met en évidence l'excès du type particulier d'anticorps, qui se traduit par un pic se détachant de la courbe, appelé « pic monoclonal ». Le diagnostic est également établi par la ponction de la moelle, dont l'examen révèle des plasmocytes, et par des radiographies des os, qui montrent des zones de raréfaction du tissu osseux de forme sphérique, à limites nettes, appelées géodes.

En l'absence de traitement, l'évolution d'un myélome multiple se fait vers un accroissement des destructions osseuses,

avec risque de fractures sans traumatisme (fractures spontanées), et vers une augmentation importante de la libération de calcium entraînant une hypercalcémie. De plus, il peut se produire un dépôt d'anticorps dans les reins, responsable d'une insuffisance rénale. Enfin, le développement des plasmocytes dans la moelle peut provoquer une perturbation de la production d'autres lignées sanguines, comme celle des globules rouges, ce qui entraîne une anémie.

TRAITEMENT ET SURVEILLANCE

Le traitement du myélome multiple fait appel à la chimiothérapie, dont le but est de détruire la prolifération plasmocytaire. Dans certains cas, on utilise simultanément plusieurs agents chimiothérapiques (polychimiothérapie). Quand l'affection survient avant 50 ans, on préfère habituellement administrer un traitement plus lourd, pouvant comporter une chimiothérapie intensive et, éventuellement, une greffe de moelle.

Myéloméningocèle

Tumeur kystique, généralement congénitale, siégeant le long de la colonne vertébrale, le plus souvent au niveau lombaire ou lombosacré.

La myéloméningocèle est la forme la plus grave de spina-bifida (malformation congénitale caractérisée par une mise à nu d'une partie de la moelle épinière).

SYMPTÔMES ET SIGNES

De couleur rougeâtre et de volume variable, une myéloméningocèle est recouverte d'une fine pellicule très fragile risquant à tout moment de se rompre pour laisser échapper le liquide céphalorachidien. Elle entraîne généralement une paralysie des membres inférieurs et une incontinence. Une hydrocéphalie et des malformations des jambes peuvent en outre lui être associées.

DIAGNOSTIC

Il peut être porté avant la naissance grâce à l'échographie. Dans ce cas, l'accouchement doit avoir lieu dans une maternité proche d'un centre de chirurgie néonatale. Si le diagnostic est établi à la naissance, le transfert du nouveau-né atteint dans un centre spécialisé s'impose.

TRAITEMENT

Quand il est possible, le traitement est chirurgical et doit être entrepris rapidement après la naissance. Il consiste à réduire la hernie de la moelle épinière et à reconstruire la paroi. Toutefois, l'intervention chirurgicale n'est généralement pas pratiquée dans les formes les plus graves.

PRONOSTIC

Le pronostic est très réservé, notamment si la tumeur occupe une situation haute (région lombaire moyenne), si elle coexiste avec une hydrocéphalie sévère présente dès la naissance, si elle s'accompagne d'une paralysie des membres inférieurs avec atteinte de la plupart des muscles de la hanche et des sphincters.

Myélopathie

Maladie de la moelle épinière.

Myélosaccoradiculographie

Forme particulière de myélographie (radiographie de la moelle épinière, des méninges et des racines nerveuses) qui explore le cul-de-sac méningé et les racines nerveuses destinées aux membres inférieurs.

→ VOIR Myélographie.

Myiase

Maladie parasitaire due à l'infestation par des larves d'insectes (diverses espèces de mouches), généralement non piqueurs.

Les myiases sont des maladies répandues dans le monde entier mais plus fréquentes dans les régions tropicales.

CONTAMINATION

Les mouches déposent leurs œufs sur la peau, dans les orifices naturels (oreilles, nez, bouche), sur les plaies ou sur des linges humides. Les larves pénètrent dans la peau ou dans les cavités naturelles. Les parasites font ensuite irruption à la surface de la peau.

SYMPTÔMES ET SIGNES

Les larves qui ont pénétré dans la peau provoquent un furoncle douloureux.

Les myiases qui atteignent les cavités naturelles de l'organisme, comme l'otomyiase (myiase de l'oreille) ou la nasomyiase (myiase du nez), peuvent provoquer de graves lésions accompagnées de vives douleurs. En l'absence de traitement, l'infestation par les larves, qui peuvent perforer la cloison nasale ou le voile du palais, se double d'une infection bactérienne.

TRAITEMENT

Le traitement des myiases cutanées consiste à extraire les larves au moyen d'une aiguille après les avoir tuées avec un insecticide. Une opération chirurgicale se révèle parfois nécessaire en cas d'infection des tissus profonds. Un laxatif permet de traiter une myiase intestinale.

Myocarde

Muscle du cœur assurant, par sa contractilité et son élasticité, la vidange et le remplissage des cavités cardiaques et donc la circulation sanguine.

Le myocarde est fait de cellules connectées entre elles.

Lors de la contraction ventriculaire, ou systole, le raccourcissement des fibres ventriculaires diminue le volume de la cavité et augmente la pression en son sein, permettant ainsi l'éjection des deux tiers du volume de sang contenu. Lors de la relaxation ventriculaire, ou diastole, l'étirement des fibres augmente le volume de la cavité, qui accueille le sang venant des oreillettes.

PATHOLOGIE

La contractilité du myocarde diminue dans certaines atteintes comme les myocardiopathies (maladies du myocarde), les séquelles d'infarctus du myocarde, au cours ou à la fin de certaines maladies infectieuses, des connectivites (anomalie du collagène, substance disséminée dans les tissus), lors de la prise de toxiques comme l'alcool ou de l'administration de certains médicaments.

La fonction de distensibilité myocardique est altérée en cas d'hypertrophie (augmentation de l'épaisseur de la paroi) du ventricule gauche, consécutive à une hypertension artérielle, à un rétrécissement aortique, à une myocardiopathie, parfois en cas de cardiopathie ischémique (maladie caractérisée par un apport insuffisant de sang au cœur). La dégradation progressive de la fonction de distensibilité du myocarde est naturelle, mais limitée, chez le sujet âgé.

Myocarde (biopsie du)

Examen médical consistant à prélever des fragments du muscle du cœur pour les étudier au microscope.

INDICATIONS

La biopsie du myocarde est effectuée en cas de myocardiopathie (maladie du muscle cardiaque), de myocardite (inflammation du myocarde), de tumeur cardiaque ou, après une transplantation cardiaque, pour détecter un rejet de greffe ou plus simplement surveiller l'évolution de la greffe.

TECHNIQUE ET DÉROULEMENT

La veille de l'examen, le patient est hospitalisé dans un service de cardiologie.

Sous anesthésie locale, le médecin introduit dans l'artère fémorale ou par une veine du cou un cathéter (tube en plastique) muni d'une pince à biopsie et guide l'ensemble jusqu'au cœur à l'aide d'un écran de contrôle. Arrivé à la paroi interne de la cavité cardiaque, le cardiologue prélève un fragment du myocarde. L'examen dure environ 1 h 30.

SURVEILLANCE

Si le cathéter a été introduit par l'artère fémorale au pli de l'aine, le patient doit rester allongé 24 heures après l'examen afin d'éviter tout risque d'hémorragie locale. Quand la voie d'accès est une veine, la surveillance n'est que de quelques heures.

EFFETS SECONDAIRES

Ils sont rares. Parfois peuvent survenir un petit hématome au point de ponction ou une allergie passagère et bénigne due à l'introduction du cathéter. Si, exceptionnellement, une hémorragie cardiaque se déclare, elle est sans conséquence grave.

Myocardiopathie

Atteinte non inflammatoire du myocarde, sans relation avec une valvulopathie, une atteinte coronaire ou une hypertension artérielle. SYN. *cardiomyopathie*.

Les myocardiopathies sont des maladies du cœur assez peu fréquentes.

C'est le ventricule gauche qui, en règle générale, est atteint.

CAUSES

Une myocardiopathie est d'origine infectieuse (virale), métabolique, toxique (alcool, etc.), auto-immune, due au vieillissement ou à un déficit en vitamine B1 (béribéri) ; elle peut aussi être liée à une myopathie comme la myopathie de Duchenne ou la maladie de Steinert, à une affection congénitale, à une exposition aux rayons X, à une maladie générale comme le diabète, à une maladie de surcharge comme l'hémochromatose (surcharge en fer) ou l'amylose (surcharge en une protéine, la substance amyloïde) ou être de cause inconnue.

SYMPTÔMES ET SIGNES

Le sujet se sent fatigué, essoufflé, a quelquefois des douleurs thoraciques. Parfois, le cœur bat irrégulièrement ou son rythme s'accélère. Des œdèmes (gonflement des chevilles et des pieds) peuvent apparaître. Mais dans bien des cas, au début de l'affection, les symptômes sont absents.

TRAITEMENT

Le traitement peut faire appel à divers médicaments utilisés en cardiologie, voire à la cardioversion (choc électrique externe) ou au stimulateur cardiaque (pacemaker). Lorsqu'une cause est identifiée, elle doit impérativement être traitée. Des restrictions d'activité physique peuvent être recommandées. Dans certaines formes de myocardiopathie mal tolérées (essoufflement, douleurs, etc.) et responsables d'une insuffisance cardiaque sévère, une intervention chirurgicale telle qu'une transplantation cardiaque est souvent nécessaire.

Myocardite

Inflammation du myocarde (muscle cardiaque).

Une myocardite est une des causes de mort subite chez les sujets jeunes au cours d'un effort violent.

CAUSES

Une myocardite peut être consécutive à différentes maladies telles que les maladies infectieuses bactériennes comme la diphtérie, les affections dues à des streptocoques, la typhoïde, la psittacose (maladie transmise par des psittacidés comme les perroquets et les perruches), les infections à mycoplasmes, les rickettsioses (typhus), les borrélioses (maladie de Lyme). Les maladies virales sont souvent évoquées (grippe, oreillons, etc.), plus rarement démontrées, mais le virus du sida peut être responsable d'une myocardite.

SYMPTÔMES

L'inflammation donne parfois de la fièvre. Le rythme du cœur peut être irrégulier, avec extrasystoles (contractions prématurées). Le sujet peut aussi ressentir une gêne respiratoire et présenter des signes d'insuffisance cardiaque.

ÉVOLUTION ET TRAITEMENT

Le plus souvent, l'évolution se fait d'elle-même vers la guérison, mais certaines formes peuvent être graves et laisser des séquelles. Le traitement est, avant tout, celui de l'affection en cause et repose sur l'administration de corticostéroïdes.

Myoclonie

Contraction musculaire brutale et involontaire due à la décharge pathologique d'un groupe de cellules nerveuses.

Les myoclonies s'observent au cours de différentes maladies du système nerveux central, d'origine infectieuse, inflammatoire, toxique, chimique ou dégénérative. Les myoclonies provoquant de petits mouvements brusques et répétés des mains ou des pieds ; on les appelle souvent clonies quand elles atteignent un groupe de muscles et convulsions quand elles sont plus diffuses. Le traitement, outre celui de la maladie en cause, est fondé sur l'administration de médicaments antiépileptiques.

Myoglobine

Protéine présente dans les cellules des muscles striés (muscles du squelette et myocarde), jouant un rôle essentiel dans le transport de l'oxygène vers ces muscles.

Son dosage est notamment employé dans le diagnostic précoce de l'infarctus du myocarde.

Myome utérin

→ VOIR Fibrome utérin.

Myomectomie

Ablation d'un ou de plusieurs myomes (improprement appelés fibromes utérins).

Une myomectomie n'est pratiquée que si le ou les fibromes entraînent des symptômes : douleurs pelviennes, métrorragies, ménorragies, augmentation du volume de l'abdomen, troubles urinaires ou digestifs, stérilité. La myomectomie préserve au maximum l'intégrité des organes génitaux de la femme afin de permettre une éventuelle grossesse ultérieure. Elle peut s'effectuer suivant trois techniques.

■ **La myomectomie par voie abdominale** nécessite une incision abdominale et une anesthésie générale ou péridurale. Elle concerne les femmes ayant un fibrome interstitiel (localisé dans la paroi de l'utérus) ou sous-séreux (qui saille dans la cavité abdominale).

■ **La myomectomie par hystéroscopie** traite les fibromes accessibles par la cavité utérine (intracavitaire, sous-muqueux). Pratiquée par voie vaginale, sous contrôle direct, elle consiste à raboter le fibrome avec un résecteur électrique. L'anesthésie est générale ou locorégionale (anesthésie péridurale, rachianesthésie). L'hospitalisation peut ne durer qu'une journée.

■ **La myomectomie par cœlioscopie** est réservée aux fibromes interstitiels ou sous-séreux, de taille modérée. L'anesthésie est générale et l'hospitalisation ne dure souvent qu'une journée.

Les deux dernières techniques, aux indications précises et limitées, sont plus récentes que la première et en cours d'évaluation.

Myopathie

Affection des fibres musculaires.

Myopathies débutant dans l'enfance

Les affections des fibres musculaires survenant dans l'enfance sont presque toutes dégénératives.

La variété la plus fréquente est la myopathie de Duchenne, qui est transmise par les femmes et n'atteint que les garçons, dès l'âge de 2 ans. D'autres, comme la myopathie de Becker, apparaissent plus tardivement.

SYMPTÔMES ET SIGNES

Les enfants atteints souffrent d'une diminution du tonus musculaire souvent généralisée mais prédominant aux racines des membres, au cou, au thorax et à l'abdomen. Le visage a un aspect caractéristique : absence de mimique, chute de la paupière supérieure, bouche ouverte en permanence, lèvre supérieure en accent circonflexe. Les nouveau-nés présentent parfois des rétractions musculaires des pieds et des mains, un torticolis congénital, des déformations des pieds et une luxation de la hanche. Après quelques années, une insuffisance respiratoire peut survenir.

DIAGNOSTIC

Ces anomalies doivent conduire à consulter un pédiatre spécialisé en neurologie, qui fera procéder à des examens complémentaires (dosage des enzymes musculaires, électromyographie, biopsie musculaire, etc.), indispensables pour déterminer le type de maladie en cause.

TRAITEMENT

Actuellement, il n'existe pas de traitement curatif de ces maladies, mais une prise en charge des troubles qu'elles entraînent permet d'améliorer le confort et l'espérance de vie du malade. La kinésithérapie, voire des interventions de chirurgie orthopédique permettent de corriger les rétractions et les déformations musculaires. Des séances de rééducation et une assistance respiratoire sont utiles. À un stade ultérieur d'évolution, une trachéotomie permet de pratiquer, la nuit, une assistance respiratoire. En outre, les enfants myopathes font régulièrement l'objet de courts séjours à l'hôpital afin de bénéficier d'une ventilation assistée, en particulier lorsqu'ils souffrent d'une insuffisance respiratoire.

Myopathies débutant à l'âge adulte

Les affections des fibres musculaires débutant à l'âge adulte peuvent être d'origine dégénérative ou métabolique, ou encore consécutives à une intoxication, à la prise d'un médicament ou à certaines maladies endocriniennes.

■ **Les myopathies dégénératives** comprennent notamment la maladie de Steinert, de transmission autosomique – qui se transmet uniquement par les chromosomes non sexuels – dominante (il suffit que le gène en cause soit transmis par l'un des parents pour que le sujet développe la maladie), qui débute entre 20 et 30 ans. Celle-ci se traduit par une faiblesse progressive des muscles associée à une myotonie (décontraction musculaire anormalement lente) et à des manifestations extramusculaires : insuffisance génitale (atrophie testiculaire, impuissance), calvitie précoce, cataracte, troubles de la conduction cardiaque, etc.

■ **Les myopathies métaboliques** sont dues à une perturbation biochimique entravant le fonctionnement des muscles. Parmi elles, on distingue notamment :
– les paralysies périodiques, liées à des variations excessives du taux sanguin de potassium ; ces affections héréditaires se traduisent par des accès de paralysie des 4 membres ;
– les glycogénoses, liées à un déficit des enzymes qui dégradent le glycogène ; elles se traduisent par des crampes et, parfois, par une insuffisance musculaire à l'effort.

■ **Les myopathies secondaires** sont dues à une intoxication (alcool, héroïne, amphétamines), à la prise d'un médicament (corticostéroïdes, chloroquine, cimétidine) ou liées à une affection endocrinienne (maladie de Basedow ou de Cushing, hypothyroïdie). Elles se traduisent par une faiblesse progressive des muscles.

DIAGNOSTIC

Outre l'examen clinique et la réalisation d'un électromyogramme, le diagnostic repose sur différents examens complémentaires : dosage du taux de potassium sanguin pour les paralysies périodiques, biopsie musculaire pour les glycogénoses, etc.

TRAITEMENT

Le traitement des myopathies secondaires consiste à supprimer leur cause (arrêt d'un traitement par les corticostéroïdes, traitement de la maladie responsable, etc.). En revanche, il n'existe pas de traitement curatif des autres myopathies, dont on peut cependant tenter de corriger les symptômes (prise de quinine ou de procaïnamide pour traiter la myotonie d'une maladie de Steinert, par exemple).

→ VOIR Duchenne (myopathie de).

Myopie

Anomalie de la réfraction oculaire entraînant une mauvaise vue des objets éloignés sans toucher la vision de près.

La myopie résulte de la trop grande longueur du globe oculaire. L'image d'un objet éloigné se forme alors en avant de la rétine, entraînant une vision floue.

DIFFÉRENTS TYPES DE MYOPIE

■ La myopie simple apparaît à la puberté. Elle est en général faible, – 4 ou – 5 dioptries, augmente pendant l'adolescence et se stabilise ensuite. Cette myopie n'a pas de conséquences sur l'œil lui-même.

■ La myopie forte est souvent héréditaire ou due à une maladie de l'œil dans l'enfance. Elle apparaît vers 6 ou 7 ans et progresse rapidement, pouvant aller de – 6 à – 20 dioptries, et oblige à changer souvent les verres correcteurs. Elle s'accompagne de lésions dégénératives du fond d'œil (choroïde, sclérotique et rétine) avec un risque de décollement de la rétine.

DIAGNOSTIC ET TRAITEMENT

La myopie est détectée lors de tests visuels. Elle se corrige par le port de verres correcteurs ou de lentilles de contact. Les verres correcteurs sont concaves et font diverger les rayons lumineux avant leur pénétration dans le globe oculaire. Les lentilles de contact, en épousant parfaitement la forme de l'œil, assurent une meilleure qualité de vision lorsqu'elles sont bien supportées. La chirurgie ou le laser ne sont pour l'instant indiqués que dans le cas de myopies moyennes. Le laser, par exemple, peut servir à raboter finement la cornée afin de la rendre plus plate.

SURVEILLANCE

Les personnes atteintes de forte myopie doivent se faire examiner régulièrement le fond d'œil afin de prévenir le risque de décollement de la rétine. Toute zone sus-pecte peut faire l'objet d'une photocoagulation préventive au laser argon.

Myorelaxant

Médicament qui favorise la détente musculaire.

Les myorelaxants servent à traiter l'exagération du tonus musculaire (spasticité), qui apparaît lors des hémiplégies, des paraplégies et de la sclérose en plaques.

Les effets indésirables se limitent à une somnolence diurne (surtout à doses élevées) et à d'assez rares troubles neuropsychiques (hallucinations, euphorie, confusion mentale, dépression, obnubilation passagère, asthénie) et gastro-intestinaux (nausées, vomissements, diarrhée, maux d'estomac).

Myosarcome

Tumeur maligne développée aux dépens du tissu musculaire.

Chez l'enfant et l'adulte jeune, le myosarcome prend l'aspect de bourgeons volumineux (sarcome dit embryonnaire) qui apparaissent dans la gorge, la vessie, la prostate, le vagin ou bien se localisent aux membres et dans la région cervicale (sarcome dit alvéolaire).

Il repose sur l'ablation chirurgicale, associée à la radiothérapie et à la chimiothérapie. Une extension à distance de la tumeur (métastases) et des récidives sont possibles. Le pronostic est réservé.

Myosis

Contraction de la pupille.

Un myosis peut être pathologique, en cas de paralysie du nerf sympathique, notamment dans le syndrome de Claude Bernard-Horner, lié à une atteinte du plexus sympathique et caractérisé par un myosis, un ptôsis (chute de la paupière supérieure) et un enfoncement du globe oculaire dans l'orbite.

Myosite

Inflammation du tissu musculaire strié.

Les myosites constituent un phénomène rare, du moins dans leurs expressions majeures. Elles ont des causes diverses : cancer (des bronches, du sein, etc.), connectivite (anomalie du collagène, substance disséminée dans les tissus), maladies auto-immunes (dérèglement du système immunitaire), parfois infection des muscles ou effet indésirable d'un médicament. En cas d'origine infectieuse, notamment au cours d'infections à germes anaérobies (gangrène gazeuse), elles peuvent aboutir à une nécrose du muscle ou à une destruction des fibres musculaires striées.

DIFFÉRENTS TYPES DE MYOSITE

Il existe trois variétés de myosite.

■ **Les polymyosites** touchent l'adulte et se caractérisent par un déficit musculaire prédominant à la racine des membres (difficulté à lever les bras, à se relever d'un siège, à monter les escaliers), symétrique et d'évolution assez rapide.

■ **Les dermatopolymyosites** atteignent les adultes et les enfants avec une prépondérance féminine ; elles associent à l'atteinte musculaire de la polymyosite des signes cutanés : paupières pourpres et gonflées, rougeur de la face, du décolleté, des articulations des membres.

■ **La myosite à inclusions** se distingue des deux autres par sa prépondérance chez les sujets âgés et chez les sujets masculins, et par l'extension du déficit musculaire aux extrémités des membres, une distribution asymétrique et une évolution chronique.

TRAITEMENT ET PRONOSTIC

Le traitement repose sur l'administration de corticostéroïdes, d'immunosuppresseurs et sur les plasmaphérèses (épuration plasmatique). Il permet de ralentir l'évolution de la maladie et d'allonger la durée des rémissions.

Myotique

Se dit d'une substance capable de provoquer un myosis (contraction de la pupille de l'œil).

INDICATIONS

Les substances myotiques sont utilisées par voie locale dans le traitement du glaucome chronique à angle large et dans celui du glaucome à angle étroit.

EFFETS INDÉSIRABLES

Les médicaments myotiques peuvent provoquer une modification du champ visuel ou une augmentation de la sécrétion lacrymale. Parfois, on constate des maux de tête ou des clignements de paupières, mais ils sont rares et disparaissent assez rapidement.

→ VOIR **Mydriatique.**

Myotonie

Anomalie musculaire caractérisée par une décontraction anormalement lente.

La myotonie se caractérise par le fait que, après une contraction normale, le muscle ne parvient pas à se décontracter et à reprendre l'état de relâchement. Si on demande par exemple au patient de serrer fortement le poing, il ne peut pas le relâcher brusquement. La myotonie est favorisée par le froid. Elle constitue un signe observé dans un groupe de maladies appelées dystrophies musculaires (maladie de Steinert, ou myopathie atrophique avec myotonie ; maladie de Thomsen, ou myotonie congénitale). La quinine et la procaïnamide sont capables de réduire l'intensité de la myotonie. Leur intérêt est toutefois limité par leurs effets indésirables.

Mythomanie

Tendance systématique, plus ou moins volontaire, à la fabulation et au mensonge.

La mythomanie serait un signe d'immaturité cognitive et psychoaffective, le mythomane ayant du mal à distinguer le vécu de l'imaginaire. Cette tendance existe de façon normale et transitoire chez l'enfant. Chez l'adulte, elle peut être un symptôme d'hystérie ou de perversité.

Myxœdème

Infiltration cutanée entraînant un gonflement de la face et des membres et caractéristique de l'hypothyroïdie (diminution de l'activité de la glande thyroïde).

Le myxœdème est un œdème ferme et élastique, qu'il faut distinguer de l'œdème mou provenant des rétentions hydriques de l'insuffisance cardiaque, rénale ou hépatique. Le myxœdème survient parfois chez le nouveau-né, beaucoup plus fréquemment chez la femme de 30 à 50 ans.

Myxœdème circonscrit prétibial

Infiltration cutanée des membres inférieurs qui survient au cours de la maladie de Basedow, caractérisée par une augmentation de l'activité de la glande thyroïde, ou hyperthyroïdie.

Un myxœdème circonscrit prétibial se manifeste par l'apparition sur la face externe des jambes de papules rosées, jaunâtres ou cireuses, qui forment un relief en peau d'orange non prurigineux. Les lésions s'étendent ensuite sur tout le tour des jambes et s'assemblent en nodules plus saillants, isolés, touchant les chevilles et le dos des orteils. Une infiltration donnant un œdème dur se localise sur la moitié inférieure de la jambe.

Les corticostéroïdes locaux, appliqués en pansements occlusifs, peuvent donner certains résultats, mais le traitement se révèle souvent décevant. Quant au traitement suivi simultanément pour la maladie de Basedow, il est sans aucun effet sur l'évolution du myxœdème circonscrit prétibial.

Myxome

Tumeur bénigne de consistance molle, constituée de fibroblastes (cellules du tissu conjonctif) baignant dans du mucus.

Myxome de l'oreillette

C'est une masse d'aspect gélatineux qui siège dans l'oreillette gauche du cœur et dont l'origine est généralement thrombotique (transformation d'un caillot sanguin persistant en myxome).

Un myxome de l'oreillette peut être à l'origine d'une insuffisance cardiaque et l'on doit procéder à son ablation chirurgicale. Son pronostic est bon.

Myxovirus

Famille de virus comprenant les *Orthomyxoviridæ* (*Myxovirus influenzæ* A et B responsables de la grippe) et les *Paramyxoviridæ* (paramyxovirus, responsables d'infections respiratoires, de laryngites et des oreillons ; pneumovirus, responsables de bronchites et de pneumopathies ; morbillivirus, provoquant la rougeole).

N

Naboth (œuf de)

Petit kyste du col de l'utérus. SYN. *kyste de Naboth.*

L'œuf de Naboth n'entraîne pas de douleur et seul l'examen gynécologique permet de le voir. Sans aucune gravité, il ne nécessite aucun traitement.

Nævomatose basocellulaire

Maladie héréditaire associant des lésions de la peau, des os, du système nerveux, de l'œil et des glandes endocrines.

Nævus

Petite tache cutanée.

Un nævus est dû à un défaut du développement d'une structure anatomique survenu pendant la vie embryonnaire. Il peut apparaître tardivement et, bien qu'au sens strict il n'en soit pas une, on l'assimile couramment à une tumeur bénigne.

Nævus mélanocytaire

Couramment appelé grain de beauté, le nævus mélanocytaire est une petite tache cutanée développée aux dépens des mélanocytes (cellules élaborant la mélanine, pigment de la peau). De taille variable (de quelques millimètres à quelques centimètres de diamètre), d'une couleur allant du chamois clair au brun-noir, il peut être plan ou en relief, lisse ou croûteux, éventuellement surmonté de poils. Les nævi mélanocytaires proviennent d'une migration, effectuée pendant la vie embryonnaire, des mélanocytes, qui quittent le système nerveux pour atteindre la jonction entre épiderme et derme.

Certains grains de beauté ont une couleur bleu verdâtre foncé, qui correspond à une localisation profonde dans le derme. L'apparition d'une dépigmentation autour d'un grain de beauté est un signe habituel de bénignité. Seuls les nævi risquant de se transformer en mélanome malin (nævus congénital d'un diamètre supérieur à 2 centimètres, nævus très noir, en dôme, situé sur une zone de frottement, comme la paume des mains, la plante des pieds, etc.), ceux qui ont grossi et démangent le patient ou ceux qui ont saigné doivent être enlevés chirurgicalement ou au laser au gaz carbonique ; ils doivent ensuite faire l'objet d'un examen histologique précisant leur caractère bénin ou malin.

Nævus non mélanocytaire

Il se développe aux dépens d'éléments cellulaires de la peau autres que les mélanocytes. Il en existe de multiples variétés.

■ **Le nævus anémique**, bénin, affecte surtout les femmes. Il se présente sous la forme d'une petite tache de peau dépigmentée, aux limites nettes, souvent irrégulières, parfois parsemée de petites dilatations des vaisseaux en périphérie, siégeant sur le visage, la poitrine et les membres. Il est inutile de l'enlever.

■ **Le nævus de Becker** affecte le plus souvent l'homme jeune, entre 10 et 30 ans. Il apparaît après une exposition solaire sous la forme de taches planes, de couleur chamois, fréquemment recouvertes de poils souvent abondants, siégeant surtout sur les épaules et à la poitrine. Aucun traitement n'est nécessaire.

■ **Le nævus conjonctif,** caractérisé par des anomalies du tissu collagène ou élastique, se traduit par des lésions très variées : petites papules jaunâtres siégeant sur le sternum (nævus élastique prémammaire) ; petites papules blanches ou rosées sur les cuisses et l'abdomen (nævus élastique) ; plaque jaunâtre, recouverte de poils et de comédons sur l'arête du nez (élastome en nappe du nez). La constatation d'une de ces variétés de nævus conjonctif doit faire rechercher des anomalies osseuses par des radiographies systématiques. Le nævus, en revanche, ne nécessite aucun traitement particulier.

■ **Le nævus épidermique** peut prendre 3 aspects : plaques de peau épaissie, de couleur grisâtre ou brunâtre (nævus verruqueux linéaire) ; plaques de peau épaissie, rouges et très prurigineuses, fréquentes chez la femme (nævus épidermique verruqueux inflammatoire linéaire) ; plaques de peau épaissie, brunâtres, légèrement saillantes. Des anomalies osseuses, oculaires, rénales ou nerveuses peuvent s'associer à ces nævi. Le traitement des nævi épidermiques est difficile : qu'il repose sur leur ablation, chirurgicale ou au laser au gaz carbonique, ou sur l'administration de rétinoïdes, les récidives sont fréquentes.

■ **Le nævus sébacé** affecte surtout le nourrisson et le jeune enfant. Il forme sur le crâne une plaque dépourvue de cheveux, bien délimitée, de couleur jaunâtre, à la surface mamelonnée et parsemée de petits orifices dilatés, remplis de kératine, s'épaississant progressivement au cours de la croissance. Chez l'adulte, des complications peuvent survenir sous forme de nodules saillants correspondant à des tumeurs bénignes ou malignes (épithélioma basocellulaire en particulier), auxquelles peuvent s'associer des malformations neurologiques, osseuses et oculaires. L'ablation chirurgicale de ce type de nævus est donc fortement souhaitable dès l'adolescence.

Naissance

« Expulsion ou extraction complète du corps de la mère, indépendamment de la durée de gestation, d'un produit de conception qui, après cette séparation, respire ou manifeste tout autre signe de vie tel que le battement du cœur, la pulsation du cordon ombilical ou la contraction effective d'un muscle soumis à l'action de la volonté, que le cordon ombilical ait été coupé ou non et que le placenta soit ou non demeuré attaché », selon la définition donnée par l'Organisation mondiale de la santé.

Nanisme

Petitesse anormale de la taille par rapport à la taille moyenne des individus de même âge et de même sexe.

CAUSES

Il faut distinguer les nanismes dont les causes sont anténatales et ceux qui débutent (ou se révèlent) après la naissance. Parmi les premiers, on trouve le retard de croissance intra-utérin, les anomalies osseuses constitutionnelles, dont la plus fréquente est l'achondroplasie (maladie génétique touchant le squelette), certaines anomalies chromosomiques conduisant à diverses malformations (trisomie 21, syndrome de Turner). Les nanismes à début postnatal comprennent des anomalies endocriniennes : hypothyroïdie (absence ou déficience de la glande thyroïde), insuffisance en hormone de croissance ou, plus rarement, hypercorticisme (sécrétion excessive d'une ou de plusieurs hormones corticosurrénales). Certaines maladies sont parfois responsables de nanisme. La malnutrition et la carence affective peuvent également être à l'origine d'un nanisme. Enfin, dans certains cas, aucune cause n'est mise en évidence.

TRAITEMENT

Quand un traitement de la cause du nanisme est possible, il est appliqué. Des essais thérapeutiques utilisant l'hormone de croissance sont en cours dans certains cas. Mais ils sont récents et le recul est insuffisant pour qu'on puisse savoir quelle sera la taille définitive de l'enfant.

Narcoanalyse

Méthode d'investigation du psychisme au cours de laquelle le sujet est mis dans un état de demi-sommeil.

Narcolepsie

Trouble pathologique caractérisé par un besoin subit de sommeil dans la journée. L'endormissement survient sans fatigue particulière ; pendant l'accès, on arrive facilement à réveiller le sujet. Cette phase peut durer de quelques secondes à plus d'une heure. Stimulants, antidépresseurs et siestes régulières peuvent être utilisés. Le modafinil est un médicament efficace.

Narcotique

Substance chimique, médicamenteuse ou non, caractérisée par ses effets sur le système nerveux. SYN. *stupéfiant*.

Les narcotiques provoquent un assoupissement, un relâchement des muscles et une diminution de la sensibilité pouvant aller jusqu'à l'anesthésie. Parmi les narcotiques qui sont des médicaments, on trouve essentiellement les analgésiques (contre la douleur) centraux à base de morphine ou de ses dérivés, certains hypnotiques (favorisant le sommeil) et certains anxiolytiques (qui apaisent l'anxiété). Les narcotiques, médicamenteux ou non, sont soumis à la législation sur les stupéfiants, car ils sont susceptibles d'entraîner une pharmacodépendance (toxicomanie).

Nasillement

Modification de la voix due à une suppression de la perméabilité nasale. SYN. *rhinolalie fermée*.

Le nasillement s'observe quand les fosses nasales sont obstruées. Cette obstruction est consécutive à une inflammation ou à une tumeur.

Nasonnement

Modification de la voix due à une exagération de la perméabilité nasale. SYN. *rhinolalie ouverte*.

Le nasonnement s'observe surtout lors des paralysies du voile du palais, consécutives à des affections neurologiques (accident vasculaire cérébral), à des traumatismes (perforation de la voûte ou du voile du palais) ou à des tumeurs de la tête et du cou.

Natalité

Rapport entre le nombre d'enfants nés vivants et l'effectif de la population dans un lieu donné et pendant une période déterminée.

Natrémie

Taux de sodium dans le plasma sanguin.

La natrémie reflète l'état d'hydratation globale d'un sujet : hydratation extracellulaire (plasmatique essentiellement) et intracellulaire.

→ VOIR **Hypernatrémie**, **Hyponatrémie**.

Naturopathie

Pratiques visant à aider l'organisme à guérir de lui-même par des moyens naturels.

La naturopathie repose sur une théorie selon laquelle la force vitale de l'organisme permet à celui-ci de se défendre et de guérir spontanément. Elle consiste donc à renforcer les réactions de défense de l'organisme par diverses mesures d'hygiène (diététique, jeûne, musculation, relaxation, massages, thermalisme, thalassothérapie, etc.), aidées par les seuls agents naturels (plantes, eaux, soleil, air pur, etc.), un traitement médical ne devant intervenir qu'en cas d'urgence. Un naturopathe peut ainsi recommander à un patient de consommer plus de salades et de fruits frais, moins de café et de thé.

Nausée

Envie de vomir.

Une nausée précède souvent un vomissement. Survenant isolément, elle peut révéler une maladie organique du tube digestif (rétrécissement du pylore ou de l'intestin) ou du système nerveux central (hypertension intracrânienne). La nausée peut survenir en début de grossesse. Elle peut être combattue assez efficacement par la prise de médicaments antiémétiques, mais il faut surtout traiter sa cause.

Nébulisation

Administration d'un médicament liquide par pulvérisations nasales ou buccales.

Les nébulisations sont indiquées au cours de certaines maladies respiratoires chroniques : asthme, mucoviscidose, bronchectasie (dilatation des bronches). Les médicaments (antibiotiques, par exemple) sont alors administrés à l'aide d'un appareil, appelé nébulisateur, soit pneumatique, soit à ultrasons. Les nébulisateurs pulvérisent le produit (nébulisat) par l'intermédiaire d'un masque que le sujet s'applique sur le visage. Pendant la nébulisation, la respiration du patient doit être ample afin que la plus grande quantité possible de produit puisse se déposer sur ses voies respiratoires.

Nécrobiose lipoïdique

Maladie cutanée caractérisée par l'apparition de plaques sur les jambes. SYN. *maladie d'Oppenheim-Urbach.*

Rare, la nécrobiose lipoïdique s'observe surtout chez les malades atteints de diabète. Les plaques sont ovales et apparaissent à la face interne des jambes. Dans certains cas, les lésions sont ulcérées ou s'étendent au dos du pied, à la cheville ou aux membres supérieurs. L'évolution de la nécrobiose lipoïdique est chronique. Certaines formes localisées ou ulcérées sont traitées par ablation chirurgicale suivie de greffe.

Nécrolyse épidermique aiguë

→ VOIR Lyell (syndrome de).

Nécrose

Mort d'une cellule ou d'un tissu organique.

DIFFÉRENTS TYPES DE NÉCROSE

On distingue différentes causes de nécrose.

■ La nécrose ischémique, dite de coagulation, caractérisée par un arrêt de la circulation sanguine, s'observe lors des infarctus et des brûlures.

■ La nécrose caséeuse, caractéristique de la tuberculose, forme une matière grumeleuse, blanche ou grisâtre.

■ La nécrose de liquéfaction, habituelle dans les infections, se traduit par la formation de pus.

■ La nécrose fibrinoïde est visible dans les parois des vaisseaux au cours de maladies comme le lupus érythémateux disséminé et la périartérite noueuse.

Neisseria gonorrhϾæ

Diplocoque (bactérie formée de deux éléments sphériques groupés en grain de café) à Gram négatif, responsable de la gonococcie. SYN. *gonocoque.*

Neisseria gonorrhϾæ est un germe pathogène spécifique de l'homme, sexuellement transmissible, ne se développant que dans une atmosphère enrichie en dioxyde de carbone (gaz carbonique).

Neisseria meningitidis

Diplocoque (bactérie formée de deux éléments sphériques groupés en grain de café) à Gram négatif responsable de la méningite cérébrospinale et de méningococcémies. SYN. *méningocoque.*

Nelson (test de)

Réaction de laboratoire visant à mettre en évidence, dans le sang des patients suspects de syphilis, la présence d'anticorps spécifiques du tréponème pâle. SYN. *test d'immobilisation des tréponèmes (T.I.T.).* En anglais, *Treponema Pallidum Immobilization (TPI).*

Néonatalogie

Spécialité médicale qui a pour objet l'étude du fœtus et du nouveau-né avant, pendant et après la naissance, jusqu'au 28e jour de vie.

Néoplasie

1. Tissu nouvellement formé d'une tumeur bénigne ou maligne.
2. Tumeur maligne, cancer. SYN. *néoplasme.*

Néoplasie endocrinienne multiple

Maladie héréditaire caractérisée par un fonctionnement anormalement important de plusieurs glandes endocrines touchées par une hyperplasie (augmentation du tissu glandulaire), un adénome ou un carcinome (tumeurs respectivement bénigne et maligne).

Néovaisseau

Dérivation vasculaire qui se forme spontanément en cas d'occlusion d'une artère.

Néphrectomie

Ablation chirurgicale totale ou partielle d'un rein ou des deux reins.

DIFFÉRENTS TYPES DE NÉPHRECTOMIE

■ La néphrectomie bilatérale, ou binéphrectomie, n'est pratiquée qu'exceptionnellement, lorsque les deux reins sont détruits et peuvent être source de complications ou en cas de tumeur maligne.

■ La néphrectomie partielle est l'ablation d'une partie du parenchyme rénal et de la voie excrétrice (calices) correspondante. Cette intervention est indiquée en cas de tumeur du rein (lorsque celle-ci est bénigne, de petite taille, etc.) ou d'infection rénale localisée (due à des calculs, à une tuberculose).

■ La néphrectomie totale simple est l'ablation totale du rein, de la capsule fibreuse qui l'entoure et de la partie haute de l'uretère, en respectant la loge rénale. Elle se pratique sur un rein détruit (par une pyélonéphrite, par exemple) ou fonctionnellement inutile.

Lorsque l'autre rein est sain, l'ablation totale ou partielle d'un rein n'a aucune conséquence sur la fonction rénale globale du patient. La néphrectomie bilatérale entraîne en revanche une insuffisance rénale terminale, nécessitant une épuration extrarénale (dialyse, hémodialyse) à vie ou une greffe de rein.

Néphrétique

Qui se rapporte au rein.

Néphrite

1. Maladie inflammatoire d'un rein ou des deux reins.
2. Toute maladie rénale. SYN. *néphropathie*.

Néphrite interstitielle

Maladie caractérisée par une atteinte du tissu rénal interstitiel (tissu de soutien des néphrons). SYN. *néphropathie interstitielle*.

Selon leur mécanisme, on distingue deux grands types de néphrite interstitielle

Néphrites dues à une atteinte du tissu interstitiel par voie urinaire

Appelées également néphrites interstitielles par voie ascendante, ou pyélonéphrites, elles

sont dues à une infection ou à une malformation des voies excrétrices (calices, bassinets, uretères, vessie, urètre).

■ Les pyélonéphrites aiguës n'atteignent le plus souvent qu'un seul rein. D'origine bactérienne (dues, par exemple, à un colibacille), elles se traduisent par des douleurs lombaires vives, accompagnées de frissons et de fièvre. Leur traitement repose sur l'administration d'antibiotiques.

■ Les pyélonéphrites chroniques peuvent atteindre un seul rein ou les deux. Elles sont la conséquence d'infections urinaires récidivantes, généralement dues à des anomalies congénitales ou acquises des voies excrétrices, qui favorisent ou gênent l'écoulement des urines. Si la pyélonéphrite n'atteint qu'un seul rein, elle n'a pas de conséquence sur la fonction rénale. Si elle est bilatérale, elle entraîne progressivement une insuffisance rénale. Le traitement vise avant tout à juguler l'infection et à soigner, souvent chirurgicalement, l'anomalie en cause.

Néphrites dues à une atteinte du tissu interstitiel par voie sanguine

Elles surviennent lorsque le sang véhicule jusqu'aux reins un agent infectieux (septicémie), toxique (par exemple, une molécule médicamenteuse) ou antigénique ; on parle, dans ce dernier cas, de néphropathie interstitielle immunoallergique. Ces néphrites affectent toujours les deux reins.

■ Les néphrites interstitielles aiguës sont liées à l'absorption de certains toxiques ou dues à des réactions allergiques, notamment à certains médicaments. D'apparition brutale, elles se traduisent généralement par une insuffisance rénale aiguë. Dans les formes les plus sévères, il faut recourir à une épuration du sang par hémodialyse en attendant la guérison, qui survient le plus souvent spontanément, en quelques jours ou en quelques semaines.

■ Les néphrites interstitielles chroniques sont dues essentiellement à des affections métaboliques (hypercalcémie ou hypokaliémie chroniques, oxalose) ou à l'accumulation dans le rein de substances toxiques (analgésiques, lithium, certains médicaments anticancéreux comme le cisplatine, etc.). Les lésions qu'elles entraînent sont irréversibles et risquent d'aboutir à une insuffisance rénale chronique nécessitant une épuration du sang par hémodialyse à vie, voire une greffe de rein.

Néphroangiosclérose

Sclérose des artères et des artérioles rénales due à une hypertension artérielle.

La néphroangiosclérose est la conséquence d'une hypertension artérielle mal équilibrée. Elle évolue à long terme vers une insuffisance rénale nécessitant, dans les cas les plus sévères, une dialyse.

Néphroblastome

→ VOIR Wilms (tumeur de).

Néphrocalcinose

Présence de dépôts de calcium dans le parenchyme (tissu fonctionnel) rénal.

Une néphrocalcinose peut être la conséquence d'une maladie rénale héréditaire (acidose tubulaire) ou être liée à une élévation du taux sanguin de calcium, notamment en cas de fonctionnement exagéré des glandes parathyroïdes. Dans la plupart des cas, cette affection est indolore et n'a que peu de conséquences sur la fonction rénale.

Il n'existe pas de traitement spécifique de la néphrocalcinose. En revanche, la maladie en cause doit toujours être soignée afin d'empêcher l'extension des calcifications.

Néphrocarcinome

→ VOIR Rein (cancer du).

Néphroépithéliome

→ VOIR Rein (cancer du).

Néphrogramme isotopique

Examen destiné à explorer le fonctionnement rénal au moyen d'un traceur radioactif.

Le néphrogramme isotopique est un examen indolore. D'une durée de quelques heures, il ne nécessite pas d'hospitalisation. Un traceur radioactif (technétium 99, iode 131) est injecté au sujet par voie intravei-

neuse et l'on observe son élimination de l'organisme par la voie rénale. Un détecteur externe, appelé gamma-caméra, permet d'enregistrer la quantité de radioélément transitant par les reins. Les résultats sont matérialisés sous la forme d'une courbe, dont l'analyse permet d'étudier les différentes phases du fonctionnement rénal.

Néphrologie

Discipline médicale qui se consacre à l'étude des reins, à celle de leur physiologie et de leurs maladies.

Néphron

Unité fonctionnelle élémentaire du rein.

Chaque rein comprend environ 1 million de néphrons, situés dans le cortex (partie superficielle) et dans la médullaire (partie profonde) du tissu rénal.

STRUCTURE

Chaque néphron est constitué de plusieurs segments anatomiques intervenant dans la formation de l'urine.

■ **Le glomérule** contient un peloton de capillaires et élabore l'urine primitive par filtration du sang.

■ **Le tube urinifère** élabore l'urine définitive à partir de l'urine primitive. Il se subdivise en 4 segments : le tube contourné proximal, l'anse de Henle, le tube contourné distal puis le tube (ou canal) collecteur, qui s'ouvre au fond des petits calices (conduits se jetant dans les grands calices, lesquels déversent l'urine dans le bassinet) dans une zone appelée papille rénale.

Néphronophtise

Maladie héréditaire se traduisant par la présence de petits kystes dans la médullaire (partie profonde) du rein. SYN. *maladie kystique de la médullaire.*

Néphropathie

Toute maladie rénale.

■ **Les néphropathies tubulaires** sont liées à une atteinte des tubes urinifères (nécrose tubulaire aiguë).

■ **Les néphropathies vasculaires,** comme la néphroangiosclérose (sclérose des artérioles rénales) sont une atteinte des vaisseaux des reins.

Néphropathie interstitielle

→ VOIR Néphrite interstitielle.

Néphropathie tubulaire

→ VOIR Tubulopathie.

Néphroscopie

Technique d'endoscopie permettant d'explorer les cavités rénales.

Néphrose

Maladie atteignant les glomérules du rein et se traduisant par un syndrome néphrotique (chute du taux sanguin de protéines).

SYN. *néphrose lipoïdique, syndrome néphrotique à lésions glomérulaires minimes.*

Il n'existe pas de cause connue de la néphrose, qui est liée à une anomalie de la paroi des capillaires des glomérules ; celle-ci devient perméable aux protéines, qui peuvent quitter le sang et apparaître en grandes quantités dans les urines. Il en résulte un afflux d'eau vers les tissus interstitiels de l'organisme, entraînant l'apparition d'œdèmes.

SYMPTÔMES ET SIGNES

La néphrose est surtout fréquente chez l'enfant. Le début est généralement brutal : apparition d'œdèmes diffus sous la peau ou les membranes séreuses (épanchements pleuraux, péritonéaux ou péricardiques). Les urines sont peu abondantes, foncées. Elles contiennent un taux élevé de protéines, d'albumine en particulier, tandis que la concentration de protéines dans le sang est, elle, très faible. Le taux de lipides (cholestérol et triglycérides) dans le sang augmente, alors que la biopsie rénale ne révèle pas de lésions significatives.

TRAITEMENT

Il repose à la fois sur la prise de corticostéroïdes à fortes doses pendant plusieurs mois, associée à la prise de diurétiques, et sur un régime limitant les apports en sel et en eau afin d'éviter l'aggravation des œdèmes. Généralement, les symptômes disparaissent en quelques jours ou en quelques semaines,

mais la diminution des doses de corticostéroïdes doit être très progressive.

Néphrostomie

Drainage d'un rein par l'intermédiaire d'une sonde placée dans le bassinet ou dans un calice, traversant le tissu rénal et sortant au niveau de la peau, en regard du rein.

Une néphrostomie permet de dériver, temporairement ou définitivement, les urines afin de faciliter la cicatrisation des voies excrétrices (rein, uretère) après une intervention chirurgicale ou lorsqu'il existe sur la voie urinaire un obstacle empêchant leur écoulement vers la vessie.

Néphrotomie

Incision du rein pratiquée pour en extraire un calcul.

Nerf

Cordon cylindrique blanchâtre constitué de fibres nerveuses.

Les nerfs, avec les ganglions nerveux (petits renflements sur le trajet des nerfs), constituent le système nerveux périphérique, par opposition au système nerveux central (encéphale et moelle épinière).

STRUCTURE

Les nerfs sont formés de fibres nerveuses parallèles, qui sont elles-mêmes des prolongements (axones ou dendrites) de cellules nerveuses (neurones). Outre les fibres nerveuses, les nerfs comportent des cellules de Schwann, qui forment une gaine (myéline) autour de certaines fibres ; un tissu de protection (tissu conjonctif) entoure les faisceaux de fibres (périnèvre) et l'ensemble du nerf (épinèvre).

FONCTION

Dans un nerf coexistent deux sortes de fibres : les fibres motrices, qui amènent des informations vers les organes et les tissus, et les fibres sensitives, qui transportent des informations vers le système nerveux central.

Parmi les fibres, on distingue par ailleurs les fibres somatiques (appartenant au système nerveux de la vie de relation, conscient), qui innervent les muscles squelettiques, la peau et les articulations, et les fibres végétatives (appartenant au système nerveux autonome, inconscient), qui innervent la paroi et les muscles des viscères et les glandes.

Selon la partie du système nerveux central à laquelle ils sont rattachés, on distingue les nerfs rachidiens (rattachés à la moelle épinière) et les nerfs crâniens (rattachés à l'encéphale).

PATHOLOGIE

Les nerfs peuvent être lésés au cours de différentes circonstances :
- névrite (atteinte inflammatoire, toxique ou infectieuse) ;
- compression (celle du nerf médian dans le canal carpien du poignet, par exemple) ;
- tumeur (névrome, neurinome) ;
- traumatisme (souvent par une section par une arme blanche ou par balle).

Nerf crânien

Nerf rattaché à l'encéphale.

On compte 12 paires de nerfs crâniens, numérotées de I à XII.

Les nerfs crâniens se fixent à la partie inférieure de l'encéphale située en bas et en avant du cervelet, à l'exception du nerf olfactif et du nerf optique, attachés à la partie supérieure de l'encéphale. Leur territoire intéresse la tête et une partie du cou, où s'effectue le relais avec les nerfs rachidiens. La constitution interne, les principes de fonctionnement et les critères de classification sont les mêmes que pour les autres nerfs. Les fibres d'un nerf crânien ont leur point de départ ou d'arrivée dans un noyau de substance grise, petit centre de commande situé en profondeur dans l'encéphale.

Nerf auditif (VIII)

Ce nerf sensitif, responsable de l'audition et de l'équilibre, est aussi appelé « nerf cochléo-vestibulaire ».

Le nerf auditif est formé de deux nerfs qui cheminent côte à côte, le nerf cochléaire et le nerf vestibulaire.

FONCTION

Le nerf cochléaire transmet à l'encéphale les sons perçus par l'oreille. Le nerf vestibulaire conduit les informations destinées au maintien de l'équilibre.

Nerf facial (VII)

Le nerf facial se divise en plusieurs branches vers la face, le cou, les glandes salivaires et l'oreille externe. Ce nerf à la fois sensitif et moteur a un champ d'action très étendu.

FONCTION

Ses fibres motrices contrôlent les muscles peauciers du front, du visage et du cou, et permettent l'occlusion des yeux et de la bouche. Ses fibres sensorielles transmettent les sensations du goût pour les deux tiers antérieurs de la langue, assurent la sécrétion des larmes et d'une partie de la salive. Ses fibres sensitives innervent la peau du pavillon de l'oreille et le tympan.

Nerf glossopharyngien (IX)

Ce nerf à la fois sensitif et moteur part du bulbe rachidien et chemine jusqu'à la langue, la glande parotide et le pharynx.

Ses fibres sensitives assurent le goût pour le tiers postérieur de la langue et la sensibilité du pharynx. Ses fibres motrices commandent certains des muscles du pharynx et la sécrétion d'une partie de la salive de la glande parotide.

Nerf grand hypoglosse (XII)

Ce nerf moteur part du bulbe rachidien et chemine jusqu'à la base de la langue, dont il contrôle les mouvements.

La paralysie de ce nerf provoque une altération de la motricité de la moitié de la langue ; elle est très rare et souvent consécutive à un accident vasculaire cérébral.

Nerf moteur oculaire commun (III)

Ce nerf moteur innerve certains muscles de l'œil ainsi que le muscle releveur de la paupière et les muscles de la contraction de la pupille.

Nerf moteur oculaire externe (VI)

Ce nerf moteur naît du tronc cérébral et se dirige vers le muscle droit externe de l'œil qui permet le mouvement de l'œil vers l'extérieur.

Nerf olfactif (I)

Ce nerf sensitif chemine du cerveau aux fosses nasales. Il est responsable de l'odorat.

Nerf optique (II)

Ce nerf sensitif amène au cerveau les informations visuelles de la rétine.

STRUCTURE

Le nerf optique prend naissance dans la papille (petit disque en saillie situé sur la rétine), où de multiples fibres nerveuses visuelles se rassemblent et quittent l'orbite osseuse par un canal. Le nerf ainsi formé continue son trajet dans la cavité crânienne puis rejoint le deuxième nerf optique (issu de l'autre œil) à la hauteur du chiasma optique, où leurs fibres se croisent partiellement.

Nerf pathétique (IV)

Ce nerf moteur part du mésencéphale (partie du tronc cérébral) et parvient à l'intérieur de l'orbite.

Il contrôle le muscle grand oblique qui assure la rotation de l'œil vers le bas et vers l'intérieur.

Nerf pneumogastrique (X)

Le nerf pneumogastrique, ou nerf vague, est le plus long des nerfs crâniens. Il émerge du bulbe rachidien (partie du tronc cérébral) et innerve, par ses fibres volontaires, une partie du voile du palais et le pharynx, et, par ses fibres végétatives, la trachée, les poumons, l'œsophage, le cœur, le foie et une grande partie de l'appareil digestif.

C'est le nerf principal de la partie parasympathique du système nerveux végétatif qui commande les viscères.

FONCTION

Ce nerf à la fois sensitif et moteur est capable de libérer de l'acétylcholine, qui provoque une contraction des bronches ou un ralentissement des battements du cœur. Il peut aussi augmenter les sécrétions gastriques et pancréatiques, agir sur la vésicule biliaire, contrôler les variations de la voix, intervenir dans la déglutition (il assure en partie la motricité du pharynx et du voile du palais), l'éternuement, la toux et le péristaltisme

(mouvements des organes creux, en particulier ceux de l'intestin).

Nerf spinal (XI)

Ce nerf moteur a deux racines, l'une dans l'encéphale, l'autre dans la moelle épinière.

Il innerve, pour sa part crânienne, des muscles du voile du palais et du larynx (nerf laryngé) et, pour sa part spinale, des muscles du squelette : le sterno-cléido-mastoïdien (sur le côté du cou) et le trapèze (en arrière du cou et de l'épaule), qui participent aux mouvements de la tête et du cou.

Nerf trijumeau (V)

Ce nerf moteur et sensitif se ramifie en trois branches distinctes : le nerf ophtalmique, le nerf maxillaire supérieur et le nerf maxillaire inférieur.

FONCTION

Nerf moteur, il contrôle les muscles de la mastication et gère la production de salive et de larmes. Nerf sensitif, il assure la sensibilité de presque toute la peau du visage, du cuir chevelu, des dents, de la cavité buccale, de la paupière supérieure, des sinus et des deux tiers antérieurs de la langue.

PATHOLOGIE

Au cours de la névralgie faciale, on observe des crises très brèves et très intenses de douleurs qui irradient dans la région de ce nerf.

Nerf rachidien

Nerf rattaché à la moelle épinière.

Il existe 31 paires de nerfs rachidiens : 8 paires de nerfs cervicaux, 12 paires de nerfs dorsaux, ou thoraciques, 5 paires de nerfs lombaires, 5 paires de nerfs sacrés et 1 paire de nerfs coccygiens.

FONCTION

Les nerfs rachidiens sont mixtes : leur racine postérieure est sensitive et porte le ganglion spinal, leur racine antérieure étant motrice. Leurs fibres sensitives transmettent les informations des récepteurs sensitifs de la peau et des muscles vers la moelle épinière, tandis que leurs fibres motrices transmettent les signaux de la moelle épinière vers les muscles et les glandes.

PATHOLOGIE

Une lésion d'un disque intervertébral (structure anatomique constituée de tissu cartilagineux, réunissant les vertèbres et jouant entre elles le rôle d'amortisseur) peut comprimer une racine d'un nerf rachidien et occasionner de vives douleurs. Un traumatisme d'un nerf rachidien peut engendrer une perte de la sensibilité et de la motricité d'une partie du corps. Une lésion d'un nerf rachidien, une dégénérescence, une infection, un diabète, une carence en vitamines ou une intoxication sont source de douleurs, d'engourdissements ou de contractures.

Nerf sciatique

Le nerf sciatique est le principal nerf du membre inférieur. Il contrôle les articulations de la hanche, du genou et de la cheville ainsi que de nombreux muscles (notamment les muscles postérieurs de la cuisse et la totalité des muscles de la jambe et du pied) et l'essentiel de la peau de la cuisse, de la jambe et du pied.

STRUCTURE

Ce nerf est le plus long et le plus volumineux du corps humain. Il naît du plexus sacré, essentiellement de la 5e racine lombaire (L5) et de la 1re racine sacrée (S1), et se dirige vers la fesse ; après avoir traversé la région postérieure de la cuisse, il se divise au niveau du genou (région poplitée) en deux branches qui se ramifient jusqu'au pied.

PATHOLOGIE

L'atteinte la plus fréquente du nerf sciatique est la sciatique, douleur irradiant principalement dans la fesse et la cuisse, parfois aussi dans la jambe et le pied. Une luxation de l'articulation de la hanche ou une fracture de la partie supérieure du péroné peuvent aussi léser ce nerf et entraîner des troubles allant de l'engourdissement à la paralysie des muscles qu'il innerve.

Neurasthénie

État de fatigabilité physique et psychique extrême.

Lors de cette affection, le patient a du mal à rassembler ses idées, est incapable de prendre toute décision et, bien qu'il ne présente aucun trouble organique, se plaint de nombreux troubles corporels : douleurs, troubles digestifs (mauvaise digestion, constipation), hyperémotivité et asthénie intense. Après avoir connu une grande vogue, la neurasthénie est une notion qui tend à tomber en désuétude, renvoyant à des maladies telles que l'hystérie, la dépression et, surtout, la psychasthénie.

Neurectomie

Ablation chirurgicale d'une partie d'un nerf.

Une neurectomie n'est pratiquée que sur des nerfs appartenant au système nerveux végétatif (responsable du contrôle des fonctions involontaires de l'organisme).

Neurinome

Tumeur bénigne d'un nerf. SYN. *schwannome*.

Neurinome des nerfs crâniens

Il s'agit d'une tumeur bénigne d'un nerf rattaché à l'encéphale.

Le plus fréquemment touché est le nerf auditif. Le neurinome atteint les sujets âgés de 40 à 60 ans.

CAUSES ET SYMPTÔMES

La cause du neurinome du nerf auditif reste inconnue. Dans un premier temps, la tumeur se développe dans le conduit auditif interne et provoque des signes discrets : baisse d'audition très progressive et d'un seul côté (souvent le patient ne s'en rend compte qu'au téléphone), bourdonnements d'oreille, vertiges. Dans un deuxième temps, la tumeur grossit dans la cavité crânienne. Le sujet se plaint de fourmillements, de douleurs dans la région du nerf trijumeau (sur la face) et d'une paralysie dans la région du nerf facial (muscles du visage).

DIAGNOSTIC ET TRAITEMENT

Le diagnostic se fait souvent grâce à l'imagerie par résonance magnétique (I.R.M.) et aux potentiels évoqués auditifs (enregistrement de la réponse nerveuse aux stimulations sonores). Le traitement consiste à enlever chirurgicalement la tumeur.

Neurinome des nerfs rachidiens

Il s'agit d'une tumeur bénigne d'un nerf rattaché à la moelle épinière, observée à partir de 40 ans.

SYMPTÔMES ET SIGNES
Pendant plusieurs années, les douleurs se limitent à la racine du nerf et surviennent surtout en position allongée. Elles ressemblent beaucoup à celles d'une sciatique. Plus tard, la tumeur, ayant grossi, provoque une compression de la moelle épinière, donc des douleurs plus vives.

DIAGNOSTIC ET TRAITEMENT
Le diagnostic est établi grâce à la myélographie ou à l'imagerie par résonance magnétique (I.R.M.). Le traitement consiste à pratiquer l'ablation chirurgicale de la tumeur.

Neuroblastome

Tumeur maligne de la glande médullosurrénale ou, plus rarement, des ganglions sympathiques du système nerveux autonome. SYN. *sympathome*.

C'est un cancer rare, mais c'est le cancer le plus fréquent chez les enfants.

SYMPTÔMES ET SIGNES
L'enfant perd du poids, est pâle, souffre de douleurs diffuses et est irritable. Un affaiblissement musculaire, voire une paraplégie (paralysie des membres inférieurs), accompagné d'une incontinence urinaire, est le signe d'un neuroblastome se développant au niveau de la moelle épinière. Chez l'adulte, la tumeur peut siéger à l'intérieur d'un des ventricules intracérébraux et peut, de ce fait, atteindre une taille importante avant d'être diagnostiquée.

DIAGNOSTIC
Il repose sur le scanner, qui localise la tumeur, et sur les examens du sang et des urines, qui révèlent de grandes quantités de catécholamines (adrénaline, noradrénaline).

TRAITEMENT ET PRONOSTIC
La rareté de cette tumeur rend difficile, à l'heure actuelle, une attitude thérapeutique fixe. Le meilleur traitement semble être chirurgical et consiste en l'ablation de la tumeur, suivie d'une radiothérapie ou d'une chimiothérapie.

Neurochirurgie

Spécialité chirurgicale consacrée au traitement des maladies du système nerveux.

Neuro-endocrinologie

Discipline médicale qui étudie les relations entre le système nerveux et les glandes endocrines.

Neurofibromatose

→ VOIR Recklinghausen (maladie de).

Neuroleptanalgésie

Méthode d'anesthésie associant un analgésique (médicament agissant contre la douleur) et un neuroleptique (médicament ayant une action sédative sur le système nerveux).

La neuroleptanalgésie permet la réalisation d'un certain nombre d'interventions chirurgicales sans avoir recours à une anesthésie générale. L'anesthésie obtenue, subconsciente, est dite vigile : le patient est réveillé mais calme et indifférent, insensible à la douleur. L'emploi d'un curare permet éventuellement d'obtenir une relaxation musculaire.

Neuroleptique

Médicament actif sur le psychisme, utilisé plus particulièrement dans le traitement des psychoses. SYN. *tranquillisant majeur*.

INDICATIONS
Les neuroleptiques sont prescrits en cas de psychose (notamment schizophrénie et psychose maniacodépressive), de dépression avec agitation, de confusion mentale, de délire, d'anxiété, d'agitation par trouble psychologique. Les neuroleptiques permettent au malade de mener une vie en société hors des hôpitaux psychiatriques.

Les autres indications sont l'insomnie, la toux, les vomissements, les hoquets rebelles, les douleurs intenses, la préparation à l'anesthésie.

CONTRE-INDICATIONS
Les neuroleptiques sont contre-indiqués en cas d'allergie au produit actif. Il est dangereux de les associer à l'alcool.

EFFETS INDÉSIRABLES
Ils sont d'ordre neuropsychique (somnolence, incoordination des mouvements, syndrome parkinsonien), neurovégétatif (hypotension artérielle, sécheresse de la bouche, constipation, rétention d'urine) ou hormo-

nal (prise de poids, impuissance, frigidité, arrêt des règles).

Neurologie

Spécialité médicale consacrée à l'étude et au traitement des maladies touchant le système nerveux central (cerveau, moelle épinière) ou périphérique (racines et nerfs).

Neurolyse

Intervention chirurgicale consistant à libérer un nerf lorsque celui-ci est comprimé par une adhérence pathologique, par exemple par le tissu fibreux cicatriciel, afin de lui permettre de récupérer ses fonctions.

Neuromédiateur

→ VOIR Neurotransmetteur.

Neurone

Cellule nerveuse.

Le système nerveux est formé de neurones, de cellules névrogliques et de cellules de Schwann ; les neurones ont des fonctions nerveuses, tandis que les deux autres sortes de cellules ont des rôles de protection et de nutrition.

STRUCTURE

Un neurone est constitué d'un corps cellulaire, dans lequel se trouve un noyau, et de prolongements, l'axone d'un côté, les dendrites de l'autre.

FONCTIONNEMENT

Les cellules excitables telles que le neurone se distinguent des autres par la capacité à créer un phénomène électrique, le potentiel d'action, ou influx nerveux : en quelques millièmes de seconde et sur une infime longueur de membrane, un afflux de sodium (ion positif) entre dans la cellule, ce qui dépolarise la membrane. Ce potentiel d'action se propage spontanément ensuite tout au long de la membrane. Il permet de transmettre un message, information sensitive ou ordre moteur. Les messages arrivent à un neurone donné par ses dendrites. Celles-ci amènent les messages au corps cellulaire (conduction centripète). Le corps cellulaire analyse les messages et en produit de nouveaux, lesquels cheminent le long de l'axone (conduction centrifuge). Un neurone est ainsi relié à d'autres neurones ou à des cellules musculaires. Le point de jonction entre l'axone d'un neurone et les dendrites d'un autre neurone s'appelle la synapse. À ce niveau, la transmission du message d'un neurone à un autre fait intervenir diverses substances appelées neurotransmetteurs.

Neuropathie

Affection du système nerveux. SYN. *neuropathie périphérique*.

Le terme de neuropathie regroupe toutes les affections du système nerveux périphérique, formé des nerfs et des ganglions.

Neuropathie optique

Affection atteignant le nerf optique, responsable de la vue. SYN. *névrite optique*.

Nombreuses, les causes d'une neuropathie optique peuvent être vasculaires (athérosclérose, par exemple), inflammatoires (uvéoméningite associant atteinte oculaire et atteinte méningée, etc.), liées à une intoxication médicamenteuse (médicaments antituberculeux, par exemple), à l'alcoolisme, au tabagisme, à une intoxication par des produits industriels, à une maladie de système (telle que le lupus érythémateux disséminé) ou neurologique (comme la sclérose en plaques), au diabète, à un traumatisme.

Le sujet souffre d'une anomalie du champ visuel, appelée scotome, dans laquelle la vision baisse dans une petite région du champ visuel. Il distingue de moins en moins bien les couleurs.

Le traitement est celui de la cause.

Neurorécepteur

Récepteur situé à la surface d'une cellule (essentiellement nerveuse mais aussi musculaire) et intervenant dans le fonctionnement du système nerveux.

Neurotonie

Trouble bénin caractérisé par un excès de fonctionnement du système nerveux végétatif.

La neurotonie, couramment appelée nervosité ou tension nerveuse, se traduit par une émotivité exagérée, des palpitations, des tremblements, des diarrhées.

Neurotoxine

Substance biologique toxique agissant sur le système nerveux.

Neurotransmetteur

Substance chimique de l'organisme permettant aux cellules nerveuses de transmettre leurs messages. SYN. *neuromédiateur*.

Les neurotransmetteurs comprennent de nombreuses substances, dont l'acétylcholine, l'adrénaline, la dopamine, les différentes endorphines, les différentes enképhalines, la noradrénaline, la sérotonine, etc.

De nombreuses substances, médicamenteuses ou non, ont la même action qu'un neurotransmetteur et sont dites agonistes (adrénergiques, cholinergiques) ; d'autres ont une action contraire et sont dites antagonistes (adrénolytiques, anticholinergiques).

En outre, un déficit en un neurotransmetteur donné peut être responsable d'une pathologie.

Neutronthérapie

Radiothérapie utilisant des neutrons provenant d'un cyclotron (accélérateur de particules atomiques), afin de détruire des cellules cancéreuses.

Neutropénie

Diminution dans le sang du nombre des polynucléaires neutrophiles (globules blancs contribuant à l'élimination des bactéries).

DIFFÉRENTS TYPES DE NEUTROPÉNIE

Les neutropénies sont soit constitutionnelles (agranulocytose congénitale), soit acquises. La plupart des neutropénies acquises sont mineures et n'ont aucune conséquence. La forme la plus fréquente, chronique, est observée en cas de fatigue, principalement chez la femme. En revanche, une neutropénie chronique sévère, avec des infections à répétition, se rencontre au cours de la polyarthrite rhumatoïde, au contact de substances toxiques (chimiothérapie, radiations ionisantes) ou dans les aplasies médullaires et les leucémies. Les neutropénies aiguës s'observent au cours d'infections virales ou bactériennes. Les neutropénies aiguës médicamenteuses ne sont habituellement qu'une étape avant l'agranulocytose, absence complète de polynucléaires neutrophiles particulièrement grave.

Névralgie

Douleur provoquée par une irritation ou par une lésion d'un nerf sensitif.

La douleur évolue en général par crises assez intenses, mais un fond douloureux peut persister entre les crises.

DIFFÉRENTS TYPES DE NÉVRALGIE

On les classe selon leur localisation.

■ **La névralgie faciale** engendre une douleur suraiguë dans la zone contrôlée par le nerf trijumeau. Elle touche essentiellement la joue, les paupières supérieures et, le plus souvent, le maxillaire supérieur. Elle se produit d'un seul côté et est souvent provoquée par la stimulation d'une zone cutanée particulière de la face.

■ **La névralgie intercostale** siège entre les côtes mais suit le trajet d'innervation cutanée qui croise obliquement les côtes.

■ **Les névralgies par irritation des nerfs des membres** descendent le long d'une bande étroite jusqu'à l'extrémité du membre : névralgie cervicobrachiale au membre supérieur, névralgie crurale et sciatique au membre inférieur.

TRAITEMENT

Il dépend de chaque cas mais comprend souvent une immobilisation temporaire (repos au lit, port d'un corset ou d'un collier cervical), la prise d'analgésiques, d'anti-inflammatoires (par voie injectable ou orale, ou en infiltrations), ou encore des séances de kinésithérapie.

Névrite

Inflammation d'un ou de plusieurs nerfs.

Les névrites font partie des neuropathies périphériques (affections des nerfs en général). La cause de l'inflammation peut être l'alcoolisme, une infection (lèpre, divers virus), un trouble chimique (diabète) ou un traumatisme.

Les signes sont moteurs (faiblesse musculaire ou véritable paralysie) et/ou sensitifs (fourmillements, douleurs). Ils siègent dans la région contrôlée par les nerfs affectés, ce qui permet de distinguer plusieurs cas : la mononévrite (atteinte d'un nerf) ; la multinévrite, qui touche plusieurs nerfs soit successivement, soit simultanément et d'une façon asymétrique entre la moitié droite et la moitié gauche du corps ; la polynévrite (atteinte de plusieurs nerfs simultanément et symétriquement) ; la polyradiculonévrite (atteinte des racines des nerfs). Le traitement est celui de la cause.

Névrome

Tumeur bénigne formée de fibres nerveuses plus ou moins anormales.

Les névromes comprennent deux types de lésion, de causes différentes.

■ Le névrome d'amputation se développe quand un nerf a été sectionné et quand son extrémité est très éloignée de sa racine, ou lorsque la section est due à l'amputation d'un membre.

■ Le névrome plexiforme est dû à une prolifération compacte de fibres nerveuses. Il est superficiel et se traduit par une grosseur palpable sous la peau donnant au doigt la sensation d'un petit paquet de ficelle.

Les névromes sont source de douleurs souvent intenses. Leur traitement est difficile ; l'ablation chirurgicale est dans certains cas possible.

Névrose

Trouble mental n'atteignant pas les fonctions essentielles de la personnalité et dont le sujet est douloureusement conscient.

SYMPTÔMES ET SIGNES
Une névrose se traduit habituellement par un sentiment d'angoisse, un infléchissement du jugement par la passion et l'imaginaire (phénomène de compensation), des perturbations de la vie sexuelle (frigidité, impuissance) et sociale (manque d'assurance, agressivité). Cependant, à la différence du psychotique, le névrosé ne perd pas le contact avec le réel et reste relativement adapté à son environnement et à la vie sociale.

TRAITEMENT
Les anxiolytiques peuvent apporter un soulagement dans les moments les plus difficiles mais ne constituent en aucun cas un traitement de fond et ne doivent pas être pris longtemps. Seule la psychothérapie permet généralement d'obtenir la guérison d'une névrose.

Névrose obsessionnelle

Névrose caractérisée par des obsessions associées à des traits psychasthéniques (tension émotionnelle, fatigabilité).

La névrose obsessionnelle s'installe après 25-30 ans, chez des sujets en majorité de sexe masculin, de caractère à la fois inhibé et perfectionniste.

SYMPTÔMES ET SIGNES
Une ou plusieurs obsessions assaillent le sujet, qui s'efforce de les chasser par des moyens « magiques » (rites, formules conjuratoires). L'obsessionnel, dont les capacités intellectuelles sont souvent supérieures à la moyenne, peut rester socialement bien adapté ; dans les cas les plus graves, la lutte permanente qu'il livre contre ses obsessions envahit toute son existence, sans qu'il cesse d'être conscient de la nature pathologique de ses troubles, ce qui le conduit parfois à la dépression.

TRAITEMENT
Il repose sur la psychothérapie complétée par l'administration d'anxiolytiques et d'antidépresseurs.

Névrose phobique

Névrose associant une personnalité voisine de celle de l'hystérique (sujet émotif et sensible, à l'imagination vive) à des crises de phobie.

SYMPTÔMES ET SIGNES
Cette névrose est caractérisée par des crises de phobie, qui déplacent l'angoisse provoquée par un conflit intérieur sur une situation extérieure précise : peur des espaces clos (claustrophobie), des espaces ouverts

(agoraphobie), du regard d'autrui, etc. Le patient lutte contre sa phobie en évitant la situation redoutée ou en se faisant accompagner par une personne proche. Face à un danger réel, il peut en revanche témoigner d'un grand courage physique.

TRAITEMENT
Il repose sur la psychanalyse ou sur une psychothérapie associée, lorsque la névrose empêche le sujet d'avoir une vie sociale normale, à la prise d'anxiolytiques.

Nez

Organe formant une saillie sur le tiers moyen de la hauteur de la face et constituant la partie initiale des voies respiratoires.

Le nez est composé d'os et de cartilages, qui constituent son squelette. Il contient la partie antérieure des fosses nasales, qui s'ouvrent vers l'avant par les narines.

FONCTIONNEMENT
Le nez est l'organe de la respiration. L'air inspiré entre par les fosses nasales, qui l'humidifient, le réchauffent et le purifient grâce au mucus et aux cils qui retiennent les impuretés.

Le nez est aussi l'organe de l'odorat.

PATHOLOGIE
Par sa forme en saillie, le nez est sujet aux traumatismes (y compris les fractures), source de douleurs et de déformations, que l'on traite chirurgicalement. Les septoplasties corrigent les déviations de la cloison nasale.

Les enfants, surtout entre 2 et 4 ans, y introduisent parfois des corps étrangers. Tout corps étranger introduit dans les fosses nasales doit être retiré, parfois sous anesthésie générale en raison des risques d'inhalation, et donc d'obstruction bronchique.

N.F.S.

→ voir Numération formule sanguine.

Nicotinamide

Substance dérivée de l'acide nicotinique, réunie avec celui-ci sous le terme générique de vitamine PP.

Nicotine

Substance chimique naturelle extraite des feuilles de tabac.

La nicotine est un poison violent. Les effets indésirables sont nombreux : pâleur, faiblesse, sudation, palpitations cardiaques, tremblements, fourmillements, nausées, vomissements, maux de tête, insomnie, etc.

La nicotine entraîne une accoutumance et une dépendance. Afin d'aider une personne motivée à supprimer le tabac, le médecin peut prescrire un timbre, ou patch, à base de nicotine, qui, progressivement, permet au patient de se sevrer.

→ voir Tabac.

Nidation

Pénétration complète de l'œuf fécondé dans la muqueuse utérine. SYN. *implantation*.

La nidation peut se produire hors de l'utérus ; il s'agit alors d'une grossesse extra-utérine soit ovarienne, soit, le plus souvent, tubaire (localisée dans une des trompes utérines).

Nocardiose

Maladie infectieuse due à des bactéries à Gram positif du genre *Nocardia*.

La nocardiose est une affection rare chez les individus sains, plus courante chez les sujets immunodéprimés.

La maladie se présente comme une infection pulmonaire subaiguë ou chronique.

Le traitement consiste en l'administration d'antibiotiques pendant une période allant de plusieurs semaines à plus de un an.

Nodule

Lésion cutanée ou muqueuse bien délimitée, de forme approximativement sphérique et palpable.

Nodule des cordes vocales

C'est une petite lésion arrondie, située sur le bord d'une corde vocale, qui résulte le plus souvent d'un surmenage de la voix.

Son traitement repose sur le repos vocal, associé à une rééducation orthophonique de la voix. En cas de récidive, il faut envisager une ablation soit chirurgicale, soit au laser.

Noma

Ulcération des tissus de la bouche. SYN. *stomatite gangréneuse.*

Le noma atteint surtout des enfants souffrant de dénutrition en milieu tropical ; il peut aussi survenir à la suite d'une maladie infectieuse (rougeole, scarlatine, fièvre typhoïde). Les ulcérations siègent le plus souvent sur la lèvre ou la joue ; elles tendent ensuite à s'étendre aux tissus voisins et à les détruire.

Le traitement du noma repose sur l'administration d'antibiotiques à large spectre et sur une renutrition intensive.

Nombril

→ VOIR Ombilic.

Noradrénaline

Substance synthétisée essentiellement par les fibres nerveuses périphériques sympathiques, mais également par le système nerveux central et, en faible quantité, par les glandes médullosurrénales ; elle participe surtout à la constriction artérielle.

Norwalk (virus de)

Virus à A.D.N. de la famille des parvovirus, dont il existe plusieurs espèces, responsables d'épidémies de gastroentérite, surtout chez les enfants.

Nosocomial

Se dit d'une infection contractée à l'hôpital et non directement liée à l'affection pour laquelle le malade est hospitalisé.

Nourrisson

Enfant dont l'âge se situe entre 29 jours (fin de la période néonatale) et 2 ans.
→ VOIR Carence affective, carence alimentaire, Allaitement, Croissance de l'enfant, Développement de l'enfant.

Nouveau-né

Enfant, depuis le jour de sa naissance jusqu'à son 28e jour de vie.

EXAMEN MÉDICAL DÉTAILLÉ
Pendant sa première semaine de vie, le nouveau-né fait l'objet d'un examen approfondi effectué par un pédiatre.

■ **L'auscultation** sert à apprécier les fréquences cardiaque et respiratoire, ainsi que l'absence d'anomalies (souffle cardiaque, gêne respiratoire). La palpation des artères fémorales permet de s'assurer qu'il n'existe aucune malformation cardiovasculaire.

■ **L'examen de la peau** permet de mettre en évidence certaines anomalies cutanées (purpura, angiome) ou une coloration anormale (ictère, cyanose).

■ **L'examen morphologique** est destiné à éliminer l'éventualité d'une malformation qui aurait pu échapper à l'examen échographique anténatal. Une sonde est introduite dans l'œsophage pour vérifier qu'il n'y a pas d'atrésie (interruption) de cet organe ; une autre sonde est placée dans l'anus afin de dépister une malformation anorectale. Les choanes (orifices postérieurs des fosses nasales conduisant au pharynx) sont également sondés. On recherche une éventuelle division du palais (fente labiopalatine) ou une anomalie du bas de la colonne vertébrale. Les os et les articulations sont, eux aussi, inspectés pour détecter soit une déformation crânienne (céphalhématome, bosse sérosanguine), soit une fracture de la clavicule ou des membres inférieurs (due à une extraction difficile), ou encore des anomalies des doigts, des orteils ou une luxation de la hanche.

■ **L'examen des yeux** a pour but de vérifier que le regard s'oriente spontanément vers la lumière, qu'il suit horizontalement un objet contrasté (blanc et noir), qu'il n'y a pas de reflet dans les pupilles. Une conjonctivite (rougeur de l'œil) est recherchée. Une obstruction du canal lacrymal est suspectée si l'œil de l'enfant est souvent « collé », avec des sécrétions abondantes.

■ **L'examen de l'abdomen** conduit à apprécier l'état du reliquat du cordon ombilical (qui contient 3 vaisseaux) et, par palpation, la taille du foie. Chez le garçon, le pénis doit avoir une longueur minimale de 2 centimètres. Les deux testicules doivent être en place dans les bourses. Chez la fille, l'orifice vaginal doit être bien visible. Les sécrétions vaginales blanchâtres ou parfois hémorragiques qui peuvent survenir vers le 5ᵉ jour de la vie sont banales et ne nécessitent aucun traitement.

■ **L'examen neurologique**, primordial, comprend, entre autres, l'observation de la motricité spontanée de l'enfant ; celle-ci se caractérise notamment par une gesticulation asymétrique des membres, l'alternance des mouvements de flexion et d'extension, de l'ouverture et de la fermeture des mains. Le tonus de l'enfant est également apprécié (étude de l'extensibilité musculaire, du redressement de la tête et du tronc) et les réflexes dits primaires ou archaïques, propres au nouveau-né (agrippement, succion, marche automatique, etc.), sont contrôlés.

■ **Des tests biologiques de dépistage** sont pratiqués : le talon de l'enfant est légèrement incisé pour y prélever quelques gouttes de sang. Le test de Guthrie recherche la phénylcétonurie (maladie héréditaire caractérisée par un déficit enzymatique) ; une hypothyroïdie (insuffisance de la sécrétion de la glande thyroïde) est aussi recherchée.

ALIMENTATION ET HYGIÈNE

Les besoins alimentaires du nouveau-né sont de 60 millilitres quotidiens de lait maternel ou maternisé par kilogramme de poids à la naissance et de 150 millilitres quotidiens par kilogramme à la fin de la 1ʳᵉ semaine de vie. Le nouveau-né perd habituellement du poids pendant les trois premiers jours de sa vie, essentiellement en raison de la faiblesse de ses apports alimentaires ; mais il a, dans la plupart des cas, regagné son poids initial dès le 8ᵉ jour. La prise pondérale est ensuite, en moyenne, de 25 à 30 grammes par jour.

L'enfant doit être nettoyé et changé après chaque tétée ; s'il a les fesses facilement irritables, on les enduit d'une pâte à l'eau. Le cordon ombilical, qui doit être désinfecté tous les jours, tombe en moyenne vers le 8ᵉ jour de vie. Le premier bain n'intervient souvent qu'après la chute du cordon ombilical.

Le nouveau-né doit être couché dans un lit à montants rigides, sur un matelas ferme occupant bien toute la surface libre et sans oreiller. Il peut être placé sur le côté. Il est préférable de le couvrir avec un surpyjama plutôt qu'avec une couette ou des couvertures, pour lui permettre d'être à l'aise dans ses mouvements sans se découvrir. La première sortie de l'enfant né à terme peut s'effectuer à partir du 15ᵉ jour quand les conditions météorologiques sont favorables.

DÉVELOPPEMENT AFFECTIF

Autant que de soins et de nourriture, le nouveau-né a besoin pour s'épanouir d'un contact précoce avec sa mère et son père. La chaleur et la tendresse qui lui sont prodiguées lui permettent de se développer de façon équilibrée.

→ VOIR Accouchement, Allaitement, Apgar (cotation d'), Guthrie (test de).

Noyade

Asphyxie due à l'immersion dans l'eau.

Une noyade est le plus souvent provoquée par la pénétration brutale d'eau, en quantité abondante, dans les voies respiratoires du sujet. Cependant, elle peut aussi être due à un arrêt cardiaque survenu au contact de l'eau, entraînant une perte de connaissance ; ce phénomène, appelé hydrocution, s'observe surtout lorsque l'eau est froide ou après une exposition à la chaleur ou un exercice physique.

SAUVETAGE

Il doit être entrepris immédiatement et par une personne connaissant le secourisme. Il consiste, après avoir libéré la bouche et le pharynx du sujet de tout corps étranger (algues, boue, sable), à pratiquer le bouche-à-bouche en cas d'arrêt respiratoire, le bouche-à-bouche associé à un massage cardiaque en cas d'arrêt cardiaque (absence de pouls), ces manœuvres étant poursuivies jusqu'à l'arrivée des secours médicaux. Le sujet doit ensuite être hospitalisé pendant 24 heures pour une mise en observation (risque d'œdème pulmonaire différé).

Noyau

Partie centrale de la cellule, de forme variable bien que souvent sphérique et de taille proportionnelle au cytoplasme qui l'entoure, qui commande toutes les activités de la cellule, y compris sa division.

Noyau gris central

Masse de substance grise située à l'intérieur de l'encéphale. SYN. *noyau gris de la base.*

Nucléolyse

Destruction thérapeutique ou pathologique du nucleus pulposus (partie centrale, semi-liquide, d'un disque intervertébral).

DIFFÉRENTS TYPES DE NUCLÉOLYSE

■ La nucléolyse thérapeutique, ou chimionucléolyse, est pratiquée pour soulager les douleurs provoquées par une hernie discale (saillie du nucleus pulposus à l'extérieur de la colonne vertébrale, qui vient comprimer une racine nerveuse ou la moelle épinière). Elle consiste à injecter dans le disque intervertébral une enzyme végétale, la papaïne, qui détruit le nucleus sans léser les structures voisines. La chimionucléolyse peut remplacer la chirurgie discale. La chimionucléolyse nécessite une hospitalisation de 3 ou 4 jours. La papaïne est injectée dans l'espace intervertébral, jusqu'au niveau de la hernie discale. L'intervention dure une vingtaine de minutes ; le patient est sous anesthésie légère (analgésiques et neuroleptiques), car il doit être capable de rester couché sur le côté.

■ La nucléolyse spontanée est caractéristique des discopathies dégénératives (affections dégénératives des disques intervertébraux). L'injection d'un inhibiteur d'enzymes, l'aprotinine, dans le disque intervertébral, associée au port d'un corset pendant 4 à 6 semaines, permet d'arrêter ce processus.

Numération formule sanguine

Examen biologique permettant de comptabiliser les différents éléments figurés du sang (plaquettes, globules rouges, différentes catégories de globules blancs).

La numération formule sanguine (N.F.S.) est l'un des examens biologiques les plus prescrits. Elle est indispensable dans l'évaluation des maladies inflammatoires ou infectieuses et des anémies, et fait partie de tout bilan biologique préopératoire. La numération formule sanguine se pratique sur un prélèvement de 5 millilitres de sang dans une veine, au pli du coude, à jeun. Les résultats sont obtenus en quelques heures.

Nuque

Région postérieure du cou, courbée et souple, comprenant toutes les parties molles situées en arrière du rachis cervical et limitée latéralement par les bords antérieurs des muscles trapèzes.

Nursing

Ensemble des soins d'hygiène et de confort donnés à un malade ayant perdu son autonomie.

Nutriment

Substance organique ou minérale, directement assimilable sans avoir à subir les processus de dégradation de la digestion.

Les nutriments sont représentés par les acides aminés, les acides gras, les glucides simples, les minéraux, les vitamines, l'eau et l'alcool ; les fibres ne sont pas considérées comme des nutriments, car les éléments qui les composent ne sont pas absorbés par la muqueuse intestinale. Absorbés par les entérocytes (cellules intestinales), les nutriments passent dans la circulation sanguine et sont utilisés par l'organisme pour satisfaire ses besoins nutritionnels (énergétiques ou spécifiques). En outre, tous les produits ultimes de la digestion, dégradés sous l'action des enzymes digestives, sont des nutriments.

■ Les nutriments énergétiques sont les protéines, les lipides, les glucides et l'alcool. Ils fournissent à l'organisme l'énergie dont il a besoin, mais certains, comme les protéines, ont aussi un rôle constructeur.

■ Les nutriments non énergétiques sont les minéraux, les vitamines et l'eau ; dans l'organisme, ils jouent un rôle de construction et/ou de protection.

Nutrition

Ensemble des processus d'assimilation et de dégradation des aliments qui ont lieu dans un organisme, lui permettant d'assurer ses fonctions essentielles et de croître.

NUMÉRATION FORMULE SANGUINE (Principaux éléments recherchés)

Taux normal	Principales causes d'augmentation de ce taux	Principales causes de diminution de ce taux
Hémoglobine > 13 g/dl chez l'homme > 12 g/dl chez la femme et l'enfant Hématocrite < 54 % chez l'homme < 47 % chez la femme et l'enfant	Hémoconcentration, polyglobulie	Hémorragie, hémolyse, atteinte de la moelle osseuse (très nombreuses causes)
Leucocytes (globules blancs) de 4 000 à 10 000/mm³		
Polynucléaires neutrophiles de 1 700 à 7 500/mm³	Infection bactérienne, inflammation, tabagisme, certains médicaments, hémopathie	Ethnie (Afrique), infection virale, toxicité médicamenteuse, hémopathie
Polynucléaires éosinophiles de 0 à 500/mm³	Allergie, parasitose	
Polynucléaires basophiles de 0 à 200/mm³		
Lymphocytes de 500 à 4 500/mm³	Maladie virale ou bactérienne (coqueluche), hémopathie	Déficit immunitaire
Monocytes de 0 à 1 000/mm³	Inflammation, hémopathie	
Plaquettes de 150 000 à 450 000/mm³	État inflammatoire, ablation de la rate, stimulation de la moelle osseuse	Atteinte de la moelle osseuse, maladie immunologique, toxicité médicamenteuse

Nymphomanie

Exacerbation du désir sexuel chez la femme.

Les causes de la nymphomanie sont variées : conflit œdipien, besoin de se rassurer sur sa féminité dévalorisée, attitude inconsciente de revanche sur les hommes, proche du « collectionnisme » obsessionnel. Elle se caractérise par la recherche impérieuse d'expériences érotiques qui laissent la femme généralement insatisfaite. Elle peut être considérée comme une maladie dans la mesure où elle engendre une frustration chronique. Son traitement, si besoin est, relève le plus souvent de la psychothérapie ou de la psychanalyse.

Nystagmus

Phénomène spontané ou provoqué, congénital ou acquis, caractérisé par des mouvements involontaires et saccadés des yeux, de faible amplitude, le plus souvent horizontaux, mais parfois verticaux ou circulaires.

Un nystagmus peut être de nature physiologique ou pathologique.

Nystagmus physiologique

Le nystagmus optocinétique, appelé aussi nystagmus des chemins de fer, s'observe lorsque les yeux essaient de suivre des images qui défilent. Le nystagmus vestibulaire est dû à une excitation ou à une paralysie transitoire d'un ou des deux labyrinthes de l'oreille interne, due, par exemple, à une rotation sur un fauteuil tournant ou à une injection d'eau froide ou tiède dans l'oreille.

Nystagmus pathologique

Ces mouvements saccadés des yeux peuvent être congénitaux ou acquis.

■ **Les nystagmus congénitaux**, dus à des lésions oculaires, neurologiques ou sans cause précise, se manifestent dès la naissance ou lors de la petite enfance et s'atténuent parfois avec le temps. Ils peuvent accompagner d'autres maladies oculaires congénitales telles que la cataracte (opacité du cristallin qui produit une cécité complète ou partielle), l'albinisme, le strabisme, les lésions choriorétiniennes (atteintes de la rétine du fœtus). Ils peuvent aussi s'observer au cours de certaines affections neurologiques (hydrocéphalie, toxoplasmose cérébrale) ou apparaître de façon isolée, avec ou sans notion d'hérédité. Le nystagmus à ressort est la forme la plus courante des nystagmus congénitaux : les yeux bougent lentement dans un sens, à l'horizontale, puis rapidement dans le sens contraire. Le nystagmus pendulaire, quant à lui, se manifeste par des secousses rythmiques et horizontales d'égale durée. Les nystagmus congénitaux s'intensifient avec la fatigue, les émotions, les efforts d'attention (pendant la lecture, par exemple). L'enfant peut « bloquer » volontairement ces nystagmus ; il tourne alors fréquemment la tête, toujours du même côté et risque de souffrir d'un torticolis.

■ **Les nystagmus acquis** peuvent apparaître à l'adolescence ou à l'âge adulte ; ils sont alors le signe d'une affection neurologique, comme la sclérose en plaques, d'une tumeur cérébrale ou vestibulaire s'accompagnant de troubles de l'audition, ou d'une lésion du cervelet.

DIAGNOSTIC ET TRAITEMENT

L'électronystagmographie (enregistrement électrique des mouvements de l'œil) permet d'identifier les différentes formes de nystagmus. Dans le cas des nystagmus congénitaux, le port de verres correcteurs à prismes permet de supprimer la mauvaise position de la tête. En effet, les prismes (qui sont adhésifs lorsqu'ils sont temporaires et incorporés aux verres lorsqu'ils sont définitifs) entraînent une déviation forcée des 2 yeux vers la zone de blocage, évitant ainsi à l'enfant de tourner la tête pour utiliser cette zone. Lorsque ce traitement est efficace, une intervention chirurgicale, variable suivant le type de nystagmus et sa cause, peut permettre une amélioration définitive. Les nystagmus acquis, quant à eux, disparaissent avec le traitement de leur cause, lorsque celui-ci est possible.

Obésité

Excès de poids par augmentation de la masse de tissu adipeux.

La masse adipeuse représente normalement de 10 à 15 % du poids total chez l'homme, de 20 à 25 % chez la femme. On parle d'obésité lorsqu'elle atteint plus de 15 à 20 % du poids total chez l'homme, plus de 25 à 30 % chez la femme.

L'indice de masse corporelle (I.M.C.) exprime la corpulence : c'est le rapport du poids (en kilogrammes) au carré de la taille (en mètres carrés). L'I.M.C. idéal se situe entre 20 et 25 kilogrammes par mètre carré (entre 20 et 27 après 50 ans). On parle d'obésité lorsqu'il est supérieur à 30.

La méthode la plus connue pour calculer son poids idéal est la formule de Lorentz : poids idéal (en kilogrammes) = taille (en centimètres) − 100 − [(taille − 150)/x], la valeur de x étant 4 pour l'homme et 2 pour la femme.

Il faut cependant nuancer ces notions de poids idéal par des critères personnels (taille du sujet, poids de son squelette), familiaux, culturels, ethniques, etc., qui doivent être pris en compte par le médecin suivant le patient, de même que les circonstances et l'état physiologique (croissance, grossesse, etc.) accompagnant la survenue de l'obésité.

CAUSES

L'obésité est due à un apport énergétique supérieur aux dépenses de l'organisme. Cependant, cet excès d'apport alimentaire n'est souvent pas la seule explication, et des facteurs génétiques, métaboliques ou liés à l'environnement sont aussi à considérer.

DIFFÉRENTS TYPES D'OBÉSITÉ

■ Les obésités androïdes ou abdominales, où la graisse prédomine à la partie haute du corps et sur l'abdomen, sont typiques de l'obésité masculine.

■ Les obésités gynoïdes ou fémorales, où la graisse prédomine à la partie basse du corps (fesses, cuisses), sont caractéristiques de l'obésité féminine.

RISQUES ASSOCIÉS À L'OBÉSITÉ

L'obésité est un facteur de risque dans diverses affections : insuffisances coronarienne et cardiaque, hypertension artérielle, diabète, goutte, hyperlipidémies (taux sanguin de lipides excessif), lithiase biliaire, insuffisance respiratoire, maladies rhumatologiques, etc. Schématiquement, les obésités androïdes présentent davantage de complications de type métabolique (diabète, hypertension), alors que les obésités gynoïdes présentent davantage de complications rhumatologiques (problèmes articulaires).

TRAITEMENT

Le traitement de l'obésité repose sur la réduction de l'excès de poids par un régime ; lorsque l'obésité est due à une maladie, celle-ci doit être soignée. Le régime prescrit (avec la participation éventuelle d'un diététicien) sera le plus souvent hypocalorique, mais avec un apport protéinique (viande, poisson, œuf, produits laitiers) suffisant pour éviter une fonte des masses maigres (muscles, notamment) ; il proposera une suppression des produits et des boissons sucrés, une réduction des apports en autres glucides (céréales, féculents, fruits) et en lipides (corps gras, aliments les plus gras) ainsi qu'une suppression ou une diminution très importante des boissons alcoolisées. Réparti en trois ou quatre prises journalières, le régime doit être le plus équilibré possible et comprendre des aliments de tous les groupes. Le poids à atteindre et la durée du traitement font l'objet d'un contrat préalable entre le patient et le praticien, révisable en cours de traitement. Une fois ce poids obtenu, le régime initial est progressivement élargi jusqu'à un retour à une alimentation normale, avec maintien d'un poids stabilisé. Les régimes fantaisistes, qui peuvent entraîner une perte de poids spectaculaire, font surtout fondre la masse maigre et sont donc voués à l'échec. L'alternance de phases d'amaigrissement suivies de phases de reprise de poids semble plus dangereuse pour la santé que l'absence de régime.

Obsession

Idée répétitive et menaçante, s'imposant de façon incoercible à la conscience du sujet, bien que celui-ci en reconnaisse le caractère irrationnel.

On décrit deux types d'obsession : les obsessions phobiques, déclenchées à la seule idée d'un objet ou d'une situation donnés, et les obsessions impulsives, se manifestant par la peur de commettre un acte antisocial (le passage à l'acte étant cependant exceptionnel). L'obsession est le principal symptôme de la névrose obsessionnelle, mais un tel phénomène s'observe également au cours des dépressions, de la psychasthénie, des psychoses larvées. Son traitement est essentiellement psychothérapique.

Obstétrique

Branche de la médecine qui prend en charge la grossesse, l'accouchement et les suites de couches.

Occlusion intestinale

Obstruction partielle ou totale de l'intestin grêle ou du côlon.

CAUSES

Les occlusions intestinales peuvent être mécaniques (liées à un obstacle organique) ou fonctionnelles (par spasme ou paralysie de la musculature lisse intestinale).

■ **Les occlusions mécaniques** comprennent les occlusions par strangulation et les occlusions par obstruction. Les premières se caractérisent par l'existence de lésions vasculaires, liées à l'écrasement ou à la torsion des vaisseaux. La compression entraîne un arrêt de l'irrigation sanguine pouvant conduire à la gangrène. Il peut s'agir de l'étranglement brutal d'une anse intestinale au contact d'une bride (adhérence consécutive à une intervention chirurgicale) ; de l'étranglement d'une hernie inguinale ou crurale ; de la torsion d'une boucle trop longue du côlon sigmoïde sur elle-même, ou volvulus. Les occlusions par obstruction sont, quant à elles, provoquées par le développement d'une tumeur de l'intestin, maligne ou bénigne, qui rétrécit le conduit intestinal, ou par une maladie inflammatoire ou une diverticulite (infection des diverticules intestinaux).

■ **Les occlusions fonctionnelles** se caractérisent par une paralysie de l'intestin déclenchée par une lésion d'un organe voisin : appendicite, abcès, hématome, pancréatite.

SYMPTÔMES ET SIGNES

Les symptômes comprennent des douleurs fortes, évoluant par crises et suivies d'accalmies, des vomissements, l'arrêt des matières et des gaz, et un météorisme (distension localisée de l'abdomen). L'accumulation de liquide en amont de l'obstacle et les vomissements provoquent une déshydratation importante pouvant entraîner un état de choc. Une occlusion intestinale est mortelle si elle n'est pas soignée.

TRAITEMENT

Il nécessite une hospitalisation et consiste d'abord à placer une sonde gastrique pour aspirer le liquide en amont de l'occlusion et à rétablir l'équilibre physiologique par perfusion. Une occlusion par strangulation nécessite une intervention chirurgicale rapide (dans un délai de quelques heures). En cas d'occlusion par obstruction, l'intervention peut attendre 1 ou 2 jours. La continuité intestinale est rétablie soit immédiatement, soit après une colostomie (abouchement du côlon, incisé ou sectionné, à la peau) durant quelques semaines.

Occlusion de l'œil
Obstruction d'un vaisseau de l'œil.

Occlusion artérielle rétinienne
C'est un arrêt de la circulation dans l'artère centrale de la rétine ou dans l'une de ses branches de division.

CAUSES
Cette occlusion est due le plus souvent à la présence, sur la paroi interne d'une artère à destinée céphalique (artère carotide primitive ou interne, aorte thoracique, etc.), d'une plaque d'athérome (dépôt graisseux). Un fragment de plaque détaché (ou embole) est alors parfois entraîné par la circulation et obture brusquement l'artère centrale de la rétine.

SYMPTÔMES ET SIGNES
Un sujet atteint d'occlusion artérielle de la rétine perd brutalement la vue d'un œil, en quelques secondes. Si l'occlusion touche une branche de l'artère, la perte de la vue est partielle et correspond à la portion de rétine atteinte. Cette perte de la vision est parfois précédée d'épisodes identiques mais brefs.

TRAITEMENT
Le traitement est urgent car, en quelques heures, l'occlusion de l'artère centrale de la rétine entraîne la cécité définitive du côté atteint. Le traitement d'une occlusion artérielle rétinienne due à une embolie consiste en l'administration de médicaments vasodilatateurs et anticoagulants par voie générale.

Occlusion veineuse rétinienne
C'est un arrêt de la circulation dans la veine centrale de la rétine ou dans l'une de ses branches.

CAUSES ET SYMPTÔMES
L'occlusion veineuse rétinienne a pour causes les plus fréquentes l'hypertension artérielle, l'artériosclérose, la thrombose veineuse.

Le sujet constate une baisse rapide et plus ou moins importante de la vision d'un œil.

TRAITEMENT
Selon les cas, un traitement anticoagulant ou antiagrégant plaquettaire peut prévenir l'extension de l'altération visuelle du côté atteint. Cette thérapeutique doit être associée au traitement de la cause de l'occlusion. La vue n'est cependant presque jamais totalement retrouvée.

Oculomotricité
Mobilité des yeux à l'intérieur des orbites.

L'oculomotricité est assurée grâce aux muscles et aux nerfs oculomoteurs.

L'oculomotricité peut être affectée dans plusieurs cas : traumatismes crâniens et orbitaires, tumeurs comprimant les nerfs oculomoteurs, hypertension intracrânienne, diabète, maladies vasculaires, sclérose en plaques, certaines inflammations et infections cérébrales.

Ocytocine
Hormone polypeptidique (constituée d'une chaîne d'acides aminés) synthétisée par l'hypothalamus et sécrétée par la posthypophyse (partie postérieure de l'hypophyse, glande située à la base du cerveau) qui la stocke, dont la fonction est de stimuler la contraction du muscle utérin et de favoriser l'allaitement.

Ocytocique
Médicament capable de provoquer ou de stimuler les contractions de l'utérus lors d'un accouchement.

Odontologie
Étude des dents, de leurs maladies et du traitement de celles-ci. SYN. *chirurgie dentaire, dentisterie.*

Odontostomatologie
Discipline médicale qui se consacre à la prévention, au diagnostic et au traitement des maladies et des anomalies affectant la bouche et les dents.

Odorat
→ VOIR Olfaction.

Œdème
Rétention pathologique de liquide dans les tissus de l'organisme, en particulier dans le tissu conjonctif.

CAUSES

Différents facteurs sont à distinguer.

■ **Des facteurs mécaniques** peuvent provoquer des œdèmes. Les obstructions veineuses (phlébite, insuffisance cardiaque, etc.) ou lymphatiques (lymphangites) gênent la circulation des liquides dans l'organisme.

■ **Des facteurs physicochimiques** peuvent également donner lieu à un œdème. Il en est ainsi des affections des reins, comme le syndrome néphrotique, ou des carences en protéines.

SYMPTÔMES ET SIGNES

L'œdème se manifeste d'abord par une augmentation de poids. Lorsqu'il s'aggrave, on constate un gonflement qui atteint le plus souvent les membres inférieurs. Cette forme d'œdème s'accompagne généralement d'un sentiment de fatigue et se manifeste le plus souvent le soir. Parmi les œdèmes des membres inférieurs, on distingue l'œdème bilatéral et l'œdème unilatéral, dû souvent à une insuffisance veineuse chez les malades qui ont des varices ou à une phlébite d'une veine profonde.

L'œdème peut également affecter d'autres parties du corps (ventre, jambe, poitrine, visage, etc.).

La rétention liquidienne peut gagner la cavité péritonéale, réalisant une ascite, ou la cavité pleurale, formant un épanchement pleural.

TRAITEMENT

Les œdèmes ne peuvent souvent être traités qu'en stimulant l'évacuation du liquide dans les urines par les reins. La prise de diurétiques et un régime alimentaire hyposodé s'imposent pour parvenir à ce résultat.

Le traitement diffère cependant selon le type d'œdème et selon la cause de l'œdème. Un œdème unilatéral d'un membre inférieur, dû à une phlébite, se réduit grâce à un traitement anticoagulant. S'il est causé par une insuffisance veineuse, il peut être soulagé par le port d'un bas à varice. Un œdème bilatéral des membres inférieurs, imputable à une insuffisance cardiaque, se traite par l'administration de médicaments diurétiques, cardiotoniques et vasodilatateurs.

Œdème aigu hémorragique du nourrisson

Affection caractérisée par un gonflement diffus des tissus sous-cutanés chez un enfant âgé de 5 mois à 2 ans. SYN. *purpura de Seidlmayer, purpura en cocarde avec œdème.*

Cette affection rare de la peau s'observe de 8 à 15 jours après une infection (maladie bactérienne ou virale) ou après la prise d'antibiotiques généraux ou de médicaments contre la toux ou la fièvre.

La maladie guérit spontanément en une quinzaine de jours et ne laisse pas de séquelles. Lorsque les symptômes sont très marqués (gonflement important, douleur, ecchymoses, boutons rouges de purpura), un traitement corticostéroïde peut être envisagé.

Œdème aigu du poumon
→ VOIR Œdème pulmonaire.

Œdème angioneurotique héréditaire

Affection héréditaire qui touche le système d'activation du complément (système enzymatique qui participe à la destruction des antigènes) et se traduit par des crises d'œdème des tissus sous-cutanés, des muqueuses et de certains viscères.

Les crises touchent le visage et les membres. L'œdème qui apparaît se présente comme un gonflement mou augmentant en quelques heures, puis disparaissant spontanément en 24 ou 48 heures.

Lorsque l'œdème atteint la muqueuse du larynx ou des bronches, il peut provoquer une détresse respiratoire et une asphyxie.

L'administration de produits antifibrinolytiques (qui servent à éviter l'obturation des vaisseaux) et la prescription d'hormones androgènes (y compris chez les hommes) constituent les fondements du traitement. Celui-ci, efficace, est prescrit tantôt de façon permanente, tantôt au moment des crises.

Œdème cérébral

Majoration du volume du cerveau, consécutive à une augmentation de la teneur en eau de ses tissus.

L'œdème cérébral accompagne différentes maladies de l'encéphale : tumeur, traumatisme, infection, inflammation, accident vasculaire cérébral.

Le crâne étant rigide, l'œdème cérébral entraîne une hypertension intracrânienne se traduisant par des signes tels que des paralysies, des vomissements, des maux de tête, un coma, et il peut être mortel.

Le traitement nécessite une hospitalisation en urgence et associe des antiœdémateux cérébraux (macromolécules, corticostéroïdes) au traitement de la cause. Les antiœdémateux ne sont efficaces qu'en cas d'œdème vasogénique.

Œdème oculaire

Infiltration de liquide séreux dans les tissus de l'œil.

Œdème palpébral

Cette infiltration de liquide sous la paupière est consécutive à un traumatisme ou à une inflammation (orgelet, par exemple). Un œdème palpébral se manifeste par un gonflement bien visible d'une ou des deux paupières, parfois accompagné d'une rougeur, d'une sensation de chaleur ou d'une douleur. Le traitement fait appel aux anti-inflammatoires locaux ou généraux.

Œdème pulmonaire

Envahissement des alvéoles pulmonaires par du plasma sanguin ayant traversé la paroi des capillaires (petits vaisseaux).

Un œdème pulmonaire est le plus souvent d'origine hémodynamique, lié à une augmentation des pressions dans la circulation pulmonaire. Celle-ci peut être due à un mauvais fonctionnement du cœur, à une poussée d'hypertension artérielle systémique, ou encore à une hypervolémie (augmentation du volume sanguin). Beaucoup plus rarement, l'œdème pulmonaire peut être dû à une altération de la perméabilité des capillaires pulmonaires par des agents infectieux (virus de la grippe, certaines bactéries) ou toxiques.

SYMPTÔMES ET SIGNES
Dans l'œdème pulmonaire aigu, un essoufflement intense apparaît brutalement chez le malade, l'obligeant à se tenir assis ou debout (orthopnée), ainsi qu'une toux, accompagnée parfois de crachats mousseux rosés caractéristiques. L'apparition plus ou moins rapide des signes (œdème subaigu) dépend du mode évolutif de l'insuffisance ventriculaire gauche.

L'auscultation du cœur indique une tachycardie (accélération du rythme cardiaque), celle des poumons des râles secs, dits crépitants, prédominant aux bases. D'autres signes d'insuffisance cardiaque périphérique (augmentation de la taille du foie, turgescence des veines jugulaires) sont plus rares, l'œdème pulmonaire se manifestant surtout lorsque l'insuffisance ventriculaire gauche ne s'est pas encore compliquée d'une insuffisance ventriculaire droite.

TRAITEMENT
Les diurétiques par voie intraveineuse et/ou les vasodilatateurs, en particulier veineux, traitent les symptômes et entraînent une diminution rapide de la pression dans la circulation pulmonaire. L'amélioration de l'oxygénation se fait par inhalation d'oxygène à l'aide d'une sonde ou d'un masque et la correction de la chute du débit cardiaque se traite par des médicaments cardiotoniques.

Le traitement de fond est celui de la maladie en cause.

Œdipe (complexe d')

Stade du développement psychologique de l'enfant, caractérisé par un fort attachement affectif pour le parent de sexe opposé.

Le complexe d'Œdipe revêt une importance cruciale dans la formation de la personnalité tout entière. Il se situe entre 3 et 6 ans et diffère selon le sexe du sujet. Chez le garçon, le père est aimé et craint à la fois (ambivalence), avec peur d'un châtiment (angoisse de la castration). Chez la fille, l'absence de pénis entraîne un sentiment de haine envers la mère, avec envie admirative de posséder le phallus du père (complexe d'Électre).

La sortie du stade du complexe d'Œdipe et le renoncement aux fantasmes qui lui sont liés marquent l'accès au stade génital et à la sexualité adulte.

Œil

Organe de la vue contenu dans l'orbite.
SYN. *globe oculaire.*

STRUCTURE

L'œil est un organe sphérique formé d'une coque résistante entourant le contenu proprement dit.

■ **La coque oculaire,** enveloppe externe de l'œil, se compose de 3 tuniques concentriques. La première, la plus externe, est constituée de la sclérotique (blanc de l'œil), traversée en arrière par le nerf optique et se prolongeant en avant par la cornée, transparente et bombée. La cornée est le premier et le plus puissant dioptre (surface optique intervenant dans la réfraction) du système optique de l'œil. La deuxième membrane, nourricière, appelée uvée, est la tunique moyenne de l'œil, riche en vaisseaux. Elle se compose, en arrière, de la choroïde, membrane mince et vascularisée, et, en avant, du corps ciliaire et de l'iris, celui-ci étant percé au centre par la pupille, dont le diamètre varie suivant l'intensité de la lumière. La tunique la plus profonde est la membrane sensorielle, récepteur visuel proprement dit, composée uniquement de la rétine, membrane fine et translucide contenant les cônes et les bâtonnets, cellules qui captent la lumière.

■ **Le contenu de l'œil** est constitué, d'avant en arrière, par l'humeur aqueuse qui nourrit la cornée et passe dans la chambre antérieure (entre la cornée et l'iris) par la pupille, avant d'être éliminée à l'angle formé par l'iris et la cornée ; par le cristallin (lentille biconvexe transparente de 1 centimètre de diamètre), situé en arrière de l'iris, avec lequel il délimite la chambre postérieure, et relié au muscle ciliaire par un ligament annulaire, appelé zonule, lequel est responsable de l'accommodation ; par le corps vitré, ou vitré, gel transparent qui remplit le globe oculaire entre le cristallin et la rétine, et qui assure le maintien du volume de l'œil.

PHYSIOLOGIE

Les deux yeux travaillent de façon conjuguée sous le contrôle du cerveau, prenant la même direction pour fixer un objet afin qu'une image nette se forme sur chaque rétine. Ils font la mise au point en fonction de la distance de l'objet regardé grâce au processus d'accommodation.

EXAMENS

L'examen ophtalmologique commence par un examen de la réfraction et de l'acuité visuelle de près et de loin, avec et sans correction. Le spécialiste procède ensuite à une étude de l'oculomotricité et de l'équilibre binoculaire ; il observe les paupières, examine le segment antérieur de l'œil (de la cornée au cristallin) au biomicroscope, mesure la pression intraoculaire et procède à un examen du fond d'œil.

Des examens complémentaires éventuels permettent d'évaluer le champ visuel et la vision des couleurs. Le bilan orthoptique, évalue l'oculomotricité. L'angiographie oculaire et l'échographie examinent les globes oculaires au plan anatomique. Le scanner et l'imagerie par résonance magnétique (I.R.M.) complètent l'exploration de tout l'appareil optique.

PATHOLOGIE

Les maladies de l'œil peuvent atteindre le globe oculaire, le nerf optique ou les annexes de l'œil (conjonctive, paupières, muscles et nerfs oculomoteurs). Elles peuvent être de différents types.

■ **Les affections congénitales** sont dues à une modification d'origine génétique dans le développement de l'appareil oculaire, ou à une affection contractée pendant la vie intra-utérine (rubéole, par exemple).

■ **Les affections inflammatoires** atteignent la partie superficielle de l'appareil oculaire (conjonctivite, épisclérite) ou les revêtements internes (uvéite, choroïdite).

■ **Le glaucome** est une affection au cours de laquelle la pression intraoculaire, trop élevée, s'accompagne d'altérations du nerf optique.

■ **Les maladies vasculaires** sont surtout graves quand elles concernent la vascularisation de la rétine ou du nerf optique (occlusion de l'artère ou de la veine centrale de la rétine).

■ Les maladies dégénératives peuvent être liées à des anomalies héréditaires (dégénérescences tapétorétiniennes) ou au vieillissement de l'œil (dégénérescence maculaire liée à l'âge, cataracte dite « sénile »).

■ Les troubles de l'oculomotricité sont représentés essentiellement par les paralysies oculomotrices (ophtalmoplégie) et par les strabismes.

→ VOIR Champ visuel, Vision.

Œsophage

Conduit musculomembraneux reliant le pharynx à l'estomac.

STRUCTURE

L'œsophage est un conduit souple et contractile qui mesure chez l'adulte 25 centimètres de long et 2,5 centimètres de diamètre.

Quand le bol alimentaire (bouchée d'aliments mâchés et de salive) arrive au fond de la gorge, le sphincter supérieur de l'œsophage, ou bouche de l'œsophage, s'ouvre brièvement. Le bol alimentaire est alors conduit vers l'abdomen par des mouvements coordonnés : c'est le péristaltisme. Le passage dans l'estomac est possible grâce à l'ouverture du sphincter inférieur, le cardia.

PATHOLOGIE

L'œsophage peut être le siège de nombreuses affections.

■ Les brûlures par liquide caustique conduisent à un rétrécissement du diamètre du conduit œsophagien.

■ Les diverticules œsophagiens forment des poches latérales dans lesquelles s'accumulent les aliments.

■ L'inflammation de la muqueuse œsophagienne (œsophagite) se traduit par une déglutition difficile et douloureuse.

■ Les malformations congénitales sont notamment les fistules œsotrachéales (communications anormales entre œsophage et trachée) et l'atrésie de l'œsophage (absence d'un segment œsophagien).

■ Les rétrécissements, d'origine inflammatoire ou tumorale, se manifestent par une dysphagie (difficulté à déglutir). Ils peuvent être la conséquence d'une œsophagite ou d'une tumeur, bénigne ou maligne.

■ Les troubles de la motricité comprennent notamment l'achalasie de l'œsophage (perte de la relaxation de cet organe).

■ Les tumeurs de l'œsophage sont fréquentes et le plus souvent malignes.

Œsophage (cancer de l')

Tumeur maligne développée dans la muqueuse œsophagienne sous la forme d'un carcinome épidermoïde (dans la partie supérieure) ou d'un adénocarcinome (dans la partie inférieure).

CAUSES

Le cancer de l'œsophage, fréquent, est dû essentiellement à l'intoxication par l'alcool et le tabac.

SYMPTÔMES ET DIAGNOSTIC

Le cancer de l'œsophage est longtemps sans symptôme et les premières manifestations surviennent souvent à un stade avancé de la maladie. Le premier signe est une dysphagie (difficulté à déglutir), d'abord intermittente, puis permanente et douloureuse. Le déclin de l'état général est rapide.

Le diagnostic se fait par la fibroscopie.

TRAITEMENT

La chirurgie constitue le traitement le plus efficace : ablation de la tumeur et des portions de l'œsophage supérieure et inférieure (œsophagectomie). La continuité du tube digestif est le plus souvent rétablie en faisant remonter l'estomac dans le thorax. La radiothérapie permet un soulagement de la dysphagie et peut améliorer l'efficacité de la chirurgie en diminuant le volume de la tumeur. Enfin, la chimiothérapie est parfois utile pour améliorer les résultats des deux précédentes méthodes.

Les traitements palliatifs sont indiqués dans les cancers étendus : la pose d'un tube ou un traitement au laser permettent de rétablir le passage des aliments.

PRÉVENTION

La prévention passe par la lutte contre le tabagisme et l'alcoolisme, et la surveillance endoscopique des patients atteints de maladies prédisposant au cancer (achalasie, œsophagite).

Œsophagectomie

Ablation chirurgicale partielle ou totale de l'œsophage.

L'œsophagectomie est indiquée en cas de tumeur maligne, parfois de tumeur bénigne.

Œsophagite

Inflammation de la muqueuse œsophagienne se traduisant par une dysphagie (déglutition difficile et douloureuse).

Œsophagite caustique

Cette inflammation de la muqueuse œsophagienne est due à l'ingestion accidentelle ou volontaire d'un liquide caustique. En même temps que la muqueuse détruite se régénère, l'œsophage se sclérose et rétrécit.

Le traitement consiste à pratiquer des dilatations répétées de l'œsophage à l'aide d'appareils dilatateurs (sondes, bougies, ballonnets) ou à aboucher chirurgicalement l'œsophage à l'estomac, ou encore à remplacer une portion d'œsophage par un segment de côlon.

Œsophagite infectieuse

Cette inflammation de la muqueuse œsophagienne peut être virale (herpès, cytomégalovirus), mycosique (candida) ou, exceptionnellement, bactérienne. Les œsophagites mycosiques sont très sensibles aux médicaments antifongiques. Les œsophagites bactériennes, et parfois aussi les œsophagites virales, sont traitées par antibiothérapie.

Œsophagite peptique ou par reflux

Cette inflammation de la muqueuse œsophagienne est due à l'agression de cette muqueuse par le contenu acide de l'estomac. Le cardia (sphincter situé entre l'œsophage et l'estomac) empêche le reflux du contenu gastrique vers l'œsophage. En cas de dysfonctionnement de ce sphincter, associé ou non à une hernie hiatale, l'étanchéité de l'œsophage n'est plus assurée et le reflux acide l'irrite fortement. Le patient ressent alors une sensation de brûlure remontant de l'œsophage vers le pharynx, appelée pyrosis, que certaines positions aggravent : ainsi, lorsque la personne est penchée en avant ou couchée sur le dos.

À la fibroscopie, l'œsophage apparaît enflammé et couvert d'ulcérations.

L'évolution est marquée parfois par des hémorragies et par une éventuelle cancérisation.

TRAITEMENT
Il comprend un arrêt de la consommation de tabac, un sommeil en position demi-assise et la prise de médicaments (pansements gastriques, antisécrétoires inhibiteurs des pompes à protons). En cas d'échec du traitement médicamenteux, on recourt à la chirurgie pour créer un mécanisme antireflux à la jonction de l'œsophage et de l'estomac.

Œsophagoplastie

Technique chirurgicale consistant à rétablir la continuité du tube digestif, après une ablation chirurgicale complète de l'œsophage (ne laissant en place qu'un court fragment d'œsophage cervical).

L'œsophagoplastie se pratique en général en cas de cancer de l'œsophage.

Le principal risque de l'œsophagoplastie est la mauvaise cicatrisation des sutures, qui se produit dans 10 % des cas. Pendant la durée de la cicatrisation, le malade est nourri par perfusion. Les suites opératoires varient selon le malade : en général, celui-ci doit éviter pendant quelques mois de manger trop vite ou en trop grandes quantités (de 5 à 6 repas par jour). Le pronostic de l'œsophagoplastie dépend de la maladie qui a justifié l'ablation de l'œsophage.

Œstradiol, ou Estradiol

Hormone stéroïde (dérivée des stérols, alcools polycycliques complexes) principalement sécrétée chez la femme par l'ovaire et dont l'augmentation du taux intervient dans l'ovulation. SYN. *17-bêta-œstradiol.*

Chez la femme enceinte, le taux d'œstradiol augmente dès le début de la grossesse et reste très élevé jusqu'à l'accouchement. À la ménopause, cette hormone est fabriquée en petite quantité, à partir des androgènes, dans le tissu adipeux. Chez l'homme, le taux d'œstradiol demeure normalement très bas, mais peut s'élever en cas de maladie du foie.

En thérapeutique, l'œstradiol de synthèse est utilisé comme composant de la pilule contraceptive, en association avec la progestérone, et dans le traitement substitutif de l'insuffisance ovarienne.

Œstriol, ou Estriol

Hormone stéroïde (dérivée des stérols, alcools polycycliques complexes), sécrétée principalement chez la femme par l'ovaire et ayant un rôle métabolique en tant qu'œstrogène.

L'œstriol, obtenu par synthèse est employé dans le traitement substitutif de la ménopause.

Œstrogène, ou Estrogène

Hormone sécrétée par l'ovaire et dont le taux sanguin, en augmentant, joue un rôle dans l'ovulation.

Œstrogènes naturels

Il s'agit de trois hormones, l'œstradiol, ou 17-bêta-œstradiol, l'œstrone et l'œstriol. L'œstradiol est le plus actif dans l'organisme. Les œstrogènes sont sécrétés surtout par l'ovaire (isolément dans la première moitié de chaque cycle menstruel, en association avec la progestérone dans la seconde moitié) et par le placenta au cours de la grossesse. Les glandes surrénales et les testicules en produisent de faibles quantités.

Les œstrogènes sont responsables du développement pubertaire et du maintien ultérieur des caractères physiques féminins.

Œstrogènes de synthèse

Les œstrogènes de synthèse sont utilisés en thérapeutique sous forme d'œstroprogestatifs.

Beaucoup plus rarement, les œstrogènes sont employés en injection, lors des hémorragies utérines graves, et par voie orale ou injectable en cas de cancer de la prostate chez l'homme.

Parmi les contre-indications, certaines sont absolues, tels la grossesse, le cancer du sein ou de l'utérus. Certains effets indésirables (irritabilité, nausées, maux de tête, jambes lourdes, gonflement des seins et de l'abdomen, prise de poids) disparaissent quand on modifie les doses. La prise d'œstrogènes nécessite toujours un suivi médical.

Œstrone, ou Estrone

Hormone stéroïde (dérivée des stérols, alcools polycycliques complexes) sécrétée principalement chez la femme par l'ovaire, ayant un rôle métabolique en tant qu'œstrogène et dont l'existence après la ménopause témoigne de la conversion des androgènes. SYN. *folliculine*.

Œstroprogestatif, ou Estroprogestatif

Médicament hormonal dans lequel les œstrogènes sont associés aux progestatifs.

En fonction de leurs indications, on distingue les œstroprogestatifs contraceptifs et les œstroprogestatifs thérapeutiques.

Œstroprogestatifs contraceptifs

Il s'agit d'hormones œstrogènes et progestatives prises par voie orale, destinées à éviter une grossesse en se substituant au cycle physiologique de la femme. Ces œstroprogestatifs contraceptifs oraux sont couramment désignés par le terme de « pilule ».

DIFFÉRENTS TYPES D'ŒSTROPROGESTATIF CONTRACEPTIF ORAL

■ La pilule combinée, dans laquelle chaque comprimé contient l'œstrogène et le progestatif, se présente sous deux formes, selon que la quantité d'œstrogène est faible (pilule minidosée) ou forte (pilule normodosée).

■ La pilule séquentielle est une pilule dans laquelle, dans une première phase du cycle (7 ou 14 jours selon les types de pilule), les comprimés ne contiennent que des œstrogènes, alors que, dans une seconde phase (15 ou 7 jours), ils associent un œstrogène et un progestatif.

MÉCANISME D'ACTION

Dans l'hypothalamus, les œstroprogestatifs inhibent la sécrétion de la gonadolibérine (Gn-RH, *gonadotrophin releasing hormone* [hormone de libération des gonadotrophines]), ce qui bloque l'ovulation et les sécrétions d'œstrogènes et de progestatifs par l'ovaire.

PRESCRIPTION

Il faut prendre un comprimé par jour à heure fixe pendant 21 ou 22 jours, suivant les méthodes, puis arrêter les prises pendant 6 ou 7 jours – la chute des quantités d'hormones dans l'organisme provoque alors des saignements comparables aux règles –, avant de commencer un nouveau cycle.

EFFETS INDÉSIRABLES

Les risques encourus sont principalement d'ordre vasculaire (accident vasculaire cérébral, hypertension artérielle, phlébite, diabète, hyperlipidémie, ictère). Aussi la prise d'hormones œstroprogestatives doit-elle s'accompagner obligatoirement d'un contrôle médical sérieux : bilan clinique initial, surveillance régulière du poids, de la tension artérielle, du métabolisme (taux de lipides et de glucides dans le sang), examen périodique des seins et des organes génitaux (frottis cervicovaginal).

Les effets indésirables sans gravité sont des céphalées, des nausées, une prise de poids, une lourdeur des jambes.

CONTRE-INDICATIONS

Les contre-indications absolues des œstroprogestatifs sont la grossesse, l'allaitement, les maladies ou les accidents thromboemboliques (occlusion d'un vaisseau sanguin par un caillot, ou embole), les affections cardiovasculaires, les tumeurs hypophysaires, les tumeurs du sein et de l'utérus, les hémorragies génitales non diagnostiquées, les connectivites (affection du collagène), les porphyries (maladie héréditaire liée à un trouble de l'hémoglobine), les affections hépatiques sévères ou récentes. Les associations entre les œstroprogestatifs et les médicaments inducteurs enzymatiques (barbituriques, rifampicine, griséofulvine, certains anticonvulsivants) sont déconseillées.

Le risque d'accident thromboembolique sous œstroprogestatifs augmente avec l'âge et le tabagisme, ce qui nécessite parfois le recours à un autre moyen de contraception.

**Œstroprogestatifs
à visée thérapeutique**

Il s'agit d'hormones œstrogènes et progestatives associées pour vaincre certains dysfonctionnements hormonaux féminins.

Ces œstroprogestatifs sont utilisés en cas de stérilité due à une insuffisance hormonale, dans le traitement de troubles gynécologiques tels que l'aménorrhée (absence de règles) et la dysménorrhée (douleur liée aux règles) et dans celui de la carence en œstrogènes au cours de la ménopause : on parle alors d'hormonothérapie substitutive postménopausique. Ils se présentent sous forme orale, percutanée ou transvaginale. Le dosage en œstrogènes et en progestatifs varie selon le motif du traitement.

Les effets indésirables et la surveillance sont les mêmes que pour les œstroprogestatifs contraceptifs.

→ VOIR Contraception.

Ogino-Knaus (méthode d')

Méthode de contraception naturelle fondée sur la durée du cycle menstruel. SYN. *méthode du calendrier.*

La méthode d'Ogino-Knaus, consiste à s'abstenir de tout rapport sexuel pendant la période de fécondité de la femme. Cette période est calculée d'après différents paramètres : sachant que l'ovulation a lieu le 14e jour du cycle, que les spermatozoïdes peuvent survivre 3 jours dans la trompe utérine et que l'ovule est fécondable pendant 2 jours, la période fertile, si l'on ajoute une marge de sécurité d'un jour avant et d'un jour après, irait du 10e au 17e jour du cycle. En réalité, les cycles menstruels ne sont pas aussi réguliers et la méthode d'Ogino-Knaus a une efficacité très relative.

Olfaction

Sens permettant de percevoir les odeurs. SYN. *odorat.*

L'organe de l'olfaction est situé dans la muqueuse qui tapisse le plafond des fosses nasales. C'est un neuroépithélium constitué de cellules nerveuses spécialisées, neurones munis à leur sommet d'une touffe de cils et se prolongeant à leur base par une fibre nerveuse (axone).

Les molécules odorantes sont d'abord rendues solubles dans le mucus qui recouvre la muqueuse, avant de se fixer sur les récepteurs des cils portés par les neurones.

Cette fixation déclenche le message nerveux, qui est ensuite transmis par les voies olfactives jusqu'au cerveau.

PATHOLOGIE

On distingue les altérations de l'odorat quantitatives, partielles (hyposmie) ou totales (anosmie), et qualitatives (parosmie). Les troubles peuvent régresser spontanément ou après traitement de la cause, mais les séquelles sont fréquentes et ont une incidence sur le sens du goût.

Oligoamnios

Anomalie de la grossesse, caractérisée par une quantité insuffisante de liquide amniotique par rapport à l'état d'avancement de la grossesse. SYN. *oligohydramnios*.

Un oligoamnios peut avoir diverses causes : une malformation rénale du fœtus, un état de prééclampsie chez la mère (hypertension artérielle, œdèmes, présence de protéines dans les urines) ou la prise par celle-ci de certains médicaments (anti-inflammatoires), un retard de croissance intra-utérin ou un dépassement du terme.

Dans certains cas, la cause peut être traitée. Lorsque le terme de la grossesse approche, la poche des eaux peut être remplie avec du sérum physiologique pour éviter une souffrance fœtale par compression du cordon.

Oligoélément

Substance chimique de structure simple (ions métalliques), présente dans l'organisme en très faible quantité.

Les oligoéléments interviennent dans des réactions chimiques de l'organisme et jouent un rôle indispensable, même s'ils ne représentent que moins de 1 % de la masse du corps humain. Ils doivent être apportés par l'alimentation, car l'organisme ne sait pas les synthétiser. Il s'agit de l'arsenic, du chrome, du cobalt, du cuivre, du fer, du fluor, de l'iode, du manganèse, du molybdène, du nickel, du sélénium, du silicium, du zinc, etc. Les besoins de l'organisme en oligoéléments sont variables, de même que leurs sources alimentaires. Une carence peut être responsable d'affections diverses qui varient selon l'oligoélément en cause : anémie en cas de carence en fer, insuffisance de la glande thyroïde en cas de carence en iode, troubles neurologiques en cas de carence en zinc, etc. Actuellement, on connaît mal les risques de toxicité éventuels dus à un apport excessif en oligoéléments.

Oligoménorrhée

Diminution du volume et de la durée des règles.

Les causes les plus fréquentes d'oligoménorrhée sont la contraception orale, la préménopause et l'hyperprolactinémie (élévation du taux de prolactine dans le sang). Les oligoménorrhées dont la cause n'est pas pathologique n'ont pas besoin de traitement.

Oligospermie

Insuffisance du nombre de spermatozoïdes dans le sperme (moins de 20 millions de spermatozoïdes par millilitre) pouvant être à l'origine d'une stérilité.

Une oligospermie peut avoir des origines très diverses : varicocèle testiculaire (dilatation des veines du cordon spermatique) ; atrophie testiculaire consécutive aux oreillons, à une localisation anormale d'un testicule, à un déficit hormonal, à une infection chronique de la prostate et des vésicules séminales ; maladie générale telle qu'une grippe ; chimiothérapie ou radiothérapie. Le traitement de l'oligospermie dépend de sa cause.

Oligothérapie

Méthode thérapeutique reposant sur l'administration d'oligoéléments par voie sublinguale ou intramusculaire, en complément de ceux apportés normalement par l'alimentation.

Oligurie

Diminution du volume des urines (moins de 500 millilitres par 24 heures).

Une oligurie peut être due soit à une réduction extrême des apports en liquides, soit à une insuffisance rénale. Son traitement dépend de sa cause.

Ombilic

Dépression cutanée siégeant au milieu de l'abdomen. SYN. *Nombril.*

Avant la naissance, l'ombilic est le lieu de passage des éléments qui relient le fœtus à la mère. Après la naissance, le cordon ombilical est coupé.

PATHOLOGIE

L'ombilic est une région anatomique fragile. Il peut être le siège de hernies. Certaines hernies sont congénitales : dans ce cas, elles sont liées à un défaut de fermeture des muscles et des aponévroses (membranes qui enveloppent les muscles) qui entourent l'orifice ombilical. D'autres apparaissent juste après la naissance et sont dues aux efforts que produit le nouveau-né en criant. Ces hernies ombilicales disparaissent en général sans traitement vers l'âge de 2 ans. Chez l'adulte, particulièrement chez la femme après une grossesse, les hernies ombilicales sont des hernies de relâchement de la paroi musculaire.

Enfin, en cas de mauvaise hygiène, on peut observer une omphalite (inflammation de la peau autour de l'ombilic), un eczéma ou toute dermatose atteignant les plis, par exemple un intertrigo ou une mycose.

Omoplate

Os plat, large, mince entrant dans la constitution du squelette de la partie postérieure et supérieure du thorax et de l'articulation de l'épaule.

PATHOLOGIE

Les fractures de l'omoplate, rares, sont traitées par immobilisation du bras à l'aide d'une écharpe pendant trois semaines. Seules les fractures de la cavité glénoïde doivent être opérées pour rétablir une surface articulaire satisfaisante.

Omphalocèle

Malformation congénitale caractérisée par un défaut de fermeture de la paroi abdominale dans la région ombilicale.

Une omphalocèle se manifeste par une extériorisation des viscères abdominaux dans leur membrane, le péritoine.

Aujourd'hui, la surveillance échographique anténatale permet de diagnostiquer une omphalocèle avant la naissance.

Cette hernie ombilicale embryonnaire est traitée dans les premiers jours de vie par une intervention chirurgicale, qui consiste à replacer les viscères à l'intérieur de la cavité abdominale et à refermer la paroi.

O.M.S.

→ VOIR **Organisation mondiale de la santé.**

Onchocercose

Maladie parasitaire provoquée par l'infestation de la peau et des yeux par un ver nématode, *Onchocerca volvulus*. SYN. *cécité des rivières, maladie de Robles.*

FRÉQUENCE

L'onchocercose est surtout répandue dans de nombreux pays d'Afrique intertropicale. La maladie constitue l'une des principales causes de cécité en Afrique noire. Il en existe quelques foyers en Amérique centrale, dans le nord de l'Amérique du Sud et au Yémen.

CONTAMINATION

L'onchocercose se transmet par la piqûre d'une simulie, petit insecte qui vit à proximité des cours d'eau.

SYMPTÔMES ET SIGNES

Un malade atteint d'onchocercose présente différents types de lésion :

■ des **lésions cutanées** qui démangent et provoquent un épaississement de la peau ;
■ des **lésions sous-cutanées** (nodules), non douloureuses, situées sous la peau du thorax, des hanches et des épaules ;
■ des **lésions oculaires** (atteinte de la cornée et de la rétine), qui suscitent une baisse de l'acuité visuelle puis une perte totale de la vue, dues à la pénétration, au séjour et à la mort des microfilaires dans les yeux. La cécité n'apparaît cependant qu'au bout de 10 à 15 ans d'infestation.

DIAGNOSTIC ET TRAITEMENT

Les filaires adultes peuvent vivre plusieurs années dans de petits nodules situés sous la peau. Ces nodules doivent être retirés chirurgicalement.

L'ivermectine, substance prise en une seule fois et qui agit pendant plusieurs mois, permet de faire diminuer le nombre de microfilaires présentes dans l'œil et dans la peau. Ce médicament est bien toléré par les malades, et son administration, renouvelée tous les 6 mois environ, ne nécessite pas d'hospitalisation. Cependant, en l'état actuel des connaissances, si le sujet est déjà atteint de cécité, le handicap est définitif.

Oncogène

1. Qui est impliqué dans l'apparition d'une tumeur cancéreuse. SYN. *cancérogène, oncogénique*.
2. Gène localisé dans un virus ou dans une cellule de l'organisme et favorisant la transformation d'une cellule normale en cellule cancéreuse.
→ VOIR **Antioncogène**.

Oncogène cellulaire

Gène dont l'altération ou l'hyperexpression favorise la transformation d'une cellule normale en cellule cancéreuse. SYN. *gène cancérogène, gène oncogène, proto-oncogène*.

Les oncogènes cellulaires sont des gènes normaux des cellules qui commandent la synthèse de protéines participant à la prolifération des cellules et à leur différenciation (spécialisation progressive). Ces protéines sont responsables de la croissance des tissus chez l'embryon et chez l'enfant, mais aussi de leur renouvellement au cours de la vie et de leur réparation en cas de lésion. Cependant, sous l'influence de plusieurs facteurs dits mutagènes (ultraviolets, amiante, certains virus), un oncogène peut être altéré ou surexprimé, cette mutation génétique pouvant être ensuite transmise aux cellules filles lors de la division cellulaire. Toutefois, un cancer n'apparaît que si plusieurs oncogènes sont altérés ou s'il existe d'autres facteurs qui le favorisent, par exemple la délétion d'un antioncogène (gène assurant l'intégrité de la cellule).

PERSPECTIVES
L'intérêt pratique lié à la découverte des oncogènes est encore très limité. On sait parfois détecter la présence d'un oncogène sur des prélèvements provenant d'un malade, mais à des fins uniquement pronostiques. Les recherches des futures décennies porteront sur le moyen d'inhiber les oncogènes ou leur produit.

Oncogène viral

Gène de certains virus pouvant provoquer l'apparition d'un cancer.

Chez l'homme, les oncornavirus, qui appartiennent à la famille des rétrovirus (virus HTLV1 et HTLV2), sont responsables de leucémies et de lymphomes.

Les oncogènes viraux sont très rares.

Oncogenèse

→ VOIR **Carcinogenèse**.

Oncovirus

Virus portant un oncogène viral et capable de provoquer l'apparition d'un cancer.

Ongle

Lame dure recouvrant le dos de la dernière phalange des doigts et des orteils.

L'ongle est formé d'une racine, postérieure et cachée sous un repli cutané, et d'une partie antérieure visible.

PATHOLOGIE
Les modifications de la couleur des ongles sont le plus souvent dues à une infection par un champignon microscopique (dermatophyte, levure, moisissure), à une mauvaise circulation sanguine, à la prise de certains médicaments (neuroleptiques, antibiotiques, sulfamides, anti-inflammatoires non stéroïdiens), voire à la nicotine ou à certains vernis à ongle. En outre, les ongles peuvent être anormalement bombés (hippocratisme) ou concaves (koïlonychie), se décoller de leur lit (onycholyse), se décolorer (leuconychies), présenter des crêtes ou des sillons longitudinaux dus au vieillissement ou à certaines maladies dermatologiques, des sillons transversaux liés à un traumatisme de la matrice ou à une maladie générale, de petites dépressions de la taille d'une tête d'épingle caractéristiques du psoriasis, de l'eczéma ou du lichen. Les ongles secs et cassants sont dus à des soins de manucure agressifs ou trop fréquents, à des traumatismes physiques ou chimiques (travaux ménagers ou professionnels), ou encore à des carences

alimentaires (en vitamine C et en fer, notamment). Les petites taches blanches que l'on observe parfois sous un ongle sont dues à un trouble mineur de la kératinisation, à de petites bulles d'air coincées sous l'ongle ou à un champignon superficiel.

Ongle incarné

Ongle dont les bords latéraux s'enfoncent dans les tissus mous voisins.

L'ongle incarné touche le plus souvent le gros orteil. Il est dû en général à des microtraumatismes externes (chaussures trop serrées, par exemple). En l'absence de traitement, il peut se transformer en une tumeur inflammatoire bénigne. Le traitement doit d'abord être préventif (port de chaussures larges, application de petits coins de bois pour relever les bords latéraux incurvés). À un stade plus avancé, on peut proposer un traitement local anti-inflammatoire (applications de nitrate d'argent en solution aqueuse ou d'une pommade à base de cortisone). Quand ces soins se révèlent inefficaces, la tumeur doit être enlevée chirurgicalement.

Ongles jaunes (syndrome des)

Affection caractérisée par une couleur jaune verdâtre des ongles des doigts et des orteils.

Rare, ce syndrome est lié à une obstruction de la circulation lymphatique, elle-même due à une affection respiratoire chronique (infections bronchopulmonaires répétées, fibrose respiratoire, pleurésie), à une maladie de la thyroïde, à un lymphome ou à un cancer profond. Outre leur couleur inhabituelle, les ongles sont anormalement épais et recourbés ; de plus, leur croissance est nettement ralentie. Seul le traitement de l'affection responsable du syndrome peut entraîner une régression des symptômes.

Onlay dentaire

Bloc s'incrustant exactement dans une cavité dentaire (zone cariée, par exemple) préalablement nettoyée et taillée et recouvrant, en outre, une partie de la dent afin de lui rendre sa forme anatomique.

Onychogryphose

Épaississement anormal d'un ou de plusieurs ongles.

L'onychogryphose relève de causes multiples : vieillissement, traumatismes répétés du pied ou des mains, insuffisance de la circulation veineuse, maladie dermatologique (ichtyose, psoriasis, mycose). Le traitement repose sur l'application de substances kératolytiques (urée, acide salicylique), qui ramollissent l'ongle, ou, si ce n'est pas suffisant, sur des meulages réguliers de celui-ci. Chez les malades jeunes, on peut aussi enlever chirurgicalement la matrice (zone qui assure la croissance de l'ongle).

Onycholyse

Décollement d'un ou de plusieurs ongles sur une portion plus ou moins importante de leur étendue.

L'onycholyse est le plus souvent consécutive à des traumatismes (travail manuel, soins de manucure trop fréquents, contacts répétés avec des produits chimiques ou cosmétiques), à une maladie dermatologique (psoriasis, eczéma de contact) ou générale (lupus, anémie, maladie endocrinienne, cancer), à la prise de certains médicaments (tétracyclines, immunosuppresseurs). Le traitement vise, d'une part, à soigner la cause de l'onycholyse, d'autre part, à découper la zone décollée afin de traiter les surinfections.

Onychomycose

Toute infection d'un ongle par un champignon microscopique (dermatophyte, levure ou moisissure).

Les manifestations des onychomycoses sont très variées : décollement de l'ongle de son lit (onycholyse), petites taches blanches sur la partie superficielle de la lame unguéale, épaississement en bourrelet du repli cutané qui borde l'ongle (périonyxis). Le traitement dépend du champignon en cause. Lorsqu'il s'agit d'un dermatophyte, il repose sur l'ablation de l'ongle, par meulage, décapage chimique à l'aide de pansements imbibés de substances kératolytiques ramollissant l'ongle (urée, acide salicylique). Lorsqu'il s'agit d'une levure, le traitement associe des bains alcalins, une désinfection locale, des applications locales et la prise par voie orale d'antifongiques. En cas d'atteinte par une moisissure, les vernis à base d'antifongiques sont en général très efficaces.

Onychophagie

Tendance à se ronger continuellement les ongles.

L'onychophagie est particulièrement fréquente pendant l'enfance et l'adolescence. Elle relève d'une instabilité légère (enfant nerveux).

C'est une habitude le plus souvent passagère et anodine. Mais, lorsqu'elle est associée à d'autres désordres psychomoteurs (tics, manipulation des cheveux, etc.), une psychothérapie peut être utile. Les traitements locaux (vernis amers, par exemple) ont une efficacité variable.

Onyxis

Toute inflammation d'un ongle.

Ophtalmie

Affection inflammatoire de l'œil.

Ophtalmie des neiges

Encore appelée cécité des neiges, cette affection inflammatoire est une kératoconjonctivite (inflammation de la cornée et de la conjonctive).

CAUSES
L'ophtalmie des neiges est due à l'action des rayons ultraviolets sur des yeux non protégés. Elle se produit quelques heures après l'exposition des yeux à la lumière, qu'il s'agisse de la réverbération des rayons solaires sur la neige en haute montagne ou d'une exposition au rayonnement d'une lampe à ultraviolets.

SYMPTÔMES
L'ophtalmie des neiges est très douloureuse. Elle provoque une photophobie (sensation pénible face à une lumière normale) et un larmoiement intense.

ÉVOLUTION ET TRAITEMENT
Une ophtalmie des neiges disparaît d'elle-même au bout de 2 ou 3 jours, mais des collyres cicatrisants cornéens peuvent en hâter la guérison.

PRÉVENTION
Le port de lunettes protectrices est impératif en haute montagne, en haute mer et lors de l'exposition au soleil ou aux ultraviolets artificiels. Les verres doivent être foncés et filtrants. Des protections latérales sont nécessaires en cas de réverbération due à la neige.

Ophtalmologie

Discipline médicale qui se consacre à l'étude de la structure et du fonctionnement des yeux, ainsi qu'aux maladies qui les concernent.

Ophtalmoplégie

Paralysie des muscles moteurs d'un œil.

CAUSES
Les traumatismes crâniens et orbitaires, les compressions tumorales et l'hypertension intracrânienne, le diabète, les maladies vasculaires, la sclérose en plaques, la maladie de Behçet, ainsi que certaines inflammations et infections cérébrales sont à l'origine de paralysies des nerfs oculomoteurs.

Le diagnostic repose sur l'examen des yeux, complété par le test de Lancaster, destiné à apprécier de façon précise l'oculomotricité. Le traitement est celui de la cause de l'ophtalmoplégie.

Opiacé

Substance chimique dérivée de l'opium et utilisée en thérapeutique. SYN. *morphinique, morphinomimétique.*

Les opiacés sont obtenus par synthèse ; leur formule chimique est proche de celle des constituants de l'opium.

INDICATIONS
Les opiacés ont des indications diverses. Ils peuvent être utilisés comme anesthésiants, comme antitussifs, comme antidiarrhéiques, comme antidotes en cas d'intoxication à l'héroïne.

Mais les opiacés sont, avant tout, des analgésiques qui agissent directement sur le système nerveux central. Parmi eux, on distingue les analgésiques mineurs et les analgésiques majeurs.

CONTRE-INDICATIONS

Les opiacés sont contre-indiqués en cas d'insuffisance respiratoire ou de convulsions. Ils ne doivent pas être prescrits aux enfants en bas âge ni être associés aux inhibiteurs de la monoamine oxydase (I.M.A.O.), à l'alcool ou aux médicaments dépresseurs du système nerveux central.

MODE D'ADMINISTRATION

Les opiacés sont administrés par voie orale ou sous forme de suppositoire, ou encore par voie injectable.

EFFETS INDÉSIRABLES

Les vomissements, la constipation, les vertiges sont fréquents. Un effet calmant excessif ou, au contraire, une excitation, une dépression respiratoire, une pharmacodépendance sont beaucoup plus rares.

Orbite

Cavité osseuse de la face dans laquelle se trouvent le globe oculaire, le nerf optique, les vaisseaux sanguins ophtalmiques, les muscles et les nerfs oculomoteurs.

Orchidectomie

Ablation chirurgicale d'un testicule.

L'orchidectomie se distingue de la castration (ablation des deux testicules). Pratiquée sous anesthésie locorégionale ou locale, elle consiste à retirer le testicule après incision de la paroi du scrotum, s'il s'agit d'une tumeur testiculaire bénigne, ou de la région inguinale s'il s'agit d'un cancer du testicule. Si le testicule restant est sain, l'orchidectomie n'a de conséquence ni sur la libido ni sur la fertilité.

Orchidopexie

Fixation chirurgicale du testicule dans le scrotum.

Orchiépididymite

Inflammation, le plus souvent d'origine infectieuse, du testicule et de l'épididyme.

Les causes d'une orchiépididymite sont multiples : infection de la prostate, de l'urètre, de la vessie, complication d'un adénome de la prostate, tuberculose, etc. Elle se traduit par une augmentation de volume d'une bourse, très douloureuse, accompagnée d'une fièvre et de brûlures à la miction.

TRAITEMENT

Il repose sur la prescription d'antibiotiques, d'anti-inflammatoires et sur le repos au lit pendant la phase aiguë de l'inflammation. Négligée ou insuffisamment traitée, l'orchiépididymite peut devenir chronique, entraînant la formation de nodules dans l'épididyme, qui peuvent être responsables de stérilité si l'atteinte est bilatérale.

Orchite

Inflammation, le plus souvent d'origine infectieuse, du testicule.

L'orchite isolée est une affection rare ; elle est habituellement associée à une épididymite : il s'agit alors d'une orchiépididymite.

■ **L'orchite ourlienne** constitue l'une des principales complications des oreillons. Cette atteinte, douloureuse, entraîne parfois une stérilité par atrophie testiculaire. Le repos au lit est préconisé, ainsi que l'immobilisation des bourses par un suspensoir.

Ordre des médecins

Organisme officiel chargé de veiller à la stricte observance des devoirs professionnels et des règles de déontologie en vigueur dans la profession de médecin.

Oreille

Organe de l'audition et de l'équilibre.

STRUCTURE

L'oreille comprend trois parties : externe, moyenne et interne.

■ **L'oreille externe** est formée du pavillon cartilagineux et du conduit auditif externe. La peau qui tapisse le conduit contient des glandes sécrétrices de cérumen.

■ **L'oreille moyenne** comprend la caisse du tympan, cavité cubique séparée de l'oreille externe par la membrane du tympan et de l'oreille interne par deux petites membranes, la fenêtre ronde et la fenêtre ovale. Entre le tympan et la fenêtre ovale sont situés trois osselets, successivement le marteau, l'enclume et l'étrier. L'oreille moyenne contient

en outre la trompe d'Eustache, canal reliant la caisse du tympan au rhinopharynx.
■ L'oreille interne est formée du labyrinthe, ensemble de canaux de forme complexe.

Le labyrinthe est divisé en deux parties, antérieure et postérieure. Le labyrinthe antérieur (ou cochlée, ou limaçon) est responsable de l'audition. Le labyrinthe postérieur (parfois appelé vestibule) comprend une zone dilatée, le vestibule proprement dit, sur laquelle s'ouvrent trois canaux en forme de demi-cercle, les canaux semi-circulaires ; ces structures contrôlent l'équilibre. Le nerf cochléaire, qui part du labyrinthe antérieur, et le nerf vestibulaire, qui part du labyrinthe postérieur, se réunissent pour former le nerf cochléovestibulaire, ou nerf auditif, qui chemine dans le conduit auditif interne.

PHYSIOLOGIE
L'oreille comprend deux types de structure, le système auditif et le système vestibulaire.
■ Le système auditif comprend un appareil de transmission, formé de l'oreille externe et moyenne, et un appareil de perception, formé par le labyrinthe antérieur (cochlée de l'oreille interne).
■ Le système vestibulaire est formé du vestibule, qui renseigne sur l'accélération linéaire de la tête, et des canaux semi-circulaires, qui renseignent sur l'accélération angulaire de la tête.

PATHOLOGIE
On distingue les maladies du système auditif et celles du système vestibulaire.
■ Les maladies du système auditif peuvent affecter les différentes parties de l'oreille. Le trouble le plus fréquent de l'oreille externe est le bouchon de cérumen. Les infections du conduit auditif externe sont les otites externes. Les principales maladies de l'oreille moyenne sont les otites aiguës et chroniques, les traumatismes du tympan, notamment par les Cotons-Tiges, et l'otospongiose. La pathologie de l'oreille interne est surtout provoquée par le vieillissement, les traumatismes liés au bruit, les médicaments ototoxiques, les traumatismes crâniens et les labyrinthites.

■ Les maladies du système vestibulaire sont essentiellement représentées par la maladie de Menière.

Oreillette

Cavité cardiaque recevant le sang avant de le faire passer dans le ventricule correspondant.

Il existe une oreillette droite et une gauche, chacune étant reliée à un ventricule par une valvule auriculoventriculaire.

Oreillette (maladie de l')

Trouble du rythme cardiaque dû à une altération du tissu de l'oreillette en raison d'un fonctionnement anormal du nœud sinusal (qui assure la stimulation électrique du cœur). SYN. *maladie rythmique auriculaire.*

La cause de cette maladie peut être une maladie coronarienne, une myocardiopathie ou une valvulopathie évoluée.

La maladie de l'oreillette se manifeste par une alternance d'épisodes de bradycardie (rythme cardiaque lent) et de tachycardie (rythme cardiaque rapide) ou de très courts arrêts cardiaques.

Le diagnostic est établi après analyse des données d'un Holter (enregistrement du rythme cardiaque sur 24 heures).

TRAITEMENT
Il dépend de la cause de la maladie et fait souvent appel à la pose d'un stimulateur cardiaque (**pacemaker**).

Oreillons

Maladie infectieuse virale aiguë, extrêmement contagieuse, due à un paramyxovirus et se manifestant principalement par une parotidite (inflammation des glandes parotides, les principales glandes salivaires).

Les oreillons, autrefois appelés ourles, se transmettent par voie aérienne (inhalation de gouttelettes de salive émises par un malade). Ils sévissent surtout en hiver, souvent par épidémies, en particulier dans certaines collectivités (écoles). Ce sont les enfants qui sont le plus fréquemment atteints. Le virus possède une tendance naturelle à se fixer sur les glandes et les nerfs.

SYMPTÔMES ET ÉVOLUTION

L'incubation dure de 17 à 21 jours ; elle est suivie d'une fièvre modérée et de maux d'oreilles pendant 1 ou 2 jours. Le malade est contagieux de 1 semaine avant l'apparition des symptômes à environ 8 jours après.

L'inflammation des glandes parotides apparaît d'abord d'un côté, puis des deux et se manifeste par une tuméfaction comblant les sillons situés en arrière de la mâchoire. Elle entraîne une douleur à la mastication et lorsque l'on appuie sur les parotides. Il s'y associe parfois une angine et une atteinte des ganglions voisins. Les maux de tête sont fréquents. L'évolution est le plus souvent bénigne, et la maladie régresse spontanément en une dizaine de jours.

COMPLICATIONS

Les oreillons prennent dans certains cas une forme neuroméningée (méningite, encéphalite, atteinte du nerf auditif) ; une pancréatite (inflammation du pancréas) et une orchite (inflammation des testicules) sont également possibles et susceptibles de survenir sans inflammation des parotides.

TRAITEMENT

Le traitement, symptomatique, repose sur l'administration de médicaments combattant la fièvre et, en cas de forte douleur, sur celle d'anti-inflammatoires.

Le repos au lit est de rigueur en cas d'atteinte testiculaire ainsi que l'immobilisation des bourses par un suspensoir. L'éviction scolaire est préconisée pendant une quinzaine de jours en raison du risque contagieux. Après avoir eu les oreillons, le patient est définitivement immunisé.

PRÉVENTION

Il existe un vaccin efficace, proposé aux adolescents et aux jeunes adultes n'ayant pas eu les oreillons ainsi qu'aux enfants âgés de plus de 1 an. Le vaccin destiné aux jeunes enfants est associé à celui de la rubéole et de la rougeole (vaccin R.O.R.).

Orf

Maladie virale bénigne. SYN. *dermatite pustuleuse contagieuse, ecthyma des ovins*.

L'orf est dû à un virus ; l'homme se contamine au contact du mouton (tonte, traite). La maladie se traduit par un petit nodule inflammatoire rouge sur le dos de la main ou des doigts. Le traitement, facultatif sauf en cas de surinfection, repose sur les antiseptiques locaux et l'antibiothérapie générale.

Organe (don d')

Mise à disposition d'une ou de plusieurs parties du corps d'une personne, par elle-même ou par ses proches, en vue d'une transplantation sur une autre personne du ou des organes donnés.

Le donneur peut être vivant ou en état de mort cérébrale. Le consentement explicite et éclairé du donneur vivant est le préalable indispensable au prélèvement et à la transplantation d'un rein ou de moelle osseuse au bénéfice d'un proche dont l'état nécessite une greffe. Un prélèvement d'organe sur une personne en état de mort cérébrale se fait en général avec l'accord des proches ou de la famille, et si le donneur n'en a pas exprimé le refus par écrit de son vivant. Les organes prélevés dans ce cas peuvent être le cœur, les poumons, le foie, le pancréas, les reins ou la cornée. Pour procéder à l'opération, il faut que la vitalité des organes prélevés soit préservée, c'est-à-dire que le cœur du donneur batte encore et que les poumons soient ventilés par un respirateur artificiel. Les organes du donneur doivent en outre appartenir au même groupe tissulaire (ou groupe H.L.A.) que les organes du receveur. Cette dernière précaution vise à éviter les phénomènes de rejet. Les prélèvements se font en général sur des patients jeunes, victimes d'accidents sur la voie publique, ce qui augmente la probabilité de prélever des organes sains.

Organisation mondiale de la santé

Institution intergouvernementale créée en 1948, sous l'égide de l'Organisation des nations unies (O.N.U.), pour étudier les questions de santé publique.

Orgasme

Point culminant et terme de l'excitation sexuelle, caractérisé par des sensations physiques intenses.

L'orgasme se traduit de façon différente chez l'homme et chez la femme.

■ Chez la femme, l'orgasme est la troisième phase du processus d'excitation sexuelle, qui suit la phase d'excitation croissante et la phase dite en plateau. La première phase se caractérise par l'intensité croissante du désir sexuel et des modifications affectant les organes sexuels (turgescence du clitoris, gonflement des lèvres de la vulve, érection des mamelons, durcissement des seins) et diverses fonctions physiologiques (accélération du rythme cardiaque et de la respiration, sensation de chaleur, rosissement de la peau). Au cours de la phase en plateau, les sensations restent intenses, mais le cœur et le souffle ralentissent. La phase orgastique est marquée par le déclenchement incontrôlable, durant quelques secondes, de contractions des muscles du vagin et du périnée, accompagnées d'une sécrétion des glandes vaginales. Elle est suivie par la phase de résolution, caractérisée par une chute de l'excitation.

■ Chez l'homme, à la phase d'excitation correspond le gonflement et l'érection de la verge, assurés par l'afflux de sang dans les corps caverneux. L'orgasme correspond à l'éjaculation : le sperme passe des vésicules séminales dans l'urètre postérieur, où il s'accumule avant d'être expulsé en 5 ou 6 contractions spasmodiques. Après l'orgasme, le pénis redevient flasque, et l'homme traverse une période durant laquelle toute excitation sexuelle est impossible (période réfractaire).

PATHOLOGIE

L'absence d'orgasme, ou anorgasmie, est chez l'homme un aspect de l'impuissance, et chez la femme une composante essentielle de la frigidité.

Orgelet

Petit furoncle situé au bord de la paupière, développé à partir de la glande pilosébacée d'un cil.

Connu dans le langage courant sous le nom de compère-loriot, un orgelet est dû essentiellement à un staphylocoque.

SYMPTÔMES ET DIAGNOSTIC

L'orgelet est douloureux et entraîne la formation d'un œdème rougeâtre des paupières, puis d'une tuméfaction laissant place à un bourbillon (suppuration localisée à la base du poil).

TRAITEMENT

L'application sur l'orgelet de pommades antibiotiques active l'élimination du bourbillon, observée en quelques jours. Il faut toujours éviter de manipuler un orgelet, car l'infection risque de s'étendre.

O.R.L.

→ VOIR Oto-rhino-laryngologie.

Ornithose

Maladie infectieuse due à la bactérie *Chlamydia psittaci*.

L'ornithose, maladie rare, est transmise à l'homme par les pigeons urbains et par certains oiseaux d'appartement, notamment les colombes.

SYMPTÔMES ET TRAITEMENT

L'ornithose provoque une fièvre, une toux et d'intenses maux de tête, plus rarement des difficultés respiratoires. L'infection est traitée par administration d'antibiotiques.

Oropharynx

Partie moyenne du pharynx.

L'oropharynx est placé en arrière de la cavité buccale ; il se continue en haut par le rhinopharynx (en arrière des fosses nasales) et en bas par l'hypopharynx (en arrière du larynx).

Orteil

Chacun des cinq doigts du pied.

Le squelette de l'orteil est constitué de petits os tubulaires, les phalanges, articulés entre eux, au nombre de 2 pour le gros orteil (pouce), de 3 pour les 4 autres orteils.

PATHOLOGIE

Les orteils peuvent être le siège de nombreuses maladies congénitales ou acquises, en général aggravées par le port de chaussures inadaptées.

■ **Les déformations et malformations des orteils**, fréquentes, témoignent en général

d'une déformation globale du pied (pied plat ou creux, avant-pied triangulaire, etc.) :
- l'hallux valgus est une déviation du gros orteil vers le 2e orteil, responsable d'une tuméfaction douloureuse couramment appelée oignon ;
- l'hallux rigidus est une arthrose de l'articulation du gros orteil, qui devient rigide et douloureux ; son traitement est d'abord médical (infiltrations locales et port de chaussures rigides), mais une intervention est en général indispensable dans les formes évoluées ;
- l'exostose sous-unguéale est une tumeur osseuse bénigne siégeant surtout sur la dernière phalange du gros orteil : elle soulève l'ongle, qui devient très douloureux à la marche, et doit être enlevée chirurgicalement ;
- le quintus varus est une déviation du 5e orteil, qui chevauche le 4e. Son traitement est chirurgical ;
- la griffe des orteils se traduit par une flexion exagérée et permanente des orteils en direction de la plante du pied. La déformation peut être corrigée par le port de semelles orthopédiques ou par une intervention chirurgicale ;
- les orteils en marteau sont des déformations d'un ou de plusieurs orteils, excessivement fléchis.

■ Les fractures des orteils, très fréquentes, sont le plus souvent dues à un choc direct. Elles sont réduites orthopédiquement ou, plus rarement, chirurgicalement. Les deux extrémités de l'os fracturé sont immobilisées à l'aide d'un bandage élastique fixant l'orteil fracturé à un orteil intact adjacent. La reprise de la marche est généralement possible dès le 15e jour après l'accident.

■ Les lésions cutanées dues aux frottements sont particulièrement fréquentes sur les orteils et sont souvent associées aux déformations osseuses précédemment décrites. Le cor et le durillon sont des épaississements de forme arrondie, légèrement bombés, de la couche cornée de la peau, de consistance dure, se développant sur les zones soumises à des pressions fortes et répétées. L'œil-de-perdrix est une ulcéra-

tion résultant du frottement de la peau d'un orteil contre la peau de l'orteil voisin, dans un espace mal aéré, où la sueur fait macérer la peau. Il siège surtout entre le 4e et le 5e orteil. Son traitement consiste à mettre en place un tampon écartant les orteils. La chirurgie est réservée aux ulcérations chroniques.

Orthèse

Appareillage orthopédique rigide destiné à protéger à immobiliser ou à soutenir un membre ou une autre partie du corps.

Orthodontie

Spécialité médicale visant à prévenir ou à corriger les anomalies de position des dents.

Orthogénisme

Ensemble des méthodes de planification et de régulation des naissances.

L'orthogénisme comprend les différentes méthodes de contraception et les interruptions volontaires de grossesse. La ligature des trompes chez la femme, la ligature des canaux déférents ou leur section (vasectomie) chez l'homme en relèvent aussi. Le conseil conjugal et le conseil génétique y participent également.

Orthopédie

Discipline essentiellement chirurgicale qui traite des affections congénitales ou acquises de l'appareil locomoteur et de la colonne vertébrale (os, articulations, ligaments, tendons et muscles).

Orthophonie

Discipline paramédicale ayant pour but l'étude et le traitement des troubles du langage oral et écrit.

L'orthophonie concerne les troubles de l'émission vocale, ceux de l'articulation des mots et ceux du langage, de même que les difficultés de l'apprentissage de la lecture et de l'écriture. Elle peut être indiquée aussi bien chez l'enfant que chez l'adulte, après une maladie (affection ou suites de chirurgie du larynx, affections neurologiques, etc.), en cas de surdité, de malformation congénitale du larynx ou du fait d'un retard de l'acquisition du langage.

Les séances sont fondées sur des exercices réalisés par le patient et portant sur l'une ou l'autre des caractéristiques du langage, par exemple l'articulation, la signification des mots ou l'organisation des phrases ; la variété des approches rééducatives est actuellement très grande.

Le résultat est subordonné non seulement à la gravité des troubles, mais aussi à la nécessité d'une bonne compréhension des exercices et à la motivation du patient.

Orthopnée

Essoufflement survenant au repos, lorsque le sujet est allongé sur le dos.

Orthoptie, ou Orthoptique

Spécialité paramédicale ayant pour but d'évaluer et de mesurer les déviations oculaires, puis d'assurer la rééducation des yeux en cas de troubles de la vision binoculaire : strabisme, hétérophorie (déviation des axes visuels) ou insuffisance de convergence.

Rééducation orthoptique

Une rééducation orthoptique ne peut être envisagée que quand il existe une vision binoculaire correcte – ce qui est le cas essentiellement au cours des hétérophories (déviations latentes des axes visuels) et de l'insuffisance de convergence – et seulement si ces troubles sont responsables de manifestations fonctionnelles désagréables. La rééducation orthoptique a pour but essentiel d'augmenter l'amplitude de fusion (qui consiste à superposer les images de chaque œil en une seule). Les exercices oculaires consistent principalement à améliorer le pouvoir de convergence et sont pratiqués avec une correction optique adaptée.

Os

Structure rigide, fortement minéralisée, constituant le squelette de l'homme et des vertébrés.

Outre son rôle de soutien, l'os représente l'essentiel des réserves de l'organisme en calcium, élément dont la constance du taux dans le sang est indispensable à de nombreuses fonctions physiologiques.

DIFFÉRENTS TYPES D'OS

On distingue selon leur forme les os plats (os de la voûte du crâne, côtes, omoplates, sternum), les os courts (os du carpe ou du tarse, vertèbres) et les os longs (fémur, tibia, péroné, humérus, cubitus, radius). Les os longs présentent une partie moyenne, la diaphyse, et deux extrémités, les épiphyses, revêtues de cartilage et formant les surfaces articulaires. Entre la diaphyse et l'épiphyse, le diamètre osseux s'élargit progressivement : cette zone de transition est appelée métaphyse. Le cartilage de conjugaison, situé entre la métaphyse et l'épiphyse, matérialise la zone de croissance en longueur des os longs ; il n'existe que chez l'enfant.

STRUCTURE

L'os est un tissu conjonctif de soutien à structure lamellaire. Sa surface est recouverte par le périoste, membrane conjonctive qui permet la croissance osseuse en épaisseur et la fabrication des cals en cas de fracture. Au-dessous se trouve une lame d'os dense, particulièrement résistante, semblable à de l'ivoire : l'os cortical, ou os compact. Sous cette lame, l'os est beaucoup moins dense : c'est l'os spongieux, ou os trabéculaire ; il contient la moelle osseuse rouge, qui fabrique les cellules sanguines (globules rouges, globules blancs et plaquettes).

Le tissu osseux est constitué par une trame protéique, la zone ostéoïde, essentiellement composée de collagène, par une fraction minérale constituée de calcium et de phosphore et par trois familles de cellules :
– les ostéoblastes et les ostéocytes, qui élaborent la matrice osseuse ;
– les ostéoclastes, qui la détruisent.

PATHOLOGIE

■ Les dystrophies (lésions dues à une déficience de la nutrition de l'os) peuvent être acquises (maladie osseuse de Paget) ou héréditaires (ostéopétrose).

■ Les fractures doivent être réduites et immobilisées de manière orthopédique (plâtre) ou chirurgicale (ostéosynthèse).

■ Les **infections** des os sont notamment l'ostéomyélite et la tuberculose osseuse.

■ Les **maladies osseuses** peuvent être liées à une affection extra-osseuse (ostéodystrophie des insuffisances rénales, déminéralisation des hyperparathyroïdies, ostéoporose des hyperthyroïdies, etc.).

■ Les **tumeurs** des os peuvent être bénignes (chondrome, ostéome, ostéoblastome) ou malignes (ostéosarcome, chondrosarcome, fibrosarcome, sarcome d'Ewing, tumeur secondaire).

Os (cancer des)

Tumeur maligne se développant à l'intérieur d'un os.

Cancer primitif des os

Les cancers primitifs des os sont des cancers siégeant dans l'os ou à sa périphérie immédiate et se développant à partir de tissu osseux, cartilagineux ou fibreux. Ils sont assez rares. Les principaux sont l'ostéosarcome, le chondrosarcome, le sarcome d'Ewing et le myélome multiple.

Cancer secondaire des os

Les cancers secondaires des os sont des localisations à distance, dans l'os, du cancer d'un autre organe : prostate, rein, sein, thyroïde, etc. Ils se traduisent par des douleurs et des fractures spontanées atteignant le plus souvent les os longs. Le traitement des cancers secondaires des os repose sur la radiothérapie, la chimiothérapie, l'hormonothérapie (lorsque le cancer primitif est un cancer de la prostate ou du sein).

Osgood-Schlatter (maladie d')

Inflammation de l'apophyse tibiale antérieure (protubérance située juste sous le genou, palpable sous la peau, sur laquelle s'insère le tendon rotulien), survenant au cours de la croissance. SYN. *apophysite tibiale antérieure de croissance.*

La maladie d'Osgood-Schlatter fait partie des apophysites de croissance. L'affection débute entre 10 et 15 ans par des douleurs locales exacerbées à la marche et à la course.

Le traitement repose sur la prise d'anti-inflammatoires et l'arrêt de l'activité qui est à l'origine de la douleur (course, par exemple) pendant plusieurs mois, parfois pendant un an. Si, malgré cela, les douleurs persistent encore, on peut avoir recours à une immobilisation plâtrée, pendant 1 mois ou 2. La guérison se fait sans séquelles.

Ossification

Ensemble des phénomènes tissulaires et biochimiques grâce auxquels l'os est formé, renouvelé, réparé.

TROUBLES DE L'OSSIFICATION

Une ossification anormale peut affecter des tissus normalement non ossifiés : cavités articulaires (ostéochondromatose synoviale), muscles (séquelles d'hématomes intramusculaires).

Ostéite

Infection d'un os d'origine microbienne, due le plus souvent au staphylocoque doré.

Lorsque la moelle osseuse est atteinte, ce qui est presque toujours le cas chez l'enfant et l'adolescent, on parle d'ostéomyélite.

Ostéoblaste

Cellule assurant la formation du tissu osseux.

Ostéoblastome

Tumeur osseuse, très généralement bénigne, du sujet jeune, développée aux dépens des ostéoblastes. SYN. *fibrome ostéogénique des os.*

Ostéochondrite

Épiphysite touchant un cartilage et quelquefois l'os sous-chondral (région osseuse située sous le cartilage articulaire), due à une nécrose (mort tissulaire) localisée. SYN. *ostéochondrose.*

Apparaissant généralement entre 4 et 12 ans, les ostéochondrites affectent surtout les garçons. Elles sont dues à la précarité de la circulation sanguine dans l'os sous-chondral pendant les poussées de croissance et aggravées par les microtraumatismes liés à une activité sportive. Elles touchent le plus souvent l'articulation du genou, de la cheville, de la hanche (maladie de Legg-Perthes-Calvé) ; lorsqu'elles affectent les vertèbres, on les regroupe sous le nom d'ostéo-dystrophies de croissance (maladie de Scheuermann, par exemple, dans laquelle ce sont les plateaux vertébraux qui sont touchés).

Si le fragment osseux nécrosé tombe dans la cavité articulaire, il peut être responsable d'une arthrose précoce. Le traitement repose sur l'arrêt de l'activité sportive, sur la mise au repos de l'articulation pendant au moins 2 mois et, éventuellement, sur l'ablation, par chirurgie conventionnelle ou endoscopique du fragment osseux nécrosé.

Ostéochondrite primitive de la hanche
→ VOIR Legg-Perthes-Calvé (maladie de).

Ostéochondrodystrophie
Toute maladie caractérisée par des anomalies de la croissance et du développement des os, ainsi que des cartilages articulaires et de conjugaison.

Ostéochondrome
→ VOIR Exostose.

Ostéochondrose
→ VOIR Ostéochondrite.

Ostéodystrophie
Toute maladie caractérisée par des anomalies de la croissance et du développement des os.

Ostéodystrophie rénale
Ensemble des anomalies de structure osseuse liées à une insuffisance rénale chronique.

L'ostéodystrophie rénale se traduit par des douleurs et des anomalies radiologiques osseuses révélant une résorption des extrémités des petits os longs (clavicules, phalanges). Chez l'enfant, elle a pour conséquence un retard de croissance.

Ostéogenèse
Constitution et développement du tissu osseux.

Ostéogenèse imparfaite
Fragilité osseuse excessive due à un défaut congénital d'élaboration des fibres colla-gènes du tissu conjonctif qui forme la trame de l'os. SYN. *fragilité osseuse héréditaire*.

L'ostéogenèse imparfaite caractérise en fait 7 maladies héréditaires, dont la maladie de Lobstein. De transmission autosomique (par un chromosome non sexuel) dominante (il suffit qu'il soit reçu de l'un des parents pour que la maladie s'exprime chez l'enfant), elle se traduit par une coloration bleutée du blanc des yeux, une surdité, une hyperlaxité ligamentaire et des fractures fréquentes entraînant des déformations. Il n'existe aucun traitement spécifique de cette maladie.

Ostéomalacie
Décalcification osseuse de l'adulte et du sujet âgé.

L'ostéomalacie, équivalent chez l'adulte du rachitisme de l'enfant, est due à une minéralisation osseuse de mauvaise qualité, elle-même liée à une carence en vitamine D. Celle-ci peut résulter d'un apport alimentaire insuffisant ou, plus souvent, d'une absorption insuffisante de la vitamine D (maladie du pancréas, intolérance au gluten). En outre, une ostéomalacie peut être due à une intoxication de l'os par certaines substances (fluor, biphosphonates) ou être le fait d'une baisse importante du taux de phosphore dans le sang (insuffisance rénale chronique).

SYMPTÔMES ET DIAGNOSTIC

La maladie se traduit par des douleurs quasi constantes, siégeant dans les hanches et les épaules ; les déformations osseuses, qui affectent essentiellement les vertèbres, les membres inférieurs et le bassin, sont parfois importantes. Le sujet éprouve des difficultés à marcher.

TRAITEMENT

L'administration de vitamine D assure, en général, une guérison rapide de l'ostéomalacie ; on y associe généralement un apport de calcium.

Ostéome
Tumeur bénigne constituée de tissu osseux adulte, affectant une structure anatomique, osseuse ou non (muscle, notamment).

L'ostéome ostéoïde est une tumeur bénigne constituée d'ostéoblastes (cellules produisant le tissu osseux), richement vascularisée, apparaissant dans 90 % des cas entre 5 et 25 ans, avec une nette prédominance masculine. Il siège surtout sur les os longs des membres (fémur, humérus, radius, tibia) et sur les vertèbres et se traduit par des douleurs en général nocturnes, soulagées par l'aspirine. L'ostéome ostéoïde, dont l'évolution est très lente, doit être retiré chirurgicalement.

Ostéomyélite

Maladie infectieuse grave, chronique ou aiguë, du tissu osseux.

Le microbe responsable de l'ostéomyélite est le staphylocoque doré. Il contamine l'os par la voie sanguine, à partir d'une infection locale (plaie infectée, abcès, fracture ouverte). L'ostéomyélite atteint surtout les os longs (tibia, fémur, humérus) ; elle se déclare plus particulièrement chez les enfants ou les adolescents.

SYMPTÔMES ET SIGNES

L'ostéomyélite se signale par des douleurs intenses de l'os atteint, accompagnées d'une impotence fonctionnelle totale, par une inflammation et un gonflement local, une forte fièvre et une altération de l'état général. Parfois, les symptômes sont moins intenses, semblables à ceux de la grippe.

TRAITEMENT

Le traitement doit être entrepris d'urgence. Il consiste en une antibiothérapie prolongée (plusieurs mois), avec immobilisation de l'os infecté par un plâtre. Une intervention chirurgicale (ablation et greffe osseuse) peut être nécessaire en cas d'ostéomyélite aiguë, pour enlever un séquestre (fragment osseux isolé), ou en cas d'ostéomyélite chronique.

Ostéonécrose

Mort d'un fragment de tissu osseux, due à une interruption de la circulation sanguine, aboutissant à un infarctus osseux. SYN. *nécrose osseuse aseptique*.

Les travées osseuses de l'os mort ne se renouvellent plus et finissent par s'effondrer. Si l'ostéonécrose touche une zone articulaire, l'articulation se déforme et devient douloureuse. Une ostéonécrose peut attein-

dre toutes les articulations, en particulier la tête du fémur, de l'humérus et le condyle interne (extrémité inférieure) du fémur.

CAUSES

Une ostéonécrose peut survenir à la suite d'un traumatisme (fracture du col du fémur sectionnant ses vaisseaux nourriciers ; fracture du semi-lunaire au poignet) ou d'une hyperpression osseuse (ostéonécrose des plongeurs sous-marins), au cours de certaines affections (diabète, drépanocytose, alcoolisme) ou d'un traitement par les corticostéroïdes. Parfois, surtout chez l'enfant, on ne retrouve pas de cause.

SYMPTÔMES

La douleur entraîne une diminution de la mobilité articulaire. Le diagnostic précoce repose sur la scintigraphie osseuse ou l'imagerie par résonance magnétique (I.R.M.), la radiographie ne donnant des signes que plus tardivement.

TRAITEMENT

Si l'os nécrosé n'est pas écrasé, le traitement consiste à le mettre en décharge, le patient devant marcher à l'aide de cannes pendant 3 ou 4 mois. Si, au contraire, l'os nécrosé se trouve dans une zone osseuse supportant le poids du corps (fémur, tibia), une ostéotomie (section de l'os) et, parfois, la pose d'une prothèse articulaire sont nécessaires.

Ostéopathie

1. Toute maladie osseuse.
2. Méthode thérapeutique manuelle utilisant des techniques de manipulations vertébrales ou musculaires.

L'ostéopathie admet que le bien-être du corps humain est lié au bon fonctionnement de son appareil locomoteur (squelette, articulations, tendons, nerfs et muscles). Elle peut ainsi agir à distance, à partir du système musculosquelettique, sur les principaux organes du corps humain, en utilisant des techniques de torsion, d'élongation et de pression. Les manipulations ostéopathiques sont, normalement, effectuées par un médecin. Brèves, s'accompagnant d'un léger craquement, elles sont, habituellement, indolores. En France, à la différence des États-

Unis, certains ostéopathes ne sont pas médecins.

Ostéopétrose

Épaississement et durcissement, généralisé ou localisé, du squelette. SYN. *maladie d'Albers-Schönberg, maladie des os de marbre.*

Dans sa forme la plus fréquente, l'ostéopétrose apparaît dès les premiers mois de la vie et se traduit par des fractures quasi spontanées, une anémie, une augmentation de volume de la rate et des troubles visuels.

Il n'existe pas de traitement spécifique de l'ostéopétrose.

Ostéophyte

Excroissance osseuse développée au pourtour d'une surface articulaire dont le cartilage est altéré par l'arthrose.

Sur le rachis, ils forment ce que l'on appelle couramment des « becs-de-perroquet ». Ils sont en outre caractéristiques de la maladie hyperostosante.

Les ostéophytes, extra-articulaires, ne gênent pas le fonctionnement de l'articulation, mais augmentent le volume osseux. Indolores, même lorsqu'ils sont de dimension importante, ils ne nécessitent pas de traitement spécifique.

Ostéoplastie

Intervention chirurgicale consistant à restaurer un os à l'aide de greffons osseux ou d'une prothèse.

Ostéoporose

Diminution progressive de la trame protéique de l'os, qui reste cependant normalement minéralisé.

L'allègement de la trame protéique osseuse est un phénomène naturel, appelé ostéopénie physiologique, lié au vieillissement du squelette. L'ostéoporose est caractérisée par l'exagération de ce processus, du fait d'un déséquilibre entre l'activité des ostéoblastes (cellules assurant la formation du tissu osseux) et celle des ostéoclastes (cellules assurant la destruction du tissu osseux) : pour un même volume, l'os est moins dense, donc plus fragile. Les causes

des ostéoporoses sont multiples. La plus commune est l'ostéoporose postménopausique : à la ménopause, le taux des œstrogènes (hormones protectrices du tissu osseux) chute. L'ostéoporose sénile s'observe chez les personnes des deux sexes après 70 ans, et sa fréquence augmente avec l'âge ; elle est favorisée par la sédentarité, l'absence d'exposition à la lumière naturelle (qui permet la synthèse de la vitamine D par la peau), un régime pauvre en calcium et en protéines. L'ostéoporose peut aussi être d'origine endocrinienne ou médicamenteuse : excès d'hormones thyroïdiennes (liée à une hyperthyroïdie ou à un traitement mal dosé d'une hypothyroïdie) ou parathyroïdienne (présence d'un adénome sur une des glandes parathyroïdes), de corticostéroïdes (maladie de Cushing, traitement par les corticostéroïdes), etc. Ces ostéoporoses peuvent survenir à tout âge. L'ostéoporose peut également survenir chez l'homme, favorisée par la consommation de boissons alcoolisées et le tabac. Exceptionnelle chez la femme jeune, elle se révèle alors au cours de la grossesse.

SYMPTÔMES ET SIGNES

Les fractures sont les principales manifestations de l'ostéoporose. Leur siège varie selon que la diminution de la densité osseuse affecte l'os cortical ou l'os spongieux.

DIAGNOSTIC

Très souvent, un tassement vertébral ou une transparence excessive à la radiographie permettent de détecter une ostéoporose. L'absorptiométrie le plus souvent aux rayons X mesure la densité osseuse et permet d'apprécier l'importance de l'ostéoporose. Son évolution peut être suivie en mesurant régulièrement la taille du patient. Un tassement vertébral fait perdre entre 1 et 2 centimètres. Une ostéoporose comportant de multiples tassements peut faire perdre de 15 à 20 centimètres.

TRAITEMENT ET PRÉVENTION

Le traitement de l'ostéoporose postménopausique repose sur la prescription d'œstrogènes naturels. Celui des ostéoporoses endocriniennes ou médicamenteuses est celui de leur cause. Parmi les autres traitements médicaux proposés pour lutter contre l'évolution de l'ostéoporose, on peut citer la prise de calcium, de vitamine D et de bisphosphonates (etidronate, alendronate). Après plusieurs années de traitement, les bisphosphonates augmentent la densité osseuse et diminuent le nombre de fractures vertébrales.

La prévention de l'ostéoporose est donc indispensable. L'immobilité favorisant la perte osseuse, l'exercice physique (marche), voire la pratique régulière d'activités sportives, peut être utile ; tout surentraînement a cependant des effets néfastes. Il est recommandé d'avoir une alimentation riche en calcium et en protéines (lait, produits laitiers, viande, poisson) et de limiter la consommation d'alcool et de tabac. Toutes ces mesures visent à diminuer la fréquence des tassements vertébraux chez la femme après 60 ans et des fractures du col du fémur dans les deux sexes après 80 ans.

Ostéosarcome

Tumeur maligne de l'os. SYN. *sarcome ostéogénique*.

L'ostéosarcome est la plus fréquente des tumeurs malignes osseuses primitives (elles ne sont pas formées par les métastases issues d'un autre cancer). Dans la majorité des cas, elle survient chez l'enfant et l'adolescent.

SYMPTÔMES ET SIGNES

La tumeur se développe habituellement sur la partie moyenne des os longs se trouvant au voisinage de l'articulation du genou (fémur, tibia) et de l'épaule (humérus). Un ostéosarcome s'étend assez rapidement aux tissus adjacents, détruit l'os sain avoisinant. L'ostéosarcome peut aussi se disséminer par voie sanguine (métastases pulmonaires).

Un ostéosarcome se traduit par une tuméfaction locale légèrement inflammatoire, douloureuse ; à un stade plus avancé, la tuméfaction est grosse et devient très douloureuse. Parfois, il est révélé par une fracture « pathologique », c'est-à-dire survenant spontanément ou après un traumatisme minime. Le diagnostic repose sur la radiographie et sur l'examen histologique de la tumeur après biopsie.

TRAITEMENT

Il repose sur la chimiothérapie et sur l'ablation chirurgicale de la tumeur ; celle-ci doit être la plus large possible ; on essaie toutefois de conserver la plus grande partie du membre atteint afin de faciliter la pose d'une prothèse articulaire ; l'amputation, exceptionnelle, est réservée aux tumeurs volumineuses ou aux récidives. Les résultats de l'opération sont largement satisfaisants.

Ostéosclérose

Accroissement de la densité osseuse, souvent en réaction à une lésion de voisinage.

Ostéosynthèse

Réassemblage des fragments osseux d'une fracture à l'aide de vis, d'agrafes, de plaques vissées, de clous, de broches ou de tout autre moyen mécanique.

On immobilise surtout par ostéosynthèse les fractures instables ou risquant de léser des éléments anatomiques (artères, nerfs, etc.). Chez des sujets âgés, en cas de fracture du col du fémur notamment, cette technique permet en outre de limiter les conséquences d'un alitement prolongé (escarres, embolie pulmonaire, dénutrition, risque d'infection urinaire et pulmonaire, etc.). En effet, lorsque l'on a recours à l'ostéosynthèse, l'immobilisation est beaucoup plus stricte, et donc moins longue, qu'avec un autre procédé (plâtre, attelle). Souvent, la rééducation peut même commencer dans les jours qui suivent l'intervention. Le matériel d'ostéosynthèse, parfois volumineux et gênant, est enlevé au bout de 6 à 18 mois. Les fractures ouvertes, entraînant des dégâts musculaires et cutanés importants, nécessitent une ostéosynthèse par fixateur externe : de grosses broches, reliées et solidarisées entre elles par une ou plusieurs pièces métalliques, immobilisent l'os à travers la peau et les muscles, à distance du foyer de fracture.

Ostéotomie

Section chirurgicale d'un os afin de modifier son axe, sa taille ou sa forme.

Otite

Inflammation des cavités de l'oreille moyenne, de la muqueuse qui les tapisse et du tympan (myringite). SYN. *otite moyenne*. Les otites peuvent être aiguës, subaiguës ou chroniques, selon leur évolution.

Otite aiguë

Il s'agit d'une inflammation par infection bactérienne (pneumocoque, hæmophilus, streptocoque, staphylocoque), parfois virale, qui touche le plus souvent les enfants de 6 mois à 2 ans, et particulièrement les enfants élevés en collectivité. L'infection est d'abord pharyngée, puis se propage à l'oreille par le canal de la trompe d'Eustache.

SYMPTÔMES ET SIGNES

Une otite aiguë se traduit par une douleur violente de l'oreille, associée à une fièvre d'environ 38,5 °C. Elle évolue selon quatre stades : otite congestive, où le tympan est simplement rouge ; otite catarrhale, où le tympan devient lisse et opaque ; otite purulente, où le bombement du tympan témoigne de la présence de pus dans la caisse du tympan ; otite perforée, où une perforation dans le tympan laisse le pus s'écouler à l'extérieur.

Les complications d'une otite aiguë non traitée, aujourd'hui rares, sont l'extension de l'infection à la mastoïde (os situé derrière l'oreille), au labyrinthe (oreille interne), aux méninges ou au nerf facial.

TRAITEMENT

Il est nécessaire de faire soigner sans délai un enfant qui se plaint des oreilles ou dont la fièvre ne tombe pas. Le traitement d'une otite aiguë est fondé sur l'administration d'antibiotiques, associée ou non à une paracentèse (perforation chirurgicale du tympan) lorsque le tympan est bombé.

Otite subaiguë

Il s'agit en général d'une otite séreuse, inflammation de l'oreille accompagnée d'un épanchement liquidien (sans pus), due à un mauvais fonctionnement de la trompe d'Eustache. Elle se manifeste par des otites aiguës à répétition et/ou par une baisse de l'audition.

Le traitement, malaisé, repose selon les cas sur l'administration d'antibiotiques, sur l'ablation des végétations adénoïdes, sur la pose d'un aérateur transtympanique (yoyo) ou, éventuellement, sur les cures thermales.

Otite chronique

Il existe deux types d'otite chronique : l'otite muqueuse, caractérisée par une perforation du tympan, et l'otite cholestéatomateuse, provoquée par le développement dans l'oreille interne d'un kyste de l'épiderme, le cholestéatome.

Une otite chronique se traduit par une baisse de l'audition et par un écoulement ; l'otite chronique cholestéatomateuse se complique, dans certains cas, de paralysie faciale, de labyrinthite ou de méningite.

Le traitement est surtout chirurgical et consiste à réparer le tympan ou à pratiquer l'ablation du cholestéatome.

Otite externe

Inflammation de la peau qui tapisse le conduit auditif externe.

Une otite externe est due à une infection par une bactérie ou un champignon microscopique. Elle se traduit par une douleur, des démangeaisons et un écoulement. Le traitement consiste à instiller des gouttes d'antiseptique, d'antibiotique ou d'antifongique dans l'oreille.

Otoplastie

Intervention chirurgicale consistant à corriger une disgrâce esthétique ou une malformation du pavillon de l'oreille.

Les corrections mineures, notamment celles d'oreilles décollées, requièrent une hospitalisation unique d'environ 48 heures, puis le port d'un pansement compressif pendant quelques jours après l'intervention. Les suites opératoires sont peu douloureuses, la cicatrisation intervenant en 15 jours ; les résultats sont, en général, très bons.

Oto-rhino-laryngologie

Spécialité médicale et chirurgicale étudiant la physiologie des oreilles, du nez et de la gorge (larynx et pharynx), la pathologie et le traitement des maladies d'une région anatomique comprise entre la base du crâne et l'orifice supérieur du thorax, excepté les dents et les yeux.

Otorrhée

Écoulement de liquide provenant de l'oreille.

La cause est souvent une inflammation, d'origine principalement infectieuse, du conduit auditif externe ou de l'oreille moyenne (otite). Il peut s'agir aussi d'un écoulement du liquide céphalorachidien (liquide qui se trouve dans les méninges), après un traumatisme crânien ; cet écoulement est alors limpide, couleur « eau de roche ».

Une otorrhée nécessite une consultation rapide ou une hospitalisation en cas de traumatisme.

Otoscope

Instrument permettant l'examen du conduit auditif du tympan.

Otospongiose

Maladie héréditaire de l'oreille moyenne, d'évolution progressive et entraînant une surdité.

L'otospongiose survient après la puberté, le plus souvent chez la femme. C'est une affection entraînant un blocage des mouvements de l'étrier, osselet de l'oreille moyenne.

Le traitement de l'otospongiose est la stapédectomie (ablation chirurgicale de l'étrier), suivie d'un remplacement de l'étrier par une prothèse en forme de piston. L'intervention, qui connaît un très bon taux de réussite (90 % des cas), entraîne la récupération définitive d'une bonne partie de l'acuité auditive. Cette intervention comporte un risque de dégradation de l'oreille interne pouvant engendrer une surdité.

Ovaire

Chacune des deux glandes génitales de la femme.

Les ovaires, avec les deux trompes de Fallope et l'utérus, constituent l'appareil génital interne féminin.

STRUCTURE

Chez la femme adulte, les ovaires sont de petites billes de 4 centimètres de longueur, de 2 centimètres de largeur et de 1 centimètre d'épaisseur. Ils sont situés de part et d'autre de l'utérus et leur face interne correspond au pavillon de la trompe. Des ligaments les relient aux organes voisins (utérus, trompes), mais ils restent mobiles. Un ovaire est composé de 2 couches de tissu : au centre, la partie médullaire contient les vaisseaux sanguins assurant l'irrigation ; à la périphérie, la partie corticale, qui occupe les deux tiers de la glande, contient à la naissance tous les follicules qui assureront au cours de chaque cycle menstruel la maturation d'un ovocyte et l'expulsion d'un ovule, élément femelle de la reproduction.

FONCTION

Le rôle de l'ovaire est double : d'une part, il libère tous les mois chez la femme, de la puberté à la ménopause, un ovule mûri dans le follicule ; d'autre part, il sécrète les hormones sexuelles féminines (œstrogènes).

EXAMENS

La palpation de l'abdomen permet de rechercher des kystes ovariens. Les deux examens principaux des ovaires sont l'échographie et la cœlioscopie (introduction d'une optique par une petite incision abdominale).

PATHOLOGIE

L'ovaire peut être le siège de lésions inflammatoires dans le cadre d'une salpingite (inflammation d'une ou des trompes), de tumeurs bénignes (kystes) ou malignes (cancers). L'insuffisance ovarienne entraîne des troubles du cycle menstruel et, souvent, une stérilité.

Ovaire (cancer de l')

Cancer qui atteint l'ovaire, essentiellement sous la forme d'un adénocarcinome (tumeur maligne se développant sur les tissus muqueux ou glandulaires).

Le cancer de l'ovaire est peu fréquent ; il se situe au 4e rang des cancers gynécologiques et survient le plus souvent après la ménopause.

SYMPTÔMES ET DIAGNOSTIC

Les symptômes sont banals : douleurs abdominales et pelviennes, anémie, amaigrissement, fatigue, manque d'appétit.

Le cancer de l'ovaire est diagnostiqué à la palpation abdominale, complétée par l'échographie, le scanner et la biopsie de la tumeur.

TRAITEMENT

Il est chirurgical et consiste à enlever les deux ovaires et les deux trompes (annexectomie bilatérale) ainsi que l'utérus (hystérectomie). Ce traitement est souvent associé à une chimiothérapie et, plus rarement, à une radiothérapie. Une surveillance régulière de la femme est nécessaire après le traitement : en effet, la majorité des cancers de l'ovaire sécrètent des substances appelées marqueurs tumoraux qui, présentes dans le sang, témoignent de métastases pelviennes ou disséminées à distance (foie, par exemple).

PRÉVENTION

Une surveillance gynécologique régulière est nécessaire pour permettre un dépistage et un traitement plus précoces.

Ovaire (kyste de l')

Collection anormale de liquide, délimitée par une membrane et située à l'intérieur d'un ovaire.

La taille d'un kyste de l'ovaire est très variable (de quelques millimètres à plusieurs centimètres de diamètre). Un ovaire présentant plusieurs kystes est dit polykystique.

DIFFÉRENTS TYPES DE KYSTE DE L'OVAIRE

■ **Les kystes fonctionnels** représentent 90 % des cas. Ils résultent d'un hyperfonctionnement des hormones qui régulent l'ovaire.

■ **Les kystes organiques,** de cause inconnue, comprennent le kyste dermoïde, formé d'une architecture cellulaire identique à celle de la peau, le kyste mucoïde, dû à une sécrétion locale de mucine (substance de consistance pâteuse), et le kyste séreux (de contenu plus fluide).

SYMPTÔMES ET SIGNES

Dans de nombreux cas, un kyste de l'ovaire ne se traduit par aucun signe et est découvert à l'occasion d'un examen gynécologique (toucher vaginal associé à une palpation de l'abdomen). Dans d'autres cas, le kyste provoque une sensation de pesanteur abdominale, des douleurs pendant les rapports sexuels, une aménorrhée (arrêt des règles) ou un saignement, ou encore une gêne pour uriner. Certains kystes sécrètent des hormones féminisantes (œstrogènes) ou masculinisantes (androgènes). Les premiers sont sans symptômes, les seconds entraînent une raucité de la voix et une pilosité abondante.

TRAITEMENT

Le traitement des kystes fonctionnels fait appel à un médicament comme la « pilule », bloquant l'ovulation ; le kyste disparaît normalement en quelques cycles. Les kystes organiques sont traités par ablation, réalisée le plus souvent par cœlioscopie. Dans la plupart des cas, l'ovaire est conservé et la fécondité préservée.

Ovaires polykystiques (syndrome des)

Affection chronique caractérisée par la présence sur les ovaires de multiples kystes durs de taille variable, par des troubles des règles, une pilosité abondante et un poids excessif.

SYN. *dystrophie ovarienne, ovarite sclérokystique, polykystose ovarienne, syndrome de Stein-Leventhal.*

Le syndrome des ovaires polykystiques est de cause encore inconnue. Les troubles menstruels consistent en une absence ou en une irrégularité des règles et en des troubles de l'ovulation. Toutefois, certaines femmes ont des grossesses sans problèmes malgré les anomalies de leur cycle menstruel.

TRAITEMENT

Le traitement est celui des symptômes. Il peut consister à induire l'ovulation si la femme désire être enceinte, mais les résultats restent médiocres. Un traitement cœliochirurgical est parfois envisageable ; le laser ou la résection cœliochirurgicale d'une partie de la paroi de l'ovaire permet parfois de produire des ovulations. S'il n'y a pas désir de grossesse, un traitement hormonal par les antiandrogènes sert à régulariser les règles et à faire diminuer la pilosité en quelques mois. La contraception orale permet parfois de faire disparaître les kystes.

Ovariectomie

Ablation chirurgicale d'un ovaire.

Une ovariectomie est pratiquée en cas de tumeur ou de kyste de l'ovaire. Lorsqu'elle concerne les deux ovaires, on parle de castration.

L'intervention est réalisée soit par ouverture de la paroi de l'abdomen, soit par cœlioscopie (introduction à travers cette paroi d'un tube muni d'un système optique et d'instruments de microchirurgie), soit par ces deux méthodes combinées. L'anesthésie est générale dans les deux cas.

Si l'ablation concerne un seul ovaire, l'ovulation est préservée, de même que la production hormonale. En revanche, l'ablation des deux ovaires, lorsqu'elle est pratiquée avant la ménopause, provoque une ménopause artificielle, par carence hormonale et par conséquent une stérilité définitive.

Ovarite

Inflammation d'un ou des deux ovaires, généralement consécutive à une salpingite (inflammation d'une ou des deux trompes).
→ VOIR Salpingite.

Overdose

→ VOIR Surdose.

Ovulation

Libération d'un ovule par l'ovaire. SYN. *ponte ovulaire.*

L'ovulation est un phénomène cyclique qui commence à la puberté et cesse à la ménopause.

MÉCANISME

À chaque cycle menstruel, à la surface de l'ovaire, un follicule se distend et se rompt, libérant l'ovule qu'il contient. L'ovule tombe au voisinage du pavillon de la trompe utérine (trompe de Fallope), est happé par les franges tubaires et commence dans la trompe son trajet vers l'utérus. De son côté, le follicule vidé dégénère et se transforme en corps jaune.

SYMPTÔMES ET SIGNES

L'ovulation n'entraîne généralement aucun symptôme, mais certaines femmes remarquent une légère douleur latérale du bas-ventre ou une petite perte sanglante. Une méthode permet de rechercher la date de l'ovulation : l'étude de la courbe de température au cours du cycle menstruel. Le tracé de la courbe thermique comprend en effet un plateau au-dessous de 37 °C, suivi d'un plateau au-dessus de 37 °C. L'ovulation semble se produire le premier jour de la remontée ou le dernier jour de température basse. Cette mesure permet donc de penser que l'ovulation a eu lieu, mais ne sert en aucune façon à la prévoir.

PATHOLOGIE

Une absence d'ovulation peut avoir plusieurs motifs : une insuffisance hormonale, une contraception orale (œstroprogestatifs), certains médicaments (anticancéreux, par exemple). L'induction artificielle de l'ovulation, par l'administration d'hormones folliculostimulante et lutéinisante purifiées, fait partie du traitement de certaines stérilités. Par ailleurs, une absence d'ovulation ne se traduit pas nécessairement par une aménorrhée (absence de règles).

Ovule

Cellule féminine (gamète) de la reproduction.

L'ovule est le gamète femelle issu de la maturation d'un ovocyte. L'ovule est logé dans une sorte de petit kyste de la paroi du follicule ovarien qui, au 14e jour du cycle menstruel, se rompt pour réaliser l'ovulation. Libéré, l'ovule est happé par les franges du pavillon de la trompe utérine et s'achemine dans celle-ci vers l'utérus, où il sera éventuellement fécondé par un spermatozoïde et deviendra un œuf.
→ VOIR Follicule ovarien.

Oxalose

Accumulation dans les différents tissus de l'organisme, et notamment dans les reins, de cristaux d'oxalate de calcium, liée à une production excessive d'acide oxalique. SYN. *hyperoxalurie congénitale.*

L'oxalose est une maladie héréditaire.

La maladie, qui se révèle généralement dans la petite enfance, se traduit par des coliques néphrétiques et surtout par une insuffisance rénale chronique.

Lorsque l'insuffisance rénale est à un stade très avancé, une épuration du sang par hémodialyse devient indispensable.

Oxygène

1. Élément constitutif fondamental de la matière vivante, au même titre que le carbone, l'hydrogène et l'azote.
2. Gaz incolore, inodore, constitué de deux atomes d'oxygène (O_2), qui forme la partie de l'air nécessaire à la respiration.

L'oxygène représente en volume environ un cinquième de l'air atmosphérique. Dans l'organisme, il est véhiculé dans le sang après fixation sur l'hémoglobine des globules rouges. Cet oxygène est cédé aux tissus, où il intervient dans la « respiration cellulaire » (réactions d'oxydoréduction productrices d'énergie).

Oxygénothérapie

Traitement par enrichissement en oxygène de l'air inspiré.

L'oxygénothérapie constitue l'un des traitements de l'hypoxie (oxygénation insuffisante des tissus) due à une insuffisance respiratoire. Elle est employée aussi bien d'une manière temporaire, dans des affections aiguës (infection, œdème), que d'une manière prolongée et quotidienne, dans des affections chroniques (bronchite chronique évoluée, par exemple). Dans certaines insuffisances respiratoires chroniques, le traitement, effectué à domicile, est quasi continu. Il améliore l'état immédiat et la qualité de vie du sujet, mais aussi, à long terme, le pronostic de sa maladie.

DÉROULEMENT

En milieu hospitalier, l'oxygène peut être délivré par des canalisations aboutissant près des lits des malades (fluides médicaux). Il existe aussi des bouteilles ou des bonbonnes d'oxygène comprimé ou liquide, utilisables n'importe où. Par ailleurs, si le débit nécessaire n'est pas trop élevé, on a recours à des extracteurs concentrant l'oxygène à partir de l'air ambiant.

L'oxygène arrive au patient par voie nasale, à l'aide d'une petite sonde ou d'un masque. Il peut également être délivré par une canule de trachéotomie ou par un respirateur artificiel. Lorsque l'oxygénothérapie est pratiquée à domicile, le malade doit en outre suivre une formation pour apprendre à utiliser les appareils.

Oxyurose

Maladie parasitaire provoquée par l'infestation du côlon par un ver, *Enterobius vermicularis,* couramment appelé oxyure.

FRÉQUENCE

L'oxyurose est une parasitose répandue, qui touche les enfants d'âge scolaire, les vieillards et les personnes placées dans des hôpitaux psychiatriques ou de long séjour. Cette maladie, souvent familiale, est la parasitose infantile la plus fréquente dans les pays tempérés. C'est cette maladie qui est évoquée principalement dans l'expression courante « avoir des vers ».

CONTAMINATION

Les parasites adultes ressemblent à de petits filaments blancs de moins de 1 centimètre de long. Ils vivent à la surface de la muqueuse du côlon des êtres humains. Une fois fécondé, le ver femelle parcourt tout le côlon et dépose les œufs embryonnés et infestants sur la peau autour de l'anus, avant de mourir.

Les mouvements du ver femelle provoquent des démangeaisons, qui conduisent à se gratter autour de l'anus. Les œufs se logent alors sous les ongles, et il suffit que la personne porte les doigts à sa bouche, avale les œufs ou les dépose sur des aliments partagés avec d'autres personnes pour que les processus d'auto-infestation et de contamination s'enclenchent. Les enfants peuvent aussi transporter les œufs sur les jouets et sur les couvertures, risquant ainsi de transmettre la maladie.

Les œufs ingérés éclosent dans l'intestin, se transforment en larves et deviennent adultes au bout de 2 à 6 semaines.

SYMPTÔMES ET SIGNES

Les troubles provoqués par une oxyurose sont moins importants chez les adultes que chez les enfants.

Le prurit (démangeaison) anal, vespéral et nocturne, est un signe important de l'oxyurose. Il empêche l'enfant de dormir calmement, et son sommeil peut être entrecoupé de cauchemars. L'enfant, fatigué, est irritable, éprouve des difficultés scolaires et peut présenter des tics (prurit nasal). Chez la petite fille, et plus rarement chez l'adulte, les vers peuvent pénétrer dans l'appareil génital et entraîner une vulvovaginite douloureuse ou une cystite.

DIAGNOSTIC

Les vers sont parfois visibles dans la région anale, à la surface des selles ou dans les slips.

En dehors de ces cas, la meilleure méthode diagnostique consiste à prélever des œufs sur le bord de l'anus du patient à l'aide d'une bande de papier adhésif (Scotch-test) et à les examiner au microscope.

TRAITEMENT ET PRÉVENTION

Le traitement, appliqué le même jour à toute la famille, consiste à administrer des médicaments antihelminthiques, à nettoyer le sol des chambres (de préférence à l'aspirateur) et à faire bouillir draps, linge de corps, pyjamas, chemises de nuit, etc.

Des mesures d'hygiène plus générales s'appliquent à titre curatif mais aussi préventif : coupe des ongles, lavage des mains avant chaque repas et après être allé à la selle.

P

Pacemaker

→ VOIR Stimulateur cardiaque.

Pachydermie

Épaississement anormal de toute l'épaisseur de la peau.

Pachyonychie

Épaississement d'un ou de plusieurs ongles des doigts et/ou des orteils.

Une pachyonychie peut constituer l'un des signes d'une affection héréditaire, découler d'une onychomycose (infection de l'ongle par un champignon) ou être liée à un psoriasis ou à un eczéma.

Le traitement est celui de la maladie en cause.

Paget (maladie cutanée de)

Dermatose caractérisée par la présence sur le mamelon d'une petite plaque d'eczéma croûteuse et suintante, insensible aux traitements locaux.

La maladie cutanée de Paget précède ou accompagne l'apparition d'un cancer du sein.

Le traitement est chirurgical : ablation du sein et des ganglions de l'aisselle en cas de cancer du sein, ablation locale de la lésion cutanée si le cancer n'est pas encore apparu, associée à une radiothérapie.

Paget (maladie osseuse de)

Maladie osseuse appartenant au groupe des ostéodystrophies et caractérisée par la production anarchique d'un tissu osseux de structure grossière, épaisse et moins résistante.

D'origine indéterminée, la maladie osseuse de Paget n'entraîne souvent aucune gêne, mais elle peut aussi se traduire par des douleurs, principalement osseuses et nerveuses (sciatique, névralgie cervicobrachiale, etc.), des déformations (tibia arqué, par exemple) et une augmentation du taux d'ostéocalcine et de phosphatases alcalines dans le sang.

ÉVOLUTION ET TRAITEMENT

L'évolution est lente : sur un os long, comme le tibia ou le fémur, la maladie progresse en moyenne de 1 centimètre par an. Aussi, dans de nombreux cas, ne nécessite-t-elle pas de traitement. Celui-ci, réservé aux formes évolutives marquées, repose sur la prise de calcitonine et de diphosphonates. Les déformations des os longs peuvent être corrigées chirurgicalement.

Pain

Aliment fabriqué à partir de farine, d'eau, de sel et de levure, pétri, fermenté et cuit au four.

Le pain est un aliment essentiellement riche en glucides (entre 49 et 58 %), mais il apporte également des protéines (8 %) et de l'eau (environ 30 %). Il contient en outre des minéraux, des vitamines du groupe B et des fibres, en quantités plus importantes dans le pain complet que dans le pain blanc. La valeur énergétique varie de 244 à 274 kilocalories pour 100 grammes. La quantité moyenne conseillée pour un adulte est de 200 à 350 grammes par jour.

Palais

Paroi supérieure de la cavité buccale.

Le palais comprend deux parties, l'une antérieure et osseuse, et l'autre postérieure, musculaire et membraneuse.

Pâleur

Aspect de la peau et des muqueuses plus clair qu'à l'ordinaire.

Une pâleur peut être due à une diminution de la quantité de sang circulant dans les vaisseaux capillaires de la peau. Cette diminution est elle-même due à une chute de tension, à une réduction du débit du sang (insuffisance cardiaque) ou à un rétrécissement des vaisseaux (vasoconstriction), lié par exemple au froid ou à une émotion, ou encore à une obstruction d'un vaisseau par un caillot (thrombose), qui peut provoquer l'arrêt total de la circulation sanguine (ischémie aiguë). La pâleur peut aussi être due à une anémie (diminution de la quantité des globules rouges ou du taux d'hémoglobine dans le sang).

Palilalie

Trouble du langage, caractérisé par la répétition involontaire, par un sujet, d'un mot ou de tout ou partie d'une phrase prononcée par lui.

Le traitement est celui de la maladie responsable : médicaments antiparkinsoniens, antiépileptiques, neuroleptiques, etc.

Palliatif

Qui atténue les symptômes d'une affection sans agir sur sa cause.
→ voir Soin palliatif.

Palpation

Méthode d'examen clinique du malade utilisant les mains et les doigts pour recueillir par le toucher des différentes régions du corps des informations utiles au diagnostic.

La palpation s'effectue avec la paume de la main ou des deux mains posée à plat sur la région à examiner, ce qui permet d'apprécier l'emplacement, la forme, le volume et la consistance (molle, ferme, dure, élastique) de la lésion ou de l'organe examinés. La palpation de la région du cœur, par exemple, permet au médecin de percevoir des vibra-

tions inhabituelles, dues au passage anormal du sang dans le cœur en cas de rétrécissement mitral.

Palpitation

Sensation de battement du cœur plus rapide ou moins régulier qu'à l'ordinaire.

Les palpitations traduisent généralement l'existence d'un trouble du rythme cardiaque. Mais elles peuvent simplement accompagner un effort violent, une émotion ou une bouffée d'angoisse.

Paludisme

Maladie parasitaire due à l'infestation par des hématozoaires (organismes unicellulaires, type particulier de protozoaires) du genre *Plasmodium*. SYN. *malaria*.

Il existe quatre espèces d'hématozoaires du paludisme : *Plasmodium falciparum, Plasmodium vivax, Plasmodium ovale* et *Plasmodium malariæ*. Ces parasites vivent dans le foie de l'homme puis dans ses globules rouges, dont ils provoquent la destruction (hémolyse responsable d'une anémie), ce qui déclenche l'accès fébrile.

FRÉQUENCE
Le paludisme est la maladie la plus répandue dans le monde, en particulier dans les pays tropicaux.

CONTAMINATION
Les parasites se transmettent à l'homme par les piqûres d'anophèles (espèce de moustique) femelles infestés, qui pondent leurs œufs dans les eaux stagnantes : les parasites, présents dans la salive du moustique, pénètrent ainsi dans le sang humain. Ils peuvent aussi être transmis lors d'une transfusion sanguine, ou de la mère à l'enfant au cours de la grossesse.

Les parasites envahissent ensuite le foie puis les globules rouges et s'y multiplient. Les globules rouges se déchirent et libèrent les parasites qui infestent alors d'autres globules rouges ou deviennent capables d'infester à leur tour les moustiques lors de la piqûre d'une personne atteinte.

SYMPTÔMES ET SIGNES
Entre la piqûre des moustiques et la manifestation des symptômes, la période

d'incubation dure le plus souvent de une à deux semaines, mais peut se prolonger plusieurs mois – voire plusieurs années – si le sujet a pris des médicaments antipaludéens à titre préventif. Dans ce dernier cas, les crises, si elles apparaissent, sont bénignes. Elles peuvent se manifester tardivement, dès l'interruption du traitement.

Les crises de paludisme comportent toujours un accès de fièvre à 40 ou 41 °C et des frissons, puis une chute de température accompagnée de sueurs abondantes et d'une sensation de froid. Les poussées de fièvre se produisent en général tous les deux jours (fièvre tierce), plus rarement tous les jours (fièvre quotidienne) ou tous les trois jours (fièvre quarte).

Seul le parasite *Plasmodium falciparum* est cause d'un accès pernicieux (accès de fièvre mortel en l'absence de traitement).

DIAGNOSTIC

La découverte des parasites lors d'un examen microscopique effectué sur un frottis de sang et une goutte épaisse confirme le diagnostic.

ÉVOLUTION

Lorsque les crises de paludisme se répètent souvent, durant plusieurs années, et sont mal soignées, un paludisme viscéral évolutif s'installe avec une anémie, un ictère, une rate qui grossit et peut se rompre, et une grande fatigue.

TRAITEMENT

La quinine, indispensable pendant les accès pernicieux, constitue le traitement habituel de toutes les formes de paludisme. Il est aussi possible d'employer l'artémether, la chloroquine, la méfloquine ou l'halofantrine.

PRÉVENTION

L'utilisation de médicaments antipaludéens est absolument nécessaire dès avant le départ dans un pays où sévit le paludisme, pendant tout le séjour et quelque temps après le retour. Dans la plupart des pays tropicaux, *Plasmodium falciparum* a acquis une résistance à la chloroquine. Il faudra alors utiliser, si le séjour ne dépasse pas 3 mois, de la méfloquine en prise hebdomadaire, le traitement devant être poursuivi pendant 3 semaines après le retour. Il faut également penser à se munir, en cas de séjour dans un

lieu isolé, d'une quantité suffisante de médicaments pour un traitement curatif devant tout symptôme évoquant une crise de paludisme. Si la durée du séjour est supérieure à 3 mois, il sera nécessaire de prendre, chaque jour, de la chloroquine et du proguanil, le traitement devant être poursuivi après le retour, pendant 2 mois. L'usage, la nuit, d'une moustiquaire imprégnée d'insecticide, qui permet d'éloigner les moustiques, est fortement recommandé.

Panaris

Infection aiguë d'un doigt de la main ou, plus rarement, d'un orteil.

Un panaris, couramment appelé mal blanc, est une affection fréquente, découlant de l'inoculation dans le doigt d'un germe, le plus souvent un staphylocoque, par une écharde, une piqûre ou une plaie.

DIFFÉRENTS TYPES DE PANARIS

Deux types de panaris sont à distinguer.

■ **Le panaris superficiel**, le plus commun, siège à la pulpe du doigt ou au pourtour de l'ongle (tourniole), parfois aussi à la hauteur de la 1re ou de la 2e phalange. Il se traduit par une inflammation évoluant en quelques heures ou en quelques jours, entraînant une augmentation de volume du doigt, une rougeur, une douleur généralement lancinante et responsable d'insomnie ainsi qu'une fièvre.

■ **Le panaris profond** survient d'emblée, après inoculation directe du germe dans la gaine des fléchisseurs des doigts, ou constitue la complication d'un panaris superficiel. L'infection peut atteindre l'os d'une phalange (ostéite), une articulation entre deux phalanges (arthrite), un ou plusieurs tendons des doigts avec leur gaine (ténosynovite), ou encore toute la main (phlegmon). On observe alors une inflammation intense, éventuellement une impossibilité de bouger les doigts concernés, qui survient lorsque la gaine du tendon fléchisseur est atteinte et qui entraîne une déformation douloureuse du doigt, en crochet.

COMPLICATIONS

En l'absence de traitement, un panaris superficiel peut s'étendre en profondeur, et un panaris profond, entraîner une septicémie (décharges répétées de germes et de leurs toxines dans la circulation sanguine). Chaque décharge provoque alors une poussée fébrile accompagnée de frissons ; le germe est en outre susceptible de pénétrer et de se développer dans un autre point du corps.

TRAITEMENT
Un panaris superficiel débutant est traité par l'application locale d'antiseptiques, éventuellement par l'administration d'antibiotiques par voie orale. Le traitement d'un panaris profond ou superficiel collecté est avant tout chirurgical : en urgence, et sous anesthésie locale ou générale, le chirurgien retire le pus et les tissus nécrosés.

PRÉVENTION
Elle consiste à porter des gants lors d'activités comportant des risques de piqûres (jardinage, par exemple) et à respecter une hygiène minutieuse au cours des soins de manucure.

Pancréas
Glande digestive à sécrétion interne et externe.

Le pancréas, de forme conique, est situé, presque horizontalement, en arrière de l'estomac.

PHYSIOLOGIE
La glande pancréatique est constituée de deux types de tissu, responsables de deux fonctions distinctes : une sécrétion endocrine et une sécrétion exocrine.

■ **La sécrétion endocrine** est assurée par les cellules endocrines, regroupées en îlots (îlots de Langerhans) répartis au sein des cellules acineuses.

■ **La sécrétion exocrine**, le suc pancréatique, est assurée par les cellules acineuses (petites cavités tapissées de cellules excrétrices, dont le contenu se déverse dans un canalicule). Elle est acheminée vers l'intestin grêle par le canal excréteur principal (canal de Wirsung).

PATHOLOGIE
La pathologie du pancréas comprend les pancréatites aiguës et chroniques et les tumeurs.

Pancréas (cancer du)
Tumeur maligne se développant aux dépens du pancréas exocrine (c'est-à-dire du tissu glandulaire sécrétant les enzymes digestives), le plus souvent sous la forme d'un adénocarcinome (cancer du tissu glandulaire), beaucoup plus rarement aux dépens du pancréas endocrine (c'est-à-dire du tissu glandulaire sécrétant l'insuline), sous la forme d'un insulinome.

Le cancer du pancréas touche essentiellement l'homme après la cinquantaine. On ne connaît pas ses facteurs de risques.

SYMPTÔMES ET SIGNES
Un adénocarcinome du pancréas ne se révèle le plus souvent que tardivement par des douleurs siégeant dans l'épigastre (région supérieure et médiane de l'abdomen). L'altération de l'état général est rapide avec amaigrissement, manque d'appétit, fatigue et parfois vomissements. Dans les tumeurs de la tête du pancréas, on observe l'installation d'un ictère, provoqué par la compression de la voie biliaire principale par la tumeur. Le cancer du pancréas peut également être révélé par des métastases hépatiques, par le déséquilibre inexpliqué d'un diabète ancien correctement traité, etc.

DIAGNOSTIC
Le diagnostic repose sur divers examens : échographie, scanner abdominal, échoendoscopie ; éventuellement, une artériographie est réalisée à titre préopératoire. On observe parfois une élévation du taux sanguin d'amylase (enzyme pancréatique) et une cholestase (arrêt de l'écoulement de la bile dans les voies biliaires).

TRAITEMENT
Le traitement est chirurgical (ablation totale ou partielle du pancréas). Lorsque l'ablation est impossible, le cancer étant déjà trop évolué, le traitement repose sur l'administration d'analgésiques et d'apports nutritionnels. Le cancer du pancréas a un pronostic sévère.

Pancréatectomie
Ablation chirurgicale de tout ou partie du pancréas.

Pancréatite

Inflammation aiguë ou chronique du pancréas.

Pancréatite aiguë

La pancréatite aiguë a pour principales causes l'alcoolisme et la migration de calculs dans les voies biliaires.

SYMPTÔMES ET SIGNES

La crise est souvent déclenchée par un repas lourd et copieux. Elle se traduit par une douleur violente et résistant aux calmants, qui siège dans la moitié supérieure de l'abdomen.

DIAGNOSTIC

Il repose sur la mesure des enzymes pancréatiques (lipase, amylase) dans le sang, leur taux étant alors anormalement élevé, et sur l'échographie et le scanner abdominal.

TRAITEMENT

Il est d'abord médical : arrêt de l'alimentation, réduction des sécrétions pancréatiques par administration d'inhibiteurs enzymatiques, prise d'analgésiques, réhydratation et traitement antibiotique de l'infection. Un traitement chirurgical peut être nécessaire.

Pancréatite chronique

C'est une inflammation chronique du pancréas qui se traduit par une sclérose progressive de la glande pancréatique et entraîne à la longue une destruction complète de celle-ci.

Cette maladie a pour cause la plus fréquente l'alcoolisme chronique.

SYMPTÔMES ET SIGNES

Le principal symptôme est une douleur épigastrique, associée à un amaigrissement. Au début, les crises sont intermittentes avec de longues rémissions, puis se rapprochent. La destruction du pancréas exocrine entraîne un syndrome de malabsorption (diarrhée chronique et amaigrissement) ; celle du pancréas endocrine entraîne un diabète insulinodépendant.

TRAITEMENT

Il n'est chirurgical qu'en cas de complication (ictère persistant, hémorragie digestive, etc.). Le traitement médical comprend la suppression de l'alcool et l'administration d'analgésiques et d'extraits pancréatiques.

Pancréatojéjunostomie

Abouchement chirurgical du pancréas ou de ses canaux au jéjunum (deuxième partie de l'intestin grêle). SYN. *pancréaticojéjunostomie.*

Pandémie

Épidémie étendue à toute la population d'un continent, voire au monde entier.

Panniculite

Inflammation du tissu adipeux sous-cutané.

Une panniculite peut être due à la prise de médicaments, à une maladie générale (lupus érythémateux, sarcoïdose, tuberculose) ou à des facteurs locaux : froid, frottements dus au port de vêtements trop serrés.

SYMPTÔMES ET SIGNES

La maladie se manifeste par l'apparition sous la peau de tuméfactions roses ou jaunâtres, généralement chaudes et sensibles, siégeant souvent sur les membres inférieurs.

TRAITEMENT

Il comprend à la fois le traitement des symptômes (repos jambes surélevées, prise de médicaments anti-inflammatoires) et, lorsqu'elle est possible, la suppression de la cause.

Panophtalmie

Infection majeure de l'ensemble des tissus d'un œil. SYN. *ophtalmie purulente.*

Panoramique dentaire

Radiographie permettant de visualiser sur un seul cliché les arcades dentaires, les maxillaires et les parties inférieures des fosses nasales et des sinus maxillaires.
→ VOIR **Radiographie dentaire.**

Pansement

1. Application sur une plaie de compresses maintenues par des bandes ou un sparadrap et destinées à protéger la lésion ainsi recouverte des chocs et de l'infection.
2. Matériel utilisé pour protéger et soigner une plaie.

Il existe différentes sortes de pansements, exerçant, selon le cas, une action cicatrisante, absorbante, désinfectante ou compressive.

Pansement sec

Ce pansement se caractérise par l'utilisation de compresses non imprégnées, maintenues par un sparadrap et qui recouvrent une plaie simple, préalablement nettoyée à l'aide d'une compresse stérile imbibée d'un produit antiseptique.

Pansement humide

Ce pansement peut être de deux sortes.

■ Le pansement alcoolisé est constitué de compresses imbibées d'alcool, en général à 70°, et recouvertes d'une épaisse couche de coton puis d'un bandage. Il provoque une vasodilatation locale et a une action anti-inflammatoire et calmante. Il s'applique notamment sur des panaris et des plaies très infectées. Ce pansement doit être renouvelé régulièrement, au moins 4 fois par jour.

■ Le pansement à base de pâte anti-phlogistique a une action décongestionnante et antiseptique. Il est notamment utilisé en cas de dermatose aiguë et suintante. La pâte, chauffée au bain-marie, se place entre deux épaisseurs de compresses, maintenues si possible par un bandage. Le pansement est appliqué avec soin, afin d'éviter une brûlure sur la zone enflammée. Il doit être renouvelé 2 fois par jour.

Pansement gras

Ce pansement est formé d'une compresse et d'une substance grasse. Le pansement gras favorise la cicatrisation. Il n'adhère pas à la plaie et permet la reconstitution de l'épiderme.

■ Les pansements gras préenduits sont faits de gazes préimprégnées d'huile, de camphre, de mélanges de produits à action anti-inflammatoire et antibiotique (tulle gras) ou d'antibiotiques.

■ Les pansements gras à base de pommade ou de baume sont recouverts de compresses sèches maintenues par un sparadrap. Les substances utilisées ont des propriétés protectrices et favorisent la régénération de l'épiderme.

Pansement par pellicule

Ce pansement s'obtient par pulvérisation, au moyen d'une bombe aérosol.

Il s'applique sur des plaies en cours de cicatrisation et réalise une protection cutanée invisible, stérile, perméable à l'air, constituée d'un film en matière plastique ou acrylique.

Pansement compressif

Ce pansement, qui exerce une pression sur la plaie, est mis en place lorsque celle-ci saigne. Il est maintenu à l'aide d'une bande élastique adhésive pendant une durée maximale de 20 minutes.

Panseuse

Auxiliaire médicale spécialisée chargée de la préparation, de l'entretien et de la mise à disposition du matériel indispensable aux interventions chirurgicales.

Papavérine

Médicament dérivé de l'opium, ayant des propriétés antispasmodiques.

La papavérine est un vasodilatateur qui agit en relâchant les fibres musculaires lisses des vaisseaux sanguins et des organes creux (intestins, bronches, etc.), en particulier lorsque celles-ci sont contractées.

Papille linguale

Petit relief de la muqueuse de la face supérieure de la langue dans lequel sont situées les cellules réceptrices du goût (salé, sucré, amer, acide).

Papille optique

Origine du nerf optique située sur la rétine, au fond de l'œil, où se réunissent les fibres optiques issues des cellules ganglionnaires de la rétine.

Papillomatose

Augmentation de la longueur et de l'épaisseur des bourgeons épidermiques, qui révèle une prolifération cellulaire accrue.

Dans les formes les plus fréquentes de papillomatose, les lésions sont des verrues ou des condylomes génitaux.

Papillomavirus

Virus à A.D.N., de la famille des papova-virus, responsable de diverses lésions cutanées et associé au cancer du col de l'utérus.

L'infection par un papillomavirus peut notamment provoquer l'apparition de verrues, de condylomes acuminés, ou crêtes-de-coq.

Papillome

Tumeur bénigne, généralement peu étendue, localisée sur la peau ou sur une muqueuse et caractérisée par le développement excessif des papilles du derme.

Papillotomie

Incision de la papille de l'ampoule de Vater, région du duodénum où se terminent la voie biliaire principale et le canal pancréatique. SYN. *sphinctérotomie*.

Une papillotomie est indiquée essentiellement lorsque des calculs biliaires sont bloqués dans la voie biliaire.

Papule

Variété de lésion cutanée sèche (sans contenu liquidien), plus ou moins saillante, de moins de 5 millimètres de diamètre et de couleur variable.

Paracentèse

Création d'un orifice dans le tympan, dans un dessein thérapeutique.

Une paracentèse est indiquée pour le traitement des otites moyennes aiguës, purulentes ou séreuses.

Sous anesthésie locale ou générale, le médecin perfore la membrane du tympan qui ferme l'oreille moyenne avec une aiguille spéciale : en cas d'otite purulente, cela permet au pus de s'évacuer ou d'être prélevé ; en cas d'otite séreuse, on peut mettre en place dans l'orifice un aérateur transtympanique (petit appareil en forme de Yo-Yo, muni d'un canal central), permettant la pénétration de l'air extérieur dans l'oreille moyenne. Le tympan cicatrise de lui-même par la suite.

Cette intervention peut être pratiquée à tout âge, même chez les nourrissons, et répétée au besoin.

Paracétamol

Médicament d'usage courant, utilisé comme analgésique (contre la douleur) et comme antipyrétique (contre la fièvre).

FORMES PRINCIPALES ET MÉCANISME D'ACTION
Le paracétamol est présent dans de très nombreux médicaments, seul ou associé à d'autres principes actifs.

Son activité est d'une intensité et d'une durée comparables à celles de l'aspirine, dont il ne possède toutefois pas les propriétés anti-inflammatoires.

INDICATIONS
Le paracétamol est efficace contre les maux de tête, les névralgies, les douleurs dentaires, articulaires, musculaires, etc., et contre la fièvre et les symptômes grippaux.

EFFETS INDÉSIRABLES
Le paracétamol est bien toléré aux doses recommandées (contrairement à l'aspirine, il ne provoque ni irritation ni saignements gastriques) et est dépourvu d'effets d'accoutumance.

Paracousie

Déformation de la perception auditive.

Une paracousie est un signe observé au cours des affections de l'oreille. Le malade perçoit mal la hauteur (son grave ou aigu) des sons, leur intensité ou la localisation de leur source.

Paracrine

Se dit d'une cellule sécrétrice ou d'un mode de sécrétion qui agit sur les tissus voisins.

Paralysie

Abolition d'origine neurologique de la motricité d'un ou de plusieurs muscles.

Une paralysie peut concerner un petit groupe de muscles, un membre (monoplégie), la partie inférieure du corps (paraplégie) ou toute sa moitié droite ou gauche (hémiplégie). Lorsque la force musculaire est seulement diminuée, et non abolie, on parle de parésie.

CAUSES
Elles sont diverses : virus neurotrope (*Corynebacterium diphteriæ*, responsable de la diphtérie, ou virus de la poliomyélite, par exemple), traumatisme, tumeur bénigne ou maligne, accident vasculaire cérébral (hémorragie, interruption de la circulation), sclérose en plaques. On distingue les paralysies cen-

trales, où la lésion siège dans l'encéphale ou la moelle épinière, et les paralysies périphériques, où elle siège sur un nerf.

TRAITEMENT

Le traitement de la cause, lorsqu'il est possible (ablation chirurgicale d'une tumeur, par exemple), fait dans certains cas régresser ou disparaître la paralysie. Dans d'autres cas, une régression spontanée est possible, voire fréquente, comme au cours de certains accidents vasculaires cérébraux. Dans les formes de pronostic plus sévère, le traitement repose principalement sur la rééducation. → VOIR Handicap.

Paralysie faciale

Paralysie des muscles innervés par le nerf facial (7e paire crânienne).

DIFFÉRENTS TYPES DE PARALYSIE FACIALE

Selon le siège de l'atteinte, on distingue les paralysies faciales centrales et les paralysies faciales périphériques.

■ **La paralysie faciale centrale** s'observe au cours de lésions vasculaires cérébrales et est souvent associée à une hémiplégie (paralysie d'une moitié du corps). Elle prédomine dans la partie inférieure du visage : les paupières et le front sont épargnés par la paralysie. Le traitement est celui de l'accident vasculaire cérébral (administration, notamment en cas d'embolie, d'anticoagulants).

■ **La paralysie faciale périphérique**, ou **paralysie de Bell**, peut avoir de nombreuses causes : infectieuses (zona sur le trajet du nerf facial, otite moyenne aiguë, polyradiculonévrite), traumatique (fracture du rocher), tumorale (tumeur de l'angle pontocérébelleux), vasculaire (ramollissement protubérentiel [de la partie moyenne du tronc cérébral]). Les signes en sont une asymétrie du visage lorsqu'il est au repos, les traits étant déviés du côté sain. Du côté atteint, la face est atone, la commissure des lèvres abaissée, le sillon nasogénien moins profond, les lèvres plus largement ouvertes et les rides frontales abaissées. Le traitement comprend la rééducation par la kinésithérapie. Si la paralysie est partielle, l'état du patient s'améliore complètement et aucune séquelle ne persiste. Si la paralysie est totale,

un traitement par les corticostéroïdes doit être administré en urgence ; cependant, dans la moitié des cas, des séquelles relativement gênantes (hémispasme facial, syndrome des larmes de crocodile [émission incontrôlée de larmes]) peuvent persister.

Paramédical

Qui a trait aux professions de santé que l'on peut exercer sans être docteur en médecine et aux soins qui sont délivrés par les personnes qui exercent ces professions.

Paranoïa

Psychose caractérisée par un délire systématisé, sans diminution des capacités intellectuelles.

La paranoïa apparaît le plus souvent chez des sujets prédisposés : surestimation du moi (orgueil, mégalomanie), rigidité psychique (méfiance, dogmatisme), erreurs de jugement dues à un raisonnement logique, mais reposant sur des a priori purement subjectifs. Le délire de la paranoïa se développe de façon cohérente, parfois plausible, suivant une série d'interprétations et de polarisations affectives : idéalisme passionné, jalousie, revendication pour un préjudice mineur ou imaginaire, érotomanie, etc. Ce délire finit par se constituer en système permanent et inébranlable, le fonctionnement de la pensée, de la volonté et de l'action demeurant clair et ordonné.

TRAITEMENT

Il nécessite généralement l'hospitalisation. Il associe la prise de neuroleptiques à une psychothérapie.

Paraphimosis

Étranglement de la base du gland du pénis par un anneau préputial trop étroit.

Le paraphimosis est une complication fréquente du phimosis (étroitesse du prépuce). Douloureux, il provoque un œdème du gland pénien qui empêche le recalottage.

TRAITEMENT

C'est une urgence. Dans un premier temps, il est possible d'essayer manuellement de remettre le prépuce en place sans anesthésie. Cependant, lorsque le paraphimosis date de plusieurs heures, cette réduction manuelle est impossible : il faut inciser l'anneau d'étranglement du prépuce.

Paraphlébite

Inflammation d'une veine sous-cutanée.
SYN. *phlébite superficielle.*
Une paraphlébite se développe le plus souvent dans les membres inférieurs, sur le trajet d'une varice.

SYMPTÔMES
Le sujet ressent une douleur locale. On peut constater une rougeur et une induration de la veine sur une portion plus ou moins longue de son trajet.

TRAITEMENT
Généralement, l'évolution d'une paraphlébite est bénigne, mais les récidives sont fréquentes en cas de varices. Le traitement consiste le plus souvent en l'application de pommade anti-inflammatoire sur la portion atteinte de la veine.

Paraplégie

Paralysie des deux membres inférieurs.
Une paraplégie est due à une lésion des cellules motrices du système nerveux, de localisation soit centrale (lésion en profondeur de la moelle épinière), soit périphérique (lésion dans la zone d'émergence des fibres nerveuses de la moelle ou des nerfs). Elle s'associe dans un certain nombre de cas à des troubles sphinctériens (incontinence ou rétention urinaire, par exemple).
Le diagnostic repose sur l'examen tomodensitométrique, l'imagerie par résonance magnétique (I.R.M.), l'examen du liquide céphalorachidien et les explorations électrophysiologiques (potentiels évoqués somesthésiques [des voies de la sensibilité], électromyographie).
Le traitement, médical ou chirurgical, dépend de l'affection responsable.

Parapsoriasis

Affection cutanée d'origine inconnue ayant un aspect voisin de celui du psoriasis.
Les parapsoriasis n'ont d'autre rapport avec le psoriasis que leur aspect de taches rouges recouvertes de squames.

Le traitement repose sur les applications de corticostéroïdes ou d'anticancéreux (méchloréthamine, nitroso-urées), ou sur la puvathérapie, éventuellement accompagnée de la prise de rétinoïdes par voie orale.

Parasite

Organisme qui vit ou se développe aux dépens de celui qui l'héberge.
Un parasite se nourrit des tissus, du sang ou des aliments de son hôte. La plupart des parasites sévissent dans les pays tropicaux, où leur présence est liée aux conditions climatiques et souvent à une hygiène déficiente des populations.

Parathormone

Hormone sécrétée par les glandes parathyroïdes, qui assure la régulation de la répartition du calcium et du phosphore dans l'organisme. SYN. *hormone parathyroïdienne.*

Parathyroïde (glande)

Glande endocrine située en arrière de la thyroïde, à la hauteur du cou, et assurant la synthèse de la parathormone.
Il existe en général 2 paires de parathyroïdes, mais parfois ces glandes sont au nombre de 5 ou de 6.

PATHOLOGIE
L'hyperparathyroïdie, la plus fréquente des affections des parathyroïdes, est due à la présence d'un adénome sur une des glandes, responsable d'une hypercalcémie. Beaucoup plus rare, l'hypoparathyroïdie est généralement consécutive à une ablation chirurgicale de la thyroïde ou, parfois, à une maladie auto-immune.

Parathyroïdectomie

Ablation chirurgicale d'une ou de plusieurs glandes parathyroïdes.

Paresthésie

Sensation anormale, non douloureuse mais désagréable, ressentie sur la peau.
Les paresthésies traduisent une atteinte des fibres nerveuses et s'observent dans différentes affections neurologiques.

Une paresthésie se manifeste par des signes spontanés tels que fourmillements, raideur de la peau (peau cartonnée), engourdissement.

Parinaud (échelle de)

Échelle utilisée par l'ophtalmologiste pour étudier la vision de près.

L'échelle de Parinaud se présente sous la forme d'un texte imprimé dont les paragraphes sont écrits en caractères de plus en plus petits.

Le texte doit être lu à une distance de lecture habituelle de 30 à 35 centimètres. L'acuité visuelle est alors notée de P 2 (meilleure acuité) à P 28, selon les capacités de lecture du sujet. Cette mesure s'effectue d'abord sans correction optique, puis avec lunettes, si le patient en porte habituellement. L'échelle de Parinaud est destinée à dépister un éventuel trouble de la réfraction (myopie, hypermétropie, astigmatisme) ou une difficulté à accommoder en raison de la rigidité du cristallin (presbytie), fréquente à partir de 45 ans.

Parinaud (syndrome de)

Trouble ophtalmologique caractérisé par une paralysie des mouvements verticaux des yeux et par une paralysie de la convergence, provoquant une vision double de près.

Parkinson (maladie de)

Maladie neurologique chronique caractérisée par un tremblement, une raideur et une lenteur des mouvements.

CAUSES ET MÉCANISME

La maladie de Parkinson est d'origine inconnue. On invoque une certaine prédisposition héréditaire qui ne jouerait cependant qu'un rôle mineur, et, depuis peu, des facteurs liés à l'environnement rural (influence de toxiques tels que les pesticides, par exemple).

En revanche, le mécanisme de la maladie est connu : il s'agit d'une dégénérescence atteignant les cellules nerveuses d'un noyau gris central (substance grise située à l'intérieur de l'encéphale), le locus niger ; celle-ci entraîne une insuffisance de sécrétion de dopamine, un neurotransmetteur.

SYMPTÔMES ET SIGNES

La maladie commence vers 55 ans environ, parfois immédiatement après un stress (intervention chirurgicale, choc affectif), plus souvent sans raison et d'une manière très progressive et insidieuse. Le premier signe en est souvent une micrographie (écriture en pattes de mouche, avec des lettres très petites). Lorsque la maladie est installée, elle se traduit par un syndrome extrapyramidal, le syndrome parkinsonien, qui associe 3 types de signes : un tremblement quand le malade est au repos ; une akinésie (raréfaction et lenteur des mouvements) ; une hypertonie plastique (augmentation du tonus musculaire). L'un ou l'autre de ces signes peuvent dominer, selon les sujets. On constate également une exagération des réflexes et une dysarthrie (trouble de l'élocution), donnant à la voix un ton monocorde. Le visage est figé, inexpressif (amimie), contrastant avec un regard qui reste présent et vif.

DIAGNOSTIC

Il est exclusivement établi d'après les signes cliniques.

TRAITEMENT

Le traitement est surtout médicamenteux et repose principalement sur l'administration de lévodopa (ou L-dopa), substance transformée en dopamine une fois absorbée, surtout efficace dans les formes où prédominent la lenteur des mouvements et la raideur musculaire. Un phénomène appelé *on-off* apparaît souvent après quelques années (chez 4 patients sur 5 après 10 ans) : réapparition brutale des troubles avec passage, à certains moments, d'un blocage moteur complet à un déblocage avec mouvements anormaux (compulsion de marche rapide, secousses musculaires).

Les autres médicaments antiparkinsoniens sont les agonistes dopaminergiques (agissant comme la dopamine), tels la bromocriptine et le piribédil, et les anticholinergiques.

Des traitements non médicamenteux interviennent également.

▓ **La kinésithérapie** est fondamentale contre l'akinésie et la rigidité.

▓ **La chirurgie avec stéréotaxie** (repérage radiologique en trois dimensions des structures nerveuses) est réservée à certaines formes de tremblement rebelles à tous les médicaments.

▓ **La greffe,** dans le striatum, de cellules provenant de glandes surrénales fœtales prélevées sur un fœtus avorté est encore du domaine expérimental.

PRONOSTIC

Le traitement a transformé le pronostic de la maladie de Parkinson. Il permet en général au malade de maintenir ses activités et lui assure une durée de vie normale.

Parodonte

Ensemble des structures qui assurent la fixation et le soutien de la dent sur les maxillaires.

Parodontite

Inflammation du parodonte.

Une parodontite est due à l'action néfaste de la plaque dentaire et du tartre, qui contiennent de nombreux germes, sur les tissus de soutien de la dent (gencive, os alvéolaire, cément).

Elle se traduit par une gencive rouge et gonflée qui saigne au moindre contact, notamment lors du brossage. Les parodontites chroniques, très fréquentes, affectent habituellement l'adulte d'une trentaine d'années. Leur évolution est très lente.

Le traitement débute par un détartrage-surfaçage (polissage) des racines, afin de ralentir le processus de dépôt du tartre. La pratique d'un brossage correct permettant d'éliminer régulièrement la plaque dentaire est indispensable. Quelques mois plus tard, on procède à une réévaluation de l'état des tissus et, le cas échéant, à un comblement des structures détruites (greffes de gencive, comblement des lésions osseuses à l'aide de corail, d'hydroxyapatite, de phosphates tricalciques, etc.).

Parodontologie

Discipline consacrée à l'étude des maladies du parodonte.

Parodontolyse

Destruction progressive et irréversible du parodonte.

Les parodontolyses sont consécutives à une parodontopathie profonde (atteinte profonde du parodonte). Elles sont précédées par un stade d'inflammation superficielle de la gencive (gingivite). Lors de l'évolution de la maladie, la disparition du support osseux s'accompagne d'un décollement de la gencive autour de la dent (poche).

La parodontolyse est la cause essentielle de la perte des dents à partir de l'âge de 30 ans. Elle évolue le plus souvent sur un mode chronique.

TRAITEMENT

Il débute par la suppression de la cause bactérienne de la maladie grâce à l'enseignement d'un brossage minutieux et efficace, et par un détartrage-surfaçage (polissage) des racines. Lorsque la maladie progresse en profondeur, une intervention à lambeau (décollement chirurgical de la gencive) permet de nettoyer et de cureter les lésions et ainsi d'arrêter leur évolution. Le traitement peut aussi éventuellement combler les structures détruites à l'aide de corail, d'hydroxyapatite ou d'autres matériaux.

Parodontopathie

Toute affection caractérisée par une atteinte du parodonte.

Parotide (glande)

La plus volumineuse des glandes salivaires, située en arrière de la branche montante du maxillaire inférieur, sous l'oreille.

→ VOIR Salivaire (glande).

Parotidectomie

Ablation chirurgicale de tout ou partie d'une glande parotide.

Parotidite

Inflammation de la glande parotide (principale glande salivaire).

Une parotidite peut être d'origine virale ou bactérienne.

■ **La parotidite virale,** la plus fréquente, s'observe principalement au cours des oreillons. Elle provoque une fièvre modérée et se traduit par un gonflement douloureux des deux parotides. Le traitement est celui de la maladie en cause.

■ **La parotidite bactérienne,** purulente, apparaît en général chez une personne âgée dont l'état buccodentaire est mauvais ou qui souffre d'une maladie provoquant une déshydratation. Les signes sont les mêmes que ceux d'une parotidite virale, mais plus marqués et unilatéraux. Du pus sourd de l'orifice du canal de Sténon (canal excréteur de la glande parotide), à la hauteur des molaires supérieures. Le traitement est celui des symptômes (soins de la bouche), associé à la prise d'antibiotiques par voie orale.

Parvovirus

Virus à A.D.N., de petite taille, de la famille des *Parvoviridæ*.

La famille des *Parvoviridæ* comprend notamment le virus de Norwalk, responsable de gastroentérites, et le parvovirus humain sérique B19, transmis par voie parentérale (transfusion, seringues, tatouage, greffe d'organe) et responsable d'anémies érythroblastopéniques, du mégalérythème épidémique et de diverses manifestations (syndrome respiratoire bénin, etc.).

Pasteurellose

Maladie infectieuse provoquée par une bactérie du genre *Pasteurella*.

La pasteurellose est une maladie touchant l'homme et l'animal (bovins, lapins, porcs, poules, etc.). L'animal constitue le réservoir du germe. L'homme se contamine par inoculation directe de ce germe lors d'une morsure, d'une piqûre ou d'une griffure, ou par inhalation du germe au contact d'un animal malade.

SYMPTÔMES

Une inflammation de la plaie survient entre 3 et 6 heures après l'inoculation ; cette rapidité d'apparition est caractéristique de la pasteurellose. La plaie devient douloureuse, rouge et suintante dans l'espace de 2 jours. Ces signes s'accompagnent souvent d'une inflammation des vaisseaux lymphatiques et des ganglions voisins de la plaie ainsi que d'une fièvre modérée.

TRAITEMENT

Le traitement consiste en l'administration d'antibiotiques pendant 10 jours.

Patch

Petit dispositif adhésif contenant un médicament, destiné à être collé sur la peau. SYN. *système transdermique.*

Les patchs diffusent un médicament localement, dans la peau (patch-test) ou dans l'ensemble de l'organisme, par voie sanguine. Dans le premier cas, ils sont utilisés à des fins diagnostiques : patch-test (ou timbre) à la tuberculine, pour le diagnostic de la tuberculose ou le contrôle de l'efficacité du vaccin ; patch-test (ou épidermotest) contenant un allergène, permettant de savoir si le sujet lui est allergique. La deuxième catégorie de patch permet à un médicament de traverser la peau, de gagner le sang et de se diffuser dans l'organisme : dérivé nitré contre l'angor (angine de poitrine), nicotine pour faciliter l'arrêt du tabagisme, hormones œstrogènes pour compenser une insuffisance de sécrétion des ovaires, etc.

Paternité (recherche de)
→ VOIR Recherche de paternité.

Pathogène

Qualifie ce qui provoque une maladie, en particulier un germe capable de déterminer une infection.

Pathologie

Étude du développement des maladies.

La pathologie examine notamment les causes, les symptômes, l'évolution ainsi que les lésions et les complications éventuelles des maladies.

Pathomimie

Besoin morbide d'imiter les symptômes d'une maladie.

Un sujet atteint de pathomimie s'inflige et entretient des lésions, multiplie les examens médicaux et n'hésite pas à subir une ou plusieurs interventions chirurgicales pour accréditer l'existence d'une maladie. La pathomimie se rapproche tantôt de l'hystérie, tantôt de l'hypocondrie délirante.

Le traitement de la pathomimie repose sur une prise en charge psychothérapeutique, sans laquelle les rechutes sont inévitables.

Paupière

Voile musculomembraneux recouvrant partiellement en haut et en bas chacun des deux yeux et destiné à les protéger.

FONCTION

Les paupières assurent la protection des yeux. Les cils empêchent les poussières de pénétrer dans l'œil, et un clignement réflexe très rapide se produit dès qu'un objet s'approche de l'œil ou en cas de très forte chaleur. Un clignement permanent étale et renouvelle le film lacrymal à la surface de l'œil.

Pavillon de l'oreille

Partie apparente de l'oreille externe.

Le pavillon de l'oreille est constitué de cartilages dessinant des reliefs, recouverts de peau.

Peau

Organe constituant l'enveloppe du corps.

La peau est un organe vivant – et non une simple membrane inerte – de grande importance physiologique.

STRUCTURE

La peau comprend trois couches superposées, l'épiderme, le derme et l'hypoderme, et forme, avec ses annexes (poils, cheveux, ongles et glandes), le tégument.

■ L'épiderme est un épithélium (tissu formé de cellules juxtaposées) comprenant différents types de cellule.

■ Le derme est un tissu conjonctif (jouant un rôle de nutrition et de soutien), formé de cellules appelées fibroblastes, de fibres collagènes et de fibres élastiques.

■ L'hypoderme est une variété de tissu conjonctif, le tissu adipeux.

■ Les annexes comprennent les phanères (poils, cheveux, ongles), très riches en kératine ; les glandes sudoripares ou sudorales, qui sécrètent la sueur ; les glandes sébacées, qui sécrètent le sébum, lequel forme un film protecteur à la surface de la peau.

FONCTIONS

La peau assure une protection contre les agents physiques et chimiques, renforcée par l'action de la kératine et de la mélanine. Elle joue un rôle sensoriel grâce à ses récepteurs nerveux microscopiques, sensibles au toucher, à la douleur et à la température. Elle intervient aussi dans la thermorégulation (maintien d'une température interne constante) par la dilatation des vaisseaux sanguins cutanés et l'évaporation de la sueur, qui permettent d'évacuer un excès de chaleur.

PATHOLOGIE

On dénombre actuellement plus de 2 000 maladies de peau, susceptibles d'être regroupées en différents groupes en fonction de leur cause.

Le vieillissement de la peau

Témoin important de l'ensemble du vieillissement de l'organisme, le vieillissement cutané dépend de trois ordres de facteurs : un facteur génétique, variable d'un individu à l'autre, des facteurs externes, essentiellement représentés par l'exposition solaire – facteur majeur du vieillissement cutané de surface –, et des facteurs environnementaux liés aux conditions socio-économiques, à l'hygiène de vie, à une alimentation trop riche ou, à l'inverse, à une malnutrition, aux intoxications par l'alcool, le tabac, la drogue, et, enfin, à l'état de santé du sujet.

En vieillissant, la peau s'atrophie, s'amincit ; elle se plisse facilement (peau « en feuille de papier à cigarette »), se dessèche, devient râpeuse au toucher. Des taches foncées, particulièrement liées à l'exposition solaire, apparaissent sur le dos des mains, le front et les joues ; des taches rouges hémorragiques, appelées purpura de Bateman, peuvent s'observer sur les avant-bras et les jambes ; elles sont liées à une plus grande fragilité des petits vaisseaux du derme. Les rides surviennent, prédominant d'abord aux sillons qui vont du nez aux lèvres et au front puis s'étendant aux joues. Des plaques jaunes et plus ou moins épaisses peuvent apparaître, surtout sur la nuque.

Les moyens de lutte contre ce vieillissement sont temporaires et, dans l'ensemble, d'efficacité limitée. On peut détruire les taches pigmentées à l'azote liquide, au bistouri électrique ou au laser au gaz carbonique. Les rides sont atténuées à l'aide de courants électriques ou d'injections de collagène dans la peau. Les peelings, applications de substances qui détachent la couche superficielle de l'épiderme, n'ont en général qu'un effet passager. La chirurgie esthétique, enfin, propose de nombreuses solutions (lifting, notamment).

Il est en revanche possible de retarder l'apparition du vieillissement cutané. Le facteur de loin le plus important est la réduction de l'exposition aux rayonnements du soleil, qui doit être entreprise dès l'enfance. Lorsque l'ensoleillement ne peut être évité, la peau doit être protégée par des crèmes ou des laits solaires soigneusement choisis en fonction de la nature de la peau et du degré d'ensoleillement.

→ VOIR Photoprotection.

Peau (cancer de la)

Tumeur maligne se développant aux dépens d'une structure constitutive de la peau.

CAUSES

Les cancers de la peau sont en grande partie dus à l'exposition solaire, dont le rôle n'est cependant pas exclusif ; d'autres facteurs sont incriminés, notamment l'arsenic par empoisonnement ou inhalation et les dérivés de la houille et du pétrole, comme le goudron (cancer du scrotum des ramoneurs). Enfin, certaines maladies génétiques telles que le xeroderma pigmentosum provoquent des troubles de réparation de l'A.D.N. entraînant des cancers cutanés à répétition.

TRAITEMENT ET PRÉVENTION

Toute lésion cutanée saillante persistante qui saigne faiblement et réapparaît, ou dont l'aspect se modifie (tache pigmentée comportant différentes couleurs, à contour mal délimité), surtout si elle se trouve sur une partie découverte du corps, doit faire l'objet

d'une consultation. Un cancer de la peau doit être retiré chirurgicalement ; une chimiothérapie est associée dans certains cas (épithélioma spinocellulaire ayant entraîné la formation de métastases, mélanome). La prévention consiste à éviter l'exposition au soleil et à protéger la peau par des laits et des crèmes de type écran total, et ce dès le plus jeune âge.

→ VOIR Épithélioma basocellulaire, Épithélioma spinocellulaire, Kaposi (sarcome de), Mélanome, Sarcome.

Peau (kyste de la)

Formation arrondie, de contenu liquide ou pâteux, apparaissant sous la peau.

Les kystes de la peau sont dus à une malformation, à un traumatisme ou sont d'origine inconnue. Ils forment une masse de taille variable (de moins de 1 millimètre à plusieurs centimètres).

Pectoral (muscle)

Muscle situé à la partie antérieure du thorax.

Il existe deux muscles pectoraux : le grand pectoral et le petit pectoral.

■ Le muscle grand pectoral est un muscle large, triangulaire et plat, qui s'attache au sternum et aux cartilages costaux de la 2e à la 6e côte, d'une part, et au col de l'humérus, d'autre part.

■ Le muscle petit pectoral est un muscle plus petit, triangulaire et plat, qui s'attache sur les 3e, 4e et 5e côtes, d'une part, et sur l'apophyse coracoïde de l'omoplate, d'autre part.

Pédiatrie

Branche de la médecine consacrée à l'enfant et à ses maladies.

La pédiatrie est la spécialité qui traite de l'enfant, depuis la vie intra-utérine, en collaboration avec les obstétriciens (médecine anténatale), jusqu'à l'âge adulte (au terme souvent imprécis de l'adolescence).

Pédiculicide

Médicament à usage externe utilisé dans le traitement des pédiculoses (affections cutanées dues aux infestations par les poux).

FORMES PRINCIPALES

Les pédiculicides comprennent le clofénate, le D.D.T. (dichlorodiphényl trichloréthane), le lindane, le malathion, les pyréthrines ; ces produits étant employés isolément ou en association. Ils se présentent sous forme de poudre, de solution, de spray, de lotion, de shampooing ou de crème.

CONTRE-INDICATIONS

Les pédiculicides sont contre-indiqués chez la femme enceinte et chez l'enfant de moins de 30 mois. Ils ne doivent pas être appliqués sur une peau lésée par une plaie ou un eczéma, ni sur les yeux ou les muqueuses.

MODE D'ADMINISTRATION

Après un lavage soigneux, le produit est appliqué et laissé en place de une demi-heure à 24 heures selon le cas, le mode d'emploi exact étant fonction du produit et de la localisation. Quel que soit le type de pédiculose, il est nécessaire, lors du traitement, de laver draps, serviettes et vêtements à plus de 60 °C ou de les traiter à l'aide d'un produit approprié ; il est en outre indispensable de traiter l'entourage de la personne infestée (parents, frères et sœurs, partenaires sexuels en cas de phtiriase [poux du pubis]). ▪ Le traitement de la pédiculose du cuir chevelu est plus facile sur des cheveux courts ou désépaissis. Après utilisation du produit traitant, les cheveux doivent être soigneusement peignés, mèche par mèche, avec un peigne très fin enduit d'un produit spécial, de façon à éliminer les parasites morts et à décoller les lentes. Une seconde application s'impose, 8 jours après la première.

EFFETS INDÉSIRABLES

Ils ne se déclarent que lorsque les produits sont mal utilisés, avalés, inhalés ou lorsque les précautions d'emploi ne sont pas respectées. En cas d'application trop prolongée ou trop répétée, surtout chez l'enfant, ou en cas de contact accidentel avec les muqueuses ou les yeux, il peut se produire une irritation cutanée (eczéma, etc.), des rougeurs ou des brûlures, qu'un lavage à grande eau apaise généralement. En cas de passage accidentel dans le sang, les pédiculicides peuvent provoquer un ictère (jaunisse), des convulsions ou un coma, qui imposent une hospitalisation en urgence. Leur usage nécessite une lecture attentive de la notice. Ces produits ne doivent pas être laissés à la portée des enfants.

Pédiculose

Contamination par des poux.

Les poux sont des ectoparasites (parasites vivant à la surface de la peau) hématophages (se nourrissant, par piqûre, du sang de leur hôte). Ils sont noirs, d'environ 3 millimètres de long et s'implantent surtout là où la pilosité est abondante. Leurs œufs, appelés lentes, sont ovales, blancs ou gris ; ils mesurent environ un demi-millimètre et se collent aux cheveux et aux poils. Les poux se transmettent facilement d'une personne à une autre, par contact direct ou par l'intermédiaire des vêtements.

SYMPTÔMES ET SIGNES

L'infestation par les poux se traduit par une démangeaison localisée et par l'apparition, à l'endroit des piqûres, d'un petit point rouge entouré d'un halo rosé et légèrement saillant. Le grattage des lésions entraîne une érosion de la peau, qui peut s'infecter et se couvrir de croûtes. En l'absence de traitement, la peau peut prendre une teinte brun bleuâtre (mélanodermie des vagabonds).

TRAITEMENT

Un simple shampooing ou un savonnage sont totalement inefficaces pour venir à bout de l'infestation. Il est nécessaire d'utiliser un pédiculicide (pesticide contre les poux).
→ VOIR Pédiculicide.

Pédicure

Auxiliaire paramédical pratiquant des soins sur les pieds.

Les actes courants réalisés par le pédicure le sont sans ordonnance médicale et consistent à soigner les ongles et les orteils.

L'exercice de la profession de pédicure est soumis à l'obtention d'un diplôme spécialisé.

Pédopsychiatrie

Branche de la psychiatrie concernant l'étude et le traitement des troubles mentaux chez l'enfant et l'adolescent.

Peeling

Procédé chimique de destruction des couches superficielles de la peau, utilisé en dermatologie et en chirurgie esthétique. SYN. *exfoliation*.

INDICATIONS

Un peeling permet d'estomper les séquelles d'une acné et s'utilise parfois dans le traitement des ridules, en association avec d'autres procédés thérapeutiques comme une dermabrasion (meulage de la peau avec une fraise tournante) ou un comblement des rides (par injection sous celles-ci de différentes substances).

PRÉPARATION ET DÉROULEMENT

La peau est préparée quelques jours avant la séance avec des dérivés de vitamine A acide. Elle est soigneusement nettoyée avec un savon légèrement acide, destiné à éliminer les particules grasses.

La pâte est ensuite étalée avec une spatule sur le visage. L'application est très prudente, notamment autour de la bouche, des narines et des régions proches de l'œil. Le praticien procède à une ou deux applications au cours de la séance ; le produit agit pendant 10 à 40 minutes avant d'être retiré.

ÉVOLUTION

La brûlure provoquée par un peeling se manifeste par une rougeur qui dure de 24 à 48 heures. Des croûtes apparaissent ensuite pour une période de 10 à 21 jours. Le sujet présente enfin, pendant 2 mois environ, une peau rose pâle, qui se revitalisera totalement et retrouvera un aspect normal en quelques mois.

COMPLICATIONS

Des brides ou des cicatrices de petite taille sont parfois visibles après un peeling. En cas d'échec, des taches colorées ou de petites ridules peuvent réapparaître.

RÉSULTAT

Le résultat est subordonné au respect strict de quelques précautions : interdiction de sortie pendant la semaine qui suit le peeling, absence d'exposition au soleil pendant une durée de 3 mois afin d'éviter des disparités inesthétiques (dyschromie) dans la pigmentation future de la peau.

Si ces précautions sont respectées, le résultat attendu peut être obtenu : diminution des ridules pour une période limitée (de 1 mois à 1 an) et disparition définitive des petites irrégularités de la peau (cicatrices, notamment). Dans certains cas cependant, la réapparition de petites ridules peut conduire à renouveler le traitement. L'action d'un peeling est néanmoins trop superficielle pour avoir un effet sur les cicatrices déprimées et profondes.

Pelade

Maladie dermatologique caractérisée par la chute des cheveux et des poils.

La pelade est une affection relativement fréquente, de cause mal connue.

Tous les degrés de gravité sont possibles, jusqu'à la chute de tous les cheveux, des sourcils et de tous les poils. L'évolution se fait par poussées ; la repousse des cheveux et des poils est toujours possible.

TRAITEMENT

Le traitement d'une pelade est long et difficile. Il fait appel à la cryothérapie (traitement par le froid), relativement douloureuse, par application de neige carbonique (une séance tous les 10 jours environ) ainsi qu'à des applications de lotions vasodilatatrices (minoxidil) puis de corticostéroïdes, de médicaments réducteurs (dioxyanthranol), parfois à la puvathérapie (association de l'absorption de psoralène et d'une irradiation par des rayons ultraviolets). Une psychothérapie de soutien est conseillée.

Pellagre

Maladie due à une carence en vitamine PP.

La pellagre existe à l'état endémique dans les régions où l'alimentation est riche en maïs et pauvre en protéines animales, particulièrement en tryptophane, précurseur de la vitamine PP. La carence en vitamine PP s'associe assez souvent à une carence en vitamines du groupe B, notamment dans l'alcoolisme chronique. Elle se traduit par des troubles cutanés (rougeurs, démangeaisons, épaississement de la peau), digestifs (aphtes, diarrhée, vomissements), nerveux et mentaux (insomnie, maux de tête, confusion et dépression, troubles de la mémoire, atteinte des nerfs des membres inférieurs). Le traitement repose sur l'administration de vitamine PP et sur un régime suffisamment riche en protéines animales.

Pellicule

Fine squame blanchâtre qui se détache du cuir chevelu.

Les pellicules constituent le signe d'une localisation au cuir chevelu d'une mycose, la pityrosporose. Cette affection n'est cependant pas contagieuse.

Les pellicules les plus courantes, ou pityriasis simple du cuir chevelu, sont très fines et se détachent spontanément. Une autre forme, appelée pityriasis stéatoïde, est constituée de squames plus épaisses, qui adhèrent au cuir chevelu où elles forment des plaques.

TRAITEMENT

Il consiste à appliquer sur le cuir chevelu des substances réductrices (huile de cade, pyrithione-zinc) ou antifongiques (imidazolés, sulfure de sélénium) en lotion, puis à laver les cheveux en alternant les shampooings doux et les shampooings réducteurs, l'utilisation de ces derniers étant progressivement espacée.

Pelvectomie

Ablation chirurgicale, totale ou partielle, des organes pelviens (vessie, utérus, rectum).

Pelvimétrie

Examen clinique permettant l'évaluation des diamètres du bassin de la femme enceinte.

Pelvis

Partie inférieure du bassin osseux. SYN. *petit bassin.*

Le pelvis est limité latéralement par la partie inférieure des os iliaques, en arrière par le sacrum et le coccyx, et en avant par le pubis. Il contient les organes pelviens : ceux des appareils génital et urinaire ainsi que la partie terminale du gros intestin (côlon pelvien ou sigmoïde) et le rectum. Le pelvis peut être le siège d'anomalies anatomiques (rétrécissement, asymétrie), de fractures ou de tumeurs osseuses.

Pelvispondylite rhumatismale

→ VOIR Spondylarthrite ankylosante.

Pemphigoïde

Maladie dermatologique caractérisée par la présence de bulles naissant sous l'épiderme.

La pemphigoïde est une maladie auto-immune (le système immunitaire du sujet synthétisant des anticorps contre des constituants de sa propre peau).

Outre des soins locaux (nettoyage et antisepsie des bulles), il consiste en l'administration par voie orale de corticostéroïdes, d'immunosuppresseurs ou d'érythromycine (antibiotique) pour la pemphigoïde bulleuse, et de sulfones ou d'immunosuppresseurs pour la pemphigoïde cicatricielle.

Pemphigus

Maladie dermatologique caractérisée par l'apparition de bulles à l'intérieur de l'épiderme, se rompant pour laisser place à des érosions douloureuses.

CAUSES

Le pemphigus est une affection rare, de cause mal connue. On évoque un mécanisme auto-immun (sécrétion par le système immunitaire du sujet d'anticorps dirigés contre des constituants de sa propre peau).

TRAITEMENT

Les soins locaux consistent en l'ouverture des bulles et en bains antiseptiques. Le traitement général a transformé le pronostic de cette maladie autrefois mortelle. Il repose sur l'administration de corticostéroïdes à fortes doses pendant une période de 6 mois à 1 an. Les immunosuppresseurs, la ciclosporine et les plasmaphérèses ont également été proposés.

Pénicilline

Médicament antibiotique bactéricide (qui tue les bactéries) appartenant à la famille des bêtalactamines.

Les pénicillines sont indiquées dans le traitement des infections à germes sensibles telles que la pharyngite, la bronchite, la pneumonie, l'amygdalite, l'endocardite bactérienne (infection d'une des tuniques du cœur, l'endocarde), la syphilis, la blennorragie et l'angine de Vincent, et en prévention des crises de rhumatisme articulaire aigu.

Le spectre des pénicillines est en général étroit. Les bactéries sensibles à ces médicaments sont peu nombreuses : bacille de la diphtérie, gonocoque, *Listeria,* méningocoque, pneumocoque, staphylocoque, streptocoque, etc. Par ailleurs, les bactéries deviennent de plus en plus résistantes aux pénicillines ; certaines sécrètent une enzyme, la pénicillinase, capable de détruire plusieurs variétés de pénicillines.

MODE D'ADMINISTRATION

L'administration des pénicillines ne peut pas, sauf exception (pénicillines V), se faire par voie orale ; ces antibiotiques sont donc administrés par voie injectable, intramusculaire ou intraveineuse.

EFFETS INDÉSIRABLES

Les pénicillines sont des médicaments très peu toxiques, même à fortes doses, mais elles peuvent provoquer des accidents allergiques graves, ce qui interdit leur emploi chez les personnes sensibles aux bêtalactamines.

Pénis

Organe génital masculin. SYN. *verge.*

Le pénis est constitué de trois parties cylindriques : deux tubes latéraux, les corps caverneux, et un tube central, composé de tissu spongieux, par où passe l'urètre. À son extrémité se trouve le gland, recouvert par le prépuce ; le méat urétral, extrémité de l'urètre par lequel s'écoulent l'urine et le sperme, s'y ouvre.

Pénis (cancer du)

Cancer qui atteint l'extrémité du pénis sur le gland ou le prépuce, le plus souvent sous la forme d'un carcinome (tumeur maligne développée aux dépens de l'épithélium).

Rare, le cancer du pénis semble favorisé par le tabagisme ou les infections virales. La tumeur, qui se présente sous la forme d'une excroissance indolore ou d'une ulcération douloureuse, saignant facilement, se développe en bourgeonnant. Elle évolue lentement ; cependant, en cas de tumeur très évolutive, l'extension vers les ganglions lymphatiques s'effectue en quelques mois.

Son traitement fait appel, lorsque la tumeur est peu évoluée, à la curiethérapie locale ; la curiethérapie n'a aucune conséquence sur la fonction sexuelle ni sur la fertilité. Lorsque les ganglions lymphatiques sont atteints, ils doivent être retirés chirurgicalement.

Pepsine

Enzyme de l'estomac, dégradant les protéines alimentaires et permettant ainsi leur absorption intestinale.

Percussion

Méthode d'examen clinique d'organes ou de cavités internes reposant sur l'appréciation de la sonorité ou de la résonance produite par le tapotement de l'extrémité des doigts sur la peau de la région étudiée.

Une percussion se pratique surtout sur le thorax ou sur l'abdomen.

Elle peut être directe (percussion immédiate) ou indirecte (percussion médiate). Dans ce dernier cas, un doigt d'une main est interposé entre la peau et le doigt de l'autre main qui procède à la percussion.

La sonorité produite peut être normale ou, au contraire, pathologique. Ainsi, lors de la percussion du thorax, une matité (diminution de la sonorité) peut indiquer une pleurésie (maladie caractérisée par une plèvre remplie de liquide), tandis qu'un tympanisme (augmentation de la sonorité) peut signaler un pneumothorax (maladie caractérisée par la présence d'air dans la plèvre).

Percutané

Qualifie un mode d'administration de certaines substances ou médicaments consistant en une application locale sur la peau, le produit diffusant dans tout l'organisme à partir de cette application.

La voie percutanée est utilisée en particulier pour administrer certaines hormones (œstrogènes), dans le sevrage progressif du tabac (patch de nicotine) et dans le traitement de l'insuffisance coronarienne (patch de dérivés nitrés).

Perforation

Ouverture pathologique dans la paroi d'un organe creux.

Les perforations concernent essentiellement le tube digestif : estomac, duodénum, plus rarement côlon ou rectum.

SYMPTÔMES ET SIGNES

Ils sont caractéristiques : douleur abdominale brutale et intense, accompagnée d'un arrêt d'émission des matières fécales et des gaz, de vomissements et d'une altération de l'état général (fièvre, état de choc). La palpation de l'abdomen révèle une contracture douloureuse (ventre de bois).

La perforation entraîne l'irruption dans la cavité abdominale de gaz et de liquides digestifs, et une péritonite (inflammation du péritoine).

TRAITEMENT

Il constitue une urgence, un traitement différé exposant à une surinfection péritonéale et à une septicémie. Il est essentiellement chirurgical : nettoyage de la cavité péritonéale, traitement de la perforation (suture, résection intestinale, etc.), drainage. L'hospitalisation est généralement assez longue, mais les suites opératoires sont bonnes lorsque l'intervention est réalisée sans délai.

Perfusion

Procédé permettant l'injection lente et continue de liquide dans la circulation sanguine, habituellement dans une veine.

Les perfusions veineuses permettent l'administration de médicaments, de solutions électrolytiques (sodium, potassium, etc.) et/ou glucosées (« sérums »), de dérivés du sang ou de produits de nutrition artificielle (à base de glucides, de lipides et d'acides aminés). Elles sont indispensables dès lors que la voie orale et le tube digestif ne peuvent être utilisés.

MISE EN PLACE ET ENTRETIEN

La mise en place d'une perfusion veineuse périphérique doit être parfaitement aseptique, après pose d'un garrot et antisepsie de la peau, et le matériel d'accès vasculaire est recouvert d'un pansement stérile. Les pansements, refaits à intervalles réguliers, sont remplacés dès qu'ils sont souillés ou décollés. Les tubulures d'accès doivent être changées toutes les 24 ou 48 heures. Ces manipulations, le changement de flacon et l'administration de médicaments par la tubulure de perfusion doivent être faits avec de grandes précautions d'asepsie.

COMPLICATIONS

Les complications locales constituent le principal risque des perfusions. L'inflammation, fréquente, se traduit par des douleurs et une rougeur autour du point de ponction et sur le trajet de la veine, parfois par un œdème. L'infection est la plus grave complication à redouter.

Périadénite

Ensemble constitué par une adénite (inflammation d'un ganglion lymphatique) et la zone inflammatoire qui l'entoure.

Périartérite noueuse

Inflammation de la paroi des artères de moyen et de petit calibre compromettant l'irrigation des tissus.

CAUSES

Les causes de la périartérite noueuse ne sont pas complètement connues. Le mécanisme des lésions est une réaction auto-immune au cours de laquelle l'organisme s'attaque aux parois des artères. La maladie peut survenir à tout âge, mais touche plutôt l'adulte de sexe masculin.

SYMPTÔMES ET SIGNES

La périartérite noueuse se manifeste souvent au début par des signes généraux : fièvre, amaigrissement, avec des douleurs articulaires et musculaires. Ensuite, l'aspect clinique dépend des localisations de l'atteinte vasculaire : les manifestations peuvent être cutanées (purpura, urticaire, nodules sous-cutanés) ; rénales (glomérulonéphrite avec insuffisance rénale, hypertension artérielle sévère) ; neurologiques (troubles sensitivomoteurs périphériques tels qu'une multinévrite, atteinte du système nerveux central se traduisant par des convulsions, une hémorragie méningée, etc.) ; cardiovasculaires (atteinte des coronaires avec risque d'infarctus du myocarde, vascularite distale avec phénomène de Raynaud, parfois gangrène des doigts) ; digestives (douleurs abdominales, diarrhée fréquente, éventuellement hémorragies digestives).

L'évolution de la maladie se fait par poussées successives, le pronostic étant grave en l'absence de traitement.

TRAITEMENT

Il fait appel aux corticostéroïdes et aux immunosuppresseurs, voire à la plasmaphérèse (échange plasmatique). Il permet d'enrayer l'évolution dans la majorité des cas, mais au prix d'un certain nombre de complications liées aux thérapeutiques (modifications cutanées, ostéoporose, infections).

Périarthrite

Toute affection due à une inflammation des tissus au voisinage des articulations.

Les périarthrites, maladies favorisées par le vieillissement des tissus, affectent généralement des sujets âgés ou, plus rarement, des sujets jeunes et sportifs. Elles touchent les bourses séreuses périarticulaires (espaces de glissement), la capsule articulaire (tissu fibreux entourant l'articulation), les ligaments, les tendons et leurs gaines, voire les muscles voisins de l'articulation.

■ La périarthrite du coude peut être liée à une épicondylite (inflammation des tendons s'insérant sur l'épicondyle, saillie osseuse située à l'extrémité inférieure de l'humérus), fréquente chez le joueur de tennis (tenniselbow), à une épitrochléite (inflammation de l'épitrochlée, saillie osseuse située sur la partie interne du coude) ou à une bursite rétro-olécranienne (inflammation de la bourse séreuse située derrière l'olécrane, saillie postérieure du cubitus à l'articulation du coude).

■ La périarthrite de la hanche est due en général à une tendinite des muscles fessiers, responsable d'une douleur lorsque le sujet écarte sa cuisse de l'axe du corps, ou à une tendinite des muscles adducteurs, fréquente chez le sportif (rugby, football).

Périarthrite de l'épaule

Toute affection caractérisée par des douleurs dues à une inflammation des tissus au voisinage de l'articulation de l'épaule. SYN. *périarthrite scapulohumérale.*

Une périarthrite de l'épaule est due à une inflammation des tendons de la coiffe des rotateurs (muscles responsables des mouvements de rotation de l'épaule, le plus fréquemment atteint étant le muscle susépineux), de la bourse séreuse sous-acromiodeltoïdienne (espace de glissement entre muscle deltoïde et acromion, d'une part, et coiffe des rotateurs, d'autre part) et/ou de la capsule de l'articulation scapulohumérale (entre omoplate et humérus). Elle est favorisée par des facteurs congénitaux (espace trop étroit entre tendons de la coiffe et voûte osseuse sous-acromiale, par exemple) ou acquis (utilisation professionnelle ou sportive excessive de l'articulation de l'épaule).

SYMPTÔMES

Ils peuvent être plus ou moins accentués :
- douleur de l'épaule, sans que les mouvements de celle-ci soient limités, du fait d'une tendinite du muscle sus-épineux ou du muscle long du biceps ;
- douleur aiguë de l'épaule, avec limitation totale des mouvements de celle-ci, liée à une bursite (inflammation de la bourse séreuse) ;
- blocage de l'épaule, ou algodystrophie, dû à une capsulite rétractile (rétraction et épaississement de la capsule articulaire de l'épaule) ; au cours de cette affection très douloureuse, les mouvements de l'épaule sont quasiment impossibles (épaule gelée) ;
- épaule pseudoparalytique, due à une rupture tendineuse, fréquente chez le sportif ; la douleur est faible, mais le sujet est dans l'incapacité de bouger l'épaule.

TRAITEMENT

Il repose, selon le cas, sur les anti-inflammatoires par voie locale (pommade, infiltrations) et/ou générale, ainsi que sur la kinésithérapie. Si l'affection devient chronique, différentes interventions peuvent être proposées, notamment réparer chirurgicalement un tendon rompu.

Péricarde

Tunique externe enveloppant le cœur.

Péricardite

Inflammation des deux feuillets du péricarde.

La plupart des péricardites sont d'origine infectieuse. Certaines cependant peuvent témoigner d'une connectivite (maladie du tissu conjonctif de divers organes) ou parfois d'un cancer. On distingue trois formes de péricardite : la péricardite aiguë, la péricardite sèche et la péricardite chronique constrictive.

Péricardite aiguë

Il s'agit d'une inflammation du péricarde séreux aboutissant le plus souvent à l'apparition de liquide entre ses deux feuillets, dans la cavité virtuelle qui les sépare.

Fréquemment, aucune cause n'est retrouvée. Dans les péricardites aiguës bénignes, on évoque un mécanisme immunologique. Les causes connues sont une infection virale (l'épanchement entre les deux feuillets est clair) ou microbienne (l'épanchement est alors purulent), une tuberculose, un cancer ou un rhumatisme articulaire aigu.

La péricardite aiguë se traduit par une douleur thoracique augmentant à l'inspiration, associée à une fièvre.

L'évolution d'une péricardite aiguë bénigne est toujours favorable sans traitement, mais les récidives sont fréquentes. Quand le liquide enfermé dans le péricarde est trop volumineux, au point de comprimer le cœur et de gêner le retour veineux, des ponctions sont pratiquées. Les péricardites tuberculeuses, cancéreuses, microbiennes, rhumatismales et des connectivites nécessitent un traitement spécifique lié à la maladie en cause.

Péricardite sèche

C'est une inflammation du péricarde qui n'est souvent que le stade initial d'une péricardite aiguë avec épanchement.

Péricardite chronique constrictive

Cette inflammation du péricarde se traduit par un épaississement très important des constituants du péricarde, réalisant une véritable gangue qui enserre le cœur et gêne son remplissage. Il s'agit d'une complication rare d'une péricardite aiguë tuberculeuse, qui peut s'installer en quelques mois ou en quelques années.

Péricholangite

Inflammation du tissu hépatique entourant les canaux biliaires.

Péridurale

Technique d'anesthésie locorégionale consistant en l'injection d'une solution d'anesthésique dans l'espace péridural (entre les vertèbres et la dure-mère, enveloppe méningée la plus externe). SYN. *anesthésie épidurale, anesthésie péridurale.*

Elle peut être réalisée dans la région cervicale, dorsale, lombaire ou sacrée.

INDICATIONS
Dans la région lombaire, la péridurale est indiquée lors des opérations gynécologiques, celles des voies urinaires ou des membres inférieurs, plus rarement celles des voies digestives (appendicite, par exemple). Elle est également utilisée, chez les patients fragiles, pour diminuer la douleur postopératoire pendant les 2 jours qui suivent l'intervention et, lors des accouchements, pour atténuer les douleurs d'un accouchement par les voies naturelles ou pour réaliser une césarienne. La péridurale cervicale ou dorsale permet de pratiquer des opérations de la thyroïde, des organes oto-rhino-laryngologiques, des artères carotides et du sein.

CONTRE-INDICATIONS
Les contre-indications absolues sont les troubles de la coagulation et la prise de médicaments anticoagulants, l'hypovolémie (diminution de volume du sang) et l'hémorragie. Les contre-indications relatives sont une fièvre ou tout état infectieux au moment de l'anesthésie, les malformations de la colonne vertébrale, ainsi que certaines maladies cardiaques.

TECHNIQUE
Le produit injecté imprègne les racines nerveuses et anesthésie les nerfs qui conduisent la douleur. Le nombre de nerfs bloqués dépend de la quantité de liquide injecté. Une péridurale convient pour des opérations de 2 ou 3 heures maximum ; après ce délai, le patient a souvent du mal à supporter l'immobilisation et réclame un sédatif. En revanche, lorsque les doses sont plus faibles

(accouchement par les voies naturelles ou analgésie postopératoire), la péridurale peut durer plusieurs heures, voire 1 ou 2 jours.

DÉROULEMENT

La position du patient est choisie en fonction de son état et des habitudes de l'anesthésiste : pour recevoir l'injection, le patient peut être soit en position assise, soit allongé sur le côté, jambes repliées sous le menton. Chez les femmes en train d'accoucher, elle se pratique le plus souvent entre 3 et 5 centimètres de dilatation du col de l'utérus. Une désinfection rigoureuse de l'endroit du point de piqûre est nécessaire, suivie d'une anesthésie locale permettant d'insensibiliser la peau. L'injection est réalisée après mise en place d'une perfusion intraveineuse et sous contrôle de la tension artérielle et du rythme cardiaque.

EFFETS SECONDAIRES

Une péridurale peut déclencher une baisse de la pression artérielle et/ou des frissons pendant l'intervention, ainsi qu'une rétention d'urines transitoire après l'intervention, qui nécessite souvent un sondage vésical. Des maux de tête, rares, se traitent par la prise d'analgésiques et le repos. Un hématome péridural, exceptionnel si les contre-indications sont respectées, peut entraîner une paralysie des membres inférieurs et requiert un traitement chirurgical en urgence.

Périnatalogie

Étude du fœtus à partir de la 28e semaine de grossesse et de l'enfant pendant ses 8 premiers jours de vie.

Périnée

Région constituant le plancher du petit bassin, où sont situés les organes génitaux externes et l'anus. SYN. *plancher pelvien.*

Périonyxis

Inflammation chronique de la peau autour d'un ongle. SYN. *paronychie.*

Un périonyxis est le plus souvent dû à une infection par un champignon microscopique du genre *Candida.* Le traitement repose sur l'application d'antifongiques (mycosta-

tine, imidazolés), et la prévention, sur le port de gants pendant les travaux manuels dans les professions à risque.

Périoste

Membrane fibreuse blanchâtre gainant l'os, à l'exception de ses surfaces articulaires.

Le périoste, notamment celui des tibias chez les sportifs, peut être le siège d'une inflammation (périostite).

Périostite

Inflammation aiguë ou chronique du périoste (membrane conjonctive qui entoure un os et permet sa croissance en épaisseur) et de l'os adjacent. SYN. *ostéopériostite.*

CAUSES

Une périostite peut être entraînée par l'extension d'une ostéite (infection microbienne d'un os) au périoste ou par des chocs, responsables de microtraumatismes.

Chez les sportifs, une périostite peut survenir après modification ou intensification de l'entraînement. Elle peut aussi être liée à une reprise trop rapide de l'activité sportive après un arrêt, à une mauvaise maîtrise des gestes, à un changement de surface (pelouse ou sol synthétique, par exemple) ou d'équipement (chaussures).

SYMPTÔMES ET TRAITEMENT

Une périostite se manifeste par un gonflement et une douleur de la zone atteinte. Elle se traite par le repos, par des séances de kinésithérapie, par le port de chaussures qui amortissent les chocs et par la prise de médicaments anti-inflammatoires.

Péristaltisme

Ensemble des contractions musculaires d'un organe creux, provoquant la progression de son contenu d'amont en aval. SYN. *motricité digestive.*

Péritoine

Membrane séreuse tapissant les parois de l'abdomen (péritoine pariétal) et la surface des viscères digestifs qu'il contient (péritoine viscéral).

Péritonite

Inflammation du péritoine.

Une péritonite est presque toujours consécutive à une atteinte d'un organe abdominal : soit un viscère est infecté et les bactéries se propagent ensuite de proche en proche au péritoine ; soit la paroi d'un viscère creux (intestin, par exemple) est perforée, et son contenu, qui peut renfermer des bactéries et des substances chimiques agressives, s'accumule dans le péritoine. Une fois l'inflammation déclenchée, il se produit une occlusion intestinale. Les pertes liquidiennes diminuent en outre le volume sanguin, ce qui explique, en cas de péritonite grave ou prolongée, la souffrance des principaux viscères (poumons, reins).

Péritonite aiguë

Les inflammations aiguës du péritoine ont des origines très diverses : perforation d'un ulcère de l'estomac ou du duodénum ; appendicite ; cholécystite (inflammation de la vésicule biliaire) ; sigmoïdite (inflammation de la dernière partie du côlon) ; plaie d'un viscère creux, survenue au cours d'un traumatisme de l'abdomen ; salpingite (inflammation d'une ou des deux trompes utérines) ; dans ce dernier cas, la péritonite reste localisée au petit bassin : on parle alors de pelvipéritonite.

SIGNES ET DIAGNOSTIC

Une péritonite aiguë peut être généralisée ou localisée.

■ Une péritonite aiguë généralisée se traduit par une douleur abdominale intense et généralisée, par des signes de paralysie intestinale (vomissements, arrêt de l'évacuation des matières et des gaz), par une altération de l'état général (fièvre, abattement) et parfois par des signes de diminution du volume sanguin (pâleur, anxiété, pouls rapide). Les muscles de la paroi abdominale sont très contractés ; la paroi devient dure, tendue, douloureuse (ventre de bois).

■ Une péritonite aiguë localisée entraîne la formation d'adhérences qui cloisonnent la cavité du péritoine et empêchent le foyer infectieux de s'étendre. Sa localisation dépend de l'organe en cause (en bas et à droite de l'abdomen pour l'appendicite, en bas et à gauche pour la sigmoïdite).

TRAITEMENT

En cas de péritonite aiguë, le malade doit être hospitalisé en urgence dans un service de chirurgie. La réanimation consiste essentiellement à compenser les pertes liquidiennes par des perfusions intraveineuses. L'opération vise à soigner la cause de la péritonite (suture pour fermer un ulcère perforé, ablation de l'appendice, etc.), à nettoyer la cavité abdominale et à mettre en place un drain. Elle est complétée par l'administration d'antibiotiques. L'hospitalisation dure en général de 8 à 15 jours.

Perlèche

Inflammation cutanée localisée aux commissures des lèvres.

Une perlèche est due soit à un appareil dentaire mal adapté, soit à une infection par une bactérie telle que le streptocoque ou le tréponème (agent de la syphilis), ou par un champignon microscopique tel que le candida. Elle se traduit par l'apparition d'une ou de plusieurs petites fissures à la commissure des lèvres. Elle est souvent bilatérale et indolore ; la peau des commissures peut être rouge (mycose) ou les tissus sous-jacents peuvent être infiltrés (syphilis). La perlèche est très contagieuse en cas de syphilis ; elle l'est peu ou pas du tout dans les autres cas.

En dehors de l'administration de pénicilline en cas de syphilis, le traitement est local : nitrate d'argent et pommade antibiotique contre le streptocoque, pommade antifongique et bains de bouche alcalins contre les mycoses.

Péroné

Os long situé à la face externe de la jambe, dont il constitue le squelette avec le tibia.

Le péroné s'articule en haut avec le tibia, en bas avec le tibia et l'astragale. L'extrémité inférieure du péroné, également appelée malléole externe, joue un grand rôle dans la stabilité de la cheville.

PATHOLOGIE

Les fractures du péroné sont assez fréquentes et souvent associées à d'autres fractures.
■ Les fractures de la partie médiane du péroné, lorsqu'elles sont isolées, nécessitent

une simple immobilisation, plâtrée ou non de la jambe, d'environ 6 semaines. Associées à une fracture du tibia, elles ne nécessitent aucun traitement spécifique : seule la fracture du tibia est traitée.

■ Les fractures de la malléole externe du péroné sont de deux types : simple arrachement dû à une entorse grave de la cheville, entraînant une désinsertion des ligaments latéraux ; fracture atteignant également l'extrémité inférieure du tibia, ou malléole interne, qui met en cause la stabilité de l'articulation de la cheville et doit souvent faire l'objet d'une ostéosynthèse (réassemblage des fragments osseux) chirurgicale.

■ Les fractures de l'extrémité supérieure du péroné sont en général associées à des fractures de l'extrémité supérieure du tibia (plateaux tibiaux). On ne soigne alors que la fracture du tibia.

Perte blanche

→ VOIR Leucorrhée.

Perte de connaissance

Rupture de contact entre la conscience et le monde extérieur. SYN. *évanouissement.*

Une perte de connaissance peut être complète ou partielle, brutale ou progressive, et d'une durée variable (de quelques secondes à une demi-heure). Une perte de connaissance complète est appelée syncope si elle survient brutalement et dure peu de temps ; si elle se prolonge, on parle de coma.

CAUSES

Le trouble du fonctionnement cérébral responsable de la perte de connaissance est d'origine cardiovasculaire ou neurologique.

■ Les causes cardiovasculaires comprennent la syncope vasovagale (excès d'activité du système nerveux parasympathique sur le cœur et sur les vaisseaux), qui est la cause la plus fréquente. Elle survient en position debout ou assise, en situation de stress, et commence par un malaise ; elle est bénigne et ne nécessite pas de traitement. L'hypotension orthostatique est également très fréquente ; il s'agit d'une chute de la pression artérielle lors du passage en position debout (orthostatisme) ou après une station debout

prolongée ; un médicament (antihypertenseur, antidépresseur) ou une diminution du volume sanguin (déshydratation) en sont parfois responsables. Les autres causes cardiovasculaires de perte de connaissance sont plus rares : trouble du rythme ou de la conduction cardiaque (bloc auriculoventriculaire), cardiopathie (rétrécissement aortique souvent responsable d'une syncope survenant à l'effort), hémorragie méningée, accident vasculaire cérébral, syncope sinucarotidienne (par pression sur les carotides) survenant, par exemple, si l'on porte un col de chemise trop serré.

■ Les causes neurologiques sont surtout représentées par les crises d'épilepsie.

■ Les autres causes sont les intoxications, principalement par médicaments, les méningites, l'ictus laryngé (perte de connaissance après une quinte de toux intense), les troubles métaboliques (hypoglycémie).

Perte vaginale

→ VOIR Leucorrhée.

Perversion

Recherche d'une satisfaction considérée comme régressive par rapport au développement psychosexuel de l'adulte.

Selon la psychanalyse, la perversion est un retour ou une fixation à des composantes sexuelles primitives, appartenant à la sexualité infantile et qui demeurent chez chaque individu, mais à l'état de survivance : sadomasochisme, fétichisme, voyeurisme, exhibitionnisme, coprophagie, etc.

Pessaire

Instrument permettant de corriger certaines anomalies de position de l'utérus (rétrodéviation, hystéroptôse).

Un pessaire est un anneau de caoutchouc plus ou moins flexible, de dimension adaptée. Introduit dans le vagin de façon que le col de l'utérus fasse saillie au centre, il redresse l'utérus. Le port d'un pessaire est conseillé lorsque l'opération du prolapsus utérin (descente de l'utérus) est contre-indiquée (par exemple chez les femmes âgées, en raison de contre-indications anesthésiques).

Un pessaire nécessite une surveillance médicale régulière.

Peste

Maladie infectieuse et contagieuse grave due à une bactérie, le bacille de Yersin ou *Yersinia pestis*.

Des cas isolés ou en petit nombre sont encore observés au Nouveau-Mexique (sud des États-Unis), au Mexique, en Inde, au Turkestan, etc.

Le réservoir du bacille est le rat, ou, en Asie centrale, le mérione (rongeur sauvage). La maladie se transmet entre animaux et de l'animal à l'homme par l'intermédiaire des puces. L'homme peut en outre contracter la maladie, dans une forme particulière de la peste (peste pulmonaire), par inhalation de gouttelettes de salive d'un sujet infecté.

SYMPTÔMES ET SIGNES
Les manifestations cliniques de la peste sont de trois types.

■ **La peste bubonique** se contracte par piqûre de puce. Elle se traduit par une fièvre élevée, des frissons et des douleurs diffuses, suivis par un important gonflement des ganglions lymphatiques, en particulier ceux de l'aine, et par leur suppuration (bubon pesteux).

■ **La peste pulmonaire** engendre une fièvre élevée et une pneumopathie aiguë asphyxiante, avec des expectorations abondantes et sanguinolentes.

■ **La forme septicémique pure** survient directement après la contamination ou après l'apparition de bubons pesteux. Elle se traduit par une fièvre élevée, des frissons, un délire et une prostration ; l'évolution est rapidement fatale en l'absence de traitement.

TRAITEMENT ET PRÉVENTION
Les antibiotiques (streptomycine) traitent très efficacement la peste. Les risques d'extension épidémique sont quasi nuls si la surveillance sanitaire et les mesures officielles sont respectées.

La peste est une maladie à déclaration obligatoire. Un isolement est requis par les autorités (règlement sanitaire international).

Il existe un vaccin recommandé aux professions exposées (techniciens de laboratoire manipulant les bacilles, ouvriers agricoles des zones touchées par la maladie).

Pesticide

Produit minéral ou organique (sels de cuivre, d'arsenic, acide sulfurique, etc.), destiné à protéger hommes, animaux ou végétaux contre divers fléaux (germes, parasites, animaux nuisibles) en les détruisant.

Il s'agit, selon les cas, d'insecticide, d'herbicide, de fongicide, de nématocide (produit détruisant les vers), de raticide, etc. Les pesticides peuvent être responsables d'intoxications par inhalation, par contact cutané ou par ingestion. Il importe donc d'en respecter strictement le mode d'emploi et de les ranger hors de portée des enfants.
→ VOIR Intoxication.

Pétéchie

Petite lésion rouge vif ou bleutée de la peau ou des muqueuses, caractéristique du purpura.

Petit mal épileptique

Forme d'épilepsie généralisée (atteignant la totalité du cortex cérébral).

Le petit mal épileptique, appelé simplement petit mal dans le langage courant, regroupe deux types de cette affection.

■ **Les absences épileptiques**, ou **absences**, débutent entre 4 et 6 ans. Elles consistent en une suspension de la conscience d'une trentaine de secondes ; le malade interrompt ses activités, ne bouge plus, ne répond pas ; le regard reste fixe. Les crises disparaissent le plus souvent à la puberté mais peuvent, dans 40 % des cas environ, être remplacées par des crises de grand mal (autre forme, majeure, d'épilepsie généralisée). Le traitement fait appel aux antiépileptiques.

■ **Le petit mal myoclonique**, plus rare, commence entre 13 et 20 ans et consiste en myoclonies (secousses musculaires) synchrones des deux côtés du corps, affectant surtout les membres supérieurs. Les crises surviennent le matin, peu après le réveil. Le traitement est celui de l'épilepsie (médicaments antiépileptiques). Le pronostic est bon, mais certains patients développent par la suite un grand mal.

Peutz-Touraine Jeghers (syndrome de)

Maladie héréditaire associant une polypose digestive (présence de multiples polypes sur le tube digestif) et une lentiginose de la peau et des muqueuses.

pH

Grandeur chimique mesurant le caractère plus ou moins acide ou basique d'une solution aqueuse.

pH-métrie œsophagienne (exploration par)

Mesure et enregistrement en continu, pendant plusieurs heures, du pH du bas œsophage.

La pH-métrie est un examen qui contribue à établir le diagnostic du reflux gastro-œsophagien (passage anormal de liquide gastrique acide dans l'œsophage). Elle permet également de contrôler l'efficacité du traitement chirurgical ou médical de celui-ci.

TECHNIQUE

La pH-métrie se pratique à l'aide d'une sonde introduite, après une légère anesthésie locale, par une narine jusqu'au bas de l'œsophage. L'autre extrémité de la sonde se termine par une fiche reliée à un boîtier extérieur, qui enregistre les mesures. Le boîtier est fixé à la taille du patient.

DÉROULEMENT

L'examen est indolore. Il peut être réalisé sur 3 heures ou sur 24 heures. Le patient doit être à jeun. Pour un examen de 3 heures, il reste dans la salle d'examen et ingère un « repas test ». Il reste assis pendant la première heure, s'allonge pendant la deuxième et s'assied de nouveau pendant la dernière heure. Pour un examen de 24 heures, le patient peut repartir et reprendre ses activités après la pose de la sonde. L'examen ne s'accompagne d'aucun effet secondaire. Les résultats (compte rendu écrit) sont connus dans les 24 heures.

pH urinaire (modificateur du)

Substance utilisée en thérapeutique pour rendre les urines plus alcalines ou plus acides.

Phacomatose

Maladie congénitale, habituellement héréditaire, caractérisée par des malformations et des phacomes (tumeurs de petite taille) affectant les nerfs, les yeux et la peau.

Phagocytose

Capture, ingestion et destruction par une cellule de particules ou d'autres cellules.

La capacité de phagocytose est propre à certaines cellules, dites phagocytes, telles que les polynucléaires neutrophiles et les cellules macrophages.

Phalange

Petit os tubulaire constituant le squelette des doigts et des orteils.

Les phalanges sont au nombre de 3 pour les doigts dits longs et de 2 pour le pouce et le gros orteil. La première phalange d'un doigt s'articule toujours à un métacarpien de la main ou à un métatarsien du pied ; les autres phalanges s'articulent entre elles.

Phallus

Pénis en érection, symbole de la virilité.

Phanère

Organe de protection caractérisé par une kératinisation intense.

Les cheveux, les dents, les ongles et les poils sont des phanères. La kératine, protéine fibreuse et principal constituant de la couche superficielle de l'épiderme, est une substance dure, résistante et protectrice.

Pharmacie

Branche des sciences médicales qui a trait à la conception, à la préparation et à la distribution des médicaments.

Pharmacocinétique

Ensemble des phénomènes et des réactions qui se produisent après introduction d'un médicament dans l'organisme.

Pharmacodépendance

Tendance à consommer des médicaments qui devient de moins en moins contrôlable dans le temps. SYN. *toxicodépendance*.

La pharmacodépendance est l'une des formes de la toxicomanie, et les deux mots sont fréquemment employés l'un pour l'autre. Néanmoins, l'usage tend à désigner par pharmacodépendance plutôt la toxicomanie ayant trait aux substances médicamenteuses.

Pharmacologie

Branche des sciences médicales qui étudie les propriétés chimiques des médicaments et leur classification.

Pharmacopée

Recueil officiel des normes et des renseignements indispensables au pharmacien pour l'exercice de sa profession.

Pharmacovigilance

Branche des sciences médicales qui a trait à la surveillance des effets indésirables des médicaments, ainsi qu'aux connaissances, aux méthodes et aux moyens nécessaires à la mise en œuvre de cette surveillance.

Pharyngite

Inflammation du pharynx.

Selon que l'évolution est aiguë ou chronique, on distingue deux types de pharyngite.

Pharyngite aiguë

Il s'agit d'une inflammation aiguë de l'oropharynx (partie moyenne du pharynx, à la hauteur de la gorge), appelée aussi angine, due à une infection fréquemment virale, parfois bactérienne ; dans ce cas, les germes en cause sont le streptocoque, le staphylocoque ou une bactérie du genre *Hæmophilus*.

SYMPTÔMES ET SIGNES

La douleur locale est exacerbée à la déglutition et s'accompagne de signes généraux plus ou moins marqués (fièvre, fatigue, malaise). Si les amygdales n'ont pas été retirées, on constate à l'examen qu'elles sont atteintes par l'inflammation (amygdalite).

TRAITEMENT

Il se fonde sur la prise d'antibiotiques, d'analgésiques et de collutoires.

Pharyngite chronique

Il s'agit d'une inflammation persistante du pharynx, dont les causes peuvent être nombreuses : abus de tabac ou d'alcool, rhinite ou sinusite chronique, diabète, contact avec des polluants atmosphériques (poussières industrielles, gaz toxiques, etc.), reflux gastro-œsophagien (remontée anormale du contenu gastrique acide dans l'œsophage jusqu'au pharynx, pouvant irriter ce dernier), etc. Les symptômes sont des douleurs intermittentes dans la gorge et à la déglutition et une sécheresse du pharynx qui oblige le malade à se racler la gorge constamment. À l'examen, on ne distingue qu'une simple rougeur pharyngée. Le traitement des pharyngites chroniques est difficile et associe celui de la cause, quand elle est déterminée, à des soins locaux (aérosols, collutoires, etc.) et à des cures thermales.

Pharyngoplastie

Intervention chirurgicale visant à modifier la forme du voile du palais.

INDICATIONS ET TECHNIQUE

La pharyngoplastie consiste en général à enlever une partie du voile du palais pour traiter les ronflements, qu'ils soient associés ou non à un syndrome d'apnée du sommeil. Plus rarement, elle vise à rallonger le voile du palais à l'aide d'un greffon constitué de muqueuse du pharynx, en cas de malformation (notamment fente labiopalatine).

DÉROULEMENT ET EFFETS SECONDAIRES

La pharyngoplastie se pratique sous anesthésie locale, et il n'est alors pas nécessaire que le sujet soit hospitalisé, ou sous anesthésie générale ; elle nécessite dans ce cas une hospitalisation de 48 heures. Les suites postopératoires sont marquées par des douleurs durant environ une semaine.

COMPLICATIONS ET RÉSULTATS

La complication essentielle de la pharyngoplastie est l'apparition d'un reflux alimentaire par le nez, témoignant d'une ablation trop importante du voile du palais. Ce reflux est souvent associé à une rhinolalie (modification de la voix, le sujet ne parvenant plus à prononcer correctement les sons occlusifs (b, p, d, t, g et k). Plus de 80 % des pharyngoplasties pratiquées pour ronflement donnent de bons résultats ; en cas d'échec, il est possible de répéter l'intervention.

Pharynx

Conduit musculaire et membraneux allant du fond de la bouche à l'entrée de l'œsophage.

STRUCTURE

Le pharynx correspond à la gorge. Il comprend trois étages. De haut en bas, on trouve le nasopharynx (également appelé rhinopharynx ou cavum), l'oropharynx et l'hypopharynx.

Les muscles du pharynx propulsent aliments et liquides lors de la déglutition, en rétrécissant et en élevant le pharynx.

PATHOLOGIE

Les principales maladies du pharynx sont les inflammations et les tumeurs.

■ **Les inflammations du pharynx**, ou pharyngites, atteignent, isolément ou en même temps, le nez, le rhinopharynx (rhinopharyngite) et l'oropharynx (angine).

■ **Les tumeurs du pharynx** sont plus souvent malignes que bénignes (polype, angiome, fibrome nasopharyngien). Celles du rhinopharynx sont dues au virus d'Epstein-Barr, celles de l'oropharynx et de l'hypopharynx à l'alcool et au tabac. Le traitement comprend le plus souvent une ablation chirurgicale des lésions, une chimiothérapie et une radiothérapie.

Phénotype

Ensemble des caractéristiques corporelles d'un organisme.

Phénylcétonurie

Maladie héréditaire caractérisée par une accumulation dans l'organisme d'un acide aminé, la phénylalanine, et de ses dérivés (acide phénylpyruvique).

La phénylcétonurie est due à un déficit en une enzyme, la phénylalanine hydroxylase, qui transforme normalement

un acide aminé, la phénylalanine, en un autre acide aminé, la tyrosine. Elle provoque, dès les premiers mois de la vie, une dépigmentation de la peau et une atteinte neurologique se traduisant par des crises d'épilepsie puis, progressivement, par une déficience mentale. Le dépistage systématique est réalisé chez le nouveau-né entre le 4e et le 10e jour après la naissance (test de Güthrie). S'il est positif, un régime alimentaire spécial, pauvre en phénylalanine (contenue dans les protéines animales), permet de prévenir l'apparition des manifestations cliniques de la maladie.

Phéochromocytome

Tumeur, le plus souvent bénigne, développée dans la glande médullosurrénale ou, plus rarement, dans la chaîne paraganglionnaire sympathique (le long de l'aorte abdominale), et sécrétant des catécholamines (adrénaline, noradrénaline) responsables d'une hypertension artérielle sévère et de troubles du rythme cardiaque.

Un phéochromocytome est une tumeur rare, la plupart du temps isolée.

Le traitement, chirurgical, consiste en l'ablation de la tumeur.

Phimosis

Rétrécissement de l'orifice préputial rendant le décalottage du gland pénien impossible.

Un phimosis peut être congénital, décelé alors dès l'enfance ou, parfois, seulement à la puberté, ou consécutif à une affection (diabète, infection, tumeur du pénis). Un phimosis est toujours responsable d'une macération locale (non évacuation des sécrétions, stagnation de l'urine) avec infection ; en outre, il rend les rapports sexuels difficiles. En cas de décalottage forcé, il peut se transformer en paraphimosis (étranglement de la base du gland par un anneau préputial trop étroit).

TRAITEMENT

Lorsque le phimosis est peu important, on peut, après désinfection locale, élargir progressivement l'anneau préputial par des manœuvres douces et répétées de décalottage. Lorsqu'il est très important, il est indispensable d'élargir chirurgicalement l'anneau préputial ou de pratiquer une posthectomie (ablation du prépuce).

Phlébectomie

Ablation chirurgicale d'une veine variqueuse, le plus souvent d'un membre inférieur.

La phlébectomie consiste, parfois après les avoir sclérosés, à retirer chirurgicalement, par de petites incisions, des segments de veines. Cette intervention bénigne, pratiquée sous anesthésie locale ou générale, nécessite une hospitalisation de 1 à 4 jours. La reprise de la marche est immédiate, mais il est conseillé de porter des bandages élastiques pendant le mois suivant l'intervention.

Phlébite

Constitution d'un caillot à l'intérieur d'une veine, parfois associé à une inflammation de la paroi veineuse. SYN. *thrombophlébite.*

CAUSES

Un caillot risque de se former quand une personne reste trop longtemps allongée ou immobile : par exemple à la suite d'une intervention chirurgicale, surtout lorsque celle-ci porte sur le petit bassin ou les membres, ou après un accouchement. Il peut survenir aussi à la suite de l'immobilisation d'un membre par un plâtre ou à cause de la compression plus ou moins longue d'une veine, par exemple chez une femme en fin de grossesse ou après un vol prolongé en avion sans quitter son siège.

Des troubles congénitaux ou acquis de l'hémostase (ensemble des phénomènes physiologiques aboutissant à l'arrêt d'un saignement), de la coagulation ou de la fibrinolyse (désagrégation de la fibrine entraînant la dissolution des caillots sanguins) sont parfois aussi à l'origine d'une phlébite. Pilule et traitement substitutif de la ménopause sont également des facteurs favorisants.

SYMPTÔMES ET DIAGNOSTIC

En cas de phlébite profonde d'un membre inférieur, le sujet souffre de douleurs spontanées ou provoquées par la palpation dans un mollet et perçoit une sensation locale de chaleur. La jambe atteinte enfle. Ces signes unilatéraux s'associent éventuellement à de la fièvre et à une augmentation du rythme cardiaque. Plus rarement, le caillot peut concerner les veines sous-cutanées. Si celles-ci deviennent dures et sont enflammées sur un de leurs segments, il s'agit d'une phlébite superficielle. Dans les deux cas, le diagnostic est confirmé par un écho-Doppler veineux ou par une phlébographie.

ÉVOLUTION

Le caillot peut s'étendre de proche en proche, entravant la circulation sanguine.

Une fois constitué, le caillot peut aussi se fragmenter et migrer brusquement vers la veine cave ou les cavités cardiaques droites et se bloquer dans une branche de l'artère pulmonaire, ce qui provoque une embolie pulmonaire. Enfin, on constate parfois la survenue d'œdèmes, de troubles trophiques (relatifs à la nutrition des tissus), de varices, voire d'un ulcère de la jambe, ensemble de symptômes désignés sous le terme de maladie post-phlébitique.

TRAITEMENT

Les phlébites profondes sont des urgences médicales, dont le traitement doit de préférence être conduit en milieu hospitalier. Des anticoagulants sont prescrits. Une fois la phlébite guérie, le membre atteint est comprimé par une bande élastique dite de contention, de manière à éviter la survenue de varices. Une phlébite superficielle relève d'un traitement anti-inflammatoire et ne revêt pas le même caractère d'urgence.

PRÉVENTION

La prévention des phlébites est essentielle et repose sur des mesures simples : contractions musculaires volontaires et répétées sous plâtre, alitement de durée limitée (par exemple, après une intervention chirurgicale ou un accouchement) et utilisation d'un traitement anticoagulant préventif dans toutes les circonstances à risques.

Phlébographie

Examen radiologique des veines après injection d'un produit de contraste iodé.

La phlébographie concerne le plus souvent les membres inférieurs et la veine cave inférieure, car ce sont les localisations les plus courantes des phlébites et des thromboses veineuses.

INDICATIONS

Une phlébographie est indiquée quand le médecin suspecte une phlébite que l'échographie n'a pas vraiment permis de déceler. Elle est aussi généralement indiquée en cas d'embolie pulmonaire (obstruction d'une branche d'une artère pulmonaire par un caillot venu d'une phlébite).

TECHNIQUE

Un produit de contraste iodé, opaque aux rayons X, est injecté afin de pouvoir visualiser les veines profondes du mollet, de la cuisse et de la partie basse de l'abdomen (veine iliaque).

PRÉPARATION ET DÉROULEMENT

Le patient est à jeun depuis au moins 12 heures avant l'examen. Le médecin place des garrots à la hauteur de la cheville, du mollet et de la cuisse afin de dilater les veines profondes. Après désinfection du dos de chaque pied, le médecin pique la peau à l'aide d'une aiguille et injecte le produit de contraste. L'examen dure de 15 à 30 minutes. Aussitôt après, le sujet peut reprendre ses activités.

CONTRE-INDICATIONS

La phlébographie n'est pas pratiquée chez la femme enceinte. Le médecin doit s'assurer que le patient n'est pas allergique à l'iode. Les personnes qui souffrent d'insuffisance rénale doivent boire abondamment dans les jours qui précèdent et qui suivent l'examen afin d'éviter l'aggravation de leur insuffisance rénale.

EFFETS SECONDAIRES

Il arrive que certaines personnes ressentent, au moment de l'injection du produit de contraste iodé, des nausées ou des malaises brefs, sans gravité, mais qui doivent être signalés au médecin.

Phlébologie

Branche de la médecine qui étudie l'ensemble du système veineux et ses maladies.

Phlébotonique

→ VOIR Veinotonique.

Phlegmon

Inflammation aiguë ou subaiguë du tissu conjonctif sous-cutané ou profond.

Un phlegmon, d'origine infectieuse, provoque la destruction des tissus et la formation de pus. Il peut rester diffus et continuer à s'étendre ou se transformer en abcès.

Son traitement repose sur la prise d'antibiotiques et, en cas d'abcès, sur son ablation chirurgicale.

Phlegmon périamygdalien

Appelé couramment, mais à tort, « phlegmon de l'amygdale », c'est une inflammation du tissu conjonctif sur lequel repose l'amygdale palatine (l'amygdale du langage courant). Cette complication fréquente d'une angine mal soignée se manifeste par un trismus (contracture musculaire empêchant d'ouvrir la bouche complètement) et par une fièvre élevée ; le malade a beaucoup de mal à déglutir. L'examen clinique révèle un gonflement de la luette et une voussure du pilier antérieur du voile du palais, du côté atteint. Le traitement, conduit en urgence, comprend l'incision et le drainage chirurgical du phlegmon, associés à la prise d'antibiotiques par voie intraveineuse ; deux mois plus tard, une amygdalectomie (ablation des amygdales) doit être pratiquée.

Phlyctène

→ VOIR Bulle dermatologique.

Phobie

Crainte angoissante et injustifiée d'une situation, d'un objet ou de l'accomplissement d'une action.

Les phobies les plus communes sont la peur des espaces ouverts et de la foule (agoraphobie), la peur des lieux clos (claustrophobie), la peur de commettre un acte agressif ou choquant (phobie d'impulsion), la peur de rougir (éreutophobie) et la peur, banale chez l'enfant et même chez l'adulte, de certains animaux tels que les serpents ou les araignées.

Les phobies comptent parmi les symptômes les plus répandus des névroses, notamment de la névrose phobique.

Le traitement d'une phobie dépend beaucoup de la personnalité du sujet. Le plus souvent, il repose sur la psychothérapie et sur les thérapies comportementales, très efficaces en cas de phobie stable et isolée. Anxiolytiques et antidépresseurs peuvent constituer un appoint utile.

Phocomélie

Malformation congénitale caractérisée par une insertion directe des pieds et des mains sur le tronc.

La phocomélie est essentiellement due à l'absorption par la mère pendant sa grossesse d'un médicament, le thalidomide (hypnotique et antilépreux) ; ce dernier est aujourd'hui administré plus rarement (dans le traitement de la maladie de Behçet) et sous contraception stricte médicalement contrôlée lorsqu'il s'agit de femmes en âge de procréer.

Phonation

Ensemble des phénomènes qui concourent à la production d'un son par les organes de la voix.

Lors de l'expiration, l'air est modulé par les organes vocaux : le larynx, les cavités du pharynx, les cordes vocales, la cavité buccale, la langue et les lèvres. La phonation est contrôlée par le système nerveux central. L'étude de la voix et des maladies liées à l'élocution est la phoniatrie.

Phosphatase

Enzyme libérant de l'acide phosphorique, présente dans de nombreux organes et tissus, ainsi que dans le sang.

Le taux sérique de phosphatases alcalines, mesuré dans un prélèvement sanguin, permet d'évaluer les fonctions biologiques du foie. Le taux de phosphatases acides, quant à lui, augmente en cas de cancer de la prostate.

Phosphène

Sensation devant l'œil d'éclairs lumineux, bleutés ou blancs, mieux visibles la nuit et qui se répètent souvent au même endroit.

CAUSES

Un phosphène est dû à une traction du vitré sur la rétine. Il survient principalement chez les personnes âgées et annonce parfois une déchirure de la rétine, qui peut en entraîner le décollement. Certains phosphènes sont également provoqués par un traumatisme du globe oculaire.

DIAGNOSTIC ET TRAITEMENT

Un examen du fond d'œil permet d'observer l'état de la rétine. Le phosphène disparaît avec le traitement de sa cause.

Phosphore

Élément chimique présent dans l'organisme sous forme de phosphate.

Le phosphore (P) est apporté par l'alimentation, puis absorbé par l'intestin. On le retrouve essentiellement dans les os, sous forme minérale, et dans le sang, associé à des substances organiques. Il est aussi présent dans toutes les cellules et participe à leurs activités.

Les principales sources alimentaires de phosphore sont les céréales, les viandes, les poissons et les œufs. L'apport alimentaire quotidien suffit normalement à couvrir les besoins de l'organisme. La phosphorémie (taux de phosphore dans le sang) augmente en cas d'insuffisance rénale, d'insuffisance des glandes parathyroïdes, d'intoxication par la vitamine D, et diminue en cas d'hypersécrétion des parathyroïdes et de carence en vitamine D.

CARENCE ET APPORT EXCESSIF

■ Une carence en phosphore peut être due à un régime alimentaire déséquilibré, à une augmentation des besoins (croissance, grossesse, allaitement), à une malabsorption digestive ou à une utilisation abusive de médicaments antiacides à base d'hydroxyde d'aluminium. Elle se traduit dans les cas les plus graves par une déminéralisation osseuse, des troubles respiratoires, cardiaques et/ou neurologiques. Des sels de phosphore peuvent être prescrits en compensation.

■ Un apport excessif en phosphore peut être dû à une intoxication par des sels de phosphore ou à un régime dissocié riche en phosphore et pauvre en calcium (alimentation à base de riz, de poisson et de farines non blutées, caractéristique des pays asiatiques). Il peut provoquer une hypocalcémie sévère (taux sanguin insuffisant de calcium).

Photocoagulation

Procédé thérapeutique consistant à projeter sur la rétine, sur l'iris ou sur les vaisseaux rétiniens un faisceau lumineux intense et étroit produit par un laser, généralement un laser argon.

INDICATIONS

La photocoagulation est utilisée dans le traitement des déchirures rétiniennes et des autres lésions susceptibles de provoquer un décollement de rétine. La photocoagulation est également employée pour traiter les lésions ischémiques de la rétine (dues à une diminution de son irrigation sanguine), consécutives soit à une occlusion des vaisseaux, soit à une rétinopathie ischémique observée notamment au cours du diabète.

Enfin, en cas de glaucome à angle large (hypertension intraoculaire), la photocoagulation au laser crée de petites brûlures sur le trabéculum (filtre situé à l'angle de l'iris et de la cornée), qui permettent d'en élargir les mailles afin de permettre une meilleure évacuation de l'humeur aqueuse.

DÉROULEMENT

Il n'est pas nécessaire d'être hospitalisé pour subir une photocoagulation au laser ; seuls les jeunes enfants peuvent avoir besoin d'une anesthésie générale. En général, le faisceau n'est pas douloureux, mais le patient éprouve parfois une douleur brève et passagère. Le patient peut ensuite rentrer à son domicile sans traitement particulier. Il lui est toutefois déconseillé de conduire dans les heures qui suivent.

EFFETS SECONDAIRES

Le laser provoque parfois un œdème rétinien localisé, qui se résorbe généralement en quelques jours. Il peut occasionner quelques maux de tête passagers, surtout chez les sujets diabétiques.

Photodermatose

Maladie cutanée déclenchée ou aggravée par l'exposition au rayonnement solaire.

DIFFÉRENTS TYPES DE PHOTODERMATOSE

Les photodermatoses sont classées en deux grandes variétés.

■ **Les photosensibilisations** sont dues à un agent chimique qui rend la peau plus sensible aux rayonnements.

■ **Les maladies de peau aggravées par le soleil** comprennent le lupus érythémateux, le lichen, le pemphigus.

SIGNES ET TRAITEMENT

Les signes d'une photodermatose ne sont pas spécifiques : rougeur, gonflement des tissus cutanés, petits boutons, cloques. Le traitement est celui de chaque affection mentionnée ; la prévention passe par la protection de la peau contre le rayonnement solaire à l'aide de crèmes de type écran total.

Photodermatose printanière juvénile

Photodermatose (maladie cutanée déclenchée ou aggravée par l'exposition au soleil) de cause inconnue, fréquente chez les sujets jeunes.

La photodermatose printanière juvénile touche l'enfant et l'adulte jeune (de 7 ou 8 ans jusqu'à 15 à 20 ans environ), plus souvent le sujet de sexe masculin. Elle se manifeste habituellement au printemps, par temps froid, sous forme d'une éruption localisée aux oreilles. Les lésions, très prurigineuses, sont d'abord œdémateuses, puis vésiculeuses (petits soulèvements remplis de sérosité) ; des bulles (soulèvements plus importants) apparaissent parfois dans un second temps.

La maladie régresse spontanément et sans séquelles en l'espace de 2 semaines, mais récidive chaque année. Le traitement se limite au besoin à l'ouverture des bulles et à l'application locale d'un corticostéroïde en cas de démangeaisons importantes. La prévention repose sur l'application d'une crème de type écran total protégeant du rayonnement solaire.

Photophobie

Sensation visuelle pénible produite par la lumière au cours de certaines maladies.

Selon les symptômes qui l'accompagnent, une photophobie peut être due à une affection oculaire ou neurologique.

Le diagnostic d'une photophobie repose sur l'examen clinique du patient. Le traitement est celui de la cause.

Photoprotection

Protection naturelle ou artificielle de la peau contre les rayonnements solaires, notamment contre les ultraviolets.

Photoprotection artificielle

Elle peut être assurée par deux sortes de moyens, externes ou internes.

■ La photoprotection externe, utilisée pour la prévention des coups de soleil, du vieillissement et du cancer de la peau, comprend le port de vêtements couvrants et l'application de produits antisolaires, cosmétiques renfermant des substances protectrices de deux sortes : les écrans et les filtres. Les écrans réfléchissent purement et simplement le rayonnement et l'empêchent de pénétrer profondément sous l'épiderme. Ce sont principalement des substances opaques, comme le dioxyde de titane, qui présentent l'inconvénient de donner à la peau un aspect blanchâtre. Les filtres sont des substances actives qui absorbent le rayonnement et libèrent l'énergie absorbée par échange thermique avec la peau. La plupart de ces substances peuvent donner lieu à des réactions allergiques.

La plupart des produits antisolaires associent écran et filtre. La combinaison de ces deux types de constituants permet d'obtenir des degrés de protection variés, mesuré par un coefficient de protection : protection faible (coefficient compris entre 2 et 4), moyenne (entre 4 et 8), forte (entre 8 et 15) ou très forte, pour des conditions d'ensoleillement extrêmes (coefficient dépassant 15).

■ La photoprotection interne consiste en l'absorption par voie orale de médicaments tels que la vitamine PP, les dérivés du carotène et les antipaludéens de synthèse. Elle est indiquée en cas de photodermatoses, affections de la peau déclenchées ou aggravées par le soleil (urticaire solaire, par exemple).

Photosensibilisation

Augmentation de la sensibilité de la peau aux rayonnements solaires, notamment aux ultraviolets, souvent due à une substance chimique ou médicamenteuse et se traduisant par une éruption cutanée.

CAUSES

Une photosensibilisation peut être idiopathique (sans cause connue), provoquée par un facteur déclenchant externe ou interne, ou d'origine génétique.

■ Les photosensibilisations d'origine externe surviennent après application d'une substance sur la peau (parfum) ou après contact de la peau avec différents végétaux (boutons-d'or, panais, moutarde, etc.).

■ Les photosensibilisations d'origine interne surviennent après ingestion de substances ou de médicaments exerçant une action photosensibilisante après s'être déposés dans la peau : psoralènes, certains antibiotiques (notamment les tétracyclines), quinolones, certains antifongiques (griséofulvine en particulier), etc.

■ Les photosensibilisations d'origine génétique sont dues à certaines déficiences génétiquement déterminées (xeroderma pigmentosum, albinisme, piébaldisme).

SYMPTÔMES ET SIGNES

Ils varient selon le type de photosensibilisation : plaques rouges surmontées de petites vésicules et démangeant fortement, vésicules ou bulles.

TRAITEMENT ET PRÉVENTION

Le traitement consiste à appliquer sur les lésions des médicaments antiseptiques, des produits adoucissants ou des corticostéroïdes locaux. L'administration par voie générale de corticostéroïdes ou d'antihistaminiques est réservée aux formes les plus graves. La prévention repose sur la protection de la peau (crème protectrice de type écran total) et surtout sur la suppression de l'agent susceptible de déclencher la photosensibilisation. Les photosensibilisations idiopathiques peuvent être prévenues par administration de vitamine PP, d'antipaludéens de synthèse (nivaquine), de caroténoïdes ou par la puvathérapie (exposition aux rayons ultraviolets A, associée à la prise de psoralènes).

UTILISATION THÉRAPEUTIQUE
La photosensibilisation est mise à profit dans le traitement de certaines maladies de peau, en particulier le psoriasis, au cours de la puvathérapie.
→ VOIR Photodermatose, Photoprotection, Puvathérapie.

Photothérapie

Méthode de traitement utilisant l'action de la lumière sur la peau. SYN. *actinothérapie*.

La source de lumière utilisée peut être la lumière solaire (héliothérapie) ou la lumière artificielle. L'héliothérapie est utilisée pour traiter les lésions acnéiques et favorise, dans la majorité des cas, le traitement du psoriasis.
■ La luxthérapie, photothérapie spécifique, est une méthode dont l'efficacité n'a pas été totalement démontrée. Elle repose sur l'exposition du patient à une lumière non colorée intense. Les séances d'exposition, de durée variable, débutent dans un centre spécialisé et peuvent être poursuivies à domicile jusqu'à amélioration de l'état du patient. La luxthérapie est utilisée dans le traitement des dépressions saisonnières (qui se manifestent régulièrement à certaines périodes de l'année).

Phototraumatisme

Lésion des yeux due aux rayonnements lumineux, essentiellement solaires.
→ VOIR Ophtalmie.

Phrénique

Qui concerne le diaphragme.

Le nerf phrénique innerve le diaphragme.

Phtisie

→ VOIR Tuberculose.

Phycomycose

Infection due à des champignons zygomycètes (moisissures). SYN. *zygomycose*.

Physiologie

Étude des fonctions et du fonctionnement normal des organismes vivants.

La physiologie s'intéresse aux processus physiques et chimiques à l'œuvre dans les cellules, les tissus, les organes et les systèmes d'êtres vivants sains.

Physiopathologie

Étude des mécanismes modifiant les fonctions organiques (respiration, circulation, digestion, élimination, reproduction).

La physiopathologie étudie les perturbations de la physiologie, permet de connaître le mécanisme d'action des maladies et de remonter à leurs sources.

Physiothérapie

Utilisation thérapeutique d'agents naturels tels que l'eau douce ou salée (cures thermales, balnéothérapie, thalassothérapie), la boue (fangothérapie), certaines huiles minérales comme la paraffine (paraffinothérapie), le climat (soleil, altitude), la chaleur et l'électricité (courants continus ou discontinus à basse ou haute fréquence [diathermie, ionisation, ultrasons]).

La physiothérapie, technique de rééducation, est indiquée dans toutes les affections dégénératives du squelette (notamment l'arthrose) et dans les tendinites (périarthrite scapulo-humérale, la plus fréquente, tendinites du coude). Elle permet d'atténuer les douleurs, de prévenir ou de diminuer une raideur articulaire, mais aussi de restaurer la force musculaire autour d'une articulation.

Phytothérapie

Traitement ou prévention des maladies par l'usage des plantes.

La phytothérapie fait partie des médecines parallèles, ou médecines douces. Dans la plupart des pays, notamment en Occident, seuls les médecins ont le droit de pratiquer la phytothérapie sous forme de consultation, et seuls les pharmaciens et les herboristes (dans les pays où cette profession est reconnue) sont habilités à donner des conseils au moment de l'achat.

DIFFÉRENTS TYPES DE PHYTOTHÉRAPIE

De nos jours et dans les pays occidentaux, il existe plusieurs spécialités, éventuellement combinées entre elles, qui utilisent les plantes à des fins médicales.

■ L'aromathérapie est une thérapeutique qui utilise les essences des plantes, ou huiles essentielles, substances aromatiques sécrétées par de nombreuses familles de plantes telles que, par exemple, les astéracées, les laminacées ou les opiacées, et extraites par distillation. Ces huiles sont des produits complexes à utiliser avec précaution et en respectant les doses prescrites, car ils ne sont pas totalement sans danger. La voie d'administration la plus intéressante, car la plus rapide et la moins toxique, est la voie percutanée (à travers la peau).

■ La gémothérapie se fonde sur l'utilisation d'extraits alcooliques et glycérinés de tissus jeunes de végétaux tels que les bourgeons et les radicelles appartenant à environ 60 plantes différentes. Les préparations sont présentées diluées au dixième. Chaque extrait est réputé avoir une affinité pour un organe ou une fonction. Par exemple, le macérat glycériné de bourgeons de *Ribes nigrum,* ou cassis, dilué au dixième, agit en tant que stimulant de la zone corticale des glandes surrénales, c'est-à-dire de la même manière que la cortisone.

■ L'herboristerie correspond à la méthode de phytothérapie la plus classique et la plus ancienne. Après être tombée en désuétude, elle est de nos jours reprise en considération. L'herboristerie se sert de la plante fraîche ou séchée ; elle utilise soit la plante entière, soit une partie de celle-ci (écorce, fleur, fruit, racine). La préparation repose sur des méthodes simples, le plus souvent à base d'eau : décoction, infusion, macération. Ces préparations sont bues ou inhalées, appliquées sur la peau ou ajoutées à l'eau d'un bain. Elles existent aussi sous forme plus moderne de gélules de poudre de plantes sèches, que le sujet avale. Cette présentation a l'avantage de préserver les principes actifs, qui sont fragiles. Pour que le traitement soit efficace en profondeur, les prises doivent s'étaler sur une période allant de 3 semaines à 3 mois.

■ L'homéopathie a recours aux plantes d'une façon prépondérante, mais non exclusive : les trois quarts des souches sont d'origine végétale, le reste étant d'origine animale et minérale. Sont utilisées les plantes fraîches en macération alcoolique. Ces alcoolats sont appelés teintures mères : c'est à partir de ces alcoolats que sont préparées les dilutions qui servent à imprégner les grains de saccharose et de lactose que sont les granules et les globules. La teinture mère la plus utilisée est celle de *Calendula officinalis,* ou fleur de souci.

■ La phytothérapie chinoise fait partie d'un ensemble appelé « médecine traditionnelle chinoise » qui inclut l'acupuncture et la diététique chinoise. Cette phytothérapie vise à modifier les quantités de différentes énergies ou le circuit de ces énergies dans l'organisme.

■ La phytothérapie pharmaceutique utilise des produits d'origine végétale obtenus par extraction et qui sont dilués dans de l'alcool éthylique ou un autre solvant. Ces extraits sont dosés en quantités suffisantes pour avoir une action soutenue et rapide. Ils sont présentés comme toute autre spécialité pharmaceutique sous forme de sirop, de gouttes, de suppositoires, de gélules, de lyophylisats, de nébulisats (extraits de plantes desséchées par la chaleur), etc. Les concentrations sont assez élevées et la non-toxicité de ces médicaments est parfois relative.

UTILISATION THÉRAPEUTIQUE

La phytothérapie se donne un champ d'action sur de nombreux troubles, à titre préventif et curatif, dans des cas aigus ou pour modifier des terrains (tendances générales à être victime d'un type de maladie).

EFFETS INDÉSIRABLES

Ils sont rares et en général bénins. Lorsqu'un médecin prescrit une ordonnance comprenant des plantes qui peuvent être toxiques, telles que la digitale ou la belladone, il importe que le patient ne dépasse pas les doses indiquées : les troubles sont souvent liés à une utilisation abusive et trop prolongée de la plante médicinale.

Pian

Maladie infectieuse endémique due à une variété de tréponème, *Treponema pertenue*. SYN. *frambœsia*.

Le pian s'observe surtout dans les pays chauds et humides (Afrique tropicale, Guyane et Asie). La transmission se fait souvent dans l'enfance, principalement par contact cutané direct avec une lésion d'un sujet infecté.

SYMPTÔMES ET SIGNES

Le pian évolue en trois phases.

■ **La phase primaire**, qui succède à une incubation de 4 semaines, correspond à l'apparition du chancre pianique d'inoculation, papule d'un diamètre de 1,5 à 2 centimètres, affectant surtout les membres inférieurs.

■ **La phase secondaire** survient de 3 à 6 mois après l'apparition des premiers signes et donne des lésions appelées pianomes, petites élevures boursouflées de couleur rosée, s'érodant facilement et se recouvrant d'une croûte. Ces lésions prédominent sur les membres inférieurs et se groupent en plaques ou en anneaux.

Dans un deuxième temps apparaissent des lésions sèches (pianides), groupées en placards sur les épaules et sur les cuisses. Enfin, une atteinte ostéoarticulaire est fréquente à ce stade, accompagnée d'une ostéite nécrosante et mutilante du nez (inflammation des os du nez provoquant une déformation et un grossissement de ce dernier) et des maxillaires supérieurs.

■ **La phase tertiaire** survient après plusieurs années de latence et se traduit par des gommes avec ulcérations ou des lésions osseuses multiples. Cependant, contrairement à la syphilis, le pian ne provoque ni manifestations viscérales ni lésions nerveuses.

TRAITEMENT

Le traitement, efficace, consiste en l'administration de pénicilline à doses élevées par voie intramusculaire.

Pickwick (syndrome de)

Ensemble de troubles associant des épisodes d'apnée nocturne (arrêt respiratoire), une somnolence diurne, une cyanose (lèvres et ongles bleutés) et une obésité.

Le syndrome de Pickwick, mal connu, se traduit par un sommeil de mauvaise qualité, des ronflements et une hypersomnolence dans la journée. Cette maladie représente une forme rare du syndrome d'apnée du sommeil.

Piébaldisme

Maladie héréditaire rare caractérisée par une absence locale de pigmentation de la peau et des cheveux.

Le piébaldisme se traduit par une mèche de cheveux blancs à la hauteur du front et par une dépigmentation de la peau du front.

Pied

Extrémité du membre inférieur, articulée avec la jambe par la cheville (articulation tibio-péronéo-astragalienne) et terminée par les orteils.

Le pied a un rôle à la fois statique (il soutient le poids du corps et permet l'équilibre grâce à sa position à angle droit par rapport à l'axe de la jambe) et dynamique (il permet la propulsion du corps en avant). Son squelette est constitué d'arrière en avant par le tarse (astragale, calcanéum, scaphoïde, cuboïde et les 3 cunéiformes), le métatarse et les phalanges, qui forment le squelette des orteils. La plante du pied est le siège d'une concavité appelée voûte plantaire.

PATHOLOGIE

Le pied peut être atteint par plusieurs types d'affections, souvent aggravées par le port de chaussures inadaptées.

■ **Les anomalies** du pied sont le plus souvent congénitales : pied plat, pied creux, pied bot, pied équin, metatarsus varus (responsable de l'hallux valgus), etc.

■ **Les principales maladies articulaires** touchant le pied sont l'hallux rigidus, l'arthrose, l'arthrite et surtout la goutte.

■ **Les fractures** du pied touchent le plus souvent le calcanéum, les métatarsiens et les phalanges.

■ **Les principaux troubles de la peau et des os** du pied sont les durillons, les cors, l'œil-de-perdrix, les mycoses, etc.

Pied d'athlète

Maladie cutanée localisée entre les orteils et caractérisée par des fissures ou crevasses plus ou moins profondes.

Le pied d'athlète, également connu sous le terme anglais d'*athletic foot,* est une maladie fréquente due à la prolifération de champignons microscopiques (dermatophytes ou levures) ou de certains germes à Gram négatif. Il se rencontre surtout chez les sportifs et, en règle générale, chez tous ceux qui portent habituellement des bottes ou des chaussures favorisant la transpiration.

Un pied d'athlète se signale d'abord par des rougeurs et des cloques sur les faces latérales des orteils qui se transforment en fissures. Son traitement consiste en bains d'antiseptiques, en la désinfection à l'alcool iodé et en l'application d'antifongiques (médicaments contre les champignons).

La prévention des récidives repose sur une hygiène rigoureuse des pieds ; il est en particulier nécessaire d'éviter la transpiration et la macération, notamment par le port de chaussettes en fibres naturelles.

Pied bot

Malformation congénitale complexe du pied caractérisée par des rétractions tendineuses et musculaires associées à des malformations osseuses, de sorte que l'appui du pied sur le sol n'est plus normalement réparti sur la région plantaire.

Le dépistage d'un pied bot peut se faire avant la naissance, grâce à l'échographie obstétricale. À la naissance, on peut encore corriger manuellement les déformations, mais, en l'absence de traitement, celles-ci deviennent irréductibles.

TRAITEMENT

D'une manière générale, plus le traitement commence tôt, plus son taux de réussite est élevé. Entrepris dès la naissance, il consiste

en des manipulations quotidiennes en vue d'assouplir et de redresser le pied, suivies de la pose de petites attelles ou de plâtres successifs pour maintenir le pied en bonne position. Au bout de 3 mois, on pratique un bilan pour juger de l'efficacité du traitement. En cas de bonne correction, il est poursuivi jusqu'à l'âge de la marche. Sinon, on pratique avant l'âge de la marche une intervention chirurgicale visant à libérer les muscles rétractés, suivie d'une immobilisation plâtrée de 2 à 3 mois. Dans tous les cas, le traitement kinésithérapique et orthopédique (attelles, plâtres) sera poursuivi jusqu'à la fin de la croissance. En fin de croissance, d'autres interventions chirurgicales peuvent être pratiquées en cas de déformations osseuses ou de rétractions musculotendineuses trop importantes.

Pied creux

Creusement excessif de la voûte plantaire du pied donnant à celui-ci un aspect cambré.

SYN. *pied cavus.*

Le pied creux peut être dû à une lésion neurologique (une paralysie musculaire par exemple), mais, le plus souvent, sa cause reste inconnue.

TRAITEMENT

Au début, le pied est souple et ses déformations peuvent être facilement corrigées par des semelles orthopédiques et une rééducation. Plus tard, lorsque le pied est raide et les os déformés, le traitement est chirurgical ; l'intervention la plus fréquente consiste à raccourcir les métatarsiens (tarsectomie) et à bloquer les articulations du sommet de la voûte plantaire (arthrodèse).

Pied équin

Déformation du pied qui, bloqué en hyperextension, ne peut appuyer que sur la pointe et ne repose jamais sur son talon.

Une rééducation intensive corrige le plus souvent cette anomalie qui gêne considérablement la marche. Dans quelques cas plus graves, une intervention chirurgicale est nécessaire, soit pour allonger le tendon d'Achille, soit pour bloquer définitivement l'articulation de la cheville en position de fonction, pied à angle droit par rapport à l'axe de la jambe (arthrodèse).

Pied plat

Affaissement de la voûte plantaire responsable d'une augmentation de la surface d'appui plantaire au sol.

Le pied plat peut devenir douloureux après la puberté, parfois du fait d'une prise de poids importante. Il est alors contracturé et entraîne une claudication par esquive de l'appui plantaire.

TRAITEMENT

Seuls les pieds plats douloureux nécessitent un traitement, qui associe alors le port de semelles orthopédiques creusant la voûte plantaire à une rééducation destinée à renforcer les muscles de la plante du pied. Le traitement chirurgical est réservé aux pieds plats particulièrement douloureux ; il consiste à bloquer les articulations du sommet de la voûte plantaire (arthrodèse).

Piedra

Infection des poils et des cheveux par un champignon microscopique.

Une piedra se traduit par l'apparition de petites boules d'environ un millimètre de diamètre le long des cheveux et des poils. Le traitement de cette mycose, après rasage et désinfection, consiste en l'application d'une pommade aux imidazolés (médicaments antifongiques).

Pigeonneau

Ulcération cutanée chronique des doigts ou du dos des mains, due à l'action caustique du chrome ou des sels de chrome sur la peau. SYN. *rossignol des tanneurs.*

TRAITEMENT

Il n'existe pas de traitement spécifique du pigeonneau. Les lésions doivent simplement être nettoyées à l'aide d'un produit antiseptique. La guérison est le plus souvent longue à survenir, la cicatrisation étant particulièrement difficile.

Pilule

→ VOIR Œstroprogestatif.

Pincement discal

Diminution de la hauteur d'un disque intervertébral (coussinet fibreux, servant d'amortisseur souple entre deux plateaux vertébraux).

Un pincement discal, habituellement détecté après un bilan radiographique de la colonne vertébrale, peut siéger au niveau cervical, dorsal ou lombaire, être unique ou concerner plusieurs disques.

Selon sa cause, un pincement discal est douloureux ou non. Il peut entraîner une diminution de la taille du malade. Son traitement est celui de la maladie en cause.

Pinguecula

Petite tache jaunâtre en relief située sous la conjonctive et visible sur le blanc de l'œil.

Si elle est inesthétique, une pinguecula peut être enlevée chirurgicalement, sous anesthésie locale, mais elle réapparaît souvent quelques mois après l'opération.

Pinta

→ VOIR Caraté.

Piqûre

1. Perforation du revêtement cutané ou muqueux par un objet pointu (aiguille, écharde), un végétal ou un animal.
2. Lésion provoquée par la perforation du tissu cutané ou muqueux par un animal, un objet pointu ou un végétal.

DIFFÉRENTS TYPES DE PIQÛRE

Les différents types de piqûre peuvent être répertoriés selon leur origine.

■ **Les piqûres de plantes** sont provoquées par des épines (rosier, robinier, cactus) ou par des poils urticants (orties).

■ **Les piqûres d'animaux** sont dues à différents types d'appareil piqueur : épines (oursin, vive, rascasse), aiguillons ou dards, crochets ou cellules urticantes. Le dard peut se trouver à l'avant (moustique, tique) ou à l'arrière de l'animal (abeille, guêpe, scorpion). Les serpents ou les araignées piquent par leurs crochets.

TRAITEMENT

Les morceaux d'une épine cassée restés dans la peau doivent être enlevés. Il ne faut pas

LES PIQÛRES ET LES MORSURES D'ANIMAUX

Animaux	Effets de la piqûre, maladies transmises	Premiers soins	Prévention
Arachnides			
Aoûtat (trombidion)	Démangeaison, infection des lésions de grattage	Calmer la démangeaison (vinaigre)	Ne pas se coucher dans l'herbe
Araignées dangereuses : tarentule, mygale, ctène	Excitation puis prostration (mygale), douleur, nécrose locale, infection, malaise	Nettoyer la morsure. Calmer la douleur avec de l'aspirine en comprimé.	Sérum antitétanique
Sarcopte	Gale		Désinfection des vêtements et de la literie
Scorpion	Douleur, malaise, nécrose locale	Calmer la douleur avec un glaçon ou en injectant un anesthésique local.	Secouer les vêtements et les chaussures avant de les enfiler ; ne pas marcher pieds nus la nuit
Tique	Arboviroses, rickettsioses	Extraire la tique après l'avoir endormie à l'éther ou à l'essence, nettoyer la piqûre	Vêtements fermés
Insectes			
Fourmi	Douleur cuisante	Calmer la démangeaison avec un tampon de vinaigre ou une crème antiprurigineuse	Vêtements fermés
Hyménoptères : abeille, bourdon, frelon, guêpe	Douleur vive, réaction allergique	Enlever le dard en passant rapidement un ongle ou une lame de couteau à ras de la peau, chauffer (cigarette, chaufferette) la piqûre ou aspirer le venin.	Vêtements couvrants et épais
Mouche tsé-tsé	Maladie du sommeil	Calmer la démangeaison	Hygiène, vêtements couvrants, insecticides
Moustique	Paludisme, fièvre jaune, filarioses	Calmer la démangeaison	Vêtements couvrants, moustiquaire, insecticides
Pou	Typhus, fièvres récurrentes		Insecticides, désinfection des vêtements et de la literie

LES PIQÛRES ET LES MORSURES D'ANIMAUX (SUITE)

Animaux	Effets de la piqûre, maladies transmises	Premiers soins	Prévention
Puce	Typhus, peste	Calmer la démangeaison	Hygiène, insecticides, traitement des animaux domestiques
Punaise	Démangeaison, douleur	Calmer la démangeaison avec un tampon de vinaigre ou une crème antiprurigineuse	Hygiène et insecticides dans la maison, vêtements couvrants à l'extérieur
Taon	Douleur vive Filariose	Calmer la démangeaison avec un tampon de vinaigre ou une crème antiprurigineuse	Hygiène, vêtements couvrants, insecticides

Poissons et autres animaux aquatiques

Méduse	Brûlure, choc anaphylactique (allergique)	Nettoyer sans se servir d'eau de mer	
Oursins	Douleur, infection	Extraire les piquants avec une pince à épiler	Port de chaussures
Vive, rascasse, poisson-pierre, raie	Douleur vive, œdème, malaise, choc anaphylactique, infection	Aspirer le venin, désinfecter	Port de chaussures

Serpents européens et exotiques

Cobra (naja ou serpent à lunettes), serpent corail, mamba, serpent tigre, bungare	Douleur et œdème peu marqué, paralysie respiratoire, paralysie des muscles de la face, douleurs abdominales, vomissements, maux de tête, perte de connaissance, infection	Sur place : immobiliser le blessé, laver la plaie avec un antiseptique ou de l'eau, poser une bande compressive sur la plaie et immobiliser le membre atteint. Ne pas inciser la plaie, ni aspirer le venin ni poser de garrot. Transporter d'urgence le blessé à l'hôpital.	
Vipères européennes (aspic, péliade, ammodyte) et exotiques (vipère à cornes, vipère du Gabon, vipère de Russel, etc.). Crotale (serpent à sonnette)	Œdème très douloureux, hémorragies et nécrose locale (selon l'espèce), infection, malaise généralisé : baisse de tension artérielle, vomissements, vertiges, diarrhées, etc.		Port de chaussures montantes

enlever avec les doigts ou avec une pince à épiler le dard de l'abeille ou du bourdon, lorsqu'il est accroché à la peau. Ce geste provoquerait en effet la pénétration de la totalité du venin resté dans les sacs à venin, une petite partie seulement du contenu de ces sacs étant injectée lors de la piqûre. Il convient, pour enlever un dard, de passer rapidement une lame de couteau ou un ongle long au ras de la peau. Les tiques doivent être endormies ou tuées, à l'aide d'une compresse d'éther ou, à défaut, d'essence ou de pétrole, avant d'être arrachées, pour éviter que la tête ne demeure accrochée dans la peau. Il est possible d'aspirer le venin inoculé à l'occasion d'une piqûre à l'aide d'une ventouse à piston, disponible dans le commerce avec un jeu d'embouts conçus pour s'adapter à la taille et à la forme de la piqûre. Les venins des abeilles, des bourdons et des guêpes étant détruits sous l'influence de la chaleur, le maintien d'une source de chaleur (chaufferette spéciale, disponible dans le commerce, ou cigarette allumée, par exemple) pendant environ une minute près du point d'inoculation (à distance suffisante pour ne pas se brûler) est efficace. La glace, appliquée sur le point d'inoculation, ralentit l'absorption et la diffusion du venin.

L'eau froide, courante ou en compresse, calme l'urticaire que provoquent certaines piqûres. Des applications de corticostéroïdes, en lotion ou en pommade, font diminuer ou cesser l'inflammation. Les médicaments antihistaminiques permettent de supprimer une éventuelle réaction allergique, qui peut être intense et mettre la vie en danger, ou d'en diminuer l'importance.

Après une première piqûre et le déclenchement d'un processus de sensibilisation, certains sujets allergiques au venin d'hyménoptères (abeilles, guêpes) risquent un choc anaphylactique mortel à la suite d'une nouvelle piqûre. Ces personnes doivent être désensibilisées dans un service de médecine spécialisé et être toujours en possession d'une ampoule d'adrénaline ou d'un antihistaminique à injecter immédiatement en cas de piqûre.

Pistolet

→ VOIR Urinal.

Pityriasis

Dermatose caractérisée par un érythème (rougeur diffuse) et par une très fine desquamation.

Le terme de pityriasis désigne différentes affections cutanées sans rapport les unes avec les autres.

Pityriasis rosé de Gibert

C'est une maladie cutanée d'origine inconnue, caractérisée par l'éruption d'une plaque unique puis, dans un second temps, de plaques multiples mais plus petites.

SYMPTÔMES ET SIGNES

Le pityriasis rosé de Gibert survient entre 10 et 35 ans, plus fréquemment chez la femme. Ces lésions ne démangent généralement pas. Il existe de nombreuses variantes du pityriasis rosé de Gibert, dont certaines sont, en revanche, susceptibles de provoquer des démangeaisons.

L'affection régresse spontanément en 6 semaines. Le traitement se limite donc à des applications de préparations amollissant la peau et au lavage avec des savons doux. Des antihistaminiques ou des corticostéroïdes locaux sont prescrits en cas de démangeaison. Généralement la maladie ne récidive pas.

Pityriasis rubra pilaire

C'est une maladie cutanée chronique caractérisée par l'éruption de petites saillies rugueuses au toucher, roses ou rouges, surmontées d'un cône blanchâtre.

Rare et de cause inconnue, elle s'observe à tout âge, chez les deux sexes, avec deux pics : entre 1 et 10 ans et entre 40 et 60 ans.

Le traitement local se fonde sur l'application de réducteurs (médicaments empêchant la prolifération des cellules anormales) ou de corticostéroïdes. Le traitement général fait appel aux rétinoïdes ou à la puvathérapie (exposition aux U.V.A. associée à la prise de psoralènes), celle-ci étant toutefois susceptible, dans certains cas, d'aggraver les lésions.

Pityriasis stéatoïde

C'est une infection cutanée due à une levure du genre *Pityrosporum*.

Le pityriasis stéatoïde, appelé eczéma séborrhéique ou pityrosporose, est une affection très fréquente, favorisée par divers facteurs : alimentation déséquilibrée, surconsommation d'alcool, variations saisonnières, stress. Les formes très profuses et rebelles au traitement constituent parfois le signe d'une infection par le virus du sida.

Le traitement de ces affections consiste surtout à appliquer des médicaments antifongiques ou des corticostéroïdes, plus rarement à absorber des médicaments.

Pityriasis versicolor

C'est une maladie cutanée fréquente, caractérisée par l'éruption, sur la poitrine et le dos, de petites taches brunâtres (pityriasis versicolor hyperchrome) ou décolorées (pityriasis versicolor achromiant), arrondies et squameuses.

L'agent en est une levure saprophyte (normalement présente à la surface de la peau), *Pityrosporum orbiculare,* encore appelée *Microsporon furfur* ou *Malassezia furfur,* qui prolifère exagérément, surtout chez les sujets jeunes, à la faveur de la chaleur et de l'humidité, d'une transpiration abondante ou de traitements médicamenteux (corticostéroïdes, hormones œstrogènes). Les lésions ne sont pas contagieuses et démangent habituellement peu, voire pas du tout. L'affection, chronique, tend à s'étendre en été et à régresser en hiver.

TRAITEMENT

Il consiste en applications locales de solutions d'imidazolés (médicaments antifongiques), en règle générale 3 fois par semaine pendant 4 semaines puis 1 ou 2 fois par mois pendant les périodes où l'affection est susceptible de reparaître (saisons chaudes). Après traitement du pityriasis versicolor achromiant, la peau reste plus pâle à l'endroit des lésions, présentant un pityriasis versicolor achromique qui disparaît après exposition au soleil, la peau retrouvant alors sa couleur normale.

P.L.

→ VOIR Ponction lombaire.

Placebo

Préparation dépourvue de tout principe actif, utilisée à la place d'un médicament pour son effet psychologique, dit « effet placebo ».

En pratique courante, on ne prescrit pas de placebos, pour des raisons éthiques : ce serait tromper le malade, qui prendrait ainsi un « faux » médicament. Mais, souvent, les vrais médicaments doivent au moins un peu de leur efficacité à un effet placebo, dans la mesure où le malade croit en elle.

En revanche, la recherche médicale est souvent amenée à employer les placebos pour tester les nouveaux médicaments. La méthode consiste à administrer le médicament à l'étude à un groupe de malades et un placebo de même apparence à un autre groupe. On sait, en comparant l'évolution des troubles dans les deux groupes, si la substance étudiée a ou non une efficacité. Les malades, toujours instruits de la méthode d'expérimentation et de la nature de l'expérience, ignorent seulement à quel groupe ils appartiennent. L'expérimentation n'est menée qu'avec leur accord.

Placenta

Organe d'échanges entre le fœtus et la mère, expulsé après l'accouchement au cours de la délivrance.

Le placenta est complètement formé au 5e mois de grossesse, à partir duquel il ne fera que croître sans modifier sa structure. Lorsque le terme de la grossesse est dépassé, le placenta remplit ses fonctions de façon imparfaite et le fœtus est moins bien nourri et moins bien oxygéné.

À terme, le placenta normal a la forme d'un disque de 15 à 20 centimètres de diamètre, de 2 à 3 centimètres d'épaisseur. Il pèse de 400 à 600 grammes, soit 1/6 du poids du fœtus. Il se prolonge sur les côtés par les membranes ovulaires (chorion, amnios).

FONCTION

Le rôle du placenta est triple : il régule les échanges fœtomaternels, sécrète des hormones et protège le fœtus.

■ Les échanges fœtomaternels se font à travers les parois des vaisseaux et des villosités ; ainsi, il n'y a pas de communication directe entre la circulation sanguine de la mère et celle du fœtus : les sangs ne se mélangent pas. Le rôle du placenta est à la fois respiratoire et nutritionnel.

■ La sécrétion hormonale du placenta se produit dès le début de la grossesse : le trophoblaste sécrète l'hormone chorionique gonadotrophique (h.C.G.), nécessaire à la bonne évolution de la grossesse et dont le dosage en permet le diagnostic précoce. Une autre hormone, l'hormone chorionique somatotrophique (h.C.S.), ou hormone placentaire lactogène (h.P.L.), joue un rôle dans la nutrition du fœtus et prépare la lactation. Le placenta sécrète également des hormones stéroïdes (œstrogènes et progestérone) et, dès le 3e mois de la grossesse, il prend le relais de l'ovaire.

■ Le rôle protecteur du placenta est inégal. S'il laisse passer les virus jusque vers le 5e mois de grossesse, date à laquelle le fœtus commence à fabriquer ses propres anticorps, il s'oppose en revanche longtemps au passage de nombreuses bactéries. Il laisse passer certains anticorps maternels qui protègent le fœtus contre un grand nombre de maladies, cette protection persistant chez l'enfant pendant environ 6 mois après la naissance. Certains médicaments passent également la barrière placentaire, avec des effets parfois nocifs sur le fœtus.

PATHOLOGIE
Le placenta est en général inséré dans le fond utérin. Lorsqu'il est inséré très bas, entre le fœtus et le col (placenta prævia), il interdit l'accouchement par les voies naturelles et impose une césarienne.

Une autre pathologie, grave, est le décollement du placenta pendant la grossesse (hématome rétroplacentaire).

Placenta prævia

Anomalie d'insertion du placenta, situé trop bas dans l'utérus.

On distingue le placenta prævia central, qui obstrue complètement l'orifice interne du col de l'utérus et empêche l'accouche-

ment par les voies naturelles, et le placenta prævia marginal, où le placenta affleure l'orifice interne du col et permet, avec une surveillance accrue, l'accouchement par les voies naturelles.

SYMPTÔMES ET DIAGNOSTIC
Un placenta prævia peut entraîner des saignements d'abondance variable au cours du troisième trimestre de la grossesse. Mais, dans la plupart des cas, le diagnostic est établi à partir du quatrième mois de grossesse, lors d'une échographie.

ÉVOLUTION ET TRAITEMENT
Dans la majorité des cas, l'insertion du placenta se modifie spontanément au cours du troisième trimestre de la grossesse : le placenta remonte progressivement vers le fond de l'utérus. Toutefois, lorsque le placenta reste inséré dans la partie basse de l'utérus, des mesures préventives, telles que le repos et la réduction des activités quotidiennes, permettent d'éviter les contractions utérines prématurées et les hémorragies. L'accouchement, lorsqu'il est prévu par césarienne, est déclenché le plus souvent 3 semaines avant le terme.

Plaie

Déchirure des tissus due à un accident (blessure, brûlure) ou à une intervention chirurgicale.

Les plaies accidentelles doivent être examinées attentivement car elles peuvent être souillées par des corps étrangers (terre, fragments de verre) et, dans ce cas, être contaminées par des agents infectieux (risque de tétanos). Cet examen permet aussi d'évaluer l'abondance du saignement et surtout de ne pas laisser inaperçue une lésion profonde, par exemple provoquée par un instrument fin et long tel qu'une arme blanche.

Plaie superficielle

Une plaie est dite superficielle lorsqu'elle n'atteint que le revêtement cutané ou les tissus immédiatement sous-jacents. Le saignement peut être abondant si la zone atteinte est riche en petits vaisseaux superficiels (cuir chevelu). Lorsque la plaie n'est pas infectée par un corps étranger, on peut juguler le saignement en la comprimant légèrement à l'aide d'un linge propre ou, mieux, d'une compresse stérile. Les plaies superficielles, avant d'être éventuellement suturées, sont nettoyées à l'aide d'un antiseptique et d'une compresse, si possible stérile, en frottant doucement du centre vers la périphérie (et non l'inverse, car cela ramènerait les microbes vers le centre de la plaie) ; ensuite, on place une compresse, maintenue par un adhésif ou un bandage.

Plaie profonde

Une plaie est dite profonde lorsqu'elle intéresse des structures « nobles » (artères, nerfs, viscères). Le saignement doit alors être jugulé chirurgicalement (par électrocoagulation, ligature des petits vaisseaux qui saignent, etc.). Si la plaie est très grave, elle est nettoyée chirurgicalement et éventuellement suturée, sous anesthésie locale, voire sous anesthésie générale. Cependant, si le patient consulte trop tard (après un délai d'environ 6 heures), la plaie est déjà très contaminée et le médecin ou le chirurgien risque de ne pas pouvoir la refermer, une infection pouvant se développer sous la suture ; on se contente alors de la nettoyer et de la panser. Dans les cas les plus graves, les complications infectieuses sont prévenues par antibiotiques.

Plante médicinale

→ VOIR Phytothérapie.

Plaque

Élément métallique servant à immobiliser un os fracturé, après sa réduction, pendant le temps nécessaire à sa consolidation.

Les réactions allergiques sont aujourd'hui exceptionnelles et de gravité limitée.

Plaque dentaire

Enduit collant et blanchâtre qui se dépose à la surface des dents et des gencives.

La plaque dentaire est à l'origine de toutes les atteintes des tissus parodontaux (cément, ligament, os alvéolaire, gencive) ; elle est aussi la cause principale des caries. Lorsque la plaque dentaire persiste trop longtemps à la surface des dents, elle se calcifie, constituant alors le tartre.

Un brossage après chaque repas, effectué correctement (de la gencive vers la dent), permet d'éliminer la plaque dentaire.

Plaquette

Cellule sanguine sans noyau, qui joue un rôle important dans les phénomènes de coagulation du sang et d'inflammation. SYN. *thrombocyte*.

Le nombre des plaquettes est normalement compris entre 150 000 et 450 000 par millimètre cube de sang. Elles proviennent de la fragmentation du cytoplasme de grandes cellules de la moelle osseuse, les mégacaryocytes. Leur longévité est de 7 à 10 jours. Elles sont détruites dans la rate.

FONCTION

Le premier stade de l'arrêt d'une hémorragie (hémostase primaire) débute avec l'adhésion des plaquettes à la paroi du vaisseau lésé, leur agrégation et la libération de leur contenu. Cela conduit à la formation du clou plaquettaire, sorte de bouchon formé de plaquettes agglutinées, qui colmate la brèche du vaisseau. Dans la coagulation, la membrane des plaquettes favorise l'interaction des facteurs de coagulation.

Dans la réaction inflammatoire, les plaquettes ingèrent certaines particules et peuvent libérer leur contenu en présence de bactéries et de virus, augmentant ainsi la perméabilité vasculaire.

PATHOLOGIE

On distingue essentiellement 3 types de pathologie des plaquettes : la thrombopénie (diminution de leur nombre), la thrombocytose (augmentation de leur nombre) et la thrombopathie (anomalie de leur fonction), à l'origine de divers troubles de l'hémostase primaire.

Plasma

Partie liquide du sang dans laquelle baignent les cellules sanguines (globules rouges, globules blancs et plaquettes).

Le plasma est un milieu riche en hormones et en substances nutritives - sels minéraux, vitamines, acides aminés, protéines, glucides, lipides. On y recourt dans différents traitements. Comme ceux de tout produit sanguin, son prélèvement sur le donneur de sang, sa conservation et les indications de sa distribution sont strictement réglementés.

■ Le plasma liquide peut se conserver au maximum un an, à - 30 °C et à condition d'être congelé moins de 6 heures après son prélèvement (sur un seul donneur). Il doit être utilisé immédiatement après une décongélation rapide.

■ Le plasma sec est obtenu par lyophilisation (dessèchement par le froid) d'un mélange des plasmas de 12 donneurs au plus, prélevés depuis moins de 6 jours.

UTILISATION THÉRAPEUTIQUE

Le plasma, administré par perfusion, est utilisé pour augmenter le volume sanguin dans certains collapsus (baisse rapide et durable de la pression artérielle) ou pour réhydrater les brûlés et leur apporter des protéines. Son emploi est actuellement limité en raison des risques – même faibles – de transmission de certains virus, en particulier celui de l'hépatite C.

Plasmaphérèse

Technique transfusionnelle permettant de prélever du plasma chez un donneur de sang ou chez un malade.

■ **Chez un donneur de sang**, la plasmaphérèse consiste à prélever du sang par l'intermédiaire d'une machine qui en sépare le plasma, le reste étant réinjecté au donneur. Le plasma sert ensuite au traitement de maladies soit tel quel, soit purifié, c'est-à-dire après avoir été traité pour en extraire l'albumine ou des facteurs de la coagulation.

■ **Chez un malade**, la plasmaphérèse a pour but un échange plasmatique qui permet de réduire la concentration dans le sang d'éléments toxiques (protéines, lipides, anticorps et complexes immuns circulants). Cette technique est utilisée dans le traitement de certaines maladies neurologiques (myasthénie, par exemple), de cas d'hyperviscosité sanguine ou de maladies auto-immunes (lupus érythémateux disséminé, par exem-

ple), ainsi que dans l'hypercholestérolémie familiale. L'opération, qui dure environ deux heures, consiste à retirer du sang au malade puis à lui restituer ses globules rouges dans un produit de substitution d'origine humaine (plasma de donneur ou albumine obtenue à partir de plasma purifié) ou artificielle.

Plastie

Intervention chirurgicale qui consiste à modifier et à rétablir la forme, l'apparence ou la fonction d'un tissu, d'un organe ou d'une partie du corps.

La plastie proprement dite utilise les tissus voisins de la région traitée, mais doit parfois être complétée par une autre technique (greffe, prothèse).

Plâtre

Matériau de moulage employé pour immobiliser un membre, un segment de membre ou une articulation en cas de fracture osseuse ou de lésions ostéoarticulaires.

DIFFÉRENTS TYPES DE PLÂTRE

■ **Les plâtres traditionnels** se présentent habituellement sous forme de rouleaux de gaze chargés de plâtre sec (plâtre de Paris), prêts à l'emploi après simple mouillage : la prise a lieu en quelques minutes, mais la solidité définitive n'est obtenue que 48 heures après. Leur principal avantage est de s'ajuster parfaitement au membre.

■ **Les « plâtres » composites**, le plus souvent en résine, sont utilisés de plus en plus fréquemment du fait de leur légèreté et de leur bonne résistance à l'eau. Leur principal inconvénient est que, moins malléables que les plâtres traditionnels, ils assurent une immobilisation moins stricte.

SURVEILLANCE ET COMPLICATIONS

La pose d'un plâtre présente certains risques : déplacement osseux, compression excessive des muscles dans leur loge lorsque le plâtre est trop serré. Un médecin ou un chirurgien doit être consulté en urgence en cas de perte de chaleur ou de sensibilité ou encore de douleur importante des extrémités dans les jours qui suivent la pose d'un plâtre.

Pleural

Qui se rapporte à la plèvre (membrane enveloppant les poumons).

Pleurectomie

Ablation chirurgicale d'une petite partie de la plèvre pariétale (membrane tapissant la paroi thoracique).

Pleurésie

Inflammation aiguë ou chronique de la plèvre (membrane enveloppant les poumons).

Une pleurésie est le plus souvent due à une infection par une bactérie ou à un cancer provenant soit de la plèvre elle-même (mésothéliome), soit d'un autre endroit du corps, par métastase. Il arrive cependant, dans moins de 10 % des cas, qu'on ne retrouve aucune cause. Une pleurésie peut être sèche (on parle aussi parfois de pleurite) ou se traduire, dans la cavité pleurale, par un épanchement liquidien localisé ou diffus. Ce liquide peut être clair (pleurésie séro-fibrineuse), hémorragique ou purulent.

SYMPTÔMES

Une pleurésie se manifeste par une gêne respiratoire, une douleur sur un côté du thorax, une toux sèche et une fièvre en cas d'infection. Le diagnostic est confirmé par la radiographie des poumons et l'examen histologique et bactériologique d'une petite quantité de liquide prélevé par une ponction à l'aiguille. La pleurésie peut régresser spontanément, mais le malade doit être étroitement surveillé pour le cas où la maladie en cause progresserait et deviendrait cliniquement ou radiologiquement décelable.

TRAITEMENT

Il fait appel, selon la cause de la pleurésie, aux antibiotiques, aux antituberculeux ou aux anticancéreux. Si la gêne respiratoire est importante, on peut évacuer le liquide par ponction puis drainer la cavité pleurale.

Pleurodynie contagieuse

Affection virale caractérisée par des douleurs du thorax. SYN. *myalgie épidémique.*

La pleurodynie contagieuse est assez fréquente en été, en Amérique du Nord et dans les pays scandinaves ; elle peut aussi atteindre d'autres régions du monde. Due au virus coxsackie B, elle se propage par épidémies. Elle débute par des douleurs intenses à la base du thorax, sur le côté, avec une gêne respiratoire, un hoquet, de la fièvre et des maux de tête. La maladie guérit spontanément en quelques jours.

Pleuroscopie

Examen qui consiste à visualiser la plèvre (membrane séreuse enveloppant les poumons) en introduisant entre ses deux feuillets un endoscope (tube rigide muni d'un système optique). SYN. *thoracoscopie.*

Plèvre

Membrane recouvrant presque complètement le poumon, à l'exception du hile (petite région de sa face interne par où passent les vaisseaux et l'arbre bronchique).

La plèvre comprend deux feuillets qui se rejoignent au niveau du hile : la plèvre viscérale, qui tapisse le poumon, et la plèvre pariétale, qui tapisse la paroi thoracique. Ces feuillets sont séparés par un espace appelé cavité pleurale, contenant un film liquidien.

Les maladies de la plèvre, quand leur cause est connue, sont surtout infectieuses (tuberculose, en particulier) ou tumorales (mésothéliome, métastases d'un cancer d'une autre partie du corps). La cavité pleurale peut disparaître par accolement des feuillets (symphyse pleurale) ou, au contraire, augmenter de volume du fait d'un épanchement de liquide (pleurésie) ou d'air (pneumothorax).

Plèvre (cancer de la)

Prolifération de cellules tumorales dans le tissu pleural.

Cancer primitif de la plèvre

C'est le mésothéliome pleural, tumeur maligne dont la fréquence est en augmentation. Il provient dans 70 % des cas d'une inhalation d'amiante (asbestose), à laquelle sont exposés des sujets travaillant dans de nombreux secteurs industriels (extraction et tissage de l'amiante, construction navale, isolation des bâtiments). Les premiers signes apparaissent environ 35 ans après l'exposition, qui est parfois très courte (quelques mois) : douleurs sur un côté du thorax, pleurésie (épanchement de liquide entre les deux feuillets de la plèvre). Il n'y a pas de traitement vraiment efficace du mésothéliome, qui envahit progressivement la paroi du thorax et le poumon. Un dépistage précoce des sujets à risque, permettant l'utilisation rapide de nouveaux médicaments tels que l'interféron, devrait, à l'avenir, permettre de ralentir l'évolution de cette maladie.

Cancer secondaire de la plèvre

Il est en général dû à des métastases d'un cancer des bronches, du sein, de l'utérus, de l'ovaire ou du tube digestif. Il se manifeste presque toujours par une pleurésie (se traduisant par un essoufflement à l'effort) et par une altération de l'état général du malade.

Le traitement repose, d'une part, sur le traitement du cancer primitif (chimiothérapie, hormonothérapie), d'autre part sur l'évacuation du liquide pleural par ponction.

Plexus

Réseau de filets nerveux ou de vaisseaux anastomosés (réunis entre eux) de façon complexe. Le corps humain comprend de très nombreux plexus.

PATHOLOGIE

Les atteintes les plus fréquentes des plexus sont les traumatismes, les compressions, les tumeurs et les effets entraînés par la radiothérapie. Elles se traduisent par des paralysies et par des troubles sensitifs souvent douloureux. Les fractures du sacrum se compliquent souvent de lésions du plexus sacré.

Plongée (accident de)

→ VOIR Barotraumatisme, Caissons (maladie des), Décompression.

Plummer-Vinson (syndrome de)

Association d'une dysphagie (difficulté à déglutir) due à un diaphragme œsophagien (formation de tissu fibreux dans la partie haute de l'œsophage) et d'une anémie par manque de fer. SYN. *syndrome de Kelly-Paterson*.

Le syndrome de Plummer-Vinson touche essentiellement la femme jeune. Son origine reste obscure.

TRAITEMENT

Il débute par la correction de l'anémie à l'aide d'un régime adapté et d'une administration de fer. Lorsque la dysphagie persiste, des dilatations œsophagiennes par introduction d'une sonde à ballonnet peuvent être nécessaires. Ce syndrome constitue un état précancéreux et nécessite une surveillance régulière par endoscopie.

Pneumatose kystique

Affection caractérisée par la présence de kystes remplis de gaz dans la paroi de l'intestin grêle, du côlon ou du mésentère.

Pneumococcie

Infection due au pneumocoque, ou *Streptococcus pneumoniæ*, bactérie à Gram positif particulièrement virulente et pathogène.

Les pneumococcies sont répandues. Elles constituent notamment les plus courantes des pneumonies d'origine bactérienne. La fréquence des infections à pneumocoque (essentiellement infections respiratoires, méningites purulentes et infections généralisées, ou pneumococcémies) s'accroît chez les personnes dites à risque (enfants de moins de 2 ans, personnes âgées) et chez les sujets immunodéprimés.

Les manifestations d'une pneumococcie sont fonction de l'affection : fièvre, frissons, gêne respiratoire et expectoration jaune-vert pour la pneumonie ; douleur de la gorge, gêne à la déglutition et fièvre pour la pharyngite ; douleurs d'oreilles pour l'otite ; céphalées (maux de tête) et vomissements pour la méningite, etc.

DIAGNOSTIC ET TRAITEMENT

Le diagnostic est établi par l'isolement du germe dans un prélèvement (sang, pus issu de l'otite ou de la bronchite, liquide céphalorachidien) et par sa culture.

Le traitement repose sur des antibiotiques adaptés au germe et administrés pendant une quinzaine de jours, par voie veineuse dans les formes graves. Un vaccin couvrant 80 % des infections à pneumocoque est proposé aux sujets immunodéprimés et âgés.

Pneumoconiose

Toute affection diffuse des poumons due à l'inhalation prolongée de poussières répandues dans l'atmosphère.

Les pneumoconioses peuvent être dues à des poussières de silice (silicose), d'amiante (asbestose), de schiste (schistose, ou maladie des ardoisiers), de métaux divers tels que le fer ou le titane, de plastiques, de polyvinyles, de quartz, de talc ou de fibres de verre.

SYMPTÔMES ET SIGNES

Les premiers signes d'une pneumoconiose, affection le plus souvent liée à des activités professionnelles et qui ne débute qu'après plusieurs années d'exposition aux poussières, sont découverts lors d'examens radiologiques systématiques, pratiqués chez les sujets à risque. Puis apparaît une gêne respiratoire qui peut évoluer jusqu'à l'insuffisance respiratoire.

TRAITEMENT ET PRÉVENTION

Le traitement consiste à interrompre l'exposition aux poussières et à soigner les symptômes de l'insuffisance respiratoire (administration d'oxygène à domicile pour les formes évoluées). La prévention consiste à faire porter un masque aux personnes exposées à ces poussières sur leur lieu de travail et à effectuer une surveillance médicale systématique dans les professions à risque.

Pneumocoque

→ VOIR Streptococcus pneumoniæ.

Pneumocystose

Infection des poumons provoquée par un micro-organisme, *Pneumocystis carinii.* SYN. *pneumonie interstitielle à Pneumocystis carinii.*

CONTAMINATION

L'agent infectieux, dont la classification est incertaine (parasite ou champignon), vit sur de nombreux animaux sans provoquer chez eux de maladie particulière (il est dit saprophyte) et se rencontre dans toutes les régions du monde.

Il est probable que la maladie se contracte par les voies respiratoires.

La pneumocystose est une infection qui ne survient que chez les sujets dont les fonctions immunitaires (résistance aux microbes) sont altérées, par exemple les malades atteints de sida ou de leucémie, ou suivant un traitement immunosuppresseur (qui freine la production des globules blancs).

SYMPTÔMES ET SIGNES

Un sujet atteint d'une pneumocystose a une toux sèche, une fièvre et respire avec peine (dyspnée).

TRAITEMENT

L'administration de sulfamides permet la guérison. Un traitement d'attaque doit être administré durant 3 semaines et poursuivi à doses faibles aussi longtemps que subsiste l'immunodépression.

Pneumogastrique (nerf)

Nerf crânien issu du bulbe rachidien et innervant le cœur, les bronches, l'appareil digestif et les reins. SYN. *nerf vague.*

Pneumologie

Spécialité médicale qui se consacre à l'étude et au traitement des maladies des poumons, des bronches, de la plèvre et du médiastin (espace situé entre les poumons).

Pneumomédiastin

Infiltration d'air dans les tissus du médiastin (espace compris entre les poumons).

Un pneumomédiastin succède généralement à une rupture d'alvéoles pulmonaires (permettant à l'air des poumons de gagner le médiastin), cette rupture étant elle-même liée à un traumatisme du thorax ou provoquée, lors d'une crise d'asthme, par la distension des alvéoles ou encore, lors d'une bronchiolite virale, par l'inflammation des petites bronches et des alvéoles ; l'origine reste parfois inconnue.

Un pneumomédiastin se manifeste par une douleur thoracique centrale et une gêne respiratoire ainsi que par un emphysème sous-cutané à la base du cou (passage d'air dans les tissus sous-cutanés) donnant une sensation de crépitement à la palpation. Le traitement doit être mené en urgence : il vise à soigner les symptômes de la maladie (assistance respiratoire) et parfois à réparer chirurgicalement les lésions.

Pneumonectomie

Ablation chirurgicale d'un poumon.

Pneumonie

Infection du poumon provoquée par une bactérie ou par un virus.

Le terme de pneumonie concerne presque toujours en pratique la pneumonie franche lobaire aiguë, due à l'infection du poumon par le pneumocoque. Les symptômes, d'apparition brutale, associent une fièvre élevée (39-40 °C), des frissons intenses et souvent une douleur thoracique augmentant à l'inspiration.

Le traitement repose sur la pénicilline ou ses dérivés, administrés à fortes doses par injections dans les premiers jours puis en comprimés pendant une quinzaine de jours. En cas d'allergie à la pénicilline, on peut prescrire d'autres antibiotiques. La fièvre disparaît en 24 à 48 heures et la guérison est obtenue en quelques jours.

Pneumopathie

Toute maladie d'un poumon, ou des deux, quelle que soit sa cause.

Pneumopathie interstitielle

Toute maladie atteignant principalement le parenchyme (tissu fonctionnel) du poumon.

Les pneumopathies interstitielles sont des affections liées à des altérations de la membrane alvéolocapillaire (membrane à partir de laquelle s'effectuent les échanges gazeux - oxygène, gaz carbonique - entre l'air et le sang), qui peut se trouver épaissie, enflammée, œdémateuse ou fibreuse. Nombreuses sont les maladies qui peuvent être à l'origine d'une pneumopathie interstitielle : sarcoïdose, maladie infectieuse (d'origine virale, parasitaire, bactérienne ou mycosique), pneumoconiose, pneumopathie

d'hypersensibilité (maladies du poumon des éleveurs d'oiseaux ou du poumon de fermier), lymphangite carcinomateuse, insuffisance cardiaque gauche (œdème pulmonaire), granulomatose, connectivite, etc. La prise de certains médicaments (amiodarone, notamment) peut aussi provoquer une pneumopathie interstitielle.

Une pneumopathie interstitielle se traduit par un essoufflement à l'effort.

L'évolution des pneumopathies interstitielles est très variable selon la maladie en cause et la possibilité de la soigner : certaines guérissent spontanément (lorsqu'elles sont dues à une sarcoïdose, notamment) tandis que d'autres continuent à évoluer en dépit de tous les traitements. Dans certains cas, elles entraînent une insuffisance respiratoire chronique, nécessitant une oxygénothérapie.

Pneumothorax

Épanchement d'air dans la plèvre (membrane enveloppant le poumon).

Un pneumothorax est dû à l'introduction d'un certain volume d'air entre les deux feuillets de la plèvre, qui décolle ceux-ci en repoussant le poumon. Ce décollement peut être diffus ou localisé ; il arrive que les deux poumons soient atteints.

SYMPTÔMES

Un pneumothorax se traduit par une brusque douleur en coup de poignard sur le côté du thorax, une gêne respiratoire, voire une véritable suffocation. L'examen clinique du malade et la radiographie du thorax permettent d'établir le diagnostic.

TRAITEMENT

En cas de pneumothorax idiopathique (d'origine inconnue) avec gêne respiratoire modérée, le simple repos au lit permet d'attendre que l'air se résorbe spontanément, le poumon reprenant sa place en 1 ou 2 semaines. Dans les autres cas, un drainage est pratiqué avec une aiguille introduite entre deux côtes, reliée à un appareil aspirateur. Dans 30 % des cas, les pneumothorax idiopathiques récidivent, au bout de quelques mois ou de quelques années.

En cas de récidive, une symphyse pleurale est pratiquée : on accole définitivement les deux feuillets de la plèvre par injection d'un produit irritant (talc, notamment) ; cette intervention peut être effectuée par chirurgie conventionnelle ou par pleuroscopie (avec un tube muni d'un système optique et d'instruments de petite taille, introduit par une petite incision).

Poche des eaux

Espace rempli de liquide amniotique, compris entre la membrane ovulaire interne (amnios) et le fœtus.

La poche des eaux joue un rôle capital dans la protection du fœtus contre les traumatismes pendant la grossesse. Lors de l'accouchement, sous la pression des contractions utérines et du liquide amniotique, elle appuie sur le col de l'utérus et favorise sa dilatation.

RUPTURE SPONTANÉE

En général, la poche des eaux se rompt spontanément lorsque la dilatation du col atteint de 2 à 5 centimètres, mais il arrive aussi que cette rupture se produise plus tôt, en tout début de travail, annonçant ainsi l'imminence de l'accouchement. En cours de travail, la rupture des membranes entraîne une intensification et un rapprochement des contractions utérines. Cette rupture se manifeste soit par un lent écoulement de liquide, soit par un brusque jaillissement. Elle est indolore. Normalement, le liquide est clair. S'il est teinté de vert foncé, il indique la présence de méconium, première selle du fœtus, et signale une souffrance fœtale nécessitant le déclenchement de l'accouchement. Une rupture de la poche des eaux impose à la femme enceinte de se rendre sans délai à la maternité, car la protection du fœtus est diminuée et les risques d'infection sont plus importants.

Lorsque la rupture de la poche des eaux se produit de façon prématurée, c'est-à-dire avant 8 mois de grossesse, la femme enceinte est hospitalisée et surveillée en raison des complications possibles (infection, risque d'accouchement prématuré), nécessitant parfois le déclenchement de l'accouchement.

RUPTURE ARTIFICIELLE

Si la poche des eaux ne s'est pas rompue spontanément lorsque la dilatation du col atteint 5 centimètres et que la tête du fœtus est bien engagée, le médecin accoucheur ou la sage-femme perce les membranes avec une pince au cours d'une contraction.

Podologie

Spécialité orthopédique qui se consacre à l'examen, au diagnostic, au traitement et à la prévention des maladies du pied.

Poids corporel

Somme des poids des divers éléments de l'organisme : masse grasse, ou tissu adipeux, masse maigre (tissu conjonctif, muscles), squelette et eau.

ÉVOLUTION AU COURS DE LA VIE

Le poids (ainsi que son évolution) constitue, en médecine, l'un des indices les plus fiables. Chez l'enfant et l'adolescent, il permet de vérifier que la croissance se déroule normalement. Durant la grossesse, une prise de poids de 10 à 12 kilogrammes pour une femme de corpulence moyenne est fréquemment associée à un poids de naissance normal de l'enfant (supérieur à 2,5 kilogrammes). En règle générale, ce poids de naissance est multiplié par 2 à l'âge de 3 mois et par 3 à 1 an.

À l'âge adulte, le poids tend à s'ajuster autour d'une valeur à peu près stable si les apports énergétiques sont équilibrés. Le poids de chaque individu est largement fonction des caractéristiques génétiques de celui-ci. Les modifications survenant au cours de la vie résultent de l'influence de l'environnement (activité physique, alimentation, effet de certains médicaments, etc.) et de l'âge. Le poids tend à augmenter avec les années, de même que la masse grasse, alors que la masse maigre diminue. Chez les vieillards, cependant, il commence par fléchir régulièrement avant de se stabiliser.

VARIATIONS PATHOLOGIQUES

Toute variation importante de poids (perte ou augmentation) sur une courte période doit inciter à consulter un médecin. Elle peut, en effet, traduire une maladie, de cause organique ou autre (cancer, œdème, troubles du comportement alimentaire, troubles hormonaux). La mesure du poids représente aussi l'un des meilleurs critères de l'état de santé des personnes âgées, chez lesquelles toute chute pondérale rapide doit être corrigée sans délai pour éviter la dénutrition.

CORPULENCE

Au-delà de la seule mesure du poids, la prise en compte de la taille dans le calcul de l'indice de masse corporelle (I.M.C.) permet aussi d'évaluer la corpulence. Selon la valeur obtenue, le sujet entre dans l'une des catégories suivantes : maigre (indice inférieur à 18), mince (de 18 à moins de 20), normal (de 20 à 25), fort (de 25 à 30), obèse (supérieur à 30). Il existe, par ailleurs, plusieurs formules de calcul (incluant notamment l'âge) pour définir le poids idéal théorique, qui ne correspond pas nécessairement au poids « de forme » d'une personne (dans lequel celle-ci se sent bien).

MESURE DU POIDS

Elle se fait, pour les nouveau-nés et les nourrissons, avec un pèse-bébé (précision d'environ 10 à 20 grammes) et, dès que la station debout peut être assurée, sur une bascule pèse-personne (précision d'environ 50 grammes). Le poids sera mesuré toutes les semaines pendant le premier mois de la vie, tous les mois jusqu'à 6 mois, tous les 2 mois jusqu'à 1 an, puis de façon plus espacée ensuite.

Les courbes pondérales obtenues permettent, d'une part, d'apprécier le poids de l'enfant par rapport au poids moyen des enfants de son âge et de son sexe et, d'autre part, d'évaluer la courbe de sa croissance.
→ VOIR Croissance de l'enfant, Obésité.

Poignet

Segment du membre supérieur compris entre l'avant-bras et la main.

Le squelette du poignet est constitué de 8 os, appelés os du carpe, répartis en 2 rangées : les 4 os de la première rangée s'articulent avec les os de l'avant-bras ; les 4 os de la seconde rangée s'articulent avec le métacarpe. Il existe à la face palmaire du poignet un tunnel anatomique appelé canal

carpien, qui livre passage aux tendons fléchisseurs des doigts et au nerf médian. L'artère radiale (artère du pouls) chemine au poignet, à la base du pouce, le long d'un défilé appelé tabatière anatomique, où elle est superficielle et facilement palpable.

PATHOLOGIE

■ **Les fractures** du poignet sont particulièrement fréquentes, notamment les fractures du scaphoïde et celles de l'extrémité inférieure du radius.

■ **Les autres traumatismes** sont, d'une part, les entorses et les ruptures ligamentaires, qui peuvent entraîner une instabilité chronique du poignet, d'autre part les blessures cutanées, qui endommagent parfois les tendons et les nerfs.

■ **Les principales affections** du poignet sont le syndrome du canal carpien et l'arthrose de la racine du pouce (rhizarthrose). Par ailleurs, certains rhumatismes inflammatoires atteignent de façon prédominante le poignet (chondrocalcinose, polyarthrite rhumatoïde, etc.).

Poïkilodermie

Affection cutanée associant une atrophie de l'épiderme, une dyschromie (peau trop ou insuffisamment pigmentée) et des télangiectasies (dilatations des vaisseaux superficiels du derme), les zones touchées étant disposées en plaques ou en réseau.

Il n'existe pas, présentement, de traitement de la poïkilodermie, mais la protection contre le rayonnement solaire prévient son aggravation.

Poil

Élément filiforme très riche en protéines appelées kératines, faisant partie des phanères, annexes de la peau.

Jusqu'à la puberté, le corps est recouvert d'un fin duvet. À la puberté, les poils croissent, s'épaississent et foncent sous les aisselles, sur le pubis et – chez la plupart des hommes et chez certaines femmes – sur le torse, les membres, dans les narines et les conduits auditifs externes ainsi que sur le visage. Leur morphologie est variable : section ovale chez les Européens et les Noirs, ronde chez les Asiatiques. L'importance et la topographie de la pilosité dépendent, d'une part, des hormones androgènes (abondantes chez l'homme) et, d'autre part, d'un facteur héréditaire. La mélanine est responsable de la couleur du poil tandis que les kératines lui confèrent sa consistance.

STRUCTURE

Les poils et les cheveux ont la même structure. La partie du poil située dans la peau, qui prend naissance dans le derme et traverse l'épiderme, est appelée racine et la partie visible, tige. Racine et tige comprennent 3 cylindres concentriques : la moelle au centre, entourée de l'écorce, riche en mélanine et en kératines, et de la cuticule, riche en kératines. L'épiderme, à hauteur du pore (orifice par lequel le poil sort de la peau), s'enfonce pour former autour de la racine une gaine appelée follicule pileux. Ce follicule se termine par un renflement, le bulbe, présentant à sa base une petite dépression, la papille, par où pénètrent des vaisseaux nourriciers. Un muscle minuscule, appelé arrecteur du poil, ou horripilateur, est tendu obliquement entre le bulbe et l'épiderme ; quand il se contracte, le poil se redresse (chair de poule) : c'est le réflexe pilomoteur. Une glande sébacée est parfois annexée au poil et forme alors avec lui un follicule pilosébacé.

DIFFÉRENTS FACTEURS DE CROISSANCE

De nombreux facteurs contribuent à la pousse du poil.

■ L'**hérédité** joue un rôle essentiel, en particulier sur la longueur du cheveu.

■ Le facteur **saisonnier** se traduit par une augmentation du nombre de cheveux en phase télogène l'été, donc par une chute plus importante en automne.

■ Des facteurs **métaboliques**, tels qu'une carence en acides aminés, en sels minéraux, en acides gras et en vitamines, peuvent entraîner soit une chute, soit une dépigmentation ou une finesse excessive du cheveu.

■ Les facteurs **hormonaux** jouent également un rôle important.

PATHOLOGIE

L'hirsutisme est une pilosité excessive chez la femme, parfois due à un excès d'androgènes. L'alopécie (chute ou absence de poils et de cheveux) peut constituer la conséquence de nombreuses maladies (lupus, lichen, pelade, etc.) ou être congénitale.

Point de côté

Douleur localisée sur le côté du tronc, survenant à l'occasion d'un effort (course à pied, par exemple).

Le point de côté semble dû à une fatigue des muscles de la paroi du tronc et du diaphragme. La douleur, d'apparition brutale, siège en haut de l'abdomen, à droite ou à gauche ; de là, elle peut s'étendre, surtout au thorax. Elle dure quelques minutes ou plus, obligeant le sujet, gêné dans sa respiration, à arrêter l'effort. Le point de côté s'atténue plus rapidement si le sportif reprend une respiration lente et profonde et, dans certains cas, s'il appuie sur la zone douloureuse en se penchant en avant. Les points de côté surviendront moins souvent si le sportif veille à diminuer l'intensité de ses efforts (ou s'il intensifie le niveau de son entraînement), s'il s'échauffe suffisamment longtemps ou s'il améliore sa technique, par exemple en cherchant à régulariser son rythme s'il fait de la course de fond ou du jogging.

Point de suture

Point de couture pour rapprocher les lèvres d'une plaie ou d'une incision chirurgicale afin d'en faciliter la cicatrisation.

→ VOIR Suture.

Poisson

Animal vertébré aquatique dont la chair a une composition nutritionnelle proche de celle de la viande.

Le poisson apporte autant de protéines que la viande (de 16 à 20 grammes en moyenne pour 100 grammes). Il contient également de nombreux minéraux (potassium, chlore, sodium, calcium, etc.), des oligoéléments (zinc, fluor, manganèse, iode, etc.) et des vitamines du groupe B. La chair des poissons gras, de même que le foie de tous les poissons, renferme également des vitamines A et D.

La valeur énergétique des poissons varie de 70 à plus de 200 kilocalories pour 100 grammes, en fonction de leur teneur en lipides : moins de 1 % pour les poissons maigres (merlan, sole, cabillaud, lieu) ; de 1 à 5 % pour les poissons mi-gras (bar, rouget, dorade, raie) ; de 5 à 15 % pour les poissons gras (anchois, saumon, maquereau, sardine, thon). Il est recommandé de consommer du poisson au moins 2 fois par semaine.

Poliomyélite

Inflammation de la substance grise de la moelle épinière.

Le terme de poliomyélite est couramment utilisé pour désigner la poliomyélite antérieure aiguë.

Poliomyélite antérieure aiguë

Maladie virale aiguë due à un entérovirus, le poliovirus, qui détruit les neurones moteurs de la corne antérieure de la moelle épinière et les noyaux moteurs des nerfs crâniens, provoquant une paralysie des muscles innervés par ces neurones.

La poliomyélite antérieure aiguë, couramment appelée poliomyélite, touche principalement les enfants, d'où son autre nom de paralysie infantile. Le virus se transmet par ingestion d'eau ou d'aliments contaminés. Cette affection, autrefois très fréquente, est devenue tout à fait exceptionnelle dans les pays occidentaux grâce à la vaccination.

SYMPTÔMES ET SIGNES

Le plus souvent, l'infection ne donne lieu à aucune maladie, le poliovirus n'entraînant une poliomyélite paralysante que dans un pourcentage très restreint de cas.

Le début de la maladie est marqué, après une incubation de 8 jours (souvent en été ou à l'automne), par un état infectieux de type grippal (troubles intestinaux, courbatures, fièvre élevée, douleurs musculaires importantes), par de vifs maux de tête qui correspondent à une méningite à liquide clair et parfois par une rétention d'urines.

Dans un délai variant de quelques heures à quelques jours, les paralysies s'installent, toujours pendant la phase fébrile, qui dure environ 5 jours. Elles apparaissent de façon irrégulière et asymétrique, avec absence de réflexes des parties atteintes. Elles peuvent être totales pour certains muscles, partielles pour d'autres et une atrophie des muscles s'installe rapidement. Les paralysies atteignent la motricité des membres, isolément ou en association, le rachis, la musculature abdominale et, dans des cas plus graves et plus rares, elles peuvent s'étendre aux muscles de la respiration et de la déglutition.

ÉVOLUTION

Les séquelles musculaires constituent l'essentiel des préoccupations et font toute la gravité ultérieure de la poliomyélite, notamment chez l'enfant : atrophie des muscles, rétractions, défauts de la croissance d'un ou de plusieurs membres avec troubles trophiques, nécessitant des interventions de chirurgie orthopédique des membres ou de la colonne vertébrale en cas de cyphoscoliose. Les paralysies régressent plus ou moins complètement, le plus souvent partiellement, du quinzième jour suivant leur apparition jusqu'à un maximum de 2 ans.

TRAITEMENT

Il n'existe pas de traitement antiviral spécifique de la poliomyélite, la seule thérapeutique étant la rééducation, qui permet de limiter les déformations du squelette et les rétractions musculaires, conséquences des paralysies. La kinésithérapie doit donc être entreprise précocement, dès la disparition de la fièvre, et de façon continue.

PRÉVENTION

La vaccination est obligatoire dans de nombreux pays. Lorsqu'elle est correctement appliquée (3 injections dans la première année de la vie, suivies d'un rappel l'année suivante puis d'un rappel tous les 5 ans), elle protège contre cette maladie, grave du fait des infirmités qu'elle entraîne.

L'éradication de la poliomyélite est l'un des objectifs retenus par l'Organisation mondiale de la santé (O.M.S.) pour les prochaines années.

Poliovirus

Virus à A.R.N. du genre des entérovirus (famille des *Picornaviridæ*), responsable de la poliomyélite antérieure aiguë.

Pollakiurie

Augmentation anormale du nombre de mictions.

Le nombre de mictions varie normalement de 0 à 1 pendant la nuit, de 4 à 5 dans la journée. Une pollakiurie peut avoir des causes très diverses : maladie entraînant une irritation de la vessie (cystite, prostatite, tumeur ou lithiase urinaire) ; maladie responsable d'une vidange incomplète de la vessie par obstruction des voies urinaires (adénome ou cancer de la prostate, rétrécissement de l'urètre) ; maladie entraînant une réduction de la capacité vésicale (bilharziose, tuberculose vésicale, etc.).

Pollicisation

Intervention chirurgicale consistant à transformer un des doigts de la main en pouce, après la perte de ce dernier.

Pollinose

Toute affection allergique provoquée par les pollens contenus dans les étamines (organe mâle des plantes à fleurs), disséminés soit par le vent, soit par les insectes.

Les pollens les plus allergisants sont ceux des arbres, des graminées ou des pariétaires. La pollinose, prédominante au printemps, est la plus caractéristique des manifestations de l'atopie (tendance générale à développer des allergies). Elle peut se traduire par un coryza spasmodique (rhume des foins), une conjonctivite, de l'asthme, ces maladies pouvant être associées (surtout le coryza spasmodique et la conjonctivite). Ces troubles ont une évolution saisonnière.

TRAITEMENT

C'est celui des allergies : suppression, si c'est possible, de tout contact avec les allergènes ; prise de médicaments visant à réduire les symptômes (antihistaminiques, antidégranulants, corticostéroïdes locaux, bêtastimulants, anticholinergiques) ; si ce traitement se révèle inefficace, une désensibilisation par administration répétée de doses infimes d'allergènes peut être tentée.

Pollution

Dégradation, due à l'action humaine, de l'environnement par des substances chimiques, des déchets industriels, des nuisances ou contamination insalubre de l'environnement par des micro-organismes pathogènes.

PRÉVENTION

Préoccupation majeure, elle comporte la réglementation de l'emploi des engrais et des pesticides, le contrôle de la teneur en toxiques de l'eau et de l'air, le stockage et l'élimination, ou le retraitement, des déchets industriels, la limitation de la circulation automobile à certaines périodes dans les grandes villes, des mesures de sécurité et le contrôle des circuits (avec, au besoin, fermeture d'unités) dans les centrales thermonucléaires, le contrôle vétérinaire des denrées alimentaires, des règles d'hygiène hospitalière, etc.

Polyarthrite juvénile

→ VOIR Still (maladie de).

Polyarthrite rhumatoïde

Maladie rhumatismale inflammatoire caractérisée par une atteinte de la synoviale (membrane conjonctive tapissant la face interne des articulations).

La polyarthrite rhumatoïde est une maladie fréquente (1 % de la population), à prédominance nettement féminine (3 malades sur 4 sont des femmes). De cause inconnue, elle fait partie des maladies auto-immunes, au cours desquelles l'organisme produit des anticorps (facteur rhumatoïde) dirigés contre ses propres tissus.

SYMPTÔMES ET ÉVOLUTION

La polyarthrite rhumatoïde débute généralement entre 40 et 60 ans, sans facteur déclenchant connu. Elle touche essentiellement les articulations des membres, en particulier celles de la main, du poignet, de l'avant-pied ; ces atteintes, de gravité très variable, sont en général bilatérales et symétriques. Il est rare que les lésions touchent la colonne vertébrale, à l'exception de l'articulation entre les 2 premières vertèbres cervicales, qui peut être luxée. Les articulations sont gonflées, raides, déformées, douloureuses, surtout la nuit et en début de journée.

Après quelques années d'évolution, la polyarthrite rhumatoïde peut atteindre d'autres tissus conjonctifs que ceux des articulations : les tendons (ténosynovites) mais aussi la peau (nodules sous-cutanés), le péricarde (péricardite) ou les poumons (pleurésie, infiltrats pulmonaires, etc.). Les artères de petit calibre s'enflamment, provoquant des troubles sensitifs (engourdissement, fourmillements) et moteurs (paralysie d'un nerf) ou une nécrose cutanée. La polyarthrite rhumatoïde s'associe assez souvent au syndrome de Gougerot-Sjögren (yeux secs, bouche sèche), plus rarement au syndrome de Felty (grosse rate, baisse du taux sanguin de globules blancs). La maladie, chronique, évolue de manière assez imprévisible, par poussées entrecoupées de périodes de rémission. En l'absence de traitement, elle entraîne une impotence.

DIAGNOSTIC

Pendant les premiers mois de la maladie, le diagnostic repose sur la distribution et la chronicité des atteintes articulaires. Les dosages sanguins montrent des signes inflammatoires (accélération de la vitesse de sédimentation [V.S.], élévation des taux sanguins de protéine C-réactive) puis des signes immunologiques (facteur rhumatoïde, anticorps antinucléaires, etc.). Si on ponctionne une articulation atteinte, on en retire un liquide inflammatoire, et la biopsie de synoviale révèle une inflammation. Un ou deux ans plus tard, le facteur rhumatoïde peut être décelé dans le sérum de 70 % des patients. La radiographie montre des érosions osseuses et un pincement des interlignes articulaires - espace séparant les deux extrémités osseuses de l'articulation - dus aux pannus synoviaux, nodules inflammatoires formés par un épaississement de la membrane synoviale, qui détruisent peu à peu les cartilages, les os et les ligaments.

TRAITEMENT

Le traitement doit être permanent et associer plusieurs méthodes. Il repose sur les anti-inflammatoires (aspirine, indométacine ou corticostéroïdes en cas d'échec). La prise d'anti-inflammatoires est souvent plus efficace le soir au coucher, le plus tard possible. En traitement de fond sont surtout prescrits des sels d'or, des antipaludéens, de la thiopronine, de la salazopyrine, du méthotrexate. Ces médicaments ont tous une certaine toxicité, et les malades doivent faire l'objet d'une surveillance médicale régulière. Les traitements locaux consistent à prévenir l'apparition des déformations : infiltrations de corticostéroïdes, synoviorthèses (injections intra-articulaires d'une substance - acide osmique, isotope radioactif, etc. - permettant de détruire la synoviale atteinte), ablation de la synoviale par chirurgie conventionnelle ou par voie endoscopique, etc. L'ergothérapie permet de prévenir l'apparition des déformations. Une rééducation peut être nécessaire. Les cures thermales sont contre-indiquées en période évolutive. On observe que la grossesse induit souvent une complète rémission de la maladie, mais l'administration d'hormones ou d'extraits placentaires s'est révélée jusqu'à présent inefficace.

Polychondrite atrophiante

Maladie inflammatoire caractérisée par une atteinte des cartilages.

La polychondrite atrophiante, peu douloureuse, se traduit par un ramollissement, une déformation puis une réduction du volume des cartilages. La maladie touche principalement les cartilages du pavillon de l'oreille (oreille « en chou-fleur »), du nez (nez « de boxeur ») mais parfois aussi ceux de la trachée (entraînant des difficultés respiratoires pouvant être mortelles).

Le traitement repose sur la prise de corticostéroïdes.

Polyclinique

Établissement privé d'hospitalisation et de consultation où exercent des praticiens de spécialités différentes.

Polydactylie

Malformation congénitale, généralement héréditaire, caractérisée par l'existence d'un doigt ou d'un orteil surnuméraire, plus rarement de plusieurs.

Polydipsie

Sensation de soif exagérée, calmée par une prise de boisson abondante.

Une polydipsie s'accompagne presque toujours d'une polyurie (excrétion d'un volume d'urine supérieur à 3 litres par 24 heures) ; on parle alors de syndrome polyuropolydipsique. Le plus souvent, la polydipsie est consécutive à la polyurie, elle-même due à un diabète insipide, à un diabète sucré (hyperglycémie) ou à une autre maladie métabolique (hypercalcémie, hypokaliémie).

Polyglobulie

Augmentation de la masse totale des globules rouges de l'organisme, entraînant notamment une augmentation de la viscosité sanguine.

Polykystose ovarienne

→ VOIR Ovaires polykystiques (syndrome des).

Polykystose rénale

→ VOIR Maladie polykystique des reins.

Polyménorrhée

Règles survenant à intervalles trop fréquents (moins de 24 jours).

CAUSES

Une polyménorrhée est due à un raccourcissement du cycle menstruel soit dans la première phase (phase de maturation du follicule ovarien), soit dans la deuxième phase (phase lutéale, correspondant à la dégénérescence du follicule transformé en corps jaune). Le raccourcissement de la phase de maturation du follicule correspond à une hyperactivité ovarienne, qui peut entraîner une absence d'ovulation. Le raccourcissement de la durée de vie du corps jaune, plus fréquent, se rencontre surtout à la puberté et lors de la préménopause. En période d'activité génitale, cette insuffisance lutéale s'observe lors du syndrome des ovaires polykystiques, en cas d'hyperprolactinémie (sécrétion excessive de prolactine) ou encore en cas de prise de micropilules.

TRAITEMENT

Le raccourcissement de la première partie du cycle ne nécessite pas de traitement, sauf s'il n'y a pas d'ovulation : dans ce cas, l'administration d'hormones permet de déclencher celle-ci. Le traitement du raccourcissement de la deuxième phase du cycle (phase lutéale) repose sur l'administration de progestérone naturelle ou de progestatifs de synthèse et sur le traitement de la cause, lorsqu'il est possible.

Polymyosite

Maladie inflammatoire auto-immune (lors de laquelle l'organisme produit des anticorps dirigés contre ses propres tissus) caractérisée par une atteinte, isolée ou non, des muscles striés.

Les symptômes des polymyosites sont très variables. Les muscles atteints, en général ceux des cuisses et des épaules, sont douloureux et manquent de force : le malade a du mal à se lever d'une chaise, à se redresser d'une position allongée, à marcher, à se coiffer puis, enfin, à avaler. À cette atteinte musculaire peuvent s'associer des lésions purpuriques, des douleurs articulaires, une fièvre parfois élevée, une hypertrophie des ganglions, etc.

L'évolution peut être aiguë et atteindre le muscle cardiaque ; subaiguë, avec un risque d'atteinte respiratoire ; ou chronique. Le traitement repose sur la prescription d'anti-inflammatoires (corticostéroïdes, notamment) et d'immunosuppresseurs.

Polynévrite

Atteinte du système nerveux périphérique caractérisée par des troubles sensitifs et moteurs survenant symétriquement des deux côtés du corps et prédominant à l'extrémité des membres.

CAUSES

Elles sont diverses : intoxication (alcoolisme), anomalie génétique, carence alimentaire, infection, inflammation, syndrome paranéoplasique (sécrétion par une tumeur cancéreuse d'une substance qui diffuse dans l'organisme et attaque le système nerveux), trouble métabolique (diabète sucré).

SYMPTÔMES ET SIGNES

Lors d'une polynévrite, les atteintes sont simultanées pour tous les nerfs concernés chez un patient donné, les troubles étant dans la plupart des cas à la fois sensitifs et moteurs. L'évolution peut être aiguë ou chronique.

■ **Les troubles sensitifs** sont des paresthésies (sensations désagréables, telles que des fourmillements ou des picotements, ressenties dans la peau), une altération de la sensibilité à la température et à la douleur et une altération des sensations proprioceptives (relatives aux articulations et aux muscles). La topographie de ces anomalies est dite « en chaussettes » et « en gants ».

■ **Les troubles moteurs** sont des paralysies débutant généralement aux membres inférieurs et concernant les muscles releveurs du pied.

TRAITEMENT

Il n'y a pas de traitement spécifique. L'affection peut régresser spontanément. Dans d'autres cas, elle régresse ou disparaît avec le traitement de la cause.

Polynucléaire

Globule blanc caractérisé par un noyau à plusieurs lobes et des granulations spécifiques. SYN. *granulocyte*.

Polynucléaire basophile

Globule blanc caractérisé par de grosses granulations cytoplasmiques présentant une affinité marquée pour les colorants basiques.

Polynucléaire éosinophile

Globule blanc caractérisé par un noyau à 2 lobes et par de grosses granulations présentant une affinité marquée pour les colorants acides tels que l'éosine.

Les polynucléaires éosinophiles ont des fonctions liées essentiellement à la défense antiparasitaire et aux réactions allergiques ; ils ne semblent pas remplir de fonction antibactérienne.

Polynucléaire neutrophile

Globule blanc caractérisé par un noyau présentant plusieurs lobes, 3 le plus souvent, et par de fines granulations du cytoplasme possédant une affinité marquée pour les colorants neutres.

Le nombre de polynucléaires neutrophiles est normalement compris entre 1 700 et 7 500 par millimètre cube de sang.

Leur rôle essentiel est la défense de l'organisme contre les micro-organismes étrangers, bactéries et levures.

Polynucléose

Augmentation au-delà des valeurs normales du nombre des globules blancs dits polynucléaires.

La polynucléose neutrophile, la plus fréquente, est généralement le signe d'une inflammation ou d'une infection, mais elle peut être due aussi au tabagisme ou à un traitement par les corticostéroïdes. La polynucléose basophile, ou basophilie, ne s'observe pratiquement jamais sans atteinte des autres polynucléaires. La polynucléose éosinophile, plus volontiers dénommée éosinophilie, ou hyperéosinophilie, s'observe dans les allergies, les parasitoses, diverses dermatoses, la périartérite noueuse et les syndromes apparentés et dans les leucémies.

Polype

Tumeur le plus souvent bénigne, généralement pédiculée, qui se développe sur les muqueuses des cavités naturelles de l'organisme.

Les polypes, qui peuvent être uniques ou multiples, font plus ou moins saillie sur la paroi de l'organe : ils sont souvent pédiculés (reliés à l'organe par un axe conjonctif revêtu de muqueuse), plus rarement sessiles (peu saillants). Ils siègent de préférence dans le tube digestif (côlon, estomac, rectum), sur la muqueuse utérine, dans le nez et dans le larynx. Les polypes de la vessie sont improprement appelés polypes : ce sont des papillomes. Les polypes coliques et rectaux sont soit du type dit « juvéniles » et ne dégénérant pas, soit adénomateux et pouvant dégénérer en cancer. Un cancer peut également prendre l'aspect d'un polype.

SYMPTÔMES ET SIGNES

Les symptômes varient suivant la localisation des polypes, qui passent parfois inaperçus et sont révélés par hasard. Les plus volumineux peuvent obstruer un conduit.

■ Les polypes de la cavité utérine peuvent être la cause de saignements.

■ Les polypes des cordes vocales se manifestent par une modification de la voix.

■ Les polypes digestifs entraînent des hémorragies peu abondantes.

■ Les polypes des fosses nasales se manifestent par une obstruction nasale, par une rhinorrhée (écoulement de liquide) et parfois par une perte de l'odorat. Les polypes présents dans une seule fosse nasale sont le plus souvent consécutifs à une sinusite chronique ou à une tumeur. Ils sont bénins dans la plupart des cas. La présence de polypes simultanément dans les deux fosses nasales constitue la manifestation d'une polypose nasosinusienne.

■ Les polypes du méat urétral surviennent principalement chez la femme âgée. Bénins, ils prennent la forme de saillies rouges, parfois pédiculées, et se manifestent par des douleurs locales au frottement, des saignements et aussi, dans certains cas, par des difficultés à la miction.

DIAGNOSTIC

Certains polypes, tels ceux des fosses nasales, du méat urétral ou du col utérin, peuvent être vus directement. Le toucher rectal permet de sentir la présence de polypes du rectum. La mise en évidence des polypes est effectuée par endoscopie (hystéroscopie pour l'utérus, coloscopie pour le côlon, laryngoscopie pour les cordes vocales, cystoscopie pour la vessie). La biopsie révèle la nature, précancéreuse ou non, du polype.

ÉVOLUTION

Certains polypes sont considérés comme des formations précancéreuses. Les polypes du côlon, en particulier, sont sujets à évolution maligne.

TRAITEMENT

Il consiste en l'ablation chirurgicale des polypes, généralement par voie endoscopique, suivie de leur examen histologique.

Polypectomie

Ablation chirurgicale d'un polype.

Polypose

Affection caractérisée par le développement dans un organe (côlon essentiellement) de plusieurs polypes.

Polypose digestive

Maladie caractérisée par la présence de multiples polypes sur la muqueuse qui tapisse le tube digestif.

Polyradiculonévrite

Atteinte diffuse des racines nerveuses et des nerfs périphériques par dysfonctionnement de la myéline (gaine des fibres du système nerveux).

Polytraumatisme

Ensemble des troubles dus à plusieurs lésions d'origine traumatique, dont une au moins menace la vie du blessé.

Polyurie

Augmentation (au-dessus du seuil de 3 litres) de la quantité des urines émises pendant 24 heures.

Une polyurie peut être due à une prise excessive de boissons, à un diabète insipide, à un diabète sucré mal équilibré, à certaines maladies rénales chroniques, à des perfusions abondantes ou à la prise de certains médicaments (lithium).

Pompe (maladie de)

Affection héréditaire à transmission autosomique récessive, appartenant au groupe des glycogénoses et caractérisée par un déficit en alpha-1-4-glucosidase, l'une des enzymes du métabolisme du glycogène.

La maladie de Pompe se transmet exclusivement par les chromosomes autosomes (non sexuels) sur un mode récessif (le gène porteur devant être reçu du père et de la mère pour qu'elle se développe).

Cette affection se traduit par une faiblesse généralisée et par un accroissement du volume du foie (hépatomégalie) ; à ces symptômes s'associent en général, chez l'enfant, une insuffisance cardiaque et, chez l'adulte, une insuffisance respiratoire.

Le pronostic de la maladie est particulièrement sévère mais, lorsque celle-ci s'est déjà manifestée dans une famille, on peut en évaluer le risque pour les enfants à naître grâce au conseil génétique. Elle peut également être décelée avant la naissance par dosage de l'enzyme responsable sur prélèvement fœtal.

Ponction

Acte consistant à introduire une aiguille ou à pratiquer une ouverture étroite dans un tissu, un organe, une cavité naturelle ou pathologique pour en extraire un gaz, un liquide ou pour en prélever un échantillon.

À l'occasion d'une ponction, on peut également réaliser une injection de produit.

TECHNIQUE

Une ponction se pratique avec une aiguille ou un trocart (canule coupante ou perçante). Le site d'entrée, sur la peau, de l'instrument servant à la ponction doit être exactement précisé, grâce à l'examen clinique (examen du patient) et, éventuellement, à la radiographie. La peau est désinfectée et généralement anesthésiée.

L'échantillon prélevé par ponction est analysé, examiné histologiquement (biopsie) ou mis en culture en laboratoire dans un dessein diagnostique.

Les ponctions exploratrices permettent d'établir ou de confirmer un diagnostic. Les ponctions évacuatrices peuvent être suivies de l'injection de produits médicamenteux destinés, par exemple, à soulager la douleur.

Ponction-biopsie

Acte consistant à introduire un trocart dans un tissu vivant et à prélever un fragment de celui-ci à des fins d'analyse.

INDICATIONS

Une ponction-biopsie se pratique lorsque le prélèvement à faire est profond.

PRÉPARATION ET DÉROULEMENT

Cette intervention nécessite des examens préalables qui permettent de vérifier que l'hémostase (ensemble des phénomènes naturels responsables de l'arrêt d'une hémorragie) est proche de la normale : processus de coagulation et taux de prothrombine corrects, nombre suffisant de plaquettes. Cette précaution permet d'éviter le risque de saignements locaux. Une courte hospitalisation est souvent indispensable.

Les repères du site de ponction sont généralement pris à l'aide d'une radiographie ou d'une échographie. La ponction-biopsie se fait sous anesthésie locale avec un trocart (canule coupante ou perçante qui permet de prélever un petit morceau cylindrique – ou carotte – de l'organe ou de la tumeur à étudier). La manipulation de l'instrument est souvent guidée par échographie ou par scanner. Le fragment de tissu extrait est ensuite examiné à l'aide de divers instruments et techniques : microscope optique, microscope électronique, dosages chimiques, mise en culture microbienne ou tissulaire. Une surveillance postopératoire du patient est nécessaire.

Ponction lombaire

Acte consistant à introduire une aiguille creuse dans le cul-de-sac rachidien lombaire (partie inférieure de la colonne vertébrale) puis à prélever et/ou à évacuer du liquide céphalorachidien et/ou à injecter un médicament ou un produit de contraste.

TECHNIQUE

Le médecin doit s'assurer qu'il n'existe pas de contre-indication à la ponction lombaire (P.L.) et, notamment, que le malade n'est pas atteint d'une hypertension intracrânienne, dépistable par un examen du fond d'œil. En l'absence de contre-indication, la ponction lombaire ne présente pas de danger. L'introduction d'une seule aiguille fine assortie d'un système de changement de seringue permet, au besoin, diverses opérations successives : prélèvement de liquide céphalorachidien (L.C.R.) puis introduction d'un produit de contraste avant une saccoradiculographie. Dans la plupart des cas, une ponction lombaire n'est pas particulièrement douloureuse. Elle est effectuée le plus souvent sans anesthésie dans le cadre d'une hospitalisation pour un syndrome méningé ou une affection dégénérative du système nerveux central, par exemple.

Le patient devra rester allongé 24 heures après l'intervention pour éviter l'apparition de maux de tête.

Pontage

Réunion de deux vaisseaux sanguins par une greffe vasculaire ou par un tube plastique afin de restaurer une circulation normale et de court-circuiter un rétrécissement ou une obstruction artériels.

Même si ces interventions restent des actes de chirurgie lourde, leur technique est aujourd'hui parfaitement maîtrisée et leur pronostic est bon.

INDICATIONS

Une artère rétrécie par l'athérome (dépôt graisseux sur la paroi artérielle interne) voit son débit sanguin diminuer au point que le fonctionnement normal des organes qu'elle irrigue est parfois gêné, particulièrement pendant les efforts physiques, qui accroissent leurs besoins en apport sanguin. Le pontage permet d'éviter une détérioration de ces organes.

TECHNIQUE

Quel que soit le lieu où s'effectue le pontage, la technique est identique à celle du pontage aortocoronarien.

Pontage aortocoronarien

Pose d'un greffon entre l'aorte et l'artère coronaire afin de rétablir une circulation sanguine normale dans un tronçon artériel rétréci ou occlus.

INDICATIONS

Il est décidé de pratiquer un pontage aortocoronarien lorsque la coronarographie (examen radiographique permettant de visualiser les artères coronaires après injection d'un produit de contraste) montre une sténose (rétrécissement), lorsque le ventricule gauche du cœur a des difficultés à se contracter, lorsque le patient est gêné par un angor (angine de poitrine) ou lorsque les symptômes de l'insuffisance coronarienne ne peuvent être réduits par un traitement médicamenteux. Cette décision est prise afin d'éviter la survenue d'un infarctus du myocarde.

TECHNIQUE

L'opération est effectuée sous anesthésie générale et peut durer jusqu'à 5 heures. Le chirurgien incise verticalement le thorax, au milieu du sternum, puis ouvre le péricarde. Le patient est alors relié à une machine cœur-poumon qui assure les fonctions cardiaques et respiratoires pendant l'opération sur le cœur. La coronaire est ensuite incisée. Un segment de veine, prélevé sur le corps du patient, est connecté en amont du rétrécissement, tandis que l'autre extrémité est reliée à l'artère en aval de celui-ci. Quand les rétrécissements des artères coronaires sont multiples, le chirurgien effectue plusieurs pontages au cours de la même intervention ; on parle alors de double, de triple ou de quadruple pontage. Le pontage achevé, la circulation sanguine naturelle est rétablie.

CONVALESCENCE

Après 3 ou 4 jours de surveillance dans un service de soins intensifs, le patient reste à l'hôpital une douzaine de jours. Ensuite, la convalescence avec réadaptation à l'effort dure 6 semaines environ.

PRONOSTIC

Cette technique, très sophistiquée, est d'un pronostic excellent.

Porokératose

Maladie cutanée se traduisant par des lésions hyperkératosiques (épaississement de la couche cornée), déprimées en leur centre et bordées d'un bourrelet caractéristique (face interne abrupte et face externe se raccordant en pente douce à la peau voisine).

Le traitement, peu efficace, repose soit sur l'application de kératolytiques, soit sur la cryothérapie (application de froid), souvent suivies d'une récidive des lésions, ou sur l'administration de rétinoïdes, ou encore sur l'ablation chirurgicale des lésions lorsque cela est possible. Le traitement préventif consiste à protéger la peau du rayonnement solaire (crème de type écran total), qui est un facteur aggravant.

Porome eccrine

Tumeur bénigne de la peau développée à partir du pore excréteur d'une glande sudoripare (glande sécrétant la sueur).

Porphyrie

Maladie héréditaire due à un trouble de la synthèse de l'hème (fraction non protéique de l'hémoglobine) et caractérisée par l'accumulation dans les tissus de substances intermédiaires de cette synthèse, les porphyrines.

Les porphyries sont des maladies très rares.

DIFFÉRENTS TYPES DE PORPHYRIE

Il existe plusieurs formes de porphyrie, correspondant à des mutations des gènes de différentes enzymes de la synthèse de l'hème. L'apparition des symptômes est variable, certains survenant au cours de l'enfance, d'autres à l'âge adulte.

■ La protoporphyrie se manifeste dès l'enfance par de légers troubles cutanés après exposition au soleil.

■ La porphyrie intermittente aiguë se manifeste le plus souvent à l'âge adulte par des douleurs abdominales aiguës, parfois des crampes, une faiblesse musculaire et des troubles psychiques. Les urines deviennent rouges quand on les laisse reposer. De nombreux médicaments, tels que les barbituriques, les contraceptifs oraux, les sulfamides et la phénytoïne, sont à l'origine de ces crises.

■ La porphyrie varietaga, ou mixte, est proche de la porphyrie intermittente aiguë mais le sujet présente, en outre, des bulles sur les régions cutanées exposées au soleil.

■ La coproporphyrie héréditaire, également voisine de la porphyrie intermittente aiguë, peut aussi se traduire par des anomalies cutanées.

■ La porphyrie cutanée tardive, la plus fréquente, se révèle volontiers à l'âge adulte, d'où son nom, et se traduit par des bulles sur la peau après exposition au soleil. En cas de blessure, la cicatrisation est longue. Les urines sont parfois rosées ou marron. Les troubles sont souvent déclenchés par une maladie du foie, parfois d'origine alcoolique.

■ La porphyrie érythropoïétique congénitale, ou maladie de Günther, se traduit dès la naissance par des éruptions cutanées, une augmentation du volume de la rate, une coloration rouge des dents et par des accidents hémolytiques aigus (destruction subite d'une grande quantité de globules rouges).

TRAITEMENT

Le traitement, difficile, consiste d'abord à éviter les facteurs déclenchants : exposition au soleil, médicaments. L'administration de glucose ou d'un médicament chimiquement apparenté à l'hème peut être utile pour traiter les crises de porphyrie intermittente aiguë, de porphyrie varietaga ou de coproporphyrie héréditaire. Dans la porphyrie cutanée tardive, une phlébotomie (saignée veineuse) est parfois pratiquée.

Porte (veine)

Grande veine de l'abdomen drainant le sang des viscères intestinaux vers le foie.

PATHOLOGIE

Une augmentation de la pression sanguine dans la veine porte, appelée hypertension portale, peut être provoquée par de nombreuses maladies (maladies hépatiques, cirrhose surtout ; compression ou thrombose de la veine porte), qui créent un obstacle à l'écoulement du sang à cet endroit. Cette élévation de pression provoque la dilatation des veines en amont de l'obstacle et le développement d'un réseau secondaire contournant l'obstacle : ce sont les anastomoses portocaves. Les dilatations veineuses (varices œsophagiennes ou gastriques) peuvent se rompre et entraîner une hémorragie grave.

Position latérale de sécurité

Position dans laquelle on met les blessés et les malades qui sont inconscients mais qui ont conservé une respiration spontanée satisfaisante.

La position latérale de sécurité permet de protéger les voies respiratoires du sujet : d'une part, les vomissements ou les saignements s'écoulent au sol et ne risquent pas d'être inhalés, d'autre part la position empêche une chute de la langue en arrière et l'obstruction du larynx qui en résulterait. La personne inanimée est placée sur le côté, la jambe du dessus fléchie ; sa tête est basculée vers l'arrière, la bouche étant orientée vers le sol. Ces manœuvres doivent être réalisées avec douceur, en soutenant la tête de la victime pour ne pas aggraver des lésions éventuelles du rachis cervical.

Posologie

Dose d'un médicament à prendre lors d'un traitement.

Deux indications essentielles figurent sur l'ordonnance du médecin : la dose à prendre pour chaque prise et la dose pour 24 heures. Pour certains médicaments très actifs, comme les aminosides (antibiotiques) ou les digitaliques, qui peuvent être toxiques au-delà d'une certaine quantité, le médecin tient également compte de la dose hebdomadaire ou de la dose totale absorbée au cours du traitement.

FACTEURS DÉTERMINANT LA POSOLOGIE

La posologie est liée surtout à la nature du médicament et à sa puissance d'action (en ordre de grandeur, les quantités prescrites vont, par exemple, du milligramme pour l'œstradiol au gramme pour l'aspirine), au mode d'administration (les doses sont généralement plus élevées par voie orale que par injection, car l'absorption digestive est rarement totale), à l'âge du patient et aux maladies qu'il peut avoir en même temps que la maladie traitée (l'insuffisance rénale, en particulier, rend délicate l'administration des médicaments qui sont moins facilement éliminés par le rein). Il doit également être tenu compte de l'affection traitée (certaines douleurs peuvent être soulagées avec 2 grammes d'aspirine, alors que 5 grammes suffisent à peine dans le traitement des crises de rhumatisme inflammatoire), d'éventuelles interactions avec d'autres médicaments, du sexe, parfois de facteurs héréditaires.

La marge thérapeutique correspond à la différence entre dose thérapeutique et dose toxique. Elle est parfois très faible ; c'est le cas, en particulier, pour les dérivés de la digitaline. Il faut donc se conformer très exactement à la prescription du médecin.

En général, lors de l'oubli d'une prise, il suffit de prendre le médicament dès que l'on constate l'omission et d'attendre au minimum 2 heures avant de reprendre la suite du traitement. Si l'oubli se répète, il est préférable de demander conseil au pharmacien ou au médecin ayant prescrit le médicament.

Posthypophyse

Partie postérieure de l'hypophyse (petite glande endocrine située sous l'encéphale), reliée à l'hypothalamus (structure cérébrale régulatrice des fonctions de l'organisme) par la tige pituitaire et assurant le stockage d'hormones provenant des neurones hypothalamiques.

Postmaturité

État d'un enfant né après terme (au-delà de 43 semaines d'aménorrhée).

Au-delà du terme normal (41 semaines d'aménorrhée), une grossesse doit faire l'objet d'une surveillance étroite ; l'accouchement est habituellement déclenché après une semaine de retard. Si un tel enfant est plus fragile in utero, en revanche, sa surveillance après la naissance n'est pas différente de celle d'un enfant né à terme.

Post-partum

Période s'étendant de l'accouchement au retour de couches (réapparition des règles).
SYN. *puerpéralité, suite de couches.*

Le post-partum dure environ six semaines lorsque la mère n'allaite pas, plus longtemps si elle allaite. En l'absence d'allaitement, les premières règles (retour de couches) réapparaissent environ 45 jours après l'accouchement. En cas d'allaitement, les règles se produisent habituellement entre 10 et 12 semaines après l'accouchement. Dans les deux cas, le retour de couches est parfois précédé d'une ovulation.

MODIFICATIONS ANATOMOPHYSIOLOGIQUES

L'utérus se contracte après la délivrance pour former une boule (globe utérin). Il retrouve ensuite peu à peu sa taille (8 centimètres de hauteur) et son poids (70 grammes) antérieurs à la grossesse. Cette rétraction s'accompagne de tranchées utérines (contractions utérines douloureuses), dont l'intensité augmente avec le nombre des naissances et qui durent de 2 à 6 jours.

Pendant 3 semaines environ, des pertes sanguines, dites lochies, apparaissent. Rouge vif pendant quelques jours, elles rosissent puis brunissent et cessent vers la fin de la 3ᵉ semaine.

Les muscles et les ligaments périnéaux distendus retrouvent leur tonus, précédant en cela les muscles de la paroi abdominale, ramollie après l'accouchement. Les seins se modifient : si la femme allaite, le colostrum (liquide jaunâtre sécrété après l'accouchement) fait place à une montée de lait, qui durcit la poitrine, le 3ᵉ jour après la naissance ; si elle n'allaite pas, un traitement permet le tarissement de la sécrétion lactée, et les seins reprennent plus vite leur volume normal.

Le poids diminue progressivement. Aux 5 kilogrammes perdus lors de l'accouchement s'ajoutent, dans les jours qui suivent, 2 ou 3 kilogrammes dus à l'élimination de liquide.

Des précautions contraceptives doivent être envisagées dès le 25ᵉ jour du post-partum car une ovulation peut se produire avant le retour de couches.

MODIFICATIONS PSYCHOAFFECTIVES

Les jours qui suivent l'accouchement sont fréquemment marqués par un état d'hypersensibilité, d'euphorie ou d'irritabilité et par une insomnie. Actuellement, les méthodes de psychothérapie visant à la « familiarisation » du rapport mère-enfant préviennent et réduisent considérablement les problèmes psychiques du post-partum.

Posture

1. Position du corps ou d'une de ses parties dans l'espace.

De nombreuses affections peuvent entraîner des troubles de la posture : maladies neurologiques (sclérose en plaques, maladie de Parkinson), affections ostéoarticulaires (scoliose, cyphose, polyarthrite rhumatoïde, spondylarthrite ankylosante) ou musculaires (dystrophie musculaire). Parfois, une mauvaise posture est due à la pérennisation d'une attitude incorrecte (tête penchée, dos voûté, épaules tombantes) ou à un excès de poids.

2. Technique de kinésithérapie utilisée pour prévenir ou corriger une mauvaise position.

La posture consiste à maintenir la partie du corps concernée dans la bonne position à l'aide de sangles, d'une gouttière ou d'un lombostat en plâtre ou en résine.

Potassium

Métal alcalin très répandu dans la nature sous forme de sels et qui joue un rôle important dans l'équilibre électrolytique de l'organisme.

L'organisme d'un adulte de 65 kilogrammes renferme près de 160 grammes de potassium. Celui-ci joue un rôle dans les réactions chimiques mettant en jeu les protéines et les glucides, dans la régulation de la pression artérielle et surtout dans les phénomènes d'excitabilité et de contraction, caractéristiques des cellules nerveuses et musculaires. Les principales sources alimentaires de potassium sont les légumes et les fruits, les viandes, le chocolat, etc.

La kaliémie, ou concentration sanguine en potassium, est maintenue constante (entre 3,5 et 5 millimoles par litre), notamment, grâce à une élimination rénale dont la régulation est assurée par des hormones telles que l'aldostérone.

Potentiels évoqués (enregistrement des)

Méthode d'étude de l'activité électrique des voies nerveuses de l'audition, de la vision et de la sensibilité corporelle.

INDICATIONS

L'enregistrement des potentiels évoqués est utilisé lorsque l'on veut savoir si une fonction sensorielle est atteinte (évaluation d'une perte auditive, par exemple) ou quand les autres techniques d'examen ne sont pas assez performantes : cas des anomalies à leur début, encore très faibles et donc difficiles à détecter (surtout dans le cas de la sclérose en plaques) ; cas de malades ne pouvant coopérer (jeune enfant, personne dans le coma).

PRINCIPE

L'organe sensoriel à étudier est stimulé par un choc électrique transcutané de brève durée pour l'étude de la sensibilité somesthésique (d'origine corporelle), par un flash lumineux (pour la sensibilité oculaire) ou par un son (pour la sensibilité auditive). Cette stimulation provoque un influx nerveux, le potentiel évoqué, qui part de l'organe testé et se transmet aux fibres nerveuses et parvient aux centres nerveux. Cette activité électrique est enregistrée par des électrodes placées, avant le début de l'examen, en différents points du corps – selon l'organe testé - et reliées à un appareil qui la transcrit sous forme de courbes. On déduit l'existence d'une anomalie en analysant ces courbes.

DÉROULEMENT

L'examen en lui-même ne requiert pas d'hospitalisation, mais il est souvent pratiqué sur des personnes hospitalisées en raison de ses indications.

Potentiels tardifs (recherche des)

Technique visant à détecter l'existence d'une activité électrique anormale au sein du muscle cardiaque, principalement au niveau des ventricules.

Les potentiels tardifs ventriculaires permettent de dépister les malades qui présentent un risque de troubles graves du rythme ventriculaire, principalement à la suite d'un infarctus du myocarde, et ceux qui se trouvent exposés à un risque élevé de mort subite.

Cet examen est indolore et sans risques. Il ne nécessite pas d'hospitalisation.

Potomanie

Besoin irrépressible de boire constamment.

Un potomane boit tout liquide passant à sa portée, principalement de l'eau. On rencontre la potomanie surtout chez le sujet hystérique. On l'observe également dans certains désordres métaboliques tels que le diabète sucré et le diabète insipide. Lorsqu'elle n'est pas d'origine organique, son traitement est principalement d'ordre psychothérapique.

Pott (mal de)

Localisation vertébrale de la tuberculose.

Le mal de Pott débute à n'importe quel niveau de la colonne vertébrale, ou rachis, par une spondylodiscite, infection des disques intervertébraux. L'infection s'étend ensuite aux vertèbres elles-mêmes. Elle est actuellement rare dans les pays développés en raison de la vaccination (B.C.G.). Elle y frappe surtout les personnes âgées, celles présentant des déficits immunitaires ou encore les sujets ayant des antécédents tuberculeux personnels ou familiaux.

SYMPTÔMES ET SIGNES

La maladie débute par des douleurs rachidiennes d'intensité croissante (torticolis, lumbago), exagérées par l'effort ou par la toux ; elles peuvent s'accompagner d'irradiations douloureuses (sciatique). La contracture musculaire, répondant à la douleur, limite la mobilité (difficulté de se pencher en avant ou sur le côté). Ces signes s'associent à une fatigue, à un amaigrissement, à une perte de l'appétit et à une fièvre légère. Si la maladie n'est pas traitée à ce stade, son évolution entraîne des complications graves. L'écrasement des vertèbres et l'effondrement de la colonne vertébrale par télescopage des vertèbres provoquent la formation d'une gibbosité (bosse) permanente et définitive.

TRAITEMENT

Le traitement se fonde sur l'administration d'antibiotiques pendant un an. Il est parfois nécessaire d'immobiliser la colonne vertébrale par une coquille plâtrée. À défaut, le repos strict au lit pendant plusieurs mois peut suffire.

Pou

→ VOIR Pédiculose.

Pouce

Premier doigt de la main.

Le pouce n'a que 2 phalanges et peut, grâce à des muscles et à des articulations spécifiques, s'opposer aux autres doigts, ce qui permet le mouvement de pince, essentiel à la préhension.

PATHOLOGIE

■ Les fractures du pouce sont fréquentes et souvent graves, car elles risquent de retentir sur le fonctionnement de la main. Les fractures des phalanges sont généralement traitées par immobilisation plâtrée ; les fractures de la base du 1er métacarpien nécessitent généralement une ostéosynthèse chirurgicale (réunion des fragments osseux à l'aide d'une broche ou d'une miniplaque).

■ Les plaies du pouce peuvent être graves : atteinte directe du tendon fléchisseur ou plaie du nerf médian au poignet (nerf qui commande notamment le mouvement d'opposition du pouce).

■ Les rhumatismes du pouce (rhizarthrose, polyarthrite rhumatoïde, etc.) peuvent limiter considérablement ses mouvements.

Pouls

Battement rythmique (pulsation) des artères dû au passage du sang propulsé par chaque contraction cardiaque.

Le pouls s'apprécie le plus souvent en appuyant un ou deux doigts sur l'artère radiale, située dans la partie inférieure de l'avant-bras, à la hauteur du poignet. Les battements artériels peuvent également être perçus à l'artère carotide (à la base du cou), à l'artère humérale (à la face interne du bras), à l'artère fémorale (au pli inguinal, à l'aine), à l'artère poplitée (derrière le genou), à l'artère pédieuse (au dos du pied) ou à l'artère tibiale postérieure (derrière la malléole interne, relief osseux de l'extrémité inférieure du tibia, à la hauteur de la cheville).

La prise de pouls, acte médical courant, consiste à évaluer l'intensité et le rythme du pouls.

■ L'intensité des battements donne des indications diagnostiques précieuses. Un pouls très fort peut signaler une insuffisance aortique (défaut de fermeture de l'orifice aortique du cœur) ; un pouls affaibli (ou pouls filiforme) peut marquer le rétrécissement de l'artère en amont ou une insuffisance cardiaque ; un pouls imperceptible peut indiquer l'obstruction de l'artère en amont – du fait d'une embolie (caillot) ou

d'une artérite (rétrécissement de la lumière de l'artère par des plaques de cholestérol).

■ Le rythme du pouls est également très important car il traduit la fréquence des battements du cœur, qui est d'environ 70 battements à la minute et peut monter bien au-delà de 100 battements pendant un effort ou une émotion. Une accélération du pouls traduit une tachycardie ; un ralentissement, une bradycardie.

Poumon

Organe de la respiration fournissant l'oxygène à tout le corps et éliminant le gaz carbonique du sang.

STRUCTURE

Les poumons, situés dans la cage thoracique, reposent sur le diaphragme et sont entourés chacun par une membrane, la plèvre. Le poumon droit est formé de 3 lobes accolés et le gauche, de 2 lobes. L'air pénètre par la trachée puis dans les bronches, qui se divisent en bronches plus petites puis en bronchioles ; à leur extrémité se trouvent de très nombreux sacs microscopiques, les alvéoles ; c'est à travers la très fine paroi de celles-ci, tapissée d'un réseau de capillaires sanguins, que se produit l'hématose : transfert de l'oxygène de l'air vers le sang, élimination en sens inverse du gaz carbonique sanguin.

Un seul poumon suffit à assurer les échanges gazeux nécessaires à la vie, comme le prouve le maintien de la fonction respiratoire chez les sujets ayant subi une pneumonectomie (ablation chirurgicale d'un poumon).

PATHOLOGIE

Les affections du poumon proprement dit sont appelées pneumopathies (pneumonie, tuberculose pulmonaire, abcès, embolie pulmonaire, pneumoconiose, fibrose, alvéolite, etc.). On parle parfois de bronchopneumopathie lorsque l'atteinte est diffuse et qu'il s'y associe des lésions des bronches (bronchite, asthme, emphysème pulmonaire). Le poumon peut enfin être le siège de tumeurs bénignes (kystes, abcès) ou malignes (cancer bronchopulmonaire).

Poumon (abcès du)

Collection de pus dans le poumon.

CAUSES ET SYMPTÔMES

Un abcès du poumon est dû à une infection provoquée par une bactérie, le plus souvent de type anaérobie, ou, plus rarement, par la présence d'un corps étranger inhalé dans l'arbre respiratoire ou liée à un foyer infectieux situé dans une autre partie du corps (abcès dentaire). L'existence de l'abcès se traduit par une douleur thoracique localisée, une altération importante de l'état général (fièvre, amaigrissement, fatigue) et des crachats purulents.

TRAITEMENT

Il repose sur la prise d'antibiotiques, d'abord par voie veineuse et à l'hôpital, puis par voie orale, au moins 6 semaines en tout. Dans les cas les plus graves, on pratique l'ablation chirurgicale ou le drainage de l'abcès.

Poumon (cancer du)

→ VOIR Bronchopulmonaire (cancer).

Poumon (kyste aérien du)

Cavité gazeuse siégeant dans le parenchyme (tissu fonctionnel) du poumon.

Les kystes aériens peuvent être congénitaux ou acquis et dus à une suppuration pulmonaire, à des bulles d'emphysème ou à des dilatations des bronches en forme de kystes. Ils sont a priori peu invalidants.

Le traitement consiste à pratiquer une ablation chirurgicale d'un kyste unique lorsque celui-ci est volumineux.

Poumon des éleveurs d'oiseaux (maladie du)

Affection pulmonaire d'origine allergique due à l'inhalation de bactéries contenues dans les déjections des oiseaux, surtout ceux de la famille des pigeons. SYN. *maladie des éleveurs d'oiseaux.*

La maladie du poumon des éleveurs d'oiseaux est une alvéolite (inflammation des alvéoles) d'hypersensibilité, qui se traduit par des accès de fièvre et de gêne respiratoire déclenchés par le contact avec les allergènes. Le traitement repose sur la suppression de tout contact avec les allergènes, lorsque c'est possible, et sur les corticostéroïdes par voie générale.

Poumon de fermier (maladie du)

Affection pulmonaire allergique due à l'inhalation de bactéries contenues dans le blé moisi. SYN. *maladie des batteurs en grange.*

La maladie du poumon de fermier, qui fait partie des alvéolites (inflammation des alvéoles) d'hypersensibilité, se traduit par des accès de fièvre et de gêne respiratoire déclenchés par le contact avec les allergènes. Le traitement vise avant tout, lorsque c'est possible, à supprimer tout contact avec les allergènes ; en outre, on a souvent recours aux corticostéroïdes par voie générale.

Pouteau-Colles (fracture de)

Fracture de l'extrémité inférieure du radius, juste au-dessus du poignet.

La fracture de Pouteau-Colles atteint le plus souvent des personnes âgées, sujettes à l'ostéoporose (raréfaction du tissu osseux), et des enfants, généralement à la suite d'une chute sur le poignet. Le traitement de cette fracture est le plus souvent orthopédique : réduction de la fracture sous anesthésie générale, pose de broches et immobilisation plâtrée pendant 6 semaines. Après consolidation, une raideur du poignet peut subsister.

Poxvirus

Famille de virus à A.D.N. comprenant les *Orthopoxviridæ,* responsables de maladies éruptives (variole, vaccine), et les *Parapoxviridæ,* responsables de lésions cutanées (nodule des trayeurs, orf, *molluscum contagiosum*).

Prééclampsie

État pathologique de la femme enceinte apparaissant après la 20e semaine de grossesse et caractérisé par une hypertension artérielle, une protéinurie (présence de protéines dans les urines) et une prise de poids avec œdème.

SYMPTÔMES ET COMPLICATIONS

La prééclampsie se manifeste par des maux de tête, des sensations visuelles anormales

(mouches, points lumineux), des bourdonnements d'oreilles, des œdèmes des membres et du visage et une hypertension artérielle importante. Non traitée, elle peut être très grave, tant pour l'enfant que pour la mère.
■ **Les complications fœtales** sont la souffrance fœtale, la mort in utero ou à la naissance.
■ **Les complications maternelles** sont l'éclampsie (définie par la survenue de convulsions), l'hématome rétroplacentaire (collection de sang entre le placenta et la paroi de l'utérus), l'insuffisance rénale aiguë, l'œdème cérébral, les hémorragies massives et les troubles de la coagulation sanguine.

TRAITEMENT
Une prééclampsie impose une hospitalisation avec repos complet, traitement de l'hypertension artérielle et surveillance étroite de la femme enceinte (par dosage des taux d'urée et de créatinine dans le sang) aussi bien que du fœtus à l'aide d'un monitorage permanent. Afin d'éviter de mettre en danger la vie de l'enfant et de la mère, on peut décider de provoquer un accouchement prématuré.

Prégnandiol

Substance provenant de la dégradation de la progestérone (hormone sécrétée notamment par le corps jaune et le placenta).

Prématuré

Enfant né avant terme (avant 37 semaines d'aménorrhée, soit avant 8 mois).

DESCRIPTION
Le prématuré diffère en son aspect de l'enfant né à terme : sa taille est plus petite, son poids est inférieur et fonction de la durée de sa gestation.
Le prématuré présente une immaturité globale des organes et des fonctions qui peut mettre en jeu sa vie ou son développement. Ainsi, l'immaturité du système nerveux, alliée à celle des poumons, peut être responsable de troubles respiratoires, notamment de l'arrêt momentané de la respiration (apnée), et entraîner une mauvaise oxygénation du sang et des tissus (cyanose). L'immaturité des poumons crée un risque

de maladie des membranes hyalines, affection caractérisée par une difficulté des poumons à se déplisser lors de l'inspiration. La fragilité des vaisseaux augmente les risques d'hémorragie cérébroméningée, et l'immaturité cardiovasculaire peut occasionner un souffle au cœur par persistance du canal artériel, qui relie l'artère pulmonaire et l'aorte pendant la vie intra-utérine. L'immaturité digestive rend difficile le réflexe de succion-déglutition : l'enfant est parfois incapable de téter. L'immaturité du foie provoque un ictère souvent plus prononcé que chez le nouveau-né à terme. Le développement non encore achevé de son système immunitaire rend le prématuré plus vulnérable aux infections de toutes sortes. Enfin, l'absence de réserves énergétiques, liée au caractère incomplet de la gestation, peut conduire à une diminution de la température corporelle, à une hypoglycémie ou à une hypocalcémie (respectivement baisse du taux de sucre ou de calcium).

PRISE EN CHARGE
En raison de sa fragilité et des risques qu'il encourt à la naissance et dans les premiers mois de sa vie, le prématuré doit être pris en charge dès les premières minutes. Son accueil en salle de naissance doit être préparé : couveuse, matériel de réanimation respiratoire, présence d'un pédiatre ou d'une sage-femme. L'enfant est maintenu en couveuse à température et oxygénation constantes. Les soins sont pratiqués dans les conditions d'une asepsie rigoureuse, parfois par l'intermédiaire de hublots aménagés dans la couveuse. Le prématuré est alimenté par sonde gastrique en discontinu (toutes les trois heures) ou en continu s'il a un très petit poids ou s'il est hypoglycémique. On utilise de préférence le lait maternel enrichi en protéines et en calcium ou un lait artificiel pour prématuré, adapté aux possibilités digestives de l'enfant. Un supplément en vitamines E, D et C et en acide folique est nécessaire. S'il a été réanimé à la naissance ou s'il présente le moindre signe de détresse respiratoire, l'enfant est nourri par perfusion intraveineuse. Une photothérapie (exposition du nouveau-né à la lumière bleue) peut

être pratiquée en cas d'ictère. Enfin, un bilan infectieux s'impose lors d'un accouchement prématuré inexpliqué ou au moindre signe d'infection chez l'enfant. Un traitement antibiotique est prescrit en cas d'infection.

Un prématuré est gardé à l'hôpital jusqu'à ce que son poids atteigne au moins 2,5 kilogrammes.

PRONOSTIC

L'avenir immédiat du prématuré est fonction de son âge gestationnel, de son poids de naissance et de la cause de sa prématurité. Au-dessus de 32 semaines d'aménorrhée, la mortalité est très faible. Les séquelles, notamment neurologiques, sont rares. La survie d'un enfant de moins de 32 semaines pesant moins de 1 000 grammes n'est plus exceptionnelle, mais les séquelles neurologiques et psychomotrices sont plus fréquentes.

Le prématuré garde, pendant quelques mois, un poids plus léger que l'enfant né à terme, et son développement psychomoteur est légèrement en retard. Toutefois, à l'âge de 2 ans, il a généralement rattrapé ce décalage.

CAUSES DE PRÉMATURITÉ

Un accouchement prématuré peut être accidentel (prématurité spontanée) ou consécutif à une décision médicale (prématurité provoquée). Les principales causes de la prématurité sont maternelles (anomalie de l'utérus, infections bactériennes ou virales, grossesses répétées, travail ou trajets pénibles, conditions socio-économiques défavorables) ou ovulaires (grossesse multiple, excès de liquide amniotique). Un accouchement prématuré peut également être déclenché pour sauver la vie du fœtus ou éviter de graves complications : il s'agit essentiellement des cas de prééclampsie (association d'une hypertension artérielle, d'une prise de poids maternel excessive et d'une protéinurie), d'hématome rétroplacentaire (décollement du placenta), de souffrance fœtale, de diabète déséquilibré de la mère ou de maladie maternelle grave et d'incompatibilité Rhésus qui s'aggrave.

PRÉVENTION

En raison des risques encourus par le nouveau-né prématuré, il est souhaitable de prolonger la grossesse au-delà de 37 semaines d'aménorrhée dans la mesure où ni la vie de la mère ni celle de l'enfant ne sont en danger. Des mesures préventives des complications respiratoires prévisibles de l'enfant peuvent être mises en route, en particulier une corticothérapie maternelle, qui a pour effet d'accélérer la maturation pulmonaire du fœtus.

La surveillance médicale de la femme enceinte et le dépistage, voire le traitement, des principales causes de la prématurité permettent d'en réduire la fréquence.

Prémédication

Administration de médicaments visant à préparer un malade à des soins ou à des examens douloureux ou à une anesthésie.

Préparation pharmaceutique

Médicament préparé par un pharmacien ou un préparateur en pharmacie.

Une préparation pharmaceutique s'oppose aux spécialités pharmaceutiques, qui sont fabriquées industriellement.

Prépuce

Fourreau cutané situé à l'extrémité du pénis et recouvrant le gland.

Chez certains enfants, le prépuce reste étroit jusqu'à l'âge de 3 ou 4 ans, ce qui rend le décalottage du gland difficile, sinon impossible. Il ne faut pas le rabattre en forçant et, si cela n'entraîne ni infection ni gêne à la miction, l'abstention thérapeutique est de règle ; dans le cas contraire, on peut pratiquer une circoncision.

PATHOLOGIE

Le prépuce peut être le siège de multiples atteintes : malformations congénitales (il n'entoure pas complètement la verge en cas d'hypospadias ou d'épispadias, deux malformations dans lesquelles le méat urétral n'est pas à sa place normale à l'extrémité du gland, mais respectivement au-dessous ou au-dessus), dermatoses, tumeurs, infections (sexuellement transmissibles, en particulier), etc. Le phimosis est un rétrécissement de l'orifice préputial empêchant le décalottage du gland. Le paraphimosis, complication fréquente du phimosis, est un étranglement de la base du gland du pénis par un anneau préputial trop étroit, qui nécessite une intervention chirurgicale rapide.

Presbyacousie

Diminution progressive de l'acuité auditive due au vieillissement du système auditif.

La presbyacousie est liée à la dégénérescence des cellules ciliées de l'organe de l'audition, ou organe de Corti, situé dans le canal cochléaire. Elle se manifeste surtout après 60 ans par une diminution bilatérale et symétrique de l'acuité auditive. Elle touche les fréquences aiguës avant de s'étendre peu à peu aux graves. Le diagnostic est confirmé par l'audiogramme, examen qui consiste à faire entendre, par chaque oreille, des sons de différentes intensités à différentes fréquences.

Aucun traitement médical ou chirurgical ne peut actuellement prévenir ni améliorer une presbyacousie. Seul le port d'une prothèse auditive externe amplificatrice permet au sujet d'avoir une meilleure perception auditive.

Presbytie

Diminution progressive du pouvoir d'accommodation de l'œil entraînant une gêne à la vision de près. SYN. *presbyopie.*

CAUSES
La presbytie est due à une perte progressive de la souplesse du cristallin, liée au processus de vieillissement naturel : elle concerne la plupart des personnes de plus de 40 ans.

SYMPTÔMES ET ÉVOLUTION
Une personne atteinte de presbytie, appelée presbyte, voit mal les objets de près et lit difficilement un texte trop proche des yeux. Elle ressent des maux de tête ou des sensations de brûlure oculaire, surtout le soir. Au bout d'un certain temps, elle ne peut plus lire sans lunettes.

La presbytie augmente progressivement avec l'âge, obligeant le sujet à changer régulièrement de verres correcteurs ; vers 60 ans, elle se stabilise.

TRAITEMENT
La presbytie est corrigée par des verres convergents dont la puissance est augmentée tous les 4 ou 5 ans pendant 20 ans, jusqu'à ce que la diminution du pouvoir d'accommodation soit entièrement stabilisée.

Si l'emploi de verres correcteurs était déjà nécessaire pour voir de loin, le port de verres demi-lune, de verres à double foyer ou de verres à foyer progressif est recommandé. Ces derniers, de plus en plus employés, permettent une vision nette à toutes les distances. S'y adapter peut demander une quinzaine de jours.

Préservatif

Réservoir cylindrique souple et mince en latex, placé sur la verge ou dans le vagin avant les rapports sexuels pour une raison contraceptive ou hygiénique. SYN. *condom.*

■ **Le préservatif masculin** empêche le passage du sperme dans les voies génitales féminines. En raison de la recrudescence des maladies sexuellement transmissibles (M.S.T.) et du développement du sida, son usage est aujourd'hui indispensable lors des rapports sexuels : en effet, il assure la meilleure protection contre la transmission infectieuse par voie sexuelle en supprimant tout contact direct entre les muqueuses des partenaires. Pour être efficace, un préservatif ne doit pas avoir déjà été utilisé et il doit être correctement appliqué sur le pénis en érection et avant tout contact sexuel. Une crème spermicide appliquée sur le préservatif en place peut également être utilisée pour parfaire la protection. Les préservatifs lubrifiés sont conseillés pour les rapports génitaux et les modèles non lubrifiés lors des relations buccogénitales.

■ **Le préservatif féminin** est un sac en forme de doigt de gant qui s'introduit dans le vagin. De fabrication récente, il est commercialisé dans quelques pays (États-Unis, Espagne, Suisse, Grande-Bretagne). Son efficacité contre le risque d'infection par les M.S.T. (dont le sida) n'est pas totale, notamment pour le partenaire masculin. Le diaphragme peut être assimilé au préservatif féminin, car il empêche la progression des spermatozoïdes dans le col de l'utérus. Comme celui-ci, il est inefficace contre le risque d'infection par les M.S.T.

Pression artérielle

Pression pulsée résultant de la contraction régulière du cœur (environ toutes les secondes) et créant un système de forces qui propulse le sang dans toutes les artères du corps. SYN. *pression sanguine.*

La pression artérielle est souvent appelée, improprement, « tension artérielle ».

VARIATIONS PHYSIOLOGIQUES

Les chiffres normaux de pression artérielle se situent entre 10 et 14 centimètres de mercure pour la maxima et entre 6 et 9 centimètres pour la minima. Selon l'Organisation mondiale de la santé (O.M.S.), ces chiffres ne doivent pas dépasser 16 pour la pression systolique et 9 pour la pression diastolique. La pression diastolique est en principe égale à la moitié de la pression systolique augmentée de 1 point. Mais l'écart entre la maxima et la minima (différentielle) peut être modifié dans certaines conditions pathologiques ; on parle alors de pincement ou d'élargissement de la différentielle : un pincement peut être observé si la force contractile du ventricule gauche diminue ; un élargissement, lorsqu'une anomalie de la valvule aortique provoque un reflux de sang de l'aorte dans le ventricule gauche (insuffisance aortique).

Il est habituel de constater une augmentation progressive de la pression artérielle avec l'âge et l'on admet comme normale une pression systolique représentée par le chiffre 10 majoré du nombre de décennies du patient : ainsi, pour une personne de 50 ans, on obtient 10 + 5 = 15 pour la pression systolique et, pour un sujet de 20 ans, 10 + 2 = 12 de pression systolique.

Il est aussi normal que la pression systolique augmente de 4 à 6 centimètres de mercure au cours d'un effort un peu important.

TECHNIQUE DE MESURE

La pression artérielle se mesure à l'aide d'un sphygmomanomètre, ou tensiomètre. La mesure doit être effectuée sur un sujet allongé après 5 à 10 minutes de repos.

Il est parfois demandé au sujet de porter un appareil de mesure ambulatoire de la pression artérielle (M.A.P.A.), ou Holter tensionnel, qui enregistre pendant 24 heures les variations de pression et permet d'établir une meilleure estimation de la charge tensionnelle du sujet.

→ VOIR Hypertension artérielle, Hypotension artérielle, Valvulopathie.

Prévention

Ensemble des moyens mis en œuvre pour éviter l'apparition, l'expansion ou l'aggravation de certaines maladies.

Priapisme

Érection pénienne indépendante de toute libido, douloureuse, durant au moins deux heures et n'aboutissant pas à l'éjaculation.

Le priapisme est dû à une insuffisance du drainage du sang qui remplit les corps caverneux, maintenant le pénis en érection. Celle-ci peut être due à diverses causes, psychiques ou médicamenteuses (héparine, certains neuroleptiques), à l'injection intracaverneuse d'une trop forte dose de médicament destiné à provoquer une érection (comme cela peut se produire lors du traitement d'une impuissance) ou à certaines maladies (leucémie, cancer, insuffisance rénale, etc.). Contrairement à ce qui se produit lors d'une érection physiologique, le gland n'est pas gonflé et reste mou.

TRAITEMENT

C'est une urgence, car le priapisme peut entraîner une impuissance définitive par fibrose des corps caverneux, qui perdent leur élasticité. Il consiste à injecter des médicaments permettant une vasodilatation locale dans les corps intracaverneux, à évacuer par ponction le sang qui s'y est accumulé ou à créer chirurgicalement une communication entre les corps caverneux et le système veineux pénien.

Primipare

Se dit d'une femme qui accouche pour la première fois.

Primo-infection

Envahissement, pour la première fois, de l'organisme par un agent infectieux.

Le terme s'emploie couramment pour désigner la primo-infection tuberculeuse, infection primaire par le bacille de Koch.

Primo-infection tuberculeuse

Pénétration du bacille de Koch dans un organisme vierge de toute infection tuberculeuse. SYN. *tuberculose primaire*.

Autrefois plus fréquente chez l'enfant et l'adolescent, la primo-infection survient actuellement de plus en plus tardivement, la tuberculose sévissant de moins en moins de façon permanente et la vaccination (B.C.G.), dans les pays médicalement développés, étant obligatoire.

La contamination est le plus fréquemment aérienne, par inhalation de gouttelettes de salive rejetées au moment de la toux ou de l'éternuement d'un sujet contagieux, plus rarement digestive ou cutanéomuqueuse.

SYMPTÔMES ET SIGNES

Une primo-infection se traduit par une lésion pulmonaire appelée chancre de primo-infection et par une augmentation de la taille des ganglions du médiastin (zone du thorax séparant la face interne des poumons). À l'endroit du poumon où a pénétré le bacille de Koch se forme une lésion appelée follicule épithélioïde, riche en bacilles, qui se nécrose (caséum) ; dans un deuxième temps, la paroi de cette lésion se calcifie.

Dans 90 % des cas, l'infection est latente, sans altération de l'état général, et régresse spontanément. Dans moins de 10 % des cas, un syndrome infectieux modéré (toux, fièvre peu élevée, fatigue, perte d'appétit) survient environ deux mois après incubation. Les manifestations sont parfois plus importantes : fièvre brutale, troubles digestifs, érythème noueux (éruption de nodules rouge violacé sur les membres), kératoconjonctivite (inflammation oculaire). L'infection se complique parfois de fistulisation de la lésion aux bronches, de compression des bronches ou de diffusion du bacille à d'autres organes par le sang circulant.

DIAGNOSTIC

Une primo-infection est décelée par intradermoréaction à la tuberculine, le sujet infecté par le bacille présentant un « virage de cuti ». Elle peut également être décelée à la radiographie pulmonaire, qui permet de visualiser la lésion pulmonaire.

TRAITEMENT ET ÉVOLUTION

Dans la plupart des cas, le test tuberculinique positif reste le seul témoin de l'infection, la primo-infection régressant spontanément. Il est cependant indispensable de traiter celle-ci pour éviter l'évolution ultérieure vers la tuberculose. Le traitement fait appel à l'administration, pendant une longue période, de médicaments antituberculeux (isoniazide, rifampicine). La prévention repose sur la vaccination (B.C.G.).

Prinzmetal (angor de)

Forme d'angor (angine de poitrine) liée à un spasme de l'artère coronaire.

L'angor de Prinzmetal se caractérise par sa survenue, volontiers nocturne, spontanée et non liée à un effort, et par la douleur, qui augmente puis diminue progressivement. L'électrocardiographie, lorsqu'elle peut être pratiquée pendant la crise, montre des altérations caractéristiques, qui s'estompent en même temps que la douleur. Le traitement de ce spasme coronarien fait appel aux inhibiteurs calciques.

Prion

Agent infectieux responsable de maladies par dégénérescence du système nerveux appelées encéphalopathies spongiformes ou démences transmissibles (maladie de Creutzfeldt-Jakob, kuru).

Un prion est une forme aberrante d'une protéine normale, que l'on retrouve dans les substances pathologiques infiltrant les tissus nerveux.

Prise de sang

Prélèvement de sang. SYN. *ponction veineuse*.

INDICATIONS

Une prise de sang se fait soit pour une analyse, soit pour préparer une intervention chirurgicale (autotransfusion) ou pour faire bénéficier un tiers d'un don de sang (transfusion).

PRÉPARATION ET DÉROULEMENT

Afin d'éviter les risques de contamination (notamment par le virus du sida), une prise de sang se réalise à l'aide d'aiguilles et d'instruments jetables, qui ne sont pas réutilisés. Une prise de sang se fait généralement dans une veine du pli du coude ou, chez les personnes dont les veines sont peu visibles et chez le petit enfant, dans les veines du pied, du poignet ou de la face dorsale de la main. On peut aussi réaliser une prise de sang dans une artère (par exemple pour la mesure des gaz du sang) ou dans des vaisseaux capillaires.

Procidence du cordon

Descente du cordon ombilical avant le fœtus lors de l'accouchement.

CAUSES

La procidence du cordon est un accident rare mais grave, qui survient après la rupture des membranes. Elle est favorisée par un défaut d'adaptation du fœtus au bassin maternel, défaut qui crée un espace par où le cordon peut se glisser : les présentations par l'épaule et par le siège, les grossesses gémellaires, les tumeurs des voies génitales surtout, mais aussi la rupture trop précoce de la poche des eaux, l'excès de longueur du cordon et l'hydramnios (excès de liquide amniotique) peuvent être à l'origine d'une procidence du cordon et menacer la vie du fœtus.

ÉVOLUTION ET TRAITEMENT

Une procidence du cordon risque de provoquer une compression du cordon entre les parois osseuses du bassin et le fœtus, arrêtant la circulation du sang et privant le fœtus d'oxygène. La vie du fœtus étant menacée à très brève échéance, l'accouchement doit être pratiqué sans tarder, par extraction de l'enfant si la dilatation du col de l'utérus est complète et, si elle est incomplète, par césarienne.

Procréation médicalement assistée

Ensemble des techniques permettant à un couple infertile de concevoir un enfant.

Problèmes éthiques posés par la P.M.A.

Nombreuses sont les possibilités qu'offre la P.M.A. Cependant, son utilisation pose, au cas par cas, certains problèmes éthiques qui sont loin d'être résolus. Ainsi, le vœu de femmes célibataires ou homosexuelles désirant procréer par insémination artificielle avec sperme de donneur, ou encore de femmes désirant être inséminées avec le sperme de leur mari après la mort de celui-ci ; la F.I.V.E.T.E. avec don d'ovocytes pratiquée chez des femmes ménopausées et âgées de plus de 50 ans ; la conservation, après fécondation in vitro, d'embryons surnuméraires.

Les techniques de procréation médicalement assistée (P.M.A.) se divisent essentiellement en 2 groupes : l'insémination artificielle, qui consiste à déposer le sperme dans l'utérus, et les techniques de fécondation in vitro, qui consistent à réaliser la fécondation dans une éprouvette après recueil des gamètes mâles (spermatozoïdes) et femelles (ovules).

Insémination artificielle

Cette technique, qui consiste à déposer du sperme dans l'utérus d'une femme, peut être réalisée avec du sperme de donneur – on parle d'insémination artificielle avec donneur (I.A.D.) – ou avec du sperme du conjoint : insémination artificielle avec sperme du conjoint (I.A.C).

L'insémination artificielle avec donneur est employée lorsque la cause de l'infertilité est masculine, par absence ou anomalies des spermatozoïdes, ou lorsque l'homme risque de transmettre une maladie héréditaire grave. L'insémination artificielle avec sperme du conjoint est utilisée lorsque la qualité du sperme est insuffisante : il faut alors, après recueil de ce dernier, l'améliorer par certaines techniques physiques. Elle est également pratiquée lorsque la cause de la stérilité se situe au niveau du col de l'utérus, le fait de déposer le sperme dans la cavité utérine même permettant de résoudre la cause de l'infertilité.

Fécondation in vitro

L'indication première de la fivette est une stérilité féminine incurable liée à une affection des trompes de Fallope ; mais on peut aussi y recourir en cas de stérilité masculine liée à une production de sperme en quantité insuffisante, ou de mauvaise qualité, alors que les autres traitements ont échoué. Comme l'insémination artificielle, la fécondation in vitro peut être pratiquée avec des ovules et du sperme provenant des conjoints, mais aussi avec ceux de donneurs (don de sperme ou d'ovules).

La fécondation in vitro suivie du transfert de l'embryon (F.I.V.E.T.E., ou fivette), consiste à réunir dans une éprouvette un ovule (gamète femelle) et un spermatozoïde (gamète mâle) et à réimplanter dans l'utérus, après fécondation, le ou les embryons au stade de 4 à 8 cellules, voire à un stade plus avancé. La fécondation in vitro comporte 4 étapes.

■ La première étape consiste à réaliser lors d'un cycle menstruel une stimulation ovarienne à l'aide de traitements médicamenteux qui provoquent le développement de plusieurs follicules et donc de plusieurs ovules par cycle.

■ La deuxième étape consiste à recueillir les gamètes. Les gamètes mâles sont obtenus après recueil du sperme par masturbation. Les gamètes femelles sont obtenus par ponction des ovaires stimulés. Cette ponction s'effectue sans anesthésie ou sous anesthésie légère, par voie vaginale, et sous contrôle échographique. Cette ponction dure de 10 à 20 minutes et nécessite une hospitalisation d'une journée.

■ La troisième étape, qui se déroule le même jour que le recueil des gamètes, consiste à réaliser la fécondation en mettant en contact dans l'éprouvette les spermatozoïdes et les ovules recueillis. On obtient ainsi un ou plusieurs embryons.

■ La quatrième étape consiste à transférer dans l'utérus ce ou ces embryons.

Les contraintes de la fivette

Technique complexe et coûteuse, la fivette nécessite que le couple demandeur en accepte préalablement les contraintes, d'autant que les échecs ne sont pas rares et qu'il est souvent nécessaire de procéder à plusieurs tentatives.

Proctalgie

Douleur de l'anus ou du rectum. SYN. *algie rectale, proctodynie.*

Proctectomie

Ablation chirurgicale du rectum et du sphincter anal.

Proctite

→ VOIR Rectite.

Proctologie

Branche de la gastroentérologie spécialisée dans la pathologie du rectum et de l'anus.

Proctopexie

→ VOIR Rectopexie.

Prodrome

Symptôme survenant au début d'une maladie.

Dans certaines affections, un prodrome annonce l'arrivée d'une crise aiguë et permet au sujet averti de prendre des médicaments adaptés. Ainsi, des phosphènes (éclairs lumineux devant les yeux) constituent fréquemment le prodrome d'une crise aiguë de migraine (dite dans ce cas migraine ophtalmique).

Produit de contraste

Substance introduite dans l'organisme du patient, lors de certains examens pratiqués en imagerie médicale, afin d'accentuer le contraste entre la structure ou l'organe que l'on veut étudier sur les images obtenues et les structures avoisinantes.

Profiloplastie

Intervention de chirurgie esthétique consistant à modifier l'apparence du visage de profil par transformation de plusieurs structures anatomiques.

Une profiloplastie combine le plus souvent des modifications du nez et du menton mais peut aussi consister à transformer le front et les pommettes ou encore à augmenter ou à diminuer le volume du menton.

L'apparition de l'imagerie tridimensionnelle devrait améliorer la visualisation du visage et l'appréciation du type d'opération à réaliser.

Progestatif

Substance naturelle ou synthétique qui produit sur l'organisme des effets comparables à ceux de la progestérone, l'hormone féminine sécrétée pendant la seconde phase du cycle menstruel et la grossesse.

Les progestatifs, naturellement présents chez la femme sous forme de progestérone, sont également utilisés comme médicaments, naturels ou de synthèse.

La progestérone est le principal représentant des progestatifs naturels. Elle est indiquée pour compenser l'insuffisance de progestérone physiologique.

Progestatifs de synthèse

Les produits de synthèse employés se classent en trois groupes : la progestérone et ses dérivés proches, les dérivés contenant une structure chimique dite noyau prégnane et les dérivés norstéroïdes. Chaque groupe – et, à l'intérieur, chaque produit – a ses particularités. Les indications des progestatifs, prescrits seuls ou associés aux œstrogènes, sont l'insuffisance lutéale (insuffisance de sécrétion de progestérone), les métrorragies (hémorragies utérines), les ménorragies (règles trop abondantes), la ménopause, la contraception et les cancers du sein et de l'endomètre (muqueuse de l'utérus). On compte parmi les effets indésirables possibles des troubles hépatiques (ictère), vasculaires (phlébite, athérosclérose) et diabétiques ; aussi la prise de progestatifs doit-elle toujours s'effectuer sous contrôle médical strict et régulier.

→ voir Œstroprogestatif.

Progestérone

Hormone stéroïde dérivée du cholestérol, sécrétée par le corps jaune (follicule ovarien

ayant expulsé l'ovule) pendant la seconde phase du cycle menstruel, par le placenta pendant la grossesse et, à un moindre degré, par les corticosurrénales et les ovaires.

FONCTION

Le rôle principal de la progestérone est de favoriser la nidation de l'ovule fécondé et la gestation. La progestérone modifie les caractères vasculaires et chimiques de la muqueuse utérine pour la rendre propice à l'implantation de l'œuf dans l'utérus.

En dehors de la grossesse, la progestérone a d'autres actions : elle a un effet sédatif sur le système nerveux central et est responsable du décalage thermique après l'ovulation. Elle s'oppose à l'effet des œstrogènes sur les glandes mammaires et la muqueuse utérine, régulant ainsi leur action. Enfin, sécrétée par les glandes corticosurrénales et par les ovaires, elle y sert d'intermédiaire dans la synthèse des androgènes et des corticostéroïdes.

PATHOLOGIE

Une insuffisance de sécrétion de progestérone entraîne une infécondité (difficulté à obtenir une nidation), traitée par administration de progestérone pendant la seconde phase du cycle.

UTILISATION THÉRAPEUTIQUE

La progestérone naturelle ou ses dérivés de synthèse, dont il existe plusieurs types, sont utilisés pour prévenir les risques de fausse couche ainsi que dans le traitement substitutif de la ménopause et le traitement des troubles menstruels.

→ voir Progestatif.

Prognathisme

Saillie en avant de la mâchoire inférieure ou supérieure.

Le prognathisme peut être congénital lié à une anomalie de la croissance ou dû à des malpositions qui entraînent une saillie anormale des dents d'une des deux mâchoires : on parle alors de fausse prognathie.

TRAITEMENT

Le choix du type de correction dépend de la cause et de l'importance du prognathisme et de l'âge du patient. Chez l'enfant, on tente de stimuler et/ou de freiner la croissance des maxillaires à l'aide d'appareillages amovibles ou fixes (plaques à vérins) ; plus ce traitement est entrepris tôt (dès l'âge de 3 ans), plus ses chances de succès sont élevées. En cas d'échec, de prognathisme très accentué ou lorsque le sujet est adulte, on a recours à la chirurgie maxillofaciale.

Prolactine

Hormone polypeptidique (composée de plusieurs acides aminés) sécrétée par les cellules lactotropes de l'antéhypophyse (partie antérieure de l'hypophyse, petite glande située à la base du cerveau) et responsable de la lactation.

La sécrétion de la prolactine par l'antéhypophyse est régulée par la dopamine, hormone d'origine hypothalamique, qui inhibe les cellules lactotropes.

FONCTION

Le rôle de la prolactine chez la femme est de favoriser la lactation. Aucun rôle physiologique n'a encore été attribué à la prolactine chez l'homme.

PATHOLOGIE

Une hyperprolactinémie (augmentation du taux sanguin de prolactine, celle-ci étant sécrétée en excès) peut être due à la prise de certains médicaments, dont les plus connus sont le métoclopramide, les neuroleptiques et les œstrogènes, ou à la présence d'un adénome hypophysaire. Cette augmentation de prolactine peut entraîner un hypogonadisme (insuffisance de sécrétion des ovaires ou des testicules), réversible sous traitement. Un déficit en prolactine entraîne une absence de montée laiteuse après l'accouchement et l'impossibilité d'allaiter.

Prolapsus

Chute (ptôse) d'un organe, d'une partie d'organe ou d'un tissu par suite du relâchement de ses moyens de fixation.

Les organes les plus sujets à prolapsus sont l'utérus et les organes pelviens (vessie, rectum, urètre, cul-de-sac de Douglas, vagin).

Prolapsus génital

Chute d'une partie d'organe, d'un organe ou de plusieurs organes génitaux par suite d'un relâchement de leurs moyens de fixation.

Un prolapsus génital, également appelé descente d'organes, est une descente progressive, dans le petit bassin, du vagin (ou d'une partie du vagin) et/ou de l'utérus, par relâchement des muscles et du tissu fibreux inextensible du périnée ainsi que des moyens de suspension des organes du petit bassin (ligaments ronds, ligaments larges, ligaments utérosacrés). Un prolapsus d'une paroi du vagin (colpocèle) et un prolapsus de l'utérus (hystéroptose) peuvent s'accompagner d'un prolapsus de la vessie (cystocèle), de l'urètre (urétrocèle), du rectum (rectocèle), du cul-de-sac de Douglas (élytrocèle).

CAUSES

Un prolapsus génital est dû soit à une déficience congénitale des moyens de fixation de l'utérus, soit à la naissance d'un gros enfant (mère diabétique), à un accouchement très rapide ou ayant provoqué des déchirures périnéales ou encore à des accouchements répétés.

SYMPTÔMES ET SIGNES

Un prolapsus génital se manifeste par une sensation de pesanteur pelvienne, des douleurs lombaires, des troubles urinaires (fréquence et difficulté des mictions, parfois incontinence pendant l'effort). Après un effort ou une longue station debout, la vulve peut être tuméfiée.

TRAITEMENT

Il est chirurgical et dépend de la nature du prolapsus, de l'âge de la femme, de la qualité de ses tissus, de l'existence ou non de relations sexuelles et du désir de maternité. Le traitement du prolapsus fait appel à différentes techniques destinées à remettre en place les organes déplacés. L'hystéropexie (fixation des ligaments de l'utérus), la colpopérinéorraphie (réfection du vagin et du périnée) et la myorraphie des releveurs (réfection de certains muscles de l'anus) font partie des méthodes le plus souvent utilisées. Le traitement chirurgical est parfois associé à une hystérectomie (ablation de l'utérus). À toutes ces interventions peut s'adjoindre un traitement de l'incontinence urinaire. Le port d'un pessaire (anneau de caoutchouc placé autour du col utérin et permettant de maintenir les organes) est proposé aux femmes d'un certain âge qui ne peuvent pas ou ne veulent pas être opérées.

Promédicament

Substance médicamenteuse dont le principe actif a besoin d'être transformé par les enzymes situées dans les cellules (du foie, essentiellement) pour avoir une action thérapeutique efficace. SYN. *bioprécurseur*.

Pronation

Mouvement de rotation interne de l'avant-bras, la paume passant du dehors au dedans, opposé à la supination.

Pronation douloureuse de l'enfant

Incapacité fonctionnelle de l'avant-bras due chez l'enfant à une luxation de la tête du radius.

Une pronation douloureuse survient en général chez un enfant de 2 ou 3 ans ayant subi une traction brutale sur l'avant-bras (pour être soulevé, par exemple).

SYMPTÔMES

Le bras pend, immobile, le dos de la main étant collé au corps. Le coude ne présente ni tuméfaction ni œdème mais est douloureux si l'on tente de bouger le bras.

TRAITEMENT

La guérison est obtenue par une manœuvre de réduction simple, qui associe simultanément une rotation de l'avant-bras amenant la paume de la main en avant et le pouce en dehors et une flexion de l'avant-bras sur le bras. Cette manœuvre provoque un ressaut témoignant du replacement de la tête du radius dans le bon axe et une récupération fonctionnelle immédiate. Une récidive est possible si l'on tire de nouveau sur la main de l'enfant.

Prophylaxie

Prévention de l'apparition des maladies et de leur transmission à des tiers.

Le terme s'applique surtout à la prévention des maladies infectieuses.

Propreté (acquisition de la)

Aptitude d'un enfant à maîtriser ses fonctions de miction et de défécation, de jour comme de nuit.

Étape essentielle de l'autonomie de l'enfant, l'acquisition de la propreté s'effectue en général au cours de la 2e année pour la propreté de jour et entre 2 et 4 ans, selon les enfants, pour la propreté nocturne. Elle relève d'un processus naturel : à un stade de son développement, l'enfant est apte à devenir propre « de lui-même » sans devoir être contraint à un apprentissage.

La maîtrise du sphincter anal s'obtient avant celle du sphincter vésical. Par ailleurs, l'acquisition de la propreté de jour précède celle de la propreté de nuit, plus difficile à contrôler. Cette progression peut être marquée par quelques retours en arrière, notamment à l'occasion de la survenue d'événements à forte charge affective tels que la naissance d'un frère ou d'une sœur.

ÉDUCATION À LA PROPRETÉ

L'éducation à la propreté ne doit pas être entreprise trop précocement ni par la contrainte. On risque en effet de perturber l'enfant, de retarder l'acquisition physiologique normale et même d'obtenir un résultat opposé à celui recherché (énurésie, ou émission nocturne d'urine après 3 ans, refus d'autonomie de l'enfant). L'enfant doit avoir la libre disposition de son pot. On l'aidera à ôter sa couche quand il manifeste un besoin. On lui demandera, lorsqu'il commence à devenir propre, s'il souhaite ou non mettre une couche pour la sieste et on respectera son désir. Il faut le soutenir dans sa volonté de devenir « grand », l'encourager dans chaque étape de l'apprentissage de la propreté et l'accompagner dans les moments difficiles. Il faut aussi dédramatiser tous les petits « accidents » qui pourraient le vexer ou l'humilier. Dans tous les cas, on proscrira les séances de pot à heures fixes, l'usage de la force ou des menaces, les moqueries, les réveils nocturnes imposés, le rationnement d'eau le soir. L'acquisition de la propreté se fait sans contrainte et, en général, rapidement si on

laisse à l'enfant la possibilité de « choisir » son moment.
→ VOIR Encoprésie, Énurésie.

Prostaglandine

Substance dérivée des acides gras, ayant une structure biochimique commune appelée prostanoïde, naturellement produite par l'organisme et servant de médiateur dans un très grand nombre de phénomènes physiologiques et pathologiques.

UTILISATION THÉRAPEUTIQUE

Il existe des prostaglandines de synthèse ayant diverses indications thérapeutiques.
■ En gastroentérologie, en raison de leur effet protecteur sur la muqueuse gastrique (cytoprotection adaptative), elles sont utilisées dans le traitement de l'ulcère gastroduodénal, dans la prévention et le traitement des effets indésirables des anti-inflammatoires.
■ En gynécologie et en obstétrique, elles sont utilisées, par voie injectable ou sous forme d'ovule, pour provoquer une interruption de grossesse (avortement thérapeutique), l'évacuation du contenu de l'utérus en cas d'avortement incomplet, et, par voie injectable ou sous forme de gel intracervical, pour déclencher l'accouchement.

EFFETS INDÉSIRABLES ET CONTRE-INDICATIONS

Les prostaglandines sont susceptibles d'entraîner des diarrhées, des nausées passagères, des douleurs abdominales, des maux de tête et des vertiges. Elles sont contre-indiquées lorsqu'on sait qu'elles provoquent une allergie et en cas d'insuffisance rénale ou hépatique, d'asthme, de glaucome ou d'hypertension artérielle.

Prostate

Glande sexuelle masculine entourant les premiers centimètres de l'urètre (urètre prostatique), située sous le col vésical, juste devant le rectum.

La prostate a la forme d'une châtaigne et pèse de 15 à 20 grammes.

PHYSIOLOGIE

La prostate, de même que les vésicules séminales, fait partie des glandes séminales accessoires qui fabriquent le plasma séminal, à partir duquel le sperme est formé. Les sécrétions prostatiques sont sous le contrôle des androgènes (hormones mâles, sécrétées principalement par les testicules).

EXAMENS

L'exploration de la prostate est possible grâce à de nombreux examens.
■ Le toucher rectal est un examen très simple et fiable. Il devrait être réalisé annuellement à titre de dépistage de l'adénome ou du cancer de la prostate chez l'homme de plus de 50 ans.
■ Les examens bactériologiques sont l'examen cytobactériologique des urines (E.C.B.U.) et l'examen des sécrétions prostatiques, pratiqué en cas d'écoulement urétral ou après un massage prostatique.
■ Le dosage sanguin du PSA (antigène prostatique spécifique) permet parfois de déceler un cancer de la prostate qui ne s'est pas encore manifesté cliniquement.
■ L'échographie prostatique, pratiquée par voie endorectale, permet d'évaluer très précisément la structure et le volume de la prostate.
■ La biopsie prostatique permet de confirmer le diagnostic d'un cancer de la prostate. Cet examen est réalisé par voie endorectale sous contrôle échographique. Il ne nécessite pas d'anesthésie.
■ L'urographie intraveineuse sert à évaluer l'éventuel retentissement sur la miction et sur les reins d'un adénome de la prostate.

PATHOLOGIE

Les principales maladies de la prostate sont l'adénome, le cancer, la prostatite (infection aiguë ou chronique), l'abcès, le kyste et la lithiase, peu fréquente.

Prostate (adénome de la)

Tumeur bénigne de la partie centrale (qui entoure l'urètre) de la prostate.

Un adénome de la prostate apparaît chez 85 % des hommes entre 60 et 70 ans.

SYMPTÔMES

Le patient est obligé de se lever plusieurs fois la nuit pour uriner et il a du mal à vider complètement sa vessie (faiblesse du jet urinaire, gouttes retardataires). La vessie se vidangeant mal, elle se dilate et est souvent le siège d'infections urinaires. Il n'y a aucune corrélation entre le volume de l'adénome et le degré de gêne mictionnelle qu'il entraîne.

L'adénome peut, en outre, être à l'origine d'une infection, parfois associée à une épididymite (infection de l'épididyme) ou à une hématurie (présence de sang dans les urines). Lorsqu'il est très gênant, il entraîne parfois une diminution de l'activité sexuelle. Son évolution est souvent imprévisible : l'adénome de la prostate peut n'entraîner que très peu de troubles pendant une longue période ou évoluer par poussées avec des périodes de rémission. Il est parfois à l'origine d'une rétention vésicale aiguë complète, nécessitant un drainage d'urgence de la vessie.

TRAITEMENT ET CONSÉQUENCES

Le traitement dépend essentiellement de la gêne due à l'adénome. Si celui-ci n'empêche pas la vidange complète de la vessie, le traitement est médical. Il vise à atténuer les symptômes de l'adénome sans le supprimer : prise de médicaments modifiant la contraction du muscle vésical et des sphincters (alphabloquants, par exemple) ou permettant une diminution progressive du volume tumoral (inhibiteurs de la 5-alpha-réductase, une enzyme qui favorise la croissance de l'adénome). Le malade doit éviter les plats épicés, les boissons gazeuses, en particulier celles qui sont alcoolisées (champagne).

On peut aussi avoir recours à des traitements opératoires mais non chirurgicaux, bien que leur réelle efficacité ne soit pas démontrée : dilatation de l'urètre prostatique grâce à une sonde dont le ballonnet est gonflé dans la prostate ; hyperthermie prostatique par l'intermédiaire d'une sonde chauffante placée dans l'urètre prostatique ou dans le rectum, au contact de la prostate. Dans tous les cas, le patient doit être régulièrement surveillé afin de déceler une éventuelle obstruction du col de la vessie ou des complications.

Si, en revanche, l'adénome gêne la vidange de la vessie ou est à l'origine de complications, on peut pratiquer son ablation, par voie endoscopique ou, lorsqu'il est très volumineux, par chirurgie conventionnelle.

Ces interventions nécessitent une anesthésie générale ou locorégionale (péridurale).

Ces deux interventions ont pour conséquence une éjaculation rétrograde (le sperme, lors de l'éjaculation, reflue dans la vessie et est éliminé dans les urines) à l'origine d'une stérilité, mais qui n'a aucune incidence sur la qualité des érections. C'est la raison pour laquelle, chez certains patients jeunes présentant un petit adénome, on se contente de réaliser une simple incision endoscopique du col vésical et de la prostate.

Enfin, on peut mettre en place, par voie endoscopique, une prothèse (tube métallique amovible) dans l'urètre prostatique de façon à supprimer l'obstacle dû à l'adénome. Cette méthode est surtout utilisée pour des patients âgés qui ne peuvent subir une anesthésie. Actuellement, de nombreux essais sont en cours, visant à pratiquer une ablation de l'adénome de la prostate au laser, par voie endoscopique.

Prostate (antigène spécifique de la)

Glycoprotéine du sérum sanguin, exclusivement synthétisée par la prostate. En anglais, *prostate specific antigen (PSA)*.

Le taux d'antigène spécifique de la prostate dans le sérum est normalement compris entre 2 et 4 nanogrammes par millilitre. Il augmente en cas de prostatite aiguë (inflammation aiguë de la prostate), d'adénome et plus encore de cancer de la prostate. Il peut servir au dépistage de ces affections, et est très utile pour suivre leur évolution.

Prostate (cancer de la)

Tumeur maligne qui atteint la prostate, essentiellement sous la forme d'un adénocarcinome.

Le cancer de la prostate est extrêmement fréquent, atteignant jusqu'à un homme sur deux à partir de 80 ans.

SYMPTÔMES ET SIGNES

Très souvent, ce cancer n'entraîne aucun symptôme. Dans d'autres cas, il se traduit par la présence de sang dans les urines et par une augmentation anormale du nombre de mictions, qui deviennent pénibles, le patient devant forcer pour évacuer sa vessie.

Enfin, un cancer de la prostate peut, en cas de métastases, entraîner une fatigue, une anémie, une perte de poids, etc.

Le cancer de la prostate est une tumeur maligne d'évolution souvent très lente, qui n'est pas la cause principale de décès chez les patients âgés porteurs de cette affection.

TRAITEMENT

Le choix de chaque méthode thérapeutique dépend de l'âge et de l'état général du patient ainsi que du degré d'évolution du cancer (localisé ou métastasique). Lorsque le cancer est localisé dans la prostate, l'ablation totale de la prostate, des vésicules séminales et des ampoules déférentielles, la radiothérapie externe prostatique ou, éventuellement, la curiethérapie permettent d'obtenir dans un grand nombre de cas une guérison. Ces traitements ne sont généralement proposés qu'à des patients de moins de 70 ans. Lorsque le cancer a entraîné des métastases ou s'il s'agit d'un patient très âgé dont l'état général est mauvais, il n'est pas nécessaire de proposer un traitement curatif agressif : l'hormonothérapie permet d'obtenir une rémission qui dure souvent plusieurs années.

■ **Les méthodes chirurgicales** consistent soit à pratiquer une ablation endoscopique partielle de la prostate, lorsque la tumeur obstrue l'urètre prostatique, soit à enlever par chirurgie conventionnelle la totalité de la prostate, des vésicules séminales et des ampoules déférentielles (prostatectomie radicale).

■ **La radiothérapie externe** de la prostate et des ganglions pelviens vise à guérir le cancer en détruisant toute la tumeur et ses prolongements. Elle peut entraîner une incontinence urinaire, une impuissance (40 % des cas) et/ou une irritation de la vessie ou du rectum.

■ **L'hormonothérapie** est réservée aux cancers de la prostate s'accompagnant de métastases. Il s'agit d'un traitement palliatif consistant à supprimer la sécrétion des hormones androgènes par les testicules, qui stimulent la croissance du cancer. Elle repose sur deux méthodes :

– la pulpectomie (ablation chirurgicale du tissu fonctionnel des testicules) entraîne une stérilité et une impuissance ;

– le traitement médicamenteux vise aussi à supprimer la sécrétion androgénique testiculaire. Pris de façon continue et définitive, les agonistes de la gonadolibérine (LH-RH) et les antiandrogènes, qui agissent sur l'hypophyse et la prostate, sont aussi efficaces que la pulpectomie, mais ils entraînent comme cette dernière une stérilité et une impuissance.

■ **La curiethérapie** consiste à implanter chirurgicalement des aiguilles radioactives dans la prostate du malade. Cependant, elle est peu utilisée en raison de ses effets indésirables (brûlure des tissus avoisinant la prostate, notamment ceux de la vessie et du rectum) ; en outre, ses résultats ne sont pas meilleurs que ceux de la radiothérapie externe.

■ **La chimiothérapie** est très peu utilisée en raison de son efficacité très faible sur le cancer de la prostate.

Prostate (kyste de la)

Cavité pathologique située dans le parenchyme (tissu fonctionnel) prostatique, contenant une substance liquide, et limitée par une paroi qui lui est propre.

Dans la majorité des cas, un kyste de la prostate n'entraîne aucun symptôme, sauf s'il est très volumineux, provoquant alors des signes de compression de l'urètre.

Le diagnostic repose sur l'échographie prostatique. On ne traite un kyste de la prostate que s'il comprime l'urètre : on draine alors le liquide par ponction ou par voie endoscopique.

Prostatectomie

Ablation chirurgicale de la prostate, des vésicules séminales et des ampoules déférentielles. SYN. *prostatectomie radicale, prostatectomie totale.*

La principale indication de la prostatectomie est le cancer de la prostate lorsqu'il n'a pas encore envahi les tissus voisins et qu'il affecte un sujet jeune.

DÉROULEMENT

La prostatectomie est pratiquée sous anesthésie générale. Elle nécessite de 10 à 15 jours d'hospitalisation. Après avoir enlevé la prostate, le chirurgien abouche l'urètre à la vessie de façon à permettre des mictions normales. En cas de prostatocystectomie, les urines sont soit dérivées vers la paroi abdominale, par anastomose des deux uretères à un segment d'intestin, dont une extrémité est abouchée à la peau, soit émises par les voies naturelles grâce à la confection d'une néovessie à partir d'un segment d'intestin.

COMPLICATIONS

Les principales complications de la prostatectomie sont :
– une impuissance sexuelle, qui survient dans 50 à 70 % des cas ;
– une incontinence urinaire, qui survient dans 1 à 5 % des cas ;
– un rétrécissement dû à une mauvaise cicatrisation de l'anastomose entre l'urètre et la vessie, qui gêne l'évacuation de celle-ci.

Prostatite

Infection aiguë ou chronique de la prostate.

Une prostatite est une infection génito-urinaire fréquente affectant les hommes de tous âges, avec une fréquence particulière chez les jeunes adultes.

Prostatite aiguë

C'est une infection aiguë du parenchyme prostatique se traduisant par un syndrome infectieux d'installation brutale (fièvre à 40 °C, frissons) et des troubles mictionnels : brûlures à la miction, pollakiurie (mictions trop fréquentes et peu abondantes) pouvant aller jusqu'à la rétention vésicale.

TRAITEMENT ET COMPLICATIONS

Le traitement impose le repos et une antibiothérapie avant même de connaître les résultats des examens. Les antibiotiques (fluoroquinolones) doivent être administrés pendant au moins quinze jours afin d'éviter les récidives infectieuses.

Les complications sont rares : abcès de la prostate, orchiépididymite (inflammation du testicule et de l'épididyme), rétention vésicale d'urine.

Prostatite chronique

C'est une infection chronique du parenchyme prostatique due à la présence de microabcès et à une inflammation impor-

tante de la prostate. Elle est favorisée par une prostatite aiguë insuffisamment traitée, par des prostatites aiguës récidivantes mais aussi par un rétrécissement de l'urètre ou un adénome de la prostate.

SYMPTÔMES ET SIGNES

Une prostatite chronique entraîne de nombreux signes fonctionnels : douleurs périnéales, brûlures à la miction, écoulement urétral, douleurs à l'éjaculation, baisse de la puissance sexuelle, voire troubles psychiques déclenchés par la chronicité des troubles. L'évolution d'une prostatite chronique est le plus souvent faite de poussées infectieuses successives.

TRAITEMENT

Le traitement est difficile et parfois décevant ; il repose sur la prescription d'un antibiotique pendant plusieurs semaines, et de façon répétée, afin de stériliser les foyers microbiens intraprostatiques. Ceux-ci sont toutefois difficiles à éradiquer. Il est conseillé, pour prévenir les récidives, d'éviter les aliments épicés et l'alcool.

Prostration

État de stupeur et de repli sur soi se traduisant par une immobilité.

Cet état s'observe souvent dans la mélancolie (forme grave de dépression), les états catatoniques (troubles psychomoteurs caractéristiques de la schizophrénie) et au cours des formes graves des fièvres typhoïdes, où la prostration est dénommée tuphos.

Protéine

Constituant essentiel de tous les organismes vivants.

Les protéines sont de très longues chaînes d'acides aminés (les chaînes plus courtes ne constituant pas des protéines mais des peptides), attachés les uns aux autres par une liaison chimique, dite liaison peptidique.

Les protéines ont des rôles très divers : certaines font partie d'une structure de soutien (membrane qui entoure les cellules, trame des os, collagène, etc.) tandis que d'autres (hormones, anticorps, enzymes, etc.) interviennent dans divers mécanismes physiologiques. Les protéines des aliments sont fragmentées dans le tube digestif en acides aminés, absorbés dans le sang, puis dans les cellules, qui s'en servent pour élaborer leurs propres protéines. Un gramme de protéines correspond à 17 kilojoules, soit 4 kilocalories. Chez l'adulte, l'apport énergétique en protéines doit idéalement représenter de 12 à 15 % de l'apport énergétique total (soit, en moyenne, un gramme de protéines par kilogramme de poids du sujet et par jour).

SOURCES

On distingue deux principales sources alimentaires de protéines. Les protéines animales (fournies par la viande, le poisson, les œufs, les produits laitiers) sont les mieux équilibrées car elles contiennent tous les acides aminés indispensables, en bonne proportion, et sont, en outre, très digestibles. Les protéines végétales (fournies par les légumineuses, les céréales, le soja) ont une valeur nutritionnelle moindre : elles sont carencées en un ou plusieurs acides aminés indispensables, en particulier en lysine pour les céréales et en acides aminés soufrés (dont la méthionine) pour les légumineuses. Leur digestibilité est moindre.

Une alimentation équilibrée doit donc associer protéines animales (au moins 50 % des protéines totales) et protéines végétales. On cherchera aussi à associer des protéines exclusivement végétales, mais qui se complètent du fait de leurs acides aminés manquants différents (semoule et pois chiches, riz et lentilles, etc.).

→ VOIR Hyperprotéinémie, Hypoprotéinémie.

Protéine C-réactive

Glycoprotéine du sang, synthétisée par le foie en réponse à un antigène.

Le rôle exact de la protéine C-réactive (en anglais C-reactive protein, ou CRP) reste mal connu. On sait cependant qu'elle active les défenses immunitaires de l'organisme.

UTILISATION DIAGNOSTIQUE

Le taux de protéine C-réactive dans le sang, normalement inférieur à 20 milligrammes par litre, augmente en cas d'inflammation.

Son dosage, le plus souvent associé à la mesure de la vitesse de sédimentation (V.S.), ne constitue cependant qu'une aide au diagnostic car il ne renseigne pas sur la cause de l'inflammation (infectieuse, rhumatismale, etc.) ; en outre, le taux sanguin de protéine C-réactive augmente aussi en cas d'infarctus du myocarde.

Protéinurie

Présence de protéines dans les urines.

Le taux de protéines dans les urines est normalement très faible, inférieur à 50 milligrammes par 24 heures, et ne peut être détecté par les méthodes de recherche conventionnelles ; aussi dit-on qu'à l'état normal il n'existe pas de protéinurie.

CAUSES

La protéinurie relève de nombreuses causes. Le plus souvent, elle est due à des lésions des glomérules, unités de filtration du rein où s'élabore l'urine primitive et qui ne laissent normalement pas passer les protéines du sang.

SYMPTÔMES ET SIGNES

La protéinurie, autrefois improprement appelée albuminurie, se manifeste, lorsqu'elle est abondante, par un syndrome néphrotique (œdèmes des jambes et du visage, diminution du taux de protéines dans le sang). Dans les autres cas, elle ne se traduit par aucun symptôme.

TRAITEMENT

Une protéinurie, lorsqu'elle n'entre pas dans le cadre d'un syndrome néphrotique, ne nécessite ni traitement ni régime : il est inutile de réduire les apports alimentaires en protéines. La maladie en cause doit, en revanche, être soignée.

Proteus

Genre bactérien comprenant des bacilles à Gram négatif appartenant à la famille des entérobactéries.

Prothèse

Dispositif implanté dans l'organisme pour suppléer un organe manquant ou pour restaurer une fonction compromise.

Prothèse de l'appareil digestif

C'est une prothèse mise en place lors de certaines opérations chirurgicales de l'œsophage et des voies biliaires.

INDICATIONS ET TECHNIQUE

Les prothèses œsophagiennes servent, en cas de cancer de l'œsophage, à supprimer une obstruction et à soulager la dysphagie (difficulté à déglutir). Leur implantation constitue un traitement palliatif du cancer : sous anesthésie générale et sous contrôle endoscopique et radiologique, on introduit un tube en plastique qui force le rétrécissement tumoral et qui, laissé en place, permet la reprise de l'alimentation.

Prothèse auditive

C'est un appareil amplificateur permettant de corriger une perte auditive. La plupart des prothèses auditives sont des appareils électroniques constitués d'un embout auriculaire, d'un microphone (pour capter les sons) et d'un amplificateur. Le malade ajuste l'appareil aux conditions extérieures par l'intermédiaire d'un bouton de contrôle du son.

Prothèse dentaire

C'est un appareillage destiné à maintenir ou à restaurer les arcades dentaires pour une raison tant esthétique que fonctionnelle.

DIFFÉRENTS TYPES DE PROTHÈSE

■ **La prothèse dentaire amovible**, amarrée à des supports dentaires, muqueux ou à des implants, doit être enlevée pour être nettoyée (simple brossage sous l'eau du robinet). Elle est dite partielle lorsqu'il reste dans la bouche des dents sur lesquelles elle est retenue par l'intermédiaire de dispositifs de liaison mécanique (crochets, par exemple), totale lorsqu'il n'y a plus de dents et que sa fixation ne peut plus se faire que sur la muqueuse buccale ou sur des racines restantes. Une prothèse amovible peut être utilisée en cas de délabrements buccaux congénitaux ou dus à un cancer. Un autre type de prothèse amovible, la gouttière, permet de protéger les dents de divers traumatismes (sujet pratiquant un sport violent), des caries ou d'une radiothérapie, ou de relaxer la mâchoire en cas de lésion de l'articulation temporomandibulaire.

■ **La prothèse dentaire fixée** peut être scellée ou collée. Elle permet de rendre son aspect normal et sa fonction à une dent très abîmée (onlay, inlay, couronne), de replacer une ou plusieurs dents (bagues), de les immobiliser (attelle de contention en cas de maladie des tissus de soutien de la dent), voire de les remplacer intégralement (bridge). Son entretien ne diffère pas de celui des dents naturelles (brossage et fil dentaire pour nettoyer les espaces interdentaires).

TECHNIQUE

L'appareillage, élaboré en laboratoire spécialisé, nécessite la prise d'empreintes des arcades dentaires ; ces empreintes doivent être le plus précises possible (elles nécessitent entre 6 et 12 séances, en général), de façon que la prothèse soit parfaitement adaptée à la morphologie du patient. Les matériaux utilisés sont des résines acryliques, des alliages métalliques (précieux ou non), des matériaux dits esthétiques, comme la céramique ou la porcelaine. Lorsqu'on doit extraire une dent chez un malade portant une prothèse, celle-ci est adaptée le jour même de l'intervention, de manière à faciliter la cicatrisation.

Prothèse oculaire

Cette prothèse, couramment appelée œil de verre, est fabriquée en matériau synthétique et remplace un œil énucléé ou atrophique.

Prothèse orthopédique

C'est une pièce de remplacement d'une articulation ou d'un membre.

Prothèse pénienne

Encore appelée implant pénien, c'est une prothèse en silicone permettant, en cas d'impuissance totale et définitive, d'obtenir de façon artificielle une érection rendant les rapports sexuels possibles. Elle est surtout proposée à des sujets jeunes ayant la possibilité de rapports sexuels réguliers.

Prothèse sphinctérienne

C'est une prothèse en silicone utilisée en cas d'incontinence urinaire totale et rebelle à tout traitement.

Prothèse testiculaire

C'est une boule de silicone destinée à remplacer le testicule après orchidectomie (ablation du testicule). Sa fonction est purement esthétique.

Protide

Toute substance constituée par un ou plusieurs acides aminés.

Protonthérapie

Radiothérapie utilisant des protons.

La protonthérapie est une méthode de radiothérapie qui permet de délivrer des doses élevées de protons assez profondément dans les tissus tout en épargnant les tissus alentour, qu'ils soient situés au-dessus ou au-dessous de la zone à traiter. Son domaine d'application privilégié est le traitement des tumeurs malignes profondes situées à côté de structures fragiles, tumeurs de l'œil et du système nerveux en particulier. Après les soins, le patient doit rester isolé pendant quelques heures dans une enceinte bétonnée, qui protège l'entourage de la radioactivité que dégage momentanément son corps. La protonthérapie est peu utilisée car elle exige le transport des patients auprès d'installations nucléaires spécialement équipées pour les recevoir.

Protozoaire

Organisme du règne animal composé d'une cellule unique.

Protubérance annulaire

Région de l'encéphale située entre les pédoncules cérébraux et le bulbe rachidien. SYN. *pont de Varole.*

Provirus

Patrimoine génétique d'un virus, qui s'intègre dans celui de la cellule hôte.

Prurigo

Maladie cutanée caractérisée par une éruption et provoquant une vive démangeaison, de petites élevures rougeâtres surmontées de vésicules qui s'ouvrent rapidement sous l'effet du grattage puis se couvrent d'une croûte transitoire.

Le traitement est fonction de l'affection en cause : application de médicaments et de substances antiparasitaires sur la peau et les vêtements, traitement antiallergique par application de corticostéroïdes ou par administration d'antihistaminiques par voie orale.

Prurit

Sensation naissant dans la peau et entraînant une envie de se gratter. SYN. *démangeaison.*

On divise les prurits en deux catégories selon qu'ils sont généralisés ou localisés.

Prurit généralisé

C'est une démangeaison affectant l'ensemble du corps. De nombreuses causes sont capables de la provoquer.

Il peut être causé par une maladie de peau (psoriasis, eczéma, lichen, infestation de la peau par des parasites), parfois à un stade où celle-ci est inapparente (dermatose dite invisible), notamment en cas de lichen, de mycosis ou de gale. La prise de médicaments (antibiotiques, aspirine, barbituriques, sulfamides, etc.) de même que de très nombreuses affections, comme un obstacle dans les voies biliaires (calcul, tumeur), une insuffisance rénale chronique, une affection hématologique (maladie de Hodgkin, polyglobulie), une maladie hormonale (diabète, hyperthyroïdie) ou un cancer d'un viscère, sont également susceptibles d'entraîner un prurit. Lorsque aucune des causes précédentes n'est retrouvée, on évoque un prurit engendré par un trouble psychologique, un prurit sénile dû à un dessèchement de la peau lié à l'âge ou un prurit gravidique, survenant au cours du troisième trimestre d'une grossesse.

TRAITEMENT

C'est avant tout celui de la cause. Le prurit lui-même est traité par voie orale (antihistaminiques et, dans certains cas, anxiolytiques) et locale (bains adoucissants, pommades amollissantes, plus rarement corticostéroïdes). Le prurit gravidique cède généralement spontanément après l'accouchement.

Prurit localisé

C'est une démangeaison affectant une partie du corps.

Parmi les prurits localisés, certains se distinguent par leur fréquence :

– le prurit anal peut avoir une cause locale (abus de pommade, infection par un champignon ou une bactérie, hémorroïdes, fissure ou fistule anales) ou générale (affection hématologique ou hormonale, cancer de l'anus, diarrhée chronique) ; chez l'enfant, son origine est fréquemment l'oxyurose (infestation par un ver parasite pondant ses œufs sur la marge anale) ;

– le prurit du cuir chevelu doit avant tout faire rechercher une infestation par les poux, particulièrement chez l'enfant ; il peut également s'agir d'une maladie dermatologique (psoriasis) ou d'une infection par une bactérie ou un champignon (pityrosporose) ;

– le prurit génital peut constituer une réaction à certains produits utilisés pour la toilette (savons trop alcalins, antiseptiques trop agressifs) ou le nettoyage des vêtements, au latex du préservatif, à des sous-vêtements en tissu synthétique, ou être le signe d'une infection (herpès, candidose, infections à chlamydia, à trichomonas, etc.) ; il s'accompagne alors chez la femme de leucorrhées (pertes blanches) ; un prurit de la vulve peut également être causé par une maladie de peau localisée à cette zone ou par une maladie générale (diabète, hyperthyroïdie).

TRAITEMENT ET PRÉVENTION

Comme pour le prurit généralisé, le traitement est d'abord celui de la cause, associé au besoin à celui du prurit lui-même.

Certains prurits anaux et génitaux peuvent être prévenus par le port de sous-vêtements de coton lavés avec du savon de Marseille et par l'usage, pour la toilette intime, de savons non alcalins.

PSA

→ VOIR Prostate (antigène spécifique de la).

Pseudarthrose

Absence complète de consolidation d'une fracture un ou deux mois après les délais habituels.

Lors d'une pseudarthrose, le cal osseux ne se forme pas ou se forme mal, ce qui crée une « pseudo-articulation » entre les 2 fragments osseux fracturés, lesquels sont plus ou moins mobiles l'un par rapport à l'autre : on parle de pseudarthrose lâche ou serrée.

Pseudohermaphrodisme

Anomalie congénitale caractérisée par la présence, chez un sujet dont les chromosomes sexuels et les gonades (ovaires ou testicules) sont normaux, d'organes génitaux qui ressemblent à ceux de l'autre sexe.

CAUSES

Il existe deux types de pseudohermaphrodisme : féminin (XX) ou masculin (XY).

■ **Le pseudohermaphrodisme féminin** (sujets génétiquement féminins) est, en général, d'origine endocrinienne, le fœtus ayant été anormalement imprégné par des androgènes. Dans certains cas, cette imprégnation a une origine maternelle (tumeur surrénalienne ou ovarienne virilisante, prise de progestatifs durant la grossesse) mais, le plus souvent, elle résulte d'un trouble enzymatique des glandes surrénales du fœtus lui-même (hyperplasie surrénalienne congénitale).

■ **Le pseudohermaphrodisme masculin** (sujets génétiquement masculins) peut être dû soit à une anomalie précoce de la fonction testiculaire avec défaut de sécrétion des hormones masculines, soit à une insensibilité aux androgènes par manque des récepteurs cellulaires spécifiques ou par absence enzymatique.

TRAITEMENT

Des traitements, hormonaux ou chirurgicaux (plastie du périnée), conduits par des équipes médicales spécialisées, peuvent être mis en route afin de faire concorder sexe génétique et sexe anatomique. Le choix du sexe définitif se révèle parfois très délicat. Si le diagnostic est établi à la naissance, ce choix est fait sur la base des connaissances de l'état hormonal, anatomique et chromosomique. Ainsi, le choix du sexe féminin est toujours souhaitable en cas de pseudohermaphrodisme féminin par hyperplasie surrénalienne ; il s'impose avant la 3ᵉ année de l'enfant à moins de refus familial absolu, confirmé après plusieurs entretiens. Dans des cas exceptionnels, liés à un diagnostic tardif, le choix peut se présenter à la puberté : on préfère alors habituellement conserver l'état civil antérieur de l'enfant. Dans certains cas, le traitement permet à l'enfant d'avoir une vie sexuelle normale et même de procréer.

Pseudokaposi

Affection d'origine vasculaire, provoquant des lésions d'aspect et de structure proches de ceux des lésions dues au sarcome de Kaposi (cancer affectant principalement les sujets immunodéprimés et touchant notamment la peau sous forme de plaques infiltrées rouges ou violines).

Le traitement repose, selon le cas, sur la contention (bande ou bas élastique) ou sur une intervention chirurgicale (fermeture de la fistule). Des séquelles (persistance des lésions, dermite ocre des jambes) sont possibles.

Pseudolymphome cutané

Lésion cutanée constituée par une infiltration de la peau par des globules blancs du type lymphocytes, caractérisée par son évolution bénigne, que contredit son aspect histologique proche de celui d'un cancer.

Pseudomonas

Genre bactérien de bacilles à Gram négatif comportant un nombre important d'espèces, pour la plupart présentes à l'état naturel sur toute la surface du globe, dans le sol, les eaux et les plantes.

Les infections à *Pseudomonas* sont traitées par antibiothérapie adaptée aux résultats de l'antibiogramme.

Pseudomonas æruginosa

Bacille à Gram négatif, présent à l'état naturel dans l'eau, parfois sur la peau et dans le tube digestif. SYN. *bacille pyocyanique.*

Pseudomonas æruginosa est responsable de graves infections nosocomiales (acquises à l'hôpital) chez les sujets immunodéprimés

ou ayant une affection sévère (cancer, diabète, brûlures, mucoviscidose).

Pseudopelade

Maladie du cuir chevelu caractérisée par une chute définitive, par plaques, des cheveux.

Les pseudopelades sont tantôt dues à une maladie dermatologique (lupus érythémateux, lichen plan, sclérodermie), tantôt n'ont pas de cause connue ; on parle alors de pseudopelade idiopathique de Brocq. À la perte des cheveux correspond une destruction des follicules pilosébacés, normalement responsables de leur repousse ; aussi la pseudopelade, contrairement à la pelade, est-elle irréversible. L'évolution se fait vers une extension progressive des zones d'alopécie. La peau de ces zones est lisse, brillante, atrophique et difficile à plisser.

Le traitement est celui de la maladie en cause lorsque celle-ci est connue, en particulier par des corticostéroïdes locaux. Dans certains cas, une greffe localisée de cheveux est possible.

Pseudopolyarthrite rhizomélique

Maladie inflammatoire atteignant les racines des membres et, à un moindre degré, le cou, associée à une altération importante de l'état général. SYN. *maladie de Forestier.*

La pseudopolyarthrite rhizomélique est une affection du sujet âgé. Elle semble présenter un lien de parenté avec la maladie de Horton, artérite temporale caractérisée notamment par une atteinte inflammatoire oculaire grave, une association de ces deux pathologies étant fréquente.

SYMPTÔMES

Une pseudopolyarthrite rhizomélique se traduit par des douleurs et des raideurs, accentuées la nuit et le matin, de la région du cou, des épaules et du haut des cuisses. Il s'y ajoute une grande fatigue et un amaigrissement.

TRAITEMENT

Il repose sur l'administration de corticostéroïdes et doit parfois être suivi pendant quelques années. La guérison se fait en général sans séquelles.

Psittacose

Maladie infectieuse due à la bactérie *Chlamydia psittaci*.

Chlamydia psittaci infecte l'homme, certains oiseaux et les mammifères. L'homme se contamine par contact direct avec un animal infecté, le plus souvent un oiseau de la famille des psittacidés (perroquet, perruche).

SYMPTÔMES ET SIGNES

Une psittacose se manifeste après une incubation (période initiale silencieuse) de 6 à 15 jours. Il en existe trois formes.

■ **La forme disséminée** se traduit le plus souvent par une encéphalite ou une méningite (inflammation de l'encéphale ou des méninges) associée à une pneumopathie (inflammation diffuse des poumons).

■ **La forme pseudogrippale** se traduit par des frissons et une fièvre élevée.

■ **La forme pulmonaire**, ou pneumopathie atypique, s'installe progressivement et se traduit par une fièvre importante, des frissons, des douleurs musculaires et des maux de tête. Une toux sèche s'installe dans les premiers jours et persiste pendant deux semaines.

TRAITEMENT

Le traitement consiste à administrer des antibiotiques (cyclines) pendant trois semaines. Il est efficace, mais une fatigue peut persister pendant plusieurs mois.

Psoralène

Substance, extraite notamment de la bergamote, utilisée dans le traitement de certaines maladies dermatologiques pour augmenter la sensibilité de la peau aux rayonnements ultraviolets (puvathérapie).

Les psoralènes sont contre-indiqués au cours de la grossesse. Si les précautions relatives à la puvathérapie ne sont pas respectées (port de lunettes spéciales, durée d'exposition limitée à chaque séance, espacement des séances, etc.), les psoralènes peuvent favoriser une cataracte, un vieillissement prématuré et des cancers de la peau.

Psoriasis

Maladie cutanée chronique caractérisée par l'éruption de plaques érythématosquameuses (taches rouges couvertes de squames).

Le psoriasis est une affection fréquente puisqu'il atteint environ 2 % de la population du globe.

Sa cause est inconnue mais il existe très probablement un facteur héréditaire, au moins un cas sur deux étant familial.

SYMPTÔMES ET SIGNES

Les plaques sont le plus souvent assez grandes mais surviennent parfois également sous forme de très petites taches (psoriasis en gouttes) ou peuvent avoir la taille et la forme d'une pièce de monnaie (psoriasis nummulaire). Les localisations habituelles sont la face postérieure des coudes, la face antérieure des genoux et le dos. Cependant, le psoriasis peut aussi se localiser soit aux plis cutanés des aines ou des aisselles, soit à la paume des mains ou à la plante des pieds ; dans ce cas, il prend plutôt une forme hyperkératosique (peau sèche, rêche, grise, fissurée). Une autre localisation fréquente en est le cuir chevelu, les cheveux traversant les plaques sans y adhérer.

Des localisations aux phanères sont possibles, notamment aux ongles, qui présentent de petites dépressions en « dé à coudre », s'épaississent, se décollent et se colorent en jaune verdâtre, ou sur les muqueuses tapissant la face interne des joues ou le gland de la verge.

ÉVOLUTION ET COMPLICATIONS

Le psoriasis évolue par poussées avec, souvent, un facteur déclenchant pour chaque poussée : rhinopharyngite, surtout chez l'enfant, surmenage, choc émotif, prise médicamenteuse (lithium, bêtabloquant). Trois complications sont possibles.

■ **L'érythrodermie psoriasique** est une généralisation du psoriasis au corps entier. Elle s'accompagne d'une altération de l'état général avec fièvre, frissons et perte de poids.

■ **Le psoriasis pustuleux**, apparition de centaines de petites lésions pustuleuses, de couleur blanc laiteux, associées à une fièvre élevée, peut être généralisé ou localisé, le plus souvent aux mains.

■ **Le rhumatisme psoriasique** est chronique et peut prendre deux aspects : polyarthrite (inflammation de plusieurs articulations) des doigts, à tendance déformante ; rhumatisme axial (inflammation des articulations de la colonne vertébrale), plus particulièrement des articulations sacro-iliaques, entre le sacrum et l'os iliaque.

TRAITEMENT ET PRONOSTIC

Il existe un traitement local et un traitement général.

■ **Le traitement local** est surtout valable pour les formes peu étendues. Il consiste en un décapage des lésions par des bains émollients, ou kératolytiques, puis en la réduction de la rougeur sous-jacente à l'aide de produits dits réducteurs (goudrons, dioxyanthranol, dermocorticostéroïdes, dérivés de la vitamine D3).

■ **Le traitement général** repose sur la puvathérapie (ingestion d'un psoralène suivie d'une exposition aux rayons ultraviolets A), réservée aux patients dont les lésions couvrent plus de 30 % de la surface corporelle. Un traitement d'attaque de 3 séances par semaine pendant 4 à 6 semaines est suivi d'un traitement d'entretien de rythme variable. Le traitement peut également reposer sur l'administration de rétinoïdes, surtout actifs dans les formes de psoriasis pustuleux, ou, exceptionnellement (formes très sévères), d'immunosuppresseurs (méthotrexate, ciclosporine).

Dans tous les cas, la prise en charge psychologique du patient constitue une donnée importante du traitement ; une psychothérapie de soutien peut être conseillée. Des cures thermales sont également prescrites dans certains cas, soit au bord de la mer (en particulier la mer Morte à cause de la grande concentration en sel de l'eau et du fort ensoleillement), soit dans une ville d'eaux (décapage des lésions cutanées à l'aide de douches filiformes [jets d'eau très fins et très puissants]).

PRONOSTIC

Les traitements actuels blanchissent les lésions et contrôlent leur survenue pendant un temps limité sans assurer de guérison définitive. Les plaques réapparaissent souvent après un délai plus ou moins long, obligeant à renouveler le traitement.

Psychanalyse

Méthode thérapeutique reposant sur l'investigation des processus inconscients.

INDICATIONS

La psychanalyse s'adresse surtout aux états névrotiques, aux troubles de la sexualité (impuissance, frigidité), parfois aux affections psychosomatiques. La décision d'entreprendre une psychanalyse dépend avant tout de la personnalité du sujet et de son désir de guérir (et non seulement de la recherche d'une gratification affective). Les chances de succès sont plus importantes si la psychanalyse est entreprise avant l'âge de 50 ans.

RISQUES

La psychanalyse n'est pas dépourvue de risques (suicide, éclosion d'une psychose, difficultés surgissant avec l'entourage) ; aussi tout psychanalyste doit avoir lui-même suivi une psychanalyse et être affilié à un institut ou à une société psychanalytiques reconnus.

DÉROULEMENT

La cure psychanalytique, sur le plan technique, a plusieurs règles générales : patient allongé sur un divan afin de faciliter la détente physique ; analyste hors de la vue du patient ; trois séances hebdomadaires en moyenne avec horaires et honoraires fixés d'avance. Une cure dure de deux à quatre ans, voire au-delà.

La clé de voûte du traitement est le « transfert », relation ambivalente qui s'instaure entre le sujet et son analyste, qui doit garder une « neutralité bienveillante ». Le malade parle le plus librement possible en ne dissimulant rien de ses pensées (technique des associations libres) ni de ses rêves. Au fur et à mesure s'instaure le transfert, à travers lequel réapparaissent les conflits infantiles, les attitudes face aux parents, etc. Ce transfert sera peu à peu interprété par l'analyste, lequel doit tenir compte de ses propres réactions envers le patient (contre-transfert). Les psychanalyses d'enfants ont débuté vers 1920, avec Anna Freud et Melanie Klein, en substituant le jeu aux associations verbales.

Psychasthénie

Dérèglement fonctionnel de la personnalité, qui se traduit par une difficulté et une appréhension à agir, avec une conscience douloureuse du trouble.

La psychasthénie rassemble divers symptômes tels que l'impression d'être épuisé dès le matin, une humeur dépressive, des phobies et des obsessions, une tendance aux scrupules, à la rumination et au doute. Le patient éprouve un sentiment d'incomplétude psychique et une incohérence mentale pouvant aller jusqu'à la dépersonnalisation. Habituellement, l'inhibition cède à l'effort et les troubles s'atténuent souvent avec l'accès à des responsabilités.

TRAITEMENT
En associant à une psychothérapie une chimiothérapie légère (antidépresseurs, sédatifs) et des règles de bonne hygiène de vie, le traitement vise à obtenir puis à développer un bon niveau d'activité. D'une manière générale, celui-ci constitue les meilleures chances de guérison du malade.

Psychiatrie

Discipline médicale consacrée à l'étude et au traitement des maladies mentales.

Psychisme

Ensemble des caractères psychiques d'un individu, qui fondent sa personnalité.

Le psychisme est la résultante d'un ensemble complexe de facteurs : satisfaction des besoins vitaux, humeur, émotions, structure affective, intelligence, capacités d'abstraction, activité pratique et créative. Cependant, les composantes du psychisme ne se limitent pas à la perception consciente : elles intègrent également les lois de l'inconscient, les impulsions instinctives, des facteurs génétiques et anatomophysiologiques (malformations cérébrales, hypertrophie du lobe frontal, pariétal, etc.).

Psychoanaleptique

Substance médicamenteuse qui stimule l'activité mentale en cas de troubles psychiques.

Psychodrame

Représentation théâtrale, sous la direction d'un thérapeute, d'une scène vécue ou imaginaire, destinée à extérioriser les ressorts d'un conflit que le sujet réactualise dans sa relation avec les autres acteurs de la scène.

Cette méthode est surtout indiquée en cas de problèmes professionnels ou familiaux.

Psychodysleptique

Substance qui agit sur le psychisme en provoquant un état hallucinatoire ou délirant. SYN. *psychopsychédélique*.

Psychogène

Qui est d'origine psychique.

Ce terme qualifie en général une maladie ou un traitement sur lesquels influent des facteurs affectifs.

Psychogenèse

Processus psychique à l'origine d'un trouble mental ou organique.

La psychogenèse des troubles mentaux relève de trois grands types de causes : les situations conflictuelles, les carences affectives et éducatives et les traumatismes émotionnels. La psychogenèse des troubles organiques est le fondement de la médecine psychosomatique.

Psycholeptique

Substance qui tend à faire diminuer l'activité psychique. SYN. *sédatif psychique*.

Psychologie

Étude de l'esprit humain.

La psychologie étudie le comportement et les motivations profondes de l'être humain d'un point de vue aussi bien intérieur qu'extérieur.

Les développements et les applications de la psychologie sont devenus considérables : celle-ci dépasse aujourd'hui largement le cadre de la pathologie pour s'étendre à des activités aussi diverses que la pédagogie, la formation professionnelle, l'art, la publicité ou simplement le désir de mieux se connaître. La formation psychologique du médecin est indispensable.

Psychopathie

État de déséquilibre psychologique caractérisé par des tendances asociales sans déficit intellectuel ni atteinte psychotique.

SYMPTÔMES ET SIGNES

La psychopathie apparaît en général au début de la puberté, mais des signes avant-coureurs peuvent se manifester dès l'enfance : cruauté avec les animaux, brutalité de l'enfant envers ses camarades, etc. Le sujet, qui ne peut surmonter son angoisse qu'en passant à l'acte, manifeste un comportement à la limite de la normalité : style de vie instable, caractère difficile, démêlés avec l'autorité, agressivité ; la délinquance, les conduites perverses, la toxicomanie sont fréquentes. Habituellement, une amélioration spontanée se manifeste après 40-45 ans et le sujet « se range ».

Le psychopathe a souvent un comportement provocant et violent. La famille, dont le rôle est essentiel, doit établir des règles lui permettant de canaliser son agressivité (en précisant les notions de bien et de mal, par exemple). Il ne faut pas se laisser intimider et il faut garder son sang-froid jusqu'à ce que le psychopathe se rende compte que son agressivité ne sert à rien et qu'elle est comprise comme une demande affective. À ce moment-là seulement, une communication verbale peut s'établir.

Psychose

Trouble mental caractérisé par une désorganisation de la personnalité, la perte du sens du réel et la transformation en délire de l'expérience vécue.

Le langage médical courant réserve le terme de psychose aux maladies mentales non lésionnelles, se caractérisant par des symptômes essentiellement psychologiques, que sont les psychoses aiguës (bouffée délirante [accès délirant survenant et disparaissant de façon brusque]), la schizophrénie, les délires chroniques (paranoïa, paraphrénie) et la psychose maniacodépressive.

TRAITEMENT ET PRONOSTIC

Dans l'ensemble, les thérapeutiques modernes ont beaucoup amélioré le pronostic des psychoses, autrefois pessimiste. Elles associent un traitement médicamenteux (neuroleptiques, lithium) à une psychothérapie individuelle ou collective dont les modalités sont très variées. Lors de l'entretien, le médecin doit rechercher la bonne distance relationnelle, ni trop proche ni trop lointaine. Dès que le patient admet que ses idées délirantes sont pathologiques, on peut entrevoir la guérison ou, du moins, une amélioration proche. Quant à l'hospitalisation, lorsqu'elle se révèle nécessaire, il est préférable qu'elle se fasse en accord avec le patient et sa famille. À côté de l'hospitalisation à temps complet, il existe aujourd'hui des structures de soins plus souples : hôpital de jour, hôpital de nuit.

Dans tous les cas, une relation thérapeutique suivie est indispensable : entretiens réguliers avec le thérapeute, existence d'un lieu d'accueil où le patient peut passer certains caps difficiles, dépistage et prévention des rechutes. Le concours de la famille est toujours souhaitable dans la mesure où l'éclosion d'une psychose (surtout chez l'adolescent) est souvent la résultante d'un conflit interne au groupe familial. L'entourage doit s'efforcer de ne pas paraître effrayé et de ne pas raisonner à tout prix le malade. Il s'agit avant tout de lui faire comprendre qu'on a ressenti sa souffrance, en sachant respecter ses convictions délirantes sans y adhérer par complaisance ni les contredire brutalement. Aujourd'hui, la majorité des psychotiques peuvent mener une vie professionnelle et familiale satisfaisante, même si la guérison demande encore du temps et de la persévérance.

Psychose maniacodépressive

Alternance de crises d'excitation (manie) et d'épisodes dépressifs (mélancolie).

La psychose maniacodépressive se manifeste en général à partir de 30-40 ans. Elle pourrait être déterminée par l'hérédité, la constitution physique (sujet pycnique, c'est-à-dire large et gros), le profil psychologique ou un dérèglement des centres cérébraux de l'humeur. Des bouleversements physiques ou psychiques importants (choc émotionnel ou chirurgical, grossesse, ménopause, etc.), voire les changements de saison peuvent aussi être des facteurs déclenchants.

SYMPTÔMES ET SIGNES

Le sujet passe périodiquement par des crises de manie ou de mélancolie, entrecoupées de phases normales. L'accès se traduit à la fois sur les plans psychique et physique : humeur triste ou euphorique, idées délirantes, troubles du comportement alimentaire et du poids, insomnie et, surtout, tendance suicidaire en phase mélancolique.

TRAITEMENT

Les crises graves nécessitent une hospitalisation, l'administration de neuroleptiques, parfois d'antidépresseurs et, dans certains cas, le recours aux électrochocs. Entre deux crises, le traitement de fond consiste en une psychothérapie associée à la prise régulière d'un stabilisateur de l'humeur (lithium).

Psychosomatique

Se dit d'un trouble organique dont l'origine est psychique.
→ VOIR Maladie psychosomatique.

Psychothérapie

Méthode thérapeutique utilisant les ressources de l'activité mentale.

La psychothérapie moderne procède des acquis de la psychologie médicale, de l'étude du comportement et de la psychanalyse. Ses techniques sont individuelles (entretien, cure analytique) ou collectives (psychodrame, ergothérapie, thérapie institutionnelle consistant à recréer en milieu hospitalier un environnement communautaire). D'autres méthodes s'adressent au corps (médecine psychosomatique, sexologie, relaxation).

Psychotrope

Substance qui agit sur le psychisme.

Les psychotropes peuvent être ou non des substances médicamenteuses : l'alcool, par exemple, est un psychotrope.

Ptérygion

Épaississement vascularisé de la conjonctive, de forme triangulaire, qui s'étend sur la cornée depuis l'angle interne de l'œil.

Un ptérygion n'altère pas la vue tant qu'il reste au bord de la cornée. S'il envahit celle-ci, il provoque un astigmatisme (vision floue). S'il vient trop près de l'axe visuel, il peut entraîner une diminution de l'acuité visuelle.

TRAITEMENT

Si le ptérygion envahit la cornée, son ablation chirurgicale peut être envisagée, sous anesthésie locale ou générale.

Cependant, le ptérygion réapparaît dans 30 à 50 % des cas, dans un délai variable pouvant aller de 1 mois à plusieurs années. Une deuxième opération est réalisable 6 mois au moins après la première.

Ptôse

Descente ou placement anormalement bas d'un organe.

Une ptôse est d'origine congénitale ou due au relâchement des muscles et des ligaments qui ont pour fonction de maintenir un organe en place dans l'organisme. Une ptôse mammaire, par exemple, est caractérisée par des seins très tombants ; elle peut être corrigée par une mammoplastie.
→ VOIR Prolapsus.

Ptôsis

Affaissement permanent, total ou partiel, de la paupière supérieure, d'origine congénitale ou acquise. SYN. blépharoptose.

Un ptôsis concerne plus souvent un œil que les deux yeux.

CAUSES

Un ptôsis est dû à une faiblesse du muscle releveur de la paupière supérieure ou à une anomalie d'innervation de ce muscle. Il peut apparaître dès la naissance, survenir spontanément au cours de la vie (processus naturel du vieillissement) ou être consécutif à un traumatisme, à une opération chirurgicale des yeux (cataracte) ou à une maladie (syndrome de Claude Bernard-Horner, myasthénie, paralysie du nerf moteur oculaire commun).

TRAITEMENT
Un ptôsis congénital qui recouvre partiellement ou totalement la pupille doit être opéré rapidement afin d'éviter le développement d'une amblyopie (diminution de l'acuité visuelle) : en effet, l'enfant peut perdre progressivement la vue faute d'utiliser son œil. En revanche, si le ptôsis n'altère pas la vision, mieux vaut différer l'opération jusqu'à ce que l'enfant ait atteint l'âge de 4 ans. Le chirurgien procède habituellement à un raccourcissement du muscle releveur de la paupière. Il s'agit d'une opération délicate, qui nécessite parfois d'intervenir à plusieurs reprises. Un ptôsis consécutif à une opération de la cataracte peut également être réparé chirurgicalement. Les résultats sont habituellement satisfaisants. Un ptôsis résultant du vieillissement naturel des tissus n'est opéré que s'il gêne la vision. Dans les autres cas, le traitement se confond avec celui de la maladie d'origine.

Pubalgie

Douleur, d'origine inflammatoire, de la symphyse pubienne (articulation médiane et antérieure, fibreuse, entre les deux os iliaques).

CAUSES
Une pubalgie est due à une ostéoarthropathie (combinaison de lésions osseuses et articulaires) pubienne ou, chez les sportifs, au déséquilibre entre les masses musculaires situées au-dessus et en dessous de l'articulation des os iliaques. Chez ces derniers, en effet, les muscles adducteurs de la cuisse (en dessous de l'articulation) sont trop développés par rapport à la musculature abdominale (au-dessus).

SYMPTÔMES ET SIGNES
La douleur, localisée dans la région pubienne, est provoquée par l'activité sportive - et notamment par le fait d'écarter la cuisse. Elle s'aggrave progressivement et peut se diffuser vers la région abdominale basse et la face interne des cuisses. Elle est susceptible

d'entraver certains mouvements, comme la montée d'escaliers et la marche, et se calme en période de repos.

TRAITEMENT
Le traitement associe la prise d'anti-inflammatoires et la rééducation et, pour les sportifs, une suspension de l'entraînement (repos sportif) pendant 6 semaines à 3 mois. En cas de douleurs persistantes, on peut envisager des infiltrations de corticostéroïdes ou d'anesthésiques locaux ou une intervention chirurgicale (transposition des muscles de la paroi abdominale, parfois avec nettoyage de la symphyse pubienne).

PRÉVENTION
La prévention repose sur le renforcement de la musculature abdominale, les étirements des muscles adducteurs (rapprochant la cuisse de l'axe du corps) et quadriceps (permettant l'extension de la jambe sur la cuisse), la correction du maintien et un entraînement sportif équilibré.

Puberté

Période de transition entre l'enfance et l'adolescence, caractérisée par le développement des caractères sexuels et par une accélération de la croissance staturale, et conduisant à l'acquisition des fonctions de reproduction.

Puberté normale

Cette période de transition, marquée par des modifications physiologiques importantes, débute entre 11 et 13 ans chez la fille et entre 13 et 15 ans chez le garçon. Le phénomène initiateur de la puberté est encore mal compris. On sait toutefois que cette transformation s'effectue sous l'action successive de structures cérébrales (hypothalamus, antéhypophyse), puis des gonades (ovaires et testicules), et enfin de certains tissus de l'organisme. Les glandes surrénales interviennent également dans le développement de la pilosité sexuelle.

DESCRIPTION
■ **Chez la fille**, le premier signe de la puberté est l'apparition d'une pilosité pubienne et/ou le développement des seins, survenant en moyenne autour de 11 ans et demi. La

pilosité des aisselles apparaît de un an à un an et demi plus tard. Les premières règles surviennent en moyenne deux ans après les premiers signes pubertaires, lorsque les pilosités pubienne et axillaire ont atteint leur aspect adulte. Les règles ne deviennent régulières qu'au bout de un an ou deux. Les premiers cycles sont sans ovulation.

■ Chez le garçon, la puberté commence par une augmentation du volume des testicules sous l'effet de leur stimulation par les gonadotrophines. La virilisation du garçon (augmentation de la longueur de la verge, développement de la pilosité du pubis puis des aisselles et de la face) résulte essentiellement de la sécrétion de testostérone par les testicules ; ainsi s'explique le délai de quelques mois qui existe entre l'augmentation du volume testiculaire et le développement de la pilosité pubienne. L'augmentation de la sécrétion de testostérone stimule la production des spermatozoïdes, entraîne la maturation des vésicules séminales et de la prostate. Elle provoque les caractéristiques masculines de pilosité du visage, du thorax et de l'abdomen. Le larynx s'élargit, les cordes vocales s'allongent et s'épaississent, la voix mue.

■ Chez les deux sexes, la puberté s'accompagne d'une poussée de croissance qui transforme totalement l'aspect physique de l'enfant. Le gain de taille annuel passe de 5 centimètres avant la puberté à 7 à 9 centimètres durant le pic pubertaire. L'âge moyen de ce pic est de 12 ans chez la fille et de 14 ans chez le garçon, mais il existe de grandes variations entre individus : à 14 ans, certains enfants ont totalement terminé leur puberté alors que d'autres ont encore des organes génitaux immatures. On observe également chez les deux sexes une augmentation de poids : celui-ci peut doubler au cours de la période pubertaire en raison surtout de l'accroissement de la masse musculaire chez les garçons et de la masse graisseuse chez les filles.

Anomalies de la puberté

Elles portent sur la date d'apparition des différents signes pubertaires, qui peut être précoce ou retardée.

DÉVELOPPEMENT PRÉMATURÉ DES SEINS

On parle de développement prématuré lorsque les seins apparaissent avant l'âge de 8 ans. Ce phénomène peut s'accompagner d'un accroissement accéléré de la taille ; dans ce dernier cas, on peut penser à une puberté pathologique, d'origine hypophysaire ou ovarienne. Cette éventualité concerne plus volontiers les développements mammaires survenant entre 5 et 7 ans. En revanche, la plupart des développements isolés des seins, sans autre signe de puberté précoce, ne témoignent d'aucune pathologie et ne relèvent d'aucun traitement. Dans tous les cas, cependant, une consultation auprès d'un pédiatre endocrinologue est souhaitable.

PUBERTÉ AVANCÉE

Elle est caractérisée par un début pubertaire se situant entre 8 et 10 ans chez la fille et entre 9 et 11 ans chez le garçon. De telles pubertés ont le plus souvent un caractère non pathologique, mais familial. La recherche d'une tumeur de l'hypothalamus ou de l'hypophyse ne se justifie qu'en l'absence d'antécédents familiaux ou devant une progression pubertaire rapide. On procède alors à un scanner cérébral.

DÉVELOPPEMENT PRÉMATURÉ DE LA PILOSITÉ PUBIENNE

Il survient dans 80 % des cas chez la fille et peut être associé à une pilosité précoce des aisselles ou à de l'acné. Il s'agit d'un désordre bénin. Cependant, pour éliminer toute éventualité d'une situation pathologique (tumeur virilisante de la glande corticosurrénale), des examens endocrinologiques et biochimiques sont nécessaires.

VARIATIONS DANS LA SURVENUE DES PREMIÈRES RÈGLES

Elles peuvent avoir des significations diverses. Chez un très faible pourcentage de filles bien portantes, les règles apparaissent au début de la puberté ; ce phénomène n'a généralement rien de pathologique, mais un examen gynécologique permet d'éliminer l'éventualité d'un fibrome ou d'un polype utérin. À l'inverse, un délai supérieur à 3 ans et demi ou 4 ans entre le début de la puberté et la survenue des premières règles peut être anormal ; il doit conduire à rechercher des causes psychologiques (anorexie mentale) ou nutritionnelles ; parfois, la pratique intensive de certains sports en est responsable. Après l'apparition des premières règles, des irrégularités menstruelles s'observent fréquemment. Des ménométrorragies (saignements importants à intervalles irréguliers) peuvent nécessiter un traitement endocrinien par les œstroprogestatifs. Des douleurs abdominales et pelviennes accompagnent parfois les règles des toutes jeunes filles. Une consultation gynécologique s'impose alors pour décider d'un éventuel traitement.

RETARD PUBERTAIRE

Il se définit par l'absence de signes de puberté au-delà de l'âge de 13-14 ans chez la fille, de 15-16 ans chez le garçon. Il est dit « simple » lorsqu'un développement pubertaire spontané complet se produit ensuite. Chez la fille, le retard est, dans plus de la moitié des cas, lié à une anomalie de développement des ovaires dans le cadre d'un syndrome de Turner. Chez le garçon, le retard pubertaire est le plus souvent « simple » et n'entraîne qu'une gêne pour l'adolescent en raison de sa taille inférieure à celle des autres garçons de son âge. Ce n'est qu'en l'absence de développement des testicules qu'une consultation en milieu spécialisé s'impose ; elle permettra d'éliminer une éventuelle cause endocrinienne (insuffisance testiculaire). Le cas échéant, un traitement par l'hormone de croissance pourra être mis en œuvre afin de corriger un déficit statural mal toléré par l'enfant. → VOIR Adolescence.

Pubis

Pièce osseuse composée de deux os et constituant la partie antérieure et inférieure de l'os iliaque (os large et plat qui forme le bassin).

L'articulation sur la ligne médiane des deux os pubiens s'appelle la symphyse pubienne.

Le pubis est recouvert d'un amas de cellules graisseuses appelé « mont du pubis », ou « mont de Vénus » chez la femme. Cette zone se couvre de poils (pilosité pubienne) à la puberté.

Puériculture

Ensemble de mesures mises en œuvre pour assurer à l'enfant un développement physique et psychique normal.

Puerpéral

Relatif à la période qui suit l'accouchement (suites de couches).

Une fièvre puerpérale est le signe d'une maladie infectieuse, due habituellement à un streptocoque, qui peut se déclarer à la suite d'un accouchement.

Pulmonaire (artère, veine)

Vaisseau reliant le cœur et le poumon.

Artère pulmonaire

Ce volumineux tronc artériel conduit le sang du cœur au poumon. Elle est issue du ventricule droit, dont elle est séparée par la valvule pulmonaire. Elle se dirige vers le haut puis se sépare sous la crosse de l'aorte en 2 branches : l'artère pulmonaire droite, la plus longue et la plus grosse, et l'artère pulmonaire gauche.

Veine pulmonaire

Au nombre de 4 (2 de chaque côté), les veines pulmonaires se jettent dans l'oreillette gauche, dans laquelle elles ramènent le sang préalablement oxygéné dans le poumon.

Pulpe dentaire

Tissu conjonctif richement vascularisé et innervé, situé dans la cavité centrale de la dent, l'endodonte.

La pulpe dentaire, improprement appelée nerf dentaire, assure la formation de la dentine ainsi que la nutrition, la sensibilité et la défense de la dent. On distingue la pulpe camérale, située au centre de la couronne, de la pulpe radiculaire, localisée au centre de chaque racine.

Pulpectomie

1. Ablation de la pulpe dentaire. SYN. *dévitalisation*.
2. Ablation chirurgicale du parenchyme (tissu fonctionnel) des testicules.

INDICATIONS

Une pulpectomie est indiquée en cas de cancer de la prostate.

CONSÉQUENCES

La pulpectomie est pratiquement dénuée de tout risque et ne nécessite aucune surveillance à long terme. Comme la castration (ablation chirurgicale des testicules), elle induit une stérilité ainsi qu'une impuissance sexuelle, qui justifient le fait qu'un patient en âge de procréer envisage la conservation de son sperme avant l'intervention.

Pulpite

Inflammation aiguë et irréversible de la pulpe dentaire.

Une pulpite est due à une carie profonde ou à un traumatisme dentaire. Elle se traduit par des douleurs parfois provoquées par le contact avec des aliments chauds, mais souvent spontanées. Celles-ci peuvent être accentuées par l'accélération du rythme cardiaque à l'effort et irradier vers les oreilles et les pommettes. Lorsque la pulpe est inflammatoire, elle se trouve comprimée dans la cavité dentaire du fait de l'augmentation de volume de ses tissus. Il faut alors dévitaliser la dent.

Pulsation

Perception des battements cardiaques au niveau du thorax ou des troncs artériels accessibles à la palpation manuelle.

Les pulsations forment un ensemble rythmique de battements cardiaques à la hauteur du thorax, bien perçus à l'auscultation du cœur avec un stéthoscope. Ces battements sont transmis le long des troncs artériels. Ainsi, les pulsations peuvent être recherchées sur l'artère radiale, à la partie antérieure du poignet, où elles constituent le pouls, ou sur l'artère fémorale, dans le creux de l'aine, afin d'en vérifier le rythme et la puissance tout en contrôlant la souplesse de l'artère.

Pulvérisation

Projection d'un produit réduit en fines particules et mis en suspension dans un gaz propulseur.

Pupille

Orifice circulaire situé au centre de l'iris et permettant, par sa contraction ou sa dilatation, de doser la quantité de lumière qui pénètre dans l'œil.

PHYSIOLOGIE

Le réflexe photomoteur correspond à la contraction de la pupille sous l'effet de la lumière. Le réflexe d'accommodation-convergence-myosis est sa contraction lors de la vision de près. Ces réactions réflexes sont possibles grâce à deux muscles, le sphincter et le dilatateur de l'iris. Le sphincter de l'iris permet la contraction de la pupille (myosis) pour diminuer la lumière qui entre dans l'œil ou pour la vision de près. Le dilatateur de l'iris, moins actif que le sphincter de l'iris, permet la dilatation de la pupille (mydriase) afin de faire pénétrer plus de lumière jusqu'à la rétine lorsqu'il fait sombre ou lors de la vision de loin.

PATHOLOGIE

La pupille peut être le siège de plusieurs anomalies ou lésions, touchant la pupille elle-même ou les variations de son diamètre.

■ **L'anisocorie** se traduit par une différence de taille entre les 2 pupilles, due à une atteinte des voies nerveuses commandant le réflexe photomoteur.

■ **Les anomalies congénitales** de la pupille portent sur sa taille (trop petite), sa forme (irrégulière) et sa localisation (décentrée). L'iris peut aussi présenter un colobome (fente ou segment manquant).

■ **Le syndrome d'Adie** est caractérisé par l'existence d'une pupille plus grande que l'autre et par une contraction lente à la lumière et une dilatation lente à l'obscurité. Il se rencontre surtout chez les femmes jeunes et n'a pas d'origine précise.

Purgatif

→ VOIR Laxatif.

Purpura

Affection caractérisée par l'apparition sur la peau de taches rouges dues au passage de globules rouges dans le derme.

Le purpura constitue le signe de nombreuses affections. Il se distingue d'une autre sorte de rougeur, l'érythème, car il ne s'efface pas à la vitropression (manœuvre consistant à appuyer un verre de montre sur la lésion) et évolue vers une couleur brunâtre, due au métabolisme du fer dans la peau. Selon la forme et la taille des taches, on distingue les pétéchies (très petites taches punctiformes), les ecchymoses (en plaques) et les vibices (ecchymoses linéaires).

CAUSES

Un purpura peut avoir diverses causes et mécanismes.

■ Le purpura plaquettaire est dû soit à une thrombopathie, anomalie de fonctionnement des plaquettes sanguines (thrombasthénie, purpura hémorragique héréditaire, maladie de Willebrand), soit à une thrombopénie, insuffisance du nombre de plaquettes dans le sang. Une telle insuffisance s'observe dans deux types de circonstance : thrombopénie « centrale », par déficit de la formation des plaquettes dans la moelle osseuse, par aplasie médullaire (destruction de la moelle) ou par envahissement cancéreux (leucémie, myélofibrose, métastases, maladie de Hodgkin) ; thrombopénie « périphérique », par destruction des plaquettes dans le sang, par dérèglement immunitaire (après une prise médicamenteuse, une transfusion) ou par infection de l'organisme (purpura infectieux).

■ Le purpura vasculaire a pour mécanisme général une altération de la paroi des vaisseaux. La fragilité capillaire est banale mais sa cause initiale, inconnue. Certains cas s'observent au cours de circonstances particulières : dermite ocre sur les jambes, due aux varices ; vascularites (inflammations des vaisseaux) telles que le purpura rhumatoïde de l'enfant, ou syndrome de Schönlein-Henoch ; vieillesse (purpura de Bateman sur les avant-bras) ; applications prolongées ou prise au long cours de corticostéroïdes ; carence en vitamine C.

Purpura fulminans

Septicémie foudroyante, due à une infection à méningocoque, ou méningococcémie, atteignant surtout les nourrissons et les jeunes enfants.

Un purpura fulminans se traduit par une fièvre élevée, par des lésions cutanées (purpura) nécrotiques et hémorragiques, puis par un état de choc. Le traitement nécessite une hospitalisation d'urgence et repose sur l'administration d'antibiotiques par voie veineuse et sur le traitement de l'état de choc.

Purpura rhumatoïde

→ VOIR Schönlein-Henoch (syndrome de).

Purulent

Qui contient ou produit du pus.

Pus

Liquide pathologique, séreux et opaque constitué de globules blancs, altérés ou non, de cellules des tissus voisins de la suppuration et de bactéries, vivantes ou mortes.

Le pus est plus ou moins épais et grumeleux. Il est susceptible de former un abcès, collection de pus dans une cavité ou dans un tissu.

Pustule

Lésion cutanée constituée par le soulèvement de l'épiderme en une zone bien délimitée et circonscrite contenant un liquide purulent.

Les pustules sont souvent entourées d'une zone inflammatoire ; elles sont volontiers fragiles, excoriées par le grattage, formant alors de petites érosions à vif, et peuvent laisser des cicatrices. Ce sont des lésions élémentaires (lésions caractéristiques d'un certain nombre de maladies, dont la présence permet d'orienter le diagnostic).

On observe des pustules au cours de diverses affections : psoriasis pustuleux, acné rosacée, infections cutanées bactériennes, impétigo, charbon, vaccine. D'autres affections, où les pustules sont fréquentes et caractéristiques, sont appelées pustuloses.

Pustulose

Maladie cutanée caractérisée par la présence de pustules (soulèvement circonscrit de l'épiderme contenant un liquide purulent).

Le terme de pustulose qualifie trois types différents d'affections.

Pustulose exanthématique aiguë généralisée
C'est une pustulose résultant dans la plupart des cas d'une prise médicamenteuse (pénicilline, macrolide, inhibiteur calcique) et, parfois, d'une infection virale (virus coxsackie).

SYMPTÔMES ET TRAITEMENT
Les pustules disparaissent en général en moins de quinze jours sans laisser de cicatrices. Le traitement est celui des symptômes : antihistaminiques en cas de démangeaisons, antiseptiques locaux appliqués sur les lésions. Des récidives sont possibles.

Pustulose palmoplantaire
C'est une éruption, sur la paume des mains et la plante des pieds, de vésicules (cloques à liquide clair) se transformant en pustules. L'affection est due à une dysidrose (type d'eczéma), à la présence d'un foyer infectieux profond dans l'organisme ou à un psoriasis. Le traitement est celui de la maladie en cause, associé à l'administration de rétinoïdes et à des soins locaux (antiseptiques, réducteurs, corticostéroïdes). Les pustules disparaissent sans laisser de cicatrices.

Pustulose varioliforme de Kaposi-Juliusberg
Également appelée pustulose varicelliforme, cette pustulose est la surinfection d'une maladie de peau, le plus souvent une dermatite atopique (type d'eczéma affectant les sujets prédisposés aux allergies), par un virus de la famille des herpès virus. La maladie, rare, touche le nourrisson de 5 à 20 mois.

Cette pustulose se traduit par une brusque altération de l'état général (fièvre à 40 °C, perte d'appétit, abattement) et une poussée de la maladie cutanée préexistante. Ces signes sont suivis de l'éruption de pustules plus ou moins hémorragiques.

Le traitement dure une quinzaine de jours et nécessite une hospitalisation en urgence. Il associe des antiviraux (aciclovir) en perfusion intraveineuse, une réanimation et des soins locaux (désinfection des lésions).

La prévention consiste à ne pas mettre en contact un nourrisson porteur d'une maladie cutanée étendue avec une personne atteinte d'un herpès de la bouche.

Puvathérapie

Méthode de traitement des maladies cutanées associant l'administration de psoralènes (substances exerçant une action photosensibilisante) et l'exposition au rayonnement ultraviolet A. SYN. *photochimiothérapie*.

INDICATIONS
La puvathérapie est surtout indiquée dans le traitement du psoriasis, mais également dans celui du vitiligo, où elle peut contribuer à la repigmentation de la peau, et dans celui d'autres affections comme le parapsoriasis, le mycosis fongoïde ou les mastocytoses. Elle est aussi utilisée pour prévenir les cas de lucite (éruptions déclenchées par l'exposition au soleil).

Le mécanisme d'action de la puvathérapie est une fixation des psoralènes sur l'A.D.N. des cellules (constituant des chromosomes), qui bloque la division cellulaire des kératinocytes (cellules de l'épiderme) et provoque une photosensibilisation : les cellules deviennent plus sensibles aux rayonnements.

DÉROULEMENT
Le malade absorbe les psoralènes par voie orale avec un peu de laitage 2 ou 3 heures avant la séance. Celle-ci se déroule dans une cabine spéciale et dure selon les cas de 2 à 15 minutes ; le sujet est entièrement dévêtu mais doit porter une protection oculaire (lunettes spéciales) et, si c'est un homme, génitale. Le traitement s'étend sur quelques mois à raison de 3 séances, puis de 1 séance, par semaine.

CONTRE-INDICATIONS
La puvathérapie est contre-indiquée en cas de grossesse (en raison des psoralènes), d'insuffisance hépatique, d'insuffisance rénale, de cataracte (risque de lésions oculaires graves), de cancer de la peau et de lésion cutanée (grain de beauté) susceptible de se cancériser ; on procède dans ce dernier cas à l'ablation de la lésion avant d'entreprendre le traitement.

Pyélite

Inflammation aiguë, subaiguë ou chronique des parois du bassinet du rein, le plus souvent d'origine infectieuse.

Une pyélite est presque toujours associée à une inflammation du tissu interstitiel du rein : on parle alors de pyélonéphrite.

Pyélographie

Examen radiologique des cavités excrétrices rénales (calices, bassinets).

L'opacification de ces cavités peut être obtenue de deux manières : soit par injection intraveineuse (urographie intraveineuse), soit par opacification directe des voies excrétrices (urétéropyélographie rétrograde, ou pyélographie rétrograde).

→ VOIR Urétéropyélographie rétrograde, Urographie intraveineuse.

Pyélonéphrite

Infection aiguë, subaiguë ou chronique du bassinet et du tissu interstitiel d'un rein, beaucoup plus rarement des deux.

La plus fréquente des pyélonéphrites est la pyélonéphrite aiguë.

Pyélonéphrite aiguë

Cette infection aiguë du bassinet et du tissu interstitiel du rein atteint le plus souvent la femme jeune.

CAUSES

Une pyélonéphrite aiguë est en général due à une bactérie à Gram négatif (*Escherichia coli,* par exemple). Survenant le plus souvent sur des reins sains, elle peut aussi être favorisée par certaines maladies, telles qu'une lithiase urinaire, ou par des malformations congénitales des voies urinaires, comme une hydronéphrose (dilatation du bassinet et des calices) ou un reflux vésico-urétéral.

SYMPTÔMES ET SIGNES

Dans un premier temps, le malade se plaint de troubles mictionnels semblables à ceux d'une cystite : brûlures à la miction, pollakiurie (mictions fréquentes et impérieuses), urines troubles. Puis la pyélonéphrite se manifeste de manière brutale : douleurs lombaires unilatérales et d'intensité variable, modérées le plus souvent, fièvre de 39 à 40 °C, frissons, fatigue associée à un mauvais état général.

TRAITEMENT

Le traitement repose sur l'administration d'antibiotiques par voie veineuse ou intramusculaire pendant quelques jours puis par voie orale pendant 2 ou 3 semaines. Dans les formes simples, au bout de 2 ou 3 jours, la température se normalise, les douleurs disparaissent et les urines ne contiennent plus de germes. En cas d'anomalie des voies urinaires, un traitement chirurgical d'urgence peut être nécessaire, par exemple en cas de calcul bloqué dans l'uretère ou pour corriger une malformation. Les récidives sont fréquentes. La prévention des pyélonéphrites repose sur le traitement des infections des voies urinaires basses (cystites).

Pylore

Orifice inférieur de l'estomac, assurant la communication entre celui-ci et le duodénum.

L'orifice du pylore est entouré d'un sphincter constitué par un muscle circulaire contrôlant le passage du bol alimentaire de l'estomac vers l'intestin grêle, dont le duodénum est la partie initiale.

→ VOIR Sténose du pylore.

Pyloroplastie

Technique chirurgicale visant à élargir le pylore (orifice de communication entre l'estomac et le duodénum).

Une pyloroplastie consiste à pratiquer, sous anesthésie générale, une incision longitudinale du muscle du pylore, suivie de sa suture transversale, ce qui crée une dilatation de l'orifice.

Cette technique est le plus souvent utilisée pour faciliter le drainage du contenu de l'estomac parallèlement à une vagotomie sélective, traitement chirurgical d'un ulcère duodénal qui consiste à sectionner les nerfs pneumogastriques pour diminuer la sécrétion acide de l'estomac.

Pyocyanique (bacille)
→ VOIR Pseudomonas æruginosa.

Pyodermite
Maladie cutanée purulente.

Les pyodermites peuvent être aiguës ou chroniques, locales ou diffuses. Ce sont en général des infections à streptocoque ou à staphylocoque. Elles peuvent être contagieuses, par contact direct ou par l'intermédiaire de mains souillées.

Pyogène
Qualifie un micro-organisme capable de provoquer une accumulation locale de polynucléaires neutrophiles altérés se traduisant par la formation de pus.

Les staphylocoques et certains streptocoques sont des germes pyogènes responsables d'infections aiguës (furoncle dû au staphylocoque, par exemple).

Pyonéphrose
Suppuration du tissu rénal, des voies urinaires adjacentes (calices, bassinet) et parfois du tissu périrénal.

La pyonéphrose est la conséquence d'une infection des voies urinaires (pyélonéphrite aiguë, par exemple) non traitée. Elle peut en outre être favorisée par un mauvais écoulement des urines dû à un calcul, à une malformation, etc.

Le traitement repose sur l'administration d'antibiotiques et sur une intervention chirurgicale en urgence. Très souvent, le rein est complètement détruit et doit être enlevé (néphrectomie).

Pyorrhée alvéolodentaire
→ VOIR Parodontite.

Pyosalpinx
Présence de pus dans une trompe utérine ou dans les deux.

Un pyosalpinx est la conséquence d'une salpingite (inflammation d'une trompe ou des deux, d'origine infectieuse) non diagnostiquée ou traitée trop tardivement. Il se manifeste par des douleurs pelviennes importantes, rendant l'examen gynécologique difficile.

Le traitement consiste à drainer le pus et à réparer la ou les trompes éventuellement endommagées, voire à les retirer chirurgicalement (salpingectomie).

Pyothorax
Épanchement de pus entre les deux feuillets de la plèvre (membrane enveloppant les poumons). SYN. *pleurésie purulente.*

Un pyothorax est dû à une infection bactérienne consécutive à une pneumonie, à une plaie profonde du thorax, à une fistule œsophagienne ou trachéale ou à la propagation d'une infection depuis des tissus voisins (péritonite, abcès hépatique). Les premiers symptômes sont une fièvre élevée, une douleur à la base du thorax, qui augmente à l'inspiration, et une altération de l'état général. La radiographie montre un épanchement pleural. La ponction pleurale ramène un liquide purulent ou suspect. Un pyothorax nécessite une hospitalisation pour procéder au drainage de l'épanchement. Celui-ci s'effectue sous anesthésie locale à l'aide d'un drain introduit entre deux côtes ; des antibiotiques et des séances de kinésithérapie respiratoire sont ensuite prescrits.

Pyrexie
→ VOIR Fièvre.

Pyromanie
Impulsion obsédante qui pousse certaines personnes à allumer des incendies.

La pyromanie véritable est à distinguer des autres conduites incendiaires, criminelles (intérêt, vengeance) ou consécutives à d'autres pathologies (perversité, délire passionnel, arriération, etc.). Elle s'inscrit sur un fond mental particulier comportant des phobies et des obsessions, des troubles sexuels et dépressifs avec, parfois, une tendance suicidaire. Une fois démasqués, les pyromanes vrais ne récidivent pratiquement jamais.

Pyrosis
Douleur ressemblant à une brûlure, siégeant dans l'épigastre (partie supérieure de l'abdomen), à irradiations ascendantes derrière le

sternum et se terminant par une régurgitation de liquide acide dans la bouche.

CAUSES

Un pyrosis peut être dû à un excès d'aliments ou d'alcool ou encore à une nourriture trop riche.

Quand il réapparaît régulièrement, le pyrosis traduit un reflux gastro-œsophagien (reflux de liquide gastrique vers l'œsophage), dû, le plus souvent, à une hernie hiatale (remontée du pôle supérieur de l'estomac à travers l'orifice du diaphragme réservé au passage de l'œsophage). Il est favorisé par certaines positions : position allongée, flexion du tronc vers l'avant, en particulier lors du laçage des chaussures (signe du lacet). Parfois, la douleur est si intense qu'elle évoque un infarctus du myocarde.

TRAITEMENT

Il repose sur une modification du régime alimentaire (suppression de l'alcool, régime moins riche en graisses animales), sur des pansements gastriques et sur la prise de médicaments renforçant le sphincter inférieur de l'œsophage. Le reflux gastro-œsophagien peut être traité chirurgicalement en cas de complication.

Pyurie

Présence de pus dans les urines.

Une pyurie témoigne d'une infection des voies urinaires excrétrices (pyélonéphrite, cystite, urétrite, prostatite aiguë, etc.). Les urines sont troubles et le plus souvent malodorantes.

Le traitement repose toujours sur l'administration d'antibiotiques.

Q R

Q.I.
→ VOIR Quotient intellectuel.

Quadriceps crural (muscle)
Muscle de la face antérieure de la cuisse.
SYN. *muscle quadriceps*.

En haut, le muscle droit antérieur s'attache sur le bassin, les autres s'attachant sur le fémur. En bas, les quatre portions se réunissent en un tendon commun qui se termine sur le rotule et sur le tibia.

Le quadriceps crural est le plus puissant extenseur du genou : il est indispensable au maintien de la station debout car il empêche le genou de fléchir. Accessoirement, il est aussi fléchisseur de la cuisse sur le bassin.

PATHOLOGIE
La lésion la plus courante du quadriceps crural est l'hématome, qui, provoqué par un coup violent porté à la cuisse, se forme sous la peau au bout de quelques jours ; sans gravité, il se résorbe de lui-même. Très rarement, un processus de calcification de l'hématome se déclenche, entraînant une perte de mobilité de la cuisse.

Une déchirure du quadriceps crural peut survenir au cours d'un mouvement brutal et rapide d'étirement, surtout chez les personnes qui n'entretiennent pas ce muscle par des exercices sportifs.

Si le quadriceps crural est immobilisé à la suite d'un traumatisme de la jambe (plâtrée ou non), d'une douleur ou d'un alitement de plus de 48 heures, il s'atrophie rapidement. La rééducation et la kinésithérapie doivent être entreprises le plus rapidement possible pour éviter une fonte musculaire trop importante.

Queue-de-cheval
Faisceau de cordons nerveux situés dans la partie inférieure de la colonne vertébrale.

La queue-de-cheval est constituée par les racines des nerfs de la moelle épinière qui se trouvent au niveau des trois dernières vertèbres lombaires, des vertèbres sacrées et des vertèbres coccygiennes.

Une compression à cet endroit provoque ce qu'on appelle le syndrome de la queue-de-cheval. Celui-ci est consécutif, le plus souvent, à une hernie discale située entre deux vertèbres lombaires. Cette compression entraîne une paraplégie dite périphérique, ou flasque, qui se caractérise par une diminution du tonus musculaire des membres inférieurs, une atrophie des muscles et une abolition des réflexes. Le malade souffre de douleurs irradiant dans la région lombaire, à la hauteur du périnée et des membres inférieurs ainsi que d'une insensibilité de la peau du périnée, des organes génitaux et du haut des cuisses. On observe aussi des signes génitaux (impuissance) et sphinctériens (perte du besoin d'uriner, incontinence ou, au contraire, rétention d'urines). Le syndrome de la queue-de-cheval doit être traité en urgence par une intervention neurochirurgicale de décompression (ablation d'une hernie discale ou d'une tumeur, etc.).

Quick (temps de)
→ VOIR Temps de prothrombine.

Quincke (œdème de)
Réaction allergique caractérisée par une éruption œdémateuse sous-cutanée. SYN. *angio-œdème, œdème angioneurotique*.

CAUSES

Comme l'urticaire, l'œdème de Quincke peut être déclenché essentiellement par l'absorption d'aliments (crustacés, fraises, fruits de mer, sardines, etc.), par une piqûre d'insecte ou par la prise de médicaments (antibiotiques, surtout pénicillines, aspirine, etc.). Souvent, aucune cause n'est trouvée.

SYMPTÔMES ET ÉVOLUTION

Un œdème de Quincke touche les muqueuses de la bouche et des voies respiratoires supérieures (lèvres, langue, pharynx, larynx) ainsi que les tissus sous-cutanés lâches du visage (paupières). Il se manifeste par un gonflement bien délimité, ferme, rose pâle, non prurigineux mais produisant une sensation de cuisson.

Du fait de sa localisation possible à la gorge, l'œdème de Quincke entraîne un risque grave d'asphyxie pouvant survenir de plusieurs minutes à quelques heures après la première manifestation.

TRAITEMENT ET PRÉVENTION

Un œdème de Quincke impose un traitement d'urgence, surtout en cas de gêne respiratoire, par des corticostéroïdes injectables à action rapide, associés au chlorhydrate d'adrénaline. Si l'œdème continue à évoluer, le transfert du malade en service de réanimation est impératif.

La prévention de nouvelles crises réside en la suppression des causes qui ont déclenché la réaction, lorsqu'elles ont pu être identifiées.

Quinine

Alcaloïde du quinquina utilisé dans le traitement et la prévention du paludisme.

La quinine est contre-indiquée en cas d'allergie au produit – celle-ci se traduisant par des palpitations, des réactions cutanées, des diarrhées, des vertiges – et chez les personnes atteintes d'anomalies cardiaques telles que des troubles de la conduction. L'association avec la méfloquine (un autre antipaludéen) produit une interaction médicamenteuse nocive aggravant les effets indésirables.

La quinine est administrée par voie orale ou intraveineuse. Les effets indésirables sont des allergies, rares mais parfois graves.

Quinolone

Substance médicamenteuse de synthèse, douée de propriétés antibactériennes.

Les quinolones, fluorées et non fluorées, sont utilisées pour traiter les infections urinaires. Les quinolones fluorées sont aussi utilisées dans les infections graves, respiratoires notamment.

Quinte

Type de toux survenant en particulier au cours de la coqueluche.

Une quinte est une série de secousses expiratoires, en général au nombre de cinq, suivies d'une apnée brève et d'une inspiration bruyante et prolongée (reprise), classiquement appelée « chant du coq » dans la coqueluche.

Quotient intellectuel

Rapport entre l'âge mental et l'âge réel d'un individu, multiplié par 100, l'âge mental étant évalué par une série de tests.

Par définition, le quotient intellectuel normal est de 100. Inférieur à 70, il traduit une débilité mentale. Supérieur à 140, il indique, chez un enfant, que celui-ci est surdoué. Le quotient intellectuel a été souvent critiqué parce qu'il ne rend pas compte de la personnalité globale du sujet et que ses résultats peuvent être influencés par l'environnement socioculturel de l'enfant, sa réaction affective vis-à-vis de l'examinateur, etc.

Rachianesthésie

Anesthésie régionale de l'abdomen et des membres inférieurs par injection d'un anesthésique dans le canal rachidien.

La rachianesthésie est utilisée en chirurgie du bas appareil urinaire (vessie), de l'appareil génital féminin, de l'anus et des membres inférieurs. La rachianesthésie est d'effet plus rapide que l'anesthésie péridurale mais, à la différence de cette dernière, elle ne peut être pratiquée pour des opérations d'une durée supérieure à 2 heures et demie.

PRINCIPE

On injecte un anesthésique local dans le liquide céphalorachidien, à hauteur des racines nerveuses de la queue-de-cheval. Il en résulte au bout de quelques minutes un blocage sensitif et moteur complet qui intéresse le bas du corps, s'étendant à une région plus ou moins importante mais ne remontant pas plus haut que la partie inférieure de l'abdomen.

DÉROULEMENT

La rachianesthésie est réalisée après mise en place d'une perfusion intraveineuse. Le malade est assis au bord de la table d'opération ou couché sur le côté. Après avoir introduit à travers la peau, entre deux vertèbres lombaires, un trocart (grosse aiguille creuse destinée à servir de guide), on enfonce doucement une fine aiguille jusqu'à ce que le liquide céphalorachidien reflue, puis on injecte l'anesthésique dans l'aiguille à l'aide d'une seringue.

EFFETS INDÉSIRABLES

Ils sont très rares et peuvent survenir pendant l'anesthésie ou dans les heures qui suivent : nausées et vomissements, baisse de la tension artérielle, rétention d'urine passagère, maux de tête.

Rachis

Structure osseuse constituée de 33 vertèbres superposées, s'étendant de la base du crâne au bassin, qui entoure et protège la moelle épinière et soutient la tête et le tronc. SYN. *colonne vertébrale.*

STRUCTURE ET FONCTIONNEMENT

Les 33 vertèbres sont composées des 7 vertèbres cervicales, des 12 vertèbres dorsales, des 5 vertèbres lombaires, des 5 vertèbres soudées du sacrum et des 4 vertèbres soudées du coccyx.

Dans chaque intervalle entre deux vertèbres se trouve un disque formé de cartilage fibreux et dense en périphérie et d'un noyau central élastique, le *nucleus pulposus.*

Chaque vertèbre présente, derrière son corps, une cavité centrale. Comme les vertèbres sont superposées, ces cavités forment un long canal, appelé canal rachidien. Celui-ci renferme la moelle épinière, de laquelle se détachent les racines des nerfs périphériques.

PATHOLOGIE

Le rachis peut être atteint d'anomalies congénitales, mécaniques ou dégénératives,

ainsi que de lésions inflammatoires ou infectieuses.

■ **Les anomalies congénitales** sont représentées par le spina-bifida (défaut de fermeture du canal rachidien).

■ **Les déformations** du rachis peuvent se traduire par une lordose (courbure accentuée au niveau des cervicales ou des lombaires), une cyphose (courbure accentuée au niveau des dorsales) ou une scoliose (déviation latérale).

■ **Les infections** les plus fréquentes du rachis sont les ostéomyélites (infections de l'os et de la moelle osseuse).

■ **Les inflammations** des articulations vertébrales telles qu'une spondylodiscite (inflammation simultanée d'un disque intervertébral et des vertèbres adjacentes, souvent d'origine infectieuse) peuvent entraîner une raideur permanente ou une déformation de la colonne.

■ **Les lésions** telles que déchirure musculaire, entorse ligamentaire, luxation, hernie discale peuvent être provoquées par des gestes excessifs.

■ **La dégénérescence** du rachis se caractérise par une arthrose du cartilage articulaire. Elle est due à l'usure et atteint surtout les sujets de plus de 60 ans. Les personnes âgées, les femmes après la ménopause sont exposées à l'ostéoporose.

Rachitisme

Maladie de l'enfance et de l'adolescence due le plus souvent à une carence en vitamine D et se traduisant par une minéralisation insuffisante des os.

CAUSES

La carence en vitamine D peut être due à un déficit alimentaire, surtout dans les pays en développement, mais aussi solaire.

SYMPTÔMES

Le rachitisme se traduit par des déformations variables du squelette : os des membres inférieurs anormalement courbés, épaississement de l'extrémité des os, perceptible aux poignets et aux chevilles, crâne réagissant à la pression comme une balle de Celluloïd avec fermeture retardée de la fontanelle antérieure, bourrelets au niveau des côtes.

Le diagnostic est établi, pour les nourrissons, entre 4 et 12 mois.

TRAITEMENT ET PRÉVENTION

Le traitement repose sur l'administration de vitamine D. L'administration systématique, sur prescription médicale, de vitamine D aux nourrissons ainsi que la supplémentation en vitamine D des laits infantiles permettent de nos jours d'assurer une prévention efficace de la maladie.

Racine dentaire

Partie de la dent incluse dans l'alvéole dentaire de l'os de la mâchoire.

C'est de la bonne implantation et du bon état de sa racine que dépend la solidité de la dent. Les incisives et les canines ont une racine, les prémolaires peuvent en avoir une ou deux et les molaires, deux ou trois.

PATHOLOGIE

La résorption de la racine des dents de lait est un phénomène physiologique qui fait partie du processus au cours duquel les premières dents disparaissent. En revanche, la résorption de la racine d'une dent définitive est toujours pathologique, due à un traumatisme ou à une carie qui, en l'absence de traitement, s'est étendue à la racine. La racine dentaire peut aussi être lésée au cours d'une parodontopathie (atteinte de la gencive et de l'os dans lequel la racine dentaire est implantée).

Radiation ionisante

Particule ou rayonnement énergétique capable de transmettre à la matière irradiée son énergie, de l'ioniser (conférer une charge négative ou positive aux atomes ou aux molécules qui composent cette matière) et d'y entraîner parfois une recombinaison ou une réaction chimique.

EFFETS INDÉSIRABLES

Ce peuvent être des nausées, des vomissements, une anxiété. Il peut également s'agir de dermites telles que les pétéchies (petites taches hémorragiques sous-cutanées), d'une cataracte, de lésions de la moelle osseuse. Des diarrhées sanglantes, des lésions du tube digestif, une atteinte du système immuni-

taire, des lésions du système nerveux, un œdème cérébral peuvent aussi survenir.

L'accumulation des doses de radiations ionisantes entraîne d'autres types de lésions, dont des cancers. Le risque de la transmission à la descendance d'une anomalie génétique liée aux radiations ionisantes serait de 1 % environ par sievert ayant atteint l'un des parents.

Radical libre

Molécule présente dans certaines cellules et possédant en périphérie un électron célibataire (isolé et se libérant facilement).

Les radicaux libres seraient très toxiques pour les cellules s'il n'existait des substances chargées de les neutraliser.

Des théories tentent d'expliquer certains des phénomènes de vieillissement et quelques maladies (athérosclérose) par l'accumulation des radicaux libres dans l'organisme.

Radiculalgie

Douleur située dans le territoire innervé par une racine nerveuse. SYN. *douleur radiculaire.*

Une radiculalgie est due en général à la compression d'une racine d'un nerf rachidien (rattaché à la moelle épinière) près de la colonne vertébrale. Cette compression peut être consécutive à une arthrose de la colonne vertébrale, à une hernie discale, à une tumeur osseuse ou nerveuse.

Une personne atteinte de radiculalgie souffre de douleurs le plus souvent aiguës, de fourmillements ou d'une anesthésie de la peau.

→ VOIR Névralgie, Sciatique.

Radioactivité

Émission de rayonnements par les noyaux de certains atomes d'un élément chimique, conduisant à la transformation, ou transmutation, de cet élément en un autre.

La radioactivité peut être naturelle ou résulter d'une activation des noyaux atomiques par un apport extérieur d'énergie (radioactivité artificielle).

DIFFÉRENTS TYPES DE RAYONNEMENT

Il en existe trois.

■ **Les rayons alpha** sont constitués de particules formées de deux protons et de deux neutrons. Ils n'ont pas d'application directe en médecine.

■ **Les rayons bêta** sont constitués d'électrons (particules légères de charge négative) ou de positons (particules analogues aux électrons, mais de charge positive). Ils sont utilisés pour doser en laboratoire certaines molécules biologiques telles que des hormones au moyen de marqueurs radioactifs (radio-immunologie) ; ils sont également utilisés dans les traitements par des médicaments radioactifs (radiothérapie métabolique) ainsi qu'en imagerie médicale (tomographie à positons).

■ **Les rayons X et gamma** sont de nature électromagnétique, comme la lumière visible. Ils sont utilisés en imagerie médicale (scintigraphie, etc.) et en cobaltothérapie (traitement par le cobalt radioactif).

MESURE

L'activité d'une source de rayonnement est mesurée en becquerels (Bq).

Les normes de protection contre les rayonnements ont pour but de limiter leurs risques et de les maintenir à un taux comparable à celui que comporte toute activité humaine. Elles doivent tenir compte du niveau de radioactivité naturelle de l'environnement.

EFFETS DES RAYONNEMENTS

Du fait de leur énergie, les rayonnements radioactifs sont susceptibles d'exercer une action néfaste sur l'organisme humain. Les rayons alpha et bêta sont peu pénétrants et ne sont dangereux que s'ils sont introduits dans l'organisme (par exemple, par ingestion de produits alimentaires contaminés). Les rayons gamma, en revanche, pénètrent profondément et peuvent traverser les organes (irradiation).

Les effets des rayonnements sont de deux types : ceux qui affectent directement l'être vivant et ceux qui atteignent sa descendance. Tous ces effets varient selon la dose reçue, la durée de l'exposition et l'étendue de la région exposée au rayonnement. Les effets de doses importantes sont bien connus quand celles-ci sont reçues en une seule fois par le corps entier. À l'inverse, l'effet de petites doses est plus difficile à évaluer.

Radiocinéma

Enregistrement cinématographique des images d'un organe en mouvement, obtenues par radiologie.

Radiodermite

Maladie cutanée provoquée par les rayonnements ionisants.

Les radiodermites sont dues en général à la radiothérapie et surviennent au cours du traitement d'un cancer. Elles sont devenues peu fréquente grâce à une meilleure maîtrise du traitement (réduction des doses de rayonnements et des surfaces d'application, répartition des doses en plusieurs séances, etc.). Elles touchaient également autrefois les radiologues, en particulier aux mains.

Radiodiagnostic

Diagnostic anatomique et clinique porté à l'aide des techniques de radiologie utilisant les rayons X.
→ voir Rayons X.

Radioélément

Élément radioactif. SYN. *radio-isotope*.

De nombreux radioéléments sont utilisés en médecine nucléaire. Les plus courants sont le technétium (^{99m}Tc), le thallium (^{201}Tl), l'iode radioactif (^{123}I, ^{125}I et ^{131}I) et l'indium (^{111}In). Un radioélément est parfois utilisé seul mais, le plus souvent, il est lié à une molécule complexe. Il en permet la détection grâce au rayonnement qu'il émet, faisant ainsi fonction de « marqueur » de la molécule, qui est dite « marquée ».

UTILISATION DIAGNOSTIQUE ET THÉRAPEUTIQUE

Les radioéléments sont utilisés en imagerie médicale (scintigraphie), dans les traitements par des médicaments radioactifs (radiothérapie métabolique) et dans certaines techniques d'analyse des prélèvements biologiques. Ils sont aussi employés dans les dispositifs de traitement par irradiation tels que la cobaltothérapie (souvent improprement appelée bombe au cobalt).

Radiographie dentaire

Image des dents et des maxillaires, obtenue par exposition aux rayons X.

INDICATIONS

Une radiographie dentaire est pratiquée afin de rechercher des anomalies indécelables à l'examen clinique : carie à ses premiers stades, abcès, kyste ou granulome à l'extrémité d'une racine, tumeur ou encore fracture d'une racine ou d'un maxillaire, dent incluse.

EFFETS INDÉSIRABLES

Une radiographie dentaire ne comporte aucun risque car l'irradiation est extrêmement faible. Cependant, il est préférable de faire porter aux femmes enceintes un tablier de plomb.
→ VOIR **Panoramique dentaire.**

Radiographie thoracique

Image des gros organes (cœur, poumons) contenus dans la cage thoracique, obtenue par exposition du thorax aux rayons X.

La radiographie thoracique est l'un des examens les plus fréquemment prescrits en radiologie et imagerie médicale.

INDICATIONS

Une radiographie thoracique permet de reconnaître la plupart des lésions pulmonaires comme celles de la tuberculose, des pneumopathies infectieuses, pneumonie notamment, ou de l'œdème du poumon. Elle facilite aussi le diagnostic des infections de la plèvre (pleurésie, pneumothorax) ainsi que celui des affections qui modifient la forme du cœur et des vaisseaux (insuffisance cardiaque, anévrysme de l'aorte) ou celle du médiastin (adénopathies).

PRÉPARATION ET DÉROULEMENT

Cette radiographie s'effectue sans préparation, en consultation dans un service de radiologie, à l'hôpital ou en ville.

Si la radiographie thoracique ne suffit pas à établir le diagnostic, le médecin peut prescrire un scanner thoracique, qui a remplacé les tomographies. Celui-ci permet de déceler des lésions plus petites du fait de sa sensibilité élevée au contraste entre le tissu des poumons et l'air qu'ils contiennent.

CONTRE-INDICATIONS

Cet examen ne se pratique plus de façon systématique dans le cadre de la médecine scolaire ou de la médecine du travail afin de limiter l'exposition aux rayons X. Ses indications sont également plus limitées lors d'une hospitalisation ou avant une intervention chirurgicale. Il est préférable de l'éviter au cours de la grossesse.

Radio-immunologie

Technique de laboratoire utilisant des composés radioactifs conjugués à des antigènes pour doser des anticorps.

Initialement développée pour doser les hormones circulantes, la radio-immunologie est utilisée pour dépister les anticorps présents dans le sang d'un malade lors d'une maladie telle que le lupus érythémateux disséminé ou lors d'une allergie.

Radio-isotope

→ VOIR **Radioélément.**

Radiologie

Branche des sciences médicales qui utilise les rayons X à des fins diagnostiques ou thérapeutiques.

La radiologie est l'une des techniques d'imagerie médicale, laquelle comprend également l'échographie, qui utilise les ultrasons, et l'imagerie par résonance magnétique (I.R.M.), qui utilise le phénomène de résonance magnétique nucléaire (R.M.N.).

Radiologie interventionnelle

Technique d'intervention diagnostique ou thérapeutique contrôlée visuellement au moyen d'un appareillage d'imagerie médicale.

La radiologie interventionnelle permet – sous contrôle visuel échographique ou radiologique – les ponctions et les biopsies d'organes profonds, le drainage d'abcès. Le traitement de certaines hernies discales de la région lombaire par nucléolyse enzymatique (injection d'une enzyme dans le disque) ou par fragmentation percutanée, le traitement de certains cancers par perfusion locale d'antimitotiques (médicaments anticancéreux), préservant ainsi le reste de l'organisme contre leurs effets indésirables, ou la neurochirurgie stéréotaxique sont d'autres exemples de radiologie interventionnelle.

La radiologie vasculaire interventionnelle comporte plusieurs techniques. L'oblitération d'un vaisseau au moyen de particules solides ou d'un caillot sanguin porte le nom d'embolisation. Elle est utilisée pour provoquer l'arrêt d'un saignement consécutif à une lésion ou pour diminuer l'abondance d'une hémorragie lors d'une intervention chirurgicale. Elle est également employée pour faire régresser une lésion vasculaire (anévrysme). Dans d'autres cas, l'image permet de contrôler l'introduction dans les vaisseaux – après oblitération de ceux-ci – de sondes munies à leur extrémité d'équipements que l'on choisit en fonction de la pathologie à traiter : ballonnet détachable pour remplir la poche formée par un vaisseau fragilisé (anévrysme), ou non détachable pour dilater localement une artère rétrécie ; filtre en forme de « parapluie » posé dans la veine cave inférieure pour protéger les poumons du risque d'embolie.

Ces différentes techniques permettent d'éviter les coûts – et parfois, en limitant la voie d'abord, les risques – liés à une intervention chirurgicale classique. Elles nécessitent toutefois une hospitalisation.

Radiologie numérique

Technique d'imagerie médicale fondée sur l'emploi d'une caméra vidéo qui balaie ligne par ligne l'écran d'un amplificateur de brillance (appareil amplifiant la lumière de l'image radiographique).

Le signal en provenance de la caméra est analysé et transformé en une suite de nombres formés de 0 et de 1 (codage binaire). L'image ainsi numérisée peut être enregistrée par ordinateur et traitée : il est possible de moduler son contraste, de l'agrandir, de l'annoter et, plus généralement, d'améliorer sa qualité et sa présentation. Après le scanner à rayons X, l'angiographie numérisée a été la première application de la radiologie numérique.

Radiomanométrie
biliaire peropératoire

Examen radiologique, associé à une étude des pressions de la voie biliaire principale

(canal cholédoque), pratiqué au cours d'une intervention chirurgicale.

L'examen radiologique biliaire peropératoire est indiqué pendant l'ablation de la vésicule biliaire, nécessitée par une lithiase biliaire (formation de calculs). Cet examen permet de s'assurer que la voie biliaire principale est libre de tout obstacle (calcul ou obstacle fonctionnel). Dans certaines indications, il est complété par une étude manométrique biliaire. Une sonde munie d'un appareil à mesurer les pressions est alors introduite dans le canal cholédoque, directement accessible, suivie d'une autre sonde permettant l'opacification de ce conduit par un produit radio-opaque pour obtenir des images radiologiques.

Radiopelvimétrie

Méthode radiologique qui permet de mesurer les dimensions du bassin chez la femme enceinte.

INDICATIONS

La radiopelvimétrie est indiquée lorsqu'il existe un doute sur la taille du pelvis (bassin), qui doit être suffisamment grand pour permettre le passage de l'enfant à naître, ou lorsqu'on suspecte une anomalie osseuse (anomalie de la colonne vertébrale, luxation de la hanche, antécédent de fracture du bassin). Elle est aussi pratiquée lorsque l'enfant se présente par le siège ou lorsque la femme enceinte a déjà subi une césarienne au cours d'une grossesse précédente. La radiopelvimétrie permet de déterminer si l'accouchement attendu pourra se faire sans risques par les voies naturelles ou si l'on doit prévoir une césarienne.

TECHNIQUE ET DÉROULEMENT

Cet examen utilise les rayons X et se pratique soit en radiologie conventionnelle, soit à l'aide d'un scanner à rayons X. En radiologie conventionnelle, il se réalise le plus tard possible, au 8e ou au 9e mois de grossesse, sans préparation. Il dure environ dix minutes. La vessie doit être vide.

Pour éviter que l'enfant ne soit trop irradié, le radiologue limite le nombre des clichés à trois, un en position semi-assise, un autre en position debout et parfaitement de profil, un dernier en position couchée et localisé sur les épines sciatiques, en veillant à focaliser au maximum sur les dernières le faisceau de rayons X.

En tomodensitométrie (examen au scanner à rayons X), la patiente est allongée sur le dos, les bras derrière la tête. Deux clichés (face et profil) sont réalisés selon une technique de numérisation et complétés par une ou deux coupes scanographiques effectuées dans le plan axial. Les mesures réelles s'effectuent directement sur l'écran de commande du scanner.

Cet examen est absolument sans douleur.

Radioprotection

Protection des personnes, des biens et de l'environnement contre les rayonnements ionisants.

DIFFÉRENTS TYPES DE RADIOPROTECTION

■ Des normes législatives et réglementaires sont établies à l'échelon national et international pour protéger les personnes contre les radiations. Ces normes ont trait notamment aux sources de radiations ionisantes, aux installations (locaux, périmètres interdits), au transport de substances radioactives, à la limitation de l'irradiation de la population dans son ensemble et à la surveillance des personnes professionnellement exposées. Des lésions peuvent survenir quand la dose totale de radiations pour une exposition dépasse le seuil de 1 sievert.

■ Éviter l'exposition constitue la meilleure protection. Outre l'irradiation naturelle, d'origine tellurique, solaire et cosmique, et les risques d'irradiation liés aux installations et aux expérimentations nucléaires civiles et militaires, il existe une irradiation liée à l'utilisation médicale des radiations ionisantes. Dans ce domaine, les mesures de radioprotection consistent à contrôler que les installations et les locaux sont conformes aux normes en vigueur et à réduire le nombre des examens radiologiques inutiles ou peu utiles. D'autres mesures, d'ordre incitatif, sont destinées à orienter les prescriptions vers des examens qui limitent l'irradiation ou qui permettent de l'éviter

(scanner à rayons X plutôt que tomographie, par exemple, ou cadrage de la partie du corps exposée).

PRÉVENTION

En cas d'accident nucléaire ou d'exposition à des gaz contenant des isotopes radioactifs, la meilleure prévention contre le risque de captage d'iode radioactif est d'administrer le plus tôt possible de l'iode neutre, qui sature la thyroïde et empêche l'iode radioactif de se fixer à sa place.

SURVEILLANCE

Les personnes exposées accidentellement ou professionnellement à une irradiation excessive doivent être pendant plusieurs années éloignées sans délai du lieu d'exposition aux irradiations. S'il y a contamination, des mesures de décontamination ont lieu dans un bloc médical prévu à cet effet. Puis un contrôle médical clinique et biologique est pratiqué sur-le-champ et ensuite répété à court et à long terme.

Radioscopie

Examen radiologique dans lequel l'image produite par les rayons X est projetée et observée sur un écran fluorescent.

La radioscopie est beaucoup moins irradiante aujourd'hui grâce aux améliorations techniques du matériel. Technique modernisée, la radioscopie permet par exemple, avec un amplificateur de brillance, de contrôler dans les blocs opératoires la réduction d'une fracture.

Radiothérapie

Utilisation des rayonnements ionisants dans le traitement de certaines maladies, essentiellement celui des cancers.

Le terme de radiothérapie employé seul fait surtout référence à la radiothérapie externe, encore appelée radiothérapie transcutanée ou téléradiothérapie, dans laquelle la source de rayonnements est extérieure au malade et produit un faisceau qui atteint les tissus profonds après traversée de la peau et des tissus superficiels. La radiothérapie externe fait appel à deux types de rayonnement ionisant : des rayonnements électromagnétiques (rayons X, rayons gamma) et des rayonnements constitués d'infimes particules élémentaires (électrons, protons, neutrons). Elle utilise deux sources de rayonnements : soit les radioéléments eux-mêmes (cobalt 60), qui sont souvent des isotopes (variantes chimiques) radioactifs d'une substance ; soit des appareils (accélérateurs de particules) qui mettent en mouvement les particules élémentaires et envoient vers le malade ces particules ou le rayonnement qu'elles produisent.

INDICATIONS

À faibles doses, la radiothérapie a un effet anti-inflammatoire parfois utilisé dans le traitement du zona ou de chéloïdes (cicatrices pathologiques).

Toutefois, l'indication principale de la radiothérapie est le cancer. Une radiothérapie a pour objectif de délivrer une dose suffisante pour traiter la tumeur tout en épargnant les organes voisins. La dose absorbée est exprimée en grays (unité de mesure quantitative de radioactivité). Les rayonnements ionisants agissent en détruisant les structures chromosomiques responsables de la division cellulaire, ce qui entraîne la mort des cellules cancéreuses. Les cellules saines sont également attaquées, mais elles ont une capacité de restauration plus importante. L'action anticancéreuse des rayonnements est utilisée de façon isolée ou associée à une autre méthode (chirurgie, chimiothérapie). Ainsi, la radiochimiothérapie (administration simultanée de rayonnements et de médicaments) est utilisée en cas de carcinome épidermoïde du pharynx, des bronches, de l'œsophage et du canal anal ; la radiothérapie peropératoire, quant à elle, consiste à irradier une tumeur profonde (rectale, pancréatique, etc.) par électrons au cours d'une intervention chirurgicale après avoir éloigné les organes voisins (intestins, reins, etc.). La radiothérapie a de nombreuses autres applications : la radiothérapie corporelle totale est destinée à préparer une greffe de moelle osseuse pour traiter certaines formes de leucémies ou d'hémopathies ; la radiothérapie cutanée totale utilise des électrons de faible intensité dans le traitement de lymphomes cutanés.

DIFFÉRENTS TYPES D'APPAREIL

Les tubes traditionnels produisant des rayons X de faible énergie ne sont plus employés que dans le traitement des cancers cutanés. Les accélérateurs linéaires sont les appareils le plus fréquemment utilisés : ils produisent soit des électrons, actifs en superficie et indiqués dans le traitement des tumeurs superficielles, soit des rayons X de haute énergie, pénétrant très profondément sous la peau et adaptés au traitement des cancers profonds du thorax ou de l'abdomen. Une autre variété d'accélérateurs de particules, les cyclotrons, qui produisent des neutrons ou des protons, est réservée à des cancers rares et de traitement délicat (mélanome de l'œil, sarcome de la base du crâne). Enfin, les appareils contenant du cobalt 60 (la « bombe au cobalt » du langage courant), qui émettent des rayons gamma traitant les tissus profonds, mais épargnant la peau, sont adaptés aux cancers de la tête et du cou, du sein et des membres.

TECHNIQUE

La radiothérapie moderne suppose un environnement technique important. Un examen préalable au scanner permet de repérer la situation du ou des organes à irradier. Une simulation est réalisée par radiographie simple pour permettre de bien positionner les faisceaux. La dose de rayonnement nécessaire à la destruction des cellules cancéreuses est calculée par informatique (dosimétrie). Pour accroître l'efficacité du rayonnement sans léser les tissus sains, la technique des faisceaux convergents est souvent employée : un faisceau irradie la face antérieure du malade, un deuxième sa face postérieure, un troisième son côté droit et le dernier, son côté gauche : chaque faisceau a une intensité trop faible pour léser les tissus sains sur son trajet, et la somme des quatre a un effet plus important sur la tumeur. Les faisceaux, rectangulaires, peuvent adopter une forme complexe grâce à des caches personnalisés. Une autre technique, la radiothérapie par mini-faisceaux (irradiation par de multiples petits faisceaux convergents), est utilisée dans le traitement de malformations artérioveineuses ou de tumeurs cérébrales limitées mais inopérables.

DÉROULEMENT

Le malade est dévêtu, couché dans une position permettant l'irradiation, et immobile. Le traitement est indolore et ne dure pas plus de quelques minutes. Des repères, peints ou tatoués sur la peau, permettent de positionner de nouveau les appareils lors des séances suivantes. Le traitement délivré par petites doses, est en général quotidien ou, parfois, pluriquotidien pour améliorer l'efficacité du traitement de certains cancers (pharynx, larynx). Il dure de 4 à 8 semaines environ, sans qu'une hospitalisation soit indispensable.

EFFETS INDÉSIRABLES

Ils sont dus à l'atteinte des cellules saines. Les réactions précoces sont réversibles en quelques semaines : radiodermite aiguë (rougeur cutanée, dépilation), radiomucite aiguë (rougeur des muqueuses et douleurs buccales), hypoplasie médullaire (destruction des cellules sanguines de la moelle osseuse). Les réactions tardives, qui se produisent parfois après plusieurs années, sont moins aisément réversibles : radiodermite chronique (peau fine, sèche, couperosée), fibrose pulmonaire (envahissement des poumons par du tissu fibreux), retard de croissance chez l'enfant, apparition d'autres cancers, troubles génitaux (ménopause précoce, stérilité), anomalies des gamètes plus ou moins transmissibles à la descendance.

La prévention, d'efficacité certaine mais partielle, repose sur les précautions techniques : dose de rayonnement et volume corporel irradié les plus faibles possible, diminution de la dose administrée par séance avec augmentation du nombre de celles-ci.
→ VOIR Cobaltothérapie, Curiethérapie, Neutronthérapie, Protonthérapie.

Radiothérapie métabolique

Méthode thérapeutique consistant à administrer un médicament qui contient un élément radioactif destiné à se fixer dans le tissu ou dans l'organe qu'il doit sélectivement irradier pour le soigner.

L'iode radioactif (iode 131) est utilisé depuis une cinquantaine d'années dans le traitement des maladies de la glande thyroïde.

Le phosphore 32 est utilisé dans le traitement des syndromes myéloprolifératifs (production excessive des cellules sanguines par la moelle osseuse), essentiellement la polyglobulie primitive (maladie de Vaquez). Le strontium 89, les phosphonates marqués par le rhénium 186 ou le samarium 153 sont utilisés pour atténuer la douleur des métastases osseuses des cancers de la prostate lorsque l'hormonothérapie n'est plus efficace. L'yttrium 90, le rhénium 186 ou l'erbium 169 sont injectés sous forme de colloïdes dans des articulations afin d'éviter leur destruction par des phénomènes inflammatoires sévères : il s'agit de la synoviorthèse radioactive, principalement utilisée dans le traitement de la polyarthrite rhumatoïde. Enfin, la méta-iodobenzylguanidine marquée à l'iode 131 est employée dans le traitement palliatif de certains phéochromocytomes (tumeurs de la glande médullosurrénale) de nature maligne, avec métastases viscérales ou osseuses, ainsi que dans celui des neuroblastomes inopérables ou résistant à la chimiothérapie.

Radique

Se dit d'une manifestation pathologique provoquée par une radiothérapie.

Radius

Os constituant, avec le cubitus, le squelette de l'avant-bras.

Le radius se situe à la partie externe de l'avant-bras, dans le prolongement du pouce. C'est un os long de forme légèrement spiralée, ce qui permet sa rotation autour du cubitus lors des mouvements de pronosupination (permettant l'orientation de la paume de la main vers le haut ou le bas, l'arrière ou l'avant, l'intérieur ou l'extérieur). L'extrémité inférieure du radius s'articule avec le cubitus et le carpe. Son extrémité supérieure dessine une petite tête articulée avec l'humérus et le cubitus.

PATHOLOGIE

Outre les maladies osseuses (tumeurs et infections), le radius est le plus souvent le siège de fractures ; en effet, en cas de chute sur le poignet ou sur la paume de la main, c'est lui qui supporte l'essentiel du choc.

■ **Les fractures en « bois vert »**, spécifiques de l'enfant, n'atteignent pas le radius sur la totalité de son diamètre. Leur traitement est orthopédique : immobilisation plâtrée pendant une durée de 3 semaines à 3 mois suivant l'âge de l'enfant.

■ **Les fractures de la diaphyse radiale** (partie médiane du radius) peuvent être isolées ou associées à une fracture du cubitus. Le déplacement osseux est souvent important, rendant nécessaire une fixation chirurgicale des fragments osseux par ostéosynthèse (à l'aide d'une plaque vissée, par exemple).

■ **Les fractures de l'extrémité inférieure du radius** sont plus fréquentes chez le sujet âgé (fracture de Pouteau-Colles) et favorisées par l'ostéoporose (raréfaction osseuse). Leur traitement est le plus souvent orthopédique (plâtre).

■ **Les fractures de l'extrémité supérieure du radius**, fréquentes chez les sportifs, atteignent souvent la cupule radiale (articulation avec l'humérus) ; leur traitement est en général orthopédique (plâtre immobilisant, le moins longtemps possible – de 8 à 15 jours au maximum –, le coude à angle droit) mais, si la tête du radius s'est brisée en plusieurs fragments ou en cas de déplacement important, une intervention chirurgicale peut être nécessaire.

■ **Les fractures en « motte de beurre »**, spécifiques de l'enfant, sont caractérisées par un simple tassement de l'os sans déplacement. Elles peuvent atteindre les cartilages de conjugaison (zones situées aux extrémités de l'os, permettant sa croissance en longueur). Leur traitement est orthopédique : immobilisation plâtrée pendant une durée de 3 semaines à 3 mois suivant l'âge de l'enfant.

Rage

Maladie infectieuse grave transmise des animaux vertébrés à l'homme et due à un virus à A.R.N. de la famille des *Rhabdoviridæ*.

La rage est une zoonose (maladie atteignant l'homme ou l'animal). Le virus, transmis à l'homme par la morsure d'un animal malade ou, plus rarement, simple réservoir de ce virus, est neurotrope (se fixant de préférence sur le système nerveux) et atteint directement les cellules cérébrales, créant une méningoencéphalite irréversible, fatale en 5 à 20 jours.

CAUSES

Le véhicule de la contamination est la salive, très infectante chez l'animal enragé dès la période d'incubation ; aussi la maladie est-elle parfois contractée par simple léchage d'une plaie. Les animaux responsables sont principalement le loup (Asie), le chien sauvage (Amérique du Sud), le renard (Europe), les chauves-souris carnivores (Amérique), mais tous les mammifères peuvent être eux-mêmes victimes de la maladie et devenir ainsi dangereux pour l'homme (cheval, mouton, chien domestique, etc.). En France, la rage vulpine (causée par le renard) est un réel problème dans toute la partie nord-est du pays.

SYMPTÔMES ET SIGNES

La maladie débute, après une incubation d'environ 3 semaines – mais parfois beaucoup plus longue –, par des douleurs localisées à la zone de la plaie d'inoculation, suivies de troubles de l'humeur : un sentiment d'angoisse et, de manière plus particulière, une hydrophobie (peur de l'eau, le malade rejetant celle que l'on tente de lui faire boire) et une aérophobie (peur des mouvements de l'air). Elle se manifeste également par des accès de fièvre, des tremblements, des contractures, par l'apparition de spasmes douloureux à la moindre excitation, par une modification de la voix et une intense salivation.

La maladie nerveuse débute peu après ; elle peut survenir sous la forme d'une encéphalite rapidement comateuse, consistant en des troubles de la conscience et en des paralysies flasques, qui sont dues à un déficit moteur associé à des troubles du tonus musculaire (rage paralytique) ; elle peut aussi se présenter comme un état d'excitation furieuse (rage furieuse), où les contractures sont exacerbées en crises généralisées précédant la mort ; celle-ci survient dans un délai de 8 jours du fait de troubles respiratoires ou d'une atteinte inflammatoire du myocarde (myocardite virale). Ces signes s'associent à une fièvre généralement très élevée (41 °C) et à une hypersalivation caractéristique.

DIAGNOSTIC

Il est assuré par la recherche du virus dans la salive (culture, microscopie électronique) ou, plus simplement, par la sérologie sanguine comparée à celle du liquide céphalorachidien.

TRAITEMENT

Il n'est efficace que jusqu'à l'apparition des signes cliniques de la maladie, après quoi l'évolution est inéluctablement fatale ; aussi doit-il être entrepris au plus tôt. En cas de morsure suspecte, il faut d'abord nettoyer la plaie avec de l'eau savonneuse ou des solutions antiseptiques, administrer un sérum (ou rappel vaccinal) antitétanique et des antibiotiques. L'animal supposé atteint de la rage doit être mis en observation vétérinaire pendant 15 jours. S'il a été abattu, son cerveau doit être examiné pour déterminer à l'examen microscopique s'il y a présence ou non de corps de Negri (formations arrondies siégeant dans les neurones des sujets atteints de la rage). Si l'animal s'est enfui, il doit être considéré a priori comme suspect de rage : il faut alors s'adresser au centre antirabique le plus proche, qui décide d'effectuer ou non une vaccination antirabique (6 doses injectées sur une période de 3 mois), accompagnée, en cas de morsure grave (à la face), d'une sérothérapie spécifique (sérum antirabique ou immunoglobulines spécifiques humaines antirabiques). Le vaccin initial, obtenu à partir de moelle de lapin, était responsable de complications neurologiques sérieuses ; le vaccin actuellement utilisé est obtenu sur cultures cellulaires et n'entraîne plus aucune complication nerveuse.

PRÉVENTION

Le vaccin antirabique est utilisé à titre préventif dans les professions exposées : vétérinaires, agriculteurs, gardes forestiers, etc. Il s'administre en 2 doses à 1 mois d'intervalle avec rappel 1 et 3 ans après. Il n'y a pas de contre-indication à cette vaccination, même pendant la grossesse.

La rage animale se traduit par des modifications du comportement habituel de l'animal : s'il est domestique, il devient anormalement et sans raisons agressif ; s'il est sauvage, il vient vers l'homme. De telles modifications doivent donc attirer l'attention, surtout si elles s'accompagnent de troubles de la marche et hypersalivation. La prévention de la rage animale passe par la vaccination de tous les animaux domestiques, et celle des renards devient possible grâce au vaccin oral (boulettes distribuées dans les aires d'activité de ces animaux). Cette prévention est renforcée par le contrôle sanitaire vétérinaire aux frontières, par l'isolement des bêtes mordues et par le ramassage des animaux errants.

Raideur articulaire

Gêne ou limitation plus ou moins importante des mouvements articulaires au niveau des membres ou de la colonne vertébrale.

Les raideurs articulaires peuvent être mécaniques, et dans ce cas maximales en fin de journée (arthrose), ou inflammatoires, et dans ce cas maximales pendant la fin de la nuit et le matin, disparaissant, après un temps de « dérouillage », dans la matinée (arthrite, notamment polyarthrite rhumatoïde).

Râle

Bruit respiratoire anormal entendu par le médecin à l'auscultation des poumons.

Il est dû au passage de l'air dans les bronches.

Ramollissement cérébral
→ VOIR Accident vasculaire cérébral.

Raptus

Violente crise nerveuse accompagnée de perte du contrôle de soi.

Rash

Éruption cutanée de courte durée survenant au cours d'une maladie fébrile, que celle-ci soit d'origine infectieuse (virale, par exemple) ou parasitaire, ou encore au cours d'une intoxication médicamenteuse. (De l'anglais *rash*, éruption cutanée.)

Rate

Organe richement vascularisé situé dans l'angle supérieur gauche de l'abdomen, entre le diaphragme et les côtes, et qui, avant la naissance, produit une partie des cellules sanguines et, après la naissance, joue un rôle important dans l'immunité.

La rate est une masse rouge foncé, spongieuse, de la taille d'un poing, qui pèse environ 200 grammes.

FONCTIONS

Les fonctions de la rate ne sont pas encore complètement élucidées.

La rate est un organe lymphoïde qui joue dans l'immunité un rôle important, comparable à celui des ganglions lymphatiques, participant à la lutte contre les infections par la production de lymphocytes, d'anticorps et de phagocytes. Mais, à la différence des ganglions lymphatiques, elle est en communication directe avec la circulation sanguine. Elle se trouve donc, en permanence, en contact avec l'ensemble des antigènes circulants, c'est-à-dire avec l'ensemble des substances présentes dans le sang susceptibles d'induire la production d'anticorps dans l'organisme, quelle que soit leur origine (bactéries, substances toxiques, cellules étrangères).

Outre cette fonction, qui l'apparente aux autres organes lymphoïdes, la rate joue aussi un rôle dans la maturation des globules rouges (élimination des restes de noyaux, par exemple) ainsi que, éventuellement, dans leur élimination, qu'ils soient anormaux (paludisme), recouverts d'anticorps, comme lors des anémies hémolytiques auto-immunes, ou déformés par une hémoglobine anormale (thalassémie). Elle est par ailleurs impliquée dans le déclenchement de la réponse immunitaire du sérum sanguin vis-à-vis de certains agents infectieux tels que le pneumocoque.

Ration alimentaire

Quantité d'aliments permettant de satisfaire les besoins en énergie, en macronutriments (protéines, lipides, glucides), en micronutriments (vitamines, minéraux) et en eau d'un individu ou d'un groupe de personnes.

L'établissement d'une ration alimentaire tient compte de la répartition souhaitable des macronutriments : 12 % environ de l'apport énergétique doit être fourni par les protéines (viandes, poissons, laitages, soja, légumes secs), 30 à 35 % par les lipides (beurre, margarine, huile) et 53 à 58 % par les glucides, dont 10 % au maximum par les glucides rapides (aliments sucrés). Les rations alimentaires sont établies à partir des différents groupes d'aliments (fruits et légumes, corps gras, produits laitiers, céréales, légumes secs et pommes de terre, viandes, poissons, œufs, etc.) et comptabilisent l'apport éventuel fourni par des boissons alcoolisées (10 % au maximum de l'apport énergétique total). Elles doivent également tenir compte des habitudes de consommation (portion, fréquence, préférences, répartition entre les repas), des contraintes éventuelles (bugdet, approvisionnement) et sont susceptibles de modifications et d'adaptations en fonction notamment de l'activité physique du ou des sujets concernés.

Raynaud (maladie de)

Affection des vaisseaux sanguins, survenant sans cause décelable, qui touche les extrémités et qui se caractérise par une constriction brutale des artérioles des doigts ou des orteils, entraînant une pâleur, un refroidissement et une douleur des doigts concernés. SYN. *phénomène de Raynaud primitif.*

Ce trouble vasomoteur atteint essentiellement les doigts des mains, de façon bilatérale et symétrique.

Il peut être héréditaire. La maladie de Raynaud est fréquente (5 à 6 % de la population), à prédominance féminine.

SYMPTÔMES ET SIGNES

Toutes les artérioles des doigts se contractent, souvent sous l'effet du froid, parfois sous l'effet d'un choc émotionnel, ce qui interrompt l'arrivée du sang. L'extrémité des doigts (les 2 ou 3 premiers doigts de chaque main ou la totalité des doigts) devient pâle, froide et douloureuse (sensation de picotement, d'engourdissement ou de brûlure).

Lorsque le sujet retourne dans un lieu où la température est plus élevée, la crise prend fin et les extrémités se cyanosent (se colorent en bleu) ; les douleurs s'accentuent alors pendant quelques minutes. Le diagnostic de la maladie de Raynaud se fonde sur l'interrogatoire, qui retrouve la décoloration des doigts liée au froid. Cette maladie (également appelée phénomène de Raynaud primitif) est plus fréquente que le phénomène de Raynaud (dit secondaire, souvent lié à une maladie de système). Différents éléments permettent de confirmer le diagnostic de maladie de Raynaud : l'âge (jeune), l'examen clinique normal, la négativité des examens complémentaires, l'absence d'autres causes (médicaments, causes professionnelles).

ÉVOLUTION

La maladie de Raynaud est habituellement une affection bénigne. Mais, dans ses formes graves, lorsqu'un épaississement des parois artérielles réduit en permanence la circulation sanguine, elle peut occasionner des ulcérations localisées qui se cicatrisent difficilement.

TRAITEMENT

Le traitement de la maladie de Raynaud dépend de son retentissement. Dans les formes peu sévères, des mesures simples (protection contre le froid) peuvent suffire. Si la gêne est plus importante, on peut utiliser des médicaments (vasodilatateurs et inhibiteurs calciques) en période de froid.

Raynaud (phénomène de)

Affection des vaisseaux sanguins qui touche les extrémités et se traduit par des symptômes identiques à ceux de la maladie du même nom (constriction soudaine des petites artères entraînant une pâleur, un refroidissement et une douleur des doigts ou des orteils concernés), mais provoquée par une cause déterminée. SYN. *phénomène de Raynaud secondaire, syndrome de Raynaud.*

Un phénomène de Raynaud unilatéral doit faire rechercher une cause loco-régionale : côte cervicale (côte surnuméraire), compression de l'artère sous-clavière.

CAUSES

Les causes des phénomènes de Raynaud sont nombreuses. Chez la femme, ils sont le plus souvent liés à une maladie de système, la sclérodermie ; chez l'homme, à des artériopathies par athérome ou inflammatoires. Il peut s'agir aussi de médicaments (bêtabloquants, ergotamine, méthysergide), ou de causes professionnelles (maladie des engins vibrants). Les bûcherons et les ouvriers se servant de marteaux piqueurs sont principalement concernés mais aussi, pour une moindre part, les dactylographes et les pianistes.

TRAITEMENT

Il dépend de la cause : arrêt du médicament responsable, traitement de la maladie en cause, reclassement professionnel.

La chirurgie est rarement proposée : ablation d'une côte cervicale, sympathectomie thoracique en cas d'artérite.

Rayons X

Ondes électromagnétiques n'appartenant pas au spectre visible, dont la longueur d'onde est voisine de l'angström, utilisées en médecine pour leurs propriétés de pénétration de la matière vivante et pour leurs propriétés thérapeutiques.

UTILISATION DIAGNOSTIQUE

Les applications médicales des rayons X sont du domaine de la radiologie conventionnelle et de la tomodensitométrie (scanner à rayons X) ; elles ont pour fin la visualisation des organes.

UTILISATION THÉRAPEUTIQUE

Les rayons X sont également utilisés en radiothérapie externe mais, leur capacité ionisante étant réduite, des rayonnements plus énergétiques, comme le rayonnement gamma, qu'utilise la cobaltothérapie, leur sont préférés.

→ VOIR Radiation ionisante, Radiologie, Radioprotection.

R.C.H.

→ VOIR Rectocolite hémorragique.

Réanimation

Ensemble des moyens mis en œuvre soit pour pallier la défaillance aiguë d'une ou de plusieurs fonctions vitales, dans l'attente de la guérison, soit pour surveiller des malades menacés de telles défaillances du fait d'une maladie, d'un traumatisme ou d'une intervention chirurgicale.

Récessif

Se dit d'un gène ou d'un caractère héréditaire qui doit être transmis par le père et la mère pour se manifester chez l'enfant.

Dans les cellules, chaque chromosome existe en deux exemplaires, qui forment une paire. Un gène récessif doit se trouver chez l'enfant sur chacun des deux chromosomes homologues (d'une même paire) pour se manifester sous la forme d'un caractère donné ou pour que la mutation (altération) dont il est atteint se manifeste par le déclenchement d'une maladie. Comme, au moment de la fécondation, la moitié des chromosomes provient du père et l'autre moitié de la mère, le gène doit être transmis par les chromosomes des deux parents pour se manifester chez l'enfant. Le gène portant le caractère « yeux bleus », par exemple, doit être reçu des deux parents pour que l'enfant ait les yeux bleus.

Le terme s'emploie par opposition à dominant et qualifie souvent, par extension, le mode de transmission d'une maladie.
→ VOIR Dominant, Hérédité.

Receveur universel

Sujet qui peut recevoir du sang de n'importe quel groupe.

Seuls les sujets appartenant au groupe AB, le plus rare, sont dits receveurs universels, car ils ne présentent aucun anticorps naturel du système ABO ; leur sérum est donc compatible avec le sang des groupes A, B, AB ou O. Aussi les patients du groupe AB, lorsqu'ils ont besoin d'une transfusion, reçoivent-ils le plus souvent du sang de groupe A ou O, plus facilement disponible. Toutefois, l'expression « receveur universel » ne doit pas abuser : les receveurs « universels » ne sont tels que dans le système ABO, et les règles de sécurité transfusionnelles liées au système Rhésus et aux agglutinines irrégulières leur sont applicables.

Recherche de paternité

Recherche conduite pour déterminer si un individu, le plus souvent un enfant, est ou non issu de son père présumé.

Une telle recherche s'appuie aujourd'hui sur des analyses biologiques (principalement sanguines et de biologie moléculaire), qui permettent d'établir si une personne peut être le père d'une autre si toutes deux présentent des caractères qui n'ont pu être transmis que par l'hérédité : groupe sanguin, groupe H.L.A. ou de compatibilité tissulaire (déterminant la possibilité de recevoir ou de donner un organe lors d'une greffe), similitude génotypique (dans la succession des constituants de l'A.D.N. des chromosomes), etc. Le plus souvent la mère est également sollicitée et subit aussi les analyses.

Rechute

Reprise évolutive d'une maladie qui était en voie de guérison.

En cas de maladie infectieuse, on parle de rechute lorsque les symptômes réapparaissent sans être dus à une nouvelle infection.

Récidive

Réapparition d'une maladie survenant après une guérison.

Dans le cas d'une maladie infectieuse, une récidive implique la notion de nouvelle infection.

Recklinghausen (maladie de)

Affection héréditaire, caractérisée par la présence de nombreuses tumeurs bénignes disséminées dans l'organisme, des taches cutanées pigmentées (taches café au lait) et des malformations nerveuses. SYN. *neurofibromatose*.

Les signes de la maladie s'associent de façon diverse : certaines personnes par exemple n'ont que quelques taches café au lait alors que d'autres présentent des tumeurs volumineuses et multiples. De même, les complications (surdité, convulsions, retard mental, hypertension artérielle) varient, dépendant de la localisation des malformations et des tumeurs.

Le traitement est uniquement celui des symptômes et consiste en l'ablation chirurgicale des tumeurs cutanées ; le traitement chirurgical des malformations osseuses et des neurinomes est beaucoup plus délicat.

Il est recommandé aux personnes qui ont des antécédents familiaux ou qui sont atteintes par la maladie de Recklinghausen de consulter un conseil génétique pour déterminer si elles sont susceptibles ou non de transmettre celle-ci.

Rectite

Inflammation, aiguë ou chronique, de la muqueuse rectale. SYN. *proctite*.

CAUSES

Une rectite peut être d'origine très diverse, notamment infectieuse (gonococcie), parasitaire (amibiase, bilharziose) ou médicale (suppositoires, irradiation). Elle est soit isolée, soit associée à une autre affection inflammatoire (rectocolite hémorragique, maladie de Crohn). Enfin, une rectite s'accompagne souvent de lésions du côlon.

SYMPTÔMES ET SIGNES

La maladie se manifeste par des douleurs rectales, de faux besoins, des émissions anales sanglantes ou purulentes, une diarrhée, une altération plus ou moins marquée de l'état général, une fièvre.

DIAGNOSTIC ET TRAITEMENT

Un examen proctologique (toucher rectal, anuscopie et rectoscopie, c'est-à-dire exploration visuelle directe de l'anus et du rectum à l'aide d'un tube muni d'un système optique), associé, le cas échéant, à une coloscopie, permet d'évaluer l'importance de l'atteinte et de pratiquer des prélèvements pour en établir la cause. Celle-ci détermine le choix du traitement : administration d'antibiotiques, d'antiparasitaires, d'anti-inflammatoires ou, simplement, suppression du facteur favorisant ou déclenchant. Dans la plupart des cas, la rectite est définitivement guérie. Seules la maladie de Crohn, la rectocolite hémorragique et les suites d'une irradiation nécessitent un traitement au long cours.

Rectocèle

Saillie de la paroi antérieure du rectum dans le vagin, due au relâchement des moyens de fixation et de soutien de ce dernier.

Une rectocèle est une composante d'un prolapsus génital (affaissement du vagin et/ou de l'utérus).

Rectocolite

Inflammation simultanée du rectum et du côlon.

CAUSES

L'origine d'une rectocolite est très variable : infectieuse (shigellose, salmonellose), parasitaire (bilharziose), vasculaire (colite ischémique, suites d'une radiothérapie), médicamenteuse (laxatifs, antibiotiques) ; elle demeure parfois inconnue, comme dans le cas de la rectocolite hémorragique.

SYMPTÔMES ET SIGNES

Les symptômes sont des douleurs abdominales et une diarrhée parfois sanglante, pouvant s'accompagner d'une perte de poids et de fièvre.

DIAGNOSTIC ET TRAITEMENT

La coloscopie (exploration visuelle directe du côlon à l'aide d'un tube muni d'un système optique) permet d'évaluer l'étendue des lésions et d'opérer des prélèvements pour en préciser la cause. Celle-ci détermine le choix du traitement, qui est en général médicamenteux (administration d'antibiotiques, d'anti-inflammatoires), plus rarement chirurgical (ablation d'un segment du côlon dans certaines colites ischémiques, par exemple). Dans la plupart des cas, la rectocolite est définitivement guérie. Seules la rectocolite hémorragique et les séquelles d'une radiothérapie nécessitent un traitement au long cours.

Rectocolite hémorragique

Inflammation chronique de la muqueuse du côlon et du rectum, d'origine inconnue, caractérisée par des émissions de mucus et de sang par l'anus.

La rectocolite hémorragique (R.C.H.) est une affection rare, touchant surtout la femme jeune.

Le principal symptôme est l'apparition d'émissions rectales, généralement fréquentes (jusqu'à dix selles par jour), de mucus et de sang. Celles-ci s'accompagnent souvent de douleurs abdominales, de troubles du transit digestif, de fièvre et d'une altération de l'état général.

La coloscopie permet d'évaluer l'étendue des lésions et de pratiquer des prélèvements de tissus.

La maladie évolue par poussées de plus en plus graves et fréquentes. Après une longue évolution (dix ans), il existe un risque de dégénérescence des lésions en cancer du côlon, qui impose un examen clinique et endoscopique annuel. Les complications sont les hémorragies digestives, les perforations du côlon et la colectasie (dilatation gazeuse du côlon). Ces deux dernières complications nécessitent un traitement chirurgical d'urgence.

TRAITEMENT

Le traitement associe un régime alimentaire consistant à éviter les substances irritantes (épices, friture) et les produits fermentés, et à augmenter la consommation d'aliments riches en fibres, à un traitement médicamenteux (antiseptiques intestinaux, anti-inflammatoires par voie générale ou par lavements). La chirurgie est indiquée dans les complications graves ou aiguës (colectasie, perforation), dans les formes sévères résistant au traitement médical et dans les dégénérescences cancéreuses. Le traitement peut comporter l'ablation complète du côlon et, le cas échéant, du rectum.

Rectopexie

Fixation chirurgicale du rectum au sacrum. SYN. *proctopexie*.

La rectopexie est indiquée en cas de prolapsus du rectum (descente du rectum, qui tend à sortir par l'anus, souvent à la suite d'accouchements répétés ou difficiles ayant affaibli les muscles du périnée).

Rectorragie

Émission de sang rouge par l'anus.

CAUSES

Une rectorragie témoigne d'une lésion qui se situe en général dans la partie basse du tube digestif (côlon, rectum, anus), mais qui peut être située dans sa partie haute (ulcère duodénal, par exemple) si l'hémorragie est très abondante. Les rectorragies sont le plus souvent causées par des hémorroïdes, des ulcérations thermométriques (causées par la prise répétée de la température rectale), des tumeurs bénignes ou malignes du rectum ou du côlon sigmoïde, des petites hernies de la muqueuse colique (diverticulose colique) des inflammations du côlon (rectocolite hémorragique).

DIAGNOSTIC

Toute rectorragie, même peu abondante, impose un examen complet du côlon. En effet, même si ce trouble est souvent causé par des hémorroïdes, il convient de s'assurer qu'il n'a pas une cause plus grave, notamment une tumeur.

TRAITEMENT

Si la rectorragie est très abondante ou si elle entraîne une chute de la tension artérielle ou une accélération du pouls, le sujet doit être hospitalisé d'urgence. Le traitement peut comporter une ou plusieurs transfusions, l'arrêt de toute prise de médicaments favorisant les saignements (anticoagulants, aspirine), parfois un geste local pour arrêter le saignement (sclérose ou ligature par un élastique des hémorroïdes ; électrocoagulation des ulcérations thermométriques). Une intervention chirurgicale s'impose en cas de tumeur rectocolique ou si les saignements hémorroïdaires ne cèdent pas au traitement médical.

Rectoscopie

Examen qui permet d'explorer visuellement les parois du rectum.

Les indications de la rectoscopie sont nombreuses : douleurs anorectales, hémorroïdes, hémorragies rectales, troubles du transit intestinal.

Une rectoscopie consiste à introduire par l'anus dans le rectum un endoscope rigide appelé rectoscope (tube de 25 centimètres de long et de 1,5 centimètre de diamètre, muni d'un système optique). Des biopsies (prélèvements de tissu rectal) sont possibles.

PRÉPARATION ET DÉROULEMENT

Le patient doit s'administrer, la veille au soir, un lavement acheté en pharmacie. Deux heures avant l'examen, il effectue un second lavement de façon que le rectum soit vide et net. Il n'est pas nécessaire d'être à jeun. L'examen se pratique sans anesthésie. Une rectoscopie dure quelques minutes, n'est pas douloureuse et n'entraîne aucun effet secondaire.

Rectosigmoïdoscopie

Examen qui permet d'explorer visuellement les parois du rectum (rectoscopie), du côlon sigmoïde (sigmoïdoscopie) et de la partie basse du côlon gauche.

Cet examen tend actuellement à être supplanté par la coloscopie totale (exploration, par la même technique, de l'ensemble du côlon), tant pour les examens diagnostiques que pour le dépistage systématique des tumeurs rectocoliques bénignes et malignes.

Rectum

Segment terminal du tube digestif, faisant suite au côlon sigmoïde et s'ouvrant à l'extérieur par l'anus.

Le rectum, long de 15 centimètres, comporte deux segments. Le segment supérieur, dans le pelvis, constitue l'ampoule rectale. Le segment inférieur, au niveau du périnée, est le canal anal.

PHYSIOLOGIE

Le rectum, par sa fonction de réservoir et grâce à l'appareil sphinctérien de l'anus, assure le contrôle du mécanisme de la défécation et de la continence fécale.

PATHOLOGIE

Le rectum est parfois le siège de tumeurs bénignes (polypes, tumeurs villeuses [de surface filamenteuse]) ou malignes (adénocarcinomes, carcinoïdes). Il peut également être atteint de rectites (inflammations localisées) d'origine infectieuse (maladie vénérienne), parasitaire (amibiase), ischémique ou inflammatoire (rectocolite). Les maladies inflammatoires du côlon (maladie de Crohn) ou certaines affections dégénératives (mala-

die de Hirschsprung) peuvent s'étendre au rectum. Les prolapsus rectaux (saillie du rectum à travers l'anus) peuvent se produire au cours de maladies hémorroïdaires ou après un traumatisme obstétrical ou une maladie neurologique, par exemple. Enfin, il arrive que le rectum soit le siège de lésions traumatiques : ulcération thermométrique, perforation rectale par un corps étranger ou occasionnée, exceptionnellement, par un examen endoscopique ou radiologique du côlon.

Rectum (cancer du)

Tumeur maligne se développant aux dépens du rectum sous la forme d'un adénocarcinome.

FRÉQUENCE

Le cancer du rectum est l'un des cancers digestifs les plus fréquents.

CAUSES

Il se développe le plus souvent à partir de polypes bénins.

SYMPTÔMES ET SIGNES

Les symptômes révélateurs sont des émissions de glaire ou de sang et des douleurs rectales accompagnées de faux besoins. Lorsque la maladie est déjà évoluée, son extension à l'ensemble du pelvis peut déclencher des douleurs nerveuses évoquant une sciatique.

TRAITEMENT

Il est chirurgical et consiste en l'ablation de tout ou partie du rectum. Il peut s'agir d'une proctectomie (ablation du canal anal et du rectum) avec abouchement de l'intestin à la paroi de l'abdomen (création d'un anus artificiel définitif) quand le cancer est bas situé. La résection antérieure, quant à elle, est pratiquée dans les cancers des parties haute et moyenne du rectum, respectant le bas rectum et le canal anal et permettant le rétablissement immédiat de la continuité digestive. Une radiothérapie pratiquée avant ou après l'intervention réduit les risques de récidive locale. Les traitements palliatifs comprennent la radiothérapie externe, éventuellement associée à la chimiothérapie, la dérivation chirurgicale de l'intestin vers la paroi de l'abdomen en amont de la tumeur (colostomie d'amont) et les traitements endoscopiques (par laser, par exemple).

PRÉVENTION

La prévention du cancer du rectum, comme celle du cancer du côlon, repose sur des examens endoscopiques annuels. Ces examens sont pratiqués chez les patients qui présentent des antécédents personnels, tels que des polypes du rectum ou du côlon ou une rectocolite hémorragique, ou des antécédents familiaux, en particulier une fréquence élevée de polypes ou de cancers du rectum ou du côlon parmi les ascendants. Ils sont également réalisés lorsque la recherche de sang dans les selles par l'Hémocult (marque déposée) est positive.

Réduction

Remise en place d'un organe.

Réduction d'une fracture ou d'une luxation

La réduction est indiquée soit en cas de fracture avec déplacement d'un ou de plusieurs fragments osseux, soit en cas de luxation d'une articulation.

TECHNIQUE

On distingue deux méthodes.

■ **La technique orthopédique** consiste en général à remettre en place à la main, par manipulation externe, les fragments osseux fracturés ou l'articulation luxée. Selon les cas, la réduction est pratiquée sans anesthésie (luxation) ou sous anesthésie locorégionale ou générale (fracture).

■ **La technique chirurgicale** est employée quand la précédente n'est pas praticable.

Rééducation

Ensemble des moyens mis en œuvre pour rétablir chez un individu l'usage d'un membre ou d'une fonction.

→ VOIR Kinésithérapie, Orthophonie, Orthoptie, Physiothérapie.

Réflexe

Réponse motrice brève, instantanée et involontaire du système nerveux à une stimulation sensitive ou sensorielle des terminaisons nerveuses.

Les réflexes peuvent être normaux, exagérés, diminués ou abolis. Ils sont contrôlés, s'il y a lieu, par l'examen clinique. Leur étude occupe une place importante en neurologie et en neuropsychiatrie.

Réflexe ostéotendineux

Il se caractérise par une brève réaction motrice que l'on recherche en percutant un tendon à l'aide d'un marteau caoutchouté, dit marteau à réflexes.

Cette stimulation provoque une extension du tendon, stimulation sensitive d'abord transmise par les récepteurs tendineux à la moelle épinière (sensibilité proprioceptive), qui y répond automatiquement par la contraction musculaire.

PATHOLOGIE

Une aréflexie (abolition des réflexes) ou une diminution des réflexes peuvent traduire une lésion du système nerveux périphérique (lésion d'un nerf ou de sa racine) ; ce sont des symptômes que l'on rencontre notamment au cours des sciatiques ou des névrites, beaucoup plus rarement en cas de lésion centrale (lésion de la moelle épinière d'apparition brutale par section ou compression). À l'opposé, l'exagération des réflexes s'associe au syndrome pyramidal (paralysie par atteinte du système nerveux central) et se rencontre en cas de tumeur, d'accident vasculaire cérébral, etc.

Réflexe archaïque

Automatisme moteur provoqué chez le nouveau-né par divers stimuli et qui disparaît entre 2 et 4 mois d'âge.

Les réflexes archaïques témoignent de l'intégrité et de la maturation du système nerveux du nouveau-né. Ils sont contrôlés au cours des examens neurologiques auxquels celui-ci est systématiquement soumis dès les premiers jours de la vie.

DIFFÉRENTS TYPES DE RÉFLEXE ARCHAÏQUE

■ **Le réflexe d'agrippement**, ou grasping reflex, se définit par le geste de saisir automatiquement l'un des doigts de l'examinateur ou tout objet qui passe à sa portée.

■ **Le réflexe de Moro**, ou réflexe d'embrassement, est étudié en soulevant la tête de l'enfant de quelques centimètres avant de la lâcher brusquement ; le nouveau-né retombe alors en écartant les membres supérieurs et en étendant les jambes ; ses bras se replient ensuite vers sa poitrine en exécutant un mouvement d'étreinte.

■ Le réflexe de marche automatique se produit lorsqu'on met l'enfant en position debout, le corps légèrement penché en avant ; on observe alors des mouvements automatiques et rythmiques de marche.

■ Le réflexe de succion se manifeste par la tétée d'un doigt introduit dans la bouche de l'enfant.

■ Le réflexe des points cardinaux se déclenche lorsque l'on stimule l'un des coins de la bouche ou la joue de l'enfant : celui-ci oriente sa tête du côté de la zone excitée, en cherchant à téter le « sein » évoqué par la stimulation.

■ Le réflexe d'extension croisée est obtenu en stimulant la plante du pied, ce qui provoque le fléchissement puis l'extension du membre inférieur opposé pour tenter de repousser la source de stimulation.

PATHOLOGIE

Une absence de réflexe archaïque peut être révélatrice d'une lésion cérébrale, qu'il faut alors rechercher par des examens complémentaires. Par ailleurs, les réflexes archaïques peuvent persister ou réapparaître dans certains états pathologiques atteignant le système nerveux central.

Reflux gastro-œsophagien

Régurgitation du contenu acide de l'estomac dans l'œsophage pouvant entraîner une œsophagite (inflammation de l'œsophage).

CAUSES

Un reflux gastro-œsophagien est dû à une incontinence du sphincter inférieur de l'œsophage, dont la cause la plus fréquente est une hernie hiatale, c'est-à-dire le passage, à travers le diaphragme, d'une partie de l'estomac dans le thorax.

SYMPTÔMES ET SIGNES

Le reflux gastro-œsophagien provoque ordinairement une sensation de brûlure au creux de l'estomac, irradiant derrière le sternum. La douleur survient après les repas ; elle est déclenchée par la flexion du corps vers l'avant et disparaît lorsque le sujet se redresse : c'est le signe dit « du lacet de soulier ». En cas de hernie hiatale, les brûlures apparaissent également dans la position couchée ou lors des efforts de poussée abdominale.

TRAITEMENT

Le traitement du reflux œsophagien sans œsophagite consiste tout d'abord à éviter les repas copieux, le café, les boissons effervescentes, à réduire si nécessaire une obésité existante et à combattre l'acidité gastrique au moyen de médicaments antiacides. Si le reflux résiste au traitement médical, et reste très gênant, il est possible de recourir à une technique chirurgicale. Celle-ci consiste à enrouler le fundus, partie supérieure de l'estomac située immédiatement sous le diaphragme, tout autour du bas œsophage pour créer une valve antireflux entre œsophage et estomac.

Reflux gastro-œsophagien du nourrisson

Régurgitation du contenu de l'estomac dans l'œsophage, survenant chez le nourrisson et liée le plus souvent à la maturation inachevée de son tube digestif (béance du sphincter inférieur de l'œsophage).

SYMPTÔMES ET SIGNES

Les manifestations habituelles du reflux gastro-œsophagien sont des rejets gras ou des vomissements, souvent abondants, survenant vers la fin du repas et que le moindre mouvement déclenche. Ils sont à distinguer des petits rejets accompagnant les rots, qui sont tout à fait normaux chez le nourrisson après les repas.

COMPLICATIONS

L'œsophagite (inflammation de l'œsophage) est la complication la plus gênante du reflux gastro-œsophagien. Elle est liée à l'agression de l'œsophage par les liquides acides de l'estomac. Cette inflammation entraîne parfois des vomissements de lait, contenant des filets de sang, et une anémie. Les pleurs, les tortillements de l'enfant pendant les repas, la prise de mauvaise grâce du biberon, associés ou non à des vomissements, en sont des signes évocateurs.

Le reflux gastro-œsophagien est également soupçonné d'intervenir dans la survenue des malaises graves du nourrisson avec arrêt de la respiration, cyanose et perte du tonus musculaire. De tels signes, surtout s'ils surviennent à des heures régulières par rapport aux repas ou chez un enfant présentant déjà un reflux gastro-œsophagien, doivent conduire à consulter un pédiatre, qui prescrira, le cas échéant, des examens complémentaires dans un service spécialisé.

ÉVOLUTION ET TRAITEMENT

Le reflux gastro-œsophagien évolue spontanément vers la guérison, facilitée lorsque l'enfant commence à marcher ; la majorité des reflux gastro-œsophagiens sont guéris à cet âge. Néanmoins, un traitement est nécessaire pour réduire les symptômes, souvent préoccupants, pour empêcher les complications et pour faciliter la maturation physiologique du sphincter du bas œsophage. Outre les médicaments destinés à augmenter la pression de ce sphincter, il consiste à coucher l'enfant en position inclinée (à 30 degrés environ par rapport à l'horizontale), à lui donner une alimentation plus épaisse (poudres épaississantes mélangées au lait), à fractionner ses repas, à ne pas lui mettre des vêtements qui serrent le ventre et à ne pas l'exposer à une atmosphère enfumée.

Si ce traitement s'avère insuffisant ou si des complications sont à craindre, des examens complémentaires doivent être effectués dans un service de pédiatrie.

Reflux vésico-urétéro-rénal

Remontée d'urine de la vessie vers l'uretère et le rein.

Un reflux vésico-urétéro-rénal, plus couramment appelé reflux d'urine, est dû à une malformation du dispositif anti-reflux urétérovésical, sorte de valve située sur l'orifice vésical de l'uretère, qui permet normalement à l'urine contenue dans la vessie de ne pas refluer vers l'uretère.

Un reflux vésico-urétéro-rénal se traduit par des douleurs lombaires ascendantes lors

de la miction ; il prédispose aux infections urinaires (cystites, pyélonéphrites, etc.).

TRAITEMENT

Le traitement est le plus souvent chirurgical.

Régime

Modification de l'alimentation habituelle à des fins thérapeutiques (en cas d'athérosclérose, de diabète, de goutte, d'obésité, etc.) ou pour satisfaire des besoins physiologiques spécifiques (femmes enceintes, sportifs, personnes âgées, etc.).

INDICATIONS

Grâce aux progrès réalisés dans la connaissance des maladies et en pharmacologie, la prescription des régimes thérapeutiques a évolué : le nombre des affections pour lesquelles ils sont réellement indispensables a diminué et de nombreux régimes autrefois très sévères, tels que le régime sans sel ou le régime du diabétique, sont actuellement plus souples. Aujourd'hui, les régimes les plus fréquemment prescrits sont les régimes hypocaloriques (ou hypoénergétiques) pour le traitement de l'obésité, les régimes des dyslipidémies (hypercholestérolémie, hypertriglycéridémie) et du diabète. Certaines affections rénales (syndrome néphrotique, insuffisance rénale, etc.) imposent aussi un contrôle de certains nutriments comme l'eau, les protéines, le sel, le potassium, etc.

DÉROULEMENT ET EFFETS INDÉSIRABLES

En toute circonstance, le régime, qui fait partie du traitement médical global, reste sous la responsabilité du médecin. Tout régime doit d'ailleurs, au préalable, faire l'objet d'un bilan : si les régimes apportent en général une aide efficace dans le traitement des maladies, ils peuvent parfois être plus dangereux qu'utiles (risque potentiel de dénutrition chez une personne âgée, par exemple). Il faut noter également qu'un grand nombre de femmes sont très attentives au nombre de calories qu'elles ingèrent et qu'elles absorbent souvent moins de 1 500, voire moins de 1 200 kilocalories par jour. Si ces régimes se prolongent, il apparaît alors des carences en certains nutriments ; de plus, l'amaigrissement escompté n'est plus obtenu, l'organisme finissant par s'adapter à des apports énergétiques moindres.

Règlement sanitaire international

Réglementation édictée par l'Organisation mondiale de la santé (O.M.S.) et concernant la déclaration de certaines maladies contagieuses (choléra, fièvre jaune, peste) et les mesures à prendre pour en éviter la propagation de pays à pays.

Les mesures prescrites par le règlement sanitaire international (présentation obligatoire d'un certificat de vaccination contre la fièvre jaune, désinfection, isolement, éviction scolaire, etc.) ont remplacé les mesures de quarantaine (isolement strict) dans la plupart des cas. Les mesures d'isolement strict ne concernent que les cas où la maladie s'est déclarée : pour la peste, isolement de tout le groupe (passagers) même si une seule personne est atteinte ; pour la fièvre jaune et le choléra, isolement de la seule personne atteinte.

Règles

→ VOIR Menstruation.

Régurgitation

Rejet spontané du contenu alimentaire de l'estomac par la bouche sans effort de vomissement.

La régurgitation est à distinguer du reflux, dit gastro-œsophagien, des liquides gastriques acides vers l'œsophage, dû à une incontinence du sphincter inférieur de celui-ci.

Normale dans les premiers mois de la vie, où elle accompagne parfois l'émission d'air qui suit les repas, la régurgitation traduit chez l'adulte la présence d'un obstacle à la progression des aliments au niveau de l'œsophage ou de l'estomac. Elle est le plus fréquemment causée par un rétrécissement du conduit digestif, un trouble moteur de l'œsophage ou une tumeur de l'estomac. Elle disparaît avec le traitement de sa cause.

Réimplantation

Intervention chirurgicale consistant à remettre en place un organe (uretère, muscle) ou une partie du corps sectionnée (bras, jambe) ou extraite (dent).

Réimplantation d'une dent

La réimplantation d'une dent extraite par accident de son alvéole consiste à la replacer dans celle-ci en appuyant doucement, sans forcer. Elle doit être pratiquée dans la demi-heure qui suit son extraction, faute de quoi la réussite de l'opération devient très aléatoire. En attendant l'arrivée chez le dentiste, la racine de la dent ne doit être ni grattée ni désinfectée mais rincée à l'eau tiède. La dent doit être conservée dans la bouche de la victime ou, si celle-ci est un enfant, dans la bouche d'un adulte afin qu'elle soit au propre, irriguée ou conservée par la salive ; on peut aussi la mettre dans un verre d'eau, de lait ou de sérum physiologique.

Réimplantation d'un membre

Elle se pratique en cas d'amputation accidentelle d'une portion plus ou moins longue d'un membre ou d'une partie de membre (doigt). Le segment sectionné doit être manipulé le moins possible, entouré dans une compresse stérile et placé dans un sac en plastique posé sur de la glace en attendant l'arrivée à l'hôpital ; il peut être conservé environ 6 heures.

Rein

Organe élaborant l'urine.

Les reins, au nombre de deux, sont situés dans les fosses lombaires à la hauteur des premières vertèbres lombaires et des deux dernières côtes – sous le foie pour le rein droit, contre la rate pour le rein gauche –, en arrière de la cavité péritonéale.

PHYSIOLOGIE

Les principales fonctions du rein sont :
– l'élaboration de l'urine à partir du sang, ce qui permet d'éliminer les déchets et de maintenir constant le milieu intérieur du corps (équilibre acidobasique du sang) ;
– la sécrétion d'érythropoïétine, une hormone qui permet la maturation des globules rouges dans la moelle osseuse ;

– la sécrétion de rénine, une enzyme servant à réguler la pression artérielle ;
– la transformation de la vitamine D en sa forme active.

Un seul rein, pourvu qu'il soit sain, suffit à assurer la fonction rénale, ce qui explique la bonne qualité de vie des sujets ayant subi une néphrectomie (ablation d'un rein).

PATHOLOGIE
Les reins peuvent être le siège de malformations (malrotation rénale, duplicité rénale, hydronéphrose congénitale, rein en fer à cheval) ainsi que de nombreuses affections : maladies du parenchyme rénal (glomérulonéphrite, périartérite noueuse), lithiase, infections (pyélonéphrite, tuberculose), tumeurs bénignes (kyste, maladie polykystique des reins) ou malignes (adénocarcinome, néphroblastome). L'arrêt du fonctionnement des deux reins provoque une insuffisance rénale aiguë ou chronique pouvant nécessiter une hémodialyse.

Rein (cancer du)

Tumeur maligne du rein développée à partir du tissu rénal. SYN. *adénocarcinome du rein, hypernéphrome, néphrocarcinome, néphroépithéliome.*

Le cancer du rein survient chez l'adulte, le plus souvent après 50 ans.

SYMPTÔMES ET SIGNES
Il se révèle par la présence de sang dans les urines, parfois par une douleur du rein atteint par la tumeur. Plus rarement, il se traduit par une fatigue avec perte de poids, une fièvre et/ou une polyglobulie (excès de globules rouges).

L'évolution est parfois très lente, même en cas de métastases. Celles-ci sont en général osseuses, veineuses, pulmonaires ou hépatiques.

TRAITEMENT
En l'absence de métastases, le meilleur traitement du cancer du rein est la néphrectomie élargie (ablation du rein, de sa loge et des ganglions lymphatiques adjacents). Les métastases peuvent nécessiter un traitement spécifique : ablation chirurgicale si la métastase est unique ; immunothérapie, associée ou non à une chimiothérapie dans le cas contraire.

Le pronostic du cancer du rein, lorsque celui-ci est traité avant l'apparition de métastases, est habituellement favorable. Une surveillance régulière des malades est néanmoins nécessaire.

Rein (kyste du)

Cavité pathologique située dans le rein, de contenu fluide, limitée par une paroi qui lui est propre.

Les kystes peuvent s'observer dans le cadre d'une maladie génétique, telle que la maladie polykystique des reins ou la néphronophtise, ou survenir de façon isolée : alors appelés kystes simples, ils peuvent être uniques ou multiples et leur mécanisme d'apparition est inconnu.

SYMPTÔMES ET SIGNES
Les kystes du rein peuvent ne se traduire par aucun symptôme ou, lorsqu'ils sont très volumineux, provoquer des douleurs lombaires. Lorsqu'ils entrent dans le cadre d'une maladie génétique, ils sont très nombreux, augmentent progressivement de volume et détruisent le tissu rénal, provoquant une insuffisance rénale chronique.

TRAITEMENT
Les kystes simples ne nécessitent aucun traitement sauf s'ils sont très volumineux ; dans ce dernier cas, on peut soit procéder à l'ablation chirurgicale du kyste, soit ponctionner celui-ci par voie transcutanée pour le vider (mais les récidives sont alors fréquentes).

Rein artificiel

Appareil épurant le sang de ses déchets à la place des reins en cas d'insuffisance rénale.
→ VOIR Hémodialyse.

Rein en fer à cheval

Malformation caractérisée par une fusion des deux reins.

Cette anomalie, lorsqu'elle est isolée, n'a pas de conséquence pathologique et ne requiert pas de traitement.

Relaxation

Méthode visant à obtenir une détente par le contrôle conscient du tonus physique et mental afin d'apaiser les tensions internes et de consolider l'équilibre mental du sujet.

La relaxation fait appel soit à des techniques dérivées de l'hypnose et de la suggestion, soit à un apprentissage de la détente musculaire proche du yoga. Elle permet, en utilisant les interactions du physique et du psychique, d'atteindre un état de bien-être et de plénitude. La médecine y a de plus en plus souvent recours. Anxiété, phobies, névroses, stress, douleurs, troubles psychosomatiques, grossesse, préparation sportive sont devenus aujourd'hui autant d'indications de la relaxation.

Rémission

Atténuation ou disparition temporaire des symptômes d'une maladie.

Remplacement valvulaire

Ablation chirurgicale d'une valvule cardiaque défectueuse suivie de la pose d'une prothèse.

Chacune des quatre valvules cardiaques (valvules aortique, mitrale, pulmonaire, tricuspide) peut bénéficier de cette opération.

INDICATIONS

Un remplacement valvulaire s'effectue lorsqu'une valvule est très altérée, qu'elle ne parvient plus à remplir correctement son rôle et qu'elle entraîne des symptômes alarmants (gêne respiratoire, essoufflement) ou qu'elle peut donner lieu à de graves complications. Le remplacement valvulaire est indiqué notamment dans le cas de maladies valvulaires congénitales ou acquises à la suite d'un rhumatisme articulaire aigu, d'une ischémie (arrêt de l'apport sanguin), etc.

Le choix entre valve mécanique et bioprothèse dépend de l'âge du patient, de la valvule à remplacer et d'une éventuelle contre-indication à un traitement au long cours par les anticoagulants.

TECHNIQUE

Cet acte de chirurgie lourde se pratique sous anesthésie générale et dure de deux à quatre heures.

La peau du thorax est incisée puis le sternum est sectionné. Le patient est alors relié à une machine cœur-poumon et son cœur est « arrêté » (mis en fibrillation ventriculaire, par exemple par refroidissement). Le chirurgien ouvre le cœur, repère la valvule déficiente, l'enlève et la remplace par la valve de substitution choisie en fixant celle-ci par une vingtaine de points sur l'anneau valvulaire. Puis il referme le cœur et le défibrille électriquement. La machine cœur-poumon est débranchée, la paroi thoracique suturée.

SURVEILLANCE

Après l'opération, l'hospitalisation ne dure que quelques jours en l'absence de complications.

La surveillance postopératoire est stricte et comporte une convalescence avec rééducation de quelques semaines. Elle porte sur l'état général de l'opéré et le bon fonctionnement de la valve, apprécié notamment par écho-Doppler cardiaque. La surveillance ultérieure, régulière, comporte la pratique de cet examen une fois par an.

En cas d'intervention dentaire, le malade doit prévenir son dentiste de son état : un traitement antibiotique préventif lui est alors administré afin d'éviter tout risque d'endocardite (inflammation de l'endocarde d'origine infectieuse). Enfin, pour les porteurs de prothèses mécaniques, il faut, en outre, surveiller à vie l'efficacité du traitement anticoagulant. Un sujet ayant bénéficié d'une telle opération peut en règle générale reprendre une existence et des activités normales si l'intervention a eu lieu avant que la lésion valvulaire n'ait retenti de façon significative sur la fonction cardiaque.

Rendu-Osler (maladie de)

Maladie héréditaire caractérisée par de petites malformations vasculaires disséminées. SYN. *angiomatose hémorragique familiale, télangiectasie hémorragique héréditaire.*

La maladie commence généralement entre 10 et 20 ans par des saignements répétés du nez et des gencives. Après la puberté apparaissent des télangiectasies, qui prédominent sur la peau du visage, le dos des mains et les muqueuses de la bouche, du nez et du pharynx. L'évolution se fait par poussées, parfois accompagnées d'hémorragies répétées responsables d'anémie par carence en fer.

Le traitement est purement palliatif et comprend, outre le traitement en urgence des hémorragies digestives et cérébrales, la correction de l'anémie par prescription de fer et la destruction des lésions hémorragiques, au fur et à mesure de leur apparition, par électrocoagulation. Le pronostic est essentiellement fonction de la localisation des hémorragies.

Rénine

Enzyme sécrétée par une zone du rein située près des glomérules et nommée appareil juxtaglomérulaire.

PATHOLOGIE

Le taux de rénine dans le sang augmente lors de certaines hypertensions, lors d'insuffisances rénales ou cardiaques. Au contraire, son taux diminue lors de certains troubles hormonaux d'origine surrénalienne (hypercorticisme, syndrome de Conn).

Résine

Substance synthétique utilisée dans la confection d'appareils d'immobilisation des membres ou des articulations ainsi qu'en chirurgie dentaire.

Légère, solide, résistante, la résine tend actuellement à remplacer le plâtre traditionnel. Bien que, à la différence de celui-ci, elle ne se détériore pas lorsqu'elle est mouillée, elle ne doit pas être trempée dans l'eau (risque de macération des tissus). Cependant, elle présente l'inconvénient d'être moins malléable que le plâtre, ce qui ne permet pas de réaliser un moulage intime sur le segment de membre à immobiliser.

Résistance aux médicaments anti-infectieux

Capacité que possède un agent infectieux pathogène (bactérie, virus, parasite) de s'opposer à l'action d'un médicament (antibiotique, antiviral ou antiparasitaire).

Par définition, une souche bactérienne est dite résistante à un antibiotique si la concentration minimale de cet antibiotique

capable d'inhiber sa croissance est supérieure aux concentrations obtenues dans le sérum d'un malade traité à doses standards par cet antibiotique.

Les mécanismes de résistance aux médicaments sont variés et peuvent coexister dans un même germe en superposant leurs effets : sécrétion d'enzymes inactivant le médicament, absence ou modification de la cible sur laquelle agit le médicament, absence ou modification de pénétration du médicament dans l'agent infectieux.

Résonance magnétique nucléaire

→ VOIR Imagerie par résonance magnétique.

Résorption dentaire

Disparition progressive, physiologique ou pathologique, de la couronne et/ou de la racine d'une dent.

Résorption de la couronne d'une dent

C'est la carie, atteinte évolutive des constituants durs de la dent (émail et dentine).

Résorption de la racine d'une dent

Lorsqu'elle touche la racine d'une dent de lait, c'est un phénomène physiologique qui aboutit à la disparition de celle-ci et à son remplacement par une dent définitive. Lorsqu'elle touche la racine d'une dent définitive, c'est un phénomène pathologique consécutif à un choc violent ou à une carie non traitée. Le diagnostic repose sur la radiographie, qui montre des lacunes révélant les zones où la racine de la dent se résorbe. Lorsque celles-ci s'étendent de proche en proche, il est généralement nécessaire d'extraire la dent. À un stade moins avancé, on peut encore arrêter le processus de résorption en dévitalisant la dent puis en plaçant dans les canaux radiculaires de l'hydroxyde de calcium pour une durée de 6 mois à un an ; ensuite, après avoir retiré cette substance, on obture la dent.

Respirateur

Appareil insufflant un mélange d'air et d'oxygène dans les poumons d'un patient qui ne peut plus par lui-même inspirer suffisamment l'air extérieur en raison d'une insuffisance respiratoire.

Les respirateurs comprennent différents types d'appareils mais leur principe de base est toujours identique. Une source délivre un gaz dont le débit est fractionné en volumes élémentaires prédéterminés. Chaque volume élémentaire est administré, par l'intermédiaire d'une sonde d'intubation (tube introduit dans la trachée), avec une pression suffisante pour dilater la poitrine du sujet et provoquer une inspiration ; l'expiration est spontanée, car l'élasticité de la cage thoracique lui permet de retrouver son volume initial. Le volume des poumons est maintenu proche de la normale par une pression expiratoire positive (égale ou supérieure à la pression atmosphérique).

Il existe des appareils très élaborés, réservés à l'usage hospitalier, et des appareils plus simples, adaptés au transport en ambulance ou à l'usage à domicile (malades souffrant d'insuffisance respiratoire chronique). Le respirateur peut être utilisé en permanence ou une partie du temps seulement (la nuit, par exemple).

Respiration

Ensemble des fonctions assurant les échanges d'oxygène et de gaz carbonique entre l'atmosphère et les cellules de l'organisme.

Ce sont les poumons qui permettent aux globules rouges du sang de récupérer l'oxygène de l'air. La respiration pulmonaire est sous le contrôle de centres respiratoires situés dans le cerveau : s'il n'est pas besoin d'efforts conscients pour inspirer et expirer l'air, la profondeur et le rythme de la respiration peuvent, en revanche, être modifiés volontairement.

La respiration se déroule en plusieurs temps. L'oxygène de l'air inspiré pénètre dans les alvéoles pulmonaires (ventilation) puis se diffuse dans les vaisseaux sanguins qui les entourent (hématose). Le sang ainsi enrichi en oxygène est transporté des poumons vers la partie gauche du cœur puis, par la grande circulation, vers les différents

tissus de l'organisme, où il délivre son oxygène aux cellules. Commence alors la respiration cellulaire : les cellules se servent de l'oxygène apporté par le sang pour fournir par oxydation l'énergie qui leur est nécessaire, mais elles produisent aussi des déchets (gaz carbonique, eau) qui sont à leur tour éliminés dans le sang. Celui-ci, par les veines, rejoint les cavités cardiaques droites, qui le propulsent vers les poumons, où il est débarrassé du gaz carbonique en excès, éliminé lors de l'expiration.

TROUBLES RESPIRATOIRES
Les principales affections pouvant entraîner des troubles respiratoires sont la bronchite chronique obstructive, l'asthme, l'emphysème, la dilatation des bronches, la mucoviscidose, les maladies infectieuses (tuberculose), les maladies de la paroi des alvéoles (fibrose, sarcoïdose, pneumoconiose, pneumopathie d'hypersensibilité), les déformations thoraciques, les maladies neuromusculaires (myopathie, poliomyélite), l'embolie ou l'œdème pulmonaires, le cancer bronchopulmonaire et l'apnée du sommeil.

Respiratoire (appareil)

Ensemble des organes assurant les premières étapes de la respiration, c'est-à-dire la ventilation (mouvement de l'air dans les poumons) et l'hématose (transformation du sang veineux chargé de gaz carbonique en sang artériel chargé d'oxygène).

STRUCTURE
L'appareil respiratoire comprend les voies respiratoires (c'est-à-dire les voies aériennes supérieures – fosses nasales, cavité buccale, pharynx, larynx –, la trachée et les bronches) et les poumons, enveloppés de la plèvre. Le thorax, par sa cage osseuse et ses muscles, participe aussi à son fonctionnement.

PATHOLOGIE
L'immense surface de contact de l'appareil respiratoire avec le milieu extérieur et sa situation de carrefour expliquent la fréquence et la variété des pathologies observées.

■ **Les affections tumorales** sont le cancer bronchopulmonaire primitif (presque exclusivement dû au tabac) et le cancer bronchopulmonaire secondaire, dû à une métastase d'un cancer situé dans une autre région de l'organisme et qui peut atteindre les poumons, la plèvre ou, plus rarement, les bronches. Les tumeurs primitives de la plèvre et du médiastin sont plus rares.

■ L'immunopathologie regroupe des affections aussi variées que l'asthme, les alvéolites allergiques, la sarcoïdose ou les manifestations pulmonaires des connectivites.

■ Les maladies infectieuses sont la tuberculose, les infections des voies aériennes supérieures (rhinite, sinusite, pharyngite, angine, laryngite), la bronchite, la bronchopneumonie, la pneumonie, les pneumopathies atypiques, les suppurations pulmonaires ou pleurales liées à la pénétration de l'organisme par un agent microbien, etc.

■ La pathologie vasculaire comprend l'œdème et l'embolie pulmonaire.

Responsabilité médicale

Obligation pour le médecin d'éviter tout dommage à son malade et, dans le cas contraire, de le réparer.

La responsabilité médicale est morale et juridique, le contrat qui lie le médecin à son malade comportant une obligation non de résultat mais de moyens.

Retard de croissance intra-utérin

Retard de croissance du fœtus pendant la grossesse aboutissant à un poids de naissance inférieur au 10e percentile (grandeur statistique correspondant à la division d'une population en 100 groupes d'un nombre équivalent de personnes) d'une courbe de référence, c'est-à-dire inférieur à 2,5 kilogrammes pour un nouveau-né à terme. SYN. *hypotrophie.*

CAUSES

Les principales causes, lorsqu'elles sont retrouvées, sont liées à l'environnement du fœtus. Il peut s'agir de facteurs d'origine maternelle : maigreur, régime déséquilibré (insuffisant en calories, notamment), tabagisme, alcoolisme, prise de drogues « lourdes » (cocaïne, héroïne), anomalies gynécologiques, maladies survenues au cours de la grossesse (hypertension artérielle,

prééclampsie). Il peut aussi s'agir d'une pathologie de l'œuf (anomalie du placenta) ou du cordon (en cas de grossesse multiple). D'autres causes sont liées au fœtus lui-même : prédisposition familiale ou ethnique, anomalie chromosomique, nanisme, malformation, infection embryonnaire ou fœtale (cytomégalovirus, rubéole, toxoplasmose).

DIAGNOSTIC

Il est porté à la naissance mais peut, grâce à l'échographie, être établi plus tôt. Tout dépistage anténatal de retard de croissance intra-utérin conduit à rechercher une cause et à proposer éventuellement à la mère un traitement adapté.

RISQUES

L'absence de réserves, commune à tous les enfants atteints de retard de croissance intra-utérin, est source de diverses complications : chute de la température, hypoglycémie (chute du taux de glucose sanguin, élément nécessaire aux besoins énergétiques du cerveau), hypocalcémie (chute du taux de calcium sanguin, élément nécessaire à la formation des os). Certains risques sont plus spécifiques du retard de croissance intra-utérin lié à une mauvaise nutrition sanguine ou à une insuffisance d'oxygénation du fœtus : il s'agit de la souffrance fœtale aiguë et de la prématurité.

PRISE EN CHARGE

Les enfants nés à terme qui présentent un retard de croissance intra-utérin modéré et qui n'ont pas subi de souffrance fœtale aiguë peuvent rester auprès de leur mère en maternité. Le nouveau-né est parfois aussi placé quelques heures ou quelques jours en couveuse pour y être réchauffé et alimenté de façon précoce afin de prévenir ou de traiter une hypoglycémie, le taux de glucose sanguin étant alors régulièrement contrôlé. Les enfants qui souffrent d'un retard de croissance intra-utérin sévère, qui sont nés avant terme ou qui sont porteurs d'une anomalie sont transférés dans des unités de néonatalogie, où ils font l'objet de soins intensifs. Ainsi, la prématurité et la souffrance fœtale aiguë nécessitent des mesures immédiates de réanimation et d'assistance.

Rétention

Persistance dans l'organisme d'un produit solide, liquide ou gazeux qui devrait normalement être éliminé.

Rétention intra-utérine

Retenue dans l'utérus, après une fausse couche ou une interruption volontaire de grossesse (I.V.G.), ou encore après un accouchement, de débris ovulaires ou de tout ou partie des annexes embryonnaires (placenta, vésicule ombilicale, amnios, allantoïde).

Dans le cas d'une fausse couche, on parle aussi de rétention ovulaire, et de rétention placentaire après un accouchement. Une rétention placentaire nécessite une délivrance artificielle par révision utérine. Toutefois, si la rétention est partielle, la présence de débris placentaires n'est pas toujours décelée. Elle empêche alors l'utérus de se rétracter complètement et peut entraîner des hémorragies (métrorragies) et parfois une infection (endométrite, salpingite) provoquant fièvre et douleurs.

Le traitement d'une rétention intra-utérine est le plus souvent chirurgical (curetage aspiratif) mais peut également faire appel à des médicaments qui provoquent des contractions utérines et permettent alors l'expulsion des débris utérins.

Rétention d'urine

Impossibilité de satisfaire le besoin de vider sa vessie.

DIFFÉRENTS TYPES DE RÉTENTION D'URINE

La rétention d'urine est complète ou incomplète selon que l'évacuation vésicale est impossible ou partielle.

■ La rétention d'urine complète est le plus souvent due, chez l'homme, à un adénome de la prostate et, chez la femme, à un trouble neurologique ou sphinctérien. Elle se révèle brutalement : le besoin d'uriner est intense, la vessie est tendue, douloureuse et palpable (globe vésical). Cette rétention impose un sondage vésical évacuateur par voie urétrale ou la pose d'un cathéter vésical sus-pubien, puis la recherche de la cause à l'aide de divers examens.

■ La rétention d'urine incomplète a une origine parfois neurologique (liée à un diabète ou consécutive à une rachianesthésie), le plus souvent obstructive (rétrécissement du col vésical, calcul ou cancer de la vessie, rétrécissement de l'urètre, adénome ou cancer de la prostate, fibrome utérin). Elle se révèle de façon progressive par des troubles de la miction : mictions rapprochées, jet d'urine faible, sensation de vidange vésicale incomplète, parfois incontinence ou infection urinaire. La vessie est souvent distendue, son dôme étant palpable au-dessus du pubis.

TRAITEMENT

Le traitement de la cause de la rétention d'urine entraîne la disparition de celle-ci.

Réticulocyte

Globule rouge jeune.

Rétine

Membrane tapissant la face interne de l'œil et contenant les cellules qui permettent de capter le signal lumineux.

La rétine est une membrane mince et transparente dont la face postérieure est en contact avec la choroïde, par l'intermédiaire de l'épithélium pigmentaire, et la face antérieure avec le corps vitré. Le signal lumineux est transmis au cerveau par le nerf optique. La vascularisation de la rétine est assurée par l'artère centrale de la rétine, qui pénètre dans le globe oculaire par la papille (lieu de départ du nerf optique).

STRUCTURE

La rétine est constituée de plusieurs types de cellules, les cellules de la vision étant disposées en 3 couches superposées, qui sont, de l'arrière vers l'avant de l'œil, les cellules photoréceptrices (cônes et bâtonnets), les cellules bipolaires et les cellules ganglionnaires.

EXAMENS

L'exploration de la rétine se fait par l'examen du fond d'œil, associé ou non à la dilatation pupillaire. Certains examens complémentaires permettent d'étudier le fonctionnement de la rétine (électrorétinographie, électro-oculographie) ou sa structure (angiographie oculaire).

PATHOLOGIE

Les maladies de la rétine peuvent avoir différentes origines.

■ Le décollement de la rétine est relativement fréquent, surtout chez les myopes ou chez les sujets âgés pour lesquels il existe des antécédents familiaux.

■ Les maladies dégénératives de la rétine, souvent héréditaires, touchent plus particulièrement les cellules photoréceptrices et/ou l'épithélium pigmentaire (rétinopathie pigmentaire, dégénérescence tapétorétinienne).

■ Les maladies inflammatoires de la rétine sont rares. Elles sont surtout provoquées par l'inflammation de la choroïde (choriorétinite due au toxoplasme, notamment).

■ Les maladies vasculaires de la rétine sont les occlusions artérielles ou veineuses dues à l'arrêt de la circulation du sang dans l'artère centrale ou la veine centrale de la rétine. La microcirculation peut également être atteinte, notamment lors du diabète ou de l'hypertension artérielle.

■ Les tumeurs de la rétine sont dominées par le rétinoblastome (tumeur maligne) qui atteint les enfants très jeunes.

Rétinite

Inflammation de la rétine, due à une infection ou à une inflammation des tissus voisins (choroïde).

Rétinites d'origine infectieuse

Ces inflammations de la rétine sont rares. Le micro-organisme en cause peut être une bactérie, un virus ou un champignon.

■ Une infection bactérienne (tuberculose, notamment miliaire, maladie d'Osler) peut produire des microabcès rétiniens, qui se manifestent par une baisse de l'acuité visuelle s'ils sont localisés au pôle postérieur. Le traitement fait appel aux antibiotiques antituberculeux à fortes doses par voie générale. Néanmoins, il peut subsister des séquelles visuelles.

■ La rétinite à cytomégalovirus, qui atteint habituellement les sujets immunodéprimés, se manifeste par des foyers rétiniens blancs entourés d'hémorragies, responsables d'une baisse de la vision seulement lorsqu'ils atteignent la macula. L'administration d'antiviraux par voie générale permet d'enrayer la progression de l'infection.

■ La rétinite mycosique à Candida albicans s'observe chez les sujets immunodéprimés, toxicomanes ou porteurs de cathéters intraveineux de longue durée. Le traitement antifongique est généralement efficace, associé à une vitrectomie (ablation chirurgicale du corps vitré), pour ôter définitivement le foyer infectieux.

■ La rétinite rubéolique, due au virus de la rubéole contractée par la mère pendant sa grossesse, se manifeste chez l'enfant à la naissance par des zones de modification pigmentaire mais n'entraîne pas en général de baisse de l'acuité visuelle. D'autres anomalies oculaires lui sont ordinairement associées : microphtalmie, uvéite, cataracte. Il n'y a pas de traitement de cette rétinite.

Rétinites consécutives à une inflammation de la choroïde

Ces inflammations de la rétine, appelées choriorétinites, sont assez fréquentes. Elles sont essentiellement dues à la toxoplasmose, maladie parasitaire contractée par la mère pendant la grossesse et qui atteint l'enfant. Les choriorétinites toxoplasmiques acquises sont plus rares et se rencontrent chez les sujets immunodéprimés (sida). Le symptôme principal est une baisse de l'acuité visuelle, qui apparaît souvent à la puberté dans le cas de la toxoplasmose.

TRAITEMENT

Le traitement d'une choriorétinite est celui de sa cause (administration d'antiparasitaires en cas de toxoplasmose). Des anti-inflammatoires corticostéroïdiens peuvent ensuite être utilisés à fortes doses.

Rétinite pigmentaire

→ VOIR Rétinopathie pigmentaire.

Rétinoblastome

Tumeur maligne développée aux dépens des rétinoblastes, cellules précurseurs des photorécepteurs de la rétine. SYN. *gliome de la rétine*.

Le rétinoblastome est une tumeur rare, bien que venant au second rang des tumeurs intraoculaires, après le mélanome de la choroïde. Il touche plus particulièrement les enfants vers l'âge de 18 mois (à raison de 1 sur 20 000 environ).

CAUSES

Un rétinoblastome peut être sporadique (sans terrain familial) ou bien d'origine héréditaire.

SYMPTÔMES ET SIGNES

Un rétinoblastome se manifeste souvent par une leucocorie (pupille blanche) témoignant d'une tumeur très étendue supprimant la vision. Plus rarement, il provoque un strabisme ou une buphtalmie (augmentation du volume de l'œil).

TRAITEMENT ET PRONOSTIC

Le traitement consiste à enlever l'œil atteint (énucléation), si la tumeur est importante, et à le remplacer par une prothèse oculaire. La radiothérapie peut être utilisée soit pour éviter une énucléation des deux yeux, soit en complément du traitement si la tumeur a envahi la papille. La chimiothérapie n'est indiquée que si la choroïde est envahie. Ce cancer a un bon pronostic.

Rétinographie

Photographie, généralement en couleurs, du fond d'œil et, notamment, de la rétine.

Une rétinographie permet de surveiller certaines lésions du fond d'œil. Cet examen peut, si nécessaire, être complété par une angiographie oculaire (examen radiologique des vaisseaux de la rétine).

La rétinographie est effectuée au cours d'un examen du fond d'œil après dilatation de la pupille grâce à des collyres dits mydriatiques. Les clichés sont pris à l'aide d'appareils photographiques fixés sur un biomicroscope ou portatifs.

Rétinoïde

Médicament dérivé du rétinol (vitamine A), utilisé dans le traitement de certaines maladies cutanées.

INDICATIONS

Les rétinoïdes sont indiqués dans les formes graves d'acné et de psoriasis.

CONTRE-INDICATIONS ET PRÉCAUTIONS

Ces médicaments sont formellement contre-indiqués chez la femme enceinte en raison de leur effet tératogène (qui provoque des malformations chez le fœtus) important. La prescription de rétinoïdes chez une femme en période d'activité génitale nécessite un test de grossesse préalable, qui doit être négatif, et la prise d'une pilule contraceptive commencée un mois avant le traitement et poursuivie longtemps après son arrêt : au moins deux mois lorsque le médicament prescrit est l'isotrétinoïne et au moins deux ans lorsqu'il s'agit de l'étrétinate.

EFFETS INDÉSIRABLES

Ils dépendent de la dose et de la durée du traitement. Les principaux sont des troubles hépatiques et lipidiques, des troubles osseux (ostéoporose [soudure des cartilages de conjugaison]), une calcification des ligaments, des troubles cutanés et muqueux tels qu'une chéilite (inflammation des lèvres) ou une sécheresse de la bouche, un arrêt de croissance chez l'enfant, etc.

Rétinol

→ voir Vitamine A.

Rétinopathie

Toute affection de la rétine, quelle que soit sa cause.

Rétinopathie diabétique

Cette affection est due à une dégénérescence des capillaires qui irriguent la rétine chez des personnes atteintes de diabète depuis au moins une dizaine d'années. La maladie est favorisée par l'hypertension artérielle. Elle se manifeste par différents signes : des microanévrysmes (petites dilatations de la paroi des capillaires prenant la forme de petits points rouges) ; des hémorragies d'intensité et de forme variables ; des exsudats cotonneux blancs, larges et superficiels ou des exsudats secs, jaunes, plus petits et plus profonds. Une baisse de la vision peut survenir dans les formes évoluées.

TRAITEMENT

Le traitement fait appel à l'équilibration du diabète et à la photocoagulation au laser de certaines lésions rétiniennes. Cependant, malgré ces traitements, la baisse visuelle peut persister.

Rétinopathie hypertensive

Cette affection de la rétine est due à une hypertension artérielle qui atteint la circulation rétinienne. Les artères ont un calibre rétréci alors que les veines sont souvent dilatées. La plupart du temps, il n'y a pas de symptôme. Parfois, un saignement dans le corps vitré entraîne l'apparition de mouches volantes dans le champ visuel. La complication de cette rétinopathie consiste en un œdème rétinien ou papillaire.

DIAGNOSTIC ET TRAITEMENT

Le diagnostic repose sur l'examen du fond d'œil, éventuellement complété par l'angiographie oculaire. Le traitement consiste à normaliser la tension artérielle par des antihypertenseurs.

Rétinopathie pigmentaire

Maladie héréditaire dégénérative des cellules visuelles réceptrices de la lumière (cônes et bâtonnets). SYN. *rétinite pigmentaire.*

La rétinopathie pigmentaire est une maladie qui touche l'enfant.

SYMPTÔMES ET SIGNES

Une rétinopathie pigmentaire se manifeste par un défaut d'adaptation à l'obscurité et un rétrécissement du champ visuel qui s'accentue au fil des années. Une baisse de l'acuité visuelle est souvent perçue après quelques années, pouvant évoluer jusqu'à une vision faible et un rétrécissement du champ visuel.

DIAGNOSTIC ET TRAITEMENT

L'examen du fond d'œil révèle une atrophie de la papille, des artères très grêles et des amas de pigments noirâtres correspondant aux zones rétiniennes atteintes. L'électrorétinogramme, éteint (enregistrement plat), confirme le diagnostic. Actuellement, il n'y a pas de traitement de cette maladie.

Rétinopathie des prématurés

Affection de la rétine du nouveau-né prématuré soumis à une oxygénothérapie intensive et prolongée. SYN. *fibroplasie rétrolentale.*

CAUSES ET SYMPTÔMES

Chez l'enfant prématuré, les artères de la rétine ne sont pas encore entièrement développées et sont très sensibles à une augmentation de la concentration en oxygène du sang. Une rétinopathie peut apparaître dans ces conditions.

TRAITEMENT ET PRÉVENTION

Le processus peut s'arrêter spontanément en cas d'interruption de l'oxygénothérapie et évoluer vers une cicatrisation sans séquelles visuelles. La prolifération de voiles fibreux peut être enrayée par cryothérapie (traitement par le froid). En revanche, le stade de rétinopathie avérée offre peu de possibilités de traitement. Il faut donc surveiller attentivement tout nouveau-né soumis à une oxygénation importante : contrôle de la concentration d'oxygène délivré, fond d'œil pratiqué pendant la durée du traitement. L'administration de vitamine E peut également jouer un rôle préventif, mais il n'y a aujourd'hui aucun moyen de prévention efficace à cent pour cent de la maladie.

Rétrécissement aortique

Diminution du calibre de la valvule aortique, qui conduit le sang, au sortir du cœur, vers l'aorte et la circulation générale.

CAUSES

Un rétrécissement aortique est fréquemment dû à un processus dégénératif aboutissant à une calcification de la valvule. Parfois, la cause est une maladie congénitale comme, par exemple, une bicuspidie (la valvule ne comporte que 2 valves au lieu de 3). Plus rarement aujourd'hui, le rétrécissement aortique peut être consécutif à un rhumatisme articulaire aigu (maladie qui provoque une inflammation des articulations et des atteintes cardiaques) ou encore, plus exceptionnellement, à une endocardite bactérienne (végétation obstructive développée sur l'orifice aortique).

SYMPTÔMES ET SIGNES

Un rétrécissement aortique est souvent sans symptôme. Quand ceux-ci existent, ils apparaissent à l'effort et se traduisent par un essoufflement, une douleur thoracique, une fatigue et des syncopes. Le pouls au poignet est faible.

À l'auscultation au stéthoscope, le médecin entend un souffle qui peut remonter jusque dans le cou.

TRAITEMENT

Il est chirurgical et consiste à enlever la valvule aortique déficiente et à la remplacer par une prothèse.

Rétrécissement mitral

Diminution du calibre de la valvule mitrale, située entre l'oreillette et le ventricule gauches du cœur.

Un rétrécissement mitral oblige l'oreillette gauche à se contracter plus violemment pour envoyer le sang dans le ventricule, ce qui peut entraîner une arythmie par fibrillation auriculaire (contractions rapides et irrégulières du muscle cardiaque).

CAUSES

Plus fréquent chez la femme que chez l'homme, le rétrécissement mitral est presque toujours consécutif à un rhumatisme articulaire aigu.

SYMPTÔMES ET SIGNES

Plusieurs années après la maladie en cause, un essoufflement, qui n'apparaît d'abord qu'à l'effort, s'installe progressivement jusqu'à être présent au repos : cette gradation traduit la progression du rétrécissement mitral. Le sujet souffre également de palpitations ou de fibrillation auriculaire. L'augmentation de pression dans l'oreillette peut avoir un retentissement sur les poumons. Le patient peut cracher du sang.

L'examen clinique au stéthoscope, qui fait entendre, en regard de la pointe du cœur, un éclat des deux bruits du cœur et un roulement caractéristique pendant la diastole, conduit au diagnostic.

TRAITEMENT

Il est à base de médicaments diurétiques et digitaliques, voire anticoagulants. Comme pour toute valvulopathie, des précautions sont à prendre pour écarter tout risque d'endocardite (infection de la valvule), en particulier lors de soins dentaires. Lorsque le rétrécissement mitral est serré et mal toléré, il y a lieu d'envisager soit une valvuloplastie percutanée (à l'aide d'une sonde munie d'un ballonnet), soit une intervention chirurgicale, commissurotomie ou remplacement valvulaire.

Rétrécissement pulmonaire

Diminution du calibre de la valvule pulmonaire, par laquelle le sang désoxygéné est éjecté du ventricule droit du cœur et passe dans l'artère pulmonaire, qui le conduit jusqu'aux poumons.

Rétrécissement tricuspide

Diminution du calibre de la valvule tricuspide, située entre l'oreillette et le ventricule droits.

Les signes de l'insuffisance tricuspidienne sont une insuffisance cardiaque droite, des œdèmes des chevilles et de l'abdomen, une augmentation de volume du foie et une dilatation des veines du cou.

Rétrécissement valvulaire

Diminution du calibre d'une valvule cardiaque.

Les 4 valvules cardiaques (aortique, mitrale, pulmonaire et tricuspide) peuvent être atteintes d'un rétrécissement valvulaire.

Rétrocontrôle

Technique grâce à laquelle un sujet prend conscience des modalités de fonctionnement d'une ou de plusieurs fonctions de son corps et en acquiert la maîtrise. SYN. *action en retour, contrôle en retour, rétroaction, rétrorégulation*. En anglais, *biofeedback*.

Un rétrocontrôle permet d'agir consciemment sur des fonctions inconscientes telles que la fréquence des battements du cœur (marquée par le pouls) ou la tension artérielle.

INDICATIONS

La technique du rétrocontrôle est utilisée dans le traitement des maladies liées au stress, comme certaines formes d'hypertension artérielle, par exemple.

TECHNIQUE

La maîtrise du rétrocontrôle s'acquiert grâce à un appareillage qui enregistre et transcrit (sur un écran, par exemple) les fonctions à contrôler et à modifier : tension artérielle, pouls, tonus musculaire, ondes cérébrales, etc. À l'usage, le sujet associe ses sensations aux indications reçues, ce qui lui permet, peu à peu, de mieux connaître et de maîtriser les fonctions à contrôler. Au terme de l'apprentissage, le sujet pourra agir sur ces fonctions sans l'aide de l'appareillage.

Rétrocontrôle hormonal

Mécanisme naturel de régulation des hormones par le système hormonal lui-même. SYN. *rétroaction hormonale*.

Le rétrocontrôle hormonal est le processus par lequel les hormones circulantes agissent sur les tissus des glandes qui les élaborent ou qui stimulent leur production. Ainsi, l'hypophyse est capable de mesurer le taux sanguin d'une hormone et, en retour, d'agir sur la glande responsable de la sécrétion de l'hormone en cause pour en ajuster la production aux besoins du moment.

Rétrolisthésis

Glissement vers l'arrière d'une vertèbre par rapport à la vertèbre sous-jacente.

Un rétrolisthésis, lorsqu'il comprime la moelle épinière ou une racine nerveuse, peut entraîner une paralysie.

TRAITEMENT

Selon la cause du rétrolisthésis, il est médical (kinésithérapie, traitement médical de l'affection causale) ou chirurgical (réalignement des vertèbres avec fixation soit par prothèse métallique, soit par greffe osseuse). Le traitement d'une compression, notamment, est chirurgical.

Rétrotranscription

Phénomène naturel de fabrication d'une molécule d'A.D.N., dite complémentaire, par copie de l'information contenue dans la molécule d'A.R.N.

Rétrovirus

Virus à A.R.N. de la famille des rétroviridés.

Cette famille comporte les oncovirus, les lentivirus et les spumavirus. Le nom de rétrovirus vient du fait que ces virus utilisent une enzyme appelée transcriptase inverse pour transformer leur A.R.N. en A.D.N. et, ainsi, se multiplier dans les cellules.

■ **Les lentivirus** sont la cause, chez l'homme comme chez l'animal, de maladies à évolution lente, comme le sida (V.I.H. 1 et V.I.H. 2, c'est-à-dire virus de l'immunodéficience humaine 1 et 2).

■ **Les oncovirus**, ainsi nommés parce qu'ils portent un oncogène, gène favorisant l'apparition d'un cancer, sont responsables, chez l'homme et chez l'animal, de cancers comme la leucémie (V.L.T.H. 1 et V.L.T.H. 2, c'est-à-dire virus lymphotropiques des cellules T humaines 1 et 2).

■ **Les spumavirus** sont généralement considérés comme non pathogènes, encore qu'on évoque leur rôle éventuel dans certaines pathologies, notamment dans la maladie de Basedow.

Rett (syndrome de)

Ensemble de troubles neurologiques autistiques touchant exclusivement l'enfant de sexe féminin.

Le syndrome de Rett est probablement d'origine génétique. Il est caractérisé par l'apparition, parfois brutale, vers l'âge de 8 à 18 mois, d'un syndrome autistique (attitude de repliement sur soi) rapidement accompagné de stéréotypies manuelles constantes (répétition des mêmes gestes, en particulier celui de se frotter les mains) ; surviennent ensuite une régression des acquisitions psychomotrices. Vers l'âge de trois ou quatre ans apparaissent des signes d'épilepsie.

Rêve

Suite plus ou moins organisée et cohérente d'images, de représentations et d'états psychiques caractéristiques du sommeil et de certains états d'affaiblissement de la conscience (onirisme).

Les rêves durent de 10 à 15 minutes et apparaissent fréquemment au début ou à la fin de la nuit, durant les phases dites de sommeil léger. Ils occupent environ un quart du temps de sommeil. Tout le monde rêve, même les personnes qui, faute de se rappeler leurs rêves, croient ne pas rêver.

Reye (syndrome de)

Maladie caractérisée par une atteinte cérébrale non inflammatoire et une atteinte hépatique et survenant à la suite d'un épisode viral aigu.

Le syndrome de Reye touche essentiellement les enfants, le plus souvent vers l'âge de 3 ans.

CAUSES

Les causes de ce syndrome sont encore inconnues. Toutefois, plusieurs études réalisées aux États-Unis ont mis en évidence un lien entre la prise d'aspirine et l'apparition de ce syndrome chez des enfants ayant une maladie virale (grippe, infection respiratoire, varicelle).

SYMPTÔMES ET SIGNES

Au début, les signes (fièvre, abattement) peuvent être confondus avec ceux de la maladie virale initiale. Après quelques jours de latence apparaissent brutalement des vomissements fréquents et abondants auxquels succèdent des troubles du comportement (somnolence, apathie, irritabilité), des troubles du tonus ou des troubles de la conscience pouvant aller jusqu'au coma. Des convulsions sont fréquentes.

TRAITEMENT ET PRÉVENTION

Le traitement de la maladie dans ses formes graves nécessite une hospitalisation dans un service de réanimation. La prévention repose, notamment aux États-Unis et en Grande-Bretagne, sur la mise en garde relative à la prescription d'aspirine comme médicament antipyrétique chez l'enfant ou sur la suppression d'une telle prescription. Dans d'autres pays comme la France, où la maladie est très rare, l'administration de ce médicament est maintenue sauf, par mesure de prudence, au cours du traitement des enfants ayant la varicelle.

Rh (facteur)

→ VOIR Rhésus (système).

Rhabdomyolyse

Destruction du tissu des muscles striés, entraînant la libération dans le sang d'un pigment musculaire toxique, la myoglobine.

CAUSES

Elles sont nombreuses : traumatisme important avec écrasement (syndrome de Bywaters) ou, plus rarement, exercice musculaire intense, crises convulsives prolongées, électrocution, interruption de la circulation sanguine dans un membre, etc.

SYMPTÔMES ET SIGNES

Une rhabdomyolyse se traduit par des douleurs des muscles atteints et une coloration foncée des urines. La myoglobine est éliminée par les reins, entraînant une insuffisance rénale aiguë.

TRAITEMENT

Le traitement de la rhabdomyolyse est celui de sa cause. En cas d'insuffisance rénale aiguë, un traitement par dialyse peut être nécessaire pendant quelques jours ou quelques semaines.

Rhabdomyosarcome

Tumeur maligne développée aux dépens du muscle strié.

Un rhabdomyosarcome est une tumeur très rare.

Son traitement repose sur son ablation chirurgicale large, associée à une radiothérapie et à une chimiothérapie.

Rhésus (système)

Système de groupes sanguins composé de différents antigènes.

Le système Rhésus est, avec le système ABO, le principal système de groupes sanguins.

Les antigènes appartenant au système Rhésus, parfois appelés à tort « facteurs Rhésus », sont nombreux mais, dans la pratique, 5 seulement sont réellement importants (susceptibles d'entraîner la formation d'anticorps lorsqu'ils sont transfusés à un sujet ne possédant pas l'antigène en cause) : les antigènes D, C, c, E et e.

Les sujets qui possèdent l'antigène D sont dits Rhésus positif, ceux qui ne le possèdent pas sont dits Rhésus négatif. Certaines personnes présentent une forme affaiblie de l'antigène D, dite D faible. Les globules rouges sont en outre porteurs des antigènes C, E, c et e, différemment associés selon des lois déterminées : tout globule rouge ne portant pas l'antigène C est nécessairement porteur de l'antigène c et réciproquement. Il en va de même pour les antigènes E et e. En revanche, il n'existe pas d'antigène d : un individu non porteur du D ne porte donc rien à la place.

FORMATION D'ANTICORPS

Dans certaines circonstances, le corps humain fabrique des anticorps dirigés contre les antigènes du système Rhésus.

■ Au cours d'une transfusion, les anticorps apparaissent dans deux cas. Soit lors d'une transfusion de sang d'un sujet Rhésus positif à un sujet Rhésus négatif, par exemple dans une situation d'urgence ou de pénurie : dans ce cas, l'anticorps en cause est le plus souvent dirigé contre l'antigène D. Soit, et c'est le cas le plus courant, à la suite d'une transfusion de sang imparfaitement compatible avec les autres antigènes du système Rhésus. Les anticorps sont alors dirigés contre les autres antigènes : E, c, e ou C. La formation d'anticorps n'entraîne aucun symptôme particulier, mais une seconde transfusion d'un sang de même type peut provoquer chez le patient un accident transfusionnel de gravité variable (fièvre, frissons, état de choc, ictère, etc.).

■ Au cours d'une grossesse, le fœtus peut porter des antigènes du système Rhésus différents de ceux de sa mère. Il arrive alors, dans certaines circonstances (traumatisme, hémorragie, etc.), que celle-ci produise des anticorps (anticorps anti-Rhésus) dirigés contre les antigènes (antigènes Rhésus) de l'enfant qu'elle porte et qui détruisent les globules rouges de ce dernier. Ce phénomène est à l'origine de la maladie hémolytique du nouveau-né, qui n'atteint pas le premier enfant (cette immunisation ne survenant qu'en fin de grossesse) mais peut affecter les enfants à venir s'ils sont porteurs des mêmes antigènes.

→ VOIR Incompatibilité Rhésus, Incompatibilité transfusionnelle.

Rhinite

Inflammation de la muqueuse des fosses nasales.

Il existe deux formes de rhinite : la rhinite aiguë, communément appelée rhume de cerveau ou coryza, et la rhinite chronique, qui comprend la rhinite non allergique et la rhinite allergique.

Rhinite aiguë

Il s'agit d'une inflammation infectieuse des fosses nasales, survenant par épidémies.

CAUSES ET SYMPTÔMES

Elle est en général virale dans un premier temps, mais se complique souvent d'une infection bactérienne. Après une incubation de quelques jours, le nez se met à couler. L'écoulement est clair et fluide ; en cas de complication (surinfection), il devient épais et jaune. Le nez est alors bouché ; la personne éternue et éprouve une sensation de brûlure dans les fosses nasales.

TRAITEMENT

Il n'existe pas de traitement permettant de stopper l'évolution de la maladie ; celle-ci guérit le plus souvent spontanément en quelques jours. Le traitement ne sert qu'à soulager les symptômes et reste souvent local : lavages des fosses nasales au sérum physiologique, pulvérisations de vaso-constricteurs (médicaments qui rétrécissent les vaisseaux sanguins de la muqueuse) dans le nez.

Rhinite chronique

Il s'agit d'une inflammation récidivante ou plus ou moins permanente des fosses nasales. Son origine peut être allergique ou non.

■ La rhinite chronique non allergique n'a pas de cause bien définie. Elle est favorisée par divers facteurs : fragilisation de la muqueuse par des rhinites aiguës à répétition, tabagisme, exposition à la pollution aérienne, abus de médicaments locaux vaso-constricteurs.

Parmi les différentes variétés, on distingue les rhinites atrophiques, encore fréquentes dans les pays en voie de développement et en particulier en Afrique du Nord : certaines sont consécutives à une autre maladie (syphilis, tuberculose, syndrome de Gougerot-Sjögren), d'autres non, telles que l'ozène (rhinite atrophique primitive), caractérisé par l'apparition de croûtes et la perception par le malade d'une odeur fétide.

Le traitement des rhinites chroniques non allergiques est difficile. Il comprend la prise de médicaments locaux, soigneusement choisis en fonction de la variété de rhinite – dans certains cas, les vasoconstricteurs sont contre-indiqués –, des applications de substances sur la muqueuse par le médecin spécialiste et des cures thermales.

■ La rhinite chronique allergique se manifeste par un écoulement nasal, une obstruction nasale et des salves d'éternuements qui surviennent par crises.

On distingue les rhinites saisonnières – dont une variété est le coryza spasmodique, ou rhume des foins –, qui se produisent tous les ans à la même date et qui sont dues à des pollens, et les rhinites perannuelles (l'influence de la saison étant nulle ou peu marquée), dues aux acariens et à la poussière des maisons ou aux phanères (poils, plumes, etc.) des animaux domestiques.

Le diagnostic peut être confirmé par des dosages d'anticorps sanguins et par des tests cutanés appelés épidermotests. Le traitement repose, si possible, sur la suppression de tout contact avec l'allergène, sur la prise de médicaments antihistaminiques par voie orale et parfois sur une désensibilisation à l'allergène en cause.

Rhinofibroscopie

Examen des fosses nasales, du pharynx et du larynx à l'aide d'un fibroscope.

INDICATIONS

La rhinofibroscopie est indiquée dans certaines affections des fosses nasales quand les autres méthodes de rhinoscopie n'ont pas permis d'établir un diagnostic. Elle est réalisée en consultation chez les adultes comme chez les enfants.

DÉROULEMENT

Le médecin introduit dans une narine du patient assis en face de lui un fibroscope nasal (tube court de 3 millimètres de diamètre muni d'un système optique et de fibres de verre pour l'éclairage) qu'il fait progresser dans les fosses nasales. Cet examen ne dure que quelques minutes. Lorsque le fibroscope touche la paroi postérieure du cavum, le patient peut ressentir une sensation douloureuse, accompagnée de nausées qui disparaissent rapidement.

Rhinolalie fermée

→ VOIR Nasillement.

Rhinolalie ouverte

→ VOIR Nasonnement.

Rhinopharyngite

Inflammation de la partie supérieure du pharynx.

C'est une maladie qui touche surtout le jeune enfant âgé de 6 mois à 4 ans. Une rhinopharyngite est souvent d'origine virale et se manifeste par une rhinorrhée (écoulement nasal) purulente, une obstruction nasale et une fièvre autour de 38,5 °C. L'évolution est habituellement favorable en une semaine. Néanmoins, une rhinopharyngite peut avoir des complications : otite, laryngite, bronchite.

Le traitement est celui des symptômes et comprend des soins locaux tels que des lavages du nez au sérum physiologique et un médicament contre la fièvre (paracétamol, aspirine). En cas de récidives trop fréquentes, le médecin peut proposer une adénoïdectomie (ablation chirurgicale des végétations), car les végétations peuvent constituer un foyer d'infection chronique.

Rhinophyma

Affection dermatologique du nez, caractéristique de la rosacée (acné se traduisant par la dilatation des petits vaisseaux cutanés et la formation de papulopustules sur le visage).

SYMPTÔMES ET SIGNES

Un rhinophyma se traduit par une hypertrophie du nez, parfois très importante, irrégulière et déformante. Il peut aussi entraîner un épaississement de la peau, associé à une dilatation des pores, d'où sourd du sébum (rhinophyma sébacé), ou provoquer une coloration rouge violine de la peau, qui est parcourue de petits vaisseaux sanguins (rhinophyma vasculaire).

TRAITEMENT

C'est celui de la rosacée (antiseptiques locaux, antibiothérapie locale et/ou générale). Un rhinophyma très important peut nécessiter, en outre, une intervention de chirurgie esthétique (ablation des tissus mous au bistouri ou au laser au gaz carbonique).

Rhinoplastie

Opération chirurgicale consistant à modifier la forme du nez.

Une rhinoplastie peut se faire en même temps qu'une septoplastie (opération de la cloison nasale) ou qu'une génioplastie (remodelage du menton). L'association d'une génioplastie et d'une rhinoplastie constitue une profiloplastie.

PRÉPARATION

Un bilan psychologique (voire psychiatrique) est essentiel avant de procéder à une opération du nez à visée esthétique. L'opération doit être décidée avec prudence car elle modifie l'aspect du visage d'une façon difficile à imaginer avant l'opération, d'où l'utilité des photographies et des vidéosynthèses, qui aident à prévoir les résultats.

DÉROULEMENT

La durée d'hospitalisation est de 48 heures. L'intervention se fait sous anesthésie générale, le malade étant intubé. L'opération est réalisée par les narines. Le chirurgien procède selon le cas à la suppression de la bosse nasale, au rapprochement des os, à l'affinage de la pointe du nez, par exemple. La muqueuse est ajustée en fin d'intervention. À la fin de l'opération, des mèches spéciales sont placées à l'intérieur du nez afin de tamponner la plaie. Elles restent en place pendant 4 jours. Dans certains cas, de petits tubes creux en silicone sont utilisés pour maintenir la cloison nasale en place, éviter que les narines ne se bouchent et faciliter la respiration. Un plâtre, ou une attelle extérieure, est ensuite posé pour une dizaine de jours.

ÉVOLUTION

Un œdème postopératoire est visible après le retrait du plâtre ou de l'attelle. Le nez opéré reste sensible pendant une période de 21 jours et retrouve un aspect naturel après 2 mois, mais son aspect définitif n'est fixé qu'après 1 an.

COMPLICATIONS

Moins de 1 % des opérations effectuées donnent lieu à des complications : bec de Corbin (saillie de la partie basse du nez) ; nez trop court dû à une ablation trop importante de tissu osseux ; déviation résiduelle du nez ; obstruction du nez, gênante pour la respiration, par des synéchies muqueuses (adhérences de la cloison du nez avec un cornet [lamelle osseuse du squelette des fosses nasales]) ou par une hypertrophie des cornets. Les défauts sont repérables environ 2 mois après l'opération, mais une nouvelle intervention ne peut avoir lieu qu'après un certain laps de temps (de 6 mois à 1 an), c'est-à-dire à l'issue du processus de cicatrisation.

Rhinopoïèse

Opération de chirurgie réparatrice consistant à reconstruire totalement le nez.

INDICATIONS

Une rhinopoïèse se pratique le plus souvent à la suite d'un traumatisme, d'une brûlure, d'une morsure, d'une gelure ou d'une mutilation, lorsque le nez est détruit, amputé totalement ou partiellement.

Rhinorrhée

Écoulement de liquide provenant des fosses nasales ou des sinus.

Le liquide peut être clair et fluide tout comme il peut être muqueux ou purulent, fait de sécrétions plus épaisses, jaunâtres ou verdâtres.

DIFFÉRENTS TYPES DE RHINORRHÉE

On distingue deux types de rhinorrhée : la rhinorrhée antérieure et la rhinorrhée postérieure.

■ **La rhinorrhée antérieure** se caractérise par un écoulement vers les narines, rendant le mouchage nécessaire.

■ **La rhinorrhée postérieure** se reconnaît à un écoulement passant en arrière des fosses nasales. Dans ce cas, le liquide est soit dégluti, soit expectoré. S'il est avalé, le sujet ne s'aperçoit pas toujours de sa présence, mais le médecin peut voir l'écoulement en examinant le fond de la gorge.

CAUSES ET TRAITEMENT

Une rhinorrhée est souvent d'origine infectieuse. Elle apparaît lors d'une rhinite (inflammation des fosses nasales) ou d'une sinusite (inflammation des sinus). Les autres signes et le traitement dépendent de la variété exacte de l'affection.

Rhinoscopie

Examen instrumental des fosses nasales et du pharynx.

La rhinoscopie se pratique lors d'une atteinte des fosses nasales et des sinus (rhinite, sinusite, polypose nasosinusienne, etc.) selon deux méthodes : la rhinoscopie antérieure et la rhinoscopie postérieure.

■ La **rhinoscopie antérieure** consiste à placer successivement dans chaque narine un petit spéculum en forme de cône creux, souvent formé de deux valves écartables à l'aide d'une vis, et qui permet d'observer la partie antérieure des fosses nasales.

■ La **rhinoscopie postérieure** se pratique à l'aide d'un miroir de Clar (petit miroir incliné vers le haut et monté sur un manche). Le médecin pousse doucement le miroir jusqu'au fond de la gorge et regarde l'image du cavum (partie du pharynx située en arrière des fosses nasales) et des choanes (orifices postérieurs des fosses nasales).

Si les résultats fournis par ces deux techniques se révèlent insuffisants pour diagnostiquer une maladie, le médecin peut les compléter par une rhinofibroscopie.

Rhinovirus

Virus à A.R.N. de la famille des *Picornaviridæ,* agent du rhume, ou coryza, et d'atteintes respiratoires bénignes.

Rhizarthrose

Arthrose localisée à la racine d'un doigt ou d'un membre.

En pratique, le terme de rhizarthrose est réservé à l'arthrose du pouce. Elle se manifeste par des douleurs et une raideur, voire, lorsqu'elle est parvenue à un stade avancé, par des déformations (pouce en Z).

Son traitement est essentiellement local (attelle, infiltrations de corticostéroïdes, physiothérapie) et parfois, si l'affection reste douloureuse, chirurgical, par arthroplastie ou arthrodèse (soudure chirurgicale d'une articulation).

Rhombencéphale

Partie inférieure du tronc cérébral. SYN. *cerveau postérieur.*

Le terme de rhombencéphale est parfois employé pour désigner l'ensemble formé par le bulbe rachidien, situé au-dessus de la moelle épinière, la protubérance annulaire (au-dessus du bulbe) et le cervelet (en arrière du bulbe et de la protubérance).

Rhumatisme

Toute affection douloureuse, aiguë ou – le plus souvent – chronique, qui gêne le bon fonctionnement de l'appareil locomoteur.

DIFFÉRENTS TYPES DE RHUMATISME

Dans le langage courant, mais aussi dans le langage médical, ce terme recouvre des maladies très diverses. On peut répartir les rhumatismes en 6 groupes principaux.

■ Les **rhumatismes infectieux** sont dus à la présence d'un germe dans l'articulation : arthrite gonococcique ou arthrite tuberculeuse, par exemple.

■ Les **rhumatismes inflammatoires** s'observent le plus souvent dans le cadre de maladies de système telles que le rhumatisme articulaire aigu, la polyarthrite rhumatoïde, la spondylarthropathie, l'arthrite psoriasique, le lupus érythémateux disséminé, la pseudopolyarthrite rhizomélique, le syndrome de Schönlein-Hénoch, les angéites.

■ Les **rhumatismes microcristallins** sont dus à la présence de cristaux dans l'articulation ou les tendons : goutte, chondrocalcinose articulaire, maladie des calcifications tendineuses.

■ Les **rhumatismes dégénératifs et/ou mécaniques** sont dus soit à la dégénérescence et à l'usure d'une articulation (arthrose des membres), soit à des causes mécaniques (par exemple un effort exagéré pour soulever un poids, en cas de hernie discale), soit à une combinaison de ces facteurs (syndrome de rétrécissement du canal carpien).

■ Les atteintes périarticulaires les plus fréquentes sont les tendinites, les bursites et les périarthrites.

■ Les affections hématologiques ou tumorales s'exprimant par des douleurs de l'appareil locomoteur sont principalement représentées par le myélome multiple et les métastases cancéreuses osseuses.

→ VOIR Calcifications tendineuses (maladie des), Canal rachidien (syndrome de rétrécissement du), Chondrocalcinose articulaire, Goutte, Hernie discale, Périarthrite, Polyarthrite rhumatoïde, Spondylarthropathie.

Rhumatisme articulaire aigu

Maladie inflammatoire due à l'action des toxines d'un streptocoque, qui provoquent une inflammation des grosses articulations et du cœur. SYN. *maladie de Bouillaud.*

Le rhumatisme articulaire aigu (R.A.A.) s'observe chez les enfants de 4 à 15 ans. Il survient toujours après une angine à streptocoque du groupe A, non soignée par antibiotiques, et est encore fréquent dans certains pays en développement. La virulence du germe n'est pas responsable des lésions survenant au cours de la maladie, dans lesquelles il n'est pas retrouvé ; on incrimine un processus auto-immun.

SYMPTÔMES ET SIGNES

Le rhumatisme articulaire aigu survient 2 à 3 semaines après l'apparition d'une angine le plus souvent non diagnostiquée et donc non traitée. Il se traduit par une polyarthrite (rhumatisme atteignant plusieurs articulations) et par une fièvre élevée. Ce sont les grosses articulations (genoux, coudes) qui sont atteintes ; elles sont chaudes, douloureuses et augmentent de volume. Ces arthrites sont caractérisées par leur aspect fugace et mobile ; elles régressent sans laisser de séquelles. Des signes cutanés tels que des maculopapules (taches légèrement saillantes) ou des nodosités de Meynet (nodules sous-cutanés apparaissant dans la zone des articulations atteintes) sont possibles mais rares. Une atteinte cardiaque, appelée cardite rhumatismale, survient dans 75 % des cas au cours de la première semaine. Elle prend la forme d'une inflammation du péricarde, du myocarde ou de l'endocarde (valves). Cette inflammation peut entraîner la formation de tissu cicatriciel, responsable à long terme d'un rétrécissement ou d'une insuffisance valvulaires, mitraux ou, plus rarement, aortiques.

COMPLICATIONS

Elles peuvent survenir de nombreuses années après la première atteinte de la maladie. Le malade peut alors présenter une défaillance hémodynamique avec insuffisance cardiaque. On assiste parfois aussi à la migration des germes, à l'occasion d'une infection, sur les valvules du cœur (parce que celles-ci ont été lésées), ce qui entraîne une endocardite, et parfois à la reprise de la poussée rhumatismale.

Les formes actuelles de la maladie se manifestent surtout par des arthrites ou encore par des inflammations isolées du cœur.

TRAITEMENT ET PRÉVENTION

Le traitement nécessite le repos au lit, une antibiothérapie prolongée et une corticothérapie ou l'aspirine chez l'adulte en l'absence de manifestations viscérales. La prévention des récidives repose sur l'administration d'antibiotiques par voie orale tous les jours ou par voie intramusculaire à intervalles réguliers pendant au moins 5 ans.

La prévention du rhumatisme articulaire aigu repose sur l'administration d'antibiotiques à tout sujet jeune ayant une angine érythémateuse.

Rhumatisme psoriasique
→ VOIR Arthrite.

Rhumatologie

Discipline consacrée aux maladies rhumatismales et ostéo-articulaires.

Rhume

Affection qui entraîne une toux et un écoulement nasal.
→ VOIR Coryza, Rhinite.

Rhume des foins
→ VOIR Rhinite.

Riboflavine
→ VOIR Vitamine B2.

Ribosome

Petite formation sphérique riche en A.R.N. et constituant un élément essentiel du cytoplasme de la cellule.

Richter (syndrome de)

Affection caractérisée par l'apparition d'un lymphome non hodgkinien (tumeur maligne des ganglions lymphatiques) de type « à grandes cellules immunoblastiques » au cours d'une leucémie lymphoïde chronique ou d'une maladie de Waldenström.

CAUSES

Le syndrome de Richter est une complication rare de la leucémie lymphoïde chronique et de la maladie de Waldenström. Ces deux maladies résultent l'une et l'autre d'une prolifération lente des cellules souches dont proviennent les lymphocytes, globules blancs spécialisés dans certains mécanismes spécifiques de la défense immunitaire.

SYMPTÔMES ET SIGNES

Le syndrome de Richter se manifeste souvent par l'apparition d'une forte fièvre, par une augmentation de la taille des ganglions lymphatiques et par l'augmentation du taux d'une enzyme sanguine, la lacticodéshydrogénase (L.D.H.), qui est alors sécrétée en excès.

TRAITEMENT ET PRÉVENTION

La prolifération cellulaire étant plus rapide dans le syndrome de Richter que dans les deux maladies au cours desquelles celui-ci survient, le traitement est également plus intensif. C'est une polychimiothérapie, c'est-à-dire une association de plusieurs médicaments inhibiteurs de la multiplication cellulaire (anticancéreux).

Rickettsia

Genre bactérien comprenant de très petits bacilles à Gram négatif, dont la reproduction nécessite une cellule hôte à l'intérieur de laquelle ils se multiplient, responsables de maladies infectieuses appelées rickettsioses.

Rickettsiose

Maladie infectieuse due à une bactérie du genre *Rickettsia*, ou rickettsie.

Les rickettsies vivent en parasites de certains insectes et arachnides (poux, puces, tiques, acariens) et sont transmises à l'homme par l'intermédiaire de la salive (piqûre, morsure) ou des excrétions d'un animal vecteur, spécifique de chaque espèce. Les rickettsioses sont pour la plupart géographiquement localisées et surviennent par cas isolés ; certaines (notamment le typhus exanthématique) peuvent atteindre de larges communautés. Ce sont des maladies d'évolution souvent grave, pouvant entraîner le décès en l'absence de traitement.

SYMPTÔMES ET TRAITEMENT

Les rickettsioses se caractérisent généralement par leur début brutal et par une fièvre élevée associée à des maux de tête et à un état de prostration. Rapidement survient une éruption cutanée caractéristique associée à une rougeur de la peau (les lésions sont maculopapuleuses [taches planes, semblables à celles de la rougeole]), qui traduisent une vascularite (inflammation des vaisseaux sanguins). La fièvre dure de quelques jours à quelques semaines. En l'absence de traitement, une rickettsiose peut évoluer vers une septicémie, une insuffisance cardiaque ou rénale ou encore une pneumonie.

Ces affections sont traitées par antibiothérapie. Le pronostic est très bon si le traitement est administré assez précocement. La prévention consiste à détruire les poux et les tiques.

Ride

Crevasse cutanée.

DIFFÉRENTS TYPES DE RIDE

Il existe deux types de ride.

■ **Les rides d'expression** apparaissent très tôt. Elles sont liées à l'activité des muscles mimiques reliés à la peau (muscles peauciers).

■ **Les rides de vieillesse** sont constantes après 50 ans.

CAUSES

Une ride est due à une rupture des fibres élastiques du derme et à une atteinte du reste du tissu conjonctif sous l'influence du vieillissement, de l'amaigrissement ou d'un froncement expressif de la peau. Elle peut être accentuée sous l'influence du soleil, du vent ou du tabac.

TRAITEMENT

Il existe différents traitements des rides.

■ Une **dermabrasion** est effectuée à l'aide d'une meule ou d'un papier de verre très fin, qui permettent d'atténuer les reliefs de part et d'autre des ridules.

■ Un **lifting** peut faire disparaître des rides, sur le front notamment, par « redrapage » des structures cutanées relâchées.

■ Un **peeling** est réalisé à l'aide de substances comme la neige carbonique, l'azote liquide, la résorcine, l'acide trichloro-acétique, le phénol ou l'acide glycocollique.

■ Un **relèvement des ridules** se fait soit à l'aide d'inclusions en profondeur de fragments dermiques, extraits le plus souvent de la partie supérieure et intérieure de la cuisse (pli inguinal), soit à l'aide de collagène injectable destiné à soulever les ridules. Les injections de silicone sont plus rarement employées en raison des risques de migration du silicone, qui, sous l'effet de la gravité, s'accumule fréquemment au bord de la lèvre et l'épaissit. Des pommades à pénétration transcutanée sont actuellement en cours d'expérimentation.

PRÉVENTION

Le nombre et l'importance des rides augmentent avec l'âge. L'évolution des rides s'accompagne de l'amincissement de l'épiderme et du fractionnement des fibres élastiques du derme. Seule une excellente hygiène de vie permet de retarder l'apparition des rides.

→ VOIR **Dermabrasion, Lifting, Peeling.**

Rift (fièvre de la vallée du)

Maladie infectieuse, d'origine virale, due à un virus de la famille des arbovirus, sévissant en Afrique orientale et en Égypte.

Rinne (épreuve de)

Test auditif permettant d'évaluer le degré d'atteinte de l'oreille moyenne ou interne en comparant l'audition par voie osseuse et l'audition par voie aérienne.

Ce test fait partie de l'acoumétrie, ensemble d'examens permettant de tester l'audition d'un sujet sans utiliser de matériel sophistiqué ; il est réalisable lors d'une consultation.

DÉROULEMENT

Le médecin fait vibrer un diapason à quelques centimètres de l'oreille du patient afin de faire apprécier à ce dernier la transmission des sons par voie aérienne, puis il pose le diapason contre l'os mastoïde du patient afin de tester la transmission osseuse et demande à chaque fois au malade s'il perçoit quelque chose.

RÉSULTATS

À l'état normal, l'épreuve est dite positive. La transmission aérienne est plus longue que la transmission osseuse : le sujet ne perçoit plus le diapason sur le crâne alors qu'il l'entend encore quand le diapason est devant le conduit auditif.

R.M.N.

→ VOIR **Résonance magnétique nucléaire.**

Rocher

Partie inférieure de l'os temporal, situé sur le côté du crâne.

Le rocher, qui ressemble à une pyramide quadrangulaire, forme la partie interne et horizontale de l'os temporal. Le rocher contient l'oreille moyenne : caisse du tympan et chaîne des osselets. Il est traversé par le nerf facial.

TRAUMATOLOGIE

Un traumatisme crânien provoque parfois une fracture du rocher. Celui-ci peut être bénin et ne donner aucun signe. Il peut aussi être suivi de complications, n'apparaissant, dans certains cas, que plusieurs années après : surdité par lésion de l'oreille moyenne ou interne, paralysie des muscles de la face, méningite. Le traitement comprend des soins locaux (drainage, antibiotiques en prévention de la méningite). Une réparation chirurgicale est parfois possible pour le tympan, les osselets, l'oreille interne et le nerf facial.

Rolando (scissure de)

Sillon profond du cortex cérébral, situé à la surface de chacun des hémisphères cérébraux et séparant le lobe frontal du lobe pariétal.

Ronflement

Bruit respiratoire émis pendant le sommeil.

Tout obstacle entravant une bonne circulation de l'air entre le nez et le larynx peut être cause de ronflements : hypertrophie des amygdales ou des végétations, déviation de la cloison nasale, rhinite ou, plus fréquemment, anomalie anatomique des voies respiratoires, etc.

Ronflement ordinaire

Ce ronflement se traduit par un bruit d'intensité variable, mais parfois considérable, pouvant atteindre 80 décibels.

TRAITEMENT

On réussit parfois à diminuer la puissance du ronflement en évitant de se coucher sur le côté, ou surtout sur le dos, quand on s'endort ou quand on se réveille. On peut aussi obtenir une amélioration en supprimant l'alcool et le tabac, en humidifiant l'atmosphère, en s'abstenant de prendre des somnifères. Dans les cas les plus gênants, seule la pharyngoplastie (ablation chirurgicale d'une partie du voile du palais) est efficace.

Ronflement avec apnée durant le sommeil

Ce ronflement se caractérise par un bruit interrompu par de brefs arrêts respiratoires répétés, suivis par une reprise brusque de la respiration, qui provoquent le réveil du dormeur.

SYMPTÔMES ET SIGNES

Le sujet peut ne garder aucun souvenir de ces réveils et n'avoir qu'une sensation de sommeil de mauvaise qualité. Il se plaint de maux de tête le matin, de difficultés à se concentrer, d'une somnolence pendant la journée. Au fil des ans, l'évolution peut se compliquer d'une insuffisance respiratoire chronique et de troubles cardiovasculaires (accident vasculaire cérébral, par exemple).

DIAGNOSTIC

Difficile à confirmer, il nécessite des enregistrements du rythme cardiaque et des mouvements respiratoires pendant le sommeil à l'aide de capteurs placés sur la peau, dans un centre spécialisé.

TRAITEMENT

Il est fondé sur la ventilation en pression positive : pendant la nuit, le patient porte un masque relié à un appareil qui fournit une pression d'air supérieure à la normale pour élargir les voies respiratoires. Parfois est pratiquée une septoplastie (intervention chirurgicale sur la cloison nasale), une pharyngoplastie (ablation chirurgicale d'une partie du voile du palais) ou une amygdalectomie (ablation des amygdales).

→ VOIR Apnée, Pickwick (syndrome de).

Rorschach (test de)

Test psychologique d'exploration de la personnalité fondé sur l'interprétation de dessins ressemblant à des taches d'encre, le sujet étant invité à s'exprimer en laissant libre cours à ses associations d'idées.

Rosacée

Maladie cutanée du visage associant un érythème (rougeur de la peau), une couperose et des papulopustules (soulèvement de l'épiderme contenant un liquide purulent).

La rosacée, parfois appelée acné rosacée, touche surtout la femme de 30 à 50 ans. Elle fait intervenir de multiples causes : facteur circulatoire local, endocrinien, digestif, nerveux et environnemental.

TRAITEMENT

Il associe des soins locaux et généraux.

■ **Les soins locaux** consistent en nettoyage de la peau avec des produits doux, en pulvérisations d'eau minérale, en applications d'antiseptiques peu irritants ou d'antiparasitaires locaux (métronidazole) et en protection contre le soleil (crème de type écran total) et le froid (crème grasse).

■ **Le traitement général**, souvent indispensable, est fondé sur l'administration d'antibiotiques du groupe des tétracyclines. En cas d'échec, on a parfois recours à des antiparasitaires imidazolés (métronidazole), voire à des dérivés de la vitamine A (isotrétinoïne, formellement contre-indiquée en cas de grossesse).

D'autres traitements sont possibles : médicaments anxiolytiques ou antihistaminiques, correction d'un déséquilibre alimentaire, cures thermales, psychothérapie.

Roséole

Éruption cutanée de taches roses.

La roséole est un signe observé lors de différentes maladies infectieuses dues à des bactéries, comme la syphilis et la typhoïde, ou à des virus, comme la roséole infantile et le sida ; une autre cause possible est une intoxication par un médicament ; dans ce dernier cas, l'éruption s'associe à un prurit (démangeaisons).

La roséole consiste en petites taches planes, arrondies, souvent si pâles qu'elles sont à peine visibles. Le traitement est celui de la cause. L'éruption disparaît spontanément en un temps variable (de quelques jours à plusieurs mois) selon la maladie qui l'a provoquée.

Roséole infantile

→ VOIR Exanthème subit.

Rotavirus

Virus à A.R.N. de la famille des *Reoviridæ,* responsable de gastroentérites infectieuses bénignes chez l'enfant.

Rotule

Os de forme triangulaire, qui participe à la constitution du squelette de la partie antérieure du genou et permet les mouvements de flexion-extension de l'articulation de celui-ci.

STRUCTURE

La rotule est un os superficiel, palpable sous la peau. Située entre le tendon du quadriceps en haut, qui la maintient en place, et le tendon rotulien en bas, qui la relie au tibia, elle s'articule en arrière avec l'extrémité inférieure du fémur (trochlée) pour former l'articulation fémoropatellaire.

PATHOLOGIE ET TRAUMATOLOGIE

■ Le syndrome fémoropatellaire, fréquent, est le signe d'une atteinte cartilagineuse de la rotule. Le genou est alors douloureux, surtout en flexion prolongée et lors de la descente des escaliers. Le traitement repose le plus souvent sur la rééducation.

■ Les fractures de la rotule sont fréquentes chez l'adulte, souvent consécutives à un choc direct. Le genou est alors douloureux et gonflé par l'hémarthrose (épanchement sanguin dans l'articulation). Si les deux fragments osseux ne sont pas déplacés, une immobilisation plâtrée suffit ; dans le cas contraire, une ostéosynthèse s'impose (un cerclage, en général). L'immobilisation dure 6 semaines, pendant lesquelles le sujet peut marcher en s'aidant de béquilles et en portant une attelle destinée à maintenir son genou en extension. Les principales séquelles d'une fracture de la rotule sont l'arthrose et le syndrome fémoropatellaire.

Rougeole

Maladie éruptive contagieuse touchant surtout les enfants et due au virus morbilleux, du genre *Paramyxovirus.*

La rougeole est une maladie infectieuse de l'enfance sévissant de façon quasi permanente et donnant souvent lieu à des épidémies. Celles-ci sont particulièrement meurtrières dans les pays dont la population souffre de malnutrition. En Afrique tropicale, par exemple, la rougeole est l'une des principales causes de mortalité chez les enfants de moins de 4 ans.

CAUSES

Le virus de la rougeole vit exclusivement sur l'homme : il se transmet de manière directe, pénétrant dans l'organisme par les voies respiratoires ou par les yeux (conjonctive), lors de la toux ou de l'éternuement d'un sujet atteint. C'est une maladie très contagieuse durant la période d'incubation (installation du virus dans l'organisme), qui dure environ 10 jours, et pendant la période d'invasion (déclenchement de la maladie), d'une durée de 4 jours.

SYMPTÔMES ET SIGNES

La maladie se déclenche brutalement par une fièvre élevée, une rhinite (inflammation de la muqueuse des fosses nasales) et une conjonctivite (inflammation de la conjonctive) avec écoulement (catarrhe oculonasal) et toux. Le visage est bouffi ; l'intérieur de la bouche est le siège d'un énanthème (éruption muqueuse) caractéristique de la maladie et appelé signe de Koplik (semis de points blanchâtres à la face interne des joues). À ces signes succède une éruption cutanée de macules rouges, qui débute sur la face et s'étend rapidement à tout le corps. Les macules peuvent confluer en grandes plaques rouges. La fièvre et l'éruption régressent en moins d'une semaine mais la toux peut persister une à deux semaines.

COMPLICATIONS

Les plus fréquentes sont les surinfections respiratoires : rhinite purulente, laryngite, pharyngite, otite ou bronchite. Chez les malades au système immunitaire affaibli peut survenir une pneumonie interstitielle, ou bronchite capillaire, de pronostic très sévère. Des complications neurologiques (encéphalite) sont également possibles mais rares. Elles peuvent débuter dès les premiers jours de l'éruption ou plus tardivement et laisser des séquelles neuropsychiques. La survenue d'une rougeole chez une femme enceinte peut provoquer un avortement au 1er trimestre, un accouchement prématuré aux 2e et 3e trimestres et constitue, durant toute la grossesse, un risque de malformation pour le fœtus.

TRAITEMENT

Outre le traitement spécifique des complications, il fait appel au repos, aux médicaments diminuant la fièvre et calmant la toux et à la désinfection des voies respiratoires et des yeux (antiseptiques et antibiotiques). L'éviction scolaire est préconisée pendant toute la durée de la maladie.

ÉVOLUTION ET PRÉVENTION

La rougeole ne survient qu'exceptionnellement une seconde fois, l'infection par le virus conférant une immunité durable et permanente contre cette maladie.

La prévention de la rougeole repose essentiellement sur la vaccination, contre-indiquée pendant la grossesse ou chez les personnes immunodéprimées. Le vaccin est généralement injecté en association avec ceux de la rubéole et des oreillons (vaccin R.O.R.) et administré après l'âge de un an, plus tôt cependant si l'enfant vit en collectivité.

Une séroprévention (administration de gammaglobulines contenant des anticorps spécifiques des antigènes du virus) est possible chez les personnes fragiles et les femmes enceintes ayant été en contact avec des malades atteints de rougeole ; elle n'est toutefois efficace que si elle est pratiquée avant le cinquième jour suivant le contact avec le virus et son efficacité n'est durable que si elle est suivie d'une vaccination effectuée moins de trois mois plus tard.

Rouget du porc
→ VOIR Érysipéloïde.

RU 486
→ VOIR Mifépristone.

Rubéole

Maladie éruptive contagieuse due à un virus à A.R.N. du genre *Rubivirus* (famille des *Togaviridæ*), touchant surtout l'enfant et l'adolescent.

La rubéole sévit de façon quasi permanente en hiver et au printemps en Europe et sous forme d'épidémies dans les pays anglo-saxons.

CONTAMINATION

Le virus de la rubéole vit exclusivement sur l'homme. Il pénètre dans l'organisme par les voies respiratoires. La maladie est très contagieuse pendant les quelques jours qui précèdent l'apparition des signes et pendant toute la durée de ceux-ci.

SYMPTÔMES ET SIGNES

L'incubation silencieuse (sans signes apparents) du virus dure une quinzaine de jours. La période d'invasion (déclenchement de la maladie), longue de deux jours environ, se signale par une fièvre légère et un gonflement des ganglions lymphatiques du cou ; elle peut rester totalement inapparente. Une éruption cutanée maculopapuleuse (petites taches rosées légèrement surélevées) lui succède. Elle débute à la face, s'étend ensuite à tout le corps, principalement au thorax et aux membres supérieurs, et peut prendre un aspect scarlatiniforme (peau entièrement rouge). L'éruption s'associe parfois à une légère angine. Ces signes disparaissent au bout du troisième jour. Les formes atypiques de la maladie (absence d'éruption cutanée) sont actuellement les plus fréquentes.

COMPLICATIONS

Chez l'adolescent ou l'adulte, la rubéole peut être plus grave que chez l'enfant et entraîner des maux de tête, une fièvre et une polyarthrite (inflammation de plusieurs articulations), régressant en une dizaine de jours. Un purpura thrombopénique (affection caractérisée par l'apparition d'hématomes punctiformes) ou une méningoencéphalite sont également possibles.

TRAITEMENT

Il n'existe pas de traitement de la maladie ; des médicaments (paracétamol) peuvent être administrés en cas de fièvre. La rubéole ne peut pas survenir une seconde fois, l'infection par le virus conférant une immunité complète et durable.

PRÉVENTION

Elle repose essentiellement sur la vaccination. Le vaccin est le plus souvent associé à ceux de la rougeole et des oreillons (vaccin R.O.R.) et est administré vers l'âge de 15 mois. Il est préconisé aux adolescentes non immunisées.

RUBÉOLE DE LA FEMME ENCEINTE

Chez la femme enceinte non immunisée, une rubéole survenant dans les quatre premiers mois de la grossesse peut être à l'origine de malformations congénitales ou d'une fœtopathie évolutive. Celle-ci traduit l'infection d'organes déjà formés, infection diffuse et massive qui persiste au-delà de la naissance. Si la fœtopathie peut régresser, les malformations, en revanche, sont malheureusement définitives.

Le fœtus est contaminé par l'intermédiaire du trophoblaste puis du placenta. Les malformations concernent les yeux (cataracte, microphtalmie), le système auditif (surdité), le système cardiorespiratoire (persistance du canal artériel, sténose pulmonaire) ou le système nerveux (microcéphalie, retard mental). Ces anomalies ne sont pas toujours décelées à la naissance et peuvent donc se manifester bien après, ce qui justifie une surveillance pendant les premières années de la vie. La rubéole évolutive entraîne un retard de croissance intra-utérin, avec faible poids à la naissance et difficultés de développement ultérieur, ou une atteinte polyviscérale. Une rubéole diagnostiquée dans le premier trimestre de la grossesse permet d'envisager un avortement thérapeutique s'il est démontré, en réalisant une ponction de sang fœtal, que le fœtus est atteint.

La recherche de l'infection par le virus de la rubéole, par réaction sérologique, doit être effectuée chez toutes les femmes enceintes non immunisées chaque mois pendant les quatre premiers mois de grossesse. En outre, celles-ci doivent éviter tout contact avec des personnes contagieuses – en particulier avec des enfants. On peut pratiquer une immunisation passive (injection intramusculaire d'immunoglobulines) chez une femme enceinte non immunisée qui a été en contact avec une personne atteinte de la rubéole ; cependant, cette immunisation n'est efficace que si elle est pratiquée dans les 48 heures qui suivent le contact.

Rupture tendineuse

Déchirure d'un tendon.

Un tendon peut se rompre à la suite d'une contraction trop brusque ou violente (traumatisme, sprint, saut), d'une plaie (couteau, éclat de verre), de frottements répétés, notamment chez des personnes âgées, ou du fait d'une maladie tendineuse préexistante : tendinite (inflammation d'un tendon) récidivante, polyarthrite rhumatoïde, etc.

SYMPTÔMES ET TRAITEMENT

Une rupture tendineuse se traduit par une douleur violente et une impotence de la région mobilisée par le tendon. Elle doit être soignée sous peine de séquelles fonctionnelles. En cas de plaie, le tendon doit être suturé chirurgicalement ; si ses extrémités sont très éloignées l'une de l'autre, il est parfois nécessaire d'utiliser un greffon tendineux. En l'absence de plaie, le traitement est le plus souvent orthopédique (plâtrage), la chirurgie étant en général réservée aux sportifs de haut niveau.

Rythme (trouble du)

→ VOIR Arythmie cardiaque.

S

Saburral

Qualifie une langue recouverte d'un enduit blanchâtre, la saburre.

Une langue saburrale accompagne un certain nombre de maladies digestives associant infection et troubles digestifs, comme l'appendicite. Elle s'observe également au lendemain d'excès alimentaires ou de boisson et peut même exister en dehors de toute maladie. Quand il s'agit d'un phénomène isolé, la langue saburrale n'appelle aucune investigation.

Saccharine

Substance synthétique sans valeur nutritive, utilisée en remplacement du saccharose pour édulcorer les médicaments et les aliments.
→ VOIR Édulcorant.

Saccoradiculographie

Examen radiologique explorant le contenu du canal rachidien lombaire et sacré et, plus spécialement, les racines des nerfs rachidiens destinés aux membres inférieurs. SYN. *myélographie dorsolombaire, radiculographie lombaire.*

INDICATIONS

La saccoradiculographie est une forme de myélographie. Elle explore la terminaison de la moelle épinière, les racines nerveuses qui en sont issues et le cul-de-sac méningé. Elle permet de mettre en évidence la compression d'un nerf lors d'une sciatique prolongée ou compliquée par une hernie discale, une tumeur d'une racine nerveuse, un rétrécissement du canal osseux, une lésion directe ou indirecte de la moelle en cas de paralysie des membres inférieurs, de perte de contrôle des sphincters et, surtout, de localiser le côté et l'étage de la lésion.

Elle permet aussi d'effectuer des prélèvements de liquide céphalorachidien afin que celui-ci soit analysé en laboratoire.

CONTRE-INDICATIONS

La saccoradiculographie n'est pas pratiquée chez la femme enceinte en raison des dangers que les rayons X présentent pour le fœtus.

TECHNIQUE

L'injection, par ponction lombaire, d'un produit de contraste iodé hydrosoluble permet d'opacifier le liquide céphalorachidien qui circule dans l'espace sous-arachnoïdien. On peut ainsi observer les limites du canal rachidien (parois latérales et cul-de-sac inférieur) et son contenu. Celui-ci apparaît en négatif dans l'opacité : partie inférieure de la moelle épinière (cône terminal) et racines nerveuses des membres inférieurs (queue-de-cheval).

EFFETS SECONDAIRES

Le produit de contraste iodé peut provoquer une réaction transitoire : nausées, vomissements, éruption cutanée de type urticaire ou encore baisse de la tension artérielle. Si le patient est allergique à l'iode du produit de contraste, le médecin lui prescrit un traitement antiallergique quelques jours avant l'examen.

La saccoradiculographie était, il y a peu, un examen de prescription courante. Mais, en raison de leur caractère plus simple et plus efficace, le scanner et, aujourd'hui, l'imagerie par résonance magnétique (I.R.M.) lui sont désormais préférés.
→ VOIR **Myélographie.**

Sacralgie

Douleur de la région sacrée.

Sacrum

Os constitué par la soudure des cinq vertèbres sacrées, qui réunit le rachis au bassin.

STRUCTURE

Le sacrum s'articule latéralement avec les os iliaques (articulation sacro-iliaque) et, sur sa face supérieure, avec la dernière vertèbre lombaire du rachis (articulation lombosacrée). Son extrémité inférieure s'articule avec le coccyx (articulation sacrococcygienne).

PATHOLOGIE

■ **Une anomalie de position ou de forme du sacrum**, chez la femme, peut avoir une incidence importante sur le déroulement de l'accouchement, surtout si l'enfant se présente par le siège.

■ **Les fractures du sacrum** sont rares ; elles n'entraînent pratiquement jamais de déplacement osseux mais se compliquent souvent de lésions du plexus sacré.

■ **La lombalisation** est une anomalie congénitale de la première vertèbre sacrée, qui, au lieu d'être normalement soudée aux quatre autres vertèbres qui forment le sacrum, s'en trouve séparée et constitue une vertèbre libre supplémentaire.

■ **Les tumeurs sacrococcygiennes** sont congénitales mais peuvent ne se révéler qu'à l'âge adulte. Chez le nouveau-né et le nourrisson, elles sont dénommées tératomes et sont bénignes ou malignes, formées de tissu épidermoïde, osseux, muqueux ou nerveux ; chez l'adulte, il s'agit de tumeurs parfois malignes, appelées chordomes.

Sadisme

Perversion qui consiste à chercher le plaisir dans la domination et la souffrance (physique ou morale) d'autrui.

Sadomasochisme

Obtention du plaisir sexuel par le biais de la souffrance (physique ou morale).

On ne parle de sadomasochisme que lorsqu'une relation conduit systématiquement l'un des partenaires à exprimer un désir de soumission (masochisme) et l'autre à le satisfaire par la domination (sadisme). Bien qu'il s'agisse d'une forme régressive d'échange amoureux, les sexologues ne voient qu'un intérêt relatif à vouloir guérir, au nom de la « normalité », un état de fait dans lequel le couple trouve son équilibre.

Il n'en va pas de même du sadisme psychopathique (agression, viol, etc.), qui relève d'un désordre grave de la personnalité.

Sage-femme

Personne ayant pour rôle la surveillance, les soins et le conseil des femmes tout au long de leur grossesse, pendant l'accouchement et dans les suites de couches.

Dans certains pays (la Belgique, la Suisse, la France par exemple), la sage-femme est habilitée à pratiquer seule les accouchements (y compris les épisiotomies), sauf dans les cas de dystocie (accouchement difficile nécessitant, par exemple, une césarienne ou un forceps), pour lesquels elle doit faire appel à un médecin obstétricien. Pendant la grossesse, la sage-femme peut également assurer la préparation à l'accouchement en proposant diverses méthodes : préparation « classique » à l'accouchement sans douleur, sophrologie (méthode aidant à surmonter les sensations douloureuses par la relaxation), préparation aquatique à la maternité (exercices de relaxation et de respiration pratiqués en piscine), haptonomie (méthode qui utilise le toucher pour faire communiquer précocément l'enfant et ses futurs parents), etc.

Saignement de nez

→ VOIR Épistaxis.

Saint-Guy (danse de)

Mouvements brusques du visage et des membres, propres à la chorée de Sydenham.

→ VOIR Sydenham (chorée de).

Salivaire (glande)

Organe constitué d'une multitude de cellules spécialisées dont la fonction est de sécréter la salive et de la libérer dans la cavité buccale.

Les glandes salivaires sont des glandes exocrines (déversant leur sécrétion vers l'extérieur du corps), qui comprennent deux glandes parotides, deux glandes sous-maxillaires, une glande sublinguale.

■ Les glandes parotides, situées derrière la branche montante du maxillaire inférieur, sont les plus volumineuses des glandes salivaires. Traversées par le nerf facial, elles rejettent la salive dans le canal de Sténon, qui s'ouvre à la face interne de la joue, en regard de la première molaire supérieure ;
– les oreillons provoquent une augmentation de volume des glandes parotides, qui deviennent visibles et palpables ;
– l'adénome pléiomorphe est une tumeur bénigne de la parotide, qui augmente de volume jusqu'à déformer le visage ; le traitement consiste à retirer chirurgicalement toute la glande, intervention rendue délicate par la nécessité de respecter le nerf facial et ses branches ;
– le syndrome de Gougerot-Sjögren peut également provoquer une augmentation de volume de la parotide.

■ Les glandes sous-maxillaires, situées dans le plancher de la bouche, rejettent la salive dans le canal de Wharton, qui s'ouvre sous la langue en regard des incisives inférieures ;
– la lithiase du canal de Wharton est la formation d'un calcul, par précipitation de sels de calcium, obstruant le canal. Au cours d'un repas, la glande atteinte est stimulée mais ne peut rejeter la salive, ce qui provoque son gonflement ou une douleur, les symptômes disparaissant entre les repas. Il arrive que le calcul s'expulse spontanément ; il peut aussi devoir être extrait chirurgicalement.

■ La glande sub-linguale est une glande médiane, localisée dans le plancher de la bouche et comportant deux canaux.

Salive

Liquide physiologique sécrété dans la cavité buccale par les glandes salivaires (parotides, sous-maxillaires, sub-linguale).

Sa principale fonction est d'humecter les muqueuses de la bouche (langue, joues, pharynx), facilitant ainsi la phonation, la mastication et la déglutition. La salive possède également un rôle antiseptique. Le volume de la sécrétion (de 0,7 à 1 litre par jour) et sa concentration sont régulés par l'activité des nerfs sympathiques et parasympathiques. Continuellement sécrétée, la salive est déglutie une à trois fois par minute en dehors des repas ; au cours de ceux-ci, sa sécrétion est renforcée.

PATHOLOGIE

La diminution du flux salivaire, lequel protège la muqueuse œsophagienne, se traduit par une sensation de « bouche sèche ». Cette sensation peut être due aux émotions, à la prise de certains médicaments (atropine) ou à des maladies (syndrome de Gougerot-Sjögren). On y remédie par la vaporisation de liquides de substitution. Une production trop importante de salive, ou hypersialorrhée, peut être notamment liée à une affection dentaire (carie, gingivite, ulcère buccal) ou à une maladie neurologique (maladie de Parkinson, rage).

Salmonellose

Maladie infectieuse due à une salmonelle, bactérie à Gram négatif qui parasite le tube digestif des vertébrés.

CAUSES

Les salmonelloses, dont il existe de nombreuses variétés, sont transmises par voie digestive (toxi-infection alimentaire) soit par ingestion d'eau – provenant souvent d'un puits –, soit par ingestion d'aliments contenant la bactérie (fruits de mer crus ou insuffisamment cuits, lait, œufs, viande, volailles). Dans certains cas, la bactérie est transportée sur la nourriture par l'intermédiaire de mouches, à partir de matières fécales infectées ; la nourriture peut également être infectée lorsqu'elle est manipulée par des porteurs du germe.

Les salmonelloses frappent des individus par cas isolés ou prennent la forme d'épidémies, en particulier dans les collectivités (cantines, foyers, hôpitaux).

SYMPTÔMES ET SIGNES

Ils varient selon le germe responsable : gastroentérite fébrile, survenant de 24 à 48 heures après l'ingestion de l'aliment contaminé et responsable de diarrhées et de vomissements, ou infection généralisée (fièvres typhoïde et paratyphoïde, respectivement dues à *Salmonella typhi* et *Salmonella paratyphi*). Chez les malades aux défenses immunitaires affaiblies, des septicémies, compliquées d'infections pulmonaires, méningées, urinaires ou osseuses, peuvent survenir.

TRAITEMENT ET PRÉVENTION

Le traitement consiste à administrer des antibiotiques.

La prévention nécessite le contrôle bactériologique des denrées alimentaires et des eaux de boisson ainsi que le dépistage et l'éviction des collectivités des porteurs du microbe. Dans les pays où les contrôles sanitaires sont insuffisants, l'ingestion de certains aliments, lorsqu'ils sont crus ou peu cuits (notamment crustacés, lait et glaces), est déconseillée.

Salpingectomie

Ablation chirurgicale d'une trompe utérine ou des deux.

Une salpingectomie est indiquée dans le traitement d'une infection des trompes (hydrosalpinx, ou accumulation de sérum dans la trompe ; pyosalpinx, ou accumulation de pus dans la trompe) ou pour traiter une grossesse extra-utérine tubaire. Elle peut être pratiquée par laparotomie (ouverture chirurgicale de l'abdomen) ou par cœliochirurgie (introduction d'instruments par une petite incision abdominale). L'anesthésie est toujours générale et l'hospitalisation varie entre 4 et 7 jours, dans le premier cas, et entre 24 et 72 heures dans le second.

Une salpingectomie d'une trompe n'entrave en aucune façon la fertilité de la femme si l'autre trompe est fonctionnelle ; en revanche, une salpingectomie des deux trompes entraîne une stérilité définitive.

Salpingite

Inflammation d'une trompe utérine ou des deux.

CAUSES ET SYMPTÔMES

L'origine d'une salpingite est infectieuse, les germes responsables étant ceux des maladies sexuellement transmissibles (chlamydia, gonocoque, mycoplasme). Cette inflammation se manifeste en général par des douleurs pelviennes, des saignements vaginaux, une fièvre plus ou moins élevée, des pertes vaginales anormales ; parfois, cependant, elle ne se traduit par aucun signe et est découverte au cours d'un examen motivé par une stérilité. L'inflammation peut s'étendre aux organes voisins : vagin, paramètres (membranes de soutien situées de part et d'autre de l'utérus), ovaires. La salpingite aiguë est une urgence thérapeutique car du bon fonctionnement des trompes dépend la fécondité de la femme.

TRAITEMENT ET SURVEILLANCE

Le traitement repose sur la prise d'antibiotiques adaptés au germe durant une période allant de 10 jours à 3 semaines. Un traitement antibiotique du partenaire est aussi nécessaire.

Salpingographie

Examen radiologique des trompes utérines.
→ VOIR Hystérosalpingographie.

Salpingoplastie

Opération chirurgicale visant à rétablir la perméabilité de trompes utérines obstruées.

Une salpingoplastie est indiquée lorsqu'une femme désire avoir un enfant alors qu'une inflammation de ses trompes, d'origine infectieuse, ou des adhérences postchirurgicales ont provoqué une obturation de celles-ci, responsable d'une stérilité.

Sang

Liquide rouge, visqueux, circulant dans les artères et dans les veines sous l'action de la pompe cardiaque.

Grâce à sa composition complexe et à sa circulation rapide, le sang, en irriguant tous les tissus, assure de multiples fonctions. Il permet notamment, par l'intermédiaire du réseau capillaire interposé entre la circulation artérielle et la circulation veineuse, le transport des gaz (oxygène et gaz carbonique), celui de substances nutritives (glucides, lipides, protides), celui des éléments nécessaires aux défenses de l'organisme contre les

ÉLÉMENTS FIGURÉS DU SANG

	Principales causes de diminution	Nombre par millimètre cube	Principales causes d'augmentation
Hématies (globules rouges)	Anémie	de 4 000 000 à 6 200 000 (selon l'âge et le sexe)	Polyglobulie
Leucocytes (globules blancs)	Infections virales, hémopathie, chimiothérapie	de 4 000 à 10 000	État infectieux, hémopathie maligne
Formule leucocytaire Polynucléaires neutrophiles	Ethnie (Afrique), infection virale, toxicité médicamenteuse, hémopathie	de 1 700 à 7 500	Infection bactérienne, inflammation, tabagisme, certains médicaments, hémopathie
éosinophiles		de 0 à 500	Allergie, parasitose
basophiles		de 0 à 200	
Mononucléaires lymphocytes	Déficit immunitaire	de 500 à 4 500	Infection virale et bactérienne, hémopathie
monocytes		de 0 à 1 000	Inflammation, hémopathie
Thrombocytes (plaquettes)	Atteinte de la moelle osseuse, maladie immunologique, toxicité médicamenteuse	de 150 000 à 450 000	État inflammatoire, ablation de la rate, stimulation de la moelle osseuse

bactéries, parasites et virus (anticorps, éosinophiles, lymphocytes, monocytes, polynucléaires neutrophiles).

La circulation sanguine est assurée par les contractions du muscle cardiaque. Celui-ci envoie à chaque contraction environ la moitié du sang vers les poumons, où le gaz carbonique est évacué dans l'air expiré, alors que l'oxygène est absorbé par les globules rouges. L'autre partie du sang est envoyée par l'aorte vers les différents tissus, d'où il revient par les veines caves.

COMPOSITION

Le volume sanguin est constitué par des cellules, pour près de sa moitié (érythrocytes, encore appelés hématies ou globules rouges ; leucocytes, ou globules blancs ;

thrombocytes, ou plaquettes), et par le plasma.

■ **Les érythrocytes** contiennent essentiellement l'hémoglobine, pigment dont le rôle fondamental est de transporter l'oxygène des poumons vers les tissus.

■ **Les leucocytes** comprennent différents types cellulaires : les polynucléaires neutrophiles et les monocytes, qui jouent un rôle essentiel dans la défense non spécifique contre les infections ; les lymphocytes, supports cellulaires de l'immunité spécifique ; les polynucléaires éosinophiles, dont l'augmentation témoigne d'une allergie ou d'une parasitose ; les polynucléaires basophiles, dont le rôle est encore inexpliqué.

PRINCIPAUX CONSTITUANTS DU PLASMA SANGUIN

	Dénomination du taux sanguin	Principales causes de diminution	Valeurs normales par litre (1) en unités conventionnelles	Valeurs normales par litre (1) en unités internationales	Principales causes d'augmentation
Éléments minéraux, électrolytes					
Sodium	Natrémie	Hyperhydratation, traitement diurétique	de 3,10 à 3,45 g	de 135 à 150 mmol	Déshydratation
Potassium	Kaliémie	Diarrhée, syndrome de Conn, traitement diurétique	de 136 à 196 mg	de 3,5 à 5 mmol	Insuffisance rénale
Calcium	Calcémie	Déficit en vitamine D (rachitisme)	de 96 à 104 mg	de 2,4 à 2,6 mmol	Hyper-parathyroïdie, cancer des os, myélome
Magnésium	Magnésémie	Alcoolisme, diarrhée, insuffisance hépatique	de 15 à 27 mg	de 0,6 à 1,15 mmol	Insuffisance rénale
Fer	Sidérémie	Grossesse, allaitement, état infectieux	de 0,6 à 1,3 mg	de 11 à 23 μmol	Hémo-chromatose
Chlore	Chlorémie	Diarrhée, vomissements, traitement diurétique	de 3,4 à 3,9 g	de 95 à 110 mmol	Insuffisance rénale
Glucides et lipides					
Glucose	Glycémie	Coma hypoglycémique, jeûne, insuffisance surrénalienne	de 0,8 à 1,2 g	de 4,4 à 6,7 mmol	Diabète, hypercorticisme
Triglycérides	Triglycéridémie	Insuffisance hépatique, malnutrition	de 0,5 à 1,4 g	de 0,6 à 1,5 mmol	Diabète, excès alimentaires, facteurs génétiques
Cholestérol	Cholestérolémie	Hyperthyroïdie, malnutrition, insuffisance hépatique	de 2 à 2,5 g	de 5,2 à 6,5 mmol	Facteurs génétiques, hypothyroïdie

(1) Valeurs chez l'homme adulte à jeun, ces chiffres pouvant légèrement varier d'un laboratoire à l'autre
mmol = millimole μmol = micromole   U.I. = unité internationale

PRINCIPAUX CONSTITUANTS DU PLASMA SANGUIN (suite)

	Dénomination du taux sanguin	Principales causes de diminution	Valeurs par litre (1) en unités conventionnelles	Valeurs par litre (1) en unités internationales	Principales causes d'augmentation
Enzymes					
Transaminases (A.S.A.T., A.L.A.T.)	Transaminasémie		de 2 à 50 U. Wroblewski	de 2 à 20 U.I.	Infarctus du myocarde, hépatite aiguë, cirrhose
Protides et autres constituants azotés					
Acide urique	Uricémie	Hépatite aiguë	de 20 à 70 mg	de 120 à 420 µmol	Insuffisance rénale
Bilirubine conjuguée		Sans cause significative	inférieure à 2,3 mg	inférieure à 4 µmol	Hépatite, obstruction biliaire
Bilirubine libre		Sans cause significative	de 2 à 10 mg	de 3,4 à 17 µmol	Hémolyse
Créatinine	Créatininémie	Cachexie	de 7 à 13,6 mg	de 50 à 120 µmol	Insuffisance rénale
Fibrinogène	Fibrinémie	Insuffisance hépatique aiguë	de 2 à 4,5 g		État inflammatoire
Protéines totales, dont :	Protidémie	Malnutrition, syndrome néphrotique, insuffisance hépatique	de 60 à 80 g		Déshydratation, état de choc
Albumine	Albuminémie	Malnutrition, syndrome néphrotique, insuffisance hépatique	de 33 à 49 g		Déshydratation, état de choc
Globulines totales, dont :	Globulinémie	Hypogammaglobulinémie	de 20 à 24 g		Cirrhose, myélome, état de choc
Alpha 1-globulines		Syndrome néphrotique	de 2 à 4 g		Infections
Alpha 2-globulines		Sans cause significative	de 3 à 7 g		État inflammatoire
Bêta-globulines		Sans cause significative	de 5 à 10 g		Cirrhose
Gamma-globulines		Déficits immunitaires	de 6 à 12 g		Cirrhose, myélome, état inflammatoire
Urée	Urémie	Insuffisance hépatique	de 0,25 à 0,45 g	de 4,2 à 7,5 mmol	Insuffisance rénale

(1) Valeurs chez l'homme adulte à jeun, ces chiffres pouvant légèrement varier d'un laboratoire à l'autre

■ Les **plaquettes** jouent un rôle essentiel, avec les facteurs de coagulation, dans la formation du caillot sanguin et donc dans l'hémostase (arrêt des hémorragies).

■ Le **plasma** est un liquide jaune paille, composé à 95 % d'une eau légèrement salée (9 ‰) et de nombreux autres éléments en quantité variable, dont des éléments nutritifs, des déchets et des protéines.

ANALYSE DU SANG

Le sang est recueilli dans une veine du pli du coude à l'aide d'une seringue après pose d'un garrot au-dessus du point de ponction. Dans certains cas, lorsque quelques gouttes suffisent, on les prélève en piquant le bout du doigt.

■ Les **examens hématologiques**, dont les plus importants sont l'hémogramme et les tests de coagulation (temps de saignement, temps de coagulation, taux de prothrombine, temps de céphaline activée, numération des plaquettes), permettent l'étude des composants du sang (forme, nombre et taille des globules) et des facteurs de la coagulation.

■ Les **examens biochimiques** étudient les différentes substances chimiques du plasma (sodium, urée, vitamines, etc.). Les protéines du sérum sanguin peuvent être étudiées par l'électrophorèse des protides.

■ Les **examens microbiologiques**, et notamment l'hémoculture, consistent à rechercher dans le sang différents micro-organismes (antigènes, bactéries, champignons microscopiques, virus) ainsi que les anticorps qui se sont formés contre eux.

PATHOLOGIE

Chacun des composants du sang peut présenter différentes anomalies.

■ Les **maladies touchant les hématies** peuvent résulter de déficits, nutritionnels ou par malabsorption, principalement en fer (anémie ferriprive), acide folique (anémie mégaloblastique) et vitamine B12 (maladie de Biermer), ou d'anomalies génétiques (thalassémie et drépanocytose, par exemple). Elles peuvent encore découler de mutations acquises aboutissant à une prolifération anormale (polyglobulie) ou d'infections parasitaires (destruction des globules rouges en cas de paludisme, par exemple).

■ Les **maladies touchant les leucocytes** sont avant tout les leucémies, affections malignes de la moelle osseuse entraînant une production de globules blancs anormaux et la destruction de la moelle saine. Par ailleurs, les maladies infectieuses du sang peuvent être favorisées par un manque de polynucléaires neutrophiles et de monocytes (infections bactériennes) ou encore par un déficit en lymphocytes (infections virales et mycosiques).

■ Les **maladies retentissant sur la composition du plasma** résultent d'anomalies de la synthèse ou du catabolisme des composants génétiques de celui-ci (en particulier anomalies des facteurs de la coagulation, responsables d'hémophilie) ou sont acquises (synthèse d'une immunoglobuline anormale, responsable de myélome multiple ou de maladie de Waldenström). Les affections retentissant le plus sur la composition du plasma sont celles du foie (cirrhose) et du rein (syndrome néphrotique du diabète). Ainsi, la diminution de la production d'albumine par le foie ou la perte excessive d'albumine par le rein peuvent entraîner une carence en albumine associée à des œdèmes ; l'insuffisance rénale fonctionnelle accroît le taux d'urée, de créatinine et de potassium dans le plasma.

Santé

État de bon fonctionnement de l'organisme.

La santé, selon la définition de l'O.M.S., se caractérise par un « état de complet bien-être physique, mental et social ne consistant pas seulement en une absence de maladie ou d'infirmité ».

Saphène (veine)

Vaisseau superficiel de petit calibre assurant le retour du sang des membres inférieurs jusqu'au cœur.

Il existe deux veines saphènes, l'une externe, l'autre interne, dans chacun des membres inférieurs. Elles peuvent être atteintes de varices, se dilater et motiver pour des raisons thérapeutiques ou esthétiques des injections sclérosantes ou un geste chirurgical (stripping).

Saphénectomie

Ablation chirurgicale d'une veine saphène.

La saphénectomie est indiquée en cas d'insuffisance veineuse à l'origine de lourdeurs, de douleurs, d'œdèmes ou de varices des membres inférieurs.

La veine retirée, la circulation continue de s'effectuer normalement, essentiellement grâce aux troncs veineux profonds.

DÉROULEMENT ET EFFETS SECONDAIRES

La saphénectomie utilise généralement la technique appelée « stripping », qui nécessite une anesthésie générale ou locorégionale. C'est une intervention bénigne qui peut être pratiquée en ambulatoire (sans hospitalisation). Après incision des tissus superficiels, la saphène est sectionnée à ses deux extrémités. Par l'incision inférieure, on introduit un tuteur (sorte de fil) dans la veine, que l'on fait remonter jusqu'à ce qu'il ressorte par l'incision supérieure, au niveau de laquelle on le fixe à la veine. En tirant progressivement sur le tuteur à l'autre extrémité, on retire la veine en même temps que le tuteur. La saphénectomie entraîne parfois quelques douleurs postopératoires, mais le sujet peut marcher normalement après l'opération. Sur le trajet de la veine apparaît un hématome, qui disparaît en quelques jours.

RÉSULTAT

Le résultat de la saphénectomie doit être jugé aux alentours du 3e mois après l'intervention. En général, il est bon, aussi bien en ce qui concerne le traitement des troubles veineux que l'aspect esthétique de la jambe ; de petites varicosités subsistent parfois, que l'on peut être amené à scléroser.

S.A.P.H.O. (syndrome)

Association de diverses affections cutanées (acné, pustulose) et ostéo-articulaires (synovite, hyperostose, ostéite).

Le syndrome S.A.P.H.O. (acronyme de synovite, acné, pustulose, hyperostose, ostéite) est une affection chronique, de cause inconnue.

Le traitement du syndrome S.A.P.H.O. est essentiellement celui de ses symptômes ; il fait appel aux anti-inflammatoires locaux et généraux, aux antibiotiques en cas de lésions cutanées surinfectées.

Sarcoïde

Nodule arrondi ou ovale, de taille variable, caractéristique de la sarcoïdose et d'une variété d'hypodermite (inflammation aiguë de l'hypoderme), appelée érythème induré de Bazin, qui est le plus souvent due à la tuberculose.

Sarcoïdose

Maladie généralisée caractérisée par l'existence d'une lésion typique mais non spécifique, le granulome épithélioïde (amas de cellules épithélioïdes – globules blancs modifiés – au centre non nécrosé), et qui est susceptible de toucher successivement ou simultanément un grand nombre d'organes ou de tissus (ganglions, poumons, peau, os et articulations). SYN. *maladie de Besnier-Boeck-Schaumann.*

L'origine de la sarcoïdose est inconnue.

SYMPTÔMES ET SIGNES

Une sarcoïdose est fréquemment dépourvue de symptômes ou de signes visibles. Dans les autres cas, la maladie peut être révélée par différentes manifestations :

■ **Les lésions thoraciques** sont les plus fréquentes : adénopathies (inflammation des ganglions lymphatiques) volumineuses du médiastin (région comprise entre les deux poumons) ; infiltrations nodulaires du poumon ; infiltration pulmonaire diffuse.

■ **Les lésions cutanées** sont fréquemment représentées par un érythème noueux, caractérisé par des nodules rougeâtres, symétriques, sensibles, qui siègent sur la face interne des jambes. Ces lésions cutanées typiques s'accompagnent de manifestations plus rares et non spécifiques : chute des cheveux, érythrodermie (rougeur et desquamation de la peau), ichtyose (peau sèche couverte de squames fines), démangeaisons.

■ **Les autres symptômes** ou signes d'une sarcoïdose peuvent être une hypertrophie des ganglions superficiels (axillaires, inguinaux), une arthrite, des douleurs diffuses, des anomalies oculaires (uvéite antérieure, par exemple), des atteintes du foie et des glandes salivaires.

ÉVOLUTION ET TRAITEMENT
Une sarcoïdose évolue par poussées successives sans que l'on connaisse bien les facteurs de leur déclenchement.
Le traitement dépend du bilan général.

Sarcome

Variété de cancer se développant aux dépens du tissu conjonctif.

Les sarcomes sont des tumeurs malignes rares. Ils surviennent souvent chez les sujets jeunes, y compris les enfants, et sont caractérisés par leur propension à envahir les tissus voisins, à disséminer à distance par métastases et à évoluer rapidement. On en distingue deux types.

Sarcomes des tissus conjonctifs communs

Ce sont des tumeurs cancéreuses se développant aux dépens des tissus de soutien.

Ces tumeurs surviennent le plus souvent dans les coulées conjonctives des membres, dans la zone située derrière le péritoine et dans la peau. Le traitement repose sur l'ablation chirurgicale, la radiothérapie et la chimiothérapie.

Sarcomes des tissus conjonctifs spécialisés

Ce sont des tumeurs développées aux dépens de différents tissus conjonctifs, leur structure rappelant le tissu où elles ont pris naissance.
■ **Les angiosarcomes** se développent à partir des éléments vasculaires.
■ **Les chondrosarcomes** sont des tumeurs du cartilage.
■ **Les léiomyosarcomes** se développent à partir des cellules des muscles lisses, en particulier celles de l'utérus et du tube digestif.
■ **Les liposarcomes** prolifèrent à partir des cellules graisseuses. Ce sont des tumeurs qui évoluent surtout localement.
■ **Les ostéosarcomes** prolifèrent à partir du tissu osseux. Ils sont localisés le plus souvent aux membres inférieurs.
■ **Les rhabdomyosarcomes** prolifèrent à partir des fibres des muscles striés.

■ **Le sarcome de Kaposi** prolifère aux dépens des cellules endothéliales, des vaisseaux sanguins et des fibroblastes du derme. Actuellement, il touche surtout les malades atteints du sida.

SYMPTÔMES ET TRAITEMENT
Ils sont très variés puisqu'ils dépendent non seulement du type exact du sarcome mais aussi de la région du corps ou de l'organe atteints. Ces tumeurs étant extrêmement virulentes, leur traitement (ablation chirurgicale, radiothérapie, chimiothérapie) est souvent d'efficacité limitée. Cependant, les exceptions sont nombreuses : certains sarcomes cutanés sont traités de façon satisfaisante par ablation chirurgicale.

Sarcopte

Parasite de l'ordre des acariens responsable de la gale.
→ VOIR Gale.

Saturnisme

Ensemble des manifestations dues à une intoxication par le plomb ou par les sels de plomb.

Aujourd'hui, le saturnisme touche le plus souvent certaines professions (soudeurs, étameurs, etc.). Les enfants peuvent aussi s'intoxiquer en léchant ou en ingérant d'anciennes peintures au plomb.

SYMPTÔMES ET SIGNES
Comme l'élimination du plomb est très lente, celui-ci s'accumule, d'abord dans les os puis dans les autres tissus.
■ **L'intoxication aiguë** se traduit par des douleurs abdominales intenses avec diarrhées et vomissements, ou « coliques de plomb », par une polynévrite (atteinte du système nerveux périphérique) puis par des convulsions qui peuvent être mortelles.
■ **L'intoxication chronique** ajoute à ces symptômes des troubles du comportement, des pertes de mémoire, des maux de tête, une cécité définitive, une hypertension artérielle ; en outre, les gencives du sujet sont recouvertes d'un liseré bleuté.

DIAGNOSTIC
Les examens sanguins révèlent une anémie.

TRAITEMENT ET PRONOSTIC

Le traitement consiste à éliminer le plomb à l'aide de chélateurs, administrés de préférence en milieu hospitalier par cures discontinues d'environ une semaine. Si l'on obtient en général une régression des lésions dans les formes aiguës, le pronostic est beaucoup plus sombre dans les formes chroniques de saturnisme.

PRÉVENTION

La prévention, fondamentale, repose sur diverses dispositions réglementaires : protection des sujets professionnellement exposés ; protection de la population générale par des mesures telles que l'introduction d'essence sans plomb.

Savon

Substance utilisée pour son pouvoir nettoyant, obtenue en faisant agir une substance basique (alcaline), comme la soude ou la potasse, sur un corps gras tel qu'un ester ou un acide du glycérol.

DIFFÉRENTS TYPES DE SAVON

■ Les savons antiseptiques renferment, en plus d'une substance basique et d'un corps gras, une substance de synthèse qui détruit les germes pathogènes : formol, alcool.
■ Les savons surgras sont à base de lanoline ou d'acides gras libres.
■ Les savons acides, ou pseudosavons, sont constitués d'émulsions aqueuses à base d'alcools gras sulfonés, acidifiés et contenant des huiles naturelles ou des glycérides. Les savons acides, de même que les savons surgras, sont bien supportés et évitent la prolifération bactérienne.
■ Les pains dermatologiques contiennent une substance détergente non basique. Ils sont utilisés pour la toilette quand la personne a une peau fragile ou irritée par une affection. Certains pains dermatologiques sont à base de substance médicamenteuse, comme le goudron ou l'huile de cade, et sont prescrits dans diverses affections telles que le psoriasis.

Scalp

Arrachement d'une surface plus ou moins grande du cuir chevelu.

Scanner à rayons X

Appareil d'imagerie médicale composé d'un système de tomographie (qui donne des images en coupe d'un organe) et d'un ordinateur et qui effectue des analyses de densité radiologique point par point (voxel) pour reconstituer ces images en coupes fines, affichées en gammes de gris sur un écran vidéo. SYN. *tomodensitomètre*.

Le scanner à rayons X permet de réaliser un examen appelé tomodensitométrie.
→ VOIR **Tomodensitométrie.**

Scanographie

→ VOIR **Tomodensitométrie.**

Scaphoïde carpien

Os constituant la partie supéro-externe du carpe (squelette du poignet), qui s'articule avec l'avant-bras.

TRAUMATOLOGIE

■ La fracture du scaphoïde carpien est assez fréquente et survient en général lors d'une chute sur la paume de la main. Elle entraîne une douleur du bord externe du poignet ainsi que du bord du pouce lorsqu'il est comprimé. Le traitement d'une fracture du scaphoïde carpien repose sur un plâtrage du pouce, du poignet et du coude pendant 6 à 12 semaines (avec un plâtre traditionnel ou en résine). Cette immobilisation très stricte et prolongée est nécessaire en raison de la mauvaise vascularisation de cet os, qui rend la consolidation plus difficile. En cas de déplacement osseux, il faut effectuer un brochage ou un vissage chirurgical.

Scaphoïde tarsien

Os constituant la partie interne du tarse (squelette de la partie postérieure du pied), qui s'articule avec l'astragale.

TRAUMATOLOGIE

La fracture du scaphoïde tarsien, peu fréquente, est traitée orthopédiquement (plâtre) ou, en cas de déplacement osseux important, chirurgicalement (immobilisation à l'aide d'un dispositif mécanique – broches, vis, etc.), voire par blocage de l'articulation entre le scaphoïde et l'astragale, associé ou non à une greffe osseuse.

Scapulalgie

Douleur de la région de l'épaule, quelle que soit sa cause.

Scarification

Incision superficielle de la peau à l'aide d'un bistouri ou d'un vaccinostyle.

Scarlatine

Maladie infectieuse contagieuse, aujourd'hui rare, due à la diffusion dans l'organisme des toxines sécrétées par le streptocoque du groupe A.

La scarlatine touche presque exclusivement les enfants. Elle se transmet par inhalation de gouttelettes de salive émises par un sujet infecté par le streptocoque du groupe A. La toxi-infection se développe à partir d'un foyer purulent de localisation pharyngoamygdalienne (angine).

SYMPTÔMES ET SIGNES

La maladie se déclare brutalement, après une période d'incubation de 4 jours environ, sous forme d'une fièvre élevée (39 °C), d'un gonflement douloureux des ganglions du cou et d'une angine érythémateuse (avec rougeur de la gorge). La toxine sécrétée par le streptocoque diffuse dans l'organisme et déclenche une éruption cutanée 2 jours après l'apparition de l'angine. Le malade demeure contagieux tant que dure l'angine. L'éruption cutanée, ou exanthème, se traduit par une multitude de points rouges ; elle débute au thorax puis s'étend à tout le corps en 48 heures, sauf aux paumes des mains et aux plantes des pieds. L'éruption muqueuse, ou énanthème, se caractérise par un enduit blanc, recouvrant la langue, qui laisse la place, au 5e jour d'évolution, à une rougeur écarlate à granulation dite framboisée. Au bout d'une semaine environ, la fièvre tombe, l'énanthème disparaît et l'exanthème est remplacé par une desquamation en petites écailles sur le corps ; la paume des mains et la plante des pieds desquament en lambeaux.

COMPLICATIONS

Ce sont celles des angines à streptocoque non traitées : néphrite (inflammation des reins) et rhumatisme articulaire aigu et subaigu.

TRAITEMENT

La scarlatine est traitée par administration d'antibiotiques (pénicilline, érythromycine) et par le repos.

PRÉVENTION

Il est possible de rechercher le streptocoque chez les personnes ayant été en contact avec un malade atteint de scarlatine afin de les traiter préventivement. Il n'existe pas de vaccin ; une personne ayant été atteinte de la scarlatine acquiert une immunité durable contre cette maladie.

Scheuermann (maladie de)

Atteinte des cartilages des corps vertébraux (partie antérieure des vertèbres) survenant au cours de la croissance.

Affection fréquente, la maladie de Scheuermann est une ostéochondrite de croissance (lésion des cartilages vertébraux due à un apport sanguin insuffisant). Sa cause est inconnue.

SYMPTÔMES ET SIGNES

■ Lorsque la maladie affecte le rachis dorsal, elle provoque une cyphose (dos rond) qui, non traitée, devient irréductible une fois la croissance terminée.

■ Lorsqu'elle affecte le rachis lombaire, elle ne se traduit en général par aucun symptôme pendant l'adolescence mais provoque une fragilisation des plateaux vertébraux responsable de douleurs lombaires et d'arthrose précoce chez des adultes jeunes.

ÉVOLUTION ET TRAITEMENT

Si la cyphose est peu marquée, la kinésithérapie active est conseillée ; il faut également arrêter le sport et ne pas porter de charges trop lourdes. Si elle est marquée et que la croissance n'est pas terminée, il faut la réduire à l'aide de corsets plâtrés.

Schilling (test de)

Test permettant d'étudier le taux d'absorption intestinale de la vitamine B12 et, lorsqu'il existe un déficit en cette vitamine, d'en préciser le mécanisme.

DÉROULEMENT

L'examen consiste à administrer au patient, par voie orale, d'une part, de la vitamine B12 marquée par un isotope, puis à mesurer la quantité de vitamine B12 éliminée dans les urines.

Schirmer (test de)

Examen destiné à mesurer la quantité de larmes sécrétée par les glandes lacrymales.

INDICATIONS

Le test de Schirmer est pratiqué pour diagnostiquer un syndrome sec (syndrome de Gougerot-Sjögren) ou, chez les personnes qui désirent porter des lentilles, pour évaluer la sécrétion lacrymale.

TECHNIQUE ET DÉROULEMENT

Le test de Schirmer consiste à placer, près de l'angle externe de l'œil, une bandelette de papier millimétré. Le patient doit garder les yeux ouverts. Au bout de 3 minutes, on mesure le nombre de graduations humidifiées.

Schistose

Affection pulmonaire secondaire à l'inhalation de poussières d'ardoise. SYN. *maladie des ardoisiers.*

La maladie se traduit par un essoufflement qui s'installe très progressivement. La fibrose interstitielle reste modérée et l'évolution est généralement bénigne ; il n'existe pas de traitement spécifique, sinon ne plus s'exposer au risque.

Schizophrénie

Psychose caractérisée par la désagrégation de la personnalité et par une perte du contact vital avec la réalité.

La schizophrénie affecte le plus souvent l'adolescent ou l'adulte avant l'âge de 40-45 ans.

CAUSES

Les causes de cette affection complexe demeurent très controversées : perturbation de la relation mère-enfant, dysfonctionnement des circuits et médiateurs cérébraux, disposition constitutionnelle (sujet grand et mince, caractère schizoïde – introverti, abstrait, avec repli sur soi).

SYMPTÔMES ET SIGNES

La schizophrénie est caractérisée par une dissociation mentale, ou « discordance », accompagnée d'un envahissement chaotique de l'imaginaire, se traduisant par des troubles affectifs, intellectuels et psychomoteurs : sentiments contradictoires éprouvés vis-à-vis d'un même objet (amour-haine), incapacité d'agir, autisme, sentiment de ne plus se reconnaître, délire, catatonie (ensemble de troubles psychomoteurs caractérisé par une absence de réaction aux stimulations extérieures, une immobilité absolue, un refus de parler, de manger).

On distingue plusieurs formes de schizophrénie : schizophrénie simple (inhibition, bizarrerie, marginalité) ; schizophrénie paranoïde (délire flou, peurs insolites s'organisant autour de certains thèmes – peur d'effectuer certains gestes, peur de certaines couleurs –, le malade ayant en outre l'impression que sa pensée est manœuvrée de l'extérieur) ; hébéphrénie et hébéphrénocatatonie (catatonie, répétition immotivée et automatique de mots, de gestes ou d'attitudes, pseudo-déficit intellectuel).

TRAITEMENT

Il bénéficie du vaste éventail thérapeutique de la psychiatrie moderne (psychanalyse, médicaments psychotropes, psychothérapie institutionnelle, etc.) et permet au patient de retrouver un certain équilibre, sinon de guérir, grâce à une prise en charge adaptée. Face à un schizophrène, il convient d'adopter une attitude de très grande écoute, de le rassurer, d'essayer de lui faire développer peu à peu son discours, afin de le ramener progressivement à la réalité, et de valoriser son activité sociale (aide aux personnes âgées, participation à la préparation des repas, par exemple).

Schönlein-Henoch (syndrome de)

Affection caractérisée par une atteinte, le plus souvent bénigne, des petits vaisseaux (vascularite) et par des manifestations cutanées, digestives et articulaires. SYN. *purpura rhumatoïde.*

FRÉQUENCE ET CAUSES

Ce syndrome, aussi appelé maladie ou syndrome de Schönlein, touche surtout les enfants, avec une plus grande fréquence entre 4 et 7 ans, et les adultes jeunes. Son origine est probablement immunoallergique.

SYMPTÔMES ET SIGNES

La maladie se manifeste par un purpura, éruption de taches pourpres (pétéchies, ecchymoses) légèrement en relief, siégeant de préférence sur les membres inférieurs. Les membres supérieurs et le visage sont très rarement atteints. L'éruption peut s'accompagner de douleurs articulaires et de troubles digestifs (vomissements, par exemple), et l'évolution se faire par poussées.

COMPLICATIONS

La gravité de la maladie tient au risque de complications digestives, au premier rang desquelles une invagination intestinale aiguë (repli d'une portion d'intestin), ou de complications rénales.

TRAITEMENT

Les formes bénignes ne nécessitent pas de traitement particulier. La plupart des enfants et des jeunes adultes guérissent en quelques semaines ou en quelques mois. Cependant, des récidives peuvent survenir dans les mois, voire dans les années, qui suivent la première manifestation.

En cas d'atteinte rénale sévère, confirmée par une biopsie du rein, on peut avoir recours aux corticostéroïdes ou à des immunosuppresseurs. L'insuffisance rénale nécessite un traitement par dialyse, dans certains cas une greffe de rein.

Schwartz-Bartter (syndrome de)

Ensemble de troubles caractérisés par une augmentation de la sécrétion posthypophysaire d'hormone antidiurétique, destinée à retenir l'eau dans l'organisme.

Le symptôme essentiel est une diminution de la concentration plasmatique de sodium (hyponatrémie), qui peut ne pas se manifester par aucun signe ou, au contraire, se traduire par des troubles neurologiques (obnubilation, confusion mentale, crises convulsives, coma) ou digestifs (nausées, vomissements).

Le traitement repose essentiellement sur la limitation des boissons, tout en respectant les apports sodés.

Sciatique

Douleur irradiant le long du trajet du nerf sciatique et/ou de ses racines.

Le nerf sciatique naît de la réunion de deux racines issues de la moelle épinière, L5 (émergeant du rachis entre la 4e et la 5e vertèbre lombaire) et S1 (émergeant du rachis entre la 5e vertèbre lombaire et la 1re vertèbre sacrée).

CAUSES

Une sciatique est généralement due à une compression des racines nerveuses L5 ou S1, le plus souvent due à une hernie discale (saillie d'un disque intervertébral en dehors de ses limites normales), plus rarement à une compression osseuse – liée à une arthrose, à une fracture du petit bassin, à une luxation de la hanche ou à une étroitesse du canal rachidien lombaire –, tumorale (tumeur osseuse vertébrale, neurinome [tumeur de la racine du nerf], tumeur du petit bassin) ou de nature inflammatoire (spondylodiscite).

SYMPTÔMES ET SIGNES

Ils dépendent de la localisation de la lésion. Si seule la 5e racine lombaire est touchée, la douleur atteint la face postérieure de la cuisse, la face externe de la jambe, le dos du pied, le gros orteil ; si la 1re racine sacrée est touchée, la douleur atteint le mollet, le talon, la plante et le bord externe du pied. Si les deux racines nerveuses sont touchées, la douleur s'étend de la fesse au pied.

Souvent précédée par des douleurs lombaires aiguës (lumbago) ou chroniques, accentuée par la toux et la station debout, la douleur peut être minime ou intense, empêchant parfois le sujet de dormir (sciatique hyperalgique). Une forme particulière de sciatique, appelée sciatique paralysante, se traduit par une paralysie de la flexion dorsale du pied.

L'examen radiographique du rachis lombaire peut être normal ou mettre en évidence un pincement ou un bâillement discal localisé. Le scanner et l'imagerie par résonance magnétique (I.R.M.) permettent de visualiser la lésion et d'évaluer son retentissement sur les racines nerveuses.

TRAITEMENT

Le traitement d'une sciatique dépend de sa cause. Dans le cas d'une sciatique paralysante, il est chirurgical. Dans le cas d'une hernie discale, il doit rester médical pendant les 8 premières semaines car, quelle que soit la sévérité des douleurs initiales, la sciatique guérit médicalement dans 90 % des cas. Le but du traitement médical est de rendre cette période la moins pénible et la plus courte possible ; il repose sur l'administration d'analgésiques, d'anti-inflammatoires, de corticostéroïdes généraux ou locaux en infiltrations, sur le repos au lit si la douleur est trop vive ou sur le port d'un corset en résine pendant 6 semaines. Dès que les douleurs le permettent, le rachis étant encore maintenu par le corset, on peut commencer à remuscler les membres inférieurs par des accroupissements. Le rachis lui-même ne sera rééduqué qu'une fois la sciatique guérie, pour prévenir les récidives. Si, après 2 mois de traitement médical, la sciatique reste invalidante, entravant l'activité quotidienne du sujet, on traite la hernie discale par nucléolyse (destruction du nucleus pulposus - partie centrale, semi-liquide, d'un disque intervertébral - par injection d'une enzyme végétale, la papaïne) ou chirurgicalement.

Les autres types de sciatique sont traités par radiothérapie ou chimiothérapie en cas de tumeur maligne osseuse du rachis lombaire, ablation de la tumeur en cas de neurinome ou de tumeur du petit bassin, antibiotiques en cas de spondylodiscite.

→ VOIR **Nerf sciatique.**

Scintigraphie

Technique d'imagerie médicale fondée sur la détection des radiations émises par une substance radioactive (radioélément) introduite dans l'organisme et présentant une affinité particulière pour un organe ou un tissu. SYN. *cartographie isotopique, exploration radio-isotopique.*

INDICATIONS

La scintigraphie permet de déceler de nombreuses affections, touchant tant la structure que le fonctionnement des organes, et certains processus pathologiques : inflammation, infection, saignement, tumeur.

TECHNIQUE

Le principe de la scintigraphie consiste à administrer au patient une substance radio-active qui se fixe électivement sur l'organe ou le tissu à explorer. Une caméra spéciale (caméra à scintillation, ou gamma-caméra) enregistre ensuite le rayonnement émis par l'organe ou par le tissu. L'image de la région explorée est alors obtenue sur l'écran de l'ordinateur de la gamma-caméra. En enregistrant la succession dans le temps de plusieurs images, il est possible de visualiser une transformation, une évolution, un mouvement.

PRÉPARATION ET DÉROULEMENT

En général, aucune préparation n'est nécessaire. Rares sont les examens qui doivent s'effectuer à jeun. Les produits sont injectés en très petite quantité, le plus souvent dans une veine du bras. Certains examens sont réalisés après inhalation ou ingestion du traceur radioactif, qui peut également – dans de rares cas (examen de la vessie) – être introduit au moyen d'une sonde. Le patient est assis ou allongé sur un lit d'examen ; la gamma-caméra est placée devant la région à étudier ou bien tourne autour du patient à la manière d'un scanner (tomoscintigraphie).

CONTRE-INDICATIONS

La dose de rayonnements reçue est très faible, comparable à celle d'une radiographie des poumons, et n'augmente pas avec le nombre de clichés réalisés. Les quantités de radioélément injectées sont toujours minimes et adaptées à chaque patient ; en outre, les radioéléments choisis ont une durée de vie très courte. La grossesse et la période d'allaitement sont habituellement les seules circonstances où des précautions particulières sont observées.

EFFETS SECONDAIRES

Le produit n'entraîne aucune allergie, somnolence ou malaise. Le patient peut reprendre toutes ses activités immédiatement après l'examen.

PERSPECTIVES

Une nouvelle application de la scintigraphie, l'immunoscintigraphie, consiste à administrer au patient un anticorps spécifique marqué. Celui-ci se fixe dans l'organisme sur les molécules caractéristiques d'anomalies liées à certaines maladies, en particulier de certains types de cancer.

Sclère

→ VOIR Sclérotique.

Sclérite

Inflammation de la sclérotique, tunique externe du globe oculaire formant le blanc de l'œil.

Une telle affection peut survenir au cours d'une maladie de système (sarcoïdose, polyarthrite rhumatoïde, par exemple) ou constituer une manifestation allergique.

Sclérodermie

Maladie auto-immune caractérisée par une sclérose progressive du derme et, dans certains cas, des viscères.

La sclérodermie est une maladie rare, dont la cause est encore inconnue.

Sclérodermie localisée

C'est une sclérose atteignant essentiellement le derme, dans certains cas les tissus sous-jacents (aponévroses et muscles).

DIFFÉRENTS TYPES DE SCLÉRODERMIE LOCALISÉE
Cette affection peut prendre des aspects variés.

■ La sclérodermie en bandes forme des bandes bien limitées de tissu scléreux, ferme et induré, d'un blanc nacré limité par une fine bordure lilas, qui siègent surtout sur les membres, le visage ou le cuir chevelu.

■ La sclérodermie en gouttes se traduit par de petits éléments arrondis, d'un blanc nacré, qui touchent surtout la nuque, le cou, les épaules et le haut du thorax.

■ La sclérodermie en plaques forme des plaques cutanées, ou morphées, de couleur et de consistance identiques aux lésions de la sclérodermie en bandes. Les plaques peuvent persister durant plusieurs années.

TRAITEMENT
Il est assez peu efficace, qu'il s'agisse des corticostéroïdes locaux ou des traitements par voie générale visant à lutter contre la sclérose (vitamine E, extraits d'huile d'avocat, corticostéroïdes dans les formes extensives). Une rééducation active (kinésithéra-

pie) est nécessaire en cas de séquelles fonctionnelles (rétractions musculaires, retard de croissance) occasionnées par les lésions aponévrotiques et musculaires.

Sclérodermie systémique

Elle associe, à des signes cutanés variables mais tous caractérisés par un épaississement induré du tégument, des manifestations viscérales multiples.

SYMPTÔMES ET SIGNES
La première manifestation en est presque toujours un syndrome de Raynaud : par temps froid, les vaisseaux sanguins irriguant les doigts se contractent brusquement ; les doigts deviennent alors blancs comme du marbre, puis violets, avant de revenir à leur couleur normale. L'évolution se fait ensuite vers deux formes différentes, la forme limitée ou la forme diffuse.

■ La forme limitée associe au syndrome de Raynaud une ou plusieurs autres anomalies : sclérodactylie (sclérodermie des doigts) – la peau devient lisse, rigide, impossible à pincer, les doigts prennent une forme effilée et se fixent progressivement en flexion irréductible ; télangiectasies (dilatation des petits vaisseaux sanguins cutanés) siégeant sur le visage, les mains et les pieds ; calcinose (petites masses dermiques calcifiées favorisant l'ulcération de la peau sus-jacente) sur les mains et les pieds ; atteinte motrice de l'œsophage, confirmée par la manométrie œsophagienne, altérant la motricité de cet organe et entraînant une dysphagie (gêne à la déglutition). L'ensemble de ces troubles est parfois dénommé C.R.E.S.T. syndrome (abréviation anglo-saxonne de calcinose, Raynaud, atteinte œsophagienne, sclérodactylie, télangiectasies). Le pronostic est assez favorable, mais un passage vers la forme diffuse est possible.

■ La forme diffuse se caractérise par l'extension de la sclérodermie à un ou plusieurs viscères, principalement les reins, ce qui entraîne deux fois sur trois une hypertension artérielle de pronostic sévère. Cette forme atteint aussi le péricarde et, plus rarement, le myocarde, les poumons (fibrose interstitielle gênant la respiration) et le tube digestif, avec œsophagite et malabsorption des aliments. Cette forme est grave mais son évolution peut se stabiliser après quelques années.

TRAITEMENT

Il est essentiellement celui des symptômes et donc adapté à chaque cas : inhibiteurs calciques contre le syndrome de Raynaud et la sclérodactylie ; inhibiteurs de l'enzyme de conversion contre l'hypertension ; régime alimentaire adapté, pansements digestifs, antihistaminiques ou cures d'antibiotiques (tétracyclines) contre les troubles digestifs.

Indépendamment des symptômes, des corticostéroïdes sont prescrits de manière très prolongée. Ce traitement a une efficacité certaine mais partielle et variable d'un malade à un autre. De nombreuses autres substances peuvent être prescrites, notamment la D-pénicillamine et la colchicine.

Sclérœdème

Affection cutanée rare, caractérisée par l'infiltration de la peau par une substance mucopolysaccharidique et se traduisant par des œdèmes épais et ligneux (ayant la consistance du bois).

■ **Chez l'enfant et l'adolescent**, le sclérœdème apparaît 4 à 6 semaines après une infection bactérienne par un streptocoque ; il débute sur la nuque et sur le cou et s'étend en tache d'huile sur le dos et les membres, puis régresse en quelques mois, voire un an. Le traitement repose sur l'administration d'antibiotiques (pénicillines) à forte dose et/ou de corticostéroïdes.

■ **Chez l'adulte diabétique**, la plaque débute sur la nuque puis s'étend progressivement vers les extrémités. L'amélioration du contrôle du diabète s'impose.

Scléromalacie

Amincissement progressif et indolore de la sclérotique, tunique externe du globe oculaire formant le blanc de l'œil.

Sclérose

→ VOIR Fibrose.

Sclérose combinée de la moelle

Atteinte simultanée, dans la moelle épinière, de deux zones de substance blanche, le cordon postérieur (faisceau véhiculant la sensibilité proprioceptive, ou profonde [muscles, tendons, os, articulations]) et le cordon latéral (contenant le faisceau pyramidal qui véhicule la motricité).

CAUSES

La sclérose combinée de la moelle peut être secondaire à une carence en vitamine B12 – c'est une complication possible de la maladie de Biermer non traitée – ou à une dégénérescence spinocérébelleuse, notamment rencontrée au cours de la maladie de Friedreich (maladie dégénérative de la moelle épinière).

SYMPTÔMES ET TRAITEMENT

La sclérose combinée entraîne des troubles mixtes (ou combinés), en particulier des troubles de la sensibilité profonde associés à des contractions musculaires involontaires. Ces troubles affectent surtout les membres inférieurs et se traduisent, notamment, par une marche ataxospasmodique (mouvements brusques de pantin désarticulé).

En cas de sclérose combinée par carence en vitamine B12, des injections de cette vitamine font disparaître tous les troubles si elles sont pratiquées précocement. La sclérose combinée due à une dégénérescence spinocérébelleuse évolue lentement vers l'immobilisation du malade.

Sclérose latérale amyotrophique

→ VOIR Charcot (maladie de).

Sclérose en plaques

Maladie démyélinisante (entraînant la disparition de la myéline, substance lipidique entourant les fibres nerveuses de la substance blanche) du système nerveux central, se traduisant par une sclérose (durcissement dû à un dépôt anormal de tissu conjonctif), apparaissant sous forme de plaques, de la substance blanche.

La sclérose en plaques atteint principalement les adultes jeunes avec une prédominance féminine (60 % des cas).

CAUSES

Elles ne sont pas connues avec certitude, mais l'intervention conjointe de plusieurs facteurs est probable, dont des facteurs génétiques. On pense qu'il s'agit d'une maladie auto-immune (le système immunitaire de l'organisme attaquerait la myéline comme si celle-ci était un corps étranger). La nature du facteur environnemental est controversée et il n'existe actuellement aucune preuve d'une origine virale.

SYMPTÔMES ET SIGNES

Les plaques empêchent les fibres nerveuses atteintes de conduire l'influx nerveux, ce qui entraîne des troubles d'intensité et de localisation très variables, en fonction de la zone où elles apparaissent. La maladie se manifeste habituellement sous forme de poussées de courte durée, suivies d'une régression des signes.

Les premières manifestations de la sclérose en plaques peuvent concerner les fonctions sensitives (fourmillements, impressions anormales au tact), motrices (paralysie transitoire d'un membre), la vision (vision floue, baisse brutale de l'acuité visuelle d'un œil), l'équilibre ou encore le contrôle des urines (incontinence).

DIAGNOSTIC

Il repose principalement sur l'observation des signes. L'apparition brutale de troubles témoignant d'une atteinte multifocale (plusieurs foyers) et leur régression rapide en quelques jours ou en quelques semaines, chez un adulte jeune, sont très caractéristiques de la maladie. Parmi les techniques d'imagerie médicale, l'imagerie par résonance magnétique (I.R.M.) est actuellement le procédé permettant le mieux de visualiser les plaques démyélinisées, à bords plus ou moins réguliers. L'examen du liquide céphalorachidien, recueilli par ponction lombaire, peut montrer la présence de lymphocytes, ou globules blancs, une légère augmentation du taux de protéines et une élévation du pourcentage des gammaglobulines (anticorps). Les potentiels évoqués (enregistrement de l'activité électrique du cerveau) permettent de rechercher des atteintes encore latentes, établissant le caractère multi-focal des plaques et donc des lésions neurologiques.

TRAITEMENT

Le traitement des poussées se fonde sur la corticothérapie à fortes doses, administrée de préférence par perfusion pendant quelques jours en milieu hospitalier, mais aussi par injections intramusculaires et par voie orale. Par ailleurs, on utilise l'interféron bêta, qui peut diminuer le nombre et la durée des poussées et l'apparition de nouvelles lésions. D'autres traitements sont à l'étude (anticorps monoclonaux, copolymer). On peut aussi utiliser, dans certains cas, des immunosuppresseurs. Les troubles sont également traités spécifiquement : traitement médicamenteux de l'incontinence urinaire, rééducation par kinésithérapie visant à renforcer la musculature, etc.

PRONOSTIC

Il est très variable. La forme la plus courante se caractérise par une succession de poussées entrecoupées de rémissions d'une durée très variable avec, lors des premières manifestations de la maladie, une régression totale des signes, puis leur persistance croissante, ce qui aboutit à une invalidité progressive. Il existe également des formes immédiatement invalidantes (poussées initiales non suivies de rémission), des cas où l'évolution est progressive et continue, mais également des formes bénignes, qui se traduisent par un petit nombre de poussées et une rémission très longue ou définitive.

Sclérotique

Membrane fibreuse blanchâtre, très résistante, qui enveloppe l'œil sur presque toute sa surface. SYN. *sclère*.

Épaisse de 1 millimètre, la sclérotique, appelée couramment blanc de l'œil, se prolonge en avant par la cornée, transparente et de forme plus bombée.

PATHOLOGIE

En dehors des traumatismes, la sclérotique peut être le siège d'affections dégénératives (scléromalacie) et inflammatoires (sclérite).

Scoliose

Incurvation latérale pathologique de la colonne vertébrale (rachis).

DIFFÉRENTS TYPES DE SCOLIOSE

Il en existe trois, de gravité diverse.

■ Les **attitudes scoliotiques** sont caractérisées par une incurvation latérale droite ou gauche du rachis, visible en position debout, qui se corrige lorsque le sujet se penche en avant. Elles sont le plus souvent dues à une inégalité de longueur des jambes, phénomène fréquent au cours de la croissance mais qui peut persister à l'âge adulte. Elles nécessitent une surveillance particulière chez les sujets en période de croissance.

■ Les **scolioses antalgiques**, particulièrement douloureuses, accompagnent un lumbago ou une sciatique lombaire. En principe, elles se corrigent lorsque leur cause est traitée, mais elles peuvent persister, voire se transformer en scoliose vraie, avec rotation des corps vertébraux. Elles nécessitent donc une surveillance régulière.

■ Les **scolioses vraies**, également appelées **scolioses osseuses** ou **scolioses structurales**, se subdivisent en trois catégories différentes. Les scolioses par malformation congénitale d'une vertèbre (la moitié seulement d'une vertèbre s'est développée) existent dès la naissance et sont souvent évolutives. Les scolioses par déformation acquise d'une ou de plusieurs vertèbres (séquelles d'un mal de Pott, par exemple) peuvent être très importantes. Les scolioses idiopathiques, caractérisées par une rotation des vertèbres, débutent dans l'enfance et s'aggravent pendant toute la croissance sans entraîner de douleur.

DIAGNOSTIC

Il repose sur l'examen clinique, sur certaines mesures prises sur l'axe vertébral et affinées d'après les clichés radiologiques. La scoliose est ainsi définie par son siège précis (dorsal, lombaire) et par l'importance en degrés de l'angulation observée entre les vertèbres.

TRAITEMENT

Les courbures scoliotiques doivent être mesurées périodiquement. Si elles sont modérées, elles relèvent d'une gymnastique appropriée et d'un traitement orthopédique (corset, plâtre).

Seules les scolioses évolutives ou importantes doivent être opérées mais, dans la mesure du possible, pas avant la fin de la croissance osseuse du rachis. Le plus souvent, le traitement consiste, après avoir corrigé du mieux possible les courbures anormales, à souder les vertèbres atteintes par une greffe osseuse (arthrodèse). Ce geste, presque toujours associé à une ostéosynthèse postérieure et/ou antérieure (pose d'une plaque ou d'une tige), permet de redresser la colonne vertébrale, au prix cependant d'une certaine raideur. Les lombostats sont d'une grande utilité pour traiter certaines scolioses lombaires qui deviennent douloureuses et évolutives à l'âge adulte : altération des disques intervertébraux, voire compression de racines nerveuses ou de la moelle épinière, ayant pour conséquence des complications neurologiques graves.

Scorbut

Maladie aiguë ou chronique due à une carence en vitamine C d'origine alimentaire.

Le scorbut se rencontrait autrefois à l'état endémique dans les prisons, sur les bateaux et, de façon générale, chez toutes les personnes ayant une alimentation pauvre en légumes et en fruits frais.

Cette maladie se traduit par des hémorragies, des troubles de l'ossification, des altérations des gencives, une grande fatigabilité et une moindre résistance aux infections. Elle se guérit par l'administration de vitamine C.

Scotch-test

Examen dermatologique permettant de déterminer une infection par certains champignons microscopiques ou l'infestation par certains vers intestinaux.

Le Scotch-test consiste à appliquer un fragment de papier collant transparent (Scotch ®) sur une lésion de la peau ou des muqueuses (marge anale en cas de suspicion d'oxyurose). Le Scotch est ensuite fixé sur une lame de verre puis examiné au microscope en laboratoire.

Scotome

Amputation partielle du champ visuel, perçue ou non par le patient.

DIFFÉRENTS TYPES DE SCOTOME

Il existe des scotomes négatifs, non perçus par le patient mais qui sont mis en évidence par l'étude du champ visuel, et des scotomes positifs, que le patient perçoit comme une tache plus sombre dans son champ visuel, tache qu'il peut dessiner sur une feuille quadrillée.

Selon l'intensité du scotome, on distingue les scotomes absolus, sans perception lumineuse, et les scotomes relatifs, au niveau desquels la perception lumineuse est affaiblie mais persiste.

■ **Les scotomes centraux**, situés autour du point de fixation, qui correspond au point central du champ visuel lors d'un test, traduisent une atteinte des fibres provenant de la macula, dans le nerf optique ou dans les voies optiques. Les scotomes centraux sont responsables d'une baisse plus ou moins profonde de l'acuité visuelle.

■ **Les scotomes cæcocentraux** sont situés dans les 10 degrés centraux du champ visuel, du côté extérieur. Ils résultent souvent de névrites optiques dues surtout à une consommation excessive d'alcool et/ou de tabac et touchent en général les deux yeux.

■ **Les scotomes paracentraux**, situés dans les 30 degrés centraux du champ visuel, sont dus, le plus souvent, au glaucome (hypertension intraoculaire).

Scrotum

Enveloppe cutanée superficielle des bourses et de leur contenu, les testicules et les épididymes.

PATHOLOGIE

Le scrotum peut être le siège de diverses affections.

■ **Un abcès épididymotesticulaire** (collection de pus dans l'épididyme et le testicule) peut se fistuliser au scrotum, provoquant un écoulement externe de pus.

■ **Une hernie inguinoscrotale**, hernie inguinale au cours de laquelle un segment d'intestin fait saillie sur le scrotum, entraîne une augmentation de volume de celui-ci.

■ **Une hydrocèle vaginale** (épanchement de liquide séreux situé entre les deux feuillets de la vaginale testiculaire, enveloppe séreuse du testicule) se traduit par une augmentation du volume du scrotum.

■ **Une tumeur du testicule**, lorsqu'elle est volumineuse, entraîne une déformation locale du scrotum.

En outre, toutes les pathologies cutanées peuvent siéger sur le scrotum : allergies, mycoses, infections de follicules pilosébacés, abcès, etc.

Scybales

Selles de petite taille, rondes et desséchées, dont l'émission est un signe de constipation.

Sébacée (glande)

Glande annexe de l'épiderme, sécrétant le sébum.

Les glandes sébacées sont présentes sur toute la surface de la peau, sauf sur la paume des mains et la plante des pieds, mais elles sont plus abondantes dans certaines régions : visage, dos, cuir chevelu.

PHYSIOLOGIE ET PATHOLOGIE

La sécrétion du sébum est activée par les hormones androgènes (testostérone). D'autres facteurs l'influencent : âge (avec un léger pic avant l'âge de trois mois et un autre, plus important, à la puberté), « dégraissage » excessif de la peau par des cosmétiques, hormones médicamenteuses du type œstrogène ou progestatif (activation ou inhibition), affections neurologiques (maladie de Parkinson). L'augmentation pathologique de la sécrétion de sébum est la séborrhée.

Séborrhée

Augmentation pathologique de la sécrétion de sébum par les glandes sébacées.

Une séborrhée confère à la peau un aspect gras ; elle favorise l'apparition d'une acné ou d'une dermatite séborrhéique.

CAUSES

La séborrhée est fréquente à l'adolescence. Elle peut également survenir au cours d'une maladie neurologique (maladie de Parkinson, par exemple) ou d'un traitement hormonal (œstrogènes).

TRAITEMENT

Il consiste en un nettoyage biquotidien de la peau à l'aide de produits doux non décapants ; dans certains cas, on y associe l'application locale de progestérone, voire, dans les cas rebelles, l'administration à très faibles doses de rétinoïdes (isotrétinoïnes). Ceux-ci sont formellement contre-indiqués chez les femmes enceintes ou ne disposant pas d'une contraception efficace, car ils entraînent des malformations chez le fœtus. L'application locale de produits à base d'hormones antiandrogènes est à l'étude.

Sébum

Produit de sécrétion des glandes sébacées.

Le sébum est un produit blanc jaunâtre, pâteux, d'odeur alliacée. Il est constitué essentiellement de lipides, en majorité du type des triglycérides. Il se répand à la surface de l'épiderme et participe à la protection contre les bactéries et les champignons microscopiques. En outre, il lubrifie la peau, la protège de l'humidité et de la sécheresse et entretient sa souplesse.

Secondaire

Se dit d'une maladie ou d'une manifestation pathologique consécutives à une autre.

Le terme est, par exemple, utilisé pour caractériser les lésions métastatiques d'un cancer primitif. Ainsi, le cancer du côlon se complique souvent de lésions hépatiques secondaires. Il peut arriver qu'un cancer primitif soit asymptomatique et ne soit diagnostiqué qu'après la découverte du cancer secondaire, qui se révèle, par exemple, par des métastases pulmonaires.

Secourisme

Ensemble des méthodes pratiques et des techniques thérapeutiques mises en œuvre pour porter assistance à des personnes en danger (victimes d'accidents, par exemple) et leur dispenser les premiers soins.

Le secouriste doit, le cas échéant, écarter la foule des badauds, tenter de supprimer les facteurs d'accident (dégager la route, signaler le lieu de l'accident, couper le gaz ou l'électricité, etc.) et prévenir ou faire prévenir les services d'urgence compétents (pompiers, services hospitaliers d'urgence).

Les premiers soins consistent à dégager la victime, s'il est possible de le faire sans danger pour elle, et, si elle est consciente, à lui parler afin de la rassurer et de se renseigner sur les circonstances de l'accident et sur son état. Si la victime est inconsciente et respire, il faut la mettre, si on ne craint pas une atteinte de la colonne vertébrale, en position latérale de sécurité (position réduisant ou éliminant les risques mécaniques d'asphyxie) et la surveiller pour vérifier si la respiration se maintient (mouvements respiratoires, couleur des lèvres, pouls). Si la victime ne respire plus, il faut immédiatement entreprendre une respiration artificielle après avoir desserré si nécessaire les vêtements gênants (chemise, col, cravate, ceinture) et dégagé la bouche et la gorge d'obstacles éventuels (vomissements, terre, etc.). En cas d'arrêt cardiaque, un massage cardiaque externe doit être pratiqué sans attendre par une personne compétente.

Les hémorragies externes doivent être arrêtées, par compression du vaisseau sanguin avec le pouce ou le poing en amont de la plaie ou par compression de la plaie elle-même (pansement compressif).

Les membres fracturés doivent être immobilisés par des attelles, une écharpe ou des vêtements.

Sécrétion

Production et libération par un groupe de cellules, une glande ou un organe, de produits (enzymes, hormones) nécessaires à la vie de l'organisme.

Secret médical

Respect par le médecin de la confidentialité des informations – médicales ou non – qu'il est amené à connaître dans le cadre de ses relations professionnelles avec un malade.

Le secret médical peut – et doit – être rompu si le médecin estime avoir connaissance d'un cas d'enfant maltraité. Il peut l'être également dans le cadre de certaines enquêtes juridiques.

Le secret médical doit également être respecté par toute personne exerçant une profession paramédicale.

Sédatif

Médicament qui calme l'activité d'un organe ou du psychisme.

Les sédatifs forment un ensemble médicamenteux assez hétérogène, comprenant, par exemple, les antitussifs (sédatifs de la toux), les analgésiques (sédatifs de la douleur), les anxiolytiques (qui modèrent l'anxiété).

Sédation

Utilisation de moyens en majorité médicamenteux permettant de calmer le malade en vue d'assurer son confort physique et psychique tout en facilitant les soins.

DIFFÉRENTS TYPES DE SÉDATION

■ **Les principaux médicaments de la sédation** (sédatifs) sont les neuroleptiques (contre l'agitation et le délire des psychoses), les anxiolytiques (contre l'anxiété ordinaire, l'anxiété névrotique, l'émotivité), les hypnotiques (contre l'insomnie), les analgésiques communs et les opiacés (contre la douleur).

■ **Les méthodes psychologiques** comprennent les entretiens psychothérapeutiques et diverses méthodes essentiellement fondées sur la relaxation et l'autosuggestion (relaxation proprement dite, yoga médical, hypnose, sophrologie).

■ **Les méthodes physiques** comprennent les massages (par un masseur-kinésithérapeute) et la physiothérapie (ultrasons, laser, courants électriques).

Sein

Glande mammaire.

STRUCTURE

■ **Chez la femme,** les seins sont centrés par un mamelon, lui-même entouré d'une zone pigmentée, l'aréole. La peau de l'aréole, très fine, est légèrement déformée par les orifices des glandes sébacées, des glandes sudoripares et des follicules pileux. La glande mammaire est constituée d'une vingtaine de lobes glandulaires noyés dans du tissu graisseux. Les canaux excréteurs de ces lobes, appelés canaux galactophores, débouchent sur le mamelon. Les seins reposent en arrière sur le muscle pectoral.

■ **Chez l'homme,** les seins demeurent immatures et ne contiennent pas de glande mammaire.

PHYSIOLOGIE

Le développement des seins est le premier signe de la puberté féminine. La glande mammaire réagit aux variations hormonales au cours du cycle menstruel et augmente de volume en période prémenstruelle sous l'effet des œstrogènes. À la ménopause, la production ovarienne d'œstrogènes s'effondre, ce qui entraîne une diminution du volume des seins.

La principale fonction biologique du sein est la production du lait. Pendant la grossesse, les œstrogènes sécrétés par l'ovaire et la progestérone sécrétée par le corps jaune, puis par le placenta, provoquent le développement des glandes mammaires ainsi que l'élargissement des mamelons. Juste après l'accouchement, les seins produisent un liquide aqueux, le colostrum. Celui-ci fait place au lait maternel, au bout de 3 jours, sous l'influence de la prolactine.

Outre sa fonction alimentaire, le sein féminin a un rôle esthétique et sexuel. L'érection du mamelon est la première manifestation de l'excitation sexuelle, suivie d'une turgescence de l'aréole puis d'un gonflement de toute la glande mammaire.

EXAMENS ET PATHOLOGIE

La palpation des seins doit être pratiquée systématiquement au cours d'un examen gynécologique. En outre, toute femme doit régulièrement réaliser un « autoexamen des seins » afin de dépister elle-même, le plus tôt possible, des lésions bénignes du sein et de pouvoir, le cas échéant, consulter un spécialiste. La femme se met torse nu devant une glace et évalue la symétrie de sa poitrine, l'existence d'une éventuelle rétraction de la peau. En mettant les bras en l'air, elle apprécie l'élévation des seins et une éventuelle dissymétrie d'élévation. Puis elle palpe chaque sein avec la main du côté opposé. Avec sa main à plat écrasant le sein contre le thorax, elle recherche l'existence d'un nodule ou d'une zone indurée. La femme vérifie également l'absence de petites croûtes sur le mamelon ainsi que l'absence de déformation ou de rétraction de ce dernier. Elle presse enfin chaque mamelon ; si une goutte de liquide apparaît sur un sein, elle le signale à son médecin.

Parmi les autres examens du sein, la mammographie (radiographie du sein) doit être pratiquée tous les 3 ans à partir de l'âge de 50 ans. Une biopsie du sein peut enfin être réalisée pour analyser une zone suspecte découverte lors d'un autre examen.

En dehors des périodes d'allaitement, lors duquel le sein peut faire l'objet d'une inflammation (lymphangite) évoluant parfois vers un abcès, les principales pathologies du sein sont tumorales : nodule, kyste, cancer.

Sein (abcès du)

Cavité emplie de pus se développant aux dépens de la glande mammaire.

Un abcès du sein peut découler d'un traumatisme ou constituer la localisation secondaire d'un autre foyer infectieux. Le plus souvent, c'est une complication de l'allaitement ; il survient alors dans les 10 à 15 jours qui suivent le début de celui-ci et se traduit au début par un placard rouge, dur et douloureux d'une partie du sein. En l'absence de traitement (antibiotiques, anti-inflammatoires), le placard se surinfecte et se gonfle de pus, constituant l'abcès à proprement parler. Le traitement repose sur un drainage chirurgical.

Sein (cancer du)

Cancer touchant la glande mammaire de la femme, principalement sous la forme d'un adénocarcinome (cancer du tissu glandulaire), parfois sous la forme d'un sarcome (cancer du tissu conjonctif).

Le cancer du sein atteint une femme sur treize, la tranche d'âge la plus touchée étant celle de 50 à 60 ans ; seules 5 % des patientes ont moins de 35 ans lors du diagnostic. C'est le plus fréquent des cancers de la femme et le nombre de cas augmente régulièrement.

FACTEURS FAVORISANTS

Le risque de survenue de cette maladie est plus important lorsqu'il y a des cas de cancers du sein dans la famille : mère, sœur ou tante. On a identifié des gènes de susceptibilité (BRCA1 et BRCA2) qui sont présents dans 5 % des cas. Chez les porteuses de ces gènes, le risque est de 85 %. Il existe aussi des facteurs hormonaux, caractérisés par une puberté précoce (avant 10 ans), une ménopause tardive (après 55 ans), une première grossesse après 30 ans. Les femmes ayant eu un kyste ou une tumeur bénigne du sein, traités ou non, doivent être régulièrement surveillées en raison d'un risque plus élevé. Ni le rôle cancérogène des pilules œstroprogestatives ni le rôle protecteur de l'allaitement n'ont été prouvés.

SYMPTÔMES ET SIGNES

Un cancer du sein peut se manifester par une grosseur (nodule), un écoulement de liquide clair ou sanglant par le mamelon, une déformation du galbe du sein ou du mamelon (rétraction), plus rarement par une douleur. Il ne présente parfois aucun signe et est mis en évidence par une mammographie (examen radiologique du sein).

DIAGNOSTIC

Un cancer du sein est découvert soit à l'occasion d'un examen systématique, soit par la patiente elle-même au cours d'un autoexamen du sein. Le diagnostic est confirmé par une mammographie, éventuellement complétée par une échographie mammaire et par une ponction du kyste ou du nodule (biopsie), dont le liquide ou les cellules prélevées sont examinés au microscope afin de rechercher des cellules tumorales.

ÉVOLUTION

Comme la plupart des cancers, le cancer du sein évolue d'abord localement, avec extension aux organes de voisinage et aux ganglions lymphatiques axillaires, puis se propage par voie sanguine (métastases), surtout aux os, au cerveau, au foie et aux poumons. Ces métastases peuvent apparaître tardivement, jusqu'à 10 ans après la découverte du cancer initial.

TRAITEMENT

Quatre traitements peuvent être entrepris, parfois isolément, parfois en association : la chirurgie, la chimiothérapie, la radiothérapie, l'hormonothérapie.

■ **La chirurgie** est généralement le premier traitement envisagé. Elle consiste le plus souvent, aujourd'hui, en l'ablation de la tumeur (tumorectomie), associée à l'examen histologique immédiat (dit extemporané) de celle-ci, la femme étant toujours sous anesthésie générale : si l'examen histologique confirme la nature maligne de la tumeur, l'ablation des ganglions de l'aisselle (curage ganglionnaire axillaire) est réalisée, l'accord pour cette éventuelle extension de l'acte chirurgical devant avoir été préalablement obtenu. Pour les tumeurs volumineuses ou multiples, la mastectomie (ablation du sein) est encore pratiquée.

■ **La radiothérapie**, pratiquée après une tumorectomie, consiste à irradier le sein et le pourtour de la zone retirée pour éviter les récidives locales. Le traitement comprend généralement de six à douze séances, à raison de une ou deux séances par semaine pendant six semaines. Une autre technique de radiothérapie, la curiethérapie, consiste à implanter dans le sein, près de la tumeur, des aiguilles creuses dans lesquelles est glissé un fil radioactif, laissé quelques jours.

■ **La chimiothérapie** est utilisée, après une tumorectomie ou comme seule méthode thérapeutique, lorsque la tumeur évolue rapidement, chez les femmes jeunes, ou lorsque des métastases ont été constatées. Le traitement s'étend sur une période de 2 à 6 mois et comprend plusieurs cures espacées de une ou plusieurs substances anticancéreuses (mono- ou polychimiothérapie).

■ **L'hormonothérapie**, très souvent associée aux autres traitements, consiste à prendre par voie orale des antiœstrogènes lorsque le cancer est hormonodépendant, c'est-à-dire que la tumeur contient des récepteurs hormonaux (éléments situés à la surface de certaines cellules et destinés à recevoir les messages hormonaux).

PRONOSTIC ET DÉPISTAGE

Lorsque le cancer du sein est traité tôt, son pronostic est bon. La surveillance régulière d'une femme ayant eu un cancer du sein et la reprise du traitement au moindre signe de récidive améliorent encore ce pronostic. Par ailleurs, une femme ayant subi le traitement d'un cancer du sein peut envisager d'avoir un enfant : une période de 2 ans après la fin du traitement doit être respectée afin de surveiller l'évolution de la maladie. L'allaitement maternel est néanmoins déconseillé.

L'amélioration du pronostic du cancer du sein passe par le dépistage précoce : examen gynécologique régulier (tous les ans), mammographie systématique (tous les 3 ans à partir de 50 ans), autoexamen des seins par la femme et consultation médicale à la moindre anomalie constatée.

Sein (tumeur bénigne du)

Formation nodulaire bénigne dans le tissu du sein.

DIFFÉRENTS TYPES DE TUMEUR

Une tumeur bénigne du sein est le plus souvent un kyste (cavité remplie de liquide), un adénofibrome (nodule arrondi, parfois volumineux, roulant sous le doigt), un lipome (tumeur graisseuse), un papillome intracanaliculaire (prolifération de tissu dans un canal galactophore, qui provoque un écoulement de liquide clair ou sanglant par le mamelon) ou encore une tumeur phyllode (tumeur mammaire volumineuse et bosselée). Ces deux dernières tumeurs peuvent devenir cancéreuses.

SIGNES

Les tumeurs bénignes du sein sont parfois senties à la palpation.

DIAGNOSTIC ET TRAITEMENT

Le diagnostic précis d'une tumeur bénigne du sein est confirmé par des examens complémentaires, avant tout la mammographie (radiographie du sein), l'échographie et la ponction ou la biopsie de la tumeur, suivie d'un examen au microscope des tissus prélevés. Une fois le diagnostic établi, le traitement est instauré. Un kyste est vidé, un nodule fibreux ou un lipome sont ôtés lorsqu'ils sont trop volumineux. Les papillomes et les tumeurs phyllodes sont systématiquement enlevés à cause de leur risque d'évolution maligne.

Sel

Substance blanche ou grise, composée en majeure partie de chlorure de sodium, cristallisée, friable, soluble dans l'eau et employée pour l'assaisonnement ou la conservation des aliments.

La consommation moyenne de sel par individu est de 7 ou 8 grammes par jour, comprenant le sel naturellement présent dans les aliments (1 ou 2 grammes), le sel utilisé pour assaisonner les plats (3 ou 4 grammes) et le sel contenu dans les préparations alimentaires industrielles (3 ou 4 grammes).

→ VOIR Sodium.

Sel biliaire

Substance dérivée du cholestérol, produite par les cellules hépatiques et sécrétée dans la bile, permettant la dégradation et l'absorption des graisses.

Sélénium

Oligoélément indispensable à l'organisme, aux propriétés antioxydantes.

Le sélénium doit être apporté par l'alimentation ; les apports quotidiens recommandés sont d'environ 50 à 70 microgrammes. On trouve cet oligoélément surtout dans les produits de la mer et les abats (foie, rognons). Dans l'organisme, le sélénium entre notamment dans la composition d'enzymes qui agissent sur le glutathion, une substance qui protège les cellules contre le pouvoir oxydant des radicaux libres.

Selle turcique

Gouttière osseuse profonde, située à la face supérieure de l'os sphénoïde, à la base du crâne, et contenant l'hypophyse.

Selle turcique vide (syndrome de la)

Refoulement et parfois aplatissement de l'hypophyse contre la paroi de sa loge osseuse, empêchant de visualiser cette glande sur les radiographies.

Le syndrome de la selle turcique vide n'a pas de cause connue avec certitude.

Les formes sans complication ne nécessitent pas de traitement, mais les troubles visuels peuvent parfois justifier une opération chirurgicale, ce qui est cependant très exceptionnel.

Selles

→ VOIR Fèces.

Séminome testiculaire

Tumeur maligne du testicule, développée aux dépens de ses cellules germinales. SYN. *séminogoniome*.

Le séminome testiculaire affecte le plus souvent l'homme d'une trentaine d'années.

SYMPTÔMES ET DIAGNOSTIC

Cette tumeur se traduit par une masse indolore, palpable, contenue dans le scrotum, qui semble solidaire du testicule et le déforme. Le diagnostic est confirmé par une échotomographie scrotale.

TRAITEMENT ET SURVEILLANCE

Le traitement repose dans un premier temps sur l'ablation chirurgicale du testicule atteint (orchidectomie), suivie par un examen au microscope de la tumeur, qui permet de confirmer sa nature maligne. Une radiothérapie abdominale et thoracique et, parfois, une chimiothérapie lui sont très souvent associées. Le dosage sanguin des marqueurs tumoraux (alphafœtoprotéines et bêta-h.C.G.) permet de surveiller l'efficacité du traitement. Une guérison est obtenue dans plus de 90 % des cas. La chimiothérapie peut provoquer une stérilité temporaire ou définitive, qui justifie qu'un patient en âge de procréer envisage la conservation de son sperme avant le début du traitement.

Sénilité

Détérioration pathologique des facultés physiques et psychiques d'une personne âgée. SYN. *vieillissement pathologique*.

Le terme de sénilité est employé dans le langage courant pour décrire, chez une personne âgée, une atteinte simultanée des facultés physiques et psychiques.

PRÉVENTION

L'ensemble des progrès thérapeutiques et la mise en place de campagnes de sensibilisation du public devraient permettre d'abaisser encore le nombre de sujets atteints de maladies responsables de sénilité dans les prochaines décennies. Un certain nombre de facteurs de risque de ces maladies sont bien connus : hypertension artérielle, surpoids, tabagisme, anomalies métaboliques majeures (diabète, hypercholestérolémie), stress, etc. La diminution de l'incidence des accidents vasculaires cérébraux et des démences vasculaires durant les dix dernières années peut ainsi s'expliquer en grande partie par la maîtrise de ces différents facteurs de risque.

En outre, une surveillance médicale régulière permet de dépister plus tôt et donc de traiter plus efficacement certaines affections dont la fréquence augmente avec l'âge. Ainsi, le traitement de l'hypertension artérielle permet de diminuer l'incidence des accidents vasculaires cérébraux, des infarctus du myocarde, des insuffisances cardiaques, de la même façon que le traitement hormonal de la ménopause permet de diminuer l'incidence des fractures du col du fémur.

Sénologie

Spécialité médicale qui étudie les affections du sein.

Sens

Fonction physiologique de relation avec le monde extérieur, permettant d'apporter au cerveau des informations sur celui-ci et de les rendre conscientes.

→ voir Audition, Goût, Olfaction, Toucher, Vision.

Sensibilisation

État d'un organisme qui, après un premier contact avec un antigène, acquiert à son égard des capacités de réaction.

Le premier contact avec un antigène (bactérie, virus, grain de pollen, etc.) déclenche une réponse immunitaire dite primitive. Lors d'un second contact avec le même antigène, la réponse immunitaire de l'organisme sensibilisé, dite secondaire, sera plus rapide et plus intense.

Dans certains cas, la sensibilisation est excessive (hypersensibilité) et se caractérise par une réaction immunitaire exagérée, responsable des symptômes de l'allergie (rougeurs cutanées, œdèmes, diminution du calibre des bronches, écoulement nasal, choc anaphylactique, etc.).

Sensibilité

Fonction du système nerveux lui permettant de recevoir et d'analyser des informations.

DIFFÉRENTS TYPES DE SENSIBILITÉ

On distingue plusieurs sortes de sensibilité.
■ **La sensibilité extéroceptive** est celle de la peau au contact – que celui-ci soit grossier ou fin et discriminatif (permettant la différenciation) –, à la température et à la douleur. Les organes des sens autres que la peau ont chacun une perception spécialisée (goût, odorat, ouïe, vue), qui n'entre pas dans le cadre de la sensibilité pris dans le sens strict et habituel de somesthésie (faculté de percevoir les stimuli d'origine corporelle, à l'exception des organes des sens).
■ **La sensibilité proprioceptive** est celle de la position et du mouvement des muscles et des articulations. Elle peut être consciente ou inconsciente.
■ **La sensibilité intéroceptive** est celle des viscères. Elle est inconsciente.

Septicémie

État infectieux généralisé, dû à la dissémination d'un germe pathogène (c'est-à-dire pouvant provoquer une maladie) dans tout l'organisme, par l'intermédiaire du sang.

CAUSES

Les germes pyogènes (provoquant la formation de pus) tels que les streptocoques ou les staphylocoques se développent à partir d'un foyer infectieux primitif et se répandent par voie veineuse. Un foyer infectieux persistant (dentaire, par exemple) peut entretenir une septicémie.

Lorsque le foyer infectieux initial est une endocardite gauche, c'est-à-dire infection du cœur gauche, la diffusion microbienne est artérielle.

SYMPTÔMES ET SIGNES

Ce sont une fièvre élevée, en clocher (avec des pics correspondant aux décharges infectieuses) ou en plateau (sans variations) en cas de diffusion par le système lymphatique, des frissons et un malaise général.

DIAGNOSTIC ET TRAITEMENT
Le diagnostic repose sur la mise en évidence, par hémoculture, de la présence du microbe dans le sang.

Les antibiotiques sont administrés pendant au moins quinze jours.

Septoplastie

Modification chirurgicale de la forme de la cloison nasale.

Une septoplastie est indiquée essentiellement en cas de déviation de la cloison nasale, quand celle-ci provoque une obstruction gênante. L'opération se déroule sous anesthésie générale. Le plus souvent, le chirurgien pratique une incision intranasale qui n'entraîne pas de cicatrice visible extérieurement, remet la cloison nasale en place ou en retire une petite partie. Un méchage postopératoire est parfois laissé en place pendant quelques jours. Cette intervention nécessite de 3 à 6 jours d'hospitalisation.

Séquelle

Manifestation pathologique ou lésion qui persiste après la guérison d'une maladie ou d'une blessure.

Séquestre

Fragment osseux non irrigué et dévitalisé siégeant dans un os ou dans un tissu périosseux.

Un séquestre peut provenir soit d'une fracture, soit d'une ostéomyélite (infection de l'os par le staphylocoque doré). Dans ce dernier cas, il se comporte comme un véritable corps étranger, entretenant une suppuration chronique qui impose son ablation.

Séreuse

Fine membrane tissulaire entourant les viscères et formée de deux feuillets, le feuillet viscéral et le feuillet pariétal. SYN. *membrane séreuse.*

Les séreuses sont représentées, pour le cœur, par le péricarde ; pour le poumon, par la plèvre ; pour l'appareil digestif, par le péritoine.

Seringue

Instrument constitué d'un piston et d'un corps de pompe cylindrique muni d'un embout où s'adapte une aiguille et servant à injecter ou à prélever des liquides dans les tissus, les vaisseaux ou les cavités naturelles.

Les seringues en verre sont réutilisables après stérilisation ; les seringues en plastique sont jetables (à usage unique).

Les seringues jetables sont conditionnées dans des sachets stériles. Avec le développement du sida, qui se transmet par le sang, leur usage se généralise et des règles d'utilisation strictes s'imposent : ces seringues doivent être détruites après usage.

Séroconversion

Apparition, dans le sérum d'un malade, d'un anticorps spécifique, ce qui se traduit par le passage de la négativité à la positivité du test sérologique, permettant de mettre cet anticorps en évidence.

La séroconversion s'observe au cours d'une infection virale ou bactérienne. Elle permet de diagnostiquer l'infection après le temps nécessaire à l'organisme – et en particulier à certains globules blancs, les lymphocytes B – pour fabriquer des anticorps qui seront détectables par une méthode immunologique sérologique.

Sérodiagnostic

Technique de laboratoire à visée diagnostique permettant d'identifier, dans le sérum d'un malade, les anticorps spécifiques d'un agent pathogène.

Pratiquement toutes les maladies infectieuses ou parasitaires peuvent être diagnostiquées à l'aide d'un ou de plusieurs sérodiagnostics : brucellose, paludisme, rubéole, sida, syphilis, etc. La technique diffère selon le germe recherché. Toutefois, le sérodiagnostic n'est qu'un test de diagnostic indirect, dont la sensibilité, la fiabilité et la spécificité ne sont pas absolues. Il n'a donc pas autant de valeur que l'isolement ou l'identification de l'agent pathogène ou la mise en évidence d'un de ses composants (antigène présent à la surface du germe, acide nucléique).

Sérologie

Étude des sérums, de leurs propriétés (notamment de leurs particularités immunitaires) et des différentes modifications qu'ils subissent sous l'influence des maladies.

Séronégatif

Se dit d'un sujet dont le sérum sanguin ne contient aucun des anticorps recherchés.

Ce terme est couramment utilisé à propos des personnes qui n'ont pas d'anticorps contre le V.I.H. (virus du sida). Dans le cas du virus du sida notamment, le test sérologique est négatif si le sujet n'est pas infecté ou si le test est effectué trop tôt après la contamination.

Séropositif

Se dit d'un sujet dont le sérum contient des anticorps spécifiques.

Depuis le début de l'épidémie du sida, ce terme s'applique dans le langage courant aux personnes porteuses du V.I.H. (virus de l'immunodéficience humaine).

Lorsqu'un sujet séronégatif lors des tests précédents se révèle séropositif lors d'un test ultérieur, on parle de séroconversion. Un test sérologique positif signifie que les anticorps recherchés ont été mis en évidence par le test. Dans le cas du sida, la séropositivité témoigne de la présence d'anticorps dirigés contre le V.I.H. Une personne séropositive peut être dans une phase asymptomatique de la maladie si elle est encore en bonne santé, ou dans une phase symptomatique si elle est malade.

Séroprophylaxie

Utilisation préventive d'un sérum contenant des anticorps spécifiques, après une contamination certaine ou présumée par un germe infectieux.

Les propriétés protectrices immédiates mais temporaires de ce sérum ont pour effet d'empêcher la survenue de la maladie. La séroprophylaxie est notamment utilisée dans la prévention du tétanos chez une personne non ou incorrectement vaccinée, en cas de plaie suspecte.

→ VOIR Sérothérapie.

Sérosité

Liquide constituant un épanchement pathologique.

Les œdèmes et les phlyctènes sous-épidermiques (soulèvement de l'épiderme) contiennent une sérosité.

Sérothérapie

Utilisation thérapeutique de sérums animaux ou humains riches en anticorps spécifiques et capables de neutraliser un antigène microbien, une toxine, une bactérie, un venin ou un virus.

La sérothérapie est un apport passif d'anticorps spécifiques, puisqu'elle n'agit que par les anticorps du donneur et n'amène pas le receveur à en fabriquer ; elle permet un effet de neutralisation, donc de protection contre l'agent pathogène pendant un temps relativement court : deux semaines avec le sérum hétérologue et un mois ou plus avec le sérum humain. Son avantage est d'être immédiatement efficace ; aussi permet-elle d'attendre, lorsque l'incubation de la maladie en cause est prolongée, que le malade fabrique lui-même des anticorps obtenus par une vaccination pratiquée simultanément (sérovaccination).

→ VOIR Gammaglobuline, Immunoglobuline.

Sérotonine

Substance dérivée d'un acide aminé, le tryptophane, synthétisée par les cellules de l'intestin et ayant par ailleurs un rôle de neurotransmetteur du système nerveux central.

PATHOLOGIE

Certaines études mettent en relation les fluctuations du taux plasmatique de la sérotonine et l'apparition des migraines. La sérotonine est également une des substances libérées par les tumeurs carcinoïdes du tube digestif. Elle est responsable de bouffées de chaleur.

Sérovaccination

Immunisation, contre un germe ou une toxine, par une injection associant un sérum immun et un vaccin.

Le sérum immun, ou antisérum, apporte, par les anticorps qu'il contient, une immunité immédiate ou quasi immédiate, mais de courte durée, contre le microbe ou la toxine, alors que le vaccin confère une immunité de longue durée, mais s'établissant plus tardivement.

La sérovaccination s'utilise principalement pour prévenir le tétanos dans le cas d'une plaie souillée chez un blessé qui n'est pas vacciné ou qui n'a pas reçu ses injections de rappel.

Serpigineux

Qualifie une lésion cutanée irrégulière, dessinant des cercles ou des ondulations, et susceptible de migrer (cicatrisation sur une zone suivie d'une récidive en un autre endroit du corps).

Sérum antilymphocytaire

Sérum sanguin (plasma sans fibrinogène) contenant des anticorps, administré pour ralentir l'activité du système immunitaire.

Le sérum antilymphocytaire est utilisé en milieu hospitalier spécialisé pour prévenir les rejets de greffe par les lymphocytes du receveur.

Sérum sanguin

Partie liquide du sang qui, à la différence du plasma, ne contient pas de fibrinogène (protéine abondante dans le sang, l'un des principaux facteurs de la coagulation).

Le sérum sanguin ne renferme ni cellules sanguines (globules rouges, globules blancs, plaquettes), ni fibrinogène. Il contient de faibles quantités de certaines autres protéines (une partie de la prothrombine, ou facteur II de la coagulation, le facteur V et le facteur VIII).

Séton

Faisceau de crins introduit sous la peau, traversant une cavité à drainer (abcès, hématome) et ressortant par un autre orifice cutané.

Sevrage du nourrisson

1. Passage de l'allaitement au sein à l'allaitement au biberon.

Le sevrage maternel devrait, dans l'idéal, intervenir au moment qui apparaît aux parents comme le plus favorable, aussi bien pour eux-mêmes que pour le nourrisson. Dans les faits, le moment du sevrage, qui intervient souvent avant l'âge de 3 mois, répond le plus souvent à des impératifs économiques (reprise du travail de la mère) ou à la diminution de la quantité de lait maternel (par suite de surmenage ou d'angoisse, notamment).

Le passage au biberon doit s'effectuer progressivement, au rythme de la mère et de l'enfant. Il est conseillé de remplacer une tétée – de préférence la moins abondante – par un biberon de lait premier âge. Dès que le nourrisson commence à s'habituer au biberon, on peut introduire un deuxième biberon par jour et ainsi de suite jusqu'au complet remplacement des tétées au sein par les repas au biberon. Le sevrage peut s'étendre sur une semaine ou plus.

2. Passage d'une alimentation exclusivement lactée (par allaitement maternel ou artificiel) à une alimentation plus diversifiée.

Ce second sevrage intervient généralement entre l'âge de 3 mois et celui de 6 mois. Il doit, lui aussi, être progressif afin que l'enfant ait le temps de se familiariser avec de nouvelles sensations gustatives et de vérifier qu'il ne présente pas d'intolérance ou d'allergie à certains aliments. Ainsi, on pourra introduire peu à peu dans les biberons de lait : de la farine sans gluten, aux goûts multiples, des légumes et des fruits cuits et mixés. Les jus de fruits peuvent être donnés à part, en petite quantité, à la cuillère.

Sevrage d'un toxique

Arrêt progressif ou immédiat de la consommation d'une substance toxique dont le sujet est dépendant.

Quelle que soit cette substance (alcool, tabac), le sevrage ne peut être programmé qu'en accord avec la personne concernée, en choisissant la ou les méthodes les plus adaptées à son cas.

Sevrage de l'alcool

Le traitement n'est possible que si le sujet est motivé. La prise en charge peut nécessiter une hospitalisation pour lutter contre les divers symptômes de manque : agitation, agressivité, insomnie, delirium tremens. Un contrôle biologique et un soutien psychiatrique sont généralement nécessaires, associés à une réhydratation et à la prise de tranquillisants, d'antidépresseurs, de vitamines du groupe B (B1 et B6), ces dernières afin d'éviter les polynévrites (atteintes des nerfs périphériques, surtout ceux des membres inférieurs). À long terme, on utilise encore certains médicaments, dits dissuasifs, comme le disulfirame, qui provoque des nausées et des vomissements à la moindre absorption d'alcool.

Cette prise en charge, qui peut durer plusieurs mois, voire plusieurs années, nécessite un suivi très régulier.

Sevrage d'une drogue

C'est l'un des temps du traitement de la toxicomanie. Le sevrage se déroule en deux phases consécutives, mais très intriquées : le sevrage physique, qui met en jeu l'abstinence et ses conséquences psycho-organiques (douleurs viscérales, malaises, angoisse intense, « impatiences » dans les jambes), et évolue en quelques jours ; le sevrage psychologique (affranchissement de tout besoin toxique), long, pénible, qui marque la fin de la toxicomanie. La méthode de sevrage diffère peu selon la drogue utilisée. À la réduction progressive des doses, on préfère aujourd'hui soit un sevrage brutal, avec le soutien temporaire d'anxiolytiques, d'analgésiques ou d'antidépresseurs, soit un sevrage progressif, mené à l'aide d'une substance de remplacement, la méthadone.

Le sevrage s'effectue le plus souvent en milieu hospitalier, mais il est parfois possible d'éviter l'hospitalisation, ce qui nécessite alors une adhésion totale du sujet et des soins plus vigilants. Les récidives sont nombreuses, souvent suivies de nouvelles demandes thérapeutiques, qui doivent à chaque fois être considérées avec le même sérieux.

Un nouveau-né dont la mère est toxicomane nécessite au même titre que sa mère un sevrage. Celui-ci ne met pas sa vie en jeu, mais peut perturber son développement psychomoteur.

Sevrage du tabac

Là aussi, le désir de sevrage doit venir du fumeur, les méthodes proposées servant avant tout de soutien à la volonté du fumeur. Parmi elles, on peut citer l'acupuncture, la psychothérapie de groupe, ainsi que toutes les formes de soutien dans lesquelles le médecin de famille a une place privilégiée. Certains substituts contenant de la nicotine (gomme à mâcher, timbre transdermique), délivrés sur prescription médicale, ont une efficacité démontrée chez les grands fumeurs en atténuant les symptômes du manque (nervosité, agressivité, insomnie). L'arrêt du tabac entraîne souvent une prise de poids, contre laquelle l'ancien fumeur devra être prévenu et traité (diététique). Les tentatives d'arrêt sont l'indice d'une forte motivation et précèdent souvent un arrêt définitif.

→ VOIR Alcoolisme, Auriculo-thérapie, Toxicomanie, Tabagisme.

Sevrage (syndrome de)

Ensemble des troubles organiques sévères dont souffre un sujet toxicomane en état de dépendance physique quand il est privé de sa drogue ou d'un médicament dont il fait un usage abusif.

Le syndrome de sevrage s'observe essentiellement avec les opiacés (ou morphiniques), les hypnotiques, les anxiolytiques (barbituriques, carbamates, benzodiazépines) et l'alcool.

■ Avec les opiacés, le syndrome de sevrage débute par une sudation, un larmoiement, un écoulement nasal ; puis apparaissent des crampes intenses, un tremblement, des nausées, des vomissements, une diarrhée, des hallucinations.

■ Avec les hypnotiques, les anxiolytiques et l'alcool, il se produit une anxiété, des contractions musculaires involontaires, un tremblement, parfois des convulsions, des hallucinations et une fièvre. Dans le cas de l'alcool, on parle de delirium tremens.

TRAITEMENT

■ Avec les opiacés, un produit de substitution, la méthadone, peut être utilisé à doses dégressives.

■ Avec les hypnotiques, les anxiolytiques et l'alcool, l'administration de substances neuroleptiques peut être utile. En cas de surdosage des benzodiazépines, un antidote peut être administré, en même temps que des mesures de désintoxication (lavage d'estomac, notamment) sont entreprises.

Sexe

Ensemble des caractères qui permettent de distinguer deux genres, mâle et femelle, qui assurent la reproduction sexuée.

Chez l'être humain, les deux genres sont représentés par l'homme et la femme qui, lorsqu'ils atteignent l'âge adulte, s'unissent sexuellement pour assurer la reproduction de l'espèce. La détermination du sexe génétique se produit dès la fusion des cellules reproductrices, le spermatozoïde et l'ovule, tandis que la différenciation sexuelle organique commence au 3e mois de la vie embryonnaire. On distingue ainsi le sexe génétique, porté par les chromosomes sexuels, du sexe phénotypique, défini par la présence de caractères sexuels masculins ou féminins (gonades ou glandes sexuelles, organes génitaux externes, morphologie, gamètes ou cellules reproductrices). La concordance entre sexe génétique et sexe phénotypique assure la normalité de l'individu.

Sexologie

Étude de la sexualité et de ses troubles.

Sexothérapie

Traitement psychologique des troubles sexuels.

La sexothérapie repose sur un ensemble de techniques médicales codifiées (psychothérapie, thérapie comportementale, relaxation, etc.), afin de restaurer la qualité du rapport sexuel et de la fonction érotique, notamment chez les couples en difficulté.

Sexualité

Ensemble des phénomènes rattachés à la vie sexuelle.

La sexualité intéresse à la fois le corps (ensemble des organes et des caractères liés à la fonction sexuelle) et l'esprit (érotisme, sensualité, sentiment amoureux).

TROUBLES DE LA SEXUALITÉ

Une sexualité satisfaisante est l'un des facteurs nécessaires à l'épanouissement de l'individu. L'harmonie sexuelle est vulnérable à de nombreux facteurs, le plus souvent psychologiques (anxiété, surmenage, complexe d'ordre esthétique, etc.), mais parfois également socioculturels, qui peuvent se traduire par des symptômes fonctionnels (impuissance, éjaculation précoce, anorgasmie, vaginisme) et comportementaux (peur, inhibition sexuelle, donjuanisme, fétichisme, nymphomanie). L'étude et le traitement de ces troubles constituent l'objet de la sexologie, de la psychanalyse, ainsi que de nombreuses recherches en psychobiologie.

Sézary (syndrome de)

Prolifération maligne diffuse envahissant l'épiderme (couche superficielle de la peau).

Le syndrome de Sézary est une variété de lymphome malin non hodgkinien, tumeur formée du même tissu que les ganglions lymphatiques, mais proliférant anarchiquement. Il est dû à des cellules anormales provenant des lymphocytes T, globules blancs jouant un rôle fondamental dans les défenses immunitaires de l'organisme.

Sharp (syndrome de)

Association chez un même patient des signes d'au moins deux connectivites (maladies chroniques d'origine auto-immune caractérisées par une atteinte du collagène). SYN. *connectivite mixte*.

Le syndrome de Sharp touche surtout la femme, vers l'âge de 35 ans.

Ils varient d'un malade à l'autre, mais ce sont le plus souvent les signes du lupus érythémateux disséminé et de la sclérodermie systémique, plus rarement ceux de la dermatomyosite et de la polyarthrite rhumatoïde. Les atteintes touchent différentes parties de l'organisme.

TRAITEMENT
Le traitement des formes bénignes repose sur les anti-inflammatoires non stéroïdiens ou les antipaludéens de synthèse, ou l'association des deux ; celui des formes sévères requiert l'administration de corticostéroïdes et parfois d'immunosuppresseurs, ou encore des échanges plasmatiques (plasmaphérèses).

Sheehan (syndrome de)

Insuffisance hormonale antéhypophysaire (du lobe antérieur de l'hypophyse) consécutive à un choc obstétrical (insuffisance circulatoire aiguë survenant chez la femme qui accouche) provoqué par une hémorragie de la délivrance.

Le premier symptôme, en dehors d'une grande fatigue et d'une anémie, est une absence de montée laiteuse. Ensuite, le retour des règles ne se produit pas et on constate l'installation progressive de signes d'hypothyroïdie (faiblesse musculaire, crampes, rythme cardiaque lent, peau sèche et dépilée, chute des cheveux) et d'un déficit en glucocorticostéroïdes (fatigue, hypotension artérielle, hypoglycémie).

Un traitement substitutif à base d'hydrocortisone, de thyroxine, d'œstrogènes et de progestérone permet de corriger les troubles. Il doit être prescrit à vie.

Shigellose

Maladie infectieuse causée par une bactérie à Gram négatif du genre *Shigella,* entraînant une inflammation importante de la muqueuse du côlon.

Plusieurs espèces de *Shigella* provoquent de vastes épidémies dans les pays où l'hygiène est défectueuse. Elles sont propagées par l'eau ou les mains, souillées des déjections des malades, ou par les mouches.

L'incubation (période qui précède l'apparition des signes de la maladie) dure de 2 à 5 jours. Elle est suivie par un syndrome dysentérique : diarrhée liquide, glaireuse et sanglante sans ou avec peu de matières fécales. Lorsque la diarrhée persiste, elle peut entraîner une déshydratation. Dans les cas les plus graves, une bactériémie (présence de bactéries dans le sang circulant) peut s'installer, avec des signes toxiques (dus à la toxine sécrétée par les shigelles), en particulier neurologiques (délire). La maladie dure de une à plusieurs semaines.

TRAITEMENT
Le traitement associe les antibiotiques à la réhydratation par voie orale ou intraveineuse dans les cas graves.

Shunt

Passage anormal de sang d'une cavité à une autre. (De l'anglais *shunt,* dérivation.)

Il existe aussi des shunts chirurgicalement créés entre une artère et une veine de l'avant-bras pour permettre une épuration extrarénale (dialyse) chez les personnes atteintes d'insuffisance rénale chronique.

Shy-Drager (maladie de)

Affection dégénérative du système nerveux central, caractérisée par l'association de troubles neurovégétatifs et extrapyramidaux.

La maladie de Shy-Drager, rare, atteint les sujets âgés d'environ 60 ans, plus fréquemment les hommes que les femmes. La cause en est inconnue.

La maladie débute progressivement : l'hypotension orthostatique (au lever et en position debout) en est habituellement la première manifestation ; elle est importante, pouvant être à l'origine de syncopes. Le syndrome extrapyramidal (syndrome parkinsonien) survient généralement plus tardivement et peut rester au second plan. Un syndrome cérébelleux (instabilité à la marche, incoordination motrice discrète), un syndrome pseudobulbaire (difficultés à parler et à déglutir), une paralysie oculomotrice peuvent s'y associer.

ÉVOLUTION ET DIAGNOSTIC

Cette maladie évolue sur plusieurs années. Elle entraîne des risques de complications graves : pneumopathie de déglutition, fausse-route alimentaire. Le diagnostic repose principalement sur l'examen clinique, aucun examen complémentaire ne permettant de le confirmer avec précision.

TRAITEMENT

Les médicaments antiparkinsoniens (lévo-dopa essentiellement) peuvent avoir une certaine efficacité, mais leur effet hypo-tenseur aggrave l'hypotension orthostatique préexistante et empêche leur prescription à fortes doses. Le traitement de l'hypotension orthostatique fait appel à des moyens physiques (port de bas à varices) et à des moyens médicamenteux (administration d'un vasoconstricteur et d'un corticosté-roïde.

Sialadénite

Inflammation localisée au parenchyme d'une glande salivaire.

Sialagogue

Médicament utilisé pour augmenter une sécrétion salivaire insuffisante.

Sialite

Inflammation d'une glande salivaire.

Sialographie

Examen radiographique des canaux excré-teurs d'une glande salivaire.

Une sialographie sert essentiellement à visualiser une lithiase (présence d'un calcul) salivaire dans un canal excréteur. Elle peut également être pratiquée en cas de sécheresse buccale.

Le médecin introduit un fin tube creux dans l'orifice naturel du canal excréteur de la glande salivaire. Par celui-ci, il injecte lentement un produit de contraste iodé, opaque aux rayons X, qui se répand dans le canal puis dans toutes ses ramifications. Cet examen dure à peu près une heure. Un léger gonflement de la glande, rendant celle-ci plus sensible, peut persister pendant quelques heures.

Sialorrhée

Écoulement de salive hors de la bouche.

Une sialorrhée ne doit pas être confondue avec l'hypersialorrhée (sécrétion excessive de salive). Elle s'observe chez les personnes atteintes d'une paralysie faciale (les lèvres ne retenant alors plus la salive), que celle-ci soit centrale ou périphérique, ou d'une gêne à la déglutition, comme cela se produit en cas d'épiglottite (inflammation aiguë de l'épiglotte).

Dans le premier cas, la sialorrhée est très gênante, mais il n'existe pas de traitement. Dans le second, c'est le symptôme d'une maladie qui doit être traitée.

Siamois (frères, sœurs)

Jumeaux ou jumelles rattachés l'un à l'autre par deux parties symétriques de leur corps.

Une telle malformation s'observe au cours de grossesses gémellaires à jumeaux mono-zygotes (issus d'un seul œuf fécondé divisé en deux). Elle est rare, touchant une grossesse sur 100 000 et se produisant dans 0,5 à 1 % des grossesses gémellaires. Il s'agit de filles dans 90 % des cas.

L'œuf fécondé se divise tardivement en 2 et les embryons restent donc rattachés par certaines parties de leur corps - le plus souvent la paroi abdominale et thoracique - les organes communs étant alors le foie, le péricarde, le cœur et le tube digestif. Dans la plupart des cas, les enfants ne sont pas viables.

Le diagnostic est porté avant la naissance grâce à l'échographie. Dans de très rares cas, lorsque le diagnostic est tardif ou lorsque l'accolement est très minime, l'accouche-ment a lieu par césarienne, et on peut alors envisager une intervention chirurgicale per-mettant de séparer les enfants.

Sida

Phase grave et tardive de l'infection par le virus d'immunodéficience humaine (V.I.H.1 et V.I.H.2). [Abréviation de syndrome d'im-munodéficience acquise.]

Les V.I.H. 1 et 2 détruisent certains globules blancs, les lymphocytes T4, ou

CD4, qui constituent la base active de l'immunité anti-infectieuse. Cette destruction provoque donc une déficience du système immunitaire. On réserve le nom de sida, ou de sida déclaré, aux formes majeures de cette déficience immunitaire : baisse du taux de lymphocytes T4 au-dessous de 200 par millimètre cube de sang – le taux normal étant de 800 à 1 000 lymphocytes T4 par millimètre cube –, ou développement d'une des formes majeures de la maladie. Une personne séropositive au V.I.H. (dont le sang contient des anticorps spécifiquement dirigés contre le virus du sida, ce qui témoigne de son infection par ce virus) ne présente pas nécessairement les signes du sida. Elle est néanmoins porteuse du virus, et donc susceptible de le transmettre.

HISTORIQUE

Isolé en 1983 à l'Institut Pasteur de Paris par l'équipe du Pr Luc Montagnier, le V.I.H. fait partie de la famille des rétrovirus (virus à A.R.N., capables de copier celui-ci en A.D.N. proviral grâce à une enzyme qu'ils contiennent, la transcriptase inverse).

En 1986, des chercheurs français ont démontré l'existence d'un deuxième virus, baptisé V.I.H.2, de structure proche du V.I.H.1, dont l'origine géographique se situerait essentiellement en Afrique de l'Ouest. Il n'y a à ce jour aucune certitude quant à l'origine du V.I.H.1, même si sa prévalence (nombre de cas par rapport à la population totale) est très importante en Afrique centrale.

PROGRESSION DU SIDA

Les premières manifestations diagnostiquées de sida remontent à 1981.

Actuellement, on estime que plus de 30 millions de personnes vivent avec le V.I.H./Sida, dont 21 millions en Afrique. Le nombre de nouveaux cas d'infection dans le monde est évalué à près de 5,8 millions. La proportion, parmi ces malades, des sujets « à risque », longtemps considérés comme les seuls exposés à l'infection (homosexuels masculins, toxicomanes utilisateurs de seringues, transfusés), tend à baisser alors que celle des hétérosexuels augmente. La maladie touche aujourd'hui davantage les femmes, qui peuvent la transmettre à leur enfant lorsqu'elles sont enceintes, ce qui a pour

conséquence une augmentation du nombre de cas de sida chez les enfants. Selon des estimations de l'Organisation mondiale de la santé (O.M.S.), le nombre de séropositifs et de malades du sida confondus s'élèverait, en l'an 2000, à plus de 40 millions.

Contamination

La transmission du virus du sida se fait selon trois modes principaux : par voie sexuelle (au niveau des muqueuses génitales, à partir des sécrétions génitales, que ce soit le sperme, le liquide prostatique ou les sécrétions vaginales) ; par voie sanguine (transfusion de sang ou de produits sanguins contaminés, utilisation de seringues infectées) ; par voie transplacentaire (de la mère séropositive à l'enfant, lors de la grossesse) et lors de l'allaitement maternel. Le virus étant également présent dans les larmes et la salive, une contamination par morsure est donc possible, ainsi qu'une contamination lors d'un baiser profond, en cas de lésions de la muqueuse buccale. Néanmoins, aucun cas de transmission de ce type n'a été rapporté.

VOIE SANGUINE

C'est un mode de transmission hautement contaminant, le risque étant évalué à 90 %, que ce soit lors de transfusions ou lors d'injections de drogues par voie veineuse. Aussi les hémophiles, qui nécessitent de fréquentes injections de produits sanguins, ont-ils été particulièrement frappés par le sida jusqu'à ce que des mesures préventives (vérification de l'innocuité et chauffage des produits transfusés) mettent un terme à cette contamination. La réutilisation du matériel médical (seringues en plastique, aiguilles) sans stérilisation, liée à la pénurie, est un facteur sous-estimé de contamination, dont l'importance reste à évaluer et qui justifie la plus grande vigilance, au moins individuelle.

La transmission par aiguilles d'acupuncture ou de tatouage et par lames de rasoir est théoriquement possible.

VOIE SEXUELLE

C'est la voie de contamination la plus répandue, toutes les pratiques sexuelles pouvant être contaminantes à des degrés divers. Dans les pays occidentaux, elle concerne encore principalement les homosexuels masculins, mais la maladie progresse au sein de la population hétérosexuelle, plus particulièrement lors de rapports sexuels avec des toxicomanes déjà contaminés. Dans les pays en développement, la propagation se fait majoritairement par la voie hétérosexuelle. La transmission de l'infection est favorisée par les microtraumatismes des muqueuses et par les maladies sexuellement transmissibles qui entraînent des ulcérations au niveau des organes sexuels, par des rapports pendant les règles (période la plus contaminante chez la femme séropositive), et par la sodomie, en raison de la fragilité relative de la muqueuse rectale.

Le risque de transmission hétérosexuelle est moins important que celui lié à l'homosexualité. Il n'en demeure pas moins qu'un seul rapport peut être contaminant. Il existe une disparité dans la transmission de l'homme à la femme et de la femme à l'homme, le risque semblant être plus important pour une femme d'être contaminée par l'homme que l'inverse.

TRANSMISSION DE LA MÈRE À L'ENFANT
Le taux de transmission du virus à l'enfant durant la grossesse varie suivant la gravité de l'état clinique de la femme enceinte. Selon des études menées en Europe, moins de 20 % des enfants nés d'une mère séropositive mais n'ayant pas développé les symptômes de la maladie seraient à leur tour contaminés. En Afrique, le taux de transmission constaté est de l'ordre de 30 à 40 % ; ce fait est probablement lié aux affections sexuellement transmissibles non traitées, plus fréquentes en Afrique, et qui favorisent la pénétration virale.

Tous les enfants nés de mère séropositive sont séropositifs à la naissance, car ils portent les anticorps de leur mère. Lorsqu'ils ne sont pas infectés, ils deviennent séronégatifs vers l'âge de 15 à 18 mois. On peut, cependant, tenter de vérifier si le virus lui-même est présent dès l'âge de 3 mois, grâce à des techniques de culture virale. La maladie évolue lentement (une dizaine d'années) chez environ 75 % des enfants et très rapidement (moins de 5 ans) dans environ 20 % des cas.

Il existe un risque de transmission du V.I.H. par le lait maternel. Bien qu'il n'ait pas encore été possible de le mesurer avec précision, l'Organisation mondiale de la santé (O.M.S.) estime que, chez les enfants nourris au sein par des mères séropositives, jusqu'à 15 % des infections par le V.I.H. pourraient être occasionnées par l'allaitement, aussi déconseille-t-elle celui-ci aux femmes séropositives ou malades du sida, dans les pays occidentaux.

Différentes étapes de l'infection par le virus
Une fois entré dans les lymphocytes, le V.I.H. se diffuse très rapidement dans l'organisme. Celui-ci produit en réaction des anticorps anti-V.I.H. spécifiques, qu'on peut mettre en évidence dans le sérum sanguin à la fin de la période de séroconversion (moment où les anticorps apparaissent chez une personne contaminée), c'est-à-dire au bout de 3 mois avec certitude ; il existe donc une période de 3 mois, qui fait suite à la contamination et pendant laquelle l'individu est porteur du virus sans que cela soit décelable par les tests.

Une fois infectée, la personne est dite séropositive pour le V.I.H.

Les anticorps anti-V.I.H. témoignent de la réaction de l'organisme à l'infection par le virus, mais sont incapables de le détruire ; en effet, le V.I.H. modifie sa structure pour leur échapper. Dans les semaines qui suivent l'infection, un certain nombre de patients souffrent de troubles passagers regroupés sous le nom de primo-infection ; chez d'autres, l'infection passe totalement inaperçue. Après une période de latence d'une durée très variable – en moyenne 7 à 11 ans après la séroconversion –, pendant laquelle le virus continue à se multiplier, les manifestations cliniques du sida apparaissent chez la majorité des patients, sous une forme qui peut être soit mineure, soit majeure. Le pourcentage de patients développant la maladie n'est encore qu'approximativement connu. Chez certaines personnes, la période de latence est très courte (de 1 à 3 ans). Il existe également des sujets dits survivants de longue durée (*Long Term Survivors,* ou LTS), chez lesquels le sida ne s'est pas déclaré au bout d'une quinzaine d'années.

Chez l'enfant, l'évolution est généralement plus rapide et plus grave que chez l'adulte. Deux évolutions sont possibles : une forme sévère, de pronostic sombre, se déclarant avant l'âge de 6 mois, qui se traduit par des signes neurologiques graves et un déficit immunitaire très important ; une forme moins grave, d'évolution chronique.

PHASE AIGUË DE PRIMO-INFECTION

Elle survient chez 20 à 50 % des personnes infectées, quel que soit le mode de contamination, dans les 15 jours à 3 mois qui suivent celle-ci. Cette primo-infection prend l'aspect d'une mononucléose infectieuse : fièvre pouvant durer jusqu'à un mois, tuméfaction des ganglions lymphatiques, courbatures, douleurs articulaires, éruption cutanée évoquant la rougeole – ou parfois l'urticaire –, dysphagie (difficulté à déglutir) douloureuse. Des candidoses aiguës affectant les muqueuses et des ulcérations buccales ont également été décrites au cours de cette phase. Beaucoup plus rarement surviennent des manifestations neurologiques : méningite aiguë lymphocytaire, paralysie faciale, myélopathie, neuropathie périphérique, encéphalite. Cette primo-infection disparaît spontanément en un mois environ.

PHASE D'INFECTION CHRONIQUE ASYMPTOMATIQUE

Elle dure de 1 à 7 ans (ou plus) et correspond à une phase de multiplication du virus. Cette période peut ne se traduire par aucun symptôme. Dans 20 à 50 % des cas, elle se manifeste par des adénopathies (gonflement des ganglions lymphatiques) généralisées et persistantes. Celles-ci sont généralement symétriques et touchent plus fréquemment les régions cervicale, maxillaire, sous-maxillaire ou occipitale.

FORMES MINEURES DE L'INFECTION

Elles signalent une atteinte encore modérée du système immunitaire.

■ **Les infections cutanées ou muqueuses mineures,** virales ou mycosiques, ne sont pas spécifiques de l'infection à V.I.H. mais prennent chez les sujets qui en sont atteints une forme chronique ou récidivante : candidoses buccales (muguet) ou anogénitales, dermite séborrhéique de la face, folliculites, prurigo, verrues, zona.

■ **Les maladies auto-immunes** sont relativement peu fréquentes. On peut observer une parotidite (inflammation de la glande parotide), un syndrome de Raynaud (vasoconstriction affectant les mains lors de l'exposition au froid et entraînant un arrêt de la circulation artérielle, puis une cyanose locale), un syndrome sec (sécheresse excessive de la bouche et des yeux et, chez les femmes, du vagin), des manifestations articulaires inflammatoires et douloureuses, des myosites (inflammation douloureuse des tissus musculaires).

■ **Les signes généraux** sont une altération de l'état général, une forte fièvre prolongée, des sueurs, un amaigrissement, une diarrhée persistante.

SIDA DÉCLARÉ

Les formes majeures de l'infection, ou sida déclaré, sont également très variables. Lorsque l'immunodépression est majeure, le risque d'infections opportunistes est important ; on appelle infection opportuniste une infection liée à un micro-organisme (bacille de Koch responsable de la tuberculose, par exemple) qui « profite » de l'état défaillant des défenses immunitaires pour se développer. On distingue les infections endogènes (le germe est habituellement présent dans l'organisme sans y entraîner d'infection) et les infections exogènes (le germe est présent dans l'environnement). Ces infections sont très souvent liées entre elles, au sein d'un même organe, ce qui peut compliquer leur diagnostic et leur traitement. D'autre part, ces infections tendent à récidiver, compte tenu à la fois de leur persistance dans l'environnement ou dans l'organisme et de la non-amélioration, voire de la dégradation progressive, de l'immunité du patient. Outre les infections opportunistes, la seconde grande manifestation du sida est le développement de certaines tumeurs cancéreuses :

■ **Les infections bactériennes** sont fréquentes au cours de l'infection par le V.I.H.
– La tuberculose touche particulièrement les

patients vivant dans des conditions défavorables (toxicomanes, pays en développement).

■ **Les infections fongiques** comptent parmi les infections opportunistes les plus fréquentes au cours du sida.

■ **Les infections parasitaires** affectant les malades du sida sont au nombre de quatre.

- La cryptosporidiose qui entraîne chez l'immunodéprimé une diarrhée massive responsable d'une altération de l'état général et d'une grande déshydratation avec fièvre et douleurs abdominales.

- La microsporidiose pourrait être responsable de 20 à 30 % des diarrhées inexpliquées.

- La pneumocystose constitue l'infection inaugurale du sida dans 15 à 50 % des cas si un traitement préventif n'est pas institué, se révèle par une toux sèche et croissante, et peut conduire à l'insuffisance respiratoire.

- La toxoplasmose procède, au cours du sida, de la réactivation d'une infection ancienne, souvent passée inaperçue. Elle entraîne des troubles neurologiques majeurs en cas de localisation cérébrale.

■ **Les infections virales** observées au cours du sida concernent essentiellement des infections à virus latents, intégrés dans le génome de certaines cellules et qui sont réactivés du fait du déficit immunitaire. Elles touchent de 20 à 50 % des patients.

■ **Les tumeurs** touchant les malades du sida sont le sarcome de Kaposi et les lymphomes malins.

- Le sarcome de Kaposi a une prévalence plus élevée chez les patients séropositifs homosexuels que chez les autres, ce qui suggère la responsabilité d'un agent transmissible par voie sexuelle, qui semble être le virus Herpes 8. La forme cutanée, avec lésions planes, violacées, indolores, en est l'expression la plus fréquente. Des localisations viscérales sont possibles, surtout en cas d'immunodépression majeure.

- Les lymphomes malins sont dus à une prolifération cancéreuse des précurseurs des lymphocytes, les lymphoblastes T et B.

Diagnostic

Le diagnostic d'infection par le V.I.H. se fait par la mise en évidence dans le sang des anticorps dirigés contre le virus. Les anticorps ne sont détectés que 3 mois après le moment de l'infection ; l'antigène p24, qui est associé au V.I.H., et la présence du virus dans le sang peuvent être détectés plus précocement. Il fait appel à deux tests spécifiques, les tests ELISA et Western-Blot. Le test ELISA, que l'on utilise en premier lieu, donnant parfois des résultats faussement positifs, est contrôlé à l'aide du test Western-Blot. Le dépistage est obligatoire pour les donneurs de sang ou d'organe. Il est fortement conseillé aux femmes enceintes et aux personnes désireuses de concevoir un enfant, ainsi qu'aux sujets particulièrement exposés (toxicomanes, prostituées, etc.).

Dans la plupart des pays, le médecin est tenu de déclarer aux autorités sanitaires tout cas de sida avéré parvenu à sa connaissance. Cette déclaration n'est pas nominative ; ainsi, l'anonymat du malade est respecté.

Traitement

Il comporte deux volets : les traitements d'inhibition du virus et les traitements préventifs ou curatifs des différentes maladies développées. Par ailleurs, un certain nombre de règles de vie sont conseillées aux personnes séropositives, afin de freiner l'évolution vers le sida déclaré et la transmission de la maladie.

■ **Le traitement contre le virus** repose sur les médicaments inhibant la réplication virale, tels que la zidovudine (A.Z.T.) ou la didanosine (D.D.I.). On emploie aussi les antiprotéases, les protéases étant les enzymes qui permettent au virus de fabriquer des protéines nécessaires à sa survie. Il est utile d'associer entre eux jusqu'à trois de ces médicaments (trithérapie), afin d'augmenter l'efficacité globale. Ces différentes méthodes de traitement entraînent une amélioration provisoire de l'état du malade. En outre, la prise d'A.Z.T. par une femme enceinte contaminée et une césarienne diminuent à 2 % le risque de contamination du fœtus. En cas de risque de contamination récent, professionnel ou autre, un traitement très précoce est conseillé. Cependant, aucune thérapeutique ne permet actuellement d'envisager une éradication du virus de l'organisme, puisqu'il est intégré au génome (ensemble des gènes portés par les chromosomes) des lymphocytes qu'il infecte.

■ Les traitements préventifs ou curatifs des conséquences du déficit immunitaire (infections opportunistes, tumeurs) reposent sur l'administration d'antibiotiques, d'antifongiques et d'antimitotiques (chimiothérapie, interféron), ainsi que sur la radiothérapie et la chirurgie.

■ Les conseils d'hygiène de vie comportent les précautions que doit prendre une personne séropositive pour ne pas se recontaminer. En effet, des contaminations multiples, par les apports répétés de virus qu'elles entraînent, précipitent l'évolution de la maladie, donc le passage au sida déclaré. Il est également conseillé au séropositif de s'assurer un suivi médical régulier : des médicaments administrés préventivement ou précocement et associés à une bonne hygiène de vie (alimentation correcte, propreté corporelle, repos, abstention de médicaments ou de drogues pouvant déprimer davantage l'immunité, abstention d'activités risquant de provoquer des blessures) retardent très efficacement l'évolution de la maladie.

Prévention

La prévention du sida est la prévention de la contamination par le V.I.H. Toute personne contaminée peut immédiatement transmettre le virus, même pendant la période précédant la séroconversion, c'est-à-dire alors que sa contamination ne peut pas encore être constatée.

■ La prévention de l'infection par contamination sanguine repose sur l'analyse systématique des produits sanguins avant leur utilisation. Il subsiste néanmoins un risque lié à la période muette de 3 mois, risque évalué à 1/300 000 ; il est donc recommandé de limiter les indications de transfusion et, lorsque cela est possible (intervention chirurgicale non réalisée en urgence), de procéder de préférence à des autotransfusions (transfusion au malade de son propre sang prélevé

Ce qui ne transmet pas le virus du sida

La plupart des actes de la vie quotidienne ne comportent absolument aucun risque d'infection par le virus du sida ; il est donc parfaitement injustifié de craindre ou d'éviter la fréquentation de personnes porteuses de ce virus. Une poignée de main, un baiser sur la joue sont inoffensifs, de même que la fréquentation de lieux publics (locaux de travail, école, piscine, transport en commun, cinéma), le contact avec des objets tels que poignée de porte, toilettes publiques ou téléphone, ou encore une piqûre d'insecte (moustique, pou). Seuls les ustensiles pouvant couper la peau (aiguilles pour acupuncture, injections, perçage d'oreilles, tatouages, lames de rasoir, matériel de soins dentaires et de manucure) doivent faire l'objet d'une stérilisation soigneuse avant chaque utilisation.

Par ailleurs, les donneurs de sang ne courent rigoureusement aucun risque de contracter la maladie, le matériel utilisé étant stérile et à usage unique.

---

avant l'intervention). Les piqûres et les coupures accidentelles faites avec des outils contaminés ou soupçonnés de l'être doivent être immédiatement désinfectées. Les déchets médicaux doivent être emballés dans des récipients étanches et incinérés.

Le pourcentage des contaminations nouvelles augmentant de plus en plus chez les toxicomanes qui partagent leurs seringues, les mesures de prévention doivent porter sur la toxicomanie même : programmes de drogues de substitution, incitation à désinfecter les seringues, programmes de fourniture de matériel neuf. Le V.I.H. est détruit ou inactivé par un contact de 15 minutes avec de l'eau de Javel fraîche à 12° (n'ayant pas dépassé la date de péremption indiquée sur l'emballage) et diluée à 10 % (soit 1 volume d'eau de Javel pour 9 volumes d'eau). Il est également détruit par un contact de 4 minutes avec de l'alcool à 70°, de 30 minutes avec de l'eau oxygénée à 6 % ou de 15 minutes avec de l'eau bouillante. Ces mesures garantissent en outre du risque d'infection par d'autres germes, dont le virus de l'hépatite B.

■ **La prévention de la transmission par voie sexuelle** consiste, lors des rapports sexuels, à utiliser le préservatif masculin. Celui-ci constitue en effet à ce jour la seule protection efficace contre le sida et contre les maladies sexuellement transmissibles en général. Le préservatif doit être utilisé quelles que soient les pratiques sexuelles. Toute restriction quant à son usage favorise l'extension de la maladie. Toute personne infectée ayant des relations sexuelles non protégées, qu'elles soient hétérosexuelles ou homosexuelles, doit être bien consciente des risques qu'elle fait courir à ses partenaires. L'apparence ou la classe sociale des partenaires ne présage en rien du fait qu'ils soient ou non porteurs du virus.

Le préservatif doit être utilisé selon son mode d'emploi (mise en place avant toute pénétration, pas de lubrification à la vaseline, retrait avant la détumescence). Les rapports buccogénitaux ou buccoanaux doivent être évités, car ils ne sont pas sans risque. L'utilisation des crèmes ou des gelées spermicides ne peut constituer qu'un complément au préservatif au cas où il serait mal utilisé (fuites) ou se déchirerait.

■ **La prévention de la contamination par voie transplacentaire** repose sur l'information des femmes concernées : la conception est déconseillée aux femmes contaminées, qui peuvent transmettre le virus à l'enfant, mais également aux hommes contaminés, susceptibles de contaminer la mère, et donc l'enfant.

■ **La prévention de la contamination par le lait maternel** consiste à pratiquer un dépistage des virus (V.I.H. 1 et V.I.H. 2), d'une part, chez les femmes enceintes désireuses d'allaiter elles-mêmes leur enfant (dépistage effectué quelques semaines avant l'accouchement), d'autre part chez les don-

neuses de lait pour les lactariums (banques de lait).

Perspectives

Il n'existe pas encore, à l'heure actuelle, de médicament permettant d'interrompre totalement et définitivement la progression de la maladie.

Les difficultés de concevoir un vaccin résident notamment dans l'utilisation de « modèles » animaux (chimpanzé), dont la réaction à l'infection par le virus est différente de celle de l'homme ou inexistante. En outre, un éventuel vaccin devrait prendre en compte la variabilité du virus : on estime à près de 1 000 le nombre de variétés du V.I.H. existant de par le monde.

En dehors des modes de contamination mentionnés (sang, rapports sexuels, grossesse, allaitement), il n'existe pas de possibilité de transmission du virus du sida d'une personne séropositive à son entourage. C'est donc la prévention qui, à l'heure actuelle, demeure la meilleure arme contre cette infection redoutable. Les réactions d'exclusion vis-à-vis des personnes séropositives et des malades du sida tendent à disparaître lorsqu'une information correcte est diffusée dans la population générale, même si les malades du sida se heurtent encore régulièrement à l'incompréhension.

Sidérocyte

Globule rouge contenant des grains de fer, dont la présence en grand nombre dans la circulation sanguine est la conséquence d'un mauvais fonctionnement de la rate ou de l'absence de cet organe.

Sidéropénie

Déficit en fer de l'ensemble de l'organisme. SYN. *carence martiale, déficit martial.*

Une sidéropénie peut être la conséquence d'une malabsorption intestinale, d'un apport insuffisant en fer ou d'hémorragies chroniques. Le déficit retentit surtout sur la production de l'hémoglobine des globules rouges, molécule qui contient 4 atomes de fer. L'anémie ferriprive en est la conséquence.

Sidérose

Maladie provoquée par l'inhalation de poussières ou de fumée contenant de l'oxyde de fer, lequel s'accumule dans les alvéoles pulmonaires.

La sidérose fait partie des pneumoconioses, groupe d'affections pulmonaires dues à l'inhalation prolongée de substances minérales. Elle atteint en général les ouvriers de l'industrie sidérurgique. Les symptômes ne se manifestent qu'au bout de plusieurs années d'exposition : toux, crachats, gêne respiratoire, voire fibrose pulmonaire (développement de tissu fibreux dans le tissu fonctionnel des poumons).

Il n'existe pas de traitement de la sidérose. Sa prévention repose sur la protection des ouvriers (port de masque, par exemple).

Sigmoïde

Dernière partie du côlon, précédant le rectum.

→ VOIR Côlon.

Sigmoïdectomie

Ablation chirurgicale du sigmoïde (dernière partie du côlon).

Une sigmoïdectomie est indiquée en cas de sigmoïdite (inflammation du sigmoïde) à répétition, de volvulus (variété d'occlusion intestinale) ou de tumeur bénigne ou maligne du sigmoïde.

Sigmoïdite

Inflammation du sigmoïde (dernière partie du côlon).

La cause principale d'une sigmoïdite est l'inflammation et l'infection d'un ou de plusieurs diverticules.

SYMPTÔMES

La maladie se traduit par une douleur située dans la fosse iliaque (partie latérale inférieure de l'abdomen) gauche, accompagnée ou non de fièvre. Les troubles du transit, constipation ou diarrhée, sont fréquents. Des complications telles qu'un abcès, une occlusion intestinale ou une péritonite par perforation peuvent survenir.

TRAITEMENT

Il fait appel à l'administration d'antibiotiques. Si les crises se répètent, il est préférable de procéder à l'ablation du sigmoïde, ou sigmoïdectomie. La continuité digestive est alors rétablie par anastomose (abouchement des deux segments restants), soit au cours de l'intervention, soit de 3 à 6 mois plus tard ; dans ce dernier cas, on pratique une colostomie provisoire (anus artificiel).

Sigmoïdoscopie

→ VOIR Rectosigmoïdoscopie.

Sigmoïdostomie

Intervention chirurgicale consistant à aboucher à la peau un segment du sigmoïde (dernière partie du côlon), de façon à créer un anus artificiel.

→ VOIR Colostomie.

Silicone

1. Médicament utilisé au cours des maladies digestives.

La silicone se présente sous la forme de pansements, ou topiques, digestifs, qui se prennent par voie orale et n'agissent que localement en formant une couche protectrice qui tapisse la muqueuse.

INDICATIONS

Les silicones sont indiquées pour diminuer les douleurs des colopathies fonctionnelles (couramment appelées colites), des excès de gaz, des inflammations (œsophagite, gastrite, duodénite).

INCOMPATIBILITÉS

Comme tout pansement digestif, les silicones diminuent l'absorption des autres médicaments : les prises de ces médicaments doivent donc être éloignées d'au moins deux heures.

2. Matériau entrant dans la composition des prothèses telles que, par exemple, les prothèses mammaires (remplaçant un sein ou gonflant une poitrine jugée trop plate) ou articulaires (remplaçant une articulation ou un tendon).

La silicone n'est ni cancérogène ni allergisante. Elle peut cependant entraîner des cicatrices fibreuses autour de la prothèse.

→ VOIR Mammoplastie.

Silicose

Maladie due à l'inhalation prolongée de poussières de silice, qui s'accumulent dans les poumons.

La silicose atteint essentiellement les ouvriers travaillant dans les mines de charbon. Elle se développe après plusieurs années d'exposition aux poussières et se manifeste par une toux, une expectoration anormalement abondante, une tendance aux infections bronchiques, puis par une gêne respiratoire à l'effort et enfin par une fibrose pulmonaire (développement de tissu fibreux dans les poumons). L'évolution de la maladie est très lente, et les premiers symptômes peuvent n'apparaître que de nombreuses années après l'arrêt de l'exposition. Les complications sont fréquentes : insuffisance respiratoire, emphysème, maladies infectieuses (tuberculose, aspergillose).

TRAITEMENT ET PRÉVENTION

Il n'existe pas de traitement curatif de cette maladie, dont certaines complications peuvent, en revanche, être soignées (antibiotiques contre les infections, par exemple). La prévention de la silicose est primordiale et comprend deux volets : un examen médical d'embauche permet de refuser un emploi exposé à une personne présentant déjà des altérations bronchiques ou pulmonaires ; des mesures techniques de protection doivent être appliquées sur les lieux de travail (port de masque ou de cagoule, ventilation adéquate des locaux, etc.).

Sinistrose

Conduite pathologique d'un sujet, qui après une maladie ou un accident, refuse de reconnaître sa guérison ou amplifie le préjudice subi.

Le sujet est le plus souvent de bonne foi, mais sa sincérité est celle d'un hypocondriaque ou d'un névrosé pris à son propre jeu, par autosuggestion ou influence de l'entourage. La sinistrose est traitée par différentes thérapies, telles que l'hypnose ou la psychothérapie.

Sinus

Nom donné à certaines cavités de l'organisme.

Sinus de la face

Cavité remplie d'air, creusée dans les os de la tête et s'ouvrant dans les fosses nasales.

Ces sinus sont symétriques, de chaque côté de la ligne médiane du visage, et tapissés d'une muqueuse semblable à celle des fosses nasales. Leur rôle est mal connu.

DIFFÉRENTS TYPES DE SINUS DE LA FACE

■ Le sinus ethmoïdal est formé de plusieurs cavités, ou cellules, communiquant entre elles. Il est creusé profondément dans la masse latérale de l'ethmoïde, en arrière de la racine du nez et entre les faces internes des orbites.

■ Le sinus frontal est creusé dans l'os frontal, au-dessus de l'orbite.

■ Le sinus maxillaire est creusé dans l'os maxillaire supérieur, sous l'orbite. Par sa face inférieure, il est en rapport avec les racines de la deuxième prémolaire et des deux premières molaires.

■ Le sinus sphénoïdal est creusé dans le corps de l'os sphénoïde qui ferme en arrière la fosse nasale.

Les maladies des sinus sont inflammatoires (sinusites) et tumorales.

Sinusite

Inflammation des sinus de la face.

Une sinusite atteint un sinus isolément ou l'ensemble des sinus. L'inflammation peut être aiguë ou chronique.

Sinusite aiguë

Il s'agit d'une inflammation des sinus de la face due soit à la propagation d'une infection venant des fosses nasales, soit, dans le cas du sinus maxillaire, à une infection de la racine d'une dent supérieure.

SYMPTÔMES ET SIGNES

Les signes sont souvent unilatéraux et consistent en une rhinorrhée (écoulement nasal) purulente qui peut être postérieure et passer dans le pharynx sans s'extérioriser, une altération de l'état général avec fatigue et fièvre aux environs de 38,5 °C et une douleur locale de la face.

La sinusite maxillaire est douloureuse au-dessous de l'œil, la sinusite frontale, au-dessus de l'œil, la sphénoïdite (sinusite sphénoïdale), en arrière de l'œil. L'ethmoïdite (sinusite de l'ethmoïde), surtout fréquente chez l'enfant, se caractérise par un gonflement, une rougeur et une douleur de l'angle interne de l'œil.

Les sinusites peuvent se compliquer d'une accumulation de pus par blocage de l'écoulement (sinusite dite bloquée, l'orifice étant obstrué par les sécrétions et l'inflammation de la muqueuse), d'une extension de l'infection à l'œil ou d'une méningite, qui impose un traitement en urgence.

TRAITEMENT

Le traitement des formes peu douloureuses et peu fébriles se limite aux pulvérisations locales de médicaments vasoconstricteurs, aux inhalations chaudes et mentholées et aux analgésiques. Le traitement des formes plus avancées associe des antibiotiques et des anti-inflammatoires pris par voie orale. Dans les formes très douloureuses, une ponction par trocard puis un lavage du sinus sont parfois nécessaires.

Sinusite chronique

Il s'agit d'une inflammation des sinus de la face qui dure plus de trois mois.

Les sinusites chroniques peuvent être unilatérales (elles sont alors souvent liées à une infection dentaire, parfois à une malformation des cornets ou de la cloison nasale) ou bilatérales ; dans ce cas, l'origine est mal connue et peut résulter d'une maladie diffuse de la muqueuse pituitaire qui tapisse les fosses nasales.

SYMPTÔMES ET SIGNES

Le malade se plaint en général d'une rhinorrhée (écoulement nasal) plus ou moins purulente, d'une sensation d'obstruction nasale et de toux chronique pendant la nuit.

TRAITEMENT

Le traitement associe des antibiotiques, des anti-inflammatoires et des décongestionnants des fosses nasales. En cas d'échec, un traitement chirurgical (nettoyage des sinus réalisé le plus souvent par endoscopie) peut être proposé.

Situs inversus

Anomalie congénitale lors de laquelle certains organes sont situés du côté opposé à celui qu'ils occupent normalement.

Sixième maladie

→ VOIR Exanthème subit.

Skiascopie

Examen servant à déterminer objectivement la réfraction de l'œil.

Une skiascopie est indiquée essentiellement pour mesurer les anomalies de la réfraction (surtout la myopie et l'hypermétropie).

Sodium

Substance minérale jouant un rôle important dans l'état d'hydratation de l'organisme.

Le sodium (Na) est très abondant dans les liquides extracellulaires de l'organisme tels que le plasma sanguin, mais peu abondant dans les cellules. Le rein, notamment grâce à un mécanisme hormonal faisant intervenir, entre autres, l'aldostérone, régule son élimination dans les urines en fonction des quantités présentes dans l'organisme et des apports. Les besoins quotidiens en sodium, d'environ 1 à 3 grammes, sont largement couverts par l'alimentation : sel de table et de cuisson (chlorure de sodium), sodium contenu naturellement dans les aliments. La natrémie (taux de sodium dans le plasma) reflète l'état d'hydratation des cellules.

→ VOIR Hypernatrémie, Hyponatrémie, Sel.

Sodoku

Maladie infectieuse due à une bactérie spiralée à Gram négatif, *Spirillum minus.*

Le sodoku est une zoonose transmise par la morsure d'un rat ou d'une souris, plus rarement par celle d'autres mammifères (chat, chien, belette).

À l'endroit de la morsure se développent une ulcération ; dans un second temps apparaissent une fièvre élevée et des frissons. Ces signes sont suivis d'une éruption cutanée généralisée. En l'absence de traitement, la fièvre et l'éruption resurgissent par accès pendant plusieurs mois. L'évolution est le plus souvent bénigne.

Le traitement, très efficace, repose sur l'administration d'antibiotiques (pénicilline) pendant une semaine.

Soif

Désir de boire.

CAUSES

La sensation de soif se manifeste grâce à la stimulation de certains récepteurs nerveux lorsqu'un sang trop concentré (c'est-à-dire trop riche en sels, en sucres et en certaines autres substances) traverse l'hypothalamus. Le phénomène se produit lorsque le sujet ne boit pas suffisamment et laisse son organisme se déshydrater, lorsque l'alimentation est déséquilibrée (trop riche en sels, par exemple) ou lorsque des vomissements importants, une diarrhée, une transpiration abondante, une hémorragie, des brûlures étendues, un traitement diurétique provoquent une perte liquidienne excessive.

PATHOLOGIE

L'absence de soif, qui peut être due à une lésion de l'hypothalamus (à la suite d'une blessure, par exemple), entraîne une déshydratation.

La potomanie (soif permanente et inextinguible) peut signaler un diabète insipide ou sucré, un trouble psychique (polydipsie psychogène [sensation de soif exagérée, due à une affection psychiatrique]), une insuffisance rénale traitée par la prise de médicaments comme les phénothiazines ou une hémorragie grave.

Soins infirmiers

Ensemble des activités assurées par le personnel infirmier et les auxiliaires de santé.

Soins palliatifs

Ensemble des actions destinées à atténuer les symptômes d'une maladie dont, en particulier, la douleur qu'elle provoque, sans cependant la guérir.

Les soins palliatifs sont notamment dispensés aux malades pendant la phase terminale d'une maladie incurable.

■ **Les soins physiques** consistent à donner des soins d'hygiène, à changer le malade de position, à lui administrer des médicaments et, éventuellement, à pratiquer des interventions chirurgicales de confort. La lutte contre la douleur intense et continuelle que provoquent, par exemple, certains cancers en phase terminale repose sur l'administration d'analgésiques majeurs (opiacés), parfois administrés sur demande par petites doses intrarachidiennes (dans le liquide céphalorachidien). Le blocage chirurgical, par section d'un ou de plusieurs nerfs, de l'influx nerveux qui transmet la douleur peut également être envisagé.

■ **L'accompagnement psychologique** permet de lutter contre l'anxiété, la dépression, la peur, la colère ou le regret liés à l'approche de la mort, ou contre la honte causée par le sentiment d'impuissance ou de déchéance.

SURVEILLANCE

Les soins palliatifs peuvent être donnés dans des unités spécialisées, mais aussi à domicile, par un personnel formé à cet effet, et en collaboration étroite avec la famille et le médecin traitant.

Solarium

Établissement de traitement de certaines affections par héliothérapie (par la lumière solaire).

Le traitement de certains psoriasis, par exemple, se déroule en solarium.

Soluté

1. Substance contenue à l'état dissous dans une solution.

2. Tout liquide aqueux contenant une ou plusieurs substances chimiques à l'état dissous. SYN. *solution*.

Solution

Liquide contenant un corps à l'état dissous.

Certains médicaments sont administrés sous forme de solutions (aqueuses, huileuses, etc.). Celles-ci peuvent être buvables, injectables, applicables sur la peau, utilisables comme collyre, etc.

Somathormone

Hormone sécrétée par l'antéhypophyse (lobe antérieur de l'hypophyse, glande située à la base du cerveau), qui assure la croissance des os longs et intervient dans le métabolisme des glucides, des lipides et des protéines. SYN. *hormone de croissance, hormone somatotrope*. En anglais, *growth hormone (GH)*.

PATHOLOGIE

En cas de maladie hypophysaire ou hypothalamique, un déficit en somathormone survient parfois ; chez l'enfant, il se traduit par une petite taille ; chez l'adulte, il se manifeste par une déminéralisation osseuse. Il peut être compensé par des injections intramusculaires quotidiennes de somathormone de synthèse. En revanche, une sécrétion excessive de somathormone due à un adénome (tumeur bénigne) de l'hypophyse entraîne une acromégalie (développement exagéré des os de la face et des extrémités des membres) chez l'adulte et un gigantisme chez l'enfant.

Somatique

Qui se rapporte au corps.

Ce terme s'entend par opposition à psychique (qui se rapporte au psychisme). L'adjectif « psychosomatique » qualifie toute maladie organique (ulcère de l'estomac, hypertension artérielle, par exemple) à l'origine de laquelle se trouve une cause psychique.

Somatomédine

Facteur de croissance sécrété par le foie, sous l'action de la somathormone (hormone de croissance), et transporté dans le sang, lié à des protéines.

Somatostatine

Hormone sécrétée par l'hypothalamus, le système nerveux central, certaines cellules neuroendocrines du tube digestif et par le pancréas.

La somatostatine a pour rôle d'inhiber la sécrétion de nombreuses hormones. Elle diminue également les mouvements des muscles digestifs.

Sommeil

État physiologique temporaire, immédiatement réversible, reconnaissable par la suppression de la vigilance et le ralentissement du métabolisme.

On distingue deux types de sommeil, le sommeil à ondes lentes (ou sommeil lent), ainsi appelé car l'électroencéphalogramme y montre une prédominance des ondes cérébrales lentes, et le sommeil paradoxal, ainsi appelé car l'électroencéphalogramme y montre une intense activité cérébrale (ondes rapides, comme dans l'état de veille). Ces deux types de sommeil se succèdent environ cinq à huit fois par nuit. On pense que la plupart des rêves ont lieu pendant le sommeil paradoxal.

Le besoin de sommeil survient tous les jours (rythme circadien) à peu près à la même heure, sous l'effet de mécanismes internes et d'influences externes très complexes. La fonction du sommeil n'est pas établie avec certitude. Il ne permet pas seulement de se remettre de la fatigue physique et nerveuse de la journée. Il a peut-être aussi pour fonction, entre autres, de permettre d'assouvir le besoin de rêve.

Le somnambulisme

Déambulation nocturne, inconsciente et ne laissant aucun souvenir, le somnambulisme ne doit pas être considéré comme une maladie. Si certains adultes sont somnambules, ce trouble atteint le plus souvent les enfants (6 % d'entre eux avant l'âge de 15 ans) pour disparaître à l'adolescence.

Le somnambulisme, qui survient au cours du sommeil à ondes lentes (stades 3 ou 4), est actuellement interprété comme étant un « éveil incomplet » du cerveau, avec blocage des mécanismes de mémorisation, laquelle s'effectue normalement en parallèle lorsque nous sommes réveillés.

Sommeil (troubles du)

Toute perturbation de la durée ou de la qualité du sommeil.

Les troubles du sommeil sont de trois sortes : insomnie (insuffisance de sommeil), qui est très fréquente, hypersomnie (excès de sommeil), parasomnie (comportement anormal pendant le sommeil) ; par ailleurs, certains troubles du sommeil sont propres à l'enfant.

Hypersomnie

L'hypersomnie peut être d'origine psychologique (anxiété, dépression) ou due à la prise d'anxiolytiques, à une maladie neurologique (sclérose en plaques, tumeur intracrânienne), à un traumatisme crânien, à une intoxication ou à une infection. La somnolence simple en est la forme la plus courante. Les autres formes d'hypersomnie sont rares, voire exceptionnelles. Parmi elles, la narcolepsie est caractérisée par la survenue, pendant la journée, de brusques accès de sommeil et de chutes brutales du tonus musculaire (syndrome de Gélineau).

TRAITEMENT

Il faut traiter une maladie causale ; les antidépresseurs, voire les amphétamines, sont parfois indiqués. Une autre molécule, le modafinil, peut aussi être utilisée. Mieux tolérée et efficace chez plus de patients que les autres substances, elle n'entraîne en outre pas d'effets secondaires psychiques ni cardiovasculaires.

Insomnie

Pour juger de la réalité d'une insomnie, on se fie peu à la durée de sommeil, trop variable d'une personne à l'autre ; en revanche, on tient compte d'une modification récente de la durée de sommeil et de ce que ressent le patient (fatigue au réveil, impression subjective de mal dormir).

DIFFÉRENTS TYPES D'INSOMNIE

■ L'insomnie aiguë, très banale, dure de quelques jours à quelques semaines. Elle est liée à des circonstances ou à un événement extérieur précis : choc ou tension émotionnelle, soucis professionnels, douleur, etc.

■ L'insomnie chronique regroupe un grand nombre de troubles : difficultés d'endormissement, souvent liées à une anxiété ; réveils nocturnes trop fréquents, souvent liés, quant à eux, à une dépression s'ils se produisent au cours de la deuxième moitié de la nuit et si le sujet se rendort difficilement ou pas du tout ; insomnie complète, rare en dehors de maladies psychiatriques graves (manie, mélancolie, confusion mentale, démence). Il existe, de plus, des insomnies méconnues, au cours desquelles le sommeil semble normal alors qu'il est en fait entrecoupé de réveils et de cauchemars.

TRAITEMENT

Il comprend des mesures simples : se coucher seulement lorsque l'on a sommeil, s'abstenir de stimulation intellectuelle ou émotionnelle (lecture, film violent) de 30 minutes à une heure avant le coucher, se lever et avoir une activité simple lorsque le sommeil ne vient pas plutôt que de rester couché, s'abstenir de repas trop riches le soir, etc. Les médicaments (hypnotiques, anxiolytiques, voire antidépresseurs) constituent un appoint, mais de préférence en cure courte (quelques semaines au maximum). Si les précautions d'emploi ne sont pas respectées, ils peuvent induire somnolence le matin, accoutumance – des doses de plus en plus élevées devenant nécessaires –, dépendance – le malade ne pouvant plus trouver le sommeil sans médicaments.

Parasomnie

Le somnambulisme, forme la plus fréquente de parasomnie, s'observe principalement chez l'enfant entre 6 et 12 ans. De mécanisme mal connu, il persiste souvent plusieurs années, puis disparaît en général spontanément au fil du temps, mais peut aussi réapparaître chez l'adulte au cours d'une période de tension émotionnelle. Ses manifestations consistent en un « réveil » apparent au cours des premières heures de la nuit, suivi d'une succession de comportements complexes : le sujet peut se lever, s'habiller, marcher, ouvrir des portes, avant de se réveiller ou de regagner son lit au bout de quelques minutes. Il est difficile et inutile de le réveiller ou d'essayer de le faire.

TRAITEMENT ET PRÉVENTION

Le somnambulisme est un trouble bénin du sommeil, qui ne justifie un traitement par antidépresseurs (aminéptine) que dans de très rares cas. La prévention d'éventuels accidents est primordiale ; elle consiste à fermer les portes et les fenêtres, et à ranger les objets dangereux.

Sommeil chez l'enfant (troubles du)

Toute perturbation, chez l'enfant, de la durée ou de la qualité du sommeil.

Chez l'enfant, les troubles du sommeil présentent certaines particularités.

Hypersomnie de l'enfant

La plupart du temps, les troubles débutent à l'adolescence, bien que certaines formes d'hypersomnie puissent se déclarer avant.

Insomnie de l'enfant

On distingue les insomnies extrinsèques, causées par des facteurs environnementaux (hygiène de vie, alimentation, etc.), des insomnies intrinsèques.

■ **Les insomnies extrinsèques** peuvent survenir dans des occasions très diverses :

– lorsque les habitudes d'endormissement du jeune nourrisson (bercement, biberon, partage du lit) ont été trop prolongées et que l'enfant n'a pas appris à s'endormir seul. Cette forme d'insomnie, la plus courante, concerne jusqu'à 20 % des enfants entre 6 mois et 3 ans ;

– en cas de gavage nocturne excessif, l'enfant se réveille plusieurs fois dans la nuit et est incapable de se rendormir sans prise alimentaire ; il s'agit d'une variété d'insomnie qui concerne environ 5 % des enfants âgés de 6 mois à 3 ans ;

– en cas d'allergie alimentaire (allergie au lait de vache, par exemple), l'enfant peut avoir du mal à s'endormir et se réveiller la nuit ;

– lorsque les parents n'arrivent pas à fixer des limites à l'enfant, une opposition au coucher survient, vers l'âge de 2 ou 3 ans,

l'enfant se mettant alors à rechercher des prétextes pour ne pas aller au lit.

■ **Les insomnies intrinsèques** sont principalement représentées par l'insomnie idiopathique, rare, qui peut se manifester dès la naissance. Elle serait due à une anomalie neurologique du système de contrôle veille/sommeil (hyperactivité du système d'éveil, hypoactivité du système de régulation du sommeil).

TRAITEMENT

Il peut faire appel à l'administration de médicaments (antihistaminiques, phénothiazines), qui ne doit pas excéder 3 semaines, et à la thérapie comportementale.

Parasomnie de l'enfant

Les parasomnies, troubles caractérisés par un comportement anormal pendant le sommeil, sont classées en fonction du moment de leur survenue au cours du cycle du sommeil. On distingue ainsi les parasomnies en rapport avec le sommeil paradoxal (cauchemar) des parasomnies en rapport avec un trouble de l'éveil (éveil confusionnel, somnambulisme ou terreurs nocturnes). Dans ce dernier cas, l'enfant semble se réveiller brusquement, en proie à une grande frayeur, mais ne reconnaît pas son entourage ; il est inutile d'essayer de le réveiller. Ce trouble, habituellement bénin, ne nécessite que rarement un traitement.

DIAGNOSTIC ET TRAITEMENT

Une consultation spécialisée s'impose en cas de troubles nocturnes fréquents ou d'allure inhabituelle. En dehors du traitement d'une maladie sous-jacente, il est rare que l'on ait recours à la prescription de médicaments, sauf dans les cas les plus graves (antidépresseurs dans certains somnambulismes ou terreurs nocturnes, benzodiazépines en cas de rythmie d'endormissement – mouvements de balancement de la tête ou d'un membre, se produisant lorsque l'enfant s'endort). Les thérapies comportementales (relaxation) et le rétrocontrôle biologique (thérapie qui vise à obtenir du sujet le contrôle de lui-même par le conditionnement d'un certain nombre de fonctions physiologiques) se révèlent parfois efficaces.

Somnifère

→ VOIR Hypnotique.

Sondage vésical

Introduction d'une sonde dans la vessie.

La sonde peut être retirée immédiatement ou laissée en place un certain temps ; dans ce dernier cas, elle est reliée à un sac plastique destiné à recueillir les urines.

INDICATIONS

Un sondage vésical permet d'évacuer le contenu de la vessie en cas de rétention d'urines. Toutes les maladies de l'urètre, de la prostate et de la vessie peuvent nécessiter un sondage : rétrécissement urétral, adénome ou cancer de la prostate, etc.

TECHNIQUE

Il en existe deux.

■ Le sondage urétrovésical consiste à introduire une sonde dans le méat urétral et à la remonter jusque dans la vessie. Il est possible de pratiquer une légère anesthésie locale, en introduisant un gel anesthésique dans l'urètre. Cette technique est la plus couramment utilisée chez la femme.

■ Le sondage par cathétérisme vésical sus-pubien consiste à introduire une sonde directement dans la vessie à travers la peau du bas-ventre à l'aide d'un trocart (grosse aiguille creuse). Cette technique, qui nécessite une anesthésie locale, est employée en cas d'obstacle urétral chez la femme et, le plus souvent possible, chez l'homme.

Sonde

Instrument cylindrique en forme de tige ou de tube fin et long, introduit à l'intérieur du corps dans un dessein diagnostique ou thérapeutique.

Les sondes sont introduites par une voie naturelle (narine, œsophage, rectum, urètre, etc.) ou pathologique (fistule), ou encore à travers la peau. Elles servent à explorer le trajet d'un canal pathologique, à prélever ou à évacuer un produit (pus, salive, suc gastrique, urine), à administrer un médicament, de l'oxygène ou des aliments (nutrition artificielle), à dilater un canal rétréci (urètre, uretère), à enlever un calcul ou encore à enregistrer ou à produire une activité électrique dans le cœur (entraînement électrosystolique).

Sonde nucléique

Fragment d'A.D.N. ou d'A.R.N. naturel ou synthétique, reproduisant une petite partie d'A.D.N. ou d'A.R.N. humain ou de tout autre organisme, utilisé dans des examens de laboratoire. SYN. *sonde génétique, sonde moléculaire.*

TECHNIQUE

Un marqueur, par exemple une substance radioactive, est fixé sur la sonde nucléique, qui est mise en contact avec l'A.D.N. étudié (provenant, par exemple, de cellules prélevées sur un malade). La sonde s'attache alors électivement à la partie de l'A.D.N. étudié qui lui correspond, si celle-ci existe : ainsi, une sonde reproduisant un gène responsable d'une maladie se fixe sur les gènes des personnes atteintes de cette maladie, et non sur les gènes des personnes indemnes. La localisation est ensuite mise en évidence grâce au marqueur. L'A.R.N. s'utilise de façon analogue.

Sophrologie

Méthode fondée sur l'hypnose et la relaxation, utilisée en thérapeutique et pour la préparation à l'accouchement.

La sophrologie est actuellement une synthèse de l'hypnose, de la relaxation et de l'imagerie mentale ; elle comporte en outre certains aspects issus de la psychanalyse. Les médecins qui la pratiquent la recommandent essentiellement en dentisterie et en petite chirurgie, où elle se substitue aux anesthésiques. En obstétrique, elle permet à la patiente d'aborder l'accouchement dans un état de concentration maximale des forces mentales et psychiques. Les autres indications thérapeutiques sont l'angoisse, certains cas de dépression et d'obsession, les maladies psychosomatiques, les troubles sexuels, les toxicomanies.

DÉROULEMENT

La pratique de la sophrologie est proposée en séances individuelles ou collectives, animées par un médecin ou une sage-femme. Dans le cadre de la préparation à l'accouchement, il est souhaitable que la femme enceinte commence l'apprentissage à 5 mois de grossesse. La séance débute par une relaxation musculaire permettant d'atteindre un état modifié de conscience. Le thérapeute peut se servir de la parole incantatoire, du rythme, de la musique. Puis interviennent les suggestions : images positives, souvenirs heureux, projections dans le futur. Le retour à l'état de conscience ordinaire clôt la séance. Chacun des participants peut emporter une cassette d'exercices à pratiquer chaque jour, ainsi qu'un enregistrement musical.

Souffle

Bruit entendu à l'auscultation, ressemblant au son que produit l'air en sortant d'un soufflet.

Un souffle est produit par l'accélération ou le ralentissement brusque de la circulation d'un fluide.

DIFFÉRENTS TYPES DE SOUFFLE

Les différents souffles, audibles à l'auscultation de diverses parties du corps, sont des signes caractéristiques de pathologies.

■ Les souffles cardiaques, communément appelés « souffles au cœur », sont perçus dans l'aire d'auscultation du cœur ; ils signalent le plus souvent une anomalie des valvules, une communication entre les deux oreillettes ou entre les deux ventricules, ou la persistance du canal artériel (canal qui, chez le fœtus, permet au sang de l'artère pulmonaire de se rendre dans l'aorte sans passer par les poumons). Après la découverte d'un souffle cardiaque, une échocardiographie est souvent nécessaire pour préciser le diagnostic. Chez l'adolescent, plus souvent lorsqu'il est maigre, longiligne et sportif, l'auscultation révèle parfois un souffle systolique discret, localisé et variable, ne correspondant – comme le confirme l'échocardiographie – à aucune anomalie organique : ce souffle est dit fonctionnel, ou innocent.

■ Le souffle tubaire est perçu au cours de l'auscultation du thorax au stéthoscope ; il signale une maladie des poumons (pneumonie, par exemple).

■ Le souffle vasculaire est perçu à l'auscultation d'une artère. Il indique le rétrécissement, par des plaques d'athérome (dépôts graisseux).

Souffrance fœtale

Diminution de l'oxygénation et de l'alimentation du fœtus pendant la grossesse ou l'accouchement.

DIFFÉRENTS TYPES DE SOUFFRANCE FŒTALE

La souffrance fœtale peut être chronique ou aiguë.

■ La souffrance fœtale chronique se traduit, au cours de la grossesse, par un ralentissement de la croissance du fœtus, pouvant aboutir à un retard de croissance intra-utérin. Elle est due à un défaut qualitatif des apports nutritionnels, dont les causes sont diverses : maladie cardiovasculaire ou hypertension artérielle de la mère, toxémie gravidique, lésions du placenta. Un retard de croissance se dépiste, à partir du 4e mois de grossesse, par la mesure de la hauteur utérine et par la mesure échographique de certains paramètres du fœtus. Une souffrance fœtale importante oblige parfois à interrompre la grossesse pour sauver l'enfant, lorsqu'il est viable.

■ La souffrance fœtale aiguë s'observe le plus souvent au moment de l'accouchement. Ses causes sont multiples : compression du cordon, décollement du placenta avec constitution d'un hématome rétroplacentaire, contractions utérines trop rapprochées. Une souffrance fœtale aiguë se traduit par une modification des bruits du cœur du fœtus, enregistrés par monitorage. Le rythme cardiaque ralentit et peut descendre jusqu'à 60 battements par minute. Ces ralentissements se produisent en même temps que les contractions utérines, ou juste après. Parfois, le liquide amniotique se colore en vert, le fœtus éliminant trop tôt le méconium, substance contenue dans son intestin. Si la mesure du pH sanguin, prise in utero grâce à une petite incision du crâne du fœtus pratiquée par voie vaginale, révèle une acidose (pH inférieur à 7,20), la souffrance fœtale est confirmée. La privation d'oxygène (anoxie) à laquelle est soumis le fœtus peut avoir des conséquences graves sur son fonctionnement cérébral et justifie l'accélération de l'accouchement, parfois par l'utilisation des forceps en fin de travail ou par le recours à une césarienne si l'accouchement par voie naturelle doit être trop long.

Sourd-muet

Sujet qui, en raison d'une surdité congénitale ou acquise dans sa petite enfance, n'a pu apprendre à parler par lui-même.

Un sujet atteint de surdimutité peut apprendre à prononcer des mots grâce à l'orthophonie, sans pour autant pouvoir se dispenser de la lecture sur les lèvres ni du langage des signes.

Sous-maxillaire (glande)

Glande salivaire située dans le plancher de la bouche.

→ VOIR Salivaire (glande).

Spanioménorrhée

Allongement progressif de l'intervalle qui sépare les règles.

Les cycles menstruels durent habituellement de 21 à 45 jours, avec une moyenne de 28 jours. Généralement réguliers, ils peuvent toutefois se décaler. La spanioménorrhée est définie par un espacement des cycles de plus de 6 à 8 semaines. Elle peut aboutir à une absence totale de règles, ou aménorrhée.

CAUSES

Elles sont diverses. Il peut s'agir d'une grossesse avec persistance de saignements trompeurs, d'un stress, d'une augmentation de la sécrétion de prolactine due à certains médicaments, d'un syndrome des ovaires polykystiques (associant règles espacées, prise de poids et pilosité excessive), d'une maladie hypothalamique ou hypophysaire, d'une anorexie mentale ou d'un entraînement physique intense. Une spanioménorrhée peut survenir aussi en période préménopausique.

TRAITEMENT

Il dépend de la maladie causale et de la demande formulée par la patiente : contraception hormonale pour réguler les cycles menstruels en l'absence de désir de grossesse ; traitement de la pilosité excessive par les antiandrogènes ; en cas de désir de grossesse, stimulation de l'ovulation par les inducteurs de l'ovulation ou administration de progestérone naturelle en cas de sécrétion insuffisante du corps jaune.

Sparadrap

Bande adhésive de tissu, de papier ou de matière plastique utilisée comme pansement ou pour le maintien d'un pansement.

DIFFÉRENTS TYPES DE SPARADRAP

■ **Le sparadrap classique** est constitué d'un mélange d'oxyde de zinc et de produit adhésif appliqué sur une bande de tissu. Imperméable, il protège la plaie, mais peut, en même temps, favoriser la macération ou irriter les peaux sensibles.

■ **Le sparadrap élastique** est formé d'une bande de tricot. Il est destiné à maintenir un pansement mais sa tension ne doit pas être modifiée lors des mouvements.

■ **Le sparadrap microporeux**, anallergique (ou hypoallergique), permet d'éviter toute irritation et macération de la plaie en raison de sa perméabilité à l'air. Il est constitué de fibres artificielles. Il convient à tous les types de peau et particulièrement à l'épiderme fragile des nourrissons.

Spasme

Contraction involontaire, non rythmée, d'un muscle isolé ou d'un groupe musculaire.

Les spasmes surviennent isolément ou par séries et peuvent être douloureux ou non.

Les spasmes s'observent au cours d'un certain nombre de maladies, en particulier neurologiques, mais peuvent aussi survenir spontanément, en dehors de toute affection sévère (hoquet, crampes).

Spasme en flexion

Crise épileptique du nourrisson, associée à des anomalies électroencéphalographiques caractéristiques. SYN. *spasme infantile, syndrome de West.*

SYMPTÔMES ET DIAGNOSTIC

Le spasme en flexion se manifeste chez les nourrissons, avant l'âge de un an, par un raidissement brutal du tronc, des membres et du cou, suivi de leur fléchissement ou, au contraire, mais plus rarement, de leur extension.

TRAITEMENT ET PRONOSTIC
La maladie est le plus souvent rebelle aux antiépileptiques. Si le cerveau n'a pas subi de lésion, le trouble est bénin et un traitement par les corticostéroïdes permet de contrôler très rapidement le spasme épileptique et de guérir l'enfant. En revanche, si les données fournies par l'imagerie cérébrale confirment la présence de lésions du cerveau et si l'enfant souffre d'un retard mental préexistant, le pronostic dépend de la lésion et de ses possibilités de traitement.

Spasme infantile
→ VOIR Spasme en flexion.

Spasme du sanglot
Bref arrêt respiratoire survenant chez le petit enfant lors d'une colère, d'une peur, d'une contrariété ou d'un traumatisme bénin.

En fonction de leur aspect, on distingue deux formes de spasme du sanglot.

■ Dans la forme la plus habituelle, dite bleue, le bébé pleure violemment pendant quelques secondes, puis sa respiration se bloque en expiration ; il devient légèrement cyanosé avant de reprendre des couleurs et une respiration normale.

■ Dans la forme dite blanche, l'enfant devient très pâle pendant la période d'arrêt de la respiration qui suit les pleurs. Il s'agit, en fait, d'une forme de syncope (perte brusque et brève de connaissance), et les facteurs déclenchants sont plus la peur ou un autre traumatisme que la colère.

Les deux formes peuvent s'accompagner de quelques convulsions ou de quelques secousses des membres.

TRAITEMENT
Malgré leur caractère impressionnant, les spasmes du sanglot sont bénins et ne nécessitent aucun traitement.

Spasmophilie
Syndrome lié à un état d'hyperexcitabilité neuromusculaire chronique.

CAUSES
On ne connaît pas les raisons de la spasmophilie. Celle-ci pourrait être liée à une carence en calcium ou en magnésium. Selon une autre hypothèse, la crise de spasmophilie révélerait un trouble des échanges des ions de calcium et de magnésium entre l'intérieur (secteur intracellulaire) et l'extérieur (secteur extracellulaire) des cellules. Elle serait également due à une hyperventilation (augmentation de la ventilation pulmonaire) et constituerait donc la manifestation d'un état d'anxiété ou d'angoisse.

SYMPTÔMES ET SIGNES
Une spasmophilie se manifeste par des crises de tétanie : spasmes, hyperventilation, paresthésies (troubles de la sensibilité) des extrémités et du visage avec sensation de paralysie, et malaise, accompagné parfois, d'une sensation de mort imminente. L'électromyographie (enregistrement graphique de l'activité électrique qui accompagne la contraction musculaire) révèle de multiples contractions des muscles.

TRAITEMENT
Selon les causes que le thérapeute attribue à la spasmophilie, le traitement consiste soit à administrer du calcium, du magnésium ou de la vitamine D, soit à prescrire des médicaments anxiolytiques (qui apaisent l'anxiété) ou myorelaxants (qui favorisent la détente musculaire).
→ VOIR Tétanie.

Spasticité
→ VOIR Hypertonie musculaire.

Spécialité pharmaceutique
Médicament fabriqué industriellement et commercialisé par un laboratoire pharmaceutique.
→ VOIR Médicament.

Spectroscopie par résonance magnétique
Technique de mise en évidence des spectres de certaines molécules composant la matière vivante.

Spéculum

Instrument en métal ou en plastique permettant de maintenir béants et d'éclairer un conduit ou une cavité du corps, ouverts sur l'extérieur par un orifice naturel.

Spermatocèle

Petit réservoir créé chirurgicalement dans l'épididyme testiculaire.

Une spermatocèle se pratique en cas de stérilité ayant pour origine une absence congénitale de canal déférent, ou encore un rétrécissement ou une obturation de celui-ci, empêchant les spermatozoïdes d'être véhiculés jusque dans les vésicules séminales et les ampoules déférentielles. La spermatocèle constitue un réservoir dans lequel les spermatozoïdes peuvent s'écouler et être stockés. Ils sont ensuite recueillis par ponction en vue d'une insémination artificielle. Si la spermatocèle n'est pas utilisée, les spermatozoïdes se résorbent naturellement au bout d'un certain temps.

Spermatogenèse

Élaboration des spermatozoïdes par le testicule.

La spermatogenèse débute à la puberté sous l'influence des gonadotrophines, hormones sécrétées par l'hypophyse, et se ralentit, sans disparaître, à un âge avancé.

ANOMALIES DE LA SPERMATOGENÈSE

De nombreuses pathologies peuvent altérer, voire arrêter, la spermatogenèse et entraîner une stérilité : maladie du testicule atteignant les tubes séminifères (tuberculose, fièvre de Malte, oreillons, infection testiculaire, ectopie testiculaire), maladie génétique (syndrome de Klinefelter), blennorragie mal traitée, déséquilibre hormonal hypothalamique ou hypophysaire. L'arrêt de la spermatogenèse n'a, en revanche, aucune incidence sur la fonction sexuelle, sauf si celle-ci est due à des troubles hormonaux.

Spermatorrhée

Écoulement de sperme par l'urètre, en dehors de toute éjaculation.

Une spermatorrhée est consécutive à une inflammation, le plus souvent d'origine infectieuse, de la prostate. Elle n'est pas douloureuse, et son traitement est celui de la maladie en cause.

Spermatozoïde

Cellule reproductrice mâle.

Le spermatozoïde est un filament microscopique de 50 micromètres de long, composé d'une tête, d'une pièce intermédiaire et d'un flagelle (queue). La tête, ovale, pointue vers l'avant et aplatie vers l'arrière, mesure 3 micromètres d'épaisseur. Elle est presque entièrement formée par le noyau qui contient le génome (matériel génétique, support de l'hérédité). A la tête fait suite la pièce intermédiaire, qui assure la production d'énergie, elle-même directement reliée au flagelle, grêle, long et flexible, qui, lui, assure le déplacement. Le flagelle propulse la tête du spermatozoïde, qui progresse en oscillant à droite et à gauche, ce qui lui permet de contourner les obstacles.

Un spermatozoïde peut survivre de 24 à 48 heures dans les voies génitales féminines, où il se déplace, à raison de 3 millimètres par minute, à la rencontre de l'ovule, qu'il féconde dans une des trompes utérines.

PATHOLOGIE

Des anomalies des spermatozoïdes peuvent entraîner une stérilité : anomalies de forme, de nombre ou de mobilité, constitutionnelles ou acquises (blennorragie non traitée, obstruction des canaux déférents, etc.). Elles sont mises en évidence par l'étude du sperme, appelée spermogramme.

Sperme

Liquide opaque, blanchâtre, légèrement filant et collant, produit lors de l'éjaculation et contenant les spermatozoïdes.

Chaque millilitre de sperme contient entre 30 et 150 millions de spermatozoïdes en suspension dans le liquide séminal. Celui-ci est en outre constitué de nombreuses protéines, de fructose (élaboré par les vésicules séminales), de phosphatases acides (formées par la prostate) et de carnitine (sécrétée par l'épididyme). Le sperme est normalement stérile, c'est-à-dire sans germes.

L'excrétion se fait au moment de l'orgasme, grâce à une contraction des différents muscles lisses qui entourent les glandes et les conduits génitaux. Chaque éjaculation contient de 2 à 6 millilitres de sperme.

Un volume de sperme trop important peut révéler une infection des vésicules séminales et de la prostate.

Les banques de sperme

Le stockage du sperme dans une banque peut être envisagé avant la réalisation d'un traitement chimiothérapique ou radiothérapique. Le donneur conservera ainsi la possibilité de procréer à l'issue d'un traitement potentiellement toxique pour les spermatozoïdes. Cette technique peut aussi être utilisée pour conserver le sperme de donneurs volontaires en vue d'une insémination artificielle, pour des couples dont le conjoint est stérile ou atteint d'une maladie génétiquement transmissible ; le sperme à inséminer sera alors apparié sur le groupe sanguin et les caractères morphologiques (groupe ethnique, poids, taille, etc.) de l'homme stérile.

Le donneur doit subir une série d'examens recherchant toute anomalie éventuellement transmissible : prise de sang (hépatite virale, syphilis, V.I.H.), caryotype (anomalies chromosomiques), enquête génétique (pour vérifier l'absence de maladies héréditaires telles que l'hémophilie dans la famille).

Le sperme est congelé dans l'azote liquide, à – 196 °C, après avoir été dilué dans un milieu contenant un cryoprotecteur. La conservation peut durer plusieurs années. La décongélation se fait en quelques minutes, en laissant les paillettes à la température ambiante.

→ VOIR Spermogramme.

Spermicide

Contraceptif local qui agit en détruisant les spermatozoïdes.

Les spermicides se présentent sous forme de crèmes, d'ovules ou d'éponges. Ces substances peuvent aussi enduire certains préservatifs masculins.

INDICATIONS ET CONTRE-INDICATIONS

Les spermicides sont surtout utilisés en cas de rapports sexuels irréguliers ou de contre-indication à la pilule. Leur emploi ne se conçoit qu'en association avec un préservatif ou, pour les crèmes, un diaphragme.

Ils sont contre-indiqués en cas d'hypersensibilité aux différents produits.

MODE D'EMPLOI

L'efficacité des spermicides dépend de leur bonne utilisation. Une crème spermicide doit être placée au fond du vagin, à l'aide d'une poire ou d'une seringue, avant chaque rapport sexuel avec pénétration masculine. Il est nécessaire de répéter l'application à chaque nouveau rapport. Les crèmes spermicides ont une action immédiate. Les éponges sont placées avec les doigts dans le fond du vagin, en contact avec le col de l'utérus. Une fois mises en place, elles assurent une protection immédiate, qui dure 24 heures.

L'effet contraceptif est inhibé par les savons et de nombreux antiseptiques. Seule une toilette uniquement externe, à l'eau pure, est acceptable dans les 6 à 8 heures précédant l'application et immédiatement après les rapports.

EFFETS INDÉSIRABLES

Une sensation de brûlure ou une irritation peuvent se manifester chez l'un ou l'autre partenaire, mais rares sont les réactions allergiques locales.

Spermogramme

Examen du sperme ayant pour but d'étudier le nombre et la mobilité des spermatozoïdes, ainsi que le pourcentage de spermatozoïdes anormaux.

INDICATIONS

Un spermogramme est effectué lorsqu'un couple vient consulter pour infertilité. Il est alors important de déterminer l'existence éventuelle d'anomalies du sperme et de savoir si cette stérilité est transitoire ou définitive. En effet, la fièvre ou la prise de certains médicaments peuvent diminuer de façon passagère le nombre des spermatozoïdes. En cas d'anomalie constatée, le médecin prescrit toujours au moins un autre spermogramme avant d'établir un diagnostic définitif.

TECHNIQUE

Le spermogramme analyse 3 caractéristiques des spermatozoïdes.

■ **Le nombre des spermatozoïdes** doit être au minimum de 30 millions par millilitre dans un éjaculat normal (de 2 à 6 millilitres). Une concentration inférieure traduit une oligospermie, tandis que l'absence de spermatozoïdes constitue une azoospermie.

■ **La mobilité des spermatozoïdes** est également étudiée : 30 % doivent être mobiles durant la première heure et le rester 4 heures après l'éjaculation. Au-dessous de ces seuils, on parle d'asthénospermie primitive ou secondaire.

■ **L'analyse des formes anormales** repose sur le spermatocytogramme (frottis permettant d'examiner 100 spermatozoïdes). Un sperme est considéré comme suffisamment fécondant lorsque plus de 30 % des spermatozoïdes sont de forme normale. On considère comme anormaux les spermatozoïdes trop petits (hypotrophiques), à tête double (bicéphales), à flagelle double (bifides). Au-dessous de ce pourcentage (soit moins de 30 % de formes normales), on parle de tératospermie.

PRÉPARATION ET DÉROULEMENT

Un spermogramme se pratique dans un laboratoire d'analyses médicales, sur rendez-vous. Avant l'examen, le patient doit s'abstenir de toute relation sexuelle durant 3 à 5 jours, afin que la quantité de sperme émis corresponde aux critères de référence. Le jour de l'examen, après avoir uriné pour éliminer les germes toujours présents dans le canal de l'urètre, l'homme recueille son sperme par masturbation.

Sphacèle

Tissu nécrosé à la suite d'une interruption de la circulation artérielle.

Sphénoïde

Os appartenant à la partie moyenne de la base du crâne, situé en arrière de la racine du nez, derrière l'ethmoïde et l'os frontal, devant l'occipital, et entre les deux os temporaux.

Sphénoïdite

Inflammation du sinus sphénoïdal. SYN. *sinusite sphénoïdale.*

Sphincter

Dispositif musculaire entourant un orifice ou un canal naturel et permettant son ouverture et sa fermeture.

Un sphincter est une structure musculaire circulaire constituée, selon le cas, de muscle lisse (non soumis à la volonté) ou de muscle strié (contrôlé par la volonté).

PATHOLOGIE

Un dysfonctionnement sphinctérien peut être d'origine traumatique ou neurologique. Il est responsable, selon la localisation, d'incontinence (anale ou vésicale), de spasmes (spasme du pharynx empêchant l'alimentation) ou de reflux gastro-œsophagien (béance du cardia).

Le traitement, selon la gravité, va d'une simple rééducation à une intervention chirurgicale : en cas d'incontinence urinaire complète, par exemple, la mise en place d'une prothèse sphinctérienne urétrale (sphincter artificiel, constitué d'un manchon de silicone gonflable placé autour de l'urètre et relié à une pompe) peut être proposée.

Une fissure anale et la présence de calculs dans le canal cholédoque peuvent nécessiter une sphinctérotomie (section chirurgicale d'un sphincter), respectivement du sphincter anal et du sphincter d'Oddi.

Sphinctéroplastie

Reconstitution chirurgicale d'un muscle sphinctérien lésé afin de lui rendre son fonctionnement normal.

Sphinctérotomie

Section chirurgicale partielle ou totale d'un sphincter.

■ **La sphinctérotomie oddienne** est indiquée quand un calcul bloqué dans le canal cholédoque gêne l'écoulement de la bile. Elle consiste à inciser le cholédoque à hauteur du sphincter, pour retirer le calcul.

■ La sphinctérotomie anale est surtout indiquée en cas de fissure anale (ulcération de la peau voisine de l'anus, due à un spasme ou à une sclérose – envahissement par du tissu fibreux – du sphincter sous-jacent). Elle consiste à pratiquer une section totale ou partielle du sphincter.

Sphingolipide

Lipide complexe, comprenant une molécule appartenant à la famille des alcools, abondant dans le système nerveux.

Sphingolipidose

Maladie héréditaire caractérisée par un déficit en plusieurs enzymes nécessaires à la dégradation des sphingolipides, ce qui provoque leur accumulation dans le système nerveux.

Il existe un grand nombre de sphingolipidoses (maladie de Niemann-Pick, de Tay-Sachs, etc.). Les troubles sont surtout neurologiques (convulsions, déficits moteurs, retard mental). Il n'existe pas encore de traitement des sphingolipidoses.

Sphygmomanomètre

→ VOIR Tensiomètre.

Spina-bifida

Malformation congénitale de la colonne vertébrale, caractérisée par l'absence de soudure des arcs postérieurs et de l'apophyse épineuse d'une ou de plusieurs vertèbres, le plus souvent au niveau lombosacré.

CAUSES

Le spina-bifida est dû à une anomalie de formation de la structure embryonnaire appelée tube neural, dans les 3 premiers mois de grossesse.

DIFFÉRENTS TYPES DE SPINA-BIFIDA

■ Le spina-bifida occulte, ou spina-bifida occulta, est une malformation fréquente et généralement bénigne. Il s'agit, le plus souvent, d'une simple fissure de la colonne vertébrale, sans hernie de tissus nerveux et avec un revêtement cutané normal. L'anomalie ne se manifeste par aucun symptôme, et sa découverte est fortuite, lors d'une radiographie de la région lombaire basse où elle

se situe habituellement. Dans certains cas, toutefois, le nouveau-né présente une anomalie cutanée en regard de la colonne vertébrale (fossette, fistule, déviation du pli fessier, plus rarement touffe de poils). Par précaution, des explorations radiologiques et urologiques, éventuellement complétées par un scanner ou un examen par imagerie par résonance magnétique (I.R.M), sont alors pratiquées afin de détecter une éventuelle malformation sous-jacente nécessitant un traitement chirurgical.

■ Le spina-bifida ouvert, ou spina-bifida aperta, dont la forme la plus habituelle est le myéloméningocèle, se caractérise par une hernie des éléments contenus dans le canal rachidien (méninges, liquide céphalorachidien, moelle épinière). Cette malformation s'accompagne souvent d'une hydrocéphalie et de désordres neurologiques sévères tels qu'une paraplégie (paralysie des membres inférieurs), une incontinence sphinctérienne, une insensibilité des membres inférieurs. Le pronostic, grave, dépend du type de malformation et de la possibilité ou non d'une intervention chirurgicale.

DIAGNOSTIC PRÉNATAL

Le diagnostic prénatal du spina-bifida est aujourd'hui possible grâce à l'échographie, réalisée entre la 16e et la 20e semaine, qui permet de reconnaître la malformation dans 70 % des cas, et au dosage, après amniocentèse, du taux de l'alpha-1-fœtoprotéine.

Spirochétose

Maladie infectieuse causée par un spirochète, bactérie de forme hélicoïdale particulièrement mobile grâce à son appareil locomoteur interne.

Trois genres de spirochètes sont pathogènes pour l'homme.

■ Le genre *Borrelia* comprend des bactéries responsables de fièvres récurrentes transmises par les tiques et l'agent de la maladie de Lyme.

■ Le genre *Leptospira* comprend les agents de la leptospirose, également connue sous le nom de maladie des égoutiers.

■ Le genre *Treponema* regroupe l'agent de la syphilis et ceux d'infections appelées tréponématoses non vénériennes, qui sévissent exclusivement dans certaines régions chaudes (pinta ou caraté, béjel et pian).

Spirométrie

Examen servant à mesurer les volumes et les débits pulmonaires.

La spirométrie fait partie de l'exploration fonctionnelle respiratoire (ensemble des examens destinés à évaluer la fonction respiratoire).

INDICATIONS

Elle est utilisée pour diagnostiquer diverses affections chroniques des bronches et du poumon (asthme, bronchopathie chronique obstructive, pneumopathie interstitielle, emphysème), pour évaluer leur gravité et pour suivre leur évolution.

TECHNIQUE

Une séance de spirométrie dure au plus quelques dizaines de minutes. Le sujet est assis, le nez bouché par une pince. Il place dans sa bouche un embout relié par un tuyau à un appareil de mesure, le spiromètre. Le patient respire d'abord normalement, puis inspire et expire à fond. Les volumes d'air contenus dans ses poumons à différents moments de la respiration sont mesurés puis corrélés aux débits d'air inspirés ou expirés, pour tracer un graphique appelé courbe débit-volume ; il est également possible de mesurer la capacité vitale forcée (volume total d'air expiré après une inspiration profonde) ainsi que le V.E.M.S., volume expiratoire maximal par seconde (volume d'air expiré au cours de la première seconde d'expiration forcée suivant une inspiration profonde). L'adjonction au spiromètre d'un circuit complémentaire utilisant de l'hélium permet de calculer la capacité pulmonaire totale (volume d'air maximal que peuvent contenir les poumons).

RÉSULTATS

Les anomalies constatées sont classées en syndrome obstructif (débits anormalement faibles), syndrome restrictif (volumes anormalement faibles) et syndrome mixte (association de ces deux perturbations).

Spitz (mélanome juvénile de)

Petite tumeur cutanée isolée, bénigne, apparaissant sur le visage ou sur un membre.

Le mélanome juvénile de Spitz apparaît chez l'enfant ou l'adulte jeune. C'est une tumeur de quelques millimètres de diamètre, rosée ou brunâtre, de surface lisse. Elle disparaît spontanément dans certains cas ou se transforme en nævus (grain de beauté). Dans les autres cas, la lésion est traitée par ablation chirurgicale, ce qui permet, après analyse, de confirmer le diagnostic et assure la guérison.

Splanchnicectomie

Section chirurgicale des nerfs splanchniques, qui innervent les viscères abdominaux.

La splanchnicectomie est indiquée en cas de douleurs abdominales intenses et chroniques, en particulier celles dues à une maladie du pancréas (pancréatite chronique, cancer) ; elle est donc souvent associée à un autre geste opératoire (ablation d'une tumeur, par exemple). Elle n'entraîne aucun effet secondaire.

Splénectomie

Ablation chirurgicale de la rate.

CONSÉQUENCES

La splénectomie est une intervention relativement bénigne, qui comporte peu de risques immédiats. En revanche, elle a, à terme, deux conséquences importantes : d'une part, une augmentation du nombre de plaquettes dans le sang avec un risque de formation de caillots dans les vaisseaux, d'autre part, une diminution de la résistance du système immunitaire à certaines infections, particulièrement celles à pneumocoque, d'autant plus marquée que le sujet est plus jeune (surtout s'il a moins de 6 ans). Cela justifie la vaccination anti-pneumococcique systématiquement pratiquée avant l'intervention et le traitement vigoureux de tout début d'infection, chez les sujets aspléniques (qui n'ont plus de rate).

Splénomégalie

Augmentation du volume de la rate.

Différentes maladies ou infections peuvent causer une splénomégalie :
- les affections hépatiques comme une cirrhose du foie ;
- les infections bactériennes : septicémies, fièvres typhoïde et paratyphoïde, brucellose, tuberculose, etc. ;
- les maladies dites de système : lupus érythémateux disséminé, sarcoïdose ou amylose, par exemple ;
- les maladies hématologiques : leucémie ou splénomégalie myéloïde, par exemple ;
- les maladies parasitaires comme le paludisme ;
- les maladies virales : mononucléose infectieuse, par exemple.

Une splénomégalie provoque parfois une sensation de pesanteur dans l'hypocondre gauche (région supérieure gauche de l'abdomen) et des douleurs. Le traitement d'une splénomégalie dépend de la maladie à laquelle elle est due.

Splénoportographie

Examen radiologique vasculaire permettant de visualiser le système veineux porte qui conduit le sang de la rate au foie.

Spondylarthrite ankylosante

Affection chronique caractérisée par la survenue d'une arthrite touchant principalement les articulations sacro-iliaques et celles du rachis. SYN. *pelvispondylite rhumatismale.*

La spondylarthrite ankylosante, affection appartenant au groupe des spondylarthropathies, n'a pas de cause connue, mais on retrouve dans 10 % des cas une prédisposition familiale. Les malades sont en grande majorité de sexe masculin, l'affection débutant généralement entre 15 et 30 ans.

La spondylarthrite ankylosante débute par des douleurs siégeant le plus souvent aux fesses, derrière les cuisses et à la partie moyenne du dos, qui s'accentuent à la fin de la nuit et le matin, et s'aggravent à nouveau le soir. L'affection progresse généralement de bas en haut, du bassin vers le rachis cervical. Les articulations des membres sont plus rarement touchées, à l'exception des hanches, dont l'atteinte peut gêner

la marche, et, à un moindre degré, des genoux et des épaules.

Le diagnostic repose, comme pour les autres spondylarthropathies, sur divers critères cliniques (caractère des douleurs et sensibilité au traitement), radiologiques et génétiques (présence de l'antigène HLA B 27).

La spondylarthrite ankylosante progresse lentement, par poussées, sur dix ans, vingt ans ou même davantage. L'évolution de la maladie, en l'absence de traitement, est variable selon les sujets, marquée environ chez la moitié des malades par une raideur de tout ou partie de la colonne vertébrale. L'atteinte des articulations costovertébrales peut être responsable d'une insuffisance respiratoire.

TRAITEMENT
Il repose sur les anti-inflammatoires non stéroïdiens, pris de préférence le soir, avant le coucher. Lorsque ceux-ci sont inefficaces, on peut recourir à la salazopyrine.

Spondylarthropathie

Affection inflammatoire chronique caractérisée par une atteinte articulaire vertébrale.

Le terme de spondylarthropathie regroupe quatre affections inflammatoires :
- la spondylarthrite ankylosante, ou pelvispondylite rhumatismale ;
- le syndrome oculo-urétro-synovial, aussi appelé syndrome de Fiessinger-Leroy-Reiter (F.L.R.) ;
- certaines formes de rhumatisme psoriasique, ou arthrite psoriasique ;
- les rhumatismes accompagnant les maladies inflammatoires chroniques de l'intestin (notamment la rectocolite hémorragique et la maladie de Crohn).

FRÉQUENCE
Les spondylarthropathies affectent davantage les hommes que les femmes.

TRAITEMENT
Il repose sur les anti-inflammatoires non stéroïdiens, pris de préférence le soir, avant le coucher. Les spondylarthropathies s'accompagnant de signes biologiques d'inflammation (vitesse de sédimentation élevée) ou de signes, même mineurs, d'inflammation intestinale chronique bénéficient souvent

d'un traitement de fond par la salazopyrine. Quand la hanche est gravement atteinte, une synoviorthèse (destruction de la synoviale, tissu tapissant les parois des cavités articulaires) à l'acide osmique peut stopper l'évolution de l'arthrite, permettant ainsi d'éviter la pose d'une prothèse.

Spondylite

Inflammation d'une vertèbre.

La spondylite est en fait une ostéomyélite (inflammation d'un os) vertébrale. Elle est très souvent associée à une inflammation du disque intervertébral adjacent : on parle alors de spondylodiscite.

Spondylodiscite

Inflammation simultanée d'un disque intervertébral et des vertèbres adjacentes, le plus souvent d'origine infectieuse.

CAUSES
Une spondylodiscite peut être d'origine infectieuse. Plus rarement, une spondylodiscite est d'origine non infectieuse, liée à une spondylarthropathie ou à un syndrome S.A.P.H.O. (synovite-acné-pustulose-hyperostose-ostéite).

SYMPTÔMES ET SIGNES
Dans sa forme habituelle, une spondylodiscite entraîne de vives douleurs rachidiennes qui, très vite, empêchent le malade de se déplacer et s'accompagnent de fièvre et de frissons. Son diagnostic repose sur la scintigraphie osseuse et surtout sur l'imagerie par résonance magnétique (I.R.M.).

TRAITEMENT
Le traitement repose sur l'immobilisation plâtrée pendant 6 semaines environ et sur une antibiothérapie suivie pendant 3 mois en cas de germe banal, pendant 12 à 18 mois en cas de tuberculose. Une raideur rachidienne peut subsister au niveau du disque intervertébral infecté.

Spondylolisthésis

Glissement vers l'avant d'une vertèbre par rapport à la vertèbre sous-jacente, affectant le plus souvent les vertèbres lombaires inférieures, notamment la 5e, qui glisse alors sur le sacrum.

CAUSES
Un spondylolisthésis peut être consécutif à une spondylolyse (rupture entre le corps et l'arc postérieur de la vertèbre), à une détérioration progressive de la vertèbre et de son disque, à un traumatisme ou à une infection (mal de Pott).

SYMPTÔMES
L'atteinte est souvent latente, découverte fortuitement à la radiographie. Dans certaines conditions, en particulier en position debout prolongée (piétinement), des douleurs lombaires peuvent apparaître et devenir progressivement permanentes. Elles peuvent aussi s'accompagner d'une sciatique due à l'étirement des racines nerveuses lombaires.

TRAITEMENT
Lorsque le spondylolisthésis n'entraîne aucune douleur, l'abstention thérapeutique est de règle. Dans les autres cas, son traitement comprend le repos au lit, associé à la prise d'analgésiques et d'anti-inflammatoires. En dehors des crises aiguës de lombosciatique, on prescrit une gymnastique de rééducation vertébrale et le port d'un lombostat. Quand ce traitement s'avère inefficace, on peut recourir à l'arthrodèse du rachis lombaire, intervention chirurgicale consistant à solidariser la vertèbre déplacée aux vertèbres sus et sous-jacentes.

Spondylolyse

Rupture entre le corps d'une vertèbre et son arc postérieur, survenant au niveau d'une portion rétrécie appelée isthme vertébral.

La spondylolyse siège en général à la hauteur de la 5e vertèbre lombaire. Elle atteint le plus souvent les personnes âgées souffrant d'arthrose lombaire, mais elle peut aussi s'observer chez un sujet jeune présentant une insuffisance ou une absence d'ossification de l'isthme vertébral ou, plus rarement, apparaître après un traumatisme ayant entraîné une fracture.

Le risque d'une spondylolyse est un glissement vers l'avant de la vertèbre, appelé spondylolisthésis.

Sporotrichose

Maladie chronique due à un champignon microscopique appelé *Sporotrix schenkii*.

Sporotrix schenkii est présent dans le sol et les débris végétaux. La sporotrichose sévit sur toute la surface du globe. Cette mycose se contracte souvent à l'occasion d'un traumatisme mineur : le champignon est inoculé lors d'une piqûre par une épine ou lors d'une blessure par un morceau de bois.

SYMPTÔMES ET SIGNES
La forme primaire correspond au développement d'une lésion à partir du site d'inoculation, elle se traduit par l'apparition, en quelques jours ou en quelques mois, de nodules indolores évoluant en ulcérations douloureuses. Les ulcérations se nécrosent (chancre sporotrichosique), ce phénomène s'accompagnant d'une dissémination lymphatique du germe.

TRAITEMENT ET PRONOSTIC
Le traitement des formes cutanées de la sporotrichose repose sur l'administration d'iodure de potassium. Les antifongiques par voie orale ou en perfusion sont réservés aux cas de dissémination par voie lymphatique.

Sport et aptitude physique
→ VOIR Évaluation fonctionnelle à visée sportive.

Spray
Médicament liquide mélangé à un gaz, contenu dans une bombe sous pression, de façon à pouvoir être administré sous forme de gouttelettes.

Sprue nostras
→ VOIR Maladie cœliaque.

Sprue tropicale
Maladie de cause inconnue associant une atrophie de la muqueuse de l'intestin grêle, responsable d'une mauvaise digestion et d'un défaut d'assimilation des nutriments.

La sprue tropicale frappe les habitants des pays tempérés vivant depuis longtemps dans les pays tropicaux d'Asie et d'Amérique.

SYMPTÔMES ET SIGNES
La malabsorption chronique entraîne une diarrhée graisseuse, un amaigrissement et des carences multiples provoquant des ulcérations buccales.

TRAITEMENT
Le traitement comprend l'administration d'antibiotiques, d'acide folique et de vitamine B12 et, si nécessaire, d'autres vitamines et de sels minéraux. Le retour en pays tempéré assure généralement la guérison.

Squame
Fragment de substance cornée s'éliminant de la surface de la peau.

Squelette
Charpente solide et calcifiée du corps humain, constituée par l'ensemble des os.

STRUCTURE
On distingue :
- une colonne médiane, la colonne vertébrale, ou rachis, composée de vertèbres ;
- les côtes, qui s'articulent en arrière avec la colonne vertébrale, en avant avec le sternum, l'ensemble constituant le thorax ;
- le crâne, qui s'articule avec l'extrémité supérieure de la colonne vertébrale ;
- les membres supérieurs (bras, avant-bras, main), rattachés au thorax par la ceinture scapulaire (clavicule et omoplate) ;
- les membres inférieurs (cuisse, jambe, pied), rattachés à la colonne vertébrale à la hauteur du sacrum par la ceinture pelvienne (formée des deux os iliaques) ;
- le bassin, constitué par la ceinture pelvienne et le sacrum ;
- en haut et en avant du cou, au-dessus du larynx, un os isolé, l'os hyoïde.

Les os du squelette sont au nombre de 200, sans compter les osselets de l'oreille, les sésamoïdes (petits os arrondis, intercalés dans le trajet d'un ligament articulaire dont ils facilitent le jeu) et les os wormiens (petits os surnuméraires se développant entre les os de la voûte crânienne).

PATHOLOGIE
Les os du squelette peuvent être le siège de tumeurs, d'infections (ostéomyélite), de lésions dégénératives (arthrose) ou inflammatoires (arthrite), de traumatismes (fracture, luxation). Ils peuvent être malformés ou absents, anormalement soudés (lombalisation, sacralisation), raccourcis. Ils peuvent

enfin s'agencer les uns par rapport aux autres de façon anormale (cyphose, scoliose).

Squirre ou Squirrhe

Tumeur maligne dont le stroma (tissu conjonctif vascularisé) est particulièrement abondant et très riche en fibres collagènes.

Le traitement des squirres est celui du cancer du sein.

Stapédectomie

Ablation chirurgicale de l'étrier (un des osselets de l'oreille moyenne).

Une stapédectomie est indiquée au cours de l'otospongiose. Cette maladie osseuse se caractérise par une ankylose, voire une immobilité de l'étrier se traduisant dans ce dernier cas par une hypoacousie (surdité).

Staphylococcie

Infection par un staphylocoque, bactérie à Gram positif.

Les staphylocoques sont présents dans l'air, l'eau et sur toutes les surfaces ; l'homme les héberge dans les fosses nasales, l'intestin, les glandes sudoripares et sur la peau. Le staphylocoque est un germe pyogène (susceptible de provoquer la formation de pus). L'espèce le plus souvent responsable d'infections est *Staphylococcus aureus*, ou staphylocoque doré.

Les infections à staphylocoque peuvent être contagieuses et se transmettent directement (par contact avec des foyers cutanés infectés) ou indirectement (par l'intermédiaire des mains). Elles sont favorisées par l'alcoolisme, la dénutrition, le diabète sucré, l'affaiblissement qui suit une intervention chirurgicale, l'introduction dans l'organisme de corps étrangers (prothèse, aiguille pour injection), et apparaissent plus fréquemment chez les jeunes enfants et les personnes très âgées). Le staphylocoque est souvent en cause dans les infections nosocomiales (hospitalières). Il existe deux types de staphylococcie, suppurative et non suppurative.

Staphylococcie suppurative

C'est une infection à staphylocoque entraînant la formation d'une collection purulente.

Différents tissus peuvent être atteints, mais surtout la peau et les muqueuses. L'infection prend, selon les tissus, des noms différents : impétigo (plaque cutanée infectée), panaris (infection d'un doigt), onyxis (infection d'un ongle), folliculite (infection de la base des poils), furoncle (folliculite profonde sévère), orgelet (infection de la paupière). Ces infections sont fréquentes.

COMPLICATIONS

En l'absence de traitement, l'infection peut s'étendre aux tissus avoisinants (phlegmon), dans les tissus sous-cutanés (infection des tissus sous-cutanés, ou cellulite au sens médical du terme), dans le sang (septicémie). Ces infections peuvent devenir chroniques ; des récidives multiples sont également possibles, particulièrement pour les furoncles (furonculose), ce qui doit faire rechercher une déficience des défenses immunitaires et, notamment, un diabète sucré mal équilibré.

TRAITEMENT ET PRÉVENTION

Les staphylococcies cutanées ne nécessitent souvent que de simples applications d'antiseptiques. Les formes graves sont traitées par antibiothérapie par voie générale ; certains abcès nécessitent une intervention chirurgicale (curetage d'un panaris, par exemple). La prévention de telles infections repose sur la désinfection et l'éradication des gîtes microbiens et sur l'antibiothérapie préventive avant toute intervention chirurgicale.

Staphylococcie non suppurative

C'est une infection à staphylocoque au cours de laquelle le germe n'agit pas directement mais par l'intermédiaire d'une toxine qu'il sécrète.

DIFFÉRENTS TYPES DE STAPHYLOCOCCIE NON SUPPURATIVE

L'atteinte peut être cardiovasculaire, cutanée ou digestive.

■ **L'atteinte cardiovasculaire** est le choc toxique staphylococcique, qui comprend des signes infectieux (fièvre élevée) et une chute de la tension artérielle. De nombreux cas, dus au port de certains tampons hygiéniques probablement souillés par des staphylocoques sécréteurs de toxines, se déclarèrent dans les années 1970 et 1980.

■ Les atteintes cutanées, fréquentes chez l'enfant, comprennent l'impétigo bulleux, le syndrome de Lyell (décollement généralisé de l'épiderme) ainsi que la scarlatine staphylococcique.

■ Les atteintes intestinales correspondent à des toxi-infections (intoxications) alimentaires et sont caractérisées par leur courte durée d'incubation – quelques heures – et par leur relative bénignité.

TRAITEMENT
Le traitement consiste à administrer des antibiotiques, en milieu hospitalier et par voie intraveineuse dans les formes graves. Le staphylocoque étant dans de nombreux cas un germe résistant, plusieurs antibiotiques, sélectionnés d'après un antibiogramme, sont souvent associés.

Staphylocoque

Genre bactérien constitué de cocci à Gram positif groupés en amas, dont de nombreuses espèces sont commensales (vivant sur un hôte sans lui nuire) de la peau et des muqueuses de l'homme et des animaux.

Certaines espèces de staphylocoque sont néanmoins susceptibles de provoquer des maladies chez l'homme, la plus virulente étant *Staphylococcus aureus,* ou staphylocoque doré. Cette bactérie est susceptible de sécréter différentes toxines (hémolysines, leucocidine, toxines épidermolytiques, entérotoxines, toxine du syndrome de choc toxique, ou TSST-1) et des enzymes (coagulase, fibrinolysine, hyaluronidase), qui entraînent des lésions suppuratives et nécrotiques ainsi que différentes maladies appelées staphylococcies et staphylococcémies.

Parmi les nombreuses autres espèces de staphylocoque, regroupées sous le terme de staphylocoques à coagulase négative (car ils ne sécrètent pas de coagulase), *Staphylococcus epidermidis, Staphylococcus hominis* et *Staphylococcus saprophyticus* (à l'origine, notamment, d'infections urinaires basses chez la femme) sont celles qui sont le plus souvent responsables de maladies. Ces staphylocoques, dont la virulence pour l'homme est bien moindre que celle de *Staphylococcus aureus,* se comportent souvent comme des bactéries opportu-

nistes (septicémies sur matériel étranger, notamment sur cathéter).

Staphyloplastie

Réparation chirurgicale du voile du palais.
SYN. *palatoplastie.*

Une staphyloplastie est essentiellement indiquée en cas de fente labiopalatine (malformation caractérisée par une fente de la lèvre supérieure et/ou du palais).

Stase

Ralentissement prononcé ou arrêt de la circulation d'un liquide dans l'organisme.

Une stase du sang dans les pieds peut être due à des varices des membres inférieurs.

Stéatomérie

Amas de graisse localisé et profond.

CAUSES
Les stéatoméries sont d'origine génétique, à la différence des graisses de surface dues à un excédent alimentaire.

SYMPTÔMES ET SIGNES
Les amas de graisse modifient la silhouette et se situent à la hauteur des seins, des flancs, des cuisses, du ventre, à la face postéro-externe des bras, à la face interne des genoux mais aussi sur le visage (poches sous les yeux, double menton).

DIAGNOSTIC
La graisse de surface apparaît sous la forme de « peau d'orange », constituée de petites boules visibles car emprisonnées par des fibres d'amarrage profondes, situées entre les différentes aponévroses (membranes conjonctives qui enveloppent les muscles et dont les prolongements fixent les muscles aux os) et le derme cutané.

ÉVOLUTION
Les stéatoméries augmentent avec l'âge et au fur et à mesure de la prise de poids. Elles sont surtout fréquentes après la quarantaine. Les régimes alimentaires sont sans effet sur cette évolution, fortement prédéterminée génétiquement.

TRAITEMENT
Le seul traitement actuellement efficace est la liposuccion, qui permet d'aspirer les graisses profondes et superficielles.

Les restrictions alimentaires et l'exercice physique permettent de retarder l'apparition des stéatoméries mais non de l'empêcher.

PERSPECTIVES

L'utilisation des ultrasons, qui feraient éclater les cellules graisseuses profondes pour les rendre plus accessibles à la liposuccion, est une voie de recherche récente. Il semble cependant que seul un traitement génétique soit susceptible, dans l'avenir, d'empêcher l'apparition des stéatoméries.

Stéatorrhée

Présence d'une quantité anormale de graisses dans les selles.

Une stéatorrhée traduit une malabsorption intestinale et se retrouve dans diverses maladies : insuffisance du pancréas exocrine (cancer, pancréatite), maladies de l'intestin grêle (maladie cœliaque, maladie de Crohn, sprue tropicale), insuffisance de sécrétion biliaire (cirrhose), obstruction des voies biliaires (calcul du cholédoque, cancer du pancréas). Elle s'accompagne généralement d'un amaigrissement.

Outre le traitement de la cause, un régime pauvre en graisses est prescrit dans tous les cas.

Stéatose

Accumulation de graisses à l'intérieur de cellules qui, à l'état normal, n'en contiennent que de très faibles traces.

Le foie, qui joue un rôle majeur dans leur métabolisme, est le siège le plus habituel de cette surcharge.

L'intoxication alcoolique est l'une des causes principales des stéatoses hépatiques dans les pays développés. Dans les pays en développement, la maladie est liée à la malnutrition chronique (kwashiorkor).

Une échographie permet de confirmer l'augmentation de volume du foie, perceptible à la palpation, mais seule l'étude d'un fragment de parenchyme hépatique, prélevé par ponction-biopsie, permet d'établir un diagnostic sûr. Le traitement est celui de l'affection responsable.

Sténose

Rétrécissement pathologique, congénital ou acquis, du calibre d'un organe, d'un canal ou d'un vaisseau.

Les sténoses sont nombreuses et variées, et peuvent affecter le tube digestif, les voies biliaires, la trachée et les bronches, les voies urinaires, les veines et les artères, ainsi que le canal médullaire (canal osseux situé derrière le corps des vertèbres et contenant la moelle épinière).

Sténose de l'appareil digestif

Rétrécissement pathologique du calibre d'un des organes de la digestion.

Sténose du pylore

C'est un rétrécissement du sphincter situé entre l'estomac et le duodénum. Elle se rencontre chez les nouveau-nés, plus souvent chez les garçons, et est due à une hypertrophie congénitale du sphincter pylorique. Chez l'adulte, elle est consécutive à une lésion ulcéreuse ou tumorale de la zone du pylore.

SYMPTÔMES ET SIGNES

■ Chez le nouveau-né, les principales manifestations, caractéristiques, débutent entre la 3ᵉ et la 6ᵉ semaine. Ce sont des vomissements en jet survenant à distance des repas. L'enfant conserve son appétit, mais souffre d'une tendance à la constipation ; il perd progressivement du poids.

■ Chez l'adulte, la sténose du pylore se traduit par des troubles digestifs (vomissements postalimentaires), par des douleurs et une perte de poids.

DIAGNOSTIC

Lors de l'examen clinique, lorsqu'il est pratiqué au moment du repas, il est possible de percevoir des ondulations péristaltiques (mouvements de l'estomac butant sur l'obstacle du pylore) et de palper l'« olive pylorique » (muscle hypertrophié du sphincter). Le diagnostic est confirmé par une radiographie de l'estomac, opacifié à l'aide d'un produit baryté administré par la bouche.

TRAITEMENT

Le traitement de la sténose hypertrophique du pylore est chirurgical. L'intervention, appelée pylorotomie extramuqueuse, consiste à inciser le muscle épaissi dans le sens de la longueur. Elle est pratiquée après réhydratation et rénutrition de l'enfant. La guérison est rapide et définitive.

Chez l'adulte, le traitement est le plus souvent chirurgical en cas de tumeur (ablation de la tumeur), et médical (administration d'antihistaminiques H2, notamment) en cas d'ulcère.

Steppage

Démarche particulière des malades atteints de paralysie des muscles extenseurs des orteils et du pied.

Ne pouvant relever correctement le pied, ces malades sont obligés, à chaque pas, de lever très haut le genou pour éviter que la pointe du pied, qui est constamment baissée, ne heurte le sol.

TRAITEMENT

Dans la mesure du possible, il repose d'abord sur le traitement de la maladie en cause. On a parfois recours à la pose d'une attelle (pour maintenir le pied en bonne position), voire à une transposition tendineuse (intervention chirurgicale consistant à remplacer l'action du muscle paralysé par celle d'un muscle voisin, en modifiant le point d'insertion du tendon de celui-ci).

Stéréotaxie

Technique d'imagerie permettant de repérer dans l'espace les structures anatomiques intracérébrales.

La stéréotaxie est employée en neurochirurgie pour délimiter très précisément les contours d'une anomalie intracérébrale (lésion, région physiologiquement déficiente) sans devoir recourir à l'ouverture chirurgicale du crâne par un trou de trépan.

La stéréotaxie consiste à prendre des clichés par des techniques d'imagerie médicale (scanner, imagerie par résonance magnétique), mais après avoir fixé la tête du sujet dans un cadre spécial qui sert de repère. Un ordinateur calcule ensuite, d'après les clichés, la position dans l'espace des structures sélectionnées par les médecins, de façon à ce qu'elles puissent être opérées sans que des structures voisines soient lésées.

Stérile

1. Qui est exempt de germe, que ce soit à l'état naturel ou après stérilisation. SYN. *aseptique*.
2. Qui ne peut pas concevoir d'enfant.

Stérilet

Appareil contraceptif placé dans l'utérus. SYN. *dispositif intra-utérin (D.I.U.)*.

DIFFÉRENTS TYPES DE STÉRILET

Les stérilets sont de petits appareils en matière plastique, de forme et de taille variables, de 3 ou 4 centimètres de long, prolongés dans le vagin par un fil qui signale leur présence et permet de les retirer. Il en existe deux grands types : les stérilets dits passifs, ou inertes, en polyéthylène, et les stérilets dits actifs, auxquels ont été ajoutés du cuivre ou de la progestérone pour accroître leur efficacité. Ces derniers modèles sont actuellement les plus utilisés.

FONCTIONNEMENT

Placé dans la cavité utérine, un stérilet entraîne une réaction locale qui empêche la nidation de l'œuf dans l'utérus en modifiant la muqueuse utérine. Il doit être mis en place par un médecin, dans les 10 premiers jours d'un cycle menstruel. La plupart des stérilets actuellement disponibles peuvent être gardés pendant quelques années.

CONTRE-INDICATIONS ET EFFETS INDÉSIRABLES

Le stérilet est contre-indiqué chez les femmes n'ayant jamais eu d'enfant et celles qui ont un fibrome ou des antécédents d'infection des trompes, en raison du risque d'infection génitale (salpingite) qu'il comporte. Il favorise, en outre, la survenue d'une grossesse extra-utérine.

Excellent moyen contraceptif, le stérilet est efficace à près de 100 %. Néanmoins, son action contraceptive peut être diminuée par la prise d'anti-inflammatoires. Un stérilet n'impose aucune contrainte, sinon une hygiène génitale rigoureuse, un nombre de partenaires sexuels limité en raison du risque infectieux et une surveillance médicale régulière pour contrôler son positionnement et l'état de la muqueuse utérine. Il peut provoquer des douleurs pelviennes, des hémorragies et des infections utérines ou tubaires. Il entraîne parfois des règles plus longues en raison d'une irritation de la muqueuse.

Stérilisation

Méthode permettant de détruire divers micro-organismes (bactéries, virus, champignons, parasites) présents sur un support matériel.

La stérilisation est indiquée pour tout le matériel médical et chirurgical devant être utilisé dans des conditions d'asepsie stricte. On emploie soit des méthodes physiques (utilisation de la chaleur, sèche ou humide, comme dans l'étuve de Poupinel ou l'autoclave, emploi de rayonnements ultraviolets, de rayons gamma ou d'électrons accélérés), soit des méthodes chimiques (application d'un produit chimique liquide ou gazeux, tel le formol).

Aujourd'hui, l'emploi de seringues, aiguilles et autres instruments à usage unique dispense pratiquement d'avoir recours à domicile à des méthodes de stérilisation.

Stérilisation féminine

Opération qui rend une femme incapable de concevoir un enfant.

INDICATIONS

La stérilisation féminine peut être réalisée en cas de contre-indications formelles à la pilule et au stérilet (maladies cardiovasculaires, risques infectieux graves). Dans la plupart des pays, c'est au chirurgien d'en évaluer le bien-fondé. Elle est interdite en l'absence d'indication médicale, car il s'agirait d'une mutilation volontaire.

TECHNIQUE

La stérilisation féminine s'effectue par interruption de la continuité des trompes utérines, qui interdit la rencontre de l'ovule et des spermatozoïdes sans modifier le processus hormonal. Elle est souvent réalisée par cœliochirurgie (grâce à une petite incision de l'abdomen permettant l'introduction des instruments optiques et chirurgicaux). Des anneaux, appelés anneaux de

Yoon, ou des clips, appelés clips de Hulka, sont posés sur les trompes. Cette technique n'est habituellement pas réversible : une lourde intervention chirurgicale – consistant en l'ablation de la zone opérée et la réimplantation des deux extrémités de chacune des trompes – peut être tentée pour rendre à la femme sa fécondité, mais son succès n'est pas constant.

D'autres procédés, plus aisément réversibles, sont actuellement à l'étude, comme l'introduction dans la trompe, par hystéroscopie, d'un matériel obstructeur, suivie, le moment venu, par l'enlèvement de ce matériel. En revanche, une stérilisation définitive est obtenue par salpingectomie bilatérale (ablation des trompes utérines).

Stérilisation masculine

Opération qui rend un homme incapable de concevoir un enfant.

INDICATIONS

La stérilisation masculine, lorsqu'elle est effectuée pour des raisons non médicales, fait l'objet d'un contrôle dans la plupart des pays.

TECHNIQUE

La stérilisation masculine s'effectue par vasectomie (section et ligature des canaux déférents). Cette opération prive le sperme de spermatozoïdes mais ne modifie ni le comportement sexuel, ni l'érection, ni l'éjaculation.

Stérilité

Incapacité pour un couple de concevoir un enfant. SYN. *infertilité.*

On ne parle de stérilité qu'après 2 ans de tentatives régulières infructueuses pour obtenir une grossesse. En effet, 80 % des grossesses surviennent dans un intervalle de 18 mois après le premier rapport. Après 2 ans, un couple venu consulter pour infécondité a un risque sur deux d'être stérile. S'il ne l'est pas, ses chances de concevoir un enfant sont faibles, et des examens médicaux sont indiqués.

Le rôle de l'âge sur la fertilité est certain : la baisse de la fécondité, très faible avant 40 ans, tant chez la femme que chez

Le bilan de stérilité

Évaluer la ou les causes de la stérilité d'un couple consiste à pratiquer, après un interrogatoire commun et un examen clinique de chacun des 2 membres du couple, un certain nombre d'examens. L'interrogatoire permet d'obtenir des données chronologiques sur la stérilité du couple, d'évaluer sa vie sexuelle et d'éclaircir les antécédents médicaux et gynécologiques. L'examen clinique sert à préciser la bonne morphologie des appareils génitaux féminin et masculin. Les examens complémentaires, qui peuvent être pratiqués en l'espace de 2 ou 3 mois, portent sur 4 axes : la fonction ovarienne (courbe de température, dosages hormonaux, échographie pelvienne) ; les voies génitales de la femme (hystérosalpingographie, cœlioscopie, hystéroscopie) ; le sperme de l'homme (spermogramme) ; la glaire cervicale (test de Hühner, test de pénétration croisée). Ils permettent de déterminer si la stérilité est d'origine masculine ou féminine et de proposer un traitement.
– La courbe de température est établie par la femme sur 3 mois : celle-ci prend sa température rectale tous les matins, au lever et avant tout effort. Cette courbe permet de diagnostiquer la survenue et le jour de l'ovulation, et d'évaluer la durée de la 2e phase du cycle.
– Un bilan hormonal (dosage dans le sang des hormones folliculostimulante [FSH] et lutéinisante [LH] ainsi que de l'œstradiol, de la testostérone, de la progestérone et de la prolactine) est effectué en début de cycle chez la femme.
– Des échographies pelviennes sont parfois pratiquées, du 8e au 14e jour du cycle, pour diagnostiquer une rupture folliculaire, témoignant de l'ovulation.
– Une hystérosalpingographie, complétée le cas échéant par une cœlioscopie et une hystéroscopie, permet de vérifier la normalité des trompes et de la cavité utérine.
– Un examen du sperme (spermogramme) est pratiqué. Si le résultat est anormal, le spermogramme est répété et les investigations ultérieures sont en rapport avec le type d'anomalies du sperme : bilan hormonal, prélèvement testiculaire, test de migration et de survie des spermatozoïdes.
– Un test postcoïtal de Hühner, souvent complété par un test de pénétration croisée, permet d'évaluer à la fois les spermatozoïdes, la glaire cervicale et l'interaction sperme-glaire.

l'homme, s'accélère ensuite. La fréquence des rapports sexuels est un facteur de fécondité, de même que leur date : les chances de conception sont maximales durant la période qui débute 4 jours avant l'ovulation et se termine 2 jours après.

La cause d'une stérilité se recherche à quatre niveaux : sperme, ovulation, voies génitales féminines et masculines, et incompatibilité entre le sperme et le milieu génital féminin.

Stérilités d'origine masculine

Elles constituent de 10 à 20 % de l'ensemble des stérilités, les autres étant liées à la femme ou à des facteurs inexpliqués (10 %).

CAUSES

Les stérilités d'origine masculine ont des causes très diverses.

■ L'aspermie (absence de sperme), quand elle a une cause hormonale, s'associe à une petitesse des testicules, à une absence des caractères sexuels secondaires (pilosité en particulier). L'absence de sperme peut aussi être causée par l'absence d'érection, d'origine psychologique ou due à la prise de médicaments, au diabète, à des lésions neurologiques traumatiques ou à des troubles de l'éjaculation (éjaculation rétrograde en particulier).

■ L'azoospermie (absence de spermatozoïdes) est soit sécrétoire, due à un défaut de production de spermatozoïdes, soit excrétoire, causée par un obstacle situé dans les voies excrétrices, qui gêne l'écoulement du sperme.

■ **Les anomalies du sperme** sont diverses : oligospermie (moins de 30 millions de spermatozoïdes par millilitre), asthénospermie primitive ou secondaire (moins de 30 % de spermatozoïdes mobiles respectivement une heure et quatre heures après l'éjaculation), tératospermie (moins de 30 % de spermatozoïdes de forme normale). Leurs causes sont variées : maladies aiguës ou chroniques, surtout rénales ou endocriniennes, tabagisme, alcoolisme. Les toxicomanies (marijuana, cocaïne, héroïne) sont souvent associées à une diminution de la sécrétion testiculaire d'hormone mâle (testostérone) et à une altération du sperme.

■ **Une réaction auto-immune** de l'organisme masculin contre ses propres spermatozoïdes est possible. Les anticorps antispermatozoïdes alors produits empêchent les gamètes masculins de féconder l'ovule.

■ **La varicocèle** (varice testiculaire indolore) entraîne parfois une diminution de production du sperme.

DIAGNOSTIC

L'aspermie, l'azoospermie et les anomalies du sperme sont mises en évidence par le spermogramme (étude du sperme et des spermatozoïdes qu'il contient). La qualité de pénétration des spermatozoïdes à travers la glaire cervicale est estimée grâce au test de Hühner (examen d'un prélèvement de glaire quelques heures après un rapport sexuel), éventuellement complété par le test de pénétration croisée in vitro (comparaison entre un échantillon de sperme de l'homme et un échantillon témoin, tous deux mis en contact avec la glaire cervicale de la femme). Une réaction auto-immune est révélée par des agglutinats de spermatozoïdes repérés dans le spermogramme ; les anticorps antispermatozoïdes sont alors recherchés dans le sperme. Enfin, le diagnostic de la varicocèle repose sur l'examen clinique, confirmé par l'échographie et le Doppler testiculaires.

TRAITEMENT

Les stérilités d'origine masculine par anomalie du sperme peuvent être compensées par l'insémination artificielle entre conjoints et, parfois, par la fécondation in vitro. L'aspermie et l'azoospermie nécessitent le recours à une banque de sperme et à l'insémination artificielle avec donneur. La stérilité d'origine immunologique nécessite une préparation du sperme avant tentative d'insémination artificielle ou de fécondation in vitro. Enfin, le traitement de la varicocèle est chirurgical, mais il ne rétablit pas toujours la normalité de la fonction spermatique.

Stérilités d'origine féminine

Elles constituent de 70 à 80 % de l'ensemble des stérilités.

CAUSES

La grande majorité des stérilités d'origine féminine relèvent de causes anatomiques, biochimiques (réaction immunologique) ou physiologiques (troubles de l'ovulation).

■ **Les stérilités d'origine anatomique,** les plus fréquentes, sont surtout d'origine tubaire. Plus rarement, des malformations utérines, une tumeur (fibrome sous-muqueux), une infection chronique (endométrite) peuvent empêcher l'implantation de l'œuf dans la muqueuse. Il existe aussi des stérilités liées à une anomalie du col de l'utérus ou de la composition de la glaire cervicale (mucus sécrété par le col utérin). Les stérilités d'origine tubaire sont dues à une obstruction des trompes, en général à la suite d'une salpingite liée, par exemple, à une maladie sexuellement transmissible. Mais une stérilité tubaire peut aussi provenir des suites infectieuses d'un accouchement, d'un avortement, de la pose d'un stérilet ou de la pratique d'une hystérosalpingographie. Une stérilité tubaire est définitive en cas d'hydrosalpinx (obstruction de l'extrémité des trompes, qui se remplissent alors d'un liquide séreux) ou en cas d'adhérences (tissu cicatriciel s'interposant entre les ovaires et les pavillons tubaires). D'autres affections (tuberculose, endométriose), une malformation congénitale des trompes ou des séquelles d'intervention chirurgicale peuvent aussi entraîner une stérilité définitive. La ligature des trompes ou leur ablation, en raison de grossesses extra-utérines par exemple, ont le même effet.

■ **La stérilité d'origine immunologique** est, chez la femme, une forme d'allergie au sperme de l'homme. La femme fabrique alors des anticorps antispermatozoïdes, que l'on met en évidence dans la glaire cervicale ou dans le sang.

■ **La stérilité d'origine ovulatoire** peut être due à une absence d'ovulation au cours du cycle menstruel, à une irrégularité ou à un ralentissement de cette ovulation. L'absence ou l'irrégularité de l'ovulation résultent de troubles hormonaux (insuffisance ovarienne, maladie surrénalienne ou thyroïdienne) ou d'une affection de l'ovaire (kyste, tumeur). Enfin, un trouble de l'ovulation peut être dû au stress.

DIAGNOSTIC

Celui des stérilités d'origine utérine fait appel à l'hystérographie (radiographie de l'utérus), à l'hystéroscopie (examen endoscopique de l'utérus, par les voies naturelles) et à la cœlioscopie (examen direct des organes génitaux grâce à un tube muni d'un système optique introduit par une petite incision de l'abdomen). La qualité de la glaire est contrôlée par le test de Hühner (examen d'un prélèvement de glaire quelques heures après un rapport sexuel), éventuellement complété par un test de pénétration croisée in vitro (comparaison entre un échantillon de glaire de la femme et un échantillon témoin, mis tous deux en contact avec le sperme du conjoint). Le diagnostic des stérilités d'origine tubaire repose sur l'hystérosalpingographie ou sur la cœlioscopie. La stérilité d'origine immunologique repose sur un prélèvement de glaire cervicale qui met en évidence des anticorps antispermatozoïdes. Enfin, les troubles de l'ovulation peuvent être révélés par la lecture de la courbe de température prise chaque matin par la femme. Cette lecture est complétée par les dosages sanguins des hormones folliculostimulante (FSH) et lutéinisante (LH), ainsi que de la prolactine entre le 3e et le 5e jour du cycle, et par celui de la progestérone après l'ovulation.

TRAITEMENT

Le traitement est chirurgical ou médicamenteux, en fonction de l'origine de la stérilité. Le traitement chirurgical est indiqué lors des stérilités d'origine tubaire. Il vise à rétablir la perméabilité des trompes ou à libérer le petit bassin des adhérences afin de permettre aux pavillons des trompes, parfois reconstitués par salpingoplastie, de capter à nouveau les ovules libérés par l'ovaire. Les fibromes utérins et certaines malformations utérines peuvent également être opérés avec succès.

Le traitement médical est indiqué en cas de défaut de la glaire cervicale ou de trouble de l'ovulation. Dans le premier cas, il fait appel à la prise orale d'œstrogènes du 6e au 13e jour du cycle, la qualité de la glaire étant ensuite jugée grâce au test postcoïtal de Hühner. Dans le deuxième cas, il repose sur l'administration orale, pendant la première partie du cycle, de citrate de clomiphène, médicament neurotrope qui stimule l'ovulation. Ce traitement peut être prescrit seul ou associé à la prise d'œstrogènes et/ou d'hormone gonadotrophique ménopausique (h.M.G.), mélange d'hormones folliculostimulante et lutéinisante recueilli à partir des urines purifiées de femmes ménopausées. L'hormone gonadotrophique ménopausique stimule directement les ovaires. Une hormone folliculostimulante de synthèse, produite par génie génétique, est actuellement expérimentée dans cette indication. Enfin, lorsqu'elle est nécessaire, une injection d'hormone chorionique gonadotrophique (h.C.G.), hormone sécrétée par le placenta pendant la grossesse, permet de déclencher l'ovulation. Un soutien en progestérone est ensuite souvent nécessaire pendant la 2e phase du cycle.

Le traitement inducteur de l'ovulation nécessite une surveillance étroite du cycle : dosages hormonaux sanguins portant sur les œstrogènes, l'hormone lutéinisante et la progestérone et pratiqués soit séparément, soit simultanément autour de la période ovulatoire ; échographie mesurant la taille du ou des follicules ovariens et précisant leur nombre exact ; étude de la glaire cervicale, pratiquée lors d'un examen gynécologique.

Quel que soit le trouble de l'ovulation traité, il existe un risque plus élevé de grossesse multiple ou extra-utérine. Si le traitement, chirurgical ou médical, ne suffit pas à obtenir une grossesse, une insémination artificielle ou une fécondation in vitro peut être envisagée. Dans le cadre d'une stérilité d'origine immunologique, l'insémination artificielle doit être intra-utérine pour court-circuiter la glaire cervicale.

Sterno-cléido-mastoïdien ou sternomastoïdien (muscle)

Muscle de forme allongée, situé obliquement de chaque côté du cou.

Sternotomie

Ouverture chirurgicale du sternum.

Sternum

Os plat situé à la partie antérieure et médiane du thorax, articulé par ses bords avec les sept premiers cartilages costaux et avec les clavicules.

Stéroïde hormonal

Substance dérivée du cholestérol et sécrétée par certaines glandes endocrines (glandes corticosurrénales, placenta, ovaires et testicules). SYN. *hormone stéroïde*.

Stertor

Respiration bruyante et intense, accompagnée d'un ronflement.

Un stertor est fréquent pendant un coma profond ou une agonie. Le sujet respire la bouche ouverte, le voile du palais étant paralysé.

Stéthoscope

Appareil acoustique amplifiant les sons, utilisé pour l'auscultation.

FONCTIONNEMENT

Le capteur de sons du stéthoscope courant est formé de deux capsules métalliques accolées, l'une fermée par une membrane mobile, pour l'audition des sons aigus, l'autre percée d'un trou pour l'audition des sons graves (souffles vasculaires). Cette double capsule est reliée à une lyre dont les branches sont deux tubes de caoutchouc flexible, dont le médecin place les extrémités, munies d'un embout, dans ses oreilles.

Still (maladie de)

Arthrite inflammatoire débutant avant l'âge de 16 ans et d'une durée d'au moins 3 mois. SYN. *arthrite chronique juvénile (ACJ)*.

Souvent appelée improprement arthrite rhumatoïde juvénile ou polyarthrite juvénile, l'arthrite chronique juvénile est une affection d'origine inconnue, qui prend trois formes principales.

■ **La forme oligoarticulaire** se traduit par une atteinte de 4 articulations au plus ; il n'y a pas de fièvre.

■ **La forme polyarticulaire** affecte surtout les filles. Elle se manifeste par une atteinte articulaire symétrique et diffuse (touchant de nombreuses articulations) ; la fièvre est modérée ou absente.

■ **La forme systémique** atteint surtout les enfants de moins de 5 ans. Elle se traduit par une fièvre très élevée et cyclique (un pic par jour), une éruption, une inflammation des ganglions lymphatiques, une rate hypertrophiée et, parfois, une inflammation du péricarde.

TRAITEMENT

Il vise surtout à soigner les symptômes de la maladie. Il repose sur l'aspirine et les corticostéroïdes locaux (surtout dans les formes oligoarticulaires) et généraux (plutôt dans les formes polyarticulaires et systémiques). Du fait des effets indésirables importants des corticostéroïdes généraux (prise de poids, retard de croissance), l'emploi de corticostéroïdes locaux (par injections), qui, eux, n'ont aucun effet indésirable chez l'enfant, représente un progrès considérable. Les traitements de fond habituels des maladies rhumatismales doivent être utilisés avec prudence et essentiellement dans les formes polyarticulaires. Parfois, la chirurgie est utile : synovectomie, réalignement articulaire, voire, ultérieurement, pose d'une prothèse.

PRONOSTIC

Le pronostic des arthrites chroniques juvéniles est très variable : assez bon pour les formes oligoarticulaires, il est beaucoup plus aléatoire pour les formes systémiques, médiocre pour les formes polyarticulaires.

Stimulateur cardiaque

Appareil électronique implanté dans le corps et qui délivre au myocarde (muscle du cœur) des impulsions électriques régulières. SYN. *pacemaker, stimulateur artificiel.*

DESCRIPTION

Un stimulateur cardiaque est constitué d'une pile, qui génère des impulsions, et d'un circuit électronique, qui en permet l'émission et le contrôle. Ces impulsions sont transmises au myocarde par l'intermédiaire d'un fil conducteur, ou sonde d'entraînement, qui est introduit par voie veineuse jusqu'aux cavités cardiaques droites. L'implantation est effectuée sous anesthésie locale : le boîtier de stimulation est enfoui dans une loge préparée entre la peau du thorax et le muscle grand pectoral, l'implantation ne nécessitant qu'une hospitalisation de quelques jours. La présence du boîtier n'entraîne qu'une gêne locale minime.

L'utilisation de piles au lithium et la miniaturisation des circuits électroniques permettent à un stimulateur de fonctionner plusieurs années.

RÔLE ET INDICATIONS

Le stimulateur cardiaque est indiqué dans tout cas de défaillance des voies de conduction électrique naturelles du cœur.

Les troubles de la conduction cardiaque, responsables de malaises et de syncopes, nécessitent en général des stimulateurs qui fonctionnent à la demande (stimulation sentinelle) et ne délivrent une impulsion qu'en cas de déficience du rythme cardiaque spontané.

SURVEILLANCE

Le port d'un stimulateur cardiaque nécessite un suivi médical par un spécialiste deux fois par an.

■ **Le risque électrique** réside dans l'épuisement de la pile. Le remplacement de celle-ci, en temps et en heure, se fait au prix d'une réintervention minime.

■ **Le risque électronique** doit être contourné en évitant la proximité de toute

source de courant électromagnétique puissant (imagerie par résonance magnétique [I.R.M.], portiques de contrôle des aéroports, etc.) qui pourrait créer des interférences. ■ **Le risque mécanique** existe lorsqu'il y a mise en tension du système sonde-boîtier, par traumatisme direct ou mouvement d'extension extrême des membres supérieurs, par exemple.

Stimulation cardiaque

Excitation électrique artificielle du ventricule droit destinée à assurer la contraction régulière du cœur et réalisée techniquement à l'aide d'un stimulateur cardiaque ou d'une sonde d'entraînement.

Stockholm (syndrome de)

Lien de sympathie s'installant entre la victime d'une séquestration et son ravisseur.

Ce syndrome a été décrit en août 1973 à Stockholm, au cours d'une attaque de banque ayant dégénéré en prise d'otages ; à la longue, un fort courant de sympathie était apparu entre certains captifs et leurs agresseurs. Par la suite, ce phénomène fut remarqué plusieurs fois dans des circonstances similaires. Le syndrome de Stockholm semble être une réaction de défense du psychisme contre un traumatisme de séquestration prolongée.

Stomatite

Toute inflammation de la muqueuse buccale.

Le terme de stomatite correspond à des lésions très diverses, de signes et d'évolution variables.

CAUSES

Les stomatites peuvent être dues à de multiples causes : atteinte infectieuse, d'origine virale (herpès, varicelle, zona, etc.) ou bactérienne, allergie (à un appareil dentaire en résine, par exemple), ulcération mécanique (frottement des dents sur la gencive, appareil dentaire mal adapté), mycose (muguet), cancer buccal, etc. Elles sont favorisées par un mauvais état général (convalescence, immunodépression, tuberculose, alcoolisme ou malnutrition).

SYMPTÔMES ET SIGNES

Ils dépendent de la cause de la stomatite : douleur de la cavité buccale, exacerbée par la déglutition et la prise d'aliments, augmentation de la salivation, etc. La muqueuse buccale peut présenter des vésicules, un ou plusieurs aphtes ou une rougeur diffuse.

TRAITEMENT

Le traitement local d'une stomatite repose sur des bains de bouche ; le traitement général vise à soigner sa cause.

→ VOIR Chéilite, Gingivite, Glossite.

Stomatologie

Spécialité médicale qui se consacre à l'étude des maladies de la cavité buccale ainsi qu'à leur traitement.

→ VOIR Odontostomatologie.

Stomie

Technique chirurgicale consistant à aboucher l'un à l'autre deux organes creux (par exemple l'estomac et l'intestin grêle) ou un organe creux (côlon, uretère) à la peau.

Dans ce dernier cas, le terme de stomie désigne alors aussi, par extension, le résultat de l'intervention, c'est-à-dire l'orifice d'écoulement des matières fécales ou de l'urine.

DIFFÉRENTS TYPES DE STOMIE

La stomie consiste le plus souvent à aboucher un segment d'intestin à la peau : on parle alors d'iléostomie, s'il s'agit de l'iléon (dernière partie de l'intestin grêle), ou de colostomie s'il s'agit du côlon. Cette dernière intervention peut être pratiquée sur n'importe quel segment du côlon : elle se nomme cæcostomie quand le cæcum est abouché à la peau, colostomie transverse quand il s'agit du côlon transverse et colostomie gauche quand il s'agit du côlon gauche, ou côlon descendant. Une stomie peut aussi concerner les uretères, pour créer, après une ablation de la vessie, une dérivation des urines ; on parle alors d'urétérostomie ; l'uretère est abouché soit à la peau (urétérostomie cutanée), soit dans un viscère creux, par exemple le côlon (urétérocolostomie).

Une stomie peut être temporaire, pratiquée en attendant que la cicatrisation des lésions permette un rétablissement du circuit digestif ou urinaire normal, ou définitive si, en aval, les voies digestives ou urinaires sont détruites, obstruées ou enlevées.

DIFFÉRENTS TYPES D'APPAREILLAGE

Il en existe 3 types :

- les appareillages dits « une pièce », constitués par une poche adhésive sur laquelle est intégré un anneau de matière adhésive, l'ensemble devant être renouvelé à chaque changement de poche ;
- les appareillages dits « deux pièces », où la poche est assujettie au support adhésif par deux joints qui assurent une fixation solide et étanche tout en permettant d'enlever la poche à tout moment. Il est ainsi possible de laisser le support en place plusieurs jours (tandis que la poche est changée ou vidée au fur et à mesure des besoins) en évitant des arrachages trop fréquents, parfois mal tolérés par la peau ;
- les tampons et les bouchons sont utilisés uniquement par les sujets ayant subi une colostomie gauche. Ils sont autoadhésifs. Les tampons ont la propriété de s'expanser au contact de la muqueuse colique, ce qui bloque les matières fécales pendant un certain temps.

L'ajustement des poches est actuellement parfait et les appareillages n'émettent ni bruits ni odeurs désagréables.

Certaines colostomies gauches sont si bien tolérées que le patient ne porte pas de poche, se contentant de vider son intestin tous les 2 ou 3 jours par une irrigation colique, lavement d'eau tiède administré par l'orifice de la stomie. Cette technique, en évacuant complètement le côlon, dont la vacuité se maintient ensuite pendant près de 48 heures, permet au patient de se passer totalement d'appareillage pendant cette période ou d'utiliser un matériel plus « léger » (simple compresse ou minipoche).

ENTRETIEN DES POCHES

La poche doit être changée tous les jours si elle n'est pas dégrafable de son support ou, si elle l'est, lorsque le besoin s'en fait sentir. Dans ce dernier cas, les supports peuvent rester en place de 4 à 8 jours et les poches de 3 à 4 jours pour les urétérostomisés, de 1 à 2 jours pour les iléostomisés ; elles sont à jeter après chaque remplissage pour les colostomisés.

Il est préférable de changer la poche le matin ou le soir, au moment où l'écoulement d'urine ou de matières fécales est le moins important. Décoller les feuillets de la poche avant de la poser permet de laisser entrer un peu d'air et de faciliter l'écoulement des selles et des urines. Une fois appareillé, le sujet doit vérifier que la poche tient bien en place en la tirant légèrement vers le bas.

Le pourtour de l'orifice d'écoulement des selles ou de l'urine doit être lavé à l'eau tiède et au savon de Marseille, avec un gant de toilette réservé à cet effet, ou éventuellement des mouchoirs en papier ou des compresses. Il faut éviter de le frotter trop fort ou de l'irriter avec d'autres produits, et le sécher soigneusement avant de fixer la poche.

ÉVOLUTION

En règle générale, dans les mois qui suivent l'intervention, la taille de l'orifice diminue légèrement. Elle évolue aussi en fonction des fluctuations de poids. Le choix d'un appareil n'est donc pas définitif : il est possible d'en changer suivant les activités du sujet ou l'évolution de sa stomie.

COMPLICATIONS

Un changement de taille, de forme ou de couleur de l'orifice et de la peau qui l'entoure, un saignement persistant doivent faire l'objet d'une consultation médicale, de même que toute modification durable de la consistance des selles ou tout changement de l'odeur ou de l'aspect des urines.

VIVRE AVEC UNE STOMIE

En dépit de la qualité du matériel actuel, l'adaptation psychologique à l'appareillage peut être difficile. Il est important que les patients apprennent à répondre eux-mêmes aux contraintes découlant d'une stomie, si possible avec l'aide d'une association de malades.

Après une stomie, la pratique du sport est tout à fait possible. S'il est préférable d'éviter les sports violents ou de contact, tous les sports individuels peuvent se pratiquer sans restriction. Douches et bains en piscine ou dans la mer sont également possibles car les appareillages résistent à l'eau, même salée ou chlorée ; il suffit ensuite de les essuyer soigneusement.

Strabisme

Défaut de parallélisme des axes visuels, caractérisé par une déviation de l'axe d'un œil par rapport à l'autre et associé à un trouble visuel.

Le strabisme est une affection fréquente qui touche essentiellement les enfants dans les premières années de leur vie.

DIFFÉRENTS TYPES DE STRABISME

■ Le strabisme convergent, ou ésotropie (déviation d'un œil vers l'intérieur), est couramment observé chez les petits enfants. On le rencontre en cas d'anisométropie (différence de réfraction entre les 2 yeux, ce qui entraîne une différence de taille entre les images perçues par chacun des yeux), en cas d'hypermétropie forte, de paralysie partielle d'un muscle oculomoteur ou de maladie visible du globe oculaire (cataracte, rétinoblastome, ptôsis).

■ Le strabisme divergent, ou exotropie (déviation d'un œil vers l'extérieur), est moins fréquent. Il atteint les enfants plus âgés ou les adultes et résulte souvent d'une myopie forte ou d'une perte tardive de la vision.

SYMPTÔMES ET SIGNES

La perturbation de la vision peut se manifester de deux manières différentes. Si les deux images reçues par le cerveau sont trop différentes, celui-ci peut annuler la moins bonne des deux. Ainsi, l'œil dévié perd progressivement ses capacités visuelles et ne transmet plus d'image au cerveau, faute d'entraînement : c'est l'amblyopie. Dans les petits strabismes, au contraire, le cerveau peut essayer de faire concorder deux images peu différentes, reçues par deux points rétiniens non correspondants : il s'agit alors d'une correspondance rétinienne anormale, plus difficile à détecter.

TRAITEMENT

Plus le traitement est précoce, plus il est efficace. Aussi est-il nécessaire de déceler un strabisme convergent dès le plus jeune âge (cela est possible à partir de 6 mois). En revanche, non traité après 6 ans, le strabisme est plus difficile à guérir.

■ La correction de l'amétropie (trouble de la réfraction), à l'aide de verres correcteurs, peut être entreprise dès l'âge de 8 mois. Les lunettes doivent être portées en permanence.

■ Le traitement de l'amblyopie doit également commencer tôt et se réalise en cachant l'œil fonctionnel pendant de longues périodes (de 2 heures par jour à toute la journée pendant plusieurs jours de suite). Cette occlusion se pratique le plus souvent à l'aide d'un pansement posé sur l'œil non atteint ; elle a pour but d'obliger l'autre œil à développer sa fonction visuelle. Si le traitement est précoce et complet, il est couronné de succès dans 90 % des cas. Dans les autres cas, une rééducation orthoptique, destinée à apprendre aux yeux à travailler ensemble, peut être envisagée vers l'âge de 5 ans, quand l'enfant est suffisamment coopératif. Une diminution de l'angle de déviation peut également être obtenue par l'application d'adhésifs sur les verres des lunettes, le plus souvent sur les parties nasales (strabisme convergent), ce qui oblige les yeux à fixer droit devant eux. Des verres à double foyer peuvent contribuer à diminuer la convergence en vision de près en cas d'hypermétropie marquée par un effort d'accommodation trop important. Enfin, des prismes collés sur la partie interne du verre de chaque lunette permettant de maintenir l'œil dans le bon axe, le plus souvent dans l'attente d'un traitement chirurgical.

■ Le traitement chirurgical n'intervient qu'en dernier recours. Il consiste à déplacer l'insertion de certains muscles oculomoteurs (par exemple, à reculer le point d'insertion des muscles droits internes en cas de strabisme convergent) et/ou à en raccourcir d'autres. Cette opération est pratiquée sous anesthésie générale. L'hospitalisation dure 2 ou 3 jours. Après l'intervention, le port de verres correcteurs est souvent nécessaire ainsi qu'une rééducation orthoptique.

Strapping
→ VOIR Contention.

Streptococcémie

Septicémie (état infectieux généralisé) à streptocoque (coccus [bactérie de forme arrondie] à Gram positif).

Les streptococcémies sont dues au passage dans le sang de streptocoques à partir d'un foyer d'infection initial. De telles infections sont rares.

Une septicémie à streptocoque peut entraîner la formation d'un foyer infectieux suppuré de localisation hépatique, pulmonaire ou ostéoarticulaire.

TRAITEMENT

Le traitement repose sur l'administration précoce d'antibiotiques tels que les pénicillines, pendant quelques semaines.

Streptococcie

Infection due à un streptocoque.

Les streptocoques, bactéries à Gram positif, sont des germes pyogènes (susceptibles d'entraîner la formation de pus) ; on distingue, selon qu'il y a ou non formation de pus, des streptococcies suppuratives et des streptococcies non suppuratives.

Streptococcie suppurative

C'est une infection à streptocoque entraînant la formation de pus et qui est le plus souvent contractée par voie aérienne.

DIFFÉRENTS TYPES DE STREPTOCOCCIE SUPPURATIVE

Le mécanisme de cette infection est soit la multiplication du germe, soit une toxi-infection (infection par une toxine sécrétée par la bactérie).

■ Les infections suppuratives à streptocoque, fréquentes chez l'enfant, atteignent notamment les voies aériennes supérieures (angine, sinusite, adénite) et les oreilles (otite). Une atteinte cutanée (impétigo, érysipèle, cellulite [inflammation du tissu sous-cutané]) est également possible. La septicémie à streptocoque (dissémination du germe par la circulation sanguine), rare, découle le plus souvent d'un foyer infectieux initial urinaire ou digestif.

■ Les toxi-infections à streptocoque sont représentées par la scarlatine : le germe est localisé à la gorge et provoque une angine, mais sa toxine se diffuse dans tout l'organisme et déclenche les autres signes de l'affection (éruption cutanée, notamment).

TRAITEMENT
Le traitement repose sur l'administration d'antibiotiques du groupe des pénicillines. De telles infections peuvent récidiver : les angines streptococciques à répétition ne sont pas rares chez l'enfant.

Streptococcie non suppurative
C'est une complication, dite post-streptococcique, d'une infection à streptocoque, provoquée par un dérèglement du système immunitaire.

Ces streptococcies peuvent apparaître plusieurs semaines après l'infection initiale, alors même que les germes ont disparu de l'organisme. Elles entraînent un important syndrome inflammatoire. Le rhumatisme articulaire aigu (inflammation des grosses articulations et du cœur), la glomérulonéphrite aiguë (atteinte des reins se traduisant par des œdèmes et une hypertension artérielle), la chorée de Sydenham (atteinte neurologique se manifestant par des mouvements anormaux), l'érythème noueux (plaques cutanées douloureuses) sont des streptococcies non suppuratives.

DIAGNOSTIC ET TRAITEMENT
Le diagnostic repose sur la recherche d'antigènes streptococciques (antistreptolysines, antinucléases, antiDNases) dans le sang. Le traitement fait appel aux antibiotiques du groupe des pénicillines et aux corticostéroïdes. Des séquelles sont possibles, telles qu'une valvulopathie cardiaque consécutive à un rhumatisme articulaire aigu.

Streptococcus pneumoniæ
Bactérie à Gram positif responsable d'infections bronchopulmonaires et oto-rhino-laryngologiques, susceptibles de se compliquer de méningites. SYN. *pneumocoque*.

Streptocoque
Famille bactérienne regroupant plusieurs genres de cocci (bactéries de forme arrondie) à Gram positif, disposés en chaînettes.

DIFFÉRENTS STREPTOCOQUES
Les streptocoques sont classés en fonction des propriétés antigéniques d'un constituant de leur paroi, le polyoside C, en différents groupes (dénommés A, B, C, etc.), ou bien en fonction de leurs propriétés biochimiques lorsqu'ils ne possèdent pas de polyoside C et ne sont pas groupables. On en distingue plus de 20 groupes, les plus virulents étant ceux des groupes A, en raison d'une capsule et d'un antigène superficiel appelé protéine M, puis, dans une moindre mesure, ceux des groupes B et D.

Stress
État réactionnel de l'organisme soumis à une agression brusque. (De l'anglais *stress*, effort intense.)

CAUSES
Les sources d'agression constituant des facteurs de stress sont innombrables : traumatisme, choc émotionnel, opération chirurgicale, intoxication, froid et, de façon générale, astreintes de la vie quotidienne (bruit, appels téléphoniques multiples, surmenage, transports urbains, etc.).

L'agression déclenche au niveau cérébral (hypophyse) une « réaction d'alarme », stimulant la sécrétion de corticotrophine (ACTH) et donc d'hormones surrénaliennes (cortisol) qui modifient l'équilibre psychophysiologique du sujet et entraînent notamment une tachycardie, une hyperventilation respiratoire et une vasoconstriction artérielle. Lorsque le stress reste mineur, il joue un rôle positif en améliorant les capacités d'adaptation à l'agression. Il n'en va pas de même lorsque l'agression est trop intense ou qu'elle se prolonge.

TROUBLES LIÉS AU STRESS
Le stress met en œuvre des facteurs neurovégétatifs, endocriniens et tissulaires. Il provoque des symptômes dont la localisation varie selon les individus. Le plus connu est l'ulcère gastrique : un stimulus répété entraîne la contraction du réseau artériel irriguant la muqueuse de l'estomac. Si le stress persiste, une ischémie (insuffisance circulatoire causant une altération ou une nécrose des tissus) survient, responsable d'hémorragies ou de perforation de la paroi gastrique. Parmi les autres maladies liées au stress figurent les affections cardiovasculaires (angor, infarctus

du myocarde, hypertension artérielle), digestives (troubles du transit, colites, ulcères), dermatologiques (eczéma, alopécie ou chute des cheveux), endocriniennes (risque de décompensation grave d'une insuffisance surrénalienne chronique), gynécologiques (troubles de l'ovulation et/ou des règles). Le stress peut également être la source de douleurs et de malaises d'origine neurovégétative (palpitations, bref malaise sans perte de connaissance, syncope), d'états de fatigue rebelle, de dépression, d'insomnie, d'anorexie, voire de confusion mentale.

TRAITEMENT

Il est avant tout préventif et repose sur l'acquisition d'une meilleure résistance au stress ; c'est le mode global de vie du patient qu'il faut examiner et remanier. On peut recourir à la relaxation, au sport, au yoga, à l'acupuncture. En cas de maladie dont le stress constitue la cause ou un facteur de risque, le traitement consiste à soigner la maladie et à lutter contre le stress.

Stridor laryngé

Bruit respiratoire anormal, aigu et perçant, du nouveau-né, survenant à l'inspiration et causé par une affection du larynx.

Un stridor laryngé est un phénomène très fréquent et habituellement bénin. Le plus souvent, il est lié à une laryngomalacie (invagination respiratoire de la margelle laryngée) due à une rigidité insuffisante du larynx : à chaque inspiration, celui-ci s'affaisse vers l'intérieur, ce qui déclenche un bruit respiratoire, le stridor proprement dit. La laryngomalacie et le stridor guérissent spontanément en quelques mois.

Stripping

Technique de saphénectomie (ablation de la veine saphène), pratiquée en cas d'insuffisance veineuse des membres inférieurs.
→ VOIR Saphénectomie.

Stroma

Tissu nourricier et de soutien d'une tumeur maligne.

Strongyloïdose

→ VOIR Anguillulose.

Strümpell-Lorrain (syndrome de)

Affection neurologique héréditaire caractérisée par une paraplégie (paralysie des membres inférieurs) spasmodique. SYN. *paraplégie spasmodique familiale, paraplégie spasmodique familiale de Strümpell-Lorrain, paraplégie spastique familiale type Strümpell-Lorrain.*

CAUSES

Le syndrome de Strümpell-Lorrain est une affection rare.

Une lésion des faisceaux pyramidaux (nerfs de la motricité volontaire) provoquant une paralysie caractérise le syndrome de Strümpell-Lorrain.

SYMPTÔMES ET SIGNES

Les formes précoces de la maladie se manifestent dès l'âge de 2 ou 3 ans ; les formes tardives ne se révèlent parfois qu'après 35 ans.

L'affection se manifeste par une démarche raide et des difficultés à se déplacer qui s'accentuent progressivement. Le malade a du mal à décoller ses pieds du sol ; il avance en basculant le bassin et en faisant effectuer à ses membres inférieurs un déplacement en demi-cercle. Le déficit de la force musculaire est modéré dans la plupart des cas. La cambrure des pieds est souvent exagérée (pied creux).

TRAITEMENT ET PRONOSTIC

Il n'existe pas, à l'heure actuelle, de traitement permettant de guérir le syndrome de Strümpell-Lorrain. Cependant, la rééducation permet d'éviter les rétractions tendineuses, et l'usage de chaussures orthopédiques est parfois utile ; souvent, des médicaments visant à diminuer la raideur musculaire sont prescrits. La plupart des malades parviennent à marcher encore, 30 ans ou plus, après le début des troubles.

Stupéfiant

Substance, médicamenteuse ou non, dont l'action sédative, analgésique, narcotique et/ou euphorisante provoque à la longue une accoutumance et une pharmacodépendance (toxicomanie).

Certains stupéfiants, comme les analgésiques opiacés (morphine, opium, etc.), qui font partie de la catégorie des narcotiques, peuvent avoir un usage thérapeutique. Ils agissent contre la douleur, mais leur utilisation prolongée entraîne une dépendance physique et/ou psychique. Leur emploi est soumis à une législation sévèrement réglementée. Parmi les autres stupéfiants, couramment appelés « drogues », on trouve des dérivés du chanvre indien (cannabis), de la cocaïne et de l'opium, auxquels s'ajoutent l'héroïne et le LSD. Ces stupéfiants sont responsables d'une diminution de l'activité intellectuelle, de la motricité et de la sensibilité. Leur emploi est illégal.

Sturge-Weber-Krabbe (maladie de)

Syndrome congénital associant un angiome plan (tache de vin) – qui s'étend sur tout un côté du visage avec une prédilection pour la région de la paupière supérieure et du pourtour de l'œil –, un angiome (tumeur bénigne) situé à la face externe du cerveau et, parfois, un angiome situé sur la choroïde (membrane nourricière de la rétine). SYN. *angiomatose encéphalotrigéminée.*

La maladie de Sturge-Weber-Krabbe est le plus souvent bénigne.

La constatation d'un angiome étendu sur le visage d'un nouveau-né doit conduire à faire pratiquer des examens radiologiques (scanner cérébral et imagerie par résonance magnétique cérébrale) pour détecter un éventuel angiome méningé.

TRAITEMENT

L'angiome peut être soigné par les techniques modernes de traitement des angiomes (notamment celle du laser pulsé). Dans les cas graves, une intervention chirurgicale sur les parties du cerveau atteintes est nécessaire.

Sublinguale (glande)

→ VOIR Salivaire (glande).

Subluxation

Luxation incomplète, par déplacement partiel des deux extrémités osseuses d'une articulation.

→ VOIR Luxation.

Substance blanche

Tissu nerveux d'aspect blanchâtre, faisant partie du système nerveux central.

La substance blanche, située dans la moelle épinière et dans l'encéphale, contient essentiellement les axones – prolongements des cellules nerveuses, très fins et très longs, entourés chacun d'une gaine d'une substance particulière, la myéline – mais aussi des cellules non nerveuses constituant un tissu interstitiel, appelé névroglie, qui nourrit et protège les cellules nerveuses. La substance blanche assure la conduction de l'influx nerveux soit d'un centre nerveux à un autre, soit entre un centre nerveux et un nerf.

Substance grise

Tissu nerveux d'aspect grisâtre, faisant partie du système nerveux central.

La substance grise est située dans la moelle épinière et dans l'encéphale, soit dans la profondeur du cerveau, où elle forme de petits amas, les noyaux gris, soit en surface (cortex du cervelet et des hémisphères du cerveau). Elle contient surtout les corps cellulaires des cellules nerveuses, mais aussi d'autres cellules, non nerveuses, formant un tissu interstitiel appelé névroglie, qui apporte les éléments énergétiques aux cellules nerveuses et assure leur protection.

La substance grise assure la fonction de centre nerveux : réception des messages, analyse complexe des informations, élaboration des réponses. Comparée à la substance blanche, elle est ainsi, en quelque sorte, la partie « noble » du système nerveux.

Substance réticulée

Ensemble de cellules nerveuses disposées en réseaux denses le long du tronc cérébral (du bulbe rachidien à l'hypothalamus), à l'intérieur de l'encéphale.

Son rôle demeure pour une grande part inconnu. On sait cependant qu'il existe un système réticulaire ascendant, qui mettrait le cortex cérébral en état de veille ou d'alerte (il s'agit donc d'un système activateur), et un système réticulaire descendant, dont une partie serait inhibitrice et l'autre activatrice de la motricité involontaire et qui jouerait un rôle important dans le contrôle du tonus musculaire.

Substitut volémique

Produit naturel ou synthétique utilisé par voie intraveineuse pour augmenter un volume sanguin anormalement diminué. SYN. *soluté de remplissage.*

Les substituts volémiques sont indiqués pour corriger une hypovolémie (diminution du volume sanguin) consécutive, par exemple, à une hémorragie et provoquant un collapsus (chute de la tension artérielle), voire un état de choc (malaise, pâleur, gêne respiratoire). Ils sont injectés par voie veineuse.

Sucre

Produit alimentaire fabriqué industriellement à partir de betterave ou de canne à sucre.

Le sucre, glucide constitué de saccharose (disaccharide composé de glucose et de fructose), est une source alimentaire d'énergie très importante : 400 kilocalories pour 100 grammes. Il contribue à l'apport alimentaire en glucides et ne devrait pas fournir plus de 10 % de la ration calorique totale. Compte tenu du sucre contenu dans de nombreux produits (chocolat, confitures, boissons, pâtisseries), cela représente au total environ 65 à 70 grammes (13 à 14 morceaux de sucre standards) pour un adolescent ou un adulte, entre 45 et 55 grammes (9 à 11 morceaux) pour un enfant. Sa consommation doit être particulièrement contrôlée, voire supprimée, en cas de diabète, d'obésité, de dyslipidémie glucodépendante (certaines hypertriglycéridémies, par exemple), d'intolérance au fructose ou au saccharose. Le sucre contenu dans le sang est le glucose.
→ VOIR Glucide.

Sudeck-Leriche (atrophie de)

Déminéralisation osseuse douloureuse, survenant à la suite d'un traumatisme.
→ VOIR Algodystrophie.

Sudorale (glande)
→ VOIR Sudoripare (glande).

Sudoripare (glande)

Glande exocrine annexe de l'épiderme et sécrétant la sueur. SYN. *glande sudorale.*

DIFFÉRENTS TYPES DE GLANDE SUDORIPARE

Il en existe deux sortes : les glandes apocrines et les glandes eccrines.

■ **Les glandes sudoripares apocrines** sont présentes dans les régions anale et génitale ainsi qu'aux aisselles. Elles sont toujours rattachées à un follicule pileux, où s'abouche leur canal sécréteur. La sueur apocrine, visqueuse et d'odeur particulière, a un rôle mal connu chez l'homme.

■ **Les glandes sudoripares eccrines**, beaucoup plus nombreuses que les apocrines, prédominent à la paume des mains et à la plante des pieds. Elles possèdent un canal excréteur qui débouche à la surface de la peau par une ouverture, le pore. La sueur eccrine, riche en eau et en chlorure de sodium (sel), participe à la régulation de la température du corps : lorsque la température extérieure tend à augmenter, le système nerveux végétatif commande la sécrétion de sueur, dont l'évaporation fait perdre de la chaleur.

PATHOLOGIE

L'hyperhidrose est une sécrétion de sueur trop abondante, constituant même parfois un handicap social et professionnel. Elle se traite par application locale de produits antiperspirants (sels d'aluminium), par électrolyse (courant électrique), voire par ablation chirurgicale des glandes.

L'hidrosadénite est un petit abcès d'une glande sudoripare, que l'on traite par antibiothérapie ou ablation chirurgicale.

Sueur
→ VOIR Transpiration.

Suicide

Acte de se donner volontairement la mort. SYN. *autolyse.*

Le suicide est un phénomène complexe, dépassant le cadre psychiatrique auquel on le réduit fréquemment, dans la mesure où il pose la question de la liberté humaine et de ses choix (y compris celui de mourir). Le suicide, quatrième cause de mortalité générale, deuxième cause de mortalité chez les adolescents (après les accidents de la route), demeure un problème social grave, dont les mécanismes et les limites sont souvent difficiles à cerner.

Chez l'adolescent, le suicide est souvent précédé d'une longue préparation silencieuse, mais l'acte en lui-même est impulsif, et, de ce fait, il existe un risque d'échec plus ou moins conscient.

En psychopathologie, une graduation s'établit entre l'idée de mort (imprécise et brève, propre aux crises de « cafard »), l'idée de suicide (avec une représentation concrète de l'acte) et la tentative de suicide, correspondant à une forme extrême de retournement agressif contre soi-même. Le suicide constitue la complication majeure des psychoses, des dépressions, de la schizophrénie, des bouffées délirantes, des délires chroniques et, surtout, de la mélancolie. Il peut également intervenir dans l'épilepsie, l'alcoolisme et certains raptus (violente crise d'anxiété, accompagnée d'une perte de contrôle de soi). L'évocation d'idées de suicide, généralement sans suite, émaille fréquemment les dépressions dites mineures (névrotiques ou réactionnelles). Cependant, même lorsque ces idées de suicide revêtent la forme d'un chantage affectif (chez l'hystérique notamment), il ne faut jamais les sous-estimer. Par ailleurs, une tendance destructrice latente peut se traduire par un comportement mettant en danger la vie du sujet : recherche inconsciente du risque (sport, conduite automobile), alcoolisme, toxicomanie, qui sont autant de « flirts avec la mort ». Mais il existe également de nombreux cas de suicide sans origine psychopathologique apparente, par exemple à l'occasion d'une catastrophe collective (invasion, guerre, désastre naturel), de la faillite d'un idéal, d'une menace de déshonneur, d'une maladie incurable, etc.

DIAGNOSTIC ET PRÉVENTION

Devant une éventualité suicidaire, le médecin devra préciser le diagnostic et évaluer les signes d'alarme imposant l'hospitalisation : insomnie rebelle, autoaccusation, absence d'espoir de guérison, anxiété sévère avec repli sur soi ou impulsivité excessive. Dans la majorité des cas, la tentative de suicide représente un message vis-à-vis de l'entourage, un ultime essai d'affirmation de soi et d'action sur le monde, lorsque toutes les possibilités d'adaptation semblent épuisées. Paradoxalement, la volonté de mourir abrite alors un désir de vivre, qu'il faut savoir entendre et consolider sans moralisme ni psychiatrisation abusive. Toute tentative de suicide est grave et doit imposer une réflexion sociale et psychiatrique, destinée à évaluer les possibilités de prévention, l'accompagnement thérapeutique du sujet et de son entourage. En effet, le nombre des suicides réussis après une ou deux tentatives vaines est important. Sans exagérer la surveillance de ces sujets, il faut savoir anticiper les raisons ou les circonstances favorisantes, qu'elles soient d'ordre social, thérapeutique ou familial. L'appréciation régulière de la qualité de la relation, de minimes changements de comportement ou de fréquentation amicale demeurent la plus efficace des préventions.

Sulfamide

Substance médicamenteuse à large spectre d'action.

Il existe trois catégories de sulfamides, dont les indications diffèrent.

Sulfamides antibactériens

Il s'agit de substances soufrées qui aident à lutter contre les infections.

Les sulfamides antibactériens empêchent la synthèse de l'acide folique, substance nécessaire au métabolisme des bactéries. Ainsi, ils diminuent la prolifération des bactéries mais ne les tuent pas.

En réalité, les résistances bactériennes sont devenues fréquentes et les effets indésirables (allergies sévères, destruction des cellules sanguines de la moelle osseuse, etc.) sont potentiellement graves, ce qui explique leur relatif abandon.

Sulfamides diurétiques

Ce sont des substances qui stimulent la sécrétion d'urine par le rein en éliminant l'eau contenue dans le sang. Ces sulfamides sont couramment employés dans le traitement de longue durée de l'hypertension artérielle.

Sulfamides hypoglycémiants

Ce sont des substances qui agissent essentiellement en stimulant la sécrétion d'insuline par le pancréas, ce qui diminue la glycémie (concentration du glucose dans le sang).

Leur indication est le diabète sucré non insulinodépendant. Avec les biguanides, ils forment les antidiabétiques oraux.

Contre-indications des sulfamides

Il s'agit de la grossesse, des insuffisances hépatique et rénale, du déficit en glucose-6-phosphate-déshydrogénase et de l'allergie aux sulfamides. Ces médicaments sont aussi contre-indiqués chez les nouveau-nés.

Effets indésirables des sulfamides

Il peut se produire des manifestations digestives (nausées et vomissements), rénales (colique néphrétique, surtout avec les sulfamides diurétiques, néphrite allergique), cutanées (allergie), hématologiques (anémie hémolytique en cas de déficit en glucose-6-phosphate-déshydrogénase, diminution du nombre de globules blancs ou de plaquettes).

Sumatriptan

Médicament antimigraineux.

Le sumatriptan est indiqué dans le traitement des migraines, par voie orale, et dans celui des algies vasculaires de la face par voie sous-cutanée.

Le sumatriptan est contre-indiqué en cas d'hypertension artérielle non contrôlée, d'antécédent d'infarctus du myocarde, d'angor de Prinzmetal (spasme des artères coronaires) et de cardiopathie ischémique. Par précaution, il est déconseillé chez l'enfant et le sujet âgé ainsi que chez les conducteurs en raison des risques de somnolence qu'il provoque.

Le sumatriptan peut entraîner des vertiges, une fatigue, des douleurs thoraciques et une douleur à l'injection.

Supination

Mouvement de rotation externe de l'avant-bras, amenant la paume de la main de l'arrière vers l'avant (quand le bras est vertical) ou du bas vers le haut (quand le bras est horizontal), par opposition à la pronation.

Suppuration

Production et écoulement de pus.

CAUSES

Une suppuration est due à l'évolution spontanée d'une infection à germes pyogènes (qui provoquent une suppuration).

Elle provient ou non d'une collection purulente (abcès), qui peut être superficielle, comme dans le cas d'un furoncle (inflammation d'un follicule pilosébacé produite par un staphylocoque) ou d'un abcès de la gencive, ou profonde et localisée alors dans un viscère : foie, poumon, cerveau, rein. Une suppuration s'écoule d'un abcès soit spontanément, par l'intermédiaire d'une fistule (canal pathologique), soit par ouverture chirurgicale.

TRAITEMENT

Le traitement d'une suppuration superficielle consiste à désinfecter la plaie. Celui d'une suppuration profonde nécessite le plus souvent un geste chirurgical destiné à évacuer le pus ainsi qu'une antibiothérapie par voie générale.

Supraclusion

Recouvrement excessif des incisives inférieures par les incisives supérieures.

Les supraclusions sont dues à un développement insuffisant du maxillaire inférieur et/ou supérieur au niveau des prémolaires et des molaires.

TRAITEMENT

Il vise dans un premier temps à soigner les symptômes de la supraclusion par le port d'un appareil empêchant le contact des dents inférieures avec le palais. Le traitement de fond de la supraclusion consiste à corriger le rapport entre les mâchoires inférieure et supérieure à l'aide d'un bridge fixé ou au moyen d'un appareil orthodontique.

Suralimentation

Alimentation quantitativement supérieure à celle qui est habituellement conseillée.

La suralimentation peut résulter d'un trouble du comportement alimentaire (boulimie) ou se justifier médicalement pendant une convalescence ou pour compenser une perte de poids due à une maladie, à une intervention chirurgicale, etc. Dans ce deuxième cas, on peut avoir recours à des produits spécifiques de réalimentation, riches en énergie et en protéines (liquides en boîtes de conserve ou en packs U.H.T., préparations solides sous forme de purées, potages enrichis, etc.), ou à des suppléments médicamenteux, mais il est toujours préférable de privilégier une alimentation traditionnelle à base de préparations faisant intervenir plusieurs aliments - entremets, potages, purées enrichies en œufs et en produits laitiers (beurre, crème) -, en augmentant le nombre et le volume des repas.

Surdimutité

État d'un sujet sourd et muet.
→ VOIR Sourd-muet.

Surdité

Diminution très importante ou inexistence totale de l'audition, qu'elles soient congénitales ou acquises.
→ VOIR Hypoacousie.

Surdosage

Prise d'une quantité excessive d'un médicament pouvant entraîner des effets toxiques.

Les effets toxiques peuvent intervenir après la prise unique d'un médicament ou après un certain nombre de prises. Dans ce dernier cas, c'est l'accumulation du médicament dans l'organisme qui provoque la réaction. En effet, une élimination rénale trop faible ou une mauvaise métabolisation du médicament dans le foie peuvent empêcher l'élimination de ses principes actifs hors de l'organisme.

La sévérité de la réaction est généralement fonction de la dose administrée et spécifique du médicament absorbé. Si les symptômes sont très sévères, le traitement est celui d'une intoxication.

Surdose

Dose excessive d'un stupéfiant ou d'un médicament psychotrope, susceptible d'entraîner la mort. SYN. *overdose*.

Surentraînement

Excès d'exercices physiques, souvent lié à la préparation d'une compétition sportive.

SYMPTÔMES ET SIGNES

Un surentraînement se manifeste par une fatigue et une baisse des performances, accompagnées d'autres troubles : insomnie, perte d'appétit, irritabilité, état dépressif.

DIAGNOSTIC ET TRAITEMENT

Il est parfois difficile de faire la distinction entre la fatigue liée à l'entraînement et celle qui annonce l'installation d'un surentraînement. Le diagnostic repose essentiellement sur l'interrogatoire du sportif et met en évidence un changement de comportement et une baisse des performances. Des examens biologiques peuvent être utiles pour orienter le diagnostic et aider à suivre l'évolution. Ainsi, un dosage fait à partir d'une prise de sang peut révéler un déficit en sels minéraux (magnésium, calcium) et une baisse des taux d'hormones (testostérone, par exemple), caractéristiques d'un surentraînement. L'interprétation des résultats ne se fait pas dans l'absolu mais en fonction de dosages réalisés sur la même personne en période de bonne forme.

Le traitement consiste en une diminution ou en un arrêt temporaire de l'entraînement.

Surfactant

Substance tapissant l'intérieur des poumons.

Le surfactant, essentiellement constitué de phospholipides, forme un film très mince recouvrant la totalité de la surface intérieure des alvéoles pulmonaires.

Surinfection

Infection par un nouveau germe d'un organisme déjà infecté.

Une surinfection peut être spontanée (due à une infection virale devenant virobactérienne, telle la grippe) ou consécutive à des soins en milieu hospitalier (surinfection nosocomiale).

Surrénale (glande)
Glande endocrine située au pôle supérieur de chacun des deux reins.

STRUCTURE ET PHYSIOLOGIE
De couleur jaune chamois, pesant environ 5 grammes, les deux glandes surrénales sont formées chacune de deux parties : la corticosurrénale et la médullosurrénale.

■ La glande corticosurrénale (partie périphérique de la surrénale) est formée de trois couches, chacune spécialisée dans la synthèse de certaines hormones stéroïdes. La zone glomérulée fabrique l'aldostérone, la zone fasciculée, le cortisol et la zone réticulée, des androgènes (delta-4-androsténedione, déhydroépiandrostérone, ou D.H.A., et testostérone). La sécrétion de la corticosurrénale dépend globalement de la corticotrophine hypophysaire, sauf pour la zone glomérulée, qui se trouve sous le contrôle du système rénine-angiotensine (enzyme rénale).

■ La glande médullosurrénale (partie centrale de la surrénale) est formée de cellules produisant des catécholamines (neurotransmetteurs), principalement l'adrénaline. La sécrétion de la médullosurrénale dépend du système nerveux autonome.

PATHOLOGIE
Un équipement enzymatique incomplet de la corticosurrénale (déficit congénital en 21- ou 11-hydroxylase) se manifeste par un bloc enzymatique surrénalien entraînant une hyperplasie (augmentation quantitative du tissu surrénalien), responsable chez la femme d'une stérilité et d'un hirsutisme (pilosité excessive). L'insuffisance surrénalienne chronique, ou maladie d'Addison, est d'origine auto-immune ou consécutive à une tuberculose. Les tumeurs bénignes peuvent causer une production excessive d'un ou de plusieurs des stéroïdes, le plus souvent du cortisol (syndrome de Cushing), mais aussi d'aldostérone (syndrome de Conn). Les tumeurs de la médullosurrénale (phéochromocytomes) provoquent une hypersécrétion

de catécholamines, responsable d'accès d'hypertension artérielle. Enfin, les tumeurs malignes de la glande surrénale sont très rares, mais de mauvais pronostic malgré le traitement chirurgical.
→ VOIR Cushing (syndrome de), Insuffisance surrénalienne chronique.

Surrénalectomie
Ablation chirurgicale d'une glande surrénale ou des deux glandes.

Sus-épineux (syndrome des)
→ VOIR Coiffe des rotateurs (syndrome de la).

Suspension
Liquide en général aqueux, contenant des substances chimiques ou des corps dispersés à l'état de minuscules particules solides.

Suspensoir
Bandage muni de sangles, destiné à maintenir les bourses et à les remonter.

Un suspensoir est utilisé lorsque les bourses sont gonflées et douloureuses, dans les cas d'orchite (inflammation d'un testicule, causée par exemple par le virus des oreillons) ou de varicocèle (dilatation variqueuse des veines du testicule).

Suture
1. Rapprochement chirurgical des deux berges d'une plaie.

Une suture est un geste médical qui permet de refermer une plaie accidentelle (coupure) ou une incision chirurgicale et de favoriser ainsi la cicatrisation.

Le matériel utilisé est soit du fil monté sur une aiguille (suture proprement dite), soit des agrafes montées sur un petit appareil automatique. Dans le premier cas, la suture peut être continue (surjet) ou en plusieurs points séparés (points de suture). Selon le tissu réparé et le type de plaie, on se sert soit de fil résorbable, qui se désagrège spontanément dans un délai allant de quelques jours à quelques mois, soit de fil non résorbable, qui est retiré une fois la cicatrisation obtenue.

2. Variété d'articulation entre deux os, crâniens le plus souvent.

Les sutures font partie des articulations immobiles (synarthroses). Les deux os sont attachés l'un à l'autre par du tissu fibreux, et leurs bords dentelés s'engrènent parfois l'un dans l'autre, ce qui rend tout mouvement impossible.

Sweet (syndrome de)

Association d'une éruption aiguë fébrile faite de papulonodules (élevures arrondies et de consistance ferme), d'un œdème très important dû à l'infiltration dans le derme de certains globules blancs, les polynucléaires neutrophiles, et d'une augmentation dans le sang de ces polynucléaires neutrophiles. SYN. *dermatose aiguë fébrile neutrophilique.*

Le syndrome de Sweet affecte la femme de 30 à 50 ans.

Le traitement repose sur la prise de corticostéroïdes par voie orale pendant un à trois mois. L'évolution est généralement favorable. Les récidives sont possibles et dépendent de l'affection sous-jacente ; une surveillance sanguine prolongée est nécessaire du fait de la possibilité d'une survenue ultérieure de syndromes myéloprolifératifs.

Sycosis

Inflammation des follicules pilosébacés, localisée à la zone de la barbe.

Un sycosis est dû à une infection soit bactérienne (staphylocoque doré), soit mycosique (due à un champignon du groupe des dermatophytes).

SYMPTÔMES ET TRAITEMENT
Un sycosis se traduit par une plaque de quelques centimètres, rouge, suppurante et douloureuse. Le traitement, qui repose sur une hygiène rigoureuse et sur des applications de produits antiseptiques, doit être poursuivi pendant plusieurs semaines. Si l'infection est due à un champignon, on associe un médicament antifongique par voie orale.

Sydenham (chorée de)

Affection neurologique consécutive à une streptococcie (infection par un streptocoque).

La chorée de Sydenham, couramment appelée « danse de Saint-Guy », atteint les enfants de 8 à 10 ans, deux fois plus souvent les filles que les garçons.

SYMPTÔMES ET SIGNES
La chorée débute par des troubles du caractère. Au bout de plusieurs semaines apparaissent des mouvements involontaires, brusques, brefs, survenant à intervalles irréguliers, du visage et des membres et une diminution de la tonicité musculaire.

TRAITEMENT ET PRÉVENTION
Les mouvements anormaux régressent avec les médicaments neuroleptiques. La prévention par traitement antibiotique des infections à streptocoque (angines) a pratiquement fait disparaître cette affection dans les pays développés.

Sylvius (scissure de)

Sillon profond du cortex cérébral, dirigé d'avant en arrière sur la face latérale de chacun des hémisphères cérébraux et séparant les lobes frontal et pariétal du lobe temporal.

Symblépharon

Adhérence entre la conjonctive palpébrale, qui tapisse l'intérieur de la paupière, et la conjonctive bulbaire, qui recouvre l'œil, pouvant créer une bride qui limite la mobilité du globe oculaire.

Un symblépharon est en général provoqué par une brûlure due à une substance chimique, la soude caustique par exemple. Exceptionnellement, il peut être congénital.

Le traitement fait appel à une opération chirurgicale.

Sympathectomie

Ablation chirurgicale d'un nerf ou de ganglions appartenant au système nerveux sympathique (contrôlant le tonus des vaisseaux et agissant sur le fonctionnement des viscères), de façon à dilater les artères dans leur territoire d'innervation.

Sympatholytique

Substance chimique, médicamenteuse ou non, qui bloque l'action du système nerveux sympathique. SYN. *adrénolytique.*

Les sympatholytiques inhibent le fonctionnement du système nerveux végétatif dans sa partie sympathique (stimulatrice de l'organisme). Les principaux produits de ce type sont les alphabloquants, qui se fixent sur les récepteurs alpha des cellules du système sympathique, et les bêtabloquants, qui se fixent sur les récepteurs bêta des cellules. Ils empêchent ainsi les cellules d'être activées par la voie naturelle.

Sympathome
→ VOIR Neuroblastome.

Sympathomimétique
Substance chimique, médicamenteuse ou non, qui stimule le système nerveux sympathique. SYN. *adrénergique*.

Les sympathomimétiques imitent l'activation naturelle du système nerveux végétatif (commandant les viscères) dans sa partie sympathique (stimulatrice de l'organisme).

Les produits les plus importants de ce groupe sont les alphastimulants, qui se fixent sur les récepteurs alpha des cellules du système sympathique, et les bêtastimulants, qui se fixent sur les récepteurs bêta des cellules et les activent.

Symphyse
1. Connexion étroite entre deux os par une articulation très peu mobile ou par une union complète avec ossification.

La symphyse pubienne unit entre elles par des ligaments les deux lames du pubis (extrémité antérieure des deux os iliaques). 2. Accolement anormal des deux feuillets d'une membrane séreuse (plèvre, péricarde), qu'il soit pathologique, et dans ce cas essentiellement d'origine inflammatoire, ou pratiqué dans un but thérapeutique (symphyse pleurale).

Symphyse pleurale
Méthode thérapeutique consistant à accoler les deux feuillets de la plèvre.

Une symphyse pleurale est indiquée dans le traitement d'un pneumothorax. Elle peut être réalisée soit par une intervention chirurgicale classique, après une large incision de

la paroi thoracique, soit sous pleuroscopie (à l'aide d'un tube muni d'un système optique et d'instruments de petite taille, introduit à travers une incision).

La symphyse pleurale peut être obtenue de 3 manières : en abrasant avec une éponge spéciale les tissus autour de la plèvre (avivement) ; en pratiquant l'ablation d'une partie de la plèvre (pleurectomie) ; en déposant du talc entre les feuillets (talcage). Elle est toujours suivie d'un drainage de la cavité pleurale pour en évacuer les sérosités.

Cette technique permet d'éviter le renouvellement de l'épanchement et, donc, de diminuer largement l'essoufflement du malade.

Symptôme
Toute manifestation d'une affection ou d'une maladie contribuant au diagnostic, et plus particulièrement tout phénomène perçu comme tel par le malade.

Les symptômes subjectifs, ou signes fonctionnels, sont couramment appelés symptômes. Il s'agit de phénomènes perçus par le malade, qui révèlent une lésion ou un trouble fonctionnel. Ils sont décrits par le patient lors de l'interrogatoire par le médecin, premier temps de l'examen. Dans un second temps, le médecin procède à l'examen physique du patient pour rechercher et identifier les signes objectifs d'une maladie. La confrontation des symptômes et des signes permet d'orienter le diagnostic.

Synapse
Zone située entre deux neurones (cellules nerveuses) et assurant la transmission des informations de l'une à l'autre.

Syncinésie
Contraction involontaire d'un groupe de muscles apparaissant quand le sujet effectue un mouvement, que celui-ci soit réflexe ou volontaire, mettant en jeu un autre groupe de muscles.

Syncope
Perte de connaissance brève, complète, brutale et réversible, consécutive à une diminution de l'oxygénation cérébrale.

Une syncope se distingue du vertige, de la lipothymie (malaise accompagné de nausées et de sueurs), de l'évanouissement et de la crise d'épilepsie.

CAUSES

La syncope est due à une anoxie ou à une ischémie cérébrale (absence d'oxygénation ou diminution de l'apport sanguin), le plus souvent par arrêt cardiocirculatoire ou trouble du rythme cardiaque, plus rarement par asphyxie ou vasodilatation brutale.

Une syncope peut donc être liée à une cardiopathie (rétrécissement aortique, angor, infarctus du myocarde, myocardiopathie obstructive, tétralogie de Fallot, hypertension artérielle pulmonaire), à un trouble du rythme ou de la conduction cardiaque (tachycardie paroxystique, syndrome d'Adams-Stokes ou autres bradycardies), à une embolie pulmonaire, à une asphyxie, à une électrocution, au passage brutal de la position couchée à la position debout, à une hypokaliémie (diminution du taux sanguin de potassium). Mais, souvent, la syncope, alors dite « vagale », est due à une action excessive des nerfs pneumogastriques qui commandent certains viscères (poumons, vaisseaux, cœur, estomac). Une telle syncope se produit en cas de douleur intense, d'émotion, de compression du cou (sur le sinus carotidien), voire en cas de miction ou de déglutition. La cause d'une syncope n'est pas toujours retrouvée.

SIGNES

La perte de connaissance débute brusquement et se traduit par une décontraction musculaire complète, occasionnant dans la grande majorité des cas une chute. On constate une pâleur, une absence de réaction aux bruits et au pincement, éventuellement un pouls absent. On observe parfois une perte d'urines et des mouvements convulsifs. La durée de la perte de connaissance est minime, le plus souvent inférieure à une minute. Lorsqu'elle se prolonge, on parle de coma. La reprise de conscience est spontanée, totale, très rapide et précédée d'une recoloration du visage. Lorsqu'il se réveille, le patient a totalement repris ses esprits.

TRAITEMENT

Le traitement d'une syncope, qui vise aussi à prévenir toute récidive, est celui de sa cause.

Syndactylie

Malformation congénitale caractérisée par la fusion plus ou moins complète de deux ou de plusieurs doigts ou orteils.

Syndesmophyte

Pont osseux pathologique qui se forme entre deux vertèbres voisines et les soude entre elles.

Les syndesmophytes se voient dans les spondylarthropathies, notamment la spondylarthrite ankylosante.

Syndrome

Ensemble clinique de symptômes et/ou de signes, observable dans plusieurs états pathologiques différents et sans cause spécifique.

Un syndrome dépressif, par exemple, se rencontre notamment au cours de dépressions réactionnelles (deuil, divorce, etc.) et dans certaines psychoses (mélancolie).

Syndrome bulbaire

Ensemble de signes traduisant une atteinte du bulbe rachidien (portion inférieure du tronc cérébral, en continuité avec la moelle épinière).

CAUSES

De nombreuses affections peuvent entraîner un syndrome bulbaire : accident vasculaire cérébral, tumeur, infection, inflammation, syringomyélie (malformation du bulbe rachidien).

SYMPTÔMES ET SIGNES

Il existe en fait plusieurs syndromes bulbaires, qui regroupent différents signes. Ce sont notamment :

– une hémiplégie, ou paralysie d'une moitié du corps, épargnant la face (atteinte du faisceau de fibres nerveuses motrices dites pyramidales) ;

– un syndrome cérébelleux (troubles de l'équilibre, tremblements, mouvements désordonnés) avec troubles de la coordination

(atteinte du pédoncule cérébelleux, rattachant le bulbe au cervelet) ;
– une douleur ou anesthésie de la face (atteinte du noyau de substance grise à l'origine du nerf trijumeau) ;
– des bourdonnements d'oreille et des vertiges (atteinte du nerf cochléovestibulaire) ;
– des troubles de la déglutition par paralysie du pharynx (atteinte du nerf glosso-pharyngien).

TRAITEMENT

Le traitement est celui de l'affection en cause. Il est souvent limité en cas d'accident vasculaire et de malformation ; toutefois, une lente régression spontanée est possible.

Syndrome canalaire

Ensemble des manifestations neurologiques liées à la compression d'un nerf dans un canal inextensible.

FRÉQUENCE ET CAUSES

Les syndromes canalaires, fréquents, sont dus soit à un canal trop étroit (os déformé par une ancienne fracture, tumeur, arthrose, épaississement des tissus fibreux lié à l'âge, étroitesse congénitale), soit, plus rarement, à une maladie entraînant une augmentation de volume du nerf (lèpre) ou à une ténosynovite (inflammation de la gaine synoviale entourant une articulation).

DIFFÉRENTS TYPES DE SYNDROME CANALAIRE

■ Le syndrome du canal carpien, au cours duquel le nerf médian est comprimé au poignet par le ligament annulaire du carpe, entraîne des fourmillements et des douleurs des doigts à prédominance nocturne.
■ Le syndrome du canal tarsien, au cours duquel le nerf sciatique poplité interne est comprimé sous la cheville, se traduit par des douleurs et un engourdissement de la plante du pied.
■ Le syndrome du défilé costoclaviculaire, au cours duquel le plexus brachial est comprimé par une côte surnuméraire cervicale ou à cause d'un espace trop étroit entre les muscles scalènes, se traduit par des douleurs dans l'annulaire et l'auriculaire, accentuées par certaines positions du bras (élévation, port de poids abaissant l'épaule, etc.).

■ Le syndrome du nerf sus-scapulaire, au cours duquel celui-ci est comprimé au niveau de l'épaule par le ligament coracoïdien, provoque des douleurs postérieures de l'épaule avec fonte des muscles adjacents.

TRAITEMENT

Il consiste en des infiltrations de corticostéroïdes dans la zone des points de compression de façon à diminuer l'œdème nerveux. Dans les cas particulièrement invalidants, on peut pratiquer une neurolyse (intervention chirurgicale consistant à libérer un nerf comprimé par du tissu fibreux) ou la section chirurgicale du canal fibreux trop étroit.

Syndrome cérébelleux

Association de troubles de la station debout, de la marche et de l'exécution des mouvements, liés à une lésion du cervelet ou des voies cérébelleuses.

Toutes les affections touchant le cervelet ou ses fibres de connexion peuvent entraîner un syndrome cérébelleux : affection vasculaire, tumeur, infection (encéphalite cérébelleuse), intoxication (alcool).

SYMPTÔMES ET SIGNES

Lorsque le patient est debout, il oscille et est obligé d'écarter les pieds pour maintenir son équilibre ; ces oscillations ne s'aggravent pas lorsqu'il ferme les yeux. Il marche en faisant des écarts à la manière d'un homme ivre. Au cours de l'exécution des mouvements (par exemple attraper un objet), le geste commence avec retard, il dépasse son but tout en conservant sa direction et peut s'accompagner d'un tremblement.

TRAITEMENT

Le traitement est celui de sa cause, associé à la kinésithérapie.

Syndrome extrapyramidal
→ VOIR Syndrome parkinsonien.

Syndrome de fatigue chronique
→ VOIR Fatigue chronique (syndrome de).

Syndrome hémolytique et urémique

Affection associant une atteinte rénale aiguë, une anémie et une thrombopénie (diminu-

tion du nombre de plaquettes dans le sang).
SYN. *syndrome de Moschcowitz.*

Le syndrome hémolytique et urémique concerne surtout l'enfant jeune, mais il existe aussi chez l'adulte.

Chez l'enfant, il survient généralement quelques jours après une gastroentérite avec diarrhée sanglante ; le rôle d'une endotoxine, la vérotoxine, sécrétée par certaines souches de colibacilles, a été invoqué. Chez l'adulte, les formes sans causes sont les plus fréquentes ; c'est parfois une complication de certains cancers, de leur traitement par chimiothérapie et aussi de l'infection par le V.I.H. (virus du sida).

TRAITEMENT ET PRONOSTIC

Le traitement du syndrome hémolytique et urémique vise essentiellement à soigner ses symptômes : traitement de l'insuffisance rénale par dialyse et de l'anémie, quand elle est grave, par transfusion. Le traitement à visée curative fait actuellement appel aux médicaments inhibiteurs des fonctions des plaquettes et aux perfusions de plasma frais ou aux échanges plasmatiques (procédé d'épuration du plasma sanguin). Le pronostic, assez mauvais chez l'adulte, est meilleur chez l'enfant.

Syndrome hyperkinétique de l'enfant

Trouble du développement qui associe une hyperactivité motrice à un comportement impulsif et à un trouble de l'attention.
SYN. *instabilité psychomotrice, syndrome de l'enfant hyperactif.*

FRÉQUENCE ET CAUSES

Le syndrome hyperkinétique de l'enfant est très fréquent puisqu'il touche près de 3 % des enfants d'âge scolaire, avec une nette prépondérance masculine (de six à neuf garçons pour une fille). Le syndrome serait dû à un dysfonctionnement cérébral (maturation retardée, éventuellement liée à des anomalies du métabolisme cérébral).

SYMPTÔMES ET SIGNES

L'enfant atteint de ce syndrome ne tient pas en place. Il s'agite perpétuellement sur sa chaise, ne peut rester assis à table, se lance dans des activités physiques dangereuses, a des gestes maladroits. Chez lui comme à l'école, il a un comportement généralement impulsif et indiscipliné, n'attend pas son tour dans les jeux. Il passe rapidement d'une activité, qu'il laisse inachevée, à une autre, se montrant incapable de fixer longtemps son attention et de se concentrer durablement sur une tâche. Il est mal toléré par son entourage en raison de ses fluctuations d'humeur, de son intolérance aux frustrations, de ses accès de colère.

Les troubles débutent généralement avant l'âge de 4 ans et durent pendant toute l'enfance, s'atténuant souvent à la puberté. Ils s'accompagnent dans certains cas de problèmes spécifiques d'apprentissage tels que la dyslexie ou la dysorthographie.

DIAGNOSTIC ET TRAITEMENT

Afin d'éviter l'échec scolaire et l'inadaptation sociale, il est nécessaire de faire examiner l'enfant au plus tôt par une équipe médicale spécialisée (pédiatre, psychologue pour enfants, orthophoniste). Celle-ci évaluera l'importance du handicap en fonction d'un bilan global (existence éventuelle de troubles associés).

Le traitement comporte des mesures psychothérapiques et éducatives (thérapie comportementale, rééducation orthophonique, entretiens familiaux), parfois la prescription de médicaments (psychostimulants, antidépresseurs). Il peut aider l'enfant à suivre une scolarité normale.

Syndrome d'immunodéficience acquise
→ VOIR Sida.

Syndrome inflammatoire

Ensemble de perturbations biologiques traduisant la présence d'une inflammation dans l'organisme.

CAUSES

Les maladies infectieuses (infection respiratoire ou urinaire, endocardite, septicémie, tuberculose, etc.) représentent la principale cause des syndromes inflammatoires. Ceux-ci peuvent également être provoqués par un cancer, le plus souvent déjà évolué ; seuls le cancer du rein et le lymphome sont susceptibles de provoquer une réaction inflammatoire précoce. Dans d'autres cas encore, ils constituent le signe d'une connectivite comme la polyarthrite rhumatoïde ou le lupus érythémateux disséminé, d'une maladie de Horton, d'un myélome multiple ou d'une autre hémopathie.

SYMPTÔMES ET SIGNES

Dans certains cas, le syndrome inflammatoire s'associe à une altération de l'état général (asthénie, fièvre, anorexie, amaigrissement) et/ou aux signes de la maladie en cause. Dans d'autres cas, il peut être découvert fortuitement chez un patient ne présentant aucun signe de maladie.

Le constat d'un syndrome inflammatoire repose essentiellement sur les analyses sanguines. Celles-ci révèlent une augmentation de la vitesse de sédimentation (V.S.) et la présence de marqueurs de l'inflammation comme la protéine C réactive – surtout au cours d'infections bactériennes –, l'haptoglobine – surtout au cours d'inflammations chroniques –, le fibrinogène et l'alpha-2-globuline. Par ailleurs, les inflammations chroniques entraînent souvent une modification du nombre et de l'aspect des éléments sanguins : augmentation du nombre de plaquettes et de polynucléaires neutrophiles (variété de globules blancs), diminution de la taille des hématies (globules rouges).

DIAGNOSTIC

Il consiste à rechercher la cause du syndrome inflammatoire par des examens, choisis en fonction de l'interrogatoire du malade. Un examen physique, le plus complet possible en l'absence de symptômes ou orienté par l'interrogatoire du malade, permet de confirmer le diagnostic lorsqu'il est déjà suspecté lors de l'entretien ou d'orienter vers des investigations complémentaires.

TRAITEMENT

Un syndrome inflammatoire ne se traite pas en lui-même ; les symptômes du syndrome, en revanche, peuvent être soignés, lorsqu'ils deviennent gênants (douleurs, raideurs articulaires, fièvre), par des anti-inflammatoires.

Syndrome intermenstruel

Douleur pelvienne survenant au moment de l'ovulation. SYN. *syndrome ovulatoire*.

Ce syndrome, rare et bénin, dure en moyenne de 2 à 4 heures et s'accompagne parfois d'un saignement minime. Il correspond à la rupture du follicule ovarien et à la libération de l'ovule, qui sera ensuite capté par les franges d'une des trompes utérines. La prise d'analgésiques ou d'antispasmodiques permet d'atténuer la douleur.

Syndrome intestinal des homosexuels

Ensemble de troubles intestinaux survenant chez les homosexuels masculins à partenaires multiples. En anglais, *gay bowel* (littéralement, « intestin gay »).

Le syndrome intestinal des homosexuels a pour origine une infection par différentes bactéries (salmonelles, shigella, campylobacters), parasites (giardias, amibes pathogènes, cryptosporidies) et virus (cytomégalovirus, V.I.H.).

SYMPTÔMES ET DIAGNOSTIC

Ce syndrome se traduit par une diarrhée accompagnée de douleurs abdominales.

TRAITEMENT ET PRÉVENTION

Le traitement est fonction des germes retrouvés et repose sur l'administration d'antibiotiques et de médicaments antiparasitaires.

Syndrome lacunaire

Atteinte neurologique liée à la survenue d'une « lacune » dans le cerveau, c'est-à-dire d'un accident vasculaire cérébral ischémique de petite taille (moins de 2 centimètres).

SYMPTÔMES ET SIGNES

Étant donné le caractère limité de la lésion, ce syndrome s'exprime habituellement par l'atteinte d'une seule fonction neurologique : hémiplégie (déficit moteur d'une moitié du corps), hémianesthésie (déficit sensitif d'une moitié du corps), etc.

TRAITEMENT ET PRONOSTIC

Le traitement est essentiellement préventif et consiste à réduire les facteurs de risque (hypertension artérielle) susceptibles d'entraîner des lacunes cérébrales.

Le pronostic des syndromes lacunaires est habituellement favorable, ceux-ci s'améliorant en quelques mois. Cependant, lorsque de multiples lacunes se sont développées dans le cerveau, les troubles tendent à persister définitivement et à entraîner un état, dit lacunaire, qui associe un syndrome pseudo-bulbaire (atteinte laryngopharyngée due à une lésion des 2 faisceaux pyramidaux), une marche à petits pas et des troubles intellectuels.

Syndrome méningé

Ensemble de symptômes traduisant une irritation des méninges (membranes entourant le cerveau et la moelle épinière).

Un syndrome méningé se rencontre au cours des méningites (inflammation des méninges) et des hémorragies méningées (saignement entre deux feuillets des méninges).

SYMPTÔMES ET SIGNES

Ce syndrome associe des maux de tête rebelles, une douleur et une raideur de la colonne vertébrale, et des vomissements. Il risque d'évoluer à court terme vers le coma.

DIAGNOSTIC ET TRAITEMENT

Le diagnostic, à établir en urgence, repose sur l'examen clinique ; le syndrome méningé s'associant à une fièvre uniquement en cas de méningite, ce dernier signe permet d'en préciser la cause.

Le traitement des symptômes (perfusion intraveineuse, assistance respiratoire, etc.), prioritaire dans les cas graves, est associé à celui de la cause (antibiotiques en cas de méningite d'origine bactérienne, par exemple).

Syndrome mononucléosique

Infection virale ou allergique au cours de laquelle on observe dans le sang des lymphocytes stimulés, aussi appelés lymphocytes hyperbasophiles ou grands mononucléaires bleutés, caractérisés par leur grande taille et un cytoplasme étendu fixant les colorants basiques.

Un syndrome mononucléosique s'observe au cours de maladies telles que la mononucléose infectieuse (primo-infection causée par le virus d'Epstein-Barr), la primo-infection par le V.I.H. (virus du sida), les infections par le cytomégalovirus ou les hépatites virales, et au cours de réactions allergiques importantes, en particulier aux antibiotiques. Ce dernier cas peut engendrer des formes de syndrome mononucléosique si sévères qu'elles sont parfois confondues avec les signes d'une leucémie. Le syndrome mononucléosique régresse en général spontanément en une ou deux semaines.

Syndrome myéloprolifératif

Maladie caractérisée par une prolifération excessive du tissu myéloïde (tissu formant la moelle des os). SYN. *syndrome myéloprolifératif chronique.*

Un syndrome myéloprolifératif se caractérise par une prolifération, dans la moelle osseuse, de cellules matures, donnant des cellules myéloïdes (issues de la moelle), morphologiquement et fonctionnellement normales, par opposition aux leucémies aiguës myéloïdes, qui se caractérisent par une prolifération de cellules myéloïdes immatures non fonctionnelles.

DIFFÉRENTS TYPES DE SYNDROME MYÉLOPROLIFÉRATIF

Les syndromes myéloprolifératifs sont au nombre de quatre.

■ La leucémie myéloïde chronique se caractérise par une augmentation notable du nombre de cellules granuleuses neutrophiles (cellules appartenant à la même lignée que certains globules blancs, les polynucléaires neutrophiles) dans la moelle et le sang.

■ La maladie de Vaquez, ou polyglobulie primitive, est caractérisée par un excès de production des globules rouges.

■ La splénomégalie myéloïde est marquée par une prolifération de tous les éléments figurés du sang (globules rouges, globules blancs, plaquettes), par une augmentation souvent très importante du volume de la rate et par un envahissement de la moelle osseuse par du tissu fibreux (myélofibrose).

■ La thrombocytémie primitive se caractérise par une augmentation notable du nombre de plaquettes sanguines.

SYMPTÔMES ET SIGNES

Les syndromes myéloprolifératifs ont en commun :
- l'augmentation, dans le sang, du nombre de cellules appartenant à l'une au moins des souches issues de la moelle osseuse ;
- la prolifération des cellules de la moelle osseuse ;
- l'augmentation fréquente du volume de la rate, qui recommence à produire des cellules myéloïdes comme elle le faisait au cours de la vie fœtale ;
- une tendance aux thromboses, liée au ralentissement de la circulation sanguine, lui-même causé par l'augmentation du nombre de cellules myéloïdes dans le sang.

TRAITEMENT ET ÉVOLUTION

Le traitement fait appel, selon le cas, à une chimiothérapie qui diminue la multiplication cellulaire, à une élimination des éléments sanguins en surnombre par cytaphérèse, à des saignées régulières (maladie de Vaquez) ou encore, lorsque c'est possible, à une greffe de moelle.

L'évolution de ces syndromes, habituellement chronique, se fait sur plusieurs années, souvent sur plusieurs décennies.

Syndrome néphritique

Ensemble de symptômes accompagnant toute glomérulonéphrite aiguë (maladie rénale caractérisée par une atteinte aiguë des glomérules).

Le syndrome néphritique, en général d'apparition brutale, se traduit par la présence de sang et de protéines dans les urines, par des œdèmes et une hypertension artérielle. Son diagnostic doit être confirmé par une biopsie rénale.

TRAITEMENT

Outre la maladie en cause, il vise à soigner les symptômes du syndrome : régime hyposodé, restriction en eau, traitement de l'hypertension.

Syndrome néphrotique

Ensemble de symptômes accompagnant un très grand nombre de glomérulonéphrites (maladies rénales caractérisées par une atteinte chronique des glomérules).

Le syndrome néphrotique résulte d'une augmentation de la perméabilité de la paroi des capillaires glomérulaires, qui laissent fuir dans l'urine les protéines du plasma sanguin.

CAUSES

Presque toutes les glomérulonéphrites peuvent provoquer un syndrome néphrotique, qu'elles soient sans cause connue ou consécutives à un diabète, à une amylose, à un lupus érythémateux aigu, etc.

SYMPTÔMES ET SIGNES

■ **La protéinurie** (présence de protéines dans les urines) est très abondante, toujours supérieure à 4 grammes par 24 heures, mais pouvant atteindre des taux de 15 à 20 grammes par 24 heures, voire plus.

■ **L'hypoprotéinémie** (taux de protéines anormalement bas dans le sang) qui en résulte est toujours inférieure à 60 grammes par litre. La perte de protéines portant principalement sur l'albumine, il existe toujours une hypoalbuminémie (taux anormalement bas d'albumine dans le sang) inférieure à 30, voire à 15 ou à 10 grammes par litre.

■ **Les œdèmes** sont dus à l'hypoalbuminémie. Ils sont sous-cutanés, blancs, mous, indolores. Souvent très importants, ils apparaissent sur les membres inférieurs, sur l'abdomen, sur la face et dans la région lombaire et se traduisent par une prise de poids de plusieurs kilogrammes. Parfois, ils se diffusent dans les membranes séreuses (péritoine, plèvre, péricarde) : c'est l'anasarque.

■ **D'autres anomalies biologiques** caractérisent ce syndrome : augmentation dans le sang du taux de cholestérol (hypercholestérolémie) et de triglycérides (hypertriglycéridémie), troubles portant sur certains facteurs sanguins de la coagulation.

TRAITEMENT ET PRONOSTIC

Les symptômes du syndrome néphrotique doivent toujours être traités dès le début de la maladie : régime hyposodé, restriction en eau, diurétiques (furosémide, spironolactone) pour lutter contre les œdèmes ; traitement anticoagulant pour éviter les complications thrombotiques ; hypolipidémiants pour lutter contre l'hypercholestérolémie et l'hypertriglycéridémie, etc.

Le pronostic d'un syndrome néphrotique dépend de sa cause. Dans certains cas, des traitements spécifiques, par exemple par les corticostéroïdes, peuvent le guérir complètement. Dans d'autres cas, ces traitements ne sont d'aucune efficacité et la maladie glomérulaire peut évoluer vers une insuffisance rénale chronique.

Syndrome obstructif

Affection caractérisée par une diminution du calibre des bronches.

CAUSES

Un syndrome obstructif est dû à un trouble de la ventilation (circulation de l'air dans les voies respiratoires) provoqué par l'asthme ou par une maladie liée au tabagisme (bronchite chronique obstructive, emphysème).

SYMPTÔMES ET DIAGNOSTIC

La spirométrie (enregistrement de la respiration) montre une diminution des débits d'air, plus particulièrement du V.E.M.S. (volume expiratoire maximal par seconde), et des anomalies de la courbe débit-volume dans le cas où les bronchioles (petites bronches) sont atteintes. Un essoufflement à l'effort apparaît dans les formes évoluées.

TRAITEMENT

Le traitement d'un syndrome obstructif, confondu avec celui de sa cause, repose sur la prise de bronchodilatateurs (bêtastimulants, corticostéroïdes, théophylline).

Syndrome oculo-urétro-synovial

Affection chronique caractérisée par l'association d'inflammations oculaire, urétrale ou digestive et articulaire. SYN. *syndrome de Fiessinger-Leroy-Reiter.*

Le syndrome oculo-urétro-synovial fait partie des arthrites réactionnelles : dans un premier temps, un foyer infectieux apparaît dans l'organisme ; il provoque une réaction du système immunitaire, qui agresse ensuite différents organes, en particulier les articulations. Le foyer infectieux est soit urétral (urétrite provoquée par une chlamydia ou par un mycoplasme), soit digestif (diarrhée due à une shigella, à une yersinia, à une salmonelle ou à un campylobacter).

SYMPTÔMES ET SIGNES

Le syndrome oculo-urétro-synovial se traduit par une diarrhée, suivie par une conjonctivite, une urétrite (inflammation de l'urètre) et enfin une arthrite affectant surtout le rachis et les articulations sacro-iliaques, mais aussi les hanches, les genoux, les coudes, les poignets et les articulations interphalangiennes. Plus rarement, des lésions cutanées (kératodermie et pustules) apparaissent sur la paume des mains et la plante des pieds.

ÉVOLUTION ET TRAITEMENT

La maladie évolue par poussées, généralement sur quelques mois ou sur une année, laissant fréquemment des séquelles articulaires ou oculaires.

Le traitement fait appel aux anti-inflammatoires non stéroïdiens.

→ VOIR Spondylarthropathie.

Syndrome paranéoplasique

Ensemble de manifestations associées à un cancer et évoluant en même temps que lui.

Les syndromes paranéoplasiques sont présents chez 7 à 15 % des patients ayant un cancer. Ils apparaissent soit dans les analyses sanguines (dosages hormonaux, numération formule sanguine, etc.), soit à l'examen du malade ; ils peuvent être les premiers symptômes du cancer ou apparaître après son diagnostic. Certains de ces syndromes sont dus à la diffusion dans l'organisme d'une substance sécrétée par la tumeur maligne.

Syndrome parkinsonien

Association d'une akinésie (rareté et lenteur des mouvements), d'une hypertonie (rigidité) et d'un tremblement au repos. SYN. *syndrome extrapyramidal.*

CAUSES

Le syndrome parkinsonien s'observe au cours de la maladie de Parkinson, mais aussi lors d'autres affections neurologiques dégénératives comme l'atrophie olivo-ponto-cérébelleuse (maladie héréditaire atteignant le système nerveux central). Il peut également être provoqué par la prise de neuroleptiques sur une longue période.

TRAITEMENT

Il consiste à traiter la maladie en cause ou à suspendre la prise de neuroleptiques lorsque le syndrome est d'origine médicamenteuse ; celui-ci persiste toutefois souvent plusieurs semaines après l'arrêt du traitement neuroleptique.

→ VOIR Parkinson (maladie de).

Syndrome post-traumatique

Ensemble de troubles observés chez certains patients à la suite d'un accident, en l'absence de toute cause organique.

SYMPTÔMES ET SIGNES

Ce syndrome, qu'il ne faut pas confondre avec les séquelles d'un accident, consiste en douleurs constantes ou irrégulières, d'intensité et de localisation variables. Chez certains patients, les douleurs ne surviennent que dans des circonstances particulières (changement de saison ou de climat, par exemple). Elles s'associent à des déficits sensoriels ou psychiques (baisse de l'acuité visuelle ou auditive, perte de mémoire). Le syndrome post-traumatique peut être intense, au point d'interdire au malade le retour à une activité professionnelle normale, et amener celui-ci à développer une sinistrose (refus de reconnaître sa guérison ou amplification du préjudice subi).

Le plus fréquent des syndromes post-traumatiques se rencontre chez les victimes d'un traumatisme crânien léger et se traduit par des maux de tête, des vertiges, des troubles de l'attention et de la mémoire, une insomnie ou une asthénie (grande faiblesse).

Les examens cliniques et paracliniques (scanner, imagerie par résonance magnétique) ne révèlent aucune lésion organique.

TRAITEMENT

Il repose sur la psychothérapie et sur l'administration de médicaments tranquillisants ou antidépresseurs.

Syndrome prémenstruel

Ensemble de troubles physiques et psychologiques survenant avant les règles.

Le syndrome prémenstruel est assez fréquent, touchant de 10 à 20 % des femmes. Ses causes, encore mal élucidées, semblent, entre autres, hormonales.

SYMPTÔMES ET SIGNES

Le syndrome prémenstruel apparaît toujours chez une femme à la même période du cycle menstruel, entre le 14e et le 2e jour précédant les règles. Il est d'intensité variable et s'interrompt au déclenchement des règles.

■ Les signes physiques sont un gonflement des chevilles et une bouffissure des paupières, qui traduisent une rétention d'eau. Un gonflement des seins, un ballonnement abdominal, une pesanteur pelvienne, parfois même une prise de poids peuvent s'accompagner de troubles cutanés, de douleurs articulaires, de maux de tête, de migraines, de vertiges et de fatigue.

■ Les signes psychologiques sont avant tout une tension nerveuse, qui provoque une raideur musculaire, des douleurs et une maladresse, ainsi que des sautes d'humeur, une irritabilité, un état dépressif caractérisé par des crises de larmes et parfois une anxiété excessive.

TRAITEMENT

Lorsque les signes ne sont pas très accusés, le traitement reste personnel, et chaque femme découvre à la longue les meilleurs moyens de surmonter son malaise : relaxation, exercice physique, régime alimentaire. Le traitement, très efficace en cas de syndrome prémenstruel important, consiste à prendre par voie orale de la progestérone naturelle ou de synthèse, ou encore de l'huile d'onagre ou des médicaments veinotoniques, du 15e au 25e jour du cycle.

Syndrome radiculaire

Ensemble des symptômes liés à l'atteinte (inflammation, infection, compression) d'une racine nerveuse.

Un syndrome radiculaire est principalement caractérisé par une radiculalgie (douleur sur le trajet des fibres nerveuses issues de la racine affectée).

Lorsque l'atteinte est importante, un déficit moteur peut s'y ajouter, affectant exclusivement les muscles innervés par la racine lésée, et les réflexes ostéotendineux peuvent disparaître.

Syndrome restrictif

Affection caractérisée par la diminution de la capacité pulmonaire totale (volume d'air total contenu dans les poumons à la fin d'une inspiration maximale).

CAUSES

Un syndrome restrictif est dû à un trouble de la ventilation (circulation de l'air dans les voies respiratoires). Il peut être consécutif à une pneumonectomie (ablation chirurgicale d'un poumon), à une paralysie des muscles respiratoires (poliomyélite), à une maladie détruisant une partie importante du tissu pulmonaire (fibrose, par développement de tissu fibreux), à un blocage ou à une déformation importante du thorax (spondylarthrite ankylosante, scoliose, etc.).

SYMPTÔMES ET DIAGNOSTIC

Ce syndrome se traduit à la spirométrie (mesure des volumes et des débits pulmonaires) par une diminution des volumes d'air inspirés et expirés. Il se manifeste par un essoufflement à l'effort d'importance variable.

TRAITEMENT

Le traitement d'un syndrome restrictif vise à soigner sa cause, lorsque c'est possible ; dans les formes sévères, il consiste à traiter ses symptômes (oxygénothérapie, par exemple).

Syndrome rotulien

Ensemble des symptômes liés à une atteinte des cartilages de la rotule et des cartilages du fémur se trouvant en regard (trochlée), parfois associée à une désaxation de la rotule.

CAUSES

Divers facteurs prédisposent au syndrome rotulien. Celui-ci peut être lié par exemple à une anomalie morphologique de la rotule ou de la trochlée ; à une malposition rotulienne congénitale ou acquise par déséquilibre musculaire ; à une utilisation inhabituelle ou excessive de la rotule ; à une poussée de croissance ; à une augmentation de la pratique sportive ; à une surcharge pondérale imposant des contraintes mécaniques importantes au cartilage.

SYMPTÔMES ET DIAGNOSTIC

Le patient ressent une gêne douloureuse pendant l'effort d'abord, puis dans la vie courante (descente d'escaliers, position assise prolongée). Cette douleur s'accompagne quelquefois d'une sensation d'instabilité ou de blocage du genou.

TRAITEMENT

En vue de calmer la douleur, le traitement médical impose l'arrêt des activités sportives, la prise d'anti-inflammatoires non stéroïdiens et une physiothérapie (ionisations, ultrasons). Une rééducation permet, en outre, de recentrer la rotule en renforçant la musculature de certaines parties du quadriceps. Un traitement chirurgical ne s'impose que dans le cas d'anomalies morphologiques confirmées et n'est envisagé qu'après l'échec du traitement médical.

Syndrome sec

→ VOIR Gougerot-Sjögren (syndrome de).

Syndrome urétral aigu

Douleur brutale ressentie dans l'urètre en l'absence de toute infection de l'appareil génito-urinaire.

Le syndrome urétral aigu atteint essentiellement la femme. C'est un syndrome mal défini, probablement d'origine psychique puisque les examens cliniques ne révèlent aucune cause pouvant expliquer les douleurs ; il s'accompagne parfois de troubles mictionnels (envie fréquente d'uriner). Le traitement repose sur les analgésiques ; comme dans toutes les maladies psychosomatiques, une aide psychologique s'avère souvent utile.

Synéchie

Accolement par du tissu fibreux pathologique de deux tissus ou de deux parties d'un organe qui sont normalement séparés.

■ **Les synéchies utérines** sont consécutives soit à une infection, soit à un traumatisme (aspiration pratiquée pour une interruption volontaire de grossesse). Au cours de la cicatrisation apparaît un tissu fibreux tapissant la paroi interne de l'utérus et des trompes et formant des brides tendues d'un côté à l'autre. Les synéchies utérines, en empêchant la nidation de l'œuf, provoquent une stérilité. Le traitement consiste à les sectionner au laser par hystéroscopie (à l'aide d'un tube optique et d'instruments chirurgicaux introduits par le col de l'utérus) sous anesthésie locale.

Synergie médicamenteuse

Interaction de deux ou plusieurs médicaments ayant des modes d'action semblables et dont l'effet thérapeutique est égal ou supérieur aux effets additionnés de chacun d'eux pris isolément.

EFFETS INDÉSIRABLES
Il peut être dangereux d'associer plusieurs médicaments si l'on ne connaît pas les effets potentiels d'une telle association. Certaines interactions médicamenteuses se traduisent par une augmentation de la toxicité de l'un ou de plusieurs des médicaments pris simultanément. Par exemple, l'aspirine et les antivitamines K (variétés d'anticoagulants) ont chacune un pouvoir hémorragique, qui augmente si un sujet les prend en même temps.

Synostose

Union complète de deux os par ossification de la zone fibreuse ou cartilagineuse qui les sépare.

Une synostose peut être physiologique (entre deux os du crâne, par exemple) ou pathologique, affectant deux os, comme le radius et le cubitus, mis accidentellement en contact à l'occasion d'une fracture mal ou non réduite. Dans ce dernier cas, elle devient parfois douloureuse. On doit alors supprimer chirurgicalement ce pont.

Synovectomie

Ablation chirurgicale, partielle ou totale, d'une synoviale (membrane tapissant la cavité des articulations mobiles) atteinte par une affection articulaire.

On recourt à la synovectomie lorsque les autres méthodes thérapeutiques locales (corticostéroïdes, isotopes radioactifs, antibiotiques, etc.) ont fait la preuve de leur inefficacité et que l'articulation reste douloureuse et invalidante.

TECHNIQUE
La synovectomie se pratique sous anesthésie locorégionale ou générale après ouverture chirurgicale large de l'articulation ou sous arthroscopie. Dans les deux cas, le malade doit être hospitalisé. L'arthroscopie ne permet pas une synovectomie aussi complète que la chirurgie conventionnelle, mais elle est moins lourde et autorise, lorsque l'opération concerne une articulation du membre inférieur, une reprise plus rapide de la marche.

Synoviale

Membrane qui tapisse l'intérieur de la capsule des articulations mobiles.

La synoviale est entourée par la capsule articulaire et par des ligaments. Elle contient et produit un liquide lubrifiant appelé synovie, qui facilite le glissement des surfaces articulaires.

Lorsque la synoviale est abîmée, par exemple en raison d'une maladie inflammatoire (polyarthrite rhumatoïde), d'une infection, d'une tumeur, etc., on peut pratiquer une synovectomie (ablation de la synoviale) ou une synoviorthèse (injection intra-articulaire d'une substance visant à détruire la synoviale).

■ **Les franges de synoviale** sont des déformations physiologiques faisant saillie dans la cavité articulaire et comblant les vides qui se forment au cours de certains mouvements. Elles peuvent aussi être pathologiques, hypertrophiées à cause, par exemple, d'un conflit mécanique ou consécutives à une prolifération de la synoviale, d'origine tumorale ou inflammatoire.

Gaine synoviale

C'est une mince membrane séreuse qui entoure les tendons (notamment ceux des muscles fléchisseurs et extenseurs des doigts et des orteils), permettant leur glissement.

Synovie

Liquide incolore transparent et filant, sécrété par la synoviale, qui lubrifie les surfaces articulaires, facilitant leur glissement lors des mouvements.

Synovie (épanchement de)
→ VOIR Hydarthrose.

Synoviorthèse

Injection intra-articulaire d'une substance ayant pour but de détruire une synoviale (membrane tapissant l'intérieur de la capsule des articulations mobiles) pathologique.

Une synoviorthèse se pratique lorsqu'une synoviale est enflammée du fait d'une arthrite ; cette technique fait notamment partie du traitement de la polyarthrite rhumatoïde, maladie au cours de laquelle la synoviale s'épaissit, constituant de véritables nodules inflammatoires (pannus) qui détruisent progressivement cartilages, os et ligaments. La synoviale se reconstitue en 2 mois.

Synovite

Inflammation de la synoviale (membrane tapissant l'intérieur de la capsule des articulations mobiles).

Une synovite peut notamment se trouver liée à une infection intra-articulaire (arthrite septique), à une maladie de système (lupus érythémateux disséminé), à une arthrite inflammatoire (polyarthrite rhumatoïde, spondylarthrite ankylosante) ou microcristalline (goutte, chondrocalcinose articulaire). Toutes les articulations sont susceptibles d'être atteintes.

SYMPTÔMES ET SIGNES

La synoviale enflammée s'épaissit, pouvant éroder l'os sous-jacent, avec parfois apparition de véritables nodules inflammatoires (pannus synovial de la polyarthrite rhumatoïde, par exemple). Elle sécrète un liquide synovial abondant, dont une ponction permet de préciser le caractère inflammatoire. La synoviale étant richement innervée, l'articulation est douloureuse.

TRAITEMENT

Le traitement de la synovite repose sur les anti-inflammatoires locaux (pommades, infiltrations) et sur le traitement de la maladie en cause. Lorsque la synovite est chronique, on peut pratiquer une synoviorthèse (injec-

tion dans l'articulation d'une substance visant à détruire la synoviale).

Syphilis

Maladie infectieuse sexuellement transmissible due à une bactérie, *Treponema pallidum* (tréponème pâle). SYN. *vérole*.

Le tréponème pâle est un spirochète, bactérie de forme hélicoïdale, particulièrement mobile grâce à son appareil locomoteur interne. Sa découverte date de 1905.

CAUSES

Dans plus de 95 % des cas, la transmission se fait par la voie sexuelle. Le microbe pénètre dans l'organisme par des écorchures de la peau ou des muqueuses. Cela explique que des rapports sexuels avec une personne infectée puissent ne pas être contaminants si la muqueuse du partenaire est saine. La syphilis est une porte d'entrée du V.I.H. (virus du sida), du fait des érosions ou des ulcérations anogénitales qu'elle provoque. Les autres cas de contamination concernent principalement le personnel soignant. Ils sont dus à des contacts cutanés, à des piqûres ou à des coupures accidentelles. La contamination fœtoplacentaire (du fœtus par la mère, par l'intermédiaire du placenta) se produit en général au cours de la deuxième moitié de la grossesse, exceptionnellement avant le 4ᵉ mois.

SYMPTÔMES ET SIGNES

L'incubation (période pendant laquelle cette bactérie s'installe dans l'organisme et qui précède l'apparition des signes de la maladie) dure de deux à six semaines. L'infection évolue ensuite en trois stades.

■ **Le stade primaire** est caractérisé par l'apparition d'un chancre, petite ulcération de 3 à 5 millimètres de diamètre, la plupart du temps indolore, reposant sur une base indurée (très ferme à la palpation). La lésion, très contagieuse car fourmillant de bactéries, siège au point d'inoculation, le plus souvent sur les organes génitaux (gland, corps de la verge, scrotum, col de l'utérus, vulve, anus), parfois dans une zone extragénitale (lèvres, langue, gencives, amygdales, etc.). À cause de sa petite taille ou de sa localisation, le chancre passe souvent inaperçu. Il s'associe à une adénopathie (gonflement des ganglions lymphatiques) indolore dans la même zone. Il disparaît en un à trois mois et, sous traitement, en une à trois semaines ; l'adénopathie et l'induration persistent en revanche pendant plusieurs mois.

■ Le stade secondaire consiste en éruptions cutanées associées à un syndrome grippal (fièvre, fatigue, courbatures, maux de tête) et à une polyadénopathie (gonflement généralisé des ganglions lymphatiques). Il survient de deux mois à quatre ans après le début de la maladie. Une première éruption (première floraison, ou syphilis secondaire précoce) est une roséole (taches rosées) souvent peu visible. Une deuxième éruption (deuxième floraison, ou syphilis secondaire tardive) consiste en syphilides, petites élevures brun rougeâtre infiltrées, souvent macérées, voire suintantes lorsqu'elles siègent dans les plis. Leur survenue s'associe souvent à des signes généraux (fièvre, maux de tête, fatigue), à une atteinte hépatique avec ictère, à des douleurs osseuses. Pendant cette période, une atteinte rénale (glomérulonéphrite) ou oculaire (baisse de l'acuité visuelle) est également possible, de même qu'une atteinte cutanée (alternance de taches foncées pigmentées et de taches décolorées autour du cou, appelées collier de Vénus). Au stade secondaire succède une période pendant laquelle le sujet infecté ne présente aucun signe d'infection. Cette période de latence peut durer jusqu'à plusieurs dizaines d'années. Dans certains cas, la syphilis est latente d'emblée, c'est-à-dire qu'elle ne se manifeste ni par le chancre, ni par aucun des autres symptômes habituels des syphilis primaire et secondaire.

■ Le stade tertiaire consiste en gommes, nodosités molles évoluant vers l'ulcération. Elles peuvent toucher le derme, sous forme de petites élevures arrondies, ou l'hypoderme ; elles sont alors volumineuses et siègent sur les jambes, les bras, le visage, le cuir chevelu et la poitrine. Lorsqu'elles sont localisées aux muqueuses, les gommes sont susceptibles d'entraîner d'importantes destructions ostéocartilagineuses. Elles peuvent également toucher les os et les viscères : la syphilis cardioaortique entraîne dans certains cas une insuffisance aortique ; l'atteinte des coronaires est responsable d'angine de poitrine, voire d'infarctus. Des complications neurologiques sont possibles : syndrome psychiatrique définissant la paralysie générale (diminution de toutes les facultés intellectuelles ou, au contraire, exaltation de ces facultés accompagnée d'hyperactivité psychomotrice), tremblements, difficultés à l'élocution, absence de contraction des pupilles (signe d'Argyll Robertson). Plus tardivement peuvent survenir un tabès, atteinte de la moelle épinière se traduisant par des troubles de la sensibilité profonde, une incoordination motrice (démarche ataxique) et des douleurs viscérales fulgurantes.

■ La syphilis congénitale concerne les enfants nés syphilitiques, la maladie leur ayant été transmise par leur mère pendant la grossesse ; elle peut évoluer de deux manières différentes. La syphilis congénitale précoce se manifeste, au cours des deux premières années de la vie, par des atteintes de la peau et des muqueuses, des os, du foie, de la rate, des reins, des poumons et des yeux. La syphilis congénitale tardive apparaît entre cinq et dix ans et se traduit par des atteintes de la peau et des muqueuses (perforation du palais), des yeux, des oreilles, des dents, des articulations et du système nerveux.

DIAGNOSTIC

Il doit être confirmé par une preuve formelle, qui peut être la mise en évidence soit du tréponème dans les lésions (examen direct au microscope de la sérosité du chancre ou des plaques muqueuses), soit d'antigènes spécifiques aux tréponématoses dans le sérum sanguin. Dans le second cas, on utilise actuellement des réactions d'immunofluorescence et d'hémagglutination passive (TPHA) ; le test classique d'immobilisation des tréponèmes, ou test de Nelson, n'est plus guère pratiqué du fait de son coût. Il existe encore d'autres réactions (Bordet-Wassermann, VDRL), qui permettent de détecter des antigènes cardiolipidiques mais peuvent être positives au cours d'autres affections (maladies auto-immunes).

TRAITEMENT

Il se fonde sur l'administration de pénicilline ou, en cas d'allergie à la pénicilline, de tétracycline. Si la maladie est traitée précocement, une dose unique, massive, de pénicilline suffit à la guérison. Dans le cas contraire, il peut être nécessaire de poursuivre le traitement pendant plusieurs semaines. Celui-ci doit être entrepris le plus tôt possible afin de briser la chaîne de contamination et d'éviter la constitution de lésions viscérales tertiaires, ces dernières étant particulièrement graves. Une recontamination est possible.

PRÉVENTION

Les malades syphilitiques ne peuvent transmettre la maladie que pendant les périodes primaire et secondaire. La prévention repose sur le dépistage systématique et sur le traitement des partenaires sexuels des malades. La syphilis est une maladie à déclaration obligatoire.

Syringome

Très petite tumeur cutanée bénigne, développée aux dépens du canal excréteur d'une glande sudoripare eccrine (glande présente sur toute la peau, sécrétant la sueur).

Syringomyélie

Maladie rare caractérisée par la présence dans la moelle épinière d'une cavité liquidienne pathologique indépendante du canal de l'épendyme.

La cavité est localisée dans la substance grise, au centre de la partie haute de la moelle ; elle détruit les fibres nerveuses qui véhiculent la sensibilité de la peau à la température et à la douleur.

SYMPTÔMES ET SIGNES

La syringomyélie se caractérise par des troubles sensitifs dits « dissociés » (la sensibilité profonde et la sensibilité tactile fine ne sont pas atteintes) et « suspendus » (seuls les membres supérieurs sont affectés).

Un des signes les plus évocateurs d'un début de syringomyélie est l'incapacité du patient à ressentir les brûlures sur les mains (insensibilité à la température) ; une douleur ou un déficit moteur des mains peuvent

également survenir et, plus rarement, des troubles de la marche. Les autres signes varient en fonction de l'extension de la cavité : paralysies en cas d'extension horizontale, dysarthrie (troubles de l'élocution), glossoplégie (paralysie de la langue), troubles de la déglutition en cas d'extension vers le haut lésant le bulbe rachidien (syringobulbie). La maladie évolue en général très lentement ; elle se stabilise même parfois spontanément.

TRAITEMENT

Le traitement est très limité ; une intervention neurochirurgicale, consistant à placer un cathéter de dérivation depuis la cavité pathologique jusqu'au liquide céphalorachidien entourant la moelle épinière, est parfois indiquée en cas de syringomyélie évolutive et invalidante.

Système

Ensemble d'organes liés entre eux par une fonction commune, mais non nécessairement par une continuité anatomique.

Le système endocrinien, par exemple, se définit par une même fonction, la fonction hormonale, assurée par les glandes (hypothalamus, hypophyse, thyroïde, parathyroïdes, surrénales, pancréas endocrine, ovaires, testicules) qui déversent dans la circulation sanguine des substances, les hormones, agissant à distance sur d'autres organes.

→ VOIR Appareil.

Système (maladie de)

→ VOIR Connectivite.

Système endocrinien

Ensemble des glandes endocrines.

Structure et formation du système endocrinien

Le système endocrinien est composé de plusieurs glandes, dont certaines sont contrôlées par l'hypophyse, laquelle est elle-même une glande endocrine, et par l'hypothalamus, les autres ayant un mode de fonctionnement plus autonome. Les premières sont la glande thyroïde, les glandes corticosurrénales et les gonades (ovaires et testicules), dont les sécrétions dépendent étroitement des hormones hypophysaires, elles-mêmes sous le contrôle de l'hypothalamus. Les autres glandes endocrines sont les glandes parathyroïdes, les glandes médullosurrénales et le pancréas endocrine.

Le système endocrinien a dans l'organisme une fonction de régulation du métabolisme, de la croissance et de la fonction sexuelle. Il a cela de particulier qu'il est autorégulateur : le taux de sécrétion de chaque hormone est régulé, d'une part, par celui de la substance dont elle règle la concentration sanguine (concentration du glucose pour l'insuline, par exemple), d'autre part grâce à un rétrocontrôle de la sécrétion des hormones hypothalamohypophysaires correspondantes (ainsi, l'excès d'hormones thyroïdiennes dans le sang freine la sécrétion de thyréostimuline hypophysaire, qui, à son tour, freine celle de la thyréolibérine hypothalamique).

GLANDES DU SYSTÈME ENDOCRINIEN

■ L'hypophyse (petite glande endocrine située à la base du cerveau) est contenue dans la selle turcique. Elle est constituée de deux parties : l'antéhypophyse en avant, qui sécrète les hormones antéhypophysaires (corticotrophine, thyréostimuline, les deux gonadotrophines, prolactine, somatotrophine) ; la posthypophyse en arrière, qui stocke l'hormone antidiurétique et l'ocytocine. L'hypophyse est contrôlée par l'hypothalamus, structure du système nerveux central. L'hypothalamus assure ce contrôle en sécrétant des facteurs stimulant ou inhibant les sécrétions hypophysaires. Ce sont la corticolibérine (ou CRF, *corticotrophin releasing factor* [facteur de libération de la corticotrophine]), qui agit sur la sécrétion de corticotrophine ; la thyréolibérine (ou TRH, *thyrotrophin releasing hormone* [hormone de libération de la thyréostimuline]), qui agit sur la sécrétion de thyréostimuline ; la gonadolibérine (encore appelée Gn-RH, *gonadotrophin releasing hormone* [hormone de libération des gonadotrophines] ou LH-RH, *luteinizing releasing hormone* [hormone de libération de l'hormone lutéinisante]), qui

agit sur la sécrétion des gonadotrophines ; la somatocrinine (ou GH-RH, *growth hormone releasing hormone* [hormone de libération de la somathormone]) et la somatostatine (ou GH-RIH, *growth hormone releasing inhibiting hormone* [hormone inhibant la libération de la somathormone]), qui agissent sur la sécrétion de somathormone (hormone de croissance). Enfin, la dopamine, partiellement sécrétée par l'hypothalamus, contrôle la sécrétion de prolactine. La sécrétion des hormones hypothalamiques (sauf la dopamine) est soumise à un phénomène de rétrocontrôle exercé par les hormones hypophysaires correspondantes.

■ La glande thyroïde, située à la face antérieure du cou, devant la trachée, est stimulée par la thyréostimuline hypophysaire. Elle produit les hormones thyroïdiennes : thyroxine (T4) et triiodothyronine (T3), ainsi que la calcitonine.

■ Les glandes corticosurrénales, portion superficielle des surrénales, situées aux pôles supérieurs des deux reins, sont stimulées par la corticotrophine hypophysaire. Elles assurent la synthèse des hormones glucocorticostéroïdes (dont la principale est le cortisol) et minéralocorticostéroïdes (essentiellement l'aldostérone).

■ Les glandes médullosurrénales, portion centrale des surrénales, sécrètent les catécholamines (adrénaline, noradrénaline) à partir de leur précurseur, la dopamine.

■ Les glandes parathyroïdes, situées à la face postérieure de la thyroïde, sécrètent la parathormone.

■ Les gonades (ovaires, testicules) sont stimulées par les gonadotrophines hypophysaires. Elles assurent la sécrétion des hormones sexuelles féminines (œstrogènes) et masculines (testostérone) et, donc, l'ovulation et le cycle menstruel chez la femme, la spermatogenèse chez l'homme.

■ Le pancréas endocrine est formé par des amas de cellules endocrines alpha et bêta, regroupées en îlots au sein du pancréas. Les cellules bêta sécrètent l'insuline ; les cellules alpha, le glucagon.

HORMONES DU SYSTÈME ENDOCRINIEN

■ Les catécholamines (adrénaline, noradrénaline, dopamine), sécrétées par les glandes médullosurrénales, provoquent la constriction des parois des vaisseaux (effet vasoconstricteur) et ont un effet stimulant sur le muscle cardiaque. Elles agissent à un moindre degré sur de nombreux autres muscles : bronchique, intestinal, vésical, utérin, etc. Certaines de leurs actions sont favorisées par les corticostéroïdes et des hormones thyroïdiennes.

■ **La corticotrophine, ou hormone corticotrope** (ACTH, adrénocorticotrophine), sécrétée par l'antéhypophyse, stimule les glandes corticosurrénales. Son taux dans le sang varie en fonction de l'heure, du stress et du taux sanguin de cortisol.

■ **Les gonadotrophines** (hormone folliculostimulante, ou FSH [*folliculostimulating hormone*], et hormone lutéinisante, ou LH [*luteinizing hormone*]), sécrétées par l'antéhypophyse, assurent le fonctionnement des gonades (ovaires et testicules). Chez la femme, leur taux sanguin varie au cours du cycle menstruel.

■ **L'hormone antidiurétique, ou vasopressine,** sécrétée par l'hypothalamus et stockée dans la posthypophyse, a un mode de sécrétion et de contrôle totalement différent et autonome. Elle régule la concentration des urines dans le rein.

■ **Les hormones glucocorticostéroïdes** (cortisol) **et minéralocorticostéroïdes** (aldostérone), sécrétées par les glandes corticosurrénales, forment les corticostéroïdes. Ceux-ci ont un rôle important sur le tonus vasculaire et les différents métabolismes glucidiques, protéiques et lipidiques. Ces deux types d'hormone sont sous le contrôle de la corticotrophine hypophysaire. Les minéralocorticostéroïdes, qui permettent la rétention de sodium par les reins, sont également sous contrôle du système rénine-angiotensine (enzymes rénales). La sécrétion des glucocorticostéroïdes est augmentée par le stress, la fièvre, en cas d'infection ou de traumatisme et par la prise d'une pilule œstroprogestative.

■ **Les hormones thyroïdiennes** (thyroxine, ou T4, et triiodothyronine, ou T3), sécrétées par la glande thyroïde, stimulent la consommation d'oxygène et le muscle cardiaque, participent au métabolisme glucidique et lipidique et sont indispensables à la croissance et au développement de l'organisme. Elles ont une influence sur les catécholamines. Leur taux dans le sang est anormalement élevé en cas d'hyperthyroïdie, anormalement bas en cas d'hypothyroïdie.

■ **L'insuline et le glucagon,** sécrétés respectivement par les cellules bêta et alpha du pancréas endocrine, agissent avec le cortisol surrénalien, l'hormone de croissance hypophysaire et les catécholamines – sécrétées par les glandes médullosurrénales – pour assurer de façon très précise la régulation de la glycémie (taux de glucose sanguin). L'insuline est une hormone hypoglycémiante (elle abaisse le taux de glucose sanguin), tandis que le glucagon a une action hyperglycémiante (il élève ce taux).

■ **L'ocytocine,** synthétisée par l'hypothalamus et stockée par la posthypophyse, stimule les contractions de l'utérus gravide à terme et favorise l'allaitement.

■ **Les œstrogènes et la testostérone** sont sécrétés, les premiers, surtout par les ovaires, la seconde principalement par les testicules. Les œstrogènes agissent sur les voies génitales (lubrification vaginale, épaisseur de la muqueuse utérine) et sur l'apparition des caractères sexuels féminins à la puberté. La testostérone, principal androgène, agit sur les caractères sexuels masculins (pilosité, musculature, raucité de la voix) et stimule la synthèse des protéines. Elle peut se trouver en excès chez la femme lors d'affections des ovaires ou des glandes surrénales (tumeur, kystes).

■ **La parathormone,** sécrétée par les glandes parathyroïdes, a une action sur les os et sur les reins et concourt ainsi, en étroite liaison avec la vitamine D, au contrôle très précis du taux de calcium sanguin. Son propre taux plasmatique se trouve augmenté en cas d'hyperparathyroïdie et d'hypocalcémie.

■ **La prolactine,** sécrétée par l'antéhypophyse, a un rôle dans la production de la caséine du lait durant la lactation. Son taux sanguin s'élève en cas de grossesse, au cours de diverses affections (insuffisance rénale, hypothyroïdie, etc.) ou sous l'effet de certains médicaments.

■ **La somatotrophine**, ou hormone de croissance (GH, *growth hormone*), sécrétée par l'antéhypophyse, assure la croissance osseuse par l'intermédiaire de facteurs de croissance. Son taux sanguin, variable, s'élève sous l'effet du stress et durant le sommeil ; il est plus faible que la normale en cas d'insuffisance hypophysaire, plus élevé en cas d'acromégalie.

■ **La thyréostimuline**, ou hormone thyréotrope (TSH, *thyroid stimulating hormone* [hormone stimulant la thyroïde]), sécrétée par l'antéhypophyse, a pour rôle de stimuler la croissance et la sécrétion hormonale thyroïdienne. Son taux sanguin s'abaisse en cas d'hyperthyroïdie et s'élève dans certaines formes d'hypothyroïdie.

Examens du système endocrinien

Ils sont de deux types : les dosages biologiques des hormones et les examens morphologiques des glandes.

■ **L'exploration biologique** permet de mettre en évidence une anomalie de la sécrétion hormonale. On peut doser les hormones elles-mêmes (dans le sang, les urines et, parfois, dans la salive) et/ou l'élément qu'elles contrôlent (par exemple, la glycémie ou la calcémie). Selon l'hormone étudiée, l'interprétation des résultats doit tenir compte de différents facteurs (heure du prélèvement, taux d'une autre hormone, traitement en cours, etc.).

■ **L'exploration morphologique** sert à visualiser la glande elle-même et fait appel aux techniques d'échographie, de scanner, d'imagerie par résonance magnétique (I.R.M.) et parfois de scintigraphie.

Pathologie du système endocrinien

Elle recouvre les dysfonctionnements hormonaux et/ou les anomalies morphologiques des glandes, ces deux phénomènes n'étant pas toujours associés.

■ **Les dysfonctionnements de sécrétion hormonale** sont les insuffisances ou les excès de sécrétion. Les premières touchent une ou plusieurs glandes, et leurs causes sont diverses (nécrose hémorragique, ablation chirurgicale, déficit enzymatique congénital, anomalie génétique) : hypopituitarisme, nanisme d'origine hypophysaire, diabète insipide, insuffisance surrénalienne, hypothyroïdie, hypogonadisme, hypoparathyroïdie, diabète insulinodépendant. Les excès de sécrétion hormonale sont dus le plus souvent à un adénome (tumeur bénigne) sécrétant ou, plus rarement, à une hyperplasie (développement du tissu de la glande) diffuse ; il s'agit de l'hyperprolactinémie, de l'acromégalie ou du gigantisme, de l'hypercorticisme, de l'hyperaldostéronisme, de l'hyperthyroïdie, de l'hyperparathyroïdie. Le traitement des insuffisances endocriniennes est dit substitutif, apportant quotidiennement l'hormone manquante ou une substance analogue ayant les mêmes effets. Le plus souvent, il doit être suivi à vie. Les hypersécrétions hormonales peuvent être corrigées par la prise de médicaments inhibant la synthèse hormonale (par exemple, antithyroïdiens de synthèse), par l'ablation chirurgicale de tout ou partie d'une glande ou encore par sa destruction isotopique (radiothérapie externe en cas de maladie hypophysaire, absorption d'iode 131 en cas d'atteinte thyroïdienne).

■ **Les anomalies de morphologie des glandes** comprennent l'hyperplasie (augmentation de volume de la glande, dont le goitre fait partie) et les tumeurs, bénignes ou malignes (kyste, nodule, adénome, phéochromocytome). Leur traitement est soit chirurgical, soit médicamenteux.

→ VOIR Glande, Hormone.

Système extrapyramidal

Ensemble des structures du système nerveux central qui participent au contrôle des postures du corps et des mouvements.

FONCTIONNEMENT

Le système extrapyramidal intervient dans le maintien des différentes postures prises par le corps et dans les changements de posture. Il aide le mouvement volontaire, par exemple en maintenant en permanence l'épaule et le coude en position correcte quand on fait un mouvement volontaire avec la main. Il joue aussi un rôle important au cours des mouvements automatiques, tels que la marche.

L'atteinte du système extrapyramidal se traduit par un syndrome extrapyramidal, ou syndrome parkinsonien. Les autres signes et le traitement dépendent de l'affection concernée.

Système immunitaire

Système grâce auquel l'organisme se défend contre l'infection par les agents pathogènes de l'environnement (bactéries, virus, champignons microscopiques).

Ce système comprend des cellules, dites immunocompétentes, les organes lymphoïdes qui les produisent (moelle osseuse, thymus) et ceux qui les hébergent (ganglions lymphatiques, tissu lymphoïde satellite du tube digestif, rate, sang circulant), ainsi que les différentes molécules que ces cellules sont susceptibles de produire. Il peut être divisé en deux principaux sous-systèmes, dont l'association est nécessaire pour lutter efficacement contre les infections : le système immunitaire naturel et le système immunitaire adaptatif.

Système immunitaire naturel

Il vise à empêcher la pénétration des germes et les attaque lorsqu'ils ont franchi les barrières externes de l'organisme, provoquant une inflammation aiguë.

Le système immunitaire naturel est constitué, outre de barrières physiques, de différentes cellules présentes dans le sang circulant ainsi que de deux types de protéines spécialisées, le complément et les cytokines.

■ Les barrières physiques comprennent les couches superficielles de cellules mortes de l'épiderme, ainsi que les substances antibactériennes recouvrant la peau et présentes dans la sueur, telles que le lysozyme. Le mucus épais sécrété par des cellules situées sur les orifices du corps est capable de retenir les microbes. Une autre forme de protection est assurée par les acides forts de l'estomac et par des substances, comme la lactoferrine, qui se fixent sur des éléments vitaux comme le fer et empêchent ce dernier d'intervenir dans la multiplication de nombreuses bactéries.

■ Les cellules du sang circulant sont les phagocytes, comprenant les macrophages et les polynucléaires, qui incorporent et tuent les germes ; les cellules « natural killer », qui reconnaissent les cellules infectées par des virus, s'y fixent et les tuent en y faisant pénétrer des substances chimiques létales ; les mastocytes, qui contiennent de grosses granulations de substances chimiques libérées dès qu'elles reçoivent une stimulation appropriée.

■ Le complément est un système enzymatique comprenant une série d'au moins 20 protéines différentes qui enveloppent les germes lorsqu'ils s'introduisent dans l'organisme. L'une des protéines se fixe à la surface du germe, les autres composants du complément s'y attachant en cascade. Cette réaction a pour fonction d'attirer les phagocytes hors de la circulation sanguine vers le germe (processus dénommé chemotaxis), de rendre celui-ci « attirant » pour que le phagocyte s'y attache et l'ingère et de faire une brèche dans sa membrane extérieure, ce qui entraîne son éclatement (lyse).

■ Les cytokines comprennent surtout les interférons, molécules sécrétées par des cellules en réponse à une infection d'origine virale, qui protègent les cellules voisines en « interférant » avec le relâchement de nouvelles particules virales à partir de la cellule infectée. D'autres cytokines favorisent le développement d'un tissu neuf à la suite de lésions tissulaires d'origine microbienne et aident les cellules à éliminer les germes qu'elles contiennent.

Système immunitaire adaptatif

Il intervient lorsque le système immunitaire naturel ne suffit pas à éliminer un germe.

Les cellules de ce système comprennent les lymphocytes T et B et les substances que ces derniers élaborent : les anticorps. À la différence du système immunitaire naturel, le système adaptatif se modifie à chaque infection afin de réagir plus efficacement contre les microbes qu'il a déjà rencontrés.

■ Les lymphocytes comportent à leur surface des molécules, les récepteurs, qui leur permettent de reconnaître les antigènes des germes qu'ils rencontrent.

- Les lymphocytes T ont deux fonctions principales. Ils facilitent l'activité des autres cellules appartenant au système immunitaire. Leur autre fonction principale consiste à tuer directement des cellules infectées par des virus.

- Les lymphocytes B, produits par la moelle osseuse, ont pour fonction principale d'élaborer des anticorps avec l'aide des lymphocytes T.

- Les plasmocytes sont la forme mature des lymphocytes B et le lieu principal d'élaboration des anticorps.

■ Les anticorps sont des protéines spécialisées spécifiques.

Examens et pathologie

Un prélèvement sanguin permet l'étude quantitative et fonctionnelle (numération formule sanguine, électrophorèse et immunoélectrophorèse des protéines) des différentes populations de lymphocytes et des différents anticorps. En cas d'anomalie, cette étude permet éventuellement d'orienter vers des examens complémentaires comme une ponction de moelle osseuse ou de ganglion.

La pathologie du système immunitaire comprend les déficiences immunitaires, l'hypersensibilité et les maladies auto-immunes.

■ Les déficiences immunitaires peuvent être la conséquence d'anomalies génétiques congénitales (agammaglobuline de Bruton [absence d'immunoglobulines dans le sang], syndrome de Di George [défaut de production des lymphocytes T]), d'une infection par un virus (en particulier virus du sida), d'irradiations ou d'un traitement immunosuppresseur.

■ L'hypersensibilité est une hyperactivité du système immunitaire, telle qu'elle existe en réponse à certaines substances chimiques ou à certains pollens (allergie).

■ Les maladies auto-immunes, comme le lupus érythémateux disséminé ou la polyarthrite rhumatoïde, sont dues à une altération du phénomène de tolérance (incapacité naturelle du système immunitaire à tolérer les constituants ou les produits de ses propres cellules).

Système limbique

Ensemble de structures cérébrales situées dans la région médiane et profonde du cerveau, jouant un rôle majeur dans la mémoire et les émotions, de même que dans l'élaboration des comportements.

Système lymphatique

Ensemble des ganglions et des vaisseaux lymphatiques, qui, d'une part participent à la défense immunitaire de l'organisme et, d'autre part, ont un rôle circulatoire (drainage de la lymphe vers le courant sanguin).

STRUCTURE

Les ganglions lymphatiques sont des nodules situés sur le trajet des vaisseaux lymphatiques. Ces vaisseaux drainent le tissu interstitiel. Un ganglion comprend une capsule et de nombreux globules blancs, ou lymphocytes, qu'il produit. Il existe des ganglions superficiels, dont les plus importants sont situés au pli de l'aine, sous l'aisselle et de chaque côté du cou, et des ganglions profonds, localisés dans le pelvis, le long de l'aorte et dans les hiles pulmonaires. Nés de toutes les parties du corps, les vaisseaux lymphatiques convergent vers les ganglions lymphatiques puis se réunissent en vaisseaux de calibre croissant. Ils sont en général satellites des vaisseaux sanguins. Le principal vaisseau lymphatique est le canal thoracique, qui naît dans l'abdomen puis chemine jusqu'au sommet du tronc, où il se jette dans le confluent veineux jugulo-sous-clavier gauche, à la base du cou.

PHYSIOLOGIE

Les ganglions lymphatiques permettent la multiplication des lymphocytes T et B parvenus à maturité après leur formation dans la moelle osseuse et le thymus. Ils ont un rôle important de relais lors de la réponse immunitaire. Les vaisseaux lymphatiques assurent la circulation de ces cellules en les déversant dans la circulation veineuse. Ils drainent également les cellules sanguines et les grosses protéines récupérées après leur sortie des vaisseaux capillaires et transportent les graisses absorbées par l'intestin lors de la digestion.

EXAMENS

Les ganglions superficiels sont accessibles à la palpation. Leur examen histologique peut se faire par ponction à l'aiguille ou après ablation. Les ganglions profonds sont explorés aujourd'hui par échographie et surtout par scanner et imagerie par résonance magnétique (I.R.M.), beaucoup moins souvent par lymphographie (radiographie du système lymphatique après injection d'un produit de contraste).

PATHOLOGIE

Une augmentation de volume d'un ganglion, ou adénopathie, peut être d'origine infectieuse (ganglions mous et sensibles) ou tumorale (ganglions durs, immobiles et indolores). L'envahissement des ganglions à partir d'un cancer est une forme de métastase.

Les vaisseaux lymphatiques peuvent être le siège d'une lymphangite (inflammation), qui disparaît sous traitement antibiotique si une infection bactérienne est à son origine. Certains vaisseaux lymphatiques peuvent se dilater et former une lymphangiectasie et/ou un lymphœdème en raison d'un obstacle à l'écoulement lymphatique, d'origine parasitaire ou tumoral. Enfin, il arrive que le système lymphatique soit le siège d'une prolifération maligne, le lymphome.

Système lymphoïde

Ensemble des cellules, des organes et des structures tissulaires assurant la défense immunitaire.

STRUCTURE ET PHYSIOLOGIE

Les organes composant le système lymphoïde peuvent être répartis en trois unités.
■ Les organes lymphoïdes primaires, dits centraux, sont la moelle osseuse et le thymus (glande située à la base du cou). Les précurseurs des cellules immunocompétentes (lymphocytes, macrophages) sont produits par la moelle osseuse hématopoïétique. Certains lymphocytes y poursuivent leur maturation pour donner naissance aux lymphocytes B. D'autres migrent vers le thymus et deviennent les thymocytes, qui se différencient en lymphocytes T.

■ Les organes et formations secondaires, dits périphériques, sont les ganglions lymphatiques, le réseau de tissu lymphoïde des muqueuses (amygdales palatines, tube digestif, tractus génito-urinaire, etc.) et, dans la rate, la pulpe blanche située autour des ramifications artérielles. Ils sont peuplés de lymphocytes qui ont émigré des organes lymphoïdes centraux après avoir atteint leur maturité. Au sein de ces organes et formations, les lymphocytes T et B côtoient d'autres cellules immunocompétentes, comme les macrophages, avec lesquelles ils échangent des informations nécessaires au bon déroulement de la réponse immunitaire, et se multiplient. La cohérence du système est assurée par la circulation de ces cellules par voie sanguine et lymphatique.
■ Le système lymphoïde tertiaire est composé de tous les autres emplacements où peuvent se localiser les lymphocytes à la suite d'une migration. Un tel déplacement peut se faire à l'occasion d'une réaction inflammatoire déclenchée par une lésion ou par une infection. Cette capacité de migration est particulièrement importante pour les lymphocytes « à mémoire », responsables de la protection de l'organisme contre les antigènes déjà rencontrés.

EXAMENS

Un prélèvement sanguin permet l'étude quantitative et fonctionnelle des différentes populations lymphocytaires. En cas d'anomalie constatée, cet examen permet éventuellement d'orienter la recherche de la cause vers d'autres examens complémentaires : radiographie du thymus, ponction de moelle osseuse ou de ganglion.

PATHOLOGIE

Il peut y avoir atteinte du système lymphoïde dans les déficits immunitaires, soit congénitaux, dus à des anomalies de production ou de maturation des lymphocytes, soit acquis, comme le sida, maladie consécutive à l'infection par un virus, le V.I.H. Les autres maladies pouvant toucher le système lymphoïde sont les cancers du sang (lymphomes, leucémies).

Système nerveux

Ensemble des centres nerveux et des nerfs assurant la commande et la coordination des viscères et de l'appareil locomoteur, la réception des messages sensoriels et les fonctions psychiques et intellectuelles.

Le système nerveux est en place dans l'embryon humain dès la cinquième semaine de gestation.

Structure du système nerveux

Sur le plan anatomique, le système nerveux est formé de deux ensembles distincts, le système nerveux central et le système nerveux périphérique.

SYSTÈME NERVEUX CENTRAL

Encore appelé névraxe, le système nerveux central (S.N.C.) est formé de milliards de neurones (cellules nerveuses) connectés entre eux et d'un tissu de soutien interstitiel (névroglie). Il comprend l'encéphale (cerveau, cervelet, tronc cérébral), protégé par le crâne, et la moelle épinière, logée dans la colonne vertébrale.

SYSTÈME NERVEUX PÉRIPHÉRIQUE

Prolongement du système nerveux central, le système nerveux périphérique comprend l'ensemble des nerfs et de leurs renflements (ganglions nerveux). Les nerfs, rattachés par une extrémité au système nerveux central, se ramifient à l'autre extrémité en une multitude de fines branches innervant l'ensemble du corps. Il existe des nerfs crâniens et des nerfs rachidiens.

Fonctionnement du système nerveux

Selon leur organisation et leur fonctionnement, on distingue le système nerveux somatique, qui met l'organisme en communication avec l'extérieur, et le système nerveux végétatif, ou autonome, qui régule les fonctions viscérales.

Le fonctionnement du système nerveux fait intervenir une chaîne de neurones, qui s'articulent entre eux par des synapses. Le neurone assure la conduction de l'influx nerveux et la synapse assure la transmission de cet influx soit d'un neurone à l'autre, soit d'un neurone à l'organe-cible, par exemple le muscle dans le cas d'une synapse neuromusculaire. Cette transmission est réalisée par l'intermédiaire d'une substance chimique appelée neurotransmetteur (acétylcholine, adrénaline, noradrénaline). L'acétyl-

choline est le neurotransmetteur du système nerveux volontaire et du système parasympathique, qui commande la contraction des fibres musculaires lisses et les sécrétions glandulaires. L'adrénaline et la noradrénaline sont les neurotransmetteurs du système sympathique, qui, entre autres fonctions, assure la contraction de la paroi des artères et intervient dans la sécrétion de la sueur.

SYSTÈME NERVEUX SOMATIQUE

Le système nerveux somatique commande les mouvements et la position du corps et permet de percevoir par la peau diverses sensations (toucher, chaleur, douleur) et de découvrir par les autres organes des sens le milieu environnant (vision, audition, olfaction). Il est constitué de neurones sensitifs et de neurones moteurs.

SYSTÈME NERVEUX VÉGÉTATIF

Encore appelé système nerveux autonome, il est complémentaire du système nerveux somatique et régule notamment la respiration, la digestion, les excrétions, la circulation (battements cardiaques, pression artérielle). Ses cellules dépendent de centres régulateurs situés dans la moelle épinière, le tronc cérébral et le cerveau, lesquels reçoivent les informations par les voies sensorielles provenant de chaque organe.

Le système nerveux végétatif est divisé en système nerveux parasympathique et système nerveux sympathique, dont les activités s'équilibrent de façon à coordonner le fonctionnement de tous les viscères.

■ Le système nerveux parasympathique est en règle générale responsable de la mise au repos de l'organisme. Il agit par l'intermédiaire d'un neurotransmetteur, l'acétylcholine, et il ralentit le rythme cardiaque, stimule le système digestif et limite les contractions des sphincters.

■ Le système nerveux sympathique, ou système nerveux orthosympathique, met l'organisme en état d'alerte et le prépare à l'activité. Il agit par l'intermédiaire de deux neurotransmetteurs, l'adrénaline et la noradrénaline. Il augmente l'activité cardiaque et respiratoire, dilate les bronches et les pupilles, contracte les artères, fait sécréter la sueur. En revanche, il freine la fonction digestive.

Examens du système nerveux

Les examens permettant d'explorer le système nerveux central sont principalement le scanner, l'imagerie par résonance magnétique (I.R.M.), l'enregistrement des potentiels évoqués (méthode d'étude de l'activité électrique des voies nerveuses de l'audition, de la vision et de la sensibilité corporelle), l'électroencéphalographie et l'analyse du liquide céphalorachidien recueilli par ponction lombaire. Le système nerveux périphérique est plus particulièrement exploré par l'électromyographie.

Pathologie du système nerveux

On distingue les lésions du système nerveux central et celles du système nerveux périphérique.

■ Les lésions du système nerveux central relèvent de différentes causes :
– la compression du cerveau ou de la moelle épinière par un hématome (dû à un traumatisme crânien), un abcès, une tumeur bénigne ou maligne, un œdème cérébral ;
– la destruction du cerveau ou de la moelle épinière par un traumatisme (section de la moelle par fracture vertébrale), une infection (méningite, encéphalite), une intoxication ou une insuffisance de vascularisation (artérite cérébrale) ;
– l'excitation anormale de certaines zones du cortex (épilepsie) ;
– la dégénérescence des neurones : sclérose en plaques, maladie de Parkinson, maladie d'Alzheimer, chorée de Huntington.

■ Les lésions du système nerveux périphérique sont soit des mononeuropathies (atteinte d'un seul nerf) dues à la section d'un nerf, à la compression d'une de ses racines (sciatique par hernie discale) ou à une infection (zona), soit des polyneuropathies (atteinte de plusieurs nerfs) d'origine virale, immunologique (polyradiculonévrite, par exemple), carentielle (déficit en vitamines) ou encore toxique (alcoolisme, par exemple). Outre les traumatismes, de nombreuses autres affections sont également responsables d'une atteinte des nerfs, comme le diabète sucré, la diphtérie, la lèpre ou le lupus érythémateux disséminé. Lorsque plusieurs nerfs sont successivement touchés, on parle de multinévrite.

Système porte

Système formé par les capillaires, veinules et veines provenant de l'appareil digestif et rejoignant la veine porte ainsi que par les ramifications de celle-ci à son autre extrémité dans le foie.

La quasi-totalité du sang veineux provenant de l'appareil digestif (estomac, intestin grêle, côlon, pancréas) et de la rate arrive dans le foie par la volumineuse veine porte. Celle-ci se ramifie en une multitude de branches aboutissant à de petits vaisseaux intra-hépatiques. Le sang ainsi transporté est épuré par le foie d'un grand nombre de substances et repart vers la veine cave inférieure par les veines sus-hépatiques.

PATHOLOGIE

Lorsque le sang ne peut pas circuler normalement (en raison d'un caillot obstruant la veine porte, par exemple), une hypertension portale peut survenir.

Système transdermique

→ voir Patch.

Systole

Phase du cycle cardiaque correspondant à la contraction des oreillettes puis à celle des ventricules du cœur.

La systole alterne avec une phase de repos appelée diastole et se produit environ 70 fois par minute.

La systole auriculaire chasse le sang des oreillettes aux ventricules. La systole ventriculaire, contraction simultanée des 2 ventricules, expulse le sang vers la petite circulation (poumons) et la grande circulation (reste du corps).

T

T4

→ VOIR Lymphocyte, Système immunitaire, Thyroxine, Thyroïdienne (hormone).

Tabagisme

Intoxication par le tabac.

Le tabac est principalement consommé sous forme de cigarettes, mais aussi de cigares ; il est également prisé, chiqué ou fumé à la pipe. La fumée de tabac contient de la nicotine (alcaloïde toxique pour l'appareil cardiovasculaire et présumé responsable du phénomène de dépendance) et aussi d'autres substances dangereuses pour la santé, notamment celles qui résultent de la combustion du tabac, du papier et des additifs incorporés à la cigarette. Les plus dangereuses sont les goudrons cancérigènes et l'oxyde de carbone.

Le tabagisme est à l'origine d'affections très graves, en particulier de cancers, de maladies cardiovasculaires et de maladies respiratoires chroniques. On estime qu'il est la cause de 2 millions de morts par an dans les pays industrialisés, dont environ la moitié avant 65 ans. Autrefois essentiellement masculine, la consommation de tabac tend à gagner la population féminine et à toucher des sujets de plus en plus jeunes.

PATHOLOGIE

■ **Les affections respiratoires** touchant les fumeurs sont principalement représentées par la bronchite chronique. Celle-ci peut évoluer vers l'emphysème et l'insuffisance respiratoire chronique.

■ **Les cancers du fumeur** sont représentés avant tout par le cancer du poumon, dont l'apparition suit l'évolution de la consommation de tabac avec un décalage d'une vingtaine d'années. Le risque de cancer du poumon croît avec l'intensité du tabagisme, la durée en années du tabagisme étant cependant plus déterminante encore que la quantité fumée par jour dans l'apparition de cette maladie : plus le début d'un tabagisme a été précoce, plus le risque d'apparition du cancer du poumon est grand. La notion répandue de « petit fumeur ne courant aucun risque » est donc erronée : il n'existe pas de seuil au-dessous duquel le risque d'être atteint par un cancer du poumon serait nul. Les cancers de la bouche (fumeurs de pipe,

---

Femmes et tabagisme

L'organisation mondiale de la santé (O.M.S.) estime que, dans les pays industrialisés, une proportion croissante des 2 millions de morts annuelles liées à l'usage du tabac atteint les femmes en raison « des conséquences spécifiques du tabagisme sur la santé de la femme et de ses enfants ». On estime en effet que le risque de mortalité cardiovasculaire est multiplié par 10 chez les femmes qui fument et utilisent la pilule contraceptive.

Lorsque la femme est enceinte, le tabagisme accroît en outre le risque d'avortement spontané et de retard de croissance de l'enfant. Enfin, à la ménopause, les fumeuses sont exposées à un risque accru d'ostéoporose (raréfaction du tissu osseux).

**NOMBRE DE DÉCÈS ATTRIBUÉS À LA CONSOMMATION DE TABAC
PAR RAPPORT À LA TOTALITÉ DES DÉCÈS (EN POURCENTAGE)**

Pays	Hommes			Femmes		
	1985	1990	1995 (projection)	1985	1990	1995 (projection)
Allemagne	23	22	23	2	3	5
Belgique	33	31	28	3	2	2
Canada	25	27	28	11	14	17
Espagne	20	23	25	< 1	< 1	< 1
États-Unis	25	26	26	13	17	21
France	20	21	22	< 1	1	1
Grande-Bretagne	32	28	15	13	26	17
Italie	26	26	28	3	4	4
Japon	14	15	17	5	5	5
Luxembourg	29	27	28	< 1	< 1	< 1
Suisse	23	21	20	2	4	6

Source : Organisation mondiale de la santé (O.M.S.)

chiqueurs), du rhinopharynx, du larynx et de l'œsophage sont également, dans de très nombreux cas, provoqués par la consommation de tabac. Enfin, une association entre certains cancers (cancer du col de l'utérus, cancer de la vessie) et le tabagisme a été démontrée.

■ **Les maladies cardiovasculaires** sont dues à la nicotine et à l'oxyde de carbone, qui perturbent l'oxygénation des tissus, entraînant une élévation du risque de maladies coronariennes (angor, infarctus du myocarde), d'athérosclérose de l'aorte (anévrysme) et d'artérite des membres inférieurs. Le risque cardiaque augmente si le tabagisme s'associe à d'autres facteurs de risque vasculaire tels que les contraceptifs oraux (pilule). Le risque d'artérite est plus élevé chez les diabétiques. Lorsque la sclérose vasculaire engendrée par le tabagisme touche le cerveau, elle peut entraîner un accident vasculaire cérébral.

■ **Les autres affections** liées à la consommation de tabac sont principalement l'ulcère duodénal, l'ulcère gastrique, la maladie de Crohn, l'ostéoporose et les hernies (liées à la toux du fumeur). Il est par ailleurs à noter que le poids corporel des fumeurs est inférieur à celui des non-fumeurs.

SEVRAGE DU TABAC

L'arrêt de la consommation de tabac diminue les risques d'apparition des maladies liées au tabagisme : il est donc toujours temps pour un fumeur non malade de s'arrêter. Sans motivation forte, il est illusoire d'espérer un arrêt durable. Différentes méthodes peuvent aider le fumeur au cours du sevrage. Certaines, qui font appel à des substituts du tabac (gomme et timbre transdermique à la nicotine) délivrés uniquement sur prescription médicale, permettent aux grands fumeurs d'arrêter de fumer sans ressentir les troubles que peut occasionner le manque. Toutefois, cet apport nicotinique ne doit pas être présenté comme un remède miracle et doit s'accompagner d'un soutien par le médecin, faute duquel les chances d'un arrêt durable sont nulles. Une personne désireuse de se désaccoutumer du tabac peut également faire appel à l'acupuncture, à l'auriculothérapie ou à la psychothérapie de groupe, bien que ces méthodes n'aient pas fait l'objet d'une évaluation rigoureuse. On a également proposé des traitements anti-dépresseurs.

Une prise de poids peut accompagner le sevrage. Elle est due, d'une part, à un phénomène de compensation, d'autre part à l'interruption de l'apport de nicotine (celle-ci diminuant l'épaisseur et les sécrétions de la muqueuse gastrique, l'appétit de l'ancien fumeur a tendance à augmenter).

PRÉVENTION
Compte tenu de la difficulté d'arrêter de fumer, il est essentiel de réduire l'initiation au tabagisme, qui se produit habituellement vers l'âge de 10-12 ans.

TABAGISME PASSIF
Il concerne les personnes non fumeuses vivant ou travaillant dans l'entourage d'un ou de plusieurs fumeurs. Ainsi, les enfants soumis au tabagisme des parents peuvent être victimes d'affections respiratoires (rhinopharyngites, bronchites, asthme) ainsi que de conjonctivites ou d'otites. Chez l'adulte, le tabagisme passif se traduit par un risque accru de cancer du poumon et d'affections cardiovasculaires.

Tabès

Manifestation neurologique tardive de la syphilis.

Tache café au lait

Tache cutanée de couleur chamois clair, arrondie et plane.

Les taches café au lait sont dues à une hypermélanose (excès de mélanine, le pigment de la peau) d'origine génétique. Parfaitement bien délimitées, non prurigineuses, elles prédominent sur le thorax et la région lombaire. Souvent, surtout si elles sont petites et nombreuses, elles ne sont pas pathologiques. Cependant, elles constituent parfois l'un des symptômes d'une affection héréditaire : maladie de Recklinghausen, sclérose tubéreuse de Bourneville.

Tache mongolique

Tache pigmentée, de couleur non homogène, mais à dominante bleu ardoise, située en général dans le bas du dos.

La tache mongolique, particulièrement fréquente chez les nourrissons ou les jeunes enfants asiatiques et noirs, est due à une hypermélanose (excès de mélanine, le pigment de la peau). Elle disparaît souvent spontanément pendant l'enfance.

Tache de rousseur
→ VOIR Éphélide.

Tache rubis

Nodule bénin formé d'un amas de minuscules vaisseaux sanguins cutanés. SYN. *angiome cerise, angiome nodulaire.*

Les taches rubis touchent l'adulte à partir de la quarantaine. Ce sont de petites saillies hémisphériques de 1 à 5 millimètres de diamètre, de couleur rouge ou violine, très bien délimitées et comme posées sur la peau. Elles siègent surtout sur le tronc et à la racine des membres. Parfois associées à une insuffisance hépatique ou, chez la femme, à un excès d'hormones œstrogènes (grossesse, prise de pilule contraceptive), ces taches n'ont le plus souvent aucune signification pathologique.

TRAITEMENT
Bien qu'une tache rubis ne nécessite aucun traitement, on peut, pour des raisons esthétiques, la détruire par électrocoagulation ou au laser au gaz carbonique ; il reste alors parfois une petite marque.

Tache de vin
→ VOIR Angiome.

Tachycardie

Accélération de la fréquence des battements du cœur au-delà de 90 pulsations par minute.

Le rythme cardiaque normal varie chez la plupart des sujets de 60 à 90 pulsations par minute, avec une moyenne de 70 à 80.

CAUSES
■ **Une accélération de l'activité électrique du nœud sinusal**, stimulateur physiologique du cœur, entraîne une tachycardie sinusale. Elle peut être soit naturelle, comme au cours d'un exercice musculaire, soit pathologique ; c'est le cas lorsqu'elle accompagne une fièvre, une anémie, ou la plupart des

maladies cardiaques ou pulmonaires dans leur phase d'aggravation. Certains médicaments peuvent également induire une tachycardie sinusale.

■ Un trouble du rythme peut être à l'origine d'une tachycardie, aux caractéristiques différentes suivant l'endroit du cœur où elle prend naissance :
– les tachycardies atriales débutent dans les oreillettes, ces dernières pouvant battre à une fréquence de 200 à 600 pulsations par minute ; ces impulsions électriques ne sont heureusement pas toutes transmises aux ventricules, car le nœud auriculoventriculaire joue un rôle de filtre préservant ceux-ci ; aussi les tachycardies atriales sont-elles souvent bénignes ;
– les tachycardies jonctionnelles, généralement dues à un court-circuit au niveau du nœud auriculoventriculaire ou par l'intermédiaire d'un faisceau de conduction anormal, peuvent atteindre un rythme de 200 pulsations par minute ; il s'agit le plus souvent de formes bénignes évoluant par crises paroxystiques (maladie de Bouveret) ;
– les tachycardies ventriculaires peuvent atteindre 300 pulsations par minute ; elles sont souvent graves et mal tolérées, car le ventricule ne peut plus remplir ses fonctions d'éjection sanguine ; elles dégénèrent parfois en fibrillation ventriculaire, qui s'accompagne d'un arrêt cardiorespiratoire et d'un état de mort apparente.

ÉVOLUTION

Une tachycardie peut évoluer de façon totalement silencieuse, sans symptômes, ou se traduire par des palpitations, des malaises et des syncopes.

TRAITEMENT

Il dépend de l'origine et du type de trouble du rythme responsable de la tachycardie. S'il existe une cause favorisante (café, tabac, par exemple), il faut la supprimer ; par ailleurs, les traitements médicamenteux antiarythmiques sont parfois appropriés. Les techniques ablatives (surtout par utilisation de courant de radiofréquence) consistent à détruire par voie endocavitaire (montée d'une sonde jusqu'au cœur) la zone du myocarde respon-

sable (par exemple, foyer d'hyperexcitabilité ventriculaire, responsable d'une tachycardie ventriculaire rebelle).

Tachyphylaxie

Phénomène de tolérance rapide de l'organisme vis-à-vis d'un médicament dont l'efficacité décroît au fur et à mesure des prises, obligeant à en augmenter les doses.

Tachypnée

Accélération anormale de la fréquence respiratoire.

La tachypnée est de loin, surtout chez l'enfant, la forme la plus fréquente de dyspnée (gêne respiratoire). Elle est le plus souvent due à une cause pulmonaire : bronchopneumopathie aiguë infectieuse (bronchopneumonie du langage courant), inhalation ou ingestion de substances toxiques, fausse-route alimentaire, etc. Cependant, elle peut aussi être due à une insuffisance cardiaque, à un trouble des centres nerveux commandant la respiration (coma), à une lésion de la paroi thoracique (fractures multiples de côtes), à une crise de tétanie ou à une simple angoisse.

Tacrine

Médicament myorelaxant (décontractant musculaire).

La tacrine est utilisée comme myorelaxant pour prolonger l'action des curarisants, autres substances myorelaxantes, ou comme stimulant respiratoire. Elle est employée dans le traitement des troubles de la mémoire chez les malades souffrant de la maladie d'Alzheimer et a permis pour la première fois d'obtenir un certain degré d'amélioration. Ce médicament peut entraîner des effets indésirables : nausées, vomissements, diarrhées, crampes abdominales, sécrétion excessive de salive. Il semble en outre que la prise de doses très importantes de tacrine soit toxique pour les cellules du foie ; aussi un suivi régulier du taux sanguin de transaminases (enzymes hépatiques) est-il indispensable chez les personnes prenant ce médicament.

Tænia, ou Ténia

Ver de la classe des cestodes, parasite de l'intestin grêle.

→ VOIR Téniase.

Taie

Opacité plus ou moins étendue de la cornée, souvent cicatricielle.

CAUSES

Une taie peut être consécutive à un traumatisme de la cornée (plaie ou brûlure) ou à une kératite infectieuse (herpès, abcès de la cornée).

SYMPTÔMES

Une taie se manifeste sous la forme d'une tache généralement blanche. Cette tache entraîne une baisse d'acuité visuelle si elle est située au centre de la cornée, dans l'axe visuel. La taie, qui est en principe stable, s'étend dans de rares cas par poussées inflammatoires.

TRAITEMENT

Le traitement, chirurgical, consiste en une kératoplastie (greffe de la cornée).

Talalgie

Douleur du talon.

Une talalgie peut être due à une atteinte du calcanéum (os du talon), du tendon d'Achille ou de l'aponévrose plantaire (structure fibreuse renforçant les muscles de la plante du pied).

Talc

Substance poudreuse obtenue par pulvérisation de silicate de magnésium naturel.

UTILISATION THÉRAPEUTIQUE

Le talc est une poudre blanche et légère, utilisée pour les soins de la peau (assèchement des petites lésions du siège chez le nourrisson, protection et soulagement de certaines éruptions cutanées, en particulier varicelle et zona).

PATHOLOGIE

La talcose est une pneumoconiose (maladie des poumons par inhalation prolongée de poussière) due à l'inhalation de talc. Elle s'observe chez les employés de certaines industries (talc, papier, peinture, caoutchouc, cosmétiques).

Talon

Partie postérieure du pied.

Le squelette du talon est constitué par le calcanéum. Il forme le point d'appui postérieur du pied.

PATHOLOGIE

Les atteintes du talon peuvent être le fait d'une atteinte soit du calcanéum (calcanéite, ostéochondrite du calcanéum chez l'adolescent, fracture, etc.), soit du tendon d'Achille, qui s'insère sur le calcanéum, ou encore être la conséquence d'une fonte de la sole plantaire, par exemple en cas d'immobilisation prolongée. Dans tous les cas, un excès de poids ou un trouble statique du pied (mauvaise orientation de l'axe du calcanéum, notamment) peuvent aggraver les symptômes.

Tamponnade

Ensemble des troubles provoqués par la présence de liquide sous pression à l'intérieur du péricarde (enveloppe séreuse du muscle cardiaque).

Le liquide contenu dans le péricarde est le plus souvent formé de sang répandu au décours d'une intervention de chirurgie cardiaque.

L'échocardiographie confirme le diagnostic. Le traitement consiste en une ponction immédiate du péricarde. En fonction de la gravité de l'atteinte, on est amené, le plus souvent, à compléter ce geste par un drainage chirurgical.

Tamponnement

Technique thérapeutique permettant d'arrêter une hémorragie par compression de la région qui saigne.

Un tamponnement est réalisé par tassement de compresses, de mèches (pièces de tissu très allongées) ou de champs (pièces larges).

Tarse

Squelette de la partie postérieure du pied.

Le tarse se compose de 2 parties.

■ **Le tarse antérieur** forme le squelette d'une partie du dos du pied ; il comprend 5 os courts juxtaposés : le cuboïde, le scaphoïde et les 3 os cunéiformes. Il participe à la constitution de la voûte plantaire.

■ **Le tarse postérieur** comprend 2 os superposés : le calcanéum (os du talon) et, au-dessus, l'astragale.

PATHOLOGIE

■ **Les fractures de l'astragale et du calcanéum** surviennent au cours de traumatismes violents ou de chutes importantes. Leur traitement, parfois chirurgical, est souvent difficile, car il faut reconstituer des surfaces articulaires correctes. La nécrose de l'os fracturé (en particulier de l'astragale) ou la survenue d'une arthrose post-traumatique en constituent les principales complications.

■ **Les fractures des cunéiformes,** plus bénignes, sont traitées comme les fractures des métatarsiens par une immobilisation plâtrée de 6 à 8 semaines.

■ **Les fractures du scaphoïde tarsien** peuvent se compliquer d'une luxation rendant nécessaire une intervention chirurgicale.

Tarsorraphie

Opération chirurgicale consistant à suturer temporairement l'un à l'autre les bords des paupières supérieure et inférieure. SYN. *blépharorraphie.*

Tartre

Dépôt dur, calcifié ou en voie de calcification, se déposant sur les collets des dents et sous la gencive.

Le tartre se forme à partir de la plaque dentaire. Les surfaces dentaires les plus exposées au tartre sont celles qui se trouvent en regard des canaux excréteurs des glandes salivaires, c'est-à-dire les faces internes des incisives du bas et les faces externes des molaires du haut.

TRAITEMENT

Le détartrage des dents est indispensable, car le tartre, de même que la plaque dentaire, favorise la survenue de caries et de gingivites ; il doit être pratiqué une fois par an. La pratique d'un brossage correct, complété par l'utilisation d'un fil dentaire, permet d'éliminer la plaque dentaire, au fur et à mesure qu'elle se forme.

Tatouage

Dessin indélébile pratiqué sur la peau.

Un tatouage est le plus souvent réalisé pour des raisons de goût personnel, mais il peut aussi s'agir d'une réparation esthétique pratiquée par un médecin spécialiste, consistant, par exemple, à redessiner l'aréole d'un sein après une intervention chirurgicale.

TECHNIQUE

Différents pigments peuvent être introduits dans le derme, soit par piqûres, à l'aide d'aiguilles manipulées à la main ou montées sur un appareil électrique, soit par dépôts dans des incisions cutanées, qui cicatrisent en emprisonnant le pigment ; on peut également faire passer un fil coloré dans un tunnel creusé dans l'épiderme.

RISQUE

Le risque principal du tatouage est la contamination par des agents infectieux tels que le virus du sida ou celui de l'hépatite virale, transportés par les instruments d'une personne contaminée à une personne indemne. La probabilité de ces incidents est élevée pour les tatoueurs non professionnels qui ne respectent pas les règles d'asepsie, de stérilisation et d'utilisation de matériel jetable (à usage unique). En outre, les tatouages réalisés par les amateurs sont en général plus profonds, plus irréguliers et plus difficiles à effacer que ceux qui sont réalisés par des professionnels.

Les techniques de destruction sont nombreuses, mais aucune n'est véritablement satisfaisante, car toutes sont longues (plusieurs mois) et exposent à un risque de cicatrice, en particulier hypertrophique (par formation d'un bourrelet fibreux).

Tay-Sachs (maladie de)

Maladie du système nerveux central, de nature génétique, due à une accumulation de graisses dans le cerveau.

C'est une maladie très rare, touchant surtout les populations d'Europe du Centre et du Nord.

Elle commence dès la première année de la vie par un arrêt puis une régression des acquisitions psychiques, intellectuelles et motrices.

Tégument

Tissu ou ensemble de tissus recouvrant et enveloppant un organisme vivant. SYN. *appareil tégumentaire.*

Chez l'homme, le tégument est formé par la peau et ses annexes, les phanères (poils, cheveux, ongles) et les glandes (glandes sébacées, glandes sudoripares).

Teigne

Infection du cuir chevelu par un champignon microscopique du groupe des dermatophytes.

Les teignes sont contagieuses et transmissibles soit de l'animal à l'homme, soit d'un malade à une personne saine (par un peigne contaminé, par exemple).

DIFFÉRENTS TYPES DE TEIGNE

■ Le kérion est causé par un dermatophyte du genre *Trichophyton.* Il se traduit par un macaron surélevé parsemé de petits « puits » d'où sortent du pus et des cheveux abîmés.

■ La teigne favique, ou favus, a également pour origine un dermatophyte du genre *Trichophyton.* On observe de petites plaques de pus recouvertes d'une croûte, au centre desquelles se trouve un cheveu.

■ Les teignes tondantes sont soit de type microsporique, soit de type tricophytique. Les formes microsporiques, provoquées par un dermatophyte du genre *Microsporon,* se manifestent par de grandes plaques sans cheveux, peu nombreuses. Les formes trichophytiques, dues à un *Trichophyton,* comportent des plaques plus petites (moins de 2 centimètres de diamètre), plus nombreuses et recouvertes de cheveux très courts, cassés.

TRAITEMENT

Le traitement comprend le rasage des zones atteintes et la prescription, pendant 1 ou 2 mois, d'antifongiques (griséofulvine, imidazolés) par voie orale.

Teinture

Préparation médicamenteuse obtenue par dissolution des principes actifs d'une ou de plusieurs substances, d'origine végétale ou minérale, dans un liquide tel que l'eau, l'alcool ou l'éther.

Télangiectasie

Dilatation permanente d'un petit vaisseau (artériole, capillaire sanguin, veinule) situé dans le derme.

Les télangiectasies forment de fines lignes rouges ou violettes, de quelques millimètres à quelques centimètres de long, rectilignes ou sinueuses ; elles dessinent souvent des réseaux, parfois de minuscules étoiles (angiomes stellaires).

DIFFÉRENTS TYPES DE TÉLANGIECTASIE

On distingue des formes acquises et des formes congénitales.

■ Les télangiectasies acquises sont de loin les plus fréquentes. Certaines ont une cause locale : traumatisme, application trop prolongée de corticostéroïdes, radiothérapie. D'autres sont consécutives à une maladie, qui peut être générale (sarcoïdose, sclérodermie, lupus érythémateux) ou non (couperose, angiome stellaire, insuffisance veineuse chronique des membres inférieurs). D'autres enfin sont totalement isolées, sans cause connue.

■ Les télangiectasies congénitales constituent un symptôme d'une affection héréditaire complexe : syndrome de Rendu-Osler, ataxie-télangiectasie, etc.

TRAITEMENT

Il ne se justifie qu'en cas de gêne esthétique et repose sur la destruction locale, par électrocoagulation ou par le laser argon, des télangiectasies.

Télémonitorage fœtal

Système d'enregistrement à distance des bruits cardiaques du fœtus. SYN. *monitorage à distance du cœur fœtal, télésurveillance de la grossesse.*

Le télémonitorage fœtal est indiqué au cours des grossesses à risques qui ne nécessitent pas une hospitalisation de la femme (retard de croissance intra-utérin modéré, hypertension artérielle modérée, menace d'accouchement prématuré, grossesse multiple à partir de 28 semaines d'aménorrhée). La patiente pose sur son abdomen un capteur relié à une mallette contenant un appareil qui enregistre les bruits du cœur du fœtus. Elle place ensuite un récepteur téléphonique sur la mallette, qui transmet directement par voie électronique les informations à l'imprimante du central du service d'obstétrique ou d'hospitalisation à domicile assurant le suivi de la grossesse. Le télémonitorage dure une demi-heure par jour. En cas d'anomalie ou de trouble du rythme, la femme est hospitalisée pour contrôle.

Téléradiographie

Examen radiographique obtenu par éloignement de la source de rayonnement (tube à rayons X) et de l'organe examiné (tête, par exemple).

INDICATIONS

La téléradiographie est fréquemment utilisée en neurochirurgie stéréotaxique (repérage géométrique intracérébral en 3 dimensions), à l'hôpital, et en orthodontie (correction de la disposition des dents), en cabinet médical. La technique procure une égalisation des contrastes et/ou une absence de déformation de l'image obtenue. Cela permet une mesure directe, en grandeur réelle, des structures observées. Ainsi, une téléradiographie de la tête donne une image du crâne et du massif faciodentaire adaptée aux mesures de distance et d'angulation (céphalométrie) nécessaires à la mise en place puis à la surveillance du traitement orthodontique.

Température

Degré de chaleur du corps.

La température corporelle est maintenue constante (homéothermie) par une régulation physiologique. La température du corps humain a une valeur moyenne de 37 °C. Elle varie normalement de 36,5 °C (vers 3 heures du matin) à 37,2 °C (vers 6 heures du soir). De plus, chez la femme, la température varie normalement au cours du cycle menstruel : une phase de température minimale s'observe des règles à l'ovulation, une phase de température maximale suit l'ovulation.

PATHOLOGIE

La température du corps peut être affectée ou déréglée par les infections, les affections thyroïdiennes, certaines tumeurs, ou par une trop longue exposition au froid ou à une chaleur excessive.

COURBE DE TEMPÉRATURE

La variation de la température, relevée quotidiennement à heure fixe et matérialisée sous la forme d'une courbe thermique, ou courbe de température, permet de surveiller l'évolution de certaines maladies infectieuses. En gynécologie, la courbe de température peut aider à repérer la période de l'ovulation, donc à connaître la période de fécondité d'une femme.

Temporal (os)

Os latéral du crâne, comprenant essentiellement l'écaille et le rocher.

Temporale (artère)

Vaisseau qui irrigue certains éléments de la face.

Les artères temporales sont au nombre de quatre, deux superficielles, deux profondes.

Temps de céphaline

Temps de coagulation du plasma sanguin en présence d'un substitut lipidique des plaquettes, la céphaline (extrait chloroformé de tissu cérébral), et d'un activateur (kaolin, en particulier). SYN. *temps de céphaline activé (T.C.A.), temps de céphaline kaolin (T.C.K.).*

INDICATIONS

La mesure du temps de céphaline, pratiquée en laboratoire sur un prélèvement sanguin du malade, permet d'évaluer globalement l'activité des facteurs de la coagulation de la voie intrinsèque (coagulation déclenchée par le seul contact du sang avec une surface, celle des fibres collagènes des parois des vaisseaux ou d'un tube à essai). Cet examen sert à dépister les déficits des facteurs de cette voie, dont les facteurs VIII et IX (responsables des hémophilies A et B) et à surveiller les traitements anticoagulants par l'héparine.

RÉSULTATS

Les résultats de l'examen sont exprimés en secondes et comparés à un témoin (plasma normal). Un temps allongé signifie une coagulation altérée, d'origine pathologique ou thérapeutique.

Temps de prothrombine

Temps de coagulation du plasma sanguin en présence d'un extrait de tissu d'origine humaine, animale ou synthétique, la thromboplastine. SYN. *temps de Quick.*

INDICATIONS

La mesure du temps de prothrombine (T.P.), pratiquée en laboratoire sur un prélèvement sanguin du malade, permet d'évaluer globalement l'activité des facteurs de la coagulation de la voie extrinsèque (coagulation déclenchée par le contact avec la thromboplastine normalement libérée par les cellules). Ce test sert à rechercher une tendance hémorragique congénitale ou acquise, causée par un déficit en facteurs II, V, VII ou X, une atteinte hépatique ou une avitaminose K, et à surveiller les traitements anticoagulants par les antivitamines K.

RÉSULTATS

Les résultats sont exprimés en secondes, en pourcentage du temps obtenu par rapport à un témoin ou, mieux, en indice INR (*International Normalized Ratio* ou rapport international normalisé), qui tient compte de la sensibilité des réactifs. Un temps de prothrombine allongé indique une coagulation altérée, d'origine pathologique ou thérapeutique.

Temps de saignement

Durée nécessaire pour qu'une incision de dimension standardisée, pratiquée à des fins d'examen, cesse de saigner.

INDICATIONS

La mesure du temps de saignement (T.S.), méthode sensible d'évaluation de l'hémostase primaire (agrégation des plaquettes entre elles, aboutissant à la formation d'un caillot dit « clou plaquettaire »), permet la recherche d'une tendance hémorragique et la surveillance de traitements antiagrégants plaquettaires.

TECHNIQUE

La méthode d'Ivy, qui est la plus employée, consiste à pratiquer sur l'avant-bras une incision de 1 millimètre de profondeur sur

1 centimètre de longueur, sous une pression de 40 millimètres de mercure maintenue par un tensiomètre (brassard servant à mesurer la pression artérielle).

RÉSULTATS

Le temps de saignement est normalement inférieur à 10 minutes. Ce temps est plus élevé en cas de thrombopénie (diminution du nombre des plaquettes dans le sang), de thrombopathie (anomalie de fonctionnement des plaquettes), congénitale ou acquise, et de maladie de Willebrand.

Temps de thrombine

Temps de coagulation du plasma sanguin en présence de thrombine.

INDICATIONS

La mesure du temps de thrombine permet d'évaluer globalement la fibrinoformation, étape de la coagulation au cours de laquelle, sous l'action d'une enzyme, la thrombine, l'un des constituants du sang, le fibrinogène, se transforme en fibrine, substance protéique dont les filaments renforcent le clou plaquettaire. Cet examen court-circuite toutes les étapes précédentes de la coagulation, mesurées par le temps de prothrombine et le temps de céphaline. Il sert à diagnostiquer les dysfibrinogénémies (affections altérant la qualité du fibrinogène), ou à établir la présence de produits de dégradation du fibrinogène, confirmant ainsi une fibrinolyse.

RÉSULTATS

Le temps de thrombine est évalué en secondes et comparé à un témoin (plasma normal). Un temps de thrombine allongé indique un trouble de la coagulation ou la présence d'héparine (médicament anticoagulant présent dans les embolies et les phlébites).

Tendinite

Inflammation d'un tendon.

Un tendon, tissu fibreux unissant un muscle à un os, peut s'enflammer soit à la jonction musculotendineuse, soit à son point d'insertion sur l'os (enthésopathie), soit dans sa partie médiane.

CAUSES

Les tendinites ont des causes multiples, souvent associées. Elles peuvent être dues à des microtraumatismes répétés, professionnels ou sportifs notamment (épicondylite chez les joueurs de tennis, tendinite des adducteurs chez les danseurs, etc.), ou être d'origine dégénérative, le vieillissement des tissus entraînant une usure, voire une rupture, des fibres de collagène qui constituent le tendon (périarthrite scapulohumérale, par exemple). Enfin, une tendinite peut être liée à une maladie articulaire inflammatoire, par exemple à une spondylarthrite ankylosante (notamment au niveau de l'insertion du tendon d'Achille) ou à une polyarthrite rhumatoïde.

SYMPTÔMES ET ÉVOLUTION

La douleur est le symptôme dominant : souvent présente au repos, elle s'accentue à la palpation et lorsque l'on sollicite les articulations adjacentes au tendon enflammé. Le principal risque des tendinites non traitées est la rupture tendineuse.

TRAITEMENT

Il est fondé sur le repos, la prise d'anti-inflammatoires sous forme de pommades ou de gels, par voie orale, voire par infiltrations, et sur la physiothérapie (ionisations, ultrasons). En cas de tendinite chronique ou de rupture tendineuse, on a parfois recours à la chirurgie.

Tendon

Tissu fibreux par l'intermédiaire duquel un muscle s'attache à un os.

Les tendons sont formés de fibres de collagène, nourries par de fins vaisseaux sanguins. Certains (ceux des mains, des poignets, des pieds) possèdent de plus une enveloppe, la gaine synoviale, de même nature que la membrane synoviale qui tapisse la capsule des articulations mobiles. Elle sécrète un liquide lubrifiant qui permet un meilleur glissement dans ces régions anatomiques soumises à des frottements importants.

Flexible mais peu élastique (c'est le muscle qui joue ce rôle), le tendon est très résistant.

PATHOLOGIE

■ **Les ruptures tendineuses** peuvent survenir à la suite d'une tendinite chronique, du fait de la fragilisation du tendon, ou sur un tendon préalablement sain, par exemple en cas d'effort violent sans échauffement ou de plaie cutanée profonde.

■ **Les tendinites** sont des inflammations d'un tendon, d'origine traumatique ou rhumatismale.

■ **Les ténosynovites** sont des inflammations de la gaine synoviale, membrane séreuse entourant certains tendons.

Ténesme

Douleur anale, accompagnée d'une contracture du sphincter anal, qui précède ou suit une évacuation rectale, le plus souvent composée de glaires, de sang ou de pus.

Un ténesme s'observe lors du syndrome dysentérique (atteinte du rectum d'origine inflammatoire, parasitaire, infectieuse ou tumorale).

Téniase, ou Tæniase

Maladie parasitaire due à l'infestation par des vers adultes, les ténias. SYN. *tæniasis, téniasis.*

Les ténias, dont certains types sont couramment appelés vers solitaires, sont des vers plats (cestodes) de taille variable, de quelques millimètres à plusieurs mètres de long.

DIFFÉRENTS TYPES DE TÉNIASES

On en distingue quatre, selon l'espèce de ténia en cause.

■ *Tænia saginata,* très fréquent en France, est transmis par l'ingestion de viande de bœuf.

■ *Tænia solium* est transmis par l'ingestion de viande de porc.

■ *Diphyllobothrium latum,* agent de la bothriocéphalose, est transmis par l'ingestion de poissons d'eau douce.

■ *Hymenolepis nana,* responsable de l'hyménolépiose, parasitose fréquente chez les enfants, est un petit ténia transmis par l'ingestion d'insectes (puces, vers de farine) ou, surtout, des œufs du ver dans les pays tropicaux.

CONTAMINATION

Les ténias – sauf *Hymenolepis nana* – se transmettent à l'homme par des aliments contenant les larves et insuffisamment cuits.

SYMPTÔMES ET SIGNES

Une téniase se manifeste par une fatigue, un manque d'appétit ou, moins fréquemment, par un gros appétit, des maux de ventre, parfois par une diarrhée, des démangeaisons. Une personne infestée par le ténia du bœuf élimine spontanément par l'anus des fragments de ver ayant l'aspect de nouilles plates, rosées ou blanchâtres, mobiles.

TRAITEMENT ET PRÉVENTION

L'administration orale d'un médicament antiparasitaire actif contre le ténia est efficace en une ou deux prises. La prévention repose sur une cuisson suffisante de la viande et du poisson.

Tennis elbow

→ VOIR Épicondylite.

Ténodèse

Intervention chirurgicale consistant à transformer un tendon en une sorte de ligament.

Ténolyse

Libération chirurgicale d'un tendon dont la mobilité est entravée par des adhérences.

Ténorraphie

Suture chirurgicale d'un tendon sectionné.

Ténosynovite

Inflammation de la gaine synoviale (membrane séreuse qui entoure certains tendons et facilite leur glissement).

Les principaux tendons munis d'une gaine synoviale sont ceux des muscles extenseurs et fléchisseurs des doigts et des orteils.

CAUSES

Les ténosynovites peuvent être dues au surmenage d'une articulation, à un rhumatisme inflammatoire (polyarthrite rhumatoïde, notamment), à une infection bactérienne (staphylococcie, tuberculose) ou à une maladie inflammatoire locale.

SYMPTÔMES ET SIGNES

Les symptômes sont les mêmes que ceux d'une tendinite : gonflement, douleur accentuée à la palpation et lorsque le tendon est mobilisé.

TRAITEMENT

Lorsque la ténosynovite est infectieuse, un nettoyage chirurgical (lavage de la gaine synoviale avec du sérum physiologique si le liquide est seulement inflammatoire, ablation de la gaine s'il y a du pus), associé à une antibiothérapie adaptée, est nécessaire ; le principal risque de ces ténosynovites est la rupture du tendon. Dans les autres cas, le traitement est fondé sur le simple repos de la zone douloureuse et sur la prise d'anti-inflammatoires.

Tensiomètre

Instrument de mesure de la pression artérielle. SYN. *sphygmomanomètre.*

Le tensiomètre permet une évaluation de cette pression en millimètres de mercure. Il donne deux chiffres correspondant aux pressions systolique (valeur maximale) et diastolique (valeur minimale).

DESCRIPTION

Un tensiomètre se compose d'un brassard gonflable, placé autour du bras du patient, d'une poire en caoutchouc, utilisée pour insuffler de l'air dans le brassard, et d'un système de mesure qui peut être, selon le cas, une colonne de verre remplie de mercure, une jauge à ressort ou, plus récemment, un écran à affichage digital.

Tension artérielle

→ VOIR Pression artérielle.

Tension oculaire

Pression qui règne à l'intérieur du globe oculaire. SYN. *pression intra-oculaire (P.I.O.).*

La tension oculaire est mesurée essentiellement à l'aide d'un appareil appelé tonomètre à aplanation, appuyé sur l'œil. Elle est évaluée en millimètres de mercure. Sa valeur normale varie entre 10 et 20 millimètres de mercure.

PATHOLOGIE

■ **L'élévation de la tension oculaire,** caractéristique du glaucome, peut être due à des modifications de l'angle iridocornéen, qui empêchent l'humeur aqueuse d'être évacuée.

■ **La diminution de la tension oculaire,** ou **hypotonie,** est essentiellement le symptôme d'une uvéite. Cette diminution de la tension oculaire se manifeste par des douleurs. Son traitement est celui de sa cause.

Tente à oxygène

Enceinte qui permet l'oxygénothérapie d'un malade.

Une tente à oxygène est faite d'une toile ou d'un tissu synthétique, souple, léger, transparent, ininflammable, supporté par un cadre métallique. D'une capacité de 200 litres, elle recouvre le thorax et la tête du malade, qui peut bouger librement.

Après avoir suivi un apprentissage, un patient ou un membre de sa famille peut se servir d'une tente à oxygène à domicile.

Tératogenèse

Formation et développement in utero d'anomalies aboutissant à des malformations.
SYN. *tératogénie*.

Un médicament tératogène est un médicament qui entraîne une perturbation du développement embryonnaire ou fœtal lorsqu'il est administré à une femme enceinte.

Tératologie

Science qui traite des anomalies et des malformations liées à une perturbation du développement embryonnaire ou fœtal.

Tératome

→ VOIR Dysembryome.

Terminal

Qui arrive à sa fin.

Le stade terminal d'une maladie est son ultime phase, avec évolution vers la mort sans que l'on puisse empêcher celle-ci.

Terrain

Ensemble des facteurs génétiques, physiologiques, tissulaires ou humoraux qui, chez un individu, favorisent la survenue d'une maladie en conditionnent le pronostic.

On parle, par exemple, de terrain allergique chez un patient lorsque celui-ci possède des antécédents personnels ou familiaux d'asthme, d'eczéma ou d'allergie.

Terreur nocturne

Trouble du sommeil de l'enfant se manifestant par un cri ou par des pleurs perçants, accompagnés de signes d'angoisse majeure.

FRÉQUENCE

Ce trouble touche environ 3 % des enfants. Plus fréquent chez le garçon que chez la fille, il survient de préférence entre 4 et 12 ans.

CAUSES

La terreur nocturne traduit une activité anormale du système nerveux central. Son mécanisme, mal connu, fait intervenir l'immaturité des systèmes d'éveil.

On peut cependant rechercher une cause éventuelle telle qu'une maladie infectieuse, une prise médicamenteuse ou un facteur psychologique (conflits affectifs avec l'entourage, par exemple).

SIGNES

En général, 2 à 3 heures après le coucher, l'enfant se dresse brusquement sur son lit, en proie, semble-t-il, à une peur intense. Ses yeux, grands ouverts, ont un aspect « vitreux ». Son corps est parcouru de tremblements et couvert de sueur. Il marmonne quelques mots, pleure ou crie. En général, il ne reconnaît ni ses parents ni son entourage et se montre incapable de préciser la cause de son épouvante. La durée de l'épisode, variable, peut aller jusqu'à une vingtaine de minutes. L'enfant finit par se rendormir. Au réveil, il aura le plus souvent tout oublié.

La terreur nocturne s'accompagne parfois d'une forme de somnambulisme, appelée « somnambulisme terreur », qui se manifeste par une déambulation pouvant associer un réflexe de fuite ou de lutte si le sujet est contraint ou maintenu par une tierce personne. De tels comportements risquent d'être à l'origine d'accidents (chute dans un escalier, passage au travers d'une porte vitrée, etc.). En règle générale, il ne faut pas tenter de réveiller un enfant lors d'un accès de somnambulisme ou de terreur nocturne.

ÉVOLUTION ET TRAITEMENT

Comme pour le somnambulisme, l'évolution est en général favorable, les terreurs nocturnes tendant à disparaître spontanément et persistant rarement à l'adolescence.

Il n'y a pas de traitement spécifique. La conduite appropriée consiste à empêcher l'enfant de se blesser lors des accès. Le traitement médicamenteux (benzodiazépines, amineptine) est réservé aux cas graves par leur fréquence et leur intensité.

Test

1. Examen, ou épreuve standardisée et étalonnée, permettant d'évaluer des aptitudes physiques ou psychologiques chez un individu donné.
2. Examen complémentaire pratiqué pour orienter ou confirmer le diagnostic d'une maladie.

Ces tests sont utilisés dans des domaines très variés, tels que la bactériologie (test d'immobilisation des tréponèmes, ou test de Nelson, par exemple, qui permet de détecter une syphilis) ou l'allergologie, où l'on utilise des tests cutanés pour déterminer la sensibilité de l'organisme à certains antigènes comme la tuberculine ou la candidine.

Test d'acuité visuelle

Examen destiné à mesurer l'acuité visuelle.

DÉROULEMENT

Les épreuves font appel à différentes échelles selon qu'elles s'adressent à un adulte, à un enfant ou à un sujet illettré.
■ Chez l'adulte, l'échelle d'acuité la plus utilisée pour la vision de loin est celle qui présente des lettres de taille décroissante. Le sujet étant placé à 5 mètres de l'échelle, on lui fait lire le test œil par œil, sans correction, puis avec les verres correcteurs qui paraissent les plus appropriés pour lui. Les plus grosses lettres correspondent à une acuité de 1/10, les plus petites à une acuité de 10/10. Pour la mesure de l'acuité visuelle de près, le test le plus utilisé est celui de Parinaud. Lu à 33 centimètres, il fait appel à la lecture de fragments d'un texte écrit de plus en plus petit.
■ Chez les enfants avant l'âge scolaire et chez les sujets illettrés, la mesure de l'acuité visuelle est identique à celle de l'adulte, mais utilise des dessins, des chiffres ou des « E » orientés dans différents sens et dont le sujet doit indiquer l'orientation.

Test épicutané

→ VOIR Épidermotest.

Test d'intelligence

Épreuve standardisée permettant d'évaluer les capacités intellectuelles d'un sujet par comparaison avec une moyenne établie pour l'ensemble des individus ayant subi la même épreuve.

Parmi les tests d'intelligence, deux surtout sont utilisés.
■ Le test de Binet-Simon mesure l'âge mental réel par rapport à l'âge biologique. Il a ensuite été perfectionné en test de performance, ou quotient intellectuel (Q.I.).
■ Le test de Weschler-Bellevue est destiné à explorer l'ensemble du fonctionnement psychique du sujet. Il consiste en une batterie de tests mettant en jeu différentes opérations intellectuelles : mise en ordre d'images, association de différents éléments, reconstitution de figures géométriques, etc.

Test de pénétration croisée in vitro

Examen consistant à étudier en laboratoire le contact entre la glaire cervicale et le sperme.

Ce contact intervient normalement lors des rapports sexuels au niveau du col de l'utérus.

INDICATIONS

Un test de pénétration croisée in vitro peut être réalisé en cas de stérilité. Il permet de déceler si la glaire cervicale est la cause de l'infertilité. Il peut également dépister une stérilité immunologique (fabrication d'anticorps antispermatozoïdes par la femme, gênant la pénétration des spermatozoïdes dans les organes génitaux internes féminins).

DÉROULEMENT

Le test se déroule en laboratoire et consiste simplement en un prélèvement simultané du sperme (par masturbation) et de la glaire (prélèvement effectué en position gynécologique). Une abstinence sexuelle préalable de 2 à 4 jours est demandée. Toute toilette vaginale interne doit par ailleurs être évitée, afin de ne pas modifier la glaire cervicale avant l'examen. Très souvent, un traitement œstrogénique a été préalablement prescrit à la femme pour améliorer la qualité de la glaire.

Test de personnalité

Épreuve standardisée permettant d'étudier le caractère d'un sujet ou de déterminer, sur le plan psychiatrique, son état ou ses tendances pathologiques.

■ Le test d'aperception thématique (T.A.T.) utilise des planches d'images qui vont inspirer au sujet des scénarios, des réactions à propos des scènes représentées.

■ Le test du bonhomme s'adresse aux jeunes enfants. Il consiste à leur faire dessiner un bonhomme : vers l'âge de 4 ans, le « bonhomme-têtard », où tête et corps ne font qu'un, fait place à une représentation plus différenciée témoignant d'un développement psychoaffectif normal.

■ Le test de Rorschach consiste à faire commenter au sujet une série de taches d'encre.

■ Le MMPI (Minnesota Multiphasic Personality Inventory, ou *test multiphasique d'évaluation de la personnalité du Minnesota*), comporte plusieurs questionnaires dont le score révèle le caractère et les tendances affectives profondes du sujet.

Par ailleurs, les échelles d'évaluation de symptômes de plus en plus employées ; les plus connues sont l'échelle de Hamilton, qui évalue le degré d'anxiété et de dépression.

Le champ d'application des tests est devenu considérable. On les utilise en psychiatrie, en psychologie, en médecine du travail ainsi que pour la sélection et l'orientation professionnelles. Toutefois, les tests de personnalité ne sont qu'une technique d'appoint et ne peuvent remplacer l'évaluation de l'individu au cours d'une relation interpersonnelle.

Test postcoïtal

→ VOIR Hühner (test de).

Test respiratoire

Examen qui permet d'apprécier le fonctionnement intestinal par l'analyse de l'air expiré. En anglais, *breath test.*

Le test respiratoire le plus utilisé est le test à l'hydrogène, qui consiste à mesurer la teneur en ce gaz de l'air expiré après avoir fait ingérer au patient une quantité déterminée de sucres (xylose, lactose, glucose, etc.), que digèrent les micro-organismes intestinaux. Une concentration anormale en hydrogène révèle soit une malabsorption du sucre par l'intestin grêle, soit une infection digestive. En effet, les éventuels déséquilibres microbiens de l'intestin grêle entraînent une production accrue d'hydrogène dissous dans le sang et exhalé par les poumons.

Le patient doit avoir cessé tout traitement antibiotique au cours du mois précédant l'examen et ne pas avoir subi de purge (préparation pour examen radiologique de l'intestin, par exemple) dans les 15 derniers jours précédant le test. Le matin de l'examen, il doit être à jeun.

L'examen dure de 5 à 8 heures. Il n'entraîne aucun effet indésirable.

Test de la sueur

Examen ayant pour but la mise en évidence d'une sécrétion de sueur anormalement riche en chlorure de sodium.

Un taux trop élevé de chlorure de sodium dans la sueur constitue l'un des signes de la mucoviscidose. Le test est donc pratiqué, en général chez le nourrisson, pour dépister cette maladie.

DÉROULEMENT

Le test de la sueur se pratique au cours d'une hospitalisation. La chambre doit être au préalable un peu surchauffée de façon à stimuler la sécrétion de sueur. On applique alors sur l'avant-bras de l'enfant, au moyen d'une bande, une électrode de recueil, réalisant un dosage automatique du chlorure de sodium. La durée totale de l'examen est de 5 à 7 minutes. Le résultat est connu immédiatement ; il est pathologique au-delà d'une concentration en chlore de 60 millimoles par litre.

Test à la TRH

Épreuve utilisant la TRH (abréviation de l'anglais *Thyrotropin Releasing Hormone,* hormone libérant de la thyrotropine) afin d'étudier la réponse d'hormones hypophysaires, dont la sécrétion est normalement stimulée par la TRH, au cours de maladies touchant l'hypothalamus ou l'hypophyse.

Testicule

Gonade (glande sexuelle) mâle.

Les testicules sont au nombre de deux. Chez le fœtus, ils sont situés dans l'abdomen, mais ils descendent dans les bourses avant la naissance en général, parfois un peu plus tard. Ils restent de petite taille jusqu'à la puberté, puis augmentent alors de volume pour atteindre peu à peu leur taille adulte.

STRUCTURE

Le testicule est un ovoïde de 4 à 5 centimètres de longueur, de 2 à 3 centimètres de largeur et de 2,5 centimètres d'épaisseur. Il contient des canalicules, les tubes séminifères, et des cellules dites de Sertoli, qui assurent l'élaboration des spermatozoïdes, ou spermatogenèse. Les tubes séminifères se réunissent pour former un réseau de canaux, le *rete testis,* à partir duquel 10 à 12 canaux efférents gagnent l'épididyme, petit organe allongé sur le bord postérieur du testicule. C'est de l'épididyme que part le canal déférent, qui transporte les spermatozoïdes vers les vésicules séminales et l'urètre. L'ensemble constitue les voies spermatiques. Les tubes séminifères sont enrobés dans du tissu conjonctif contenant les cellules de Leydig, qui sécrètent l'hormone mâle, la testostérone.

FONCTION

Le testicule possède deux fonctions, déclenchées à la puberté et contrôlées par une glande qui est située à la base du cerveau - l'hypophyse - et par une formation cérébrale - l'hypothalamus - obéissant elle-même à un rétrocontrôle hormonal.

■ **La fonction exocrine** est la spermatogenèse, condition préalable à toute reproduction.

■ **La fonction endocrine** est la sécrétion hormonale de testostérone, qui non seulement induit la spermatogenèse mais est responsable des importantes modifications pubertaires et du développement des carac-

tères sexuels secondaires masculins (pilosité, mue de la voix, répartition musculaire, etc.).

EXAMENS

L'examen clinique (observation, palpation) est complété, si nécessaire, par l'échographie, le spermogramme (analyse du sperme), la biopsie, les dosages hormonaux (testostérone, hormones folliculostimulante [FSH] et lutéinisante [LH]) et l'étude de marqueurs tumoraux, tels que l'alpha-fœtoprotéine et l'hormone chorionique gonadotrophique, permettant d'évaluer le type histologique de certains cancers.

PATHOLOGIE

Avant la puberté, la descente des testicules depuis la cavité abdominale jusque dans les bourses, par le canal inguinal, est nécessaire, car la température interne du corps est trop élevée pour permettre la spermatogenèse. L'absence de descente des testicules dans les bourses, ou cryptorchidie, peut appeler un traitement chirurgical. D'autres anomalies concernent les tubes séminifères, dont l'atrophie entraîne une stérilité. Une insuffisance de développement testiculaire peut être d'origine chromosomique (syndrome de Klinefelter) ou hypophysaire (syndrome de Kallmann-De Morsier). La varicocèle (dilatation variqueuse des veines du testicule), le plus souvent anodine, entraîne parfois une stérilité, et l'hydrocèle (épanchement de sérosité autour du testicule et de l'épididyme) peut nécessiter un traitement chirurgical. Enfin, le testicule peut être le siège d'une tumeur, bénigne ou maligne, d'une torsion, d'une rupture due à un traumatisme, d'une infection bactérienne ou virale (en particulier tuberculose, oreillons, lèpre, etc.).

Testicule (cancer du)

Cancer qui se développe le plus souvent aux dépens des cellules germinales du testicule, sous la forme d'un séminome, d'un dysembryome (ou tératome), d'un choriocarcinome ou d'un carcinome embryonnaire.

Le cancer du testicule atteint les hommes de 15 à 45 ans.

SYMPTÔMES ET DIAGNOSTIC

Le cancer du testicule se traduit par une augmentation de volume indolore de la bourse. Le diagnostic repose sur l'échographie du testicule, puis sur le dosage de certains marqueurs sanguins comme l'alpha-fœto-protéine et la fraction bêta de l'hormone chorionique gonadotrophique.

TRAITEMENT

Il repose sur l'orchidectomie (ablation chirurgicale du testicule) et sur un traitement radiothérapique ou chimiothérapique complémentaire. Les séminomes sont en général traités par irradiation des aires ganglionnaires abdominales et thoraciques. Les autres tumeurs germinales sont simplement surveillées lorsqu'elles ne présentent aucune métastase ou sont traitées par chimiothérapie si des métastases sont décelées. Ces traitements n'ont aucune incidence sur la qualité de l'érection mais ils sont très agressifs pour les cellules germinales du testicule sain restant et peuvent entraîner une stérilité. Pour cette raison, on propose aux patients qui le désirent de conserver leur sperme avant le début du traitement.

PRONOSTIC

Le pronostic des cancers du testicule est le plus souvent excellent (entre 80 et 95 % de guérisons), excepté celui du choriocarcinome, à évolution particulièrement maligne.

Testicule (ectopie du)

→ VOIR Cryptorchidie.

Testicule (torsion du)

Enroulement du cordon spermatique sur lui-même, provoquant un arrêt de la vascularisation du testicule. SYN. *torsion du cordon spermatique*.

La torsion est favorisée par une mobilité anormale du testicule dans sa bourse, par exemple parce que celui-ci est mal attaché aux membranes qui l'entourent.

SYMPTÔMES ET ÉVOLUTION

La torsion testiculaire survient le plus souvent chez l'enfant, plus rarement chez l'adulte jeune. Elle se manifeste par la survenue brutale d'une douleur testiculaire unilatérale, irradiant vers l'aine et l'abdomen, avec nausées. Le testicule est brutalement et rapidement très douloureux. En l'absence de traitement, le testicule, qui n'est

plus vascularisé, peut se nécroser, ce qui entraîne une perte irréversible de ses fonctions hormonales et de l'élaboration des spermatozoïdes. Cependant, lorsque le testicule restant n'est pas atteint, cela n'a aucune incidence ni sur la fertilité ni sur la puissance sexuelle du sujet.

TRAITEMENT

La torsion du testicule est une urgence. L'ouverture chirurgicale de la bourse permet de détordre le pédicule spermatique. Si le testicule semble bien vascularisé, il est fixé à la paroi scrotale afin d'éviter toute récidive ; si, en revanche, il est nécrosé, son ablation s'impose. Dans tous les cas, le testicule opposé, qui présente presque toujours les mêmes anomalies, doit être fixé à titre préventif.

Testicule féminisant

Anomalie congénitale caractérisée par l'absence plus ou moins complète des organes génitaux mâles externes.

CAUSES

Le testicule féminisant est une forme de pseudohermaphrodisme masculin (caractérisée par l'absence d'organes génitaux externes ou par la présence d'organes plus ou moins féminins), due à une insensibilité des organes aux androgènes (essentiellement à la testostérone).

Testostérone

Principal androgène (hormone mâle), sécrété par les testicules chez l'homme et par les ovaires et les glandes surrénales chez la femme.

STRUCTURE ET PHYSIOLOGIE

La testostérone est une hormone stéroïde (dérivée d'un stérol), sécrétée chez l'homme par les cellules de Leydig des testicules sous la stimulation d'une hormone hypophysaire, l'hormone lutéinisante (LH). La sécrétion masculine de testostérone débute pendant la vie in utero puis s'interrompt presque complètement après la naissance pour reprendre lors de la puberté. La testostérone est nécessaire à la spermatogenèse (production des spermatozoïdes) et au développement des organes génitaux, donc à la fertilité.

La testostérone a aussi un rôle anabolisant dans le métabolisme des protéines et favorise ainsi le développement des muscles. Elle est responsable de l'apparition et du maintien des caractères sexuels secondaires masculins (répartition de la musculature, de la pilosité, mue de la voix et libido). Elle est nécessaire au développement des os et intervient également dans le métabolisme des lipides et des glucides.

Chez la femme, cette hormone est synthétisée en faible quantité par les ovaires et les glandes surrénales. Elle sert de précurseur aux œstrogènes.

PATHOLOGIE
Les déficits en testostérone sont observés chez l'homme en cas d'insuffisance testiculaire, hypophysaire ou hypothalamique. La testostérone physiologique peut alors être remplacée par des injections de testostérone retard ou par la prise de comprimés. Chez la femme, un taux élevé de testostérone, accompagné d'hirsutisme (développement excessif de la pilosité), peut être le signe d'une tumeur ovarienne ou surrénalienne.

Tétanie
État pathologique caractérisé par des crises de contractures musculaires.

CAUSES
Une tétanie correspond à deux formes d'affections. La première, la plus rare, peut être due à une diminution de la concentration du calcium sanguin (hypocalcémie), comme dans les rares cas observés d'hypoparathyroïdie, mais également à une diminution du magnésium ou du potassium (hypokaliémie), ou encore à une alcalose, c'est-à-dire à un excès de bases (substances alcalines) dans l'organisme. La seconde forme de tétanie, plus fréquente, à laquelle on réserve en général le nom de spasmophilie et qui est aussi appelée parfois tétanie normocalcémique, n'a pas de cause précise : déficits en magnésium ou en calcium trop faibles pour être mesurés, facteurs psychologiques. L'existence de la spasmophilie, en tant qu'affection autonome, n'est pas unanimement reconnue.

SYMPTÔMES ET SIGNES
La tétanie comprend habituellement des crises épisodiques et des symptômes permanents, mais l'un de ces deux éléments peut être atténué ou absent.

■ **Les crises de tétanie**, fréquentes, sont caractérisées par des contractures musculaires (contractions fortes et prolongées) des mains (doigts serrés en cône), parfois des pieds, plus rarement du visage. Le signe de Trousseau, caractéristique, associe des crampes de la main et un raidissement des doigts, qui se resserrent en « main d'accoucheur ». Le malade se plaint en même temps de fourmillements dans les mains, dans les pieds et autour de la bouche. Il existe des crises graves, mais uniquement dans la forme due à une hypocalcémie, le risque étant lié au spasme du larynx, qui entraîne une gêne respiratoire aiguë. La spasmophilie, parfois gênante, est toujours bénigne : les crises, moins accentuées, se limitent à une sensation de malaise et à quelques fourmillements. Elles ont tendance à s'atténuer avec l'âge. Il n'y a pas de perte de connaissance pendant la crise, qui cesse spontanément.

■ **Les symptômes permanents**, persistant entre les crises, sont des crampes, des fourmillements, une anxiété, une insomnie ou une fatigue.

DIAGNOSTIC
La percussion du nerf facial près de l'angle de la mâchoire peut provoquer une contraction des lèvres. L'application d'un garrot au bras peut déclencher le signe de Trousseau (accès de contracture). Si le dosage du calcium sanguin ne révèle pas de déficit, il est probable qu'il s'agit d'une spasmophilie.

TRAITEMENT
Le traitement dépend de la forme de tétanie.
■ **La forme due à une cause précise** est obligatoirement traitée, au besoin en urgence (injection intraveineuse de calcium).
■ **La spasmophilie** est parfois traitée par la prescription de calcium, de magnésium ou de vitamine D, éventuellement associés, bien qu'il n'y ait pas de preuve scientifique de l'efficacité de ce traitement. On recommande souvent de respirer dans un sac plastique quand la crise commence, l'ouverture du sac étant plaquée le plus longtemps possible autour de la bouche, ce qui empêcherait l'alcalose due à l'hyperventilation. En traite-

ment de fond, une psychothérapie ou l'administration d'un anxiolytique peuvent également être indiquées.

Tétanos

Maladie infectieuse due à une bactérie à Gram positif, le bacille de Nicolaier, ou *Clostridium tetani*.

Le bacille de Nicolaier vit sous forme de spores dans la terre et dans l'intestin des mammifères.

CAUSES

Le tétanos est transmis à l'homme à la faveur d'une lésion cutanéo-muqueuse (blessure, morsure), que la plaie soit profonde ou au contraire très légère, voire infime, telle une égratignure, une piqûre de rosier, une écharde, etc. Ce peut aussi être une lésion chronique qui n'attire pas l'attention à ce titre, comme un ulcère variqueux de la jambe.

Le nouveau-né peut contracter la maladie à partir de la plaie ombilicale lorsque, selon une coutume propre à certains pays en voie de développement, on applique de la terre sur le moignon ombilical.

SYMPTÔMES ET SIGNES

Les symptômes du tétanos sont déterminés par l'action de la toxine du germe, exotoxine (toxine libérée dans le milieu extérieur).

Après une incubation de 3 à 30 jours, le premier signe, toujours très évocateur, est un trismus (constriction des mâchoires due à la contracture involontaire des muscles masticateurs). La mastication devient douloureuse en quelques jours, parfois plus rapidement ; le malade n'est pas fiévreux et conserve toute sa lucidité.

Le tétanos est dit généralisé lorsque le trismus s'accompagne de la contracture, également permanente, des muscles du cou puis du tronc. Cette contracture entraîne des attitudes caractéristiques comme celle du tronc en arc de cercle, ou opisthotonos. Cette phase, dite d'extension, dure un ou deux jours, et sa durée constitue le meilleur indice de gravité de la maladie. Lors des paroxysmes, la fièvre s'élève et s'accompagne d'une transpiration abondante et d'une accélération du rythme cardiaque.

Une asphyxie peut survenir soit par spasme du larynx, soit par blocage de la cage thoracique.

Le tétanos peut rester localisé à un membre ; il est alors d'une gravité moindre.

TRAITEMENT

Le traitement du tétanos généralisé nécessite une hospitalisation dans un service de réanimation et consiste, en dehors des soins à apporter à la plaie si elle est encore repérable (désinfection, antibiothérapie), à administrer à forte dose du sérum antitétanique humain (gammaglobulines spécifiques) et surtout à faire céder les contractures par des myorelaxants : barbituriques ou benzodiazépines à haute dose, voire curare dans les cas très graves. Le but est d'éviter l'asphyxie en attendant la cessation spontanée des effets de la toxine.

ÉVOLUTION

La guérison est obtenue dans plus de 80 % des cas, les séquelles n'étant pas rares : blocages articulaires, ruptures tendineuses et musculaires. Le fait d'avoir eu le tétanos ne confère aucune immunité ultérieure.

PRÉVENTION

La complexité et la longueur (3 à 5 semaines) de ce traitement contrastent avec l'efficacité et la simplicité de la vaccination. Celle-ci est obligatoire et assure une prévention parfaite si elle est bien pratiquée : 3 injections à 1 mois d'intervalle avec rappel 1 an après, puis tous les 10 ans (délai maximum), sans aucune contre-indication. Cette vaccination est souvent associée à la vaccination contre la diphtérie, la coqueluche et la poliomyélite (vaccin DTCP).

En cas de plaie supposée tétanigène, il faut rapidement pratiquer un rappel de vaccin et, en cas de non-vaccination antérieure, une injection de sérum antitétanique humain.

Tête (mal de)

→ VOIR Céphalée.

Tétracycline

Médicament antibiotique actif contre de nombreuses bactéries et certains parasites.

Les effets indésirables peuvent être des nausées et des vomissements, une diarrhée, un muguet dû au déséquilibre de la flore buccale, une toxicité hépatique ou rénale réversible à l'arrêt du traitement, une coloration brune et tenace des dents.

Tétraplégie

Paralysie touchant simultanément les quatre membres. SYN. *quadriplégie.*

Une tétraplégie est une perte complète des mouvements des membres ; si la paralysie n'est que partielle (parésie), on parle de tétraparésie ou de quadriparésie.

Le traitement est celui de la cause quand il est envisageable et que les lésions nerveuses ne sont pas irréversibles. Par ailleurs, il existe certaines possibilités de traitement symptomatique ou palliatif, comme la rééducation, pour diminuer les conséquences du handicap.

Thalamus

Structure du cerveau participant à la réception des informations nerveuses. SYN. *couche optique.*

Le thalamus est un centre nerveux qui joue un rôle d'intégration dans la plupart des fonctions nerveuses. Il reçoit les informations sensitives et sensorielles provenant des autres centres nerveux et les analyse avant de les transmettre au cortex cérébral.

Thalassémie

Maladie héréditaire caractérisée par un défaut de synthèse de l'hémoglobine, qui se traduit par une microcytose (diminution de la taille des globules rouges) et souvent par une anémie.

FRÉQUENCE

La thalassémie est très répandue sur tout le pourtour de la mer Méditerranée, ainsi qu'au Proche-Orient, en Afrique subsaharienne, en Inde, dans tout le Sud-Est asiatique et dans le sud de la Chine.

DIFFÉRENTS TYPES DE THALASSÉMIE

Les thalassémies sont des anomalies génétiques caractérisées par le défaut de synthèse de l'une des chaînes de globine, constituant essentiel de l'hémoglobine. L'hémoglobine comporte, chez l'adulte, deux sortes de chaînes de globine, la globine alpha et la globine bêta, dont la synthèse est sous la dépendance de gènes correspondants. On distingue en conséquence deux grands types de thalassémie, les thalassémies touchant les gènes alpha, ou alphathalassémies, et les thalassémies touchant les gènes bêta, ou bêtathalassémies.

Alphathalassémie

Cette maladie génétique causée par un défaut de synthèse des chaînes de globine alpha a quatre formes : comme il existe deux gènes alpha par chromosome, une alphathalassémie peut résulter du défaut de 1 à 4 de ces gènes.

SYMPTÔMES ET SIGNES

L'atteinte d'un ou de deux gènes alpha n'entraîne qu'une forme mineure de la maladie, sans anémie. L'atteinte de 3 gènes sur 4 entraîne une hémolyse (destruction des globules rouges) chronique, qui constitue un handicap plus ou moins sévère. Le pronostic est beaucoup plus sombre dans le cas d'une atteinte des 4 gènes alpha : l'enfant meurt soit avant soit juste après la naissance.

Bêtathalassémie

Cette maladie génétique due à un défaut de synthèse des chaînes de globine bêta a deux formes principales. En effet, il existe normalement un gène bêta par chromosome. Les thalassémies peuvent donc être liées soit à l'un de ces deux gènes (thalassémie hétérozygote), soit aux deux (thalassémie homozygote, ou anémie de Cooley).

SYMPTÔMES ET SIGNES

La bêtathalassémie hétérozygote se caractérise dans les formes les plus sévères par une anémie modérée. L'anémie de Cooley se traduit par une importante anémie, une déformation des os du crâne conférant un faciès mongoloïde, un retard de croissance et une splénomégalie (rate hypertrophiée).

Diagnostic et traitement des thalassémies

Le diagnostic repose sur l'électrophorèse (séparation des composants d'une solution sous l'effet d'un champ électrique) de l'hémoglobine, qui permet de mettre en évidence des anomalies quantitatives des différentes sortes d'hémoglobine du sujet. Les formes hétérozygotes ne requièrent aucun traitement. Les formes homozygotes justifient des traitements spécialisés.

Dépistage des thalassémies
La gravité de la maladie justifie le dépistage des hétérozygotes en vue d'un conseil génétique, comportant éventuellement la proposition d'un diagnostic prénatal (par biopsie de trophoblaste) lorsque les deux parents sont porteurs d'un gène thalassémique, préalablement mis en évidence dans un prélèvement sanguin.
→ voir Cooley (anémie de).

Thalassothérapie

Application à des fins thérapeutiques des propriétés du climat marin, de l'eau de mer, des boues marines, du sable de mer et des algues marines.

L'eau de mer est une eau salée (environ 35 grammes de sel par litre) qui abrite de nombreux éléments vivants, végétaux (phytoplancton) et animaux (zooplancton).

INDICATIONS ET CONTRE-INDICATIONS
Les principales indications de la thalassothérapie sont les rhumatismes dégénératifs (arthrose), les douleurs vertébrales chroniques, certains troubles gynécologiques d'origine fonctionnelle (congestion du petit bassin, règles difficiles et douloureuses ou irrégulières, rapports sexuels douloureux), des troubles gingivaux (irritation ou congestion des gencives, déchaussements) ou dermatologiques (psoriasis), les états de fatigue physique ou psychique, les convalescences, les séquelles de traumatismes et de chirurgie.

Les contre-indications concernent les maladies infectieuses en période aiguë, les troubles cardiovasculaires, l'hyperthyroïdie ou bien l'allergie à l'iode, l'hypertension artérielle, les affections oto-rhino-laryngologiques (otite, sinusite, laryngite, etc.), les cancers et certaines maladies de peau suintantes.

DÉROULEMENT
La durée idéale d'une cure de thalassothérapie est de 7 à 12 jours, de façon que l'organisme ait le temps d'assimiler les oligo-éléments. Le jour de son arrivée, le sujet doit passer une visite médicale qui déterminera d'éventuelles contre-indications à la cure et précisera la nature, le rythme et l'intensité des soins. Pour une remise en forme, quatre soins sont en général proposés parmi les suivants : bains, hydromassages, douches, enveloppements ou bains de boues marines ou d'algues, rééducation en piscine, etc. ; ils sont alternés entre le matin et l'après-midi.

TECHNIQUES
Les soins dispensés dans un centre de thalassothérapie sont voisins de ceux procurés dans les établissements thermaux.

■ **Les algues marines** s'emploient sous forme de poudre ou d'extrait liquide, en bains ou en applications locales (enveloppements, par exemple).

■ **Les boues marines** sont soit mélangées aux bains d'eau de mer, soit utilisées en applications locales (enveloppements) à une température de 34 à 35 °C rendue constante à l'aide d'une feuille d'aluminium ou d'une irradiation infrarouge. La peau est préalablement bien humidifiée et frictionnée pour ramollir la couche cornée et augmenter la température du corps.

■ **Les climats marins** (air pur, riche en iode) sont, selon les pays ou les régions, calmants ou stimulants, voire vivifiants.

■ **L'eau de mer** ne doit être ni reconstituée ni transportée, ni ne doit avoir subi de traitement physique (rayonnements) ou chimique (ajout de chlore). Elle s'utilise à une température de 20 à 40 °C, par voie externe (bains, douches) ou interne (irrigations buccales ou vaginales, aérosols, boissons, injections sous-cutanées). Le bain d'eau de mer, individuel, à une température de 34 °C est l'élément de base de la cure. Pour des raisons de densité, le corps est moins lourd dans l'eau salée que dans l'eau douce. La sensation d'apesanteur qui en résulte facilite les mobilisations et la gymnastique aquatique. D'une durée de 20 minutes environ, le bain doit être suivi d'une période au moins égale de repos. La douche au jet, ou « grande douche », se prend en position debout ou assise. Elle est tonique si elle est appliquée à une température basse – de 20 à 30 °C – et à forte pression, sédative si elle est appliquée à une température élevée – de 36 à 38 °C – et à basse pression, avec un jet très large (douche baveuse). La douche affusion, ou « douche horizontale », se prend couché sur le ventre ou sur le dos. Elle peut être associée à un massage manuel.

■ Le sable de mer est habituellement employé en plein air sous la forme de bains associés à des bains de soleil (héliothérapie).

RÉSULTATS
Le sujet peut ressentir une certaine fatigue, tout à fait normale, vers le cinquième jour. Il connaît une sensation de bien-être dès les premiers jours, mais c'est surtout au bout de 15 à 20 jours qu'il commence à ressentir les effets bénéfiques de la cure, qui persistent ensuite pour une durée pouvant aller jusqu'à 6 mois.

Thalidomide

Médicament utilisé pour ses propriétés anti-inflammatoires et immunosuppressives.

Le thalidomide était employé dans les années 1960 comme hypnotique (contre l'insomnie). Prescrit à de nombreuses femmes enceintes, il a provoqué, chez les nouveau-nés, des phocomélies (malformations des membres, les mains et les pieds étant directement rattachés au tronc).

Actuellement, le thalidomide est indiqué principalement dans le traitement de la lèpre, du lupus érythémateux disséminé, des aphtes multiples compliquant le sida. Il est également prescrit lors des réactions de rejet de greffe. Sa distribution est rigoureusement réglementée.

CONTRE-INDICATIONS
Le thalidomide est formellement contre-indiqué chez la femme enceinte et chez les femmes en âge de procréer.

Théophylline

Médicament utilisé dans le traitement de l'asthme.

La théophylline et ses dérivés sont indiqués en cas d'asthme ou de bronchospasme, dans le traitement des crises aussi bien que pour le traitement de fond.

MODE D'ADMINISTRATION
L'administration se fait par voie orale (gélule, comprimé, sirop), par voie rectale (suppositoire) et, dans les urgences, par voie intraveineuse, à l'hôpital.

SURVEILLANCE
La concentration sanguine de théophylline (théophyllinémie) est régulièrement vérifiée, en raison de la faible marge thérapeutique (intervalle entre la dose efficace et la dose toxique) du médicament.

EFFETS INDÉSIRABLES ET INTERACTIONS
Des vomissements, des maux de tête, une excitation et une insomnie, le réveil d'une épilepsie (convulsions), une accélération du rythme cardiaque, des douleurs et des troubles gastriques sont parfois observés. L'association avec certains médicaments peut aboutir à un surdosage. Chez l'enfant, l'emploi de ce produit est toujours prudent.

Thérapeutique

Partie de la médecine qui s'occupe des moyens – médicamenteux, chirurgicaux ou autres – propres à guérir ou à soulager les maladies.

→ VOIR Traitement.

Thérapie comportementale

Méthode de traitement des troubles mentaux reposant sur le déconditionnement et l'apprentissage afin de remplacer un comportement inadapté (une peur panique déclenchée par une situation inoffensive, par exemple) par un comportement adapté.

INDICATIONS
Ce sont les névroses (phobie, hystérie de conversion), les troubles sexuels (éjaculation précoce, impuissance, vaginisme, frigidité), les perversions et certains états psychotiques. Les thérapies comportementales se sont également montrées efficaces dans les problèmes conjugaux et familiaux.

Thérapie génique

Méthode thérapeutique utilisant les gènes et l'information dont ils sont porteurs pour traiter une maladie génétique ou pour modifier un comportement cellulaire.
SYN. *génothérapie.*

Les applications de la thérapie génique aux maladies non héréditaires

Les principales maladies actuellement concernées par la thérapie génique sont le cancer et le sida, mais les indications pourraient s'étendre avec le développement des techniques. Dans l'état présent des recherches, il n'est pas envisageable de guérir les cellules malades. La stratégie consiste au contraire à les détruire sans altérer les cellules saines, ce qui est impossible avec la chimiothérapie classique. Trois principales techniques sont actuellement envisagées :
– modifier, par les techniques de génétique, des cellules du patient (lymphocytes, par exemple), afin qu'elles détruisent les cellules malades (cellules tumorales, par exemple), en faisant en sorte qu'elles fabriquent des substances toxiques pour ces cellules ;
– introduire spécifiquement dans les cellules malades un gène qui, lorsqu'elles le liront, conduira à la fabrication d'un produit toxique qui les tuera ;
– introduire un gène capable de stimuler les défenses immunitaires du patient (dont la déficience a permis le développement de la tumeur).

La thérapie génique est aussi envisagée comme une technique thérapeutique applicable à des maladies non héréditaires telles que le cancer ou le sida. Dans ces cas, la stratégie consiste à faire entrer dans les cellules malades (et dans aucune autre) un gène capable de les tuer.

INDICATIONS
La thérapie génique n'a pas d'indications, au sens habituel du terme, puisqu'elle n'est encore qu'au début de sa phase expérimentale : un médecin qui ne participe pas à un travail de recherche ne peut proposer à ses patients de les soigner par thérapie génique.

DIFFÉRENTS TYPES DE THÉRAPIE GÉNIQUE
La thérapie génique utilise un gène qu'elle introduit dans des cellules du malade. Selon la nature des cellules touchées, on distingue deux méthodes.

■ **La thérapie génique germinale, ou thérapie génique sexuelle,** consisterait à appliquer la thérapie génique à un embryon, au stade où celui-ci est formé d'un amas de cellules, ou aux cellules germinales (ovules, spermatozoïdes) d'un adulte. Le gène introduit serait alors transmis à toutes les cellules filles des premières cellules embryonnaires, c'est-à-dire à toutes les cellules du futur individu : il y aurait donc modification du patrimoine génétique de l'espèce humaine. De plus, les cellules germinales du futur individu étant touchées comme les autres, le nouveau patrimoine serait transmis héréditairement à toutes sa descendance. Une telle approche thérapeutique est donc formellement interdite.

■ **La thérapie génique somatique** consiste à introduire les gènes exclusivement dans des cellules somatiques (non sexuelles). C'est à cette technique que se limite actuellement le champ d'activité et de recherche en thérapie génique.

TECHNIQUES
Jusqu'à présent, deux stratégies différentes sont en cours de mise au point.

■ **La technique in vitro** consiste à recueillir des cellules de l'individu à traiter (par exemple des lymphocytes, par une simple prise de sang) et à y introduire les bons gènes soit par transfection (technique de laboratoire qui permet d'introduire de l'A.D.N. dans une cellule à noyau), soit grâce à des virus. Ces cellules, qui possèdent alors le bon gène, sont réintroduites dans le sang par une injection intraveineuse. Cette stratégie ne peut être utilisée que pour des défauts génétiques se manifestant dans le sang ou localisés dans des cellules que le sang peut atteindre.

■ **La technique in vivo** consiste en général à associer le bon gène à un vecteur (un virus par exemple), qui sera capable de le transporter là où sa présence est nécessaire. Pour être efficace, il faut que celui-ci soit capable d'accéder spécifiquement à toutes les cellules qui doivent être corrigées et d'y pénétrer. Cette technique reste encore plus théorique que pratique.

Limites de la thérapie génique

Il est actuellement difficile de parler des résultats de la thérapie génique, puisque celle-ci n'est encore qu'en phase expérimentale. Même si l'on connaissait un pourcentage global d'efficacité, il serait seulement indicatif et n'aurait aucune valeur statistique, étant donné le nombre infime de malades traités. On peut néanmoins indiquer que certaines expériences ont été interrompues à cause d'effets indésirables, et que l'on parle pour l'instant, pour les expériences en cours ou terminées, davantage d'amélioration des symptômes que de guérison.

En outre subsistent deux inconnues notables : l'efficacité à long terme et les effets indésirables probables de cette technique.

EFFICACITÉ À LONG TERME

Le principe général de la thérapie génique est d'introduire le bon gène dans une cellule, qui lira l'information qu'il contient et fabriquera la protéine manquante. Si cette cellule meurt, la correction qui avait été obtenue disparaît donc avec elle. Or, à quelques exceptions près (cellules nerveuses par exemple), les cellules ne vivent pas très longtemps et sont constamment remplacées par de nouvelles. Dans l'état présent de la technique, l'effet thérapeutique obtenu ne peut donc être que transitoire.

Dans le traitement du cancer ou du sida, une faible durée d'efficacité ne poserait pas de problème car, une fois la tumeur ou les cellules infectées par le V.I.H. détruites, la maladie est guérie. Par contre, en cas de maladie héréditaire, la correction doit persister tout au long de la vie. Il conviendra pour cela de trouver des cellules à durée de vie particulièrement longue et de renouveler périodiquement la thérapie.

EFFETS INDÉSIRABLES

La complexité extrême des gènes et de leur fonctionnement est encore très mal connue. On craint notamment que la thérapie génique ne perturbe de subtiles relations entre gènes. Ainsi, des animaux traités par thérapie génique pour grossir (à des fins de recherche ou d'amélioration de la production agricole) sont devenus stériles pour des raisons encore obscures. C'est pourquoi cette technique est encore réservée à des maladies graves (souvent mortelles) et incurables.

Perspectives de la thérapie génique

En dépit de ces restrictions, il semble que la thérapie génique puisse constituer, dans quelques années ou dizaines d'années, une avancée médicale au moins comparable à la découverte des antibiotiques ou du rayonnement X.

Thermalisme

Utilisation et exploitation thérapeutique des eaux minérales.

Il existe différentes eaux minérales, qui se distinguent par leurs composants : résidu sec (ce qui demeure après évaporation de l'eau) associant des éléments minéraux de concentration forte (sulfures, sulfates, chlore, bicarbonates sodique et calcique) ou faible (arsenic, fer, sélénium, éléments radioactifs), gaz (gaz carbonique, hydrogène sulfuré), boues naturelles abritant des micro-organismes. La température à la source (au « griffon ») est variable : de plus de 50 °C à moins de 20 °C ; selon leur température, les eaux sont dites hyperthermales, thermales ou hypothermales.

INDICATIONS ET TECHNIQUES

La composition d'une eau oriente son utilisation thérapeutique : les eaux sulfurées, par exemple, sont principalement connues pour leur effet chez les patients souffrant de maladies respiratoires, oto-rhino-pharyngées ou de rhumatismes ; les eaux bicarbonatées sont très indiquées en pathologie digestive. On reconnaît en France une indication précise pour chaque type d'eau ; dans les autres pays d'Europe, cette disposition n'est pas suivie avec la même rigueur.

Le thermalisme est indiqué dans différentes affections chroniques, en dehors des poussées aiguës, les eaux étant utilisées sous différentes formes :
– dans l'artériopathie des membres inférieurs au stade de douleurs à la marche, sous

forme de bains, douches, exercices en piscine et injections de gaz thermal ;

– dans le traitement des maladies digestives et métaboliques (colopathies, obésité, suites d'hépatite), sous forme de boissons, bains, douches, cataplasmes de boue, exercices en piscine et lavements ;

– en neurologie, sous forme de bains, douches, mouvements en piscine et cataplasmes de boue ;

– dans le traitement des maladies de la peau et des muqueuses (eczéma, psoriasis, couperose, cicatrices, gingivite et glossite, brûlures), sous forme de bains de bouche, bains, douche filiforme sous forte pression, compresses, exercices en piscine ;

– en phlébologie (suites récentes de phlébite, maladies vasculaires), principalement sous forme de bains ;

– dans le traitement des affections psychosomatiques (névroses, dépressions bénignes), le plus souvent sous forme de bains ;

– dans le traitement des affections rénales et du métabolisme, sous forme de boissons et de bains ;

– dans le traitement des maladies respiratoires (sinusites, otites, asthme, bronchites), sous forme de boissons, inhalations, gargarismes, bains et irrigations nasales sous pression, associés à la rééducation respiratoire, au drainage postural et à l'insufflation tubaire ;

– en rhumatologie (arthrose, lombalgies, rhumatisme inflammatoire en dehors des poussées, séquelles de traumatismes), sous forme de bains, douches, mobilisations en piscine, bains et cataplasmes de boue.

DÉROULEMENT

Une cure dure environ deux à trois semaines, davantage dans certains pays, et peut être renouvelée autant que nécessaire. Au cours du traitement, l'eau est utilisée au lieu d'émergence, ou griffon, sous différentes formes (boissons, inhalations, etc.), dont plusieurs sont associées pour traiter une même affection. L'eau est, au besoin, refroidie ou réchauffée avant utilisation. Le climat du site, associé au changement de vie et à l'éloignement du domicile habituel que

suppose la cure, contribue aux effets bénéfiques de celle-ci.

Les résultats ne se voient que plusieurs semaines après la cure, voire au bout de plusieurs mois. Le thermalisme permet, dans les affections chroniques, une diminution du nombre et de l'intensité des poussées ainsi qu'une réduction de la consommation médicamenteuse.

CONTRE-INDICATIONS

Les insuffisances hépatiques, rénales et cardiaques graves ainsi que les cancers en évolution constituent autant de contre-indications au thermalisme.

Thermocoagulation

→ VOIR Électrochirurgie.

Thermographie

Examen consistant à visualiser et à enregistrer la chaleur émise par certaines régions de l'organisme, notamment du sein.

La thermographie est aujourd'hui le plus souvent abandonnée en raison de la grande fiabilité des examens radiographique (mammographie) et échographique.

Thermomètre

Instrument destiné à mesurer la température du corps.

Longtemps utilisé, le thermomètre à mercure est maintenant abandonné en France, en raison des dangers liés au mercure lorsque le thermomètre se casse. Il est remplacé par le thermomètre électronique ou le thermomètre à infrarouges. Avec le thermomètre électronique, il est possible de prendre la température dans le rectum (ce qui ne se fait pas dans les pays anglo-saxons), au creux de l'aisselle ou dans la bouche, sous la langue. La valeur moyenne de la température corporelle est de 37 °C, mais celle-ci varie en fonction de l'endroit où est effectuée la mesure : la température buccale est en effet inférieure de 0,2 à 0,4 °C à la température rectale. Avec un thermomètre à infrarouges, on prend la température dans l'oreille, au contact du tympan. La température tympanique est très proche de la température rectale. Très précise, la prise de température auriculaire permet de détecter la fièvre une demi-heure plus tôt qu'une mesure de température rectale.

ENTRETIEN

Après chaque utilisation, le thermomètre électronique se désinfecte avec de l'alcool. Le thermomètre à infrarouges est protégé par un capuchon jetable.

Thermophobie

Crainte de la chaleur avec sensation permanente d'avoir trop chaud.

La thermophobie doit être distinguée des bouffées de chaleur.

Une thermophobie est un signe caractéristique d'hyperthyroïdie, les hormones thyroïdiennes stimulant la consommation d'oxygène et donc la libération de chaleur.

Thermorégulation

Maintien par l'organisme de sa propre température.

La thermorégulation est une fonction complexe, régulée par le système nerveux central, essentiellement par l'hypothalamus (ensemble de formations grises situées dans le troisième ventricule, au centre du cerveau).

La température du corps est le résultat des phénomènes conjugués de production et de déperdition de chaleur. La chaleur produite, qui s'ajoute à la chaleur reçue de l'extérieur, résulte des réactions chimiques intracellulaires et des contractions musculaires. La déperdition se fait spontanément à travers la peau ; elle est favorisée par la vasodilatation superficielle (dilatation des vaisseaux sanguins de la peau) et par la sudation, suivie de l'évaporation de la sueur.

Thiamine

→ VOIR Vitamine B1.

Thoracotomie

Ouverture chirurgicale du thorax.

Thorax

Partie supérieure du tronc, séparée de l'abdomen par un muscle appelé diaphragme, contenant les principaux organes de la respiration et de la circulation.

STRUCTURE

Le thorax s'étend de la racine du cou à la partie haute de l'abdomen. Il s'articule avec les deux membres supérieurs par les articulations scapulohumérales. Il est composé d'une enveloppe cutanée et musculaire, d'un squelette osseux, la cage thoracique, qui contient les deux poumons, l'œsophage, le cœur et les gros vaisseaux qui y parviennent ou s'en détachent.

EXAMENS

L'examen clinique (inspection, palpation, percussion et auscultation) du thorax permet notamment d'étudier cœur et poumons. Les examens complémentaires sont soit globaux (radiographie thoracique, scanner, imagerie par résonance magnétique [I.R.M.]), soit sélectifs.

PATHOLOGIE

La paroi thoracique peut être le siège de plaies ou de fractures de côtes. Les principales pathologies affectant les organes du thorax sont les suivantes :
- pour le cœur, l'insuffisance coronarienne, l'infarctus du myocarde, les valvulopathies, les myocardopathies, les péricardites ;
- pour les vaisseaux, les malformations congénitales (coarctation, ou rétrécissement, de l'aorte, persistance du canal artériel, transposition des gros vaisseaux, communication interauriculaire ou interventriculaire), l'anévrysme aortique, l'embolie pulmonaire ;
- pour les poumons, la tuberculose, les pneumopathies, l'asthme, la bronchectasie, l'emphysème, la fibrose, le cancer bronchopulmonaire ;
- pour la plèvre, les pleurésies, les pneumothorax, plus rarement le cancer ;
- pour l'œsophage, l'œsophagite, le reflux gastro-œsophagien, le cancer ;
- pour le médiastin, les adénopathies, les lymphomes, les médiastinites.

Thréonine

Acide aminé indispensable (c'est-à-dire non synthétisable par l'organisme, qui doit le recevoir de l'alimentation), ayant une fonction alcool.

Thrombectomie

Traitement chirurgical visant à extraire un thrombus (caillot sanguin) d'un vaisseau.

Thrombine

Enzyme dont l'action principale est de transformer le fibrinogène en fibrine, étape finale de la coagulation plasmatique.

Une solution de thrombine est utilisée localement pour interrompre les saignements de nez prolongés et les hémorragies locales en cas de greffe de peau.

→ VOIR Temps de thrombine.

Thromboangéite oblitérante

→ VOIR Léo Buerger (maladie de).

Thrombocyte

→ VOIR Plaquette.

Thrombocytémie

Affection caractérisée par une augmentation anormale du nombre des plaquettes sanguines sans cause déterminée. SYN. *thrombocytémie essentielle, thrombocytémie primitive.*

La thrombocytémie, qui fait partie des syndromes myéloprolifératifs, est relativement fréquente et touche en général des sujets âgés d'au moins 20 ans.

SYMPTÔMES

Une thrombocytémie peut se manifester par la thrombose (obstruction par un caillot) d'une ou de plusieurs petites artères ; les veines sont moins souvent touchées. Elle occasionne parfois des douleurs aux mains et aux pieds, souvent calmées par la prise d'aspirine, et une légère augmentation du volume de la rate. Très souvent, il n'y a aucun symptôme et l'anomalie est découverte de façon fortuite à l'occasion d'une prise de sang. Plus rarement, la maladie est révélée par des hémorragies.

Le diagnostic se fonde sur une augmentation considérable du nombre des plaquettes (de 500 000 à plusieurs millions par millimètre cube, alors que le chiffre normal se situe entre 150 000 et 450 000), constatée en l'absence de tout trouble (inflammation, hémorragie, carence en fer, insuffisance fonctionnelle de la rate) pouvant expliquer ce phénomène.

TRAITEMENT

En cas d'augmentation modérée du nombre des plaquettes, le traitement consiste à administrer des antiagrégants plaquettaires (aspirine) à petites doses. Si l'augmentation est très forte, ou en cas de risque vasculaire particulier, il est nécessaire de réduire la production de plaquettes au moyen de médicaments dits myélosuppresseurs, comme l'hydroxyurée. Un contrôle régulier du nombre des plaquettes (tous les 3 à 6 mois) est nécessaire. Le pronostic de cette affection est très bon.

Thrombocytose

Affection caractérisée par une augmentation du nombre des plaquettes sanguines, liée à une cause pathologique déterminée. SYN. *thrombocytose réactionnelle.*

Une thrombocytose est une anomalie fréquente, qui s'observe principalement en cas d'inflammation (infection, rhumatisme inflammatoire, cancer avec inflammation), d'hémorragie aiguë, de carence en fer. Elle peut être observée également après une ablation de la rate. Le nombre des plaquettes reste compris dans la plupart des cas entre 500 000 et 1 million par millimètre cube (le chiffre normal se situant entre 150 000 et 450 000). Il régresse au fur et à mesure que l'affection en cause évolue vers la guérison.

TRAITEMENT

Pour prévenir le risque de thrombose (obstruction d'un vaisseau sanguin par un caillot), un traitement antiagrégant plaquettaire, sous la forme d'aspirine à petites doses, est prescrit jusqu'au retour du nombre des plaquettes à la normale.

Thrombolyse

Méthode thérapeutique consistant en l'injection d'une substance thrombolytique (appelée également fibrinolytique), c'est-à-dire capable de dissoudre un caillot sanguin.

DÉROULEMENT

Le malade est hospitalisé en urgence. Après examen du sang (groupes sanguins ABO et Rhésus, numération-formule sanguine et examens spécifiques selon les cas), la substance destructrice (rt-PA [protéine obtenue par génie génétique], streptokinase [protéine d'origine bactérienne] ou urokinase [enzyme isolée à partir d'urine humaine]) est injectée par voie intraveineuse dans le bras. La durée de la thrombolyse varie en fonction de l'indication. Lors d'un infarctus, par exemple, la perfusion dure environ une heure. Pour une embolie pulmonaire, elle peut durer de 24 à 48 heures.

EFFETS SECONDAIRES

Des allergies aux thrombolytiques utilisés, un collapsus (état de choc), des complications hémorragiques, des troubles du rythme liés à la désobstruction du vaisseau endommagé peuvent apparaître.

CONTRE-INDICATIONS

Cette méthode est contre-indiquée en cas d'opération chirurgicale datant de moins de 7 jours, d'accident vasculaire cérébral récent, de lésion susceptible de saigner (comme un ulcère digestif), de ponction artérielle récente ou si le patient est trop âgé.

RÉSULTATS

Ils sont d'autant meilleurs que la thrombolyse aura pu être entreprise tôt, dans les premières heures suivant la constitution du caillot. Globalement, la thrombolyse a diminué la mortalité due à l'infarctus du myocarde de plus de 25 %.

Thrombolytique

→ VOIR Fibrinolytique.

Thrombopathie

Affection caractérisée par un trouble de fonctionnement des plaquettes sanguines, sans diminution de leur nombre.

SYMPTÔMES ET TRAITEMENT

Les symptômes sont proches de ceux des thrombopénies (affections caractérisées par une diminution du nombre des plaquettes) : taches hémorragiques sous la peau et les muqueuses (pétéchies et ecchymoses), saignements de nez, règles anormalement abondantes chez la femme ; parfois, mais plus rarement, tendance à la thrombose (obstruction d'un vaisseau par un caillot).

Le traitement d'une thrombopathie se confond avec celui de sa cause.

Thrombopénie

Affection caractérisée par un nombre de plaquettes sanguines au-dessous de la normale, compris entre 150 000 et 400 000 par millimètre cube.

CAUSES

Les causes de thrombopénie peuvent être regroupées en 3 catégories.

■ **Les troubles de la production des plaquettes** peuvent être consécutifs à une anomalie congénitale (syndrome de Fanconi), à une carence en vitamine B12 ou en acide folique, à une aplasie (destruction de la moelle osseuse par des radiations, par des infections comme la tuberculose ou l'hépatite virale, ou par l'absorption de toxiques variés, dont l'alcool), à une infiltration de la moelle osseuse par une leucémie ou tout autre cancer, enfin à une myélofibrose (transformation fibreuse de la moelle).

■ **La destruction excessive des plaquettes** peut être soit d'origine non immune, comme dans les coagulations intravasculaires disséminées (formation de microcaillots constitués de fibrine et de plaquettes) et chez les porteurs d'une prothèse cardiaque provoquant une agression mécanique des cellules sanguines, soit d'origine auto-immune : production d'anticorps antiplaquettaires au cours du purpura thrombopénique idiopathique ou des syndromes lymphoprolifératifs, et également chez les porteurs du V.I.H. (virus du sida), ingestion de certains médicaments.

■ **Les troubles de la distribution des plaquettes** surviennent par suite d'une séquestration de celles-ci dans la rate lors d'un hypersplénisme.

SYMPTÔMES ET TRAITEMENT

Dans les formes les plus sévères, on observe des hémorragies de la peau et des muqueuses se traduisant par des taches rouge violacé (pétéchies) ou des ecchymoses, parfois des saignements de nez, plus rarement des saignements digestifs ou cérébraux.

Le traitement des thrombopénies dépend de leur cause.

Thrombophlébite
→ VOIR Phlébite.

Thrombose

Phénomène pathologique consistant en la formation d'un thrombus (caillot sanguin, formé de fibrine, de globules blancs et de plaquettes) dans une artère ou une veine.

DIFFÉRENTS TYPES DE THROMBOSE

■ La thrombose d'une artère coronaire peut provoquer une occlusion et, par suite, la survenue d'un infarctus du myocarde.

■ La thrombose d'une artère de la jambe entraîne une ischémie aiguë, c'est-à-dire la suppression de l'irrigation de toute une partie du membre, qui aboutit parfois à une gangrène pouvant nécessiter l'amputation.

■ La thrombose d'une veine, qui survient le plus souvent au niveau du membre inférieur, est responsable d'une phlébite.

■ Les thromboses de l'appareil digestif peuvent atteindre différents organes, par exemple l'intestin grêle (entraînant une ischémie intestinale) ou le côlon (entraînant une colite ischémique), mais aussi la veine porte (la thrombose étant alors d'origine tumorale ou infectieuse) ou l'anus, en cas de thrombose hémorroïdaire.

■ La thrombose d'une artère à destinée cérébrale (artère carotide primitive ou interne, artère vertébrale ou tronc basilaire) peut être responsable d'un accident vasculaire cérébral ischémique et se manifeste par un déficit sensitif ou moteur correspondant au territoire cérébral atteint. La thrombose d'une veine cérébrale peut se révéler par des maux de tête et des crises d'épilepsie et avoir pour conséquence des accidents vasculaires cérébraux ischémiques d'origine veineuse.

CAUSES

Une thrombose peut être favorisée par une plaque d'athérome (dépôt graisseux), par un ralentissement circulatoire (stase sanguine de l'insuffisance cardiaque ou de la polyglobulie) ou par une altération de l'hémostase provoquant un état d'hypercoagulation (déficit en antithrombine III, en protéines C et S). La grossesse, les suites d'une intervention chirurgicale, la prise de contraceptifs oraux ainsi que le tabagisme sont des facteurs favorisants.

TRAITEMENT

Divers médicaments sont utilisés dans le traitement préventif ou curatif de la thrombose : les antiagrégants plaquettaires, tels que l'acide acétylsalicylique et la ticlopidine, les anticoagulants comme l'héparine et les antagonistes de la vitamine K, les thrombolytiques. Une thrombectomie (ablation du thrombus) est pratiquée en cas d'urgence.

Thrombus

Caillot sanguin formé dans un vaisseau (artère, veine) et provoquant une thrombose.
→ VOIR Caillot, Thrombose.

Thymectomie

Ablation chirurgicale du thymus (glande située dans la partie antérieure haute du thorax, au-dessus du cœur).

Thymocyte

Cellule du thymus (glande située dans la partie antérieure haute du thorax, au-dessus du cœur).

Thymome

Tumeur bénigne ou maligne développée aux dépens des thymocytes (cellules du thymus).

Un thymome est une tumeur rare qui ne se traduit le plus souvent par aucun symptôme. Il est découvert de façon fortuite au cours d'une radiographie du thorax.

La chirurgie permet d'enlever la tumeur ou d'en faire un prélèvement pour confirmer sa nature maligne ou bénigne.

Thymus

Petite glande située dans le thorax, devant la trachée et dont la fonction est de produire des lymphocytes T (type de globules blancs ayant un rôle essentiel dans la réponse immunitaire de l'organisme).

Le thymus commence à s'atrophier à la puberté et cette involution se poursuit à l'âge adulte, où seule une faible production de lymphocytes T serait maintenue, leur renouvellement étant assuré dans les organes lymphoïdes périphériques.

Thyréostimuline

Hormone sécrétée par l'antéhypophyse (partie antérieure de l'hypophyse, petite glande endocrine située à la base du cerveau) et destinée à stimuler la synthèse des hormones thyroïdiennes ainsi que la croissance et la prolifération des cellules thyroïdiennes.

SYN. *hormone thyréotrope*.

La thyréostimuline est connue sous le nom de TSH (*Thyroid Stimulating Hormone,* hormone stimulant la thyroïde) ; sa production est stimulée par une hormone hypothalamique, la thyrolibérine (ou TRH), et régulée par les hormones thyroïdiennes.

EXAMENS

La thyréostimuline peut être mesurée dans le sang. Ce dosage est très utile pour la surveillance des traitements par les hormones thyroïdiennes. Le taux sanguin normal varie entre 0,2 et 3 micro-unités par millilitre.

PATHOLOGIE

Une élévation du taux sanguin de thyréostimuline traduit presque toujours une hypothyroïdie (diminution de la sécrétion des hormones thyroïdiennes) d'origine thyroïdienne ; sa diminution est souvent le reflet d'une hyperthyroïdie (augmentation de la sécrétion des hormones thyroïdiennes). Ce taux est interprété en fonction de celui de la thyroxine.

Thyroglobuline

Protéine, précurseur des hormones thyroïdiennes, synthétisée par les cellules thyroïdiennes et stockée dans la glande thyroïde.

Thyroïde (cancer de la)

Cancer qui atteint la glande thyroïde sous la forme d'un adénocarcinome (cancer du tissu glandulaire), d'un carcinome (cancer de l'épithélium) ou d'un lymphome (prolifération maligne des lymphocytes).

SYMPTÔMES ET SIGNES

Les signes révélateurs peuvent être un nodule thyroïdien perceptible à la palpation, mais qui ne se manifeste par aucun autre symptôme, ou qui entraîne une compression de la glande thyroïde, une augmentation de volume des ganglions du cou ou des métastases pulmonaires ou osseuses.

DIAGNOSTIC ET ÉVOLUTION

La scintigraphie met en évidence un nodule qui fixe moins l'iode que le tissu environnant (nodule « froid ») ; l'échographie, un nodule solide. Le cancer est parfois fortement suspecté devant les résultats de la cytoponction du nodule. L'examen anatomopathologique de la tumeur après son ablation permet de confirmer le diagnostic.

TRAITEMENT ET PRONOSTIC

■ Le traitement des adénocarcinomes différenciés (cancers du tissu glandulaire) associe le plus souvent la chirurgie (ablation totale de la thyroïde) et, quelques semaines plus tard, l'administration d'une dose d'iode radioactif pour détruire les reliquats thyroïdiens. Pour compenser l'absence de sécrétion des hormones thyroïdiennes, un traitement substitutif par la thyroxine est administré à vie.

■ Le traitement des cancers anaplasiques indifférenciés repose sur la chirurgie et la radiothérapie.

■ Le traitement des lymphomes thyroïdiens fait appel à la chimiothérapie et/ou à la radiothérapie, le plus souvent très rapidement efficaces.

Le pronostic des cancers différenciés est très bon.

Thyroïde (cancer médullaire de la)

Cancer de la glande thyroïde développé aux dépens des cellules C de cette glande, qui sécrètent la calcitonine (hormone diminuant le taux de calcium dans le sang).

Thyroïde (glande)

Glande endocrine située à la base de la face antérieure du cou, responsable de la synthèse et de la sécrétion des hormones thyroïdiennes, sous le contrôle de l'hypophyse.

STRUCTURE

La glande thyroïde est un organe de faible volume, pesant moins de 30 grammes à l'état normal. Elle a la forme d'un papillon dont les deux ailes, les lobes, latéralement symétriques, sont situées contre les anneaux de la trachée et reliées en avant par un isthme. La thyroïde est un organe très superficiel, facilement accessible à l'inspection et à la palpation.

PHYSIOLOGIE

La thyroïde est richement vascularisée et se compose de deux types de cellules : les cellules C, qui sécrètent la calcitonine (hormone diminuant le taux de calcium), et les cellules thyroïdiennes, les plus nombreuses, qui se regroupent en vésicules. Celles-ci captent l'iode circulant dans le sang et le transforment en préhormone thyroïdienne, qu'elles stockent dans les vésicules. Lorsqu'une stimulation par la thyréostimuline hypophysaire (TSH) parvient à la thyroïde, les vésicules libèrent une partie de leur stock hormonal sous forme de tri-iodothyronine, ou T3 (environ 20 %), et de thyroxine, ou T4 (environ 80 %).

PATHOLOGIE

La thyroïde peut augmenter de volume et former un goitre comprenant un ou plusieurs nodules. En outre, la thyroïde peut présenter un défaut de fonctionnement (hypothyroïdie) ou un excès de fonctionnement (hyperthyroïdie).

Thyroïde (nodule de la)

Tuméfaction localisée de la glande thyroïde.

La présence d'un ou de plusieurs nodules de la thyroïde est très fréquente, surtout chez la femme. Ils sont dans la plupart des cas bénins.

SYMPTÔMES ET SIGNES

Un nodule de la thyroïde n'entraîne le plus souvent aucun symptôme ; plus rarement, il provoque une gêne cervicale ou des signes de dysfonctionnement de la glande thyroïde (hypothyroïdie ou hyperthyroïdie).

DIAGNOSTIC ET TRAITEMENT

L'échographie peut être utile pour préciser la nature solide, kystique ou mixte (semi-liquidienne) du nodule. Elle permet surtout de mettre en évidence d'autres petits nodules impalpables. La scintigraphie, toujours nécessaire, apprécie la fixation de l'iode sur le ou les nodules palpés et l'aspect du reste du parenchyme (tissu fonctionnel thyroïdien). Un nodule qui fixe moins bien l'iode que le tissu environnant est dit froid ; à l'inverse, un nodule qui fixe mieux l'iode est dit chaud.

■ Un nodule froid, solide ou mixte est le plus souvent bénin, mais se révèle malin dans environ 10 % des cas. L'examen microscopique du nodule après cytoponction permet le diagnostic. L'ablation chirurgicale n'est pas systématique pour tout nodule froid et dépend de son caractère, malin ou non.

■ Un nodule chaud entraîne un risque d'hyperthyroïdie (augmentation de la sécrétion des hormones thyroïdiennes, se traduisant par une tachycardie, un tremblement, une thermophobie [sensation permanente d'avoir trop chaud] et un amaigrissement). Le traitement est systématique : ablation du nodule, radiothérapie métabolique (administration d'une dose unique d'iode 131).

SURVEILLANCE ET PRONOSTIC

La surveillance clinique ou échographique du nodule est régulière (annuelle). Le pronostic des nodules, traités ou non, est excellent.

Thyroïdectomie

Ablation chirurgicale de tout ou partie de la glande thyroïde.

INDICATIONS

La thyroïdectomie est une intervention chirurgicale fréquente, indiquée dans plusieurs maladies thyroïdiennes : hyperthyroïdie (augmentation pathologique de la production d'hormones thyroïdiennes), dont la forme la plus courante est la maladie de Basedow, nodule isolé, goitre nodulaire (hypertrophie de la glande associée à plusieurs nodules), cancer thyroïdien.

DÉROULEMENT

L'opération se déroule sous anesthésie générale ; après une incision horizontale de la base du cou, le chirurgien enlève soit une petite tumeur isolée (énucléation), soit la moitié d'un ou des deux lobes qui forment la glande (lobectomie dite partielle ou subtotale), soit un lobe entier (lobectomie), soit encore la glande entière (thyroïdectomie totale).

CONSÉQUENCES ET COMPLICATIONS

La thyroïdectomie est une opération bénigne, mais techniquement délicate, car elle doit préserver les nerfs récurrents, qui passent au contact de la glande et sont responsables du fonctionnement de la voix, ainsi que les petites glandes parathyroïdes, accolées à la face postérieure des lobes thyroïdiens, qui contrôlent le métabolisme du phosphore et du calcium. Les complications de cette opération (hémorragies, infections locales) sont très rares. En cas d'ablation totale, un traitement de suppléance par l'hormone thyroïdienne doit être suivi à vie.

Thyroïdienne (hormone)

Hormone synthétisée par la glande thyroïde et utilisée dans le traitement de dysfonctionnements thyroïdiens.

PHYSIOLOGIE

Les hormones thyroïdiennes comprennent deux substances contenant toutes deux de l'iode, la thyroxine (aussi appelée tétra-iodothyronine, ou T4) et la tri-iodothyronine (ou T3). La T4 est de loin la plus importante, quantitativement ; mais, une fois dans les tissus, elle est transformée en T3, forme la plus active des hormones thyroïdiennes.

Les hormones thyroïdiennes stimulent la consommation d'oxygène tissulaire et les cellules de l'organisme. De plus, elles sont indispensables à la croissance et à la maturation du squelette et du système nerveux. Elles participent également au métabolisme des lipides et des glucides.

UTILISATION THÉRAPEUTIQUE

Les hormones thyroïdiennes sont utilisées en cas d'hypothyroïdie : elles permettent de supprimer les conséquences de cette affection sans agir sur sa cause et doivent donc en général être prises à vie.

EFFETS INDÉSIRABLES

Un surdosage provoque une thyréotoxicose, sorte d'hyperthyroïdie aiguë et grave caractérisée par des troubles cardiaques, une diarrhée, un amaigrissement. Chez le sujet âgé, le traitement, même à doses normales, peut engendrer des troubles cardiaques (angine de poitrine, infarctus) ; il doit donc être commencé prudemment, à doses progressives, et à l'hôpital de préférence.

→ voir Hyperthyroïdie, Hypothyroïdie.

Thyroïdite

Inflammation de la glande thyroïde.

DIFFÉRENTS TYPES DE THYROÏDITE

Le diagnostic repose principalement sur l'examen clinique et la scintigraphie.

■ **La thyroïdite lymphocytaire chronique, ou thyroïdite de Hashimoto**, est la plus fréquente. D'origine auto-immune, elle est caractérisée par un goitre très ferme, la présence d'anticorps antithyroïdiens et l'évolution possible vers l'hypothyroïdie (diminution de la sécrétion des hormones thyroïdiennes se traduisant par un ralentissement du rythme cardiaque, un ralentissement psychique, un épaississement de la peau du visage et du cou, un teint pâle). Le traitement fait appel à la prise quotidienne de thyroxine.

■ **La thyroïdite subaiguë de De Quervain** est probablement d'origine virale. Elle est marquée par de vives douleurs à l'avant du cou, souvent associées à un syndrome grippal (fièvre, fatigue), et par une hyperthyroïdie (augmentation de la sécrétion des hormones thyroïdiennes) transitoire. La thyroïde est enflée, dure et douloureuse à la palpation. Cette affection évolue spontanément vers la guérison en six semaines environ.

Thyrotoxicose, ou Thyréotoxicose

Ensemble de symptômes dus à une hyperthyroïdie (sécrétion excessive d'hormones thyroïdiennes).

Thyroxine

Hormone iodée sécrétée par la glande thyroïde. SYN. *tétra-iodothyronine (T4)*.
→ voir Thyroïdienne (hormone).

Tibia

Os long, volumineux, situé à la face interne de la jambe, dont il constitue le squelette avec le péroné.

Le tibia s'articule en haut avec le fémur pour former le genou, en bas avec l'astragale et le péroné (articulation de la cheville).

PATHOLOGIE

Les fractures du tibia sont fréquentes, parfois isolées, mais le plus souvent associées à une fracture du péroné. Leur traitement est très différent suivant leur siège. Ainsi, une fracture de l'extrémité supérieure (fracture des plateaux tibiaux) ou inférieure (fracture de Dupuytren) du tibia, qui touche une articulation, nécessite une réduction chirurgicale de façon à obtenir une reconstitution anatomique parfaite des surfaces articulaires, tandis que, en cas de fracture de la diaphyse (partie médiane) du tibia, souvent associée à une fracture du péroné, la réduction peut être manuelle.

La consolidation de l'os est obtenue selon les cas entre 45 jours (fracture isolée de l'extrémité supérieure ou inférieure) et 3 mois (fracture de la diaphyse). Les principales complications des fractures du tibia sont l'infection, en cas de fracture ouverte, et surtout la pseudarthrose (absence de consolidation normale de l'os) et le cal vicieux (consolidation dans une mauvaise position).

Tic

Mouvement anormal involontaire et répétitif, de survenue soudaine et de durée brève.

Les tics apparaissent le plus souvent dans l'enfance. Ils sont 3 à 4 fois plus fréquents chez les garçons, et leur caractère familial n'est pas rare. Entre 6 et 8 ans apparaissent parfois des tics sans gravité, qui s'estompent spontanément.

CAUSES

Aucune lésion du système nerveux n'a jamais été mise en évidence chez les patients souffrant de tics. Une cause psychologique est parfois évoquée. Dans certains cas, on constate des troubles psychologiques nets : agressivité contenue, narcissisme fragile (le sujet n'a pas assez confiance en lui).

DESCRIPTION

Un tic peut être suspendu temporairement par la volonté, à la différence des autres mouvements anormaux : tremblements, dyskinésies (perturbation des mouvements ou de la mobilité d'un organe) et myoclonies (contractions brèves, rapides et involontaires d'un ou de plusieurs muscles). Le tic est stéréotypé (toujours identique à lui-même) et répété par salves. Sa fréquence croît avec

l'émotion et l'anxiété, diminue avec le repos. Certains tics, simples, ne mettent en jeu qu'un ou quelques muscles, d'autres, complexes, prennent l'aspect d'une véritable gesticulation. Les tics concernent surtout la face (clignement des paupières, plissement du front, sourire, hochement de tête, contraction des muscles des maxillaires), le cou (mouvement de flexion ou d'inclinaison sur le côté), les épaules (haussement, abaissement), les muscles du larynx (vocalisation, grognement, toux).

TRAITEMENT

Si les tics sont trop gênants, on peut proposer un traitement destiné à diminuer leur fréquence : prescription de neuroleptiques ou thérapie comportementale.

Tick fever

→ VOIR Fièvre pourprée des montagnes Rocheuses.

Tietze (syndrome de)

Douleur de la partie haute du thorax à proximité du sternum, à hauteur de la 2e ou de la 3e côte.

Le syndrome de Tietze peut être lié à un traumatisme (« faux mouvement » en secouant un tapis ou en rattrapant une portière), à une usure ou à une inflammation du cartilage (polychondrite atrophiante, par exemple) ; cependant, sa cause reste le plus souvent inconnue. La zone douloureuse correspond au cartilage costal, à l'articulation entre celui-ci et le sternum ou à la jonction entre la partie osseuse et la partie cartilagineuse de la côte.

DIAGNOSTIC

Les douleurs dues à un syndrome de Tietze ne doivent pas être confondues avec celles d'une angine de poitrine ; leur reproductibilité à la pression de la jonction sternocostale permet de confirmer le diagnostic.

ÉVOLUTION ET TRAITEMENT

La douleur disparaît en général spontanément ; sinon, on a recours à une infiltration de cortisone. Les récidives sont possibles.

Timbre

→ VOIR Patch.

Tinea nigra

Infection bénigne de la peau par un champignon microscopique, *Cladosporion werneckii*.

Le tinea nigra est une affection très rare observée dans les pays chauds.

Tirage

Dépression anormale de la paroi thoracique, visible soit au-dessus du sternum (tirage sus-sternal), soit au-dessous, à la hauteur des espaces intercostaux (tirage sous-sternal), au cours des fortes inspirations.

Tire-lait

Appareil destiné à tirer le lait du sein.

Un tire-lait est une pompe en forme de seringue ou de globe, dont le fonctionnement est manuel ou électrique. Son utilisation est indiquée dans divers cas : lorsque l'enfant est prématuré et trop faible pour téter au sein, le lait lui étant ensuite administré au biberon ; lorsque la mère doit s'absenter ; lorsque l'allaitement maternel est rendu difficile ou douloureux par des crevasses du mamelon, une lymphangite, un abcès du sein ou un engorgement mammaire (excès de sécrétion lactée).

Tissu

Ensemble de cellules ayant une même morphologie et/ou remplissant une même fonction.

DIFFÉRENTS TYPES DE TISSU

Il existe quatre grandes variétés de tissu de base :

– l'épithélium, spécialisé soit dans le revêtement, soit dans la sécrétion glandulaire ;
– le tissu conjonctif commun, tissu de soutien assurant le remplissage des interstices entre les autres tissus et la nutrition de ceux-ci ;
– le tissu musculaire, spécialisé dans la contraction ;
– le tissu nerveux, spécialisé dans le recueil, l'analyse et la production d'informations.

Le sang et le tissu osseux sont considérés soit comme des tissus à part, soit comme des formes très spécialisées de tissu conjonctif. Le tissu hématopoïétique, fabriquant les cellules du sang, est complexe, formé de plusieurs tissus de base : il contient notamment les cellules sanguines et un tissu conjonctif de soutien.

Tissu conjonctif

Tissu servant de soutien aux autres tissus du corps, assurant leur nutrition et participant aux mécanismes de défense immunitaire de l'organisme.

Les tissus conjonctifs sont disséminés à l'intérieur des organes et entre eux. Leurs cellules (fibrocytes, cellules adipeuses, globules blancs) sont dispersées dans une matrice extracellulaire plus ou moins fluide, contenant de l'eau et des fibres constituées d'une protéine (le collagène ou l'élastine).

TNF

→ VOIR **Facteur nécrosant les tumeurs.**

Tocographie

Enregistrement des contractions utérines pendant l'accouchement.
→ VOIR **Monitorage.**

Tocophérol

Substance ayant une activité vitaminique E.
→ VOIR **Vitamine E.**

Tolérance

1. Capacité de l'organisme à supporter, sans manifester de signes d'intoxication, des doses d'une substance donnée.
2. Phénomène caractérisé par une diminution des effets sur l'organisme d'une dose fixe d'une substance chimique, au fur et à mesure que l'on répète son administration.

C'est un des aspects, avec la dépendance physique et la dépendance psychique, de la pharmacodépendance (ou toxicomanie).

Tolérance immunitaire

Capacité du système immunitaire de l'organisme à supporter la présence d'antigènes sans manifester de réaction immunitaire de défense. SYN. *anergie.*

Le système immunitaire d'un organisme est normalement tolérant à ses propres constituants (auto-antigènes), alors qu'il reste sensible aux antigènes étrangers. La rupture de la tolérance aux auto-antigènes provoque des maladies dites auto-immunes.

Tomodensitométrie

Examen radiologique utilisant le tomodensitomètre, ou scanner à rayons X, qui permet d'obtenir, sous forme d'images numériques, des coupes très fines des organes examinés.

SYN. *scanographie, tomographie axiale assistée par ordinateur, tomographie axiale computérisée (T.A.C.), Scan RX.*

INDICATIONS

La tomodensitométrie (T.D.M.) permet de rechercher des affections siégeant dans la tête (cerveau, hypophyse, œil et voies optiques, cavités sinusiennes et rhinopharyngées), le rachis et la moelle épinière, le thorax, l'abdomen, le bassin et les membres (squelette).

TECHNIQUE

La tomodensitométrie consiste à mesurer les différences d'absorption d'un étroit faisceau de rayons X par les divers tissus qu'il traverse au moyen de détecteurs sensibles placés en couronne dans l'appareil. La quantité de rayons X délivrée étant connue, il est possible de calculer à partir de chaque détecteur, diamètre par diamètre de rotation, la quantité de rayons X absorbée par les structures anatomiques examinées. Le faisceau de rayons X est mobile et tourne autour du corps dans un même plan. Un ordinateur recueille point à point les informations obtenues, les transcrit sous forme d'image par affichage en gamme de gris et restitue une coupe anatomique sur un écran. Les coupes sont perpendiculaires au grand axe du corps. Certains logiciels permettent actuellement la construction d'images en trois dimensions à partir des coupes obtenues. Les images sont ensuite reproduites sur un film photographique.

PRÉPARATION ET DÉROULEMENT

Un produit de contraste iodé est souvent nécessaire pour mieux visualiser les organes. Ce produit est soit injecté dans une veine du pli du coude par un fin cathéter, soit avalé. Le patient doit être à jeun et n'avoir ni bu ni fumé depuis au moins six heures.

Le scanner à rayons X forme un grand cadre, au centre duquel se trouve une ouverture circulaire permettant le passage d'un lit. Le patient est allongé sur ce lit coulissant qui se déplace dans l'axe de l'appareil. Le faisceau de rayons X tourne autour de la région à examiner et chaque coupe est réalisée séparément en quelques secondes, pendant lesquelles le malade doit être tout à fait immobile et éventuellement suspendre sa respiration. Entre 2 coupes successives, le lit se déplace de un à quelques millimètres, suivant les organes à examiner. L'examen dure de 15 à 45 minutes.

CONTRE-INDICATIONS ET PRÉCAUTIONS

La tomodensitométrie n'est pas pratiquée chez la femme enceinte en raison des dangers que les rayons X présentent pour le fœtus.

Si l'examen nécessite l'injection d'un produit de contraste iodé et que le patient a déjà présenté auparavant des manifestations allergiques (crise d'asthme, eczéma, allergie à l'iode, etc.), le médecin prescrit à celui-ci un traitement antiallergique, à suivre pendant les 3 jours précédant l'examen.

Les personnes qui souffrent d'insuffisance rénale doivent boire beaucoup pendant les jours qui précèdent et qui suivent la tomodensitométrie, ou être mises sous perfusion afin d'être bien hydratées.

Le sujet ne devant pas bouger pendant l'examen, le médecin peut être amené à pratiquer une sédation profonde chez les enfants et les sujets anxieux.

La tomodensitométrie est tout à fait indolore.

Tomographie

Examen radiologique permettant de visualiser des structures anatomiques sous forme de coupes.

On parle de tomographie chaque fois qu'on produit une image en coupe, comme avec les techniques modernes de tomographie par émission de positons, de tomodensitométrie (ou scanner), de tomoscintigraphie et d'échotomographie (échographie en coupes, seule variété courante d'échographie).

Tomographie par émission de positons

Technique d'imagerie médicale fondée sur la détection, par un appareillage approprié, des rayonnements associés aux positons (particules élémentaires légères de même masse que l'électron, mais de charge électrique positive) émis par une substance radioactive introduite dans l'organisme, et permettant d'obtenir des images en coupe (tomographies) de certains organes. En anglais, *Positrons Emission Tomography (PET)*.

La tomographie par émission de positons (T.E.P.) permet d'obtenir en quelques secondes une image en coupe, ce qui en fait un outil particulièrement bien adapté pour l'observation de phénomènes physiologiques tels que le débit ou le volume sanguins, le métabolisme du glucose ou de l'oxygène, la synthèse des protéines, etc. Cette technique est principalement utilisée pour l'examen du cœur et du cerveau, mais des études des os, des reins et des poumons sont également possibles.

PERSPECTIVES

À l'heure actuelle, la tomographie par émission de positons est essentiellement un outil de recherche fondamentale et clinique. Elle commence toutefois à être reconnue en tant qu'outil d'investigation clinique, notamment en cardiologie (recherche des zones de tissu musculaire cardiaque encore viables après un infarctus), en neurologie (épilepsie) et neuropsychiatrie (démence sénile, maladie d'Alzheimer) ainsi qu'en cancérologie (détection, avec une très grande sensibilité, de certaines tumeurs).

Tomoscintigraphie

Technique d'imagerie médicale fondée sur la détection, par une caméra spéciale, des radiations gamma émises par une substance radioactive introduite dans l'organisme (scintigraphie), ce qui permet d'obtenir des images en coupe (tomographies) de différents organes. SYN. *tomographie d'émission à photon unique*. En anglais, *Single Photon Emission Computed Tomography (SPECT)*.

Les deux applications majeures de la tomoscintigraphie sont l'exploration du cœur et celle du cerveau.

CONTRE-INDICATIONS

Comme pour toute scintigraphie, des précautions particulières doivent être prises en cas de grossesse ou d'allaitement.

TECHNIQUE

La tomoscintigraphie consiste en la représentation en trois dimensions d'une partie du corps, à partir de coupes dites tomographiques, elle-mêmes obtenues par la combinaison de nombreuses images prises sous des angles variés. Ces dernières sont des images scintigraphiques, obtenues par enregistrement du rayonnement gamma émis par une substance radioactive (traceur radioactif) introduite dans l'organisme.

DÉROULEMENT

Le dispositif le plus couramment employé est un tomographe, constitué d'une gamma-caméra (caméra spéciale sensible aux rayonnements gamma) assujettie à un support capable de tourner autour du corps du patient et d'enregistrer ainsi des images sous des angles multiples. L'ordinateur associé à la gamma-caméra détermine la radioactivité contenue dans chaque volume élémentaire, ou voxel, de l'organe étudié.

Le patient, auquel on a injecté par voie intraveineuse, ou fait absorber ou inhaler le traceur radioactif, est allongé. Le détecteur de la gamma-caméra est placé face à l'organe à étudier, perpendiculairement à l'axe principal du corps, puis commence à tourner lentement autour de cet axe en un mouvement soit continu, soit fractionné (mouvement « pas à pas »). La rotation peut, selon les cas, être complète ou consister seulement en un demi-tour. Sa durée est de 10 à 20 minutes en fonction de la quantité de radioactivité concentrée dans la région étudiée. À l'issue de la phase d'enregistrement (phase dite « d'acquisition »), les informations entrées dans la mémoire de l'ordinateur sont traitées pour fournir, après calcul, des images de coupe.

AVANTAGES ET INCONVÉNIENTS

Comparées aux images de la scintigraphie classique, qui donnent une représentation en deux dimensions de la structure étudiée, les images en coupe de la tomoscintigraphie permettent de repérer avec une précision accrue les anomalies de répartition du traceur, facilitant ainsi la localisation de la lésion. En outre, contrairement aux images en coupe du scanner à rayons X, les tomoscintigraphies sont jointives, ce qui permet de reconstruire les images selon des angles différents afin de faciliter le repérage des anomalies.

Le principal inconvénient de cette technique réside dans le fait que l'étude d'un phénomène est difficile lorsqu'il évolue lentement, impossible lorsqu'il évolue vite. Pour le cœur, on peut cependant contourner cette difficulté en synchronisant la prise des images avec les contractions cardiaques au moyen d'un électrocardiogramme. La tomoscintigraphie peut ainsi réaliser des coupes représentant les temps successifs de la contraction cardiaque.

Tonicardiaque

→ VOIR Cardiotonique.

Tonométrie

Examen qui a pour but de mesurer la tension oculaire, c'est-à-dire la pression qui règne à l'intérieur de l'œil.

INDICATIONS

La tonométrie oculaire permet de mettre en évidence les augmentations anormales de la tension oculaire (glaucome) susceptibles de faire baisser la vision en l'absence de traitement.

PRÉPARATION ET DÉROULEMENT

Après instillation sur la cornée d'une goutte de collyre anesthésique teintée de fluorescéine, le sujet est installé devant le biomicroscope. Il doit garder les yeux grands ouverts sans cligner des paupières au moment de la prise de tension.

CONTRE-INDICATIONS

La tonométrie n'est pas pratiquée en cas de conjonctivite ou de kératite, pour éviter les risques d'infection.

Tonus

État de tension légère mais permanente dans lequel se trouvent normalement les muscles du squelette.

Le tonus est une légère contraction musculaire, déclenchée par les nerfs grâce à un réflexe particulier, le réflexe myotatique. Il est permanent, bien que son intensité puisse varier, diminuant pendant le sommeil, augmentant avant et pendant un effort physique. Le tonus donne au muscle une certaine consistance à la palpation, et aux articulations une certaine rigidité indispensable au maintien des postures du corps. L'hypotonie (baisse du tonus) et l'hypertonie (son accentuation) sont des signes diagnostiques importants au cours des paralysies et des comas.

Tophus

Dépôt de cristaux d'acide urique formant sous la peau des tuméfactions.

Les tophus se forment en cas d'élévation prolongée du taux sanguin d'acide urique, le plus souvent chez les malades atteints de goutte, parfois aussi, mais plus rarement, chez des sujets suivant depuis plusieurs années un traitement par les diurétiques. Ce sont des nodules sous-cutanés de quelques millimètres à plusieurs centimètres de diamètre, de consistance molle lorsqu'ils sont de formation récente, dure s'ils sont plus anciens. Non douloureux, ils siègent en général sur les coudes, les doigts, le gros orteil et le pavillon des oreilles. Non traité, un tophus peut s'ulcérer, laissant s'échapper un contenu pâteux ou crayeux.

TRAITEMENT

Le traitement des tophus est celui de l'hyperuricémie (augmentation du taux sanguin d'acide urique) par la prise de médicaments hypo-uricémiants, le plus souvent l'allopurinol. S'ils gênent, les tophus peuvent être enlevés chirurgicalement.

Torsion

Mouvement de rotation d'un organe sur lui-même.

→ VOIR Testicule (torsion du), Volvulus.

Torticolis

Contracture plus ou moins douloureuse des muscles du cou, limitant les mouvements de rotation de la tête.

DIFFÉRENTS TYPES DE TORTICOLIS

Il existe différentes variétés de torticolis, classées selon leurs causes.

■ **Le torticolis banal** apparaît parfois après un mouvement brutal et forcé du cou. Plus souvent, on le constate le matin au réveil, sans doute à cause d'une mauvaise position du cou pendant le sommeil. Les symptômes disparaissent en moins de 3 jours grâce au repos et aux médicaments analgésiques et myorelaxants (décontracturants musculaires), en pommade ou par voie orale.

■ **Le torticolis congénital,** présent dès la naissance, est dû au développement insuffisant d'un des muscles sterno-cléido-mastoïdiens (situés sur le côté du cou). Dans ce cas, le torticolis est permanent et indolore. Une correction chirurgicale, qui consiste à rallonger les tendons trop courts, doit être effectuée dès les premières années.

■ **Le torticolis spasmodique,** de cause inconnue, est classé parmi les dystonies (maladies au cours desquelles des contractures provoquent des positions anormales du corps). On observe des accès de douleur et de raideur du cou, pendant lesquels surviennent des contractures successives. La tête peut être en rotation (torticolis), en inclinaison sur le côté (latérocolis), en flexion vers l'avant (antécolis) ou en extension vers l'arrière (rétrocolis). Le traitement repose sur la kinésithérapie, qui vise à renforcer les muscles antagonistes des muscles atteints. On y adjoint le même traitement de base que pour le torticolis banal ou des injections locales, à doses infimes, de toxine botulinique (le botulisme étant une intoxication alimentaire caractérisée par des paralysies) : on obtient ainsi la paralysie des muscles trop actifs.

■ **Le torticolis symptomatique** n'est que l'un des symptômes d'une maladie causale. Beaucoup de lésions de la colonne vertébrale cervicale ou de la région de la nuque peuvent provoquer un torticolis. Le traitement est celui de la douleur et de la contracture, comme pour le torticolis banal, complété par le traitement, parfois chirurgical, de la cause, si elle est connue.

Toucher

Sens par lequel sont reçues les informations sur l'environnement qui sont perçues par contact cutané direct.

Les récepteurs du toucher sont des corpuscules, c'est-à-dire de minuscules organes sensoriels situés dans la peau, sous l'épiderme. Les informations nerveuses sont transmises de ces récepteurs au cerveau par un triple relais de neurones. Le corps cellulaire du premier neurone est localisé dans un ganglion rachidien. Il rejoint la corne postérieure de la moelle épinière. De là, le second neurone emprunte le cordon latéral de la moelle pour la sensibilité tactile grossière et les sensibilités thermique et douloureuse, et le cordon postérieur pour la sensibilité fine. Après avoir croisé la ligne médiane, toutes ces voies convergent vers le noyau opposé du thalamus, d'où part le troisième neurone, dont le corps se trouve dans les centres du toucher, situés dans le cortex du lobe pariétal.

PATHOLOGIE

Il existe des altérations du toucher quantitatives, partielles (hypoesthésie, hyperesthésie) ou totale (anesthésie), et des altérations qualitatives (dysesthésie). Toutes ces altérations peuvent se rencontrer en cas d'atteinte des nerfs périphériques (anesthésie par section d'un nerf, névralgie sciatique ou dentaire) ou des organes centraux du système nerveux (moelle épinière, cerveau). Les causes sont extrêmement variées, selon la localisation de l'atteinte : traumatique, toxique (alcoolisme), métabolique (diabète), inflammatoire. Les capacités de récupération d'un toucher normal dépendent directement de cette cause. Toutefois, même lorsque celle-ci peut être combattue, il persiste souvent une petite altération de la qualité de la perception sensitive, notamment quand les zones de toucher fin sont lésées (pulpe des doigts).

Toucher médical

Examen d'une cavité naturelle du corps humain pratiqué avec un ou deux doigts.

DIFFÉRENTS TYPES DE TOUCHER MÉDICAL

■ **Le toucher rectal,** qui se pratique avec l'index, muni d'un doigtier lubrifié, permet l'exploration de l'anus, de la partie basse du rectum, du bas-fond de la cavité péritonéale (cul-de-sac de Douglas) et de la prostate. Cet examen est pratiqué spécialement à partir de 50 ans lors des visites médicales de routine afin de dépister d'éventuelles lésions prostatiques ou rectales.

■ Le toucher vaginal, examen fait par un gynécologue ou un généraliste se pratique avec deux doigts, l'index et le médius, recouverts d'un gant lubrifié. Associé à la palpation abdominale, il permet l'examen du col de l'utérus, de l'utérus lui-même et de ses annexes (trompes, ovaires). Un toucher vaginal permet ainsi de dépister une anomalie de position ou une augmentation de taille de l'utérus, la présence d'une masse sur l'utérus, les ovaires ou les trompes (fibrome utérin, kyste de l'ovaire ou pyosalpinx, c'est-à-dire présence de pus dans les trompes), une augmentation de volume ou une anomalie de consistance du col utérin (cancer).

Tour de rein
→ VOIR Lumbago.

Toux
Expiration brusque et bruyante, réflexe ou volontaire, assurant l'expulsion de l'air contenu dans les poumons.

CAUSES
Une toux peut avoir des origines très diverses : bronchopulmonaire (bronchite, trachéite, asthme, cancer bronchopulmonaire, inhalation d'un corps étranger, dilatation des bronches, tuberculose), mais aussi oto-rhino-laryngologique (otite, rhinopharyngite, sinusite), pleurale (pleurésie, pneumothorax), cardiaque (insuffisance cardiaque gauche) ou encore digestive (reflux gastro-œsophagien).

SYMPTÔMES ET SIGNES
On distingue deux sortes de toux : la toux grasse, qui est suivie d'expectoration, et la toux sèche, qui ne l'est pas.

TRAITEMENT
La toux n'étant que le symptôme d'une maladie, on ne la traite pour elle-même, par des médicaments antitussifs, que si elle est sèche et très gênante. En revanche, les antitussifs sont contre-indiqués en cas de toux grasse, car, en supprimant la toux, ils seraient susceptibles de provoquer une accumulation de sécrétions dans les bronches et les poumons et d'aggraver la gêne respiratoire.

Toxémie gravidique
Toute complication rénale survenant au cours de la grossesse.
→ VOIR Éclampsie

Toxicodépendance
Dépendance physique et psychique engendrée par la consommation régulière de drogues.

Toxicologie
Discipline médicale ayant pour objet l'étude des poisons.

La toxicologie s'intéresse à la composition des substances chimiques toxiques, médicamenteuses ou non, aux effets de ces substances sur l'organisme, au diagnostic et au traitement des intoxications.

Dans chaque ville importante, il existe un centre antipoison, capable de fournir par téléphone les renseignements nécessaires sur une substance éventuellement toxique, d'organiser les soins d'urgence et d'assurer les traitements.

Toxicomanie
Comportement consistant à consommer de façon régulière et importante des substances (drogues) plus ou moins toxiques et susceptibles d'engendrer un état de dépendance psychique et/ou physique.

Selon une recommandation de l'Organisation mondiale de la santé (O.M.S.), le terme de « toxicomanie » devrait être remplacé par celui de « pharmacodépendance ».

DIFFÉRENTS TYPES DE DROGUES
Les « drogues » du langage courant ont pour point commun d'être soit des substances (héroïne, cocaïne, etc.) d'un usage illégal, soit des substances (colle, essence, etc.) détournées de leur usage légal. Il est important de souligner que certains spécia-

Les méfaits des « drogues douces »

Si la dépendance physique est particulièrement faible pour le haschisch – d'où son qualificatif de « drogue douce » –, son effet toxique immédiat n'est pas inexistant : diminution de la résistance aux infections, toxicité sur l'embryon en cas de grossesse, troubles des fonctions intellectuelles. L'usage régulier de haschisch entretient aussi une importante dépendance psychologique.

On sait actuellement que la prise régulière de haschisch est responsable, du fait de son action sur le système nerveux central (blocage des récepteurs nerveux par la drogue), de l'apparition d'un désintérêt scolaire et, plus largement, d'une indifférence générale appelée syndrome amotivationnel, ou anhédonie.

listes n'hésitent pas à appeler également « drogues » d'autres substances (alcool, tabac), légales et relativement bien intégrées socialement. De plus, certains médicaments (anxiolytiques, hypnotiques, morphine, amphétamines) peuvent être détournés de leur usage normal par les toxicomanes ou encore induire une dépendance involontaire chez les malades.

Les drogues agissent sur le cerveau, mais de diverses façons selon le produit : détente, tranquillité ; stimulation, excitation ; distorsion des perceptions sensorielles, hallucinations, etc.

CAUSES

Chez les jeunes, la prise occasionelle de drogue traduit la recherche de sensations nouvelles, le désir d'imiter les autres ou de transgresser les interdits. Certains adolescents, après ces premières expériences, deviennent des consommateurs réguliers. Trois facteurs peuvent y contribuer : la fréquentation de drogués ; un dialogue insuffisant avec le milieu familial ; des problèmes psychologiques personnels, la drogue permettant au toxicomane de s'évader momentanément d'une réalité qui lui est insupportable. Parfois, il existe un véritable trouble psychiatrique sous-jacent, que le médecin doit savoir dépister afin de pouvoir proposer un traitement.

EFFETS INDÉSIRABLES

La toxicomanie se manifeste par une dépendance psychique, c'est-à-dire un besoin incoercible de consommer la drogue. Certains produits déclenchent, de plus, une dépendance physique : l'arrêt de la prise de drogue entraîne un « état de manque » (ou syndrome de sevrage), parfois grave, comportant notamment angoisse, nausées, vomissements, douleurs musculaires ou encore hallucinations.

Chaque drogue a des effets toxiques, éventuellement mortels, qui lui sont propres. Le haschisch, par exemple, peut diminuer la résistance aux infections ou provoquer un syndrome psychologique d'indifférence générale et de désintérêt scolaire. Les toxicomanes qui utilisent des seringues risquent en outre, s'ils les échangent entre eux, de contracter de graves maladies virales (hépatites B ou C, sida).

Enfin, il arrive que le toxicomane, pour se procurer l'argent nécessaire à l'achat de la drogue, soit amené à fréquenter des milieux de plus en plus marginaux et violents.

TRAITEMENT

Un consommateur occasionnel ne nécessite pas de traitement médical : l'entourage familial et scolaire doit l'avertir du risque d'accoutumance et d'escalade. Celui qui use plus régulièrement de drogues peut être aidé par un soutien psychologique qui lui permettra de comprendre quelle difficulté d'existence il essaie de compenser et par quels comportements il peut remplacer la drogue. Enfin, si une dépendance physique est installée, un sevrage s'impose avant la prise en charge psychologique. Il est pratiqué sous contrôle médical et associé à l'administration temporaire de médicaments de substitution. La prise en compte des toxicomanies comprend également la prévention et ou le traitement de problèmes de santé découlant de la prise de drogues : pour éviter la propagation de maladies virales, certains pays mettent en œuvre des mesures comme la vente libre de seringues stériles. Et surtout un programme de réadaptation sociale et professionnelle doit être instauré, si besoin en passant par un centre spécialisé ou une famille d'accueil.

Toxidermie

Trouble cutané et/ou muqueux dû à l'ingestion ou à l'injection d'un médicament.

Le mécanisme en jeu permet de classer les toxidermies en deux grandes catégories.

■ **Les toxidermies immuno-allergiques** sont dues à une hypersensibilité (« allergie » du langage courant).

■ **Les toxidermies non immuno-allergiques** sont dues à diverses causes : dépôt du médicament sous la peau (argyrie), surdosage (élimination insuffisante du médicament par le foie ou les reins, interaction entre divers médicaments), effet secondaire d'un médicament (chute de cheveux consécutive à la prise de certains anticancéreux, par exemple), perturbation de la flore microbienne (développement de champignons du type *Candida albicans* après une antibiothérapie par voie générale), réaction phototoxique (déclenchement, après exposition au soleil, d'une éruption rouge ou bulleuse, consécutivement à la prise d'un médicament), etc.

SYMPTÔMES ET SIGNES

Certains cas de toxidermie sont aigus et graves, voire mortels en l'absence de traitement. De simples démangeaisons, une urticaire, un œdème de Quincke (gonflement du visage), un malaise ou une érythrodermie (rougeur généralisée), si on ne leur trouve pas une autre cause et si le patient prend des médicaments, sont donc à considérer comme un signe d'alarme important, parfois suffisant pour nécessiter une hospitalisation en urgence. Une toxidermie peut aussi se traduire par un érythème pigmenté fixe (rougeurs apparaissant toujours aux mêmes endroits, à chaque prise de médicament), un eczéma, une éruption bulleuse, un purpura (rougeurs hémorragiques par extravasation

des globules rouges en dehors des vaisseaux sanguins), une acné, un choc anaphylactique (défaillance circulatoire), une maladie sérique, une vascularite allergique, un lupus érythémateux, un pemphigus vulgaris, un pseudo-lymphome, une photo-allergie médicamenteuse, des troubles de la pigmentation ou des problèmes pilaires (chute de cheveux, hypertrichose [développement anormal de poils dans une région qui normalement n'en a pas ou ne présente qu'un fin duvet]), etc.

DIAGNOSTIC

Il repose sur le caractère souvent symétrique des lésions, les démangeaisons très vives qu'elles provoquent, le fait que le début de l'éruption coïncide, à quelques heures ou quelques jours près, avec la prise d'un nouveau médicament. Enfin, la disparition des lésions avec l'arrêt du médicament et leur récidive éventuelle en cas de nouvelle prise constituent aussi des arguments diagnostiques très importants.

TRAITEMENT ET PRÉVENTION

Le traitement consiste à suspendre la prise du médicament en cause et à soigner les symptômes : soins cutanés, prescription d'antihistaminiques (contre les démangeaisons), voire réanimation dans les cas les plus graves.

Toxi-infection

État infectieux provoqué par une toxine microbienne (substance toxique élaborée par un micro-organisme).

Une toxi-infection est un état infectieux grave se traduisant principalement par une altération de l'état général, des signes nerveux et cardiovasculaires (collapsus).

Toxi-infection alimentaire

Infection digestive contractée par ingestion d'aliments souillés par différentes bactéries et leurs toxines.

CAUSES

Les toxi-infections alimentaires surviennent le plus souvent dans les collectivités. L'aliment en cause est principalement l'œuf, ou une préparation contenant des œufs (pâtisserie, crème glacée), ou encore les laitages crus ou mal cuits, la charcuterie et les coquillages. Les germes le plus souvent responsables sont les salmonelles dites mineures (*Salmonella enteritidis*), plus rarement des shigelles, *Campylobacter, Clostridium perfringens* et *Yersinia*.

Il arrive que l'infection soit due à des aliments souillés par l'entérotoxine (toxine agissant sur l'intestin) d'un staphylocoque, le plus souvent à partir d'une lésion cutanée de la main (panaris) du cuisinier.

SYMPTÔMES ET TRAITEMENT

Les symptômes, qui surviennent environ 18 heures après l'ingestion, consistent en une fièvre, des douleurs abdominales, une diarrhée et une fatigue qui durent quelques jours. L'évolution est le plus souvent rapidement bénigne et la maladie disparaît spontanément.

Une toxi-infection alimentaire ne nécessite qu'une réhydratation, et dans certains cas, des médicaments antispasmodiques et ralentisseurs du transit, parfois des antiseptiques intestinaux. Des antibiotiques peuvent être prescrits aux sujets immunodéprimés, aux jeunes enfants et aux vieillards.

PRÉVENTION

Elle repose sur le contrôle de la filière de production des œufs, ainsi que sur le respect des règles d'hygiène, des conditions de préparation, de conservation et de distribution des aliments et sur le contrôle de ceux-ci.

Toxine

Substance toxique élaborée par un microorganisme et responsable de la capacité de celui-ci à provoquer une maladie.

DIFFÉRENTS TYPES DE TOXINE

■ **Les endotoxines** sont produites à l'intérieur de certaines bactéries à Gram négatif et libérées lors de la destruction de celles-ci.
■ **Les exotoxines** sont sécrétées vers l'extérieur par des germes à Gram positif et diffusent dans l'organisme.

UTILISATION THÉRAPEUTIQUE

Les exotoxines servent à la préparation de vaccins sous forme d'anatoxines (toxines ayant perdu leur toxicité mais conservé leur pouvoir immunogène).

Toxique

Produit ou substance nocifs pour l'organisme.
→ VOIR Intoxication.

Toxocarose

→ VOIR Larva migrans viscérale.

Toxoplasmose

Maladie parasitaire due à l'infestation par un protozoaire (parasite unicellulaire), le toxoplasme, ou *Toxoplasma gondii,* parasite de l'intestin du chat et de diverses autres espèces animales.

DIFFÉRENTS TYPES DE TOXOPLASMOSE

■ **La toxoplasmose congénitale,** assez rare, est transmise par la femme enceinte au fœtus. Le taux de contamination au cours de la grossesse est variable, mais les risques encourus par le fœtus sont plus importants au début de la gestation (il y a 4 % de risques de contamination fœtale lors du premier trimestre de la grossesse avec des conséquences importantes pour le fœtus, 30 % pendant les deux derniers trimestres de la grossesse, avec des conséquences moindres). La toxoplasmose peut être responsable d'un avortement spontané ou provoquer des anomalies cérébrales, oculaires et hépatiques chez l'enfant. Les plus fréquentes, celles de l'œil, se manifestent par une choriorétinite (inflammation de la choroïde et de la rétine) survenant souvent à l'adolescence.
■ **La toxoplasmose acquise** est une maladie fréquente dans tous les pays développés. Elle est presque toujours bénigne chez les enfants, les adolescents et les adultes sains.

CONTAMINATION

Toxoplasma gondii se multiplie dans les cellules de l'intestin du chat. Les œufs (oocytes) sont déposés sur le sol dans les excréments de l'animal.

La contamination s'effectue de diverses façons : par les mains transportant des aliments souillés par les matières fécales du chat (des légumes, par exemple) ; par l'ingestion de viande peu cuite (mouton, bœuf) et contenant des amas de toxoplasmes ; par transmission transplacentaire :

la femme enceinte ingère le parasite et le transmet au fœtus à travers le placenta.

SYMPTÔMES ET SIGNES

Dans la plupart des cas, le système immunitaire fournit une protection suffisante contre le protozoaire, de telle sorte que l'infection ne provoque aucun symptôme. Chez certains sujets, la toxoplasmose peut entraîner une fièvre, des adénopathies et une fatigue.

DIAGNOSTIC

La présence d'anticorps spécifiques dans le sang permet de diagnostiquer une toxoplasmose ; une ponction de liquide amniotique ou de sang fœtal est effectuée en cas de doute chez la femme enceinte.

TRAITEMENT

La guérison spontanée est habituelle et il est préférable, s'il s'agit d'une fillette ou d'une jeune fille en bonne santé, qu'elle ne suive pas de traitement afin d'acquérir des anticorps qui pourront la protéger au cours de ses futures grossesses. Le traitement fait appel à l'administration d'antibiotiques et de corticostéroïdes ; il n'est nécessaire que chez la femme enceinte, les enfants nés porteurs de symptômes graves, les sujets immunodéficients et les personnes atteintes de choriorétinite.

PRÉVENTION

Le dépistage des anticorps antitoxoplasmes est obligatoire chez toute femme enceinte, dès le début de sa grossesse. Il doit même être pratiqué, si possible, avant la grossesse afin d'assurer une surveillance régulière de la future mère et de prescrire au besoin un traitement dès que les anticorps apparaissent dans le sang.

Outre cette surveillance, une femme enceinte doit prendre la précaution de manger de la viande très cuite, éviter de changer les litières de chats, se laver soigneusement les mains après tout contact avec les excréments de l'animal, comme après toute manipulation de terre ou d'aliments pouvant contenir des oocytes de toxoplasme.

TPHA

Test sérologique de laboratoire permettant de mettre en évidence une infection par le tréponème pâle, ou *Treponema pallidum,* agent de la syphilis. (Abréviation de l'anglais *Treponema Pallidum Haemagglutination Assay,* test d'hémagglutination de *Treponema pallidum.*)

Trabéculectomie

Intervention chirurgicale permettant de créer une petite fistule sur le trabéculum (tissu translucide formé de fibres enchevêtrées qui filtrent l'humeur aqueuse quand elle s'écoule hors de l'œil).

Trabéculoplastie

Méthode de traitement du glaucome chronique consistant à élargir les mailles du trabéculum (tissu qui filtre l'humeur aqueuse s'écoulant hors de l'œil, à l'angle de l'iris et de la cornée) à l'aide du laser argon. SYN. *trabéculorétraction.*

Le laser argon provoque de minuscules brûlures régulièrement espacées sur le trabéculum, créant des cicatrices rétractiles qui facilitent l'écoulement de l'humeur aqueuse à travers ses mailles et contribuent à normaliser la pression intraoculaire.

Trabéculum

Tissu translucide formé de fibres enchevêtrées qui filtrent l'humeur aqueuse quand elle s'écoule hors de l'œil. SYN. *trabéculum cornéoscléral.*

Le trabéculum tapisse l'angle iridocornéen, formé par l'insertion du pourtour de l'iris sur la couche profonde de la cornée.

PATHOLOGIE

Une sclérose (durcissement anormal) du trabéculum, une obturation de ses mailles par un pigment de l'iris, une adhérence entre l'iris et la cornée sont à l'origine de glaucomes.

Traceur

→ VOIR Marqueur.

Traceur radioactif

Substance radioactive dont la présence ou le trajet dans un tissu, un organe ou un organisme vivant peuvent être facilement détectés par un dispositif approprié. SYN. *marqueur radioactif.*

Les traceurs radioactifs sont des substances que l'on peut introduire en très petites quantités dans un organisme afin d'y suivre leur répartition à des fins expérimentales, notamment biologiques ou médicales. Ils présentent l'avantage, à la différence de beaucoup de traceurs non radioactifs, de ne pas perturber le métabolisme étudié en raison des très faibles quantités nécessaires.

Trachée

Conduit qui fait communiquer le larynx avec les bronches et sert au passage de l'air.

La paroi de la trachée est formée d'une superposition d'anneaux cartilagineux horizontaux en forme de fer à cheval, qui, en arrière, sont fermés par un tissu musculaire. La trachée est située en avant de l'œsophage, auquel elle adhère étroitement. Elle fait suite au larynx, puis se divise à la hauteur de la cinquième vertèbre dorsale en deux bronches principales, donnant respectivement naissance aux arbres bronchiques droit et gauche.

PATHOLOGIE

La trachée peut être le siège d'une infection (trachéite, trachéobronchite), d'une tumeur (cancer de la trachée) ; en outre, certaines maladies se traduisent par une atteinte de la trachée : trachéomalacie (ramollissement), polychondrite atrophiante (dégénérescence), etc.

Trachéite

Inflammation aiguë ou chronique de la muqueuse tapissant l'intérieur de la trachée.

CAUSES

Une trachéite est en général d'origine infectieuse (bactérienne ou virale), parfois irritative (provoquée, par exemple, par l'inhalation de substances toxiques – produits chlorés notamment). La forme la plus couramment rencontrée est la trachéite aiguë virale, qui se répand par épidémies printanières et automnales et guérit spontanément en quelques jours. Une trachéite est le plus souvent associée à une rhinopharyngite, à une laryngite ou à une bronchite (inflamma-

tion, respectivement, du rhinopharynx, du larynx ou des bronches ; dans ce dernier cas, on parle de trachéobronchite).

SYMPTÔMES ET SIGNES

Une trachéite se manifeste par des quintes de toux tenaces, éveillant une douleur thoracique. Cette toux est sèche dans un premier temps, puis accompagnée d'expectoration en cas d'extension de l'inflammation aux bronches.

TRAITEMENT

C'est avant tout celui des symptômes de la trachéite (médicaments antitussifs) ; les antibiotiques ne sont prescrits qu'en cas d'infection bactérienne.

Trachéobronchite

Inflammation simultanée de la muqueuse trachéale (trachéite) et des bronches (bronchite).

→ VOIR Bronchite, Trachéite.

Trachéostomie

Intervention chirurgicale consistant à aboucher la trachée à la peau.

Une trachéostomie se pratique après une laryngectomie totale (ablation de la totalité du larynx, conduit situé au-dessus de la trachée). À la fin de l'intervention, le chirurgien suture la trachée à une incision cutanée ouverte sur le cou. Une canule en plastique ou en métal est alors posée dans la trachée. Elle est laissée en place pendant au moins un an afin d'éviter tout risque de sténose (rétrécissement) ; le sujet doit la retirer chaque jour pour la nettoyer à l'eau et au savon.

CONSÉQUENCES

Du fait de la disparition de ses cordes vocales (situées dans le larynx), le patient doit suivre des séances d'orthophonie pour apprendre à parler avec une voix œsophagienne (à la manière des ventriloques).

Trachéotomie

Intervention chirurgicale consistant à pratiquer une ouverture de la face antérieure de la trachée cervicale – entre le 3e et le 4e anneau cartilagineux – et à y placer une canule pour assurer le passage de l'air.

Par extension, ce terme désigne aussi le résultat de l'intervention.

INDICATIONS

La trachéotomie court-circuite les voies aériennes supérieures (fosses nasales, pharynx, larynx) lorsque celles-ci sont obstruées, par exemple par un œdème ou une tumeur. Elle facilite aussi le renouvellement des gaz respiratoires (oxygène, gaz carbonique) dans les alvéoles pulmonaires, chez certains sujets atteints d'insuffisance respiratoire chronique, en diminuant le volume des voies respiratoires qui ne servent pas directement aux échanges gazeux. De plus, en réanimation et chez les sujets souffrant d'une insuffisance respiratoire, elle prévient l'encombrement bronchique en facilitant l'aspiration des sécrétions.

MATÉRIEL ET DÉROULEMENT

La trachéotomie est réalisée sous une anesthésie générale légère, éventuellement complétée par une anesthésie locale. Elle est suivie de la mise en place de la canule, dont il existe divers types, de longueur et de diamètre variables, adaptés aux différentes indications de la trachéotomie.

Une trachéotomie peut être définitive ou temporaire. Dans ce dernier cas, l'orifice se ferme spontanément et cicatrise quelques jours après le retrait de la canule.

Lorsque la trachéotomie a un caractère définitif, après quelques semaines passées en milieu hospitalier ou dans un centre de convalescence, le sujet peut regagner son domicile.

ENTRETIEN

Une trachéotomie nécessite des aspirations bronchiques ; de plus, l'hygiène de la canule, entretenue par un lavage quotidien à l'aide d'une petite brosse et d'une solution antiseptique, et le maintien de sa perméabilité doivent être scrupuleusement surveillés. Les sujets atteints d'une insuffisance respiratoire chronique et porteurs d'une trachéotomie à demeure doivent être capables de réaliser ces soins eux-mêmes à domicile. Par ailleurs, ils peuvent s'alimenter normalement et la trachéotomie, en leur permettant notamment de s'essouffler moins vite, leur assure une meilleure autonomie.

COMPLICATIONS

Habituellement bien tolérée après un temps d'adaptation de quelques semaines, une trachéotomie peut cependant entraîner diverses complications, dont les principales sont les hémorragies, survenant soit lors du geste chirurgical, à la suite d'une lésion d'un petit vaisseau, soit du fait d'une infection ou de manœuvres brutales ou maladroites lors d'un changement de position du malade ou d'un changement de canule (mauvaise position, voire expulsion de la canule chez un malade agité) ; l'obstruction de la canule par des sécrétions ou des caillots sanguins ; une infection localisée au pourtour de l'orifice ; les infections bronchopulmonaires ; les lésions de la paroi trachéale et le risque d'apparition d'une fistule trachéoœsophagienne (canal pathologique mettant en communication la trachée et l'œsophage) ou d'une sténose trachéale (rétrécissement cicatriciel de la trachée) ; cette dernière complication peut être traitée au laser, voire chirurgicalement.

Trachome

Conjonctivite (inflammation de la conjonctive) granuleuse due à un germe du genre *Chlamydia, Chlamydia trachomatis,* et pouvant évoluer vers la cécité.

FRÉQUENCE

Le germe du trachome, très contagieux, est particulièrement répandu dans les pays d'Afrique, notamment ceux d'Afrique du Nord, et en Asie. Il atteint plus de 500 millions d'individus et représente la première cause de cécité dans le monde.

CONTAMINATION

Le germe, strictement humain, se transmet par l'intermédiaire de mains sales portées au visage ou de poussières apportées par le vent. La contagion est fréquente au sein d'une même famille.

SYMPTÔMES ET SIGNES

Au début, le trachome prend la forme d'une conjonctivite folliculaire (formée de surélévations translucides), surtout observable sous la paupière supérieure, provoquant de petites lésions qui passent souvent inaperçues. Puis la conjonctivite devient granuleuse (constituée de reliefs plus importants et plus vascularisés) en raison du nombre croissant des follicules et il se forme, de la périphérie au centre de la cornée, une légère opacité ressemblant à un voile. Au bout de quelques mois, les lésions se cicatrisent, mais laissent des séquelles pouvant altérer la vision : présence sur la cornée d'un voile vasculogranuleux appelé pannus, présence de cicatrices étoilées sur la conjonctive de la paupière supérieure.

DIAGNOSTIC

Le diagnostic repose sur l'examen clinique. Il est confirmé par un frottis conjonctival, qui consiste à recueillir les sécrétions afin d'y rechercher la présence des chlamydiæ. Il est complété, le cas échéant, par un grattage conjonctival, pratiqué sous anesthésie locale, qui recherche des cellules à inclusions caractéristiques (cellules contenant des colonies de chlamydia).

COMPLICATIONS

Les complications des formes sévères sont essentiellement des opacités cornéennes parfois très denses et responsables d'une baisse majeure de l'acuité visuelle pouvant évoluer vers la cécité, des modifications des paupières telles qu'un ptôsis (affaissement de la paupière supérieure) ou un entropion (bascule du bord de la paupière, souvent inférieure, vers l'intérieur de l'œil), généralement associé à un trichiasis (déviation vers le globe oculaire des cils, qui viennent frotter sur la cornée et y provoquent des ulcérations). On observe aussi une sclérose de l'appareil lacrymal qui empêche l'écoulement normal des sécrétions.

TRAITEMENT

À un stade peu évolué de la maladie, l'application locale, pendant au moins trois semaines, de collyres et de pommades antibiotiques adaptés au germe permet de faire régresser les symptômes. Le traitement des séquelles est essentiellement chirurgical.

PRÉVENTION

Une bonne hygiène corporelle et un lavage des mains fréquent permettent d'éviter la contamination.

Traction

Manœuvre consistant à tirer sur une partie d'un membre ou sur la colonne vertébrale afin d'obtenir un effet thérapeutique ou analgésique.

INDICATIONS

Plusieurs sortes de lésions traumatiques peuvent bénéficier d'une traction avant leur traitement chirurgical : les fractures de la colonne vertébrale, celles du fémur ou de son col, etc.

TECHNIQUE

Le blessé est étendu sur un lit orthopédique, le membre en traction étant maintenu à un point fixe (le plus souvent l'armature du lit) par un système de poulies et de câbles auxquels sont suspendus des poids. Le point d'application de la traction est souvent un segment d'os intact situé au voisinage de la fracture, dans lequel sont mises en place des broches.

Traitement

Ensemble des méthodes employées pour lutter contre une maladie et tenter de la guérir.

Le traitement fait appel aux principes de la thérapeutique, que le médecin adapte au mieux des connaissances actuelles à chaque cas particulier. On distingue les traitements médicaux, utilisant les médicaments et divers moyens physiques (kinésithérapie, radiothérapie, thermalisme), et les traitements chirurgicaux, avec divers instruments et sous différents modes d'anesthésie.

DIFFÉRENTS TYPES DE TRAITEMENT

On en distingue quatre, selon leur but.

■ **Les traitements curatifs** se déroulent en plusieurs phases : traitement d'attaque, initial et intensif, suivi au besoin d'un traitement d'entretien, moins lourd mais souvent plus prolongé.

■ **Les traitements palliatifs** concernent les mesures qui peuvent être employées lorsqu'une maladie grave, un cancer par exemple, approche de son terme fatal, afin de permettre au malade de la vivre dans les conditions les moins pénibles possible.

■ Les traitements **préventifs** cherchent à empêcher l'apparition d'une maladie, par la vaccination par exemple, ou encore à supprimer un facteur de risque (lutte contre le tabagisme ou l'hypercholestérolémie).

■ Les traitements **symptomatiques** visent à soulager les symptômes d'une maladie sans pour autant lutter contre les causes ou la nature même de cette maladie ; la prescription d'analgésiques, qui atténuent la douleur, en est un exemple.

Tranchée utérine

Contraction utérine qui survient après l'accouchement et qui est destinée à évacuer les lochies (saignements utérins).

Les tranchées sont d'autant plus douloureuses que la femme a eu plus d'enfants. Elles durent de deux à six jours, sont exacerbées par la succion des mamelons pendant la tétée mais sont aisément calmées par les antispasmodiques.

Tranquillisant

Médicament utilisé pour sa capacité à diminuer un excès d'activité psychique.

Le terme de tranquillisant est peu employé par les médecins ; il fait partie du langage courant et désigne deux familles de médicaments psychotropes (actifs sur le psychisme) : les anxiolytiques, « tranquillisants mineurs », indiqués dans l'anxiété ; les neuroleptiques, « tranquillisants majeurs », indiqués dans les psychoses.

Transaminase

Enzyme qui accélère le transfert d'un groupement aminé d'un acide aminé sur un acide cétonique. SYN. *aminotransférase*.

UTILISATION DIAGNOSTIQUE

Deux transaminases présentent un intérêt clinique.

■ L'**alanine-aminotransférase** (A.L.T., A.L.A.T. ou SGPT [*Serum Glutamopyruvate Transferase*]) est surtout présente dans le foie et les reins. Son taux augmente en cas de destruction des cellules du foie - surtout lors d'une hépatite virale, avant l'apparition de l'ictère - parfois de façon très importante ; ce taux augmente également, dans de moindres proportions, au cours d'autres maladies du foie (cancer, cirrhose, hépatite toxique [causée par le tétrachlorure de carbone, par exemple], obstruction biliaire, etc.) et au cours de l'infarctus du myocarde.

■ L'**aspartate-aminotransférase** (A.S.T., A.S.A.T. ou SGOT [*Serum Glutamooxyloacetate Transferase*]) se trouve principalement dans les cellules des muscles striés, du foie et dans les globules rouges. Son taux augmente en cas de destruction des cellules, en particulier en cas d'infarctus du myocarde et de myopathie. En cas de destruction des cellules du foie, le taux sanguin d'A.S.T. augmente moins que celui d'A.L.T.

Transcriptase inverse

Enzyme intracellulaire réalisant la transcription (transfert de l'information génétique) de l'acide ribonucléique (A.R.N.) en acide désoxyribonucléique (A.D.N.), et non de l'A.D.N. en A.R.N., comme cela se produit ordinairement.

La famille des rétrovirus, à laquelle appartient le virus de l'immunodéficience humaine (V.I.H.), responsable du sida, est caractérisée par la présence de cette enzyme, à laquelle elle doit son nom, *retro* signifiant « en sens contraire » en latin.

Transcription

Étape de l'expression d'un gène au cours de laquelle l'information contenue dans une séquence d'A.D.N. est copiée sous la forme d'une séquence d'A.R.N.

Transduction

Transfert d'une information génétique d'une cellule à une autre par l'intermédiaire d'un vecteur.

Transferrine

Protéine présente dans le sérum sanguin, synthétisée par le foie et dont le rôle physiologique essentiel est le transport du fer nécessaire à la synthèse de l'hémoglobine depuis les cellules intestinales jusqu'à la moelle osseuse. SYN. *sidérophiline*.

La concentration en transferrine du sérum sanguin est normalement comprise, chez l'adulte, entre 2 et 4 grammes par litre. Cette valeur s'abaisse en cas d'hémochromatose (maladie métabolique consécutive à l'accumulation de fer dans les tissus), de carence en protéines, d'inflammation et d'insuffisance rénale. Elle s'élève en cas de carence en fer ou à une augmentation des besoins (grossesse).

Transfert

Processus selon lequel, en psychanalyse, le patient réactualise ses conflits infantiles en projetant sur le thérapeute l'image de ses parents et les sentiments (désirs, expériences pénibles, découverte de la sexualité, etc.) qu'il a éprouvés envers eux.

■ **En psychanalyse**, le transfert ne s'installe souvent qu'avec lenteur, émaillé d'hésitations, de silences gênés et de résistances. L'analyste est alors le support « neutre et bienveillant » d'un mélange d'amour et de haine qui traduit la réapparition de l'ambivalence œdipienne, avec un transfert tantôt « positif » (sentiments affectueux) et tantôt « négatif » (sentiments agressifs). Réciproquement, l'analyste éprouve à l'égard de son patient des réactions inconscientes, pouvant réactiver ses propres conflits, et que Freud nomme contre-transfert. L'existence de ce contre-transfert nécessite une analyse préalable du psychanalyste avant que celui-ci puisse lui-même traiter des patients en cure.

■ **En psychologie**, on utilise le terme de transfert dans un sens général de déplacement de l'affectivité liée à un objet (personne, situation, chose) sur un autre objet. L'enfant de moins de trois ans, par exemple, fait un transfert sur les objets (jouet, poupée) du monde extérieur, leur prêtant une vie animée semblable à la sienne ; chez l'adulte, de nombreuses relations peuvent être interprétées en termes de transfert : une personne amoureuse, par exemple, attribue à son partenaire ses propres états d'âme ou les transfère sur un objet symbolique (fleur ou bijou, par exemple).

Transfusion sanguine

1. Injection, dans la circulation sanguine d'un sujet, de l'un des constituants du sang.

2. Ensemble des activités, des compétences et des techniques médicales et biologiques qui permettent la transfusion sanguine au sens précédent.

La transfusion sanguine au sens large comprend le don de sang, la transformation de celui-ci, sa conservation et sa réinjection. En raison des risques de transmission virale (quoique ceux-ci soient limités), la fréquence des transfusions sanguines a diminué.

DON DE SANG

Le don de sang est réglementé : dans de nombreux pays, comme la France, la Belgique, la Suisse ou le Canada, il est bénévole, anonyme et gratuit, et limité à 3, 4 ou 5 fois par an, pour des donneurs de 18 à 55, 60 ou 65 ans selon les pays. La quantité prélevée est fonction du poids du donneur.

Il est possible également de ne prélever que du plasma (plasmaphérèse) ou des plaquettes (cytaphérèse). Dans ce cas, le sang prélevé est centrifugé au fur et à mesure, ce qui permet de rendre ses globules rouges au donneur.

Les donneurs de sang, même réguliers, sont soumis avant chaque don à des examens médicaux et biologiques qui ont pour but de protéger aussi bien le donneur que le receveur. Certaines maladies, certains traitements, certaines circonstances particulières (voyages lointains et récents comportant un risque d'infection parasitaire ou virale) sont en effet une contre-indication au don de sang. Les examens permettent de déterminer le groupe sanguin et de dépister les différentes sortes d'hépatites (B, C, « non-B/non-C ») ainsi que la syphilis, le sida et le virus HTLV (responsable de lymphomes ou de maladies neurologiques).

PRODUITS SANGUINS

À partir du sang donné, différents produits sanguins sont obtenus.

■ **Le concentré globulaire** provient d'un don de sang total ; il est obtenu par simple centrifugation. Il ne contient pratiquement que des globules rouges, mêlés à une très petite quantité de plasma. Il est utilisé pour le traitement des anémies dues à une hémorragie (chirurgie, traumatisme) ou à une insuffisance médullaire (aplasie, thalassémie, insuffisance rénale, leucémie, etc.).

■ Les plaquettes proviennent soit d'un don de sang total (plaquettes dites « standards »), soit d'un don par cytaphérèse. Elles sont utilisées chez les patients qui en manquent, le plus souvent par insuffisance médullaire, plus rarement à la suite d'hémorragies très abondantes.

■ Le plasma provient soit d'un don de sang total, soit d'une plasmaphérèse. Il est utilisé dans le traitement des hémorragies importantes ou dans certains déficits en facteurs de la coagulation. Il peut subir une purification industrielle (par chauffage, par traitement par solvant-détergent) ayant pour but de ne conserver que certaines protéines (facteurs antihémophiliques, immunoglobulines, fibrinogène, etc.) et d'éliminer d'éventuels virus.

RÉINJECTION DU SANG

La protection du receveur est renforcée par la détermination de son groupe sanguin (effectuée 2 fois sur 2 prélèvements différents), la recherche d'agglutinines irrégulières (anticorps spécifiques) et un ultime contrôle, au lit du patient, du sang à transfuser et de son propre groupe sanguin. L'injection est généralement effectuée dans une veine du bras.

En dépit de ces mesures de sécurité, appliquées avec la plus grande vigilance, certains incidents sont inévitables. Il s'agit principalement de l'immunisation du receveur contre certains antigènes du sang transfusé, qui se traduit par une fièvre et des frissons ; de l'inefficacité de la transfusion chez les receveurs de plaquettes ; de l'apparition d'agglutinines irrégulières rendant les transfusions ultérieures plus difficiles. Le risque de transmission virale (hépatite, sida) est très faible. Pour l'hépatite C, il est évalué à 1 pour 6 000 donneurs, pour l'hépatite B, à 1 pour 200 000, à 1 pour 500 000 pour le sida et à 1 pour 200 000 pour le virus HTLV. Néanmoins, lorsqu'il est possible, le recours à l'autotransfusion est préféré : le receveur est son propre donneur, son sang lui ayant été prélevé quelques jours avant l'intervention nécessitant la transfusion.

Transgenèse

Introduction d'une séquence d'A.D.N. dans un ovule fécondé ou dans un embryon à un stade peu évolué.

Transit baryté de l'intestin grêle

Examen radiologique de l'intestin grêle.

INDICATIONS

Le transit baryté de l'intestin grêle permet de déceler une éventuelle lésion de la paroi du jéjunum ou de l'iléon (première et deuxième partie de l'intestin grêle) ou un éventuel rétrécissement sur ces segments, dû à une inflammation ou à une tumeur.

PRÉPARATION ET DÉROULEMENT

Le malade doit être à jeun. L'examen se pratique à l'aide de baryte, une substance épaisse, opaque aux rayons X, que le patient doit absorber en quantité variable selon les nécessités de l'examen ou qui est introduite dans le duodénum au moyen d'une sonde glissée par la bouche ou le nez. Dans ce dernier cas, un médicament antispasmodique peut être injecté pour éviter d'éventuelles nausées. Le transit baryté de l'intestin grêle dure, selon que la baryte est avalée ou introduite par une sonde, de une à cinq heures.

CONTRE-INDICATIONS ET EFFETS SECONDAIRES

Cet examen est contre-indiqué chez les femmes enceintes. Il ne s'accompagne d'aucun effet secondaire, seules l'absorption de la bouillie barytée ou l'introduction de la sonde pouvant être désagréables. Dès que l'examen est terminé, le patient peut repartir et reprendre une alimentation normale. Durant les 2 jours qui suivent, ses selles auront un aspect blanchâtre dû à l'élimination de la baryte.

Transit œso-gastro-duodénal

Examen radiologique de la partie supérieure du tube digestif (œsophage, estomac et duodénum).

Le transit œso-gastro-duodénal (T.O.G.D.) est très souvent remplacé par la fibroscopie gastrique. Cette dernière technique est en effet directe (vision de la surface de la muqueuse) et a, en outre, l'avantage de permettre des prélèvements de la muqueuse digestive (biopsie) pour les examiner au microscope. Toutefois, le transit œso-gastro-duodénal demeure indiqué quand la fibroscopie est impossible du fait d'un rétrécissement infranchissable par le tube optique, lorsqu'on recherche une compression extérieure ou que l'on a besoin de documents radiologiques avant une intervention chirurgicale.

PRÉPARATION ET DÉROULEMENT

Le patient doit être à jeun depuis au moins 8 heures. Il ne doit pas avoir subi d'autre examen utilisant de la baryte et ne pas avoir fumé au cours des 4 ou 6 jours précédents. Il absorbe un verre de baryte, substance épaisse opaque aux rayons X. L'examen comporte une étude dynamique, qui consiste à suivre la progression de la baryte sur un écran de radioscopie, et une étude statique, qui consiste à prendre des clichés radiographiques à intervalles réguliers. Il peut être nécessaire de comprimer l'abdomen à l'aide d'un ballon en matière plastique pour obtenir de meilleures images, ou d'injecter un produit antispasmodique destiné à diminuer les contractions de l'estomac. À la fin de l'examen, qui dure environ 30 minutes, le médecin bascule la table de radiologie de façon que la tête du patient se trouve plus bas que ses jambes pour vérifier qu'il n'y a pas reflux de baryte de l'estomac vers l'œsophage, ce qui révélerait une hernie hiatale.

CONTRE-INDICATIONS ET EFFETS SECONDAIRES

Le transit œso-gastro-duodénal est contre-indiqué chez la femme enceinte. Après l'examen, le patient peut immédiatement reprendre ses activités et une alimentation normale. Les jours suivants, les selles auront un aspect blanchâtre, dû à l'élimination de la baryte.

Transpiration

Élimination de la sueur par les pores de la peau.

La sueur est sécrétée par les glandes sudoripares sous l'influence de différents facteurs : température extérieure et effort physique (elle sert alors à éliminer un certain nombre de calories et à rétablir l'équilibre thermique du corps), émotions et stress divers (son mécanisme étant dans ce cas purement nerveux).

PATHOLOGIE

Un excès pathologique de transpiration définit l'hyperhidrose.

Transplantation

Transfert d'un tissu ou d'un organe, avec le ou les vaisseaux qui l'irriguent, afin de remplacer ou de compenser une fonction défaillante.

Alors que le terme de greffe s'emploie quelle que soit la technique utilisée, celui de transplantation implique un rétablissement de la continuité des gros vaisseaux (artères, veines). Il concerne donc principalement les greffes d'organes : cœur, rein, foie, poumon, etc.

→ VOIR Greffe de cœur, Greffe de foie, Greffe pancréatique, Greffe pulmonaire, Greffe de rein.

Transposition des gros vaisseaux

Malformation congénitale dans laquelle l'aorte naît anormalement du ventricule droit et l'artère pulmonaire, du ventricule gauche.

SYMPTÔMES ET DIAGNOSTIC

À la naissance, le nouveau-né est cyanosé (ses lèvres et ses ongles sont violacés). Une échocardiographie permet de confirmer le diagnostic de transposition des gros vaisseaux.

Le diagnostic prénatal par échographie est difficile.

TRAITEMENT

L'intervention chirurgicale consiste à créer ou à agrandir une communication interauriculaire par un cathéter à ballonnet introduit dans le cœur, ce qui assure le mélange des 2 circulations et permet d'attendre le moment, variable selon les cas, mais se situant la plupart du temps avant 6 mois, d'une correction chirurgicale complète, qui consiste à remettre les 2 vaisseaux à leur place normale ; le résultat est, en général, satisfaisant.

Transsexualisme

Trouble de l'identité dans lequel le sujet a le désir ou le sentiment d'appartenir au sexe opposé.

Cette définition exclut les travestis, les homosexuels ainsi que les personnes atteintes d'une anomalie chromosomique (syndromes de Klinefelter, de Turner, etc.). Le transsexualisme est la manifestation d'un trouble grave de la construction de l'identité chez l'enfant, peut-être renforcé par l'environnement familial. Il se manifeste par un sentiment précoce de communion avec l'autre sexe, le sujet considérant son sexe biologique comme une injustice, une erreur qu'il cherche à réparer en adoptant le comportement et l'aspect du sexe opposé. Cela peut aboutir à une demande d'intervention médicale ou chirurgicale sur les attributs sexuels (pilosité, seins, modification des organes génitaux). Ces transformations ne font généralement disparaître ni la souffrance psychologique ni le profond sentiment d'insatisfaction du sujet.

Transsudat

Liquide qui suinte d'une membrane séreuse ou d'une muqueuse en raison d'un phénomène de stase (ralentissement ou arrêt de la circulation d'un liquide organique) ou d'une diminution de la concentration du plasma en protéines, qui favorise l'issue des liquides hors des vaisseaux.

Trapèze (muscle)

Muscle large, triangulaire et aplati qui va de la colonne vertébrale à l'épaule.

STRUCTURE

Le muscle trapèze s'insère sur les parties postérieures des vertèbres (cervicales et dorsales) et se termine sur la clavicule et l'omoplate. Il participe au maintien du cou et du rachis dorsal et intervient dans les mouvements d'élévation de l'épaule ainsi que de rotation et d'inclinaison de la tête.

PATHOLOGIE

Le muscle trapèze est souvent le siège de contractures dues à des lésions de la colonne cervicale (torticolis, fracture, entorse).

Traumatisme crânien

Choc accidentel sur le crâne, compliqué ou non de lésions de l'encéphale.

Les traumatismes crâniens sont fréquents. Leur principale cause est représentée par les accidents de la route, responsables de la moitié des traumatismes crâniens sévères, en particulier chez les jeunes, chez qui ils constituent la première cause de mortalité. Les autres origines sont les chutes, en particulier avant 15 ans et après 65 ans, puis les accidents du travail et du sport, les accidents domestiques et les agressions.

En dehors des cas les plus bénins, caractérisés par une douleur, un hématome ou une plaie du cuir chevelu, les traumatismes crâniens peuvent être source de lésions primaires (qui apparaissent immédiatement) ou secondaires (qui se produisent de quelques heures à plusieurs mois après le traumatisme).

LÉSIONS PRIMAIRES

Les lésions primaires sont osseuses ou encéphaliques.

■ Les lésions osseuses sont les fractures de la voûte du crâne (par choc direct) et celles de la base du crâne (par propagation du choc). Il existe deux variétés particulières de fracture : la fracture avec déplacement (ou embarrure), un fragment osseux étant déplacé et enfoncé, et la fracture ouverte, avec plaie du cuir chevelu. Une fracture n'entraîne pas nécessairement de conséquences graves mais peut provoquer, surtout en cas d'embarrure, des lésions de l'encéphale, primaires ou secondaires.

■ Les lésions de l'encéphale comprennent la commotion cérébrale, la contusion cérébrale et l'hématome sous-dural aigu. La commotion cérébrale se traduit par des lésions diffuses de la substance blanche dues au déplacement et à l'étirement des structures nerveuses au moment de l'impact. Elle est responsable d'une perte de connaissance immédiate dont la durée est proportionnelle à l'intensité des lésions. La contusion cérébrale comporte une destruction de cellules nerveuses et des petits foyers de saignement. Les lésions de contusion peuvent siéger au point d'impact du traumatisme ou du côté opposé lorsqu'elles résultent d'un mécanisme de contrecoup. Elles entraînent, selon leur localisation, des troubles du comportement ou un léger déficit moteur, généralement sans gravité et réversibles. L'hématome sous-dural aigu est une poche de sang collecté dans l'épaisseur des méninges. Il engendre rapidement une paralysie et des troubles de la conscience (somnolence pouvant aller jusqu'au coma).

LÉSIONS SECONDAIRES

Les lésions secondaires se produisent de quelques heures à plusieurs mois après le traumatisme, et peuvent apparaître même quand il n'y a pas eu fracture.

Les hématomes intracrâniens sont responsables d'un tiers des morts précoces et des deux tiers des morts tardives par traumatismes crâniens. Il s'agit des hématomes extraduraux, situés entre la dure-mère et la boîte crânienne, et des hématomes sous-duraux chroniques, situés entre l'encéphale et la dure-mère. Les premiers se manifestent par des maux de tête et des troubles de la conscience (somnolence, coma). Les seconds se traduisent, de quelques jours à quelques mois après le traumatisme, par des maux de tête, une hémiplégie, une aphasie, une confusion ou une pseudo-démence chez le sujet âgé, des troubles du comportement (repli sur soi). Le danger de ces deux types d'hématome réside dans la compression cérébrale qu'ils provoquent. Le mode d'installation des symptômes qu'ils produisent est d'autant moins rapide que l'hématome apparaît tardivement. Ces hématomes peuvent dans un bon nombre de cas être dépistés par le scanner cérébral et être traités, le cas échéant, par une intervention chirurgicale conduite en urgence.

DIAGNOSTIC ET TRAITEMENT

L'interrogatoire du blessé ou de son entourage permet d'évaluer la violence de l'accident et de savoir s'il y a eu perte de connaissance, ce qui suggère la formation d'un hématome. L'examen immédiat, qui sera répété au cours de la surveillance, s'attache aux points suivants : état de conscience, signes neurologiques correspondant à une lésion localisée telle qu'un hématome (paralysie d'un membre, abolition d'un réflexe), plaie du cuir chevelu. Les radiographies du crâne, à la recherche d'une fracture, sont systématiques.

Quand il n'y a ni fracture ni signe neurologique, le risque de complication est infime et l'hospitalisation n'est pas toujours nécessaire. Quand il y a eu une perte de connaissance, et même si le blessé semble aller parfaitement bien, une surveillance de 24 à 48 heures à l'hôpital est recommandée. En cas de coma ou de signe neurologique, l'hospitalisation dans un service de neurochirurgie s'impose : le scanner cérébral permet de mettre en œuvre un traitement adapté à chaque cas. En cas d'hématome sous-dural aigu, une réanimation est pratiquée, en même temps qu'un traitement antiœdémateux. Les hématomes extraduraux sont drainés chirurgicalement en urgence, tandis que les hématomes sous-duraux chroniques peuvent faire l'objet d'un drainage chirurgical ou d'une corticothérapie.

Traumatisme crânien de l'enfant

On répartit schématiquement les cas des enfants ayant subi un traumatisme crânien en trois groupes, selon le risque de fracture et de complications neurologiques qu'ils présentent.

■ **Le groupe à très faible risque** comprend les cas les plus fréquents : enfants de plus de 2 ans présentant des plaies superficielles, des maux de tête ou des vertiges transitoires. Habituellement, seule est justifiée une surveillance étroite par les parents au domicile.

■ **Le groupe à risque intermédiaire** inclut les cas suivants : enfants d'un âge inférieur à 2 ans (sauf si le traumatisme est très bénin), enfants ayant eu une perte de connaissance de durée inconnue ou atteints de vomissements, d'une amnésie de l'accident, d'un traumatisme atteignant un autre endroit du corps (notamment la face, comme un saignement de nez). Les radiographies de contrôle sont recommandées chez les plus petits (de moins de 1 an) et chez ceux qui ont une plaie importante du cuir chevelu.

■ **Le groupe à risque élevé** correspond aux enfants présentant un trouble de la conscience immédiat (somnolence, apathie) ou surtout secondaire (survenant dans un deuxième temps, après guérison apparente), ou encore une fracture. L'enfant doit être alors transféré en urgence dans un hôpital disposant d'un service de neurochirurgie.

Traumatisme physique

Ensemble des troubles physiques et des lésions d'un tissu, d'un organe ou d'une partie du corps, provoqués accidentellement par un agent extérieur.

Traumatisme psychique

Ensemble des troubles psychiques ou psychosomatiques provoqués accidentellement par un agent extérieur au sujet.

SYMPTÔMES ET SIGNES
Les manifestations d'un traumatisme psychique dépendent de la personnalité du sujet et de la portée émotionnelle de l'événement en cause (agression, catastrophe, blessure affective, stress prolongé, etc.). Un traumatisme psychique se traduit en général par une réaction aiguë (raptus, crise d'angoisse, état de confusion et de stupeur) qui peut se prolonger par des troubles de la réadaptation : névrose traumatique (ou réactionnelle), proche de la névrose classique mais moins structurée, sinistrose (le sujet amplifie le préjudice subi), syndrome subjectif post-traumatique (fatigue, douleurs, maux de tête, évanouissements), cauchemars, hypotension orthostatique (étourdissements au lever et en position debout), vertiges, acouphènes (perception généralement erronée d'une sensation sonore).

TRAITEMENT
Il repose sur des techniques comme l'hypnose ou la narcoanalyse, sur la relaxation et la prise de sédatifs légers.

Traumatologie

Spécialité médicale et chirurgicale consacrée à l'étude et au traitement des traumatismes physiques.

Travail

Phase de l'accouchement marquée par l'association de contractions utérines doulou-reuses de plus en plus rapprochées et par le raccourcissement et la dilatation du col de l'utérus.

Souvent annoncé par la perte du bouchon muqueux (glaire qui obstrue l'orifice du col de l'utérus en fin de grossesse) et parfois par la rupture de la poche des eaux, le travail a une durée variable suivant les femmes. Il est souvent plus long pour une première naissance que pour les suivantes.
→ VOIR Accouchement.

Tremblement

Mouvement anormal caractérisé par des oscillations rythmiques involontaires d'une partie du corps (membre, tronc, face).

DIFFÉRENTS TYPES DE TREMBLEMENT
On distingue différentes variétés de tremblement en fonction de leurs circonstances d'apparition.

■ **Le tremblement de repos** persiste quand le sujet est immobile, assis ou allongé. C'est un signe caractéristique du syndrome parkinsonien et de la maladie de Parkinson. Le tremblement touche surtout les extrémités, prédominant aux mains (mouvements d'« émiettement du pain »). Le traitement recourt aux médicaments antiparkinsoniens.

■ **Le tremblement d'attitude, ou tremblement postural**, n'apparaît que lorsque le sujet maintient une position, par exemple si on lui demande de tenir les bras tendus devant lui. Le plus courant est le tremblement physiologique, provoqué par l'émotion ou favorisé par les excitants (café). Une autre forme est le tremblement dû à la prise d'un médicament (antidépresseur tricyclique, lithium) ou à une maladie (maladie de Basedow [excès d'hormones thyroïdiennes], hypoglycémie [diminution du taux de glucose sanguin], alcoolisme chronique). Le traitement consiste à diminuer ou à supprimer le médicament ou à traiter l'affection en cause. Le troisième type de tremblement d'attitude est le tremblement essentiel (de cause inconnue), appelé tremblement sénile si son apparition est tardive. Assez fréquent (il touche 2 % de la population), familial dans la moitié des cas, il atteint les extrémités des membres et volontiers la tête ;

si son importance gêne la vie courante (alimentation, habillement), on prescrit un médicament bêtabloquant tel le propranolol, ou un antiépileptique.

■ **Le tremblement d'action** survient quand le sujet effectue un mouvement volontaire. Il peut être une complication d'un tremblement d'attitude évoluant depuis longtemps. Dans les autres cas, il fait partie d'un syndrome cérébelleux (par atteinte du cervelet ou des voies nerveuses en connexion avec lui). Le tremblement prédomine à la racine des membres (épaules, hanches), créant un handicap sévère. Un médicament antiépileptique (valproate de sodium) ou anti-ischémique (piracétam) peut être prescrit. Cependant, la guérison complète d'un tremblement d'origine cérébelleuse est rare.

Trépanation

Technique chirurgicale consistant à forer un orifice dans un os.

Une trépanation peut être pratiquée dans différents os, comme la mastoïde derrière l'oreille, pour évacuer le pus d'une mastoïdite. Mais ce terme s'applique tout particulièrement à l'ouverture chirurgicale du crâne (craniotomie). Celle-ci est indiquée pour enlever des corps étrangers, vider un hématome ou un abcès, opérer une tumeur.

Tréponématose

Maladie infectieuse contagieuse due à un tréponème, bactérie du genre *Treponema*.

La plus connue des tréponématoses est la syphilis, maladie sexuellement transmissible due à *Treponema pallidum*.

La pénicilline est très efficace sur toutes les tréponématoses.

Tréponème

Genre bactérien appartenant aux spirochètes et regroupant des bactéries de très faible diamètre, hélicoïdales, ne prenant pas la coloration de Gram et présentant une mobilité caractéristique.

Les tréponèmes sont responsables des tréponématoses à transmission sexuelle (syphilis) et non sexuelle (tréponématoses

non vénériennes : béjel, caraté, ou pinta, pian) qui sont des maladies tropicales.

Triceps (muscle)

Muscle des membres supérieurs et inférieurs constitué de trois chefs (corps musculaires) distincts se terminant par un tendon unique.

Trichiasis

Inflexion des cils vers l'œil, ce qui provoque une irritation de la cornée.

Un trichiasis est souvent associé à un entropion (bascule du bord de la paupière vers l'intérieur de l'œil), parfois lié à l'âge.

Lorsque les cils déviés ne sont pas trop nombreux, on peut soit les enlever à la pince, soit pratiquer une électrolyse ciliaire, qui consiste à brûler leurs follicules pour limiter, voire empêcher leur repousse.

Les trichiasis importants nécessitent un traitement chirurgical.

Trichinose

Maladie parasitaire due à l'infestation par un minuscule ver, la trichine, ou *Trichinella spiralis*.

La trichinose, communément nommée maladie des grosses têtes, est fréquente dans tous les pays où l'on consomme de la viande peu cuite.

CONTAMINATION

L'homme s'infeste en mangeant de la viande insuffisamment cuite, viande de porc et de sanglier essentiellement, mais aussi parfois de cheval.

SYMPTÔMES ET SIGNES

Les symptômes apparaissent, après quelques jours ou quelques semaines : fièvre élevée, diarrhée abondante, fatigue, douleurs et crampes musculaires.

TRAITEMENT ET PRÉVENTION

Le malade peut guérir spontanément. Aucun médicament n'étant vraiment efficace, il est impératif de consommer de la viande bien cuite ou marinée et longuement cuite s'il s'agit de gibier (sanglier).

Trichocéphalose

Maladie parasitaire bénigne due à l'infestation du tube digestif par un petit ver, le trichocéphale, ou *Trichuris trichiura*.

Trichoépithéliome

Petite tumeur bénigne cutanée formée à partir de la racine d'un poil.

Le traitement n'est justifié qu'en cas de réelle gêne esthétique ; il consiste alors à détruire les lésions par électrocoagulation ou à l'aide du laser au gaz carbonique.

Trichomonase

Maladie parasitaire due à un protozoaire (animal microscopique constitué d'une seule cellule) appelé *Trichomonas vaginalis*.

La trichomonase urogénitale est une affection fréquente, survenant surtout chez les femmes entre 16 et 35 ans. Son mode de transmission est principalement sexuel, mais pas obligatoirement, le parasite pouvant survivre plusieurs heures sur les objets de toilette (serviettes, par exemple) ; l'humidité et un milieu alcalin favorisent sa survie et sa multiplication.

SYMPTÔMES ET SIGNES

■ Chez l'homme, la trichomonase se traduit par une urétrite (inflammation de l'urètre) : écoulement matinal, rougeur et gonflement autour de l'orifice urétral, rougeur du sillon balanopréputial (à la base du gland), signes urinaires modérés.

■ Chez la femme, la maladie se manifeste par une vulvovaginite aiguë (inflammation de la vulve et du vagin) : pertes (leucorrhées) abondantes, jaune verdâtre, malodorantes, déclenchant une rougeur et de vives démangeaisons ; il s'y associe souvent une atteinte urinaire : gêne pour uriner (dysurie), brûlures pendant la miction, mictions trop fréquentes (pollakiurie). Parfois, les symptômes sont plus discrets : brûlures et démangeaisons légères, douleurs pendant les rapports sexuels.

■ Chez l'homme comme chez la femme, il arrive que la maladie ne se traduise par aucun symptôme ; toutefois, elle n'en est pas moins contagieuse.

DIAGNOSTIC

Il repose sur la mise en évidence du parasite dans les sécrétions vaginales ou urétrales.

TRAITEMENT ET PRÉVENTION

Le traitement est fondé sur la prise d'antibiotiques imidazolés, soit pendant 7 jours, soit en « traitement-minute » (un seul jour). Il est prudent de ne pas prescrire ces médicaments pendant les 3 premiers mois d'une grossesse. Le partenaire sexuel doit être traité simultanément, même s'il ne présente aucun symptôme, de façon à prévenir toute récidive. Il est recommandé de vérifier en même temps par des examens sérologiques l'absence d'autres maladies sexuellement transmissibles. La prévention de la contagion repose sur l'emploi du préservatif jusqu'à la fin du traitement.

Trichomycose

Infection de la tige des poils par un bacille du genre *Corynebacterium*.

La trichomycose est favorisée par une hyperhidrose (transpiration excessive) et par le manque d'hygiène. Non contagieuse, elle se signale par de minuscules boules blanches engainant les poils des aisselles, qui deviennent ternes et rugueux. Le traitement repose sur une bonne hygiène et des applications d'antiseptiques pendant une semaine, complétées, au besoin, par le rasage des poils.

Trichophytie

Toute dermatose due à un champignon du type *Trichophyton*.
→ VOIR **Dermatophytie**.

Tricyclique (antidépresseur)

Médicament antidépresseur composé d'une molécule comportant trois cycles accolés.
SYN. *imipraminique*.

INDICATIONS ET MODE D'ADMINISTRATION

Les antidépresseurs tricycliques sont indiqués dans le traitement des dépressions endogènes, sans causes extérieures immédiates (deuil, séparation, par exemple), dont l'évolution est progressive. Ils sont administrés par voie orale ou parentérale (injection).

CONTRE-INDICATIONS

Il est contre-indiqué d'associer les tricycliques aux autres antidépresseurs, les inhibiteurs de la monoamine oxydase (I.M.A.O.). De même, on évite de les prescrire en cas d'état délirant ou hallucinatoire, de troubles cardiaques, de glaucome ou de problèmes prostatiques.

EFFETS INDÉSIRABLES

Les antidépresseurs tricycliques ont une action anticholinergique par leur influence sur un neurotransmetteur, l'acétylcholine, qui peut entraîner une hypotension orthostatique (étourdissements au lever et en position debout), une constipation, une rétention d'urine, une sécheresse de la bouche et des troubles d'accommodation visuelle. D'autres troubles peuvent apparaître : cauchemars, angoisses, tremblements, convulsions, troubles de l'appétit (boulimie), troubles endocriniens (disparition des règles) et sexuels (impuissance, impossibilité de parvenir à l'orgasme).

Triglycéride

Lipide composé de trois molécules d'acide gras reliées à une molécule de glycérol. SYN. *triacylglycérol.*

Les triglycérides constituent la majeure partie des lipides alimentaires et aussi des lipides de l'organisme stockés dans le tissu adipeux. On les trouve également dans le sérum sanguin, où ils circulent couplés à des protéines spécifiques, différentes selon leur origine : chylomicrons pour les triglycérides d'origine alimentaire, ou VLDL (*Very Low Density Lipoproteins,* lipoprotéines de très basse densité), et leurs dérivés pour les triglycérides fabriqués dans le foie à partir du glucose.

Les triglycérides sont dosés dans le sérum, le plus souvent par hydrolyse enzymatique et dosage du glycérol ainsi libéré. La triglycéridémie (taux de triglycérides dans le sérum) est normalement comprise entre 0,6 et 1,7 millimole, soit entre 0,5 et 1,5 gramme, par litre. Elle varie selon différents facteurs : sexe (elle est ordinairement un peu plus élevée chez l'homme que chez la femme), âge, poids corporel, mode d'alimentation, consommation de tabac, d'alcool, exercice physique, grossesse, prise de certains contraceptifs oraux contenant des œstrogènes.

→ VOIR Hypertriglycéridémie, Hypotriglycéridémie.

Tri-iodothyronine

Forme active des hormones thyroïdiennes iodées provenant de la conversion de l'une d'entre elles, la thyroxine.

→ VOIR Thyroïdienne (hormone).

Triplopie

Vision triple des objets.

La triplopie, plus rare que la diplopie (vision double), ne concerne qu'un œil : elle est dite monoculaire. Elle peut être la conséquence d'une tuméfaction de la paupière (traumatisme, kyste ou tumeur) qui appuie sur la cornée.

→ VOIR Diplopie.

Trismus

Constriction des mâchoires due à la contracture involontaire des muscles masticateurs.

CAUSES

Le trismus est le premier signe de reconnaissance du tétanos. Mais il s'observe également en cas de lésions locales inflammatoires (amygdalite, phlegmon de l'amygdale, abcès dentaire causé par l'éruption d'une dent de sagesse mandibulaire, arthrite temporomaxillaire), au cours de la maladie de Horton (artérite temporale) ou être provoqué par un traumatisme (luxation, fracture de la mâchoire). Certaines intoxications (strychnine) ou certains accidents d'intolérance médicamenteuse (neuroleptiques) peuvent également provoquer un trismus. Celui-ci relève enfin, dans certains cas, d'affections d'origine neurologique comme la méningite aiguë, la sclérose en plaques, la maladie de Parkinson ou l'hémiplégie.

TRAITEMENT

Il dépend de la cause : antibiotiques en cas de trismus d'origine dentaire, hospitalisation et administration de sérum antitétanique humain en cas de tétanos, etc. Des médicaments entraînant un relâchement musculaire (myorelaxants, curarisants) peuvent également être prescrits.

Trisomie 21

Aberration chromosomique se traduisant par un handicap mental et un aspect physique caractéristique. SYN. *syndrome de Down.*

La trisomie 21 était également appelée mongolisme en raison de l'aspect du visage, qui évoque celui des peuples mongols.

FRÉQUENCE

La fréquence de la trisomie 21, qui concerne 1 enfant sur 650, croît considérablement avec l'âge de la mère, surtout après 35 ans.

CAUSES

Cette maladie congénitale est due le plus souvent à l'existence d'un chromosome surnuméraire qui s'ajoute à la 21e paire chromosomique, le sujet atteint possédant donc 47 chromosomes au lieu de 46. Plus rarement, l'un des chromosomes 21 du père ou de la mère est transféré sur un autre chromosome : le sujet n'a alors que 45 chromosomes ; il n'est pas lui-même atteint, mais risque d'avoir un enfant qui le sera. L'évolution parallèle de l'âge de la mère et de la fréquence de la trisomie 21 suggère que l'ovule est plus en cause que le spermatozoïde dans la constitution de cette anomalie. Celle-ci se produit lors des toutes premières divisions cellulaires qui suivent la fécondation de l'ovule par le spermatozoïde.

SIGNES

À la naissance, la plupart des enfants atteints de trisomie 21 ont des yeux exagérément écartés, avec des fentes palpébrales obliques. D'autres anomalies morphologiques sont évocatrices : la partie postérieure de la tête est large et plate, le visage rond, le nez petit et retroussé ; la langue, volumineuse, sort souvent de la bouche entrouverte. Ces enfants sont de petite taille.

À ces caractéristiques morphologiques sont associés d'autres signes, moins connus, tels l'hypotonie musculaire, les troubles de la sensibilité (les sujets sont moins vulnérables à la douleur) ou les troubles métaboliques (carences vitaminiques, chute de la glycémie, par exemple). Des déficits immunitaires expliquent la grande fragilité aux infections des enfants trisomiques. Ceux-ci peuvent être également atteints de malformations viscérales graves (cardiopathie congénitale).

Le handicap mental est présent dans tous les cas. Mais beaucoup de trisomiques 21 sont capables d'un minimum d'apprentissage, certains pouvant même être initiés à la lecture, voire à l'écriture.

La croissance des sujets atteints est lente et leur puberté tardive. Les filles sont fécondes, et les garçons, stériles. Les enfants nés de mère trisomique 21 risquent une fois sur deux de présenter eux-mêmes l'aberration chromosomique.

DIAGNOSTIC

L'examen physique de l'enfant permet à lui seul d'évoquer le diagnostic, que viendra ensuite confirmer l'étude du caryotype. L'analyse précise de ce dernier permettra, en outre, de guider les parents lors d'un conseil génétique ultérieur.

Le diagnostic prénatal repose sur l'analyse des cellules du liquide amniotique prélevées par amniocentèse autour de la 17e semaine d'aménorrhée (absence de règles). Celle-ci est conseillée chez les femmes de plus de 35 ans. Le dosage de l'hormone chorionique gonadotrophique (h.C.G.), sécrétée par les ovaires puis par le placenta pendant la grossesse, peut être pratiqué autour de la 16e semaine d'aménorrhée chez les femmes de plus de 30 ans : une élévation anormale de ce taux permet de suspecter une anomalie chromosomique.

TRAITEMENT ET PRONOSTIC

Il n'existe pas de traitement spécifique mais un grand nombre de mesures sont susceptibles d'améliorer la qualité de vie des enfants trisomiques. Des aides spécialisées, reçues dès la petite enfance, permettront l'élaboration d'un projet éducatif adapté à chaque enfant.

Tritanopie

Anomalie congénitale de la vision des couleurs, caractérisée par l'impossibilité de distinguer diverses couleurs du spectre lumineux, du vert au violet.

Trithérapie

Méthode de traitement consistant à administrer trois médicaments en même temps, en particulier dans le cas du sida.

La trithérapie est une méthode en cours d'évaluation contre le sida. Elle associe deux antiviraux classiques (zidovudine, didanosine, etc.) à l'une des substances appelées « antiprotéases » (ritanovir, indinavir, saquinavir). Elle peut être prescrite soit d'emblée, soit après l'échec des autres traitements. L'efficacité à court terme est assez prometteuse, mais celle à long terme est encore difficile à juger. On commence d'ailleurs à envisager d'utiliser des associations de quatre médicaments.

Trompe utérine

→ VOIR Fallope (trompe de).

Tronc

Partie la plus volumineuse du corps humain, sur laquelle les membres sont articulés, et reliée à la tête par le cou.

Le tronc comporte 3 parties : le thorax, l'abdomen et le petit bassin, cavités contenant les principaux viscères.

Le tronc se raccorde au cou par un orifice livrant passage à la trachée, à l'œsophage et aux vaisseaux.

Tronc cérébral

Partie du système nerveux central intracrânien (encéphale) formant la transition entre le cerveau et la moelle épinière.

Le tronc cérébral est uni en arrière au cervelet par les pédoncules cérébelleux. Il est divisé en trois parties : le bulbe rachidien, la protubérance annulaire et les pédoncules cérébraux. La substance grise, centrale, est fragmentée en noyaux, qui constituent l'origine des dix derniers nerfs crâniens. La substance blanche est représentée par de longs faisceaux dont les uns, ascendants, sont sensitifs (voies de la sensibilité superficielle et de la sensibilité profonde), les autres, descendants, étant moteurs (faisceau pyramidal et voies extrapyramidales). Le tronc cérébral délimite avec le cervelet une cavité remplie de liquide céphalorachidien, le 4e ventricule. Des centres cardiorespiratoires vitaux se situent à son niveau.

PATHOLOGIE

Le tronc cérébral peut être le siège de traumatismes, de tumeurs ou d'inflammations d'origine dégénérative, infectieuse ou vasculaire.

Trophique

Qui concerne la nutrition des tissus.

Un trouble trophique apparaît soit spontanément, soit comme complication d'une artérite, de varices, d'une lésion des centres nerveux (hémiplégie) ou à la suite d'un traumatisme (entorse, fracture). Il résulte tantôt d'un mauvais apport circulatoire dans un tissu (obstruction d'une artère, gêne à la circulation veineuse, compression), tantôt d'une anomalie de la composition du sang (avitaminose, par exemple) ou encore d'un défaut de contrôle nerveux par les nerfs sympathiques, parasympathiques ou moteurs.

Trophoblaste

Couche cellulaire périphérique de l'œuf, formée lorsque celui-ci est encore au stade de blastocyste (du 5e au 7e jour après la fécondation) et qui est à l'origine du placenta.

Trophoblaste (biopsie de)

Prélèvement, dans l'utérus d'une femme enceinte, d'un échantillon de tissu placentaire à des fins d'analyse. SYN. *prélèvement de villosités choriales.*

INDICATIONS

La biopsie de trophoblaste permet de porter le diagnostic prénatal de certaines maladies, métaboliques ou génétiques (trisomie 21, syndrome de Turner, hémophilie ou myopathie), grâce à la réalisation du caryotype fœtal (photographie de l'ensemble des chromosomes du fœtus). Elle indique le sexe de l'enfant, qu'il est important de connaître en cas de transmission possible de maladie liée au sexe. La biopsie de trophoblaste permet de faire les mêmes recherches que l'amniocentèse mais plus tôt dans la grossesse.

TECHNIQUE ET DÉROULEMENT

Pratiquée aux environs de la 10e semaine d'aménorrhée (absence des règles) dans un centre spécialisé, une biopsie de trophoblaste s'effectue soit par voie vaginale, en faisant progresser une pince à travers le col de l'utérus jusqu'au trophoblaste, soit par voie abdominale, en ponctionnant la paroi de l'abdomen. Dans ce dernier cas, une anesthésie locale a parfois lieu.

Le prélèvement est fait sous contrôle échographique, et la patiente doit boire un demi-litre d'eau une heure avant l'examen pour que sa vessie soit visible. L'examen est très peu douloureux. Il dure entre 5 et 15 minutes.

EFFETS SECONDAIRES

L'examen ne présente aucun danger pour la mère. Cependant, les risques de fausse couche due à une fissuration des membranes ou à un décollement du placenta ne sont pas négligeables, évalués entre 3 et 5 %.

Trypanosomiase africaine

Maladie parasitaire provoquée par un protozoaire (micro-organisme unicellulaire) flagellé, le trypanosome. SYN. *maladie du sommeil.*

La trypanosomiase africaine est endémique en Afrique intertropicale.

CONTAMINATION

La trypanosomiase africaine est transmise à l'homme par la piqûre d'une mouche, la glossine, plus connue sous le nom de mouche tsé-tsé. Les trypanosomes, à l'aide du flagelle qui les caractérise, se déplacent dans le sang, les ganglions et le système nerveux cérébrospinal.

SYMPTÔMES ET ÉVOLUTION

Bien que le temps d'incubation de la maladie soit en général de 5 à 20 jours, il arrive que celle-ci ne se déclare qu'au bout de plusieurs années. Elle se traduit par une fièvre, des démangeaisons, l'apparition de ganglions sur le cou. La rate et le foie augmentent de volume. Le malade devient irritable ou triste, s'agite, parle beaucoup ou se réfugie dans la morosité. Il est parfois victime de troubles du comportement importants pouvant aller jusqu'à l'agressivité et nécessitant un internement psychiatrique. De plus en plus apathique, le malade s'endort dans la journée, mange de moins en moins et passe des nuits agitées. Non traitée, la maladie, dans un délai variable selon les cas, aboutit au coma puis à la mort.

TRAITEMENT ET PRÉVENTION

Certains médicaments antiparasitaires sont efficaces mais dangereux, car leur toxicité est importante. Les touristes et les citadins courent peu de risques d'être atteints par la trypanosomiase, qui n'est pas une maladie urbaine et qui ne se développe qu'après de nombreuses piqûres de mouche. Les services de santé africains luttent activement contre la maladie du sommeil par des procédés de dépistage et par la destruction des mouches tsé-tsé.

Trypanosomiase américaine

→ VOIR Chagas (maladie de).

Trypsine

Enzyme digestive sécrétée par le pancréas.

UTILISATION DIAGNOSTIQUE

Une augmentation du taux de trypsine dans le sang est caractéristique de la mucoviscidose (maladie héréditaire atteignant le pancréas et les poumons).

Tryptophane

Acide aminé indispensable (c'est-à-dire non synthétisable par l'organisme, qui doit le recevoir de l'alimentation).

SOURCES ET BESOINS

Le tryptophane se trouve dans les protéines alimentaires, essentiellement d'origine animale. Les besoins journaliers d'un adulte sont de l'ordre de 0,25 gramme.

DOSAGE

Le taux sanguin de tryptophane est normalement compris entre 10 et 40 millimoles, soit entre 2,05 et 8,15 milligrammes, par litre.

Des pathologies nombreuses et complexes sont liées au tryptophane.

Le taux de tryptophane dans le sang augmente lors de certaines tumeurs de l'intestin (carcinoïdes) et dans différentes affections psychiatriques (psychose maniacodépressive avec délire, quelques formes de schizophrénie) ; il diminue dans d'autres affections psychiatriques (psychose maniacodépressive avec mélancolie), et au cours de certaines dépressions).

Tubage digestif

Introduction d'une sonde dans le tube digestif haut (estomac, duodénum) pour en évacuer les sécrétions gastriques ou les prélever à fin d'analyses biologiques et bactériologiques.

INDICATIONS

Le tubage gastrique, également utilisé pour le lavage d'estomac, permet l'exploration de la fonction sécrétrice de cet organe. En cas d'ulcère duodénal résistant au traitement médical ou chirurgical, le tubage duodénal permet l'étude qualitative du suc gastrique (acide chlorhydrique) et la vérification de l'existence d'une sécrétion acide anormale. Le tubage gastrique constitue un examen essentiel en cas de suspicion de syndrome de Zollinger-Ellison (tumeur sécrétante). Il permet également la recherche du bacille de Koch (B.K.) provenant d'une sécrétion trachéobronchique déglutie dans le diagnostic d'une tuberculose pulmonaire.

PRÉPARATION ET DÉROULEMENT

L'examen, déplaisant mais non douloureux, s'effectue sans anesthésie car la coopération du patient est importante. Celui-ci, qui doit être à jeun depuis 12 heures, est en position couchée ou assise. La sonde est introduite par le nez ou la bouche, au besoin après stimulation de la sécrétion acide de l'estomac par injection d'une substance (insuline, histamine, pentagastrine). Le tubage peut être répété pendant 3 jours consécutifs. Tout traitement antisécrétoire ou antiacide doit être arrêté depuis au moins 24 heures. Le patient doit aussi s'abstenir de fumer pendant les 24 heures qui précèdent l'examen.

Tubaire

Se dit d'un organe formé par un conduit creux central ouvert aux deux extrémités (trompe d'Eustache, trompe de Fallope, par exemple).

La grossesse tubaire, localisée dans la trompe de Fallope, est une des formes les plus fréquentes de grossesse extra-utérine. L'ovule fécondé s'insère dans le canal de la trompe et peut en provoquer la rupture, source d'hémorragie importante.

Tuberculine

Produit, concentré à chaud, de la filtration d'une culture de bacilles tuberculeux (ba-cilles de Koch), utilisé pour rechercher la pénétration du bacille dans l'organisme.

INDICATIONS

La recherche de la sensibilité à la tuberculine permet de déterminer si un sujet a déjà été en contact avec le bacille de Koch, soit spontanément (primo-infection), soit après vaccination par le B.C.G. (une réaction positive témoigne alors de son succès).

TECHNIQUE

Une réaction positive se traduit par une réaction dermique spécifique (induration) au lieu d'application ou d'injection de la tuberculine.

L'intradermoréaction de Mantoux est la méthode la plus sensible et la plus utilisée et, aussi, la seule reconnue par l'Organisation mondiale de la santé (O.M.S.). Elle consiste en une injection intradermique au bras ou à la cuisse. La réaction est lue 72 heures plus tard. Lorsqu'elle est positive, il s'est développé au point d'injection une papule centrale indurée et rouge ; en cas de réaction négative, l'injection est renouvelée avec un nombre plus important d'unités.

Les autres techniques utilisées sont la bague munie de pointes imprégnées de tuberculine, la cutiréaction, qui consiste à effectuer des scarifications de tuberculine à la face externe du bras, et le timbre, sparadrap imprégné d'une faible dose de tuberculine et appliqué sur la peau, dans la région sous-claviculaire, pendant 48 heures.

Tuberculose

Maladie infectieuse contagieuse due à une bactérie, *Mycobacterium tuberculosis,* ou bacille de Koch.

On estime qu'il existe actuellement dans le monde environ 7,4 millions de personnes atteintes de tuberculose – plus de 90 % dans les pays en voie de développement –, dont la moitié seraient contagieuses. Depuis plusieurs années, on note dans les pays développés une stagnation, voire une recrudescence, de la maladie, due à l'extension du sida et aussi à la paupérisation d'une frange croissante de la population.

CONTAMINATION

L'homme est à la fois le réservoir et l'agent de transmission du bacille. Seul un patient chez qui on a identifié des bacilles, à l'examen direct des crachats, est contagieux. Il cesse de l'être après la troisième semaine de traitement. La contamination se fait par l'intermédiaire des gouttelettes de salive contenant le bacille, propulsées lorsque le malade parle, éternue ou tousse.

Beaucoup plus rare, la tuberculose à *Mycobacterium africanum,* qui s'observe surtout sur le continent africain, se transmet d'une façon comparable à celle de la tuberculose classique et donne des symptômes similaires.

MÉCANISME

Le premier contact avec le bacille déclenche une affection appelée primo-infection tuberculeuse. Dans 90 % des cas, la primo-infection guérit définitivement et spontanément.

Dans 5 % des cas, le bacille se dissémine par voie sanguine et est à l'origine de foyers infectieux qui peuvent rester latents plusieurs années puis, à l'occasion d'une immunodéficience, passagère ou non, se réactiver. Ainsi, l'immunodéficience due au sida explique en partie l'augmentation récente des cas de tuberculose.

Dans les autres cas, le bacille reste localisé dans les poumons et les tissus voisins (ganglions) ; la maladie peut se traduire par une atteinte pulmonaire avec une toux, une fatigue, une fièvre et un amaigrissement.

SYMPTÔMES ET SIGNES

■ La tuberculose pulmonaire commune est consécutive à la réactivation du foyer de primo-infection pulmonaire ; elle se traduit par une altération de l'état général (fièvre à prédominance vespérale, fatigue, amaigrissement), des sueurs nocturnes, une toux plus ou moins grasse, des crachats parfois sanglants (hémoptysies), un essoufflement à l'effort. La radiographie thoracique met en évidence des opacités (nodules) et des clartés (cavernes) dans les parties supérieure et postérieure du poumon. La dissémination sanguine du bacille est à l'origine de formes polyviscérales (pleurésie, péricardite tuberculeuse ou tuberculose miliaire).

DIAGNOSTIC

Dans l'idéal, il repose sur la mise en évidence du bacille. On examine les crachats (ou les sécrétions trachéobronchiques dégluties, prélevées par tubage gastrique à jeun le matin). En cas d'atteinte polyviscérale, on analyse le liquide du péritoine, du péricarde, l'urine, le liquide pleural ou céphalorachidien. L'examen direct au microscope n'étant pas toujours positif, il faut systématiquement mettre le prélèvement en culture ; les résultats ne sont alors connus qu'après un délai de 3 ou 4 semaines.

Quand les prélèvements ordinaires sont négatifs, on peut réaliser des prélèvements par fibroscopie (à l'aide d'un fibroscope, tube souple muni d'une optique, introduit par le nez) ; parfois, on pratique aussi une biopsie (bronchique, osseuse, ganglionnaire, pleurale, etc.) pour rechercher le bacille ou des signes indirects de la maladie (granulome, par exemple). Parfois, tous les prélèvements sont négatifs, même après culture, et l'on fait un diagnostic de présomption – et non pas de certitude – d'après les symptômes, les résultats des tests tuberculiniques, le fait que la personne a ou non été en contact avec un sujet contagieux et l'aspect des radiographies. Le médecin prescrit alors le traitement malgré l'absence de preuve formelle, le risque lié aux effets indésirables des médicaments étant plus faible que celui de laisser évoluer une tuberculose. Si les signes disparaissent sous traitement, le diagnostic est confirmé a posteriori.

TRAITEMENT ET PRONOSTIC

Le traitement nécessite l'association de trois ou quatre antibiotiques antituberculeux pris en une seule fois le matin à jeun, pendant une durée adaptée à chaque cas mais qui, dans tous les cas de figure, est d'au moins six mois. Lorsque le traitement est correctement suivi, on obtient une guérison dans la quasi-totalité des cas. Les tuberculoses résistantes augmentent de fréquence.

PRÉVENTION

Elle repose notamment sur la vaccination par le B.C.G., dont l'efficacité est partielle mais qui permet de réduire la fréquence des formes graves. Les autres volets de la prévention sont le traitement des malades, leur isolement pendant environ 3 semaines quand ils sont contagieux et le dépistage des sujets contaminés par le bacille dans l'entourage des malades.

Tubule rénal

Seconde partie du néphron (unité fonctionnelle du rein), dans laquelle s'élabore l'urine définitive à partir de l'urine primitive. SYN. *tube urinifère*.

Tubulonéphrite

→ VOIR Tubulopathie.

Tubulopathie

Toute maladie rénale caractérisée par une atteinte des tubules rénaux. SYN. *néphropathie tubulaire, tubulonéphrite*.

Tubulopathies aiguës

Aussi appelées nécroses tubulaires aiguës, elles se caractérisent par une destruction des cellules qui bordent le tubule rénal. Elles sont dues à la prise excessive de certains médicaments (antibiotiques, anticancéreux, immunosuppresseurs par exemple), à l'absorption de toxiques (tétrachlorure de carbone, mercure, plomb) ou liées à un état de choc (choc septique, hémorragique ou hypovolémique, défaillance cardiaque aiguë, etc.).

SYMPTÔMES ET SIGNES
Les tubulopathies aiguës se manifestent par une insuffisance rénale aiguë dont témoignent une élévation brutale du taux d'urée et de créatinine dans le sang et, souvent, une anurie (arrêt de la sécrétion d'urine).

TRAITEMENT
Il vise avant tout la cause de la maladie (arrêt de la prise du médicament, traitement du choc, etc.). Dans les cas les plus graves, une dialyse peut s'imposer en attendant la guérison, qui survient en quelques jours ou quelques semaines avec la régénération spontanée des cellules tubulaires.

Tubulopathies chroniques

Les tubulopathies chroniques sont des troubles fonctionnels et/ou anatomiques des différents segments du tubule rénal.

Elles peuvent être soit congénitales, et alors parfois héréditaires et plus ou moins graves et complexes, soit acquises, et alors isolées ou intégrées à des néphrites interstitielles chroniques.

Tularémie

Maladie infectieuse due à l'inoculation ou à l'ingestion d'un bacille à Gram négatif, *Francisella tularensis*.

Les rongeurs (lièvre en particulier) constituent le réservoir du bacille ; l'homme se contamine le plus souvent directement, par contact cutané d'une plaie même minime avec un animal infecté.

SYMPTÔMES ET SIGNES
Après une incubation silencieuse de quatre jours environ, l'infection se traduit dans un premier temps par des maux de tête, des courbatures, une fièvre et des frissons. Dans un second temps, apparaît, au point d'inoculation, un chancre, une inflammation des ganglions lymphatiques, une amygdalite douloureuse. En l'absence de traitement, la fièvre persiste plusieurs semaines. Exceptionnellement surviennent une atteinte respiratoire et une septicémie.

TRAITEMENT
La maladie est traitée par administration d'antibiotiques de la famille des cyclines pendant une dizaine de jours.

PRÉVENTION
Il existe un vaccin contre la tularémie, recommandé aux personnes exposées par leur profession à la contamination (tanneurs, marchands de gibier, cuisiniers, etc.).

Tuméfaction

Augmentation de volume ou gonflement d'un organe ou d'une partie du corps, quelle que soit sa cause.

Une tuméfaction des bourses, par exemple, peut être liée à une hydrocèle (épanchement séreux dans la tunique vaginale entourant le testicule), à une orchite ourlienne (inflammation du testicule provoquée par le virus des oreillons), à une tumeur testiculaire ou à un kyste du cordon.

Tumeur

Prolifération excessive de cellules anormales ressemblant plus ou moins au tissu dans lequel elles se développent et qui finissent par acquérir une autonomie biologique. SYN. *néoplasme*.

CAUSES ET FACTEURS FAVORISANTS

Les tumeurs ont des causes variées : héréditaires, chimiques (tabagisme), physiques (rayonnements du soleil), biologiques (action d'un virus) ; celles-ci peuvent s'associer entre elles. Il arrive aussi qu'une tumeur n'ait pas de cause connue.

Les cellules d'une tumeur ont perdu leur sensibilité aux messages de l'organisme (constitués par exemple par les sécrétions des cellules voisines), qui empêchent normalement toute prolifération excessive. Chez un individu bien portant, toutes les cellules tumorales isolées qui apparaissent sont normalement inhibées ou détruites par les globules blancs du système immunitaire. Une véritable tumeur ne peut donc se développer que si ses cellules sont devenues résistantes au système immunitaire.

DIFFÉRENTS TYPES DE TUMEUR

On distingue les tumeurs bénignes et les tumeurs malignes (cancéreuses).

■ **Les tumeurs bénignes** ont un volume habituellement limité. Elles refoulent les tissus voisins sans les envahir, ne donnent pas de métastases et n'ont dans l'immense majorité des cas aucune conséquence grave pour le malade.

■ **Les tumeurs malignes, ou cancers,** ont des caractéristiques qui les opposent le plus souvent point par point aux précédentes. Elles deviennent souvent volumineuses, sont mal délimitées, infiltrent les tissus voisins, récidivent fréquemment après ablation et surtout ont tendance à essaimer à distance en formant des métastases.

SYMPTÔMES ET SIGNES

Les tumeurs n'ont pas de symptômes spécifiques ni constants. Elles se signalent habituellement, mais pas systématiquement, par la présence d'une masse palpable ou, lorsqu'il s'agit d'un organe profond, visible sur les radiographies. Assez souvent, elles ne sont pas douloureuses. Leurs symptômes peuvent être liés au fait qu'elles sécrètent parfois en excès certaines substances ayant une action hormonale, liée ou non à l'organe d'origine (sécrétion excessive d'hormone thyroïdienne, due à une tumeur bénigne de la glande thyroïde, par exemple). Ils peuvent aussi être dus à la compression des tissus ainsi que des organes voisins : une tumeur du cerveau peut ainsi provoquer une hémiplégie.

Une altération de l'état général (fièvre, fatigue, amaigrissement) et la présence de signes biologiques d'inflammation sont des indices importants mais non spécifiques (il peut s'agir d'une infection) de tumeur maligne assez évoluée.

TRAITEMENT

■ **Le traitement des tumeurs bénignes,** s'il est nécessaire, consiste à les enlever chirurgicalement.

■ **Le traitement des tumeurs malignes** comprend, diversement associées, l'ablation chirurgicale, la radiothérapie et la chimiothérapie.

DÉPISTAGE

Il consiste à rechercher systématiquement certaines tumeurs spécifiques dans la population générale (palpation périodique des seins chez les femmes, par exemple) ou dans les groupes à risques (coloscopie périodique après 40 ans en cas d'antécédents personnels ou familiaux de polypes ou de cancer de l'intestin), etc.

Tumeur glomique

Petite tumeur cutanée bénigne, développée aux dépens d'un glomus (structure neurovasculaire assurant une communication directe entre une artériole et une veinule).

Une tumeur glomique se présente sous la forme d'une petite tuméfaction rosée, rougeâtre ou violacée, très douloureuse, surtout sous l'effet du froid et des microtraumatismes, siégeant à l'extrémité d'un doigt ou, parfois, sous un ongle.

TRAITEMENT

Elle doit être enlevée chirurgicalement.

Turgescence

Gonflement d'un organe ou d'un tissu par rétention de sang d'origine veineuse. SYN. *tumescence*.

Turista

→ VOIR Diarrhée des voyageurs.

Turner (syndrome de)

Insuffisance ovarienne due à une anomalie chromosomique et entraînant des malformations corporelles légères, une petite taille, une absence de puberté et une stérilité.

Chez la femme normale, le caryotype (cartographie des chromosomes) comprend 2 chromosomes X. Il n'en existe qu'un chez les femmes atteintes du syndrome de Turner en raison d'une perte de matériel génétique au cours des premières divisions cellulaires suivant la fécondation. Cette absence d'un des 2 chromosomes sexuels entraîne une anomalie de la formation des ovaires pendant la vie intra-utérine.

SYMPTÔMES ET SIGNES

Ils sont très variables d'un sujet à l'autre. Le thorax est bombé, les mamelons écartés, le cou parfois palmé (une bande de peau reliant la base du cou à l'épaule), les nævi fréquents. On peut retrouver un cubitus valgus (déviation de l'avant-bras en dehors, lors de son extension complète). Il n'y a pas de développement des seins ni des pilosités pubienne et axillaire, pas d'apparition des règles. La taille définitive se situe aux alentours de 1,40 mètre.

DIAGNOSTIC

Le diagnostic n'est pas toujours porté avant l'adolescence en raison de l'absence de symptômes très caractéristiques ou gênants. À l'âge de la puberté, les dosages hormonaux révèlent un taux de gonadotrophines (hormones folliculostimulante [FSH] et lutéinisante [LH] élevé et un taux d'œstrogènes particulièrement bas. Les ovaires sont habituellement atrophiques à la cœlioscopie. Le diagnostic est confirmé par le caryotype.

Le diagnostic prénatal est possible par établissement précoce du caryotype (effectué sur une biopsie de trophoblaste à la 10e semaine d'aménorrhée ou après une amniocentèse à la 17e semaine). L'échographie systématique du 2e trimestre de grossesse ne permet pas de déterminer avec certitude la présence de l'anomalie.

TRAITEMENT

Depuis quelques années, un traitement par injections de somathormone de synthèse est proposé aux fillettes atteintes du syndrome de Turner, dans le but d'augmenter leur taille définitive. Lorsque cette taille paraît atteinte, ou parallèlement à ce traitement, la prise d'œstrogènes et de progestatifs permet l'apparition de règles artificielles, modifie peu à peu la silhouette (répartition des graisses) et fait apparaître les caractères sexuels féminins. En revanche, la stérilité est définitive.

Tympan

Membrane fibreuse, transparente, qui sépare le conduit auditif externe de la caisse du tympan (cavité de l'oreille moyenne contenant les osselets) et transmet les vibrations sonores aux osselets. SYN. *membrane tympanique.*

STRUCTURE

Le tympan est à la fois résistant et élastique. D'un diamètre de 9 à 10 millimètres, il s'insère dans une rainure creusée dans le fond du conduit auditif externe.

EXAMENS ET PATHOLOGIE

Le tympan s'examine facilement par otoscopie, à l'aide d'un spéculum (petit instrument en forme d'entonnoir, muni d'un système d'éclairage). Les altérations constatées (rougeur, bombement, perforation) résultent le plus souvent d'une otite (inflammation de l'oreille moyenne). Des poches de rétraction peuvent provoquer la formation d'un cholestéatome (tumeur bénigne). La tympanométrie (étude des variations de pression de la caisse du tympan) permet de diagnostiquer une fracture ou une luxation des osselets ou une otite séreuse.

Tympan (perforation du)

Ouverture accidentelle ou thérapeutique (paracentèse) de la paroi du tympan.

Une perforation accidentelle du tympan est en général due à une otite aiguë ou chronique ou à l'introduction dans l'oreille d'un bâtonnet ouaté ou d'une épingle à cheveux. Plus rarement, elle résulte d'un barotraumatisme, excès de pression sur la face externe du tympan survenant le plus souvent au cours d'une plongée sous-marine ou d'une descente trop rapide en avion.

Dans le traitement de certaines otites aiguës, le médecin est amené à pratiquer une paracentèse, perforation du tympan réalisée pour laisser s'écouler le pus.

SYMPTÔMES ET SIGNES
Une petite perforation peut ne se traduire par aucun symptôme. Dans d'autres cas, elle entraîne une douleur, voire une surdité plus ou moins importante. Si l'oreille moyenne est irritée ou infectée, il se produit une otorrhée (écoulement de liquide clair ou purulent), parfois très intermittente, vers l'extérieur de l'oreille.

Les bains en piscine sont formellement contre-indiqués en cas de perforation du tympan, de même que toutes les gouttes auriculaires non prescrites par un médecin.

TRAITEMENT
Une perforation petite ou moyenne se ferme spontanément en quelques semaines. En revanche, une perforation plus importante doit être réparée chirurgicalement.
→ VOIR Paracentèse.

Tympanométrie

Examen qui a pour but d'évaluer les variations de pression de la caisse du tympan (partie de l'oreille moyenne contenant les osselets) et, plus rarement, d'étudier la souplesse du tympan et de la chaîne des osselets de l'oreille moyenne.

La tympanométrie permet de mettre en évidence une otite séreuse (pression anormalement basse de la caisse du tympan) ou de diagnostiquer une fracture ou une luxation des osselets (élasticité excessive de la chaîne des osselets).

La tympanométrie consiste à introduire dans le conduit auditif externe une sonde munie d'un microphone. Cet examen, qui ne nécessite aucune préparation particulière, dure de 2 à 3 minutes.

Tympanoplastie

Toute intervention chirurgicale consistant à réparer le tympan ou la chaîne des osselets.

Tympanosclérose

Infiltration de la muqueuse tapissant la caisse du tympan (partie de l'oreille moyenne contenant les osselets) par une substance hyaline (semblable à un dépôt de calcaire) qui l'épaissit.

La tympanosclérose est une complication rare d'une otite chronique.

Le seul traitement consiste à enlever chirurgicalement la substance hyaline.

Tympanotomie

Ouverture chirurgicale de la caisse du tympan (partie de l'oreille moyenne contenant les osselets).

Typage tissulaire

Identification des antigènes d'histocompatibilité, ou antigènes du système HLA (*Human Leucocyte Antigen,* antigène leucocytaire humain), transmis génétiquement, exprimés par les cellules d'un individu, et caractérisant son groupe tissulaire. SYN. *groupage tissulaire.*

Typhoïde

→ VOIR Fièvre typhoïde.

Typhus

Maladie infectieuse et contagieuse due à diverses rickettsies.

Il existe deux variétés de typhus, l'une et l'autre présentes dans le monde entier.

■ **Le typhus exanthématique, ou typhus européen à poux,** dû à *Rickettsia prowazecki,* est transmis à l'homme par la piqûre ou les déjections du pou, animal vecteur, à partir d'un homme porteur de la rickettsie. Les mesures sanitaires ont considérablement réduit la fréquence de cette affection.

■ **Le typhus murin,** dû à *Rickettsia typhi* (ou *Rickettsia mooseri*), est une infection de gravité moindre, transmise par les puces du rat. Il ne touche l'homme qu'accidentellement.

SYMPTÔMES ET SIGNES
L'incubation du typhus peut durer trois semaines. La maladie se déclare brutalement par des frissons, des douleurs dorsales et musculaires, des céphalées violentes et une fièvre élevée pouvant atteindre 40 °C. Une éruption cutanée de taches rouges s'étend à toute la surface de la peau, excepté les paumes et la plante des pieds. Le malade est atteint de confusion mentale, de prostra-

tion, de délire, ses battements cardiaques s'affaiblissent. La maladie dure deux semaines ; les complications sont essentiellement cardiaques, artérielles et nerveuses.

TRAITEMENT
Il consiste à administrer par voie orale des antibiotiques du groupe des cyclines.

PRÉVENTION
Elle repose sur la lutte contre les poux par l'utilisation d'insecticides. Il existe un vaccin contre le typhus, que l'on administre à l'entourage des malades ; il est en outre obligatoire pour les personnes qui voyagent dans des zones suspectes.

Tyrosine

Acide aminé non indispensable, synthétisé par l'organisme à partir d'un autre acide aminé, la phénylalanine.

La tyrosine entre dans la constitution des protéines. D'autre part, elle participe à d'importantes réactions chimiques : c'est un précurseur de la mélanine (pigment de la peau), de certaines substances jouant un rôle dans la transmission de l'influx nerveux (dopamine, noradrénaline) et des hormones de la glande thyroïde. Normalement, le taux sanguin de tyrosine est compris entre 20 et 85 micromoles (soit 3,6 et 15,4 milligrammes) par litre chez les sujets de plus de 2 ans, entre 35 et 75 micromoles (soit 6,3 et 13,6 milligrammes) par litre chez les enfants de moins de 2 ans. Il arrive, chez les nouveau-nés, que le taux sanguin de tyrosine dépasse ces valeurs, mais il s'agit d'un phénomène temporaire et non pathologique, lié à une immaturité enzymatique.

PATHOLOGIE
Les principales pathologies liées à la tyrosine sont des enzymopathies, maladies héréditaires dues à un déficit en certaines enzymes transformant la tyrosine, provoquant son accumulation dans l'organisme. Certaines sont communes à la tyrosine et à la phénylalanine (phénylcétonurie). D'autres sont spécifiques, comme l'albinisme, l'alcaptonurie ou les tyrosinémies.

Tyrosinémie

1. Taux anormalement élevé d'un acide aminé, la tyrosine, dans le sang.
2. Maladie héréditaire congénitale caractérisée par l'accumulation de tyrosine dans l'organisme. SYN. *tyrosinose.*

Les tyrosinémies sont des maladies rares dues à un déficit en certaines enzymes jouant un rôle dans le métabolisme de la tyrosine.

DIAGNOSTIC
Dans tous les cas, on observe une augmentation du taux de tyrosine dans le sang et les urines, associée à une élimination urinaire importante d'acides para-hydroxyphénylpyruvique, para-hydroxyphényl-lactique et para-hydroxyphényl-acétique.

TRAITEMENT
Le traitement des tyrosinémies est diététique, fondé sur un régime pauvre en phénylalanine et en tyrosine (acides aminés contenus dans les protéines animales). Ces prescriptions diététiques sont établies en milieu hospitalier spécialisé.

U

U.I.V.
→ voir Urographie intraveineuse.

Ulcération
1. Processus caractérisé par une perte de substance de la peau ou d'une muqueuse.
2. Ulcère superficiel qui est la conséquence de ce processus.

Ulcération cutanée
Cette perte de substance de la peau peut concerner une ou plusieurs couches cutanées (épiderme, derme, hypoderme) selon qu'elle est plus ou moins superficielle.

CAUSES

Une ulcération cutanée est le plus souvent d'origine circulatoire, infectieuse ou maligne.

■ **Les causes circulatoires** (veineuses, artérielles, capillaires ou mixtes) entraînent surtout des ulcères des membres inférieurs. Chez les personnes dont la mobilité est réduite (parce qu'elles sont constamment assises ou alitées), les ulcérations se localisent aux points d'appui du corps (talons, sacrum, hanches, épaules), formant des plaies profondes, les escarres.

■ **Les causes infectieuses** sont fréquemment présentes au cours de maladies aiguës ou chroniques : maladies bactériennes de la peau (pyodermites à staphylocoques ou à streptocoques), infections à champignons (mycose, sporotrichose) ou encore gommes ulcérées (tuberculose, syphilis).

■ **Les causes malignes** sont surtout les tumeurs malignes de la peau (épithéliomas basocellulaires ou spinocellulaires, mélanomes malins,

etc.), qui s'ulcèrent souvent, ou les localisations cutanées de cancers du sang ou du système lymphoïde.

Ulcération de la muqueuse
Cette perte de substance de la muqueuse peut concerner la bouche ou les organes génitaux de l'homme ou de la femme. Une ulcération vulvovaginale peut être causée par un traumatisme sexuel, une infection virale, bactérienne ou mycosique, par exemple le zona et diverses maladies sexuellement transmissibles, dont la syphilis et l'herpès (qui peut siéger aussi sur la muqueuse buccale). La muqueuse buccale peut être le siège d'ulcérations très douloureuses mais sans gravité, les aphtes, ou d'ulcérations dues à un dentier mal adapté.

Traitement d'une ulcération
Il fait appel, selon la cause de la lésion, aux antiseptiques locaux, aux antibiotiques, à la chirurgie, à la radiothérapie.

Ulcère
Perte de substance plus ou moins profonde d'un revêtement épithélial.

Un ulcère peut être cutané (ulcère de la jambe) ou muqueux (ulcère gastroduodénal).

Ulcère gastroduodénal
Destruction localisée de la muqueuse de l'estomac et du duodénum (segment initial de l'intestin grêle).

DIFFÉRENTS TYPES D'ULCÈRE GASTRODUODÉNAL

■ **L'ulcère duodénal** est le plus fréquent et atteint surtout la première partie du duodénum. Il survient de préférence chez l'homme, et son apparition est favorisée par de nombreux facteurs : importante sécrétion gastrique d'acide chlorhydrique, hypergastrinémie (taux excessif de gastrine dans le sang, dû à une hypersécrétion de gastrine, hormone sécrétée par l'antre gastrique), infection locale par un germe, *Helicobacter pylori*, hérédité, tabagisme, stress physique ou psychique, médicaments (aspirine, corticostéroïdes), etc.

■ **L'ulcère gastrique, ou ulcère de l'estomac**, est trois fois moins fréquent que l'ulcère duodénal. Il est surtout lié à une fragilité de la muqueuse gastrique, le plus souvent consécutive à des agressions, en particulier médicamenteuses (anti-inflammatoires non stéroïdiens).

SYMPTÔMES ET SIGNES

Le symptôme majeur de l'ulcère gastroduodénal est une douleur semblable à une crampe ou à une brûlure, qui peut être très intense. Située dans l'épigastre (partie haute de l'abdomen), cette douleur apparaît entre 2 et 3 heures après les repas et elle est calmée par l'alimentation. Des crises douloureuses survenant pendant quelques semaines font place à des périodes plus ou moins longues de rémission.

DIAGNOSTIC ET ÉVOLUTION

La fibroscopie œso-gastro-duodénale (examen endoscopique de l'œsophage, de l'estomac et du duodénum, à l'aide d'un tube muni d'un système optique et introduit par la bouche) confirme le diagnostic et permet de faire des prélèvements de muqueuse afin de vérifier qu'il ne s'agit pas d'un cancer.

Quelle que soit sa localisation, l'ulcère gastroduodénal évolue vers la chronicité : après cicatrisation de l'ulcère, la rechute est fréquente dans un délai allant de quelques semaines à quelques mois. Par ailleurs, à la différence de l'ulcère duodénal, qui ne dégénère pas, l'ulcère gastrique prédispose au cancer de l'estomac : le patient qui en est atteint doit bénéficier d'une surveillance médicale régulière. Les complications aiguës surviennent surtout en cas d'ulcère duodénal : hémorragies digestives (hématémèse

[émission de sang par la bouche], méléna [émission de sang digéré dans les selles]), perforation intestinale responsable d'une péritonite et sténose pyloroduodénale, transitoire ou irréversible.

TRAITEMENT

Le traitement de l'ulcère gastroduodénal est d'abord médicamenteux : administration d'antisécrétoires, associés éventuellement aux antiacides, suppression des facteurs favorisants (arrêt des médicaments gastrotoxiques, du tabac). Il comporte l'éradication d'*Helicobacter pylori* lorsqu'il est présent, ce qui permet d'éviter les récidives et le traitement prolongé. En cas d'échec du traitement ou de la survenue de complications aiguës, une intervention chirurgicale est nécessaire. Les techniques sont, pour l'ulcère duodénal, la vagotomie (section du nerf pneumogastrique) et, pour l'ulcère gastrique, la gastrectomie partielle (ablation d'une partie de l'estomac).

Ulcère de la jambe

Plaie persistante de la jambe, d'origine circulatoire.

Un ulcère de la jambe est dû le plus souvent à une insuffisance veineuse (accumulation du sang dans les veines) des membres inférieurs consécutive à une phlébite plus ou moins ancienne ou à des varices (on parle alors d'ulcère variqueux). Les plaies provenant d'autres causes (infection locale, cancer) sont nommées ulcérations. Tous les facteurs favorisant les lésions vasculaires prédisposent aux ulcères : grossesse, profession obligeant à des stations debout prolongées, pour les ulcères veineux ; tabagisme, alcoolisme, diabète, hypercholestérolémie (taux excessif de cholestérol dans le sang), hypertension artérielle, pour les ulcères artériels. Souvent, un ulcère apparaît à la suite d'un traumatisme local : coup, blessure, grattage, etc.

L'ulcère forme une plaie de surface variable, où les couches superficielles de la peau sont détruites.

TRAITEMENT

Il vise à la fois à soigner les symptômes et la cause de l'ulcère. Celui-ci est régulièrement désinfecté à l'aide d'antiseptiques, les autres soins locaux se déroulant en phases successives, déterminées par l'évolution de la plaie.

Parallèlement aux soins locaux, qui sont longs, difficiles, et qui peuvent nécessiter une hospitalisation, il faut s'attacher à soigner la cause de l'ulcère. Un ulcère veineux sera traité par le repos, jambes surélevées, et par le port de bandes élastiques ou de bas de contention, ceux-ci ne devant pas être trop serrés pour ne pas bloquer la circulation artérielle. Le traitement d'un ulcère artériel fait appel au repos, jambes inclinées vers le bas, à la suppression du tabac et de l'alcool, au traitement d'un éventuel diabète et à celui de l'artérite.

PRÉVENTION

Il est très important d'assurer une bonne prévention des ulcères de la jambe, c'est-à-dire de soigner toute varice ou maladie veineuse avant la formation d'un ulcère.

Ulcère phagédénique

Infection chronique des régions chaudes et humides, caractérisée par la formation, le plus souvent sur un membre inférieur, d'une plaie laissant l'épiderme, voire le derme, à nu. SYN. *phagédénisme tropical, ulcère tropical.*

TRAITEMENT

Il repose sur la prise d'antibiotiques et le nettoyage de la plaie (antiseptiques), qui doit ensuite être recouverte d'un pansement. Parfois une greffe de peau est indiquée. En cas de gangrène, il est nécessaire de procéder à une amputation du membre. Une cancérisation impose l'ablation chirurgicale de la tumeur, qui est parfois associée à une chimiothérapie.

Ulcère solitaire du rectum

Lésion rectale d'évolution chronique.

L'ulcère solitaire du rectum est une affection rare touchant l'adulte jeune et dont les causes sont mal connues. Il pourrait témoigner d'un prolapsus (glissement) de la muqueuse rectale. Cet ulcère peut être responsable d'émissions de sang rouge, le plus souvent en quantité modérée, accompa-

gnant les selles, parfois associées à des douleurs anorectales. La rectoscopie permet le diagnostic. Les complications sont exceptionnelles : hémorragie digestive abondante, sténose (rétrécissement) rectale. Il n'y a pas risque de cancérisation.

TRAITEMENT

Il repose sur la régularisation du transit, dont les dysfonctionnements risqueraient d'aggraver l'ulcère (prescription de laxatifs ou d'antispasmodiques), sur l'administration de corticostéroïdes locaux et, parfois, sur une rectopexie (correction chirurgicale du prolapsus consistant à remonter le rectum et à modifier son orientation).

Ultrason

Vibration sonore supérieure à 20 000 hertz, inaudible pour l'homme.

Les ultrasons sont utilisés dans le diagnostic et le traitement de différentes affections.

■ **Dans un but diagnostic**, les ultrasons sont employés par l'échographie et par le Doppler.

■ **Dans un but thérapeutique**, les ultrasons sont exploités dans le traitement symptomatique d'affections des tissus mous (muscles, ligaments, tendons). Cette technique permet de réduire l'inflammation en améliorant la circulation locale.

→ VOIR Lithotripsie.

Ultraviolet

Rayonnement électromagnétique d'une longueur d'onde inférieure à 400 nanomètres.

Les rayons ultraviolets (U.V.) sont invisibles pour l'œil humain ; ils existent naturellement dans la lumière solaire.

On distingue les rayons ultraviolets A (U.V.A.), de grande longueur d'onde, principaux facteurs du bronzage et de la synthèse de la vitamine D, les rayons ultraviolets B (U.V.B.), de longueur d'onde intermédiaire, et les rayons ultraviolets C (U.V.C.), de longueur d'onde courte.

Les ultraviolets A provoquent à long terme un vieillissement de la peau et l'apparition de lésions dégénératives cutanées. Les ultraviolets B sont responsables des coups de soleil, brûlures survenant lors d'une exposition excessive au soleil. Les lampes bronzantes, qui produisent artificiellement des rayons ultraviolets, sont supposées n'émettre que des U.V.A. mais produisent également de petites quantités d'U.V.B.

Les rayons ultraviolets sont utilisés en dermatologie.

→ VOIR Puvathérapie.

Urée

Substance azotée provenant de la destruction des protéines d'origine alimentaire ou constitutives des tissus humains.

Le foie est le lieu principal de synthèse de l'urée, qui diffuse ensuite librement dans les liquides de l'organisme puis est éliminée majoritairement par les reins. Le taux d'urée dans le sang est donc un reflet de la fonction rénale, moins fiable cependant que celui de la créatinine. Il est normalement compris entre 0,25 et 0,45 gramme par litre et peut augmenter légèrement en cas de régime alimentaire très riche en viandes ou quand le sujet ne boit pas suffisamment, alors que sa fonction rénale est strictement normale.

PATHOLOGIE

■ L'urémie (taux d'urée dans le sang) est anormalement élevée (on parle alors, par abus de langage, d'hyperazotémie, car l'urée est une substance très riche en azote) en cas d'insuffisance rénale chronique ou aiguë, anormalement basse (hypoazotémie) en cas de défaillance fonctionnelle du foie, de cirrhose par exemple.

■ L'élimination urinaire d'urée est variable selon les apports alimentaires. Elle est anormalement élevée (hyperazoturie) en cas de fièvre, de diabète et au cours de certaines intoxications (par l'arsenic, le phosphore, l'antimoine), anormalement basse (hypoazoturie) en cas d'insuffisance rénale ou d'atteinte grave du foie.

Urémie

1. Taux d'urée dans le sang.

L'urémie est normalement comprise entre 0,25 et 0,45 gramme, soit 3,3 à 6,6 millimoles, par litre de sang ; ces chiffres peuvent être légèrement supérieurs chez des sujets ayant un régime alimentaire très riche en viandes ou ne buvant pas suffisamment. L'urémie est anormalement élevée en cas d'insuffisance rénale, anormalement basse en cas d'insuffisance hépatique grave.

2. Ensemble des manifestations caractéristiques de l'insuffisance rénale.

On parle ainsi d'urémie aiguë ou d'urémie chronique. Le terme de coma urémique définit le coma dans lequel sont plongés les sujets atteints d'une insuffisance rénale non soignée en stade terminal.

Uretère

Conduit permettant à l'urine de s'écouler du bassinet rénal à la vessie.

STRUCTURE

Les uretères, au nombre de deux, sont disposés verticalement de part et d'autre de la colonne vertébrale. Chaque uretère mesure environ 1 centimètre de diamètre et de 25 à 30 centimètres de long. Il prend naissance dans l'abdomen et se termine dans le petit bassin. Certaines personnes naissent avec une duplicité urétérale (présence d'un double uretère pour un seul rein) ; cette malformation n'a aucune conséquence fonctionnelle.

Urétérite

Inflammation aiguë, subaiguë ou chronique de la paroi urétérale, le plus souvent d'origine infectieuse.

Urétérocèle

Dilatation congénitale de l'extrémité inférieure de l'uretère, due à un rétrécissement du méat urétéral (orifice d'abouchement de l'uretère à la vessie).

L'urétérocèle peut avoir des degrés de gravité divers, d'une simple dilatation ne gênant par l'écoulement de l'urine vers la vessie à une dilatation importante empêchant une évacuation urinaire normale et pouvant provoquer une destruction progressive du rein.

SYMPTÔMES ET DIAGNOSTIC

Ce sont les complications de l'urétérocèle qui entraînent sa découverte dès l'enfance :

pyélonéphrite (infection du bassinet et du tissu interstitiel d'un rein), présence d'un calcul dans le segment d'uretère dilaté, troubles de la miction (mictions fréquentes et douloureuses). Le diagnostic repose sur l'échographie et l'urographie intraveineuse.

TRAITEMENT

Si le rétrécissement est important, on peut soit élargir le méat urétéral par chirurgie endoscopique (par un tube muni d'une optique et d'instruments chirurgicaux, introduit dans les voies urinaires), soit pratiquer une urétérocystonéostomie (réimplantation de l'uretère dans la vessie).

Urétérocolostomie

Abouchement chirurgical de l'uretère dans le côlon.

Urétérocystonéostomie

Réimplantation chirurgicale de l'uretère dans la vessie.

Urétérolithotomie

Ouverture chirurgicale de la paroi urétérale, effectuée pour permettre l'ablation d'un calcul.

Urétéropyélographie rétrograde

Examen radiologique de l'uretère et des cavités des reins. SYN. *pyélographie rétrograde*.

Le but de l'urétéropyélographie rétrograde (U.P.R.) est d'étudier les voies d'évacuation de l'urine, depuis les reins jusqu'à la vessie, lorsque l'urographie intraveineuse ne permet pas de les observer correctement ou qu'elle est impossible à réaliser.

INDICATIONS

L'urétéropyélographie rétrograde permet de diagnostiquer l'origine de certains troubles urinaires (hématurie, calculs).

TECHNIQUE

L'examen consiste à radiographier les uretères jusqu'aux bassinets après injection rétrograde (en sens inverse de l'écoulement urinaire) d'un produit de contraste iodé. Contrairement à d'autres examens radiologiques, l'urétéropyélographie rétrograde n'est pas contre-indiquée chez les personnes

allergiques à l'iode, car le produit de contraste ne passe pas dans le sang.

PRÉPARATION ET DÉROULEMENT

Chez l'homme, l'urétéropyélographie rétrograde se pratique sous anesthésie générale et donc à jeun. Une hospitalisation de 24 heures est alors à prévoir. Chez la femme, l'anesthésie n'est pas nécessaire, le passage de la sonde étant moins sensible en raison de la conformation de l'urètre féminin.

L'examen est précédé d'une cystoscopie (examen de la vessie à l'aide d'un tube muni d'un système optique, appelé cystoscope, que l'on introduit dans l'urètre) afin de repérer les orifices d'abouchement des uretères dans la vessie.

Ensuite, le médecin introduit un fin cathéter dans l'urètre puis dans la vessie et, enfin, dans l'un des deux uretères. L'injection progressive du produit de contraste iodé fait alors remonter ce dernier à contre-courant. Différents clichés sont réalisés au fur et à mesure que l'uretère et le bassinet deviennent visibles ; le praticien procède ensuite de la même façon pour le second uretère. L'examen dure environ 30 minutes.

RÉSULTATS ET EFFETS SECONDAIRES

Les résultats sont connus au cours même de l'examen. Le risque essentiel de l'urétéropyélographie rétrograde est l'infection.

Urétéroscopie

Introduction d'un endoscope (tube muni d'un système optique et dans lequel peuvent être glissés des instruments de chirurgie) dans l'uretère.

Son utilisation principale est l'extraction ou la pulvérisation localisée de calculs de l'uretère. Elle est contre-indiquée en cas d'infection urinaire.

L'urétéroscopie est réalisée, sous anesthésie générale, à l'aide d'un endoscope rigide ou flexible, qui est introduit dans la vessie par l'urètre et ensuite guidé jusqu'à l'uretère. Pour enlever le calcul, plusieurs techniques sont utilisées : extraction grâce à une sonde-panier ; pulvérisation au moyen d'une sonde ultrasonique ou électrohydraulique ou par faisceau laser.

Les principales complications d'une urétéroscopie sont le rétrécissement cicatriciel de l'uretère et la persistance d'un fragment de calcul.

Urétérostomie

Abouchement chirurgical de l'uretère à un organe ou à la peau.

Une urétérostomie est une dérivation urinaire généralement pratiquée après une ablation de la vessie.
→ VOIR Stomie.

Urétralgie

Douleur de l'urètre.

Urètre

Conduit allant du col de la vessie au méat urétral, qui permet l'écoulement de l'urine et, chez l'homme, le passage du sperme.

PATHOLOGIE

L'urètre peut être le siège de multiples affections, parmi lesquelles on distingue :
- les infections, qui sont le plus souvent sexuellement transmissibles, comme l'urétrite gonococcique (blennorragie) ;
- les rétrécissements de l'urètre et de son méat, séquelles d'une urétrite ou conséquences d'un traumatisme ;
- l'urétrocèle (dilatation d'un segment de l'urètre), qui affecte surtout la femme ;
- le prolapsus (glissement) de la muqueuse du méat urétral, parfois également appelé urétrocèle, affection bénigne survenant surtout chez la femme âgée ;
- les malformations congénitales de l'urètre telles que l'hypospadias, l'épispadias (malformations dans lesquelles le méat urétral ne siège pas à sa place normale sur le gland) ou la valve urétrale (présence dans l'urètre de replis muqueux qui empêchent le passage de l'urine).

Urétrite

Inflammation de l'urètre, essentiellement d'origine infectieuse.

L'urétrite atteint surtout l'homme jeune.

DIFFÉRENTS TYPES D'URÉTRITE

Selon le germe en cause, on distingue plusieurs formes d'urétrite, dont les symptômes communs sont un écoulement urétral, des brûlures locales, accentuées à la miction, et parfois une fièvre.

■ L'urétrite gonococcique, ou blennorragie, est une maladie sexuellement transmissible, due au germe *Neisseria gonorrhææ*. Le traitement du malade et de son partenaire sexuel par l'administration d'antibiotiques actifs contre le germe doit être entrepris immédiatement. Une seule prise d'antibiotiques suffit, mais des rechutes sont possibles.

■ L'urétrite à mycoplasmes et à chlamydias est une maladie sexuellement transmissible. Elle se traduit, au début de l'infection, par un écoulement urétral clair et indolore. Le traitement repose essentiellement sur la prise d'antibiotiques, pendant 2 à 3 semaines.

Urétrocèle

1. Petite dilatation localisée à un segment de l'urètre.

Chez l'homme, une urétrocèle se produit le plus souvent à la hauteur du pénis et du scrotum.

Une urétrocèle se traduit par des troubles de la miction (gouttes retardataires) ; par ailleurs, elle prédispose aux infections urinaires.

Le traitement consiste à réduire chirurgicalement, sous anesthésie générale, la dilatation de l'urètre.

2. Glissement de la muqueuse urétrale à l'extérieur du méat urétral. SYN. *prolapsus de la muqueuse urétrale.*

L'urétrocèle affecte essentiellement les petites filles et les femmes âgées.

Elle prend la forme d'une saillie rose ou rouge d'environ 1 centimètre de diamètre, située au niveau du méat urétral.

Le traitement consiste à exciser chirurgicalement l'urétrocèle sous anesthésie locale ou locorégionale.

Urétrocystographie mictionnelle

Examen radiologique de la vessie et de l'urètre.

L'urétrocystographie mictionnelle permet d'analyser le fonctionnement et la morphologie de la vessie et de l'urètre.

Il existe différents types d'urétrocystographie mictionnelle.

■ **L'urétrocystographie mictionnelle pratiquée au cours d'une urographie intraveineuse** consiste à injecter un produit de contraste par voie intraveineuse. La vessie est ainsi remplie d'urine radio-opaque et les clichés radiographiques permettent d'évaluer, outre la morphologie de l'urètre, l'existence d'un résidu vésical postmictionnel. L'examen dure de 60 à 90 minutes.

■ **L'urétrocystographie mictionnelle par ponction suspubienne** consiste à injecter, éventuellement sous contrôle échographique, un produit de contraste dans la vessie à l'aide d'une aiguille introduite par voie suspubienne. L'examen, qui nécessite une anesthésie locale, dure environ 30 minutes.

■ **L'urétrocystographie mictionnelle rétrograde, ou urétrocystographie mictionnelle ascendante**, consiste à injecter un produit de contraste par une sonde introduite dans l'urètre, puis à le faire refluer vers la vessie. Cet examen ne nécessite pas d'anesthésie. Il dure environ 30 minutes.

Urétroplastie

Élargissement chirurgical de l'urètre à l'aide d'un greffon le plus souvent cutané, parfois muqueux (muqueuse vésicale ou buccale), libre ou pédiculé.

Urétrorraphie

Abouchement chirurgical, après ablation d'un segment d'urètre rétréci, des deux segments d'urètre restants.

Urétrorrhée

Écoulement d'un liquide pathologique, clair ou purulent, par l'urètre.

Urétroscopie

Examen permettant l'exploration directe de l'urètre, effectué à l'aide d'un urétroscope (tube muni d'une optique) introduit dans cet organe.

Cet examen permet notamment de rechercher une inflammation, un rétrécissement, plus rarement une tumeur de la muqueuse urétrale. Il est contre-indiqué en cas d'infection urinaire.

DÉROULEMENT

Une urétroscopie ne nécessite pas d'hospitalisation et se pratique le plus souvent sans anesthésie chez la femme. En revanche, elle est précédée, chez l'homme, de l'application d'un gel anesthésique. L'examen dure de 5 à 10 minutes.

EFFETS SECONDAIRES

Le sujet peut reprendre ses activités immédiatement. Cependant, au cours des heures qui suivent, il arrive que les mictions soient légèrement douloureuses et contiennent un peu de sang. Plus rarement, l'urétroscopie est à l'origine d'une urétrite (infection de l'urètre).

Urétrotomie

Ouverture chirurgicale de l'urètre.

Urgence

Situation pathologique dans laquelle un diagnostic et un traitement doivent être réalisés très rapidement.

Urgence pédiatrique

Situation pathologique concernant des enfants qui nécessitent des soins immédiats sous peine de conséquences graves pour leur santé, voire pour leur vie. (Voir page 989-991.)

Uricémie

Taux d'acide urique dans le sang.

L'uricémie est normalement comprise entre 240 et 420 micromoles (soit 40 à 70 milligrammes) par litre ; elle est plus élevée en moyenne chez les hommes que chez les femmes.

→ VOIR Hyperuricémie, Hypo-uricémie.

Uricolytique

Médicament utilisé dans le traitement de l'hyperuricémie (augmentation anormale du taux d'acide urique dans le sang).

URGENCES PÉDIATRIQUES MÉDICALES ET CHIRURGICALES

Signes	Causes	Premiers gestes
Brûlures Peau rouge ou d'aspect cartonneux, avec de grosses ampoules, ou noirâtre Lésions étendues Localisation sur le visage ou les organes génitaux	Brûlures causées par le feu, un liquide bouillant, un produit chimique, l'électricité, un coup de soleil	Éloigner la victime de la cause de brûlure ; préserver au maximum la propreté des brûlures (ne pas les mettre en contact avec du coton hydrophile) ; si les vêtements sont en fibres naturelles (coton, lin), les retirer ; si ce n'est pas le cas (Nylon, acrylique), laisser la dernière couche pour éviter d'arracher les zones de peau intactes ; n'appliquer aucun produit, rincer la zone brûlée sous l'eau froide du robinet. Hospitalisation immédiate.
Brûlures locales très douloureuses ou profondes à travers le corps (sur le trajet de l'électricité), perte de connaissance	Électrocution	Couper le courant ; isoler l'enfant de la source d'électricité en utilisant un objet en bois ou en plastique ; en cas de perte de connaissance, mettre l'enfant en position latérale de sécurité. Appeler les secours d'urgence.
Brûlures buccales ou digestives, douleurs abdominales, vomissements, perte de connaissance	Intoxication : ingestion de produits caustiques ou toxiques, ingestion de médicaments	Laver la bouche en cas d'ingestion de produit caustique (sans faire avaler l'eau) ; ne pas donner à boire ni à manger ; en cas d'ingestion de comprimés : faire vomir l'enfant ; en cas de perte de connaissance : le mettre en position latérale de sécurité. Appeler les secours d'urgence.
Convulsions Mouvements désordonnés des membres, rejet de la tête en arrière, yeux révulsés	Fièvre élevée (maladie infectieuse, méningite), déshydratation aiguë, traumatisme crânien ou intoxication	Déshabiller et découvrir l'enfant, ne pas surchauffer la pièce, et, si la fièvre est supérieure à 39 °C, le baigner pendant 10 minutes dans une eau à 37 °C. Hospitalisation immédiate.
Détresse respiratoire Troubles respiratoires (toux, étouffement) ; cyanose	Obstruction des voies respiratoires par inhalation d'un corps étranger solide ou par asphyxie (sac plastique, oreiller)	Ne pas tenter d'enlever le corps étranger si celui-ci n'est pas visible dans la gorge ; si le corps étranger est visible, ouvrir la bouche de l'enfant (celui-ci étant allongé, tête vers l'arrière) et l'enlever. Si l'enfant s'étouffe, lui donner 2 ou 3 coups de poing entre les 2 omoplates ou appliquer une pression brusque sur le ventre de bas en haut avec le poing ; si cela s'avère inefficace, mettre l'enfant en position latérale de sécurité. Dégager l'enfant du sac ou de l'oreiller qui l'étouffe ; s'il ne respire plus, le secouer ou lui donner des claques dans le dos ; si la perte de connaissance se prolonge, le mettre en position latérale de sécurité. Appeler les secours d'urgence.

URGENCES PÉDIATRIQUES MÉDICALES ET CHIRURGICALES (SUITE)

Signes	Causes	Premiers gestes
Détresse respiratoire (eau dans les voies respiratoires), syncope	Noyade	Libérer les voies aériennes en tirant la langue de l'enfant avec un mouchoir (afin qu'elle ne tombe pas au fond de la bouche et n'étouffe pas l'enfant), appuyer fortement sur les côtes si l'enfant ne recrache pas l'eau, le mettre en position latérale de sécurité, le recouvrir d'une couverture. Appeler les secours d'urgence.
Douleurs Cris et pleurs intenses qu'on ne peut calmer (chez le nourrisson)	Douleur aiguë d'origine diverse	Vérifier si la cause n'est pas évidente (faim, soif, propreté) ; rechercher l'endroit douloureux. Consultation médicale.
Douleurs situées à droite sur l'abdomen, fièvre, vomissements	Appendicite aiguë	Consultation médicale.
Douleur aiguë et intense, gonflement et inflammation du testicule	Torsion du testicule ou hernie inguinale	Hospitalisation immédiate pour intervention urgente.
Cris de douleur intermittents, vomissements, pâleur, refus de la nourriture, possibilité de selles sanglantes	Invagination intestinale aiguë du nourrisson	Consultation médicale.
Hémorragies Saignement de nez	Traumatisme des fosses nasales, affection des sinus, hypertension artérielle, trouble de la coagulation	Pencher la tête de l'enfant en avant et lui pincer le nez entre le pouce et l'index pendant une dizaine de minutes ; si cela s'avère insuffisant, consulter un médecin.
Saignement important s'écoulant d'une plaie visible, vomissement de sang ou émission de sang dans les selles, hématome spontané	Hémorragie externe ou interne	En cas d'hémorragie externe, prendre 4 ou 5 compresses pliées et les poser sur la blessure ou essayer de boucher l'artère avec le pouce en appuyant fermement sur l'endroit d'où s'écoule le sang. Hospitalisation immédiate ou appeler les secours d'urgence.
Traumatismes Doigt, orteil ou membre sectionné	Amputation accidentelle	Allonger l'enfant, poser sur la blessure un tissu propre ou une gaze stérile sans essayer de remettre en place le membre ou le segment de membre sectionné ; placer celui-ci dans un sac plastique propre, que l'on pose sur de la glace. Hospitalisation immédiate.

Signes	Causes	Premiers gestes
Maux de tête, vomissements, somnolence, perte de connaissance, convulsions, saignements de nez ou des oreilles survenant 2 ou 3 heures après une chute ou un coup	Traumatisme crânien : chutes et coups sur la tête	Vérifier qu'il n'y a pas de plaie ; en cas de perte de connaissance, mettre l'enfant en position latérale de sécurité. Hospitalisation immédiate ou appeler les secours d'urgence.
Membre cassé ou luxé (os sorti de son articulation), état de choc (pâleur, respiration accélérée, transpiration, soif)	Fracture	Desserrer les vêtements, mettre l'enfant dans la position la plus confortable possible ; s'il est en état de choc, le mettre en position latérale de sécurité, ne rien lui donner à boire ni à manger ; en cas de lésion du cou ou du dos, ne pas bouger l'enfant. Hospitalisation immédiate ou appeler les secours d'urgence.
Vomissements Vomissements répétés, diarrhée, apathie, yeux cernés, fontanelles creusées	Déshydratation aiguë du nourrisson due à un coup de chaleur, à une fièvre, à une gastroentérite aiguë	Réhydrater le nourrisson en lui donnant à boire, fréquemment et par petites quantités, de l'eau fraîche salée et sucrée ou du Coca-Cola frais. Hospitalisation immédiate.
Vomissements en jets, fièvre, raideur de la nuque, maux de tête	Méningite	Hospitalisation immédiate.

Uricosurique

Médicament utilisé dans le traitement de fond de la goutte.

Les uricosuriques augmentent l'élimination de l'acide urique dans les urines. Ils sont indiqués par voie orale en cas d'hyperuricémie (augmentation de la concentration sanguine d'acide urique) quand celle-ci donne lieu à des complications (goutte). Ils sont contre-indiqués dans les situations qui favorisent la formation de calculs d'acide urique dans les voies urinaires.

EFFETS INDÉSIRABLES

Les uricosuriques peuvent causer des troubles fonctionnels de la thyroïde, des réactions allergiques, des douleurs gastriques et une diarrhée.

Uricurie

Élimination urinaire d'acide urique. SYN. *uraturie*.

L'uricurie est normalement comprise entre 0,5 et 0,8 gramme, soit 3 à 4,8 millimoles, par 24 heures.

PATHOLOGIE

■ Une hyperuricurie (élimination urinaire excessive d'acide urique) peut être le signe d'une lithiase urique (présence de calculs d'acide urique dans les voies urinaires), d'une goutte ou d'une lyse tumorale (destruction d'une importante masse tumorale) spontanée ou provoquée (par chimiothérapie). Elle peut aussi être liée à la prise de certains médicaments (uricosuriques).

■ Une hypo-uricurie (élimination urinaire d'acide urique anormalement basse) révèle le plus souvent une insuffisance rénale.

Urinaire (appareil)

Ensemble des organes qui élaborent l'urine et l'évacuent hors du corps.

L'appareil urinaire présente des différences anatomiques chez l'homme et chez la femme.

STRUCTURE

L'appareil urinaire est formé de 2 parties.

■ Le haut appareil urinaire est situé dans l'abdomen, en arrière de la cavité péritonéale et de son contenu. Il comprend :

– les 2 reins, situés dans chaque fosse lombaire, de part et d'autre de la colonne vertébrale : le parenchyme (tissu fonctionnel) rénal y élabore l'urine, qui est ensuite filtrée dans les calices ; ceux-ci, au nombre de 3 en moyenne pour chaque rein, se réunissent pour former le bassinet, qui collecte l'urine ;

– les 2 uretères, qui font suite à chacun des 2 bassinets ; ces conduits, d'environ 25 centimètres de longueur, relient chaque rein à la vessie et permettent l'écoulement de l'urine vers la vessie.

■ Le bas appareil urinaire comprend :

– la vessie, organe creux, sphérique, dont la paroi est musculaire ; elle stocke l'urine venant des uretères puis, lorsqu'elle est pleine, l'évacue vers l'urètre en contractant sa paroi musculaire ;

– l'urètre, conduit séparé de la vessie par le col vésical, qui permet l'évacuation de l'urine qu'elle contient hors du corps ; il est entouré d'un sphincter, dit urétral, qui se ferme pendant le remplissage de la vessie et s'ouvre lors des mictions. Chez l'homme, l'urètre est long et entouré par la prostate, et s'ouvre à l'extrémité du gland pénien. Chez la femme, il est beaucoup plus court et s'ouvre à la vulve.

PATHOLOGIE

Les principales maladies affectant l'appareil urinaire sont :

– les lithiases (présence de calculs) ;

– les infections rénales (pyélonéphrite), vésicales (cystite), prostatiques (prostatite) ;

– les tumeurs, bénignes ou malignes ;

– les rétrécissements de l'urètre ou des uretères ;

– les malformations (rein en fer à cheval, méga-uretère, urétérocèle, épispadias, hypospadias, exstrophie vésicale, reflux vésico-urétéro-rénal, valve urétrale, etc.).

Urinal

Récipient à col incliné, en verre ou en plastique, qui recueille l'urine des malades alités. SYN. *pistolet.*

Urine

Liquide sécrété par les néphrons (unités fonctionnelles du rein), qui s'écoule par les voies urinaires excrétrices (calices, bassinets, uretères) et s'accumule dans la vessie avant d'être évacué par l'urètre.

COMPOSITION

L'urine est un liquide jaune pâle, ambré, limpide à l'émission, d'odeur safranée et légèrement acide. Elle est constituée d'eau, dans laquelle sont dissoutes des substances minérales (sodium, potassium, calcium, magnésium, chlorure, sulfates, phosphates) et organiques (urée, créatinine, acide urique, acides aminés, enzymes, hormones, vitamines), et contient des globules rouges et des globules blancs en faibles quantités (moins de 5 000 par millilitre).

Le volume d'urine excrété est normalement compris entre 0,5 et 2 litres par 24 heures, mais varie en fonction de l'âge du sujet, de la quantité de boissons qu'il a absorbée, de son alimentation, de son activité physique, du climat, etc.

ÉLABORATION ET PHYSIOLOGIE

Le glomérule, première partie du néphron, élabore l'urine primitive par filtration du sang ; cette urine est ensuite transformée dans le tubule rénal, deuxième partie du néphron, par des phénomènes de réabsorption (récupération d'une partie de l'eau, du sodium, etc.) et de sécrétion, en une urine définitive, dont la quantité et la composition varient de façon que le milieu intérieur du corps reste constant.

L'urine joue donc un double rôle : élimination de déchets tels que l'urée, la créatinine et aussi un grand nombre de médicaments et de toxiques, d'une part, maintien de la constance du milieu intérieur de l'organisme grâce à une régulation des quantités d'eau et de sels minéraux à éliminer, d'autre part.

PATHOLOGIE

■ Un changement de couleur de l'urine peut révéler un ictère (urine brun acajou) ou une hématurie (urine rouge).

PRINCIPAUX CONSTITUANTS DE L'URINE

	Principales causes de diminution de ces valeurs	Valeurs moyennes	Principales causes d'augmentation de ces valeurs
Éléments minéraux			
Sodium (natriurie)	Régime sans sel, déshydratation	De 3 à 7 g (c'est-à-dire de 50 à 150 mmol)/24 h	Insuffisance surrénalienne (maladie d'Addison)
Potassium (kaliurie)	Insuffisance surrénalienne	De 2 à 4 g (c'est-à-dire de 50 à 100 mmol)/24 h	Syndrome de Conn
Calcium (calciurie)	Hypopara-thyroïdie, insuffisance rénale	De 100 à 400 mg (c'est-à-dire de 2,5 à 10 mmol)/24 h	Hyperparathyroïdie
Chlore (chlorurie)	Déshydratation	De 4 à 9 g (c'est-à-dire de 120 à 250 mmol)/24 h	Insuffisance surrénalienne
Éléments organiques			
Acide urique (uricurie)	Crise de goutte, régime végétarien	De 0,35 à 1 g (c'est-à-dire de 2 à 6 mmol)/24 h	Crise de goutte, leucémie
Urée (azoturie)	Insuffisance rénale, insuffisance hépatique	De 10 à 35 g (c'est-à-dire de 180 à 600 mmol)/24 h	Augmentation du catabolisme azoté (fièvre), intoxication (au phosphore, à l'antimoine)
Créatinine (créatininurie)	Insuffisance rénale	De 0,5 à 2,5 g (c'est-à-dire de 5 à 20 mmol)/24 h (valeur fixe pour un même individu)	Myopathie
Urobiline (urobilinurie)		De 0,2 à 3,5 mg (c'est-à-dire de 0,33 à 5,91 μmol)/24 h	Certaines affections hépatiques, hémolyse
Constituants chimiques anormaux			
Glucose (glycosurie)		Absence	Hyperglycémie (diabète sucré), diabète rénal
Protéines (protéinurie)		Inférieur à 0,05 g/24 h	Protéinurie orthostatique, protéinurie d'effort, néphropathie glomérulaire, myélome multiple
Corps cétoniques (acétonurie, cétonurie)		Absence	Hypercatabolisme (fièvre), jeûne prolongé, diabète sucré décompensé avec acidocétose

PRINCIPAUX CONSTITUANTS DE L'URINE (SUITE)

	Principales causes de diminution de ces valeurs	Valeurs moyennes	Principales causes d'augmentation de ces valeurs
Éléments cellulaires			
Cellules épithéliales desquamées		Quelques cellules	Inflammation des voies urinaires, cancer de la vessie ou des uretères
Cylindres		De 1 à 2 cylindres hyalins/min	Inflammation des voies urinaires, néphrite
Hématies		Inférieur à 5 000/min	Affection vésicale, prostatique, urétrale ou rénale
Leucocytes		Inférieur à 5 000/min	Infection des voies urinaires (pyélonéphrite, prostatite)

mmol = millimole ; µmol = micromole

■ La présence d'éléments anormaux dans l'urine ou dans le sédiment urinaire est symptomatique de certaines maladies : diabète s'il s'agit de glucose, néphropathie quand ce sont des protéines, acidocétose en cas de corps cétoniques, affection hépatique en cas d'urobiline, etc.

■ Une variation de la composition de l'urine peut révéler une maladie : ainsi, une augmentation anormale du taux de calcium peut signaler une hyperparathyroïdie, tandis qu'une diminution anormale de ce taux est caractéristique d'une hypoparathyroïdie ou d'une insuffisance rénale.
→ VOIR Anurie, Oligurie, Polyurie.

Urine (fuite d')
Écoulement anormal d'urine.
→ VOIR Incontinence urinaire.

Urine (reflux d')
→ VOIR Reflux vésico-urétéro-rénal.

Urobiline
Pigment biliaire jaune-orangé.

L'urobiline est formée dans l'intestin sous l'action de bactéries à partir d'un autre pigment biliaire, la bilirubine, et éliminée en majeure partie dans les selles. En cas de rétention biliaire, par exemple au cours d'un ictère déclenché par un calcul obstruant les canaux biliaires, les pigments biliaires ne peuvent plus être éliminés dans les selles (qui sont alors décolorées) et s'accumulent dans les urines.

Urographie intraveineuse
Examen radiologique étudiant la morphologie et le fonctionnement de l'appareil urinaire.

INDICATIONS ET CONTRE-INDICATIONS
L'urographie intraveineuse (U.I.V.), examen radiologique le plus classique de l'appareil urinaire, est beaucoup moins pratiquée qu'autrefois. Elle est cependant indiquée dans de nombreuses maladies urinaires, en particulier l'infection urinaire, l'hématurie (présence de sang dans les urines), les coliques néphrétiques et les troubles de la miction.

TECHNIQUE ET DÉROULEMENT

L'urographie intraveineuse consiste à radiographier les voies urinaires, une fois celles-ci opacifiées par un produit de contraste iodé, qui est injecté par voie veineuse et s'élimine dans les urines. Elle dure environ 1 heure et demie.

Après l'examen, le sujet peut immédiatement reprendre ses activités.

EFFETS SECONDAIRES

L'urographie intraveineuse peut entraîner une réaction d'intolérance à l'iode (nausées, vomissements, baisse de la tension artérielle), évitée par un traitement antiallergique prescrit préventivement aux patients sensibles durant les jours qui précèdent l'examen.

Urokinase

Enzyme produite par le rein et excrétée dans l'urine.

L'urokinase possède la propriété de dégrader la fibrine, substance protéique intervenant dans la formation du caillot lors du processus de coagulation du sang.

Urologie

Discipline médicochirurgicale qui se consacre à l'étude et au traitement des maladies de l'appareil urinaire des deux sexes et de l'appareil génital masculin.

Uropathie

Toute maladie touchant l'appareil urinaire (bassinets, uretères, vessie et urètre).

Urticaire

Maladie dermatologique caractérisée par l'apparition de plaques rouges en relief, souvent très prurigineuses.

On distingue les urticaires aiguës, ne durant parfois que quelques heures, des urticaires chroniques, qui persistent plus de trois mois.

Urticaire aiguë

Elle peut être due à la prise de certains médicaments (analgésiques, anti-inflammatoires, aspirine), à une piqûre d'insecte (guêpe, abeille, moustique) ou avoir une origine alimentaire (fraises, condiments, crustacés, poissons). Son mécanisme est variable : soit la substance en cause amène un excès d'histamine, soit elle déclenche la libération dans l'organisme de l'histamine contenue dans la paroi intestinale, soit encore elle provoque une réaction allergique. Enfin, certaines maladies infectieuses (hépatite virale, mononucléose infectieuse, certaines maladies parasitaires) peuvent comporter une urticaire à leur phase initiale.

Urticaire chronique

Les causes de l'urticaire chronique sont beaucoup plus nombreuses que celles de l'urticaire aiguë.

■ **Les urticaires chroniques physiques** (c'est-à-dire déclenchées par des facteurs physiques), héréditaires ou acquises, se classent en différents types :

– l'urticaire cholinergique, qui fait suite à la libération d'une substance appelée acétylcholine, contenue normalement dans les cellules nerveuses ; ce phénomène est souvent consécutif à un effort physique intense, ou à une pression exercée par un objet lourd sur la peau, et il est favorisé par la sudation ;

– l'urticaire au froid, fréquente ;

– l'urticaire à l'eau, qui rend dangereux les bains en rivière ou dans la mer ;

– l'urticaire solaire, qui atteint toutes les régions du corps exposées au soleil.

■ **Les urticaires chroniques allergiques** peuvent être dues à un médicament ou à un aliment, mais aussi à un pneumallergène (substance allergisante contenue dans l'atmosphère : pollens, poussières).

Cependant, dans 30 à 40 % des cas, les causes de l'urticaire demeurent inconnues.

Symptômes et signes de l'urticaire

En règle générale, l'urticaire touche le derme superficiel ; on la reconnaît aisément grâce à la ressemblance des lésions avec les piqûres d'ortie. Les placards sont arrondis, un peu surélevés, rosés, entourés d'un liseré blanc plus ou moins marqué ; très mobiles et fugaces, ils disparaissent pour apparaître en d'autres endroits du corps, parfois en quelques heures. Chez certains malades, on observe un dermographisme : une plaque d'urticaire apparaît à l'endroit où l'on a frotté la peau avec une pointe mousse. Les urticaires cholinergiques et les urticaires à l'eau sont caractérisées par des boutons de la taille d'une tête d'épingle. Les urticaires chroniques associées à une maladie générale se traduisent par l'apparition de placards souvent fixes, symétriques, peu ou pas prurigineux ; elles peuvent s'accompagner d'une légère fièvre, de douleurs articulaires et d'un syndrome inflammatoire modéré.

Traitement de l'urticaire

Il repose sur l'administration d'antihistaminiques par voie orale ou injectable, parfois associée à celle, orale, d'autres médicaments tels que le chromoglycate de sodium ou le kétotifène, qui inhibent la dégranulation des cellules appelées mastocytes, phénomène libérant de l'histamine. Les corticostéroïdes, administrés par voie orale ou injectable, ne s'utilisent que dans les urticaires sévères. Par ailleurs, les soins locaux de la peau comprennent des toilettes avec un savon acide ou de l'eau vinaigrée et des applications de laits adoucissants.

La cause de l'urticaire doit être traitée chaque fois que c'est possible : suppression de l'aliment ou du médicament responsable, voire désensibilisation. De plus, il existe souvent un facteur psychologique favorisant, dont on peut atténuer le rôle à l'aide d'anxiolytiques et d'une psychothérapie.

→ VOIR Quincke (œdème de).

Utérus

Organe musculaire creux de l'appareil génital féminin, destiné à accueillir l'œuf fécondé pendant son développement et à l'expulser quand il parvient à maturité.

STRUCTURE

En dehors de la grossesse et pendant la vie génitale, de la puberté à la ménopause, l'utérus est un organe de petite taille (7 ou 8 centimètres de haut), logé dans le petit bassin, entre la vessie, en avant, et le rectum, en arrière. En forme de cône, pointe en bas, l'utérus comprend une partie renflée, le corps utérin, sur laquelle s'attachent les 2 trompes utérines. La cavité du corps utérin est tapissée d'une muqueuse, l'endomètre. Son extrémité inférieure, le col utérin, s'ouvre dans le vagin.

PHYSIOLOGIE

La muqueuse utérine subit des transformations cycliques, sous l'influence des hormones ovariennes : sa couche superficielle s'élimine au moment des règles. Pendant la grossesse, l'œuf fécondé s'implante dans cette muqueuse, et le placenta s'y développe. La tunique musculaire lisse de l'utérus, le myomètre, s'épaissit ; lors de l'accouchement, elle se contracte pour expulser le fœtus.

PATHOLOGIE

Elle est dominée par les anomalies physiques (malformations et malpositions), les infections et les tumeurs bénignes et malignes.

■ **Les malformations de l'utérus** résultent d'un trouble du développement embryonnaire (organogenèse). Elles comprennent :
- l'aplasie utérine (absence complète ou incomplète d'utérus), qui entraîne une absence de règles et une stérilité définitive ;
- l'hémi-utérus (demi-utérus), ou utérus bicorne, caractérisé par la présence de un ou de deux cols, qui rend néanmoins possible une grossesse ;
- l'hypoplasie (utérus de petite taille) ;
- l'utérus cloisonné (totalement ou partiellement divisé par une cloison), la plus fréquente des malformations, qui se trouve souvent associé à un cloisonnement du vagin.

■ **Les malpositions de l'utérus** (anomalies de position de cet organe) sont très fréquentes. Elles se subdivisent en rétroversions (inclinaison du corps de l'utérus vers l'arrière) et en rétroflexions (inclinaison du corps utérin qui entraîne le col avec lui) et peuvent provoquer des douleurs au moment des règles (dysménorrhée) ou des rapports sexuels (dyspareunie), ou encore des troubles de la miction (dysurie). Le recours à la chirurgie est parfois nécessaire pour supprimer les douleurs.

■ **Les infections de l'utérus** atteignent le col de l'utérus (cervicite) ou son corps (endométrite). Elles peuvent se propager aux trompes de Fallope (salpingite). Les germes responsables sont le plus souvent ceux des maladies sexuellement transmissibles.

■ Les tumeurs de l'utérus peuvent être bénignes (fibromes du corps utérin, polypes du col utérin) ou malignes (cancers). Ces tumeurs se traduisent souvent par des ménorragies (saignements anormalement abondants pendant les règles) ou par des métrorragies (saignement, même minime, survenant en dehors des règles ou après la ménopause).

Utérus (cancer de l')

Cancer génital féminin qui peut toucher soit le col, soit le corps de l'utérus (endomètre).

Cancer du col de l'utérus

C'est le plus fréquent des cancers de l'appareil génital féminin. Il occupe le deuxième rang des cancers féminins, après le cancer du sein. Ce cancer apparaît plus souvent avant la ménopause et chez la femme qui a eu plus d'un enfant.

CAUSES

Parmi les facteurs de risque se trouvent les infections génitales, surtout à papillomavirus, qui sont des maladies sexuellement transmissibles ; la multiplicité des partenaires sexuels ; la précocité de la vie sexuelle ; le fait d'avoir eu plus d'un enfant ; le tabagisme.

SYMPTÔMES ET SIGNES

Des lésions précancéreuses caractéristiques (dysplasies) précèdent l'apparition du cancer. Une dysplasie du col ou un cancer à son début ne se manifestent souvent par aucun signe, mais tout saignement ou perte teintée de sang (après des rapports sexuels, entre les règles, après la ménopause) sont des signes d'alarme.

DIAGNOSTIC ET ÉVOLUTION

Les dysplasies sont décelables lors d'un examen gynécologique, mais le diagnostic du cancer du col se fonde sur l'examen au microscope de cellules prélevées sur la zone suspecte par frottis cervicovaginal. Un frottis dont le résultat est anormal justifie un examen visuel local (colposcopie) au cours duquel est pratiquée une biopsie.

Non traité, le cancer s'étend, d'abord localement (au vagin, à la vessie, au corps de l'utérus, au rectum). Des métastases dans le foie sont possibles.

TRAITEMENT

Le traitement fait appel à la chirurgie et à la radiothérapie, auxquelles est associée ou non la chimiothérapie. Dans les formes de cancer très localisées, la conisation (amputation du col) suffit parfois. Dans les formes plus évoluées, l'intervention chirurgicale, plus large, comprend l'ablation de l'utérus, de ses annexes et de la partie supérieure du vagin ; elle est complétée par un curage des ganglions voisins, les ganglions iliaques.

DÉPISTAGE ET PRONOSTIC

Le dépistage du cancer du col utérin passe par un frottis cervico-vaginal. Deux frottis pratiqués à un an d'intervalle sont recommandés au début de la vie sexuelle, puis environ un frottis tous les 3 ans jusqu'à l'âge de 65 ans, cette fréquence pouvant être augmentée chez les femmes à risque. Ce dépistage est d'autant plus important que, s'il peut être traité à son tout début, ce type de cancer guérit dans la quasi-totalité des cas.

Cancer du corps de l'utérus

Également appelé cancer de l'endomètre. Il survient après 40 ans – dans 75 % des cas après la ménopause. Plus fréquent chez les femmes qui n'ont pas eu d'enfant, il peut aussi survenir chez des femmes qui n'ont jamais eu de rapports sexuels.

CAUSES

Les facteurs de risque sont l'obésité, l'hypertension artérielle, le diabète sucré, une ménopause tardive. Une hyperplasie (épaississement) de l'endomètre précède parfois le cancer.

SYMPTÔMES ET SIGNES

La tumeur se manifeste par des saignements : chez la femme non ménopausée, il s'agit de règles abondantes (ménorragies) ou surtout de saignements entre les règles (métrorragies). Une femme ménopausée est alertée par la réapparition de pertes sanglantes.

DIAGNOSTIC ET ÉVOLUTION

Le diagnostic repose sur l'hystérographie (radiographie après injection d'un produit de contraste) et/ou sur l'hystéroscopie (examen direct de la cavité utérine à l'aide d'un tube muni d'une optique), qui permet de réaliser une biopsie ou un curetage utérin.

L'évolution du cancer du corps utérin est lente, s'étendant sur plusieurs années. Les métastases peuvent atteindre le foie, le cerveau, les os.

TRAITEMENT

Le traitement, chirurgical, consiste en l'ablation de l'utérus et des ovaires, complétée parfois par un curage des ganglions iliaques voisins. Il est parfois associé, avant ou après l'opération, à une radiothérapie.

DÉPISTAGE ET PRONOSTIC

Le dépistage du cancer du corps de l'utérus repose sur l'examen gynécologique périodique et sur la consultation médicale au moindre saignement vaginal survenant après la ménopause.

Le pronostic de ce cancer est lié à la précocité du diagnostic, garante de la guérison.

U.V.

→ VOIR Ultraviolet.

Uvée

Membrane intermédiaire, vascularisée et nourricière de l'œil. SYN. *tractus uvéal*.

STRUCTURE

L'uvée est composée de différents éléments, l'iris, le corps ciliaire et la choroïde, tous trois de même origine embryologique et de constitution voisine.

■ **L'iris**, diaphragme tendu devant le cristallin, est percé en son centre par l'orifice de la pupille. Il contrôle la quantité de lumière qui pénètre dans l'œil. L'iris est observable à l'examen clinique et au biomicroscope. Son étude peut être complétée par l'angiographie oculaire et l'échographie.

■ **Le corps ciliaire** est composé de deux éléments : les procès ciliaires, structures vasculaires responsables de la sécrétion de l'humeur aqueuse, et le muscle ciliaire, relié au cristallin, qui en modifie la courbure, permettant ainsi l'accommodation. Le corps ciliaire est difficilement observable, sauf à l'échographie.

■ **La choroïde**, membrane vasculaire de l'œil située juste sous la rétine, qu'elle sépare de la sclérotique, est formée d'un réseau vasculaire à larges mailles. Elle nourrit la rétine et la sclérotique. La choroïde est visible à l'examen du fond d'œil, à l'angiographie oculaire et à l'échographie.

PATHOLOGIE

■ **Les anomalies congénitales** de l'uvée, rares, sont les colobomes (fissures) de l'iris et de la choroïde.

■ **Les pathologies dégénératives**, exceptionnelles, sont dominées par la dégénérescence d'un œil fortement myope, responsable d'une atrophie choriorétinienne et d'hémorragies rétiniennes. Elles entraînent une baisse souvent importante de la vision.

■ **Les tumeurs** de l'uvée peuvent être des mélanomes de l'iris, et surtout de la choroïde, ou des métastases touchant la choroïde, en particulier lors d'un cancer du sein ou du poumon.

→ VOIR Uvéite.

Uvéite

Inflammation de l'uvée (membrane intermédiaire, vascularisée et nourricière de l'œil, constituée de l'iris, du corps ciliaire et de la choroïde).

CAUSES

Nombreuses sont les causes possibles. Une uvéite peut être d'origine bactérienne, en cas de plaie, d'intervention chirurgicale ou d'infection (sinusite, angine, infection dentaire) ; d'origine virale, les agents en cause étant alors essentiellement un herpès virus, responsable d'un herpès ou d'un zona, ou un cytomégalovirus, responsable d'infections chez les sujets immunodéprimés ; d'origine parasitaire (toxoplasmose congénitale) ; d'origine mycosique (candidose oculaire, pouvant évoluer très vite chez un sujet toxicomane et immunodéprimé) ; d'origine auto-immune (ophtalmie sympathique, uvéite phaco-antigénique, provoquée par l'auto-immunisation contre des protéines cristalliniennes libérées par une cataracte intumescente [avec gonflement du cristallin] ou une plaie du cristallin). Une uvéite peut également accompagner certaines affections rhumatologiques (spondylarthrite ankylosante, maladie de Still, syndrome oculourétro-synovial), des maladies systémiques (maladie de Behçet), une sarcoïdose, une méningite (on parle alors d'uvéoméningite).

Toutefois, dans près de 50 % des cas d'uvéite, les causes demeurent inconnues.

SYMPTÔMES ET SIGNES

On distingue différents types d'uvéite suivant leur localisation. Leurs symptômes sont différents.

Les uvéites peuvent se manifester par une baisse de tension ou une rougeur.

■ Les uvéites intermédiaires, ou pars planites, plus rares mais particulièrement insidieuses, se manifestent par quelques « mouches volantes » devant les yeux, qui disparaissent en quelques jours ou en quelques semaines. Leur évolution est progressive et les symptômes peuvent récidiver.

DIAGNOSTIC

Il repose sur l'examen clinique et sur l'examen au biomicroscope, parfois sur l'angiographie oculaire.

TRAITEMENT

L'administration d'anti-inflammatoires locaux (collyres stéroïdiens ou non) ou généraux permet d'atténuer les poussées. Le traitement de la cause, quand elle est connue, est impératif.

→ VOIR **Choroïdite, Iridocyclite.**

Uvéoméningite

Forme rare d'uvéite (inflammation de l'uvée) associée à une méningite (inflammation des méninges) souvent asymptomatique.

V

Vaccin

Préparation d'origine microbienne introduite dans l'organisme afin de provoquer la formation d'anticorps (ou de cellules tueuses) contre le microbe en cause.

La présence de ces anticorps (ou de ces cellules) crée une immunisation spécifique contre l'infection ou la toxine due à l'agent infectant correspondant.

Un vaccin est un germe microbien auquel on a fait perdre artificiellement son pouvoir pathogène pour n'en garder que le pouvoir protecteur. Les vaccins sont obtenus par un traitement adapté, biologique, physique ou chimique, des germes pathogènes.

DIFFÉRENTES FORMES DE VACCIN

Les vaccins sont préparés selon divers procédés et disponibles sous plusieurs formes.

■ **Les germes tués**, encore appelés germes inactivés ou inertes, produisent des vaccins immunisant par le pouvoir antigénique persistant des germes. L'emploi de ces vaccins nécessite des injections répétées et des rappels pour relancer l'immunité ; les vaccins protégeant contre le choléra, la fièvre typhoïde, la grippe, la coqueluche, la rage, l'hépatite virale B sont de ce type, ainsi que le vaccin antipoliomyélitique par voie parentérale de Salk.

■ **Les germes vivants atténués** entraînent une réaction immunitaire similaire à celle que produirait l'infection de l'organisme. Une seule injection est suffisante. Font partie de cette famille les vaccins protégeant contre la rougeole, les oreillons et la rubéole (souvent associés en vaccin R.O.R.) ainsi que ceux contre la fièvre jaune et la poliomyélite.

■ **Les anatoxines**, obtenues par modification chimique et physique de la toxine responsable de la maladie, sont utilisées lorsque la toxine d'un germe est l'agent pathogène principal. L'immunité ne concerne que la toxine. Les vaccins contre la diphtérie, le tétanos et le botulisme sont de ce type.

Vaccination

Administration d'un vaccin ayant pour effet de conférer une immunité active, spécifique d'une maladie, rendant l'organisme réfractaire à cette maladie.

MODE D'ACTION

Étant donné que l'immunisation active n'apparaît que plusieurs jours ou plusieurs semaines après l'administration du vaccin, la vaccination représente le plus souvent un moyen de prévention contre une infection donnée. Mais elle peut être aussi utilisée pour renforcer les défenses de l'organisme contre une infection déjà installée (vaccinothérapie). La sérovaccination associe la vaccination (protection à long terme) et la sérothérapie (action immédiate) ; ainsi prévient-on le tétanos chez les personnes non vaccinées à l'occasion d'une blessure, même minime (piqûre de rosier, par exemple).

INOCULATION

Selon le vaccin, l'inoculation peut être faite par voie parentérale (sous-cutanée, intramusculaire ou intradermique) ou, moins souvent, par voie orale (vaccination antipoliomyélitique, par exemple). On a recours aujourd'hui à deux types de vaccination : les vaccinations combinées, qui consistent à mélanger, au moment de l'emploi, les vaccins dans la même seringue et à les inoculer en un seul point de l'organisme ; les vaccinations simultanées, qui consistent à administrer les vaccins en différents points de l'organisme ou par des voies différentes.

VACCINATIONS COURANTES

Les vaccinations concernent des maladies graves, fréquentes et évitables.

■ **Chez l'enfant**, certaines vaccinations sont obligatoires, d'autres sont facultatives mais fortement conseillées. Chaque pays propose un calendrier vaccinal, en fonction des conditions épidémiologiques qui lui sont propres, contre la tuberculose (B.C.G.), contre la diphtérie, le tétanos et la poliomyé-lite (D.T.P.), mais aussi contre la coqueluche - maladie infectieuse particulièrement grave chez le jeune nourrisson -, contre la rougeole, les oreillons et la rubéole (vaccin R.O.R.). Une autre vaccination, plus récente, permet de protéger les enfants contre *Hæmophilus influenzæ* de type B (méningite purulente, épiglottite, etc.). Ce vaccin peut être associé au vaccin contre la diphtérie, le tétanos, la coqueluche et la poliomyélite (D.T.C.P.) : on parle alors de vaccin pentavalent. Enfin, dans les pays où sévissent encore des maladies dites « pestilentielles » (choléra, fièvre jaune, par exemple), les vaccinations correspondantes doivent être pratiquées.

CALENDRIER DES VACCINATIONS OBLIGATOIRES OU CONSEILLÉES

Vaccins	Belgique	Canada	France	Suisse
Bacille de Calmette et Guérin (B.C.G.)	En cas de contagiosité familiale et chez les professionnels de la santé		Entre le 1er mois et 6 ans, avant l'entrée en collectivité (crèche, etc.) Vers 11-13 ans et à 16-18 ans : si test tuberculinique négatif	À la naissance : pour les enfants des familles provenant de zones où la tuberculose est active.
Diphtérie, tétanos, coqueluche, poliomyélite (D.T.C.P.) [*]	3 mois : 1re injection 4 mois : 2e injection 5 mois : 3e injection 13-14 mois : rappel Seul le vaccin contre la poliomyélite est obligatoire	2 mois : 1re injection 4 mois : 2e injection 6 mois : 3e injection 18 mois : rappel 4-6 ans : rappel 10 ans : rappel	2 mois : 1re injection 3 mois : 2e injection 4 mois : 3e injection 15-18 mois : rappel	2 mois : 1re vaccination (injection du D.T.-Coq, prise orale pour le vaccin antipoliomyélitique) 4 mois : 2e vaccination 6 mois : 3e vaccination
Diphtérie, tétanos, poliomyélite (D.T.P.) [rappels après D.T.C.P.]	6 ans : rappel 16 ans : rappel pour le tétanos	14-16 ans : rappel	5-6 ans : 2e rappel 11-13 ans : 3e rappel 16-21 ans : 4e rappel (puis tous les 10 ans)	15-24 mois, 4-7 ans et à la fin de la scolarité : rappels

→

■ **Chez l'adulte**, on distingue des vaccinations de plusieurs types : celles concernant des affections présentes dans toutes les parties du monde (tétanos, rubéole pour les femmes non immunisées, grippe pour les personnes âgées ou fragiles) ; celles qui sont obligatoires pour les personnes se rendant dans certains pays tropicaux ; celles, enfin, rendues nécessaires par une affection particulière ou en raison des risques inhérents à certaines professions (hépatite B ou diphtérie pour les personnels de santé, rage pour les travailleurs agricoles, les vétérinaires ou les gardes forestiers, hépatite A pour les employés des secteurs alimentaires, etc.).

REVACCINATION

En raison de l'immunité limitée conférée par certains vaccins, il est nécessaire de pratiquer un rappel quelque temps après la première. Parallèlement, une revaccination a lieu au bout de quelque temps si le sujet n'a pas réagi à la première inoculation (B.C.G.) ou si des modifications antigéniques apparaissent au cours du temps dans la structure des virus que la vaccination est destinée à combattre (vaccination annuelle contre le virus de la grippe, qui se modifie fréquemment).

CONTRE-INDICATIONS

■ Les contre-indications absolues à l'administration d'un vaccin sont les affections

CALENDRIER DES VACCINATIONS OBLIGATOIRES OU CONSEILLÉES (SUITE)

Vaccins	Belgique	Canada	France	Suisse
Grippe		Personnes à risque	À partir de 60 ans : tous les ans	Personnes à risque et à partir de 65 ans
Hépatite B	Vaccin conseillé aux adolescents	Vers 10 ans	À partir de 2 mois 3ᵉ mois : 2ᵉ injection 4ᵉ mois : 3ᵉ injection	À la naissance : pour les enfants des zones où l'hépatite B est active. Personnes à risque
Infections à *Hæmophilus influenzæ* de type B (H.I.B.) [*]	Avant 1 an	2 mois : 1ʳᵉ injection 4 mois : 2ᵉ injection 6 mois : 3ᵉ injection 18 mois : rappel	2 mois : 1ʳᵉ injection 3 mois : 2ᵉ injection 4 mois : 3ᵉ injection 15-18 mois : rappel	2 mois : 1ʳᵉ injection 4 mois : 2ᵉ injection 6 mois : 3ᵉ injection 15-24 mois : rappel
Rougeole, oreillons, rubéole (R.O.R.)	18 mois : 1ʳᵉ injection (vaccin MMR vax) 11-12 ans : 2ᵉ injection	12 mois : une injection 18 mois : rappel	12 mois : 1ʳᵉ injection 6 ans : rappel 11-13 ans : rappel	15-24 mois : 1ʳᵉ injection 4-7 ans : 2ᵉ injection Le vaccin est conseillé aux adolescents non vaccinés.

(*) Le D.T.C.P. et le vaccin contre les infections à Hæmophilus influenzæ de type B peuvent être associés.

malignes (cancer, maladie du sang), les affections viscérales chroniques, les déficits immunitaires, les affections neurologiques et les protéinuries. Une ablation de la rate constitue en outre une contre-indication à l'administration de tout vaccin vivant atténué (vaccin antirougeoleux, vaccin antirubéolique, vaccin contre les oreillons, par exemple). Les vaccins bactériens inactivés (coqueluche) sont contre-indiqués en cas de forte réaction après une précédente injection.

■ Les contre-indications temporaires à l'administration d'un vaccin sont une fièvre et les suites immédiates d'interventions chirurgicales. Les maladies rénales, les insuffisances cardiaques ou respiratoires, les maladies dermatologiques, y compris l'eczéma, ne constituent pas des contre-indications, à condition que les vaccinations soient pratiquées en dehors d'une poussée de la maladie. En présence d'un terrain fortement allergique, la vaccination est possible selon un protocole bien défini comportant notamment une épreuve de tolérance au vaccin. Pendant la grossesse sont contre-indiqués les vaccins anticoquelucheux, antipoliomyélitique par voie orale, antirougeoleux, antirubéolique, antityphoïdique, antirabique (sauf contamination certaine) et, sauf urgence, les vaccins antidiphtérique et antiamarile (contre la fièvre jaune). En revanche, il est possible de vacciner une femme enceinte contre la grippe et, à partir du 4e mois de grossesse, contre la tuberculose (B.C.G.), le choléra, la poliomyélite et le tétanos.

EFFETS INDÉSIRABLES
L'administration de certains vaccins peut entraîner des réactions locales (douleurs, rougeurs, gonflements), une fièvre et parfois des réactions allergiques (fièvre, urticaire).

Vaccine
Maladie infectieuse des vaches et des chevaux, transmissible à l'homme, due à un virus de la famille des poxvirus.

Ce virus, responsable du cowpox (maladie infectieuse de la vache) et du horsepox (maladie infectieuse du cheval), est très proche du virus de la variole.

Vaccinothérapie
Utilisation d'un vaccin dans un dessein curatif et non préventif.

La vaccinothérapie est utilisée pour les effets non spécifiques que produit l'injection d'un vaccin ; une vaccination entraîne en effet une fièvre et des réactions inflammatoires, qui peuvent servir à stimuler les défenses de l'organisme dans des infections récidivantes ou traînantes ou à incubation longue.

L'utilisation du B.C.G. (vaccin antituberculeux) dans le traitement de certaines affections malignes, tels le myélome multiple, la leucémie et surtout le cancer de la vessie, est en cours d'évaluation.

Vagal
Relatif aux nerfs vagues, ou nerfs pneumogastriques.

Une syncope vagale est une brève perte de connaissance provoquée par une trop grande activité des nerfs pneumogastriques.

Vagin
Conduit musculomembraneux qui s'étend de l'utérus à la vulve chez la femme.

STRUCTURE
Le vagin mesure de 8 à 12 centimètres de longueur. Le sommet de sa cavité est occupé par la saillie du col de l'utérus, qui est entourée d'un manchon, le cul-de-sac vaginal. Son extrémité inférieure est séparée de la vulve par une membrane, l'hymen, déchirée lors du premier rapport sexuel. Son humidité est entretenue par une substance onctueuse et blanchâtre, sécrétée par les cellules vaginales, et par le mucus provenant du col de l'utérus, la glaire cervicale.

À la ménopause, la sécrétion hormonale, en particulier celle des œstrogènes, s'interrompt et les parois vaginales s'assèchent et s'amincissent progressivement, entraînant parfois des douleurs lors des rapports sexuels. Un traitement hormonal substitutif, local ou général, permet de remédier à ce phénomène physiologique.

PATHOLOGIE

Les troubles vaginaux sont très fréquents : les pertes vaginales et les démangeaisons sont des signes d'infection locale (vaginite), utérine (endométrite) ou vulvaire (vulvite). Plus rarement, le vagin peut être le siège de kystes ou de polypes, qui sont laissés en place lorsqu'ils ne sont pas gênants. Par ailleurs, la force contractile des parois est telle qu'elle peut être à l'origine d'une réaction qui rend les rapports sexuels douloureux, le vaginisme. Enfin, le vagin peut, exceptionnellement, être atteint par un cancer.

Vagin (cancer du)

Cancer touchant le vagin sous la forme d'un carcinome épidermoïde (cancer de l'épithélium) ou d'un adénocarcinome (cancer du tissu glandulaire).

Une forme particulière de cancer du vagin est apparue chez les filles dont les mères, pendant leur grossesse, avaient pris du diéthylstilbestrol (œstrogène destiné à prévenir les fausses couches et les hémorragies obstétricales). Le diéthylstilbestrol n'est plus commercialisé depuis 1977.

■ Les cancers secondaires du vagin correspondent à des métastases, le plus souvent des cancers de la vulve, du col de l'utérus ou de l'ovaire.

Le cancer du vagin est une tumeur très rare, et se révèle le plus souvent par des saignements ou des pertes vaginales. Lorsqu'il a pour origine la prise de diéthylstilbestrol par la mère de la patiente, des saignements importants surviennent en dehors des règles au moment de la puberté ou peu après.

Il est dépisté par un frottis cervicovaginal ; le diagnostic est confirmé par la biopsie des fragments des zones suspectes, analysés au microscope.

Le traitement repose le plus souvent sur la chirurgie, associée à la radiothérapie.

PRÉVENTION

Les femmes ayant été traitées pour un cancer de la vulve, du col de l'utérus ou de l'ovaire doivent se soumettre à une surveillance régulière générale et gynécologique. Les filles dont les mères ont pris du diéthylstilbestrol pendant leur grossesse doivent être surveillées tous les ans sur le plan gynécologique tout au long de leur vie sexuelle.

Vaginal

Relatif au vagin.

Des pertes vaginales sont des écoulements de glaire cervicale, soit physiologiques (au moment de l'ovulation, par exemple), soit pathologiques (témoignant d'une infection des voies génitales).

Vaginisme

Affection caractérisée par une contracture spasmodique involontaire des muscles vaginaux et périvaginaux au moment de la pénétration du pénis dans le vagin, rendant celle-ci impossible ou, du moins, douloureuse.

Le vaginisme est dit primaire s'il se produit dès le premier rapport sexuel, secondaire s'il survient après une période de relations sexuelles satisfaisantes.

CAUSES

Elles sont parfois physiques (inflammation, infection, malposition des organes génitaux, présence d'un hymen résistant), parfois psychologiques (souvenir d'un accouchement difficile, insuffisance des préliminaires amoureux, violence ou maladresse du partenaire, absence de désir, viol). Vaginisme et frigidité ne s'associent pas, la femme pouvant souvent parvenir à l'orgasme par masturbation.

DIAGNOSTIC

L'examen gynécologique doit d'abord dépister une malformation ou une infection méconnues, le toucher vaginal pouvant être réalisé sous anesthésie. En l'absence de toute cause organique, un bilan psychologique s'efforcera de préciser les difficultés présentes ou passées (éducation rigide) de la patiente.

TRAITEMENT

Le traitement, qui varie selon les causes, peut comprendre une intervention chirurgicale ou un traitement antibiotique en cas d'anomalie physique ou d'infection ou encore faire appel à des dilatations progressives du vagin, à une aide psychologique spécialisée, à une éducation psychosexuelle et/ou à des exercices de relaxation.

Vaginite

Inflammation des parois vaginales.

CAUSES

Une vaginite est due le plus souvent à une infection à bactéries ou à champignons (*Candida albicans,* trichomonas, *Gardnerella vaginalis*), à une réaction à la présence d'un corps étranger (objet introduit par la petite fille, tampon vaginal oublié), à une allergie (à un produit d'hygiène) ou à une atrophie postménopausique du vagin, causée par une diminution de la sécrétion hormonale. Normalement, le vagin est doté d'une flore microbienne, qui crée un milieu acide protecteur contre les germes nocifs. Si, pour une raison quelconque, l'équilibre de cette flore est rompu, une vaginite s'installe.

SYMPTÔMES ET SIGNES

L'inflammation se traduit par des pertes vaginales anormales (leucorrhées), parfois sanglantes, par une sensation de brûlure, par des démangeaisons. Les rapports sexuels peuvent être douloureux (dyspareunie).

DIAGNOSTIC ET TRAITEMENT

Un prélèvement des sécrétions vaginales permet de déterminer le germe en cause. Le traitement fait appel à l'application locale d'antimycosiques ou d'antibactériens (ovules gynécologiques) ou à l'administration d'antibiotiques par voie générale, en cas d'infection à trichomonas ou à *Gardnerella vaginalis*. Chez la femme ménopausée, le traitement peut comprendre l'administration locale d'hormones (œstrogènes), qui rend au vagin son épaisseur et sa souplesse d'origine.

Vagotomie

Section chirurgicale du nerf pneumogastrique, ou nerf vague, au niveau de l'abdomen.

INDICATIONS

La vagotomie est une intervention efficace en cas d'ulcère gastroduodénal rebelle à tout traitement médicamenteux. Le nerf pneumogastrique est en effet responsable de la sécrétion acide de l'estomac, laquelle favorise l'apparition d'ulcères.

DÉROULEMENT

La vagotomie est réalisée par chirurgie classique ou par cœlioscopie (à l'aide de tubes munis d'une optique ou d'instruments chirurgicaux, introduits par de petites incisions abdominales). L'intervention, sans gravité, ne laisse pas de séquelles et ne nécessite aucun régime particulier.

Vague (nerf)

→ VOIR Pneumogastrique (nerf).

Vaisseau

Canal dans lequel circule le sang ou la lymphe.

Vaisseaux sanguins

Ce sont les artères, les artérioles, les capillaires sanguins, les veinules et les veines.

Les artères systémiques, nées de l'aorte, conduisent le sang oxygéné issu du ventricule gauche du cœur jusqu'aux muscles et aux différents organes pour y apporter l'oxygène et les nutriments. Elles se divisent en de multiples artérioles, puis en une infinité de capillaires, au niveau desquels s'effectuent les échanges entre le sang et les cellules. À partir des cellules, les capillaires se réunissent pour former des veinules, qui convergent elles-mêmes pour constituer des veines de calibre de plus en plus important ; l'ensemble des veines systémiques débouche dans les veines caves supérieure et inférieure, qui se jettent dans l'oreillette droite, ramenant ainsi au cœur droit le sang bleu désaturé, ayant perdu une partie de son oxygène au contact des cellules.

De manière analogue, l'artère pulmonaire, issue du ventricule droit, se divise en deux grosses branches, qui donnent elles-mêmes naissance à des branches de plus en plus petites, conduisant le sang désoxygéné vers les deux poumons ; les artérioles pulmonaires se divisent à leur tour en une infinité de capillaires, au niveau desquels s'effectuent, entre le sang et l'air des alvéoles pulmonaires, les échanges gazeux qui permettent l'oxygénation du sang et l'élimination du gaz carbonique. Les capillaires pulmonaires se réunissent ensuite pour former des veinules, puis des veines de plus gros calibre, qui convergent vers les quatre veines pulmonaires débouchant dans l'oreillette gauche.

PATHOLOGIE

Les vaisseaux peuvent être le siège de petites dilatations (anévrysmes), de tumeurs (angiomes), de caillots (thrombose), de voies de communication anormales (fistules artérioveineuses), d'inflammations (angéites, capillarites, thrombophlébites), de dépôts graisseux (athérome).

Vaisseaux lymphatiques

Ces canaux ont pour fonction de drainer le liquide interstitiel situé entre les cellules des organes, la lymphe. Ils complètent l'action des veines. Les capillaires lymphatiques, nés dans les organes, se réunissent en vaisseaux de plus en plus gros, qui se regroupent pour former le canal thoracique. Par ailleurs, de petites structures intervenant dans les défenses immunitaires, les ganglions lymphatiques, sont échelonnées sur le trajet des vaisseaux lymphatiques.

PATHOLOGIE

Les vaisseaux lymphatiques peuvent être enflammés (lymphangite), obstrués par les effets d'une parasitose (filariose) ou par une compression, en particulier ganglionnaire ou tumorale, ou encore envahis par des cellules cancéreuses (lymphangite carcinomateuse). → VOIR Circulation sanguine, Système lymphatique.

Valgus

Qui s'écarte vers l'extérieur par rapport à l'axe du corps.

Le terme de genu valgum désigne ainsi une déviation de l'axe de la jambe vers l'extérieur de l'axe de la cuisse ; lorsque ses genoux sont joints, le sujet a les pieds écartés. De la même façon, l'hallux valgus

est une déviation du gros orteil vers le 2e orteil, responsable d'une tuméfaction douloureuse, couramment appelée oignon.

Valine

Acide aminé indispensable (c'est-à-dire non synthétisable par l'organisme, qui doit le recevoir de l'alimentation) ayant une structure chimique dite à chaîne ramifiée.

Valsalva (manœuvre de)

Épreuve respiratoire consistant à effectuer une expiration forcée, la glotte fermée. SYN. *épreuve de Valsalva*.

Valve

Structure anatomique qui ne permet l'écoulement d'un liquide que dans une direction unique.

Les valves cardiaques sont des éléments constitutifs des différentes valvules qui empêchent le reflux du sang lors de son passage des oreillettes dans les ventricules et des ventricules dans les artères principales. La valvule tricuspide, entre l'oreillette et le ventricule droits, est formée de 3 valves appelées valves tricuspides ; la valvule mitrale, entre l'oreillette et le ventricule gauches, de 2 valves mitrales ; la valvule pulmonaire, à l'entrée de l'artère pulmonaire, et la valvule aortique, à la naissance de l'aorte, sont composées chacune de 3 valves sigmoïdes, en forme de cupule ouverte vers le vaisseau.

Valve artificielle

Dispositif placé dans le cœur et destiné à remplacer une valvule cardiaque déficiente. SYN. *prothèse valvulaire*. → VOIR Remplacement valvulaire.

Valve urétrale

Malformation congénitale masculine, constituée par la présence, dans l'urètre, de deux replis muqueux empêchant l'urine contenue dans la vessie de s'évacuer normalement.

La valve urétrale est la malformation obstructive du bas appareil urinaire (vessie, urètre) qui s'observe le plus fréquemment chez le garçon.

SYMPTÔMES ET SIGNES

Une valve urétrale est une malformation grave, parfois accompagnée d'autres malformations congénitales (duplicité rénale, mégauretère). Elle se traduit par une dilatation de la vessie et du haut appareil urinaire (reins, uretères) qui peut avoir pour conséquence, dans le cas où la valve empêche complètement l'urine de s'écouler, une insuffisance rénale par destruction des deux reins. Si l'obstruction est modérée, la valve urétrale se manifeste par un jet mictionnel anormalement fin, des pertes d'urine nocturnes et des infections urinaires à répétition.

TRAITEMENT ET COMPLICATIONS

Le traitement consiste, dans un premier temps, à drainer la vessie en posant, sous anesthésie générale, une sonde urétrale ou un cathéter suspubien de façon à supprimer la dilatation des reins et des uretères (ce qui peut prendre de quelques jours à plusieurs semaines). Dans un second temps, les valves urétrales sont incisées et détruites par voie endoscopique (urétroscopie). Il s'agit d'un traitement complexe, dont les séquelles (insuffisance rénale, incontinence urinaire, rétrécissement de l'urètre) sont fréquentes et justifient une surveillance régulière pendant plusieurs années.

Valvule

Repli membraneux à l'intérieur d'un canal, évitant le reflux de liquide ou de matières.

Les valvules sont souvent constituées de plusieurs éléments, appelés valves ; celles-ci sont disposées de manière à s'écarter les unes des autres quand elles sont poussées dans le sens du courant et à se rapprocher quand le sens de la poussée est inverse, afin d'éviter un reflux. Elles jouent donc un rôle de soupape.

Valvules cardiaques

Ces 4 replis membraneux canalisent le sang à l'intérieur du cœur pour qu'il s'écoule dans une direction unique.

DIFFÉRENTS TYPES DE VALVULES CARDIAQUES

Les deux valvules auriculoventriculaires, mitrale à gauche et tricuspide à droite, formées respectivement de 2 et de 3 valves, sont localisées à l'entrée des ventricules. Les deux valvules artérielles, aortique à gauche et pulmonaire à droite, formées chacune de 3 valves sigmoïdes, se trouvent à la sortie des ventricules, à l'origine de l'aorte et de l'artère pulmonaire.

■ **La valvule mitrale** est ouverte pendant le remplissage du ventricule gauche, laissant passer librement le sang venant de l'oreillette gauche. Durant la contraction ventriculaire, elle se referme de façon étanche.

■ **La valvule tricuspide** est ouverte pendant le remplissage du ventricule droit et se referme durant la contraction ventriculaire.

■ **La valvule aortique** s'ouvre sous la pression du sang pendant la contraction du ventricule gauche (systole) et se referme pendant son relâchement (diastole), une fois le sang éjecté dans l'aorte.

■ **La valvule pulmonaire** s'ouvre durant la contraction du ventricule droit, pour permettre l'éjection du sang vers les poumons, puis se referme pour éviter le reflux sanguin.

PATHOLOGIE

Les valvulopathies, atteintes des valvules cardiaques par rétrécissement ou par insuffisance (manque d'étanchéité) valvulaire, peuvent être d'origine infectieuse, inflammatoire ou dégénérative.

Valvulopathie

Atteinte d'une valvule du cœur.

CAUSES

Les valvulopathies ont des causes variées : congénitales (malformations), inflammatoires (rhumatisme articulaire aigu), infectieuses (endocardite [infection des valves du cœur]), dégénératives, liées à l'âge, ischémiques par insuffisance coronarienne (angor, infarctus). Il existe, enfin, une atteinte de la valvule mitrale due à la rupture de ses cordages : n'étant plus reliée au ventricule gauche, elle se retourne dans l'oreillette gauche au moment de la systole.

DIFFÉRENTS TYPES DE VALVULOPATHIE

Les lésions d'une valvule entraînent soit son rétrécissement, soit son insuffisance.

■ **Le rétrécissement valvulaire** provoque une gêne lors du passage du sang, la valvule n'étant pas suffisamment ouverte à la diastole (remplissage des cavités cardiaques) pour les valvules mitrale et tricuspide, et à la systole (contraction cardiaque) pour les valvules aortique et pulmonaire.

■ **L'insuffisance valvulaire**, également appelée fuite, ou incontinence, est liée à une absence d'étanchéité de la valvule à la diastole pour les valvules aortique et pulmonaire, à la systole pour les valvules mitrale et tricuspide.

SYMPTÔMES ET ÉVOLUTION
Les valvulopathies mineures peuvent passer inaperçues. Toutefois, même à ce stade, elles se compliquent volontiers d'endocardite, par propagation sanguine à partir d'un foyer infectieux. Dans d'autres cas, on observe des troubles du rythme (palpitations), des malaises, un angor (angine de poitrine), des signes d'insuffisance cardiaque (gêne respiratoire). Les symptômes peuvent n'apparaître qu'à l'effort avant de devenir permanents.

Toute anomalie valvulaire importante retentit sur l'oreillette ou le ventricule, en amont de la valvule atteinte : dilatation de l'oreillette, dilatation du ventricule ou épaississement de sa paroi. De plus, le travail du cœur s'en trouve augmenté, ce qui explique l'évolution possible vers une insuffisance cardiaque.

DIAGNOSTIC
Une valvulopathie est suspectée à l'auscultation par la perception d'un souffle (bruit anormal prolongé). Des examens complémentaires sont nécessaires : électrocardiographie, radiographie du thorax, échographie du cœur, voire cathétérisme cardiaque (introduction dans un vaisseau périphérique d'une sonde poussée jusqu'au cœur).

TRAITEMENT
Les valvulopathies mineures relèvent d'une surveillance médicale permettant en particulier la prévention de l'endocardite, notamment par la prise d'antibiotiques avant et pendant les soins dentaires ou toute intervention chirurgicale sur foyer infectieux afin d'éviter l'introduction d'un germe dans la circulation sanguine. Parmi les valvulopathies sévères, certaines (rétrécissement mitral à valves souples, rétrécissement pulmonaire) peuvent bénéficier d'une valvuloplastie. Le remplacement de la valvule par une prothèse mécanique ou par une greffe de valves biologiques, dite bioprothèse, concerne les valvulopathies aortiques et les valvulopathies mitrales non accessibles à la valvuloplastie.

Valvuloplastie

Réparation anatomique et restauration fonctionnelle d'une valvule cardiaque anormale.

DIFFÉRENTS TYPES DE VALVULOPLASTIE
La valvuloplastie, un des traitements des valvulopathies, peut être réalisée soit par cathétérisme, soit par chirurgie.

■ **La valvuloplastie « médicale » par cathétérisme cardiaque** est indiquée en cas de rétrécissement valvulaire et concerne principalement la valvule mitrale, parfois la valvule pulmonaire. Une sonde fine et longue est introduite dans un vaisseau superficiel, sous anesthésie locale, à travers la peau, puis poussée jusqu'au cœur sous contrôle vidéo. Un ballonnet situé à l'extrémité de la sonde est placé dans l'orifice de la valvule et gonflé à forte pression pendant quelques secondes.

■ **La valvuloplastie chirurgicale** est une opération de chirurgie qui se déroule sous anesthésie générale et sous circulation extracorporelle : pendant l'intervention, la circulation ne passe pas par le cœur mais par un appareil extérieur qui assure l'oxygénation du sang. Une telle reconstitution valvulaire est indiquée dans le traitement de l'insuffisance d'une valvule (fuite du sang à contre-courant), la valvule mitrale principalement. Le geste effectué dépend de chaque cas : il peut s'agir de l'ablation d'un fragment de tissu valvulaire excédentaire, d'un raccourcissement de cordages, de la pose d'un anneau qui remodèle l'orifice, etc.

Vaquez (maladie de)

Maladie caractérisée par une prolifération maligne des précurseurs des globules rouges. SYN. *polyglobulie primitive de Vaquez*.

La polyglobulie de Vaquez est la forme la plus fréquente des syndromes myéloprolifératifs. Elle survient le plus souvent après 50 ans. Son origine est inconnue.

SYMPTÔMES ET SIGNES
La maladie se manifeste en général par des symptômes nombreux et prononcés : rou-

geur du visage et des muqueuses, maux de tête, vertiges, sensations plus ou moins douloureuses d'engourdissement, fourmillements, démangeaisons causées par le contact de l'eau.

DIAGNOSTIC ET TRAITEMENT

Le diagnostic se fonde sur la numération formule sanguine (N.F.S.), qui révèle une augmentation marquée et sans cause apparente du nombre des globules rouges ainsi qu'une proportion anormalement élevée de plaquettes et de polynucléaires neutrophiles (variété de globules blancs) par rapport aux autres cellules du sang.

Le traitement consiste en saignées abondantes et répétées, destinées à réduire la masse des globules rouges par rapport à la masse totale du sang. Il doit parfois être poursuivi pendant plusieurs années. Chez les sujets âgés, le traitement consiste à limiter la prolifération des cellules malignes au moyen soit de médicaments inhibant la division des cellules (antimitotiques), soit de phosphore radioactif (^{32}P).

L'espérance de vie des malades, en particulier des malades jeunes, est bonne et le pronostic demeure dans l'ensemble favorable.

Varice des membres inférieurs

Dilatation pathologique permanente d'une veine de la cuisse et surtout de la jambe, accompagnée d'une altération de sa paroi.

Les varices des membres inférieurs sont le plus souvent essentielles, ou idiopathiques, c'est-à-dire qu'elles constituent des phénomènes isolés et ne sont la conséquence d'aucune maladie. L'hérédité, des facteurs hormonaux, une surcharge pondérale, un mode de vie sédentaire, la station debout prolongée et/ou la chaleur peuvent favoriser l'apparition de varices. Celles-ci sont liées à un défaut d'étanchéité des valvules veineuses, qui empêchent normalement le sang de refluer dans la moitié inférieure du corps ; il s'ensuit une dilatation des veines, prédominant aux jambes en raison de la pesanteur.

SYMPTÔMES ET SIGNES

Les symptômes sont dus davantage à l'accumulation du sang dans les jambes qu'aux varices elles-mêmes : crampes, lourdeurs, fourmillements, rarement douleurs véritables. Ensuite se forme un cordon bleu, mou, sinueux, visible à travers la peau, qui s'aplatit en position allongée et prend du relief en position debout.

COMPLICATIONS

Les varices sont à l'origine de trois sortes de complications.

■ **La phlébite superficielle**, inflammation aiguë autour d'une varice du membre inférieur, se traduit par une douleur et une modification de la peau (rougeur, aspect cartonné) le long d'un segment variqueux.

■ **La rupture de varice** entraîne une hémorragie abondante et soudaine. Le saignement d'une varice peut s'écouler à l'extérieur ou donner naissance à un hématome sous-cutané douloureux.

■ **Les troubles cutanés** se produisent à long terme. Ce sont principalement une dermite ocre (coloration brune de la peau) et des ulcères variqueux (plaies persistantes fréquemment surinfectées).

TRAITEMENT

Il ne vise pas seulement à soulager d'éventuels symptômes ou à agir sur le plan esthétique, mais aussi à empêcher l'aggravation des varices et à prévenir leurs complications. Le traitement des varices essentielles du membre inférieur fait appel à plusieurs méthodes, parfois combinées : lutte contre l'accumulation du sang (port de bas de contention, surélévation des pieds pendant le sommeil, suppression de l'exposition des jambes à la chaleur), prescription de médicaments veinotoniques, sclérose de la varice (par injection d'une substance atrophiante), traitement chirurgical par stripping (ablation d'une veine par deux petites incisions pratiquées à la cheville et à la cuisse) ou Chiva (chirurgie hémodynamique de l'insuffisance veineuse en ambulatoire), qui repose sur la ligature des veines déficientes. Des cures thermales peuvent être bénéfiques, en particulier pour le traitement des troubles cutanés à long terme et des ulcères variqueux.

PRÉVENTION

Quelques règles d'hygiène permettent de prévenir ou de retarder l'apparition de varices : compenser la sédentarité par des exercices physiques (marche, natation), éviter les stations debout prolongées et toutes les formes de chaleur (bains de soleil, sauna), dormir les jambes surélevées, porter des bas de contention et ne pas comprimer les jambes (par des chaussettes, bas ou bottes trop serrés en haut et risquant de faire garrot).

Varice œsophagienne

Dilatation pathologique des veines inférieures de l'œsophage.

CAUSES ET SYMPTÔMES

La cause la plus fréquente de varices œsophagiennes est la cirrhose du foie, altération chronique du foie, qu'elle soit d'origine alcoolique, auto-immune (cirrhose biliaire primitive) ou métabolique (hémochromatose). Les varices œsophagiennes ne se manifestent par aucun symptôme tant qu'elles ne se rompent pas. Elles sont parfois associées à une ascite (épanchement liquidien dans le péritoine).

Sans traitement, les varices finissent par se rompre, entraînant une hémorragie qui peut être grave, se manifestant par une hématémèse (émission par la bouche de sang non digéré) et provoquant une anémie aiguë et une brutale chute de tension.

TRAITEMENT ET PRÉVENTION

Le traitement d'une hémorragie par rupture de varices œsophagiennes fait appel à la réanimation avec transfusion, l'hémorragie étant arrêtée soit par compression à l'aide d'une sonde à ballonnet gonflable, soit par sclérose endoscopique (injection d'une substance atrophiante dans la veine). En cas d'échec du traitement médical, une intervention chirurgicale d'urgence (anastomose portocave) peut être entreprise.

Le traitement préventif de l'hémorragie consiste soit en l'administration de médicaments bêtabloquants (qui diminuent le débit sanguin), soit en la sclérose endoscopique des varices.

Varicelle

Maladie infectieuse contagieuse due à un virus de la famille des herpès virus, le virus varicelle-zona, ou V.Z.

Le virus varicelle-zona est un virus à A.D.N. qui, comme son nom l'indique, est également responsable du zona.

CONTAMINATION

La varicelle survient le plus souvent dans l'enfance, entre 2 et 10 ans. Elle est plus rare, et également plus sévère, chez l'adulte. La transmission du virus se fait par voie respiratoire, par inhalation de gouttelettes de salive émises par un malade ou par contact direct avec ses lésions cutanées.

SYMPTÔMES ET SIGNES

La forme la plus commune de la varicelle survient après une incubation du virus durant environ 2 semaines, pendant laquelle le sujet est contagieux. La maladie se caractérise par une éruption cutanée typique, souvent précédée d'une fièvre peu élevée (38 °C) et d'une rougeur passagère de la peau. L'éruption évolue par poussées successives, distantes de 3 à 4 jours. Elle débute sur le thorax, s'étend à tout le corps (cuir chevelu, bras, aisselles, cuisses), parfois aux muqueuses et, en dernier lieu, au visage. Accompagnée de fortes démangeaisons, elle est formée de petites taches rouges de 2 à 4 millimètres de diamètre, qui se transforment en 24 heures en vésicules superficielles, grosses comme des têtes d'épingle, remplies d'un liquide clair. Le contenu de chaque vésicule se trouble puis se dessèche au bout de 2 jours. Une croûte apparaît alors à la place de la vésicule ; elle tombe vers le septième jour. L'éruption vésiculaire guérit en 10 à 15 jours.

COMPLICATIONS

La varicelle est une maladie bénigne ; ses complications cutanées sont constituées essentiellement par des lésions de grattage, qui laissent des traces indélébiles ; celles-ci peuvent être évitées par des soins locaux qui calment les démangeaisons et évitent la surinfection. Chez l'enfant, des complications neurologiques, bénignes et passagères, peuvent survenir, notamment sous forme d'encéphalite, entraînant une sensation de vertige. Chez l'adulte, des manifestations pulmonaires sont parfois constatées vers le troisième jour de l'infection ; la fièvre s'élève jusqu'à 40 °C, une toux sèche puis une difficulté à respirer s'installent. Certaines formes graves peuvent donner lieu à une insuffisance respiratoire aiguë, mais la majorité des cas évolue favorablement en une quinzaine de jours.

Les complications les plus sévères concernent les sujets immunodéprimés ; l'éruption est alors cutanéomuqueuse, abondante, faite de nombreux éléments volumineux, hémorragiques et nécrosés. Des localisations polyviscérales sont fréquentes, notamment hépatiques, neurologiques et pulmonaires.

TRAITEMENT
Il doit être institué précocement. Pour la forme commune de la varicelle, il consiste à appliquer localement des antiseptiques afin d'éviter les surinfections cutanées. Des antibiotiques sont prescrits en cas de surinfection bactérienne. Des antiviraux (aciclovir) sont parfois prescrits, dans les cas graves, aux malades immunodéprimés. Les démangeaisons, si elles sont intenses, peuvent être atténuées par un antihistaminique.

PRÉVENTION
Elle repose essentiellement sur l'isolement et l'éviction scolaire de l'enfant malade jusqu'à sa guérison complète. Une personne immunodéprimée doit éviter tout contact avec un malade ; en cas de contact, des immunoglobulines spécifiques peuvent lui être administrées dans les 3 jours qui suivent. Il existe depuis peu contre la varicelle un vaccin à virus vivant atténué ; il est destiné aux enfants immunodéprimés ainsi qu'à leur entourage.

Le virus de la varicelle persistant, après l'infection, dans les ganglions nerveux du rachis ou dans les paires nerveuses crâniennes, il est susceptible de se réactiver à l'occasion d'une baisse de l'immunité cellulaire, provoquant alors un zona.

Varicocèle

Dilatation permanente des veines spermatiques qui drainent le sang du testicule, entraînant dans cet organe un ralentissement de la circulation veineuse.

SYMPTÔMES ET SIGNES
Une varicocèle est le plus souvent localisée au testicule gauche ; elle se présente sous la forme d'une dilatation des veines spermatiques intrascrotales, molle à la palpation et augmentant à la toux. Dans la grande majorité des cas, la varicocèle n'entraîne ni gêne ni symptôme. Parfois, elle s'accompagne d'une lourdeur testiculaire qui peut être atténuée par le port d'un suspensoir. Plus rarement, elle engendre une diminution du nombre des spermatozoïdes contenus dans le sperme, associée à une diminution de leur mobilité et de leur durée de vie, et provoque une stérilité.

TRAITEMENT
Dans la plupart des cas, aucun traitement n'est nécessaire. Cependant, si la varicocèle est importante et très gênante ou si elle provoque une stérilité, on peut pratiquer une ligature des veines spermatiques par chirurgie conventionnelle ou endoscopique (cœlioscopie) ; cette intervention, réalisée sous anesthésie générale, nécessite une hospitalisation de 2 à 4 jours. Il est également possible de pratiquer, sous anesthésie locale, une sclérose endoveineuse percutanée par injection d'un produit sclérosant à l'aide d'un cathéter introduit par la veine fémorale et poussé jusqu'à la veine spermatique ; cette intervention ne nécessite en général aucune hospitalisation.

Variole

Maladie infectieuse contagieuse due à un poxvirus. SYN. *petite vérole*.

Le virus de la variole se transmet exclusivement par voie interhumaine. L'éradication de cette maladie a été proclamée à la fin de l'année 1979 par l'Organisation mondiale de la santé.

Varus

Qui s'écarte vers l'intérieur par rapport à l'axe du corps.

Le terme de genu varum désigne ainsi une déviation de l'axe de la jambe vers l'intérieur de l'axe de la cuisse. De la même façon, le metatarsus varus est une déformation, le plus souvent congénitale, consistant en une déviation de l'avant-pied vers l'intérieur.

Vascularisation

Ensemble des vaisseaux sanguins irriguant une région du corps, un organe ou un tissu.

La vascularisation fait appel à trois types de vaisseau : les artères, les veines et les capillaires. Cependant, dans le langage courant, la vascularisation d'un organe est souvent réduite à son irrigation artérielle : celle du myocarde, par exemple, est assurée par les artères coronaires, celle du cerveau par les artères carotides et vertébrales.

Vascularite

→ voir Angéite.

Vasectomie

Section chirurgicale des deux canaux déférents qui amènent normalement les spermatozoïdes des testicules vers l'urètre.

La vasectomie est aujourd'hui utilisée dans certains pays comme méthode de stérilisation masculine dans le cadre d'une politique de limitation des naissances.

DÉROULEMENT ET CONSÉQUENCES

Après incision cutanée, les canaux déférents sont sectionnés entre leur sortie des bourses et leur entrée dans le bassin, de chaque côté de la racine du pénis. L'intervention, réalisée sous anesthésie locale ou générale, dure de 15 à 30 minutes.

La vasectomie prive le sperme de spermatozoïdes mais ne modifie ni le comportement sexuel, ni l'érection, ni l'éjaculation. Les suites opératoires ne sont pas douloureuses et les rapports sexuels peuvent être repris immédiatement après l'intervention, sous réserve cependant d'une certaine gêne les 2 ou 3 premiers jours. Les spermatozoïdes stagnent dans les testicules et dans les épididymes puis cessent d'être sécrétés.

L'effet d'une vasectomie n'est pas immédiat et le sperme reste fécondant pendant environ 2 mois après l'intervention. Un spermogramme (examen du sperme) permet, au terme de cette période, de confirmer l'absence de spermatozoïdes (azoospermie).

Une vasectomie est théoriquement réversible : une nouvelle opération peut être pratiquée en vue de réaboucher les segments de canaux déférents (vasovasostomie), mais les résultats obtenus par une telle intervention ne sont pas constants.

Vaseline

Substance grasse dérivée du pétrole et entrant dans la composition de pommades.

La vaseline est molle, blanche, inodore et onctueuse au toucher. Appliquée sur la peau, elle n'est pas absorbée, ce qui justifie son utilisation comme excipient dans certaines pommades.

Vasoconstricteur

Médicament qui diminue le calibre des vaisseaux en provoquant la contraction de leurs fibres musculaires.

Les vasoconstricteurs sont utilisés essentiellement en oto-rhino-laryngologie pour réduire l'écoulement et l'obstruction nasaux au cours des rhinites, sinusites et rhinopharyngites.

EFFETS INDÉSIRABLES

Les vasoconstricteurs pris par voie orale peuvent entraîner une sécheresse de la bouche, une insomnie, une anxiété, une migraine, des sueurs, des troubles digestifs ; ceux pris par voie nasale provoquent parfois une sensation de sécheresse nasale et, en cas d'usage prolongé, des insomnies, des maux de tête, des palpitations.

CONTRE-INDICATIONS

Les vasoconstricteurs ne doivent pas être utilisés plus de 7 jours consécutifs. Ils sont contre-indiqués en cas de prise d'inhibiteurs de la monoamine oxydase (I.M.A.O.) non sélectifs et pendant le premier trimestre de la grossesse, pendant l'allaitement et chez les personnes ayant un risque de glaucome à angle étroit. Certains d'entre eux ne doivent pas être employés chez le jeune enfant.

Vasoconstriction

Diminution du diamètre des vaisseaux sanguins.

Vasodilatateur

Médicament qui augmente le calibre des vaisseaux par élongation de leurs fibres musculaires.

Les vasodilatateurs sont utilisés en pathologie vasculaire et urologique.

MODE D'ADMINISTRATION ET EFFETS INDÉSIRABLES
Les vasodilatateurs sont administrés par voie injectable, sublinguale ou orale. Outre les effets indésirables propres à chaque produit, on constate, lorsqu'ils sont pris à fortes doses, des risques d'hypotension artérielle.

Vasodilatation
Augmentation du diamètre des vaisseaux sanguins.

Vasomotricité
Propriété qu'ont les vaisseaux sanguins de changer de diamètre en fonction de modifications du milieu intérieur.

La vasomotricité se manifeste soit par une vasoconstriction (diminution du diamètre des vaisseaux), soit par une vasodilatation (augmentation de ce diamètre). La vasoconstriction s'associe à une réduction de la circulation sanguine ; la vasodilatation, à l'inverse, entraîne une augmentation du flux sanguin. Ces phénomènes intéressent essentiellement les artères, plus précisément celles de moyen et surtout de petit calibre (artérioles).

Vasopressine
→ VOIR Antidiurétique (hormone).

Vasotomie
Ouverture chirurgicale d'un canal déférent (canal qui assure le passage du sperme depuis l'épididyme jusqu'à la base de la prostate, où il rejoint le canal éjaculateur).

Vasovasostomie
Opération chirurgicale qui consiste, après avoir enlevé les segments rétrécis ou obstrués des deux canaux déférents, à réaboucher les extrémités saines de ces conduits, qui assurent le passage du sperme des testicules jusqu'aux canaux éjaculateurs.

INDICATIONS
Cette intervention fait partie du traitement de la stérilité masculine lorsque celle-ci est due à un rétrécissement ou à une obturation des canaux déférents. Une telle stérilité peut avoir des origines très diverses : tuberculose génitale, infection de l'épididyme ou des canaux déférents, traumatisme des canaux déférents survenu au cours d'une interven-

tion chirurgicale (traitement d'une hernie inguinale bilatérale, par exemple). Une vasovasostomie peut aussi être demandée par un patient qui, après avoir subi une vasectomie (section chirurgicale des canaux déférents), désire être de nouveau fertile.

DÉROULEMENT
La vasovasostomie est réalisée sous microscope (microchirurgie) en raison du très fin calibre du canal déférent. C'est une intervention de moyenne importance, effectuée sous anesthésie générale et qui nécessite une hospitalisation de 3 à 4 jours.

Le taux de réussite est rarement supérieur à 50 %.

Vater (ampoule de)
Portion de la paroi duodénale où s'abouchent le canal cholédoque (canal biliaire principal, véhicule de la bile) et le canal de Wirsung (canal pancréatique, véhicule du suc pancréatique).

VDRL
Méthode de sérodiagnostic utilisée pour dépister la syphilis. (Abréviation de l'anglais *Venereal Disease Research Laboratory*, laboratoire de recherche sur les maladies vénériennes.)

Végétalisme
Régime alimentaire excluant tout aliment d'origine animale.

Le végétalisme, à la différence du végétarisme, exclut non seulement toutes les viandes mais également tous les produits d'origine animale (œufs, lait, miel, etc.). Sous-tendu par des principes philosophiques, religieux ou hygiéniques, ce régime très restrictif provoque des carences, notamment en protéines ; en effet, les protéines végétales sont déficitaires en certains acides aminés indispensables (que l'organisme ne sait pas synthétiser et qui doivent lui être fournis par l'alimentation) et ne peuvent donc pas couvrir la totalité des besoins. Une autre carence importante concerne les minéraux tels que le fer (dont les sources essentielles sont la viande, le poisson et les œufs), le zinc (que l'on trouve essentiellement dans la viande) et certaines vitamines, en particulier la vitamine B12 (contenue exclusivement dans les produits animaux : viande, poisson, œufs, lait et produits laitiers). De surcroît, la très grande richesse de ce régime en fibres alimentaires aggrave ces déséquilibres en inhibant l'absorption intestinale des minéraux.

Le végétalisme est donc à déconseiller en toutes circonstances et, tout particulièrement, au cours de la croissance, de la grossesse, de l'allaitement ainsi que chez les personnes âgées, les malades et les convalescents.

Végétarisme

Régime alimentaire excluant toute chair animale (viande, poisson), mais qui admet en général la consommation d'aliments d'origine animale comme les œufs, le lait et les produits laitiers (fromage, yaourts).

L'équilibre alimentaire peut être obtenu en variant l'alimentation et surtout en assurant des apports en protéines quantitativement et qualitativement satisfaisants. En effet, les protéines végétales manquent toujours d'un ou de plusieurs acides aminés indispensables (que l'organisme ne sait pas synthétiser et qui doivent donc lui être fournis par l'alimentation) ; un équilibre peut cependant être obtenu grâce au principe de la complémentation protéique, qui consiste à associer des protéines végétales dont les acides aminés essentiels manquants sont différents (association céréales-légumineuses, en particulier) ; la protéine « mixte » résultant de cette association a une valeur nutritionnelle qui tend à se rapprocher de celle des protéines animales. L'ajout, même en petite quantité, de protéines animales permet également d'améliorer la valeur nutritionnelle de ces protéines végétales (association lait-céréales, par exemple). Le principal risque de carence lié au végétarisme concerne le fer, surtout chez les adolescents et les femmes enceintes, dont les besoins sont particulièrement élevés.

Végétation

Fine excroissance pathologique, plus ou moins longue, localisée sur la peau, sur une muqueuse ou dans un organe.

Les végétations adénoïdes, communément appelées « végétations », correspondent à une hypertrophie chronique des amygdales pharyngées situées en haut de la paroi postérieure du rhinopharynx, en arrière des fosses nasales. Elles s'observent en général chez l'enfant et sont souvent responsables de rhinopharyngites, d'otites séreuses et d'otites moyennes aiguës. Lorsque celles-ci se répètent malgré un traitement médical bien suivi, leur ablation chirurgicale y met le plus souvent fin.

Végétations (opération des)

→ VOIR Adénoïdectomie.

Veine

Vaisseau sanguin ayant pour fonction de ramener le sang vers le cœur.

STRUCTURE

Les veines ont, comme les artères, une paroi faite de trois tuniques (endothélium, média et adventice) ; celle-ci est moins épaisse que celle des artères, les pressions régnant dans le système veineux étant très inférieures à celles qui existent dans le système artériel.

DIFFÉRENTS TYPES DE VEINE

■ **Les veines de la petite circulation** sont les 4 veines pulmonaires, qui ramènent le sang « rouge », riche en oxygène, des poumons vers l'oreillette gauche.

■ **Les veines de la grande circulation** ramènent le sang « bleu », pauvre en oxygène, des autres organes jusqu'au cœur. Les principales, vers lesquelles convergent toutes les autres, sont les deux veines caves : la veine cave inférieure pour la moitié inférieure du corps et la veine cave supérieure pour sa moitié supérieure, qui aboutissent dans l'oreillette droite. Les veines du système porte hépatique drainent le sang d'origine digestive vers la veine porte, qui se ramifie dans le foie et y amène les nutriments.

PATHOLOGIE

Les veines, particulièrement les veines profondes du membre inférieur, peuvent être le siège d'une thrombose (formation d'un caillot), en général associée à une phlébite (inflammation d'une veine). Les veines superficielles du membre inférieur peuvent être dilatées par des varices.

Veinotonique

Médicament utilisé dans le traitement des troubles veineux. SYN. *phlébotonique*.

Les veinotoniques agiraient en augmentant la tonicité des parois veineuses, mais leur efficacité n'est pas toujours scientifiquement démontrée.

Leurs indications sont l'insuffisance veineuse des membres inférieurs (jambes lourdes, fourmillements, crampes, œdème, varices), la fragilité capillaire (ecchymoses, saignements des gencives ou du nez), les hémorroïdes. Les veinotoniques n'ont, pour ainsi dire, pas d'effets indésirables, si ce n'est quelques troubles digestifs ou de rares allergies cutanées.

Vélocimétrie

Mesure de la vitesse du sang dans le cœur ou dans les vaisseaux.

→ VOIR Doppler (examen), Écho-Doppler vasculaire.

V.E.M.S.

→ VOIR Volume expiratoire maximal seconde.

Vénéréologie

Partie de la médecine qui étudie et traite les maladies vénériennes, aujourd'hui dénommées maladies sexuellement transmissibles.

La vénéréologie est souvent pratiquée par un dermatologue.

Vénérien

Relatif aux rapports sexuels.

Ainsi, une maladie vénérienne est une maladie sexuellement transmissible.

Venin

Substance toxique, généralement liquide, fabriquée par certains organismes.

Les organismes qui injectent leur venin par piqûre ou par morsure sont dits venimeux. Ce sont principalement des animaux, mais il y a aussi des plantes venimeuses, telles les orties. Les animaux (crapauds) et les plantes (belladone, ciguë) qui n'injectent pas leur venin sont dits vénéneux, tout comme les champignons.

DANGERS DES VENINS

Certains venins sont très peu toxiques (orties, moustiques, puces, taons, fourmis) ; d'autres le sont extrêmement (cobras, serpents corail). Toutefois, un venin réputé peu

---

Piqûres de vipères : précautions et premiers soins

Une vipère européenne peut se reconnaître à sa pupille fendue, à son cou surmonté d'une tête triangulaire, à la présence de plusieurs écailles qui forment un dessin en forme de V entre l'œil et la bouche. Lors d'un séjour ou d'une promenade dans une région à risque, il est recommandé de prendre quelques précautions : porter un pantalon et des chaussures montantes, marcher bruyamment afin d'effrayer les serpents, éviter de marcher dans des zones broussailleuses, déplacer les obstacles (gros cailloux et morceaux de bois) à l'aide d'un long bâton, ne pas s'allonger sur le sol, éviter la proximité des tas d'ordures, qui attirent rongeurs et serpents. En cas de piqûre, il faut réagir rapidement :
– allonger la victime ;
– immobiliser le membre atteint, qui ne doit pas être surélevé ;
– appliquer si possible de la glace sur la piqûre afin de retarder la diffusion du venin ;
– appliquer une compresse stérile ou un linge propre sur la blessure ;
– poser un pansement légèrement compressif sur la plaie afin de limiter la diffusion du venin ;
– avertir rapidement des services de secours, qui procéderont à l'évacuation de la victime.

Il faut s'abstenir de poser un garrot au-dessus de la plaie, de donner à boire à la victime, d'inciser la plaie et de la sucer.

toxique peut être très dangereux s'il entraîne un œdème des voies respiratoires (risque de mort par asphyxie) ou une réaction allergique généralisée (choc anaphylactique). Ces deux risques existent principalement dans les cas de piqûre – surtout de piqûres multiples – d'hyménoptères (abeilles, guêpes ou frelons). L'action destructrice des venins peut s'exercer sur le sang (hémolyse, ou destruction des globules rouges), sur le système nerveux (présence de neurotoxines responsables de neurolyse) et/ou sur le foie (cytolyse hépatique).

TRAITEMENT ET PRÉVENTION
Le traitement des accidents dus aux venins comporte des soins immédiats, destinés à diminuer la diffusion de la substance toxique et à calmer la démangeaison ou la douleur (aspiration du venin à l'aide d'une petite pompe vendue en pharmacie, application d'eau froide, de glaçons, de pommade calmante). Éventuellement, dans un second temps, l'administration d'antihistaminiques et d'adrénaline, destinée à combattre l'effet allergique du venin, et l'injection de sérums antitoxiques spécifiques peuvent être utiles. Une injection de sérum antitétanique et la prise d'antibiotiques (contre les surinfections) peuvent être associées. Enfin, dans les cas graves, l'hospitalisation d'urgence et les manœuvres de réanimation sont nécessaires.

La prévention des désordres et des accidents dus aux venins consiste à éviter le plus possible les plantes ou les animaux venimeux et à observer la plus grande prudence quand on ne peut s'y soustraire (protection vestimentaire, utilisation de répulsifs, désensibilisation en cas d'allergie constatée). Les personnes qui se savent allergiques aux piqûres d'abeilles, par exemple, peuvent constamment avoir sur elles, en été, une dose d'adrénaline et d'antihistaminiques.

Ventilation artificielle

Technique permettant de suppléer – d'une manière partielle (ventilation assistée) ou totale (ventilation contrôlée), temporaire ou prolongée – à une ventilation (ensemble des phénomènes mécaniques qui concourent à la respiration) défaillante.

INDICATIONS
Cette technique, qui permet d'amener à l'organisme l'oxygène dont il a besoin et d'en évacuer le gaz carbonique, est indiquée dans le traitement de toutes les insuffisances respiratoires, aiguës ou chroniques.

DIFFÉRENTS TYPES DE VENTILATION ARTIFICIELLE
■ **Le bouche-à-bouche** est une technique de secourisme utilisée dans les situations d'extrême urgence.

■ **Les ballons auto-expansifs** sont indiqués pour une ventilation de courte durée (transport en ambulance). Munis de valves directionnelles, ils sont actionnés par des pressions régulières de la main du sauveteur.

■ **Les respirateurs** sont employés en cas de ventilation artificielle prolongée : coma, paralysie des muscles respiratoires, détresse respiratoire postopératoire, épisode aigu survenant chez un sujet atteint d'insuffisance respiratoire chronique décompensée, infection aiguë grave (septicémie). Ces appareils, de plus en plus complexes, insufflent dans les poumons de l'air enrichi en oxygène.

■ **Le masque nasal**, moulé sur le nez du malade, permet d'assurer à domicile une ventilation nocturne à des patients atteints de maladies touchant les muscles respiratoires ou d'apnées du sommeil (arrêts respiratoires répétés pendant le sommeil).

Ventilation assistée

→ VOIR Ventilation artificielle.

Ventouse

Petite cloche de verre à large ouverture que l'on applique sur la peau après y avoir raréfié l'air en faisant brûler un morceau de coton imbibé d'alcool.

Les ventouses sont toujours posées sur le thorax ou sur le dos du malade, qui est assis ou couché sur le côté. Deux techniques peuvent être employées.

■ **Les ventouses sèches**, employées en cas de fièvre associée à une atteinte bronchique, provoquent un afflux local de sang et permettent une décongestion locale.

■ **Les ventouses scarifiées** sont employées lorsque l'atteinte bronchique est plus importante. Elles sont posées sur la peau, qui a été préalablement désinfectée puis incisée avec une lancette afin de permettre un écoulement de sang.

Ventouse obstétricale

Cupule en métal ou en plastique destinée à faciliter l'extraction de l'enfant en cas d'accouchement difficile.

D'un diamètre de 4 à 6 centimètres, la ventouse obstétricale est placée sur le sommet de la voûte crânienne de l'enfant. Elle est munie à son sommet d'un fil ou d'une chaînette, qui permet une meilleure rotation de la tête dans la filière génitale. On y a recours lorsque l'enfant se présente par la tête.

Ce procédé exige plus de temps que l'extraction au forceps, mais les tissus maternels risquent moins d'être déchirés. Sa complication la plus fréquente est le céphalhématome (hématome bénin de la voûte crânienne), en regard de la zone où la ventouse a été posée ; celui-ci, néanmoins, est le plus souvent modéré et se résorbe spontanément en 2 ou 3 semaines.

Ventre de bois

Contracture permanente, irréductible et douloureuse de la paroi abdominale.

Ce symptôme est caractéristique de la péritonite généralisée, quelle que soit l'origine de celle-ci (appendicite, perforation d'ulcère, perforation colique, etc.). D'une valeur diagnostique capitale, il ne doit pas être atténué ni dissipé par l'administration d'analgésiques ou d'antibiotiques et impose une intervention chirurgicale d'urgence.

Ventricule

Cavité de l'organisme en général située à l'intérieur d'un organe et remplie de liquide.

Les ventricules les plus importants sont les ventricules cardiaques (dans le cœur) et cérébraux (dans le cerveau).

Ventricule cardiaque

Chacune des deux cavités internes du cœur, l'une à droite, l'autre à gauche, séparées l'une de l'autre par une cloison, le septum interventriculaire, et situées en avant des oreillettes avec lesquelles elles communiquent par les orifices auriculoventriculaires.

Chaque ventricule reçoit le sang de l'oreillette correspondante et le projette à chaque systole vers une artère : l'aorte pour le ventricule gauche, l'artère pulmonaire pour le ventricule droit.

PHYSIOLOGIE
Les deux ventricules cardiaques assurent une fonction de pompe : ils sont chargés d'éjecter à chaque systole (période de contraction du cœur) leur contenu sanguin dans leur circulation respective.

■ **Le ventricule droit,** de forme triangulaire, reçoit le sang désoxygéné provenant de l'oreillette droite, puis l'éjecte pendant la systole dans l'artère pulmonaire, vers les poumons (petite circulation).
■ **Le ventricule gauche,** plus grand que le droit et à la paroi plus épaisse, a une forme ovale. Il reçoit de l'oreillette gauche le sang riche en oxygène puis l'éjecte dans l'aorte, qui se ramifie dans tous les organes non pulmonaires (grande circulation).

PATHOLOGIE
Lorsque la fonction de pompe d'un ventricule est altérée, on parle d'insuffisance ventriculaire droite, gauche, ou d'insuffisance cardiaque globale, selon le cas.

■ **Une insuffisance ventriculaire droite** peut résulter d'une embolie pulmonaire, d'une hypertension artérielle pulmonaire ou d'une insuffisance respiratoire chronique.
■ **Une insuffisance ventriculaire gauche** peut être consécutive à un infarctus du myocarde, à une valvulopathie mitrale, à une hypertension artérielle ou à une myocardiopathie.

Ventricule cérébral

Cavité de l'encéphale, emplie de liquide céphalorachidien.

STRUCTURE
Les ventricules cérébraux sont numérotés de un à quatre, mais le premier et le deuxième sont volontiers appelés ventricules latéraux.

■ **Chaque ventricule latéral** est creusé dans la profondeur de chacun des deux hémisphères cérébraux.
■ **Le troisième ventricule** est situé sur la ligne médiane de l'encéphale, dans le diencéphale (partie centrale du cerveau, entre les deux hémisphères). Il communique de chaque côté avec un ventricule latéral.

■ **Le quatrième ventricule** se trouve sous le troisième ventricule, entre le cervelet, en arrière, et le tronc cérébral, en avant. Il communique avec le troisième ventricule par un fin canal, l'aqueduc de Sylvius, et avec les espaces liquidiens situés à la surface de l'encéphale, sous les méninges, par trois orifices. Vers le bas, le quatrième ventricule se prolonge par le canal de l'épendyme, au centre de la moelle épinière.

PHYSIOLOGIE

Le liquide céphalorachidien est sécrété par les plexus choroïdes localisés dans la paroi des ventricules. Il s'écoule de haut en bas, des ventricules latéraux vers le troisième puis le quatrième ventricule et, enfin, dans les méninges, où il est résorbé et éliminé.

EXAMENS ET PATHOLOGIE

Les ventricules cérébraux sont explorés par scanner et imagerie par résonance magnétique (I.R.M.). Leur pathologie est celle du liquide céphalorachidien : hydrocéphalie, hypertension intracrânienne. Les ventricules cérébraux peuvent également augmenter de volume en cas d'atrophie cérébrale.

Ventriculographie

Exploration des ventricules cardiaques au moyen de techniques d'imagerie médicale.

Cette exploration, qui concerne surtout le ventricule gauche, utilise deux techniques.
■ **L'angiocardiographie**, pratiquée lors d'une coronarographie, dans un deuxième temps et avec la même sonde, est réalisée grâce à l'injection d'un produit de contraste iodé opaque aux rayons X.
■ **La ventriculographie isotopique** recourt à l'injection dans la circulation d'un isotope tel que le technétium 99, les images étant obtenues à l'aide d'une gamma-caméra.

Ventriculographie isotopique

Étude scintigraphique de l'efficacité et de la qualité de la contraction des ventricules cardiaques.

INDICATIONS ET CONTRE-INDICATIONS

La ventriculographie isotopique renseigne sur le degré d'altération (globale ou segmentaire) de la pompe cardiaque, en particulier en cas d'insuffisance coronarienne (pour rechercher le territoire du muscle cardiaque qui a perdu sa capacité à se contracter, par exemple après un infarctus du myocarde). Du fait de sa grande précision, de son excellente reproductibilité et de son innocuité, la ventriculographie isotopique est un outil idéal pour anticiper l'apparition d'une insuffisance cardiaque chez un patient atteint d'une valvulopathie (atteinte d'une valvule cardiaque) ou d'une myocardiopathie (altération globale du muscle cardiaque) ou encore pour tester l'efficacité de certains médicaments (inhibiteurs calciques, vasodilatateurs).

Cet examen est contre-indiqué chez la femme enceinte. Si la patiente allaite, l'allaitement doit être interrompu après l'examen, pendant 24 heures.

TECHNIQUE ET DÉROULEMENT

Pratiqué dans les services de médecine nucléaire, l'examen dure de une heure à une heure et demie. Le plus souvent réalisé au repos, mais parfois aussi pendant un effort ou après absorption d'un médicament (cardiotonique, par exemple), il débute par l'injection dans le sang du sujet d'un traceur (sérumalbumine ou globules rouges) marqué au technétium. Puis, le sujet étant devant la gamma-caméra, généralement en position couchée, on enregistre au cours du cycle cardiaque la variation de la radioactivité des ventricules.

Cet enregistrement, couplé à un enregistrement électro-cardiographique, permet de calculer la fraction d'éjection, c'est-à-dire le pourcentage du volume sanguin éjecté par le cœur à chaque contraction (systole). La réalisation d'images aux différents temps de contraction et de relaxation des ventricules (systole, diastole) permet d'analyser globalement et localement le degré de contraction et de remplissage de chacun des ventricules.

Verge

→ VOIR Pénis.

Vergeture

Strie fuselée, parfois onduleuse, pouvant siéger sur diverses parties du corps.

Les vergetures, dues à une altération des fibres élastiques du derme, sont de grandes stries parallèles et symétriques situées surtout sur l'abdomen, les flancs, les cuisses, les seins et les fesses, plus rarement sous les aisselles et dans la région lombaire. Rouge violacé au début, elles deviennent ensuite blanc nacré. Elles persistent indéfiniment.

Les vergetures apparaissent parfois dès la puberté : c'est le cas chez environ 10 % des adolescentes ; elles sont alors liées à la fois à un certain degré d'obésité et à une légère augmentation du taux de cortisol sanguin. Elles sont souvent présentes au cours du syndrome de Cushing, marqué par un hypercorticisme (hypersécrétion des glandes surrénales) ; elles peuvent également apparaître au cours d'un traitement par les corticostéroïdes et lors des séquelles de maladies infectieuses comme la typhoïde. Durant la grossesse, elles se développent entre le 4e et le 6e mois chez 75 % des femmes, souvent dès la première grossesse, et prédominent sur l'abdomen en raison de la distension de la peau. Elles s'observent aussi chez les personnes obèses et peuvent marquer le bas du dos chez certains sportifs, en particulier les haltérophiles.

TRAITEMENT
Il n'existe pas de traitement curatif. L'effet des divers traitements préventifs (massages avec des dérivés d'extraits placentaires ou des dérivés du silicium, des crèmes au collagène ou à l'élastine) est très limité. La seule prévention consiste à traiter l'obésité et l'hypercorticisme et à limiter la prise de poids au cours de la grossesse.

Verner-Morrison (syndrome de)
Affection caractérisée par une diarrhée liquidienne importante pouvant dépasser 5 litres par jour. SYN. *choléra pancréatique*.

Le syndrome de Verner-Morrison, rare, s'observe en présence d'une tumeur endocrine pancréatique. Le traitement consiste à enlever chirurgicalement la tumeur.

Vernix caseosa
Substance d'un blanc grisâtre, de consistance graisseuse, qui recouvre en couches plus ou moins épaisses la peau du nouveau-né.

Le vernix caseosa, formé de sécrétions sébacées et de cellules cutanées desquamées, est très adhérent à la peau. Il se forme au cours du huitième mois de grossesse et

subsiste surtout dans les plis à la naissance. Il protège la peau du fœtus du contact avec le liquide amniotique. Une coloration jaune foncé de cet « enduit » peut indiquer une souffrance fœtale, surtout dans les cas de dépassement du terme.

Vérole
→ VOIR Syphilis.

Verre à trois miroirs
Petit instrument contenant un verre utilisé pour l'examen du fond d'œil.

Après avoir instillé dans l'œil du patient une ou deux gouttes de collyre anesthésique, le médecin pose directement sur la cornée le verre à trois miroirs, qu'il fait tourner doucement pour observer toutes les parties de la rétine.

Verrucide
Médicament destiné à faire disparaître les verrues.

Les verrucides font partie des kératolytiques, substances capables de détruire la kératine cutanée, qui se trouve en excès dans les verrues. On emploie souvent, en applications cutanées, l'acide salicylique (vaseline salicylée), éventuellement associé à l'acide lactique (solution de collodion élastique). Parmi les autres substances couramment utilisées, on trouve la trétinoïne (dérivé de la vitamine A).

Les verrues plantaires peuvent nécessiter une macération et un ramollissement plus marqués : un pansement contenant la substance active est alors laissé en place plusieurs jours avant que les débris de la verrue ne puissent être retirés.

Les verrucides doivent être utilisés en respectant soigneusement les modes d'emploi en raison du risque de forte irritation locale qu'ils comportent.

Verrucosité
Excroissance cutanée grisâtre, de consistance ferme et cornée.

Les verrues vulgaires, les verrues séborrhéiques et les kératoses séniles (lésions précancéreuses) sont des verrucosités.

Verrue

Petite tumeur cutanée bénigne due à un virus du type papillomavirus.

DIFFÉRENTS TYPES DE VERRUE

Extrêmement fréquentes, les verrues peuvent prendre de multiples formes.

■ **Les condylomes génitaux, ou végétations vénériennes,** plus communément appelés crêtes-de-coq, constituent une variété de verrue.

■ **Les verrues planes** sont surtout fréquentes chez les enfants, les adolescents et les sujets immunodéprimés. Ce sont de petites grosseurs, à peine saillantes, à surface relativement lisse, de couleur rosée. Parfois disposées linéairement, elles touchent surtout le visage, le dos des mains, les bras, les genoux et la face antérieure des jambes. Elles persistent pendant plusieurs mois, voire plusieurs années, et peuvent disparaître spontanément après s'être entourées d'un halo inflammatoire prurigineux.

■ **Les verrues plantaires** peuvent prendre deux formes. La forme habituelle, ou myrmécie, est un peu saillante, arrondie, à bord hyperkératosique (épais, dur, sec), douloureuse à la pression ; elle ressemble approximativement à un durillon et a plutôt tendance à croître en profondeur. La seconde forme comprend des petits éléments hyperkératosiques groupés en mosaïque et indolores.

■ **Les verrues séborrhéiques,** bien que leur nom soit consacré par l'usage, ne sont pas d'origine virale. Très fréquentes, elles atteignent en général des sujets de plus de 50 ans. Souvent multiples, elles siègent essentiellement sur le visage, le dos et la poitrine. La verrue séborrhéique prend la forme d'une lésion très bien délimitée, à la surface veloutée ou un peu rugueuse, parsemée d'orifices pilosébacés dilatés. Sa couleur varie du chamois clair au noir.

■ **Les verrues vulgaires** sont saillantes, de forme hémisphérique. Leur surface est à la fois mamelonnée et hyperkératosique, parfois sillonnée de fissures. Elles siègent sur le dos des mains et des doigts, éventuellement autour de l'ongle ou sous lui, risquant alors de le décoller. Les verrues vulgaires du visage ont un aspect différent, filiforme.

ÉVOLUTION

Les verrues sont contagieuses par simple contact, mais leur degré de contagiosité est très variable selon le papillomavirus en cause, la localisation de la verrue et l'état immunitaire du sujet ; leur incubation est très longue (plusieurs semaines). Chez certaines personnes, les verrues tendent à proliférer, parfois en grand nombre, par auto-inoculation (transport du virus d'un point à un autre par le grattage ou, dans le cas du visage, par le rasage). Les verrues disparaissent spontanément, mais parfois seulement au bout de plusieurs années. Les facteurs psychologiques jouent un rôle dans leur disparition, ce qui explique le succès et l'efficacité d'une multitude de traitements empiriques. Cependant, les récidives sont fréquentes.

TRAITEMENT

Les verrues plantaires et vulgaires sont détruites à l'azote liquide ; l'application doit se faire de façon suffisamment prolongée (pendant 1 à 2 minutes). Plus rarement, on détruit la verrue, sous anesthésie locale, au bistouri électrique (électrochirurgie) ou au laser au gaz carbonique. On peut aussi essayer un décapage à l'aide de vaseline salicylée à 10 ou 20 %.

D'autres traitements, plus toxiques et parfois contre-indiqués chez la femme enceinte, ne sont justifiés que dans les formes très profuses (verrues très nombreuses et couvrant une surface cutanée importante) et récidivantes : application de podophylline, application locale ou prise orale de médicaments rétinoïdes, etc. Les traitements généraux comme les immunomodulateurs (médicaments permettant de renforcer l'immunité) ou l'interféron peuvent aussi être essayés. Le traitement des verrues séborrhéiques est facultatif et repose, selon leur nombre et leur épaisseur, soit sur leur destruction par cryothérapie (neige carbonique, azote liquide), soit sur leur électrocoagulation au laser au gaz carbonique.

Verruga du Pérou

Second stade éruptif de la bartonellose, maladie infectieuse due à la bactérie *Bartonella bacilliformis*.

Version

Manœuvre obstétricale destinée à déplacer dans l'utérus un fœtus dont la présentation n'est pas satisfaisante afin de permettre un accouchement par les voies naturelles.

Ver solitaire

→ VOIR Téniase.

Vertèbre

Chacun des os courts constituant la colonne vertébrale, ou rachis.

Il existe 7 vertèbres cervicales, formant le squelette du cou, 12 vertèbres dorsales, participant au squelette de la cage thoracique et s'articulant avec les côtes, 5 vertèbres lombaires, correspondant au bas du dos, 5 vertèbres sacrées et 4 vertèbres coccygiennes : ces 9 dernières pièces osseuses sont soudées entre elles pour former respectivement le sacrum et le coccyx et constituent avec les os iliaques le squelette du bassin. Par convention, les vertèbres sont numérotées de haut en bas et désignées par la lettre C pour le cou, D pour le dos ou le thorax et L pour la région lombaire. Les deux premières vertèbres cervicales prennent le nom d'atlas et d'axis.

STRUCTURE ET PHYSIOLOGIE

Les vertèbres sont des corps cylindriques empilés les uns sur les autres. Situés dans chacun des intervalles qui les séparent, les disques intervertébraux assurent la mobilité et l'amortissement de l'ensemble.

PATHOLOGIE

■ Les blocs vertébraux, assez rares, consistent en la fusion osseuse de deux ou plusieurs vertèbres, entraînant une mauvaise position de la colonne vertébrale, cause de douleurs. Il s'agit soit d'une affection congénitale par absence de disque intervertébral, soit d'une lésion consécutive à une spondylodiscite (inflammation d'une vertèbre et du disque adjacent) d'origine infectieuse ou rhumatismale.

■ Le cancer vertébral est le plus souvent dû à une métastase d'un cancer développé sur un autre organe (sein, prostate, rein, etc.).

■ Les lésions traumatiques atteignent généralement plusieurs vertèbres ou, au minimum, les disques intervertébraux. Leurs symptômes sont très divers : tassement vertébral, luxation ou fracture des apophyses articulaires, etc.

■ La maladie de Scheuermann est une épiphysite (nécrose du noyau de l'épiphyse de certains os) localisée aux vertèbres, qui entraîne une cyphose dorsale.

■ Les principales malformations vertébrales sont les anomalies transitionnelles, dans lesquelles une vertèbre prend plus ou moins complètement le type morphologique de la vertèbre sus-jacente ou sous-jacente. Elles affectent le plus souvent la 5e vertèbre lombaire (sacralisation) ou la 1re vertèbre sacrée (lombalisation), plus rarement la 1re ou la 7e vertèbre cervicale. Ces anomalies, presque toujours bénignes, sont responsables de douleurs et d'un mauvais maintien de la colonne vertébrale. Leur traitement est essentiellement orthopédique ou, en cas de troubles importants, chirurgical. Le spina-bifida est une autre malformation des vertèbres, caractérisée par une anomalie de fermeture de l'arc neural, le plus souvent sur le rachis lombosacré. Il s'associe souvent à des lésions du système nerveux.

■ La tuberculose vertébrale, ou mal de Pott, se traduit par des douleurs d'intensité croissante, qui sont accentuées par l'effort ou par la toux.

Vertébrothérapie

→ VOIR Chiropractie.

Vertige

Sensation erronée de déplacement du corps par rapport à l'espace environnant, ou de l'espace par rapport au corps, liée à un déséquilibre entre les deux appareils vestibulaires.

Un vertige est souvent accompagné de nausées, de vomissements et de sueurs, d'une pâleur et surtout d'une angoisse ; des acouphènes (bourdonnements d'oreille) et une surdité unilatérale peuvent y être associés.

Dans le langage courant, on appelle improprement vertiges diverses sensations qui sont considérées par les médecins comme de « faux vertiges » : dérobement des jambes, instabilité, flou visuel, vision double, peur de tomber, etc.

CAUSES

Selon la localisation de l'atteinte, on distingue les vertiges périphériques et les vertiges centraux. Les vertiges périphériques sont provoqués par une atteinte de l'oreille interne (siège du vestibule et de la cochlée) ou du nerf vestibulaire (nerf s'unissant au nerf cochléaire pour former le nerf auditif). Les vertiges centraux témoignent d'une atteinte des centres vestibulaires à l'intérieur de l'encéphale.

■ **Les vertiges périphériques dus à une atteinte de l'oreille interne** comprennent la maladie de Menière, de cause inconnue, qui affecte simultanément le vestibule et la cochlée. Le vertige paroxystique bénin de position, caractérisé par sa brièveté, déclenché par un brusque mouvement de rotation de la tête, se range également parmi les vertiges périphériques. Une labyrinthite (inflammation du labyrinthe) par propagation d'une infection de l'oreille moyenne (otite aiguë ou chronique), certaines intoxications médicamenteuses (par les aminosides), un traumatisme crânien peuvent aussi être responsables de vertiges périphériques.

■ **Les vertiges périphériques par atteinte du nerf vestibulaire** sont dus à un neurinome de l'acoustique (tumeur bénigne de la 8e paire de nerfs crâniens) ou à une névrite vestibulaire (destruction brutale, d'origine probablement virale, du nerf vestibulaire).

■ **Les vertiges centraux** sont d'origine vasculaire (accident vasculaire cérébral), tumorale, traumatique, infectieuse ou toxique.

TRAITEMENT

C'est avant tout celui de la cause, chaque fois que cela est possible : prescription d'antibiotiques contre une infection, arrêt d'une prise médicamenteuse, ablation chirurgicale d'une tumeur, etc. Le traitement des symptômes recourt au repos au lit, à la prise de médicaments antivertigineux, d'antiémétiques (contre les vomissements) et d'anxiolytiques (contre l'angoisse). La prévention des récidives et le traitement des vertiges chroniques comprennent des cures d'antivertigineux, une rééducation de l'équilibre – particulièrement efficace pour les vertiges de position – , une psychothérapie mais aussi la correction de tout déficit visuel ou auditif pouvant aggraver les troubles.

Vésical

Qui se rapporte à la vessie.

■ **Le globe vésical** (vessie distendue par une rétention d'urine) se traduit par une envie d'uriner non satisfaite et très douloureuse.

■ **La lithiase vésicale** est caractérisée par le blocage, dans la vessie, de calculs en provenance des reins.

■ **Le sondage vésical** (introduction d'une sonde dans la vessie) permet soit d'évacuer le contenu de la vessie, soit d'y instiller un produit thérapeutique.

Vésicule

Cloque cutanée de petite taille (de diamètre inférieur à 5 millimètres), de forme hémisphérique, remplie d'un liquide clair, incolore ou jaunâtre.

Les vésicules sont caractéristiques de l'eczéma et d'affections virales comme l'herpès, le zona, la varicelle ou le syndrome mains-pieds-bouche (infection bénigne et rare de l'enfant).

Vésicule biliaire

Sac oblong contenant la bile, situé sous le foie et relié à la voie biliaire principale, le canal cholédoque, par le canal cystique.

La vésicule biliaire est un sac en forme de poire, de 10 centimètres de long et d'une capacité de 50 millilitres.

PHYSIOLOGIE

En dehors des repas, la vésicule biliaire sert de réservoir à la bile sécrétée par le foie. Au moment des repas, lors du passage du bol alimentaire dans le duodénum, elle se contracte et permet ainsi l'évacuation, dans l'intestin, de la bile nécessaire à l'absorption des aliments, en particulier celle des graisses.

PATHOLOGIE

La vésicule biliaire peut être le siège d'une lithiase (formation de calculs, le plus souvent sans symptôme, qui se complique parfois de douleurs et/ou d'infection [cholécystite, par exemple]). L'existence de douleurs biliaires attribuables à des troubles moteurs vésiculaires est controversée : ces douleurs, parfois provoquées par un stress, peuvent être calmées par l'administration d'antispasmodiques.

Vésicule biliaire (cancer de la)

→ VOIR Voies biliaires (cancer des).

Vésicule séminale

Glande de forme allongée, située chez l'homme en arrière de la vessie et de la prostate et participant à l'élaboration du sperme.

Vespertilio

Éruption cutanée en forme de loup (masque), caractéristique du lupus érythémateux chronique ou disséminé et de la sarcoïdose.

Vessie

Réservoir naturel de forme sphérique dans lequel l'urine s'accumule entre les mictions.

STRUCTURE

La vessie fait partie, avec l'urètre, du bas appareil urinaire. Elle est située dans le petit bassin, sous le péritoine, en avant de l'utérus chez la femme et du rectum chez l'homme. L'abouchement urétérovésical (abouchement des uretères à la vessie) est muni d'un dispositif antireflux, sorte de valve qui empêche l'urine vésicale de refluer vers chaque uretère. Le col vésical, partie la plus basse de la vessie, s'ouvre dans l'urètre ; il est entouré d'un sphincter qui permet son ouverture et sa fermeture lors de la miction ; chez l'homme, il repose sur la prostate.

PHYSIOLOGIE

La miction se déroule en plusieurs phases qui obéissent à un contrôle neurologique réflexe. Lors de la phase de remplissage vésical, l'urine élaborée par les reins est évacuée dans la vessie par les uretères. La pression intravésicale reste basse, le muscle vésical se laissant distendre. Le col vésical et le sphincter urétral sont alors fermés, ce qui permet la continence. Lorsque la vessie est pleine (sa capacité moyenne est de 300 à 400 millilitres), le besoin mictionnel apparaît. Les sphincters de l'urètre et du col vésical se relâchent, abaissant la pression urétrale, tandis que le muscle vésical se contracte, entraînant la vidange de la vessie et l'évacuation de l'urine par l'urètre.

PATHOLOGIE

La vessie peut être le siège de malformations (exstrophie vésicale), d'infections (cystite), de tumeurs, bénignes ou malignes, d'un diverticule (petite cavité pathologique), de troubles neurologiques (vessie neurologique), d'un globe vésical (vessie distendue par une rétention d'urine), d'une lithiase (présence de calculs), etc.

Vessie (cancer de la)

Tumeur maligne se développant aux dépens de l'épithélium de la vessie.

Les tumeurs vésicales malignes sont favorisées par l'exposition prolongée à des agents carcinogènes dont les plus connus sont le tabac (le risque d'apparition d'une tumeur vésicale est multiplié par 10 chez un gros fumeur) et certains colorants comme l'aniline (colorant utilisé dans la fabrication des encres, des peintures et des teintures pour le bois et le cuir).

SYMPTÔMES ET SIGNES

Une tumeur maligne de la vessie se traduit par une hématurie (présence de sang dans les urines) et, très souvent, par une cystite.

TRAITEMENT

Les tumeurs vésicales malignes, lorsqu'elles n'ont pas de métastases, nécessitent une cystectomie (ablation chirurgicale de la vessie) complétée par une cystoplastie (reconstruction de la vessie) ou par une dérivation urinaire abdominale (urétérostomie, notamment).

Lorsque la tumeur a donné des métastases, son traitement repose sur la chimiothérapie par voie générale.

Vessie (tumeur bénigne de la)

Tumeur bénigne se développant aux dépens de l'épithélium de la vessie.

La forme la plus fréquente est le papillome, tumeur bénigne superficielle.

Une hématurie (présence de sang dans les urines) est le principal symptôme.

TRAITEMENT ET PRONOSTIC

Les tumeurs bénignes de la vessie doivent être enlevées par chirurgie endoscopique. Leur pronostic est bon, mais elles ont tendance à réapparaître localement et peuvent alors devenir cancéreuses. Une surveillance régulière, par cystoscopie et cytologie urinaire, est donc indispensable, de même que l'arrêt de la consommation de tabac.

Vessie neurologique

Tout trouble urinaire dû à un dysfonctionnement ou à une lésion du système nerveux.

CAUSES

L'appareil urinaire est sous le contrôle permanent du système nerveux (cerveau, moelle épinière et nerfs périphériques). Toute maladie neurologique (accident vasculaire cérébral, paraplégie traumatique, sciatique, etc.) peut donc être à l'origine d'une vessie neurologique.

SYMPTÔMES ET SIGNES

Ces troubles, qu'ils s'associent ou non à des troubles anorectaux ou génitaux, se répartissent en deux grandes catégories.

■ **Les fuites urinaires** sont liées soit à une vessie hyperactive, également appelée vessie irritable ou désinhibée (responsable de mictions impérieuses avec besoin irrépressible d'uriner), soit à une insuffisance sphinctérienne (fuites d'urine à l'effort, sans que le sujet éprouve le besoin d'uriner).

■ **Une rétention chronique ou aiguë d'urine** peut résulter d'une paralysie du muscle vésical – rendant les mictions lentes et pénibles, le sujet devant forcer pour évacuer la vessie – ou d'une mauvaise ouverture du sphincter durant la miction.

TRAITEMENT

Les troubles occasionnés par une vessie neurologique constituent toujours un handicap fonctionnel, psychologique et parfois social important. En outre, ils peuvent entraîner des complications irréversibles (dilatation vésicale et rénale, infections à répétition, insuffisance rénale) et doivent donc toujours être dépistés et traités le plus tôt possible.

■ **Le traitement d'une vessie hyperactive** fait appel aux médicaments relaxant la vessie (anticholinergiques), souvent très efficaces au prix de quelques effets secondaires (constipation, sécheresse de la bouche). Ces médicaments servent, d'une part, à améliorer le confort du malade (disparition des fuites urinaires et du besoin pressant d'uriner), d'autre part à empêcher la vessie de se déformer et les reins de se dilater, avec le risque de survenue d'une insuffisance rénale imposant une augmentation chirurgicale du volume de la vessie.

■ **Le traitement d'une insuffisance sphinctérienne** comprend des séances de rééducation pour renforcer la musculature périnéale, la prise de médicaments destinés à augmenter les pressions sphinctériennes et, en cas d'échec, l'implantation chirurgicale d'une prothèse (sphincter artificiel).

■ **Le traitement de la rétention chronique ou aiguë d'urine** repose dans un premier temps sur la prise de médicaments servant à contracter le muscle vésical et à favoriser l'ouverture des sphincters ; en cas d'échec, on apprend au malade à pratiquer lui-même des sondages, de manière à éviter les complications inhérentes à une rétention vésicale (infections à répétition, dilatation vésicale et rénale). Dans les cas les plus graves, des solutions chirurgicales peuvent être proposées.

Vestibule

Cavité donnant accès à un organe creux.

Le vestibule de l'oreille interne comporte un vestibule osseux, situé entre le limaçon en avant et les canaux semi-circulaires en haut et en arrière, et un vestibule membraneux, contenu dans le précédent et formé de deux vésicules : l'utricule et le saccule. Avec les canaux semi-circulaires, le vestibule constitue l'organe de l'équilibre.

Viabilité

Stade de développement intra-utérin suffisant pour permettre au fœtus de vivre.

La viabilité est fonction du terme de la grossesse et des possibilités de réanimation néonatale. Sa limite se situe, selon l'évaluation actuellement admise dans les centres de pédiatrie néonatale spécialisés, entre 5 mois et demi et 6 mois de grossesse. Toutefois, des séquelles neurologiques sont toujours à craindre.

Viagra

Nom commercial (marque déposée) du sildénafil, médicament prescrit dans le traitement de l'impuissance.

Viande

Aliment fourni par la chair ou les viscères (abats) des mammifères et des volailles.

La viande est un aliment de grand intérêt diététique, notamment grâce à sa richesse en protéines de bonne valeur nutritionnelle (de 18 à 20 grammes en moyenne pour 100 grammes), en fer (présent sous une forme particulièrement bien assimilée par l'organisme), en zinc et autres minéraux ainsi qu'en vitamines, essentiellement celles du groupe B. Sa valeur énergétique, qui varie selon les espèces animales et les morceaux, dépend en grande partie de sa teneur en lipides : de 110 (cheval, bœuf maigre, poulet, pintade) à près de 500 kilocalories (charcuterie) pour 100 grammes, avec des taux de lipides pouvant varier de 2 à 47 %.

Contrairement à une opinion répandue, la viande « blanche » (poulet, pintade, veau, lapin, etc.) est aussi riche en protéines que la viande « rouge » (bœuf, cheval, etc.). Ainsi, la valeur nutritionnelle de la viande de volaille est proche de celle des autres viandes : elle apporte entre 110 (poulet, pintade, pigeon) et 230 (canard, oie) kilocalories pour 100 grammes et fournit de 17,5 à 23 grammes de protéines et de 2,5 à 18 grammes de lipides ; ces lipides sont essentiellement localisés dans la peau de l'animal et sont en majeure partie composés d'acides gras monoinsaturés, qui ont un effet favorable sur le HDL cholestérol, ou « bon cholestérol ».

Vibrion

Bacille à Gram négatif, de forme incurvée, extrêmement mobile, vivant principalement dans l'eau.

Les deux principaux vibrions sont *Vibrio choleræ* et *Vibrio parahæmolyticus*.

■ *Vibrio choleræ* est responsable du choléra, dont la principale manifestation est une diarrhée. Cette bactérie, ingérée avec des aliments contaminés, est normalement tuée par l'acidité de l'estomac. Lorsque celle-ci est neutralisée (pansements gastriques alcalins) ou diminuée (sujets dénutris), le germe passe la barrière gastrique, se multiplie dans l'intestin grêle et excrète une puissante entérotoxine ; celle-ci entraîne une déshydratation aiguë, rapidement mortelle en l'absence de traitement. D'autres vibrions cholériques sont responsables de syndromes diarrhéiques de moindre gravité.

■ *Vibrio parahæmolyticus* est à l'origine d'intoxications alimentaires après ingestion de poissons, de coquillages et de crustacés consommés crus.

Vidange gastrique

Évacuation du contenu de l'estomac.

Le temps normal de vidange gastrique est de 2 à 3 heures. La vidange gastrique peut être retardée chez les diabétiques (gastroparésie témoignant d'une atteinte du système nerveux autonome), les personnes atteintes d'un ulcère gastrique ou de dyspepsie (troubles de la digestion). Elle est, au contraire, accélérée chez les patients atteints d'un ulcère duodénal ou ayant subi une intervention chirurgicale sur l'estomac (gastrectomie partielle, par exemple).

EXAMENS

Le temps d'évacuation gastrique peut être évalué par un transit œso-gastro-duodénal (examen radiologique baryté standard de l'estomac), par des contrôles radiologiques répétés après ingestion de substances radioopaques – dans ce cas, on mesure la vitesse d'évacuation de ces substances – ou par des techniques isotopiques.

TRAITEMENT

Le traitement des troubles de la vidange gastrique est fonction de leur cause ; il repose le plus souvent sur des règles d'hygiène et de diététique (bonne répartition des repas, sans remplissage gastrique excessif, prise des boissons de préférence entre les repas), associées à la prise de médicaments antispasmodiques et parfois antisécrétoires.

Vie

État d'activité caractéristique de tous les organismes animaux et végétaux, unicellulaires ou pluricellulaires, de leur naissance à leur mort.

Cet état d'activité correspond à l'ensemble des fonctions organiques (reproduction, métabolisme, adaptation au milieu environnant, etc.) qui permettent la croissance et la conservation de l'organisme.

La vie est caractérisée par des réactions physicochimiques permanentes se déroulant à l'intérieur des cellules (réactions biochimiques). L'équilibre constant du milieu interne des cellules et les échanges de celles-ci avec le milieu externe sont assurés par l'existence de l'enveloppe cellulaire, à perméabilité variable et sélective.

Vieillesse

Troisième période de la vie, succédant à l'enfance et à l'âge adulte.

La frontière entre âge adulte et vieillesse est franchie au cours de la sixième décennie, avec de nombreuses variantes individuelles.

Du point de vue médical, la vieillesse est marquée par la plus grande fréquence d'affections majeures : artériosclérose, cancers, maladies dégénératives.

Socialement, on peut distinguer deux périodes de vieillesse. Durant la première, parfois dite du troisième âge, les sujets, qu'ils soient ou non malades, demeurent autonomes. Cette tranche d'âge, qui va de 60 à 80 ans environ, est aujourd'hui beaucoup mieux vécue qu'au siècle dernier grâce en particulier aux progrès de l'hygiène, de la prévention et de la thérapeutique. La seconde, correspondant à ce que l'on nomme quatrième âge, concerne les sujets très âgés, souvent affectés à des degrés divers de troubles moteurs et de déficits sensoriels et/ou intellectuels les privant plus ou moins de leur autonomie.

Vieillissement

Affaiblissement naturel des facultés physiques et psychiques dû à l'âge. SYN. *sénescence.*

Vieillissement physique

C'est un processus continu, présent dès le début de l'existence et commun à tous les êtres vivants. Il concerne toutes les structures de l'organisme : molécules, cellules, tissus et organes spécialisés.

MÉCANISME

Le vieillissement physique est probablement déterminé par des facteurs génétiques et influencé par des facteurs extérieurs. Il en existe deux approches théoriques.

■ Les théories dites stochastiques admettent pour principe que le mécanisme du vieillissement serait lié au hasard. Parmi elles, on distingue notamment la théorie des quotas (chaque organisme disposerait à la naissance d'un stock d'énergie à consommer et mourrait une fois celui-ci épuisé), la théorie des radicaux libres (le vieillissement serait dû aux effets nocifs des radicaux libres, substances toxiques élaborées par le métabolisme cellulaire normal), la « théorie des erreurs catastrophiques » (qui explique le vieillissement par une accumulation d'erreurs successives dans la synthèse des protéines, aboutissant à la mort des cellules) et la théorie des horloges biologiques (fondée sur l'idée d'un vieillissement des organes sous contrôle d'un système hormonal ou immunitaire). Cependant, aucune de ces hypothèses n'a été confirmée à ce jour.

■ Les théories génétiques admettent l'existence de gènes de longévité conditionnant la durée de vie maximale dans une espèce donnée (120 ans chez l'homme). Bien que deux gènes de longévité aient été récemment identifiés, le profil génétique de la longévité humaine est encore loin d'être défini : les mécanismes et les conséquences du vieillissement biologique restent pour une grande part mystérieux.

VIEILLISSEMENT NATUREL ET PATHOLOGIQUE

Le dogme du déclin inéluctable des grandes fonctions de l'organisme avec l'âge (débit cardiaque, fonctionnement cérébral, etc.) est actuellement remis en cause : la baisse des performances physiologiques constatée chez les sujets âgés ne relève pas uniquement du vieillissement normal, mais aussi de pathologies surajoutées (vieillissement pathologique, ou sénilité). Ainsi, pour un organe donné, les études de « populations propres » (panel de sujets âgés n'incluant aucun individu suspect d'être atteint d'une maladie de l'organe étudié) révèlent qu'il n'y a pas toujours baisse de performance avec l'âge. Des travaux ont notamment montré que le débit cardiaque de sujets âgés indemnes de maladies cardiaques n'est pas plus faible que celui d'adultes jeunes, même si les mécanismes permettant le maintien d'un débit cardiaque normal varient avec l'âge.

Vieillissement psychologique

Les modifications du corps et de l'environnement familial, l'atteinte de l'identité sociale qu'impose la retraite fragilisent le sujet âgé, qui doit en même temps faire un véritable

---

Le traitement hormonal de substitution

La raréfaction du tissu osseux (ostéoporose), qui s'accentue lors de l'interruption des sécrétions hormonales par les ovaires à la ménopause, est très fréquente chez la femme âgée. Pourtant, elle peut être traitée par administration d'hormones de substitution. Les contre-indications de ce traitement sont surtout des antécédents personnels ou familiaux de cancers génitaux ou du sein et, dans une moindre mesure, d'autres pathologies comme un fibrome ou un diabète (le traitement étant alors entrepris, lorsque cela est jugé possible par le médecin traitant, à la condition d'un strict suivi médical). Ce traitement est aussi bénéfique à la peau, aux ongles, aux cheveux, et empêche l'atrophie vaginale. Il est conseillé de le faire débuter dès la ménopause, les bienfaits de son administration tardive étant à l'étude.

« travail de deuil » et trouver la force de s'investir sur de nouveaux pôles d'intérêt. Toute nouvelle difficulté (décès du conjoint, problème financier, maladie) survenant dans ce contexte peut entraîner une perte d'estime de soi insupportable.

Prévention du vieillissement
En dehors du traitement hormonal de la ménopause, qui agit efficacement sur le vieillissement osseux, le vieillissement ne peut être interrompu : ni l'utilisation de substances piégeant les radicaux libres (vitamine E, notamment), ni la prise de vitamines et d'oligo-éléments, ni l'exercice physique, ni le suivi d'un régime hypocalorique n'ont montré de façon formelle leur efficacité. La prévention doit donc commencer le plus tôt possible. Elle consiste avant tout à corriger les facteurs de risque connus qui accélèrent le vieillissement : savoir se protéger du stress, limiter la consommation d'alcool et de tabac, éviter toute exposition excessive au rayonnement solaire, etc.

V.I.H.
→ VOIR Virus de l'immunodéficience humaine.

Villosité
Repli creux de petite taille tapissant la muqueuse de certaines cavités de l'organisme.
DIFFÉRENTS TYPES DE VILLOSITÉ
■ Les villosités intestinales recouvrent entièrement la surface interne de l'intestin grêle.
■ Les villosités choriales, éléments constituants du trophoblaste, puis du placenta, permettent l'alimentation du fœtus (apport de substances nutritives) et les échanges gazeux (oxygène et gaz carbonique) entre la mère et le fœtus. La biopsie de villosités choriales, ou biopsie de trophoblaste, qui peut être effectuée tout au long de la grossesse, permet d'établir le caryotype (carte des chromosomes) de l'enfant à naître et peut aider à porter le diagnostic prénatal de maladies métaboliques ou génétiques.
→ VOIR Trophoblaste (biopsie de).

Vincent (angine de)
Inflammation aiguë du pharynx due à la pullulation de micro-organismes commensaux de la cavité buccale.
→ VOIR Angine.

Viol
Rapport sexuel imposé à une personne sans son consentement.

Si les femmes en restent les principales victimes, le viol concerne aussi les hommes (en milieu carcéral, notamment). Au même titre que l'inceste et la pédophilie, il s'agit d'un crime sexuel grave et puni comme tel. Des médicaments capables d'inhiber les pulsions agressives des violeurs ont été mis au point.

Le point commun de tous les viols est le mépris de la femme ou de tout individu jugé inférieur. Plus que la satisfaction sexuelle, c'est le besoin de violence et de domination qui détermine le passage à l'acte. La plupart des violeurs sont des individus normaux d'apparence, mais qui ne peuvent résister à leurs pulsions.
EXAMEN DE MÉDECINE LÉGALE ET TRAITEMENT
Outre un choc émotionnel constituant une urgence (angoisse, confusion, délire), la

victime peut souffrir de blessures physiques : coups, étranglement, ecchymoses des parois génitales, déchirure de l'anus ou du périnée, enflure des lèvres vulvaires, etc. Un examen clinique relève systématiquement toutes les traces ou blessures, surtout dans la région vaginale. Les vêtements souillés sont analysés en laboratoire. On entreprend en outre un dépistage des différentes maladies sexuellement transmissibles.

Un viol a très souvent des conséquences graves sur la personnalité : un syndrome post-traumatique (cauchemars, sentiment de dépersonnalisation, dépression réactionnelle), une phobie de l'autre sexe, une frigidité, une dyspareunie (rapports sexuels douloureux) sont fréquents. Une aide psychologique, voire psychiatrique, se révèle alors indispensable.

Vipère
→ VOIR Venin.

Virémie
Présence d'un virus dans le sang.

La virémie constitue l'un des modes de diffusion d'une infection virale. Le germe pénètre dans l'organisme par voie respiratoire (inhalation), digestive (ingestion) ou cutanéomuqueuse (blessure) et infecte un organe après y avoir été transporté par la circulation sanguine.

Virginité
État d'une personne qui n'a jamais eu de rapports sexuels.

Chez la femme, l'intégrité de l'hymen (membrane souple située entre le vagin et la vulve) est en principe le signe de la virginité. Néanmoins, ce signe n'a rien d'absolu, compte tenu de la grande capacité de l'hymen à se distendre sans se rompre.

Virilisation
Acquisition par une femme de caractères sexuels secondaires masculins.
→ VOIR Virilisme.

Virilisme
État d'une femme qui présente des caractères sexuels secondaires masculins.

Le virilisme, qui suit le processus de virilisation, se traduit par la présence d'une pilosité de type masculin (hirsutisme) et d'une voix grave, par de l'acné séborrhéique, par un développement musculaire et une hypertrophie du clitoris, par l'absence de développement mammaire, par des troubles de la menstruation (règles irrégulières ou absentes) et parfois par un comportement agressif plus marqué. Il est dû à un excès de sécrétion d'hormones mâles (androgènes), d'origine ovarienne et surrénalienne, causé le plus souvent par une tumeur bénigne ou maligne de l'ovaire, par une aberration chromosomique, par une maladie congénitale des glandes surrénales (bloc enzymatique surrénalien, trouble des récepteurs aux androgènes) ou par une tumeur située sur une de ces glandes.

TRAITEMENT
Les symptômes régressent sous l'effet du traitement, qui dépend de la cause du virilisme : ablation d'une tumeur, prise de corticostéroïdes ou d'antiandrogènes, etc.

Virion
Être intermédiaire entre les êtres vivants et les molécules inanimées, correspondant au stade de la multiplication d'un virus où tous les constituants de celui-ci sont assemblés.

Virologie
Science étudiant les virus, agents infectieux de très petite taille responsables de maladies chez les êtres humains, les animaux et les plantes.

Virus
Agent infectieux invisible au microscope optique.

DESCRIPTION
Les virus se caractérisent par leur petitesse (entre 12 et 300 nanomètres). Ils sont constitués d'un seul acide nucléique, A.R.N. ou A.D.N., enfermé dans une capside (coque de protéines), le tout – appelé nucléocapside – étant entouré chez certains virus par un péplos (deuxième enveloppe, composée de lipoprotéines).

PROPRIÉTÉS

Les virus se situent à la limite de la matière inerte et de la matière vivante. Selon certains chercheurs, ce ne sont pas des organismes vivants. En effet, ils n'ont pas de métabolisme et diffèrent en cela fondamentalement des autres agents infectieux (bactéries, champignons microscopiques, parasites). Par conséquent, ils ne sont pas capables de produire de l'énergie pour synthétiser leurs macromolécules et se reproduire. Il leur faut, pour cela, utiliser le métabolisme des cellules vivantes qu'ils infectent. C'est ce détournement à leur profit des fonctions des cellules qui peut provoquer une maladie dans l'organisme infecté.

La façon dont la cellule réagit à la présence du virus est très variable ; aussi distingue-t-on différents types d'infection cellulaire : aiguë et cytolytique (entraînant la mort de la cellule), persistante, chronique, latente, lente ou encore transformante (cancérisation à l'échelle cellulaire).

Les virus peuvent infecter tous les organismes, animaux ou végétaux, y compris les bactéries, les champignons et les algues, chaque espèce virale étant parfaitement adaptée à son hôte et à certains tissus de cet hôte (par exemple, chez l'homme : sang, ganglions lymphatiques, peau, foie, tissu nerveux, etc.). Ils sont souvent la cause d'épidémies (grippe, fièvre jaune, sida).

La contamination peut emprunter différentes voies : voie respiratoire ou digestive (grippe, poliomyélite), voie transcutanée, par piqûre ou morsure (rage), voie transmuqueuse, habituellement à cause d'une érosion de la muqueuse (conjonctivite, herpès, sida), voie sexuelle et sanguine (hépatites B et C, sida).

Nombre de virus sont immunogènes, c'est-à-dire qu'ils déclenchent la production d'anticorps spécifiques par l'organisme qu'ils attaquent. S'ils se maintiennent dans l'organisme, ces anticorps protègent habituellement ce dernier contre une nouvelle infection par le même virus ; cela est le cas, par exemple, pour la rougeole, la rubéole et la poliomyélite, maladies dites, pour cette raison, immunisantes.

D'autre part, en introduisant leur acide nucléique dans la cellule, les virus sont capables de modifier profondément l'information génétique de celle-ci et, par exemple, d'induire sa transformation en cellule cancéreuse (virus oncogène).

DIAGNOSTIC ET TRAITEMENT DES INFECTIONS VIRALES

Le diagnostic d'une maladie virale peut s'appuyer sur la sérologie (recherche d'anticorps dans le sérum sanguin) ou sur la mise en évidence, par culture cellulaire ou biologie moléculaire, du virus dans le sang, les urines, la salive, etc.

Le traitement des maladies à virus va de celui des symptômes – cas de la grippe, par exemple – à l'utilisation de médicaments antiviraux (aciclovir contre le virus du zona, zidovudine contre le V.I.H., virus du sida). Le meilleur traitement est préventif et repose sur la vaccination lorsqu'un vaccin est disponible.

Virus de l'immunodéficience humaine

Virus responsable du sida. En anglais, *Human Immunodeficiency Virus (HIV)*.

DESCRIPTION

Les virus de l'immunodéficience humaine (V.I.H.) constituent la sous-famille des lentivirus, appartenant elle-même à la famille des rétrovirus. Ces derniers sont des virus à A.R.N., capables de rétrotranscrire leur A.R.N. en A.D.N., c'est-à-dire de copier l'information génétique contenue dans leur A.R.N. sous la forme d'un A.D.N., grâce à une enzyme qu'ils contiennent, la transcriptase inverse. Cet A.D.N., dit proviral, s'intègre ensuite à l'A.D.N. de la cellule infectée pour y demeurer en attente ou pour se faire copier (reproduire) par l'A.D.N. de la cellule.

DIFFÉRENTES ESPÈCES DE V.I.H.

On connaît actuellement deux virus de l'immunodéficience humaine. Le V.I.H. 1, découvert en 1983, et le V.I.H. 2, découvert en 1986. Le V.I.H. 2 est actuellement limité à l'Afrique occidentale.

DIAGNOSTIC

L'infection par le V.I.H. est révélée par la présence dans le sérum sanguin d'anticorps spécifiques développés contre le virus (test ELISA), décelables seulement 6 à 12 semaines environ après la contamination. Mais, ce test pouvant être faussement positif, un résultat positif doit être contrôlé par la réaction dite de Western-Blot, sensible aux protéines du virus.

→ VOIR Sang, Sida.

Virus respiratoire syncytial

Virus de la famille des paramyxoviridæ, responsable d'infections respiratoires.

Le virus respiratoire syncytial (V.R.S.) sévit sous forme épidémique, en hiver et au printemps, dans les collectivités de jeunes enfants, dans toutes les zones géographiques. Il peut également infecter le nourrisson, l'enfant plus âgé ou l'adulte.

SYMPTÔMES ET SIGNES

Les adultes ne présentent le plus souvent aucun symptôme, sauf éventuellement une trachéobronchite. En revanche, l'infection par le virus respiratoire syncytial se manifeste, le plus souvent, chez le nourrisson : elle se déclare sous forme de pneumopathie, de bronchiolite, de rhinopharyngite, de laryngite, de trachéobronchite et/ou d'otite, accompagnées de fièvre. Les complications éventuelles sont liées à l'insuffisance respiratoire, découlant d'une bronchiolite, et aux surinfections bactériennes respiratoires.

TRAITEMENT

Les sujets infectés sont isolés, afin d'éviter la dissémination du virus à l'entourage. Il n'existe pas de traitement antiviral spécifique, même si la ribavirine peut être administrée dans les formes les plus graves de l'infection virale.

Viscère

Organe situé dans la cavité du tronc et participant à une ou à plusieurs des grandes fonctions vitales de l'organisme, lesquelles ont pour rôle d'assurer en premier lieu la survie de l'individu ou de l'espèce.

Les viscères sont généralement des éléments volumineux, les uns pleins (foie, pancréas), les autres creux (cœur, reins, intestin, rectum, utérus, etc.).

Vision

Fonction par laquelle les images captées par l'œil sont transmises par les voies optiques (cellules rétiniennes et ganglionnaires, nerf optique, chiasma optique) au cerveau.

MÉCANISME

Les rayons lumineux traversent les différents milieux transparents de l'œil : cornée, humeur aqueuse, cristallin, vitré, avant d'atteindre la rétine. La cornée assure la plus grande partie du pouvoir de réfraction, destiné à faire converger ces rayons sur la rétine ; le cristallin a également un rôle réfringent. Sur la rétine, les cellules photoréceptrices (cônes et bâtonnets) transforment les influx lumineux en influx nerveux, qui sont analysés par le cerveau (lobe occipital) après leur passage par les voies optiques (nerfs optiques, chiasma optique, bandelettes optiques, corps genouillés, radiations optiques).

DIFFÉRENTS TYPES DE VISION

La vision permet de distinguer trois sortes d'éléments : les formes, les reliefs et les distances et, enfin, les couleurs.

■ La vision des formes est possible grâce au pouvoir convergent du système optique. L'image, sur la rétine, est réduite et renversée. La vision précise des formes, ou acuité visuelle, est maximale près du pôle postérieur de l'œil, qui correspond, sur la rétine, à la macula : en effet, celle-ci contient essentiellement des cônes. Tout ce qui est perçu par la vision périphérique constitue le champ visuel.

■ La vision des reliefs et des distances, ou vision stéréoscopique, est possible grâce à l'intégration par le cerveau des deux images, légèrement différentes, fournies par chaque œil.

■ La vision des couleurs, sous la dépendance des cônes, est plus intense dans la zone centrale de la rétine et moins bonne en périphérie.

EXAMENS

La vision des formes est évaluée par des tests d'acuité visuelle, de loin et de près, et par l'exploration du champ visuel. L'électrorétinographie explore la fonction des cellules photoréceptrices de la rétine (cônes et bâtonnets) ; l'enregistrement des potentiels évoqués visuels évalue la transmission de l'influx nerveux le long des voies optiques. Des tests orthoptiques permettent d'estimer la vision binoculaire.

Vitamine

Substance organique nécessaire à la croissance et au bon fonctionnement de l'organisme, qui la fabrique en quantité insuffisante pour subvenir à ses besoins (vitamines B6, B8, D, K) ou qui ne peut la synthétiser.

Les vitamines doivent donc être apportées par l'alimentation ou, à défaut, sous forme médicamenteuse. Toutes sont contenues dans le lait maternel, mais pas toujours en quantités suffisantes (la vitamine K, notamment, doit faire l'objet d'une complémentation médicamenteuse systématique à la naissance). La structure chimique et le rôle biologique des treize vitamines connues à ce jour (acide folique, vitamines A, B1, B2, B5, B6, B8, B12, C, D, E, K et PP) sont très différents. Par ailleurs, les vitamines agissent à faible dose, seules ou de façon synergique, et n'ont aucune valeur énergétique.

Les vitamines se classent habituellement en deux groupes : vitamines hydrosolubles (solubles dans l'eau), regroupant la vitamine C et les vitamines du groupe B (B1, B2, B5, B6, B8, B12, PP), et vitamines liposolubles (solubles dans les corps gras), regroupant les vitamines A, D, E et K.

Vitamine A

Vitamine liposoluble indispensable à la vision (notamment crépusculaire), à la croissance, au système immunitaire, au métabolisme des hormones stéroïdes, à la différenciation des tissus, etc. SYN. *rétinol*.

BESOINS ET SOURCES
Les apports journaliers recommandés en vitamine A sont de 800 microgrammes pour les femmes adultes, les enfants à partir de 10 ans (moins avant cet âge) et les personnes âgées, de 1 000 microgrammes pour les hommes adultes, les adolescents et les femmes enceintes et de 1 300 microgrammes pour les femmes qui allaitent.

On trouve cette vitamine dans de nombreux aliments, certains d'origine animale – foie, œufs, poissons gras, lait entier et produits laitiers non écrémés (beurre, crème) –, d'autres d'origine végétale : les fruits et légumes verts, jaunes (citrons, pamplemousses) ou orange (mangues, oranges, carottes) contiennent en effet des caroténoïdes, qui se transforment partiellement en vitamine A dans l'organisme. La vitamine A peut s'oxyder à l'air et à la lumière. Elle est aussi sensible à la cuisson.

CARENCE
La carence en vitamine A, liée à un apport alimentaire insuffisant ou à des anomalies digestives (malabsorption), est rare dans les pays développés, mais très fréquente dans les pays en développement, où elle est la principale cause de cécité chez l'enfant. L'un de ses premiers symptômes est l'héméralopie (baisse de l'acuité visuelle dans la pénombre), qui peut s'associer à une sécheresse oculaire (xérophtalmie) et cutanée.

UTILISATION THÉRAPEUTIQUE ET HYPERVITAMINOSE
La prise de vitamine A est indiquée dans la carence correspondante et en cas d'acné, de psoriasis ou d'ichtyose (maladie cutanée chronique caractérisée par une peau épaisse, sèche et rêche).

Des apports excessifs de vitamine A, principalement d'origine médicamenteuse, mais qui peuvent aussi être d'origine alimentaire (surconsommation de foie, par exemple), sont toxiques ; l'intoxication aiguë se manifeste par des maux de tête, une somnolence, des troubles cutanés ; l'intoxication chronique, qui survient après des mois, voire des années, de surconsommation, provoque des nausées, des troubles cutanés (desquamation), des atteintes hépatiques (cirrhose), des douleurs et, chez l'enfant, des anomalies osseuses responsables d'un retard de croissance. Enfin, chez la femme enceinte, une hypervitaminose risque de provoquer des malformations du fœtus, notamment de son système nerveux.

Vitamine BI

Vitamine hydrosoluble qui intervient notamment dans le métabolisme énergétique des cellules. SYN. *thiamine*.

BESOINS ET SOURCES

Les apports recommandés en vitamine B1 sont de 0,4 à 1,2 milligramme par jour pour les enfants, de 1,3 milligramme pour les adolescentes et les femmes, et de 1,5 milligramme pour les sujets de sexe masculin ; ils sont plus élevés en cas de grossesse, d'allaitement et aussi en cas d'alcoolisme chronique (car alors, les besoins augmentent tandis que les apports alimentaires sont souvent insuffisants).

On trouve la vitamine B1 dans de nombreux aliments : germe et enveloppe externe des céréales complètes, levure de bière, légumes secs, viande (surtout le porc et certains abats comme le foie et les rognons), poissons, œufs, lait et produits laitiers, etc. Cette vitamine est sensible à l'action de la chaleur, en milieu humide, à la lumière et aux pH neutre et alcalin ; les pertes à la cuisson varient selon les aliments et le mode de préparation (les bicarbonates, en particulier, entraînent sa destruction).

CARENCE ET HYPERVITAMINOSE

Si le béribéri, dû à une carence extrême en vitamine B1, est devenu rare dans les pays industrialisés, on y rencontre des cas, moins graves, de carence, liés à un apport alimentaire insuffisant chez les sujets alcooliques, ou à une nutrition par perfusions non supplémentées ; ces carences entraînent une fatigue, une perte d'appétit et de poids, et des troubles neurologiques (polynévrite), psychiques, cardiaques et digestifs, réversibles par l'administration de vitamine B1. Le risque d'hypervitaminose est très faible, la vitamine B1 ne devenant toxique qu'à des doses très élevées (supérieures à 100 fois l'apport quotidien conseillé).

Vitamine B2

Vitamine hydrosoluble intervenant dans les réactions qui libèrent l'énergie nécessaire aux cellules, ainsi que dans le métabolisme des lipides, des protéines et des glucides. SYN. *lactoflavine, ovoflavine, riboflavine.*

BESOINS ET SOURCES

Les apports journaliers conseillés sont de 0,6 à 1,4 milligramme par jour pour les enfants, de 1,5 milligramme pour les femmes et les adolescentes, et de 1,8 milligramme pour les adolescents, les hommes et les femmes enceintes ou allaitant.

Les principales sources alimentaires de vitamine B2 sont le lait et les produits laitiers, les œufs, la viande (surtout les abats), le poisson, les légumes à feuilles vertes et la levure. Cette vitamine est résistante à la chaleur, mais très sensible à la lumière et au pH alcalin ; elle peut disparaître en partie dans l'eau de cuisson des aliments.

CARENCE

La carence en vitamine B2, essentiellement liée à une malabsorption digestive, à un apport alimentaire insuffisant ou à une consommation excessive d'alcool, peut entraîner des lésions de la peau et des muqueuses ainsi que des troubles oculaires.

UTILISATION THÉRAPEUTIQUE

L'administration de vitamine B2 est indiquée dans la carence correspondante et en cas de perlèche (inflammation de la commissure des lèvres) et de crampes musculaires.

Vitamine B3

→ VOIR Vitamine PP.

Vitamine B5

Vitamine hydrosoluble qui joue un rôle important dans le métabolisme énergétique des cellules (indispensable à la dégradation des glucides, des lipides et de certains acides aminés, et à la synthèse des acides gras et du cholestérol) et qui participe à la formation de certaines hormones. SYN. *acide pantothénique.*

BESOINS ET SOURCES

Les apports nutritionnels conseillés en vitamine B5 sont de 3 à 8 milligrammes par jour pour les enfants, de 10 milligrammes pour les adolescents et les adultes.

La vitamine B5 se trouve dans la plupart des aliments, les plus riches étant la levure, la viande (notamment le foie et les rognons), les œufs, les produits laitiers, les légumes secs et les poissons. Cette vitamine est sensible à la chaleur et aux milieux acides et alcalins.

CARENCE

Les états de carence sont exceptionnels et ne s'observent qu'en cas de dénutrition importante ou de nutrition parentérale (par perfusions) exclusive et non supplémentée en vitamine B5. Ils se traduisent par une fatigue, des troubles digestifs (nausées, diarrhées, douleurs), cutanés (chute des cheveux, ulcérations) et neurologiques (maux de tête, sensation de brûlure aux extrémités, etc.). Réversibles, ces troubles sont traités par administration médicamenteuse de vitamine B5.

Vitamine B6

Vitamine hydrosoluble intervenant notamment dans le métabolisme des acides aminés, du glycogène, des stéroïdes, de l'hémoglobine, des enzymes et dans la synthèse de certains neurotransmetteurs (substances chimiques permettant la transmission de l'influx nerveux), ainsi que dans les réactions immunitaires.

Le terme de vitamine B6 regroupe trois substances apparentées, dont la plus répandue est la pyridoxine, les deux autres étant la pyridoxamine et le pyridoxal.

BESOINS ET SOURCES

Les apports journaliers conseillés sont de 0,6 à 1,6 milligramme pour les enfants, de 2 à 2,2 milligrammes pour les adolescents et les adultes ; ils sont légèrement supérieurs (environ 2,5 milligrammes) pour les femmes enceintes, allaitant ou prenant des contraceptifs oraux.

La vitamine B6 est présente dans de nombreux aliments dont la levure, la viande (foie et rognons surtout), le poisson, les céréales, les légumes frais et secs, les fruits (oléagineux en particulier) et le lait ; par ailleurs, la flore du tube digestif en synthétise elle-même une certaine quantité. Cette vitamine s'altère à la lumière.

CARENCE

De rares carences peuvent s'observer en cas d'apport alimentaire insuffisant, de malabsorption digestive (notamment chez des sujets alcooliques), d'augmentation des besoins, lors de certaines maladies génétiques ou au cours de certains traitements (prise d'isoniazide ou d'œstroprogestatifs, hémodialyse). Elles se manifestent par un amaigrissement, des atteintes cutanées (peau sèche et prurigineuse), des troubles neurologiques, une glossite (inflammation de la langue), une anémie, une irritabilité, voire une dépression.

UTILISATION THÉRAPEUTIQUE ET HYPERVITAMINOSE

L'administration de vitamine B6 sous forme médicamenteuse est indiquée dans la carence correspondante et en cas de polynévrite (atteinte du système nerveux périphérique), de maladie génétique perturbant le métabolisme de cette vitamine, d'hémodialyse ou d'alimentation par perfusions. Le risque d'hypervitaminose est faible, la vitamine B6 ne devenant toxique qu'à des doses élevées (supérieures à 50 fois l'apport quotidien conseillé). La prise prolongée de doses importantes de vitamine B6 peut cependant être à l'origine d'une polynévrite. La vitamine B6 est contre-indiquée en cas de traitement par la lévodopa, un antiparkinsonien.

Vitamine B8

Vitamine hydrosoluble intervenant dans la dégradation des acides gras, de certains acides aminés et du glucose, et également dans la synthèse des acides gras. SYN. *biotine, vitamine H.*

BESOINS ET SOURCES

Les apports nutritionnels conseillés sont de 50 à 90 microgrammes par jour pendant l'enfance, de 100 à 300 microgrammes à partir de l'adolescence.

La vitamine B8 provient de l'alimentation (levure, viande [foie et rognons, notamment], jaune d'œuf, produits laitiers, certains légumes), mais elle est aussi synthétisée en partie par la flore intestinale. Elle est stable à la chaleur mais sensible à l'oxygène et à la lumière.

CARENCE

Exceptionnelle, la carence en vitamine B8 se manifeste par une fatigue, une perte d'appétit, une inflammation de la peau et de la langue (glossite), une chute des cheveux, des nausées, des convulsions. Elle survient toujours dans un contexte très particulier :

nutrition par perfusions non supplémentées en vitamine B8 ou maladies héréditaires du métabolisme de cette vitamine (déficit en certaines enzymes telles que la biotinidase ou l'holocarboxylase synthétase).

UTILISATION THÉRAPEUTIQUE
La vitamine B8 est utilisée dans la carence correspondante.

Vitamine B9

→ VOIR Acide folique.

Vitamine B12

Vitamine hydrosoluble jouant un rôle dans la maturation des globules rouges à partir de leurs cellules mères et dans la synthèse de certains acides gras et de certains acides aminés. SYN. *cyanocobalamine*.

BESOINS ET SOURCES
Les apports nutritionnels conseillés, minimes et aisément couverts par une alimentation équilibrée, sont de 1 à 2 microgrammes par jour pour les enfants, de 3 microgrammes pour les adolescents ou les adultes, de 4 microgrammes pour les femmes enceintes ou allaitant.

La vitamine B12 se trouve dans tous les produits animaux, notamment le foie. Elle est relativement stable à la chaleur et à l'air, mais sensible à la lumière et aux rayons ultraviolets ainsi qu'aux acides et aux bases.

MÉTABOLISME ET CARENCE
L'absorption intestinale de la vitamine B12 a lieu dans la dernière partie de l'intestin grêle. Elle n'est possible qu'en présence d'une glycoprotéine sécrétée par l'estomac, appelée facteur intrinsèque. La carence en vitamine B12, qui n'est pas rare dans les pays industrialisés, peut donc résulter soit, exceptionnellement, d'apports alimentaires insuffisants (régime végétalien), soit d'une gastrectomie (ablation de l'estomac) ou d'une maladie responsable d'une anomalie de la sécrétion du facteur intrinsèque, telle que la maladie de Biermer ; cette carence peut encore provenir d'une anomalie, d'une ablation de la partie terminale de l'intestin grêle ou, exceptionnellement, d'une infection chronique de l'intestin grêle. Enfin, une carence en vitamine B12 n'est pas rare chez les personnes âgées.

Le foie, qui stocke la vitamine B12, peut pallier une insuffisance d'apport ou un trouble de l'absorption pendant 3 ou 4 ans. Ensuite apparaissent les premiers signes de carence : fatigue générale, perte de l'appétit, troubles hématologiques (anémie mégaloblastique), neuropsychiatriques (sensation de brûlure cutanée, névrite optique [inflammation du nerf optique], pertes de mémoire, labilité de l'humeur, dépression) et muqueux (langue dépapillée).

UTILISATION THÉRAPEUTIQUE
La vitamine B12, administrée en injections intramusculaires, est indiquée dans la carence correspondante. Elle est également employée à très fortes doses comme analgésique. Des injections intraveineuses de l'un de ses dérivés, l'hydroxocobalamine, sont pratiquées en cas d'intoxication au cyanure. L'administration médicamenteuse de vitamine B12 est contre-indiquée dans de rares cas (certains cancers, notamment).

Vitamine C

Vitamine hydrosoluble impliquée dans la production des glucocorticostéroïdes et de certains neurotransmetteurs (substances permettant la transmission de l'influx nerveux), dans le métabolisme du glucose, du collagène, de l'acide folique et de certains acides aminés, dans la neutralisation des radicaux libres et des nitrosamines, dans des réactions immunologiques et facilitant l'absorption du fer par le tube digestif. SYN. *acide ascorbique*.

BESOINS ET SOURCES
Les apports nutritionnels conseillés en vitamine C sont de 35 à 60 milligrammes par jour pour l'enfant, de 60 à 100 milligrammes pour l'adolescent et l'adulte. Pour les fumeurs, un apport plus élevé, de l'ordre de 120 milligrammes, est recommandé.

Les principales sources alimentaires de la vitamine C sont les légumes et les fruits crus, ainsi que les pommes de terre. Cette vitamine est très facilement oxydable et très sensible à la chaleur et aux rayons ultraviolets.

CARENCE

La carence en vitamine C, rare dans les pays en développement et exceptionnelle dans les pays industrialisés, est responsable du scorbut. Due à un apport alimentaire insuffisant, à une malabsorption digestive, à une augmentation des besoins ou à une élimination excessive, elle concerne le plus souvent les sujets âgés, alcooliques, souffrant de malabsorption chronique ou soumis à une nutrition par perfusions non supplémentées en vitamine C. Elle se traduit par une fatigue, des douleurs ostéoarticulaires, des œdèmes, une gingivite, des hémorragies.

Les états de subcarence (stade qui précède la carence) seraient plus fréquents, et l'on s'interroge aujourd'hui sur les éventuelles relations entre un défaut d'apport en vitamine C et diverses maladies (cancer, maladies cardiovasculaires, cataracte, etc.).

UTILISATION THÉRAPEUTIQUE ET HYPERVITAMINOSE

L'administration de vitamine C est prescrite par voie orale dans le traitement des carences correspondantes, des états de fatigue, de certains troubles capillaires ou veineux, et par voie intraveineuse en cas de méthémoglobinémie (augmentation anormale de la concentration sanguine en méthémoglobine, molécule d'hémoglobine inapte au transport d'oxygène). En revanche, contrairement à une idée répandue, la vitamine C n'a aucune influence sur le virus de la grippe. La prise excessive (par supplémentation médicamenteuse) de vitamine C peut entraîner une agitation et des insomnies, mais elle n'est pas dangereuse, les excès étant éliminés dans les urines et dans les selles. Pour des doses égales ou inférieures à 1 000 milligrammes par jour, il n'y a donc pas de contre-indication. Des doses supérieures ne doivent pas être administrées en cas d'hémochromatose (maladie consécutive à l'accumulation de fer dans les tissus de l'organisme), de lithiase urinaire oxalique, de déficit en gluco-6-phosphate déshydrogénase ou d'insuffisance rénale.

Vitamine D

Vitamine liposoluble nécessaire à l'absorption intestinale du calcium et à sa fixation sur les os, ainsi qu'à la réabsorption du phosphore par les reins, et jouant aussi un rôle essentiel dans d'autres phénomènes biologiques comme la différenciation cellulaire et l'immunité. SYN. *calciférol*.

Le terme de vitamine D regroupe en fait deux composés ayant une activité antirachitique : la vitamine D2, ou ergocalciférol, et la vitamine D3, ou cholécalciférol.

BESOINS ET SOURCES

Les apports nutritionnels conseillés sont de 10 à 15 microgrammes par jour pour l'enfant, de 10 microgrammes pour l'adulte, de 15 microgrammes lors de la grossesse et de l'allaitement, et de 12 microgrammes pour le sujet âgé.

La vitamine D présente dans l'organisme a une double origine : endogène, par transformation dans la peau du cholestérol sous l'influence des rayons ultraviolets (vitamine D3), et exogène, par l'alimentation (vitamine D2 dans les végétaux et vitamine D3 dans les produits animaux). Les aliments les plus riches en vitamine D sont le foie des poissons maigres (huile de foie de morue), les poissons gras, le jaune d'œuf, le foie, le lait entier et les produits laitiers non écrémés (beurre, notamment). Cette vitamine est très sensible à la chaleur, à la lumière, à l'oxygène et aux milieux acides.

CARENCE

La carence en vitamine D entraîne une décalcification osseuse provoquant un rachitisme chez l'enfant et, chez l'adulte, une ostéomalacie, qui se traduisent par des déformations osseuses et s'accompagnent de troubles biologiques (augmentation des taux sanguins de parathormone, de phosphatases alcalines, baisse du taux sanguin de phosphore, le taux sanguin de calcium étant normal ou faible). Dans les pays industrialisés, grâce à l'administration médicamenteuse systématique de vitamine D aux nourrissons, le rachitisme est devenu exceptionnel. On peut observer une carence chez l'adulte dans des situations particulières : personnes âgées, alcooliques ou souffrant d'une malabsorption digestive chronique, d'une insuffisance rénale chronique ou d'une insuffisance hépatique, d'une hypothyroïdie, ou encore en cas d'interactions médicamenteuses (prise de certains anticonvulsivants [barbituriques, hydantoïnes] ou antituberculeux [rifampicine]). Les carences en vitamine D se traitent par administration médicamenteuse (par voie orale) de cette vitamine.

HYPERVITAMINOSE

L'administration de doses excessives de vitamine D peut provoquer une intoxication : maux de tête, manque d'appétit, vomissements, troubles ostéoarticulaires (douleurs, crampes), hydroélectrolytiques (hypercalcémie, hypercalciurie) et rénaux (déshydratation, notamment), calcification des organes (reins, cœur, poumons, vaisseaux sanguins) ; en outre, chez la femme enceinte, une hypervitaminose risque d'entraîner des malformations fœtales.

Vitamine E

Vitamine liposoluble indispensable à une bonne stabilisation des membranes cellulaires, au maintien de l'activité de certaines enzymes, à l'agrégation des plaquettes sanguines et à la protection des globules rouges contre les substances oxydantes (radicaux libres, par exemple).

Il semblerait aussi que la vitamine E ralentisse le vieillissement des cellules ; enfin, des travaux de plus en plus nombreux suggèrent que cette vitamine joue également un rôle protecteur contre les maladies coronariennes.

Le terme de vitamine E regroupe en fait 4 substances appelées tocophérols : l'alphatocophérol (le plus actif), le bêtatocophérol et le gammatocophérol (qui ont une activité vitaminique plus réduite), et le deltatocophérol (pratiquement inactif).

BESOINS ET SOURCES

Les apports nutritionnels conseillés sont de 3 à 10 milligrammes par jour pour l'enfant et d'environ 12 milligrammes pour l'adolescent et l'adulte.

Les sources alimentaires les plus importantes de vitamine E sont végétales (huiles et margarines végétales riches en acides gras polyinsaturés, fruits secs oléagineux - cacahouètes -, germes de céréales, légumes verts)

mais aussi animales (foie, jaune d'œuf, beurre). Cette vitamine est relativement stable à la chaleur, à la lumière et en milieu acide, mais très sensible à l'oxydation et aux milieux alcalins.

CARENCE

Dans les pays industrialisés, la carence en vitamine E est rare et survient dans des contextes particuliers : enfant prématuré, sujet atteint d'une malabsorption digestive chronique (maladie de Crohn, ablation de l'iléon [3ᵉ partie de l'intestin grêle]) ou d'une maladie génétique (abêtalipoprotéinémie [trouble du métabolisme des lipides], mucoviscidose). Elle se traduit par des troubles hématologiques (anémie), neurologiques (atteinte du système nerveux central), neuromusculaires (myopathie) et ophtalmiques (altération de la rétine), et se soigne par administration médicamenteuse de vitamine E. Le risque d'hypervitaminose est très faible, cette vitamine ne devenant toxique qu'à des doses très élevées (supérieures à 100 fois l'apport quotidien recommandé). Il est cependant déconseillé d'en administrer de fortes doses à des sujets suivant un traitement par la vitamine K.

Vitamine H

→ voir Vitamine B8.

Vitamine K

Vitamine liposoluble jouant un rôle dans la coagulation et dans d'autres phénomènes biologiques comme le métabolisme des protéines et la fixation du calcium.

Il existe deux formes naturelles de vitamine K : la phylloquinone, ou phytoménadione (vitamine K1), et les ménaquinones (vitamines K2).

BESOINS ET SOURCES

Les apports nutritionnels conseillés sont d'environ 10 à 30 microgrammes par jour pour l'enfant, de 35 à 45 microgrammes pour l'adolescent et l'adulte, de 55 microgrammes pour la femme qui allaite.

La vitamine K provient en partie des bactéries de la flore intestinale, qui la synthétisent, en partie des aliments : légumes verts (choux, épinards, salade), choucroute. Elle est stable à la chaleur mais sensible à la lumière, à l'oxygène et aux milieux alcalins.

CARENCE

La carence en vitamine K est devenue exceptionnelle chez le nouveau-né grâce à l'administration systématique de cette vitamine à la naissance. Un risque subsiste cependant chez des enfants prématurés ou nourris exclusivement au sein, et en cas de mauvaise absorption intestinale due à une maladie digestive chronique (maladie cœliaque, diarrhée, maladie de Crohn, ablation de l'iléon [3e partie de l'intestin grêle]), de nutrition par perfusions non supplémentées ou d'interactions médicamenteuses (prise d'antivitamines K, de céphalosporines, d'anticonvulsivants, d'aspirine, de fer, de vitamines A et E), ou encore lors de certaines maladies génétiques. Une carence en vitamine K se traduit par des hémorragies pouvant entraîner une anémie et se soigne par administration médicamenteuse de cette vitamine. Le risque d'hypervitaminose est faible, la vitamine K ne devenant toxique qu'à des doses élevées (supérieures à 50 fois l'apport quotidien conseillé). Les réactions allergiques sont exceptionnelles.

Vitamine PP

Vitamine hydrosoluble impliquée dans les réactions d'oxydoréduction de la cellule. SYN. *niacine*.

La vitamine PP, également appelée en France vitamine B3, correspond à deux composés : l'acide nicotinique et le nicotinamide.

BESOINS ET SOURCES

Les apports nutritionnels conseillés en vitamine PP sont de 6 à 14 milligrammes par jour pour l'enfant, de 15 à 18 milligrammes pour l'adulte, de 20 milligrammes lors de la grossesse ou de l'allaitement.

Les principales sources alimentaires de la vitamine PP sont les viandes (foie et rognons), les poissons, les œufs, la levure, les céréales et les champignons. L'organisme peut aussi la fabriquer à partir d'un acide aminé, le tryptophane. La vitamine PP est stable à la lumière, à la chaleur et résistante à l'oxydation.

CARENCE

La carence en vitamine PP, décrite sous le terme de pellagre, est rare et résulte soit d'apports alimentaires insuffisants, soit d'interactions médicamenteuses (certains antituberculeux et antiparkinsoniens). Dans les pays industrialisés, elle atteint surtout les sujets âgés, alcooliques ou soumis à une nutrition parentérale (par perfusions) non supplémentée. Elle se traduit par une fatigue, une perte d'appétit, puis par des troubles cutanés, digestifs, psychiques et hématologiques et se traite par administration médicamenteuse de vitamine PP.

UTILISATION THÉRAPEUTIQUE

La prise de fortes doses d'acide nicotinique permet de réduire efficacement le taux sanguin de cholestérol ; cependant, elle est en général mal tolérée. Des précautions doivent donc être prises, surtout en cas d'insuffisance rénale. La prise de fortes doses d'acide nicotinique est formellement contre-indiquée en cas d'ulcère gastroduodénal ou de diabète.

Vitesse de sédimentation

Vitesse à laquelle les globules rouges se séparent du plasma et se déposent au fond d'un tube à essai posé verticalement.

La mesure de la vitesse de sédimentation (V.S.) est un examen de routine qui, en dépit de son imprécision, conserve un intérêt certain dans le diagnostic de nombreuses affections et dans la surveillance des maladies inflammatoires ; dans ce dernier cas, en effet, elle reflète généralement assez bien l'évolution de la maladie. Toutefois, cet examen ne suffit pas pour établir un diagnostic, dans la mesure où certains troubles bénins accélèrent la sédimentation, alors qu'au contraire beaucoup de maladies sérieuses ne l'affectent pas.

La vitesse de sédimentation dépend de nombreux facteurs. Elle est d'autant plus lente que les globules rouges sont plus nombreux ; à l'inverse, lorsque ceux-ci ont une forte tendance à s'agglutiner – ce qui est le cas si des anticorps se présentent à leur surface –, elle est d'autant plus rapide. L'augmentation du taux de protéines (fibrinogène, globulines) dans le plasma l'accélère de manière parfois considérable.

La vitesse de sédimentation se mesure au terme de 1 ou 2 heures, mais la mesure effectuée après 1 heure est déjà significative et suffit dans la plupart des cas. Les valeurs normales, après 1 et 2 heures, sont respectivement inférieures à 20 et 40 millimètres de sédimentation de globules rouges au fond du tube à essai.

La mesure de la vitesse de sédimentation est souvent complétée par le dosage d'autres protéines de l'inflammation (protéine C-réactive, alpha-2-globuline, fibrine, etc.).

Vitiligo

Affection cutanée caractérisée par une perte localisée de la pigmentation.

Le vitiligo est une leucodermie (maladie se manifestant par une diminution ou une absence de mélanine [pigment de la peau]). C'est une affection fréquente, touchant environ 1 % de la population. La cause en est inconnue, mais un facteur héréditaire est retrouvé dans un cas sur trois.

SYMPTÔMES ET SIGNES

La forme la plus commune de vitiligo est caractérisée par des taches planes, blanc ivoire, à bords nets et convexes, à surface lisse, souvent bordées d'un liseré légèrement hyperpigmenté. Ces taches apparaissent sur les aisselles, les organes génitaux, les régions découvertes (visage, dos des mains), le pourtour des orifices ou les zones de frottement (genoux, chevilles) ; la disposition en est généralement grossièrement symétrique. Certains sujets n'ont que quelques taches de petite taille ; d'autres présentent de grandes taches disséminées.

Le vitiligo ne présente que des inconvénients esthétiques ; toutefois, son retentissement psychologique n'est parfois pas négligeable. En outre, les lésions sont particulièrement sensibles à l'exposition solaire (coups de soleil).

ÉVOLUTION

Elle est capricieuse et imprévisible, les lésions apparaissant en général par poussées successives. Celles-ci sont fréquemment déclenchées par l'exposition au soleil, les traumatismes psychologiques (deuil), le contact avec certaines substances chimiques (composés aromatiques dérivés du benzène).

TRAITEMENT

Il reste souvent décevant, bien que de nombreuses méthodes soient à l'étude.

■ **Les traitements curatifs** sont représentés par l'application locale de corticostéroïdes, en cas de vitiligo récent et peu étendu la puvathérapie locale ou générale (badigeonnage ou ingestion de psoralènes, suivis d'une exposition aux rayons ultraviolets A). Le traitement par greffes reste expérimental.

■ **Les traitements palliatifs** s'appliquent aux formes très étendues, lorsque la peau est presque entièrement dépigmentée. Ils consistent à dépigmenter à l'hydroquinone les zones pigmentées restantes pour aboutir à un aspect homogène de la peau. Une correction esthétique par des maquillages couvrants est également possible.

Par ailleurs, il est recommandé aux sujets atteints de vitiligo de se protéger du rayonnement solaire.

Vitré

Gel visqueux occupant l'espace compris entre la face postérieure du cristallin et la face interne de la rétine. SYN. *corps vitré.*

STRUCTURE

Le vitré est composé pour 99 % d'eau ; il contient également quelques cellules, ainsi que des fibrilles de collagène et de l'acide hyaluronique, qui servent de tissu de soutien. Sa face antérieure est en contact avec la face postérieure du cristallin : c'est la base du vitré. Sa face postérieure s'appuie sur la face interne de la rétine.

PATHOLOGIE

En raison de l'absence de vascularisation et de la faible teneur en cellules du vitré, sa pathologie est relativement limitée.

■ **Les anomalies congénitales du vitré** sont en général sans retentissement sur la vision. Toutefois, la plus grave, la persistance du vitré primitif, qui demeure opaque au cours du développement fœtal, se manifeste par un strabisme et une pupille blanche, en général d'un seul côté, et peut être responsable dans l'enfance d'une cataracte et souvent d'un glaucome congénital. La vision est très mauvaise, voire nulle. La vitrectomie (ablation chirurgicale du vitré) ne permet pas toujours la guérison.

■ **La dégénérescence du vitré** est une évolution naturelle due au vieillissement de l'œil ; elle est plus précoce chez les personnes opérées de la cataracte et/ou fortement myopes. Cette dégénérescence aboutit au décollement du vitré, dont la partie postérieure n'est plus en contact avec la rétine. Un tel phénomène, qui passe le plus souvent inaperçu, peut être très gênant dans certains cas, se manifestant par une impression de « toile d'araignée » devant l'œil ou de taches se déplaçant avec les mouvements de l'œil. Cette dégénérescence, qui n'a aucun caractère évolutif, ne peut être traitée efficacement.

■ **Les hémorragies intravitréennes** peuvent survenir après un traumatisme ou de façon spontanée, notamment au cours des déchirures rétiniennes et des ruptures de néovaisseaux chez les diabétiques. Elles peuvent se résorber spontanément ou être traitées par vitrectomie.

■ **Les infiltrations inflammatoires** sont toujours liées à une inflammation des structures voisines (rétine, uvée) et se manifestent par une baisse d'acuité visuelle plus ou moins marquée, parfois associée à la perception de corps flottants. Le traitement repose sur l'utilisation des anti-inflammatoires corticostéroïdiens par voie générale. Lorsque le trouble vitréen ne se résorbe pas et continue de gêner la vision, une vitrectomie est parfois nécessaire.

Vitrectomie

Intervention chirurgicale consistant à retirer le vitré (gel transparent qui remplit la cavité oculaire, en arrière du cristallin).

Une vitrectomie est pratiquée en cas d'hémorragie intravitréenne, quelle qu'en soit l'origine (déchirure rétinienne, traumatisme, formation de néovaisseaux), ne se résorbant pas au bout de plusieurs semaines ; en cas de décollement de la rétine

avec traction du vitré ou adhérences vitréorétiniennes proliférantes ; après certaines inflammations (uvéites) ou infections de l'œil importantes et gênant la vision, afin de nettoyer la cavité vitréenne.

L'intervention, totale ou partielle selon les cas, se pratique sous anesthésie générale et sous contrôle du microscope opératoire.

EFFETS SECONDAIRES
La vitrectomie est une opération délicate qui peut entraîner dans les mois qui suivent une cataracte. La vision est améliorée, mais pas toujours parfaitement, le résultat de l'intervention dépendant de l'état de la rétine.

Voie

Ensemble de conduits organiques creux ou pleins situés dans le prolongement les uns des autres et véhiculant des fluides ou des influx.

Les voies biliaires, par exemple, transportent la bile élaborée par le foie jusqu'à l'intestin grêle (duodénum) ; les voies optiques transmettent la sensation visuelle recueillie sur la rétine jusqu'au cortex cérébral du lobe occipital.

Les voies sont à distinguer des appareils et des systèmes, dont elles ne sont qu'un élément constitutif : les voies biliaires font partie de l'appareil digestif, les voies optiques, du système nerveux, par exemple.

Voies biliaires

Ensemble des canaux assurant la collecte et le transport de la bile issue du foie et excrétée dans l'intestin grêle.

Voies biliaires (cancer des)

Tumeur maligne qui atteint la vésicule biliaire ou la voie biliaire principale sous la forme d'un adénocarcinome (cancer du tissu glandulaire).

Cancer de la vésicule biliaire

Il atteint les sujets âgés et se développe chez certains patients à partir d'un adénome (tumeur bénigne) qui se transforme en adénocarcinome.

SYMPTÔMES ET SIGNES
Ils apparaissent tardivement, plusieurs mois après l'installation du cancer ; ce sont des

nausées et des vomissements, un ictère, un amaigrissement, la présence d'une masse palpable dans la région supérieure droite de l'abdomen et des douleurs dans cette région, irradiant parfois vers l'épaule droite.

Une fois apparu, le cancer de la vésicule biliaire s'étend rapidement au foie, au duodénum, aux ganglions de voisinage et parfois au côlon.

TRAITEMENT

Le traitement consiste en l'ablation de la vésicule biliaire.

PRÉVENTION

Les patients ayant une lithiase vésiculaire sont surveillés, mais le risque de cancérisation est trop faible pour justifier une cholécystectomie (ablation de la vésicule biliaire) préventive systématique.

Cancer de la voie biliaire principale

C'est une tumeur maligne qui bloque l'écoulement de la bile à hauteur du canal cholédoque.

SYMPTÔMES ET SIGNES

Cette tumeur entraîne un ictère, une fièvre, des démangeaisons et des douleurs.

TRAITEMENT

Le traitement est essentiellement chirurgical et peut être curatif (ablation de la zone tumorale avec rétablissement de la continuité biliaire) ou palliatif – il vise alors à maintenir l'écoulement de bile afin de faire régresser l'ictère et les démangeaisons, l'intervention consistant à poser une prothèse en plastique qui franchit la tumeur.

Voies digestives

Ensemble des organes creux de l'appareil digestif.

On distingue de haut en bas : la cavité buccale, le pharynx, l'œsophage, l'estomac, l'intestin grêle (duodénum, jéjunum, iléon), le côlon – qui se termine par le sigmoïde –, le rectum et l'anus.

→ VOIR Digestif (appareil).

Voies lacrymales

Ensemble des conduits véhiculant les larmes des glandes lacrymales au canal lacrymonasal, qui s'ouvre dans les fosses nasales.

→ VOIR Lacrymal (appareil).

Voies lymphatiques

Ensemble des vaisseaux lymphatiques drainant la lymphe jusque dans la circulation sanguine par le canal thoracique.

→ VOIR Système lymphatique.

Voies lymphatiques (cancer des)

→ VOIR Lymphome.

Voies optiques

Structures nerveuses transmettant la sensation visuelle de la rétine au cortex occipital du cerveau.

PATHOLOGIE

Les lésions des voies optiques peuvent être dues à des maladies vasculaires, inflammatoires, dégénératives et surtout tumorales. Leur traitement dépend de leur cause.

■ L'atteinte d'un nerf optique, dans son trajet entre le globe oculaire et le chiasma, se manifeste par une baisse de la vision de l'œil dont le nerf est lésé.

■ L'atteinte du chiasma se traduit par un déficit du champ visuel, variable suivant la localisation de la lésion. L'atteinte du chiasma dans sa portion latérale provoque un déficit dans le champ visuel nasal du même côté ; l'atteinte du chiasma dans sa partie médiane entraîne un déficit dans le champ visuel des 2 yeux (hémianopsie bitemporale).

Voies respiratoires

Ensemble des organes creux de l'appareil respiratoire conduisant l'air jusqu'aux alvéoles pulmonaires, où s'effectuent les échanges gazeux entre le sang et l'air (oxygénation du sang, principalement).

→ VOIR Respiratoire (appareil).

Voile du palais

Partie postérieure du palais, séparant la cavité buccale du nasopharynx (partie du pharynx située en arrière des fosses nasales).

SYN. *palais mou, palais musculomembraneux.*

Le bord postérieur du voile du palais présente en son milieu la luette et, de chaque côté de celle-ci, deux replis, les piliers du voile du palais, contre lesquels se trouvent les amygdales palatines.

PATHOLOGIE

Elle peut être tumorale (tumeur bénigne ou maligne), malformative (fente du voile du palais, ou fente vélaire) ou neurologique (paralysie). Le voile du palais est particulièrement long chez les ronfleurs, ce qui conduit à proposer son ablation partielle (pharyngoplastie) dans le traitement du ronflement.

Voix

Ensemble des sons produits par les vibrations des cordes vocales.

La voix est un phénomène complexe qui fait intervenir plusieurs organes.

■ **Les cordes vocales,** situées de part et d'autre de la glotte, sont deux replis muqueux du larynx, qui, en s'éloignant ou en se rapprochant, produisent respectivement un son aigu ou grave.

■ **Le cerveau,** par l'intermédiaire des deux nerfs laryngés inférieurs, ou nerfs récurrents (branches des nerfs pneumogastriques), commande les mouvements du larynx, en particulier ceux des cordes vocales.

■ **D'autres organes** servent de caisse de résonance aux sons émis (bouche, fosses nasales, pharynx) ou permettent l'articulation (palais, lèvres, langue).

■ **Les poumons,** en expirant, expulsent l'air à une pression plus ou moins forte, selon le degré de contraction des muscles – surtout ceux de la paroi antérieure de l'abdomen –, ce qui détermine le niveau de puissance sonore.

L'apprentissage de la voix suppose celui de la respiration (développement de la respiration abdominale aux dépens de la respiration thoracique, contrôle de la puissance, emplacement des pauses), et le contrôle de la décontraction des muscles perturbateurs (épaules, cou), de la position de la tête et du cou, des mouvements de la bouche et des lèvres (pour l'intelligibilité mais aussi pour la qualité du son).

PATHOLOGIE

Une dysphonie (trouble de la qualité de la voix : voix rauque, éteinte, trop grave, trop aiguë) peut signaler une atteinte soit du larynx (laryngite), soit du système nerveux. Quand la cause d'une anomalie de la voix est reconnue et soignée, on peut compléter le traitement, s'il en est besoin, par des séances d'orthophonie (rééducation de la voix).

→ VOIR Phonation.

Volaille
→ VOIR Viande.

Volémie
→ VOIR Masse sanguine.

Volet thoracique

Portion de la paroi thoracique, complètement ou partiellement désolidarisée du reste de la cage thoracique à la suite d'une fracture multiple des côtes.

TRAITEMENT

Le traitement, entrepris en urgence, souvent sur les lieux mêmes de l'accident, consiste à coucher le blessé sur le côté atteint et/ou à maintenir fermement le volet thoracique au moyen d'une sangle. Dans les cas les plus graves, le sujet doit être immédiatement hospitalisé dans un centre de soins intensifs, où une ventilation artificielle sera mise en œuvre pendant 10 jours environ, jusqu'à ce que les côtes aient commencé à se consolider. Une intervention chirurgicale se révèle parfois nécessaire pour fixer les côtes cassées ou pour réparer les lésions associées (contusion pulmonaire, épanchement pleural). Le traitement est parfois complété par un bandage et par des séances de kinésithérapie. Les douleurs, souvent très vives, peuvent être atténuées à l'aide d'analgésiques ; elles diminuent en général progressivement pour disparaître vers la sixième semaine.

Volkmann (syndrome de)

Affection caractérisée par une compression excessive d'un muscle du membre supérieur dans sa loge aponévrotique.

→ VOIR Loges (syndrome des).

Vol sous-clavier (syndrome de)

Ensemble des troubles provoqués par l'occlusion de l'une des artères sous-clavières irriguant chacun des deux bras. SYN. *syndrome de vol de la sous-clavière, syndrome de la sous-clavière voleuse.*

Le syndrome de vol sous-clavier est dû à la formation d'une plaque d'athérome (dépôt de cholestérol sur la paroi interne d'une artère) qui obstrue plus ou moins complètement l'artère sous-clavière à la base du cou ; il ne survient que si cette plaque est située en amont du point où naît l'artère vertébrale, branche de la sous-clavière cheminant dans le cou et irriguant le cerveau.

SYMPTÔMES ET SIGNES

Une partie du sang normalement destiné au cerveau arrive dans l'artère vertébrale du côté atteint, la descend à contre-courant et poursuit sa route dans la partie terminale de la sous-clavière, en aval de l'obstruction. Le cerveau est donc moins irrigué. Au repos, cette affection est habituellement sans conséquence. Toutefois, si le sujet fait un effort important avec le bras, les muscles attirent davantage de sang dans le membre, et la chute de l'irrigation cérébrale provoque parfois un malaise, voire une syncope brève.

DIAGNOSTIC ET TRAITEMENT

Le diagnostic repose sur la diminution nette ou l'absence de pouls au poignet du côté atteint et sur une pression artérielle basse ou impossible à prendre de ce même côté. Il est confirmé par un examen Doppler ou par une artériographie. Le traitement doit être rapidement entrepris. Il est chirurgical et fait appel soit à une désobstruction de l'artère par ablation de l'obstacle athéromateux, soit au pontage (implantation d'une prothèse entre l'aorte, d'où provient le sang de la sous-clavière, et un point de la sous-clavière situé en aval de l'obstruction).

Volume expiratoire maximal seconde

Volume d'air expiré pendant la première seconde d'une expiration forcée faisant suite à une inspiration profonde.

Volvulus

Torsion d'une portion de l'intestin, provoquant une occlusion.
→ VOIR Occlusion intestinale.

Vomique

Expectoration subite et abondante de liquide séreux, de pus ou de sang.

Vomissement

Rejet par la bouche du contenu de l'estomac.

Le vomissement, provoqué par la contraction du diaphragme et des muscles abdominaux, est aussi un acte réflexe : toute excitation du tractus digestif peut déterminer une incitation vomitive transmise aux centres nerveux bulbaires par l'intermédiaire des nerfs glossopharyngien et pneumogastrique.

CAUSES

Elles sont multiples : mal de mer, affections aiguës de l'abdomen (occlusion de l'intestin grêle, cholécystite, péritonite) ; maladies digestives chroniques (sténose du pylore ou de l'intestin grêle) ; affections neurologiques ou oto-rhino-laryngologiques (méningite, tumeur cérébrale, maladie de Menière) ; troubles métaboliques ou endocriniens (acidose diabétique, hypercalcémie) ; grossesse ; prise de certains médicaments (antibiotiques, digitaline, chimiothérapie anticancéreuse) ; glaucome (augmentation de la pression intra-oculaire) ; troubles psychiatriques (anorexie, névrose).

TRAITEMENT

Un épisode de vomissement isolé ne nécessite le plus souvent aucun traitement. En cas de vomissements répétés, le traitement dépend de la cause : chirurgie, suppression des médicaments responsables, etc. Le traitement des symptômes va de l'administration de sédatifs, d'antispasmodiques et/ou d'antiémétiques, à la réhydratation par perfusion veineuse.

Vomissement du nourrisson

Rejet, alimentaire ou non, de moyenne ou de grande abondance, du contenu de l'estomac du nourrisson.

DIFFÉRENTS TYPES DE VOMISSEMENT

Les vomissements, qui constituent un symptôme très fréquent chez le jeune enfant, peuvent relever de causes multiples, des plus bénignes aux plus sérieuses.

On distingue schématiquement deux grands types de vomissement en fonction du moment de leur survenue : ceux qui sont d'apparition récente, qui surviennent de façon aiguë et sont susceptibles de conduire à un état de déshydratation ; et ceux qui sont répétitifs, qui se prolongent et peuvent induire un état de dénutrition.

■ **Les vomissements d'apparition récente,** le plus souvent accompagnés de fièvre, doivent faire rechercher une cause infectieuse soit digestive (gastroentérite), soit non digestive (otite, infection urinaire, plus rarement méningite).

■ **Les vomissements répétitifs,** habituellement non fébriles, sont parfois la conséquence d'une erreur de régime (suralimentation) ou d'une intolérance alimentaire (aux protéines du lait de vache, plus rarement au gluten). Mais ils peuvent également avoir une cause mécanique (sténose du pylore), traduire un reflux gastro-œsophagien ou une malposition cardiotubérositaire (anomalie morphologique du cardia, sphincter situé à la jonction de l'œsophage et de l'estomac, et de la portion supérieure de l'estomac).

TRAITEMENT ET PRONOSTIC

Le traitement des vomissements du nourrisson est exclusivement celui de la maladie d'origine. Aucun traitement symptomatique (administration d'antiémétiques, d'antispasmodiques) ne doit être entrepris tant que l'on ne connaît pas avec précision la cause des vomissements.

Le pronostic dépend des conséquences immédiates du symptôme (déshydratation ou dénutrition), de l'identification de la cause des vomissements et de l'efficacité du traitement de celle-ci.

Voûte crânienne

Partie supérieure du crâne formée de l'assemblage de plusieurs os plats (frontal, occipital, pariétaux, temporaux), reliés par des articulations immobiles appelées sutures.

Voûte plantaire

Concavité physiologique de la plante du pied.

La voûte plantaire peut présenter des anomalies de courbure.

■ **Le pied creux** se traduit par une voûte plantaire trop creusée.

■ **Le pied plat** est au contraire caractérisé par un affaissement de la voûte plantaire, qui peut être inexistante, dans les cas les plus

marqués, la plante reposant alors entièrement sur le sol.

Voyages (conseils pour les)

Ensemble de mesures à prendre avant, pendant et après un déplacement dans un pays tropical ou dans un pays où l'hygiène est défectueuse, permettant d'éviter la majorité des affections parasitaires, bactériennes ou virales.

VACCINATIONS

Il est indispensable, avant tout voyage de ce type, de prendre connaissance des maladies endémiques dans le ou les pays concernés afin de procéder aux vaccinations nécessaires auprès d'un consulat, d'une compagnie aérienne, d'un centre de vaccination, etc.

Actuellement, seul le vaccin contre la fièvre jaune est exigé pour entrer dans certains pays en vertu de la réglementation de l'Organisation mondiale de la santé (O.M.S.) ; il est en fait indispensable avant tout voyage en Afrique et en Amérique intertropicales, même dans les pays ou le certificat de vaccination n'est pas exigé.

Le vaccin contre le choléra est déconseillé par l'O.M.S. Un nouveau vaccin est actuellement en cours d'évaluation. D'autres vaccinations sont facultatives mais vivement recommandées, comme le rappel ou la vaccination antityphoïde, antitétanique, antipoliomyélitique et le vaccin contre les hépatites A (surtout chez des sujets de moins de 40 ans) et B.

CHIMIOPROPHYLAXIE

Elle concerne principalement la prévention du paludisme à *Plasmodium falciparum* (seul paludisme pouvant être mortel), indispensable dans toutes les régions intertropicales d'Afrique et d'Amérique du Sud et dans les zones de brousse des mêmes régions d'Asie. Elle consiste à prendre des antipaludéens (prise quotidienne ou hebdomadaire selon le produit utilisé) depuis le jour d'arrivée jusqu'à 6 semaines ou 2 mois après le retour. Cependant, selon le lieu et la durée du voyage ou d'éventuelles contre-indications, ces formules peuvent varier et il faut de toute façon s'assurer avant le départ auprès d'un spécialiste de la prophylaxie à adopter. Plus rarement, d'autres chimioprophylaxies peuvent être indiquées, en particulier contre les filarioses, la trypanosomiase africaine et le choléra.

MESURES D'HYGIÈNE

En avion, surtout sur des vols de longue durée, il est conseillé de bouger le plus possible et surtout de se lever souvent, d'éviter les chaussures, les ceintures et les cravates trop serrées qui entravent la circulation du sang et, en cas de maladie veineuse, de suivre un traitement anticoagulant préventif. Les maux de tête, fréquents, résultent de la pressurisation et de la déshydratation due à la sécheresse de l'air conditionné : ils peuvent être prévenus en buvant abondamment (environ un litre d'eau toutes les 4 heures). Pour limiter les effets du décalage horaire, deux attitudes sont possibles : soit, pour un voyage ouest-est, essayer de dormir dans l'avion afin d'arriver le plus en forme possible (il est conseillé de prendre des hypnotiques à durée de vie courte, de façon que leurs effets aient disparu à l'arrivée), soit, pour un voyage est-ouest, résister au sommeil le plus longtemps possible, afin de s'adapter à l'horaire du pays d'accueil.

À l'arrivée, pour éviter les accidents dus à la chaleur, il est recommandé aux voyageurs originaires de pays tempérés d'éviter les efforts physiques intenses en milieu de journée et de saler largement les aliments

VACCINS CONSEILLÉS AUX VOYAGEURS

Maladie	Indications	Efficacité	Rappel
Choléra	Déconseillé par l'O.M.S. (un nouveau vaccin est actuellement en cours d'évaluation)		
Coqueluche	Obligatoire dans de nombreux pays	Bonne	Rappel vers 18 mois, 6 ans, puis tous les 5 à 10 ans
Diphtérie	Obligatoire dans de nombreux pays	Bonne	Rappel vers 18 mois, puis vers 6 ans
Fièvre jaune	Obligatoire en cas de voyage dans les pays d'endémie (Amérique du Sud, Afrique intertropicale). Conseillé dans certains pays proches de ces zones	Bonne	Rappel tous les 10 ans
Fièvre typhoïde	Conseillé en cas de voyage dans les pays où l'hygiène alimentaire est défectueuse	Bonne	Rappel tous les 3 ans
Grippe	Conseillé en pays d'endémie et pour les personnes fragiles	Bonne	Rappel au bout d'un an
Hæmophilus	Toujours conseillé chez l'enfant	Bonne	Rappel au bout d'un an
Hépatite A	Conseillé en cas de voyage dans les pays où l'hygiène alimentaire est défectueuse (d'autant plus vivement conseillé que le sujet est plus jeune)	Bonne	Rappel 6 à 12 mois après la première vaccination
Hépatite B	Conseillé en pays d'endémie (Afrique, Asie, Amérique du Sud)	Bonne	Rappel après 1 an, puis tous les 5 ans

(pour prévenir toute déshydratation) au début de leur séjour. En cas de transplantation brutale en altitude, il leur est conseillé d'observer un repos de 48 heures de façon à faciliter l'adaptation de leur organisme à un air plus pauvre en oxygène. Il est conseillé aux voyageurs de se munir, en quantité suffisante, des produits pharmaceutiques qu'ils utilisent habituellement (antidiabétiques, pilule contraceptive, etc.).

■ L'hygiène alimentaire consiste à boire exclusivement de l'eau minérale ou des boissons encapsulées (si ce n'est pas possible, filtrer, faire bouillir ou désinfecter l'eau au préalable), à s'abstenir de consommer des glaces et des glaçons, du beurre cru ou non pasteurisé, des légumes crus, des fruits qui ne s'épluchent pas, des fruits de mer ainsi que des poissons et de la viande crus ou peu cuits. En outre, il faut employer de l'eau minérale pour se brosser les dents.

■ L'hygiène de la peau est capitale en climat tropical ; en effet, celle-ci y est plus fréquemment sujette à des infections bactériennes ou mycosiques dont la chaleur, conjuguée à l'humidité, favorise le développement ;
– protection contre le soleil : utilisation de crèmes filtrantes, exposition progressive aux rayonnements solaires, administration de vitamine PP, de chloroquine ou de bêta-carotène en cas de photo-allergie ; il est conseillé, dans les régions chaudes et sèches,

VACCINS CONSEILLÉS AUX VOYAGEURS (SUITE)

Maladie	Indications	Efficacité	Rappel
Méningite cérébrospinale (à méningocoques)	Conseillé en pays d'endémie et en cas d'épidémie	Protection limitée, de courte durée	Pas de rappel
Poliomyélite	Conseillé en pays d'épidémies. Obligatoire dans de nombreux pays	Bonne	Rappel vers 18 mois, 6 ans, vers 16-21 ans, puis tous les 5 à 10 ans
Rage	Conseillé en cas de voyage en pays d'endémie (pays tropicaux) et s'il y a un risque particulier	Efficace lorsqu'elle est préventive. D'autant plus efficace qu'elle est pratiquée plus tôt lorsqu'elle est curative (après une morsure)	Rappel au bout d'un an, puis tous les 10 ans
Rougeole, oreillons et rubéole	Toujours conseillé chez l'enfant	Bonne	Rappel vers 12 ans
Tétanos	Obligatoire dans de nombreux pays, toujours conseillé	Bonne	Rappel vers 18 mois, 6 ans, vers 16-21 ans, puis tous les 10 ans
Tuberculose	Recommandé dans certains pays chez le nourrisson. Conseillé en pays d'endémie s'il s'agit d'un séjour prolongé	Atténue la gravité de la primo-infection	Rappel lors de l'entrée en collectivité, puis vers 11-13 ans si le test est négatif
Variole	Aucune, cette maladie ayant été éradiquée en 1979		

de porter un chapeau léger, de couleur claire, qui protège des insolations ; en revanche, si le climat est chaud et humide, le chapeau n'est pas nécessaire et gêne l'évaporation de la transpiration du cou et du cuir chevelu ;
– protection contre l'humidité et la chaleur : bonne hygiène corporelle (douches, utilisation d'une poudre maintenant la peau sèche), port de vêtements amples, de couleur claire (qui réfléchit le soleil) et de préférence en coton (les étoffes synthétiques n'absorbant pas la transpiration) ;
– protection contre les maladies parasitaires dont la contamination se fait par voie cutanée (bilharziose, anguillulose, etc.) en évitant de marcher pieds nus dans la boue ou la terre humide ou de prendre des bains en eau douce, stagnante ou à faible courant (marigots, fleuves, lacs) ;
– protection contre les dermites dues au contact avec certains végétaux (bois exotiques, suc d'arbre, de plante ou de fruit) en évitant de manipuler ceux-ci sans précaution) ;
– protection contre les acariens (tiques, sarcoptes de la gale) ou les insectes (puces, punaises, taons, moustiques), qu'ils soient ou non vecteurs de maladies, à l'aide de moustiquaires, d'émetteurs d'ultrasons ou de diffuseurs d'insecticides, etc.
■ **L'hygiène sexuelle** consiste à utiliser des préservatifs lors de tout rapport sexuel.

V.S.
→ VOIR **Vitesse de sédimentation.**

Vulve
Ensemble des organes génitaux externes de la femme.

STRUCTURE
La vulve est une saillie ovoïde surmontée d'une pilosité de forme triangulaire et s'étendant du pubis à l'anus. Elle présente une fente médiane (fente vulvaire) qui la divise en deux bourrelets latéraux, les grandes lèvres. Celles-ci recouvrent plus ou moins totalement deux replis de muqueuse, les petites lèvres, qui se réunissent en avant pour former le capuchon du clitoris, petit organe érectile mesurant au total (racine, corps et gland) de 6 à 7 centimètres de longueur. Les petites lèvres délimitent un espace virtuel, le vestibule, dont le fond comporte deux orifices, celui de l'urètre en avant et celui du vagin en arrière.

PHYSIOLOGIE
La vulve intervient dans trois fonctions : la miction, au cours de laquelle le jet d'urine est canalisé par les petites lèvres, l'accouchement, lors duquel l'orifice vulvaire se distend pour laisser passer le fœtus, et les rapports sexuels, pendant lesquels les grandes et les petites lèvres augmentent de volume, tandis que la sécrétion des glandes vestibulaires lubrifie la vulve et le vagin.

PATHOLOGIE
Parmi les pathologies de la vulve, les plus fréquentes sont les infections. Les tumeurs sont bénignes ou malignes (cancer de la vulve).

Vulve (cancer de la)
Cancer qui atteint la vulve de la femme sous la forme d'un carcinome épidermoïde (cancer développé à partir de l'épithélium).

Le cancer de la vulve, peu fréquent, atteint surtout la femme âgée.

Des démangeaisons vulvaires ou la présence d'une petite ulcération peuvent attirer l'attention.

Le traitement consiste le plus souvent en une ablation de la vulve (vulvectomie), partielle ou totale.

PRÉVENTION
Le traitement préventif réside dans les soins d'hygiène corporelle, une surveillance gynécologique régulière (certaines formes de cancer de la vulve sont en effet précédées de lésions précancéreuses qui peuvent être dépistées par un examen gynécologique), la destruction des lésions virales (en particulier des condylomes) par le laser au gaz carbonique ou par traitement chimique (azote liquide, podophylline), et l'ablation immédiate des lésions précancéreuses.

Vulvectomie
Ablation chirurgicale totale ou partielle de la vulve.

Une vulvectomie est indiquée en cas de cancer de la vulve. Pratiquée sous anesthésie générale, cette intervention nécessite une hospitalisation de plusieurs jours.

En raison de la localisation de la vulve, la vulvectomie peut avoir un retentissement sur différentes fonctions : gêne à la marche, à la miction, douleurs pendant les rapports sexuels, qui s'atténuent en quelques mois.

Vulvite

Inflammation de la vulve.

On distingue les inflammations de la face interne des petites lèvres, qui sont souvent associées à une vaginite d'origine infectieuse, et les affections du revêtement cutané vulvaire (grandes lèvres, face externe des petites lèvres), qui sont d'origine dermatologique (allergique, atrophique, caustique).

SYMPTÔMES ET TRAITEMENT

Une vulvite se manifeste par des démangeaisons, une rougeur et un œdème de la vulve, parfois associés à des pertes vaginales.

Le traitement comprend l'application locale de crèmes antiprurigineuses ou antiseptiques. Suivant la cause diagnostiquée, un traitement antimycosique, antibactérien, antiviral ou anti-inflammatoire est mis en œuvre, par voie locale ou générale.

Vulvopérinéoplastie

Réfection chirurgicale de la vulve et du périnée.

Vulvovaginite

Inflammation de la vulve et du vagin, d'origine infectieuse.

CAUSES

Une vulvovaginite est due en général à un virus (herpès virus, papillomavirus), à un parasite (trichomonas) ou à un champignon *(Candida albicans)*. Le développement de ce dernier, en particulier, responsable d'une candidose vulvovaginale, est favorisé par la grossesse, par la prise de médicaments antibiotiques ou corticostéroïdes, ou encore par un traitement immunosuppresseur.

SYMPTÔMES ET SIGNES

Une vulvovaginite se traduit par une inflammation de la vulve et du vagin, souvent accompagnée d'un gonflement local. Elle se manifeste par des démangeaisons, des brûlures à la miction ou à la marche, des douleurs pendant les rapports sexuels, des pertes d'abondance variable, qui deviennent elles-mêmes des éléments d'irritation et d'infection.

La vulvovaginite à *Candida albicans,* provoque une démangeaison intense, un fort gonflement et une rougeur de la vulve, qui s'étendent au périnée et à l'anus, et qui rendent les rapports sexuels très douloureux. Elle s'accompagne de pertes, abondantes, qui ressemblent à du lait caillé.

DIAGNOSTIC

Le diagnostic repose sur l'examen gynécologique des lésions. Celui-ci est parfois complété par l'examen au microscope d'un prélèvement vaginal, qui met en évidence la présence du virus, du parasite ou du champignon responsable dans les sécrétions.

TRAITEMENT

Un traitement antiviral, antibactérien ou antimycosique local est prescrit pendant quelques jours. En raison du risque de contamination, il est indispensable que le partenaire suive également un traitement approprié.

Waaler-Rose (réaction de)

Examen de laboratoire destiné à mettre en évidence et à doser le facteur rhumatoïde dans le sang.

Waardenburg-Klein (syndrome de)

Affection héréditaire caractérisée par l'association d'une hypertrophie de la racine du nez et des sourcils et de malformations de l'œil (dépigmentation de l'iris, lésions de la rétine, écartement excessif des orbites), de l'oreille, de la peau (taches dépigmentées siégeant surtout sur le cou, le front, la poitrine, le ventre, les genoux et le dos des mains) et des phanères (mèches de cheveux blanches).

Waldenström (maladie de)

Maladie liée à une prolifération de cellules d'origine lymphocytaire (souche de cellules donnant normalement naissance aux lymphocytes, variété de globules blancs impliqués dans les réactions immunitaires), lesquelles sécrètent en excès un type particulier d'anticorps, l'immunoglobuline M (IgM).

FRÉQUENCE ET CAUSE

La maladie de Waldenström touche habituellement des personnes âgées de plus de 60 ans avec une légère prédominance masculine. Sa cause est inconnue.

SYMPTÔMES ET SIGNES

La sécrétion excessive d'immunoglobuline M provoque une augmentation de la viscosité sanguine et un accroissement du volume du plasma. Ces troubles retentissent sur le système nerveux et se traduisent par des bourdonnements d'oreilles, une diminution de l'acuité visuelle, des maux de tête, des troubles de la conscience pouvant aller, dans les cas les plus graves, jusqu'au coma. De plus, l'hypervolémie (augmentation du volume du plasma) peut entraîner une insuffisance cardiaque, et l'excès d'immunoglobuline dans le sang peut provoquer des hémorragies liées à des perturbations des mécanismes de la coagulation. Par ailleurs, les dépôts d'immunoglobuline M dans les reins ou les nerfs périphériques déterminent parfois, respectivement, une insuffisance rénale et une paralysie, notamment des membres inférieurs. Une augmentation de taille de la rate, du foie ou des ganglions lymphatiques s'observe dans un quart des cas environ.

DIAGNOSTIC

La sécrétion excessive d'immunoglobuline M est mise en évidence et quantifiée, sous forme d'un « pic monoclonal », par l'électrophorèse (déplacement des particules sous l'effet d'un champ électrique) des protéines du plasma sanguin ; celle-ci révèle un taux sérique d'immunoglobuline M supérieur à 5 grammes par litre de sérum. La prolifération lymphoïde est détectée par ponction de la moelle osseuse ; dans certains cas, l'excès de cellules lymphoïdes est également observable dans le sang.

TRAITEMENT

Le traitement vise à freiner la prolifération lymphoïde responsable de la sécrétion excessive d'immunoglobuline M. Il consiste généralement en une chimiothérapie administrée par voie orale, associant parfois plusieurs substances (polychimiothérapie). Dans les cas les plus sévères, une plasmaphérèse (prélèvement du plasma du malade, qui lui est restitué après séparation de l'anticorps en excès) permet de réduire très rapidement le taux d'anticorps sanguins.

Dans les formes où l'augmentation du taux d'immunoglobuline M constitue le seul symptôme de la maladie, une surveillance régulière du patient est nécessaire de manière à détecter le plus tôt possible une éventuelle évolution vers une maladie de Waldenström déclarée.

La cause de la maladie demeurant à ce jour inconnue, aucune mesure préventive ne peut être adoptée.

Waterhouse-Friderichsen (syndrome de)

Hémorragie des glandes surrénales se déclarant au cours d'un purpura fulminans (forme très grave d'infection à méningocoque).

Cette hémorragie atteint les deux glandes surrénales ; elle est liée à l'inflammation diffuse des vaisseaux sanguins, qui caractérise le purpura fulminans, et s'accompagne d'un état de choc.

Le traitement du syndrome de Waterhouse-Friderichsen, qui repose sur l'administration d'antibiotiques par voie intraveineuse, doit être institué d'extrême urgence. Le pronostic est réservé.

Weber-Christian (maladie de)

Affection caractérisée par une inflammation du tissu graisseux, surtout sous-cutané. SYN. *panniculite nodulaire idiopathique*.

La maladie de Weber-Christian apparaît chez la femme entre 30 et 60 ans.

SYMPTÔMES ET DIAGNOSTIC

Cette affection, qui n'a pas de cause précise connue, se traduit par une altération de l'état général (fièvre, fatigue), des douleurs articulaires et abdominales et des épanchements pleuraux et péricardiques. Parallèlement se forment des nodules sous-cutanés de 1 à 2 centimètres de diamètre, qui touchent de façon symétrique les jambes et les chevilles et peuvent remonter jusqu'aux cuisses, voire aux membres supérieurs. Ces lésions ont trois formes d'évolution possibles : au bout de quelques semaines, soit elles disparaissent spontanément, soit elles s'ouvrent, laissant s'échapper un liquide jaunâtre huileux, ou

bien elles laissent une cicatrice déprimée de la taille d'une soucoupe.

TRAITEMENT ET ÉVOLUTION

Le traitement comprend le repos au lit et la prise d'anti-inflammatoires (anti-inflammatoires non stéroïdiens ou, s'il s'agit d'une forme sévère, corticostéroïdes par voie générale) pendant 4 à 6 semaines. En cas d'ulcération, des soins locaux sont indispensables. La maladie évolue en plusieurs poussées et peut même récidiver au bout de plusieurs années.

Wegener (granulomatose de)

Affection caractérisée par une atteinte inflammatoire et nécrosante de la paroi des vaisseaux (angéite) irriguant l'appareil respiratoire (fosses nasales, pharynx, larynx, bronches) et les reins. SYN. *angéite granulomateuse nécrosante, syndrome de Wegener*.

Rare et de cause inconnue, la granulomatose de Wegener fait partie des maladies auto-immunes, au cours desquelles l'organisme produit des anticorps dirigés contre ses propres tissus. Elle touche surtout les adultes de 40 à 50 ans, plus souvent les hommes que les femmes.

SYMPTÔMES ET SIGNES

L'affection se manifeste par un écoulement purulent du nez, une sinusite, une otite, des ulcérations de la bouche et des lésions multiples et bilatérales des poumons et des bronches, à l'origine d'une toux quinteuse et d'une gêne respiratoire. L'atteinte rénale se traduit par la présence, dans les urines, de protéines (protéinurie) et de sang (hématurie) ; elle évolue vers une insuffisance rénale qui s'aggrave rapidement.

TRAITEMENT ET PRONOSTIC

Le traitement repose sur la prise d'immunosuppresseurs et de fortes doses de corticostéroïdes ou sur les échanges plasmatiques. Il doit être suivi pendant plusieurs semaines, voire pendant plusieurs mois, mais ne permet pas toujours d'éviter que la maladie n'évolue vers une insuffisance rénale nécessitant une dialyse à vie.

Weir-Mitchell (syndrome de)

→ VOIR Érythromélalgie.

Werdnig-Hoffmann (maladie de)

Affection héréditaire caractérisée par une atrophie de certains neurones moteurs de la moelle épinière. SYN. *amyotrophie spinale antérieure.*

L'affection se manifeste dans les 3 premiers mois de la vie, parfois dès la naissance. Au début, le nourrisson a du mal à mouvoir ses cuisses et ses avant-bras, puis la paralysie progresse en quelques semaines : l'enfant ne remue plus les jambes et se tient de façon caractéristique, jambes fléchies « en grenouille ». Il peut toutefois bouger les pieds et surtout les mains, car l'atteinte est plus modérée à l'extrémité des membres.

Le diagnostic de cette maladie peut être fait avant la naissance par amniocentèse (prélèvement de liquide amniotique et analyse des cellules fœtales qui s'y trouvent).

West (syndrome de)

→ VOIR Spasme en flexion.

Western-Blot (réaction de)

Technique permettant de rechercher dans le sérum sanguin des protéines antigéniques – particulièrement des protéines virales – ou des anticorps dirigés contre ces protéines.

La réaction de Western-Blot est à présent très utilisée pour confirmer ou infirmer le résultat, parfois faussement positif, du test ELISA (test de recherche d'anticorps spécifiques) du V.I.H., virus du sida.

Wheezing

Sifflement respiratoire aigu, toujours de même tonalité, perceptible à l'inspiration et à l'expiration ou seulement à l'inspiration.

Il est dû à un rétrécissement ou à une obstruction partielle et localisée des voies respiratoires (larynx, trachée, bronches) par une tumeur, un corps étranger, une inflammation, etc.

Whipple (maladie de)

Maladie caractérisée par l'infiltration de nombreux tissus par des globules blancs remplis de débris bactériens.

Le germe en cause a été identifié par amplification génétique et appelé *Trophyrema whip-* *peli.* Un traitement antibiotique de longue durée (un an) permet d'obtenir la guérison.

Whipple (opération de)

Ablation chirurgicale du duodénum et de la tête du pancréas. SYN. *duodénopancréatectomie céphalique.*

Il s'agit d'une intervention majeure, requérant une hospitalisation longue, pratiquée en cas de cancer du pancréas ou pour traiter certaines pancréatites chroniques. Outre l'ablation de la tête du pancréas et du duodénum, qui sont indissociables et doivent être ôtés ensemble, l'opération comporte le raccordement de l'estomac à l'intestin grêle, de même qu'une anastomose du canal cholédoque à l'intestin grêle, la partie restante du pancréas étant abouchée soit à l'estomac, soit à l'intestin grêle, de manière à permettre l'écoulement de la bile et du suc pancréatique dans le tube digestif. Le pronostic est fonction de l'extension de la tumeur ou de la gravité de la pancréatite.

Widal et Félix (sérodiagnostic de)

Méthode permettant de diagnostiquer une infection par *Salmonella typhi, Salmonella paratyphi A* et *Salmonella paratyphi B,* bactéries responsables respectivement des fièvres typhoïde et paratyphoïdes A et B.

Wiedemann-Beckwith (syndrome de)

Maladie congénitale caractérisée par une augmentation du volume de la langue, une hernie ombilicale, une hypertrophie des viscères, un gigantisme et une hypoglycémie par excès de sécrétion d'insuline.

La maladie de Wiedemann-Beckwith est due à un trouble du développement fœtal. S'y associent fréquemment un angiome plan frontal, parfois une microcéphalie (crâne de volume très inférieur à la normale) et la survenue d'une tumeur maligne (du rein, des glandes corticosurrénales, des gonades ou du foie).

DIAGNOSTIC

Ce syndrome peut être dépisté, dès avant la naissance, par l'échographie. Après la naissance, le diagnostic est confirmé par l'examen clinique et par le dosage de la glycémie.

TRAITEMENT ET PRONOSTIC

Le seul traitement possible consiste à corriger l'hypoglycémie et à surveiller régulièrement, par des échographies abdominales en particulier, un éventuel développement tumoral. Certaines tumeurs peuvent faire l'objet d'une ablation chirurgicale.

Le traitement précoce de l'hypoglycémie a permis de réduire considérablement les séquelles neurologiques (convulsions, paralysies) de ce syndrome. Seule la microcéphalie associée peut perturber le développement neurologique de l'enfant.

Willebrand (maladie de)

Maladie hémorragique héréditaire due à une anomalie quantitative ou qualitative qui touche l'une des protéines du plasma sanguin, le facteur Willebrand, intervenant dans le processus d'hémostase.

Le facteur Willebrand (FvW) sert au transport du facteur VIII, protéine plasmatique indispensable à la coagulation et à l'adhésion des plaquettes sur les parois des vaisseaux lorsque ceux-ci sont lésés.

SYMPTÔMES ET SIGNES

Les saignements, fréquents, touchent surtout les muqueuses : saignements de nez, évacuation de sang par l'anus, règles anormalement longues et abondantes chez la femme. Ils peuvent survenir après une intervention chirurgicale même mineure, une extraction dentaire ou un traumatisme. En revanche, les hémarthroses (épanchement sanguin dans une cavité articulaire), fréquentes en cas d'hémophilie, sont rares.

DIAGNOSTIC

Il repose sur l'examen clinique et la connaissance des antécédents héréditaires ainsi que sur des examens sanguins : le temps de saignement (temps nécessaire à l'arrêt du saignement d'une scarification faite à l'avant-bras) et le temps de céphaline (étude du processus de thromboplastinoformation), qui sont anormalement longs. Le diagnostic s'appuie également sur le dosage, en laboratoire, du facteur Willebrand et du facteur VIII.

TRAITEMENT

Il consiste à prévenir et/ou à endiguer les hémorragies : en cas de saignement peu important ou d'intervention chirurgicale mineure, on administre de la desmopressine ou de l'acide aminocaproïque. Les saignements ou les gestes chirurgicaux plus importants nécessitent une correction du facteur VIII par administration de cryoprécipités ou de facteur VIII concentré.

Wilms (tumeur de)

Tumeur maligne du rein développée aux dépens du tissu rénal embryonnaire. SYN. *néphroblastome.*

La tumeur de Wilms atteint essentiellement l'enfant. Très volumineuse, elle se révèle le plus souvent par une augmentation de volume de l'abdomen. Elle peut, en outre, comprimer la veine cave inférieure et provoquer des œdèmes des membres inférieurs et une ascite (accumulation de liquide dans la cavité péritonéale). Il n'est pas rare que la tumeur touche les deux reins. Des métastases pulmonaires et hépatiques sont fréquentes.

DIAGNOSTIC

Le diagnostic repose sur l'échographie rénale, l'urographie intraveineuse et le scanner abdominal, parfois complétés par une artériographie rénale.

TRAITEMENT ET PRONOSTIC

Le traitement comprend la néphrectomie (ablation chirurgicale) du rein tumoral et, souvent, une chimiothérapie et une radiothérapie en cas de métastases ou lorsque la tumeur est trop volumineuse pour être opérée.

Wilson (maladie de)

Affection héréditaire liée à une accumulation de cuivre dans les tissus et les organes, en particulier dans le foie et l'encéphale. SYN. *dégénérescence hépatolenticulaire.*

La maladie de Wilson est une affection rare, due à l'atteinte d'un gène localisé sur le chromosome 13, qui se transmet sur un mode autosomique (par les chromosomes non sexuels) récessif (le gène porteur doit être reçu du père et de la mère pour que la maladie se développe chez l'enfant).

SYMPTÔMES ET SIGNES

La maladie se manifeste le plus souvent entre 5 et 40 ans et se traduit par des manifestations neurologiques.

■ **Chez l'enfant**, on observe la forme choréo-athétosique, qui associe des mouvements anormaux involontaires des membres et un tremblement qui va s'aggravant.

■ **Chez l'adulte**, la forme appelée dystonique est la plus fréquente. Les symptômes ressemblent à ceux de la maladie de Parkinson : rigidité, visage figé (rictus), ralentissement des mouvements, marche à petits pas, élocution difficile et, parfois, tremblement modéré.

Chez l'enfant comme chez l'adulte, la maladie de Wilson peut s'accompagner de crises d'épilepsie et de troubles psychiques : troubles du caractère et de l'humeur, épisodes psychotiques, voire, plus tard, détérioration intellectuelle conduisant à la démence. L'atteinte hépatique se traduit en général par une augmentation de volume du foie et de la rate, mais il arrive aussi qu'elle soit sans symptôme. Les autres anomalies, plus rares, touchent les reins (protéinurie, insuffisance rénale), les glandes endocrines (diabète, arrêt des règles), le sang (anémie), les os (fragilité excessive, calcifications autour des articulations), la peau (celle-ci prend une couleur grise, bleutée ou cuivrée).

DIAGNOSTIC

Il repose sur la mise en évidence d'un anneau péricornéen, l'anneau de Kayser-Fleischer, lié à un dépôt de cuivre. Cet anneau, de couleur brun-rouge ou brun-vert, est parfois visible à l'œil à la périphérie de la cornée, mais, le plus souvent, il n'est mis en évidence que par l'examen au biomicroscope. La concentration de céruléoplasmine dans le sang est anormalement faible et celle du cuivre dans les urines, anormalement élevée. Le taux de cuivre dans le sang est variable, au-dessus ou au-dessous du taux normal. Les altérations des tests biologiques hépatiques (augmentation du taux sanguin de transaminases et de bilirubine, notamment), voire la ponction-biopsie du foie, révèlent une cirrhose et un excès de cuivre. Le scanner cérébral montre fréquemment des signes d'atrophie cérébrale et, dans environ la moitié des cas, des zones d'hypodensité, dues à la présence de dépôts de cuivre dans la région des noyaux gris centraux.

TRAITEMENT ET PRONOSTIC

Le traitement repose sur un régime pauvre en cuivre (limitation de la consommation de foie, de chocolat, de poisson, de viande, de légumes secs, de noix, de champignons) et sur l'administration d'un médicament (dont les doses sont progressivement augmentées), la D-pénicillamine, qui se lie au cuivre et permet l'élimination de celui-ci dans les urines. Les manifestations neurologiques et les troubles psychiques régressent le plus souvent sous traitement, les résultats étant d'autant meilleurs que les soins ont été entrepris plus tôt. Cependant, quand le traitement est commencé trop tard, les symptômes s'aggravent, et le pronostic de la maladie est parfois sévère.

DÉPISTAGE

Dès que cette maladie héréditaire est découverte chez un sujet, une enquête génétique est faite dans sa famille. Chez les sujets à risque mais qui ne présentent aucun symptôme, on fait régulièrement des dosages sanguins de céruléoplasmine et de cuivre de façon à dépister le plus tôt possible une éventuelle maladie de Wilson.

Wirsung (canal de)

Canal excréteur principal du pancréas.

Le canal de Wirsung traverse longitudinalement le pancréas et déverse le suc pancréatique dans le deuxième segment du duodénum (portion initiale de l'intestin grêle) par l'intermédiaire de l'ampoule de Vater, dans laquelle il débouche, comme la voie biliaire principale (canal cholédoque).

EXAMENS

Le canal de Wirsung peut être exploré par échographie, écho-endoscopie, scanner et pancréatographie (radiographie du canal de Wirsung après opacification, constituant l'un des temps d'une cholangiographie [radiographie des voies biliaires]).

PATHOLOGIE

Ce canal peut être le siège de calculs (lithiase) au cours des pancréatites chroniques. Il peut également être comprimé par des tumeurs du duodénum ou du pancréas.

Wiskott-Aldrich (syndrome de)

Affection héréditaire caractérisée par un taux anormalement bas de plaquettes sanguines.

Le syndrome de Wiskott-Aldrich touche surtout les garçons et semble lié à des troubles immunitaires complexes.

SYMPTÔMES ET SIGNES

Le syndrome de Wiskott-Aldrich se traduit par un purpura cutané (apparition de taches rouges sur la peau), des saignements de nez et des hémorragies digestives et urinaires, puis par un eczéma atopique (éruption de plaques vésiculocroûteuses démangeant intensément), siégeant surtout sur le visage et aux plis de flexion, et par des infections à répétition : otites, sinusites, furoncles, infections oculaires, méningite, septicémie.

TRAITEMENT ET PRÉVENTION

Le traitement vise avant tout à soigner les symptômes de la maladie (transfusions de plaquettes, traitement de l'eczéma, prise d'antibiotiques en cas d'infection). Un dépistage anténatal du syndrome de Wiskott-Aldrich est possible dès le premier trimestre de grossesse. En outre, avant toute grossesse ultérieure, les parents peuvent solliciter un conseil génétique lors d'une consultation spécialisée.

Wolff-Parkinson-White (syndrome de)

Anomalie congénitale de l'activation électrique cardiaque.

Le syndrome de Wolff-Parkinson-White est un trouble de la conduction lié à la présence d'une voie anormale (ou voie accessoire) de conduction, le faisceau de Kent, fine bande de tissu myocardique faisant communiquer directement les oreillettes avec les ventricules, court-circuitant ainsi la voie normale – constituée par le nœud auriculoventriculaire suivi du tronc du faisceau de His et de ses branches. Ainsi le faisceau de Kent peut-il être responsable d'une transmission anormalement rapide des influx auriculaires vers les ventricules.

SYMPTÔMES ET SIGNES

Le syndrome de Wolff-Parkinson-White est le plus fréquent des syndromes de préexcitation (affections caractérisées par une activation anormalement précoce de certaines structures cardiaques). Il peut ne s'accompagner d'aucun symptôme et être découvert de façon fortuite à l'occasion d'une électrocardiographie de routine. Cependant, il peut aussi être à l'origine de symptômes (palpitations, essoufflement, malaises, pertes de connaissance), notamment en cas de survenue d'une tachycardie auriculaire qui, lorsque chaque influx auriculaire est transmis aux ventricules par le faisceau de Kent, s'accompagne d'une réponse ventriculaire excessivement rapide. Dans certains cas, rares, cette transmission anormalement rapide peut même dégénérer en fibrillation ventriculaire, mortelle en l'absence de traitement. Le syndrome de Wolff-Parkinson-White peut également être à l'origine d'accès de tachycardie paroxystique bénins, semblables à ceux observés au cours de la maladie de Bouveret.

DIAGNOSTIC ET TRAITEMENT

Le diagnostic repose sur l'électrocardiographie. Un syndrome de Wolff-Parkinson-White sans symptômes ne justifie aucun traitement. Des crises de tachycardie peu fréquentes et peu graves sont traitées par des médicaments antiarythmiques. En cas de crises fréquentes ou graves (syncopes), un traitement de la cause de l'anomalie peut être réalisé dans certains centres spécialisés : repérage et destruction du faisceau de Kent à l'aide d'un courant électrique (courant de radiofréquence).

Wood (examen en lumière de)

Examen employé pour le diagnostic des maladies cutanées, utilisant un rayonnement ultraviolet donnant des effets de fluorescence.

La lumière de Wood est fournie par un petit appareil facilement utilisable en consultation par le médecin dermatologue, qui permet d'éclairer la peau à l'endroit désiré. Le praticien peut ainsi observer l'éventuelle apparition d'une fluorescence, noter sa couleur et en déduire un diagnostic ; de plus, il peut évaluer, grâce à la fluorescence, l'étendue de la dermatose et repérer avec précision les zones cutanées malades où il doit faire des prélèvements.

XYZ

Xanthélasma

Ensemble de petites taches jaunâtres légèrement saillantes, situées sur la partie des paupières proche du nez et constituées d'un dépôt de cholestérol.

Un xanthélasma peut être consécutif à une hypercholestérolémie (excès de cholestérol sanguin) ou ne pas avoir de cause précise. Son évolution est bénigne et très lente. L'ablation chirurgicale n'est justifiée qu'en cas de gêne, surtout esthétique.

Xanthogranulome

Maladie caractérisée par une éruption de lésions cutanées d'aspect tumoral, infiltrant le tissu adipeux.

D'origine inconnue, ces lésions contiennent des cellules inflammatoires et des globules blancs, les macrophages, riches en corps gras.

DIFFÉRENTS TYPES DE XANTHOGRANULOME

On en distingue deux.

■ Le xanthogranulome juvénile, ou nævo-endothélio-xanthome, touche le nourrisson et l'enfant. Il prend la forme de nodules ou de papules de consistance molle, de 1 à 10 millimètres de diamètre, de couleur rougeâtre, qui, après quelques mois, deviennent brun jaunâtre. Ces lésions touchent surtout le visage et le cuir chevelu, plus rarement le tronc et la racine des membres. Le diagnostic du xanthogranulome juvénile repose sur la biopsie cutanée. Cette affection, habituellement bénigne, peut aussi s'associer à des lésions oculaires telles qu'un glaucome, une uvéite ou un iritis (lorsque la prolifération granulomateuse touche les différentes structures de l'œil) et à la maladie de Recklinghausen (affection héréditaire caractérisée par de nombreuses tumeurs bénignes disséminées dans l'organisme, des taches cutanées pigmentées et des malformations nerveuses) : elle nécessite donc une surveillance rigoureuse, mais elle n'appelle aucun traitement, les lésions cutanées régressant spontanément en un à deux ans, sauf en cas d'anomalies oculaires (traitées par chirurgie ou radiothérapie).

■ Le xanthogranulome nécrobiotique est une maladie chronique de l'adulte qui se caractérise par la formation de nodules brun-orangé couverts de télangiectasies ou de varicosités (petits vaisseaux dilatés). Ceux-ci siègent surtout autour des orbites, à la racine des membres et au thorax. Le xanthogranulome nécrobiotique est une affection bénigne, mais qui peut révéler un myélome multiple (prolifération maligne des plasmocytes, cellules spécialisées dans la sécrétion d'anticorps, dans la moelle osseuse). Le diagnostic du xanthogranulome nécrobiotique, qui repose sur la biopsie cutanée, doit donc être complété par une analyse des protéines du sang par électrophorèse, laquelle permet de déceler l'existence d'un éventuel myélome multiple. Un tel xanthogranulome peut être enlevé chirurgicalement sous anesthésie locale, mais il arrive que les lésions récidivent. Lorsqu'il est associé à un myélome multiple, celui-ci doit être traité par chimiothérapie.

Xanthomatose

Toute maladie caractérisée par la dissémination de xanthomes (petites tumeurs bénignes, planes ou nodulaires, formées de cellules riches en dépôts lipidiques).

Selon qu'elle se trouve associée ou non à une hyperlipidémie (augmentation anormale du taux de certains lipides tels que le cholestérol dans le sang), une xanthomatose se range dans l'un des deux grands groupes de xanthomatoses, les xanthomatoses hyperlipidémiques ou les xanthomatoses normolipidémiques.

Xanthomatoses hyperlipidémiques

Caractérisées par la dissémination de xanthomes et par une hyperlipidémie, elles regroupent 3 types d'affection.

■ Les **hypertriglycéridémies endogènes pures** sont caractérisées par la formation de xanthomes éruptifs (taches en saillie entourées d'un halo rouge) ou de xanthomes striés palmaires (lésions jaunâtres), par une athérosclérose précoce et parfois par des calculs de la vésicule biliaire.

■ Les **syndromes d'hypertriglycéridémie majeure** se manifestent le plus souvent par la formation brutale (à la suite d'un apport alimentaire riche en graisses) de nombreux xanthomes, par un gros foie, une grosse rate et divers troubles neurologiques ; le taux sanguin de triglycérides est très élevé.

■ Les **xanthomatoses hyperlipidémiques héréditaires** apparaissent dès l'enfance (xanthomes plans, xanthomes tendineux, xanthomes plans de l'angle interne de l'œil) ou vers la cinquantaine (xanthomes plans et tendineux). Elles se traduisent par une athérosclérose (maladie dégénérative de l'artère ayant pour origine la formation d'une plaque d'athérome - dépôt lipidique - sur sa paroi).

Xanthomatoses normolipidémiques

Caractérisées par la dissémination de xanthomes, les xanthomatoses normolipidémiques ne s'accompagnent pas d'élévation du taux des lipides circulants du sang. On regroupe sous ce terme plusieurs affections caractérisées par diverses lésions.

■ Le **xanthome papulonodulaire disséminé** se traduit par la dissémination de petites papules rouge brunâtre.

■ Le **xanthome plan** se caractérise par la formation de taches planes, jaune ou jaune-orangé. L'une de ses formes particulières, appelée xanthome plan des paupières, ou xanthélasma, se traduit par la présence de dépôts jaunâtres dans l'angle interne de l'œil et sous les paupières.

TRAITEMENT ET PRÉVENTION
Le traitement consiste d'une part à soigner les xanthomes, d'autre part à traiter l'hyperlipidémie éventuellement associée à la xanthomatose (régime alimentaire, prise de médicaments hypolipémiants). Dans les familles touchées, le conseil génétique a un rôle majeur dans la prévention de la transmission de ces maladies.

Xanthome

Petite tumeur bénigne formée de macrophages (grandes cellules ayant la propriété d'ingérer et de détruire de grosses particules) riches en dépôts lipidiques.

Les xanthomes forment des taches ou des nodules sous-cutanés, souvent jaunes, parfois rouges ou bruns.

DIFFÉRENTS TYPES DE XANTHOME
■ Le **xanthome éruptif** est une tache saillante de un à quatre millimètres de diamètre, entourée d'un halo rouge. Il apparaît brutalement sur les fesses, l'abdomen et le dos. Il s'accompagne d'une hypertriglycéridémie (taux sanguin de triglycérides anormalement élevé) importante, de douleurs abdominales et de lésions pancréatiques.

■ Le **xanthome papulonodulaire disséminé** est une lésion très saillante, jaunâtre ou rougeâtre, puis brun foncé. Il siège sur les zones de flexion, les muqueuses de la bouche et du larynx, les nerfs et les os. Il affecte surtout l'adulte jeune et s'associe souvent à une atteinte muqueuse des voies aérodigestives supérieures (œsophage, trachée), à des lésions oculaires (dépôts jaunâtres sur la paupière, la cornée, la conjonctive) et à un diabète insipide.

■ Le **xanthome plan** est une tache plane, jaune ou jaune-orangé, de taille variable ; il en existe plusieurs variétés :

- le xanthome plan des paupières, ou xanthélasma, débute à l'angle interne de la paupière supérieure et peut s'associer à une hypercholestérolémie (taux sanguin de cholestérol anormalement élevé) chez les sujets jeunes ou bien à des troubles du métabolisme des lipides après 50 ans ;
- l'arc cornéen, ou gérontoxon, prend la forme d'une tache grisâtre ou jaunâtre qui entoure l'iris ; il atteint surtout les sujets de 60 à 80 ans et s'accompagne souvent d'une hypercholestérolémie ;
- le xanthome strié palmaire est une tache jaunâtre linéaire qui se localise au creux des plis de flexion de la main ; il est toujours associé à des troubles du métabolisme des lipides ;
- le xanthome plan diffus, beaucoup plus rare, prend la forme d'une tache jaunâtre qui siège le plus souvent sur le visage, le cou et le thorax.

■ Le xanthome tendineux est une tuméfaction sous-cutanée, ferme, adhérente aux tendons, mobile sous la peau. Il touche surtout les tendons extenseurs des doigts, ceux des poignets et le tendon d'Achille. Il est toujours associé à des troubles du métabolisme des lipides.

■ Le xanthome tubéreux est un gros nodule jaunâtre ou rougeâtre qui atteint surtout les coudes, les genoux, les fesses et la paume des mains. Il se trouve toujours lié à une hypercholestérolémie ou à une hypertriglycéridémie.

DIAGNOSTIC

La présence de xanthomes peut nécessiter un dosage sanguin des lipides et la recherche d'une éventuelle dissémination des xanthomes dans l'organisme (xanthomatose).

TRAITEMENT

Le traitement des xanthomes est facultatif ; seuls les xanthomes esthétiquement gênants, lorsqu'ils sont localisés (xanthome plan de l'œil, par exemple), peuvent être enlevés par électrocoagulation ou chirurgicalement. En revanche, s'il existe des troubles associés du métabolisme des lipides, ils doivent être traités (régime alimentaire pauvre en lipides, prise de médicaments hypolipémiants).

Xanthopsie

Anomalie de la vision des couleurs au cours de laquelle tout paraît jaune.

Une xanthopsie est un signe très rare, observé lors de certains ictères, de certaines choriorétinites (inflammation de la rétine et de la choroïde, sur laquelle repose la rétine) et de certaines cataractes débutantes.

La xanthopsie disparaît avec le traitement de sa cause.

Xénogreffe

→ VOIR Hétérogreffe.

Xeroderma pigmentosum

Affection héréditaire caractérisée par des cancers cutanés multiples se développant pendant l'enfance.

Le xeroderma pigmentosum, très rare, se transmet en général selon un mode récessif : le gène porteur doit être reçu du père et de la mère pour que l'enfant développe la maladie. Celle-ci est le plus souvent due à une insuffisance de la capacité de réparation de l'A.D.N., ce qui rend les cellules, notamment les cellules cutanées, très sensibles à l'exposition au rayonnement solaire.

SYMPTÔMES ET SIGNES

Presque dès la naissance apparaissent des rougeurs, des gonflements cutanés, des cloques puis, progressivement, une poïkilodermie (peau trop ou insuffisamment pigmentée, dilatation des vaisseaux superficiels du derme). Ensuite, vers 3 ou 4 ans, se forment des tumeurs cutanées, d'abord bénignes, mais se transformant rapidement en divers cancers (épithélioma, mélanome). Les autres anomalies observées comprennent une atteinte oculaire (photophobie, éversion du bord de la paupière, conjonctivite, voire cancer des paupières, de la conjonctive ou de la cornée), un retard de croissance et des troubles neurologiques (retard mental, épilepsie).

TRAITEMENT ET PRÉVENTION

Le traitement vise à soigner les symptômes, à prévenir l'apparition des tumeurs cutanées (protection solaire, prescription de rétinoïdes) ou à les enlever chirurgicalement. Cependant, le pronostic du xeroderma pigmentosum reste très sombre. Dans les familles touchées, le conseil génétique joue un rôle majeur dans la prévention de la transmission de la maladie.

Xérophtalmie

Affection oculaire consistant en un assèchement de la conjonctive et de la cornée.

Plusieurs centaines de milliers de personnes dans le monde chaque année sont atteintes de xérophtalmie.

CAUSES
L'affection a pour cause principale une carence en vitamine A, fréquente chez les enfants des pays en développement.

SYMPTÔMES ET ÉVOLUTION
Une xérophtalmie se manifeste par un aspect fripé de la conjonctive et la présence sur cette membrane de taches blanches d'apparence grumeleuse, dus à l'absence de sécrétions lacrymales. La cornée peut être le siège d'une inflammation douloureuse (kératite), puis d'une infection de l'œil, avec risque de perforation cornéenne. La sécheresse oculaire aboutit à une kératinisation des tissus cornéens (modification de la structure des tissus, plus riches en protéines), puis éventuellement à leur destruction. L'évolution vers la cécité est lente, mais fréquente en l'absence de traitement.

DIAGNOSTIC ET TRAITEMENT
L'examen au biomicroscope confirme le diagnostic de xérophtalmie. Des collyres ou des pommades protégeant la cornée peuvent être utilisés, mais c'est le traitement le plus rapide possible de la cause (administration orale de vitamine A) qui est le plus efficace.

Xérose

Trouble cutané se traduisant par un amincissement, une fragilité, une sécheresse et un manque de souplesse de la peau et s'accompagnant souvent d'une desquamation plus ou moins marquée. SYN. *xérodermie*.

Une xérose est la conséquence d'une diminution de la teneur en eau de la couche cornée (partie superficielle de l'épiderme).

DIFFÉRENTS TYPES DE XÉROSE
Une xérose peut constituer un trouble isolé : la peau est alors mince, fragile, claire, douce au toucher, avec un réseau sanguin visible par transparence. C'est aussi, parfois, le signe de maladies dermatologiques (dermatite atopique, ichtyose) ; la peau est alors rêche, d'aspect farineux, les jambes sont écailleuses, la paume des mains et la plante des pieds fissurées ; certains patients présentent de petites saillies de un millimètre de diamètre, principalement sur les bras ou les cuisses (kératose pilaire). Dans d'autres cas, le dessèchement est simplement l'effet d'une agression de la peau par des détergents ou des produits asséchants utilisés de façon trop prolongée.

TRAITEMENT
Il convient tout d'abord d'éviter les facteurs qui aggravent la sécheresse cutanée : soleil, vent, froid, savon alcalin détergent, lotion alcoolisée. Les soins consistent à appliquer sur la peau des préparations qui préservent son hydratation (agents freinant la perspiration, humectant la peau ou renforçant la cohésion des cellules).

Xérosis

Kératinisation (modification de la structure des tissus, qui deviennent plus riches en protéines) de la conjonctive oculaire.

Un xérosis est favorisé par une sécheresse oculaire, quelle qu'en soit la cause : allergie, certaines maladies, notamment rhumatologiques, prise de certains médicaments (antidépresseurs, atropiniques). Il peut également entrer dans le cadre d'un syndrome de Gougerot-Sjögren (maladie auto-immune comportant un assèchement des muqueuses de l'œil, de la bouche et des voies génitales) ou marquer le début d'une xérophtalmie (assèchement de la conjonctive et de la cornée, dû à une carence en vitamine A). L'absence de sécrétion lacrymale donne une sensation d'inconfort, de corps étranger dans l'œil ; la conjonctive prend un aspect pâle et terne.

DIAGNOSTIC ET TRAITEMENT
L'examen au biomicroscope, qui peut mettre en évidence une petite inflammation de la cornée, permet de préciser le diagnostic de xérosis. En cas de syndrome de Gougerot-

Sjögren, le test de Schirmer permet d'évaluer l'importance de la sécrétion lacrymale.

Le traitement repose sur l'application locale de collyres ou de pommades destinés à protéger la cornée et sur le traitement de la cause lorsque celui-ci est possible (arrêt de la prise de médicaments, traitement de l'allergie, etc.).

Xérostomie

Sécheresse excessive de la bouche.

CAUSES

Une xérostomie est due à une sécrétion de salive insuffisante (hyposialie), voire nulle (asialie). Ses causes sont nombreuses. Une xérostomie transitoire peut survenir en cas d'anxiété (trac, peur) ou de déshydratation. Une xérostomie prolongée est le plus souvent liée au syndrome de Gougerot-Sjögren, à la prise de certains médicaments (atropiniques, psychotropes tels que les antidépresseurs) ou encore à une radiothérapie anticancéreuse du cou ou de la face.

SYMPTÔMES ET SIGNES

Une xérostomie est extrêmement gênante : le sujet a du mal à s'alimenter et à parler ; il a soif en permanence. De plus, ce trouble entraîne, à terme, des caries et des affections de la bouche.

TRAITEMENT

Il associe le traitement de la cause, quand il est possible, à celui des symptômes de la xérostomie : administration, par voie orale, de médicaments sialagogues (anétholtrithione), pulvérisations buccales répétées de « salive artificielle », etc.

X fragile (syndrome du chromosome)

Affection héréditaire caractérisée par un retard mental modéré, un prognathisme, des oreilles trop grandes et décollées, un crâne étroit et allongé et une augmentation de volume des testicules. SYN. *syndrome de fragilité du chromosome X*.

Le syndrome du chromosome X fragile, appelé dans le langage médical courant syndrome de l'X fragile, ou X fragile, est une maladie liée au sexe.

Cependant, sa transmission présente quelques caractéristiques particulières : alors que normalement, dans les maladies liées au sexe, les femmes peuvent transmettre la maladie mais n'en sont jamais atteintes, dans le cas du syndrome du chromosome X fragile, les femmes peuvent présenter des signes atténués de la maladie ; parallèlement, certains hommes porteurs de l'anomalie chromosomique, et qui devraient donc être atteints, ne le sont pas. Le mécanisme de ce syndrome, très complexe, est aujourd'hui partiellement élucidé. Son nom tient au fait que, chez les sujets malades, le bras long du chromosome X présente une zone de constriction.

Le syndrome de l'X fragile est l'une des causes les plus fréquentes de retard mental chez le garçon. Il peut être dépisté dès la 9e ou la 10e semaine de grossesse par une biopsie de trophoblaste.

PRÉVENTION

Il n'existe pas actuellement de traitement de ce syndrome. Dans les familles touchées, un conseil génétique est recommandé aux couples désireux d'avoir un enfant.

XXY (syndrome)

→ VOIR Klinefelter (syndrome de).

Yersiniose

Infection due à une bactérie du genre *Yersinia*.

Les *Yersinia* forment un genre bactérien de la famille des entérobactéries, constitué de bacilles (bactéries en forme de bâtonnet) à Gram négatif. Ce genre bactérien comporte trois espèces infectant un grand nombre d'animaux et, moins fréquemment, l'homme.

■ **Yersinia enterocolitica**, très répandue dans le sol, l'eau et les végétaux, et présente en faible quantité dans les selles de nombreux individus (porteurs sains), est, dans certains cas, responsable d'entérocolites (inflammation de la muqueuse de l'intestin) se compliquant parfois de septicémie, d'atteinte des ganglions mésentériques, d'érythème noueux ou de polyarthrite.

■ **Yersinia pseudotuberculosis, ou bacille de Malassez et Vignal,** est responsable chez l'homme de septicémie (état infectieux généralisé) et d'atteinte des ganglions, mésentériques en particulier. Elle provoque parfois des symptômes comparables à ceux de l'appendicite.

■ **Yersinia pestis, ou bacille de Yersin,** est l'agent de la peste.

DIAGNOSTIC ET TRAITEMENT

Les bacilles sont isolés par coproculture (examen bactériologique des selles) ou par culture d'un prélèvement ganglionnaire en cas d'infection digestive. Toutes les yersinioses sont sensibles aux antibiotiques.

Yoga

Discipline qui englobe à la fois une philosophie, se proposant d'indiquer la finalité de l'existence humaine, et des exercices spirituels et corporels, qui permettent à chacun de mettre en pratique cette philosophie.

HISTORIQUE

Le corpus des rites du yoga s'élabore pendant le premier millénaire av. J.-C. (époques védique et upanishadique). Dès le ve siècle apr. J.-C., avec le développement de l'hindouisme, apparaissent les docteurs, les compilateurs et les commentateurs, qui rassemblent toutes ces expériences dans une synthèse appelée *rāja-yoga* (yoga royal). En marge de ce modèle ou dérivant de lui, certains courants se centrent sur des réalisations particulières : parmi les principaux en vigueur aujourd'hui, on distingue ainsi le *bhakti-yoga* (forme dévotionnelle d'abandon de soi au divin), le *jñāna-yoga* (orienté vers la connaissance métaphysique) et le *karma-yoga* (exercice de l'action désintéressée).

PRINCIPES

Le yoga comprend une recherche spirituelle ainsi que des règles de vie et des exercices physiques et psychologiques dont la mise en pratique s'accomplit en plusieurs étapes, réparties sur de nombreuses années. L'époque actuelle voit un partage entre deux attitudes fondamentales. La première consiste à utiliser les exercices physiques et psychologiques du yoga pour lutter contre les maux de la vie contemporaine : ainsi, la détente yogique, en agissant sur l'ensemble des muscles, constitue une réponse active aux affections liées au stress ; de la même façon, les exercices de tonification de la sangle abdominale permettent de stimuler le transit intestinal. Quant à la seconde approche, marquée par le goût de l'ésotérisme et la quête d'un « ailleurs » philosophique et spirituel, elle donne parfois lieu à des dérives.

INDICATIONS ET DÉROULEMENT

Bien que, en Inde, il soit souvent utilisé comme complément des médecines traditionnelles, le yoga n'est pas une thérapie. S'il peut aider à guérir certaines affections telles que le mal de dos, la spasmophilie, l'anxiété, l'insomnie, certaines maladies cardiovasculaires, etc., ses applications thérapeutiques restent des aspects annexes, et son rapport à la médecine est plutôt d'accompagnement, le but du yoga restant, même dans le contexte actuel, ce qu'il a toujours été : permettre une meilleure connaissance de soi.

Les séances consistent en séries de mouvements coordonnés au rythme respiratoire, alternées avec des postures immobiles. Celles-ci se répartissent en sept grands groupes selon la position de la colonne vertébrale : étirements, flexions, extensions, inclinaisons latérales, torsions, équilibres, inversions. Elles présentent de nombreuses variantes, selon les parties du corps concernées, le niveau de difficulté et le but recherché (tonification ou, au contraire, assouplissement de différents groupes musculaires, par exemple). Elles permettent de corriger les déformations de la colonne vertébrale (cyphose, hyperlordose) et assouplissent les ceintures pelvienne et scapulaire, restituant leur mobilité au bassin et à la nuque. S'y ajoutent des exercices de tonification et de stimulation des organes abdominaux (foie, reins, intestin). Enfin, la respiration se pratique seule ou associée à des postures. Elle permet, notamment, de mobiliser le diaphragme (muscle séparant le thorax de l'abdomen), d'assouplir la cage thoracique et d'activer les échanges gazeux à l'aide d'exercices d'expiration/inspiration. Enfin, le yoga permet aux femmes enceintes de mieux connaître leur corps et il leur offre des moyens de détente et d'assouplissement (tonification du périnée, étirement des ligaments de la région du bassin, apprentissage de la respiration profonde, etc.).

Yohimbine

Médicament vasodilatateur.

La yohimbine fait partie des sympatholytiques (substances qui inhibent l'action du système nerveux sympathique). Elle agit en se fixant sur les récepteurs alpha-adrénergiques des cellules de l'organisme et empêche la libération de l'adrénaline. Elle possède des effets vasodilatateurs périphériques, notamment sur les artères cutanées, rénales, intestinales et génitales (corps caverneux du pénis).

Administrée par voie orale, la yohimbine est indiquée dans le traitement de l'impuissance masculine et dans celui de l'hypotension orthostatique (étourdissements au lever et en position debout), en particulier de l'hypotension induite par les antidépresseurs. Elle est contre-indiquée en cas d'insuffisance hépatique ou rénale sévères.

EFFETS INDÉSIRABLES

Ils sont très rares et n'apparaissent qu'à des doses élevées : nervosité, insomnies, migraines, vertiges, tremblements, troubles digestifs (nausées, vomissements, diarrhée), essentiellement.

Yoyo

→ VOIR Aérateur transtympanique.

Zenker (diverticule de)

Déformation en doigt de gant de la partie basse du pharynx, formant une poche au voisinage du sphincter supérieur de l'œsophage.

SYMPTÔMES ET SIGNES

Cette déformation peut rester longtemps sans symptôme. Elle ne devient gênante que lorsqu'elle grossit : le diverticule se remplit après les repas et se manifeste sous la forme d'une tuméfaction gonflant le cou, qui disparaît en se vidant dans le pharynx.

DIAGNOSTIC ET TRAITEMENT

Le diagnostic se fait par radiographie. Le traitement consiste en l'ablation chirurgicale du diverticule, mais ne se justifie que si celui-ci constitue une véritable gêne.

Zézaiement

Trouble de l'articulation qui consiste à prononcer « ze » à la place de « je » ou de « ce ». SYN. *sigmatisme addental, sigmatisme interdental, zozotement.*

Le zézaiement est très fréquent chez l'enfant avant l'âge de 4 ou 5 ans. Dû à une mauvaise position de la langue, placée trop près des incisives ou entre les arcades dentaires, il est généralement associé à un mode de déglutition de type infantile (dans lequel l'enfant avance sa langue pour déglutir) et à une succion du pouce.

TRAITEMENT

La suppression des biberons et, si possible, de la succion du pouce ou de la tétine permet l'acquisition d'une déglutition normale et peut suffire à mettre fin au zézaiement. Si ce défaut persiste au-delà de 5 ans, quelques séances d'orthophonie contribuent à apprendre à l'enfant à mieux positionner sa langue.

Zidovudine

Médicament antiviral actif sur les rétrovirus, en particulier sur le V.I.H., responsable du sida. SYN. *azidothymidine (A.Z.T.).*

MÉCANISME D'ACTION

La zidovudine a des effets analogues à ceux de la thymidine (substance issue de la thymine, présente dans l'A.D.N. cellulaire). Elle agit sur les rétrovirus en inhibant certaines enzymes virales (transcriptase inverse et A.D.N. polymérase). Le risque infectieux est ainsi diminué, mais le risque d'apparition d'infections opportunistes (ne se déclarant que chez des personnes immunodéprimées) ou de tumeurs persiste malgré le traitement par zidovudine.

INDICATIONS

■ **Chez l'adulte,** la zidovudine est indiquée aux stades avancés du sida, mais aussi au cours des manifestations précoces de l'infection (dès lors que le taux de lymphocytes T4 est inférieur à 500 par millimètre cube) et chez les patients qui ne présentent encore aucun symptôme mais dont le taux de lymphocytes T4 diminue rapidement.

■ Chez l'enfant de moins de 3 mois, elle est employée en cas de signes nets d'immunodépression.

CONTRE-INDICATIONS ET VOIE D'ADMINISTRATION
La zidovudine est contre-indiquée en cas d'allergie à cette substance et de troubles hématologiques sévères. Elle est administrée par voie orale. Le traitement doit être poursuivi indéfiniment en l'absence d'effets indésirables.

EFFETS INDÉSIRABLES
Ils concernent le sang : anémie pouvant nécessiter des transfusions, neutropénie (diminution de certains globules blancs dits polynucléaires neutrophiles) ou leucopénie (diminution de tous les types de globules blancs). Les autres effets possibles, beaucoup plus rares, sont des nausées, des vomissements, des éruptions cutanées, des douleurs abdominales, une fièvre, des maux de tête, des insomnies, un manque d'appétit, des douleurs musculaires, une faiblesse générale, des troubles de la digestion.

INTERACTIONS MÉDICAMENTEUSES
Il faut éviter d'associer la zidovudine aux médicaments toxiques pour certains constituants du sang (sulfamides, pyriméthamine, par exemple) ainsi qu'aux médicaments capables d'empêcher sa dégradation dans l'organisme (salicylés, anti-inflammatoires non stéroïdiens, clofibrate, cimétidine).

Zinc

Oligo-élément indispensable à l'organisme, qui permet notamment l'activation d'un grand nombre d'enzymes, principalement celles qui sont impliquées dans la synthèse des protéines (A.R.N. polymérases en particulier).

BESOINS ET SOURCES
Les apports quotidiens conseillés en zinc (Zn) sont de l'ordre de 5 à 10 milligrammes pour l'enfant, de 12 milligrammes pour la femme, de 15 milligrammes pour l'homme et la femme enceinte et de 19 milligrammes pour la femme qui allaite. Les principales sources alimentaires de zinc sont les aliments riches en protéines d'origine animale (viande, poisson, produits laitiers, œufs) mais aussi les légumes secs. L'absorption intestinale du zinc varie selon la composition du repas : de 35 % de la quantité de zinc ingérée (pour un repas normal) à 15 % (pour un repas riche en végétaux et pauvre en viande) ; de plus, les céréales et les légumes secs gênent cette absorption.

DOSAGE ET CARENCE
La zincémie (taux de zinc dans le sérum), de dosage délicat, est fonction de l'apport alimentaire en zinc : les valeurs normales se situent autour de 1,25 milligramme par litre. Une carence en zinc peut être due à un apport alimentaire insuffisant, à une augmentation des besoins (croissance, grossesse), à différents états pathologiques (alcoolisme, diabète, infection) ou à un trouble héréditaire du métabolisme du zinc (acrodermatite entéropathique). Les symptômes de la carence varient selon sa gravité : retard de croissance, altérations de la peau et des muqueuses (dermite séborrhéique, inflammation de la commissure des lèvres, éruption semblable à de l'eczéma ou à du psoriasis), chute des cheveux, perte du goût, diminution de l'appétit, problèmes de cicatrisation, troubles de l'immunité et de la maturation sexuelle (atrophie des gonades [testicules, ovaires], diminution de la spermatogenèse) et, chez la femme enceinte, risque de malformations et d'hypotrophie fœtales.

APPORT EXCESSIF
Une surcharge en zinc peut survenir en cas d'intoxication aiguë ou chronique d'origine industrielle (inhalation de vapeurs riches en oxyde de zinc), en cas de supplémentation excessive ou au cours de maladies héréditaires exceptionnelles (maladie de Pick, hyperzincémie familiale) ; elle risque de provoquer une carence en cuivre, elle-même responsable d'une anémie sévère.

UTILISATION THÉRAPEUTIQUE
Le zinc est utilisé, par voie orale et injectable, dans la prévention et le traitement des carences correspondantes, par voie orale au cours du traitement de l'acné et, localement, comme antiseptique. Il entre également dans la composition de certains médicaments (insuline, par exemple).

Zollinger-Ellison (syndrome de)

Affection caractérisée par la présence d'ulcères multiples et récidivants dans l'estomac et surtout dans le duodénum, associée à une inflammation locale (bulbite, duodénite), à une diarrhée et à une stéatorrhée (présence de graisses dans les selles).

CAUSES

Ces troubles, rares, sont dus à une acidité gastrique excessive causée par l'hypersécrétion d'une hormone digestive, la gastrine, par une ou plusieurs tumeurs bénignes ou malignes d'évolution très lente, appelées gastrinomes. Celles-ci siègent le plus souvent dans le pancréas ou alentour, plus rarement dans la paroi de l'estomac ou du duodénum. Le syndrome de Zollinger-Ellison est soit acquis et isolé, soit héréditaire et associé à l'atteinte d'autres glandes endocrines, les parathyroïdes ou l'hypophyse, par exemple : il fait alors partie d'une néoplasie endocrinienne multiple (maladie héréditaire caractérisée par un hyperfonctionnement de plusieurs glandes endocrines).

ÉVOLUTION

Le syndrome de Zollinger-Ellison entraîne parfois, après plusieurs années, l'apparition de métastases dans le foie.

DIAGNOSTIC

La maladie, suspectée par l'examen endoscopique (fibroscopie œso-gastro-duodénale), est confirmée par des dosages révélant l'excès de gastrine. La tumeur peut être localisée par un scanner abdominal, une échographie ou une angiographie (radiographie des vaisseaux).

TRAITEMENT ET PRONOSTIC

De fortes doses de médicaments freinant la sécrétion acide des cellules gastriques (oméprazole, lanzoprazole) permettent de guérir les ulcères. Contre la tumeur, l'ablation chirurgicale peut être envisagée, associée à une chimiothérapie en cas de métastases. Après traitement, des dosages hormonaux réguliers de gastrine permettent le dépistage précoce d'éventuelles récidives. En raison de l'évolution lente de la tumeur et grâce au traitement mis en œuvre, le pronostic du syndrome de Zollinger-Ellison est très souvent favorable.

Zona

Maladie infectieuse due à la réactivation du virus varicelle-zona. SYN. *herpès zoster*.

CAUSES

Le zona atteint exceptionnellement l'enfant, beaucoup plus fréquemment l'adulte et le vieillard. Il survient chez des sujets ayant eu la varicelle. En effet, le virus responsable de cette maladie persiste à l'état latent après l'infection, pendant la vie entière, dans les ganglions nerveux du rachis ou des nerfs crâniens. Dans certains cas, et notamment lorsqu'il se produit une baisse des défenses immunitaires, ou sous l'effet d'un stress (traumatisme, par exemple), le virus peut se réactiver et infecter le nerf correspondant aux ganglions qu'il occupait. Le zona est une maladie contagieuse, par contact cutané avec les lésions ; il peut provoquer la varicelle chez un sujet n'ayant jamais contracté le virus varicelle-zona.

SYMPTÔMES ET SIGNES

Le zona atteint le plus souvent un nerf intercostal, les symptômes se déclarant alors sur le thorax, mais tous les autres nerfs peuvent être touchés : nerfs cervicaux (éruption se déclarant sur la nuque, le cou, le cuir chevelu), ganglion géniculé (atteinte du conduit auditif externe et de l'intérieur du pavillon de l'oreille), nerf buccopharyngé (atteinte de la face interne de la joue, du voile du palais, de la paroi postérieure du pharynx), nerfs céphaliques et, particulièrement, branche ophtalmique du nerf trijumeau (atteinte de l'œil, ou zona ophtalmique).

La maladie débute par une fièvre modérée et par une sensation de brûlure dans la zone d'émergence du nerf atteint. Après quelques jours apparaît une éruption de petites taches rouges surmontées de vésicules. Dans certains cas, l'éruption peut être très discrète (très peu de vésicules) et passer inaperçue – lorsqu'elle survient à l'aisselle, par exemple –, la maladie se révélant alors exclusivement par des douleurs. Signe caractéristique du zona, l'éruption est unilatérale et recouvre strictement le territoire d'un nerf sensitif - bien qu'on puisse rencontrer quelques vésicules ou quelques rougeurs en dehors de ce territoire. Sur le thorax en particulier, les lésions suivent un tracé grossièrement horizontal qui croise obliquement les côtes.

Les vésicules, d'abord translucides, se troublent rapidement. Vers le sixième jour, elles se dessèchent en formant des croûtes ou en se creusant, puis cicatrisent en 15 à 20 jours ; de petites cicatrices déprimées peuvent persister. L'éruption s'accompagne d'une exacerbation de la douleur, qui devient souvent très difficilement supportable, et, dans certains cas, de sueurs et de maux de tête. Elle évolue en deux ou trois poussées sur deux à trois semaines.

COMPLICATIONS

Elles sont surtout à redouter en cas de zona ophtalmique ; en effet, celui-ci peut entraîner, outre des douleurs très intenses, une atteinte de la cornée (kératite), de l'uvée (uvéite), de la rétine (rétinite) ou des nerfs moteurs de l'œil (paralysie oculaire).

Chez les malades dont les défenses immunitaires sont très affaiblies (sujets atteints du sida, de leucémie, sous traitement immunosuppresseur, sous corticothérapie, etc.) existe le risque d'une généralisation de l'infection avec atteinte des viscères, nécrose hémorragique ou méningoencéphalite.

TRAITEMENT ET ÉVOLUTION

Chez les sujets de moins de 50 ans ne souffrant d'aucun déficit immunitaire, le traitement est uniquement celui des symptômes : désinfection et talcage des lésions – les pommades sont formellement déconseillées –, repos et, surtout prise d'analgésiques le plus précocement possible. Chez les malades âgés, les sujets immunodéprimés et ceux chez qui la maladie est très étendue ou entraîne des douleurs importantes, on prescrit en outre des antiviraux : aciclovir à forte dose, fanciclovir, valaciclovir.

En cas de zona ophtalmique, le traitement antiviral est systématique ; il peut être nécessaire de procéder, pendant toute la durée du zona, à une tarsorraphie (suture des paupières) pour empêcher une ulcération ou une surinfection de la cornée.

SÉQUELLES

Ce sont des douleurs, appelées algies postzostériennes, souvent très pénibles, qui peuvent persister des années, surtout chez les personnes âgées ou après un zona ophtalmique. Il est souvent malaisé de les faire disparaître et les analgésiques usuels se révèlent peu opérants. L'efficacité des traitements antiviraux est d'autant plus grande qu'ils sont prescrits précocement. Les algies postzostériennes qui sont difficiles à traiter peuvent être diminuées par les antalgiques et/ou les antidépresseurs.

Zoonose

Maladie de l'animal transmissible à l'homme.

Nombre de zoonoses se transmettent à l'homme par contact direct avec un animal infecté, qu'il s'agisse d'un animal familier (chat, chien, oiseau), domestique (bétail) ou sauvage (renard). D'autres se contractent par l'intermédiaire d'un animal vecteur, comme la peste (du rat à l'homme par la puce), le typhus murin (du rat à l'homme par la puce) ou la fièvre jaune (du singe à l'homme par le moustique). (V. tableau pages 1064-1065.)

Zooprophylaxie

Ensemble des mesures prises pour empêcher la transmission des zoonoses (maladies transmissibles de l'animal à l'homme).

Zoopsie

Hallucination au cours de laquelle le sujet a des visions d'animaux (araignées, serpents, etc.), le plus souvent terrifiantes.

Zygote

Cellule résultant de l'union du spermatozoïde et de l'ovule. SYN. *œuf fécondé.*

Le zygote est formé, au moment de la fécondation, par la pénétration de la tête d'un spermatozoïde (gamète mâle) dans l'ovule (gamète femelle). Issus d'une division particulière (méiose), ces gamètes sont chacun porteurs d'un patrimoine génétique réduit de moitié, soit 23 chromosomes dans l'espèce humaine. La fusion de leurs noyaux rétablit le nombre normal de chromosomes – 46 pour l'espèce humaine –, le zygote étant donc la première cellule d'un nouvel être humain.

→ VOIR Dizygote, Monozygote.

PRINCIPALES ZOONOSES

Animaux	Maladies	Mode de contamination
Bovins	Brucellose	Contact cutané, ingestion (laitages)
	Charbon	Contact cutané, inhalation
	Fièvre Q	Inhalation, piqûre de tique
	Listériose	Ingestion (viande mal cuite)
	Rage	Morsure
	Ténia du bœuf	Ingestion (viande mal cuite)
	Tuberculose bovine	Ingestion (lait)
	Vaccine	Traite des vaches
Chat	Maladie des griffes du chat	Griffure, morsure
	Mycose	Contact cutané
	Pasteurellose	Morsure
	Rage	Morsure
	Toxoplasmose	Ingestion (aliments contenant des poussières provenant des déjections)
Cheval	Encéphalite équine	Piqûre de moustique (*Ædes*)
	Morve	Contact cutané, inhalation
	Rage	Morsure
	Trichinose	Ingestion (viande mal cuite)
Chèvre	Brucellose	Contact cutané, ingestion (laitages)
Chien	Hydatidose	Ingestion (œufs du parasite)
	Leishmaniose	Piqûre de phlébotome
	Mycose	Contact cutané
	Pasteurellose	Morsure
	Rage	Morsure
	Toxocarose	Ingestion (œufs du parasite)
Lièvre	Tularémie	Contact cutanéomuqueux, ingestion (viande mal cuite), inhalation
Mouton	Brucellose	Contact cutané, ingestion (fromages)
	Charbon	Contact cutané, inhalation
	Douve du foie	Ingestion (douves contenues dans du cresson mal lavé)
	Orf	Tonte, traite
	Rage	Morsure
	Toxoplasmose	Ingestion (viande mal cuite)
Oiseaux	Mycobactériose	Inhalation
	Ornithose	Inhalation
	Pasteurellose	Morsure
	Psittacose	Inhalation
	Salmonellose	Ingestion (eau, aliments contaminés)

PRINCIPALES ZOONOSES (SUITE)

Animaux	Maladies	Mode de contamination
Porc	Brucellose Rouget du porc Ténia du porc Trichinose	Contact cutané Blessure avec un os d'un animal contaminé Ingestion (viande mal cuite) Ingestion (viande mal cuite)
Rat	Leptospirose Peste Rage Rickettsiose Sodoku	Contact cutanéomuqueux avec les urines (via l'eau) Piqûre de puce Morsure Piqûre d'arthropode Morsure
Renard	Échinococcose Rage	Ingestion (baies souillées par les déjections du renard) Morsure
Singe	Encéphalite à virus de l'herpès B Fièvre jaune Rage	Morsure Piqûre de moustique (*Ædes* ou *Hæmagogus)* Morsure
Tortue	Mycobactériose Salmonellose	Ingestion (eau contaminée) Ingestion (eau ou aliments contaminés)

ASSOCIATIONS D'AIDE AUX MALADES EN FRANCE, EN BELGIQUE ET EN SUISSE

Les listes d'associations françaises, belges et suisses figurant dans les pages suivantes indiquent les noms, adresses, numéros de téléphone de diverses organisations et associations dont le but consiste à aider les malades ainsi que leur famille. Ces listes ne sauraient être exhaustives ni représentatives des organismes les plus efficaces ; une sélection – inévitablement arbitraire – s'est malheureusement révélée indispensable. La plupart de ces associations offrent des informations, des accompagnements psychologiques, des conseils juridiques et sociaux, etc. qui peuvent être précieux.

Si vous ne trouvez pas l'information concernant votre cas particulier, vous pouvez soit demander conseil à votre médecin, soit consulter les services sociaux.

Les coordonnées des organismes figurant sur ces listes sont généralement celles des sièges sociaux auprès desquels vous aurez tous renseignements concernant l'antenne de votre région.

ASSOCIATIONS D'AIDE AUX MALADES EN FRANCE

URGENCES

15 – Aide médicale urgente
17 – Police secours
18 – Pompiers

Centres anti-poison

Numéros d'appel en France
métropolitaine

Angers	02 41 48 21 21
Bordeaux	05 56 96 40 80
Grenoble	04 76 42 42 42
Lille	03 20 44 44 44
Lyon	04 72 11 69 87
Marseille	04 91 75 25 25
Nancy	03 83 32 36 36
Nantes (Pays de la Loire)	02 41 48 21 21
Nice	04 91 75 25 25
Paris	01 40 05 48 48
Reims	03 26 86 26 86
Rennes	02 99 59 22 22
Rouen	02 35 88 44 00
Strasbourg	03 88 37 37 37
Toulouse	05 61 77 74 47
Tours	02 47 64 64 64

ACCIDENTS DU TRAVAIL, MALADIES PROFESSIONNELLES

Fédération nationale des accidentés du
travail et des handicapés (FNATH)
20, rue Tarentaize
42029 Saint-Étienne Cedex 1
Tél. : 04 77 49 42 42
Défend les victimes du travail
et handicapés. Organise la prévention.

AIDE AUX MOURANTS

Association pour le développement des
soins palliatifs (ASP)
44, rue Blanche
75009 Paris
Tél. : 01 45 26 58 58

Assure une prise en charge globale du malade. Permet ainsi de surmonter, dans des
conditions plus supportables, la douleur et
l'angoisse au seuil de la mort. Participe à la
création d'unités de soins palliatifs au sein
d'hôpitaux ou de cliniques.

Fédération nationale JALMALV
(Jusqu'à la mort accompagner la vie)
4 bis, rue Hector-Berlioz
38000 Grenoble
Tél. : 04 76 51 08 51
Encourage la recherche sur les besoins des
malades en fin de vie. Leur apporte un soutien ainsi qu'à leur famille et au personnel
soignant en participant à la création de lieux
d'accueil où la souffrance physique, morale,
sociale et spirituelle des patients est prise en
compte.

AIDE AUX VICTIMES
(agressions, attentats, inceste, viols)

Association européenne contre les violences faites aux femmes au travail
71, rue Saint-Jacques
75005 Paris
Tél. : 01 45 84 24 24
Soutient et défend par tous les moyens
légaux les femmes victimes, sur leur lieu de
travail, de harcèlement sexuel ou sexiste,
d'agression ou de discrimination fondée sur
le sexe. Dénonce la réalité de ces violences
et sensibilise l'opinion publique.

Institut national d'aide aux victimes et de
médiation (INAVEM)
4-14, rue Ferrus
75014 Paris
Tél. : 01 45 88 19 00
Regroupe les services d'aide aux victimes en
France. A ouvert des permanences locales
pour aider et écouter les victimes d'infrac-
tions pénales (agressions, attentats, vols,
escroqueries, accidents de la route).
Propose l'intervention de médiateurs.

SOS attentats
BP 100
75770 Paris Cedex 16
Tél. : 01 45 55 41 41
Apporte une aide morale, médicale
et juridique à ses adhérents.

SOS inceste
BP 345
38013 Grenoble Cedex 1
Tél. : 04 76 47 90 93
Équipe de médecins, avocats, psychanalystes. Apporte aide et soutien
aux personnes victimes d'un inceste,
de violences sexuelles.

Viols Femmes Informations
Numéro d'appel gratuit : 08 00 09 95 95
Apporte un soutien aux femmes victimes
d'un viol, d'inceste ou de violences
conjugales.

Violence conjugale
Femmes Info-Service
Permanence nationale téléphonique
Tél. : 01 40 02 03 33
Regroupe les associations SOS femmes en
France qui accueillent et hébergent tant les
femmes que les enfants battus ou victimes
de viol et d'inceste.

ALCOOLISME

Alcooliques anonymes (AA)
21, rue Trousseau
75011 Paris
Tél. : 01 48 06 43 68
Permanence :
3, rue Frédéric-Sauton
75005 Paris.
Tél. : 01 43 25 75 00
Mouvement d'anciens malades venu des
États-Unis. Organise des réunions d'entraide
pour aider les personnes alcooliques
à ne plus boire.

Association nationale de prévention de
l'alcoolisme (ANPA)
20, rue Saint-Fiacre
75002 Paris
Tél. : 01 42 33 51 04
Informe le public des risques de l'alcool.
Apporte des renseignements sur les
traitements, cures de désintoxication, etc.,

et organise des actions médico-sociales
(écoute, suivi et réinsertion).

Fédération française interprofessionnelle
pour le traitement et la prévention de l'al-
coolisme et autres toxicomanies (FITPAT)
Usine Renault de Flins
78410 Aubergenville
Tél. : 01 30 95 23 75

Fédération nationale Joie et santé
35, rue Ampère
94400 Vitry-sur-Seine
Tél. : 01 43 36 83 99
Aide les malades à lutter contre l'alcoolisme
par des visites à domicile ou dans les
hôpitaux. Aide la famille et les proches à se
comporter avec un malade alcoolique.

La Croix d'or française
10, rue des Messageries
75010 Paris
Tél. : 01 47 70 34 18
Organise des réunions d'entraide destinées
à prévenir l'alcoolisme.

Société française de la Croix-Bleue
47, rue de Clichy
75009 Paris
Tél. : 01 42 85 30 74
S'efforce de prévenir l'alcoolisme. Organise
par ailleurs des réunions pour aider les
alcooliques à renoncer à l'alcool.

Vie libre
8, impasse Dumur
92110 Clichy
Tél. : 01 47 39 40 80
Mouvement de buveurs guéris, d'abstinents
volontaires et de sympathisants. Lutte tant
contre les causes que contre les conséquences de l'alcoolisme.

APHASIE

Fédération nationale des aphasiques de
France (FNAF)
22, rue Montyon
76610 Le Havre
Tél. : 02 35 47 00 96

ASTHME

Association Asthme
3, rue Hamelin
75016 Paris
Tél. : 01 47 55 03 56
Informe les personnes concernées par la maladie. Aide à la création d'associations loco-régionales et à la mise en place d'écoles de l'asthme dans toute la France. Elle organise des actions d'information et de sensibilisation sur l'asthme.

BÉGAIEMENT

Association française des bègues
30, avenue G. Péri
93100 Montreuil
Tél. : 01 42 87 82 13

BRÛLÉS

Association des brûlés de France (ABF)
46, quai de la Loire
75019 Paris
Tél. : 01 42 02 25 01
Apporte une aide morale, juridique et administrative à ses adhérents. Concourt, avec le corps médical, à une amélioration des traitements.

CANCER

Association pour la recherche sur le cancer (ARC)
9, rue Guy Moquet
94800 Villejuif
Tél. : 01 45 59 59 59
Recueille des fonds pour la recherche sur le cancer et fournit des informations au public. Association reconnue d'utilité publique.

Choisir l'espoir
73, rue Gaston-Baratte
59650 Villeneuve-d'Ascq
Tél. : 03 20 64 04 99
Renseigne les parents d'enfants atteints d'un cancer sur les divers services et aides. Propose un accompagnement à domicile. Fournit une documentation aux jeunes malades sur leurs traitements. Sert de relais avec les autres associations de ce type en France.

Écoute cancer
Tél. : 01 45 02 15 15
Permanence téléphonique de la Ligue nationale française contre le cancer.

Fédération des stomisés de France
76, rue Balard
75015 Paris
Tél. : 01 45 57 40 02
Des iléostomisés, colostomisés et urostomisés aident les malades à s'adapter à leur nouvel état, favorisent leur insertion sociale et professionnelle.

Ligue nationale française contre le cancer
1, avenue Stephen-Pichon
75013 Paris
Tél. : 01 44 06 80 80
Participe à la recherche, à la prévention et au dépistage par l'information et l'aide aux malades. Les financements nécessaires sont entièrement assurés par les fonds recueillis grâce à la générosité du public.

Union des associations françaises de laryngectomisés et mutilés de la voix (UAFLMV)
10, rue Portalis
75008 Paris
Tél. : 01 42 93 75 05
Des anciens malades aident les patients opérés du larynx à se réinsérer dans la vie familiale et sociale, les soutiennent au moment de l'hospitalisation et dans leur réinsertion.

Vivre comme avant
8, rue Taine
75012 Paris
Tél. : 01 43 43 87 39
Créée par des femmes opérées d'un cancer du sein, l'association aide les personnes qui, en plein cœur de la maladie, ont besoin d'une écoute.

COUPLE, FAMILLE, PARENTS

Fédération nationale couple et famille
28, place Saint-Georges
75009 Paris
Tél. : 01 42 85 25 98
Des conseillers conjugaux et familiaux assurent des permanences pour assister toutes les personnes qui ont besoin d'être écoutées

et aidées : couples en difficulté, femmes en détresse, parents, adolescents, personnes seules, etc.

Fédération nationale des écoles des parents et des éducateurs
5, impasse Bon-Secours
75011 Paris
Tél. : 01 44 93 44 70
Joue un rôle de conseil auprès des familles et des parents : éducation des enfants, scolarité, loisirs, problèmes juridiques, psychologiques, sexuels. Gère un centre de documentation ainsi qu'un service de formation et d'animation. Assure une permanence inter-service parents, animée par des juristes, psychologues, conseillers d'orientation qui répondent aux parents :
Paris : 01 44 93 44 93
Colmar : 03 89 41 41 14*
Grenoble : 04 76 87 54 82
Lyon : 04 72 00 05 30
Metz : 03 87 69 04 56
 * Espace écoute jeunes

DIABÈTE

Aide aux jeunes diabétiques (AJD)
3, rue Gazan
75014 Paris
Tél. : 01 44 16 89 89
Éduque l'enfant et l'adolescent diabétiques à prendre en charge leur traitement quotidien. Organise des séjours de vacances et favorise la recherche sur le diabète.

Association française des diabétiques (AFD)
58, rue Alexandre-Dumas
75011 Paris
Tél. : 01 40 09 24 25
Informe, aide et défend les diabétiques par des permanences téléphoniques, un réseau d'entraide et un service social. Favorise la recherche médico-sociale.

Ligue des diabétiques de France (LDF)
37, avenue Norman-Prince
64000 Pau
Tél. : 05 59 80 29 52
Regroupe les diabétiques et leur assure une information sur tous les problèmes médicaux, sociaux et économiques.

DON D'ORGANES
(donneurs bénévoles)

Association des greffés du cœur et du poumon
36, rue Petit
75019 Paris
Tél. : 01 42 38 63 71
Soutient moralement les transplantés cardiaques et leur famille. Encourage les malades qui vont subir une greffe.

Association France transplant
Hôpital Tarnier
89, rue d'Assas
75006 Paris
Tél. : 01 42 34 15 91
Réseau national. Coordonne les échanges d'organes : gestion d'un fichier de malades en attente de greffe (rein, foie, cœur), acheminement des organes et information du public.

Banque française des yeux
6, quai des Célestins
75004 Paris
Tél : 01 42 77 19 21
Coordonne les différents actes en vue de greffe.

Fédération française des donneurs de sang bénévoles (FFDSB)
28, rue Saint-Lazare
75009 Paris
Tél. : 01 48 78 93 51
Suscite le don volontaire et bénévole de sang dans toute la population.

France ADOT
BP 35
75462 Paris Cedex 10
Tél. : 01 42 45 63 40
Informe le public sur le don d'organes en cas de décès et sur celui de la moelle osseuse provenant de donneur vivant.

France greffe de moelle osseuse
1, avenue Claude-Vellefaux
Hôpital Saint-Louis
Pavillon Lailler
75475 Paris Cedex 10
Tél. : 01 42 49 40 70 →

Recherche et établit un fichier de donneurs bénévoles de moelle osseuse pour des malades en attente d'une greffe.

DROGUE

Centre DIDRO
9, rue Pauly
75014 Paris
Tél. : 01 45 42 75 00
Gère un centre d'accueil, d'accompagnement thérapeutique et d'orientation pour toxicomanes.

Drogue info-service
Numéro vert national (gratuit) : 08 00 23 13 13

Centre confluences
SOS drogue international
126, rue de l'Ouest
75014 Paris
Tél. : 01 43 95 08 08
Apporte une aide psychologique et juridique aux toxicomanes et à leur famille.

Union familiale de lutte contre les toxicomanies (UNAFALT)
5, rue Cino del Duca
75017 Paris
Tél. : 01 55 55 08 06
Association accueillant et soutenant les toxicomanes et leurs familles.

DYSLEXIE - DYSORTHOGRAPHIE- DYSPHASIE

Union nationale France Dyslexie
Hôpital Trousseau
26, avenue du Dr Arnold Netter
75012 Paris
Tél. : 01 44 73 64 10
Regroupe des associations de parents et de professionnels qui viennent en aide aux enfants dyslexiques, dysorthographiques et dysphasiques.

ENFANTS

Enfance et partage
10, rue des Bluets
75011 Paris
Tél. : 01 53 36 53 53

Service d'accueil téléphonique pour l'enfance maltraitée.
Traite des problèmes de violences, d'abus sexuels, d'inceste, etc.
Numéro vert national : 08 00 05 12 34

ÉPILEPSIE

Association pour la Recherche pour l'Éducation et l'Insertion des Jeunes Épileptiques (A.R.P.E.I.J.E.)
133, rue Falguière
75015 Paris
Tél. : 01 40 65 97 39
Favorise l'insertion sociale des jeunes épileptiques. Encourage la recherche scientifique médicale.

Agir, informer, sensibiliser le public pour améliorer les connaissances sur les épilepsies (AISPACE)
11, avenue Kennedy
59800 Lille
Tél. : 03 20 57 19 41
Est un lieu d'échanges et d'écoute, un club ouvert à tous ceux qui veulent s'informer et comprendre la maladie : chercheurs, médecins, malades, etc.

FEMMES

Centre national d'information et de documentation des femmes et des familles.
Maison de l'information CNIDFF
7, rue du Jura
75013 Paris
Tél. : 01 42 17 12 34
Fournit des informations, en particulier aux femmes, sur la vie familiale et la sexualité, la vie juridique, la législation sociale et la sécurité sociale, la formation professionnelle. Édite des ouvrages et des brochures dans le domaine de la santé.

Confédération du Mouvement français pour le planning familial (MFPF)
4, square Saint-Irénée
75011 Paris
Tél. : 01 48 07 29 10
Mouvement d'éducation populaire. Lutte en particulier pour l'égalité entre les hommes

et les femmes et informe le public sur toutes les questions relatives à la sexualité et aux droits des femmes.

HANDICAPS
HANDICAPS MOTEURS

Association des paralysés de France (APF)
9, boulevard Auguste-Blanqui
75013 Paris
Tél. : 01 53 62 84 00
Défend les droits des handicapés moteurs et favorise leur insertion dans la société. Gère également un service juridique pour accidentés de la route. Aide ainsi les personnes gravement blessées à faire valoir leurs droits.

Fédération des malades et handicapés
1, rue d'Angleterre
44000 Nantes
Tél. : 02 40 47 71 46
Mouvement à caractère syndical, animé par des personnes handicapées. S'efforce de résoudre les problèmes sociaux et juridiques posés par les maladies ou les handicaps.

Groupement pour l'insertion des personnes handicapées physiques (GIHP)
10, rue Georges-de-Porto-Riche
75014 Paris
Tél. : 01 43 95 66 36
Pionnier en matière de transports adaptés. Favorise l'intégration des personnes handicapées (moteurs ou sensoriels) afin qu'elles puissent vivre pleinement leur autonomie.

Ligue pour l'adaptation du diminué physique au travail (LADAPT)
102, rue des Poissonniers
75018 Paris Cedex
Tél. : 01 48 10 12 34
Centre de rééducation fonctionnelle.

HANDICAPS SENSORIELS
AUDITION

Association nationale des parents d'enfants déficients auditifs (ANPEDA)
Hôpital de jour
44, quai de la Loire
75019 Paris
Tél. : 01 42 02 19 19

Encourage les parents à faire bénéficier leur enfant sourd des progrès pédagogiques et techniques afin de favoriser son insertion sociale et professionnelle.

Bureau de coordination des devenus sourds (BUCODES)
37-39, rue Saint-Sébastien
75011 Paris
Tél. : 01 49 29 07 42
Développe l'enseignement de la lecture labiale pour les enfants et adultes devenus sourds qui ont gardé la maîtrise du langage.

Fédération nationale des sourds de France (FNSF)
37-39, rue Saint-Sébastien
75011 Paris
Tél. et Minitel : 01 49 29 07 37
Propose des activités sociales et culturelles aux déficients auditifs.

VUE

Association nationale des parents d'enfants aveugles ou gravement déficients visuels (ANPEA)
12 bis, rue de Picpus
75012 Paris
Tél. : 01 43 42 40 40
Conseille les familles d'enfants aveugles ou gravement déficients visuels qui pratiquent le braille, dans le domaine de l'éducation : jeu, choix de l'école, aides possibles, démarches, aides techniques.

Association Valentin-Haüy pour le bien des aveugles (AVH)
5, rue Duroc
75007 Paris
Tél. : 01 44 49 27 27
Développe des activités sociales et culturelles à l'intention des adultes aveugles ou malvoyants.

Fédération des aveugles et handicapés visuels de France (FAF)
58, avenue Bosquet
75007 Paris
Tél. : 01 45 51 20 08
Finance des recherches fondamentales et appliquées sur les maladies cécitantes et aide les personnes atteintes de malvoyance pathologique, de l'enfance à la fin de la vie.

Groupement des intellectuels aveugles ou amblyopes
5, avenue Daniel-Lesueur
75007 Paris
Tél. : 01 47 34 40 00
L'association a pour but de réunir et de représenter ses membres, de développer leurs moyens de culture, d'étude, de loisirs et de travail. Prête des ouvrages enregistrés ou en braille.

HANDICAPS ET MALADIES MENTALES

Union nationale des associations de parents et amis de personnes handicapées mentales (UNAPEI)
15, rue Coysevox
75018 Paris
Tél. : 01 44 85 50 50
Mouvement de parents au service des personnes handicapées mentales. Intervient auprès des pouvoirs publics pour améliorer la législation en faveur des handicapés mentaux.

Union nationale des amis et familles de malades mentaux (UNAFAM)
12, villa Compoint
75017 Paris
Tél. : 01 42 63 03 03
Lutte contre l'isolement des malades mentaux et de leur famille. Gère des permanences d'accueil et d'information. Assure des consultations juridiques, sociales et médicales.

Sésame Autisme (FFAPI)
274, boulevard St Germain
75007 Paris
Tél. : 01 47 05 87 61
Apporte soutien et informations aux parents d'enfants handicapés par suite d'autisme ou de psychoses infantiles. Les représente auprès des pouvoirs publics, favorise la création, l'extension de structures d'accueil et suscite la recherche médicale.

HÉMOPHILIE

Association française des hémophiles (AFH)
6, rue Alexandre-Cabanel
75015 Paris
Tél. : 01 45 67 77 67
Rassemble les hémophiles et leur famille, leur apporte un soutien, informe sur la maladie et ses traitements. Favorise la recherche médicale.

LARYNGECTOMIE

Fédération nationale des laryngectomisés (FNL)
8, rue de la République
13001 Marseille
Tél. : 04 91 91 05 63

Union des associations françaises des laryngectomisés et mutilés de la voix (UAFMLV)
10, rue Portalis
75008 Paris
Tél. : 01 42 93 75 05

LUPUS

Association française du Lupus (AFL)
25, rue des Charmettes
69100 Villeurbanne
Tél. : 04 72 74 10 86
Apporte un soutien moral aux lupiques, fournit des informations sur la maladie.

MAINTIEN À DOMICILE

Fédération nationale des associations d'aide familiale populaire (FNAAFP)
53, rue Riquet
75019 Paris
Tél. : 01 44 89 86 86
Regroupe des associations de soins et d'aide à domicile.

Fédération nationale des aides à domicile en activités regroupées
103, boulevard Magenta
75010 Paris
Tél. : 01 42 85 27 14
Gère des services d'aide à domicile dans toute la France.

Union nationale des associations d'aide à domicile en milieu rural (UNADMR)
184 , rue du Faubourg-Saint-Denis
75010 Paris
Tél. : 01 44 65 55 55
Développe une aide à domicile en milieu rural pour les familles, les retraités, les personnes handicapées et les malades.

Union nationale des associations de soins et services à domicile (UNASSAD)
108-110, rue Saint-Maur
75011 Paris
Tél. : 01 49 23 82 52
Gère des services d'aide ménagère, de soins à domicile, d'auxiliaires de vie, des gardes, etc., dans toute la France.

MALADIE D'ALZHEIMER

Association France-Alzheimer et troubles apparentés
21, boulevard Montmartre
75002 Paris
Tél. : 01 42 97 52 41
Aide par tous les moyens les familles des malades, agit auprès des pouvoirs publics, soutient la recherche et sensibilise l'opinion publique.

MALADIES CARDIO-VASCULAIRES

Fédération française de cardiologie (FFC)
50, rue du Rocher
75008 Paris
Tél. : 01 44 90 83 83
Informe le grand public sur les maladies cardio-vasculaires.

MALADIE DE CROHN

Association François-Aupetit
Comité de soutien à la recherche sur la maladie de Crohn
Hôpital Rothschild
33, boulevard de Picpus
75012 Paris
Tél. : 01 40 19 34 25

MALADIES RÉNALES

Association des insuffisants rénaux (dialysés et transplantés) [AIR]
167, avenue Ledru-Rollin
75011 Paris
Tél. : 01 43 70 07 09
Assure une solidarité entre les malades, les aide moralement et financièrement.

MALADIE DE PARKINSON

Association France-Parkinson
37 bis, rue La Fontaine
75016 Paris
Tél. : 01 45 20 22 20
Informe sur la maladie, les progrès thérapeutiques et la recherche. Apporte aide et soutien aux malades. Soutient la recherche par l'attribution de bourses, de subventions.

MALADIES RESPIRATOIRES

Comité national contre les maladies respiratoires et la tuberculose (CNMRT)
66, boulevard Saint-Michel
75006 Paris
Tél. : 01 46 34 58 80
Informe et éduque le public sur les risques des maladies respiratoires. Prévient le tabagisme chez les jeunes, notamment dans les établissements scolaires.

MORT SUBITE DU NOURRISSON

Fédération Naître et vivre
30, rue Louis-Roguet
45000 Orléans
Tél. : 02 38 53 62 95
Soutient les familles dans le deuil. Informe sur la mort subite du nourrisson et favorise la recherche.

MUCOVISCIDOSE

Association française de lutte contre la mucoviscidose (AFLM)
76, rue Bobillot
75013 Paris
Tél. : 01 40 78 91 91
Apporte aux malades et à leur famille une aide morale et matérielle. Favorise leur

insertion sociale et professionnelle.
Encourage la recherche médicale.

MYOPATHIE

Association française contre les myopathies (AFM)
1, rue de l'Internationale
BP 59
91002 Évry Cedex
Tél. : 01 69 47 28 28
Suscite la recherche pour vaincre
les maladies neuro-musculaires, pour
en comprendre et en découvrir les causes.
A lancé le Téléthon pour réunir les fonds
nécessaires à la lutte contre la myopathie.

NANISME, PERSONNES DE PETITE TAILLE

Association des personnes de petite taille
8, avenue Anatole-France
94600 Choisy-le-Roi
Tél. : 01 48 52 33 94
Rassemble les personnes de petite taille
(inférieure à 1,40 m) et favorise leur intégration. Informe ses adhérents sur un plan
médical, apporte un soutien psychologique.
Fournit une aide juridique et administrative.

POLIOMYÉLITE

Union nationale des polios de France (UNPF)
36, avenue Duquesne
75007 Paris
Tél. : 01 47 34 35 26
Aide les poliomyélitiques et les handicapés
moteurs. Gère également des ateliers
protégés.

POLYARTHRITE RHUMATOÏDE

Association française des polyarthritiques
153, rue de Charonne
75011 Paris
Tél. : 01 40 09 06 66
Apporte aux malades et à leur famille toutes
informations utiles sur la maladie : conseils
pratiques, adresses. Favorise les rencontres
avec d'autres malades.

RÉTINITE PIGMENTAIRE

Information recherche sur la rétinite pigmentaire (IRRP)
La Pinède Bordezac
30160 Bessèges
Tél. : 04 66 25 13 54
Aide les malades (courrier, téléphone),
favorise la recherche sur la maladie.

Retina France (AFRP)
16, allée Naurouze
BP 62
31771 Colomiers Cedex
Tél. : 05 61 30 20 50
Apporte une aide morale, sociale
et professionnelle aux malades. Suscite la
recherche en finançant des travaux.

RHUMATISMES

Association française de lutte antirhumatismale (AFLAR)
83, boulevard de l'Hôpital
75013 Paris
Tél. : 01 45 83 56 26
Lutte contre les maladies rhumatismales et
le handicap qu'elles provoquent par la prévention, l'information, le traitement et la
réadaptation.

SCLÉRODERMIE

Association des sclérodermiques de France
22, avenue d'Immercourt
62217 Tilloy-les-Moflaines
Tél. : 03 21 24 18 72
Apporte un soutien aux malades par une
écoute téléphonique et un bulletin de
liaison.

SCLÉROSE EN PLAQUES

Ligue française contre la sclérose en plaques (LFSEP)
3, rue de l'Arrivée - Tour CIT
75015 Paris
Tél. azur : 08 01 80 89 53
Favorise la recherche, développe l'aide matérielle et morale auprès des patients, diffuse
l'information sur la maladie au public et aux
professionnels.

Association pour la recherche
sur la sclérose en plaques (ARSEP)
4, rue Chéreau
75013 Paris
Tél. : 01 45 65 00 36
Association de chercheurs
et de spécialistes, recueille les fonds nécessaires à la recherche.

Nouvelle Association française
des sclérosés en plaques (NAFSEP)
Aéropole 1
5, avenue Albert-Durand
31700 Blagnac
Tél. : 05 61 71 22 17

Bureau d'Information médicale (NAFSEP)
1, rue Montespan
91000 Évry
Tél. : 01 69 36 95 00
Association de malades. Travaille en étroite
collaboration avec l'ARSEP. Apporte un soutien aux malades et les représente auprès
des pouvoirs publics.

SCLÉROSE TUBÉREUSE DE BOURNEVILLE

Association sclérose tubéreuse de
Bourneville (ASTB)
33, rue de Coumiers
75014 Paris
Tél. : 01 45 42 11 77

SIDA ET AUTRES MALADIES SEXUELLEMENT TRANSMISSIBLES

Agence nationale de recherche
sur le SIDA
101, rue de Tolbiac
75013 Paris
Tél. : 01 53 94 60 00
Association ayant pour mission de stimuler,
coordonner, évaluer et financer la recherche
sur le SIDA en France.

Aides aux malades, à la recherche, information du public sur le SIDA (AIDES)
247, rue de Belleville
75019 Paris
Tél. : 01 44 52 00 00   →

Apporte une aide aux malades, organise des
actions de prévention et d'information : brochures, permanences téléphoniques, etc.

Association de recherche,
de communication et d'action pour le traitement du SIDA (ARCAT-SIDA)
94, rue Buzenval
75020 Paris
Tél. : 01 44 93 29 29
Mène des recherches dans le domaine de la
santé publique. Fournit informations et
documents. Coordonne un programme
« coordination et action de prévention
contre le SIDA » (CAPS). Action sociale vis-
à-vis de personnes séropositives. Édite le
Journal du SIDA.

Association de défense des transfusés
(ADT)
11, rue Bailly
75003 Paris
Tél. : 01 48 87 73 72
Aide les malades à établir un dossier pour
obtenir une indemnisation pour les victimes
du SIDA contaminées à la suite d'une transfusion.

Association pour les appartements
de relais thérapeutique et social
15, rue de Bruxelles
75009 Paris
Tél. : 01 53 20 19 19
Propose des places dans des appartements
de « relais thérapeutique » à des malades
atteints du SIDA, afin de faciliter leur réinsertion sociale. Gère un service d'accueil et
d'orientation sociale pour éviter la « désinsertion ».

Centre régional d'information
et de prévention du SIDA (CRIPS)
192, rue Lecourbe
75015 Paris
Tél. : 01 53 68 88 88
Gère un centre de documentation, une
médiathèque informatisée. Fournit des
informations sur la maladie. Met à la disposition du public et des professionnels des
listes d'associations et des brochures
d'information.

SPINA-BIFIDA

Association pour le spina-bifida
et l'hydrocéphalie (ASB)
5, rue Elisée Reclus
94500 Champigny sur Marne
Tél. : 01 05 21 21 05
Aide, conseille et informe les familles. Gère
des soins et une éducation spécialisés à
domicile.

STOMIES

Fédération des stomisés de France
76, rue Balard
75015 Paris
Tél. : 01 45 58 41 27
Visite et soutien des stomisés. Conseils, en
particulier, sur les problèmes liés à l'appareillage.

SUICIDE

SOS-Psychiatrie
Permanence téléphonique
Tél. : 01 47 07 24 24 – 24 h/24

SOS-Dépression
Tél. : 01 45 22 44 44
Répond 24 h/24 aux appels à l'aide.

Urgence-Psychiatrie
7 j/7 - 24 h/24
Tél. : 01 43 87 79 79

SYNDROME DE RETT

Association française
du syndrome de Rett
39, rue Jacques Hillairet
75012 Paris
Tél. : 01 44 68 03 36
Recense les enfants atteints de cette
maladie. Apporte un soutien moral aux
familles, est un interlocuteur auprès des
médecins et des thérapeutes. Encourage
la recherche.

TRAUMATISMES CRÂNIENS

Union nationale des associations
de familles de traumatisés crâniens
(UNAFTC)
236 bis, rue de Tolbiac
75013 Paris
Tél. : 01 53 80 66 03
Facilite les contacts, les rencontres et
l'entraide entre les familles de traumatisés
crâniens. Informe sur les droits et les
moyens pour soigner, rééduquer et réadapter
les traumatisés crâniens. Suscite la création
de stuctures appropriées.

ASSOCIATIONS D'AIDE AUX MALADES EN BELGIQUE

URGENCES

112 – Urgences européennes

Service médical d'urgence
et pompiers
Tél. : 100

Gendarmerie nationale
et police bruxelloise
Tél. : 101
En dehors de l'agglomération bruxelloise,
consultez l'annuaire téléphonique pour
connaître le numéro d'appel de la police
communale.

SOS médecins
Boulevard de l'Abattoir 26
1000 Bruxelles
Tél. : 02/513 02 02
Intervention d'un généraliste de garde.

Centre anti-poison
Hôpital militaire Reine-Astrid
Rue Bruyn 1
1120 Bruxelles
Tél. : 070 245 245
Ce numéro est valable pour toute la
Belgique. N'administrez rien avant d'avoir
l'avis du Centre.

ALCOOLISME

Alcooliques anonymes (AA)
Rue du Boulet 11
1000 Bruxelles
Tél. : 02/511 40 30
Permanence téléphonique.

ALLAITEMENT

Infor-allaitement
Grande Rue au Bois 82
1030 Bruxelles
Tél. : 02/242 99 33
Permanence téléphonique, conseils pratiques, édite des dépliants et un guide de l'allaitement.

ALLERGIES

Fondation pour la prévention des allergies
55, rue du Président
1050 Bruxelles
Tél. : 02/511 67 61
Permanence téléphonique. Fournit des informations sur les allergies et joue un rôle dans la prévention de ces affections.

ASTHME

Association des insuffisants respiratoires
(AIR)
56, rue de la Concorde
1050 Bruxelles
Tél. : 02/512 20 83
Fournit des informations sur la tuberculose, le tabagisme et les maladies respiratoires chroniques.

AUTISME

Association de parents pour l'épanouissement des personnes autistes (APEPA)
Rue Château de Balance 3 boîte 27
5000 Namur
Tél. : 081/74 43 50
Information aux parents, groupes de rencontres.

AVEUGLES ET MALVOYANTS

Ligue Braille
Rue d'Angleterre 57
1060 Bruxelles
Tél. : 02/533 32 11
Service social, services culturels, reclassement professionnel, ateliers, cours d'adaptation à la vie quotidienne.

BRÛLÉS

Centre des brûlés
Bruxelles, hôpital militaire.
Tél. : 02/268 62 00
Loverval. Tél. : 071/44 83 11
Liège. Tél. : 04/366 72 94,

CANCER

Association contre le cancer
Chaussée de Louvain 479
1030 Bruxelles
Tél. : 02/736 99 99
(ligne cancer-info : 0800/15 800)
Information, soutien psychologique, aide
sociale.

Cancer et psychologie
Avenue de Tervueren 215,
Bte 14
1150 Bruxelles
Tél. : 02/735 16 97
Écoute téléphonique, accompagnement psychologique complémentaire au traitement
médical, groupes de rencontres, entretiens
individuels, formation de soignants et de
bénévoles.

Continuing Care
Rue Royale 217
1210 Bruxelles
Tél. : 02/225 83 11
Liège.Tél. : 04/226 38 48
Soins palliatifs à domicile des malades en
phase terminale du cancer.

Oeuvre belge du cancer
Ecoute cancer
Tél : 0800 11 888

Vivre comme avant
Avenue Louise 223
Bte 29
1050 Bruxelles
Tél. : 02/649 41 68
Liège.Tél : 04/226 38 48
Groupes de rencontres, aide psychologique
pour les femmes qui ont subi l'ablation d'un
sein.

DIABÈTE

Association belge du diabète
Chaussée de Waterloo 935
1180 Bruxelles
Tél. : 02/374 31 95
Information, éducation, aide au diabétique
pour qu'il accepte les contraintes de son
traitement, vente de matériel au prix de gros.

DROGUE

Infor-Drogues
19, rue Marteau
1000 Bruxelles
Tél. : 02/227 52 52
Permanence téléphonique 24 h/24, accueil,
information, prévention, aide aux parents et
adolescents sur les plans social, juridique,
psychologique et médical.

DROITS DE L'ENFANT

Délégation Générale aux Droits de l'Enfant
et à l'Aide à la Jeunesse
Tél : 02/413 23 11

ÉPILEPSIE

Ligue belge contre l'épilepsie
Avenue Albert 135
1190 Bruxelles
Tél. : 02/344 32 63
Information, brochures, périodiques, accompagnement psycho-social des patients et de
leur famille, réunion d'information et
d'échanges, centres régionaux.

FAMILLES

Ligue des familles
Rue du Trône 127
1050 Bruxelles
Tél. : 02/507 72 11
Revue, service juridique et social, vacances
familiales, baby-sitting, services d'aide aux
familles.

HANDICAPÉS

**Association chrétienne des invalides
et des handicapés**
Rue de la Loi 121
1040 Bruxelles
Tél. : 02/237 42 26
Éducation permanente des handicapés
adultes, physiques et mentaux.

**Association nationale d'aide
aux handicapés mentaux (ANHAM)**
Rue de la Limite 66
1210 Bruxelles
Tél. : 02/219 88 00
Organisation de rencontres,
de séminaires, publication d'un bulletin,

service d'aide aux parents de bébés
déficients mentaux, service social
et juridique, placement dans
des institutions, suivi des adultes
déficients mentaux.

**Association nationale
du logement aux handicapés**
Cité de l'Amitié
Rue Fleur d'oranger 1
Bte 213
1150 Bruxelles
Tél. : 02/542 86 00
Promotion de logements indépendants pour
les handicapés physiques, location
d'appartements adaptés. Améliorer les
conditions de vie.

**Ligue nationale libérale
des handicapés**
Rue de Livourne 25
1050 Bruxelles
Tél. : 02/538 41 54
Service de prêt de matériel pour les handicapés physiques.

HÉMOPHILIE

**Association des hémophiles
et malades de von Willebrand**
Rue du Doyenné 96
1180 Bruxelles
Tél. : 02/346 02 61
Information socio-médicale.

INFIRMES MOTEURS
CÉRÉBRAUX

**Ligue d'aide aux infirmes
moteurs cérébraux**
Rue Stanley 69-71
1180 Bruxelles
Tél. : 02/343 91 05
Aide individuelle aux familles,
accompagnement des IMC adultes, interventions sociales concrètes, relais avec les
institutions, éducation permanente, biblio-
thèque, rencontres et journées de réflexion,
groupes d'échanges pour adolescents et
adultes IMC, revue trimestrielle.

JEUNES

Écoute jeunes
Tél. : 078/15 44 22

Infor jeunes
Tél. : 02/736 40 40

SOS jeunes
Rue Mercelis 27
1050 Bruxelles
Tél. : 02/512 90 20
Service d'aide et d'accueil pour
les jeunes en difficulté, accompagnement
24 h/24.

LARYNGECTOMIE

Association belge des mutilés de la voix
Allée des Freezias 1, boîte 12
1030 Bruxelles
Tél. : 02/216 11 03
Réhabilitation vocale, sociale et
professionnelle des laryngectomisés.

MALADIE D'ALZHEIMER

Ligue Alzheimer
Rue Montagne St Walburge 4 bis
4000 Liège
Tél. : 04/225 87 11
Association de familles de malades atteints
par la maladie d'Alzheimer et autres formes
de démence. Entraide, information, écoute,
promotion de la recherche.

MALADIES DE CŒUR

Ligue cardiologique belge
Rue des Champs-Élysées 43
1050 Bruxelles
Tél. : 02/649 85 37
Prévention des maladies cardio-vasculaires
par la diffusion de brochures sur différents
facteurs de risque, édition d'un bulletin
« Notre cœur, nos artères », organisation de
la « Semaine du cœur ».

MORT SUBITE DU NOURRISSON

Infor-Naissance-Mission locale
Avenue d'Auderghem 187
1040 Bruxelles
Tél. : 02/644 07 35
Groupes d'échanges pour les parents.

MUCOVISCIDOSE

Association belge de lutte
contre la mucoviscidose
Avenue Joseph Borlé 12
1160 Bruxelles
Tél. : 02/675 57 69
Accompagnement et soutien aux familles et
aux patients, formation de familles d'écoute,
soutien à la recherche.

NAISSANCE

Office de la naissance et de l'enfance (ONE)
Avenue de la Toison-d'or 84-86
1060 Bruxelles
Tél. : 02/542 12 11
Organisme chargé de la protection mater-
nelle et infantile en Belgique.

PARALYSÉS

Association belge des paralysés
Rue Charles-Demeer 105-117
1020 Bruxelles
Tél. : 02/421 69 65
Ateliers protégés, reclassement social des
handicapés moteurs.

PLANNING FAMILIAL

Fédération francophone pour le planning
familial et l'éducation sexuelle
Rue des Tulipes, 34
1050 Bruxelles
Tél. : 02/502 82 03

SANG

Croix-Rouge de Belgique
Service du sang
Rue E.-Picard 16
1050 Bruxelles
Tél. : 02/349 53 20
Toute l'année, organisation de collectes dans
les entreprises, les centres de transfusion, cer-
tains lieux publics, et par camions sanitaires.

SANTÉ MENTALE

Info santé mentale
Fondation Julie-Renson
Rue de Lombardie 35
1060 Bruxelles
Tél. : 02/538 94 76

Information sur les hôpitaux et internats
pour adultes et enfants, organisation de
journées de rencontres, édition de livres.

SCLÉROSE EN PLAQUES

Ligue belge de la sclérose en plaques
Avenue Eugène-Plasky 173
Bte 11
1030 Bruxelles
Tél. : 02/736 16 38
Donne les adresses des ligues provinciales.
(Accompagnement psychologique, service
social, animation culturelle, service loge-
ment, service juridique).

SIDA

Agence de prévention du SIDA
42 rue de Haerne
Etterbeek
1040 Bruxelles
Tél. : 02/627 75 11

SUICIDE

Centre de prévention du suicide
Place du Châtelain 46
1050 Bruxelles
Tél. (secrétariat) : 02/640 51 56
(permanence téléphonique
24 h/24 au 02 640 65 65).
Accompagnement psychologique.

TABAC

Tabac stop
Tél : 0 800 122 21

VACCINATION

Centre de Médecine du Voyage et
de Vaccination
Tél : 04/344 79 54

Institut de Médecine Tropicale
Tél : 03 247 66 66

Travelphone
Tél : 0900 10 110

ASSOCIATIONS D'AIDE AUX MALADES EN SUISSE

INSTITUTIONS CENTRALES

Association suisse des organisations
d'aide familiale (ASOAF)
Zähringerstrasse 15
3012 Berne
Tél. : 031/302 35 24

Croix-Rouge suisse
Rainmattstr. 10
3001 Berne
Tél. : 031/387 71 11

Fondation suisse Pro Juventute
Seehofstrasse 15
8022 Zurich
Tél. : 01/251 72 44

Pro Mente Sana
Rotbuchstr. 32
8042 Zurich
Tél. : 01/361 82 72

Pro Senectute
Fondation suisse pour la vieillesse
Lavaterstr. 60
8027 Zurich
Tél. : 01/283 89 89

ALCOOLISME

Alcooliques anonymes (AA)
Avenue de Morges 29
1004 Lausanne
Tél. : 021/320 08 18

Croix-Bleue suisse
Rue Haldimand 15
1003 Lausanne
Tél. : 021/312 63 05

Institut suisse de prophylaxie de
l'alcoolisme (ISPA)
Avenue Ruchonnet 14
Adresse postale : C.P. 870
1001 Lausanne
Tél. : 021/321 29 11

AUTISME

Association suisse de parents
d'enfants autistes et de personnes
préoccupées par l'autisme
Hilde Inaven
Inder Ey 45
8047 Zurich
Tél. : 01/492 82 51

AVEUGLES

Fédération suisse
des aveugles et malvoyants
Laupenstrasse 4
3008 Berne
Tél. : 031/390 88 00

Fédération suisse des parents
d'aveugles et d'amblyopes (FSPA)
Section Zurich
Friedackerstrasse 6
8050 Zurich
Tél. : 01/312 48 40

Union suisse des aveugles
Friedackerstrasse 8
8050 Zurich
Tél. : 01/317 90 00

CANCER

Ligue suisse contre le cancer
Effingorstrasse 40
3008 Berne
Tél. : 026/426 02 90

Fribourg
Ligue fribourgeoise contre le cancer
Secrétariat général et service social
Route des Daillettes 1
1709 Fribourg
Tél. : 026/426 02 90

Genève
Ligue genevoise contre
le cancer
Place des Philosophes 10
1205 Genève
Tél. : 022/322 13 33

Vaud
Ligue vaudoise contre le cancer
Av. Montagibort 20 bis
1011 Lausanne
Tél. : 021/314 72 22

Neuchâtel
Ligue neuchâteloise contre le cancer
La Maladière 35
2000 Neuchâtel
Tél. : 032/721 23 25

Valais
Ligue valaisanne contre le cancer
Rue de la Dixence 19
1950 Sion
Tél. : 027/322 99 74

DIABETE

Association suisse du diabète
Forchstrasse 95
8032 Zurich
Tél. : 01/383 13 15

Fribourg
Association fribourgeoise du diabète
Case postale 181
Route des Daillettes 1
1709 Fribourg
Tél. : 026/329 17 77

Genève
Association genevoise du diabète
Rue de l'Arquebuse 14
1204 Genève
Tél. : 022/329 17 77

Valais
Association valaisanne du diabète
Case postale 9
Rue des Condemines 14
1950 Sion
Tél. : 027/322 99 72

Vaud
Association vaudoise du diabète
Rue de Provence 4
1007 Lausanne
Tél. : 021/623 77 27

ÉPILEPSIE

Association suisse des parents
d'épileptiques
Waldhofstrasse 21
6414 Unterägeri

Ligue suisse contre l'épilepsie
c/o Pro Infirmis
Feldeggstrasse 71 Postfach 129
8032 Zurich
Tél. : 01/383 54 55

HANDICAPÉS MENTAUX

Association suisse d'aide
aux handicapés mentaux (ASA)
Secrétariat Suisse romande
Brunnmattstrasse 38
Postfach
3000 Berne 14
Tél. : 031/382 26 29

HÉMOPHILIE

Association suisse des hémophiles
Postfach 531
8027 Zurich
Tél. : 01/281 08 55

INFIRMES MOTEURS CÉRÉBRAUX

Association suisse en faveur des infirmes
moteurs cérébraux (ASIMC)
Case postale 100
Loretostrasse 35
4500 Soleure
Tél. : 032/622 22 21

Association suisse de parents
d'enfants déficients auditifs (ASPEDA)
19, chemin de Planta
1223 Colony

Fondation suisse en faveur
de l'enfant infirme moteur cérébral
Erlachstrasse 14
3012 Berne
Tél. : 031/308 15 15

INVALIDES/HANDICAPÉS MOTEURS

Association suisse des invalides (ASI)
Froburgstrasse 4
4600 Olten
Tél. : 062/212 12 62

Association suisse pour les maladies
musculaires
Forchstrasse 136
8032 Zurich
Tél. : 01/422 16 34

Association suisse Pro Infirmis
Case postale 1332
Feldeggstrasse 71
8032 Zurich
Tél. : 01/388 26 90

Association suisse romande contre
la myopathie
Hôpital régional d'Aubanne
Route de Féchy
1170 Aubanne
Tél. : 021/808 74 11

Centre suisse de réadaptation
pour handicapés
Case postale 2500
Rue du Midi 55
2504 Bienne
Tél. : 032/344 25 22

Centre suisse pour
la construction
adaptée aux handicapés
Neugasse 136
8005 Zurich
Tél. : 01/272 54 44

Coopérative du « Band »
Centre d'intégration
professionnelle
pour handicapés
Riedbachstrasse 9
3027 Berne
Tél. : 031/991 15 25

Fédération suisse pour l'intégration
des handicapés (FSIH)
Bürglistrasse 11
8002 Zurich
Tél. : 01/201 58 26

Fondation suisse pour paraplégiques
St. Alban-Vorstadt 110
4052 Basel
Tél. : 061/281 48 28

JEUNES/ENFANTS

INSIEME
Fédération suisse
des associations de parents
de handicapés mentaux
Rue de l'Argent 4
2502 Bienne
Tél. : 032/322 17 14

LARYNGECTOMIE

Union des associations suisses
des laryngectomisés
Zwischenbächen 90
8048 Zurich
Tél. : 01/433 05 56
secrétariat :
18, chemin de la Piscine
1020 Renens
Tél. : 021/635 65 61

MALADIE D'ALZHEIMER

Association Alzheimer Suisse
rue Pestalozzi 16
1400 Yverdon
Tél. : 024/426 20 00

MALADIE DE PARKINSON

Association suisse
de la maladie de Parkinson
27, route du Bout du Monde
1206 Genève
Tél. : 01/789 10 35

MILITAIRES

Association des patients
militaires suisses
Christoffelgasse 3
3011 Berne

MUCOVISCIDOSE

Société suisse pour la fibrose kystique
(mucoviscidose)
Bellvuestrasse 166
3095 Spiegel
Tél. : 031/972 28 28

PARALYSÉS

Association suisse des paralysés (ASPr)
3, rue de Locarno
Case postale 740
1701 Fribourg
Tél. : 026/322 94 33

Association suisse des paraplégiques
Rue Centrale 47
2502 Vienne
Tél. : 032/322 12 33

RHUMATISME

Ligue suisse contre le rhumatisme
Case postale 831
Renggerstr. 71
8038 Zurich
Tél. : 01/482 56 00

Fribourg
Ligue fribourgeoise contre le
rhumatisme, Pro Infirmis
Bd de Pérolles 42
1700 Fribourg 5
Tél. : 026/425 44 66

Genève
Ligue genevoise contre le rhumatisme
Place des Philosophes 10
1205 Genève
Tél. : 028/322 13 31
sur rendez-vous uniquement

Jura
Ligue jurassienne contre le rhumatisme
Pro Infirmis
Rue Thurmann 10d
2900 Porrentruy
Tél. : 032/466 63 61

Neuchâtel
Ligue neuchâteloise contre le rhumatisme
Pro Infirmis
Rue Maladière 35
2000 Neuchâtel
Tél. : 032/725 33 88

Vaud
Ligue vaudoise contre le rhumatisme
Av. de Provence 4
1007 Lausanne
Tél. : 021/625 02 73

SANG

Association suisse des hémophiles
Seestrasse 45, Postfach 531
8027 Zurich
Tél. : 01/281 08 55

SANTÉ

Association suisse
d'éducation médicale
Institut für Aus – Weiter – und Fortbildung
Inselspital
3010 Berne
Tél. : 031/632 35 72

SAUVETAGE

Alliance suisse des samaritains
Martin-Disteli-Str. 27
4601 Olten
Tél. : 062/286 02 00

Garde aérienne suisse de sauvetage
(REGA)
Mainaustrasse 21
8008 Zurich
Tél. : 01/385 85 85
01/383 11 11 (alarme)

Société suisse de sauvetage (SSS)
Postfach 161
6207 Nottwil
Tél. : 041/939 50 08

SCLÉROSE EN PLAQUES

Société suisse de la sclérose en plaques
(SSSP)
Faubourg de l'Hôpital 9
2001 Neuchâtel
Tél. : 032/724 54 58

SIDA

Aide suisse contre le SIDA
(ASS)
Konradstrasse 20
8005 Zurich
Tél. : 01/273 42 42

SIDA Info Doc Suisse
Schauplatzgasse 26
3001 Berne
Tél. : 031/312 12 66

SPINA-BIFIDA ET HYDROCÉPHALIE

Association suisse en faveur des
personnes atteintes de spina-bifida et
d'hydrocéphalie
Katrin Künzi
Bündackerstrasse 5
3047 Bremgarten
Tél. : 031/302 80 60

SPONDYLARTHRITE ANKYLOSANTE

Société suisse
de la spondylarthrite ankylosante
Röntgenstrasse 22
8005 Zurich
Tél. : 01/272 78 66

SURDITE

Fédération suisse des sourds (FSS)
Case postale 3
1603 Grandvaux
Tél. : 021/799 30 91

Région romande (FSSRR)
Avenue de Provence 16
1007 Lausanne
Tél. : 021/625 65 55

TOXICOLOGIE

Association tabagisme (AT)
Effingerstrasse 40
3001 Berne
Tél. : 01/251 66 66
        01/251 51 51 (urgences)

Centre suisse d'information
toxicologique
Klosbachstrasse 107
8030 Zurich
Tél. : 031/389 92 46

TUBERCULOSE

Association suisse contre la tuberculose
et les maladies pulmonaires
Falkenplatz 9
3001 Berne
Tél. : 031/302 08 23

Fribourg
Association « Respirer »
Route des Daillettes 1
1709 Fribourg
Tél. : 026/426 02 70

Genève
Ligue genevoise contre la tuberculose et
les maladies pulmonaires
Place des Philosophes 10
1205 Genève
Tél. : 022/322 13 32

Jura
Ligue jurassienne contre la tuberculose
et les maladies de longue durée
Rue Thurmann 10d
2900 Porrentruy
Tél. :032/724 11 52

Neuchâtel
Ligue cantonale contre la tuberculose
et les maladies pulmonaires
Av. du Peyrou 8
2000 Neuchâtel
Tél. : 032/724 11 52

Valais
Ligue valaisanne pour la lutte
contre la tuberculose
et les maladies pulmonaires
Centre de radiophotographie et
service BCG
Rue des Condémines 14
1950 Sion
Tél. : 027/322 99 71

Vaud
Ligue vaudoise contre la tuberculose
et les maladies pulmonaires
Av. de Provence 4
1007 Lausanne
Tél. : 021/623 37 47

Photocomposition MAURY, Malesherbes
Impression MAME IMPRIMEURS, Tours
Dépôt légal : mars 1997 - 501028-05
Imprimé en France *(Printed in France)*
10077428 (V) 92 (OSBM 80) Juillet 2000